JN415205

[민사법과 민사소송의 구조 I / 제1전정판]

민사소송법

양 경 승 저

法 文 社

제1전정판에 붙여

1. 이 책이 <민사법과 민사소송의 구조>라는 간판을 달고 세상에 나온 것이 2014년이니 벌써 6년 전 일이다. 나는 처음 이 책을 펴낼 때 그 주된 독자층을 사법연수생과 로스쿨생으로 상정하였다. 그래서 그들이 실체법과 소송법이 유기적으로 결합된 것이라는 인식을 얻고, 그 바탕 위에서 민사소송의 기본구조를 이해하기를 바라는 마음으로 책의 내용을 정했다. 그러다보니 민사소송절차에 대해서는 1심, 그것도 소송의 개시와 입증, 소의 변경에서 그칠 수밖에 없었다. 민사법 학습론과 민사법이론(제2편), 소장이나 판결문 등 소송문서의 작성(제3편)이 상당 부분을 차지하여 지면의 제약이 있었기 때문이다. 이와 같은 작업도 나름대로 의미는 있지만, 민사소송절차 전체를 관통하는 민사소송법 교과서로서는 불충분할 수밖에 없었다. 그리하여 이번의 전면 개정 작업을 통해 <민사법과 민사소송의 구조 Ⅰ/Ⅱ/Ⅲ>으로 나누고, 소송의 개시에서 상소와 재심은 물론 소액사건심판절차와 독촉절차, 공시최고 및 제권판결에 이르기까지 민사소송절차 전체를 <민사법과 민사소송의 구조 Ⅰ 민사소송법>에 담았다. 본래 이 작업은 첫 판을 낸 후 곧 완료하리라 생각하였으나, 저자가 공직에 몸을 담고 있어 시간을 내기 임의롭지 않았던 데에다 그 동안 다른 연구작업으로 외도를 하는 바람에 늦어졌다.

2. 그대는 청구원인과 공격방어방법을 구별할 수 있는가? 그리하여 그에 기초한 기판력의 범위를 판별할 수 있는가? 기판력은 판결 주문에만 미침에도, 기판력의 일부인 차단효는 청구원인에는 미치지 않고 공격방어방법에만 미치는 이유를 설명할 수 있는가? 또 당사자적격을 한 마디로 정의할 수 있고, 변론주의와 직권주의가 미치는 범위 및 상고심의 심리범위에 대해서 설명할 수 있는가? 항소장에 항소취지를 제대로 쓸 수 있고, 상소에 따른 이심의 범위와 상소심의 심판범위를 명료하게 이해하고 있는가? 이 책은 이를 간명하게 설명한다.

세상에 이미 나와 있는 내용을 되풀이하는 책은 존재할 필요가 없다. 이 책은 이미 세상에 나와 있는 민사소송법 교과서와는 많이 다르다. 우선 소송 개시 전 단계에서 실체법과 소송법, 나아가 법의 유기적 체계를 이해하고 음미할 수 있도록 법이란 무엇인지 정의하고, 민사법의 체계와 구조를 설명하였다. 이 과정에서 아마 세계 최초로, 민사법규를 유형별로 분석하고, 법규의 기본구조인 법률효과, 법률요건, 법률사실의 관계를 밝혔다. 이에 대한 이해는 뒤에 가서 변론주의를 이해하는 데에 불가결하고 요긴하리라 생각한다.

아울러 이 책에는 특이하게도 <한국 민사법의 연원>이라는 제하에 우리 민사법의 적용대상과 역사적 연원을 설명하였다. 이는 오늘의 법이 어디에서 왔고, 어떻게 정당성을 얻었는지를 이해하게 해줄 것이다. 저자는 많은 법학도나 법 실무가가 법을 단지 법전 속에만 존재하는 기계적인 것, 우리와는 관계가 없는 어떤 제3의 실체로부터 주어진 것으로 이해하는 것을 매우 안타깝게 생각해왔다. 이 세상천지 태양 아래 어느 것 한 가진들 어느 날 갑자기 외계에서 뚝 떨어진 것이 어디 있겠는가! 우리가 운용하는 법과 제도는 다 과거에 연결되고, 그로부터 발전하며 정당성을 부여 받는다. 이는 그 성질상 법제사에 속하지만, 민사법을 다루는 사람이 기본적으로 갖추어야 할 상식이기도 하다.

3. 저자는 이 책을 서술하면서 실체법관계를 단 한 순간도 망각하지 않으려고 애를 썼다. 항상 말하는 바이지만, 민사소송법을 비롯한 절차법은 실체법이 부여하는 법률효과인 권리, 의무를 실현·확보하기 위한 수단이다. 따라서 민사소송법과 그 법리가 본래의 목적과 사명을 완수하기 위해서는 실체법관계를 왜곡하지 않고 실체법관계상의 정의가 소송절차를 통해 최대한 실현되어야 한다. 소송법이 갖는 고유한 속성인 안정성, 신뢰성, 확실성, 신속성은 이 한도에서 조화롭게 도모되어야 한다. 소송행위의 하자와 그 치유에 관하여 오늘날 우리 대법원의 입장도 이러한 견지에 서 있다고 할 수 있다. 즉 실체법과 절연된 소송법 독자론이나 고유론은 지양되어야 한다. 이것이 저자가 이 책을 "실체법적 시각에서 완전히 새롭게 쓴 민사소송법"이라고 정의하는 이유이다.

4. 앞서 말한 사항 외에 이번 개정판과 이 책의 주요 특징을 말하자면, ① 당사자적격, ② 청구적격, ③ 직분관할, ④ 복수의 청구, ⑤ 청구원인과 공격방어방법, ⑥ 소송상 합의, ⑦ 변론주의와 직권주의, ⑧ 항소취지와 청구취지의 관계, ⑨ 기판력, ⑩ 상소의 효력과 대법원(상고심)의 심리범위, ⑪ 재심절차에서의 청구나 상소취지의 변경, ⑫ 제권판결의 효력에 관하여 다른 책에서 볼 수 없거나 다른 내용을 해설한 것을 들 수 있다.

이러한 내용 때문에 저자는 이 책이 이미 세상에 나와 있는 민사소송법 교과서와 별도로 존재할 이유가 있다고 생각하는 것이다. 저자의 기본 생각은 "책을 읽을 때는 알겠는데 덮고 나면 모르겠다"는 말이 나와서는 안 된다는 것이다. 그러하다면 책이 무엇 때문에 존재하여야 하는가? 저자의 경험에 의하면, 당사자적격, 공격방어방법, 기판력, 대법원(상고심)의 심리범위 등이 그러한 예증이다. 우리는 결국 컴퓨터(우리의 인지능력), 선생, 책이라는 3요소를 통해 공부를 하게 되는데, 전자의 둘은 우리 임의로 선택하기가 불가능하거나 곤란하다. 유일한 선택지는 책뿐인데, 책마저 아리송하게 설명한다면 우리가 어떻게 문리를 깨우칠 수 있겠는가? 법조문을 그대로 복사한 책, 알맹이가 없는 얄팍한 책, 저자 자신도 제대로 이해하지 못하는 것을 설명하는 책은 백해무익이다. 그러니 두껍고 내용이 풍부한 책이 좋은 것이다. 그것으로 공부하는 것이 훨씬 빠르고 편하고 쉬운 길임을 저자는 의심치 않는다. 이에 따라 이번 개정판에서는 독자층의 상한을 판사, 검사, 변호사로 올렸다. 초심자로서는 어렵고 복잡한 부분은 건너뛰면 되고, 어중간한 채 답이 없는 책은 쓸모가 없기 때문이다.

5. 이 책은 저자의 30년 법조생활의 결과물이다. 그 동안 답을 얻지 못한 채 마음속에 안개처럼 품어왔던 의문점을 나름 풀었다고 생각하고 이 책을 썼다. 민사법규를 그 성질에 따라 유형별로 분석하여 구체적 구성요건에 관한 규범과 순수판단규범, 중립적 규범의 성질을 규명하고, 이로부터 변론주의와 직권주의의 구별기준 및 상고심의 심리범위를 밝혀낸 것 등이 그에 속한다. 하지만 저자가 희망한 바가 백 퍼센트 실현되었는지는 자신할 수 없다. 다만, 이 책이 민사법과 민사 실체법, 민사 절차법을 유기적으로 이해하고 공부하는 데에 좋은 길잡이가 되기만을, 적어도 정당한 의문을 품고 해결의 실마리를 찾는 데에 도움이 될 수 있기만을 바랄 뿐이다. 그래본들 산과 대지처럼 크고 넓고, 바다처럼 깊고 아득한 민사법의 품에 비긴다면 저자 역시 장님 코끼리 만지기겠지만…. 이 책이 안고 있는 한계와 흠은 앞으로 계속 보완해나갈 것을 약속하며, 이제 오랜 작업의 고통을 잠시나마 잊고 창공의 흘러가는 구름과 함께 꿀맛 같은 휴식과 자유를 누리고 싶다.

2020년 11월 겨울을 맞는 수원 법원 창가에서
저자 초우(草宇) 양경승

머 리 말

1. 이 책을 주로 읽을 사람은 아마도 사법연수생이나 로스쿨생 아니면 초보 판사나 변호사일 것이다. 필자는 명색 이십여 년을 법률업무에 종사해 왔다. 판사로서, 변호사로서, 교수로서 주로 민사법을 다뤘으나 학문으로서 민사법을 전문적으로 연구한 것은 아니므로 얄팍한 법지식을 어디에 내놓고 자랑할 만한 것이 못됨은 물론이다. 그래서 이 책을 쓸까말까 많이 망설였다. 평소 아무에게도 도움이 되지 않는 책을 내는 것은 공염불을 넘어서 죄를 짓는 일이라고 생각해 왔기 때문이다. 이 책이 바로 그런 책이 아닐까 싶은 생각에 몹시 두렵다.

길지 않은 필자의 법조생활을 되돌아 보건대 민사법은 정말 난해하면서도 흥미로운 대상이었다. 그 폭은 산과 대지처럼 크고 넓으며, 이론의 깊이는 해연(海淵)처럼 깊고 아득하다. 그러니 처음부터 겁먹고 달려들기 어려우며, 막상 달라붙는다고 해도 장님 코끼리 만지기가 되기 십상이다. 목표를 멀리 두고 즐겁게 공부하지 않으면 그림자조차도 붙잡기 어려운 대상이라는 생각이 든다. 나름 경력자라는 사람이 이럴진대 초보 법률가들의 두려움은 어떻겠는지 짐작하고도 남는다. 그러한 이들의 마음을 헤아려 필자의 시행착오를 후배들에게 일깨워 주어 그들을 조금이라도 편하게 하려는 마음에서 망설인 끝에 이 책을 내게 되었다. 이 책에는 필자가 초보 법률가로 시작하여 지금에 이르기까지 많은 시행착오 끝에 얻은 작은 성과들이 들어 있다.

2. 필자는 근래 법, 특히 민사실체법과 민사절차법을 아우르는 민사법의 기본적 얼개와 구조에 관심을 두어 이를 분석하고 해명하는 데에 상당한 시간을 투자하였다. 거기서 얻어낸 것이 바로 '법이란 무엇인가?'에 대한 나름의 해답이다. 그로부터, 법과 도덕의 경계점, 개개 법규의 성질과 역할, 법률요건과 법률효과, 실체법과 절차법의 상호관계, 소송의 기본구조, 청구와 변론, 특히 청구원인과 공격방어방법의 관계에 대하여 제법 의미 있는 성과를 얻었고 작은 희열과 보람도 느낄 수 있었다. 이런 작업을 통해서, 실체법과 절차법이—형사법이나 다른 법체계도 마찬가지겠지만, 매우 치밀하게 결합되어 있으며 양자가 유기적 생명체의 세포조직처럼 종횡으로 정교하게 구조 지워져 있다는 사실을 알게 되었다. 그리고 그러한 구조분석을 통해서 민사법에 접근하는 것이 민사법을 빠르고 쉽게 이해하고, 실체법과 절차법, 민법과 민사소송법의 상호관계를 일관되고 정연한 논리로 연결시킬 수 있다는 믿음을 갖게 되었다. 이 책의 제목을 <민사법과 민사소송의 구조>로 붙인 것도 여기에 연유한다.

필자는 이 책에서 법률요건과 법률효과, 청구와 공격방어방법에 대해서 나름대로 심도 있는 해설을 하였다. 이는 요컨대, 법률요건과 법률효과는 실체법의 기둥이고 청구와 공격방어방법은 소송법의 대들보라고 생각한 때문이다. 실체법상의 법률요건으로부터 법률효과인 권리·의무가 발생하고, 그것이 소송상 청구의 내용이 되어 심판의 대상이 되며, 공격방어방법은 심판의 소송자료가 되는 것이므로, 결국 이 양자가 민사법의 우주라고 생각된다.

그러나 종래 우리는 여기에 그다지 큰 관심을 갖지 못하였고, 그것이 법학도나 초보 법률가들이 민사법을 이해하는 데 어려움을 느끼게 한 것은 아닌가 싶은 생각도 든다. 필자의 생각으로는, 이들을 중심으로 한 구조분석을 통해서 민사법과 민사소송의 체계를 이해할 수 있고, 나아가 소송물(소송목적)의 구조, 소송물의 특정, 소와 청구의 변경, 중복소송, 변론의 대상과 방법, 주장·입증책임의 분배, 소 취하 후 재소(再訴)의 금지, 상소에 따른 이심(移審)의 대상과 상소심의 심판 범위, 기판력과 집행력의 범위와 효과 등 민사법의 여러 문제들을 관통하는 원리를 이해할 수 있다고 확신한다.

그러나 이 책은 민법이나 상법 등 민사실체법의 구체적인 내용을 해설하는 것은 아니고 민사소송법과 민사집행법 등 절차법의 모든 내용을 설명하는 것도 아니다. 이 책은 앞서 말한 민사법의 기둥과 대들보를 중심으로 민사실체법과 소송법의 기본구조를 해명하고, 이를 토대로 소의 제기와 소송목적의 특정, 주장과 입증을 통한 변론, 소의 변경 등 민사소송절차의 큰 흐름을 설명하는 데에 중점을 두었으며, 소송의 종료와 상소에 관한 부분은 생략하였다. 물론 그 부분도 중요하기는 하지만, 시간과 지면의 제약으로 다음을 기약하였다. 그러므로 이 책에 없는 내용은 교과서나 주석서, 요건사실론 등의 여러 책을 통해 공부하여야 한다. 법학도나 초보 법률가들은 자신의 견해를 세우기에 앞서 선배들이 쌓아 온 지식을 빠른 시간 내에 흡수, 체득(體得)하는 것이 급선무다. 징검다리 없이 물을 건널 수는 없기 때문이다.

필자의 생각으로는 사법시험에 합격하였거나 로스쿨 2학년 정도의 공부를 마친 사람이 이 책을 읽었으면 한다. 민사법에 대해서 어느 정도 기초지식을 갖고서 이 책을 읽는 것이 가장 효과가 크고, 이를 통해 민사실체법과 민사소송법이 하나로 연결되는 감동적인 체험을 할 수 있으리라고 생각되기 때문이다. 물론 민사법을 처음 공부하는 초심자라도 큰 무리는 없겠지만, 그럴 경우 이 책의 제1편과 제2편만을 읽는 것으로 충분할 것이다.

3. 필자는 이 책에 잔소리나 다름없는 내용을 좀 넣었다. 제1편의 첫머리에 있는 <법과 법조인>, 제2편 제1장의 <민사법 학습론>이 그것이다. 이 책을 읽는 여러분은 모두 공부에는 나름 도를 터득한 사람들이겠지만, 시간과 노력을 많이 투입하였는데도 결과가 좋지 않다고 생각하는 사람들에게 새로운 오솔길 하나를 귀띔해 주려는 마음에서 마련한 것이다.

무릇 공부에는 왕도(王道)가 없다고 하지만 필자는 그 말을 믿지 않는다. 공부할 때 편안함을 느끼고 그러면서도 그 결과가 좋은 길이 있다면 그것이 곧 공부의 왕도가 아닐까? 현대사회는 너무나 복잡하고 할 일이 많으며 공부만으로 인생이 행복해 지지도 않는다. 그렇다면 공부가 인생의 모든 것을 앗아가는 불행한 일이 있어서는 안 될 것이고, 그러자면 공부에도 요령이 필요함은 자명한 이치다. 그런데 그 요령이란 것이 모든 사람들에게 공통하는 것이 아니므로 각자에게 맞는 요령이 따로 있으며, 공부의 왕도도 각자가 다를 수밖에 없다. 그런 의미에서 학습론에 관한 필자의 말도 하나의 의견에 불과하므로 심심풀이 삼아 읽어 주었으면 좋겠다.

제2편 제2장에는 그 동안 필자가 쓴 개별 논문과 학습자료를 <민사법이론>으로 묶었다. 가등기담보와 비전형담보, 계속적 보증채무의 확정, 기판력이론, 법인 등 대표자의 대표권 제한, 청구이의와 제3자이의만을 추렸는데, 보잘 것 없는 내용이지만 여러분의 실체법 실력과 절차법 실력을 올려주어 사법연수원 시험이나 변호사시험에 도움이 되리라고 생각한다. 또, 여러분이 공부한 결과를 그런 방식으로 살을 보태 정리하고 보존하여 여러분의 법조생활에 평생 유용한 도구로 이용할 것을 권하는 마음도 있다. 더 많은 자료가 있지만 지면 제약과 두려움으로 다 풀어놓지는 못했다.

4. 이 책의 제3편은 실체법과 소송법 지식을 소송문서에 활용하는 요령에 관한 것이다. 제1장과 제2장에서는 변호사와 판사가 소송문서를 작성하는 요령을 설명하고, 제3장에서는 소장과 판결서 작성의 실례를 제시한 후 모범답안과 잘못된 답안에 대한 첨삭지도를 하였다. 제1편과 2편에서 공부한 것을 시험해 보도록 함으로써 시험을 앞둔 사법연수생과 로스쿨생 및 초보 법률가들에게 도움이 되리라는 생각에 마련하였다. 제3장의 첨삭지도는 사법연수원 내 시험이나 사법시험, 변호사시험의 답안지에서 발견되는 수험생들의 실수 위주로 설명하였다. 아무리 법지식이 풍부해도 이를 답안지나 소송문서라는 구슬로 꿰어 내지 못한다면 무슨 소용이 있겠는가. 잘 쓰인 소장이나 판결문은 멋진 시나 수필만큼이나 읽는 사람은 물론 쓰는 사람에게 카타르시스를 준다.

근래 로클럭시험이나 변호사시험에서는 다양한 형태의 소송문서 등의 작성을 요구하고 그 난이도도 매우 높아가고 있어 수험생들과 초보 법률가들에게 많은 부담을 주고 있다. 결국 폭넓은 공부와 연습만이 해결방안이다. 이 책에서 소장과 판결문 외에 의견서나 검토보고서, 사법시험이나 변호사시험의 사례형 문제도 다루고 사례도 더 담고 싶은 욕심이 있었으나 시간과 지면 사정으로 인해 다음으로 미루었다.

5. 이 책을 준비하느라 2013년의 봄과 여름, 가을을 무심하게 보내 버렸다. 잠자리에서도 풀리지 않는 의문을 화두(話頭)로 삼아 고민·궁리하느라 편치 못했다. 비록 그 산물(産物)이라는 것이 고작 이 미운 오리새끼지만, 산통(産痛)을 마감하는 이 순간만큼은 푸

른 하늘을 향해 기지개를 켜고 잠시 쉬고 싶다. 그 경황없는 사이에도 늦여름 아일랜드 콩(Cong)의 애쉬포드 캐슬(Ashford Castle)과 코리브(Corrib)湖에서, 그리고 칼튼 힐(Calton Hill)이 건너다보이는 에딘버러(Edinburgh)의 저녁 식당에서 사랑하는 나의 아내와 두 딸내미랑 함께 한 시간은 정말 행복했고 내 눈가에 눈물이 맺혔다. 그 시간과 나의 가족은 나의 산고(産苦)를 달래주었고 나를 다시 일어설 수 있게 해주었다. 행복이란 그런 것이 아니겠는가 ….

세상에 공짜는 없다. 이 작은 책과 보잘 것 없는 필자의 성장에도 사회와 내 어머니, 친지, 형님들에게 많은 빚을 졌다. 이들을 생각할 때면, 지금도 그렇지만 나는 항상 눈물이 난다. 이승에서는 아마 그 빚을 다 갚을 수 없을 것이다. 다만 사랑하기 위해서 노력할 뿐.

연두색 신록이 새 생명을 움틔우며 천지를 물들여 가는 찬란한 어느 봄날 참나무 숲 언덕에서 시원한 콩 막걸리 한 잔을 기울이고 싶다. 그 자리에는 법문사 장지훈 영업부 차장님, 최문용 편집부 차장님, 그리고 이 책의 탄생에 여러 모로 고생하신 관계자 여러분을 초대하여 술잔을 같이 하고 싶다. 거기에 봄비까지 내린다면 얼마나 좋을까? 비와 풀을 사랑하여 필자 스스로 자호(自號)를 붙였는데 초우다. 비오는 날에는 草雨라 쓰고 맑은 날에는 草宇라 쓰려고 한다. 비오는 날이나 맑은 날이나 천지는 얼마나 아름다운가!

끝으로 이 책을 읽은 사람에게 공연히 시간과 노력만을 빼앗는 불행한 일이 일어나지 않기만을 바라는 마음으로 시시한 책을 펴내는 말에 가름하려고 한다. 민사법을 공부하는 사람, 민사법을 업으로 삼아 살아가는 사람, 시험을 앞둔 사람 모두에게 행운이 가득하기를 빈다.

2014년 2월 봄비 내리는 사법연수원 창가에서
저자 초우(草雨) 양경승

차 례

제 1 장 민사법의 본질과 체계

01 법이란 무엇인가?

02 민사법의 구조

제 2 장 한국 민사법의 연원

제 3 장 민사소송의 구조

01 민사소송의 기본 구조

02 민사소송의 개시와 심리

03 소송절차의 정지(중단과 중지)

04 소송의 종결

06 간이·특수한 소송절차

제 1 장

민사법의 본질과 체계

01 법이란 무엇인가?

Ⅰ. 法이란 무엇인가?

1) 인간은 자기 밖의 외물(外物)인 타자(他者)와 대립되는 존재이다. 그리고 그 타자와 인연법(因緣法)에 따라 여러 가지 관계를 맺는다. 인간에 대립하는 존재로서의 타자는 사람과 동물, 생물에 국한되지 않고, 무생물을 포함한 자연과 우주 삼라만상 전체이다.[1)]

2) 인간과 삼라만상의 관계를 규율하는 것이 곧 法이다. 이때의 법은 질서나 규준으로서의 의미를 갖는 광의의 법이다. 고로 여기에는 자연법칙과 도덕률(道德律)도 포함된다. 그러나 자연법칙과 도덕은 인간의 의식적 질서체계에 속하지 않으므로, 법해석학으로서의 법학의 논의 대상에서 제외하는 것이 보통이다.

3) 법은 인간과 타자 사이에 질서를 부여한다. 자연이 만든 질서로서의 법이 자연법(自然法)이요, 사람이 만든 질서로서의 법이 실정법(實定法)이다. 문자에 담겨 있는 것이면 성문법(成文法)이요, 관습 속에 무형으로 존재하는 것이면 관습법(慣習法)이요 불문법(不文法)이다.

법은 인간과 타자의 존재 그 자체로 주어지고 스스로 의욕해야만 주어지는 것이 아니다. 즉 인간과 외물이 존재하면 그 사이에 질서가 존재하고, 그 질서의 한 형태로서 법이 존재하게 된다. 따라서 인간이면 누구도 법으로부터 자유로울 수는 없다. 법은 이와 같이 대립하는 인간과 외물(타자) 양자의 관계를 규율하는데, 법이 규율하는 관계에서 대립하는 존재는 법주체(法主體)가 되고 법객체(法客體)가 된다. 그러나 인간이 아닌 외물이 법주체가 되는 일은 인간세계에서 거의 없으므로, 외물이 인간 또는 다른 외물과 관계를 맺을 때도 외물이 법주체가 되는 일은 없으며, 그 법률관계는 그 외물의 귀속주체인 인간에게 귀속·흡수된다. 고로 법주체는 인간만이 되는 반면 법객체는 인간과 외물 모두가 된다.

---

1) 사람과 동식물, 무생물 등과의 관계에 적용되는 법의 예로는, 국립공원구역에 함부로 들어가거나 동식물, 암석, 토사 등을 함부로 채취하거나 허가 없이 건물을 축조하는 등의 경우에 자연공원법, 자연환경보전법, 건축법 등이 적용되어 형사벌이나 손해배상, 부과금납부책임을 지는 것을 들 수 있다. 한편, 주소나 영업소, 사무소, 혼인지, 불법행위지, 채무이행지, 어음·수표의 지급지, 국적 등 장소와의 관계도 이에 속한다고 할 수 있다.

4) 법주체와 법주체 또는 법주체와 법객체 사이에 일정한 관계를 맺고 그 관계에 일정한 현상(사실)이 존재할 때, 법은 그 존재하는 현상을 법률요건으로 포섭하여 법적 규제의 대상에 편입하고, 그에 대하여 법률효과로서의 질서를 부여한다. 이 질서는 그 관계(현상)를 용인(容認)하여 그것이 본래 지향하는 목적의 실현을 돕기도 하고, 일정한 방향과 기준을 설정하여 그에 미달하는 경우 불이익을 가하거나 강제로 그 기준을 달성하기도 하며, 다양한 유인책을 제시하여 그러한 방향으로 유도하기도 한다.

그렇다고 하여 법이 모든 현상에 다 관여하지는 않는다. 사회정책상 관여할 필요와 목적이 있는 경우에만 관여한다. 예컨대, 남녀가 만나 사랑을 하는 데에는 법이 전혀 관여하지 않으나, 두 사람이 결혼을 하기로 약속하거나 그 사이에 자녀가 출생한 경우 비로소 법은 그 남녀관계나 부모자식관계에 관여하여, 그 약속 불이행에 대하여 손해배상의 제재를 과하거나, 부모, 자식에게 친권자·친생자로서의 보호·교양의 권리와 의무, 부양의 권리와 의무 등을 과한다.

그러므로 법이 관여할 만한 가치가 있는 현상(사실)만이 법률요건으로 포섭되는 법률사실이 된다. 법주체와 법주체 또는 법주체와 법객체 사이의 관계에서 발생하는 일정한 현상을 법이 뒤에서 설명하는 법률요건으로 포섭하여 거기에 법률효과를 부여할 때 그 법주체 등 사이의 관계를 법률관계라 한다.[2)]

이와 같이 법은 인간이 다른 인간이나 외물과 일정한 관계를 맺으면 그에 끼어들어 법률효과를 부여하고, 그 법률효과대로 양자의 관계를 일정한 방향으로 이끌어 가는 작용을 한다. 이때 민사법이 부여하는 중심적 법률효과가 권리와 의무이다.[3)] 따라서 권리는 법이 부여하는 힘, 즉 법력(法力)이다(권리법력설, 權利法力說).

5) 민사법은 사인 간의 민사적 생활관계 규율을 위해 권리와 의무, 권한이라는 법률효과를 중심적 법률효과로 부여한다. 권리는 상대방에 대하여 급부를 청구하거나 이익을 주장할 수 있는 법적 지위로 정의할 수 있다. 의무는 권리에 대응하는 상대방의 법적 지위다. 이에 반하여 대리권, 동의권 등의 권한은 자기나 타인의 권리, 의무의 실현을 위하여 자기의 의사를 타인에게 주장할 수 있는 지위로 정의할 수 있는바, 권리·의무에 대하여 보조적·수단적 지위를 갖는다.

---

2) 통상 이를 甲과 乙의 법률관계, 또는 그들 사이에 임대차계약이 성립한 경우와 같이 일정한 법률관계를 특정하여 甲과 乙의 임대차(법률)관계로 부른다.

3) 형사법이 부여하는 법률효과는 형벌이다.

Ⅱ. 민사법의 체계

1. 민사법의 영역

1) 우리가 민사법이라고 할 때 그 의미는 단일하지 않다. 기준을 무엇에 두느냐에 따라 그 의미가 달라지기 때문이다. 우선 넓은 의미에서의 민사법은 형사법과 헌법·정치·행정법에 대비되는 것으로서, 주로 사인(私人) 간의 재산관계 및 혈연과 혼인에 의해 형성되는 가족관계를 규율하는 법이다.

2) 이때의 민사법의 내용과 그 특성은 형사법과 헌법·정치·행정법의 그것을 비교하는 것에서 뚜렷하게 인식할 수 있다. 이 광의의 민사법은 다시 ① 협의의 민사법, ② 상사법, ③ 가사법으로 나눌 수 있다. 이 셋은 민사법의 영역에 속하는 것으로서 형사법이나 헌법·정치·행정법과 구별되는 특성을 공통적으로 가지나, 그 내부에 있어서는 이 삼자 간에도 구별되는 개별적인 특성을 갖는다. 우리가 통상 '민사법'이라고 할 때는 형사법이나 헌법·정치·행정법에 대응되는 광의의 그것을 가리키는 경우가 대부분이나, 상사법이나 가사법에 대응되는 협의의 그것을 가리키는 경우도 있다.

3) 민사법을 사인 간의 재산관계 및 혈연과 혼인에 의해 형성되는 가족관계를 규율하는 법이라고 할 때, 이는 그 내용을 기준으로 한 것으로서 실질적 의미의 민사법이라고 할 수 있다. 이에 반해 형식적 의미의 민사법은 우리가 전형적으로 민사법으로 인식하는 민법, 상법, 부동산등기법, 민사소송법 등 구체적·개별적으로 존재하는 법을 말한다.

형식적 의미의 민사법에도 실질적 의미의 민사법이라고 할 수 없는 것이 많이 들어 있다. 예컨대, 민법 제97조, 상법 제7장은 상법위반행위에 대한 과태료와 범죄, 형벌을 규정하고 있고, 부동산등기법 제111조 이하에서는 형사벌과 과태료에 관한 규정을 두고 있다. 또, 실질적 의미의 민사법은 형식적 의미의 민사법이 아닌 법에도 존재한다. 예컨대, '가정폭력범죄의 처벌 등에 관한 법률' 제4장은 손해배상책임 추궁을 위한 배상명령 신청절차를 규정하고 있고, 농지의 소작제도를 금지하는 헌법 제121조 등도 실질적 의미의 민사법이라고 할 수 있다.

4) 실질적 의미의 민사법은 다양한 형태로 존재하는바, ① 성문의 것과 불문의 것, ② 공법에 속하는 것과 사법에 속하는 것, ③ 헌법에 존재하는 것과 하위법에 존재하는 것, ④ 실체법에 속하는 것과 절차법에 속하는 것, ⑤ 일반법에 속하는 것과 특별법에 속하는 것, ⑥ 대륙법계에 속하는 것과 영미법계에 속하는 것 등으로 구별할 수 있다. 이 중에서도 가장 의미 있는 구별은 민사 실체법과 민사 절차법의 구별이다. 양자는 그 기능이 다르기 때문이다. 이러한 민사법의 구별과 유형화는 각각의 민사법이 갖고 있는 특성

을 이해하고 민사법을 사회현상에 적용하는 데에 도움을 준다.

▣ 민사법의 영역 및 다른 법과의 구별

구분	민사법	형사법	헌법·정치·행정법
실질적 민사법	◆ 광의의 민사법 ·사인 간의 거래 및 재산의 취득, 변동을 규율 ·가족 및 친족질서를 규율 ▶ 협의의 민사법(상사법, 가사법을 제외한 것. 비영리적 인간활동, 재산관계) ▶ 상사법(상행위, 회사, 어음·수표 등) ▶ 가사법(가족, 친족, 상속)	·사회공동체의 질서유지를 위한 제재로서 범죄와 형벌, 보안처분을 규율 ·사적 보복이나 제재의 금지·규제	·공적 서비스 주체인 국가와 지방자치단체 및 공무원 조직과 그 활동의 보장과 규제 ·사회공동체의 생활유지를 위한 공적 서비스와 그 규제
	◆ 특징 ·사인 대 사인의 관계 ·사적 자치(당사자 처분권)를 폭넓게 인정 ·프라이버시적 영역	◆ 특징 ·국가 대 사인의 관계 ·당사자주의나 사적 자치는 원칙적으로 인정되지 않음	◆ 특징 ·국가 등 행정주체와 사인의 관계 ·국가 등 행정주체 내부의 관계 ·당사자주의나 사적 자치는 원칙적으로 인정되지 않음
형식적 민사법	·민법, 상법, 주택임대차보호법, 이자제한법, 보증인보호법, 어음법, 수표법 등의 실체법 ·민사소송법, 가사소송법, 민사조정법, 민사집행법, 민사소송규칙 등의 절차법 ·부동산등기법, 상업등기법, 가족관계등록법, 비송사건절차법, 선박소유자 등의 책임제한절차에 관한 법률, 유류오염손해배상 보장법, 채무자회생 및 파산에 관한 법률 등의 보조적 절차법	·형법, 군형법, 국가보안법, 폭력행위등처벌법, 소년법, 특정범죄가중처벌법, 교통사고처리특례법, 부정수표단속법 등의 실체법 ·형사소송법, 국민참여재판법, 즉결심판법, 형사소송규칙 등의 절차법 ·행형법, 보호관찰법, 보안관찰법, 치료감호법, 인신보호법 등의 보조적 절차법	·헌법, 정부조직법, 국회법, 법원조직법, 지방자치법, 정당법, 공직선거법 등의 공공기관 구성법 ·국가공무원법, 지방공무원법, 경찰공무원법, 군인사법 등의 공무원법 ·건축법, 소득세법, 도로교통법, 의료법, 약사법, 여권법, 징발법 등의 행정작용법 ·행정절차법, 행정심판법, 행정소송법, 행정대집행법, 민원사무처리법 등의 절차법

2. 성문법과 불문법

1) 인간과 삼라만상의 관계를 규율하는 법은 그 존재 형태, 성질 또는 작용 원리, 작용 대상(인적 대상과 물적 대상), 다른 법과의 위계 등에 따라 여러 가지로 모습을 달리한다.

2) 우선 그 존재 형태를 보면 성문법(成文法)과 불문법(不文法)으로 구분된다. 오늘날에는 영미 등의 불문법계 국가에서도 많은 부문에서 다량의 성문법을 제정, 시행하고 있다. 또, 성문법주의를 취하더라도, 관습법과 사실인 관습에 의한 법의 보충은 불가피하다(민법 제1조와 제106조, 상법 제1조 참조). 관습법과 사실인 관습에 의한 법의 보충 역시 법의 발견과 해석 작용이므로 법원에 의해 발견, 선언된다.[4)]

3) 민사법은 사인 간의 재산관계와 혈연·가족관계를 규율 대상으로 하므로 사회공동체의 역사적 전통과 문화, 종교적 색채가 강하게 투영되며, 형사법의 죄형법정주의나 행정법의 법치행정의 원리와는 달리 관습법의 영역이 보다 넓게 인정된다.

4) 관습법이나 관습에 의한 법의 보충이 불가능한 때에는 결국 인간의 이성—자연법—의 산물인 조리(條理)가 법으로서 작용하게 되는바(민법 제1조 참조), 이는 궁극적으로 법원(法院), 즉 법관에 의해 발견, 선언된다.[5)] 이런 면에서 자연법이나 도덕률도 실정법체계로부터 절연(絕緣)되지 않고 인간의 현실 세계에 일정한 작용을 하며, 법의 발전과 개혁에 이바지하기도 한다.

3. 대륙법계와 영미법계

1) 주지하는 바와 같이 프랑스, 독일, 스위스, 오스트리아 등으로 대표되는 대륙법계 국가는 대부분의 질서 규범을 미리 성문의 법규로 마련해 놓는 성문법주의를 취하고 있는데, 그 법체계 전체가 헌법을 기본으로 하여 질서 정연한 유기적 구조를 이루는, 이른바 판덱텐 체계(Pandektistik; Pandektenwissenschaft; Pandektismus)를 형성하고 있다.[6)]

이는 로마법을 계수하여 중심으로 삼고, 여기에 게르만 보통법과 프랑스혁명을 전후하여 태동한 계몽주의 법이론을 결합하여 체계적으로 발전시킨 것으로서, 독일민법, 프랑스민법, 스위스채무법 등을 중심으로 19세기에 완성되었다.

2) 판덱텐 법체계는 로마법의 영향으로 인간 이성에 의해 논리적·연역적으로 규범을 체계화하고 추상적인 개념을 정립하여, 법질서 전체가 서로 모순·교착되지 않고 유기적

---

4) 관습법과 관습 역시 대부분 법원에 의해 발견, 선언된다. 하지만 법원이 이를 모를 경우가 많으므로 당사자는 이를 입증할 필요가 있게 된다.

5) 인간의 이성에 의하여 보충적 법원인 조리를 찾아내는 것은 법관에 의한 법의 해석작용에 속한다. 법률에 의한 재판 제도하에서 법관에 의한 법의 창조는 허용되지 않지만 법의 해석작용에 의한 법의 발견, 유추적용은 허용된다. 그러나 법해석의 목표는 어디까지나 법적 안정성을 저해하지 않는 범위에서 구체적 타당성을 찾는 데 두어야 한다. 그러기 위해서는 가능한 한 법률에 사용된 문언의 통상적인 의미에 충실하게 해석하는 것을 우선으로 하여야 하고, 다만 문언의 통상적 의미를 벗어나지 아니하는 범위에서는 법률의 입법 취지와 목적, 제·개정 연혁, 법질서 전체와의 조화, 다른 법령과의 관계 등을 고려하는 체계적·논리적 해석방법을 추가적으로 활용할 수 있다(대법원 2017. 12. 22. 선고 2014다223025 판결 참조).

6) Pandekten이라는 용어는 동로마 시대 유스티니아누스 1세의 명으로 편찬된 <로마법대전> 중의 학설집 또는 학설휘찬의 명칭인 Pandektae에서 유래한다.

으로 하나의 질서를 형성하는 특성이 있다.

이 같은 특성으로 판덱텐 체제에서는 실정법규가 없거나 부족한 경우, 법관이 법질서 전체와 통하는 조리를 용이하게 발견, 형성할 수 있고, 권리, 의무, 권리능력, 행위능력, 법률행위 등의 법률용어나 법적 개념을 법질서 전체에 통일적으로 적용할 수 있는 이점이 있다.[7] 또, 일반 국민이나 법학 학습자들은 영미법에 비해 쉽게 법을 이해하고 공부할 수 있다. 그 법질서 대부분이 인간 이성에 의해 발견, 창조된 것이기 때문이다.[8]

3) 앞서 말한 바와 같이 로마법이나 이에 기반하고 있는 대륙법은 민법을 법질서의 기본으로 삼았고, 이에 따라 민법이 크게 발전하여 정치(精緻)한 법체계를 형성함으로써 민법상의 법개념이 다른 법에 확대, 적용되는 것이 일반이다.[9] 이는 민법이 인간의 자유로운 사적 활동을 보장하는 법이기 때문일 것이다.

4) 우리나라에는 개화기와 일제 강점기에 일본을 통하여 대륙법이 수입, 접목되어 현재까지 법체계의 중심을 이루고 있다. 그 중에서도 특히 민법과 민사소송법에서 그 영향이 현저하다. 즉 우리 민사법은 일본과 마찬가지로 19세기 판덱텐 법체계와 법학이론에 뿌리를 두고 있으므로, 우리의 법해석에는 독일 등 대륙법계 국가의 법이론이 매우 중요한 작용을 한다.

5) 과거에도 그랬듯이 연원을 달리하는 법도 상호 영향을 주고받고 변화를 겪는다. 세계화, 국제화의 속도와 깊이가 심화된 근래는 특히 더하다. 대륙법계에 속하는 우리의 민사법도 영미법계의 그것으로부터 많은 영향을 받아 변하고 있음은 물론이다.

4. 헌법과 하위법

1) 인류사에서 정치적·사회적으로 무엇보다 중요한 혁명적 변화는 입헌주의(立憲主義)의 정립이다. 그리고 이는 법적 사고와 법질서의 형성에도 많은 영향을 끼쳤다. 천명론(天命論)에 의해 군주의 통치권이 하늘에서 주어진 당연한 것으로 인식하여, 어느 누구에게도 간섭받지 않고 군주 자신의 의사만으로 법질서를 형성할 수 있으며, 그 혈통을 통하여만 권력이 승계된다는 절대군주제에서는 통치자의 입장에서 피치자를 다스리는 데에

---

7) 이에 비해 영미법상의 컴먼로(Common Law)는 구체적 사회생활관계에서 그들의 역사적·전통적 규범으로 형성되어 온 것을 기본으로 한다. 이에 따라 법규가 없는 영역이 다수 존재하고(특히 시대의 변화·발전에 따라 새로운 사회현상이 발생한 경우), 상이한 영역끼리의 법이 모순·저촉되는 일이 발생하게 된다.

8) 예컨대, 채무불이행이나 불법행위에 따른 손해배상책임, 채권자대위권, 소멸시효의 법리 등은 이성을 가진 사람이라면 누구나 법전을 보지 않고서도 그 존재를 긍정할 수 있다.

9) 우리가 법학을 공부할 때 민법, 그 중에서도 민법 총칙편을 가장 먼저 공부하고, 여러 시험에서 민법 총칙편을 필수과목으로 하거나 기본 선택과목으로 하는 이유도 여기에 있다.
한편, 판덱텐 법학으로부터 자연스럽게 독일 개념법학(Begriffsjurisprudenz)이 파생되어 발전하였다. 이는 위와 같이 인간 이성을 바탕으로 삼아 연역적·논리적 추상과 개념조작을 통하여 법률적 문제를 해결하고 규범을 도출하는 방법을 법의 발견, 창조의 기초적 방법으로 삼는 데에서 비롯된 것이다.

필요한 법만이 존재한다.

2) 그러던 것이 근대시민혁명을 거치면서 통치자에게도 적용되는 법을 발견하고, 더 나아가 통치권이 하늘이 아니라 피치자로부터 일시적으로 위임·부여된 것이며, 다스림을 받는 자가 스스로 다스린다는 자동성(自同性)의 원리를 깨닫게 됨으로써 모든 사회 구성원이 법의 주체가 되는 변화를 가져왔다.

이로써 헌법이 현실 사회를 규율하는 최고의 법질서로 형성되었고, 왕의 의사나 명령이 아니라 국민에 의해 선출된 대표가 의회를 구성하여 의회가 법을 제정하는 입헌주의가 보편적 통치원리로 자리잡게 되었다. 오늘날 형식상 군주제를 유지하고 있는 국가나 공산주의 또는 사회주의를 표방하고 있는 국가조차도 외형상으로는 이 원리에서 벗어나는 경우는 거의 없다고 할 수 있다.

3) 이에 따라 오늘날 거의 모든 국가에서 법체계는 헌법을 최고의 기본적 규범으로 하여, 그 아래에 다종다양한 법규가 하위법체계를 형성하고 있다. 헌법은 기본적으로는 공법에 속하지만, 그 근본규범성과 위계에 의해 하위법규인 민사법을 규제하며(헌법 제111조 참조) 직접적으로 민사법관계를 규율하기도 한다.

예컨대, 행복추구권 및 일반적 행동의 자유(제10조), 평등권(제11조), 거주·이전의 자유(제14조), 직업선택의 자유(제15조), 주거와 사생활의 자유(제16, 17조), 재산권의 보장과 제한(제23조), 재판받을 권리(제27조), 혼인과 가족생활의 보장(제36조), 경제질서(제119조), 농지의 소작제도 금지(제121조), 국토의 이용과 그 제한(제122조) 등의 규정이 그것이다.

4) 민사 하위법규는 이러한 헌법 규범을 구체적으로 반영, 실현하여야 하고, 하위법의 내용이 헌법에 위반한 경우 헌법재판을 거쳐 무효가 선언될 수 있다.[10)]

5. 하위법의 대상(내용)

1) 헌법의 하위법은 대체로 그 인적, 물적 적용 대상에 따라 분기(分岐)되어 있다.

2) 인적 대상의 예로는, 공무원(국가공무원법, 지방공무원법), 군인(군인사법, 군인보수법, 군인연금법, 군형법, 군사법원법), 교사(교육공무원법, 교원노동조합법, 교원지위향상법, 사립학교교직원연금법), 선원(선원법), 변호사(변호사법), 법무사(법무사법) 등 그 직역에 따른 법을 들 수 있다.

3) 물적 대상의 예로는, 토지(농지법, 산림법, 초지법, 자연공원법, 도시공원·녹지법, 토양환경보호법), 물(하천법, 공유수면관리·매립법, 항만법, 해양환경관리법), 하늘(항공법), 동물(동물보호법, 축산법), 식물(종자산업법) 등의 자연물에 관한 법은 물론, 산업활동을 비롯한

10) 이런 연유로 프랑스에서는 "헌법은 우리의 민법전이다."라는 법언이 일반적으로 통용되고 민사법 법리의 전개에 헌법적 사고가 자연스럽게 지배한다고 한다.

직업활동, 이동, 통신과 교류, 휴식·오락, 종교활동, 문화활동 등 인간의 여러 활동에 관한 다양한 법을 들 수 있다.

4) 이들 하위법 가운데 실질적으로 사인 간의 재화와 용역의 거래 및 권리·의무의 설정, 혈연·가족관계를 규율하는 것이 실질적인 민사법에 속한다.

5) 참고로, 2020년 법률신문사가 간행한 대법전은 이들 하위법을 다음과 같이 세분하고 있는 것을 볼 수 있다. ① 국회, 선거, 정당, ② 법원, 법무, ③ 행정 일반, ④ 지방제도, ⑤ 치안, 방재, ⑥ 민·상법, ⑦ 민사소송, ⑧ 형사, ⑨ 재정, 경제, ⑩ 금융, 통화, ⑪ 국방, 보훈, ⑫ 교육, ⑬ 정보, 통신, ⑭ 보건, 복지.

6. 공법과 사법

1) 인류사의 변화·발전과 함께 법도 같은 과정을 밟아왔다. 그 분류기준이 분명한 것은 아니지만, 공법(公法)과 사법(私法)의 분리와 양자의 독자적 발전은 그 중에서도 가장 두드러진 현상이라고 할 수 있다. 이는 그 법이 갖는 성질 또는 작용 원리의 차이로 인한 것이다.

2) 공법 영역 중 중심적 지위를 차지하는 것은 국가기관의 조직 및 활동, 선거와 정당조직, 정치자금 등에 관한 정치관계법, 행정주체의 조직 및 행정주체와 행정객체 간의 행정작용에 관한 행정법, 공무원의 임면과 그 직무상 의무에 관한 공무원법, 범죄와 형벌에 관한 형사법, 민사소송절차, 형사소송절차, 행정소송절차 등에 관한 소송법 등이다.

3) 실질적 의미의 민사법은 근본적으로 사법에 친한 법이지만, 이는 민법, 상법, 주택임대차보호법, '부동산 실권리자명의 등기에 관한 법률', '집합건물의 소유 및 관리에 관한 법률' 등 형식적 의미의 사법은 물론, 헌법을 비롯하여 근로기준법, 공정거래법, 부동산등기법, 소비자기본법, '국가를 당사자로 하는 계약에 관한 법률', 민사소송법, 가사소송법 등의 형식적 의미의 공법으로도 존재한다.

4) 민사법이 공법과 사법에 따로 존재할 때, 상위법과 하위법, 일반법과 특별법, 신법과 구법과 같이 그 적용 대상을 같이함으로써 양자가 충돌하지 않은 이상 어느 한쪽이 우선하는 것은 아니지만, 각각의 법이 갖고 있는 공법적 특성과 사법적 특성은 법의 해석·적용에 있어 영향을 미치게 된다. 즉 공법 영역에서는 사법 영역과 달리 사적 자치나 당사자평등주의가 배제 또는 제한되거나, 의사와 표시의 불일치 또는 의사표시의 하자에 불구하고 표시된 대로 법적 효과가 강제되는 등의 특수성이 있다.

7. 일반법과 특별법

1) 이는 법의 적용 대상을 기준으로 한 것이다. 특정한 사람이나 장소, 특정한 현상

(법률사실)에 대하여만 제한적으로 적용되는 법을 특별법이라 하고, 반대로 그러한 제한 없이 일반적으로 적용되는 법을 일반법 또는 보통법이라 한다.

2) 민법은 그 적용 대상에 특별한 제한이 없는 일반법임에 반해 상법, 국가배상법, 이자제한법, 어음법, 수표법, '보증인 보호에 관한 법률', '가등기담보 등에 관한 법률', 농지법, 외국인토지법, 주택임대차보호법 등은 상사거래, 공무원의 직무상 불법행위, 이자부 금전소비대차 등 그 적용 대상이 제한되는 특별법이라 할 수 있다.

3) 일반법과 특별법의 구별은 민사절차법에도 존재한다. 민사소송법이 일반적으로 적용되는 일반법이라면, 가사관계에만 적용되는 가사소송법, 비송사건에만 적용되는 비송사건절차법, 소액사건에만 적용되는 소액사건심판법, 상고심에만 적용되는 '상고심절차에 관한 특례법' 등은 그 적용 대상이 제한되는 특별법이다.

4) 적용 대상의 제한은 중층적(重層的)으로도 발생할 수 있으므로, 어떤 법이 절대적으로 일반법이나 특별법이 되는 것은 아니다. 예컨대, 상법은 민법의 특별법이지만, 어음법이나 수표법, '주식회사의 외부감사에 관한 법률', '자본시장과 금융투자업에 관한 법률', '선박소유자 등의 책임제한에 관한 법률', '전자상거래 등에서의 소비자보호에 관한 법률', '방문판매 등에 관한 법률' 등은 상법보다 그 적용 대상을 더욱 제한한 것으로서 상법에 대하여 특별법의 지위를 갖는다.

5) 일반적으로 특별법은 일반법에 우선한다는 법원칙에 따라, 어떤 법률사실에 대하여 일반법과 특별법이 동시에 존재할 때는 법조경합에 의하여 일반법의 법규는 배제되고 특별법의 그것이 우선적으로 적용된다(상법 제1조, 가사소송법 제12, 34조, 민사집행법 제23조 제1항 등 참조).

8. 실체법과 절차법, 융합법

1) 법체계를 분류할 때 또 하나 중요하고 유용한 기준은 실체법과 절차법의 구별이다. 실체법이 대립하는 존재 사이의 현재적 관계에 적용될 질서 또는 규범으로서 권리·의무 또는 법률관계 변동의 근거라고 한다면, 절차법은 실체법에 의해 도출되는 권리나 권한, 의무 등의 법률효과를 일정한 공법적 권위와 강제력을 통하여 발견, 확인, 선언, 실현하는 데 필요한 질서와 규범을 의미한다. 물론 권리의 행사, 실현이 모두 절차법에 의하여 이루어지는 것은 아니며, 소송에 이르지 아니하고 권리의 행사, 실현 역시 실체법에 의해 이루어지는 것이 원칙이다.

2) 절차법에는 ① 민사소송법과 같이, 실체법에 의해 형성된 권리나 의무를 국가(법원)의 주재하에 대립하는 당사자 사이의 공격방어를 통해 발견, 확인, 선언하는 순수한 절차에 관한 법과, ② 이러한 권리, 의무를 형성하기 위하여 필요한 신고, 등록, 국가 등 일정한 자의 후견적 지원 등의 절차를 규정함으로써 실체법규와 함께 권리, 의무의 형성

기능을 하는 보조적 절차법 또는 광의의 절차법이 있다. 후자의 예로는 가족관계등록법, 부동산등기법, 상업등기법, 비송사건절차법 등을 들 수 있다.

3) 실체법과 절차법은 법령의 명칭만으로 구별할 수는 없다. 실체법의 대표격인 민법에도 절차법의 규정들이 있고(예컨대, 채무의 강제이행에 관한 민법 제389조 참조. 프랑스 민법은 심지어 국적 취득에 관한 규정 등까지 있다), 절차법의 대표격인 민사집행법에도 실체법의 규정이 있다(예컨대, 경매절차에서의 권리의 소멸이나 인수에 관한 민사집행법 제91조 참조). 이는 입법기술상 실체법과 절차법을 완벽히 구별하여 규정하기가 매우 어렵다는 것을 나타낸다고 할 수 있다. 그러나 실질적으로 실체법규에 해당하는 법규를 형식상 절차법에 해당하는 법령에 규정하였다거나 그 반대의 경우라고 하여, 법규의 효력에 영향이 있거나 어떤 차이가 있는 것은 전혀 아니다.

4) 절차법 중 가장 중심적인 것은 소송절차를 규율하는 소송법이다. 이 소송법도, ① 소송의 요체인 권리·의무의 발견·확인·선언 절차에 관한 본안의 소송법과, ② 그 이전 단계에서 권리나 의무를 보전하기 위한 보전소송법, ③ 본안 소송절차 이후의 단계로서 본안소송에서 확인·선언된 권리를 강제적으로 실현하기 위한 강제집행법으로 나눌 수 있다.[11)]

또, 소송법은 그 규율 분야에 따라 민사소송법, 가사소송법, 비송사건절차법, 소액사건심판법 등으로 나눌 수 있고, 특수한 사항을 대상으로 하는 '선박소유자 등의 책임제한절차에 관한 법률', '유류오염손해배상 보장법', '채무자 회생 및 파산에 관한 법률 등'도 넓은 의미의 민사절차법에 속한다. 한편, 오늘날은 소송의 대체·보완적 분쟁해결 수단(ADR)인 화해, 조정, 중재, 비송의 중요성도 커지고 있는데, 이들 절차법에는 많은 부분에서 소송법과는 다른 법리가 적용된다.

5) 절차법은 사적 자치가 제한, 배제되는 공법 영역에 속하므로, 민사절차법이나 행정절차법, 형사절차법 등의 절차법에는 모두 사법적 원리와는 어느 정도 절연되는 공통의 공법적 논리가 적용된다. 그러나 각각의 절차법은 그 적용 대상인 실체법과 완전히 독립, 절연되는 것이 아니고 양자가 밀접하게 관련되어 있다. 예컨대, 민사소송법의 경우는 형사소송법과 달리, 그 절차에도 민법과 같이 당사자주의가 적용되어 당사자주의의 파생법리인 당사자처분권주의, 변론주의에 의해 객관적 진실이 아닌 상대적 진실이 우선할 수도 있게 된다.

6) 실체법과 절차법의 구별, 독립은 공법과 사법의 그것과 비슷한 과정을 밟아 왔다고 할 수 있는데, 절차법의 독립성 내지는 독자성을 얼마나 인정하는지가 항상 논쟁의 중심과제이다. 특히 민사법 분야에서 민법, 상법 등의 실체법과 민사소송법, 가사소송법 등의 절차법의 교차·대립은 매우 복잡 미묘한 특성을 갖고 있다.

---

11) 보전소송과 강제집행은 본안소송과 달리, 대립하는 당사자의 절차적 관여가 임의적이거나 강하게 관철되지 않는다. 이런 면에서는 비송절차에 유사한 면을 갖는다.

예컨대 채무자가 채무를 변제한 경우, 실체법상으로는 그 변제의 순간 채무가 소멸하게 되나 소송법상으로도 당연히 그런 결론이 시인되는 것은 아니다. 일단 채무의 발생이 시인된 이상 채무자는 그 변제사실을 소송절차에서 스스로 주장(항변)하고 이를 입증하여야만 변제의 효과가 시인되며, 설사 법관이 변제사실을 알고 있더라도 채무자의 주장(항변)과 입증이 없으면 법원은 변제의 효과를 판단할 수 없는바, 이는 소송법상의 독자적 법리인 변론주의가 적용되기 때문이다.

이는 연대채무나 부진정연대채무의 변제나 상계 등에 있어서도 마찬가지다. 연대채무자나 부진정연대채무자 중 1인의 변제는 변제된 금액의 한도에서 채무자 전원을 위하여 공동 면책의 절대적 효력이 있으나(대법원 1976. 7. 13. 선고 74다746 판결, 1981. 8. 11. 선고 81다298 판결, 2010. 9. 16 선고 2008다97218 전원합의체판결 등) 이는 실체법관계에서만 그런 것이고, 만약 연대채무자나 부진정연대채무자가 피고로 된 소송절차에서 그 변제자는 물론 다른 연대채무자나 부진정연대채무자도 그 변제 사실을 스스로 주장(항변)하고 입증하지 않은 이상 법원은 변제의 효과를 판단할 수 없다.[12] 따라서 설사 연대채무자나 부진정연대채무자들이 하나의 소송절차에서 공동피고로 된 경우라도 그 중 1인은 변제 사실을 주장(항변)하고 입증한 데에 반해 다른 채무자는 그러한 주장·입증을 하지 않은 경우, 각각 다른 내용의 판결이 선고되는 것은 당연하다(대법원 1984. 6. 26. 선고 84다카88, 89 판결 등 참조). 그러므로 실체법관계에서 어떤 사실이 존재하고 그것이 진실이라고 하여 소송법관계에서도 곧바로 그러한 결론이 도출되는 것은 아니다.

7) 반대로, 원고가 피고를 상대로 소를 제기하여 승소하고 그 판결이 확정된 경우라도, 이는 절차법, 즉 소송법상으로 원고와 피고 사이에 그러한 법률관계가 존재 또는 부존재한다는 것이 확정되고 그 효력(기판력)에 의하여 이후 양 당사자나 법원은 그에 반하는 주장이나 판단을 할 수 없게 되나, 만약 재판 결과와 달리 실체법상 그러한 법률관계가 부존재하거나 존재하는 경우 재판이 확정되었다고 하여 실체법상으로도 그에 따른 법률관계가 형성되는 것은 아니다.

권리가 있음에도 재판에서 패소한 권리자는 이를 강제로 실현할 수는 없지만, 그렇다고 하여 그 권리가 실체법상으로도 부존재하거나 소멸하는 것은 아니므로 의무자로부터 임의의 변제를 수령할 권리까지 상실하는 것은 아니며(고로 부당이득이 성립하지 않는다), 그 권리에 대응하는 상대방의 의무는 법적 강제를 당하지 않는 자연채무가 될 뿐이다.[13] 이는 재판에 의하지 않고, 원고가 그 청구를 포기하거나 피고가 원고의 청구를 인낙하여 그에 따라 기판력이 부여되는 경우(민사소송법 제220조)에도 마찬가지다.[14]

---

12) 이는 연대채무자나 부진정연대채무자들이 하나의 소송절차에서 공동피고로 된 경우이든 각각 독립한 소송의 피고가 된 경우이든 마찬가지이다.

13) 기판력의 본질에 관하여, 실체법상의 법률관계가 재판의 결과에 따라 변동한다는 이른바 실체법설 또는 구체적 법규설(권리실재설)이 있으나, 이는 소수의 견해에 불과하며 이론상 타당하지 못하다.

14) 소송법상의 행위(소송행위)인 청구의 포기와 실체법상의 행위인 권리의 포기는 다르다. 청구의 인낙

8) 이와 같은 실체법관계와 절차법관계의 구별·단절은 대리권에서도 나타난다. 즉 실체법상의 법률관계에서 그 실체법상의 법률행위에 관하여 대리권이 있는 사람이라도, 법정대리인(미성년자의 친권자, 성년후견인 등)이나 법인의 대표자, 지배인 등과 같이 법률에 의하여 재판상 행위(소송행위)를 할 수 있는 권한이 특별히 인정되지 않는 사람은 그 실체법상의 법률관계에 관한 소송에서는 본인을 대리하여 소송행위를 할 대리권이 없다(민사소송법 제87, 56조).

실체법상의 대리권과 소송법상의 대리권(소송대리권)은 다르며, 어느 한쪽의 대리권이 있다고 하여 다른 쪽의 법률관계에 대하여도 당연히 대리권을 갖는 것은 아니기 때문이다. 따라서 실체법상의 대리인에게 소송행위의 대리권이 인정되지 않는 경우 예외적으로 법원의 허가를 얻는 등의 경우(민사소송법 제88조, 소액사건심판법 제8조) 외에는 변호사를 소송대리인으로 선임하고 소송대리권을 수여하여 소송행위를 대리케 하여야 한다(민사소송법 제87조 후문). 또한 소송대리인은 소송행위의 대리권만이 있을 뿐 실체법상의 법률관계에 대하여는 대리권이 없음이 원칙이므로, 실체법상의 법률행위인 권리포기나 채무면제, 이행기의 유예, 소멸시효이익의 포기 등은 그에 관하여 따로 대리권을 수여받지 않은 이상 할 수 없고,[15] 소의 제기나 답변서, 준비서면의 제출 등의 소송행위는 따로 실체법에서 그것을 법률요건으로 파악하여 특별한 법률효과를 부여하지 않는 이상 그 효력은 소송법상으로만 발생하고 실체법상의 법률효과는 발생하지 않는다.[16]

9) 또, 부동산 매수인은 매수한 부동산상의 부담으로서 인수하지 않은 가압류 등의 부담을 제거해줄 것을 매도인에게 청구할 실체법상의 권리가 있으나(대법원 2000. 11. 28. 선고 2000다8533 판결, 2013. 6. 13. 선고 2011다73472 판결 등), 가압류등기의 말소를 매도인에게 소송상 직접 청구하는 것은 소의 이익이나 당사자적격 문제로 허용되지 아니한다. 따라서 실체법상의 권리 모두가 소송법상 허용되는 것은 아니다. 그렇다고 실체법상 권리·의무의 발생 근거가 없는 경우까지 소송상 청구가 허용되는 것은 아니므로,[17] 실체법상의 권리·의무는 소송법상의 재판 청구에 우선한다.

(소송행위)과 권리·의무의 승인(실체법상의 행위)도 마찬간지다.

15) 통상 소송대리인은 당해 소송목적에 관한 채무 변제의 수령, 상계, 법률행위의 취소, 철회 등 실체법상의 법률행위를 대리할 권한이 있는 것으로 해석되나, 이는 본인이 소송대리권을 수여할 때 묵시적으로 그러한 실체법상의 대리권까지 수여한 것으로 해석하는 데에 따른 것이다. 따라서 소송대리권 수여행위 시 이러한 대리행위를 특히 금지한 경우에는 그러한 실체법상의 대리권을 행사할 수 없음은 당연하다.

16) 소장이나 청구의 변경서 제출은 소멸시효의 중단효나 제척기간 준수의 효력이 있는바(민법 제168조, 민사소송법 제265조), 이는 실체법(민법)에서 이를 법률요건으로 파악한 데에 따른 것이다. 한편, 소장 부본이나 답변서, 준비서면 부본의 송달로써 법률행위의 취소, 철회, 상계 등의 의사표시를 하는 경우 그에 따라 실체법상의 법률효과가 발생하는바, 이는 소송당사자가 소장 부본 등의 송달을 실체법상의 법률행위인 상대방에 대한 의사표시의 수단으로 이용하려는 구체적 의사를 표시한 데에 따른 실체법상의 효력으로서 소송법상의 법률효과(민사소송법 제248, 256, 272조 등)와는 별개의 것이다.

17) 대법원도 같은 입장으로서, "화해조항의 실현을 위하여 부동산을 경매에 붙여 그 경매대금에서 경매비용 등을 공제한 나머지 대금을 원고들 및 피고들에게 배당할 것을 구하는 소는 그 청구의 성질상

10) 이와 같이 실체법과 소송법은 복잡한 관계에 있다. 따라서 실체법과 절차법 양자에 대한 유기적이고 종합적인 이해 없이는 완벽한 양자의 체계 수립을 기대하기 어렵다. 변호사시험에서 민사 실체법과 절차법을 구별하지 않고 합쳐서 '민사법'으로 시험을 치루는 것도 이러한 이유 때문이다.[18]

여기서 양자의 비중을 한 마디로 말할 수는 없으나, 전자가 더 큰 비중을 차지할 수밖에 없다. 권리의 실현에 앞서 그 권리의 발생이 우선하기 때문이다. 민사소송을 예로 든다면, 그 중심은 원고가 어떤 권리를 어느 범위만큼 가지고 있고, 이에 대응하여 피고는 어떤 의무를 어느 범위만큼 지느냐에 있으므로, 이 과정에서 생산되는 소송문서인 소장이나 답변서, 준비서면, 판결서는 물론 변론절차에서 거론되는 것은 거의 대부분 민사 실체법이다. 이런 점에서 볼 때, 민사 실체법이 만두의 속이라면 민사 절차법은 이를 포장하는 만두피라고 비유할 수 있다.

11) 민사 실체법 공부는 다종다양한 사법적(私法的) 법률관계에 대하여 어떤 법규가 적용되고, 그것이 내포하고 있는 법률요건이 무엇이며, 그로부터 어떤 법률효과가 발생하는지를 탐구하고 이해하는 것이다. 그것은 각각의 법규마다 개별적 특성을 갖기도 하지만 사법질서(私法秩序) 내지는 공법을 포함한 법질서 전체와 조화되어야 하며, 논리적 체계와 일관성이 있어야 한다. 그렇지 않으면 인간생활이 질서정연한 것이 될 수 없다.

한편, 민사 절차법도 전체 법질서의 한 내용이 됨은 물론이다. 권리·의무나 법률관계가 형성되더라도 그것을 어떻게 실현하는지는 또 다른 차원의 문제이므로 민사 절차법도 민사 실체법만큼 중요하다. 실체법과 절차법 사이에 우열이 있는 것은 아니나, 위와 같이 논리적으로는 전자가 우선한다고 할 수 있다. 절차법은 본질적으로 실체법이 규정한 법률효과로서의 법질서를 발견, 실현하기 위한 수단에 불과하기 때문이다. 근래에는 실체법

형성의 소라 할 것인데 재판상 화해의 실현을 위하여 부동산을 경매에 붙여 대금의 분배를 구하는 소를 제기할 수 있다는 아무런 법률상의 근거가 없으므로 위와 같은 소는 허용될 수 없다"(대법원 1993. 9. 14. 선고 92다35462 판결), "기존 법률관계의 변경·형성의 효과를 발생함을 목적으로 하는 형성의 소는 법률에 특별한 규정이 있는 경우에 한하여 허용되는데, 학교법인 이사장에 대하여 불법행위를 이유로 그 해임을 청구하는 소송은 형성의 소에 해당하는바, 이를 허용하는 법적 근거가 없으므로 이를 피보전권리로 하는 이사장에 대한 직무집행정지 및 직무집행대행자 선임의 가처분은 허용되지 않는다."(대법원 1997. 10. 27.자 97마2269 결정). "기존 법률관계의 변경·형성을 목적으로 하는 형성의 소는 법률에 명문의 규정이 있는 경우에 한하여 제기할 수 있는바, 조합의 이사장 및 이사가 조합업무에 관하여 위법행위 및 정관위배행위 등을 하였다는 이유로 그 해임을 청구하는 소송은 형성의 소에 해당하는데, 이를 제기할 수 있는 법적 근거가 없으므로 조합의 이사장 및 이사 직무집행정지 가처분은 허용될 수 없다."(대법원 2001. 1. 16. 선고 2000다45020 판결)고 판시하였다.

예외적으로 권리·의무를 직접 전제로 하지 않는 법률관계에 대한 확인의 소와 증서(證書)의 진부 확인의 소가 허용되기는 하지만, 이를 통해 원고의 권리·의무나 법적 이익에 대한 불안·위험이 제거되고 그것이 분쟁 해결에 유효적절한 때에만 예외적으로 허용되므로 이 역시 간접적으로는 권리·의무의 보호를 위한 것이다.

18) 이 책이 <민사법과 민사소송의 구조>라는 문패를 달고 민사 실체법과 민사 절차법을 통합하여 해설하려는 이유도 여기에 있다.

과 절차법의 구별이 애매해지고, 하나의 법규 체계에 양자를 포괄하는 융합법이 증가하고 있다. 본서에서 말하는 민사법은 민사 실체법과 민사 절차법을 아우르는 개념으로서, 이해를 돕기 위해 이를 도해하면 다음과 같다.

■ 민사법의 체계

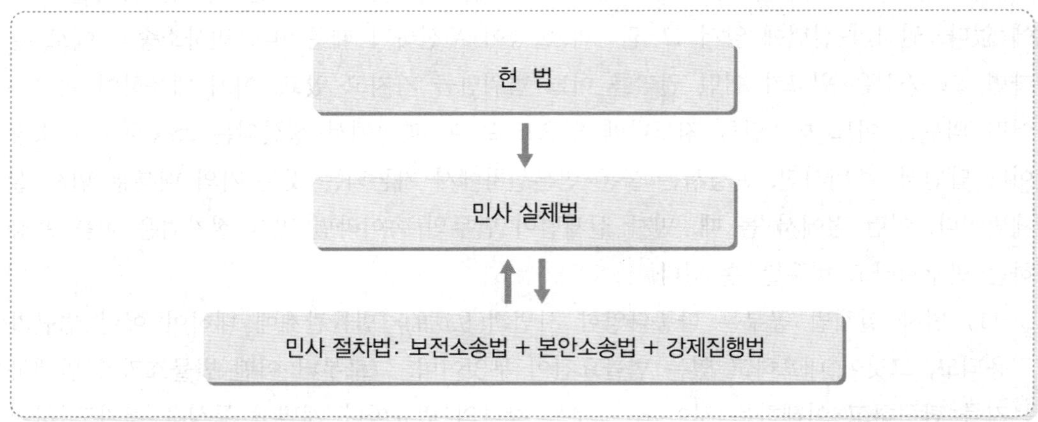

■ 민사법의 주요 구성[19)]

<table>
<tr><td colspan="2">민사 실체법</td><td>민법, 상법, 국가배상법, 금융실명거래법, 농지법, 외국인토지법, 주택임대차보호법, 상가건물임대차보호법, 어음법, 수표법, 신원보증법, 신탁법, 실화책임법, 약관규제법, 유실물법, 이자제한법, 임금채권보장법, 입목법, 동산·채권 등의 담보법, 자동차손해배상보장법, 가등기담보법, 공장 및 광업재단저당법, 자동차등특정동산저당법, 보증인보호특별법, 제조물책임법, 집합건물법, 할부거래법 등</td></tr>
<tr><td rowspan="2">민사절차법</td><td>순수한 절차법</td><td>민사소송법, 민사소송규칙, 가사소송법, 가사소송규칙, 민사조정법, 민사조정규칙, 국가를 당사자로 하는 소송에 관한 법률, 민사집행법, 민사집행규칙, 소액사건심판법, 상고심절차특례법, 증권관련집단소송법, 중재법 등</td></tr>
<tr><td>보조적 절차법</td><td>공증인법, 공탁법, 국제사법, 민사소송비용법, 비송사건절차법, 집행관법, 채권공정추심법, 선박소유자 등의 책임제한절차에 관한 법률, 유류오염손해배상 보장법, 채무자회생 및 파산법 등</td></tr>
<tr><td colspan="2">절충법</td><td>부동산등기법, 부동산등기특별조치법, 공유지분할특례법, 부동산실권리자명의등기법, 상업등기법, 가족관계등록법, 혼인신고특례법, 소송촉진 등에 관한 특례법 등</td></tr>
</table>

19) 편의상 법령의 정식 명칭이 아닌 간이한 방법으로 표시하였다. 보조적 절차법은 분쟁의 해결을 직접 목적으로 하는 것이 아니라 이를 간접적으로 수행하는 법이고, 절충법은 실체법과 절차법의 속성을 아울러 갖는 법이다.

□ 쉬어갑시다

부르다 내가 죽을 이름이여!

양경승 / 법률신문 2007. 8. 16.

『입목에 관한 법률』, 『가등기담보 등에 관한 법률』, 『음반·비디오물 및 게임물에 관한 법률』 …. 단숨에 부르기에는 아무래도 벅차다. 그래도 이 정도면 약과다. 『개발제한구역의 지정 및 관리에 관한 특별조치법』, 『공무원의 노동조합설립 및 운영 등에 관한 법률』, 『부동산가격공시 및 감정평가에 관한 법률』, 『배타적 경제수역에서의 외국인어업 등에 대한 주권적 권리의 행사에 관한 법률』 등등. 이 정도면 부르다 숨이 넘어간다.

민법, 민사소송법, 검찰청법, 계엄법, 고속국도법 …. 얼마나 간단명료하고 부르기 쉬운 법률 이름인가. 법률은 이를 집행하고 지키는 사람들이 부르기 쉽고 떠올리기 좋은 이름을 지어줘야 가장 좋은 일이다. 요즘의 추세를 보면 "…에 관한 법률"이란 후렴구를 붙이거나, 법률의 내용을 낱낱이 이름에 드러내는 게 유행이다. 이런 현상은 갈수록 심해지고 있다. 『국민의 형사재판참여에 관한 법률』, 『장애인 차별금지 및 권리구제 등에 관한 법률』, 『특정성폭력범죄자에 대한 위치추적 전자장치 부착에 관한 법률』 …. 최근에 새로 제정된 법률들이다. 그러나 정작 이 긴 이름을 그대로 부르는 일도 사실 없다. 법전 등 공식문서에서나 이름 대접을 해줄 뿐, 모두가 입목법, 가담법, 음비법(음반·비디오물 및 게임물에 관한 법률), 특가법(특정범죄가중처벌 등에 관한 법률) 등으로 줄여 부르고, 판결문에서도 마찬가지다.

이런 법률 이름 늘어뜨리기 현상의 주범은 자주성 없는 일본 베끼기와 각 기관의 한건주의다. 이제는 베끼기와 결별할 때도 되었건만 유아기를 못 벗어나고, 무슨 일만 터졌다 하면 긴 이름의 법률 하나 만들어 헛된 공명(功名) 내세우기도 여전하다. 법령이 필요한 경우에도 꼭 새로 만들 것이 아니라 기존의 관련 법령이 있으면 여기에 담아야 법령의 유기적 일관성과 정합성(整合性)에도 도움이 되고, 국민의 체계적 법 이해와 집행의 편의를 꾀할 수 있다. 그러므로 『입목에 관한 법률』과 『실화책임에 관한 법률』은 당연히 민법에 들어가야 하고, 『국가를 당사자로 하는 계약에 관한 법률』은 국가재정법에, 『사법경찰관리의 직무를 행할 자와 그 직무범위에 관한 법률』은 형사소송법에 포섭되어야 한다.

우리 법률문화의 병폐 중 또 하나는 유사법률이 너무 많고 개정·변경이 잦아 법률전문가조차 헷갈린다는 것이다. 더하여, 특별법·특례법의 양산으로 기본법이 사문화되고, 특별법에 다시 특별법이 얹어져 법 적용의 순서마저 혼란에 빠뜨리고 있는 것도 큰 문제다. 근래 추진되고 있는 법률 제명의 띄어쓰기(아직은 미진하여 일부 법률은 띄어쓰기가 안 되고 있다)와 한글화 작업은 반가운 일이다. 이제는 각 국가기관과 법제처, 국회가 이 문제에도 관심을 기울여, 더 이상의 낭비와 비효율을 막고 불합리와 혼선을 깨끗이 바로잡았으면 한다.

Ⅲ. 법조인(법률가)의 사명

1. 사회현상의 설명

1) 법은 인간과 타자 간의 관계 전반을 규율하므로, 그 미치는 영역은 물론 관계되는 부문이 광대무변(廣大無邊)하다. 정치, 경제, 행정, 사회, 복지, 문화, 지식, 자연과학, 발명 등등 인간의 삶 전반에 미치지 않는 곳이 없다. 우리가 피상적으로 알듯이 법은 결코 육법전서(六法全書)라는 좁은 틀 속에 갇힌 존재가 아니다.

2) 따라서 법률가는 우선 이들 인간의 삶 전반에서 야기되는 현상으로서의 모든 관계를 설명할 수 있어야 한다. 정치와 행정을 예로 들어보면, 국가의 의미, 국가의 권력구조와 조직형태, 국가의 구성 원리, 국가와 국민의 관계, 국가와 다른 국가의 관계, 국가와 국제기구의 관계, 국민의 의의, 국민의 권리와 의무, 국민의 권익 침해 시의 구제수단, 정부의 인적·물적 자원의 조달과 이용 방법 등등을 모두 설명할 수 있어야 한다. 이는 곧 대립하는 존재 사이의 다양한 관계에 관하여, 그 관계가 어떻게 형성되고 그 관계에 어떤 규범과 질서가 부여되는지를 설명하는 것이다. 이것이 법률가의 일차적 사명이다.

3) 그러므로 법률가는 박학다식(博學多識)하여야 한다. 민사법에 관해서만 말한다면, 민법, 상법, 어음법, 수표법, 주택임대차보호법, 상가건물임대차보호법 등의 여러 실체법이 규정하고 있는 법률요건과 법률효과에 정통하여야 하고, 또 그것을 확인·실현하기 위한 수단인 민사소송법, 민사조정법, 민사집행법 등 절차법의 법리에도 막힘이 없어야 한다.

4) 그러기 위해서 법조인은 세상의 변화, 발전에 주목하면서 끊임없이 지식을 습득하여야 한다. 사회경제 사정의 변화에 따라 다양한 법이 새로 생기거나 없어지며, 또 그 내용이 변경되기도 하고, 때로는 법이 먼저 제정되어 사회의 변화를 유도하기도 한다. 그러므로 법의 이 같은 변천에 법률가로서 대응하기 위해서는 현실의 법제도에 구속됨이 없이 생각의 깊이와 공부의 넓이를 더욱 확대하여야만 한다.

5) 이 과정에서 가장 먼저 필요한 것은, 현재까지 우리의 선배 법학자와 법조인들 및 인류가 이룩해 놓은 지식과 진보의 결과를 완벽하게 파악·이해하는 것이다. 디딤돌이 없이는 멀리 도약할 수 없고, 현재를 외면한 채 미래를 그릴 수는 없기 때문이다.

2. 갈등과 분쟁의 해결

1) 법률가는 대립하는 존재 사이의 관계에서 발생하는 갈등과 분쟁을 해결하여야 할 사명이 있다. 인간과 대립하는 타자 사이에는 있어야 할 당위(當爲)로서의 질서가 있는데, 그것이 어떤 원인이로든 실현되지 못할 때 법률가는 그것을 발견하고, 그것에 맞추어

양자의 관계를 유도, 변화시켜야 한다. 고로 법률가는 사회적 질병을 진단·치유하는 사회의(社會醫)라고 할 수 있다. 여기에 법률가의 사명과 사회적 존재의의가 있다.

2) 의사는 무엇보다 환자에 대한 따뜻한 시선과 동정심을 가져야 한다. 그러므로 사회의로서의 법률가 역시 인간에 대한 무한한 관심과 애정을 가져야만 훌륭한 법률가가 될 수 있다. 그러기 위해서는 가슴과 눈과 귀를 열어야 한다. 이들을 닫아 두고서는 관심과 애정이 나올 수 없다.

3. 이상사회를 향한 변혁과 새로운 사회질서의 창조

1) 법률가는 현재의 사회현상에 갇혀서는 안 된다. 현재 존재하는 법질서라고 하여 그것이 절대적 진리라거나 지고지선(至高至善)이 될 수는 없기 때문에 항상 새로운 변화·발전을 꾀하여야 한다. 봉건귀족제나 전제군주제, 노예제도, 종교 지상주의가 현실을 지배하였을 때 법률가와 사회 성원들이 그것을 지고지선으로 받아들이고 거기에 안주하였다면, 오늘날 우리가 보는 인류 삶의 형태와는 한참 거리가 먼 세상이 되었을 것이다. 그러므로 사회는 과학기술과 마찬가지로 언제나 진보한다는 진리만이 유일한 진리이다. 사회의 변화·발전 방향은 더 많은 사회 구성원, 나아가 더 많은 인류가 더욱 자유롭고 공정하게 행복을 추구하고 향유할 기회를 보장 받는 사회의 건설이다.

2) 결국 법률가가 지향하는 사회는 모든 인간이 꿈꾸는 이상세계이다. 그러나 이 역시 시대에 따라 변화하는 것이므로 끊임없는 변혁(變革)과 창조가 뒤따라야만 하며, 법률가는 더 나은 인간세계를 위해 새로운 질서를 선도·창조해야만 한다.

02 민사법의 구조

Ⅰ. 법률의 구조와 형태

1) 법률요건과 법률효과, 법률사실을 올바르게 이해하기 위해서는, 먼저 법규, 즉 법령에 대한 이해가 필요하다. 실체법이든 절차법이든 거의 모든 법은 법률요건과 법률효과, 법률사실을 가지며, 이에 의하여 질서의 형성·유지 기능을 수행한다.

2) 그리고 이는 구체적인 소송과정에서도 중심적 지위를 차지한다. 따라서 청구, 소송물, 소송의 목적, 소송의 주제, 변론주의의 적용 범위, 중복소송, 기판력 등 민사소송법의 핵심 개념을 이해하기에 앞서 각 법규, 특히 민사 실체법의 성질과 각각의 법규의 법률요건과 법률효과, 법률사실을 정확하게 이해하여야만 한다.

1. 법률, 법령과 법규

가. 개 념

1) 우리가 법이라고 할 때, 그것은 넓게 규범으로 인식할 수 있는 것을 말한다. 그러므로 여기에는 성문법과 불문법, 헌법과 법률, 법률과 동등한 효력이 있는 국제법, 법률의 하위에 있는 명령과 규칙, 지방자치단체의 조례와 규칙을 모두 포함한다.

2) 법률과 명령, 규칙, 조례 등 성문의 법은 일반적으로 그 규율 대상을 단위로 하여 성립하는바, 민법, 상법, 상법시행법, 주택임대차보호법 시행령, '이자제한법 제2조제1항의 최고이자율에 관한 규정'(대통령령) 등이 그것이다. 이러한 형태의 성문의 법을 우리는 통상 법령(法令)이라 하며, 때로는 규정(規程)이라고도 한다.

나. 법령, 법규의 얼개

(1) 총 론

1) 성문의 법령은 그 규율 대상이 많을 경우 그 대상에 따라 이를 여러 가지로 나누어 정하는데, 법령의 내용을 기술(記述)하는 단위는 조(條)를 기본으로 하는 것이 관행이다. 그리고 이 조의 하부 항목으로 항(項), 호(號), 목(目)을 두고, 조의 상부 항목으로는

위로부터 편(編), 장(章), 절(節), 관(款)을 두는데, 필요에 따라 그 일부를 생략하기도 한다. 위 조, 항, 호, 목을 법규(法規) 또는 규정(規定)이라고 한다.[1)]

조, 항, 호, 목은 일정한 연관관계가 있으나, 법령에 특별한 언급이 없으면 이들은 각기 독립한 법규이며 독자적인 효력을 갖는다. 반면에 편, 장, 절, 관은 법규를 일정한 기준에 따라 배열하기 위한 편의에서 마련된 것일 뿐 법규가 아니므로 아무런 법적 효력이 없다.

2) 조는 당해 법령을 한 단위로 하여 1번부터 차례로 연속하여 붙이며, 편, 장, 절, 관이 변하더라도 그에 관계없이 연속한다. 반면에 항, 호, 목은 각각의 상위 단위인 조, 항, 호의 내에서만 일련번호를 갖는다. 법령을 개정하면서 조와 조 사이에 새로운 조를 삽입하고자 할 때는 앞선 번호의 조에 가지번호를 붙이며, 가지번호는 '제○조의2'부터 시작한다(고로 첫 번째 가지번호는 '제○조의1'이 아니라 '제○조의2'가 된다). 이 가지번호가 붙은 조도 다른 조와 마찬가지로 독립한 법규이며 독립한 효력을 갖는다.

3) 법령에 따라서는 헌법과 같이, 편, 장, 절, 관이나 전문(前文)을 두어 법령의 제·개정(制改正) 경위, 당해 법령이 추구하는 지향점이나 목표, 입법취지 등을 기술(記述)하는데, 이에 대해서도 법규로서의 효력을 인정할 것인지 여부를 둘러싸고 논의가 있으나, 법령 해석에 참고가 될 수는 있어도 직접적인 법규로서의 효력은 없다고 할 수 있다.

4) 법령에는 일반적으로 규율의 대상에 대한 일반적인 사항을 규정하는 법규와는 별도로 법령의 제정·개정과 그 시행에 따른 부차적인 사항을 규정하는 법규를 구별하여 기술하기도 하는데, 보통 일반적인 사항을 규정하는 법규인 전자를 전문(全文) 또는 각칙본조(各則本條)라고 하고 후자를 부칙(附則)이라고 한다. 부칙은 전문과 별도로 제정·개정시마다 각각 따로 일련번호를 부여하는데, 때로는 조는 없이 항으로만 구성하거나 조, 항 등이 없는 경우도 있다. 전문이든 부칙이든 그것이 법규인 이상 법적 효력에는 아무런 차이가 없음은 물론이다.

5) 법령의 전문이나 본조에는 규율 대상에 대한 일반적인 사항의 법규 외에 당해 법령의 입법목적, 적용 대상, 당해 법령에서 사용하는 용어의 정의에 관한 법규, 즉 정의규정(定義規定)를 두는 경우가 많다. 이들 법규도 당연히 다른 법규와 동일한 효력(규범력)을 갖는 것은 물론이나, 그 구체적인 효력은 다음에 보는 바와 같이 사뭇 다르다고 할 수 있다.

6) 부칙에는 당해 법령의 시행일, 실효일(시행 종료일), 종전에 이루어진 법률현상이나 법적 효력에 대한 경과조치(經過措置), 다른 법령과의 관계, 다른 법령의 개정·폐지 등을 규정하는 것이 보통이다. 이들 규정의 효력(규범력) 역시 위와 같다.

---

1) 規程은 개개의 조항이 아닌 특정한 법령 전체를 말하고, 規定은 개개의 조항을 말한다. 규정집(規程輯) 또는 규정집(規程集)은 여러 개의 規程을 수록하여 법전과 같은 기능을 하는 책자를 말한다.

(2) 법률요건, 법률사실, 법률효과

1) 민사법을 비롯한 대부분의 법은 법률요건과 법률사실, 법률효과라는 3요소를 내용으로 한다.

2) 법이 규율의 대상으로 삼아 법규의 내용으로 규정한 사회구성원들의 일정한 행위나 사회현상이 법률사실(法律事實)이고, 이러한 법률사실이 특정한 법률효과 발생과 관련되어 일정한 단위를 이루고 상호 밀접한 관계를 맺고 있을 때 그러한 법률사실의 집합이 곧 법률요건(법률요건)이다. 그리고 그 법률사실과 법률요건을 충족할 경우, 당해 법주체나 법객체의 법적 지위나 법률관계에 변동을 일으키는 것을 법률효과(法律效果)라고 한다.

3) 민사법은 사회구성원들의 사법적 생활관계에 관하여 법률요건과 법률사실, 법률효과라는 규범체계로 이루어진 법이라 할 수 있다. 그것으로써 법주체인 사회구성원들에게 권리나 권한, 의무를 부여하거나 부과하고 그 실현을 도우며 강제하기도 한다. 물론 모든 민사법규가 다 이러한 3요소를 갖고 있는 것은 아니지만, 실질적 의미에서의 민사법은 이러한 요소를 필수로 하며, 이는 실체법이나 절차법 모두 동일하다.

(3) 개별 법규, 복수 법규

1) 위와 같이 일정한 법률효과의 발생에는 복수의 법률사실이 필요하고, 한 개의 법률사실에서 법률효과가 발생하는 일은 거의 없으므로, 법률효과 발생에 직접 연결되는 것은 법률사실이 아니라 법률요건이며, 그것이 보다 중요한 의미를 갖는다. 따라서 어떤 법률사실이 존재하더라도 그것만으로 곧바로 법률효과가 발생하지 않고, 법률사실이 곧 법률요건이 되는 것도 아니다.

2) 어떤 법률사실이 구체적으로 어떤 법률요건을 구성하는지를 판단하는 것은 법해석의 문제로서, 학설과 판례를 통해 해결하여야 한다. 기본적으로는, 그로부터 곧 일정한 법률효과가 도출되어야만 법률요건이 될 수 있는 자격이 있다. 법률효과가 발생하지 않는 것은 법률요건이라고 할 수 없다.

따라서 법률요건이 되기 위해서는, ① 한 개 이상의 법률사실(행위나 현상)을 그 구성요소로서 가지고, ② 그로부터 직접 일정한 권리·의무의 발생 또는 법률관계 변동의 법률효과를 발생시키며, ③ 다른 법률요건과 구별되는 독자성과 독립성을 가져야 한다. 어떤 법률사실이 그 자체로서 독립한 법률요건인지 아니면 다른 법률요건의 구성요소에 불과한 것인지를 판단하는 데에 있어 중요한 기준이 되는 것은 그 법률사실의 독립성과 법률효과 발생 여부이다.

3) 어떤 법률요건을 다른 법률요건과 구별하여 그 독자성과 독립성을 판단할 때는 위와 같은 기준이 적용되어야 한다.

예컨대, 증여계약과 증여계약의 해제, 매매와 하자담보는 각각 별개 독립한 법률요건이다. 증여계약이 성립한다고 하여 당연히 그로부터 해제권이라는 법률효과가 발생하는 것이 아니며, 채무불이행이나 당사자의 약정, 서면에 의하지 않은 증여나 증여자의 재산상태 변동 등 증여계약과는 별개로 일정한 법률사실이 발생하여야 하고(민법 제555조 내지 제557조), 그 요건이 충족되면 그로부터 증여계약 본래의 법률효과(재산권 이전청구권과 그 의무)와는 다른 법률효과(증여계약의 해제권)가 발생하게 된다.

매매의 경우에도, 그것만으로 당연히 해제권, 손해배상청구권, 대금감액청구권 등의 하자담보책임상의 법률효과가 발생하는 것이 아니어서 법률상 하자나 수량 부족 등의 별개의 법률사실이 필요할 뿐 아니라(민법 제570조 내지 제581조), 이러한 법률효과는 본래 매매라는 법률요건에서 당연히 예정하고 있는 법률효과(재산권이전청구권 및 대금지급청구권과 그 의무)도 아니므로 서로 별개의 법률요건에 해당한다.

4) 한편, 법률요건은 반드시 실정법규 한 조문에 하나의 법률요건이 성립하는 것은 아니다. 착오(민법 제109조), 유실물의 소유권 취득(민법 제253조), 매장물의 소유권 취득(민법 제254조) 등과 같이 때로는 하나의 조문이 하나의 법률요건을 이룰 수도 있고, 부당이득(민법 제741조 내지 제749조)과 같이 여러 개의 조문과 법규가 모여서 하나의 법률요건을 이루는 경우도 있다. 그러나 법은 법률효과와 마찬가지로 법률요건과 법률사실에 관하여도 모든 경우에 충분하게 이를 규정·기술하고 있지는 않다. 따라서 이 부분도 관습법과 조리에 의하여 보충이 필요하다.

5) 민사법규는 민법이나 상법, 민사소송법, 민사조정법 등과 같이 하나의 단일한 성문법으로 존재하기도 하지만, 위와 같이 그 안에서 조와 항, 목 등의 개별적 형태로 존재하기도 한다. 실질적으로 법규로서 중요한 의미를 갖는 것은 전자보다는 후자이다. 그리고 개별 법규는 상호 독립적이지만, 위와 같이 상호 밀접한 연관성을 갖는 경우가 많고, 때로는 복수의 법규가 모여서 하나의 법률요건을 이루거나 그에 대응하여 법률효과를 부여하기도 한다. 따라서 이들 법규 상호 간의 관계를 정확하게 이해하는 것이 필요하다.

6) 한편, 한 개의 법률요건에서 발생하는 법률효과가 반드시 한 개인 것은 아니다. 예컨대, 매매라는 법률요건에서는 재산권이전청구권 외에 대금지급청구권이라는 복수의 법률효과가 발생하며, 그 외에도 인도를 요하는 재산권이면 인도청구권이 발생하고, 또한 그 재산에 가압류등기나 근저당권설정등기 등의 제한이 있는 경우에, 이를 매수인이 인수하지 않은 때는 그 제거청구권도 발생한다(대법원 2000. 11. 28. 선고 2000다8533 판결, 2009. 5. 14. 선고 2009다5193 판결 등 참조).

(4) 법률요건 법규, 법률효과 법규

1) 대체로 실질적 의미의 민사법은 하나의 조문에 법률요건과 그 요건사실 및 법률효과를 함께 규정하나, 매매에 관한 민법 제563조와 제568조, 사용대차에 관한 민법 제609

조와 제610조, 임대차에 관한 민법 제618조와 제623조 등과 같이 법률요건을 정하는 법규와 법률효과를 정하는 법규를 따로 두는 경우가 있다.

2) 또 한편으로는, 교환에 관한 민법 제596조와 같이 법률효과를 규정하지 않는 경우도 있다. 이 경우 그 효과는 해석에 의하여 도출할 수밖에 없다.

(5) 기본 법규, 파생 법규

1) 민사법규 중에는 하나의 법률요건과 이를 기초로 한 하나의 법률효과를 규정하는 것도 있다.

2) 반대로, 임대차에 관한 민법 제623조와 제626조 내지 제628조, 부당이득에 관한 민법 제741조와 제747조 내지 제749조 등과 같이, 기본이 되는 법률사실을 기초로 그 법률요건과 법률효과를 규정하고, 아울러 그로부터 파생되는 법률사실과 법률관계를 기초로 한 법률요건과 법률효과를 따로 규정하는 법규도 있다.

(6) 임의법규, 강행법규

1) 법이 위와 같이 질서의 유지·형성 기능을 하고 행위규범과 재판규범의 역할을 한다고 하더라도, 그 법의 적용에 있어 일률적으로 강제성을 가질 필요는 없다. 때로는 법주체의 의사를 존중하여 이를 우선하고 법은 보충적으로만 적용할 필요도 있다. 법주체인 당사자의 의사에 의하여 당해 법규의 적용을 배제할 수 있는 것이 임의법규이고, 그 반대의 것이 강행법규이다.

2) 강행법규 중에서 그 위반 시 사법적 효력이 부인되는 것을 효력규정, 그렇지 않은 것을 단속규정으로 나누는 것이 일반이다. 강행법규에 위반할 경우 여러 가지 불이익이 따른다. 강행법규의 의미와 효력에 대해서는 뒤에서 보는 바와 같은 복잡한 문제가 있다.

3) 개별 법규 자체에서 강행법규성을 선언하고 있는 경우도 있지만, 이를 규정하지 않는 것이 보통인바, 이 경우 그 해석 기준이 되는 것은 민법 제105조이다.

2. 민사법규의 유형

가. 법규의 내용에 따른 분류

1) 앞서 본 바와 같이 법은 사회구성원들의 행위와 사회현상을 규율하여 질서를 유지하기 위한 기능을 수행하기 위하여 존재하는바, 이러한 기능을 수행하기 위한 법규는 다양한 형태로 존재한다. 이는 다음과 같이 그 내용을 기준으로 해서 세 가지 유형으로 나눌 수 있다.

2) ① 법주체의 일정한 행위와 사회현상에 대하여 특정인에게 권리를 부여하고, 동시

에 다른 특정인에게는 의무를 부과하며, 일정한 행위나 사회현상이 있는 때는 그 권리·의무의 발생·행사를 부인하거나 변경·소멸을 규율하는 것은 물론, 때로는 강제적으로 그 내용을 형성하여 질서가치를 구현하는 것(권리·의무의 변동에 관한 법규), ② 위와 같은 권리·의무의 주체가 되거나 행위를 할 수 있는 법주체로서의 자격의 취득과 그 상실을 규율함으로써 위 ①의 질서가치 구현을 보조하는 법규(권리·의무의 주체에 관한 법규), ③ 법주체로서의 사회구성원이 사회공동체 내에서 행위와 사회적 활동을 하는 데에 필요한 제도적 장치(시스템)를 마련하여 궁극적으로 법주체에 의한 ①의 질서가치 구현을 보조하는 법규(법적·제도적 장치에 관한 법규)가 그것이다.

(1) 권리·의무의 변동에 관한 법규

1) 이는 평등한 사회구성원 상호 간의 자유의지에 기한 행위 및 그와 연관·파생된 일정한 사회현상의 존재를 요건으로 법주체에게 권리·의무의 변동이라는 효과를 부여하는 것을 내용으로 하거나, 법질서 전체 차원에서 그것의 용인 여부를 규정하는 법규이다. 민사법에 있어 법주체 상호 간의 관계는 권리·의무관계를 기본으로 하므로 자연히 이러한 법규가 민사법의 중심적 위치를 차지한다.

2) 권리·의무의 변동이란 권리·의무의 발생, 변경, 소멸을 말한다. 민법상 점유권, 소유권, 용익물권, 담보물권의 여러 가지 물권과 매매, 증여, 임대차, 소비대차, 불법행위, 부당이득 등에 따른 다양한 채권·채무, 혈연관계나 결혼에 따른 친족법상의 권리·의무의 발생·행사·변경·소멸을 규정하는 법규(뒤의 '구체적 구성요건에 관한 규범')와 민법 제2조, 제103조, 제104조 등(뒤의 '순수판단규범')이 이에 속한다. 상법이나 '가등기담보 등에 관한 법률', 이자제한법 등의 다른 민사 실체법도 이와 같다.

3) 권리·의무의 변동이란 위와 같이 권리·의무의 발생, 변경, 소멸을 의미하나, 넓게는 권리·의무의 행사, 권리·의무의 발생·행사·변경·존속·소멸을 저지하는 법률효과 역시 이에 해당한다고 할 수 있다.

(2) 권리·의무의 주체에 관한 법규

1) 이는 행위와 사회현상의 귀속주체인 법주체, 즉 자연인과 법인에 관한 법규로서, 권리능력이나 행위능력의 취득, 상실, 제한을 내용으로 한다. 이러한 법규는 그러한 법주체 자신의 이익 보호를 1차적 목적으로 하지만, 그와 일정한 관계를 맺는 다른 법주체의 이익을 보호하고 전제적인 사회질서를 유지하는 것을 2차적 목적으로 한다.

2) 구체적 사회공간에서 누가 언제 법주체가 되는지를 분명히 하고, 능력이 떨어지는 법주체의 책임한계를 분명히 하는 것은 사회공동체의 질서 유지에 불가결하다. 따라서 이는 위 권리·의무의 변동에 관한 법규와 결합하여 중요한 기능을 한다.

3) 사람의 출생과 사망, 부재와 실종, 태아의 지위, 법인의 설립과 분할·합병·해산, 법인의 기관, 성년자의 기준과 미성년자의 행위 제한, 성년후견이나 한정후견의 선고와 그 취소 등에 관한 법규가 이에 해당하며, 외국인토지법, 농지법 등과 같이 국적의 유무에 따라 권리관계가 영향을 받는 경우 국적의 취득과 상실에 관한 법규도 이에 포함시킬 수 있다.

(3) 법적·제도적 장치(시스템)에 관한 법규

1) 이는 법주체의 사회적 활동에 필요한 법적·제도적 장치(시스템)를 설정하여, 이들의 활동과 권리·의무의 실현을 돕고, 일정한 범위에서 이를 규제하기 위한 법규이다. 이들 법규는 권리·의무의 변동에 직접적으로 작용하지는 않지만, 궁극적으로는 그 실현을 보조함으로써 사회구성원들의 이익을 보호하고 사회질서를 유지하는 기능을 한다.

2) 미성년자 등 제한능력자 보호를 위한 친권자·후견인·파산관재인·상속재산관리인·유언집행자 등의 법정대리인, 부재자의 재산관리인, 청산인·검사인 등의 선임과 그 취소, 동산이나 부동산 등의 등기·등록, 법인·상호·영업을 하는 제한능력자·부부재산계약 등의 등기, 가족관계등록, 공증, 공탁, 주소·거소·사무소·영업소 등에 관한 내용을 규정하는 민사법규가 이에 속한다.

3) 민사소송법이나 가사소송법, 비송사건절차법 등의 주요한 내용을 이루는 법규도 법주체의 권리·의무 실현을 돕는 법적·제도적 장치(시스템)라는 점에서 넓게는 여기에 포함된다고 할 수 있다.

4) 한편, 당해 법령의 입법목적, 적용 대상과 범위, 당해 법령에서 사용하는 용어의 정의, 당해 법령의 시행일, 실효일(시행 종료일), 기간 계산의 방법 등을 내용으로 하는 법규도 법주체에게 직접 권리·의무를 변동케 하거나 법주체의 지위에 관한 것이 아니므로 여기에 포함시킬 수 있다.

▣ 법규의 내용에 따른 민사법규의 유형

구분	권리·의무의 변동에 관한 법규	권리·의무의 주체에 관한 법규	법적·제도적 장치(시스템)에 관한 법규
의의	일정한 행위나 사회현상의 존재를 요건으로 법주체에게 권리·의무의 변동 효과를 부여	법주체(자연인과 법인)의 권리능력이나 행위능력의 취득, 상실, 제한, 보조	법주체의 사회적 활동과 권리·의무의 실현 보조 및 규제를 위한 법적·제도적 장치(시스템)의 설정·운용
예시	물권, 채권·채무, 친족법상의 권리·의무의 발생·행사·변경·소멸에 관한 법규	사람의 출생과 사망, 부재와 실종, 태아의 지위, 법인의 설립과 분할·합병·해산, 법인의 기관, 미성년자의 행위	법정대리인, 부재자의 재산관리인, 청산인·검사인 등의 선임과 그 취소, 각종의 등기·등록, 가족관계등록, 공증, 공탁,

		제한, 성년후견이나 한정후견의 선고와 그 취소, 국적의 취득과 상실에 관한 법규	주소·거소·사무소·영업소, 법령 용어의 정의, 법령의 시행일, 실효일, 기간 계산의 방법 등에 관한 법규

나. 규율 형태에 따른 분류

(1) 허용규정

1) 민사법은 각각의 법이 목표로 하는 질서의 형성·유지를 위하여 기본적으로 법주체 등 사회구성원들의 일정한 행위와 그에 파생·연관된 사회현상을 적극적으로 허용하는 형식으로 이를 규율한다. 즉 사회질서 전체적인 시야에서 적법한 것으로 용인되는 행위와 사회현상을 규정하고, 그에 대하여 앞서와 같은 권리·의무의 변동이라는 효과를 부여하는 것이다.

2) 매매, 교환, 증여, 임대차, 저당권설정계약 등의 법률행위나 시효취득, 사무관리, 부당이득, 소멸시효의 완성 등과 같이 민법상 적법행위로 분류되는 행위와 사회현상에 대하여 권리·의무의 발생, 변경, 소멸이라는 법률효과를 부여할 것을 내용으로 하는 법규가 이에 해당하며, 민사 실체법의 중심적인 지위를 차지한다.

(2) 금지규정

1) 민사법은 각각의 법이 목표로 하는 질서의 형성·유지를 위하여 사회질서 전체적인 시각에서 보아 용인될 수 없는 행위와 사회현상을 위법한 것으로 규정하여 금지하고, 그 위반에 대하여 불이익을 가하기도 한다.[2)]

그 불이익으로는, ① 법주체가 의욕·희망하는 권리·의무 등 법률관계의 변동을 거부하거나, ② 민법 제280조 단서 및 제281조 제1항의 기간에 미달하는 지상권의 존속기간을 약정한 경우, 이를 법정 최단기간으로 간주하는 것과 같이 강제로 일정한 법률관계를

---

2) 금지의 대상은 사람의 행위나 사회현상인데 주로 사람의 행위이다. 사람의 행위가 아닌 것은 금지를 해도 그 준수를 기대할 수 없기 때문이다. 소극적 금지의 경우 법률행위나 비법률행위 모두가 그 대상이 되나 적극적 금지는 거의 모두 법률행위나 준법률행위를 대상으로 한다. 당사자가 의식적으로 어떤 법률효과를 얻으려고 하는 경우 법률행위 등을 통해 그 목적을 달성하게 되므로, 이를 적극적으로 금지하여야만 금지의 효과를 기대할 수 있기 때문이다.
그러나 사회질서의 전체적인 시각에서 그것이 용인될 수 없는 것이라고 하여 모두 금지의 대상으로서 금지법규의 내용이 되는 것은 아니다. 입법기술이나 입법정책상 다른 수단이 있기 때문이다. 예컨대, 채무불이행이나 불법행위는 사회질서 전체의 시각에서는 위법한 것으로서 용인할 수 없는 것이지만, 민법은 이들을 금지의 대상으로 규정하는 대신 그것을 법률요건으로 하여 계약 해제권, 손해배상청구권 발생의 사유로 규정하고 있다. 이 점에서도 금지규정의 대상은 주로 법률행위와 준법률행위임을 알 수 있다. 채무불이행이나 불법행위의 경우 이를 금지하고 그 위반행위에 대하여 소극적으로 본래 예정된 법률효과 발생을 부인한다는 것은 처음부터 생각하기 어렵다.

형성하거나, ③ 그 금지위반을 원인으로 위반자의 상대방에게 일정한 권리나 권한을 부여하거나, ④ 금전적·신체적 제재를 가하는 것 등을 생각할 수 있다. 금전적·신체적 제재가 가장 두드러지게 나타나는 것은 형사법으로서, 형사법은 금지규정을 기본으로 한다.

2) 금지법규에는 ① 금지하는 행위나 현상을 일일이 규정하지 않고 법이 허용하는 것 외에는 모두 금지하는 소극적 금지와, ② 금지하는 행위나 현상을 일일이 직접 규정하는 적극적 금지가 있다.

(가) 소극적 금지와 적극적 금지

1) 소극적 금지는, 법규에 금지한다는 명문의 언급이 없이 그 반대해석론상 당해 법규에서 허용한 것이 아닌 다른 사항은 금지하는 것을 말한다. 그 예로는, 대리권의 범위에 관한 민법 제118조, 자력구제에 관한 민법 제209조 제2항, 합유관계의 종료에 관한 민법 제274조 제1항, 저당권자의 경매청구권에 관한 민법 제363조 제1항, 이행불능으로 인한 계약의 해제에 관한 민법 제546조 등을 들 수 있다.

2) 적극적 금지는 법규에서 직접 명문으로 일정한 행위 등을 금지하는 것이다. 여기에는, ① 금지하는 행위를 구체적으로 직접 명시하는 직접금지와 ② 금지의 추상적 기준만을 규정하는 간접금지가 있다. 그리고 그 금지위반의 효과에 관하여 ① 법률효과 발생을 단순히 부인·거부하는 단순금지법규와 ② 일정한 법률효과를 강제적으로 발생·형성시키는 형성적 금지법규가 있다.

(나) 직접금지와 간접금지

1) 직접금지의 예로는, 사원권의 양도·상속의 금지에 관한 민법 제56조, 대리인의 자기계약이나 쌍방대리를 금지하는 민법 제124조,[3] 취소권의 행사기간의 제한에 관한 민법 제146조,[4] 물권의 임의적 창설 금지에 관한 민법 제185조, 공유물의 분할 금지 특약의 기간을 제한하는 민법 제268조,[5] 합유물의 처분제한 및 분할청구를 금지하는 민법 제

3) 본인이 쌍방대리를 허용한 경우는 여기에 해당하지 않음은 법문의 취지상 당연하다(대법원 1973. 10. 23. 선고 73다437 판결 참조). 한편 대법원 1995. 7. 28. 선고 94다44903 판결은, 원고 소송복대리인으로 변론기일에 출석하여 소송행위를 하였던 변호사가 피고 소송복대리인으로도 출석하여 변론한 경우라도, 당사자가 그에 대하여 아무런 이의를 제기하지 않았다면 그 소송행위는 소송법상 완전한 효력이 생긴다고 판시하였는바, 이는 사후적·묵시적 동의와 책문권상실의 법리를 적용한 것으로 해석된다.

4) 이는 출소기간 아닌 제척기간이 권리의 존속기간으로서 그 기간이 경과하면 권리가 절대적으로 소멸한다는 대법원 판례(1996. 9. 20. 선고 96다25371 판결, 2008. 9. 11. 선고 2008다27301, 27318 판결, 2011. 11. 24. 선고 2011다57074 판결 등)에 따른 것이다. 저자의 소견으로는 출소기간 아닌 제척기간은 권리소멸사유로서 공동체 전체의 이익이 아닌 법주체의 개별적 법익에 관한 것이므로 소멸시효와 마찬가지로 그 법규는 금지규정이 아닌 구체적 구성요건에 관한 규범에 속하고, 따라서 이에 대하여는 변론주의가 적용됨이 타당하다고 생각된다.

5) 공유물 분할 금지 특약의 기간을 제한하는 민법 제268조에 반하여 특약이 이루어진 경우, 그 특약 전부가 무효가 아니라 초과 부분만이 무효라는 것이 통설이다. 민법주해 V, 박영사(1999), 586면 참조.

273조, 지상권의 존속기간을 제한하는 민법 제280조, 입질자에 의한 대리점유의 금지에 관한 민법 제332조, 고의의 불법행위에 의한 채무나 압류금지채권 등에 대한 상계를 금지하는 민법 제496조 내지 제498조, 근친혼 등을 금지하는 민법 제815조, 회사가 아닌 자의 회사 상호의 사용을 금지하는 상법 제20조, 타인이 등기한 상호를 동일 특별시·광역시 등에서 등기하는 것을 금지하는 상법 제22조와 상업등기법 제30조, 영업양도인에 대한 책임추궁 기간의 제한에 관한 상법 제45조,[6] 법정 최고한도를 초과한 이자약정을 무효로 하는 이자제한법 제2조 제3항, 집합건물의 사용을 위한 공유대지의 분할청구를 금지하는 '집합건물의 소유 및 관리에 관한 법률' 제8조 등을 들 수 있다.

2) 간접금지의 예로는, 신의성실의 원칙과 권리남용금지에 관한 민법 제2조, 사회질서에 반하는 행위의 금지에 관한 민법 제103조, 불공정행위를 금지하는 민법 제104조, 차주에 불이익한 약정의 금지에 관한 민법 제608조, 임차인 등에 불리한 약정의 금지에 관한 민법 제652조,[7] 주택임대차보호법 제10조, 상가건물 임대차보호법 제15조, 채무자 등에게 불리한 특약의 금지에 관한 '가등기담보 등에 관한 법률' 제4조 제4항, 보증인에게 불리한 약정의 금지에 관한 '보증인 보호를 위한 특별법' 제11조 등을 들 수 있다.

3) 이들 간접금지규정의 경우, 그 적용기준(신의성실, 권리남용, 사회질서 등)이 추상적이어서 직접금지규정과 달리 곧바로 그 법규를 적용할 수 없고, 그 판단 대상에 대하여 당해 법규의 취지와 목적, 전체 법질서와의 관계 등을 고려한 고도의 가치평가가 필요하다.

이에 따라 그 추상적 기준을 보조하는 보다 구체적인 해석 기준(예컨대, 권리남용에 있어 상대방을 해하려는 의사, 불공정행위에 있어 상대방의 악의와 이를 이용하려는 의사의 존재 등)이 필요할 수 있고, 때로는 그 과정에서 판단·평가에 필요한 구체적·역사적 사실(예컨대, 신뢰의 존부, 당사자의 궁박, 경솔, 무경험 등과 이에 대한 상대방의 악의 등)의 조사가 필요할 수도 있다.

(다) 단순금지법규와 형성적 금지법규

1) 단순금지법규로는 민법 제124조, 제146조, 제185조 등의 직접금지규정과 민법 제2조 제1, 2항, 제103조, 제104조 등의 간접금지규정을 들 수 있다.

2) 형성적 금지법규로는 민법 제280조 제2항, 제619조, 주택임대차보호법 제4조 제1항, 상가건물 임대차보호법 제9조 제1항, 근로기준법 제15, 16조, 노동조합 및 노동관계

6) 이 역시 이를 제척기간으로 이해하는 대법원의 견해(2013. 4. 11. 선고 2012다64116 판결)에 따른 것으로서, 이 기간 역시 사익에 관한 것으로 상법 제45조는 금지규정이 아닌 구체적 구성요건에 관한 규범에 속하고, 따라서 이에 대하여도 변론주의가 적용됨이 타당하다고 생각된다.

7) 민법 제652조는 "제627조, 제628조, 제631조, 제635조, 제638조, 제640조, 제641조, 제643조 내지 제647조의 규정에 위반하는 약정으로 임차인이나 전차인에게 불리한 것은 그 효력이 없다."고 규정하고 있으므로, 여기서 열거하는 제627조, 제628조 등이 사실상 금지규정이 되는 셈이다.

조정법 제32조 등을 들 수 있다.

(라) 절대적 금지와 상대적 금지

1) 절대적 금지규정은 민법 제2조 제1, 2항, 제103조, 제608조, 제652조 등과 같이 금지하는 행위나 현상으로부터의 법률효과 발생을 절대적으로 금지하여 누구에 대해서나 어떤 예외도 인정하지 않는 것이다. 반면에 상대적 금지규정은 부동산등기 특별조치법 제2조 제2, 3항, 구 주택법(2009. 2. 3. 법률 제9405호로 개정되기 전의 것) 제39조 제1항, 구 보험업법(1988. 12. 31. 법률 제4069호로 개정되기 전의 것) 제156조 제1항 제1호 등과 같이 법률효과 발생은 허용하되 다른 불이익을 가하는 것이다.

2) 절대적 금지규정은 흔히 효력규정이라고 하는 것이고 상대적 금지규정은 단속규정이라고 하는 것이다. 일정한 행위나 현상으로부터의 법률효과 발생 여부를 소송의 대상으로 하는 민사소송에 있어, 단속규정은 법률효과 발생에 영향이 없으므로 진정한 의미의 금지법규라고 보기 어렵다. 이 점은 변론주의의 적용 여부에도 영향을 미치게 된다.

(마) 형식적 금지법규와 실질적 금지법규

1) 마지막으로, 금지법규는 또 형식적 금지법규와 실질적 금지법규로 나눠볼 수도 있다. 형식적 금지법규는, 그 규정의 형식상 금지의 취지가 분명한 법규 형식이다. 앞서 본 바와 같이 소극적 금지규정을 제외한 대부분의 금지법규가 이에 속한다.

2) 그런데 비진의의사표시나 통정허위표시, 사기, 강박, 채무불이행, 불법행위 등의 행위나 현상은 법질서 전체의 관점에서 부정적인 것으로 평가되는 것으로서, 그것을 금지·거부하여야 함은 당연하다. 그러나 금지·거부의 목적을 반드시 형식적 금지법규의 형태로만 달성할 수 있는 것은 아니고, 그러한 부정적 행위나 현상에 대하여 그 당사자가 기도(의욕)하는 법률효과(권리·의무) 발생을 거부하거나 그 상대방 법주체에게 그 무효나 취소를 주장할 권리(권한) 또는 손해배상청구권이나 해제권을 부여하는 등으로 제재, 불이익을 가하여 달성할 수도 있다. 이러한 법규가 실질적 금지법규에 해당한다.

3) 실질적 금지법규는 실질적 의미에서는 금지법규에 속하나, 형식적으로는 매매나 교환, 시효취득의 법규와 같이 그 부정적 행위나 현상의 존재를 요건으로 일정한 권리·의무를 부여하는 허용규정처럼 되어 있음을 알 수 있다. 어떤 형식을 취할지는 결국 입법정책의 문제라고 할 수 있으나, 그 부정적 행위나 현상이 사회공동체의 기본질서를 해치거나 다수인의 이해에 관한 것이어서 절대적으로 허용할 수 없는 때는 형식적 금지법규의 형태를 취하여 이를 곧바로 거부, 금지하고, 반대의 경우에는 실질적 금지법규의 형태를 취하는 것이 타당하다.

4) 이 점은 뒤에서 보는 바와 같이 구체적 구성요건에 관한 규범과 순수판단규범의

구별에도 동일하게 작용한다. 형식적으로는 허용규정이지만 실질적으로는 금지규정에 해당하는 실질적 금지법규의 경우, 그러한 부정적 행위나 현상을 요건으로 상대방이 일정한 권리나 권한을 취득하는 법률효과가 발생하므로(비진의의사표시나 통정허위표시와 같이 권리를 발생하지 못하게 하거나 의무를 면하는 법률효과가 발생하기도 한다), 그것을 규정하는 법규는 본질적으로 매매나 시효취득의 법규와 같이 구체적 구성요건에 관한 규범으로서, 당사자가 그 법률사실을 법원에 주장하여야만 하는 변론주의가 적용된다.

(바) 금지법규에 해당하는지 여부의 기준

1) 어떤 법규가 금지법규에 해당하는지 여부는, ① 1차적으로는 당해 법규에 특정한 행위나 사회현상을 금지하는 문언(文言)의 유무에 의하여, ② 2차적으로는 그 행위나 사회현상에 대하여 본래 예정된 법률효과 발생이 부인되는지 여부에 의하여, ③ 3차적으로는 그러한 금지와 법률효과 부인의 취지가 전체 법질서의 유지 차원에 의한 것인지 여부에 의하여 판단하여야 한다.

2) 금지 문언과 관련하여, 금지규정에서 그 제명(題名)에 '…의 금지'라고 명시하고 "…해서는 안 된다.", "…할 수 없다.", "…하지 못한다."와 같이 명시적으로 금지를 선언하는 경우도 있으나, "…로써 대항할 수 없다.", "…로써 대항하지 못한다." 또는 "…하여야 한다.", "…는 무효로 한다."와 같이 간접적으로 이를 선언하는 경우도 있다. 따라서 당해 법규가 금지규정, 특히 적극적 금지규정에 해당하는지 여부는 그 법규의 문언만으로는 판단하기 어렵고, 당해 법규의 내용, 입법취지, 그 위반에 따른 효과 등을 종합적으로 고려하여 해석·판단하여야 한다.[8]

---

8) 예컨대 대법원은, 불법행위로 인한 손해의 발생 또는 확대에 관하여 피해자에게도 과실이 있는 경우 그와 같은 사유는 당사자의 주장이 없더라도 가해자의 손해배상의 범위를 정함에 있어 당연히 참작되어야 하고 양자의 과실비율을 교량함에 있어서는 손해의 공평부담이라는 제도의 취지에 비추어 사고발생에 관련된 제반상황을 충분히 고려하여야 한다고 판시하고 있는바(1993. 7. 13. 선고 92다29719 판결, 1994. 4. 12. 선고 93다44401 판결 등), 이는 법에는 규정이 없으나 일종의 조리에 의하여 법원이 법을 창조한 경우라고 할 수 있다. 그리고 그 판시 법리는, 손해를 입은 피해자에게도 손해의 발생이나 확대에 관하여 과실이 있는 경우 과실책임주의의 원리나 손해의 공평부담이라는 손해배상제도의 취지상 그 부분 손해는 당연히 피해자 본인이 감수하여야 할 부분으로서 이를 가해자에게 전가해서는 안 된다는 금지법규를 설정한 것이라고 볼 수 있다. "법원은 신원보증인의 손해배상액을 산정하는 경우 피용자의 감독에 관한 사용자의 과실 유무, 신원보증을 하게 된 사유 및 이를 할 때 주의를 한 정도, 피용자의 업무 또는 신원의 변화, 그 밖의 사정을 고려하여야 한다."는 신원보증법 제6조 제3항의 취지도 이와 같다고 볼 수 있고, 대법원도 이러한 사정은 법원이 직권으로 조사·판단할 수 있다고 한다(1959. 6. 18. 선고 4294민상172 판결, 1962. 1. 25. 선고 67다1625 판결 등). 한편 민법 제398조 제2항은 "손해배상의 예정액이 부당히 과다한 경우에는 법원은 적당히 감액할 수 있다."고 규정하고 있고, 이에 대하여 대법원은 이 경우 당사자의 주장이 없더라도 법원은 직권으로 이를 감액할 수 있다고 하는바(2002. 12. 24. 선고 2000다54536 판결 등), 이 역시 금지문구는 없지만 손해배상예정액이 부당하게 과다한 경우 사회질서에 반하는 것으로 보아 과다 부분의 약정을 무효로 규정한 것으로 해석되므로 역시 금지법규에 해당한다.

(사) 법률효과 발생 장애법규, 잠정적 장애법규, 소멸적 법규

1) 금지법규와 구별하여야 할 법규로는 다음과 같이 세 가지가 있다. 즉 ① 법률효과(권리·의무) 발생 장애법규로서, 일정한 소극적 사유의 존재를 이유로 법률효과(권리·의무)의 불발생을 초래하는 장애법규, ② 일정한 사유의 존재를 이유로 잠정적으로 법률효과(권리·의무)의 불발생을 초래하는 장애법규, ③ 이미 발생한 법률효과(권리·의무)를 소멸시키는 소멸적 법규이다.

2) 금지법규는 위와 같이 어떤 행위나 사회현상 그 자체를 법질서 전체에서 부정적인 것으로 평가하여 그에 따른 법률관계 변동의 효과를 부여하지 않는 것인바, 이에 따라 권리·의무도 발생하지 않게 된다(다만, 상대적 금지법규의 경우는 제외). 그런데 일정한 행위나 사회현상이 존재할 경우, 그것이 법률효과 발생의 소극적 요건으로 작용하여 당해 법주체 사이에서 권리·의무 등을 발생하지 못하게 하는 법규가 법률효과(권리·의무) 발생 장애법규이다.

예컨대, ① 의사표시의 존재를 전제로 그에 따른 권리·의무의 발생을 주장하는 것에 대하여 그것이 비진의의사표시임을 상대방이 알았거나 과실로 알지 못한 경우의 민법 제107조 제1항 단서나 민법 제108조의 통정허위표시를 주장하여 그 법률효과 발생을 저지하는 경우, ② 비채변제를 이유로 한 부당이득반환청구에 대하여 변제자의 악의를 주장하여 부당이득반환청구권의 발생을 저지하는 경우(민법 제742조), ③ 채무불이행에 있어 채무자가 자신에게 고의나 과실이 없음을 주장하여 손해배상청구권의 발생을 저지하는 경우(민법 제390조 단서), ④ 사용자책임이나 공작물 점유자의 손해배상책임을 묻는 것에 대하여 사용자나 점유자가 피용자의 선임·감독이나 손해방지에 필요한 조치를 해태하지 아니한 것을 주장하여 손해배상청구권의 발생을 저지하는 경우(민법 제756조 지1항 단서, 제758조 제1항 단서), ⑤ 상가건물 임차인의 갱신청구에 대하여 임대인이 3기 이상의 차임액이 연체된 사실 등 상가건물 임대차보호법 제10조 제1항 단서의 사유를 주장하여 계약갱신청구권의 발생을 저지하는 경우 등이 이에 속한다.

이 경우 매수사실이나 타인의 물건을 점유·사용할 정당한 권리 발생의 사유, 채무 없음을 변제자가 변제 당시 알았다는 사유, 선임·감독·손해방지 등에 관한 주의를 해태하지 않은 사유는, 그 자체는 물론 그에 대응하는 상대방의 권리 발생 사유(물권적 청구권, 부당이득반환청구권, 손해배상청구권) 모두 법질서 전체에서 부정적인 것으로 평가되어 부인, 배제될 것으로서 그로부터 아무런 법률효과가 발생하지 않는 것이 아니라, 양자 모두를 긍정적인 것으로 보되, 대립하는 법주체 사이의 이해관계 조절을 위해 법이 그 소극적 요건 사유의 존재를 이유로, 본래 예정되어 있던 법률효과의 발생을 부인하는 것이다.[9] 따라서 이 경우 법률효과(권리·의무) 불발생이라는 결과는 금지법규와 동일하나 그

법적 성질은 다르다.[10]

3) 다음으로 금지규정과 구별하여야 할 잠정적 권리발생 장애법규는, 정지조건, 시기 등과 같이 그 법률요건의 존재로 인해 잠정적으로 권리·의무가 발생하지 않는 법률요건을 규정한 법규이다.

정지조건부 법률행위(민법 제147조 제1항)나 시기부 법률행위(민법 제152조 제1항)는 조건이 성취되거나 시기가 도래하기 전에는 완전한 효력을 발생하지 않고, 이에 따라 그로부터 권리·의무 등 중요한 법률효과가 발생하지 않으나,[11] 그 법률요건의 특성 때문에 잠정적으로 법률효과의 발생이 유보된 것일 뿐 그 법률행위나 법률관계 자체가 사회적으로 부정적 평가를 받고 용인할 수 없는 것으로서 금지되는 것은 아니다. 즉 잠정적 권리발생 장애법규 역시 금지법규가 아니라 허용법규에 속한다.

따라서 이는 법률효과(권리·의무) 발생 장애법규와 마찬가지로 권리·의무 등의 법률효과를 발생하지 못하게 하는 것이며, 법률효과(권리·의무) 발생 장애법규는 그 결과가 확정적임에 반해 잠정적 권리발생 장애법규는 그 결과가 잠정적이라는 차이가 있을 뿐이다.

4) 마지막으로, 소멸적 법규는 어떤 행위나 사회현상이 있을 경우 이를 이유로 법률효과인 권리·의무가 소멸하도록 규정한 법규이다.

이러한 소멸적 법규로는 ① 취소, 철회, 해제, 상계, 소멸시효의 완성에 관한 규정과 같이 권리·의무의 소급적 소멸에 관한 법규, ② 해지, 종기의 도래, 권리 소멸청구, 변제, 채무 면제, 권리의 포기, 기타 법정 사유나 약정 소멸 사유의 발생으로 인한 법률관계나 권리·의무의 장래적 소멸에 관한 법규가 있다.

---

9) 민법 제742조는 "채무 없음을 알고 이를 변제한 때는 그 반환을 청구하지 못한다"고 규정하고 있는 바, 실제로는 채무가 없음에도 이를 변제한 경우 법률상 원인이 없어 부당이득이 성립하게 된다. 그러나 채무자(변제자)가 채무가 없음을 알고서도 이를 변제한 경우, 자신이 이를 알면서도 스스로 그 결과를 의욕한 이상 새삼스레 그 반환을 청구하는 것이 오히려 타당하지 못하다. 그러나 이 경우에 상대방이 반드시 이를 반환하지 않는 것이 정의에 맞고 그것이 법질서 전체에서 보아 필수적으로 실현되어야 할 가치는 아니므로, 상대방의 의사(변론주의에 따른 주장·입증의 여부)에 따라 반환을 하거나 하지 않는 것으로 하는 것이 양쪽에 공평하고 법질서에도 부합한다. 즉 변제자가 채무가 없음을 알고서도 이를 변제하였다고 상대방이 주장하고 이를 입증한 경우에만 부당이득반환의무의 발생을 저지하는 것이 옳다(대법원 1962. 6. 28. 선고 4294민상1453 판결, 2006. 9. 28. 선고 2006다40171 판결, 2010. 5. 13. 선고 2009다96847 판결, 2012. 11. 15. 선고 2010다68237 판결도, 채무가 존재하지 아니함을 알면서도 지급한 사실은 변제 수령자가 주장·입증하여야 한다고 판시하였다). 그러므로 민법 제742조는 금지규정이 아니라 권리발생 장애법규에 해당한다고 보아야 한다.

10) 금지법규의 경우 그에 위반한 행위나 현상은 법질서 전체에서 부인, 배제되어야 하므로 뒤에서 보는 바와 같이 법원은 당사자의 주장 여부에 관계없이 이를 심사하여 법률효과(권리·의무)의 불발생을 선언하여야 하지만, 소극적 요건에 해당하는 행위나 현상의 존재로 인하여 권리·의무 등이 발생하지 못하는 권리발생 장애법규의 경우 법질서 전체에서 부인, 배제되어야 하는 것이 아니라 당사자의 이해관계를 조절하는 데에 불과하므로 당사자의 주장이 없는 한 법원이 직권으로 심사할 필요가 없다.

11) 그렇다고 하여 금지법규에 위반하여 처음부터 그 법률관계 전부가 무효인 경우와 달리 당해 법률관계 전부가 무효가 되는 것은 아니고 일정한 부분에서는 효력을 발생하며(민법 제148, 149, 154조 참조), 단지 당해 법률행위로써 목적하는 중심적 법률효과만이 발생하지 않는다.

①은 미성년자나 피성년후견인의 행위의 취소(민법 제5, 10조), 착오를 이유로 한 취소(민법 제109조), 사기, 강박을 이유로 한 취소(민법 제110조), 채무불이행을 이유로 한 계약의 취소(민법 제544조), 상계(민법 제493조), 소멸시효(민법 제167, 766조 등), 출소기간이 아닌 제척기간의 경과(민법 제146조, 상법 제45조 등)의 규정 등이 이에 속한다.

②는 차임지체를 이유로 한 임대차계약의 해지(민법 제640조), 지료 부지급을 이유로 한 지상권 소멸청구(민법 제287조), 종기의 도래로 인한 사용차권의 소멸(민법 제613조), 채권자의 고의나 과실로 담보를 상실하거나 감소한 경우 보증인 등 법정대위자에 대한 채권의 상실(민법 제485조), 혼인취소(민법 제816, 824조)의 규정 등이 이에 속한다.

위 ①, ②와 같은 소멸적 법규는 금지법규와 달리, 그 법규에서 정한 일정한 행위나 현상을 부정적인 것으로 평가하고, 그와 관련하여 본래 발생할 것으로 예정된 권리·의무 등의 법률효과 발생을 부인하는 것이 아니라, 그러한 행위나 현상을 매매, 임대차, 사용대차, 시효취득, 부당이득 등과 같이 권리·의무 등 본래의 법률효과 발생을 위한 긍정적 법률요건과 마찬가지로 이 또한 독립한 법률요건으로서 긍정적으로 파악하고, 그에 따른 법률효과로서 이미 유효하게 성립, 존속하는 권리·의무나 법률관계를 소멸시킨다.

즉 금지법규에 위반하여 그 법규가 정한 요건을 충족할 경우에는 처음부터 그 법률관계가 무효로서 아무런 법률효과가 발생하지 않는 것과 달리, 소멸적 법규가 정한 요건을 충족할 경우에는 기존에 유효하게 존속하고 있던 권리·의무 등을 소급적으로 또는 장래를 향하여 소멸케 함으로써 법률관계를 변동하게 하는 차이가 있다. 다시 말하면, 금지법규는 아무런 법률효과도 발생시키지 않으나,[12] 소멸적 법규는 이미 발생한 권리·의무 등을 소멸시키는 법률효과를 발생시킨다.[13]

따라서 소멸적 법규는 금지규정이 아니라 권리·의무의 발생 법규 등과 같이 권리·의무의 변동을 가져오는 허용규정이다. 단지 권리·의무의 발생 법규는 그 법률효과로서 권리·의무를 발생시키는 것임에 반해 소멸적 법규는 그 법률효과로서 권리·의무를 소멸시키는 것이라는 차이가 있을 뿐이다.

5) 허용규정에 속하는 법률효과(권리·의무) 발생 장애법규, 잠정적 권리발생 장애법규, 소멸적 법규를 금지규정과 구별해야 할 가장 큰 이유는 뒤에서 살펴볼 변론주의의 적용대상이 다르기 때문이다. 여기서 간단히 결론만을 말한다면, 금지규정은 원칙적으로 순수판단규범에 해당하여 당사자의 주장이 없더라도 법원이 직권으로 이를 조사하여야 하므로 변론주의가 적용되지 않는다. 그러나 법률효과(권리·의무) 발생 장애법규, 잠정적 권리발생 장애법규, 소멸적 법규는 구체적 구성요건에 관한 규범에 해당하여 변론주의가 적

12) 금지법규에 위반하여 처음부터 법률행위 등이 무효인 경우 당연히 그로부터 권리·의무 등의 법률효과가 발생하지 않는바, 이것 자체를 가리켜 '권리·의무의 불발생'이라는 법률효과가 발생한 것이라고 말할 수는 없다. 권리·의무의 불발생은 법적으로 평가할 때 아무 것도 발생하지 않은 것이 되기 때문이다.

13) 따라서 긍정적으로 평가되는 그 행위나 현상을 법률사실로서 당사자가 주장해야 한다.

용되므로 당사자의 주장이 있어야만 법원이 이를 조사할 수 있다.

6) 때로는 어떤 법규가 금지규정에 해당하는지 아니면 법률효과(권리·의무) 발생 장애법규나 잠정적 권리발생 장애법규, 소멸적 법규에 해당하는지를 판단하기 어려운 경우가 있다. 특히 금지규정과 법률효과(권리·의무) 발생 장애법규의 구별이 어렵다.

어떤 법규가 금지규정에 해당하는지, 아니면 허용규정으로서 법률효과(권리·의무) 발생 장애법규나 잠정적 권리발생 장애법규, 소멸적 법규에 해당하는지 여부를 판단하기 위해서는, 그 규정이 법률효과 발생의 원인인 행위나 사회현상을 법질서 전체에서 보아 부정적인 것으로 평가하여 법률효과의 발생을 부인, 배제하여 처음부터 권리·의무 등을 발생시키지 않으려는 것인지(금지법규), 아니면 쌍방 당사자의 구체적인 사정을 고려하여 그 이해관계를 조절하기 위해 예외적으로 그 경우에 한하여 법률효과 발생을 부인, 보류하거나(법률효과 발생 장애법규, 잠정적 권리발생 장애법규) 기존에 유효하게 발생·존속하던 권리·의무 등을 소멸시키는 것(소멸적 법규)인지 여부를 살펴야 한다.

전자의 경우 사회공동체의 기본질서에 반하고 구성원들의 공동의 이해관계에 관련되므로 절대적으로 무효이나, 후자의 경우 관련 법주체 상호 간의 관계에서만 문제되므로 그것을 당사자가 주장하는 때에만 고려하며 상대적으로만 무효가 된다.[14)]

그러나 이는 당해 법규의 문언만으로는 판단하기 어렵고, 앞서 본 바와 같이 당해 법규의 내용, 입법취지, 다른 법규와의 관계, 그 위반에 따른 효과, 변론주의를 적용하여 주장책임이나 증거제출책임을 당사자에게 부과하는 것이 타당한지 아니면 법원이 직권으로 조사·판단하는 것이 타당한지 여부 등을 종합적으로 고려하여 결정하여야 한다.

(3) 중립규정

1) 이는 앞서 본 허용규정이나 금지규정에 속하지 않는 것으로서, 이러한 법규는 법주체 등 사회구성원들의 행위나 사회현상에 따른 일정한 법률효과의 부여나 부인을 지향하지 않는 특성을 띤다. 즉 앞서의 법적·제도적 장치(시스템)에 관한 법규들 대부분이 이에 속하며, 권리·의무의 주체에 관한 법규도 비슷한 속성을 가진다고 할 수 있다.

2) 이러한 법규의 규율 대상은 대체로 법주체 사이에서 발생하는 구체적·개별적인 행

---

14) 예컨대, 고의의 불법행위를 원인으로 한 손해배상청구권을 수동채권으로 한 상계를 허용할 경우 변제능력이 없는 자동채권의 채무자에게 고의로 해악을 가하고 상계를 통해 자신의 자동채권을 감정적으로 실현하는 것을 조장할 수 있으므로 이를 막고, 고의의 불법행위로 인한 손해를 현실적으로 전보케 함으로써 피해자의 피해를 회복시켜 사회생활로의 복귀를 북돋우는 것이 공익에 합치되므로(대법원 1994. 8. 12. 선고 93다52808 판결, 2002. 1. 25. 선고 2001다52506 판결, 2003. 6. 13. 선고 2003다8824 판결 참조) 자동채권자의 일방적 행위(상계의 의사표시)에 의한 상계를 금지하여야 하나, 비진의표시나 통정허위표시는 진실하지 아니한 의사표시로서 사회적으로나 그 당사자에게나 별 가치가 없는 것이기는 하지만, 그것을 유효로 하든 무효로 하든 공익이나 사회질서에 아무런 영향이 없어 그들의 자유로운 처분에 맡겨도 상관이 없으므로 특별히 금지할 이유가 없다.

위나 사회현상이 아니라 가정적이거나 추상적인 것이 대부분이고, 법규가 인위적으로 제도로서 설정하는 것이므로 어떤 구체적인 행위나 현상에 따라 특별히 허용이나 금지의 대상으로 삼을 필요가 없다.

3) 이들 중립법규의 규율 대상인 행위와 사회현상은 추상적인 경우가 많고,[15] 그것이 구체적인 경우에도 그로부터 직접적으로 법주체의 권리·의무나 그에 준하는 법률관계가 형성되지는 않는 점에서, 이들 법규는 위 허용규정이나 금지규정과 달리 소송법상 그리 큰 중요성을 갖지 못한다.

왜냐하면, 소송의 주제인 소송목적은 소송당사자, 특히 재판 청구자인 원고에게 경제적·정신적 만족을 주는 권리·의무나 그에 준하는 법률관계여야 하는데, 이들 중립법규에 의해서는 그러한 법률효과가 발생하지 않고, 다른 법규나 법률요건과 결합하여야만 비로소 구체적인 법률효과가 발생하기 때문이다. 이러한 중립법규의 성질 때문에 이들 규정은 당사자가 그 적용을 배제하거나 그 법익을 포기, 처분할 수 없는 강행법규인 경우가 많고, 법원이 직권으로 조사, 적용할 경우가 대부분이다.

▣ 규율 형태에 따른 민사법규의 유형

구분	허용규정	금지규정			중립규정
		소극적 금지규정	적극적 금지규정		
			직접금지규정	간접금지규정	
의의	법질서 전체의 관점에서 적법한 것으로 용인되는 행위와 사회현상 및 그에 대한 권리·의무의 변동 등 법률효과를 부여하는 규정	법규에 금지한다는 명문의 언급이 없이 반대해석론상 당해 법규에서 허용된 것이 아닌 다른 사항은 금지되는 규정	당해 법규에서 직접 명문으로 구체적인 일정한 행위 등을 금지하는 법규	금지의 추상적 기준만을 규정하여 일정한 행위 등을 간접적으로 금지하는 법규	허용규정이나 금지규정에 속하지 않는 법규
예시	매매, 증여, 임대차, 저당권설정계약 등의 법률행위나 시효취득 등과 같이 민법상 적법행위로 분류되는 행위와 사회현상을 내용으로 하는 법규	민법 제118조(대리권의 범위), 민법 제209조 제2항(자력구제), 민법 제274조 제1항(합유관계의 종료), 민법 제363조 제1항(저당권자의 경매청구권), 민법 제546조(이행불능으로 인한 계약의 해제) 등	사원권의 양도·상속의 금지에 관한 민법 제56조, 물권의 임의적 창설을 금지하는 민법 제185조 등	민법 제2조(신의성실의 원칙과 권리남용금지), 민법 제103조(반사회질서의 금지), 민법 제608조(차주에 불이익한 약정의 금지), 민법 제652조(임차인 등에 불리한 약정의 금지) 등	권리·의무의 주체에 관한 법규, 법적·제도적 장치(시스템)에 관한 법규

15) 그 법규의 적용요건을 법주체가 스스로 형성하기 곤란할 뿐 아니라, 구체적인 권리·의무의 발생 등을 직접적으로 지향하는 것도 아니다.

다. 규범의 성질에 따른 분류

이는 각각의 법규범이 그 적용을 위하여 어떠한 요건을 필요로 하는지, 특히 그 요건으로서 구체적·역사적 사실(행위나 사회현상)을 갖는지 여부, 그 사실을 법관이 인식하는 방법 및 그와 관련하여 당자사의 주장·입증을 요하는 변론주의가 적용되는지 여부 등에 따른 차이를 기준으로 한 것이다.

(1) 구체적 구성요건에 관한 규범

1) 甲이 乙에게 자신의 소유인 토지를 대금 1억 원에 팔고 乙이 이를 사기로 합의한 경우, 민법은 이를 매매라는 법률요건(민법 제563조)에 해당하는 것으로 보고, 그 법률효과로서 매수인인 乙에게는 소유권이전등기청구권과 인도청구권을 부여하고, 매도인인 甲에게는 대금지급청구권을 부여한다(민법 제568조 제1항). 그런데 위 매매계약 이후 10년이 지난 후에야 乙이 비로소 소유권이전등기청구권을 행사하는 경우, 사망한 甲의 유일한 친족인 甲의 아들로서 위 매매 후 5년 뒤 乙의 집에 가압류를 해둔 丙은 乙의 소유권이전등기청구권이 시효로 소멸하였다며 대항할 수 있고(민법 제162조 제1항), 오히려 자신이 甲의 대금지급청구권을 상속으로 취득하였으며(민법 제1000조 제1항 제1호, 제1005조), 자신의 대금지급청구권은 가압류에 의하여 소멸시효 진행이 중단되었다(민법 제168조 제2호)고 주장하며 乙에게 대금 1억 원의 지급을 청구할 수 있다.

2) 이상과 같은 법률효과, 즉 소유권이전등기청구권과 인도청구권, 대금지급청구권의 발생, 소유권이전등기청구권의 시효소멸, 대금지급청구권의 丙에의 이전, 丙의 대금지급청구권의 소멸시효 중단은 모두 해당 민법 규정에 의한 것인데, 이와 같이 법주체(위 甲, 乙, 丙) 사이에 발생한 행위(매매, 가압류)와 현상(매매 후 10년의 경과, 甲의 사망)에 따른 법률관계에 대응하여 그에 따른 법률효과를 부여하는 법규범을 '구체적 구성요건에 관한 규범'이라고 한다.[16)]

인간의 행위나 사회현상은 대개 일정한 목적을 가지고 인간관계(법주체의 상호관계)를 변형하는 기능을 하므로, 법도 이를 중시하여 사람의 행위나 사회현상이 있을 것을 전제로 그에 따른 법률관계의 변동을 규율하는데,[17)] 앞서 본 바와 같이 법은 사람들의 사회

---

16) 이 용어는 저자가 이름 붙인 것이다. 이와 같이 이름 붙이는 이유는, 이들 법규가 법주체 사이의 구체적·역사적 법률사실을 요소로 하여 구성요건(법률요건)을 규정하고, 그에 따른 법률효과를 부여하기 때문이다.

17) 기간의 진행이나 토지의 포락 등과 같은 자연현상의 경우, 형식적으로만 보면 사람의 행위나 사회현상이 아닌 것처럼 보이지만, 그것이 특정한 법주체 간의 법률관계에 있어 발생한 때는 소멸시효나 취득시효의 완성, 토지 소유권의 상실 등과 같이 그 법주체의 법적 지위에 영향을 미치게 된다. 이런 의미에서 이들도 실질적으로는 사회적 의미를 갖는 사회현상에 포섭된다. 따라서 어떤 행위나 사회현상이 법적으로 의미 있는 행위나 사회현상이 되는지 여부는 그것의 존재로 인해 법주체의 법적 지위에 영향을 미치는지 여부로 결정된다. 사육하는 개가 타인을 물어 손해를 입힌 경우, 그 개의 행위는 그

활동 과정에서 이루어지거나 발생하는 행위나 사회현상을 원칙적으로 허용 가능한 법률사실로 받아들여, 그 법주체 쌍방에게 물권, 채권, 사원권, 형성권, 가족법상의 권리 등의 구체적·개별적 권리나 의무를 발생케 하거나 변경, 소멸케 하는 법률효과를 부여함으로써 사회질서를 유지·형성하는바, 대부분의 실체법규는 이와 같이 인간활동을 규율하는 것을 본령으로 하므로 법규 가운데 가중 중요한 지위를 차지하는 것은 이러한 구체적 구성요건에 관한 규범이다.

3) 구체적 구성요건에 관한 규범이 정하는 법률요건의 대상은 이와 같이 특정한 법주체 사이에 특정한 시·공간에서 발생하는 구체적·역사적 존재(사실)로서의 행위나 사회현상이다.[18] 그러므로 뒤에서 보는 바와 같이, 그 법률사실인 행위나 사회현상은 외부적 인식근거인 증거에 의하여 그 존부를 증명할 수 있고, 법원은 원칙적으로 소송당사자의 주장과 증명이 있어야 비로소 이를 발견, 인식할 수 있다.[19] 이때 그 법규가 추상적으로 기술하는 법률요건과 그 구성요소인 요건사실 및 법률효과는 법규의 내용으로서 판단기준이 되고, 특정한 시·공간에서 법주체 사이에 현실로 존재하는 행위나 사회현상은 구체적·역사적 법률사실로서 판단의 대상이 된다.

4) 뒤에서 보다 자세히 살펴보겠지만, 구체적 구성요건에 관한 규범은 그로부터 발생하는 법률효과를 기준으로, ① 권리발생 근거규범, ② 권리발생 장애규범, ③ 권리행사 근거규범, ④ 권리행사 장애규범, ⑤ 권리존속 장애규범(권리 소멸 근거규범)으로 나눌 수 있다.

(2) 순수판단규범

1) 앞서의 사례에서, 공무원인 甲이 乙에게 자신의 소유 토지를 팔게 된 것이, 甲이 乙의 친구와 사기성 도박을 하여 그에게 막대한 빚(도박채무)을 지게 되었고, 채권자인 乙의 친구가 甲에게 도박채무의 변제를 독촉하면서 열흘 내에 이를 갚지 않을 경우 甲의 소속 관청에 알리겠다고 겁을 주므로, 이에 겁을 먹은 甲이 조속히 빚을 갚아 문제를 해

개의 소유자·관리자에게 귀속되어 법적인 의미를 갖게 되나, 야생의 개가 같은 행위를 한 경우 그 효과가 귀속될 법적 주체가 없어 법적으로 의미가 없다.

18) 법주체의 평등한 상호관계를 전제로 하는 민사법관계는 거의 대부분이 복수의 법주체 사이에 발생한다. 계약이나 합동행위, 상대방 있는 단독행위는 물론이지만, 상대방 없는 단독행위도 행위자와 일정한 범위에서 관계를 맺고 있는 자와의 사이에서 발생한다(공유지분의 포기 등). 그런 경우가 아닌, 순수하게 상대방 없는 단독행위, 예컨대 소유권의 포기와 같은 일은 거의 발생하지 않는다. 통상적으로 사람들은 소유권의 포기 대신 증여를 하기 때문이다.

19) 변론주의를 원칙으로 하는 우리 민사소송법제상 구체적·역사적 법률사실인 행위나 사회현상은 당사자가 청구원인이나 공격방어방법으로 특정하고 주장·입증을 통해 변론에 현출하여야 한다. 판단자인 법원은 자신의 외부에 존재하는 그러한 법률사실을 알 수 없고, 이는 그와 관련 있는 당사자가 가장 잘 알 수 있으며, 그에 따른 법률효과를 주장하여 이익을 얻을 것인지 여부는 원칙적으로 당사자가 자유로이 결정하여야 하기 때문이다.

결할 생각으로 乙의 친구로서 이러한 사정을 잘 아는 乙에게 乙의 친구 주선으로 시가 4억 원인 토지를 1억 원에 매도한 것이라면, 乙이 甲에게 소유권이전등기청구의 소를 제기하였을 때, 법원은 위와 같이 甲과 乙 사이에 매매가 성립한 것은 인정되지만, 그 매매는 도박채무 변제를 위한 동기에서 이루어진 것으로서 반사회질서행위에 해당하여 무효이고(민법 제103조, 대법원 1994. 3. 11. 선고 93다40522 판결, 2001. 8. 21. 선고 2000두963 판결 등), 또한 위와 같이 궁박한 상태에 있는 甲의 처지를 乙이 알고서 시가 4억 원인 토지를 불과 1억 원에 현저히 불균형한 가액으로 매수한 것은 불공정행위에 해당하여 무효(민법 제104조)라는 이유로 乙의 청구를 기각하게 된다.

2) 위 경우에 구체적 구성요건에 관한 규범이 정하는 법률요건인 매매로부터는 본래 매수인에게 재산권이전청구권(소유권이전등기청구권)이라는 법률효과가 발생하나, 위와 같이 그 법률요건과 법률사실에 관하여 사회질서위반, 불공정이라는 사정이 있는 경우 민법 제103조나 제104조는 민법 제568조 제1항에 의한 법률효과를 발생하지 못하게 작용한다. 매매는 적법한 행위이지만 그것이 사회질서위반이나 불공정행위라면 전체 법질서와 공익의 차원에서 이를 용인할 수 없기 때문이다.

이와 같이 전체 법질서와 공익의 차원에서, 구체적 구성요건에 관한 규범이 정하는 법률요건으로부터 발생하는 본래의 법률효과를 발생하지 못하도록 규율하는 법규범을 순수판단규범이라고 한다.[20]

3) 법은 앞서 본 바와 같이 법주체들 사이의 질서를 유지·형성하는 것을 본령으로 한다. 그리고 그 목적 달성을 위하여, ① 법주체들 사이에 발생하는 행위나 현상이 긍정적인 것이면, 이를 요건으로 삼아 일정한 권리·의무 등을 법률효과로서 부여하고, ② 그 행위나 현상이 부정적인 것이면, 그 자체를 금지하거나(민법 제2조 제2항, 제17조 제1항, 제56, 284, 496조 등), 본래 예정된 법률효과 발생을 거부하거나(민법 제103, 104, 289, 608조, 신탁법 제6조, 부동산 실권리자명의 등기에 관한 법률 제4조 등), 긍정적인 방향으로 법률효과 발생을 유도하거나(민법 제280조 제2항, 제312조, 주택임대차보호법 제4조 제1항, 이자제한법 제3조 등), 상대방에게 일정한 권리나 권한을 부여하거나(민법 제289조의2 제2항, 제352, 362, 388, 750조, 이자제한법 제2조 제4항 후문, 대부업 등의 등록 및 금융이용자 보호에 관한 법률 제7조 제3항 등), ③ 형사벌, 행정벌, 질서벌 등의 제재를 가한다(민법 제97조, 이자제한법 제8조, 부동산 실권리자명의 등기에 관한 법률 제5조 내지 제7조 등).

법주체 사이의 행위나 현상이 ①과 같이 긍정적인 경우에는 그에 따른 법률요건과 법률효과를 규정한 법규, 즉 구체적 구성요건에 관한 규범만이 적용되어 법원은 그러한 행위나 현상이 존재하는지 여부를 심사한 다음 그에 따른 법률효과의 존부와 내용을 판단하게 된다. 그러나 그 행위나 현상이 ②와 같이 부정적인 경우에는 ①의 구체적 구성요건에 관한 규범만이 적용되는 것이 아니라, 그 법률효과 발생을 거부, 제한, 변형하는 ②, ③의 법규도 적용되는바, ②의 법규 중 그 금지위반의 효과로서 이를 원인으로 상대방에게 일정한 권리나 권한을 부여하는 대신, 직접적으로 본래 예정된 법률효과의 발생

20) 이 용어 역시 저자가 이름 붙인 것이다.

을 거부, 금지, 제한하거나 일정한 방향으로 변형하는 법규가 곧 순수판단규범이다.[21)]

4) 구체적 구성요건에 관한 규범이 구체적·역사적 사실인 행위나 현상을 요건으로 하여 경제적·정신적 만족을 주는 권리·의무 등의 법률효과를 발생시킴에 반해 순수판단규범은 그와 같은 법률효과를 발생시키지 않으며, 단지 순수하게 구체적 구성요건에 관한 규범에 의한 법률효과 발생의 가부만을 판단하는 기준으로서의 역할을 한다. 즉 순수판단규범은 그 적용요건으로 구체적·역사적 행위나 현상을 요하지 않고, 단순히 그 판단대상인 구체적 구성요건에 관한 규범상의 행위나 현상이 허용되는지 여부나 그에 따른 법률효과의 발생이 허용 또는 제한되는지 여부를 판단하는 기준으로서만 작용한다.[22)]

이러한 순수판단규범은 ① 우선, 개개의 구체적 구성요건에 관한 규범에 대응하여 그 법규로부터 본래 예정된 법률효과를 통제하는 것(민법 제496조 내지 제498조의 상계에 대한 금지, 민법 제607조에 반한 대물변제예약의 금지, 민법 제627조 등에 위반하여 임차인이나 전차인에게 불리한 임대인과 임차인의 약정 금지)과 개개의 구체적 구성요건에 관한 규범에 대응하는 대신 일정한 기준을 설정하여 그에 위반한 모든 경우의 법률효과를 통제하는 것(민법 제2조, 제103조, 제104조에 반한 법률행위나 권리행사 등의 금지. 이를 통상 일반조항이라고 한다)으로 나눌 수 있고, ② 다시 그 적용효과로서, 구체적 구성요건에 관한 규범으로부터 본래 예정된 법률효과 발생을 단순히 거부하는 것(위 상계금지나 대물변제예약금지 등에 위반한 상계나 약정의 무효)과 본래 예정된 법률효과를 배제하고 일정한 내용의 법률효과를 강제하는 것(민법 제280조 제1항의 지상권 존속기간보다 짧게 기간을 정한 경우 법정 기간으로의 연장, 임대차기간을 정하지 아니하거나 2년 미만으로 정한 임대차의 기간을 2년으로 간주하는 주택임대차보호법 제4조 본문)으로 나눌 수 있다.

5) 이와 같이 순수판단규범은 전체 법질서와 공익의 차원에서 규정된 것이고, 순수한 법규정으로서 당사자의 주장·입증을 기다리지 않고 법관이 당연히 그 존재와 내용을 알고 있어야 하며, 그 판단대상인 구체적 구성요건에 관한 규범상의 행위나 현상 및 그에 따른 법률효과의 발생이 허용 또는 제한되는지 여부를 판단할 때 기준이 되므로, 당사자의 주장을 기다리지 않고 법관이 직권으로 이를 해석·적용하여야 한다. 이 점에서, 뒤에서 보는 바와 같이 이에 대해서는 직권주의가 적용되고 변론주의가 적용되지 않는다.[23)]

---

21) ②의 법규 중 그 금지위반의 효과로서 이를 원인으로 상대방에게 일정한 권리나 권한을 부여하는 것은 구체적 구성요건에 관한 규범이다.

22) 그 법규가 적용요건으로서 구체적·역사적 행위나 현상을 요하지 않고, 순수하게 구체적 구성요건에 관한 규범의 법률효과 발생 여부만을 판단하는 기준을 제시한다는 점에서 저자는 순수판단규범이라는 이름을 붙였다.

23) 개개의 법규가 다양한 사람의 행위나 사회현상인 구체적·역사적 사실을 법률요건 및 법률사실로 하여 다양한 법률효과를 부여하는 경우, 그 개개 법규에 이미 사회 전체 법질서와의 관계를 고려하여 이를 용인할 것인지 여부가 결정되어 있지만(즉, 이미 입법과정에서 그 행위나 사회현상, 그에 따른 법률효과의 위법성평가를 거친 것이다.), 민법 제105조에 따라 허용되는 법률행위의 경우 그러한 위법성평가의 기회가 없었으므로 별도로 위법성평가(위법성 심사)가 필요하고, 매매, 증여, 소비대차, 임대차, 저

결국 법주체 상호 간에 일정한 행위나 현상이 존재하고, 그것을 구성요건으로 하여 구체적 구성요건에 관한 규범이 권리·의무 등을 법률효과로 부여하여 법률관계를 규율할 때, 순수판단규범도 동시에 작용하여 위 행위나 현상으로부터의 법률효과 발생 여부를 결정하게 되는 것이다. 구체적 구성요건에 관한 규범이 법주체 사이의 행위나 현상을 직접 주목하고 평가하여 그에 상응하는 구체적·개별적 법률효과를 부여하는 작용을 하는 것이라면, 순수판단규범은 그러한 개별적 행위나 현상보다는 그로부터 발생하는 법률효과를 사회공동체의 법익보호나 기본 법질서 유지 차원에서 허용할 수 있는지 여부를 평가하여, 구체적 구성요건에 관한 규범에서 부여하는 법률효과를 통제하는 작용을 한다. 이러한 순수판단규범인 법규는 금지법규, 그 중에서도 앞서 본 적극적 금지규정과 간접 금지규정에서 현저하다.[24)]

6) 그런데 개개의 실정 법규가 구체적 구성요건에 관한 규범에 속하는지 아니면 순수판단규범에 속하는지 여부를 판단하는 것이 쉽지만은 않다. 법규 자체에 그런 언급이 없을 뿐 아니라, 앞서 본 바와 같이 구체적 구성요건에 관한 규범의 법률효과 중에는 권리발생 등에 장애를 가져오는 규범도 많은바, 순수판단규범은 위와 같이 구체적 구성요건에 관한 규범에서 부여하는 법률효과를 발생하지 못하게 하므로 구성요건에 관한 규범 중 권리발생 장애를 가져오는 규범(특히 의사무능력, 진의 아닌 의사표시, 통정허위표시 등과 같이 법률행위를 무효로 만드는 규범)과 형식상으로는 매우 유사하다.

그러므로 양자를 구별하기 위해서는 그 장애(소극적) 법률효과와 규정의 형식뿐만 아니라, 그러한 소극적 법률효과가 발생하는 근거와 입법취지, 본래 예정된 법률효과의 발생을 용인할 경우 그것이 사회질서나 전체 법질서, 공익에 반하는지 아니면 당사자의 사적 이해에만 관계되는지 여부 등을 종합적으로 고려하여야 한다.[25)]

당권설정계약 등 개개의 법규에 따른 법률행위의 경우에도 그로부터 파생되는 사정으로 인해 예외적으로 위법성평가(위법성 심사)가 필요한 경우가 생긴다. 이때 위법성평가(위법성 심사)는 그 대상이 되는 행위나 사회현상 및 나아가 그에 따른 법률효과를 용인할 것인지 여부를 결정하는 것으로서, 질서의 규율자인 국가의 고유권한이자 의무에 속하므로 당사자의 주장을 기다릴 필요가 없는 것이 원칙이다. 다만, 변론주의가 적용되지 않는 경우에도 법원이 어떤 사실을 알지 못해 당사자 일방이 그에 따른 불이익을 입는 입증책임의 법리는 인정되는바, 순수판단규법의 내용을 보충하는 구체적·역사적 사실의 존부에 대해서도 당사자는 입증책임을 진다.

24) 그러나 금지법규가 모두 순수판단규범에 해당하는 것은 아니다.

25) 예컨대, 민법은 부당이득에서 채무자가 채무 없음을 알고 이를 변제한 때에는 그 반환을 청구하지 못한다고 규정하는바(제742조), 이는 채무자의 부당이득반환청구권을 발생하지 못하게 하는 소극적 법률요건(악의의 비채변제)이다. 그런데 이는, 그러한 채무자는 구태여 보호할 필요가 없다는 고려에 의한 것이고, 당사자들이 이 규정의 적용을 배제하거나 피고가 이를 주장·입증하지 못하여 손해를 입더라도 사회질서나 공익에 아무런 문제가 없으므로 이는 구체적 구성요건에 관한 규범으로 해석하여야 한다.

반면에 민법은 불법행위채권을 수동채권으로 하는 상계, 압류금지채권을 수동채권으로 하는 상계, 지급금지채권을 수동채권으로 하는 상계(지급을 금지하는 명령을 받은 제3채무자가 금지명령 후에 취득한 채권에 의한 상계)를 금지하고, 이들 경우에 채무자는 상계로써 채권자에게 대항하지 못한다고 규

7) 요약하자면, 이와 같이 순수판단규범은 ① 법질서 전체의 관점에서 위법성평가를 거쳐 용인할 수 없는 행위나 사회현상을 대상으로 하고, ② 그 법규의 법률요건으로서 구체적·역사적 사실을 요구하지 않고 그 용인 여부의 기준으로 구체적 또는 추상적 기준만을 제시하며, ③ 그 법규의 적용 결과, 그 행위나 사회현상에 대하여 본래 예정된 법률효과가 발생하지 않는 소극적 효과가 발생하고, 예외적으로 일정한 내용의 법률효과가 강제적으로 발생하는 특성을 갖는다.[26]

(3) 중립적 규범

1) 법규는 위와 같이 구체적·역사적 사실인 사람의 행위나 사회현상을 법률요건과 법률사실의 내용으로 삼아 일정한 법률효과를 부여함으로써 사회질서를 규율하거나(구체적 구성요건에 관한 규범), 구체적·역사적 사실과 관계없이 법질서 전체의 관점에서 그 행위의 용인 여부를 판단하는 기준을 제시하여 사회질서를 규율한다(순수판단규범).

2) 그런데 민법 제3조(권리능력), 제5조(미성년자), 제9조(피성년후견인), 제18조(주소), 제22조(부재자), 제33조(법인), 제98조(물건), 제99조(부동산) 등과 같은 규범은 그 자체로는 법주체 상호 간의 구체적·역사적 사실인 행위나 현상을 요소로 하지 않고 그 법주체의 성립이나 능력, 권리·의무의 객체의 범위 등에 관한 법률효과를 규정함으로써, 구체적 구성요건에 관한 규범이 규정하는 매매나 증여, 교환, 증여 등의 법률행위나 상린관계 등의 각종 법률관계에 관하여 그 법률효과 발생에 수반하여 그에 따른 구체적·개별적 법률효과(권리·의무) 발생의 수단 내지 도구로서 기능한다. 즉 이러한 법규범은 법주체의 권리능력이나 행위능력 및 그 사회적 활동에 필요한 법적·제도적 장치(시스템)를 설정하여 이들의 활동과 권리·의무의 실현을 돕는 작용을 하고, 그런 의미에서 이는 중립적 규범이라고 할 수 있다.

예컨대, 사람은 만 19세가 되면 성년자로서 행위능력을 취득하고, 그 이전에는 미성년자로서 행위능력이 없어 단독으로 법률행위를 할 수 없으며 친권자나 후견인이 그를 대리하여야 하는데, 이러한 법률효과는 그가 어떤 행위나 현상을 일으켰는지 여부와 아무런

정하여(제496조 내지 제498조) 상계에 따른 채무 소멸의 효력이 발생하지 않도록 하고 있는바, 이러한 경우의 상계는 사회질서에 반하거나 압류금지 제도, 지급금지 제도 등 법질서 전체에 영향을 미치는 것이어서 단순히 그 당사자들의 개인적 이해에만 관련된 것이 아니므로, 당사자들이 이 규정의 적용을 배제하는 것은 허용되지 않으며, 법원은 직권으로 이를 조사·판단하여 이러한 상계를 허용하지 않아야 한다. 고로 이들 법규는 순수판단규범으로 해석하여야 한다(반대로 제495조의 규정과 달리, 소멸시효가 완성된 채권에 대해서는 그 시효완성 전후를 불문하고 당사자의 합의로써 이 규정의 적용을 배제할 수 있고, 이는 구성요건에 관한 규범이다).

26) 순수판단규범에 대한 보다 자세한 논의는 뒤의 <법률사실의 종류>와 <인식의 대상과 가치판단의 대상 및 법률사실>, 제3장의 변론주의에 관한 내용 중 <주장책임과 주장책임의 분배 기준>, <변론주의와 직권주의의 구별 기준 및 주장·입증책임의 분배>와 <변론주의의 적용 여부가 구체적으로 문제되는 경우>를 참조.

상관이 없이 자동적으로 부여된다. 즉 이러한 법률효과는 그가 다른 법주체와 구체적·역사적 사실인 행위나 현상을 통해 어떤 법률관계를 맺은 여부와 상관없이 그 이전에 자동적으로 발생한다. 법인의 성립이나 주소의 설정 등도 이와 같고, 소송요건에 관한 규범 역시 넓게 보면 소송제도라는 법적·제도적 장치(시스템)에 관한 법규로서 중립적 규범에 속한다고 할 수 있다.

3) 이들 중립적 규범의 성질과 그 적용 문제는 각각의 적용요건에 따라 달라진다. 즉 그것이 법질서 전체에 관련되거나 공동체의 이익에 관한 것인 때는 순수판단규범에 유사한 성질을 갖고, 그 반대의 경우에는 구체적 구성요건에 관한 규범에 유사한 성질을 갖는다.[27] 그러나 이들 중립적 규범은 전제 법질서나 법제도의 근간을 이루고, 개개의 사건이나 법률관계에 구체적 구성요건에 관한 규범이나 순수판단규범을 적용할 때 당연히 자동적으로 적용하여야 하고, 그 내용이나 적용 여부를 당사자가 임의로 배제할 수 없는 점에서 거의 예외 없이 순수판단규범과 같은 성질을 갖는다. 따라서 이에 대해서는 변론주의가 적용되지 않고 직권주의가 적용되어야 한다.[28]

---

27) 이들 규정의 경우 이에 대해서도 변론주의가 적용되는지 여부, 그에 위반한 경우의 법률효과가 특히 문제로 된다. 통상 이들 규정은 그것만으로 행위나 사회현상을 규율하는 것이 아니라 다른 법규와 함께 작용하여 이를 규율하게 된다. 예컨대, 법인의 경우 설립등기를 함으로써 성립하여 권리능력을 취득하고(민법 제33, 34조), 그 목적 범위 내에서 법률행위 등의 활동을 할 수 있는바(민법 제34조), 이들 법규는 중립적 규범이다. 그런데 이들 법규에 위반하여 설립등기를 하지 않았거나 그 목적 범위를 초과한 법인의 법률행위는 법인에 관한 기본질서에 반하는 것으로서 당연무효이고(대법원 1987. 12. 8 선고 86다카1230 판결, 1988. 1. 19. 선고 86다카1384 판결, 1991. 11. 22. 선고 91다8821 판결, 2005. 5. 27. 선고 2005다480 판결 등 참조), 이는 당사자의 주장이 없더라도 법원이 직권으로 판단하여야 한다. 반면 미성년자는 중립규정인 민법 제4조에 의해 정해지는데, 미성년자의 행위는 구체적 구성요건에 관한 규범인 민법 제5조 제2항에 의해 취소할 수 있는 것에 그친다. 따라서 민법 제5조 제2항은 어떤 법률행위가 미성년자의 행위인 경우 이를 무효로 하는 대신 취소권을 부여하는 것이고, 그 취소권의 행사 여부는 당사자의 자유이므로 민법 제5조 제2항은 구체적 구성요건에 관한 규범에 해당한다.

어떤 법규가 구체적 구성요건에 관한 규범에 속하는지 아니면 중립규범에 속하는지 여부나 그에 위반한 경우 무효인지 아닌지의 구별은 쉽지 않다. 당해 법규와 관련 법규에서 그 제한 내용이 분명한 때(부재자재산관리인의 권한 제한, 이사 직무대행자의 권한 제한 등)는 그 규정에 따르되, 그것이 불분명한 경우에는, 그 제한이 금지법규에 해당하는 때는 순수판단규범에 가까운 중립규범으로서 그에 위반한 행위는 무효라고 할 것이나, 반대로 그 제한이 금지법규에 해당하지 않고 당사자에게 무효나 취소를 주장할 수 있는 권리를 부여한 때는 구체적 구성요건에 관한 규범으로서 그에 위반한 행위라도 곧바로 무효가 되는 것은 아니라고 할 것이다.

28) 물론 이들 중립적 법규를 적용하기 위해서도 일정한 범위에서 구체적·역사적 사실인 사람의 행위(주민등록, 법인 설립을 위한 정관의 작성이나 등기 등)나 사회현상(시간의 경과에 따른 성년도달, 사람의 행방불명 등)이 필요하기도 하지만, 이러한 행위나 현상은 구체적 구성요건에 관한 규범이 규정하는 법률사실로서의 행위나 현상과는 차원이 다르다. 법원은 구체적 구성요건에 관한 규범을 적용할 때 그 배경사실로서 중립적 법규에서 필요로 하는 행위나 현상을 자동적으로 알게 되고, 필요한 때는 이를 직권으로 조사하여야 한다.

■ 규범의 성질에 따른 민사법규의 유형

구분	구체적 구성요건에 관한 규범	순수판단규범(금지법규)		중립규정
		직접금지규정	간접금지규정	
의의	구체적·역사적 행위나 사회현상을 규범의 내용(법률요건과 법률사실)으로 하여 그에 따라 다양한 구체적·개별적 법률효과를 부여하는 법규	일정한 행위나 사회현상에 대하여 그것을 법질서 전체의 관점에서 용인할 수 있는지 여부를 법규 자체가 구체적으로 직접 명시하여 금지하는 법규	일정한 행위나 사회현상에 대하여 그것을 법질서 전체의 관점에서 용인할 수 있는지 여부의 추상적인 기준을 제시하여 간접적으로 이를 금지하는 법규	구체적 구성요건이나 순수판단규범에 속하지 않는 법규
예시	물권의 발생을 규정하는 민법 제192조, 제211조 등, 채권의 발생을 규정하는 민법 제390조, 제428조 등, 권리·의무의 변경을 규정하는 민법 제449조, 제500조 등, 권리·의무의 소멸을 규정하는 민법 제460조, 제487조 등	민법 제56조(사원권의 양도·상속의 금지), 민법 제185조(물권의 임의적 창설 금지), 민법 제268조(공유물분할 금지특약의 기간 제한), 민법 제280조(지상권의 존속기간의 약정 제한), 민법 제332조(입질자에 의한 대리점유의 금지) 등	민법 제2조(신의성실의 원칙), 제103조(공서양속에 반하는 법률행위의 금지), 제608조(소비대차계약상의 차주에게 불이익한 약정의 금지), 제652조(임차인이나 전차인에게 불리한 약정의 금지), 「가등기담보 등에 관한 법률」 제4조 제4항(채무자 등에게 불리한 특약의 금지), 「보증인 보호를 위한 특별법」 제11조(보증인에게 불리한 약정의 금지) 등	권리·의무의 주체에 관한 법규, 법적·제도적 장치(시스템)에 관한 법규

라. 규범의 강제력 유무에 따른 분류

(1) 강행규정

1) 강행법규는 통상 당사자가 임의로 그 적용을 배제할 수 없고 이에 구속되는 법규정을 의미하는 것으로 이해된다. 즉, 당사자가 당해 법규의 내용과 다른 내용의 법률요건 또는 법률사실을 정하거나 법률효과를 정함으로써, 당해 법규가 규정한 것과 다른 내용의 법률관계를 형성할 자유가 인정되지 않는 법규가 강행규정이다.

강행법규는, 법이 일정한 이유에서 그것이 예정하고 있는 법질서를 당사자의 자유로운 처분에 맡기지 않고 강제적으로 그 법규의 내용대로 실현함으로써 사회질서를 유지·형성하려는 입법적 고려의 소산이다. 이 점에서 사적 자치가 제약된다고 할 수 있다.

2) 민법 등 각종 실체법에서는 민법 제289조, 제652조, 주택임대차보호법 제10조, 상가건물 임대차보호법 제15조 등과 같이 개별 법규에서 그것이 강행규정임을 직접 밝히는 경우도 있으나 이는 극히 예외적인 경우이고, 대체로 개별 법규는 이를 명시적으로 규정하지 않는다. 그러므로 개별 법규가 강행규정인지 임의규정인지 여부는 해석에 의할 수

밖에 없는바, 그 기준을 정한 것이 민법 제105조다.

민법 제105조는 이에 관하여 '법령 중 선량한 풍속 기타 사회질서에 관계없는 규정'을 임의규정이라 정의하고 있으므로, 그 반대해석상 강행규정은 선량한 풍속 기타 사회질서에 관한 규정으로 이해할 수 있다. 그러나 강행법규로 이해되는 각종 공익목적을 위한 행정규제 법령이 모두 선량한 풍속이나 사회질서를 포함하고 있는 것은 아니므로, 강행규정은 이보다 넓게, 당사자 임의로 그 적용을 배제할 수 없는 법령규정으로 이해된다. 민사법에 관한 강행법규를 크게 나누면, ① 구체적 구성요건에 관한 규범 중의 강행규정, ② 순수판단규범,[29] ③ 소송요건에 관한 규범으로 나눌 수 있다.

3) 한편 강행법규에 위반한 경우 그 불이익이 문제되는데, 불이익으로서는 ① 그에 위반한 법률행위 등의 효력의 부인, ② 법률행위 등의 효력에는 영향이 없이 자유형이나 금전형 등의 형사벌, 과태료, 이행강제금, 인·허가의 취소 등의 행정벌이나 행정적 불이익의 부과, ③ 법령이 설정한 일정한 법률관계의 강제적 형성(이른바 내용강제)가 있다. 통설과 판례는 ①, ③에 관한 강행법규를 효력규정, ②에 관한 강행법규를 단속규정이라 하여 구별한다.[30] 당사자의 법률행위가 법령에 배치되는 경우 그 사법적(私法的) 효력 여부는, 이를 직접 당해 법령에 규정하고 있지 아니한 때에는 결국 법원이 법해석을 통하여 결정할 수밖에 없다(대법원 2010. 12. 23. 선고 2008다75119 판결 등 참조).

사법적 효력이 부인되지는 않는 이른바 단속규정의 경우 이를 강행규정의 범위에서 제외하려는 입장도 있으나, 그 위반 시 제재가 따름으로써 결국 당사자 임의로 그 법규의 적용을 배제할 수는 없다는 점에서 이 역시 효력규정이나 내용강제규정(内容强制規定)과 다를 바 없고, 법령상 그것이 효력규정인지 단속규정인지 분명치 않은 경우 법원의 해석에 의하여 결정될 수밖에 없으며, 그 해석기준도 정립되지 못한 등으로 그에 대한 법원의 해석도 상대적·가변적인 점 등을 고려하면[31] 이 역시 강행규정에 포함하여 이해함이 타당하다.

(2) 임의규정

1) 법규 중 강행법규를 제외한 나머지가 임의규정에 속한다. 임의규정은 당사자가 당해 법규의 내용과 다른 내용의 법률요건 또는 법률사실을 정하거나 법률효과를 정함으로써, 당해 법규가 규정한 것과 다른 내용의 법률관계를 형성할 자유가 인정되는 법규이다.

---

29) 순수판단규범은 그 성질상 모두 강행규정이다.

30) ③은 일부무효이므로 ①에 포함시킬 수 있다.

31) 어떤 규정이 효력규정인지 단속규정인지 여부는 당해 법규정의 입법취지와 기능 등 여러 가지 요소를 종합적으로 고려하여 판단하여야 한다. 대체로 ① 사회의 기본적 윤리나 신분질서에 관한 것, ② 법률질서나 재판제도의 기본구조 또는 근간에 관한 것, ③ 사회일반의 이익이나 공익에 관한 것, ④ 거래의 안전을 위한 것, ⑤ 사회·경제적 약자 보호를 위한 것 등은 효력규정으로 이해된다.

앞서 본 바와 같이 개별 법규가 강행규정인지 임의규정인지 여부는 해석에 의할 수밖에 없고, 민법 제105조가 그 기준이 된다. 임의규정은 당사자 사이에 이를 배제한다는 특약이 없을 때만 규범으로서 기능하게 된다.

2) 임의규정 역시 법규이므로 그 존부와 의미의 해석·적용에도 법령의 해석·적용 일반의 경우와 같이 직권주의가 적용된다. 따라서 법원은 당사자가 법규에 반하는 약정을 한 경우, 먼저 그 법규가 임의규정에 해당하여 허용되는 것인지 여부를 직권으로 판단하여, 그것이 임의규정에 해당하는 것으로 인정되는 때에 한하여 그 법규의 적용을 배제하고 약정의 효력을 인정할 수 있다.

3) 임의규정에 반하는 당사자의 약정이나 의사표시가 있는 때에는 그것이 우선하고, 임의규정은 그러한 약정이나 의사표시가 없는 때에만 보충적으로 적용된다. 판례도 같은 입장이다(대법원 1987. 3. 24. 선고 84다카1324 판결, 2010.3.10. 자 2009마1942 결정).

3. 민사법의 기능과 효력

가. 민사법의 기능

(1) 질서의 유지·형성

1) 법은 인간의 사회생활관계를 규율하여 질서를 유지·형성하는 것을 기본목적으로 하는 것이므로, 그 법규가 예정하고 있는 일정한 행위나 사회적 현상이 존재하면 법주체와 법주체 사이의 관계, 즉 사회구성원들의 법률관계와 그 법적 지위에 일정한 변동을 일으키게 되는바, 이것이 곧 법률효과이다.

2) 다만, 법적·제도적 장치(시스템)에 관한 법규나 중립규정의 법규에서 발생하는 법률효과는 사회구성원들의 법률관계에 직접 영향을 미치는 경우가 드물므로 그 법률효과를 뚜렷하게 인식하기 어렵다.

3) 민사법은 사회구성원들의 민사적 생활관계를 규율하여 그 질서를 유지·형성하고 그 구성원들의 권리와 법익을 실현하게 해주는 역할을 한다.

(2) 행위규범과 재판규범

1) 위와 같이 법은 사회구성원들인 법주체의 행위나 사회적 현상에 대하여 일정한 법률효과를 부여함으로써 질서를 유지·형성하므로, 사회구성원들은 이를 자신의 행위의 준거로 삼아 행동하게 된다. 즉 사회구성원들은 법이 예정하고 있는 법률효과를 예상하여 이를 신뢰하고 기대하여 자신의 행동방향을 결정하게 됨으로써 법은 행위규범으로서의 기능을 하게 된다.

2) 법은 위와 같이 행위규범으로서 기능하는 동시에 국가 사법기관이 사회구성원들인

법주체의 행위나 사회적 현상에 대하여 일정한 법률효과의 존부를 재판·판단함에 있어 그 준거(기준)가 되어 재판규범으로서의 기능을 하게 된다. 만약 행위규범과 재판규범이 분리될 경우 질서유지가 불가능하므로, 행위규범인 법은 동시에 재판규범이어야만 한다.

3) 법의 이러한 기능이 가장 잘 발휘되는 법제도는 일정한 행위나 사회적 현상에 대하여 어떠한 법률효과가 발생하는지를 미리 실정법으로 규정해 두는 성문법주의이다. 이렇게 하면 예측가능성을 담보함으로써 사회구성원들의 활동영역을 신장하고 본래 의도한 법률효과를 확실하게 실현할 수 있기 때문이다. 산업화, 도시화, 사회복지국가화의 진전과 함께 사회현상이 복잡해지면서 세계 거의 모든 나라가 이런 쪽으로 법제도를 발전시켜 가는 것은 이러한 법의 기능에 주목한 것이라 할 수 있다.

나. 민사법의 효력

1) 법은 위와 같이 개개의 법규로 이루어지며, 그 효력으로서 일정한 내용의 법률효과를 직·간접으로 발생시킨다. 따라서 법이 일정한 효력을 갖고 법률효과를 발생시킨다는 것은 결국 개별 법규가 일정한 효력을 갖는다는 것을 의미한다. 예컨대, 이웃하는 토지의 상린관계에 관한 민법 제216조는 인지(隣地)사용청구권을, 민법 제217조는 매연·열기체 등에 의한 인지의 사용방해 행위의 금지의무를, 민법 제218조는 인지에의 수도 등 시설권을, 민법 제219조는 주위통지통행권을 차례로 규정하고 있는바, 이들 각각의 법규에서 독립한 법률효과가 발생한다.

2) 그렇다고 하여 모든 개별 법규가 그 하나하나에서 독립적인 법률효과를 발생시키는 것은 아니다. 입법의 필요나 입법기술상 여러 개의 법규를 모아 하나의 법률효과를 발생케 할 경우도 많이 있기 때문이다.

예컨대, 법률행위의 취소에 관하여 민법 제140조는 취소권자를, 제142조는 그 상대방을, 제111조는 취소의 의사표시의 효력발생요건과 그 시기를 규정함으로써 삼자가 합하여 하나의 법률행위의 취소라는 법률효과를 발생시키고, 공유물의 분할청구권에 관하여 민법 제268조는 분할청구권을, 제268조(협의분할)와 제269조(재판상 분할)는 그 분할의 방법을 규정함으로써 양자가 합하여 하나의 공유물 분할청구권이라는 법률효과를 발생시키며, 악의자의 부당이득반환에 관하여 민법 제748조 제2항은 반환의 범위를, 제749조는 악의가 되는 시기를 규정함으로써 양자가 합하여 악의자의 부당이득반환의무라는 법률효과를 발생시킨다. 이와 같이 여러 개의 법규가 합쳐져 하나의 법률효과를 발생시키는 때에는 그 복수의 법규가 모여서 하나의 법률요건을 구성하게 된다.

3) 위와 같이 민사법은 법주체와 법주체의 법률관계, 그 중에서도 민사적 법률관계에 관하여 법률효과를 발생시킴으로써 질서를 유지·형성한다. 민사적 법률관계에 관한 법률효과는 민사 실체법은 물론 민사 절차법,[32] 부동산등기법과 같은 공법적 민사법에서도

발생하나, 법주체인 인간에게 가장 기본적이고 유용한 법률효과는 민사 실체법상의 그것이다.

4) 민사법규에서 발생하는 법률효과는 각각의 법규마다 다르다. 법이 일정한 행위나 사회적 현상을 대상으로 법률효과를 부여하여 질서를 유지·형성하는 방법으로는 다양한 수단이 있을 수 있으나, 대개는 ① 일정한 권리·의무의 부여(발생·변경·행사) 및 그 발생한 권리·의무의 소멸, ② 권리·의무의 발생·변경·행사·소멸 등의 효력 발생의 부인, ③ 일정한 법률효과의 강제적 형성, ④ 경제적·신체적·행정적 제재 또는 권리나 법익의 박탈 등의 불이익의 부과를 사용한다. 위 ① 내지 ③은 권리·의무의 변동에 관한 것이고[33], ④는 법이 기대하는 질서로부터의 일탈자에 대한 제재에 관한 것이다.

5) 위 ① 내지 ③은 주로 앞서 본 권리·의무의 변동에 관한 법규에서 발생하는 법률효과이고, ④는 권리·의무의 주체에 관한 법규나 법적·제도적 장치(시스템)에 관한 법규에서 발생하는 법률효과라고 할 수 있다.

❑ 쉬어갑시다

육법전서와 창랑정기(滄浪亭記)

양경승 / 법률신문 2007. 9. 13.

일찍이 육법전서(六法典書)라는 것을 들어만 보았지 눈으로는 보지 못하였다가, 몇 해 전 일본국 법전을 찾다 제명이 육법전서라고 되어 있는 것을 보았다. 그러나 실상 이름과는 달리 거기 실린 법률은 6개는 물론 백여 개도 넘었다. 우리나라에 근대적 법제도가 일본을 통해 도입되었으니 이 말도 일본에서 수입된 것일 터인데, <검사와 여선생>류의 통속소설이나 영화에 나오는 법학도는 언필칭 항상 옆구리에 '육법전서'를 끼고 다니며 이를 달달 외는 사람으로 그려졌다. 그래서 세상 사람들은 소위 법조인이란, 머리는 명석하나 세상물정은 통 모르고 꽉 막힌 그런 족속으로 알게 되었다.

며칠 전 인터넷 검색을 하다가, 어떤 중학생 소녀가 법률가가 되려면 무슨 공부를 어떻게 하면 되느냐고 질문한 것을 보았다. 아마도 그 소녀는 멋들어진 법정 영화나 드라마를 보고난 감흥에 취해 자신도 법률가가 되고 싶다는 꿈을 꾼 것으로 보였다. 그런데 그 소녀는 어디서 들었는지 "…육법전서를 달달 외우면 되나요?"하고 묻고 있었다. 그만 나는 내 어릴 적 생각이 나서 박장대소를 하였다. 내가 중학생인 때도, 사법고시에 합격하려면 민법이나 헌법, 형법 등 개개 법률의 조문을 복사하듯 통째로 암술(暗述)하여야 하고, 그래서

---

32) 재판청구권, 이송신청권, 소송구조신청권, 소송비용담보제공신청권과 그 담보제공의무, 답변서 제출의무, 자백, 화해, 소 취하, 시기에 늦은 공격방어방법의 제출 거부, 경매개시결정에 대한 이의, 배당이의, 가압류신청권, 가압류취소신청권 등이 민사 절차법상의 법률효과에 속한다.

33) ③의 결과 일정한 권리·의무가 부여(발생·변경·행사)되거나 소멸하므로 ③은 실질적으로는 ①에 흡수된다고 할 수 있다.

법학도는 두꺼운 육법전서란 놈을 달달 외우고 다니는 좀팽이일 거라고 생각했던 것이다.

세월이 많이 지난 지금도 이런 생각은 크게 변하지 않은 것 같다. 우리 사회 일반인의 생각 또한 저 소녀의 그것과 크게 다르지 않다. 법률이란 육법전서 속에 고정되어 도통 변할 줄 모르는 종자고, 그것을 다루는 법률가란 사람들도 세상 변화를 모르는, 고지식하고 따분한 인사들로 여기는 것이다. 법조인이 되기 전 내 생각도 그러하였으니 말해 무엇하겠는가.

그러나 실상 법은 인간과 삼라만상의 관계를 규정짓는 규범으로서 환경의 변화에 따라 변할 수밖에 없으며, 어떤 때는 거꾸로 환경변화를 유도하거나 선도하기도 한다. 세상이 정보화가 되고 국제화되면서 변화의 폭은 넓어지고 그 주기는 짧아지고 있다. 그에 따라 법도 숨 가쁘게 변화하고 더욱 세분화, 전문화되어 간다. 하루가 멀다 하고 새 법이 제정되고 개정되며 판례와 논문이 쏟아진다. 조금만 주의를 소홀히 하면 듣도 보도 못한 용어와 법령에 갇히고, 실수를 하기 알맞다.

이렇듯 요즘의 법률가는 주야로 자강불식(自强不息)해야 하니 심신이 피곤하다. 전문분야 법공부만 해서도 무식을 면하기는 어렵다. 세상만사를 다 알아야 하는, 아니 아는 척이라도 해야 하는 법률가는 만물박사가 되어야 한다. 귀찮다고 이를 게을리하거나 외면했다가는 벽창호나 선무당이 되기 십상이다. 그러니 시서화(詩書畵)를 겸비하고 자연과 더불어 음풍농월(吟風弄月)하던 옛 선비의 호연지기는 가망 없는 사치이리라. 대저 선비는 해가 지면 詩를 읽으라 했건만, 가엾은 법조인의 가슴엔 쇳덩이만 쌓여 가누나. 문득 이 가을엔 유진오 선생의 창랑정기(滄浪亭記)를 되읽어보고 싶다. 그 철없이 꽃처럼 아름다웠던 유년은 다시 오지 않으리니….

※ 그런데 육법전서에는 진짜로 법이 딱 여섯 개만 들어 있을까?

우리나라에서 현재 간행되고 있는 법전을 보면, 대법전이든 소법전이든 법이 딱 여섯 개만 들어 있지는 않음을 알 수 있다. 그럼 이 육법전서라는 말은 어디서 왔을까? 이 말은 일본 개화기의 법학자 미츠쿠리 린쇼(箕作麟祥)가 1874년 프랑스법을 번역한 책인 『仏蘭西法律書』에서 이른바 나폴레옹 五法典(民法典, 商法典, 刑法典, 民事訴訟法典, 治罪法典)이라고 불리던 Codes Napoléoniens에 헌법을 추가하여 육법전서라고 이름 붙인 데서 유래한다. 그 당시는 근대법이 태동하는 시절이라 위 육법 외에는 사실 법령도 별반 없었고, 또 그것이 가장 중요한 기본적인 법이었기 때문에 육법과 이를 담은 육법전서는 모든 법 또는 모든 법을 담은 법전으로 이해되기에 충분하였다.

그래서 이후 다수의 법이 제정되기에 이르렀으면서도 계속해서 법전은 육법전서라는 제목으로 간행되었다. 우리나라는 1970년대 이후 이 이름과 결별하였지만, 일본에서는 지금도 법전에 여전히 '육법전서'라는 이름을 붙이고 있다.

Ⅱ. 법률요건과 법률효과

1. 법률효과, 법률요건, 법률사실

가. 개 념

(1) 법률효과

1) 법, 즉 법규가 예정한 일정한 행위나 사회현상이 존재할 경우, 그에 따라 그 행위나 사회현상과 일정한 관계가 있는 법주체의 법적 지위(법률관계)에 변동을 일으키는 것을 법률효과라고 한다.

2) 인간의 행위나 사회현상이 다종다양한 만큼 이를 규율하는 법도 다종다양하고 복잡할 수밖에 없고, 이에 따라 그 법률효과도 다양한 모습을 띠게 된다. 그런데 민사법규에서 발생하는 법률효과는 대체로 권리·의무의 변동에 관한 법규에서 발생하는 법률효과인 ① 일정한 권리·의무의 발생과 불발생(발생저지), ② 일정한 권리·의무의 행사와 행사저지, ③ 일정한 권리·의무의 소멸과 소멸저지, ④ 일정한 법률효과의 강제적 형성이 가장 현저하고도 중요하다.

예컨대 민법 제245조 제1항은, 20년간 소유의 의사로 평온, 공연하게 부동산을 점유하는 자는 등기함으로써 그 소유권을 취득한다고 규정하고 있는바, 위 법규에서 정한 일정한 점유라는 현상이 존재하면 그 점유자에게 당해 부동산의 소유권—엄밀히는 소유권 취득을 위한 소유권이전등기청구권—을 권리로서 부여하게 되는바, 위 소유권이전등기청구권이라는 권리의 발생이 곧 위 법규가 정한 법률효과이다. 그리고 이와 같이 권리가 발생하면 거의 대부분의 경우 그와 표리의 관계에서 그에 부수하여 의무가 발생하는바, 위의 예에서 원래의 소유자에게는 소유권이전등기의무가 발생하는데 이 역시 위 법규가 정한 법률효과이다.[34)]

3) 법률효과는 위와 같이 그 종류가 다양하므로 법률요건에서와 같이 명칭을 붙이기가 어렵다. 그래서 권리가 발생한 경우에는 '소유권이전등기청구권의 발생', '취소권의 발생' 등과 같이 그 발생하는 권리의 명칭으로써, 의무가 발생하거나 소멸한 때는 '소유권

---

34) 그러나 법이 부여하는 법률효과가 권리·의무에 국한되는 것은 아니다. 대리인의 대리권, 법인 대표이사의 대표권, 법정대리인의 동의권, 사단법인 사원의 사원총회 결의권 등과 같은 권한, 사람의 출생에 의한 권리능력의 취득과 사망에 의한 그 상실, 법인의 설립등기에 의한 법인격의 취득, 실기한 공격방어방법 제출에 따른 소송상의 불이익(민사소송법 제149조), 소송절차에 관한 즉각적인 이의 부제기에 의한 이의권 상실의 불이익(민사소송법 제151조), 상소 제기기간 경과에 의한 상소권 상실과 재판의 확정, 재판의 확정에 의한 기판력의 발생과 그에 따른 불이익 등도 모두 법률효과에 속함은 이미 말한 바와 같다.

이전등기의무의 발생', '소유권이전등기의무의 소멸', '대금지급채무의 소멸' 등과 같이 그 의무의 명칭으로써, 기타의 경우에는 '소유권의 불발생', '소유권의 행사제한', '매매계약의 실효', '법인격의 취득', '법인의 해산', '과태료납부의무의 발생', '형사처벌의 대상' 등과 같이 그 법률효과의 내용을 특정하여 부른다.

4) 실정법주의 법제에서도 법규가 모든 사회적 행위나 현상을 낱낱이 규정하지는 않는다. 예컨대, 민법 제2조 제2항은 "권리는 남용하지 못한다."고만 하고 그 법률효과는 침묵하고 있고, 민법 제162조 이하의 규정은 소멸시효에 관하여 일정기간의 경과로 시효가 완성한다고만 규정할 뿐 그 구체적인 법률효과를 언급하지 않고 있다.

따라서 민법 제1조나 상법 제1조 등에 따라 조리에 의하여 이를 보충하여야 할 필요가 있고,[35] 또 강행법규와 충돌하지 않는 분야에서는 관습법에 의한 보충과 선택·대체도 허용하여야 하는데, 각각의 법규에서 어떠한 법률효과가 발생하는지를 탐구하는 것은 법해석학에 속하며, 이는 법학의 가장 중요한 분야이다.

5) 민사소송은 소송당사자인 법주체의 법적 지위, 즉 원·피고 사이의 권리·의무관계 또는 법률관계를 발견하여 이를 확인·선언하고 실현하는 절차이므로, 그 소송(심리·판단)의 대상이자 주제는 원고가 피고와의 관계에서 어떠한 법률효과로서의 권리·의무 또는 법률관계를 가지고 있는지 여부이다. 법원은 그 법률효과를 조사·심리하여 판결로써 이를 확인·선언하게 된다.[36]

(2) 법률사실

1) 사람의 일정한 행위나 사회현상으로서, 법이 간여하고 규율할 대상으로 삼아 법규의 내용으로 규정한 것을 법률사실이라 한다. 법이 인간의 모든 행위나 현상에 모두 간여하여 규율하지는 않는다는 사실은 이미 앞서 말한 바이다. 법이 규율의 대상으로 삼은 이러한 법률사실로부터 일정한 법률효과가 발생하므로, 법률사실은 법률효과 발생의 원인이 되는 행위나 사회현상이라고 정의할 수도 있다.

---

35) 예컨대, 민법 제568조는 매매의 효력으로 그 법률효과를 정하고 있지만 인도청구권이나 완전물급부청구권, 매매 부동산상의 저당권·가압류 등의 부담제거의무 등에 대해서는 언급이 없으나 학설·판례상 인정된다. 상법 제22조도 타인이 등기한 상호와 동일한 등기를 금지하면서도 그 위반에 대한 법률효과는 언급이 없는바, 판례는 그 말소등기청구권을 인정한다(대법원 2004. 3. 26. 선고 2001다72081 판결). 한편 이와 같은 법규의 보충 외에, 사회의 변화·발전에 따라 법규에 전혀 언급이 없는 법률효과도 관습법이나 조리에 의해 창설되는 경우가 많은바, 프라이버시권, 퍼블리시티권, 정보원(情報源)에 대한 액세스권, 요즘 문제가 되고 있는 이른바 '잊혀질 권리' 등은 모두 이렇게 해서 인정되었다.

36) 법률효과는, 실체법적으로는 권리·의무관계 또는 법률관계의 변동의 형태로 나타나고, 소송법적으로는 ① 소송목적(청구), ② 공격방어방법의 두 형태로 나타난다. ①은 금전지급청구권, 물건의 인도청구권, 사해행위취소권, 이혼청구권, 정정보도청구권 등과 같이 소송의 목적인 청구원인이 되는 권리·의무이고, ②는 ①에 영향을 미치는 대리권, 취소권, 해제·해지권, 상계권, 지상권소멸청구권 등의 권리이다.

2) 법규는 법률사실의 집합인 법률요건을 조건적 명제로 하고 법률효과를 결과적 명제로 하여, 이를 추상적으로 표현·기술하는 것이 일반이다. 즉, "○○가 존재하면 △△한다."거나 "○○가 존재하지 않으면 △△하지 않는다."는 식으로 표현한다. 이는 민사법이나 행정법이나 형사법이나 같으며, 실체법이나 절차법이나 모두 동일하다.

여기서 존재 또는 부존재의 대상인 행위나 현상은 앞서 설명한 바와 같다.[37] 즉 법주체와 법주체 또는 법주체와 법객체 사이에 일정한 관계가 형성될 때 그 관계에서 발생하는 행위와 사회적 현상으로서, 법이 관여할 만한 가치가 있는 것만이 법률요건으로 포섭되는 법률사실이 되며,[38] 그 종류와 법적 성질은 뒤에서 보는 바와 같다.

3) 법은 법주체 간의 사회생활관계에서 발생하는 일련의 행위와 현상을 법률사실로 파악하고 이를 묶어 법률요건으로 구성한 다음 이에 대하여 일정한 법률효과를 부여한다. 따라서 법률요건(집합)은 법률사실을 그 구성요소(원소)로 하며, 이때 그 법률사실은 현실 사회생활관계에서 발생하는 구체적·역사적 사실이어야 한다.[39] 다만, 편의상 법규는 추상적 사실로 법률요건을 규정하므로 당사자는 소송에서 구체적·역사적 사실을 주장, 증명하여야 한다.

4) 법률요건을 구성하는 법률사실은 이와 같이 법주체 간의 사회생활관계에서 발생하는 구체적·역사적 사실(행위와 현상)이므로 구체적 구성요건에 관한 규범과 일부 중립규범에서만 문제되고, 순수판단규범 등 금지법규의 경우에는 그 성질상 이러한 법률사실이 문제되지 않는다. 즉 금지법규의 경우, 앞서 본 바와 같이 그 법규의 적용대상이자 여건으로서 구체적·역사적 사실을 갖지 않으며, 신의칙위반이나 권리남용, 불공정행위 등과 같이 판례나 학설상 일정한 구체적·역사적 사실을 그 법규의 내용으로 갖는 것처럼 보이는 경우에도 그 법적 성질은 구체적 구성요건에 관한 규범의 그것과 다르다는 것은 앞서 본 바와 같다.[40]

5) 법률사실의 집합이자 일정한 법률효과의 발생요건인 법률요건에 비해 법률사실은

---

37) 여기서 말하는 인간의 행위나 사회현상은 뒤에서 보는 바와 같이 사람의 적극적 행위는 물론 소극적 행위(부작위), 내심의 상태나 관념(고의, 과실, 선의, 악의, 목적 등), 자연현상(시간의 경과, 토지의 포락, 물건의 훼손이나 멸실 등) 등과 같이 사람의 사회생활관계에서 의미가 있는 것을 모두 포함한다.

38) 법률요건에 법률사실로 포섭되지 않는 관계상의 현상에 대하여는 도덕률이 적용되게 된다.

39) 구체적 사실이란, 추상적으로 기술된 사실이 아니라, 그 주체와 객체, 행위나 현상이 발생한 장소와 대상 등을 구체화한 사실을 말하고, 역사적 사실이란 특정한 일자와 시각에 실제로 발생한 사실을 말한다. 예컨대, 매매의 법률요건에서 법규가 규정한 추상적 법률사실은 재산권이전의 의사표시와 이를 승낙하는 의사표시, 대가로 금전을 지급하기로 하는 의사표시와 이를 승낙하는 의사표시이나, 그 구체적·역사적 사실은 甲이 2020. 3. 15. 甲의 집에서 乙에게 특정 토지를 매도하고 乙은 그 대가로 甲에게 1억 원을 지급하기로 약정하였다는 것이 된다.

40) 프로그램적 규정이나 금지법규 등에서도 일정한 법률효과는 발생하므로 그 내용을 이루는 행위나 현상을 법률사실이 아니라고 할 수는 없다. 그러므로 이러한 법률사실은 구체적 행위나 사회현상인 다른 법률사실과 구별하여 유사적 법률사실이라고 부르는 것이 좋겠다.

너무 많고, 개개의 법률사실마다 일일이 그 이름을 붙일 만큼 중요하거나 의미가 없다. 그러므로 개개 법률사실에 대해서는 특별한 명칭을 붙이지 않고, '재산권 이전의 의사표시', '채권의 양도통지', '점유', '사용·수익', '기망', '폭행', '시간의 경과', '고의', '과실' 등과 같이 그 행위나 현상을 지칭하여 부르는 것이 보통이다.

(3) 법률요건

1) 법률요건은 특정한 법률효과 발생을 위한 요건으로서 법이 요구하는 법률사실의 집합이다. 예컨대, 부동산의 점유시효취득에 의한 소유권(소유권이전등기청구권) 취득이라는 법률효과가 발생하기 위해서는 민법 제245조 제1항에서 요구하는 ① 20년간, ② 소유의 의사에 의한, 평온, 공연한 ③ 부동산의 점유라는 법률사실이 필요한바, 이들 법률사실의 총합이 곧 법률요건의 하나인 '점유시효취득'이다.[41]

2) 법률사실을 이루는 법주체의 행위나 사회현상은 그 형태나 내용, 사회적 중요성 등에 따라 법적 가치평가가 각각 다른바, 이에 따라 법은 그러한 법률사실들의 특성을 고려하여 하나의 법률사실에 대하여 곧바로 법률효과를 부여하기도 하지만, 대체로 일정한 상관관계에 있는 복수의 법률사실을 모아 법률효과를 부여한다. 그리고 이와 같이 법률요건에 포섭되는 개개의 법률사실을 요건사실 또는 법률요건사실, 구성요건사실이라고 하며, 위의 ① 내지 ③이 곧 그것이다. 한편, 이러한 법률요건과 법률사실은 구체적 구성요건에 관한 규범에 고유한 것임은 앞서 본 바와 같다.

3) 이는 형사법에서도 동일한 것으로서, 특정한 범죄가 성립하고 그에 대한 법률효과로 형벌이 과해지기 위해서는 한 개 또는 복수의 법률사실(범죄사실)이 필요하고,[42] 형사법에서는 그 법률사실의 집합을 범죄구성요건이라고 부른다.

또한 법률요건과 법률사실은 절차법에도 존재한다. 예컨대, 자백이라는 법률요건으로부터 법원과 당사자에 대한 구속력, 입증책임 및 입증필요의 해소라는 소송법적 법률효과가 발생하는데, 자백이 성립하기 위해서는 소송수행권의 존재, 변론준비기일이나 변론기일에서의 구두진술, 그 진술의 상대방 주장사실과의 일치라는 소송법적 법률사실이 필요하다.

4) 한편, 위와 같이 금지법규나 순수판단규범의 경우에는 법률사실로서 구체적·역사적 사실을 갖지 않고, 그 법률효과 역시 적극적으로 권리·의무를 부여하는 것이 아니라 이

41) 그러나 법률요건 가운데는 대리나 조건 등과 같이 그 자체만으로는 독립적으로 권리·의무의 발생 등 법률관계에 중요한 영향을 미치는 법률효과를 발생시키지 못하고 매매나 임대차 등 다른 법률요건을 보충하고 그것과 결합하여 일정한 법률효과를 발생시키는 것도 있는바, 뒤에서 보는 바와 같이 이러한 법률요건은 보조적 법률요건으로 이해할 수 있다.

42) 예컨대 살인죄가 성립하려면, 타인에 대한 가해행위, 타인의 생명단절, 양자의 인과관계, 가해자의 고의 또는 과실이라는 법률사실(요건사실)이 필요하다.

를 부정하거나 일정한 방향으로의 강제유도이므로 이를 구체적·역사적 법률사실의 집합인 고유한 의미의 법률요건으로 파악할 수는 없다. 다만, 이 역시 일정한 법률효과는 발생하며, 또 이를 다른 것과 구별하고 지칭할 필요가 있으므로 신의칙, 권리남용, 불공정행위, 차주에게 불리한 약정 등으로 부르고 구체적 구성요건에 관한 규범의 법률요건에 준하여 다루는 것이 타당하다.

5) 위와 같이 구체적·역사적 법률사실의 집합인 법률요건이 충족되어야 법률효과가 발생하므로, 법률요건을 이루는 개개의 법률사실만으로 곧바로 법률효과가 발생하지는 않으며, 이들 법률사실이 곧 법률요건이 되는 것도 아니다.

예컨대, 민법 제156조는 "기간을 시, 분, 초로 정한 때에는 즉시로부터 기산한다."고 규정하는바, 이 규정 자체나 시간의 경과라는 사실(현상)로부터 권리·의무나 그에 관한 법률관계의 변동 기타 법률적으로 유의미한 영향이라는 법률효과가 발생하지는 않으므로 이는 법률요건이라고 할 수 없다. 반면에 시기(민법 제152조 제1항)나 종기(민법 제152조 제2항)의 기한은 그 시점의 도래로써 법률행위의 효력이 발생하거나 법률행위의 효력이 소멸함으로써, 간접적으로 권리·의무의 발생이나 소멸의 법률효과가 발생하게 되므로 법률요건이 된다. 따라서 기간은 독자적으로는 법률요건이 될 수 없고, 법률요건인 시기나 종기의 구성요소인 법률사실에 지나지 않는 것이 된다. 마찬가지로, 취득시효에 있어서도 다른 법률사실 없이 일정 기간의 점유라는 사실만으로는 법률효과가 발생하지 않으므로 그것이 독립하여 법률요건이 될 수는 없다.

6) 어떤 법률사실이 구체적으로 어떤 법률요건을 구성하는지를 판단하는 것은 법해석의 문제로서 학설과 판례를 통해 해결하여야 한다. 기본적으로는 그로부터 곧 일정한 법률효과가 도출되어야만 법률요건이 될 수 있는 자격이 있다.

즉 법률요건이 되기 위해서는 ① 한 개 이상의 법률사실(행위나 현상)을 그 구성요소로서 가지고, ② 그로부터 직접 일정한 법률관계 변동의 법률효과를 발생시키며, ③ 다른 법률요건과 구별되는 독자성과 독립성을 가져야 한다.

7) 그러면 권리·의무의 행사와 관련해서도 권리·의무의 발생과는 별개의 법률요건이 필요한가? 예컨대, 매매계약으로부터 매수인에게 대금지급청구권이 발생한 경우 이를 행사하기 위해 매매계약 외에 별개의 법률요건이 요구되는가?

권리·의무가 발생한 경우, 당연히 행사(이행)가 예정되어 있고 그 행사를 통해 권리·의무의 내용이 실현되어 본래의 목적을 달성하게 된다. 그러고 보면 권리·의무의 행사(이행)에 따로 별개의 법률사실이나 법률요건은 필요 없지 않은가 하는 생각이 들기도 한다.

그러나 권리·의무가 존재하더라도, 이를 행사하지 않으면 그 행사로써 실현되는 법률관계 변동의 효과는 발생하지 않는다. 예컨대, 착오나 사기를 법률요건으로 한 매매계약의 취소권이 발생하여 존재하더라도, 이를 행사하여 현실로 매매를 취소하지 않으면 그 매매계약이 소급하여 소멸하는 법률효과가 발생하지 않는다. 이때 취소권의 발생은 권리의 발생이므로 법률효과이고, 취소권의 행사에 의한 매매 법률관계의 소멸과 그에 따른 재산권 이전청구권, 대금지급청구권 등의 소멸 역시 법률효과이며, 양자의 법률효과는 전혀 별개이다. 그리고 취소권을 발생시키는 법률요건의 근거 법규인 착오나 사기의 법규(민법 제109조, 110조)도 당연히 취소권의 행사를 예정하여 법률관계의 소급적 소멸을 그 법률효과로서 규정하고 있지도 않다.

즉 착오나 사기가 성립한다고 하여 곧바로 매매계약 등이 소멸하는 법률효과가 발생하는 것은 아니며, 취소권의 행사와 그 법률효과는 다른 법규에서 따로 규정하고 있다(민법 제141조 본문). 또 권리·의무를 행사하면 그 권리·의무의 내용이 실현되는 것이 보통이지만, 대금지급청구권을 행사하는 경우 채무자에게 이행지체의 법률효과가 발생하거나(민법 제387조) 소멸시효의 중단이라는 법률효과가 발생하기도 하며(민법 제168조), 취소권을 행사하는 경우 법률관계의 소멸 외에 부당이득반환청구권을 발생시키기도 한다(민법 제741조). 따라서 권리·의무의 발생과 그 행사는 별개 독립한 것이며, 각각 독립한 법률요건을 요구한다.[43]

8) 위와 같이 하나의 법률요건이 충족되면 그로부터 일정한 법률효과가 발생하는데, 때로는 하나의 법률요건이 다른 법률요건의 구성부분인 법률사실이 되는 경우도 있다.

예컨대, 착오(민법 제109조)나 사기·강박(민법 제110조), 미성년자의 법률행위(민법 제5조)는 취소권을 발생케 하는 법률요건이지만, 민법 제741조의 부당이득이라는 법률요건의 일부가 된다. 즉 이 경우 착오나 사기, 강박 등과 그 취소권의 행사는 '부당이득'의 법률요건에서 경제적 이익에 관한 '법률상 원인의 부존재' 사실을 구체화하는 법률사실에 불과하게 된다.

9) 법률요건에는 구별의 편의를 위해 이름을 붙인다. 예컨대, 매매, 증여, 교환, 보증, 임대차, 채무불이행, 불법행위, 부당이득, 사무관리, 조건, 기한, 착오, 사기, 취소(취소권의 행사), 해제, 해지, 권리포기, 채무면제, 소멸시효, 취득시효, 건물의 신축, 사정, 매장물의 발견, 첨부, 공유수면의 매립, 소의 제기, 취하, 자백, 청구의 포기, 인낙 등등이다.

이는 법규에서 그 이름을 정하기도 하지만, 그 이름이 법에 규정되어 있지 않거나 그와 다르게 부르는 경우도 많다. 예컨대, 민법 제245조 제1항의 경우 법전에는 그 제명(題名)이 '점유로 인한 부동산소유권의 취득기간'이라고 되어 있으나 통상 그 법률효과는 '부동산의 점유 취득시효 완성에 의한 소유권취득'이라고 부르고(이것이 너무 길므로 대개

43) 권리의 행사에 필요한 법률요건은 특별한 명칭이 없어 '대금지급청구권의 행사' 또는 '이행의 최고', '취소권의 행사' 등과 같이 부른다. 그리고 권리의 행사에 필요한 법률요건을 구성하는 요건사실은 권리의 존재(그 권리를 발생케 하는 개개의 요건사실 포함)와 이를 행사한다는 의사표시가 필수적이며, 그 외에도 권리의 종류에 따라 다른 법률사실이 필요할 수 있다.

'부동산의 점유 취득시효'라고 부르기도 한다), 그 법률요건은 '부동산의 점유 시효취득'이라고 부른다.[44]

나. 법률사실의 종류

(1) 법률사실의 성질, 형태

1) 앞서 본 바와 같이 법률사실인 인간의 행위나 사회현상은 법주체들 사이의 법률관계에 변동을 일으키는 법률효과 발생의 요건으로서, 구체적·역사적 사실이다. 즉 법률사실은 증거에 의하여 그 존부를 인식할 수 있는 것이다.[45]

2) 법률사실은 유형적인 것에 국한되지 않고, 사람의 정신작용이나 내심의 심리상태인 사고나 관념 등 무형적인 것을 포함한다. 그 인식에 가치평가가 필요하더라도 그것이 구체적·역사적 법률사실이 되는 데에 장애가 되지 않는다.[46]

즉 사람의 유형적 행위나 자연현상(시간의 경과, 토지의 포락 등)은 물론 사람의 정신작용(의사표시, 관념통지, 소유의 의사 등)이나 심리상태(고의, 과실, 선의, 악의 등), 부작위 등 무형적인 것도 이에 포함된다. 고로 법률사실은 크게 사람의 의식이나 정신작용인 '용태(容態)'와 그 정신작용에 속하지 않는 '사건(事件)'의 두 형태로 구성된다.

3) 주지하는 바와 같이 용태는, ① 외부적 용태로서 의사표시, 준법률행위(의사통지, 관념통지, 감정의 표시, 사실행위[47]), 위법행위(채무불이행, 불법행위)를, ② 내부적 용태로서 관념적 용태,[48] 의사적(意思的) 용태[49]를 상정할 수 있다.

---

44) 그러나 실체법이나 절차법상의 권리·의무의 변동에 관한 법률효과가 아닌 법률효과의 경우 그 존재가 뚜렷하지 않듯이 이들 법률효과(권리능력의 취득·소멸 등)에 관한 법률요건(사람의 출생·사망, 법인의 설립·해산 등) 역시 그 존재가 뚜렷하지 않아 그 명칭이 현저하지 못하다. 한편, 하나의 법률사실이라도 서로 다른 법률요건의 법률사실이 될 수 있으며, 각 그 법률요건의 성질과 종류에 따라 서로 다른 법률효과가 발생하게 된다. 예컨대, 사람의 사망이라는 법률사실은 권리능력 소멸의 법률요건에 해당하기도 하지만 상속의 법률요건에도 속하며, 각각 권리능력의 소멸 또는 재산상속이라는 다른 법률효과가 발생한다.

45) 증거에 의하여 어떤 현상의 존부(存否)를 인식한다는 것은, 사람이 자신의 외부에 존재하는 현상이 존재하는지 여부를 순전한 자신의 내부적 의식작용 또는 가치평가가 아니라, 그 외부적 현상의 존재 여부를 가리키는 지표이자 외부적 인식근거(인식자료)인 증거에 의하여 판단·인식하는 것을 말한다. 따라서 이러한 인식작용은 가치평가(가치판단)작용과 달리 사회통상인 누가 인식하든 동일한 결과가 나오는 것을 기본적 전제로 한다.

46) 구체적·역사적 사실의 존부에 대한 사람의 인식작용에도 가치평가가 전적으로 배제되는 것은 아니지만, 이때의 가치평가는 사람의 인식작용에 부수되는 논리적 추론의 한계를 벗어나지 않는 것으로서 외부적 인식자료인 증거에 의한 개연성과 확실성이 영향을 미친다는 점에서, 가치관, 도덕, 양심, 종교, 신념 등이 작용하며 외부적 인식자료인 증거에 의한 개연성과 확실성이 영향을 미칠 수 없는 영역인 순수한 가치평가와는 차원이 다르다.

47) 사실행위는 다시 ① 매장물의 발견, 주소의 설정 등과 같은 순수사실행위, ② 점유의 취득, 무주물의 선점 등과 같은 혼합사실행위, ③ 사무관리, 동거의사에 기한 부부의 동거 등과 같은 의사사실행위(疑似事實行爲)로 나눌 수 있다.

48) 선의, 악의, 신뢰 등과 같이 일정한 사실에 대한 관념이나 인식을 가리킨다.

4) 사건은 사람의 정신작용의 개입 없이 발생하는 것으로서, 사람의 출생과 사망, 실종, 자연력에 의한 건물의 멸실이나 토지의 포락, 시간의 경과, 부합, 혼동 등이 대표적인 것이다. 이러한 사건이 어떤 법률효과를 발생하는지는 법률이 직접 규정한다는 점에서, 특정의 시공간에서 다양한 모습으로 나타나게 되는 사람의 정신작용인 용태에 비해 법규의 규정 형식이 일률적이고, 그 존부의 인식이 보다 분명하다는 특징을 갖는다.

즉 용태 가운데 중심이 되는 의사표시와 이에 기초하는 법률행위의 경우, 사적 자치의 원리에 의하여 그 법률행위의 내용에 따라 다양한 법률효과가 발생할 것이 예정되어 있는 반면,[50] 사건의 경우에는 취득시효, 소멸시효, 혼동, 부합, 사무관리, 부당이득 등과 같이 대부분 법률규정 자체에 그 법률효과가 분명하게 표현, 예정되어 있다.

5) 법률요건과 법률사실 가운데 중심적 지위를 차지하는 것은 의사표시를 기본요소로 하는 법률행위(적법행위)와 위법행위(채무불이행과 불법행위) 그리고 사건이다.[51]

개개의 법률사실이 위 법률사실의 유형 가운데 어디에 속하는지는 법규의 적용에서 의미가 있다. 예컨대, 기한(시기, 종기)은 법률 주체의 의사에 의하여 설정되는 것으로서 의사표시의 내용이 되는 반면, 시간의 경과인 기간(제척기간, 소멸시효, 취득시효의 일정한 기간)은 사건에 속하는바,[52] 기한의 설정은 의사표시이므로 표시자의 의사능력, 행위능력, 효력발생 시기(도달주의의 원칙), 진의와 표시의 불일치(비진의표시, 통정허위표시, 착오), 하자(사기, 강박) 등이 문제되지만, 기간은 그러한 문제가 발생할 여지가 없다.

---

49) 소유의 의사, 제3자변제에서의 채무자의 의사(민법 제469조 참조), 사무관리에서의 본인의 의사(민법 제734조 참조) 등과 같이 일정한 효과를 지향하는 사람의 내심적 의사를 가리킨다.

50) 이른바 무명계약(無名契約)에 위임된 사항이다. 그리고 민법이나 상법에 규정된 것이라도 임의규정 내지 보충규정으로서 의사표시나 법률행위에 대하여 종속적 지위를 갖는 것도 많다. 다만, 그 내용이 강행법규에 위배되지 않아야 한다는 한계가 있다(민법 제105, 106조 참조).

51) 사건은 위와 같이 법률에서 직접 규정하고 있으므로 이를 법률의 규정에 의한 법률효과의 발생, 또는 법률규정에 의한 권리변동의 원인이라고 하기도 한다.

52) 임대차계약이나 사용대차계약에서의 임대차기간 또는 사용대차기간은 당사자의 의사에 의하여 설정되므로 이 역시 종기(임대차나 사용대차의 존속기한)를 설정한 것으로 볼 수 있다. 다만, 시기나 종기에서도 그 시점(時點)이 도래하는 것은 사람의 행위에 의한 것이 아니므로 그 자체는 사건이다. 기한이 의사표시의 내용이라는 것은 법률행위의 효력 발생을 특정 시점의 도래에 매이게 하였다는, 즉 거기에 부관(附款)을 설정하였다는 의미이다.

■ **법률사실의 종류**[53)]

<table>
<tr><td rowspan="14">법률사실</td><td rowspan="10">용태</td><td rowspan="8">외부적 용태</td><td rowspan="6">적법행위</td><td rowspan="2">법률행위</td><td>단독행위</td><td rowspan="2">의사표시</td></tr>
<tr><td>계약, 합동행위</td></tr>
<tr><td rowspan="4">준법률행위</td><td rowspan="3">표현행위</td><td>의사통지</td></tr>
<tr><td>관념통지</td></tr>
<tr><td>감정표시</td></tr>
<tr><td>비표현행위
(사실행위)</td><td>사무관리, 부당이득(재산의 이득·손실), 매장물의 발견, 건물의 신축, 공유수면의 매립 등</td></tr>
<tr><td rowspan="2">위법행위</td><td colspan="3">채무의 불이행</td></tr>
<tr><td colspan="3">불법행위(가해행위)</td></tr>
<tr><td rowspan="2">내부적 용태</td><td colspan="3">관념적 용태</td><td>고의, 과실, 선의, 악의, 정당한 대리인이라는 신뢰, 사해의사, 착오 등</td></tr>
<tr><td colspan="3">의사적 용태</td><td>소유·점유의 의사, 3자 변제에 대한 채무자의 용인의사, 사무관리에 있어 본인의 의사 등</td></tr>
<tr><td rowspan="4">사건</td><td rowspan="2">사람/법인에 관한 것</td><td colspan="3">능력·권리의 취득</td><td>출생, 법인의 설립[54)] 등</td></tr>
<tr><td colspan="3">능력·권리의 상실</td><td>사망, 법인의 청산, 피흡수합병 등</td></tr>
<tr><td rowspan="2">외물(外物)에 관한 것</td><td colspan="3">권리의 취득</td><td>부합, 혼화, 혼동, 시간의 경과(취득시효의 완성), 인과관계 등</td></tr>
<tr><td colspan="3">권리의 소멸</td><td>물건의 멸실·훼손, 토지의 포락, 시간의 경과(소멸시효의 완성, 제척기간의 경과), 인과관계 등</td></tr>
</table>

(2) 인식의 대상과 가치판단의 대상 및 법률사실

1) 구체적 구성요건에 관한 법규에서 그 법규의 구성요건(법률요건)으로 요구되는 법률사실은 구체적·역사적 사실(행위나 사회현상)로서, 그 존재가 뚜렷하여 외부에서 이를 인식할 수 있는 것이다. 즉 이들 법규는 특정한 법주체 사이에 일정한 행위나 현상이 존재할 것을 요건으로 구체적·개별적 법률효과를 부여하고, 반대로 그러한 행위나 현상이 존재하지 않으면 그 법률효과를 부여하지 않으며, 그 법률사실은 증거에 의하여 존부를 인식, 판단할 수 있다. 그리고 위와 같이 이는 다소의 가치판단을 요하고 추상적 개념으로 표현되는 사람의 정신작용이나 심리상태, 부작위 등 무형적인 것도 포함한다.

구체적 구성요건에 관한 법규의 법률요건과 법률사실은 이러한 성질 때문에 뒤에서 보는 바와 같이 변론주의가 적용되어 이를 당사자가 스스로 주장하고 증명하여야만 법원은 이에 대하여 판단할 수 있다. 그러므로 구체적 구성요건에 관한 법규의 법률요건과

53) 이 표에서 법률사실은 표의 맨 오른쪽 난에 기재된 의사표시 등이다. 왼쪽 난의 기재사항은 그 법률사실의 성질을 표시한 것이다. 채무의 불이행과 불법행위는 법률요건으로서 용태(채무의 이행지체, 가해행위, 고의, 과실 등)와 사건(채무의 이행불능, 손해의 발생 등)을 법률사실로 갖는다.

54) 법인의 설립이나 청산은 비표현행위의 일종으로 볼 경우도 있다.

법률사실은 법관에게 인식의 대상이 된다.

2) 예컨대, 구체적 구성요건에 관한 법규에서 매매(민법 제563조)나 점유취득시효(민법 제245, 246조), 유실물의 습득(민법 제253조)이나 매장물의 발견(민법 제254조), 소멸시효(민법 제162조 등) 등의 법률요건을 구성하는 의사표시, 점유, 시간(기간)의 경과, 발견, 법률에 정한 공고, 소유자가 권리를 주장하지 않을 것(부작위) 등의 법률사실은 모두 판단자인 법관이 그 존부를 발견·인식하여야 하는 외부적 사실이며, 그 인식은 원칙적으로 그 존부를 증명하는 외부적 판단자료인 증거에 의하여야 하고(민사소송법 제288조), 또 그러한 방법에 의하여만 인식할 수 있는 것이다. 즉 이러한 법률사실은 모두 발견·인식의 대상이다.

여기서 인식의 대상이라는 것은, ① 인식의 대상이 존재하는지 존재하지 않는지 여부에 관하여 판단자(인식자)의 가치관, 도덕, 종교, 신념, 양심 등과 관계없이 사회평균인의 인식능력으로써 판단·인식할 수 있고(사회평균인의 인식능력에 의해 누구라도 판단·인식할 수 있다는 성질), ② 그 판단(인식)의 기준으로서, 판단자(인식자)의 가치관이 아닌 증거자료에 의하여 인식의 대상인 구체적 행위나 사회현상의 존부에 관한 개연성, 확실성이 증감함으로써 그 판단(인식)의 방향이 결정되며(외부적 인식자료가 인식 여부를 결정한다는 성질),[55] ③ 인식의 대상인 구체적 행위나 사회현상은 판단자(인식자)의 가치판단이나 인식작용의 밖에 존재하는 외부적 존재로서, 판단자(인식자)는 그 의식작용만으로 스스로 이를 인식할 수 없고 그 존부에 관한 주장과 외부적 증거자료를 통해서만 판단(인식)할 수 있다(외부적 인식자료에 의해서만 판단·인식할 수 있다는 성질)는 의미이다.[56]

3) 반면에 앞서 <금지규정>과 <순수판단규범>에서 살펴본 바와 같이, 사원권의 양도·상속의 금지(민법 제56조), 물권의 임의적 창설금지(민법 제185조) 등의 직접금지법규와 신의칙에 위반하는 권리행사나 의무이행 및 권리남용의 금지(민법 제2조 제1항), 선량한 풍속이나 사회질서에 반하는 법률행위의 금지(민법 제103조), 소비대차의 차주에게 불이익한 약정의 금지(민법 제608조), 임차인이나 전차인에게 불리한 약정의 금지(민법 제652조)등 간접금지법규의 경우에는, 그 법규의 적용요건인 법률사실이 아예 없거나(직접금지법규의 경우), 신의칙, 권리남용, 선량한 풍속, 사회질서, 불공정, 차주나 임차인에게의 불리라는 사항 등과 같이 그 법규를 적용하는 데에 증거에 의하여 인식할 수 있는 구체적·역사적 사실이 없다.

이러한 성질은, 이들 법규가 그 자체의 구체적·역사적 사실을 대상으로 이에 대하여 당해 법규를 적용하는 것이 아니라, 구체적 구성요건에 관한 법규에서 정한 법률요건과

55) 예컨대, 매매의 요건사실인 재산권이전의 의사표시의 존부는 외부적 판단자료(증거)에 의하여 이를 인식할 수 있는 계약서나 목격자의 존부, 매도인의 대금지급청구나 돈의 수령 여부 등의 사실을 기초로 그 개연성·확실성이 증감하는 과정을 통해 몰가치적·가치중립적으로 판단(인식)된다.

56) 이 단계에서 이 문제는 변론주의에 앞선 개념이다. 즉 그 주장과 증거자료를 당사자가 제출하든 법원이 적극적으로 수집하든 관계없이 증거자료가 필요하다.

법률사실인 구체적·역사적 사실로부터 발생하는 법률효과를 용인할 것인지 여부, 즉 그 법률요건과 법률효과가 당해 순수판단규범이 금하는 경우에 해당하는지 여부를 당해 순수판단규범을 기준으로 순수하게 판단만 하는 작용을 하는 데에서 비롯되는 것이다.

추상적인 법규의 존재와 그 의미, 내용에 대한 법관의 인식에는 증거와 구체적·역사적 사실이 필요 없듯이 순수판단규범에서는 그 법규의 존재와 의미, 내용의 인식 및 당해 법규의 해석·적용만이 중요하고, 그 인식 및 해석·적용에 증거와 이로써 증명할 구체적·역사적 사실의 인식은 전혀 필요 없다. 그러므로 순수판단규범에서는 구체적·역사적 사실로서의 법률사실은 의미가 없고, 단지 법관의 가치판단만이 의미가 있다.[57]

4) 예컨대, 甲이 乙에게 乙의 도박자금을 대여하고 그 반환을 청구하는 경우에 甲의 청구원인은 금전소비대차이고, 이를 규율하는 것은 구체적 구성요건에 관한 법규인 민법 제598조이며, 그 구체적·역사적 법률사실은 甲과 乙의 소비대차약정(의사표시)과 甲이 乙에게 금전을 교부한 행위(사실행위)이다. 이때 법원이 甲의 청구를 인용할 것인지 여부를 결정할 때 민법 제103조가 순수판단규범으로 작용하게 되는데, 법원은 위 소비대차가 사회질서에 반하는지 여부를 가치평가를 통해 결정하면 충분하고, 이를 적용하는 데에 위와 같은 구체적·역사적 법률사실은 전혀 필요 없다. 반사회질서라는 행위나 현상이 인식의 대상인 구체적·역사적 사실로서 존재하지 않기 때문이다.

그러므로 당사자는 이를 주장·증명할 필요가 없고, 법관은 이를 직권으로 적용하여야 하므로 이에 대해서는 변론주의가 적용될 여지가 없다. 다만, 이때 乙이 위 돈을 도박자금으로 사용할 것이라는 사실과 甲이 이를 인식하였는지가 민법 제103조의 적용을 위해 필요하고, 이 역시 구체적·역사적 사실이기는 하나, 이는 처음부터 민법 제103조의 법률사실로 규정된 바 없고, 단지 이는 민법 제103조를 구체화하는 보조적 기준으로 작용할 뿐이다. 즉 도박자금의 대여는 반사회질서행위의 한 유형이 되어 민법 제103조의 내용이 되는 것이다.[58] 이에 따라 그 소비대차가 도박자금을 위한 것인지 여부와 甲의 인식은 입증책임의 대상이 되고, 그 입증책임은 이로써 이익을 받는 乙이 부담한다.[59] 이 경우 이러한 구체적·역사적 사실은 법규가 요구하는 것이 아니어서 법률사실은 아니지만, 소비대차 사실과 같이 이 역시 구체적·역사적 사실로서 인식의 대상이 되고, 증거에 의하여 증명할 수 있음은 구체적 구성요건에 관한 법규에서 정한 법률사실과 동일하다.[60]

---

57) 이 경우 신의칙, 권리남용, 선량한 풍속, 사회질서, 불공정, 차주나 임차인에게의 불리라는 사항 등은 당해 순수판단규범이 적용되는 대상, 즉 그 발동요건에 불과하다.

58) 사람의 장기를 매매하고 그 이행을 청구한 경우와 같이 사건의 성질상 처음부터 따로 민법 제103조 적용을 위한 보조적 기준이 전혀 필요 없는 경우도 있다. 이러한 차이는, 구체적 구성요건에 정한 법률사실이 그 자체로서 반사회질서에 해당하는지 여부를 판단하기 충분한지, 아니면 도박자금의 대여와 같이 소비대차에 도박성이 부가되어 있어 보조적 기준이 있어야만 반사회질서에 해당하는지 여부를 판단할 수 있는지에 달려있다.

59) 뒤에서 보는 바와 같이 입증책임은 변론주의가 적용되지 않는 직권주의의 영역에서도 타당하다.

5) 앞서 본 바와 같이 법규는 그 법률효과 발생을 위하여 법률요건과 법률사실(구체적 구성요건에 관한 규범의 경우) 또는 적용기준 내지 적용요건(순수판단규범의 경우)을 갖는 바, 법규의 규정 내용이 사람의 정신작용이나 내심의 상태 또는 가치판단적 요소를 포함하는 경우, 그 법적 성질이 무엇인지 불분명한 경우가 많고 학설도 대립한다. 이러한 경우로는 ① 고의, ② 과실, ③ 중대한 과실(중과실), ④ 정당한 이유, ⑤ 법률위반, ⑥ 사회질서위반, ⑦ 신의칙, ⑧ 권리남용, ⑨ 불공정행위, ⑩ 임차인 등에 불리한 행위 등을 들 수 있다.

이들 각각의 경우에 그 법규의 내용과 법률요건, 법률사실, 법률효과를 검토·분석하면, 이들 법규가 구체적 구성요건에 관한 법규로서 인식의 대상인 법률사실을 갖는지, 아니면 순수판단규범으로서 이러한 사실을 갖지 않고 그 법규의 내용을 보충하는 적용기준 내지 적용요건만이 문제되는지 여부를 알 수 있는바, 이는 변론주의의 적용 여부와도 관계되므로 뒤의 해당 부분에서 자세히 논하기로 한다.[61]

다. 법률사실과 법률요건의 관계

1) 위와 같이 법률요건만이 일정한 법률효과를 발생시킬 수 있고, 법률요건은 법률사실로 구성되어 있으므로 양자는 매우 밀접한 관계에 있다. 각각의 법률요건에 있어 그 구성요건인 법률사실을 어떻게 구성하느냐는 전적으로 입법적 고려의 산물이고, 여기에는 그 사회의 전통, 가치관, 법문화와 법적 전통 등이 크게 작용한다.

2) 예컨대, 민법 제750조 등의 불법행위에 있어 고의나 과실은 그 법률요건을 구성하는 법률사실이지만, 민법 제390조 등의 채무불이행에 있어 고의나 과실은 그 법률요건을 구성하는 법률사실에 속하지 아니하고, 오히려 고의나 과실의 부존재가 채무불이행의 성립을 저지하는 소극적 법률사실이 된다. 즉 불법행위에 기하여 손해배상청구권이 발생하기 위해서는 가해자의 고의나 과실이 반드시 필요하지만, 반대로 채무불이행에 기하여 손해배상청구권이 발생하기 위해서는 채무자의 고의나 과실이 필요 없다.

이와 같이 민법이 양자를 다르게 규정한 것은, 불법행위는 특별한 계약관계 등 일정한 접촉이 없는 법주체 상호 간에 예외적으로 발생하는 행위이므로 그 가해행위가 가해자의 고의나 과실에 의한 것이어야만 비로소 위법·유책한 것이 되어 손해배상청구권의 발생이 긍정되는 반면, 채무불이행은 그 자체로서 채무자가 의무를 이행하지 아니하여 채권자에게 손해를 끼치는 것이므로 일단 채무불이행이 있으면 채무자의 고의나 과실이 있는 것

60) 이는 민법 제104조의 불공정행위에 있어 일방이 궁박, 경솔, 무경험인 상태에 있고, 상대방이 이를 알면서 이용한 사실도 같다.

61) 그 검토 결과 그것이 인식의 대상인지 순수한 가치판단의 대상인지에 따라 주요사실과 간접사실의 구별, 변론주의의 적용 여부도 영향을 받게 되는바, 이에 대해서는 뒤의 <주요사실과 간접사실>, <변론주의의 적용 대상>에서 살펴보기로 한다.

으로 예정하여 손해배상청구권의 발생을 긍정하고, 예외적으로 채무자의 고의나 과실이 없는 특별한 사정이 있는 경우 채무자로 하여금 이를 주장·입증케 하여 자신을 보호하게 하려는 입법정책에 의한 것이라고 할 수 있다.

3) 구체적 구성요건에 관한 규범의 법률요건을 이루는 요건사실, 즉 법률사실은 인식·발견의 대상이 되는 구체적·역사적 사실로서의 사람의 행위나 사회현상이다. 그것이 '정당한 이유', '부정한 목적', '부정행위' 등과 같이 가치판단을 요하는 추상적 개념으로 기술된 경우에도 마찬가지다.[62]

반면 순수판단규범의 경우 법률사실을 갖지 않으므로, 그것이 권리발생 장애요건인 법률요건에 해당하더라도 그 적용요건은 법규의 내용인 판단기준일 뿐 법률사실이 아니다. 설사 그 적용요건의 일부에 구체적·역사적 사실이 포함되어 있는 경우에도 마찬가지다. 따라서 법률요건이나 법률사실의 본래적 개념은 구체적·개별적 법률효과를 부여하는 구체적 구성요건에 관한 규범에만 있다고 할 수 있다.

라. 법률요건·법률효과의 기능과 작용

(1) 권리·의무의 변동과의 관계

1) 법률요건이 일정한 법률효과 발생을 향하여 작용할 때, 기본적으로 이는 뒤에서 설명하는 바와 같이 권리의 변동, 즉 권리의 발생, 행사, 변경, 존속(소멸), 저지의 요건이 되고, 이와 표리의 관계에서 동시에 의무의 발생, 이행, 변경, 존속(소멸), 저지의 요건이 된다.[63] 따라서 법률요건은 권리·의무의 변동요인으로 기능한다.

2) 위와 같이 법률요건은 대부분 권리·의무의 변동에 관한 것이지만, 권리·의무와 관계가 없는 것도 있고, 권리·의무의 변동 그 자체를 법률효과로 하지 않고 이에 대한 보조적 법률효과를 발생시키는 것도 있다. 이러한 권리·의무의 변동의 구체적·개별적 법률효과는 구체적 구성요건에 관한 규범이 규정하는 법률요건에서 발생하며 순수판단규범은 구체적·개별적 법률효과를 발생하지 못하도록 작용한다는 것은 앞서 설명한 바와 같다.

3) 사적 자치가 폭넓게 인정되는 민사법에서는 이른바 계약자유의 원칙으로 그것이 설명되는바, 뒤에서 보다 구체적으로 보게 되는 바와 같이 우리 민법과 상법에서도 법률요건의 하나인 각종 계약이 법률행위와 권리·의무 발생원인의 중심적 지위를 차지하고 있고, 그 중에서도 매매계약이 여러 유상계약의 전형을 이룬다(민법 제567조 참조). 그러므로 법률요건 가운데서도 법률행위와 계약이 가장 중요하다고 할 수 있다.

---

62) 이에 대한 자세한 내용은 제3장의 <변론주의의 적용 여부가 구체적으로 문제되는 경우>를 참조.

63) 법규에 따라서는 민법 제554조(증여)와 같이 법률요건만을 규정하고 그로부터 발생하는 법률효과에 대하여는 규정하지 않는 경우도 있다. 또, 점유권 등의 물권과 같이 권리만이 있고 이에 대응하는 의무가 없는 것도 있다(그러나 물권적 청구권이 발생하므로 큰 차이는 없다).

4) 법률요건이 권리·의무의 변동과 관련하여, 그 자체로써 그러한 법률효과로 발생케 하는 경우와, 이에 대한 보조적 법률효과를 발생케 하는 경우 및 또 이들이 구체적으로 권리·의무의 발생, 행사, 변경, 존속(소멸)의 근거 또는 장애로써 작용하는 모습은 뒤에서 자세히 설명하기로 하고, 여기서는 권리·의무의 발생, 행사, 변경, 저지, 소멸에 어떻게 작용하는지 간단히 살펴보기로 한다.

(2) 권리·의무의 발생

1) 위에서 설명한 법률사실, 법률요건, 법률효과에 관하여 매매를 예로 들어 설명하면 다음과 같다. 실체법인 민법은 매매를 법적으로 규율할 만한 의미 있는 사항으로 파악하고, 이를 법률요건으로 해서 권리·의무의 발생이라는 법률효과를 부여한다.

2) 이때 매매의 법률요건이 되는 법률사실은, ① 일방(매도인)이 특정한 재산권을 이전하기로 하는 의사표시, ② 이에 대하여 그 대가로 금전(대금)을 지급하기로 하는 상대방(매수인)의 의사표시, ③ 위 두 의사표시의 합치이며(민법 제563조 참조), 이들 세 개의 법률사실이 모여 매매라는 하나의 법률요건을 이룬다. 한편 이 법률요건을 충족할 경우 발생하는 법률효과가 권리·의무로서, 매수인에게 재산권이전청구권이 인정되는 것에 대응하여 매도인에게 부동산 소유권이전등기절차의 이행 등과 같은 방법으로 재산권을 이전할 의무가, 매도인에게 대금지급청구권이 인정되는 것에 대응하여 매수인에게 대금으로 금전을 지급할 의무가 각각 인정된다(민법 제568조 참조).[64][65]

(1) 권리·의무의 발생 **[매매]**

== 민법 제563, 568조

▶ 법률사실: ① 일방(매도인)이 특정한 재산권을 이전하기로 하는 의사표시, ② 그 대가로 금전(대금)을 지급하기로 하는 상대방(매수인)의 의사표시, ③ 위 두 의사표시의 합치
▶ 법률요건: 위 ① 내지 ③의 법률사실 전부(= 매매)
▶ 법률효과: 권리 / 재산권이전청구권(매수인), 대금지급청구권(매도인)
의무 / 재산권이전의무(매도인), 대금지급의무(매수인)

64) 물론 여기에 언급하지 않는 부수적인 권리·의무도 인정될 수 있다. 예컨대, 매매 대상인 재산권이 점유를 수반하는 것인 경우 매수인에게 인도청구권이 인정되며, 매매 대상인 재산권에 저당권 등 제한물권이 설정되어 있는 경우, 매매계약에서 매수인이 이를 그대로 인수하기로 약정하지 않은 이상 매도인은 이를 말소하여 줄 의무를 부담하고 매도인은 그 말소를 매도인에게 청구할 권리가 인정된다.

65) 민법 제568조에는 인도청구권 및 그 의무에 대해서는 언급이 없으나 해석상 인정된다. 아마도 재산권의 이전 일반에 인도가 반드시 필요한 것은 아닌 때문이 아닌가 싶다. 한편, 매매의 부수적 효력으로 담보책임상의 권리·의무, 매매목적물의 과실과 대금의 이자에 관한 권리·의무 등이 발생하나, 이들은 전형적인 것이 아니고 따로 부가적 법률요건이나 법률사실이 필요하다.

(3) 권리·의무의 행사

1) 매매계약의 당사자는 그에 따른 권리를 행사하고 의무를 이행할 수 있다. 권리의 행사에는, 이행을 청구하거나 가처분을 신청하거나 소를 제기하는 등의 여러 가지 방법이 있고, 각 그에 따라 최고(민법 제168조 제1호, 제174조 참조), 소멸시효(중단), 소송행위(소의 제기 등) 등의 부가적 법률요건이 적용된다.

매매 당사자는 또 동시에 매도인에게 환매권을 유보하는 내용의 환매계약을 할 수 있고(민법 제590조 제1항), 이는 별개의 법률요건을 구성한다. 이에 따라 매도인은 환매계약과 동시에 형성권인 환매권을 취득하고, 환매권자는 환매기간 도래 후 언제라도 임의로 이를 행사할 수 있으며, 환매권자인 매도인의 일방적 의사표시로써 환매의 효력이 발생한다.[66]

2) 그러나 환매권자가 환매권을 유효하게 행사하기 위해서는 환매권의 존재와 그 행사의 의사표시만으로는 부족하고, 환매계약으로 정한 대금과 매매비용을 현실로 상대방인 매수인에게 제공하여야 한다(민법 제594조 제1항). 따라서 환매대금 및 매매비용의 지급과 환매권 행사의 의사표시는 환매권을 행사하기 위한 법률요건이 된다.[67]

(2) 권리·의무의 행사 **[환매]**

== 민법 제590–595조

- 법률사실: ① 환매권의 존재(매매계약 + 환매약정), ② 환매권 실행의 의사표시, ③ 환매대금과 비용의 제공
- 법률요건: 위 ① 내지 ③의 법률사실 전부(= 환매)
- 법률효과: 권리 / 매매 목적물 반환청구권(매도인), 환매대금과 비용 지급청구권(매수인)
  의무 / 환매대금 및 비용 지급의무(매도인), 매매 목적물 반환의무(매수인)

(4) 권리·의무의 변경

1) 법률효과로서의 권리·의무의 변경은 이미 발생한 권리·의무가 그 동일성을 유지하면서 주체나 내용, 작용(효력)에 있어 본래와 모습을 달리하는 것이다.

2) 주체의 변경은 권리·의무의 양도·인수나 상속 등에 의해 이루어지고, 내용의 변경

66) 환매권의 법적 성질에 관하여 해제권유보부매매설, 재매매예약설이 대립하나, 어느 견해에 의하든 그로써 매도인이 취득하는 권리는 형성권에 속하므로 환매권자인 매도인의 일방적 의사표시로써 환매의 효력이 발생한다.

67) 민법 제594조 제1항은 매도인이 환매기간 내에 대금과 매매비용을 매수인에게 제공하지 않으면 환매할 권리를 잃는다고 하여 마치 그 부지급을 환매권 소멸의 요건처럼 규정하고 있으나, 이와 같이 행사요건으로 새기는 데에 이설이 없다. 반면, 환매기간의 경과는 환매권 소멸의 요건이 됨은 물론이다.

은 매매에 따른 소유권이전등기청구권이 이행불능으로 되어 손해배상에 따른 금전지급청구권으로 변하는 것과 같은 우연한 사정이나 당사자의 합의(변경약정, 화해, 경개 등) 등에 의하여 이루어진다.

3) 작용(효력)의 변경은 매매에 따른 소유권이전등기의 시기를 당초의 그것보다 길게 또는 짧게 하거나, 그 등기를 대금 지급과 관계없이 하는 것에서 대금 지급과 상환으로 하기로 하는 당사자의 합의, 저당권의 순위 변경 등에 의하여 이루어진다.

(3) 권리·의무의 변경 **[매매대금청구권의 양도]**

== 민법 제563, 568조+민법 제449조, 제450조 내지 452조

- 법률사실: ① 매매대금청구권의 발생 사실(위 매매의 법률사실), ② 채권 양도인과 양수인의 양도·양수의 의사표시(양수도계약), ③ 양도인(채권자)의 양도통지(관념통지) 또는 채무자의 승낙(관념통지), ④ 위 ③이 양도통지인 경우 채무자에 대한 통지의 도달, 채무자의 승낙인 경우 채권자 또는 양수인에 대한 승낙의 도달
- 법률요건: 위 ① 내지 ③의 법률사실 전부(= 채권양도)
- 법률효과: 매매대금청구권자 변동(당초의 매도인 → 채권 양수인) + 부수적 효과(대항요건 / 민법 제451, 452조 참조)

(5) 권리·의무의 저지

1) 법률행위인 매매가 성립하면, 그 법률효과로서 앞서 본 바와 같이 매도인과 매수인에게 여러 가지 권리·의무가 발생하는 것이 원칙이다. 그리고 권리·의무자는 그 발생한 권리·의무를 자유로이 행사할 수 있다.

2) 그러나 법은 매매 당사자 간의 이해관계를 조절하기 위해, 법이 본래 예정한 법률효과 발생의 원인이 되는 법률사실 외에 예외적인 사정이 있는 경우 권리·의무의 발생을 저지하거나, 그 행사를 저지하거나, 소멸을 저지하는 법적 효과의 발생을 규정한다. 이러한 법률요건이 곧 권리·의무의 저지요건인바, ① 의사무능력, 진의 아닌 의사표시, 통정허위표시, 정지조건, 시기, 신의칙위반, 권리남용, 반사회질서행위, 불공정행위 등과 같이 권리·의무의 발생을 저지하는 요건, ② 이행기의 존재, 동시이행의 항변권, 유치권, 매수청구권의 행사, 상속의 한정승인 등과 같이 권리·의무의 행사를 저지하는 요건, ③ 소멸시효중단, 시효이익의 포기, 고의의 불법행위에 의한 채무·압류금지채무를 수동채권으로 하거나 압류 후 취득한 채권을 자동채권으로 한 상계의 금지, 채권이 제3자의 권리의 목적인 경우의 혼동의 금지 등과 같이 권리·의무의 소멸을 저지하는 요건이 있다.

3) 이와 같은 저지요건은 ③을 제외하고는 이로써 이익이 되는 의무자가 주장·입증하

게 되는바, 권리자는 저지요건의 소멸사유인 정지조건의 성취나 동시이행관계에 있는 자신의 의무이행을 주장·입증하여야 비로소 권리·의무를 취득, 행사할 수 있게 된다.

(4) 권리·의무의 발생저지 **[정지조건부 매매]**

== 민법 제147조 제1항

▸ 법률사실: ① 매매계약 당시나 그 이후 매매 당사자 간에 일정한 사실(예: 매매 대상 토지가 도시계획시설구역에서 지정 해제되는 것 등)의 성부를 그 매매계약의 효력 발생요건으로 하기로 하는 약정

▸ 법률요건: 위 ①(= 정지조건부 매매)

▸ 법률효과: 재산권이전청구권 불발생(매수인) / 대금지급청구권 불발생(매도인)
재산권이전의무 불발생(매도인) / 대금지급의무 불발생(매수인)

(5) 권리·의무의 행사저지 **[동시이행항변권의 행사]**

== 민법 제536조

▸ 법률사실: ① 동시이행항변권의 존재, ② 항변권 행사의 의사표시

▸ 법률요건: 위 ①, ② 전부(= 동시이행의 항변)

▸ 법률효과: 재산권이전청구권 행사저지(매도인) / 대금지급청구권 행사저지(매수인)

(6) 권리·의무의 소멸

1) 법률효과로서의 권리·의무의 소멸은 크게 직접적인 것과 간접적인 것의 두 가지가 있다. 변제나 상계, 소멸시효의 완성은 전자의 예이고, 사기나 채무불이행을 이유로 한 매매계약의 취소, 해제는 후자의 예이다.

2) 소멸시효 완성의 경우 일정한 시간의 경과로 곧 권리·의무가 소멸하나,[68] 매매계약의 취소, 해제의 경우 그로써 곧바로 권리·의무가 소멸하는 것이 아니라 취소, 해제에 의해 매매계약이 계약 당초로 소급하여 효력을 상실해 없는 것이 되고, 이에 따라 그 매매계약에서 발생하기로 예정된 권리·의무가 간접적으로 소멸하게 된다.

68) 이 경우 계약의 해제와 달리 그 권리·의무의 발생원인인 매매계약 등에는 아무런 영향이 없으므로, 소멸시효가 완성된 권리·의무 이외의 다른 권리·의무는 그대로 존속한다.

(6) 권리·의무의 소멸 **[소유권이전등기청구권의 시효소멸]**

== 민법 제563, 568조 + 민법 제166조①, 제162조①, 제167조

▶ 법률사실: ① 소유권이전등기청구권의 발생 사실(위 매매의 법률사실), ② 특정한 시점(기산점)에 채권자인 매수인이 위 등기청구권을 행사할 수 있었던 사실(사건), ③ 위 기산점으로부터 10년의 경과(사건)

▶ 법률요건: 위 ① 내지 ③의 법률사실 전부(= 소멸시효)

▶ 법률효과: 소유권이전등기청구권 소멸(매수인), 소유권이전등기의무 소멸(매도인)

(7) 절차법과 법률요건

1) 법률요건과 법률효과는 비단 실체법상의 법률관계에 국한된 것은 아니다. 이는 소송법 등 절차법에도 적용된다. 즉 소송법상 여러 가지 소송행위는 소송법이 요구하는 일정한 법률사실을 법률요건으로 갖춰야만 소송법상의 법률효과가 발생한다. 예컨대, 자백의 취소는 그 자백이 진실에 반한다는 것과 착오로 인한 것임을 증명하여야만 취소의 효력이 발생한다(민사소송법 제288조 단서).

2) 또, 보조참가인의 참가에 대하여 당사자가 이의를 신청하지 아니한 채 변론하거나 변론준비기일에서 진술을 한 경우에는 이의를 신청할 권리를 잃는 것(민사소송법 제74조), 소 취하의 서면이 송달된 날부터 2주 이내에 상대방이 이의를 제기하지 아니한 경우 소 취하에 동의한 것으로 간주되는 것(민사소송법 제266조 제6항)과 같이 소송행위와 관계없는 많은 경우에도 소송법이 규정한 일정한 법률요건과 그 법률사실을 갖추면 그에 따른 일정한 소송법상의 법률효과가 발생한다. 그리고 이를 통해 알 수 있는 바와 같이 소송법상의 법률효과는 소송법상의 권리·의무인 경우도 있고 그와 관계가 없는 것도 있다.

2. 법률요건의 민사법상 지위

가. 행위규범과 재판규범

1) 앞서 본 바와 같이 법은 그 규율대상인 법률관계에 개입할 때 일정한 법률사실을 모아 법률요건을 구성하고, 이에 대하여 일정한 법률효과를 부여하며, 또 순수판단규범 등 금지법규로써 이를 통제한다.

2) 법은 앞서 본 바와 같이 이러한 기능을 통해 인간관계와 사회활동을 규율·통제하는 행위규범으로 작용하며, 민사소송은 실체법상 법률효과에 따른 권리를 가진 자가 그 권리의 실현을 위해 법원에 재판을 청구하고, 법원은 그 당부를 심판하는 것이므로 동시에 이는 재판규범으로 작용한다.

3) 그런데 법은 위와 같이 법률요건과 법률효과를 내용으로 하므로, 결국 법률요건과 법률효과가 곧 민사법의 골간이자 민사소송의 중심을 이루고, 인간활동의 지침이 되는 행위규범이자 재판규범으로서의 지위와 성격을 갖는다. 즉 국민들은 이에 따라 법률효과를 예상하거나 의도하여 사법상의 활동과 생활관계를 형성하게 되고, 법원은 이를 규범으로 하여 당사자들이 주장하는 권리·의무의 존부를 판단하게 된다.

나. 민사소송의 주제

1) 법률요건은 소송절차에서 청구, 소송자료, 공격방어방법으로 연결된다. 그리고 이는 소송목적(소송물)의 본질과 동일성, 법원의 심판 범위와 직권발동의 정도, 당사자의 변론 범위, 재판의 효력 범위 등 민사소송의 주요한 주제들에 연결된다. 법률요건에서 발생하는 법률효과가 소송대상으로서 그 핵심을 이루기 때문이다.

2) 법률요건이 소송에 영향을 미치는 주제들을 보다 구체적으로 살펴보면, ① 소송물의 특정 정도, ② 일부청구의 가부, ③ 중복제소의 해당 여부, ④ 종국판결 선고 후 소취하의 경우 재소(再訴) 금지의 해당 여부, ⑤ 청구의 변경 해당 여부와 그 허용 범위, ⑥ 변론주의의 적용 범위, ⑦ 소송지휘권과 석명권의 범위, ⑧ 소멸시효 완성의 효력과 기판력의 작용 범위 등을 생각할 수 있다.

3) 또한, 이들 주제는 ① 법률효과, 법률요건 및 이로부터 파생하는 요건사실·주요사실·간접사실, 권리 근거사실, 권리 장애사실(발생·행사·존속의 장애사실[69])의 의의, ② 청구 및 이로부터 파생하는 청구취지·청구원인·청구원인사실·청구취지와 청구원인의 관계, ③ 공격방어방법 및 이것과 청구원인의 구별, 양자의 상호관계 등의 세부적인 논제와도 밀접하게 관련되어 있다.[70] 이들 논제는 뒤에서 보는 바와 같이 민사소송체계를 이루는 기본적·중심적 요소로 작용한다.

3. 법률행위와 법률요건

가. 법률행위의 의의

1) 법률행위는 법률효과를 발생시키는 법률요건의 하나이다. 매매나 소비대차, 임대차, 교환 등의 계약은 법률행위의 전형적인 것에 속하며, 동의, 승낙, 철회, 취소, 해제 등 당사자 1인이 단독으로 하는 단독행위도 중요한 법률행위이다.

2) 앞서 본 바와 같이 법률행위는 의사표시를 그 구성요소인 법률사실, 즉 요건사실로 한다. 그러나 개개의 의사표시가 곧 법률행위가 되는 것은 아니다. 물론 법률행위 가운데

---

69) 권리 존속의 장애사실은 곧 권리 소멸의 요건사실이다.
70) 이시윤, 소송물에 관한 연구, 육법사(1977), 13-15 참조.

는 단일한 의사표시 하나만으로 법률행위를 구성하는 경우도 있으나, 대부분의 경우에는 복수의 의사표시가 결합하여 하나의 법률요건인 법률행위를 구성한다.

예컨대 매매라는 법률행위의 경우, ① 법률행위 당사자 일방(매도인)의 재산권이전의 의사표시, ② 이를 수락하는 상대방(매수인)의 의사표시, ③ 일방(매수인)의 일정액의 대금지급의 의사표시, ④ 이를 수락하는 상대방(매도인)의 의사표시라는 4개의 의사표시로 구성된다. 즉 이 4개의 의사표시라는 법률사실이 결합하여 하나의 법률요건인 매매라는 법률행위를 구성한다. 그리고 위 개개의 의사표시는 그것만으로는 매매라는 법률요건을 구성하지 못하므로 그로부터는 법률효과가 발생할 수 없다.

3) 앞서 본 바와 같이 법률행위는 여러 가지 법률요건 가운데 가장 중요하고 중심적인 지위를 차지한다. 법률요건 가운데 법률행위가 가장 많다고 할 수 있다. 그러므로 법률행위는 권리·의무의 발생, 변경, 소멸이라는 법률효과 발생의 가장 중요한 법률요건이다. 이 가운데서도 대부분의 권리·의무는 계약이라는 법률행위로부터 발생한다. 민법도 이에 따라 대립하는 양 당사자 사이의 권리와 의무를 그 의사표시의 합치인 계약에 의하여 발생하는 것을 원칙으로 하고 있으며, 계약에 관한 규정이 민법 제3편 채권편의 중심을 차지하고 있다.

4) 민법은 이른바 유명계약(有名契約)으로서 제3편에 증여, 매매, 교환, 임대차 등 15개의 계약에 관하여 규정하고 있으나,[71] 원칙적으로 이들 규정은 임의규정으로서 당사자의 합의로써 이를 배제하거나 이와 다른 내용으로 계약을 체결할 수 있음은 물론이고(민법 제105조 참조), 위 15개의 계약 외에 민법이 규정하고 있지 않은 형태나 내용의 계약도 이른바 무명계약(無名契約)으로서 헌법을 비롯한 강행법규에 반하지 않는 한 자유로이 체결할 수 있다(민법 제105조 및 제527조 내지 제535조 참조).[72]

5) 한편, 지상권, 지역권, 전세권, 질권, 저당권, 양도담보권, 가등기담보권 등의 약정물권 역시 법률행위인 당사자의 약정(계약)에 의하여 발생한다. 다만, 물권에 관하여는 물권법정주의가 적용되어 당사자 임의로 새로운 형태의 물권을 창설하거나 법규에서 정한 내용과 달리 정할 수 없음이 원칙이므로(민법 제185조, 대법원 2002. 2. 26. 선고 2001다64165 판결 등 참조), 물권 설정 계약에 대해서는 계약자유의 원칙이 제한된다.

---

71) 물론 이것이 민법이 규정하는 계약의 전부는 아니다. 다음에 보는 물권 설정 계약 외에, 약혼, 혼인, 협의상 이혼, 입양, 협의상 파양, 상속재산분할협의 등의 친족·상속법상의 계약도 민법이 규정하고 있다. 그러나 물권 설정 계약이나 친족·상속법상의 계약은 그 양이 채권계약에 비해 적고 원칙적으로 계약자유의 원칙 등 계약법의 일반법리가 배제된다.

72) 유명계약, 무명계약이라는 말은, 민법에 명시적으로 규정되어 있느냐 없느냐를 기준으로 한 것이다. 규정이 있는 것은 유명계약이고, 없는 것은 무명계약이다.

나. 법률행위의 종류

(1) 단독행위

1) 단독행위는 1인의 당사자(법률행위자)가 일정한 내용의 의사표시를 하면 그것만으로 그 법률행위가 완성되고, 이에 따라 법이 정한 일정한 법률효과가 발생하는 법률행위이다. 따라서 상대방의 이에 대응하는 의사표시는 그 법률행위의 성립에 전혀 필요가 없다. 예컨대 대리권수여라는 단독행위의 경우, 그 상대방이 이를 승낙하든 거절하든 대리권수여라는 법률행위의 성립과 법률효과 발생에 아무런 영향이 없다.

2) 단독행위에는 상대방 있는 단독행위와 상대방 없는 단독행위의 두 종류가 있다. 그러나 양자 모두 상대방의 이에 대응하는 의사표시는 법률행위의 성립과 법률효과 발생에 아무런 영향이 없다. 즉 상대방 있는 단독행위라도, 그 의사표시가 상대방에게 도달하면 족하고, 상대방의 의사표시 유무나 그 내용(승낙이나 거절)과 관계없이 당해 단독행위는 성립하고 법률효과가 발생한다.[73)]

그러므로 상대방 있는 단독행위에서 상대방은 단순히 행위자의 의사표시를 수령하는 자 또는 그에 관하여 그 법률행위의 법률효과가 발생하는 것밖에 의미가 없다. 따라서 상대방 있는 단독행위는 그 의사표시로 인하여 권리에 직접적인 영향을 받는 상대방에게 그 의사표시가 도달하는 때에 곧바로 효력이 발생한다(대법원 1994. 12. 23. 선고 94다40734 판결 등 참조). 반면에 상대방 없는 단독행위는 그 의사표시가 외부에 성립함과 동시에 효력이 발생한다(대법원 1997. 10. 10. 선고 96다49049 판결).

3) 상대방 없는 단독행위로는 권리의 포기(대법원 1997. 10. 10. 선고 96다49049 판결), 재단법인에 대한 출연행위(대법원 1999. 7. 9. 선고 98다9045 판결) 등을 들 수 있고, 상대방 있는 단독행위로는 대리권수여, 시효이익의 포기, 채무의 면제,[74)] 무효행위나 무권대리행위의 추인, 계약의 해제나 해지, 법률행위의 취소, 법원에 대한 소의 취하 또는 항소의 취하, 피용자의 해고, 법인의 이사 등 임원의 사임, 약속어음의 보증,[75)] 유증 등을 들 수 있다.

4) 2인 이상이 동시에 복수의 단독행위를 결합하여 하더라도, 이는 각각의 단독행위가

---

73) 그러므로 대리권수여 행위의 경우 상대방이 이를 거절하더라도 유효하게 그는 대리권을 취득한다. 상대방이 대리인으로서 본인(대리권 수여자)을 위해 대리행위를 하기를 원치 않을 때에는 다시 권리의 포기, 즉 대리권 포기 행위를 하여야 한다.

74) 채무의 면제와 권리의 포기는 서로 다른 개념이다. 채권을 포기하는 경우에도 반드시 채무자에게 그 포기의 의사표시를 하여야 하는 것은 아니다. 그리고 채권을 포기하는 경우에도, 그 채권자가 당해 채권을 상대적으로 상실할 뿐 채권이 절대적으로 소멸하는 것은 아니다. 권리 포기의 효력은 권리의 종류와 내용에 따라 다르다. 부동산의 소유권을 포기하면 무주의 부동산이 되어 이를 국가가 취득하고(민법 제252조 제2항), 상속권을 포기하면 다른 상속인들에게 귀속하며(민법 제1043조), 공유지분권은 다른 공유자에게 귀속한다(민법 제267조). 채권의 포기에 대해서는 민법에 규정이 없으므로 채무자가 사실상 채무를 면하는 이득을 얻는다고 할 수 있다.

75) 보증을 위하여 어음면이나 그 보충지에 서명날인 등을 하는 것을 말한다(어음법 제30, 31조 참조).

결합한 것에 불과하고, 그 각각은 여전히 단독행위의 성질을 잃지 않는다. 따라서 2인이 동시에 하나의 위임장으로 특정인에게 대리권을 수여한 경우, 이는 2개의 단독행위가 결합한 것에 불과하고, 그것이 계약이나 합동행위가 되는 것은 아니다. 각각의 대리권 수여행위를 반드시 2인이 동시에 하여야 할 필요가 없고, 그 복수의 단독행위가 하나의 법률행위로 평가되는 것도 아니기 때문이다. 따라서 이 경우 그 각 법률행위의 성립과 효력발생, 하자 여부는 별개로 판단되어야 한다.

(2) 계 약

1) 계약은 복수의 당사자(법주체) 사이에 둘 이상의 의사표시가 있고, 그 각 의사표시가 대립하는 것으로서 쌍방향으로 작용하여 이들이 합치될 때 효력이 발생하는 법률행위이다. 여기서 복수의 의사표시가 쌍방향으로 대립한다는 것은, 일방이 상대방에게 일정한 내용의 의사표시를 하면 상대방이 그 의사표시에 대응하여(반대방향으로) 승낙이나 거절이라는 둘 중 하나의 의사표시를 한다는 것을 의미한다. 이때 상대방이 일방이 표시한 그 의사표시에 승낙이나 거절 대신 다른 내용의 의사표시를 한 경우에는 일단 그 의사표시를 거절하고 새로운 의사표시(청약)를 한 것이 된다.

2) 계약에서는 복수인에 의한 복수의 의사표시가 있고, 그 각 복수의 의사표시가 서로 대립·교차하는 것으로서 쌍방향으로 작용한다는 점에서, 취소권의 행사처럼 의사표시가 단일하고 그 의사표시가 일방향으로만 작용하는 단독행위와 다르다. 또 취소권과 같은 형성권을 준공동소유하는 자들의 공동적 형성권 행사나 사단법인의 설립처럼 복수인에 의한 복수의 의사표시가 있으나, 그 복수의 의사표시가 상호 대립하지 않고[76] 일방향으로만 작용하는 합동행위와도 다르다. 앞서 본 공동적 단독행위의 경우에도 그 복수의 의사표시가 일방향이라는 점에서는 이와 같다.

3) 이와 같이 어떤 법률행위가 계약이라고 하려면, 청약이나 승낙 기타 서로 쌍방향으로 대응하는 의사표시가 있고, 그것이 일치하여야 한다. 즉 계약의 본질은 일방이 상대방에게 일정한 내용의 의사표시를 하고(청약), 상대방이 이를 수락하여(승낙) 그 합치된 의사표시 내용대로의 법률효과를 발생시키는 것이다. 따라서 매매의 경우 위와 같이, 매도인의 재산권 이전의 의사표시와 매수인의 일정액의 대금지급의 의사표시에 대하여 각각 상대방인 매수인이나 매도인이 이를 승낙하는 의사표시를 한 때에 그 대립하는 의사표시

76) 형성권을 준공동소유하는 자들의 형성권 행사나 사단법인의 설립에서는 복수의 참여자들에 의한 복수의 의사표시가 있으나, 그 의사표시가 매매계약처럼 일방이 어떠한 내용을 제안(청약)하면 상대방이 이를 수락(승낙)하는 형태로 상호 간의 의사가 대립적으로 작용·결합하지 않는다는 점에서 계약과 다르다. 물론 형성권의 공동행사 등에 있어서도 복수인이 일치된 일방향의 의사표시를 하려면 사전에 어떤 형태로든 의사연락이 있어야 하겠지만, 이때의 의사연락은 엄격한 의미에서 의사표시가 아니고 대립적이 아니라는 점에서 계약에서의 대립적 의사합치와 구별된다.

가 일치하게 된다. 계약의 당사자 일방 또는 쌍방이 복수여도 이러한 성질에는 변함이 없다.

4) 계약에서 중요한 것은, 반드시 당사자 상호 간에 청약과 승낙이라는 대립적인 의사표시가 있고, 그것들이 일대일 대응관계를 형성한다는 점이다.[77] 여기서 계약 당사자 쌍방이 일대일 대응관계를 형성한다는 것은, 각자가 독립한 법주체로서 계약에 의하여 달성하려고 하는 법률관계에 관하여 고유의 법적 이해관계를 갖고, 이를 자유로이 형성·처분할 수 있는 권한과 이익을 가진 대립적 지위에 있다는 것을 의미한다. 그러므로 당사자 상호 간에 일대일 대응관계에서의 의사표시로서의 청약과 승낙이 없다면, 그것은 계약의 본질에 반하여 계약이 될 수 없다. 이런 점을 감안하여 계약을 당사자의 합의 또는 약정이라고도 한다.

5) 계약은 이러한 복수의 대립적 의사표시가 일치하여야만 성립하므로, 상대방이 일방의 의사표시(청약)를 동의·승낙한 경우에만 성립한다.

그러나 여기서 의사표시가 대립적이라 하여 그것들이 대가적(代價的)이라는 의미는 아니다. 매매나 임대차와 같은 일부 쌍무계약(유상계약)에서 일방의 급부는 상대방의 급부와 대가적 관계에 있으나, 매매의 경우에도 복수의 대립적 의사표시는 재산권의 이전의사와 그 승낙의 의사이지 재산권 이전의 의사와 대금지급 의사는 아니다. 이는 증여계약과 같은 편무·무상계약을 생각해보면 더욱 분명하게 알 수 있다. 즉 증여계약의 경우, 재산권 이전의 의사와 그 승낙의 의사가 대립적 관계에 있다.

6) 계약은 합치하는 의사표시의 내용에 따라 채권계약, 물권계약, 준물권계약, 가족법법상의 계약으로 나누어진다. 사법상 계약의 종류로는, ① 전형계약과 비전형계약, ② 쌍무계약과 편무계약, ③ 유상계약과 무상계약, ④ 낙성계약과 요물계약, ⑤ 요식계약과 불요식계약, ⑥ 생전계약과 사인계약, ⑦ 유인계약과 무인계약, ⑧ 계속적 계약과 일시적 계약, ⑨ 본계약과 예약, ⑩ 본인을 위한 계약과 제3자를 위한 계약, ⑪ 재산권상의 계약과 가족법상의 계약, ⑫ 실체법상의 계약과 소송법상의 계약 등으로 나눌 수 있다.

7) 계약이 성립하기 위한 요소인 의사표시에 무효나 취소 등의 사유가 있다면, 결국 그에 따른 법률행위인 계약에도 무효나 하자가 있게 된다. 따라서 그 당사자는 계약의 무효를 주장하거나 의사표시를 취소할 수 있다.

조합계약이나 상속재산분할협의의 성질을 쌍무계약으로 볼 경우, 이는 매수인이 복수인 매매계약처럼 단순히 계약당사자 일방이 복수인 경우와는 달리, 각각의 당사자가 다른 당사자 전원과 각각 개별적으로 계약을 체결하는 것이 되는바,[78] 이러한 집합적 계약

---

77) 민법 제532조가 규정하는 의사실현에 의한 계약 성립의 경우는 청약과 승낙이 뚜렷하지 않지만 이 경우에도 일대일 대응관계는 뚜렷하다. 그리고 청약과 승낙의 의사표시는 묵시적이라도 상관없다.

78) 이러한 계약을 저자는 집합적 계약이라고 부르고 싶다.

의 경우 각각의 개별적 계약이 중첩적으로 결합해 있으므로 그 일부를 무효로 하거나 취소, 해제하더라도 다른 부분의 계약에 영향이 없다면 부분적 무효나 취소, 해제를 인정하여야 한다. 대법원도, 상속재산분할협의의 법률행위에 사기, 강박, 착오 등 법률행위 일반의 취소 사유가 있는 경우 그 분할협의 역시 취소할 수 있음을 전제로 그 일부에 대한 사해행위취소권 행사를 인정한다(대법원 2001. 2. 9. 선고 2000다51797 판결, 2007. 7. 26. 선고 2007다29119 판결 등). 같은 견지에서 집합적 계약의 일부 해제도 허용하여야 할 것이다(대법원 2011. 8. 18. 선고 2011다30871 판결 참조).

(3) 합동행위

1) 합동행위는 복수의 당사자(법주체)들이 둘 이상의 복수의 의사표시를 하되, 그 각 의사표시가 교차·대립하여 상호 간에 쌍방향으로 작용하는 것이 아니라, 제3자에 대하여 또는 그 의사표시자들 외부를 향하여 동일한 방향으로 작용하는 법률행위이다.

그 결과 그 제3자에 대하여만 일정한 법률효과가 발생하거나, 그들 의사표시의 주체와 제3자 사이에 일정한 법률효과가 발생한다. 그러나 합동행위에서 반드시 의사표시의 상대방이 있어야 하는 것은 아니다. 사단법인 설립행위, 사단의 정관이나 규약 설정행위, 주주총회나 사원총회의 결의 등은 상대방이 없다.[79]

2) 이들 합동행위에서는 단독행위와 달리 복수의 당사자(법주체)와 복수의 의사표시가 필요하나, 그 복수의 당사자(법주체) 사이에 이해대립관계가 없고 오히려 이해관계가 일치하며, 그 복수의 당사자(법주체) 사이에 청약과 승낙이라는 의사표시의 교차·대립이 없다는 점에서 계약과 다르다.[80] 즉 계약에서는 복수의 의사표시 주체가 서로 독립적인 상대방의 지위에 서게 되나, 합동행위에서는 복수의 의사표시 주체가 독립적이라기보다는 이해관계를 같이하는 한편의 동일 당사자 지위에 서게 된다.

그리고 합동행위에서 복수의 의사표시는 전체로서 결합하여 법률상 의미 있는 하나의 집합적 의사표시를 이루고, 이로써 일정한 법률효과가 발생한다. 예컨대, 취소권을 준공유 또는 준합유하거나 준총유하는 경우, 이들 공동소유자 1인의 취소행위는 법률상 효력이 없고, 이들 전원이 취소행위를 하여야만 취소의 효력이 발생한다(민법 제264조, 제272조 등 참조). 즉 이 경우 복수인에 의한 복수의 의사표시가 결합하여 법률상 의미 있는 의사표시가 되고 하나의 법률행위를 구성한다. 사단법인 설립행위나 주주총회의 결의 등도 같다.

3) 합동행위에서도 복수의 의사표시 주체와 그 상대방인 제3자 간에 단독행위처럼 청약과 승낙이라는 의사표시의 교차·대립이 없다는 점에서 합동행위는 복수의 단독행위의

79) 그 합동행위의 효과로서 제3자인 사단법인이나 사단, 회사 등에 대하여 일정한 법률효과가 발생하나, 이들이 그 의사표시를 수령하는 상대방이 되는 것은 아니다.

80) 이들 관계에서 일방이 타방에게 공동으로 형성권을 행사하자고 제의하더라도, 그 제의(제안)와 승낙(동의)으로부터는 법률이 규정한 어떠한 법률효과도 발생하지 않으므로 이는 법률행위가 아니다.

결합에 유사하나, 그 복수의 의사표시 내용이 동일하고, 이들 복수의 의사표시가 독자성을 잃고 그 복수의 의사표시 전체가 결합하여 실질상 하나의 의사표시처럼 작용한다는 점에서 공동적 단독행위와 다르다. 이런 점에서, 수인의 동시적 유언이나 어음 발행행위, 복수인의 동시적 대리권수여행위와 같이 단독적 법률행위를 수인이 공동으로 하는 경우는 합동행위라고 볼 수 없다.

4) 합동행위의 예로는 취소권이나 해제권 등의 형성권 준공동소유자의 공동적 형성권 행사, 사단법인 설립행위, 사단의 정관이나 규약 설정행위, 주주총회나 사원총회의 결의, 주주총회나 이사회에서의 임원의 선임, 공증인에 대한 당사자 쌍방의 공증촉탁 등을 들 수 있다.[81)]

조합과 상속재산분할협의의 성질에 관하여는 쌍무계약설과 합동행위설이 대립하고, 선정당사자 선정행위의 성질에 관하여는 단독행위설과 합동행위설이 대립한다. 학설 중에는, 사단법인 설립행위와 같은 것은 결합적 합동행위라고 하고 주주총회 결의나 선거는 집합적 합동행위라고 하여, 결합적 합동행위의 경우 당사자들의 의사표시는 반드시 모두 결합하여야 하는 동시에 각 의사표시는 독립성을 잃지 않음에 반하여, 집합적 합동행위의 경우 다수결의 원칙이 행하여지고, 또한 다수결에 의하여 하나로 모아 합쳐진 다수의 의사표시는 독립성을 잃고 하나하나의 의사표시와는 별개 독립한 하나의 의사로서 존재한다고 보기도 한다. 그러나 결합적 합동행위에서도 각각의 의사표시는 단독행위나 계약에서의 그것에 비해 독자성·독립성이 약하다.

5) 합동행위는 이와 같이 복수의 의사표시가 결합하여 하나의 법률행위를 구성하므로, 취소권 준공유자나 준합유자의 취소권 행사나 소송행위인 공증촉탁, 정족수가 필요한 주주총회 결의 등과 같은 특수한 경우를 제외하고는 그 복수의 의사표시 중 일부가 결여되거나 그 의사표시에 무효, 취소의 원인이 있더라도, 나머지 부분의 의사표시와 전체로서의 법률행위의 효력에는 영향이 없다. 따라서 그 의사표시 일부에 대하여만 무효나 취소, 해제 등이 가능하다.

다. 법률행위의 성립요건

1) 법률행위의 성립요건이란, 특정한 법률행위가 성립, 존재하기 위하여 필요한 요건

---

81) 합동행위를 법률행위의 종류로서 인정하지 않는 일부 견해도 있으나 우리나라에서는 이를 인정하는 것이 지배적이므로 이에 따르기로 한다. 합동행위Gesamtakt)라는 개념은 1892년 독일의 쿤체(Kuntze) 교수가 최초로 창안한 것으로 알려지고 있다. 그는 합동행위라는 것에 대하여 "수인의 협력에 의해서만 성립하는 어떤 법률행위를 제3자에 대하여 또는 제3자와 함께 실현하기 위하여 제3자에 대한 관계에서 통일적 법률효과를 얻기 위하여 수인이 대립하지 않고 공동으로 행위를 하는 것이다"라고 정의하였다{이은영, "법률행위의 분류", 이호정교수화갑기념논문집, 박영사(2002) 참조}. 합동행위를 필요적 합동행위(공증인에 대한 당사자 쌍방의 공증촉탁 등)와 임의적 합동행위(사단법인 설립행위 등)로 나누기도 하나, 별 의미는 없다.

을 말한다. 그런데 위와 같이 법률행위는 법률요건으로서 법률사실을 가지므로 그 법률행위가 성립하기 위해 필요한 요건은 곧 일정한 법률사실이 된다.

2) 법률행위의 성립을 논할 때는 일단 그 법률행위가 유효하게 효력을 발생하느냐의 문제는 뒤로 미루고, 우선 객관적으로 어떤 법률행위가 존재한다고 인정할 만한 형식적인 요건을 갖추었느냐 여부만을 문제로 삼는다. 예컨대, 의사능력이 없는 매도인과 매매계약을 체결하거나 당사자가 통정하여 허위의 매매계약을 한 경우 그 계약은 무효이지만, 매도인과 매수인 사이에 매매라는 법률요건에 필요한 의사표시의 합치라는 외형적 법률사실이 존재하는 경우, 일단 법률행위로서 매매가 성립하는 것이다.

3) 일부에서는, 법률행위가 무효라는 것은 법률적 관점에서 파악하였을 때 결국 법률행위가 성립하지 못하였고 존재하지 않는 것으로 되어, 법률행위의 외형적 요건을 갖춘 경우나 그렇지 않은 경우나 전혀 다름이 없으므로 굳이 법률행위의 성립요건을 그 효력요건과 따로 구분할 필요가 없다는 견해를 제기하기도 한다. 그러나 법률행위의 효력요건이라는 개념에 대응하여 법률행위의 성립요건이라는 개념이 무용하지는 않으므로 일단 이를 긍정하기로 하자.

4) 통상 법률행위의 성립요건은 모든 법률행위에 공통하는 일반적 성립요건과 개개의 구체적인 법률행위에 특히 필요한 특별성립요건으로 나뉜다. 모든 법률행위에 공통적으로 요구되는 일반적 성립요건으로서는 ① 당사자, ② 의사표시, ③ 의사표시의 목적이 존재해야 하고, 특별성립요건으로서는 요식행위에서의 일정한 방식, 요물계약(要物契約)에서의 금전이나 물건의 인도 등이 요구된다.

라. 법률행위의 효력요건

1) 위와 같이 법률행위가 그 성립요건을 충족하였을 경우, 그에 따른 효력으로서 법률효과가 발생하는 것이 원칙이다. 그런데 일정한 사유가 있을 때 그 법률효과가 발생하지 못하는 경우가 있고, 때로는 그 법률효과 발생을 위해 당해 법규(법률요건)에서 요구하는 법률사실 외에 추가적인 사실이 필요한 경우가 있다. 전자의 경우는 당사자에게 의사능력이나 행위능력이 결여되었거나 그 행위가 사회질서에 반하거나 목적 달성이 불가능한 경우를 들 수 있고, 후자의 경우는 허가구역 내 토지 매매에서 허가관청의 허가, 정지조건부 행위에서의 조건의 성취, 시기부 행위에서의 시기의 도래 등을 들 수 있다.

2) 따라서 성립요건을 충족한 법률행위가 유효하게 법률효과를 발생하기 위해서는 이에 장애가 되는 것은 부존재하여야 하고, 이에 필요한 것은 존재하여야 하는바, 이와 같이 성립요건을 충족한 법률행위가 유효하게 법률효과를 발생하기 위해 필요한 요건이 곧 법률행위의 효력요건이다.

법률행위의 효력요건 역시 일반요건과 특별요건으로 나누는 것이 보통이다. 통상, 일반적 효력요건으로는, ① 당사자의 능력, ② 목적의 확정성·가능성·적법성·사회적 타당성, ③ 의사와 표시의 일치 및 무하자를, 특별효력요건으로서는 ① 대리에 의한 법률행위에서의 대리권의 존재, ② 유언에 있어서 유언자의 사망, ③ 조건부 법률행위나 시기부 법률행위에서 조건의 성취 또는 기한의 도래, ④ 행정관청의 인가를 요하는 경우의 인가 등을 든다.

3) 법률행위의 성립요건과 효력요건을 인정할 경우, 법률행위는 성립요건을 갖춘 때에 성립하고 효력요건을 갖춘 때에 유효하게 효력을 발생하므로, 법률행위가 성립하였더라도 그 효력요건을 갖추기 전에는 효력을 발생할 수 없다. 따라서 성립은 하였지만 아직 효력이 없는 법률행위도 이론상으로는 존재할 수 있는 것이 된다.

4) 그런데 현실에 있어서는, 성립은 하였지만 아무런 법률상 효력이 없는 행위란 법률행위 당초부터 무효인 경우를 제외하고는 원칙상 있을 수 없다. 이 점에 주목하여 법률행위의 성립요건과 효력요건을 통합적으로 이해하면서, 법률행위가 유효하게 성립하기 위해 모든 법률행위에 공통적으로 요구되는 일반요건과 개개의 법률행위에서 특별히 요구되는 특별요건으로 구분하는 견해가 있다.

위 견해에 의하면, 법률행위가 유효하게 성립하기 위해서는 능력 있는 당사자의 존재와 확정성·가능성·적법성·사회적 타당성을 갖춘 목적, 일치되고 하자 없는 의사표시가 필요하며, 이러한 일반요건이 갖추어지면 법률행위는 원칙적으로 물리적으로나 법률상으로나 유효하게 성립하여 그 효력으로서 일정한 권리의무가 발생하고, 예외적으로 요식행위에서의 일정한 방식이나 요물계약에서의 금전이나 물건의 인도, 대리행위에서 대리권의 존재, 유언에 있어서 유언자의 사망, 정지조건부 법률행위나 시기부 법률행위에서 조건의 성취 또는 기한의 도래, 행정관청의 인가를 요하는 경우의 인가 등의 요건은 특별요건으로서, 일반요건의 충족에 의하여 유효하게 성립한 법률행위로부터 구체적으로 발생한 권리의 현실화를 위하여 필요한 요건으로 이해하게 된다.[82)]

즉 일반요건을 갖춘 법률행위는 그 특별요건을 갖추기 전에도 아무런 법적 효력이 발생하지 않는 전면 무효가 아니라, 일정한 범위에서 효력을 발생하는 것이다. 이 경우에 특별요건을 갖추지 못한 상태라 하여 그것이 유효하게 성립조차 하지 못한 상태와는 구별해야 한다. 왜냐하면, 위와 같은 특별효력요건을 갖추지 못한 행위라도 장래 그 요건을 갖출 가능성이 있으므로, 그 요건의 성부(成否)가 미확정인 상태에서도 당연히 그에 대한 당사자의 정당한 법익이 보호되어야 하기 때문이다. 우리 민법은 이를 명시적으로 확인

82) 정상현, "법률행위의 특별요건으로서의 토지거래허가의 법적 의미", 법률신문 2008. 6. 26.자 15면; 이태재, 민법총칙, 법문사(1981), 213-217면. 따라서 법률행위가 일반적 효력요건만을 갖추고 특별효력요건을 갖추지 못한 경우에는 장차 특별효력요건이 갖추어질 때 그 행위내용대로 실현될 수 있다는 추상적 지위만을 갖고 일정한 범위 내에서만 제한적인 효력을 발생한다.

하고 있다. 즉 정지조건부 행위는 조건이 성취한 때로부터 효력이 있고, 해제조건부 행위는 그 조건이 성취한 때로부터 효력을 잃으며, 시기부 행위는 기한이 도래한 때에 효력이 발생하고 종기부 행위는 기한이 도래한 때에 효력을 잃으며(제147조 1, 2항, 제152조), 조건부 행위나 기한부 행위의 당사자는 조건의 성부나 기한의 도래로 인하여 생길 상대방의 이익을 해하지 못하고(제148조, 제154조), 조건부나 기한부 권리·의무는 일반규정에 의하여 처분, 상속, 보존, 담보로 할 수 있다(제149조, 제154조)고 규정하고 있다.

따라서 정지조건을 붙여 매매계약을 한 경우, 매매 당사자는 상대방에 대한 소유권이전등기청구권, 인도청구권, 대금지급청구권 등 장래의 기대권적 청구권(기대권)을 타에 자유로이 양도하거나[83] 담보로 제공할 수 있고(민법 제149조 참조), 그 보전을 위하여 가압류·가처분을 할 수 있으며(민법 제149조, 민사집행법 제4편 참조) 그 등기순위의 보전을 위해 가등기를 할 수도 있다(부동산등기법 제3조, 6조 참조).

5) 이러한 법리는 외국인토지법상의 토지취득허가, 국토이용관리법상의 토지거래허가, 전통사찰보존법상의 사찰재산의 처분허가, 사립학교법상의 학교법인 기본재산의 처분허가 등 사법적(私法的) 행위에 대하여 행정관청의 인가를 받도록 한 경우에도 그대로 적용되어야 한다.[84]

즉 특별효력요건인 인가 등을 얻기 전까지는 그 기본 법률행위로부터 당해 법률행위가 의욕하는 목적의 달성·실현에 직접 관계되는 내용은 효력이 없어 그에 따른 권리·의무 내지는 채권·채무가 발생하지 않고, 그 실현의 결과를 가져오는 물권변동의 효력도 당연히 발생하지 않지만, 그 인가를 받기 전에도 당사자는 유효하게 사법적 거래행위를 할 수 있고,[85] 그 인가를 받을 수 없는 것으로 확정되는 때에 비로소 그 행위는 무효로

---

83) 다만, 소유권이전등기청구권을 양수한 자는 원 매도인이 그 양도에 동의하지 않고 있다면 매도인에 대하여 채권양도를 원인으로 하여 소유권이전등기절차의 이행을 청구할 수 없고, 따라서 매매로 인한 소유권이전등기청구권은 특별한 사정이 없는 이상 그 권리의 성질상 양도가 제한되고 그 양도에 채무자의 승낙이나 동의를 요한다고 할 것이므로, 통상의 채권양도와 달리 양도인의 원 매도인에 대한 통지만으로는 채무자에 대한 대항력이 생기지 않으며 반드시 그의 동의나 승낙을 받아야 대항력이 생긴다는 것이 대법원의 태도이다(대법원 2005. 3. 10. 선고 2004다67653, 67660 판결 등).

84) 이들은 당사자가 법률행위로써 붙이는 조건이 아니라 법률에서 직접 규정하는 조건과 유사하다는 점에서 법정조건(法定條件)이라고도 한다.

85) 대법원도 외국인토지법상 허가를 받기 전의 매매에 관하여 그 무효가 확정되기 전까지는 채권적 계약으로서 유효하게 존속한다고 하였고(1966. 6. 21. 선고 66다368 판결, 1973. 8. 21. 선고 73다737 판결 등), 또 사찰재산의 처분허가를 반드시 그 양도 전에 미리 받아야 할 필요가 없고 양도 후에 허가를 받으면 소급하여 양도계약이 유효하게 된다고 하며(1972. 3. 31. 선고 71다655 판결, 2001. 2. 9. 선고 99다26979 판결), 구 국토이용관리법상의 토지거래허가에 관하여도 그 허가 전에 계약을 체결하는 것도 가능하다고 하였는바(1991. 12. 24. 선고 90다12243 전원합의체 판결), 모두 이러한 견지에 선 것이라고 할 것이다.「국토의 계획 및 이용에 관한 법률」이나 외국인토지법 등에서는 계약 체결 전에 거래허가(인가)를 받아야 한다는 문구를 쓰고 있으나, 논리적으로 보나 사회 일반거래계의 실정으로 보나 인·허가를 미리 받고 私法的 계약을 체결한다는 것은 사실상 기대하기 어렵다.
대법원은 행정관청의 허가(강학상의 인가)를 조건부로 한 私法的 거래행위를 유효하다고 판시해 왔는바(1955. 7. 28. 선고 55다107 판결, 1972. 3. 31. 선고 71다655 판결, 1972. 8. 31. 선고 72다1200 판결, 1981. 9. 22. 선고 80다2586 판결 등), 이 역시 같은 견지에서 당연한 것이다.

확정이 되며,[86] 그 확정 전까지 그 행위는 완전하게 효력이 발생하지는 않으나 유효하게 성립, 존속하고 이에 따라 상대방에게 그 목적 달성을 위한 인가 협력청구권을 행사할 수 있는 등,[87] 일정한 범위 내에서 효력이 발생하여 그에 대한 일정한 보호가 용인되어야 하는 것이다.[88] [89]

마. 행정관청의 인가를 받기 전 법률행위의 효력

법률행위의 효력요건이 갖는 의미에 관하여는 행정관청의 인가를 받기 전의 법률행위의 효력을 둘러싸고 가장 첨예하게 논의되므로 여기서 이를 살펴보는 것이 좋겠다. 법률행위의 일반적 요건을 갖추어 유효하게 성립하였지만 행정관청의 인가를 받기 전의 법률행위의 효력에 관하여 학설, 판례는 다음과 같이 견해가 갈리고 있다.[90]

(1) 절대적 무효설

1) 인가를 받기 전까지는 효력요건을 갖추지 못하여 물권적 효력은 물론 채권적 효력 등 어떠한 법률적 효력도 발생하지 않는다는 견해이다.

2) 그러나 이는 법률행위의 효력요건 중 일반적 효력요건과 특별효력요건의 차이를 무시한 것이고, 우리 헌법과 민법 등 법제도가 원칙적으로 표방하고 있는 사적 자치의

---

86) 대법원 1966. 6. 21. 선고 66다368 판결, 1972. 3. 31. 선고 71다655 판결, 1998. 7. 24. 선고 96다27988 판결 등 참조.

87) 토지거래허가에 관하여 유동적 무효설을 취하는 대법원도, 토지거래허가를 받기 전까지는 유동적 무효이나 그 같은 상태의 계약을 효력이 있는 것으로 완성하여야 할 협력의무를 부담하는 한도 내에서의 당사자의 의사표시까지 무효상태에 있는 것은 아니라고 한다(1995. 4. 28. 선고 93다26397 판결). 일본 최고재판소도, 허가를 받지 않은 농지 매매는 효력을 발생하지 않지만 그로부터 어떠한 효력도 발생하지 않는 것이 아니라, 매도인은 허가신청절차를 취할 의무와 그 허가가 있은 후 매수인을 위해 소유권이전등기절차를 취할 의무를 부담한다고 판시한다(1967. 8. 25. 선고 소화 40년オ1226 판결, 1968. 4. 4. 선고 소화 42년オ30 판결).

88) 이런 점에서 구 국토이용관리법상의 토지거래허가를 거래계약의 성립요건으로 보는 견해가 있으나{이은영, "토지거래허가를 조건으로 하는 매매계약 및 배상예정의 효력", 판례월보 제255호(1991. 12.), 20면} 동의하기 어렵다. 그리고 이 같이 인·허가를 받을 수 없는 것으로 확정되기 전까지의 법률적 상태에 관하여 독일 법학계에서 형성된 이른바 유동적 무효라는 이론이 힘을 얻고 있고 대법원도 위 90다12243 전원합의체 판결에서 이를 채용하고 있으나, 굳이 이 같은 유동적 무효이론을 빌리지 않더라도 이는 법률행위의 성립과 효력발생의 이론상 당연하며, 또 그것이 위 토지거래허가에 고유한 것도 아니다. 게다가 유동적 무효설의 견해에 따르면 뒤에서 보는 바와 같이 권리보호에 미흡하게 되는 문제도 있다.

89) 이에 대하여 윤인태, "사립학교법 제28조 소정의 허가를 조건으로 하는 소유권이전등기청구의 허용여부", 부산지방법원 판례연구 제11집(2000), 183면은, 그렇게 되면 인가의 대상이 된 거래계약의 사전 성립을 당연히 전제해야 하는데, 인가 전 계약이 불성립, 무효라면 인가의 대상이 없게 되어 계약의 성립요건과 효력요건을 혼동하는 결과가 된다고 주장하나, 이는 계약의 성립요건 및 성립, 존속의 의미를 잘못 이해한 것이라 할 것이다.

90) 이는 행정관청의 인가를 받기 전 법률행위의 효력에 관한 것이지만, 특별효력요건을 갖추지 못한 법률행위의 효력 일반의 논의에도 적용할 수 있을 것이다.

원리를 근본부터 부정하는 것이 되며, 조건부나 기한부 권리 등의 보호를 규정한 민법 제148조 내지 제154조 등에도 반하므로 수긍하기 어렵다.

3) 더욱이 이와 같이 새기게 되면, 상대방에 대한 인가신청 협력청구권이나 권리의 보전청구권 등의 발생 근거도 찾기가 어렵게 된다.

(2) 채권적 유효설(상대적 무효설)

1) 인가를 받기 전까지는 물권적 효력은 없으나 채권적 효력은 있다는 견해이다. 즉, 물권변동의 효력은 없으나 당사자 내부관계에서의 채권적 청구권은 유효하게 발생한다는 것이다. 법률행위의 효력을 채권적인 면과 물권적인 면으로 나누어 물권적인 면에서만 상대적으로 무효라고 보므로 상대적 무효설이라고도 한다.

이 견해는 소유권 이전 등 대외적 관계에서의 물권변동의 효과는 부인하나, 당사자 사이의 내부관계에서의 채권적 권리·의무는 긍정한다. 이 견해에 의하면, 농지매매증명이나 농지취득자격증명을 얻기 전에도 농지 매수인의 매도인에 대한 급부청구권인 소유권이전등기청구권, 인도청구권의 행사 및 매도인의 매수인에 대한 대금지급청구권을 시인하게 된다.

2) 우리 대법원은 1964. 10. 1. 선고 64다563 판결 이후 농지 매매와 관련하여 기본적으로 이 견해를 채택하였다. 즉, 농지 매매에 대하여 소재지관서의 증명이 없는 경우에는 매매에 의한 물권변동의 효과인 소유권 이전의 효과를 발생할 수 없을 뿐 농지 매매 당사자 사이의 채권계약인 농지 매매계약 자체까지 효력이 발생하지 않는 것은 아니며, 따라서 농지 매매의 채권계약이 매도인의 책임에 돌아갈 사유로 이행불능에 빠지게 된 경우 매수인은 이행에 갈음한 손해배상을 청구할 수 있고(1964. 10. 1. 선고 64다563 판결), 매수인은 채무이행으로 농지의 인도를 청구할 수 있다고 하였다(1967. 6. 27. 선고 66다2616 판결).

그러나 대법원은 한편 농지 매매와 관련하여 "농지 매매에 있어서는 농지개혁법 제19조 2항 소정의 소재지 관서의 증명을 얻어야만 매매의 효력을 발생할 수 있으므로, 소재지 관서의 증명 없이 매매한 농지 매매에 관하여 매도인에게 농지의 소유권이전등기를 청구할 수는 없다."(1974. 7. 26. 선고 74다983 판결), "농지의 매매에 있어서 그 효력이 발생하려면 농지개혁법 제19조 제2항 소정의 농지소재지 관서의 증명이 필요하다 할 것인바, 매수인이 위 증명을 받지 않은 이상 그 매매는 무효로서 매도인에 대한 소유권이전등기청구나 그 이행불능으로 인한 손해배상청구, 3자에 대한 통정허위표시나 사해행위를 원인으로 한 3자 명의의 소유권이전등기말소청구는 허용되지 않는다."(1978. 3. 28. 선고 78다49 판결)고 하고,[91] 구 외국인토지법

91) 그러나 대법원은 이와 같이 농지매매증명을 농지의 매매 등에 따른 물권변동요건으로 보면서도, 농지매매증명에 관한 사항은 법원의 직권조사사항이 아니라 당사자의 공격방어자료에 불과하므로 이에 관한 당사자(채무자)의 주장이 없는 경우 법원은 이를 심리·판단할 필요가 없다고 하여 職權調査事項性

상의 취득허가와 관련하여서는 "외국인토지법에 의하여 내무부장관의 토지취득허가를 받지 아니하였다고 하여 그 매매계약 자체가 당연무효가 되는 것은 아니고 채권계약으로서 유효하게 존속한다고 하더라도, 외국인토지법 제5조 제1항에 의한 내무부장관의 허가를 받기 전에는 매수인이 그 계약에 의하여 소유권이전등기를 청구할 수는 없으며, 매매계약이 채권계약으로서 유효이다라는 문제와 위 매매계약을 근거로 하여 소유권이전등기절차의 이행을 청구하는 전제로서 우선 외국인토지법 제5조 제1항의 규정에 의하여 내무부장관의 허가를 얻어야 된다는 문제와는 구별하여 생각하여야 한다."(1973. 8. 21. 선고 73다737 판결)고 하여, 그 인가 전의 등기청구권 행사나 채무불이행을 원인으로 한 손해배상청구를 부인하는 등 일관성 없는 태도를 취하고 있다.[92][93]

을 부인하였다(1966. 3. 8.자 66사2 결정, 1969. 3. 25. 선고 68다2024 판결, 1976. 7. 27. 선고 75다368 판결, 1995. 10. 12. 선고 95다26872 판결 등). 또한 농지매매증명의 구비 여부에 관하여도 같은 견지에서, 그 증명이 없었다는 사실은 이를 다투는 자에게 입증책임이 있다고 한다(1992. 12. 24. 선고 92다36403 판결, 1998. 6. 23. 선고 98다11154 판결, 2005. 1. 14. 선고 2002다37207 판결 등).

92) 더욱이 농지매매증명과 그 법적 성질이 동일한 토지거래허가에 관하여는 채권적 효력도 없다는 태도를 취하고 있는바, 전체적으로 논리의 일관성을 기하기 어렵다. 일본 농지법은 허가가 없는 농지 매매 등은 무효이며(제3조 제4항), 이에 위반한 자는 형사처벌한다(제92조)고 규정하고 있는바, 일본의 학설은 허가가 없는 경우 채권적 효력만 있고 소유권이전 등 물권적 효력은 없다고 하면서도 채권적 효력을 허가신청절차협력청구권에 한정하고 있다{加藤一郎, 농업법, 유비각(1985), 155－157면 참조. 이 점에서 일본의 학설은 앞서 본 바와 같은 법률행위의 성립 및 효력요건에 관한 일반원칙을 따르고 있다고 할 수 있다}. 일본은 물권변동에 관하여 의사주의를 취하고 그 등기를 대항요건으로 하고 있으므로(일본 민법 제176조, 제177조 참조. 등기원인에 대하여 제3자의 허가, 동의, 승낙을 요하는 때는 일본 부동산등기법 제35조 제1항 4호에 의해 등기신청서에 이를 증명하는 서면을 제출하여야 한다.) 원칙적으로 매매가 있는 경우 등기 없이도 즉시 매수인에게 소유권이 이전하나, 위와 같은 농지법 제3조 제4항에 의하여 농지는 이것이 차단된다.

한편, 일본 최고재판소도 농지 매매에 대한 허가가 없는 경우 매수인 등의 소유권이전등기청구, 인도청구 및 점유의 보유, 대금지급청구 등을 부인한다(1967. 1. 20. 선고 소화 41년オ859 판결). 또 같은 견지에서, 허가를 받기 전에는 매매 등의 효력이 발생하지 않으므로 서면에 의하지 아니한 증여를 하고 농지를 수증인에게 인도하였더라도 증여자는 일본 민법 제550조 단서에 불구하고 그 허가 전에 임의로 이를 취소할 수 있다고 한다(1966. 10. 7. 선고 소화 40년オ1066 판결. 일본 민법 제550조 단서는 우리 민법 제558조와 같다).

93) 현행 농지법은 과거 농지개혁법하의 농지매매증명 대신 농지취득자격증명 제도를 택하고 있는바, 농지취득자격증명의 성질에 관하여 대법원은 "농지법 제8조 제1항 소정의 농지취득자격증명은 농지를 취득하는 자가 그 소유권에 관한 등기를 신청할 때에 첨부하여야 할 서류로서(농지법 제8조 제4항), 농지를 취득하는 자에게 농지취득의 자격이 있다는 것을 증명하는 것일 뿐 농지취득의 원인이 되는 법률행위(매매 등)의 효력을 발생시키는 요건은 아니라고 할 것이다"(1998. 2. 27. 선고 97다49251 판결, 2008. 2. 1. 선고 2006다27451 판결)라고 하여 이를 효력요건이 아닌 단순한 등기신청 시의 첨부자료에 불과한 것으로 보고 있다. 또한 같은 견지에서, 지목이 농지인 토지에 관한 등기신청서에 농지취득자격증명이 첨부되어 있지 않은 경우 등기관은 원칙적으로 신청을 각하하여야 한다(대법원 2012. 7. 31.자 2012마336 결정)거나 농지에 관한 경매절차에서 농지취득자격증명 없이 낙찰허가결정 및 대금납부가 이루어지고 그에 따른 소유권이전등기까지 경료되었다 하더라도 농지취득자격증명은 그 후에 추완하여도 무방하다(대법원 2008. 2. 1. 선고 2006다27451 판결)거나, 농지에 대한 소유권이전등기절차이행의 소송에서 비록 원고가 사실심 변론종결시까지 농지취득자격증명을 발급받지 못하였다고 하더라도 민사소송절차의 종료 후 얼마든지 농지취득자격증명을 발급받아 농지의 소유권을 취득할 수 있으므로, 원고가 농지취득자격증명을 발급받은 바 없다는 이유로 그 청구가 배척되지는 않는

3) 이는 '채권적' 효력의 개념 자체가 확정되지 못한 데에 기인한 것이라고 할 수 있다. 통상 '채권적' 효력이라 함은 '물권적' 효력에 대비되는 개념으로서, 기본행위로부터 발생하는 급부청구권을 당사자 이외의 대외적인 관계에서 주장, 행사하는 것은 불가능하지만, 당사자 내부에서 급부의 이행을 청구하거나 이행을 하거나 이를 수령함은 허용된다는 의미로 사용된다.[94] 또 한편으로는, 채무자의 임의적인 급부에 불구하고 물권적 권리가 수령자(채권자)에게 이전되지는 않는다거나, 기본행위의 성립만으로는 그 기본행위가 의욕하고 있는 목적(급부)이 그 자체로써 곧바로 실현되지 아니하고 등기나 인도 등 별도의 이행을 요한다는 의미로도 사용된다.

그런데 먼저, 채권적 효력만이 있을 경우 대외적인 관계에서 청구권을 주장, 행사하는 것은 불가능하다고 하지만, 소유권이전등기청구의 소를 제기하는 것과 같이 국가 공권력(법원)을 빌려 청구권을 실현하려는 행위도 대외적인 관계에서 청구권을 주장, 행사하는 것인가?

이를 긍정하면 그 소의 청구를 기각하여야 하나 부정하면 인용하여야 할 것이다. 채권적 유효설의 견해에 따른다면, 대외적 관계란 당사자 이외에 이해관계를 가진 제3자와의 관계를 의미한다고 보는 것이 마땅하므로(법원은 당사자들 간에 채권적 권리가 있는지 여부를 확인하는 지위에 있을 뿐이므로 이해관계인이라고 하기 어렵다.) 법원에 소를 제기하여 청구권의 실현을 구하는 것 역시 당사자 내부관계에 해당한다고 보는 것이 자연스럽고, 실제로 이 같은 견지에 의하여 대법원은 농지매매증명을 갖추기 전의 인도청구나 농지 매매계약의 불이행에 따른 손해배상청구를 인용하였으며, 소유권이전등기청구를 인용한 하급심 판례도 있다.[95] 매도인의 임의적인 급부에 따른 매수인의 점유·사용을 용인한다면,

---

다(대법원 1998. 2. 27. 선고 97다49251 판결, 2006. 1. 27. 선고 2005다59871 판결)라고 판시하였다. 다만 대법원 2012. 11. 29. 선고 2010다68060 판결은, "농지를 취득하려는 자가 농지에 대하여 소유권이전등기를 마쳤다 하더라도 농지취득자격증명을 발급받지 못한 이상 그 소유권을 취득하지 못하고, 이는 공매절차에 의한 매각의 경우에도 마찬가지라 할 것이므로, 공매부동산이 농지법이 정한 농지인 경우에는 매각결정과 대금납부가 이루어졌다고 하더라도 농지취득자격증명을 발급받지 못한 이상 소유권을 취득할 수 없고, 설령 매수인 앞으로 소유권이전등기가 경료되었다고 하더라도 달라지지 않으며, 다만 매각결정과 대금납부 후에 농지취득자격증명을 추완할 수 있을 뿐이다."라고 하여 농지취득자격증명을 농지 소유권 취득을 위한 효력요건으로 이해하고 있어 혼란을 주고 있다(대법원 2014. 2. 13. 선고 2012다45207 판결도, 농지에 관한 공매절차에서 매각결정과 대금납부가 이루어졌다고 하더라도 매수인은 농지법에서 정한 농지취득자격증명을 발급받지 못하는 이상 소유권을 취득할 수 없다고 보고 있다). 이에 관한 자세한 논의는 양경승, "법률행위의 요건과 농지매매증명 및 농지취득자격 증명의 성질", 사법논집 제48집, 법원도서관(2009)을 참조.

94) 대법원 1988. 10. 25. 선고 87다카1564 판결에서 대법원은, 민법 제366조 소정의 법정지상권 배제 약정은 그 당사자 간에서만 '채권적인 효력'이 있을 뿐 제3자에게는 이를 주장할 수 없다고 판시하고 있다. 이 같은 임의적인 이행과 그 수령의 적법 여부는 결국 급부 제공자가 수령자에게 반환청구를 할 수 있느냐 여부에 달려 있는바, 이는 뒤에서 검토하기로 한다.

95) 대전지방법원 1965. 8. 13. 선고 65나58 판결(대법원 65다1916 판결의 원심), 1987. 11. 11. 선고 87나245 판결(대법원 87다카3082 판결의 원심); 전주지방법원 1991. 8. 22. 선고 89나3246 판결(대법원 1992. 5. 12. 선고 91다33872 판결의 원심) 참조. 그러나 채권적 효력만 있는 경우 대법원이 소유권

결국 인가제도가 의도하는 공익목적은 유명무실하게 될 것이다.

한편, 위와 같이 대법원은 농지매매증명을 받기 전의 농지 매매에 기한 소유권이전등기청구는 불허하면서도 채권적 유효설의 견지에서 그 인도청구를 허용하였는바(1967. 6. 27. 선고 66다2616 판결 등), 그 인도청구권 자체는 급부청구권으로서 채권임에 틀림없지만 매도인의 매수인에 대한 인도는 소유권의 이전과 마찬가지로 물권행위(점유권의 이전)이며 사용·수익권이 이전 또는 설정되는 것임이 분명한데, 어찌하여 소유권의 이전은 물권적 효력이고 점유의 이전(인도)은 채권적 효력인지 납득하기 어렵다. 그러고 보면, 결국 채권적 유효론 내지는 상대적 무효론은 행정관청의 인가를 요하는 행위에 있어 그 무효의 효과를 제한하여 공익목적과 거래의 안전 및 당사자의 이익을 조정하려는 고육지책에서 창안된 기형적 산물이라고 하겠다.

4) 이 같은 채권적 유효이론은 2차 대전을 즈음하여 일본에서 각종 전시 물자통제 규정 및 경찰규제 규정이 양산되면서 이들 규제규정에 위반한 사법적 거래행위의 효력과 관련하여, 거래의 안전과 구체적 정의 확보를 위해 규제의 효과를 대인적으로, 또 이행단계에 따라 제한하려는 노력의 일환으로 발생한 것이다.[96)]

그러나 농지 매매에 따른 소유권이전(등기), 인도, 대금지급은 당해 매매행위가 궁극적으로 목적하는 바로서, 이들 권리와 의무는 매매계약이 완전하게 효력을 발생하여야 비로소 발생하는 것이고 그 이전에는 결코 발생할 수가 없음은 법률행위의 기본이론으로부터 당연한 것이다. 따라서 그 완전한 효력발생 전에는 상대방에게 임의로 이를 청구할 수도 없으며 그 청구에 국가 공권력의 도움을 받을 수도 없는 것이다. 그리고 이에 반하여 당사자 간에 임의의 이행이 이루어졌더라도 이는 법률상 원인 없는 급부로서 원칙적으로 부당이득이 된다.

5) 채권적 유효론과 궤를 같이 하는 것으로 일부(부분적) 무효론 내지 단계적 효력부인론(이행단계론) 등이 있는데, 이들 역시 똑같은 문제점을 안고 있다.

일부 무효론에 의하면, 규제법규의 근본취지에 반하는 내용은 무효이고 그 외의 내용은 유효하다는 것이다. 그러나 무엇을 기준으로 근본취지에 반하는지 여부를 판별할 것

이전등기청구를 불허하는 사실은 앞서 본 바와 같다. 부동산등기특별조치법 제5조 제1항, 농지법 제8조 제4항에 따라, 농지취득자격증명 없이 소유권이전등기를 명하는 판결만으로는 등기를 신청할 수 없다고 할 수도 있으나, 부동산등기규칙 제46조 제1항 2호, 제3항, 부동산등기법 제29조 9호에 따라 판결만에 의한 등기가 가능할 여지가 있고, 특히 공부상 지목과 달리 현상이 농지인 경우에는 농지매매증명 등이 없이도 등기하는 데에 별다른 장애가 없다. 물론 농지매매증명 등이 없이 등기가 이루어지더라도 물권변동의 효력요건을 충족하지 못한 이상 그에 따른 물권변동의 효력은 없다(대법원 1975. 6. 10. 선고 74다2264, 2265 판결, 1984. 11. 13. 선고 84다75 판결, 1993. 11. 9. 선고 93다28928 판결, 1994. 9. 13. 선고 93다52501 판결, 2012. 11. 29. 선고 2010다68060 판결, 2014. 2. 13. 선고 2012다45207 판결 참조).

96) 장수길, "인·허가를 요하는 법률행위의 실체법적 고찰", 민사재판의 제문제 제8권(1994), 한국사법행정학회, 21면.

인지도 문제려니와, 인가가 있기 전에는 법률행위가 완전한 효력을 발생할 수 없어 당해 법률행위로써 의욕하는 목적이 실현될 수 없다는 인가의 법이론에 정면으로 배치되는 것으로서,[97] 결국 탈법행위를 조장·방임하여 인가의 의의 자체를 유명무실하게 할 위험이 크다.[98]

한편, 이행단계론은 기본행위의 미이행단계에서는 규제규정의 취지에 따라 기본행위의 이행청구를 허용하기 어려우나, 이미 이행된 후에는 거래의 안전 및 당사자의 신뢰, 공평의 견지에서 그 행위를 무효로 하여 이행된 급부의 반환청구를 원칙적으로 허용해서는 안 된다는 견해이다.[99] 이 이론 역시 일부무효이론과 같이 유용성이 전혀 없는 것은 아니나, 그 성질상 인가를 필요로 하는 행위에는 적용할 수가 없으며 법적 근거도 모호하다.[100]

(3) 유동적 무효설(流動的 無效說)

1) 인가가 없는 상태에서는 법률상 기본행위는 효력이 없는 무효상태이나, 그 무효가 확정적인 상태는 아니고 최종적으로 인가를 받지 않기로 하거나 인가를 받을 수 없는 것으로 된 때에 확정적으로 무효가 되며, 그 확정 전까지는 유·무효가 확정되지 않은 채 유동적인 상태에 있다는 것이다. 이는 일견 이행단계론의 아류로 보이는데, 채권적 효력도 부인한다는 점에서 서로 다르다고 할 수 있다.

2) 이는 독일에서 발전된 이론으로, 대법원은 구 국토이용관리법상의 토지취득(거래)

---

97) 규제의 내용이 인가가 아닌 허가나 기타의 제한·금지인 때에는 이 같은 부분적 무효론이 성립할 여지가 있을 수도 있다. 그러나 이 경우에도 법률행위의 일부분이 무효인 때에는 그 전부를 무효로 하고, 다만 그 무효 부분이 없더라도 법률행위를 하였을 것이라고 인정될 때에 나머지 부분을 유효로 한다는 민법 제137조의 법리가 적용되어야 할 것이다. 그런데 농지 매수인이 소유권을 이전받지 못하더라도 그 점유만을 인도받아 사용, 수익하는 것을 용인하고서 과연 매매를 하리라고 생각할 수 있겠는가? 더구나 자경의사(自耕意思)가 없거나 소유상한을 초과하는 매수인으로 하여금 농지를 점유, 사용케 하는 것은, 경자유전(耕者有田)의 원리에 따라 이러한 자의 농지 소유 및 점유를 엄금(嚴禁)하고 있는 헌법과 농지개혁법, 농지법의 근본취지에도 반하는 것이라 하지 않을 수 없다. 농지개혁법이 동법 위반행위에 대하여 농지의 몰수 및 경작권의 박탈과 함께 벌금형을 과하도록 하고 있었던 것도 이를 웅변하는 것이라고 할 것이다. 현행 농지법도 그 소유상한은 대폭 완화하였으나 경자유전의 원칙은 굳건히 유지하고 있다.

98) 구 국토이용관리법상의 토지거래허가제도에 관하여 헌법재판소는 "…농지개혁법 제19조 제2항의 규정에 따른 농지 매매에 있어서 농지 소재지관서의 매매증명 없이도 거래계약의 채권적 효력을 인정하고 벌칙도 없었던 관계로 사실상 매매가 성행하여 경자유전의 입법목적을 달성할 수 없었던 경험에 비추어 투기억제, 지가폭등의 진정 등 입법목적 달성을 위하여서는 사실상 매매거래의 원천봉쇄가 불가피했던 것으로서 입법자의 이러한 조치는 수긍 못할 바 아니라 할 것이다."라고 판시하였다(1989. 12. 22. 선고 88헌가13 결정).

99) 이행단계론은 독일의 학설과 판례를 토대로 1960년대 후반 일본에서 用井健 교수가 제창하고 1980년대에 磯村保 교수에 의해 재평가, 지지된 이론이다{최경진, "規制規定에 위반한 계약의 효력", 계약법의 과제와 전망, 삼지원(2005), 79-80면; 이은영, "규제법령에 위반된 법률행위의 무효", 민사재판의 제문제(1995. 10.), 30-31면 참조}.

100) 굳이 이 같은 이론이 아니라도 신의칙이나 기판력, 불법원인급여의 이론 등에 의하여 동일한 결과를 도출할 수 있다고 할 것이다.

허가와 관련하여 1991. 12. 24. 선고 90다12243 전원합의체 판결 이래 대법원 2013. 12. 26. 선고 2012다1863 판결까지 일관하여 채택하고 있다. 그러나 이 견해에서도 유동적 무효 상태에서의 구체적인 효력에 관하여 통일된 기준이 없이 복잡하게 논의가 전개되고 있다.

3) 대법원은 이에 관하여, 인가를 받을 때까지는 미완성의 법률행위로서 소유권 등 권리의 이전 또는 설정에 관한 물권적·채권적 효력이 전혀 발생하지 않음은 확정적 무효와 다를 바 없으나, 인가를 받을 경우 소급하여 유효한 계약이 되며, 그 미확정인 상태에서는 상대방에게 권리의 이전·설정에 관한 어떠한 이행청구도 할 수 없고, 다만 인가신청 절차에 협력할 의무이행을 구하거나 그 의무불이행에 관한 손해배상예정약정 및 그 배상을 구할 수는 있다고 본다.[101)]

4) 그러나 이 유동적 무효이론은 그동안 정밀하게 형성·발전되어 온 법률행위의 요건 이론을 벗어난 것으로서 굳이 이 같은 이론 정립이 필요 없을 뿐만 아니라, 무효라고 하면서도 인가신청 협력청구권 등의 발생을 시인하는 근거를 설명하기 어려운 한계를 안고 있다. 더구나 인가를 받지 않은 많은 경우, 대법원은 위와 같이 어떤 때는 채권적 효력은 있다면서 허가구역 내 토지 매매의 경우에는 이마저 부인하는데, 양자를 구별하는 기준이 무엇인지도 분명치 않다.

(4) 결 론

1) 이상과 같이 인가를 요하는 사법행위(私法行爲)에 있어 그 인가 전의 효력에 관한 절대적 무효설, 채권적 유효설, 유동적 무효설은 어느 것이나 채용할 바가 못 된다.[102)]

2) 이 문제는 법률행위의 성립요건과 효력요건 일반으로 돌아가, 인가를 특별효력요건으로 파악하는 것이 타당하다. 그리하여 인가를 받기 전까지는 일반적 효력, 즉 계약의 구속력과 인가에 뒤따르는 기대권적 효력만이 있고, 인가 후에는 완전한 효력이 발생하여 본래의 법률행위가 의욕하였던 목적을 실현할 수 있는 급부청구권 내지 물권변동이 발생한다고 할 것이다.

3) 이런 점을 고려할 때, 법률행위의 성립요건과 효력요건을 준별하는 견해와 법률행위의 성립요건과 효력요건을 통합적으로 이해하는 견해는 이론적으로는 동일한 기초 위에 서 있으나, 법률행위의 효력 발생, 특히 특별효력요건 충족 이전 단계의 효력을 보다 간명하고 명쾌하게 설명할 수 있다는 점에서 후자의 견해가 더 유용하다고 하겠다.

---

101) 그러나 대법원은 이 이론을 토지거래허가 외에 농지매매증명 등 다른 인가에는 적용한 바가 없다.

102) 더구나 대법원은 농지취득자격증명의 경우 아예 이를 인가에 해당하지 않는 것으로 보고 있는바, 결국 이는 농지취득자격증명을 받기 전의 매매는 완전히 유효하다는 절대적 유효설을 취하는 셈이 되는데, 그것이 불합리함은 물론이다(양경승, "법률행위의 요건과 농지매매증명 및 농지취득자격 증명의 성질", 사법논집 제48집, 법원도서관, 2009 참조).

4. 소송행위와 법률요건

가. 소송절차와 소송행위

1) 소송당사자와 법원의 소송상의 행위, 즉 소송절차상의 행위나 소송에 관련된 행위를 소송행위라고 한다. 소가 제기되거나 이에 준하는 신청 등이 법원에 제출되어 법원이 그 소와 신청의 당부를 심리·판단하는 것이 소송 또는 재판인바, 그 절차의 시작에서 종료까지의 전 과정에서 소나 신청을 제기한 자와 그 상대방 및 심리·판단자인 법원과 기타 일정한 범위의 소송관계인들은 ① 소나 신청의 제기, ② 그 이후 공격방어방법의 제출 등을 통한 변론과 공방, ③ 그 과정의 진행 중 또는 최종 단계에서의 법원의 지휘와 심판 등 그에 필요한 여러 가지 행위를 하게 된다.

2) 소송행위는 소송법적 법률효과를 발생케 하는 소송법적 법률요건으로서, 실체법상의 법률행위로부터 유추되고 이와 유사한 개념이지만, 그 의미나 지위, 효과 등에 있어 그것과는 많은 차이가 있다. 소송절차는 그 공법적 성격과 동태성, 정형성 등의 요인으로 인해 실체법상의 법률관계보다 그 활동공간에 제약이 있고, 또 법률행위와 사실행위가 종횡으로 교차하는 구조를 갖고 있기 때문이다.

이에 따라 모든 소송행위가 다 소송법상의 법률행위인 것은 아니며, 그로부터 곧바로 소송의 결과에 영향을 미치는 유의미한 소송법적 법률효과가 생기는 것은 아니다. 예컨대, 소의 취하나 상소의 취하, 청구의 인낙·포기, 화해, 조정 등은 그러한 효과가 발생하지만, 송달의 수령, 증인신문, 변론기일에서의 법률적 의견의 진술 등은 소송행위이기는 하지만 그로부터 위와 같은 효과가 발생하지는 않는다. 그렇더라도 소송행위에 법률요건과 법률행위의 개념을 유추하는 것은 의미가 있다. 소송법관계 역시 실체법관계와 마찬가지로 법률관계이기 때문이다.

3) 뒤에서 보는 바와 같이 소송행위에는 소송상 법률행위는 물론 비법률행위 또는 준법률행위도 포함되는바, 어느 것이나 그 단독으로 또는 다른 소송법적 법률사실과 함께 소송법적 법률요건을 이루고, 그로부터 일정한 소송법적 법률효과를 발생시킨다. 소송행위의 구체적 내용에 대해서는 제3장에서 설명하기로 한다.

나. 소송행위의 종류

1) 소송행위는 여러 기준으로 나눌 수 있다. ① 소송주체에 따라 법원의 소송행위와 당사자의 소송행위, 기타 소송관계인의 소송행위로 나눌 수 있고, ② 또 소송주체가 단독으로 하는 단독적 소송행위와 합의에 의한 소송상 합의(소송계약), 합동행위적 소송행위, ③ 소송절차 외에서의 소송행위와 소송절차 내에서의 소송행위, ④ 소송절차 개시

전의 소송행위와 소송절차 개시 후의 소송행위, ⑤ 법원의 재판을 기다리지 않고 곧바로 일정한 효과가 발생하는 여효적(與效的) 소송행위와 재판을 통하여 비로소 그 소송행위로써 달성하려는 효과가 발생하는 취효적(取效的) 소송행위, ⑥ 법률행위적 소송행위와 비법률행위적 소송행위 등이 그것이다.

2) 소송행위가 그 단독으로 또는 다른 소송법적 법률사실과 함께 소송법적 법률요건을 이루면 그로부터 소송법상의 법률효과를 발생하는데, 그 대체적인 내용을 보면, ① 소송의 계속(繫屬)을 통한 소송법관계의 형성과 법원의 심판의무의 발생(소나 상소의 제기 등), ② 소송절차의 종료(소나 상소의 취하, 청구의 포기·인낙, 재판상 화해 등), ③ 소송자료나 증거자료의 형성(당사자의 주장과 입증 등), ④ 집행권원의 발생(판결, 청구의 인낙, 재판상 화해 등) 등을 들 수 있다. 때로는 민법 등 실체법이 소송행위를 법률요건으로 삼아 그로부터 소멸시효의 중단, 제척기간의 준수 등의 법률효과를 부여하는 경우도 있다.

Ⅲ. 법률요건의 유형

1. 법률효과의 내용에 따른 분류

1) 위와 같이 법률요건으로부터 다양한 법률효과가 발생하는데, 그중에서도 권리·의무의 변동에 관한 것이 가장 중요하고 의미가 있음은 앞서 <법률요건, 법률효과의 기능과 작용>에서 본 바와 같다.

2) 그리고 법률요건이 권리·의무의 변동과 관련하여 법률효과를 발생하는 경우, ① 이는 그 자체로써 그러한 법률효과를 발생케 하는 경우와, ② 이에 대한 보조적 법률효과를 발생케 하는 경우가 있으며, ③ 또 이들이 구체적으로 권리·의무의 발생, 행사, 변경, 존속(소멸)의 근거 또는 장애로써 작용하는 것 또한 이미 말한 바와 같다.

3) 한편, 법률요건과 그 법률효과의 내용은 제3장에서 살펴볼 청구와 공격방어방법에 관하여도 중요한 의미를 갖는다.

가. 권리·의무의 변동에 관한 법률요건

1) 이는 당해 법률요건이 충족되면, 그로부터 권리·의무의 변동, 즉 권리·의무의 발생 또는 발생저지, 변경, 행사 또는 행사저지, 소멸이라는 법률효과를 직접 발생케 하는 법률요건이다.

2) 권리발생의 법률요건(법규)으로는, 물건의 사실상 지배를 요건으로 하여 점유권의 발생을 규정하는 민법 제192조, 무주의 동산을 소유의 의사로 점유할 것을 요건으로 하여 동산 소유권의 취득(무주물의 귀속)을 규정하는 민법 제252조 제1항, 일방이 재산권을 상대방에게 이전할 것을 약정하고 상대방은 그 대금을 지급할 것을 약정하는 것을 요건

으로 하여 매매계약에 따른 매도인과 매수인의 권리·의무의 발생을 규정하는 민법 제563조 등을 들 수 있다.

권리발생의 근거요건이 되는 법률요건 중 가장 중요한 것은 앞서 본 바와 같이 의사표시를 요소(법률사실)로 하는 법률행위, 그 중에서도 매매, 증여, 교환, 도급, 조합, 위임, 소비대차, 임대차, 질권설정계약, 저당권설정계약 등의 각종 계약이며, 단독적 의사표시인 대리권 수여(민법 제114조), 재단법인에 대한 재산의 출연(민법 제48조 제1항), 상속의 포기(민법 제1043조) 등의 단독행위가 다음으로 중요하다. 계약이나 단독적 의사표시 이외의 것으로서 권리발생의 근거요건이 되는 법률요건으로는 사정, 무주물의 선점, 부합, 건물의 신축, 시효취득, 상속, 부당이득, 채무불이행, 사무관리, 불법행위 등이 있다.

3) 권리의 발생에 소극적으로 작용하여 권리·의무를 발생하지 못하게 하는 법률요건으로는 의사무능력, 목적의 원시적 불능, 진의 아닌 의사표시(민법 제107조 제1항 단서), 통정허위표시(민법 제108조), 정지조건(민법 제147조 제1항), 시기(민법 제152조 제1항), 부제소합의(소권의 불발생), 부집행합의(집행청구권의 불발생) 등을 들 수 있다.

신의칙위반, 권리남용, 사회질서위반, 불공정행위, 부동산의 명의신탁 등 순수판단규범의 법률요건에 저촉되는 경우에도 권리·의무 등의 법률효과가 발생하지 않는다. 그러나 이는 법질서 전체에서 일정한 경우 그 법률효과 발생을 부정적인 것으로 평가한 때문으로서, 구체적 구성요건에 관한 규범의 법률요건과는 성질이 다르다는 점은 이미 말한 바와 같다.

4) 권리·의무의 변경의 예로는, ① 권리·의무의 양도·인수, 상속, 합병 등으로 인한 주체의 변경, ② 물상대위, 대위변제, 채무불이행에 의한 본래 채권의 손해배상채권으로의 전화(轉化), 첨부, 제한물권의 설정과 그 소멸, 경개에 의한 구채무의 소멸과 신채무의 발생, 임대차계약상 보증금이나 차임을 변경하는 합의 등 내용의 변경, ③ 선순위 저당권의 소멸에 따른 저당권의 순위 승진, 근저당권의 확정에 따른 피담보채무의 특정(확정), 임차권의 등기나 주민등록과 주택의 인도(점유)에 의한 대항력의 취득 등 작용의 변경 등을 들 수 있다.

5) 권리의 행사요건이 되는 법률요건으로는, 청구권이나 형성권 등 권리의 행사를 위한 청구(민법 제168조 제1호), 최고(민법 제174조), 취소(민법 제142조) 등의 의사표시나 소의 제기(민사소송법 제248조) 등, 계약금계약에 의한 해제권 행사 시 계약금의 포기나 그 배액의 상환(민법 제565조), 환매권 행사 시 매매대금과 매수비용의 상환(민법 제590조, 제594조 제1항), 지시채권이나 무기명채권의 행사 시 증서의 제시(민법 제517, 524조, 어음법 제38조, 수표법 제29조), 이행기의 도래(민법 제387조)등이 있다.

한편, 권리행사의 저지요건이 되는 법률요건으로는, 선이행이나 동시이행의 항변권(민법 제536조), 최고·검색의 항변권(민법 제437조), 권리상실 위험을 이유로 한 채무변제의 거절권(위험의 항변권. 민법 제588조), 유치권의 행사(민법 제320조), 각종 매수청구권의 행사(민법 제283조 제2항 등), 이행기의 존재(민법 제153, 387조) 등을 들 수 있다.

6) 권리소멸의 예로는, 권리의 포기(민법 제267조, 제1019조 등), 소멸시효의 완성(민법 제162, 167조), 제척기간의 도과(대법원 1995. 11. 10. 선고 94다22682, 22699 판결 등), 종기의 도래(민법 제152조 제2항), 채무의 변제(민법 제364조, 제460조 등), 공탁(민법 제487조 등), 상계(민법 제492조 등), 채무의 면제(민법 제506조), 혼동(민법 제507조), 2년 이상의 지료 지급 지체에 의한 지상권의 소멸청구(민법 제287조 등), 대위할 자가 있는 경우에 채권자의 고의나 과실로 담보가 상실되거나 감소한 때 대위할 자의 책임(의무) 소멸(민법 제485조), 증여계약의 이행으로 인한 해제권의 소멸(민법 제558조), 소송절차에 위반한 사실을 알았거나 알 수 있었을 경우에 바로 이의를 하지 않은 때의 이의권(책문권)의 상실(민사소송법 제151조) 등을 들 수 있다.

그리고 권리소멸을 저지하는 법률요건으로는 채무 승인 등에 의한 소멸시효의 중단(민법 제168조 등), 시효이익의 포기(민법 제184조), 고의의 불법행위에 의한 채무나 압류금지채무를 수동채권으로 하거나 압류 후 취득한 채권을 자동채권으로 한 상계의 금지(민법 제496조 내지 제498조), 채권이 제3자의 권리의 목적인 경우의 혼동의 금지(민법 제507조 단서) 등과 같이 권리·의무의 소멸을 저지하는 요건이 있다.

나. 권리·의무의 변동을 위한 보조적 법률요건

1) 그 법률요건을 충족하여도 그로부터 곧바로 어떤 권리·의무가 발생·변경·소멸하거나 이를 행사할 수 있는 법률효과가 발생하는 것은 아니나, 그 법률요건으로부터 발생하는 법률효과가 이러한 법률관계에 영향을 주고 다른 법률요건에 의한 법률효과를 보조하여 권리·의무의 변동을 초래하는 경우이다.

2) 이러한 법률요건은 다시 그로부터 발생하는 법률효과가 ① 권리·의무의 발생이나 불발생을 보조하는 것,[103] ② 행사나 행사저지를 보조하는 것, ③ 존속과 소멸을 보조하는 것으로 나눌 수 있다.[104]

3) ①은 권리·의무의 발생을 적극적으로 보조하는 것과 권리·의무의 발생을 소극적으로 보조하여 권리·의무를 발생하지 못하게 하는 것으로 나눌 수 있다.

권리·의무의 발생을 적극적으로 보조하는 것으로는, 대리(민법 제114조 등), 표현대리(민법 제125조 등), 미성년자의 법률행위에 대한 법정대리인의 동의나 허락(민법 제5조, 제6조 등), 효력요건인 행정관청의 인·허가, 무권대리행위의 추인(민법 제133, 조), 부재자재산관리인의 행위에 대한 법원의 허가(민법 제25조), 상속의 승인 또는 승인의제(민법 제1019조 제1항, 제1025, 1026조) 등을 들 수 있고, 권리·의무의 발생을 소극적으로

103) 권리·의무의 변경을 보조하는 것도 여기에 포함시킬 수 있다. 권리·의무의 변경은 권리자나 의무자의 입장에서 보면 변경된 권리·의무의 발생이거나 불발생이기 때문이다.

104) 이하의 예시는 전형적인 것만을 든 것이므로 이에 국한되는 것은 아니다. 즉, 대리의 경우 권리발생의 보조적 법률요건이 되기도 하지만 대리인에 의한 권리소멸(면제, 상계 등)의 보조적 법률요건이 되기도 한다.

보조하여 권리·의무를 발생하지 못하게 하는 것으로는 무권대리행위 상대방의 최고에 대한 본인의 확답이 없는 경우의 추인거절 의제(민법 제131조) 등을 들 수 있다.

4) ②의 행사나 행사저지를 보조하는 것의 예로는, 채권의 행사 시 채무자의 요구에 따른 영수증의 교부(민법 제474조), 쌍무계약에 있어 해제권 행사 시 상당한 기간을 정한 이행의 최고와 자기 채무의 이행 또는 이행의 제공(대법원 1986. 7. 22. 선고 85다카1904 판결 등), 선택채권의 행사에 있어 채권의 선택(민법 제380, 382조), 추심채권자의 추심신고(민사집행법 236조), 추심채권자의 추심의 소 제기 사실의 고지(민사집행법 238조), 채권자대위권에 의하여 채무자의 권리를 대위행사하는 경우 채무자에 대한 통지(민법 제405조) 등을 들 수 있다.

5) ③의 권리·의무 존속을 보조하는 것으로는, 무효행위의 전환(민법 제138조), 취소할 수 있는 행위의 추인(민법 제143, 145조), 제한능력자와 법률행위를 한 상대방의 확답촉구에 따른 추인 의제(민법 제15조 제1, 2항) 등을 들 수 있고, 권리·의무의 소멸을 보조하는 것으로는 해제조건의 성취(민법 제147조 제2항), 미성년자의 법정대리인에 의한 동의의 취소(민법 제7조), 착오·기망·강박으로 인한 의사표시의 취소(민법 제109조, 제110조), 이행지체 등으로 인한 계약의 해제·해지(민법 제544조 내지 제546조), 철회(민법 제16조 제1항), 경개(민법 제500조 이하) 등을 들 수 있다.[105)]

다. 권리·의무의 변동과 관계가 없는 법률요건

1) 법이 궁극적으로 지향하는 법률효과는 권리·의무이지만, 권리·의무의 실현을 위해서는 예컨대 법인의 창설 등 다양한 제도와 장치, 수단이 필요하고, 법치주의의 원리상 이러한 사항도 법에 의한 규율이 필요함은 앞서 본 바와 같다.

2) 법률효과로서 권리·의무의 변동과 관계가 없는 이러한 법률요건의 예로는, 주된 사무소의 소재지에 설립등기를 하는 것을 요건으로 하여 법인의 성립을 규정하는 민법 제33조, 법률의 규정에 좇아 정관으로 정한 목적의 범위에서 법인이 권리·의무의 주체가 되는 것을 규정하는 민법 제34조, 조합의 업무집행은 조합원의 과반수로써 결정하고 업무집행자가 수인인 때는 그 과반수로써 결정하는 것을 규정하는 민법 제706조 제2항, 친족의 정의에 관한 민법 제767조, 자(子)의 성과 본에 관한 민법 제781조, 상대방의 주장사실을 다투지 않은 경우의 자백간주(민사소송법 제150조 제1, 3항, 제257조 제1항), 소의 취하서면을 송달 받고도 2주 이내에 이의를 하지 않은 경우의 소 취하 동의 의제(민사소송법 제266조 제6항) 등을 들 수 있다.

---

105) 취소, 철회, 해제, 해제조건의 성취, 해지, 경개 등은 그것으로써 곧바로 권리·의무가 소멸하는 것이 아니라 그 원인되는 법률관계의 내용에 따라 부차적으로 그러한 결과가 초래된다는 점에서(예컨대, 권리·의무의 발생을 내용으로 하는 법률행위의 취소나 해제만이 권리·의무 소멸의 효과가 생기고, 권리·의무의 발생과 관계없는 내용의 법률행위의 취소나 해제는 권리·의무 소멸의 효과가 생기지 않는다.) 권리의 직접적 소멸을 초래하는 소멸시효의 완성과 달리 보조적 법률효과만을 발생케 한다고 할 것이다. 한편, 경개는 새로운 권리발생의 법률요건이기도 하다.

2. 법률효과의 작용에 따른 분류

1) 이는 법률요건이 법률효과인 권리·의무의 어떤 측면에 작용하는가를 기준으로 한 분류이다. 이는 크게 권리의 발생과 행사에 관한 법률요건과 권리의 발생·행사·존속을 저지하는 법률요건으로 나눌 수 있는데, 전자는 구체적·개별적 권리·의무를 발생하게 하거나 행사할 수 있게 한다는 점에서 적극적 법률요건이라 할 수 있고, 후자는 구체적·개별적 권리·의무를 발생하지 못하게 하거나 행사 또는 존속을 하지 못하게 방해한다는 점에서 소극적 법률요건이라 할 수 있다.[106] 전자를 권리의 발생·행사 근거요건, 후자를 권리의 발생·행사·존속 장애요건이라고도 한다.[107]

2) 이를 보다 세분하면, ① 권리발생 근거요건, ② 권리발생 장애요건, ③ 권리행사 근거요건, ④ 권리행사 장애요건, ⑤ 권리존속 장애요건(권리소멸 요건)으로 나눌 수 있는 바, 그 구체적인 내용은 앞서 <법률효과의 내용에 따른 분류>에서 본 바와 같다.

3) 이 분류는 뒤에서 보게 될 주장·입증책임의 분배 기준이 된다는 점에서 특히 의미가 있다. 권리발생 근거요건이나 권리행사 근거요건은 원고(권리자)가 주장·입증하여야 하고, 권리발생 장애요건 등 각종 장애요건은 항변사항으로서 피고(의무자)가 주장·입증하여야 한다.[108]

---

106) 이 적극적 법률요건이나 소극적 법률요건과 구별하여야 할 개념은 적극적 법률사실이나 소극적 법률사실이다. 적극적 법률사실은 당해 법률요건(그것이 적극적 법률요건이건 소극적 법률요건이건 관계없이)이 성립하는 데 적극적으로 필요한 법률사실로서, 시효취득의 경우에는 점유, 소유의 의사, 일정기간의 점유 등이고, 소멸시효의 경우 기산점, 일정한 기간의 경과이다. 조건에서 그 성취나 기한(시기, 종기)에서 그 도래도 이와 같다고 할 수 있다.
반면에 소극적 법률사실은 당해 법률요건(그것이 적극적 법률요건이건 소극적 법률요건이건 관계없이)이 성립하는 데 존재하지 아니하여야 할 법률사실로서, 채무불이행의 경우에는 고의 또는 과실의 부존재(민법 제390조 단서 참조), 착오에 의한 취소의 경우에는 중대한 과실의 존재(민법 제109조 제1항 단서 참조) 등을 들 수 있다. 이러한 적극적 법률사실이나 소극적 법률사실은 독립한 법률요건을 이루지 못하는 법률사실에 불과하다.

107) 권리의 장애요건은 이와 같이 발생·행사·존속에 관한 것이 주된 것이지만 의무의 장애요건은 그 소멸의 장애요건도 있을 수 있다. 예컨대, 순수판단규범 중 신의칙에 위반한 의무이행은 의무이행으로서의 효력이 없는데 이는 의무소멸의 장애요건이 된다.

108) 그러나 여기서의 분류 기준이 언제나 분명한 것은 아니다. 어떤 법률요건을 권리의 발생근거로 볼 것인지 아니면 그 반대의 법률요건을 권리 장애요건으로 볼 것인지가 항상 문제되기 때문이다. 이는 표리의 관계에 있고 개개의 경우에 학설과 판례 등 견해가 일치하지 않는 때가 많다. 즉, 여기서 말하는 '권리'를 어떻게 이해하느냐에 따라 동일한 법률요건이라도 권리발생 근거요건이 될 수도 있고 권리발생 장애요건이나 소멸요건이 될 수도 있으며, 여러 요건을 병합적으로 충족시키는 경우도 있다.
예컨대, 부당이득에 관하여 민법 제741조는 "법률상 원인 없이 … 이익을 얻고 이로 인하여 타인에게 손해를 가한 자는 그 이익을 반환하여야 한다."고 규정하고 있는바, 이때 법률상 원인의 부존재가 부당이득반환청구권의 발생요건이라는 견해, 반대로 법률상 원인의 존재가 부당이득반환청구권 발생의 장애요건으로서 항변사유가 된다는 견해가 대립한다. 판례(대법원 2008. 2. 29. 선고 2007다49960 판결)에 의하면, 부당이득반환청구에 있어 급부가 이루어진 원인행위의 무효, 취소는 부당이득반환청구권 발생의 한 요건인 '법률상 원인의 부존재'로서 부당이득반환청구권의 발생 근거로 이해된다(뒤의 <청구원인과 공격방어방법> 중 <부당이득반환청구권> 참조). 따라서 여기서 권리발생

4) 앞서 본 권리·의무의 변동을 위한 보조적 법률효과에 관한 법률요건도 이에 준하여 분류할 수 있다. 즉 권리의 발생이나 행사, 존속을 보조하는 것은 권리자가, 권리의 불발생, 행사저지, 소멸을 보조하는 것은 의무자가 주장·입증하여야 한다.

▣ 법률요건과 법률효과

법률요건의 종류	법률효과		법률요건 및 요건사실(예)
권리·의무의 변동에 관한 법률요건	권리·의무의 발생		사정, 건물의 신축, 공유수면의 매립, 시효취득, 상린관계(주위토지통행권 등), 선의취득, 무주물의 귀속, 유실물의 습득, 첨부(부합, 혼화, 가공), 단독행위(권리의 포기,[109] 재단법인에의 재산의 출연 등), 계약(제한물권설정계약, 매매, 교환, 증여, 임대차 등), 채무불이행, 불법행위, 사무관리, 부당이득 등
	권리·의무의 장애	발생 장애	·구체적 구성요건에 관한 규범의 법률요건: 의사무능력, 목적의 원시적 불능, 진의 아닌 의사표시(상대방에게 악의 또는 과실이 있는 경우), 통정허위표시, 악의의 비채변제, 기한(시기)의 존재, 정지조건의 존재, 부제소합의, 부집행합의 등 ·순수판단규범의 법률요건: 신의칙위반, 권리남용, 사회질서위반, 불공정법률행위, 부동산의 명의신탁 등
		행사 장애	이행기의 존재, 기한의 유예, 선이행이나 동시이행의 항변권, 보증인의 최고·검색의 항변권, 유치권항변, 상속의 한정승인, 채권의 압류·가압류, 임차인 등의 지상물·부속물매수청구권의 행사 등
		존속 장애(소멸)	권리의 포기, 채무의 면제, 경개, 변제, 공탁, 상계, 혼동, 취득시효나 소멸시효의 완성, 제척기간의 경과, 종기(존속기한)의 도래, 쌍방의 귀책사유 없는 채무의 이행불능, 이의권(책문권)의 상실, 증여계약 이행에 의한 해제권의 소멸, 지상권소멸청구 등
		소멸 장애	시효의 중단, 시효이익의 포기, 고의의 불법행위에 의한 채무나 압류금지채무를 수동채권으로 하거나 압류 후 취득한 채권을 자동채권으로 한 상계의 금지, 채권이 제3자의 권리의 목적인 경우의 혼동의 금지
권리·의무의 변동에 관한 보조적 법률요건	권리·의무의 발생을 보조	적극적으로 보조	대리, 표현대리, 미성년자의 법률행위에 대한 법정대리인의 동의나 허락, 행정관청의 인·허가, 부재자재산관리인의 행위에 대한 법원의 허가·추인 등
		소극적으로 보조	무권대리행위 상대방의 최고에 대한 본인의 확답이 없는 경우의 추인거절 의제 등
	권리·의무의 행사를 보조		지시채권의 행사 시 증서의 제시, 채권자대위권 행사자의 채무자에 대한 통지, 계약금계약에 의한 해제 시 계약금의 포기 또는 배액의 상환, 환매권 행사 시 매매대금과 매수비용의 상환, 채권변제 수령 시 영수증의 교부 등
	권리·의무의		·존속보조: 무효행위의 전환, 취소할 수 있는 행위의 추인, 계약의

근거요건이라고 할 때 그 '권리'는 당해 법률요건이 직접 발생을 예정하고 있는 법률효과로서의 '권리'를 의미한다(이는 법률행위인 법률요건에서는 비교적 분명하다).

	존속·소멸을 보조	갱신 등 ·소멸보조: 미성년자의 법정대리인에 의한 동의의 취소, 의사표시의 철회·취소, 계약의 해제, 해지, 해제조건의 성취 등
권리·의무의 변동과 관계가 없는 법률요건	법인의 성립과 설립등기(민법 제33조), 법인의 권리·의무 범위(민법 제34조), 조합의 업무집행방법(민법 제706조 제2항), 친족의 정의(민법 제767조), 子의 성과 본(민법 제781조), 자백간주(민사소송법 제150조 제1, 3항, 제257조 제1항), 소 취하 동의(민사소송법 제266조 제6항) 등	

3. 법률요건의 형태에 따른 분류

1) 법률요건의 내용을 이루는 행위나 현상은 사람의 정신작용에 기한 것과 그렇지 아니한 것으로 나눌 수 있는바, 이에 대해서는 앞서 <법률사실의 종류>에서 살펴본 바와 같다. 법률요건은 한 개 또는 여러 개의 법률사실로 구성되므로 법률요건의 형태도 법률사실의 종류와 형태에 의해 행위를 구성요소로 하는 것과 현상을 구성요소로 하는 것으로 나눌 수 있고, 양자가 결합한 것도 있다.

2) 법률요건 가운데 가장 중요한 것은 법률행위와 준법률행위로서 이는 사람의 행위를 구성요소(법률사실)로 한다. 사람의 행위라도 위법한 행위는 그 의도나 목적이 아니라 현상과 마찬가지로 그러한 행위의 존재 자체로 법률효과를 발생케 하는바, 채무불이행과 불법행위가 이에 속한다. 현상을 구성요소로 하는 법률요건은 취득시효, 소멸시효, 부합, 혼화, 사정, 건물의 신축, 토지의 포락이나 건물의 붕괴, 부당이득, 사무관리 등을 들 수 있다.

3) 법률요건은 대개 실정 법규가 명시적으로 정하나, 관습법이나 조리의 형태로 인정되는 법률요건도 있다.

4) 법률요건은 앞서 언급한 바와 같이 실체법은 물론 절차법에도 존재하고, 사법(私法)은 물론 공법에도 존재한다. 즉 법률사실, 법률요건, 법률효과의 구조는 모든 법체계에 공통한다. 이에 따라 민사 실체법의 법률요건은 협의의 민사적 법률요건, 상사적 법률요건, 가사적 법률요건으로 나눌 수 있고, 민사절차법의 법률요건은 민사소송법상의 법률요건, 비송사건절차법상의 법률요건, 민사조정법상의 법률요건, 가사소송법상의 법률요건 등으로 나눌 수 있다.

4. 규범의 성질에 따른 분류

1) 이는 당해 법률요건을 규정한 법규범의 법적 성질에 따른 분류이다. 법규범의 법적 성질을 기준으로 법률요건을 분류하면 ① 구체적 구성요건에 관한 규범이 규정하는 법률요건, ② 순수판단규범이 규정하는 법률요건, ③ 중립적 규범이 규정하는 법률요건으로

109) 권리의 포기는 권리자의 입장에서는 권리의 소멸 사유가 되나 타인에게는 권리의 취득·발생 사유가 된다.

나눌 수 있다.

2) 구체적 구성요건에 관한 규범의 법률요건은 구체적·역사적 법률사실의 존재에 따라 그에 따른 물권, 채권, 사원권, 형성권, 가족관계상의 권리 등 구체적·개별적 법률효과를 발생케 하고, 순수판단규범의 법률요건은 신의칙, 권리남용, 사회질서, 불공정행위 등과 같이 위 구체적 구성요건에 관한 규범에서 발생하는 구체적·개별적 법률효과를 발생하지 못하게 하거나 법이 추구하는 방향으로 강제한다. 중립적 규범이 규정하는 법률요건 역시 그 기능은 순수판단규범의 법률요건과 유사하다.

5. 법률요건과 청구원인, 항변, 보조적 법률요건, 공격방어방법의 관계

1) 실체법상의 법률요건을 충족할 경우 이로부터 다양한 법률효과가 발생하고, 소송은 그 법률효과인 권리·의무를 실현하는 수단인바, 그것이 소송절차에서 차지하는 소송법적 지위에 따라 이는 다음과 같이 나눠볼 수 있다.

2) 즉 ① 이행의 소, 확인의 소, 형성의 소의 소송목적, 즉 소송의 주제 내지 대상이 되는 권리·법률관계를 법률효과로서 발생시키는 청구원인적 법률요건, ② 이러한 권리·법률관계를 발생하지 못하게 하거나 행사하지 못하게 하거나 존속하지 못하게 하는(즉, 소멸하게 하는) 등으로 권리·법률관계의 발생, 행사, 존속에 장애가 되는 법률효과를 발생시켜 원고의 청구를 이유 없게 하는 항변적 법률요건, ③ 그 스스로는 직접 권리·법률관계를 발생하게 하거나 그 발생, 행사, 존속에 장애가 되는 법률효과를 발생시키지는 못하고, 이러한 권리·법률관계의 발생·불발생, 행사·불행사, 존속·소멸을 간접적으로 보조하는 보조적 법률요건, ④ 법인의 설립, 해산, 청산, 사람의 출생, 사망 등과 같이 그로부터 발생하는 법률효과가 권리·법률관계의 발생, 변경, 소멸과 직접 관계가 없는 독립적 법률요건으로 나눌 수 있다.

그런데 위 ④도 궁극적으로는 대부분 권리·법률관계의 발생, 변경, 행사, 소멸에 간접적으로 영향을 미치므로[110] 넓게는 ②나 ③에 귀속시킬 수 있다.

3) 위와 같이 실체법상의 법률요건은 소송절차에서 다양한 지위를 갖고 각기 다른 기능을 수행한다. 민사소송법학에서는 위 ①을 청구원인이라 하고, ④를 포함하여 ②와 ③을 공격방어방법이라 한다.[111] 소송법상 청구원인과 공격방어방법은 소송의 기본을 이루

110) 예컨대 권리·법률관계가 발생하여 이를 취득하려면 그 주체가 권리능력자여야 한다. 권리주체가 소멸하면 권리·법률관계도 절대적이든 상대적이든 소멸한다.

111) 공격방어방법에는 간접사실도 포함된다. ① 내지 ④의 모든 법률요건은 주요사실과 간접사실을 갖는데, 주요사실과 간접사실의 개념은 다음의 <주요사실과 간접사실> 참조. 주요사실은 각 법률요건의 핵심을 이루나 간접사실은 이를 보조하는 역할만을 하므로 이것은 공격방어방법에 속한다. 이로부터, 공격방어방법이 항변보다 넓은 개념임을 알 수 있다. 즉, 모든 항변은 공격방어방법에 속하지만 공격방어방법이 모두 항변인 것은 아니다. 청구원인과 공격방어방법의 보다 구체적인 내용은 아래 <민사소송의 구조>에서 논하기로 한다.

고, 양자의 구별은 매우 어렵고도 중요한데 이에 관하여는 뒤의 제3장 ＜민사소송의 구조＞에서 다룬다.

4) 한편, 위와 같이 소송법상의 법률요건으로부터는 소송법상의 법률효과가 발생하는데, 이를 대별하면 ① 심판자인 법원에 대하여 일정한 효과를 발생케 하는 법률요건인 소나 상소의 제기, 청구의 변경, 소나 상소의 취하 등이 있고, ② 상대방을 공격하거나 상대방의 공격을 방어하여 상대방의 소송상 지위를 불리하게 하는 일정한 효과를 발생케 하는 소송요건(당사자능력, 당사자적격, 소의 이익, 제척기간 등)의 흠결, 실기한 공격방어방법, 증거항변, 이의권의 상실, 자백 등의 순수한 소송법적 공격방어방법이 있다.

▣ 법률요건과 청구원인, 공격방어방법(법률요건의 소송법적 지위)

<table>
<tr><th></th><th colspan="2">소송법적 지위</th><th>예시</th></tr>
<tr><td rowspan="4">법률요건</td><td colspan="2">청구원인</td><td>매매, 증여, 교환, 시효취득, 소비대차, 임대차, 사용대차, 도급, 부당이득, 사무관리, 채무불이행, 불법행위 등</td></tr>
<tr><td rowspan="3">공격방어 방법</td><td>항변</td><td>이행기의 미도래, 기한의 유예, 선이행이나 동시이행의 항변권, 보증인의 최고·검색의 항변권, 유치권항변, 상속의 한정승인, 채권의 압류·가압류, 임차인 등의 지상물·부속물매수청구권의 행사, 법률행위의 철회·취소·해제·해지 등</td></tr>
<tr><td>보조적 법률요건</td><td>동의, 승인, 인·허가, 대리, 위임, 채권이나 채무 등 권리·의무의 양수, 상속, 변제자대위, 채권자대위 등</td></tr>
<tr><td>순수한 소송법적 공격방어 방법</td><td>소송요건(당사자능력, 당사자적격, 소의 이익, 제척기간 등)의 흠결, 실기한 공격방어방법, 증거항변, 이의권의 상실, 자백 등</td></tr>
</table>

이를 그림으로 나타내면 다음과 같다.

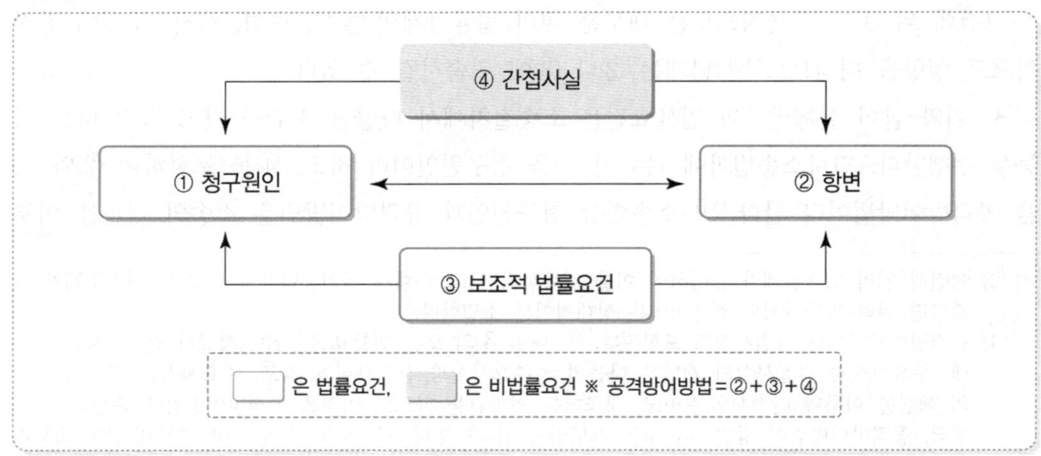

Ⅳ. 법률요건과 요건사실

1. 요건사실의 개념

1) 법률요건은 위와 같이 일정한 법률효과가 발생하기 위하여 법규가 요구하는 요건으로서, 법규는 이를 구체적·개별적 사건과 관계없이 추상적·일반적 명제로 기술하고 있는바, 이때 법률요건을 구성하는 추상적 사실(행위와 현상)인 법률사실을 요건사실 또는 구성요건사실이라고 한다.

2) 그런데 이와 같이 법규가 기술하고 있는 법률요건은, 어떠한 행위나 사회현상이 존재할 것을 가정하고, 그 요건을 구체적으로 충족하는 때에 그에 따른 법률효과가 발생한다는 조건 — 결과의 구조로 명제를 기술하고 있으므로, 법규가 추상적으로[112] 정하고 있는 법률요건의 내용인 법률사실, 즉 요건사실은 특정한 시·공간에서 현실적으로 존재하는 것이 아니라 이를 가정한 것이다.

따라서 법규가 정하고 있는 법률효과가 발생하기 위해서는 조건으로서 요구하고 있는 법률요건과 그 요건사실에 부합하는 행위나 사회현상이 구체적·역사적·현실적으로 존재하여야만 한다. 이와 같이 구체적·역사적 행위나 사회현상에 추상적 법규가 규준으로서 작용하여 그에 따른 구체적·개별적 법률효과의 발생 여부를 판단하는 것을 가리켜 법의 적용이라고 한다.

3) 앞서 본 바와 같이 법률요건은 일정한 법률효과 발생을 위하여 법이 요구하는 법률사실의 일정한 단위로서, 이때 발생하는 법률효과는 물권, 채권, 형성권 등 구체적·개별적 권리·의무이다. 이러한 구체적·개별적 법률효과를 발생시키는 법률요건은 특정한 법주체 사이에 특정한 시·공간에서 발생하는 행위나 사회현상을 법률사실로 가지며, 그 법률요건과 법률사실, 법률효과를 규정하는 법규를 구체적 구성요건에 관한 규범이라고 함은 이미 설명한 바와 같다.

2. 법률요건의 구성체계

1) 법률요건은 하나의 법률사실만을 그 내용으로 하기도 하지만, 대개는 복수의 법률사실을 결합하여 하나의 법률요건을 구성한다.

2) 한편, 법률효과는 1개의 법률규정이나 법률요건에 의해서 발생하는 것이 본래의 모

---

112) 여기서 법규의 기술이 추상적이라는 것은, 특정인이 특정한 시·공간에 특정한 행위나 사회현상에 관련된 것을 전제로 하지 않고 이를 가정적·일반적 명제로 불특정하게 기술한다는 의미이다. 따라서 법규의 기술 내용 중 '정당한 이유', '과실', '사회질서' '불공정행위' 등과 같이 가치평가를 요하는 개념의 추상성과는 의미가 다르다.

습이지만, 여러 개의 법률규정이나 법률요건의 결합에 의해서 발생하기도 한다. 후자의 경우, 복수의 법률규정이 요구하는 법률요건과 그에 따른 법률사실 모두를 충족하여야만 함은 물론이다.

예컨대, 대리인에 의해 매매계약이 체결된 경우, 매매의 법률요건과 대리의 법률요건이 결합하여 매매에 의한 법률효과로서의 재산권이전청구권, 대금지급청구권 등의 권리·의무가 발생하게 된다. 그러므로 이 경우 매매의 요건사실과 대리의 요건사실을 모두 충족해야만 한다. 또, 소유권에 기한 물권적 청구권으로서의 반환청구권의 경우, 소유권 취득의 요건사실과 물권적 반환청구권의 요건사실을 모두 충족하여야만 그 법률효과로서 반환청구권이 발생한다.

Ⅴ. 주요사실과 간접사실

1. 개 념

가. 주요사실과 간접사실의 의의

1) 법률요건사실, 즉 요건사실을 더욱 세분하면 주요사실과 간접사실로 다시 나눌 수 있다.

2) 이는 주요사실과 간접사실이 법률효과 발생에 작용하는 효과와 변론주의와의 관계에서 다르게 작용하는 점을 기준으로 나눈 것이다.

3) 주요사실과 간접사실은 위와 같이 그 법률효과 발생에 작용하는 효과가 다르지만, 이를 외형적으로 인식할 수 있는 기준이 있어야만 이를 쉽게 판별할 수 있는데, 대체로 주요사실은 그 법률효과 발생을 위하여 법규에서 명시적으로 규정하거나 해석상 불가결하게 요구되는 법률사실이고, 간접사실은 반대로 그것이 없더라도 법률요건은 충족, 성립할 수 있고, 단지 이는 주요사실의 존부를 뒷받침하는 역할을 하는 사실로 이해된다. 따라서 엄격히 말하면 간접사실은 법규, 즉 법률요건의 내용을 이루는 것이 아니므로 법률사실이 아니다.

4) 주요사실과 간접사실의 개념은 권리·의무의 변동에 관한 법률요건(매매, 교환, 증여 등)과 보조적 법률요건(대리, 조건, 기한, 인·허가 등)과는 다른 개념이다. 권리·의무의 변동에 관한 법률요건이든 보조적 법률요건이든 모두 법률요건이므로 이들은 각각 주요사실과 간접사실을 갖는다. 즉 양자는 주요사실과 간접사실을 갖는 데에 아무런 차이가 없다.

5) 위와 같이 주요사실과 간접사실은 법규의 규정 내용, 그것들이 각기 법률효과 발생에 작용하는 효과를 기준으로 구별할 수 있지만, 양자의 개념이 분명한 것은 아니어서 그 의미를 둘러싸고 학설상 다툼이 있다. 특히 법규에서 '과실', '정당한 사유', '부정한 목

적’ 등과 같이 추상적 개념의 법률사실을 규정한 경우, 구체적으로 어느 것이 주요사실이고 간접사실인지 견해가 다를 수 있다.

나. 주요사실의 인정기준

(1) 추상적 사실설

1) 법규에 당해 법률요건의 요건사실로서 추상적으로 기술되어 규정된 법률사실 자체가 주요사실이라고 보고, 그 외의 것은 간접사실로 보는 견해이다. 이것이 통설적 견해이다.

2) 예컨대, 민법 제618조는 법률요건인 임대차에 관하여 “임대차는 당사자 일방이 상대방에게 목적물을 사용, 수익하게 할 것을 약정하고 상대방이 이에 대하여 차임을 지급할 것을 약정함으로써 그 효력이 생긴다”고 규정하고 있는바, 법규에 기술, 규정되어 있는 ① 당사자 일방이 상대방에게 목적물을 사용, 수익하게 하겠다는 의사표시, ② 상대방이 이에 대하여 일정액의 차임을 지급하겠다는 의사표시를 주요사실로 보는 것이다.

물론 그렇다고 하여 법규에 명시된 것만 주요사실로 보는 것은 아니고, 위 ①, ②에 대응하는 상대방의 승낙의 의사표시 역시 임대차 성립에 불가결하므로 해석상 주요사실에 포함시킨다. 반면에 법규에 기술되어 있지 않은 사실인 임대차의 동기, 임대차계약의 장소, 계약의 방법(서면 또는 구두, 대면 또는 전화 등)은 간접사실에 해당한다.

3) 이에 관하여 대법원은 “당사자가 변론에서 주장한 주요사실만이 심판의 대상이 되는 것으로서, 여기서 주요사실이라 함은 법률효과를 발생시키는 실체법상의 구성요건 해당 사실을 말한다.”(1983. 12. 13. 선고 83다카1489 판결)고 하거나, “법률상의 요건사실에 해당하는 주요사실”(1999. 7. 27. 선고 98다46167 판결, 2006. 2. 24. 선고 2002다62432 판결, 2006. 6. 30. 선고 2005다21531 판결 등)이라고 설명한다.

4) 주요사실을 이와 같이 이해하는 입장에서는, 주요사실에 해당하지 않는 행위나 사회현상 또는 사실은 간접사실로서 주요사실의 존부를 추인하는 데에 도움을 주는 경위나 내력 등에 관한 것이라고 정의한다(대법원 1982. 12. 14. 선고 81다38 판결, 2002. 6. 28. 선고 2000다62254 판결 등). 즉 매매에서 재산권이전의 의사표시나 대금 지급의 의사표시 외에 이들 의사표시가 있었다는 사실을 추인하는 데에 도움을 주는 매매계약의 장소, 입회인 유무, 계약서의 유무, 계약서의 작성 방법, 작성 장소, 작성자, 대면(對面) 계약인지 전화상 계약인지 여부 등에 관한 사실은 모두 간접사실에 해당한다. 이들 사항은 매매의 요건사실로 법규(민법)가 정한 바 없기 때문이다.

(2) 구체적 사실설

1) 이와 달리, 요건사실은 각 실체법규에 규정된 유형적·추상적 사실로서 법적 개념인 반면, 주요사실은 요건사실에 해당하는 것으로 평가된 구체적·역사적 사실로서 현실적·경험적 개념이라고 보는 견해이다.[113)]

2) 이 견해의 요지는 위에서 본 통설·판례와 크게 다를 바가 없다. 다만, 법규가 기술, 규정하고 있는 추상적 법률사실이 아니라 특정한 사건에서 이를 구체화하는 구체적·역사적 사실을 주요사실로 이해하는 것만 다르다.

3) 추상적 사실설과 구체적 사실설은 위와 같이 대동소이하지만, 뒤에서 보는 바와 같이 법규에서 '정당한 이유'나 '과실' 등 추상적 개념을 법률요건으로 규정한 경우 어느 것을 주요사실로 보느냐에 있어서 양자 간에 차이가 있다.

추상적 사실설은 법규에 규정된 '정당한 이유'나 '과실' 그 자체를 요건사실이자 주요사실로 보고, 이들을 구체화하는 근거인 개개의 구체적·역사적 사실을 간접사실로 보는 반면 구체적 사실설은 추상적 요건사실을 구체화하는 개개의 구체적·역사적 사실을 주요사실로 본다. 예컨대 이 견해에서는, 권한을 넘은 표현대리(민법 제126조)에서 '권한이 있다고 믿을 만한 정당한 이유'는 추상적 요건사실에 불과하고, 본인이 발급받은 인감증명서를 표현대리인이 소지하였다는 등 이를 구체화하는 개개의 구체적·역사적 사실이 위 요건사실에 부합하는 법률사실로서 주요사실이라고 이해하는 것이다.

다. 보조사실

1) 한편, 간접사실과 유사하나 이와 구별하여야 할 것으로 보조사실(補助事實)이 있다. 이는 증거의 증거능력 또는 증거력(증명력)에 관한 판단 자료를 가리킨다.

2) 통상 보조사실은 간접사실과 마찬가지로 주요사실의 존부를 추인하는 데 영향을 미치므로 보조사실은 간접사실과 같은 차원에서 취급된다.

2. 구별의 실익

가. 변론주의의 적용범위

1) 뒤에서 보는 바와 같이 통설과 판례에 의하면, 변론주의는 주요사실에만 적용되고 간접사실에는 적용되지 않는다. 즉 변론주의에서 일컫는 사실이라 함은 권리의 발생·행사·소멸이라는 법률효과의 판단에 직접 필요한 주요사실만을 가리키고 그 존부를 확인하는 데 도움이 됨에 그치는 간접사실은 포함하지 않는다고 본다(대법원 1987. 2. 24. 선고 86다카1625 판결, 2002. 6. 28. 선고 2000다62254 판결 등).[114]

2) 이에 따르면, ① 주장책임과 관련하여, 주요사실은 당사자의 주장을 요하나 간접사실

113) 일본에서 倉田卓次, 山木戸克己 교수 등이 주장한다. 우리나라에서는 정동윤, 유병현 교수와 강현중, 나현 교수 등이 이를 따르고 있다. 정동윤, 유병현, 민사소송법(제3판 보정판), 법문사(2010), 312; 강현중, 민사소송법(6판), 박영사(2004), 418; 나현, "법률요건과 요건사실(주요사실)", 한국민사소송법학회지 제13권 1호(2009); 오석락, 입증책임론, 박영사(1999), 44 참조.

114) 간접사실은 법규가 일정한 법률효과 발생을 위한 전제사실로서 요구하는 것이 아니므로, 그에 대한 변론주의의 적용을 당연한 결론으로 도출할 수 없다. 그것이 없더라도 법률효과 발생에 아무런 장애가 없기 때문이다.

은 주장이 없어도 법원이 판결의 기초로 삼을 수 있고(대법원 1983. 12. 13. 선고 83다카1489 전원합의체 판결, 1994. 8. 26. 선고 93다42276 판결, 2006. 6. 30. 선고 2005다21531 판결), ② 자백은 주요사실에만 적용되고 간접사실에는 적용이 없다(대법원 1992. 11. 24. 선고 92다21135 판결, 2001. 1. 28. 선고 99다35737 판결 등).[115]

3) 이와 같이 통설과 판례가 주요사실을 간접사실과 구별하여 다르게 취급하는 이유는, 주요사실은 법률효과 발생에 직접 필요한 중요한 요건사실이므로 이에 대하여는 변론주의를 엄격하게 적용하여 당사자의 이익을 보호하고, 법률효과 발생에 직접 연결되지 않는 간접사실이나 보조사실에 대하여는 변론주의를 완화하여 법원의 자유심증을 보다 폭넓게 인정하고자 하는 데에 있다고 할 수 있다.

법규가 일정한 법률요건을 충족하는 때에 비로소 법률효과를 부여하는 이상, 심판의 대상은 그와 같은 법률요건을 충족하는 구체적 법률사실에 한정되어야 함이 마땅하므로 이와 직접 관련이 없는 사실과 이를 구별할 필요가 있고, 또 양자를 소송상 서로 다르게 취급하는 것도 당연하므로 변론주의를 주요사실에 한하여 적용하는 것은 수긍할 수 있다.

나. 청구, 공격방어방법과의 관계

1) 주요사실과 간접사실은 법률요건, 법률효과와 관련하여 논의되는 것이므로, 그 법률효과가 반드시 소송법상 청구원인이 되는 것에만 국한되지 아니한다. 따라서 뒤에서 볼 청구나 공격방어방법 모두에 주요사실, 간접사실의 개념이 적용된다.

예컨대, 대리는 청구원인이 아닌 공격방어방법에 해당하나, 대리의 법률효과 발생을 위해서는 법률이 요구하는 요건사실인 대리권의 존재, 대리인의 의사표시, 본인을 위한 현명 또는 그 예외적 사유의 존재, 위 의사표시의 상대방에의 도달 등의 법률사실이 주요사실로서 필요한바, 이와 관련하여서도 주요사실과 간접사실이 있다는 말이다.[116]

2) 그러나 구체적·개별적 법률효과를 발생시키는 구체적 구성요건에 관한 규범과 달리, 금지법규인 순수판단규범은 구체적·개별적 법률효과를 발생시키지도 않고, 그에 따라 판단의 대상인 구체적·역사적 법률사실을 갖지 않으므로 주요사실이나 간접사실의 개념도 원칙적으로 존재할 수 없다.

---

115) 다만, 문서의 진정성립에 대한 자백은 구속력을 인정하는 것이 판례이다(대법원 1967. 4. 4. 선고 67다226 판결, 2001. 4. 24. 선고 2001다5654 판결). 그러나 이 경우에도 형식적 증거력에만 자백의 구속력이 미치고 실질적 증거력에 대하여는 구속력이 미치지 않는다.

116) 대리의 간접사실로는 대리권의 존재에 관한 사실(예컨대, 본인이 대리인이라는 사람에게 백지 위임장을 준 사실 등), 대리인의 의사표시에 관한 사실(예컨대, 대리인이라는 사람이 매매대금을 수령한 사실 등) 등이 있을 수 있다.

3. 구별의 기준

가. 법규기준설(법률요건분류설)

1) 법률요건과 법률효과를 규정하고 있는 법규의 규정 내용 자체로부터 그 기준을 구할 수 있다는 것이다.[117] 즉 법규가 법률요건의 내용으로 기술하고 있는 법률사실로서 그 법률요건에 부합하는 것만이 주요사실이라고 본다.

2) 주요사실과 간접사실의 구별기준은 종래 주장·입증책임의 소재를 판정하는 기준과 밀접하게 연관 지어 이해되어 왔는바, 이른바 법규기준설(법률요건분류설)이 통설적 지위를 차지하고 있다. 이에 따르면, 주요사실에 대한 주장·입증책임은 당해 법률효과로써 이익을 얻을 자가 진다는 것이다.

예컨대, 매매계약에 관하여 민법은 '재산권 이전의 의사표시'와 '그에 대한 대금지급의 의사표시'를 요건사실로 기술하고 있으므로 위 두 요건사실에 관한 구체적 사실은 주요사실이 되나, 매매계약의 경위에 관한 사실은 법규가 요구하고 있지 않고 단지 위 두 사실의 존부를 추인케 하는 것에 불과하므로 간접사실이 된다고 본다(대법원 1971. 4. 20. 선고 71다278 판결, 1977. 1. 11. 선고 76다2083 판결 등).

3) 그런데 법규가 법률요건을 빠짐없이 완전하게 기술하지 않는 경우도 많이 있는 바,[118] 이러한 경우에는 법원의 법 해석 작용을 통하여 보충이 필요하고 가능하다. 그러나 이 경우 주요사실이 무엇인지 다양한 견해가 제기될 수 있다.

4) 주요사실과 간접사실의 구별기준을 법규의 규정 내용 자체로부터 구할 때 가장 문제점은, 법규가 '과실'이나 '중대한 과실', '정당한 이유' 등과 같이 가치판단을 요하는 추상적·포괄적 개념으로 법률사실을 기술한 때로서, 이 경우 그 법규의 내용만으로는 무엇이 주요사실인지를 분명하게 알 수 없다는 점이다.

나. 새로운 견해

1) 이러한 문제점과 관련하여 종래의 법규기준설에 반대하고 주요사실과 간접사실의 구별과 가장 밀접한 영역인 변론주의의 적용 범위를 수정하고자 하는 다양한 견해가 일본을 중심으로 제기되고 있다.

2) 그 주요한 것을 간추리면, ① 소송의 승패에 영향을 미치는 사항은 모두 당사자의

117) 대법원이 주요사실을, 권리의 발생·소멸이라는 법률효과의 판단에 직접 필요한 사실이라고 정의하고 있는 것(대법원 1987. 2. 24. 선고 86다카1625 판결)은 이러한 입장을 나타내는 것이라 할 수 있다.

118) 예컨대, 연대채무자를 수인의 상속인이 상속한 경우 상속인들 상호 간 또는 그 상속인들과 다른 연대채무자가 연대채무관계에 있는지 분할채무관계에 있는지 법규는 아무런 언급이 없다(민법 제408조, 제1006, 1007조 참조). 또, 소멸시효의 경우에는 권리를 행사할 수 있는 때부터 시효가 진행한다는 등으로 기산점을 규정하고 있는 데에 반해(민법 제166조), 취득시효에 있어 민법은 시효기간만을 규정할 뿐 기산점이 법률요건인지는 규정하지 않고 있다.

주장을 요한다, ② 주요사실, 간접사실의 구별을 인정하되, 어느 것이나 모두 당사자의 주장과 입증을 요한다, ③ 법규의 내용이 아닌 당사자의 이익 형량이라는 기준에서 주요사실과 간접사실을 재구성하여야 한다는 것으로 요약할 수 있다.[119]가치판단적(추상적) 법률사실의 경우

다. 가치판단적(추상적) 법률사실의 경우

(1) 문제의 소재

1) 위와 같이 주요사실과 간접사실의 구별이 어려운 경우는 법규가 '과실'이나 '중대한 과실', '정당한 이유', '부정한 목적', '법률상 원인' 등과 같이 가치판단을 요하는 추상적·포괄적 개념으로 법률사실을 기술한 때이다.[120] 이러한 경우에 '과실' 등 문자 그대로 추상적 개념 그 자체를 주요사실로 볼 것인지, 아니면 전방주시 태만, 졸음운전 등과 같은 '과실'의 평가·인지 요소로서 이를 구체화 하는 구체적·역사적 사실을 주요사실로 볼 것인지 매우 어렵다.[121]

2) 어느 것을 주요사실로 보느냐에 따라 변론주의의 적용 대상이 달라져 소송법상 중요한 결과의 차이를 가져오게 된다.

---

119) 구체적인 내용은 정동윤, 유병현, 민사소송법(제3판 보정판), 법문사, 314, 315 참조.

120) 입법기술상 법률요건을 이론의 여지없이 누구나 알 수 있는 방법으로 기술하는 것은 사실상 불가능하다. 또, 비록 문리적으로는 그 의미가 분명한 것이라도 경우에 따라서는 다양한 해석이 가능하므로 그 어느 것이나 다소간의 해석상 곤란은 불가피하다. 예컨대, '사람'에 관하여도 언제 사람이 되고(진통시설, 분만개시시설, 모체이탈시설) 언제 사람으로서의 성질을 상실하는지(심장정지시설, 호흡정지시설, 뇌사시설)를 둘러싸고 치열한 논쟁이 벌어지고 있다.

이와 같이 추상적·포괄적 개념의 법률사실이 반드시 과실이나 중대한 과실, 정당한 이유, 부정한 목적, 법률상 원인 등에 국한되는 것은 아니라는 점에서 추상적·포괄적 개념의 법률사실이라는 용어도 그 한계와 범위가 분명치 아니한 문제가 있음을 부인하기 어렵다. 그러나 아직까지 학설과 판례상 적절한 용어를 발견하기 어려우므로(이에 대해서는 종래 '불특정개념의 주요사실'이라는 용어가 사용되기도 하지만, 이는 주로 신의칙이나 반사회질서, 권리남용 등 순수판단규범의 요건사실이나 주요사실이 무엇인지를 둘러싸고 논의된 것으로서, 구체적 구성요건에 관한 규범의 구체적·역사적 법률사실을 배제하고 있다는 점에서나 순수판단규범은 구체적·역사적 법률사실을 갖지 아니하여 주요사실이 있을 수 없다는 점에서－사실 종래의 학설에서는 구체적 구성요건에 관한 규범과 순수판단규범이라는 개념 구분도 없었고, 이에 따라 신의칙이나 반사회질서, 권리남용 등과 과실, 정당한 이유, 부정한 행위, 부정한 목적 등을 구별하지 않은 채 이들의 경우 주요사실과 간접사실이 무엇인지를 밝히는 데에 논의를 집중해 왔다－적절치 못한 용어라고 생각된다.) 만족스럽지는 못하지만 추상적·포괄적 개념의 법률사실이라는 용어를 사용하기로 한다.

121) 대법원 1991. 12. 27. 선고 91다6528, 6535 판결은 「징발재산정리에 관한 특별조치법」 상의 '군사상 필요가 없게 된 때'를 구성하는 개별 사유에 관하여 이를 동법상의 환매권의 주요사실이라고 판시하면서도 간접사실이라는 반대설이 있음을 언급하고 있는바, 이 역시 법률요건의 해석이 어려움을 나타내주는 증표이다.

(2) 학설, 판례

1) 이에 관하여 학설은 앞서 주요사실의 개념에 관하여 본 바와 같이, 추상적 사실설은 추상적·포괄적 개념 자체를 주요사실로 보는 반면, 구체적 사실설은 이를 근거지우는 구체적 사실을 주요사실로 보는 것이 대체적인 입장이다.

2) 판례 역시 추상적 개념을 요건사실이자 주요사실로 보고, 전방주시 태만이나 졸음운전 등과 같은 개개의 구체적 사실은 간접사실로 보는바(대법원 2002. 6. 28. 선고 2000다62254 판결, 2010. 8. 19. 선고 2007다41904 판결 등), 이에 따르면 법원의 판단 재량이 커지는 반면 당사자는 예상치 못한 사유로 패소할 수도 있는 문제가 뒤따른다.[122]

(3) 사견(결론)

1) 가치판단을 요하는 추상적·포괄적 개념의 법률사실에 관하여 무엇이 주요사실인지를 이해하는 데에 있어서는 법규가 기술하고 있는 추상적·포괄적 개념의 법적 성질을 먼저 분명히 하여야 할 필요가 있다.

앞서 설명한 바와 같이 법규에서 가치판단을 요하는 추상적·포괄적 개념을 사용하는 경우를 크게 나누면, ① 구체적·개별적 법률효과를 발생시키는 구체적 구성요건에 관한 규범의 법률요건에서 일부 법률사실을 추상적·포괄적으로 기술하는 경우, ② 구체적·개별적 법률효과의 전체 법질서 차원에서의 용인 여부를 결정하는 순수판단규범에서 그 적용요건인 판단기준을 추상적·포괄적으로 기술하는 경우가 있다. 그러나 양자는 다음과 같이 그 의미가 다르다.

2) ①의 경우는 불법행위나 채무불이행의 고의, 과실, 표현대리나 채무불이행의 정당한 이유, 부당이득에 있어서의 법률상 원인, 재판상 이혼청구권에 있어서의 부정한 행위, 부당한 대우, 혼인을 계속하기 어려운 중대한 사유, 기타의 경우에 있어서의 정당한 권원, 부정한 목적, 부정한 수단 등이 이에 해당한다. 즉 앞서 <민사법규의 유형> 중 <구체적 구성요건에 관한 규범>에서 본 이른바 '가치판단을 요하는 추상적 개념을 법률사실로 하는 구체적 구성요건에 관한 규범'의 법률사실이다.

이들은 특정한 법주체 사이에 특정한 시·공간에서 발생하는 구체적·역사적 행위나 사회현상을 추상적·포괄적으로 기술한 것으로서, 증거에 의하여 그 존부를 증명할 사실이다. 따라서 이들은 비록 법규가 이를 가치판단을 요하는 추상적·포괄적 개념으로 기술하였다고 하더라도, 이를 구체화하는 근거인 구체적·역사적 행위나 사회현상이 그 실체를

122) 일본에서는 규범적 평가를 근거 지우는 구체적 사실이 주요사실이라는 견해가 통설이라고 한다{村田涉 外, 要件事實論30講, 弘文堂(2009), 83 참조}. 이에 관한 학설의 내용은 伊藤滋夫, 民事要件事實講座, 青林書院(2005), 210－217 참조.

이루며 그것이 중요한 의미를 갖는다. 그리고 이것이 주요사실과 간접사실의 구별에도 영향을 미치게 됨은 당연하다.

반면에 ②의 경우는 민법 제2조의 신의, 성실, 권리남용, 민법 제103조의 선량한 풍속, 사회질서, 민법 제104조의 불공정한 행위, 민법 제652조의 '불리' 등이 이에 해당한다. 이들은 증거에 의하여 그 존부가 증명될 구체적·역사적 행위나 사회현상이 아니라 법규의 내용인 판단기준으로서, 이를 구체화하는 근거로서의 구체적·역사적 행위나 사회현상을 갖지 않는다. 즉 법률요건을 구성하는 법률사실이 없다.

이 경우, 설사 그 판단 대상인 행위가 이들 기준에 부합하는지 여부를 판단함에 있어 행위자의 가해의사, 급부 사이의 불균형 등의 구체적·역사적 행위나 사회현상이 개재되는 경우가 있더라도, 이는 그 판단작용을 보조·보충하는 것에 그친다. 따라서 ②의 경우 구체적·역사적 법률사실 자체를 갖지 않으므로 구체적·역사적 행위나 사회현상은 중요하지 않으며, 그것이 주요사실과 간접사실의 구별에 의미를 가질 수도 없다. 주요사실과 간접사실은 구체적·역사적 법률사실을 전제로 한 개념이기 때문이다.

3) 주요사실에 대하여 변론주의를 적용하여 그에 대하여는 당사자의 주장을 요하는 것으로 하고, 또 그에 대한 자백의 구속력을 인정하는 이유는 당사자주의의 실현과 실체적 진실 발견을 위한 것이다.

그런데 변론의 내용으로서 당사자가 주장·입증할 사항은 법규에 기술된 추상적·규범적 요건사실 그 자체가 아니라, 이를 충족하는 구체적·역사적 행위나 사회현상인 법률사실이다. 전자는 법관이 법을 해석하여 스스로 인식할 수 있는 것이지만, 후자는 당사자가 주장하여 증명하지 않으면 법관은 이를 알 수 없다는 면에서 보아도 그러하다.

그리고 당사자가 청구원인사실이나 공격방어방법에 속하는 법률사실을 주장하거나 변론하는 때에도, 법규에 규정된 추상적 요건사실은 주장할 필요가 없음은 물론(그것은 당사자가 아래와 같이 구체적·역사적 사실을 주장·입증하면 법원이 직권으로 법규를 해석·적용하게 된다), 그렇게 해서는 청구를 특정하였거나 구체적 주장을 하였다고 할 수 없고, 실제로 당사자 사이에서 구체적, 역사적으로 존재하는 행위나 현상으로서의 사실을 주장, 변론하여야만 법관은 여기에 법을 적용할 수 있다.[123)]

4) 이는 법규에 법률요건의 내용으로서 '정당한 이유'나 '과실' '법률상 원인', '부정한 행위' 등과 같이 가치평가를 요하는 추상적·포괄적 개념의 법률사실을 기술, 규정한 때도 마찬가지다. 즉 당사자는 단순히 이러한 사항만을 주장해서는 안 되고, 이를 충족하고 이에 해당하는 구체적·역사적 행위나 사회현상을 그 요건사실로 주장하여야 하고, 법원은

123) 즉 원고가 매매에 기한 소유권이전등기청구를 하면서 단순히 피고와 '매매'를 하였다고만 주장해서는 청구를 특정했다고 할 수 없고, 또 乙이 피고를 대리하였다고 주장하지 않고 타인이 피고를 대리하였다고만 주장해서는 공격방어방법을 제대로 주장한 것으로 볼 수 없다.

그 구체적·역사적 사실이 법규가 정하는 추상적 요건사실에 부합하는지 여부를 판단하여 법률효과의 존부를 선언하게 되는 것이다.

법률적 평가, 판단이 필요한 추상적·포괄적 개념의 법률사실에 대하여 곧바로 변론주의를 적용하여 자백의 대상으로 삼는 것은 구체적·역사적 행위나 사회현상이 구체적 구성요건에 관한 규범에서 차지하는 기능과 지위, 판단 대상인 구체적·역사적 법률사실과 판단의 기준이 되는 법규상의 요건사실의 관계 및 법의 해석·적용 과정을 제대로 파악하지 못한 것이라고 할 수 있다. 당사자에게 법률효과 발생을 위하여 법규에 기술된 추상적·일반적 법률사실인 요건사실을 주장·입증하라고 하는 것은 법관이 당연히 알고 있어야 할 법규의 내용을 주장·입증하라는 것이 되어 아무런 의미가 없으며, 소송에 있어 당사자와 법원의 직분을 혼동하는 것이다. 법적 전문지식이 미약한 당사자가 추상적·포괄적 개념의 의미를 제대로 알고 자백하는 경우도 거의 없으려니와,[124] 당사자의 입장에서 정작 중요한 것은 추상적·포괄적 개념이 아니라 이를 근거지우는 구체적·역사적 행위나 사회현상이다.

그러므로 법규에 법률요건의 내용으로서 기술, 규정된 '정당한 이유'나 '과실' 등 추상적 법률사실은 '재산권 이전의 의사표시'나 '대금지급 의사표시'의 사실처럼 추상적 법규 내용인 요건사실에 불과하고, 이 요건사실을 구체화하는 구체적·역사적 사실이 곧 주요사실이 되어야 한다.

만약 그렇지 않고, 법규에 기술된 추상적 요건사실을 주요사실로 보아 이에 대한 자백을 인정하거나,[125] 이를 구체화하는 개별 사실을 변론주의의 영역 밖으로 밀어내 당사자의 주장이 없어도 법원이 이를 자유로이 판단의 자료로 삼을 수 있게 하고, 당사자의 그에 대한 불리한 자백이 있어도 법원이 이에 구속되지 아니하고 다른 판단을 할 수 있게 하는 등으로 법원의 전적인 재량 영역에 두는 것은 법규에 기술된 요건사실과 구체적·역사적 법률사실의 구별을 무의미하게 하는 것으로서 쉽게 납득하기 어렵다.

5) 통설, 판례가 추상적·포괄적 개념의 법률사실에 대하여 법규에 기술된 요건사실 그 자체를 주요사실로 보는 가장 큰 이유는, 그러한 법률사실의 성질상 법규에서 이를 구체적으로 특정하기가 어려운 관계로 법률사실의 범위가 너무 넓어짐으로써 당사자의 변론사항은 넓어지는 반면 법원의 재량범위는 좁아져, 개개의 소송에서 당사자의 불충분한

---

124) 예컨대, 사망이라는 사건도 뇌사, 심장정지사, 호흡정지사 등 그 시기에 따라 다양한 해석이 가능하므로, 당사자가 "특정인이 사망하였다."고 주장하더라도 그 의미가 언제나 분명하거나 그가 주장하는 '사망'이 권리능력의 상실에 관한 민법 제3조, 대리권의 소멸에 관한 민법 제127조, 상속에 관한 민법 제997조 등에서 규정한 '사망'에 부합한다고 곧바로 단정할 수는 없다. 법규에 기술된 추상적·규범적 요건사실과 구체적·역사적 법률사실이 법적 평가 없이 기계적·자동적으로 일치하는 경우는 거의 없다.

125) 이를 인정하면 당사자에게 법령의 해석·적용을 맡겨버리는 이른바 권리자백이 성립하게 된다.

변론으로 인해 때로 실체적 진실발견이 곤란하고 그에 따라 구체적 타당성이 희생되는 결과가 발생하지 않을까 하는 우려에 있는 것이 아닌가싶다. 그러나 어차피 이 경우 법원이 간접사실이라고 하는 구체적·역사적 법률사실 역시 당사자가 어떤 형식으로든 변론에 현출한 것으로서 법원이 스스로 알아낼 수는 없는 것이고, 만약 당사자가 이를 변론에 현출한 바 없음에도 법원이 이를 다른 경로를 통해 알아내서 판단하게 되면 당사자는 이에 대해서 적절한 변론을 하지 못한 채 불의의 타격을 입게 된다. 반면에 위와 같은 우려는 석명권의 적절한 행사를 통해 충분히 해소할 수 있다.

당사자가 주장·입증하는 구체적·역사적 행위나 사회현상이 법규에 기술된 요건사실에 부합하는지 여부를 판단하는 것은 법관의 법 해석·적용 과정의 판단작용인데, 그 판단작용의 결과인 추상적·포괄적 개념의 법률사실을 당사자의 주장과 자백의 대상으로 한다는 것은 소송에 있어 당사자와 법원의 직분에도 맞지 않는다고 하겠다. 따라서 추상적·포괄적 개념 자체를 주요사실로 보는 것은 변론주의의 기본취지에 부합하지 않는다.

'과실'이나 '정당한 이유' 등의 추상적·포괄적 개념의 법률사실을 주요사실로 보아 자백의 대상으로 삼게 되면 마치 권리의 자백을 인정하는 것과 동일한 것이 되며,[126] 당사자에게 예상치 못한 재판결과를 안겨주게 됨으로써 민사소송법 제136조 제4항에도 위배하여 이른바 불의타(不意打)를 가하게 될 것이다.

6) 이상의 논의는 추상적·포괄적 개념의 법률사실은 물론 통상의 법률사실에 대하여도 동일하다. 추상적·포괄적 개념의 법률사실과 달리, 사실행위(물건의 파손, 사람의 폭행 등)나 사건(사람의 출생·사망, 시간의 경과 등) 등 순수한 현상이나 사실을 법률사실로 규정하고 있는 경우, 당사자가 주장·입증하는 구체적이고 역사적인 개개의 사실이 법규에 기술된 법률사실(요건사실)에 부합하는지 여부를 판단하는 것이 추상적·포괄적 개념의 법률사실 판단보다 용이하기는 하나, 이 경우에도 그 판단이 기계적·자동적으로 이루어지

126) 판례가 권리자백을 인정하지 않는 것도, 권리의 존부는 그 권리를 법률효과로 부여하는 법규에서 요구하는 법률사실, 즉 그 요건사실에 부합하는 구체적·역사적 행위나 사회현상이 존재·부존재하고 그에 따라 법률효과가 존재 또는 부존재한다는 법원의 판단결과이므로, 그 판단의 대상으로서 주장·입증·자백의 대상인 구체적·역사적 행위나 사회현상이 아닌 법관의 판단작용의 결과인 법률효과의 존부를 자백의 대상으로 할 수 없기 때문이다(대법원 1992. 2. 14. 선고 91다31494 판결, 2010. 3. 11. 선고 2007다51505 판결, 2013. 6. 14. 선고 2011다108019, 108026 판결 등 참조). 예컨대, 원고가 민법 제213조에 의해 소유권에 기한 물건의 인도청구를 하는 경우, 원고는 법률효과인 소유권 및 물권적 반환청구권의 주장에 앞서 이들의 발생원인이 되는 법률사실로서 구체적·역사적 행위나 사회현상(부동산의 매매에 관한 의사표시와 소유권이전등기, 동산의 선의취득에 관한 동산의 점유, 매매 등의 법률행위, 양수인의 선의·무과실 등의 소유권 발생원인사실, 인도청구의 대상물건에 대한 상대방의 점유)을 주장·입증하여야 하고, 소유권이나 소유권에 기한 물권적 반환청구권은 그러한 법률사실로부터 발생하는 법률효과이므로 자백의 대상이 되지 않으며, 법원도 당사자의 주장·입증이 없는 구체적·역사적 행위나 사회현상을 판단하여 그 결론으로서 소유권 등을 도출할 수 없다.
다만, 예외적으로 추상적·포괄적 개념의 주장이나 권리자백이 그 실질에 있어 구체적·역사적 사실에 대한 것으로 인정될 수 있는 경우에만 자백이 인정될 수 있다(대법원 1989. 5. 9. 선고 87다카749 판결, 2013. 6. 14. 선고 2011다108019, 108026 판결 등 참조).

는 것은 아니다. 인간의 언어가 갖는 한계상 당사자의 주장 사실과 법규에 기술된 법률사실이 그대로 맞아떨어지는 경우는 거의 없으므로, 그 일치·부합 여부에 대한 법관의 법적 가치평가가 크든 작든 불가피하기 때문이다.[127] 따라서 통상의 법률사실에 있어서도 법규상의 요건사실과 구체적·역사적 법률사실은 구별되어야 하고, 후자가 주요사실이 된다.

7) 그러나 주요사실과 간접사실에 관한 종래의 구별 기준을 전적으로 부정하고 변론주의의 적용 범위를 수정하고자 하는 견해에도 문제가 있다. 법규가 요구하는 요건사실을 충족하는 구체적 사실만이 주요사실이 될 수 있으므로, 설사 소송현실상 주요사실을 확정하기가 어려운 경우가 있다고 하더라도 주요사실과 간접사실의 구별이 전적으로 불가능한 것은 아니고, 또 양자를 구별하여 달리 취급할 현실적인 필요도 있다. 주요사실, 간접사실 모두 당사자의 주장을 요한다는 견해는 양자의 구별 실익을 부정하는 것이어서 동의하기 어려우며, 그것이 소송의 승패에 영향을 미치는 여부로써 변론주의의 적용 여부를 결정하자는 견해도 우선 그 기준이 모호한 점에서 채택하기 어렵다.

그러므로 추상적·포괄적 개념의 법률사실의 경우에도 이를 구체화하는 구체적·역사적 사실을 주요사실로 보아야 한다. 구체적 소송에서 주장·입증·자백의 대상이 된 개개의 구체적·역사적 행위나 사회현상이 주요사실인지 간접사실인지를 판단하는 것이 어렵다는 문제가 있으나, 이는 앞서 본 바와 같이 법규의 해석·적용에 있어 불가피한 일이며 추상적·포괄적 개념의 법률사실에 국한되는 문제는 아니다.

이때 구체적·역사적 사실인 그 행위나 사회현상이 주요사실에 해당하는지 여부는 사회통념과 법관의 직업적 양심에 의하여 개개의 구체적·역사적 사실과 법규상의 법률사실의 밀접도를 기준으로 판단할 수밖에 없다.[128] 권리의 발생·변경·소멸이라는 법률효과의

127) 예컨대, 타인의 명예를 훼손하는 행위가 불법행위의 법률사실 중 하나인 '가해행위'에 해당하는지 판단하려면 먼저 가해자가 순수하게 어떠한 내용의 구체적·역사적 행위를 하였는지(전단을 배포한다거나 벽보를 게시한다거나 신문·잡지 등에 글을 싣는다거나 책을 출판하는 등의 공표 수단과 그 공표 내용이 무엇인지)를 밝힌 다음, 그것이 민법 제750, 764조가 규정한 '가해행위'에 해당하는지 여부를 법관이 판단하여야 한다. 그런데 명예 훼손행위는 구체적 사실을 적시하여 타인의 품성, 덕행, 명성, 신용 등 인격적 가치에 대하여 사회로부터 받는 객관적인 평가를 침해하는 행위를 말하므로(대법원 2000. 7. 28. 선고 99다6203 판결 등), 그 공표 내용이 특정인의 명예를 훼손하는 내용인지 여부는 일반 독자가 기사를 접하는 통상의 방법을 전제로 그 기사의 전체적인 취지와의 연관하에서 기사의 객관적인 내용, 사용된 어휘의 통상적인 의미, 문구의 연결방법 등을 종합적으로 고려하여 그 기사가 독자에게 주는 전체적인 인상을 기준으로 판단하여야 하고, 여기에다가 당해 기사의 배경이 된 사회적 흐름 속에서 당해 표현이 가지는 의미를 함께 고려하여야 하는 등(대법원 2003. 1. 24. 선고 2000다37647 판결, 대법원 2009. 7. 23. 선고 2008다18925 판결 등 참조) 그 판단에는 상당한 법적 가치평가가 요구된다. 따라서 구체적·역사적 행위가 아닌 명예훼손 그 자체는 당사자가 직접적으로 주장·입증할 대상이라기보다는, 위와 같은 구체적·역사적 행위를 대상으로 그것이 법규에 기술된 요건사실에 부합하는지 여부를 법관이 판단하여야 하는 법의 일반적인 해석·적용에 해당하며, 이는 판단자인 법관의 역할에 속한다.

128) 이러한 구별에 있어서의 모호성은 앞서 본 바와 같이 추상적·포괄적 법률사실이 아닌 경우에도 발생

판단에 직접 필요한 사실만이 주요사실이고 주요사실의 존부를 확인하는 데 있어 도움이 됨에 그치는 것은 간접사실이라고 하는 대법원 판결(1987. 2. 24. 선고 86다카1625 판결 등)도 같은 맥락에 있다고 볼 수 있겠다.

그리하여 개개의 구체적·역사적 사실이 추상적 법률사실을 직접적으로 충족할 만큼 밀접한 것이면 주요사실이 되고, 그렇지 못한 것이면 간접사실이 될 것이다. 예컨대 철도사고에 있어 전철수(轉鐵手)의 과실 여부가 문제된 경우, 그가 잠을 자버린 사실은 주요사실이 되고, 그가 복용하면 졸음이 오는 감기약을 사고 직전에 먹은 사실은 간접사실이 된다. 감기약을 먹었다고 하여 항상 잠을 잔다는 법은 없기 때문이다. 그리고 이는 법규로써는 일률적으로 해결할 수 없으므로 다음에 보는 바와 같이 판례를 통해 유형적 기준을 쌓아가야 한다.

8) 한편, 신의칙이나 반사회질서 행위의 금지, 권리남용의 금지, 불공정행위의 금지, 임차인이나 차용인 등에 불리한 약정의 금지 등에 관한 순수판단규범의 경우, 판단기준이 되는 그 법규의 내용이 추상적·포괄적 개념으로 기술되어 있더라도, 이는 적용요건에 불과하고 구체적·역사적 법률사실을 갖지 않으므로 주요사실이나 간접사실의 개념도 성립하지 않는다는 점은 이미 <법률요건과 요건사실> 등에서 본 바와 같다.

(4) 구체적 판례

1) 우리 대법원이 주요사실이라고 본 예로는, ① 법률행위가 본인이 아닌 대리인에 의해 행하여진 사실(1996. 2. 9. 선고 95다27998 판결 등),[129] ② 소멸시효에 있어서의 기산점(1995. 8. 25. 선고 94다35886 판결 등), ③ 일실수익 손해배상에 있어 손해액 계산의 기초인 월수입, 월생활비, 가동연한(1983. 6. 28. 선고 83다191 판결 등), ④ 대리에 있어 (유권)대리와 표현대리의 구별(1983. 12. 13. 선고 83다카1489 판결), ⑤ 재판상 이혼에 있어 민법 제840조 각호의 사유(1963. 1. 31. 선고 62다812 판결, 1967. 8. 29. 선고 67므24 판결, 2000. 9. 5. 선고 99므1886 판결), ⑥ 손해배상책임에서 소극적 손해의 요소인 직업(1980. 3. 25. 선고 80다68 판결), 노동능력상실률(1982. 5. 25. 선고 80다2884 판결), 수입과 생활비(1983. 6. 28. 선고 83다191 판결), ⑦ 채권자취소권에 있어 채무자의 사해의사(2000. 12. 8. 선고 99다31940 판결, 2003. 12. 12. 선고 2001다57884 판결), ⑧ 법인의 불법행위에 있어 위법행위와 대표이사의 직무관련성(2000. 1. 28. 선고 99다35737 판결), ⑨ 준재심의 사유인 소송대리권의 흠결(1999. 2. 9. 선고 98다38739 판결) 등을 들 수 있다.

한다. 즉, 이해관계인, 재산의 '관리', 영업양도, 국가변란, 국헌문란 등의 요건사실을 구체적 사실에 적용함에 있어 어떤 사실이 법규에 기술된 요건사실을 직접 충족하는 주요사실인지 판단하기가 쉽지 않다. 이와 관련하여 법원의 소송심리상 편의성과 심리 범위의 경계, 당사자의 공격방어의 예상 가능성과 그 편의성도 구별의 기준으로서 고려되어야 할 것임은 물론이다{동지: 이인재, "주요사실과 간접사실의 구별의 필요성과 그 기준", 재판자료 제25집(1985), 112.}.

129) 반면에 대법원 1971. 4. 20. 선고 71다278 판결은 이와 달리, 청구원인이 연대보증에 기한 채무이행청구권인 사건에서 대리에 의한 연대보증계약을 간접사실로 보았다. 일본의 최고재판소도 대리를 간접사실로 본 경우가 많다(1958. 7. 8. 선고 소화 31년オ764 판결, 1964. 11. 13. 선고 소화 37년オ1400 판결, 1967. 6. 16. 선고 소화 41년オ1456 판결).

2) 반면 대법원이 간접사실이라고 판시한 예로는, ① 취득시효에 있어 점유의 권원(1997. 2. 28. 선고 96다53789 판결)과 기산점(1998. 5. 12. 선고 97다34037 판결 등),[130] ② 손해배상책임에 있어 사고의 경위(1979. 7. 24. 선고 79다879 판결 등), ③ 계약의 구체적인 성립 경위(1971. 4. 20. 선고 71다278 판결 등)나 서류의 작성 경위(1968. 4. 30. 선고 68다182 판결), ④ 절차위반을 이유로 한 해고무효에 있어 징계위원회 개최의 일시·장소(1994. 9. 30. 선고 93다26496 판결), ⑤ 甲이 중도금을 乙에게 직접 지급하였는지 또는 그 수령권한 수임자로 인정되는 자를 통하여 지급하였는지와 같은 변제의 경로(1993. 9. 14. 선고 93다28379 판결 등), ⑦ 소유권에 기한 방해배제청구권에 의한 타인 명의의 등기말소청구에 있어 원고의 소유권 취득의 원인(1969. 7. 8. 선고 69다486 판결),[131] ⑧ 매매계약의 일자(1966. 2. 28. 선고 65다2549 판결),[132] ⑨ 변제공탁에 있어 채권자의 수령 거절을 추인케 하는 사실(1994. 8. 26. 선고 93다42276 판결), ⑩ 민법 제840조 제4호의 재판상 이혼사유인 '심히 부당한 대우'의 내용을 이루는 개개의 사실(1990. 8. 28. 선고 90므422 판결), ⑪ 손해액 계산에 있어 현가계산방식(1983. 6. 28. 선고 83다191 판결) 등을 들 수 있다.

Ⅵ. 청구권경합과 법조경합

1. 전설(前說)

가. 문제의 소재

1) 법률사실이 법규가 규정한 법률요건을 충족하면 그 법률효과로서 권리·의무 등이 발생하는데, 적극적 채권침해를 한 경우 채무불이행과 불법행위가 동시에 성립하거나, 타인의 운전 잘못으로 교통사고가 발생한 경우 민법상의 불법행위책임과 자동차손해배상보장법상의 배상책임이 동시에 성립하는 것과 같이, 하나의 행위나 사회현상이(때로는 하나의 사회생활관계에서 발생한 복수의 행위나 현상이 결합하여) 복수의 법률요건을 동시에 충족하여 그로부터 복수의 법률효과가 발생하는 경우가 있다.

2) 원래 독립한 각각의 법률요건은 각각의 법률요건사실을 가지고, 그에 따라 법률효과도 각각 독립하여 발생한다. 따라서 하나의 행위나 사회현상이 복수의 법률요건을 동시에 충족할 수는 없다. 다만, 그 요건사실 중 일부가 동일하거나 유사한 법률요건의 경우 복수의 행위나 현상이 이들 복수의 법률요건을 동시에 충족할 수 있는데, 이때도 각각의 법률요건에 따라 각각의 법률효과가 발생하고, 이들 법률효과는 독립하여 병존할 수 있음이 원칙이다. 예컨대, 매매와 교환, 임대차와 사용대차, 저당권과 근저당권 등의 경우, 그 요건사실이 많이 겹치고 그 일부만이 달라 양자가 동시에 충족되는 경우가 많

---

130) 10년 또는 20년의 시효기간이 주요사실이라고 한다(대법원 1987. 2. 24. 선고 86다카1625 판결).

131) 일본의 최고재판소 1950 11. 10. 선고 소화 24년オ120 판결도 소유권을 취득한 경위는 간접사실에 불과하다고 판시하였는바, 이는 뒤에서 보는 바와 같이 당연하다고 생각된다.

132) 원고가 주장하는 일자를 착오에 의한 것으로 보고 법원이 인정한 사실에 맞게 등기이전을 명하는 주문을 낸 사안이다. 매매계약일자가 간접사실이라는 명시적 언급은 없다.

으나 각각 독립한 복수의 법률효과가 발생하여 병존하며, 권리자는 자신의 선택에 따라 그 전부나 일부를 행사할 수 있다.

3) 그런데 이와 같이 요건사실 중 일부가 동일하거나 유사한 법률요건이 동시에 충족되어 이들로부터 각각 복수의 법률효과가 발생하였으나, 그 각 요건사실이 일정한 사회생활관계에서 발생하여 상관성이 있고, 이로 인해 권리자는 복수의 법률효과 중 어느 것을 행사하든 거의 동일한 만족을 얻을 수 있는 반면 이들 복수의 법률효과 전부를 동시에 주장, 행사할 수 없는 경우가 있는바, 이 경우 이들 법률효과인 청구권이 경합하게 되는데 이를 청구권이 경합이라고 한다.

예컨대, 임차인의 부주의로 임차목적물이 화재로 소멸하거나 훼손된 경우 등에는 임차인 등에게 채무불이행책임과 불법행위책임이 동시에 성립할 수 있는데(대법원 1967. 12. 5. 선고 67다2251 판결, 2003. 5. 30. 선고 2003다16306 판결 등), 양자는 모두 동일인 사이의 하나의 생활관계인 임대차계약에서 발생한 것으로서, 그 요건사실은, 전자는 임대차계약(반환채무의 발생원인)과 임차목적물 반환채무의 이행불능(멸실, 훼손. 이때 임차인의 고의, 과실은 소극적으로 채무불이행책임을 조각한다), 위법성이고, 후자는 임대차계약(주의의무의 발생원인)과 손해(멸실, 훼손), 고의 또는 과실, 위법성으로서 유사하다.

이러한 관계는 사무관리나 부당이득 상호 간, 채무불이행과 불법행위 상호 간과 같이 이종의 법률요건 사이에서도 발생하고, 점유시효취득과 등기부시효취득, 민법 제840조 각호의 이혼사유 등과 같이 동종의 법률요건 사이에서도 발생한다. 어떠튼 이는 복수의 법률요건의 기초가 되는 사회생활관계가 동일하거나 일정한 견련관계를 가짐으로써, 어떤 법률요건이 다른 법률요건과 비교하여 그 법률사실의 범위에 약간의 차이가 있을 뿐이어서 하나의 사회생활관계에서 발생하는 법률사실의 일부가 각각의 법률요건에 중첩되고, 권리자(청구권자)는 어느 쪽의 법률효과인 권리를 실현하더라도 동일한 만족을 얻는 경우에 발생한다.[133)]

4) 위와 같이 하나의 사회생활관계에서 발생하는 법률사실이 복수의 법률요건을 충족하는 경우, 실체법상의 문제로서, ① 어느 한 법규만이 그 사회생활관계에 적용되는지 아니면 경합하는 여러 법규가 모두 적용되는지, ② 모든 법규가 적용되는 경우에는 그로부터 복수의 법률요건 충족에 따른 효과로서 복수의 청구권(권리)이 성립하는지 아니면 한 개만 성립하는지가 문제되는바, 이것이 곧 청구권경합과 법조경합의 문제이다.

5) 한편, 이 경우 청구권이 단수인지 복수인지는 소송의 목적이나 청구의 병합, 청구

133) 이는 민법상의 불법행위와 국가배상법상의 공무원의 불법행위와 같이 복수의 법률요건이 전체집합과 부분집합의 관계에 있어 어느 하나의 법률요건을 충족하면 자동적으로 다른 법률요건도 충족하는 관계에 있을 때 전형적으로 발생한다. 따라서 법률요건 상호 간에 이러한 관계가 없음에도 구체적인 경우에 어떤 사회적 사실이 특이하여 특별히 복수의 법률요건을 모두 충족하는 경우에까지 이를 지나치게 확대해서는 안 된다.

의 변경, 기판력 등 소송법관계에도 매우 중요한 영향을 미치는바, 이 경우 소송법적으로 이를 어떻게 처리할 것인지도 문제된다.

나. 청구권경합설과 법조경합설

1) 견련성 있는 하나의 사회적 생활관계로부터 발생한 법률사실이 복수의 법률요건을 충족할 때 이를 실체법적으로 어떻게 파악하고 취급할 것인지를 두고 두 가지 입장이 대립한다.

하나는, 각각의 실체법규가 독립적으로 적용되고, 그 결과 복수의 법률요건이 충족되어 복수의 법률효과로서 복수의 청구권이 발생한다는 입장(청구권경합설)이다.[134]

또 다른 하나는, 이들 법규는 법조경합관계에 있어 각각의 실체법규가 독립적으로 적용되는 것이 아니라 특별관계에 있는 등으로 어느 하나의 법규만이 배타적으로 적용되고, 그 결과 하나의 법률요건만이 충족되어 하나의 청구권만이 발생할 뿐이며, 따라서 법원이 자유로이 적용법규를 정할 수 있다는 입장(법조경합설)이다.[135]

2) 청구권경합과 법조경합의 이론은 일찍이 독일 학자 Hellwig와 Dietz를 중심으로 논의되기 시작하였는데, 초기에는 채무불이행책임과 불법행위책임의 관계를 둘러싸고 전개되었다.

독일 민법은 양자를 우리 민법과 많이 다르게 규정하고 있어 어느 쪽을 적용하느냐에 따라 상당한 차이를 보이게 되었는데, 이것이 논의를 촉발한 계기로 작용하였다.[136] 그

134) 청구권경합설은 ① 경합하는 청구권은 상호독립적으로 무관계하게 존재하며, 청구권의 만족(변제, 상계 등)에 의해 소멸하는 경우를 제외하고는 그 법적 운명(책임내용, 시효기간, 입증책임 등)이 각각의 규범에 따라 완전히 독립적으로 결정된다는 독립적 청구권경합설, ② 청구권의 경합, 특히 계약책임과 불법행위책임의 경합에 대해서 무조건적·기계적 경합을 인정할 경우 많은 문제가 야기되는 사정을 감안해 책임의 감면·제한, 시효기간, 입증책임 등에서 양자의 상호 영향을 인정하는 작용적 청구권경합설로 나누는 경해도 있다. 이에 관하여는 이주흥, “독일법상 독립적청구권경합론과 작용적 청구권경합론”, 재판자료 제48집, 법원도서관(1989); 이재목, “청구권경합문제의 논의현황과 신실체법설의 위치”, 비교사법 제4권 1호(통권 6호), 한국비교사법학회(1997)를 참조.

135) 법조경합설에도, ① 계약법과 불법행위법의 지배영역 및 양 책임의 영역을 절대적으로 분리하여 양자의 병합적 적용가능성을 전면적으로 부정하고 1개의 사회적 사실에 대하여 계약법과 불법행위법의 어느 일방의 적용만 인정할 뿐 양자의 경합을 절대적으로 부정하는 순수법조경합설, ② 가해자가 고의를 가지고 계약을 체결하고 이를 기회로 불법행위를 한 경우, 신체 및 생명의 침해와 같이 피해법익이 중대한 경우, 양자의 규범 사이에 규정상의 차이가 커서 경합을 인정하지 않으면 피해구제에 심각한 불균형이 초래되는 경우 등에는 양자의 경합을 인정하는 절충적 경합설이 있다. 이에 대해서는 이재목, “청구권경합문제의 논의현황과 신실체법설의 위치”, 비교사법 제4권 1호(통권 6호), 한국비교사법학회(1997)를 참조.

136) 채무불이행책임의 경우 손해배상으로 위자료청구권이 인정되지 않는 반면 불법행위책임의 경우에는 그것이 허용된다는 것이 지배적인 견해였다. 이에 따라 전자를 적용할 경우 피해자(채권자)에게 유리하나 후자를 적용할 경우 피해자(채권자)에게 불리하게 되는바, 양자를 모두 인정하여 피해자(채권자)를 두텁게 보호하여야 한다는 견해가 청구권경합론으로 등장하였다. 그 이전 독입법계에서는 계약관계에 있는 자의 채무불이행에 의하여 손해를 입은 경우 채무불이행책임이 특별관계로서 배타적으로 적용되고 불법행위책임은 적용될 수 없다는 견해(법조경합설)가 지배적이었다.

뒤 채무불이행책임과 불법행위책임의 경우 이외에도, 견련성 있는 하나의 사회생활관계로부터 발생한 법률사실이 복수의 법률요건을 충족하는 경우가 다수 있음이 발견되어 채무불이행책임과 불법행위책임의 영역을 넘어서 다른 영역에까지 논의가 확대되었다.

3) 청구권경합설이 취하는 논거는 통상, ① 법규가 법률요건을 정하고 이를 충족하는 구체적·역사적 사실이 있으면 각 그 법규가 정한 법률효과를 부여하므로, 복수의 법률요건이 동시에 충족된 경우 복수의 법률효과로서 독립적인 청구권이 발생하는 것은 당연하고, ② 이 경우 실정법이 어떤 법률요건, 즉 어떤 법규가 먼저 적용되는지에 관하여 침묵하고 있는 이상 각 그 법규가 정한 법률효과가 복수로 발생할 수밖에 없으며, ③ 법이 복수의 법률요건을 정하고 각각 별개의 법률효과를 부여한 것은 입법목적과 제도적 취지가 다르므로 그 각 법률효과는 병존적으로 존재하고, ④ 입법자가 복수의 법규와 법률요건을 마련한 것은 권리자의 지위를 강화하기 위한 것이므로 특별한 이유 없이 그 중 일부를 배제할 이유가 없다는 등에서 구한다.

4) 법조경합이론은 원래 형사법에서 발전한 이론으로서, 민사법에도 이를 적용할 수 있느냐를 둘러싸고 많은 논란이 있다. 그러나 견련성 있는 하나의 사회생활관계로부터 발생한 법률사실이 복수의 법률요건을 충족하는 경우는 형사법은 물론 민사법의 세계에서도 널리 존재하므로, 민사법 영역에서도 청구권경합과 법조경합이 성립하는 경우를 구별하여 그 법적 처리를 다르게 하여야 할 필요가 있다.

5) 그리고 뒤에서 보는 바와 같이 견련성 있는 하나의 사회적 생활관계로부터 발생한 법률사실이 복수의 법률요건을 충족하는 경우, 언제나 그 법규들이 특별관계 등에 있어 법조경합관계가 성립하고 이에 따라 그 중 어느 하나의 법규만이 배타적으로 적용된다고 할 수는 없으므로, 이러한 경우 법조경합만이 인정되고 청구권경합은 인정될 수 없다는 견해는 수긍할 수 없다.

다. 청구권경합설과 법조경합설 및 소송물이론

1) 청구권경합설과 법조경합설은 이와 같이 견련성 있는 하나의 사회적 생활관계로부터 발생한 법률사실이 복수의 법률요건을 충족하는 경우, 실체법적으로 어떤 법규를 적용할 것인지, 그리고 그 결과 청구권이 경합적으로 발생하는지 아니면 배타적으로 발생하는지를 둘러싸고 논의되는 것이다.

2) 그런데 이와 관련하여, 소송물(소송목적)이 무엇인지, 청구권경합설에 따라 복수의 청구권이 발생한다고 할 때 각각의 청구권마다 독립한 소송물(소송목적)이 성립하는지 아니면 전체로서 하나의 소송물(소송목적)이 성립하는지 여부는 청구권경합설과 법조경합설의 논의 범위 밖에 있다. 이 문제는 소송물이론을 어떻게 구성하느냐에 달려 있기 때문이다. 다만, 청구권경합의 경우 소송법상 선택적 청구의 병합과 밀접한 관련이 있으나 양

자가 필연적 관계에 있는 것은 아니다.

3) 종래 권리의 발생근거인 실체법규가 다른 이상, 각 그로부터 청구권(권리)이 독립하여 발생하며, 권리자는 소송상 이들 청구권(권리)을 독립하여 행사할 수 있고, 이 경우 소송의 대상인 소송물은 원고가 주장하는 각각의 청구권(권리)의 존부이므로, 당사자처분권주의와 변론주의의 원리에 따라 법원은 원고가 주장하는 청구권(권리)에 기하여서만 판단하여야 한다는 구소송물론이 지배해 왔는데, 구소송물론에서는 이와 같이 각각의 청구권(권리)의 별개 독립과 복수의 소송목적을 인정하므로 청구권경합이 성립하는 경우 복수의 소송물(소송목적)이 성립하는 것으로 본다.

4) 구소송물론 및 이와 궤를 같이 하는 청구권경합설에 대하여는 신소송물론, 그 중에서도 주로 신실체법설의 입장에서 많은 비판이 가해지고 있다.[137] 뒤에서 보는 바와 같이 신소송물론이라고 하여도 학자마다 그 주장 내용이 달라 일률적으로 이를 정의할 수는 없으나, 대체로 신소송물론은 분쟁의 대상이 된 사회생활관계를 중시하여 이에 대하여 각각의 개별 법규가 어떠한지, 또 그로부터 어떤 청구권(권리)이 발생하고 당사자가 어느 것을 주장하는지 여부에 관계없이 법원은 위 사회생활관계 전체를 하나의 소송목적으로 보아 심리와 판단을 할 수 있다는 입장을 취한다.

이러한 입장에 의하면, 청구권경합이 성립할 수 있는 대부분의 경우 그 사회생활관계 전체가 하나의 소송물(소송목적)을 이루므로 실체법상으로 복수의 법률요건과 청구권을 인정하는 것은 무의미하게 된다. 결국 신소송물론에 의하면 결과적으로는 법조경합설과 동일한 결론이 된다. 이런 점에서 신소송물론은 소송법이론에 의하여 실체법이론이나 실체법적 영역을 의도적이든 아니든 잠식하는 결과를 초래한다고 할 수 있다.

5) 이와 같이 청구권경합설과 법조경합설은 실체법이론으로서, 소송물이론과는 별개의 것이고 이와는 차원이 다른 것이다. 따라서 청구권경합설과 구소송물론, 법조경합설과 신소송물론이 논리필연적으로 연결될 이유도 없다. 즉 청구권경합설을 취하면서도 신소송물론을 취할 수 있고 그 반대의 경우도 성립할 수 있다.[138] 저자는 소송물론에 관하여는

---

137) 그 중에서도 가장 핵심적인 사항은, 계약법과 같이 어떤 법규에서는 채무자의 책임 감면이나 감경을 인정하는 반면에 불법행위법과 같은 다른 법규에서는 이를 인정하지 않는 경우 청구권경합을 인정하면 위와 같은 감면이나 감경을 인정한 법의 취지가 몰각되는 불합리가 발생한다는 것이다. 그러나 신소송물론을 취한다고 해서 이 문제가 자동적으로 해결되는 것도 아니고 구소송물론을 취한다고 해서 해법이 없는 것은 아니다.

138) 불법행위책임과 계약책임에 관하여 법조경합설은 다음에 보는 바와 같이 일반법, 특별법과 같은 관계에 있으므로 특별관계인 계약책임(채무불이행책임)만이 적용되며 일반법인 불법행위책임은 적용이 배제된다고 하여 청구권의 경합을 부정하고 소송물을 1개로 본다. 이에 따르면 소송물을 1개로 본다는 점에서는 결과적으로 신소송물이론과 같다. 그러나 신소송물론에서는 보통 불법행위와 채무불이행이라는 법적 관점 중 법원이 어느 것을 적용할지는 임의적 재량에 속한다고 보나, 법조경합설에서는 법적 관점에 대한 선택의 자유가 법원에 없고 반드시 채무불이행책임을 적용하여야 하며 그 선택을 잘못하면 위법이 된다고 하여 법조경합설과 신소송물이론을 구별하는 견해도 있다. 사실 이러한

구소송물론(실체법이론)을 지지하며, 실체법상으로는 청구권경합설을 취하기로 한다. 우리 대법원도 같은 입장에 있다(대법원 1983. 3. 22. 선고 82다카1533 전원합의체 판결 등).

2. 청구권경합

가. 청구권경합의 의의

1) 하나의 사회적 생활관계에 관한 복수의 법률요건이 모두 충족되어 이에 따른 법률효과로서 각기 별개 독립된 청구권(권리)이 성립하여 병존하며, 권리자는 이들을 따로따로 행사할 수 있되, 다만 그 복수의 청구권이 지향하는 목적이 하나의 급부나 법률관계의 실현으로서 밀접한 연관관계에 있어, 채무자가 어느 채무를 이행하면 다른 채무도 소멸하는 것을 청구권경합이라고 한다.[139)]

2) 위와 같이 청구권경합은 복수의 법률요건이 동시에 충족되어 복수의 법률효과가 경합적으로 발생하는 것이므로, 청구권경합이라는 용어는 부적절한 면이 있다. 민법 제840조 각호의 재판상 이혼사유가 성립할 경우의 재판상 이혼청구권, 착오와 사기에 따른 취소권의 경합과 같이 형성권의 경우에도 경합이 발생하기 때문이다.[140)]

청구권이 경합하는 경우, 그 청구권은 채권적 청구권은 물론 물권적 청구권이라도 무방하다. 그러나 물권과 같은 지배권은 물권자가 소송을 통하지 않고 직접 물건에 대한 지배를 통해 그 권리를 실현하게 되므로 청구권경합이 문제되지 않는다.

3) 청구권경합이론에서 가장 중요한 것은, 청구권경합의 기준을 하나의 사회생활관계에 둘 것이냐 아니면 권리자의 동일한 만족에 둘 것이냐이다.

전자를 기준으로 하면 청구권경합의 성립 범위가 좁아지게 되고, 후자를 기준으로 하면 청구권경합의 성립 범위가 넓어지게 된다. 아직 이에 대해서는 정론이 없는 것 같다. 전자를 기준으로 하는 경우에도, 하나의 사회생활관계를 어디까지 포함할 것이냐에 따라 범위가 달라지는 문제가 있다. 이를 엄격히 하여 하나의 물리적 행위나 현상만을 기준으로 '하나의 사회생활관계'를 정의하면 성립 범위가 매우 좁아지나, 반대로 복수의 물리적 행위나 현상이라도 그 상호관계를 고려하여 기준을 관대하게 적용하면 성립 범위가 넓어지게 된다. 예컨대, 해상운송인이 운송 도중 운송인이나 그 사용인 등의 고의 또는 과실

견해가 타당한 면이 있다. 이에 의하면, 청구권경합과 법조경합은 우선 실체법의 특정한 법률요건의 해석론이고, 소송법적으로는 청구권경합설(구소송물이론)에 대응하는 것은 법조경합설이 아니라 공격방어방법경합론(신소송물이론)이라고 할 수 있다.

139) 근래 복수의 법규가 적용되지만 한 개의 청구권만 성립한다는 견해도 있는데, 이를 청구규범의 경합(Anspruchsnormenkonkurrenz)이라고 한다. 이는 뒤의 청구권경합설과 법조경합설에서 법조경합설을 따르는 것이라고 할 수 있겠다.

140) 복수의 법률요건이 적용되어 복수의 법률효과가 발생할 경우 그 법률효과가 반드시 채권인 청구권에 국한되는 것은 아니지만, 청구권에서 이런 현상이 현저하므로 전통적으로 청구권경합이라는 명칭이 붙게 된 것으로 생각된다.

로 인하여 운송물을 감실 훼손시킨 경우, 전자와 후자의 기준을 모두 충족하여 채무불이행으로 인한 손해배상청구권과 소유권 침해의 불법행위로 인한 손해배상청구권이 경합하게 되나, 법률행위가 사기에 의한 것으로서 취소되는 경우에 사기라는 행위(불법행위)와 법률행위의 취소라는 행위는 물리적으로는 서로 다른 행위이므로 전자(하나의 사회생활관계)의 기준에 의하면 하나의 사회생활관계에 포섭되지 못하여 부당이득반환청구권과 손해배상청구권은 경합하지 않게 된다.

후자(동일한 만족)의 문제는, 어음이나 수표상의 채권과 원인관계상의 채권, 매매와 취득시효완성을 원인으로 한 소유권이전등기청구권, 공동불법행위로 교통사고를 일으킨 피고가 다른 불법행위자의 보험자인 원고와 피해자에게 원고가 손해배상을 하면 원고에게 그 2분의 1을 배상하기로 약정한 경우 상법 소정의 보험자대위에 의한 구상금청구권과 약정금지급청구권, 동일 목적물에 대하여 날짜를 달리한 매매나 증여에 의한 소유권이전등기청구권, 날짜를 달리하여 이루어진 복수의 불법행위에 기한 손해배상청구권, 피고가 부동산을 시가보다 비싸게 속여 팔았다는 것을 이유로 한 불법행위에 따른 차액 상당의 손해배상청구권과 피고가 그 부동산상의 근저당채무를 변제하지 아니하여 원고가 이를 대위변제한 데에 따른 구상금청구권 등의 관계에서 더욱 현저하다. 이들의 경우 물리적 행위나 현상이 복수여서 하나의 사회생활관계로 포섭하기가 어려운 면이 있다.[141)]

그러나 뒤에서 보는 바와 같이 복수의 법률요건 사이에 사회적 생활관계의 기초가 동일하여 일정한 사실적·법률적 견련관계가 있고, 채권자가 어느 쪽에 의해서든 동일한 만족을 얻을 수 있는 경우이면 청구권경합을 인정하는 것이 대세이다.

나. 청구권경합의 요건

1) 청구권경합은 실정 법규에 의한 것이 아니라 학설과 판례에 의하여 인정되는 것이다. 따라서 그 기준이 명확하지 않고, 견해에 따라 인정 범위도 달라질 수밖에 없다.

그러나 대체로 청구권경합이 성립하기 위해서는, ① 하나의 사회생활관계에서 발생한 법률사실들이 복수의 법률요건을 충족할 것, ② 그 결과 법률효과인 청구권이 복수로 발생하고, 그것들이 현실적으로 동시에 공존 또는 병존할 것, ③ 그 청구권들이 논리적으

---

141) 어음이나 수표상의 채권과 원인관계상의 채권의 경우는 매매나 소비대차 등의 원인행위와 어음·수표의 발행·교부 등이 밀접하여 물리적으로 하나의 행위로 볼 수도 있으나, 매매와 취득시효완성에 따른 소유권이전등기청구권, 날짜를 달리한 매매나 증여에 의한 소유권이전등기청구권, 피고가 부동산을 시가보다 비싸게 속여 팔았다는 것을 이유로 한 불법행위에 따른 차액 상당의 손해배상청구권과 피고가 그 부동산상의 근저당채무를 변제하지 아니하여 원고가 이를 대위변제한 데에 따른 구상금청구권 등의 관계에서는 물리적으로 하나의 행위가 존재하는 것으로 보기 어렵고, 따라서 그 각 법률사실들이 하나의 사회생활관계에서 발생하였다고 보기 어려운 문제가 있다. 이러한 경우에도 청구권경합을 인정할 것인지 여부는 다음에 보는 바와 같이 청구의 선택적 병합의 허용 여부와 연관지어 해결하여야 한다고 생각된다.

로 양립할 수 있을 것, 즉 그 청구권들이 논리적으로 모순관계에 있지 않을 것, ④ 그 청구권들이 경합할 것, 즉 각 청구권이 급부수령권자에게 동일한 만족을 주기 위한 1개의 목적으로 수렴되어, 하나의 청구권이 실현되면 다른 청구권은 목적을 달성하여 자동적으로 소멸하며, 권리자가 동시에 복수의 청구권에 의한 만족을 받을 수는 없을 것이 요구된다.[142)]

2) 청구권경합이 성립하려면 하나의 행위나 사회생활관계에서 발생한 법률사실들이 복수의 법률요건을 충족하여야 한다. 따라서 ① 하나의 부동산 매매에서 발생하는 소유권이전등기청구권과 인도청구권 같이, 법률요건을 같이하면서 그로부터 발생하는 법률효과인 권리·의무만을 달리하는 경우,[143)] ② 부당이득에 있어 수익자가 책임무능력자인지 선의자인지 악의자인지에 따라 그 반환 범위가 달라지거나 ③ 그 반환 대상이 원물 또는 가액으로 달라지는 것처럼, 법률요건을 같이하면서 부수적 사실에 따라 구체적인 법률효과만을 배타적으로 달리하는 경우[144)]에는 청구권경합이 성립하지 않는다.[145)]

3) 청구권경합이 성립하려면 하나의 사회생활관계에서 복수의 법률요건이 충족되어 그에 따른 복수의 청구권이 현실로 발생하고, 그것들이 동시에 병존하여야 한다.[146)]

따라서 사기의 불법행위가 있어 그에 따른 손해배상청구권은 발생하였으나 아직 사기를 이유로 취소권을 행사하지 않은 경우, 그에 따른 부당이득반환청구권이 발생하지 않아 양 청구권은 현실로 병존하지 않으므로 청구권경합이 성립할 수 없다. 또, 타인이 부동산을 피고에게 증여하여 소유권이전등기를 마쳐 주었다가 이를 해제하고 원고에게 다

---

142) 통상 법률관계의 당사자가 동일할 것도 요구되나 이는 큰 의미가 없다. 호문혁, "법조경합과 청구권경합에 관한 판례의 동향", 민사소송법연구(Ⅰ), 법문사(1998), 26면 등 참조.

143) 또한, 이는 청구권이 경합하는 것이 아니라 양립·병존하므로 권리자는 그 모두의 만족을 받을 수 있고, 이들을 하나의 소송에서 동시에 청구하는 때에는 단순병합청구를 하여야 한다.

144) 이 경우는 구체적인 법률효과가 양립·병존할 수 없으므로 이 점에서도 청구권경합의 요건을 벗어난다. 한편, 반환 대상이 원물 또는 가액으로 달라지는 경우는 사해행위취소 및 원상회복청구에서도 볼 수 있는바, 이 경우에도 청구원인은 동일하고 구체적인 법률효과만을 달리한다.

145) 따라서 청구권경합 여부를 판단하기 위해서는 단순히 구체적 법률효과가 다른 것만으로는 부족하고, 복수의 법률요건이 충족되는지 여부(법률요건 충족이 아니라 그에 이르지 못하고 단순히 공격방어방법만을 달리하는 경우도 많다.), 복수의 법률요건이 충족되는 경우에도 그것이 청구원인인 법률요건인지 여부 등을 검토해야 한다. 청구원인의 의미와 성격, 청구원인과 공격방어방법의 관계 및 구별은 제3장의 해당 부분을 참조.

146) 일부에서는, 유류분반환청구권을 원인으로 한 소유권이전등기말소청구권과 소유권이전등기청구권, 원인무효를 원인으로 한 소유권이전등기말소청구권과 진정명의회복을 원인으로 한 소유권이전등기청구권은 권리자에게 동일한 만족을 주므로 이들 청구권은 청구권경합관계에 있다고 주장하나{문일봉, "선택적 병합과 청구권경합", 법조 48권 3호(1999), 135면}, 이러한 경우 청구권의 발생원인인 법률요건이 유류분반환청구권 또는 물권적 청구권인 방해배제청구권으로서 동일하고 단지 그 채무 이행의 방법이 다를 뿐이므로(원인무효를 원인으로 한 소유권이전등기말소청구권과 진정명의회복을 원인으로 한 소유권이전등기청구권의 성질에 관하여는 대법원 2001. 9. 20. 선고 99다37894 전원합의체 판결 등 참조) 청구권경합관계에 해당하지 않는다고 할 것이며, 이에 따라 소유권이전등기말소청구와 소유권이전등기청구의 선택적 청구는 허용할 수 없다고 생각된다.

시 증여하였다며 피고에게 원고 앞으로의 소유권이전등기청구권을 주장하고, 이와 선택적으로 피고는 원고에게 직접 위 부동산을 양도하기로 약정하였다며 역시 원고 앞으로의 소유권이전등기청구권을 주장한 경우, 전자로부터는 원고의 피고에 대한 소유권이전등기청구권이 발생하지 않으므로[147] 양 청구권은 현실로 병존하지 않아 청구권경합이 성립할 수 없다.

한편, 선택채권은 채권의 목적이 선택적으로 정하여져 있는 채권으로서(민법 제380조), 선택권 있는 사람에 의해 선택·특정되기 전까지는 급부의 내용(채무)이 확정되어 특정한 내용의 채권·채무가 발생하지 않고 그 선택·특정에 의하여 비로소 단일한 내용의 채권·채무가 발생하므로, 곧바로 채무자가 이행하거나 채권자가 이행청구 또는 강제집행을 할 수 없다. 이에 따라, 선택채권에서 그 급부의 내용이 복수라고 하여도 현실로 발생한 복수의 청구권이 경합하는 것은 아니므로 이를 청구권경합이라고 할 수는 없다는 데에 이설이 없다. 따라서 선택채권자인 원고는 선택채권을 선택적으로 병합하여 피고에게 그 중 어느 하나의 이행을 청구할 수 없다.

4) 청구권경합이 성립하려면, 복수의 청구권이 논리적으로 양립할 수 있고 모순관계에 있지 않아야 한다. 따라서 양자가 논리적으로 모순관계에 있어 동시에 발생·병존할 수 없는 관계이면 청구권이 현실로 병존하지 않을 뿐만 아니라 양립할 수도 없어 청구권경합이 성립할 수 없다.

예컨대, 매매계약이 유효임을 전제로 매매에 기한 소유권이전등기청구권이나 목적물인도청구권과 그 계약이 무효임을 전제로 한 부당이득반환청구권은 논리적으로 모순관계에 있어 양립할 수 없으므로 청구권경합이 성립할 수 없다.[148] 또, 원고가 매매나 증여에 의한 소유권이전등기청구권을 행사하면서 각 그 매매일자나 증여일자를 확정하지 못한 채 이를 선택적으로 주장하는 경우, 실제의 매매나 증여는 오직 한번밖에 없으므로 청구권이 동시에 발생하여 병존하지도 않고 양립할 수도 없어 역시 청구권경합이 성립할 수 없으며,[149] 원고가 피고에게서 부동산을 직접 매수하였다며 주장하는 소유권이전등기청구권과 피고를 거쳐 타인에게서 동일한 부동산을 전전매수하고 그들 사이에 중간생략등

147) 원고가 타인을 대위하여 위 증여해제를 원인으로 원고에게로의 소유권이전등기청구권을 주장하는 것도 불가하다(대법원 1966. 7. 26. 선고 66다892 판결 참조). 채권자대위권을 행사하는 경우 동산인도청구, 금전지급청구, 말소등기청구는 채권자인 원고에게 이행할 것을 청구할 수 있으나(대법원 1966. 9. 27. 선고 66다1149 판결, 1995. 4. 14. 선고 94다58148 판결), 기타의 경우 채권자는 원칙적으로 제3채무자에게 채무자에게로의 급부만을 청구할 수 있기 때문이다.

148) 대법원 1999. 8. 20. 선고 97누6889 판결은 행정처분의 무효확인청구와 취소청구는 양립할 수 없어 주위적·예비적 병합만이 가능하고 선택적 병합은 불가능하다고 하는바, 사법적 법률행위의 무효와 취소는 부당이득반환청구권이나 물권적 청구권의 요건사실에 불과하고 독립적인 청구권을 발생시키지 못하므로 이런 문제가 생기지 않는다.

149) 이 경우에는 청구의 주위적·예비적 병합만이 가능하다.

기의 합의가 있다며 주장하는 소유권이전등기청구권 역시 직접 매수 또는 전전매수 하나 밖에 존재할 수 없어 양자는 논리적으로 양립 불가능하므로 청구권경합이 성립할 수 없다.[150)]

5) 청구권경합이 성립하려면, 그 청구권들이 경합할 것, 즉 급부수령권자와 급부제공의무자가 동일하고 각 청구권이 급부수령권자에게 동일한 만족을 주기 위한 1개의 목적으로 수렴되어, 하나의 청구권이 실현되면 다른 청구권은 자동적으로 소멸하여야 한다.

따라서 복수의 청구권이 현실로 동시에 병존하고 논리적으로 양립할 수 있더라도, 그들이 원래 권리자에게 동일한 만족을 주기 위한 것으로서 경합적인 것이 아니라 독립 별개의 것인 때에는, 어느 한 청구권이 실현되더라도 나머지 다른 청구권이 자동적으로 소멸하지 않으므로 청구권경합이 성립하지 않게 된다.

예컨대, 매매와 취득시효완성을 원인으로 한 각 소유권이전등기청구권은 앞서 본 바와 같이 매매와 취득시효완성을 하나의 사회생활관계라고 할 수 없어 하나의 사회생활관계가 복수의 법률요건을 충족한다고 보기도 어렵거니와,[151)] 각각의 법률요건과 그에 따른 법률효과는 본래부터 권리자에게 동일한 만족을 주기 위하여 마련된 것이 아니라 전연 별개의 독립한 법률요건이며, 따라서 매매나 취득시효완성에 의한 어느 한 소유권이전등기청구권이 실현되면 나머지 소유권이전등기청구권이 자동적으로 소멸하는 것이 아니라 이행불능으로 귀결될 뿐이어서 청구권이 경합하지 않는다고 할 수 있다.[152)] 날짜를 달리하여 동일한 목적물에 대해서 이루어진 매매나 증여 등 동종의 법률행위, 복수의 불법행위의 경우에도 이와 같다. 각각의 법률행위가 독립적이고, 그 만족의 크기도 다르기 때문이다.[153)]

6) 병존하는 청구권의 실현 결과 그 만족이 현저히 다른 경우에도, 각 청구권은 동일한 만족을 주기 위해 경합하는 것이 아니므로 청구권경합이 성립할 수 없다. 따라서 피고가 부동산을 시가보다 비싸게 속여 팔았다는 것을 이유로 한 차액 상당의 손해배상청

---

150) 이 경우 역시 청구의 주위적·예비적 병합만이 가능하다. 대법원 1993. 10. 26. 선고 93다6669 판결은 원고의 청구에 따라 이를 선택적 병합으로 보아 처리하고 있는데, 실질적인 선택적 병합이 발생하지 않을 뿐만 아니라 청구의 병합은 원고의 의사가 아닌 실질적 관계에 따른다는 대법원 판례(대법원 2014. 5. 29. 선고 2013다96868 판결 등)에 반한다고 생각된다.

151) 취득시효와 관련한 부동산등기나 점유의 개시가 매매와 일체로서 또는 그와 시간적으로 밀접히 연관되어 발생하는 경우가 많을 것이나, 매매는 재산권 취득을 위한 의식적인 법률행위이고 취득시효는 부동산등기나 점유라는 사실상태에 대하여 법률효과를 부여하는 사건이라는 점에서 하나의 사회생활관계라고 보기 어려운 경우가 많다.

152) 이 경우 양자를 소송에서 선택적으로 병합하여 청구하는 것이 허용되는 것과는 차원이 다르다.

153) 그러나 이 경우 복수 동종의 법률행위가 동일한 목적의 달성을 위한 것이라면 독립성이 약화되어 경합관계가 성립할 수도 있다. 예컨대, 1984. 7. 25.에 대리인을 통해 부동산을 증여하였다가 1985. 12. 17. 본인이 직접 다시 증여를 한 경우가 이에 속한다(대법원 1989. 5. 9. 선고 88다카2271 판결의 사안 참조). 문일봉, "선택적 병합과 청구권경합", 법조 48권 3호(1999), 130면도 이 경우 청구권경합을 긍정한다.

구권을 행사하고, 동시에 피고가 그 부동산상의 근저당채무를 변제하지 아니하여 원고가 이를 대위변제하였다며 구상금청구권을 행사하는 경우, 사기 매도행위와 근저당채무의 대위변제를 하나의 사회생활관계라고 보기도 어렵지만 시가와 실제 매매가의 차액 상당 손해배상청구권과 대위변제에 의한 구상금청구권의 크기가 다를 수밖에 없어 그 만족이 동일할 수 없으므로, 설사 원고가 일부러 그 청구금액을 실제와 다르게 줄여서 동일하게 청구하더라도 청구권경합이 성립한다고 보기 어렵다.

7) 이와 같이 복수의 청구권이 경합적으로 병존하여 권리자에게 동일한 만족을 주는 것인지, 아니면 독립적으로 병존하여 권리자에게 별개의 만족을 주는 것인지를 판별하는 것은 매우 어렵다. 실정법이 청구권경합을 규율하고 있지 않아 그 요건을 정하기가 더욱 어렵다. 그런데 청구권경합과 청구의 선택적 병합이 다음에 보는 바와 같이 일대일 대응관계에 있는 것은 아니지만, 청구권경합을 좁게 인정할 경우 청구의 선택적 병합 역시 그 성립 범위가 좁아질 수 있어 당사자나 법원에 부담을 줄 수 있고 소송경제를 해칠 수도 있다. 따라서 가능하면 청구권경합을 보다 넓게 인정하여 소송법적으로는 청구의 선택적 병합으로 처리하는 범위를 넓히는 것이 좋다고 생각된다.[154)]

이때 청구권경합의 범위를 넓히는 기준으로는, ① 각 청구권의 발생원인인 법률요건과 그 근원적 원인으로 작용하는 행위나 사회현상 상호 간에 시간적으로나 동기·목적적으로 견련성이 있는지 여부, ② 법률요건과 그에 따른 법률효과를 부여하는 법규가 지향하는 근본적 목표나 입법취지를 생각할 수 있다. 그리하여 상호 견련성이 있거나 법규가 지향하는 근본적 목표나 입법취지가 동일하다면 청구권경합을 긍정할 수 있다. 이렇게 본다면, ① 원인행위상의 청구권과 어음·수표상의 청구권, ② 공동불법행위로 교통사고를 일으킨 피고가 다른 불법행위자의 보험자인 원고와 피해자에게 원고가 손해배상을 하면 원고에게 그 절반을 배상하기로 약정한 경우 상법 소정의 보험자대위에 의한 구상금청구권과 약정금지급청구권, ③ 민법 제840조 각호의 재판상 이혼청구권 등의 경우 이러한 기준을 충족하여 청구권경합을 긍정하여도 무방하다고 생각된다.

다. 청구권경합과 청구의 선택적 병합의 관계

1) 청구의 선택적 병합은, 양립할 수 있는 수개의 경합적 청구권에 기하여 동일 취지의 급부를 구하거나, 양립할 수 있는 수개의 형성권에 기하여 동일한 형성적 효과를 구하는 경우에 그중 어느 한 청구가 인용될 것을 해제조건으로 하여[155)] 하나의 소에서 수

154) 물론 청구의 선택적 병합이 청구권경합의 경우에 국한되는 것은 아니다. 이에 관하여는 제3장의 <청구의 선택적 병합>을 참조.

155) 어느 한 청구가 인용될 것을 해제조건으로 한다는 것은 어느 한 청구가 인용될 것을 다른 청구의 해제조건으로 한다는 것으로서, 어느 한 청구가 인용되면 다른 청구는 해제조건의 성취로 청구를 하지 않은 것으로 되어 법원의 심판 대상에서 제외된다는 의미이다.

개의 청구에 관한 심판을 선택적으로 구하는 것이다(대법원 1982. 7. 13. 선고 81다카1120 판결, 1998. 7. 24. 선고 96다99 판결 등).

예컨대, 손해배상으로 일정액의 금전 지급을 청구하면서 그 청구원인을 채무불이행 또는 불법행위로 주장하여 법원으로 하여금 어느 쪽이든 임의로 선택하여 인용해줄 것을 청구하거나 민법 제840조 각호의 여러 사유를 선택적으로 주장하여 이혼을 청구하는 것이다.[156] 즉 권리자인 원고의 입장에서 목적을 달성할 수 있는 권리가 복수로 있고, 그중 하나가 인용되면 전체적으로 목적을 달성하게 되어 다른 권리에 대한 심판을 굳이 원하지 않는 경우에 이런 소송법관계가 성립한다(민사소송법 제253조 참조).

2) 위와 같이 청구의 선택적 병합은 경합하는 복수의 청구권(권리)에 대한 심판을 하나의 소로써 청구하는 것이고, 어느 한 청구가 인용될 것을 다른 청구의 해제조건으로 하므로 그 복수의 청구(청구권) 상호 간에는 밀접한 관련성이 있다. 이에 따라 종래 청구의 선택적 병합은 실체법상 청구권경합관계에 있는 복수의 소송물(소송목적)을 하나의 소송절차에서 처리하기 위하여 고안된 기술(장치)로 이해되고 있으며, 거의 모든 민사소송법 교과서들은 청구의 선택적 병합의 전제조건으로서 청구권경합을 요구하고 있다.[157]

3) 그런데 청구권경합이 성립하는 경우, 권리자인 원고는 어떤 청구권에 의하든 만족을 얻는 것은 동일하므로 청구의 선택적 병합이 허용됨은 물론이지만, 청구의 선택적 병합이 허용되는 모든 경우가 당연히 청구권경합에 해당하는 것인가?

또, 청구권경합의 경우에 만약 권리자가 선택적 병합이 아닌 단순병합청구나 주위적·예비적 병합청구를 한 경우 법원은 이를 어떻게 처리하여야 하는가? 이들 문제는 민사소송법학계에서 종래 별로 논의되지 않은 것들이다.

4) 청구의 선택적 병합은, 원고가 동일한 만족을 줄 수 있는 여러 개의 청구권을 가지고 있는 경우에, 청구취지를 동일하게 하면서 그 청구원인만을 선택적으로 복수로 병합·지정하여 법원으로 하여금 그 복수의 청구원인 중 어느 하나를 인용해줄 것을 희망하는 소송 형태를 취한다. 따라서 앞서 본 청구권경합의 경우, 이러한 청구의 선택적 병합에 적합하다. 청구권경합의 경우 권리자인 원고의 입장에서는 어느 청구권이 인용되든 그 법률효과가 대동소이하여 동일한 만족을 주며, 그 청구권 모두에 의한 중복 만족을 받을 수는 없기 때문이다.

그러나 원고가 동시에 복수의 청구권을 가지고 있고 그 청구권들 사이에 청구권경합이 성립하지 않는 경우라도, 원고의 입장에서 볼 때 그 어느 것을 행사하든 원고에게 동일한 만족을 주는 경우가 많이 있으며, 이러한 경우에도 원고의 의사에 따라 선택적 병

156) 민사소송법은 청구의 병합을 인정하면서도(제253조) 그 형태에 대해서는 규정하지 않으므로 청구의 선택적 병합 등은 학설과 판례에 의해 인정되는 것이다.

157) 김홍엽, 민사소송법, 822－824면, 박영사(2011); 이시윤, 민사소송법, 662면, 박영사(2013); 정동윤, 유병현, 민사소송법, 858면, 법문사(2011); 주석 신민사소송법(Ⅳ), 223면, 한국사법행정학회(2004)

합의 소송 형태로써 해결하도록 허용할 필요가 있다.[158] 물론 이때도 청구의 선택적 병합이 무제한적으로 허용될 수는 없는바, 그 허용 한계는 당사자처분권주의에 반하지 않고, 피고의 방어를 불가능케 하거나 현저히 곤란하게 하지 않으며, 법원의 심리에 지나친 부담을 주지 않는 등으로 소송경제를 해치지 않는 범위가 될 것이다.[159]

5) 대법원도 청구권경합이 성립하지 않는 경우에 청구의 선택적 병합을 허용하고 있는 것으로 보인다. 즉, ① 매매와 취득시효완성을 원인으로 한 소유권이전등기청구(1992. 9. 14. 선고 92다7023 판결 등), ② 날짜를 달리 한 명예훼손에 기한 손해배상청구(2010. 5. 13. 선고 2010다8365 판결),[160] ③ 날짜를 달리 한 증여에 기한 소유권이전등기청구(1989. 5. 9. 선고 88다카2271 판결), ④ 등기부취득시효와 점유취득시효를 원인으로 한 소유권이전등기청구(2007. 3. 29. 선고 2006다79995 판결),[161] ⑤ 타인이 부동산을 피고에게 증여하여 소유권이전등기를 마쳐 주었다가 이를 해제하고 원고에게 다시 증여하였다며 피고에게 원고 앞으로의 소유권이전등기청구권을 주장하고, 이와 선택적으로 피고는 원고에게 직접 위 부동산을 양도하기로 약정하였다며 원고 앞으로의 소유권이전등기청구권을 주장한 경우(1998. 7. 24. 선고 96다99 판결)에서 청구의 선택적 병합을 허용하였다.[162]

라. 청구권경합과 중첩적 채무관계

1) 불가분채무, 연대채무, 부진정연대채무, 합동채무, 주채무자와 단순보증인의 공동채무와 같이 다수인이 상호 간에 일정한 견련관계를 갖고 중첩(重疊)하여 채무를 부담하는 경우, 민법 등 실체법에서는 채권자와 채무자, 채무자 상호 간의 법률관계에 관하여 다수인이 각각 독립하여 채무를 부담하는 분할채무나 독립채무와 다르게 규율하고 있다. 이러한 실체법상의 다수인의 채무관계는 소송절차에도 반영될 수밖에 없는데, 학설이나 판례에서는 이를 통상 채무자의 중첩관계라고 설명한다.[163]

---

158) 신소송물이론에서는 법률요건만을 달리하는 선택적 병합을 부정하는 대신 청구취지가 동일한 이상 사회적 생활관계를 달리하는 경우에도 견련성이 있는 한 폭넓게 선택적 병합을 인정한다. 호문혁, 민사소송법, 780－784면, 법문사(2011) 참조.

159) 청구의 선택적 병합의 한계 등 보다 자세한 내용에 관하여는 제3장 <청구의 선택적 병합>을 참조.

160) 이 사안의 경우 명예훼손에 따른 위자료 손해배상청구인바, 불법행위가 재산상 손해를 야기하는 것이고 그 손해배상청구도 재산상 손해배상청구라면 날짜를 달리 한 불법행위가 비록 동종이라도 각각의 행위가 독립적이고 그 청구권의 만족도 다르므로 선택적 병합이 아닌 단순병합에 의하여야 할 것이다.

161) 단, 이 사건에서 원고는 등기부취득시효에 의한 원고 앞으로의 소유권이전등기청구와 점유취득시효에 의한 소외인 앞으로의 소유권이전등기청구권의 선택적으로 병합하였으나 대법원은 이를 탓하지 않고 있다. 이는 청구권경합의 성립에는 장애가 되나, 청구의 선택적 병합에는 큰 장애가 되지 않는다고 생각된다. 소외인 앞으로의 소유권이전등기를 거쳐 원고 앞으로 소유권이전등기를 할 수 있어 원고에게 거의 동일한 만족을 주기 때문이다.

162) 물론 대법원이 이들 경우에 청구의 선택적 병합을 인정하면서도 청구권경합이 성립하는지 여부에 대하여는 명시적 언급을 하지 않은 경우가 많다.

163) 대법원 2007. 12. 14. 선고 2005다57950 판결, 2010. 8. 19. 선고 2010다27915 판결, 2012. 2. 9. 선고 2011다88825 판결; 민사실무(Ⅱ), 77－79면, 사법연수원(2014). 민법(제3편 제1장 제3절)에서

2) 이와 같이 일정한 범위의 채무자들 사이에 중첩관계가 있는 경우, 어느 채무자의 변제에 의해서든 채권자는 그 변제가 이루어진 범위에서 채권의 만족을 얻고, 그 결과 채무자 전원에 대하여 각 그 부분에서 채무가 소멸하는 효과가 발생한다. 일견 이러한 결과는 채무자들에게 유리한 면으로도 보이나, 결국 그들의 내부관계에서 이는 구상 등을 통해 정산되어야 하므로 궁극적으로 채무자들에게는 이익이 없고, 채무 전액의 부담(민법 제411, 414, 428조), 이행지체의 공통효과(민법 제416조), 소멸시효 중단의 공통효과(민법 제440조) 등을 통해 채권자에게 유리하게 작용한다. 그러므로 이러한 중첩적 채무관계는 통상 채권자의 지위를 강화하기 위한 것으로 이해되고 있다.

3) 중첩적 채무관계에서는 채무자들 상호 간의 일정한 견련성으로 인해 그들이 중첩하여 채권자에게 채무 전액에 대하여 책임을 부담하나, 현실적으로 채권자는 채무자 누구에게서든 변제를 받으면 만족을 얻게 되고 중복하여 채무를 변제 받을 수는 없으며, 그 변제된 부분에 대해서는 모든 채무자의 채무가 소멸하므로, 채무자들의 채무는 동일한 채권의 만족이라는 하나의 목적을 지향한다는 점에서, 단일한 채무자가 청구권경합에 의하여 복수의 채무를 부담하는 경우와 유사한 결과가 발생한다.

이러한 결과는 채무자들 상호 간의 견련성, 예컨대 수인이 공동으로 권원 없이 타인의 소유물을 점유·사용한다거나 수인이 1인 또는 전원에게 상행위가 되는 행위를 통해 채무를 부담한다거나 하나의 채무를 타인이 보증한다거나 하는 등으로 사회적 생활관계가 채무자들에게 공동하거나 법률요건이 동일한 데에 기인하는 것으로서, 이는 청구권경합에서 하나의 사회생활관계라는 견련성과 비슷한 면을 갖고 있다.

4) 청구권경합은 동일한 법주체 사이에서 하나의 사회생활관계로부터 발생하는 법률관계에서 그 법률사실들이 복수의 법률요건을 충족하고 그에 따른 복수의 법률효과를 발생케 하나, 그 법률효과들이 동일한 만족이라는 목적을 지향하여 경합하며, 소송법적으로는 청구취지는 동일하게 하면서 청구원인만을 복수로 하는 선택적 청구병합으로 나타나, 하나의 청구원인은 다른 청구원인이 인용될 것을 해제조건으로 하여 성립한다.

이에 반해 중첩적 채무관계에 있어서는, 하나의 사회생활관계에 복수인이 관여함으로써 그들에게 복수 동종의 법률효과(채무)가 발생하고, 그 채무들이 하나의 목적을 지향하여 결합됨으로써 그 존속과 소멸에 상호 영향을 미치지만, 채무의 부담 주체가 복수로서 그들의 채무가 경합하지 않고 각각 독립하여 채무를 부담한다는 점에서 다르다.[164] 즉

는 단순히 '수인의 채권자 및 채무자'라고만 하고 이러한 용어를 사용하고 있지 않다.

164) 대법원은 중첩적 채무관계의 하나인 부진정 연대채무에 관하여, 금융기관이 회사 임직원의 대규모 분식회계로 인하여 회사의 재무구조를 잘못 파악하고 회사에 대출을 해 준 경우, 회사의 금융기관에 대한 대출금채무와 회사 임직원의 분식회계 행위로 인한 금융기관에 대한 손해배상채무는 서로 동일한 경제적 목적을 가진 채무로서 서로 중첩되는 부분에 관하여는 일방의 채무가 변제 등으로 소멸하면 타방의 채무도 소멸하는 이른바 부진정 연대의 관계에 있으나, 금융기관의 회사에 대한 대출금채

청구권경합의 경우, 채권자는 실체법상으로는 채무자에게 복수의 청구권을 가지고 있으나 그것이 경합하므로 소송에서는 어느 하나만이 성립하고 나머지는 소멸하지만,[165] 중첩적 채무관계의 경우 채권자는 실체법상으로나 소송법상으로나 복수의 청구권을 가지며, 소송에서 어느 하나의 청구(1인에 대한 청구권)가 인용되더라도 그 나머지 청구(다른 채무자에 대한 청구권)가 소멸하지 않고, 그 복수의 채무자 모두에 대하여 청구가 인용되어야 한다는 점에서 차이가 있다.[166]

중첩적 채무관계에서는 복수의 채무자가 중첩하여 채무를 부담함으로써 채권자의 지위를 강화하는 데에 중점이 있으므로, 소송법적으로 그들 복수의 채무자가 각각 채권자에게 채무를 변제할 의무를 부담하도록 복수의 집행권원을 부여하여야만 채권자는 복수의 채무자에게 강제집행을 할 수 있기 때문이다. 만약 이 경우에 소장의 청구취지를 "원고에게 선택적으로 피고(채무자) A 또는 B는 1억 원을 지급하라."는 것과 같이 선택적 청구를 인정하면, 법원은 채무자 A 또는 B 어느 한 사람에 대하여만 심판하여 "피고(채무자) A는 원고에게 1억 원을 지급하라."거나 "피고(채무자) B는 원고에게 1억 원을 지급하라."는 판결을 하게 되어 채권자는 A 또는 B 어느 한 사람에 대하여는 집행을 할 수 없게 된다.

그러므로 청구권경합의 경우, 원고는 복수의 청구권에 관하여 법원의 선택적 심판을 구할 수 있으나, 중첩적 채무관계의 경우 복수의 채무자에 대하여 선택적 심판을 구할

권과 회사 임직원에 대한 손해배상채권은 어디까지나 법률적으로 발생원인을 달리하는 별개의 채권으로서 그 성질상 회사 임직원에 대한 손해배상채권이 회사에 대한 대출금채권의 처분에 당연히 종속된다고 볼 수 없을 뿐만 아니라, 특히 금융기관이 부실채권을 신속하게 정리하기 위하여 타인에게 대출금채권을 양도하고 받은 대금이 대출금채권액에 미달하는 경우에는 미회수된 채권 상당액을 회사 임직원에 대한 손해배상청구를 통하여 회수할 실익이 있는 점 등에 비추어 볼 때, 금융기관이 회사에 대한 대출금채권을 타인에게 양도하였다는 사정만으로 회사 임직원에 대한 손해배상채권까지 당연히 함께 수반되어 양도된 것이라고 단정할 수는 없다고 하여(2008. 1. 18. 선고 2005다65579 판결), 부진정 연대채무자들이 각각 독립하여 채무를 부담하는 것을 당연한 전제로 하고 있다.

165) 청구권경합의 경우에도, 소송에서 어느 한 청구권이 인용된다고 해서 다른 청구권이 실체법상 자동적으로 소멸하는 것이 아니고 인용된 청구권이 만족을 받았을 때, 즉 채무자의 이행이 있을 때에 비로소 소멸하는 것이지만, 어느 한 청구권이 인용되는 경우 다른 청구권은 심판의 대상에서 제외된다는 점에서 소송법적으로는 소멸한다고 할 수 있다. 그러나 이때 소송법적 소멸은 잠재적 소멸로서, 어느 청구가 인용되었다고 해서 다른 청구가 당해 소송절차에서 완전히 배제되는 것이 아니라 단지 당해 심급에서 판단 대상이 되지 않는 데에 그치며, 상소가 제기되면 인용된 청구와 함께 다른 청구도 상소심에 이심되어 상소심의 심판 대상이 될 수 있다.

166) 그렇다고 하여 복수의 당사자 사이에 청구권경합관계가 성립할 수 없다는 뜻은 아니다. 청구권경합관계는 동일한 법률관계의 당사자 사이에 복수의 법률요건이 충족되어 복수의 청구권이 발생하는 것을 의미하므로, 당사자가 복수라도 그 복수의 당사자들 사이에 복수의 법률요건이 충족되어 복수의 청구권이 발생하는 경우 청구권경합관계가 성립하게 된다. 예컨대, 복수의 피고가 원고와 임대차계약을 체결하고 임차목적물을 멸실한 경우 피고들이 공동으로 채무불이행책임과 불법행위책임을 부담하는 경우를 들 수 있다. 이와 같이 복수의 당사자 사이에 청구권경합관계가 성립한 경우라도 그 복수인이 중첩하여 채무불이행책임과 불법행위책임을 각각 부담할 수 있으므로 청구권경합관계와 채무의 중첩관계가 대립하는 개념은 아니다.

수 없다. 민사소송법 제70조가 규정하는 주관적 예비적·선택적 공동소송에서 피고가 예비적이거나 선택적으로 허용되는 경우는 공동소송인(복수의 채무자인 피고) 가운데 일부에 대한 청구가 다른 공동소송인에 대한 청구와 모순되어 양립할 수 없는 경우에 한하므로, 불가분, 연대, 합동 등으로 복수 채무자 간의 법률관계가 모순되지 않고 그들의 채무가 양립하는 중첩적 채무관계의 경우 예비적 또는 선택적 공동소송이 허용되지 않으며, 그것이 허용될 경우 이는 중첩적 채무관계의 본질에 어긋난다.

따라서 중첩적 채무관계에서 채권자인 원고가 복수의 채무자를 피고로 삼아 청구하는 경우 그들 전부에 대하여 단순병합 청구를 하여야 하고, 예비적 또는 선택적 병합청구를 할 수는 없다.[167] 물론 이 경우 원고는 복수의 채무자 중 일부나 각별로 동시 또는 이시에 청구를 하여도 무방하다.[168]

5) 이상과 같이 중첩적 채무관계에 대하여는 청구권경합의 법리가 그대로 적용될 수 없다. 중첩적 채무관계에 있어 채권자인 원고가 복수의 채무자에 대하여 중첩적 관계를 표시하지 않고 청구를 할 수 있는지, 반대로 중첩적 채무관계가 없음에도 중첩적 관계로 청구한 경우 법원은 어떻게 이를 처리하여야 하는지, 판결서의 주문에 중첩적 관계가 표시되거나 표시되지 않은 경우의 법률적 효력 여부 등이 아울러 문제되나, 이에 관하여는 뒤의 해당되는 곳에서 따로 논하기로 한다.[169]

3. 법조경합

1) 하나의 사회생활관계에서 발생한 여러 법률사실이 외형상으로는 복수의 법률요건(법규)을 충족하지만, 어느 한 법규만이 적용되고 다른 법규는 배제되어 그 적용 법규에 기한 법률요건만이 충족됨으로써 하나의 법률효과 또는 청구권(권리)만이 성립하는 것을 법조경합이라고 한다.

2) 이는 전자와 후자가 특별관계, 택일관계, 흡수관계, 보충관계에 있는 경우 등에 발생한다. 예컨대, 자동차사고로 인한 손해배상책임에 관하여는 민법 규정에 우선하여 자동

---

167) 대법원도, 부진정연대채무의 관계에 있는 채무자들을 공동피고로 하여 이행의 소가 제기된 경우 공동피고에 대한 각 청구는 법률상 양립할 수 없는 것이 아니므로 그 소송은 민사소송법 제70조 제1항에 규정한 본래 의미의 예비적·선택적 공동소송이라고 할 수 없고, 따라서 거기에 필수적 공동소송에 관한 민사소송법 제67조는 준용되지 않는다고 할 것이어서 상소로 인한 확정차단의 효력도 상소인과 그 상대방에 대해서만 생기고 다른 공동소송인에 대한 관계에는 미치지 않는다고 한다(2012. 9. 27. 선고 2011다76747 판결).

168) 청구권경합의 경우, 어느 한 청구권에 관하여만 소를 제기한 후 다른 청구권에 관하여 추가로 소를 제기하거나 각각의 청구권에 관하여 동시에 독립하여 별소를 제기하더라도 중복소송이 되지 않고, 어느 한 청구가 인용되어 재판이 확정된 후에도 다른 청구권은 실체법상 존속하므로, 순이론상으로는 나머지 다른 청구권으로써 새로운 소를 제기하더라도 전소 확정판결의 기판력이 미치지 않는바, 중첩적 채무관계의 경우에도 동일한 결론이 도출된다.

169) 제3장의 <복수의 당사자>를 참조.

차손해배상보장법만이 적용되는 것이다.

3) 법조경합의 경우, 복수의 법률요건(법규) 상호 간에 경합성이 배제되어 하나의 청구권만이 발생하므로 당사자는 청구권을 선택할 수 없다.

4. 청구권경합과 법조경합의 구별

가. 구별기준

1) 청구권경합과 법조경합의 구별기준을 정하는 실정 법규는 없다. 따라서 이는 학설과 판례에 의하여 결정하는 수밖에 없다.

2) 통설은 청구권경합의 성립요건으로, ① 당사자가 동일할 것,[170] ② 각각의 청구권(권리)이 동일한 경제적·정신적 목적을 지향할 것, ③ 각 청구권(권리)의 발생 근거가 되는 실체법규가 다를 것을 요구한다. 그리고 위 ②와 관련하여 동일한 경제적·정신적 목적의 지향이란, 여러 개의 청구권(권리) 중 어느 하나가 만족을 얻으면 다른 청구권(권리)은 그 목적을 다하여 모두 소멸하는 것을 뜻한다.

3) 그러나 위와 같은 청구권경합의 성립요건만으로는 그 기준이 막연하여 어떤 경우에 청구권경합이 성립하고 다른 경우에는 법조경합이 성립하는지 쉽게 구별할 수 없다.

따라서 양자의 구별기준을 정하는 경우, 앞서 본 법조경합의 성립요건을 고려하여, 원칙적으로 법조경합이 성립하지 않는 경우를 청구권경합으로 이해하는 것이 더 간명하다.[171] 청구권경합이 성립하는 경우, 그 청구권 내에서 발생하는 법률효과 상호 간에는 법조경합이 발생할 수 있지만, 다른 청구권과의 관계에서는 법조경합이 발생하지 않는다.[172]

---

170) 따라서 여러 채무자들 간에 연대채무나 불가분채무, 부진정연대채무, 합동채무 기타 주채무자와 단순보증인의 채무, 교통사고 피해자에 대한 자동차손해배상보장법 제10조에 의한 보험자의 손해배상의무와 가해자(피보험자)의 손해배상의무와 같이 중첩관계가 성립하여 채권자가 어느 채무자로부터 변제를 받을 경우 다른 채무자의 채무도 소멸하는 경우는 청구권경합에 해당하지 않는다.

171) 구체적·역사적 사회사실이 법적 성질이나 요건사실이 유사한 복수의 법률요건을 동시에 충족시킬 때 그 법률요건 상호 간의 관계가 청구권경합관계인지 법조경합관계인지를 정함에 있어서는, 이상의 요소 외에 소송심리상의 소송경제, 당사자의 공격·방어와 소송수행상의 기대가능성과 편의, 이미 이루어진 법적 판단에 대한 신뢰와 법적 안정, 기판력의 시적 범위와 차단효 등의 요소도 고려하여야 한다. 복수의 법률요건이 청구권경합관계에 있는 경우에는 소송법상 청구원인으로 작용하여 독립성이 인정되는 반면, 법조경합관계에 있는 경우 소송법상 공격방어방법에 해당하여 소송의 목적(주제)이나 기판력 등에 있어 독립성이 없기 때문에 복수의 법률요건이 어떤 관계에 있는지는 실체법은 물론 소송법적으로도 매우 중요하며 특히 소송당사자에게 미치는 영향이 크기 때문이다. 그러나 법조경합이 아닌 경우 항상 청구권경합이 되는 것은 아니다.

172) 예컨대, 부당이득반환청구권이 성립할 경우 수익자가 선의이든 악의이든 관계없이 부당이득반환의무를 지나, 수익자의 선의, 악의에 따라 민법 제748조 제1항(선의)과 제2항(악의)이 각각 적용된다. 이런 점에서 민법 제748조 제1항과 제2항 사이에는 적용 대상을 달리하는 일종의 법조경합이 발생한다고 할 수 있다(물론 엄격히 말하자면, 민법 제748조 제1항과 제2항은 그 자체로는 적용 대상을 달리하여 양자를 모두 적용할 여지가 당초부터 없다는 점에서는 법조경합이 문제되지 않으나, 부당이

4) 법조경합의 성립요건 중 특별관계는 유사한 법 적용 영역에서 법률요건을 정하는 법규의 적용 대상이 일반적인 것과 특별한 것으로 서로 다른 경우를 의미한다고 할 수 있다.[173] 이 경우, 하나의 사회적 법률사실은 복수의 법률요건을 동시에 충족할 수 있는데, 특별요건을 둔 입법취지와 목적을 고려하여 일반규정의 법률요건을 배제하고 특별규정의 법률요건만을 적용하게 된다.[174] 민법과 상법의 관계는 가장 전형적인 것이다.

특별관계의 예를 들면, ① 민법의 불법행위법이 불법행위 일반에 적용되는 것임에 반해 자동차손해배상보장법은 자동차 사고로 인한 불법행위에만, ② 국가배상법은 공무원의 직무상 불법행위에만 각 적용되고, ③ 민법의 매매가 매매 일반에 적용됨에 반해 농지법은 농지의 매매에 대해서만 적용되며, ④ 민법 제35조 제1항이 법인 일반에 적용됨에 반해 상법 제210조, 제389조 제3항은 상사회사에만 적용된다(대법원 2005. 2. 25. 선고 2003다67007 판결).

복수의 법규나 법률요건이 적용 대상을 달리하여 일반관계와 특별관계에 있는지 여부를 판단하는 것은 법규에 특별한 규정이 없는 이상[175] 해석에 의하여야 하는데, 각 법규의 목적이나 입법취지, 적용 결과의 상이에 따른 차별을 용인할 정당한 사유의 존부 등을 그 해석 기준으로 고려하여야 한다. 그러나 이러한 해석 기준도 불명확하여 구체적인 경우에 그 해석이 매우 어려운 경우가 많이 있다.[176]

득과의 관계에서는 어느 규정을 적용하든 부당이득의 성립에 영향이 없다는 점에서 단지 그 중 어느 규정을 적용할 것인지만이 문제된다). 그러나 물권적 청구권과 부당이득반환청구권이 청구권경합관계에 있는 경우 그 상호 간에는 법조경합이 생기지 않으므로 민법 제201조 제1항이 민법 제748조 제1항에 우선하여 적용되는 것이 아니라, 물권적 청구권이 행사된 경우에는 민법 제201조 제1항이, 부당이득반환청구권이 행사된 경우에는 민법 제748조 제1항이 각각 별개로 적용되고, 그 결과 부당이득반환청구권이 행사된 경우에는 민법 제201조 제1항에 의한 과실수취권이 민법 제741조 소정의 '법률상 원인'으로 작용하여 부당이득을 구성하지 않게 될 뿐이다.

173) 형사법에서는 통상 특별관계를 어떤 구성요건이 다른 구성요건의 모든 요소를 포함하고 그 외에 추가적으로 다른 요소를 구비하는 경우로서 기본적·일반적 구성요건과 가중적·감경적 구성요건의 관계를 전형적인 경우로 상정한다.

174) 하나의 사회생활관계에 대하여 적용 가능한 복수의 법규가 있는 경우에 청구권경합인지 아니면 법조경합인지 여부의 판단 시 그 입법취지와 목적을 고려하여야 하는 점은 대법원 2005. 4. 29. 선고 2004다66476 판결, 2009. 6. 11. 선고 2006다13001 판결을 참조.

175) 상법 제1조는 "상사에 관하여 본법에 규정이 없으면 상관습법에 의하고 상관습법이 없으면 민법의 규정에 의한다."고 하여 상사에 관하여는 상법이 민법에 우선하여 적용됨을 밝히고 있고(한편 상법 제2조는 "공법인의 상행위에 대하여는 법령에 다른 규정이 없는 경우에 한하여 본법을 적용한다."고 하여 다시 그 공법인의 준거법이 상법의 특별법규임을 선언하고 있다.), 민법 제39조도 같은 취지에서 "① 영리를 목적으로 하는 사단은 상사회사설립의 조건에 좇아 이를 법인으로 할 수 있다. ② 전항의 사단법인에는 모두 상사회사에 관한 규정을 준용한다."고 규정하고 있으므로 상사에 관하여 민법은 보충적 규범이 됨에 그친다.
또한 자동차손해배상보장법 제4조는 "자기를 위하여 자동차를 운행하는 자의 손해배상책임에 대하여는 제3조에 따른 경우 외에는 민법에 따른다."고 규정하여 동법이 민법의 특별관계임을 명시하고 있다. 국가배상법 제8조도 유사한 규정을 두고 있다.

176) 오늘날 우리 법제에서는 채무불이행과 불법행위의 경합을 거의 무제한적으로 인정하고 있으나, 전통적으로 프랑스의 경우 사적 자치의 원칙에 따라 당사자 간의 계약> 계약법(채권법)> 불법행위법이 순차로 우선하며, 계약법은 개별법으로서 일반법인 불법행위법에 우선한다고 보나, 독일의 경우 누구

민법 제201조 이하의 물권적 청구권 및 점유자와 회복자의 관계에 관한 규정과 민법 제741조 이하의 부당이득반환청구권의 관계를 둘러싼 학설의 첨예한 대립은 그 적용 대상을 어떻게 이해할 것인지의 차이에서 비롯된 것이라 할 수 있다. 그 논의 내용이 매우 복잡하므로 여기서 그 대강만을 말한다면, 그 적용 대상의 다툼은 원물반환과 가액반환, 급부의 청산(이른바 급부부당이득)과 이득의 청산{이른바 침해부당이득[177] 또는 제각부당이득(除却不當利得)}을 적용 기준으로 각각 달리 이해하는 데에서 출발한다.

제1설은, 물권적 반환청구권이나 부당이득반환청구권 모두 그 본질은 부당이득반환이며, 다만 물권적 반환청구권은 원물반환의 경우만을 적용 대상으로 하고 부당이득반환청구권은 가액반환의 경우만을 적용 대상으로 하는 것으로 보아, 전자를 후자에 대한 특별관계로 해석하여 양자를 법조경합관계로 본다. 이에 따르면, 점유나 이득이 어떤 경위로 발생하였든 원물의 반환을 청구하는 경우, 여기에는 물권적 반환청구권 규정만이 적용되어 법원은 당사자의 주장에 관계없이 민법 제204조나 제213조 및 민법 제201조, 제203조 등 그 부수규정의 법규를 적용하여야 하고,[178] 계약의 무효·취소로 인한 부당이득반환이라도 원물의 반환이 이루어지는 이상 선의의 점유자는 민법 제748조 제1항이 아니라 민법 제201조 제1항만이 적용되어 과실을 취득하게 된다. 반면 가액반환이 이루어지는 경우에는 회복자와 점유자 간에 계약관계가 없는 경우에도 민법 제748조만이 적용되게 된다.[179]

이에 대하여 제2설은, 물권적 청구권과 부당이득반환청구권을 입법취지와 목적을 달리하는 별개의 법제도로 이해하면서,[180] 민법 제201조 이하의 물권적 청구권 규정은 점유나 이득이 손실자의 의사에 기하지 않은 이른바 침해부당이득의 경우에만 적용되고 민법

든지 타인의 법익을 침해해서는 안 된다는 불법행위법의 원칙이 계약관계의 존부에 따라 영향을 받지 않으며 양자는 경합적으로 인정된다는 것이 학설, 판례의 대세이다{조규창, "청구권경합의 한계", 조규창교수논문집, 법문사(2002), 239-245면 참조}.

177) 급부부당이득은 이득자의 이득이 손실자의 급부에 비롯된 것으로서 주로 계약관계로 인한 부당이득을 말하는 반면, 침해부당이득은 이득자의 이득이 이득자 본인의 불법한 침해에 의해 이루어진 것과 같이 손실자의 급부에 의하지 아니한 것을 말한다. 물론 급부부당이득에 대립되는 개념이 침해부당이득에 국한되는 것은 아니며, 이를 보다 구체화하여 구상관계, 비용상환관계, 채권자취소관계, 전용물소권(轉用物訴權)관계-급부자와 상대방의 계약관계에 따라 급부자가 상대방에게 급부를 하고 그 급부가 제3자에게 옮겨져, 즉 전용(轉用)되어 3자가 이득을 얻었으나 나중에 급부자와 상대방의 계약관계가 무효, 취소, 해제되는 등으로 원인을 결하게 되는 경우에 급부자가 3자에게 갖는 소권을 말한다-등으로 확대·유형화하는 견해도 있다.

178) 그러나 물권적 반환청구권과 부당이득반환청구권이 경합한다고 보는 견해도 있다.

179) 이러한 해석론은 민법 제204조나 제213조 등의 물권적 반환청구권이 당해 물건 그 자체의 반환청구만을 대상으로 규정하고 있음을 감안한 것으로 보인다. 따라서 이 견해에서는 물건 그 자체가 아닌 그 대상물(代償物)이나 멸실·훼손의 경우의 손해배상의 처리 문제는 물권적 청구권의 적용 대상이 아니라고 보는 것이다.

180) 이러한 해석론은 물권적 청구권은 물권이 타인에 의해 부당하게 침해된 경우 그 회복을 꾀하여 물권의 완전한 행사를 보장하기 위한 제도이고, 부당이득반환청구권은 계약관계의 청산을 위한 계약법상 제도의 일종이라고 이해하는 것이다.

제741조 이하의 부당이득반환청구권 규정은 급부부당이득의 경우에만 적용된다고 본다. 따라서 이익반환의 범위에 관하여, 침해부당이득의 경우에는 민법 제201조 제1, 2항만이 적용되어 민법 제748조 제1, 2항은 적용이 없고, 급부부당이득의 경우에는 민법 제201조 제1항이 배제되고 민법 제748조 제1, 2항만이 적용되어 선의자라도 과실을 수취할 권리가 없다고 해석한다.[181] 이 견해 역시 물권적 청구권과 부당이득반환청구권을 적용 대상을 달리하는 법조경합관계로 보는 셈이다.

제3설은, 물권적 청구권과 부당이득반환청구권을 그 입법취지와 존재 의의를 달리하는 별개의 제도로 이해하는 전제에서, 제1, 2설과 달리 원물반환이든 가액반환이든, 침해부당이득이든 급부부당이득이든 물권적 청구권과 부당이득반환청구권 상호 간에 청구권의 경합을 인정한다. 따라서 권리자는 자신의 선택에 따라 자유롭게 물권적 반환청구권이나 부당이득반환청구권을 행사할 수 있고, 그 경우 적용 법규는 전자에 대해서는 당연히 민법 제201조 이하의 규정이, 후자에 대해서는 민법 제741조 이하의 규정이 적용되며, 다만 권리자가 부당이득반환청구권을 행사한 경우라도 민법 제201조 제1항이 선의의 점유자에 대하여 과실수취권을 인정하므로 과실의 수취에 관하여 법률상 정당한 권원이 있는 것이 되어 선의의 점유자에 대하여는 민법 제748조 제1항의 부당이득반환규정이 적용될 수 없다는 결과에 이르게 된다고 본다.[182] 이 견해에 의하면, 소유자 등 본권자는 원물과 과실에 대하여 물권적 반환청구권이나 부당이득반환청구권 어느 것이나 주장하여 반환청구권을 행사할 수 있고, 선의의 점유자를 보호하기 위하여 무리하게 물권적 반환청구권만을 인정하고 부당이득반환청구권을 배제하는 불합리를 피할 수 있어 제1설과 제2설의 이론적·현실적 난점을 모두 해결할 수 있다.

5) 생각건대, 원물이든 가액이든 점유자에게 정당한 권원이 없으면 그것이 부당이득이

---

181) 그러나 원물 자체의 반환청구에 대하여는, 침해부당이득의 경우에는 물건의 점유 자체가 이득은 아니라는 전제에서 이는 점유물반환청구권(민법 제204조)이나 소유물반환청구권(민법 제213조)에 흡수되고 따로 부당이득반환청구권을 구성하지 아니하여 부당이득반환청구권이 배제되는 반면 급부부당이득의 경우에는 물권적 반환청구권과 부당이득반환청구권이 모두 허용된다고 보는 견해도 있고, 침해부당이득이든 급부부당이득이든 가리지 않고 물권적 반환청구권과 부당이득반환청구권이 모두 허용된다는 견해도 있다.

182) 민법 제201조 제1항은 선의의 점유자에게 과실수취에 관한 청구권을 준 것이라기보다는 민법 제102조와 관련하여 선의의 점유자에게 과실의 소유권을 귀속시키고, 소유자 등 본권자가 과실에 대하여 물권적 반환청구를 하는 경우 선의의 점유자에게 이를 거부할 수 있는 방어적 권리(항변권)를 준 것이라고 할 것이다(그렇다고 하여 일부의 견해와 같이 선의의 점유자에게 이미 소비한 과실의 반환의무를 소극적으로 면제하는 것이 아니라, 적극적으로 과실을 수취하여 그의 소유로 귀속시킬 수 있는 권리이다. 판례도, 점유자가 비록 법률상 원인 없이 타인의 물건을 점유·사용하고 이로써 본권자에게 손해를 입혔더라도 소비한 과실이든 소비하지 않은 과실이든 이를 반환할 의무가 없다고 하여 같은 입장이다. 대법원 1996. 1. 26. 선고 95다44290 판결 등 참조. 위와 같이 점유자는 단순히 과실의 소유권을 취득할 뿐이므로 이를 '청구권'이라고는 할 수 없다). 따라서 민법 제201조는 이른바 물권적 청구권에 관한 규정이 아니라, 과실에 대하여 물권적 반환청구권이 행사되어 점유자가 이를 반환하여야 할 경우에 민법 제748조의 부당이득반환 범위를 수정하는 특별규정이라고 보아야 할 것이다.

되는 것이 당연하며,[183] 우리 민법이 침해부당이득과 급부부당이득을 달리 취급하지도 않고 있어 양자를 통일적으로 규율하여야 한다는 점에서 제3설이 타당하다고 생각된다.

판례는 이에 관하여 일반론적인 해석론은 전개하지 않은 채 구체적인 문제에 대하여만 견해를 제시하고 있는바,[184] ① 원물의 반환청구에는 물권적 반환청구권과 부당이득반환청구권을 경합적으로 모두 행사할 수 있고(대법원 1960. 9. 15. 선고 4293민상57 판결, 1977. 6. 28. 선고 77다728 판결, 2001. 12. 11. 선고 2001다45355 판결 등),[185] ② 쌍무계약이 취소되고 그에 따라 부당이득반환청구권이 행사된 경우에도, 선의의 점유자에 대하여는 민법 제201조 제1항이 민법 제748조 제1항에 우선하여 적용되어 점유자는 과실수취권이 있으며(대법원 1996. 1. 26. 선고 95다44290 판결 등),[186] ③ 권원 없이 악의로 타인의 물건을 점유·사용한 경우 민법 제201조 제2항이 민법 제748조 제2항을 배제하는 것이 아니므로 그 점유·수익자는 민법 제748조 제2항에 따라 차임 상당의 이득과 그 법정이자 및 이에 대한 지연손해금을 지급할 의무가 있다(대법원 1996. 9. 20. 선고 96다25302 판결, 2003. 11. 14. 선고 2001다61869 판결)고 한다.

해제로 인한 원상회복청구권에 있어, 채무불이행으로 인한 해제(민법 제544조 내지 제546조), 하자담보책임에 따른 해제(민법 제570조 등), 일정한 사유에 의한 증여의 해제(민법 제555조 내지 제558조)에 따라 각 적용 법규가 달리 적용되는 것도 적용 대상에 따른 법조경합의 예라고 할 수 있다.[187]

대법원은 계약 해제에 따른 민법 제548조 제1항의 원상회복청구권을 부당이득반환청구권의 특별규정으로 보아, 그 이익 반환의 범위에 관하여 이익의 현존 여부나 선의, 악의에 불구하고 특단의 사유가 없는 한 받은 이익 전부를 반환하여야 한다고 하는바(1962. 3. 29. 선고 4294민상1429 판결, 1997. 12. 9. 선고 96다47586 판결, 1998. 12. 23. 선고 98다43175 판결), 이 역시 특별관계에 해당한다고 할 것이다.[188]

---

183) 다만, 원물이나 과실이 본래의 형태에서 가액으로 변하거나 손해배상청구권으로 바뀐 경우 이에 대하여는 민법 제213조 등의 물권적 반환청구권이 직접 미친다고는 할 수 없으므로, 이 경우 본권자는 부당이득반환청구만을 행사할 수 있게 되는바, 이는 법규정상 어쩔 수 없는 것이다.

184) 그러나 전체적인 판시 태도를 종합하면 침해부당이득과 급부부당이득을 구별하지 않는 견해에 서 있는 것으로 이해된다.

185) 다만, 불법원인급여에 관하여 부당이득반환청구권의 행사는 금지되나 물권적 반환청구권은 긍정된다는 4293민상57 판결과 77다728 판결의 취지는 대법원 1979. 11. 13. 선고 79다483 전원합의체 판결에 의하여 변경되었다. 다만, 다른 경우에 양 청구권이 경합한다는 취지까지 폐기된 것은 아니다.

186) 민법 제748조 제1항은 선의의 수익자에게 현존이익의 한도에서 반환책임을 부과하므로 과실도 현존하는 이상 반환의 대상이 되어 민법 제201조 제1항과 충돌한다. 따라서 대법원의 견해에 의하면 과실수취의 경우 법조경합에 의해 민법 제201조 제1항이 민법 제748조 제1항을 배제하는 셈이다. 그러나 대법원 1966. 7. 19. 선고 66다994 판결은 선의의 점유자로서 과실수취권이 있더라도 과실(過失)이 있는 경우 불법행위가 성립한다고 하여 양자에 대한 일종의 청구권경합을 인정한다.

187) 물론 이 경우 해제의 원인이 무엇이든 해제에 따른 원상회복청구권은 민법 제548조에 의해 발생하고 해제의 원인별로 청구권이 따로 발생하는 것은 아니므로, 청구원인은 '해제' 그 자체로서 하나뿐이고 해제의 원인은 그 공격방어방법에 불과하여 이 경우 법조경합이 인정되지 않더라도 청구권경합이 성립되지는 않는다.

188) 부당이득과 계약 해제에 따른 원상회복의 경우, 전자의 요건사실이 후자의 요건사실을 완전히 포함하는 일반규정과 특별규정의 관계에 있는데(민법 제548조의 법률요건을 충족하면 자동적으로 민법 제741조의 법률요건을 충족하게 된다. 쌍무계약이 해제되면 계약이 소급적으로 무효가 되어 그에 의해 수수한 이득은 법률상 원인을 상실하기 때문이다.), 양자의 법률효과는 구체적인 면에서 상이하여

6) 법조경합 요건 중 택일관계는, 복수의 법규나 그 법률요건의 적용 결과 발생하는 법률효과가 모순되어 양자가 동시에 존재할 수 없는 관계로 이해할 수 있다. 예컨대, 앞서 본 물권적 청구권과 부당이득반환청구권을 청구권경합관계로 보지 않을 경우, 선의의 점유자에게 과실수취권을 인정하는 민법 제201조 제1항과 이를 부인하는 민법 제748조 제1항은 모순되는 법률효과로서 동시에 존재할 수 없고, 따라서 그 중 하나만이 택일(선택)되어야 한다. 대법원은 앞서 본 대로 민법 제201조 제1항을 우선 적용한다.

또, 권원 없이 타인의 물건을 점유하는 자가 그의 귀책사유로 이를 멸실·훼손한 경우 불법행위에 기한 손해배상책임을 지게 되는데, 민법 제202조는 소유의 의사에 기한 선의의 점유자에 대하여는 현존 이익의 한도에서 배상책임을 인정하여 민법 제750조 이하의 불법행위책임보다 점유자에게 유리하게 규정하고 있다. 따라서 이 경우 민법 제750조가 배제되고 민법 제202조만이 적용되어야 한다.[189)]

7) 법조경합요건 중 흡수·보충 관계는, 복수의 법규나 그 법률요건에서 발생하는 법률효과가 질적·양적으로 대(大), 소(小)의 관계에 있어 소가 대에 흡수되는 관계에 있거나, 한쪽이 기본적인 것임에 반해 다른 쪽은 그것에 부수하여 기본적 법률효과를 확대, 축소, 보완하는 등의 보충적 역할을 하는 관계라고 할 수 있다.

이 경우, 소(小)의 법률요건이나 보충적 법률요건의 독자성을 인정할 필요가 없어 전체를 하나로 묶어 한 개의 법규나 법률요건만을 인정하는 것이다. 민사법에서는 형사법과 달리 이런 형태의 법조경합이 거의 발생하지 않는다. 굳이 예를 들자면, 민법 제748조 제2항은 민법 제201조 제2항보다 넓어 후자에 대하여 기본적 규정의 관계에 있는바, 앞서 본 물권적 청구권과 부당이득반환청구권을 청구권경합관계로 보지 않을 경우 전자가 적용되어야 한다.

그러나 이러한 흡수·보충 관계는 기본적으로 복수의 법규나 법률요건의 존재 의의나

양립·병존할 수 없다. 즉, 부당이득의 요건사실은 이득과 손실의 발생, 그 법률상 원인의 부존재인데, 해제에 따른 원상회복의 요건사실은 이러한 부당이득의 요건사실을 완전히 만족시킨다. 해제에 기한 원상회복청구권의 실질적인 성질이나 입법취지도 법률상 원인 없는 이득의 반환이라는 점에 있어 부당이득반환청구권의 그것과 동일하며, 다만 해제는 급부의 발생 원인이 쌍무계약이라는 점에서만 특별성이 있다. 이런 점에서 민법 제741조의 부당이득을 광의의 부당이득이라고 하면 민법 제548조의 원상회복은 협의의 부당이득이라고 할 수 있다.

189) 앞서 본 부당이득과 원상회복의 법률효과도 이와 같이 양립·병존할 수 없는 모순관계에 있어 택일적 관계가 성립한다고 할 수 있다. 즉, 부당이득과 해제에 의한 원상회복의 법률효과는 이득의 반환이라는 점에서는 법적 성질이 동일하나, 구체적 법률효과인 반환의 범위가 완전히 달라(민법 제548조 제1항의 원상회복청구권의 경우 이익의 현존 여부나 선의, 악의에 불구하고 특단의 사유가 없는 한 받은 이익 전부를 반환하여야 하나, 민법 제748조의 부당이득반환청구권은 이득자의 선의, 악의에 따라 반환 범위가 다르다.) 양자가 동시에 양립·병존할 수 없어 어느 한쪽을 배제하고 다른 한쪽만을 택일하여야 한다. 그렇지 않으면 입법취지와 법적 성질이 동일한 법률효과에 관하여 당사자의 선택에 따라 법률효과에 현격한 차이가 있게 되고, 당사자의 법지식 차이에 따라 불공평한 결과가 초래될 수 있다.

제도적 취지가 동일·유사하여 양자의 법률효과가 비교 가능한 경우여야만 하고, 그것이 달라 양자를 비교할 수 없는 때에는 이를 인정할 수 없다고 할 것이다. 후자의 경우 양자 모두 각기 그 존재 의의가 있기 때문이다.

8) 주의할 것은, 청구권경합의 경우도 그렇지만, 법조경합이 문제되려면 하나의 행위나 사회생활관계에서 발생한 법률사실이 복수의 법률요건, 즉 복수의 법규를 외형상 동시에 충족하여야 한다. 따라서 법조경합 여부를 판단하기 이전에 이미 처음부터 그 법률요건의 적용 대상이 달라 이를 동시에 충족할 수 없는 때에는 법조경합이 문제될 여지가 없다.

예컨대, 법인의 대표기관이 불법행위를 한 경우 법인의 손해배상책임에 관하여는 민법 제35조 제1항이나 그 특칙인 상법 제210조, 제389조 제3항에 의하여야 하고, 대표기관이 아닌 피용자가 직무상 불법행위를 한 경우에 법인의 손해배상책임에 관하여는 민법 제756조 제1항이 적용되어야 하는바(대법원 2005. 2. 25. 선고 2003다67007 판결, 2009. 11. 26. 선고 2009다57033 판결), 이는 각기 그 적용 대상이 대표기관과 대표기관 이외의 피용자로서 서로 달라 어떤 불법행위자의 행위가 위 두 규정 모두를 동시에 충족할 수는 없으며, 위 법규들은 존재 의의나 제도적 취지가 서로 달라 처음부터 법조경합이나 청구권경합이 문제되지 아니한다.

또, 부당이득반환에 있어 수익자가 선의냐 악의냐에 따라 민법 제748조 제1항과 제2항이 달리 적용되고, 원물반환의무가 가능한지 불가능한지에 따라 원물반환의무와 가액반환의무가 달리 성립하며 양자(선의와 악의, 원물과 가액)가 동시에 존재할 수는 없으므로 역시 법조경합이 문제될 여지가 없다.[190)]

나. 청구권경합이 인정되는 경우

1) 대법원은 청구권경합과 법조경합 양자의 구별을 인정하여, 청구권경합의 경우에는 청구원인이 복수로 성립하여 소송물 또한 여러 개가 성립하는 것으로 보고, 그 중 하나의 청구권에 기하여 소송상 청구를 하는 경우 법원은 다른 청구권에 기하여 판단할 수 없다고 한다.

즉 구 증권거래법(1997. 12. 13. 법률 제5423호로 개정되기 전의 법률) 제197조 제1항 소정의 감사인의 선의의 투자자에 대한 손해배상책임은 그 발생의 요건이 특정되어 있고, 그에 대한 입증책임이 전환되어 있을 뿐만 아니라, 손해배상액이 추정되어 선의의 투자자가 보다 신속하게 구제받을 수 있게 하는 한편, 유가증권시장의 안정을 도모하기 위하여 그 책임을 물을 수 있는 기간이 단기간으로 제한되어 있는 손해배상책임으로서 민법상의 불법행위책임과는 별도로 인정되는 법정책임이라 할 것이므로, 감사인의 부실감사로 인하여 손해를 입게 된 선의의 일

190) 선의냐 악의냐에 따라 채무자의 의무가 달라지는 경우는 민법 제202조 등에서도 볼 수 있으며, 원물반환의무와 가액반환의무는 사해행위취소 및 원상회복청구 등에 있어서도 볼 수 있다.

반 주식투자자들은 감사인에 대하여 증권거래법상의 손해배상책임과 민법상의 불법행위책임을 다함께 물을 수 있다고 할 것이니, 원심이 이와 같은 취지에서 감사인의 선의의 투자자들에 대한 위 법 제197조 제1, 2항 소정의 손해배상책임과 민법상의 불법행위책임은 서로 법조경합의 관계에 있어 민법상의 불법행위책임에 관한 규정의 적용이 배제된다는 피고의 주장을 배척한 것은 정당하다고 한다(1998. 4. 24. 선고 97다32215 판결, 1999. 10. 22. 선고 97다26555 판결).

2) 대법원은 이 밖에도, ① 해상운송인이 운송 도중 운송인이나 그 사용인 등의 고의 또는 과실로 인하여 운송물을 감실 훼손시킨 경우, 선하증권 소지인은 운송인에 대하여 운송계약상의 채무불이행으로 인한 손해배상청구권과 아울러 소유권 침해의 불법행위로 인한 손해배상청구권을 취득하며 그 중 어느 쪽의 손해배상청구권이라도 선택적으로 행사할 수 있다거나(1983. 3. 22. 선고 82다카1533 전원합의체 판결), 구 상법 제577조에 의한 손해배상청구권과 불법행위를 원인으로 하는 손해배상청구권은 소위 청구권이 경합하는 경우로서 두 청구권은 동시에 성립할 수 있는 것이고, 하나가 성립하면 다른 것은 성립할 수 없는 것은 아니다(1962. 6. 21. 선고 62다102 판결), ② 공작물의 제작·설치 공사 도급계약에 의하여 완성된 공작물에 균열이 발생한 경우, 그 보수비용은 민법 제667조 제2항에 의한 수급인의 하자담보책임 중 하자보수에 갈음하는 손해배상이고, 공작물에 저장한 내용물의 변질로 인한 손해배상은 위 하자담보책임을 넘어서 수급인이 도급계약의 내용에 따른 의무를 제대로 이행하지 못함으로 인하여 도급인의 신체·재산에 발생한 손해에 대한 배상으로서 양자는 별개의 권원에 의하여 경합적으로 인정된다(2004. 8. 20. 선고 2001다70337 판결), ③ 법률행위가 무효이거나 사기에 의한 것으로서 취소되는 경우에, 그 법률행위가 동시에 불법행위를 구성하는 때에는 무효·취소의 효과로 생기는 부당이득반환청구권과 불법행위로 인한 손해배상청구권은 경합하여 병존하는 것이므로, 채권자는 어느 것이라도 선택하여 행사할 수 있지만 중첩적으로 행사할 수는 없다거나(1993. 4. 27. 선고 92다56087 판결, 2013. 9. 13. 선고 2013다45457 판결), 사실혼의 부당파기로 인한 불법행위상의 손해배상청구권과 혼인불성립을 이유로 한 증여계약의 해제에 따른 부당이득반환청구권은 선택적 청구원인관계에 있다(1989. 2. 14. 선고 88므146 판결),[191] ④ 저당권의 피담보채무가 소멸한 경우 소유자인 저당권설정자는 저당권설정계약에 기한 저당권설정등기 말소청구권과 소유권에 기한 방해배제청구권으로서의 저당권설정등기 말소청구권을 모두 행사할 수 있다(1994. 1. 25. 선고 93다16338 판결), ⑤ 타인의 부동산을 권원 없이 점유·사용한 데에 따른 부당이득반환청구권과 불법점유에 기한 손해배상청구권은 선택적 관계에 있다(1993. 12. 21. 선고 92다46226 판결, 2006. 4. 27. 선고 2006다7587, 7594 판결 등), ⑥ 사기에 의한 의사표시의 취소를 원인으로 한 근저당권설정등기의 말소청구권과, 피담보채무의 부존재와 그에 따른 근저당권설정계약의 해지를 원인으로 한 원상회복청구권으로서의 근저당권설정등기

---

191) 그 밖에 대법원 1979. 11. 13. 선고 79다1433 판결, 1991. 10. 11. 선고 91다14604 판결도 손해배상청구권과 부당이득반환청구권의 경합을 인정한다.

의 말소청구권은 각 그 청구원인을 달리하는 별개의 독립된 소송물로서 선택적 병합관계에 있다(1986. 9. 23. 선고 85다353 판결), ⑦ 선일자수표 발행자가 그 선일자 전에 수표를 회수함이 없이 고의 또는 과실로 그 당좌계정계약을 해제하거나 해약사유를 초래한 경우, 수표 소지인은 수표법상의 청구권과 불법행위책임에 기한 손해배상청구권을 모두 행사할 수 있다(1960. 10. 27. 선고 4292민상906 판결), ⑧ 근로자가 업무집행 중 사용주가 고용한 다른 근로자의 과실에 의하여 재해를 입은 경우, 사용주에 대한 근로기준법상의 재해보상청구권과 민법상의 불법행위로 인한 손해배상청구권은 경합하여 병존한다(1964. 11. 30. 선고 64다1232 판결), ⑨ 국가배상법에 의한 손해배상청구권과 군사원호보상법 및 군사원호급여금법에 의한 보상청구권은 청구권경합관계에 있다(1968. 4. 23. 선고 68다382 판결), ⑩ 선원법상의 재해보상청구권과 민법상의 불법행위로 인한 손해배상청구권은 청구권경합의 관계에 있는 것으로서 소송물을 달리한다(2002. 6. 14. 선고 2001다2112 판결), ⑪ 채무자가 채권자에게 기존 채무의 이행에 관하여 어음이나 수표를 교부하는 경우, 당사자 사이에 특약이 없는 한 '지급을 위하여' 또는 '지급 확보를 위하여' 교부하는 것으로 추정할 것이고, 따라서 특별한 사정이 없는 한 기존의 원인채무는 소멸하지 아니하고 어음·수표상의 채무와 병존한다(1996. 12. 20. 선고 96다41588 판결)거나, 어음·수표청구권을 원인채권으로 청구원인을 변경한 경우 적법하다(1961. 4. 13. 선고 4293민상421 판결, 1966. 3.. 22. 선고 65다2635 판결 등)거나, 어음할인약정인 원인채권에 관하여 소를 제기한 것만으로는 그 할인된 어음상의 채권 그 자체를 행사한 것으로 볼 수 없어 이는 어음채권에 관한 소멸시효 중단사유인 재판상 청구에 해당하지 않는다(1994. 12. 2. 선고 93다59922 판결), ⑫ 구 국유재산법 제51조 제1항, 제4항, 제5항에 의한 변상금의 부과·징수권은 민사상 부당이득반환청구권과 법적 성질을 달리하므로, 국가는 무단점유자를 상대로 변상금 부과·징수권의 행사와 별도로 국유재산의 소유자로서 민사상 부당이득반환청구의 소를 제기할 수 있다(2014. 7. 16. 선고 2011다76402 전원합의체판결), ⑬ 민법 제750조의 불법행위 손해배상채권과 민법 제756조 등의 손해배상채권은 별개의 채권이다(1969. 6. 24. 선고 69다441 판결, 1982. 11. 23. 선고 82다카1120 판결 참조)[192]는 등으로 청구권경합을 인정하고 있다.

다. 법조경합이 인정되는 경우

1) 대법원이 법조경합을 인정한 경우를 살펴보면, ① 자동차 손해배상보상법의 규정은 민법 제750조의 특별규정이므로 자동차 사고에 대하여는 당사자의 주장 유무에 불구하고 위 민법상의 손해배상 규정에 우선하여 적용되어야 한다(1970. 11. 24. 선고 70다1501 판결 등), ② 선장 기타 해원(海員)이 직무를 행함에 있어 고의 또는 과실로 제3자에게 손해를 끼친 경우에 선박 소

192) 불법행위에 관하여 민법은 여러 가지 경우에 따라 기본조항(제750조) 외에 미성년자 등의 감독자(제755조), 사용자(제756조), 공작물의 점유자·소유자(제758조) 등의 책임을 인정하는 규정을 두고 있는바, 이들 조항에 따른 손해배상책임 상호 간의 관계에 관하여 학설은 청구권경합설과 법조경합설이 대립하고 있는데, 판례는 전자의 입장을 취한다(대법원 1982. 11. 23. 선고 82다카1120 판결, 일본 대심원 1935. 10. 10. 선고 소화8년オ3104 판결 등 참조).

유자가 지는 책임은 상법 제746조의 규정에 의한 선주의 책임이므로 불법행위에 관한 민법 제756조의 규정은 그 적용이 배제된다(1970. 9. 29. 선고 70다212 판결), ③ 국가배상법에 규정한 국가 또는 공공단체의 손해배상책임은 공권력의 행사에 있어서 공무원이 그 직무 수행에 당하여 고의 또는 과실로 법령을 위반하여 타인에게 손해를 보게 하였을 때에 한하여 있는 것이고, 같은 법 제2조의 적용이 있는 경우 민법상 사용자의 배상책임에 관한 규정(민법 제756조)은 적용이 배제된다(1962. 3. 15. 선고 4294민상1083 판결 등), ④ 민법 제203조 제2항에 의한 점유자의 회복자에 대한 유익비상환청구권은 점유자가 계약관계 등 적법하게 점유할 권리를 가지지 않아 소유자의 소유물반환청구에 응하여야 할 의무가 있는 경우에 성립되는 것으로서, 이 경우 점유자는 그 비용을 지출할 당시의 소유자가 누구이었는지 관계없이 점유회복 당시의 소유자 즉 회복자에 대하여 비용상환청구권을 행사할 수 있는 것이나, 점유자가 유익비를 지출할 당시 계약관계 등 적법한 점유의 권원을 가진 경우에 그 지출비용의 상환에 관하여는 그 계약관계를 규율하는 법조항이나 법리 등이 적용되는 것이어서, 점유자는 그 계약관계 등의 상대방에 대하여 해당 법조항이나 법리에 따른 비용상환청구권을 행사할 수 있을 뿐 계약관계 등의 상대방이 아닌 점유회복 당시의 소유자에 대하여 민법 제203조 제2항에 따른 지출비용의 상환을 구할 수는 없다(대법원 2003. 7. 25. 선고 2001다64752 판결 등)는 등을 들 수 있다.

2) 대법원의 이러한 입장은 뒤에서 설명하는 소송물이론에 있어 이른바 구소송물론을 취하여, 소송상의 청구는 실체법상의 청구권마다 독립하여 발생하는 것으로 보는 데에 따른 것이다.

5. 청구권경합과 법조경합의 효과

가. 청구권경합의 효과

시내버스를 승차한 승객이 교통사고로 손해를 입은 경우를 들어 청구권경합설에 따라 그 법률적 효과를 살펴본다. 이때 승객이 교통사고로 인해 사망이나 부상 등 생명·신체 손해 외에 물건의 멸실·손상 등 재산상 손해를 입혔다면, 재산상 손해에 대해서는 민법상의 채무불이행으로 인한 손해배상청구권과 불법행위로 인한 손해배상청구권이 경합한다.[193]

(1) 실체법적 효과

1) 양 청구권은 그 실체법적 근거가 다르므로, 소멸시효의 기산점,[194] 시효기간, 시효

193) 민법이나 상법의 특칙으로서의 자동차손해배상보장법 제3조는 생명·신체 손해에 대해서만 적용된다.
194) 원인채권에 관하여 이행의 소를 제기한 것만으로는 그 할인된 어음상의 채권 그 자체를 행사한 것으로 볼 수 없어 이는 어음채권에 관한 소멸시효 중단사유인 재판상 청구에 해당하지 않는다(대법원 1967. 4. 25. 선고 67다75 판결, 1994. 12. 2. 선고 93다59922 판결). 반면에 어음금이나 수표금채권

의 완성 여부, 과실상계, 제척기간의 여부 등 모든 법률효과가 각각 따로 발생한다.

그러므로 구 상법 제812조의 단기소멸시효나 고가품 불고지에 따른 운송인의 책임 감면 등의 규정은 채무불이행으로 인한 손해배상청구에만 적용될 뿐 불법행위로 인한 손해배상청구에는 적용되지 아니하고, 상법 제64조의 상사시효나 상법 제54조의 상사 법정이율 역시 상행위로 인한 채권에만 적용되고 불법행위상 손해배상채권에는 적용되지 않는다(대법원 1977. 12. 13. 선고 75다107 판결, 1980. 11. 11. 선고 80다1812 판결, 1983. 10. 25. 선고 83다258 판결, 1987. 6. 9 선고 87다34 판결, 2004. 7. 22. 선고 2001다58269 판결, 2008. 12. 11. 선고 2005다51471 판결, 2013. 11. 28. 선고 2011다60247 판결 등).[195]

또한, 승객이 객차의 승강구에서 추락, 사망한 경우 승객이 아닌 그 처와 자녀들은 그로 인하여 정신적 고통을 받았다 하더라도 계약 당사자가 아니므로 여객운송계약상의 손해배상책임에 기해서는 위자료청구권이 없다(대법원 1974. 11. 12. 선고 74다997 판결, 1982. 7. 13. 선고 82다카278 판결 등).

2) 양 청구권은 타방의 청구권에 영향을 받지 않고 각별로 존속하되, 다만 어느 하나가 이행되어[196] 채권의 만족을 얻은 때에만 그 범위에서 타방의 청구권도 소멸한다.[197]

그러므로 군인사망급여금 규정에 의하여 지급되는 군인사망급여금을 청구할 수 있는 권리와 국가배상법에 의하여 위자료를 청구할 수 있는 권리는 서로 청구권이 경합되는 관계에 있어, 군인사망급여금으로 이미 지급된 것이 있으면 피해자가 이미 만족을 받았으므로 그 금액을 국가배상법상의 위자료에서 공제해야 하나(대법원 1968. 4. 23. 선고 68다382 판결, 1969. 11. 25. 선고 68다1440 판결 등), 공작

에 관한 이행의 소의 제기는 원인채권에 관한 소멸시효 중단의 효력이 있다(대법원 1961. 11. 9. 선고 4293민상748 판결). 후자의 경우 어음이나 수표가 원인채권의 지급을 위하여 발행·교부된 것이어서 결과적으로 어음금이나 수표금채권에 관한 이행의 소의 제기는 원인채권에 관하여도 권리를 행사한 것으로 보아야 하기 때문이다.

195) 대법원 1983. 3. 22. 선고 82다카1533 전원합의체 판결은 청구권경합설의 입장에서, 채무불이행책임과 불법행위책임은 각각 요건과 효과를 달리하는 별개의 법률관계에서 발생하는 것이므로 하나의 행위가 계약상 채무불이행의 요건을 충족함과 동시에 불법행위의 요건도 충족하는 경우에는 두 개의 손해배상청구권이 경합하여 발생한다고 보는 것이 당연할 뿐 아니라, 두 개의 청구권의 병존을 인정하여 권리자로 하여금 그중 어느 것이든 선택하여 행사할 수 있게 하는 것이 피해자인 권리자를 두텁게 보호하는 길이라는 실제적인 이유에 비추어 보더라도 당원은 위와 같은 당원의 종전견해를 변경할 필요가 없다고 하면서, 다만 예외적으로, 해상운송인이 발행한 선하증권에 기재된 면책약관은 일반 운송계약상의 면책특약과는 달리 운송계약상의 채무불이행책임뿐만 아니라 그 운송물의 소유권 침해로 인한 불법행위책임에 대하여도 이를 적용하기로 하는 당사자 간의 숨은 합의가 포함되어 있다고 보는 것이 타당하므로, 별도로 당사자 사이에 위 면책약관을 불법행위책임에도 적용키로 한 합의를 인정할 증거가 없더라도 그 면책약관의 효력은 당연히 운송인의 불법행위책임에까지 미친다고 판시하였다.

196) 변제와 이와 동일시할 수 있는 것을 말한다. 시효소멸 등은 변제와 동일할 수 없는 것이므로 여기에 포함되지 않음은 물론이다.

197) 이것이 우리의 통설과 판례이나, 독일의 경우 채무의 이행 외의 사유, 즉 채무면제, 시효소멸 등도 다른 청구권에 영향을 미친다고 보는 것이 통설이라고 한다{호문혁, “법조경합과 청구권경합에 관한 판례의 동향”, 민사소송법연구(Ⅰ), 법문사(1998), 28면}.
청구권경합에서 어느 채무가 이행되어 채권자가 채권의 만족을 얻은 때에 그 범위에서 타방의 청구권도 소멸하는 법리는, 그 변제에 의하여 타방의 청구권을 발생케 하는 법률요건사실의 일부가 사후적으로 해소되어 그에 따라 당해 청구권이 소멸하기 때문으로 이해할 수 있다. 예컨대, 채무불이행으로 인한 손해가 변제되면 불법행위책임(법률요건)의 법률요건사실의 하나인 ‘손해의 존재’가 사후적으로 해소되어 그에 따라 불법행위책임에 기한 손해배상청구권이 소멸·부존재하게 되는 것이다.

물의 설치·보존상의 하자와 자연재해의 경합에 의하여 피해를 입은 농·어민이 농어업재해대책법에 따른 재해복구비를 지원받은 경우, 민법과 농어업재해대책법 제도의 목적 및 법령의 취지상 위 재해복구비 지원 제도는 국가가 농업 및 어업생산에 대한 재해의 사후대책을 강구함으로써 농업 및 어업의 생산력을 증진하고 경영의 안정을 도모한다는 사회보상적 성격의 사회보장제도에 속하는 것으로서 손해를 배상하는 제도와는 그 취지나 목적을 달리하여 청구권경합관계에 있지 아니하므로, 피해를 입은 농·어민이 위 재해복구비를 지원받았다 하더라도 이를 위 공작물의 점유자 혹은 소유자가 부담하여야 할 손해배상액에서 공제할 수 없다(대법원 2005. 4. 29. 선고 2004다66476 판결 2009. 6. 11. 선고 2006다13001 판결 등).

(2) 소송법적 효과

1) 법원은 원고가 주장한 청구원인에 구속되므로, 불법행위에 기한 손해배상청구에 대하여 채무불이행으로 인한 손해배상청구권의 유무를 심판한 경우 당사자처분권주의에 반하여 위법이다(대법원 1962. 4. 4. 선고 4294민상945 판결, 1985. 5. 28. 선고 84다카966 판결 등). 만약 피해자가 채무불이행으로 인한 손해배상청구권과 불법행위로 인한 손해배상청구권을 선택적 청구원인으로 내세워 소를 제기한 경우 2개의 실체법상의 청구권을 주장한 것이 되어 비록 청구취지가 단일하더라도 소송물은 2개가 되고, 이에 따라 청구(원인)의 선택적 병합이 발생한다.

또, 당초 불법행위상의 손해배상청구권만을 주장하다가 채무불이행으로 인한 손해배상청구권으로 주장을 교환적으로 바꾼 경우 청구(원인)의 교환적 변경에 해당하고,[198] 새로운 청구권을 추가한 경우에는 청구의 추가적 변경에 해당한다.

2) 청구권경합에 관하여 선택적 병합청구가 있는 경우, 법원이 그 중 어느 하나의 청구권이라도 이유가 있는 것으로 인정하여 청구를 인용하는 때에는 어느 하나의 청구권만을 임의로 선택해서 판단할 수 있고, 이 경우 나머지 청구권은 해제조건의 성취로 소 제기의 효력이 소멸하므로 판단할 필요가 없다. 반면에 청구를 기각하는 때에는 그 청구권 전부에 대하여 판단하여야 한다. 청구권의 일부에 관하여 소를 각하하는 경우에도 나머지 다른 청구권에 대하여 판단하여야 한다.

3) 청구권경합의 경우에 청구가 인용되든 기각 또는 각하되든, 상소가 있으면 그 청구권전부가 상소심에 이심되어 상소심의 심판 대상이 되며, 하급심이 잘못하여 그 청구권

---

198) 따라서 원고가 제1심에서 사기에 의한 의사표시의 취소를 원인으로 한 근저당권설정등기의 말소청구와 함께 피담보채무의 부존재를 원인으로 한 근저당권설정등기의 말소청구를 하였다가 청구기각의 본안판결을 받은 후 항소심에서 위 기망을 원인으로 한 말소청구부분만을 유지하고 피담보채무의 부존재를 원인으로 한 말소청구는 철회하여 적법히 취하한 후 다시 같은 청구를 추가한 경우, 민사소송법 제267조 제2항이 적용되어 위 피담보채무의 부존재를 원인으로 한 말소청구는 종국판결인 제1심판결의 선고 후 취하되었다가 다시 제기된 것이어서 재소금지의 원칙에 어긋나는 부적법한 소가 되므로 각하되어야 한다(대법원 1986. 9. 23. 선고 85다353 판결 참조).

일부에 대하여 심판하지 않았더라도 재판의 탈루가 아닌 판단의 유탈이 되어 상소심에 이심된다.[199]

4) 피해자는 채무불이행으로 인한 손해배상청구권과 불법행위에 기한 손해배상청구권을 위와 같이 선택적으로 병합하여 심판을 청구할 수 있지만, 그 중 어느 하나만을 청구원인으로 하여 소를 제기하는 것도 가능함은 물론이다(대법원 1959. 2. 19. 선고 4290민상571 판결).

그리고 이와 같이 어느 한 청구권만을 청구원인으로 삼아 소를 제기한 후 다른 청구권을 위와 같이 청구변경에 의해 병합청구하지 않고 전소의 계속 중에 별개의 소를 제기하더라도, 전소와 후소의 소송물(청구원인)이 다르므로 후소는 중복소송에 해당하지 않는다(대법원 2002. 6. 14. 선고 2001다2112 판결 등). 이 경우 전소와 후소의 청구취지가 동일·유사하여 원고에게 동일한 만족을 주므로 후소는 소의 이익이 없는 것 아닌가하는 의문이 있을 수 있으나, 전소의 청구가 인용되어 확정되지 않은 이상 후소에 권리보호의 이익이 없다고 할 수는 없고, 원고로 하여금 별소의 제기 대신 전소의 청구를 변경하는 방법을 취하도록 강제할 수도 없으므로 소의 이익을 긍정하여야 한다.[200]

5) 한편, 피해자가 불법행위에 기한 손해배상청구권을 청구원인으로 삼아 소를 제기하여 그 판결이 확정된 후 채무불이행으로 인한 손해배상청구권을 청구원인으로 삼아 새로운 소를 제기하더라도, 전후 양소의 소송물이 다르므로 신소에 전소의 기판력이 적용되지 않는다.[201]

---

199) 원고의 청구를 인용한 판결에 대하여 피고가 항소를 제기하여 항소심에 이심된 후 청구가 선택적으로 병합된 경우에 있어서도, 항소심은 제1심에서 인용된 청구를 먼저 심리하여 판단할 필요는 없고 선택적으로 병합된 수개의 청구 중 제1심에서 심판되지 아니한 청구를 임의로 선택하여 심판할 수 있으나, 항소심이 심리한 결과 그 청구가 이유 있다고 인정되고 그 결론이 제1심판결의 주문과 동일한 경우에도 피고의 항소를 기각하여서는 안 되고, 이때는 제1심판결을 취소한 다음 항소심에서 선택적으로 병합된 새로운 청구를 인용하는 주문을 선고하여야 한다(대법원 1992. 9. 14. 선고 92다7023 판결).

200) 대법원 2001. 7. 24. 선고 2001다22246 판결은, 피고가 원고에 대한 타인의 채무를 인수하였다며 원고가 피고를 상대로 채무금 지급청구의 소를 제기하여 그 소송이 계속 중에 피고가 타인의 채무가 이미 변제되어 소멸하였음을 이유로 원고를 상대로 채무(피고의 인수채무가 아닌 타인의 원채무) 부존재확인의 별소를 제기한 데에 대하여, 전후 양소가 소송물이 달라 중복소송에는 해당하지 않으나 피고(후소의 원고)는 전소에서 원고가 피고나 타인에게 채권을 가지고 있지 않음을 다투어 청구 기각을 구할 수 있으므로 별도로 채무 부존재의 확인을 구할 소의 이익이 없다고 판시하였는데(이 경우 소의 이익은 객관적 소의 이익, 즉 청구적격으로 이해된다. 비록 후소의 소송물이 전소의 그것과는 다르지만 전소의 소송물에 대한 심판은 결국 후소의 소송물에 대한 심판을 겸하므로 따로 후소 청구에 대하여 심판을 허용할 필요가 없기 때문이다), 후소의 원고(전소의 피고)가 주장하는 채무의 변제나 채무의 부존재는 청구원인(청구권)이 아니라 공격방어방법에 불과하므로 이 법리를 청구권이 경합하는 경우에 곧바로 유추할 수는 없다고 하겠다.
청구권경합의 경우 하나의 청구가 인용되면 나머지 청구는 원고가 바라는 목적이 달성되어 권리보호의 이익이 없게 되므로 각하하여야 한다는 반론이 있을 수도 있으나, 소송 중에 어느 청구가 인용되었더라도 그것이 확정되지 않은 이상 그것만으로 원고의 목적이 달성되었다고 할 수는 없으므로 옳지 않다고 할 것이다.

201) 원고가 복수의 청구권에 대해서 선택적 병합청구를 한 경우, 어느 한 청구권이 인용되어 확정된 때

다만, 원고가 전소에서 전부 또는 일부 승소하여 집행권원을 얻은 경우에는 후소는 그 인용된 범위에서는 소의 이익이 없게 된다. 전소의 승소 확정판결에 기한 집행권원으로 채권자는 강제집행을 통해 만족을 얻을 수 있고, 그 부분에 관하여 아직 채권의 만족을 받지 못하였다고 하더라도 별도로 다시 집행권원을 받을 이익이 없기 때문이다. 그러나 대법원은 이에 관하여, 채권자가 어느 하나의 청구권에 관한 소를 제기하여 승소 확정판결을 받았다 하더라도, 아직 그 채권의 만족을 얻지 못한 경우에는 나머지 청구권에 관한 이행판결을 얻기 위하여 그에 관한 이행의 소를 제기할 수 있다고 하여 새로운 소에 소의 이익을 인정하고 있으나(대법원 2012. 12. 13. 선고 2011다50080, 50097 판결, 2013. 9. 13. 선고 2013다45457 판결),[202][203] 쉽게 수긍하기 어렵다.

6) 만약 피해자가 소 제기 단계에서나 청구변경을 통하여 위 양 청구권을 선택적으로 병합하여 청구하지 않고 단순병합 형태로 청구한 경우 법원은 이를 어떻게 처리하여야

는 그 인용된 청구권에 대해서만 기판력이 발생하나 모든 청구권이 배척되어 청구가 기각된 때에는 모든 청구권에 대해서 기판력이 발생한다.

202) 대법원 2012. 12. 13. 선고 2011다50080, 50097 판결은, 청구권경합의 경우 양자는 엄연히 실체법상 별개의 청구권으로 존재하고 그 각 청구권에 기초하여 이행을 구하는 소는 소송법적으로도 소송물을 달리하므로, 채권자로서는 아직 채권의 만족을 얻지 못한 경우에는 어느 하나의 청구권에 관한 소를 제기하여 승소 확정판결을 받은 후라도 다른 나머지 청구권에 관한 이행판결을 얻기 위하여 그에 관한 이행의 소를 제기할 수 있고, 이 경우 채권자가 어느 하나의 청구권에 관하여 일부 또는 전부의 만족을 얻어 다른 나머지 청구권도 같은 금액 범위 내에서 소멸하였다는 사유는 본안에서 그 당부가 판단되어야 하므로, 어느 하나의 청구권에 관한 소를 제기하여 승소 확정판결을 받은 것만으로 다른 나머지 청구권에 관한 이행판결을 구하는 후소가 권리보호의 이익이 없어 부적법하다고 할 수 없다고 판시하였는바, 이는 ① 청구권경합의 경우 채권자가 어느 하나의 청구권에 관하여 일부 또는 전부의 만족(채권 회수)을 얻은 때에야 비로소 다른 나머지 청구권도 같은 금액 범위에서 소멸한다, ② 채권자가 어느 하나의 청구권에 관하여 일부 또는 전부의 만족(채권 회수)을 얻어 나머지 청구권이 같은 금액 범위에서 소멸한 여부는 본안에서 판단되어야 할 사항이다, ③ 채권자가 어느 하나의 청구권에 관하여 소를 제기하여 승소 확정판결을 받은 후라도 그 일부 또는 전부의 만족(채권 회수)을 얻지 않은 이상 다른 나머지 청구권에 관한 이행판결을 얻기 위하여 그에 관한 이행의 소를 제기할 수 있고 이는 권리보호의 이익이 있다는 것으로 요약된다. 위 ①은 당연한 것이라고 하겠으나, 저자의 생각으로는, 이미 만족을 받은 부분은 물론 아직 만족을 받지 않았더라도 승소 확정판결을 받은 부분에 대하여는 소의 이익이 없고 이는 소송요건에 관한 사항이므로 본안전 판단사항에 속한다고 판단되므로 위 ②, ③의 판지에는 찬동하기 어렵다.

203) 대법원 2013. 9. 13. 선고 2013다45457 판결의 사안은 부당이득반환청구권과 손해배상청구권을 모두 가진 채권자가 먼저 손해배상청구의 소를 제기하여 일부 승소 확정판결(과실상계에 의하여 일부 청구는 기각됨)을 받고 그 채권액을 모두 변제 받았는데, 채무자가 다른 사실관계에 기하여 손해배상청구의 소를 제기하자 자신이 가진 위 부당이득반환청구권(과실상계를 고려하지 아니한 손해액 전액)을 자동채권으로 삼아 상계항변을 한 것이다. 이 사안에서 채무자가 "채권자가 가진 위 부당이득반환채권과 손해배상채권은 청구권경합의 관계에 있어 채권자인 피고가 그 중의 하나인 손해배상채권을 행사하여 위와 같은 확정판결을 받은 이상 위 선행소송에서 인정되지 아니한 나머지 부분을 다시 부당이득반환으로 중첩적으로 행사하는 것은 허용되지 않는다고 주장하였다.

한편 위 대법원 판결은, 부당이득반환청구의 소를 제기하였을 경우 특별한 사정이 없는 한 손해 전부에 대하여 승소판결을 얻을 수 있었을 것임에도 우연히 손해배상청구의 소를 먼저 제기하는 바람에 과실상계 또는 공평의 원칙에 기한 책임제한 등의 법리에 따라 그 승소액이 제한되었다고 하여 그로써 제한된 금액에 대한 부당이득반환청구권의 행사가 허용되지 않는 것은 아니라고 판시하는바, 이는 타당하다.

하는가?

먼저 청구취지는 단일하게 하면서 청구원인만을 단순병합한 경우, 법원이 청구를 기각하는 때에는 선택적 병합의 경우와 마찬가지로 그 청구원인 전부를 심판하여야 할 것이다. 반대로 법원이 청구를 인용하는 때에는 임의로 청구원인을 선택하여 어느 하나만에 대하여 심판하여도 무방하다고 생각된다. 그 이유는, ① 청구의 병합에 있어 어떠한 형태의 병합이 성립하는가는 원고의 의사가 아닌 그 실질관계에 따른다는 대법원 판례(대법원 2014. 5. 29. 선고 2013다96868 판결 등)에 의할 때, 청구권경합의 경우 그 실질적 병합형태는 선택적 병합이 되므로 원고가 단순병합 청구를 하였다고 하더라도 법원이 이에 구속될 이유가 없고, ② 어느 청구권이 인용되든 원고에게는 동일한 만족이 주어지므로 원고로서는 특정한 청구권에 대한 심판을 고집할 이유나 필요가 없으며,[204] ③ 원고 청구 인용 판결에 대하여 피고만이 상소를 제기한 결과[205] 상소심에서 1심과는 다른 판단을 하더라도, 1심에서 인용된 청구와 함께 나머지 청구도 상소심에 함께 이심되어 상소심의 심판 대상이 되므로 피고는 물론 원고에게 아무런 손해가 없고, ④ 그럼에도 법원에게 모든 청구에 대한 심판을 요구하는 것은 소송경제에 반하기 때문이다.[206] 물론 이 경우, 법원이 청구원인 전부에 대하여 심판하고 그 전부를 인용하는 것(물론 그럼에도 불구하고 주문은 1개가 될 것이다.)도 위법하다고 할 수 없음은 물론이다.[207]

7) 다음으로, 청구취지를 각각의 청구권(청구원인)에 대응하여 복수로 청구함으로써 청구취지와 청구원인 모두를 단순병합 청구한 경우에는 어떻게 되는가?

이에 관하여는 종래 ① 원고의 청구가 모두 이유 있는 경우 각 청구권마다 이를 모두 인용하여야 한다는 설, ② 하나의 청구에 대하여만 인용판결을 하고 나머지 청구에 대하여는 확인판결을 하여야 한다는 설, ③ 하나의 청구에 대하여만 인용하고 나머지 청구는 소의 이익이 없으므로 각하하여야 한다는 설이 제기되었다.

---

204) 법원이 어느 한 청구만을 인용하고 다른 청구에 대하여 판단하지 않을 경우 그 다른 청구에 대하여는 기판력이 발생하지 않게 되나, 원고가 구하는 청구취지 전부가 인용된 이상 기판력을 다른 청구에 대하여 확장할 이익을 인정하기 어렵다.

205) 이 경우 원고는 그 청구취지 전부가 인용된 이상 상소의 이익이 없다고 할 것이다.

206) 대법원은 이 경우, 채권자는 어느 청구권이라도 선택하여 권리를 행사할 수 있지만 양자를 중첩적으로 행사할 수는 없으므로 동일한 소송절차 내에서는 양자를 단순병합의 형태로 청구할 수 없고 선택적 병합의 형태로 청구하여야 한다(1993. 4. 27. 선고 92다56087 판결, 2012. 12. 13. 선고 2011다50080, 50097 판결)고 하는바, 그럼에도 불구하고 원고가 단순병합 청구를 한 경우 소 전부를 각하할 것이 아니라 실질설에 따라 선택적 병합으로 보아 법원이 임의로 어느 하나의 청구를 인용하여도 무방하다고 보는 것으로 이해된다.

207) 재판상 이혼청구와 같은 형성의 소에서는 소송실무상 이와 같이 복수의 이혼사유를 모두 판단하여 전부 인용하는 경우가 많이 있다(대법원 1983. 11. 22. 선고 83므32, 33 판결의 원심도 피고의 행위를 판단한 다음 그러한 행위는 민법 제840조 제1호, 제6호의 재판상 이혼사유에 해당한다고 판단하여 원고의 이혼청구를 인용하였는바, 대법원은 원심의 조처가 정당하다고 하고 있다). 이를 선택적 사유로 본 판결로는 대법원 2012. 6. 14. 선고 2012므1205 판결 참조.

②설은 법논리적 근거를 찾기 어렵고 ③설은 앞서 본 바와 같이 논리적 타당성이 없으므로 취할 바가 못 된다고 할 것이다.[208] ①설은 각각의 청구에 대하여 소의 이익이 있는 이상 타당성이 있으나, 이에 대해서는 이행청구, 특히 금전 지급청구의 경우 이중집행의 위험이 있다는 반론이 있다. 청구권경합의 경우에 청구취지를 복수로 병합청구하더라도, 그것은 동일하거나 큰 차이가 없어 원고가 얻는 이익이 동일하고, 원고로서는 하나의 집행권원만을 얻어도 그 권리를 실현하는 데에 아무런 지장이 없는 반면 피고의 입장에서는 이중집행의 위험이 있을 뿐 아니라, 이를 방지하기 위해서는 변제 후 청구이의의 소를 제기하여 집행력을 배제하는 수밖에 없어 불편하기 짝이 없다.

이런 점을 생각한다면 ①설을 그대로 취하기도 어려운 면이 있다. 사견으로는, 원고가 위와 같이 청구취지와 청구원인 모두의 단순병합 청구를 하였더라도 청구 병합의 실질설에 따르면 이는 어디까지나 선택적 병합의 실질을 잃지 않으므로 법원은 단일한 주문만을 내는 것이 옳다고 할 것이다.[209] 이 경우 각각의 청구권별로 별소가 제기되어 복수의 인용판결이 선고된 경우와 균형이 맞지 않는다는 반론이 있을 수 있으나, 각각 독립한 소가 제기된 경우에는 청구병합이 없으므로 복수의 판결이 불가피하며, 이 경우 피고로서는 청구이의의 소에 의해 구제 받을 수밖에 없다.[210] 물론 이에 불구하고 법원이 복수의 주문을 내더라도 위법하다고 할 수 없다.

청구취지와 청구원인의 단순병합 청구의 경우에 청구권 전부나 그 일부가 이유 없을 때에도 앞서와 동일한 이유로, 전부 배척의 경우에는 청구원인 전부에 대하여 판단하고 청구기각 주문은 하나만 내면 되고, 일부 배척의 경우에는 인용하는 청구원인에 대하여만 판단하면 충분하고 청구인용의 주문 외에 별도로 청구를 기각하는 주문은 필요 없다고 할 것이다.

8) 청구권경합의 경우에 원고가 주위적·예비적 병합청구를 한 때에는 어떻게 하여야 하는가? 주위적·예비적 병합청구에 관해서는 통설과 판례가 복수의 청구권 사이에 양립할 수 없는 관계가 있을 것을 요구하지만, 이에 대한 반론도 있다. 대법원은 청구가 양립 가능하여 선택적 병합의 사유가 있는 경우 이를 예비적으로 병합청구하는 것을 허용

208) 소의 이익 문제는 별소로 제기된 경우나 단순병합 청구된 경우나 다를 바 없다.

209) 청구취지의 크기에 약간의 차이가 있는 경우에는 원고에게 유리하게 큰 것을 인용하는 것이 옳다고 할 것이다. 그리고 단일한 주문만을 내는 이유를 판결서 이유란에 밝혀주면 충분하다고 생각된다.

210) 이때 각각 독립한 소에 따라 복수의 판결이 선고되고 그것이 확정되면 기판력에 의해 피고가 종국적으로 복수의 지급의무를 부담하는 것으로 해석할 여지는 없다고 하겠다. 기판력은 판결 주문을 기준으로 발생하나 청구원인으로부터 완전히 독립하는 것이 아니라 그 청구원인의 범위에서만 발생하며, 따라서 이나 집행력이 불가피하며, 따라서 청구권경합의 경우에 복수의 판결이 선고되더라도 그 판결들 사이에 청구권경합이 배제되지는 않는다(각각의 청구권이 이유 있는지 여부만이 판단될 뿐 그들 청구권 사이에 청구권경합관계가 있는지 여부는 판결 이유에서 판단되지 않는 것이 원칙이다). 청구취지와 청구원인 모두의 단순병합 청구를 한 경우에 법원이 복수의 인용 주문을 선고한 경우에도 마찬가지라고 할 것이다.

하지 않는다(대법원 2008. 12. 11. 선고 2006다5550 판결, 2008. 12. 11. 선고 2005다51471 판결, 2009. 5. 28. 선고 2007다354 판결, 2009. 12. 24. 선고 2009다10898 판결 등).[211] 다만, 부진정한 주위적·예비적 병합청구는 허용한다(대법원 2002. 9. 4. 선고 98다17145 판결 등).

청구권경합의 경우에 주위적·예비적 병합청구를 하더라도, 그 청구가 모두 인용될 수는 없어 이중집행의 위험성이 없으므로 원고의 의사를 존중하여 이를 인정하여도 무방하겠지만,[212] 앞서 본 바와 같이 대법원은 청구병합에 관하여 실질설을 취하고 있고, 법원이 이를 선택적 병합으로 보아 처리하나 주위적·예비적 병합으로 보아 처리하나 원고에게는 그 이익이 동일하며[213] 피고와 법원에게도 마찬가지이므로, 사견으로는 법원이 어느 쪽에 의하여 처리하든 무방하다고 생각된다.

9) 원고가 청구권경합에 의한 선택적 병합청구를 하는 때에는 복수의 청구권에 관한 각 법률요건이 요구하는 법률사실을 모두 소장에 기재하여야 함은 물론이다. 통상의 경우 소장에는 이와 같이 그 법률사실을 기재하는 것으로 충분하고 법률요건의 명칭이나 그에 따른 법률효과를 주장할 필요까지는 없으나, 선택적 병합의 경우 그 주장한 법률사실에 의하여 어떠한 법률요건이 충족되고 법률효과가 발생하는지를 분명히 하기 위해 이를 밝히고 그것을 선택적으로 병합하여 청구한다는 취지의 주장도 하여야 한다. 그렇게 하지 않으면 법원으로서는 어느 청구권에 대하여 소를 제기한 것인지 판단하기 어렵기 때문이다. 그것이 분명치 않은 경우 법원은 소장보정명령을 하거나 석명을 요구하여야 할 것이다.

나. 법조경합의 효과

(1) 실체법적 효과

1) 법조경합이 성립하면 하나의 법률요건만이 적용되고, 그에 따라 단일한 청구권이 발생한다.

2) 따라서 앞서 본 교통사고의 사례에서 승객인 피해자가 교통사고로 인해 생명이나 신체 부상으로 손해를 입은 경우, 민법이나 상법의 채무불이행책임이나 불법행위책임이

---

211) 선택적 병합의 사유가 있는 경우 예비적 병합을 허용하더라도 재판의 결과에는 큰 차이가 없다. 어차피 하나의 청구만이 인용될 것이기 때문이다. 그 역의 관계도 마찬가지다.

212) 원고가 부진정한 주위적·예비적 병합청구를 하는 것도 허용됨은 물론이다.

213) 문일봉, "선택적 병합과 청구권경합", 법조 48권 3호(1999), 144면은 통상의 경우 이익이 동일하나, 건물명도청구소송과 같은 경우 임대차종료로 인한 채권적 반환청구권과 소유권에 기한 물권적 반환청구권은 각 확정판결의 효력이 점유승계인 등 제3자에게 다르게 작용하므로(대법원 1972. 7. 25. 선고 72다935 판결, 1976. 6. 8. 선고 72다1842 판결, 1991. 1. 5. 선고 90다9964 판결, 1993. 2. 12. 선고 92다25151 판결, 2008. 2. 15. 선고 2005다47205 판결 등 참조) 그 선택을 법원에게만 맡기면 불이익을 입을 수도 있다고 하는바, 충분히 수긍이 간다. 따라서 이런 경우 원고는 부진정한 주위적·예비적 병합청구를 하여야 할 것이고, 법원도 가능하면 원고에게 유리하도록 물권적 청구권을 인용하도록 하여야 할 것이다(복수의 청구권을 가진 원고가 유리한 지위에 서야 함은 당연하다. 원고가 물권적 청구권만을 소송물로 삼은 경우에 비해 불이익을 입을 이유가 없기 때문이다).

배제되고 자동차손해배상보장법 제3조에 의한 손해배상책임만이 적용되어[214] 이에 따른 하나의 손해배상청구권만이 발생한다.

(2) 소송법적 효과

1) 법조경합의 경우 법규(법률요건)가 단일하므로 그에 따른 청구원인인 소송물도 단일하다. 따라서 청구의 선택적 병합이나 단순병합, 주위적·예비적 병합은 있을 수 없다.

2) 법원은 원고가 소장에 기재한 사회생활관계상의 구체적·역사적 법률사실에 대하여 적용할 법(법률요건)을 판단하여 그에 따른 법률효과의 존부를 판단하게 되며, 그것은 법률문제로서 법원의 직권과 의무에 속하므로 당사자의 의사에 영향을 받지 않는다.

3) 따라서 위 본 교통사고의 경우, 피해자인 원고는 자신이 버스에 승차하고 있던 중 교통사고가 발생하여 부상을 입었다는 법률사실만 구체적·역사적으로 소장에 기재하면 충분하고, 채무불이행이나 불법행위의 법률사실인 고의, 과실 등까지 기재할 필요가 없다. 이때 원고가 적용법규(법률요건)를 잘못 판단하여 민법상의 채무불이행이나 불법행위를 주장하거나 전혀 다른 법률요건을 주장하더라도 법원은 이에 구속되지 않는다.[215]

4) 법조경합의 경우 위와 같이 청구원인의 병합이 허용되지 않으므로, 원고가 잘못하여 법조경합이 성립함에도 청구권경합이 성립하는 것으로 오해하여 병합청구를 하더라도, 법조경합을 인정한 법의 취지와 청구병합의 실질주의 원리상 청구권이 성립하지 않는 부분에 대해서는 따로 심판을 구할 이익이 없으므로 그 부분 청구는 청구적격이 없다.

그러나 이러한 경우, 병합청구에 관한 실질설에 따라 법원은 병합청구가 성립하지 않는 것으로 보아 판단하면 충분하고, 이를 병합청구로 취급하여 처리할 필요가 없다(대법원 1972. 2. 29. 선고 71다1313 판결, 1991. 5. 28. 선고 90누1120 판결, 2017. 2. 21. 선고 2016다225353 판결 등 참조). 따라서 원고가 양자를 선택적으로나 주위적·예비적으로 병합청구한 경우, 청구권이 성립하지 않는 쪽의 소를 각하하거나 청구권이 없다는 이유로 기각하지 않아도 무방하다. 즉 이 경우 법원이 법조경합이 성립하는 것으로 보아 그에 관하여 본안의 심판을 하면 원고가 구하는 병합청구 부분에 대하여도 실질적으로 심판을 하는 셈이므로 원고의 재판청구에 대한 응답은 그로써 충분하다고 할 것이다.[216]

---

214) 자동차손해배상보장법 제3조는 민법이나 상법의 채무불이행책임이나 불법행위책임과는 다른 법률사실을 요구한다.

215) 법원은 적용법규는 직권으로 판단·적용하지만 원고가 구하는 청구취지 금액을 초과하여 청구를 인용할 수는 없다. 당사자처분권주의에 반하기 때문이다. 따라서 원고가 주장하는 법률요건보다 법원이 적용한 법률요건의 법률효과가 크더라도 법원은 원고가 구하는 청구취지 범위에서만 청구를 인용하게 된다.

216) 이 경우 판결 이유란에 그러한 사정을 기재하게 됨은 물론이다. 그렇지만 심판을 구하는 원고의 의사를 존중한다면 판결 이유에서만 이를 밝혀 주는 대신에 청구권이 성립하지 않는 쪽의 소를 각하하여도 무방하고, 그렇게 처리하였다고 하여 위법이라고는 할 수 없다고 할 것이다.

제 2 장

한국 민사법의 연원

◆ 우리가 현재 운용하고 있는 사법질서(私法秩序) 내지는 민사법제는 하루아침에 이루어진 것이 아니다. 또 어떤 한 사람의 창안물(創案物)도 아니다. 법이나 법제도 역시 어느 사회나 국가의 역사적·문화적 전통의 산물이므로 우리가 현재 시행 중인 법이나 법제도를 보다 분명하게 이해하기 위해서는 그것의 연원(淵源)을 알 필요가 있다.

Ⅰ. 민사법의 대상

어떤 국가나 사회든지 그 법제도의 근간이 되는 것은 사람과 재산이다. 바꿔 말하자면, 인적 재산과 물적 재산, 또는 사람(인구, 사회구성원의 지적 능력 등)과 경제이다. 이는 전근대사회에서도 마찬가지다. 따라서 사람과 재산, 그리고 사람과 사람 사이의 경제활동과 혈연·의례 등에 관한 교섭활동이 형사법이나 공법에 대응되는 민사법의 주된 대상이 될 수밖에 없다. 다만, 시대가 변화할수록 사람의 활동이 증가하고 활발해지며 다양해지는 만큼 민사법의 대상 영역도 확대·발전해 왔다.[1]

1. 가족법, 신분법

가. 사람의 지위

(1) 사람의 국적

1) 국민국가가 완벽하게 정착한 오늘날 거의 모든 사람은 특정한 국가에 소속하여 그 국민으로서의 법적 지위를 갖는다. 특정한 사람이 어떤 국가에도 소속하지 않는 이른바 무국적자의 지위를 갖는 경우는 극히 드물다. 대개는 일본에 거주하고 있는 한민족처럼 정치적·역사적 격변기를 거치면서 그가 거주하고 있는 국가의 국적을 취득하지 못하면서 자연스레 다른 국가의 국적마저 얻지 못한 예외적인 경우에만 발생한다. 반면에 복수 국가의 국민 지위를 가지는 이중국적(二重國籍)은 보다 흔하다.

2) 국가는 주지하는 바와 같이 영토, 주권, 국민의 3요소로 구성되는 정치적 실체이다. 이 중 어느 하나라도 갖추지 못한 경우에는 완전한 의미의 국가로 성립할 수 없다.[2]

국가는 정치적 실체이므로 위와 같은 요소를 갖추고 활동을 하면 사실상 성립하는 것

1) 그 과정에서 민사법과의 경계가 모호했던 형사법이나 공법의 영역이 상대적으로 좁아지고 경계도 분화되었다.

2) 완전한 의미의 국가로 성립할 수 없는 경우 임시정부, 과도정부, 비상정부, 망명정부 등의 명칭을 갖고 대외적 활동을 하기도 하며, 그와 대립되는 정치적 실체(국가나 정부)에 맞서 독립을 추구하거나 그 정부를 전복하기 위한 활동을 하게 된다. 우리나라가 일제에서 해방되기 전의 대한민국임시정부도 이러한 종류의 하나라고 할 수 있다.

이지만, 대외적 관계에서는 다른 나라나 국제기구의 승인을 얻음으로써 그 합법성과 독자성을 인정받는다.[3] 어떤 나라가 다른 나라를 승인하는 경우, 양자의 기본적 관계에 관한 조약을 체결하고,[4] 상호 간에 대사, 공사, 영사 등의 외교사절을 주고받는 것이 국제관행이다.

3) 사람이 어떤 나라의 국민으로서의 자격을 갖게 되면 그 나라의 외교적 보호를 받으며,[5] 거주의 자유와 거주이전의 자유를 포함하여 그 나라 헌법과 법률이 부여하는 제반 권리와 의무를 향유하게 된다. 반면에 그 나라 국민이 아닌 외국인에게는 이러한 혜택이 전혀 주어지지 않거나 제한된다(국적법 제18조 제1항 참조).

국적을 취득하는 요건은 각각의 국가마다 다르다. 우리나라는 혈통주의를 취한다. 그리하여, 대한민국 영역 안에서 출생하였더라도 그 부 또는 모가 대한민국 국민이 아니면 대한민국의 국적을 자동적으로는 취득할 수 없고, 반면에 외국에서 출생하였더라도 그 부 또는 모가 대한민국 국민이면 대한민국의 국적을 자동적으로 취득한다(국적법 제2조). 예외적으로, 출생하기 전에 부가 사망한 경우에는 그 사망 당시에 부가 대한민국의 국민이었던 자, 부모가 모두 분명하지 아니하거나 국적이 없는 경우 대한민국에서 출생한 자는 그 출생과 동시에 대한민국의 국적을 자동적으로 취득한다(국적법 제2조).

4) 국적의 취득과 상실에 관한 사항을 규율하는 법이 국적법이다. 그러나 어떤 사람의 국적을 기록하는 것으로 국적부와 같은 장부가 따로 있는 것은 아니다. 다만, 대한민국 국적이 있는 사람만이 가족관계등록부에 등록될 자격이 있으므로(가족관계의 등록 등에 관한 법률 제1조 참조) 가족관계등록부에 등록된 자는 대한민국의 국적을 가진 자로 추정되고,[6] 대한민국 국적을 상실한

3) 어떤 나라를 승인하느냐 여부는 다른 나라의 자유다. 때로는 남북한처럼 그 정치적 실체를 갖추어 국가로서 성립하고 독자성이 있지만, 정치적·외교적 이유로 다른 나라의 승인을 받지 못하는 경우도 생긴다. 대한민국은 미국이나 러시아, 일본, 중국의 승인을 받았지만, 북한(조선민주주의인민공화국)은 아직 미국과 일본의 승인을 받지 못하고 있다 그러므로 미국과 일본에게는 대한민국만이 한반도의 유일한 합법정부(국가)로서의 지위를 갖는다. 러시아, 중국, 영국, 말레이시아 등은 남북한을 모두 승인하고 외교관계를 맺고 있다.

4) 이를 통상 수교조약(修交條約)이라고 한다. 구한말에는 병자수호조약처럼 수호조약(修好條約), 친선수호조약(親善修好條約), 화친조약(和親條約)이라는 등의 명칭을 사용하였다.

5) 외교적 보호 중 가장 중요한 것은 그 사람의 생명과 신체에 대한 안전의 보호이다. 국가는 당해 국민이 외국 정부나 외국인으로부터 부당한 위협이나 침해를 당한 경우, 상대방 국가에 대하여 이를 항의하고 그 위협이나 침해의 제거를 요구할 권리가 있다. 그 나라 정부가 그 사람에 대하여 발급하는 여권(旅券, passport)은 그 사람의 신분을 증명하고 그 사람에 대한 상대방 국가의 호의와 보호를 요청하는 공문서이다. 이러한 여권은 당해 국가가 그 국민에게 발행하는 것이 원칙이다.
passport라는 말은 예전 선박여행이 일반적이었던 때 남의 나라 항구에 들어가 통과(입국)할 수 있는 자를 표시한 증명서라는 뜻에서 나왔다. 중세 유럽에서는 항구나 도시의 성문을 통과할 때 신분증명서를 요구받았고, 그것에는 소지자가 여행한 도시나 항구의 목록이 적혀 있었다. 자국의 시민이 외국을 여행하는 동안의 안전을 위해 국가가 신분을 증명하는 근대적 의미의 여권을 처음으로 시행한 사람은 잉글랜드의 헨리 5세로 알려져 있다. 한편 영주권자(永住權者)는 그 나라의 국적을 가지지 않은 자로서 영구적으로 그 나라에 거주할 권리가 부여된 사람을 말한다.

6) 가족관계등록부는 대한민국 국민 각 개인별로 등록기준지에 작성, 기록되는데, 출생과 동시에 대한민

자는 가족관계등록부에서 말소되고 등록부가 폐쇄된다(국적법 제21조 제1항, 가족관계의 등록 등에 관한 법률 제11조 제2항 참조).

어떤 사람이 인지나 귀화 등에 의하여 후발적으로 대한민국 국적을 취득한 경우, 법무부 장관은 그 뜻을 지체 없이 국적을 취득한 사람이 정한 등록기준지의 시·읍·면의 장에게 통보하여야 하며, 그 통보를 받은 시·읍·면의 장은 국적을 취득한 사람의 가족관계등록부를 작성한다(가족관계의 등록 등에 관한 법률 제93조 내지 95조).

반대로, 어떤 사람이 인지의 무효나 취소 등에 의하여 후발적으로 대한민국 국적을 상실한 경우 법무부 장관은 그 뜻을 관보에 고시하고, 대한민국 국적을 상실한 자를 발견하거나 본인 또는 관계 공무원으로부터 국적이탈 신고를 수리하거나 국적상실의 신고 또는 통보를 받은 때에는 가족관계등록 관서와 주민등록 관서에 통보하여야 한다(국적법 제16, 17, 18조). 이로써 시·읍·면의 장은 그 사람의 가족관계등록부를 폐쇄하게 된다(가족관계의 등록 등에 관한 법률 제11조 제2항).

(2) 사람의 관리

1) 어느 시대를 막론하고 한 사회나 국가의 중심은 사람이므로 그 사회나 국가를 통치하는 데에 있어 가장 중요한 요소는 사람이다. 통치의 대상도 사람이요 통치의 목적도 곧 사람이다. 따라서 그 사회나 국가의 구성원인 사람을 관리하는 일은 통치의 핵심에 속한다. 또 사람은 통치의 대상이자 목적이지만, 그와 동시에 조세수입과 국방에 필요한 인적 자원의 원천이기도 하므로 사회나 국가의 운영에 있어 사람은 매우 중요하다.

전근대사회에서는 사람이 토지와 함께 경제적 토대를 이루었으므로, 국가는 항상 사람의 출생과 사망을 비롯한 인구 규모와 성별, 연령, 거주지 등을 공적 장부(호적대장, 호구대장)에 기록·관리하고, 그에 대하여 조세를 부과하거나 노동력을 징발하여 경제적 수요와 군사적 필요에 충당하였는바, 엄밀하게 보자면 이는 공법 영역에 속한다.

2) 오늘날에는 위와 같이 국가나 지방행정관청이 그 구성원이나 거주자의 규모와 성별, 연령 등의 인적 사항을 파악하기 위해 가족관계등록부나 주민등록부를 작성하고 있는데, 조선시대를 비롯한 전근대사회에서도 이러한 종류의 장부가 존재하였다.

그러나 그 시대에는 아직 인권의식이나 국민의 행복추구권에 대한 인식이 부족하였기 때문에 사람은 주로 조세수입과 각종 요역(徭役: 궁궐이나 관청, 성벽, 도로 등을 건설하기

국 국적을 취득하는 자는 별도로 가족관계등록부에 국적의 취득 사실이 기록되지 않으며 그가 국적을 상실하는 경우에만 그 사항이 가족관계등록부에 기록된다(가족관계의 등록 등에 관한 법률 제1조, 제15조 제2항 제2호). 대한민국 국적이 없어 대한민국 국민이 아닌 사람은 가족관계등록부에 등록을 할 수 없다. 다만, 그러한 사람이 대한민국 국민과 일정한 가족관계(부모, 배우자, 자녀의 관계)에 있는 때는 대한민국 국적이 있는 사람의 가족관계등록부 특정등록사항란에 가족, 즉 부모나 배우자 또는 자녀로서 기록될 뿐이다(가족관계의 등록 등에 관한 규칙 제2조 제4호). 따라서 대한민국 국민이 아닌 사람은 가족관계등록의 기본증명서를 발급받을 수는 없고(엄격히 말하면 가족관계등록부에 등록된 자란 기본증명서를 발급받을 수 있는 자를 말한다), 그와 부모, 배우자, 자녀의 관계가 있는 대한민국 사람의 가족관계증명서에만 나타난다(가족관계의 등록 등에 관한 법률 제15조 제2항 제1호 참조).

위하여 노동력을 제공하는 일) 및 국방에 필요한 인적 자원 징발의 대상으로서 관리되는 측면이 강하였고, 국가가 각 개인의 혈통을 관리하고 혼인관계나 상속관계를 직접 파악, 관리한다는 인식은 없었다. 그러므로 각 개인의 혈통에 대한 파악과 관리는 순전히 개인들에게 맡겨졌고, 이를 위해 민간에서는 족보(族譜)가 만들어졌다.

3) 전근대사회의 인적 관리 장부로서 잘 알려진 것은 신라의 장적(帳籍)과 조선의 호적이다. 고려시대에는 귀족과 양민을 나누어 따로 호적을 편성한 것으로 알려져 있다.

조선의 호적에는 그 호(戶=가구, 세대)의 상징적 대표자인 호주(戶主)를 중심으로 가족은 물론, 그의 피용자로서 함께 생활하는 고공(雇工=고용된 노동자)과 노비까지 기록하였으며, 이와 함께 노비의 관리 장부로서 노비안(奴婢案)이 따로 존재하여 이는 형조와 그 산하기관인 장예원(掌隸院)이 관리하였다.[7]

조선의 호적은 사실상 오늘날의 가족관계등록부와 주민등록부의 기능을 겸하는 것이었고, 양자를 따로 작성하지는 않았다.[8] 따라서 호적만으로는 실제 어떤 지역의 거주자

---

7) 조선의 호적에서는 관행상 그 호(戶)의 최존장자(最尊長者)가 그 호를 대표하는 자, 즉 호주(戶主) 또는 주호(主戶)로 기재되었으나 법제상 그 대표자에게 어떤 권리나 권한이 주어지지는 않았으며(당연히 호주상속이라는 제도도 없었다. 호주상속 제도는 일제강점기에 일본 민법을 통해 수입된 것이다), 호적에 호주나 주호라는 명칭도 없이 단순히 당해 호의 맨 머리에 기재되었을 뿐이다. 그리고 드물기는 하지만, 장성하여 결혼한 아들이 있는 경우에도 남편과 사별한 처가 주호의 위치에 기재된 경우도 있었다. 조선의 호적에서도, 여자는 물론 남자도 결혼하여 가정을 새로 차리게 되면 아버지나 어머니의 호적에서 분가하여 따로 호를 이루는 것이 원칙이었다. 물론 그렇다고 해서 호적상의 가족이 실제 생활공동체를 이루었다고는 백 퍼센트 장담할 수 없다. 호적을 기재하는 관리들의 편의에 따라 일정도 왜곡현상이 발생했기 때문이다. 그런데 나중에 일본의 영향으로 호주제가 도입되고, 호주를 중심으로 결혼한 가족들까지 모두 하나의 호적에 기재되는 이상현상이 발생하였다.
물론 조선시대에는 호적의 기재에 창설적 효력을 인정하지는 않았고 이는 보고적 기록에 불과하였다. 조선시대에는 호적을 작성하여 해당 군현과 감영, 중앙의 호조에 각 1부씩을 비치, 관리하였다(나중에는 중앙의 호적관리 업무를 호조에서 한성부로 이관하였다). 호패법(號牌法)은 호적제도를 보충하는 법이라고 할 수 있다. 한편, 양반 사회에서는 마을이나 향리(鄕里) 단위로 그들 양반만의 명단인 선생안(先生案)이나 신사안(紳士案) 또는 유안(儒案) 등을 작성, 관리하는 일이 관행이었으나, 이는 관이 개입하지 않고 그들이 자치적으로 작성, 관리하는 것이다.

8) 그 시대에는 인구의 이동이 거의 없었고 대가족제도가 일반이었으므로 굳이 가족관계 파악과 별도로 거주자 파악을 위해 주민등록부를 따로 만들 현실적 필요가 없었다고 할 수 있다. 그리고 앞서 말한 바와 같이 국가는 각 개인의 혈통이나 혼인관계, 상속관계에 대해서는 이를 직접 파악, 관리할 필요를 못 느꼈고, 호구조사 시점에서는 경제적·사회적 생활공동체를 이루고 살아가는 가구(家口) 또는 호구(戶口)에만 관심이 있었으므로, 호적에 가족들의 혈통이나 혼인관계가 기록된 것은 그들이 같은 호구에 있었다는 우연한 사정 때문이며(이 경우 이를 기재하더라도 혼인일자나 출생일자의 기재 없이 단순히 조사 시점의 나이나 성별, 호주와의 관계 등을 기재하는 데 그쳤다), 같은 호구에 있지 않은 사람은 그 호구의 사람과 혈통이나 혼인관계가 있더라도 오늘날의 호적이나 가족관계등록부와 달리 이를 기재하지 않았다. 반면에 경제적·사회적 생활공동체를 이루는 노비나 고공 등은 당해 호구의 가족들과 혈통이나 혼인관계가 없지만 자원 징발을 위하여 호적에 기재하였다. 반면 노비안에는 노비의 혈통이나 혼인관계를 자세히 기록하였는데, 이는 자원 징발의 대상인 노비가 혈통과 혼인관계를 기준으로 정해지는 때문이다(그런 이유로 노비안에는 그 노비가 어디에 거주하든 이들이 하나의 호구를 이루는지 여부와 상관없이 일괄하여 파악, 기재하였다). 그러므로 노비안은 오늘날의 가족관계등록부에 가깝고, 조선의 호적은 주민등록부에 가깝다고 할 수 있다.

규모를 파악하는 데는 한계가 있으나, 그 시대에는 오늘날처럼 이동이 잦지 않았으므로 호적에 기재된 자와 실제 거주자 간에 큰 차이는 없었다고 할 수 있다.

4) 조선시대의 호적에는 그 호(戸)의 소재지(주소), 그 호를 대표하는 주호(主戸, 즉 호주)와 그 배우자의 각 4조(四祖=부모, 조부모, 증조부모, 외조부모), 주호와 가족들의 성별, 연령, 주호와의 관계, 직역(직업과 신분) 등을 기재하였는데, 시대에 따라 그 세부 내용에는 변화가 있었다. 그리고 그 기재방식은 오늘날과 같이 각 호 단위가 아닌 한 마을의 여러 호를 연속하여 기재함으로써 일정 시점의 인구 내역을 파악하기 위한 통계표에 가까웠다.

조선에서는 매 3년마다 호구조사를 실시하여 군현 단위로 호적대장(戸籍臺帳)을 작성하였고, 정기적으로 마을이나 면 단위로 호구조사를 실시하여 호적중초(戸籍中草)라는 장부를 작성하였다.[9] 이는, 호적대장의 개편에 시간 간격이 있으므로 그 중간의 변동상황을 파악하여 징세 및 요역 징발 등의 제반 업무에 참고 자료로 활용하기 위해 작성되었다. 그러나 위와 같이 호구조사가 시간 간격을 갖고 실시되고, 즉시적인 호적신고의무가 부과되지는 않았으므로, 호적의 변동상황, 즉 가족관계나 거주자의 변동상황이 오늘날과 같이 상시적으로 파악되지는 않는 구조여서 이를 통해 특정시점의 정확한 인구자료나 가족관계를 파악하기가 불가능하였다.[10]

호구조사 시에는 각 호별로 호주가 가족사항을 자세히 기재한 호구단자(戸口單子)를 미리 작성하여 제출하여야 하고, 또 호적대장 작성을 위한 종이 값도 바쳐야 했다. 그래서 이는 글을 모르거나 가난한 농민들에게는 큰 부담이 되었고, 호적 기재 누락의 한 원인이 되었다. 조선시대 이전의 호구파악도 대체로 이러한 방식에 의해 이루어졌을 것으로 짐작된다. 그리고 당시에는 호적대장에 비록 호주가 기재되기는 하였으나, 그 지위나 명칭이 법제화되지도 않았고 법령상 호주에게 그 가(家)의 소속원들인 가족들에 대한 어떠한 지휘·감독권도 인정되지 않았던 점은 앞서 본 바와 같다.[11]

5) 전근대사회의 인적 관리 장부는 위와 같이 국가가 조세수입과 인적 자원 징발의 대상을 관리하기 위한 목적으로 작성되었는데, 이러한 면을 탈피하여 호적장부에 사람의 혈연관계와 가족관계 등을 공적으로 증명하는 장부로서의 기능이 중요하게 부여되기 시작한 것은 개항 이후 근대법이 수용되면서부터이다.

일본의 영향으로 갑오개혁 과정에서 1896. 9. 1. 칙령(대한제국 대군주의 명령) 제61호

---

9) 중초는 중간에 작성하는 초안이라는 뜻이다.

10) 특히 호적에 의하여 파악된 인구규모에 의하여 각 지역별 조세부과 단위(조세 총액)가 결정되므로 지방 수령들은 그 부담을 적게 하기 위해 거주자 일부를 일부러 호적에서 누락시키는 등의 행동을 하였기 때문에 그 왜곡은 더욱 심하였다.

11) 이는 유교적 가부장제 문화와 예법에 맡겨졌을 뿐이다. 그러므로 그때의 호주는 일제강점기 이후의 호주와는 그 지위가 다르다.

로 호구조사규칙이 공포되었고, 통감부 시대인 1909. 3. 4.에는 민적법(民籍法, 대한제국 법률 제8호)이 공포되어 그해 4. 1.부터 시행되었다. 사람의 혈연관계와 가족관계 등을 공적으로 관리할 필요성은 누가 다른 사람과 부모 자식관계나 양부모 자식관계, 배우자관계 또는 형제자매관계 등에 있는지를 분명히 하여야 상속이나 금혼, 부양, 친권행사 등의 법률관계를 분명히 할 수 있기 때문이다.[12] 이에 따라 근대국가는 모두 이를 국가의 고유한 사무로 취급하고 있으며, 조세부과나 병역자원 징발을 위한 인적 정보의 파악과 관리는 이와 별도의 다른 수단을 이용하고 있다.

6) 1896년의 호구조사규칙이 부역(賦役)과 징세(徵稅)의 행정 편의를 위한 측면이 강했던 반면,[13] 민적법에 의해 작성된 민적은 민적부(民籍簿)라는 상시적 변동상황을 기록할 장부를 비치하고 모든 가족관계상의 신분변동을 반영하였기 때문에 오늘날의 호적(가족관계등록)에 유사한 것이라고 할 수 있다.[14]

민적부에는 신분의 발생·변동·소멸 사유인 출생, 사망, 혼인과 이혼, 입양과 파양, 개명 등의 사항 외에 그 가(家)의 변동사항인 호주의 변경, 분가, 일가 창립, 입가(入家), 폐가(廢家) 등을 기록하였다. 민적법은 일제강점기에도 효력이 유지되어 1915. 4. 1. 한 차례 개정이 있었는데, 1922. 12. 18. 공포된 조선호적령(조선총독부령 제154호, 1923. 7. 1. 시행)에 의해 대치되어 그때부터는 민적부 대신 호적부가 작성·관리되었다. 이는 일본의 호적법 내용을 거의 그대로 옮겨온 것이다.[15]

---

12) 이에 따라 종래의 호적법이나 현행 '가족관계의 등록 등에 관한 법률'은 결혼이나 입양, 협의이혼, 협의파양 등의 효력에 관하여 종래의 발생주의를 버리고 신고주의를 취하여 신고한 때에 비로소 그 효력이 발생하도록 하고 있다. 이는 그러한 신분변동을 분명하게 하고 그 시기를 객관적으로 확인할 수 있는 때로 확정하기 위한 고려에 따른 것이다. 한편, 호적이나 민적, 가족관계등록부 등과 관련하여 국가가 직권으로 관련 자료를 수집하는 방식에서 당사자의 보고적 신고주의로 변화한 것은 가족관계 파악의 근본목적이 국가의 경제적·인적 자원의 징수로부터 국민의 법률생활 보호로 이동한 것을 의미한다.

13) 호구조사규칙에 의하면, 호적의 개조(改造)는 매년 1회 하되, 분호(분가)에 의한 분적(分籍)과 호주의 교체, 출생, 사망 등에 의한 개적(改籍)은 그 사유 발생일로부터 20일 이내에 하게 되어 있었다. 그러나 여전히 당사자의 신고에 의하지 않고 행정관청이 그 내용을 스스로 파악하여 기재하는 방식을 취하였고, 그 업무 담당기관도 지방관청이 아닌 경찰이었다. 호구조사규칙에 의하여 작성된 호적에는 그 호의 소재와 호주의 성명, 연령, 본관, 직업, 이전 거주지, 호주의 4대조와 외조부, 동거친족의 성명과 연령, 친족 외의 기구(寄口 = 그 집에 붙어 사는 노비 등의 사람) 내역은 물론 가옥의 종류와 칸수, 소유인지 임차인지 여부 등을 기재하였다.

14) 민적법은 호구조사규칙과 달리 신고주의를 채택하긴 하였으나 이는 창설적 신고가 아닌 보고적 신고에 불과하였고, 그 업무를 여전히 경찰이 관장하였다(1909. 3. 20. 내부 훈령 제39호 '민적법 집행심득' 제1조 참조). 민적법의 모델이 된 일본의 호적법(1898)과 일본 민법(1898)은 이와 달리 창설적 신고주의를 채택하고 그 업무를 지방행정기관이 관장하도록 하였는데, 일제는 당시의 대한제국 실정상 그것이 곤란하다고 판단하였다.

15) 조선인의 친족, 상속에 관해서는 원칙적으로 관습에 의하도록 하되(그러나 혼인이나 입양, 협의이혼, 협의상파양에는 조선 관습과 달리 창설적 신고주의를 채택하였다), 혼인연령, 재판상이혼, 인지, 친권, 후견, 상속의 승인과 상속재산의 분리 등에는 일본 민법을 의용하였다(1921년에 개정된 조선민사령 제11조). 한편 일제강점기 동안 조선인은 국적법상으로는 일본국민이었으나, 일본 본토나 대만 등지로

그런데 조선민사령에 의해 조선에 의용, 시행된 그 당시 일본 민법은 가독(家督=호주)을 중심으로 하는 전통적·가부장적 가족질서와 군사문화를 결합하여, 가정을 호주를 중심으로 한 수직적·일원적 인적 결사체로 파악하고, 호주에게 가족들을 지휘·감독할 수 있는 다양한 권한을 부여하였다. 이에 따라 가족이 혼인 외의 자를 그 가의 호적에 입적하기 위해서는 호주의 동의를 필요로 하였으며, 호주상속 순위에 있어서도 남자가 여자에 우선하였다. 이러한 일본의 호주제도가 우리나라에 그대로 이식되어 오랫동안 시행되었다.[16)]

7) 대한민국 정부 수립 이후인 1960. 1. 1. 민법과 함께 호적법이 제정, 시행되었는데 그에 따른 가족제도나 호적제도는 이전의 그것과 크게 다르지 않았다. 그러다가 2007. 5. 17. '가족관계의 등록 등에 관한 법률'이 공포되고, 민법의 개정과 함께 2007. 12. 31. 호적법이 폐지되었다. 이로써 호(戶)와 호주(戶主)를 중심으로 한 종래의 집단적 가족관계 파악 방식 대신 각 개인별 가족관계 파악 방식으로 전환한 새로운 가족관계등록 제도가 2008. 1. 1.부터 현재까지 시행되고 있다. 이에 따라 종래의 호적부는 폐쇄되고 새로이 가족관계등록부가 작성되었다.

'가족관계의 등록 등에 관한 법률'의 가족 등록방식은 종래의 집단적 개념인 가(家)나 호(戶) 중심이 아니라 각 개인을 중심으로 한다. 따라서 개정된 민법과 가족관계등록부에는 종래의 호적과 달리 호(戶)와 호주가 없다.[17)] 이에 따라 종래에는 호주를 기준으로 그의 배우자, 혈족(부모, 자녀 등) 등 호주와 일정한 혈연관계나 인척관계에 있는 자가 집단으로서의 가(家), 즉 호(戶)를 구성하고 이를 단위로 하여 호적장부가 편제되었던 것과 달리, 개정된 민법과 '가족관계의 등록 등에 관한 법률'에 따르면 각 개인을 기준으로 가족관계등록부라는 인적 장부가 작성된다.

가족관계등록부에는 가족집단으로서의 호를 매개로 하지 않고 특정 개개인을 등록기준으로 삼아 그의 출생과 사망, 혼인, 국적상실 등 일정한 사항을 등록한다.[18)] 그리고 필요에 따라 그의 부모, 배우자, 자녀 등의 관계에 있는 자 등을 따로 파악하여 이들 사항을 나타내는 증명서를 발급한다.[19)] 그 증명서로는 ① 기본증명서, ② 본인과 부모, 배우

의 전적(轉籍)은 금지되었고, 일제는 그 본적지를 기준으로 민족을 구별하고, 이를 기준으로 지역적(地域籍)을 정해 적용법을 달리하였다. 일제는 지역적(地域籍)을 달리하는 사람들 간의 법령 충돌 문제를 해결하기 위해 공통법(共通法)을 제정하여 1918. 6. 1.부터 시행하였는데, 오늘날의 국제사법의 기본원칙을 적용하였다.

16) 물론 호주제도가 폐지되기까지 여러 차례 변화가 있었으며 점차 호주의 권한이 축소되었다.

17) 2005. 3. 31.에 개정된 민법은 이미 호주제도 자체를 폐지하고 호주라는 지위를 없애버렸다.

18) 그러나 호나 호주가 없어졌다고 해서 가족이라는 개념까지 없어진 것은 아니다. 가족이란 통상 특정한 개인과 다른 개인이 혈연관계(혈족)나 혼인관계(인척)를 통하여 밀접한 관계를 맺고 있는 인적 범위를 말하는데, 그 범위는 실정법상의 입법정책에 의해 정해진다.

19) 종래의 호적 등본에는 호적부에 기재된 모든 사항이 그대로 나타나 있어 필요 이상으로 많은 개인 정보가 노출되는 단점이 있었기 때문에 이를 개선한 것이다. 그러나 한번에 관련 정보를 파악하기 어려

자, 자녀 관계에 있는 자를 표시하는 가족관계증명서, ③ 혼인관계증명서, ④ 입양관계증명서, ⑤ 친양자입양관계증명서가 발급된다.[20)]

8) '가족관계의 등록 등에 관한 법률'에 의한 가족관계등록부 외에 주민등록부(법령상 용어로는 주민등록표)가 있다. 이는 각 개인이 거주하고 있는 시(특별시·광역시·세종시는 제외하고, 제주특별자치도는 포함한다) 또는 구·읍·면·동의 관청에 거주사항 등을 등록하여, 주민의 거주관계 등 행정구역별 인구의 동태(動態)를 상시적으로 명확하게 파악함으로써 주민생활의 편익을 증진시키고 행정사무를 적정하게 처리하도록 하기 위한 목적으로 작성되는 장부이다(주민등록법 제1조 참조).

가족관계등록부에 등록되는 혼인, 입양 및 파양 등의 사항에 대해서는 민법상 일정한 창설적 효력이 발생한다. 그러나 이와 달리 개인별 주민등록표와 세대별(世帶別) 주민등록표로 구성되는 주민등록부에는 주소, 성명, 성별, 생년월일, 세대주(世帶主)와 세대원(世帶員)의 관계, 국적명이나 국적의 유무(대한민국의 국적을 가지지 아니한 자의 경우), 거주지를 이동하는 경우 전입 전의 주소, 전입지와 전입 연월일 등이 기록되며,[21)] 그 기록에는 위와 같은 창설적 효력이 발생하지 않는다.

따라서 가족관계등록부가 혈연이나 결혼을 통한 가족관계의 기록을 기본으로 하는 반면에, 주민등록부는 혈연이나 혼인관계와는 무관하게 생활공동체를 이루고 일정한 행정구역 내에 거주하는 인구(주민)의 동태를 파악하여 경찰, 복지, 주택, 상·하수도, 폐기물, 교통 등의 각종 행정목적을 달성하는 데 필요한 자료를 파악하는 것에 주안점을 둔다. 그런 이유로 주민등록부는 세대(世帶)를 기준으로 작성되며,[22)] 세대주와 세대원 상호 간에는 혈연이나 인척관계가 전혀 없어도 무방하다. 주민등록에 관한 사항을 규율하는 법이 주민등록법이다.

워 여러 가지 증명서를 발급받아야 하는 단점도 있다.

20) 따라서 현행 가족관계등록 제도에서는 부모, 배우자, 자녀, 형제 등의 결혼이나 이혼, 입양 등에 관한 사항은 곧바로 증명 받을 수 없고, 해당되는 사람의 혼인관계증명서나 입양관계증명서 등을 발급받아야만 이를 파악할 수 있다.

21) 주민등록법은 주민등록부의 기재사항과 가족관계등록부의 기재사항을 일치시키고 중복신고 등의 불편을 없애기 위해, 주민등록법에 따른 신고사항과 '가족관계의 등록 등에 관한 법률'에 따른 신고사항이 같으면 '가족관계의 등록 등에 관한 법률'에 따른 신고로써 주민등록 신고를 갈음하고, 주민등록지의 시장·군수 또는 구청장은 '가족관계의 등록 등에 관한 법률'에 따른 신고를 받으면 주민등록표에 등재하거나 등록사항을 정정 또는 말소하여야 하며, 주민등록 신고대상자의 '가족관계의 등록 등에 관한 법률' 제4조에 따른 신고지와 주민등록지가 다를 경우에 가족관계등록 신고지의 시장·구청장 또는 읍·면장이 '가족관계의 등록 등에 관한 법률'에 따른 신고를 받아 가족관계등록부의 기록사항을 변경하면 지체 없이 그 신고사항을 주민등록지의 시장·군수 또는 구청장에게 통보하고, 그 통보를 받은 주민등록지의 시장·군수 또는 구청장은 이에 따라 관계 사항을 주민등록표에 등재하거나 등록사항을 정정 또는 말소하도록 하고 있다(주민등록법 제14조 참조).

22) 세대는 현실적으로 주거와 생계를 같이하는 사람의 집단을 가리키는 것으로서 정확한 법률적 정의는 없다. 가구(家口)라는 말과 거의 같은 뜻이며, 통상 이를 '한솥밥을 먹는 사람들'로 표현한다. 같은 집에 살더라도 임대인과 임차인처럼 생계를 달리하는 사람들은 세대를 달리한다.

9) 외국인은 가족관계등록은 물론 주민등록법에 의한 주민등록의 대상도 되지 않는다(주민등록법 제6조 제1항 단서 참조). 그 대신 외국인이 입국한 날부터 90일을 초과하여 대한민국에 체류하려면, 대통령령으로 정하는 바에 따라 입국한 날부터 90일 이내에 체류지를 관할하는 지방 출입국·외국인관서의 장에게 외국인등록을 하여야 한다(출입국관리법 제31조 내지 제33조 참조). 다만, 외국인이 출입국관리법에 따라 외국인등록이나 체류지변경신고 또는 국내거소신고나 거소이전신고를 한 경우, 주택임대차보호법 제3조 제1항에서 주택임대차의 대항력 취득 요건으로 규정하고 있는 주민등록과 동일한 법적 효과가 인정된다(출입국관리법 제88조의2, 대법원 2016. 10. 13. 선고 2014다218030 판결).

(3) 사람과 신분

1) 신분은 혈통이나 직업, 재산의 다과, 거주지역, 인종 등 여러 가지 조건에 따라 다른 사람과 구별되어 한 사회 내에서 특별한 취급을 받는 것을 말한다.[23] 법 앞의 평등과 인권이 당연시되는 오늘날에는 이해하기 힘들지만, 20세기 중반 이전까지만 하더라도 신분을 기준으로 한 차별과 불평등은 지극히 보편적이었고 당연시되었다.

과거 신분사회에서는 어느 시대, 어느 사회나 마찬가지로 그 사회에는 기본적으로 귀족, 평민, 천민의 세 신분이 존재하였다. 그리고 이러한 신분은 세습되는 것이 원칙이다. 이는, 인간사회가 다른 동물사회와 마찬가지로 조직화되고, 그 구성원들 사이에 권력을 기준으로 계층이 형성되는 역사적 전통에 따른 것이다. 인류의 역사는 이러한 계층구조를 폐지, 완화하는 방향으로 발전해 왔음은 물론이다.

2) 전근대사회에서 권력과 관직, 재부(財富)는 당연히 왕족을 포함한 귀족과 관료층의 전유물이었고, 평민은 그러한 기회가 크게 제한된 채 납세와 부역, 병역의 의무를 부담함으로써 물리적·경제적으로 국가와 사회를 지탱하였다. 그리고 맨 하층의 천민은 귀족이나 국가 권력(관청)의 사적 소유물로서, 그들 계급의 사적 이익을 위하여 물리적·경제적 봉사를 강요당했다.

전근대사회에서 이와 같이 사람의 신분을 나누어 달리 처우한 것은, 열악한 농업생산력에 따른 생산물 부족과 타인을 지배하려는 인간의 본능적 욕구에서 비롯된 것으로 이해된다. 즉 농업생산력이 열악한 전근대사회에서는 사회 구성원 전원에게 충분한 식량을 공급하기 어려웠고, 생활에 필요한 대부분의 자원을 농업에서 얻었으므로, 한정된 토지자원을 갖고는 사회 구성원을 평등하게 먹이고 교육시킬 수 없었다. 그러므로 힘 있는 자가 이를 독점하고 나머지 사람들은 제한된 범위에서만 자원을 배분받았다.[24] 이는 동서양 모두 공통된 역사적 현상이다.

---

23) 신분을 확정할 일정한 기준은 없다.

24) 사회의 지배와 피지배구조에서 다툼의 대상은 항상 경제적 부와 권력(관직), 교육이고, 이 셋은 사실상 서로 통한다. 즉 권력 있고 교육 받은 자가 경제적 부를 대부분 차지한다.

따라서 정치적으로 전제군주제가 무너지고 자유민주주의가 들어서는 일방, 노비제나 신분제가 폐지된 데에는 프랑스혁명을 시작으로 하여 18, 19세기 혁명의 시대를 거치면서 인권의식의 성장 못지않게 인류의 경제적 능력 확대, 즉 생산성 증가와 경제발전이라는 역사적 배경이 크게 작용하였다. 그러고 보면 경제적 성장과 생산성 증가, 그 중에서도 인구 부양능력을 크게 고양시킨 농업혁명은 자유민주주의 혁명을 떠받치는 물리적 기초가 되었다고 할 수 있다.

3) 전근대사회에서 신분은 대개 직역(職役)과 밀접한 관계를 가졌다. 신분이 직역을 결정짓기도 하고 거꾸로 직역이 신분을 결정하기도 하므로, 양자를 분명하게 나누기는 사실상 어렵다.

전근대사회에서 지배층인 왕족과 관료계층은 통치와 행정업무, 학문과 종교 직역에 종사하는 것이 일반적이었다. 이에 반해 피지배계층은 이러한 직역에 진출하지 못하고, 농업, 어업, 수공업, 상업 등 생산업에 종사하거나 지배층 밑에서 그들의 통치업무 또는 사적 활동을 보조하는 직역에 종사하였다.

조선의 경우, 지배계층인 왕족과 양반사대부는 법령상의 신분은 양인(良人)이나, 그 직무는 관료가 되어 통치·행정 업무에 종사하거나 이를 준비하며 과거시험 공부 또는 학문연구나 책(유교경전)을 읽는 것이었다.[25] 그러나 이들이 보수를 받는 관리가 되지 않는 이상 학문이나 독서가 생존을 뒷받침하는 직업이 될 수는 없으므로[26] 생존에 필요한 경제적 재원 마련이 필요한데, 재산(토지)이 있는 사람은 이를 소작 주고 직접 농업에 종사하지 않아도 되나 그렇지 못한 사람은 스스로 농사일을 하지 않을 수 없는바, 학문과 독서를 농사일과 겸한다는 것은 사실상 거의 불가능하다. 이에 따라 재산이 없는 계층은 점차 명목만 양반인 잔반(殘班)으로 전락하고, 결국에는 일반 양민계층으로 변할 수밖에 없었다. 반면에 당초 일반 양민이라도 재산을 모아 학문이나 독서에 종사함으로써 그 신분을 향상시키는 것이 어느 정도는 가능하였다. 이런 면에서 직역과 신분은 약간의 변동성이 있었다.

4) 천민 가운데 가장 대표적인 것이 노비이다. 노비는 역사적으로 전쟁포로(전쟁노예)나 채무변제 불능 또는 생활능력의 결여(채무노예), 인신매매(매매노예)에서 탄생한 것으로 이해되고 있다. 노비는 공노비(公奴婢)든 사노비(私奴婢)든 개별적 인권이나 권리, 자유가 거의 없었고, 그 소유주의 재산으로서 양도·양수와 상속의 대상이 되었으며, 그 신분은 대대로 이어져 세습되었다.[27]

---

25) 이들의 직역을 통상 유업(儒業) 또는 업유(業儒), 교생(校生＝향교생)이라고 하였다.

26) 일부는 사립학교라고 할 수 있는 서당의 훈장을 하여 생계자원을 얻기도 하였다.

27) 다만, 천민과 귀족, 천민과 양민(평민) 사이에 출생한 자녀를 어떻게 처우할 것인가를 두고는 시대별로 다양한 제도가 시행되었다.

노비는 주인과 함께 살며 잔심부름을 하거나 근처의 주인집 농토를 경작하는 솔거노비(率居奴婢)도 있었고, 주인과 떨어져 살면서 일정 기간마다 노비공(奴婢貢)이라고 하여 돈이나 베, 곡식을 바치거나 지방에 있는 주인의 농토를 경작하여 생산물을 바치는 외거노비(外居奴婢)가 있었다. 그러나 그 절대다수는 후자이며, 노비제도에서 중요한 의미를 갖는 것도 이것이다.

공노비 중에서도 관청에 기거하거나 출퇴근하면서 노역을 제공하는 이른바 시사노비(寺社奴婢) 외에 이처럼 노비공을 납부하는 외거노비가 있었다.

5) 국가는 차별적·계층적인 사회체제 유지와 지배층의 이익 보호를 위해 위와 같이 노비의 호적인 노비안(奴婢案)을 따로 만들어 관리하고, 노비의 도망과 신분은폐를 엄히 처벌하였다. 또, 공권력을 동원해 도망 노비를 주인에게 찾아주는 일인 추노(推奴), 즉 노비의 쇄환(刷還)이나 포쇄(捕刷)에도 적극적이었다.

나. 가족법, 상속법

(1) 가족법(家族法)

1) 옛날이나 오늘날이나 사람들은 일정한 혈연이나 결혼에 따른 관계를 맺고 있는 사람들끼리 생활공동체를 이루고, 이를 바탕으로 사회생활을 하는 것이 불문의 역사법칙이다. 그 생활공동체를 우리는 친족 또는 가족이라고 부르는데, 그 범위가 너무 넓어질 수 있으므로 법률상으로는 이를 특정범위로 제한한다. 이들 가운데 나와 피를 나눈 사이인 혈연관계로 맺은 사람들을 혈족(血族)이라 하고,[28] 혈족의 배우자나 배우자의 혈족, 배우자의 혈족의 배우자와 같이 혼인관계에 의하여 맺어진 사람들을 인척(姻戚)이라 한다.

2) 현행 민법상 가족의 범위는 배우자, 직계혈족 및 형제자매, 그리고 생계를 같이하는 직계혈족의 배우자, 배우자의 직계혈족 및 배우자의 형제자매이다(민법 제779조 참조). 이로 볼 때 가족은 혈연과 결혼으로 맺어진 관계임을 알 수 있다.[29] 가족 상호 간에는 성(姓)과 본(本)을 누구를 기준으로 정할 것인지, 부양의무를 어디까지 질 것인지, 가족관계를 공시하는 공적 장부를 누구를 기준으로 편제할 것인지나 누구를 거기에 편입할 것인지 여부,

---

28) 부모나 조부모, 외조부모는 나에게 피를 전해준 사람들이므로 당연히 나의 혈족이고, 나의 형제자매나 부모·조부모·외조부모의 형제자매(예컨대, 백부, 숙부, 고모, 외숙, 이모, 종조부 등)도 나에게 피를 전해준 것은 아니지만 그들 역시 나의 부모·조부모·외조부모·증조부모 등을 통해 나와 같은 피를 나눈 사이이므로 혈족이다. 부모, 조부모처럼 나에게 직접 피를 전해준 사람들이나 자녀 또는 손자녀처럼 내가 피를 전해준 사람들을 직계혈족(直系血族)이라 하고, 그 외에 형제자매나 부모·조부모·외조부모의 형제자매와 같이 나와 직접적으로 피를 전해 주고받은 것은 아니지만 나와 피를 같이 하는 사람들을 방계혈족(傍系血族)이라 한다.

29) 그런데 혈연은 결혼과 출산으로 발생하므로 결국 가족은 궁극적으로는 결혼에 의하여 발생한다. 8촌 이내의 혈족과 4촌 이내의 인척 및 배우자를 친족이라 한다(민법 제777조). 친족이 가족보다 범위가 넓다.

거주지를 누구의 의사에 기하여 정할 것인지, 결혼 상대방이나 입양의 대상에 어떤 제한을 둘 것인지 등의 문제가 걸려 있고, 가족법이나 친족법은 이러한 관계를 규율한다.

3) 오늘날의 민법은 일정한 친족 간의 부양의무나 혼인 제한, 부부 간의 권리·의무, 친권자와 그 자의 권리·의무, 일정한 친족 간의 상속 등에 관하여 자세하게 규정하여 이를 규율한다.

그러나 전근대사회에서 이러한 것들은 대부분 권리·의무로서보다는 사회질서를 유지하기 위한 의례(儀禮)나 예(禮)의 대상으로 규율되었다. 물론 이 가운데 일정 부분은 강제적 규범인 법으로써 공법질서에 포함되어 규율되었지만, 나머지 대부분은 도덕과 종교, 문화적 관습이나 전통에 위임되었다. 이것들이 오늘날과 같이 권리·의무관계로 파악·규율되게 된 것은, 예전과 달리 인간관계를 수직적 불평등의 관계로 파악하는 대신 기본적으로 수평적 평등관계로 파악한 데서 비롯된다. 따라서 전근대사회에서는 사람의 권리능력, 행위능력, 부재와 실종, 법률행위, 법인의 개념은 존재하지 않았거나 매우 미약하였다. 또 가족관계에서도 권리·의무관계보다는 신분적 질서나 예법을 중시하여 국가는 일부만 간여하였는데, 입양을 위해서는 관청의 허가, 즉 입안(立案)을 받도록 하거나, 주인이 노비의 재산을 상속하거나 죽은 노비가 남긴 재산을 처분하는 데에 국가의 법으로 규율한 것 등이 그러한 예이다.

4) 고려시대 이래 전통적으로 우리나라는 부계혈통주의를 채택하여 남계혈통(男系血統)을 중시하였다. 이 남계혈통을 같이하는 사람들의 집단이 같은 성(姓)을 사용하는 종족 내지 종중(宗中)이다.[30] 본(本)은 성을 같이 하는 사람들 중 일부가 지역적으로 지파(支派)를 형성하여 다른 지파와 구별하기 위한 목적에서 사용하는 것이다. 친등(親等), 즉 촌수(寸數)는 나를 기준으로 상대방과의 혈통적 거리를 나타내는 것이다. 부부는 무촌(無寸)이지만, 부모는 나와 1촌관계이며, 형제자매는 부모를 거쳐서 그들에게 닿으므로 2촌

30) 종중은 공동선조 중 남자를 중심으로 그 후손들의 집합체이다. 세대를 달리하는 경우 종중이 복수로 존재하는바, 이 경우 위 세대의 종중을 대종중이라 하고 아래 세대의 종중을 소종중이라고 한다. 대법원 2005. 7. 21. 선고 2002다13850 전원합의체 판결 이전에는 종중원은 성년 남자에 한하였다. 성(姓)은 이 남자 계통의 혈통을 표상한다. 반면에 혈통이 아니라 어떤 특정한 가족집단, 즉 가(家)를 중시하여 그 가를 나타내는 표지가 일본에서 사용되는 씨(氏)이다. 예컨대, 다나카(田中) 씨는 어떤 특정한 가(家)를 표시하는 것이므로 다나카 씨와 남계 혈통이 같은 사람이라고 하여 다나카 씨가 되지는 않는다. 같은 형제라도, 형은 결혼하여 일가(一家)를 이룬 후 그 가를 나타내는 씨를 다나카(田中)라고 할 수 있는 반면, 동생은 다른 씨를 칭하는 일가를 창립하거나 타가(他家)인 고이즈미(小泉)가에 입양되어 고이즈미 씨를 칭할 수 있음은 물론이다. 그러므로 성을 같이 하는 사람보다 씨를 같이 하는 사람의 집단이 더 규모가 작다.
우리나라는 전통적으로 씨라는 것을 몰랐으나[그래서 일제강점기 때 일본인들은 조선인을 동화하기 위해 조선인에게는 없던 氏를 새로 만들게 하고 이름을 일본식으로 바꾸게 하는 이른바 창씨개명(創氏改名) – 없던 씨를 창조하여 만들어내고 이름을 바꾼다는 뜻이다 – 을 강제하였다.], 일본에서는 성이라는 것을 모른다. 씨는 이와 같이 인위적으로 만든 것이므로 성과 달리 임의로 바꾸는 것이 가능하며, 성, 즉 혈통을 달리하는 사람을 입양하여 그 가를 잇게 하는 것도 가능하다. 실제로 일본에서는 그것이 매우 흔한 일이다.

이 된다.

과거 우리 민법은 모든 동성동본 간의 혼인을 금지하였었다. 그리고 부조(父祖)나 자녀, 손자녀 등의 수직적 혈통인 직계(直系)와 형제자매 및 그들의 혈족인 수평적 혈통, 즉 방계(傍系)[31] 간에도 차등을 두었는데 이는 아직도 일부 유지되고 있다.

5) 가족관계나 이를 둘러싼 결혼, 혼인 후의 가족생활, 재산의 상속 등도 사람이 살아가는 양식의 일부이므로 문화의 한 부분이며, 고착된 것이 아니라 시대와 사회의 흐름에 따라 변화해간다.

오늘날에는 일반화된 성만 하더라도, 중국식 성이 가장 일찍 나타난 것은 신라시대로서, 왕족과 지배 귀족층을 중심으로 일부에 국한하여 사용되었다.[32] 그런데 고려왕조가 들어서면서 태조 왕건이 정치적으로 각 지방호족들과 연합하여 권력을 안정시킬 목적으로 여러 지역의 호족들에게 성을 하사하고, 그 호족들이 자신의 거주지역이자 지배지역을 근거지인 관향(貫鄕), 즉 관(貫)으로 정하면서 성관(姓貫)이 보다 넓은 범위로 퍼지게 되었다. 그리고 조선시대에 들어와서는 유교 문화가 보급되면서 더욱 널리 성행하게 되었다. 일반 평민들까지 널리 성과 본을 쓰게 된 것은 19세기 이후의 일이고, 모든 사람들이 지금처럼 성과 본을 쓰게 된 것은 조선 말기 노비가 해방된 후의 일이다.

6) 또한 조선시대 중기(16세기)까지만 하더라도 남자와 여자의 차별이 뚜렷하지 않았고, 오히려 모계혈통의 전통과 문화가 훨씬 지배적이었다. 이에 따라 결혼 후 남편이 처가에 들어가 사는 서류부가혼(婿留婦家婚)이 당연시되었으며, 재산의 상속도 아들과 딸을 구별하지 않고 균등하게 나누어주었다.

유교문화가 우리나라에 전래된 것은 일찍이 삼국시대 초기부터이지만, 그것이 생활문화로서 보급된 것은 유교를 국교로 천명한 조선시대 이후의 일이고, 그것도 17세기 이전에는 단순히 유교 경전의 해석, 도입에 국한되어 그것이 일반 생활문화를 지배하지는 못하였다. 그런데 17세기 이후 경제력과 권력을 가진 양반 지배층들이 대거 지방으로 내려가거나 서울로 올라가지 않은 채 지방을 거점으로 삼아 거주하고, 그곳을 중심으로 예서(禮書)와 족보(族譜)를 편찬, 보급하고 서원을 세워 후진을 가르치는 등으로 영향력을 확

31) 방계를 종(從)이라고 한다. 통상 우리가 종형제(從兄弟)라고 하면 4촌 형제자매를 말하며 이는 같은 할아버지의 자손이다(할아버지가 나와 2촌지간이고, 할아버지의 자녀들인 백·숙부는 나와 3촌지간이므로 그들의 자녀들은 나의 4촌형제자매가 된다). 증조할아버지가 같고 나와 항렬(行列)이 같은 그 자손들은 나와 재종(再從=6촌) 간이며, 고조할아버지가 같고 나와 항렬(行列)이 같은 그 자손들은 나와 삼종(三從=8촌) 간이 된다. 항렬은 나를 기준으로 한 수직적 혈통관계에서 세대(世代)를 말한다. 수직적 혈통관계에서 아버지나 할아버지는 나보다 윗세대이고 자녀나 손자녀는 아랫세대가 되므로 세대는 혈통의 층수(層數)를 말한다. 세대 간에는 보통 약 30년의 시간 차이가 난다. 고모(아버지의 여자 형제)나 이모(어머니의 여자 형제)의 자손들은 나의 방계이며 고종(姑從), 이종(姨從)으로 부른다. 어머니의 남자 형제인 외삼촌(외숙)과 그 자손들 역시 나의 방계로서 외종(外從)이라 한다.

32) 고구려의 을지문덕이나 연개소문 등 유명인사에게 성과 이름의 구별을 찾아볼 수 없음은 그 당시 성이 보편화되지 않았다는 예증이다.

대하면서, 그들이 주장하고 시범적으로 보인 행동들이 널리 일반에 파급되어 유교문화가 생활문화로 민간에까지 보급, 정착되기 시작하였다. 그 이전에는 족보에도 남녀 구별 없이 연령순으로 기재하고 외가식구나 딸의 후손들도 족보에 모두 기재하는 등으로 남녀 차별이 거의 없었다.

7) 시대가 내려와 18세기와 19세기가 되면서 이러한 유교적 생활문화는 더욱 고착화되었다. 이에 따라 적서의 차별, 남녀의 차별, 장자상속, 번다한 관혼상제의 예식 문화가 사회 전반에 퍼지게 되었다. 일제는 강점기 내내 이를 조선의 관습이라는 이름으로 오히려 조장하였고, 거기에다 군국주의적 가치를 지향하여 일사분란한 지휘명령체계를 중시한 일제의 영향으로 남성 중심의 부계혈통주의가 우리 사회를 오랫동안 강하게 지배하였다.

그러나 1960년대 이후 급격히 산업화가 진행되면서 전통적 농업 중심의 사회구조가 해체되고, 이에 따라 핵가족화와 함께 대규모 인구이동이 이루어지면서 과거의 전통은 서서히 무너지게 되었다. 대법원이 위와 같이 이러한 사회, 문화의 변동을 인정하고 성년 여자의 종중원 자격을 인정한 것이나, 민법과 '가족관계의 등록 등에 관한 법률'이 종래의 호주 중심의 가족제도를 버리고 각 개인 중심으로 평등한 가족제도를 도입한 것이라든가 점진적으로 상속분의 평등화가 진행된 것은 문화가 고착적·정태적인 것이 아니라 시대와 사회의 흐름에 따라 늘 변화해가는 것임을 잘 말해준다고 할 수 있다.

(2) 상속법

(가) 제사 상속

1) 상속은 죽은 사람 또는 선대로부터 그와 일정한 혈연관계 등에 있는 후손이 재산이나 일정한 법적 지위를 물려받는 것을 말한다. 현재는 재산 상속만이 남게 되었으나, 과거에는 ① 제사, ② 귀족 지위 등의 신분과 가(家)의 정통성 내지 지휘감독권을 표상하는 호주권(戶主權) 또는 가독(家督), ③ 재산의 상속이 이루어졌다. 죽은 사람의 재산이나 그의 신분 등을 어떻게 처리할 것인가는 인간생활의 중요한 부분을 이루므로 상속법은 민사법의 중심적 영역을 차지한다.

2) 상속은 이와 같이 원래 죽은 사람으로부터 재산 등을 물려받는 것이지만, 생존한 선대가 미리 후손에게 그 재산 등을 배분해 주는 경우도 있으며, 이는 오늘날에도 행해진다. 이 역시 선대로부터 후대로 재산 등이 이전된다는 점에서 넓은 의미의 상속에 해당하나, 오늘날의 법이론으로는 상속이 아니라 증여나 유증에 해당한다.

오늘날에는 선대의 사망과 동시에 그 배우자 또는 그와 일정한 혈연관계에 있는 후손이 자동적으로 그 재산 등을 물려받지만(민법 제997조 참조), 과거에는 상속을 받을 자가 법령에 분명하게 규정되어 있지 않았던 관계로 후손들의 협의 또는 당해 가문 중에서 나이가 많고 서열이 높은 사람의 지정이나 관청의 결정에 의하여 상속을 받을 사람을 정한 경우도 있었다. 오늘날과 같이 상속을 받을 사람과 그 상속분이 법으로 명확히 정해지고, 그 상속인의 의사에 의하지 않고는 그에게 불리한 처분을 할 수 없도록 법이 명확해진 것은, 우리의 경우 1960년 민법 제정 이후부터이다.

3) 조선시대에 이르기까지 우리의 전근대사회에서는 죽은 조상을 제사지내는 것, 즉 봉사(奉祀)가 매우 중요한 의미를 가졌다.[33] 이는 유교문화권에서 특히 현저하다. 죽은 조상을 잘 제사지내야만 죽은 조상의 혼백이 이승을 떠나 저승으로 가서 편안히 쉴 수 있고, 그래야만 후손이 선대의 저주나 해코지를 피하고 복을 받을 수 있다는 독특한 문화가 지배하였기 때문이다.[34] 불교에서의 천도재(薦度齋)나 무속에서의 씻김굿은 죽은 자로 하여금 이승과 가족들에 대한 원망이나 유감을 남기지 않고 저승으로 가서 편안히 쉬도록 그 영혼을 달래고 기원하는 일종의 제사 내지는 공연(풀이)이다.

죽은 영혼에 대한 제사를 누가 지낼 것인지는 가문의 정통성에 관련되고, 또 그에 필요한 재산을 물려받는다는 점에서 중요한 의미를 갖는다. 즉 이는 가계(家系)의 계승에 관련된다. 통상적으로 제사를 지내는 사람은 그 가문을 대표하고 정통성을 물려받은 사람으로 평가된다. 유교문화권에서 하늘에 대한 제사는 황제만이 할 수 있다는 전통도 이를 반영한다.

4) 가계(家系)를 계승하는 것은 그 가(家)의 영속성을 유지하기 위한 수단으로서도 매우 중요하다. 가계를 계승하는 것을 입사(立嗣) 또는 승중(承重)이라고 한다. 가계를 계승하는 자는 왕가(王家)나 공가(公家)와 같은 경우 왕위나 귀족의 지위도 이어받는 것이 보통이나,[35] 일반인의 경우에는 제사를 이어받고 제사를 지내는 데 필요한 제구(祭具)와 묘위답(墓位畓)을 물려받는 데에 그친다.

현행 우리 민법은 분묘에 속한 1정보(약 9,917㎡=3,000평) 이내의 금양임야(禁養林野)[36]와 600평 이내의 묘토(墓土 = 묘위답, 위토)인 농지,[37] 족보와 제구의 소유권은 제사를 주재(主宰)하는 자가 이를 승계한다고 규정하면서도(민법 제1008조의3), 누가 제사를 주재할 것인

33) 죽은 조상에 대한 제사는 여러 가지가 있지만 가장 일반적인 것은 돌아가신 날 집안에서 지내는 기제사(忌祭祀)와 1년 중 계절이 좋을 때나 명절 때 묘 앞에서 지내는 묘제(墓祭) 또는 시제(時祭)이다. 집안에 사당(祠堂)이나 제각(祭閣), 즉 가묘(家廟)를 설치하고 지내는 제사나 왕실에서 종묘(宗廟)를 세워 지내는 제사도 본질은 기제사에 속한다. 죽은 날이 아닌 명절에 집안에서 지내는 제사는 차례(茶禮)라고 한다.

34) 중국과 한국의 전통적인 사상에서는 사람은 혼(魂=얼)과 백(魄=넋)을 가지고 태어난다고 생각했다. 혼은 하늘의 기운을 받은 것이고 백은 땅의 기운이 사람 몸에 스민 것으로 보았는데, 사람이 죽으면 혼은 하늘로 올라가고 백은 시신과 함께 땅 속으로 들어갔다가 시신이 썩어 흙으로 변하면 흩어진다고 생각하였다. 혼비백산(魂飛魄散)은 이를 나타내는 말이다. 제사는 하늘에 있는 혼을 불러 위로하는 것이고 성묘는 무덤에 있는 백을 불러 위로하는 것이다.

35) 이러한 면에서 이를 신분상속이라고도 한다.

36) 금양이란 수목의 벌채나 토석의 채취를 금하고 묘소 주변의 수목을 키운다는 뜻이다.

37) 묘위답은 당해 농지의 수확물로써 특정한 묘소의 관리비와 제사비용을 충당하는 논밭을 말한다.

지에 대해서는 규정하지 않고 있다.[38] 제사 주재자에 관하여 판례는, 우선적으로 망인의 공동상속인들 사이의 협의에 의해 정하되, 협의가 이루어지지 않는 경우에는 제사 주재자의 지위를 유지할 수 없는 특별한 사정이 있지 않은 한 망인의 장남(장남이 이미 사망한 경우에는 장남의 아들, 즉 장손자)이 제사 주재자가 되고, 공동상속인들 중 아들이 없는 경우에는 망인의 장녀가 제사 주재자가 된다고 한다(대법원 2008. 11. 20. 선고 2007다27670 전원합의체 판결).

5) 전통적으로 가계의 계승과 제사의 상속은 부계혈통주의가 자리 잡으면서 적장자(嫡長子), 적장손(嫡長孫)이 우선하였다. 즉 죽은 이의 본처 소생 자식과 첩 소생 자식이 있을 경우 본처 소생이 우선하고, 본처에게 여러 아들이 있는 경우에는 장남이 우선하였다. 그 다음 순위로는 적중자(嫡衆子＝본처 소생의 차남 이하 아들), 서자(庶子), 외손자 순이었다. 조선시대에는 경국대전 예전(禮典)에 이와 같은 규정을 두었으나, 16세기 성리학이 사회 전반을 지배하고 ＜주자가례(朱子家禮)＞라는 책이 널리 보급되기 전까지는 법전과 달리 형제들이 돌아가면서 제사를 지내거나 선조별로 제사를 나누어 분담하는 등 관습상 여러 가지 변형이 더 우세하였다.[39]

또 경국대전 예전(禮典)에는 6품 이상의 관리는 3대, 7품 이하의 관리는 2대, 일반서인(庶人)은 단지 부모에 한하여 제사를 지내도록 규정하였으나, ＜주자가례(朱子家禮)＞에 따른 예법이 관습법으로 고착되면서 관리이건 일반서민이건 모두 4대 선조까지 제사 지내는 이른바 사대봉사(四代奉祀)가 일반적으로 되어 경국대전 규정은 사문화되었다.

(나) 신분 상속

1) 왕족이나 귀족의 지위, 가(家)의 정통성 내지 지휘감독권을 표상하는 호주권(戸主權) 또는 가독(家督)의 상속은 우리나라에서는 전통적으로 왕위의 계승이 문제되는 왕가에서나 중요한 의미를 가졌을 뿐 일반 민가에서는 별 의미가 없었다. 이는 앞서 본 가계(家系)의 계승, 즉 제사 주재자 지위의 승계 문제에 포함되는 것이었고 별도로 문제가 될 여지나 실효성이 없었다.

일제의 강제병합 후 일본 민법과 호적법이 시행되기 이전까지 우리나라에서는 호주(戸主)나 가독(家督)이라는 관념이 없었고, 그와 관련하여 어떤 권리나 이익이 따르는 것도 아니었기 때문이다. 호주라는 명칭이 사용되기는 하였으나, 호주는 단순히 일정한 가족단위(생활공동체)의 대표자나 연장자로서 납세나 기타 행정업무상 그 가족단위를 대표한다

---

38) 1990. 1. 13. 개정 전 민법 제996조는 분묘에 속한 1정보 이내의 금양임야와 600평 이내의 묘토인 농지, 족보와 제구의 소유권은 호주상속인이 이를 승계한다고 규정하였는데, 1990. 1. 13. 민법 개정을 통해 호주상속제도를 호주승계제도로 개편하면서 분묘 등의 승계를 현재와 같이 개정하였다. 그런데 2008. 1. 1.부터 개정 민법에 의해 호주승계제도마저 폐지되었으므로 분묘 등의 승계와 호주 지위와는 완전 무관계한 것이 되었다.

39) 제주도의 경우에는 최근까지도 이런 관행이 유지되어, 아버지나 할아버지의 제사는 장남이, 어머니나 할머니의 제사는 차남이 지내는 등의 모습을 흔히 볼 수 있었다.

는 의미밖에 없었다. 이는 양반 사대부가에서도 마찬가지다. 양반 신분을 나타내는 유학(幼學)이나 업유(業儒), 생원, 진사의 지위나 관직은 직역에 관한 것으로서 성질상 자동적으로 상속되는 것이 아니기 때문이다. 조선에서는 귀족이라는 표지를 갖고 그 지위가 세습되는 특수계층이 인정되지 않았고, 왕족 역시 국왕으로부터 군호(君號)를 개별적으로 부여 받았을 뿐[40] 그것이 상속, 세습되지는 않았다.

2) 그런데 일제의 강제병합 후 일본 민법과 호적법이 의용, 시행되면서 일본의 호주제도가 법적인 제도로 도입되었고, 이는 상속의 대상이 되었다.[41] 호주는 일가(一家)의 계통을 계승한 자, 분가한 자 또는 기타 사유로 인하여 일가를 창립하거나 부흥한 자가 되며, 호주의 배우자, 호주의 혈족과 그 배우자 기타 민법에 의하여 그 가에 입적한 자는 그 호주의 가족이 된다.

그리고 가족의 누구에게 속한 것인지 분명하지 아니한 재산은 호주의 소유로 추정하며, 호주는 그 가족을 부양할 의무를 지고, 가족의 거소를 지정할 권한을 가지며, 성년자인 가족이 호주의 의사에 반하여 거소를 정한 때에는 호주는 그 지정한 장소에 귀환하기까지 부양의무를 면하고, 호주는 직계존속이 아닌 성년남자로서 독립의 생계를 할 수 있는 가족을 분가시킬 수 있는 등으로 가족법관계나 호적법관계에서 여러 가지 권한과 의무를 보유·부담하였다.

이렇듯 과거 호주권은 가족 간에 수직적 법률관계를 형성하고 가족에 대하여 지휘·명령·감독권을 행사하는 지위였는데, 이는 가독(家督)이라는 지위가 관행적으로 인정되어 온 일본의 가족문화가 일본의 군국주의 문화의 영향 아래 법제화·변형되어 우리에게 수입된 것이다.[42]

3) 일본의 경우, 에도시대(도쿠가와 막부 시대) 이후 가(家 = 이에)를 생활공동체로 파악하면서도, 그 영속성을 유지하기 위해 그 가를 대표하는 자를 가독(家督 = 가의 감독자)이라 하여 가독에게 그 가의 모든 재산은 물론 신분과 관직, 직업(가업)까지 상속하게 하였고,[43] 이후 가독(메이지시대에 법령상 용어를 호주로 바꾸었다)에게 가족들에 대한 거소

40) 국왕은 왕의 아들에게 개별적으로 군(예: 하성군, 능양군, 익성군) 또는 대군(예: 안평대군, 효령대군, 수양대군)의 칭호를 하사했는데, 대군은 적자, 즉 왕비 소생 아들에 국한되었다. 군이나 대군은 실제 관직은 갖지 않되 정1품 또는 정2품관의 대우를 받고 국가로부터 녹봉을 받았다. 왕족이 아닌 일반인도 공적이 큰 사람에게 군호를 하사하였는데, 이는 명예에 불과하다.

41) 과거 일본 민법을 모방해서 1958. 2. 22.에 공포되어 1960. 1. 1.부터 시행된 우리 민법은 호주상속의 순위를 1. 피상속인의 직계비속남자, 2. 피상속인의 가족인 직계비속여자, 3. 피상속인의 처, 4. 피상속인의 가족인 직계존속여자, 5. 피상속인의 가족인 직계비속의 처로 하여, 남존여비와 혈족 우선의 비민주성을 보였다는 비판을 받았다.

42) 1923년에 시행된 조선호적령은 일본의 호적법(1871년 제정, 1898년과 1915년에 개정)을 도입한 것인데, 일본의 호적법과 완전히 동일한 내용은 아니었다. 일본 호적법상 호주의 지위는 조선에서의 그것보다 강대하였다.

43) 에도시대(도쿠가와 막부 시대)에는 특정인이 특정한 번(藩)이나 막부(幕府), 천황가(天皇家), 공가(公

지정권, 결혼이나 입양, 입적 등 신분행위동의권, 이적권(離籍權 = 분가명령권), 복적거절권(復籍拒絕權) 등 가족을 지휘·감독하는 권한까지 부여하였다.

일본에서는 혈통보다는 가의 영속성 유지에 중점을 두어, 영속성을 유지할 능력이 있는 자라면 사위나 혈통이 다른 이성양자(異姓養子)라도 개의치 않고 받아들여 그에게 당해 가를 승계토록 하였다. 일본에서는 우리와 달리 남계혈통 동족집단인 동성(同姓)의 종중이나 문중의 개념이 없고, 특정한 개개의 가를 나타내는 씨(氏)가 두드러질 뿐 성은 별 의미를 갖지 못하는 이유가 여기에 있다. 우리 민법과 호적법은 이와 같이 종래 일제강점기에 도입된 호주제도를 시행하다가 2008. 1. 1. 민법 개정으로 폐지하였다.[44]

(다) 재산 상속

1) 재산상속은 상속법 중에서도 실질적으로 가장 중요한 의미를 갖는다. 과거 전근대 사회에서는 앞서 본 바와 같이 재산상속이 제사의 상속이나 신분의 상속과 밀접하게 연관되어 있었으나 오늘날에는 거의 완전히 독립되어 있다.

2) 상속제도는 문화의 한 부분이므로 시대와 사회에 따라 다르고 변화한다. 조선시대 이전에는 재산상속은 국가가 법으로써 자세히 규율하지 않고 관습과 재산 소유자 또는 그 후손들의 의사에 맡겼다. 경국대전 등 조선시대의 법전에도 재산상속 일반에 관한 법규는 없고 단지 노비의 상속에 관한 규정만 있었는데, 경국대전에서는 이에 관하여 제사를 물려받는 승중자(承重子)에게는 5할을 가산하고 나머지 자녀들은 균분으로 하되 첩자녀들은 차별하여, 양첩(良妾=양인 출신의 첩) 자녀에게는 적자녀(嫡子女)의 7분의 1, 천첩(賤妾=천민 출신의 첩) 자녀에게는 적자녀의 10분의 1만을 주도록 하였다. 법전상 남녀 간에 차별이 없었고 그 상속분이 동일한 것이 특징이다.

실제로 관행적으로도, 유가적 사회규범이 보급되기 이전인 17세기 이전까지는 남녀를 불문하고 재산은 균분상속이 보통이었고, 제사도 출가한 딸을 포함하여 자녀들이 번갈아 가며 나누어 맡는 윤회봉사(輪回奉祀)나 외손봉사(外孫奉祀=외손자가 지내는 제사)가 일반적이었다. 그러던 것이 17세기 이후 제사를 상속하여 가계를 승계하는 장남자나 장손을 우대하고 출가녀를 재산상속에서 완전히 배제하는 등 차별적인 형태로 변모하여 경국대전이나 그 후의 법전 규정은 사문화되었는데, 가계 계승자로서 부모 등의 재산을 제사와 함께 단독으로 상속한 장남이나 장손은 차남 이하 등이 분가한 후 그 상속재산 중 일부를 나누어 주었다. 그러나 그 분배비율이나 어떤 재산을 나누어 줄 것인지는 전적으로 그의 자유에 속하였다.

家)에서 갖는 신분(직위와 계급, 직업)이 자손에게 상속되었다.

44) 1990. 1. 13. 개정 민법에서는 호주상속을 호주승계로 용어를 고치고 그 조문의 위치를 종전의 제5편(상속편)에서 제4편(친족편)으로 이동하였으며, 호주승계도 재산상속처럼 포기할 수 있게 하는 등의 수정을 가하였다.

3) 일제 강점기에 일제는 조선에 일본의 민법 등을 의용, 시행하면서도 상속에 관해서는 조선의 관습에 의하도록 하여 일본 민법의 적용을 배제하였다. 이와 같이 해방 후 우리 민법이 제정, 시행되기 이전에는 재산상속이 국가의 법이 아닌 관습에 맡겨진 데에 따라, 피상속인의 생전에 피상속인이 자신의 사후 그 배우자와 후손들이 자신의 재산을 구체적으로 어떻게 나누어가질 것인지를 정하는 분재기(分財記)를 작성하는 경우가 많았는데,[45] 이는 오늘날의 상속재산분할이나 유증에 해당한다고 할 수 있다.

4) 오늘날과 같이 상속인이 될 자, 상속인의 순위, 상속분을 자세하게 법으로 정하게 된 것은 우리나라가 일제에서 독립하고 1960. 1. 1.부터 민법을 제정, 시행하면서부터이다. 민법 시행 이후 우리의 재산상속 제도는 여러 차례의 민법 개정을 거쳐 수차 변경되었는데, 이를 통해 배우자의 상속분 확대, 남녀균등, 기여분 제도의 인정, 유류분 제도의 도입 등이 이루어졌다.

다. 신분법(身分法)

1) 전근대시대에는 인간관계를 불평등한 차등적·수직적 관계로 보는 것이 당연시되었기 때문에 그 신분질서를 유지하기 위해 각자의 신분적 지위를 법으로써 규율하였다. 그럼으로써 지배층의 경제적·군사적·행정적 수요를 충족하고 사회질서를 안정시켜 통치에 매우 편리한 조건을 조성할 수 있었기 때문이다. 그리고 각자의 신분은 위와 같이 호적과 노비안은 물론 군적(軍籍), 사판(仕板=벼슬을 하고 있거나 할 자격이 있는 사람의 명단), 향안(鄕案), 기적(妓籍) 등에 기록·관리되었다.[46]

한편, 전근대사회에서는 사람의 신분 및 다른 사람과의 혈연관계와 인척관계를 대단히 중요시하고 연좌제(連坐制)를 적용하였기 때문에, 각자의 혈통과 혼인관계를 파악하기 위하여 조선의 경우 호적에 호주와 가족 사이의 혈연관계, 인척관계는 물론, 각자의 친가(부계)와 외가(모계)의 부(父), 조부(祖父), 증조부(曾祖父)를 기재하고 처가의 부모까지 기재하였다.

2) 일제강점기 이전의 우리 역사에서 왕위계승법이나 귀족령 등을 만들었다는 흔적은 보이지 않지만,[47] 경국대전 등 국가 기본법전에 이들을 특별 대우하는 규정이 산발적으

---

45) 피상속인이 생전에 분재기를 작성하지 않고 사망한 경우, 그 자손들이 의논하여 분재기를 작성하는 경우도 있었는데 이는 오늘날의 상속재산분할에 해당한다.

46) 조선의 경우 노비안은 정안(正案)과 속안(續案)으로 구별되어 작성되었는데, 정안은 정기적으로 노비의 가구와 분포를 조사하여 기록한 장부로서 매 30년마다, 속안은 정안과 정안의 작성기간 중간에 정안을 보충하여 작성되는 장부로서 매 3년마다 작성되는 것이 원칙이었다. 박노욱, <조선시대 기상전답의 소유주 연구>, 경인문화사(2005), 45면 각주 82 참조.

47) 일제는 자기네들의 황실전범(皇室典範)과 왕공가궤범(王公家軌範)에 준하여 종래의 조선 왕실 인사들을 처우하기 위한 목적으로 '이왕가궤범(李王家軌範)'을 제정하였다. 여기에는 왕위와 공작위(公爵位)의 승계 등에 관한 사항을 담고 있다. 그러나 일본의 황실전범 등은 메이지시대 이후에야 영국 등 서

로 존재하였으며, 불문법적 관습이나 사회제도로서 광범위하게 그것이 용인되었다.

이에 따라 신분은 그가 종사하는 직무인 직역(職役)과 밀접하게 연결되었다. 평민이나 천민 신분에 대해서도 마찬가지인데, 특히 천민의 경우 고려시대의 노비안검법(奴婢按檢法), 노비환천법(奴婢還賤法), 조선시대의 노비종모법(奴婢從母法), 천자수모법(賤者隨母法), 노비종천법(奴婢從賤法) 등과 같이 개별 법령(왕명)도 존재하였다.

천민은 아니지만 승려나 서얼(庶孽), 재가녀(再嫁女)의 자손 등도 다분히 신분적인 요소에 의한 제한과 사회적 차별을 받았음은 물론이다. 또 평민이나 천민이 양반 등 귀족계급을 살해하거나 이들에게 상해를 가한 경우 또는 이들 부녀와 정을 통한 경우 엄하게 처벌되었다.

3) 전근대시대에는 신분에 따라서 관리 등용이나 과거 등 국가시험의 응시 제한, 상호간 혼인의 금지, 일정 직업의 종사나 일정 지역에의 출입 규제 등 다양한 제약이 가해졌는데, 이를 규율하는 법은 대부분 공법이었다. 반면에 사법관계는 노비의 소유나 거래, 고공관계(顧貢關係) 등과 같은 재산법관계에 국한되어 사법적 영역이 매우 좁았다. 이는 민사법과 형사법, 공법과 사법이 미분화된 채 매우 광범위하게 개인의 자유활동을 제한하고 강제력에 의하여 사회질서를 유지하려 하였던 전근대시대의 한 특징이다.

4) 조선의 경우 경국대전이나 그 뒤를 이은 국가 기본법전상 양민(良民), 즉 평민과 천민의 두 신분만 존재하였고, 양반과 일반 평민 사이에 공식적으로는 아무런 법적 구별이나 차별이 없었다.[48]

그러나 양자 간에 구별과 차별이 사회 관습이나 왕명 등 개별 법령에 의하여 인정되고 조장되었다. 그리하여 양민(양인)계급은 사대부층의 양반과 일반 평민, 그 중간층인 중인(中人)의 세 계층으로 분화되었다. 그리고 양반계급에게는 뚜렷한 법적 근거도 없이 군역(軍役)이 면제되었고, 이들이 가벼운 범죄를 범한 경우 속전(贖錢)이나 대벌(代罰)이 허용되었다. 그리고 양반계급에 대한 일반인의 범죄행위에는 형이 가중되었다.

중인층은 주로 신분적으로는 양반의 서얼이나 하급 관리, 관공서의 서원이나 서리, 군교(軍校), 향리층이 이에 속하였는데, 직업적으로는 의학, 명리학(역술), 율학, 산학, 천문학(관상학), 그림이나 공예(도화서), 하급 일반 행정업무 등에 종사하였으며, 관료가 되더라도 승진에 일정한 한계가 있었다. 고공(顧貢)은 주인을 위해 예속적 지위에서 노동력을 제공하는 것은 노비와 동일하지만, 노비와 달리 그 신분이 세습되지 않고 본인 당대에

양 각국의 것을 모방하여 제정된 것이다. 전근대사회에서 관리를 품계에 따라 차별하는 일은 당연하였으나 관리라고 해서 당연히 귀족인 것은 아니다. 다만 관료층은 어느 사회에서나 지배적 신분이었다. 귀족의 지위는 세습되는 반면, 관료는 고위 관료라고 해도 그 지위가 세습되지는 않는다.

48) 그렇기 때문에 공식적으로는 일반 양민도 과거에 응시하고 관리가 될 수 있었다. 그러나 이는 경제력이 뒷받침된 소수에 국한되었고, 이들의 관직 진출과 승진에는 일정한 한계가 있었음은 물론이며, 후대로 갈수록 이들이 관직에 진출하는 문이 더욱 좁아졌다.

그친다는 점에서 노비와 다르다.

5) 조선에서는 순조 원년(1801) 공노비(公奴婢) 일부를 해방하여 양민 신분으로 바꾸어 주었다. 그 조치로 약 6만 명의 공노비가 양민이 되었다.[49] 그러나 사노비(私奴婢)의 해방은 1894년 갑오개혁 시기에야 이루어졌다.

현재 우리나라 법제에서는 귀족제도나 기타 사회적 계급으로서의 신분은 일절 인정되지 않는다. 즉 모든 국민은 법 앞에 평등하고, 누구든지 성별·종교 또는 사회적 신분에 의하여 정치적·경제적·사회적·문화적 생활의 모든 영역에서 차별을 받지 아니하며, 사회적 특수계급은 인정되지 않는다. 또 어떠한 형태로도 이를 창설할 수 없으며, 훈장 등의 영전은 이를 받은 자에게만 효력이 있고 여기에 어떠한 특권도 따르지 않는다고 헌법이 명시하고 있다(헌법 제11조).

라. 예법(禮法)

1) 오늘날에는 의례나 예의, 예절에 관한 것은 법으로써 국가가 관여, 규율하기보다는 대부분 관습과 도덕, 종교, 문화에 맡겨져 있다.[50] 그러나 과거 전근대사회에서는 차등적 신분질서의 시각에서 이를 공법으로 규율하는 경우가 매우 많았다.

특히 유교적 질서를 근간으로 하는 조선시대의 경우, 이른바 5례(五禮)라고 하는 길례(吉禮=제사의례), 흉례(凶禮=상례), 군례(軍禮), 빈례(賓禮=외교적 의례), 가례(嘉禮=왕이나 세자의 즉위나 책봉, 결혼 의례)의 예법을 국조오례의(國朝五禮儀)라는 법전으로 편찬하여 시행할 정도로 그 중요성이 강조되었다.[51] 여기에는 군대조직 내의 예법인 군례(軍禮), 중국이나 여진, 일본과의 사대교린관계상의 국제법적 관계 등 공법적 관계도 다수

---

49) 궁궐이나 관청의 밖에 거주하면서 노비공을 납부하는 납공관노비(納貢官奴婢)는 이때 해방되었으나 관청에 소속되어 노역을 제공하던 입역관노비(立役官奴婢)는 갑오개혁 때에야 해방되었다. 궁궐이나 관청에 소속한 노비를 관노비 또는 시사노비(寺社奴婢)라 하는데, 이들을 더욱 세분하여 중앙관청에 속하는 제사노비(諸司奴婢) 또는 각사노비(各司奴婢)만을 시사노비라 하고, 지방관청인 감영이나 군현, 역, 향교 등에 속하는 노비를 따로 영노비(營奴婢), 역노비(驛奴婢), 교노비(校奴婢)로 부르기도 한다. 왕실 소속인 내수사노비(內需司奴婢)는 내노비(內奴婢) 또는 궁노비(宮奴婢)로서 시사노비의 일종이다.

50) 국기인 태극기에 대한 '대한민국국기법', '국경일에 관한 법률', '국장·국민장에 관한 법률' 등은 그것이 갖는 공적 성격을 감안하여 법으로써 정한 것이고 사인 사이의 의례에 관한 것은 아니다. 과거 '가정의례준칙'이나 '가정의례에 관한 법률'이 있었으나 1999. 2. 8. 폐지되고, 그에 대체하여 '건전가정의례의 정착 및 지원에 관한 법률'이 제정, 시행되고 있으나, 권고적 규정에 불과하고 강행성은 없다. 또 '장사 등에 관한 법률'은 죽은 사람을 매장하거나 화장하는 등으로 그 시신을 처리하는 방법을 공법적 차원에서 규율하는 것으로서 장례의 예법을 규율하는 것은 아니다.

51) 국조오례의나 경국대전 등 법전에서 규율한 것은 국가나 왕실의 의례가 대부분이었다. 한편 민간의례는, 국가가 법으로써 정한 예법 외에도 이름 있는 학자나 선비가 개인적으로 정한 예법이 관습적으로 전파, 유행되기도 하였는데, 지역이나 계층에 따라서 서로 다른 예법이 통용되기도 하였다. "남의 제사에 감 놔라 대추 놔라 간섭한다"는 말은 이를 웅변한다. 예법은 특히 상례와 제례에서 매우 복잡하였는데, 이른바 옷(상복)을 입는 사람(有服親)과 입지 않는 사람(無服親), 입는 사람들 간에도 죽은 사람과의 관계에 따라 그 입는 옷의 종류와 착용 기간을 달리하였다.

포함되었다. 민간에서는 4대 예절로서 관혼상제(冠婚喪祭)의 의례가 관습법에 의해 규율되었다.

2) 전근대사회에서는 과학지식의 미약, 질병이나 재난에 대한 미신적 사고와 두려움 등으로 인해 죽은 사람이나 산천 등 어떤 대상에 대하여 인간이 겸양을 갖춰 충분히 대우하지 않을 경우 해를 입을지 모른다는 생각에 매사에 지나치게 의미를 부여하고, 예식 절차를 까다롭고 번거롭게 하는 등으로 예법이 매우 번잡하였다.

또 차등적 신분질서의 영향으로, 예법에 대해서도 차등과 차별이 당연시되었다. 예컨대, 부모의 장례에 관하여도 아버지의 상에는 재최(齊衰=옷자락을 바느질하지 않고 풀어헤친 상복)를 입고 대나무로 만든 지팡이(喪杖)를 짚는 대신, 어머니의 상에는 참최(斬衰=옷자락을 바느질해서 마무리한 상복)를 입고 오동나무로 만든 지팡이를 짚는 차별을 두었으며, 부부 일방의 상에 남편이나 아내가 입는 상복에도 차별을 두었다. 일반인의 경우 돌아가신 날 집에서 제사를 모시는 기제사(忌祭祀)는 4대 조상에 한하였으나, 왕실의 경우에는 이를 5대 조상까지 확대하였다.[52]

3) 조선시대 민간의례인 관혼상제(冠婚喪祭)도 이후 사회문화적 환경 변화에 따라 크게 변모하였다. 지금은 관례(冠禮)의 경우 완전히 사라졌으나 나머지는 아직도 통용되고 있다. 그러나 점차 우리 고유의 전통 예법이 사라지고 서양식 예법이 대중화되면서 그 의례절차가 매우 간편해지는 경향을 보이고 있다.

2. 재산법

가. 동 산

1) 동산은 부동산과 함께 물건으로서(민법 제99조) 재화 가운데 거의 대부분을 차지한다. 동산은 영속성(永續性)이 비교적 약하고, 정보화가 발달하지 못했던 전근대사회의 경우 그 구체적인 재산 내역과 소재를 파악하기 어려워 이를 공유의 대상이나 공산제의 대상으로 삼는 것이 쉽지 않았다.

2) 또, 동산 중 일부는 각 개인이 자신의 몸에 지니거나 신변 가까이에 두고 사용하는 것이므로, 이러한 동산의 성격도 동산의 사유제에 영향을 미쳤을 것이다. 때문에 원시적 공산사회였던 씨족국가나 부족국가 시대에서조차도 대부분의 동산에 대해서는 사적 소유가 인정되었고, 비교적 재산 가치가 크며 그 소재 파악이 쉬운 소, 말, 돼지 등의 가축을 제외하고는 이를 조세 부과의 대상으로 삼는 경우도 드물었다.

52) 남녀 간에도 다양한 차별이 있었음은 물론이다. 또 임금의 이름에 들어간 글자를 쓰지 못하게 하는 기휘(忌諱) 때문에 문자생활에 불편을 주었을 뿐 아니라, 때로는 이를 빌미로 정적을 제거하거나 탄압하는 구실로 이용하기도 하였다. 그래서 이러한 불편을 피하기 위해 일부러 임금의 이름은 외자로 하고, 또 그 글자도 일반에서는 잘 쓰지 않는 글자를 사용하기도 하였다.

3) 전근대사회에서도 물건 외에 동산으로서의 성질이 강한 채권이나 소유권 이외의 물권, 지적재산권, 특허권, 특정한 광산이나 어장, 염전(鹽田=鹽盆), 점포를 운영하거나 특정한 업종을 배타적으로 운영할 수 있는 각종 특권 등이 있었지만, 그것들은 오늘날처럼 종류도 많지 않았고 개인이나 국가의 재산에서 큰 비중을 차지하지는 못했다. 따라서 이들을 규율하는 법은 거의 없었고, 관행과 그때그때의 왕명에 의해 규율되었다.

나. 부동산

1) 부동산은 재산 가치가 크고 그 소재 파악이 쉬운 특성상 전근대사회 이래 매우 중요한 재산으로 취급되었다. 전근대사회에서 토지가 차지하는 비중은 거의 절대적이라 할 수 있다.

2) 제조업과 상업, 서비스업의 비중이 극히 작아 전 인구의 절대다수가 농업에 종사하고 농업생산이 국가 부의 절대적 원천이었기 때문에 토지(특히 농지)의 중요성은 지금과는 비교도 되지 않을 만큼 높았다. 조세의 부과, 징수도 토지에 집중되었음은 물론이다.[53] 따라서 토지의 분배, 관리(소재, 규모, 지목, 비옥도, 소유자나 경작자의 파악, 조세부과 등), 양도와 상속 등에 관하여 많은 규제와 법적 규율이 가해지고, 이를 파악하기 위한 공적 장부가 작성·관리되었다.

이러한 토지의 성질상 전근대사회에서는 토지의 공산제나 공유제가 시험된 흔적도 보이고, 그 이후 역사의 전개에 따라 토지의 사적 소유가 점차 확대되는 과정에서도 모든 토지는 왕의 소유라는 왕토사상(王土思想)의 기반 위에 넓은 범위에 걸쳐 국가와 국왕, 관청의 소유에 속하는 공전(公田)이 존재하였다.

3) 이에 반해 건물의 경우, 이는 사람에 의해 축조되고 토지에 비해 영속성이 약하므로 동산적 성격이 강하게 반영되었다. 이에 따라 건물에 대해서는 일찍부터 사유제가 적용되었다. 전근대시대에는 건물이래야 궁전이나 관청 건물, 귀족이나 부호의 저택을 제외하고는 모두 사람이 겨우 비바람이나 피하고 침식할 수 있는 정도의 초가삼간이나 움막에 불과하여 그 재산성이 크지 않았으므로 이를 과세 대상으로 삼은 경우는 비교적 드물었다. 그리고 토지와 달리 건물만을 대상으로 하는 공적 장부 대신에 호구를 관리하는 호구대장(戶口臺帳)에 부수적으로 건물의 규모와 용도 등을 기재·관리하였다.[54]

다. 사람의 재산성

1) 오늘날에는 사람 그 자체를 과세대상이나 과세표준으로 파악하여 과세하는 일은

53) 조선 말기에 토지가 부담하는 국세수입 비중은 대체로 90% 내외에 육박하였다. 같은 시기 중국은 약 73%였다.

54) 신라시대의 장적(帳籍)이나 조선의 호구대장은 그 전형적인 예이다.

극히 예외적이다. 즉 이는 주민세(지방세법 제7조)를 제외하고는 거의 찾아보기 어렵다.

2) 그러나 경제적 생산력과 경제활동이 저조한 데에다 경제적 부(富)의 창출이 주로 사람의 노동력에 의지하였던 전근대사회에서는 사람이 곧 부의 원천이자 재산으로 이해되었다.

3) 이에 따라 일정한 주거에 살고 있는 가족이나 세대, 즉 호구(戶口)를 담세원(擔稅源)으로 파악하여 각 개인이나 그들의 집합체인 호구를 대상으로 과세하는 경우가 많았는데, 그것이 곧 요역(徭役)과 공물(貢物) 납부의무로서 이는 일종의 인두세(人頭稅)에 해당한다. 예컨대, 일정 연령의 남자에 대해서 일반 조세와 군포(軍布)라는 등의 명목으로 연간 베 한두 필을 바치게 하거나, 용(庸)이라는 명목으로 궁궐이나 관청 건물, 성곽의 축조·보수, 도로의 개설·보수 등 공적인 일에 노동력을 징발, 동원하거나, 호구별로 쌀이나 베, 수산물 또는 과일, 가축, 땔감, 종이 등 궁궐이나 관청의 소요물을 조(調)라는 명목으로 바치게 하는 따위이다.

4) 사람의 재산성이 가장 분명하게 드러나는 경우가 곧 노비제도이다. 앞서 본 바와 같이 노비는 매매와 상속의 대상으로 주인에게는 재산으로 취급되었다. 따라서 조선시대와 같은 전근대사회에서 노비는 토지와 함께 사유재산의 중요한 기초로서, 사대부 지배구조를 떠받치는 경제적 토대가 되었다.[55] 그리고 이를 규율하는 법도 다른 것에 비해 상당히 갖추어져 있었다.

3. 법률행위와 소송법

가. 실체법

1) 농업에 절대적으로 의지한 채 경제적으로나 정치적·사회적으로 발달 정도가 미성숙하였던 전근대사회에서는 사인 간의 각종 거래나 의사표시 등의 법률행위, 사적 인간관계에서 발생하는 채권·채무관계, 불법행위, 부당이득, 사무관리, 거래의 안전이나 제3자 보호 등에 관한 법을 충분히 알지 못하였거나 그 필요성을 느끼지 못하였다.

2) 이에 따라 그 대부분을 사회 관습 또는 개인의 수중에 맡기고 법으로써 규율하는 경우가 드물었다. 사람의 행위능력이나 능력의 제한, 부재나 실종, 후견이나 친권, 태아의 지위 등에 대해서도 아무런 고려가 없었음은 물론이다. 조선시대 경국대전 등의 법전

---

55) 고려시대 지방의 호장 계층에서 성장하여 과거와 군공 등으로 조선시대에 들어와 사족(士族)으로 진화한 퇴계 이황의 가계에서도 이러한 모습을 생생하게 볼 수 있다. 퇴계는 조상에게서 많은 재산을 물려받지는 못하였으나 전처와 후처가 그 친정에서 상당한 재산을 상속하여 퇴계의 재산형성에 많은 도움을 주었다. 이에 따라 퇴계는 지방의 유력한 지주계급이 되어 그 사망 당시 여러 채의 집과 150구(口) 내외의 노비, 수천 마지기(두락)의 전답을 후손에게 물려주었다. 이들 노비의 대부분이 외거노비임은 물론이다.

에 이에 관한 규정이 거의 없거나 매우 약소한 것도 다 이러한 이유 때문이다.

3) 시대와 사회에 따라, 경제활동과 거래관계를 비롯한 사람과 사람의 관계를 규율하는 법의 발전 정도는 그 시대와 사회의 경제적 발전도는 물론 정치적·제도적·문화적 성숙도와 밀접한 관계가 있다. 이런 면에서 로마법이나 중세 길드법의 발달은 그 좋은 예증이라고 할 수 있다. 반면에 경제활동과 상거래관계가 비교적 저조하였던 동양에서는 이에 관한 법의 발전도 매우 미약하였다.

오늘날과 같이 민법이나 상법, 어음법, 수표법, 등기법, 보험법, 증권법 등과 같이 다양한 실체적 사법이 분화하여 발달한 것은, 16세기 대항해시대의 전개 이후 상업혁명과 산업혁명을 거치면서 무역과 산업생산의 비약적인 발달, 원료 공급지와 소비시장의 확대, 그에 뒤따르는 대량 소비시대 도래의 결과이다. 그 가운데서도 사법제도(私法制度)의 근간이라 할 수 있는 민법의 발전은 로마법을 발전적으로 계승한 19세기 초 프랑스의 나폴레옹 민법전에서부터 시작되었다. 그 과정에서 실정법 중심의 대륙법계와 조리 및 관행, 관습법 중심의 영미법계가 큰 줄기를 이루어 발달하였음은 주지의 사실이다.

4) 우리나라의 민사법제는 구한말[56]과 식민지 시대를 거치면서 일본을 통하여 독일, 프랑스, 스위스, 오스트리아의 대륙법제가 수입, 정착되어 오늘날까지 그 근간을 이루고 있다. 영미법계의 영향은, 해방 이후 미군이 진주하여 군정을 실시하고 1960년대 이후 수출주도형 산업화가 이루어진 후에야 시작되었다. 이를 통해 우리의 경제규모가 커지고 거래지역과 상대방이 확대됨과 아울러 각종 국제기구에 가입하면서 영미법이론의 도입이 이루어졌다.

5) 오늘날 실체법으로서의 사법은 그 기초가 되는 민법, 상법을 위시하여 대단히 복잡다기한 실정이다.[57] 특히 세계화, 국제화의 추세에 따라 UN이나 그 산하기관 등 다양한 국제기구의 주도 아래 국제조약이나 통일법(모델법)이 제정되는 등 보편적이고 동일·유사한 내용의 법이 국제적으로 보급, 시행되는 경향이 두드러지게 되었다. 이는 거래기준을 통일하여 거래를 활성화하고 거래의 안전을 도모하려는 국제적 노력의 결과이다.

나. 절차법

1) 전근대시대에는 절차법 역시 형사사법(刑事司法)에 크게 치우쳐 민사관계에 대한 관심과 비중은 상대적으로 매우 작았다. 그리고 공법과 사법의 미분화로 민사절차와 형사절차의 구별이 애매하여, 민사절차가 형사절차처럼 운영되거나 민사절차가 형사절차로

---

56) 엄격히는 대한제국 말기를 말하나, 통상 그 이전 조선왕조시대 중 병자수호조약 이후를 포함한다.

57) 민법이나 상법, 전자상거래법 등과 같은 거래나 법률행위 등에 관한 법률 외에도, 등기, 공탁, 어음, 수표, 상호, 상표, 공증에 관한 법률이나, 자동차·항공기·선박·공장의 저당법, 동산·채권 등의 담보에 관한 법, 가등기담보법, 보증인 보호를 위한 특별법, 공정거래법 등 거래안전이나 거래활동을 보조하는 여러 법적 장치도 크게 확대되고 있다.

전환되는 등의 현상도 비일비재하였다.

2) 조선시대의 민사소송에 관한 법규를 보면, 출소기한의 제한, 당사자의 소환과 출석, 증거방법과 증거신청의 제한, 상소의 제한 등이 간단하게 규정되어 오늘날의 그것에 비한다면 극히 소략하다. 관할이나 심급, 심리절차, 일사부재리의 원칙이나 기판력이론, 판결의 집행 등 민사절차법의 핵심적 내용마저도 알지 못하거나 법제화되어 있지 못했음은 물론이다. 이는 재물이나 재산관계를 천시하는 유교의 영향도 크다.

이와 같이 민사관계에 관한 실체법과 절차법이 미약하고 대부분이 관습(관습법)이나 조리에 의해 규율되었으므로 자연스레 재판기관인 지방관의 자의적 판단과 부정, 비리가 많을 수밖에 없었는바, 우리가 자주 사용하는 '원님재판'이라는 말이 이를 증명한다.

3) 상업혁명 이후 거래가 확대되고 분쟁이 증가함에 따라 각국의 국내법으로서 실체법과 함께 소송법과 절차법이 확대, 발전하는 한편, 권력분립과 사법권독립의 원칙이 정립되어 행정권으로부터 독립된 법률전문가인 법관에 의한 재판제도가 정착되기에 이르렀다. 이로써 분쟁과 그 해결에 대한 예측 가능성이 크게 신장되고 권리구제도 담보할 수 있게 되었다. 이러한 민사절차법의 발달은 민사실체법의 발달과 함께 이루어졌다.

4) 오늘날 사법(私法)의 영역에서 소송법 내지 절차법은 크게 본안소송법과 그 전단계의 보전소송법, 그 후단계의 강제집행법의 세 분야가 중심을 이룬다.

그리고 역시 세계화, 국제화의 영향으로 절차법 분야에서도 국제조약이나 통일법을 통한 보편적이고 동일·유사한 내용의 절차법이 보급되는 한편, WTO(세계무역기구)나 ICSID(International Center for Settlement of Investment Disputes, 국제투자분쟁중재센터), UNCITRAL(United Nations Commission on International Trade Law, 국제연합국제상거래법위원회) 등 국제적 분쟁해결기구가 점차 증가하는 추세에 있으며, ADR을 통한 분쟁 해결이 국제분쟁에서도 지위를 넓혀가고 있다.

Ⅱ. 법원(法源)

1. 전근대시대

가. 조선시대 이전

1) 조선시대까지 우리 사회는 기본적으로 모두 군주 전제정치였으므로 모든 법의 원천은 왕의 명령이다.[58] 물론 국왕의 명령이 발령되는 과정에서 유력 귀족이나 관료, 외

58) 물론 국왕의 명령이라고 해서 그 모든 것이 다 법이 되는 것은 아니다. 예컨대, 국왕의 출진명령이나 처벌명령, 특정인에 대한 관직의 임명이나 파면, 상벌, 조세감면 등의 명령이 법이 아님은 물론이다. 그것이 법이라고 하려면 불특정인이나 불특정한 법률관계를 대상으로 하여 일반적·보편적·일률적으로 적용될 수 있는 규범의 성격을 갖추어야 한다. 이러한 규범에는 통상 절목(節目), 사목(事目) 등의 명

척, 환관 등이 일정한 정도 영향을 미치는 경우가 있으나, 그런 경우라도 외부적·객관적으로 성립하는 법은 모두 국왕의 명령으로서 성립하고 표시되었다. 국왕 이외의 입법기관은 따로 존재하지 않았으며, 왕명이 규율하지 않은 사항은 관습과 종교, 도덕이 규율하였다.

2) 왕정국가(王政國家) 체제가 성립하기 전에는 원시 공산적 씨족사회나 부족사회, 지역연맹체나 귀족연합체 등 다양한 정치체제가 존재했을 것으로 추측되나, 그 시대에 법이 어떠한 형태로 존재하였는지는 정확히 알 수 없다. 아마도 국왕의 명령에 준하여 유력한 씨족장이나 부족장의 명령의 형태로 존재하고, 경우에 따라서는 그 과정에 신라시대의 화백회의 같은 씨족회의체나 귀족협의체, 지역 지배자의 회의체 등을 통해 집단적 의사결정이 이루어지지 않았을까?

3) 많은 나라의 역사가 이렇듯 법의 원천이 불분명·불확실하고 통일적·단일적 법령이 존재하지 않았다가, 국가 체제가 정비되고 국가 권력이 강대해지면서 1인의 국왕에 의한 통일적 법령이 공포, 시행되는 율령국가(律令國家) 체제로 발전하였다.

4) 조선시대 이전에도 법전은 존재하였다. 외국에서도 보는 것이지만, 법령이나 법규를 돌이나 나무, 점토판, 금속 등에 기록하기도 하다가[59] 나중에는 이를 종이에 법전의 형태로 기록하는 방향으로 발전하였다. 삼국시대와 통일신라, 고려에서도, 현재 전해지는 법전은 없지만 그 문화적 발전의 규모상 이런 형태의 법전이 존재했을 것임이 틀림없다. 그러나 그 시대에는 법전이 존재하였더라도 기술적 제약으로 인해 오늘날과 같이 일반 대중에게 그것이 배포될 수는 없었고, 또 법령의 개정에 따라 즉시 그 내용이 법전에 수록될 수도 없었다.

나. 조선시대

(1) 국왕의 의사결정

1) 우리 역사상 조선과 그 연장인 대한제국은 전제왕정(專制王政) 체제의 최후 단계에 속한다. 법전에 명시되지는 않았지만, 국왕이 크고 작은 모든 사안에 대한 최종적·궁극적 의사결정권자였음은 물론이며, 법은 국왕의 명령 형태로 존재하고 공포, 시행되었다.[60]

칭이 붙여졌다.

59) 고조선의 팔조금법(八條禁法)도 아마 이런 형태로 존재하였을 것이다.

60) 오늘날의 헌법에 준하는 것으로 1899. 8. 17.에 공포된 대한제국 국제(國制)에는 그것이 명확하게 표현되어 있다. 대한국(大韓國)의 정치(政治)는 유전즉 오백년 전래(由前則五百年傳來)하시고 유후 항만세 불변(由後恒萬歲不變)하오실 전제정치(專制政治)이니라(제2조), 대한국(大韓國) 대황제(大皇帝)께옵서는 무한(無限)하온 군권(君權)을 향유(享有)하옵시나니 공법(公法)에 위(謂)한 바 자립정체(自立政體)이니라(제3조), 대한국 신민(大韓國臣民)이 대황제(大皇帝)의 향유(享有)하옵시는 군권(君權)을 침손(侵損)할 행위(行爲)가 유(有)하면 기이행 미행(其已行未行)을 무론(勿論)하고 신민(臣民)의 도리(道理)를 실(失)한 자(者)로 인(認)할지니라(제4조), 대한국(大韓國) 대황제(大皇帝)께옵서는 법률

정승이나 판서 기타 대소 신료(臣僚)들은 국왕의 의사결정을 보좌하고 건의하는 역할에 그쳤으며, 조선이나 대한제국이 종말을 고할 때까지도 신하들이 실질적으로 국정에 관한 의사를 결정하고 책임을 지는 내각제나 전결제(專決制)는 시행된 바 없다.

2) 조선시대에는 고려시대와 달리 왕명을 기초하고 심의하는 관서인 중서문하성이나 이와 유사한 회의체 기구를 두지 않아 국왕의 전제권을 강화하였다. 물론 정승들(영의정, 좌의정, 우의정)의 합의기구인 의정부(議政府)가 설치되고 중요한 국사에는 의정(정승)들의 부서(副署)를 받도록 하였지만, 고려의 그것에 비해 견제기능이 떨어졌다. 태종과 세조 때에는 이러한 기능을 간접적으로나마 담당하던 의정부서사제(議政府署事制), 즉 의정부의 부서제(副署制)마저 폐지하고 육조 판서가 의정부를 거치지 않고 직접 국왕에게 보고하고 그 지휘를 받는 육조직계제(六曹直啓制)를 채택하기도 하였다.

그 뒤 의정부의 기능을 사실상 대신하고 그 규모를 확대한 비변사(備邊司)가 설치되었으나, 이 역시 실질적인 논의기구로서의 역할을 거의 하지 못한 채 소수 외척이나 문벌 세력가의 영향 아래 자의적·형식적으로 운영되어 다양한 의견수렴이나 이를 통한 왕권견제는 기대할 수 없었다.[61]

3) 일제의 압력에 의한 갑오개혁으로 1894. 6. 25.(음력) 군국기무처(軍國機務處)가 설치되고 의정부 관제가 개정되어 국왕의 전제적 의사결정권이 많은 제약을 받게 되었다.

군국기무처는, 일제가 조선의 내정개혁을 빌미로 청일전쟁을 일으키고 경복궁을 점거하여 고종을 압박하자, 조선 정부가 이에 대한 대응책으로 자체적인 내정개혁을 표방하며 그 전담기구로 교정청(矯政廳)을 설치할 뜻을 밝혔는데, 일제가 너무 미온적이라며 이에 반대하여 그 타협책으로 설치된 기구이다.[62]

(法律)을 제정(制定)하옵시어 그 반포(頒布)와 집행(執行)을 명(命)하옵시고 만국(萬國)의 공공(公共)한 법률(法律)을 효방(效倣)하사 국내법률(國內法律)도 개정(改定)하옵시고 대사(大赦), 특사(特赦), 감형(減刑), 복권(復權)을 명(命)하시옵나니 공법(公法)에 위(謂)한 바 자정율례(自定律例)이니라(제6조), 대한국(大韓國) 대황제(大皇帝)께옵서는 행정(行政) 각 부부(各府部)의 관제(官制)와 문무관(文武官)의 봉급(俸給)을 제정(制定) 혹(或) 개정(改定)하옵시고 행정(行政)상 필요(必要)한 각항(各項) 칙령(勅令)을 발(發)하옵시나니 공법(公法)에 위(謂)한 바 자행치리(自行治理)이니라(제7조). 대한국(大韓國) 대황제(大皇帝)께옵서는 문무관(文武官)의 출척(黜陟) 임면(任免)을 행(行)하옵시고 작위(爵位) 훈장(勳章) 급(及) 기타(其他) 영전(榮轉)을 수여(授與) 혹(或) 체탈(遞奪)하옵시나니 공법(公法)에 위(謂)한 바 자선신공(自選臣工)이니라(제8조)는 등이 그 내용이다. 고종이 이러한 내용의 대한제국 국제를 제정, 공포한 이유는, 1898. 12. 강제 해산한 독립협회와 만민공동회 등이 자유민권운동과 의회설립운동에서 나아가 대통령제를 표방하는 등으로 왕권을 침해할 우려가 있자 이를 탄압, 견제하려는 포석에 의한 것이다.

61) 그러나 역설적으로 성종 이후 영조대와 정조대를 제외하고는 신권(臣權)이 강화되고 왕권은 오히려 약화되었다. 이는 유약한 왕이 잇따라 즉위한 때문이다. 즉 전제왕정은 명목상의 것에 지나지 않고, 국왕의 능력에 전적으로 좌우되었다.

62) 군국기무처 설치안은 주한 일본공사관의 서기관 스기무라 후카시(杉村濬)가 안을 내고 대원군과 친일 개혁 관료들이 이에 동의함으로써 성립되었는데, 이전(1882~1883)에 존속한 바 있었던 기무처(機務處)의 이름을 따서 대원군이 명명하였다고 전해진다(한국민족문화대백과사전 참조). 군국기무처에는 총재(영의정 김홍집이 겸임) 외에 부총재 1인(내아문 독판 박정양이 겸임)과 기초위원 3인을 두었으

군국기무처는 과도기적인 입법기관의 성격을 띠었고, 실제 활동을 개시한 1894. 7. 28.부터 약 3개월 사이에 208건의 새로운 법령과 의안을 의결해 국왕의 이름으로 공포하였는데, 그 위원의 대부분은 총재 김홍집을 비롯하여 김윤식·어윤중·유길준 등 개화파와 대원군 계열의 인사들이었다. 국왕은 군국기무처의 의결에 대하여 거부할 권한이 있었으나 일제의 압박으로 사실상 반대의사를 표명할 수 없었다. 그러므로 군국기무처는 사실상 국왕의 의사결정권을 배제한 비상 의사결정기구였다.

4) 군국기무처는 개국연호(開國年號)의 사용, 신분제 폐지와 노비 해방, 과부의 재가 허용, 백정 등에 대한 차별 금지, 행정권과 사법권의 분리(재판소 설치), 고문과 연좌제 폐지 등의 의안을 의결해 국왕(고종)의 승인을 얻어 반포하였다. 군국기무처는 또 의정부 관제(官制)를 고쳐 종래의 6조(六曹)를 8아문(衙門) 체제로 개편하였다. 즉 왕권 견제와 궁중의 정치 간여를 배제하기 위해 의정부(議政府)와 궁내부(宮內府)의 2부를 두고, 의정부 소속으로 내무·외무·탁지·군무·법무·학무·공무·농상무의 8아문과 중추원, 도찰원 등 국왕 직속의 여러 부속기관을 설치하였다. 그리고 의정부의 장을 영의정에서 총리대신으로, 궁내부와 8아문의 장(長)을 판서에서 대신(大臣)으로, 6조(8아문)의 참판을 협판(協辦)으로 개칭하였다.

이를 통상 제1차 갑오개혁이라고 하는데, 일본에 수입된 근대적 통치조직과 통치원리를 그대로 조선에 이식하는 작업이라고 할 수 있다. 1880년대 이후 일본과 미국에 관비나 사비로 유학생이 파견되어 근대적 서구 문물이 수입되고 전국 각지에 학교가 설립되기는 하였지만, 아직 그것이 민간에 보편적으로 스며들지는 못하였고 서적도 충분히 보급되지 못한 상태라 근대화의 수준은 매우 저조한 상태였다. 이러한 실정에서 군국기무처에 의한 개혁은 배경기반의 뒷받침이 없는 위로부터의 급진적인 개혁사업이라고 할 수 있었다. 더구나 그 밑바탕에는 일본의 정치적 목적이 개재되어 있었기 때문에 국왕(고종)과 민중의 암묵적 반발과 관료들의 무관심으로 개혁사업은 목표했던 성과를 거두기가 어려웠고, 상황 변화에 따라 흔들릴 수밖에 없는 한계를 안고 있었다.

5) 군국기무처는 그 활동에 만족하지 못하던 일제의 강요로 1894. 12. 17.(음력) 제2차 김홍집 내각이 성립하면서[63] 폐지되었고, 그 대신 국왕의 자문기구로 중추원(中樞院)

며, 전체 위원은 17명이었다. 위원의 대다수는 8개 아문의 대신이나 그 아래의 협판이었고, 군사와 경찰의 책임자가 당연직 위원이 되었다. 군국기무처가 설치되기 전에 조선 정부는 1894. 6. 15. 근대적 입법의 기초작업을 위해 법률기초위원회를 법부에 설치하고(법부령 제7호) 한국인과 일본인 호시 도오루(星亨), 노자와 케이치(野澤鷄一) 등의 참여하에 일을 추진하였으나 특별한 성과 없이 1897. 3. 교전소(校典所)에 그 업무가 이관되었다.

63) 일제가 청일전쟁에서 승기를 잡고 1894년 말부터 조선의 내정개혁에 보다 적극적으로 개입하여 다음해 을미사변이 일어나기까지의 제2차 김홍집 내각(이른바 김홍집-박영효 연립내각) 시기를 통상 제2차 갑오개혁기라고 한다. 이때 고종이 일제의 강요로 1895. 1. 7.에 반포한 홍범14조(洪範十四條) 중에는 민법, 형법을 제정하여 국민의 생명과 재산을 보전한다는 내용이 포함되었으며, 청국과의 전통적

이 설치되었다.

제2차 갑오개혁기인 1895년 정부는 의정부 관제를 다시 고쳐, 의정부를 폐지하는 대신 일본의 내각을 본떠 정부를 내각(內閣)으로 개칭하고, 8아문을 7부(部)로 개편하였으며, 과거시험 제도를 폐지하였다. 한편 지방의 8도(道)는 23부(府)로 개편하였다. 내각은 법령 등 모든 의안을 미리 심사하여 국왕의 재가를 얻어 시행토록 하였다. 이때부터 법령의 시행을 위해 필요한 경우, 내각 총리대신은 각령(閣令)을, 각 부(部)에서는 부령(部令)을 독자적으로 발할 수 있게 되었다.

6) 그러나 고종은 아관파천을 끝내고 돌아와 대한제국을 표방하고, 1897. 10. 12. 황제로 즉위한 후 1899. 8. 17. 일종의 흠정헌법(欽定憲法=국왕이나 황제가 스스로 제정한 헌법)인 '대한국 국제(大韓國國制)'를 반포하였다. 대한국 국제에서는 군주인 황제의 권한에 아무런 제한이 없음을 선언하여 제국(帝國)이 전제군주국임을 분명히 하였다.[64] 이는 삼국간섭과 러시아 세력의 침투에 따른 정국변화를 기회로 삼아 고종이 다시 예전의 국왕 전제주의로 돌아간 것을 의미한다. 이 과정에서 갑오개혁기에 단행된 여러 가지 개혁사업이 다시 과거로 돌아가는 진통이 있었다.

군국기무처 대신 설치되었던 중추원(中樞院)은 이전의 의정부나 군국기무처와는 달리 국왕의 자문기관으로 출발하였다. 민간 중심의 자주독립운동이 활발하게 전개되었던 1898. 10. 12.에 성립한 개혁파 정권은 1898. 11. 2. '중추원 신관제(中樞院新官制)'를 마련하여 중추원을 입법기구인 의회로 변모시키고 정원 50명의 의원 중 절반을 선거에 의해 뽑기로 하였으나, 고종과 수구파 인사들에 의한 그해 11. 4.의 친위 쿠데타로 무위로 돌아간 채 대한제국은 종말을 맞았다. 그러므로 조선시대 전반과 대한제국 시대에 걸쳐 공식적인 법의 원천은 줄곧 국왕의 명령이었다.[65]

인 사대관계의 단절, 종친과 척족의 정치 간여 금지, 재정 제도의 정비 등이 이루어졌다. 한편 을미년(乙未年)인 1895. 10. 8.(음력으로는 8. 20.)부터 다음해인 1896. 2. 11.(음력으로는 1895. 12. 28.) 아관파천이 일어날 때까지 명성황후 민씨를 살해한 일제의 주도로 김홍집을 수반으로 하는 제3차 김홍집내각이 성립하여 일련의 개혁을 추진하였는데 이를 제3차 갑오개혁(을미개혁)이라고 부른다. 이 기간 중에 음력의 폐기와 태양력의 채택(음력 1895. 11. 17.을 양력 1896. 1. 1.로 함), 종두법의 시행, 우체사 및 소학교의 설치, 1세1원(一世一元)의 연호 사용, 훈련대와 시위대를 해산하고 중앙에 친위대 2개 중대, 평양과 전주에 진위대(鎭衛隊) 각 1개 대대를 설치하는 내용의 군제 개편, 단발령의 공포 등이 이루어졌다.

64) 대한제국은 국호가 조선에서 한(韓)으로, 군주의 등급이 왕에서 황제로 형식상 변한 것 외에는 이전의 조선과 실질상 아무런 차이가 없었다. 조선은 일본과의 병자수호조약 체결 이후 중국(淸)을 제외한 대외관계에서 국왕이라고 칭하는 데에 부담을 느껴(일본과의 관계에서 보는 바와 같이 상대국 군주를 황제로 칭하는 반면 조선은 국왕이라고 칭할 경우 그 등급이 맞지 않아 마치 조선이 상대국보다 지위가 낮은 것으로 생각될 수 있었기 때문이다) 1882. 5.부터 왕이라는 칭호 대신 대군주(大君主)라는 칭호와 인장을 사용하였으나 청국과의 관계 때문에 폐하라는 호칭은 사용하지 않았다. 그러다가 청일전쟁을 전후하여 청국의 종주권이 부정된 1894. 5.부터는 연호(개국기원을 사용하다가 1896년부터는 연호를 따로 정해 사용하였다)와 함께 대군주 폐하라는 호칭을 사용하였다. 그 뒤 대한제국 선포 후에는 황제라는 칭호와 폐하라는 호칭을 사용하였음은 물론이다.

(2) 조선의 법전

1) 조선시대 국왕의 명령 중 법으로서의 규범성을 갖는 것은 요즘의 법률과 같이 특정한 대상에 대하여 여러 개의 조항으로 구성된 것도 있고,[66] 그런 정도를 갖추지 못한 단편적인 것들도 있었다.

오늘날에는 법률안이 국회에서 의결되어 정부에 이송되고, 대통령에 의해 관보(官報)에 게재되는 방법으로 공포되어 그 공포일자와 내용이 명확한 것과 달리,[67] 그 공포와 시행에 특별한 형식이 없었고, 그 역시 국왕의 명령에 의해 결정되었으므로 이를 국가기관이나 국민들이 쉽게 알기 어렵고 산일되기 쉬웠다.[68] 국왕의 명령이 하달되면 관련 정부기관에서 이를 보관하고 승정원일기나 실록에 기록하기는 하였으나, 오늘날의 법제처와 같은 통일적인 관련 정부기관도 없었고, 출판이나 우편, 통신 제도의 보급이 극히 미약하였기 때문이다.[69]

2) 이러한 한계를 그 시대 사람들도 인식하여, 국가·사회의 운영 전반에 걸친 법을 하나의 법전에 수록·보존하려는 노력이 이루어졌다. 그리하여 조선시대에는 조선경국전(朝鮮經國典), 경제육전(經濟六典), 경제문감(經濟文鑑, 이상 태조 때)과 속육전(續六典, 태종 때), 육전등록(六典謄錄, 세종 때)을 거쳐 성종 때에 경국대전(經國大典)으로 집대성되었다.

경국대전은 이전의 조선경국전 등에 비해 그 범위가 더 넓고 태조 이후 성종 때까지 제·개정된 법령이 반영되었다는 점에서 조선 최초의 종합법전이라고 할 수 있다. 경국대

---

65) 갑오개혁 이전에는 모든 법령이 국왕의 명령 형태로만 존재하였고 의정부나 각 조(曹) 등 중앙행정기관은 법규명령을 발할 수 없었다. 이러한 체제가 근대식으로 변경된 것은 1894. 11. 21.에 공포된 칙령 제1호의 공문식(公文式)에서 비롯된다. 공문식 제2조는 "법률과 칙령은 의정부에서 의결한 후 중추원의 자문을 거쳐 상주(上奏)하여 성재(聖裁)한다"고 규정하였고, 제4조는 의정부령(議政府令)과 아문령(衙門令)은 총리대신과 각 아문 대신이 법률과 칙령의 범위에서 법률이나 칙령을 시행하고 안녕·질서를 유지하기 위하여 발하는 것이라고 규정하였다.

66) 예컨대 대동법(大同法, 大同節目)이나 균역법(均役法, 均役廳事目)은 그 대표적인 것이다. 대명률(大明律)이나 국조오례의(國朝五禮儀)도 이에 속한다.

67) 그에 관한 법령으로 '법령 등 공포에 관한 법률'이 있다. 관보는 갑오개혁기에 일본의 제도를 모방하여 도입된 것으로서(1894. 6. 21.부터 의정부에서 종래의 조보 대신 관보라는 이름으로 간행하기 시작하였는데 1895. 4. 1.부터 근대식으로 개편하였다)로 그 이전에는 조보(朝報)라는 것이 있었으나 현대의 관보에 비해 매우 조악하였다. 통감부는 통감부 공보를, 총독부는 총독부 관보를, 미군정은 군정청 관보를 간행하였다. 관보에는 법령이나 칙령 등의 공포 이외에도 관리의 인사이동이나 채용공고, 정부계약 공고, 정부물품의 매각 등에 관한 사항을 게재하였다.

68) 조선시대의 경우 각 중앙관서와 지방관에게는 조보(朝報, 오늘날의 관보에 유사)의 형태로 전달하고 백성들에게는 방을 붙이거나 향리, 유향소 등을 통해 말로 전파하였다.

69) 일제강점기 이후 인터넷시대 도래 이전에는 법전의 낱장을 더하고 뺄 수 있는 방식, 즉 가제식(加除式)으로 제작하여 새로운 법령이 제정·공포되면 이를 인쇄하여 추가하고, 이전 법령이 개정되면 해당 부분만 새로 인쇄하여 그 부분을 교체하는 방식으로 법전을 관리하였다. 정부 주요기관이나 지방자치단체 등 공공단체에는 법제처에서 법령집을 보급하고, 민간에는 이를 판매하는 방식으로 법령을 공공기관과 일반에 알렸다. 인터넷시대인 요즘에는 법제처나 법무부 홈페이지에서 개정 전의 법령과 개정 후 법령 모두를 손쉽게 찾아볼 수 있다.

전은 그 이전에 이미 존재하였던 개별 법령을 책으로 수렴, 종합한 법전이라는 기능 외에, 그것을 통하여 일부 새로운 법을 제정하고 공포, 시행한 점에서 개별 법령으로서의 기능도 함께 가졌다고 할 수 있다

3) 경국대전이 간행, 반포된 후에도 법, 즉 국왕의 명령은 끊임없이 새로 나오고, 또 이전의 것을 변경하는 과정이 전개되었음은 물론이다. 이에 따라 법전이 새로 제작되어야 하지만,[70] 인터넷을 이용하지 않는다면 오늘날에도 그것은 쉽지 않은 일이다. 그러므로 조선시대에 그때그때 법전을 새로 제작·간행한다는 것은 거의 불가능한 일이었다.

따라서 경국대전이 간행, 반포된 후 시간이 지남에 따라 이는 자연히 법전으로서의 기능을 점차 잃어갈 수밖에 없었고, 또 다시 그러한 법전이 간행되기 이전과 마찬가지로 관련 정부 기관에서 국왕의 명령을 기록, 보존할 수밖에 없었다. 이렇게 산발적으로 만들어지는 법령을 기록, 보존한 임시의 법령집을 수교집록(受敎輯錄) 또는 집록(輯錄)이라 하였는데,[71] 이는 나중에 경국대전을 전면적으로 개편하여 새로운 법전, 즉 속대전(續大典, 영조 때)을 편찬할 때 중요한 자료로 이용되었고, 그 이후의 종합법전 편찬 시에도 동일한 방법이 이용되었다. 속대전(續大典)에 이은 조선과 대한제국의 종합법전으로는 대전통편(大全通編, 정조 때)과 대전회통(大典會通, 고종 때)이 간행되었다.

(3) 조선시대 법전의 형태

1) 경국대전이나 속대전 등 조선시대에 간행, 반포된 종합법전의 편제는 오늘날의 법전과는 사뭇 다르다. 오늘날의 법전에는 헌법, 정부조직법, 국회법, 민법, 상법, 형법 등 하나의 독립된 단위를 이루는 개별 법령이 분야별 또는 가, 나, 다 순으로 수록되어 있다.[72] 그러나 경국대전은 독립한 개별적 단위의 법을 수록하는 형식이 아니라 그 전체가 하나의 법과 같은 형태를 띠고 있다. 다만, 그에 수록된 개별 법규가 분야와 내용을 달리하는 것을 고려하여, 전체를 이전(吏典), 호전(戶典), 예전(禮典), 병전(兵典), 형전(刑典), 공전(工典)의 여섯 분야로 구분하여 그 편명(篇名)을 붙였는데, 편별 개별 조항은 14개 내지 61개로 구성되어 있다.

이러한 법전의 구성은 중앙정부가 기본적으로 이조, 호조, 예조 등 6조(六曹)로 구성되고, 지방관서의 수령이 이방(吏房), 호방(戶房) 등 6방(六房)의 아전을 휘하에 두고 이들 여섯 분야의 업무를 수행한 것과 궤를 같이 하는 것이다.[73] 이는 경국대전 이후의 다

70) 오늘날에도 매년 연초에 여러 법전 출판사에서 새로운 법전을 제작하여 판매하고 있음은 주지의 사실이다. 중요한 법령이 제정되거나 개정된 경우에는 중간에 별책이 간행되기도 한다.

71) 집록은 수교집록의 줄임말이다. 왕의 명령을 교(敎)라 하고 황제의 명령을 칙(勅)이라 하는데, 신하가 왕명을 떠받는 것이 곧 수교(受敎)이고, 그것을 모은 책이 집록(輯錄)이다.

72) 오늘날은 각각의 개별 법령만이 존재할 뿐 이들을 모은 법전은 공식적으로는 존재하지 않는다. 법전은 편의상 또는 영리목적으로 출판사 등 사인이 제작하는 것에 불과하다.

73) 이는 역사적으로 중국 주나라 시대의 법전인 주례(周禮)에서 연유한다. 경제육전, 속육전, 육전등록

른 법전들도 마찬가지다.

2) 경국대전에는 개별 조항은 있지만, 오늘날과 같이 일련번호나 조(條), 항(項), 목(目) 등의 구분은 없다. 필요한 경우 다른 조항과 구별되게 ○이나 ◎ 같은 도형을 표시하거나, 바탕을 검게 하고 글씨는 희게 하는 방법으로 두드러져 보이게 하거나, 칸을 나누어 해당 사항을 칸 안에 적는 방법[74] 등으로 내용을 기술하였다.

이들 법전에는 편(編)이나 장(章), 절(節), 관(款) 등도 없었음은 물론이다. 우리가 현재 사용하는 이러한 근대식 법령체계는 일본을 통해 서양식 법제도가 도입된 갑오개혁 이후부터야 나타난다.[75] 경국대전 이하 조선의 모든 법전은 한문 문장으로 되어 있다.[76]

3) 한편, 오늘날의 법령은 그것이 개정되면 개정된 내용만 표시되고 개정 전의 내용은 제거되어 그 자체로써는 이전의 내용을 알 수 없는 형태이지만, 경국대전 이후의 조선시대 법전에는 개정된 내용만이 아니라 개정 전의 내용도 그대로 수록하였다.[77]

즉 개정 전의 법령 내용 뒤에 개정된 내용을 이어서 기록하는 형식이다. 그러므로 시

등의 법전 명칭에 육전(六典)이라는 용어가 사용된 것도 이들 법전에 수록된 법령의 분야가 여섯이기 때문이다. 경국(經國)이나 경제(經濟)라는 말은 나라를 경영하거나 나라와 백성의 살림을 운영하는 것을 의미한다.

74) 이는 각 직위나 신분별로 품계를 표시하거나 각 관서별로 배치할 관리의 수와 등급을 규정하는 이전(吏典)에서 현저하다. 경우에 따라서는 본문의 글씨보다 작은 글씨로 단서나 예외적인 내용을 기재하기도 한다. 경국대전은 모두 6권(卷)으로 되어 있는데, 각 권의 순서는 卷之一부터 卷之六에 이르기까지 이전, 호전, 예전, 병전, 형전, 공전의 순서로 되어 있으며, 각 권의 서두에는 '經國大典 卷之一 吏典'처럼 그 권의 내용을 밝히고 있다. 이는 대전회통에 이르기까지 모두 동일하다. 옛날 책에서 권(卷)이란 책의 내용을 여러 부분으로 나누었을 때 독립된 각 부분을 말하며, 책(册)은 책을 물리적으로 나눈 단위이다. 따라서 예컨대 '논어 2권 3책'이라고 하면 논어의 내용은 두 부분이고 그 책을 세 권으로 나누어 만들었다는 뜻이다. 오늘날 우리가 한 권, 두 권으로 세는 단위가 곧 책(册)이고, 권(卷)은 편이나 장을 의미한다.

75) 조선의 첫 근대적 법률인 재판소구성법을 보면, 전체를 편(제1편 재판소, 제2편 재판소직원, 제3편 司法事務掌理), 장, 조, 부칙으로 구성하고 문장은 국한문을 혼용하였다. 각 조문의 내용은 "재판소는 左開 五種으로 分置함"(제1조), "각 재판소의 위치 及 관할구역은 法部大臣이 정함"(제2조)과 같이 간단명료한 형식을 취하였다. 이후 모든 법률과 칙령, 각 부의 부령(部令), 조약문 등에도 기본적으로 이와 같은 형식이 채택되었다. 물론 이는 일본의 것을 본뜬 것이다. 그 이전의 균역사목(均役事目)을 보면, 전체가 한문 문장으로 되어 있고, 내용의 구분을 위해 '餘結第三'과 같은 소제목을 붙이고 조문의 머리에는 다시 '一'자를 붙인 다음 그 아래에 내용을 기술하는 방법을 사용하였다.
법령을 비롯한 공문에서 순한문식을 버리고 한글 전용 또는 국한문 혼용의 방식을 채택하고 법령에 조와 항을 쓰도록 한 것은 갑오개혁기인 1894. 11. 21.자 대한제국 칙령 제1호의 공문식(公文式)에서부터 비롯된다.

76) 경국대전 이전 천거(薦擧)에 관한 조문 내용을 보면, ○京外東西班三品以上每三年春孟月各薦三人… ○凡薦擧者曾經試才及已行六品以上顯官外四書中一書五經中一經從自願試取 ○凡攸告身及罷職者每冬夏季月具罪各啓聞이라고 되어 있다. 또 호전의 경비(經費)에 관한 조문을 보면, ○凡經費用橫看及貢案이라고 되어 있다.

77) 경국대전의 내용은 원(原)으로, 속대전의 것은 속(續)으로, 그 이후 새로 개정된 내용은 증(增)으로 표기하였고[대전통편에서 새로 추가한 규정에는 증(增)이라고 표시하였고, 대전회통에서 새로 추가한 규정에는 보(補)라고 표시하였다], 이전의 규정을 폐지하는 경우에는 그 내용 밑에 금폐(今廢)라고 표시하였다. 한편 경국대전의 항목은 큰 글씨로 적고 그 이후에 추가된 규정들은 더 작은 글씨로 적었다.

대가 뒤로 갈수록 법전이 두꺼워지고 복잡할 수밖에 없으나, 오늘날과 같이 구 법령을 쉽게 찾을 수 없었던 당시의 실정으로 본다면 이는 상당히 합리적인 법전 편찬 방식이다. 이와 같이 옛 법령 조항을 개정된 내용과 같이 기재한 이유는, 이전의 법령 내용을 알아볼 현실적인 필요도 있지만, 조종성헌(祖宗成憲)이라 하여 선대 국왕이 만든 법을 후대 국왕이 함부로 바꿀 수 없다는 유교적 충효사상이 크게 작용한 때문이다.[78]

2. 근대 이후

가. 통감부 시대와 일제강점기

(1) 통감부 시대

1) 러일전쟁에서 승리한 일본은 전쟁의 1차 목적인 한국의 식민지화에 곧바로 나섰다. 그 일보로 한국에 보호조약 체결을 강요했는데, 이는 국제정치 여건상 곧바로 한국을 병탄하기에는 무리라고 여겼기 때문이다. 일제는 보호조약의 체결에 앞서 영국, 미국, 프랑스, 독일, 러시아 등 열강의 양해를 미리 받았고, 특히 러시아와는 러일전쟁을 종결하는 포츠머드조약(1905. 9. 5.)에 이를 명시하였다.

이에 따라 일제는 1905. 11. 9. 일본의 추밀원 의장이던 전직 수상 이토 히로부미를 한국에 특사로 파견하였고, 그는 고종에게 동양의 평화와 한국의 안전을 위한 것이라며 보호조약의 체결을 강요했다. 우여곡절과 일제의 강압에 의해 결국 1905. 11. 17. 주한 일본공사 하야시 곤스케와 외부대신 박제순 사이에 제2차 한일협약이라는 보호조약이 체

---

78) 경국대전 서문에는 "옛날부터 제왕이 천하와 나라를 경영함에 있어, 왕조를 창업한 임금은 초창기의 경륜이 정돈되지 않아 법규와 전례인 典故를 돌볼 여유가 없었고, 守成하는 임금은 옛 법을 준수하고 새로 만드는 것을 삼갔다. 비록 漢 高祖가 계책에 부족함이 없었다고 하지만 겨우 三章의 約法이 있었을 뿐이다. 史家들은 당나라의 모든 법제도가 구비되었다고 칭송하나, 六典을 만든 것은 중기가 되어서야 가능하였으니 한나라나 당나라보다 못한 나라들은 말할 필요조차 없다. 생각하건대 우리 세조 임금께서 옥쇄를 쥐고 나라를 중흥시킨 공로는 創業과 守成을 겸비하신 것이라 할 만하니, 이로써 문물이 밝아지고 예악이 갖추어졌는데도 더욱 政事에 부지런하여 새로운 제도를 도입하고 널리 펼치셨다. 그러면서 좌우의 신하들에게 말씀하시기를 '우리 祖宗의 깊고 두터운 은혜와 크고 아름다운 법이 법령과 典章에 펴져 있으니 경제육전의 원전과 속전, 등록이 곧 그것이다. 여기에 또 많은 왕명도 모여 있다. 이들 법과 왕명이 아름답고 훌륭하지 않은 것이 없음에도 아래 관리들이 어리석고 우둔하여 이를 받들어 시행함에 부족함이 많았다. 이는 이들 법의 科目이 번잡하고 앞뒤가 서로 모순되어 크게 하나로 합해지지 않은 탓이 크다. 이에 뺄 것은 빼고 더할 것은 더하여 만세 동안 변치 않을 법을 만들고자 함이 나의 뜻이다'라고 하시고, 영성부원군 최항, 우의정 김국광, 우찬성 노사신, 형조판서 강희맹, 좌참찬 임원중, 우참찬 홍응, 동지중추부사 성임과 서거정에게 명령하시어 이 일을 맡게 하셨다. … 법전이 이루어짐에 여섯 권으로 나누어서 바치니 임금께서 그 이름을 經國大典이라고 하셨다. … 이른바 六典이란 곧 周나라의 六卿이니 그 좋은 법과 아름다운 뜻은 곧 周나라의 關雎, 麟趾와 같다. 文質을 알맞게 더하고 빼서 찬란하게 하였으니 누가 우리 經國大典의 창작이 周官, 周禮와 함께 서로 짝이 되지 않는다고 말하겠는가? … 이제부터 聖子와 聖神이 모두 이와 같이 이루어진 成憲을 따라 그르침이 없다면 곧 우리나라의 문명한 다스림이 어찌 盛周의 융성에 미치지 못하겠는가. 이로써 억만세 무궁한 王業이 더욱 悠久하고 長遠할 것이다…"라고 씌어있다.

결되었다.[79] 이를 바탕으로 일제는 1905. 11. 22. 일본국 칙령 제240호로 통감부 및 이사청의 설치안을 공포하여, 서울에 일본 공사관 대신 통감부(統監府)를 두고[80] 서울·인천·부산·원산·진남포·목포·마산 기타 필요한 곳에 기존의 영사관 대신 이사청(理事廳)을 설치하여 대한제국의 외교업무 일체를 통감의 지휘하에 처리하도록 하였다.[81]

이로써 1906. 2. 1. 서울에 통감부가 설치되고 초대 통감으로 이토 히로부미가 취임했다. 통감은 대한제국 정부에 대해 일본국 정부를 대표하는 자로서, 한국에서의 외국 영사관과 외국인에 관한 사무를 통할하고, 한국에서의 일본 관리와 관청이 시행하는 여러 업무를 감독하는 것을 기본 업무로 하였다. 이후 일제는 영사를 제외한 열강의 주한 외교사절(공사)을 모두 철수시키고 대한제국 외부(外部)를 폐지하게 한 다음 대한제국의 외교권을 완전히 박탈, 장악하였다.

2) '통감부 및 이사청 관제'에 의하면, 천황이 직접 임명하는 친임관(親任官)인 통감은 일본천황에 직속하되, 외교에 관해서는 일본국 외무대신을 거쳐 내각 총리대신(수상)을, 기타 사무에 관해서는 내각 총리대신을 거쳐 천황에게 상주하고 그 재가를 받도록 하였다. 그러나 실제로는 필요한 경우 수상과 협의할 뿐 사실상 천황에게 직보(直報)하고, 일본국 내각의 관여 없이 독립적으로 권한을 행사하였다.

또한 통감은 한국의 안녕 질서를 유지하기 위하여 필요하다고 인정할 때에는 한국 주

79) 이 조약에는 그 당시 한일 간에 체결된 일련의 조약처럼 제명이 없다. 이 조약문은 전문(前文)과 본문(本文) 5조로 되어 있다. 전문에는, 일본 정부와 한국 정부는 두 제국을 결합하는 공동의 이익을 공고히 하기 위해 한국이 실제로 부강해졌다고 인정할 수 있을 때까지 이 목적을 위해 아래에 열거한 조목들을 약속해 정한다고 되어 있어 사실상 이 조약이 일본이 필요할 때까지 존속됨을 표명하고 있다. 한편 본문의 내용은, ① 일본국 정부는 동경에 있는 외무성을 통해 금후 한국의 외국과의 관계 및 그 사무를 감독, 지휘하며, 일본국의 외교대표자와 영사는 외국에 재류하는 한국의 관리와 백성 및 그 이익을 보호한다(제1조), ② 일본국 정부는 한국과 타국 사이에 현존하는 조약의 실행을 완전히 책임지고, 한국 정부는 이후 일본국 정부의 중개를 거치지 않고는 국제적 성격을 띤 어떤 조약이나 약속도 하지 않기로 약속한다(제2조), ③ 일본국 정부는 그 대표자로서 한국 황제 폐하의 궐하(闕下)에 1명의 통감(統監)을 두되, 통감은 전적으로 외교에 관한 사항을 관리하기 위하여 경성에 주재하고 친히 한국 황제 폐하를 알현할 권리를 갖는다. 일본국 정부는 한국의 각 개항장과 필요하다고 인정하는 곳에 이사관(理事官)을 둘 권리를 가지며, 이사관은 통감의 지휘하에 종래 주한 일본 영사에게 속하던 일체의 직권을 집행하고 이 협약의 실행에 필요한 일체의 사무를 맡는다(제3조), ④ 일본국과 한국 사이에 현존하는 조약 및 약속은 본 협약에 저촉되지 않는 한 그 효력을 유지한다(제4조), ⑤ 일본국 정부는 한국 황실의 안녕과 존엄의 유지를 보증한다(제5조)는 것이다.

80) 통감부는 최초 개청 당시에는 이전의 대한제국 외부(外部) 청사를 사용하다가 일본 공사관이 있던 남산 왜성대 부근에 새로 르네상스 양식의 2층 목조 건물을 지어 1907. 2. 28. 이전하였다. 통감의 관저도 그 부근에 있었다(용산에도 별도의 관저가 있었다). 통감부는 개청 당시 통감 아래에 총무부(비서과, 서무과, 외사과, 내사과, 법제과 등 7과), 농상공부(상공과, 노무과, 광무과, 수산과, 산림과), 경무부(고등경찰과, 경무과 등 4과)와 비서관을 두었고, 부의 장은 장관(경무부는 경무총장)이라 하였으며, 정원은 통감 외에 33인이었다. 통감의 직무를 외교업무로 한정하였음에도 그 산하에 농상공부와 경무부를 둔 것에서 벌써 일제의 의도가 어디에 있는지 알 수 있다.

81) 당분간 통감부와 이사청의 업무를 일본 공사관과 각 개항장의 영사관에서 집행할 것으로 하였다가(칙령 제240호 부칙), 1905. 12. 20. 일본국 칙령 제267호로 '통감부 및 이사청 관제'를 반포하여 통감부와 이사청이 업무를 인계받아 처리하도록 하였다.

둔 일본 수비군 사령관에 대하여 병력 사용을 명령할 수 있고,[82] 통감부령(統監府令)을 발하여 금고 1년 이하 또는 벌금 200원 이내의 벌칙을 부과할 수 있는 권한도 일본국 정부로부터 부여받았다. 통감부령은 통감이 그 직무권한 내에서 발하는 법규명령이다. 따라서 한일 간에 체결한 조약과 그에 기초하여 일본국 정부가 그에게 부여한 직무권한사항에 한하여 이를 발할 수 있다. 그러므로 원칙적으로 한국인이나 한국의 외교사무 이외의 사항에 대해서는 통감부령을 발할 수 없다.[83] 그러나 이후 통감의 권한이 한국의 내정에까지 확대되면서 통감부령의 대상 범위도 확대되어 대한제국 황제의 통치권은 반신불수로 전락하게 되었다.

3) 을사보호조약에 의해 통감에게는 한국의 외교업무에 대해서만 관여할 권한이 부여되었으나, 일제는 헤이그밀사 사건을 계기로 한국의 내정에 관해서도 통감이 간여할 권한을 얻어냈다. 즉 일제는 헤이그밀사 사건을 빌미로 정미년인 1907년 고종을 퇴위시키고 순종을 옹립한 뒤 제3차 한일협약으로 정미칠조약(丁未七條約)을 강압적으로 체결하였다.

즉 이 사건을 계기로 한국의 내정을 장악하려고 기도한 일제는 외무대신 하야시 타다쓰를 사절로 파견하였고, 그는 총리대신 이완용과 함께 고종을 찾아가 퇴위를 강청(强請)하였다. 이들의 압력에 고종은 1907. 7. 19. 타협책으로 황태자에게 대리청정(代理聽政)을 명하였으나, 이들은 이를 무시하고 계속 퇴위(양위)를 압박한 결과 7. 21. 고종의 양위 허락을 받아냈다. 이에 따라 육체적으로 병약하고 심신이 유약한 황태자(순종)가 꼭두각시 황제로 즉위하였고, 이들은 순종으로부터 쉽게 정미칠조약에 대한 허락을 얻어냈다.[84]

1907. 7. 24. 체결된 이 조약을 통해 일제는 시정개선(施政改善)에 대한 통감의 지도,[85] 한국의 법령 제정 및 중요한 행정상의 처분에 대한 통감의 사전승인, 고등관리의

---

82) 일제는 러일전쟁 종전 후에도 조선에 1개 사단 규모 이상의 군대를 주둔시켰다. 이후 그 규모는 일제 강점기 동안 2개 사단 규모로 증강되고 태평양전쟁 말기에는 더욱 확장되었다.

83) 1906년에 발령된 '종교의 포교에 관한 규칙'(통감부령 제45호) 1조에서도 "제국(일본국)의 신도(神道), 불교(佛敎) 기타 종교에 관한 교·종파로서 포교에 종사하고자 할 때는 해당 관장(官長) 또는 그에 준하는 자가 조선의 관리자를 선정하고 이력서를 첨부하며 다음 사항을 갖추어 통감의 인가를 받아야 한다."고 규정함으로써 그 적용 대상을 한국 내의 일본인으로 한정하였다.

84) 정미칠조약(조약의 공식명칭이 없어서 이렇게 부른다. 을사조약에 뒤이은 것이라 한일신협약이라고도 한다)의 본문은 다음과 같다. 제1조: 대한제국 정부는 시정개선에 관해 통감의 지도를 받는다. 제2조: 대한제국 정부는 법령의 제정 및 중요한 행정상의 처분은 미리 통감의 승인을 거친다. 제3조: 대한제국의 사법사무는 보통 행정사무와 구별한다. 제4조: 대한제국 고등관리의 임면은 통감의 동의를 얻어 행한다. 제5조: 대한제국 정부는 통감이 추천하는 일본인을 대한제국 관리에 임명한다. 제6조: 대한제국 정부는 통감의 동의 없이 외국인을 용빙할 수 없다. 제7조: 1904년 8월 22일 조인한 일한협약 제1항은 폐지한다.

85) 정미칠조약 제1조는 "한국 정부는 시정개선에 관해 통감의 지도를 받을 것"이라고 규정하여 통감에게 직접 정책을 수립, 집행할 권한을 부여한 것은 아니었다. 그러나 그 제2조는 "한국 정부의 법령 제정 및 중요한 행정상의 처분은 미리 통감의 승인을 거칠 것"이라고 규정하여 그에게 사전동의권을 줌으로써, 그는 시정개선협의회(施政改善協議會)라는 이름으로 한국의 대신들을 통감부로 불러 수시로 회

임면에 대한 통감의 사전동의,[86] 일본인의 한국관리 임용 등을 실현시켜 한국을 사실상 식민지로 전락시켰다. 이 조약 제3조에서는 사법사무와 행정사무는 분리한다는 원칙을 선언하였는데, 그에 따른 부속 협의로써 조약 체결 당일 이완용과 통감 이토 히로부미가 주고받은 각서[87]에 의하여 각 부의 차관과 경무국장 등 중앙 고위관리는 물론 각 도의 사무관, 경무관 등에 일본인이 임용되었고(이른바 次官政治), 재판소와 감옥의 판사, 간수장 등의 절반도 일본인으로 임용되었다.[88]

그리고 이에서 더 나아가 식민지 병합 전에 열강의 치외법권을 폐지하기 위한 조치로 일제는 한국의 재판권을 박탈하기로 하고, 1909. 7. 12. 이른바 기유각서(己酉覺書)라는 협정을 체결하여[89] 대한제국의 사법사무와 감옥사무 일체를 이양 받았고, 1910. 6.에는 '한국경찰사무위탁에 관한 각서'에 의해 경찰사무마저 이양 받아 이후에는 통감이 이를 관장하였다.

4) 초대 통감에 임명된 이토 히로부미는 기존의 침략적인 일본 정책을 계승, 유지하면서 한국인의 인심과 지지를 얻기 위해 ① 학교의 신·개축을 통한 보통교육의 확대, ② 도로 개수와 수도 신설 등을 통한 주민 복지 증진과 산업기반의 조성, ③ 은행 등 금융기관의 설치와 금융지원[90] 등을 통한 식산흥업(殖産興業)의 진흥 등을 표방하였으며, 재

의를 열고 자신이 결정한 방침을 한국 정부로 하여금 의정부의 의결과 한국 황제의 재가를 얻어 시행토록 함으로써 사실상 상황 노릇을 하였다. 이 시기 대한제국 관리들은 모두 통감의 명령에 순응, 아부하였다.

그리고 통감은 황제권 약화를 위해 한국 정부로 하여금 1907. 6. 14. 기존의 의정부 관제를 일본처럼 내각으로 다시 바꾸도록 하여(1894. 12. 16. 갑오개혁 과정에서 일본의 강권으로 기존의 의정부와 군국기무처가 폐지되고 각 부 대신을 구성원으로 하는 내각이 성립되었으나, 아관파천 후인 1896. 9. 24. 고종은 황제권을 제약하는 내각 제도를 폐지하고 다시 의정부 제도를 복구하였다), 의정부의 의정대신(議政大臣)을 내각 총리대신으로, 각 부의 협판(協辦)을 차관으로 개칭하였으며(각 부의 장은 大臣), 내각 총리대신에게 각령(閣令)을 제정, 공포할 권한을 부여하였다.

86) 이를 통해 송병준 등 친일인사를 대거 한국 정부의 관리로 등용하였다.

87) 각서의 내용은 5개항인데, ① 한일 양국인으로써 조직한 대심원, 공소원, 지방재판소를 설치하며(각 직위별로 임용할 일본인 판사, 검사 등의 숫자까지 지정하였다), ② 9곳의 감옥을 설치하고, ③ 한국 군대를 정비하고 한국군 사관은 일본에서 양성하며, ④ 고문이나 참여관 등 기존의 일본인 고빙(雇聘)은 이로써 종료하고, ⑤ 각 부의 차관, 내부의 경무국장, 각도의 경무관과 사무관 등을 일본인으로 임용한다는 것이다.

88) 한국 정부의 일본인 차관은 통감부의 참여관(參與官)을 겸직하여 한국 정부는 사실상 통감부의 허수아비에 불과하였다.

89) 기유각서는 1909. 7. 12. 소네 아라스케 통감과 대한제국 총리대신 이완용 사이에 교환된 것인데, ① 한국의 사법 및 감옥 사무가 완비될 때까지 한국 정부는 사법 및 감옥 사무를 일본국 정부에 위탁함(제1조), ② 일본국 정부는 일정한 자격을 가진 일본인 및 한국인을 재한국 일본 재판소 및 감옥의 관리로 임용함(제2조), ③ 재한국 일본 재판소는 협약 또는 법령에 특별한 규정이 없는 한 한국 신민에 대해서는 한국 법규를 적용함, ④ 한국의 지방관청과 공리(公吏)는 그 직무에 맞추어 사법 및 감옥 사무에 대해 재한국 일본 해당 관청의 지휘명령을 받거나 이를 보조함(제4조), ⑤ 일본국 정부는 한국의 사법 및 감옥 사무에 관한 일체의 경비를 부담함(제5조)이 그 내용이다.

90) 개혁사업에 필요한 돈을 마련하기 위해 일본의 금융기관으로 하여금 한국 정부에 막대한 대출을 하도록 주선하였다.

판제도의 개선에도 관심을 쏟아 일본에 대한 한국인들의 반감을 줄이려 하였다.

그러나 통감정치에 의해 대한제국의 명령권은 황제와 통감 두 곳으로 분산된 데에다 점차 통감의 권한이 거의 무한대로 확대됨으로써 통감은 사실상 한국 내에서 최고 의사결정권자가 되었다. 즉 법령은 형식상 대한제국 법률이나 황제의 명령으로 반포되었지만, 이를 수립하고 결정한 것은 사실상 통감을 비롯한 일본제국 관리들이었다.

5) 아관파천 이후 대한제국이 수립되어 정미칠조약이 체결될 때까지 짧은 기간이나마 조선의 자주적 근대화가 진행되었고, 특히 독립협회 등 민간운동이 그즈음 활발하게 일어나 입헌주의나 공화주의 등 근대적 정치원리가 수입되고 근대사상이 폭넓게 보급되어 근대화는 더 이상 돌이킬 수 없는 물결이 되었다. 이러한 바탕은 꾸준한 학교의 신·증설과 근대적 교육을 받은 사람들의 교사 임용 및 교과서의 보급, 신문·잡지·학회지 등 인쇄·출판물의 보급 확대에 힘입은 것이었다. 특히 러일전쟁 무렵부터 일제의 강제병합이 이루어진 시기까지 조선의 근대화는 괄목할 만한 것이었다.

통감부 시대와 일제강점기에 걸쳐 이루어진 일본의 제국주의적 근대화사업이 조선에서 비교적 빠른 시간 안에 큰 성과를 볼 수 있었던 것은 사실 이러한 조선사회 자체의 변화에 힘입은 바 크다고 할 수 있다.

(2) 일제강점기

1) 1910. 8. 22. 체결된 이른바 한일병합조합이 1910. 8. 29. 순종 황제의 조칙(詔勅=칙령)과 함께 공포, 시행되어 대한제국은 소멸하였다.[91] 이에 따라 종래 대한제국의 통치권이 미쳤던 지역과 사람에 대한 통치권은 일제(일본제국)가 연합국에 항복한 때까지 일제의 수중에 떨어졌다.

2) 병합조약이 시행된 후 일본 천황은 '조선에 시행할 법령에 관한 건'이라는 명령(긴급칙령 제324호)을 발하여,[92] 조선에서는 일본국 의회가 제정한 법률을 시행하지 않고 법

---

91) 위 조약의 본문은 다음과 같다. 1. 한국 황제 폐하는 한국 전부에 관한 일체의 통치권을 완전히 또 영구히 일본국 황제 폐하에게 양여함, 2. 일본국 황제 폐하는 앞 조항에 열거한 양여를 수락하고 완전히 한국을 일본 제국에 병합하는 것을 승낙함, 3. 일본국 황제 폐하는 한국 황제 폐하, 태황제 폐하, 황태자 전하와 그들의 황후, 황비 및 후예로 하여금 각기 지위에 따라 상당한 존칭, 위엄과 명예를 향유하게 하고, 이를 유지하기 위한 충분한 세비를 공급할 것을 약속함, 4. 일본국 황제 폐하는 앞의 조항 이외에 한국 황족과 그 후예에 대해 각기 상당한 명예와 대우를 향유하게 하며 이를 유지하는 데에 필요한 자금을 공여할 것을 약속함, 5. 일본국 황제 폐하는 훈공(勳功)이 있는 한국인으로서 특별히 표창하는 것이 적당하다고 인정되는 자에 대하여 영작(榮爵)을 수여하고 또 은금(恩金)을 줌, 6. 일본국 정부는 앞의 병합의 결과로서 완전히 한국의 시정(施政)을 담임하고, 그곳에서 시행하는 법규를 준수하는 한국인의 신체와 재산에 대하여 충분한 보호를 하며, 또 그들의 복리 증진을 도모함, 7. 일본국 정부는 성의 있고 충실하게 새 제도를 존중하는 한국인으로서 상당한 자격이 있는 자를 사정이 허락하는 범위에서 한국의 제국 관리에 등용함, 8. 본 조약은 일본국 황제와 한국 황제 폐하의 재가를 받은 것으로 공포일부터 시행함.

92) 당시의 일본국 헌법상 천황의 긴급칙령은 의회가 폐회한 기간에 공공의 안전을 보지하거나 그 재앙을

률로 정할 사항은 조선총독의 명령인 제령(制令)으로 정하며, 일본국 법률의 전부 또는 일부를 조선에 시행할 필요가 있을 때는 천황의 칙령으로 정한다고 하였다.[93] 그리고 조선에서 천황을 대신하여 통치권을 행사할 자로 조선총독을 임명하고, 1910. 8. 29. 조선 통감부를 폐지하는 대신 조선 총독부를 설치하였다(일본국 칙령 제319호).[94] 초대 총독으로는 데라우치 마사타케(寺內正毅) 통감이 임명되었다. 한편 일본 황족령에 따라 대한제국의 전 황제인 고종과 순종에게는 왕위를 주었다.[95]

3) 일제는 병탄의 준비를 위해 이미 정미칠조약에 첨부한 비밀각서에 의거해 대한제국 군대의 해산을 약속받아 두었고, 이에 따라 병합조약 공포 직전 미리 일본군으로 하여금 한국군의 탄약고를 접수하게 한 다음, 1910. 7. 31. 순종에게 군대 해산조칙을 공포케 하였다. 군대 해산에 대한 한국군의 반발은 일본군에 의해 제압당했다.

한편 한국의 경찰권은, 1910. 6.에 교환된 '한국경찰사무위탁에 관한 각서'에 따라 이미 1910. 6. 30. 경찰조직이 폐지되고 주한 일본군 참모장이던 아카이시 모토지로가 통감부 경무총감에 임명되었는데, 경무총감은 일본군 헌병사령관이 겸임하고 각 도의 헌병대장은 각 도의 경무부장을 겸하도록 하였다. 이러한 조치로 경찰업무는 일본 군대의 헌병업무에 종속되어 이른바 헌병경찰제도가 시행되었다.

피하기 위해 긴급한 필요가 있는 경우에 천황이 발하는 것이다(제8조).

93) 일제는 병합에 앞서 1910. 6. 3. 각의에서 병합 후 조선에 당분간 헌법을 시행하지 않고 천황의 大權에 의해 조선을 통치하며 총독으로 하여금 법령을 발할 권한을 부여한다는 방침을 세웠다. 즉 일본국 의회의 간여 없이 일본 정부 권력자의 임의로 조선을 통치하려고 기도하였던 것이다. 이는 앞서 1909. 7. 말 병합방침을 굳히면서 고무라 주타로 외상과 데라우치 통감이 일본국 내각 법제국 참사관이던 아키야마 마사노스케(秋山雅之介, 나중에 총독부 참사관을 거쳐 총독부 사법부장관=법무국장을 역임하였다)의 구상을 토대로 성안한 것이다. 이들은 한국에 대한 보호정치가 효율성 없이 비용만 낭비하면서 반일감정만 키우는 교육을 하고 있다며 조속히 보호국 체제(통감부 체제)를 폐지하고 조선을 병합할 것을 계획하였다.

94) 일제는 총독부 설치와 동시에 대한제국의 명칭을 조선으로 격하시켰다. 조선은 왕국으로서 제국보다 한 단계 아래이기 때문에 일부러 그렇게 한 것이다. 총독부 청사는 당초에는 남산의 구 통감부 청사를 사용하다가, 1916. 7. 10.부터 경복궁 광화문 뒤에 청사를 신축하여 1926. 1.에 이전하였다. 아울러 1937년 경복궁 신무문 밖 후원 지역(현재의 청와대 자리)에 총독 관저를 신축, 이전하였다. 총독부 발족 당시의 조직은 총무부, 내무부, 탁지부, 농상공부, 사법부의 5부(部)와 부 아래에 인사국, 외사국, 식산국, 상공국 등 9개의 국을 두었고, 총독의 보좌기관으로 정무총감(부총독에 해당한다) 1명과 경무총감 1명(경찰조직인 경무총감부를 지휘한다)을 두었다(일본국 칙령 제354호 조선총독부관제). 부의 장은 장관이라고 하였다가 나중에는 부를 국으로, 국은 과로 개칭하고 장관은 국장으로 개칭하였으며, 경무총감부는 경무국으로, 그 장은 경무국장으로 개칭하였다.

95) 그에 따라 고종은 이태왕(李泰王. 태왕은 上王과 의미가 같다), 순종은 이왕(李王)이라고 하였고, 일본 천황이 왕위를 수여하는 형식을 취하였다. 이로써 조선(대한제국)은 일본국의 제후국 같은 존재로 전락하였다. 일제가 고종과 순종에게 부여한 왕호(王號)는 일본국 황실 신분질서상 황제의 아래 서열이다. 의전상으로 황제와 왕 사이에는 친왕(親王)이 있다. 대한제국에서는 영친왕(이은), 의친왕(이강), 흥친왕(이재면) 등이 있었다. 왕의 다음 서열은 차례로 공작(公爵), 후작(侯爵), 백작(伯爵), 자작(子爵), 남작(男爵)이다. 고종의 아들인 의친왕 이강과 고종의 형인 흥친왕 이재면이 일제로부터 공작의 작위를 받았다(영친왕 이은은 일제로부터 왕세자의 작위를 받았다가 순종 사망 후 그의 왕위를 물려받았다)로. 이들 작위는 실질적으로 세습되었다.

4) 한일병합조약상 대한제국 황제는 일본제국 황제에게 대한제국의 통치권을 양도한다고 규정하였기 때문에, 그 해석상 대한제국은 의연 존속하고 다만 그에 대한 통치권은 일본 천황에게 속하여 일본 정부나 의회는 이에 관여할 수 없다는, 즉 일본국 헌법(당시의 메이지 헌법)[96]이 한반도에 적용되지 않는다는 논리가 추출될 수도 있었다. 그러나 위 조약의 제6조 등 다른 조항에 비추어 대한제국이 일본국에 병합되고, 그 결과 일본국 헌법과 법률이 당연히 조선에도 적용되어 일본천황과 의회, 정부가 조선에 대하여 통치권을 행사할 수 있게 된 것이 명확하므로,[97] 위 조약의 결과 조선(대한제국)은 일본국에 흡수되어 그 일부가 되고 조선인은 자동적으로 일본 국민이 되었다.

그럼에도 일제는 그들의 편의를 위해 아무런 법적·논리적 근거도 없이 일본국 헌법을 조선에 적용하지 않았음[98]은 물론, 일본국 의회가 제정한 법률 역시 한반도에 적용하지

---

96) 1889. 2. 11.에 공포된 메이지 헌법상 통치권에 관한 주요 내용을 보면 다음과 같다. 대일본제국은 만세일계의 천황이 통치한다(제1조), 천황은 국가의 원수로서 통치권을 총람하며 이 헌법의 조규에 따라 이를 행사한다(제4조), 천황은 제국의회의 협찬을 거쳐 입법권을 행사한다(제5조), 천황은 법률을 재가하며 그 공포와 집행을 명한다(제6조), 천황은 제국의회를 소집하며, 그 개회와 폐회, 정회와 중의원의 해산을 명한다(제7조), 천황은 공공의 안전을 보지하거나 그 재앙을 피하기 위하여 긴급한 필요에 따라 제국의회가 폐회한 경우 법률을 대신하는 칙령을 발하며, 이 칙령은 다음 회기에 제국의회에 제출하여야 한다. 만일 의회에서 승낙하지 아니할 때에는 정부는 장래에 향하여 그 효력을 상실함을 공포하여야 한다(제8조), 천황은 법률을 집행하기 위하여 또는 공공의 안녕질서를 보지하고 신민의 행복을 증진하기 위하여 필요한 명령을 발하거나 발하게 한다. 다만, 명령으로 법률을 변경할 수 없다(제9조).

97) 위 조약의 일부 문구만을 본다면, 대한제국은 당연히 존속하고, 다만 일본국 천황이 대한제국의 황제를 겸하는 것으로 볼 수도 있다. 그러나 반드시 이와 같이 해석될 수만은 없는바, 당시 일본국 헌법(이른바 메이지 헌법)상 국민이 주권자가 아니라 국왕인 천황이 주권자였으므로 일본국의 주권(통치권) 역시 천황에게 속하였기 때문이다. 헌법 조문상으로는 입법권에 관하여 천황은 의회에 구속되지 않고 협찬(協贊)을 받을 뿐이나, 실제로는 의회가 제정한 법률에 구속되었다.
일제는 앞서 본 바와 같이 처음에 조선 총독부를 설치하고 '조선에 시행할 법령에 관한 건'이라는 명령(긴급칙령 제324호)을 발하여 대한제국을 소멸시킨 다음 일본국 정부와 의회를 배제한 채(특히 의회) 조선을 사실상 천황의 명령(칙령)만으로 전제적으로 통치할 것을 기도하였다. 그러나 일본국 의회는 천황의 긴급칙령 제324호에 대한 승인을 거부하고(이는 메이지 헌법 제8조에 의한 것이다) 1911. 3. 25. 일본국 법률 제30호로써 위 긴급칙령과 동일한 내용을 규정하였다(중의원의 법률안을 귀족원도 그대로 받아들였다). 그 결과 일본국 의회가 입법권 일부를 천황과 조선총독에게 부여하는 형식이 되었는데, 이는 앞서 이루어진 1896. 3. 31.자 일본국 법률 제63호와 1906. 4. 11.자 법률 제31호인 '대만에 시행할 법령에 관한 법률'의 내용과 거의 동일하다.

98) 형식상으로는 일제 당국도 일본국 헌법이 조선에 적용됨을 부인하지는 않았다. 그러나 그 시행 유보의 구실로 조선이나 대만 등 식민지는 아직 헌법을 시행할 만큼 문화적으로 성숙되지 않았다는 궁색한 이유를 끌어댔다. 아무튼 이로써 일본국 헌법이 국민들에게 부여한 기본권과 병역의무, 납세의무 등도 조선인에게는 적용되지 않았는데, 이로써 조선은 일본의 일부이면서도 일본의 헌법과 법률이 적용되지 않는 이상한 체제가 되었다. 즉 사실상 조선은 특수한 법역(法域)으로 남았다. 조선 총독은 자신의 권한으로 조선에서 징세를 하였다. 병역은 태평양전쟁기에 들어 일본 본토의 장병이 부족해지자 먼저 1938년부터 학도지원병 등의 이름으로 자진 출전을 독려하다가 1944년 조선징병령을 발동하여 이때부터 조선인에게도 병역의무를 부과하였다. 그러나 태평양전쟁이 끝날 때까지 여전히 헌법의 적용에 대해서는 말이 없었다. 결국 일제는 법적으로는 조선을 일본의 일부로 흡수하였으나 정치적으로는 조선을 이방(식민지)으로 취급하였던 것이다.

아니하였고,[99] 한반도에 거주하는 사람에게는 일본국 의회 의원 선거의 선거권은 물론 피선거권도 인정하지 않았다.[100]

5) 일본에 거주하는 조선인에 대해서는 일본국 국민으로 보아 일본국 의회 의원 선거에 관한 선거권과 피선거권을 부여하였으며, 실제로 일본국 의회 의원으로 선출된 조선인도 있었다. 반면 일제는 조선에 거주하는 일본인에게는 일본국 의회 의원 선거의 선거권과 피선거권을 부여하지 않았다.[101] 그러다가 1945. 4. 1.에 개정된 중의원의원선거법에 의해 대만과 조선 지역에도 일본국 의회의 의석을 부여하고(중의원 의원 정수 466석 중 조선 22석, 대만 5석을 할애하였다) 이들 지역에서도 중의원 의원 선거를 실시하기로 하였으나, 실제로는 실시되지 못한 채 일제의 통치가 끝났다.

6) 이와 같이 조선에서 시행할 법령은 일본국 법률로 정하거나 천황의 칙령으로 정한 사항 외에는 조선 총독이 독자적으로 제정할 수 있는데 이를 제령(制令)이라고 했다. 그리고 법률로 정할 사항보다 낮은 등급의 법령은 조선총독부령이라 하여 역시 조선 총독이 발령하였다.

제령은 총독이 조선에서 필요한 입법사항에 대하여 일본국 법률과 천황의 칙령에 위배되지 않는 범위에서 천황의 재가를 받아 시행하는 명령이지만 형식상으로는 일본국 법률의 하위규범이다.[102] 물론 천황의 사후 승인도 가능했다. 총독부령 역시 총독이 발하는 명령이지만 이에 대해서는 천황의 승인이 필요 없었다. 조선 총독의 자문기관으로 중추원(中樞院)이 있었으나 입법을 하거나 총독의 권한을 견제하는 기능은 거의 없었다.[103] 한편 조선총독 외에 경무총감과 각 도의 도장관(도지사)도 경무총감부령, 도령(道令)을 발할 수 있었다.

결국 한일병합조약에 의하여 한반도 내에서의 최고 의사결정권자는 일본 천황과 그를 보좌하는 일본국 의회 및 그들로부터 권한을 위임받은 조선총독이었다. 일제강점기 동안 이들이 발한 법령과 명령이 곧 한반도 내에서 법이 되었다.

---

99) 조선은행법처럼 일본국 의회가 조선에서 시행할 법률을 직접 제정한 것도 있다. 이로써 조선(대한제국)은 일본국에 병합되어 한 나라가 되었으면서도 일본국 헌법과 법률이 시행되지 않는 이상한 형태가 되었다. 이러한 현상에 대하여 일본의 헌법학자들 사이에서도 논란이 제기된 바 있다.

100) 일본국 의회가 제정한 법률이 자동적으로 한반도에 적용되지는 않으므로 그것을 적용하기 위해서는 특별한 절차가 요구되었는데, 일본국 법률에 특별한 규정이 없는 경우 천황이 그 적용 여부를 결정할 권한을 조선 총독에게 부여하였다.

101) 천황이 천거하도록 되어 있는 귀족원 의원으로 친일파 조선인 몇 사람이 천거되었다.

102) '조선에 시행할 법령에 관한 건'(제령 제1호) 제5조 참조. 일제강점기 동안 순수하게 새로 만들어진 제령은 모두 270건이다.

103) 자문기관인 조선총독부 중추원은 1910. 9. 30.에 공포되어 그해 10. 1.부터 시행된 조선총독부중추원관제(朝鮮總督府中樞院官制(일본국 칙령 제355호)에 의하여 설치되었다. 설립 당시 중추원의 임원은 의장 1명, 부의장 1명, 고문 15명, 찬의(贊議) 20명, 부찬의(副贊議,) 35명, 서기관장 1명이었다. 의장은 총독부 정무총감이 겸임했고, 한국인이 차지한 최고의 자리는 부의장이었다. 친일 인사인 김윤식, 이완용, 박제순, 조중응, 이지용, 권중현, 송병준 등이 이에 참여하였다.

7) 데라우찌 총독은 1910. 8. 29. 제령 제1호로 '조선에서의 법령의 효력에 관한 건'을 공포하여, 이미 시행 중이던 일본국 법령(일본국 법령, 통감부 법령)이나 대한제국 법령은 총독의 명령으로서 존속, 유지되며 그 효력을 당분간 갖도록 하였다. 이에 따라 조선시대나 대한제국 시대에 공포, 시행된 법령이 자동적으로, 전면적으로 효력을 상실하지는 않고 일부가 유지되었다.

조선에서 시행할 민사법에 관하여 총독은 1912. 3. 18. 조선민사령(제령 제7호)을 공포하여, 조선에도 일본의 민법, 민법시행법, 상법, 상법시행법, 민사소송법, 인사소송수속법, 비송사건수속법, 공탁법, 경매법 등을 의용(依用)하여[104] 시행하되, 조선인의 행위능력, 친족, 상속에 관한 사항 및 조선인 상호 간의 법률행위에 대해서는 구래의 관습에 의하도록 하였다. 이로써 일제강점기 내내 혼인의 경우 신고 시가 아니라 혼례식을 거행한 때에 혼인의 효력이 발생하였다.[105]

이와 같이 친족, 상속에 관한 사항을 대부분 전래의 조선 관습법에 의하도록 함에 따라 일제는 식민통치를 위하여 대한제국과 그 이전 조선의 관습과 제도를 조사하였는데, 이는 통감부 시대부터 시작되었다. 통감부는 산하에 법전조사국을 설치하여 그 업무를 담당케 하였고, 그 조사결과를 병합 후 <관습조사보고서>라는 이름으로 출간하였으며, 병합 후에도 총독부는 '조선민사령' 실시 후 중추원을 설치하여 조선구관제도조사사업이라는 이름으로 민사관습 등을 조사하고 1938년 <조선구관제도조사사업개요>라는 보고서를 출간하였다. 이러한 조사결과는 조선고등법원의 판결에서 법원(法源)으로 이용되었고, 오늘날 우리 법원에서도 이용되고 있다. 그러나 그 조사결과가 실제의 관습이나 관습법을 정확히 나타내는 것은 아니므로 그 이용에 주의를 요한다.

8) 한편, 일제강점기 동안에 일제에 의해 토지 조사사업이 진행되어 근대적 토지대장과 지적도가 작성되었고, 등기 제도가 창설되어 권리관계 변동을 상시적으로 공시할 수 있게 되었다. 또 위와 같이 민법, 상법, 민사소송법, 공탁법, 경매법 등은 물론 어음법,

---

104) 의용(依用)이란 다른 나라의 법령을 자국의 법령으로 사용하되, 그것이 자국에서 효력을 갖는 것은 다른 나라의 법령 자체의 효력에 의한 것이 아니라 그것을 자국에서 효력을 갖도록 하는 권한을 가진 자의 조치(명령 등)에 의한 것이라는 점에서 준용이나 다른 나라 법령 자체의 적용과 구별된다. 결과적으로 의용은 적용이나 준용과 동일한 결과를 가져오긴 하나, 의용의 결과 다른 나라 법령은 자국의 법령(엄격히는, 내용만 동일하고 형식상으로는 별개의 법령)이 된다는 데에 특징이 있다. 일제강점기 동안 총독은 조선에서 시행할 민사법에 관하여 독자적으로 제령을 만드는 대신에 대부분 일본의 법령을 의용의 형식으로 조선에 도입, 시행하였다. 그런데 일본의 법률을 총독의 제령에 의하여 조선에서 의용, 시행할 경우 의용되는 일본의 법률이 개정될 때마다 다시 제령을 공포해야 하는 불편이 따르므로, 총독은 1911. 6. 22. 제령 제11호 '제령에서 법률에 의한다는 규정이 있는 경우에 그 법률의 개정이 있는 때의 효력에 관한 건'을 공포하여 별도의 제령이 없더라도 그 개정되는 법률의 시행일에 맞추어 조선에서도 동일한 효력이 발생하도록 하였다.

105) 1933. 3. 18.에 개정된 조선민사령(제령 제30호)에서는 혼인 연령, 재판상이혼, 인지, 상속의 승인과 상속재산의 분리 등에 관하여는 일본 민법을 적용하도록 하였다.

수표법, 파산법, 도시계획법, 토지수용법, 특허법 등 서구의 근대적 법령들이 계수되어[106] 우리사회의 근대화에 큰 영향을 미쳤으며, 이것들이 현재까지 우리 민사법제의 근간을 이루고 있다. 한편 종래 조선에서 외국인에게 적용되었던 치외법권은 일제의 병합과 동시에 모두 소멸하였다.[107]

9) 일제는 그 통치권이 미치는 지역을 ① 내지(內地. 여기에는 華太, 즉 가라후토라고 불리던 사할린 남부를 포함한다), ② 조선, ③ 대만, ④ 관동주(關東州=러일전쟁의 결과 취득한 중국 내 조차지)로 나누고,[108] 1918. 4. 22. 공통법(共通法, 일본국 법률 제39호)을 제정, 공포하였는데, 이들 각 지역 간에 적용할 민사법령이 다른 경우에는 다른 나라 국민 상호 간에 적용되는 법원칙인 법례(法例 = 오늘날의 국제사법)를 준용토록 하였다.[109]

나. 미 군정기

1) 1945. 8. 15. 일제가 항복한 후 1945. 9. 8. 미 육군 중장 하지(John Reed Hodge, 미 제24군단장)가 지휘하는 미군이 북위 38도 이남의 한반도에 진주하였다. 38도 이북에는 이미 소련군이 진주하여 군정(軍政)을 실시하고 있었다.[110] 미군은 1945. 9. 9.자로 38도 이남 지역에 대한 군정의 실시를 포고한[111] 데에 이어 군정청(United States Military Government in Korea)을 설치하였다.

군정사령관으로는 하지 중장이, 그 아래에서 실질적인 군정 업무를 총괄하는 군정장관으로는 미 육군 소장 아놀드(Arnold A. V.)가 취임하였다.[112] 이로써 38도 이남의 한반도

---

106) 계수란 다른 나라의 법제도나 문화를 받아들인다는 뜻이다.

107) 이는 병합조약 이전에 일본과 서구 열강과의 관계에서도 인정되었던 치외법권이 일본국의 법령 근대화작업의 일환으로 이미 모두 해소되었기 때문이다.

108) 일제는 이들 지역의 통치를 위해 화태(華台)에는 화태청(華台廳), 조선과 대만에는 각각 총독부, 관동주에는 도독부를 설치하였다.

109) 이들 각 지역 간에 적용할 사람의 기준은 각자의 본적 소재지(이를 地域籍이라 한다)로 하였으며, 이들 각 지역 간에 본적을 옮기는 전적(轉籍)은 원칙적으로 금지하였다. 따라서 조선인이나 대만인 등은 형식상으로만 일본 국민일 뿐 내부적으로는 외국인이나 다름없었다.

110) 군정(軍政)이란 일정한 지역을 군대가 점령하여 그 사령관이 법령을 발하고 질서를 유지하는 통치체제를 말한다. 보통 정상적인 통치기구에 의한 질서가 회복되기 전까지 잠정적인 성질을 갖는다. 계엄(戒嚴)도 일종의 군정에 속하나, 군정은 계엄보다 포괄적이고 더 고차원적이다.

111) 이는 미국 극동군 사령관 겸 남서태평양 방면 연합군 사령관(일본 군정사령관을 겸하였다) 맥아더(Douglas MacArthur) 원수의 명의로 발령되었는데(이를 통상 맥아더 포고 제1호라고 한다), 북위 38도 이남의 한반도에서 입법, 사법, 행정권을 포함한 모든 권한이 그의 관할하에 있으며, 그와 그의 부하 군인에 의해 군정이 실시된다는 뜻을 천명하였다. 조선 주재 미 육군사령부 군정청은 맥아더의 관리 대상에 속하였다.

112) 군정청은 여러 차례 그 조직을 개편하였다. 최초에는 조선총독부 직제를 모방하여 총무·외사·인사·기획·회계·지방 등의 과(課)가 속한 관방(官房)과 경무·재무·광공·학무·농상공·법무·체신·교통의 국(局)을 두었다. 그 뒤 보건후생국·군무국·공보국 등을 신설하고 광공국을 상무국으로, 농상국을 농무국으로 개칭하였다. 1946. 3.에는 국을 부(部)로 개편하여 학무국을 문교부로, 법무국을 사법부로, 교통국을 운수부로, 군무국을 국방부로 개칭했고, 경무국·농무국·상무국·재무국·체신국·보건후생국도 각각 부로 승격시킨 외에 토목부와 노동부를 신설하여 13부를 두었다(부의 장은 部長). 군정청의

에는 한국인에 의한 정부수립이 유보된 채 미국 군대에 의한 군정이 실시되었는데,[113] 그 권한의 실질적인 최고 보유자는 군정사령관인 하지 중장이고, 군정장관인 아놀드 소장이나 그의 부하들은 하지를 보좌하여 군정을 실시하였다. 그러므로 미 군정기 동안 북위 38도 이남의 한반도에서의 최고 의사결정권자는 미국 정부와 그 예하의 군인들이다.[114)]

2) 미 군정을 법적으로 평가한다면, 한반도의 통치권을 행사하고 있던 일본국이 연합군에 항복하고 그 통치권을 미국을 비롯한 연합국에게 포기, 이양함에 따라 미국(엄격히는 연합국) 군대가 실력으로 38도 이남의 한반도를 점령하고, 일본국 천황과 일본국 정부 대신에 통치권을 행사한 것이라고 할 수 있다. 따라서 법적으로 보면 합법이지만, 한국인의 정서에서 본다면, 한국인의 동의 없이 일본에 이어 실력으로 국토를 점령하고 무단으로 통치권을 행사한 것이라고 할 수 있다.

3) 미 군정 역시 위와 같이 법적인 측면에서는 일본 천황과 일본 정부를 승계하지 않고 이를 대체하여 통치권을 행사하는 것이므로, 그 이전에 효력을 갖고 있던 대한제국 시대나 일제강점기에 공포, 시행된 법령이 당연히 그 효력을 갖는 것은 아니다. 그러나 군정사령관은 질서를 유지하고 급격한 혼란을 피하기 위하여 그의 권한으로써 기존 법령의 효력을 유지시켰다(1945. 11. 2. 군정청 법령 제21호).[115)] 다만, 군정사령관은 1945. 10. 9. 정치범처벌법, 예비검속법, 치안유지법, 출판법, 정치범보호관찰령, 신사법(神社法) 등을 개별적으로 지정하여 효력을 소멸시켰다(군정청 법령 제11호).

4) 군정청은 이러한 기존의 법령 외에 스스로 법령을 제정하여 공포, 시행하였는데, 당연하게도 최고의 기본법규는 미 육군 태평양사령부 포고 제1, 2호이다. 군정청이 자체적으로 제정, 공포한 법령을 군정청 법령이라고 하였다.

군정기간은 남북한 통일정부 또는 한국인의 정부가 수립될 때까지 현상유지적 임시 통치기간이었으므로, 이 기간에 발령된 군정청의 민사법령도 대부분 그러한 성격의 것이었

국·과장 등 주요 보직은 미군이 맡았으나 일부는 한국인들을 임용하였으며(1945. 12. 이후에는 국장으로 미국인과 한국인 2인을 두었고, 1946. 3. 이후부터는 한국인들을 군정 관리로 다수 임용하였다), 후반기에는 자문기구나 입법보조기관으로 군정장관 고문, 남조선대한국민대표민주의원(南朝鮮大韓國民代表民主議院), 남조선과도입법의원(南朝鮮過渡立法議院) 등을 설치, 운영하였다.

113) 이는 태평양전쟁 종결 이전에 미국이 주도하여 결정한 한반도에 대한 신탁통치 및 그 이후의 한반도 통일정부 수립계획에 따른 것이다. 그러나 이후 양자 모두 실패하였다.

114) 종래 조선총독이 갖고 있던 권한을 군정사령관과 군정장관이 행사하였다.

115) 군정장관 아놀드 소장의 명의로 발령된 군정청 법령 제21호는 3조의 비교적 간단한 법령인데, ① 모든 법률 또한 조선 구정부가 발포하고 법률적 효력을 갖는 규칙, 명령, 고시 기타 문서로서 1945. 8. 9. 현재 실행 중인 것은 이미 폐지된 것을 제외하고 조선군정부의 특수명령으로 폐지할 때까지 모든 효력을 갖고 존속하며…종래 조선총독이 행사하던 제반 직권은 군정장관이 행사함(제1조), ② 북위 38도 이남 조선의 모든 재판소는 조선의 법령, 미국 태평양육군총사령관 포고의 제규정 및 조선군정장관의 모든 명령과 법령을 주의, 시행할 것. 이 목적을 위해 여타 모든 재판소로써 육군점령재판소를 구성함(제2조), ③ 본령은 1945. 11. 2. 야반에 효력을 발생함(제3조)이 그 내용이다.

다. 이에 따라 경제사회적 여건 변화에 따른 임기응변적 대응책으로서, 최고소작료의 제한(군정청 법령 제9호), 일본인 소유 재산에 대한 처분·양도 등의 제한(군정청 법령 제33호), 대외무역의 규제(군정청 법령 제39호), 청구권이나 소권에 관한 시효의 정지(군정청 법령 제78호), 조선인의 성명복구(군정청 법령 제122호) 등에 관한 법령이 공포, 시행되었다.

5) 미 군정청은 군인조직이므로 일반 행정업무나 사법사무 등을 직접 처리할 능력이 없었음은 물론이다. 따라서 기존의 조선총독부 조직과 그 산하의 법원조직 및 지방조직을 인수하여 군정청 조직으로 변모케 한 다음 다수의 한국인을 군정청 관리로 임용하여 업무를 처리하였다.

군정사령관의 입법활동 보조기관으로 군정청에 의해 1946. 12. 12. 설치된 남조선과도입법의원(南朝鮮過度立法議院)의 의원은 군정청이 임명한 45인과 한국인의 간접선거로 뽑힌 45인으로 구성되었다. 이는 38도 이남 지역에 한국인의 정부를 구성하기 위한 준비작업의 일부라고 할 수 있다. 그에 뒤이어 군정청은 1947. 2.에는 군정청 사법부(司法部) 소속의 대법원장에 김용무를, 민정장관(행정권의 수반)에 안재홍을 임명하여 군정기구를 사실상 민간정부 형태로 변형하였다.[116] 그러나 이에 불구하고 38도 이남의 한반도에서 여전히 입법권, 사법권, 행정권 등 모든 통치권은 궁극적으로 군정사령관 하지 중장 등 미군(연합군)에게 속하였음은 물론이다.[117]

다. 대한민국 정부 수립 이후

1) 한반도를 분할 점령한 미국과 소련의 협상 결렬로 한반도 전체에 대한 통일정부 수립 계획을 포기한 미국은 한국 문제를 UN에 회부하였다. 1948. 2. 6. 미국 정부의 주도로 UN 소총회에서, UN 감시하에 선거 실시가 가능한 지역(북위 38도 이남)에서의 국회의원 선거 실시안이 의결되었다.[118]

2) 이에 따라 1948. 5. 10. 남한 지역에서 최초의 국회의원 선거(이른바 제헌국회의원 선거)가 미 군정과 UN한국임시위원단의 주도하에 실시되었다.[119] 그 선거에 의해 구성되

116) 이에 따라 1947. 6.부터는 한국인에 의해 운영되는 군정청 조직을 남조선과도정부라고 호칭하였다(1947. 6. 3. 군정청 법령 제141호).

117) 남조선과도입법의원에서 의결된 법안과 민정장관의 정책은 군정사령관의 동의가 있어야 효력을 발생하였다. 이에 따라 과도입법의원에서 의결되어 공포, 시행된 법령(11건)보다는 군정사령관이 직권으로 공포한 법령이 훨씬 많았다.

118) 원래는 1947. 11. 14. 유엔 총회에서 한반도 전체의 국회의원 총선거와 선거 관리를 위한 유엔한국임시위원단(UN Temporary Commission on Korea)의 파견, 통일정부 수립 후 미·소 양군의 철수안이 의결되었으나, 소련 측의 한국위원단 입경 거부로 한반도 전체에서의 선거가 장애에 부딪쳐 결국 이와 같이 유엔한국임시위원단에 의한 선거 관리가 가능한 지역의 선거로 방향을 선회하게 되었다. 그러나 8개국으로 구성된 한국임시위원단 내에서도 의견이 대립되어 남한지역 만의 선거에 대해 호주와 캐나다는 반대하고 인도와 프랑스는 기권했다.

119) 헌법 제정을 위한 국회의원을 선거하였기 때문에 최초의 국회를 제헌국회라고 한다. 그에 필요한 제헌국회의원선거법은 1948. 3. 17. 군정청 법령 제175호로 공포되었는데, 이 법은 남조선과도입법의

어 1948. 5. 31. 개원한 국회는 헌법을 제정, 공포한 데 이어[120] 그해 7. 20. 헌법에 따른 대통령과 부통령을 선출하여 정부 수립 준비를 마쳤다. 이에 따라 1948. 8. 15. 대한민국 정부 수립이 공포되었다.[121]

3) 대한민국 정부가 수립됨에 따라 미국 정부는 1948. 9. 11. 대한민국과 '대한민국 정부와 미국 정부 간의 재정 및 재산에 관한 최초협정' 조약을 체결하여, 과거 일본국 정부나 일본인 소유로서 미국 정부가 취득한 귀속재산(歸屬財産)에 대한 일체의 권리, 명의, 이권을 대한민국 정부에 이양한 데에 이어 1949. 1. 1. 대한민국 정부를 승인하였으며, UN에서는 1948. 12. 12. UN한국임시위원단의 선거결과보고서를 기초로 대한민국 정부가 선거가 실시된 지역 내의 유일하고 합법적인 정부임을 확인하였다.

이와 같이 군정 업무가 종료됨에 따라 주한 미군은 1949. 1. 8. 전투부대가 아닌 군사고문단만 남기고 모두 철수하였고,[122] 북한 지역에서는 1948. 9. 9. 조선민주주의인민공화국이라는 공산정부가 수립되고 그해 말까지 소련군이 철수하였다.[123]

4) 북위 38도 이남의 한반도에서 미군이 철수하고 대한민국이 수립되어 통치권을 행사하게 된 것은, 동 지역 내의 통치권을 가지고 있던 미국 정부(연합국)가 이를 포기하고 사실상 대한민국 정부에 이양한 결과이다. 대한민국은 이전의 조선이나 대한제국, 일본국, 연합국과 전혀 관계가 없는 독립한 별개의 국가(통치주체)이므로, 그 이전에 한반도 내에서 효력을 갖고 있던 법령은 대한민국 정부에 자동적으로 승계되는 것이 아니라 모두 효력을 상실함이 원칙이다.

다만 제헌헌법은 부칙에서 "현행법령은 이 헌법에 저촉되지 아니하는 한 효력을 가진다"고 규정하였는바(제100조), 이는 법의 부재로 인한 혼란과 이전에 이미 형성된 법률관계를 보호하여 법적 안정을 꾀하려는 목적에 따른 것이다. 이로써 일제강점기에 이루어진 토지조사령과 그에 따른 토지 사정 등의 효력이 유지되었다. 그러나 종래의 구 법령이 효력을 유지하는 것(근거)은 그 자체의 효력에 의한 것이 아니라 대한민국 헌법에 의한 것이다. 대한민국 정부가 수립된 후 국회는 단계적으로 농지개혁법, 민법, 상법, 민사소송

원이 그 전에 의결한 ＜입법의원 의원선거법＞을 기본으로 삼았다. 남조선과도입법의원은 제헌국회 의원의 선거 후인 1948. 5. 19.에 폐지, 해산되었다.

120) 제헌헌법은 1948. 7. 12. 국회를 통과하여 성립하였고, 부칙 제99조에 따라 공포일인 1948. 7. 17.부터 효력을 발생하였다. 공포일에는 아직 대통령이 선출되지 않았으므로 부칙에서는 이를 국회의장이 공포하도록 하였고, 1948. 5. 31. 국회의장으로 선출된 이승만(1948. 7. 24.에 사임)이 이를 공포하였다.

121) 이는 누구의 명령에 의한 것이 아니라 한국인 스스로 헌법을 제정하고 그에 따른 정부(통치기구)를 수립하는 것으로서 정치적 행위이다. 이에 대한 법적 정당성은 헌법 제정을 위한 대표자(국회의원) 선거에 참여하는 행위, 다른 나라가 그 정부를 승인하는 행위 등에 의하여 확보된다. 즉 법 이전에 사실(정치행위)이 먼저 존재하고 법은 이에 뒤따른다.

122) 완전 철수가 이루어진 시점이 1949. 6. 30.이라는 견해도 있다.

123) 소련 당국은 1948. 12. 15. 소련군의 완전 철수를 성명하였다.

법 등의 민사법을 비롯한 많은 법률을 제정·변경하여 종래의 법령을 대체함으로써 식민지 법제를 탈피하기 위한 지속적인 노력을 기울였다.

5) 1945. 8. 15.에 탄생한 대한민국은 민주공화국이므로 이후의 법령은 헌법과 법률이 정하는 바에 의해 국민이 뽑은 국회의원으로 구성되는 국회에서 제정함이 원칙이며, 행정부나 기타 국가기관, 지방자치단체 등은 그 위임 범위 또는 그 법률을 시행하기 위한 범위에서만 보조적인 입법기능을 할 수 있다.

그러나 그 뒤 5·16 쿠데타에 의한 국가재건최고회의, 1972. 10.의 이른바 10월유신 선포에 의한 비상국무회의, 1979년의 12·12 사태 이후의 국가보위입법회의라는, 국회가 아닌 비합법적 기관이 입법기능을 행사한 일이 있었다.[124)]

6) 제헌헌법 이후 여러 차례 헌법이 개정되었으나, 이는 대한민국의 동일성과 계속성을 해하는 것은 아니며 어디까지나 대한민국 자체의 법령 개편에 지나지 않는다.[125)] 따라서 그 헌법 개정과 관련해서 제1공화국이니 제3공화국이니 하는 명칭을 붙이는 것은 법리상 적절치 않다고 할 수 있다. 공화국이라는 명칭은 이전 체제(특히 통치권과 주권의 보유 주체)와 단절된 새로운 국가 체제가 수립될 때나 사용되어야 하기 때문이다.

Ⅲ. 재판기구와 소송법

1. 전근대시대

가. 조선시대 이전

1) 사람이 공동체로 살아가는 이상 분쟁의 발생과 그 해결은 당연히 필연적·필수적이므로 어느 시대이고 법과 재판제도는 존재하였다. 다만 전근대시대에는 그 형태가 오늘날과 같이 당사자의 권리가 철저히 보장되는 치밀하고 합리적인 정도에 미치지 못하였고, 민사소송 역시 판단자인 권력기구 중심으로 운영되어 당사자주의가 실현될 수는 없었다. 이는 동서양 모두 마찬가지다.

2) 조선시대 이전 삼국시대나 고려시대에도 당연히 소송과 재판이 시행되었고, 또 이를 담당한 재판기구도 있었을 것이나, 현재 그 내용을 구체적으로 확인할 역사적 자료가 없는 형편이다. 아마도 그 골격은 조선시대의 그것과 크게 다르지는 않았으리라 짐작된다.

---

124) 국가재건최고회의와 비상국무회의에서 제정한 법률 등은 그 뒤에 제정된 3공화국 헌법과 4공화국 헌법(유신헌법)에 의해 헌법적 추인이 이루어졌다. 국가보위입법회의는 1980. 10. 27. 공포된 제5공화국 헌법 부칙에 의해 그 헌법에 의한 국회의원 선거가 실시되어 국회가 개원하기 전까지 국회를 대신하는 입법기능을 부여받았으므로 법적으로는 형식적 합법성을 갖추었다고 할 수 있다.

125) 그런 이유로 그 이후에 변경된 헌법은 모두 '개정'이라는 용어를 사용하고 있고, 국민주권과 자유민주주의 체제에 변함이 없다.

3) 전근대사회에서는 인간 활동이 현재보다 절대적으로 적었고, 이에 따라 분쟁도 적고 비교적 간단하였기 때문에 인간 활동을 규율할 실체법은 물론 절차법도 적을 수밖에 없었다.[126] 그 실체법이라는 것도 사법에 비해 공법, 그 가운데서도 형사법이 거의 대부분을 차지하였는데, 이는 경제·사회의 미분화, 미발달로 인해 사람들 사이에 거래관계나 다양한 경제활동이 저조하고 복잡하지 않았기 때문이다. 이는 중앙정부의 사법 담당 관청이 형조(刑曹), 의금부(義禁府), 전옥서(典獄署)와 같이 형률의 집행과 시행에 집중되었던 것을 보더라도 알 수 있다. 이에 따라 거래관계나 재산관계, 상속관계 등 사법적 생활영역은 거의 대부분 관습과 당사자들의 약정에 맡겨졌다.

4) 이러한 사정에 따라, 사법관계에 관하여 분쟁이 발생하더라도 재판업무의 양이 많지 않고 그 종류와 내용도 비교적 간단하여 전문적인 기구나 관리를 필요로 하지 않았으므로, 행정기관(특히 지방수령)으로부터 독립된 재판기관이나 법률업무를 전담하는 관리의 출현과 양 기관의 분리, 독립을 기대하기 어려웠다.

나. 조선시대

1) 조선시대의 소송은 형사소송과 민사소송으로 나뉘어 이루어졌으며, 지방의 경우 이를 모두 동일한 기관이 담당하였다. 즉 지방의 경우에는 수령[127]과 관찰사가 이를 담당한다. 민사소송의 경우에는 원·피고가 대립하나 형사소송의 경우 소추(공소제기) 기관이 따로 없이 심판기관인 수령 등이 소추기능과 재판기능을 동시에 수행하였다.

2) 중앙의 재판기구로는 형조와 사헌부, 의금부 등이 있었는데, 사헌부와 의금부는 형사소송만 취급하였다.[128] 한성부에는 수도 한성의 것은 물론 다른 지방의 민사사건도 이곳에 소를 제기할 수 있었다. 지방수령의 민사사건 판결에 대한 2심 재판은 각 도의 관찰사가 담당하였으나, 심리는 직접 하지 않고 서류에 의하여 1심의 당부만을 결정하여 부당한 경우에는 환송하였다.[129]

---

126) 실체법에 관한 권리능력, 행위능력, 법인, 부재와 실종, 착오, 비진의표시, 표현대리, 유치권, 지상권, 취득시효나 소멸시효, 사해행위 등의 법리, 절차법에 관한 소송요건, 당사자능력과 당사자적격, 책문권, 증거능력, 기판력, 청구이의나 3자이의, 가압류나 가처분 등의 법리는 모두 갑오개혁 이후 일본을 통해 서구에서 도입된 것이다. 정의(情誼)를 중시하고 유교적 질서와 문화가 지배적이었던 동양에서는 서구와 달리 논리적 사고나 법의 발달이 매우 저조하였다.

127) 각 도 관찰사의 지휘·감독을 받는 지방관청인 부(府), 목, 군, 현의 장을 말한다. 관찰사는 수령이 아니고 수령의 감독자다. 부에는 유수부(留守府)와 한성부(漢城府), 대도호부(大都護府), 도호부가 있었는데, 유수부와 한성부는 관찰사에 속하지 않는 특별 지방행정기관으로서 ,그 장인 유수와 한성 판윤은 그 직급이 관찰사와 같거나 그보다 상위이지만 그 아래에 지방관청이 없으므로 유수와 한성 판윤은 실제로는 수령과 같은 권한도 가지고 있었다.

128) 형조는 민사소송도 취급하여 사실상 3심으로서의 기능을 하였다. 한편 어느 경우에나 국왕은 최고의 재판기관으로서 자신의 의사에 따라 특정 사건에 관여할 수 있었다.

129) 반면 형사사건의 경우 엄밀한 의미에서 상소제도가 존재하지 않았다. 지방관, 관찰사, 형조 등 재판기관에 따라 처리하는 사건을 달리 정하였기 때문이다(태형은 지방수령이, 장형이나 도형, 유형은 관

3) 조선시대의 민사소송은 주택과 전답, 채권, 채무, 묘지, 노비에 관한 것이 대종을 이루었다. 특히 묘지에 관한 소송인 산송(山訟)은 명당에 조상의 묘를 써야 후손이 복을 받고 출세한다는 음양설, 도참설의 유행으로, 권세로써 타인의 묘지를 가로채거나 타인의 묘지 경계를 침범하거나 타인의 묘지에 몰래 시신을 묻는 투장(偸葬) 등이 빈번하여 송사가 매우 많았다.

또, 이미 여러 차례의 소송과 판결이 있었는데도 다시 소를 제기하는 등 소송관리가 매우 혼란스러웠다. 이런 이유 때문인지 산송은 본질상 민사사건임에도 형사소송으로 다루어지다가 1900. 4. 27. 이후에야 민사소송으로 처리되었다. 그리고 노비에 관한 소송은 형사적인 문제와도 겹쳤다.[130]

4) 지방관청에 민사상의 소를 제기하려는 자는 통상 소지(所志)라는 문서를 제출하는데, 이를 발괄(白活)이라고도 했다. 수령은 아전의 도움을 받아 사건을 심리한 후 소지에 대한 판결을 내리게 되는데, 그 문서를 데김(題音) 또는 제사(題辭)라고 불렀으며, 이 문서의 끝에는 수령이 수결(手決)을 하고 관인(官印)을 찍었다.

소송의 종류별로 산송에 관한 산송소지(山訟所志), 채무에 관한 소지인 채송소지(債訟所志) 등의 소장 모델이 유통되었고, <유서필지>(儒胥必知)와 같이 이를 수록한 책도 유행하였다. 민사소송과 형사소송이 크게 분화되지 못하였으므로 양자의 소송절차에 큰 차이는 없었으나, 민사의 경우 일정기간(통상 21일) 내 피고의 불출석 시 의제자백 판결이 가능한 것, 출소기간의 제한, 상대방의 출석 담보, 소송비용(수수료)의 납부 등에서 형사와 다른 점이 있었다.[131]

5) 조선시대에는 소송절차에 관하여 자세하게 규정한, 이렇다 할 만한 소송법이 없었다.[132] 그래서 대부분의 소송절차가 관습이나 관행에 의해 이루어졌다. 그러다가 갑오개혁의 영향으로 재판소구성법이 제정·공포되어 전문재판기관이 설치되면서 1895. 4. 29.에야 민형소송규정(民刑訴訟規程, 법부령 제3호)이 공포되고 1896. 12. 26. 이를 보완하는 재판소세칙(裁判所細則)이 공포되었다.

민형소송규정은 민사소송과 형사소송을 분리하여 민사소송에 관한 25조문, 형사소송에 관한 19조문을 두었는데, 민사소송에 관해서는 소장과 답변서 작성요령, 증거제출절차,

---

찰사가, 그 이상은 형조나 의금부가 관할하였다). 이는 사건(형벌)의 경중에 따라 중한 사건은 상급 관서에서 맡아 처리하도록 한 데에 따른 것이다. 따라서 실질상 형사소송은 단심제였다. 그러나 국왕은 이들 관서의 재판결과를 변경할 권한이 있었다.

130) 경국대전과 그 이후의 법전에서는 노비에 관한 법을 호전이나 예전이 아닌 형전에 수록하여 노비의 율을 어긴 자는 형벌로 다스렸다.

131) 형사소송은 옥송(獄訟), 민사소송은 사송(詞訟)이라고 불렀는데, 사송 중에도 수령은 당사자를 처벌할 수 있었다.

132) 오늘날의 민사소송법이나 민사소송규칙과 같은 자세한 규정은 모두 근대법이 도입된 이후에 이루어진 것이다.

미성년자의 대소(代訴) 방법, 소송대리인인 대인(代人)에 대한 소송의 위탁, 변론기록(소송기록)의 작성 방법, 판결서 작성 요령 및 선고 방법, 상소기간 등에 관한 내용을 규정하였다.[133] 그러나 이 법령은 결국 시행되지 못하였고, 통감부 시대인 1908. 7. 13.에 공포된 민형소송규칙(民刑訴訟規則)에 의해서야 비로소 근대적 소송법이 시행되었다.

국가의 기본적 업무가 ① 백성을 배부르게 하고(경제), ② 백성을 외침(外侵)과 내부 도적 등으로부터 안전하게 하며(국방, 치안), ③ 백성을 교육시켜 지혜롭게 하고(교육), ④ 백성으로 하여금 억울함이 없도록 하는 것(사법)이라고 할 때, 조선의 사법제도는 매우 수준이 낮았다고 할 수밖에 없다. 특히 재판기관에 대한 외부의 압력과 간섭, 회유, 농간으로 재판 결과에 대한 국민들의 불신과 원성이 매우 높았다.

6) 한편, 조선시대에는 오늘날의 변호사와 같은 소송대리인 제도는 없었다. 그러나 아전이나 형리와 안면도 있고 관청 사정에 밝으며 변론도 잘하는 사람이 관청의 지속적인 탄압에도 불구하고, 사사로이 대가를 받고 소지를 작성해주거나 의뢰인의 자문에 응하여 소송수행을 지도하는 역할을 하였는데, 이들을 통칭 외지부(外知部)라고 불렀다. 그리고 일종의 소송안내서로 <유서필지> 외에도 청송식(聽訟式)이니 청송지남(聽訟指南) 등의 책자가 시중에 유통되었고. 관리들을 위한 소송사건 처리 안내서로는 사송유취(詞訟類聚), 결송유취(決訟類聚), 결송유취보(決訟類聚補), 임관정요(臨官政要), 거관잡록(居官雜錄) 등의 책자가 발간되었다.[134]

7) 개항 이후 여러 외국과 수호·통상조약을 체결하면서 외국인에 대해서는 형사는 물론 민사에 대해서도 치외법권(治外法權)이 인정되어 외국인 관련 사건은 그 나라의 영사 또는 그 외국인의 본국 법원이 재판하였다.[135]

---

133) 아울러 이때야 비로소 형사사건에 대해서도 상소제도가 도입되었다.

134) 이러한 책들이 재판을 담당하는 관리들에게 소송절차에 관한 경험과 관행을 알려주는 자료가 되었음은 물론이다. 법에 관한 전문지식이 없이 재판을 하는 지방관들은 이런 책자를 통해 소송업무 처리의 지식을 얻었다.

135) 외국인 관련 사건으로서 재판권이 조선 정부에 있는 사건이라도 그 나라의 영사나 경찰 등 관계자가 재판에 여러 형태로 참여하거나 간섭하는 일이 많아 원성이 높았다. 한편 일반적으로는 일본과 체결한 병자수호조약(丙子修好條約)에서 최초로 치외법권을 인정한 것으로 알려지고 있으나, 조선시대 내내 한반도에 설치되었던 왜관(倭館)의 日人들에 대해서는 종래부터 치외법권이 인정되고 있었다. 개항 후 1906년까지 재한 일본인에 대한 영사재판권은 영사가 1심, 나가사키 공소원이 2심, 일본 대심원이 3심으로 운영되다가, 1906. 5. '한국에 있어서의 재판사무에 관한 법률'(일본국 법률 제56호)에 의해 통감부 이사청이 1심, 통감부 법무원(法務院)이 2심 재판(종심)을 하는 것으로 변하였다. 통감부가 대한제국의 사법권을 이양 받은 1909. 11. 1. 이후에는 통감부 재판소가 재한 일본인에 대해서도 모든 재판권을 행사하였다.

2. 근대 이후

가. 갑오개혁과 대한제국 시대

1) 일본의 간섭과 주도로 1894년에서 1985년에 걸쳐 이른바 갑오개혁이 이루어졌다. 갑오개혁은 비록 외세인 일본의 간섭과 주도로 이루어진 것이기는 하지만, 그 시대의 조류인 근대화의 사조에 부합하는 것이었고, 또 조선 사회 내부에서도 근대화를 희망하는 세력이 있었던 만큼 객관적으로 평가할 때 그 성과를 전면 부정할 수는 없다.

1876년 일본에 개항을 단행한 후 청일전쟁에 이르기까지 약 20년에 걸친 조선의 자주적 근대화와 개화는 매우 부진하고 미흡하였다. 조선이 종래의 유교적 봉건질서와 전제군주정치 체제에서 벗어나 서구적 근대법제로 변모하기 시작한 것은 일제의 반강제에 의한 갑오개혁부터이다.

2) 근대화란 합리성(合理性)과 효율성(效率性)을 인간 삶의 가치와 수단으로 인정하고, 그에 맞게 사회제도를 개혁하고 운영하기 위한 의식적인 노력이라고 정의할 수 있다. 합리성은 인간이 살아가는 데 편리한 것을 말하며, 인간에게 편리한 것은 이성에 부합하므로 합리적이다. 이성은 인간이 살아가는 데 편리한 것을 추구하기 때문이다.

전근대사회에서는 과학과 교육, 경제의 발달이 미약하여 비과학적인 종교와 선천적인 신분, 샤머니즘, 미신, 절대군주제의 원리가 사회를 지배·운용하는 토대였다. 반면에 근대사회에서는 과학과 경제, 교육, 교통, 통신이 비약적으로 발달하여 종교와 미신, 신분, 절대군주제가 힘을 잃고 과학적 합리주의와 자유·평등, 입헌주의, 공화주의를 토대로 법에 의한 통치의 원리가 사회를 지배·운용하는 기준이 되었다.

한편 근대화의 또 다른 중요한 요소인 효율성은 비용편익효과를 증대하는 것으로서, 경제는 물론 정치, 경제, 사회, 문화, 의례 등 인간 삶의 모든 영역에서 낭비적이고 비효율적인 겉치레와 형식주의를 배제하여 비용은 적게 하고 효과는 크게 하는 것이다.[136] 이를 통해 인간 삶이 편해지고 더욱 풍요롭게 될 것임은 당연하다. 합리성과 효율성은 그 근본이 같은바, 서구에서도 르네상스를 시작으로 합리성이 증대되어 가면서 자연스레 효율성이 지배하는 자본주의가 대세를 이루게 되었으며, 그것이 오늘날 전 세계를 지배하는 원리가 되었다.

3) 조선이 자주적으로 근대화와 개화를 완성하지 못함에 따라 국력은 극도로 피폐해

136) 아편전쟁을 계기로 19세기 이후 서구세계에 대한 동양세계의 잇따른 패퇴와 근대화의 실패는 전근대적 형식주의를 물리치지 못함으로써 효율성의 확보에 실패한 것이 가장 큰 요인이라고 할 수 있다. 아편전쟁 이후 중국의 양무운동(洋務運動)과 동치중흥(同治重興), 변법자강(變法自疆)이 실패한 것이라든지, 조선의 동도서기(東道西器)와 구본신참(舊本新參), 동학혁명, 그에 앞선 실학이 일본의 메이지유신과 달리 모두 실패한 것은 비효율성의 벽을 끝내 타파하지 못한 탓이다.

져 가서, 밖으로는 청과 일본, 러시아 세력의 침탈을 받고, 안으로는 민중의 반란과 항거에 직면하였으나 조선은 이를 해결할 수 없었다. 그런 와중에 근대화와 제국주의적 부국강병에 매진한 일본은 힘으로 청과 러시아 세력을 꺾고 조선의 식민지화에 나섰다. 갑오개혁이나 을미개혁은 일제가 조선의 식민지화를 위해, 근대화하지 못한 조선을 반강제로 변모시켜 식민지화에 필요한 기반을 조성하려는 목적에서 추진한 것이다. 이로써 조선은 타율적인 근대화에 맞닥뜨릴 수밖에 없었다.

4) 갑오개혁의 결과 1895. 3. 25. 재판소구성법(1985년 조선국 법률 제1호)이 제정, 공포되어 1895. 4. 1.부터 시행되었다.[137)] 이는 종래 행정기관이 담당하였던 사법기능을 독립한 사법기관인 재판소로 하여금 담당케 하는 것인데, 재판소의 종류로서 ① 지방재판소와 그 지청, ② 한성과 인천 기타의 개항장재판소, ③ 순회재판소, ④ 고등재판소, ⑤ 특별법원의 다섯 가지 법원을 두도록 하였다.[138)] ①, ②는 1심 재판소이고, ③, ④는 2심 재판소이며,[139)] ⑤는 특정 사건만을 관할하는 단심 재판소이다.

형사사건에 대해서는, 하급관리의 경우 지방재판소(한성재판소와 개항장재판소 포함) → 순회재판소, 고등재판소의 2심제로 한 반면,[140)] 칙임관과 주임관[141)] 등 고급관리와 국사

---

137) 한편 이때부터 국왕의 명령 가운데 오늘날의 법률과 같은 성질을 갖는 것을 기타의 칙령이나 명령과 구별하여 법률이라는 명칭을 사용하였다(그러나 법률의 번호는 오늘날과 같은 전체 법령의 일련번호 대신 각 연도를 기준으로 그해의 법률 제정순서대로 붙였다).
재판소구성법은 1890. 2. 10.에 공포된 일본제국 재판소구성법과 그 이전의 제재판소직제, 치죄법 등의 복사판이라 할 수 있는데(물론 일본의 그것은 서구의 것을 모방한 것이다), 대한제국 재판소구성법은 그 뒤 여러 차례 개정되었다가 1909. 7. 12.자 기유각서에 의해 1909. 11. 1.부터 사법사무가 일제 통감부에 흡수됨으로써 폐지되었고, 그 이후에는 일제가 운용하는 통감부재판소와 총독부재판소가 재판권을 행사하였다. 이에 앞서 1894. 6. 28. 형조를 대신하여 법무아문이 설치되었고(이는 1895. 3. 25. 법부로 개칭되었다) 1894. 7. 8.에는 사법관의 재판에 의하지 않고는 처벌할 수 없다는 원칙을 선언하였다.

138) 고등재판소는 법부에 임시로 개정하는 재판소로서 한성재판소와 인천 개항장재판소의 판결에 불복하는 상소사건을 관할하며(그 재판장은 법부대신이나 법부협판이 맡는다), 특별법원은 왕족의 형사사건만을 관할하며 법부대신이 황제를 재가를 받아 필요한 때에만 임시로 개설한다(재판소구성법 제25, 26조). 특별법원의 재판장은 법부대신이 맡고 판사는 고등재판소나 한성재판소 판사 등이 맡으며, 검사와 서기, 정리는 고등재판소의 검사 등이 맡는다(재판소구성법 제27조 내지 제30조). 순회재판소는 3월부터 9월까지 법부대신이 지정하는 장소에서 개설하며 한성재판소와 인천 개항장재판소 이외 재판소의 판결에 불복하는 상소사건을 관할한다.

139) 처음에는 2심(순회재판소와 고등재판소)이 최종심이었는데, 1907. 12. 23. 개정 법률에서는 3심제를 채택하고 3심 재판소로 대심원(大審院)을 신설하였다.

140) 그러나 실제로는 지방재판소에 앞서 군수 등 지방관이 1심 재판을 하여 그에 불복하는 경우에만 비로소 지방재판소에 상소하도록 하였으므로 사실상 3심제였다.

141) 1894. 7. 갑오개혁으로 종래의 당상관(堂上官)·당하관(堂下官)·참상관(參上官)의 구분을 없애고, 칙임관(勅任官)·주임관(奏任官)·판임관(判任官)으로 대별하였다. 칙임관은 국왕이 직접 임용하는 관리이고(다만 총리대신이 각 아문의 대신 등과 협의 후 후보자를 3배수로 천거하면 국왕이 이 중에서 임명하도록 하였다), 주임관은 각 부 대신의 건의를 받아서 국왕이 임용하는 관리이며, 판임관은 각 부 대신이 자신의 권한으로 임용하는 관리이다. 정1품에서 종2품까지의 관리가 칙임관, 3품에서 6품까지의 관리가 주임관, 7품에서 9품까지의 관리가 판임관에 해당한다.

범(國事犯)은 고등재판소, 왕족은 특별법원의 단심제로 하였다.[142] 그리고 고등재판소와 특별법원은 합의부가 재판하고 기타 지방재판소 등은 단독판사가 재판하였다.

재판소구성법은 특별법원을 제외한 각급 재판소에 재판을 담당할 사람으로 판사와 검사, 서기, 정리(庭吏)를 두도록 하였는바, 재판부구성법과 함께 '법관양성소규정'(칙령 제49호)이 공포되어 1895. 4. 법관양성소가 평리원(平理院)[143] 부설로 개설되었다. 그러나 판사와 검사는 시험을 통해 뽑게 되어 있어 그 필요한 인원을 일시에 충당할 수 없었으므로 임시조치로서 지방재판소의 경우 기존의 지방관에게 잠정적으로 판·검사의 업무를 처리하도록 하였다.

5) 지방재판소는 당초에는 전국 23부(府)에 설치토록 하였다가, 아관파천 후 지방제도 개편으로 부(府)가 폐지되고 종래대로 다시 한성부와 13도(道)가 설치되면서 결국 한성(서울)과 경기 등의 13도와 제주목(濟州牧)에 지방재판소를 설치하도록 변경되었다.

재판소구성법은 근대적 재판제도를 도입한 것이므로 이전의 전근대적 조선의 재판제도를 혁명적으로 바꾸는 내용이다. 그러나 위 법률에 따라 실제로 설치된 법원은 고등재판소와 2곳(한성, 경기)의 지방재판소뿐이었다. 기타의 지방재판소는 각 도의 감영에, 개항장재판소는 각 개항장의 감리서(監理署)[144]에 합설(合設)되고 판사도 따로 두지 않아 종래대로 행정관리(지방수령이나 감리, 관찰사)가 재판을 하였다. 이와 같이 재판소구성법에 의한 법원의 개설과 판·검사의 배치가 계획대로 이루어지지 않음에 따라 잠정적으로 민사소송 전부와 형사소송의 1심은 군수 등 지방관이 맡도록 하였다.[145]

6) 재판소구성법이 공포된 후인 1895. 4. 29.에는 소송절차법인 민형소송규정(법부령 제3호)이 공포되었다. 이는 민사소송과 형사소송을 엄격하게 분리하여 민사소송에 관하여 25조문, 형사소송에 관하여는 19조문을 두었다. 민사소송에 관해서는 소장과 답변서의 작성요령, 증거제출절차, 미성년자를 위한 대리인에 의한 제소 방법, 소송대리인(代人)에 대한 소송위임, 소송기록의 작성 방법, 판결서 작성 요령 및 선고 방법, 상소기간 등에

---

142) 이와 함께 군국기무처는 1894년 갑오개혁 시기에, 각 관청이 함부로 사람을 체포, 구금, 재판, 처벌하지 않을 것, 모든 죄인은 사법관의 재판에 의하지 않고는 형벌을 과할 수 없으며, 신식 법률 반포 전에는 대전회통 형전에 의하여 죄인을 조사하고 함부로 고신(拷訊)하지 말 것, 의금부를 의금사(義禁司)로 고쳐 법무아문에 속하게 하고 관리의 직무상 범죄만을 담당하게 할 것 등을 정하여 형사사법제도에서도 근대적 개혁을 시도하였으나, 법령의 정비나 기구의 재편, 업무의 개혁 등은 실제 거의 이루어지지 못하였다.

143) 1899. 5. 30. 재판소구성법의 개정 법률(대한제국 법률 제3호)에 따라 고등재판소를 개칭한 것이다.

144) 감리서는 개항 이후 개항장에 설치되어 개항장의 질서유지와 외국인 관련 업무, 내외국인의 출입국 관리업무 등을 담당하였던 특별 행정기관이다. 그 장은 감리(監理)이다.

145) 일제의 병합 이전까지 이러한 근대식 제도의 시행은 매우 불완전하였고, 그 변화와 개정도 빈번하여 많은 혼란을 초래하였다. 더욱이 종래의 상언(上言)이나 상소(上疏) 제도가 사법업무에도 그대로 시행되었고, 상급 감독관서인 국왕과 법부의 재판 간여도 여전하여 이들에 의해 판결이 무용지물이 되는 일이 비일비재하였다. 또, 뇌물과 독직이 예사로 통용되고, 하급 법원이 상급 법원의 판결에 반하는 판결을 하거나 이미 최종심이 끝났음에도 다시 재판하는 등 혼선이 많았다.

관한 내용을 규정하였다. 그 대체적인 내용은 요즘의 것과 큰 차이가 없다.

소송대리인에 관해서는, 1895. 3. 대인제도(代人制度)[146]에 의해 법정 변호사 제도가 도입되어 종래 외지부와 같은 소송대리인의 법정 참여가 허용되었다. 그러나 소송대리인의 자격에 제한이 없어 노비를 비롯해 아무나 민사소송의 대리를 할 수 있었던 데에다 일본인 변호사들마저 무제한으로 활동을 하자, 법률적 소양을 갖춘 사람에 한하여 이를 허용하는 방향으로 1905. 11. 변호사법이 제정, 공포되어 변호사자격 제도가 시행되었다.[147] 한편 1897. 9. 4.에는 법부 훈령으로 대서소세칙(代書所細則)이 제정, 공포되었는데, 이는 오늘날의 법무사 관련 법규에 해당한다. 이 세칙에는 사건부의 작성, 대서료의 징수, 서류 작성 방법, 벌칙 등을 규정하였다.

7) 아관파천 이후 대한제국이 수립되면서 일본에 의해 강요된 갑오개혁과 근대적 방향의 개혁이 후퇴하고 복고주의적 전제군주 체제가 환원, 강화되었다. 국왕인 고종과 그 측근들이 과거의 유습을 버리지 못하고 기득권에 매달린 탓이다. 그들은 국가 전체적인 안목에서 개혁과 근대화의 방향을 잡지 못한 채 구본신참(舊本新參)을 내세우며 갑오개혁의 긍정적 성과마저 대대적으로 변경하여 왕실과 고위관료 및 귀족계급의 이익을 도모하였다.

이 과정에서 1899. 5. 30. 재판소구성법을 개정하여(대한제국 법률 제3호) 고등재판소를 평리원(平理院)으로 개칭하고 각급 재판소의 관할을 변경하였으나, 그 대체적인 내용에는 변함이 없었다. 그리고 당분간 개항장재판소와 지방재판소를 따로 설치하지 아니하고 각 부(府)와 각 도의 관찰부에 이를 병설하여 부윤(府尹) 또는 관찰사로 하여금 판사를 겸직하도록 하였으며, 순회재판소는 설치를 유보하였다(개정 법률 부칙 제59조 내지 61조). 이러한 후퇴는 재정부족과 재판권 박탈에 대한 지방관들의 불만에 기인한 것이다.

8) 대한제국 시대에도 왕과 관료들의 전근대적 사고에 큰 변화가 없었던 데에다, 재정부족, 근대적 전문 법지식을 갖춘 법조인의 결여로 인해[148] 사법제도는 갑오개혁 이전에 비해 크게 나아지지 않았고 여전히 혼선과 부조리가 만연하였다.[149] 그리하여 행정과 사

---

146) 이 역시 일본의 대언인(代言人) 제도에서 유래하는데, 일본은 1872. 8. 31. 태정관령(太政官達)으로 사법직무정제(司法職務定制)'를 공포하여 민사소송에서의 대리제도로서 현재의 변호사의 전신인 대언인(代言人)과 법무사의 전신인 대서인(代書人)을 도입하였다. 일본은 이후 1876년에는 직업적 자격으로서의 대언인을 인정하는 '대언인규칙'을 제정, 공포하였고, 1893. 3. 4. 오늘날과 같은 변호사법을 제정, 공포하였다.

147) 변호사법은 대한제국 남자로서 25세 이상인 자로 변호사의 자격을 제한하였다. 그러나 을사조약과 곧 이은 사법권 이양으로 외국인(일본인) 변호사 유입 억제책은 유명무실하게 되었다.

148) 1899. 5. 30. 개정 재판소구성법에서는 당분간은 시험에 의하지 아니하고 판사와 검사를 임명하며 점차 시험을 거쳐 임용한다고 규정하였다(부칙 제62, 63조). 법관양성소 운영도 파행을 거듭하여 1896. 4. 이후 학생을 모집하지 못하다가 1903. 2.에야 다시 모집에 나섰다. 그나마도 1904년과 1905년에 법관양성소를 졸업한 이들이 45명이었지만 판사나 검사에 임용된 자는 극히 일부에 불과하였다. 이 역시 기존 관료들의 반대와 예산부족이 주원인이었다.

법의 분리, 사법요원의 전문화, 공정한 재판과 사법권의 독립은 요원하였다.

나. 통감부의 설치와 사법권 이양

1) 일제는 청일전쟁을 통해 조선의 보호국화를 기도하였으나 삼국간섭과 아관파천, 대한제국의 성립 등으로 그 목표 달성이 일단 좌절되었다. 러일전쟁은 일제가 그 목표 달성에 마지막 장애물이었던 러시아 세력을 배제하기 위한 최후의 수단이었다.

일제는 러일전쟁 개전 직후인 1904. 2. 23. 한일의정서로써 한국의 시정개선(施政改善)에 대한 간여권과 군사상 필요 지역의 점령·사용권을 대한제국으로부터 반강제적으로 취득하였고,[150] 1904. 8. 22.에는 제1차 한일협약으로 일본인 외교고문과 재정고문의 배치, 한국과 외국의 조약체결에 대한 일본과의 사전협의권을 얻어냈다. 뒤이어 러일전쟁이 끝난 후인 1905. 11. 17.에는 제2차 한일협약(을사보호조약)으로 한국의 외교권 일체를 접수하고 그 관리자로 통감(統監)을 두어[151] 한국을 보호국화하였다.

2) 을사보호조약에 따라 1906. 2. 1. 서울에 통감부가 설치되고 외국의 외교공관과 외교사절은 모두 철수하였으며, 이토 히로부미가 초대 통감으로 부임하였다. 이 조약상 통감에게는 한국의 외교업무에 대해서만 관여할 권한이 부여되었으나, 일제는 헤이그밀사 사건을 계기로 1907. 7. 24. 제3차 한일협약(정미칠조약)을 강압적으로 체결하여 한국의 내정에 관해서도 통감이 간여할 권한을 얻어냈다. 정미칠조약의 결과, 각 부의 차관과 경무국장 등 중앙 고위관리는 물론 각 도의 사무관, 경무관 등에 일본인이 임용되었고, 재판소와 감옥의 판사, 간수장 등의 절반도 일본인으로 임용되었다.

3) 정미칠조약에는 사법사무와 행정사무를 분리한다는 원칙을 선언하였는데(조약 제3조), 이

---

149) 대한제국 시대에도 이전과 같이 매관매직과 뇌물이 성행하였는데, 뇌물을 주고 벼슬을 산 지방관들은 본전을 뽑으려고 재판을 부정하게 하는 일이 매우 많았다. 1899. 10. 독립신문에 게재된 기사는 당시 재판제도의 문제점으로 ① 빈부귀천에 따라 사람을 차별대우하고, ② 재판도 하기 전에 각종 형구(刑具)를 채워 악형을 가하며, ③ 일사부재리의 원칙을 무시하고, ④ 공개재판주의나 죄형법정주의, 재판법규를 무시하는 일이 비일비재하다는 등을 지적하였다. 이외에도 그 당시 여러 신문 등 언론에는 사법운용의 난맥상을 질타하는 보도와 논설이 잇따랐다.

150) 한일의정서는 1904. 2. 9. 인천에 상륙한 일본군이 서울을 점령한 가운데 일본 공사 하야시 곤스케가 고종을 직접 만나 의정서 체결을 강요하는 방법으로 이루어졌다. 일제는 의정서 체결에 반대하던 탁지부대신 겸 내장원경 이용익(李容翼)을 납치하여 일본으로 압송하고, 반대세력인 보부상 지도자 길영수(吉永洙), 육군참장 이학균(李學均), 육군참령 현상건(玄尙建) 등을 연금하였다. 또 외부대신서리 이지용은 돈을 주어 매수하였으며, 이근택은 협박하여 태도를 바꾸게 하였다. 이에 따라 이지용, 이근택, 민영철 등 친일파는 고종에게 조약을 속히 체결해야 한다고 강권하였고, 공포에 사로잡힌 국왕의 승낙을 얻어 1904. 2. 23. 이지용과 하야시가 양국 정부를 대표하여 조약을 체결하였다.

151) 1905. 12. 20. 통감부(統監府) 및 이사청(理事廳) 관제가 공포되어(1906. 2. 1. 개청) 대한제국의 외부(外部)가 폐지되고 각국의 공사관이 철수하였다. 동시에 일본 공사관은 통감부에, 개항장 등 각 지역의 일본 영사관은 이사청에 흡수되었다. 초기의 통감부에는 총무부(장관), 농상공부(장관), 경무부(경무총장)를 두고 통감 외에 30여 명의 일본인 관리를 배치하였다, 나중에는 조직을 변경하여 총무부, 농상공부, 경무부 대신 외무부, 감사부, 지방부와 통감관방(統監官房)을 두었다.

는 한국의 사법제도를 근대적으로 개혁한다는 명분으로 서양 각국의 치외법권을 폐지함으로써 장차 대한제국을 식민지로 병합하는 데 외국의 간섭과 반발을 배제하여 걸림돌을 제거하기 위한 포석이었다. 이렇듯 정미칠조약은 일제가 아관파천으로 중단·좌절된 갑오개혁과 을미개혁을 발전적으로 완성하여 한국을 완전한 일본의 식민지로 탈바꿈시키기 위한 의도에서 계획된 것이다.

통감 이토 히로부미는 이러한 목표를 달성하고, 낙후된 사법제도에 대한 한국인의 불만을 이용해 보호국화·식민지화에 대한 지지를 얻기 위해 적극적으로 한국의 사법제도 개선에 나섰다.[152] 이를 위해 이토는 1906. 7. 일본인 법학자 우메 겐지로를 한국 정부의 법률고문으로 위촉케 하여 여러 법리를 연구하게 하고,[153] 일본인 판·검사 29명을 참여관 및 법무보좌관이라는 이름으로 임용케 하여 법부와 평리원, 한성재판소 등에 배치토록 하였다.[154] 이토는 이들을 통감부 산하의 시정개선협의회에 참여시켜 그들의 검토와 작업을 통해 고문을 폐지토록 하는가 하면, 1907. 6. 27.에는 '민사·형사의 소송에 관한 건'을 성안하여 법령(대한제국 1907년 법률 제1호. 1909. 10. 28. 법률 제31호로 폐지)으로 공포케 하였다.[155]

4) 이토 히로부미는 또 사법제도 개선의 일환으로 1907. 12. 27. 재판소구성법 개정법률(대한제국 1907년 법률 제8호, 1908. 1. 1. 시행)을 공포하게 하였다. 이에 의하면, 재판소를 구재판소(區裁判所), 지방재판소, 공소원(控訴院), 대심원(大審院)의 4종으로 하고, 각급 재판소에 검사국을 병설하도록 하였으며, 각급 재판소와 검사국의 행정사무 및 검찰사무에 대해서는 법부대신의 지휘·감독을 받도록 하였다.[156] 이에 따라 대심원은 서울에,

---

152) 치외법권을 빙자한 외국인 신부들과 이에 부합한 교도(教徒)들의 월권과 침학(侵虐), 관령(官令)의 거부는 부패한 관리들의 부정부패와 사법권남용, 제도의 문란과 함께 일반 국민들의 민심을 악화시켰다. 일제는 이를 틈타 한국인들에게 문제해결을 통감부나 일본인들에게 진정하도록 권장하고 그 해결에 적극 나섬으로써(일본 영사와 경찰이 한국 정부나 외국인들과 접촉하여 문제를 해결하기도 하였다) 한국인들의 상당한 지지와 협력을 얻기도 하였다. 그러나 일제의 진정한 의도는 사법제도 개혁을 통한 치외법권 폐지에 있었다. 당시 일진회는 이러한 일본의 야욕에 편승하여, 불공정한 재판을 하였다는 이유로 특정 지방관과 판·검사를 파면하라고 법부대신과 내부대신을 압박하고, 소송거부운동, 대국민연설회 개최 등을 통해 정부를 비판하였다.

153) 우메 겐지로는 한국에 와서 부동산법조사회를 조직하고 그 후신인 법전조사국 고문으로 일하였는데(법전조사국 위원장은 법부 차관인 일본인 구라토미 유자부로—倉富勇三郎), 1908. 1.에 발족한 법전조사국은 3년을 목표로 민법, 형법, 민사소송법, 형사소송법 등 근대법의 제정 작업에 착수하였다. 법전조사국에 의한 관습조사의 결과 1908년 부동산법조사요록(不動産法調査要錄)이 간행되고 1909년 민적법이 제정되었다. 그러나 여타의 법령 제정 작업은 기대에 미치지 못한 채 법전조사국은 업무를 조선총독부 취조국(取調局)에 이관하였다.

154) 일본인 판사의 임용은 이때가 처음인데 그 이전에는 일본인 경찰이 법적 근거도 없이 재판에 간여하는 일이 빈번하였다.

155) 앞서의 재판소구성법도 대한제국(조선) 법률 제1호이고 '민사·형사의 소송에 관한 건'도 대한제국 법률 제1호라고 표기되어 있으나, 당시에는 오늘날과 달리 법령에 고유번호를 붙이는 대신 공포한 연도별로 차례로 법령의 번호를 붙였기 때문에 이런 현상이 발생하였음은 앞서 설명한 바와 같다.

156) 그러나 구재판소가 개청되지 않은 곳이 많아 미 개청 지역의 업무는 인접한 구재판소로 하여금 처리

공소원(3곳)은 서울, 평양, 대구에, 지방재판소(8곳)는 서울, 공주, 함흥, 평양, 해주, 대구, 진주, 광주에, 구재판소(113곳)는 서울과 지방 주요도시 112곳에 설치되었다.

이 법에서는 종래와 달리 지방관에 의한 판·검사 겸직 및 시험에 의하지 아니한 판·검사 임용의 특례를 규정하지 않음으로써 지방관의 재판관여를 원천적으로 배제하였다. 이에 따라 다수의 일본인 판사와 종래 재판업무에 종사해온 한국인 판·검사, 변호사 등이 법관으로 임용되었고,[157] 지방수령 등 행정관리에 의한 재판은 완전히 종료하였다.

한편, 개정된 재판소구성법과 함께 '재판소구성법시행법', '재판소설치법'도 공포하여 1908. 1. 1.부터 시행하였고, 1908. 7. 13.에는 민형소송규칙(民刑訴訟規則, 통칙 62조, 민사소송 규정 79조, 형사소송 규정 29조)을 공포하여 1908. 8. 1.부터 시행하였다.[158] 또 1908. 4.에는 감옥 관제를 공포하여 감옥업무의 소관(所管)을 종래 내부(內部) 소속의 경무청에서 법부(法部)로 옮기고 지방재판소 소재지 8곳에 감옥을 설치하였다.[159]

5) 한편 일제는 1908. 5. 19. 미국 정부와 '한국에 있어서의 발명, 의장, 상표 및 저작권의 보호에 관한 조약'을 체결하고 1908. 8. 6. 비준서를 교환하였는데, 한국에서도 일본의 특허 관련 법률을 시행하고 미국인은 한국 내에서 일본국 재판소의 재판을 받기로 약정하였다. 이어서 1908. 8. 13. 한국특허령(일본국 칙령 제196호), 한국의장령(일본국 칙령 제197호) 등을 공포하여 일본의 특허법 등을 한국에 의용 시행한다고 하였다.

그러나 이는 법적 근거가 없이, 단순히 통감이 한국 정부에 협조공문을 보내고 한국 정부가 이에 묵시적으로 양해하는 형식으로 이루어졌다. 일제는 이에 관하여 한국의 관련 법제가 정비되지 않은 상황에 따른 임시조치라거나, 아직 농업사회인 한국의 정황상 독자적인 법령이 필요 없다고 강변하였다.[160]

6) 일제는 1909. 3. 당시 외상이던 고무라 주타로 등의 주도로 한국을 병합하기로 결정하였다. 그 준비작업을 위하여 유약하고 지나치게 한국인들에게 유화적이라고 비판을 받았던 이토 히로부미를 해임하고,[161] 제2대 통감으로 1909. 6. 14. 부통감이던 소네 아

토록 하였다('미개청 구재판소 사무처리에 관한 건', 대한제국 1908년 법률 제18호). 구재판소는 일제강점기인 1912. 3. 지방법원 지청으로 개편되었다.

157) 당시의 전체 판·검사 220명 중 160명이 일본인으로서, 일본인 판사는 한국인 판사의 2배, 검사는 3－9배에 달하였다.

158) 민사소송에 관해서는 소가와 관할, 소송대리인, 소송비용, 화해, 소의 취하, 압류와 강제집행, 가압수(가압류) 등 보전처분 등에 관한 규정을 포함함으로써 근대적 제도로 진일보하였다.

159) 이 시기에 통감 이토 히로부미는 경비 절감과 효율성 증대를 구실로 대한제국 정부기관과 군대, 지방조직의 개편에도 적극 개입하여, 여러 차례의 관제개편을 통해 궁내부를 비롯한 조직과 기관을 축소하고 업무분장을 조정하도록 하였다. 이때 고종이 아관파천 후 복설한 의정부를 완전히 폐지하고 이를 내각으로 고쳐, 중요한 의사결정은 모두 내각회의에서 대신들의 의결을 거쳐 하도록 함으로써 국왕의 전제권을 사실상 박탈하였다.

160) 이는 미국을 효시로 서구 열강의 치외법권을 폐지하기 위한 수단이었다. 즉 외국인들에게 일본의 법률을 적용하고 일본국 판사가 재판을 하니 한국에서 치외법권을 폐지하여도 서구인들에게 피해가 없다는 것을 역설하기 위한 것이었다.

라스케를 임명하였다. 그러나 소네 역시 전임 이토의 정책을 유지하자 1910. 5. 30.에는 소네 대신 육군대신 데라우치 마사타케를 3대 통감으로 임명하였다.

일제는 1909. 7. 6. 내각회의에서 병합방침을 공식 의결하고 이후 병탄작업을 본격화하였는데,[162] 이토 히로부미는 수상 가쓰라 다로에게 병합을 위해서는 우선적으로 한국의 사법 및 감옥 사무를 일본에 이양하고 군부를 폐지토록 하는 것이 긴요하다고 권고하였다. 이에 따라 기유년인 1909. 7. 12. 전문 5조의 '사법 및 감옥 사무 위탁에 관한 각서', 즉 이른바 기유각서(己酉覺書)라는 조약을 체결하였다 이 조약에서 양국은, ① 한국의 사법 및 감옥 사무를 일본국 정부에게 위탁하고, ② 일본국 정부는 일정한 자격을 가진 일본인 및 한국인을 재한국 일본 재판소와 감옥의 관리로 임명하며, ③ 재한국 일본 재판소는 협약 또는 법령에 특별한 규정이 있는 외에는 한국 신민에 대해서는 한국 법규를 적용하고, ④ 일본국 정부는 한국의 사법 및 감옥에 관한 일체의 경비를 부담하기로 약정하였다.

7) 이 조약에 따라 대한제국 법부와 재판소구성법이 폐지되었고, 일제는 1909. 10. 16. 통감부재판소령(일본국 칙령 제236호, 1909. 11. 1. 시행)과 사법청관제(司法廳官制) 및 감옥관제 등 관련 법령을 공포하여 한국의 사법 및 감옥 사무를 접수하였다.

통감부재판소령은, 재판소는 기존의 4급3심제(四級三審制)를 유지하되 대심원을 고등법원으로 격하, 개칭하였다.[163] 아울러 재판소를 통감의 지휘·감독하에 둠으로써 사법권과 행정권의 독립이라는 근대적 법정신에 반하는 조치를 취하였고, 그 업무를 위해 통감부에 사법청(司法廳)을 설치하였다.

통감부재판소에는 검사국(檢事局)을 병설하여 통감의 지휘를 받아 검찰사무를 관장토록 하였는데, 관립학교에서 3년 이상 법률학을 수학한 한국인은 전형을 거쳐 통감부 판·검사로 임용할 수 있도록 하고, 특히 종래 한국 법부의 칙임관 또는 주임관은 특별히 통감부 판·검사에 임용할 수 있도록 하여 그들의 반발을 무마하였다.[164] 그러나 한국인 판사는 원·피고가 모두 한국인인 사건에만, 한국인 검사는 피고인이 한국인인 사건에만 관

---

161) 일본 보호하의 한국 근대화와 일한협동을 주장하였던 그가 상황이 자신의 뜻대로 전개되지 않자 스스로 사임하였다는 견해도 있으나, 그 당시 일본 국내에서는 그에 대한 비판이 비등하였다. 특히 그가 일본에서 막대한 돈을 가져다 대한제국 정부를 운영하면서도 반일정서를 교육하는 학교교육을 제압하기는커녕 오히려 이를 방치, 조장하였다고 큰 비난을 받았다.

162) 병탄(倂呑)은 강한 나라가 약한 나라를 침략하는 의미를 갖고, 합방(合邦)은 두 나라가 대등하게 결합한다는 의미를 가지므로, 일제는 양자의 중간적 의미로 병합(倂合)이라는 용어를 창출해냈다.

163) 통감부는 1909. 10. 21. 통감부령 제28호로 재판소의 명칭과 관할구역을 정하였는데, 이로써 고등법원 1개, 공소원 3개, 지방재판소 8개, 구재판소 112개를 설치하고 1909. 11. 1. 개청하였다. 최고법원의 명칭을 종래의 대심원과 달리 고등법원으로 개칭하여 일본 본토의 대심원과 호칭에 있어 차등을 두었다. 그러나 이때의 법원 조직은 1907. 12. 27. 개정된 재판소구성법의 내용과 대동소이하다.

164) 통감부재판소의 정원은 판사 329명, 검사 85명, 서기장 4명, 통역관 4명, 서기 368명, 통역생 187명이었다(통감부재판소령 제24조). 그 자리의 대부분은 일본인이 차지하였음은 물론이다.

여하도록 하였다(통감부재판소령 제25조).

8) 일제는 병합조약의 체결에 앞서 1910. 6. 한국의 경찰사무마저 이양 받아 접수하고,[165] 군대 해산도 강요하였다. 이에 따라 순종은 일제의 강요로 1907. 7. 31. 군대 해산을 명하는 조칙을 발하였고, 다음날인 8. 1. 서울 동대문 소재 훈련원 연병장에서 군대 해산식이 열렸다. 이에 저항하는 군인들이 서울과 지방에서 일본군을 공격하기도 하였으나 무위로 돌아갔다. 대한제국 군대 해산과 군부(軍部) 폐지는 이미 1907. 7. 24. 한일신협약(정미칠조약) 체결 당시 한일 간의 비밀각서에 의해 약속된 사항이었다.

다. 일제강점기

1) 일제는 1910. 8. 29. 조선총독부를 설치한 데에 이어 1910. 10. 1. 조선총독부재판소령(제령 제5호)을 제정, 공포하였다. 총독부재판소는 조선총독 직속으로 하고, 그 종류는 종래의 통감부재판소 조직을 그대로 유지하였다. 그러다가 1912. 3. 18. 조선총독부재판소령개정령(제령 제4호)을 통해, 재판소를 법원으로, 공소원(控訴院)을 복심법원(覆審法院)으로 개칭하고, 구재판소(區裁判所)를 폐지하여 지방법원 지청으로 전환하였으며, 법원 구성을 지방법원, 복심법원(覆審法院), 고등법원의 3종으로 변경하였다.[166] 지방법원은 1심,[167] 복심법원은 2심, 고등법원은 3심이다. 그러나 일제강점기의 사법제도는 그 직전 통감부 시대의 그것과 큰 차이가 없었다.

형사재판에 관하여는 판사에 의한 예심제도(豫審制度)를 실시하였다. 또 이전과 같이 각급 법원에 검사국 또는 검사국 분국을 병치(竝置)하도록 하였다. 그러나 검사는 그 직무수행에 있어서는 법원과 독립하였음은 물론이다. 또한 통감부재판소와 마찬가지로 한국인 판사는 원·피고가 모두 한국인인 사건에만, 한국인 검사는 피고인이 한국인인 사건에만 관여하도록 하였다(총독부재판소령 제25조).

2) 총독부의 법원, 검찰은 총독에게 직속하고, 그 행정사무에 관하여 총독의 지휘·감독을 받게 되어 있어 그 완전한 독립성이 부정되었다. 이를 위해 총독부에 부서의 하나로 사법부(司法部)를 두고, 그 아래에 서무과, 민사과, 형사과를 설치하여 총독을 보좌케 하였다.[168] 이에 따라 조직 편제나 법관 등의 인사는 물론 재판과 기소 등에 있어서도

165) 1910. 6. 30. 한국의 경찰조직이 폐지되고 주한 일본군 참모장이던 아카이시 모토지로(明石元二郎)가 통감부 경무총감에 임명되었는데, 경무총감은 일본군 헌병사령관이 겸임하고 각 도의 헌병대장은 각 도의 경무부장을 겸하도록 하였다. 이러한 조치로 경찰업무는 군대의 헌병업무에 종속되어 3·1운동 때까지 무단(武斷) 헌병경찰 제도가 시행되었다.

166) 이후 조선총독부재판소령은 몇 차례 개정되었으나 일제강점기 내내 큰 변화는 없었다.

167) 지방법원에는 단독판사와 합의부를 두어 사물관할에 따라 사무를 나누어 취급하게 하였다(조선총독부재판소령 제4조).

168) 조선총독부관제 변경으로 사법부(司法部)는 1919. 8. 20. 법무국으로 개편되고 사법부장관은 법무국장으로 되었다.

총독의 간여를 피할 수 없었다. 그나마 대부분의 법관이 일본인이어서 한국인에게 공정한 재판을 기대하기는 처음부터 무리였다고 할 수 있다.[169)]

민사 부문에 있어서는 조선민사령에 의하여 일본 민법이 대폭적으로 의용되고, 재판제도도 이와 같이 근대식으로 개선되어 큰 문제는 없었다. 형사법에 관해서는 1912. 3. 18. 조선형사령(제령 제11호)이 공포되어 일본 형법과 형사소송법이 의용(依用)되었는데,[170)] 조선인에 대해서는 차별적 특례 법령이 다수 공포, 시행되었다.

3) 태평양전쟁 중인 1944. 2. 15. 일제는 '조선총독부재판소령전시특례(제령 제2호)를 공포하여, 지방법원의 1심 재판에 대한 항소를 금지하고 상고만을 허용하는 한편, 지방법원 단독판사의 1심 재판에 대한 상고는 복심법원이 담당하도록 함으로써 상소권을 제한하였다.

라. 미 군정기

1) 미 군정은 기존의 일본 식민지지배 체제(총독부 체제)와 기구를 그대로 인수하여 현상을 유지하는 가운데 일부 현실에 맞지 않는 부분은 개편해가면서, 장차 수립될 한반도 통일정부에 통치권을 이양하는 것을 목표로 하였기 때문에 군정 기간 동안 급격한 법령상이나 사법제도상의 변화는 없었다.

2) 이에 따라 조선총독부재판소와 그 운영 법령은 그대로 미 군정에 인계되었다.[171)] 미 군정은 1946. 3. 29. 기존의 조선총독부관제를 약간 변경하여 법무국을 다시 사법부(司法部)로 개칭하고 그 장은 법무국장에서 사법부장(司法部長)으로 개칭하였으며(군정청 법령 제64호), 초대 사법부장으로 미군인 Emery. J. Woodall 소령을 임명하였다.[172)]

사법부장은 군정장관의 법률고문으로서, 법원, 검찰의 행정사무를 감독하고, 소송상 정부를 대표하며, 군정장관에게 대법관과 공소원 판사를 추천하거나 그 임용에 관한 의견을 피력하는 외에 변호사회중앙협의회가 추천한 자 중에서 군정장관의 동의를 얻어 기타의 판사와 검사를 임명하고, 법령의 제·개정, 폐지 등에 관한 의견을 표명할 권한 등을 부여받았다(1946. 4. 2. 군정청 법령 제67호).

---

169) 1912년 당시 판사 199명 중 38명, 검사 57명 중 3명만이 한국인이었고, 1920년 이후 합의부의 재판장에 한국인이 임명된 일이 거의 없었다. 또 합의부에는 반드시 일본인 판사를 두어야 하며, 일본인 판사가 반대하는 경우 합의가 결렬되도록 하였다.

170) 그 이전에는 대한제국의 형법대전, 민형소송규칙 등이 적용되었다.

171) 다만 재판소 등 그 사법조직은 조선총독부 대신 미 군정청 소속기구가 되고, 조선총독을 대체하여 군정사령관과 군정장관이 그 권한을 행사하였다. 법원 조직에는 변함이 없었는데, 1945. 10. 11.부터 비공식적으로 고등법원을 대법원으로, 복심법원을 고등심리원 또는 공소원으로 개칭하였다. 고등심리원(공소원)은 1948. 6. 1.부터는 다시 고등법원으로 불렸다.

172) 나중에는 각 부의 부장에 한국인과 미군을 복수로 두기로 한 방침에 따라 미군 사법부장과 함께 한국인 사법부장도 임명하였는데, 초대 한국인 사법부장으로는 김병로가 임명되었다. 해방 후 군정하의 첫 대법원장에는 1945. 10. 12. 한민당 문교부장이던 김용무가 임명되었고, 그 뒤 1948. 7. 17.에는 미 군정청에 의해 김병로가 남조선과도정부의 대법원장에 임명되었다.

3) 해방으로 일본인 판사와 검사 등이 대거 한국을 떠나자 법조인력의 공동화가 초래되었다. 이에 따라 미 군정 당국은 각 지방의 판검사단이나 변호사회의 추천을 받아 부족한 판·검사를 임용하였고, 법원 서기나 검찰 서기 등 일반직 중에서 법과 전문학교 이상을 졸업하고 서기로 7년 이상 근무한 자도 판·검사로 임용하였다. 또 군정청 사법부에도 다수의 한국인들을 보좌역으로 등용하였다. 그리고 서둘러 1947. 9. 제1회 조선변호사시험을 시행하였다.

4) 한편 미 군정 당국과 사법부(司法部), 대법원 등의 주도로 새로운 법원제도 개편을 위한 협의기구를 구성하여 논의한 결과, 1948. 5. 4. 과도적인[173] 법원조직법이 제정, 공포되었다(남조선과도정부 법령 제192호. 1948. 6. 1. 시행). 이 법에서는 법원의 종류를 간이법원, 지방법원, 고등법원, 대법원의 4종으로 하고, 대법원에는 대법관(11인 이내)을, 각급 법원에는 판사를 두도록 하였다. 심급은 현재와 유사하나, 고등법원은 지방법원 및 지방법원 지원과 간이법원 단독판사의 1심에 대한 비약상고사건, 지방법원 합의부에서 한 2심판결에 대한 상고사건을 맡도록 하였다.

5) 그리고 대법원에 사법행정처와 법관훈련소를 두고, 대법관 전원으로 구성하는 대법관회의에서 판사에 임용할 자의 추천, 임지변경 등을 의결하도록 하였으며, 대법원의 재판은 5인으로 구성하는 일반 재판부와 대법관 전원으로 구성하는 연합부에서 심판하도록 하였다. 간이법원은 단독판사로 구성하는 1심법원으로서, 일정액 이하의 민사사건과 벌금, 구류, 과료 등의 즉결사건, 장기 1년 이하의 징역·금고에 해당하는 형사사건 등 비교적 가벼운 사건을 담당하였다.

마. 대한민국 정부 수립 이후

1) 1948. 7. 12. 국회에서 헌법안이 가결되고 1948. 7. 17. 국회의장 이승만이 이를 공포하여 그날부터 대한민국의 최초 헌법인 이른바 제헌헌법이 시행되었다. 제헌헌법에서는 ① 사법권은 법관으로써 조직된 법원이 행한다. 최고법원인 대법원과 하급법원의 조직은 법률로써 정한다. 법관의 자격은 법률로써 정한다(제76조), ② 법관은 헌법과 법률에 의하여 독립하여 심판한다(제77조), ③ 대법원장인 법관은 대통령이 임명하고 국회의 승인을 얻어야 한다(제78조), ④ 법관의 임기는 10년으로 하되 법률의 정하는 바에 의하여 연임할 수 있다(제79조)고 규정하였다. 국회에서 대통령에 선출된 이승만은 1948. 8. 5. 초대 대한민국 대법원장으로 김병로를 지명하였고, 그 당일 국회의 동의를 얻어 임명장을 수여하였다.[174]

---

173) 장차 통일정부가 수립되어 국회에 의한 입법을 거쳐 개편할 것을 예정한 때문에 그 적용기간이 과도적(임시적)일 것이라는 이유로 그렇게 부른다. 그러나 이 법에 의한 대법관의 충원이 이루어지지 않는 등으로 사실상 이 법은 거의 시행되지 못했다.

2) 제헌헌법에 따른 법원조직법은 우여곡절 끝에 1949. 9. 26. 국회에서 의결되어(대한민국 법률 제51호) 1949. 8. 15.부터 소급하여 시행되었다. 이 법원조직법의 내용은 큰 틀에서 1948. 5. 4.의 법원조직법과 유사한데, 법원의 종류에서 간이법원을 없애고, 고등법원의 심판 대상에서 1심에 대한 비약상고사건과 지방법원 합의부에서 한 2심판결에 대한 상고사건을 제외하였다. 그리고 지방법원은 단독판사든 합의부든 모두 1심만을 관장케 하였다.

3) 한편, 정부수립 후 첫 민사소송법은 1960. 4. 4.에 제정, 공포되어 1960. 7. 1.부터 시행되었으며, 그 시행 당시 법원에 계속 중인 사건에도 소급하여 적용되었다(동법 부칙 제1조). 민사소송법의 시행과 동시에 조선민사령 중 민사소송절차에 관한 법령과 군정법령 중 민사소송절차에 관한 법령은 폐지되었다. 이 민사소송법은 여러 차례의 개정을 거쳐 현재까지 시행되고 있다.

Ⅳ. 우리나라 토지제도의 변천

토지란 바다에 반대되는 개념이다. 즉 육지가 곧 토지다. 최대 만조선(滿潮線), 즉 밀물이 최대로 올라오는 선까지가 바다이다. 바다를 제외한 육지만이 토지대장에 등록되고 '공간정보의 구축 및 관리 등에 관한 법률', 농지법, 산림법, 초지법 등 토지에 관한 법률이 적용된다.[175]

1. 조선시대 이전의 토지제도

1) 조선시대 이전에도 어떤 형태로든 토지제도는 존재하였다. 앞서 본 바와 같이 토지는 사람과 함께 통치의 주된 대상이자 통치권을 가진 정치세력에게 가장 중요한 정치적·군사적·경제적 기반이 되기 때문이다. 오늘날에는 토지가 식량 생산 기지로서의 역할이 축소되고, 반대로 주택, 도로, 공장, 공원, 사무용 건물 부지로서의 중요도가 커졌으나, 산업화와 자본주의가 발달하지 못한 전근대사회에서 토지는 식량 생산 기지이자 거의 모든 물건의 원천으로서 경제적 부를 창출하는 절대적인 원천이었다.

2) 원시 씨족사회를 벗어나 부족국가가 성립하고, 여기서 더 나아가 법령, 즉 율령(律

---

174) 초대 대한민국 대법원장인 김병로는 한미 간의 정부기구 이양에 관한 협의를 거쳐 1948. 9. 13. '남조선과도정부기구의 인수에 관한 건'이 대통령령으로 발령되자, 종래의 대법원 업무를 인수하여 그 당일 취임하고 업무를 개시하였다. 법원은 이 날을 '법원의 날'로 지정하여 기념하고 있다.

175) 육지에 있는 강이나 호수, 저수지, 개천, 구거(溝渠) 등은 바다가 아니라 토지에 속한다. 바다에 대해서는 '공유수면관리법', '해양환경관리법', '수산자원관리법' 등이 적용된다. 바다가 아닌 강이나 호수, 저수지 등 육지에 물이 차 있는 공간을 총칭하여 내수면(內水面)이라고 하는바, 내수면에는 '내수면어업법', '내수면어업개발촉진법' 등이 적용되나, 이는 육지, 즉 여기서 다루는 토지에 속하며 지번(地番)이 부여된다.

令)과 관료조직, 상비군이나 기타의 군사조직을 갖춘 고대국가가 형성되면서 토지의 사적 소유제도와 함께 이에 대한 국가권력의 통제도 점점 정교해져 갔을 것으로 짐작된다. 농업생산력이 점차 증대되고 이에 따라 인구가 증가하면서 개간을 통해 늘어나는 토지는 점차 축소, 제한된 반면, 토지에 대한 수요는 증가하여 토지를 둘러싼 사회 각 세력의 경쟁은 한층 치열해질 수밖에 없었다. 따라서 각 시대와 사회의 토지제도는 그 시대와 사회의 정치체제, 계급구조, 토지가 차지하는 경제적 중요도 등에 따라 다른 모습을 보일 수밖에 없다.

3) 이러한 토대 위에서 국가권력은 일찍부터 그 영역 내의 토지를 통치권력 형성에 기여한 공신들과 통치조직을 보조하는 관료들에게 분배하여 지배체제를 형성하고, 통치 대상인 백성들로부터 여러 가지 형태로 재화를 징수하여 통치조직을 운영하였으며, 그에 필요한 법령과 관리조직을 정비하였다. 중국의 고대사에 등장하는 정전법(井田法)이나 우리의 삼국시대나 통일신라기, 고려시대에 시행되었던 식읍(食邑), 녹읍(祿邑), 관료전(官僚田), 촌주위답(村主位畓), 연수유답(烟受有畓), 전시과(田柴科) 등은 모두 토지의 분배와 조세징수에 관련된 것이다.

인간사회도 다른 동물과 마찬가지로 일찍부터 계급조직과 계층화가 시작되었다. 힘 있는 자가 힘없는 자를 지배하는 것은 어느 사회에서나 공통하는 현상이고, 오늘날의 자유민주주의 사회에서도 예외가 아니다. 따라서 인류 역사에서 각 개인이 조직에서 벗어나 홀로 자유롭게 살아간다는 것은 거의 생각하기 어렵다. 한편 권력자와 이를 보조하는 귀족, 관료들은 직접 생산활동에 종사하지 않았기 때문에 피지배계층인 농민들이 생산한 물자를 수탈하여 생활할 수밖에 없었다. 국가는 그 지배체제를 유지하기 위해 이들에게 공무수행의 대가 또는 신분에 대한 대접 등의 명목으로 국가가 갖는 징세권의 일부를 수조권(收租權)으로 부여하였는데, 그것이 곧 식읍이나 녹읍, 관료전이며, 고려에서는 전시과(田柴科), 조선에서는 과전법(科田法)으로 승계되었다.[176]

4) 토지제도에서 가장 핵심적인 것은 토지의 사유, 그 중에서도 농지에 대한 사유제(私有制)의 인정 여부이다. 사유제를 인정할 경우 국가는 토지의 분배나 관리에 큰 힘을 들이지 않을 수 있어 편리하나, 그로 인한 부의 집중과 경제력의 불균등을 피할 수 없는 한계가 있다.

---

176) 이런 면에서 전근대사회의 식읍이나 녹읍, 관료전, 전시과, 과전법은 화폐제도가 발달하지 않은 그 시대에 관리나 그에 유사한 계층에 대한 급여의 일종으로 볼 수 있다. 그러나 그들에게 부여한 징세권(수조권)이 직무수행의 대가를 초과하고 각 계급 간 수조권의 양적 차이가 반드시 직무에 비례하지 않는다는 점에서 전근대적 신분제의 고려가 강하게 작용하고 있다고 볼 수 있다. 그리고 관료나 귀족들은 국가에서 공적으로 부여받는 수조권 외에 사적으로 토지를 구입하여 노비 등을 동원해 이를 직접 경작하거나 타에 임대하여 수입을 얻을 수 있음은 물론이다. 후기로 갈수록 이러한 사적 수입의 비중이 커져갔다.

그런데 인류가 정착농업을 시작할 때부터 농지는 자연적으로 형성되기보다는 개간과 수리시설의 설치, 객토(客土)와 시비(施肥) 등에 상당한 노력과 자본을 투하함으로써만 생성될 수 있기 때문에, 그 과정에서 불가피하게 투자자의 사적 소유제와 결합할 수밖에 없는 성질을 띠고 있다. 이는 화전(火田)과 같이 비교적 간단한 방법으로 창출할 수 있는 농지의 경우에도 마찬가지다. 애써 조성한 농지에 대한 사적 소유가 인정되지 않는다면 누가 힘들여 농지를 조성하고 이를 개량(改良)하겠는가?

조선시대에도 오래 묵힌 진황지(陳荒地), 즉 진전(陳田)을 개량해서 경작한 사람에게는 소유주가 따로 있더라도 소유권을 인정하였으며, 이를 장려하기 위해 일정기간 동안 그 경작자에게 면세혜택을 주기도 하였다. 따라서 역사적으로 동서양을 막론하고 농지에 대해서는 사적 소유가 먼저 성립하였고, 국유제나 공동소유제는 20세기 이후 공산주의 사상이 보급되면서야 비로소 도입되었다고 할 수 있다.[177] 물론 사적 소유제가 성립하기 전에 원시적 공동체에 의한 초보적 공동소유나 공동경작 제도가 있었을 것으로 생각되나, 이는 농업기술의 발달이 극히 저조하고 정착농업이 아직 뿌리를 내리기 전 시기에 일시적으로만 존재하였을 것으로 짐작된다.

5) 중국 주(周) 나라 때에 실시되었다고 전하는 정전제(井田制)는 정방형의 토지를 우물 정(井)자 모양으로 9등분한 후 주변의 여덟 개 구역을 8가구가 제각기 사적으로 소유하여 사전(私田)으로 경작하고, 중앙의 한 구역은 국유 또는 공동체 소유인 공전(公田)으로 하여 8가구가 공동으로 경작한 다음 그 수확물을 세금으로 국가에 바친다는 제도이나, 이는 이상에 불과하고 실제로는 실시하기가 매우 어렵다.

토지의 형상이 제각각이고 그 품등(토질)도 다르며, 농지와 인구의 분포가 일치하지 않기 때문에 이를 공평하게 9등분하기 어려워, 이를 실시하려면 측량과 토지 분배 등에 막대한 행정력이 소요되기 때문이다. 따라서 이는 극히 일부 평야지대에서나 시범적으로 실시되었거나 이론상의 것에 지나지 않는 것으로 생각되고, 거의 대부분의 토지는 사적 소유의 대상으로서 형성되고 운영되었을 것으로 보인다. 즉 토지를 개간하거나 먼저 점유한 사람이 이를 사실상 지배·소유하고, 그것이 주변 사람들이나 국가권력에 의하여 관행적·공식적으로 인정됨으로써[178] 법적으로도 그의 소유권이 공인되고 매매나 증여, 상속의 대상이 되었을 것이다.[179]

---

177) 역사적으로도 국가가 일반 백성들에게 토지를 균등하게 분배하였다는 기록은 20세기 이후 실시된 토지개혁 외에는 보이지 않는다.

178) 국가권력은 세금 징수를 위하여 농지의 소유자와 경작자를 파악하고 그 소유 규모나 생산력에 따라 차등적으로 세금을 부과하였다.

179) 토지의 개간이 어느 정도 진척되어 더 이상 개간을 통해 토지를 확대할 수 없는 단계에 이르면 이후 토지의 소유권은 절대적으로 증가할 수는 없고, 매매나 증여 등의 양도나 상속에 의해 상대적으로 변동될 수밖에 없다. 우리나라의 경우 임진왜란과 병자호란이 끝난 조선 중기 이후 그러한 단계에 도달하였다고 할 수 있다. 일제강점기 이후에 실시된 황무지 개간이나 직강공사(直江工事. 곡류하천

6) 인간사회의 조직화, 계층화는 토지제도에 가장 뚜렷하게 반영되었다. 즉 최고 권력자인 씨족장, 부족장, 국왕과 그들을 보좌하는 관료 및 귀족들은 농업생산에 종사하지 않으면서도 경제적 부의 원천인 토지와 그 경작농민을 지배하여 그 수확물의 일부를 세금 또는 토지 사용료(租) 명목으로 징수하였는데, 그 수취관계에서 수취권자를 전주(田主), 경작농민은 전호(佃戶) 또는 전객(佃客)으로 호칭하였다. 이 전주, 전호 제도는 사회의 계급적 구조가 토지제도에 투영된 결과이다. 그러나 여기서 전주의 수취권은 오늘날의 소유권과는 개념이 같지 않다.

국가권력은 공신이나 관료, 왕족들에게 분배하기 위하여 일부 토지의 사적 소유권을 박탈하는 경우가 있었으나,[180] 이는 일반 민중들을 대상으로 실행한 것이 아니라 구체제의 지배세력들을 대상으로 일부에 국한하여 실행한 것으로 보이고, 실제로 역사서에도 그와 같이 보고되고 있다.[181] 이 경우 그 토지가 공신이나 관료, 왕족의 사적 소유라고 하더라도 그 소유권 변동은 이를 실제로 경작하는 농민들에게는 별다른 영향을 주지 않았다. 경작자인 농민들이 새로운 소유자에게 그 사용료(租)를 납부하기는 이전과 마찬가지이며, 단지 그 사용료의 징수권자, 즉 수조권자(收租權者)가 바뀔 뿐이기 때문이다.[182]

7) 근대적 소유권은 그 대상인 물건이나 권리 등에 대한 사용, 수익, 처분의 세 권능을 핵심으로 하여 인정한다. 그런데 이러한 의미의 근대적 소유권 개념이 도입, 정착되기 이전에는 토지 소유권에 이들 세 권능이 불철저하게 인정되었고, 그 점유·경작자나 중간관리자에게 다양한 형태의 권리가 인정되었다.

이에 따라 토지의 소유권자라도 점유·경작자를 배제하고 임의로 이를 직접 지배·경작하거나 점유·경작의 권리를 타에 이전할 수는 없었고, 오히려 점유·경작자가 점유·경작의 권리를 자유로이 타에 처분할 수 있었다. 그리고 소유자와 경작자 사이에 중간소유자나 중간관리자가 존재하기도 하였다[183] 우리나라의 경우 이러한 중층구조(重層構造)의 미분화된 전근대적 소유권 제도가 무너진 것은 일제가 실시한 토지조사사업 이후이다.

8) 조선시대 이전에도 국가와 지방관청은 토지의 분포와 규모(크기),[184] 소유자, 경작

의 부지를 반듯하게 펴서 그 유휴 부지를 농지로 개간하는 공사), 바다의 매립(간척) 등은 근대적 기계장비와 막대한 자본을 투하한 결과로서 인간의 노동력이나 가축의 힘에 의한 종래의 개간과는 차원이 다르다.

180) 이는 통상 왕조 교체기에 일어난다.

181) 조선왕조가 수립된 후 이전 고려왕조의 권신들로부터 다량의 토지를 박탈한 것은 그 예이다.

182) 이때 국가도 새로운 수조권자에게서 세금(稅)을 징수하면 충분하므로 국가, 수조권자(소유자), 경작자(농민) 사이에 아무런 갈등이나 분쟁이 발생하지 않는다.

183) 중간관리자는 소유자에게 일정한 대가를 지급하고 그로부터 점유·경작자에 대한 사용료의 징수권을 취득하여 중간에서 이익을 취하기도 하였고, 이러한 권리 역시 관행적으로 인정되어 중간관리자는 통상 도장권(導掌權)이라 하는 그 권리를 타에 양도, 처분할 수도 있었다.

184) 토지의 규모(크기)를 나타내는 단위에는 여러 가지가 있다. 근대사회에서는 국제적으로 통일적인기준을 만들어 사용하며 미터법이 지배적인 단위가 되었으나 전근대사회에서는 나라마다 지방마다 이

자를 파악하고 이를 일정한 장부에 기록하는 등으로 이를 관리하였음은 물론이다. 또 정기적으로 또는 간헐적으로 이를 재조사하는 일도 있었다. 통일신라시대 장적(帳籍)은 이를 보여주는 좋은 증거이다.[185)]

조선시대에도 그렇지만, 그 이전 시대에도 국가와 지방관청이 개인별 또는 호구별로 토지의 분포와 규모(크기), 소유자, 경작자를 파악하고 관리한 일차적 목적은 토지에 대한 권리관계 공시나 소유자, 경작자의 권리 보호가 아니라, 조세나 역을 부과하는 데 필요한 자료를 파악하기 위한 것이다. 소유자나 담보권자 등의 권리를 보호하고 거래의 안전을 위해 권리관계를 공시한다는 법리는 시민혁명으로 개인의 권리와 재산권이 크게 신장된 시기 이후이며, 우리의 경우 이는 일제에 의한 토지조사사업이 마무리된 1910년대 초부터이다.

2. 조선시대의 토지제도

가. 토지의 분배와 소유

1) 조선의 집권세력은 새로운 왕조의 정치적·경제적 기반이 되는 토지 재산에 대한 고려 문벌귀족들의 세력을 제거하고, 새로운 왕조 수립에 공을 세운 공신들의 권력 기반을 마련하며 백성들의 생업을 안정시킬 목적으로 신왕조 수립 전인 고려 말기에 이미 그 준비를 마쳤다. 그 과정에서 설치된 기구가 농지와 그 경작자에 관한 업무를 정리하는 임시기구인 전민변정도감(田民辨整都監)이며,[186)] 그 결과로 나온 것이 공양왕 3년(1391)에 공포된 과전법(科田法)이다.[187)] 이 과전법은 조선왕조 수립 이후에도 그대로 실시되었다.

2) 조선의 과전법은, 임금이 다스리는 나라의 모든 땅은 높은 산봉우리에서 바다 끝까

를 달리하는 경우가 많았다. 우리 역사상 보이는 자료에 의하면, ① 경무법[頃畝法: 중국에서 시작된 것으로, 주척(周尺)으로 사방 6자를 1보(步), 100보를 1무(畝), 100무를 1경(頃)이라고 했다. 토지의 절대면적을 단위로 측정하는 것이다], ② 결부법[結負法: 곡식 한 줌인 1악(握)을 1파(把), 10파를 1속(束), 10속을 1부(負), 100부를 1결(結)이라 한다. 토지의 절대면적이 아니라 일정한 양의 곡식을 생산해 낼 수 있는 면적을 말한다. 따라서 토지의 비옥도에 따라 같은 1결의 토지라도 절대면적은 다르다], ③ 일경법(日耕法: 그 토지를 경작하는 데 며칠의 노동력이 필요한지에 따라 토지의 면적을 파악하는 것이다. 노동일수에 따라 1일경, 5일경, 10일경 등의 단위가 사용되며, 단위가 클수록 면적이 크다) 등이 나타난다.

조선왕조의 과전법은 결부법을 채택하였다. 이 때문에 각 개별 토지의 비옥도(등급)가 중요하게 되고, 그 비옥도 산정에 있어 관리들의 재량과 부정이 개입하기 쉬웠으며, 각 등급에 따라 개별 토지의 면적을 산정하기 위한 측량 자(尺)를 달리함으로써 그 측정이 매우 복잡하고 번거로웠다. 이 때문에 결부법은 갑오개력 이후 폐지되었다.

185) 다만, 이 통일신라시대 장적은 개인별 또는 호구별 토지 규모를 나타내는 대신 한 마을의 토지 규모만을 나타내고 있으나, 개인별 또는 호구별 토지 규모를 나타내는 장부도 있었을 것으로 생각된다.

186) 집권세력은 이를 위해 먼저 1388년 전국에 걸쳐 토지조사사업인 양전(量田)을 실시하여 토지의 소재, 규모, 비옥도, 경작자, 소유자 등을 파악하여 새로 토지대장인 양안(量案)을 작성하고 과거의 토지대장을 소각하였다.

187) 과전이란 관리의 품등이나 품계에 따라 공직 수행의 대가로 지급하는 토지를 말한다.

지 왕의 소유가 아닌 것은 없다는 이른바 왕토사상(王土思想)을 근간으로 한다. 왕토사상은 오늘날의 토지공개념과 기본구상을 같이 하는 것으로서, 토지는 모든 사회 구성원 전체를 위하여 국가(국왕)에 의해 관리되어야 하고, 특정 개인의 사적 지배는 허용되지 않는다는 법리이다. 다른 말로는 토지의 공유제(公有制) 또는 공전제(公田制)라고 할 수 있다.

따라서 전제군주 국가인 조선에서 모든 토지는 관념상 국왕의 소유에 속하고 누구든지 국왕의 허락 없이는 이를 소유·지배할 수 없으며,[188] 이런 의미에서 모든 토지의 일차적 소유자, 즉 상위의 소유권자는 국가, 즉 국왕이다. 그리고 수조권(收租權)만을 갖는 자나 토지를 현실적으로 점유·지배하면서 경작하는 자는 이차적 소유자, 즉 하위의 소유권자이다. 이와 같이 전근대사회에서는 토지의 중층적 소유관계가 성립하였는데, 나중에 일제의 토지조사사업 과정에서 중층적 소유관계가 해체되면서 복잡한 문제를 야기하였다.

3) 과전법하에서 토지[189]는 크게 공전(公田)과 사전(私田)으로 나누어졌다.[190] 공전은 국가기관의 직접적인 수요 충족을 위하여 국가가 경작자로부터 토지 사용료 명목으로 수조(收組)하는 것으로서[191] 왕실을 위한 창고전(倉庫田), 궁사전(宮司田), 내수사전(內需司田), 능침전(陵寢田) 등과 관청을 위한 각종 공해전(公廨田), 관아전(官衙田), 학전(學田), 역전(驛田), 둔전(屯田) 등이 있다.

사전은 공신과 현직 관리에게 그 수조권(收租權)을 부여하는 것으로서,[192] 공신전(功臣田), 휼양전(恤養田), 과전(科田), 군인전(軍人田) 등이 있다. 사전이라고 하지만, 그 수조권자는 수조를 하는 외에 경작자를 바꾸거나 수조권을 타에 양도, 처분, 상속할 수 없었으므로 그 뒤 그러한 권리까지 갖는 완전한 소유의 토지를 의미하는 사전(私田)과는 의

188) 조선의 몰락과 일제의 침탈을 통탄하던 조선 말기의 선비 해학(海鶴) 이기(李沂)는 이러한 법리를 근거로, 권세가와 양반 대지주가 겸병·집적한 토지를 국가에서 무상으로 몰수하여 가난한 농민들에게 균등히 분배하여 그들의 생업을 보장하고 세금을 징수하여 국가를 부강하게 해야 한다고 역설했으나 국왕과 정부는 이를 채용하지 않았다.

189) 당시는 농업이 절대적으로 중요하였으므로 경작지, 즉 농지만을 주요한 대상으로 한다.

190) 그러나 경국대전이나 그 이후의 법전에서 공전이나 사전이라는 용어는 사용된 바가 없다. 이는 어디까지나 학술상의 용어이다. 경국대전에서는 토지를 자경무세지(自耕無稅地: 관둔전 등과 같이 관리자 스스로 경작하되 국가에 세를 납부하지 않는 토지), 무세지(無稅地: 내수사전처럼 타인을 시켜 경작하여 수조하되 국가에 세를 납부하지 않는 토지), 각자수세지(各自收稅地: 공수전, 급주전, 아록전과 같이 타인을 시켜 경작케 하고 수조하며 세를 납부하는 토지)로만 나누고 있다.

191) 조선을 비롯한 동양에서 전통적으로 국가가 국민에게 징수하는 것은 조(租), 용(庸), 조(調)의 셋인데, 租는 토지 사용료, 庸은 부역(축성이나 도로 개설 등을 위한 노무의 제공, 병역의무의 제공), 調는 각 지역별 특산물을 바치는 것이다. 이는 중국의 수나라와 당나라를 거치면서 확고하게 정착되었다. 세(稅)는 조(租)와 달리 백성들이 반대급부 없이 일방적으로 국가나 관청에 바치는 돈이나 재물을 가리킨다(따라서 농지를 받지 않은 관료, 상인, 군인도 세를 내야 한다). 오늘날에는 양자를 구분하지 않고 조세(租稅)라는 말로 통칭한다.

192) 경작자 보호를 위해 수조액은 공전과 같이 수확량의 10분의 1로 제한하였다. 따라서 현직 관리에게 지급되는 과전은 봉급을 지급하는 대신 관리로 하여금 직접 농민(경작자)에게서 사용료를 거두도록 위임한 셈이라 할 수 있다. 공전은 처음에는 관리나 관청 소속의 아전, 노비, 군인들이 경작하다가 나중에는 백성들에게 경작케 하고 수확량의 10분의 1을 수조(收租)하였다.

미가 다르다.[193]

4) 고려시대나 조선시대의 토지제도는 일반적으로 공전과 사전을 두 축으로 해서 운영된 것으로 이해되고 있으나, 공전과 사전의 의미가 아직까지 분명하게 밝혀지지 않고 있다. 저자가 보기에는, 농지를 경작할 경우 경작자는 그 수확물을 얻는 대신 그 토지 사용료를 납부할 의무를 지는데, 그것이 곧 전통적 제도인 조(租)이다.

조(租)는 순수하게 토지의 사용대가로서, 모든 토지가 국왕의 소유인 왕조국가에서 그 사용대가인 조를 거둘 권한은 국가(국왕)에 있으며, 국가는 이 조(租)와 용(庸), 조(調)를 국가 운영의 기본재원으로 삼았다. 이 조용조와 세(稅)는 구별되는 것으로서, 조용조는 피지배계층인 백성이 왕토(王土)를 경작하고 거기에 기대어 사는 것에 대한 대가로서 국가에 대하여 부담하는 재화와 노동력인 데 반하여, 세(稅)는 지배층을 포함하여 모든 백성이 특별히 어떤 수익을 얻은 경우에 아무런 대가 없이 그 일정액을 국가에 납부하는 것으로서 국가 운영의 보조재원으로 충당되었다.

그러나 조와 세의 구별은 후기에 갈수록 불투명해졌고 세의 비중이 점차 커졌으며, 개인이 사적으로 토지를 타인에게 임대하고 받는 임대료, 즉 소작료의 징수도 수조(收租)라고 부르는 등으로 개념이 모호해졌다. 동시에 토지 경작의 대가로 백성들이 내는 조를 전세(田稅)라고 부르는 것이 일반화되어 조와 세의 개념도 통합·혼용되었다.

아무튼 국가는 공신이나 관리, 군인, 역졸, 수부(水夫) 등 국가에 공이 있거나 국가 또는 사회공동체를 위해 봉사하는 자에 대한 대가로서 봉급을 직접 지급하는 대신, 백성이 경작하는 토지에서 국가가 받을 조를 그들에게 대신 받아가지도록 수조권을 부여하였는데, 그것이 과전법상 본래 의미의 사전(私田)이다. 그리고 왕실이나 궁방, 국가기관의 수요 충족을 위하여 이들에게 수조권을 부여한 토지는 공전(公田)이다. 한편, 일반 백성들이 경작하여 그 중 일부를 조나 세의 명목으로 국가에 내는 토지를 통상 민전(民田)이라 하는데, 이는 국가가 수조하여 국가 운영경비로 사용하므로 그 성질상 공전(公田)에 속한다고 할 수 있다.[194]

5) 조선 전기에는 공전이나 사전이나 경작자에게 거두는 수조액은 대체로 수확물의 10분의 1로서 모두 동일하였고, 국가는 사전의 수조권자들이 이를 초과하여 수조하지 못하도록 감시·감독하고 규제하였다.

---

193) 이러한 완전한 의미의 사전을 수조권만을 가진 토지와 구별하여 소령(所領)이라고 부르는 경우가 있으나 법령상의 용어는 아니고 역사학자들이 사용하는 말이다.

194) 조선 후기에 갈수록 사인이 지배하는 소작지가 등장하고 왕실과 궁방, 국가기관이 이를 따라 하면서 소작지를 경작하는 농민들의 부담이 가중된 것에 비교하면 이러한 지배구조에서 배제되어 있는 민전은 상대적으로 형편이 나았다고 할 수 있다. 이에 따라 이들 민전이 궁방과 문벌귀족 등 지배계층의 집중적인 공략 대상이 되어 매집(買集)이나 투탁(投託=면세나 감세가 되는 기관에 토지의 소유명의를 신탁하고 그 대가를 지불하는 행위) 등의 각종 부작용이 속출하였다.

그런데 사전의 수조액만으로 만족할 수 없었던 권세가와 재력가들이 자신의 돈으로 민전을 구입하여 타인에게 소작을 주고 수확물의 절반을 받는 것이 후기에 갈수록 일반화되었고, 왕실이나 궁방, 국가기관들도 이를 모방하였다. 국가기관의 경우에는 당초 그 소속기관의 군인이나 역졸, 노비 등을 동원하여 직접 경작하던 토지를 백성들에게 소작주고 수확물의 10분의 1을 초과하는 고율의 소작료를 받는 것이 대부분이었다. 조선 후기에는 이러한 성격의 토지(특히 개인이 취득한 토지)가 문자 그대로 사전에 해당하였으며, 이를 통해 토지겸병과 토지소유의 집중이 발생하였다. 그리고 그 과정에서 대부분의 농민들은 소작인으로 전락하여 굶주리고 생활고에 허덕이는 사회모순이 확대되었다.

6) 조선 정부가 과전법을 실시하는 과정에서 과거 고려시대에 대토지를 소유·지배했던 문벌 귀족세력 등으로부터 그 토지를 빼앗아 새 정부의 공신에게 지급하거나 공전으로 돌림으로써 일정 부분 토지의 재분배가 이루어졌으나, 전국의 토지를 모두 거두어 농민들에게 재분배한 일은 전혀 없었다. 또한 위와 같이 과거의 문벌 귀족세력으로부터 토지 지배권을 박탈한 경우에도 이를 경작하는 농민들의 지위에는 사실상 아무런 영향이 없었다. 단지 그 수조권자의 변동만이 있었을 뿐이다. 과전법 자체도 토지의 전면적 재분배를 위한 법령이 아니라 관료나 왕실 등 일정한 지배계급에게 토지를 급여하는 법령에 불과하다.

그러므로 과전법 시행의 결과 지배층의 정치적·경제적 권력 변동은 있었을지 몰라도 일반 백성들의 생활에는 그 자체로써는 아무런 변동이 없었으며, 백성들 사이에서 조선왕조 수립 이전부터 존재해온 토지 소유나 경작 규모의 불평등에 따른 문제는 전혀 해결되지 않았다. 농지에 대한 경작자의 권리는 법을 떠나 오랜 과거로부터 사실상 관행적으로 이루어진 결과이며, 경작권을 전반적으로 재조정하는 일은 엄청난 물리적 업무가 필요할 뿐만 아니라, 경작농민들의 관행적 소유권 내지 경작권을 침해하고 그들의 불만을 초래할 수 있는 일이기 때문에 쉽게 손댈 수 없는 일이다.[195]

7) 한편, 전근대사회에서는 농지 이외의 토지는 그 중요성이 떨어져서 사적 소유가 농지에 비해 많지 않았다. 모든 토지가 관념상 왕의 소유로서 누구나 이를 이용할 수 있으므로 국가에서 특정한 토지를 지정하여 왕실이나 궁방(宮房),[196] 관청 또는 특정 개인에

195) 아마 삼국시대로부터 통일신라, 고려시대로 전환되는 시기에도 고려에서 조선으로 전환되던 때와 마찬가지로 토지의 재분배는 구체제하의 지배계층으로부터 이를 몰수하여 신체제의 지배계층에 분배하는 방식으로 일부분에 국한되었을 것으로 생각된다. 이런 이유 때문에 조선 말기에 이를 둘러싸고 영세민 구제와 소득 불균등을 해소하기 위한 방책으로 수많은 논의가 있었지만 결국 실현되지 못하였다. 조선 초기인 세종 18년(1436) 당시 9결(結) 이하의 영세농(殘戶)이 전체 농가의 56%를 차지하였고, 10−19결의 소농층은 38%, 20결 이상의 중대농은 0.7%에 불과하였으며, 전 농가의 평균 경작규모인 5.4결에 미달하는 농가가 67.4%나 되었다{한국농촌경제연구원, 농지개혁사연구(1989), 27면 참조}. 과전법하에서는 1결의 크기를 곡식 300말(斗)로 예정하였다.

196) 궁방(宮房)이란 왕실 가족을 위한 재정수요를 충당하기 위해 설치된 관서 또는 경제적 기구를 말한

게 사급(賜給)한 것이 아니면, 토지는 국유 또는 공유로서 타인이 먼저 점유, 사용하고 있지 않는 한 비교적 자유로이 그 땅에 집을 짓거나 산소를 쓰는 것이 허용되었다. 따라서 농지를 제외한 택지(宅地)나 산림은 조선 후기까지도 비교적 넓은 공간이 실질상 국유 또는 공유로 남게 되었다.[197]

8) 조선의 과전법도 고려의 전시과처럼 일찍부터 제 기능을 못하였다. 수차의 정변을 거치면서 다수의 토지가 공신전, 별사전, 휼양전 등의 명목으로 왕족과 공신들에게 하사되어 상속이 허용되었고, 관료의 사망이나 직첩(職牒)의 소멸에도 불구하고 과전이 정상적으로 국가에 회수되지 못하는 등의 관리부실과 폐단이 쌓여갔다. 이에 따라 태종 7년(1407)에는 관리들의 녹과(祿科)를 다시 정하였고, 태종 17년(1417)에는 과전의 부족에 따라 사전의 3분의 1을 경기도에서 충청, 전라, 경상도의 하삼도(下三道)로 이급(移給)하였다가 세원 감소와 식량부족에 따라 세종 13년(1431) 다시 이를 경기도로 환급하였으며, 세종 16년(1434)에는 공해전(公廨田)을 축소하여 사전에 편입하기도 하였다.

이후 세종 25년(1443)에는 근본적인 개혁을 위해 전제상정소(田制詳定所)를 설치하여, 매 토지를 비옥도에 따라 1등부터 9등까지 나누는 전분구등제(田分九等制)[198]와 매년의 풍흉에 따른 수확고에 따라 1등부터 6등까지 나누는 연분육등제(年分六等制)를 시행하여 전세 부과액을 토지의 비옥도와 매해의 풍흉에 따라 달리하였다. 그리고 세율은 수확량의 20분의 1로 낮추고, 매 20년마다 양전(量田)을 실시하여 양안(量案)을 작성하기로 조세법인 공법(貢法)을 개편하였다.

그러나 이 같은 단기적 개혁으로는 사태를 수습할 수 없어 세조 12년(1466)에는 과전

다. 엄격하게는 국왕과 궁궐에서 생활하는 국왕의 직계가족인 왕비, 대비, 세자와 세자빈, 왕의 후궁을 위한 것만을 말하나, 넓게는 이미 장성, 결혼하여 분가해 나간 국왕의 자녀들(왕자와 공주, 옹주)을 위한 것도 포함한다. 고종 재위 당시의 궁방 가운데 중요한 것으로는 생존한 왕실 가족을 위한 1사(一司) 4궁(四宮)과 제사궁(祭祀宮)인 7궁(七宮)이 있었다. 1사인 내수사(內需司)는 국왕, 즉 대전(大殿)을 위한 것이고, 4궁(용동궁, 어의궁, 수진궁, 명례궁)은 생존한 왕비와 대비를 위한 것이다. 제사궁은 아들이 왕이 되었으나 자신은 왕비가 아니어서 종묘에 신위가 없는 후궁들의 제사를 위한 것으로서, 저경궁, 대빈궁, 육상궁, 연호궁, 선희궁, 경우궁, 덕안궁이 있어 이들 제사궁을 합쳐 통상 7궁이라고 부른다(현재 청와대 경내 소재). 결혼하여 분가해 나간 국왕의 자녀들을 위한 궁방은 그들의 명칭을 따라 청풍대군방, 정희공주방, 화완옹주방 등으로 불린다. 분가해 나간 국왕의 자녀들을 위한 궁방 재산은 그들의 사적 재산이지만, 그 밖의 궁방 재산은 공적 재산성이 강하여 나중에 일제에 의해 대부분 국유로 편입되었다.

197) 이렇게 해서 개인이 점유한 택지는 오랜 세월이 흐르면서 관행적으로 거주자의 소유권이 형성되어 토지조사사업 당시 개인 소유로 인정이 되었고, 산림은 대부분 국유로 사정이 되었는데, 묘지는 특별한 사정이 없는 한 개인 소유로 사정되었다. 국왕이 왕명으로 특정한 토지에 개인 소유권을 설정하는 것을 사급(賜給), 사여(賜與), 절수(折授)라고 하며, 그 증명으로 발급한 패(牌)와 결합하여 사패지(賜牌地), 사여지, 절수지라는 용어도 사용된다.

198) 토지의 비옥도 등급에 따라 1결의 절대면적을 달리 파악하기 위하여 그 등급에 따라 측정자를 달리하는 수등이척법(隨等異尺法)을 실시하였다. 고로 측량 자는 1등전척(一等田尺)부터 6등전척(六等田尺)까지 눈금의 간격이 다른 여섯 가지가 있게 된다. 같은 1결의 토지라도 등급이 높은 토지의 절대면적이 작다.

법을 폐지하고, 현직 관료에 한하여 110－10결의 과전을 차등적으로 분급하는 직전법(職田法)을 실시하여 수신전(守信田), 휼양전(恤養田) 등을 폐지하였으며, 성종 1년(1470)에는 직전법마저 폐지하고 직전세제(職田稅制)로 전환하여 사전에 대하여도 국가가 직접 수조(收租)하여 관원에게 현물을 지급하는 관수관급제(官收官給制)를 실시하는 한편 관원에게 직전(職田＝직위나 직급에 따라 현직 관리에게 지급하는 과전) 대신 주기적으로 곡식이나 베 등 현물을 녹봉과 함께 지급하였다.[199]

그럼에도 불구하고 수조체계(收租體系)의 불합리와 전근대성으로 인해 조세 수입이 정체되고 전란 등으로 국가 재정수요가 크게 팽창하여 감당할 수 없게 되자, 명종 11년(1556) 이후로는 직전(職田), 즉 토지의 분급을 공식적으로 폐지하고 녹봉만을 지급하기에 이르렀다.[200] 이로써 과전법은 사실상 유명무실해졌다.

9) 조선 정부는 귀족, 관료 지주층의 농민지배와 착취를 금하여 이들의 성장을 억제하고 민력(民力)을 배양하기 위해 소정률(所定率) 이상의 수조를 금지하고 어길 시에는 형벌을 가하도록 과전법에 규정하였다. 또한 수조권자가 경작 농민으로부터 경작지를 탈취할 경우 그 토지 규모에 따라 가중처벌함으로써 농민의 경작권을 보호하였다.

한편, 당초에는 경작지의 임의 매매와 증여 등의 처분도 금지했다. 이 같이 과전법의 골간은, 당시 국부(國富)와 국용(國用)의 중대한 원천인 농지에 대하여 귀족층의 사적 지배를 봉쇄하고,[201] 토지와 농민층의 결합을 강화하여 농지의 생산력 증대와 농민층의 생활개선을 통해 국가의 지배권을 강화하고 국부를 신장하려는 데에 두었다.

그러나 위와 같이 과전법이 폐지되고 수조율(收租率) 제한이 유명무실해지자 이후 토지는 본격적으로 개인의 사적 지배의 대상에 노출되기에 이르렀다. 즉 과전법의 붕괴·변형은 필연적으로 힘을 가진 계층인 왕실과 궁방, 귀족, 관료층의 토지 겸병욕구(兼併慾求)를 부추겨 사전인 농장(農莊)의 형성과 고율 소작제를 강화, 고착시켰다. 왕실에서는 각 궁방(宮房)이나 결혼하는 왕자, 공주 등을 위해 내탕금(內帑金) 또는 국왕이나 왕비가 뇌물로 받은 돈을 하사하여 민전을 구입토록 하거나, 왕권을 이용해 산림, 황무지 등을 무상으로 하사하여 개간을 통해 이를 사유지로 확보케 하였다.[202] 또한 세력가와 관리들

199) 조선은 과전법하에서 왕자와 관리들에게 과전과 녹봉 양자를 지급하였다. 이에 따라 경국대전에는 관리들의 계급별로 지급할 과전과 녹봉의 수량을 규정하였다.

200) 이로 인해 관료들이 국가에서 지급받는 것이 대폭 줄어들게 되었다. 원래부터 조선 관리들의 녹봉은 매우 박한 편이었는데 그나마 재정난으로 후기에 갈수록 지급이 늦어지고 빼먹는 경우도 많아졌다. 이는 관리들로 하여금 사유지를 확보하도록 하는 한편 부정과 비리를 저지르게 하는 한 요인으로 작용하였다.

201) 經國大典 刑典은 양민(良民)을 은닉, 사역하거나, 농장(農莊)을 설치하고 백성을 시켜 경작, 취리(取利)하는 자를 원악향리(元惡鄕吏)로 규정하고 처벌을 가하였다. 그러나 세종실록에 벌써 다수의 향리가 농장을 설치하고 양민과 공사노비를 사유화한 사례가 많이 보인다.

202) 궁방(宮房)의 경우 과전법하에서 별사전(別賜田)이나 직전(職田)을 분여 받았으나 직전제가 무너지면서 궁방전(宮房田) 또는 궁장토(宮庄土)를 확보하여 농장화(農莊化)하였다. 궁방전은 ① 일정 지

은 소작료나 뇌물, 노비공(奴婢貢) 등으로 축적한 재산을 기초로 민전을 사 모으거나 개간 등을 통해 사적 소유지를 확장해 나갔다. 이렇게 해서 탄생한 토지가 사용·수익·처분권을 모두 갖는 진정한 의미의 사전 또는 사유지이며, 이러한 토지는 소유주가 경작권을 박탈하거나 이동할 수도 있었다.

그리고 이들 사전에서는 수확량의 10분의 1이 아니라 그 절반을 소작료로 가져가는 이른바 병작반수제(倂作半收制)가 보통이었으며, 경작에 필요한 씨앗과 비료 등의 경작비용은 물론 그 토지에 부과되는 조세마저 경작자인 소작인에게 떠넘기는 일이 다반사였다. 이러한 고율의 소작제는 공해전이나 역둔전 등 공전에까지 파급되었다.[203] 이런 현상은, 임진·병자 양란 이후 전국에 걸쳐 토지가 황폐화하고 유랑민이 양산되면서 토지와 인민에 대한 국가의 지배체제 및 수취구조가 무너져[204] 각급 관아가 기본적 재정수요를

역의 토지를 분여 받거나, ② 자체의 비용으로 매수하거나{이를 급가매득지(給價買得地)라고 한다}, ③ 미개간지나 진전(陳田)을 국왕의 허가를 받아 입안절수(立案折受)하거나{이를 절수사여지(折受賜與地)라고 한다), ④ 군역이나 요역 등을 면하려는 농민들에게서 투탁(投託)을 받는 등의 방법으로 취득하였다. 이들 토지는 뒤에서 보는 바와 같이 크게 유토면세지(有土免稅地: 소유권과 수조권을 가지고 면세의 혜택을 받는 토지)와 무토면세지(無土免稅地: 소유권은 없이 국가로부터 수조권만을 부여받아 수조하되 면세의 혜택을 받는 토지)로 나뉘진다{물론 그 중 일부는 세금을 내기도 하였으며, 유토면세지는 영작궁둔(永作宮屯=경작권이 무기한 인정되는 궁방전 또는 역둔전)이라고도 한다). 궁방전은 순조 당시 전국 농지(145만 6,000결)의 2.6%(3만 8,000결)에 달할 정도로 확대되었다. 이들 궁방은 소속 노비와 머슴들을 이용해 궁방전을 직접 경작하거나, 중간 운영자에게 운영을 위임하고 그에게서 정액(定額) 또는 정률(定率)의 소작료를 받는 방법으로 운영하였다. 이 중간 운영자를 도장(導掌)이라고 하고 그 권리를 도장권(導掌權)이라고 한다. 도장은 단순히 지주를 대리하여 소작계약을 체결하거나 농작상황을 감독하거나 소작료를 징수하는 것에 그치는 소극적인 형태와, 그것을 넘어서서 지주에게는 일정액의 대가(도장료)를 납부한 대신 도장이 스스로 소작인을 구하여 자신의 계산하에 소작계약을 체결하고 소작료를 부과하여 그 차액을 챙기거나 그러한 권리인 도장권을 타에 전매하여 수익을 얻는 적극적인 형태가 있다. 전자와 같은 형태의 도장을 통상 마름 또는 사음(舍音)이라고 하는데, 민간에서도 이는 널리 이용되었다. 그리고 후자는 실질상 소유권자나 다름없기 때문에 중간소유자라는 의미에서 중답주(中畓主)라는 명칭이 사용되기도 한다.

203) 이러한 소작제가 지주 자신이 노비나 고공 등의 예속적 노동력 또는 계절노동자들을 고용하여 직접 농장을 운영하는 것보다 생산성이 높기 때문이다. 경지 규모가 작고 농촌인구가 과잉상태인 아시아에서 유럽이나 미국과 같은 대규모 기계화 농업은 실현 불가능하였다. 또 농업 이외에 별다른 산업이 없었던 그 시대에는 토지에 자본을 투자하는 것 외에는 별다른 돈벌이가 없었다. 원래 병작반수제(倂作半收制)에서는 씨앗과 비료 등의 경작비용은 지주가 부담하는 것이 원칙이었으나 소작인의 경쟁적 증가로 인해 점차 소작인에게 전가되었다. 이러한 풍조는 향교전이나 학전, 공해전, 관둔전, 역전 등의 공전에까지 확대되어 관청에서는 이들 토지를 직접 경작하는 대신 농민들에게 소작 주고 높은 소작료를 받아 관용수요에 충당하였다. 조선시대에는 항상 관청(특히 지방관청)의 재정이 빈약하여 재원 부족상태가 계속되었으므로 지방관청에서는 공전을 직접 경작하기보다는 민간에 소작 주고 높은 소작료를 받는 편이 이익이 되었다.

204) 임진왜란 전 150만 결이던 전답은 왜란 후 30만 결로 감소하였고(선조실록 34년 8월 무인), 이 같은 전란과 재해로 인한 농지의 황폐화는 그 뒤에도 완전히 회복되지 못해 고종 20년(1883) 당시에도 재해와 토지 황폐화로 경작이 중지된 토지인 진전(陳田)의 비율이 36%에 달하였다(숙종대에서 정조대까지는 대체로 전란 이전의 상태가 회복되었는데, 그 이후에도 지방관청이 중앙에 대한 납세액을 줄이기 위해 고의로 진전의 비율을 높이기도 하였다). 이에 따라 경작지로부터 농민이 유리(遊離), 이탈하는 현상이 불가피하였는데, 광무 8년(1904)의 호구조사 결과 호적상 인구는 실제인구(1907년 조선통감부의 호구조사결과)의 60% 가량에 불과하여 나머지는 유랑인구 또는 지방관청이 숨겨둔 인

충족할 수 없는 상황이 초래된 데에다, 토지제도가 혼란해져 국가의 규제가 약화되고 값싼 노동력이 풍부하게 되어 자산 소유자는 이를 이용해 토지를 매집하기 쉬운 형편 때문에 더욱 가중되었다. 한편 양란이 진정된 18세기 이후에는, 인구가 증가한 반면 농지가 부족해져 소작인 간의 경쟁이 격화됨으로써 소작인들은 지주가 요구하는 고율의 소작료를 거부하기 어려웠다. 그러나 조선 정부는 토지겸병을 억제하거나 소작료를 규제할 어떠한 실효성 있는 대책도 제시하지 않았다.

10) 이러한 현실은 과전법을 통하여 국가가 지배계층인 관료들의 수입을 일정한 한도에서 보장해 주는 대신 이들의 토지와 농민 지배를 억제함으로써 피지배계층인 농민들의 생존을 보장하려는 기본정책이 무너진 것을 의미한다. 이로부터 조선의 토지제도는 공적 소유 내지는 토지 공개념이 무너지고 토지의 사적 소유와 지배가 보편화되었다.

이 과정에서 여러 가지 형태의 소유권이 혼재하게 되었는데 크게, ① 사용·수익권과 처분권을 포함한 일체의 권능을 완전하게 보유한 소유권과 ② 수익권(수조권)만을 갖고 사용권과 처분권은 갖지 않는 부분적 소유권으로 나눌 수 있다. ①과 같이 완전한 소유권을 가진 토지를 유토(有土)라 하고, ②와 같이 사용권과 처분권을 갖지 않는 토지를 무토(無土)라 하며, 이는 다시 국가에 조세를 납부하는 토지인 출세결(出稅結)과 조세 납부가 면제되는 면세결(免稅結)로 각각 나뉜다.

유토는 개간이나 간척 등을 통해 소유자가 원시적으로 소유권을 취득하였거나 대가를 지불하고 취득한 토지로서, 경작자도 소유자가 스스로 지정하게 되는 것임에 반해, 무토는 소유자가 단지 국가로부터 수조권만을 부여받은 토지로서, 이미 이전부터 경작자가 있고 이를 임의로 지정, 변경할 수 없다는 점에서 차이가 있다. 유토는 역둔전처럼 공전 가운데 관청이 직접 점유·관리하면서 역졸이나 군인 등을 시켜 경작하던 토지와 재력가나 궁방이 돈을 주고 민전을 매수한 토지, 백성들이 전통적으로 소유·경작해 오던 민전이 전형적이다. 무토는 주로 왕실이나 궁방이 수조권만을 부여받은 토지에 성립한다. 유토의 경우 양안에 소유자가 시주(時主 = 현재의 소유자)로 기재되나, 무토의 경우 수조권자가 소유자인 시주(時主)로 기재되지 않는다.

그러나 현실상 각각의 토지가 이 중 어디에 해당하는지 분명하지 않은 경우가 많아서 소유자와 경작 농민 사이에 분쟁이 일어났고, 특히 나중에 일제의 토지조사사업 당시 이를 누구의 소유로 사정할 것인지를 둘러싸고 큰 문제가 되었다.[205]

구로 파악되었다(전게 농지개혁사연구, 87면 참조).

205) 또 유토냐 무토냐에 따라 경작자로부터 징수하는 수조액에도 차이가 있는데, 병작반수처럼 수조액이 많은 것은 유토인 경우가 많고, 일반 민전(무토)과 비슷하게 수조액이 적은 것은 무토인 경우가 대부분이다. 수조액의 다과도 유토와 무토의 구별에 참고가 되었다. 유토 가운데 완전한 소유권을 가진 것을 제1종유토라 하고, 그렇지 못한 것을 제2종유토라 하여 구별하기도 하는데, 제2종유토 가운데 무토에 가깝게 수조액이 적은 것은 일제의 토지조사사업 당시 민유지(민전)로 판정되었다.

11) 조선시대 내내 토지는 물론 일반 재산에 대한 사적 소유는 법과 제도로써 보장되었다. 즉 조선은 기본적으로 사유재산제도를 기본이념으로 하는 체제였고, 법적·제도적으로 이를 보장하였다. 조선 말기에 이르러 농지 소유의 불균형과 소유의 집중, 영세민의 생활파탄과 생존위협에 직면하여 종래의 토지제도나 사유재산제도를 수정하자는 다양한 의견이 제시되었으나,[206] 어느 것도 입법화·제도화되지는 못했다.

나. 토지의 관리

1) 조선 정부는 문벌 귀족세력의 토지 겸병과 대토지 소유를 통한 세력화, 이에 따른 백성들의 궁핍과 유망(流亡), 소산(疎散)을 방지하기 위해, 토지의 매매, 거래를 금지하였다.[207] 즉 전지(田地)를 타에 매도한 경우 이를 무효로 하고, 그 매매대가를 관(官)에서 몰수하도록 하였다. 다만, 서울의 경우 가옥의 대지와 채소밭인 채전(菜田)에 한해서는 매매를 묵인하였다.

그러다가, 세종 6년(1424)에 이르러 한년방매전택(限年放賣田宅)이라 하여 5년을 기한으로 해서 농지나 가옥을 양도담보 형식으로 매도하고 5년 후에는 이를 돌려받을 수 있는, 요즘의 환매와 유사한 환퇴(還退)를 허용하였고, 세조 6년(1460)에는 매매를 전면 허용하면서,[208] 토지 등을 매매한 때는 100일 이내에 관아의 매매 허가인 입안(立案)을 받

소유자가 대가를 지급하고 다른 사람으로부터 매수하거나 증여 받은 때는 이를 나타내는 문기(文記 = 계약서 또는 증빙서)가 있어서 이를 쉽게 확정할 수 있다. 소유자나 경작자가 없던 미개간지나 황무지를 국가나 관청으로부터 하사받아, 즉 절수(折受)받아 자신의 비용을 투자하여 개간한 때에도 이는 완전한 소유권 취득의 근거가 된다. 그러나 대가를 지급하지 않거나 이미 타인이 경작 중인 토지에 대해서 단지 그 수조권만을 부여 받고 면세 혜택을 받는 토지는 이전 소유자로부터의 권리이전을 표상하는 문기가 없으므로 완전한 소유권을 취득하지 못한 경우가 많다. 특정한 토지가 특정인의 완전한 소유권에 귀속하는지 아니면 불완전한 소유권에 귀속하는지 다툼의 대상이 되는 경우는 주로 관청이나 궁방의 수요를 충족하기 위해 수조권을 부여한 토지나 이들에 투탁된 토지를 둘러싸고 발생하였다. 오랜 세월에 걸쳐 역사적·관행적으로 농민들이 개간이나 간척을 통해 농지를 형성하고 이를 점유·경작하면서 양안(量案)에 소유자 또는 경작자로 등재된 이른바 민전(民田)은 농민이 그 실질적인 소유자인 유토(有土)로서 일제의 토지조사사업 당시에도 농민의 소유권이 인정되었다.

206) 이러한 입장으로는 ① 반계 유형원이 주장한 균전론(均田論), ② 성호 이익이 주장한 한전론(限田論), ③ 다산 정약용이 주장한 여전론(閭田論)이 유명하다. 균전론은 정전법에 뿌리를 둔 것으로, 국가가 토지를 모두 국유화한 다음 백성들에게 골고루 나누어주어, 각자로 하여금 그 수확량의 10분의 1을 조세로 납부하고 농가 4호당 한 명씩의 병사를 내도록 하며, 토지를 지급받은 자가 죽거나 다른 곳으로 이동할 경우에는 관청에 신고하여 재분배하자는 내용이다. 한전론은 국가가 일괄적으로 토지를 전부 몰수해서 농민들에게 분배하는 것이 아니라 농민들에게 먹고 살아가는 데 필요한 일정 규모의 농지를 영업전(永業田)으로 분배하고 그 매매를 금지하여 최소한의 생활방편을 보장해주자는 내용이다. 여전론은 30호 정도의 농가를 하나의 여(閭)로 묶어 이들에게 공동으로 소유하는 토지를 분배하고 여장(閭長)의 지휘하에 공동으로 경작하게 한 다음 그 수확물을 각자 일한 양에 비례하여 분배하되, 그 10분의 1은 국가에 조세로 바치도록 하자는 내용이다. 이들 실학자들의 이론은 한말의 강위(姜瑋), 이기(李沂), 이도재(李道宰) 등의 개혁사상에 영향을 미쳤다.

207) 여기서 매매, 거래의 대상이 되는 토지란 당연히 그 점유자가 관리처분권을 가진 토지를 의미한다. 즉 유토(有土)에 한한다. 무토(無土)의 매매, 거래는 당연무효이다.

208) 권력자와 관리들은 공신전이나 과전에서 법에 정해진 소액의 수조를 해서는 도시생활에 필요한 경제

도록 하고, 전지(田地)와 가옥의 매매는 15일이 지나면 일방의 임의로 환퇴할 수 없도록 변경하였다.[209]

2) 한편, 조선 정부는 토지의 이용 자체에 대해서는 오늘날과 달리 별다른 규제를 하지 않았다. 즉 그 소유 토지를 어떻게 이용하든 그것은 소유자의 의사에 일임하였다. 조선 초기에 농업생산력 증대를 위해 농서(農書)를 보급하고 농우(農牛) 생산을 독려하는 등의 정책을 폈으나 이는 개별 토지에 대한 이용규제나 관리는 아니었고, 그나마 후대에는 거의 실시되지도 않았다. 다만, 양란 이후 이앙법(移秧法=씨앗을 모판에 뿌려 모종을 만든 후 본밭에 내다 심는 것)이 민간에 도입될 때 그것이 직파법(直播法=씨앗을 본밭에 바로 뿌려 심는 것)에 비해 소출이 많고 김매기가 용이하여 노동력이 절감되는 이익이 있는 반면, 이앙기에 가뭄이 와서 비가 오지 않으면 모내는 시기를 놓쳐 농사를 망치는 폐단이 있는 것을 감안해 초기에는 이를 금지하기도 하였으나 곧 이를 묵인하였다.

3) 조세 징수자인 국가의 입장에서는 조세 수입을 증대하고 안정적인 조세의 부과, 징수를 위해 토지의 소재와 규모, 그 비옥도(생산성), 소유자와 경작자를 파악·관리하는 것이 필수적이다. 새로 개간되는 토지도 있고 황폐화되어 경작하지 않는 토지도 있게 마련이며, 비옥도 역시 수리시설의 개선이나 토질개량, 시비(施肥) 등에 의하여 변동되기 때문이다. 또 그 과정에서 이전의 양전(量田)에서 누락된 은결(隱結)이나 누결(漏結)도 찾아낼 수 있다. 이러한 국가의 토지 관리는 부차적으로는 토지 소유자나 경작자의 권리 보존 수단도 되고, 그들 사이의 과도한 소유 불균형과 불평등을 규제·해소할 수 있는 이점도 있다.

그러나 전국에 걸쳐 모든 토지를 조사하는 양전은 막대한 비용과 행정력이 소요되므로 쉽게 할 수는 없는 일이다. 경국대전에서는 양전을 기본적으로 20년마다 한 번씩 하는 것으로 규정하였다. 그러나 시간이 갈수록 이 규정은 지켜지지 않았다. 즉 후대에 가면 전국적 규모의 양전은 거의 이루어지지 않은 채 한 도(道)나 일부 군, 현에 국한하여 양전이 이루어지는 등의 파행을 보였다.[210] 물론 이는 그에 소요되는 비용과 인력 부족

적 수요를 충당할 수 없었고, 일반 백성들은 상을 당하거나 자녀의 혼사를 치루거나 가족의 질병 등으로 큰돈이 필요한 경우 전답을 팔아야만 그 돈을 마련할 수 있었으므로 암묵적인 토지 거래가 빈번하게 발생하였다. 그리고 이를 구실로 토지거래금지법을 폐지하자는 신하들의 상소가 잇따랐다.

209) 경국대전 호전(戶典) 매매한조(賣買限條) 참조. 한편, 환퇴에 관하여는 영조 19년(1743) 매도인이 10년 내에 당초 매개가의 절반을 내면 토지를 환퇴할 수 있고, 10년이 지난 뒤면 매매 원가를 갚지 않아도 이를 환퇴할 수 있도록 함으로써 매수인에 의한 토지의 경작 수입과 매매대금의 상계를 허용하였다(新補受敎輯錄 刑典 康熙 甲寅年 承傳條 참조). 그 뒤 영조 20년(1744)의 속대전에서는, 환퇴지(還退地), 즉 퇴도지(退賭地)의 매매는 10년을 한도로 하며, 만 10년 후에는 매매가의 상환 없이 환퇴하고 5년 이상이면 반액에, 5년 미만이면 전액에 환퇴한다고 하였다(續大典 戶典 賣買限條 참조). 이러한 환퇴규정은 당초의 매도인에게 소유권이 쉽게 돌아갈 수 있도록 하여 가능한 한 토지 소유권의 이동을 제한하려는 동기에서 나온 것으로 이해된다. 경국대전에는 토지와 가옥은 물론 노비와 우마의 매매에 대해서도 관청에 신고하도록 규정하였다.

이 주된 이유이나, 관료 등 지주계층의 반대와 무관심, 비협조도 원인으로 작용하였다.[211] 양전 과정에서는 관리들과 지주들의 농간으로 사실과 다르게 장부에 기재하는 일이 많았고, 고의로 장부에 누락하는 토지인 은결(隱結)도 많았다.[212]

4) 양전을 시행한 결과인 그 조사 내용은 오늘날의 토지대장과 등기부를 합친 기능을 하는 양안(量案)이라는 장부에 기재하였다.[213] 양안에는 기본적으로 토지의 소재, 면적, 모양, 비옥도 등급, 소유자, 경작자를 기재하였다. 그러나 당시에는 아직 전국에 걸친 측량기준점이나 방위각 등을 알지 못하였으므로 군·현과 면·리별로 방위를 정한 다음 필지(筆地)별로 천자문의 순서와 숫자로 된 일련번호를 붙였으며,[214] 개별 토지의 위치는 그 토지의 동, 서, 남, 북 4방에 있는 지형지물을 기재하여[215] 상대적으로 식별할 수 있도록 하였다.

그리고 양안에는 해당 토지(농지)가 현재 경작되고 있으면 기전(起田)으로, 버려진 채 경작되고 있지 않으면 진전(陣田)으로 표시하고, 진전에 대해서는 원칙적으로 세금을 부과하지 않았다. 또 소유자는 시주(時主)로, 경작자는 시작(時作)으로 기재하는데,[216] 양반사대부나 관료들의 이름은 실명을 기재하지 않고 그 직함을 기재하거나 노비의 이름을 대신 기재하여[217] 진정한 소유자가 누구인지 양안의 기재만으로는 분명하게 알 수 없는

---

210) 숙종 46년(1720)의 경자양전(庚子量田)이 전국적 규모로 행해진 마지막 양전이다.

211) 이와 같이 전국적 규모의 양전이 이루어지지 않은 것은 경비부족도 한 원인이지만, 중앙정부가 비총제(比總制)를 채택해 매해의 조세수취액을 각 군현별로 정액화 함으로써 전국의 실제 농지규모를 파악할 필요가 없어진 때문이기도 하다.

212) 은결은 지방 수령이 지방관청의 독자적인 재정수요 충당을 위해 고의로 양안에 등재하지 않은 것과, 양전실무 담당자인 향리들과 지주가 짜고 양안에 등재하지 않은 것의 두 가지가 있다.

213) 물론 양안에 소유자로 기재되었다고 하여 절대적으로 그 효력이 인정되는 것은 아니고, 또 양안에 소유자로 기재되지 않았다고 하여 소유권이 부정되는 것도 아니다. 양안의 기재는 증거로서만 효력이 있을 뿐이다. 또 오늘날과 같이 권리를 표상하는 등기필증과 같은 증표도 없었다. 그래서 민간에서는 권리의 내력을 기재한 매매계약서 등의 문기(文記)와 양안의 등본을 증거자료로 이용하였는데, 경국대전 등에 규정된 신고·허가 제도인 입안(立案) 제도는 사실상 사문화되었다.

214) 필지(筆地)는 실제의 경계인 논두렁, 밭두렁을 단위로 하여 책정되었을 것으로 짐작된다.

215) 방위와 일련번호는 '天字 第四十北犯/ 第四十一西犯/ 第四十二東犯'과 같이 표시하였다. 동, 서, 남, 북 4방의 지형지물을 사표(四標)라 하는데, 동쪽에는 서광범의 집, 서쪽에는 하천, 남쪽에는 박영효의 묘, 북쪽에는 산과 같이 그 토지의 동, 서, 남, 북에 무엇이 있는지를 기재하였다. 한편 토지의 면적, 모양, 비옥도 등급은 '六等直田(토지의 비옥도 등급은 6등급이고 직사각형 모양의 밭)', '東長二十尺廣十八尺(동서 길이는 20자, 남북 길이는 18자)', '一結十負八束(그 토지의 수확량은 1결 10부 8속)'과 같은 방식으로 기재하였다. 후대에는 양안에 사다리꼴, 반달, 물고기 등 토지의 대략적인 모양을 그려 넣기도 하였다.

216) 시주(時主)나 시작(時作)에서 시(時)는 현재를 가리킨다.

217) 이를 대록(代錄)이라고 하는데, 양반사대부나 관료들은 유교적 전통에 따라 그 이름을 사용하는 것을 매우 주저하였으며, 특히 재산 문서나 세금 관련 문서에 이름을 올리는 것을 수치스럽게 생각하여 노비 등의 이름으로 대록을 하였다. 이 때문에 소유권 분쟁이 자주 일어났는데, 매매문기(賣買文記) 등 관련 서류를 누가 가지고 있느냐에 따라 분쟁이 해결되는 경우가 많았다. 이와 같이 대록이 인정된 것을 보면, 국가와 지배층은 토지가 누구의 소유에 속하는지에 대해서는 큰 관심이 없었고 세수 확보를 위해 실제로 누구(경작자)로부터 조세를 징수할 것인지가 주된 관심사였음을 알 수 있

한계를 안고 있었다.

5) 양안은 각 토지 단위, 즉 필지별로 내용이 기재되지만, 그 장부는 오늘날의 토지대장이나 등기기록(등기부)과 달리 토지별로 독립해서 만들지 않고, 면·리별 단위로 여러 필지의 토지에 관한 내용을 잇대어 기재하는 방식으로 연서(連西)를 하였다. 이와 같이 양안의 기재 내용은 특정 양전 시점에 파악된 내용만을 기재하고 장래의 변동상황을 기록할 여유공간을 두지 않았으므로 그 변동상황을 계속적·상시적으로 파악, 공시할 수 없는 단점을 안고 있었다.

양안이 작성되면 1부는 해당 군·현에 보관하고 1부는 서울의 호조(戶曹)에 보관하였다. 토지 소유자 등은 관청에 수수료를 내고 이 양안의 등본(필사본)을 발급 받을 수 있었다.[218] 토지를 사고 팔 때는 위와 같이 일정기간 안에 이를 해당 군·현에 신고하여야 한다. 양전은 시간적 간격이 길므로 새로운 양전이 이루어지기 전까지의 토지나 권리의 변동사항을 양안에 즉각 반영할 수 없었다. 그러므로 수령은 그 변동사항을 파악한 다음 이를 도행장(導行帳)이라는 일종의 비망록에 기재하였다가 다음 양전 때에 이를 반영하는 한편, 그때까지의 조세 부과나 징수업무의 근거자료로 이용하였다.

다. 토지세제

(1) 갑오개혁 이전

1) 17－18세기 이전 조선의 수취구조는 위와 같이 동양 전래의 조세제도인 조(租), 용(庸), 조(調) 체제를 취하고 있었다. 이는 토지와 사람을 주요 세원으로 파악해 조세를 부과하는 것으로, 조(租)는 앞서 본 바와 같이 토지를 경작하는 대가이고, 용(庸)과 조(調)는 백성으로서 그 인신(人身)에 의해 부담하는 것으로, 용(庸)은 주로 16세에서 60세 사이의 남정(男丁＝남자)이 군대에 가거나 군대 유지에 필요한 비용인 군포를 납부하거나 궁궐이나 관청 건물, 성곽의 축조, 도로의 개설이나 보수 등에 노동력을 제공하는 것이다. 조(調)는 개인이 아닌 호구(戶口＝가정) 단위로 부담하는 것으로서, 가족 단위 노동력을 이용하여 과일, 수산물(각종 생선, 전복이나 홍합 등의 패류, 김 등의 해조류), 건어물 등 지역 특산물을 채집하거나 꿩, 노루, 토끼, 오리 등 짐승을 잡거나 종이, 그릇, 소금, 부채, 붓, 먹, 말 먹이, 땔감, 양초 등 궁궐이나 관청에서 사용할 각종 물건을 만들어 납부

다. 실제로 일제 식민통치 이전에는 토지세를 그 지주가 아닌 경작자로부터 징수하는 것이 관행이었다. 한편 국가기관의 소유인 공토(公土)나 궁장토의 경우 양안에 내수사, 충훈부, 용동궁, 총융청 등과 같이 그 관리기관을 기재하였다.

218) 토지를 매매할 때는 이 양안의 등본과 함께 이전의 매매문서 일체를 매수인이 넘겨받았는데, 이를 매매문기(賣買文記)라고 한다. 그러므로 매매가 여러 단계에 걸칠수록 매매계약서 등이 계속 쌓이게 된다. 제3자는 그 문서의 연결 상태를 살펴 권리의 이전 경위를 파악할 수 있고, 권리다툼이 있는 경우 재판을 하는 관청에서는 이로써 판단자료로 삼았다.

하는 것이다.[219)]

2) 국가는 이들 곡식과 물건, 노동력으로 관리들의 봉급을 주고 왕실과 국가기관을 운영하는 재원으로 사용하였다. 따라서 그 회계는 자연히 금전이 아닌 현물과 노동력 위주로 이루어졌다. 조(租)는 농지에 대한 것이므로 전세(田稅)라고도 하며 그에 관한 사항이 전정(田政)이고, 용(庸)은 군사적 부담, 즉 군역(軍役)이 가장 중심적이므로 통상 이를 군정(軍政)이라 하였다. 나중에 군정의 개혁은 균역법(均役法)으로, 조(調)의 개혁은 대동법(大同法)으로 변통이 이루어졌으나, 근본적인 문제해결책이 되지 못하여 국가는 항상 재정부족에 곤란을 겪었다. 이에 따라 당초 춘궁기나 재해 발생 시 진휼(賑恤)을 위해 저리로 곡식을 빌려주던 환곡(還穀)이 중앙기관이나 지방기관의 재원 마련 수단으로 오·남용되어 조선 말기에 이르러 전정과 군정, 환정의 삼정(三政)이 모두 문란해지는 위기가 초래되었다.

3) 양안에 등록된 토지는 국가가 부과하는 전세(田稅) 등의 과세표준이 된다. 조선 초기에는 앞서 본 바와 같이 모든 농지를 비옥도를 기준으로 여섯 등급으로 나누어 그 등급에 따라 조세 부과율을 달리하였는데, 매해 실제로 전세를 부과할 때는 다시 그 해의 풍흉에 따라 이를 아홉 등급으로 나누어 부과하였다.[220)]

조선 초기 토지에 대한 세금인 전세(田稅)나 수조료(收租料)는 공식적으로는 수확량의 10분의 1을 넘지 않도록 하였는데, 백성의 부담을 적게 한다는 유교적 윤리를 바탕으로 한 것이다. 이렇게 되면 토지를 대규모로 소유한 세도가나 대지주에게 유리하게 되며, 재산의 다과에 관계없이 사람이나 각 호별로 부과하는 역(役)과 용(庸), 조(調)가 늘어나 일반 백성들의 부담이 가중된다.[221)] 또 수확량의 10분의 1을 한도로 한다는 것도 실제로는 지켜지지 않았다. 조세의 징수, 운반, 보관 과정에서 소요되는 운송비 등의 각종 비용과 자연감소분의 보충, 아전이나 선원, 직무 담당자에 대한 보수(人情費) 등의 명목으로 공

---

219) 백성들이 이를 직접 만들지 못할 경우 시장에서 구입하여 납부하여야 하였다. 한편, 국가는 사옹원(司饔院) 광주분원이나 조지서(造紙署) 등과 같이 궁궐이나 관청에서 사용할 도자기나 종이 등의 물건을 제작할 관서를 설치, 운영하기도 하였다.

220) 이를 전분육등(田分六等), 연분구등(年分九等)이라 함은 앞서 본 바와 같다. 그러므로 이론상으로는 각 토지별로 총 54등급(6×9)의 부과율이 존재하게 된다. 농지의 비옥도를 나타내는 전분육등은 비옥도가 높은 땅일수록 그 절대면적이 작다. 즉 1결(結)의 농지라 해도 1등급 농지(1등전)와 6등급 농지(6등전)는 절대면적이 다르고(1등전 1결의 면적은 약 3,000평인 반면 6등전의 그것은 4배인 12,000평 정도이다), 이를 측정하는 자도 달랐다. 그러나 이 제도가 너무나 불편하므로 효종 4년(1653) 양전에 쓰는 자(尺)를 통일하고, 그 대신 비옥도 등급에 따라 1등급당 절대면적을 15%씩 증가시키는 쪽으로 제도를 개편했다.

221) 역(役)과 용(庸), 조(調)는 호구와 장정 수를 과세표준으로 하므로 재산이 없는 가난한 백성들은 사대부 관료나 부호들에 비해 그 부담이 과중할 수밖에 없었다. 한편, 토지와 인신, 호구 외에 중요한 과세대상이 될 수 있는 광산이나 어장, 염전(鹽田=鹽盆), 점포 등에 대한 과세는 조선 초기에는 궁방이나 지방관청에 귀속되었다가 후기에는 그 일부가 국가 재정수입으로 귀속되었으나 그 비중은 매우 작았다.

식적인 조세를 초과하는 부대 조세를 징수하였기 때문이다.[222)]

4) 토지가 거의 유일한 소득의 원천이었던 그 시대에 이와 같이 전세 부담이 가벼웠으므로 자연히 조세 부과, 징수의 중심은 인신(人身)과 각 호구(戶口)에 집중될 수밖에 없어 가난한 백성들의 조세부담이 상대적으로 무거웠다. 더구나 후기로 갈수록 국가의 재정수요가 늘면서 백성들의 부담이 가중되어 생활이 어려워지고, 이로 인해 잦은 분란과 민란, 민요(民擾)가 일어나자 정부는 토지에 부과하는 세금을 늘려나갔다.

영정대(英正代)에 완성된 대동법은 호구(戶口) 대신 토지를 과세표준으로 전환한 것인데, 균역법 실시 과정에서 감소된 군포 징수액도 결작(結作)이란 이름으로 토지에서 거두었다. 그 이외에도 조선 후기에 들어서 삼수미세(三手米稅)니 포세(砲稅)니 심도포량미(沁島砲糧米)니 하는 등의 명목으로 토지에 대한 조세 부과는 대폭 증가하였다.[223)]

5) 세종 때 완비된 토지세법인 공법(貢法)에 의하면, 정부는 매해의 풍흉에 따라 조세 부과액을 달리 정하여야 하는데, 그 실무를 담당한 지방 수령은 재해를 이유로 감액을 요청하는 경우가 많았다.[224)] 이에 중앙정부는 각 필지별로 매해의 풍흉상태를 조사하여 부과액을 달리하는 것이 번거롭고 실익이 없다고 판단하여, 인조 12년(1634) 갑술양전(甲戌量田)을 실시한 이후부터는 필지별 풍흉상태를 조사하여 그 결과에 따라 조세부과액을 달리하는 것을 폐지하고, 그 대신 무조건 1결당 쌀 4말(斗)을 부과하는 제도인 영정법(永定法)을 채택하였다.[225)]

그러나 영정법하에서도 재해가 심한 토지의 경우 세액 감면이 부득이하므로 그 풍흉과 재해의 정도를 조사할 필요는 여전하였고, 국가 재정수입은 불안정하였다. 이에 따라 중앙정부는 안정적인 전세 수입액 확보를 위해 수령의 급재요청(給災要請)을 그대로 받아

---

222) 조선시대에 조세의 부과, 징수는 중앙정부가 아닌 지방 수령이 모두 담당하였고, 오늘날과 달리 납세고지서의 발급도 없이 구두로만 이루어졌다. 따라서 지방 수령의 임의로 법정 금액이나 물량 이상의 과세를 하거나 자의적으로 특정인에게 면세, 감세를 하는 일이 비일비재하였다.

223) 토지의 조세 부담액이 증가하더라도 지주는 그것을 소작인에게 전가하게 되므로 그것이 반드시 지주에게 불리하고 소작인에게 유리하게 되는 것은 아니다. 토지에 부과되는 조세는 수확물에서 먼저 공제한 후 지주와 소작인이 그 나머지를 반분하는 경우가 많았으나 악질적인 지주는 이를 대부분 소작인에게 떠넘겼다(조선 정부는 토지세를 경작자로부터 징수하였기 때문에 소작인인 경작자가 이를 지주에게서 받지 못하면 그 손해는 고스란히 소작인이 떠안게 된다). 대동법이나 균역법에 불구하고 민간의 형편이 나아지기는커녕 오히려 악화되어 진주민란을 비롯한 각종 민란과 동학혁명이 일어난 것도 이러한 원인이 작용한 것이다. 진주민란이 일어난 1862년(철종 13년) 한해만 해도 익산, 함평, 제주를 비롯한 전국 71곳에서 농민들이 민란을 일으켰다. 조선 후기에 조세의 부과가 토지에 집중되는 현상을 가리켜 도결(都結)이라고 하는데, 이는 토지, 즉 토지의 결에 세금이 도집(都執)하는 것을 의미한다. 이로써 조선 후기에는 전체 조세수입액 중 토지가 부담하는 조세 부담률이 전기의 약 40%에서 90% 이상으로 증가하였다.

224) 가뭄과 홍수 등 재해를 이유로 한 수령의 감액요청에 따라 중앙정부가 과세액을 감면하는 것을 급재(給災)라고 한다.

225) 1결당 쌀 4말(斗)은 종래 가장 흉작이 든 해의 부과 기준액(9등급 중 최하등급인 하하등급)이므로 이는 지주들에게 매우 유리한 제도였다. 영정법은 영구한 법으로 정했다는 뜻이다.

들이지 않고 경차관(敬差官)을 현지에 파견해 실제의 풍흉상태를 살피도록 하였으나,[226] 일일이 다 조사를 할 수도 없고 경차관과 수령의 결탁으로 비용만 들일 뿐 별 성과가 없었다.

그래서 중앙정부는 다시 그 비용을 줄이고 매년 일정액의 조세수입을 확보하기 위한 방법으로 영조 36년(1760)부터 비총제(比摠制)를 도입하였다. 이는 그해 가을에 중앙정부가 각 지역의 풍흉상태를 대략 살펴, 이전에 그해와 풍흉이 비슷한 연도의 부과세액을 기준으로 각 지역별로 징수, 납부할 세액을 총량으로 지정하여 납부하도록 하는 방법이다. 이는 중앙정부가 백성들에 대한 직접 지배를 포기하고 정부 운영에 필요한 최소한의 조세를 확보하기 위한 방안으로 도입한 것인데, 각 군·현별로 목표 조세부과액을 산정하여[227] 수령의 책임하에 이를 징수, 납부하게 하는 것이므로 조세의 부과·징수자인 국가와 납세자인 국민 사이의 일대일 관계가 아닌 중앙정부와 지방수령의 도급관계에 유사한 총액제(總額制), 정액제(定額制) 조세제도로 변모한 것이라고 할 수 있다.[228]

이와 같이 군·현별 총액이 정해지면, 수령은 다시 각 필지별로 풍흉과 재해 상태를 살펴 중앙정부가 지정한 세액을 분배하여 징수하였다. 이로써 중앙정부는 경차관을 파견하는 비용을 절감하고 급재액(給災額)을 제한함으로써 일정량의 조세수입액을 확보할 수 있는 이점이 있었으나, 반면에 중앙정부의 감시·감독이 소홀해지고 지방관의 조세 부과, 징수에 따른 재량권은 더욱 늘어나 이들의 부정, 비리가 증가하며 토지와 인구의 증가에 관계없이 국가 재정수입이 고정, 제한되는 단점이 초래되었다.[229]

---

226) 이를 답험(踏驗)이라 한다. 발로 다니며 검사를 한다는 뜻이다.

227) 이는 각 군·현별 양전결과에 따른 전체 농지규모(원장부상 농지 면적)에서 경작하지 않는 토지인 진전(陳田)과 잡탈전(雜頉田) 및 면세지를 차감하여 산정하였다. 한편, 토지세는 물론 공노비가 각급 중앙관청에 납부하여야 할 노비공(奴婢貢)에 대해서도 각 군현별로 그 지역에 당해 노비가 실제 거주하는지 여부를 따지지 않고 일정 수가 거주하는 것으로 의제하고 그 징수를 지방수령에게 부과하는 비총제가 시행되었다. 이는 중앙정부가 도망 노비를 추쇄하는 비용을 절약하고 일정 수량의 노비공을 확보하기 위한 것이다.

228) 총액제는 각 군현의 인구와 경제력을 감안하여 중앙에서 전세와 대동세액, 균역세액 등 조세액을 산정해 총량 단위로 지방수령에게 하달, 이를 징수하여 납부하게 하는 것이다. 국가가 납세자인 각 개인별로 담세력을 파악하여 과세하는 것이 아니라 군현 단위로 조세납부액의 총량을 정해주고, 각 개인별 과세와 징수는 지방수령에게 재량권을 주고 위임하는 방법이다. 이는 재정수입이 고갈되자 어떻게 해서든 일정액의 조세수입을 확보하려는 중앙정부의 고육지책에서 나온 것이다.
그러나 이렇게 되면 지방수령이 권세가와 결탁하여 그들의 세 부담을 가볍게 해주는 반면 빈민에게는 능력 이상의 조세를 부과, 징수할 수 있게 되어 조세의 형평을 무너뜨리고 각종 부정과 비리를 초래할 위험이 크다. 실제로 이 제도가 시행된 조선 후기의 재정은 그런 상황으로 내몰려 민생은 도탄에 빠지고 국가의 재정수입은 정체되는 악순환이 초래되었다.

229) 이 과정에서 일부 지방에서는 지방민들이 중심이 되어 군현에 할당된 조세액을 마을 회의(鄕會)를 거쳐 각 호별 사정에 따라 공평하게 배정하고, 또 마을 공동기금을 조성하여 그 이득금으로 세액의 일부를 충당하는 등의 이른바 공동납(共同納)이 이루어지기도 하였다. 그러나 영정대 이후 왕권이 약화되고 외척과 벌열의 세도가 지배하면서 지방수령직이 돈으로 매매되고 이들의 부정과 비리가 증가하면서 향회는 어용화하고 백성들의 생활은 매우 어려워졌는데, 특히 권력을 갖지 못한 중소지주나 상인 등 이른바 요호부민(饒戶富民)들에 대한 착취가 매우 심하였다. 진주민란이나 동학혁명은

한편, 비총제(比摠制)를 통한 조세수입의 정액화와 함께 조선 후기에는 대동법, 균역법을 통한 과세대상의 토지로의 수렴·집중과 그에 즈음하여 선혜청(宣惠廳)과 균역청(均役廳)이 설치되어 종래의 각 관청별 징세제도인 각사자판(各司自辦) 대신 호조와 선혜청, 균역청의 3대 재정기관을 통한 재정의 중앙집권화가 일정 부분 이루어졌다. 또 재정지출을 정례화, 정식화하여 재원을 절약하기 위해 탁지정례(度支定例) 등의 규정집을 간행하여 종래의 세입, 세출 제도인 횡간(橫看), 공안(貢案)과 함께 사용토록 함으로써 왕실과 각 관청의 쓰임새를 규모 있게 하려는 노력을 기울였는데, 그 대부분은 영민한 군주인 영조와 정조가 이룩한 것이다.

6) 조선 후기로 갈수록 미약하나마 농업생산력이 증대되고 상품경제가 활성화되면서 농민층의 분화와 양극화 현상이 발생하였다.[230] 이러한 사회·경제적 상황 변화는 더욱더 토지 소유의 편중과 부의 불균형을 심화시켰으며 사농공상(士農工商)의 신분에 따른 차별적 사회인 전근대적 봉건사회의 기초를 위협하였다.

거기에다 수취구조의 불합리와 재정운영의 미숙으로 인해 공식적 조세수입이 영세하여 국가는 재정부족으로 관료들에게 녹봉조차 제대로 지급하지 못하고 군대는 이름만 있을 뿐 전투력을 갖춘 군인과 조직이 무너졌으며, 어떠한 명목의 국가적 사업도 제대로 추진할 수 없었다. 반면에 피지배계층은 비공식적인 무명잡세와 지방수령과 아전들의 불법적이고 자의적인 징세·수탈 때문에 기본적 생존마저 위협받는 역설적인 상황에 직면하였다. 이는 재정정책과 군사정책, 외교와 통상 등을 비롯한 조선의 행정이 졸렬하고 전근대적·비효율적으로 운영되었기 때문에 빚어진 일이었다. 그러나 유교적 형식주의와 비효율, 타성에 젖은 지배층에게 그 개혁은 쉽지 않았다.

대동법과 균역법으로 다소간 기력을 회복하는 듯싶었으나 이는 근본적인 치유책이 되기에는 너무 미흡하였다. 대동법과 균역법 역시 일부 과세대상이나 과세표준을 바꾼 것에 불과하고, 안정적인 재정수입의 확보나 공정하고 균등한 조세부과 등 근본적 문제 해결방안이 아니었기 때문이다. 따라서 그 효과는 매우 제한적이었고 모순은 금세 다시 누적, 확대되어 갈 수밖에 없었다. 이러한 가운데 강력한 왕권을 행사하였던 영조와 정조가 퇴장한 순조대 이후에는 외척의 득세와 세도정치가 이어지면서 관료들의 기강이 무너져 그 모순과 불합리는 극에 달하였고, 철종과 고종대에 이르러서는 회복할 수 없는 내적 파탄상태에 직면하였다. 따라서 이 같은 사회 내부의 팽압(膨壓)과 갈등구조를 어떤 형태로든 해결하지 않으면 국가(왕조)를 더 이상 유지할 수 없는 상황 아래서 19세기 조선

그에 대한 반발로 일어났다.

230) 16세기 후반에 들어 양란의 피해는 어느 정도 진정되고 전국의 농지는 약 151만 결로 회복되었다. 그 이후 조선 말기까지 농지 규모는 140만 내지 145만 결 정도였고, 그 중 납세를 하는 실결은 전체 토지의 절반가량인 약 80만 결이었다.

사회는 내부적 폭발 직전상태에 다다랐다. 거기다 영국, 프랑스, 러시아, 미국, 독일 등의 열강과 이들의 아류인 일본이 조선을 넘보게 됨으로써 조선은 내우외환(內憂外患)이 겹치게 되었다.

7) 이에 따라 실학자들을 이어받은 후세대 애국계몽사상가들을 중심으로 다양한 개혁방안이 모색되었다. 그 흐름은, ① 계층 간 농지 분배의 균등화 또는 소유 상한제의 설정 등을 통해 사회적 모순을 해결하려는 중농주의적(重農主義的) 입장과, ② 북학파(北學派)를 계승하여, 당시의 조선 농업사회가 안고 있는 고용의 한계, 즉 구조적 실업에 주목하여 양반 지주계급의 자본축적을 토대로 상공업을 육성하여 국가의 재부(財富)를 늘리고 백성들의 빈곤과 실업 문제를 해결하려는 중상주의적(重商主義的) 입장으로 갈렸다. 하지만 조선의 국왕과 지배관료 및 지주층은 어떠한 개혁에도 나서지 않은 채 기득권 수호에만 안주하였다. 또 10년에 걸친 대원군의 개혁 역시 전근대적·복고주의적이고 단편적인 것에 그쳤던 데에다, 그나마 1873년 고종의 친정(親政) 이후 대부분 폐기되어 별다른 실효를 거두지 못하였다.

고종은 청나라의 양무운동(洋務運動)을 모방하여 1881년 통리기무아문(統理機務衙門)을 설치한 후 정부 산하에 우체사, 박문국, 기기국, 전환국, 직조국, 조지국, 광무국, 잠상공사 등 각종 공장과 회사를 설치하고, 1885년에는 내무부에 농무사, 지리사, 공작사 등 6사(司)를 설치해 근대적 상공업을 육성할 뜻을 보이기도 했으나, 재정과 인력, 기술의 부족과 임오군란, 갑신정변 등 여러 정국변동 속에서 실천의지가 뒷받침되지 못해 모두 실패하였다.

(2) 갑오개혁 이후

1) 조선이 스스로 토지제도와 재정제도, 군사제도, 교육제도 등 체제 개혁을 하지 못한 가운데 동학혁명이 발발하자,[231] 이를 틈타 일본이 청일전쟁을 도발하여 이른바 갑오개혁이라는 이름으로 강제개혁을 하기에 이르렀다.

2) 갑오개혁 이전에 조선이 직면한 조세제도와 재정문제는 크게 두 가지였다. 첫째는, 국가가 기본적인 국가 운영에 필요한 재원마저 징수하지 못하여 상시적으로 재정부족과 국가재정의 파탄상태에 직면한 것이다. 둘째는, 피지배층인 백성들이 공식적인 조세 외에

231) 동학교도들이 주도하고 고부봉기를 시작으로 파급된 동학혁명은 근본적으로 자애로운 성군(聖君)이 애민의 왕도정치(王道政治)를 펴는 것을 추구하였다. 이 점에서 동학혁명의 근본정신은 정조 임금이 추구한 성군정치나 그 복사판인 흥선대원군의 정치이념에 가까웠다. 동학도들이 제시한 폐정개혁안 중 하나인 토지의 평균·분작(平均·分作)안은 구체적인 내용이 없어 그 목표나 방행을 알 수 없으며, 나머지 개혁안의 내용도 근대적 민주주의나 자본주의 혁명사상과는 거리가 멀다. 그리고 이들은 개혁을 실행할 구체적인 방안도 마련하지 못한 채 근대적 무기로 무장한 관군과 일본군에 맞서다 처참한 실패를 맛보았다.

도 다양한 방법으로 수탈을 당해 기본적인 생활의 유지 자체가 곤란할 정도로 피폐한 상태에 놓여 있었다는 것이다. 국가가 적은 양밖에 조세를 징수하지 않았다면 납세자인 국민은 그 부담이 적어야 할 것인데 상황은 전혀 그렇지 못했다. 국가와 납세자 사이의 중간에서 대규모의 유출이 발생하였기 때문이다. 유출된 재원은 특권을 가진 양반지주층과 조세의 부과·징수 실무자인 지방수령 및 아전과 이서층(吏胥層)에게 흘러들어 갔음은 물론이다.

3) 조선의 기본적인 세제(稅制)는 앞서 본 바와 같이 조용조(租庸調)체제였는데, 명목상 유교적 왕도국가를 지향했기 때문에 공식적 부과액은 비교적 적은 편이었다. 그러나 현실적으로 명목상 법전에 정해진 조세만으로는 국가와 지방관청을 운영할 수 없었기 때문에 일찍부터 명목(법전)과 현실이 괴리되는 상황이 초래되었다.

특히 각 군현 등 지방관청의 운영경비를 중앙정부 차원에서 공식적으로 마련해주지 않았고, 아전과 이서(吏胥) 등 향리층에게 공식적인 보수를 지급하지 않음으로써 이들의 부정과 비리를 근본적으로 막을 수 없었다. 이들은 조세를 부과, 징수하는 과정에서 권세가나 부호와 결탁하여 뇌물을 받고 면세 또는 감세를 해주거나, 현물로 조세를 징수하는 과정에서 품질이 조악하다고 퇴짜를 놓거나, 세곡(稅穀)을 보관, 운반하는 과정에서 새나 쥐가 먹어 결손이 나는 부분을 보충한다느니 상급 관청의 관리에게 뇌물을 주어야 일처리가 쉽다느니 하는 등 갖은 명목으로 법령에도 없는 조세, 즉 무명잡세(無名雜稅)를 부과, 징수하였기 때문에 백성들은 법령상 정해진 액수의 몇 배에 달하는 세금을 내야만 하였다.[232] 그러나 이러한 비정상적인 재물이나 돈이 국가나 지방관청의 운영비에 충당될 리는 없으므로 국가와 지방관청의 경비 부족은 해결될 수 없었음은 물론이다.[233]

4) 이런 현실에서 조선 후기에 이르러 전정(田政), 군정(軍政), 환곡(還穀)의 삼정(三政) 역시 늘 문제가 되었다. 영정대 어름에 이루어진 대동법과 균역법을 계기로 각종 조세가 가장 중요한 재원이자 과세대상인 토지를 중심으로 흡수되는 도결(都結)이 진행되고, 일부 지방에서는 곡식이나 베 등의 현물 대신 돈으로 납부하는 금납화(金納化)도 이루어졌으나 근본적인 해결책이 될 수는 없었다.[234]

---

232) 조세의 부과, 징수가 문서(납부고지서)가 아닌 지방수령의 구두명령에 의해 이루어졌고, 이에 대한 시정을 구할 권리구제장치가 전혀 없었다. 따라서 백성들은 집단으로 지방수령이나 상급관청인 관찰사, 국왕에게 진정서를 제출하거나(이른바 等狀), 그것이 받아들여지지 않는 경우 소요를 일으키는 방법밖에 없었다.

233) 서울의 중앙관청과 지방의 감영, 군영에서도 각 군현에 종이, 붓, 부채, 돗자리, 청과물, 수산물 등 각종 물건의 납부를 요구하였는데, 이런 현상은 대동법 시행 후에도 근절되지 못했다. 이런 비합법적인 징수체제하에서 군현은 지방민들에게 불법적인 징세를 하지 않을 수 없었고, 그 틈을 이용하여 수령의 사적 이익도 추구하였다. 법에 근거하지 않은 이러한 사실상의 조세를 잡역세(雜役稅)라고 한다.

234) 조세의 금납화(金納化)는 현물 징수에 따르는 폐단을 어느 정도 차단할 수 있어 납세자에게 유리한 면도 있었으나, 여전히 조세의 부과기준액은 현물로 정해져 있어 지방관들이 그 가액을 높게 산정하

이에 따라 시일이 지날수록 법령상의 세금 외에 작지비(作紙費), 역가(役價), 잡비(雜費), 선가(船價), 결작(結作), 모작(耗作), 삼세(蔘稅), 포량미(砲糧米) 등 유명, 무명의 잡세가 더욱 늘어나기만 하였다. 게다가 이들 세금을 징수하는 기관이 여전히 한 군데가 아니라 호조, 선혜청, 병조와 중앙 및 각 지방의 감영(監營), 군영(軍營) 등으로 분산되고 통일적인 기준이 없어 행정력의 낭비를 초래하였고, 국가 전체적인 수입과 지출의 예측, 관리도 곤란하였다.

5) 이러한 문제를 해결하기 위해 1차 갑오개혁기에 군국기무처는 1894. 6. 관제를 고쳐 종래의 호조를 탁지아문(度支衙門)으로 개편하고, 이로 하여금 회계, 출납과 조세, 국채, 화폐 등 일체의 재정사무를 총괄하도록 하였다. 동시에 선혜청(宣惠廳), 균역청(均役廳), 진휼청(賑恤廳), 군자감(軍資監) 등 독자적인 재정운용 기관을 폐지하는 한편, 제용감(濟用監), 장흥고(長興庫), 봉상시(奉常寺) 등 궁중 관청에서 직접 징수하던 전곡(錢穀=돈과 곡식)도 모두 탁지아문이 관리하도록 하였다.[235]

또 1894. 7. 10.에는 조세 등 일체의 상납(上納)을 화폐(금전)로 납부하게 규정을 고쳤으며, 국고의 수납, 관리를 위해 중앙은행을 설립할 것을 계획하였다. 이를 위해 1894. 7. 11.에는 신식화폐발행장정(新式貨幣發行章程)을 제정해, 종래 유통되던 상평통보나 당오전(當五錢), 당백전(當百錢), 평양전(平壤錢) 등을 폐기하고,[236] 일본처럼 은본위제(銀本位制)를 채택하여 새로운 근대적 화폐인 은화(銀貨: 본위화폐)와 동화(銅貨: 보조화폐)를 발행할 것을 계획하였다.[237]

여 징수하고 또 일부는 반드시 현물로 징수하였기 때문에 납세자에게 이익만 있는 것은 아니었다. 또 조세의 금납화가 이루어지면서 지방관들은 각 지역 간 물가 차이를 이용하거나, 보관 중인 현물을 빼돌려 높은 가격에 매도한 다음 가격이 내리면 현물을 구입하여 중앙에 납부하는 이무(移貿) 등의 부정한 방법으로 중간이익을 취하는 일도 많았다. 이러한 원인과 화폐제도의 미비로 19세기 중엽까지 조세의 금납화는 약 25－30%선에 그쳤다.

235) 조선시대에 국가 재정을 통일하지 않고 다양한 재정기구를 두어 각기 수요를 조달, 충족하게 하였던 것은 전형적인 전근대사회의 비효율을 보여주는 것이다. 즉 재정수요가 필요한 기관마다 독자적인 재원조달권과 관리권을 부여하는 일대일 회계주의를 취하였기 때문에 국가 전체의 재정규모를 쉽게 파악하기 어려운 데에다 이를 통합적으로 관리하기도 어려웠다.

236) 당오전과 당백전은 상평통보 5개나 100개의 값어치인 오전(五錢) 또는 백전(百錢)에 해당하는 액면가를 갖는 동전이고, 평양전은 평양지역에서 통용되던 동전이다.

237) 국고를 관리하는 중앙은행이 없어 초래되는 불편도 크지만, 종래 조선에는 지폐가 없어 초래되는 불편이 훨씬 컸다. 액면가치가 낮은 동전(상평통보나 당오전)으로 가액이 높은 토지나 집 등 부동산을 사고팔 경우 그에 소요되는 돈을 지게나 마차로 싣고 가야하는 등의 불편이 뒤따랐다. 한말 외국인들의 여행기에 의하면, 말을 빌려 지방여행을 하려면 숙박비와 마부 임금 등의 지급을 위한 동전을 싣고 갈 우마나 마차가 따로 필요했다고 한다. 당시 은 1냥 값은 동전인 상평통보 약 400문(상평통보 1개가 1文, 즉 1錢이다)의 가치를 지녀 상평통보의 가치는 매우 낮았으며, 당오전은 상평통보 5전, 당백전은 상평통보 100전의 명목가치를 가진 것이었으나 실제로는 화폐의 소재가치(素材價値)가 낮아 시중에서는 그 값을 받지 못하였다. 조선시대에 화폐가 주조되어 널리 유통된 것은 숙종 4년(1678) 이후부터이다. 그러나 고액화폐인 지폐나 은화는 없이 소재가치가 낮은 주화(鑄貨)인 동전과 철전(鐵錢)에 국한되었고, 주전권한도 여러 기관에 분산되고 심지어 개인에게조차 주전을 허용하고 그 일부를 국가가 대가로 징수하는 사주전(私鑄錢)까지 허용하는 등 통일성이 없었으며, 고종대에는

한편, 가능한 한 모든 조세를 토지에 부과하는 방향으로 도결제(都結制)를 확대하고 환곡 역시 토지세에 편입하였으며, 군포는 신분에 관계없이 매호당 3냥씩의 돈을 부과하는 것으로 개편하였다.[238] 또 조세수입 증대를 위해 면세지를 줄일 목적으로 1894. 8. 26. 궁장토와 역둔토 등 종래의 면세지를 탁지아문에 이관하여 지세(地稅)를 부과하도록 하는 조치도 이루어졌는데, 이를 갑오승총(甲午陞總)이라 한다.[239]

6) 2차 갑오개혁기인 1895. 3. 관제개편으로 탁지아문은 탁지부로 개편되고, 지방세무 업무 감독을 위해 14인의 재무관이 배치되었다. 1895. 3. 30.에는 정부 전체의 통합적 수입·지출 관리를 위한 회계법과 그 부속법령인 수입조규(收入條規), 지출조규(支出條規)가 제정, 공포되었다.[240] 이어서 1895. 4.에는 각 군현에 조세 부과업무를 담당할 관서로

재정 부족을 메꾸려 명목가치만 높은 주화를 유통시켜 화폐질서가 매우 혼란스러웠다.
신식화폐발행장정에 앞서 조선 정부는 상평통보와 당오전, 당백전 유통에 따른 문제점 개선을 위하여 이미 고종 20년(1883) 근대식 화폐제조창인 전환국(典圜局)을 설치하고 은화와 동화를 발행하기로 하였으나 제대로 시행되지 못했다. 이어서 1892년에는 신식화폐조례를 공포하고 인천 전환국에서 5냥짜리 은화를 발행하였으나 재정부족으로 은화보다는 주조이익이 많은 백동화(白銅貨) 발행에 주력하였는데 그것이 인플레를 초래하였다.
그러나 신식화폐발행장정에 따른 새로운 신식화폐 역시 발행되지 못한 채 1901년 폐지되었고, 이에 대신하여 같은 해 칙령 제4호로 새로이 금본위제에 입각한 신 화폐조례를 공포하였으나 이마저 실행되지 못한 채 1905. 1. 일본인 재정고문 메가다의 건의에 따른 '화폐조례 실시에 관한 건'에 의해 폐기되었다. 이런 상황에서 일본 사설은행인 제일은행이 발행한 화폐와 멕시코 은화, 중국 화폐가 통용되는 가운데 조선의 화폐시장은 일제에 장악되었다(신식화폐발행장정에서는 신식화폐 발행 전까지 외국화폐의 통용을 허용하였는데, 일본 제일은행 경성지점이 사실상 국가금고 역할을 하는 가운데 그 은행이 발행한 화폐가 본위화폐로 유통되었다.)
러일전쟁 후 일본의 많은 은행이 장차 조선이 일제의 식민지가 될 것을 예상하고 서울, 인천,부산, 원산 등에 속속 진출하였는데, 일제 통감부도 대한제국에 이런저런 명목의 차관을 제공하고 조선의 재정권을 장악하였다. 그 후 통감부는 화폐정리라는 명목으로 종래 유통되던 조선의 동전(엽전)과 백동화 등을 모두 수거하여 제일은행 화폐로 바꾸도록 하고(이 와중에 화폐부족에 의한 금융공황이 발생하였으며, 일제는 동전과 백동화에서 금을 추출해 상당한 이익을 취하였다), 병합 후에는 조선은행을 설립한 후 조선은행권을 발행하여 제일은행권을 대체하였다. 1911년에 설립된 조선은행은 1909년에 설립된 중앙은행인 한국은행의 후신으로서, 일본 중앙은행과 화폐연합을 형성하여 일본은행권과 1:1 교환율을 유지토록 함으로써 한국의 금융시장을 일본에 종속케 하였다.

238) 군포는 이미 대원군 집권 말기인 1872년 종래의 사람 대신 각 호를 과세표준으로 하여 부과토록 하는 호렴제(戶斂制), 즉 호포법을 채택함으로써 신분에 따른 차별을 완화하였다. 그러나 이 역시 중앙정부는 총액제로 지방에 배당하였기 때문에 실제로 지방 군현에서 각 호에 부과할 때는 그것이 철저히 지켜지지 않았다. 또 지방관은 군포에 더하여 지방관청 수리비, 지방의 군교(軍校)나 포졸 등의 운영비인 장청직료(將廳職料), 교통운송비인 태가(駄價) 등을 군포에 부가하여 징수하였다. 그리고 속오군이나 역인(驛人), 장관(將官), 주사(舟師), 성정군(城丁軍) 등과 같이 지방관청에 대하여 군역이나 일정한 역을 부담하고 있는 사람의 호에는 군포를 면제하였다. 그러나 그때의 개혁이 미흡하였기 때문에 다시 제도를 개혁한 것이다.

239) 당시의 조세 부과 대상 총 토지 약 81만 결의 8.5%에 해당하는 69,000여 결이 면세지에서 징세대상지로 편입되었다. 이때 유토와 무토의 구별기준 등을 규정한 법규가 결호화법세칙(結戶貨法細則)과 역답사판예규(驛畓査辦例規, 1895. 9. 농상공부령 제8호)이다.

240) 회계법 이전에는 조선에 예산제도가 없었다. 이에 유사한 횡간(橫看)과 공안(貢案)은 각 관청별로 필요한 물건을 배정하고 그 조달처를 기재한 문서로서 지금의 연단위 재정계획과는 거리가 멀다. 회계법에서는, ① 조세를 새로 신설하거나 세율을 변경할 경우 반드시 법률에 근거하여야 한다. ② 정부의 세입세출은 매년 예산을 정하여 다루되, 정부의 회계연도는 매년 정월 1일에 시작하여 그 해 12

부세소(賦稅所)를, 징수를 담당할 관서로 징세서(徵稅署)를 설치하고, 이들 업무를 감독할 관청으로 관세사(管稅司)를 설치하는 법령도 공포하였다. 이는 종래 조세의 부과, 징수를 담당하였던 지방수령과 이서층을 배제하는 것인데, 이들의 저항과 경비부족으로 부세소, 징세서 등은 설치되지 못하고 1895. 9. 계획은 폐기되었다.[241]

한편 1895. 8.에는 '잡세 혁파에 관한 건'(법률 제13호)을 공포하여 지세와 호세, 광세(鑛稅), 해관세(海關稅) 등 법률로 정한 세금 외에 일체의 잡세를 폐지하는 조치를 취하여 조세법률주의 원칙을 표방하였다.

3차에 걸친 갑오개혁은 개혁을 실행할 기반조성 없이 조급하게 이루어진 데에다, 제도화를 위한 기구개편이나 인력의 보충, 재배치 없이 대부분 법령의 공포 등 형식적 개혁만 이루어졌고, 국왕을 비롯한 조선 정부 스스로의 추진의지 결여, 삼국간섭과 아관파천 등 주변상황 변화로 큰 성과를 보지 못한 채 실패한 사실은 앞서 본 바와 같다.

7) 아관파천(俄館播遷)에서 돌아와 1897. 10. 대한제국을 선포한 고종은 이후 을사보호조약 체결 전까지 광무 연간(1897－1906)에 걸쳐 일련의 자주적 개혁사업을 추진하였는데 이를 통상 광무개혁(光武改革)이라 한다. 그 가운데는 광무양전사업(光武量田事業)과 광무사검(光武査檢)도 포함되어 있다. 광무양전사업은 기본적으로는 토지 소유의 균등화나 소유 제한, 소작료 규제가 아니라, 세수증대를 위해 전국의 토지를 일괄 재조사하여 세원(稅源)을 확대할 목적으로 한 것이다.[242] 광무사검은 내장원이 관리하는 토지를 조사하여 은결(隱結)을 찾아내고 경작현황을 파악하여 수조액을 증가시키기 위한 것이었다.

대한제국 정부는 양전사업을 위해 1898. 7. 양지아문 관련 규정(量地衙門職員及處務規程)을 칙령으로 반포하여 양전업무를 맡을 관청으로 양지아문(量地衙門)을 설치하는 한편 담당자로 양무감리(量務監理)와 양지위원(量地委員), 조사위원을 임명하였고, 1898. 9.부터 여러 지역에서 양전을 개시하여 군현별로 양안(量案)을 작성하였다. 이 사업에서는 근

월 말일까지로 하고, 세입세출의 출납에 관한 사무는 다음해 5월 말일까지 완결한다. ③ 조세와 기타 모든 수납을 세입으로 하고 모든 경비를 세출로 하여 세입세출을 총예산 중에 편입하도록 한다. ④ 각부 대신(各部大臣)은 매년 9월 말일까지 다음해의 소관경비 소요액을 산정하고 예산조서(豫算調書)를 작성하여 탁지부 대신에게 송부해야 하고, 탁지부 대신은 매년 10월 말일까지 세입세출 총예산을 편성하여 각의(閣議)에 제출하여야 한다는 등의 내용을 담았다.

241) 그 대안으로 수령의 조세 업무를 감독할 사람으로 세무시찰관을 두고, 실무를 보좌할 사람으로 각 군현에 세무주사 1인을 두기로 하였으나 이들에게는 실권이 없었고, 이마저 1896. 4. 폐지되었다.

242) 고종은 광무양전사업 외에 국왕이 임의로 사용할 수 있는 내장원(內藏院) 재산을 통해 각종 개혁사업을 추진하였는데, 1895년에 세워진 내장원은 종래 내수사(內需司)가 관리하던 왕실 고유의 재산 외에 황무지, 홍삼, 광산, 목장 등 국유재산 일부까지 편입, 관장하여 탁지부보다 운용재원이 더 많았다. 이는 고종이, 왕실과 국가의 재원을 분리하며 국가 전체의 재정을 탁지아문에서 관할하기로 하는 내용의 갑오개혁이 자신의 권한을 크게 제약한다고 보아 이를 회피하려는 의도에서 안출한 것이다. 고종은 내각을 배제한 채 내장원과 내무부를 중심으로 친정하면서 서울 도시개발, 군비증강, 각종 근대적 회사 설립 등을 통해 대한제국의 국력을 신장해보려고 시도하였으나, 을사보호조약 이후 일제 통감부에 의해 모두 물거품이 되었다.

대적 측량기술을 도입하였으나, 여전히 토지 면적을 전근대적 면적단위인 결부법(結負法)에 의해 산출하였고, 양안의 내용도, 토지의 형상을 그림으로 간략하게 표시하고, 소작이 이루어지고 있는 토지는 지주인 시주(時主)와 함께 소작인인 시작(時作)의 성명을 기록하였으며, 농지뿐만 아니라 가옥의 부지에 대해서도 건물주와 협호(挾戶)의 성명을 함께 기록하는 등으로 이전보다는 개선이 있었으나, 근대식 토지대장이나 등기부와 같이 상시적 권리관계 공시기능을 갖는 것이 아니라 일시적 조사자료에 불과한 한계를 안고 있었다.

광무사검에서는 내장원의 수입 증가를 위해 가능한 한 유토를 늘릴 목적으로 이전에 민유지(무토)로 판정한 역둔토 등도 다시 조사하여 유토에 편입하는 방향으로 처리하였고, 안정적인 수입확보를 위해 중답주(中畓主=도장)에게 도장권(導掌權)을 부여하고 그 대가로 정액 도장료, 즉 정액도전(定額導錢)을 징수하였다.[243] 이로 인해 정부와 민간 사이에 다수의 분쟁이 발생하였다.

광무양전사업은 흉년과 경비 부족 등으로 수차 중단되었다가, 결국 1902. 3. 양지아문이 지계아문에 흡수, 통합되었고, 1904년에는 양지아문마저 탁지부 산하 양지국(量地局)으로 축소된 가운데 218군현(전체 군현의 약 3분의 2)의 양전사업만을 완료한 채 이후 일제의 토지조사사업으로 인해 폐지되어버렸다. 아울러 고종의 환궁 후 민간에서는 독립협회가 발족되어 독립신문이 발간되고 만민공동회와 각종 학회활동이 활발하게 전개되면서 각지에서 각종 학교와 민간 회사가 설립되는 등의 노력이 있었으나, 왕권의 약화를 경계한 고종과 측근의 정치적 탄압과 일제의 방해공작으로 중도에 좌절되었다.

8) 양안이 상시적으로 토지의 권리관계를 표상할 수 없는 한계를 일부나마 극복하기 위해 대한제국 정부는 토지 소유관계를 증명하는 지권(地卷)을 발행하기로 하고, 1901. 11. 그 담당기관으로 지계아문(地契衙門)을 설치하였다. 이 지권(地卷)은 일종의 소유권증명서로서 해당 토지의 위치, 모양, 지목, 면적과 소유자명을 기재하고 지계아문 총재 명의로 발행한 것인데, 일본의 메이지 정부가 그에 앞서 지조개정(地租改正) 사업을 추진하면서 발행한 지권(地卷)을 모방한 것이다.[244]

9) 한편, 이때 토지와 함께 가옥의 실태도 조사하여 각 지역별로 가옥의 규모와 칸수를 기재한 일종의 가옥대장인 가사안(家舍案) 또는 가호안(家戶案)을 작성함과 아울러, 그에 기초하여 지계아문 총재 명의로 가옥의 소유권을 증명하는 가사관계(家舍官契)를 발급하였다. 그리고 가계(家契)를 발급한 경우 가계원부(家契原簿)를 작성, 비치하고 그 가옥의 권리관계 변동상황과 가계 발급 내역을 기록하고, 전당에 관한 사항도 함께 기록하

243) 그러나 경작인 보호를 위해 중답주인 도장에게 임의로 경작인(소작인)을 교체할 수 없도록 했다.
244) 지권의 표지에 기재된 정식 명칭은 '대한제국 전답관계(田畓官契)이다. 지권이나 지계라는 명칭은 가옥의 소유권증명서인 가권(家卷)이나 가계(家契)에 대응하는 것이다. 소유주가 토지를 매도할 때는 소지한 지권을 해당 관청에 반납하고 새로 소유주가 된 자가 다시 지권을 발급받았으며, 반납하는 지권에는 매매가격과 매수인을 기재하도록 하였다.

여 일종의 등기부와 같은 역할을 하도록 하였다. 그러나 이때 작성된 가사안 또는 가호안은 오늘날의 건축물대장과는 많이 다르며, 법적 근거도 마련되지 못한 채 한성 등 일부 지역에서만 지방관의 직권으로 작성되었다.

3. 통감부 시대와 일제강점기의 토지제도

가. 토지조사사업

1) 일제는 조선을 자신의 식량 생산기지 겸 공산품 소비시장으로 삼아 본토의 공업화와 산업화를 촉진하는 보조수단으로 삼고자 했다. 즉 조선에서 싼값으로 식량을 조달해서[245] 본토 노동자들에게 싸게 공급하여, 저임금을 통한 공업제품의 가격 하락을 유인함으로써 국제 경쟁력을 확보하고 일본 내 빈곤층과 노동계층의 저항을 회피하며, 공산품 소비시장을 확대하여 후발 자본주의 국가인 일본의 산업화를 증진하려고 했던 것이다. 그러므로 일제가 태평양 전쟁을 일으키기 전까지 조선에서 공업을 육성하지 않은 채 토지조사사업을 비롯하여 산미증산계획(産米增産計劃)이니 척식사업(拓殖事業)이니 일본 농민의 농업이주정책 등을 실시한 것도 그러한 의도가 반영된 것이다. 일본 농민의 이주정책은 농지 부족에 따른 일본 내 농업인구의 과다, 이로 인한 농업인의 소득감소 등의 문제를 해결하기 위한 방안으로 추진되었다.

2) 일제는 병합 이전 통감부 시대부터 이미 조선의 국·공유지를 탐내고 있었다. 자신이 조선의 통치권을 인수할 경우 국·공유지를 모두 자신의 수중에 넣어 임의로 처분할 수 있기 때문이었다. 게다가 조선은 농업기술의 저조와 국가의 무관심, 근대적 과학기술의 미발달로 전국에 걸쳐 상당한 규모의 개발 가능한 진황지(陳荒地)와 임야를 가지고 있었기 때문에 일제는 이 역시 국가의 수중에 넣을 수 있을 것으로 계산하였다.

일제가 이를 위해 최우선적으로 토지조사사업을 개시한 것은, 이를 통해 국·공유지 규모를 정확하게 파악하여 이를 국가재산으로 흡수하고, 나아가 조선 왕실이나 궁방, 관청이 소유·관리하는 토지를 자신이 통치권자라는 이유로 합법적으로 차지할 수 있다고 보았기 때문이다.[246] 물론 일제가 토지조사사업을 개시한 이유 가운데는 토지에 대한 각종

---

245) 공업이 거의 없었던 조선은 일본에 비해서 쌀을 비롯한 농산물 값이 매우 저렴하였다. 일본이 개항 초기부터 조선의 쌀 시장을 개방하려고 하였던 이유와 방곡령(防穀令)에 대하여 격렬하게 항의하며 조선 정부에 손해배상을 요구하였던 이유가 여기에 있었다.

246) 일제가 토지조사사업의 공식적인 명분으로 내세운 것은 다음과 같다. 토지조사는 지세(地稅)의 부담을 공평하게 하고 지적(地籍)을 명확히 하여 그 소유권을 보호하고, 그 매매·양도를 간결하고 확실하게 함으로써 토지의 개량 및 이용을 자유롭게 하고 또 그 생산력을 증진시키려는 것으로서 조선의 긴요한 시설이라는 것은 말할 필요도 없다. 조선의 지세제도는 지금도 수백년 전의 결제도(結制度)를 습용(襲用)하여 현재의 경제상태에 적용할 수 없을 뿐 아니라, 그 제도가 불완전한 결과 소위 은결(隱結)이라는 것을 생기게 해 왕왕 탈세를 기도하는 자가 있다. 또 경지면적의 칭호는 아직도 종래의 1두락(斗落) 혹은 1일경(日耕)의 단위를 써서 그 실제 면적을 도저히 알 수 없다. 또 토지에

제약을 제거하여 일본인의 자본투자를 보호·장려하고 농업이민을 쉽게 하려는 계산도 깔려 있었다고 할 수 있다.

그러나 이들 국·공유 토지의 소유·점유관계는 매우 복잡했고, 또 토지마다 그 양상이 달랐다. 왕실이나 궁방 등이 전 소유자에게 값을 치르고 매수하거나 개간하여 새로이 소유권을 창설하여 완전히 그 소유에 속하는 것도 있었지만(이른바 有土), 그러한 권리를 갖지 못한 채 단순히 수조권만을 가진 경우 이를 임의로 처분할 수는 없고 단지 국가 대신 수조(收租)만을 할 수 있는 것도 있었다(이른바 無土). 후자의 경우, 그 경작자가 사실상 소유권을 보유한 채 국가에 전세를 바치는 경우와 다를 것이 없었으나, 일제는 이러한 토지 역시 공전(公田)이라는 이유를 대며 토지조사사업 과정에서 그 상당 부분을 식민 당국의 소유로 돌렸다.

3) 일제는 위 목적 달성을 위해 강제 병탄에 임박해 대한제국 정부를 압박하여 1910. 3. 15. 토지조사국을 창설케 하고(대한제국 칙령 제23호 토지조사국관제), 1910. 8. 23.에는 토지조사법(대한제국 1910년 법률 제7호)을 제정, 공포하게 하였으며, 이에 기하여 토지조사위원회(지방위원회와 고등위원회)를 설치케 하였다. 우선 전국의 토지 상황을 파악하기 위한 목적에서였다.[247] [248]

위 토지조사법에서는, ① 전답은 물론 대지(垈地)와 지소(池沼), 임야, 잡종지, 도로, 하천, 분묘지 등 전국의 모든 토지를 조사하여 지번을 붙이고,[249] ② 토지의 소유자와

관한 권리 증명 같은 것도 당사자가 작성한 불완전한 문기(文記)에 의하던가 아니면 매우 정비되지 않는 서류 장부에 기초한 군수의 증명에 의할 수밖에 없기 때문에 사기 또는 불법 이득의 매매, 저당 등이 행해지고 있다. 이것을 교정하기 위한 방법으로 명치(明治) 39년(1906) 토지건물증명규칙 및 토지건물전당집행규칙이 제정·공포되었다. 그 결과 공부(公簿) 등록의 길이 열리고 권리 공인의 법 정비는 면목을 일신했다 하더라도, 전술한 것과 같이 토지 면적을 표시하는 단위는 매우 불확실하여 지세제도가 극히 조잡하고, 토지의 이동 등도 역시 정리되지 않아 지적(地籍)의 분란이 심하다. 왕왕 황폐지(荒廢地)라 하여도 여전히 부세(賦稅)를 면제받지 못하는 것이 있는가 하면, 기간지(旣墾地)가 도리어 과세되지 않는 것도 있다. 이는 자연 농사의 개선을 완만하게 하여 토지의 생산력을 저해하는 사태를 초래하고 있다. 그렇기 때문에 상공업이 발달하지 못하였다. 토지를 유일한 생산의 근원으로 하는 조선에서는 토지의 권리를 확실히 하여 지세의 부담을 공평하게 함으로써 토지의 생산력을 증진시킬 필요가 특히 절실하므로 이 목적을 달성하기 위해서는 완전한 대규모의 토지조사를 기다리지 않으면 안 된다.

247) 이 조사업무는 그 전에 이미 탁지부 사세국(司稅局)과 임시재원조사국, 임시재산정리국이 준비작업을 하고 있었다. 그리고 토지조사를 위한 실무기술자를 양성하면서 1907년부터 일부 지역에서 시험적으로 측량을 실시하여 실무경험을 축적하였으며, 1909년에는 전국적인 토지조사에 앞서 경기도 부평군 일대에서 예비조사를 실시했다. 그 당시에는 통감이 조선의 내정까지 장악하고 있었으므로 실제는 이러한 일을 모두 통감부가 주도하였음은 물론이다.

248) 일제가 대한제국 정부를 압박하여 1909년에 시행한 민적법(民籍法)도 조선의 인구현황을 정확하게 파악하여 장차 식민통치의 자료를 확보하기 위한 목적이 개재되어 있었다고 할 수 있다.

249) 당시 조사대상에는 임야도 포함되었으나 이는 대부분 전·답 사이에 끼어 있는 개재지(介在地)였고, 대규모 임야에 대한 조사는 그 후에 시행된 임야조사사업을 통해 이루어졌다. 통상 전자의 조사 당시 부여된 임야의 지번을 토지지번이라 하고 후자의 조사 당시 부여된 임야의 지번을 산지번이라 하는데(후자의 조사 당시 부여된 임야의 지번에는 숫자 앞에 산이라는 표시가 있다), 실무상 전자를

토지의 경계를 지방토지조사위원회에 대한 자문을 거쳐 토지조사국 총재가 사정(査定)하여 공시하며, ③ 지주는 일정한 기간 내에 그 토지를 정부에 신고하고 조사 시 입회하며, ④ 사정에 이의가 있을 때는 고등토지조사위원회에 재결을 신청하는 외에는 소송을 할 수 없고, ⑤ 정부는 토지대장 및 지도를 비치하여 일정한 사항을 이에 등재하며 소유자에게 지권(地券)을 발급토록 규정하였다.

일제는 이미 1907. 7. 4. '임시 제실 및 국유재산조사국(臨時帝室有及國有財産調査局)'이라는 기구를 만들어(대한제국 칙령 제44호), 종래 궁내부가 황실재산으로 관리하던 방대한 규모의 역둔토(驛屯土)와 궁장토(宮庄土)를 탁지부로 넘겨 국유지화하였다. 조선과 대한제국 정부는 왕실과 국가를 동일시하여 왕실재산(王室財産)과 국유재산의 뚜렷한 구별이 없었던 데에다, 고종이 대한제국 수립 이후 황제권 강화를 위해 대규모로 국유재산을 황제 직속의 내장원(內藏院)과 그 후신인 궁내부(宮內府)에 이관하여 정부 대신의 간여 없이 임의로 처분, 사용하였기 때문에 일제는 갑오개혁기부터 왕실, 즉 제실(帝室)과 내각(정부)의 분리를 추진하면서 그 재산도 분리, 구별하려고 하였다.[250]

4) 일제는 강제병합 직후 이전에 이루어진 토지조사사업 일체를 실질적으로 인수하여 1910. 9. 30. 조선총독부임시토지조사국을 설치하고(일본국 칙령 제361호), 1912. 8. 13. 종래의 토지조사법과 대동소이한 토지조사령(제령 제2호)을 공포한 후 본격적으로 토지조사사업을 실시하였다.[251] 일제는 이미 오키나와, 대만에서 토지조사사업을 실시하였고, 영국과 프랑스가 이집트와 인도, 알제리 등에서 실시한 사례에 대해서도 자료를 조사, 파악해 두고 있었다.

일제의 토지조사사업에는 막대한 경비가 소요되었다. 그러나 일제는 앞서 본 바와 같이 이를 통해, 종래 소유나 귀속이 애매하였던 상당량의 토지를 국가가 취득하여 국가의 재부(財富)를 늘리고, 전국의 토지를 빠짐없이 파악하여 토지세 수입을 증대시키며, 종래

토임야(土林野), 후자를 산임야(山林野)라고도 한다.

250) 일제는 제실재산 정리의 목적으로, 궁내부가 관리하던 재산을 제실재산(황실재산)과 국유재산으로 구분하여 따로 관리한다는 것을 표방하였으나, 그 실질은 제실재산을 축소, 정리하고 그 밖의 것은 모두 국유로 편입시켜 대한제국 황실의 힘을 빼고 장차 이를 자신들이 차지하려는 데에 기본목적을 두었다. 일제는 이를 위해 1907. 6. 궁내부 제도국(制度局) 안에 임시정리부(臨時整理府)를 두었다가 1907. 7. '임시 제실 및 국유재산조사국'으로 확대 개편하였는데, 1907. 11.에는 이를 폐지하고 궁내부 소속인 제실재산정리국(帝室財産整理局)에 사무를 인계하도록 하였으며, 이는 다시 1908. 7.에 설치된 임시재산정리국(臨時財産整理局)에 승계되었다. 이 사업과정에서도 법적 지위가 애매한 많은 토지가 국유지로 판정되어 경작 농민들의 원성을 샀다. 임시재산정리국은 이와 같이 하여 국유화된 재산을 조사·정리하고 이해관계인의 이의신청을 받아 처리하였는데(이를 통해 역둔토 등에 대한 국유지조사사업을 종료한 1910. 9. 현재까지 총 63만여 필의 토지를 조사하여 10만여 정보를 국유지로 편입하였는데, 일부는 민유를 인정하여 환급하기도 하였다), 1910. 10.에 설치된 조선총독부 임시토지조사국(臨時土地調査局)에 통합되었다.

251) 토지조사령 부칙에서는 종전의 규정에 의한 처분, 절차, 기타의 행위는 동령에 의한 것으로 본다고 하여 종래의 토지조사법을 사실상 승계하였다.

의 전근대적 권리관계를 해소하여 장차 일본인 농업이민이나 일본인의 토지 소유와 지배를 용이하게 하려는 이익이 많다고 판단하여 이를 시행하였다.

5) 토지조사는 1910년부터 1918년까지 면장, 동·리장, 지주 대표자인 총대(總代)와 지방관리, 경찰, 해당 지역의 토지조사국 직원에 의해 수행되었는데, 토지 소유자로 하여금 신고서를 제출케 하고 조사·측량 시 현장에 입회하게 하였다.[252] 위 토지조사는 근대적 측량기술을 도입하여 측량 기준점을 설정하고 실시하였으며, 토지의 형태조사, 소유권 등 권리관계조사, 토지의 가격조사의 세 항목으로 나누어 시행하였는데, 그 조사결과를 토지조사부(土地調査簿)에 등재하였다.

임시토지조사국장은 위 토지조사부 기재 내용을 토대로 지방토지조사위원회에 자문하여 소유자와 경계를 사정(査定)한 후 그 내용을 20일간 공시하였다. 이에 불복하려는 자는 공시기간 만료 후 60일 내에 고등토지조사위원회에 재결을 신청하여야 하며, 고등토지조사위원회의 재결에 대해서는 불복할 수 없었다(토지조사령 제9조 내지 제15조 참조). 임시토지조사국장의 사정에 대하여 불복이 없거나 고등토지조사위원회의 재결이 있으면 이로써 그 권리자와 내용이 확정된다.[253]

민유지에 대한 소유권 사정은 종래의 양안이나 이해관계인이 소지한 매매문기 등 증빙자료가 이용되었다. 따라서 일제의 토지조사사업은 본질적으로 조선시대 이래 이미 형성된 종래의 권리관계를 토대로 한 것이다. 이때 전국에 걸쳐 총 1,910만 7,520필의 토지가 조사되었고, 그 중 권리관계에 대한 분쟁이 발생한 토지는 전체의 0.66%인 12만 6,000필(건수는 33,937건)이었다.[254]

토지조사를 마쳐 소유권을 사정·재결한 후에는 토지조사령 제17조에 의해 필지별로 토지대장과 지도(地籍圖)를 작성해 지번과 면적, 지목, 소유자 등을 기재하였다(토지대장에는 그 토지의 소유권을 사정받은 자를 최초의 소유자로 등재한 후 그 소유권 변동 내용을 순차로 기재하였다).[255]

6) 위와 같이 토지조사사업 과정에서 토지대장과 지적도 등의 새로운 장부가 만들어

252) 소유자, 임차인, 경작자 등으로 하여금 토지의 사위(四圍) 경계에 지목, 양안상의 자번호(字番號), 소유자의 성명 등을 기재한 표찰을 세우두록 하였다(토지조사령 제5조). 토지조사령에 의하면, 정당한 사유 없이 토지 소유자가 기간 내에 신고를 하지 않은 경우 벌금이나 과료에 처하도록 하였을 뿐(제19조) 신고가 없다는 이유로 권리를 박탈하는 규정을 두지는 않았다. 한편, 역둔토나 궁장토 등 이미 국유지조사사업을 통해 국유지로 조사, 편입된 토지에 대해서는 따로 조사를 하지 않고 그 관리관청의 통지에 의해 국유지로 결정하였다.

253) 토지조사부에 토지의 소유자로 등재되어 있는 사람은 재결에 의하여 사정 내용이 변경되었다는 등의 반증이 없는 이상 소유자로 사정받아 사정이 확정된 것으로 추정된다(대법원 2015. 7. 9. 선고 2013두3658,3665 판결 등).

254) 조선총독부 임시토지조사국, <조선토지조사사업보고서>(1918); 최원규, “한말 일제초기 공토 정책과 국유민유 분쟁”, 한국민족문화 제45호(2012. 11.), 부산대학교 한국민족문화연구소 참조.

255) 토지대장에 최초의 소유자로 등재된 자는 그 소유권 취득원인이 ‘사정’이라고 기재되었고, 이후 소유권 변동 원인에는 매매, 증여, 교환 등이 기재되었다.

지고, 왕실이나 궁방, 관청이 소유하였던 궁방전, 역둔토 등 다량의 토지가 국유지라는 명목으로 일제 식민 당국의 소유로 문패를 바꿔 단 것 외에는 토지조사사업 전후에 걸쳐 토지 소유권에 기본적인 변동은 없었다. 즉 일제는 토지조사사업을 통해서 토지를 균등하게 재분배하는 등의 조치를 취하지 않았으며, 단지 종래의 소유권 등 관행적으로 형성된 권리관계를 법적으로 명확하게 공증, 즉 사정(査定)하는 데에 그쳤다. 그러므로 그 이전부터 존재하던 토지의 불균등한 소유와 지배관계 및 고율의 소작료는 일제강점기 내내 계속되었다.[256]

다만, 등기부에는 소유권 외에 저당권, 지상권, 지역권, 임차권 등도 등기할 수 있게 하였는데, 이러한 권리 중 지상권, 지역권 등은 종래 조선에는 없었던 제도이다. 이전에 조선에서 토지를 담보로 돈이나 곡식을 빌려 쓸 때에는 환매나 양도담보를 통해 양안이나 도행장상 소유자 명의를 바꾸거나 토지의 점유를 채권자에게 이전하는 방법을 취하였는데, 저당권이나 지상권, 지역권 등의 담보물권이나 용익물권은 일본을 거쳐 서구에서 수입된 것이다.

한편 토지조사사업과 일본 민법의 의용(依用)을 통해 소유권은 단일한 권리로 규정되어(一地一主의 원칙), 이전의 전근대적 소유관계인 중층적 소유관계는 전면적으로 해체되었다. 즉 종래와 달리 중간적 소유자가 모두 배제되어 소유권자는 단일하고, 그는 소유부동산의 사용·수익·처분에 관한 모든 권능을 가지며, 종래 이에 부가되어 있었던 경작권이나 도장권(導掌權) 등은 물론 국왕이나 궁방 등 상급 소유자에 의한 소유권의 제한은 일본 민법에서 인정되는 것을 제외하고는 모두 부인, 철폐되었다.[257] 이로써 근대적 토지소유제도가 시행되게 되었는데, 이는 모두 서구의 제도가 일본을 통해 수입된 것이다.

---

256) 다만 일제는 국제공산주의 운동이 파급되고 한국에서도 노동운동, 소작료감액운동 등이 활발해지자 이를 제어할 목적으로 1932. 12. 15. 일본의 1924년 소작조정법을 변형한 조선소작조정령을 공포하여 소작쟁의에 대한 조정제도를 신설하였는데, 조정위원이 관변 위주로 선정된 데에다 강제조정제를 취하여 실질적인 소작농 보호책이 되지 못하였다.
이에 따라 1934. 4. 11.에는 조선농지령(제령 제5호. 1934. 10. 20. 시행)을 공포하였다. 여기서는 ① 소작지 관리인이 부적당한 경우 지주에 대한 부윤, 군수 등의 변경명령, ② 농지 임대차기간의 제한(기본 3년, 영구작물의 재배를 위한 임대차의 경우 7년 초과 금지), ③ 농지를 인도받은 소작인의 소작권 보장(등기 없이도 농지 취득자에게 대항 가능), ④ 불가항력으로 인한 수확물 감소 시 임대인에 대한 감면신청권 부여, ⑤ 정당한 사유가 없는 경우 임대인의 농지 임대차계약 갱신거절 금지 등을 규정하였다.

257) 이로 인해 경작자인 농민은 소유자가 소작인을 바꾸거나 소작지를 거두어 스스로 경작하더라도 대항할 방법이 없었으며, 종래와 같은 관행적 권리로서의 경작권이 인정되지 않으므로 경작을 하기 위해서는 소유권을 확보하거나 소유자로부터 임차(소작)하는 수밖에는 없게 되었다. 또 종래 도장권을 가진 사람도 소유자가 이를 부인하고 스스로 토지를 관리하거나 타인에게 관리권을 부여하더라도 아무런 구제수단이 없었다(조선민사령 제12조는 조선에 의용·시행하는 일본 민법 등에서 인정한 물권 외의 것은 관습에 의한다고 규정하였으나, 일제는 도장권 등을 관습으로 인정해주지 않았다. 다만, 궁장토에 대한 도장권에 대해서는 1908년 임시재산정리국에서 대가를 지급하고 이를 환수해 폐지하였다). 한편 종래의 전당권은 부동산 질권이나 저당권으로 취급되었다(조선부동산등기령 제1조).

7) 일제는 토지조사사업을 통해 취득한 한국 내 다량의 농지를 동양척식주식회사에 현물출자하거나 싼값에 매도·불하(拂下)하여 이 회사로 하여금 한국 내 최대의 소작지주가 되게 하였다.[258]

한편 일제 당국과 동양척식주식회사의 일본인 농업이민 장려로 1910년부터 1926년까지 17회에 걸쳐서 약 1만 호의 일본인 농업가구가 한국에 이주하였다. 이들은 일제 당국과 동양척식주식회사로부터 농지를 싸게 불하받거나 유리한 조건으로 금융혜택을 받아 김제평야, 전주평야, 군산·옥구평야, 재령평야 등 곡창지대를 중심으로 다량의 농지를 매수하여 직영 또는 소작제 방식으로 농장을 경영하고, 생산된 쌀, 콩 등 곡물을 일본으로 수출하여 이윤을 취득하였다.

8) 일제는 본토의 산업화와 자본주의화를 촉진하고 도시화로 인한 식량가격의 폭등문제를 해결하기 위해 조선으로부터 싼값으로 대량의 식량을 일본으로 공급하기 위한 목적으로, 1920년부터 1934년에 걸쳐 조선에서 쌀 생산량을 대폭 증가시키기 위한 산미증산계획(産米增産計劃)을 실시하였다. 이 계획의 일환으로 일제는 개간의 장려, 비료(퇴비)증산과 시비량(施肥量) 확대, 저수지나 보 등 수리시설의 신·증설을 추진하였다. 일제의 일본인 농업이민 장려와 일본으로의 대량 식량 수출로 인해 조선인들은 농지를 잃거나 식량부족으로 많은 사람이 만주나 연해주 등으로 이주하였다.[259]

나. 등기제도의 도입

1) 일제는 토지조사사업의 결과에 따라 모든 필지에 근대적 형태의 토지대장을 작성하여 지번과 면적, 지목(地目), 사정 받은 소유자, 토지의 임대가격 등을 기재, 비치하였다. 또, 이와 별도로 등기부를 만들고 새로 등기제도를 도입하여 소유자의 선택에 따라 소유권보존등기를 하도록 하였다.

토지의 소유권은 위와 같이 임시토지조사국장의 사정(査定) 또는 고등토지조사위원회의 재결(裁決)에 의하여 확정되므로 이에 대하여 이의가 있더라도 다른 방법으로 불복할 수 없었다. 따라서 이는 이후 모든 권리관계의 시발이 되어, 소유자로 사정·재결을 받은 자는 법령상 그 소유권을 원시취득한 것이 된다.[260] 즉 사정에 의하여 소유권을 인정받

---

258) 동양척식주식회사는 일제가 한국 재산을 수탈하기 위하여 1908년에 한일합작으로 세운 특수회사이다. 대한제국 정부는 일제의 강요로 상당량의 토지(1만 7,714정보)를 현물출자하였으며, 고종 등 황실귀족과 친일 자본가 등도 자본출자에 참가하였다. 이 회사는 1920년대 이후 일본인 농업이주자들에게 대량의 농지를 불하하여 그들의 이주, 정착을 지원하였다.

259) 일제는 대량의 곡물을 일본에 수출한 대신 조선에는 값이 싸고 품질이 낮은 인도차이나반도 산 안남미(安南米)를 대량으로 수입, 방출하였다. 또한 식량의 유출도 초기에는 강제력이 동원되지 않았으므로 강탈이 아닌 수출이라고 할 수 있으나, 나중에는 전시동원법, 공출령 등에 의해 공출(供出)이라는 이름으로 매매가 강요되었다. 물론 공출의 경우에도 대가를 전혀 지급하지 않은 것은 아니지만, 강제저축을 유도하거나 대금지급을 지연하였다.

은 자는 그 이전의 권리관계를 묻지 않고 소유자로 확정되고, 종래의 소유자라도 더 이상 이이를 제기할 수가 없다.

2) 토지대장은 토지의 호적 장부로서, 위와 같이 지번과 지목(용도), 지적(면적), 소유자(사정명의인) 등이 기재되는데, 임대가격이 등록사항으로 추가된 것 외에는 이전의 양안과 크게 다를 것은 없다. 다만 종래의 양안과 달리, 여러 필지의 토지를 한꺼번에 책(장부)으로 기록하지 않고 각 필지별로 독립하여 책(장부)을 만들고, 장래의 변동상황을 기록할 여유공간을 두어 계속적으로 추가 기재할 수 있게 함으로써 계속적·상시적 공시가 가능하게 되었다. 또, 근대적 측량술을 동원해 토지의 위치와 면적을 정확하게 조사하여 이·동별로 일련번호(지번)를 부여하고 이를 지적도에 그려 놓음으로써, 양안의 경우보다 토지의 위치가 좀 더 객관적이고 구체적으로 표시되었다.

지적도는 한반도 전체를 하나의 측량 구역으로 정해 몇 군데에 측량 기준점을 설정한 후, 그것을 기준으로 각각의 개별 토지 위치를 측정하여 일련번호를 붙이고 축척률을 적용하여 그 토지의 실제 형상을 종이에 그린 것이다.[261] 이런 근대적 측량술과 측량 기준점 덕분에 종래와 달리 언제라도 현장에서 그 토지의 위치를 찾을 수 있게 되었다.

3) 개항 후 일본인들과 중국인들을 비롯한 외국인들이 국내에 들어와 토지와 가옥을 매수하거나 임차하는 일이 많은 관계로 이들의 권리를 보호하기 위해 그들의 요구로 조선 정부는 일찍부터 개항장(開港場)이나 조계지(租界地), 한성에서 내외국인에게 개항장 감리(監理)나 한성부윤의 명의로 토지 임차권 등을 증명하는 지계(地契)를 발급하였다.

한편, 한성부는 1893년부터 법적 뒷받침 없이 독자적으로 가옥의 소유권을 증명하는 가계(家契)를 발급하고 수수료를 징수하였다. 그리고 가옥을 전당할 경우에는 한성부에 등록하도록 하였는데, 한성부의 이러한 제도는 동래 등 다른 지역에서도 모방하였다. 이를 본받아 대한제국 정부는 광무양전 시행 중인 1901년에 지계발급규칙(地契發給規則)과 가계발급규칙(家契發給規則)을 시행하여 소유권증명서로서 지계(地契=地卷)와 가계(家契=家卷)를 발급한 바 있었다.[262]

---

260) 토지조사령 제15조는 대한제국의 토지조사법 제8조와 달리 소송을 할 수 없다는 규정을 두지는 않았으나, "토지 소유자의 권리는 사정 또는 재결에 의하여 확정된다"고 규정하였으므로 마찬가지로 해석된다(대법원 1984. 1. 24. 선고 83다카1152 판결, 1985. 11. 12. 선고 84다카2494 판결 등 참조).

261) 토지구획정리사업이나 도시계획사업이 실시되지 않은 토지의 지적도를 보면 마치 물고기 비늘이나 소나무 껍질처럼 불규칙한 모양을 볼 수 있는바, 이는 오랜 옛날부터 백성들이 숲이나 황무지를 개간하여 편리한 대로 전답을 만들었기 때문이다. 그러므로 지적도상의 지적 경계선은 특별한 사정이 없는 한 실제의 논두렁, 밭두렁이다. 명나라에서도 이와 같은 지적도를 작성하였는데(물론 근대적 측량법을 몰랐으므로 그 형상만 그렸다), 거기에 그려진 토지의 모양이 물고기 비늘과 유사하므로 이를 어린도책(魚鱗圖册)이라고 불렀다.

262) 조선이 개항을 하면서 외국인들이 조선에 들어와 거주하거나 상업활동을 하게 되었는데, 이 과정에서 이들은 토지나 건물을 임차할 필요가 발생하였다. 조선이 1876년 일본과 체결한 조약과 그 부록에서는 개항장 내 지정 장소 내에서만 일본인은 토지와 가옥을 임차하거나 축조(造營)할 수 있을 뿐

그러다 통감부가 설치되고 내정의 권한마저 일제에 넘어간 후 이들 제도를 보다 강화하여, 대한제국 정부는 1906. 10. 31. 토지가옥증명규칙(土地家屋證明規則)[263]과 토지건물전당집행규칙(土地建物典當執行規則)을, 1908. 7. 20.에는 토지가옥소유권증명규칙(土地家屋所有權證明規則)[264]을 일제의 주도하에 공포, 시행하였다. 이들 지계(지권)나 가계(가권)는 특정 시점의 해당 토지나 가옥의 소유권자를 관청에서 공적으로 증명하는 문서로서 그 권리관계를 상시적으로 공시하는 등기부와는 다르다.

그런데 토지조사사업에 따라 토지대장이 새롭게 작성되자, 총독부는 부동산의 소유권 및 전당권의 설정, 보존, 이전, 변경 등의 권리관계 공시를 위해 1912. 3. 18. 조선부동산등기령(제령 제9호)[265]을 공포하였다. 조선부동산등기령에서는 종전에 토지가옥증명규칙 등에 의하여 이루어진 각종 등기나 증명은 당해 부동산등기령에 의하여 이루어진 것으로 간주함으로써 조선부동산등기령 시행 전의 권리자를 보호하였다.[266] 한편, 토지대장과 등기부가 아직 작성되지 않은 지역의 부동산 권리증명을 위하여 1912. 3. 22.에는 조선부

토지를 매수할 수는 없었고, 개항장 10리 밖으로 벗어날 수도 없었다. 그러나 이후 조선이 미국, 영국 등과 맺은 조약에서는 토지와 건물의 임차 및 건물의 축조 외에 토지를 매수할 권리도 인정되고 개항장으로부터 10리 밖에까지 활동이 보장되었다. 그리고 이들 권리는 최혜국대우 조항에 의하여 모든 나라에게 개방되었다. 물론 일본인들과 청국인들은 이러한 조약규정을 어기고 제한구역을 벗어난 곳에 가서도 토지를 매입하는 등 불법적인 토지 잠매(潛賣)를 하였다. 이에 따라 외국인들이 보유한 토지와 건물의 규모가 계속 증가하게 되어 큰 사회문제가 되었다. 이를 억제하기 위해 대한제국은 1897. 11. 2. 전당포규칙(법률 제1호)과 1898. 11. 22. 의뢰외국치손국체자처단례(依賴外國致損國體者處斷例, 법률 제2호, 1900. 4. 28.에 개정)를 공포, 시행하여, 부동산 전당을 관청의 허가사항으로 하고 한국인 전당포 업자만 이를 취급할 수 있도록 하며, 이에 위반한 경우 벌금과 태형을 가하도록 하였다. 그러나 외국인에게는 강제성이 없어 실효성이 없었을 뿐 아니라, 생존이 절박한 농민들이 비밀리에 외국인에게 부동산을 전당하거나 매도하는 일이 많아 큰 효과를 보지 못했다.

263) 이는 부윤 또는 군수가 매매, 증여, 교환 등에 의한 소유권의 변동과 전당권(저당권)이 설정된 경우 이를 증명하여 주는 제도로서, 증명을 마친 경우 토지가옥증명부라는 공부를 작성하여 비치, 공시케 하였다.

264) 이는 위 토지가옥증명규칙이 시행되기 이전에 부동산의 소유권을 취득한 경우와 매매 등 이외의 기타 원인으로 부동산의 소유권을 취득한 경우에도 군수나 부윤에게 소유권의 증명을 신청하여 증명을 받도록 하였다. 조선부동산증명령에 의해 부동산 권리를 증명한 경우 해당 관청은 부동산증명부에 이를 기재하고 비치하여야 하였다. 따라서 이는 일종의 등기부에 해당한다.

265) 이는 일본의 부동산등기법(1899. 2. 24. 일본국 법률 제24호)을 조선에 의용, 시행토록 하면서 약간의 보충규정을 둔 것이다. 특히 토지조사사업과 임야조사사업이 끝나지 않은 미등기 토지에 대해서는 지방관이나 세무서장의 인증에 의하여 소유권을 증명한 자가 등기를 할 수 있도록 하였다. 그러나 아직 토지대장을 갖추지 못한 곳이 많았으므로 일부 지역에 한하여 등기제도를 시행하고 나머지 지역에 대해서는 시행을 연기하였다. 시행이 연기된 지역에서는 종래의 부동산증명제도를 유지할 목적으로 1912. 3. 22. 조선부동산증명령(제령 제15호)을 제정, 공포하였다. 토지조사사업과 임야조사사업의 진척에 따라 일제는 1914. 4.에는 토지대장규칙을 제정하였고, 이를 기초로 1914. 5. 1.부터 토지대장이 작성된 지역을 필두로 부동산등기령에 의한 등기를 하기 시작하여 이 사업이 종료한 후인 1918. 7. 1.부터는 전국적으로 등기제도를 시행하였다.

266) 토지조사사업 내용(사정 내용)과 이전의 등기나 증명 내용이 불일치할 때는 전자를 우선하도록 하였다(1914. 5. 1. 제령 제16호 '토지조사령에 따라 사정 또는 재결을 거친 토지의 등기 또는 증명에 관한 건' 참조).

동산증명령(제령 제15호)을 제정하여 토지와 건물의 소재지 관청 부윤이나 군수로 하여금 그 소유권이나 전당권(저당권)의 증명서를 발급하게 하였다.[267]

4) 등기부는 종래의 양안과 달리, ① 토지의 기본적 사항은 지번과 지목, 면적 외에는 기재하지 않고 이에 관한 사항은 토지대장에 따로 등재하며, 등기부에는 권리관계 변동사항만을 기재하여 이를 상시적으로 공시한다는 점,[268] ② 국가가 일률적으로 모든 부동산을 등기하고 등기부를 작성하는 것이 아니라 소유자의 신청에 의하여 비로소 등기되고 공시된다는 점, ③ 소유권 외에 저당권, 전세권, 지상권, 지역권 등도 등기·공시된다는 점에서 한층 진전된 제도이다. 즉 종래의 양안은 토지대장과 기본적으로 성격이 유사하여 권리관계의 공시와 그 변동사항을 보여줄 수 없었던 한계가 있었기 때문에, 이를 해결하기 위하여 별도로 등기제도를 도입한 것이라고 할 수 있다. 그러나 일제는 자국의 민법과 부동산등기법에 따라 등기를 성립요건이 아닌 대항요건으로 취급하였으므로 공시기능이 불완전하였다.

위와 같이 등기를 할지 안할지는 소유자의 자유이고 강제되지는 않았다. 즉 등기부에 공시하기를 원하는 자가 임의로 소유권보존등기를 신청할 때에만 등기부를 개설토록 하였으며, 이전등기나 저당권설정등기 등도 마찬가지로 그 권리자가 이를 신청할 때만 등기가 이루어졌다.[269] 등기부에 기재되는 소유권보존등기명의인, 즉 최초의 소유자는 토지대장에 기재된 사정명의인으로 하였으므로 소유권보존등기를 신청할 때는 토지대장 등본만 제출하면 되었다.

5) 등기부는 일본의 부동산등기법에 따라 토지등기부와 건물등기부로 분리되어 1필의 토지 또는 1동의 건물별로 따로따로 작성, 관리되었고(동법 제14, 15조), 일본 민법에 의하여 토지와 건물은 별개 독립한 부동산으로 이해, 취급되었다. 또 등기부는 등기할 사항과 권리의 종류, 내용별로 표제부(表題部)와 갑구, 을구 등으로 구역이 나뉘어 편제되었다.

즉 일본의 등기법제가 조선총독에 의하여 한국에 그대로 의용, 시행된 것이다. 토지와 그 지상 건물이 별개의 부동산으로 취급된 것은, 일본이나 우리나라나 연혁적으로 토지와 건물에 대한 소유권 등 권리증명이 지계(지권)와 가계(가권)로 나뉘어 발급되었던 데에서 비롯한다.[270]

---

267) 토지대장과 등기부가 작성된 지역은 토지대장 및 등기부의 기재 내용에 의하여 소유권 등을 증명할 수 있으므로 부윤이나 군수의 소유권 등의 증명서가 필요 없다.

268) 이로써 종래의 양안(量案)은 토지의 호적대장인 토지대장과 권리관계 공시 장부인 등기부로 이원화되었다,

269) 이는 오늘날도 마찬가지다. 다만, 일본은 아직도 물권변동에 의사주의(대항요건주의)를 채택하고 있으므로 등기가 필요 없으나(등기는 대항요건에 불과하다), 우리나라는 형식주의를 택하여 등기가 물권변동의 효력요건이다. 그러므로 이를 통해 사실상 등기 강제주의가 실현되는 셈이다.

270) 조선총독부가 조선의 관습을 조사한 후 간행한 관습조사보고서에는, 조선에서는 가옥과 그 대지를 함께 매매하는 것이 풍습이고, 양자가 동일인에게 속한 경우 가옥에 대한 전당은 특약이 없는 한 당

한국에 의용, 시행된 일본의 부동산등기법은 등기할 권리를 소유권 외에 지상권, 영소작권(永小作權),[271] 지역권, 선취특권, 질권, 저당권, 임차권 등으로 규정하였으나, 한국 사람들에게 소유권과 저당권, 임차권 이외의 권리는 모두 생소한 것이었다. 따라서 그 이용은 매우 저조하였다.

소유자를 사정하고 등기를 함에 있어 단체가 문제로 되었는데, 일제는 사찰이나 향교, 사우(祠宇), 인가 받은 학교, 동리(洞里)나 면 등은 처음부터 소유자로 인정했으나, 종중은 조합과 같이 취급하여 종중원들의 공유로 처리하다가 1930. 10. 23. 등기령을 개정하여 종중 자체의 명의에 의한 등기를 허용하였다. 법인 아닌 사단이나 재단도 이때부터 그 사단이나 재단 명의로 등기하도록 하였다.

다. 임야조사사업

1) 조선에서 산림이나 임야는 앞서 본 바와 같이 왕릉이나 왕실의 분묘지, 궁궐이나 관청 건축을 위한 목재 식재지 등 특별한 경우를 제외하고는 사인의 배타적 소유권이 인정되지 않은 채 대부분이 국유로 남아 있었고, 민간에서는 관행적으로 묘지를 설치하거나 땔감을 채취하는 등으로 자유롭게 이를 이용하였다.

2) 일제는 한국 내 미경작지 중 다량의 토지를 경작지로 전환 가능한 토지로 보고, 러일전쟁 도중인 1904. 6. 한국 정부에 일본인 나가모리 도키치로를 내세워 50년 동안 그에게 전국 황무지의 개척권을 위임할 것을 요구하였다. 그러나 언론과 보안회(保安會)를 중심으로 한 한국 민중들의 격렬한 항의에 일제는 이를 철회, 포기하였다.

일제는 러일전쟁에서 승리하고 을사조약을 체결한 이후인 1906. 10. 19. 한국 정부와 압록강, 두만강 지역을 한일 양국이 공동으로 경영한다는 내용의 삼림협동경영약관을 체결하고, 이를 위해 1907. 4. 27. 영림창(營林廠)이라는 관서를 설치해 삼림자원을 대량으로 벌채, 반출하였다. 또 대한제국을 압박해 1907. 7. 4. 국유미간지이용법(國有未墾地利用法)을 제정케 하여 막대한 규모의 무주 한광지(閑曠地)를 국유로 편입하고, 경작자로부터 대여료를 징수하였다.

3) 일제는 뒤이어 장차 조선의 산림과 임야를 식민지 재산으로 취득하고 황폐화된 산림을 복구하기 위하여 대한제국 정부로 하여금 1908. 1. 21. 산림법(법률 제1호)을 공포, 시행케 하였다.[272] 이 법에 의하면, 산림과 임야는 제실림(帝室林), 국유림, 공유림, 사유

연히 그 대지에 대하여도 효력이 미친다고 되어 있다. 일본에서는 민법 제정 당시 토지와 건물을 일체로 다루자는 일부 의견이 있었으나 양자를 구별하는 것이 일본의 종래 관습이라는 반론이 강하게 제기되어 그 반대의견이 채택되었다. 이에 따라 법정지상권이 인정되게 되었다.

271) 이는 소작기간이 무기한이며 물권인 것이 특징이다. 조선시대에도 이와 유사한 제도가 관습상 인정되었는데, 영소작권자는 그 권리를 임의로 타에 매도, 저당할 수 있고 상속의 대상이 되며, 지주가 이 권리를 되찾으려면 상당한 대가를 지급해야 하였다.

림으로 분류되고, 국유 산림과 임야의 매각, 양여, 교환, 대부는 황제의 칙령으로써 하며, 농상공부 대신의 허가 없이는 산림과 임야를 개간하거나 분묘를 설치하거나 불을 놓아 화전을 만들 수 없고, 농상공부 대신은 붕괴사고의 방지나 수원함양(水源涵養), 능·원·묘 등의 조성, 관리 등에 필요한 산림과 임야를 보안림(保安林)으로 편입하여 벌채나 개간 등을 제한할 수 있으며, 산림과 임야의 소유자, 국유 산림과 임야에 식림 허가 또는 벌목 허가를 받은 자는 3년 내(1911. 1. 23.까지)에 지적(地積) 또는 면적의 약도를 첨부하여 농상공부 대신에게 신고하여야 하고, 이를 신고하지 않은 경우 국유로 간주되거나 그 권리를 상실하였다.[273]

4) 일제는 강제병합 뒤 여러 방법으로 조선의 국·공유 산림을 총독부 소유로 흡수하거나 이에 대한 제한, 관리 등의 조치를 강화하였는데,[274] 1918년까지 토지조사사업이 완료되자 이에 뒤이어 토지조사사업 당시 조사가 이루어지지 않은 전국의 산림과 임야에 대해서도 토지조사사업과 같은 방법으로 그 현황을 조사하고 소유권을 사정하기 위하여 임야조사사업을 실시했다. 이를 위해 일제는 1918. 4. 조선총독부임야조사위원회를 설치하고, 1918. 5. 1.에는 임야조사령(林野調査令, 제령 제5호)을 공포해 1924년까지 임야조사사업을 시행하였다.

임야조사사업 역시 토지조사사업과 동일하게 측량과 소유자의 사정이 이루어졌는데,

---

272) 국유미간지이용법에서는 종래 관행적으로 인정되어 온 관습적 개간권을 인정하기도 하였으나 1911년에 이를 폐지하였다. 이 법의 궁극적 목적은 일본인들에게 미간지(未墾地)를 대여의 형식으로 합법적으로 취득케 하려는 것이었다. 산림법은 국유미간지이용법의 적용 대상을 제외한 산림과 임야에 적용하였는데, 이를 추진한 사람은 차관정치라는 이름하에 일본인이 전권을 행사하던 시기 대한제국 정부(농상공부)에 기사(技師)로 초빙된 미치야 미쓰유키(道家充之)이다. 이들은 한국의 황폐된 산림을 복구하고 농업개발을 활성화하기 위해서는 산림을 가능한 한 국유화하여 이를 국가가 관리해야 한다고 주장하였다.

273) 일제는 산림 등의 국유화 확대를 위해 1912. 2. 3. 총독부 훈령으로 '삼림 산야 및 미간지 국유·사유 구분표준'을 제정하여 산림 에 대한 사유 인정의 기준을 ① 결수연명부에 등재되어 있거나, 여기에 등재되지 않더라도 지세가 부과된 사실이 확실한 곳, ② 토지가옥증명규칙 시행 이전에 관청으로부터 사유로 인정받은 곳, ③ 토지가옥증명규칙 및 토지가옥소유증명규칙의 증명에 의하여 사유로 인정된 곳, ④ 토지조사령에 따른 처분에 의해 사유로 인정된 곳, ⑤ 확실한 증거가 있는 사패지, ⑥ 관청이 환부·대여·양도한 증서가 있는 곳, ⑦ 융희 2년(1908년) 칙령 제39호 시행 이전에 궁내부에서 사인에게 환부·양여한 곳, ⑧ 영년수목을 금양한 곳, ⑨ 조선총독이 특별히 지정한 곳으로 정했다.
한편, 산림법에서는 뒤의 토지조사사업과 달리 산림의 측량과 그 비용을 모두 산림 소유자가 부담하게 하였는데, 이에 따라 측량기술이 보급되는 계기를 이루었다. 산림법에 따른 신고는 마감기한까지 추정 민유산림의 약 7분의 1에 불과한 총 52만 건 220만 정보가 이루어졌고, 미신고된 나머지 산림 1,400만 정보는 국유화 되었다. 그러나 신고된 산림에 대한 소유권 사정이 이루어지지 않은 채 이는 뒤의 임야조사사업에 이관되었다.

274) 그 일환으로 총독부는 대한제국의 산림법을 대체하여 1911. 6. 20. 산림령(제령 제10호)을 공포하였는데, 보안림의 편입과 제한, 소유자 등에 대한 영림방법의 지정이나 조림의 명령, 국유 삼림의 대부를 받은 자가 조림사업에 성공한 경우 그 삼림의 양여, 공익사업이나 이민단체의 필요가 있는 경우 국유 삼림의 양여, 마을 주민들의 관행적인 부산물의 채취나 방목의 인정 등을 규정하고, 산림방화, 산림절도 등을 처벌하도록 하였다.

그 시행자를 각 도의 장관(도 지사)으로 하여 그에게 사정권한을 부여하였다. 도 지사의 사정에 불복하는 경우 임야조사위원회에 재결을 신청할 수 있었으나, 그 재결에 대해서는 더 이상 불복할 수 없었다. 산림과 임야의 소유자나 일정한 연고(緣故)를 가진 자는 지정된 기간 내에 신고하여야 하였는데, 이전의 산림법에 의한 신고를 하지 않아 소유권 등을 상실한 사람도 소유자로 사정 받을 수 있게 하여 이를 구제하였다.[275)]

5) 임야조사사업의 결과, 임야의 토지대장인 임야대장과 임야도 등이 작성되고 각 필지별로 소유권 사정이 이루어졌다. 이때 조사된 임야에 대해서는 일반 토지와 달리 그 지번에 산(山)이라는 표시를 하였다. 임야조사사업을 통해 약 348만 필지(약 1,630만 정보)의 임야가 조사되었고, 이 가운데 국유로 사정된 면적은 약 956만 정보(전체 임야의 58.6%)였다. 그 후 국유로 사정된 많은 삼림과 임야가 일본인에게 불하되거나 벌채권이 허가되어 일제와 일본인들은 많은 수익을 얻었으며, 일제는 1912. 8. '국유삼림미간지 및 삼림산물특별처분령'을, 1926. 4. 5.에는 조선특별연고삼림양여령(朝鮮特別緣故森林讓與令, 제령 제7호)[276)]을 공포하여 이를 더욱 장려, 촉진하였다.

라. 지세제도의 개편

1) 일제는 토지조사사업과 임야조사사업 완료 후 토지대장(임야대장), 지적도(임야도)와 별도로 지세명기장(地稅名寄帳)을 작성하였다. 지세명기장은 토지대장을 기초로 토지세를 납부할 자와 매해의 토지세 납부 현황을 행정구역 단위로 기록한 조세장부이다. 이 장부는 토지 소재지별로 소유자를 기준으로 작성함으로써 각 개인별 토지 소유 규모와 지세 납부액을 쉽게 파악할 수 있도록 하였다.[277)]

일제는 지세명기장 작성에 앞서 먼저 토지대장에 임대가격을 기재토록 하였는데 그 이유는, 토지에 대한 세금을 그 비옥도나 풍흉과 관계없이 그 토지의 객관적 가치(시가)를 기준으로 부과하여 안정적인 조세수입을 얻기 위해서이다.[278)] 임대가격은 그 토지를 타에 임대할 경우 임차인에게서 받을 수 있는 객관적 임대료로서 그 토지의 사용가치를 나타낸다.

---

275) 대한제국의 산림법 시행 당시 신고된 임야는 약 220만 정보에 그쳤다.

276) 동령에 의하면, 특정 삼림에 대하여 연고를 가진 자란 고기(古記) 또는 역사가 증명하는 바에 의하여 임야에 연고를 가진 사찰, 대한제국의 삼림법 제19조의 규정에 의한 신고를 하지 않아 국유로 귀속된 삼림의 소유자 또는 그 상속인을 말한다.

277) 일제는 이미 통감부 시절인 1907. 7. 30. 종래의 향리와 지방관에 의한 조세부과 방식 대신 납세자의 신고에 의한 신고주의를 채택하여 이를 실시하도록 각 도 세무사에게 훈령하였는데, 각 개인별로 일정한 양식에 의거 토지 결수를 신고하게 하고 이·동장으로 하여금 조사한 후 그 결과를 관할 재무서와 면장에게 제출하도록 하였다. 이어서 1908. 6. '지세에 관한 건'을 공포하여 경작자 납세주의 대신 지주 납세제로 전환하였다. 그러나 교통·통신의 미발달로 부재지주에 대한 과세와 징세가 사실상 불가능하였기 때문에 여전히 경작자 본위로 과세와 징세가 이루어질 수밖에 없었다.

278) 물론 그 토지의 비옥도(지질)는 임대가격에 반영되었다.

2) 일제는 식민지 경영에 필요한 재원 조달을 위하여 각 필지별로 그 토지의 객관적 가치를 평가한 다음 이를 기초로 조세를 부과하는 방향으로 지세제도 개혁을 시행하였다. 이를 위해서 일제는 이미 통감부 시대인 1907년 재무감독국을 설치하고 각 지방에 세무감(稅務監)을 설치하여 지방관에게서 징세권을 박탈하였고, 1914. 3. 16.에는 조선지세령(朝鮮地稅令, 제령 제1호)을 공포, 시행하였다.[279] 일제는 이미 본토에서도 메이지유신 후 이른바 지조개정(地租改定) 사업을 통해서 그와 같이 토지 조세제도를 바꾼 바 있었는데,[280] 도쿠가와 막부 시대 일본의 토지 관리 체제는 조선의 그것과 크게 다르지 않았다.

3) 일제는 이와 같이 토지세의 과세표준을 바꾸고 토지별 부과방식에서 개인별 부과방식으로 바꾼 새로운 제도를 토대로 지세를 부과·징수하고, 물가변동이나 필요에 따라 토지의 임대가격을 조정해 조세수입을 확대하였다. 한편, 일제는 조세 징수의 편리와 징수비용의 절약을 도모하고 징수과정에서의 비리를 배제하기 위해 현물조세를 폐지하고 모두 돈으로 이를 납부하게 하는 조세 금납제(金納制)를 전면 도입하였다. 이로써 1910년 강제병합 당시보다 일제의 토지조사사업 완료 후 지세제도 개편을 통해 토지의 조세부담은 증가하였다. 그러나 이전에 납세자가 부담했던 비공식적인 납세액까지 포함한다면 큰 변동이 없었다.

4. 미 군정기의 토지제도

1) 일제의 항복으로 일본인과 일본 자본이 물러가고 농지를 포함하여 과거 일본인 또는 일본 기업, 일본 식민 당국이 소유하였던 재산은 이른바 적산(敵産)[281]이라 하여 1945. 8. 9.을 기준으로 미 군정 당국(미합중국 정부)에 몰수·귀속되었다(1945. 9. 25. 군정청 법령 제2호).[282] 한편 미 군정 당국은 1945. 11. 12. 신조선회사(新朝鮮會社., New Korea Company. 나중에 新韓公社로 명칭을 바꾸었다)를 설립하고, 종래 동양척식 주식회사가 보유하던 재산을 이 회사로 하여금 인수, 관리토록 하였다. 이에 따라 신한공사가 보유한 남한 내의 농지는 약 36,000정보였다.

2) 미 군정은 이러한 귀속재산 가운데 농지를 제외한 재산의 일부를 민간에 매각·불

---

279) 이에 의하면 토지대장을 세무서에 비치하고, 토지세액은 토지대장에 등록된 지가(地價)의 1000분의 15(1.5%)를 매해 부과하도록 하였다.

280) 1871년경 일본의 1인당 조세부과액은 조선의 4배 정도였으나 비공식적인 무명잡세의 징수는 거의 없었기 때문에 실질적인 조세부담률은 조선과 큰 차이가 없었다. 당시 일본의 1인당 소득은 조선보다 20－30% 높았다.

281) 적의 재산이라는 뜻인데, 연합국 소유로 귀속되었다는 뜻에서 귀속재산(歸屬財産)이라고도 한다.

282) 일본이 소유하였던 재산이 1945. 8. 9.을 기준으로 미국 정부에 몰수·귀속된 이유는, 연합국이 일본의 무조건 항복을 요구한 1945. 7. 26.자 포츠담 선언을 일본 정부가 나가사키에 두 번째 원자폭탄이 투하된 1945. 8. 9.에 수락하였기 때문에 사실상 일본의 항복일을 이날로 본 때문이다. 미군정 당국의 이와 같은 일본 재산 몰수 조치는 공식적으로, 미국 등을 포함한 연합국 48국과 일본 사이에 1951. 9. 8. 체결된 샌프란시스코 평화조약 제4조(b)에서 적법·유효한 것으로 인정되었다.

하(拂下)하였으나, 농지는 심각한 농지 소유의 불균형과 대부분의 농민이 소규모 농지를 소작하며 가난하게 살고 있는 사정에 주목하여 이를 그 소작인들에게 특별히 불하(분배)하는 정책을 실시하였다. 이에 따라 군정청은 신한공사가 보유한 동양척식 주식회사의 농지와 함께 과거 일본인 소유였다가 군정청에 귀속된 농지까지 분배하였는데, 이는 당시 남한 전체 경지면적의 약 13%에 해당하였다.

군정청은 농지 불하를 위해 1948. 3. 22. 귀속농지매각령(군정청 법령 제173호)과 신한공사해산령(군정청 법령 제174호)을 공포하고 농지를 농민들에게 불하하였는데, 관련 사업을 한국 정부에 이관한 1948. 9. 15.까지 총 505,072호의 농가(당시 신한공사 소유 농지를 소작하고 있던 농가의 85.9%)에게 총 199,029정보(논 154,050정보, 밭 44,979정보)를 매각하였다.[283] 이때 매도가액은 당해 농지의 1년 생산량의 3배에 해당하는 양으로 정하고, 이를 15년에 걸쳐 매년 20%씩 현물(곡물)로 나누어 내도록 함으로써 농민들에게 매우 유리한 조건이었다.

3) 한편, 군정 당국은 종래 일제 식민지하에서 관행화되어온 병작반수제의 5할 소작료율을 3할로 낮추도록 조치하고(1945. 10. 5. 군정청 법령 제9호), '미곡의 자유시장에 관한 건'(1945. 10. 5. 일반고시 제1호), '자유시장 개설에 관한 건'(1945. 10. 20. 일반고시 제2호)을 공포하여 일제 전시체제하에서의 미곡에 대한 강제공출 및 유통제한 등을 철폐하였다.

그러나 1945년의 흉작, 해외 귀환인구의 급증, 전쟁물자 집중에 따른 소비물자 부족 등으로 인해 물가가 폭등하면서 식량 부족 사태가 발생하였다. 이를 둘러싸고 좌익에서는 군정 당국을 공격하며 선동하여 도시지역에서는 식량배급을 요구하는 시위와 폭력사태가 빈발하였다. 이에 군정청은 1945. 11. 19. '미곡 통제에 관한 건'(일반고시 제6호)을 공포하여 미곡의 최고 소매가격을 설정하고 위반자를 처벌하였으며, 1946. 1. 25.에는 식량 공급을 증대하기 위한 조치로 미곡수집령을 공포하여 매 농가로부터 가족 1인당 0.45석을 초과하는 미곡을 강제 매수하는 공출제를 부활시켰다. 그러나 이것만으로 사태가 해결되지 않자, 1946. 5. 28. 경제통제령(군정청 법령 제90호)으로 중앙경제위원회(National Economic Board)를 설치하여 전면적인 경제통제를 가하는 한편, 식량규칙 제3호(1946. 9. 21.)와 제4호(1947. 3. 26.)를 연달아 발하여, 소작료를 군정 당국이 현물로 직접 징수해 이를 시중에 유통시키고 지주에게는 곡물 대금을 지급하는 조치를 취했다.

5. 대한민국의 토지제도

대한민국 정부 수립 후의 토지제도는 ① 농지개혁법이 실시된 시기, ② 그 뒤 이에

283) 당시 25,034정보의 귀속토지는 소송계속 등의 사유로 농민들에게 분배(불하)하지 못하였는데, 이는 한국 정부에 이관되었다가 정부 수립 이후의 농지개혁 때 다른 농지들과 함께 분배되었다.

약간의 변화를 가한 농지임대차보호법의 실시 시기, ③ 농업의 상대적 비중 감소에 따라 농지제도에 큰 변화를 초래한 농지법의 실시 시기로 나눌 수 있다.

가. 농지개혁법과 농지개혁 시기

1) 미 군정 당국이 그 통치기간 중에 귀속농지의 불하(분배)를 서둘렀던 이유는, 북한이 농지의 무상몰수와 무상분배를 추진하고 좌익세력이 이를 지지하며 군정 당국의 정책에 반기를 들었고 이에 민중들의 여론이 흔들렸던 요인이 크게 작용했다.

2) 이런 사정은 대한민국 정부가 수립된 후에도 해소되지 못하고 있었는데, 소련군과 김일성은 북한 내에서 민족진영과 토착 공산주의자들을 배제하고 인민들의 지지를 얻어 김일성 주도하의 친소정권을 수립, 고착화하기 위한 방편으로 남한보다 먼저 농지개혁을 실시하였다. 이를 위해 당시 명목상 최고 통치기관인 북조선임시인민위원회는 1948. 3. 5. 북조선토지개혁법령을 공포하고, 북한 전 지역에 걸쳐 25일 만에 농지개혁을 완료하였다. 이로써 총 963,457정보의 농지가 무상으로 몰수되어 672,755호의 농가에게 무상으로 분배되었다.

북한은 무상몰수, 무상분배를 내외에 자랑하였으나 이는 사실상 명목에 불과하였다. 북한은 토지개혁이 완료 된 직후인 1946. 6. 27. 현물세령(現物稅令)을 공포하였는데, 당해 토지에서 생산되는 모든 수확물의 25%를 매년 현물세로 납부하도록 함으로써 상당히 고율의 세금을 부과하였다. 또 얼마 안 있어 토지의 사적 소유를 부인하고 집단농장이라는 이름으로 사실상 농지를 공산화, 국유화하였다.

3) 대한민국 정부 수립 후 좌익세력은 북한의 농지개혁을 선전하면서 공산주의의 우월성을 광고하고 민중을 선동하는 데에 이용하였다. 이에 대한민국 정부도 농지개혁이 불가피하다고 판단하고 그 실시를 위해 제헌헌법에 이에 관한 규정을 마련하였으며,[284] 국회와 정부는 우여곡절 끝에 1949. 6. 21. 농지개혁법을 제정, 공포하였다. 그러나 이를 둘러싸고 첨예하게 이해관계가 대립되어 시비가 계속되다 이를 약간 수정하여 1950. 3. 10. 농지개혁법 개정법률안이 공포되어 당일로 시행되었고, 동법시행령도 1950. 3. 25.에 공포되었다.

개정법률의 핵심 내용은, ① 소작지와 2정보를 초과하는 자경농지를 정부가 징수(강제

---

284) 제헌헌법은 재산권에 관련하여, ① 국민의 재산권은 보장하되 그 내용과 한계는 법률로써 정한다. 재산권의 행사는 공공복리에 적합하도록 하여야 한다. 공공필요에 의하여 국민의 재산권을 수용, 사용 또는 제한함은 법률이 정하는 바에 의하며 상당한 보상을 지급함으로써 행한다(제15조), ② 대한민국의 경제질서는 모든 국민에게 생활의 기본적 수요를 충족할 수 있게 하는 사회정의의 실현과 균형 있는 국민경제의 발전을 기함을 기본으로 삼는다. 각인의 경제상 자유는 이 한계 내에서 보장된다(제84조), ③ 농지는 농민에게 분배하며 그 분배의 방법, 소유의 한도, 소유권의 내용과 한계는 법률로써 정한다(제86조)고 규정하였다.

매수)하고, ② 지주에게는 징수의 대가로 연 평균수확량의 150%를 3년 거치 10년 균등 상환 방식으로 지급하며,[285] ③ 징수한 토지와 미 군정에서 분배하지 못한 귀속농지는 1호당 3정보 이내에서 소작농, 영세 자작농 등에게 분배하되 매년 수확량의 30%씩 총 150%를 5년간 분할 납부토록 하고, ④ 농지의 소작, 임대차 또는 위탁경영을 금지하며, 이에 위반한 경우 농지를 무상 몰수하거나 그 농지의 경작권을 상실케 하고 벌금을 병과할 수 있으며, ⑤ 농지개혁 종료 시까지 농지의 처분행위를 일절 금지한다는 것이었다.

4) 농지개혁사업은 농지 소유가 일부 계층에 집중되어 대부분의 농민이 소작인으로 전락한 데에다 고율의 소작료에 고통을 받고 있는 사정을 감안하여, 이를 다소나마 완화하기 위하여 혁명적으로 실시된 것이다.[286] 그러나 지주계층에게 주는 충격을 최소화하고 사업의 신속을 위하여, 개혁 대상을 농지에 한정하고, 강제매수의 대상자는 농지 소유 규모가 3정보를 초과하거나 이에 미달하더라도 농업에 종사하지 않는 이른바 부재지주(不在地主)로 함과 동시에, 분배 대상자도 강제 매수한 당해 농지를 현재 소작하고 있는 사람을 최우선으로 정하였다.[287] 이로써 소작 농민들이 저렴한 가격과 좋은 조건에 농지를 매수하여 자영농으로 전환될 수 있었다.

광복 당시인 1945년 말 현재 남한의 총 농지면적은 222만 6,000정보로서 그 중 자작지는 35%, 소작지는 65%였다. 그리고 위 소작지 중 과거 일본인 소유 귀속농지가 전체 소작지의 18.9%, 일반 소작지가 전체 소작지의 81.1%였다.[288] 그런데 농지개혁사업 이후인 1965년 말 현재 전체 귀속농지 중 98%와 전체 매수농지 중 99.8%가 분배되어 총 584,638정보가 자작지로 변모되었다. 광복 당시와 1965년 말을 대비하면, 전체 소작지의 40.4%가 미군정의 귀속농지 분배사업 및 농지개혁사업을 통하여 자작지로 변화한 것이다. 그 결과 1945년 당시 남한의 총 농가 201만 호 중 자작농 14.2%, 자소작농(자작과 소작을 겸하는 농가) 35.6%, 소작농 50.2%로 소작농민이 85%에 달하였던 것이, 1960년에는 총 농가 235만 호 중 자작농 73.6%, 자소작농 19.6%, 소작농 6.8%로 변화하였고, 1970년에는 총 농가 248만 호 중 자작농 66.5%, 자소작농 23.8%, 소작농 9.7%로 변화하였다.

---

285) 그러나 농지를 매수당한 지주에게는 정부가 농민에게서 받은 현물 대신에 지가증권(地價證券)을 발급하고 매해의 곡물 기준가액으로 환산한 돈을 분할하여 지급하였다. 그런데 이와 같이 지주들은 매매대금을 일시에 받지 못하고 곧 이어 발발한 6·25전쟁으로 생활이 어려워지자 지가증권을 미리 할인하거나 싼값에 내다 팔았다. 이 과정에서 지가증권을 사고파는 회사가 우후죽순처럼 생겨났으며, 증권 값은 날로 떨어져 액면가의 40%까지 내려가기까지 하였다.

286) 이러한 내용의 농지개혁이 2차대전 이후 일본, 대만 등 여러 나라에서 시행되었다.

287) 따라서 당시 영농능력이 우수하여 타인의 농지를 많이 소작한 사람은 많이 분배를 받았으나 소작량이 적은 사람은 분배량도 적을 수밖에 없었다.

288) 1945. 12. 말 현재 남한지역의 한국인 소작지주는 대략 218,139명이고(당시 총 농가는 2,065,477호로서 지주 비율은 10.5%였다) 5정보 이상의 지주는 68,139명, 5정보 미만의 영세지주는 15만 명가량이었는데, 농지개혁 실시 후인 1954. 12. 말 현재 농지를 매수당한 지주는 총 169,803명이었다.

5) 그러나 농지개혁사업을 통해 농지를 분배받은 전체 농가의 93.1%는 기존에 경작 중이던 소작지를 분배받았고, 그 외 농지 보유규모가 과소하여 농지를 분배받은 자작농가는 전체 수분배 농가의 4.5%, 소작농이 아닌 농촌 고용노동에 종사하는 농가(머슴)는 2.2%에 불과하여 결국 농지개혁을 통해서도 호당 농지 면적은 개혁사업 이전과 거의 동일하게 영세한 상황을 면치 못했다. 이는 농가인구에 비해 농지면적이 절대적으로 부족한 때문임은 물론이다. 당시 머슴이나 고용노동력을 사용하지 않고 자체노동력에 의한 최대 경작가능 면적은 3정보(약 9,000평)였는데, 4인 가구가 식량을 자급할 수 있는 규모인 1정보 미만의 영세농가가 1945년에는 67.1%, 1947년에는 74.5%, 1951년에는 78.6%로 오히려 늘어났고, 1정보 이상 2정보 미만의 소농은 같은 기간에 각 22.9%, 18.8%, 17.1%로, 2정보 이상의 중농은 같은 기간에 각 10%, 6.6%, 4.4%로 감소하였다. 이 역시 해방 후 인구증가와 산업화 저조에 따른 농촌인구의 과잉 때문이다.

한편, 농지개혁법에서는 위와 같이 농지의 소작(임대차)을 일절 금지하고 위반자에 대한 제재규정을 두었으나, 산업화가 진전되어 농촌인력이 대거 이탈하여 농지 수요가 감소되기 전까지는 암묵적인 농지 소작을 완전히 막을 수 없었다. 농지개혁사업에 불구하고 1970년대까지 소작농 비율이 꾸준히 증가한 것은 그 때문이다.

6) 농지개혁사업 당시 정부가 처음에 수분배 농가로 하여금 분배 농지의 매수대가를 현물로 납부하게 한 것은 식량수요 조달과 인플레에 따른 토지매매 대가의 실질가치 하락을 방지하기 위한 것이었다. 그런데 이 조치는 결과적으로 해방 후의 인구증가와 6·25 전란에 따른 식량과 군량미의 수요를 충족하는 해결책이 되었고, 전시 인플레도 억제함으로써 사회·경제적 안정에 크게 기여하였다.

또, 지가증권의 유통과정에서 증권 가격이 액면가의 절반 가까이 떨어져 지주층이 보유하였던 부의 상당 부분이 금융자산 보유 계층에게 이전되어, 부의 이동과 산업자본의 축적에도 기여하였다.[289] 결과적으로 농지개혁을 통하여 지주자본의 일부는 산업자본에 흡수되어 우리나라 자본주의 성장의 토대를 이루고 증권시장의 형성에도 기여를 한 셈이다.

나. 농지임대차보호법 시기

1) 해방 후 농지제도의 기본 틀은 위와 같이 농지개혁법에 의하여 규율되었다. 이 법

289) 정부는 농지를 상실한 지주층을 보호하고 이들을 산업자본가로 흡수하기 위해 지가증권을 귀속재산의 불하 대금으로 사용할 수 있도록 하였는데, 1968년 현재 총 지주 보상액 17억 8,221만 원의 53.9%가 귀속재산 불하 대금으로 동원되었다. 그 가액은 총 귀속 기업체(과거 일본 정부나 일본인 소유의 기업) 2,029개의 재산평가액 22억 4,542만 원의 42.8%에 달한다. 지가증권은 평균적으로 액면가의 50%에 유통되었으므로 결국 지주층의 토지자본 중 절반가량이 금융자본가에게 이전되어 산업자본으로 전환된 셈이다.

에서 의도한 농지제도의 틀은, 조선시대 이래 계속 문제가 되어 왔던 농지의 소작이나 임대차를 일절 금지하고, 농지 소유의 집중을 막기 위해 한 농가의 최대 소유 규모를 3정보로 제한하며, 이를 규제하기 위한 방편으로 농지 매매에 관하여 국가의 인가인 농지매매증명을 받도록 하는 것이었다. 이 법률은 그 뒤 1960. 10. 13. 일부 개정을 거쳐, 농지법이 새로 제정·시행된 1995. 12. 31.까지 존속·유지되었다.

2) 농지개혁사업이 거의 마무리된 시기에 제정된 제3공화국 헌법은 개인의 자유와 창의가 경제질서의 기본임을 선언하고, 사회정의의 실현과 국민경제의 발전을 위하여 국가가 경제에 관한 규제와 조정을 할 수 있도록 하였으며, 농지의 소작을 금지하였다.

이 시기에 국가 주도의 경제개발이 추진되면서 경제개발에 필요한 산업용지의 공급을 위한 토지수용법(1962), 국토의 종합적 이용과 계획을 위한 국토건설종합계획법(1963), 산업기지개발촉진법(1973)이 제정되었고, 농지의 보전·확대·개발을 위해 공유수면매립법(1962), 개간촉진법(1962), 지력증진법(1966), 농경지조성법(1967), 농촌근대화촉진법(1970), '농지의 보전 및 이용에 관한 법률'(1972), 농지확대개발촉진법(1975)도 제정되었다.

3) 한편, 이 시기에는 4차례의 경제개발 5개년 계획을 통해 산업구조가 점차 고도화하고, 전체 산업생산에서 상공업의 비중이 크게 증가한 반면 농업생산의 비중은 급격히 감소하였다. 이에 따라 농업과 상공업 간의 불균형 및 도농 간 소득격차를 시정하기 위하여, 농가소득 진작을 목적으로 원활한 농업자금의 조달을 위한 농지담보법(1966), 농업육성의 기본 방향을 설정한 농업기본법(1967), 축산업 진흥을 위한 초지법(1969)이 제정되었다. 또한 농수산물의 가격 안정과 유지를 위한 농산물가격유지법(1961), 농산물가격안정기금법(1966), '농수산물 유통 및 가격안정에 관한 법률'(1976)도 그 일환으로 제정된 것들이다.

이 시기에는 또 농어촌개발공사(1967), 농업진흥공사(1970), 산업기지개발공사(1973)가 설립되고, 농지관리기금, 농수산물가격안정기금 등 각종 기금이 설치되었으며, 그 성과로 상당한 규모의 농지가 간척, 개간되고 쌀의 자급이 달성되었을 뿐 아니라 경지정리 및 농업기계화도 크게 진전되었다.

4) 농지개혁사업의 실시과정에서도 상당한 규모의 소작지가 드러나지 않고 은폐되어 소작인들에게 분배되지 않은 채 존재하였는데, 그 뒤 비약적인 산업화와 도시화, 경제성장에 따라 농지에 대한 투기적 수요가 증대하고 청년인구의 탈농촌(이농)과 도시 유입이 폭발적으로 증가함으로써 부재지주들의 농지를 임대할 필요성이 크게 증가하였다.

이에 따라 1980년에는 임차농이 전체 농가의 절반 가까이에 이르게 되었다.[290] 이 같

290) 농지개혁 실시 이후에도 불법적인 소작이 계속 증가하여 1978년 말에는 전체 농지의 20%에 육박하였다. 그리고 전체 농가 중 순소작농은 1960년 6.8%(자소작은 19.6%), 1970년 9.7%(자소작은 23.8%)였다가 1980년에는 4.5%(자소작은 39.6%)로 축소되었지만, 타인의 농지를 빌려 경작하는 농

은 농지 임대차는 농지개혁법에 정면으로 위배되는 것으로서, 동법 제25조에 의하면 농지 및 경작권의 몰수와 벌금형이 부과되어야 할 것이나, 정부는 제재권을 거의 발동하지 않았고 이를 현실에 맞게 개정, 보완하는 조치도 취하지 않았다.

5) 이런 상황에서 농지개혁법 시행 이후의 농지 임대차는 그 이전의 전근대적 고율의 소작제와는 그 원인과 현상이 현저하게 다르고, 이농현상에 따라 농지 임대차가 불가피할 뿐만 아니라, 기계화와 영농규모의 확대를 통한 농업의 수익성, 생산성 제고를 위해서는 일정 부분 농지의 임대차를 허용하여야 한다는 의견이 강력히 제기되었다. 이에 따라 제5공화국 헌법은 농지에 대한 소작제도는 금지하되 임대차와 위탁경영은 허용한다는 절충안을 채택하여, 소작제도와 임대차를 구분하고[291] 그 구체적 내용과 허용한계는 법률에 유보하였다.

이 헌법 규정을 토대로 1986. 12. 농지임대차관리법이 제정·공포되었다. 이 법은 농지개혁법을 유지하면서 제한적으로 농지의 임대차를 허용한 것이라고 할 수 있다. 이 법은, 농지의 임대차는 소유자가 영농에 종사하는 자에게 농지를 사용, 수익하게 하고 임차료를 지급받는 것이고, 위탁경영은 자신의 농업경영을 위해 소유자가 타인에게 보수를 지급하고 영농작업의 전부 또는 일부를 위탁하는 것이라 정의한 후, 임대차계약을 서면으로 작성하지 않은 경우 법정 임차료 상한의 80%를 초과하여 차임을 받을 수 없도록 불이익을 가하였다. 또한 농지 임차인의 보호를 위하여, ① 3년 미만의 임대차 금지, ② 임차료 상한의 설정, ③ 천재지변 등으로 인한 수확량의 현저한 감소 시 임차료 감면청구의 허용, ④ 임대차계약의 일방적 해지의 제한 및 묵시의 갱신, ⑤ 농지 양수인의 임대인 지위승계 의제, ⑥ 동법에 위반한 임대차로서 임차인에게 불리한 약정의 무효의 규정을 두었다.

다. 농지법 시기

1) 농업과 서비스업에 대한 무역장벽을 제거하여 무역적자를 해소하려는 미국 주도하에 GATT(관세 및 무역에 관한 일반협정) 체제 아래서 우루과이라운드 협상이 오랫동안 진행되었다. 그 결과 1994년 모로코에서 최종 협정안이 조인되어 1995년부터 효력을 발생하였다. 이로써 농산물에 대하여 정부보조금의 지급이 규제되고 관세를 제외한 무역장벽이 거의 대부분 제거되었으며, 관세 역시 거래가액의 36%까지 삭감하도록 되었다.

이에 따라 우리의 농업 역시 국내시장 개방이 불가피하고 정부의 보호를 받을 수 없

가 비중이 점차 절반 가까이에 이르렀다. 그러나 농지의 임대물량이 늘어남에 따라 소작조건은 개선되어 과거와 같은 착취형 소작제는 사라졌다.

291) 그러나 이는 사실상 농지의 소작제를 허용하려는 고육책으로 고안된 것으로 보이고, 법리상으로나 개념상 농지의 소작과 임차가 구별되는 것은 아니다.

게 되는 등 외부환경이 급변하였다. 한편, 우루과이라운드의 합의에 따라 1995. 1. 1.자로 WTO(세계무역기구)가 출범하여 각국의 무역규제에 대한 심판자, 조정자, 감시자 기능을 하고 나섬으로써 각국의 무역규제나 국내외 상품에 대한 차별은 더욱 어려워졌다.

이러한 대외적 환경변화로 경쟁력이 취약한 우리의 농업은 위기에 봉착하였는데, 우리나라는 1996. 12. OECD(경제협력개발기구)에도 가입함으로써 더욱 자유무역과 시장개방을 하지 않을 수 없게 되었다.

2) 이러한 농업의 대외적 환경변화와 산업화에 따른 경지면적의 지속적인 감소, 경영규모의 확대 및 농업구조 개선을 통한 농업생산성 제고와 농가소득 증대의 필요에 부응하는 새로운 농지제도의 도입이 불가피해졌다. 이에 따라 정부는 1994. 12. 22. 기존의 농지개혁법, '농지개혁사업 정리에 관한 특별조치법', '농지의 보전 및 이용에 관한 법률', 농지임대차관리법, 지력증진법을 흡수, 통합하여 농지법을 제정, 공포하고 1996. 1. 1.부터 시행하였다.

앞서 본 바와 같이 농지 문제의 주요 쟁점인 농지 소유 자격, 소유 상한, 임대차 및 위탁경영의 허용 여부에 관하여는 이미 농지임대차관리법, 농어촌발전특별조치법 등의 입법조치를 통해 부분적으로 귀결이 난 상태였다. 그러므로 이들을 흡수·통합한 농지법은 기본적으로는 이들을 확대 개편한 것이라 할 수 있다. 이로써 농지의 소유, 보전, 이용에 관한 복잡다기한 법령 등이 농지법으로 단일화되었고, 이후에는 농지법과 농어촌발전특별조치법, 농어촌정비법의 3대 법률과 국토이용관리법(뒤에 '국토의 계획과 이용에 관한 법률'로 개명)에 의하여 관련 사항을 규율하게 되었다.

3) 1987년의 제6공화국 헌법 역시 직접 농사를 짓는 자만이 농지를 가질 수 있다는 경자유전(耕者有田)의 원칙을 채택하여, 농지의 소작제도를 원칙적으로 금지하되 일정 범위에서 임대차와 위탁경영을 허용하였다. 농업에 종사하지 않는 자의 농지 소유를 전면적으로 허용할 경우 농민층의 영세화, 소작농화를 초래하고, 농지의 투기적 수요 증가와는 반대로 이용률 저하로 인해 농지가격의 급등, 유휴농지의 증가, 농업생산성의 저하 등 부정적 효과가 우려되기 때문이다. 세계 대부분의 국가는 이런 이유로 경자유전의 원칙을 채택하고 있다.

이러한 헌법 규정에 따라 농지법도, 자기의 농업경영에 이용하거나 이용할 자가 아니면 농지를 소유하지 못하고, 농지를 취득코자 할 때는 농지취득자격증명을 받아야 하며, 자경(自耕)하지 않는 농지가 발생한 경우 이를 의무적으로 처분하도록 하고 있다. 또, 소유 제한을 위반하여 농지를 소유할 목적으로 사위 기타 부정한 방법으로 농지취득자격증명을 발급받은 경우 형사벌을 과하고, 농지의 처분명령 불이행자에 대하여는 매년 이행강제금을 부과한다.

그러나 농지법은 원칙적으로 자경지주(自耕地主)에 한해 농지 소유를 허용하면서도 기업농의 육성과 농업의 규모화, 생산성 제고를 위해 농업인의 범위를 확대하여 농업회사법인 등 일정한 요건에 해당하는 법인에 대하여도 농지 소유를 허용하였다. 한편 2002. 12. 18. 개정된 농지법은, 도시민의 농업에 대한 관심 증진, 도시민과 농업인 간의 유대를 통한 농가소득 증진의 방안으로 동법 소정의 농업인이 아니라도 주말·체험 영농(농업인이 아닌 개인이 주말 등을 이용하여 취미 또는 여가활동으로 농작물을 경작하거나 다년생 식물을 재배하는 것)을 위한 것이라면 1,000㎡ 미만 한도에서 농지 소유를 허용하였다.

4) 농지개혁법은 농가당 농지의 소유 상한을 3정보로 제한하였으나, 농지법은 이에 대한 특례를 허용한 1993. 6. 11.자 개정 농어촌발전특별조치법에서 더욱 나아가, ① 농업진흥지역 내의 농지의 경우 소유 상한을 없애고, ② 농업진흥지역 밖의 농지의 경우 원칙적으로 3만㎡(약 3정보)를 초과할 수 없되, 상속, 유증 등으로 농지를 취득한 때는 무제한 또는 일정 규모까지 소유를 허용하였다. 그 뒤 이에 관한 농지법 규정은 수차 개정되었는데, 1999. 3.에는 농업진흥지역 밖의 농지 소유 상한을 5만㎡로 확대하였다가 2002. 12.에는 농업진흥지역 밖의 농지에 대하여도 소유 상한을 없앴다. 그러나 아직도 우리의 농업은 규모가 영세하다.[292)]

5) 농지법은 농지의 취득절차에 관하여도 종래의 농지매매증명 대신 농지취득자격증명 제도를 도입하였다. 이에 따라, 농지를 취득하고자 하는 자는 농지 소재지 관할 행정기관의 농지취득자격증명을 발급받아야 하고, 소유권이전등기신청 시 이를 등기소에 제출하여야 한다.[293)] 농지취득자격증명을 발급받을 때는 취득 면적, 노동력 및 농업기계·장비의 확보방안, 소유농지의 이용실태 등을 포함한 농업경영계획서를 제출하여야 한다. 과거 농지임대차관리법에서와 같은 농지 소재지에서의 6개월 거주 및 주민등록의 이전, 통작거리(通作距離) 제한 등의 직접적인 규제는 철폐되었다.

6) 농지법도 일정한 범위에서 예외적으로 농지의 임대차 및 사용대차, 위탁경영을 허용한다. 농지의 임대차, 사용대차가 허용되는 경우는, ① 국유 또는 지방자치단체 소유 농지, ② 상속에 의한 농지 취득이나 이농 등으로 자경할 수 없는 농지, ③ 동법상의 농지이용 증진사업을 위한 경우, ④ 질병, 징집, 취학 등 일정한 사유로 인해 일시적으로 농업경영을 못하게 된 경우, ⑤ 자경기간이 5년 이상으로서 60세 이상의 고령으로 인해 자경할 수 없는 경우 등이다. 한편, 3년 미만의 임대차가 금지되고, 농지 양수인이 임대인

---

292) 2011년 남한의 농경지는 약 170만 정보로서 전 국토(1,001만 정보)의 17%가량인데, 1970년 이래 연평균 0.4－1.3%씩 감소하고 있는 추세이다. 농업인구의 급격한 감소로 2015년 현재 전국의 농가는 약 109만 가구로 줄었고 농지 규모도 약 131만 정보로 축소되었으며, 전체 농경지 중 1.2%는 유휴농지다. 2015년 현재 전체 농가 가운데 농경지가 없는 농가도 1만 가구에 달하며, 3정보 이상을 보유하여 비교적 영농규모를 갖춘 농가는 전체 농가의 8%에 불과하다(통계청 통계 참조).

293) 상속, 담보농지의 취득, 농업법인의 합병, 공유농지의 분할, 기타 대통령령으로 정하는 원인에 의한 취득의 경우에는 이를 필요로 하지 아니한다(제8조 제1항).

의 지위를 승계한 것으로 의제되는 등의 임차인 보호장치는 농지법에서도 존속하고 있다.

7) 농지법은 농지를 농업목적에 이용하고 부당하게 농업 이외의 목적으로 이용하는 것을 제한하기 위해, 농업진흥지역의 지정과 그 지역 내에서의 소유 제한, 농지의 전용규제, 지목변경 제한, 대체 농지 조성비 징수 등의 여러 장치를 두고 있다. 농지법은 농지를 농업생산이나 농지개량 이외의 목적에 사용하는 농지의 전용(轉用)에 관하여 허가제와 신고제를 병용하고 있다.

농지법은 농지의 소유 및 이용실태를 파악해 농지를 효율적으로 이용, 관리하기 위하여 시·구·읍·면장으로 하여금 농지원부(農地原簿)를 작성, 비치하도록 하고 있다. 농지원부는 필지별이 아닌 농업종사자별로 그 주소지 또는 주사무소 관할 시·구·읍·면에서 작성, 관리하며, 농업인은 그 등본을 발급받을 수 있다. 그러나 농지원부는 권리관계를 공시하는 것이 아니므로 그 기재 내용과 효력은 행정적인 것에 그친다.

라. 토지의 취득과 이용의 규제

1) 농지에 대해서는 위와 같이 역사적 전통과 사회·경제적 고려에 따른 경자유전의 원리에 의해 취득이 제한된다. 그러나 농지 이외의 토지에 대해서는 그 취득 자체가 크게 규제되지는 않는다. 과거에는 택지(宅地)의 소유를 제한하는 '택지 소유 상한에 관한 법률'이 있었으나 1998. 9. 19. 폐지되었다. 또 외국인의 토지 취득 등을 규제하는 외국인토지법도 폐지되어 관련 규정이 다른 법령에 흡수, 통합되었다. 다만 투기적 토지 취득을 규제할 목적으로 '국토의 계획 및 이용에 관한 법률', '부동산 거래신고 등에 관한 법률'에서는 허가나 신고 등으로 그 취득절차를 제약하고 있다.

2) 농지 이외의 토지에 대해서도 여러 가지 목적을 위해 이용을 규제하는 법령이 있다. 토지의 용도별로는 산림기본법, 산림개발법, 산지관리법, 산림보호법, 습지보전법, 토양보전법, 도로법, 사도법, 하천법, 초지법, 자연공원법, '산업집적활성화 및 공장설립에 관한 법률' 등이 있고, 일반적인 것으로는 '국토의 계획 및 이용에 관한 법률', 국토기본법, 국토건설종합계획법, 도시계획법 등이 있다.

3) 그러나 국가가 농지를 비롯한 토지에 대한 취득 및 이용을 규제하는 경우에도 이는 당연히 법률로써 하여야 하며, 헌법상 자유민주주의 경제질서와 사유재산권 보장의 원리 및 공공복리 등 기본권제한에 대한 일반적인 원리가 적용됨은 물론이다.

□ 쉬어갑시다

개소와 건, 건, 건, 건……

"이번에 정부는 홍수로 인한 산사태 위험이 높은 곳이 전국적으로 2000여 개소에 달하는 것으로 보고 전수조사를 거친 후 안전조치를 강구하기로 하였다. …" 어느 신문기사의 일부이다.

그런데 우리가 보통 사람의 숫자를 셀 때는 한 명, 두 명, 10명, 150명으로 표시하고, 나무를 셀 때는 한 그루, 두 그루, 50주, 100주라고 표시하며, 물건을 셀 때는 한 개, 두 개, 300개, 1,000개로 표시한다. 그렇다면 위 '2000여 개소'는 마땅히 '2,000여 곳'으로 표시함이 옳을 것이다. 장소를 세는 단위는 곳이기 때문이다. 그런데 곳이라는 우리말을 두고도 한자인 소(所)를 쓰다 보니 '2000여 소'라고 하면 아무래도 어색하므로 그 앞에 개자를 붙여 넣은 것임을 짐작하기 어렵지 않다(이는 분명히 일본식 용어를 베껴온 것일 게다). 그러나 우리는 장소를 셀 때 한 곳, 두 곳이라고 하지 한 개, 두 개라고는 하지 않으니 '2000여 개소'는 도저히 말이 안 된다.

이 문제는 여기서 그치지 않는 것 같다. 아파트 50개동, 문제 있는 법률규정 100여 개 조항, 지하상가 내 30여 개 점포 등등 어디나 '개'와 결합한 말이 넘치니까 말이다. 이러다가는 사람에게도 70개인, 500여 개인이라는 말이 나올 것 같다. 그러니까 이렇게 이상한 말을 쓸 것이 아니라 곧바로 아파트 50동, 법률 100여 조항, 30여 점포(또는 점포 30여 곳)라고 하면 충분하다. 아파트 50동이 50번째 아파트와 헷갈린다면, 전자는 아파트 총 50동이라고 하고, 후자는 개나리 아파트 제50동이라고 하면 된다.

요즘에는 보기 드물어졌지만, 예전에 무슨 행사를 가면 정면 칠판에 세로쓰기로 "식순 一. 국민의례, 一. 회장 인사의 말씀, 一. 회칙 개정의 건, 一. 회비 증액의 건, 一. 임원 선임의 건 ……"이라고 길게 늘어진 것을 볼 수 있었다. 나는 그것을 보고 항상 왜 1, 2, 3, 4로 안 쓰고 항목마다 모두 一 , 一, 一을 쓸까 궁금했는데 아직까지 아무에게도 물어보지 못했다. 그런데 법원에 와보니 형사 판결문에도 "증거의 요지 1. 검사 작성의 피고인에 대한 피의자신문조서의 기재, 1. 피고인의 이 법정에서의 공소사실에 부합하는 진술, 1. 검갑 제1호증의 소재 …"식으로 무한히 숫자 1을 반복하는 것을 보고 정말 의아하였다. 같은 판결문인데도 민사 판결문에는 또 그렇게 하지 않았고, 민사 판결문의 주문에는 "1. 피고는 원고에게 … 지급하라. 2. 원고의 나머지 청구를 기각한다. 3. 소송비용은 …"이라고 일련번호를 쓰는데, 형사 판결문의 주문에는 번호도 없이 "피고인을 징역 3년에 처한다. 압수된 증제 2호(일본도)를 몰수한다. 다만, … 위 형의 집행을 유예한다. 이 사건 공소사실 중 …의 점은 무죄"라고 나열하는 것도 이상하였다.

혹자는 항목마다 모두 ㅡ, ㅡ, ㅡ 또는 1, 1, 1이라고 하는 것은 그 항목들 사이에 우열이 없어 그러는 것이라고 하는데, 정말 그럴까? 그럼 1, 2, 3을 쓰는 민사 판결의 주문 항목들은 서로 우열관계에 있는 것일까…? 모를 일이다.

내가 더 이상하게 여기는 것은 "…의 건"이나 "…의 점"이다. 그러고 보니 대법원 판결문에도 "상고이유 제1점, 제2점…"이나 "이 사건 공소사실 중 절도의 점은 …"이라는 표현법이 눈에 뜨인다. 예전 형사 판결문에는 "이 사건 공소사실의 요지는 …라는 점에 있다"고도 하였으니 우리 법원은 '점'이라는 녀석을 무척 좋아하는 모양이다. 그러나 사회 일반인이 쓰지 않는 말은 판결문에도 안 쓰는 것이 원칙이므로 "상고이유 제1항, 제2항"이나 "이 사건 공소사실 중 절도죄는 …"라고 바꿔 쓰는 것이 옳다.

그리고 "임원 선임의 건"은 그냥 "임원 선임"이다. 이런 모든 것이 다 일본 문화의 찌꺼기인데 아직도 그 개선은 요원한가보다. 그래도 나아지고 있으니 다행이다 예전에 구속기간 갱신결정문 양식에 "이유: 이유 있음에 인함"이라고 버젓이 인쇄되어 있는 것을 보고 낯이 붉어지면서도 도장을 찍곤 했는데, 요새는 깔끔히 없어져서 속이 시원하다. 이왕 고치는 김에 '인사의 말씀' 대신 인사말, 인사말씀이라고 고치는 것은 어떨까? 우리말의 복합명사에는 일본식의 관형격 어미 '의'가 전혀 필요 없으니까 말이다.

제 3 장

민사소송의 구조

01 민사소송의 기본 구조

Ⅰ. 민사소송의 의의

1. 민사소송의 개념

가. 권리의 실현과 소송

1) 실체법에 의한 법률효과로서 주어진 권리·의무의 실현을 개인에게 맡기지 않고 국가 공권력이 떠맡는 것은 근대국가의 기본원리이다. 따라서 권리자는 그 법률효과인 권리를 국가(법원)에 주장하고, 그 권리가 인정되면 이를 국가 공권력에 의하여 이행 또는 확인받거나 직접 이에 관한 법률관계를 변동(형성)함으로써 권리를 실현할 수 있다.[1] 이것이 소송으로서 이는 헌법상 보장된 국민의 재판청구권에서 비롯된다.

2) 실체법에 따른 법률효과로서 주어진 권리·의무를 국가 공권력에 의해 실현하기 위해서는, ① 우선 그러한 법률효과인 권리·의무가 존재하는지 여부를 법원으로부터 확인받아야 하고, ② 이를 확인 받은 경우에는 국가 공권력에 의해 이를 강제로 실현(집행)하여야 하며, ③ 이를 확인 받기 전에 장래의 강제집행 곤란이나 확인절차의 지연에 따른 현저한 손해를 피하기 위해 미리 임시의 집행절차나 다른 사법적 조치가 필요한 때에는 이 역시 그 필요성을 법원으로부터 확인받아 국가 공권력에 의해 이를 강제로 실현(집행)하여야 한다.

①을 본안소송절차, ②와 ③을 집행절차(②는 협의의 집행절차, ③은 보전절차)라고 한다. 넓은 의미의 민사소송은 이러한 세 절차를 모두 포함하며, 이에 관하여 규정한 법이 곧 민사 절차법이다.

3) 넓은 의미의 민사소송은 이와 같이 실체법에 따른 법률효과로서 주어진 권리·의무를 국가 공권력에 의해 실현하는 것이나, 이는 그보다 먼저 존재하는 법주체 간의 실체법적 법률관계를 조사하여 그 내용을 인식, 확인하는 작용에 불과하다. 그러므로 그 절차

---

1) 뒤에서 보는 바와 같이 소송에서는 권리와 그에 대응하는 의무가 중심을 이룬다. 권리와 의무가 소송의 목적, 즉 청구의 대상이 되고 심리와 재판의 대상이 된다. 반면에 대리권이나 취소권 등과 같이 권리, 의무의 실현에 보조적 수단이 되는 데에 불과한 것은 단독으로 소송의 목적이 되는 일이 거의 없다.

를 통하여 어떤 권리·의무나 법률관계의 존부, 유무효 등이 확인, 선언되더라도 이는 소송법적(절차법적) 효과를 가지는 것에 불과하고 이로써 실체법적 법률관계가 소급하여 변동되거나 장래를 향하여 변동·형성되는 것은 아니며,[2] 단지 법적 안정성을 위하여 그 확인, 선언에 기판력이 부여되고 당사자와 법원이 이에 구속되어 그에 반하는 주장이나 판단을 할 수 없게 되는 것에 불과하다. 이 점에서 실체법과 절차법은 구별되며 여기에 민사소송의 한계가 있다.[3]

▣ 실체법과 절차법의 관계

실체법	실현	절차법 (소송법 + 집행법)
·법률요건(권리·의무의 발생요건) ·법률효과(권리·의무의 발생과 그 내용)	⇒	·국가 공권력에 의한 권리·의무의 인식, 확인, 선언(소송) ·인식, 확인된 권리·의무의 실현(집행) ·인식, 확인되기 전의 임시적 조치(보전)

나. 협의의 소송과 광의의 소송

1) 민사소송은, ① 넓은 의미에서는 이와 같이 민사법이 부여하는 권리나 민사에 관한 법률관계를 법원에 주장하여 실현하는 절차 또는 과정을 가리키고, ② 좁은 의미에서는, 권리 또는 법률관계를 법원에 주장하여 법원의 심리를 거쳐 그 권리 또는 법률관계의 존부를 판단 받는 절차 또는 과정을 가리킨다. ③ 가장 좁은 의미에서의 민사소송은 앞서 본 좁은 의미의 것보다 더욱 범위를 좁혀, 권리 또는 법률관계를 법원에 소로써 주장하여 쌍방 당사자의 출석하에 공개된 법정에서 변론을 통해 당사자가 공격과 방어를 하고, 법원은 이에 대한 심리와 판결에 의한 판단을 하는 절차 또는 과정을 가리킨다.

2) 위 ①의 넓은 의미의 민사소송에는 권리 또는 법률관계의 존부를 판단 받는 것 외에 그 권리·법률관계를 실현하는 집행절차(가압류·가처분 등의 집행보전절차 포함)가 포함되고, 위 ②의 좁은 의미의 민사소송에는 변론에 의한 심리와 판결에 의한 권리·법률관계의 존부 판단 외에 변론에 의하지 아니한 심리와 판결 이외 결정, 명령, 심판 등에 의하여 권리·법률관계의 존부를 판단하는 비송과 신청을 포함한다.

반면에 위 ③의 가장 좁은 의미, 즉 협의의 민사소송은 변론에 의한 심리와 판결에 의한 권리·법률관계의 존부 판단을 통한 권리·법률관계의 존부에 대한 심리·판단만을 의

---

2) 다만 형성재판은 그 재판 결과에 따라 실체법적 법률관계가 형성되나, 그 형성요건이 이미 존재하여 잠정적으로 실체법적 법률관계가 형성되어 있는 것을 법원이 공적으로 확인·선언하는 것이라고 볼 수도 있다.

3) 이에 관하여는 앞서 제1장의 ＜제1절 법이란 무엇인가 Ⅱ. 민사법의 체계 8. 실체법과 절차법＞에서 설명한 바를 참조.

미하며, 통상 이를 신청사건이나 집행사건과 구별하는 의미에서 본안소송(本案訴訟) 또는 본안소송절차(本案訴訟節次)라고 한다.

▣ 민사소송의 범위

① 넓은 의미의 민사소송	② 좁은 의미의 민사소송	③ 협의의 민사소송
민사법이 부여하는 권리나 민사에 관한 법률관계를 법원에 주장하여 실현하는 절차 또는 과정	권리 또는 법률관계를 법원에 주장하여 법원의 심리를 거쳐 그 권리 또는 법률관계의 존부를 판단 받는 절차 또는 과정	권리 또는 법률관계를 법원에 소로써 주장하여 쌍방 당사자의 출석하에 공개된 법정에서 변론을 통해 당사자가 공격과 방어를 하고, 법원은 이에 대한 심리와 판결에 의한 판단을 하는 절차
·권리 또는 법률관계의 존부를 판단 받는 절차(②의 좁은 의미의 민사소송 + ③의 협의의 민사소송) ·권리·법률관계를 실현하는 절차(가압류·가처분 등의 보전절차 + 강제경매 등의 본집행절차)	·변론에 의한 심리와 판결에 의한 권리·법률관계의 존부 판단 절차(③의 본안소송절차) ·변론에 의하지 아니한 심리와 판결 이외에 결정, 명령, 심판 등에 의하여 권리·법률관계의 존부를 판단하는 절차(비송절차 + 신청절차)	·변론에 의한 심리와 판결에 의한 권리·법률관계의 존부 판단 절차(본안소송절차) ·비송절차와 신청절차는 특별한 필요가 있어 법에서 허용한 때에만 예외적으로 본안소송절차에 병합하여 심리·판단 가능

다. 협의의 소송과 비송·신청

1) 앞서 본 협의의 민사소송을 본안소송이라고 할 때 그 소송의 대상, 즉 소송의 목적은 권리 또는 법률관계이다. 여기서 말하는 법률관계는 확인의 소나 형성의 소의 대상이 될 수 있는 것에 한한다.

2) 본안소송이나 본안소송절차에 대비되는 개념이 비송(非訟)과 신청(申請)이다. 비송은 당사자 대석구조(對席構造)의 변론절차에 의하지 아니하고 권리 또는 법률관계를 심리·판단하는 절차로서 위 ①, ②의 민사소송에 속할 수 있다.

신청이나 신청절차는 통상 결정이나 심판, 명령 형태의 재판신청을 말한다. 이런 의미에서 판결에 의한 재판의 신청만을 '소(訴)'라고 하는 것에 대비되는 개념이며,[4] 신청도 넓은 의미의 비송에 속한다. 따라서 비송사건은 신청사건과 협의의 비송사건으로 나눌 수 있다. 비송이나 신청은 본안소송절차에 부수하여 발생하는 작은 분쟁이나 판단 대상처럼 중요성이 떨어지거나 신속한 심리가 필요하거나 법원의 후견적 관여가 필요한 사안 등을 대상으로 한다.

3) 통상 비송이나 신청은 좁은 의미의 민사소송이나 본안소송에 부수되는 절차로서 이루어지는 경우가 많으나, 그 모두가 다 좁은 의미의 민사소송이나 본안소송에 부수되

---

4) 신청사건 중 가장 많고 전형적인 것이 가압류나 가처분의 보전소송사건으로서, 통상 신청사건이라고 하면 이를 가리키는 경우가 많다.

는 절차는 아니다. 예컨대, 제소전화해절차나 조정절차, 독촉절차는 본안소송과 마찬가지로 당사자가 주장하는 권리·법률관계에 관한 판단 또는 이에 갈음하는 분쟁해결을 꾀하는 것으로서, 그 대상이 본안소송과 동일하고 본안소송과 독립적이다. 한편, 파산절차와 회생절차는 권리를 확정하고 이를 실현하는 절차가 합쳐진 것으로서 본안소송과 비송(신청)의 성질을 공유하나, 후자의 성질이 더 짙다고 할 수 있다.

4) 협의의 민사소송인 본안소송과 비송·신청사건은 위와 같이 심리절차와 재판의 형식이 다르므로, 본안소송과 비송·신청사건은 하나의 절차에서 하나의 재판으로 심리·판단할 수 없음이 원칙이다. 다만, 예외적으로 특별한 법률규정이 있는 때[5]는 본안소송과 비송·신청사건을 병합하여 심리하고, 그 재판을 모두 하나의 판결로써 할 수 있다.

5) 비송사건은 국가(법원)의 후견적 개입을 요하는 성질상 아래와 같은 특징을 갖는다.

▣ 비송사건의 특징

직권주의/직권탐지주의	·법원이 직권으로 사실을 탐지하고 증거조사를 할 수 있다. ·법원이 직권으로 절차를 개시할 수도 있다. 이 경우 신청의 취하가 허용되지 않는다.	·신청(청구)의 포기, 인낙, 화해 불가
비공개주의	심문은 원칙적으로 비공개	단, 법원은 필요한 경우 일정한 사람의 방청 허가 가능
기속력 없음	법원 스스로 재판(결정, 심판)을 취소, 변경할 수 있다.	·단, 신청에 의해서만 재판을 할 수 있는 경우는 예외 ·즉시항고의 대상이 되는 재판도 위와 같음
재판의 형태	·결정(가사비송을 제외한 사건) ·심판(가사비송의 경우)	
기판력 없음	법원은 이전의 재판(결정, 심판)과 다른 재판을 할 수 있다.	

5) 상소심법원이 당사자의 신청으로 하급심판결을 경정하는 경우(민사소송법 제211조, 대법원 2008. 10. 21.자 2008카172 결정 등 참조), 간접강제신청을 본안의 소에 병합신청하도록 한 경우(언론중재 및 피해구제 등에 관한 법률 제26조 제3항), 가사소송사건과 가사비송사건의 청구의 원인이 동일한 사실관계에 기초하거나 1개의 청구의 당부가 다른 청구의 당부의 전제가 되는 때 양자를 가사소송에 병합하도록 한 경우(가사소송법 제14조) 등을 들 수 있다.

■ 민사소송의 분류

분 류			내 용	비 고
협의의 소송			·민사, 상사, 가사 소송	·필요적 변론 ·판결 ·민사소송법, 가사소송법
비송	신청	일반 신청	·위 협의의 소송절차 내에서 그에 부수되는 각종 신청(소송구조신청, 이송신청, 소송비용담보제공신청, 변론재개신청, 변론병합신청, 기피신청, 공시송달신청, 증거신청, 기일지정신청 등) ·위 협의의 소송절차 밖에서 그에 부수되는 각종 신청(판결경정신청, 소송비용액확정신청, 강제집행정지신청, 담보취소신청 등)	·임의적 변론 ·서면심리 ·관계인 심문 ·결정 ·민사소송법, 가사소송법
		보전 신청	·강제집행 등의 보전(가압류신청, 가처분신청) ·가사사건에 관한 사전처분신청 ·증거보전신청	·임의적 변론 ·서면심리 ·관계인 심문 ·결정 ·민사소송법, 가사소송법, 민사집행법
		독립 신청	·제소전화해신청 ·조정신청	·당사자 출석 ·결정(제소전화해 및 조정 성립의 경우 제외) ·민사소송법, 가사소송법, 민사조정법
			·지급명령신청	·서면심리 ·결정 ·민사소송법
			·파산신청 ·회생신청 ·개인회생신청	·임의적 변론 ·서면심리 ·관계인 심문, 직권조사 ·결정 ·채무자 회생 및 파산에 관한 법률, 민사소송법, 민사집행법
		집행 신청	·집행의 예비절차(재산명시신청, 채무불이행자명부등재신청, 집행문부여신청, 승계집행문부여신청 등) ·금전채권에 기초한 강제집행신청 등(부동산강제경매·강제관리신청, 선박·동산·채권 등에 대한 강제집행신청, 담보권실행 등을 위한 경매신청 등) ·금전채권 외의 채권에 기초한 강제집행신청(인도청구집행신청, 대체집행신청, 간접강제신청 등) ·집행절차에 부수되는 신청(집행관의 강제력 사용신청, 공휴일·야간집행신청, 집행절차에 관한 즉시항고, 집행에 관한 이의신청, 집행문부여 등에 관한 이의신청, 경매개시결정에 대한 이의신청 등)	·임의적 변론 ·서면심리 ·관계인 심문 ·결정 ·민사집행법

<table>
<tr><td rowspan="3"></td><td rowspan="3">협의의 비송</td><td>민사/상사 비송</td><td>·민사비송(재단법인의 정관보충신청, 임시이사선임신청, 특별대리인선임신청, 사단법인임시총회소집허가신청 등)
·상사비송(검사인선임신청, 업무·재산상태 검사신청, 단주매각허가신청, 직무대행자선임신청, 사채권자집회소집허가신청 등)</td><td>·임의적 변론
·서면심리
·관계인 심문
·결정
·비송사건절차법</td></tr>
<tr><td rowspan="2">가사 비송</td><td>·가사사건에 관한 비송(성년후견의 개시·종료신청, 한정후견의 개시·종료신청, 특정후견 심판신청, 후견인선임신청, 재산분할신청, 한정승인심판신청, 친권상실선고심판신청, 부양에 관한 심판신청 등)</td><td>·임의적 변론
·서면심리
·관계인 심문
·심판
·가사소송법, 비송사건절차법</td></tr>
<tr><td>·가족관계의 등록에 관한 비송(국적취득자의 성과본 창설허가신청, 개명허가신청, 가족관계 등록창설허가신청, 가족관계등록부 정정허가신청 등)</td><td>·임의적 변론
·서면심리
·관계인 심문
·결정
·가사소송법, 비송사건절차법, 가족관계의 등록 등에 관한 법률, 동규칙</td></tr>
</table>

라. 소와 소송

1) 우리가 민사소송이라는 용어를 사용할 때 그 의미가 항상 동일한 것은 아니다. 그 이유는 위와 같이 그 의미에 넓이 차이가 있는 탓도 있지만, 그것이 민사소송의 중심이 되는 소의 개념과 엄격하게 구분되지 않은 채 사용되기 때문에 빚어지는 면이 더 크다.

2) 소와 소송은 다른 개념이다. 소는 특정인이 특정한 분쟁사건에 관하여 특정한 법원에 심리와 재판(판단)을 구하는 신청이다. 이에 따라 법원과 당사자는 그러한 재판(판단)을 할 수 있는지 여부를 둘러싸고 여러 가지 소송행위(소송활동)를 하게 된다. 소는 이와 같은 신청의 단위(이는 소의 구성요소인 당사자, 청구의 단위에 따라 결정된다)에 따라 그 개수가 결정된다.

반면에 이와 같이 소의 제기에 따라, 그 소로써 구한 특정한 재판의 가부와 당부를 둘러싼 법원과 당사자의 일련의 소송행위(변론) 또는 소송활동의 전체 과정을 소송이라고 한다.[6] 이 점에서, 소는 추상적이고 정태적·실체적인 것인 데에 비해, 소송은 구체적이고 동태적·절차적인 것이라 할 수 있고, 하나의 소송(절차)에 여러 개의 소를 병합하여 동시에 심판할 수도 있다.

6) 법원의 소송행위는 기일의 지정, 변론의 개시와 종결, 변론의 분리와 병합, 제한, 석명명령, 변론준비명령, 당사자와 증인 등의 소환, 증거조사, 소송절차상의 각종 신청에 대판 재판(결정, 명령), 소의 적법 여부나 청구의 당부에 대한 재판(판결) 등이고, 당사자의 소송행위는 청구의 당부에 관한 공격과 방어(청구에 관한 주장과 증거의 제출), 이송신청, 법관 기피신청, 소송비용담보제공명령신청, 변론재개신청 등 소송절차상의 각종 신청이다.

그리고 이로부터, 소에는 소의 제기, 소의 주관적·객관적 병합과 분리, 소의 취하, 소의 각하 등이라는 용어가 뒤따르고, 소송에는 소송의 개시, 소송의 계속(繫屬), 소송의 수행, 소송(변론)의 병합과 분리, 공동소송, 소송비용, 소송의 중단과 정지, 소송지휘, 소송의 참가·승계, 소송의 이송, 환송, 이심, 소송의 종료 등이라는 용어가 뒤따른다.

3) 소는 대여금반환청구의 소, 소유권이전등기청구의 소, 소유권확인청구의 소, 이혼청구의 소 등과 같이 그 소송목적인 청구를 내세워 명칭을 부여하고 다른 소와 구별한다. 따라서 소송의 명칭도 이 소에 대여금반환청구소송, 소유권이전등기청구소송 등과 같이 '소송'이라는 단어만 부가하여 부르게 되며, 하나의 소송(절차)에 여러 개의 소를 병합하여 심판하는 경우에는 '대여금반환청구소송 등'이라고 '등'자를 추가한다.

마. 재판과 소송

1) 한편, 소송이나 민사소송이라는 용어 대신 재판이나 민사재판이라는 용어가 사용되기도 한다. 이 민사재판이라는 용어는, 넓은 의미에서는 앞서 본 좁은 의미의 민사소송을 가리키나, 보다 좁게는 원고나 신청인 등 법원의 판단을 구하는 당사자의 신청에 대한 답으로서 법원이 특정한 사건에 관하여 당사자가 주장하는 권리나 법률관계의 존부를 일정한 형식에 의하여 판단·선언하는 것을 말한다. 즉 넓은 의미의 민사재판은 판단은 물론 심리절차를 포함하는 절차(process)적 개념이지만, 좁은 의미의 민사재판은 심리절차를 제외한 법원의 판단(decision)만을 가리키는 개념이다.

2) 이와 같이 재판이라는 용어가 이중적이므로 구체적인 경우에 따라 그 의미를 분명히 하고 구별하여야 한다. 헌법 제27조에서 말하는 '국민의 재판 받을 권리', 헌법 제107조의 '재판의 전제', 민사소송법 제2조의 재판적, 민사소송법 제28조의 재판권, 민사소송법 제41조의 '이전 심급의 재판', 민사소송법 제212조 제1항의 '계속하여 재판한다.' 등은 넓은 의미의 민사재판을 의미한다. 반면에 민사소송법 제34조 제3항의 재판, 민사소송법 제5절의 재판, 민사소송법 제212조의 '재판의 누락', 민사소송법 제217조의 외국재판은 좁은 의미의 민사재판을 의미한다.

3) 후자인 좁은 의미의 민사재판에 관하여 민사소송법은 제1편 제4장 제5절의 제198조 이하에서 규정하고 있는바, 민사재판의 형식은 판결, 결정, 명령으로써 하고,[7] 이를 기재한 문서를 재판서라고 부른다.[8]

---

7) 이는 가사사건에도 적용되나(가사소송법 제12조 참조), 가사비송사건의 본안판단은 결정의 일종인 심판으로써 한다(가사소송법 제39조 참조).

8) 재판서에 관하여는 제3편 제2장 <판사의 소송문서>를 참조.

▣ 재판과 소송의 관계

구 분	법률사실의 존부 판단	법률·법리의 적용	권리·법률관계의 존부 선언	확정판결의 효력
판결 사안	·청구원인사실 ·공격방어방법의 사실 - 보조적 요건사실 - 간접사실 - 항변·재항변 사실	·적용할 법규의 선택 ·법규의 해석·적용 ·법률효과의 도출	·소송판결 ·본안판결 - 청구인용판결 → 이행명령 → 확인선언 → 형성선언 - 청구기각판결	·실체적 확정력 ·기판력 ·집행력(이행판결) ·확인력(확인판결) ·형성력(형성판결)
결정, 명령, 심판 등의 사안[9]	·신청원인사실 ·직권판단사실	〃	〃	·실체적 확정력과 기판력은 예외적인 경우에만 있음 ·집행력(이행결정) ·형성력(형성결정)

2. 민사소송의 구조

가. 법률요건의 존부 심사

1) 위와 같이 민사재판, 즉 민사소송은 사법적(私法的) 법률관계의 주체 사이에 발생한 일정한 행위나 현상과 관련하여, 그로부터 어떠한 내용의 법률효과가 발생하는지를 심리·판단하는 국가 사법작용이다. 그러므로 민사소송의 1차적 중심은 법률효과 발생의 전제가 되는 법률요건의 존부를 심사·판단하는 것이라고 할 수 있다. 그리고 이러한 법률요건의 존부 심사·판단은, 그 소송 주체인 법률관계 당사자 사이에 당해 법률요건사실(법률사실)인 일정한 행위나 현상이 존재하는지 여부의 심판으로 귀결된다.

2) 법률요건의 존부 심사 단계의 과제는 법률사실의 발견으로서, 자백이나 증거 등에 의하여 각각의 법률요건이 요구하는 법률사실인 행위나 현상을 발견, 인식하는 것이다. 법률사실의 본질은 사실이고, 사실은 가치평가에 대응하는 개념으로서 증거에 의하여 그 존부를 증명할 수 있는 것을 말한다(대법원 2011. 9. 2. 선고 2009다52649 전원합의체 판결, 2011. 9. 8. 선고 2010다50762 판결 등 참조).

3) 구체적인 소송에서 문제되는 '사실'은, ① 구체적 구성요건에 관한 규범의 사실(매매, 증여, 시효취득, 혼화, 대리, 조건 등의 법률요건사실), ② 순수판단규범의 사실(권리남용에 있어 가해의 의사, 불공정행위에 있어 일방의 궁박, 경솔, 무경험 등), ③ 중립적 규범의 사실(사람의 출생과 사망, 법인의 등기, 주소의 설정 등), ④ 소송요건 등 소송법상의 사실

9) 명령이라는 명칭이 붙은 재판이라고 하더라도 반드시 그 법률적 성질이 명령이 아닌 경우도 있으므로 주의를 요한다. 가압류명령이나 가처분명령, 본안제소명령, 담보제공명령 등이 그 예로서 이들의 법률적 성질은 결정이다(민사집행법 제281, 287, 301조, 민사소송법 제120조 참조). 그 법률적 성질은, 법원(受訴法院)이 한 재판이면 결정이고 재판장이 한 재판이면 명령이다.

(관할, 소송대리권, 기판력, 중복소송, 자백, 소의 취하 등)으로 대별할 수 있다. 논리적으로는, ④의 사실을 먼저 심사하여 본안청구와 관련된 실체법관계를 심판할 조건이 갖추어져 있다고 인정된 경우에 한하여 위 ① 내지 ③의 사실을 심사하게 된다.

4) 소송에서 가장 중요하고도 핵심적인 지위를 차지하는 '사실'은 구체적 구성요건에 관한 규범의 법률사실이다. 당사자가 본안청구로써 구하는 법률효과인 권리·의무 등이 모두 이로부터 발생하기 때문이다. 구체적 구성요건에 관한 규범의 법률사실은 뒤에서 보는 바와 같이 구체적·역사적 사실로서 특정한 법주체 사이에 특정한 시·공간에서 발생한다. 이러한 법률사실의 존부 판단에는 법적 전문성이나 법리문제가 크게 작용하지 않는다. 따라서 법원의 소송행위보다는 소송당사자의 소송행위, 즉 주장이나 증거 등 법률사실을 발견, 인식할 수 있는 소송자료나 증거자료의 제출이 보다 중요한 의미를 가지며, 변론주의가 본래의 작용을 하는 영역이다. 다만, 그 사실의 존부를 판단하는 작용은 사실에 대한 법적 평가이므로 법령의 해석·적용에 속하고, 이는 법관의 자유심증과 증거법에 의하여 이루어진다.

5) 법률요건과 그것이 요구하는 법률사실의 존부를 심판할 때는, 먼저 그 심판의 대상인 법률요건과 법률사실이 특정되어야 한다. 보다 구체적으로 이는 청구의 특정과 주장의 특정으로 이루어진다. 청구의 특정은 청구취지와 청구원인에 의하여 원고가 구하는 재판(판결)의 중심을 이루는 법률효과의 종류와 크기(범위)를 정하는 것으로서, 당사자주의와 처분권주의의 원리에 따라 원고가 하여야 한다. 그리고 그 청구의 특정은 소송의 대상과 소송목적을 특정하는 것으로서, 이로써 피고의 방어 대상과 법원의 심판대상이 확정되므로 이는 소송요건이 된다.

주장의 특정은 청구, 특히 청구원인사실의 존부를 뒷받침하는 보조적 법률요건사실을 주장·특정하는 것으로서, 사실의 주장과 입증이 곧 변론의 내용이며 이는 공격방어방법이 된다. 변론주의의 영역에서는 당사자가 제출한 주장과 입증만이 심판의 대상이 될 수 있는 반면, 직권주의의 영역에서는 그러한 제한이 없다.

나. 법률효과의 판단

1) 법원은 법률요건에서 규정한 법률사실인 일정한 행위나 현상의 존부를 발견, 인식한 다음에는 그로부터 어떠한 내용의 법률효과가 발생하는지를 심리·판단하게 된다. 이 작용은 구체적 법규가 정하고 있는 법률요건과 법률사실, 법률효과의 의미를 인식한 바탕 위에, 위와 같이 발견, 인식한 사실(행위나 현상)이 법규가 정하는 법률요건과 법률사실에 해당하는지 여부를 판단하고, 그에 해당할 경우 그로부터 발생하는 법률효과의 내용을 인식, 도출하는 작용이다. 즉 이른바 법령의 해석·적용이다. 따라서 이는 전적으로 심판자인 법관의 법적 전문성과 법률적 가치평가에 좌우되며 소송당사자가 관여할 여지

가 없다. 즉 이는 직권주의의 영역에 속한다(대법원 2006. 1. 26. 선고 2005다47014 판결, 2007. 10. 선고 2005다62235 판결, 2010. 1. 28. 선고 2007다82950 판결 등). 이러한 법률효과의 판단 결과 청구의 대상인 실체법상의 구체적 권리·의무가 도출된다.

2) 논리적으로는 위와 같이 법률사실의 존부 판단이 법률효과의 판단에 앞서는 것이지만, 후자가 전자에 상당한 영향을 미친다. 사실의 존부에 대한 발견·인식 역시 어느 정도 가치판단이 불가피하므로, 어떤 법률요건과 법률사실의 의미를 잘못 이해하면 구체적 행위나 현상이 존재하거나 존재하지 않는 것으로 잘못 판단하기 쉽기 때문이다.[10)]

다. 청구의 당부 선언

1) 법원이 법률효과의 판단 결과 구체적 권리·의무를 도출한 다음에는 원고의 청구와 비교하여 청구의 당부를 선언하여야 한다. 이는 국민의 재판청구권, 즉 재판 받을 권리에 대한 국가의 공적 의무이다. 원고가 법원에 재판을 청구하는 궁극 목적은 법원에 대하여 일정한 내용의 재판(판단)을 해줄 것을 구하는 데 있다. 그러므로 법원은, 채무자(피고)에 대하여 일정한 급부의 이행을 명하거나(이행의 소), 일정한 법률관계의 존부나 그 효력 유무를 확인하거나(확인의 소), 일정한 법률관계에 대하여 법률관계의 변동을 선언하는(형성의 소) 재판을 하여야 한다. 이때 그 재판의 형식은 판결이나 결정, 심판, 명령 등의 형태를 취하게 된다.[11)]

2) 법원의 재판 내용은 청구의 내용에 직결되어 있다. 처분권주의의 원리상 법원은 당사자가 심판을 구하는 범위에서만 심판할 수 있기 때문이다(민사소송법 제203, 407, 415, 425, 431조 참조). 원고의 청구가 이유 없으면 그 청구를 배척(기각)하는 선언을 하여야 함은 물론이다.[12)]

3) 법원은 이러한 청구의 당부에 대한 판단, 즉 본안판단을 할 요건이 갖추어지지 않은 때는 법률요건사실의 존부 심사 등을 생략하고, 그 심판을 거부하는 재판, 즉 소 각하판결이나 소장 각하명령 등 소송재판을 하여야 한다.

4) 항소심이나 상고심의 경우에도 이는 본질적으로 동일하다. 경우에 따라 상소심 재판의 형식이 원고의 청구를 인용하거나 기각하는 형태로 직접 청구의 당부를 선언하는 대신 상소를 기각하거나 원심판결을 취소·파기하는 경우가 있으나, 이 역시 궁극적으로는 원고 청구의 당부에 연결되어 있다.

라. 원심 재판의 당부 선언

1) 우리 소송법제는 민사소송이든 형사소송이든 막론하고 심급제를 채택하고 있고, 민

---

10) 심리미진이나 사실 인정의 잘못은 이와 같이 법리오해에서 비롯되는 경우가 많다.

11) 결정, 심판, 명령의 내용은 권리·의무가 아닌 경우가 많은바, 이는 본안청구 그 자체에 대한 재판이 아니기 때문이다.

12) 상소심의 경우에는 상소를 배척(기각)하는 선언을 하여야 한다.

사소송은 3심까지 예정되어 있다. 따라서 당사자가 1심판결에 대하여 불복하는 때에는 항소를 제기할 수 있고, 항소심판결에 대하여 불복하는 때에는 상고를 제기할 수 있다. 물론 이 과정에서 상소의 제한, 특히 상고의 제한이 가해지나, 원칙적으로는 항소와 상고가 예정되어 있다. 재판이 판결 외의 결정, 명령인 때에도 동일하다.

2) 상소심의 운영 원리에는 두 가지 방식이 있다. 하나는 상소심에서의 추가적인 소송자료의 제출을 허용하지 아니하고 하급심(원심) 재판(판결 등)의 당부만을 심리·판단하는 사후심(事後審)형이고, 다른 하나는 이와 달리 상소심에서의 추가적인 소송자료의 제출을 허용하고 청구의 변경도 허용하는 속심(續審)형이다. 우리 민사소송법은 항소심의 경우에는 속심제를, 상고심의 경우에는 사후심제를 채택하고 있다.

3) 따라서 상고심의 경우에는 원칙적으로 변론을 열지 않고, 상고심에서 당사자는 원심 재판의 당부를 탄핵하는 외에 그에 영향을 미치는 새로운 주장이나 증거를 제출할 수 없으며 청구를 변경할 수도 없다. 그리고 원심 재판에 구체적으로 어떤 잘못이 있는지를 지적, 설명하는 상고이유서를 일정 기간 내에 제출하여야 한다. 이에 따라 상고심법원(대법원)은 원심 재판의 당부를 심판하여,[13] 상고나 재항고가 부적법하거나 이유 없는 때는 이를 각하 또는 기각하고, 상고나 재항고가 이유 있는 때는 스스로 청구(신청)의 당부를 판단하지 않고 원심 재판을 파기하여 사건을 원심법원에 환송하거나 관할권 있는 법원에 이송함이 원칙이다.[14]

4) 반면에 항소심의 경우에는 원칙적으로 변론을 열고, 항소심에서 당사자는 원심 재판의 당부 외에 그에 영향을 미치는 새로운 주장이나 증거를 제출할 수 있으며 청구를 변경할 수도 있다. 그리고 원심 재판에 구체적으로 어떤 잘못이 있는지를 지적, 설명하는 항소이유서를 제출할 의무가 없다.

이에 따라 항소심법원은 당해 사건을 다시 심리하여, 항소나 항고가 부적법하거나 이유 없는 때는 이를 각하 또는 기각하고, 항소나 항고가 이유 있는 때는 원심 재판을 취소하고 스스로 금전 지급이나 등기 이전 명령 등을 발하거나 청구(신청)를 기각한다고 선언한다.[15] 따라서 원심 재판의 대상이었던 청구(신청)에 대해서는 원심 재판의 당부가

13) 원심 재판(판결 등)의 당부를 심판한다는 것은, 원심법원이 당해 사건에 관하여 한 사실인정이나 법령의 적용 등 그 심리·판단, 즉 법원의 소송수행이 적법한지 여부를 심리하여 판단한다는 의미다.

14) 원심법원에서 다시 사건을 심리하지 않아도 무방할 정도의 사소한 잘못만이 있거나 곧바로 다시 청구나 신청의 당부에 대하여 판단할 수 있을 정도로 심리가 된 때 등에는 예외적으로 환송하지 않고 스스로 청구(신청)의 당부를 판단할 수 있다(민사소송법 제437조, 443조 참조).

15) 항소심법원은 상고심과 달리, 단지 원심법원이 당해 사건에 관하여 한 사실인정이나 법령의 적용 등 그 심리, 판단이 적법한지 여부를 심리, 판단하는 것이 아니라 1심법원과 같이 당해 사건을 다시 심리하나, 그 결론이 1심법원의 그것과 같은 경우에는 1심법원처럼 금전의 지급이나 등기의 이전 명령 등을 선언하거나 청구(신청) 기각을 선언하는 대신 항소나 항고를 기각하는바, 이는 그 소송법관계를 간명히 하게 하기 위한 배려에서 그러한 것이고, 항소심법원의 역할이 원심 재판(판결 등)의 당부를 심리, 판단하는 것이기 때문은 아니다. 즉 항소심법원은 상고심과 달리, 원심 재판의 당부를 심리, 판단

간접적으로 심판되는 셈이지만, 당초 원심 재판의 대상이 되지 않았던 청구(신청), 즉 당사자가 항소심에서 비로소 심판의 대상으로 추가한 부분의 청구(신청)에 대해서는 원심 재판의 당부를 심리, 판단하지 않고 전적으로 1심법원의 자격으로 이를 심판하는 셈이 된다.

3. 소(訴)

가. 소의 의의

1) 법률상 이해관계 있는 자가 특정한 분쟁사건에 관하여 법원에 심리와 재판을 구하는 것, 즉 그 심리와 재판의 신청이라는 의사표시를 소의 제기 또는 제소(提訴)라고 하는데, 그 의사표시로써 구한 '심리와 재판'을 소라고 한다. 즉, 소는 당사자(원고)가 법원에 구한 심리와 재판 그 자체 또는 그 내용을 의미한다. 그런데 심리와 재판의 중심적 내용을 이루는 것은 다음에서 보는 바와 같이 '청구'이므로, 때로는 소를 청구로 이해하기도 한다. 예컨대, 소의 변경이라고 하면 통상 청구의 변경을 의미한다.

2) 여기서 말하는 심리와 재판은 넓게는 위에서 본 여러 형태의 것을 모두 포함하나, 특히 변론에 의한 심리와 판결에 의한 재판, 즉 본안소송절차의 신청만을 '소(訴)'라고 하고, 결정이나 심판, 명령 형태의 재판 신청은 '신청(申請)'이라고 하여 이를 구별하기도 함은 앞서 말한 바와 같다.

3) 따라서 원칙적으로 소는 변론에 의한 심리와 판결에 의한 재판의 신청만이 허용되나, 특별한 필요가 있는 때는 법에서 비송절차나 신청절차를 본안소송절차(변론절차)에 병합하여 함께 심리·판단하는 것이 허용되므로, 그러한 경우에는 본안절차의 재판신청인 소에 비송절차나 신청절차의 재판을 병합하여 제기할 수도 있다. 예컨대, 본안의 소송절차인 이혼재판의 청구를 하면서 비송절차인 재산분할신청을 함께 하나의 소장에 기재하여 제기하는 것이다.

나. 소의 구성요소

앞서 본 바와 같이 소에는 ① 재판을 구하는 사람과 그 상대방인 당사자, ② 재판의 대상이 되는 권리나 법률관계(소송물, 소송목적 또는 청구), ③ 심리·판단자인 법원이 필수적인바, 이를 소의 3요소라 한다.

(1) 당사자

1) 소송의 당사자는 소의 필수적 요소다. 소를 제기하여 소송물에 대한 심리·판단을

하는 것이 아니라 1심법원과 마찬가지로 청구(신청)의 당부를 심리, 판단한다.

구하는 능동적 당사자인 원고와, 그 상대방으로서 수동적 당사자인 피고의 두 당사자가 대립하여 공격과 방어를 하는 것이 민사소송의 통상적·기본적인 구조다(대립당사자주의). 예외적으로 독립당사자참가가 있는 경우에는 3면(三面) 소송관계가 성립한다.

2) 원고가 소를 제기하는 이유는, 대체로 권리자로서 법원에 그 권리의 실현을 요구하기 위한 것이다. 따라서 엄격히 말하자면, 소의 상대방, 즉 재판청구의 상대방은 법원이지 피고가 아니다. 피고의 관여가 없더라도 원고와 법원의 관여만으로 재판이 가능함은 물론이다. 그런데 피고를 소송절차에서 배제한 채 재판을 하게 되면 나중에 다시 피고로부터의 소 제기와 이에 따른 심리·판단이 필요하고, 그렇게 되면 절차의 번잡과 비용의 낭비, 진실 발견의 지연, 종전 재판의 번복에 따른 법률관계의 불안정 등 많은 불편과 부작용이 초래된다.

3) 이런 까닭에 민사소송법 등은, 소 제기자와 대립되는 이해관계를 가진 자를 피고 또는 그 상대방으로 하여 소송절차 관여를 허용하고, 예외적으로 비밀이 필요하거나 상대방의 관여가 없어도 그 이해관계를 크게 해치지 않는 때나 신속을 요하는 때에는 그 소송 관여를 불허한다.

▣ **소송의 종류와 당사자의 명칭**

구 분	능동적 당사자	수동적 당사자	비고
본안소송	원고, 독립당사자참가인	피고	
신청/비송[16]	신청인	피신청인	·재산분할심판신청 ·소송비용액확정신청 등
	채권자	채무자	·가압류·가처분 신청 ·가압류·가처분 이의
	신청인	상대방	·강제집행정지신청 등

4) 당사자는 자신의 이름과 계산으로 소송을 수행하게 된다. 그런데 민사소송에는 법원과 당사자 외에도 많은 사람들이 관여하게 되는바, 당사자를 비롯하여 소송절차에 관여하는 사람을 소송관계인이라 한다. 민사소송법은 이를 의식하여 "당사자와 소송관계인은 신의에 따라 성실하게 소송을 수행하여야 한다."라고 규정한다(제1조 제2항).

당사자 이외에 소송절차에 관여하는 자로는 ① 보조참가인, ② 법인 등 단체의 대표자와 법정대리인,[17] ③ 소송대리인,[18] 진술보조인, ④ 증인, ⑤ 통·번역인, ⑥ 감정인,

16) 구체적인 명칭은 법령규정에 의하기도 하지만 주로 법원 실무 관행에 따른다. 명칭을 어떻게 붙이든 법률관계의 실체에는 영향이 없다. 법관의 제척·기피신청 사건과 같이 사건에 따라서는 수동적 당사자가 없는 경우도 있다.

전문심리위원, ⑦ 참고인 등을 생각할 수 있다. 이들 가운데 보조참가인은 당사자(피참가인)의 승소를 보조하기 위하여 자신의 이름으로 소송절차에 관여하고 당사자에 버금가는 소송행위를 하게 되는바, 비록 자신의 이름으로 본안에 관한 판결을 받거나 그 판결의 효력(기판력, 집행력 등)을 직접 받지는 않지만, 변론기일 등 각종 기일을 통지 받을 권리를 가지며 당사자와 독립하여 변론에 참가하거나 상소를 제기하는 등 소송을 주도적으로 수행하고 그 판결의 효력을 간접적으로 받는(참가적 효력) 지위에 있다.[19] 따라서 소송관계인 중 보조참가인도 당사자와 마찬가지로 소송의 주체라고 할 수 있다.[20]

5) 단체의 대표자나 법정대리인, 소송대리인은 자신이 아닌 당사자나 보조참가인 등을 위하여 소송행위를 하고 그 소송수행의 결과는 당사자에게 귀속되므로,[21] 이들은 소송주체인 당사자 등의 보조인인 소송관계인이라고 할 수 있을 뿐 독립한 소송의 주체라고 할 수는 없다. 당사자와 보조참가인, 단체의 대표자나 법정대리인, 소송대리인을 제외한 소송관계인과 소송절차에 전혀 관여하지 않는 사람을 통상 소외인(訴外人)이라고 부른다.[22]

(2) 소송목적(청구)

1) 재판의 대상이 되는 권리나 법률관계란, 법령을 적용하여 그로부터 법률효과가 발

17) 법정대리인은 뒤에서 보는 바와 같이 미성년자 등 소송능력이 없는 자를 위하여 법률에서 인정하는 소송상의 대리인으로서, ① 실체법상의 법정대리인(친권자, 후견인, 민법 제64, 921조의 특별대리인, 법원이 선임한 부재자 재산관리인), ② 소송법상의 특별대리인(민사소송법 제62, 64, 378조, 민사집행법 제52조), ③ 법인 등 단체의 대표자(민사소송법 제64조)이다. 소송행위를 대리하는 법정대리인과 임의적 소송대리인을 합하여 소송상 대리인이라 한다. 법인 등 단체의 대표자는 엄격히는 대리인이 아니지만 대리인과 유사하므로 대리인에 관한 규정이 준용된다(민사소송법 제64조). 소송상 대리인은 본인의 소송행위를 대리하는 사람으로서, 실체법상의 법률행위의 대리권을 아울러 갖는 경우도 있고(법정대리인은 대부분 여기에 해당한다), 소송행위의 대리권만을 갖는 경우도 있다(협의의 임의적 소송대리인은 대부분 여기에 해당한다).

18) 임의적 소송대리인은 소송주체 본인의 의사에 기하여 소송대리권이 수여된 소송상의 대리인이다. 여기에는 변론능력이 부족하거나 여러 사정으로 자신이 직접 소송을 수행하기 어려운 소송주체가 소송수행을 위해 선임한 협의의 임의적 소송대리인(이를 보통 소송대리인이라 한다.), 소송주체가 선임한 자로서 소송주체의 소송수행을 돕기 위해 법률이 특별히 피선임자에게 소송대리권을 인정한 법률상 소송대리인(지배인, 부재자 본인이 선임한 재산관리인, 선장, 국가소송 수행자, 한국자산관리공사의 임직원, 농협이나 수협의 간부직원 등)이 있다. 협의의 임의적 소송대리인의 선임에는 일정한 제한이 따른다(민사소송법 제87, 88조, 소액사건심판법 제8조).

19) 보조참가인이 소송의 주체라는 점은 그에게도 소송대리인의 선임권, 상소권 등이 인정되는 것에 가장 잘 나타나 있다고 할 수 있다. 이에 따라 보조참가인은 소송 목적에 관한 본안의 재판은 받을 수 없지만, 상소의 제기, 이송신청, 기일지정신청 등 당해 소송절차 내의 신청에 대한 재판과 보조참가로 인한 소송비용의 재판(민사소송법 제103조)은 당사자와 별개로 받게 된다.

20) 소송의 주체라는 개념은 일반적으로 쓰이지 않는 개념이지만, 본서에서는 당사자와 소송관계인의 지위와 구별하기 위하여 이런 개념을 사용하기로 한다.

21) 소송행위나 판결서에 대표자나 대리인의 자격과 이름을 표시하나 이는 현명주의의 요청에 따른 것이고, 그 소송행위의 효과는 당사자와 보조참가인에게 귀속하므로 결국 이들이 그 자신의 계산으로 소송행위를 한다고 볼 수는 없다.

22) 엄밀한 의미에서는 당사자가 아닌 사람은 모두 소외인이다. 따라서 보조참가인, 단체의 대표자나 법정대리인, 소송대리인도 그 법적 성질은 모두 소외인이다.

생하는지 여부를 심리·판단하는 대상으로서, 개개의 법률요건과 그로부터 발생하는 법률효과를 말한다.

2) 이는 당사자 등 소송주체의 소송수행과 법원의 심리·판단 대상이 되므로 소송의 주제이자 목적이 되고, 원고가 법원에 대하여 심판을 구하는 청구가 된다. 청구는 청구원인(법률요건)과 청구취지(법률요건으로부터 발생하는 법률효과)로 구성된다.

(3) 법 원

1) 심리·판단자인 법원은 헌법과 법률에 의하여 사법권(재판권)을 부여받은 국가기관이다. 법원은 헌법과 법원조직법에서 말하는 '국법(國法)상의 법원'과 민사소송법 등 개별 소송법에서 말하는 '소송법상의 법원'으로 나뉜다.[23]

2) 국법상의 법원은 법관과 법원 직원, 넓게는 소속 집행관까지 포함한 사법기관으로서, 대법원과 서울고등법원, 서울남부지방법원, 서울행정법원, 광주지방법원 순천지원 등의 명칭을 갖는 각급 법원을 말한다. 이는 법원조직법과 '각급 법원의 설치와 관할구역에 관한 법률'에서 규정하고 있다.

3) 소송법상의 법원은 1인 또는 수인의 법관으로 구성되어 특정한 사건에 관하여 현실로 심리·판단의 재판권을 행사하는 재판기관(이를 통상 재판부라고 부른다.)을 말하고,[24] 이를 보통 수소법원(受訴法院=소를 제기 받은 법원)이라 한다. 예컨대, 국법상의 법원인 서울남부지방법원에 민사사건을 담당하여 처리할 재판부로 민사단독판사 5인과 민사합의부 4개가 있고, 어떤 민사사건이 이들 단독판사나 합의부 중 하나에 배당되어 심리 중이라면 그 해당 재판부가 곧 소송법상의 법원이자 수소법원이다.

4) 소의 3요소에서 말하는 법원은 당연히 소송법상의 법원을 의미한다.[25]

다. 소의 형태(종류)

1) 소는 위 구성요소의 모습에 따라 여러 가지 형태로 나눌 수 있다.

2) 대부분의 소송은 채권자가 그 권리 실현을 위해 원고가 되어 소를 제기하는 것이 일반이지만, 채무자도 원고가 되어 소를 제기할 수 있다. 그리고 뒤에서 설명하는 바와 같이 채권자가 원고인 경우나 채무자가 원고인 경우나 그 소송의 주제인 소송물은 기본적으로 동일하다. 따라서 채권자가 원고로서 그 권리에 대한 확인을 구하는 소를 제기한

---

23) 민사소송법에서 "법원은 …할 수 있다."고 규정한 경우 그 법원은 곧 소송법상의 법원으로서 수소법원(受訴法院)을 의미한다.

24) 재판부의 명칭은 '민사 제1단독', '민사부', '가사부', '제2민사부' 등으로 붙인다.

25) 고로 국법상의 법원에는 여러 개의 소송법상의 법원이 존재할 수 있다. 개개 법관으로 소송법상의 법원을 구성하고 거기에 특정한 소송사건을 맡기는 것(이를 사건의 배당이라고 한다.)은 국법상의 법원을 대표하는 법원장의 권한에 속한다.

뒤 채무자가 원고가 되어 그 의무의 부존재확인을 구하는 소를 반소 또는 별소로써 제기하면, 채무자가 제기한 소는 중복소송에 해당한다.

3) 한편 채무자가 원고인 경우, 소극적으로 채무부존재확인을 청구할 수는 있으나 채권자에게 급부의 수령을 강제할 수는 없는 것이 원칙이므로(권리는 권리자가 자유롭게 '행사'하는 것이지 누구에게 '행사'를 강요당하지 않는 것이므로) "피고는 원고로부터 1억 원을 수령하라."는 등의 급부 수령청구의 소는 제기할 수 없음이 원칙이다. 다만, 부동산의 등기를 채무자(등기의무자)가 채권자(등기권리자)에게 이전하는 등으로 그 등기의무를 이행하지 못한 채 자신의 명의로 등기를 보유할 경우 조세를 부과 받거나 무주택자로서 주택분양신청을 못하는 등의 여러 불편, 불이익이 뒤따르는 점을 고려하여 부동산등기법 제23조 제4항은 예외적으로 등기절차 수령을 청구하는 이행소송을 허용한다.

4) 다수 당사자 소송(공동소송)이라 함은 하나의 소(사건)에 원고나 피고가 복수인 경우를 말한다. 그러나 민사소송에서 일반적으로 공동소송이라 함은 위와 같은 경우를 포함하여, 하나의 소송절차에 관여하는 원고나 피고 또는 원고와 피고 쌍방이 모두 복수인 경우를 말한다. 그러므로 반소, 독립당사자참가, 공동소송참가 등과 같이 복수의 소가 제기되거나 여러 개의 소의 변론이 병합되어 동일한 소송절차에서 심리되는 경우에도, 그 각 소의 원고나 피고가 복수인 때는 복수의 원고끼리 또는 복수의 피고끼리 공동소송관계를 형성하고 그들은 공동소송인이 된다. 이때 복수 당사자들의 소송행위와 법원의 심리·판단은 그 공동소송의 특성, 즉 그것이 통상의 공동소송인지 필수적 공동소송인지에 따라 다르게 취급된다(민사소송법 제65조 내지 제70조, 제79, 83조 등 참조).

5) 장래이행의 소란 소송목적인 채무의 이행기가 사실심 변론종결일 이후에 도래하는 소를 말한다. 권리는 그에 대응하는 의무의 이행기가 도래한 뒤에 행사하는 것이 원칙이므로, 장래이행의 소의 제기는 그 장래의 이행기 도래 시 채무자의 자진 이행을 기대할 수 없다는 등의 특별한 사정이 있을 때만 예외적으로 허용된다(민사소송법 제251조).

■ **소의 형태와 종류**

구별기준		세부 구별기준	비고
당사자	원고의 지위	권리자가 원고인 경우	
		의무자가 원고인 경우	채무부존재확인 소송, 등기수령청구 소송 등
	당사자의 수	원고와 피고가 단일한 경우	
		원고나 피고가 복수인 경우	다수 당사자 소송(공동소송)
청구	청구의 수	청구가 단일한 경우	단일청구 소송
		청구가 복수인 경우	병합청구 소송

	청구의 내용	이행청구 (이행의 소)	현재 이행의 소	의무이행을 명하는 판결(작위의무, 부작위의무)
			장래 이행의 소	
		확인청구 (확인의 소)	권리·법률관계 확인의 소	권리·법률관계 등의 존부, 유무효나 증서의 진부를 확인하는 판결
			증서진부 확인의 소	
		형성청구 (형성의 소)	실체법적 형성의 소 (형식적 형성의 소, 실질적 형성의 소)	권리·법률관계의 변동을 직접 창설·선언하는 판결
			소송법적 형성의 소	
	제소 시기	원시적 소		
		소송 중의 소		중간확인의 소, 반소, 독립당사자참가 등
법원	판사의 수	단독판사(1인)		소송법상의 법원(재판부)
		합의부(3인 이상)		
	관할	임의관할		직분관할과 토지관할 등 다양한 구별 기준이 있음
		전속관할		
	심급	1심		민사사건의 경우 3심에 직접 소를 제기하는 경우는 없음
		상소심(2심, 3심)		

라. 소의 개수와 사건

1) 위와 같이 소는 법원에 대하여 심리와 재판을 구하는 의사표시이므로, 소의 개수는 원칙적으로 그 심리와 재판을 구하는 의사표시의 개수, 즉 소의 제기라는 소송행위의 개수에 따라 정해진다. 따라서 반소나 독립당사자참가, 중간확인의 소는 본소와는 독립한 별개의 소이다. 심리와 재판을 구하는 의사표시(소의 제기)는 서면에 의하며, 예외적으로 소액사건에 한하여 구술에 의할 수 있다.

2) 소에 대하여는 대법원 예규가 정하는 바에 따라 사건번호가 부여되는바, 이는 사건의 동일성을 확보하여 그 식별을 쉽게 하기 위한 것이다. 사건번호는 한 개의 소에 하나씩 부여된다. 따라서 한 개의 소는 한 개의 사건, 즉 한 개의 소송사건이 되고, 그 개수는 사건번호의 수로 표시됨이 원칙이다.

여기서 사건이라 함은, 소나 신청에 의하여 법원이 심리·판단하여야 할 사안(事案)의 단위를 말한다. 따라서 사건은 그 처리하여야 할 사안의 내용에 따라 민사사건, 상사사건, 가사사건 또는 소송사건, 신청사건, 본안사건, 보전사건, 집행사건은 물론 단독사건, 합의사건, 소액사건, 중액사건, 고액사건, 1심사건, 항소사건, 상고사건 등으로 여러 가지 기준에 따라 분류할 수 있다.

3) 사건의 단위는 소의 단위나 신청의 단위와 같다. 즉 하나의 소는 하나의 소송사건이고 복수의 소는 복수의 소송사건이며, 신청사건 역시 이와 같다(따라서 본소인 2019가합1234 약정금 사건과 반소인 2020가합34567 손해배상 사건이 하나의 소송절차에 병합되어 심리 중인 경우라도 소와 사건은 2개이다). 소의 개수 판단에 있어 주의할 것은 당사자가 복수라거나 재판의 대상인 청구 또는 소송물이 복수라고 하여 당연히 복수의 소가 되는 것은 아니라는 점이다. 즉 하나의 소에 여러 명의 당사자가 병합되거나 여러 개의 청구가 병합되더라도, 소가 복수가 되는 것은 아니다.[26)]

여러 명의 원고가 또는 여러 명의 피고를 상대로 소를 제기하거나 한 명의 원고 또는 여러 명의 원고가 복수의 청구를 하였더라도, 심리와 재판을 구하는 의사표시, 즉 소의 제기가 하나이면 소는 한 개다. 따라서 하나의 소장에 여러 명의 원고 또는 피고를 기재하거나 복수의 청구를 기재한 경우, 소는 한 개가 된다.[27)] 이 경우에는 하나의 소에 다수의 당사자가 병합되었거나(주관적 병합의 소), 다수의 청구가 병합되었다(객관적 병합의 소)고 한다.[28)]

4) 하나의 소에 다수의 당사자 또는 다수의 청구가 병합된 경우 이를 분량적으로 나눌 수 있다. 즉 당사자의 일부나 청구의 일부에 관한 소를 수량적으로 나누어 그 일부를 취하하거나 각하하거나 이송하거나 판단할 수도 있다(민사소송법 제34, 200, 266조 참조).

5) 사건번호에는 접수한 연도와 그 사건의 종류를 나타내는 사건부호, 일련번호, 사건명을 곁들여 붙인다. 민사사건의 사건번호 중 중요한 것을 예시하면 다음과 같다.

---

26) 병합이란 어떤 것에 다른 것이 합쳐진 것을 말한다.

27) 여러 명이 동시에 하나의 소장을 제출하여 소를 제기하는 경우 실체법적인 면에서 볼 때는 원고의 수만큼의 의사표시가 있게 되나 소의 제기라는 소송행위를 하나만 하였으므로 소의 개수는 한 개가 된다. 그러나 하나의 소(사건)와 하나의 소송절차가 동일한 개념은 아니다. 소송절차는 심리와 변론절차를 말하므로 여러 개의 소를 동시에 심리하는 경우 하나의 소송절차에서 여러 개의 소(사건)가 병합 심리되게 된다. 하나의 소(사건)에 복수의 청구가 병합되는 것은 당사자가 복수인 때(원고나 피고가 복수인 경우 각 당사자만큼의 청구가 있게 되므로), 원고와 피고가 각 한 명이라도 원고가 동시에 여러 개의 권리나 법률관계를 주장한 때에 발생한다.

28) 그러나 하나의 소에 복수의 원고나 복수의 피고가 무제한으로 허용되는 것은 아니다. 소송목적이 되는 권리나 의무가 여러 사람에게 공통되거나 사실상 또는 법률상 같은 원인으로 말미암아 생긴 것이어야만 한다(민사소송법 제25, 65조 참조). 반면에 1인의 원고가 1인의 피고를 상대로 하나의 소로써 복수의 청구를 하는 데에는 이러한 제한이 없이 어느 한 청구의 관할권이 있는 법원에 병합하여 소를 제기할 수 있다(민사소송법 제25조 제1항 참조). 다만, 이 경우에도 그 청구에 따른 소송절차가 동일하여야만 하므로(민사소송법 제253조 참조), 본안소송절차에 의한 청구와 가압류·가처분절차에 의한 청구(신청)와 같이 그 소송절차가 다른 때에는 하나의 소로 병합하여 제기할 수 없다.

▣ 민사사건의 사건번호

심급	사건의 종류	재판부	사건부호	사건번호(예시)
1심	일반사건	합의부	가합	2019가합11035 토지인도
		단독판사	가단	2018가단26341 대여금
	소액사건	단독판사	가소	2020가소53245 어음금
2심	항소사건	합의부	나	2021나2057 공유물분할
3심	상고사건	합의부	다	2021다1789 경계확정

마. 소의 변경과 소의 동일성

1) 소가 제기되면 그에 따라 제척기간 준수나 소멸시효의 중단 등 일정한 실체법적 효력이 발생한다. 그 외에도, 법원은 소장 부본을 피고에게 송달하고 사건을 심리하여 재판을 선고하여야 할 의무를 부담하는 등의 소송법적 효력이 발생한다.

2) 소는 사실심 변론 종결 시까지 일정한 요건을 갖춘 경우 동일성을 유지하는 한도에서 그 변경이 허용된다.[29] 여기서 말하는 소의 변경은 앞서 본 소의 구성요소 중의 일부나 전부가 모습을 달리하는 것을 말하는바, ① 당사자의 변경, ② 청구의 변경, ③ 법원의 변경이 있다. 법원의 변경을 특히 이송(移送)이라고 한다. 위와 같이 소가 변경되더라도 종전의 소의 동일성이 상실되지 아니하므로, 당사자가 증감(增減)하거나 청구가 증감하더라도 소의 개수가 증감하지는 않는다.[30] 사건번호도 그대로 유지된다.

3) 청구의 변경, 즉 청구의 증감은 양적·질적 증감을 모두 포함한다. 예컨대, 5,000만 원의 매수대금청구를 1억 원의 청구로 변경하거나 그 반대의 경우, 소유권이전등기청구만을 구하다가 그 부동산의 인도를 추가적으로 구하거나 그 반대의 경우는 양적 증감에 해당한다. 한편, 무조건으로 인도청구를 하다가 대금지급과 동시이행으로 구하는 것으로 변경하거나 그 반대의 경우는 질적 증감에 해당한다.

이 같은 청구의 증감이 있더라도, 기본적 사실관계가 동일한 이상 소의 동일성이 유지되고 소의 개수에는 영향이 없다. 소유권이전등기청구를 하다가 부동산의 인도를 청구하는 것으로 청구를 변경하는 청구의 교환적 변경의 경우에도 동일하다.[31]

---

29) 소의 변경은 이와 같이 소의 동일성이 유지되는 한도에서만 허용되므로 그 요건이 엄격하다. 특히 당사자의 변경이 그러하다. 이에 관하여는 뒤의 <소의 변경>을 참조.

30) 하나의 소 중 그 청구의 일부나 당사자의 일부가 감소하는 사유로는 청구의 감축, 소의 일부 취하 또는 승계인 없는 당사자의 사망 등을 생각할 수 있다. 소의 일부 취하 형식을 취하지 않더라도 청구의 변경 등을 통해 이와 같이 소의 일부 취하의 결과가 발생하는 때에는 청구의 변경이 아닌 소의 일부 취하의 법리가 적용된다.

31) 위 경우와 같이 부동산의 인도를 구하는 새로운 청구를 하더라도 이를 새로운 소의 제기라는 방법을 취한 때는 복수의 소가 되지만, 청구의 변경(청구의 확장 또는 청구의 교환적 변경)이라는 방법을 취한 때는 원래의 소가 그대로 유지되고 소가 복수로 되지 않는다.

4) 당사자의 변경에 관하여는 유의할 점이 있다. 피고의 경정, 필수적 공동소송인의 추가, 예비적·선택적 공동소송인의 추가, 종전 당사자의 사망이나 법인의 합병 등에 따른 소송의 당연 승계는 당사자가 변경되지만 소의 동일성을 해하지 않으므로, 소의 변경 전후를 불문하고 소의 개수에 영향이 없다.

권리(승계)참가 중 원고 측 참가는 제3자가 원고로부터 소송물을 승계하였음을 내세워 승계인 자신의 이익을 위해 심판을 구하는 것이므로 새로운 소의 제기에 해당하여 그 실질에 있어서는 종전의 소와 동일성이 없으나 실무상 소의 변경으로 취급한다.[32] 반면에 권리(승계)참가 중 피고 측 참가와 인수참가(원고 측의 인수참가든 피고 측의 인수참가든)는 종전의 소와 별개 독립한 심판의 청구가 없어 실질적으로 새로운 소의 제기에 해당하지 아니하므로 당연히 복수의 소가 되지 아니한다. 이는 일종의 변형적 원고 경정(원고 측 인수참가의 경우) 또는 변형적 피고 경정(피고 측 권리참가 및 피고 측 인수참가의 경우)에 해당한다고 할 것이다.

▣ **소의 변경**

구분	분류	유형	비고
당사자 변경	소송의 승계 (종전 당사자의 지위 승계)	·당연승계 ·소송물의 양도에 의한 승계	·당사자의 사망, 합병 등 ·소송 중 소송목적의 양도
		·권리참가승계 ·인수참가승계	원고 측 권리참가승계의 실질은 신소 제기에 해당
	임의적 당사자변경(종전	피고의 경정	당사자 교체 (당사자의 동일성을 상실하는 점

그러나 실질적 의미에서까지 동일성이 유지되는 것은 아니다. 즉, 청구 변경의 경우(다만, 청구의 양적 증가나 청구의 교환적 변경에 한함. 청구의 질적 증가는 소송목적 값의 변동을 초래하는 경우가 거의 없다.) 실질적으로는 새로운 소의 제기에 해당한다. 즉, 청구의 변경을 통해 청구를 확장하거나 청구를 교환적으로 변경한 경우, 그 확장·교환되는 부분에 대하여는 실질적으로 새로운 소의 제기에 해당하는 것이다. 이에 따라 청구의 변경에 따른 시효의 중단 또는 제척기간 등의 준수의 효력은 원래의 소 제기 시가 아니라 청구변경신청서를 법원에 제출한 때에 발생한다(민사소송법 제265조, 제262조 제2항. 이는 소의 변경 중 당사자의 변경에 해당하는 피고의 경정의 경우에도 동일하다. 민사소송법 제265조, 260조 제2항 참조).

또한 청구의 변경에는 소송목적 값의 변동에 따른 인지액의 추가납부, 사물관할, 소송대리권의 범위 등에도 영향을 미친다. 다만, 민사소송법 제33조는, 법원의 관할은 소를 제기한 때를 표준으로 정한다고 하는바, 청구를 확장하여 단독사건이 합의부 사건으로 되는 때에는 그 청구의 변경에 따른 실질적인 새로운 소의 제기 당시를 기준으로 사물관할을 다시 정하므로 사건을 합의부에 이송하여야 하나(그러나 소액사건의 제소 후 계쟁물의 시가가 상승하여 소송목적 값이 소액사건의 대상을 초과하더라도, 이 경우에는 소액사건으로 처리하여야 한다. 대법원 1979. 11. 13. 선고 79다1404 판결), 토지관할은 이로써 영향을 받지 아니하며(토지관할이 다르더라도 관련재판적으로 해결된다.), 청구를 감축하여 합의부 사건이 단독사건으로 되는 때도 소송경제를 위해 단독판사에게 이송하지 않는 것이 법원의 실무이다(법원실무제요 민사소송 Ⅰ, 62면 참조).

32) 다만, 소송의 주제에 큰 변동이 없어 실질적으로는 소의 변경과 유사하므로 사건번호를 따로 부여하지 않되, 피참가인이 승계사실을 다투는 때에만 복수의 소로 취급하여 사건번호를 부여한다.

	당사자의 지위 불승계)		에서 당사자표시정정과 다름)
		필수적 공동소송인 추가	당사자 추가
		예비적·선택적 공동소송인 추가	
청구의 변경	청구취지 변경	청구취지의 확장/감축/교체	·양적 변경 ·질적 변경
	청구원인 변경	청구원인의 추가/철회/교체	청구의 기초에 변동이 없을 것

5) 그러나 독립당사자참가, 공동소송참가,[33] 반소나 중간확인의 소의 제기는 종전 소송의 원고가 아닌 피고 또는 제3자가 심리와 판단을 구하며 소를 제기하는 것이거나 원고가 종전의 소와 별개의 소를 제기하는 것(중간확인의 소)으로서, 당사자와 소송목적인 청구가 종전 소의 그것과 달라 종전 소의 주관적·객관적 동일성을 해하므로 소의 변경에 해당하지 아니한다.[34] 따라서 이들은 종전 소송절차에서 함께 심판되더라도 새로운 소의 제기에 해당하여 각각 별도의 사건번호가 부여된다.

그러나 보조참가, 공동소송적 보조참가는 그 참가인이 당사자가 되는 것이 아니고 종전 당사자의 재판을 보조할 뿐 독립한 재판청구를 하는 것이 아니므로 소의 변경에 해당하지 아니하며, 소의 개수에도 영향이 없다.

▣ 소의 변경이 아닌 별개의 소에 해당하는 경우

구분	분류	유형	비고
기존 당사자의 신소	소송 중의 소 제기	중간확인의 소	·원고의 경우에도 동일 ·피고가 제기하는 경우에는 반소
		반소	피고만이 제기
제3자의 신소	소송 중의 참가	독립당사자참가	보조참가, 공동소송적 보조참가는 새로운 소의 제기가 아님
		공동소송참가	

바. 소와 소송절차, 변론(사건)의 병합

1) 뒤에서 보는 바와 같이, 소의 제기에 따른 소송절차는 각각의 소, 즉 각각의 사건을 기준으로 그 각각의 소(사건)를 단위로 하여 진행된다. 따라서 특별한 사정이 없는 한 각각의 소(사건)는 1심에서 상소심에 이르기까지 일체로서 취급되어 독립적으로 심리·판단되고 확정되거나 종결되며, 상소에 관하여 상소불가분의 원칙이 적용된다.

---

33) 단, 피고 측에 공동소송참가하는 경우는 응소일 뿐 소의 제기가 아니므로 이 논의의 대상이 아니다.

34) 소의 변경은 그 소의 원고만이 할 수 있다. 한편, 원고가 중간확인의 소를 제기하는 경우에도 청구변경의 방식이 아닌 새로운 소의 제기방식을 택한 때에는 새로운 소의 제기라는 소송행위가 뒤따르므로 종전의 소와는 별개의 소가 생기게 된다.

2) 따라서 복수의 소(사건)는 각각 독립하여 따로 소송절차가 진행되고, 그 중심적 절차인 변론도 독립하여 진행된다. 다만, 법원은 심리의 편의와 소송경제, 판단의 모순·저촉을 피하기 위하여 직권으로 복수의 소(사건)의 소송절차를 하나로 통합하여 처리할 수 있는바,[35] 이를 변론의 병합 또는 소송절차의 병합이라고 한다(민사소송법 제141조 참조).[36] 변론의 병합이 이루어지면, 그 복수의 소(사건)에 관한 변론과 판단이 하나의 소송절차에서 함께 이루어지게 되어 당사자와 법원은 소송경제를 도모할 수 있고, 각각의 사건을 따로 심리함으로써 발생할 수 있는 판단의 불일치를 피할 수도 있다.

3) 변론의 병합은 당사자의 공격방어 활동이자 법원의 심리작용인 변론을 병합하는 것으로서, 당사자의 병합(민사소송법 제65조 참조)이나 청구의 병합(민사소송법 제27조 참조)과는 구별되는 개념이다. 형사소송에서는 변론의 병합이라는 용어 대신 사건의 병합이라는 용어를 사용하고 있는바(형사소송법 제5, 9조 등 참조), 그 기본적 의미는 동일하다.[37] 민사소송에서도 변론의 병합이라는 용어 대신 사건의 병합이라는 용어를 사용하는 경우가 있다.[38]

4) 소의 변경에 해당하지 않아 형식적으로나 실질적으로나 복수의 소(사건)로 취급되는 독립당사자참가, 공동소송참가, 반소의 제기, 피고에 의한 중간확인의 소 제기의 경우[39]에는, 소송절차의 편의와 모순·저촉의 방지를 위하여 변론의 병합 절차를 별도로 취함이 없이 이들 복수의 소(사건)를 당연히 하나의 소송절차에서 심판한다.[40]

---

35) 변론의 병합은 수소법원의 재량에 속하는 것이지만, 동일한 피고를 상대로 한 회사 설립무효·취소의 소 등과 같은 유사필수적 공동소송이 복수로 계속된 일정한 경우 법원은 의무적으로 변론을 병합하여 심리하여야 한다(상법 제188, 240, 328, 380, 381조 등 참조). 합일확정이 필요한 유사필수적 공동소송의 특성을 고려한 것이다.

36) 반면에 이러한 관계에 있지 아니한 사건으로서, 다만 소송심리의 편의를 위해 변론을 병합하지 않은 채 같은 변론기일에 사실상 동시에 심리하는 것을 병행심리(竝行審理)라 한다. 삼풍백화점 폭발·붕괴사고의 여러 피해자들이 각각 따로 손해배상청구의 소를 제기하고 이들 사건을 같은 재판부가 심리하는 경우 등에서 이러한 모습을 볼 수 있다. 그러나 이들이 처음부터 하나의 소장에 공동원고로 기재하여 소를 제기한 때(민사소송법 제25조 제2항 참조)에는 하나의 소가 됨은 물론이다.

37) 형사소송에서도 구두변론을 필요로 한다(형사소송법 제37조 제1항 참조).

38) 이와 같이 변론의 병합은 사건의 병합을 의미하여 복수의 사건이 하나의 변론절차(소송절차)에서 심리되지만, 때에 따라서는 하나의 소송, 즉 하나의 소송사건이라도 특정한 당사자나 특정한 청구별로 변론절차를 분리할 수 있고 다시 이를 합칠 수도 있는바(민사소송법 제141조 참조), 이 경우에도 분리된 변론을 다시 합치는 변론의 병합이 발생할 수 있다. 고로 변론의 병합이라 하여 언제나 사건의 병합을 의미하는 것은 아니다.

39) 중간확인의 소를 원고가 제기한 경우에는 원래의 소의 청구변경에 해당하고, 피고가 제기한 경우에는 반소의 일종으로 해석하는 것이 통설이다.

40) 이러한 경우 병합심리되는 소가 원래의 소와 밀접한 관계가 있지만, 그 소는 어디까지나 복수의 별개 독립한 소(사건)이므로 특별한 규정이 없는 이상 이들에 대하여도 민사소송법 제141조에 따른 변론병합결정을 요한다고 할 것이다(반소에 관하여 민사소송법 제200조 제2항은 "변론을 병합한 여러 개의 소송 가운데 한 개의 심리를 마친 경우와, 본소나 반소의 심리를 마친 경우에는 제1항의 규정을 준용한다."고 하여 본소와 반소는 변론병합결정을 요함이 없이 당연히 병합심리되는 것으로 해석될 여지도 있으나 불충분하다고 할 것이며, 소송절차의 중단·중지를 규정하고 있는 민사소송법 제79조 제3항, 제67조 제3항도 마찬가지라 하겠다). 그러나 이들 소는 원래의 소를 전제로 그 소송절차 진행 중에 그 소가 계속 중인 법원에 제기하는 것으로서 처음부터 병합심리가 예정되어 있다는 이유로 변론

5) 위와 같이 하나의 소송절차에는 여러 개의 소(사건)가 합쳐져 함께 처리될 수 있으므로, 하나의 소와 하나의 소송절차는 다른 개념이다. 하나의 소송절차라고 하여 당연히 하나의 소(사건)라고 단정하여서는 안 된다. 그리고 변론의 병합이 이루어져 복수의 소(사건)에 관한 변론이 하나의 소송절차에서 함께 이루어지게 되더라도, 이로써 복수의 소(사건)가 당연히 하나의 소(사건)로 변하는 것은 아니고 나중에 변론의 분리를 통해 따로 따로 심리될 수도 있으므로, 당초의 사건번호와 사건명은 그대로 유지되며, 그것들이 판결서 등 재판서에 그대로 표시된다.

사. 소의 이익

(1) 의 의

1) 일반적으로 특정한 소의 소송목적인 권리·법률관계가 법원의 소송절차를 통한 심리·판단의 대상이 될 수 있어 본안소송을 인정할 필요성 내지 이익을 소의 이익이라 한다. 소는 당사자가 소송목적인 권리·법률관계에 관하여 정당한 권리나 이해관계를 갖는 경우에 이를 실현하기 위하여 국가(법원)에 제기하는 공권적 청구인바, 그것이 법원의 심판을 받을 자격이 없는 것이라면 국가는 이에 대판 심판을 거부하게 된다. 이 점에서 국민의 재판 받을 권리가 제한되나, 이는 공공의 이익을 위한 것으로서 정당한 제한이라고 할 수 있다.

2) 민사소송법은 소의 이익에 관하여 직접적인 규정을 두지 않고 있다. 다만, 장래이행의 소에 관하여는 "장래에 이행할 것을 청구하는 소는 미리 청구할 필요가 있어야 제기할 수 있다"고 규정하고 있다(민사소송법 제251조). 이에 따라 소의 이익은 학설과 판례에 의하여 인정된다.

3) 소의 이익은 이와 같이 구체적인 소송에서 그 심판대상인 소송목적(권리·법률관계)에 관하여 법원의 심판을 받을 자격으로서 그 필요성 내지 정당한 이해관계(이익)를 말하므로, ① 궁극적으로는 그 소송목적에 대하여 법원이 심판권을 가지고 있고 법령상 그 소송목적이 소송의 심판대상으로서 허용될 뿐 아니라 적합하여야 하고(객관적 측면), ② 또한 그것이 현재의 권리·법률관계로서 그에 관하여 분쟁이 있거나 원고의 권리 실현이나 법적 지위 등에 장애 또는 불안이 있어, 그 소송의 결과 원고가 주장하는 권리·법률관계가 인정된다면 그로써 원고가 자신의 권리를 실현하거나 법적 지위를 보호·강화하는 데에 도움이 될 수 있어야 한다(주관적 측면). 이런 견지에서 보면, 소의 이익은 매우 넓은 의미를 갖는다고 할 수 있다.[41]

병합결정 없이 병합심리하는 것이 법원의 오랜 실무관행이며, 이 경우 복수의 소(사건)이지만 소송기록도 원래의 그것에 가철(加綴)하거나 합철(合綴)하여 한 개로 만든다.

41) 이런 점에서 뒤에서 보는 소송요건의 많은 부분은 소의 이익에 속하다고도 볼 수 있다.

4) 소의 이익은 보통 객관적 이익과 주관적 이익으로 나누는데, ① 소의 객관적 이익은 위 객관적 측면에 관련되는 것으로, 소의 한 요소인 특정한 청구가 특정한 당사자와 관계없이 그 청구의 성질상 추상적인 권리보호의 자격(법원이 심판권을 가지고 있고 법령상 그 소송목적이 소송의 심판대상으로서 허용되는 것)과 구체적인 권리보호의 이익(그 소송목적이 소송의 심판대상으로서 적합한 것)을 갖춘 것으로서 적법한 심리·판단의 대상이 될 수 있는 자격을 말하고, 청구의 자격에 관한 것이므로 청구적격이라고도 부른다.[42] ② 반면에 소의 주관적 이익은 위 주관적 측면에 관련되는 것으로, 특정한 소송목적에 관하여 당해 당사자가 소송을 통한 권리보호의 이익(분쟁의 해결 또는 권리의 실현, 법적 지위의 보호·강화)을 가지고 심리·판단을 받을 수 있는 자격을 말한다.[43]

①의 예로는 법률상 허용되지 않는 권리의 등기청구를 한 경우나 사람의 피나 근육, 장기의 인도를 구하는 청구를 한 경우 또는 대통령 등 공무원이나 회사 대표이사의 해임을 청구하는 경우, 원·피고가 현재 연인관계라는 사실에 대한 확인이나 과거에 원고가 피고의 피용자였다는 고용관계의 확인을 청구한 경우, 장래 이행기가 도래하는 채무의 이행을 청구한 경우 등을 들 수 있고, ②의 예로는 부제소합의에 반한 청구나 중복제소의 경우, 이미 승소확정판결을 받은 사항에 대한 청구를 한 경우, 종국판결 선고 후 소를 취하한 자가 다시 동일한 청구를 한 경우, 공동선조와 성·본을 달리하여 종원이 될 수 없는 외손자가 종원지위 확인청구를 한 경우 등을 들 수 있다.

5) 소의 이익은 이를 세분화하여 '확인의 이익', '미리 청구할 이익', '등기 말소를 구할 이익', '철거를 구할 이익' 등으로 그 내용에 따라 달리 부르기도 한다.

(2) 소의 이익이 없는 소의 소송법적 효과

1) 소의 이익은 구체적인 소송에서 그 심판대상인 소송목적에 대한 심판의 필요 내지 자격이므로, 그것이 없는 소는 본안 심판을 받을 수 없어 부적법하다. 따라서 소의 이익은 소송요건에 속한다.

2) 소의 이익은 이와 같이 소송요건에 속하므로 자백의 대상이 될 수 없고, 법원의 직권조사사항이다. 그리고 이는 소송의 최종 종료 시까지 계속해서 갖추어야 하므로, 상소심에서 이를 상실한 경우라도 그 소는 상소의 이익을 따질 필요 없이 부적법하게 된다.

3) 소가 부적법한 경우 재판장은 상당한 기간을 정하여 이를 보정하도록 명할 수 있으나(민사소송법 제254조 참조), 소의 이익이 없는 소는 원칙적으로 그 흠을 보정할 수 없는 경우에 해당하므로 수소법원은 변론을 거쳐 판결로써 이를 각하할 수 있음은 물론, 보정을 명하지 않고 변론 없이 판결로써 소를 각하할 수 있다(민사소송법 제219조).

---

42) 청구적격에 대해서는 해당되는 부분의 설명을 참조.

43) 소의 객관적 이익과 청구적격에 관하여는 뒤의 <청구적격과 소송물>을 참조.

Ⅱ. 당사자

1. 당사자의 의의

가. 당사자의 지위

1) 민사소송의 당사자는 당해 소송목적에 대해서 이해관계를 가지는 자로서, 자신의 이름으로 그 절차에 참여하여 고유의 권한과 책임으로 소의 제기나 청구의 변경, 청구의 포기·인낙, 화해, 소의 취하, 변론 등의 소송행위를 하고, 자신의 이름으로 그 소송목적에 대하여 판결을 받는 사람을 말한다.

2) 선장, 검사, 파산관재인, 회생채무자의 관리인, 상속재산 관리인, 후견인 등 이른바 제3자소송담당자는 법률에 의하여 그 소송물에 대한 관리처분권을 가지고 일정 범위에서 직접 이해관계를 가지므로 당사자이다. 또, 독립당사자참가인, 공동소송참가인, 승계참가인도 당사자이다. 고유필수적 공동소송인으로 추가되거나 예비적·선택적 공동소송인으로 추가된 사람 역시 당사자이다. 선정당사자는 이미 당사자가 된 자나 앞으로 당사자가 될 자들의 선정에 의하여 그 타인들을 위한 당사자 지위와 자신의 고유한 당사자 지위를 겸하는 자로서 원래부터 당사자이다.

3) 반면에 보조참가인(공동소송적 보조참가인 포함)은 자신의 이름으로 소송절차에 참여하기는 하지만, 소송물에 대하여 직접적인 이해관계를 갖지 않고, 당사자가 아니어서 청구를 변경하거나 소를 취하하는 등의 소에 대한 처분권이 없으므로 소송행위의 범위가 당사자보다 좁다.

4) 법인이나 법인격 없는 사단의 대표자, 법정대리인, 소송대리인은 당사자를 대표·대리할 뿐 자신의 이름으로 소송절차에 관여하는 것이 아니며, 소송물에 대해서 직접적인 이해관계를 갖지도 않으므로 역시 당사자가 아니다.

5) 당사자는 그의 권한과 책임, 계산하에 소송을 수행하고 그에 따라 기판력의 효력을 받으며, 소의 형태에 따라 집행력, 형성력 등도 받는다.

나. 당사자 대립주의

1) 협의의 민사소송에서는 그 소송물에 관하여 대립하는 이해관계를 갖는 자가 원고와 피고로서 소송절차에 참가하고, 무기 대등의 원칙에 따라 균등한 절차 참여권을 보장받는다. 이것이 당사자 대립주의로서, 당사자주의의 한 내용이다. 분쟁이 3면관계를 갖는 때는 원고와 피고 외에 독립당사자참가인도 당사자가 되어 3면적 대립관계가 성립할 수도 있다.

2) 신청사건 등 비송사건에서는 사건의 성질상 이해관계가 대립하는 자가 없어 이러한 대립구조가 형성되지 않는 경우가 많다.

2. 당사자의 확정

가. 의 의

1) 소송의 당사자는 원칙적으로 원고가 지정한다. 즉 자신의 이름으로 소를 제기한 자가 원고가 되고, 원고가 그 소송물에 관하여 방어를 할 자로 지정한 자가 피고가 된다. 그런데 경우에 따라서는 소장 기재의 불명확이나 불충분, 소장에 기재된 자의 법적 지위의 혼란, 성명의 모용(冒用)이나 도용(盜用) 등으로 누가 진정한 소송당사자인지 불분명한 경우가 생긴다. 특정한 소송에서 진정한 당사자가 누구인지를 분명히 하는 것을 당사자의 확정이라고 한다.

2) 당사자의 확정은 논리적으로 청구의 당부 판단에 앞서 먼저 이루어져야 한다. 당사자의 확정이 중요한 이유는, 당사자능력, 당사자적격, 소송능력 등은 진정한 당사자를 기준으로 결정하여야 하므로, 특정한 소송에서 누가 진정한 당사자인가가 먼저 결정되어야 하기 때문이다. 또, 법원의 관할, 법관의 제척·기피·회피 사유의 유무, 기판력과 집행력의 주관적 범위, 증인적격, 소송절차의 중단과 수계, 송달 등도 당사자가 누구인지와 밀접히 연관된다(대법원 1987. 4. 14. 선고 84다카1969 판결 참조).

3) 당사자의 확정에 앞서 원고가 소장에 누구를 당사자로 기재한 것인지 그 표시된 의사를 해석하는 것을 당사자의 특정이라고 한다. 그러나 그 특정된 자가 곧바로 진정한 당사자가 되는 것은 아니므로 당사자의 특정과 확정은 반드시 일치하는 개념이 아니다. 원고가 소장에 기재한 당사자 표시로부터 그가 누구를 당사자로 표시하였는지 그 의사를 알게 되었더라도, 그 특정된 당사자가 당해 소송의 진정한 당사자인지 여부를 다시 확정할 필요가 있기 때문이다.[44)]

4) 소송 현실에서는 소장에 당사자로 기재된 사람이 아닌 자가 실제로 소송에 관여하는 경우가 있다. 이러한 예로는, ① 소장에 당사자로 기재된 사람이 이미 사망하여 그 상속인이 소송에 관여하는 경우, ② 실제로 원고나 피고로서 소송을 수행하는 자가 소장에 당사자로 기재된 사람의 이름을 모용 또는 도용한 경우를 들 수 있다. 이러한 경우에 소장에 기재된 사람을 당사자로 볼 것인지 아니면 실제로 소송에 관여한 사람을 당사자로 볼 것인지를 결정하는 것도 당사자 확정에 속한다.

---

44) 원고가 소장에 甲을 당사자로 기재하여 특정하였더라도 법원은 법리해석 등 여러 가지 사정을 고려하여 乙을 진정한 당사자로 확정할 수도 있다. 대법원은 일반적으로 당사자의 특정을 당사자 확정에 포함시켜 논의한다(1987. 4. 14. 선고 84다카1969 판결 참조). 당사자의 특정 문제를 당사자의 확정 문제보다 뒤에 두는 견해도 있으나 수긍하기 어렵다.

5) 당사자 확정은 당사자적격과도 다른 개념이다. 당사자적격은 특정한 소송에서 그 소송목적과 관련하여 누가 정당한 당사자가 되어야 할 것인가 하는 당위의 문제임에 반해, 당사자의 확정은 특정한 소송사건에서 실제로 누가 진정한 당사자인지를 파악, 확정하는 문제이기 때문이다.

나. 확정권자

1) 당사자는 소장의 필수적 기재사항이고(민사소송법 제249조 제1항), 그 실재 여부, 당사자능력이나 당사자적격의 유무 등은 소송요건에 속하므로, 구체적인 소송에서 당사자가 누구인지 확정할 권한은 당해 사건을 심리하는 수소법원에 속한다(대법원 1987. 4. 14. 선고 84다카1969 판결).

2) 소장 제출 단계에서 당사자의 기재가 아예 없거나 그 기재만으로는 누가 당사자인지 특정할 수 없는 때에는 재판장의 소장 보정명령의 대상이 된다(민사소송법 제254조).

다. 확정의 기준

1) 이에 관하여는 ① 원고나 피고의 의사를 기준으로 하는 의사설, ② 소장에 표시된 내용을 기준으로 하는 표시설, ③ 당해 소송절차에서 실질적으로 당사자로 취급되거나 당사자로 행동한 여부를 기준으로 하는 행동설, ④ 심리의 개시 전후로 나누어 전단계에서는 표시설에 따르고 후단계에서는 행동설의 입장에 따라야 한다는 규범분류설이 대립한다.

2) 대법원은 표시설을 기준으로 하면서도, 소장의 기재, 원고나 피고로 실제 행동한 사람, 소송목적의 내용(청구의 내용과 청구원인사실 등), 소송물과 소장에 기재된 자의 관계 등을 종합적으로 고려하는 입장을 취한다(1996. 12. 20. 선고 95다26773 판결, 2011. 7. 28. 선고 2010다97044 판결 등).

3) 소송실무상 당사자의 확정이 가장 문제되는 경우는 타인의 성명을 모용하거나 도용한 경우, 사망한 사람을 당사자로 기재한 경우이다. 대법원은 다음에 보는 바와 같이, 피고가 이미 사망한 사실을 모르고 원고가 사망자를 피고로 표시한 경우 실제의 피고는 그 상속인인 것으로 보아 당사자표시정정을 허용한다.

라. 당사자표시정정에 의한 당사자표시의 보완

1) 당사자가 누구인지 조사하여 그 확정한 결과, 당사자가 실재하지 않거나 사망한 자인 것으로 밝혀진 경우 그 소는 부적법한 소로서 이를 각하하여야 하고,[45] 조사해도 누가 당사자인지 특정할 수 없는 때에는 원고에게 소장 보정을 명하고 이에 불응하는 때는

45) 대법원 1960. 3. 10. 선고 4292민상169 판결, 2005. 5. 26. 선고 2005다12810 판결. 대법원은 원고가 피고의 사망 사실을 모르고 피고로 표시한 경우, 그 상속인으로의 당사자표시정정을 허용한다(대법원 1983. 12. 27. 선고 82다146 판결, 2006. 7. 4.자 2005마425 결정 등).

소장을 각하하거나 소를 각하하여야 한다. 실재하지 않은 자나 이미 사망한 자에 대한 판결은 당연무효는 아니라도 실질적으로는 무효이다(대법원 1956. 5. 17. 선고 4289민상155, 156 판결, 1980. 6. 24. 선고 80다974 판결, 2008. 4. 10. 선고 2007다 3070 판결 등).

2) 실정법적 근거는 없지만 판례상 인정되는 것이 당사자표시정정이다. 이는 당사자의 이름, 생년월일, 주소, 대표자의 성명 등 당사자의 동일성에 영향이 없는 당사자의 인적 사항을 정정·보완하는 것을 말한다(대법원 1991. 6. 14. 선고 91다8333 판결, 2008. 6. 12. 선고 2008다11276 판결, 2011. 7. 28. 선고 2010다97044 판결 등). 소장에 기재된 당사자표시의 불명확이나 오류로 인해 당사자 특정이나 확정의 문제가 발생하는 경우에도 당사자표시정정을 통하여 이를 보완할 수 있다. 당사자표시정정은 뒤에 살펴 볼 피고의 경정과 대비되어 논의되므로 구체적인 것은 거기서 설명하기로 한다.

3. 당사자의 자격

가. 의 의

민사소송의 당사자가 되어 소송을 수행하려면 여러 가지 자격을 갖추어야 한다. 그 자격의 종류에 따라 자격요건과 그 흠결의 효력이 다르다. 당사자의 자격으로는 통상 다음 사항이 논의된다.

▣ 당사자의 자격

종 류	의 의	요 건	흠결의 효과
당사자능력	일반적으로 민사소송의 당사자가 될 수 있는 자격	·권리능력자 ·대표자나 관리인이 있는 법인 아닌 사단, 재단(민사소송법 제52조)	·소송요건의 흠결 ·소송행위의 무효
당사자적격	특정한 소송의 소송물과 관련하여 그 소의 당사자가 될 자격	·소의 종류에 따라 다름 ·제3자도 일정한 경우 당사자적격을 가짐	·소송요건의 흠결
소송능력	유효하게 소송행위를 하거나 받을 소송법상의 행위능력	실체법상의 행위능력	·소송행위의 무효
변론능력	청구의 당부에 관한 공격과 방어의 변론을 할 능력	행위능력 + 소송행위의 내용과 효력을 이해하고 자신의 이익을 위해 변론을 할 지능	·변론행위의 무효 ·변론기일의 불출석 취급

나. 당사자능력

(1) 의 의

1) 당사자능력은 특정한 소송과 관계없이 일반적으로 소송의 당사자가 될 수 있는 자격이나 지위를 말한다. 실체법상 권리능력이 있는 사람, 즉 자연인과 법인은 당사자능력

이 있어 원칙적으로 민사소송의 당사자가 될 수 있다. 실체법상 권리·의무의 주체가 될 수 있는 이상 소송을 통해 이를 실현할 수 있어야 하므로 이는 당연하다.

2) 소송법상의 당사자능력은 실체법상의 권리능력보다 넓게 인정된다. 즉 실체법상 권리능력자가 아닌 법인 아닌 사단이나 재단이라도 대표자나 관리인이 있는 경우에는 그 사단, 재단 자체가 당사자능력을 갖는다(민사소송법 제52조).[46]

3) 특별법에서는 민사소송법 제52조보다 더 당사자능력을 넓히는 경우가 있다. 즉 「언론중재 및 피해구제 등에 관한 법률」은 언론보도에 대한 정정보도나 반론보도, 추후보도청구의 소송에 관하여, 민사소송법상 당사자능력이 없는 기관 또는 단체라도 하나의 생활단위를 구성하고 보도내용과 직접적인 이해관계가 있을 때는 그 소의 제기를 허용한다(동법 제14조 제3, 4항).

(2) 단체의 지방조직이나 산하단체

1) 노동조합 지부 등과 같이 어떤 법인이나 법인 아닌 사단인 단체의 지방조직이나 산하단체가 상급 법인이나 법인 아닌 사단과 별개 독립한 단체인지 아니면 단순히 그 보조기관으로서 상급 단체의 일부에 불과한지 문제되는 경우가 많다. 물론 지방조직이나 산하단체가 민법상 법인설립허가를 받았거나 특별법에 의해 별도의 법인격을 인정받은 때는 이러한 문제가 없다. 문제는 이들에게 법인격이 없는 때이다.

2) 상급 법인의 산하단체로서 상급 법인의 업무상 지도감독을 받는다고 하더라도, 독자적인 규약 등에 근거하여 의사결정기관과 집행기관 등의 조직을 따로 갖추고 있고, 기관의 의결이나 업무집행방법이 다수결의 원칙에 의하여 행하여지며, 구성원의 가입·탈퇴 등으로 인한 변경에 관계없이 산하단체 그 자체가 존속한다면, 그 산하단체는 상급 법인이나 단체와는 별개의 독립된 비법인 사단이라고 볼 수 있으며, 사단의 실질을 구비한 이상 그 조직과 활동을 규율하는 규범이 상부 단체의 것이라 하여 사단성을 상실하는 것은 아니다(대법원 1960. 2. 25. 선고 4291민상467 판결, 대법원 2003. 4. 11. 선고 2002다59337 판결, 2008. 10. 23. 선고 2007다7973 판결 등 참조).[47]

---

46) 법인격 없는 사단의 재산은 사원의 총유, 준총유인데(법인격 없는 재단의 경우 사원이 없으므로 그 출연자나 관리자 등 등기명의자에게 신탁된 것으로 보는 것이 통설이다. 재단법인의 설립에 있어 출연재산은 민법 제48조에 의하여 그 법인이 성립된 때로부터 법인에 귀속되므로 출연재산이 부동산인 경우에도 출연자와 법인 사이에는 법인의 성립 외에 등기를 필요로 하는 것은 아니지만, 제3자에 대한 관계에서는 등기를 필요로 한다. 대법원 1979. 12. 11. 선고 78다481,482 전원합의체 판결.), 부동산등기법 제26조는 민사소송법 제52조와 같은 견지에서 권리능력 없는 사단, 재단의 등기능력을 인정한다. 즉 총유자나 준총유자인 사원들의 명의가 아니라 사단이나 재단 자신의 명의로 등기가 인정된다. 이로써 이들 법인격 없는 사단, 재단에게 사실상 권리능력의 상당 부분이 인정되는 것이나 다름없다. 판례는 법인격 없는 사단인 종중에게 점유에 의한 부동산의 시효취득도 인정한다(대법원 1970. 2. 10. 선고 69다2013 판결). 물론 이 경우 그 시효취득의 효력은 종중원들에게 총유적으로 발생한다.

47) 지방조직이나 산하단체가 독립한 사단성이나 재단성을 갖추지 못한 때는 어떤 기관의 부, 실, 국, 과와 같이 독립성이 없는 '기관의 일부'에 지나지 아니하여 사단성이나 재단성이 없다. 한편, 법인이나

(3) 민법상의 조합

1) 민법상의 조합은 그 자체로는 당사자능력이 없다(대법원 1984. 2. 14. 선고6. 25. 선고 88다 83다카 1815 판결, 1991.카6358 판결 등).48) 대법원은, 민법상 조합이 당사자능력이 없어 그 조합원 전원이 당사자(필수적 공동소송인)로 소송에 관여하여야 하는 불편을 덜어주기 위해, 그 조합에 업무집행조합원이 있는 경우 그가 나머지 조합원들로부터 소송신탁을 받아(소송수행권을 부여받아) 당사자가 되는 것을 허용한다(1984. 2. 14. 선고 83다카1815 판결, 1997. 11. 28. 선고 95다35302 판결, 2001. 2. 23. 선고 2000다68924 판결).49)

2) 현실 사회에는 조합이라는 명칭을 갖지만 그 법적 성격은 사단이나 재단인 경우가 많이 있는바(법인격이 있는 경우도 있고 없는 경우도 있다.), 이들의 당사자능력 존부는 명칭이 아닌 그 실체를 기준으로 한다. 농업협동조합법, 수산업협동조합법, 노동조합 및 노동관계조정법, 도시 및 주거환경정비법, 중소기업협동조합법 등의 특별법에서는 농업협동조합, 수산업협동조합, 노동조합, 주택재건축정비사업조합, 중소기업협동조합 등과 같이 조합의 명칭을 갖지만 그 단체의 법적 성격을 고려하여 이를 법인으로 명시한 규정이 매우 많다.

비법인 사단인 어느 단체가 상급단체에 가입되어 있는 경우, 상급단체의 지위에서 가입단체에 대하여 업무상 지휘·감독할 수 있는 권한은 인정될 수 있지만, 그 권한은 가입단체의 독립성을 침해하지 아니하는 범위로 제한되어야 하고, 같은 이치로 가입단체가 상급단체의 규칙이나 정관을 자신의 정관으로 받아들인다고 규정하고 있지 아니한 이상 가입단체의 조직과 운영에 관하여 상급단체가 제정한 규칙에 따라 규율된다고 볼 수 없다(대법원 2010. 5. 27. 선고 2006다72109 판결 참조).

48) 우리 판례는 조합에 대하여 민사소송법 제52조의 유추적용을 인정하지 않으나(이는 조합의 경우 사단이나 재단과 같은 단체성이 약한 때문이다.), 일본은 일본 민사소송법 제29조를 유추적용하여 업무집행조합원과 같은 대표자가 있는 경우 조합의 당사자능력을 인정한다(대심원 1940. 7. 20. 선고 소화 15년才304 판결, 최고재판소 1962. 12. 18. 선고 소화 34년才130 판결 등).

49) 대법원은 업무집행조합원에 대한 임의적 소송신탁을 인정함에 있어 그 사람이 업무집행조합원으로서 선출되었는지 여부와 조합의 채권을 행사하는 것이 조합의 상무에 속한 것인지 등을 심리하여야 하며, 단순히 조합원들이 채권의 추심을 위임한 것만으로는 그 조합원에게 원고적격이 없다고 한다(1967. 8. 29. 선고 66다2200 판결, 1968. 2. 27. 선고 67다2104, 2105 판결 참조). 이때 당사자표시를 할 때는 업무집행조합원이 조합을 대표하는 것이 아니라 조합의 법률관계에 관하여 그가 소송상 처분권을 갖고 당사자가 되는 것이므로 단순히 업무집행조합원 개인만을 표시하는 것이 원칙이다. 다만, 그 역시 제3자소송담당에 해당하므로 '… 조합의 업무집행조합원 ○○○'라고 표시하는 것이 일반적이다. 그래야 조합과의 관계가 표시되기 때문이다(그 소의 소송물은 업무집행조합원 개인에 관한 것이 아니라 조합에 관한 것이다. 그러나 조합의 명칭이 없는 경우에는 채권자대위소송의 채권자처럼 업무집행조합원 개인의 이름만을 기재하면 된다). 후자의 경우 법인의 대표자를 표시할 때처럼 조합과 업무집행조합원을 줄을 바꾸어 표시하여서는 아니 된다. 조합이 당사자가 되는 것이 아니라 업무집행조합원 개인이 당사자이기 때문이다.

업무집행조합원에 대한 임의적 소송신탁 외의 방법으로는 조합원 전원이 고유필수적 공동소송인으로 되는 수밖에 없으며, 필요한 경우 선정당사자 제도를 이용할 수도 있다. 민법 제709조를 근거로 업무집행조합원의 소송대리권을 인정하는 것이 통설이나, 그 법적 성질에 관하여는 임의적 소송대리인설과 법률상 소송대리인설이 대립한다. 후자의 견해를 취하면 당연히 소송대리권이 인정되므로 합의부 사건에 관하여도 대리권이 있고, 법원의 허가를 받을 필요도 없다.

(4) 법인격 없는 사단

1) 법인격 없는 사단이나 재단은 권리능력이 없으므로 그 명의로 재산을 보유할 수 없어 사단의 경우 사원이 총유·준총유하게 되며, 당사자능력도 없다. 그러나 이러한 사단이나 재단이라도 대표자나 관리인이 있는 경우에는 당사자능력이 인정되며(민사소송법 제52조),[50] 등기능력도 있다(부동산등기법 제26조, 제48조 제3항). 법인격 없는 사단의 가장 많은 사례는 교회, 사찰과 같은 종교단체와 종중이다.[51] 물론 이들도 사단법인이나 재단법인의 허가를 얻으면 법인이 됨은 물론이다. 따라서 교회, 사찰, 종중이라 하여 항상 법인격 없는 사단이나 재단으로 단정하여서는 안 된다.

2) 대법원은 종래 비법인 사단인 교회의 신도들 간에 교리상의 이유로 갈등이 생겨 소속교단 탈퇴 등의 방식으로 분열한 경우, 기존 교회 재산에 대하여 잔존 교인들과 탈퇴한 교인들의 총유 또는 준총유를 인정하였다(이때 탈퇴한 교인들이 새로운 사단을 형성한 경우 당연히 종전 교회와는 독립 별개의 사단이 별도로 성립한다.), 그러나 2006. 4. 20. 선고 2004다37775 전원합의체 판결을 통해, 탈퇴한 교인들은 종전 교회 구성원의 지위를 상실하고 이에 따라 기존 교회 재산에 대한 총유권을 갖지 않으며, 다만 의결권 있는 교인 3분의 2 이상의 찬성에 의해 교단 변경 결의를 한 때는 종전 교회의 실체가 새로운 교단에 소속하기로 하거나 기존 교단에서 탈퇴한 교회에 그대로 존속한다고 판시하였다. 이러한 법리는 비법인 사단인 사찰에도 적용된다고 할 것이다.

---

50) 이 경우 법인격 없는 사단이나 재단이 권리능력자인 사원(총회) 등의 이익을 위하여 그 이름으로 당사자가 되고 이를 대표하여 그 대표자나 관리인이 소송을 수행하는바, 그 소송수행의 결과는 법인격 없는 사단이나 재단 자체에 귀속하는 것이 아니라 사원(총회)이나 재단재산의 관리자에게 귀속하므로 이 경우 일종의 소송신탁이 이루어진다고 볼 수 있다. 다만, 법인격 없는 재단의 재산 귀속 주체를 법인격 없는 재단 그 자체로 보는 견해에 의하면 소송신탁이 아니라고 할 수 있다.

51) 교회나 사찰이라고 하여 항상 사단성이나 재단성을 갖는 것은 아니므로 그 단체성의 구비 여부는 실질적 내용을 보고 개별적으로 판단하여야 한다(대법원 1991. 6. 14. 선고 91다9336 판결, 1997. 12. 9. 선고 94다412 판결).
이들의 구체적 법적 성질은 매우 복잡하다. 개인사찰의 소유자가 그 사찰의 재산을 특정 종단에 귀속하기로 하고 주지 임면권을 가지는 그 종단으로부터 주지의 임명을 받아 구 불교재산관리법에 따라 특정 종단 소속 사찰로 등록하였다면 그때부터 독립한 단체로서의 사찰의 실체를 가지며(대법원 1995. 9. 26. 선고 94다41508 판결), 승려와 신도 등이 종전의 사찰에서 이탈하여 독립된 사찰의 건립을 모색하면서 사찰 대표, 신도회장, 총무, 재무 등의 직책을 만들어 선출하고, 그들의 출재와 노력으로 조성된 자금으로 토지를 매수하여 그 지상에 불당을 완공하였다면 위 단체는 그 명칭이나 특정 종단의 귀속 여부에 불구하고 독립된 사찰로서의 실체를 갖추게 되었다 할 것이고(대법원 1997. 12. 9. 선고 94다41249 판결), 사찰이 독립된 단체를 이루고 있는 경우에는 불교재산관리법에 따른 사찰 및 주지취임등록처분의 유무에 불구하고 권리능력 없는 사단 또는 재단으로서의 독립된 권리능력과 소송상의 당사자능력을 가지며, 그 단체의 규약에 따라 선정된 대표자가 당해 사찰을 대표한다(대법원 1988. 3. 22. 선고 85다카1489 판결).

(5) 국 가

1) 국가는 대한민국이든 외국이든 특수한 법인이다. 「국가를 당사자로 하는 소송에 관한 법률」은 이를 전제로 하여 규율하고 있다. 따라서 입법부, 사법부, 행정부의 각급 기관은 각각 민사소송법상 독립한 당사자능력이 없고 국가의 일부일 뿐이다. 이는 행정소송의 항고소송에서 행정청이 당사자가 되는 것과는 구별하여야 한다.[52]

2) 지방자치단체는 상급 지방자치단체인 특별시, 광역시, 특별자치시(세종), 도, 특별자치도(제주), 기초 지방자치단체인 시, 군, 구(이른바 자치구에 한함)가 있고, 이들은 모두 법인격을 갖고 민사소송에 있어서 당사자능력이 있다(지방자치법 제3조 제1항). 따라서 읍, 면, 동, 리와 자치구 아닌 구는 법인격이 없으며(시·군 등 자치단체의 산하기관이나 부속기관에 불과하다.) 법인격 없는 사단도 아니다.[53]

(6) 종 중

1) 종중은 판례에 의하여 인정된 법인격 없는 사단의 대표적인 것인데 그 연원이 매우 오래되었다. 종중은 원래 공동선조의 분묘수호와 제사, 후손 상호 간의 친목 도모를 목적으로 한 종족 집단인데, 이에 관하여 대법원은 정관의 작성이나 임원의 선임 등 조직행위가 필요 없이 공동선조의 사망과 동시에 종중원(종원)을 구성원으로 하여 종중이 자연발생적·자동적으로 성립·존속한다고 본다(1993. 5. 27. 선고 92다34193 판결, 1998. 7. 10. 선고 96다488 판결, 2007. 5. 31. 선고 2007다6468 판결 등).[54]

따라서 종중은 공동선조[55]의 사망에 따라 즉시 대수(代數)에 관계없이 성립하며, 대수를 달리한 공동선조가 여럿이면 한 사람이 동시에 공동선조를 달리한 여러 개의 종중에 종중원이 될 수도 있다. 종중이 정관이나 규약을 제정하고 임원을 선임하는 등의 조직행위를 하더라도 그 법적 성격이 변하는 것은 아니며, 그 성립시기가 조직행위 시로 후퇴하는 것도 아니다.

2) 종중의 구성원인 종원의 자격에 관하여 판례는 당초 그 공동선조의 후손(단, 공동선조와 성·본을 같이 하는 자에 한하므로 외손은 제외된다) 중 성년 이상의 남자에 한하여 이를 인정하였으나(대법원 1995. 9. 15. 선고 94다49007 판결 등), 대법원 2005. 7. 21. 선고 2002다13850 전원합의체 판결

---

52) 그러나 행정소송의 당사자소송에서는 국가나 지방자치단체만이 당사자가 된다. 국가를 당사자 또는 참가인으로 하는 소송에 있어서는 「국가를 당사자로 하는 소송에 관한 법률」 제2조에 의해 법무부 장관이 국가를 대표하고, 지방자치단체의 경우 그 단체장 또는 교육감이 대표한다(지방자치법 제101조, 「지방교육 자치에 관한 법률」 제18조 제2항).

53) 물론 읍, 면, 동, 리의 주민들이 법인격 없는 사단을 구성한 경우 비법인 사단으로 성립할 수 있다.

54) 생존자를 공동선조로 한 종중은 성립할 수 없다(대법원 1990. 7. 10. 선고 89다카33630 판결).

55) 우리 관습법상 공동선조는 남자에 한한다. 공동선조의 대수를 불문하므로 사망한 아버지를 공동선조로 한 종중도 당연히 성립한다. 종중의 명칭은 대개 공동선조의 관직이나 시호 등을 붙여 부르나 명칭이 없어도 그 존재가 부인되는 것은 아니다. 공동선조의 대를 달리하는 경우 대수가 아래인 공동선조의 종중을 소종중 또는 지파종중이라 하고 그 위의 종중을 대종중이라 한다.

은 공동선조와 성(姓)·본(本)을 같이 하는 후손은 성별의 구별 없이 남녀 모두 성년이 되면 당연히 그 구성원이 된다고 판시하여 딸에게도 종원 자격을 인정하였다.

3) 이와 같은 고유 의미의 종중 외에 특정지역 거주자나 특정 범위의 종원들만으로 조직체를 구성하여 단체로서의 실체를 형성할 수도 있는바, 이를 통상 종중 유사단체 또는 유사종중이라 한다. 이는 사단법인 또는 법인격 없는 사단으로서 고유 의미의 종중과는 별개이며 그 소속원도 달리한다(대법원 1991. 1. 29. 선고 90다카22537 판결, 1992. 9. 22. 선고 92다15048 판결, 1993. 5. 27. 선고 92다34193 판결 등).

4) 종중이 소송당사자로 표시된 경우, 법원은 그것이 고유 의미의 종중인지 유사종중인지 분명히 하여 당사자를 확정하여야 한다. 그 구별은 종중의 목적, 봉제사(奉祭祀)의 대상인 공동선조, 종중의 성립과 조직의 경위, 구성원의 범위와 자격기준, 종중규약의 내용, 분묘관리 상황 등을 종합하여 판단하여야 한다(대법원 1995. 9. 15. 선고 94다49007 판결, 1996. 8. 23. 선고 96다20567 판결 참조). 그러나 법원은 원고가 주장한 특정의 단체가 종중으로서의 당사자능력을 갖는지 여부만을 판단하여야 하고, 원고 주장과는 전혀 다른 단체의 실체를 인정하여 그 단체에 당사자능력을 인정하고 그 단체를 당해 소송의 당사자로 확정해서는 안 된다(대법원 2002. 5. 10. 선고 2002다4863 판결 참조).

따라서 원고가 자신을 고유 의미의 종중이라고 하면서 그 실체에 관하여 주장하는 사실관계의 기본적 동일성이 유지되고 있다면, 그 사실관계의 내용을 다소 변경하더라도 이는 당사자의 변경에 해당하지 아니하여 법원은 그 실체에 따라 종중의 법률적 성격을 평가할 수 있으나, 원고가 자신을 고유 의미의 종중이라고 하면서 구성원의 범위 등 그 실체에 관하여 기본적 동일성을 벗어나 당초의 주장과 달리 주장하는 경우에는 임의적 당사자 변경의 결과를 가져오는 것으로서 허용될 수 없고,[56] 법원은 원고가 당초 주장한 바와 같은 종중이 실재하는지 여부를 판단하여, 만일 그와 같은 종중이 실재하지 아니하면 소를 부적법한 것으로서 각하하여야 하고, 변경된 주장에 따른 종중이 실재한다고 하여 이를 원고로 인정해서는 안 된다.

5) 종중이 공동선조의 사망과 동시에 자동적으로 성립한다고 하면 당사자능력이나 이에 준하는 권리능력(시효취득능력 등)은 언제 취득하는가? 이에 관하여는, 종중 규약이나 관습에 따라 선출된 대표가 조직을 갖추고 지속적인 활동을 하고 있다면 비법인 사단으로서의 단체성을 인정해야 하고, 당사자능력의 존부는 사실심 변론종결시를 기준으로 판단해야 하므로 그때까지 종중이 이러한 요건을 구비하여 비법인 사단으로서의 실체를 갖추었다면 당사자능력을 인정해야 한다는 판례가 있다(대법원 1991. 8. 27. 선고 91다16525 판결, 1994. 9. 30. 선고 93다27703 판결, 1995. 5. 12. 선고 94다39000 판결, 2007. 5. 31. 선고 2007다6468 판결 등). 반면에 또 다른 판례는, 명의신탁에 관하여 그 신탁 당시 공동으로 선조에 대한 시제(時祭)를 지내는 등으로 유기적 조직을 가진 종중의 실재를 인정할 만한 종중의 활동이 없었더라도 종중의 당사자능력을 부인할 수 없다고도 한다(대법원 2007. 5. 31. 선고 2007다6468 판결).

---

56) 뒤에서 보는 바와 같이 소를 제기한 후 당사자를 변경하는 것은 엄격히 제한된다.

위 판례들은 일견 모순되어 보이기도 하나, 비법인 사단으로서의 종중은 공동선조의 사망과 동시에 아무런 조직행위 없이 자동적으로 성립하되, 민사소송법 제52조가 단체의 대표자나 관리인이 있는 경우에만 소송상 당사자능력을 인정하는 관계로, 법인격 없는 사단인 종중에 대해 소송상 당사자능력을 인정하려면 사실심 변론종결시까지 최소한 대표자나 관리인을 선임하는 정도의 조직성은 갖추어야 한다는 것으로 이해할 수 있다. 따라서 종중이라고 하여 당연히 당사자능력이 있다고는 할 수 없는 결론이 된다.

(7) 태 아

태아의 당사자능력에 관하여 대법원은 태아가 살아서 출생할 것을 정지조건으로 이를 취득한다는 정지조건설을 취하므로(1976. 9. 14. 선고 76다1365 판결), 태아인 동안에는 당사자능력이 없다.

(8) 당사자능력과 소송요건

당사자능력은 소송요건이므로 사실심 변론종결시까지 갖추고 또 유지되어야 한다. 이를 흠결한 소는 부적법하므로 판결로써 각하하여야 한다. 실재하지 않는 허무인이나 사망한 자는 권리능력이 없으므로 당사자능력도 없다.

다. 당사자적격

(1) 의 의

1) 당사자능력이 있는 사람이면 누구나 어떤 종류의 소송이건 제한 없이 원고나 피고가 될 수 있는 것이 원칙이다. 그러나 특정한 소는 아무나 원고, 피고가 될 수 없게 하고 일정한 지위나 자격을 가진 자에게만 특별히 이를 허용하는바, 법령상 특정한 소의 당사자가 될 수 있는 지위나 자격을 당사자적격이라고 한다. 당사자적격이 없는 사람이 제기하거나 당사자적격이 없는 사람을 상대로 제기한 소는 소송요건을 흠결한 것으로서 부적법하다. 고로 당사자적격은 법원의 직권조사사항이다.[57)]

이와 같이 당사자적격은 특정한 소의 소송물(소송목적)에 관하여 당사자가 되어 소송을 수행하고 본안에 관한 판단을 받을 수 있는 정당한 지위 내지 자격을 의미하며, 원고의 당사자적격을 원고적격, 피고의 당사자적격을 피고적격이라고 한다. 영미법에서는 이를 standing이라고 한다.[58)]

---

57) 예컨대, 친생부인의 소에서 소송목적인 법률관계(피고 또는 사건본인이 夫의 친생자가 아니라는 것)가 아니라 원고가 법률(민법 제847조)에 정해진 제소권자인 夫 또는 妻라는 법률관계가 있는지 여부, 원고가 주주대표소송을 제기할 수 있는 주주인지 여부, 채권자대위권을 행사하는 원고가 채권자인지 여부 등은 소송수행권의 발생 사유에 관한 것이므로 당사자의 주장에 관계없이 법원이 직권으로 조사하여야 한다. 그가 그러한 지위에 있을 때만 법이 비로소 당사자 지위를 인정하기 때문이다.

58) 그러나 standing은 오로지 원고에게만 요구되는 점에서 우리의 당사자적격과 그 의미, 범위가 동일하

2) 당사자능력이 구체적인 특정의 소를 전제로 하지 않고 어떤 사람이 일반적으로 소송의 당사자가 될 수 있느냐는 추상적 자격이나 능력을 문제 삼는 것이라면, 당사자적격은 구체적인 특정의 소를 전제로 누가 그 소송의 정당한 당사자 지위를 갖는가, 즉 누가 그 소송의 당사자가 되어야 하는가의 문제이다.

여기서 정당한 당사자가 된다는 것은, 특정한 내용의 소송목적에 관하여 자신의 이름으로 소송을 수행하여 국가의 권리보호를 받거나(원고) 정당한 법익을 지킬(피고) 이해관계가 있는 사람을 의미한다. 당해 소송의 소송목적에 관하여 아무런 법률상 이해관계가 없는 사람은 다른 일방과의 관계에서나 소송경제 등을 감안할 때 원칙상 소를 제기할 필요나 소를 제기당할 이유가 없기 때문이다.[59] 따라서 당사자적격은 특정한 소의 소송목적에 관하여 자신의 이름으로 당사자가 되어 그 소송을 수행할 권리(권한), 즉 정당한 소송수행권을 말한다.

3) 당사자가 되어 소송을 수행하는 데에는 원칙상 아무런 제한이 없다. 헌법상 모든 국민은 재판 받을 권리가 있기 때문이다. 따라서 이를 제한하려면 정당한 이유가 있어야 한다. 이에 따라 당사자적격은, 제한적으로 특정한 유형의 소송목적, 즉 특정한 유형의 법률관계에 관해 소송상 처분권을 갖는 자를 그 법률관계와 일정한 범위에 있어 이해관계를 갖는 사람으로 미리 법률로써 한정하는 방법으로 정한다. 이는, 그러한 유형의 법률관계에 대해서는 아무나 소송절차에 들어오지 못하게 하고 그 절차에 들어올 수 있는 사람, 즉 그 법률관계의 소송당사자가 될 수 있는 사람을 일정한 범위로 제한하는 것이 그 법률관계의 성질상 합당하다는 논리에 따른 것이다. 그러므로 당사자적격은 모든 소송에서 일률적으로 문제되는 것이 아니라 특정한 소송에서만 문제된다.

이와 같이 개개의 법률규정으로 특정한 소의 당사자가 될 자를 제한하여 당사자적격을 분명하게 해두면, 법원은 본안에 관한 심리에 앞서 원고나 피고에게 당사자적격이 있는지 여부를 먼저 심사하여 이를 갖추지 못한 경우 곧바로 부적법한 소로 보아 소를 각하할 수 있게 되며, 이는 특별한 조사 없이 간단하게 판단할 수 있다.[60]

뒤에서 보는 바와 같이 당사자적격을 제한하는 법률관계는 ① 가족관계나 회사법관계

지는 않다.

59) 다만, 여기서 소송목적에 관하여 법률상 이해관계를 갖는다는 것은 원고가 주장하는 사람, 즉 원고나 피고가 실제로 그 소송목적에 관하여 실체법상 권리나 의무를 가지고 있다는 것을 말하는 것이 아니라, 원고의 주장이 사실이라면 정당한 이해관계를 인정할 수 있는 것을 말한다. 따라서 증거조사 결과 원고나 피고가 실제로 그 소송목적에 관하여 권리나 의무를 가지고 있지 않은 것으로 밝혀지는 경우에는 당사자적격의 문제가 아니라 청구의 당부가 문제될 뿐이다.

60) 그러나 구체적인 사안에 따라서는 예컨대, 가족관계등록부나 주주명부에 부(父,)나 주주로 등재되었으나 그 등재가 무효인 경우, 또는 채권자대위소송의 원고인 채권자에게 피보전채권이 없는 경우 등과 같이 그 등재의 유무효(실제로 원고가 아버지인지 여부)나 피보전채권의 존부에 대하여 상당한 조사가 필요하다.

등과 같이 그 법률관계의 내밀(內密)한 성질상 이해관계인을 일정 범위로 제한하여야 할 필요가 있는 경우, ② 본래의 권리·의무자에게 일정한 사유로 인해 소송수행권을 제한할 필요가 있는 경우이다.

①에 관하여는, 친생부인(親生否認)의 소는 부(夫) 또는 처가 다른 일방 또는 자(子)를 상대로 하여서만 제기할 수 있고(민법 제847조 제1항), 인지청구의 소는 자(子)와 그 직계비속 또는 그 법정대리인이 부(父) 또는 모를, 부(父) 또는 모가 사망한 때는 검사를 상대로 하여서만 제기할 수 있으며(민법 제863, 864조), 주주대표소송은 발행주식 총수의 100분의 1 이상의 주식을 가진 주주가 주식회사를 상대로 하여서만 제기할 수 있는 것(상법 제403조)이 그 예이다. 법률이 이런 소송에 관하여 원고나 피고가 될 자를 제한하는 것은, 그 소송의 목적인 법률관계가 특정인의 내밀한 사적 영역에 속하거나(가족법관계) 특정한 단체 내부 영역에 속하는(회사법관계) 등의 이유로 프라이버시, 법적 안정성, 이해관계인의 보호 등을 위해 그 소송목적과 일정한 관계에 있는 자로 당사자를 제한하고 다른 사람에게는 그러한 소송을 허용할 필요가 없다는 고려에 의한 것이다. 한편 ②에 관하여는, 파산관재인, 회생채무자의 관리인, 대위채권자, 추심채권자 등과 같은 제3자소송담당의 경우이다. 이 경우에는 소송목적인 법률관계의 본래 귀속자 또는 일정한 이해관계인의 이익을 보호하기 위해 본래 당사자가 되어야 할 사람(법률관계의 본래 귀속자)을 배제하거나 그와 병렬적으로 제3자에게 소송수행권, 즉 당사자적격을 인정할 필요에 따른 것이다.

4) 법률이 명시적으로 특정한 소송의 당사자가 될 수 있는 자를 제한하는 경우는 그 판결이 대세효를 갖고 있어 3자에 대하여 영향을 미치는 형성의 소와 특수한 확인의 소에서 현저하며, 이행의 소나 일반적인 확인의 소에서는 제3자소송담당 외에는 거의 찾아보기 어렵다.

형성의 소는 예외적으로 인정되고, 원칙적으로 그 소송목적인 법률관계의 특정한 당사자에게만 소송수행권이 부여되므로 실체법상의 관리처분권의 유무와 당사자적격이 밀접히 연관되나, 이행의 소나 확인의 소의 경우 제3자소송담당 외에는 그러한 제한이 없으므로 당사자적격이 특별히 문제되지 않는다. 즉 이행의 소나 확인의 소에서, 원고가 자신 또는 그가 피고로 지정한 자가 소송목적인 권리·법률관계에 관한 실체법상의 귀속 주체로서 권리를 가지거나 의무를 부담한다고 주장하였으나 증거조사 결과 실제로는 그러한 권리나 의무가 없는 경우, 그 원고나 피고는 결과적으로는 당해 소송목적인 권리·법률관계에 관한 실체법상의 관리처분권과 이해관계가 없기는 하나, 이는 본안에 대한 심판의 결과 그런 것이므로 누가 당사자가 될 것인지를 정하는 당사자적격에는 영향이 없다.[61)]

61) 이러한 현상을 강학상 '본안적격에 의한 당사자적격의 흡수'라고 한다.

■ **소송의 형태와 당사자적격(통설, 판례에 의함)**

구 분	원 칙	예외/예시
이행의 소	·원고적격: 자신에게 급부청구권이 있다고 주장하는 자 ·피고적격: 급부의무가 있다고 원고가 지정하는 자 ※ 실체법상의 권리·의무가 있는지 여부는 본안(청구의 당부)에서 판단	·채권의 압류·추심명령이 있는 경우 피압류채권에 대한 이행의 소의 원고적격은 압류추심채권자 ·등기말소청구의 소의 피고적격은 등기명의자, 포괄승계인 또는 등기상 이해관계인(대법원1992. 7. 28. 선고 92다10173, 10180 판결 등) ·말소등기의 회복등기절차의 이행의 소의 피고적격은 회복등기의무자(대법원 1979. 7. 24. 선고 79다345 판결, 2009. 10. 15. 선고 2006다43903 판결 등)
확인의 소	·원고적격: 소송물인 청구에 관하여 확인의 이익이 있는 자 ·피고적격: 소송물에 관하여 원고의 권리나 지위를 부정하는 등으로 원고의 이익과 대립하는 이익을 가진 자	·주주총회나 이사회 결의의 무효 또는 부존재확인이나 그 결의취소의 소의 피고적격은 회사(대법원 1982. 9. 14. 선고 80다2425 판결, 1996. 4. 12. 선고 96다6295 판결 등) ·이사의 직무집행정지 및 직무대행자선임 가처분신청 사건의 피신청인적격은 당해 이사(대법원 1982. 2. 9. 선고 80다2424 판결 등)[62)] ·농협 임원선거의 당선자결정 무효확인청구의 소의 피고적격은 농협(대법원 1996. 4. 12. 선고 96다6295 판결) ·민법 제865조(친생관계존부확인의 소), 가사소송법 제23조(혼인·이혼무효의 소) 등
형성의 소	·당해 소를 인정하는 법규에서 적격자를 규정 ·가족법, 회사법 등에 다수 소재	·가족법, 회사법 등의 각종 소는 상법 제376조(주주총회결의 취소의 소), 제381조(부당결의 취소·변경의 소), 민법 제816조(혼인취소의 소), 제847조(친생부인의 소), 제863, 864조(인지청구의 소), 가사소송법 제27조(부를 정하는 소) 등 ·사해행위취소의 소의 피고적격은 수익자 또는 전득자(대법원 2009. 1. 15. 선고 2008다72394 판결 등)

5) 고유필수적 공동소송의 경우 누가 당사자의 지위에 서는가와 관련해서는 당사자적격이 특별히 문제되지 않는다. 공유관계나 합유관계 소송 등 필수적 공동소송이라는 이유만으로 당사자 지위에 제한을 가해지는 않기 때문이다.

그러나 공동소송관계인 전원이 당사자로 참여하여야만 하고, 이를 흠결하여 공동소송인 중 일부만으로는 정당한 당사자가 될 수 없는 점에서 당사자적격과 유사한 법리가 적용된다. 이 경우 실체법상으로도 그들 전원에게만 소송목적인 법률관계의 관리처분권이 부여되기 때문에 소송법상으로도 그들 전원에 의해 소송이 수행되어야 한다.[63)]

62) 단체의 대표자를 선출한 결의의 무효나 부존재확인을 구하는 소에서 피고인 단체를 대표할 자는 그 다툼의 대상이 된 대표자이다(대법원 1983. 3. 22. 선고 82다카1810 판결).

63) 공유물이나 합유물의 처분·변경에 관한 소송에 관하여는 공유자나 합유자 전원이 필수적 공동소송인이 되어야만 당사자적격을 갖추게 된다. 다만, 공유물의 보존에 관한 사항이나 합유물의 보존 또는 조

(2) 소의 이익과 당사자적격

1) 앞서 본 바와 같이 일반적으로 특정한 소의 소송목적인 법률관계가 심리·판단의 대상이 될 수 있어 본안소송을 인정할 필요성 내지 이익을 소의 이익이라 하며, 이는 소송요건에 속한다.

2) 소의 이익은 보통 객관적 이익과 주관적 이익으로 나누어지는데, 소의 객관적 이익은 소의 한 요소인 특정한 청구가 추상적인 권리보호의 자격과 구체적인 권리보호의 이익을 갖춘 것으로서 적법한 본안 심리·판단의 대상이 될 수 있는 자격을 말하고, 청구의 자격에 관한 것이므로 청구적격이라고도 부른다. 반면에 소의 주관적 이익은 당사자가 특정한 소송목적에 관하여 소송을 통한 권리보호의 이익을 가지고 본안 심리·판단을 받을 수 있는 자격을 말한다.

3) 소의 주관적 이익은 위와 같이 당사자가 특정한 소송목적에 관하여 소송을 통해서 그 권리·의무를 실현할 수 있는 이익, 즉 권리보호의 이익을 갖고 있는 것을 말하므로, 어떤 사람이 특정한 소송목적에 관하여 법률상 당사자가 될 수 있는 자격을 갖고 있는지 여부를 의미하는 당사자적격과는 다른 개념이다. 따라서 당사자적격이 있는 사람이라도 소의 이익이나 소의 주관적 이익을 갖지 않을 수도 있고, 그 경우 당해 소는 부적법하여 본안에 관한 심리·판단을 받을 수 없다.

4) 당사자적격 역시 당사자에 관련된 것이므로, 당사자적격을 갖지 않은 경우 소의 주관적 이익이 없는 것으로 볼 수도 있다. 당사자적격은 위와 같이 특정한 소의 소송물과 특정인의 특별한 관계에서 비롯되고, 이는 특정한 내용의 소송에 대하여 특정한 당사자가 당해 소송을 통한 권리보호를 청구할 이익인 소의 주관적 이익을 갖출 필요성에서 요구되며, 당사자가 그러한 이익이 없다면 국가의 현실적 권력작용인 사법작용을 통해 그 소송목적에 대한 심리·판단을 허용할 필요가 없기 때문이다.

그러나 소의 이익은 일단 당사자적격이 인정되는 경우에 별도로 이를 갖추었는지 여부를 심사하는 것이므로 엄밀히는 그 개념이 다르다고 할 수 있다. 예컨대, 금전지급을 청구하는 소송에서 원고적격은 아무에게나 인정되는 것이 원칙이나, 그 원고가 이미 그 소송목적과 동일한 내용의 확정판결을 갖고 있는 경우 당해 원고의 주관적 사정(집행권원인 승소 확정판결의 보유)에 기인하여 그 소송목적에 관하여 그 원고에게는 주관적 소의 이익이 부정되는 것이다. 또한, 외손자는 공동선조와 성, 본을 달리하여 종원이 될 수 없

합의 통상 사무에 관한 사항에 대하여는 공유자나 합유자 일부만이 당사자가 되어도 당사자적격을 갖추게 된다(민법 제265조 단서, 제272조 단서, 제706조 제3항 본문, 대법원 1960. 5. 5. 선고 4292민상191 판결, 1997. 9. 9. 선고 96다16896 판결, 1998. 3. 13. 선고 95다30345 판결 등). 그러나 총유의 경우 총유물의 보존행위라도 각 사원에게 단독적인 처분권이 없으므로 사원의 일부만이 당사자가 될 수는 없다(대법원 2005. 9. 15. 선고 2004다44971 판결 등).

으므로 그의 종원 지위 확인청구의 소는 소의 주관적 이익이 없다.

5) 그럼에도 뒤에서 보는 바와 같이 판례상 소의 이익 문제를 당사자적격 문제로 혼동, 확장하여 잘못 적용하는 경우가 많다.

(3) 법률에 규정이 없는 경우의 당사자적격

1) 위와 같이 당사자적격은 당사자가 될 수 있는 자격을 제한하고 소송에 관여할 수 있는 사람의 범위를 축소함으로써 국민의 재판 받을 권리를 제약하므로 원칙적으로 법률에 의해서만 할 수 있고, 이때도 헌법상의 기본권 유보의 원리(헌법 제37조)를 지켜야 한다.

2) 그러면 실정법에 규정이 없는 경우에도 해석에 의해 당사자적격을 제한할 수 있는가? 실정법에 규정이 없더라도 합리적인 제한의 필요가 있는 경우 이를 긍정하여야 한다. 예컨대, 재판상 이혼청구의 소는 그 성질상 일신전속적인 것이어서 법률혼관계가 있는 사람만이 이해관계가 있으므로, 법률상 배우자만이 원고 또는 피고가 될 수 있고, 사실혼관계에 있거나 이미 사망하여 법률혼관계가 해소된 사람 또는 배우자의 친족에게는 당사자적격을 인정할 수 없다.[64] 또, 청구이의의 소 역시 당해 집행권원상 집행력이 미치는 사람만이 그 집행력 배제에 대하여 정당한 이해관계를 가지므로, 당해 집행권원에 표시된 당사자나 그 승계인 또는 채권자대위권을 행사하는 자만이 당사자적격을 갖는다고 해석하여야 할 것이다(대법원 2013. 1. 10. 선고 2012다86864 판결, 2016. 6. 28. 선고 2014다31721 판결 등 참조).

3) 판례는 폭넓게 해석에 의해 당사자적격을 제한하고 있다. 첫째, 채권에 관하여 압류 및 추심명령이 발령되거나 국세체납으로 채권이 압류된 경우 채권의 추심권능은 추심채권자나 소관 세무공무원에게 이전되어 원래의 채권자(압류채무자)는 그 압류된 채권을 행사할 수 없으므로(대법원 1983. 3. 8. 선고 82다카889 판결, 1989. 1. 17. 선고 87다카2931 판결, 2000. 4. 11. 선고 99다23888 판결 등), 채권자(압류채무자)가 제3채무자를 상대로 그 채권의 이행을 구하는 소를 제기한 경우 그 채권자(압류채무자)는 그 소의 당사자적격이 없다고 본다(대법원 2000. 4. 11. 선고 99다23888 판결 등). 이는 곧 이러한 경우 채권 이행의 소의 소송물(피압류채권의 이행청구권)에 관하여 압류 추심채권자만이 처분권이 있다고 보아 그 소송을 수행할 지위도 그에게만 인정하고 압류채무자의 소송관여를 불허하는 것이다.

둘째, 부동산등기의 말소는 원칙적으로 그 등기명의자만이 할 수 있어 그만이 등기의무자가 될 수 있는데,[65] 甲이 등기서류를 위조하여 乙 명의의 소유권이전등기를 마친 경우 진정한 소유자는 甲을 상대로 乙 명의 소유권이전등기의 말소를 구하는 소를 제기하여 승소판결을 받더라도 그 기판력과 집행력이 당사자가 아닌 乙에게는 미치지 않는 이

64) 민법 제840조는 부부의 일방이 가정법원에 이혼을 청구할 수 있다고 규정하고 있으므로 원고적격자는 직접 규정하고 있다.

65) 등기의무자라 함은 새로 신청하려는 등기에 의하여 등기부상의 형식상 권리를 상실하거나 기타 불이익을 받은 자로서 등기명의인이거나 그 포괄승계인을 말한다(대법원 1979. 7. 24. 선고 79다345 판결 등 참조).

상 乙의 등기를 말소할 수 없다. 이에 따라 대법원은 말소등기절차의 이행을 구하는 소의 정당한 피고는 등기부상 등기명의자나 그 포괄승계인, 그 등기에 관한 이해관계 있는 자에 한하고 그 이외의 자는 당사자(피고)적격이 없다고 한다(1979. 7. 24. 선고 79다345 판결, 1992. 7. 28. 선고 92다10173, 10180 판결 등). 등기명의자나 그 포괄승계인(상속인 등)이 아닌 자를 상대로 한 본안소송을 허용할 실익이 없기 때문이라고 한다.[66]

셋째, 채권자취소의 소는 수익자나 전득자만을 상대로 하여야 하고 채무자는 당사자적격이 없다고 한다(대법원 1991. 8. 13. 선고 91다13717 판결, 2004. 8. 30. 선고 2004다21923 판결 등). 그 밖에도 대법원은 ① 임시의 지위를 정하기 위한 가처분(대법원 1997. 7. 25. 선고 96다15916 판결), ② 직무집행 정지 및 직무대행자 선임 가처분(대법원 1993. 1. 14. 자 92마916 결정), ③ 이사직무집행정지 가처분(대법원 1982. 2. 9. 선고 80다2424 판결), ④ 청산인 직무집행정지 및 직무대행자선임 가처분(대법원 1972. 1. 31. 선고 71다2351 판결), ⑤ 가처분결정에 대한 이의신청(대법원 1970. 4. 28. 선고 69다2108 판결) 등에 관해서도 당사자적격을 제한한다.

4) 위 판례 사안들에서 법원이 소나 신청을 각하하지 않고 원고나 신청인의 청구(신청)를 기각하여도 결과적으로는 큰 차이가 없지만, 당사자적격이라는 개념을 동원하여 본안에 대한 심판을 거부하는 이유는, 그로써 법원의 부담을 줄이고 피고의 무용한 응소와 방어를 막아 피고를 보호하고 소송경제를 도모하려는 목적이 깔려 있다.

그러나 당사자적격을 제한하는 명문의 법률규정이 없이, 당해 소송물의 특성과 당사자가 될 자의 관계를 기계적으로 판단하지 않고 사건의 실체적 내용을 검토한 후 당사자적격의 유무를 판단하면 소의 이익 또는 본안청구의 당부(실체적 권리·의무의 존부)와의 한계가 모호하게 된다.

당사자적격은 소송요건으로서 국민의 재판받을 권리를 제약하므로, ① 가능한 한 법률에 규정이 있거나 해석상 이와 동일시할 만큼의 필요성이 있는 경우로 제한되어야 하고, ② 그 필요성은 당해 소송목적인 법률관계의 특별한 성질상 그 이해관계인의 범위를 제한할 필요가 있는지 여부에서 구하여야 하며, ③ 그러한 소송목적인 법률관계는 그 자체의 성질을 기준으로 인지청구, 이혼, 주주총회결의 취소 등과 같이 유형적으로 정해져야 하고, ④ 그 표지는 父나 夫, 子, 주주, 검사, 파산관재인 등과 같이 그가 당사자로서의 자격을 갖는지 여부를 특별한 조사 없이도 일률적·형식적 징표만으로 쉽고 간단하게 파악할 수 있어야 한다.

5) 그런데 부동산 말소등기청구의 소에서 등기명의자만이 피고적격을 갖는다는 판례

66) ① 원인무효 등기의 말소에 관한 대법원 1995. 5. 26. 선고 95다7550 판결, 2000. 4. 11. 선고 2000다5640 판결, 2003. 4. 11. 선고 2003다5016 판결, ② 말소회복등기에 관한 대법원 1969. 3. 18. 선고 68다1617 판결, 2004. 2. 27. 선고 2003다35567 판결, 2009. 10. 15. 선고 2006다43903 판결, ③ 폐쇄된 부동산등기용지의 회복을 구하는 소에 관한 대법원 1994. 12. 23. 선고 93다37441 판결도 같은 취지다.

에는 동의하기 어렵다. 부동산등기법상 등기의 말소신청은 원칙상 그 등기명의자만이 할 수 있는 만큼 등기명의자만이 등기의무자가 될 수 있다. 따라서 등기명의자 아닌 자를 상대로 말소를 명하는 판결을 얻더라도, 이는 등기명의자에 대하여는 집행력이 없어 등기를 말소할 수 없으므로 그 소는 소의 주관적 이익이 없어 부적법하고, 따라서 법원은 이를 이유로 소를 각하하여야 한다.[67] 이때 그 소송목적인 말소등기청구권의 존부는 가족법이나 회사법 등과 달리 특정한 자만을 이해관계인으로 하여 그 당사자 지위를 제한할 이유가 없기 때문에 여기에 당사자적격 개념을 동원할 이유가 없다.

6) 이는 채권자취소의 소에서의 피고적격에서도 같다. 사해행위취소는 채권자와 수익자 또는 채권자와 전득자 사이에서 채무자와 수익자 간의 법률행위만 취소하면 목적을 달성할 수 있으므로(상대적 효력설), 굳이 채무자까지 피고로 삼아 채무자에 대한 관계에서도 취소를 구하거나 채무자와 수익자의 법률행위까지 취소를 구할 이익이 없으므로, 이 역시 소의 이익 문제가 된다. 즉 그러한 소는 소의 이익이 없다.

(4) 당사자에게 실체법상의 관리처분권이 있는 경우

1) 위와 같이 당사자적격은 원칙적으로 그 소송목적인 권리·법률관계에 관하여 실체법상의 관리처분권을 가지는 자에게 인정됨이 원칙이다(대법원 1984. 2. 14. 선고 83다카1815 판결 참조). 소송목적인 권리·법률관계에 관하여 실체법상의 관리처분권을 가지는 자는 그가 파산자가 되거나 회생절차가 진행 중인 등의 특별한 사정이 없는 한 실체법상의 권리·의무를 소송을 통해 실현하기 위해 그 권리·법률관계에 관한 소송상 처분권도 갖고 당사자가 되는 것이 당연하기 때문이다.

2) 여기서 말하는 소송목적인 권리·법률관계에 관한 실체법상의 관리처분권자는 당사자가 주장하는 권리·법률관계가 존재한다면 실체법적으로 그 관리처분권을 가지는 자를 의미하며, 실제로 그 당사자가 당해 권리·법률관계의 귀속자냐 아니냐와는 관계가 없다. 이는 청구(본안)의 당부에 관한 문제로서 본안의 심리·판결을 통해 밝혀질 사항이다. 즉 당해 권리·법률관계의 존부와 그 귀속자는 당사자적격과는 차원이 다른 문제이다.

물론 당해 소송목적인 권리·법률관계가 존재하지 않거나 그것이 당해 당사자에게 속하지 않는 경우, 이들을 당해 소송의 당사자로 인정하여 이들에 의한 소송 수행을 허용

---

67) 예컨대, 乙이 甲의 부동산 관련 등기서류를 위조하여 그 아들인 丙 명의의 소유권이전등기를 마친 경우, 乙은 甲에게 불법행위책임으로서 그 침해상태 제거의무가 있으므로(일반적으로 민법상 불법행위가 성립하는 경우 피해자에게는 금전적 손해배상 외에 그 침해의 금지나 침해상태의 제거를 구할 권리가 인정된다. 대법원 2011. 10. 13. 선고 2010다63720 판결, 2013. 2. 14.자 2012마1417 결정 등 참조), 甲은 乙에게 丙 명의의 등기 말소를 청구할 실체법상의 권리가 있으나, 부동산등기법상 등기의 말소는 등기권리자와 등기의무자 쌍방의 신청이나 판결 등에 의해서만 가능하여 乙에 대한 승소판결만으로는 丙의 등기를 말소할 수 없으므로, 甲이 乙에 대한 소송에서 승소한다고 하더라도 이로써 만족을 얻을 수 없다. 따라서 甲의 乙에 대한 등기말소청구는 주관적 소의 이익이 없어 부적법하다.

할 이유가 없으나, 이를 당사자적격의 문제로 보아 소권 행사를 제한하면 본안인 청구의 당부와 소송요건인 당사자적격의 구별이 무의미해지고 국민의 재판 받을 권리를 부당하게 제한하게 되므로 실체법상의 관리처분권의 유무와 당사자적격은 엄격히 구별하여야 한다.

3) 그러므로 소송목적인 권리·법률관계에 관하여 실체법상의 관리처분권이 있는 자는 물론 그것이 없는 자도 당사자적격이 있다. 반대로 실체법상의 관리처분권이 있는 자라도 당사자적격이 부정될 수 있고, 실체법상의 관리처분권이 없는 자라도 당사자적격이 인정될 수 있다.

(5) 당사자에게 실체법상의 관리처분권이 없는 경우(제3자소송담당=소송신탁)

(가) 제3자소송담당의 의의

1) 위와 같이 소송물에 관하여 실체법상의 관리처분권을 가지는 자, 즉 그 권리·의무자가 소송목적인 권리·법률관계에 관한 소송상 처분권도 갖고 당사자가 되는 것이 원칙이다. 그런데 법령상 그 권리·의무자에게 실체법상의 관리처분권을 배제하거나 그와 병행하여 3자에게 관리처분권을 주고 아울러 그 소송상 처분권도 부여하는 경우가 있는데, 이와 같이 당해소송목적인 권리 또는 법률관계의 실체법상 귀속 주체가 아니면서 법률규정 등에 따라 특별히 소송상 관리처분권을 가지고, 그 자격에 의하여 당사자가 되어 소송수행을 하는 사람을 제3자소송담당자라고 한다. 그리고 이때 제3자소송담당자로서 당사자가 되는 자격을 제3자소송담당 또는 제3자소송당사자적격이라고 한다.[68]

2) 앞서 본 바와 같이 본래 당사자적격은 특정 소송의 소송목적인 권리·법률관계의 성질상 그것과 특별한 관계에 있는 자에게만 당사자적격을 인정하고 다른 사람에게는 이를 인정하지 않는 것인데, 제3자소송담당은 그 소송목적인 권리·법률관계의 주체(권리·의무자 = 본인)에게 특별한 사정(파산, 회생, 추심명령의 발령 등)이 있어서 3자에게 당사자적격을 인정하고 그 본인에게는 당사자로서 소송에 관여하지 못하게 한다는 점에 특색이 있고, 그런 점에서 특수한 당사자적격이라고 할 수 있다.

3) 제3자소송담당의 경우, 파산관재인, 유언집행자 등의 경우에는 소장이나 판결문의 당사자표시란에 실체법상의 권리·의무 주체와 3자의 관계를 표시하나, 채권자대위권자나 추심채권자, 채권질권자 등의 경우에는 그 지위의 발생 원인 및 권리·의무 귀속 주체와의 관계를 표시하지 않는다. 따라서 제3자소송담당에서는 소송목적인 권리·법률관계의

68) 이와 함께 소송신탁(訴訟信託)이라는 용어도 사용된다. 소송신탁이란 어떤 법률관계에 관하여 당사자로서 소송을 수행할 권한을 타인에게 맡기는 것을 말한다. 통상 이를 위해 소송목적이나 소송의 대상이 된 계쟁물에 관한 권리·의무를 수탁자인 타인에게 양도·이전하는 방법을 취하나, 선정당사자의 선정 등과 같이 소송목적에 관한 권리·의무 등을 양도하지 않고 단순히 소송수행권만을 부여하는 경우도 있다. 파산관재인, 회생채무자의 관리인 등은 법률에 의해 소송신탁을 받은 것으로 볼 수 있다.

성질이나 유형만 보고서는 곧바로 당사자적격자가 누구인지 알 수 없는 경우가 많다.

(나) 제3자소송담당의 종류

1) 제3자소송담당은 ① 제3자소송담당자 자신의 이익을 위한 경우, ② 실체법상의 권리·의무자에게 발생한 특별한 사정 때문에 제3자가 그 사람 또는 다수 이해관계인의 이익 보호를 위하여 당사자가 되는 경우로 나눌 수 있다. ①의 예로는 채권자대위권을 행사하는 채권자, 추심채권자, 권리질권자,[69] 선정당사자, 조합의 업무집행조합원 등을 들 수 있고, ②의 예로는 파산관재인, 회생채무자의 관리인, 보전관리인, 각종 가사사건의 검사, 유언집행자, 상속재산관리인, 주주대표소송의 주주 등을 들 수 있다. 반면에 부재자 재산관리인은 부재자 대신 소송당사자가 되는 것이 아니라 그의 법정대리인에 불과하므로 (대법원 1968. 4. 30. 선고 67다2117 판결) 제3자소송담당자가 아니다.

2) 또한, 3자소송담당은 ① 실체법상의 관리처분권도 갖는 경우와 실체법상의 관리처분권은 없고 소송상 관리처분권만 갖는 경우가 있고, ② 당사자적격의 부여가 강제적인 경우(법정 소송담당 = 법률에 의한 소송담당),[70] 임의적인 경우가 있으며(임의적 소송담당, 임의적 소송신탁), ③ 권리·의무의 귀속 주체와 병존적으로 인정되는 경우도 있고(병존형) 제3자에게만 배타적으로 인정되는 경우도 있다(배타형).

3) 법률에 의하지 아니한 임의적 소송신탁은 그것이 소송행위를 하게 하는 것을 주된 목적으로 하는 경우에는 원칙적으로 허용되지 않고(신탁법 제6조), 신탁행위나 수탁자의 소송행위 모두 무효가 된다(대법원 1969. 7. 8. 선고 69다362 판결, 1997. 5. 16. 선고 95다54464 판결 등). 다만, 변호사대리의 원칙이나 신탁법이 정한 소송신탁의 금지 등을 회피하기 위한 탈법적인 것이 아니고, 이를 인정할 합리적인 이유와 필요가 있는 경우에는 예외적·제한적으로 허용될 수 있다(대법원 2016. 12. 15. 선고 2014다87885, 87892 판결 등).[71]

4) 채권자대위소송은 제3자소송담당이 아니라 대위채권자의 고유한 소송담당으로서 그 기판력은 채무자에게 미치지 않는다고 보는 견해도 있으나,[72] 통설과 판례는 이를 병존형 제3자소송담당으로 보아 기판력이 채무자와 다른 대위채권자에게도 미치는 것으로

---

69) 권리질권자는 소송절차 외에서 입질된 권리 자체를 채무자를 대신해 행사할 수 있음은 물론 소송상으로도 이를 행사할 수 있다. 그러나 권리질권자는 민사집행법에 정한 집행방법에 의해서도 질권을 행사할 수 있으므로(민법 제354, 355조), 확정판결 등 집행권원을 얻기 위하여 제3채무자를 상대로 이행의 소를 제기하는 것은 특별한 이유가 없는 한 소의 이익이 없다. 한편, 권리질권자는 담보권(질권)의 행사시간이 도래한 후에 입질된 권리를 자신의 권리로서 행사하는 것이므로 3자 소송담당에 해당하지 않는다는 반대설이 있다.

70) 당사자가 될 자격이 개인의 자유의사에 의하지 않고 법률에 의해 부여된다는 뜻이다.

71) 대법원은 이를 구체적인 경우에 따라 개별적으로 인정하는데, 집합건물의 관리단이 관리비의 부과·징수를 포함한 관리업무를 위탁관리회사에 포괄적으로 위임한 경우에는, 통상적으로 관리비에 관한 재판상 청구를 할 수 있는 권한도 함께 수여한 것으로 보아 소송신탁을 허용한다(대법원 2016. 12. 15. 선고 2014다87885, 87892 판결). 또, 구분건물의 하자보수에 갈음한 손해배상채권을 입주자대표회의에 양도한 경우에도 이를 허용한다(대법원 2009. 5. 28. 선고 2009다9539 판결).

72) 호문혁, "채권자대위소송과 중복제소", 민사소송법연구(1998), 11면 이하.

본다. 제3자소송담당에 해당하는지 여부는, 그것이 담당자 자신의 이익을 위한 것인지 아니면 권리관계 귀속자 본인의 이익을 위한 것인지 여부가 아니라, 당해 소송목적인 권리관계에 관하여 본래 소송상 처분권이 없는 자에게 소송수행권이 인정된 여부와 그가 받은 판결의 효력이 소송경제나 상대방 당사자와의 관계상 권리·의무자 본인에게 미치는 것이 타당한지 여부, 중복소송의 성립을 인정할 것인지 여부 등을 기준으로 판단함이 타당하다.

그런데 대위채권자가 제기한 소의 소송목적은 곧 채무자의 권리·법률관계이고, 그 소송의 판결에 기판력이 인정되지 않을 경우 판결의 모순·저촉과 상대방인 3채무자에게 큰 손해를 입힐 우려가 있으며 소송경제에도 반하므로, 대위채권자가 제기한 소의 판결에 기판력을 인정하고 채무자가 제기한 소와 중복소송을 긍정함이 타당하다. 그러므로 이를 제3자소송담당으로 보는 것이 옳다. 다만, 이로써 채무자가 실체법상 처분권이나 소송상 처분권을 상실하는 것은 아니므로 병존형으로 보아야 한다.

5) 한편, 채권자가 압류 및 추심명령을 받은 경우 그를 제3자소송담당자로 볼 수 있는지도 의견 대립이 있다. 즉 추심의 소에서 추심채권자의 지위에 관하여 ① 고유당사자적격설과 제3자소송담당설, ② 이 경우 집행채무자의 당사자적격 상실 여부에 관하여 상실설, 유지설이 대립하고, ③ 추심채권자가 받은 추심의 소의 확정판결의 기판력이 다른 채권자나 압류채무자에게 미치는지에 관하여 긍정설, 부정설, 승소의 경우에만 미친다는 절충설, 추심의 소를 제기당한 제3채무자가 집행력 있는 정본을 가진 채권자를 공동소송인으로 원고 쪽에 참가하도록 명할 것을 신청하고 집행법원으로부터 그 명령을 받은 채권자에 한하여 미친다는 설, 압류채무자의 경우에는 추심의 소송 사실을 안 경우에 한하여 미친다는 설이 대립하며, 반대로 채무자가 받은 확정판결의 기판력이 추심채권자에게 미치는지 여부에 관하여 긍정설, 부정설, 절충설이 대립한다.[73]

이에 관하여 민사집행법은, ① 추심명령이 있는 때는 압류채권자는 대위절차 없이 압류채권을 추심할 수 있다(민사집행법 제229조 제2항), ② 제3채무자가 의무를 이행하지 아니하는 때는 추심채권자는 소로써 그 이행을 청구할 수 있고, 집행력 있는 정본을 가진 모든 채권자는 공동소송인으로 원고 쪽에 참가할 권리가 있으며, 제3채무자는 집행력 있는 정본을 가진 모든 채권자를 공동소송인으로 원고 쪽에 참가하도록 명할 것을 법원에 신청할 수 있고, 추심의 소에 대한 재판은 위 명령을 받은 채권자에 대하여 효력이 미친다(민사집행법 제249조), ③ 추심채권자가 제3채무자를 상대로 추심의 소를 제기할 때에는 채무자에게 그 소를 고지하여야 하되, 채무자가 외국에 있거나 있는 곳이 분명하지 아니한 때에는 고지할 필요가

73) 이에 대한 자세한 논의는 양진수, "추심의 소와 채무자의 당사자적격, 중복된 소제기의 금지", 민사판례연구 제37권(2015), 811면 이하를 참조.

없다(민사집행법 제238조), ④ 채권자가 추심할 채권의 행사를 게을리 한 때에는 이로써 생긴 채무자의 손해를 부담한다(민사집행법 제239조)고만 규정하고, 집행채무자의 당사자적격을 박탈하는 등의 규정은 없다.

그런데 금전채권에 관하여 압류명령을 발하는 경우, 법원은 제3채무자에게 채무자에 대한 지급을 금지하고 채무자에게는 채권의 처분과 영수를 금지하여야 하며(민사집행법 제227조 제1항), 압류에서 더 나아가 압류채권자가 추심명령을 받으면 압류채권자는 위와 같이 제3채무자에게 실체법상 이행을 청구하거나 변제를 수령할 권한을 갖고 아울러 추심의 소를 제기할 수 있으며, 추심을 게을리 하면 손해배상책임을 지게 된다. 따라서 채권에 관하여 압류명령과 추심명령이 있는 경우 집행채무자는 비록 그 채권의 귀속(준소유권)을 상실하지는 않지만, 그에 대한 처분권과 변제 수령권을 상실하므로 그 한도에서는 그에게 소송수행권을 인정할 필요가 없고, 추심채권자에게만 이를 부여함이 옳다.[74] 따라서 추심채권자는 배타형 제3자소송담당자에 해당하고,[75] 그로써 집행채무자는 당사자적격을 상실한다고 보아야 한다.[76]

6) 권리질권의 경우 질권설정자는 질권자의 동의 없이 질권의 목적된 권리를 소멸하게 하거나 질권자의 이익을 해하는 변경을 할 수 없고(민법 제352조), 질권자는 질권의 목적이 된 채권을 직접 청구할 수 있으며, 채권의 목적물이 금전 이외의 물건인 때에는 질권자는 그 변제를 받은 물건에 대하여 질권을 행사할 수 있을 뿐 아니라 직접 청구 외에 민사집행법에 정한 집행방법에 의하여 질권을 실행할 수 있으므로(민법 제353, 354조), 권리질권자는 배타형 제3자소송담당자에 해당하고, 그로써 질권설정자는 당사자적격을 상실한다고 보아야 할 것이다.[77]

---

74) 반면에 채권에 대한 가압류만 있는 경우에는 채무자가 제3채무자로부터 현실로 급부를 추심하는 것만을 금지하므로 채무자는 제3채무자를 상대로 이행청구의 소를 제기할 수 있다(대법원 1989. 11. 24. 선고 88다카25038 판결, 1992. 11. 10. 선고 92다4680 전원합의체판결 등).

75) 다만, 추심채권자가 받은 판결의 효력이 다른 추심채권자 등에게도 미치는지는 문제가 있다. 민사집행법 제249조는 위와 같이 집행력 있는 정본을 가진 모든 채권자가 공동소송인으로 원고 쪽에 참가할 권리가 있고, 제3채무자의 신청에 의해 법원이 집행력 있는 정본을 가진 모든 채권자를 공동소송인으로 원고 쪽에 참가하도록 명한 경우 추심의 소의 판결은 위 명령을 받은 채권자에 대하여 미친다고 하므로, 그 경우 외에는 미치지 않는 것처럼 해석할 여지도 있으나, 추심의 소 역시 그 본질은 채권자대위소송의 그것과 같으므로 이에 불구하고 인정함이 옳다고 생각된다.

76) 다만, 추심채권자의 채권 행사에 방해가 되지 않는 범위의 권리 행사는 가능하다고 할 것이므로, 이행청구의 소가 아닌 시효중단 목적의 확인청구의 소는 제기할 수 있다고 본다.

77) 권리질권자는 곧바로 민사집행법에 정한 집행방법에 의하여 질권을 실행할 수 있으므로 그가 집행권원을 얻기 위하여 소를 제기할 이익은 없고, 단지 집행절차에서 그만이 정당한 당사자적격을 갖는다고 할 것이다. 한편, 권리질권자는 담보권(질권)의 행사시기가 도래한 후에 입질된 권리를 자신의 권리로서 행사하는 것이므로 3자 소송담당에 해당하지 않는다는 반대설이 있다.

▣ 제3자소송담당(통설, 판례에 의함)

<table>
<tr><th colspan="2">구 분</th><th>병존형</th><th>배타형</th></tr>
<tr><td rowspan="2">법정 소송담당(개별 법률에서 당사자가 될 자를 구체적으로 특정한 경우)</td><td>3자에게 관리처분권이 부여된 경우</td><td>·주주대표소송의 주주(상법 제403조)
·보존행위를 하는 공유자, 합유자(민법 제265, 272조)
·대위채권자(민법 제404조)</td><td>·파산관재인(채무자회생법 제359조)
·회생채무자의 관리인, 보전관리인(위 법률 제78, 86조)[78]
·채권질권자(민법 제353조)
·상속재산관리인(민법 제1053조)
·유언집행자(민법 제1101조)</td></tr>
<tr><td>직무상 일정한 지위를 갖는 자에게 소송수행권이 부여된 경우</td><td>–</td><td>·각종 가사사건의 검사(민법 제847조 제1항 등)
·해양사고구조료지급청구사건의 선장(상법 제894조)</td></tr>
<tr><td colspan="2">임의적 소송담당(임의적 소송신탁)
– 관리처분권의 주체가 그 자신의 의사에 기해 3자에게 소송수행권을 부여한 경우</td><td>–</td><td>·선정당사자(민사소송법 제53조)
·추심위임배서의 피배서인(어음법 제18조, 수표법 제23조)[79]
·민법상 조합의 업무집행조합원(대법원 1997. 11. 28. 선고 95다35302 판결 등)</td></tr>
</table>

(다) 제3자소송담당과 중복소송

1) 제3자소송담당이 인정되는 경우에 그것이 배타형인 때에는 본래의 권리자나 의무자는 당사자적격이 없어 그들의 소송관여가 허용되지 않으므로 이들이 제기하거나 이들을 상대로 제기한 소는 그 선후를 불문하고 부적법하다. 그러므로 이 경우에는 굳이 중복소송을 문제 삼을 필요가 없다. 한편, 소송 계속 중 권리자나 의무자가 당사자적격을 상실한 때는 제3자소송담당자에 의한 소송참가나 소송수계가 필요하며,[80] 그 반대의 경우에도 같다.

2) 다음에서 보는 바와 같이 제3자소송담당이 인정되는 경우, 그가 당사자가 되는 소송의 소송목적과 본래의 권리·의무자가 당사자인 소송의 소송목적이 동일하고 제3자소송담당자가 받은 판결의 효력은 권리·의무자에게도 미침이 원칙이므로, 제3자소송담당이 병존형인 경우에도 권리·의무자와 제3자소송담당자가 각 당사자로 된 소송이 동시에 계속된 때에는 중복소송의 문제가 발생하는바, 이에 대해서는 <중복소송>에서 설명한다.

---

78) 채무자회생법상의 회생위원은 회생절차에서의 관리인, 보전관리인과 달리 관리처분권이 없으며, 개인회생채무자 대신 소송수행권을 행사하지 못한다. 조사위원도 이와 같다.

79) 단, 소송신탁만을 위한 경우는 불가(대법원 2007. 12. 13. 선고 2007다53464 판결).

80) 추심명령의 확정 등 소송중단과 소송수계의 사유가 아닌 경우에는 당사자적격자에 의한 소송참가(승계참가)가 가능하다(대법원 2013. 12. 18. 선고 2013다202120 전원합의체 판결 참조).

(라) 제3자소송담당과 판결의 효력

1) 배타형 제3자소송담당에서 제3자소송담당자가 받은 재판의 효력(집행력, 기판력 등)은 그 본래의 권리자나 의무자, 이익의 귀속자에게도 미친다(민사소송법 제218조 제3, 4항, 민사집행법 제25조). 소송목적인 권리·법률관계에 관한 청구의 내용이 이행명령의 청구가 아닌 확인청구나 형성청구인 때에도 같다.

2) 병존형 제3자소송담당에서 제3자소송담당자가 받은 재판의 효력이 본래의 권리·의무자 등에게도 미치는지에 대해서는 관련 법령에 명시적 규정이 없어 논란이 있다. 그러나 제3자소송담당자에게 당해 소송목적에 대한 소송상 처분권을 부여한 이상 소송경제나 상대방인 피고의 처지를 고려할 때 그 효력을 인정함이 타당하다. 그렇지 않으면 법적 안정성과 신뢰를 해치고, 제3자소송담당자와 본래의 권리·의무자 등이 받은 판결 간에 모순·저촉이 발생하여 문제가 된다.[81]

다만, 이 경우 제3자소송담당자가 받은 재판의 효력이 본래의 권리·의무자 등에게도 미치기 위해서는 본래의 권리·의무자 등에게 당해 보조참가 등으로나마 소송에 관여하여 자신의 이익을 보호하고 제3자소송담당자와 상대방의 모해적(謀害的) 소송수행을 방지할 기회를 부여함이 타당하다. 이에 따라 대법원은 채권자대위소송의 경우, 채무자가 당해 소송 계속 사실을 안 경우에만 그와 다른 채권자에게 기판력이 미친다고 보는바, 이는 이를 고려한 것이다(대법원 1975. 5. 13. 선고 74다1664 전원합의체 판결, 1994. 8. 12. 선고 93다52808 판결, 1995. 7. 11. 선고 95다9945 판결 등).

3) 소송당사자인 제3자소송담당자에게 판결의 효력이 미치므로 그가 직접 그 판결을 집행권원으로 삼아 상대방에게 강제집행을 할 수 있음은 물론이다. 본인이나 상대방이 그 판결을 집행권원으로 삼아 제3자소송담당자가 아닌 상대방이나 파산채무자 등 본인을 상대로 강제집행을 하는 것도 당연히 가능하다. 다만, 이들이 판결 주문에 나와 있지 않으므로 승계집행문을 부여받아야 한다.

(마) 제3자소송담당자의 권리·의무

1) 제3자소송담당자는 원칙적으로 자신의 판단과 재량에 따라 소송을 수행할 권한이 있으나 성실의무 등에 따른 책임을 지는 경우가 있을 수 있고(채무자 회생 및 파산에 관한 법률 제82조 등 참조), 경우에 따라서는 법원의 허가를 얻어야 하거나 관리처분권의 범위가 제약되는 등으로 일정한 제한이 따른다.[82]

---

81) 판결 상호 간의 모순·저촉은 중복소송에 따른 한쪽 소의 각하나 어느 한쪽 소송의 종료 시까지 다른 쪽 소송 진행을 사실상 중단하는 것으로써 어느 정도는 막을 수 있으나 완전하지는 않다. 이 경우 양쪽 상호 간에 기판력이 미치는 때에는 양쪽 소송에서 모두 판결이 선고되면, 뒤에 확정된 판결은 기판력에 위반된 판결이므로 재심으로써 구제 받을 수 있으나(민사소송법 제451조 제1항 제10호 참조), 기판력이 미치지 않는 때에는 구제수단이 없다.

82) 파산법이 파산관재인에게 파산재단에 관한 소에 있어 원고 또는 피고가 된다고 한 것은 소송법상의

2) 제3자소송담당자가 소송목적인 권리·법률관계에 관하여 실체법상의 관리처분권도 갖고 있는 경우에는 상대방 당사자인 피고로부터 변제를 받는 것도 가능하고,[83] 또 그가 피고인 경우에는 상대방 당사자인 원고를 위하여 스스로 파산채무자 등 본인의 재산에서 변제를 하는 것도 가능하므로,[84] 제3자소송담당자가 그 권리·법률관계의 귀속 주체가 아니라도 이와 같이 판결에 따른 이행을 받거나 이행을 하는 데에 아무런 문제가 없다. 따라서 판결 주문에 제3자소송담당자를 채무 이행의 상대방으로 하여 피고인 채무자로 하여금 이행하도록 명하거나(제3자소송담당자가 원고인 경우), 제3자소송담당자에게 원고 앞으로의 채무 이행을 명하는 데(제3자소송담당자가 피고인 경우)에 아무런 문제가 없으며, 그 채무가 소유권이전등기의무이거나 기타 의사진술을 할 의무인 때에도 마찬가지다.[85]

3) 한편, 제3자소송담당자가 이와 같이 원고로서 상대방 당사자인 피고로부터 변제를 받는 경우 그것은 어디까지나 파산채무자 등 본인을 위한 관리자로서의 지위에서 이를 수령해 보유하는 것이므로, 그는 그 본인과의 내부적 법률관계에 의해 이를 본인의 재산으로 복귀, 환원시켜야 할 의무가 있다.

이때 그 변제의 대상이 금전이나 물건의 점유 이전인 경우에는 제3자소송담당자가 이를 피고로부터 받은 때에 곧바로 제3자소송담당자가 이를 소유하게 되거나 점유를 취득

법기술적인 요청에서 당사자적격을 인정한 것뿐이지, 자기의 이름으로 소송행위를 한다고 하여도 파산관재인 스스로 실체법상이나 소송법상의 효과를 받는 것은 아니고, 어디까지나 타인의 권리를 기초로 하여 실질적으로는 이것을 대리 내지 대표하는 것에 지나지 않는 것인바, 파산관재인이 건물명도단행가처분신청을 하였다가 재판상 화해를 함에 있어 법원에 허가신청을 하였으나 그 신청이 불허가 되었음에도 불구하고 감사위원의 동의나 채권자집회의 결의도 없이 피신청인과 재판상 화해를 하였다면 이는 소송행위를 함에 필요한 수권의 흠결이 있는 것으로서 민사소송법 제422조 제1항 제3호 소정의 재심사유에 해당한다(대법원 1990. 11. 13. 선고 88다카26987 판결).

83) 경우에 따라서는 회생채무자나 파산채무자와 같이 이행청구와 변제 수령권이 배제되고 파산관재인 등만이 이를 할 수 있는 경우도 있다(채무자 회생 및 파산에 관한 법률 제64, 67, 329, 332조 참조).

84) 제3자소송담당자가 채무자로부터 변제를 수령한 때는 이로써 본래의 권리·의무자 본인의 재산에 혼입하여 관리·처분하게 될 것이다. 제3자소송담당자가 피고로서 채권자인 원고에게 채무를 이행할 것을 판결에서 명령받은 경우, 제3자소송담당자는 채무자인 본인의 재산에서 변제자금 등을 마련하여 이행하면 되므로 역시 아무런 문제가 없다. 원고에게 소유권이전등기를 이전하는 채무의 이행도 마찬가지로 제3자소송담당자가 자신의 권한으로 처리할 수 있다. 제3자소송담당자가 피고인 경우에 그가 원고를 위하여 스스로 파산채무자 등 본인의 재산에서 변제를 하지 않는 때에는 원고가 그 판결에 기하여 제3자소송담당자나 본인의 재산에 대하여 직접 강제집행을 할 수는 없고, 본인을 집행채무자로 하는 승계집행문이 필요하다(등기신청 등 의사진술 채무에 관하여도 승계집행이 가능함은 물론이다. 민사집행법 제263조, 대법원 1994. 5. 10. 선고 93다53955 판결 참조).

85) 현재 소송실무상 파산관재인이 소송당사자인 경우, 그가 원고가 되는 경우이든 피고가 되는 경우이든 제3자소송담당자 앞으로 소유권이전등기절차를 이행할 것을 명하거나, 제3자소송담당자로 하여금 원고나 제3자 앞으로 소유권이전등기절차를 이행할 것을 명하고 있다(파산관재인이 원고인 경우로는 서울남부지방법원 2017. 2. 9. 선고 2015가단1806 판결, 청주지방법원 2018. 7. 18. 선고 2018나5714 판결, 대구지방법원 경주지원 2017. 12. 21. 선고 2017가합2076 판결, 파산관재인이 피고인 경우로는 서울고등법원 2018. 1. 23. 선고 2017나2032778 판결, 서울중앙지방법원 2018. 1. 17. 선고 2017가합554947 판결, 대전지방법원 홍성지원 2018. 5. 24. 선고 2017가합1063 판결, 파산관재인이 피고이고 의사표시채무의 이행인 경우로는 인천지방법원 2017. 11. 30. 선고 2016가단256233 판결을 참조).

하게 되나, 그것이 소유권이전등기인 때에는 그에 관하여 피고로부터 의사의 진술(등기관에 대한 등기신청의사의 진술)은 유효하게 받을 수 있으나, 제3자소송담당자가 실제로 그 소유권이전등기까지 받는 것은 허용될 수 없다. 즉 당해 판결의 효력은 제3자소송담당자가 실제로 그 소유권이전등기까지 받을 권리가 있다는 것을 확정하거나 제3자소송담당자에게 그러한 권리까지 부여하는 집행력은 없다. 따라서 그러한 등기신청을 받은 경우 등기관은 이를 거부(각하)하여야 하고(부동산등기법 제29조 제3, 8호 참조), 이에 반하여 제3자소송담당자 앞으로 소유권이전등기가 마쳐진 경우 이는 무효로서 제3자소송담당자는 본인 앞으로 이를 이전하여야 한다.

(6) 당사자적격 흠결의 효과

1) 당사자적격은 소송요건으로서 법원이 직권으로 조사하여야 하며, 이를 흠결한 경우 법원은 본안에 대한 심판을 거부하고 종국판결로써 소를 각하하여야 한다. 물론 그것이 소송의 중요한 다툼이 되는 경우 중간판결을 할 수도 있으나 실무상 그런 일은 거의 없다.

2) 소송 진행 중에 당사자적격을 상실하고 다른 사람이 이를 취득한 경우, 소송절차의 중단(민사소송법 제237조 참조)과 소송승계, 즉 당연승계인 소송수계나 참가승계, 인수승계가 발생할 수 있다.

3) 당사자적격이 없는 자에 대한 판결은 당연무효는 아니나 그에 따른 실질적인 효력이 발생하지 않는다. 판결 확정 전에는 상소로써 다툴 수 있으나 확정된 경우 재심의 대상은 되지 않는다. 다만, 당사자적격이 없는 자에 대한 판결과 당사자적격이 있는 자에 대한 판결이 모두 확정되고 양자 모두 기판력이 있는 경우, 뒤에 확정된 판결은 기판력에 위반된 판결이므로 재심으로써 구제 받을 수 있다(민사소송법 제451조 제1항 제10호 참조).

라. 소송능력

(1) 의 의

1) 당사자와 보조참가인 등 소송을 수행하는 소송주체는 소의 제기, 청구의 변경, 청구의 포기·인낙, 화해, 소나 상소의 취하 등 소와 청구에 관한 각종 소송행위 및 이에 부수하는 소송대리인의 선임(소송대리권의 수여), 이송신청, 소송구조신청, 변론병합신청, 변론재개신청 등의 소송행위를 하게 된다. 이는 실체법상의 법률행위에 대응하는 것으로서 소송법상의 법률행위라고 할 수 있다.

법률행위에 행위능력이 필요한 것과 같이 소송행위에도 이를 유효하게 할 수 있는 능력이 필요한바, 소송당사자와 보조참가인 등의 소송주체가 유효하게 소송행위를 할 수

있는 능력이나 자격을 소송능력이라고 한다.[86]

2) 권리능력자라고 하여 모두 행위능력자가 아니듯이 당사자능력자라고 하여 모두 소송능력자는 아니다. 소송능력이 실체법상의 행위능력에 준하는 만큼, 소송능력은 일반적으로 소송행위의 의미와 그로부터 발생하는 소송법적 법률효과의 내용을 인식할 수 있는 능력을 말한다. 그러나 개개의 소송주체가 그러한 능력을 갖추었는지 여부는 행위능력과 마찬가지로 연령이나 성년후견심판의 존부 등 일률적·외형적 기준에 의하여 정하여지고, 개개 소송주체의 주관적 사정에 의하여 결정할 수는 없다. 소송무능력자를 위해서는 법정대리가 필요하다.

민사소송법은 소송능력의 유무, 소송무능력자의 법정대리에 관하여는 동법에 특별한 규정이 없는 한 민법이나 그 밖의 법률에 따른다고 규정한다(민사소송법 제51조). 따라서 소송능력의 유무와 소송무능력자의 법정대리에 관하여는 민법의 행위능력과 제한능력자의 법정대리에 관한 규정이 보충적으로 적용된다. 민사소송법은 소송무능력자의 법정대리와 법정대리권의 증명 등에 관하여 스스로 제55조부터 제64조에 걸쳐 규정하고 있다.

3) 소송능력은 위와 같이 소송주체가 유효하게 소송행위를 할 수 있는 행위능력이나 자격을 말하므로, 구체적으로 당해 소송주체가 그러한 능력을 실제로 갖추어 소송상 공격과 방어 행위인 변론(주장과 입증)을 할 수 있는 능력을 의미하는 변론능력과 다르다.

소송무능력자의 소송행위는 완전하게 효력을 발생할 수 없으나 변론무능력자의 소송행위는 당연히 유효하며, 다만 법원은 필요한 경우 변론무능력자의 변론을 금지하고 변호사를 선임하도록 명할 수 있다(민사소송법 제144조). 따라서 변론능력이 없는 자가 한 소송행위라도 수소법원이 그의 변론 참여를 금하지 않은 이상 소송능력자의 행위로서 유효하다.

4) 소송능력은 위와 같이 실체법상의 행위능력에 준하고, 행위능력과 마찬가지로 일률적·외형적 기준에 의해 정해지므로 당연히 의사능력이 있는 것을 전제로 한다. 따라서 구체적인 경우에 그 소송주체가 의사능력을 갖지 못한 때에는 그가 소송능력자라고 하더라도 그가 한 소송행위는 무효가 된다(대법원 1993. 7. 27. 선고 93다8986 판결, 2012. 7. 5. 선고 2012다14753 판결, 2009. 11. 19. 선고 2009도6058 전원합의체 판결 참조).[87]

---

86) 소송능력은 소송관계인 모두에게 요구되는 것이 아니라 소송당사자나 보조참가인과 같이 소송의 주체로서 소송을 수행하는 자에게만 요구된다고 하겠다. 따라서 증인이나 감정인, 통·번역인, 참고인 등은 소송주체가 아니므로 그들이 증언, 감정, 통·번역, 기타 진술을 하는 행위에는 소송능력이 문제되지 않는다. 당사자가 당사자본인신문에 대해 진술하는 행위 역시 소송주체로서의 소송행위가 아니므로 마찬가지다. 또, 법인 등의 대표자, 법정대리인, 소송대리인은 앞서 본 바와 같이 소송주체가 아니고, 그들의 자격은 따로 법률이 규율하고 있으므로(민법 제937조, 민사소송법 제88조 등 참조), 이들에 대하여도 소송능력을 따로 문제 삼을 필요는 없다.

87) 민사소송법은 의사무능력자를 위한 특별대리인의 선임 등에 관한 특별규정을 두고 있다(제62조의2 참조).

(2) 소송무능력자의 소송행위

1) 행위능력이 제한되는 이른바 제한능력자는 소송능력도 제한된다. 2013. 7. 1.부터 시행되고 있는 개정 민법은 종래의 금치산, 한정치산 제도를 폐지하고 성년후견, 한정후견, 특정후견, 임의후견 제도를 도입하였다. 성년후견은 종래의 금치산, 한정후견은 종래의 한정치산에 대신하는 것이고(개정 민법 부칙 제3조 참조), 특정후견, 임의후견은 한정후견의 변형으로서 그 일종이라 할 수 있다. 한편, 개정 민법은 종래의 친족회를 폐지하고 이에 대신하여 후견감독인을 도입하였으며, 후견에 관하여는 등기를 하도록 하고(가사소송법 제9조, 가사소송규칙 제5조의2 제1항 제1호 나목) 이를 위해 '후견등기에 관한 법률'을 제정하였다. 따라서 개정 민법에 의하면 후견인은 종래의 친족회 대신 후견감독인의 동의를 받아야 한다.

▣ 개정 민법상의 후견제도

구 분	미성년후견	성년후견	한정후견	특정후견	임의후견
개시 사유	19세 미만		정신적 제약으로 사무처리능력의 부족	정신적 제약으로 일시적 후원 또는 특정사무에 대한 후원 필요	정신적 제약으로 사무처리능력의 부족
개시 원인, 개시 시점	·친권자가 없는 경우 ·친권의 상실, 일시 정지, 일부 제한의 선고가 있는 경우 ·친권자에게 법률행위의 대리권이나 재산관리권 상실의 선고가 있는 경우 ·후견인선임심판 확정 시 등	성년후견개시심판, 심판확정 시	한정후견개시심판, 심판확정 시	특정후견개시심판, 심판확정 시	후견계약, 임의후견감독인선임심판 확정 시
피후견인의 행위능력	·원칙적으로 없음 ·근로계약과임금청구 소송은 스스로 할 수 있음 ·법정대리인의 동의를 얻어 특정한 영업을 하는 경우에는 소송도 가능	·원칙적으로 없음 ·가정법원은 취소할 수 없는 법률행위의 범위를 정할 수 있음	·원칙적으로 있고, 동의가 필요한 행위에 대해서는 없음 ·가정법원은 후견인의 동의를 받아야 하는 법률행위의 범위를 정할 수 있음 ·일용품 구입은 언제나 가능	·행위능력에는 제한이 없음(행위능력자)	·행위능력에는 제한이 없음(행위능력자)

후견인의 권한	·포괄적 법정대리권 ·단, 미성년자의 행위를 목적으로 하는 채무를 부담할 경우에는 본인의 동의를 요함 ·친권의 일시 정지, 일부 제한의 선고가 있는 경우 등에는 그 부분에 한하여 대리권 행사	·포괄적 법정대리권 ·단, 가정법원은 법정대리권의 범위를 정할 수 있음	·제한적으로 대리권, 동의권 있음(가정법원은 후견인에게 대리권을 수여하는 심판 가능) ·가정법원이 후견인의 동의를 받도록 정한 행위는 취소 가능	·가정법원은 기간, 범위를 정해 후견인에게 대리권을 수여하는 심판 가능 ·위 범위에서 대리권 있음(이 경우에도 피특정후견인은 행위능력을 상실하지 않음)	·후견계약에서 정한 바에 따름(사무의 위탁 또는 그 사무에 관한 대리권의 수여 등) ·대리권을 수여한 경우에도 피임의후견인은 행위능력을 상실하지 않음
후견감독인	미성년후견감독인, 필수	성년후견감독인, 필수	한정후견감독인, 임의	특정후견감독인, 임의	임의후견감독인, 필수
등기 요부	등기 대상 아님	등기 요	등기 요	등기 요	등기 요

2) 개정 민법 시행 당시(2013. 7. 1.) 이미 금치산 또는 한정치산의 선고를 받은 사람에게는 종전의 규정을 적용하되, 금치산자 또는 한정치산자에 대하여 개정 민법에 따라 성년후견, 한정후견, 특정후견이 개시되거나 임의후견감독인이 선임된 경우 또는 개정 민법 시행일부터 5년이 경과한 때에는 그 금치산 또는 한정치산 선고는 장래를 향하여 효력을 잃는다(개정 민법 부칙 제2조). 한편, 개정 민법 시행 당시 다른 법령에서 '금치산' 또는 '한정치산'을 인용한 경우에는 시행일로부터 5년 동안은 '성년후견' 또는 '한정후견'을 인용한 것으로 본다(개정 민법 부칙 제3조).

3) 2016. 2. 3. 개정되어 2017. 2. 4.부터 시행된 민사소송법은 "① 미성년자 또는 피성년후견인은 법정대리인에 의해서만 소송행위를 할 수 있다. 다만, 다음 각 호의 경우에는 그러하지 아니하다. 1. 미성년자가 독립하여 법률행위를 할 수 있는 경우 2. 피성년후견인이 민법 제10조 제2항에 따라 취소할 수 없는 법률행위를 할 수 있는 경우 ② 피한정후견인은 후견인의 동의가 필요한 행위에 관하여는 대리권 있는 후견인에 의해서만 소송행위를 할 수 있다"고 규정하고 있다.[88]

따라서 개정 민사소송법에 의하면, 소송무능력자는 미성년자, 피성년후견인, 피한정후견인의 셋이고, 그 중에서도 피한정후견인은 후견인의 동의가 필요한 행위에 관하여만

88) 개정 법률은 동법 시행 당시 법원에 계속 중인 사건에도 적용하되, 그 시행 전 소송행위의 효력에는 영향을 미치지 아니하며(부칙 제2조), 제55조, 제56조 및 제62조의 개정규정에도 불구하고 법률 제10429호 민법 일부개정법률 부칙 제2조에 따라 금치산 또는 한정치산 선고의 효력이 유지되는 사람에 대해서는 종전의 규정에 따른다(부칙 제3조)고 규정하고 있다.

그러하다. 한편, 미성년자라도 그가 예외적으로 독립하여 법률행위를 할 수 있는 경우와 피성년후견인이 민법 제10조 제2항에 따라 후견인이 취소할 수 없는 법률행위를 할 수 있는 경우에는 그 사항에 관하여 소송능력이 인정된다. 반면에 피특정후견인과 피임의후견인은 완전한 소송능력자이다.

4) 미성년자의 1차적 법정대리인은 친권자, 즉 그 부모(양자의 경우에는 양부모)이다. 친권자는 자신의 사망에 대비하여 유언으로 미성년자를 위한 후견인을 지정할 수 있고, 가정법원은 미성년자의 후견인이 없는 경우에는 직권으로 또는 미성년자, 친족, 이해관계인, 검사, 지방자치단체의 장의 청구에 의하여 후견인(미성년후견인)을 선임한다. 친권의 상실, 일시 정지, 일부 제한의 선고 또는 법률행위의 대리권이나 재산관리권 상실의 선고에 따라 미성년후견인을 선임할 필요가 있는 경우는 물론 친권자가 대리권 및 재산관리권을 사퇴한 경우에도 같다(민법 제931, 932조).

친권자나 미성년후견인은 미성년자의 근로계약을 대리할 수 없으나(근로기준법 제67조 제1항), 미성년자가 체결한 근로계약과 관련한 소송절차에서 그를 대리할 권한은 있다. 미성년자는 독자적으로 임금을 청구할 수 있으므로(근로기준법 제68조), 임금 청구의 소송은 스스로 할 수 있다고 봄이 타당하다(민사소송법 제55조 제1항 단서 제1호 참조). 미성년자가 친권자나 후견인 등 법정대리인의 동의를 얻어 특정한 영업을 하는 때에도 같다. 그러나 미성년자가 권리만을 얻거나 의무만을 면하는 법률행위를 하는 경우(민법 제5조 제1항 단서), 법정대리인이 범위를 정하여 처분을 허락한 재산의 처분행위(민법 제6조)는 법정대리인의 동의 없이 단독으로 할 수 있지만, 이러한 경우에도 소송절차에서 그에 관련한 소송행위는 미성년자가 단독으로 할 수 없고 법정대리인이 대리하여야 한다. 이에는 학설이 일치되어 있다.

5) 종래의 금치산자에 유사한 피성년후견인은 미성년자와 마찬가지로 전면적인 소송무능력자로서 법정대리인인 후견인만 소송행위를 할 수 있다(민사소송법 제55조 제1항 본문). 가정법원은 질병, 장애, 노령, 그 밖의 사유로 인한 정신적 제약으로 사무를 처리할 능력이 지속적으로 결여된 사람에 대하여 본인, 배우자, 4촌 이내의 친족, 미성년후견인, 미성년후견감독인, 한정후견인, 한정후견감독인, 특정후견인, 특정후견감독인, 검사 또는 지방자치단체의 장의 청구에 의하여 성년후견개시의 심판을 하고(민법 제9조 제1항), 그 후견인은 가정법원이 직권으로 선임한다(민법 제936조 제1항). 가정법원은 성년후견인이 사망, 결격, 그 밖의 사유로 없게 된 경우에도 직권으로 또는 피성년후견인, 친족, 이해관계인, 검사, 지방자치단체의 장의 청구에 의하여 성년후견인을 선임하며, 성년후견인이 이미 선임된 경우에도 필요하다고 인정하면 직권으로 또는 기존 성년후견인 등의 청구에 의하여 추가로 성년후견인을 선임할 수 있다.

피성년후견인의 행위 중 일용품의 구입 등 일상생활에 필요하고 그 대가가 과도하지 아니한 법률행위는 성년후견인이 취소할 수 없으나(민법 제10조 제4항), 이 경우에도 소송절차에서 그에 관련한 소송행위는 피성년후견인이 단독으로 할 수 없고, 후견인이 대리하여야 한다.[89] 그러나 가정법원은 취소할 수 없는 피성년후견인의 법률행위의 범위를 정할 수 있고(민법 제10조 제2항), 이에 따라 피성년후견인이 취소할 수 없는 법률행위를 한 경우 그와 관련한 소송행위는 그가 단독으로 할 수 있다(민사소송법 제55조 제1항 단서 제2호).

6) 특정후견개시의 심판은 질병, 장애, 노령, 그 밖의 사유로 인한 정신적 제약으로 일시적 후원 또는 특정한 사무에 관한 후원이 필요한 사람에 대하여 본인, 배우자, 4촌 이내의 친족, 미성년후견인, 미성년후견감독인, 검사 또는 지방자치단체의 장의 청구에 의하여 가정법원이 그 기간 또는 사무의 범위를 정하여 하며(민법 제14조의2), 가정법원은 피특정후견인을 후원하거나 대리하기 위한 후견인(특정후견인)을 선임할 수 있다(민법 제959조의9).

특정후견인은 미성년후견인이나 성년후견인과 달리 당연히 피특정후견인의 법정대리인이 되는 것은 아니다. 즉 특정후견인은 피특정후견인의 법정대리인이 되어 포괄적으로 피특정후견인의 법률행위를 대리하는 것이 아니라, 피특정후견인을 후원(後援)하는 방법으로 후견(後見)한다. 그런데 여기서 말하는 '후원'이 무엇인지 법률상 아무런 정의가 없는바, 대체로 법적 판단을 포함한 주요한 사항에 대한 정보와 조언을 제공하거나 피특정후견인의 행위에 대한 동의를 뜻하는 것으로 이해된다. 따라서 피특정후견인은 원칙적으로 실체법상 행위능력자로서 소송능력도 있으므로 법정대리인의 소송대리를 통하지 않고 단독으로 법률행위와 소송행위를 할 수 있고, 후견인이 피특정후견인의 소송행위를 대리하여야 할 필요가 있는 때에는 따로 피특정후견인으로부터 소송대리권을 수여받아야 하며,[90] 후견인이라는 지위만으로 당연히 소송대리인이 될 수는 없다.

다만, 가정법원은 후원을 위하여 필요하다고 인정할 때에는 기간이나 범위를 정하여 특정후견인에게 대리권을 수여하는 심판을 할 수 있는데(민법 제959조의11 제1항, 가사소송법 제2조 제1항 제2호 가목), 이 경우 특정후견인에게 법정대리권을 수여한 것은 후원을 위한 것이고 일정한 기간 또는 범위가 정해져 있기 때문에 포괄적 대리권을 수여할 수는 없고, 재산관리권과 대리권에 관한 민법 제949조가 준용되지도 않으며, 또 그의 대리권 행사에 대해 가정법원은 가정법원이나 특정후견감독인의 동의를 받도록 일정한 감독을 가할 수 있다(민법 제959조의11 제2항,). 위와 같이 특정후견인이 실체법상의 대리권을 수여받은 경우, 그에 관한 소송행위에 관하여도 법정대리권을 갖는다고 보아야 할 것이다.

---

89) 민법 제10조 제2항의 행위와의 균형상 이 역시 피성년후견인이 직접 소송행위를 하여도 무방할 듯도 싶으나, 그것이 일상생활에 필요한 것인지, 그 대가가 과도한 것이 아닌지 여부 등이 분명치 않으므로 민법 제10조 제2항과 같이 보기는 어렵다.

90) 이 경우 특정후견인은 법정대리인이 아니라 임의적 소송대리인이 되며, 그가 변호사가 아니면 법원의 대리허가를 받아야 하고, 단독사건으로서 소송목적가액이 1억 원 이하인 사건에만 소송대리가 가능하다.

7) 한정후견개시의 심판은 질병, 장애, 노령, 그 밖의 사유로 인한 정신적 제약으로 사무를 처리할 능력이 부족한 사람에 대하여 본인, 배우자, 4촌 이내의 친족, 미성년후견인, 미성년후견감독인, 성년후견인, 성년후견감독인, 특정후견인, 특정후견감독인, 검사 또는 지방자치단체의 장의 청구에 의하여 가정법원이 하며(민법 제12조), 그 후견인(한정후견인)은 가정법원이 직권으로 선임한다(민법 제959조의3).

한정후견 역시 특정후견과 기본적으로 동일하다. 즉 한정후견개시의 심판만으로는 피한정후견인의 행위능력이 제한되지 않으며, 한정후견인이 당연히 대리권을 가지고 피한정후견인의 법률행위나 소송행위를 대리할 법정대리인이 되는 것은 아니다. 다만, 가정법원은 별도로 범위를 정하여 후견인에게 피한정후견인의 법률행위에 대한 동의권을 유보할 수 있는바, 그 정한 범위에서 피한정후견인의 행위능력이 제한되고(민법 제13조 제1항), 그에 관련한 소송행위 역시 후견인이 대리하여야 한다(민사소송법 제55조 제2항). 그러나 그 외의 사항은 피한정후견인이 단독으로 법률행위와 소송행위를 할 수 있다.

한편, 가정법원은 한정후견인에게 범위를 정하여 대리권을 수여하는 심판을 할 수 있는바(민법 제959조의4 제1항), 이 한도에서 한정후견인은 법정대리인이 되고 관련 사항에 대한 피한정후견인의 소송행위를 당연히 대리하게 된다. 따라서 위 경우 외에 한정후견인이 피한정후견인을 대리하여야 할 필요가 있는 때에는 따로 피한정후견인으로부터 대리권을 수여받아야 하며, 이에 의하여 소송행위의 대리권, 즉 소송대리권을 수여받은 경우 그는 법정소송대리인이 아니라 임의적 소송대리인이 된다.

8) 임의후견은 질병, 장애, 노령, 그 밖의 사유로 인한 정신적 제약으로 사무를 처리할 능력이 부족한 상황에 있거나 부족하게 될 상황에 대비하여 후견을 받을 자 자신의 재산관리 및 신상보호에 관한 사무의 전부 또는 일부를 다른 자에게 위탁하고 그 위탁사무에 관하여 대리권을 수여하는 것을 내용으로 하는 후견계약을 체결한 데에 따라 이루어진다(민법 제959조의14). 후견계약은 공정증서로 체결하여야 하고, 후견계약은 가정법원이 임의후견감독인을 선임한 때부터 효력이 발생한다.

피임의후견인의 후견인(임의후견인)은 가정법원이 선임하는 것이 아니라 후견계약의 상대방이 된다. 임의후견감독인의 선임 전에는 본인 또는 그 후견인은 언제든지 공증인의 인증을 받은 서면으로 후견계약의 의사표시를 철회할 수 있고, 임의후견감독인의 선임 이후에는 본인 또는 임의후견인은 정당한 사유가 있는 때에만 가정법원의 허가를 받아 후견계약을 종료할 수 있다(민법 제959조의18).

피임의후견인은 위와 같이 후견인에게 재산관리 및 신상보호에 관한 사무의 전부 또는 일부를 위탁하고 그 위탁사무에 관하여 대리권을 수여하는 것이지만, 그렇다고 하여 자신이 행위능력이나 소송능력을 상실하는 것은 아니다. 따라서 후견인이 아닌 본인도 유효하게 소송행위를 할 수 있다. 임의후견인은 그가 위탁받고 대리권을 수여받은 재산관리 사무에 관하여 특별히 본인으로부터 소송대리를 금지당하지 않은 한 당연히 소송대리권도 수여받은 것으로 보아야 할 것이다. 이 경우 임의후견인은 법정대리인이 아니라 임의대리인이라고 할 것이다. 임의후견인의 대리권 소멸은 등기하지 아니하면 선의의 제3자에게 대항할 수 없다(민법 제959조의19).

9) 외국인은 그의 본국법에 따르면 소송능력이 없는 경우라도 대한민국의 법률에 따라 소송능력이 있는 경우에는 소송능력이 있는 것으로 본다(민사소송법 제57조).

10) 법인은 물론 법인격 없는 사단 또는 재단으로서 대표자나 관리인이 있어 예외적으로 당사자능력이 인정되는 경우, 법인이나 그 단체가 직접 자연인과 같이 소송행위를 할 능력은 없으므로 그 대표자 또는 관리인이 단체를 대표하여 소송행위를 하여야 하는 바, 그 대표에 관하여는 법정대리와 법정대리인에 관한 규정이 준용된다(민사소송법 제64조).

(3) 소송무능력의 소송법적 효과

1) 위와 같이 소송행위가 유효하려면 소송능력자의 행위여야 한다. 소송능력 없는 자의 소송행위는 무효로서 그 효력이 발생하지 않고, 그 소송행위가 소의 제기인 경우에는 소의 제기가 무효가 되어 소가 부적법하게 된다.[91] 유효한 소의 제기 이후 소송주체가 소송능력을 상실한 경우에는 소송절차가 중단된다(민사소송법 제235조).

2) 소송능력의 존부는 소송요건으로서 법원의 직권조사사항이다(대법원 1983. 7. 12. 선고 82다257, 82다카590 판결 등). 법원은 소송능력의 흠이 있는 때에는 기간을 정하여 이를 보정하도록 명하여야 하며, 만일 보정하는 것이 지연됨으로써 손해가 생길 염려가 있는 경우에는 보정하기 전의 당사자 또는 법정대리인으로 하여금 일시적으로 소송행위를 하게 할 수 있다(민사소송법 제59조). 소송능력의 흠은 추인의 대상이 된다(민사소송법 제60조). 따라서 법정대리인이나 능력을 회복한 본인이 추인할 수 있다.

마. 변론능력

(1) 의 의

1) 소송당사자 등 소송관계인[92]은 특정한 소에 관하여 그 청구를 이유 있게 하거나 이유 없게 하기 위해 사실과 법리를 주장하고 입증하는 등 소송행위로서 공격방어활동

---

91) 피고가 소송무능력자인데 법정대리인이나 특별대리인이 없어 그 본인을 상대로 제기한 소는 그 자체로는 부적법한 소가 아니나, 그에 대한 소장 부본 송달의 효력이 없어(민사소송법 제179조 참조) 소송 계속의 효과가 발생하지 아니한다. 이 경우 법원은 소송절차를 진행할 수 없으므로 원고에게 피고를 위한 특별대리인 선임신청을 하여 그 소송요건을 보정할 것을 명할 수 있다고 생각된다. 원고가 이에 따르지 않는 경우에는 소장을 각하하여야 할 것이다.

92) 여기서는 당사자 외에 보조참가인, 법정대리인, 소송대리인을 의미한다.

(소송자료와 증거자료의 제출)을 하게 되는데, 이것이 곧 변론이다.

2) 소송능력이 있어 일반적으로 소의 제기 등 소송행위를 할 수 있는 사람이라도 상당한 법지식과 교양, 논리력이 없으면 소송사건에 관하여 논리정연하게 사실과 법리를 주장하고 증거를 제출하는 등 변론을 제대로 하기 어렵다. 변론능력은 소송행위의 하나인 변론을 적절하게 할 수 있는 능력이나 자격을 말한다. 민사소송법은 이를 '소송관계를 분명하게 하기 위하여 필요한 진술을 할 수 있는 능력'이라고 정의한다(제144조 제1항). 고로 변론능력은 소송능력보다 좁은 개념이다.

2) 변론능력의 유무는 당사자능력이나 소송능력과 같이 일률적으로 정해지는 것이 아니라, 개개의 소송에서 변론을 하여야 할 소송당사자나 보조참가인, 법정대리인, 소송대리인 등 특정한 소송관계인에 대하여 법원이 개별적으로 결정한다. 즉 법원은 위와 같은 사람이 변론할 능력이 없다고 인정되는 경우 진술(변론)을 금지하는 명령을 할 수 있는 바(민사소송법 제144조 제1항),[93] 그러한 명령을 받은 사람이 곧 변론무능력자이다. 따라서 개개의 소송에서 수소법원이 변론무능력자라고 인정하여 진술금지명령을 하기 전에는 모두 변론능력자이다.

3) 증권관련 집단소송의 경우 원·피고 모두 의무적으로 변호사를 소송대리인으로 선임하여야 하고(증권관련집단소송법 제5조 제1항), 소비자 단체소송의 경우 원고는 의무적으로 변호사를 소송대리인으로 선임하여야 하는바(소비자기본법 제72조), 이러한 경우 그 당사자는 변론을 포함한 모든 소송행위를 변호사를 통해서만 할 수 있으므로 사실상 변론능력이 없다.

(2) 변론무능력자의 변론

1) 변론무능력자는 변론능력 있는 자로 하여금 변론을 하게 하여야 하는데, 그 방법은 변론능력 있는 자를 소송대리인으로 선임하는 수밖에 없다. 소송대리인은 소송행위를 대리하는 사람이다. 법원이 진술금지명령과 함께 변호사 선임을 명한 경우에는 변호사 아닌 자를 소송대리인으로 선임할 수 없다(민사소송법 제144조 제2항).

2) 실체법상의 법률행위에 관하여 대리권을 가진 자라고 하여 당연히 소송대리인이 되는 것은 아니다. 우선 본인으로부터 실체법상의 대리권과 별개로 소송대리권을 수여받아야 하고, 민사소송법 등에 의해 그 소송대리가 허용되어야만 한다. 소송대리인을 선임하는 데에는 상당한 제한이 있는바, 이에 대해서는 해당되는 곳에서 설명한다.

3) 진술금지명령과 구별할 것으로 발언금지명령이 있다. 이는 재판장이 자신의 명을 따르지 않은 자에게 발언을 하지 못하도록 명하는 것으로서(민사소송법 제135조 제2항), 재판장의 소송지

93) 민사소송법 제144조 제1항은 진술금지 대상을 당사자 또는 대리인(법정대리인과 소송대리인을 모두 포함한다고 해석된다. 소송대리인이 있더라도 그가 변론능력이 없을 수 있기 때문이다.)에 한정하고 있으나, 해석상 보조참가인에게도 적용된다고 생각된다. 그 역시 소송을 수행하는 자이기 때문이다.

휘권에 속한다. 발언금지명령은 그 명령을 한 당해 변론기일이나 변론준비기일에서만, 또는 발언금지명령이 취소될 때까지만 발언이 금지될 뿐이고, 이로써 그 대상자가 변론능력을 상실하지는 않는다. 발언금지명령에 따르지 않는 경우 재판장은 그의 퇴정을 명할 수 있고(법원조직법 제58조 제2항), 법원은 직권으로 감치 또는 과태료에 처하거나 이를 병과할 수 있다(법원조직법 제61조).

4) 법정대리인이나 변호사 아닌 소송대리인에게 진술을 금지하거나 변호사를 선임하도록 명한 경우, 법원은 당사자 본인에게 그 취지를 통지하여야 한다(민사소송법 제144조 제3항 참조). 변호사 선임명령이 있는 경우에 소나 상소를 제기한 자가 변론을 계속할 새로운 기일까지 변호사를 선임하지 않을 때는 법원은 직권으로 소나 상소를 각하할 수 있다(민사소송법 제144조 제4항).

소비자단체소송규칙 제12조는, 원고의 소송대리인 전원이 사망 또는 사임하거나 해임된 때에는 원고가 새로운 소송대리인을 선임할 때까지 소송절차가 중지되고, 그 경우 법원은 원고에게 1개월 이상의 기간을 정하여 변호사를 선임할 것을 명하여야 하며, 원고가 그 기간 내에 변호사를 선임하지 아니한 때에는 법원은 결정으로 소를 각하하여야 한다고 규정한다.

(3) 변론능력 흠결의 효과

1) 변론무능력자의 변론은 무효여서 소송법적 효력이 발생하지 않는다. 그러나 그 흠의 중요도나 소송경제 등을 고려할 때 이에 대해서도 추인이 가능하고, 법원이 변론무능력자의 변론을 묵인하고 소송을 계속 진행하였음에도 상대방 당사자가 즉시 이의를 하지 않은 때에는 그 흠이 치유된다고 새기는 것이 타당하다. 따라서 그에 따른 판결도 유효하고 상소나 재심의 사유가 되지 않는다. 변론능력은 당해 소송관계인의 이익을 보호하고 소송의 신속과 충실을 기하기 위하여 요구되는 것이기 때문이다.

2) 변론능력 없는 사람이 새로운 변론기일이나 변론준비기일에 출석하더라도 불출석으로 처리되고, 이에 따라 자백간주, 쌍방불출석에 의한 소 취하 간주 등의 불이익을 입게 된다.

4. 선정당사자

가. 의 의

1) 선정당사자는 앞서 본 바와 같이 당해 소송의 소송목적인 권리·법률관계에 관하여 그 권리·의무는 물론 실체법상의 관리처분권이 없으면서, 일정한 요건하에 그에 관한 소송상 관리처분권을 부여받아 자신이 그 소송의 당사자가 되어 당해 소송을 수행하고 판결을 받는 제3자소송담당자이다. 이는 제3자소송담당 중 임의적 소송담당에 속한다.

2) 선정당사자는, 당해 소송의 소송목적인 권리·법률관계에 관하여 공동의 이해관계를 가진 여러 사람(선정자)이 그 중 1인 또는 다수인을 그들 모두를 위한 당사자로 선정하여 그(또는 그들)로 하여금 당해 소송을 수행하도록 하는 경우에 당사자로 선정된 자(피선정자)를 말한다. 민사조정법상의 대표당사자도 그 일종이다. 민사소송법은 이 제도의 적용 대상을 소송당사자로 전제하여 제53조와 제54조에서 규정하고 있으나, 당사자가 아닌 복수의 보조참가인도 이를 유추하여 선정보조참가인을 선정하거나 변경할 수 있다(대법원 1996. 5. 16. 선고 95누4810 전원합의체 판결, 2017. 2. 17.자 2016마993 결정 참조).

3) 선정당사자는 당해 소송의 소송목적인 권리·법률관계에 관하여 자신의 이름으로 당사자가 되어 당해 소송을 수행하므로, 어디까지나 당사자이지 선정자의 소송대리인 또는 법정대리인은 아니다. 즉 선정당사자는 다른 당사자로부터 단순히 소송대리권을 수여받는 것이 아니라, 당해 소송목적인 권리·법률관계에 관하여 소송상의 관리처분권을 수여 받아 그 타인 대신 소송당사자로서 당해 소송을 수행한다(민사소송법 제53조 제1항). 이로써 선정당사자는 그 다른 당사자 대신 당사자적격을 취득하며, 그 권한은 당연히 소송대리인의 소송대리권보다 크고 강력하다.

4) 민사소송법이 선정당사자 제도를 인정하는 이유는, 복수의 공동소송인이 각기 소송을 수행할 경우 주장과 증거가 충돌하거나 그로부터 불편과 번잡, 비효율이 초래되는 것을 방지하기 위한 것이다. 이로써 공동소송인들은 마치 소송목적인 권리·법률관계를 선정당사자에게 양도한 것과 동일한 효과를 얻을 수 있고, 법원도 소송경제를 도모할 수 있다. 따라서 선정당사자는 원고 측은 물론 피고 측에서도 선정할 수 있다.

나. 요 건

1) 선정당사자를 선정하여 그로 하여금 당해 소송을 수행하게 하려면, 우선 선정자들이 이미 제기된 특정한 소송의 소송당사자이거나 장차 제기하려는 특정한 소송의 소송당사자가 될 자여야 하고, 이들은 2인 이상이어야 한다. 소송당사자나 장차 소송당사자가 될 자가 1인에 불과한 때는 선정당사자를 선정할 수 없다. 선정자들은 기본적으로 공동소송관계에 있음은 물론이다.

2) 선정당사자를 선정하기 위해서는 선정자들 사이에 공동의 이해관계가 있어야 한다(민사소송법 제58조 제1항). 공동의 이해관계가 없는 선정자들에게 이를 허용할 경우, 소송경제에 반하거나 소송신탁의 금지, 변호사대리의 원칙, 비변호사의 법률사무 취급 금지 등을 표방하는 입법취지에 반하기 때문이다.

3) 공동의 이해관계를 가진다는 것의 의미에 관하여는, ① 고유필수적 공동소송의 관계에 있는 경우에 한정된다는 견해, ② 유사필수적 공동소송도 포함하여 필수적 공동소

송관계에 있는 경우여야 한다는 견해, ③ 복수의 청구의 당부가 동일한 사실상 또는 법률상의 원인에 기인하고, 그것이 특히 복수의 당사자 사이에 공통의 쟁점으로 되기 때문에 사회관념상 상대방에 대한 관계에서 그 복수인이 일종의 단체를 이루어 대립한다고 볼 수 있는 경우라고 하는 견해, ④ 어느 정도의 일체감이나 그들 상호 간을 긴밀하게 결합시킬 만한 법률상의 이익이 있는 경우라고 넓게 보는 견해 등이 대립한다.

위와 같이 선정당사자가 인정되기 위해서는 소송당사자나 장차 소송당사자가 될 자가 복수로서 이들 사이에 민사소송법 제65조 소정의 공동소송관계가 성립하여야 하나, 선정당사자의 선정이 허용되기 위해서는 여기서 더 나아가 그들 사이에 공동의 이해관계까지 필요하므로 단순히 그들이 공동소송관계에 있다는 것만으로는 부족하다.

그런데 민사소송법 제65조 전문의 "소송목적이 되는 권리나 의무가 여러 사람에게 공통되거나 사실상 또는 법률상 같은 원인으로 말미암아 생긴 경우"에는 당연히 그들 사이에 공동의 이해관계가 인정되나, 제65조 후문의 "소송목적이 되는 권리나 의무가 같은 종류의 것이고, 사실상 또는 법률상 같은 종류의 원인으로 말미암은 것인 경우"에는 예외적으로 그들 사이에 주요한 공격방어방법을 공통으로 하는 때에만 공동의 이해관계가 인정된다는 것이 통설이다. 판례는 공동의 이해관계를, 선정자 상호 간에 공동소송인이 될 관계에 있고, 또 그들 사이에 주요한 공격방어방법을 공통으로 하는 것을 의미한다고 보고, 단순히 다수자의 권리·의무가 동종이며 그 발생 원인이 동종인 관계에 있는 것만으로는 공동의 이해관계가 있다고 할 수 없다고 한다(대법원 1997. 7. 25. 선고 97다362 판결, 1999. 8. 24. 선고 99다15474 판결 등 참조).

4) 이와 같이 단순히 공격방어방법인 법률요건이나 법률사실이 동종인 것만으로는 부족하고, 그것이 구체적·역사적으로 동일한 행위나 현상에서 발생함으로써 그에 관한 주요한 공격방어방법을 공통으로 해야만 공동의 이해관계가 인정된다. 그러나 공동의 이해관계가 공유자나 합유자, 주채무자와 보증인, 연대채무자 등과 같이 반드시 실체법상 인정되어야 하는 것은 아니다. 이러한 관계가 없더라도, 동일한 교통사고의 피해자들이나 가해자들, 또는 동일한 부동산에 대한 인도소송에서 피고들이 공통하여 취득시효를 주장하는 경우, 채권자가 복수의 보증인을 상대로 채무 이행을 구하는 경우에 그 보증인들이 공통하여 소멸시효를 주장하는 경우 등과 같이 소송상 공격방어방법을 공통으로 하는 정도의 이해관계만 있어도 충분하다.

5) 공동의 이해관계를 판단하는 기준시점은 원칙적으로 선정행위가 이루어진 때이다. 선정당사자의 자격은 당사자적격에 관한 것이므로 다른 소송요건과 마찬가지로 사실심 변론종결 시까지 유지되어야 한다. 다만, 이는 원고가 소장에서 청구원인으로 주장한 사실관계로부터 인정할 수 있으면 족하고, 본안의 심리 결과 선정자와 선정당사자의 청구가 다르다는 판단을 받더라도 소급하여 그들 사이에 공동의 이해관계가 없었던 것으로

되는 것은 아니다.

다. 선 정

1) 선정당사자는 선정자들이 그들의 자유로운 의사에 의하여 선정한다. 경우에 따라 법원은 당사자들에게 선정당사자의 선정을 권유할 수는 있으나 당사자들이 이에 구속되는 것은 아니다. 다만, 민사조정절차에서는 조정담당판사가 선정당사자에 해당하는 대표당사자의 선임을 명할 수 있으나(민사조정법 제18조 제3항), 이에 불응하였다고 하여 불이익은 없다.

2) 선정당사자 선정행위인 선정은 의사표시를 필수적 요소로 하므로 당연히 법률행위에 해당한다. 다만, 그것이 실체법상의 법률행위인지 아니면 소송법상의 법률행위(소송행위)인지는 견해가 대립하나, 그것이 민사소송법에 의해 인정되는 것이고, 그 법률효과로서 선정당사자에게 당사자적격과 소송수행권이라는 소송법적 법률효과가 즉시 발생한다는 점에서 이는 소송행위라고 봄이 옳다.[94]

이와 같이 선정행위 그 자체는 소송행위이므로 선정행위를 하려면 선정자들에게 소송능력이 있어야 한다. 따라서 소송무능력자는 법정대리인이 선정행위를 대리하여야 한다. 소송무능력자가 선정행위를 하여 자격이 없는 선정당사자가 한 소송행위라도 나중에 소송무능력자의 법정대리인이 추인하면 유효하다.

3) 선정행위가 단독행위인지 합동행위인지에 관하여는 학설의 대립이 있다. 선정행위는 대리권수여행위와 비슷한 구조를 가지므로 선정자의 의사표시에 대하여 대응하는 상대방(피선정자=선정당사자)의 의사표시는 필요 없다고 보아야 한다. 따라서 이를 계약으로 볼 것은 아니다.[95] 계약으로 보는 견해는 거의 없다.

합동행위설에서는 피선정자(선정당사자)도 선정자의 범위에 포함시켜 선정자와 피선정자가 동시에 선정자가 되어 선정행위를 공동으로 하여야 한다고 이해한다. 합동행위는 그 본질상 당사자들 사이에 복수의 의사표시는 있으나, 그 복수의 의사표시가 청약의 의사표시와 승낙의 의사표시로 서로 대립(대응)하는 관계에 있지 않고, 제3자에 대하여 복수인이 일치하여 어떤 의사표시를 하는 것이다. 그런데 피선정자(선정당사자)는 이미 소송당사자로서 자신의 소송을 수행할 권한이 있는 자이므로 굳이 선정행위가 필요 없고, 또한 자신이 선정행위의 일방이 되면서 동시에 그 상대방이 되거나 제3자가 된다는 것은 법이론상 있을 수 없으므로,[96] 선정행위는 합동행위라기보다는 선정당사자를 제외한 선

---

94) 물론 그들 간의 법률행위에 선정당사자를 선정하여 그에게 소송수행권을 부여한다는 내용 이외의 내용이 포함된 경우 그 부분은 실체법적 법률행위에 해당할 수 있다.

95) 선정행위 이외의 법률행위 부분은 계약에 해당할 수 있다. 그러나 선정행위 자체는 어디까지나 단독행위다.

96) 선정행위에서 피선정자도 선정자에 포함시키게 되면 피선정자도 선정행위의 당사자가 되므로 피선정자는 합동행위에서 말하는 '제3자'에 해당하지 않게 된다.

정자들만의 단독행위로 봄이 타당하다.

그리고 이 단독행위는 상대방이 있는 행위이나, 상대방인 선정당사자에게 권한만을 줄 뿐 그에게 아무런 불이익이 없으므로 피선정자의 동의는 필요 없다고 할 것이다. 피선정자가 선정에 동의하지 않을 경우에는 사임하는 수밖에 없다. 그러나 실무에서는 선정당사자도 선정행위에 참여하는 것(합동행위설)이 관행이다.[97]

4) 선정당사자의 사임이 가능한지에 대해서 학설은 대립하나, 위와 같이 이를 긍정함이 옳다, 실무상으로도 가능한 것으로 처리하고 있다. 그 경우 소송절차는 중단되고 선정자는 소송을 수계하여야 한다.

라. 선정의 시기와 방법

1) 선정의 시기는 소송의 계속 전후를 묻지 않는다. 그러므로 소나 신청을 제기하기 전에도 할 수 있다. 다만, 피고 측의 경우 그 성질상 소송의 계속 후에만 가능하다. 선정당사자는 선정자들이 언제라도 해임하거나 다른 사람으로 바꿀 수 있다(민사소송법 제53조 제1항).

2) 선정은 본안소송절차에 한하지 않고, 가압류나 가처분, 강제집행 등 보전절차와 강제집행절차에서도 할 수 있다.[98]

3) 선정행위는 1심은 물론 항소심이나 상고심, 이에 준하는 항고심, 재항고심에서도 가능하다. 상급심에서는 하급심에서의 선정행위를 명시적 또는 묵시적으로 취소하고 그것과 다른 내용의 선정행위를 할 수 있다. 선정의 효력은 당해 사건의 최종 종료 시까지 지속하나, 특정한 심급에 한정하여 선정을 하는 것도 허용된다(대법원 2003. 11. 14. 선고 2003다34038 판결 참조). 그러나 특정한 소송행위만을 하기 위한 선정은 무효라고 할 것이다.

4) 당사자들은 반드시 동일인을 선정당사자로 선정할 필요는 없고, 당사자 甲, 乙은 丙을, 다른 당사자 가, 나는 다를 선정하는 것처럼 별도로 선정할 수도 있다. 선정자가 필수적 공동소송인들이라도 반드시 동일인을 선정당사자로 선정하여야 하는 것은 아니다. 다만, 그 선정당사자들이나 선정당사자와 나머지 당사자들 사이에 여전히 필수적 공동소송관계가 유지된다. 선정당사자는 복수라도 무방하다. 이미 선정당사자가 있는 경우

97) 그러나 선정당사자가 누락된 선정행위라도 유효한 것으로 취급하는 것이 보통이다. 대법원은 이에 관하여 명확한 의견 표명 없이 "선정당사자 자신도 공동의 이해관계를 가진 사람으로서 선정행위를 하였다면, 선정행위를 하였다는 의미에서 선정자로 표기하는 것이 허용되지 않는다고 할 수 없으므로 선정당사자를 선정자로 표기하는 것이 위법하다고 볼 수 없다. 원심이 이와 다른 관점에서, 제1심판결문 별지 선정자 명단에 선정당사자인 원고를 선정자로 표시한 위법이 있다고 판단한 것은 잘못이나, 이러한 원심의 판단이나 제1심판결문의 표시 어느 쪽을 따르더라도 판결의 효력에는 아무런 영향이 없으므로, 이를 이유로 원심판결을 파기할 것은 아니다."고 하여 양쪽 모두 가능하다는 입장을 취한다(대법원 2011. 9. 8. 선고 2011다17090 판결).

98) 본안소송에 관한 선정행위에서 동시에 장래의 보전절차와 강제집행절차에 관한 선정행위를 동시에 할 수 있다. 묵시적으로 보전절차와 강제집행절차에 관한 선정행위가 있는 것으로 해석할 수도 있음은 물론이다.

에도 추가로 이를 선정할 수 있다.

5) 당사자의 선정은 서면으로 증명하여야 한다. 따라서 선정서를 작성해 법원에 제출하여야 하며, 선정당사자를 바꾸는 경우에도 같다(민사소송법 제58조 제1항 후문).

6) 선정당사자의 자격 유무는 당사자적격에 관계되므로 이는 법원의 직권조사사항이다. 따라서 선정행위에 하자가 있거나 서면에 의한 선정행위의 증명이 없는 경우에는 그 보정을 명할 수 있다. 보정에 응하지 않거나 보정으로 하자가 치유될 수 없는 때에는 선정당사자로 선정된 자의 소송관여, 즉 소송행위를 허용할 수 없다. 만약 당해 소가 그러한 선정당사자 명의로 제기된 경우, 소의 제기가 무효여서 그 소는 부적법하므로 소를 각하하여야 한다.

마. 선정의 효력

(1) 선정당사자의 지위

(가) 소송법적 지위

1) 선정행위가 있으면 그때부터 소송법적 효력이 발생한다. 선정서가 법원에 제출되기 전이라도 마찬가지다. 따라서 선정당사자는 그때부터 선정자를 위하여 모든 소송행위를 할 수 있다. 선정당사자는 위와 같이 당해 소송이 종료할 때까지 모든 심급에 걸쳐서 소송을 수행할 권한이 있다. 따라서 심급마다 따로 선정행위를 할 필요는 없다. 다만, 특정한 심급에 한하여 선정을 한 때에는 그 심급에 한하며, 선정자들은 각 심급에서 이를 자유로이 변경할 수 있다.

2) 소송이 계속된 후에 선정이 있은 때는 선정자는 당연히 소송에서 탈퇴하고, 선정당사자가 제3자소송담당자로서 그 지위를 수계한다.[99] 소가 제기되기 전에 선정이 있는 경우에는 처음부터 선정당사자만이 당사자가 되고 그가 소송을 수행한다.

3) 1심이나 항소심에서 한 당사자 선정의 효력은 이를 취소하거나 변경하는 등의 사유가 없는 한 상급심(항소심이나 상고심)까지 유지된다(대법원 2001. 10. 26. 선고 2000다37111 판결, 2003. 11. 14. 선고 2003다34038 판결 등). 따라서 심급마다 동일한 선정행위를 되풀이할 필요는 없다.

4) 선정당사자가 소송을 수행하는 경우 판결문을 비롯한 소송문서상 당사자 표시를 할 때는 '원고(선정당사자)' 또는 '피고(선정당사자)'의 형식으로 선정당사자만을 표시하고 선정자는 표시하지 않으며, 그 말미에 별지로 선정자들의 성명과 주소를 기재한 선정자 명단을 첨부하는 것이 실무관행이다. 이는, 그 판결의 효력이 미치는 주관적 범위를 분명히 하고, 장차 이루어질 승계집행 등의 편의를 위한 것이다.

5) 선정당사자는 선정자의 소송대리인이 아니고 당사자로서, 원래의 당사자인 선정자

---

99) 그러나 실무상 별도의 수계절차를 밟지는 않고 선정서의 제출로써 수계신청에 갈음하고 있다.

가 당해 소송목적에 관하여 할 수 있는 모든 소송행위, 즉 소의 취하, 화해, 청구의 변경, 그 포기나 인낙, 상소의 제기 등을 당연히 할 수 있다(대법원 2003. 5. 30. 선고 2001다10748 판결 등 참조). 이러한 개개 소송행위에 대하여 선정자의 동의가 필요 없음은 물론이고, 선정자는 선정당사자의 소송행위를 취소하거나 경정할 수 없다(민사소송법 제94조 참조).

6) 선정행위로 선정당사자의 소송수행권 범위를 제한하는 것은 소송법상으로는 아무런 효력이 없다. 물론 선정자와 선정당사자 사이에서 내부적으로 권한을 제한한 경우, 이에 위반한 행위가 그들 내부관계에서 채무불이행이나 불법행위가 될 수는 있으나, 이로써 법원이나 상대방 당사자에게 대항할 수는 없다는 것이 통설이다. 법원이나 상대방이 이를 알았던 몰랐던 마찬가지다. 다만, 민사조정절차의 대표당사자는 선정자를 위하여 조정조항안의 수락이나 조정신청의 취하, 대리인의 선임 등 일정한 행위를 할 수 없고, 이는 선정자가 직접 하거나 그의 동의를 얻어야 한다(민사조정법 제18조 제4항).

7) 선정당사자가 복수인 경우 그들의 관계가 문제인데, 이들을 선정한 선정자들이 동일한 경우에는 공동대표이사처럼 단독으로 소송수행을 할 수 없고 반드시 공동으로만 소송수행을 하여야 하는 것으로 새겨야 할 것이다.[100] 반면에 선정자들이 서로 다른 경우에는 복수의 선정당사자들은 본래의 소송이 필수적 공동소송이 아니라면 각기 독립하여 소송수행이 허용된다고 볼 것이다.[101] 이는 당사자들 중 일부만이 선정당사자를 선정하여, 선정당사자와 선정에 참여하지 않은 당사자가 각자 소송수행을 하는 경우에도 동일하다.

8) 선정이 무효여서 선정당사자의 당사자적격이 없음에도 이를 간과하고 본안판결을 하였을 때는 상소로써 다툴 수 있다. 그러나 그 판결이 당연무효가 되는 것은 아니다.

이 경우 이미 판결이 확정된 때에는 소송대리권이 없었던 경우(민사소송법 제451조, 제1항 제3호)에 준하여 재심이나 준재심을 청구할 수 있는지 견해가 대립된다. 판례는, 공동의 이해관계가 없는 자가 선정당사자로 선정되었음에도 법원이 그러한 선정당사자 자격의 흠을 간과하여 그를 당사자로 한 판결이 확정된 경우, 선정자가 스스로 당해 소송의 공동소송인 중 1인인 선정당사자에게 소송수행권을 수여하는 선정행위를 하였다면 그 선정자로서는 실질적인 소송행위를 할 기회 또는 적법하게 당해 소송에 관여할 기회를 박탈당한 것이 아니므로, 비록 그 선정당사자와 공동의 이해관계가 없었다고 하더라도 그러한 사정은 민사소송법에 정하는 재심사유에 해당하지 않고, 이러한 법리는 그 선정당사자에 대한 판결이 확정

---

100) 그렇게 보지 않더라도, 필수적 공동소송인들의 소송행위처럼 1인의 선정당사자가 한 소송행위는 선정자 전원에게 이익이 되는 경우에만 유효한 것으로 보아야 할 것이다. 즉 이에 대하여 민사소송법 제67조를 유추적용하여야 한다.

101) 다만, 선정자들의 관계가 필수적 공동소송관계인 때에는 그 법리가 별도로 적용되어야 할 것이다. 즉 이 법리에 따라 복수의 선정당사자들에게도 필수적 공동소송의 법리가 적용되어야 한다.

된 경우뿐만 아니라 그 선정당사자가 청구를 인낙하여 인낙조서가 확정된 경우에도 마찬가지라고 하여 부정한다(대법원 2007. 7. 12. 선고 2005다10470 판결).

(나) 실체법적 지위

1) 선정당사자는 구체적인 소송의 소송목적에 관한 소송상 처분권만 있고, 그 소송목적인 권리·법률관계 관하여 실체법상의 처분권은 없다.[102] 이 점에서 파산관재인 등 다른 제3자소송담당자와 다르다.

2) 그러나 선정당사자는 당해 소송수행을 위한 공격방어에 필요한 범위에서는 선정자의 실체법상의 권리, 예컨대 상계의 의사표시, 이행청구, 동시이행이나 선이행의 항변, 해제권의 행사 등을 할 수 있고, 변제의 영수도 할 수 있다. 반면에 소송 외에서 소송수행을 위한 공격방어에 필요한 범위를 벗어나 상대방과 합의를 하거나 선정자의 권리를 포기하는 등의 처분행위를 할 수는 없다.[103]

3) 선정당사자가 변호사인 소송대리인을 선임하고 보수약정을 체결하는 것은 선정자의 선정당사자에 대한 소송위임(선정행위)에 필수적으로 수반되는 것은 아니므로, 선정당사자가 독자적 권한으로 행할 수 있는 소송수행에 필요한 사법상의 행위라고 할 수 없다. 따라서 선정당사자가 선정자로부터 별도의 수권 없이 변호사를 선임하고 그 보수에 관한 약정을 하였다면, 선정자가 이를 추인하는 등의 특별한 사정이 없는 한 그 효력은 선정자에게 미치지 않는다(대법원 2010. 5. 13. 선고 2009다105246 판결).

(2) 선정자의 지위

1) 선정자는 선정당사자를 선정한 후에도 여전히 소송당사자의 지위를 보유하면서 소송수행권을 갖는가? 이에 관하여는 보유설과 부정설로 견해가 대립한다. 보유설을 취할 경우, 선정당사자를 선정하여 소송경제와 소송의 일관성을 살리려는 제도의 취지가 퇴색할 우려가 있을 뿐 아니라, 선정자와 선정당사자의 소송행위가 충돌할 경우 복잡한 문제가 발생한다. 그러므로 부정설이 타당하며, 실무도 이 견해를 따른다(대법원 2013. 1. 18.자 2010그133 결정 참조).

이렇게 보더라도, 선정자는 언제든지 선정행위를 취소하고 자신의 소송수행권을 회복할 수 있으므로 선정당사자의 독주를 견제할 수 있다. 그러므로 적법한 선정이 있은 후 선정자의 소송행위는 소송수행권이 없는 자의 행위로서 선정당사자의 추인이 없는 한 무효이며, 선정자는 자신의 명의로 상소를 제기할 수도 없다.[104]

---

102) 이를 넘어 선정당사자가 실체법적으로도 관리처분권을 갖는다는 견해도 있으나{이완수, "선정당사자에 관한 연구", 사법논집 41집(2005)}, 이는 법적 근거가 없는 것으로 동의하기 어렵다.

103) 다만, 소송수행을 위한 목적 범위에서 한 것으로 상당한 합의 등은 유효하다고 볼 것이다.

104) 다만, 1심에서 선정당사자를 선정하여 소송을 하였으나 패소했을 경우에 선정자가 독자적으로 항소인으로서 1심판결에 불복하여 항소장을 제출하였을 때에는 선정당사자에 대한 선정을 묵시적으로 취

2) 선정자는 선정 후에는 소송수행권을 상실하고 당사자 지위를 잃는다. 즉 소송이 법원에 계속된 뒤에 선정이 있는 경우, 선정자는 당연히 그 소송에서 탈퇴한 것으로 본다(민사소송법 제53조 제2항). 따라서 이후부터는 선정자를 소외인으로서 제3자로 취급하여야 하며, 반대의 견해가 있지만 그는 증인자격이 있다. 하지만 이는 잠정적이다. 즉 선정자는 언제든지 선정행위를 취소하고 자신의 소송수행권을 회복할 수 있고, 또 선정당사자가 사망하거나 그 자격을 잃은 때에는 선정자가 소송을 수계하여 당사자 지위를 회복하게 된다(민사소송법 제237조 제2항).

3) 선정자는 위와 같이 당사자가 아니나 판결의 효력을 받는 자이므로 공동소송적 보조참가를 할 수 있다. 그러나 당사자로서 공동소송참가를 하거나 별소를 제기하는 것은 실질상 중복제소에 해당하여 허용되지 않는다. 선정자에게 기판력 등 판결의 효력이 미치므로 실질상 선정당사자와 선정자는 동일인으로 보아야 하기 때문이다. 선정자가 별소를 제기당한 경우에도 같다.

선정자는 당사자가 아니므로 상대방과 직접 재판상화해를 할 수는 없지만, 화해참가인으로서 화해에 참가할 수 있고, 그 경우 화해조서는 선정자에 대해서도 확정판결과 동일한 효력이 있다.

4) 선정자가 소송계속 중 사망하더라도 선정자는 당사자가 아니므로 소송절차가 중단되지 않는다. 또한 사망한 선정자의 상속인들이 선정행위를 철회하거나 취소하는 등의 특별한 사정이 없는 한 선정행위의 효력은 유지되어 선정당사자의 소송수행에 아무런 영향이 없고, 선정당사자에 대한 판결의 효력은 사망한 선정자의 상속인들에게도 미친다(대법원 2001. 10. 26. 선고 2000다37111 판결).

5) 선정행위는 소송목적인 권리·법률관계에 대한 선정자의 권리를 선정당사자에게 양도하는 것이 아니라 단순히 소송상의 관리처분권만을 부여하는 것이므로, 선정자는 여전히 그 소송목적인 권리 자체는 물론 그에 대한 실체법적 관리처분권을 보유한다. 따라서 그는 소송절차 밖에서 상대방에게 이행을 청구하거나 채무면제 또는 화해를 할 수도 있고, 변제를 영수할 수도 있다.

6) 선정당사자가 받은 판결의 효력(기판력, 집행력 등)은 선정이 소송계속 전후 어느 때에 이루어졌는지 여부에 관계없이 당연히 선정자에게도 미친다(민사소송법 제218조 제3항 참조). 청구의 포기나 인낙, 재판상화해 등도 마찬가지다. 다만, 그 판결 등으로써 선정자에 대하여 또는

소하고 선정자가 당사자로 나서서 소송행위를 한 것이라고 해석할 여지가 있으므로 법원은 석명권을 행사하여 선정자의 의사가 무엇인지를 밝혀 그에 따른 조치를 취함이 바람직하다[동지: 신동윤, "선정당사자 제도의 실무상 문제점", 실무연구자료 제4권, 대전지방법원(2000)]. 그러나 소송실무상 그렇게 하지 않고 선정자의 항소를 적법한 것으로 취급하여 그 항소의 당부를 심리한 후 판결 주문에 "선정자 甲의 항소를 기각한다"라는 판결을 한 경우도 보인다(대법원 2006. 9. 28. 선고 2006다28775 판결의 원심판결인 전주지방법원 2006. 4. 28. 선고 2005나6382 판결 참조).

선정자를 위하여 강제집행을 하려면 승계집행문을 부여받아야 한다(민사집행법 제25조, 제31조 참조).105) 이는 원칙적으로는 집행문이 필요 없는 의사표시의무(등기의무 등)의 경우에도 동일하다.

바. 선정당사자의 자격 상실

1) 선정자들은 총원의 합의로써 아무런 제한 없이 장래를 향하여 선정행위를 취소, 변경할 수 있다(대법원 2003. 11. 14. 선고 2003다34038 판결 참조). 이로써 선정당사자는 장래를 향하여 선정당사자로서의 자격을 상실한다. 당초부터 특정한 심급에 한하여 선정을 한 때에는 그 심급의 소송절차가 종료한 때에 선정당사자로서의 자격을 상실함은 물론이다. 이 경우에도 그 선정당사자는 당연히 그 심급의 판결에 상소를 제기할 수 있다(대법원 2003. 11. 14. 선고 2003다34038 판결 참조). 상소의 제기는 상소심에서의 소송행위가 아니라 당해 판결이 있은 심급에서의 소송행위이기 때문이다.

2) 선정당사자가 사망하거나 성년후견 또는 한정후견의 심판을 받아 소송능력을 상실한 때는 선정당사자로서의 자격을 상실한다. 그러나 선정자의 사망이나 소송능력 상실은 선정당사자의 자격에 영향이 없다. 선정당사자가 파산선고를 받은 경우에도 자격을 상실한다고 보아야 할 것이다. 복수의 선정당사자들 중 일부가 사망하거나 자격을 상실한 때에는 나머지 선정당사자가 단독으로 유효하게 소송수행을 할 수 있다(민사소송법 제54조).

3) 선정당사자는 위와 같이 공동의 이해관계를 가진 자 중에서 선정되어야 하므로, 선정당사자 자신에 대한 부분의 소가 취하되거나 판결이 확정되는 등으로 공동의 이해관계가 소멸한 경우 선정당사자는 그 자격을 상실한다(대법원 2006. 9. 28. 선고 2006다28775 판결,,2007. 5. 31. 선고 2005다44060 판결).106)107) 반면에

---

105) 선정자는 판결문에 표시되어 있으므로 그 인적사항의 동일성만 증명하면 승계집행문을 부여받을 수 있다. 만약 판결 주문에 선정당사자와 선정자별로 따로따로 표시한 경우, 선정자에 의한 또는 선정자에 대한 강제집행 시 승계집행문 없이도 집행이 가능한지 여부에 대해서는 의견이 대립하나, 실무상으로는 이를 허용한다{수원지방법원 성남지원 <민사실무가이드>(2002), 276 참조}.

106) 다만, 이 경우 자격을 상실한 선정당사자가 언제부터 소송행위를 할 수 없는가 문제된다. 선정당사자는 그 자격을 가지고 있는 동안에만 선정자를 위한 소송수행권이 있으므로 그 자격을 상실하는 순간 선정자를 위한 소송수행권을 상실하고 이후 선정자를 위하여 소송수행을 할 수 없다. 그리하여 자격을 상실한 선정당사자가 선정자를 위하여 소송수행권을 행사하여 소송행위를 한 경우, 그 소송행위는 무권한자가 한 행위로서 적법한 권한 있는 자가 추인하지 않는 한 무효이다. 한편 선정당사자가 그 자격을 상실하는 순간에 당해 선정자에 대한 관계에서 소송절차는 선정자 또는 다른 선정당사자의 수계가 있을 때까지 원칙적으로 중단된다.
위 대법원 2006. 9. 28. 선고 2006다28775 판결의 사안은 다음과 같다. 피고 등 8인이 소를 제기당하여 1심에서 피고를 선정당사자로 선정하여 소송을 수행하게 하였는데, 제1심에서 원고의 청구를 전부 인용하는 판결이 선고되자 피고(선정당사자)가 항소를 제기하였다가, 항소심 소중 중에 그 항소취지를 선정자 중 1인에 대한 부분에 대해서만 제1심판결의 취소와 그 선정자에 대한 원고 청구기각을 구하는 것으로 변경하였다. 그런데 항소심은 소송절차를 중단하지 않고 심리를 계속한 후(1심은 물론 항소심에서도 피고 측은 소송대리인이 없었다), 여전히 당사자를 선정당사자로 표시하여 항소기각의 판결을 선고하였다. 이에 선정당사자는 자신의 이름으로 상고를 제기하였다. 이에 대하여 대법원은, 선정당사자는 자신에 대한 1심판결의 확정으로 공동의 이해관계가 소멸함으로써 선정당사자의 지위를 상실하였다고 할 것이므로, 그가 위 항소가 제기된 선정자에 대한 선정당사자의 지위에서 제기한 상고는 부적법하다는 이유로 상고를 각하하였다. 이 사건에서 선정당사자가 항소를 제기

선정자에 대하여 공동의 이해관계가 소멸하는 사유가 발생하더라도, 이는 선정당사자의 자격에 영향이 없다.

4) 선정당사자 전원이 사망 등의 사유로 자격을 상실한 경우에는 선정자 전원 또는 새로 선임된 선정당사자가 소송을 수계할 때까지 소송절차는 중단되고 선정자가 당사자로서 소송절차를 수계하여야 하나, 선정당사자들을 위한 소송대리인이 따로 있는 경우에는 즉시 중단되지 않는다(민사소송법 제53조 제2항, 제238조).

5) 선정당사자의 자격상실이 선정자 또는 선정당사자의 의사에 기하여 이루어지는 경우인 선정의 철회(취소), 변경, 선정당사자의 사임 등이 발생한 때에는 그 사실을 법원에 서면으로 증명하여야 하고, 상대방 당사자에게 이를 통지하여야 한다(민사소송법 제58조 제1항 단서, 제62조).

사. 선정당사자가 있는 경우의 판결

(1) 선정자에 대한 이행명령 등

1) 선정당사자는 자신의 소송목적인 권리·법률관계에 관하여는 고유의 당사자이므로 그에 관하여는 제3자소송담당자가 아니고, 따라서 그에 관하여는 자신이 당사자(원고)로서 피고로부터 이행을 받을 수 있음은 당연하다.

2) 한편으로 선정당사자는 선정자의 소송목적에 관하여는 제3자소송담당자로서 타인을 위하여 당사자가 된 것이므로, 파산관재인 등과 같이 그 소송목적인 권리·법률관계에 관하여 자신이 당사자로서 선정자를 위해 피고에 대한 이행명령을 받을 수 있다. 즉 법원은 선정자가 피고로부터 이행을 받아야 할 경우, 선정자의 채권과 선정당사자의 그것을 합쳐서 판결 주문에 곧바로 "피고는 원고(선정당사자)에게 … 등기절차를 이행하라" 또는 "피고는 원고(선정당사자)에게 1억 원을 지급하라"고 명할 수 있다.

한 것은 아직 선정당사자의 지위를 상실하기 전의 소송행위이므로 적법하다. 다만 항소취지 변경(실질상은 일부 항소 취하)을 한 때(엄밀히는 상소제기기간 도과 시)에 소급하여 자신의 부분에 대한 제1심판결이 확정되어 그 항소취지 변경 시에 선정자에 대한 관계에서 항소심소송은 중단되었다. 그럼에도 항소심이 선정자의 소송수계를 기다리지 않고 심리를 하고 판결을 선고한 것은 부당하다. 그리고 선정당사자가 그 지위를 상실하여 소송수행권이 없음에도 선정자를 위하여 상고를 제기한 것은 무권한자의 소송행위여서 선정자의 추인이 없는 이상 무효이다. 그러므로 대법원이 선정당사자가 제기한 상고를 각하한 것은 법리상으로는 정당하나, 그에 앞서 직권으로 판결절차의 부적법을 이유로 항소심판결을 취소하고(민사소송법 제417조, 제425조, 제434조 참조) 사건을 다시 심리하도록 항소심으로 환송할 수도 있었다(비록 자격이 없는 자이기는 하지만 선정당사자가 선정자를 위하여 현실적으로 소송수행을 한 이상 전혀 소송수행을 하지 못한 경우에 비하여 법익 침해의 정도가 약하므로, 아마 그럴 필요가 없다고 보아 상고를 각하하여 소송을 종료케 하였는지도 모르겠다).

107) 선정당사자 본인에 관한 부분은 승소하고 선정자에 관한 부분은 패소하는 판결이 선고된 것만으로는 아직 공동의 이해관계가 소멸하였다고 할 수 없다. 패소한 상대방이 상소를 제기할 수도 있기 때문이다. 따라서 이 경우에는 패소한 상대방이 선정당사자 본인에 대하여는 상소를 제기하지 아니 하거나 그 상소를 취하하여 그 부분 판결이 확정되는 때에 비로소 공동의 이해관계가 소멸한다고 할 것이다.

선정당사자 측이 피고인 때에도 선정자의 채무와 선정당사자의 그것을 합쳐서 "피고(선정당사자)는 원고에게 … 등기절차를 이행하라" 또는 "피고(선정당사자)는 원고에게 1억 원을 지급하라"고 선언할 수 있다. 이 경우 선정자에 관한 부분은 판결 이유에 표시되므로, 선정자나 상대방은 승계집행문을 부여받을 수 있다.[108)]

선정당사자 본인이나 선정자의 청구 또는 이들에 대한 원고의 청구 전부나 일부를 기각할 경우에도 단순히 "원고(선정당사자)의 청구를 기각한다"거나 "피고(선정당사자)에 대한 원고의 청구(또는 원고의 나머지 청구)를 기각한다"고 선언하면 충분하고 "원고(선정당사자)와 선정자의 청구를 각 기각한다"거나 "피고(선정당사자)와 선정자에 대한 원고의 청구를 각 기각한다"와 같이 선정당사자 본인과 선정자에 대한 부분을 나누어서 따로따로 선언할 필요는 없다. 소 각하 판결 역시 같다.[109)]

판결 주문에서 피고더러 선정자에 대한 채무 역시 선정당사자 앞으로 직접 이행·지급하도록 명한 경우, 선정당사자는 선정자로 하여금 승계집행을 하도록 할 수도 있지만, 자신이 직접 선정자를 위하여 포괄적으로 강제집행신청을 할 수도 있다.[110)] 선정당사자는 소송당사자로서 그 판결의 효력은 당연히 그에게 미치며, 선정당사자가 선정자를 위하여 소송목적에 속하는 채무를 이행 받고 그 변제를 수령하는 것은 그의 소송수행권에 부수되는 것이라고 볼 수 있기 때문이다.[111)]

---

108) 선정당사자는 실체법상의 관리처분권이 없으므로 스스로 선정자의 채무를 이행할 수는 없고, 따라서 원고는 선정자에 대한 승계집행문을 부여받아 집행하여야 한다. 이에 위반하여 원고가 승계집행문 없이 선정자의 재산에 강제집행을 하는 경우 선정자는 집행에 대한 이의를 할 수 있고, 원고가 선정자에 대한 채권 실행을 위해 선정당사자의 고유 재산에 강제집행을 하는 경우 선정당사자는 집행에 대한 이의 또는 제3자이의를 할 수 있다고 할 것이다.

109) 다만, 선정자에 대한 부분의 소가 부적법한 경우에는 그 부분의 특정을 위하여 "이 사건 소 중 선정자 甲에 대한 부분의 소를 각하한다"와 같이 표시할 수는 있다.

110) 가압류·가처분 사건에서 채권자 측에 선정당사자가 있는 경우 승계집행에 의하지 않고 곧바로 선정당사자뿐만 아니라 선정자 명단에 기재된 채권자 전부를 등기부에 채권자로 기재하는바(대법원 1996. 7. 19. 등기예규 제840호 참조), 그 이론적 근거 역시 이에 따른 것이라고 할 수 있다. 반면에 경매절차에서 동일 채무자에 대하여 동종의 임금채권을 가지는 근로자들이 선정당사자를 선정하여 배당요구를 하는 경우, 집행법원은 배당표에 선정당사자를 채권자로 기재하고 선정자별 임금 합계액을 채권액으로 기재하며, 배당금 출급명령서에도 선정당사자를 채권자로 기재함과 동시에 선정자들의 배당금 수령용 위임장의 제출을 요구하지 않고 선정당사자에게 선정자들의 배당금을 합한 전액을 지급하도록 하고 있다(대법원 2004. 1. 1. 재판예규 제943-36호 참조).

111) 따라서 이 경우 선정당사자는 집행권원인 판결상의 채권자(당사자)와 강제집행신청서상의 채권자(당사자)가 동일하기 때문에 승계집행문을 부여 받을 필요가 없다고 할 것이고, 그가 선정자를 위하여 채무를 이행 받거나 변제를 수령한 경우 이를 선정자에게 이전, 환원할 의무를 진다. 만약 이를 소비, 훼손한 때에는 민·형사상 책임을 지게 된다. 다만, 판결에서 실질상으로는 선정자 앞으로 소유권이전등기를 명하는 의미에서 이를 선정당사자에게 이행하도록 명한 경우, 앞서 <당사자적격>과 <제3자소송담당>에서 설명한 바와 같이 선정당사자는 그 등기를 이전받을 수 없으므로 그는 자신 앞으로의 등기신청을 할 수 없고, 이에 위반하여 이전등기가 이루어진 경우 그 등기는 무효가 된다. 반대로, 선정당사자는 승계집행문 없이도 당연히 선정자 앞으로의 소유권이전등기를 신청할 수 있다고 할 것이다(등기관이 판결 주문과 등기신청 내용의 실체관계 불일치를 이유로 등기신청을 각하한 경우 등기관의 처분에 대한 이의를 통해 구제받을 수 있다).

3) 그런데 위와 같이 표시한 경우 아무래도 혼선이 생길 염려가 없지 않다. 그러면 판결 주문에 곧바로 "피고는 선정자에게 … 등기절차를 이행하라(1억 원을 지급하라)"거나 "선정자는 원고에게 등기절차를 이행하라(1억 원을 지급하라)"와 같이 선정자로 하여금 이행을 받도록 하거나 선정자로 하여금 피고에게 급부를 하도록 명할 수 있는가?

이에 대해서는 ① 포괄적 기재설(선정당사자만을 표시하여야 한다는 견해)과 ② 개별적 기재설(선정당사자와 선정자를 개별적으로 각각 표시하여야 한다는 견해)이 대립한다. 현재 법원의 실무는 절대적으로 ②설을 취하고 있다. 반면에 파산관재인이나 회생채무자의 관리인, 상속재산관리인 등에 대해서는 거의 예외 없이 제3자소송담당자만을 주문에 표시하고 있다.[112)]

순전히 이론상으로만 본다면, 선정자가 원고 측인 경우는 아무런 문제가 없다. 법원은 피고로 하여금 당사자(원고)가 아닌 3자에게도 급부를 명할 수 있기 때문이다. 반면에 선정자가 피고 측인 경우, 법원은 당사자가 아닌 3자로 하여금 의무이행을 명할 수 없기 때문에 이는 불가하다. 따라서 굳이 주문에 선정자를 표시하고자 하는 경우에는 "피고(선정당사자)는 원고에게 선정자 ○○○에 관하여(또는 '선정자 ○○○의 의무로서') … 등기절차를 이행하라(또는 1억 원을 지급하라)"고 표시할 수 있을 것이다.

4) 그런데 법원이 선정자와 선정당사자를 구분하지 않고 선정자의 채권이나 채무를 선정당사자의 그것에 합쳐서 이행할 것을 명하거나 수령할 것을 명한 경우에 그 항소취지는 어떻게 표시하여야 하는가?

이 경우에도 그렇게 판결 주문에 표시하는 것이 원칙이므로 선정당사자가 항소인이든 피항소인이든 상관없이 선정자의 채권이나 채무를 선정당사자의 그것에 합쳐서 "1심판결을 취소한다. 피고는 원고(선정당사자)에게 1억 원을 지급하라"거나 "1심판결 중 원고(선정당사자) 패소 부분을 취소한다. 피고는 원고(선정당사자)에게 3,000만 원을 지급하라" 또는 "1심판결을 취소한다. 원고의 청구를 기각한다"거나 "1심판결 중 피고(선정당사자) 패소 부분을 취소하고 그 부분 원고의 청구를 기각한다"거나,[113)] "1심판결 중 피고(선정당사자)에게 5,000만 원을 초과하여 지급을 명한 피고(선정당사자) 패소 부분을 취소하고

---

112) 수원지방법원 2010. 1. 8. 선고 2009나26876 판결, 서울고등법원 2011. 5. 19. 선고 2010나34946, 34953 판결, 서울고등법원 2015. 4. 15. 선고 2014나2035738 판결 등 참조. 물론 선정당사자와 달리 파산관재인 등은 파산자의 재산(파산재단)을 실체법적으로도 관리처분권을 갖고 파산자의 포괄승계인과 같은 지위를 가지게 되는 점(대법원 2014. 8. 20. 선고 2014다206563 판결 등 참조)에서 약간의 차이가 있으나, 파산자의 재산이 파산관재인의 소유나 준소유가 되는 것은 아니므로 그것이 본질적 차이를 가져오는 것은 아니다.

113) 그러나 실무상으로는 "1심판결 중 선정자 甲에 대한 부분을 취소하고 그 부분 원고의 청구를 기각한다"는 형식으로 항소취지를 기재하는 경우가 많고, 이를 적법한 것으로 취급하는 것이 보통이다. 그것이 1심판결 중 일부를 특정하기 위한 필요에서 그런 것이라면(금액이나 부동산 등으로 특정하는 것이 바람직하나 그것이 여의치 않은 경우) 이는 문제가 없다.

그 부분 원고의 청구를 기각한다"라고 구하면 충분하다.

만약 당사자가 이와 달리 선정자와 선정당사자를 구분하여, "1심판결 중 선정자 甲에 대한 부분을 취소한다. 피고는 선정자 甲에게 1억 원을 지급하라"거나 "1심판결 중 원고(선정당사자)와 선정자 甲의 패소 부분을 취소한다. 피고는 원고(선정당사자)에게 3,000만 원, 선정자 甲에게 5,000만 원을 지급하라" 또는 "1심판결 중 선정자 甲에 대한 부분을 취소하고 그 부분 원고의 청구를 기각한다"거나 "1심판결 중 피고(선정당사자)에게 5,000만 원, 선정자 乙에게 3,000만 원을 초과하여 지급을 명한 피고(선정당사자)와 선정자 乙의 패소 부분을 취소하고 그 부분 원고의 청구를 각 기각한다"라고 항소장에 기재한 경우에는 그 항소를 부적법하다고 볼 것이 아니라, 위와 같이 선정자의 채권이나 채무를 선정당사자의 그것에 합쳐서 항소한 것으로 보아(선해하여) 처리하여도 무방할 것이다.

5) 이상의 논의는 이행명령 외에 확인판결이나 형성판결인 경우에도 그대로 타당하다. 다만, 혼선을 피하기 위해 주문에 "선정자에 관하여 원고(선정당사자)와 피고 사이에서 … 토지가 선정자 소유임을 확인한다" 또는 "소외 ○○○와 선정자 사이에 … 건물에 관한 2018. 5. 1.자 매매를 취소한다"(사해행위취소의 소)와 같이 그 법률효과의 귀속자를 밝혀주는 것이 좋을 것이다.

(2) 소송비용 재판

1) 민사소송법 제98조가 규정하는 바와 같이 소송비용은 당사자가 부담하는 것이 원칙이다. 소송은 당사자의 이름과 책임으로 수행되는 것이기 때문이다. 따라서 소송당사자가 아닌 선정자는 소송비용 부담의 재판을 받을 수 없음이 원칙이다.

2) 경우에 따라서는 소송당사자가 아닌 자라도 소송비용 부담의 재판을 받을 수 있다. 즉 법원은 법정대리인·소송대리인·법원사무관등이나 집행관이 고의 또는 중대한 과실로 쓸데없는 비용을 지급하게 한 경우나 법정대리인 또는 소송대리인으로서 소송행위를 한 사람이 그 대리권 또는 소송행위에 필요한 권한을 받았음을 증명하지 못하거나 추인을 받지 못한 경우에 그 소송행위로 말미암아 발생한 소송비용을 그들에게 부담하도록 명할 수 있다(민사소송법 제107조).

그러나 이는 이와 같은 3자가 현실적으로 소송에 관여하여 소송행위를 한 경우를 전제로 한 것이므로, 선정당사자를 선정하여 그에게 소송수행을 맡기고 당해 소송절차에서 탈퇴한 선정자는 이러한 3자에 해당하지 않으므로 이 규정을 근거로 선정자에게 소송비용 부담의 재판을 할 수는 없다.

3) 그러므로 선정당사자가 선정자를 위하여 소송수행을 한 경우, 그 소송비용 부담의 재판은 선정당사자에 관하여 발생한 비용은 물론 선정자에 관하여 발생한 부분까지 합쳐서 이를 모두 선정당사자가 부담하도록 소송비용 부담의 재판을 하여야 한다.[114] 그리고

그 후의 소송비용액확정절차에서도 그 당사자는 오로지 선정당사자라고 보아야 한다.[115)] 다만, 법원은 선정자와 선정당사자 상호 간의 계산 편의 등을 위하여 판결이나 소송비용확정결정의 이유에서 선정자와 선정당사자별로 그 부담 비율이나 각 부담액을 표시해줄 수 있다.

4) 그럼에도 소송실무에서는 선정자와 선정당사자별로 소송비용 부담자 또는 그 부담 비율을 달리 정하고, 이를 판결 주문에까지 표시하는 것이 광범위하게 행해지고 있으며, 대법원도 이에 따르고 있다(대법원 2003. 5. 30. 선고 2001다10748 판결, 2015. 8. 19. 선고 2013다63509 판결, 2017. 12. 22. 선고 2017다360, 377 판결 등 참조).[116)]

한편 대법원은, 법원이 소송비용을 정할 때 판결 주문에서 선정자들의 공동부담으로 하지 않고 소송당사자인 선정당사자의 단독 부담으로 한 경우에, 판결에서 실질적으로 선정자들의 공동부담으로 하면서 그 표시만 선정당사자에게 부담을 명하였음이 명백한 경우 등과 같은 특별한 사정이 없고, 주문 표시대로 그 선정당사자를 상대로 소송비용액확정결정이 이루어진 때에는, 비용상환권리자는 선정당사자 외의 선정자가 비용상환의무를 분담함을 전제로 하여 선정자를 상대로 민사집행법 제25조 제2항에서 정한 집행문을 내 달라고 신청할 수 없고, 선정당사자 역시 선정자의 비용 분담을 이유로 그 부분에 대하여 상환의무를 지지 않는다고 주장하며 확정된 소송비용액에 관한 집행문의 부여를 다툴 수 없다고 하여(대법원 2013. 1. 18. 자 2010그133 결정), 소송비용 부담의 재판을 전적으로 법원의 재량에 맡기고 있는 듯한 태도를 취하고 있다.

5. 채권자대위권을 행사하는 채권자

가. 의 의

1) 채권자는 자신의 채권을 보전(保全)하기 위하여 채무자의 권리를 대위하여 행사할 수 있다. 이것이 민법이 인정하는 채권자대위권이다(민법 제404조). 권리는 원래 그 권리자가 행사하는 것이 원칙이지만, 민법은 채권자의 권리 보호를 위하여 일정한 요건하에 채무자의 권리를 채권자로 하여금 대위행사할 수 있도록 허용한다. 채권자대위권은 채권자취소권과 같이 채권자를 보호하기 위한 법적 장치이다.

---

114) 이에 따라 선정당사자가 소송비용을 부담한 경우 선정당사자와 선정자의 내부관계에서 정산을 하는 것은 별개 문제로서, 그들 사이의 약정에 따라 처리하여야 할 것이다.

115) 실무에서는 소송비용액확정절차에서도 "신청인과 피신청인(선정당사자) 사이의 대전지방법원 홍성지원 96가합232호(대전고등법원 96나4990호, 대법원 97다40797호) 양수금반환청구 사건에 관하여 피신청인(선정당사자) 및 선정자 이성기가 상환하여야 할 소송비용액은 금 23,482,640원임을 확정한다"와 같이 선정자도 선정당사자와 함께 결정문의 주문에 표시하는 경우가 많다(대전고등법원 1999. 2. 5.자 99라4 결정 등 참조).

116) 대법원 2017다360, 377 판결에서는 "상고비용 중 피고(선정당사자)의 상고로 인한 부분은 피고(선정당사자)와 선정자들이 부담한다"고 하여 선정당사자와 선정자들의 공동부담을 명하였다.

2) 채권자대위권에 의하여 채권자가 행사할 수 있는 채무자의 권리, 즉 피대위권리에는 사법상의 권리는 물론 소권(訴權) 등 공법상의 권리도 포함된다. 또 권리의 행사 외에 이행의 최고나 동의, 승낙, 승인, 파산채권의 신고, 채권양도의 통지, 채무변제의 수령 등 당해 권리의 행사에 부수되는 의사표시나 의사통지, 관념통지 등의 준법률행위와 사실행위도 할 수 있다.

채권자가 대위하여 행사할 수 있는 채무자의 공권에는 위와 같이 소권이 포함되므로, 채권자는 채무자 대신 제3채무자에 대하여 소의 제기나 가압류, 가처분의 신청 등 재판청구권도 대위행사할 수 있다. 채권자대위권에 기하여 채무자의 권리를 소송 외에서 행사하는 경우나 소송상 행사하는 경우 기본적으로는 모두 동일한 법리가 적용된다.

3) 이와 같이 채권자가 채무자의 권리·법률관계에 대하여 채무자 대신 재판청구권을 대위행사하여 소를 제기한 경우, 채권자는 채무자 대신 그 소송의 당사자가 되고 소송목적인 당해 권리·법률관계에 관하여 소송수행권, 즉 그 소송목적에 대한 소송상의 관리처분권을 행사하게 되는바 이를 채권자대위소송이라 한다.

채권자대위소송은, 그 소송목적인 권리·법률관계의 귀속자 아닌 자가 예외적으로 당사자적격을 취득하여 소송당사자가 되는 것이므로 제3자소송담당의 하나에 해당한다. 다만, 이와 같이 채권자가 채무자의 권리·법률관계에 대하여 채무자 대신 재판청구권을 대위행사하는 경우, 채권자의 지위를 본래 의미의 소송당사자로 보아야 하는지 아니면 채무자를 위하여 특별히 법이 당사자적격을 허용하는 제3자소송담당자로 보아야 하는지에 대해서는 뒤에서 보는 바와 같이 학설의 대립이 있는바, 어느 견해를 취하느냐에 따라 소송요건과 기판력 등에서 차이를 가져오게 된다.

4) 채권자대위권을 행사하는 채권자는 파산관재인이나 회생채무자의 관리인, 상속재산관리인 등처럼 채무자의 법률관계에 대하여 소송상의 관리처분권은 물론 실체법상의 관리처분권도 행사할 수 있지만, 그 역시 당해 피대위권리 자체를 취득하는 것은 아니다. 즉 채권자대위권의 행사 대상인 채무자의 권리가 채권자에게 귀속되는 것은 아니다. 또 대위에 의한 권리 행사의 효과 역시 기본적으로는 대위채권자가 아닌 채무자에 대해서 발생하며, 대위채권자는 그 발생한 결과를 토대로 채무자에 대한 자신의 권리를 보전, 실현하게 된다.

5) 채권자에게 채무자의 권리를 대위행사하도록 허용하는 것은 어디까지나 채권자의 권리를 보전하기 위한 것이므로, 그 목적을 초과하여 채무자의 권리를 행사하는 것은 허용되지 않는다. 따라서 채권자가 채무자의 권리를 대위행사한다고 하더라도 무제한으로 허용되는 것이 아니고, 거기에는 일정한 한계가 따를 수밖에 없다.

나. 요 건

채권자대위권을 소송 외에서 행사하는 경우는 물론 소송상 행사하는 경우에도 그 요건은 동일하다. 그 요건으로는, ① 피보전채권의 존재, ② 피보전채권의 이행기 도래, ③ 보전의 필요, ④ 채무자의 무자력, ⑤ 피대위권리에 대한 채무자의 권리 불행사, ⑥ 피대위권리가 채무자의 일신에 전속하지 않을 것이 요구된다.

(1) 피보전채권의 존재

1) 채권자대위권을 행사하기 위해서는 우선 채권자의 채무자에 대한 권리, 즉 피보전권리가 존재하여야 한다. 채권자대위권이라는 명칭에서 알 수 있는 바와 같이 피보전권리의 1차적 형태는 채권이다. 그러나 순수한 채권에 국한되지 않고 취소, 해제, 해지, 상계권 등의 형성권이나 가족법상의 권리도 포함한다. 반면에 물권이나 준물권은 그 권리의 성질상 타인인 채무자(상대방)의 도움(급부) 없이도 곧바로 권리자가 그 권리를 행사할 수 있고 누구에게나 주장, 행사할 수 있는 절대권이므로 이는 피보전권리에 속하지 않는다. 물권적 청구권도 이와 같이 보아야 한다는 견해가 있으나, 판례는 이에 대해서는 채권자대위를 인정한다(대법원 2007. 5. 10. 선고 2006다82700, 82717 판결 등).

2) 원래 채권자대위제도는 채무자의 책임재산 확보에 중점이 있으나, 판례는 채권자의 강제집행 보전이나 장래의 권리 실현을 위해, 피보전권리가 금전채권이 아닌 부동산 소유권이전등기청구권이나 동산 인도청구권, 토지거래허가신청절차의 협력의무 이행청구권과 같은 특정채권인 경우에도 대위권 행사를 인정한다(대법원 1962. 1. 25. 선고 4294민상607 판결, 1992. 10. 27. 선고 91다483 판결, 1994. 12. 27. 선고 94다4806 판결 등).

3) 피보전권리는 채권자대위권을 행사할 당시 존재하면 족하고, 반드시 피대위권리보다 먼저 성립한 것일 필요는 없고, 또 조건부나 기한부 권리라도 무방하다. 따라서 피보전권리의 소멸시효가 완성된 경우라도 채무자가 이를 원용하기 전까지는 그 보전을 위한 대위가 가능하고(대법원 1993. 3. 26. 선고 92다25472 판결 등), 토지거래허가구역 내에 있는 토지에 대한 매매계약이 관할관청의 허가 없이 체결된 것이어서 유동적 무효상태에 있더라도, 매수인은 매도인에 대한 토지거래허가신청절차 협력의무의 이행청구권을 보전하기 위하여 매도인을 대위해서 제3자 명의로 이루어진 원인무효인 소유권이전등기의 말소등기절차이행을 청구할 수 있다(대법원 1994. 12. 27. 선고 94다4806 판결 등).

4) 적법한 피보전권리가 되기 위해서는 채권자가 채무자에게 그 권리를 주장할 수 있어야 하므로, 채권자가 채무자를 상대로 소유권이전등기절차이행청구의 소를 제기하여 패소의 확정판결을 받은 경우에는 그 등기절차이행청구권을 피보전권리로 삼아 채권자대위권을 행사할 수 없고(대법원 2003. 5. 13. 선고 2002다64148 판결), 이혼으로 인한 재산분할청구권은 협의 또는 심판에

의하여 그 구체적 내용이 형성되기까지는 그 범위와 내용이 불명확·불확정하기 때문에 구체적으로 권리가 발생하였다고 할 수 없으므로 이를 보전하기 위하여 채권자대위권을 행사할 수 없다(대법원 1999. 4. 9. 선고 98다58016 판결 등 참조). 채권자가 채무자를 상대로 피보전청구권에 관하여 이미 이행청구의 소를 제기하여 승소판결을 선고받고 그 판결이 확정된 경우 제3채무자는 그 피보전청구권의 존재를 다툴 수 없다(대법원 2015. 5. 14. 선고 2013다96783 판결).[117]

5) 채권자대위 제도는 사법상의 제도이므로 특별한 사정이 없는 한 피보전권리는 사법상의 권리여야 한다. 그런데 국세기본법은 공법상의 권리인 국세채권의 보전을 위하여 채권자취소권은 물론 채권자대위권도 행사할 수 있는 것으로 규정하고 있다(국세기본법 제28조 제3항 참조).

(2) 피보전채권의 이행기 도래

1) 채권자가 대위권을 행사하기 위해서는 피보전채권의 기한(이행기)이 도래하여야 한다. 그 기한이 도래하기 전에 대위권을 행사하려면 법원의 허가를 받아야 한다.[118] 피보전채권의 이행기가 도래하지 않은 상태라면, 채무자의 피대위권리 불행사가 있더라도 피보전채권의 이행기 도래 시 피보전채권의 이행이 제대로 이루어지지 않을지 여부가 불분명하므로 굳이 피보전채권의 보전을 위한 대위권 행사를 허용할 필요가 없기 때문이다. 법원의 허가는 비송사건절차법에 따르며, 그 신청은 채무자의 보통재판적이 있는 곳의 지방법원에 하여야 한다(비송사건절차법 제46조). 허가신청은 피보전채권의 기한 도래 전에 채권자가 채무자의 권리를 대위행사하지 아니하면 그 채권을 보전할 수 없거나 보전하는 데에 곤란이 생길 우려가 있을 때에 할 수 있다(비송사건절차법 제45조).

2) 피보전채권의 이행기가 도래하지 않은 상태라도, 피대위권리를 처분하는 것이 아니라 보전하는 행위만을 대위하는 경우에는 허가 없이도 행사할 수 있다(민법 제404조 제2항 단서). 피대위권리를 처분한다는 것은, 채무의 면제, 권리의 포기, 기한의 유예, 소멸시효이익의 포기, 화해계약이나 경개계약의 체결 등으로 피대위권리를 법률상 또는 사실상 소멸하게 하거나 그 내용을 변경하는 것을 말한다.

반면에 이를 보전하는 행위는, 피대위권리를 소멸하게 하거나 그 내용을 변경하는 것이 아니라, 변제의 청구와 수령, 가압류나 가처분 등에 의한 소멸시효의 중단, 원인무효인 등기의 말소청구, 미등기 부동산의 소유권보존등기신청, 파산채권의 신고(파산절차에의 참가), 부패·멸실의 우려가 있는 물건의 매각 등과 같이 피대위권리를 유지·존속케 하면서 이를 관리·보존하는 행위를 말한다. 피대위권리가 소유권이전등기청구권이거나 금전

---

117) 이 경우 그 판결의 기판력이 제3채무자에게 미치지 않으나, 제3채무자로서는 채무자에게 이행하든 채권자에게 이행하든 아무런 영향이 없으므로, 굳이 제3채무자가 채권자와 채무자 사이에 이미 확정판결에 의하여 확정된 법률관계를 다툴 만한 이익이 없다고 본 것으로 해석된다.

118) 그러나 실제로 이런 허가를 신청하는 경우는 거의 없다.

지급청구권인 경우, 등기절차의 이행을 청구하거나 금전의 지급을 청구하는 것과 같이 그 권리의 내용을 실현하는 것은 처분행위가 아니라 보존행위이다(대법원 1990. 4. 27. 선고 88다카25274, 25281 판결 등 참조).

3) 그런데 여기서 민법 제404조 제2항 단서에서 허용하는 보전행위를 처분행위에 대응하는 개념으로 보게 되면, 이 규정은 실상 아무런 의미를 갖지 못하게 된다. 왜냐하면 위와 같은 의미의 처분행위는 뒤에서 보는 바와 같이 본래부터 대위채권자가 행사할 수 없으므로 채권자대위권의 행사는 보전행위에 국한되기 때문이다. 따라서 민법 제404조 제2항 단서가 의미를 가지려면, 피보전채권의 이행기가 도래하지 않은 상태에서 법원의 허가 없이 대위권의 행사가 허용되는 보전행위의 범위는 본래 의미의 보전행위 중 당해 피대위권리의 행사, 실현(변제의 수령 등)을 제외한 가압류, 가처분, 시효중단, 파산채권의 신고 등 순전히 피대위권리를 보전하는 것에 한하는 것으로 새겨야 할 것이다.

(3) 보전의 필요

1) 채권자대위권을 행사하기 위해서는 채무자에 대한 피보전권리를 보전할 필요성이 인정되어야 한다. 즉 채권자가 보전하려는 자신의 권리와 대위하여 행사하려는 채무자의 권리가 밀접하게 관련되어 있고, 채권자가 채무자의 권리를 대위하여 행사하지 않으면 자기 채권의 완전한 만족을 얻을 수 없게 될 위험이 있어 채무자의 권리를 대위하여 행사하는 것이 자기 채권의 현실적 이행을 유효·적절하게 확보하기 위하여 필요하며, 채권자대위권의 행사가 채무자의 자유로운 재산 관리행위에 대한 부당한 간섭이 된다는 등의 특별한 사정이 없어야 한다(대법원 2001. 5. 8. 선고 99다38699 판결, 2007. 5. 10. 선고 2006다82700,82717 판결 등). 이를 위반한 경우 대위권 행사가 부적법하므로 이를 위반한 채권자대위소송의 경우 그 소는 부적법하다(대법원 2010. 11. 11. 선고 2010다43597 판결 등).

2) 피보전권리가 금전채권인 경우, 피대위권리의 대위행사를 통하여 그것을 채무자의 지배하에 둠으로써 장차 그에 대한 강제집행이 가능하면 보전의 필요성이 인정된다. 그러나 피보전권리가 금전채권이거나 장차 금전채권으로 전환될 것에 대비해 그 금전채권을 담보하기 위하여 담보물권이 설정되어 있을 때는 그 담보로써 부족이 있는 경우에만 이를 인정하여야 할 것이다. 반면에 보증인이 있는 경우에는 주채무자와 보증인 모두의 책임재산에 부족이 있는 때에야 비로소 보전의 필요성을 인정할 수 있다.

3) 피보전권리가 금전채권이 아니라 부동산 소유권이전등기청구권이나 동산 인도청구권등과 같이 특정물채권인 경우에는 피대위권리의 행사를 통하여 그 특정물채권이 실현될 수 있어야만 보전의 필요성이 인정된다.

(4) 채무자의 무자력

1) 채권자대위권을 행사하기 위해서는 채무자가 원칙적으로 무자력이어야 한다. 민법에는 명문의 규정이 없으나 판례는 이를 요구한다(대법원 1969. 7. 29. 선고, 69다835 판결, 1969. 11. 25. 선고 69다1665 판결 등). 채무자의 무자

력은 보전의 필요성에 관한 내용의 일부라고 볼 수도 있다. 채무자의 자력이 충분하다면 굳이 채무자를 배제하고 채권자에게 대위행사를 허용할 필요가 없기 때문이다. 채무자의 무자력은, 채무자에게 변제의 자력이 없거나 부족함을 뜻하는 것으로서 채권취소권에 있어서 채무자의 무자력과 동일한 의미이다.

2) 피보전권리가 등기청구권이거나 건물의 철거, 토지 인도청구권과 같은 특정채권인 경우에는 채무자의 경제적 자력 여부는 채권자의 피보전권리 실현과 직접 관계가 없으므로 채무자의 무자력이 필요 없다(대법원 1965. 2. 16. 선고 64다1630 판결, 1992. 10. 27. 선고 91다483 판결 등).

3) 또 피보전권리가 금전채권인 경우라도, 채권자가 임차인에게서 양수한 임차보증금반환청구권의 이행을 임대인에게 청구하기 위하여 임차인의 목적물 인도의무가 선이행되어야 할 필요가 있어서 임대인을 대위해 임차인에게 그 인도를 구하는 경우에는 그 임차보증금반환채권(양수채권)의 보전과 채무자인 임대인의 자력 유무는 관계가 없으므로 이 경우에도 예외적으로 채무자의 무자력이 필요 없다(대법원 1989. 4. 25. 선고 88다카4253,4260 판결 등). 수임인이 민법 제688조 제2항 전단에 의하여 위임인에게 행사하는 대변제청구권(代辨濟請求權)은 통상의 금전채권과는 다른 목적을 갖는 것이므로, 수임인이 이 대변제청구권을 보전하기 위하여 채무자인 위임인의 채권을 대위행사하는 경우에도 채무자의 무자력은 필요가 없다(대법원 2002. 1. 25. 선고 2001다52506 판결).

(5) 피대위권리의 불행사

1) 채권자가 대위권을 행사하려면 아직 채무자가 피대위권리를 행사하지 않고 있어야 한다. 채무자가 스스로 권리를 행사하고 있음에도 불구하고 채권자 대위를 허용한다면 채무자에 대하여 부당한 간섭이 되기 때문이다(대법원 1957. 11. 14. 선고 4290민상448 판결, 1979. 3. 27. 선고 78다2342 판결). 채무자가 스스로 권리를 행사한 이상 그 적절성 여부는 불문한다.

구체적으로 어떤 경우에 채무자가 당해 피대위권리를 행사한 것으로 볼 수 있을지는 일률적으로 말할 수 없고 사회통념에 따라 판단하여야 할 것이다. 문제되는 것은, 채무자가 소송 외에서 이행청구를 하였거나 가압류나 가처분 등 보전행위만을 한 경우가 될 것인데, 그로부터 상당한 기간이 지나지 않았다면 원칙적으로는 그것만으로도 채무자가 피대위권리를 행사한 것으로 볼 수 있을 것이다.

2) 채권자대위권을 행사하기 위해서는 대위행사할 채무자의 권리, 즉 피대위권리가 있어야만 한다. 그것이 없다면 대위의 대상이 없는 것이 되기 때문이다. 그러나 피대위권리의 존재는 채권자대위권 행사의 요건은 아니다. 채권자대위소송에서 피대위권리가 부존재하는 경우, 소송목적이 부존재하여 결국 원고인 채권자의 청구가 기각될 뿐이고, 3채무자는 그 이행을 거절하는 것으로 충분하기 때문이다.

3) 피대위권리는 앞서 본 바와 같이 사법상의 권리는 물론 소권(訴權)이나 행정관청에 대한 건축허가신청권, 국유재산불하신청권, 도로점용허가신청권, 재산처분허가신청권(대법원 1987. 10. 28. 선고 87누640 판결), 등기관에 대한 등기신청권 등 공법상의 권리도 포함하며, 준법률행위와 사실행위도 대위 가능하다. 그리고 물권과 물권적 청구권, 채권자대위권, 채권자취소권도 대위행사할 수 있다(대법원 1966. 9. 27. 선고 66다1334 판결, 1968. 1. 23. 선고 67다2440 판결, 2001. 12. 27. 선고 2000다73049 판결 등).[119] 또, 취소권이나 해제권, 해지권(대법원 2007. 5. 10. 선고 2006다82700, 82717 판결 등), 상계권(대법원 2010. 8. 26. 선고 2009다95769 판결 참조), 환매청구권, 공유물분할청구권, 상속재산분할청구권, 지상권소멸청구권, 매매예약완결권, 하자담보책임에 따른 대금감액청구권 등의 형성권도 피대위권리의 보존을 위한 범위에서는 허용된다. 소멸시효완성이나 시효이익의 포기에 따른 법률효과를 채무자 대신 주장·원용하는 것도 마찬가지라고 할 것이다.

4) 피대위권리가 채무자의 일신에 전속한 권리인 경우 타인의 개입을 허용할 수 없으므로 이는 대위행사가 허용되지 않는다(민법 제404조 제1항 단서). 귀속의 일신 전속은 물론 행사상의 일신 전속도 포함한다. 이에 위반한 경우, 대위권 행사 자체가 허용되지 않으므로 이에 위반한 소는 부적법하다.

채무자의 일신에 전속한 권리로는 친생부인권, 친생관계존부확인청구권, 혼인취소권, 파양권, 인격권(정정보도청구권이나 반론보도청구권, 사원권 등) 등을 들 수 있다. 계약의 청약이나 승낙, 3자를 위한 계약에서 수익자(채무자)의 수익의 의사표시, 망은행위에 따른 증여의 해제권(민법 제556조), 임대차계약에 기한 갱신청구권 등도 이와 같이 보아야 할 것이다.[120]

부양청구권이나 이혼에 따른 재산분할청구권, 상속의 승인이나 포기권, 상속회복청구권, 부부재산계약의 취소권 등과 같은 가족법상의 권리는 비록 경제적인 것이기는 하지만 행사상의 일신 전속적 권리로서 대위가 허용되지 않는다는 것이 통설이다. 유류분반환청구권에 관하여도 판례는 동일하게 해석한다(대법원 2010. 5. 27. 선고 2009다93992 판결). 위자료청구권에 대해서는 당사자의 합의나 확정판결 등에 의하여 그 내용이 구체적으로 확정되었거나 피해자가 사망하여 이를 스스로 행사할 수 없게 된 경우에만 대위가 허용된다고 보는 것이 통설이다.

사용대차약정상의 권리나 고용계약, 위임계약, 조합계약, 신탁계약에 기한 권리 등과 같이 상속의 대상이 되지는 않는 권리라도 대위행사에는 지장이 없다. 그러나 압류가 허용되지 않는 권리는 채권자의 일반담보로 할 수 없고 강제집행이 불가능하므로 대위의 목적이 될 수 없다(대법원 1981. 6. 23. 선고 80다1351 판결 등). 압류가 허용되지 않는 권리는 민사집행법, 국가배상법, 근로기준법 등에서 규정한다.

---

119) 즉 채권자대위권의 경우 이중의 대위행사가 허용되는 셈이다.

120) 채무자가 3자에게서 채권을 양수한 경우에 양도인에 대한 양도통지청구권은 대위행사할 수 있지만 채무자(양수인)나 3자(양도인)를 대신해 직접 양도통지를 할 수는 없다는 일본 판례가 있으나 의문이다. 이는 순전히 재산적 성질만을 갖기 때문이다.

5) 채무자에 대하여 파산선고가 있는 경우 그 재산은 파산재단에 속하고, 이를 관리처분할 권리는 파산관재인에게 속하며, 파산채권은 파산절차에 의하지 아니하고는 이를 행사할 수 없으므로 파산채권자가 파산자에 대한 채권을 보전하기 위하여 파산재단에 관하여 파산관재인에 속하는 권리를 대위하여 행사하는 것은 법률상 허용되지 않는다(대법원 2000. 12. 22. 선고 2000다39780 판결, 2002. 8. 23. 선고 2002다28050 판결 등). 다만, 재단채권은 파산절차에 의하지 아니하고 수시로 이를 변제하므로, 재단채권자가 자기의 채권의 현실적인 이행을 확보하기 위하여 파산재단에 관하여 파산관재인에 속하는 권리를 대위하여 행사하는 경우, 그것이 파산관재인의 직무수행에 부당한 간섭이 되지 않는 등 파산절차의 원만한 진행에 지장을 초래하지 아니하고, 재단채권 간의 우선순위에 따른 변제 및 동순위 재단채권 간의 평등한 변제 등과 무관하여 다른 재단채권자 등 이해관계인의 이익을 해치지 않는 경우에는 예외적으로 대위권 행사가 허용된다(대법원 2016. 4. 15. 선고 2013다211803 판결).

6) 채권자가 채무자의 권리를 대위행사한 때에는 그것이 피대위권리를 보전하는 것에 불과한 것이 아닌 한 채무자에게 이를 통지하여야 하고, 채무자는 그 통지를 받은 후에는 그 권리를 처분하여도 이로써 채권자에게 대항하지 못한다(민법 제405조). 그러나 이는 채무자에 대한 대항요건일 뿐이고, 그 통지가 채권자대위권의 행사의 요건은 아니다. 즉 그 통지가 없더라도 채권자대위권의 행사는 유효하고, 채권자대위소송은 적법하다.

다. 채권자대위권의 소송상 행사와 피보전권리 부존재의 효과

(1) 대위권의 소송상 행사

1) 채권자대위권을 행사하는 채권자는 채무자의 대리인이 아니다. 따라서 채권자대위권의 행사는 채권자 자신의 이름으로 행사하며, 그것이 소권인 경우 채권자가 곧 원고 또는 신청인이 된다. 또, 채권자대위권의 행사는 채권자의 권리이자 자유이므로 채무자의 동의나 승낙이 필요 없음은 물론, 채무자가 반대하여도 상관없다(대법원 1963. 11. 21. 선고 63다634 판결 등 참조).

한편, 채권자대위권을 행사할지 여부는 전적으로 채권자의 자유이므로, 3자가 채무자 대신 채권자를 상대로 소를 제기하거나, 채무자가 채권자에게 채권자대위권의 행사를 요구할 수는 없다.

2) 채권자대위권을 행사하는 방법은 실체법상으로나 소송법상으로나 큰 차이가 없다. 채권자대위권을 소송 외에서 행사하는 데에는 별다른 문제가 없다. 자신이 채무자에게 피보전권리가 있음을 밝히고, 제3채무자 등 상대방에게 채무자가 피대위권리를 행사하는 것과 동일한 방법으로 행사하면 충분하다.

채권자대위권을 소송절차를 통하여 행사하는 경우에도 기본적으로는 이와 같다. 다만 채무자의 제3자에 대한 권리를 소송상 대위행사하는 경우, 소를 제기하거나 가압류 또는 가처분, 강제집행을 신청하는 등으로 소송상 절차를 새로 시작하는 것은 가능하나, 이미 채무자가 시작하거나 또는 채무자를 상대로 제기된 소송절차 등에서 채무자가 갖는 개별적인 소송상 권리나 권한을 대위행사하는 것은 허용되지 않는다. 이를 허용할 경우 소송절차 등이 너무 복잡하게 되고 채무자와 채권자의 행위가 충돌하여 혼란을 초래할 수 있기 때문이다. 따라서 채무자가 3자를 상대로 제기한 소송절차 등에서 채무자 대신 청구 또는 주장을 부인하거나 증거신청을 하거나 소송고지신청을 하거나 상소 또는 재심의 소를 제기하는 것은 허용되지 않으며(대법원 2012. 12. 27. 선고 2012다75239 판결 등 참조),[121] 이는 3자가 채무자를 상대로 제기한 소송절차에서도 동일하다. 이 경우 채권자는 채무자 측에게 보조참가를 하는 수밖에 없다.

반면에 제소기간의 도과에 의한 가압류·가처분의 취소신청권은 가압류·가처분신청에 기한 소송절차와는 별개의 독립된 소송절차를 개시하게 하는 권리이고, 본안제소명령신청권은 제소기간의 도과에 의한 가압류·가처분의 취소신청권을 행사하기 위한 전제요건으로 인정된 독립된 권리이므로, 이들 권리는 채권자대위권의 목적이 될 수 있는 권리에 해당한다(대법원 1993. 12. 27.자 93마1655 결정 참조). 사정변경에 따른 가압류·가처분의 취소신청권 역시 이와 같다(대법원 1993. 12. 27.자 93마1655 결정, 2011. 9. 21.자 2011마1258 결정).

3) 채권자대위권의 행사는 채권자 자신의 채권을 보전하는 데에 필요한 한도에서만 허용된다. 따라서 채권자는 피대위권리를 보존하거나 그 권리가 본래 갖고 있는 내용을 실현하는 것을 초과하여, 그 권리 자체를 타에 양도하거나 포기하거나 그 내용을 변경(이자율의 경감, 변제기의 유예, 보증면제 등)하는 등의 처분행위는 원칙적으로 할 수 없다. 또, 소송 중에 소송목적인 권리·법률관계에 관하여 청구를 포기하거나 청구를 인낙하는 등으로 소송상 처분하는 것도 불가능하다. 이 역시 채권자 자신의 보전의 목적 범위를 초과하기 때문이다.

이와 같이 채권자대위권의 행사가 채권자 자신의 권리를 보전하는 데에 필요한 한도에서만 허용되는 것은 선정당사자나 파산관재인 등 다른 제3자소송담당과는 다른바, 그 이유는, 본래 채권자대위권의 행사가 피대위권리를 채무자 대신 행사함으로써 채권자 자신의 권리를 보전하기 위한 필요에서 제한적으로만 허용되는 본질 때문이라고 할 수 있다.

4) 대위채권자는 피대위권리가 불가분이거나 피대위권리의 목적물이 불가분인 경우에는 피보전채권액이나 그 범위(지분적 청구권 등)를 초과해서도 이를 대위행사할 수 있다. 반대로, 피대위권리가 가분이거나 그 목적물이 가분인 경우에는 피보전채권의 한도에서

---

121) 재심의 소는 형식적으로는 독립한 소의 제기라고 할 수 있지만, 이미 이루어진 확정판결의 취소와 새로운 재판을 구하는 것이므로 실질적으로는 상소의 제기와 마찬가지로 종전 재심대상판결에 불복하여 종전 소송절차의 재개와 속행 및 재심판을 구하는 것에 해당하기 때문에 채권자대위권의 목적이 될 수 없다.

만 대위행사가 가능하다는 견해와 이를 초과한 부분도 가능하다는 견해가 대립한다. 그 범위를 초과하는 부분에 관하여는 보전의 필요성이 없으므로 전자가 타당하며, 대법원도 같은 견해를 취한다(대법원 2010. 11. 11. 선고 2010다43597 판결, 2012. 8. 30. 선고 2010다39918 판결 등).

그러므로 채권자가 채무자에게 피보전권리로서 어떤 부동산의 지분에 대해서만 소유권이전등기청구권을 갖고 있는 경우에, 채무자의 제3채무자에 대한 원인무효의 소유권이전등기의 말소등기청구권을 대위행사하는 때에는 피보전권리인 지분소유권이전등기청구권의 범위에서만 말소청구를 할 수 있고 이를 초과한 부분은 보전의 필요성이 없어 대위행사할 수 없다.

(2) 피보전권리 부존재의 효과

1) 채권자가 채권자대위권에 의하여 채무자의 권리를 소송상 대위행사하는 경우에는 채무자가 원고가 되어 3자를 상대로 소를 제기한 경우와 같이 채무자의 3자에 대한 권리행사를 정당화하는 모든 사항을 주장, 증명하여야 함은 물론이고, 여기에 더하여 채권자 자신이 채무자에게 그 대위행사의 근거가 되는 피보전권리의 존재 등을 주장하고 증명하여야 한다. 이는 채권자대위권에 기한 소의 제기가 채권자 자신의 고유한 권리 행사로서 당연히 자신이 당사자적격을 갖는다고 보든, 반대로 채무자를 위한 제3자소송담당자로서 당사자적격을 갖는다고 보든 동일하다. 다만, 이를 증명하지 못한 경우 그 효과가 다르게 나타난다.

2) 채권자대위권에 의한 소의 제기가 채무자를 위한 것으로서, 채권자는 3자소송담당자로서 당사자적격을 갖는다고 보는 견해에 의하면, 피보전권리의 존재는 당사자적격이 인정되기 위한 소송요건으로서 법원은 이를 직권으로 심사하여야 하고, 그것이 부정되는 경우 소송요건의 흠결에 해당하므로 법원은 소를 각하하여야 한다. 통설은 이 입장을 취하고 있고, 대법원도 이를 지지한다(대법원 1988. 6. 14. 선고 87다카2753 판결, 2009. 4. 23. 선고 2009다3234 판결 등).

이 견해에 따를 때 피보전채권의 존부는 당사자적격에 관련되고, 당사자적격의 존부는 소송요건으로서 법원의 직권조사사항이기는 하지만, 그 피보전채권에 대한 주장·증명책임은 채권자대위권을 행사하는 채권자에게 있으므로, 사실심 법원은 원고인 채권자가 피보전채권으로 주장하지 아니한 권리에 대하여서까지 피보전채권이 될 수 있는지 여부를 판단할 필요는 없다(대법원 1998. 3. 24. 선고 95다6885 판결, 2000. 1. 28. 선고 98다17183 판결 등). 한편, 당사자적격은 소송요건의 하나로서 사실심 변론종결시를 기준으로 법원이 직권으로 조사하여 판단하여야 한다. 그러므로 당사자가 사실심 변론종결시까지 이에 관하여 주장하지 아니하였다고 하더라도 당사자는 상고심에서 새로이 이를 주장, 입증할 수 있고(대법원 1994. 9. 30. 선고 93다27703 판결, 2008. 9. 25. 선고 2007다60417 판결), 이를 상고이유로 주장한 바 없더라도 대법원은 직권으로 판단할 수 있다. 따라서 피보전채권은 사실심 변론종결시까지 유지되어야 하고, 소송 계속 중에 이를 상실한 경우 채권자는 당사자적격을 상실하게 된다.

3) 반대로, 채권자대위권에 기한 소의 제기가 채권자 자신의 고유한 권리 행사로서 당연히 자신이 당사자적격을 갖는다고 보는 견해에 의하면, 피보전채권의 존부는 당사자적격에 관계가 없으므로 당연히 소송요건에 해당하지 않는다. 따라서 법원은 이를 직권으로 심사할 필요가 없고 이에 대해서는 변론주의가 적용되며, 그것이 부정되는 경우 소송요건의 흠결이 아니라 대위권 행사의 요건이 결여된 것에 불과하여 청구가 기각될 뿐이다. 이 견해에서는 그 당연한 결과로, 채권자대위권에 기한 소송에 의해 이루어진 판결의 효력은 오로지 그 소송당사자인 채권자와 3채무자 사이에만 미치고 채무자나 다른 채권자에게는 미치지 않는다고 본다. 이 견해를 취하는 입장은 소수설이다.[122)]

4) 소수설이 지적하는 바와 같이, 채권자대위권은 채권자의 채무자에 대한 권리를 장차 행사하기 위하여 그 권리를 보전하기 위해 채권자취소권과 함께 인정되는 권리이며, 소송상은 물론 소송 외에서도 허용되는 것이라는 점에서, 선정당사자, 파산관재인, 회생채무자의 관리인, 상속재산관리인 등과 같이 오로지 타인을 위하여 그 타인의 권리를 소송상 또는 소송 외에서 행사하는 경우와는 다른 면이 있다. 또 민사소송법은 채권자대위권에 의한 채무자의 소송상 권리 행사를 당사자적격 취득의 한 종류로 규정하고 있지도 않으며, 이는 해석상 인정되는 것이다. 그리고 당사자적격은 앞서 본 바와 같이 법령에 특별한 규정이 있거나 극히 예외적인 경우를 제외하고는 이를 제한할 수 없고, 누구나 소송당사자가 되어 소의 제기 등 재판청구권을 행사할 수 있음이 원칙이다.

그러나 소의 제기 등 소송상 권리의 행사 당초부터 자신이 그 소송목적인 권리·법률관계의 귀속자 아닌 사람이 그에 개입하여 소를 제기하는 등으로 소송행위를 하는 것을 인정함은 소송경제에 반하고, 국가의 사법권을 남용하는 것이 되며, 피고가 되는 3채무자 등 상대방에게도 큰 부담이 된다. 따라서 이러한 경우 그 소의 제기 등을 제한하더라도 재판청구권을 부당하게 제한하는 것이라고는 할 수 없다. 더구나 채권자대위권은 채권자의 정당한 법익을 보호하기 위하여 예외적으로 타인인 채무자의 권리를 채무자 대신 채권자로 하여금 행사케 하는 것이므로, 이를 너무 쉽게 인정할 경우 채무자가 부당하게 피해를 입을 수 있고, 그 판결의 집행이나 기판력 등과 관련하여 복잡한 문제가 발생하게 된다. 또, 채권자대위권은 채권자 자신의 권리를 보전하기 위한 것으로서 채권자의 이익을 위한 것이기는 하지만, 그 판결의 효력을 오로지 그 소송당사자인 채권자와 3자 사이에만 미치게 하고 정작 가장 중요한 이해관계인인 채무자에게는 미치지 않는다고 할 경우 소송경제에 반할 뿐만 아니라, 자칫 채무자에 의한 소권 행사의 결과와 충돌하게

---

122) 호문혁, "채권자대위소송에 있어서의 피보전채권과 당사자적격", 민사판례연구 XII, 박영사(1998).

되어 채무자나 3자가 불측의 손해를 입을 수도 있다.

5) 한편, 어느 견해를 취하든 채권자대위소송에서 채권자의 피보전권리는 소송목적에는 해당하지 않으므로 그 확정판결의 효력은 피보전권리의 존부에는 미치지 않는바, 피보전권리가 부존재하는 경우 채권자는 소를 각하당하든 청구를 기각당하든 별다른 차이가 없어, 법원이 소송목적인 피대위권리에 관한 본안심판을 거부하더라도 채권자에게는 아무런 손해가 없다. 따라서 채권자대위소송에서 채권자는 3자소송담당자로서 당사자적격을 갖고, 피보전권리의 존재는 소송요건이며, 그 판결의 효력(집행력, 기판력 등)은 그 소송당사자인 채권자와 3채무자는 물론 채무자 및 다른 채권자에게도 미친다고 봄이 타당하다.

라. 채권자대위소송과 채무자의 지위(중복소송 등)

1) 채권자대위소송에서 채무자는 소송당사자가 아니고 소외인일 뿐이다. 따라서 그는 원고인 채권자에게 보조참가 또는 공동소송적 보조참가를 하는 것은 몰라도 당해 소송에 직접 관여할 수는 없다.

2) 채권자대위소송과 관련하여서는 채무자에게 피대위권리의 처분행위를 금지하는 민법 제405조 제2항의 규정에도 불구하고 채무자의 소송상 처분권과 당사자적격을 부정하지는 않는 것이 통설, 판례이다. 즉 대위채권자는 병존형 제3자소송담당자이다. 따라서 채무자는 피대위권리에 관하여 제3채무자를 상대로 어느 때나 소를 제기할 수 있다.

그러나 채권자대위소송이 계속 중인데 채무자가 제3채무자를 상대로 그와 동일한 내용의 소를 제기한 경우, 비록 형식상으로는 양소의 원고가 다르다고 하더라도 소송목적이 동일하고 채무자에게 기판력이 미쳐 실질상 동일한 소송에 해당하므로, 채무자가 제기한 후소는 중복소송에 해당하여 부적법하다(대법원 1974. 1. 29. 선고 73다351 판결, 1977. 2. 8. 선고 76다2570 판결, 1992. 5. 22. 선고 91다41187 판결, 1995. 4. 14. 선고 94다29256 판결 등).[123] 반대로 채무자가 소를 먼저 제기한 후 채권자가 동일한 내용의 소를 제기한 경우에도 후소는 중복제소에 해당한다(대법원 1981. 7. 7. 선고 80다2751 판결 등 참조). 물론 이 경우에는 채권자대위의 요건 중 하나인 '채무자의 권리불행사'의 미비를 이유로도 후소를 각하할 수 있다.

3) 어떤 채권자가 대위의 소를 제기한 후 그 채무자의 다른 채권자가 동일한 내용의 채권자대위의 소를 제기한 경우에도 후소가 중복제소에 해당하는지에 대해서는 견해가 갈린다.

중복소송 부정설은, 전소인 대위소송을 채무자가 안 경우 그 확정판결의 기판력이 채

---

123) 이에 대하여 무조건적으로 후소를 중복소송으로 볼 것이 아니라, 후소가 실체법적으로 채권자대위소송의 요건을 갖추었을 때에는 후소를 중복소송으로 처리하고, 반대로 피보전채권이 부존재하거나 보전의 필요성이 인정되지 아니한 경우에는 이를 이유로 후소를 부적법 각하하면 되고 굳이 중복소송으로 보아 처리할 필요가 없다는 견해도 있으나, 후자의 경우 양자의 사유가 중첩한다고 볼 것이다.

무자에게 미치므로, 이 경우에는 다른 채권자도 채무자의 입장에서 대위행사가 불가능한 반사적 효력을 받아 중복소송이 성립하지만, 만약 채무자가 그 소송의 존재를 몰랐다면 전소 확정판결의 기판력이 채무자에게 미치지 않으므로 중복소송이 되지 않는다거나,[124] 다른 채권자의 대위소송을 금지하는 것은 부당한 재판권 제한이므로 이를 금지할 이유가 없고, 따라서 후소를 전소에 병합하여 유사필수적 공동소송으로 심리하여야 한다[125]고 본다. 반면에 긍정설은, 전소 확정판결의 기판력이 채무자에게 미치는지 여부와 관계없이, 이미 어떤 채권자가 대위의 소를 제기하였다면 소송경제상 다른 채권자로 하여금 동일한 내용의 대위의 소를 제기하는 것을 허용할 필요가 없다고 본다.

대법원은, 다수의 채권자가 공동소송인이 되어 공동으로 채권자대위의 소를 제기한 경우에는 그들의 관계를 유사필수적 공동소송관계라고 보고(대법원 1991. 12. 27. 선고 91다23486 판결), 대위채권자인 원고가 일부청구임을 명시하여 피대위채권의 일부만을 청구한 경우에 다른 채권자가 원고의 청구금액을 초과하지 않는 범위에서 그 소송에 공동소송참가를 하였다면, 참가인의 청구는 원고의 청구와 소송물이 동일하여 중복되므로 소송목적이 원고와 참가인에게 합일적으로 확정되어야 할 필요성을 인정할 수 있어 참가인의 공동소송참가신청은 적법하다고 본다(대법원 2015. 7. 23. 선고 2013다30301 판결). 이러한 대법원의 견해는 다른 채권자가 동일한 내용의 채권자대위의 소를 제기한 경우 후소가 중복소송에 해당하는 것으로 보는 것이라고 해석된다. 현재 실무에서도 중복소송으로 취급하고 있다(서울고등법원 2010. 9. 9. 선고 2010나46307 판결, 대전지방법원 2004. 6. 24. 선고 2003나12470 판결 등 참조).

채무자가 소를 먼저 제기한 후 채권자가 대위에 의하여 동일한 내용의 소를 제기하거나 그 반대의 경우 후소를 중복소송으로 취급하는 이유는, 전후 양소의 소송목적인 피대위권리가 동일하고 기판력이 채무자에게 미치므로 소송경제나 응소당하는 피고인 제3채무자 보호를 위해 구태여 후소를 인정할 필요가 없다는 견지에 따른 것이므로, 어떤 채권자가 대위의 소를 제기한 후 다른 채권자가 동일한 내용의 채권자대위의 소를 제기한 경우에도 그 후소는 중복소송에 해당하는 것으로 보는 것이 타당하다.[126] 이미 채권자대위소송이 제기된 후 그 대위채권자의 채권자가 이중으로 대위권을 행사하여 제기한 채권자대위소송 역시 동일하게 보아야 할 것이다. 다만, 전소의 소송목적과 후소의 소송목적이 양적으로나 질적으로 다를 때에는 중복소송이 성립하지 않음은 물론이다.

4) 채권자가 피대위권리에 관하여 보전행위 이외의 방법으로 그 권리를 행사한 때에는 채무자에게 통지하여야 하고, 채무자는 그 통지를 받은 후에는 그 권리를 처분하여도 이로써 채권자에게 대항하지 못한다(민법 제405조, 비송사건절차법 제49조).[127] 통지를 받지 못한 경우라도, 채무자

124) 주석 신민사소송법(Ⅳ) 한국사법행정학회(2004) 282쪽.

125) 민법주해[Ⅸ] 채권(2), 박영사(1995) 788－789쪽.

126) 채무자나 다른 채권자는 자기의 소송상 이익을 보호하기 위해 이미 계속 중인 채권자대위소송에 공동소송적 보조참가(채무자의 경우) 또는 공동소송참가(다른 채권자의 경우)를 할 수 있음은 물론이다.

가 어떠한 경위에서건 채권자의 권리 행사 사실을 알았다면 마찬가지 법리가 적용된다는 것이 판례이다(대법원 1993. 4. 27. 선고 92다44350 판결, 1996. 4. 12. 선고 95다54167 판결, 2003. 1. 10. 선고 2000다27343 판결, 2007. 6. 28. 선고 2006다85921 판결 등). 피보전권리의 이행기 도래 전에 법원의 허가를 얻어 대위권을 행사하는 때에는 그 허가를 한 법원이 채무자에게 이를 통지하므로(비송사건절차법 제49조) 채권자가 별도로 통지하지 않더라도 이를 채무자에게 주장할 수 있다.

여기서 금지되는 채무자의 피대위권리 처분행위는 앞서 본 채권자의 처분행위와 동일하다. 즉 권리를 본래의 내용대로 행사하는 방법 이외의 방법으로, 이를 소멸케 하거나 그 내용을 변경하는 등으로 동일성을 상실케 하는 것을 말한다. 그러므로 채무자는 그 권리를 포기하거나 타에 양도할 수 없음은 물론(대법원 1991. 4. 12. 선고 90다9407 판결 등), 그 권리 발생의 근거가 되는 매매계약 등을 해제할 수 없다(대법원 1996. 4. 12. 선고 95다54167 판결, 2007. 6. 28. 선고 2006다85921 판결 등). 채권자가 채무자를 대위하여 무효인 등기의 말소를 소구하고 있는 경우에 채무자가 그 하자 있는 등기를 추인하는 것도 불가하다(대법원 1977. 3. 22. 선고 77다118 판결, 1993. 4. 27. 선고 92다44350 판결 등).[128] 이는 피대위권리의 처분행위에 해당하기 때문이다. 그러나 관리행위나 보존행위는 채권자의 대위권 행사 후라도 당연히 허용됨은 물론이다.

반면에 채무자의 채무불이행 자체만으로는 권리변동의 효력이 발생하지 않으므로 이를 채무자가 제3채무자에 대하여 가지는 채권을 소멸시키는 적극적인 행위로 파악할 수 없고, 법정해제는 채무자의 객관적 채무불이행에 대한 제3채무자의 정당한 법적 대응이므로, 채무자가 자신의 채무를 불이행하여 제3자로 하여금 매매계약을 해제하도록 방임한 경우에는 피대위권리의 처분행위에 해당하지 않는다(대법원 2012. 5. 17. 선고 2011다87235 전원합의체 판결 등).

또한, 채권자대위소송 계속 중 채무자가 이를 알면서도 피대위권리의 객체인 급부를 제3채무자로부터 스스로 수령하는 등으로 그 채무를 변제받는 것은 피대위권리의 처분행위가 아니라 단순한 관리·보존행위로서 허용된다.[129] 따라서 채권자에 의한 소유권이전등기청구권의 대위행사 중에 채무자가 3채무자로부터 그 명의로 직접 소유권이전등기를 받는 것은 채무의 변제 수령에 불과하고 피대위권리의 처분에는 해당하지 않으므로 유효하다(대법원 1991. 4. 12. 선고 90다9407 판결).[130]

---

127) 채권자가 제기한 소송에 관하여 당사자가 아닌 채무자가 그 소의 취하 등 소송상 권리를 행사할 수 없음은 말할 나위가 없다.

128) 그러나 채권자가 채무자와 제3자 사이의 근저당권설정계약이 통정허위표시임을 이유로 채무자를 대위하여 그 말소를 구하는 소를 제기하였는데, 그 후 채무자가 제3자가 신청한 지급명령에 이의를 제기하지 않아 강제경매절차에서 부동산이 매각됨으로써 위 근저당권설정등기가 말소된 경우, 채무자가 지급명령에 이의하지 않았다고 하여 대위채권자가 행사하고 있는 권리를 처분하였다고 할 수는 없다(대법원 2007. 9. 6. 선고 2007다34135 판결 참조).

129) 피대위권리를 행사하여 그 권리 내용을 실현하는 것 자체는 이미 말한 바와 같이 관리·보존행위이지 처분행위가 아니다. 대법원도 "채권자 甲이 채무자 乙을 대위하여 乙의 제3채무자 丙에 대한 소유권이전등기청구권을 대위행사함은 권리의 관리·보존행위이지 처분행위라 할 수 없으므로, 채무자 乙의 다른 채권자 丁이 채권자대위권의 행사로 얻은 丙에 대한 처분금지가처분명령에 의하여 甲의 丙에 대한 위 소유권이전등기청구권의 대위행사가 금지된다고 할 수 없다고 하여(대법원 1990. 4. 27. 선고 88다카25274, 25281 판결) 이와 같이 새기고 있다.

130) 나아가 판례는 채권자가 제3채무자를 상대로 채무자를 대위하여 처분금지가처분을 한 경우에도, 그

5) 채무자가 대위권 행사 사실을 안 후 피대위권리의 처분으로 채권자에게 대항하지 못한다는 것은, 그 처분행위가 채권자에 대한 관계에서 무효라는 뜻이다. 물론 그 무효를 주장하느냐 여부는 채권자의 선택에 달려 있을 뿐 당연무효가 되는 것은 아니다.

채무자의 처분행위 상대방이 제3채무자인 경우 그는 이미 채권자로부터 피대위권리의 행사를 받고 있는 상태이므로 위 무효의 효력을 당연히 받는 지위에 있게 되나, 채무자가 피대위권리를 다른 3자에게 양도한 경우와 같이 그 상대방이 채권자의 피대위권리 행사를 모르는 3자인 경우에는 누구를 보호하여야 할 것인지가 문제된다. 채권의 압류나 가압류, 가처분과 같이 그 압류 등의 사실이 부동산 등기부에 공시되지 않는 등으로 아무런 공시장치가 없는 경우, 채무자가 이에 위반하여 그 피압류채권을 3자에게 양도하더라도 당해 압류결정 등의 효력은 채권자와 채무자 및 제3채무자 사이에만 효력을 가지고 이와 관계가 없는 제3자에 대하여는 처분금지적 효력을 주장할 수 없으므로, 이로써 제3자에 대하여는 무효를 주장할 수 없는 것(대법원 1992. 11.10. 선고 92다4680 전원합의체 판결, 1999. 2. 9. 선고 98다42615 판결 등 참조)과 마찬가지로 해석할 수밖에 없다고 할 것이다.

마. 대위권 행사의 효과와 채권자대위소송에서 제3채무자의 지위

1) 채권자대위권 행사의 효과는 궁극적으로 채무자에게 귀속되므로, 채권자가 3채무자에게 이행을 청구하거나 채권자대위의 소를 제기한 경우 채무자와 3채무자 사이에서 피대위권리에 관하여 소멸시효 중단의 효력이 생긴다(대법원 2011. 10. 13. 선고 2010다80930 판결, 2013. 3. 14. 선고 2012다37565 판결 등 참조). 원고가 채권자대위권에 기해 청구를 하다가 당해 피대위권리 자체를 양수하여 양수금청구로 소(청구원인)를 변경한 경우에도 당초의 채권자대위소송으로 인한 시효중단의 효력은 소멸하지 않는다(대법원 2010. 6. 24. 선고 2010다17284 판결 참조).

2) 채권자대위권을 행사한 경우 채권자가 채무자에 대해서도 피보전권리를 행사한 것으로 보아 그에 관하여도 소멸시효 중단의 효력이 생기는지 여부에 대해서는 반대의 견해도 있으나, ① 자기 채권을 보전하기 위해 채권자대위권을 행사한 경우 간접적으로 피보전권리도 행사한 것으로 볼 수 있을지언정 '권리 위에 잠자고 있던 것'으로 보기 어렵고, ② 민법은 가압류, 가처분 등의 보전행위에 대해서도 시효중단의 효력을 부여하며, ③ 채권자대위권 행사를 채무자에게 통지까지 한 경우 피보전권리에 관한 채권자의 권리행사 의지가 더욱 강하게 표시되었다고 보아야 하므로 이를 긍정함이 타당하다.

가처분의 피보전권리는 채무자의 제3채무자에 대한 소유권이전등기청구권일 뿐이고 채권자의 채무자에 대한 소유권이전등기청구권은 포함되지 않으므로, 이 경우 채권자가 채무자를 대위하여 제3채무자를 상대로 한 소유권이전등기청구의 소를 제기하여 그 소송 계속 중 제3채무자가 채무자에게 이전등기를 넘겨주는 것은 위 가처분의 내용에 위배되지 않고, 따라서 그 이후 채무자로부터 취득한 제3자의 등기는 그가 위 가처분등기 있음을 알았는지 여부에 관계없이 유효하다고 본다(대법원 1989. 4. 11. 선고 87다카3155 판결, 1994. 3. 8. 선고 93다42665 판결, 1998. 2. 13. 선고 97다47897 판결).

3) 채권자대위권 행사의 효과는 원칙적으로 피대위채권의 채권자인 채무자에게 귀속되므로, 3채무자가 채무자에게 이행한 경우는 물론이고 이를 채권자에게 직접 이행하였더라도 피보전채권 자체가 변제되는 효력은 없다(대법원 1971. 4. 30. 선고 71다411, 412 판결 참조). 따라서 이로부터 채권자가 피보전채권의 만족을 얻기 위해서는 채무자로부터 임의변제를 받거나 별도의 강제집행절차를 취하여야만 한다. 이 경우 대위채권자와 다른 채권자 사이에는 채권자평등주의가 적용되므로 대위채권자는 우선적 지위를 주장할 수 없다.

그리고 채권자취소권 행사의 경우와 마찬가지로 대위채권자 아닌 다른 채권자도 대위권 행사의 효과를 원용할 수 있으므로(민법 제407조 참조), 채무자에게 이행·회복된 재산은 모든 채권자를 위한 공동책임재산이 된다.[131] 다만, 채권자가 3채무자에게서 직접 이행을 받은 경우 뒤에서 보는 바와 같이 상계를 통해 사실상 우선적 변제를 받을 수는 있다.

4) 대위채권자와 채무자의 관계는 사무관리설과 법정위임관계설이 대립한다. 이는 채권자대위권 행사 비용의 청구, 채권자의 주의의무 정도와 책임 등과 관련하여 문제된다. 민법이 사무관리와 별도로 채권자대위 제도를 인정하고 있는 것이나, 사무관리설에 따를 경우 채무자 본인의 의사에 반하는지 여부에 따라 비용상환청구권의 범위가 달라지는 문제가 있으므로, 법률 규정에 의하여 위임관계가 성립한다는 법정위임관계설이 타당하다고 생각한다. 따라서 대위채권자는 위임에 준하여 채무자에게 비용상환청구권 등을 행사할 수 있고, 또 선량한 관리자로서의 주의의무를 부담한다고 할 것이다.

5) 채권자대위소송에서 피고가 되는 제3채무자의 소송상 지위는 원칙적으로 채무자가 제3채무자를 상대로 하여 제기한 소송의 그것과 동일하다. 제3채무자는 피대위권리에 관하여 자신이 채무자에 대하여 가지는 항변사유만을 주장할 수 있을 뿐, 피보전권리에 관하여 채무자가 채권자에게 갖고 있는 항변사유를 주장할 수는 없다(대법원 1995. 5. 12. 선고 93다59502 판결 등).

따라서 제3채무자는 피대위권리에 관하여 자신이 채무자에 대하여 가지는 권리소멸의 항변, 상계의 항변, 동시이행의 항변 등 모든 항변사유로써 대위채권자에게 대항하여 청구기각을 구할 수 있다. 그러나 피보전채권이 시효소멸하였다고 하더라도 제3채무자는 이를 들어 항변할 수 없다(대법원 1991. 7. 26. 선고 91다5631 판결, 1998. 12. 8. 선고 97다31472 판결, 2004. 2. 12. 선고 2001다10151 판결 등).[132] 취소권, 해제권 등 피보전채권에 영향을 미치는 권리 역시 같다. 다만, 제3채무자는 본안전항변으로서 피보전채권 자체가 존재하지 않는다는 주장은 가능하다. 그러므로 이미 채무자의 변제나 취소권 또는 해제권 행사로 인해 피보전채권이 소멸한 경우에는 제3채무자도 채권자에게 이를 주

131) 이는 가압류의 효력이 당해 가압류채권자와 채무자, 3채무자 사이에만 상대적으로 생겨 그 처분금지적 효력이 가압류채권자에게만 발생하는 것(대법원 2002. 9. 6. 선고 2000다71715 판결, 2004. 9. 3. 선고 2003다22561 판결 등 참조)과 다르다.

132) 소멸시효완성의 효과는 당사자 및 그 승계인에게만 있고, 이들만이 이를 원용할 수 있기 때문이다(민법 제169조, 대법원 1991. 7. 26. 선고 91다5631 판결 등 참조).

장할 수 있다.[133] 채무자가 채권자에게 소멸시효의 항변권을 이미 행사한 때는 이를 원용할 수도 있다.

바. 대위채권자와 채무자에 대한 이행명령 등의 가부

1) 대위채권자는 소송목적인 권리·법률관계에 관하여 고유의 이해관계를 갖지 않는 제3자소송담당자로서 타인인 채무자를 위하여 당사자가 된 것이므로 그 지위는 제3자소송담당자 일반의 경우와 같다.

2) 채권자대위소송에서 채무자는 소송당사자가 아니므로 그 이름으로 재판(판단)을 받을 수는 없다. 그리고 채권자대위소송의 성질상 대위채권자는 항상 원고의 지위에 설 뿐 피고의 지위에 서는 일은 없다.

3) 채권자대위소송에서 법원은 3채무자인 피고로 하여금 소송당사자가 아닌 채무자에게 채무를 이행할 것을 명할 수 있으므로, 원고인 대위채권자가 그렇게 이행청구를 한 경우 이를 인용할 수 있다.

4) 원고인 대위채권자는 채무자를 대신하여 이행청구는 물론 그 변제의 수령도 할 수 있으므로 3채무자인 피고로 하여금 채권자 자신에게 직접 채무를 이행할 것을 청구할 수도 있다. 대법원은 이에 관하여, 동산인도청구, 금전지급청구, 말소등기청구인 경우 채권자(원고) 앞으로의 직접 이행청구가 가능하나(대법원 1995. 4. 14. 선고 94다58148 판결, 2005. 4. 15. 선고 2004다70024 판결 등), 소유권이전등기를 대위하여 청구하는 경우에는 채무자 앞으로의 이행만을 청구할 수 있다는 입장을 취하고 있고(대법원 1966. 9. 27. 선고 66다1149 판결), 이를 지지하는 견해도 있다.[134] 그러나 소유권이전등기를 대위하여 청구하는 경우에도 채권자는 앞서 <당사자적격>과 <제3자소송담당>에서 본 바와 같이 채권자 자신 앞으로의 이행을 청구하여 승소판결을 받은 후 채무자 앞으로의 소유권이전등기를 집행·신청할 수 있으므로 이 역시 가능하다고 새겨야 한다. 이를 부정한다면 제3자소송담당인 채권자대위소송에서 그 판결의 효력이 채무자에게도 미친다는 법리에 정면으로 반하기 때문이다.[135]

---

133) 동지: 민법주해(Ⅸ) 채권(2), 박영사(1995), 796면.

134) 민법주해(Ⅸ) 채권(2), 박영사(1995), 773쪽

135) 대법원 66다892 판결은 그 이유로서 법률상 근거가 없다고 하였으나, 이는 대위채권자가 제3자소송담당에 해당하는 것을 간과한 것이다. 대법원이 이를 부정한 진정한 이유는 아마도, 채권자 자신 앞으로의 이행을 명하는 판결이 선고되어 채권자가 채무자 명의의 소유권이전등기를 거치지 않고 곧바로 채권자 명의의 소유권이전등기를 마치게 되는 것을 우려한 때문으로 짐작된다. 그러나 이러한 경우 채권자 명의의 소유권이전등기는 원인무효이다. 그 판결의 효력은, 실질상 채무자가 3채무자에게 등기청구권이 있으므로 채무자에게 이전등기를 이행하되 그 등기신청의 의사표시를 채무자를 대위한 채권자에게 하라는 것으로서, 채권자는 이 판결에 의해 곧바로 채무자 앞으로의 등기신청을 할 수 있으나, 그 판결에 불구하고 자신이 직접 3채무자에 대하여 등기청구권이 있는 것은 아니므로 등기원인이 없기 때문이다. 즉 이 경우 소송목적은 채무자의 3채무자에 대한 등기청구권의 존부이므로, 판결 주문에 비록 원고인 대위채권자 앞으로의 소유권이전등기를 명하였더라도 실질상 이는 채무자 앞으로의

5) 대위채권자가 채무자인 피고로 하여금 직접 채권자 자신에게 금전채무를 이행할 것을 청구하여 이를 임의변제 받거나 강제집행을 한 경우, 이에 대하여 채권자가 채무자에게 상계권을 행사하여 사실상 자신의 채권을 우선적으로 회수할 수 있는가? 부정하는 견해도 있으나, 채권자평등주의가 적용된다고 하여 대위채권자가 법원의 배당절차 등이 아닌 다른 절차에서 상계권을 행사하는 등의 권리 행사까지 금할 근거는 없으므로 이를 긍정함이 타당하다. 하급심에서도 이를 인정하는 것이 대세이다(서울고등법원 2015. 9. 1.선고 2014나2042330 판결 등 참조).

사. 대위채권자와 채무자에 대한 소송비용 재판

1) 채권자대위소송에서 대위채권자인 원고만이 당사자이므로 소송비용의 부담 재판은 그에게만 할 수 있다. 따라서 법원은 대위채권자 외에 채무자에게 그 재판을 할 수는 없으며, 선정당사자에서와 같은 문제는 처음부터 발생하지 않는다.

2) 다만 채무자가 공동소송적 보조참가를 한 경우, 채무자에게 그 참가에 따른 소송비용의 부담 재판은 할 수 있다.

아. 채권자대위소송에 의한 판결의 효력

1) 채권자대위소송의 원고인 채권자는 제3자소송담당자로서 민사소송법 218조 3항의 '타인을 위하여 당사자가 된 사람'에 해당하므로, 그가 받은 판결은 그에게는 물론 채무자에게도 기판력이 미친다는 것이 통설이다. 판례는 이에 동의하면서도 이를 제한하여, 채권자가 채무자에게 권리 행사의 통지나 소송고지 또는 비송사건절차법 제49조 제1항에 의한 법원의 재판상 대위 허가를 고지 받는 방법 등 어떠한 사유로든 채권자대위권에 의한 소가 제기된 사실을 채무자가 알았을 때에만 그 판결의 효력이 채무자와 다른 채권자에게 미친다고 보아 채무자의 이익을 보호한다(대법원 1975. 5. 13. 선고 74다1664 전원합의체 판결, 1994. 8. 12. 선고 93다52808 판결, 2014. 1. 23. 선고 2011다108095 판결 등).

2) 채권자대위소송에 의한 확정판결에 의하여 기판력이 발생하는 경우, 이는 그 소송목적인 피대위채권의 존부와 범위에 관하여만 미칠 뿐, 그 소송목적이 아닌 피보전채권의 존부에 관하여는 기판력이 미칠 수 없음은 당연하다.[136] 따라서 피보전채권의 존부에 관하여는 채권자와 채무자 사이에서 별도로 판단되어야 하고, 채무자는 채권자대위소송의 확정판결에 구속되지 않는다. 그러므로 대위채권자가 피보전채권이 인정되지 않는다

소유권이전등기를 명한 것이고, 단지 그 등기신청의 의사표시만을 원고에게 하라는 것에 불과하며, 이는 판결 이유에 나타나 있다. 따라서 당해 판결에 의하여 확정되는 법률관계는 '원고인 채권자는 피고인 3채무자에 대하여 채무자 앞으로의 등기청구권이 있다'는 것이지 '원고인 채권자는 피고인 3채무자에 대하여 자신 앞으로의 등기청구권이 있다'는 것은 아니므로, 대위채권자인 원고 앞으로 직접 등기신청을 한 경우 등기관은 이를 거부(각하)하여야 한다(부동산등기법 제29조 제3, 8호 참조). 실무상으로도 소유권이전등기 청구의 경우에도 채권자 앞으로 이행할 것을 명하는 경우가 있다(대법원 1971. 4. 30. 선고 71다411, 412 판결, 서울민사지방법원 1965. 2. 25. 선고 63가7523 판결 참조).

136) 채무자가 대위채권자에게서 소송고지를 받은 경우 이에 따라 참가적 효력을 받는 것은 별개이다.

는 이유로 소 각하 판결을 받아 확정된 경우, 그 판결의 기판력은 채권자가 채무자를 상대로 피보전채권의 이행을 구하는 후소에 미치지 않는다(대법원 2014. 1. 23. 선고 2011다108095 판결).

3) 위와 같이 채권자대위소송에 따른 확정판결의 기판력은 채무자가 그 소송의 존재를 안 경우 채무자와 다른 채권자에게 미치므로, 채무자가 채권자대위소송이 계속된 사실을 안 경우 대위소송에 따른 종국판결의 선고 후 그 대위의 소가 취하된 때에는 피대위자인 채무자도 동일한 내용의 소를 제기할 수 없다(민사소송법 제267조 제2항 참조). 대법원도 같은 입장을 취한다(대법원 1981. 1. 27. 선고 79다1618, 1619 판결, 1995. 7. 28. 선고 95다18406 판결, 1996. 9. 20. 선고 93다20177, 20184 판결). 반대 해석으로, 채무자가 이를 알지 못한 경우에는 그에게 기판력이 미치지 않으므로 이러한 제한을 받지 않는다.

4) 이러한 법리는 채권자대위소송에 따른 종국판결의 선고 후 그 소가 취하되었는데 다른 채권자가 동일한 내용의 채권자대위의 소를 제기하는 경우에도 그대로 적용되어야 한다. 피대위자인 채무자가 그와 같은 불이익을 입는 이상 그의 권리를 대위행사하는 데에 지나지 않는 다른 채권자를 그보다 유리하게 처우할 이유는 없기 때문이다.

6. 복수의 당사자(공동소송, 소의 주관적 병합)

가. 의 의

1) 하나의 소송사건에 당사자인 원고나 피고 또는 원고와 피고 양쪽이 2인 이상인 경우, 이런 소송을 공동소송이라 하고 소의 주관적 병합이라고도 한다.[137] 이는 하나의 소송사건 당사자가 복수인 경우는 물론 각각 원고나 피고가 단수인 복수의 소송사건이 변론병합되어 하나의 소송절차에서 심판될 경우에도 성립한다. 그 경우에도 실질상 원고나 피고는 2인 이상이 되어 그들 사이에 일정한 규제가 필요하기 때문이다. 공동소송의 반대 개념은 원고나 피고 또는 그 양쪽 모두의 당사자가 각 1인인 단일소송이다.

2) 공동소송에서 복수의 원고나 피고들을 공동소송인(공동원고, 공동피고)이라 하고, 그들 간의 관계를 공동소송관계라 한다. 독립당사자참가의 경우, 그 참가인은 기존의 원·피고와 독립하여 당사자가 되고 그들과 같은 편이 되지 않으므로 공동소송인이 아니다. 또한 공동소송은 당사자가 복수여야 하므로, 1인의 당사자를 위한 보조참가인이 복수이거나 법정대리인, 소송대리인이 복수인 경우는 공동소송이 아니다.

3) 공동소송이 논의되어야 하는 이유는 소송목적(청구)의 특성 때문에 공동소송인 중 일부의 소송행위 또는 그들 중 일부에 대한 소송행위가 나머지 공동소송인에게 일정한 영향을 미치는 경우가 있기 때문이다. 당사자는 원래 자기의 이름과 계산으로 소송을 수

137) 기본적으로는 하나의 소에 당사자가 복수인 경우가 공동소송의 원칙적 형태이나, 하나의 소송절차에 여러 개의 소의 변론이 병합되어 동시에 심판되는 경우 원고나 피고 또는 그 양쪽의 당사자가 복수가 되므로 이 경우에도 공동소송이 성립된다. 소의 주관적 병합은 소의 3요소 중 주관적 요소인 당사자가 병합되는 경우이다.

행하므로, 원고나 피고 어느 한쪽의 당사자가 복수인 경우에도 이들은 각기 독립하여 소송을 수행하면 되고 그들 사이에 어떤 영향도 주고받지 않음이 원칙인바, 이러한 경우의 공동소송을 통상공동소송이라 한다. 반면에 소송목적이나 공동소송인들 상호 간의 특수한 관계상 예외적으로 영향을 주고받는 경우가 있는데 이때의 공동소송을 필수적 공동소송이라 한다.

4) 공동소송은 소 제기 당초부터 원시적으로 발생하기도 하고, 수인의 상속인이 당사자 지위를 승계하거나 공동소송인의 추가, 수인의 승계참가와 인수참가, 공동소송참가, 변론의 병합 등을 통해 후발적으로 발생하기도 한다. 한편, 소송 진행 중에 일부 당사자의 또는 일부 당사자에 대한 소나 상소의 취하, 선정당사자의 선정, 당사자 일부의 청구포기·인낙, 화해, 조정 등으로 공동소송이 해소되고 단일소송[138]으로 변경될 수도 있다.

▣ **당사자의 수에 따른 소송의 분류**

구 분	내 용		예 시
단일소송(한쪽 당사자가 1인인 경우)	쌍면적 단일소송	원고도 1인, 피고도 1인인 경우	원고 甲, 피고 乙만이 있는 경우
	편면적 단일소송	원고나 피고 중 한쪽만이 1인인 경우	원고 甲, 乙이 피고 丙을 상대로, 또는 원고 甲이 피고 乙, 丙을 상대로 소를 제기한 경우
공동소송[139](한쪽 당사자가 복수인 경우)	통상공동소송	공동소송인 사이에 합일확정의 필요가 없고, 공동소송인 일부의 또는 공동소송인 일부에 대한 소송행위가 나머지 공동소송인에게 영향을 미치지 않는 경우	·甲이 乙을 상대로는 매매에 기한 소유권이전등기를, 丙을 상대로는 대여금반환을 청구한 경우 ·甲이 연대채무자 乙, 丙을 상대로 연대채무의 이행을 구한 경우
	필수적 공동소송	▸고유필수적 공동소송(공동소송인 사이에 합일확정의 필요가 있어 상호 영향을 받으며, 반드시 공동으로만 당사자가 되어 소송을 수행할 수 있는 경우)	·실체법상 소송물에 대한 관리처분권이 복수인에게 귀속되는 경우(합유관계, 총유관계) ·회사관계소송(회사와 청산인을 상대로 한 청산인해임의 소 등)이나 가사소송(부부를 상대로 한 3자의 혼인무효·취소의 소 등)
		▸유사필수적 공동소송(합일확정의 필요상 상호 영향을 받으나, 반드시 공동으로 당사자가 되어 소송을 수행할 필요는 없는 경우)	·수인이 제기한 회사설립무효·취소의 소나 합병무효의 소 등의 회사관계 소송 ·수인의 채권자가 공동으로 제기한 채권자대위의 소 등

138) 순수한 형태의 단일소송은 원고와 피고가 각 1인인 경우이나 원고와 피고 중 한쪽만이 1인인 경우 편면적 단일소송이 된다. 그러나 편면적 단일 소송의 경우 다른 한편에서는 편면적 공동소송이 되어 공동소송의 법리가 적용되므로 편면적 단일소송은 별 의미가 없다.

나. 공동소송의 일반적 요건

1) 하나의 소송절차에 복수인이 당사자가 되어 공동소송관계가 성립하기 위해서는 각 당사자의 소송물인 권리·의무에 다음과 같이 민사소송법 제65조가 요구하는 일정한 관계가 있어야 한다.

▣ 공동소송의 요건

구 분	예 시
권리나 의무가 수인에게 공통되는 경우[140]	연대 또는 불가분 채권채무관계, 공유관계, 합유관계, 총유관계[141] 등
권리나 의무가 사실상 또는 법률상 같은 원인으로 생긴 경우	동일한 소비대차의 주채무자(차용인)와 보증인의 관계, 동일인의 채무를 함께 보증한 보증인들의 관계, 동일한 교통사고의 피해자들의 관계, 동일한 불법행위의 가해자들의 관계 등
권리나 의무가 같은 종류이고 사실상 또는 법률상 같은 종류의 원인으로 생긴 경우	수인이 동일인의 채무를 각각 별개로 보증한 경우, 할부판매업자가 수인에게 개별적으로 물건을 판매하고 그 대금을 청구하는 경우, 동일 건설회사에서 아파트를 개별적으로 분양받은 자들이 하자보수를 청구하는 경우 등

2) 한편, 공동소송이 성립하면 고유필수적 공동소송관계를 제외하고는[142] 청구 역시 복수가 되어 동시에 청구의 병합(소의 객관적 병합)이 성립하므로, 이에 필요한 요건도 갖추어야 한다. 즉 각 청구에 대한 소송절차가 동일하고, 수소법원에 각 청구에 대한 관할권이 있어야 한다. 이 부분은 뒤에서 다시 설명한다.

다. 통상공동소송

(1) 의 의

1) 원래 각자가 단독으로 당사자가 되어 소송을 수행할 수 있는데, 여러 사람이 하나의 소를 제기하거나 여러 사람을 피고로 하여 하나의 소를 제기한 등의 우연한 사정으로

---

139) 공동소송에도 원고와 피고 모두가 복수인 쌍면적 공동소송과 어느 한쪽만이 복수인 편면적 공동소송이 있다. 쌍면적 공동소송이나 편면적 공동소송이나 특별한 법리상 차이는 없다.

140) 이는 권리나 의무가 사실상 또는 법률상 같은 원인으로 생긴 경우에 포함되나, 그 권리나 의무가 수인에게 공통으로 귀속되는 차이가 있다. 필수적 공동소송의 경우도 넓게는 여기에 포함된다. 그러나 공통하는 경우가 모두 필수적 공동소송이 되는 것은 아니다.

141) 법인격 없는 사단이나 재단에 대표자나 관리인이 있어 그 스스로 당사자가 되는 경우는 제외.

142) 고유필수적 공동소송관계에서는 하나의 소송목적(청구=권리·의무)을 다수인이 공동으로 지배하고 관리·처분하는 지위에 있어 1개의 처분권만이 성립하고 재판상 처분권도 1개뿐이어서 청구도 1개가 된다. 유사필수적 공동소송의 경우에는 청구가 단수인 경우도 있고 복수인 경우도 있다.

그들 복수의 당사자들 사이에 공동소송관계가 성립한 경우가 통상공동소송이다. 이때 그 복수의 당사자들을 통상공동소송인이라 한다.

통상공동소송의 경우에는 단순히 당사자인 원고나 피고가 복수라는 것일 뿐 공동소송인들 사이에 합일적으로 확정되어야 할 아무런 이해관계가 없으므로 소송행위를 할 때 서로 영향을 주고받지 않으며, 판결의 결과도 합일적으로 확정되지 않고 승패가 각각 따로 갈리게 된다. 따라서 단순히 여러 사람이 하나의 소송절차를 이용하여 동시에 소송을 수행한다는 것 외에는 아무런 관련성이 없고, 단지 하나의 소송절차를 이용함으로써 주장이나 입증을 몰아서 하는 등 소송수행이 여러 모로 편리한 점이 있을 뿐이다.

2) 공동소송인들이 ① 연대채권자 또는 연대채무자의 관계에 있거나(대법원 1955. 2. 10. 선고 4287민상204 판결), ② 불가분채권자 또는 불가분채무자의 관계에 있는 경우, ③ 주채무자와 보증인의 관계에 있는 경우, ④ 수인이 공동으로 연대보증을 하거나 단순보증을 한 경우에도 그 소송물인 권리·의무가 실체법상 이들에게 공유, 합유, 총유와 달리 공동으로 귀속되지는 않으므로[143] 역시 통상공동소송관계가 성립할 뿐이다.

3) 공유물과 합유물의 보존행위는 각 공유자나 합유자가 단독으로 할 수 있다(민법 제265, 272조 단서). 이와 같이 각 공유자나 합유자가 단독으로 할 수 있는 보존행위나 조합의 통상사무는 그 소송도 단독으로 할 수 있다(대법원 1997. 9. 9. 선고 96다16896 판결, 2012. 2. 9. 선고 2010다93806 판결, 2015. 8. 27. 선고 2013다99980 판결 등).[144] 공유물이나 합유물에 관한 원인 무효의 등기의 말소를 구하는 소송은 보존행위로서 공유자나 합유자 각자가 할 수 있다(대법원 1997. 9. 9. 선고 96다16896 판결 등).[145] 이와 같이 공유자나 합유자 각자가 단독으로 당사자가 될 수 있는 경우에, 그들 중 일부가 공동으로 당사자가 되는 때에는 이들은 통상공동소송인이 된다.

각 공유자나 합유자가 원인 무효의 등기 말소를 구하는 대신 진정명의회복을 원인으로 공유자나 합유자 전원 앞으로의 소유권이전등기를 청구한 경우에도 이를 허용할 수 있는가? 그 청구원인이 공유관계나 합유관계를 기초로 하고 그에 기한 보존행위를 주장하는 것이라면, 단순히 상대방 명의의 등기를 말소하는 것이나 공유자 또는 합유자 전원 앞으로의 이전등기를 하는 것이나 그 실질에 있어 동일하다고 할 것이므로 이를 긍정하

143) 이러한 경우 단지 변제, 상계, 청구, 소멸시효의 중단 등에 있어 서로 영향을 받으나 그렇다고 하여 권리·의무가 공동으로 귀속되는 것은 아니다.

144) 그러나 합유물의 보존행위나 조합의 통상사무에 해당한다 하더라도, 민법 제706조 제3항 단서는 다른 조합원의 이의가 있는 경우 이를 즉시 중단하도록 규정하고 있으므로, 그 이의가 잇는 경우에는 단독으로 소송을 할 수 없고, 조합원 전원이 공동원고가 되는 고유필수적 공동소송으로 이루어져야 한다(대법원 2012. 2. 9. 선고 2010다93806 판결 등).

145) 이에 반하여 대법원 1957. 5. 2. 선고 4289민상379 판결은, "원고가 본건 부동산을 그 사망한 어머니로부터 남매들과 공동상속하였음을 원인으로 본건 소유권이전등기의 말소등기를 청구한 이상, 본건 소송은 그 청구 목적이 공동상속인 전원에 대하여 합일로서만 확정되어야 할 경우에 해당하므로 위 공동상속인 전원이 당사자가 되어야 할 것임에도 불구하고 원고만이 당사자가 되었음은 결국 당사자로서의 적격을 그르친 소송이라 아니할 수 없다"고 판시하였는바, 수긍하기 어렵다.

여야 한다.[146][147]

공유물의 지분을 소유하고 있는 각 공유자는 다른 공유자와의 협의 없이는 공유물을 배타적으로 점유할 수 없으므로, 다른 공유자는 자신이 소유하고 있는 지분이 과반수에 미달하더라도, 공유물을 점유하고 있는 다른 공유자에 대하여 공유물의 보존행위로서 공유물의 인도를 청구할 수 있다(대법원 1994. 3. 22. 선고 93다9392, 9408 전원합의체 판결, 1996. 12. 23. 선고 95다48308 판결, 2007. 8. 24. 선고 2006다40980 판결 등).[148]

공유지분권이나 합유지분권의 확인청구도 보존행위 또는 각 공유자나 합유자 자신의 단독적 권리행사로서 단독으로 제기할 수 있다(대법원 2011. 5. 13. 선고 2009다94384 판결, 2015. 7. 23. 선고 2013다77591, 77607 판결 등). 그러나 공유관계나 합유관계 전체의 확인을 구하는 경우에는 단독적 권리행사는 물론 보존행위에 해당하지도 않으므로 단독으로 제기할 수 없고, 그 전원이 제기하여야 하며 이는 고유필수적 공동소송에 해당한다(대법원 2007. 8. 24. 선고 2006다40980 판결).

총유물의 경우에는 그 관리·처분은 물론 보존행위 역시 사원총회의 결의에 의하여 결정하여야 하고, 그에 관한 소송 역시 법인 아닌 사단이 그 명의로 하거나(대표자나 관리인이 있는 때), 그 구성원 전원이 당사자가 되어 필수적 공동소송의 형태로 할 수 있을

146) 그러나 서울고등법원 1992. 6. 30. 선고 90나40493 판결은 "진정한 등기명의의 회복을 원인으로 한 이전등기청구의 경우에는 그 실질은 말소등기청구와 같으나 이 경우에는 조합원들 전원 명의로의 이전등기를 구하는 것이어서 이를 말소등기청구의 경우와 같이 보존행위로 보는 데에는 난점이 있다"며 그 소를 부적법하다고 판단하였다.

147) 반면에 대구고등법원 2015. 12. 23. 선고 2015나787 판결은, 원고와 피고가 조합체로서 계쟁 건물을 합유로 원시취득하였는데 피고가 단독 명의로 소유권보존등기를 한 것은 무효이고, 합유물에 관한 원인 무효의 소유권보존등기의 말소를 구하는 소송은 합유물에 관한 보존행위로서 합유자 각자가 할 수 있으며, 합유자는 합유인 부동산에 관한 소유권보존등기가 단독소유로 등기된 경우 소유권보존등기의 말소 대신에 단독소유를 합유로 고치는 경정등기를 청구할 수 있으므로, 피고는 원고에게 자신 명의의 소유권보존등기 중 피고 단독소유 명의를 원고와 피고의 합유 명의로 고치는 경정등기절차를 이행할 의무가 있다고 판시하였다.

이에 대하여 대법원은 "경정등기는 기존 등기의 일부에 등기 당시부터 착오 또는 빠진 부분이 있어 그 등기가 원시적으로 실체관계와 일치하지 아니하는 경우에 이를 시정하기 위하여 기존 등기의 해당 부분을 정정 또는 보충하여 실체관계에 맞도록 등기사항을 변경하는 등기를 말한다. …… 실체관계상 공유인 부동산에 관하여 단독소유로 소유권보존등기가 마쳐졌거나 단독소유인 부동산에 관하여 공유로 소유권보존등기가 마쳐진 경우에 소유권보존등기 중 진정한 권리자의 소유부분에 해당하는 일부 지분에 관한 등기명의인의 소유권보존등기는 무효이므로 이를 말소하고 그 부분에 관한 진정한 권리자의 소유권보존등기를 하여야 한다. 이 경우 진정한 권리자는 소유권보존등기의 일부 말소를 소로써 구하고 법원은 그 지분에 한하여만 말소를 명할 수 있으나, 등기기술상 소유권보존등기의 일부 말소는 허용되지 않으므로, 그 판결의 집행은 단독소유를 공유로 또는 공유를 단독소유로 하는 경정등기의 방식으로 이루어진다. 이와 같이 일부 말소 의미의 경정등기는 등기절차 내에서만 허용될 뿐 소송절차에서는 일부 말소를 구하는 외에 경정등기를 소로써 구하는 것은 허용될 수 없다"는 이유로 위 판결을 파기하였다. 대법원의 이 판결은, 이 경우 경정등기의 성질상 이를 소로써 구하는 것은 허용되지 않는다는 것일 뿐 말소등기 대신 진정명의회복을 원인으로 한 소유권이전등기가 불가하다는 취지는 아닌 것으로 해석된다.

148) 다만, 과반수 지분의 공유자는 다른 공유자와 미리 공유물의 관리방법에 관한 협의가 없었다 하더라도 공유물의 관리에 관한 사항을 단독으로 결정할 수 있으므로, 과반수 지분의 공유자가 그 공유물의 특정 부분을 배타적으로 사용·수익하더라도 다른 공유자는 인도를 청구할 수 없다(대법원 2002. 5. 14. 선고 2002다9738 판결, 2019. 5. 30. 선고 2016다245562 판결).

뿐이다(대법원 2005. 9. 15. 선고 2004다44971 전원합의체 판결 등).[149]

4) 공유물의 처분·변경은 공유자 전원의 동의를 요하고, 공유물의 관리는 공유지분의 과반수로써 결정하며(민법 제264조, 제265조 본문), 합유물의 관리와 처분·변경은 조합원이나 업무집행조합원의 과반수로써 결정하여야 한다.[150] 공유물의 관리와 합유물의 관리·처분·변경은 실체법상으로는 위와 같이 전원이 할 필요가 없으나, 소송법상으로는 공유지분이나 합유자의 과반수에 해당하는 자만이 당사자가 될 수는 없고 그 전원이 필수적 공동소송인이 되어야 한다고 해석된다.[151] 공유물의 처분·변경 역시 당연히 공유자 전원이 필수적 공동소송인이 되어야 함은 당연하다.

5) 대법원은, 합유재산이라도 현실적으로 점유하고 있는 합유자만을 상대로 인도청구를 할 수 있다고 본다(대법원 1969. 12. 23. 선고 69다1053 판결). 또, 공유물의 인도나 철거의무는 공유물 전부에 대한 것이어서 불가분의무라고 인정하면서도, 그에 대한 소송은 각 공유자에게 그 공유 지분의 범위에서 인도나 철거를 구하면 충분하다고 하여(대법원 1969. 7. 22. 선고 69다609 판결, 1980. 6. 24. 선고 80다756 판결)[152] 이를 필수적 공동소송에 해당하지 않는다고 본다.

(2) 공동소송인 독립의 원칙

1) 통상공동소송에서는 그 당사자 일부에 대한 사정이 다른 공동소송인에게 소송상 영향을 미치지 않는바, 이를 공동소송인 독립의 원칙이라고 한다. 즉 이들은 본래 단독으로도 소송당사자가 될 수 있으므로, 일부 당사자에게 당사자능력이나 당사자적격, 소송능

---

149) ① 보존행위는 멸실·훼손을 방지하고 본래의 현상을 유지하기 위한 사실상·법률상의 행위를 말하고(대법원 1995. 4. 7. 선고 93다54736 판결), ② 관리행위는 임대차와 같이 본래의 현상을 해하지 않는 한도에서 이용(경제적 용법에 따른 사용·수익) 또는 개량(사용가치나 교환가치의 증대)하는 사실상·법률상의 행위를 말하며, ③ 처분·변경은 보존이나 관리의 범위를 초과하여 당해 재산을 물리적으로나 법률적으로 상실케 하거나 사회통념상 적은 비용으로 쉽게 원상회복이 불가능케 하거나 법률상의 제한을 설정하는 등의 사실상·법률상의 행위를 의미한다.

150) 민법 제272조 본문은 합유물의 처분·변경에 전원의 동의를 요구하고 있으나, 이는 조합의 업무집행에 속하므로 특약이 없는 이상 민법 제706조 제2항이 우선적으로 적용된다(대법원 1998. 3. 13. 선고 95다30345 판결, 2000. 10. 10. 선고 2000다28506, 28513 판결). 한편 민법은 합유물의 관리행위에 대해서는 규정하고 있지 않으나, 이 역시 조합의 업무집행에 속하므로 여기에도 민법 제706조 제2항이 적용되고, 따라서 조합원의 과반수 또는 업무집행자의 과반수로써 결정하여야 한다(대법원 1962. 1. 11. 선고 4293민상395 판결은 합유물의 처분·관리는 합유자의 총의로써 하여야 한다고 판시하였는바, 같은 취지로 이해된다).

151) 단, 이 경우에도 임대차계약 등과 같이 채권계약상의 권리·의무를 전제로 하는 경우에는 그 계약 당사자만으로 원·피고가 될 수 있다고 할 것이다. 조합(합유)의 경우 업무집행조합원의 소송신탁이 허용된다(대법원 1984. 2. 14. 선고 83다카1815 판결, 1997. 11. 28. 선고 95다35302 판결).

152) 물론 이 경우 지분 인도나 철거를 명하는 판결만으로 집행을 할 수 없고 공유자 전부에 대한 판결이 모아져야만 가능하다(반면에 물건을 2인 이상이 공동점유하고 있는 경우에 그 1인에 대한 인도를 명하는 집행권원으로써 그 1인의 점유를 배제하고 인도집행을 할 수 있다. 그러나 이때도 다른 1인에 대하여는 집행할 수 없으므로 그 전원의 점유를 배제하기 위해서는 2인 모두에게 인도청구를 하여야 한다).

력, 소의 이익의 흠결이 있더라도 그 해당 당사자와 관계된 부분의 소만 소송요건 흠결이 되어 부적법하게 되고 나머지 당사자의 소에는 영향이 없다. 소송절차의 중단·중지, 소송의 수계, 제척기간 준수의 여부 등도 마찬가지로 각 당사자 개별로 처리된다.

2) 이 경우 법원은 각 당사자별로 변론을 분리하여 심리·판단할 수 있고, 그 일부 당사자별로 나누어 일부판결을 할 수도 있으며, 이들 사이에 판결의 결과가 동일할 필요도 없다. 다만, 소송경제 등을 위해 가능한 한 변론을 분리하지 않고 하나의 소송절차에서 심리할 필요가 있으며, 소송실무도 특별한 사정이 없는 한 그렇게 처리한다.

(3) 공동소송인 일부의 소송행위나 그 일부에 대한 소송행위의 효력

1) 통상공동소송인 일부의 소송행위나 그 일부에 대한 소송행위의 효력은 나머지 공동소송인에게 아무런 영향이 없다. 따라서 일부 당사자의 자백(자백 간주 포함), 청구의 포기·인낙, 화해, 조정, 기일에의 출석·불출석 등의 효력도 개별적으로 발생한다.

2) 변론주의가 적용되는 민사소송에서는 주장책임의 원리가 적용되는바, 통상공동소송에서는 공동소송인 독립의 원칙이 지배하므로 공동소송인 일부가 어떤 법률사실을 주장하더라도 다른 공동소송인에게는 영향이 없다. 즉 당해 주장을 한 당사자나 그 주장을 받은 당사자에게만 주장의 효과가 있을 뿐이므로 주장 공통의 원칙이 적용되지 않는다.

그러므로 공동소송인 중 일부가 어떤 법률사실을 부인하거나 자백하여도 그 주장자에게만 그에 따른 소송법적 효력이 발생하며, 변제항변이나 소멸시효항변 등의 항변도 그 주장(항변)을 한 당사자에게만 이익으로 작용한다. 따라서 법원은 그 주장(항변)을 하지 않은 당사자에 대하여는 그에 관한 판단을 할 수 없다.[153] 그 결과 주채무자와 보증인이 공동피고가 된 경우, 주채무자가 차용 사실을 자백하더라도 보증인에 대하여는 그 효력이 없으므로 그에 대한 관계에서는 증거가 필요하며, 주채무자가 변제항변을 하더라도 보증인에게는 그 항변의 효력이 없으므로 보증인에게는 보증금액 전액의 지급을 명하여야 한다.[154] 이는 공동소송인이 상대방으로부터 소송행위를 받는 수동적 입장에 있을 때도 마찬가지로 적용된다.

3) 실체적 진실의 발견과 정의의 확보를 위해 통상공동소송인 사이에도 주장 공통의

---

153) 따라서 다른 공동소송인이 그 주장(항변)에 따른 이익을 받기 위해서는 그도 동일한 내용의 주장(항변)을 하여야만 한다. 다만, 그 주장(항변) 내용을 똑같이 되풀이하는 대신 "원고(또는 피고) ○○○의 주장을 원용(援用)한다."고만 진술하여도 주장(항변)의 효력이 있다.

154) 민법상 경개나 상계, 변제의 효력은 연대채무자들에게 절대적 효력이 있고(민법 제417조 등), 주채무자에 대한 시효중단이나 주채무자의 변제의 효력은 보증인에게 절대적 효력이 있으나(민법 제440조 등), 이러한 실체법상의 사유가 있다고 하여 곧바로 그것이 소송관계에도 영향을 미쳐 자동적으로 다른 연대채무자인 피고나 보증인인 피고의 채무가 소멸하거나 시효중단의 효력이 생기는 것이 아니고, 소송절차에서 당해 당사자가 그러한 사유를 항변 등으로 주장을 하여야만 비로소 법원은 그 실체법적 효력을 인정할 수 있다는 점에 주의하여야 한다. 이것이 곧 변론주의다.

원칙을 적용하거나 일정한 경우 제한적으로 이를 적용하여야 한다는 견해도 있으나, 이는 법원의 석명권 행사, 조정 등을 통해서 해결하면 충분하며, 그 예외적 적용의 기준이 모호하고 변론주의에도 반하므로 타당하지 않다. 판례도 같은 입장이다(대법원 1997. 2. 28. 선고 96다53789 판결 등).

4) 그러나 소송요건의 존부 등 직권조사사항은 변론주의가 적용되지 않으므로 주장공통의 원칙의 적용 여부에 관계없이 법원이 직권으로 심리·판단하게 된다.

(4) 증거 공통의 원칙의 적용 여부

1) 증거조사의 신청이나 증거의 제출 등의 입증활동은 소송행위에 속하므로 통상공동소송인 일부가 제출한 증거는 그 제출자에 대한 관계에서만 증거자료가 될 수 있고 다른 공동소송인에 대하여는 증거자료가 될 수 없다. 즉 통상공동소송인 사이에서는 증거 공통의 원칙이 적용되지 않는다. 역시 공동소송인 독립의 원칙에 따른 것이다.

물론 공동소송에서도 원고와 피고 사이에서는 증거 공통의 원칙이 적용되므로, 원고 甲이 피고 乙, 丙, 丁을 상대로 제기한 소송에서 甲이 제출한 증거는 피고 乙, 丙, 丁 모두에 대한 관계에서 증거자료가 된다. 그러나 피고 乙이 제출한 증거는 원고 甲과 피고 乙을 위한 증거자료가 될 뿐 피고 丙, 丁을 위한 증거자료가 될 수는 없다.

2) 이와 달리, 민사소송법 제65조 전문의 공동소송인들 사이에서는 이해상반의 경우가 아닌 한 증거 공통의 원칙을 긍정하여야 한다는 견해가 있다. 그러나 법원의 석명권 행사나 다른 공동소송인의 원용(援用) 등에 의하여 불공정이나 불균형을 해결할 수 있고, 이를 적용할 경우 변론주의의 원칙을 해쳐 당사자가 예상하지 못한 판결 결과가 나올 수도 있으며, 공동소송인들끼리 입증을 미루는 등의 부작용이 우려되므로 부정함이 옳다고 생각된다. 판례도 기본적으로 같은 입장인 듯하며(대법원 1959. 2. 19. 자 4291민항 231 결정 참조), 소송실무도 이와 같이 처리하고 있다.[155)]

라. 필수적 공동소송

1) 필수적 공동소송은 복수의 당사자들 사이에 그 소송목적인 법률관계에 관하여 모순 없는 합일적 확정을 위하여 그들 사이에 밀접한 견련관계가 요구되는 때문에, 소의 제기 등 소송행위에 대하여 통상의 공동소송과 달리 다양한 특칙과 제약이 따르는 경우이다.

2) 여기에는 ① 소 제기 당초부터 그러한 관계가 요구되어 그 전원이 일체로서만 적법한 당사자가 되고, 그 소송행위에 대해서도 그러한 관계가 요구되는 경우(고유필수적

155) 다만 다른 공동소송인에 대한 증거자료가 될 수 없는 경우에도 이를 변론 전체의 취지에 포함시켜 고려할 수는 있다(공동피고인 중 1인의 자백을 변론 전체의 취지로 고려할 수 있다는 대법원 1976. 8. 24. 선고 75다2152 판결 참조).

공동소송)와 ② 소를 제기하는 단계에서는 그러한 관계가 요구되지 않으나, 일단 소의 제기를 통하여 그들이 공동소송인이 된 이후 그 소송행위에 대하여 그러한 관계가 요구되는 경우(유사필수적 공동소송)가 있다.

(1) 고유필수적 공동소송

1) 이는 공동소송인별로 소송의 승패가 갈리는 것을 허용하지 않고 합일적으로 확정되어야 할 필요가 있는 경우로서, 그 공동소송인 전원이 함께 당사자가 되지 않으면 소 자체가 부적법한 경우이다. 즉 공동소송인 전원이 함께 당사자가 되는 경우에만 당해 소의 정당한 당사자가 되며, 이는 그들이 원고이든 피고이든 동일하다.

2) 고유필수적 공동소송은 소송목적인 권리·의무나 법률관계가 공동소송인 전원에게 공통으로 귀속되거나 이에 준하는 경우에 성립한다. 그러한 경우 권리·의무는 실체법상 관리처분권이 수인에게 귀속하므로, 그러한 소송물의 성질로부터 재판 결과에 관하여 통일적으로 합일 확정의 필요가 발생한다. 이에 따라 소송법상의 처분행위도 수인이 공동으로 하게 할 필요가 있다.

3) 소송목적인 권리·의무나 법률관계가 공동소송인 전원에게 공통으로 귀속되는 예로는 ① 공유물분할의 소에서 1인의 공유자가 나머지 공유자 전원을 공동 피고로 하여야 하는 것, ② 경계 확정의 소에서 원고나 피고의 소유 토지가 공유나 합유, 총유인 경우에 그 공유자 등 전원이 공동 원고가 되거나 공동 피고로 되는 것, ③ 공유물이나 합유물, 총유물의 소유권을 다투는 제3자를 상대로 공유자나 합유자, 총유자 전원이 그 공유관계 등의 확인을 청구하는 것, ④ 공유물의 관리와 처분·변경, 합유물의 관리와 처분·변경, 총유물의 보존·처분·변경·관리에 관하여 공유자나 합유자, 총유자 전원이 공동으로 원·피고가 되는 것[156)]을 들 수 있는바, 각각의 사안에 따라 많은 예외가 따른다.

4) 권리·법률관계가 공동소송인 전원에게 공통으로 귀속되는 것에 준하는 경우의 예로는 ① 회사와 청산인을 공동 피고로 하는 소수 주주의 청산인 해임의 소(상법 제539조) 또는 이사 해임의 소(상법 제385조), ② 제3자가 부모와 자를 공동 피고로 하는 친생자관계 존부확인의 소(민법 제865조, 가사소송법 제28조, 제24조 제2항), ③ 부부를 공동 피고로 하여 제3자가 제기하는 혼인무효·취소의 소(민법 제817, 818조, 가사소송법 제24조 제2항), ④ 동일 선정자들에 의해 선정된 복수의 선정당사자들이 수행하는 소송, ⑤ 수인의 파산관재인이나 회생채무자 관리인들이 수행하는 소송 등을 들 수 있다.

(2) 유사필수적 공동소송

1) 이는 고유필수적 공동소송과 마찬가지로 소송물의 특성상 공동소송인 전원에 대하

156) 이에 대해서는 이미 앞서 통상공동소송에서 설명한 바와 같다.

여 판결의 결과가 합일적으로 확정되어야 할 필요는 있으나, 그 전원이 아닌 일부 자만이라도 단독으로 정당한 당사자가 될 수 있는 경우이다.

2) 유사필수적 공동소송은 그러한 관계에 있는 자가 임의적인 사유로 하나의 소송절차에 공동으로 원고나 피고가 된 때에 성립한다. 유사필수적 공동소송은 판결의 효력이 일정한 자에게 직접 미치는 경우는 물론, 상법 제190조 등에 의해 당사자 이외의 제3자에게 대세적·반사적으로 미치는 경우에도 성립한다.[157] 유사필수적 공동소송은 소 제기 당초부터 성립하는 경우도 있지만, 후발적으로 소송 계속 후에도 변론의 병합 등에 의하여 성립할 수 있다.

3) 유사필수적 공동소송이 성립하는 경우로는, ① 수인이 회사 합병무효의 소를 제기한 경우(상법 제236조), ② 수인이 주주총회결의 부존재·무효·취소의 소를 제기한 경우(상법 제376조, 제380조), ③ 수인의 주주가 부당결의 취소·변경의 소를 제기한 경우(상법 제381조), ④ 수인의 채권자가 공동으로 채권자대위의 소를 제기한 경우,[158] ⑤ 집행력 있는 정본을 가진 수인의 채권자가 공동으로 제3채무자를 상대로 추심의 소를 제기한 경우(민사집행법 제249조), ⑥ 수인이 제기하는 주식회사 이사회결의 무효확인의 소(대법원 1963. 12. 12. 선고 63다449 판결)[159] 등을 들 수 있다.

4) 유사필수적 공동소송이 성립한 이후의 소송수행에 관하여는 원칙적으로 고유필수적 공동소송과 동일한 법리가 적용된다.

(3) 공동소송인 독립의 원칙의 적용 여부

필수적 공동소송의 경우 고유필수적 공동소송이든 유사필수적 공동소송이든 공동소송

---

157) 판결의 반사효는, 제3자가 당사자나 승계인이 아니어서 직접 판결의 기판력을 받는 것은 아니지만, 실체법상 당사자와 의존관계가 있는 등으로 당사자와 특수한 관계에 있는 제3자에게 반사적으로 유리 또는 불리한 영향을 미치는 효력이다.

158) 수인의 채권자가 공동으로 채권자대위의 소를 제기한 경우 공동 원고들은 채무자의 제3채무자에 대한 청구권을 대신 행사하는 것으로서 결국 그 청구권은 본인인 채무자에게 귀속하는 것이므로, 하나의 소송절차상의 공동 원고들 사이에 그 본안 청구(채무자의 제3채무자에 대한 청구)에 관한 판단이 갈리는 것은 통상은 논리적으로 있을 수 없다(대법원 1991. 12. 27. 선고 91다23486 판결 참조. 반대의 견해가 있으나 수긍하기 어렵다. 다만, 수인의 채권자들이 채무자의 가분적 채권을 중첩되지 않는 범위에서 일부씩 채권자대위권을 행사하고 있을 때에는 합일확정의 필요가 부정되는 경우도 있을 수 있다). 다만, 공동 원고들 각자의 피보전권리의 존부나 소의 이익 등은 본안에 관한 것이 아니므로 공동 원고들 각자에 대하여 판결의 결론이 달라질 수 있음은 물론이다.
반면에 수인의 채권자가 공동으로 채권자취소의 소를 제기한 경우 공동 원고들 각자의 피보전권리의 존부나 그 성립 시기 등은 본안에 영향을 미쳐, 채무자의 동일한 재산처분행위라도 그것이 어떤 채권자에 대하여는 사해행위가 되나 다른 채권자에 대하여는 사해행위가 되지 않을 수도 있으므로 합일확정될 관계가 아니어서 공동 원고들 각자에 대하여 판결의 결론이 달라질 수 있음은 물론이다(대법원 2005. 5. 27. 선고 2004다67806 판결 참조). 이는 채권자취소판결의 효력은 모든 채권자에게 효력이 있다는 것(민법 제407조)과는 차원이 다른 문제이다.

159) 반면에 학교법인의 이사회결의무효확인의 소의 경우 그 판결의 효력은 그 소송의 당사자 사이에서만 발생하고 대세적 효력이 없으므로 유사필수적 공동소송이라 할 수 없고, 제3자는 공동소송참가를 할 수 없다(대법원 2001. 7. 13. 선고 2001다13013 판결).

인 독립의 원칙이 적용되지 않고, 이들의 또는 이들에 대한 소송행위는 많은 제약을 받고 상호 영향을 미친다.

1) 당사자능력, 소송능력 등 소송요건의 존부는 각 당사자별로 심사하되, 고유필수적 공동소송의 경우 그 흠을 보정할 수 없는 때에는 소 전부가 부적법하게 된다. 고유필수적 공동소송인 중 일부가 당사자에서 누락된 경우 앞서 본 바와 같이 당사자적격에 흠을 초래하여 소 전체가 부적법해지므로 소송 진행 중에라도 이를 보정하여만 한다.[160]

이를 보정하는 방법은 세 가지가 있다. 즉, ① 누락된 사람 자신이 또는 누락된 자에 대하여 따로 별소(別訴)를 제기한 후 그 소의 변론을 먼저 제기된 소의 그것에 병합하는 방법(민사소송법 제141조, 법원실무제요 민사소송 Ⅰ, 291면 참조),[161] ② 누락된 사람을 원고의 신청으로 원고 또는 피고에 추가하는 필수적 공동소송인추가의 방법(민사소송법 제68조 제1항),[162] ③ 누락된 사람이 스스로 공동소송참가를 하는 방법(민사소송법 제83조)이 그것이다.

유사필수적 공동소송의 경우 그 일부 당사자에게 소송요건 흠결이 있는 때에는 고유필수적 공동소송과 달리 그 당사자에 관한 부분의 소만 부적법하게 되며,[163] 일부가 당사자에서 누락된 경우라도 전체적인 소의 적법 여부에는 영향이 없다.[164] 그러나 공동소송인 중 일부에게 소송절차의 중단, 중지 사유가 있는 때는 공동소송인 전원에게 중단, 중지의 효력이 발생한다(민사소송법 제67조 제3항).

2) 필수적 공동소송의 경우 공동소송인 중 일부가 한 소송행위는 모두의 이익을 위한 것인 때만 소송법적 효력이 있다(민사소송법 제67조 제1항). 따라서 공동소송인 전원에게 이익이 되는 주장이나 증거의 제출은 그것이 일부 당사자만의 소송행위라도 유효하며, 불리한 것은 공동소송인 전원이 하여야만 유효하다.[165] 이를 뒤집어 말하면, 공동소송인 중 일부의 소송

---

160) 고유필수적 공동소송인 공유물분할에 관한 소송 계속 중 변론종결일 전에 공유자 중 1인인 甲의 공유지분의 일부가 乙과 丙 등에게 이전되었다면, 일부 지분권을 이전받은 乙과 丙 등이 사실심 변론종결시까지 승계참가나 인수참가 등의 방식으로 소송의 당사자로 참가하여야 하고, 만약 1인이라도 참가하지 않은 경우 그 소 전부가 부적법하게 된다(대법원 2014. 1. 29. 선고 2013다78556 판결). 대법원은 이 사건에서 참가의 기회를 주기 위해서인지 파기·자판(소 각하)을 하지 않고 사건을 원심법원에 환송하였다.

161) 뒤의 변론의 분리·병합에서 보는 바와 같이 소의 이익이나 적법 여부 등은 원래의 사건(소)별로 따로따로 심사하여야 하고 변론의 분리나 병합에 의하여 영향을 받지 아니한다. 고유필수적 공동소송에서 당사자 일부가 누락된 경우 그 누락된 당사자에 관하여 별도의 소를 제기한 후 원래의 소와 후소의 변론을 병합하면 원래의 소의 당사자적격 흠결에 따른 하자가 치유되는 것으로 처리해 왔으나, 이는 민사소송법에서 필수적 공동소송인의 추가를 인정하지 않았던 데에 따른 변칙적 방법이라고 할 것이다. 따라서 현행 민사소송법 제68조가 필수적 공동소송인의 추가를 명문으로 인정하는 이상 별소의 제기와 변론의 병합에 의한 당사자적격 하자의 치유를 인정하는 것은 앞으로는 허용하지 않아야 할 것으로 생각된다.

162) 다만 이는 1심 변론종결일 전까지만 가능하고 법원의 허가결정을 요하며, 원고를 추가하려는 경우 누락된 자의 동의를 요한다.

163) 따라서 그 부분의 소만 각하된다.

164) 물론 누락된 자도 공동소송참가나 보조참가 등을 통해 소송절차에 참여할 수 있는 길이 있다.

행위가 공동소송인 전원의 이익이 되는 것이 아니면 다른 공동소송인은 물론 그 소송행위를 한 당해 공동소송인에 대하여도 효력이 없다. 이를 소송자료의 통일이라고 한다.

그러므로 자백, 청구의 포기·인낙, 화해, 소의 취하나 그에 대한 동의 등을 당사자 일부만이 한 경우 효력이 없다.[166] 기일 불출석에 따른 자백간주나 답변서 제출 기간, 상소제기 기간, 재심의 소 제기 기간 등의 부준수에 따른 불이익도 마찬가지로 효력이 없으므로, 일부의 출석이나 일부의 기간준수의 효력은 전원에 대하여 유리한 것으로서 전원에게 효력이 있다.

3) 반면에 필수적 공동소송인 가운데 일부에 대한 상대방의 소송행위는 공동소송인 전원에게 이익이 되는지 여부를 불문하고 그 전원에게 효력이 발생한다(민사소송법 제67조 제2항). 즉 상대방이 단일소송인인 경우, 그가 공동소송인 중 일부에 대하여만 자백, 청구의 포기·인낙, 소의 취하, 기타 주장이나 증거 제출을 한 경우에도 이는 공동소송인 전원에게 효력이 미친다.[167]

(4) 법원의 심리

1) 법원은 필수적 공동소송의 경우 고유필수적 공동소송이든 유사필수적 공동소송이든 변론을 분리할 수 없으므로 변론기일과 증거조사기일 등을 모든 공동소송인에게 공통하여 하나로 실시하여야 한다. 이를 소송진행의 통일이라고 한다.

2) 이 경우 당사자별로 일부판결을 할 수 없음은 물론이다. 또, 그 판결의 결론은 공동소송인 전원에게 동일하여야 한다. 일부 당사자에 대한 판결이 누락된 경우에도 재판의 탈루가 되지 않고 판결의 선고로써 당해 심급이 종료하므로 추가판결을 할 수 없다. 즉 그 잘못은 상소를 통해 시정될 수밖에 없다.

3) 공동소송인 중 일부만이 상소나 재심을 제기한 경우나 그 반대의 경우에도 민사소송법 제67조 제1, 2항에 의하여 공동소송인 전원에게 효력이 미치므로 사건 전체가 상소심으로 이심되거나 재심의 대상이 된다(대법원 1991. 12. 27. 선고 91다23486 판결, 2010. 12. 23. 선고 2010다77750 판결 등).

4) 공동소송인들이 패소하였는데 그 중 일부만이 상소를 한 경우, 상소를 제기하지 않은 다른 공동소송인에 대하여도 소송이 상소심에 이심되는바, 상소심에서의 그 공동소송인의 지위에 대하여는 상소인설, 준선정자설, 상소심 당사자설이 대립한다. 판례는 통일

---

165) 필수적 공동소송이라 하여 소송행위를 공동소송인 전원이 공동으로 하여야 하는 것은 아님은 물론이다.

166) 화해나 청구의 포기·인낙이 전체적인 사정을 고려하였을 때 결과적으로 이익이 되더라도 이를 따지지 않고 그 소송행위의 본래적 성질을 고려하여 이는 그 자체로서 공동소송인 전원에게 이익이 되는 것이라고 볼 수 없다고 생각된다. 한편, 유사필수적 공동소송의 경우 소의 일부 취하가 허용되므로 일부 공동소송인이 소를 취하하거나 쌍방불출석으로 취하간주된 경우 그 당사자 부분의 소는 종료한다.

167) 자백, 청구의 포기·인낙, 소의 취하의 효력이 그 행위를 받은 공동소송인에게만 발생하는 것이 아니라 공동소송인 전원에게 발생한다는 뜻이다.

적 견해를 보이지 않고 있으나, 그 공동소송인에게도 상소비용을 부담케 할 것이냐 외에는 특별히 논의할 실익이 없다.[168)]

마. 예비적·선택적 공동소송

(1) 의 의

1) 공동소송관계가 예비적 또는 선택적으로 성립하는 경우가 예비적·선택적 공동소송이다. 당사자가 병합되므로 소의 주관적 예비적 병합(주위적·예비적 병합의 경우) 또는 주관적 선택적 병합(선택적 병합의 경우)이라고도 한다. 즉 공동소송관계인인 원고나 피고가 주위적·예비적으로 또는 선택적으로 당사자의 지위에 서는 것이다. 이는 다음과 같이 원고나 피고 양쪽 모두에 가능하다.

▣ 예비적·선택적 공동소송의 유형

구 분	원고가 공동소송인이 되는 경우	피고가 공동소송인이 되는 경우
주위적·예비적 공동소송	주위적으로 원고 甲에 대한 재판을 구하고, 그것이 이유 없을 경우 예비적으로 원고 乙에 대한 재판을 구하는 경우	주위적으로 피고 丙에 대한 재판을 구하고, 그것이 이유 없을 경우 예비적으로 피고 丁에 대한 재판을 구하는 경우
선택적 공동소송	원고 甲 또는 원고 乙에 대한 재판을 선택적으로 구하는 경우	피고 丙 또는 피고 丁에 대한 재판을 선택적으로 구하는 경우

2) 예비적·선택적 공동소송은 일부 공동소송인의 청구가 다른 공동소송인의 청구와 법률상 양립할 수 없거나(원고 공동소송의 경우), 일부 공동소송인에 대한 청구가 다른 공동소송인에 대한 청구와 양립할 수 없는 때(피고 공동소송의 경우)에 성립한다(민사소송법 제70조 제1항).

이와 같은 소송을 인정하는 이유는, 어느 당사자에게 권리나 의무 등의 법률효과가 귀속하는지 원고의 입장에서 잘 알 수 없는 사정이 있을 때 원고로 하여금 각자가 순차로 또는 피고를 상대로 순차로 소를 제기하게 하거나, 복수의 원고나 복수의 피고를 상대로 동시에 별소를 제기하게 할 경우 여러 개의 소송절차가 생겨 당사자에게도 부담이 되고 소송경제에도 반하므로, 이를 하나의 소송절차에서 모순 없이 일거에 해결하기 위한 것이다.[169)] 즉 그 기본취지가 청구의 예비적 병합이나 선택적 병합과 같다.

---

168) 상소심 당사자설에서 말하는 '상소심 당사자'는 상소인과 달리 상소인의 지위를 갖지 않고 단순한 상소심의 당사자라는 뜻이다(상소심판결문에 이런 당사자는 '피고, 상고인 ○○○'라고 표시하는 상소인과 달리 '피고 ○○○'라고만 표시한다. 대법원 1995. 1. 12. 선고 94다33002 판결 참조). 물론 이런 당사자도 상소심에서 소송행위를 할 수 있지만, 그는 상소에 관심이 없으므로 상소심에서 별다른 소송행위를 하지 않을 것이다. 이런 사정을 감안하여 위 대법원 94다33002 판결에서는 상고를 한 공동소송인에게만 상고비용 부담을 명하였다.

169) 예컨대, 원고가 甲을 상대로 먼저 소를 제기하여 패소할 경우 다시 乙을 상대로 소를 제기하여야 한

3) 청구가 복수인 경우 그 일부의 청구에 관하여서도 주관적 예비적·선택적 공동소송이 허용되므로, 주위적 피고에 대한 주위적·예비적 청구 중 주위적 청구 부분이 인용되지 아니할 경우 그와 법률상 양립할 수 없는 관계에 있는 예비적 피고에 대한 청구를 인용하여 달라는 취지로 결합하여 소를 제기하는 것도 가능하다(대법원 2009. 3. 26. 선고 2006다47677 판결).

(2) 예비적·선택적 공동소송의 요건

1) 예비적·선택적 공동소송을 아무 제한 없이 폭넓게 인정할 경우 당사자, 특히 피고의 지위가 불안정해지고, 원고는 아무런 부담 없이 관련자 모두를 투망식으로 끌어넣어 소를 제기할 수 있게 되어 법원의 심리에도 부담을 주므로, 공동소송인들 상호 간에 청구가 양립 불가능한 때에만 예외적으로 허용한다.

공동소송인들 간에 청구가 양립할 수 없다는 것은, 어느 한 당사자에게 청구가 인정되면 법률상이나 논리상 다른 당사자에게는 그것이 인정될 수 없는 것을 말한다. 이러한 양립 불가능은 법률규정에 의하여 발생할 수도 있고 택일적 사실관계에 의하여 발생할 수도 있다.[170] 복수의 당사자에 대하여 이런 관계가 성립하면 각각의 당사자에 관하여 청구원인이 동일하여도 무방하다.

2) 청구가 양립할 수 없는 경우의 예로는, ① 대리인과 계약을 체결한 자가 본인을 주위적 피고로 하고, 그 대리행위가 무권대리여서 본인에 대한 주위적 청구가 기각될 경우에 대비하여 대리인을 예비적 피고로 삼아 청구하는 경우 또는 본인과 대리인을 선택적 피고로 삼아 청구하는 경우, ② 민법 제758조에 의한 공작물 등의 설치·보존상 하자를 이유로 점유자를 주위적 피고로, 소유자를 예비적 피고로 하거나 이들을 선택적 피고로 하여 청구하는 경우, ③ 법률행위의 상대방이 개인인지 법인 등 단체인지 또는 그 상대방이 법률행위를 한 행위자인지 아니면 행위자가 대리인이어서 그 본인이 상대방인지 여부가 불분명하여, 실제 행위를 한 개인을 주위적 피고로 하고 그가 소속한 법인을 예비적 피고로 하거나 양자를 선택적 피고로 하여 청구하는 경우, ④ 아파트 입주자대표회의와 구분소유자들이 주위적·예비적으로 사업주체인 건설회사를 상대로 아파트에 발생한 하자와 관련된 손해배상청구를 청구하는 경우(대법원 2012. 9. 13. 선고 2009다23160 판결), ⑤ 원고가 민법 제219조의 주위토지통행권을 행사하면서 주변 토지 소유자인 甲과 乙을 주위적·예비적 피고로 삼거

다면 원고에게나 법원에게나 매우 불편하다. 그래서 아예 처음부터 甲과 乙을 예비적 또는 선택적으로 피고로 삼아 한꺼번에 판단할 필요가 생긴다.

170) 택일적 사실관계란 A 사실(甲이 개인적으로 乙과 매매를 한 사실)과 B 사실(甲이 丙회사를 대표하여 乙과 매매를 한 사실)이 동시에 존재할 수 없고, 어느 사실을 인정하느냐 여하에 따라 그에 관련된 특정한 사람(甲 또는 丙)만이 배타적으로 권리자 또는 의무자가 되는 경우를 말한다. 법률규정에 의한 양립 불가능의 경우와 사실관계상의 양립 불가능의 경우는 명확히 분간하기 어렵고 이를 엄격히 구별할 필요도 없다. 법률효과는 법률사실을 토대로 발생하기 때문이다.

나 선택적 피고로 삼아 주위토지통행권 행사의 요건에 해당하는 피고에 대한 청구의 인용을 구하는 경우 등을 들 수 있다.

3) 실체법상으로 양립할 수 없는 경우뿐 아니라 소송법상으로 서로 양립할 수 없는 경우도 이에 포함된다(대법원 2007. 6. 26.자 2007마515 결정, 2008. 3. 27. 선고 2005다49430 판결 참조). 즉 법인 또는 비법인 등 당사자능력이 있는 단체의 대표자 또는 구성원의 지위에 관한 확인소송에서 개인과 단체 중 누가 피고적격을 가지는지에 따라 각 청구(소)가 적법 또는 부적법으로 서로 법률상 양립할 수 없는 관계에 있게 되는데, 이들을 주위적·예비적 피고로 삼아 소를 제기하는 것도 허용된다(대법원 2007. 6. 26.자 2007마515 결정).[171]

4) 반면에 부진정 연대채무관계에 있는 채무자들에 대한 각 청구는 법률상 양립할 수 없는 것이 아니므로 이들을 예비적·선택적 공동피고로 한 소는 부적법하다(대법원 2009. 3. 26. 선고 2006다47677 판결, 2012. 9. 27. 선고 2011다76747 판결).

(3) 예비적·선택적 공동소송의 성립

1) 예비적·선택적 공동소송은 법률상 강제되는 것이 아니므로 예비적·선택적 공동소송을 할 것인지 아니면 각 공동소송인별로 독립한 소를 제기할 것인지는 전적으로 원고의 자유이다. 따라서 원고별로 각자가 따로 소를 제기해도 좋고, 피고별로 따로 소를 제기해도 무방하다.

2) 원고는 복수인에 대한 청구가 양립 불가능하면 예비적 병합이든 선택적 병합이든 자유로이 선택할 수 있다. 어느 쪽이나 그 청구 상호 간에 양립 불가능하여 요건에 차이가 없기 때문이다.[172]

3) 원고가 희망하는 경우, 소 제기 당초에는 단일소송으로 하였다가 소송 계속 후 당사자를 예비적 또는 선택적으로 원고나 피고에 추가할 수 있다(민사소송법 제70조 제1항). 이 추가신청은 제1심 변론종결 전까지 하여야 하고 법원의 허가결정을 얻어야 하며, 원고를 추가하고자 하는 경우에는 그 추가되는 자의 동의를 얻어야 한다(민사소송법 제70조 제1항, 제68조).

(4) 예비적·선택적 공동소송의 심리

1) 예비적·선택적 공동소송의 경우 각 공동소송인들 간에 모순 없는 판결이 요구되므로 필수적 공동소송에 관한 민사소송법 규정(제67조 내지 제69조)이 준용된다. 이에 따라 공동소송인 일부의 행위 중 공동소송인 전원에게 유리한 경우는 효력이 있으나 불리한 경우는 효력

---

171) 이에 따라 아파트 입주자대표회의의 구성원 개인과 아파트 입주자대표회의를 주관적·예비적 피고로 삼아 동대표(棟代表) 지위 부존재확인의 소를 제기하는 것도 허용된다고 한다.

172) 이 점에서 뒤에서 보는 청구의 선택적 병합이나 예비적 병합과 다르다. 청구의 선택적 병합은 청구 상호 간에 양립할 수 있어야 하나, 주관적 선택적 병합의 경우 주관적 예비적 병합과 마찬가지로 양립할 수 없어야 하기 때문이다.

이 없다. 다만, 공동소송인 일부가 청구의 포기·인낙, 화해, 소의 취하를 한 경우에는 그 당사자에 대한 관계에서는 유효하다(민사소송법 제70조 제1항 단서).[173] 반대로 공동소송인 일부에 대한 상대방의 소송행위는 공동소송인들의 유·불리에 관계없이 그 전원에게 효력이 있다.

2) 예비적·선택적 공동소송요건을 갖추지 못했더라도 통상공동소송의 요건을 갖춘 경우, 법원은 이를 통상공동소송으로 처리하여야 하고(대법원 2009. 3. 26. 선고 2006다47677 판결),[174] 통상공동소송요건도 갖추지 못한 경우에는 각각의 당사자별로 단일소송으로 처리하여야 한다.

3) 예비적 병합의 경우에는 법원이 주위적 당사자에 대한 부분을 먼저 심판하여야 하고, 선택적 병합의 경우에는 어떤 당사자든 상관없이 법원이 임의로 선택하여 심판하면 된다. 그러나 민사소송법 제70조 제2항은 주관적 예비적 병합이나 선택적 병합의 경우 어떤 당사자에 관한 청구를 인용하는 경우에도 모든 공동소송인에 대하여 판결을 하도록 하고 있으므로, 어느 경우이든 법원은 모든 당사자에 대하여 심리하고 각각의 소의 적법 여부나 청구의 당부에 관한 판결을 하여야 한다.

예컨대, 주위적 피고에 대한 청구를 인용하는 경우 예비적 피고에 대한 청구를 기각하여야 하고, 선택적으로 어떤 피고에 대한 청구를 인용하는 경우 나머지 피고에 대한 청구를 기각하여야 하며,[175] 원고 쪽이 예비적·선택적으로 병합된 경우에도 마찬가지다.

4) 이 경우 필수적 공동소송에 관한 규정이 준용되므로 변론의 분리는 허용되지 않으며 일부판결도 할 수 없다. 일부 당사자에 대한 재판이 누락되었더라도 추가판결이 아닌 상소로써 시정하여야 한다. 그 판결에서 누락된 공동소송인도 이러한 잘못을 시정하기 위하여 상소를 제기할 이익이 있음은 물론이다(대법원 2008. 3. 27. 선고 2005다49430 판결).

5) 상소가 제기되면 필수적 공동소송에서와 같이 상소를 하지 않은 당사자에 관한 부

---

173) 대법원은, 조정에 갈음하는 결정이 확정된 경우에는 재판상화해와 동일한 효력이 있으므로 그 결정에 대하여 일부 공동소송인이 이의하지 않았다면 원칙적으로 그 공동소송인에 대한 관계에서는 조정에 갈음하는 결정이 확정되나, 다만 조정에 갈음하는 결정에서 분리 확정을 불허하고 있거나, 그렇지 않더라도 그 결정에서 정한 사항이 공동소송인들에게 공통되는 법률관계를 형성함을 전제로 하여 이해관계를 조절하는 경우 등과 같이 결정사항의 취지에 비추어 볼 때 분리 확정을 허용할 경우 형평에 반하고 또한 이해관계가 상반된 공동소송인들 사이에서의 소송진행 통일을 목적으로 하는 민사소송법 제70조 제1항 본문의 입법취지에 반하는 결과가 초래되는 경우에는 분리 확정이 허용되지 않는다고 한다(2008. 7. 10. 선고 2006다57872 판결).

174) 대법원 2006다47677 판결은, 민사소송법 제70조 제1항 본문이 규정하는 '공동소송인 가운데 일부에 대한 청구'를 반드시 '공동소송인 가운데 일부에 대한 모든 청구'라고 해석할 근거는 없으므로, 주위적 피고에 대한 주위적·예비적 청구 중 주위적 청구 부분이 인용되지 아니할 경우 그와 법률상 양립할 수 없는 관계에 있는 예비적 피고에 대한 청구를 인용하여 달라는 취지로 결합하여 소를 제기하는 것도 가능하고, 이 경우 주위적 피고에 대한 예비적 청구와 예비적 피고에 대한 청구가 서로 법률상 양립할 수 있는 관계에 있으면 양 청구를 병합하여 통상의 공동소송으로 보아 심리·판단할 수 있다고 한다.

175) 주위적 피고에 대한 청구를 기각하는 경우 예비적 피고에 대한 청구 역시 기각될 수 있으며, 선택적 피고 전원에 대한 청구가 기각될 수도 있음은 물론이다. 원고의 청구가 피고 전원에게 이유 없는 경우도 있을 수 있기 때문이다.

분도 상소심에 이심된다. 예컨대, 예비적 피고나 선택적 피고 중 1인이 패소한 경우 상소의 이익은 그들 패소자에게만 있으나, 그들의 상소가 있으면 상소하지 않은 승소자에 관한 소송도 상소심에 이심되고, 상소심법원은 주위적 피고에 대한 청구나 상소하지 않은 선택적 피고 중 1인에 대한 청구를 인용할 수도 있다. 모순 없는 판결을 위한 요청에 따른 것으로서, 상소하지 않은 당사자에 대하여 불이익변경 금지의 원칙이 적용되지 않는다. 이때 상소하지 않은 당사자의 상소심에서의 지위는 앞서 필수적 공동소송에서의 그것과 동일하다.

7. 집단소송

가. 의 의

1) 민사소송법에는 한쪽 또는 양쪽 당사자가 복수인 경우를 대비하여 다수 당사자의 소송관계를 규율하는 여러 제도를 마련하고 있다. 이에 속하는 것으로는 ① 공동소송, ② 당사자참가(공동소송참가, 독립당사자참가), ③ 당사자추가(필수적 공동소송인의 추가, 예비적·선택적 공동소송인의 추가), ④ 선정당사자 제도를 들 수 있다.

2) 그러나 대량생산과 대량소비를 기본으로 하면서 인터넷을 기반으로 한 대량의 정보가 유통되는 현대 산업사회에서는 전통적인 다수 당사자의 소송제도에서 예상하지 못한 분쟁이 종종 발생하고 있고, 그러한 경우 종래의 다수 당사자 소송제도에 의할 경우 시간적으로나 절차적으로 매우 복잡하고 번잡하여 효율적인 분쟁해결이 곤란하게 된다.

이에 따라 식품이나 화학제품 등 제조물의 유통·소비 단계에서 발생하는 집단적 보건위해사고, 대규모 환경오염사고, 개인정보의 유출이나 왜곡으로 인한 사고, 금융투자나 증권거래에 따른 다수인의 집단적 피해를 간이 신속하게 구제하기 위한 장치로서 비교적 최근에 도입된 것이 집단소송제도이다.

3) 집단소송제도는 특정한 유형의 사건·사고에 의해 특정 또는 불특정 다수인에게 야기된 불편이나 피해 구제를 위하여, 일정한 단체나 피해자 중 1인 또는 수인을 당사자나 대표당사자로 하여 불편이나 피해를 야기한 주체를 상대방으로 삼아 제기하는 소 또는 이에 준하는 분쟁해결절차라고 정의할 수 있다.

나. 유 형

(1) 단체소송형과 집단소송형

1) 현재까지 도입된 집단소송제도로는 단체소송형과 집단소송형이 있다. 단체소송형은 소비자단체 등 특정한 단체에게 원고적격을 인정하는 것이고, 집단소송형은 개인에게 원고적격을 인정하되, 지나치게 많은 당사자가 모두 소송에 관여할 수 없는 한계를 고려하

여 그 중 1인 또는 수인을 대표당사자로 삼아 나머지 사람들을 위해 소송을 수행할 수 있는 권한을 부여하는 것이다.

2) 현재 우리나라의 경우, 소비자기본법과 개인정보보호법은 단체소송을 채택하고 있고, '증권관련 집단소송법'은 집단소송을 채택하고 있다.

3) 단체소송은 원고가 사단법인이거나 이에 준하는 법인격 없는 사단으로서 그 단체가 원고가 되는 소송인바, 그 성질상 이는 당사자(원고)가 복수인 경우가 아니므로 형식상으로는 복수 당사자소송에 해당하지 않으나, 그 배후에 있는 불특정 다수인을 사실상 대표하여 소송을 수행한다는 점에서 통상의 단일 당사자소송과는 다른 점이 있으므로 실질상 다수 당사자소송에 속한다.

4) 단체소송과 집단소송은 모두 수소법원의 허가를 얻어야만 본안에 관한 심판을 받을 수 있다는 점에서 소권 행사에 제한이 있다. 이는, 이를 무제한으로 허용할 경우 소송의 비경제를 초래하고 상대방(피고)에게 응소상 큰 지장을 줄 우려가 있기 때문에 마련된 장치이다. 따라서 이 소송절차는 소송허가 여부 결정을 위한 비송절차와 본안에 관한 소송절차의 두 단계로 이루어진다.

(2) 대륙형과 미국형

1) 대륙형은 프랑스, 독일 등 유럽 국가에서 시행하는 제도로서 기본적으로 단체소송형이고, 미국형은 class action으로 대표되는 집단소송형을 기본으로 한다.

2) 우리나라는 일본의 제도를 본받아서 위와 같이 양쪽의 제도를 모두 채택하고 있다.

(3) 부작위청구형과 손해배상청구형

1) 이는 청구의 형태를 기준으로 한 분류로서, 부작위청구형은 소송목적으로 침해행위의 금지나 중지를 청구하는 것이고, 손해배상청구형은 손해배상을 청구하는 것이다.

2) 우리나라의 경우, 소비자기본법과 '개인정보 보호법'상의 단체소송은 부작위청구형이고, '증권관련 집단소송법'상의 집단소송은 손해배상청구형이다.

(4) 소송형과 비송형

1) 집단적 분쟁해결은 소송의 형태에 의하는 것도 있고 소송 외의 다른 형태에 의하는 것도 있다. 앞서 본 단체소송과 증권관련 집단소송은 소송형에 속한다. 한편, 소비자기본법과 '개인정보 보호법'은 집단적 분쟁해결 수단으로 소송 외에 집단적 조정제도를 채택하고 있는바, 이는 비소송형에 속한다.

2) 다수의 이해관계인이 관련되어 있으나 기본적 대립당사자 사이에 분쟁이 없는 경우도 있다. 파산이나 파산 위기에 처한 1인의 채무자를 둘러싼 다수의 채권자, 선박사고

나 유류오염사고로 인해 다액의 채무를 부담하게 된 자와 다수의 배상채권자가 발생한 경우가 그 예이다. 이러한 경우 각각의 채권자는 독립하여 별개로 그 권리를 행사할 수도 있으나, 이에 의하면 동종의 절차가 반복되어 사회경제적 비용이 대단히 크고, 채무자의 갱생이나 회생을 도모하기 어려우며, 법지식이 없는 채권자의 경우 제대로 된 권리행사를 통한 피해 회복이 어렵다.

이러한 사정을 고려하여 파산절차(채무자 회생 및 파산에 관한 법률 제294조 이하), 회생절차(채무자 회생 및 파산에 관한 법률 제34조 이하), 선박소유자 책임제한절차(선박소유자 등의 책임제한절차에 관한 법률), 유류오염손해에 대한 책임제한절차(유류오염손해배상 보장법 제32조 이하)가 마련되어 있으며, 상속의 한정승인에 따른 채권신고와 그 변제절차도 그 일종이라고 할 수 있다. 이들 절차에서는 이미 확정판결 등 집행권원을 가진 사람은 물론, 이를 갖지 않은 사람도 절차에 참여하고 그 절차 내에서 권리를 실현하는 것이 가능하다.[176]

다. 소비자 단체소송

(1) 의 의

1) 소비자기본법에 의하여 인정되는 단체소송으로서 침해행위의 금지나 중지를 청구하는 부작위청구형 단체소송이다. 이 제도는 독일의 단체소송을 모델로 삼아 2006년 소비자기본법에 의해 도입된 것으로서 2008. 1. 1.부터 시행되고 있다. 그러나 실제 이용된 사례는 별로 많지 않다.

2) 그 이유는, 원고적격이 특정한 단체로 제한되는 데에다, 소송목적과 분쟁해결 수단이 손해배상이 아닌 침해행위의 금지나 중지 청구에 한정되는 때문으로 보인다. 이에 학계와 국회에서 다양한 대안 마련이 모색되고 있다.

3) 이에 관하여 규율하는 법령은 소비자기본법과 소비자단체소송규칙(대법원규칙) 및 민사소송법과 민사집행법이다(소비자기본법 제76조).

(2) 소송대상

1) 이 소는 소비자기본법 제2조 제2호 소정의 사업자(물품을 제조·가공·포장하거나 수입·판매 또는 용역을 제공하는 자)가 소비자기본법 제20조의 규정을 위반하여 소비자의 생명·신체 또는 재산에 대한 권익을 직접적으로 침해하고, 그 침해가 계속되는 경우에 제기할 수 있다(소비자기본법 제70조).

2) 청구의 내용은 앞서 본 바와 같이 사업자에게 소비자권익 침해행위의 금지나 중지이다. 그 구체적인 내용은 침해의 구체적 유형과 내용에 달려 있다.

176) 이 책에서는 집단적 조정제도 외의 수단에 대해서는 너무 전문적이고 분량이 많은 사정을 감안하여 다루지 않는다.

3) 이 소송에서는 손해배상청구를 할 수 없으므로 손해배상청구를 하기 위해서는 별도의 소를 제기하여야만 한다. 이런 한계 때문에 실제로 이 소송제도를 이용하는 경우는 많지 않다.

(3) 당사자와 소송대리인

1) 이 소의 원고는 다음 ① 내지 ④ 중 어느 하나에 해당하는 단체이다(소비자기본법 제70조, 동 시행령 제63조).

① 소비자기본법 제29조에 따라 공정거래위원회에 등록한 소비자단체(단, 정관에 따라 상시적으로 소비자의 권익증진을 주된 목적으로 하는 단체일 것, 단체의 정회원 수가 1천명 이상일 것, 등록 후 3년이 경과하였을 것), ② 위 법률 제33조에 따라 설립된 한국소비자원, ③ 상공회의소법에 따른 대한상공회의소, 중소기업협동조합법에 따른 중소기업협동조합 중앙회, ④ 전국 단위의 경제단체로서 대통령령이 정하는 단체, ⑤ '비영리민간단체 지원법' 제2조에 따른 비영리민간단체.

2) 한국소비자원과 대한상공회의소, 중소기업협동조합중앙회 및 전국 단위의 경제단체로서 대통령령이 정하는 단체 등은 사단법인이지만(소비자기본법 제33조 제2항, 상공회의소법 제2조, 중소기업협동조합법 제4조 제1항), 비영리민간단체는 법인인 경우도 있고 아닌 경우도 있으며(비영리민간단체 지원법 제2조 제6호 참조), 기타 다른 단체는 법인격 없는 사단이라고 할 수 있다. 위 소를 제기할 수 있는 지위는 당사자적격(원고적격)에 관한 것이다. 따라서 그 적격이 인정되지 않는 경우, 소를 불허가하거나 소를 각하하여야 할 사유에 해당한다.

3) 이 소의 피고는 위 사업자로서 소비자의 생명·신체 또는 재산에 대한 권익을 직접적으로 침해한 자이다. 이는 피고적격의 문제가 아니라 청구적격에 관계되므로, 그러한 침해가 인정되지 않는 경우에는 소를 불허가하거나 청구를 기각할 사유에 해당한다.

4) 이 소의 원고는 반드시 변호사를 소송대리인으로 선임하여야 한다(소비자기본법 제72조). 이는 반드시 소송대리인을 선임하고 변호사로 하라는 의미로 해석하여야 한다. 이 소송이 법률상 매우 중요하고도 전문 법지식을 요하기 때문이다. 이는 소의 제기를 포함한 모든 소송행위를 변호사인 소송대리인으로 하여금 하게 하려는 것이므로 소의 제기 역시 그에 의하여야 한다. 이에 따라 이 소송 사건의 소장과 소송허가신청서에는 필요적으로 소송대리인을 기재하도록 하고 있다(소비자단체소송규칙 제4, 5조). 이를 그르친 경우 수소법원은 상당한 기간을 정해 그 보정을 명하고, 그 기간 내에 보정이 없으면 변론 없이 소를 각하할 수 있다(소비자기본법 제76조 제1항, 민사소송법 제219조 참조). 반면 피고에게는 이러한 제약이 없다.

5) 원고의 소송대리인 전원이 사망 또는 사임하거나 해임된 때에는 원고가 새로운 소송대리인을 선임할 때까지 소송절차가 중지되며, 이 경우 법원은 원고에게 1개월 이상의 기간을 정하여 변호사를 선임할 것을 명하여야 한다(소비자단체소송규칙 제12조 제1, 2항). 원고가 위 명령을 받고

도 정해진 기간 내에 변호사를 선임하지 아니한 때에는 법원은 결정으로 소를 각하하여야 하고, 이 결정에 대하여는 즉시항고를 할 수 있다(소비자단체소송규칙 제12조 제3, 4항).

(4) 관 할

1) 이 소는 피고의 주된 사무소 또는 영업소가 있는 곳, 주된 사무소나 영업소가 없는 경우에는 주된 업무담당자의 주소가 있는 곳의 지방법원 본원 합의부의 전속관할에 속한다(소비자기본법 제71조 제1항).

2) 피고가 외국사업자인 경우에는 대한민국에 있는 이들의 주된 사무소·영업소 또는 업무담당자의 주소에 따라 정한다(소비자기본법 제71조 제2항).

(5) 소의 제기와 소송허가신청

1) 소장에는 ① 원고 및 그 소송대리인, ② 피고, ③ 청구의 취지와 원인을 적어야 한다(소비자단체소송규칙 제4조). 이 소송은 비재산권을 목적으로 하는 소송으로 보되, 소송목적의 값을 1억 원으로 간주하여 그에 해당하는 인지액을 붙여야 한다(민사소송 등 인지규칙 제15조의2).

2) 이 소를 제기하는 원고는 소장과 함께(동시에) 소송허가신청서를 법원에 별도로 제출하여야 한다(소비자기본법 제73조 제1항, 규칙 제3조). 소송허가신청서를 제출하지 않은 경우 부적법한 소의 제기가 된다. 이 경우 법원은 그 보정을 명하여야 할 것이다.

3) 소송허가신청서에는 ① 원고 및 그 소송대리인과 피고, ② 허가신청의 취지와 원인 및 금지나 중지를 구하는 사업자의 소비자권익 침해행위의 범위, ③ 법 제74조 제1항 제3호의 규정(소를 제기하는 단체가 사업자에게 소비자권익 침해행위를 금지·중지할 것을 서면으로 요청한 후 14일이 경과하였을 것)에 따른 서면요청의 연월일을 기재하여야 한다(소비자기본법 제73조 제1항, 규칙 제5조). 소송허가신청서에는 별도로 인지를 붙일 필요가 없다.

4) 소송허가신청서에는 소를 제기하는 단체가 앞서의 요건을 갖추고 있음을 소명하는 자료와 그 단체가 법 제74조 제1항 제3호의 규정에 따라 요청한 서면 및 이에 대한 사업자의 의견서, 단체의 정관, 단체의 정회원 수가 1천 명 이상임을 소명할 수 있는 자료, 법 제29조에 따라 소비자단체로 등록한 사실 및 등록일자를 소명하는 서면 등을 첨부하여야 한다(소비자기본법 제73조 제2항, 소비자단체소송규칙 제6조 제1, 2, 3항).

소송허가신청서의 기재사항 및 그에 붙일 서류에 흠이 있는 때에는 재판장은 상당한 기간을 정하여 보정을 명하여야 하고, 원고가 이에 불구하고 흠을 보정하지 아니한 때에는 법원은 결정으로 단체소송을 불허가한다(소비자단체소송규칙 제8조).

5) 소송허가신청서가 적법한 경우, 법원은 그 부본을 소장 부본과 함께 피고에게 송달한다(소비자단체소송규칙 제9조). 법원은 소송허가 여부를 결정하기 위하여 원고의 대표자, 피용자, 회원 또

는 구성원, 피고 및 소비자 등을 심문할 수 있다(소비자단체소송규칙 제10조). 이 절차는 비송절차이고 그 재판은 결정으로 한다. 법원은 필요한 경우 임의적으로 변론을 열 수 있다(소비자기본법 제76조 제1항, 민사소송법 제134조 제1항 단서).

6) 소송허가결정서 또는 소송불허가결정서에는 당사자와 그 소송대리인, 주문과 이유를 기재하여야 하며, 소송불허가결정서의 이유에는 흠결이 있는 소송허가요건을 명시하여야 한다(소비자단체소송규칙 제11조 제1, 2항). 소송허가결정 및 소송불허가결정은 그 결정 등본을 원고와 피고에게 송달하여야 하고(소비자단체소송규칙 제11조 제3항), 허가결정과 불허가결정에 대해서는 즉시항고를 할 수 있다(소비자기본법 제74조 제2항). 소송불허가결정이 확정된 때에는 단체소송의 소가 제기되지 아니한 것으로 본다(소비자단체소송규칙 제11조 제3, 4항).

7) 소송허가결정이 있는 경우, 수소법원은 민사집행법 제4편의 규정에 따른 보전처분을 할 수 있다(소비자기본법 제76조 제2항). 그 내용은 본안판결 선고나 확정 전까지 피고로 하여금 소송목적인 행위의 금지나 중지를 명하는 것이 될 것이다.

(6) 소송의 심리

1) 소송허가결정이 확정되면 수소법원은 당해 사건(본안)을 심리한다. 소송의 심리에는 민사소송법이 적용되므로(소비자기본법 제76조 제1항) 기본적으로는 민사소송 일반의 경우와 같다.

2) 원고 적격이 있는 단체는 법원의 허가를 받아, 다른 단체와 사업자 사이에 계속 중인 소비자단체소송에 민사소송법 제83조에 따른 공동소송인으로 참가(공동소송참가)를 할 수 있다. 이때 공동소송참가신청서와 공동소송참가허가신청서는 법 제73조 제1항의 소장과 소송허가신청서로 본다(소비자단체소송규칙 제13조).

3) 원고는 청구의 기초가 바뀌지 아니하는 한도에서 청구의 취지 또는 원인을 바꿀 수 있고, 이 경우에는 법 제73조(소송허가신청) 및 제74조(소송허가요건)의 규정을 적용하지 아니한다(소비자단체소송규칙 제14조).

4) 수소법원은 그 법원에 청구의 기초와 피고인 사업자가 같은 여러 개의 소비자단체소송이 계속 중인 경우, 심리상황이나 그 밖의 사정을 고려하여 병합심리가 타당하지 아니한 경우를 제외하고는 이를 병합하여 심리하여야 한다(소비자단체소송규칙 제15조).

5) 수소법원은 심리를 마친 후 본안에 관하여 판결하여야 한다. 소송허가결정을 하였다고 하여 반드시 원고의 본안청구를 인용하여야 하는 것은 아니다. 원고의 청구를 인용하는 판결이 확정된 경우에도 그 기판력은 당해 당사자와 그 본안에 관하여만 발생한다. 반면에 원고의 청구를 기각하는 판결이 확정된 경우, 이와 동일한 사안에 관하여 소비자기본법 제70조의 규정에 따른 다른 단체는 단체소송을 제기할 수 없다. 다만, ① 판결이 확정된 후 그 사안과 관련하여 국가 또는 지방자치단체가 설립한 기관에 의하여 새로운 연구결과나 증거가 나타난 경우, ② 청구기각판결이 원고의 고의로 인한 것임이 밝혀진

경우에는 그러하지 아니하다(소비자기본법 제75조).

(7) 소비자 집단분쟁조정

1) 소비자와 사업자 사이에 발생한 분쟁을 조정하기 위하여 한국소비자원에 소비자분쟁조정위원회를 두고, 조정위원회는 소비자분쟁에 대한 조정결정 등을 심의·의결한다(소비자기본법 제60조 제1, 2항).

2) 국가·지방자치단체·한국소비자원·소비자단체·소비자 또는 사업자는 소비자의 피해가 다수의 소비자에게 같거나 비슷한 유형으로 발생하는 경우로서 대통령령이 정하는 사건에 대하여는 소비자분쟁조정위원회에 일괄적인 분쟁조정(집단분쟁조정)을 의뢰 또는 신청할 수 있다(소비자기본법 제68조 제1항, 동 시행령 제56조). 이 경우 조정은 손해배상에 대하여도 신청할 수 있다.[177]

3) 이에 따라 집단분쟁조정을 의뢰받거나 신청 받은 조정위원회는 위 요건을 갖추지 못한 사건, 기존의 집단분쟁조정결정이 있는 사건으로서 개시의결을 반복할 필요가 없다고 인정되는 사건, 신청인의 신청내용이 이유가 없다고 명백하게 인정되는 사건을 제외하고는 조정위원회의 의결로써, 의뢰나 신청이 있은 날부터 60일 이내에 집단분쟁조정의 절차를 개시하여야 하고, 14일 이상 그 절차의 개시를 한국소비자원 인터넷 홈페이지 및 전국을 보급지역으로 하는 일간신문에 공고하여야 한다(소비자기본법 제68조 제2항, 동 시행령 제58조). 다만, 조정위원회는 일정한 사유가 있는 경우에는 일정 기간 동안 조정절차개시를 보류할 수 있다(소비자기본법 제68조 제3항).

4) 조정위원회는 필요한 경우 분쟁조정절차를 분리하거나 병합할 수 있다(소비자기본법시행령 제57조 제2항). 집단분쟁조정의 당사자가 아닌 소비자나 사업자는 위 공고기간 이내에 서면으로 참가신청을 하여야 하고, 조정위원회는 그 참가신청을 받으면 위 신청기간이 끝난 후 10일 이내에 참가인정 여부를 서면으로 알려야 한다(소비자기본법 제68조 제4항, 동 시행령 제59조).

5) 집단분쟁조정에 이해관계가 있는 당사자들은 그 중 3명 이하를 대표당사자로 선임할 수 있고, 조정위원회는 필요하다고 인정하는 경우 당사자들에게 대표당사자를 선임할 것을 권고할 수 있으며, 대표당사자는 자기를 선임한 당사자들을 위하여 그 사건의 조정에 관한 모든 행위를 할 수 있다. 다만, 조정신청의 철회 및 조정안의 수락·거부는 자기를 선임한 당사자들의 서면에 의한 동의를 받아야 한다(소비자기본법 제68조의2 제1, 2, 3항). 당사자들은 필요한 경우 대표당사자를 해임하거나 변경할 수 있으며, 이 경우 당사자들은 그 사실을 지체

---

177) 집단분쟁조정의 의뢰 또는 신청은 시효중단의 효력이 있다. 다만, ① 당사자가 집단분쟁조정의 내용을 수락하거나 수락한 것으로 보는 경우, ② 당사자의 일방 또는 쌍방이 집단분쟁조정의 내용을 수락하지 아니한 경우 외의 경우로 집단분쟁조정절차가 종료된 경우에는 그 조정절차가 종료된 날부터 1개월 이내에 소를 제기하지 아니하면 시효중단의 효력이 없다. 중단된 시효는 일정한 사유에 해당하는 때부터 새로이 진행한다(소비자기본법 제68조의3).

없이 조정위원회에 통지하여야 한다(소비자기본법 제68조의2 제4, 5항).

6) 조정위원회는 사업자가 조정위원회의 조정 내용을 수락한 경우 사업자에게 집단분쟁조정의 당사자가 아닌 자로서 피해를 입은 소비자에 대한 보상계획서를 작성하여 조정위원회에 제출하도록 권고할 수 있고, 사업자는 그 권고를 받은 날부터 15일 이내에 권고의 수락 여부를 조정위원회에 알려야 한다(소비자기본법 제68조 제5항, 동 시행령 제60조).

7) 조정위원회 위원장은 분쟁조정을 마친 경우 지체 없이 당사자에게 그 내용을 통지하여야 하고, 그 통지를 받은 당사자는 통지를 받은 날부터 15일 이내에 분쟁조정의 내용에 대한 수락 여부를 조정위원회에 통보하여야 하며, 15일 이내에 의사표시가 없는 때에는 수락한 것으로 본다(소비자기본법 제67조 제1, 2항).

위 수락 여부의 의사표시는 서면으로 하여야 하고, 조정위원회는 분쟁조정의 내용을 수락하거나 수락한 것으로 보는 경우에는 조정조서를 작성하여 원본을 보관하고, 그 정본을 분쟁당사자에게 송달하여야 한다(소비자기본법시행령 제55조). 당사자가 조정 내용을 수락하거나 수락한 것으로 보는 때에는 재판상 화해와 동일한 효력을 갖는다(소비자기본법 제67조 제4항). 다만, 위 권고는 그렇지 않다.

라. 개인정보 단체소송

(1) 의 의

1) 이는 '개인정보 보호법'에 의하여 인정되는 단체소송으로서, 소비자 단체소송과 마찬가지로 침해행위의 금지나 중지를 청구하는 부작위청구형 단체소송이다(개인정보 보호법 제51조). 이 제도는 2011. 3. 29. '개인정보 보호법'이 제정되어 2011. 9. 30.부터 시행되면서 도입된 것이다.

2) 이 역시 실제 이용된 사례는 별로 많지 않다. 그 이유는 소비자 단체소송과 같다.

3) 이에 관하여 규율하는 법령은 '개인정보 보호법'과 '개인정보 단체소송규칙'(대법원규칙) 및 민사소송법과 민사집행법이다(개인정보 보호법 제57조).

(2) 소송대상

1) 국가와 지방자치단체, 개인정보 보호단체 및 기관, 정보주체, 개인정보처리자는 정보주체의 피해 또는 권리침해가 다수의 정보주체에게 같거나 비슷한 유형으로 발생하는 경우로서 대통령령으로 정하는 사건에 대하여는 분쟁조정위원회에 일괄적인 분쟁조정(집단분쟁조정)을 의뢰 또는 신청할 수 있다(개인정보 보호법 제49조 제1항). 이 집단분쟁조정의 절차는 앞서 본 소비자 집단분쟁조정의 그것과 같다(개인정보 보호법 제49조 제2 내지 8항).

2) 이 소는 '개인정보 보호법' 제2조 제5호 소정의 개인정보처리자(업무를 목적으로 개

인정보파일을 운용하기 위하여 스스로 또는 다른 사람을 통하여 개인정보를 처리하는 공공기관, 법인, 단체 및 개인 등)가 위 집단분쟁조정을 거부하거나 집단분쟁조정의 결과를 수락하지 아니한 경우에 제기할 수 있다(개인정보 보호법 제51조). 집단분쟁조정의 대상은 침해행위의 중지 외에 원상회복, 손해배상, 그 밖에 필요한 구제조치, 당해 사건과 같거나 비슷한 침해의 재발을 방지하기 위하여 필요한 조치를 포함하나(개인정보 보호법 제47조 제1항 참조), 소송의 대상은 권리침해행위의 금지나 중지 청구에 한정된다(개인정보 보호법 제51조).

3) 이와 관련한 기타 사항은 앞서 소비자 단체소송에서 본 바와 같다.

(3) 당사자와 소송대리인

1) 이 소의 원고는 다음 ① 내지 ② 중 어느 하나에 해당하는 단체이다(개인정보 보호법 제51조). ① 소비자기본법 제29조에 따라 공정거래위원회에 등록한 소비자단체, ② '비영리민간단체 지원법' 제2조에 따른 비영리민간단체. 이 역시 당사자적격(원고적격)에 관련되므로, 그 적격이 인정되지 않는 경우 소송을 불허가하거나 소를 각하하여야 할 사유에 해당한다.

2) 이 소의 피고는 위 개인정보처리자로서 구체적으로 개인정보에 대한 권익을 침해한 자이다. 이는 피고적격의 문제가 아니라 청구적격에 관계되므로, 그러한 침해가 인정되지 않는 경우에는 소송을 불허가하거나 청구를 기각할 사유에 해당한다.

3) 이 소의 원고도 반드시 변호사를 소송대리인으로 선임하여야 한다(개인정보 보호법 제53조). 이에 관한 기타 사항은 소비자 단체소송에서 본 바와 같다.

(4) 관 할

1) 이 소는 피고의 주된 사무소 또는 영업소가 있는 곳, 주된 사무소나 영업소가 없는 경우에는 주된 업무담당자의 주소가 있는 곳의 지방법원 본원 합의부의 전속관할에 속한다(개인정보 보호법 제52조 제1항).

2) 피고가 외국사업자인 경우에는 대한민국에 있는 이들의 주된 사무소·영업소 또는 업무담당자의 주소에 따라 정한다(개인정보 보호법 제52조 제2항).

(5) 소의 제기와 소송허가신청, 심리

1) 소장에는 ① 원고 및 그 소송대리인, ② 피고, ③ 청구의 취지와 원인을 적어야 한다(개인정보 단체소송규칙 제4조). 이 소송은 비재산권을 목적으로 하는 소송으로 보되, 소송목적의 값을 1억 원으로 간주하여 그에 해당하는 인지액을 붙여야 한다(민사소송 등 인지규칙 제15조의2).

2) 이 소를 제기하는 원고(단체)는 소장과 함께 소송허가신청서를 법원에 별도로(동시에) 제출하여야 한다(개인정보 보호법 제54조 제1항). 소송허가신청서를 제출하지 않은 경우 부적법한 소의 제기가 된다. 이 경우 법원은 그 보정을 명하여야 할 것이다.

3) 소송허가신청서에는 ① 원고와 그 소송대리인, ② 피고, ③ 허가신청의 취지와 원인, ④ 정보주체의 침해된 권리의 내용을 기재하여야 한다(개인정보 보호법 제54조 제1항, 단체소송규칙 제5조). 소송허가신청서에는 별도로 인지를 붙일 필요가 없다.

4) 소송허가신청서에는 소를 제기하는 단체가 앞서의 요건을 갖추고 있음을 소명하는 자료와 개인정보처리자가 조정을 거부하였거나 조정결과를 수락하지 아니하였음을 증명하는 서류 및 원고 단체의 정관, 정회원 수가 1천 명 이상임을 소명할 수 있는 자료를 붙여야 한다(개인정보 보호법 제54조 제2항, 단체소송규칙 제6조).

5) 소송허가신청서의 기재사항 및 소송허가신청서에 붙일 서류에 흠이 있는 때에는 재판장은 상당한 기간을 정하여 그 기간 이내에 흠을 보정하도록 명하여야 하고, 원고가 재판장의 명령에도 불구하고 흠을 보정하지 아니한 때에는 법원은 결정으로 단체소송을 불허가하여야 한다(개인정보 단체소송규칙 제7조).

6) 소송허가신청서가 적법한 경우, 법원은 그 부본을 소장 부본과 함께 피고에게 송달한다(개인정보 단체소송규칙 제8조). 법원은 소송허가 여부를 결정하기 위하여 원고의 대표자, 피용자, 회원 또는 구성원, 피고 및 정보주체 등을 심문할 수 있다(개인정보 단체소송규칙 제9조). 이 역시 비송절차이다.

7) 소송허가결정과 불허가결정, 공동소송참가, 병합심리, 청구의 변경, 원고의 청구를 인용하거나 기각하는 판결이 확정된 경우의 그 효력은 모두 소비자 단체소송의 그것과 같다.

마. 증권관련 집단소송

(1) 의 의

1) 증권관련집단소송은 증권의 매매 또는 그 밖의 거래과정에서 다수인에게 피해가 발생한 경우에 그 중의 1인 또는 수인이 대표당사자가 되어 수행하는 손해배상청구소송을 말한다(증권관련 집단소송법 제2조 제1호). 이 소송도 단체소송과 마찬가지로 법원의 소송허가를 받아야만 본안 판단을 받을 수 있다.

2) 이 소는 '증권관련 집단소송법'에 의하여 인정되는 것으로서 손해배상을 청구하는 집단소송이다. 이 제도는 2004. 1. 20. '증권관련 집단소송법'이 제정되어 2005. 1. 1.부터 시행되면서[178] 도입된 것이다.

3) 이 제도는 미국의 class action으로부터 유래한 것으로 이해되고 있다. 미국의 class action은, 증권거래나 환경오염 등으로 인한 소액 다수의 피해자들이 개별적으로 소를 제기하기 어려운 경우에, 이들을 대표하는 당사자로 하여금 법원의 소송허가를 얻

---

178) 다만, 자산규모에 따라 그 시행시기가 다른데, 피고의 자산규모가 2조 원 미만인 경우에는 2007. 1. 1.부터 시행되었다.

어 소송을 진행하게 하고, 배후의 피해자들(집단 구성원)은 개별적으로 그 소송의 효과가 미치는 대상에서 제외(opt out)하여 달라는 신청을 하지 않는 한 당해 소송결과에 구속되는 소송제도이다.

4) 우리의 경우 미국의 class action에 유사한 소송 제도, 즉 집단소송 제도는 '증권관련 집단소송법'에 의한 것이 유일하다. 이 소송은 단체소송에 비해 보다 사례가 많은 편이나, 2019년까지 총 30여 건의 소가 제기되었고, 그 중 일부만이 소송허가결정을 받았다. 그러나 여기서 더 나아가 본안판결까지 선고된 사건은 극히 일부이다.[179]

5) 이에 관하여 규율하는 법령은 '증권관련 집단소송법'과 증권관련집단소송규칙(대법원규칙) 및 민사소송법이다(증권관련 집단소송법 제6조).

(2) 소송대상

1) 이 소는 증권의 매매 또는 그 밖의 거래과정에서 다수인에게 피해가 발생한 경우의 손해배상청구를 내용으로 하는데, 증권이란 '자본시장과 금융투자업에 관한 법률'(이하 자본시장법으로 약칭한다) 제4조에 따른 증권을 말한다(증권관련 집단소송법 제2조 제6호).

2) 이 소송의 대상이 되는 손해배상청구는 ① 자본시장법 제125조에 따른 손해배상청구(증권신고서와 투자설명서 중 중요사항에 관한 허위의 기재 또는 기재 누락), ② 동법 제162조에 따른 손해배상청구(사업보고서 등의 중요사항에 관한 허위의 기재 또는 기재 누락), ③ 동법 제175조, 제177조 또는 제179조에 따른 손해배상청구(미공개중요정보 이용행위, 시세조종, 시장질서 교란행위), ④ 동법 제170조에 따른 손해배상청구(사업보고서 등에 첨부된 회계감사인의 감사보고서 불량)로 한정되고(증권관련 집단소송법 제3조 제1항), 위 손해배상청구는 그 손해가 동법 제9조 제15항 제3호에 따른 주권상장법인(증권시장에 상장된 주권을 발행한 법인, 주권과 관련된 증권예탁증권이 증권시장에 상장된 경우에는 그 주권을 발행한 법인)이 발행한 증권의 매매 또는 그 밖의 거래로 인한 것이어야 한다(증권관련 집단소송법 제3조 제2항).

(3) 당사자와 소송대리인

1) 이 소의 원고는 위와 같은 사유로 다수인에게 피해가 발생한 경우 그 피해자들 중 일부이다(증권관련 집단소송법 제2조 제1호 참조). 다만, 최종적으로는 이들 가운데 1인 또는 수인이 위 소의 제기 후 법원에 의해 대표당사자로 선임되어 다수의 피해자(총원, 구성원)를 위하여 소송을 수행하게 되며, 그때부터는 그들만이 총원을 위하여 당사자가 된다.[180]

---

179) 정선주, "집단소송법제에 대한 비판적 검토와 개선 방향", 민사법연구 제41권(2019), 1059면 이하; 최정식 "증권집단소송에서 부실표시의 중요성의 소송허가요건해당성에 관한 한국과 미국 법제의 비교연구", 증권법연구 제19권 제1호(2018), 278면 참조.

180) 원고는 소를 제기한 모든 자(소장을 제출한 자)이고, 대표당사자는 원고나 구성원 중 법원에 의해 선임되어 당사자로서 소송을 수행하는 자이며, 총원과 구성원은 원고가 아닌 자로서 그 소송 결과를

대표당사자란 위와 같이 손해의 보전에 관하여 공통의 이해관계를 가지는 피해자 전원을 뜻하는 '총원'을 위하여 법원의 허가를 받아 증권관련집단소송절차를 수행하는 1인 또는 수인의 구성원을 말하고(증권관련 집단소송법 제2조 제4호), 총원이란 증권의 매매 또는 그 밖의 거래과정에서 다수인에게 피해가 발생한 경우 그 손해의 보전에 관하여 공통의 이해관계를 가지는 피해자 전원을 말하며, 구성원이란 총원을 구성하는 각각의 피해자를 말한다(증권관련 집단소송법 제2조 제2, 3호).

2) 대표당사자가 선임되기 전에 위 소를 제기할 수 있는 자격은 당사자적격(원고적격)으로 보아야 할 것이다. 따라서 위 법률에서 정하는 증권이나 금융투자상품, 그 매매 또는 그 밖의 거래로 인한 피해자가 아닌 경우에는 그 적격을 인정할 수 없으므로 소송을 불허가하거나 소를 각하하여야 할 것이다.[181]

3) 이 소의 피고는 자본시장법이 정하는 손해배상의 원인이 되는 침해행위를 한 자가 될 것이다. 법인은 물론 개인도 포함하며, 이들을 공동피고로 삼을 수도 있다.

4) 이 소송에서는 원고는 물론 피고도 반드시 변호사를 소송대리인으로 선임하여야 한다(증권관련 집단소송법 제5조 제1항). 소송허가를 받기 전인 소의 제기 단계에서도 변호사를 소송대리인으로 선임하여 그가 소를 제기하여야 한다(증권관련 집단소송법 제8, 9조 참조). 원고가 변호사를 선임하지 않은 채 소를 제기한 경우, 수소법원은 상당한 기간을 정해 원고(소 제기자 또는 대표당사자)에게 그 보정을 명하고, 그 기간 내에 보정이 없으면 소송을 불허가하거나 변론 없이 소를 각하할 수 있다(증권관련 집단소송법 제6조 민사소송법 제219조 참조). 피고가 이를 결한 경우에는 그 보정 시까지 소송을 중단하여야 할 것이다.

5) 당해 소송의 대상이 된 증권을 소유하거나, 그 증권과 관련된 직접적인 금전적 이해관계가 있는 등의 사유로 그 소송절차에서 소송대리인의 업무를 수행하기에 부적절할 정도로 총원과 이해관계가 충돌되는 자는이 소송의 원고 측 소송대리인이 될 수 없다(증권관련 집단소송법 제5조 제2항).[182] 또, 최근 3년간 3건 이상의 증권관련집단소송에 대표당사자의 소송대리인으로 관여하였던 자는 특별한 사정이 없는 한 원고 측 소송대리인이 될 수 없다(증권관련 집단소송법 제11조 제2, 3항).

받는 자이다. 이런 점에서 원고와 대표당사자는 개념이 다르다(서울고등법원 2018나2045009 사건과 그 상고심인 대법원 2019다223747 사건에서도 원고와 대표당사자를 판결문에 따로 표시하고 있다). 대표당사자는 구성원 전원을 위하여 소송을 수행하고, 그 판결의 효력은 제외신고를 하지 아니한 구성원 모두에게 미치는바, 따라서 대표당사자는 구성원의 제외신고기간이 만료되기 전에는 병존형(구성원과), 제외신고기간이 만료된 후에는 갈음형(구성원에)의 법정 제3자소송담당자라고 할 수 있다. 대표당사자가 법원에 의해 선임되고, 소를 제기하지 않은 자도 대표당사자가 될 수 있는 점에서 선정당사자와는 다르다.

181) 그러나 법원은 다른 자를 대표당사자로 선임하고 소송을 허가할 수도 있다.

182) 이에 관한 다툼이 있는 경우 그 처리방법에 관하여 규정이 없으므로, 수소법원이 대리권 일반의 존부에 관한 심사로써 하여야 할 것이다.

6) 원고 측 소송대리인은 정당한 이유가 있는 경우 법원의 허가를 받아 사임할 수 있고, 대표당사자는 상당한 사유가 있는 경우 법원의 허가를 받아 소송대리인을 해임, 추가 선임 또는 교체할 수 있으며, 원고 측 소송대리인 전원이 사망 또는 사임하거나 해임된 경우 소송절차는 중단된다(증권관련 집단소송법 제26조 제1, 2, 3항). 이 경우 대표당사자는 법원의 허가를 받아 소송대리인을 선임하여 소송절차를 수계하여야 하며, 소송절차 중단 후 1년 이내에 수계신청이 없는 때에는 그 소는 취하된 것으로 본다(증권관련 집단소송법 제26조 제4, 5항). 다만, 이상의 규정은 소송허가 결정이 확정되어 본안소송이 진행되는 도중에만 적용되고, 그 확정 전에는 적용이 없다고 새겨야 할 것이다.

(4) 관 할

이 소는 피고의 보통재판적 소재지를 관할하는 지방법원 본원 합의부의 전속관할로 한다(증권관련 집단소송법 제4조).

(5) 소의 제기와 소송허가신청, 대표당사자의 선임

1) 소장에는 ① 소를 제기하는 자와 그 법정대리인 및 소송대리인, ② 피고, ③ 청구 취지와 원인, ④ 총원의 범위를 적어야 한다(증권관련 집단소송법 제8조).

2) 소장에 붙이는 인지액은 '민사소송 등 인지법' 제2조 제1항에 따라 산출한 금액(통상의 소송목적 값에 따른 인지액)의 2분의 1로 하되, 그 상한은 5,000만 원으로 한다(증권관련 집단소송법 제7조 제2항).

3) 이 소를 제기하는 원고는 소장과 함께(동시에) 소송허가신청서를 법원에 별도로 제출하여야 한다(증권관련 집단소송법 제7조 제1항). 소송허가신청서를 제출하지 않은 경우 부적법한 소의 제기가 된다. 이 경우 법원은 상당한 기간을 정해 그 보정을 명하여야 할 것이다.

4) 소송허가신청서에는 위 소장 기재 사항 외에 소를 제기하는 자와 원고 측 소송대리인의 경력, 허가신청의 취지와 원인, 원고 측 변호사 보수에 관한 약정을 기재하여야 한다(증권관련 집단소송법 제8조 제1항). 소송허가신청서에는 별도로 인지를 붙일 필요가 없다.

한편, 소송허가신청서에는 ① 소를 제기하는 자가 해당 소송을 수행하기 위하여 또는 소송대리인의 지시에 따라 해당 소송과 관련된 증권을 취득하지 아니하였다는 사실 및 최근 3년간 대표당사자로 관여한 증권관련집단소송의 내역을 진술한 문서와 ② 원고 측 소송대리인이 최근 3년간 소송대리인으로 관여한 증권관련집단소송의 내역 및 증권관련 집단소송의 대상이 된 증권을 소유하거나, 그 증권과 관련된 직접적인 금전적 이해관계가 있는 등의 사유로 그 소송절차에서 소송대리인의 업무를 수행하기에 부적절하다고 판단될 정도로 총원과 이해관계가 충돌되지 않는다는 사실을 진술한 문서를 첨부하여야 한다(증권관련 집단소송법 제9조 제2, 3항).

소송허가신청서의 기재사항 및 그 신청서에 붙일 서류에 흠이 있는 때에는 재판장은 상당한 기간을 정하여 흠을 보정하도록 명하여야 하고, 원고가 흠을 보정하지 아니한 때에는 법원은 결정으로 단체소송을 불허가하여야 한다(소비자단체소송규칙 제8조 유추).

5) 수소법원은 소장과 소송허가신청서를 접수한 날부터 10일 이내에 ① 소가 제기되었다는 사실, ② 총원의 범위, ③ 청구취지와 원인의 요지, ④ 대표당사자가 되기를 원하는 구성원은 공고가 있는 날부터 30일 이내에 법원에 그 신청서를 제출하여야 한다는 취지를 전국을 보급지역으로 하는 일간신문에 게재하는 방법으로 공고하여야 한다(증권관련 집단소송법 제10조 제1, 2항, 규칙 제6조 제1항).

이에 따라 대표당사자가 되기를 원하는 구성원은 경력과 신청취지를 적은 신청서에 일정한 문서를 첨부하여 법원에 제출하여야 하며, 법원은 공고를 한 날부터 50일 이내에 소를 제기한 자와 위 신청서를 제출한 구성원 중 요건을 갖춘 자로서 총원의 이익을 대표하기에 가장 적합한 자를 대표당사자로 선임하는 결정을 한다(증권관련 집단소송법 제10조 제4항). 이 결정에 대하여는 불복할 수 없고, 대표당사자로 선임된 자는 소를 제기한 자 중 대표당사자로 선임되지 아니한 자가 붙인 인지액을 그에게 지급하여야 한다(증권관련 집단소송법 제10조 제5, 6항).

대표당사자는 구성원 중 해당 집단소송으로 얻을 수 있는 경제적 이익이 가장 큰 자 등 총원의 이익을 공정하고 적절하게 대표할 수 있는 구성원이어야 하고, 최근 3년간 3건 이상의 증권관련집단소송에 대표당사자로 관여하였던 자는 특별한 사정이 없는 한 그 소송의 대표당사자가 될 수 없다(증권관련 집단소송법 제11조 제1, 3항). 구성원은 이 소송의 계속 중에도 법원의 허가를 받아 대표당사자가 될 수 있고, 이 허가결정에 대하여는 불복할 수 없다(증권관련 집단소송법 제21조).

6) 법원은 대표당사자가 총원의 이익을 공정하고 적절하게 대표하고 있지 못하거나 그 밖의 중대한 사유가 있을 때에는 직권이나 다른 대표당사자의 신청에 의하여 그 대표당사자의 소송수행을 결정으로 금지할 수 있고, 이 결정에 대하여는 즉시항고할 수 있다(증권관련 집단소송법 제22조).

대표당사자는 정당한 이유가 있는 경우 법원의 허가를 받아 사임할 수 있다(증권관련 집단소송법 제23조). 대표당사자의 전부가 사망 또는 사임하거나 법원에 의해 소송수행이 금지된 경우에는 소송절차는 중단되고, 대표당사자가 되려는 구성원은 법원의 허가를 받아 중단된 소송절차를 수계하여야 하며, 소송절차의 중단 후 1년 이내에 수계신청이 없는 때에는 소가 취하된 것으로 본다(증권관련 집단소송법 제24조). 법원은 소송의 계속 중 대표당사자 선임이 있거나 사임, 사망 등으로 대표당사자가 변경된 경우에는 적절한 방법으로 구성원에게 그 사실을 고지하여야 한다(증권관련 집단소송법 제25조).

(6) 소송허부결정

1) 소송허가신청서가 적법한 경우, 법원은 그 부본을 소장 부본과 함께 피고에게 송달하고, 그 허부 재판을 하여야 한다(소비자단체소송 규칙 제9조 참조). 대표당사자는 소송허가 신청의 이유를 소명하여야 한다(증권관련 집단소송법 제13조 제1항). 수소법원은 허가 여부를 결정하기 위하여 소를 제기한 자(대표당사자 포함)와 피고를 심문하고, 손해배상청구의 원인이 되는 행위를 감독·검사하는 감독기관으로부터 손해배상청구 원인행위에 대한 기초조사 자료를 제출받는 등 직권으로 필요한 조사를 할 수 있다(증권관련 집단소송법 제13조 제2, 3항).

2) 동일한 분쟁에 관하여 여러 개의 소송허가신청서가 동일한 법원에 제출된 경우 법원은 이를 병합심리하여야 하고, 동일한 분쟁에 관한 여러 개의 소송허가신청서가 각각 다른 법원에 제출된 경우, 관계 법원에 공통되는 바로 위의 상급법원은 관계 법원이나 소를 제기한 자, 대표당사자 또는 피고의 신청에 의하여 결정으로 이를 심리할 법원을 정하며, 이에 따라 여러 개의 집단소송을 심리할 법원으로 결정된 법원은 이를 병합심리하여야 한다(증권관련 집단소송법 제14조 제1, 2, 3항).

법원은 이와 같이 병합심리를 하는 경우에는 소를 제기한 자, 대표당사자가 되기를 원하는 신청서를 제출한 구성원 또는 대표당사자들의 의견을 들어 당해 소송을 수행할 대표당사자와 소송대리인을 정할 수 있으며, 심리할 법원을 정하는 결정과 대표당사자 및 소송대리인을 정하는 결정에 대하여는 불복할 수 없다(증권관련 집단소송법 제14조 제4, 5항). 이에 따라 소송을 수행할 대표당사자 및 소송대리인으로 지정된 자는 병합된 사건 전체의 대표당사자 및 소송대리인이 되고, 다른 대표당사자 및 소송대리인은 그 지위를 상실한다(증권관련 집단소송 규칙 제12조).

3) 소송허가 여부의 재판은 결정으로 하며(증권관련 집단소송법 제13조 제2항), 그 결정은 대표당사자 및 피고에게 등본을 송달하여야 한다(증권관련 집단소송 규칙 제14조). 허가결정서에는 ① 대표당사자와 그 법정대리인 및 원고 측 소송대리인, ② 피고, ③ 총원의 범위, ④ 주문, ⑤ 이유, ⑥ 청구취지와 원인의 요지, ⑦ 제외신고의 기간과 방법 등을 기재하여야 한다(증권관련 집단소송법 제15조 제2항). 이때 법원은 상당하다고 인정할 경우 총원의 범위를 조정하여 허가할 수 있으며, 허가결정과 총원의 범위를 조정하여 허가한 결정에 대하여는 즉시항고할 수 있다(증권관련 집단소송법 제15조 제3, 4항). 총원의 범위는 이후에도 변경할 수 있다.

4) 소송허가 결정이 확정되면 수소법원은 지체 없이 위 ① 내지 ⑦항 및 제외신고를 한 자는 개별적으로 소를 제기할 수 있다는 사실, 제외신고를 하지 아니한 구성원에 대하여는 당해 소송에 관한 판결 등의 효력이 미친다는 사실, 제외신고를 하지 아니한 구성원은 당해 소송 계속 중에 법원의 허가를 받아 대표당사자가 될 수 있다는 사실 등을 구성원에게 고지하고, 동시에 전국을 보급지역으로 하는 일간신문에 그 내용을 게재하여

야 한다(증권관련 집단소송법 제18조 제1, 3항). 위 고지는 우편법 제14조 제1항 제1호의 규정에 의한 통상우편을 발송함으로써 하되, 법원은 대표당사자, 피고 또는 증권예탁원 등에게 법원이 지정하는 방법에 따라 구성원의 성명 및 주소가 입력된 전자파일의 제출을 요구할 수 있으며, 합리적 노력에 의하여도 주소 등을 확인할 수 없는 구성원에 대하여는 전국을 보급지역으로 하는 일간신문 게재로써 고지를 한 것으로 본다(증권관련 집단소송법 제18조 제2항, 규칙 제15조).

법원은 소송허가결정을 할 때에는 그 결정이 확정된 날부터 상당한 기간을 정하여 고지·공고·감정 등에 필요한 비용의 예납을 명하여야 한다(증권관련 집단소송법 제18조 제16조, 동 규칙 제13조 제1항). 대표당사자가 위 예납명령을 이행하지 아니한 때에는 법원은 허가결정을 취소하고 불허가결정을 할 수 있으며, 그 불허가결정은 대표당사자와 피고에게 송달하여야 하고, 이 결정에 대해서는 즉시항고할 수 있다(증권관련 집단소송규칙 제13조 제2, 4항, 제14조). 소송불허가결정에 대하여는 대표당사자가 즉시항고할 수 있고, 불허가결정이 확정된 때에는 그 소가 제기되지 아니한 것으로 본다(증권관련 집단소송법 제17조).

5) 구성원은 위 제외신고 기간 내에 서면으로 법원에 제외신고를 할 수 있고, 위 제외신고 기간이 끝나기 전에 당해 소송의 목적으로 된 권리와 동일한 권리에 대하여 개별적으로 소를 제기한 자는 제외신고를 한 것으로 본다(다만, 제외신고 기간 내에 소를 취하한 경우에는 그러하지 아니하다). 피고는 위와 같이 개별적으로 제기된 소에 관하여 법원에 신고하여야 한다(증권관련 집단소송법 제28조 제1, 2, 3항). 법원은 위 신고된 사항을 대표당사자와 피고에게 통지하여야 한다(증권관련 집단소송법 제28조 제4항).

6) 이 소를 제기하면 당연히 시효중단의 효력이 있지만(증권관련 집단소송법 제6조, 민사소송법 제265조), ① 소송불허가결정이 확정된 경우, ② 법원의 결정으로 구성원에서 제외된 경우, ③ 제외신고를 한 경우에는 그 사유가 발생한 때부터 6개월 이내에 그 청구에 관하여 소가 제기되지 아니하면 시효중단의 효력이 소멸한다(증권관련 집단소송법 제29조).

7) 당사자는 소송허가결정 확정 전에도 구성원에게 효력을 미치기 위한 화해 등(소의 취하, 소송상의 화해 또는 청구의 포기)의 허가신청을 할 수 있고, 이 경우 법원은 소송허가결정의 고지와 동시에 구성원에게 이를 고지하여야 한다(증권관련 집단소송규칙 제25조 제1, 2항). 다만, 화해 등에 대한 허가여부 결정은 소송허가결정에서 정한 제외신고의 기간이 경과된 후에 하여야 한다(증권관련 집단소송규칙 제25조 제3항).

(7) 소송의 심리와 판결, 분배

1) 소송허가결정이 확정되면 수소법원은 당해 사건(본안)을 심리한다. 소송의 심리에는 민사소송법이 적용되므로 기본적으로는 민사소송 일반의 경우와 같다. 소송허가결정이 확정되었다고 하여 본안에서 원고의 청구가 반드시 인용되어야 하는 것은 아님은 물론이다.

2) 법원은 필요한 경우 직권으로 증거조사를 할 수 있고, 구성원과 대표당사자를 신문할 수 있으며(증권관련 집단소송법 제30, 31조), 미리 증거조사를 하지 아니하면 그 증거를 사용하기 곤란한 사정이 있지 아니한 경우에도 필요하다고 인정할 때에는 당사자의 신청에 의하여 증거조사를 할 수 있다(증권관련 집단소송법 제33조). 법원은 또 필요한 경우 소송과 관련 있는 문서를 가지고 있는 자에게 그 문서의 제출을 명하거나 송부를 촉탁할 수 있고, 위 문서제출 명령이나 문서송부 촉탁을 받은 자는 정당한 이유 없이 그 제출이나 송부를 거부할 수 없으며, 대표당사자와 피고는 법원에 위 문서제출 명령 등을 신청할 수 있다(증권관련 집단소송법 제32조).

3) 법원은 필요하다고 인정할 경우 소송 중에도 직권이나 신청에 의해 결정으로 총원의 범위를 변경할 수 있고, 이에 대하여는 즉시항고할 수 있다(증권관련 집단소송법 제27조 제1, 2항). 법원은 위 결정에 의하여 구성원에서 제외되는 자와 새로 구성원이 되는 자에게 결정 내용을 고지하여야 하고, 이 경우 새로 구성원이 되는 자에게는 소송허가 결정이 확정된 경우에 준하여 그 내용을 함께 고지하여야 한다(증권관련 집단소송법 제27조 제3, 4항).

4) 소의 취하, 소송상의 화해 또는 청구의 포기는 법원의 허가를 받지 아니하면 그 효력이 없다. 법원은 허가에 관한 결정을 하려는 때에는 미리 구성원에게 이를 고지하여 그들에게 의견을 진술할 기회를 주어야 한다(증권관련 집단소송법 제35조 제1, 2항).

소의 취하, 소송상의 화해 또는 청구의 포기에 대한 허가를 받고자 하는 당사자는 법원에 허가신청서를 제출하여야 하고, 신청서에는 대표당사자, 대표당사자의 소송대리인, 피고 및 화해 등에 관여한 제3자 사이의 화해 등에 관련된 일체의 합의내용을 기재한 서면을 첨부하여야 한다(증권관련 집단소송규칙 제22조). 법원은 화해 등의 허가 여부를 결정하기 위하여 당사자를 심문하여야 하고, 구성원은 서면으로 의견을 제출하거나 심문기일에 출석하여 의견을 진술할 수 있다(증권관련 집단소송규칙 제24조). 수소법원이 화해권고결정, 조정의 성립, 조정에 갈음하는 결정을 하는 경우에도 미리 구성원에게 이를 고지하여 의견을 진술할 기회를 주어야 한다(증권관련 집단소송규칙 제23조 제2항).

5) 이 소송에는 민사소송법 제268조의 쌍방 불출석에 따른 소 취하나 상소 취하 의제의 제제 규정이 적용되지 않는다(증권관련 집단소송법 제35조 제4항).

6) 손해배상액의 산정에 관하여 자본시장법이나 그 밖의 다른 법률에 규정이 있는 경우에는 그에 따르되, 법원은 이에 의하거나 증거조사를 통하여도 정확한 손해액을 산정하기 곤란한 경우에는 여러 사정을 고려하여 표본적·평균적·통계적 방법 또는 그 밖의 합리적인 방법으로 손해액을 정할 수 있다(증권관련 집단소송법 제34조).

7) 판결서에는 일반적 사항 외에 ① 원고 측 소송대리인과 피고 측 소송대리인, ② 총원의 범위, ③ 제외신고를 한 구성원을 기재하여야 한다(증권관련 집단소송법 제36조 제1항). 금전 지급의 판결을 선고할 때에는 법원은 여러 사정을 고려하여 지급의 유예, 분할지급 또는 그 밖의 적

절한 방법에 의한 지급을 허락할 수 있다(증권관련 집단소송법 제36조 제2항). 총원의 범위는 '주식회사 씨모텍이 2018. 1. 28. 별지 기재 유상증자를 통하여 발행한 기명식 보통주식을 발행시장에서 취득하여 주권매매거래 정지일인 2019. 3. 24.까지 계속하여 보유한 자'와 같이 포괄적으로 기재하고, 제외신고를 한 구성원은 그 성명과 주소를 기재한 명단을 첨부하는 방법으로 기재한다.

법원은 판결의 주문과 이유의 요지를 구성원에게도 고지하여야 하며(증권관련 집단소송법 제36조 제3항), 상소의 취하 또는 포기에 관하여는 법원의 허가를 받아야만 효력이 있고, 대표당사자가 정하여진 기간 이내에 상소하지 아니한 경우에는 상소제기기간이 끝난 때부터 30일 이내에 구성원이 법원의 허가를 받아 상소를 목적으로 하는 대표당사자가 될 수 있으며, 이 경우 대표당사자가 된 자는 법원의 허가를 받은 날부터 2주 이내에 상소를 제기하여야 한다(증권관련 집단소송법 제38조). 확정판결은 제외신고를 하지 아니한 구성원에 대하여도 그 효력이 있다(증권관련 집단소송법 제37조).

8) 대표당사자는 집행권원을 취득하였을 경우 지체 없이 그 권리를 실행하여야 하고, 권리실행이 끝나면 그 결과를 법원에 보고하여야 한다(증권관련 집단소송법 제40조). 대표당사자가 권리실행으로 금전을 취득한 경우에는 법원보관금취급규칙이 정하는 바에 따라 보관하여야 하고, 금전 외의 물건을 취득한 경우에는 그 보관방법에 관하여 법원의 허가를 받아야 한다(증권관련 집단소송규칙 제29조). 구성원에 대한 손해배상금의 분배는 법원의 처분, 감독 등에 의하며, 이는 제1심 수소법원의 전속관할에 속한다(증권관련 집단소송법 제39조 이하). 이를 위하여 법원은 직권으로 또는 대표당사자의 신청에 의하여 분배관리인을 선임하여야 하고, 분배관리인은 법원의 감독하에 권리실행으로 취득한 금전 등의 분배업무를 수행한다(증권관련 집단소송법 제41조).

❑ 쉬어갑시다

[개판 오 분 전]

— 개판 오 분 전에는 개만 득실댈까?

개판 오 분 전이란 말은 언뜻 무질서 극치의 난장판 상태를 떠올린다. 아마 그 난장판에는 동네 개들도 죄다 모여들어 사람보다 개가 더 많을 것이다. 그러니 개판 오 분 전은 곧 개들만이 득시글대고 개가 주인이 되는 상태?

그런데 과연 개는 무질서한 동물인가? 그리하여 개가 많이 모여들면 그 판은 난장판이 되는가? 그렇다면 왜 하필 오 분 전인가. 오 분 전이면 아직 개가 다 모여든 것도 아닐 터인데…. 난장(亂場)은 원래 조선시대에 정부에서 허가 받은 시장인 육의전(六矣廛)에 대비되는 허가 받지 않은 시장을 말하는 것으로서, 아무래도 시끌벅적하고 질서가 없는 상태로 뜻이 전화되어 무질서한 상태를 가리키는 의미가 되었다. 장 끄트머리의 무질서한 상태를 가리키는 막장도 그 의미가 거의 같다고 할 수 있다.

개판 오 분 전이란 말은 이와 같이 질서가 없는 난장판 상태를 뜻하는 것임은 틀림없다. 그러나 그 어원을 알고 보면 거기에 애당초 개는 없다. 예전 조선시대 백성들의 삶은 몹시 궁핍하고 신산했다. 농토와 곡식이 모자라 항시 굶주렸고 가뭄과 홍수, 역병 등 재난도 빈번했다. 그런 때면 서울과 지방 관아에서는 동헌 마당이나 관아 근처 넓은 곳에 진휼소(賑恤所)를 차려 큰 솥을 걸고 죽을 쒀서 배고픈 기민(飢民)들에게 나눠주었다. 백성들이 없어지면 농사짓고 군역(軍役) 등 궂은일을 맡아 할 사람이 없으니 그들에게 죽을 먹이는 것은 임금이나 양반들에게도 남는 장사였을 것이다. 하지만 관청이라고 진휼에 쓸 곡식이 풍족할 리는 없는 것이고 보면 하루에 배급할 수 있는 양은 제한이 있을 수밖에 없다. 그러니 남보다 먼저 가서 줄을 서야 그나마 운 좋게 머얼건 수수죽이나마 한 사발 얻어먹을 수 있었다.

그러나 며칠을 굶주리고 병에 찌든 기민들이 따가운 봄볕이나 여름 땡볕을 견딜 재간이 없으므로 죽을 나눠줄 때까지는 여기저기 나무 그늘에 기대어 있을 수밖에 없다. 그러다가 죽이 다 되어 배식(配食)을 맡은 아전이 "개판이오!!"하고 외칠 때쯤 되면 무거운 몸을 털고 일어나 다투어 솥 단지 앞에 길게 줄을 서는 것인데, 온몸의 감각을 총동원하여 직감으로 그때를 알아맞혀야 고생도 덜하고 죽도 얻어먹을 수 있었다. 잘못하면 뙤약볕에 미리 나와서 기다리다 죽을 고생을 하거나 죽을 얻어먹지 못하는 낭패를 당하게 된다.

그래서 나무 그늘에서 기다리다 때가 무르익어 그때를 예측하고 여기저기서 하나둘씩 솥 단지 앞으로 다가서면, 모두들 우르르 달려들어 내가 먼저니 니가 나중이니 다투며 멱살잡이와 새치기가 벌어져 줄을 서는 일은 그야말로 난장판이 되고 마는데 그때가 바로 죽 솥의 뚜껑을 열기 바로 직전이다. 그러니 죽 솥의 뚜껑이 열리기 직전인 오 분 전 상태는 난장판이 될 수밖에 없다.

이때 아전이 외치는 "개판이오!!"는 죽 솥의 뚜껑을 연다는 뜻이다. 예전에는 쇠가 귀하기도 하려니와 무거워서 큰 솥단지의 뚜껑을 나무로 만들어 쓰는 일이 다반사였다. 그래서 솥뚜껑을 여는 것을 열 개(開)자에 널빤지 판(板)자를 써서 한자어로 개판(開板)이라고 하였던 것이다.

개판 오 분 전이란 말에는 우리 선조들의 슬프고 아픈 삶이 스며있다. 나는 이 말을 들을 때마다 시끌벅적한 난장판보다는 헐벗고 굶주린 백성들의 모습이 떠올라 한없이 씁쓸해진다.

Ⅲ. 소송상 대리인 등

1. 소송상 대리인

가. 소송상 대리인의 개념과 필요성

1) 변론, 즉 소송행위를 하여야 하는 당사자나 보조참가인이 스스로 소송행위를 할 수 없거나 곤란한 경우 타인으로 하여금 이를 대신하도록 할 필요가 있는데, 타인인 당사자나 보조참가인을 대신·대리하여 변론과 소송행위를 하는 사람을 소송상의 대리인이라 하고, 그의 대리에 의한 소송행위를 소송대리라고 한다.[183]

2) 소송상의 대리인과 소송대리는 소송절차에서 인정되는 소송행위의 대리인 점에서 실체법상 법률행위의 대리 또는 대리인과 구별된다. 그런데 소송행위는 실체법상의 법률행위보다 넓은 개념이므로 소송대리 역시 법률행위의 대리보다 그 범위가 더 넓다.

3) 소송상의 대리는 실체법상의 대리제도와는 구별되는 여러 특성을 가질 수밖에 없다. 우선, 앞서 본 바와 같이 소송행위에는 관할합의, 소의 제기, 청구의 변경, 청구의 포기·인낙, 소의 취하, 상소 등 소송법상의 단독적 또는 합의적 법률행위 외에 사실이나 법률에 관한 주장, 증거방법의 제출, 소장이나 준비서면의 부본 또는 판결 정본을 송달받는 행위, 증인이나 당사자의 신문 등 의사표시를 요소로 하지 않는 비법률행위적 활동도 소송행위에 포함되므로, 소송상 대리에서는 비법률행위적 소송행위도 소송대리의 대상이 된다.

4) 소송상 대리인은 넓은 의미의 민사소송절차 전반에 허용되므로, 본안소송은 물론 가압류·가처분 등의 보전절차, 강제집행절차, 독촉절차, 제소전화해, 본안소송절차에 부수하는 화해·조정절차 등에서도 모두 허용됨은 물론이다.

나. 소송상 대리인의 종류

1) 소송상의 대리인에는 ① 법률의 규정에 의해 대리권이 부여되는 법정대리인과 ② 당사자나 보조참가인 본인의 의사에 의해 대리권이 부여되는 임의대리인이 있다. 또한, ③ 그 대리권의 범위가 특정한 소송은 물론 모든 소송 전부에 미치는 포괄적 대리인과 특정한 소송에만 미치는 제한적 대리인, ④ 소송상의 대리권은 물론 실체법상의 대리권도 갖는 대리인과 소송상의 대리권만을 갖는 대리인이 있다.[184]

---

183) 법원과 상대방의 소송행위를 받는 것도 소송대리에 포함된다. 이하에서 소송대리는 특별한 언급이 없는 한 이를 포함한 개념이다. 이에 대해서 상대방의 의사표시를 수령하는 것은 법률행위가 아닌 사건에 불과하여 대리의 대상이 될 수 없다는 견해도 있으나, 소송대리는 비법률행위도 포함하므로 결론에 영향이 없다.

2) 뒤에서 보는 바와 같이 임의적 소송대리인의 권한은 반소의 제기나 소의 취하 등 법률에 정해진 사항 외에는 제한할 수 없는바(민사소송법 제91조), 이는 상대방 당사자의 법익을 보호하는 한편 소송절차의 안정과 신속을 기하기 위한 것이다. 보통 우리가 소송대리인이라고 하면, 임의대리인으로서 실체법상의 대리권은 없이 소송행위에 관한 포괄적 대리권을 가진 소송상의 대리인을 말하는바, 이 가운데 가장 중요한 것이 변호사인 소송대리인이다. 이에 반해 법정대리인은 실체법상의 대리권과 소송대리권을 모두 가지는 것이 기본이나, 특별히 민사소송법 제62조에 의한 특별대리인과 같이 소송대리권만을 갖는 경우도 있다.

3) 법인이나 법인격 없는 사단, 재단의 대표자는 그 자신이 소송당사자가 되는 것이 아니라 법인이나 사단, 재단이 소송당사자가 되고 그 대표자는 단순히 당해 법인 등의 기관으로서 행위를 하는 것이므로 그를 가리켜 소송상의 대리인이라고 할 수는 없다. 그러나 대표와 대리는 그 실질이 동일하고 유사한 면이 많으므로 대표자의 행위에 관하여, 민법은 대리를(민법 제59조 제2항),[185] 민사소송법은 법정대리인에 관한 규정(민사소송법 제64조)을 준용한다. 한편, 이들 대표자는 자신이 직접 소송행위를 하는 대신 변호사 등 임의대리인을 선임하여 그로 하여금 소송행위를 하도록 할 수 있음은 물론이다(민법 제122조, 민사소송법 제90조 제1항 제4호 참조).

다. 소송대리와 표현대리

1) 사실상 소송대리를 한 자나 소송대리인에게 민법 제125조, 제126조, 제129조 소정의 사유가 있는 경우에 이들의 소송대리에 관하여도 민법상 표현대리의 법리를 적용할 수 있는지가 문제된다.

2) 다수설과 판례는 소송행위에 대하여 민법총칙 규정의 적용을 부정하는 것과 동일하게 소송대리에 관하여도 표현대리를 부정한다(대법원 1994. 2. 22. 선고 93다42047 판결, 2002. 6. 28. 선고 2002다18114 판결 등 참조). 다만, 뒤에서 보는 바와 같이 소송절차 진행 중 대리권이 소멸한 경우에 이를 상대방에게 통지하지 아니하면 소멸의 효력을 주장하지 못하는바, 이는 민법 제129조의 표현대리에 유사한 것이라고 할 수 있다.

3) 반대의 견해가 있지만, 위 법리는 법인이나 법인격 없는 사단, 재단의 대표자의 소송행위에도 타당하다고 할 것이다.

---

184) 미성년자의 친권자나 피성년후견인과 같이 대리권의 범위가 특정한 소송은 물론 모든 소송 전부에 미치는 포괄적 대리인은 통상 소송상의 대리권은 물론 실체법상의 대리권도 포괄적으로 갖는 경우가 대부분인바, 이는 그가 본인의 법익 전반을 보호·후견하는 지위에 있기 때문이다.

185) 이는 상사회사에 대해서도 적용된다(상법 제1조 참조).

2. 법정대리인

가. 실체법에 의한 법정대리인

(1) 제한능력자를 위한 법정대리인

1) 민법 등 실체법은 미성년자 등 제한능력자의 후견·보호를 위하여 법정대리인으로 친권자 또는 후견인을 두고 있는데, 이들은 그 제한능력자가 소송당사자나 보조참가인으로서 소송에 관여하는 경우 그들을 포괄적으로 대리하여 소송행위를 할 권한이 있다(민사소송법 제51, 55조 참조).

2) 친권자와 그 자 사이 또는 친권자의 친권에 따르는 수인의 자 사이의 이해상반행위에 관한 특별대리인(민법 제921조), 미성년자나 성년자의 각 후견인과 피후견인 등 사이에 이해가 상반되는 행위에 관한 특별대리인(민법 제949조의3, 제921조)도 제한능력자를 위한 법정대리인이다.

3) 제한능력자의 종류와 법정대리인, 이들의 행위능력 및 소송능력은 앞서 ＜소송능력＞에서 설명한 바와 같다.

(2) 기타의 법정대리인

1) 법인의 이사가 없거나 결원이 있어 이로 인하여 손해가 생길 염려 있는 경우에 법원이 이해관계인이나 검사의 청구에 의하여 선임하는 임시이사(민법 제63조, 상법 제386조 제2항), 법인과 이사의 이익이 상반하는 사항에 관한 특별대리인(민법 제64조), 법원이 선임한 부재자재산관리인(민법 제22조 내지 제26조)도 법정대리인에 속한다.

2) 유언집행자(민법 제1103조)도 그 실질상으로 본다면 상속인의 법정대리인에 해당한다고 할 수 있다(대법원 1976. 12. 21. 자 75마551 결정, 1976. 12. 28. 선고 76다797 판결 등).[186] 유언집행자는 상속재산의 배타적 관리처분권자로서 상속인을 대리하여 소송외에서 필요한 모든 법률행위를 할 수 있음은 물론 재판상 행위도 할 수 있는바, 이에 따라 유언집행자는 상속재산에 대한 관리처분권을 가진 자로서 자신의 이름으로 소송의 당사자가 될 수 있는 이른바 제3자소송담당으로 보는 것이 통설, 판례(대법원 1999. 11. 26. 선고 97다57733 판결, 2001. 3. 27. 선고 2000다26920 판결 등)이다.

3) 상속재산관리인(민법 제1040, 1053조)[187] 역시 이와 같다. 즉 재산상속인의 존재가 분명하지 아니한 상속재산에 관한 소송에 있어서 정당한 당사자는 법원에서 선임된 상속재산관리인

---

186) 유언집행자에 대해서는 특정인의 대리인이 아니라, 기본적으로는 유언의 내용을 실현할 임무를 가지고 그 임무에 따라서 유언 집행을 하는 자, 즉 법률규정에 의하여 유언의 실현에 필요한 권한이 주어져 있어서 독립적으로 그러한 사적 직무를 담당하는 자라는 직무설이 유력하게 주장되고 있다.

187) 대법원은 재산상속인이 있는 경우에는 상속재산관리인을 추상적인 재산상속인의 법정대리인으로 본다(대법원 1967. 3. 28.자 67마155 결정, 1976. 12. 28. 선고 76다797 판결).

이다(대법원 1976. 12. 28. 선고 76다797 판결, 2007. 6. 28. 선고 2005다55879 판결 등). 따라서 유언집행자와 상속재산관리인은 소송에서 대리인이 아니라 당사자로서 활동하나 그 실질은 법정대리인이라고 할 수 있다.

나. 법인 등의 대표자

위와 같이 법인이나 법인격 없는 사단, 재단의 대표자는 법인 등의 기관으로서 법인 등을 대표하여 포괄적으로 법률행위와 소송행위를 할 권한이 있는바, 이는 당해 법인 등을 위한 법정대리인과 같은 지위를 갖게 된다.

(1) 사법인 등의 대표자

1) 법인이나 법인격 없는 사단, 재단의 대표자가 본인인 당해 법인이나 사단, 재단을 대표하여 소송행위를 하는 데에는 법정대리인에 관한 규정이 준용된다(민사소송법 제64조). 상사회사에서 대표이사의 권한 행사가 제한되고 감사가 그 권한을 행사하는 경우의 감사(상법 제394조 제1항, 제403조 제1항), 회사가 해산한 경우의 대표청산인, 법원에 의해 선임된 임시이사(민법 제63조)와 직무대행자(민법 제52조의2, 상법 제183조의2, 제269조, 제287조의5 제5항, 제407조), 특별대리인(민법 제64조, 상법 제394조 제2항, 제415조의2) 역시 동일하게 해석하여야 한다.

2) 상인의 지배인은 영업주에 갈음하여 그 영업에 관한 재판상 또는 재판외의 모든 행위를 할 수 있는바(상법 제11조), 그 지위는 상인의 대리인이다.[188] 다만, 지배인의 선임 여부는 물론 누구를 지배인으로 선임할 것인지가 상인의 자유의사에 맡겨져 있는 점을 고려하여, 이를 법정대리인으로 보지 않고 임의대리인의 일종인 법률상의 대리인으로 분류하는 것이 통설이지만 그 실질은 법정대리인이나 다름없다.

(2) 공법인의 대표자

1) 국가는 특수한 법인이다.[189] 국가가 민사소송의 당사자가 되는 경우에는 법무부 장관이 국가를 대표한다(국가를 당사자로 하는 소송에 관한 법률 제2조).

2) 지방자치단체의 경우, 그 장인 서울특별시장, 광역시장, 세종특별자치시장, 도지사 및 제주특별자치도지사, 시장, 군수, 구청장이 이를 대표한다(지방자치법 제101조). 다만, 그 업무 중

---

188) 상인이 법인인 경우에도 지배인은 법인의 대표자가 아니고 대리인이다. 그런데 법인이나 이에 준하는 자는 대표자를 통해서만 행위를 할 수 있으므로 지배인은 대표자의 대리인이라고 보아야 할 것이지만, 주식회사의 경우 지배인의 선임·해임은 이사회의 결의로 하며, 지배인의 권한은 특정 영업이나 영업소의 영업활동에 한정되기는 하지만 대표자와 같이 포괄적이고, 지배인의 대리권에 대한 제한은 선의의 제3자에게 대항하지 못하는 점 등을 고려하면, 지배인은 사실상 법인의 대리인으로서 실질상으로는 그 영업의 범위에서 대표권을 갖는 대표자에 해당한다고 볼 것이다. 이런 이유로 상법 제11조는 "지배인은 영업주에 갈음하여 그 영업에 관한 재판상 또는 재판외의 모든 행위를 할 수 있다"고 규정한다.

189) 국가에 대해서는 지방자치법 제3조 제1항과 같이 법인으로 한다는 규정이 없으나, 우리 법제는 이를 당연한 전제로 하여 규율하고 있다('국가를 당사자로 하는 소송에 관한 법률', '국가를 당사자로 하는 계약에 관한 법률', 국가배상법, 민사소송법 제6조 등 참조).

교육과 과학, 기술, 체육, 학예에 관한 사항은 교육감이 이를 대표하므로(지방교육자치에 관한 법률 제18조 제2항), 그에 관한 소송사건에서는 교육감이 당해 지방자치단체를 대표한다.[190]

3) 지방자치법 제3조 제3항의 자치구 아닌 구나 읍, 면, 동은 지방자치단체인 시, 군, 구의 산하기관으로서 법인격이 없으며 지방자치단체도 아니다. 따라서 그 업무에 관한 소송의 당사자는 그 소속 지방자치단체가 되고, 당해 시장, 군수, 구청장이 이를 대표한다.

(3) 소송에서 대표자의 특정

1) 소장에는 당사자와 법정대리인을 적어야 하는바(민사소송법 제249조 제1항), 법인이나 법인격 없는 사단·재단의 대표자는 법정대리인에 준하므로 법인이나 법인격 없는 사단, 재단이 당사자인 때에는 소장에 그 대표자의 성명을 기재하여야 한다. 이를 누락한 경우에는 소장이 법령에 위반한 것이 되므로 소장보정명령의 대상이 된다.

2) 법인이나 법인격 없는 사단, 재단이 소송당사자인 경우에 정당한 대표자가 아니어서 대표권이 없는 자가 소를 제기한 때에는 그 소의 제기는 무효이다. 따라서 정당한 권한 있는 자가 보정·추인하지 않으면 소가 부적법하게 된다.

법인이나 법인격 없는 사단, 재단이 수동적 소송당사자(피고)인 경우에 정당한 대표자가 아닌 자를 소장에 기재하여 소를 제기한 때에는, 그 대표자는 소장 부본을 수령하거나 당해 법인 등을 대표하여 소송행위를 할 권한이 없으므로 그 소는 당사자능력이 없는 자에 대하여 소를 제기한 것과 같이 취급되어 부적법하고, 따라서 이를 보정하지 않으면 소장각하명령이나 소 각하판결의 대상이 된다(대법원 2005. 5. 27. 선고 2004다62887 판결 참조).

3) 소송 도중에 법인이나 법인격 없는 사단, 재단의 대표자가 바뀐 경우, 이는 당사자 표시정정 사유에 해당한다. 이와 관련하여 종전 대표자의 대표권 소멸을 상대방에게 통지하지 않은 때는 민사소송법 제63조 제1항의 법정대리권의 소멸통지에 관한 규정이 준용된다(민사소송법 제64조).

190) '지방교육자치에 관한 법률'은 시·도의 교육·학예에 관한 사무를 분장하기 위하여 1개 또는 2개 이상의 시·군 및 자치구를 관할구역으로 하는 하급교육행정기관으로서 교육지원청을 두고, 그 장인 교육장은 시·도의 교육·학예에 관한 사무 중 일부를 위임받아 분장하도록 규정하고 있는바(위 법률 제34, 35조), 이를 근거로 교육장의 분장사무에 관하여는 교육장이 당해 지방자치단체를 대표한다는 견해가 있으나, 행정소송의 당사자가 되는 것은 몰라도 민사소송에서 지방자치단체를 대표한다는 것은 동의하기 어렵다(아마 이는 폐지된 과거의 교육법 제15조가 "① 교육의 전문성과 지방교육의 특수성을 살리기 위하여 교육·과학·기술·체육 기타 학예 행정사무(이하 "교육·학술에 관한 사무"라 한다)의 집행기관으로서 서울특별시·부산시·도에 교육위원회를, 시·군에 교육장을 둔다. 다만, 대통령령으로 정하는 바에 의하여 2이상의 시·군에 하나의 교육장을 둘 수 있다. ② 교육위원회와 교육장은 교육·학술에 관하여 당해 지방자치단체를 대표한다"고 규정하였던 것에 근거한 것이 아닌가 싶다).

다. 소송법에 의한 법정대리인

(1) 제한능력자의 소송을 위한 특별대리인

1) 미성년자, 피성년후견인 또는 피한정후견인이 소송당사자인 경우에, ① 이들을 위한 법정대리인이 없거나 그 법정대리인에게 소송대리권이 없는 때, ② 법정대리인이 사실상 또는 법률상 장애로 대리권을 행사할 수 없는 때, ③ 법정대리인이 불성실하거나 미숙한 대리권 행사로 소송절차의 진행이 현저하게 방해받는 때는, 미성년자 등의 친족이나 이해관계인, 대리권 없는 성년후견인, 대리권 없는 한정후견인, 지방자치단체의 장 또는 검사는 이로 인해 소송절차가 지연됨으로써 손해를 볼 염려가 있다는 것을 소명하여 당해 소송이 계속 중이거나 소를 제기할 수소법원에 특별대리인을 선임하여 주도록 신청할 수 있다(민사소송법 제62조 제1항).[191] 피한정후견인은 앞서 본 바와 같이 원칙적으로 행위능력과 소송능력이 있으나, 아무래도 그 능력이 미약한 점을 고려하여 민사소송법은 이와 같이 피한정후견인에 대해서도 특별대리인에 의한 소송대리를 허용한다.

2) 미성년자 등 제한능력자를 상대로 소송행위를 하려는 사람도 위와 같은 신청을 할 수 있다(민사소송법 제62조 제1항). 또한, 의사능력이 없는 사람을 상대로 소송행위를 하려고 하거나 의사능력이 없는 사람이 소송행위를 하는 데 필요한 경우에도 위 규정이 준용되며,[192] 특정후견인 또는 임의후견인도 특별대리인의 선임을 신청할 수 있다(민사소송법 제62조의2 제1항). 이는 법인의 대표자 또는 법인격 없는 사단 등의 대표자, 관리인에 관하여도 준용된다(민사소송법 제62조의2, 제64조).

3) 위와 같은 특별대리인 선임 사유는 소를 제기하는 때는 물론 소송진행 도중에 발생한 것이라도 상관없으며, 위 규정은 보전절차나 독촉절차, 강제집행절차에도 준용 또는 유추적용하여야 한다.

4) 제한능력자의 법정대리인이 사실상 장애로 대리권을 행사할 수 없는 경우는 질병이나 장기 외국여행 등을 생각할 수 있고, 법정대리인이 법률상 장애로 대리권을 행사할 수 없는 경우는 미성년자의 친권자인 법정대리인과 미성년자 사이 또는 친권자가 그 친권에 따르는 수인의 자 사이에 소송상 이해상반되는 행위를 하여야 할 경우, 미성년자나 성년자의 각 후견인과 피후견인 등 사이에 이해가 상반되는 행위를 하여야 할 경우 등을

---

191) 미성년자·피한정후견인 또는 피성년후견인이 보조참가인인 경우에는 ① 내지 ③의 사유가 있더라도 소송절차가 지연될 염려가 없고 법문의 규정도 없으므로 특별대리인선임신청을 할 수 없다.

192) 다만, 사실상 의사능력을 상실한 자의 특별대리인이 소의 취하, 화해, 청구의 포기·인낙 또는 민사소송법 제80조에 따른 탈퇴를 하는 경우 수소법원은 그 행위가 본인의 이익을 명백히 침해한다고 인정할 때에는 그 행위가 있는 날부터 14일 이내에 결정으로 이를 허가하지 아니할 수 있다(민사소송법 제62조의2 제2항). 명문의 규정은 없지만, 이혼청구나 인지청구 등의 가사소송에서 그 행위가 일신전속적 성질을 띠는 때에도 당해 당사자가 소송능력이 없는 때에는 특별대리인 선임을 인정하여야 할 것이다(가사소송법 제12조, 대법원 1987. 11. 23.자 87스18 결정 등 참조).

생각할 수 있다.[193]

5) 위 경우에 수소법원은 소송계속 후 필요하다고 인정하는 때는 일정한 자의 신청이 없더라도 직권으로 특별대리인을 선임할 수 있음은 물론 이미 선임한 특별대리인을 개임하거나 해임할 수 있다(민사소송법 제62조 제2항). 특별대리인의 선임·개임 또는 해임은 법원의 결정으로 하며, 그 결정은 특별대리인에게 송달하여야 한다(민사소송법 제62조 제4항). 위 특별대리인의 보수와 선임 비용 및 소송행위에 관한 비용은 소송비용에 포함된다(민사소송법 제62조 제5항).

6) 위와 같은 경우의 소송대리인은 본인의 법익 보호를 위하여 일반적으로 인정되는 대리인이 아니라 특별히 예외적 사유가 있는 경우에 한하여 특별히 인정되는 대리인이므로 특별대리인이라고 할 수 있다.

이 특별대리인은 제한능력자의 법정대리인이지만(민사소송법 제62조 제3항, 대법원 1969. 7. 22. 선고 69다507 판결 참조), 실체법상의 대리권이 아닌 당해 소송에서의 소송대리권만을 갖는 것이 원칙이다(대법원 1993. 7. 27. 선고 93다8986 판결, 2012. 8. 30. 선고 2012다38216 판결).[194] 즉 이들은 당해 소송 수행을 위하여 필요한 범위에서의 개별적 소송대리인으로서, 가정법원이 선임한 미성년자나 성년자의 후견인이 실체법상의 법률행위나 모든 소송행위에 관하여 소송대리권을 갖는 것과 같은 포괄적 대리권은 없다. 그리고 이 경우 이미 법정대리인이 있는 때는 특별대리인의 대리권 범위에서 기존 법정대리인의 권한은 정지된다(민사소송법 제62조 제3항).

(2) 기타의 경우의 소송절차상 특별대리인

1) 군사용의 청사 또는 선박에 속하여 있는 사람에게 할 송달은 그 청사 또는 선박의 장에게(민사소송법 제181조), 교도소·구치소 또는 국가경찰관서의 유치장에 체포·구속 또는 유치된 사람에게 할 송달은 교도소·구치소 또는 국가경찰관서의 장에게(민사소송법 제182조) 하여야 하는바, 이 때 그 장은 당해 소송사건의 송달에 관하여 본인을 대리할 권한이 있으므로 그는 제한적 법정대리인이라고 할 수 있다.

2) 한편, 당사자·법정대리인 또는 소송대리인은 그 주소 등 이외의 장소를 송달받을 장소로 정하여 법원에 신고하고 송달 영수인을 정하여 신고할 수 있는바, 이때의 송달 영수인은 송달의 수령에 관하여 대리권을 갖는 제한적 임의대리인이다.

3) 그 밖에도 ① 증거보전절차에서 상대방을 지정할 수 없는 경우(민사소송법 제378조), ② 강제집행 개시 후 채무자가 사망하였으나 그 집행을 계속 진행하면서 채무자에게 알려야 할 집

193) 이해상반행위의 경우 민법 제921조, 제949조의3에 의해서 가정법원에 특별대리인 선임을 신청할 수 있음은 물론 민사소송법 제62조에 의해서 수소법원에 특별대리인 선임을 신청할 수도 있다.

194) 다만, 당해 소송수행을 위하여 필요한 때에는 공격방어방법으로서 상계권이나 취소권, 해제권, 등 사법상의 실체적 권리도 행사할 수 있고 변제의 수령도 할 수 있다(대법원 1965. 4. 27. 선고 65다338 판결, 1993. 7. 27. 선고 93다8986 판결 등 참조).

행행위를 실시할 경우에 상속인이 없거나 상속인이 있는 곳이 분명하지 아니한 경우(민사집행법 제52조 제2항)에도 수소법원이나 집행법원에 특별대리인의 선임을 신청할 수 있다. 이러한 특별대리인은 추상적으로나마 본인의 법정대리인이 된다.

라. 법정대리인의 권한과 지위

(1) 후견인과 친권자 등의 권한

1) 실체법에 의한 법정대리인은 앞서 본 바와 같이 포괄적 대리권을 갖는 경우가 많은바, 이 경우 법정대리인은 따로 소송대리권을 수여받을 필요 없이 당연히 미성년자 등 제한능력자를 위하여 소송행위를 할 권한이 있다. 그리고 그 소송행위는 특정한 소송에 국한되지 않고 모든 소송사건을 포함한다.

2) 그러나 미성년자의 친권자와 그 미성년자 사이에 또는 친권자가 그 친권에 따르는 수인의 자 사이에 소송상 이해상반되는 행위를 하여야 할 경우, 미성년자 또는 피성년후견인과 그 후견인 사이나 그 후견에 따르는 수인 사이에 이해상반되는 행위를 하여야 할 경우에 선임된 특별대리인과 같이 특정한 사항에 관하여만 실체법상의 대리권을 갖는 자는 그에 관하여만 소송대리권을 행사할 수 있다고 할 것이다. 특정한 소송에 관하여 민사소송법 제62조 등에 의해 특별대리인으로 선임된 자 역시 같다.

3) 미성년후견인, 대리권 있는 성년후견인이나 한정후견인이 본인을 대리하여 능동적 지위에서 소송행위를 하는 경우에는 후견감독인의 동의를 받아야 한다(민법 제950조제1항 제5호, 제959조의6).[195] 민사소송법 제62조에 의한 특별대리인도 같다(민사소송법 제62조 제3항 참조). 이에 위반한 소송행위는 정당한 권한 있는 자의 추인이 없는 한 무효이다. 다만, 민사소송법 제56조와의 관계상, 능동적 지위에서 하는 모든 소송행위에 대하여 일일이 동의를 받을 필요는 없고, 소나 상소의 제기와 그 취하, 독립당사자참가, 공동소송참가, 청구의 포기·인낙, 화해, 조정, 소송탈퇴 등 본인의 이해관계에 중요한 영향을 미치는 것에 한한다고 해석하여야 할 것인바, 이것이 통설이다.

4) 반면에 미성년후견인, 대리권 있는 성년후견인나 한정후견인이 상대방의 소 또는 상소 제기에 응하여 수동적인 지위에서 소송행위를 하는 경우에는 그 후견감독인으로부터 동의나 특별한 권한을 받을 필요가 없다(민사소송법 제56조 제1항). 본인의 이익 보호를 위하여 후견인

195) 후견감독인의 동의가 필요한 행위에 대하여 후견감독인이 피후견인의 이익이 침해될 우려가 있음에도 동의를 하지 아니하는 경우에는 가정법원은 후견인의 청구에 의하여 후견감독인의 동의를 갈음하는 허가를 할 수 있고, 후견감독인의 동의가 필요한 법률행위를 후견인이 후견감독인의 동의 없이 하였을 때에는 피후견인 또는 후견감독인이 그 행위를 취소할 수 있다(민법 제950조 제2, 3항). 소송행위의 취소에 관하여는 소송절차의 안정이나 상대방의 이익 보호상 문제가 있으나, 법이 명문으로 후견감독인의 사전 동의를 받도록 한 이상 법원이나 상대방도 그 동의 여부를 조사할 의무가 있으므로 큰 문제가 없다고 생각된다.

이 당연히 소송에 응하여 방어적 소송행위를 할 필요가 있기 때문이다.

그러나 이 경우에도 이들 법정대리인이 소의 취하, 화해, 청구의 포기·인낙 또는 독립당사자참가에 따른 소송탈퇴를 하기 위해서는 후견감독인(후견감독인이 없는 경우에는 가정법원)으로부터 특별한 권한을 받아야 한다(민사소송법 제56조 제2항).[196] 가정법원이 성년후견인이나 특정후견인이 가지는 법정대리권의 범위를 정하는 방법으로 그 대리권 행사를 제한한 때 또는 그 대리권 행사에 가정법원이나 특정후견감독인의 동의를 받도록 명한 경우에도 같다.

5) 미성년자의 친권자에게는 위와 같이 이해상반행위에 관하여 대리권이 제한되는 경우 외에는 원칙적으로 후견인과 같은 소송대리권 제한이 없다. 그러나 친권자라도 미성년자의 '행위를 목적으로 하는 채무'를 부담할 경우에는 본인의 동의를 얻어야 하므로(민법 제920조 후문) 소송상 그러한 채무를 부담하는 내용의 소송행위를 할 경우에는 그의 동의를 요한다. 또한 무상으로 미성년자에게 재산을 수여한 제3자가 친권자의 관리에 반대하는 의사를 표시한 때에는 친권자는 그 재산을 관리하지 못하고, 제3자가 그 재산관리인을 지정하지 아니한 때에는 가정법원이 당해 재산의 관리인을 선임하여야 하므로(민법 제918조 제1, 2항), 그 재산에 관한 소송사건에서도 당해 친권자는 소송대리권이 없다.

6) 부재자재산관리인의 대리권 범위 역시 권한을 정하지 않은 대리인과 마찬가지로 민법 제118조의 규정에 정한 범위로 제한되고, 그 권한을 넘는 행위를 함에는 법원의 허가를 얻어야 한다(민법 제25조 본문). 법인과 이사의 이익이 상반하는 경우에 선임된 특별대리인(민법 제64조)은 그 사항에 관하여만 법률행위와 소송행위의 대리권을 갖는다.

(2) 법인 등의 대표자의 권한

1) 법인 대표자의 권한과 지위는 민법 등 다른 법령에서 정하고 있는바, 이는 소송절차에서도 원칙적으로 그대로 적용된다(민사소송법 제51조).

2) 민법상 법인의 이사는 법인의 사무에 관하여 각자 법인을 대표하는데, 민법상 사단법인 이사의 대표권은 ① 법령,[197] ② 정관, ③ 사원총회의 결의에 의하여 제한할 수 있다. 민법상 사단법인의 경우 법령에 의하지 아니한 대표권 제한은 정관에 기재하지 아니하면 효력이 없고(민법 제41조), 또한 이를 등기하지 않으면 상대방의 선의·악의, 과실 여부를 불문하고 대항할 수 없다(민법 제49조 제2항 제9호, 제60조, 대법원 1975. 4. 22. 선고 74다410 판결, 1992. 2. 14. 선고 91다24564 판결 등 참조).

이러한 대표권 제한의 법리는 그 사항(업무)과 관련한 소송사건에서는 물론 소송행위에 관하여 제한이 있는 때에도 동일하게 적용되어야 할 것이다. 재단법인의 경우에는 사

196) 그러나 이들 법정대리인이 수동적으로 상대방의 소 또는 상소 제기에 관하여 소송행위를 하는 경우에는 소의 취하, 청구의 포기 또는 독립당사자참가를 할 수는 없으므로 이 부분 규정은 의미가 없다.

197) 법령상의 제한은 법인의 목적에 의한 제한(민법 제34조) 및 성질상 제한, 법인과 이사의 이익 상반행위에 따른 제한(민법 제64조) 등을 들 수 있다.

원총회의 결의를 제외하고는 사단법인과 같고, 법인격 없는 사단에 대해서도 등기를 제외하고는 같은 법리가 적용된다.[198)]

3) 상사회사의 대표자도 원칙적으로 회사의 영업에 관하여 재판상 또는 재판외의 모든 행위를 할 권한이 있고(상법 제209조 제1항, 제269조,, 제287조의19 제5항, 제389조 제3항, 제567조 등 참조), 이에 대한 제한은 선의의 제3자에게 대항하지 못한다(상법 제209조 제2항, 제269조, 제287조의19 제5항, 제389조 제3항, 제567조 등 참조). 한편, 상법 제393조 제1항은 주식회사의 업무집행에 관하여 "중요한 자산의 처분 및 양도, 대규모 재산의 차입, 지배인의 선임 또는 해임과 지점의 설치·이전 또는 폐지 등 회사의 업무집행은 이사회의 결의로 한다"고 하여 주주총회의 권한사항을 제외한 회사의 업무집행에 관한 의사결정권은 이사회에 있음을 명시하였다. 대법원은 이에 관하여, 주식회사의 중요한 자산의 처분 등을 이사회가 직접 결의하지 아니한 채 대표이사에게 일임할 수는 없고, 이사회 규정상 그것이 이사회 부의사항으로 정해져 있지 않더라도 반드시 이사회 결의를 거쳐야 한다고 해석하는바(대법원 2005. 7. 28. 선고 2005다3649 판결), 거래상대방이 이 같은 사항에 관하여 이사회의 결의를 거치지 않은 사실을 알았거나 알 수 있었던 경우 그러한 법률행위는 무효이다(대법원 2005. 7. 28. 선고 2005다3649 판결, 2008. 5. 15. 선고 2007다55811, 55828 판결 등 참조).[199)] 따라서 주식회사의 대표이사가 소송행위를 통하여 위 사항과 관련한 소송행위를 하는 때에도 이사회의 결의를 거쳐야 한다.[200)]

4) 대표자의 직무를 대행할 자로 법원에 의해 선임된 직무대행자는 당해 가처분명령에 다른 정함이 있는 경우 외에는 법인의 통상업무에 속하지 아니한 행위를 하지 못하고, 법원의 허가를 얻어야만 한다(민법 제60조의2 제1항, 상법 제200조의2 제1항, 제269조, 제287조의13, 제408조). 그러나 직무대행자가 이에 위반한 행위를 한 경우에도 법인은 선의의 제3자에 대하여 책임을 진다(민법 제60조의2 제2항, 상법 제200조의2 제2항 등 참조).

이러한 제한은 직무대행자가 소송행위를 할 경우에도 적용되며, 소의 제기, 소나 상소의 취하, 청구의 포기·인낙, 화해·조정, 부집행합의 등은 통상업무에 속하지 않는다고 할 것이다. 한편, 이러한 법리는 법인의 임시이사(민법 제63조)에게도 유추적용하여야 한다.

---

198) 그 성질상 등기를 기대할 수 없는 법인격 없는 사단이나 재단의 경우 민법 제60조는 준용되지 않으며, 상대방이 대표권 제한에 위반한 사실을 알았거나 이를 알 수 있었음에도 과실로 알지 못하였던 경우에만 이로써 그 무효를 주장할 수 있다. 이에 대한 주장·증명 책임은 사단이나 재단이 진다(대법원 2003. 7. 22. 선고 2002다64780 판결 참조).

199) 이사회 결의를 요하는 경우 거래 상대방이 이사회 결의가 없음을 알았거나 알 수 있었던 사정은 이를 주장하는 회사가 주장, 입증하여야 하며, 특별한 사정이 없는 한 상대방으로서는 회사 대표자가 거래에 필요한 회사의 내부절차는 마쳤을 것으로 신뢰하였다고 보는 것이 일반 경험칙에 부합하므로, 일반적으로는 대표이사의 대표권에 제한이 있는지 여부에 관하여 상대방이 적극적으로 이를 확인할 의무가 없고, 다만 이를 의심할 만한 특별한 사정이 있는 경우에만 확인의무가 있다(대법원 2005. 5. 27. 선고 2005다480 판결, 2005. 7. 28. 선고 2005다3649 판결, 2009. 3. 26. 선고 2006다47677 판결 등 참조).

200) 이러한 제한은 소송대리인(변호사 포함)을 따로 선임하여 그가 소송을 하는 때에도 적용된다고 할 것이다. 소송대리인 역시 법인의 대리인으로서 당해 소송에서 실질적으로 본인을 대표한다고 보아야 하기 때문이다.

(3) 법정대리인의 지위

1) 법정대리인도 어디까지나 대리인이지 소송당사자 본인은 아니다. 이와 같이 법정대리인은 소송당사자 본인과는 독립한 제3자이므로 그에게 집행력이나 기판력 등 확정판결의 효력이 미치지는 않는다. 물론 법정대리인은 그가 대리하는 본인과 함께 당해 소송에서 공동원고나 공동피고가 될 수 있다.[201] 이 경우 그는 당사자와 대리인의 지위를 겸유하게 된다.

2) 그러나 법정대리인은 실질상 소송당사자 본인과 그 소송상 이익을 같이하는 경우가 대부분이므로(민법 제116조, 민사소송법 제43조 제2항, 제149조 등 참조) 그러한 관계가 없는 제3자와 완전히 동일하게 볼 수는 없다. 그러므로 법정대리인은 그 소송에서 보조참가를 할 수는 없다는 것이 통설이며,[202] 그를 신문할 필요가 있는 때는 당사자본인신문의 방식에 의한다(민사소송법 제372조). 따라서 법정대리인은 당해 소송에서 증인적격이 없다.

3) 법정대리권이 있는 사실 또는 소송행위를 위한 권한을 받은 사실은 서면으로 법원에 증명하여야 하는데(민사소송법 제58조), 가족관계증명서나 후견인 선임심판서 정본 등에 의하여 이를 증명할 수 있다.

4) 법정대리권 또는 소송행위에 필요한 권한의 수여에 흠이 있는 경우 법원은 기간을 정하여 이를 보정하도록 명하여야 하며, 만일 보정하는 것이 지연됨으로써 손해가 생길 염려가 있는 경우에는 법원은 보정하기 전의 당사자 또는 법정대리인으로 하여금 일시적으로 소송행위를 하게 할 수 있다(민사소송법 제59조). 법정대리권이나 대표권에 흠이 있는 사람이 소송행위를 한 뒤에 보정된 당사자나 법정대리인, 새로운 대표자 등이 이를 추인한 경우, 그 소송행위는 소급하여 효력이 생긴다(민사소송법 제60, 64조).

5) 위와 같이 법정대리인은 사실상 본인이나 다름이 없고, 본인의 소송수행에 장애가 있어 그를 대신하는 경우가 보통이므로, 임의적 소송대리인의 사실상 진술을 당사자 본인이 곧 취소하거나 경정할 수 있다는 민사소송법 제94조는 원칙적으로 법정대리에는 적용이 없다.

마. 공동대리

1) 공동대리란 수인의 대리인이 공동으로 대리권을 행사하는 것을 말한다.[203] 복수의

---

201) 그러나 자신이 당사자이면서 상대방 당사자의 법정대리인이 되는 것은 허용되지 않는다고 할 것이므로 이때는 특별대리인 선임 사유에 해당한다.

202) 법정대리인은 본인을 위하여 모든 소송행위를 할 수 있으므로 자신의 본인을 위하여 보조참가를 할 이익은 없고, 또한 상대방 당사자를 위하여 보조참가를 허용하면 이해관계가 충돌되어 논리모순이 되므로 허용할 수 없다.

203) 이는 의사결정의 공동은 물론 표시행위의 공동을 모두 요한다고 생각한다. 다만, 표시행위의 공동이

법정대리인이 있는 경우에도, 법령에 의하여 그 대리권을 공동으로 행사하도록 정한 경우가 아니면 각 대리인은 독립하여 대리권을 행사한다(민사소송법 제51조, 민법 제119조).

2) 미성년자에 대한 친권은 부모가 혼인중인 때에는 특별한 사정이 없는 한 부모가 공동으로 행사하여야 하므로(민법 제909조 제2항 본문), 소송대리 역시 공동으로 하여야 하고 그 중 일부가 빠진 때는 대리권의 흠결이 발생한다. 한편, 부모의 일방이 공동명의로 자를 대리하거나 자의 법률행위에 동의한 때에는 그것이 다른 일방의 의사에 반하는 때에도 그 효력이 있고, 다만 상대방이 악의인 때에는 그러하지 아니한바(민법 제920조의2),[204] 이는 친권자의 소송대리에도 적용할 수 있다(민사소송법 제51조 참조).

3) 가정법원은 성년후견인을 복수로 선임할 수도 있고,[205] 이 경우 직권으로 여러 명의 성년후견인이 공동으로 또는 사무를 분장하여 그 권한을 행사하도록 정할 수 있는바(민법 제936조 제3항, 제949조의2), 이들 여러 명의 후견인이 공동으로 권한을 행사하도록 정한 경우에는 소송대리 역시 공동으로 하여야 하고 그 중 일부가 빠진 때는 대리권의 흠결이 발생한다.

4) 민법상 법인의 이사는 법인 사무에 관하여 각자 법인을 대표하나(민법 제59조 제1항), 정관에 달리 정할 수 있고, 이를 통해 이사 수인이 공동으로 법인을 대표하도록 할 수 있다. 이는 이사의 대표권에 대한 제한이 되므로 이를 등기하지 아니하면 모든 제3자에게 대항할 수 없고, 이에 위반하여 단독으로 한 행위라도 유효하게 된다(민법 제60조). 상대방의 소송행위에 관하여는, 공동의 대표자 중 1인에 대한 소송행위라도 유효하다는 아래와 같은 법리는 민법상 법인의 이사에 대해서도 유추적용함이 타당하다.

5) 상사회사 중 합명회사는 정관으로 업무집행사원을 정하지 아니한 때에는 각 사원(업무집행사원을 정한 때에는 업무집행사원)이 회사를 대표하며, 정관 또는 총사원의 동의로 업무집행사원 중 특히 회사를 대표할 자를 정하거나 수인의 사원이 공동으로 회사를 대표할 것을 정할 수 있다(상법 제207, 208조 제1항). 다만, 3자의 의사표시는 그 1인에 대하여만 하여도 유효하며(상법 제208조 제2항), 이는 다른 회사의 경우에도 동일하다(상법 제269조, 제287조의19, 제389조, 제408조의5 등). 이러한 법리는 대표자가 소송행위를 하는 데에도 적용되고, 회사의 공동대표권에 관한 사항은 이를 등기하지 아니하면 선의의 제3자에게 대항할 수 없다(상법 제180조 제5호, 제271조, 제287조의5 제1항 제7호, 제317조 제2항 제10호, 제37조 등).

6) 공동대리가 요구되는 경우에 공동대리인 중 일부만이 단독으로 소송행위를 대리한 때의 효력에 관하여는, ① 민사소송법 제56조 제2항을 유추하여 소와 상소의 제기나 그 취하, 화해, 청구의 포기·인낙, 소송탈퇴 등과 같이 본인에게 중요한 영향을 미치는 것은

있으면 의사결정의 공동은 사실상 추정된다고 할 것이다.

204) 일방이 공동명의로 행위를 하여야 하므로 단독명의로 한 때에는 그 적용이 없다. 그러나 대부분의 소송행위는 구술로 하여야 하므로 친권자 일방이 공동명의로 소송행위를 할 수 있는 경우는 많지 않을 것이다.

205) 반면에 미성년후견인은 1인만을 선임한다(민법 제930조 제1항).

무효이나 그 밖의 것은 유효라는 견해, ② 원칙적으로 모두 무효이나 다른 공동대리인이 묵인하거나 추인하면 유효하다는 견해가 대립한다. 본인의 이익을 위하여 공동대리가 요구되는 이상, 공동대리, 특히 표시행위를 공동으로 하지 않고 그 중 일부만이 단독으로 한 것은 원칙적으로 무효로 보아야 할 것이므로,[206] 다른 공동대리인이 추인한 때에 한하여 유효하다고 생각된다. 민사소송법 제180조는 공동대리인에게 할 송달은 그 가운데 한 사람에게 하면 된다고 명문으로 규정하고 있다.

7) 위와 같은 법리는 소송행위의 수동적 공동대리에도 그대로 적용되어야 하는가?

민사소송법 제180조나 상법 제12조 제2항, 제208조 제2항 등과 같이 공동대리인 중 1인에 대한 의사표시만으로 전원에게 효력이 있다는 명문의 규정이 있는 때는 당연히 일방만의 수동적 대리가 허용되나, 명문의 규정이 없는 경우, 특히 이와 같은 규정이 없는 경우가 문제이다. 공동대리는 위와 같이 본인의 이익을 위하여 요구되는 것이고, 상대방으로부터 수동적으로 의사표시나 소송행위를 받는 것은 공동의 의사결정과 표시행위가 필요 없으며, 그 받는 행위 자체로써 본인의 이익을 해하는 것이 아니므로, 공동대리인 사이에 신뢰가 깨지고 불화가 발생한 등으로 그들 상호 간의 의사연락과 공동의 대처를 도저히 기대할 수 없고 이러한 사정을 상대방이 알았거나 알 수 있었다는 등의 특별한 사정이 없는 한 위 상법 규정을 유추하여 소송행위의 수동적 공동대리에도 이를 긍정함이 타당하다.

8) 한편, 소송대리를 공동으로 하여야 할 경우에 각 대리인이 서로 상반되는 소송행위를 한 경우 그 효력은 어떠한가?[207] ① 모두 무효라는 설, ② 본인에게 더 유리한 쪽으로 유효하다는 설, ③ 민사소송법 제67조를 유추하여, 각각의 대리행위가 본인에게 불리한 경우는 모두 무효이고 어느 한쪽이라도 유리한 경우에는 더 유리한 쪽으로 유효하다는 설, ④ 위 ③의 경우에 양쪽이 다 유리하다면 오히려 더 불리한 쪽으로 유효하다는 설이 대립한다.

그러나 대리행위는 본인에게 유리한지 불리한지와 관계없이 본인에게 효력이 있으므로, 각각의 대리행위가 본인에게 불리한 경우는 모두 무효이고 어느 한쪽이라도 유리한 경우에만 유효하다고 볼 근거가 없고, 또 각각의 대리행위가 본인에게 유리한 것이라도 그 내용이 상반된다면 보다 유리한 쪽이나 불리한 쪽으로 유효하다고 보는 것은 기교적일 뿐만 아니라 법원이나 상대방 당사자가 이를 쉽게 알 수도 없으므로, 의사표시의 일반원칙에 따라 원칙적으로 모두 무효로 처리하고, 쌍방이 모두 다시 공동의 행위를 하거나 어느 일방이 자신의 행위를 철회하고 다른 일방의 행위에 동조하는 방법으로 이를 추

---

206) 표시행위를 공동으로 하지 않은 경우 의사결정 역시 공동으로 하지 않은 것으로 사실상 추정된다.

207) 이는 공동대리인이 동시에 서로 상반되는 소송행위를 한 경우만을 의미한다. 서로 상이한 시기에 상반되는 소송행위를 한 경우에는 앞선 소송행위의 철회, 취소만이 문제될 뿐이다.

인한 때에만 유효로 처리함이 옳다고 생각된다.[208)]

9) 공동대리인 중 일방만이 기일에 출석한 경우 불출석의 제재를 받는지가 문제된다. 또, 이 경우 진술간주(민사소송법 제148조), 자백간주(민사소송법 제150조), 쌍방불출석에 의한 소 취하의 의제(민사소송법 제268조)의 적용도 문제이다. 이와 관련해서도, ① 불출석으로 처리하여야 한다는 견해, ② 공동대리 제도는 대리인 1인의 대리권 전횡을 방지하자는 데 있으므로 불출석의 제재를 할 수 없다는 견해, ③ 불출석의 결과가 본인에게 유리한 경우에만 불출석으로 처리하여야 한다는 견해 등이 대립한다. 그러나 기일에의 출석 역시 소송행위로서 소송대리권의 범위에 속하므로 이 역시 공동으로 하지 않으면 효력이 발생할 수 없음이 원칙이며, 따라서 공동대리인 중 일방만이 기일에 출석한 경우 출석의 효력이 발생할 수 없는 만큼 그 결과가 본인에게 유리한지 여부를 불문하고 불출석으로 처리함이 타당하다.

그러므로 이 경우 법원은 공동대리인이 모두 불출석한 것으로 처리하고 그들이 제출한 답변서, 준비서면 등을 진술한 것으로 보아 출석한 상대방에게 변론을 명할 수 있으며, 소나 상소 취하 의제의 불이익을 받게 된다. 또한 자백에 관한 민사소송법 제150조 제3항 역시 당연히 적용된다고 할 것이다.

바. 법정대리권의 소멸

(1) 소멸 사유

1) 법정대리권은 여러 가지 사유로 소멸한다. 그 사유로는 ① 법정대리인의 자격 상실, ② 본인이나 법정대리인의 사망, ③ 법정대리인이 성년후견개시심판을 받거나 파산선고를 받은 경우, ④ 본인이 행위능력 또는 소송능력을 취득·회복한 경우, ⑤ 성년후견이나 한정후견 등의 종료, ⑥ 법정대리인의 해임, 개임, 변경 등을 생각할 수 있다.

2) 미성년자가 성년자가 된 경우 또는 특정후견인에게 기간을 정하여 대리권을 수여하였는데 그 기간이 경과한 경우에는 그로써 곧바로 친권자나 후견인의 법정대리권은 당연히 소멸할 것이나,[209)] 피성년후견인, 피한정후견인, 피특정후견인에 대하여 후견의 필요가 없어진 경우라도 후견 종료의 심판(민법 제11, 14조 참조)이 있기 전까지는 후견인의 법정대리권이 소멸하지 않는다고 할 것이다.

3) 특별대리인이 대리권을 가지는 범위에서 기존 법정대리인의 권한이 정지되는 것과

---

208) 이러한 일은 사실상 현실에서 거의 일어나기 어렵다. 이에 관한 자세한 논의는 박찬주, “수인의 대리인의 상이한 소송행위의 효력”, 법조 제648호(2010. 9.)를 참조.

209) 민법은 미성년후견인의 변경에 관하여만 규정하고 후견 종료에 대해서는 규정을 두지 않고 있으나, 미성년자가 성년이 된 경우에 친권자의 친권이 종료하는 것과의 균형상 미성년자가 성년이 된 경우 미성년후견인의 법정대리권도 당연히 소멸한다고 해석하여야 할 것이다(미성년자가 성년이 되더라도 그에게 성년후견인 등을 두어야 할 사유가 있는 경우 미성년후견인 등의 청구에 의하여 성년후견인 등을 둘 수 있다. 민법 제9조 제1항, 제12조 제1항, 제14조의2 제1항 참조).

관련하여, 법정대리인이 없거나 법정대리인에게 소송에 관한 대리권이 없는 경우 또는 법정대리인이 사실상 또는 법률상 장애로 대리권을 행사할 수 없는 경우에 이러한 사유가 소멸되어 새로 법정대리인이 발생·선임되거나 법정대리인이 대리권을 회복한 때 등에 그와 동시에 특별대리인의 대리권이 상실되고 법정대리인이 권한을 행사할 수 있게 되는지 여부가 문제된다.

이 경우 새로 법정대리인이 발생·선임되거나 법정대리인이 대리권을 회복하였더라도 법원에 의해 특별대리인이 해임되어야만 새로 법정대리권을 행사할 법정대리인이 권한을 행사할 수 있다고 본다면, 본인에게 손해가 되고 법률이 특별대리인 제도를 인정한 입법 취지에 반한다. 따라서 이 경우 그러한 사유가 발생하더라도 이미 선임된 특별대리인이 당연히 그 대리권을 상실하는 것은 아니지만, 그 특별대리인이 해임되기 전이라도 새로 법정대리권을 행사할 법정대리인은 유효하게 그 권한을 행사할 수 있다고 봄이 타당하다. 대법원의 견해도 그렇게 해석된다(대법원 2011. 1. 27. 선고 2008다85758 판결 참조).

(2) 소멸의 통지와 소멸의 효력 발생

1) 소송절차가 진행되는 중에 법정대리권이 소멸한 경우에는 본인 또는 대리인이 상대방에게 그 소멸 사실을 통지하지 아니하면 소멸의 효력을 주장하지 못한다. 다만, 법원에 법정대리권의 소멸사실이 알려진 뒤에는 소멸 통지를 하기 전이라도 그 법정대리인은 소의 취하, 화해, 청구의 포기·인낙 등 민사소송법 제56조 제2항의 소송행위는 하지 못한다(민사소송법 제63조 제1항). 통지를 하여야 할 본인 또는 대리인은 소송능력을 취득·회복한 본인 또는 기존의 법정대리인이나 새로 법정대리인이 된 자를 의미한다.

2) 소멸 사실을 통지하지 아니하면 법원과 상대방에게 소멸의 효력을 주장하지 못하므로 소송절차는 중단되지 않고(민사소송법 제235조 참조) 법원과 상대방은 기존의 법정대리인을 상대로 유효하게 소송행위를 할 수 있으며, 기존의 법정대리인이 한 소송행위 역시 유효하다. 상대방이 그 소멸 사실을 알았든 몰랐든 따지지 않으며, 모른 데에 과실이 있어도 상관없다. 새로운 법정대리인이 그 소송행위에 대하여 이의를 제기하였더라도 마찬가지다(대법원 1998. 2. 19. 선고 95다52710 판결, 2007. 5. 10. 선고 2007다7256 판결 참조). 따라서 법인 대표자의 대표권이 소멸한 경우에도 상대방에 대한 대표권 소멸 사실의 통지가 없는 상태에서 구 대표자가 한 소의 취하는 상대방이 그 대표권 소멸 사실을 알고 있었더라도 유효하고(대법원 1998. 2. 19. 선고95다52710 전원합의체 판결), 구 대표자에 대한 법원의 송달 역시 유효하다(대법원 1995. 2. 28. 선고 94다49311 판결, 2008. 4. 18.자 2008마392 결정 등 참조).

다만, 본인이 소송능력을 취득·회복하기 전에 법정대리인이 사망하거나 그 자격을 상실한 경우와 같이 법정대리권 소멸사실을 통지할 자가 없는 경우에는 그 소멸 시에 소멸의 효력이 발생하고 소송절차는 중단된다고 보아야 한다. 새로운 법정대리인이 선임되어 그가 통지를 할 때까지 소멸의 효력이 발생하지 않고 기존의 법정대리인을 상대로 또는 기존의 법정대리인이 유효하게 소송행위를 할 수 있다고 한다면 본인에게 지나치게 가혹하기 때문이다.[210]

3) 상대방에 대한 법정대리권 소멸통지의 방법은 특별한 제한이 없다. 따라서 서면에 의한 통지는 물론 구두에 의한 통지도 가능하며, 소송상으로는 물론 소송외에서도 할 수 있다. 또 그 통지의 방식도 제한이 없으므로 정식의 통지서가 아니라 준비서면 등에 법정대리권 소멸의 취지를 기재하고 그 부본이 상대방에게 송달되었다면 이 역시 유효한 통지라고 볼 것이다. 민사소송규칙에서는 법정대리권 소멸통지를 한 사람은 그 취지를 법원에도 서면으로 신고하도록 요구하고 있다(민사소송규칙 제13조 제1항).[211]

3. 임의대리인(소송대리인)

가. 의 의

1) 임의대리인, 즉 임의적 소송대리인은 당사자 본인으로부터 소송대리권을 수여받은 자를 말한다. 임의적 소송대리인이라고는 하지만, 당사자 본인에 의해 일정한 지위(지배인 등)를 부여받은 자에게 법령에 의하여 직접 소송대리권을 부여하는 법률상 소송대리인은 실질적으로는 법정대리인에 가깝다고 할 수 있다. 이에 반하여 그 소송대리권이 당사자 본인의 대리권 수여에 의해 발생하는 협의(狹義)의 임의적 소송대리인, 즉 소송위임에 의한 임의적 소송대리인이야말로 진정한 임의적 소송대리인이라고 할 수 있으며, 그 중에서 가장 중요한 것이 변호사이다.

2) 임의적 소송대리인에는 앞서 본 바와 같이 당해 소송사건에서 원칙적으로 제한 없이 포괄적으로 소송행위를 할 수 있는 대리인과 소송서류의 송달 영수와 같은 특정한 소송행위만을 대리할 수 있는 대리인이 있는데, 전자가 원칙이고 중요한 의미를 갖는다. 임의적 소송대리인에 대해서는 특정한 사건을 벗어나 모든 소송사건에 관하여 포괄적으로 소송행위를 대리할 수 있는 대리인은 생각하기 어렵다.

3) 민사소송법 제1편 제2장 제4절은 임의적 소송대리인에 관한 규정이다.

나. 법률상 소송대리인

(1) 의 의

1) 상법 등 개별 법령에서는 당사자 본인에 의해 일정한 지위를 부여받은 자에 대하

210) 이 경우에 법정대리인이 사망한 때에는 물리적으로도 그의 소송행위나 그에 대한 소송행위가 불가능하다.

211) 법원에 대한 서면 신고 역시 준비서면의 제출로써 갈음할 수 있다고 할 것이다.

여 본인을 대리하여 재판상 행위, 즉 소송행위를 할 수 있는 소송대리권을 인정하는데, 이를 법률상 소송대리인 또는 법령상 소송대리인, 법령에 의한 소송대리인이라고 한다(민사소송법 제87조 참조). 이들은 법령에서 정한 일정한 지위에 있기만 하면 당연히 소송대리권이 인정되므로,[212] 따로 본인으로부터의 소송대리권 수여가 필요 없다.

2) 법률상 소송대리인으로는, ① 상법 제11조의 지배인, ② 상법 제749조의 선장, ③ 상법 제765조의 공유선박 관리인, ④ 농업협동조합법 제56조 등의 농업협동조합·수산업협동조합·축산업협동조합·중소기업협동조합의 전무 등 간부직원, ⑤ '국가를 당사자로 하는 소송에 관한 법률' 제3조의 국가소송수행자 등이 있다.

3) 민법상 조합의 업무집행조합원이 임의적 소송신탁에 의하여 그 스스로 소송에 관여하는 것은 당사자의 지위에서 하는 것이므로(대법원 1997. 11. 28. 선고 95다35302 판결 등) 조합이나 조합원들을 대리하는 것이 아니다. 이와 관련하여, 업무집행조합원은 조합원들을 대리할 권한이 있는바(민법 제709조),[213] 조합원들이 소송당사자가 된 경우에 업무집행조합원에게 소송대리권도 있는지에 대해서는 견해가 갈리나, 그에게 실체법상의 법률행위 대리권이 있는 이상 소송에서도 통일적인 업무처리가 필요하고, 상업지배인과의 균형상 이를 긍정함이 옳다고 생각한다.

4) 한편, 지방자치단체가 소송당사자가 된 경우에는 '국가를 당사자로 하는 소송에 관한 법률'이 적용되지 않으므로 지방자치단체는 소송수행자를 지정할 수 없다.

(2) 법률상 소송대리인의 권한

1) 법률상 소송대리인은 법령에 특별히 제한되지 않는 한 그 업무에 관련된 소송사건에 관하여 포괄적으로 소송행위를 할 수 있음이 원칙이다. 설사 내부적으로 본인이 일정한 제한을 가하더라도 대외적으로 이는 아무런 효력이 없다(대법원 1995. 4. 28. 선고 95다3077 판결 참조). 민사소송법 제92조는 법률상 소송대리인에 대하여는 제90조와 제91조의 규정을 적용하지 않는다고 규정하고 있다.[214] 따라서 법률상 소송대리인은 반소의 제기, 소의 취하, 화해, 청구의 포기·인낙 등도 자유로이 할 수 있다.

2) 법률상 소송대리인의 권한에는 개별 법령상 약간의 제한이 있다. 국가소송수행자는

---

212) 다만, 그 사람을 그 지위에 세우는 것은 법령에 의한 국가나 법원이 아니라 소송당사자 본인이라는 점에서 임의적 대리인이다.

213) 민법 제709조는 그 규정의 형식상 업무집행조합원에게 법령에 의해 대리권을 부여하는 취지가 아니고 대리권이 있는 것으로 추정한다는 규정이지만(따라서 문언에 충실하면, 조합규약이나 조합결의에 의하여 조합원들이 업무집행조합원에게 대리권을 수여하는 것이 필요하다), 그 추정은 법률상 추정이라고 할 것이므로 실질상으로는 법령에 의해 대리권을 부여하는 규정으로 해석하여도 무방하다고 생각된다.

214) 민사소송법 제92조는 법률상 소송대리인에 대하여는 제91조의 규정도 적용하지 않는다고 규정하고 있는바, 그렇게 되면 법률상 소송대리인의 대리권을 제한할 수 있게 되는데, 이는 당해 법령으로만 제한할 수 있고 내부적으로는 제한할 수 없다는 것으로 해석하여야 할 것이다. 그렇지 않으면 제90조의 적용을 배제한 것과 모순된다.

그 소송에 관하여 대리인 선임은 임의로 할 수 없다(국가를 당사자로 하는 소송에 관한 법률 제7조). 상업지배인의 경우 본인(상인)은 그 대리권을 제한할 수 있으나, 선의의 제3자에게 이를 대항하지 못한다(상법 제11조 제3항). 상인은 지배인의 선임과 그 대리권의 소멸, 공동지배인의 대리권 행사와 그 변경에 관하여 그 지배인을 둔 본점 또는 지점소재지에서 등기하여야 하나(상법 제13조),[215] 대리권 제한은 등기사항이 아니어서 등기할 수 없다.

3) 상인은 복수의 지배인으로 하여금 공동으로 재판상 또는 재판외의 행위를 하게 할 수 있다(상법 제12조 제1항). 따라서 공동지배인을 둔 경우, 앞서 법정대리인의 공동대리에 관하여 본 바와 같은 제약이 따르게 된다. 다만, 상대방의 의사표시는 공동지배인 1인에 대한 것이라도 본인에 대하여 유효하다(상법 제12조 제2항). 이는 합명회사나 유한회사의 공동대표, 주식회사의 공동대표이사 등에서와 같이 상대방의 이익을 보호하고, 수동적 대리가 본인에게 큰 이해관계가 없는 점을 고려한 것이다.

4) 법원이 지배인, 선장 등 법률상 소송대리인의 자격 또는 권한을 심사할 수 있음은 당연하고, 그 심사에 필요한 때에는 그 소송대리인, 당사자 본인 또는 참고인을 심문하거나 관련 자료를 제출하게 할 수 있다. 법원은 법률상 소송대리인에게 그 자격 또는 권한이 없다고 인정하는 때에는 소송행위를 금지하고 당사자 본인에게 그 취지를 통지하여야 한다(민사소송규칙 제16조). 실무상 지배인으로 등기는 되어 있으나 소송수행만을 목적으로 한 지배인을 많이 볼 수 있는데, 실제로는 지배인 일을 하지 않으면서 소송수행만을 목적으로 한 지배인은 허용될 수 없으므로 이러한 지배인에게 소송대리를 허용할 수 없고, 그의 소송행위는 적법한 권한이 있는 자의 추인이 없는 한 무효이므로(서울민사지방법원 1986. 1. 20. 선고 85가단5402 판결 참조), 법원은 이러한 자의 소송관여를 못하게 하여야 한다(대법원 1978. 12. 26. 선고 78도2131 판결 참조).

5) 이상에서 본 것 외에 법률상 소송대리인의 권한은 뒤에서 보는 통상의 임의적 소송대리인의 그것과 같다. 이 책에서 법률상 소송대리인에 관하여 따로 설명하는 것은, 이들이 임의적 소송대리인이기는 하지만, 앞서 본 바와 같이 실질상은 법정대리인에 유사하여 임의적 소송대리인 일반과 여러 모로 다르기 때문이다.

다. 소송대리인(소송위임에 의한 소송대리인)

(1) 의 의

소송당사자 등 소송주체는 자신의 의사에 따라 대리인을 선임하여 소송행위를 하게 할 수 있는데, 이를 소송위임에 의한 소송대리인이라고 한다. 이 가운데 가장 전형적인 것은 변호사에게 소송(소송행위)을 위임하는 것이다.

---

215) 이 등기는 어디까지나 제3자에 대한 대항요건이자 공시의 방법으로서 지배인 자격을 증명할 수 있는 방법일 뿐, 그 등기에 의하여 선임·해임의 효력이 생기는 것은 아니다(상법 제37조 제1항 참조).

(2) 소송대리인의 자격

1) 실체법 영역에서는 타인에게 일정한 업무 처리를 위임하고 그에게 대리권을 수여하는 것은 자유이며 아무런 제한이 없다. 그러나 소송행위는 전문지식이 필요하므로 아무에게나 소송대리를 허용할 경우 자칫 위임자인 본인 등이 예상치 못한 손해를 입을 우려가 있을 뿐 아니라, 이를 둘러싸고 무질서한 호객행위 등 부조리가 발생하고 소송의 주재자인 법원의 원활한 소송진행에도 장애가 될 우려가 있으므로 제한을 가할 수밖에 없다. 이에 따라 민사소송법은 전면적인 변호사 강제주의는 채택하지 아니하되,[216] 변호사 아닌 사람의 소송대리는 예외적인 경우에만 허용한다(민사소송법 제87조 참조).

2) 변호사 아닌 자의 소송대리가 허용되는 경우에도 법원은 소송관계를 분명하게 하기 위하여, 필요한 진술을 할 수 없는 당사자 또는 대리인의 진술을 금지하고, 필요하다고 인정하면 변호사를 선임하도록 명할 수 있는바(민사소송법 제144조 제1, 2항, 소액사건심판법 제2조 제2항), 당사자 또는 대리인이 이에 따르지 않고 변호사를 선임하지 않은 채 기일에 출석하여 변론을 하더라도 불출석으로 취급되므로, 이를 통하여 일면에서는 변호사 강제주의가 적용된다.

3) 법정대리인과 법률상 대리인에게는 변호사 강제주의가 적용되지 아니하나(민사소송법 제87조의 반대해석), 이들이 소송대리인을 선임하는 경우 그 임의적 소송대리인에 대해서는 위와 같은 법리가 적용된다.

(3) 변호사 아닌 자의 소송대리가 허용되는 경우

1) 단독판사가 심판하는 사건 가운데 그 소송목적의 값이 일정액 이하인 사건에서, 당사자와 밀접한 생활관계를 맺고 일정한 범위의 친족관계에 있는 사람 또는 당사자와 고용계약 등으로 그 사건에 관한 통상사무를 처리·보조하여 오는 등 일정한 관계에 있는 사람은 변호사가 아니라도 법원의 허가를 받아 소송대리인이 될 수 있다(민사소송법 제88조 제1항). 그러나 법원은 언제든지 위 소송대리 허가를 직권으로 취소할 수 있다(민사소송법 제88조 제3항).

청구의 확장 등으로 인해 당해 사건이 변호사 아닌 사람의 소송대리가 허용되지 않는 사건으로 변경된 경우, 본래부터 소송대리 허가를 받을 수 없었던 사실이 드러난 경우, 사정 변경으로 소송대리 허가요건을 갖추지 못하게 된 경우가 취소의 대상이 된다(민사소송규칙 제15조 제4항 참조).

2) 이에 따라 법원의 허가를 받을 수 있는 사건의 범위, 대리인의 자격 등에 관한 구체적인 사항은 민사소송규칙에서 정하고 있다(민사소송법 제88조 제2항, 민사소송규칙 제15조). 이에 따르면, 그에 해당하

---

216) 헌법재판소에서의 쟁송, 증권관련집단소송, 소비자단체소송, 개인정보단체소송에서는 예외적으로 변호사 강제주의를 채택하고 있다(헌법재판소법 제25조 제3항, 증권관련 집단소송법 제5조 제1항, 소비자기본법 제72조, 개인정보 보호법 제53조 참조).

는 사건은 ① '민사 및 가사소송의 사물관할에 관한 규칙' 제2조 단서 각 호의 어느 하나에 해당하는 사건(소송목적의 값이 2억 원을 초과하는 사건으로서 수표금·약속어음금 청구사건, 은행·농업협동조합 등 각종 금융기관이 원고인 대여금·구상금·보증금 청구사건 등과 같이 단독판사의 사물관할에 속하는 사건), ② 위 이외의 사건으로서 소송목적의 값이 소 제기 당시 또는 청구취지 확장(변론의 병합 포함) 당시 1억 원을 넘지 않거나 그 소송목적의 값이 1억 원을 넘지 않는 사건을 본안으로 하는 신청사건 및 이에 부수하는 신청사건(다만, 가압류와 계쟁물에 관한 가처분 신청사건 및 이에 부수하는 신청사건은 1억 원을 초과하여도 무방하다)이다(민사소송규칙 제15조 제1항).[217)]

3) 법원의 허가를 받을 수 있는 사람은, ① 당사자의 배우자 또는 4촌 이내의 친족으로서 당사자와의 생활관계에 비추어 상당하다고 인정되는 경우, ② 당사자와 고용, 그 밖에 이에 준하는 계약관계를 맺고 그 사건에 관한 통상사무를 처리·보조하는 사람으로서, 그 사람이 담당하는 사무와 사건의 내용 등에 비추어 상당하다고 인정되는 경우 중 하나에 해당하여야 한다(민사소송규칙 제15조 제2항).

4) 소송대리 허가를 받은 경우 그 대리권은 언제 발생하는가? 이에 관하여 명문의 규정이 없으나, 소송대리권은 본인 등의 소송위임이 있을 때 이미 발생하였으나 다만 그것이 법원에 대하여는 효력이 없고 법원의 허가를 받은 때에 법원에 대하여도 효력이 발생한다고 보아야 하며, 법원의 허가는 금지를 예외적으로 허용하는 것이므로, 그 효력은 소송위임이 있을 때로 소급하여 발생한다고 보는 것이 타당하다. 따라서 법원의 허가를 받지 않은 상태에서 대리인이 소를 제기한 경우, 그 소는 일단 부적법하나 그 뒤 법원의 허가를 받은 때에는 소급하여 적법하게 된다고 할 것이다.

5) 소액사건의 경우에는 당사자의 배우자, 직계혈족 또는 형제자매는 법원의 허가 없이도 소송대리인이 될 수 있다(소액사건심판법 제8조 제1항). 또, 당사자가 판사의 면전에서 구술로 소송대리인을 선임하고 법원사무관 등이 조서에 이를 기재하는 방법으로도 대리권을 수여할 수 있다(소액사건심판법 제8조 제2항). 비송사건의 경우에는 단독사건이건 합의사건이건 소송능력만 있으면 아무나 소송대리인이 될 수 있으나, 이에 불구하고 법원은 본인이 출석하도록 명령할 수 있다(비송사건절차법 제6조 제1항).

6) 한편, 조정절차에서는 대리인이 있더라도 원칙적으로 당사자 본인이 출석하여야 한다. 그러나 특별한 사정이 있는 경우에는 대리인을 출석시키거나 보조인을 동반할 수 있다. 변호사 아닌 자가 조정사건의 대리인이 되기 위해서는 본안사건과 같은 요건을 갖추어 법원의 허가를 받아야 한다(민사조정법 제38조 제1항, 민사소송법 제87, 88조). 본안사건의 소송대리인은 조정절차에서도

---

217) 민사소송규칙에서 정하고 있지 않으나, 본래 단독판사의 관할에 속하는 증거보전, 독촉, 제소전화해(당사자의 신청에 의한 조정사건 포함), 강제집행 사건도 변호사 아닌 자의 소송대리가 허용된다는 것이 통설이다.

대리권이 있다(민사조정규칙 제6조 제3항). 소액사건의 조정에서는 당사자의 배우자, 직계혈족 또는 형제자매는 법원의 허가 없이 소송대리인이 될 수 있다(민사조정규칙 제6조 제2항).

7) 가사사건의 경우에는 가정법원, 조정위원회 또는 조정담당판사의 변론기일, 심리기일 또는 조정기일에 소환을 받은 당사자와 이해관계인은 소송대리인이 있더라도 본인 또는 법정대리인이 출석하여야 한다(가사소송법 제7조 제1항). 본인의 의사가 중요한 가사사건의 특성상 본인이나 이를 후견하는 지위에 있는 법정대리인이 출석할 필요가 있기 때문이다.

그러나 특별한 사정이 있을 때에는 재판장, 조정장 또는 조정담당판사의 허가를 받아 소송대리인을 출석하게 할 수 있으며, 변호사 아닌 자가 대리인이 되려면 미리 재판장, 조정장 또는 조정담당판사의 허가를 받아야 하는데, 가사소송에서의 소송대리허가 요건은 민사소송의 그것과 동일하다(가사소송법 제7조 제1항 단서, 제2항, 제12조). 재판장, 조정장 또는 조정담당판사는 언제든지 위 허가를 취소할 수 있고, 본인이 법정대리인 또는 대리인과 함께 출석할 것을 명할 수 있다(가사소송법 제7조 제3항). 반면 가사비송에 대해서는 비송사건절차법이 준용되므로 그러한 제한 없이 대리인이 될 수 있다(가사소송법 제34조, 비송사건절차법 제6조).

8) 민사집행법에 의한 경매절차나 국세징수법 등에 의한 공매절차에서 법무사와 공인중개사는 매수신청 또는 입찰신청에 한하여 본인을 대리할 수 있다(법무사법 제2조 제1항, 공인중개사법 제14조 제2항).

9) 한편, 변리사는 특허, 실용신안, 디자인 또는 상표에 관한 사항의 소송대리인이 될 수 있다(변리사법 제8조). 여기에는 특허·실용신안·디자인 또는 상표의 출원·등록, 특허 등에 관한 특허심판원의 각종 심판 및 특허심판원의 심결에 대한 취소소송과 같이 특허, 실용신안, 디자인 또는 상표 그 자체에 관한 권리의 존부나 등록 등의 분쟁 사건[218]은 포함되나, 특허권 등 지적재산권에 대한 침해를 원인으로 한 침해금지청구 또는 손해배상청구사건과 같이 순수한 민사사건[219]은 대리할 수 없다(헌법재판소 2012. 8. 23. 선고 2010마740 결정, 대법원 2012. 10. 25. 선고 2010다108104 판결).

(4) 소송대리권의 수여

1) 소송대리인의 대리권은 본인의 대리권 수여에 의해 발생하므로 그가 본인을 대리하여 소송행위를 하기 위해서는 반드시 대리권 수여가 필요하다. 이는 위임에 의할 수도 있고, 대리권만의 수여로써도 가능하다. 변호사법에서는 일정한 경우 변호사의 소송수임을 제한한다(변호사법 제31조 참조).[220]

---

218) 이들 사건은 뒤의 <관할>에서 보는 바와 같이 특허법원의 전속관할에 속한다.

219) 이들 사건의 1심은 뒤의 <관할>에서 보는 바와 같이 특허법원의 전속관할에 속하지 않고 일반 법원의 관할에 속한다. 이들 사건에서도 단독판사의 관할 사건은 법원의 허가를 얻어 변리사가 소송대리인이 될 수 있음은 물론이다.

220) 변호사법에 위반하여 변호사가 소송을 수임하고 소송행위를 한 경우라도, 상대방이 이를 알았거나 알 수 있었음에도 사실심 변론종결시까지 이의를 하지 않은 때에는 민사소송법 제151조를 적용하여 유효하다고 보는 것이 판례이다(대법원 1995. 7. 28. 선고 94다44903 판결, 2003. 5. 30. 선고 2003

2) 소송대리인에 대한 대리권의 수여는 단독행위에 해당하고 위임은 계약에 해당하지만, 어느 것이나 낙성불요식의 법률행위이다. 그러나 민사소송법 제89조 제1항은 소송대리인의 권한은 서면으로 증명할 것을 요구하므로, 그 대리권의 범위는 물론 대리권의 수여 사실 자체도 서면으로 증명하여야 한다. 이에 따라 소송실무상 변호사 선임계 또는 소송위임장이라는 문서를 제출하는 것이 통례이다.

위 대리권 증명서가 사문서인 경우, 그 진정성립의 확인을 위해 법원은 공증인, 그 밖의 공증업무를 보는 사람의 인증을 받도록 소송대리인에게 명할 수 있으나, 당사자가 말로 소송대리인을 선임하여 법원사무관 등이 조서에 그 진술을 적어 놓은 경우에는 따로 위 증명이나 인증이 필요 없다(민사소송법 제89조 제2, 3항). 소송대리인이 위 인증명령에 따르지 않는 경우 법원은 그의 소송대리권을 부인하고 소송관여를 금지할 수 있음은 물론이다. 이 역시 법원의 직권조사사항이기 때문이다.

3) 소송대리인에 대한 대리권의 수여는 심급별로 이루어져야 한다는 것이 통설과 판례(대법원 2016. 9. 8. 선고 2015다39357 판결 등 참조)이다. 따라서 소송위임이나 대리권의 수여에서 특별히 그 심급을 언급하지 않은 때에는 당해 심급의 소송수행에 관하여만 대리권이 있다.[221] 사건이 상고심에서 항소심으로 파기환송 된 경우에는 환송 전의 항소심에서 소송대리권을 가졌던 소송대리인의 대리권은 부활한다는 것이 대법원의 견해이다(대법원 1963. 1. 31. 선고 62다792 판결, 1991. 11. 22. 선고 91다18132 판결, 2016. 7. 7. 선고 2014다1447 판결 등). 상고심에서 파기 이송된 경우나 항소심에서 1심으로 환송 또는 이송된 경우에도 마찬가지라고 할 것이다.

4) 반면에 상고심에서 항소심으로 파기 환송된 사건이 다시 상고되었을 경우에는 항소심에서의 소송대리인은 그 소송대리권을 상실하고, 이때 환송 전의 상고심에서의 소송대리인의 대리권이 그 사건이 다시 상고심에 계속되면서 부활하게 되는 것은 아니다(대법원 1996. 4. 4. 자 96마148 결정).

또한, 재심의 소는 상소가 아니고, 그 변론은 재심 전 소송절차의 속행 형식으로 이루어지기는 하지만 재심의 소는 신소의 제기라는 형식을 취하고 재심 전 소송과는 일단 분리되어 있으므로, 특별수권이 없는 이상 재심 전 소송의 소송대리인이 당연히 재심소송의 소송대리인이 되는 것은 아니다(대법원 1991. 3. 27. 자 90마970 결정).

5) 법정대리인이나 법률상대리인도 소송대리인을 선임할 수 있다. 그들은 본래 실체법상의 법률행위를 하도록 대리권을 수여받은 것이고, 보통 이들은 법률전문가도 아니기 때문이다.

다15556 판결 등).

221) 이와 달리 소송위임이나 대리권의 수여에서 심급을 제한하지 않고 당해 소송이 모두 종료할 때까지로 정한 때에는 전 심급의 소송수행에 관하여 대리권이 있다.

(5) 소송대리인의 지위와 권한

1) 소송대리인 역시 법정대리인과 마찬가지로 소송당사자가 아니라 그의 대리인에 불과하다. 따라서 소송대리인이 소송비용을 부담하라는 내용의 재판을 받은 경우에도 그가 당해 소송의 당사자가 되는 것이 아니고 이는 당사자 사이의 분쟁에 해당하지 않으므로, 그는 즉시항고나 재항고에 의하여 불복할 수 있을 뿐 당사자만이 할 수 있는 방법인, 상대방 당사자를 상대로 한 항소나 상고를 제기할 수는 없다(대법원 1997. 10. 10. 선고 96다48756 판결).

소송대리인은 또한 그 소송에서 제3자이므로 증인이나 감정인이 될 수도 있다. 그러나 소송대리인이 상대방 당사자가 되거나 상대방 당사자를 위하여 보조참가를 하거나 상대방 당사자를 위한 소송대리인이 되는 것은 변호사법의 규정 여부를 불문하고 대리제도와 충돌하므로 허용될 수 없다고 할 것이다.

2) 소송대리인의 소송대리권은 제한하지 못한다. 따라서 소송대리인은 당해 소송사건에 관하여 원칙적으로 당사자 본인이 할 수 있는 모든 소송행위를 할 수 있다. 민사소송법은 이에 관하여 "소송대리인은 위임을 받은 사건에 대하여 반소·참가·강제집행·가압류·가처분에 관한 소송행위 등 일체의 소송행위와 변제의 영수를 할 수 있다"고 규정하고 있는바(민사소송법 제90조 제1항), 이는 예시적인 것에 불과하다.

3) 변호사 아닌 소송대리인에 대하여는 대리권의 범위를 제한할 수 있다(민사소송법 제91조). 또한 법령에서 직접 제한한 것 역시 예외적으로 제한이 허용된다. 민사소송법 제90조 제2항은 반소의 제기, 소의 취하, 화해, 청구의 포기·인낙, 독립당사자참가에 따른 탈퇴, 상소의 제기 또는 취하, 대리인의 선임에 대하여는 특별한 권한을 따로 받아야 한다고 규정하고 있는바, 상대방의 상소에 따른 응소, 불상소합의, 상소 취하, 상소권의 포기도 포함한다는 것이 통설이다.[222] 따라서 이러한 권한은 변호사라도 특별수권을 요하는바, 통상 변호사가 사용하는 소송위임계약서에는 이러한 권한의 수여가 부동문자로 인쇄되어 있다.

변호사 아닌 소송대리인에 대하여는 위와 같이 대리권을 제한할 수 있으므로 민사소송법 제90조 제1항에서 규정한 사항인 반소·참가·강제집행·가압류·가처분에 관한 소송행위에 대해서도 제한할 수 있다. 이를 제한하더라도 그 내용이 소송위임장 등 서면에 나타나 있으므로 법원이나 상대방 당사자가 이로 인해 손해를 입을 염려는 없다. 만약 그 제한 내용이 소송위임장 등 서면에 나타나 있지 않은 때는 이로써 법원이나 상대방 당사자에게 대항할 수 없음은 물론이다(민사소송법 제89조 제1항 참조).[223]

4) 소송대리인은 복수로 선임하여도 무방하다.[224] 그러나 여러 소송대리인이 있는 때

---

222) 화해에 준하는 조정, 강제조정결정에 대한 이의신청의 취하도 이에 포함하여야 할 것이다(민사조정규칙 제6조 제3항은 화해·조정에 관하여 명문의 규정을 두고 있다).

223) 따라서 이 경우 민법 제118조는 적용이 없다고 할 것이다.

에도 이들은 각자 본인인 소송당사자를 대리하며, 당사자와 대리인이 이에 어긋나는 약정을 하더라도 이는 무효이다(민사소송법 제93조). 소송대리인의 공동대리를 허용할 경우 소송절차가 지연되고 상대방 당사자에게도 혼선을 줄 우려가 있기 때문이다.

민사소송법 제91조 단서는, 변호사 아닌 소송대리인에 대하여는 대리권을 제한할 수 있도록 허용하지만, 민사소송법 제91조와 제93조의 관계 등을 고려하면 변호사가 아닌 소송대리인을 복수로 선임하고 이들에게 소송행위를 공동대리하도록 그 대리권 행사를 제한하는 것은 허용되지 않는다고 할 것이므로,[225] 변호사는 물론이고 변호사 아닌 소송대리인에 대하여도 공동대리를 허용할 수는 없다.

5) 여러 소송대리인이 예외적으로 공동대리권을 행사하는 경우에도 송달은 그 가운데 한 사람에게만 하면 된다(민사소송법 제180조).[226] 그러나 소송대리인이 여러 명이고 이들이 공동으로 대리권을 행사하는 경우가 아니라면, 민사소송법 제180조가 적용되지 아니하고 그들 각자가 개별적으로 송달을 받을 권리가 있으므로, 그들이 따로 그들 중 1인이나 타인을 공동의 송달영수인으로 신고하지 않은 이상 송달은 그 전원에게 각각 개별적으로 실시하여야 한다(대법원 2011. 9. 29.자 2011마1335 결정).[227] 복수의 소송대리인이 모순된 소송행위를 한 경우의 법률효과는 앞서 본 법정대리인의 그것과 같다.

6) 소송대리인은 본인의 특별수권이 있거나 그의 동의가 있으면 복대리인을 선임할 수 있다(민법 제120조, 민사소송법 제90조 제2항 제4호 참조). 즉 소송대리인에게도 예외적으로 복임권이 있다. 이 경우 소송대리인의 복대리인 선임에 따른 책임은 민법 제121조가 적용된다고 할 것이다. 따라서 소송대리인이 복대리인을 선임한 때에는 당사자에게 그 선임감독에 관한 책임을 지고, 소송대리인이 당사자 본인의 지명에 의하여 복대리인을 선임한 경우에는 그 부적임 또는 불성실함을 알고 본인에 대한 통지나 그 해임을 태만한 때가 아니면 책임이 없다.

한편 복대리인 역시 임의적 소송대리인으로서 본인의 대리인이고, 복대리인에게도 민사소송법 제91조가 적용되어 변호사인 복대리인의 권한은 그에게 복대리권을 수여한 소송대리인의 그것과 같으며,[228] 변호사가 아닌 복대리인의 권한은 그에게 복대리권을 수

224) 그러나 변호사 보수를 소송비용에 산입하여 계산할 때는 여러 변호사가 소송을 대리하였더라도 한 변호사가 대리한 것으로 본다(민사소송법 제109조 제2항).

225) 따라서 민사소송법 제91조에 의하여 변호사 아닌 소송대리인의 소송대리권 제한이 허용되는 것은 개개의 소송행위에 한한다고 할 것이다.

226) 그러나 이 규정이 공동대리가 허용되지 않는 순수한 소송대리인에게는 별 의미가 없음은 위에서 본 바와 같다.

227) 다만, 이들에 대한 판결 정본 송달의 효력은 그들 중 가장 먼저 송달이 이루어진 때에 발생하고 그 때부터 상소기간이 진행된다(대법원 2011. 9. 29.자 2011마1335 결정). 송달에 대해서는 송달 부분을 참조.

228) 이와 달리 복대리인의 권한은 민사소송법 제90조가 정한 기본 대리권에 국한된다는 견해가 있으나, 그 근거를 알 수 없고 동의하기 어렵다. 변호사인 복대리인의 권한 역시 민사소송법 제91조 본문에 따라 제한할 수 없으므로, 복대리인에게 특정기일의 소송대리권만을 수여하는 것은 무효라고 보아야

여한 바에 따라 정해진다고 할 것이다. 다만, 복대리인은 다시 복대리인을 선임할 수 없다는 것이 통설이다.

7) 소송대리인이 변론기일이나 변론준비기일에서 사실에 관한 진술을 하였을 때 당사자 본인이 이를 곧 취소하거나 경정한 경우에는 그 효력을 잃는다(민사소송법 제94조). 이를 당사자의 경정권이라고 하는데, 당해 소송사건의 사실관계는 그 당사자 본인이 가장 잘 알기 때문이다. 그러나 이는 소송대리인의 사실에 관한 진술, 즉 어떤 구체적·역사적 사실의 존부에 관한 진술에 국한되고, 또한 당사자 본인과 소송대리인이 변론기일이나 변론준비기일에 함께 출석한 당해 기일에서만 허용된다.

8) 소송대리인의 대리권은 소송행위와 그 소송수행을 위하여 필요한 범위를 기본으로 하므로 그에게 당연히 실체법상의 대리권까지 있는 것은 아니다(대법원 2018. 11. 29. 선고 2016다18753 판결 참조). 그러나 그 변제의 영수는 당연히 대리권에 포함된다(민사소송법 제90조 제1항).

소송대리인에게 소송대리권 외에 실체법상의 대리권도 있는지 여부는 본인이 그에게 실체법상의 대리권을 수여하였는지 여부에 달려 있으며, 이는 결국 대리권 수여행위의 의사해석 문제로 귀결된다. 다만, 소송행위와 그 소송수행을 위임한 이상 취소권, 해제권, 해지권, 상계권, 동시이행항변권, 채무이행거절권의 행사와 같이 그 소송수행에 당연히 수반되는 방어적·수동적 행위는 특별한 사정이 없는 한 실체법상의 것이라도 원칙적으로 대리권을 갖는다고 해석할 것이다(대법원 1993. 7. 27. 선고 93다8986 판결 등 참조).

(6) 소송대리권의 소멸

1) 소송대리인의 대리권 역시 앞서 법정대리인에 관하여 본 것과 같이 여러 사유로 소멸한다. 소송대리인에게 특유한 것으로는, ① 당사자 본인의 사망 또는 소송능력의 상실, 당사자인 법인의 합병에 의한 소멸, 당사자인 수탁자의 신탁임무의 종료, 소송대리인을 선임한 법정대리인의 사망이나 그 소송능력의 상실 또는 대리권의 소멸·변경의 경우에도 소송대리인의 대리권은 소멸하지 않으며(민사소송법 제95조), ② 파산관재인과 같이 일정한 자격에 의하여 자기의 이름으로 남을 위하여 소송당사자가 된 사람, 즉 제3자소송담당자에게 소송대리인이 있는 경우에 그 소송대리인의 대리권은 당사자가 자격을 잃더라도 소멸하지 아니하고, 이는 선정당사자가 그 자격을 잃은 경우에도 동일하며(민사소송법 제96조), ③ 소송대리인의 대리권이 종료하더라도 복대리인의 대리권은 소멸하지 않는다는 것이 통설이다.

2) 심급대리의 원칙에 따라 소송대리인의 대리권은 당해 심급의 판결 정본이 그에게 송달된 때에 소멸한다(대법원 1955. 3. 10. 선고 4287민상163 판결 등). 그러나 소송대리인에게 상소제기에 관한 특별수권

할 것이다. 실무상으로도 복대리인이 한번 복대리위임장을 받은 경우 다음 기일에서도 대리권을 행사하고 있다.

이 부여되어 있는 경우에는 그에게 판결 정본이 송달되더라도 대리권은 소멸하지 않고 상소제기기간이 진행한다(대법원 2010. 12. 23. 선고 2007다22859 판결 등).

3) 소송대리인의 대리권 역시 소송대리인의 자격(변호사) 상실,[229] 소송대리인의 사망, 소송대리인이 성년후견개시심판을 받거나 파산선고를 받은 경우, 위임인 본인이 파산선고를 받은 경우(민법 제690조)에는 소멸한다. 또한, 소송위임이나 대리권 수여에 대리권의 존속기한이 정해진 경우에는 그 기한의 도래, 위임계약의 해제·해지,[230] 대리권의 포기 등에 의해서도 소송대리권이 소멸한다.

4) 소송대리권의 소멸통지와 이를 게을리 한 경우의 효과에 관하여는 법정대리권의 그것에 관한 규정이 준용된다(민사소송법 제97, 63조). 여기서 주의하여야 할 것은, 변호사가 소송대리인 사임서를 법원에 제출하였다 하더라도 상대방에게 그 사실을 통지하지 않은 이상 법원과 상대방에게 이를 주장할 수 없으므로, 소송대리인의 사임서 제출 사실을 상대방에게 통지하지 않은 상태에서 법원이 그 소송대리인에게 판결 정본을 송달한 것은 적법하고 상소기간이 유효하게 진행한다는 것이다(대법원 1995. 2. 28. 선고 94다49311 판결, 1970. 9. 29. 선고 70다1593 판결, 2008. 4. 18. 자 2008마392 결정).[231]

4. 진술보조인

1) 진술보조인이란 질병, 장애, 연령(주로 노령), 그 밖의 사유로 인한 정신적·신체적 제약으로 소송관계를 분명하게 하기 위해 필요한 진술을 하기 어려운 당사자를 보조하기 위해 당사자와 함께 출석하여 진술하는 사람을 말한다(민사소송법 제143조의2 제1항).

2) 진술보조인이 되기 위해서는 수소법원의 허가를 받아야 하고, 법원은 언제든지 그 허가를 취소할 수 있다. 진술보조인의 자격은 당사자의 배우자, 직계친족, 형제자매, 가족, 그 밖에 동거인으로서 당사자와의 생활관계에 비추어 진술보조인으로 허가함이 상당하다고 인정되는 사람으로서 듣거나 말하는 데 장애가 없어야 한다(민사소송규칙 제30조의2 제1항). 위 허가신청은 심급마다 서면으로 하여야 한다(민사소송규칙 제30조의2 제2항).

3) 진술보조인은 문자 그대로 당사자의 진술을 보조하는 사람이지 그 대리인은 아니다. 따라서 진술보조인은 당사자를 갈음하여 소송행위를 할 수는 없고, 법원이나 상대방의 소송행위 내용을 전달·설명해주는 한편, 그 당사자가 하는 진술을 보조하여 그 내용을 법원이나 상대방에게 전달·설명해주는 역할에 그쳐야 한다.[232]

---

229) 변호사의 자격 상실이나 정직처분이 소송대리인의 대리권 소멸 사유인지 단순한 변론능력 상실 사유인지 학설이 갈리나, 자격 상실이나 정직처분을 받은 변호사는 유효하게 소송행위를 할 수 없으므로 대리권 소멸 사유로 봄이 타당하다. 변호사 아닌 자가 소송대리 허가를 받은 후 그 허가요건이 소멸한 경우라도 법원의 허가취소가 있기 전까지는 대리권이 소멸하지 않는다고 할 것이다.

230) 대리인의 사임이나 대리인 해임은 여기에 해당하는 경우가 많을 것이다.

231) 그럼에도 소송실무상 상대방에 대하 통지가 이루어지는 경우는 거의 없는바, 주의를 요한다.

232) 진술보조인의 지위는 형사소송에서의 보조인과 유사하다. 형사소송의 보조인은 피고인 또는 피의자

즉 진술보조인은 당사자 본인과 동석하여 당사자 본인의 진술을 법원과 상대방, 그 밖의 소송관계인이 이해할 수 있도록 중개하거나 설명하는 행위, 법원과 상대방, 그 밖의 소송관계인의 진술을 당사자 본인이 이해할 수 있도록 중개하거나 설명하는 행위를 할 수 있고, 당사자 본인은 진술보조인의 행위를 즉시 취소하거나 경정할 수 있다(민사소송규칙 제30조의2 제3항). 한편, 법원은 진술보조인이 한 중개 또는 설명행위의 정확성을 확인하기 위하여 직접 진술보조인에게 질문할 수도 있다(민사소송규칙 제30조의2 제4항). 진술보조인의 출석 여부와 그 진술 내용은 변론기일조서 등에 기재한다.

4) 진술보조인은 당사자 본인의 이익을 위하고 본인과 일정한 생활관계에 있는 사람에 한하는 점에서, 당사자 본인의 승소를 통해 자신의 법익을 보호하려는 보조참가인과 다르다. 더구나 보조참가인은 당사자 본인의 진술을 보조하는 것이 아니라 그와 독립하여 자신의 소송행위를 하는 점에서도 진술보조인과 다르다. 그러나 보조참가인도 진술보조인이 되는 데에는 장애가 없다고 할 것이므로, 필요한 경우 진술보조인 허가신청을 할 수 있다.

5. 전문심리위원

1) 수소법원은 소송관계를 분명하게 하거나 소송절차를 원활하게 진행하기 위하여 직권 또는 당사자의 신청에 따른 결정으로, 특정한 분야에 전문적인 지식을 갖고 있는 전문심리위원을 지정하여 소송절차에 참여하게 할 수 있다. 수명법관 또는 수탁판사도 이를 할 수 있다.

2) 전문심리위원은 소송절차에서 당해 소송에 관하여 설명 또는 의견을 기재한 서면을 제출하거나 기일에 출석하여 설명이나 의견을 진술할 수 있으며, 변론기일이나 변론준비기일에 재판장의 허가를 받아 당사자, 증인 또는 감정인 등 소송관계인에게 직접 질문할 수 있다(민사소송법 제164조의2). 법원은 전문심리위원이 제출한 서면이나 전문심리위원의 설명 또는 의견의 진술에 관하여 당사자에게 구술 또는 서면에 의한 의견진술의 기회를 주어야 한다(민사소송법 제164조의2 제4항).

전문심리위원은 당사자의 대리인이거나 보조인이 아니라, 전문지식을 가지고 자신이

의 법정대리인, 배우자, 직계친족과 형제자매 또는 피고인이나 피의자와 신뢰관계 있는 자가 될 수 있고, 보조인이 되고자 하는 자는 심급별로 그 취지를 법원에 신고하여야 하며, 보조인은 독립하여 피고인 또는 피의자의 명시한 의사에 반하지 아니하는 소송행위를 할 수 있다(형사소송법 제29조). 이를 위해 법원은 보조인에게도 공판기일 등을 통지한다(형사소송법 제60조 제1항). 이 점에서 진술보조인과 보조인은 형사소송에서 범죄로 인한 피해자를 증인으로 신문하는 경우 증인의 연령, 심신의 상태, 그 밖의 사정을 고려하여 증인이 현저하게 불안 또는 긴장을 느낄 우려가 있다고 인정하는 때에 법원의 직권 또는 피해자·법정대리인·검사의 신청에 따라 피해자와 신뢰관계에 있는 자를 동석하게 하는 동석인(형사소송법 제163조의2)과는 다르다(물론 동석인도 증인에게 사실상 법원이나 검사 등의 말을 전달·중개할 수는 있을 것이다. 형사소송규칙 제84조의3 제1항 참조).

당해 소송에 관하여 파악한 내용을 법원에게 설명하거나 의견을 개진함으로써 법원의 심리와 심증형성을 돕는 사람, 즉 법원을 보조하는 지위를 갖는다. 이런 점에서 전문심리위원은 넓은 의미에서는 감정인과 유사하다고 할 수 있다.

3) 법원은 전문심리위원을 소송절차에 참여시키는 경우 당사자의 의견을 들어 각 사건마다 1인 이상의 전문심리위원을 지정하여야 하며, 전문심리위원에게는 대법원규칙으로 정하는 바에 따라 수당을 지급하고, 필요한 경우에는 그 밖의 여비, 일당 및 숙박료를 지급할 수 있다(민사소송법 제164조의4). 법원은 상당하다고 인정하는 때에는 직권이나 당사자의 신청으로 전문심리위원 지정결정을 취소할 수 있고, 당사자가 합의로 지정결정을 취소할 것을 신청하는 때에는 그 결정을 취소하여야 한다(민사소송법 제164조의3).

4) 전문심리위원에게는 민사소송법 제41조부터 제45조까지와 제47조의 제척, 기피에 관한 규정이 준용된다. 이에 따른 제척 또는 기피 신청을 받은 전문심리위원은 그 신청에 관한 결정이 확정될 때까지 당해 사건의 소송절차에 참여할 수 없다. 이 경우 전문심리위원은 당해 제척 또는 기피 신청에 대하여 의견을 진술할 수 있다(민사소송법 제164조의5).

5) 전문심리위원 또는 전문심리위원이었던 자가 그 직무수행 중에 알게 된 다른 사람의 비밀을 누설하는 경우에는 2년 이하의 징역이나 금고 또는 1,000만 원 이하의 벌금에 처하며, 전문심리위원은 형법 제129조부터 제132조까지의 규정에 따른 벌칙의 적용에서는 공무원으로 본다(민사소송법 제164조의7, 8).

6) 법원은 이와 같이 전문심리위원의 설명이나 의견을 참고하여 사실관계를 파악하고 심증을 형성하는 데 도움을 받게 되는데, 전문심리위원의 설명이나 의견은 참고자료에 지나지 않고 직접적으로 증거자료가 되는 것은 아니다(대법원 2014. 12. 24. 선고 2013다18332 판결, 2015. 8. 27. 선고 2013다16527 판결). 다만, 법원은 필요한 경우 전문심리위원의 설명서를 서증으로 채택, 조사할 수 있다.

Ⅳ. 법 원

1. 법원의 지위와 재판권

가. 재판권의 의의

1) 인간사회에서 사회성원들이 다양한 관계를 맺고 활동하다보면 그 과정에서 반드시 갈등과 분쟁이 발생하게 마련이다. 근대 시민법국가에서는 갈등과 분쟁의 해결을 사인(私人)에게 맡기지 않고 국가가 공권력에 의하여 맡는 것을 원칙으로 한다.

2) 국가의 공권력에 의하여 분쟁을 해결하는 경우에 그 역할을 국가의 어느 기관에 맡길 것인지에 관하여 근대 시민법국가는 거의 예외 없이 이를 일정한 자격과 독립성이 보장된 법관으로 구성된 법원, 즉 사법부(司法府)에 맡기는 것을 원칙으로 하고 있다.

3) 이러한 원칙에 따라 우리 헌법도 "모든 국민은 헌법과 법률이 정한 법관에 의하여 법률에 의한 재판을 받을 권리를 가진다"고 선언하고 있다(헌법 제27조 제1항).

4) 한편, 헌법은 사법권은 법관으로 구성된 법원에 속한다고 선언하고, 사법권을 행사할 헌법기관으로 법원을 설치하되, 이는 최고법원인 대법원과 그 아래의 각급 법원으로 조직하도록 규정하고 있다(헌법 제101조 제1, 2항). 여기서 말하는 사법권은, 개개의 구체적인 분쟁 사건에서 법령을 해석·적용하여 무엇이 법인지를 선언함으로써 분쟁을 해결하는 기능을 하는 국가 공권력을 의미한다. 따라서 법원은 헌법기관이므로 법률로써도 폐지하거나 그 권한을 박탈할 수 없다. 다만 헌법은, 예외적으로 행정부에 속하는 특별법원으로서 하급심으로는 군사재판을 담당할 군사법원(헌법 제110조)과 재판의 전심절차인 행정심판을 담당할 행정심판기관(헌법 제107조 제3항)을 둘 수 있도록 하고, 헌법적 분쟁사건에 대한 사법권을 행사할 특별 사법기관으로 헌법재판소를 두고 있다(헌법 제111조, 제107조 제1항).

5) 사법부, 즉 법원이 헌법과 법률에 의하여 부여받은 분쟁의 해결 권능(권한)을 행사하는 경우에 이를 재판권이라고 한다(민사소송법 제4, 28조 등 참조).[233] 물론 여기서 말하는 재판권은 변론을 거쳐 무엇이 법인지를 구체적으로 선언하는 판결이나 이에 준하는 심판, 결정, 명령의 심판작용 외에 강제집행의 보전, 강제집행, 파산이나 회생절차, 조정이나 화해 등 비송적 권한 행사까지 포함하는 넓은 의미의 재판을 의미한다(법원조직법 제2조 참조).[234]

나. 재판권 흠결의 효과

1) 재판권은 법원이 특정 분쟁사건의 해결을 위하여 행사할 수 있는 권한이므로 그 존부는 소송요건에 속한다. 따라서 ① 헌법재판소의 권한에 속하는 권한쟁의심판이나 정당해산청구 등 헌법소송사건을 법원에 신청한 경우, ② 군사법원의 권한에 속하는 군인이나 군무원에 대한 군형법위반 등 군사법원법 제2, 3조에서 정한 사건의 재판을 법원에 신청한 경우, ③ 행정심판기관의 권한에 속하는 행정심판사건의 처리를 법원에 신청한 경우에는 법원에 재판권이 없으므로 소송요건의 흠결로서 그 소는 부적법하다. 따라서 법원은 해당 기관에 사건을 이송할 것이 아니라 소를 각하하여야 한다.[235]

2) 재판권은 국가 주권 내지 통치권의 일부이므로 그 효력이 미치는 범위는 주권이나

---

233) 법원조직법에서는 이를 사법권(동법 제1조) 또는 심판권이라고 한다(동법 제14, 28, 28조의4, 32조 등).

234) 법원조직법 제2조는 법원의 권한으로, 모든 법률상의 쟁송을 심판하고, 동법과 다른 법률에 따라 법원에 속하는 권한을 가지며, 등기, 가족관계등록, 공탁, 집행관, 법무사에 관한 사무를 관장하거나 감독한다고 규정하고 있다. 넓은 의미의 재판의 개념은 <Ⅰ. 민사소송의 기본 구조, 1. 민사소송의 의의, 가. 민사소송의 개념, (5) 재판과 소송>을 참조.

235) 이송을 할 법적 근거가 없다. 그럼에도 재판권이 없는 법원이 재판을 한 경우 그 재판은 무효이다(대법원 2011. 12. 13. 선고 2009다16766 판결 참조).

통치권의 범위와 같다. 따라서 외국이나 치외법권이 인정되는 외국의 외교관 등에 대한 소를 국내 법원에 제기한 경우에도 소송요건, 즉 재판권 흠결로서 그 소는 부적법하다.[236) 237)] 한편 외교관은 아니나, 대한민국에 거주하는 주한미군의 구성원과 내국인이 아닌 그 고용원이 공무집행 중에 저지른 불법행위에 대해서는 한미행정협정에 의하여 우리나라 법원에 재판권이 없다.

3) 우리나라 국민과 외국 국민 사이의 사법적 법률관계에 관하여 우리나라 법원에, 우리나라 국민이 외국 국민을 상대로 또는 외국 국민이 우리나라 국민을 상대로 소의 제기 등 사건 처리를 신청하는 경우, 영토고권과 대인고권에 의하여 우리나라 통치권(재판권) 행사가 가능하더라도, 국제사법에서는 일정한 경우에만 우리나라 법원의 재판권 행사를 인정하므로, 그에 의한 재판권이 없는 경우에는 소가 부적법하게 된다.

이와 관련하여 국제사법은 "① 법원은 당사자 또는 분쟁이 된 사안이 대한민국과 실질적 관련이 있는 경우에 국제재판관할권을 가진다. 이 경우 법원은 실질적 관련의 유무를 판단함에 있어 국제재판관할 배분의 이념에 부합하는 합리적인 원칙에 따라야 한다(국제사법 제2조 제1항), ② 법원은 국내법의 관할 규정을 참작하여 국제재판관할권의 유무를 판단하되, 제1항의 규정의 취지에 비추어 국제재판관할의 특수성을 충분히 고려하여야 한다"

236) 다만 외국에 대하여는 무제한적으로 재판권 행사가 제한되는 것은 아니라는 것이 대법원의 견해이다. 즉 대법원은 "국제관습법에 의하면, 국가의 주권적 행위는 다른 국가의 재판권으로부터 면제되는 것이 원칙이라 할 것이나, 국가의 私法的 행위까지 다른 국가의 재판권으로부터 면제된다는 것이 오늘날의 국제법이나 국제관례라고 할 수 없다. 따라서 우리나라의 영토 내에서 행하여진 외국의 사법적 행위가 주권적 활동에 속하는 것이거나 이와 밀접한 관련이 있어서 이에 대한 재판권의 행사가 외국의 주권적 활동에 대한 부당한 간섭이 될 우려가 있다는 등의 특별한 사정이 없는 한, 외국의 사법적 행위에 대하여는 당해 국가를 피고로 하여 우리나라의 법원이 재판권을 행사할 수 있다고 할 것이다. 이와 견해를 달리한 대법원 1975. 5. 23.자 74마281 결정은 이를 변경하기로 한다"고 판시한 바 있다(대법원 1998. 12. 17. 선고 97다39216 전원합의체 판결).

237) 한편 제3채무자를 외국으로 하는 채권압류 및 추심명령이나 추심의 소에 관한 재판권 행사와 관련하여 대법원은 "이러한 경우 외국을 피고로 하는 판결절차의 재판권 행사보다 더욱 신중히 행사될 것이 요구된다. 더구나 채권압류 및 추심명령이 제3채무자에 대한 집행권원이 아니라 집행채권자의 채무자에 대한 집행권원만으로 일방적으로 발령되는 것인 점을 고려하면 더욱 그러하다. 따라서 피압류채권이 외국의 사법적 행위를 원인으로 하여 발생한 것이고, 그 사법적 행위에 대하여 해당 국가를 피고로 하여 우리나라 법원이 재판권을 행사할 수 있다고 하더라도, 피압류채권의 당사자가 아닌 집행채권자가 해당 국가를 제3채무자로 한 압류 및 추심명령을 신청하는 경우, 우리나라 법원은, 해당 국가가 국제협약, 중재합의, 서면계약, 법정에서 진술 등의 방법으로 사법적 행위로 부담하는 국가의 채무에 대하여 압류 기타 우리나라 법원에 의하여 명하여지는 강제집행의 대상이 될 수 있다는 점에 대하여 명시적으로 동의하였거나, 우리나라 내에 그 채무의 지급을 위한 재산을 따로 할당해 두는 등 우리나라 법원의 압류 등 강제조치에 대하여 재판권 면제 주장을 포기한 것으로 볼 수 있는 경우 등에 한하여 해당 국가를 제3채무자로 하는 채권압류 및 추심명령을 발령할 재판권을 가진다고 볼 것이다. 그리고 이와 같이 우리나라 법원이 외국을 제3채무자로 하는 추심명령에 대하여 재판권을 행사할 수 있는 경우에는 그 추심명령에 기하여 외국을 피고로 하는 추심금 소송에 대하여도 역시 재판권을 행사할 수 있다고 할 것이고, 반면 추심명령에 대한 재판권이 인정되지 않는 경우에는 추심금 소송에 대한 재판권 역시 인정되지 않는다고 보아야 한다"고 판시하였다(대법원 2011. 12. 13. 선고 2009다16766 판결).

(국제사법 제2조 제2항)고 규정하고 있는바, 대법원은 "국제재판관할은 당사자 간의 공평, 재판의 적정, 신속 및 경제를 기한다는 기본이념에 따라 결정하여야 한다. 구체적으로는 소송당사자들의 공평, 편의 그리고 예측가능성과 같은 개인적인 이익뿐만 아니라 재판의 적정, 신속, 효율 및 판결의 실효성 등과 같은 법원 내지 국가의 이익도 함께 고려하여야 하고, 이러한 다양한 이익 중 어떠한 이익을 보호할 것인지는 개별 사건에서 법정지와 당사자 사이의 실질적 관련성 및 법정지와 분쟁이 된 사안 사이의 실질적 관련성을 객관적인 기준으로 삼아 합리적으로 판단하여야 한다"는 입장이다(대법원 2005. 1. 27. 선고 2002다59788 판결, 2013. 7. 12. 선고 2006다17539 판결 등).

4) 뒤에서 보는 바와 같이 법원조직법은 국법상의 법원으로서 서울행정법원, 서울가정법원, 서울회생법원 등 특정한 종류의 사건을 심판할 법원을 두고 있는데, 이들 법원이 행사하는 각각의 재판권이 상호 독립적인지 아니면 재판권의 단일한 귀속처인 사법부, 즉 법원이 내부적으로 그 업무를 나눈 관할에 해당하는지 여부는 뒤의 이송 부분에서 설명한다.

2. 법원의 조직과 구성

가. 법원의 조직

1) 앞서 본 바와 같이 법원은 헌법과 법원조직법에서 말하는 국법(國法)상의 법원과 민사소송법 등 개별 소송법에서 말하는 소송법상의 법원으로 나뉘는데, 일차적으로 중요한 의미를 갖는 것은 전자이다.

2) 국법상의 법원은 우선 최고법원과 하급법원으로 나눌 수 있다. 헌법은 최고법원인 대법원만을 직접 규정하고, 그 이하의 각급 법원은 법률에 위임하고 있는데, 이를 정하는 법이 곧 법원조직법과 '각급 법원의 설치와 관할구역에 관한 법률'이다. 국법상의 법원은 다시 재판을 담당하는 재판기관과 재판업무를 보조하는 비재판기관으로 나눌 수 있는데, 지방법원, 고등법원, 대법원과 가정법원, 행정법원 등은 전자에 속하고, 법원행정처, 사법연수원, 사법정책연구원, 법원공무원교육원, 법원도서관, 양형위원회, 등기소는 후자에 속한다.

3) 법원조직법과 '각급 법원의 설치와 관할구역에 관한 법률'에서는 각급 법원을 지역(관할구역)과 업무를 기준으로 설치하고 있다. 지역을 기준으로 설치된 법원으로는 각 도와 서울 및 광역시에 설치된 지방법원과 가정법원 및 그 지원, 지방법원의 가정지원, 시·군법원, 고등법원이 있고, 업무를 기준으로 설치된 법원으로는 가정법원, 행정법원, 회생법원, 특허법원이 있다. 업무를 기준으로 설치된 법원도 다시 지역을 기준으로 여러 법원이 설치되어 있는데, 행정법원과 회생법원, 특허법원은 아직 서울(행정법원, 회생법원)과 대전(특허법원) 한 곳에만 설치되어 있다.[238) 239)]

우리나라의 법원조직은 최고법원인 대법원을 중심으로 일원적으로 조직·편성되어 있으며, 그 재판의 최종심은 대법원이다. 그리고 대법원장이 이들 법원 소속 법관에 대한 인사권(임용, 전보, 보직 등)과 사법행정권(예산, 교육, 시설 등)을 가지고 있는 일원적 구조를 취하고 있다. 이에 따라 다원적 구조를 취하는 독일과 달리, 각급 법원의 설치도 개별적 설치 근거법을 따로 두지 않고 위와 같이 법원조직법과 '각급 법원의 설치와 관할구역에 관한 법률'에서 통일적으로 규율하고 있다.

4) 대법원 산하에 설치된 법원행정처, 사법연수원, 사법정책연구원, 법원공무원교육원, 법원도서관, 양형위원회와 지방법원 및 그 지원의 산하에 설치된 등기소는 대법원을 비롯한 각급 법원의 재판업무를 보조하기 위한 부속기관으로서, 재판권을 행사하는 기관이 아니므로 사법부 소속기관일 뿐 본래 의미에서는 법원이 아니다. 집행관사무소는 광의의 사법권을 행사하기는 하나, 사법부 소속기관도 법원도 아니다.[240]

5) 국법상의 법원에 소속된 법관은 단독으로 또는 여러 사람이 부(部)를 이루어 재판권을 행사하고 그 업무를 처리하게 되는데, 이들 부와 단독판사가 특정한 사건을 배당받아 담당하게 될 경우 이를 수소법원이라고 하며, 통상 재판부라고 부른다. 이들 재판부는 당해 국법상의 법원이 스스로 편성한다. 이들 재판부는 소송법상의 법원일 뿐 조직상의 독립성을 갖는 국법상의 법원은 아니다. 법원조직법 제27조 제4항에 따라 지방법원 소재지에 설치하는 고등법원의 부, 즉 원외재판부(院外裁判部)도 이와 같다.

나. 법원의 구성

1) 국법상의 법원은 법관과 법관이 아닌 법원공무원으로 구성된다. 법원공무원은 법관의 재판권 행사를 보조하는 사람들로서 통상 각급 법원의 사무국에 소속되어 있다(법원조직법 제10조). 법원공무원으로는 법원관리관(1급), 법원이사관, 법원부이사관, 법원서기관, 법원사무관, 법원주사 등의 일반직 공무원과 법관이 아닌 사법연수원 교수, 법관이 아닌 재판연구관, 재판연구원(로클럭), 사법보좌관, 기술심리관, 조사관, 속기사 등의 특수한 공무원이 있으며,[241] 법원공무원교육원장, 대법원장비서실장, 사법정책연구원장과 수석연구위원

---

238) 사법부에 속하지 않는 군사법원과 행정심판기관도 지역과 업무에 따라 다수가 설치되어 있다. 지역에 따른 행정심판기관으로는 각 시·도 행정심판위원회가 있고, 업무에 따른 행정심판기관으로는 각 시·도 교육청행정심판위원회, 교정청행정심판위원회, 검찰청행정심판위원회, 교원소청심사위원회, 각 시·도 교육청소청심사위원회, 선거관리위원회 등이 있다.

239) 지방법원의 가정지원은 가정법원이 설치되지 아니한 지역에서 가정법원의 권한에 속하는 사항(가정법원 단독판사의 판결·심판·결정·명령에 대한 항소 또는 항고 사건에 관한 심판에 해당하는 사항은 제외)을 관할하는 법원이다(법원조직법 제31조의2). 한편, 지방법원 및 가정법원의 지원은 2개를 합하여 1개의 지원으로 할 수 있다(법원조직법 제3조 제2항 단서).

240) '양육비 이행확보 및 지원에 관한 법률'에 의한 양육비이행심의위원회와 양육비이행관리원은 여성가족부 산하기관으로서 법원 조직과 관계가 없다.

241) 통상 사법보좌관과 조사관은 대부분 일반직 법원공무원 중에서 임용된다.

과 같은 법원 정무직 공무원도 법원공무원에 속한다.[242] 법원경위, 즉 종래의 정리(廷吏)와 법원보안관리대원도 법원공무원이다.

2) 집행관은 지방법원과 그 지원에 설치되어 재판의 집행, 서류의 송달 등의 사무를 행하여 법원의 사법권 행사를 보조하며(법원조직법 제7조, 집행관법 제2조), 지방법원장이 임면하고 지휘·감독을 하나, 법원공무원 신분을 갖지는 않고 국가에서 보수를 받지도 않는다.

3) 대법원은 전원합의체[243]와 대법관 3인(통상 4인) 이상으로 구성되는 부(部, 통상 이를 전원합의체에 대응하여 소부라고 부른다)로 편성되고, 대법원의 재판권은 전원합의체와 부에서 행사한다. 전원합의체가 담당할 사건의 종류는 법원조직법 제7조 제1항에서 구체적으로 규정하고 있다. 고등법원과 특허법원은 법관 3인으로 구성되는 합의부로만 편성되며 이들 부에서 재판권을 행사한다.

4) 행정법원은 법원조직법상으로는 법관 3인으로 구성되는 합의부로만 편성하도록 되어 있는데(법원조직법 제40조의3 제1항), 이와 동시에 법원조직법은, 행정법원의 심판권은 합의부에서 행함을 원칙으로 하되, 단독판사가 심판할 것으로 행정법원 합의부가 결정한 사건, 즉 재정사건(裁定事件)의 심판권은 단독판사가 행한다고 규정하여 그 예외를 인정하고 있다(법원조직법 제7조 제3항). 현재 서울행정법원은 자동차운전면허사건, 변상금부과처분사건, 이행강제금부과처분사건, 조세사건 중 양도소득세부과처분사건, 유족보상금사건을 제외한 산재사건, 국가유공자사건 등은 단독판사가 심판할 것으로 결정(재정단독결정)하여 단독판사로 하여금 처리하게 하고 있다. 그러므로 법률상으로는 행정법원의 단독판사는 행정법원의 재량에 따라 설치하며, 단독판사가 심판한 사건의 항소심도 고등법원이 관할한다.

5) 지방법원과 가정법원 및 그 지원, 지방법원의 가정지원, 회생법원은 법관 3인으로 구성되는 합의부와 법관 1인으로 구성되는 단독판사로 편성되며, 합의부와 단독판사가 맡아 처리할 각 재판권 행사 범위는 법령에 의하여 미리 정해져 있다.

6) 시법원 또는 군법원(시·군법원)은 지방법원 및 가정법원 사무의 일부를 처리하게 하기 위하여 그 관할구역에 두는 법원으로서(법원조직법 제3조 제2항), 민사소액사건, 화해·독촉 및 조정사건, 협의상 이혼의 확인 등을 처리하며, 모두 단독판사이다.

7) 소송법상의 법원인 수소법원이 그 사무 중 일부를 당해 수소법원 소속 법관에게 맡기는 수명법관(受命法官)과 당해 수소법원 소속이 아닌 법관에게 맡기는 수탁판사(受託判事)는 미리 설치된 기관이 아니라, 각각의 사건마다 필요한 경우 일시적으로 재판권 행

242) 다만 이들 정무직 공무원 자리는 법관으로 보임할 수도 있다.

243) 법원조직법 제7조 제1항은 전원합의체라는 용어 대신 합의체라는 용어를 사용하고, 그 구성은 대법관 전원의 3분의 2 이상으로 한다고 규정하고 있는데, 통상은 대법관으로서 법원행정처장을 겸하는 대법관을 제외한 전원으로 구성한다. 법원조직법 제4조 제2항은 대법관의 수를 대법원장을 포함하여 14명으로 한다고 규정하므로, 통상은 그 14명 중 법원행정처장을 제외한 13명으로 합의체를 구성한다.

사를 위임하는 것으로서 이는 국법상의 법원에 해당하지 않으며(민사소송법 제139조 참조),[244] 단독판사로서 업무를 처리한다.

3. 관 할

가. 관할의 의의

1) 앞서 말한 바와 같이 국법상의 법원은 여러 법원으로 조직되어 있고, 또 이 국법상의 법원에는 실제로 재판권을 행사할 재판부로 합의부와 단독판사가 설치(편성)되어 있다. 이와 같이 각각의 구체적 사건을 여러 개의 국법상의 법원이나 그 국법상의 법원에 설치(편성)된 합의부와 단독판사 중에서 어느 쪽이 이를 맡아 처리할 것인지를 정하는 것을 관할이라고 한다. 그리고 관할에 의하여 행사할 재판권을 관할권이라고 한다.

2) 관할에 의하여 각각의 구체적 사건에 관하여 재판권을 행사할 법원이 정해지는데, 이에 따라 정해지는 법원은 원칙적으로는 국법상의 법원이 되며, 이에 따라 그 법원 내의 여러 재판부가 관할권을 갖게 된다. 이와 같이 각각의 구체적 사건에 관하여 관할권을 갖는 국법상의 법원 내의 여러 재판부(합의부 또는 단독판사) 중 특정 재판부가 당해 사건을 맡아 심판하는 것은 관할보다는 한 차원 낮은 단계의 문제로서, 이는 사무분담이라고 한다. 그리고 그 재판부에 사건을 처리하도록 나누어주는 것을 사건의 배당이라고 한다.

3) 관할은 재판권의 행사에 관한 것으로서, 심판자인 법원은 물론 사건 당사자들에게도 중요한 이해관계가 있으므로 이를 미리 일정한 기준(법령)에 따라 정하여야 할 필요가 있다. 이에 따라 민사사건의 관할을 정하는 일반적인 기준으로는 법원조직법과 '각급 법원의 설치와 관할구역에 관한 법률', 민사소송법, 가사소송법, 민사조정법, 민사집행법, 비송사건절차법, '민사 및 가사소송의 사물관할에 관한 규칙'(대법원 규칙) 등이 있는데, '언론중재 및 피해구제 등에 관한 법률' 등의 개별 법령에서 이를 정하기도 한다. 반면에 사무분담은 법령으로 정하지 않고 각각의 국법상의 법원이 스스로 그 기준을 정한다.

4) 관할은 재판권의 행사에 관한 것으로서, 구체적인 사건에 있어 소송목적인 법률관계 등에 대한 당해 법원의 심판권 행사를 위한 전제조건으로 재판권과 마찬가지로 소송요건에 속한다. 따라서 이는 법원의 직권조사사항이다. 다만, 관할요건을 흠결한 경우에는 소를 각하하지 않고 관할권 있는 법원으로 사건을 이송하거나(민사소송법 제34조 제1항) 일정한 사유에 의하여 그 흠결이 치유된다. 이는 뒤에서 보는 바와 같이, 우리나라의 경우 일원적 조직인 법원(사법부)이 전체로서 하나의 재판권을 가지고 있고, 여러 법원이 그 재판권을 일

244) 이들은 특정한 사무만을 제한적으로 처리하므로 통상적인 수소법원(재판부)은 아니나, 그 담당업무에 관하여는 수소법원(재판부)이라고 할 수 있다.

정한 기준에 따라 나누어 행사한다는 관념에 기초한다.

5) 법원의 관할은 소가 제기된 때를 표준으로 결정된다(민사소송법 제33조). 따라서 소를 제기한 이후 그 소가 변경되어도 원칙적으로 관할에는 영향이 없으나, 청구가 교환적으로 변경되거나 추가적으로 변경되어 이전의 소와 동일성이 없게 된 경우에는 그 변경된 소가 제기된 때, 즉 소의 변경이 있는 때를 기준으로 그 소의 관할이 새로 정해지게 된다(민사소송법 제265조 참조).

따라서 처음에 1억 원의 손해배상을 구하는 소를 제기한 경우 지방법원 단독판사의 사물관할에 속하나, 소송 도중에 원고가 그 청구금액을 3억 원으로 청구를 변경하였다면 추가된 2억 원의 청구가 있은 때, 즉 청구 변경을 통한 추가된 소의 제기 시에 전체 청구금액 3억 원을 기준으로 관할을 다시 정하게 되고, 이 경우 그 소는 지방법원 합의부의 사물관할에 속하게 되어 단독판사는 그 사건 전부를 합의부에 이송할 수 있다(민사소송법 제34조 제1항).[245]

그러나 반대로, 소송사건이 합의부 관할로서 합의부에서 심리 도중 소의 일부 취하나 청구취지의 감축으로 당초 단독판사의 사물관할 금액 이하로 줄어든 경우, 합의부는 단독판사에게 사건을 이송하지 않고 그대로 심리하여도 무방하다. 사물관할은 임의관할일 뿐만 아니라, 합의부는 단독판사 관할 사건이라도 스스로 심리할 수 있는 권한이 있기 때문이다(민사소송법 제34조 제3항).

6) 소를 제기한 때에 당해 수소법원에 관할이 없더라도, 1심 변론종결 시까지 관할이 발생한 경우 그 하자는 치유된다.

나. 관할의 종류

1) 관할은 여러 가지 기준에 의해 정해지는데, 그 기준에 따라 여러 가지 종류가 있다.

2) 관할을 정하는 기준으로는, ① 법령에 의한 것인지(법정관할), 법원의 재판에 의한 것인지(재정관할=지정관할), 당사자의 합의나 거동에 의한 것인지(당사자의 의사나 거동에 의한 관할=합의관할, 변론관할), ② 특정 법원이 배타적으로 관할권을 갖는지(전속관할), 아닌지(임의관할), ③ 관할을 정하는 구체적 표준이 각 법원의 직무나 직분인지(직분관할), 소송목적가액 등 사건의 난이도나 중요성인지(사물관할), 소송당사자나 사건의 지역적 관련성인지(토지관할)를 들 수 있다. 한편 관련재판적은, 관할이 인정되는 사건과 원래는 관할이 없는 사건(청구) 사이에 일정한 견련성이 있는 경우 관할이 없는 사건(청구)에 대해

---

245) 지방법원 단독판사의 사물관할에 속하는 사건에 관하여 판결이 선고되고 항소가 제기되어 항소심소송 계속 중에 원고가 청구를 확장하여 그 전체 소송목적가액이 지방법원 합의부의 사물관할에 속하게 되었더라도, 항소심인 지방법원 합의부는 당해 사건을 1심인 지방법원 합의부에 재배당하거나 고등법원에 이송할 수는 없다. 항소심은 직분관할로서 전속관할에 속하기 때문이다.

서도 관할을 인정하여 양자를 병합하여 심판하도록 허용하는 것이다.

3) 관할의 종류 중 ①은 별로 중요하지 않으며, ②와 ③이 중요한데, 직분관할, 사물관할, 토지관할은 법정관할에 속한다. 재정관할(裁定管轄)은 법원이 관할을 지정하는 지정관할만이 있고, 당사자의 의사나 거동에 의한 관할은 당사자의 합의에 의하는 합의관할과 당사자의 변론행위에 의한 변론관할이 있다. 그리고 ③ 중 직분관할과 심급관할은 전속관할에 속하고, 나머지는 임의관할이다.

4) 위와 같이 토지관할은 원칙적으로 임의관할이지만, 토지관할 중 민사소송법 제24조 제2항에 따른 특허권, 실용신안권, 디자인권, 상표권, 품종보호권의 지식재산권에 관한 소는 동법 제2조부터 제23조까지의 규정에 따른 관할법원 소재지를 관할하는 고등법원이 있는 곳의 지방법원(다만, 서울고등법원이 있는 곳의 지방법원은 서울중앙지방법원)에 전속한다. 따라서 동법 제2조부터 제23조까지의 규정에 따른 관할법원 소재지를 관할하는 고등법원(사실상은 그에 따른 지방법원) 상호 간은 임의관할이지만, 그 고등법원 산하 지방법원 상호 간에는 전속관할이 된다.[246]

다. 직분관할(職分管轄)

(1) 의 의

1) 직분관할은 당해 사건의 성질이나 중요성 등을 고려하여 특정한 종류와 성질의 사건을 특정한 법원에게 담당하게 하는 것이다. 즉 직분관할은 사건(소송목적 = 청구)의 종류와 성질, 중요성 등을 고려하여, 일정한 종류와 성질을 갖는 사건의 재판권을 특정한 국법상의 법원 또는 지방법원과 가정법원 등의 단독판사와 합의부 중 어느 하나에 맡기는 것이다. 이 직분관할은 학설과 판례에 의하여 인정되는 것으로 실정법에서는 이를 명시적으로 규정하고 있지 않다. 직분관할을 정하는 구체적 기준은 법원조직법 등 법령에서 정할 사항으로서, 토지관할이나 사물관할과 같은 일정한 표준을 정할 수 없다. 즉 이는 전적으로 입법자의 결단에 달려있다고 할 수 있다.

2) 학설과 판례에 의하여 인정되는 직분관할의 표준은 ① 본안소송을 담당하는 수소법원과 강제집행을 담당하는 집행법원의 구분, ② 법령에서 해당 사건의 성질(중요성과 난이도)을 감안하여 그 처리를 지방법원과 가정법원 등의 단독판사에게 전속적으로 맡긴 경우와 그 합의부에게 전속적으로 맡긴 경우의 구분, ③ 각 심급에 따른 담당 사건의 구

---

246) 민사소송법 제24조 제1항은 특허권, 실용신안권, 디자인권, 상표권, 품종보호권을 제외한 지식재산권과 국제거래에 관한 소를 제기하는 경우에는 제2조 내지 제23조의 규정에 따른 관할법원 소재지를 관할하는 고등법원이 있는 곳의 지방법원(다만, 서울고등법원이 있는 곳의 지방법원은 서울중앙지방법원)에 제기할 수 있다고 규정하므로, 이 경우에는 동법 제2조부터 제23조까지의 규정에 따른 관할법원 소재지를 관할하는 고등법원(사실상은 그에 따른 지방법원) 상호 간은 물론 그 고등법원 산하 지방법원 상호 간에도 임의관할이 성립한다.

분, ④ 특정한 종류의 사건을 전문법원으로 하여금 처리하도록 하기 위한 특허법원(특허 등 지적 재산권 관련 사건), 가정법원(가사사건), 행정법원(행정사건), 회생법원(회생 및 파산 사건)의 구분을 생각할 수 있다. 위 ②의 구분은 사물관할에 따른 단독판사와 합의부의 업무 구분과는 차원이 다름은 물론이다.

(2) 수소법원과 집행법원

1) 법원은 민사사건에 관하여 당사자 간에 법률적 분쟁이 있는 경우, 그 분쟁의 원인인 사실관계를 조사한 후 여기에 법령을 적용하여 그 구체적 법률효과로서 권리·의무 등의 존부와 범위를 이행명령(이행의 소), 확인명령(확인의 소), 법률관계의 변동 선언(형성의 소)의 형식으로 선언하는 것을 본래의 임무로 한다. 이를 보통 본안소송이라고 하며, 이를 담당하는 법원을 수소법원(受訴法院)이라고 한다.

2) 본안소송의 결과 특정 당사자에게는 권리가, 상대방에게는 의무가 인정되고, 그 당사자에게 의무의 이행을 명하는 판결 등 재판이 이루어지면 당사자는 이를 이행하여야 하나, 그가 임의로 이행하지 않을 경우 권리자는 지방법원에 그 강제이행을 청구할 수 있다(민법 제389조, 민사집행법 제3조 제1항 참조). 판결 등 재판의 집행은 물론 저당권 등 담보권의 실행이나 공유물분할 등 민법·상법 기타 법률에 의한 경매, 강제집행의 전단계로서 요구되는 가압류, 가처분 등의 보전처분 역시 법원의 권한에 속하며(민사집행법 제1조 참조), 이들은 모두 강제집행에 해당한다. 그리고 이를 담당하는 법원을 집행법원(執行法院)이라고 한다.

3) 넓은 의미의 강제집행은 채권자의 권리 실현을 위한 채무자 재산의 압류, 환가, 배당, 전부(轉付), 양도, 대체집행, 간접강제 등의 직접적 실행행위, 즉 좁은 의미의 강제집행 외에 강제집행 전 단계로서 하는 집행문의 부여, 강제집행의 정지, 집행의 취소 등과 같은 것까지 포함한다. 강제집행은 그 전단계인 소송절차와는 구별되고, 양자는 업무 성질상 많은 면에서 많은 차이가 있다. 수소법원의 본안소송절차에는 공개재판주의와 당사자대등주의, 당사자처분권주의의 법리가 적용되나, 집행법원의 강제집행절차에는 밀행성과 신속성, 직권주의의 법리가 적용된다.

이러한 차이를 감안하여 법률은 수소법원과 집행법원의 업무 내용인 직분을 달리 정하는 한편 그 관할의 표준 역시 서로 다르게 정하고 있다. 즉 수소법원의 관할은 뒤에서 보는 바와 같이 소송목적가액 등 사건의 난이도나 중요성(사물관할), 당사자나 사건의 지역적 관련성(토지관할)에 의해 정해지고, 이는 원칙적으로 임의관할로서 당사자의 합의나 당사자의 변론행위에 의해서도 관할권이 인정된다. 반면, 강제집행은 원칙적으로 집행절차를 실시할 곳이나 실시한 곳을 관할하는 지방법원의 관할에 속하며, 이는 전속관할이므로(민사집행법 제3조 제1항, 제21조)[247] 당사자의 합의나 당사자의 변론행위에 의해서 관할권이 인정되지 않는다.

4) 위와 같이 강제집행은 본안소송과 별개의 절차로서 수소법원이 아닌 집행법원이 담당하지만, 수소법원과 집행법원이 완전히 단절되어 있는 것은 아니다. 예컨대, 선이행이나 조건부 판결에 따른 집행문의 부여 또는 승계집행문의 부여는 수소법원 재판장의 허가를 요하며(민사집행법 제32조), 상소가 제기되거나 청구이의의 소, 제3자이의의 소, 재심의 소가 제기된 경우 그 강제집행의 정지, 취소 등 잠정처분은 집행법원이 아닌 그 소의 수소법원이 한다(민사소송법 제500, 501조, 민사집행법 제46조 내지 48조).[248] 따라서 집행법원은 채권자의 권리 실현을 위한 직접적 실행행위로서의 강제집행만을 담당한다.

5) 소송실무상 수소법원과 집행법원이 각각의 재판권을 잘못 행사하여 그 관할을 위반하는 경우는 많지 않다. 위와 같이 실행행위를 담당하는 집행법원은 지방법원인데, 지방법원은 수소법원으로서의 민사재판권도 가지고 있으므로 그 법원의 어느 재판부가 그것을 처리하든 관할 위반이 되지 않기 때문이다. 그리하여, 수소법원과 집행법원 상호 간의 관할위반은 주로 청구이의의 소나 제3자이의의 소를 당해 집행권원인 확정판결 등을 한 수소법원이 아닌 강제집행의 대상인 부동산이나 동산의 소재지 등 집행법원에 잘못 제기한 경우[249] 또는 드물게 수소법원이나 그 상급심 법원이 집행에 관한 관할권이 없음에도 착오로 이를 잘못 행사하는 경우에 주로 발생한다.

(3) 지방법원과 가정법원 등의 단독판사와 그 합의부

1) 앞서 본 대로 지방법원과 가정법원 등 1심법원에는 단독판사와 합의부가 설치되어 각기 그 재판권을 나누어 행사한다(법원조직법 제7조 제4, 5항, 제30조 제1항, 제31조 제5항 참조). 지방법원과 가정법원 등의 단독판사와 그 합의부는 다음에 보는 바와 같이 같은 성질과 종류의 사건을 일정한 기준(소송목적 값 등)에 따라 나누어 담당하는데, 이에 따른 관할은 당해 사건의 양적·질적 중요도나 난이도에 따른 것으로서 임의관할인 사물관할에 속한다.

2) 그런데 법령에서는 일정한 사건에 대해서는 그 성질을 감안하여 처음부터 그 사건의 처리를 지방법원과 가정법원 등의 단독판사 또는 그 합의부에 전속적으로 맡기는 경우가 있는데, 그것이 여기서 논하는 전속관할로서의 단독판사와 합의부의 직분관할이다. 따라서 이 경우에는 단독판사가 합의부에 재량이송을 하거나 합의부가 스스로 심판권을 행사하겠다고 결정할 수 없다(민사소송법 제34조 제4항 참조).

---

247) 가사소송법은 일부 가사사건의 강제집행은 가정법원의 관할로 정하고 있다(동법 제5편 참조). 이에 관하여 민사집행법 제21조와 같은 명문의 규정은 없으나, 이 역시 전속관할로 보아야 할 것이다.

248) 이때의 수소법원은 당해 확정판결 등을 한 법원을 말하므로 그 법원이 합의부인 경우에는 청구이의의 소, 제3자이의의 소의 관할법원도 합의부가 되며, 이 역시 직분관할에 속하므로 단독판사가 그 소를 처리한 경우 이는 전속관할 위반이 된다(대법원 2017. 6. 29. 선고 2015다208344 판결 참조).

249) 이 경우가 가장 많은데, 엄밀히 말하자면 이 경우는 수소법원과 집행법원 상호 간의 관할위반은 아니다.

3) 직분관할로서 지방법원 합의부의 관할에 속하는 민사사건으로는, 지방법원 판사에 대한 제척·기피사건(민사소송법 제46조 제1항, 법원조직법 제32조, 제1항 제5호), 정정보도청구사건(언론중재 및 피해구제 등에 관한 법률 제26조 제5항), 증권관련집단소송(증권관련 집단소송법 제4조), 소비자단체소송(소비자기본법 제71조 제1항), 개인정보단체소송 사건(개인정보 보호법 제52조) 등을 들 수 있다. 한편, 법원조직법상 대법원의 전원합의체가 심판하도록 정하고 있는 사항(명령 또는 규칙이 헌법에 위반된다고 인정하는 경우, 명령 또는 규칙이 법률에 위반된다고 인정하는 경우, 종전에 대법원에서 판시한 헌법·법률·명령 또는 규칙의 해석·적용에 관한 의견을 변경할 필요가 있다고 인정하는 경우 등)은 반드시 전원합의체가 심판하여야 하므로(법원조직법 제7조 제1항), 이 역시 직분관할의 일종이라고 볼 수 있다.

4) 대부분의 민사소송법 교과서와 학설은 직분관할로서의 지방법원 단독판사의 관할에 속하는 민사사건으로, 소 제기 전의 증거보전(민사소송법 제376조), 제소전화해(민사소송법 제385조 제1항), 법관의 공조(민사소송법 제139조, 제145조 참조) 등을 든다. 그러나 소 제기 전의 증거보전, 제소전화해 사건에 관하여 민사소송법은 단순히 '법원'에 신청할 수 있다고만 규정할 뿐 이를 지방법원 단독판사가 처리한다고 규정하고 있지 않다(민사소송법 제376조, 제385조 참조).

한편, 법원조직법 제7조는 지방법원·가정법원·회생법원과 지방법원 및 가정법원의 지원, 가정지원 및 시·군법원의 심판권은 단독판사가 행사한다고 규정하고 있어 이들 법원은 단독판사가 재판권을 행사함이 원칙임을 선언하고 있다. 그런데 법원조직법은 동시에 민사사건의 경우 지방법원과 그 지원의 합의부는 대법원규칙('민사 및 가사소송의 사물관할에 관한 규칙')으로 정하는 사건을 제1심으로 심판한다고 규정하고 있는바, '민사 및 가사소송의 사물관할에 관한 규칙'은 지방법원 및 지방법원지원의 합의부는 소송목적의 값이 2억 원을 초과하는 민사사건 및 민사소송등인지법 제2조 제4항의 규정에 해당하는 민사사건을 제1심으로 심판하되, 수표금·약속어음금 청구사건 등은 이에 불구하고 단독판사가 심판한다고 규정하고 있다(위 규칙 제2조 참조).

따라서 소 제기 전의 증거보전 사건이나 제소전화해 사건은 그 청구나 소송목적 값에 관계없이 합의부의 심판권에 속하지 않고 법원조직법 제7조 제4항, 제32조, '민사 및 가사소송의 사물관할에 관한 규칙'에 의해 단독판사가 그 심판권을 행사하게 되는데,[250] 이는 이들 사건의 성질을 고려하여 특별히 단독판사로 하여금 재판권을 담당하게 한 것이라고 볼 수 있으므로 지방법원 단독판사의 직분관할에 속한다고 할 수 있다.

5) 한편, 독촉 사건은 지방법원과 그 지원, 시·군법원의 전속적 토지관할에 속한다는 규정은 있으나(민사소송법 제463조, 법원조직법 제34조), 단독판사와 합의부 간의 분장(관할)에 대해서는 법원조직법이

250) 수표금·약속어음금 청구사건 등은 소송목적의 값이 2억 원을 초과하는 것에 불구하고 단독판사가 심판한다고 규정하는바, 이는 소송목적의 값에 따른 사물관할의 원칙과 예외를 정한 것으로서, 그에 불구하고 여전히 이는 사물관할에 속한다고 볼 것이지 직분관할을 정한 것으로 볼 수는 없다. 따라서 수표금·약속어음금 청구사건을 합의부가 심판하여도 전속관할위반이 되지 않는다.

나 민사소송법은 물론 '민사 및 가사소송의 사물관할에 관한 규칙'에도 전혀 규정이 없다. 그런데 위와 같이 법원조직법은 독촉 사건을 시·군법원의 관할로도 인정하고 있는바, 시·군법원의 재판사무는 대법원장이 지명하는 시·군법원의 판사가 담당하고, 시·군법원의 판사는 단독판사이므로, 결국 이러한 여러 사정을 종합하면 독촉 사건은 그 청구금액에 관계없이 지방법원과 그 지원 및 시·군법원 단독판사의 직분관할(전속관할)에 속한다고 보아야 할 것이다. 당사자의 신청에 의한 조정사건 역시 이와 같다.

6) 그러므로 민사사건으로는, 소 제기 전의 증거보전, 제소전화해, 법관의 공조, 독촉사건, 조정 사건이 직분관할로서 지방법원 단독판사의 관할에 속한다고 할 것이다.

7) 이와 관련하여, 지방법원과 가정법원 등 1심법원의 단독판사와 합의부의 관장 업무를 직분관할과 사물관할로 구분하는 기준은 무엇인가? 직분관할이라는 개념 자체가 법령상의 것이 아닌 학설·판례상의 것인 까닭에 이를 규정하는 실정법규는 존재하지 않는다. 따라서 그 구별기준 역시 해석에 의하여 구할 수밖에 없는데, 양자는 전속관할(직분관할)과 임의관할(사물관할)로서 서로 다르므로 이를 명확히 하여야 할 필요가 있다.

지방법원과 가정법원, 회생법원의 심판권은 단독판사가 행사함이 기본원칙이다(법원조직법 제7조 제4항). 이는 고등법원과 특허법원 및 행정법원, 대법원이 3인 이상의 부에서 심판권을 행사함을 원칙으로 하는 것(법원조직법 제7조 제1, 3항)과 대비된다. 이는 행정사건을 제외한 1심법원의 심판권은 신속을 위해 단독판사로 하여금 행사토록 한 것이라고 할 수 있다. 그러나 1심법원이 심판권을 행사하여야 할 경우라도, 판사에 대한 제척·기피 사건처럼 단독판사가 이를 심리하기 곤란한 경우가 있고, 또 사건의 성질이나 중요도상 합의부의 심판이 필요한 경우가 있으므로 민사소송법 등에서는 특정한 사건을 합의부에서 심판하도록 하고 있는바, 이에 따라 법원조직법도 지방법원 등의 1심법원에 합의부를 두고, 이들 법원에서 합의심판을 하여야 하는 경우에는 합의부에서 심판권을 행사하도록 하고 있다(법원조직법 제7조 제5항).

따라서 민사소송법 등의 개별 법령에서 특정한 사건을 지방법원 등의 합의부에서 심판하도록 하고 있는 것은 합의부의 직분관할에 속하고, 이들 법령에서 특정한 사건을 지방법원 등의 단독판사가 심판하도록 직접적으로 또는 간접적으로 명시한 것은 단독판사의 직분관할에 속한다고 할 것이다. 즉 지방법원과 가정법원 등 1심법원의 단독판사와 합의부의 관장 업무를 직분관할과 사물관할로 구분하는 기준은 개별 법령규정이다. 그러므로 이러한 경우 합의부와 단독판사는 서로 심판권(재판권)을 침해할 수 없고, 이를 위반한 경우 전속관할위반이 된다. 지방법원 등 1심법원의 합의부 심판사항을 규정한 법원조직법 규정(제32조 제1항, 제40조 제1항, 제40조의7 제1항)은 이상의 원칙을 되풀이하여 확인하는 것에 불과하다고 할 수 있다.

그런데 위와 같이 법원조직법은 개별 법령규정에서 합의부가 심판할 것을 규정한 경우 외에는 지방법원 등 1심법원의 심판권은 단독판사가 행사함을 기본원칙으로 하면서도, ① 합의부에서 심판할 것으로 합의부가 결정한 사건, ② 대법원규칙으로 정하는 사건은 합의부가 심판하도록 규정하고 있는바(법원조직법 제32조 제1항 제1, 2호, 제40조 제1항 제1호, 제40조의7 제1항 제2호), 이는 개별 법령규정에서 합의부가 심판하도록 규정하지 않아 원래 단독판사도 심판할 수 있는 사건이지만, 개별 사건의 중요도나 난이도에 따라 대법원규칙으로써 정하거나 합의부에서 심판할 것으로 합의부가 결정한 사건은 합의부가 심판하도록 한 것으로서, 당초부터 단독판사에게도 심판권이 있으므로 이는 사물관할에 속한다. 즉 이 경우에는 합의부와 단독판사 사이에 심판권 침해가 발생하지 않는다. 그리고 위와 같이 단독판사와 합의부의 관장 업무(사물관할)를 정하는 대법원규칙이 곧 '민사 및 가사소송의 사물관할에 관한 규칙'이다. 따라서 이 규칙에서 정하는 것은 모두 사물관할인바, 이 규칙에서는 그 기준을 소송목적의 값(소송물가액)과 그 사건의 난이도(수표금·약속어음금 청구사건이나 금융기관 사건 등)에 두고 있다.

(4) 심급관할(審級管轄)

1) 하급심법원의 재판에 대한 상소사건을 처리할 법원은 미리 법령에 규정되어 있다. 즉 지방법원과 가정법원, 회생법원의 합의부 또는 행정법원의 제1심판결·심판·결정·명령에 대한 항소 또는 항고 사건은 고등법원,[251] 민사소송법 제24조 제2항 및 제3항에 따른 사건의 항소사건은 특허법원, 지방법원 단독판사의 판결·결정·명령에 대한 항소 또는 항고 사건은 지방법원 본원(춘천지방법원 강릉지원 포함) 합의부가 심판한다(법원조직법 제28조, 제28조의4, 제32조 제2항). 위 경우에 1심법원에 대응하는 고등법원이나 지방법원 본원 합의부 등의 항소심법원은 '각급 법원의 설치와 관할구역에 관한 법률'이 규정한 바에 따라 정해진다.

2) 한편, 대법원은 고등법원 또는 항소법원·특허법원의 판결에 대한 상고사건, 항고법원·고등법원 또는 항소법원·특허법원의 결정·명령에 대한 재항고 사건에 대하여 상소심이 된다(법원조직법 제14조).

3) 심급관할은 위와 같이 각 법원으로 하여금 심급에 따른 재판권 행사를 나누어 준 것이므로 직분관할에 속하며, 당연히 전속관할이다.

4) 재심사건은 재심을 제기할 판결, 즉 재심대상판결을 한 법원의 전속관할에 속하고, 다만 동일한 사건에 대하여 심급을 달리하는 법원이 내린 판결에 대한 재심의 소는 상급법원이 관할하되, 항소심판결과 상고심판결에 각각 독립된 재심사유가 있는 때에는 항소

---

251) 2016. 9. 6. 개정 전의 '민사 및 가사소송의 사물관할에 관한 규칙' 제4조는 고등법원에게 소송목적의 값이 제소 당시 또는 청구취지 확장 당시 1억 원을 초과한 민사소송사건(단, 동 제2조의 수표금 등 사건은 제외)과 이에 관한 신청사건에 대하여 지방법원 단독판사가 한 제1심판결·심판·결정·명령에 대한 항소 또는 항고 사건에 대해서도 2심 재판권을 부여하였으나, 그 뒤 지방법원 합의부(항소부)의 사물관할을 2억 원으로 조정하면서 이를 폐지하였다.

심법원과 상고심법원이 각각 관할하게 되는바(민사소송법 제453조), 이 역시 직분관할에 속한다고 할 것이다.

5) 심급관할은 위와 같이 직분관할이자 전속관할이므로, 사건이 상급심에 접수될 당시 그 관할이 적법하다면 그 상급심의 심리 도중에 소송목적 값이 변하더라도 영향을 받지 않는다. 예컨대, 소송목적의 값이 2억 원 이하인 사건의 항소심인 지방법원 합의부의 심리 중에 당해 사건의 청구취지가 확장되거나 교환적으로 변경되어 그 소송목적의 값이 2억 원을 초과하게 되더라도 여전히 그 사건은 당해 지방법원 합의부의 심급관할에 속하며, 사건을 고등법원으로 이송할 수 없다.

(5) 특허법원, 가정법원, 행정법원, 회생법원의 직분관할

1) 우리 헌법상 사법권은 위와 같이 대법원을 최고법원으로 하는 각급 법원에 속하며(헌법 제101조 제1, 2항), 이를 통상 행정부(行政府)에 대응하여 사법부(司法府)라고 칭한다. 즉 사법부는 대법원을 최고법원으로 하는 일원적 조직이다. 이에 따라 법원조직법은 대법원장에게 사법행정사무를 총괄하고 사법행정사무에 관하여 관계 공무원을 지휘·감독할 권한을 부여하며, 대법원장은 사법행정사무의 지휘·감독권의 일부를 법률이나 대법원규칙으로 정하는 바에 따라 또는 대법원장의 명으로 법원행정처장이나 각급 법원의 장 등에게 위임할 수 있도록 하고 있다(법원조직법 제9조). 이 점에서, 재판권을 민·형사재판권, 노동재판권, 행정재판권, 조세재판권, 사회재판권으로 나누어 이들 각각의 재판권별로 여러 심급의 법원을 따로 조직함으로써 이들 각 법원조직이 분리되어 있는 독일의 법원조직과 다르다.[252]

2) 이와 같이 우리나라의 법원조직은 일원적으로 대법원을 최고법원으로 하고 그 하급심으로서의 각급 법원으로 이루어져 있으므로, 재판권은 이러한 법원조직, 즉 사법부에 속하고, 대법원과 하급심법원은 하나의 재판권을 관할구역과 심급 등 일정한 기준에 따라 나누어 맡는 것으로 이해되며, 개별 법원이 독립한 재판권을 갖고 있는 것으로 해석되지는 않는다는 것이 통설적 견해이다. 따라서 관할권이 없는 법원이라도 재판권은 있으며, 관할을 위반한 경우에도 재판권 흠결의 문제는 발생하지 않는다.

3) 앞서 본 바와 같이 우리나라의 법원조직은 대법원과 고등법원, 특허법원, 지방법원, 가정법원, 행정법원, 회생법원의 7종으로 구성되어 재판권을 행사하고 있는데, 대법원과 고등법원, 지방법원은 재판권 행사의 대상인 사건의 종류와 관계없이 단지 지역(관할구

252) 독일은 연방헌법재판소(헌법재판권을 담당한다)를 사법부의 정점으로 하고, 하위 법원조직을 일반법원, 노동법원, 행정법원, 사회법원, 조세법원의 다섯으로 나눈 다음 이들 각각의 법원조직에 여러 심급의 법원을 다 갖추도록 함으로써 이들 법원을 독립한 법원조직으로 하고 있다(독일 기본법 제92조, 제95조 제1항, 법원조직법 제12조, 노동법원법 제1조, 행정법원법 제2조, 사회법원법 제2조, 조세법원법 제2조 참조). 이와 달리 우리나라는 각각의 법원별로 따로 설치법을 두지 않고, 단일한 법원조직법에서 법원의 종류를 7종으로 규정하고 있다(법원조직법 제3조).

역)만을 기준으로 그 재판권을 분담하게 되어 있으나, 이와 달리 특허법원, 가정법원, 행정법원, 회생법원은 그 재판권 행사의 대상인 사건의 종류와 성질을 기준으로 하여 재판권을 분담하게 되어 있다. 따라서 이들 법원이 맡는 특허사건, 가사사건, 행정사건, 회생사건은 재판권 분장행사의 기준인 직분(職分)이므로 이들 법원의 관할은 직분관할에 속한다고 할 수 있다.[253] 그리고 이는 당연히 전속관할이다.

4) 법원조직법은, 특허법원은 특허법 제186조 제1항, 실용신안법 제33조, 디자인보호법 제166조 제1항 및 상표법 제162조에서 정하는 제1심사건과 민사소송법 제24조 제2항 및 제3항에 따른 사건의 항소사건을 심판한다고 규정하고 있는데(법원조직법 제28조의4),[254] 그에 따른 재판관할이 전속관할이라는 명문의 규정은 두지 않고 있으나, 성질상 전속관할로 보아야 한다.[255]

또 법원조직법은, 가정법원과 그 지원의 합의부는 가사소송법에서 정한 가사소송과 마류 가사비송사건 중 대법원규칙으로 정하는 사건 등을 심판한다고만 규정(법원조직법 제40조)한 반면, 가사소송법은 가정법원의 관장 사항을 가사소송사건과 가사비송사건으로 대별하고 이를 각각 유형화하여 이들 가사사건에 대한 심판은 가정법원의 전속관할로 한다고 규정하고 있다(가소소송법 제2조). 따라서 가사소송법 규정에 의하면 가사사건은 가정법원의 전속관할에 속함이 분명하며, 이는 결국 가사사건이 가정법원의 직분관할에 속함을 분명히 한 것이라고 할 수 있다.[256]

---

253) 이와 달리, 법원이 행사하는 재판권은 민사재판권, 형사재판권, 행정재판권 등으로 나뉘고, 각각의 법원이 행사할 수 있는 재판권은 법률이 부여한 이들 재판권에 한정되며, 이에 따라 민사법원(지방법원)은 그 소송대상이 민사소송사건일 것을, 가정법원은 그 소송대상이 가사소송사건일 것을, 행정법원은 그 소송대상이 행정소송사건일 것을 당연한 소송의 전제, 즉 소송요건으로 하므로, 행정법원이 행정사건에 대하여 갖는 권한은 직분관할이 아니라 행정재판권으로서, 민사법원(지방법원)에 행정사건의 소를 제기한 경우 이는 관할을 위반하기 전에 재판권의 흠결이 발생한다는 견해가 있다{오정후, "재판권 위반과 절차법의 위법한 적용", 행정법연구 제34호(2012. 12.)}. 그러나 이러한 견지에 의하면 토지관할이나 사물관할 역시 토지나 사물에 따른 재판권의 분담으로서 재판권의 문제가 될 수 있기 때문에 동의하기 어렵다.

254) 특허법원이 제1심으로 심판하는 특허법 제186조 제1항 등에 의한 소송(특허취소결정의 취소청구 등)은 성질상 행정소송에 해당한다. 따라서 이에 관하여는 지방법원은 물론 행정법원에도 관할이 없고 특허법원의 전속관할에 속한다. 반면 민사소송법 제24조 제2항 및 제3항에 따른 지식재산권에 관한 소송(특허권 침해에 따른 손해배상청구 등)은 민사소송으로서 그 1심은 지방법원의 관할에 속하고, 제2심은 고등법원이 아니라 특허법원의 전속관할(이는 심급관할이다)에 속한다. 반면에 민사소송법 제24조 제1항의 특허권, 실용신안권, 디자인권, 상표권, 품종보호권을 제외한 지식재산권과 국제거래에 관한 소송 역시 민사소송인데, 그 1심은 지방법원의 관할에 속하고, 제2심은 고등법원의 전속관할(이는 심급관할이다)에 속한다.

255) 따라서 상표권 침해를 청구원인으로 하는 손해배상청구 사건은 민사소송법 제24조 제2항이 규정하는 특허권 등의 지식재산권에 관한 소에 해당하는데, 이에 대한 항소사건은 1심이 단독판사의 관할에 속하는 경우라도 당연히 개정 법원조직법에 따라 특허법원의 전속관할에 속한다(대법원 2020. 2. 27. 선고 2019다284186 판결 참조).

256) 대법원 1980. 4. 22. 선고 79다2141 판결은 "가정법원의 심판권은 전속관할에 속하는 것이라 할 수 없으므로 가정법원의 관할에 속하는 사건에 대한 부산지방법원의 판결에 대한 항소로서 동 사건이

행정사건에 관하여 법원조직법은, 행정법원은 행정소송법에서 정한 행정사건과 다른 법률에 따라 행정법원의 권한에 속하는 사건을 제1심으로 심판한다고만 규정하고 있는데(법원조직법 제40조의4), 행정소송법은 가사소송법 제2조와 같은 규정을 두지는 않고 행정소송의 종류를 항고소송(이는 다시 취소소송, 무효등 확인소송, 부작위위법확인소송으로 나뉜다), 당사자소송, 민중소송, 기관소송의 넷으로 나눈 다음, 그 재판관할을 "취소소송의 제1심관할법원은 피고의 소재지를 관할하는 행정법원으로 한다", "제9조의 규정은 당사자소송의 경우에 준용한다. 다만, 국가 또는 공공단체가 피고인 경우에는 관계행정청의 소재지를 피고의 소재지로 본다"와 같이 행정소송의 보통재판적만을 규정하고 있다(행정소송법 제3, 9, 38. 40조 등).

회생사건에 관하여 법원조직법은, 회생법원의 합의부는 '채무자 회생 및 파산에 관한 법률'에 따라 그 권한에 속하는 사건 등을 제1심으로 심판하고, 회생법원 단독판사의 판결·결정·명령에 대한 항소 또는 항고 사건을 제2심으로 심판한다고만 규정하고 있는데(법원조직법 제40조의7), '채무자 회생 및 파산에 관한 법률'은 회생사건, 간이회생사건 및 파산사건 또는 개인회생사건은 채무자의 보통재판적이 있는 곳 등을 관할하는 회생법원의 관할에 전속한다고 규정하고 있다(동법 제3조). 따라서 회생사건이나 파산사건은 '채무자 회생 및 파산에 관한 법률'상 회생법원의 전속관할에 속함이 분명하며, 이는 결국 이들 사건이 회생법원의 직분관할에 속함을 분명히 한 것이라고 할 수 있다.[257)]

5) 관련 법률에 의하면 가사사건과 회생사건 및 파산사건은 가정법원과 회생법원의 직분관할에 속함이 분명하다고 할 수 있는 반면, 일정한 지식재산권에 관한 소송과 행정소송이 특허법원이나 행정법원의 직분관할에 속하는지 여부를 분명하게 알 수는 없다.

그러나 대법원은, "행정소송법상의 당사자소송인 이 사건의 제1심 전속관할법원은 서울행정법원이므로, 그 소가 서울중앙지방법원에 제기되었다면 이는 전속관할을 위반한 위법이 있다"고 하여 행정사건은 행정법원의 직분관할로서 전속관할에 속하는 것으로 보고 있다(대법원 2009. 9. 17. 선고 2007다2428 전원합의체 판결 등 참조).[258)] 이러한 대법원의 견해는 특허사건 등 지식재산권에 관한

대구고등법원에 계속케 된 이상, 민사소송법 제381조에 의하여 당사자는 제1심 관할위반을 주장하지 못한다"고 판시한 바 있으나, 그 이후의 법원조직법이나 가사소송법에 반하므로 이는 더 이상 실효성이 없다고 보아야 할 것이다.

그런데 이미 가사소송법(1991. 1. 1. 시행)이 가사사건의 전속관할을 분명히 한 이후에도 가사소송규칙 소정의 가사사건이 가정법원의 전속관할에 해당하지 않는다고 본 하급심 판결(서울고등법원 2006. 9. 7. 선고 2005나89423 판결. 이 판결은 대법원에서 심리불속행으로 상고기각되었다)이 있는 바, 이는 수긍하기 어렵다. 가사소송법 제2조 제1항은 "다음 각 호의 사항(이하 "가사사건"이라 한다)에 대한 심리와 재판은 가정법원의 전속관할로 한다"고 규정하고, 제2조 제2항은 "가정법원은 다른 법률이나 대법원규칙에서 가정법원의 권한으로 정한 사항에 대하여도 심리·재판한다"고 하고 있으므로 가사소송규칙에서 가정법원의 관할로 정한 가사사건도 가정법원의 전속관할에 속하기 때문이다.

257) '채무자 회생 및 파산에 관한 법률' 제3조가 전속관할이라고 한 것은 채무자의 보통재판적이 있는 곳 등을 관할하는 회생법원의 토지관할은 물론 그 직분관할에 관하여도 동시에 규정한 것으로 해석할 수 있다고 생각된다.

258) 이러한 대법원의 태도는 "행정소송법 제7조는 원고의 고의 또는 중대한 과실 없이 행정소송이 심급

소송에도 그대로 적용된다고 할 것이다(대법원 2017. 12. 22. 선고 2017다259988 판결, 2018. 9. 28. 선고 2016다219150 판결 등 참조).[259)]

6) 그럼 반대로 민사사건을 특허법원이나 가정법원, 행정법원, 회생법원에 제기한 경우 직분관할인 전속관할을 위반한 것이 되는가? 법원조직법이나 민사소송법은 가사소송법 제2조와 같은 지방법원의 관장 사항에 관한 규정을 두지 않고, 가사사건을 제외한 일반 민사사건이 지방법원의 전속적 관할에 속한다는 규정도 두지 않고 있다.

그러나 위와 같이 특허사건이나 가사사건, 행정사건, 회생사건을 전속적으로 처리하기 위하여 특허법원과 가정법원, 행정법원, 회생법원을 둔 이상 그 반대해석으로서 이들 법원은 일반 민사사건에 대하여는 그 재판권을 행사할 수 없고, 이는 지방법원의 직분관할에 속한다고 보아야 할 것이다. 행정소송법 제10조는, 행정처분의 취소소송과 당해 처분 등과 관련되는 손해배상·부당이득반환·원상회복 등의 민사소송이 각각 다른 법원에 계속되고 있는 경우에 이들 민사소송이 계속된 법원은 상당하다고 인정하는 때에는 당사자의 신청 또는 직권에 의하여 이를 취소소송이 계속된 법원(행정법원)으로 이송할 수 있고, 당사자는 관련 민사소송을 취소소송이 계속된 법원에 병합하여 제기할 수 있다고 하여 행정소송과 민사소송 사건을 병합하여 행정법원이 심판할 수 있는 예외를 허용하고 있으나, 이는 두 사건이 특별한 관련성이 있는 때에만 허용된다고 할 것이고, 그러한 요건을 갖추지 못한 경우에까지 허용되는 것은 아니라 할 것이다.[260)]

을 달리하는 법원에 잘못 제기된 경우에 민사소송법 제31조 제1항을 적용하여 이를 관할 법원에 이송하도록 규정하고 있을 뿐 아니라, 관할 위반의 소를 부적법하다고 하여 각하하는 것보다 관할 법원에 이송하는 것이 당사자의 권리구제나 소송경제의 측면에서 바람직하므로, 원고가 고의 또는 중대한 과실 없이 행정소송으로 제기하여야 할 사건을 민사소송으로 잘못 제기한 경우, 수소법원으로서는 만약 그 행정소송에 대한 관할도 동시에 가지고 있다면 이를 행정소송으로 심리·판단하여야 하고, 그 행정소송에 대한 관할을 가지고 있지 아니하다면 당해 소송이 이미 행정소송으로서의 전심절차 및 제소기간을 도과하였거나 행정소송의 대상이 되는 처분 등이 존재하지도 아니한 상태에 있는 등 행정소송으로서의 소송요건을 결하고 있음이 명백하여 행정소송으로 제기되었더라도 어차피 부적법하게 되는 경우가 아닌 이상 이를 부적법한 소라고 하여 각하할 것이 아니라 관할 법원에 이송하여야 한다"(대법원 1997. 5. 30. 선고 95다28960 판결), "'공익사업을 위한 토지 등의 취득 및 보상에 관한 법률'에 의한 주거이전비 보상청구권은 그 요건을 충족하는 경우에 당연히 발생되는 것이므로, 주거이전비 보상청구소송은 행정소송법 제3조 제2호에 규정된 당사자소송에 의하여야 할 것인데, 원심과 제1심은 원고들의 이 사건 청구가 민사소송의 대상임을 전제로 하여 민사소송절차에 의하여 심리·판단하였는바, 이는 법리를 오해한 것이므로 원심판결을 파기함과 동시에 제1심판결을 취소하고, 사건을 관할법원인 서울행정법원에 이송함이 타당하다"는 판결(대법원 2008. 5. 29. 선고 2007다8129 판결) 등에서도 표현된 바 있다.

259) 대법원은 가사사건과 회생사건 등에 대해서도 가정법원과 회생법원의 전속관할임을 분명히 하였다(대법원 2013. 6. 20. 선고 2010므4071, 4088 전원합의체 판결, 2015. 9. 15. 선고 2013므568 전원합의체 판결, 2017. 5. 30. 선고 2017다205073 판결 등 참조).

260) 관련 민사소송의 병합은 본래의 행정소송이 적법할 것을 요건으로 하는 것이어서 본래의 행정소송이 부적법하여 각하되면 그에 병합된 관련청구소송도 소송요건을 흠결하여 부적법하므로 각하하여야 한다는 대법원 판례(대법원 1997. 11. 11. 선고 97누1990 판결, 2001. 11. 27. 선고 2000두697 판결, 2011. 9. 29. 선고 2009두10963 판결)에 비추어 대법원도 이를 부정하는 것으로 이해된다. 반면에 대법원은, 민사소송이 행정법원에 제기되었음에도 불구하고 피고가 관할위반 항변을 하지 아니하고 본안에 대하여 변론을 한 경우, 공법상의 당사자소송 사건인지 민사사건인지 여부는 이를 구별하기

따라서 민사사건을 특허법원이나 가정법원, 행정법원, 회생법원에 제기한 경우, 특허법원이나 가정법원, 행정법원 등은 민사소송법 제34조 제1항, 행정소송법 제7조, 가사소송법 제13조 제3항 등을 유추하여 그 민사사건을 관할권 있는 지방법원에 이송하여야 할 것이다.

(6) 대법원의 직분관할

1) 앞서 본 바와 같이 대법원은 최고의 상급심으로서 심급관할에 따라 상고사건, 재항고사건을 직분관할로서 담당한다.

2) 헌법과 법률에서는 일정한 종류의 사건을 곧바로 대법원이 직접 관할하도록 하고 있는바, 지방의회의 의결에 대한 지방자치단체 장의 취소청구의 소(지방자치법 제107조 제3항), 행정안전부장관의 지방자치단체 관할 구역 경계와 명칭 결정에 대한 취소청구의 소(지방자치법 제4조 제8항), 대통령선거 및 국회의원선거에 대한 선거무효의 소와 당선무효의 소(공직선거법 제222조 제1항, 제223조 제1항), 비례대표 시·도의원선거와 시·도지사선거에 대한 선거무효의 소와 당선무효의 소(공직선거법 제222조 제2항, 제223조 제2항) 등을 들 수 있다.

그런데 이러한 사건은 그 성질상 행정사건의 일종이지 민사사건이라고 보기 어렵다(공직선거법 제227조 참조). 민사사건으로서 대법원의 직분관할에 속하는 사건으로는 특별항고사건을 들 수 있다. 특별항고는 불복할 수 없는 결정이나 명령에 대하여 재판에 영향을 미친 헌법위반이 있거나, 재판의 전제가 된 명령·규칙·처분의 헌법 또는 법률의 위반 여부에 대한 판단이 부당한 때 대법원에 그 취소·변경을 구할 수 있는 특별한 구제절차로서(민사소송법 제449조 제1항), 그 본질은 상소가 아니다. 또 그 대상이 되는 재판은 1심재판이든 2심재판이든 불문한다. 따라서 이는 대법원이 직분관할로서 관장하는 것이라고 할 수 있다.

라. 토지관할(土地管轄)

(1) 의 의

1) 토지관할은 동렬의 여러 국법상의 법원 상호 간에 재판권 행사의 대상을 나눌 때 당사자나 사건의 지역적 관련성을 기준으로 이를 정한 것을 말한다. 대법원이나 특허법원은 전국에 하나밖에 없고 전국을 관할구역으로 하므로, 다른 법원과 지역적 관련성을 기준으로 한 재판권의 경합이 발생할 수 없어 토지관할이 문제될 여지가 없다. 그러나

어려운 경우가 많고, 행정사건의 심리절차에 있어서는 행정소송의 특수성을 감안하여 행정소송법이 정하고 있는 특칙이 적용될 수 있는 점을 제외하면 심리절차 면에서 민사소송절차와 큰 차이가 없는 점 등에 비추어 행정소송법 제8조 2항, 민사소송법 제30조에 의하여 제1심법원에 변론관할이 생긴다고 보는바(대법원 2013. 2. 28. 선고 2010두22368 판결, 2015. 7. 23. 판결 2014두39593 판결), 이를 고려하면 대법원의 태도는 아직 분명하지 않은 것으로 보인다.

서울행정법원과 서울회생법원은 전국에 하나밖에 없지만, 서울 이외 지역의 경우 지방법원이 행정재판권과 회생사건의 재판권을 행사하게 되므로 이들 법원 사이에 관할의 경합이 발생할 수 있고, 따라서 토지관할이 문제된다.

2) 토지관할은 임의관할에서 주로 논의되지만, 직분관할이나 심급관할과 같이 전속관할에서도 발생한다. 그러한 경우에도 복수의 법원이 존재하고, 그들 법원 사이의 재판권이 지역을 기준으로 나누어질 수 있기 때문이다.[261] 물론 이때의 토지관할은 고유 의미의 토지관할이 아니라, 당해 직분관할이나 심급관할 내에서의 토지관할이므로 그렇다고 하여 임의관할이 되는 것은 아니다.

3) 토지관할은 이와 같이 소송당사자나 사건의 지역적 관련성을 기준으로 정해지는데, 이러한 지역적 관련성을 재판적(裁判籍)이라고 한다. 재판적은 보통재판적과 특별재판적이 있다.

(2) 보통재판적

1) 보통재판적은 일반적·기본적인 기준에 의하여 정해진 토지관할을 말한다. 민사소송법은 피고가 자연인인 경우에는 그 피고의 주소(대한민국에 주소가 없거나 주소를 알 수 없는 경우에는 거소에 의하고, 거소가 일정하지 아니하거나 거소도 알 수 없는 때에는 마지막 주소에 의한다)를, 법인이나 법인격 없는 사단·재단인 경우에는 그 피고의 주된 사무소 또는 영업소, 사무소나 영업소가 없는 경우에는 주된 업무담당자의 주소가 보통재판적이 된다고 규정한다(민사소송법 제3, 5조). 따라서 이들 보통재판적을 관할하는 법원은 민사사건의 관할권을 갖는다(민사소송법 제2조).

2) 외국 법인이나 외국의 사단·재단의 경우에는 대한민국에 소재하는 사무소 또는 영업소 혹은 업무담당자의 주소가, 대한민국 국민으로서 외국에 주재하는 대사나 공사, 그 밖의 외국의 재판권에 복종하지 않는 대한민국 국민이 제3조가 정하는 보통재판적이 없는 경우에는 대법원 소재지가 보통재판적이 된다(민사소송법 제4조, 제5조 제2항). 국가(대한민국)의 보통재판적은 그 소송에서 국가를 대표하는 관청 또는 대법원이 있는 곳이 된다(민사소송법 제4조, 제6조). 이에 따라 대한민국의 보통재판적은 국가를 대표하는 관청인 법무부 장관이 있는 대전지방법원 또는 대법원이 있는 서울중앙지방법원이 복수로 성립한다.

---

261) 예컨대 행정소송법 제9조는 "취소소송의 제1심관할법원은 피고의 소재지를 관할하는 행정법원으로 한다"고 하고, 가사소송법 제13조 제1항은 "가사소송은 이 법에 특별한 규정이 있는 경우를 제외하고는 피고의 보통재판적이 있는 곳의 가정법원이 관할한다"고 규정함으로써 지역을 기준으로 이들 법원 상호 간의 관할을 정하고 있다. 따라서 이들 규정은 피고의 보통재판적 소재지 행정법원이나 가정법원의 전속관할을 규정한 것으로 해석하여야 할 것이다.

(3) 특별재판적

1) 보통재판적의 기준이 되는 것이 아닌 것을 기준으로 하여 예외적으로 인정되는 재판적을 특별재판적이라고 한다.

2) 특별재판적의 기준이 되는 것으로는 ① 사무소·영업소 등 당사자의 근무지(그 사무소 또는 영업소의 업무와 관련이 있는 소든 아니든 불문한다), ② 재산권에 관한 소의 거소지 또는 의무이행지, ③ 어음·수표에 관한 소의 지급지, ④ 대한민국에 주소가 없는 사람 또는 주소를 알 수 없는 사람에 대한 재산권에 관한 소에서 청구의 목적 또는 담보의 목적이나 압류할 수 있는 피고의 재산이 있는 곳, ⑤ 선원에 대한 재산권에 관한 소의 선적지(船籍地), ⑥ 선박채권, 그밖에 선박을 담보로 한 채권에 관한 소의 선박이 있는 곳, ⑦ 군인·군무원에 대한 재산권에 관한 소의 군사용 청사가 있는 곳 또는 군용 선박의 선적이 있는 곳, ⑧ 회사, 그 밖의 사단 또는 재단이 사원이나 임원, 발기인, 검사인에 대하여 소를 제기하거나 사원이 다른 사원에 대하여 소를 제기하는 경우 또는 회사, 그 밖의 사단의 채권자가 그 사원에 대하여 소를 제기하는 경우의 회사, 그 밖의 사단의 보통재판적이 있는 곳(이상은 모두 그 소가 사원의 자격으로 말미암은 경우에 한하며, 과거 사원·임원·발기인 또는 검사인이었던 사람에 대하여 소를 제기하는 경우와 사원이었던 사람이 소를 제기하는 경우를 포함한다), ⑨ 불법행위에 관한 소의 행위지, ⑩ 부동산에 관한 소의 부동산 소재지, 등기·등록에 관한 소의 등기 또는 등록할 공공기관 소재지, ⑪ 지식재산권(특허권, 실용신안권, 디자인권, 상표권, 품종보호권은 제외)과 국제거래에 관한 소를 제기하는 경우의 민사소송법 제2조 내지 제23조의 규정에 따른 관할법원 소재지를 관할하는 고등법원이 있는 곳의 지방법원(다만, 서울고등법원이 있는 곳의 지방법원은 서울중앙지방법원), 특허권, 실용신안권, 디자인권, 상표권, 품종보호권의 지식재산권에 관한 소를 제기하는 경우의 민사소송법 제2조부터 제23조까지의 규정에 따른 관할법원 소재지를 관할하는 고등법원이 있는 곳의 지방법원(다만, 서울고등법원이 있는 곳의 지방법원은 서울중앙지방법원) 또는 서울중앙지방법원 등(민사소송법 제24조)을 들 수 있다.

마. 사물관할(事物管轄)

(1) 의 의

1) 앞서 본 바와 같이 국법상의 법원에는 실제적인 재판권 행사의 기관으로 단독판사와 합의부가 설치되어 있는데, 양자 사이의 재판권 분담은 구체적 사건의 소송목적가액 등 사건의 난이도나 중요성을 기준으로 이루어진다. 이와 같이 재판권 행사의 대상인 소송목적(청구), 즉 사물(事物)을 기준으로 1심의 관할을 합의부와 단독판사 중 하나로 정

하는 것을 사물관할이라고 한다. 2심과 3심은 모두 합의부만이 담당하게 되므로 사물관할이 성립할 여지가 없다.

2) 법원조직법은 지방법원, 가정법원, 회생법원과 지방법원 및 가정법원의 지원, 가정지원, 시·군법원의 심판권은 단독판사가 행사한다고 규정하면서도, 특정한 사건의 경우 일정한 기준에 따라 그 재판권(심판권)을 나누어 단독판사 또는 합의부로 하여금 이를 행사하도록 규정하고 있는바(법원조직법 제32, 40조, 제40조의7), 이를 구체화하는 것이 대법원 규칙인 '민사 및 가사소송의 사물관할에 관한 규칙'이다.

3) 위 대법원규칙에 의하면, 지방법원 및 지방법원지원의 합의부는 소송목적의 값이 2억 원을 초과하는 민사사건 및 민사소송등인지법 제2조 제4항이 규정하는 민사사건(재산권에 관한 소로서 그 소송목적의 값을 계산할 수 없는 것과 비재산권을 목적으로 하는 소송사건) 중 수표금·약속어음금 청구사건, 은행·농업협동조합·수산업협동조합 등 각종 금융기관의 대여금·구상금·보증금 청구사건, 자동차손해배상보장법에서 정한 자동차 등의 운행 및 근로자의 업무상재해로 인한 손해배상 청구사건과 이에 관한 채무부존재확인사건을 제외한 사건을 1심으로 심판하며, 그 외의 사건은 단독판사가 심판한다.

그리고 가정법원 및 가정법원의 지원과 지방법원 가정지원의 합의부는 가사소송법 제2조 제1항, 제2항의 사건 중 소송목적의 값이 2억 원을 초과하는 다류 가사소송사건, 가사소송법 제2조 제1항 제2호 나목 9), 10)의 비송사건(기여분의 결정과 상속재산의 분할), 가사소송법 제2조 제1항 제2호 나목 4)의 비송사건(협의상 이혼 및 혼인의 취소를 원인으로 하는 재산분할) 중 청구목적의 값이 2억 원을 초과하는 사건을 1심으로 심판하며, 그 외의 사건은 단독판사가 심판한다.

4) 한편, 법원조직법은 단독판사가 심판할 것으로 합의부가 결정한 사건의 심판권은 단독판사가 행사하도록 규정하고 있는바(법원조직법 제32조 제1항 제1호, 제40조의7 제1항 제2호, 민사소송법 제34조 제3항, 가사소송법 제12조), 이는 법령상 미리 그 사건의 관할을 단독판사 또는 합의부로 정한 것이 아니라, 이미 법령에 의해 당연히 합의부의 관할에 속하여 합의부가 재판할 수 있는 사건의 처리를 단독판사에게 위임하는 내용에 불과하며, 그 여부가 일정한 기준에 따라 일률적으로 정해지는 것이 아니라 개개의 사건마다 합의부가 그 심판 여부를 결정하므로(이를 '재정단독결정'이라고 한다),[262] 그 결정에 의해 단독판사가 재판권을 행사하더라도 이는 본래 의미의 사물관할에 해당한다고 보기 어려우며, 뒤에서 보는 재정관할과도 다르다.

5) 소액사건은 지방법원 및 지방법원 지원(시·군법원 포함)에서 대법원규칙(소액사건심판규칙)으로 정하는 소액의 민사사건을 민사소송법에 대한 여러 가지 특례를 적용하여 간이·신속하게 처리하는 절차로서(소액사건심판법 제1, 2조 참조), 민사소송법에 대한 특례를 규정하는 소액사

---

262) 따라서 그러한 결정을 하지 않을 수도 있다.

건심판법이 적용된다. 소액사건심판규칙은 소액사건을 '소송목적의 값이 3,000만 원을 초과하지 아니하는 금전 기타 대체물이나 유가증권의 일정한 수량의 지급을 목적으로 하는 제1심의 민사사건'으로 규정하고 있으므로, 소액사건은 당연히 단독판사의 사물관할에 속한다. 그러나 이와 관련하여 소액사건심판법이 특별한 관할을 인정한 것은 아니며,[263] 단지 단독판사의 사물관할에 속하는 사건 중 일정한 요건에 해당하는 사건(소액사건)에 대하여 민사소송법 외에 소액사건심판법이 적용된다는 것을 의미함에 지나지 않는다.

(2) 사물관할의 기준

1) 앞서 본 바와 같이 사물관할의 기준은 소송목적의 값과 사건의 난이도이다. 소송목적의 값(소가)이 2억 원을 초과하는 사건은 합의부 관할에 속하고, 그 미만 사건은 단독판사가 1심으로 심판한다. 소가가 2억 원을 초과하는 사건이라도 수표금·약속어음금 청구사건이나 은행 등 각종 금융기관의 대여금 등의 사건, 자동차손해배상보장법에 의한 손해배상 청구사건, 근로자의 업무상재해(산재)로 인한 손해배상 청구사건은 정형적이어서 비교적 심판이 용이하므로 단독판사가 심판한다. 반면에 소가를 계산할 수 없는 것과 비재산권을 목적으로 하는 소송사건은 소가에 관계없이 깊이 있는 심리가 필요하므로 합의부가 심판한다.

2) 소가는 원고가 소로써 주장하는 이익, 즉 청구취지에 표시된 법률효과에 따른 이익을 기준으로 산정한다(민사소송법 제26조). 이를 보다 구체적으로 정하는 것은 '민사소송 등 인지법'과 '민사소송 등 인지규칙', '부대청구가 있는 금전지급청구소송에 있어서의 소송목적의 값 산정요령'(대법원 재판예규) 등이다.

3) 소가는 각각의 소, 즉 하나의 소를 단위로 산정한다. 따라서 복수의 소에 대한 변론을 병합하여 이를 하나의 소송절차에서 심리하는 경우라도, 이들 각각의 소는 독립한 별개의 소이므로 병합된 여러 개의 소의 소가를 합산하지 않고 각각의 소의 소가를 기준으로 사물관할을 정하여야 한다. 본소와 반소는 독립한 별개의 소이지만 그 견련성으로 인해 변론의 병합을 거칠 필요도 없이 당연히 하나의 소송절차에서 함께 심리하는데, 양자 역시 별개의 독립한 소이므로 양자를 합산하여 소가나 사물관할을 정하지는 않는다.

따라서 양자가 각각 단독판사의 사물관할에 속하면 단독판사가 그 전부를 심리하나, 하나라도 단독판사의 사물관할에 속하지 않는 때는 그 전부를 합의부로 이송하여야 한다. 중간확인의 소, 독립당사자참가에 의한 소도 이와 같다.[264]

---

263) 즉 그것이 단독판사의 사물관할에 속하게 된 것은 소액사건심판규칙에 의해서가 아니라 '민사 및 가사소송의 사물관할에 관한 규칙'에 의한 것이다.

264) 이러한 견련성이 없는 통상의 소가 하나의 소송절차에 변론병합되어 심리되던 중 어느 하나의 소가 소가(訴價) 변동으로 인해 당해 수소법원인 단독판사의 사물관할을 벗어난 때는 변론을 분리하여 그 사건만을 합의부에 이송하거나 그 병합된 소송 전부를 합의부에 이송할 수 있다. 한편, 지방법원 합

4) 반면에 하나의 소에 여러 개의 청구를 병합한 경우, 그 소가는 복수의 청구 전부의 소가를 합산하여 정함이 원칙이다(민사소송법 제27조 제1항). 이를 합산의 원칙이라고 한다. 여기서 청구가 복수인 경우는 당사자가 복수인 소의 주관적 병합에 의한 경우를 포함한다.

5) 하나의 소로써 여러 개의 청구를 한 경우라도, 이들 복수 청구의 경제적 이익이 별개 독립적이 아니고 동일하거나 중복되는 경우에는 그 중 다액인 청구의 소가에 다른 청구의 소가를 흡수하여 다액인 청구의 소가만을 기초로 소가를 정한다(흡수주의). 예컨대, 청구의 선택적 병합이나 주위적·예비적 병합의 경우, 물건의 인도청구와 대상청구(代償請求)를 병합한 경우, 동일한 부동산에 관하여 취득자와 전득자를 상대로 한 소유권이전등기말소등기절차 이행청구를 병합한 경우 등이다. 소유권의 확인과 그 물건의 인도를 동시에 구하는 경우, 보증인과 주채무자 또는 복수의 연대채무자를 상대로 병합청구한 경우에도 같다.

6) 주된 청구에 과실(果實), 손해배상(약정 지연손해금, 법정 지연손해금만을 말함), 위약금 또는 비용의 청구가 병합되어 있고 후자가 주된 청구의 부대목적(附帶目的)이 되는 때에는 이들 과실 등의 청구 가액은 소가에 산입하지 않는다(민사소송법 제27조 제2항). 이는 계산의 간명을 위한 것으로서 이 역시 흡수주의의 범주에 속한다고 할 수 있다.

예를 들면, 소비대차에 기한 원금의 반환을 청구하면서 이와 함께 약정이자(법정과실)나 지연손해금, 채권실행비용(소송비용과 강제집행비용은 강제집행절차에서 회수하게 되므로 제외하고, 소송절차 외에서 최고서 발송 등에 지출한 비용만을 말한다)의 지급을 청구한 경우, 원금청구액만이 소가가 된다. 그러나 부대청구의 소가 불산입의 예외는 주된 청구와 부대청구를 하나의 소로써 동시에 하는 경우에 한하고, 이자청구만을 따로 하는 경우와 같이 부대청구를 별소로 독립하여 청구하는 경우에는 당연히 그 청구 가액에 의하여 소가를 산정한다.

7) 건물철거와 동시에 그 대지의 인도를 구하는 경우처럼 하나의 청구(건물철거)가 다른 청구(대지인도)의 수단에 지나지 않는 때에는 수단인 청구의 가액은 소가에 산입하지 아니한다. 수단인 청구의 경제적 이익이 별개 독립적이 아닌 점을 고려한 것으로서, 이 역시 흡수주의의 한 예이다.

8) 하나의 소로써 비재산권을 목적으로 하는 소와 그 소의 원인된 사실로부터 발생하는 재산권상의 소를 병합청구한 경우, 즉 재판상 이혼청구와 이혼에 기한 위자료청구를

의부가 지방법원 단독판사의 판결에 대한 항소사건을 제2심으로 심판하는 도중에 지방법원 합의부의 관할에 속하는 반소가 제기되었다고 하더라도 이미 정하여진 항소심의 관할에는 영향이 없으므로(대법원 1992. 5. 12. 선고 92다2066 판결, 2011. 7. 14.자 2011그65 결정), 그 반소사건을 1심 합의부에 보낼 필요 없이 항소심이 본소의 항소심과 반소의 1심(실질적으로 1심이라는 것이고, 그에 대한 불복 시 상고를 하여야 한다)을 겸하여 심리하게 된다. 항소심은 심급관할로서 전속관할이고, 항소심에서도 반소 제기가 허용되기 때문이다.

병합청구한 때 등에도 흡수주의에 의해 다액인 청구를 기준으로 소가를 산정한다.

9) 위와 같이 사물관할은 소송목적 값을 기준으로 정하는데, 이는 위와 같이 하나의 소를 기준으로 하므로 하나의 소에 청구가 병합되거나 당사자가 병합된 때에는 그 소송목적 값을 모두 더한 것을 기준으로 사물관할을 정하여야 하나(민사소송법 제27조 제1항), 복수의 소를 하나의 소송절차에 변론병합한 경우에는 이들 복수의 소의 소가를 모두 더하지 않고 각각의 소의 소가를 기준으로 사물관할을 정하여야 한다. 따라서 단독사건을 아무리 많이 변론병합해도 여전히 이들은 모두 단독사건이다.

한편, 관할은 소를 제기한 때를 표준으로 정하므로(민사소송법 제33조), 소송 도중 청구의 확장이나 청구의 교환적 변경으로 인하여(이는 변론의 병합이 아니다) 그 소가가 변동한 때에는 그때에 변경된 부분의 소 제기가 있는 것으로 되므로, 이에 따라 사물관할이 달라질 수 있다. 따라서 이에 따라 단독사건이 합의사건이 된 경우, 법원(단독판사)은 직권 또는 당사자의 신청에 따른 결정으로 사건을 합의부에 이송하여야 한다(민사소송법 제34조 제1항).[265]

다만 사물관할은 전속관할이 아니므로, 변경된 소에 관하여 상대방이 관할위반이라고 항변하지 아니하고 본안에 관하여 변론하거나 변론준비기일에서 진술하여 원래의 단독판사에게 변론관할이 생긴 경우에는 사건을 합의부에 이송하지 아니하고 단독판사가 계속 심리할 수 있다.[266] 이는 청구의 변경이 아닌, 단독판사의 관할에 속하는 사건의 소송 도중 별개의 소로서 합의부 관할에 속하는 중간확인의 소, 독립당사자참가, 반소의 제기가 있는 경우에도 동일하다(민사소송법 제269조 제2항 단서 참조).

10) 반면에 소의 교환적 변경 또는 청구취지의 감축으로 인하여 원래 합의부 관할에 속하던 사건의 소가가 2억 원 이하로 떨어져 단독사건으로 변경되었더라도 단독판사에게 이송할 필요가 없다. 합의부는 언제든지 단독사건을 합의부에서 심판할 것으로 스스로 결정할 수 있고, 이러한 경우에 사건을 단독판사에게 이송하게 되면 소송경제에 반하게 될 뿐만 아니라, 합의부에서 계속 심판하더라도 당사자에게 불리하지 않기 때문이다.

---

265) 모두 단독판사의 관할에 속하는 복수의 소를 변론병합하여 심리하는 도중에 일부의 소의 청구가 변경되어 그 소만이 합의부의 관할에 속하는 경우에는 그 소만을 분리하여 합의부에 이송하여야 한다. 그러나 복수 별개의 소라도 중간확인의 소, 독립당사자참가, 반소의 제기에 따라 일부 사건은 단독판사의 관할에 속하고 일부는 합의부의 관할에 속하는 경우에는 그 견련성 때문에 모든 사건을 다 합의부에 이송하여야 한다.

266) 변론관할이 생기지 아니한 경우에도, 합의부의 구성원인 단독판사는 심리중인 단독사건이 소의 변경, 독립당사자참가 또는 반소의 제기 등으로 인하여 합의사건에 속하게 된 경우라도 그 사건이 재정단독 대상 사건에 해당하는 때에는 소속 합의부의 재정단독결정을 받아 이를 계속 심판할 수 있고(2020. 2. 6., 재판예규 제1732호 '법관등의 사무분담 및 사건배당에 관한 예규' 제13조 제3항), 합의부에 소속되지 않은 단독판사는 단독으로 심리중인 사건이 소의 변경, 독립당사자참가 또는 반소의 제기 등으로 인하여 합의사건에 속하게 되었지만 재정단독 대상 사건에 해당하는 때에는 해당 사건에 대하여 합의부의 재정단독결정을 받아 계속 심리할 수 있다(위 제13조 제4항).

바. 지정관할(재정관할)

1) 관할권 있는 법원이 법률상 또는 사실상 원인으로 재판권을 행사할 수 없는 때 또는 복수의 법원 사이에 관할이 분명하지 아니한 때는 이들 관련 법원의 바로 위 상급법원이 그 관계된 법원 또는 당사자의 신청에 따라 결정으로 관할법원을 정한다. 이를 지정관할(指定管轄) 또는 재정관할(裁定管轄)이라 한다. 재정이란 재판으로써 정한다는 뜻이다. 관계된 법원 또는 당사자가 관할지정을 신청하는 때에는 그 사유를 적은 신청서를 바로 위의 상급법원에 제출하여야 한다(민사소송규칙 제7조 제1항).

이미 소가 제기된 사건에 관하여 관할지정신청이 있는 때에는 그 신청에 대한 결정이 있을 때까지 소송절차를 정지하여야 한다. 그러나 긴급한 필요가 있는 소송행위는 이에 불구하고 할 수 있다(민사소송규칙 제9조).

2) 가사소송법에서는 사건이 가정법원과 지방법원 중 어느 법원의 관할에 속하는지 분명치 않은 경우에도 그 관계된 법원들의 바로 위 상급법원이 결정으로 관할법원을 정하도록 하고 있다. 이 경우 위 민사소송법과 민사소송규칙에서 정한 절차가 준용되며(가사소송규칙 제14조), 가정법원의 관할로 정하여진 사건은 가사소송법 절차에 따라 처리하고, 지방법원의 관할로 정하여진 사건은 민사소송 절차에 따라 처리(심판)한다(가사소송법 제3조).

3) 앞서 본 바와 같이 법원조직법은 행정법원의 단독판사와 지방법원 및 그 지원의 단독판사는 합의부에서 단독판사가 심판할 것으로 결정한 사건을 제1심으로 심판한다고 규정하고 있는바, '단독판사가 심판할 것으로 정하는 합의부의 결정'은 관할을 정하는 것이 아니라 이미 정해진 관할에 따라 합의부나 단독판사가 재판할 수 있는 사건의 처리를 합의부의 재판에 의해 단독판사 또는 합의부에 위임하는 것이므로, 이에 따른 결과는 여기서 말하는 지정관할이나 재정관할에 속하지 않는다.

4) 관할지정신청을 받은 상급법원은 신청이 정당하다고 인정하는 때는 관할법원을 지정하는 결정을 하고, 이유가 없는 때는 신청을 기각하는 결정을 하여야 한다. 신청을 받아들여 관할을 지정하면 이로써 관할이 창설된다. 이는 본래의 관할이 전속관할인 경우에도 마찬가지이다(민사소송법 제28, 31조 참조).

사. 합의관할(合意管轄)

(1) 의 의

소송당사자들은 그들의 합의로써 제1심 관할법원을 정할 수 있는데, 이를 합의관할이라고 하며, 그 합의를 관할 합의라고 한다. 상소심법원은 1심법원이 어디냐에 따라 법령상 자동적으로 정해지므로 합의로써 정할 수 없다.

(2) 관할 합의의 성질

1) 위와 같이 관할의 합의가 있는 경우 제1심 관할이 성립하게 되므로 그 법적 효과는 소송법에 의한 것이고, 관할 합의라는 법률행위 역시 소송법이 정하고 있으므로 이는 소송행위에 해당한다. 구체적으로는 소송상 합의이다.

2) 관할 합의는 다른 법률행위, 예컨대 그 관할 합의의 대상인 분쟁의 원인이 되는 매매계약이나 조합계약 등 실체법적 법률행위에서 할 수도 있다. 그러나 이러한 경우에도 양자는 각각의 고유한 성질과 요건을 잃지 않으므로 각각 실체법과 소송법이 별도로 적용되어야 한다. 그러므로 관할 합의에는 원칙적으로 민법총칙편의 통정허위표시나 비진의표시, 사기, 강박 등의 규정이 적용되지 않는다. 따라서 이들 규정을 들어 무효나 취소를 주장할 수 없다.[267)]

(3) 관할 합의의 요건과 방식

1) 관할 합의는 제1심에 한하여 허용된다. 그러나 토지관할이든 사물관할이든 무방하다. 하지만 전속관할의 경우에는 이에 반하여 합의할 수 없다(민사소송법 제31조, 대법원 2004. 3. 25. 선고 2001다53349 판결 등 참조). 관할 합의는 통상 소의 제기 등 소송절차가 개시되기 전에 소송절차 밖에서 하게 된다. 이미 소송절차가 개시된 후에는 그로써 관할이 생긴 후이므로 뒤에서 보는 바와 같이 관할 합의는 별 의미가 없다.

2) 관할 합의는 섭외사건에서도 가능하다. 따라서 외국 법원의 관할을 배제하고 대한민국 법원을 관할법원으로 하는 합의도 유효하다(대법원 2011. 4. 28. 선고 2009다19093 판결 등).

3) 관할 합의는 그 합의의 내용상 어느 법원이 관할법원인지 알 수 있도록 특정 가능하여야 한다. 그러나 그 특정의 결과 관할법원이 여럿이 되어도 무방하다. 또 반드시 적극적으로 특정 법원을 지정할 필요는 없으므로, 법정관할의 일부를 배제하는 소극적 합의라도 관할 합의에 해당한다. 그러나 모든 법원의 관할을 배제하는 내용의 합의나 모든 법원에 관할을 인정하는 합의는 아무런 의미가 없으므로 무효이다. 또한 원고나 피고가 지정하는 법원에 관할권을 인정하는 방식의 관할합의(이를 관할법원 지정의 위임이라고 한다)는 상대방의 관할의 이익을 박탈하여 당사자 간의 공평을 해치므로 허용되지 않는다(대법원 1977. 11. 9. 자 77마284 결정 등).

4) 관할 합의는 그 합의 당사자 간의 모든 소송에 관하여 포괄적으로 할 수 없고, 분쟁의 대상인 개개 소송을 특정하거나 일정한 법률관계로 말미암은 소송에 대하여 개별적으로 하여야 한다. 또 이는 서면으로 하여야 한다(민사소송법 제29조 제2항).

---

267) 이에 대해서는 아직 소송절차가 개시되기 전에는 민법총칙편의 규정에 의한 무효, 취소의 주장이 가능하다는 견해가 있다.

5) 관할 합의는 반드시 양 당사자가 대면하여 체결할 필요는 없다. 묵시적인 합의만으로도 충분하기 때문이다. 따라서 어음이나 수표 등 유가증권에 관하여 발행인이나 배서인이 그 유가증권에 관할 합의의 청약을 기재한 경우, 배서인이나 보증인 등은 이를 승낙하여 합의를 완결할 수 있다. 그 승낙의 의사표시는 청약인이 지정한 법원에 소장을 제출하여 그 부본이 상대방(피고)에게 도달함으로써 이루어져도 무방하다. 관할 합의가 약관에 의하여 이루어진 경우에도 그것만으로 무효가 되지는 않는다(대법원 2008. 12. 16.자 2007마1328 결정 등 참조).

6) 관할 합의를 한 후라도 아직 소송절차가 개시되기 전에는 자유로이 당사자의 합의에 의하여 이를 철회하거나 변경할 수 있다. 그러나 이미 소송절차가 개시된 후에는 이미 그로써 관할이 생긴 후이므로 그에 따라 자동적으로 관할이 변경되지는 않고, 단지 그 변경합의를 이유로 법원에 이송을 신청할 수 있을 뿐이다.

(4) 관할 합의의 유형

1) 관할 합의는 ① 특정한 법원에게만 관할권을 인정하는 전속적 합의와 ② 본래 관할권이 있는 법원(법정관할) 이외에 추가적으로 별도의 법원에도 병존적·부가적으로 관할을 인정하는 부가적 합의 모두 가능하다. 전속적 관할합의를 하는 경우 보통 "본 계약에 관한 분쟁이 발생한 경우 법원의 관할은 乙의 본사 소재지를 관할하는 법원으로 한다"라는 형식으로 하고, 부가적 관할합의를 하는 경우에는 "본 계약에 관한 분쟁이 발생한 경우 쌍방은 서울중앙지방법원에 제소할 수 있다"라는 형식으로 한다. 그러나 실제의 관할 합의서에는 '전속적'이나 '부가적'이라는 용어를 사용하지 않는 경우가 많은바, 이때는 계약(합의)의 해석 일반의 원칙에 의하여 이를 해석하여야 한다.

2) 관할 합의는 외국의 법원을 관할법원으로 하는 내용으로도 할 수 있다. 이른바 국제관할의 합의이다. 이 역시 우리나라 법원의 관할(재판권)을 배제하는 전속적 합의와 이를 병존적으로 인정하는 부가적 합의 모두 가능하다. 우리나라 법원의 재판권을 배제하는 내용의 전속적 합의를 한 경우에 그것이 우리나라 법원의 재판권에 전속하는 사건에 관한 것이라면 그 합의는 무효라는 것이 통설이다. 강행법규에 반하기 때문이다.

(5) 관할 합의의 효력

1) 관할 합의가 이루어지면 그에 따른 관할이 발생한다. 위와 같이 관할의 합의는 소송절차가 개시되기 전에 소송절차 밖에서 하게 되나, 이에 불구하고 곧바로 관할의 창설이라는 소송법적 효력이 발생한다. 그 구체적 효과는 그것이 전속적 합의인지 부가적 합의인지에 달려있다.

그러나 관할 합의에 의해 발생한 관할은 임의관할이므로(이는 전속적 관할 합의의 경우에도 마찬가지다), 원고가 합의를 무시한 채 다른 법원에 소를 제기한 경우라도 피고가 응소하면 뒤에서 보는 바와 같은 응소관할이 생긴다. 또, 관할 합의에 불구하고 당사자들은 민사소송법 제35, 36조에 의해 이송을 신청할 수 있고, 법원도 직권으로 이송을 할 수 있다.

2) 약관규제법 제14조는 "고객에 대하여 부당하게 불리한 소 제기의 금지조항 또는 재판관할의 합의조항이나 상당한 이유 없이 고객에게 입증책임을 부담시키는 약관조항은 무효로 한다."라고 규정하고 있다. 이와 관련하여, 사업자와 고객 사이에 사업자의 영업소를 관할하는 지방법원에 관하여 전속적 관할합의를 하는 내용의 약관조항이 고객에게 부당하게 불리하다고 보기 위해서는 그 약관조항이 고객에게 다소 불이익하다는 점만으로는 부족하고, 사업자가 그 거래상의 지위를 남용하여 이러한 약관조항을 작성·사용함으로써 건전한 거래질서를 훼손하는 등 고객에게 부당하게 불이익을 주었다는 점이 인정되어야 한다. 따라서 전속적 관할 합의 약관조항이 고객에게 부당한 불이익을 주는 행위인지 여부는, 그 약관조항에 의하여 고객에게 생길 수 있는 불이익의 내용과 불이익 발생의 개연성, 당사자들 사이의 거래과정에 미치는 영향, 관계 법령의 규정 등 제반 사정을 종합하여 판단하여야 한다(대법원 2008. 12. 16.자 2007마1328 결정 등).[268]

3) 관할 합의 역시 계약이므로 그 효력은 계약 당사자와 그 승계인 외의 제3자에게는 미치지 않는다. 따라서 채권자와 주채무자 사이의 관할 합의는 보증인이나 다른 연대채무자에게는 미치지 않고, 또 채권자와 보증채무자 사이의 관할 합의는 주채무자에게 미치지 않는다.

4) 상속인이나 합병한 법인 등 포괄승계인에게는 그 효력이 당연히 미치며, 당사자의 권리를 행사하는 데 지나지 않는 파산관재인이나 채권자대위권을 행사하는 채권자도 그 합의에 구속되나, 특정승계인에게도 그 효력이 미치는지는 경우에 따라 다르다.

채권적 권리의 특정승계의 경우, 실체법적으로 보면 관할 합의는 권리행사의 조건으로서 그 권리관계에 불가분적으로 부착된 것이라 할 수 있으므로, 지명채권과 같이 그 권리관계의 내용을 당사자가 자유롭게 정할 수 있는 경우, 당해 권리관계의 특정승계인은 그러한 조건이 붙은 권리관계를 승계한 것이라고 할 것이어서 관할 합의의 효력은 특정승계인에게도 미친다(대법원 2006. 3. 2.자 2005마902 결정 참조).

5) 반면에 근저당권이 설정된 부동산의 소유권을 취득한 특정승계인과 같이 그 승계의 대상이 물권인 경우에는 그 특정승계인이 근저당권자나 근저당권설정자의 지위를 승계하였다는 등의 특별한 사정이 없는 한, 근저당권설정자와 근저당권자 사이에 이루어진 관할 합의의 효력은 소유권 양수인에게 미치지 않는다(대법원 1994. 5. 26.자 94마536 결정 참조). 그러나 근저당권의

268) 우월한 지위에 있는 사업자에 의한 관할합의가 약관을 통하여 남용되는 것을 방지하기 위해 '할부거래에 관한 법률', '방문판매 등에 관한 법률', '전자상거래 등에서의 소비자보호에 관한 법률' 등에서는 관련 소송의 관할을 전속관할로 규정함으로써 이를 원천적으로 방지하고 있다.

승계 취득자와 근저당권설정자 사이에서는 그 합의의 효력이 미친다. 승계 취득한 권리관계 자체에 대하여 관할 합의가 있기 때문이다.

아. 변론관할(응소관할)

1) 원고가 관할권 없는 법원에 소를 제기한 경우라도, 피고가 관할위반이라고 항변하지 아니하고 본안에 대하여 변론하거나 변론준비기일에서 진술하면 그 법원은 관할권을 가진다(민사소송법 제30조). 이를 변론관할(辯論管轄) 또는 응소관할(應訴管轄)이라고 한다. 그러나 전속관할이 정하여진 소송에는 적용되지 않는다(민사소송법 제31조). 상소심은 심급관할로서 전속관할이므로, 결국 변론관할은 제1심에 한하여 인정된다.

2) 변론관할이 성립하려면 위와 같이 피고가 변론기일이나 변론준비기일에서 본안에 대하여 진술·변론을 하여야만 한다. 따라서 피고가 단순히 본안전항변으로 소 각하의 재판만을 구한 경우에는 변론관할이 성립하지 않는다. 또 변론기일이나 변론준비기일에 출석하여 구두로 진술·변론을 하여야 하므로, 답변서나 준비서면만 제출하고 기일에 출석하지 않거나, 출석을 하였더라도 구두로 진술·변론을 하지 않은 때는 역시 변론관할이 성립하지 않는다. 본안에 대한 답변서나 준비서면을 제출하였으나 피고가 기일에 출석하지 않아 법원이 이를 진술한 것으로 간주한 경우(민사소송법 제148조 제1항)에는 현실의 구두변론과 달리 변론관할이 성립하지 않는다는 것이 판례이다(대법원 1980. 9. 26.자 80마403 결정).

3) 본안에 대하여 진술·변론을 한다는 것은 본안인 원고의 청구가 이유 있다거나 이유 없다는 내용으로 진술·변론한다는 것을 말한다. 따라서 피고가 단순히 청구 기각의 재판만을 구하고 청구원인사실에 관하여 구체적으로 진술·변론하지 않은 때는 변론관할이 성립하지 않는다고 볼 여지도 있으나(대법원 1991. 3. 27. 선고 91다1783, 1790 판결 참조), 이 역시 원고의 청구에 대한 당부의 진술로서 본안에 대한 진술·변론에 해당하므로 문제가 없다고 할 것이다.

4) 변론관할이 인정되는 제도적 취지나 논리상, 피고가 변론기일이나 변론준비기일에 출석해 본안에 대하여 구두로 진술·변론을 하였더라도, 동시에 주위적이든 예비적이든 관할위반의 항변을 한 때에는 피고가 변론관할의 성립을 부정한 것이므로 변론관할이 성립하지 않는다. 그러나 이미 변론관할이 성립한 이후에는 관할위반의 항변을 하더라도 영향이 없다.

5) 변론관할은 국제재판관할에 관하여도 적용된다(대법원 2014. 4. 10. 선고 2012다7571 판결 참조).

자. 관련재판적(關聯裁判籍)

1) 하나의 소로써 복수의 청구를 하는 경우, 수소법원은 각 청구별로 모두 관할권을 가져야만 적법하다. 그러나 이를 고집하면 이들 복수의 청구를 하나의 소송절차를 통하

여 심판할 수 없어 당사자와 법원 모두 불편하고 소송비경제를 야기한다.

2) 이에 따라 민사소송법 제25조는 "원고가 하나의 소로 여러 개의 청구를 하는 경우에는 제2조 내지 제24조의 규정에 따라 그 여러 개 가운데 하나의 청구에 대한 관할권이 있는 법원에 소를 제기할 수 있다"라고 규정하여, 본래는 관할권이 없는 청구에 대하여도 그 수소법원에 관할권이 발생함을 인정하는데, 이를 관련재판적 또는 병합청구의 재판적이라고 한다.

3) 관련재판적은 한 개의 소로써 동일 당사자 사이에 수개의 청구를 하는 경우에 인정된다. 처음부터 청구를 병합하여 여러 개의 청구를 한 경우뿐만 아니라, 소송 도중 청구의 변경에 의하여 청구를 추가한 경우도 포함한다. 그러나 관련재판적은 전속관할이 있는 청구에 대해서는 허용되지 않는다(민사소송법 제31조).

4) 관련재판적은 토지관할에 한하고, 사물관할에 대해서는 성립하지 않는다. 여러 개의 청구를 병합하여 하나의 소를 제기한 경우, 사물관할은 그 소가를 합산하여 이를 기준으로 법원조직법 등에 의하여 그 관할이 정해지기 때문이다. 또 관련재판적은 그 성질상 1심에만 적용된다. 상소심의 관할은 원심의 관할을 기준으로 법령상 자동적으로 정해지며 전속관할이기 때문이다.

5) 관련재판적이 인정되려면 하나의 소에 병합된 여러 개의 청구 중 적어도 하나의 청구에 대하여는 수소법원이 관할권을 가져야 하는데, 민사소송법 제2조 내지 제24조의 규정에 따른 관할권 외에 다른 법률규정에 의하여 생기는 법정관할이나 지정관할, 합의관할, 응소관할(변론관할)에 의하여 수소법원이 관할권을 가지는 경우도 포함한다.

6) 동일 당사자 사이에 복수의 청구가 병합된 경우 외에, 복수의 당사자들이 하나의 소에 병합된 소의 주관적 병합의 경우에도 당사자들 사이에 관련재판적이 인정되는지에 관하여 종래 대법원은 이를 부정하였으나(대법원 1970. 11. 24.자 70마646 결정, 1980. 9. 26.자 80마403 결정), 현재는 민사소송법 제25조 제2항이 명문으로 이를 인정한다. 즉 민사소송법 제65조 본문에서 규정하는 '소송목적이 되는 권리나 의무가 여러 사람에게 공통되거나 사실상 또는 법률상 같은 원인으로 말미암아 그 여러 사람이 공동소송인으로서 당사자가 되는 경우'에는 관련재판적이 인정된다. 그러나 민사소송법 제65조 단서에서 규정하는 '소송목적이 되는 권리나 의무가 같은 종류의 것이고, 사실상 또는 법률상 같은 종류의 원인으로 말미암은 것인 경우'에는 허용되지 않는다.

민사소송법 제65조 본문에서 규정하는 '소송목적이 되는 권리나 의무가 여러 사람에게 공통되거나 사실상 또는 법률상 같은 원인으로 발생한 경우'란, 단순히 그 권리나 의무가 금전지급청구권, 토지인도청구권 등과 같이 종류만 같은 경우가 아니라, 그 권리나 의무가 동일한 교통사고, 환경오염사건, 폭행사건 등의 불법행위나 동일한 매매, 교환, 임대차 등의 법률행위, 동일한 사실상 원인으로 성립하는 사무관리나 부당이득 등에서 발생한 경우와 같이 공동소송인 사이에 사실상으로나 법률상으로 일정한 견련성 내지 관련성이 있다는 것을 말한다.

7) 수소법원에 관할권이 없는 청구의 소를 제기하기 위하여, 실제로는 소를 제기할 의사나 이익이 전혀 없는 청구를 일부러 병합하여 제기하고 관할권이 없는 청구에 대하여 관련재판적을 주장하는 경우, 민사소송법 제2조가 규정하는 신의칙에 반하거나 권리(소권) 남용에 해당하여, 그 청구 전부에 대하여 관할권이 부정될 수 있다.

4. 법관의 제척, 기피, 회피

1) 특정 사건의 처리를 담당하게 된 수소법원의 법관에게 소송당사자와의 친인척관계 등 그 공정한 업무 수행을 기대하기 어려운 일정한 사유가 있는 경우 그 법관을 당해 재판 업무에서 배제하기 위한 장치가 필요한바, 그것이 곧 법관의 제척, 기피, 회피이다.

2) 법관의 제척, 기피, 회피는 모두 위와 같이 재판 업무의 공정을 위한 것이나, 그 사유의 유형에 따라 위 세 경우로 나뉜다.

3) 특정 사건의 처리와 관련하여 그 담당자에게 발생한 사유로 인해 그 공정한 업무 수행을 기대하기 어려운 경우는 법관에 한정되지 않는바, 민사소송법(제50조, 제164조의5)이나 집행관법(제133조), 대법원규칙인 사법보좌관규칙(제99조), '채무자 회생 및 파산에 관한 규칙'(제20조) 등에서는 이를 유추하여 법원사무관 등이나 전문심리위원, 집행관, 사법보좌관, 회생관리위원 등에 대해서도 법관의 제척, 기피, 회피와 유사한 제도를 두고 있다. 중재법에도 중재인에 관하여 이와 유사한 규정이 있다(제13조, 14조).

가. 법관의 제척(除斥)

1) 법관에게 민사소송법 제41조가 규정하는 사유 중 하나가 있을 경우, 당해 법관은 그를 직무에서 배제한다는 특별한 재판 없이도 당연히 그 직무에서 배제되고 그 직무를 처리할 수 없게 되는데, 이를 제척이라 한다.

2) 제척의 원인을 법원이나 당사자가 알건 모르건, 당사자가 이의를 하건 하지 않건 상관이 없고, 이는 소송절차에 관한 이의권과 달리 포기나 상실의 대상이 되지 않는다. 제척의 사유가 있음에도 당해 법관이 직무를 처리한 경우, 그가 관여한 판결 등은 당연 무효는 아니나 부적법하다. 따라서 당사자는 이에 대하여 상소로써 시정을 구할 수 있고, 이미 확정된 때에는 재심을 청구할 수 있다(민사소송법 제451조 제1항 제2호).

3) 민사소송법 제41조가 규정하는 제척의 사유는, ① 법관 또는 그 배우자나 배우자이었던 사람이 사건의 당사자가 되거나, 사건의 당사자와 공동권리자·공동의무자 또는 상환

의무자의 관계에 있는 때, ② 법관이 당사자와 친족의 관계에 있거나 그러한 관계에 있었을 때, ③ 법관이 당해 사건에 관하여 증언이나 감정을 하였을 때, ④ 법관이 당해 사건에 관하여 당사자의 대리인이었거나 대리인이 된 때, ⑤ 법관이 불복사건의 이전 심급의 재판에 관여하였을 때(다만, 다른 법원의 촉탁에 따라 그 직무를 수행한 경우는 제외)이다.

4) 법관의 배우자는 법률상 배우자만을 말한다는 것이 통설이다. 사건의 당사자에는 당해 소송사건의 원고와 피고 본인은 물론이고, 독립당사자참가인, 소송인수인, 소송탈퇴인도 포함된다. 당사자는 아니지만 이에 준하는 지위에 서는 보조참가인, 선정자, 파산관재인이 직무상 당사자가 되는 경우의 파산자, 당사자가 아니면서 확정판결의 기판력을 받는 자(민사소송법 제218조 참조)도 마찬가지다.

공동권리자는 소송의 목적인 권리의 공유자, 합유자, 임차권자, 지상권자, 연대채권자 등을 가리키고, 공동의무자는 소송의 목적인 채무에 관하여 공동책임을 지는 자, 즉 연대채무자, 보증인, 물상보증인, 공동불법행위자, 합명회사의 사원이나 합자회사의 무한책임사원 등을 가리킨다. 그리고 상환의무자는 소송당사자로부터 상환청구를 받을 어음의 배서인이나 민법상 담보책임을 지는 매도인 등을 말한다. 법관이 당사자(피고)인 종중의 종원인데 종원 중 1인이 그 총회결의 무효확인의 소를 제기한 경우, 종중원들은 종중원의 재산상·신분상 권리의무 관계에 직접적인 영향을 미치는 종중 규약을 개정한 종중총회결의의 효력 유무에 관하여 공통되는 법률상 이해관계가 있으므로 종원인 법관은 공동권리자에 해당한다는 대법원 판결이 있다(대법원 2010. 5. 13.선고 2009다102254 판결).

5) 법관이 불복사건의 이전 심급의 재판에 관여하였을 때란 당해 사건의 하급심 재판에 관여한 경우를 말하며, 관여란 최종변론에 관여하거나 합의 또는 판결(종국판결이든 중간판결이든 불문)에 관여한 경우를 말한다. 따라서 최종변론 이전의 변론이나 증거조사에만 관여한 경우는 포함되지 않는다(대법원 1994. 8. 12. 선고 92다23537 판결). 그것만으로는 당해 사건에 관하여 예단을 갖거나 이미 어떤 판단을 하였다고 보기 어렵기 때문이다. 민사소송법 제436조 제3항은, 상고법원이 2심법원의 판결 등을 파기환송한 경우 원심판결에 관여한 판사는 파기환송 후의 재판에 관여하지 못한다고 규정하는바, 이 역시 법관의 제척에 해당한다.

6) 그러나 가압류 사건 등 보전사건에 관여한 경우는 전심재판에 관여하였다고 보기 어렵다. 또, 재심은 상소가 아니므로 재심대상재판에 관여한 판사라도 재심사건에 관여할 수 있고(대법원 2000. 8. 18. 선고 2000재다87 판결), 청구이의 사건이나 제3자이의 소송 역시 이와 같으므로 확정판결 사건에 관여한 판사라도 그에 관한 청구이의 사건이나 제3자이의 소송에 관여할 수 있으며, 당해 확정판결 후의 단계인 집행문부여의 소나 강제집행정지신청에 관여하는 것도 무방하다.

7) 위와 같이 민사소송법 제41조가 규정하는 사유 중 하나가 있을 경우, 당해 법관은

당연히 그 직무에서 배제되므로 스스로 물러나야 하지만, 이를 보다 확실히 하기 위하여 법원이 직권으로[269] 또는 소송당사자의 신청에 의해 제척의 재판을 할 수도 있다(민사소송법 제42조). 제척의 재판은 뒤에서 보는 기피신청에 대한 재판과 같은 절차에 의한다. 제척의 재판이 있더라도, 이는 당연한 제척사유를 확인하는 의미밖에 없음은 물론이다.

나. 법관의 기피(忌避)

1) 당사자는 법관에게 공정한 재판을 기대하기 어려운 사정이 있는 때에는 기피신청을 할 수 있다(민사소송법 제43조 제1항). 그러나 당사자가 기피할 이유가 있다는 것을 알면서도 본안에 관하여 변론하거나 변론준비기일에서 진술을 한 경우에는 기피신청을 하지 못한다(민사소송법 제43조 제2항).

2) 기피신청의 사유는 위와 같이 추상적으로 규정되어 있는바, 그 구체적인 예로는 ① 법관이 당해 사건에 관하여 당사자의 법정대리인이거나 이전에 소송대리인이었던 경우, ② 법관과 사실상의 부부관계나 약혼관계에 있는 자가 당사나 이에 준하는 지위에 있는 경우, ③ 법관이 당사자 일방의 채권자이거나 당사자인 회사의 주주의 지위에 있는 경우, ④ 법관이 당사자 일방 또는 그 소송대리인과 친구·친인척 지간이거나, 학교 동문, 동호회원 등의 친밀한 관계에 있는 경우 등을 들 수 있다. 위 제척사유가 있는 때도 이에 해당한다고 할 것이다. 실무상으로는, 당해 사건의 소송진행에 관하여 법관이 편파적인 언동을 하였다거나 정당한 이유 없이 증거신청을 배척하였다는 등을 이유로 기피신청을 하는 것이 대부분이다.

3) 합의부 소속 법관에 대한 기피는 그 합의부에, 수명법관·수탁판사 또는 단독판사에 대한 기피는 그 법관에게 신청하여야 한다. 기피신청은 구두로 해도 무방하나, 기피하는 이유와 소명방법은 신청한 날부터 3일 이내에 서면으로 제출하여야 한다(민사소송법 제44조).

4) 기피신청이 법규정에 어긋나거나 소송 지연을 목적으로 하는 것이 분명한 경우에는 신청을 받은 당해 수소법원 또는 법관이 결정으로 이를 각하한다. 이를 각하할 사유가 없는 경우에는, 기피를 당한 법관은 바로 기피신청에 대한 의견서를 당해 재판을 할 법원에 제출하여야 한다(민사소송법 제45조).

5) 기피신청에 대한 재판은 그 신청을 받은 법관의 소속 법원(국법상의 법원) 합의부에서 결정으로 하여야 한다. 합의부 소속 법관에 대한 기피신청이 있는 경우에 그 합의부가 그에 대한 재판을 하여도 무방하나,[270] 기피신청을 받은 당해 법관은 그 재판에 관여하지 못하며, 의견을 진술할 수 있을 뿐이다(민사소송법 제46조 제1, 2항). 이로 인해 법원이 합의부를 구성

---

269) 법원이 직권으로 하는 경우는 주로 당해 법관이 명시적이든 묵시적이든 신청을 하는 경우이다.

270) 그러나 합의부 소속 법관 전원에 대한 기피신청이 있는 경우는 물론 그 일부에 대한 기피신청이 있는 경우에도 그 합의부가 아닌 다른 재판부에 배당하여 처리함이 실무 관행이다.

하지 못하는 경우에는 바로 위의 상급법원이 재판한다(민사소송법 제46조 제3항).

기피신청에 정당한 이유가 있다고 보아 이를 인용하는 결정에 대하여는 불복할 수 없으나, 이를 각하한 결정이나 기피신청이 이유 없다는 결정에 대하여는 즉시항고를 할 수 있다. 즉시항고는 집행정지의 효력을 갖지만, 각하결정에 대한 즉시항고는 집행정지의 효력을 갖지 아니 한다(민사소송법 제47조). 집행정지의 효력이 있다는 것은 그 확정 시까지 소송절차가 정지된다는 뜻이다.

6) 기피신청이 있는 경우 그 법관 소속 수소법원은 그 재판이 확정될 때까지 소송절차를 정지하여야 한다. 다만, 기피신청이 각하된 경우 또는 기피신청이 있은 후 종국판결만을 선고하거나 긴급을 요하는 행위를 하는 경우에는 예외이다(민사소송법 제48조). 이와 같은 예외에 따라 법원이 종국판결을 선고한 때는 더 이상 기피신청을 할 이익이 없으므로 그 신청을 각하하여야 한다(대법원 1991. 6. 14.자 90두21 결정, 2008. 5. 2.자 2008마427 결정).

소송절차를 정지하여야 함에도 이에 위반하여 소송절차를 정지하지 않고 법원이 증거조사나 판결 등 소송행위를 하였으나 그 뒤 기피신청이 각하 또는 기각되면 그 하자가 치유되는가? 긍정하여야 할 것이다(대법원 2010. 2. 11. 선고 2009다78467, 78474 판결 참조).[271] 반대의 경우, 상소심은 절차위반을 이유로 원심판결을 취소하고 다시 재판하거나(항소심의 경우), 사건을 다시 심리하도록 파기 환송하여야(상고심의 경우) 할 것이다.

7) 기피신청을 인용하는 결정이 있을 때에는 그 법관은 당해 사건의 직무집행으로부터 배제된다. 만약 그 법관이 당해 사건의 심판에 관여한 때에는 앞서 제척사유가 있는 법관이 당해 사건의 심판에 관여한 경우와 동일한 효과가 발생한다. 기피신청을 당한 당해 법관이 기피신청이 이유 있다고 인정하는 때에는 스스로 직무집행으로부터 이탈하거나 아래의 회피를 할 수 있다. 이 경우 기피신청은 이익이 없어 부적법하게 된다.

다. 법관의 회피(回避)

1) 법관은 제척 또는 기피의 사유가 있는 경우, 감독권이 있는 법원의 허가를 받아 스스로 직무집행으로부터 이탈하는 회피를 할 수 있다. '감독권이 있는 법원'은 법원장이나 지원장 등 당해 법관의 지휘감독권을 가진 자를 말한다고 해석된다. 그러나 그 허가는 명시적인 것은 물론 묵시적이거나 구두에 의한 것이라도 무방하다.

2) 수소법원의 법관이 회피한 때에는 직무대리 규정이나 당해 사건을 다른 재판부에 재배당하는 방법을 통해 다른 법관으로 하여금 당해 사건을 처리케 하며, 이에 관하여 감독자의 명시적 허가를 받지는 않는 것이 실무이다.[272]

---

271) 대법원 1978. 10. 31. 선고 78다1242 판결은 "기피신청을 당한 법관이 그 기피신청에 대한 재판이 확정되기 전에 한 판결은 그 후 그 기피신청이 이유 없는 것으로서 배척되고 그 결정이 확정되는 때에는 유효한 것으로 된다 할 것이므로 이를 문제 삼는 상고는 이유 없다"고 판시하였다.

3) 회피는 법관 스스로 직무집행으로부터 이탈하는 것이므로 불복이란 것이 있을 수 없다. 형사소송법은 회피하려는 법관은 소속법원에 서면으로 이를 신청해야 한다고 규정하나(형사소송법 제24조 제2항) 민사소송법에는 이러한 규정이 없는바, 이를 유추적용하여도 무방할 것이다.

V. 청 구

1. 청구의 의의

1) 앞서 본 바와 같이 소는 원고가 법원에 특정한 사건에 관하여 심리와 재판을 구하는 것인바, 이때 원고가 구하는 재판의 내용이 곧 청구이다. 청구취지나 청구원인이라는 말을 떠올려보면 그 뜻을 보다 쉽게 이해할 수 있다. 한편으로는 일정한 내용의 재판을 구하는 원고의 희망 또는 의사표시, 즉 소의 제기 등을 가리키는 뜻으로도 사용된다.

2) 이 점에서 청구는 소와 개념이 유사하다. 그러나 소가, 특정한 분쟁사건에 관하여 특정한 법원에 심리와 재판을 구하는 것으로서 원고가 구하는 재판의 내용인 청구는 물론 당사자와 법원까지 포함하는 넓은 의미를 갖는 데에 반해(앞서 본 소의 3요소와, 소의 변경에는 당사자의 변경, 청구의 변경, 법원의 변경이 있어 청구의 변경보다 넓은 의미임을 생각해보라.), 청구는 이보다 좁게 원고가 구하는 재판의 내용만을 의미한다.

예컨대, 특정한 부동산을 乙에게서 매수한 甲이 매매를 이유로 하여 乙을 상대로 법원에 위 부동산에 대한 소유권이전등기절차의 이행을 구하는 소를 제기하였다면, 법원이 위 부동산에 관하여 甲 앞으로 소유권이전등기절차를 이행할 것을 乙에게 명하는 재판을 구하는 것이 청구이고, 甲이 乙과 체결한 위 부동산의 매매에 따른 분쟁과 관련하여 심리와 재판을 구하는 것이 소이다.

2. 청구와 소송물

가. 소송물의 의의

1) 위와 같이 원고가 특정한 내용의 권리나 법률관계를 주장하며 그에 관하여 일정한 내용의 재판을 구하는 것이 청구인데, 이때 그 심리와 판단의 대상이 되는 소송의 주제인 권리나 법률관계가 곧 소송물이다. 이는 구체적인 당해 소송의 주제이자 핵심이 되는 안건이 되므로 이를 본안(本案)이라고 한다.

예컨대, 위에서 본 甲의 乙에 대한 특정 부동산의 매매에 따른 소유권이전등기청구권의 주장과 그에 기한 소유권이전등기절차의 이행청구가 그 소송의 본안으로서 소송물이

---

272) 재배당 업무도 배당 업무의 일부로서 법원장이나 지원장의 권한에 속하므로, 재배당절차를 통해 사건이 재배당됨으로써 묵시적으로 감독자의 허가가 있는 것이 된다.

다. 그 소송에서 법원이 원고 甲의 소유권이전등기청구를 인용하기 위해서는 먼저 원고가 피고에 대하여 매매에 따른 소유권이전등기청구권을 가지고 있는지 여부를 심리하여 이를 긍정하여야만 한다. 그것이 긍정되면, 그 범위에서 원고는 그 권리의 전부나 일부를 청구로써 행사할 수 있고, 또 이행, 확인, 형성의 형태로 그 실현을 구할 수 있게 된다. 따라서 당사자와 법원이 소송의 주체라면, 소송물은 소송의 객체이자 주제이며 본안소송의 심리 및 판단의 대상이다.

2) 당사자주의가 적용되는 민사소송에서 재판의 대상은 원칙적으로 원고의 청구에 의하여 정해지므로, 소송의 대상은 청구(보다 정확히는 청구취지와 청구원인)로써 표현된다. 대법원도 "법원은 당사자가 특정하여 신청(청구)한 사항에 대하여 신청(청구)의 범위 에서만 판단하여야 하고, 당사자에 의하여 주장되지 아니한 사실은 판결의 기초로 삼을 수 없다. 한편, 법원의 심판범위가 되는 당사자의 신청사항은 청구취지와 원인에 의하여 특정된다."고 하여(대법원 2009. 3. 12. 선고 2007다10399 판결), 개개 소송의 주제와 목적은 원고의 청구에 의하여 특정되고 그것에 의해 한정된다는 뜻을 표시하고 있다.

3) 우리 법은 이에 관하여 소송목적, 소송목적이 되는 권리·의무, 청구, 소송물이라는 용어를 혼용하고 있다(민사소송법 제25조 내지 제27조, 제65조, 제81조, 제82조, 제253조, 제262조, 민사집행법 제48조 제2항 참조). 즉 민사소송법 제25조 제1항은 "하나의 소로 여러 개의 청구를 하는 경우 … 하나의 청구에 대한 관할권이 있는 법원에 소를 제기할 수 있다."고 하고, 제27조 제1항은 "하나의 소로 여러 개의 청구를 하는 경우에는 그 여러 청구의 값을 모두 합하여 소송목적의 값을 정한다."고 하여, 소로써 청구를 하고 그 청구가 곧 소송목적임을 나타내고 있다. 또, 민사소송법 제25조 제2항은 "소송목적이 되는 권리나 의무가 여러 사람에게 공통되거나…"라고 규정하여 소송목적은 권리·의무임을 간접적으로 표현하고 있다.

4) 계쟁물(係爭物)이라는 용어는 소송물과는 다른 개념이다. 이는 소송물인 권리나 법률관계에 관련이 있는 물건을 의미한다. 예컨대, 위에서 본 甲의 乙에 대한 소유권이전등기청구소송에서 그 등기청구권의 목적이 된 특정한 부동산, 동산인도청구소송에서 그 인도청구권의 대상인 동산 등이 그것이다.[273]

나. 청구와 소송물의 관계

1) 청구와 소송물을 앞서 본 바와 같이 정의하였을 때 양자는 어떤 관계에 있는가? 위와 같이 청구와 소송물(소송목적)은 밀접한 관계에 있고 대부분의 경우 양자를 같은 의미로 사용하기도 하나,[274] 청구의 병합(민사소송법 제25조 제1항), 청구의 포기·인낙(민사소송법 제220조), 청구의 변경

273) 계쟁물이란 용어는 2002. 7. 1. 민사집행법이 제정·시행되기 이전 구 민사소송법 제714조에서 '계쟁물에 관한 가처분'이라는 형태로 사용되었는데, 민사집행법은 이를 '다툼의 대상에 관한 가처분'으로 변경하였고(민사집행법 제300조 제1항), 현재 실정법에서 이 용어를 사용하는 경우는 거의 없다.

(민사소송법 제262조), 소송목적 값의 합산(민사소송법 제27조 제1항), 소송목적의 승계(민사소송법 제81, 82조) 등과 같이 그 용어를 구별하여 사용하는 것이 원칙이므로, 엄밀히는 그 의미가 다르다고 할 수 있다.

소송물은 원고가 심리·판단의 대상으로 구하는 권리 또는 법률관계로서, 앞서 甲의 乙에 대한 특정 부동산의 소유권이전등기청구소송에서 매매(청구원인) 또는 그에 기한 소유권이전등기청구권(청구취지)이 이에 해당하며, 때로는 양자를 포괄하기도 한다. 그런데 원고가 주장하는 위 소유권이전등기청구권에 관하여 원고가 선택할 수 있는 권리 실현의 형태는 피고 乙로부터 소유권이전등기를 넘겨받는 것과 단순히 그 이전등기청구권이 있음을 확인받는 두 가지가 있다. 앞서 우리는 원고가 특정한 권리 또는 법률관계에 관하여 일정한 내용의 재판(판단)을 구하는 것으로 청구를 정의하였는바, 이와 같이 청구에는 소송물인 권리 또는 법률관계와 그 권리 행사의 양적·질적 범위 및 실현 형태—이행명령, 확인선언, 법률관계 변동의 선언—가 포함되어 있다.[275] 즉 청구는 소송물을 포함하는 것으로서 그보다 넓은 개념이라고 할 수 있다.

2) 청구취지에 표시된 소송물인 권리 또는 법률관계는 앞서 법률요건과 법률효과에서 설명한 바와 같이 매매, 증여, 교환, 시효취득 등 특정한 법률요건과 이를 충족하는 구체적·역사적 법률사실로부터 발생한 법률효과이다. 따라서 보다 중요한 것은 청구취지에 표시된 권리 또는 법률관계가 아니라 그 발생 원인인 특정한 법률요건과 그 법률사실이고, 이는 뒤에서 설명하는 바와 같이 청구원인에 표시된다.

그리하여 소송물은 청구의 두 구성요소인 청구취지와 청구원인에 모두 표시됨을 알 수 있는바,[276] 편의상 청구원인에 표시된 소송물을 1차적 소송물, 청구취지에 표시된 소송물을 2차적 소송물로 이해하는 것이 좋겠다.[277] 소송에서는 양자의 소송물 전부가 심리·판단됨은 물론이나, 청구원인에 표시된 1차적 소송물에 대하여 먼저 심리·판단이 이

274) 뒤에서 보는 바와 같이 청구취지와 청구원인이 결합된 청구를 넓은 의미의 소송물이라 한다면 그 각각은 좁은 의미의 소송물이라 이해할 수 있다. 즉 청구취지와 청구원인에는 각각 심리·판단의 주제인 소송물이 들어 있다.

275) 그러나 통상적으로는 청구를 소송물과 동일하게 이해한다. 예컨대, 기판력이론에 있어 기판력이 미치는 객관적 범위는 확정된 전소 판결의 소송물과 후소의 그것이 동일할 것을 전제로 하는데, 소송물을 이루는 권리·법률관계가 동일하더라도 확인의 소를 제기하였다가 이행의 소를 제기하는 경우와 같이 권리·법률관계의 실현 형태를 달리하는 경우 소송물이 다른 것으로 보는바, 이때의 '소송물'은 곧 '청구'와 동일한 개념으로 사용된 것이다.

276) 청구취지와 청구원인 어느 하나만으로는 소송물을 정확히 나타낼 수 없다. 즉 매매에 기한 소유권이전등기청구를 하는 경우 청구원인은 매매이지만 원고가 매매만을 주장해서는 구체적인 만족을 얻을 수 없다. 매매에서 발생한 법률효과로서 소유권이전등기청구권을 주장하고 또 그 청구권의 범위와 실현 형태를 선택해야 비로소 만족을 받을 수 있기 때문이다. 후자는 청구취지로써 표현된다. 따라서 이 경우 청구원인의 소송물은 매매이지만, 청구취지의 소송물은 소유권이전등기청구권과 그 범위 및 실현 형태라고 할 수 있다.

277) 청구원인이 1차적 소송물, 청구취지가 2차적 소송물이라 하더라도 이것들이 청구의 범위, 중복제소, 소멸시효중단, 기판력 등에 미치는 영향은 뒤에서 보는 바와 같이 양자가 동일하게 작용하지는 않는다.

루어짐은 위에서 설명한 바와 같다. 결론적으로, 청구취지와 청구원인이 결합된 청구를 넓은 의미의 소송물이라 한다면, 그 각각, 즉 1차적 소송물과 2차적 소송물은 각 좁은 의미의 소송물이라 이해할 수 있다. 우리가 청구를 소송물과 같은 개념으로 이해할 때 그것은 넓은 의미의 소송물을 가리킨다고 할 수 있다.

■ **청구와 소송물의 관계**[278)]

<table>
<tr><th colspan="5">청 구</th></tr>
<tr><th>청구의 구성</th><th>소송물</th><th colspan="2">권리의 행사 범위</th><th>권리의 실현 형태</th></tr>
<tr><td>청구원인</td><td>1차적 소송물
(권리 발생의 원인)</td><td colspan="2">–</td><td>–</td></tr>
<tr><td rowspan="6">청구취지</td><td rowspan="6">2차적 소송물
(권리 발생의 결과)</td><td rowspan="2">종류</td><td>단수</td><td rowspan="2">이행명령(이행의 소)</td></tr>
<tr><td>복수</td></tr>
<tr><td rowspan="2">수량</td><td>전부</td><td rowspan="2">확인선언(확인의 소)</td></tr>
<tr><td>일부</td></tr>
<tr><td rowspan="2">질</td><td>단순</td><td rowspan="2">권리·법률관계의
변동선언(형성의 소)</td></tr>
<tr><td>제한</td></tr>
</table>

다. 소송물이론

1) 소송물의 개념을 위와 같이 정의할 수 있지만 구체적인 사건에서 이를 확정하는 것은 그리 쉬운 문제가 아니다. 이를 어떻게 이해하는가에 따라 소송물의 의미가 달라지고, 보는 각도에 따라 의미의 광협에 차이가 나기 때문이다.

소송물의 의미를 포착하는 것은, 재판의 대상을 정하고, 재판의 확정에 따른 실체적 확정력(기판력)의 범위를 정하며, 중복제소와 재소(再訴) 금지의 범위, 관련재판적을 정하는 등에 있어 중요한 문제이다. 다시 말하자면 청구와 소송목적은 민사소송의 중심을 이루는 것으로서 기본 골간이 된다.

2) 소송목적을 어떻게 파악, 이해할 것인지는 소송제도에 대한 법철학적 가치관이 어느 영역보다 강하게 작용한다. 소송물, 즉 소송목적에 관한 이론을 소송물이론이라고 하는바, 종래의 소송물이론은 크게 ① 구소송물이론(구실체법설), ② 신소송물이론(소송법설), ③ 절충설로 나눌 수 있다.[279)]

①설은 일정한 법률효과를 규정하고 있는 실체법상의 구체적인 개개의 권리 또는 법

278) '권리의 행사 범위'와 '권리의 실현 형태'는 좌측의 '청구의 구성'이나 '소송물'과 직접 일대일 대응관계가 아님에 주의할 것. '권리의 행사 범위'와 '권리의 실현 형태' 상호 간의 관계도 동일하다.

279) 소송물에 관한 학설의 계통이나 계보를 분류하는 것도 다양한 견해가 있을 수 있다. 그러나 기준을 어디에 두든 이를 크게 분류한다면 실체법설, 소송법설, 양자의 절충형으로 나눌 수 있다고 생각된다.

률관계를 재판의 대상인 소송물로 본다. 따라서 경제적으로 같은 법률효과를 가져 오는 경우라도 그 권원이 실체법상의 요건을 달리하는 것이면 각각 다른 소송물이 된다. 청구취지보다는 청구원인에 보다 중점을 두는 것이다. 예컨대, 타인의 물건을 권원 없이 점유·사용하여 이익을 얻고 소유자에게 손해를 가한 경우 민법상 부당이득과 불법행위가 모두 성립하고, 이로부터 물건의 소유자는 각각 부당이득반환청구권과 손해배상청구권을 취득하는데, 양 청구권은 경합하고 별개의 소송물을 구성한다. ①설에 의하면, 하나의 사회적 사실관계에 기초하여 여러 개의 소송물이 발생할 수 있어 개개 소송물의 양적 범위는 좁아지는 반면, 청구권경합이 넓게 인정되고 기판력의 범위는 좁아져 권리자는 폭넓은 구제의 기회를 갖게 된다.

민법이나 상법 등 실체법은 일정한 법률요건이 있으면 그에 따라 일정한 법률효과로서 권리, 의무를 부여하는바, 이러한 개개의 법규정에 대한 해석을 통하여 구체적인 권리나 법률관계를 도출하여 소송물을 규명할 수 있다. 그러나 구체적인 경우에 실체법 규정으로부터 권리를 도출해 내는 것이 쉽지 않은 경우도 있다. 불법행위에 의해 생명이나 신체 손상이 있는 경우에 발생하는 재산상 손해배상청구권과 정신적 손해배상청구권을 별개의 청구권으로 볼 것인지, 또 이에 더하여 재산상 손해배상청구권을 세분하여 적극적 재산손해, 소극적 재산손해별로 별개의 손해배상청구권이 발생하는 것으로 볼 것인지 여부가 민법 제750조 내지 제752조의 규정 자체로는 분명하지 않다. 또, 민법 제840조는 재판상 이혼의 원인을 여럿으로 나누어 규정하고 있는바, 개개의 사유가 따로따로 이혼청구권을 발생시키는지(이 경우 개개의 사유는 열거한 것이 되며, 법원은 원고가 주장한 개개의 사유에 구속된다.) 아니면 그 전부가 한 개의 이혼청구권을 발생시키는지(이 경우 개개의 사유는 제6호의 '혼인을 계속하기 어려운 중대한 사유'의 예시적인 것에 불과한 것이 되고, 법원은 원고가 주장하는 개별사유에 구애되지 않고 이혼청구권의 유무를 판단할 수 있다.) 견해가 다를 수 있다.[280)]

3) ②설은 재판(소송)의 본질이나 사명을 분쟁의 해결로 보고, 권리·의무의 발생 원인인 청구원인이나 실체법 규정보다는 청구취지 및 소송에 이르게 된 분쟁의 경위 내지는 이를 둘러싸고 있는 역사적·사회적 사실관계에 중점을 둔다. ②설은 청구취지와 위 사실관계가 함께 하나의 소송물을 이룬다는 견해(이른바 이원설)와 청구취지만이 소송물을 이룬다는 견해(이른바 일원설[281)])로 나뉘지만, 실체법상의 법률요건과 법률효과에 구속되지 않고 분쟁의 기초인 역사적 사실을 보다 넓게 소송물로 포착하려는 기본 입장은 동일하다.

---

280) 이러한 문제는 위에서 예시한 것 외에도 무수히 많다. 또한 이 문제는 뒤에서 보는 청구원인과 공격방어방법의 구별 문제와도 표리관계에 있다.

281) 이 견해는, 청구취지만으로는 언뜻 분쟁의 사실관계가 분명하지 않지만 소송상 당사자들의 주장과 법원의 석명권 행사에 의하여 분명해진다고 이해한다. 예외적으로 금전 지급청구 등 대체물의 급부청구에서는 사실관계의 특정을 요구하지만 이 경우에도 그것이 중요한 의미를 갖는 것은 아니다.

이 견해에 의하면, 분쟁의 일회적 해결이 가능하게 되어 소송경제와 당사자(특히 채무자)의 신뢰 보호에 유리한 면이 있다. 반면에 법원의 심리 범위와 당사자의 공격방어 범위가 불분명하고, 법원의 후견적 기능이 중시되어 그 부담 증가로 인해 오히려 소송이 지연될 우려가 있다.[282] 또, 재판의 확정 후 그 실체적 확정력의 범위가 불분명하고, 충실한 재판이 이루어지지 못할 경우 오히려 충분한 권리보장이 어렵게 되는 한계도 있다.

4) ③설은 ①, ②설의 한계를 극복하기 위해 대두한 견해로서,[283] 실체법상의 청구권을 소송물개념에서 고려하되, 개개의 법률요건에 따른 청구권보다는 경제적인 면에서의 급부나 목적에 중점을 두어 급부청구권 전체를 하나의 소송물로 이해하는 신실체법설, 소송물이론의 통일적·일률적 구성을 단념하고 청구의 병합이나 청구의 변경, 기판력의 범위 등 소송절차의 각 단계별로 그에 맞추어 소송물의 개념을 따로따로 이해하는 상대적 소송물설이 그것이다.

5) 이상의 어느 설에 의하든 소송의 목적, 즉 소송의 대상은 원고가 주장하는 권리·의무나 법률관계의 존부라는 점에서는 차이가 없다. 다만, 청구의 동일성, 청구변경의 범위, 법원의 심리 범위, 중복제소와 소 취하 후의 재소 해당 여부, 소멸시효중단의 범위, 기판력의 범위 등에 있어서 차이가 있게 된다.

원·피고가 대립하는 민사소송에서 원고가 재판으로써 얻고자 하는 것은 판결 주문을 통해 주어지는 권리 내지는 법익의 구제이며, 그것이 어떤 법리적 조작에 의해 도출되는지에 관하여 원고는 사실 별 관심이 없고, 법률 전문가가 아닌 일반인으로서는 쉽게 이를 알 수도 없다. 즉 당사자의 입장에서 궁극적으로 중요한 것은 판결 주문에 대응하는 청구취지일 뿐 실체법에 근거한 법리적 조작과정인 청구원인은 별로 중요하지 않다. 예컨대, 부부관계를 해소하고자 하는 원고가 목적하는 바는 혼인의 해소일 뿐 그것이 이혼이든 혼인의 무효나 취소이든, 또 이혼일 경우 그 구체적인 원인의 실체법적 근거가 무엇인지는 큰 관심의 대상이 아닐 수 있다. 이런 점에서 보면, ②의 소송법설이 당사자의 의사에 합치되고 분쟁의 종국적·일회적·전체적 해결을 도모할 수 있어 당사자와 사회에도 유익하며, 법원의 심리 범위가 넓어져 유연한 심리를 가능케 해주는 이점이 있다.

6) 그러나 법은 재판규범이기 이전에 행위규범이므로, 수범자인 국민은 법이 정하는 일정한 요건을 충족하면 그로부터 어떤 권리나 의무가 발생하는지를 알고 이를 예상하여 자신의 행위를 결정하여야 한다.[284] 그리고 그 행위의 결과 분쟁이 발생하였다면 과연

---

282) 예컨대, 특정한 사회적 사실관계에 불법행위의 법리와 채무불이행의 법리를 모두 적용할 수 있을 때 법원이 어느 것을 선택하여야 할지 애매하고, 청구취지를 인용하기 위해 경우에 따라서는 양자 모두를 심리하여야 할 필요가 있을 수도 있다.

283) 이러한 견해들의 구체적인 내용도 여러 갈래여서 하나로 통일하기는 매우 어렵다. 구체적인 내용은 호문혁, 민사소송법(제9판), 법문사(2011), 121면 이하 참조.

284) 이에 관하여는 兼子一, 實體法と訴訟法, 有斐閣(1971), 42－60면 참조.

누가 권리를 취득하고 누가 의무를 부담하는지 여부를 국가(사법부)에 의해 선언·확인받아 침해된 권리를 구제받게 된다. 그런 만큼 행위규범은 곧 재판규범이 되는 것이고, 수범자인 국민과 판단자인 법원은 동일한 규범을 가지고 행동하게 된다. 즉 소송에서 원고는 주관적 권리로서 자신의 행위에 따른 법적 효과를 소송상 청구로 주장하게 되고, 그것이 소송의 목적으로서 재판의 대상이 되어 법원은 원고가 주장하는 주관적 권리가 실체법이 허용하는 권리 발생의 객관적 요건을 갖추었는지 여부를 판단하여 원고 청구의 당부를 결정하게 되는 것이다. 그리고 현실의 개개 당사자가 실체법을 알고 있느냐 여부는 이러한 법의 기본구조 내지는 법의 작용에 아무런 영향도 미칠 수 없다. 법은 사회성원 모두가 당연히 알고 있는 것으로 전제되기 때문이다. 이른바 "법의 무지는 용서되지 않는다."는 법언은 이러한 원리의 선언이다.

소송법은 실체법이 규정하고 있는 권리나 의무의 존부를 심판하고 이를 실현하기 위한 절차를 규정하는 법규로서, 실체법에 대하여 종적·수단적 지위에 있다고 하지 않을 수 없다. 소송절차의 공적 성격상 실체법과는 다른 법리가 적용되는 것도 부정할 수 없지만, 그것은 최소한의 영역에 그쳐야 한다. 소송목적인 권리·의무의 존부 판단은 소송의 중핵으로서, 그것이 실체법에서 연원한 것인 이상 당연히 실체법의 법리가 적용되어야 할 영역이다. 소송법설대로 소송의 대상을 사회적 생활관계라고 하는 경우에도, 원고가 소를 제기할 때는 그 생활관계에 대하여 적용되는 실체법으로부터 발생하는 법률효과로서의 개개 권리와 의무를 염두에 두지 않을 수 없고,[285] 이를 심리하는 법원 역시 동일한 논리적 전개·조작을 하지 않을 수 없으므로, 소송법설에 의하더라도 소송은 실체법으로부터 절연할 수 없다. 무엇보다 소송법설은 소송물의 이동(異同)과 개수를 판정하기 위한 사회적 생활관계의 동일성 구별기준을 제시하기 어렵고, 청구권마다 소멸시효기간이나 제척기간이 다른 경우나 적용법규 간에 우선순위가 있는 등의 경우 이를 처리하기 어렵다는 난점을 안고 있다.

사회적 생활관계라고 해서 순수한 사실이나 사건의 개념이라고 할 수 없고, 이를 인식·이해함에는 부득이 가치판단이 개입될 수밖에 없기 때문에 통일적인 구별기준을 제시하기도 어렵다. 실제로 소송법설은 이러한 구별기준을 제시하지 못하고 있으며,[286] 소송

---

285) 권리가 생겨나지 않는다면 원고가 소를 제기할 이유가 없을 것이다. 실제의 소송현실에서도 뒤에서 보는 바와 같이 원고는 사회적 생활관계의 주장·진술에 그치지 않고 그에 대하여 실체법이 자신에게 어떠한 권리를 부여하고 있는지를 주장하여 자신의 청구가 정당함을 변론하게 된다.

286) 독일에서는 이에 관하여 '고립된 역사적 개별현상' 또는 '전체적인 역사적 생활현상'이라는 기준을 제시하나[호문혁, 민사소송법(제9판), 법문사(2011), 119면 참조], 이 역시 불명확하다. 그리하여 소송법설에서는 여러 가지 구체적 생활관계를 예시하고 있는데, 앞서의 물건의 부당한 이용관계에 따른 부당이득이나 불법행위는 하나의 생활관계로 보고, 동일한 물건의 소유권 취득에 있어 매매와 점유시효취득, 동일인으로부터의 증여(수증)와 상속은 다른 생활관계로 본다. 또 원인채권의 발생관계와 이에 따른 어음·수표의 수수관계도 다른 생활관계로 본다.

법설 중 일원설은 이러한 난점을 의식하여 아예 소송물개념에서 사회적 생활관계조차 배제하고 오로지 청구취지만으로 소송물을 구성하려고 한다. ②의 소송법설에 의할 경우 변론주의나 처분권주의는 형해화 될 것이다.

한편 ③설의 경우, 그 주장 내용이나 주장 요지조차 불확실하고 소송물의 이동을 구별할 기준이 모호하여 ②설에 대한 비판이 그대로 타당하다. ①설에 의하면, 원·피고는 실체법상의 법률요건에 부합하는 사실의 존부만 주장하면 되고, 법원 역시 그 존부만을 판단하면 되므로 소송절차의 신속과 간명을 기할 수 있고, 소송과정에서 공방의 대상이 되지 않았던 사항에 의하여 의외의 재판 결과가 도출되는 불의타를 피할 수 있으며 법의 전 체계에도 부합된다. ②설이 장점으로 내세우는 소송경제와 권리구제의 확대가 현실에서는 오히려 절차의 지연과 불명확성, 불의타를 초래하기 십상이다. 그리고 ②설에 의하면 실체적 확정력의 범위도 불명확하게 되어 기판력의 범위가 불명확하게 된다. ②설이 ①설의 단점으로 지적하는 문제점은 선택적 청구나 주위적·예비적 청구의 병합 또는 석명제도의 활용을 통하여 대부분 해결될 수 있다.[287]

7) 그러므로 ①설이 타당하다고 생각된다. 민사소송법 제249조 제1항은 소장에 청구의 취지와 함께 청구원인을 필수적으로 기재하도록 요구하고 있고, 제262조는 청구원인의 변경 역시 청구의 변경에 포함시키고 있으며, 민법 제208조는 점유권에 기인한 소와 본권에 관한 소는 서로 영향을 미치지 않고 본권에 관한 이유로 재판하지 못한다고 하는 바, 이는 ①설을 전제로 한 것으로 보인다.

확정판결은 주문에 포함된 것에 한하여 기판력이 있음을 원칙으로 하는 민사소송법 제216조 제1항을 근거로 우리 법제가 신소송물론을 택한 것으로 볼 여지도 있으나, 이 법규는 판결 이유 부분에까지 기판력을 확장할 경우 당사자와 법원 모두 큰 부담을 지고 소송심리에도 많은 시간과 비용, 노력이 소요되며, 혹시라도 어떤 주장을 하지 못한 경우 나중에 이를 다툴 수 없게 되어 불의의 타격을 입거나, 그로 인해 실체적 진실이나 정의가 실현되지 못하는 부작용도 피할 수 없는 문제를 피하기 위하여 도입된 것이라는 점에서 그 근거가 되기 어렵다.

8) 우리 대법원은 ①설과 같은 입장을 취하고 있다. 이에 따를 때 소송의 중점은, 원고가 주장하는 청구원인이 존재하고 실체법상 정당한지, 그에 따라 청구취지에서 구하는

그러나 이 경우 동일한 물건의 점유 또는 보유(더구나 전점유자로부터 점유가 전래되었다.), 원인채권의 발생관계가 생활관계의 중심을 이루는데 왜 법적 관점인 매매나 시효취득, 증여, 상속에 따라 생활관계가 달라진다는 것인지 수긍하기 어렵다. 어음·수표의 수수 역시 원인채권의 변제를 위한 수단이거나 그 담보로 이루어지는 이상 사회통념으로는 원인채권관계에 흡수되는 것이다. 결국 소송법설도 소송물개념에 실체법적 평가를 개재시키고 있음을 스스로 시인하는 셈이다.

287) 민사소송법이 주관적으로도 선택적 청구나 주위적·예비적 청구의 병합 및 소송 중의 당사자 추가, 피고의 경정을 인정한 것도(제68, 70, 260조 참조) 이러한 목적에 부합하는 바람직한 방향이다.

바와 같은 권리·의무나 법률관계가 법률효과로서 발생하는지 여부에 있다.

이와 관련하여 특별히 중요한 의미를 갖는 대법원 판례를 찾아보면, 어음·수표상의 채권과 원인채권은 복수의 소송물이 된다는 것(1965. 11. 30. 선고 65다2028 판결, 1976. 11. 23. 선고 76다1391 판결 등), 소유권이전등기청구권의 발생 원인별로 별개의 소송물이 된다는 것(1997. 4. 25. 선고 96다32133 판결 등), 채무불이행과 불법행위에 기한 손해배상청구권은 독립한 소송물이 된다는 것(1983. 3. 22. 선고 82다카1533 전원합의체판결 등), 민법 제840조 각호의 재판상 이혼 사유마다 개개의 이혼청구권이 발생하고 복수의 소송물이 된다는 것(2000. 9. 5. 선고 99므1886 판결 등), 생명이나 신체 손상에 따른 손해배상청구권은 적극적 재산손해, 소극적 재산손해(일실수입손해), 정신적 손해(위자료)별로 3개의 청구권과 소송물이 발생한다는 것(2006. 10. 13. 선고 2006다32446 판결 등), 소비대차 등에 따른 금전채무 불이행이 있는 경우 원본반환청구권, 이자청구권, 지연손해금청구권이 따로 발생한다는 것(2009. 6. 11. 선고 2009다12399 판결 등), 재심의 소에 있어 민사소송법 제451조 제1항 각호의 개개 사유마다 별개의 소송물을 구성한다는 것(1970. 1. 27. 선고 69다1888 판결), 이혼청구와 혼인취소청구는 각각 별개의 소송물을 구성한다는 것(1991. 12. 10. 선고 91므344 판결)을 들 수 있다.

3. 청구취지와 청구원인

1) 심리와 재판의 대상인 청구는 청구취지와 청구원인으로 구성(표시, 특정)된다. 당사자처분권주의의 원리상 청구는 당연히 소 제기자인 원고가 지정하여야 하며, 법원은 당사자가 청구하지 아니한 사항에 대하여는 판결하지 못하고 그 청구는 청구취지와 청구원인, 그 중에서도 청구원인에 의하여 특정된다(대법원 2011. 10. 13. 선고 2011다46647 판결, 2013. 1. 24. 선고 2011다99498 판결 참조).

2) 민사소송법도 이에 따라 소장에 청구의 취지와 원인을 필수적으로 기재하도록 요구하고 있으며(제249조 제1항), 이를 누락하거나 불완전하게 기재한 경우 부적법한 소 제기가 되어 뒤에서 보는 바와 같이 소 각하나 소장 보정명령의 불이익을 받게 된다.

가. 청구취지

1) 청구취지는 원고가 소로써 법원에 구하는 재판, 즉 청구의 요약으로서, 원고가 소송물로 주장하는 권리·의무의 종류와 내용, 양적·질적 범위, 그 실현 형태를 표시한 것이다. 예컨대, 매매계약상의 매수인이 원고로서 매매 목적물의 인도를 청구하는 소를 제기하는 경우, "피고는 원고에게 서울 종로구 견지동 100 대 250㎡를 인도하라."와 같이 그 청구취지에는 원고가 특정의 피고에 대하여 보유하고 있다는 인도청구권과 인도명령에 의하여 그 권리를 실현해 줄 것이 청구취지로서 표시된다.

2) 원고가 구하는 재판은, 그에 따른 판결 등 재판으로써 원고가 곧바로 급부의 수령 등 권리의 구제를 받을 수 있는 형태로 간명하게 표시되어야 한다. 나중에 집행기관이 강제집행을 하는 경우 집행기관은 판결 이유를 검토함이 없이 청구취지에 대응하는 재판

의 주문만으로써 그 집행내용을 판단하여야 하기 때문이다.

이행의 소인 위 인도청구소송을 예로 들자면, 그에 따른 재판(주문)은 피고에게 원고에 대한 급부로서 인도를 명하는 것으로 족하고, 원고의 이행청구권(인도청구권)이 어떤 법률관계나 실체법에서 발생한 것인지는 원칙적으로 표시할 필요가 없으며, 이에 대응하는 원고의 청구취지 또한 마찬가지다.[288] 청구취지에 표시된 원고의 권리·의무의 실체법적 발생 원인인 구체적 소송물(매매 등)은 청구원인에 표시된다. 이에 따라, 권리 발생의 원인, 즉 청구원인이 다르더라도 청구취지나 재판의 주문은 동일한 형태를 띠는 경우가 많게 되며, 그것만으로는 분쟁의 원인과 권리·의무 발생의 근거를 알 수 없는 경우가 많은데 특히 이행의 소에서 그러하다.

3) 청구원인에서 발생한 개별적인 권리와 청구취지에 표시된 권리는 대부분의 경우 일치하나 경우에 따라서는 그 모습이 다를 수도 있다.[289] 예컨대 청구원인이 부당이득인 경우 그로부터 부당이득반환청구권이 발생하는데, 판결의 주문과 청구취지에 "피고는 원고에게 부당이득을 반환하라."고 표시하면 그 내용을 알 수 없어 강제집행을 할 수 없게 된다. 즉 민법 제741조는 부당이득을 법률효과 발생의 원인으로 설정하고 이에 따라 이익의 반환청구권을 법률효과로서 부여하고 있으나 이는 추상적인 법률효과에 불과하고, 구체적인 반환 대상과 범위는 민법 제747, 748조에 따라 원물, 가액, 현존이익, 받은 이익, 이자, 손해로 구체화되므로 청구취지에는 후자의 구체적 내용을 표시해야 한다.[290]

4) 따라서 청구취지에는 청구원인에서 발생한 권리를 그대로 표시해서는 안 되고, 권리자인 원고가 당해 소송을 통하여 달성하려는 경제적·정신적 욕구를 충족할 수 있는 구체적인 내용과 형태, 즉 일정 액수의 금전지급이나 제3자에 대한 일정 액수의 금전채권의 양도와 그 양도통지, 등기나 승낙 등의 의사표시, 특정한 물건의 인도 등으로 표시하여야만 한다.

나. 청구원인

1) 청구원인은 원고가 청구취지에서 주장하는 권리·의무나 법률관계의 실체법적 발생

---

288) 소유권이전등기를 명하는 재판의 주문에서 매매, 취득시효완성 등 청구권의 발생 근거를 등기원인으로 표시하는 것은 등기의 편의와 특수성을 고려한 예외적 조치이다. 물론 주문이나 청구취지에 청구원인을 기재했다고 하여 부적법하거나 부당한 것은 아니다. 다만, 청구원인은 판결의 이유란이나 소장의 청구원인란에 따로 표시되므로 중복을 피하고 주문이나 청구취지의 단순명료성을 위하여 이를 표시하지 않는 것으로서, 특별히 이를 표시할 필요가 있는 때에는 이를 표시한다. 그러므로 어떤 소송에서 그 소송의 목적, 즉 소송물이 무엇인지는 원칙적으로 청구취지(주문)와 청구원인(이유)을 아울러 확인해야만 알 수 있다.

289) 그러나 양자의 실질이 동일함은 물론이다. 청구취지에 표시된 권리는 청구원인의 법률효과로서 청구원인으로부터 발생한 것이기 때문이다.

290) 신소송물론의 입장에서는 이런 경우 청구취지에 단순히 "피고는 원고에게 부당이득을 반환하라."고만 표시하면 구체적 법률효과는 법원이 직권으로 심리·판단하여야 한다고 할지도 모르겠다.

근거를 말한다. 이는 민법이나 상법 등 실체법상의 법률요건과 이를 구체화하는 구체적·역사적 법률사실로 표시되며, 판결문에는 이유란에 표시된다. 예컨대, 원고가 동산 인도 청구의 소를 제기한 경우, 그 청구취지에서 주장한 권리인 인도청구권의 실체법적 발생 근거가 되는 법률요건인 매매, 증여, 교환, 시효취득, 임대차 등의 법률요건과 그 일시, 법률관계의 당사자, 대상물 등의 구체적·역사적 법률사실이 이에 해당한다.

2) 청구취지에서 주장하는 권리·의무나 법률관계의 실체법적 발생 근거인 법률요건에는 ① 매매나 증여, 교환, 소비대차, 임대차, 저당권설정계약 등과 같이 원고와 피고가 직접 당해 법률관계를 맺고, 그 법률관계(법률요건)에 따라 직접 권리·의무를 취득하는 법률요건, ② 채권의 양수, 상속, 변제자대위나 채권자대위 등과 같이 권리자와 의무자 사이에 직접 법률관계를 맺지 않고, 권리자가 양수, 상속, 변제자대위 등의 법률요건을 통하여 간접적으로 권리를 취득하는 법률요건이 있다.

②의 경우에는 채권의 양수, 상속, 변제자대위 등의 당해 법률요건만으로는 원고가 피고에 대하여 그 권리를 주장할 수 없고, 그 양수, 상속 등의 대상인 권리의 발생 원인이 된 매매, 증여, 교환, 소비대차 등의 법률요건과 법률사실을 아울러 주장하여야만 한다. 따라서 이 경우에는 매매, 증여, 교환, 소비대차 등의 법률요건과 양수, 상속, 변제자대위 등의 당해 법률요건이 결합하여 하나의 청구원인을 이루게 된다.[291] 저자는 이러한 경우를 결합적 청구원인이라고 부르고 싶다.

3) 위와 같이 청구취지에 표시된 권리·의무 등은 개개의 법률요건을 충족한 결과인 법률효과인바, 그 법률요건을 충족하는 구체적·역사적 사실(주요사실, 청구원인사실)을 청구원인을 구성하는 주요사실, 즉 청구원인사실이라고 한다. 이때 당해 법률요건은 법규의 내용을 이루므로 당사자가 명시적으로 주장할 필요가 없이 법원이 당연히 알아야 하고 직권으로 해서·적용하여 판단하여야 할 사항인 반면, 청구원인사실은 변론주의가 적용되는 영역이므로 당사자가 주장·입증하여야 하고, 법원은 이에 기하여 판단하여야 한다.

4) 소장에는 청구취지와 함께 청구원인을 필수적으로 기재하여야만 한다(민사소송법 제249조 제1항). 이를 청구의 특정(特定)이라고 한다. 청구의 특정이 필요한 이유는, 소송과 재판의 주제와 대상을 확실하게 함으로써, 법원의 심리·판단 대상을 분명히 하고 상대방인 피고의 방어범위를 한계 지워 그 이익을 보호하기 위한 것이다. 또, 청구취지와 청구원인이 분명해야

291) 이 경우 채권의 양수, 상속, 변제자대위나 채권자대위 등을 대리나 정지조건, 인·허가 등과 같이 권리 발생을 보조하는 법률요건인 공격방어방법으로 볼 수는 없다. 채권의 양수, 상속, 변제자대위 등은 직접 권리를 발생(이전)하게 하는 법률요건으로서, 채무자에 대한 관계에서 권리 발생 근거를 달리하는 것(소비대차 → 소비대차계약상 채권의 양수 또는 상속)이지 권리 발생 근거에는 변동이 없고 단지 이를 보조하는 법률요건은 아니기 때문이다. 따라서 전소에서 피고와 직접 소비대차를 하였다고 주장하여 패소한 후 다시 후소를 제기하여 타인으로부터 소비대차채권을 양수하였다고 주장한 경우 청구원인이 달라 기판력이 미치지 않고, 소송 중에 주장을 변경한 경우 이는 청구의 변경에 해당한다.

중복제소나 종국판결 선고 후 소 취하 뒤의 재소(再訴) 해당 여부 등을 판단할 수 있고 기판력의 범위도 분명해진다.

5) 소장에 청구원인을 기재하는 경우 어떤 방식으로 어느 범위까지 이를 밝혀야 하는가? 법률요건의 명칭이나 그에 관한 법규의 추상적 규정 내용(요건사실)만을 기재하는 것으로 충분한가, 아니면 이것만으로는 부족하고 추상적 요건사실을 구체화하는 구체적·역사적 법률사실까지 기재하여야 하는가?

이에 관하여 학설은 식별설과 이유기재설이 대립한다. 식별설은 개별적 법률요건이나 그 법률사실을 일일이 열거할 필요 없이 법률효과인 청구취지의 발생 근거를 식별·인식할 수 있을 정도로만 기재하면 충분하다는 견해로서 신소송물이론과 가깝고, 이유기재설은 반대로 개별적 법률요건이나 그 구체적·역사적 법률사실을 일일이 열거하여야 한다는 견해로서 구소송물이론과 가까우나 반드시 양자가 결합하는 것은 아니다.

민사소송법 제249조 제1항은 소장에 청구원인을 기재할 것만을 규정하고 있으나, 민사소송규칙 제62조는 청구원인으로서 '청구를 뒷받침하는 구체적 사실'을 기재할 것을 요구하여 후설을 취하고 있다. 구소송물이론을 취하는 입장에서는 후설이 타당하다. 예컨대 청구원인이 매매인 경우, 단순히 "원고는 청구취지 기재 부동산을 매수하였습니다."라고만 기재하거나, "원고와 피고 사이에 청구취지 기재 부동산의 매매가 성립하였습니다.", "이 사건 청구원인은 민법 제563조의 매매입니다."라고만 기재하는 것은 충분하지 않다. "원고는 2018. 5. 1. 피고로부터 청구취지 기재 부동산을 대금 1억 원에 매수하였습니다."라는 정도까지 구체적으로 기재하여야 한다.[292] 다만, 원고가 기재한 청구원인사실이 미흡한 경우라도 간접적으로 이를 주장한 것으로 볼 수 있는 때는 그것으로 충분하고, 청구를 특정하지 못하였다고 볼 것은 아니다.

6) 청구원인에는 청구취지상의 법률효과를 발생케 하는 법률요건과 그 법률사실(청구원인사실) 외에 그 법률효과 발생을 보조하는 간접사실이나 대리, 조건, 기한, 인·허가 등 그 법률효과의 발생·행사·존속을 보조하는 법률요건과 그 법률사실도 기재해야 하는가? 이러한 간접사실이나 보조적 법률요건 및 법률사실은 청구원인인 법률요건의 구성요소인 청구원인사실에 속하지 않고 뒤에서 보는 공격방어방법에 속하므로, 이는 소장에 청구원인사실로서 기재하지 않아도 무방하며, 준비서면에 기재하여 제출하거나 변론기일에서 구두로 진술하면 충분하다.

7) 또한 소장의 청구원인을 기재하는 데에는 청구취지상의 권리·의무나 법률관계를

---

292) 여기서 매매일자는 간접사실에 불과하므로 필수적 기재사항은 아니나, 언제 매매가 있었는지를 분명히 하여 소송의 대상인 매매를 다른 매매와 구별하여 특정하는 효과가 있으므로(원·피고 간에 여러 번의 매매가 있었다면 더욱 그러하다.) 기재해 주는 것이 좋다. 그리고 '매매' 또는 '매수'라는 용어는 매매의 요건사실인 재산권이전의 의사표시와 대금지급의 의사표시 및 그 의사표시의 일치를 축약하여 표현한 것이다.

발생시키는 법률요건과 그 구체적·역사적 법률사실만을 기재하면 족하고, 그 법률요건의 명칭이나 근거 법규(조항), 추상적인 요건사실은 원칙적으로 기재할 필요가 없다.[293)]

다만, 청구권경합의 경우와 같이 청구원인인 법률요건과 법률사실의 기재만으로 이를 분명하게 알기 어려운 때는 부당이득인지 채무불이행에 의한 손해배상인지 등을 구체적으로 밝힐 필요가 있으나, 그렇게 하지 않았다고 해서 청구를 불특정한 것이 되지는 않고, 법원은 필요한 경우 석명을 요구하면 충분하다.

8) 이상과 같이 청구원인은 청구취지에 기재한 법률효과(권리·의무)나 이에 준하는 법률관계의 발생근거인 법률요건 및 법률사실이 되나, 예외적으로 증서진부확인의 소에서는 법률관계가 아닌 사실관계가 청구원인이 된다. 그러나 그 증서는 법률관계를 증명하는 서면에 한하므로(민사소송법 제250조), 궁극적으로는 이 역시 법률관계를 내용으로 한다고 할 수 있다.

▣ 소송의 형태와 청구원인

구분	청구원인	예시
이행의 소	이행청구권(권리 = 법률효과)을 발생시키는 법률요건	물건의 인도청구, 금전의 지급청구, 소유권이전등기절차의 이행청구, 부작위채무 이행청구(일정한 행위의 금지청구) 등
확인의 소	권리·의무를 발생시키는 법률요건	소유권 확인청구, 저당권 확인청구, 채무부존재 확인청구 등
	법률관계(개별적 또는 포괄적 권리·의무의 발생 원인)를 발생시키는 법률요건	근로자 지위 확인청구, 이사 지위 확인청구, 임대차관계 확인청구, 주주총회결의 부존재확인청구, 주주총회결의 무효 확인청구, 친생자관계 확인청구 등
	사실관계(법률관계의 중요한 증거방법이 될 수 있는 것)	증서의 진부 확인청구
형성의 소	형성적 권리·의무를 발생시키는 법률요건	채권자취소청구, 공유물분할청구, 경계확정청구, 주주총회결의 취소청구, 제권판결청구, 인지청구, 이혼청구 등

다. 청구원인의 내용

1) 위와 같이 청구원인을 청구취지상의 권리·의무 등 법률효과의 실체법상 발생근거인 법률요건과 그 법률사실이라고 할 때, 그 권리·의무는 급부에 관한 것이 본래의 모습이다. 즉 권리자의 욕구를 충족하여 경제적·정신적[294)] 만족을 주는 급부에 관련된 권리·

293) 이는 뒤의 법률효과와 같이 청구권의 경합이나 법조경합이 발생하여 그 청구원인을 보다 분명히 할 필요가 있는 때에만 기재하면 충분하다.

294) 정신적 만족을 주는 것으로는 언론보도에 대한 정정보도청구권이나 반론보도청구권 등이 대표적인

의무가 인간생활에 있어서 중요한 의미를 갖기 때문이다.

2) 민법, 상법 등의 실체법은 이와 같은 급부에 관한 권리·의무의 발생요건과 효과를 규정하고 있는데, 급부를 중심으로 권리자(수령자)와 의무자(제공자)가 대립구조를 이룬다. 민법은 이러한 급부청구권과 급부의무를 사적 자치의 원리에 의하여 양 당사자의 의사 합치인 계약에 의하여 발생하는 것을 원칙으로 하고, 예외적으로 당사자 일방의 단독행위에 의해서도 발생케 한다.[295)]

그러나 법률은 사회질서 유지와 공적 목적 달성을 위하여 일정한 경우 당사자의 의사에 의하지 않고 급부청구권과 급부의무를 발생케 하고 있는바, 그 주요한 것은 ① 물권적 청구권, ② 상린관계상의 권리, ③ 채무불이행, ④ 부당이득, ⑤ 계약해제에 따른 원상회복, ⑥ 사해행위취소 및 원상회복청구, ⑦ 불법행위, ⑧ 사무관리, ⑨ 가족법관계, ⑩ 상속법관계, ⑪ 회사법관계이다.[296)]

3) 이러한 급부청구권의 실현 형태는 원칙적으로 이행청구(이행의 소)와 그 재판에 기한 강제집행이므로 이행의 소가 민사소송의 기본적·중심적 지위를 차지하는 것은 당연하고, 그 급부청구권의 발생원인이 곧 청구원인이 된다. 그리하여 권리·의무나 법률관계의 존부 또는 유무효 확인을 구하는 확인의 소는 분쟁의 해결(권리·법률관계에 현존하는 불안이나 위험의 제거)에 유효적절한 때에만 예외적으로 허용되고, 형성의 소 역시 그에 의한 분쟁의 해결이 필요하다고 인정하는 법률규정이 있는 때에만 특별히 허용된다.[297)]

4) 위와 같이 확인의 소나 형성의 소는 그 재판의 확정으로 권리·법률관계의 존부 확정 또는 법률관계의 변동이라는 법률효과가 발생할 뿐, 급부가 이루어지거나 이에 따른

것이다.

295) 유명계약으로서 제2편 제2장 제2절부터 제15절까지에 걸쳐 증여, 매매, 교환, 임대차 등을, 제4장부터 제9장까지에 걸쳐 지상권, 지역권, 전세권, 질권, 저당권의 약정 물권(이들 물권은 대부분 약정에 의하여 성립하므로 편의상 이렇게 부르기로 한다. 점유권이나 소유권도 약정에 의해 발생하는 경우에는 여기에 포함시킬 수 있다. 약정 물권의 경우 물권설정계약으로부터 급부청구권이 생기고, 물권이 성립한 후에는 물권적 청구권이 생긴다.)을 각 규정한 외에 제2편 제2장 제1절에서 당사자의 자유로운 약정에 의한 무명계약을 예정하고 있다. 친족상속법관계에서도 단독행위(유증)나 계약(후견계약, 약혼, 입양, 공동상속인의 분할협의)이 가능함은 물론이다.

296) 물권의 경우 목적물에 대한 권리자의 일방적 지배를 통한 욕구 충족(급부)이 이루어지므로 그 자체로부터 직접 대인적 급부청구권과 급부의무가 발생하는 것은 아니나 대물적 급부가 이루어진다는 점에서 채권관계와 별 차이가 없다. 한편, 물권이 타인에 의해 침해되거나 침해될 우려가 있는 경우에는 상대방에 대한 인적 관계에서 물권적 청구권이 발생하고 상대방은 반환, 방해제거, 방해예방 등의 급부의무가 발생한다. 이때 물권적 청구권 중 반환청구권은 부당이득반환과, 방해배제 및 그 예방청구권은 불법행위에 기한 손해배상청구권 및 불법행위의 배제·예방청구권과 유사하다. 이하 물권과 채권으로부터 발생하는 급부에 관한 권리를 급부의 지배·청구권이라고 일응 정의한다. 한편, 앞서 <청구권경합과 법조경합>에서 본 바와 같이 계약해제에 따른 원상회복청구권은 광의의 부당이득청구권에 포함되나, 그 자체가 독립하여 하나의 청구원인이 된다.

297) 연혁적으로도 확인의 소와 형성의 소는 19세기 이후에야 비로소 도입되었다{정동윤, 유병현, 민사소송법(제3판 보정판), 법문사(2010), 57; 전병서, 민사소송법강의(제2판 보정), 법문사(2003), 211; 명순구, "이혼청구권이 형성권인가?", 저스티스 제34권 제3호 등 참조}.

급부청구권 및 급부의무가 직접 발생하지는 않으나, 그 배후에는 급부청구권과 급부의무가 실질상 내재되어 있다.[298] 권리·의무의 존부 확인의 경우는 말할 나위도 없거니와, 예컨대 근로자지위확인이나 고용계약관계의 확인 등 법률관계의 존부 확인이나 사해행위취소청구, 재판상 이혼청구의 경우 승소한 원고에게는 근로자 지위에 따른 급여청구권이나 사해행위에 해당하는 재산처분행위의 취소청구권 및 원상회복청구권, 이혼에 의한 혼인해소청구권이 내재되어 있고, 사용자나 수익자, 전득자 등 피고에게는 급여 등의 지급의무 또는 재산처분행위의 취소와 원상회복에 응할 의무, 혼인 해소에 응할 의무가 내재되어 있다.

5) 이러한 급부청구권 외의 것, 예컨대, 대리권, 동의권, 철회권, 취소권, 해제권, 해지권, 최고권, 동시이행의 항변권, 추인권, 거절권, 상계권 등과 같이 일정한 급부를 내용으로 하지 않는 권리나 권한 등은 그 자체로부터 직접 급부청구권이나 그에 대응하는 급부의무가 생기지 아니하며, 급부청구권에 부수되거나 급부청구권을 실현·저지하기 위한 수단적·보조적 지위에 그친다.[299] 따라서 이러한 권리자가 그 권리의 존부만을 청구의 목적으로 삼아 재판을 청구할 일이 없으므로, 이러한 권리나 권한의 발생원인은 원칙적으로 청구원인이 되지 아니한다.[300]

권리나 권한으로 표현할 수 없는 것들, 이를테면 ① 권리의 포기, 채무의 면제나 변제, 혼동, 소멸시효의 완성, 종기의 도래, 해제조건의 성취 등과 같이 권리·의무의 직·간접적인 소멸사유도 이들 법률요건이 정한 법률사실을 충족한 경우 권리·의무의 소멸이라는 일정한 법률효과가 발생하기는 하나, 그 법률효과 자체로써 피고에 대한 관계에서 원고에게 급부청구권이 생기거나 그 법률관계 자체에 대한 확인의 소 또는 형성의 소를 허용할 필요가 없으므로, 이들 역시 특별한 사정이 없는 한 청구원인이 될 수 없다.[301]

---

298) 확인의 소에서 반드시 원고가 피고에 대하여 확인청구권이라는 형태로 청구권을 가져야 하는 것은 아니라고 생각된다. 권리가 법에 의하여 발생한 이상 법체계 내재적으로 권리자는 그 권리를 실현할 수 있고, 그 실현을 법원에도 구할 수 있다고 할 것이다. 이러한 확인청구권을 상대방에 대한 실체법적 권리로까지 이해하려는 견해도 있으나{호문혁, 민사소송법(제8판), 법문사(2010), 126 참조}, 앞서 본 바와 같이 법원에 대한 확인재판의 청구는 그 권리의 실현형태에 지나지 않고, 확인판결에서는 법원이 그 권리를 확인할 뿐 의무자가 그 권리를 확인하는 것은 아니다. 이는 형성의 소에 있어서도 마찬가지다.

299) 이러한 권리나 권한은 거의 민법의 총칙편에 규정되어 있고, 그 중에는 그에 대응하는 의무가 없는 것이 많다. 채무불이행에 따른 계약 해제, 해지의 경우 그 결과 원상회복청구권이나 청산청구권이 발생하나, 해제, 해지는 이들 권리의 발생원인인 청구원인(기본적 법률요건은 채무불이행이고, 결합적 법률요건은 해제, 해지)의 일부에 불과하고 그 단독으로 이들 권리를 발생케 하는 청구원인이 되지는 않는다. 또, 해제권이나 해지권이 반드시 채무불이행의 경우에만 발생하는 것도 아니다.

300) 즉 이들이 독립하여 소송목적이 되는 일은 거의 없다. 이들을 소송목적으로 하여 소를 제기한 경우 소의 이익이 없어 그 소는 부적합하며 소 각하 판결을 받게 된다.

301) 이에 따른 권리·의무의 소멸로써 곧바로 급부청구권이 발생하지 않고 부당이득이 성립하거나 소유권 등 본래의 권리가 가지고 있던 권능이 회복되어 그 권리를 행사할 수 있게 되어 그에 따른 급부청구권이 발생하는바, 이때 부당이득이나 소유권에 기한 물권적 청구권을 발생케 하는 법률요건(소유권

한편, 물권은 그 권리자가 당해 물건을 직접 지배하여 사용·수익·처분하거나 그 담보가치를 실현하는 것이므로, 타인이 이를 침해하여 물권적 청구권이 발생한 경우가 아니면 피고에게 급부청구권이 발생하지 않고, 따라서 그 물권의 존부에 대한 확인청구의 소가 아니면 그것이 독립하여 소송목적이 되거나 그 발생근거인 법률요건이 청구원인이 되는 일은 없다. 그러므로 소유권의 발생원인인 사정, 건물의 신축, 무주물의 선점, 매장물의 발견, 공유수면(바다)의 매립, 선의취득, 첨부 등과 같은 법률요건도 청구원인이 되는 일은 없다.[302)]

6) 따라서 어떠한 법률요건이 청구원인이 될 수 있으려면, ① 실체법이 규정하는 법률요건에 해당하여야 하고, ② 그 법률요건이 규정하는 요건사실을 충족할 경우 그로부터 직접 일정한 법률효과로서 권리·의무가 발생하거나 이에 준하는 법률관계가 형성되어야 하며, ③ 그 법률효과는 이행의 소, 확인의 소, 형성의 소를 통해 확정할 소의 이익이 있고, 그로써 분쟁이 해결되거나 원고에게 경제적·정신적 만족을 줌으로써 원고의 권리 또는 일정한 법적 지위가 실현되는 결과를 가져오는 것이어야 한다고 할 수 있다. 이런 점에서 청구원인이 될 수 있는 것은 앞서 본 권리발생 근거요건에 한하고, 권리발생의 보조요건 또는 권리의 발생이나 행사, 존속의 장애요건 등 보조적 법률요건은 모두 청구원인이 아닌 공격방어방법에 속한다.[303)]

7) 위와 같이 재판의 청구는 권리자가 제기하는 것이 보통이지만, 때로는 의무자가 원고가 되어 권리자를 상대로 의무의 부존재나 그 원인인 법률관계의 무효확인을 청구하는 경우도 있다.[304)] 이 경우 그 소송목적은 의무의 부존재나 법률관계의 무효로서, 피고인

의 발생원인이 되는 매매나 사정 등과 물권적 청구권의 발생원인이 되는 점유의 침해 등)이 청구원인이 된다. 그리고 확인의 소도 소멸하는 그 권리·의무 자체의 부존재 확인을 구할 이익은 있으나, 권리의 포기나 채무의 면제 등의 법률행위나 소멸시효의 완성 등 사건 자체의 확인을 구할 이익은 없다.

302) 소유권은 법률효과로서 권리(물권)인데, 그것을 기초로 타인에 대한 관계에서 급부청구권(물권적 청구권, 부당이득반환청구권, 손해배상청구권 등)이라는 또 다른 법률효과가 발생할 때 그 급부청구권 발생의 요건 중 하나로 작용한다. 예컨대, 물권적 청구권은 소유권의 존재와 점유의 침해나 방해가 필요하고, 부당이득반환청구권은 소유권의 존재와 타인의 권한 없는 사용·수익이 필요하며, 손해배상청구권은 소유권의 존재와 타인의 위법한 가해행위로 인한 사용·수익의 침해 등이 필요하다. 이들 경우에 소유권의 존재는 이들 급부청구권을 발생케 하는 청구원인인 소유권의 방해, 부당이득, 불법행위를 구성하는 법률사실(청구원인사실)의 일부에 불과할 뿐 그 자체가 독립한 청구원인이 되지는 못하며(즉 소유권만으로 이들 급부청구권이 발생하지는 않는다), 소유권의 발생원인인 사정, 건물의 신축, 선점 등의 법률요건과 법률사실 또한 마찬가지다.

303) 청구원인과 공격방어방법의 구별은 매우 중요하고도 어려운바, 이는 뒤의 <청구원인과 공격방어방법> 부분을 참조.

304) 계약을 취소하거나 해제하는 등으로 계약상의 의무를 면함과 동시에 그 계약과 관련하여 상대방에게 제공한 이익을 부당이득반환청구나 원상회복청구의 형태로 급부를 구하는 경우도 있는데, 이러한 경우는 실질적으로 권리자가 원고가 되는 경우와 동일하다. 이러한 경우 그 소의 원고는 순수한 의무자라기보다는 오히려 권리자로 보아야 할 것이다. 그러므로 이하에서는 이들을 의무자에서 제외하기로 한다. 다만, 등기의무자가 등기권리자에게 등기의 인수를 청구하는 변형된 이행의 소도 있다.

권리자의 권리 존재 또는 법률관계의 유효와 표리관계에 있다.

그러므로 의무의 부존재 등의 확인소송에서도 그 청구원인은 그 권리·의무의 실체법상 발생근거로서 권리자가 원고인 때의 그것과 동일하다. 의무자가 원고인 경우 그 청구취지는 권리의 존재나 유효가 아니라 권리(의무)의 부존재나 무효 확인이므로 이때 청구원인을 권리(의무)의 실체법적 부존재나 무효 근거(불성립, 원인무효, 소멸 등)로 잘못 이해할 수 있으나 이는 오해이다. 청구원인이 '권리·의무의 실체법적 발생근거'라는 의미는 소송의 대상인 권리·의무가 어떤 실체법규에 의해 발생되고 규율되는가를 뜻하는 것이므로, 의무자가 원고인 경우에도 그 청구원인은 소송의 대상인 그 권리·의무의 불성립이나 무효, 소멸을 초래하는 실체법규가 아니라 당해 권리·의무에 관한 기본적 법률요건을 규정하고 있는 실체법규가 된다.

따라서 의무자인 원고가 주장하는 권리·의무의 불성립, 무효, 소멸은 당해 권리·의무의 발생근거인 법률요건(예컨대, 매매)을 소극적으로 보조하는(장애로 작용하는) 공격방어방법에 불과하며, 권리·의무의 발생근거인 법률요건에 대한 주장·입증책임은 권리자가, 그 불성립, 무효, 소멸의 발생근거인 법률요건에 대한 주장·입증책임은 의무자가 지는 것은 권리자가 원고인 때와 전혀 다름이 없다(1998. 3. 13. 선고 97다45259 판결 등).

라. 청구취지와 청구원인의 관계

1) 소송의 목적인 청구에 있어 정작 중요한 것은 청구원인이다. 원고가 소송을 통해 실현하려는 권리·법률관계인 법률효과가 청구원인에서 발생하기 때문이다. 그러나 청구원인에서 발생하는 법률효과는 여러 가지가 있을 수 있으므로 원고가 어느 것의 실현을 원하는지 문제되고, 그것이 하나인 경우라도 원고가 그 권리·법률관계의 양적·질적 범위 전부의 실현을 원하는지 일부만의 실현을 원하는지도 문제되며, 또 법원으로 하여금 의무이행을 명해줄 것을 바라는지 아니면 단순히 그 권리·법률관계의 존부나 유무효의 확인만을 구하는지 등 권리·법률관계의 실현 형태도 문제된다. 이러한 것들을 원고가 분명히 하지 않으면 소송의 대상이 구체화·특정되지 못해 사실상 심판이 불가능하다. 따라서 원고는 청구취지에 이를 밝혀 소송의 대상을 구체화하여야 한다. 이는 당사자처분권주의에 따른 것이다.

2) 앞서 청구와 소송물의 관계에서 살펴본 바와 같이 소송물인 권리·의무나 법률관계는 청구취지와 청구원인 모두에 표시되나, 청구취지에 표시되는 2차적 소송물은 청구원인에 표시되는 1차적 소송물인 권리·의무보다 그 종류, 수량, 질에서 작을 수 있다. 또, 청구취지에는 청구원인으로부터 발생한 권리·의무나 법률관계의 실현 형태가 표시된다는 점에서도 청구원인과 다르다.

그러므로 청구원인이 권리의 실체법상 발생 근거라고 하면, 청구취지는 그 발생한 권리의 실현을 구하는 의사표시로서 대외적 주장, 특히 법원에 대한 주장이라고 할 수 있다.[305] 이와 같이 청구취지가 다르면 청구원인이 동일하더라도 2차적 소송물이 달라짐으로써 소송의 주제인 소송물이 다르게 된다.[306][307] 그 역의 관계도 동일하다.

3) 그렇더라도, 어디까지나 소송의 중심을 이루는 것은 청구원인으로서 그것이 소송목적인 권리·의무를 좌우한다. 청구원인인 법률요건과 그 법률사실이 존재하면 그로부터 일정한 법률효과가 발생하므로, 민사소송에서는 원고가 주장하는 청구원인인 법률요건사실이 존재하는지 여부가 심리·판단의 중심적 지위를 차지한다. 법원은 원고가 주장한 법률요건과 그 법률사실(청구원인사실)의 존부와 그것이 실체법규에 합치하는지 여부를 심판하므로, 청구원인은 심판(심리) 사항이 되고, 청구취지는 그와 같이 발생한 권리·의무의 행사 내지 결론적 주장이므로 판결(주문) 사항이 된다.

4. 청구권과 소송물의 확정

가. 논의의 필요성

1) 개개의 소송사건에서 소송물이 무엇이냐는 매우 중요하며 소송법상 많은 영향을 주게 된다. 우선 소송이 적법하게 성립하여 소송목저인 권리·법률관계에 대한 심리·판단이 이루어지려면 그 권리·법률관계가 청구원인이 될 수 있는 법률요건에 토대를 두어야 하고, 또 그러한 권리·법률관계가 재판을 통해서 실현될 가치가 있는 것이어야 한다. 그렇지 않으면 소가 부적법하거나 소의 이익이 부정된다.

2) 다음으로, 재판이 확정되어 그 대상인 권리·법률관계에 관하여 실체적 확정력이 발생하면 기판력에 의하여 이후 당사자 간의 법률관계는 그에 따라야 하므로 그와 모순·저촉되는 법률관계의 형성을 허용할 수 없다. 이때 후소에 기판력이 적용되려면 먼저 전후

305) 물론 간접적으로는 의무자인 피고에 대한 주장의 성질도 갖고 있는 점을 부인할 수 없다. 청구의 인낙이 허용되고, 의무자가 달라지면 권리·의무의 내용 역시 달라져(권리·의무는 특정인 사이의 문제이므로) 소송물이 달라지기 때문이다. 청구에 관하여 이른바 권리 주장설과 권리보호 요구설이 대립하고 있으나 이는 논의의 실익이 별로 없다{정동윤, 유병현, 민사소송법(제3판 보정판), 법문사(2010), 226-227면 참조}.

306) 그러나 여기서 청구원인이 동일하더라도 청구취지가 다르면 소송물이 다르다고 하여 중복제소, 소취하 후의 재소, 기판력 등에 관계되는 소송물의 의미가 언제나 동일한 것은 아님에 주의하여야 한다. 특히 질적 청구를 달리하는 경우가 그러한바, 이에 관하여는 뒤의 <청구취지와 소송물> 참조.

307) 대법원 1995. 4. 25. 선고 94다17956 전원합의체 판결은, 甲이 乙로부터 1필의 토지의 일부를 특정하여 매수하였다고 주장하면서 乙을 상대로 그 부분에 대한 소유권이전등기청구의 소를 제기하였으나, 목적물이 甲의 주장과 같은 부분으로 특정되었다고 볼 증거가 없다는 이유로 청구가 기각되었고, 이에 대한 甲의 항소·상고가 모두 기각됨으로써 판결이 확정되자, 다시 乙을 상대로 그 전체 토지 중 일정 지분을 매수하였다고 주장하면서 그 지분에 대한 소유권이전등기를 구하는 소를 제기한 경우, 전소와 후소는 그 각 청구취지를 달리하여 소송물이 동일하다고 볼 수 없다는 이유로, 전소의 기판력이 후소에 미치지 않는다고 하였다. 이때 전후 양소의 소송물은 질적인 문제가 아니라 양적 문제에서 다르다고 할 것이다.

양소의 소송물이 동일하여야 한다. 또 중복소송인 여부나 본안판결 선고 후 소가 취하된 뒤 재소가 금지되는 경우에도 소송물의 동일성 여부가 그 판단의 한 기준이 되므로 두 개의 소 사이에 소송물이 동일한지 여부에 따라 그 결론이 달라진다.

3) 그 외에도 소송물은 청구의 특정, 소가의 계산, 토지관할 및 사물관할, 청구의 병합, 청구의 변경 등 소송의 전 과정에 영향을 미치고 그것을 지배한다. 따라서 소송물이 무엇인지를 확정하고, 형식상 복수의 청구권 또는 청구가 있는 때에 그것이 동일한 것인지 여부를 판단하는 것은 민사소송에서 매우 중요한 과제이다.

나. 소송물의 확정과 동일성 판별의 기준

1) 청구는 청구취지와 청구원인으로 구성되고, 청구원인은 1차적 소송물, 청구취지는 2차적 소송물이며, 이와 같이 넓은 의미에서 청구와 소송물은 결국 동일한 개념이라는 것은 앞서 본 바와 같다. 따라서 1차적으로 소송물이 무엇인지는 그 소송의 청구원인과 청구취지가 무엇인지를 밝히는 것이고, 2차적으로 소송물이 동일한지 여부는 청구원인과 청구취지가 동일한지 여부를 밝히는 것이다. 그러므로 소송물이 무엇인지와 그것이 동일한지 여부는 청구원인과 청구취지라는 두 기준으로 확정, 판별된다.

2) 개개의 소송사건에서 소송물이 무엇이냐는, ① 원고가 주장하는 권리·의무 또는 법률관계의 발생 근거가 되는 실체법상의 법률요건이 무엇이고 그러한 권리·의무 또는 법률관계가 누구와 누구 사이에서 발생하는가(청구원인), ② 원고가 그 권리 또는 법률관계 중 어느 범위까지를 행사하며 어떤 형태로 이를 실현하려고 하는가(청구취지)의 두 가지 요소에 의하여 도출된다. 그리고 그 동일성도 같은 기준에 의해 결정된다.

다. 청구원인과 소송물

(1) 청구원인과 실체법규

1) 청구원인으로부터 권리의 실체와 소송물의 동일성 여부를 확정, 판단하기 위해서는, 우선 각각의 권리가 실체법상 어떤 법률요건으로부터 발생한 것인지, 그 각각의 법률요건이 서로 다른 것이라면 양자가 법조경합관계에 있는지 청구권경합관계에 있는지 등 각 실체법규의 의미와 내용 및 성질, 다른 법규나 법질서 전체와의 관계 등을 종합적·체계적으로 검토하여야 한다. 고로 청구원인은 실체법규에 근거한다.

그러나 앞서 본 바와 같이 실체법이 모든 법률요건을 빠짐없이 규정하고 있는 것은 아니며, 법률요건에 해당한다고 하여도 그 모두가 다 청구원인이 되는 것도 아니다. 따라서 실체법규만으로 청구원인이 자동적으로 도출되지는 않는다. 또한 현재까지의 법해석과 판례 집적을 통해 각각의 실체법규에 대한 분석을 거쳐 그 법적 성질과 법률요건 및 청구원인 해당 여부가 판별되었으나, 그렇지 못한 것도 있고 학설의 대립이 있는 것도 있으므로 이에 대해서는 계속적인 연구와 검토가 필요하다.

2) 위와 같이 어떤 실체법규가 법률요건을 규정하고 있는지 여부를 판단하기도 쉽지 않지만, 그 법률요건이 소송법상 의미가 있는 청구원인이 될 수 있는지 여부를 판단하기도 매우 어려운 작업이다.

앞서 <법률요건과 법률효과>에서 본 바와 같이 착오나 사기, 강박 등은 취소권 발생의 법률요건이 되고, 취소권의 발생 사유인 위 착오나 사기, 강박 등과 취소권의 행사는 법률행위의 효력을 소급적으로 소멸케 하는 또 다른 법률요건인 취소(민법 제141조)의 법률사실에 해당하나, 취소권이나 취소권의 발생 사유, 취소는 그로부터 경제적·정신적 만족을 주는 권리·의무를 직접 발생케 하는 것이 아니어서 청구원인이 되지 못한다. 그리하여 취소의 원인이 된 법률행위에 의하여 급부가 이루어진 경우, 그 급부의 반환은 민법 제741조의 '부당이득'이라는 별개의 법률요건에 의하여 이루어져야 하고, 이는 앞서 본 청구원인으로서의 자격을 갖추고 있으므로 청구원인이 되며, 착오나 사기, 강박 등 취소권의 발생 사유나 취소는 그 구성요소인 법률사실이 되어 공격방어방법에 불과하다.[308]

■ **사기와 취소, 부당이득의 실체법적·소송법적 지위**

실체법적 지위	소송법적 지위		
	공격방어방법		청구원인
법률요건	사기	취소	부당이득
법률사실 (주요사실=요건사실)	·기망행위 ·착오 ·착오에 의한 의사표시 ·기망과 착오의 인과관계 ※ 3자가 기망한 경우 민법 제110조 제2항의 사실 추가 요	·취소권의 존재(취소권의 발생) ·취소의 의사표시 ·의사표시의 도달	·취소 대상인 법률행위에 의한 이득과 손실 ·이득과 손실의 인과관계 ·법률상 원인의 부존재 =취소(취소권의 존재, 취소의 의사표시와 그 도달)
법률효과	취소권의 발생(민법 제110조 제1, 2항)	법률행위의 소급적 무효(민법 제141조 본문, 제110조 제3항)	부당이득반환청구권의 발생(민법 제747, 748, 749조)

3) 한편, 앞서 본 바와 같이 권리의 포기나 채무의 면제(민법 제506조), 변제(민법 제461조), 소멸시효의 완성(민법 제162조 이하) 등을 주장하며 채무자가 채무부존재확인청구를 한 경우, 이들 권리의 포기 등의 법률요건은 모두 공격방어방법(그 중에서도 방어방법)에 불과하고 청구원인이 될 수

308) 청구원인인 법률요건 전체가 아닌 그 일부의 구성요소인 개개의 법률사실은 공격방어방법이 된다는 점은 앞서 말한 바와 같다.

없어 소송목적이 될 수 없다. 따라서 이들은 기판력이나 중복소송, 재소금지 등에 영향이 없다.

4) 앞서 청구권경합에 관하여 살펴본 사례들은 복수의 법률요건으로부터 복수의 청구권(권리)이 발생한 경우로서, 설사 양자의 궁극적 목적이 동일하더라도 청구원인이 달라 소송물이 다른 경우이다.

그밖에도, ① 양도계약에 기한 잔대금지급청구권과 동일한 양도계약의 해제에 기한 원상회복청구권(계약금 및 중도금반환청구권)의 경우(대법원 2000. 2. 25. 선고 97다30066 판결 참조), ② 동일한 법률행위에 대하여, 상속재산분할약정이라고 주장하며 그에 따른 소유권이전등기청구권을 주장하는 것과 증여라고 주장하며 소유권이전등기청구권을 주장하는 경우(대법원 1969. 1. 21. 선고 68므43 판결), ③ 교통사고 피해자의 보험자에 대한 손해배상청구권과 피해자의 피보험자에 대한 손해배상청구권의 경우(대법원 2000. 6. 9. 선고98다54397 판결, 2001. 9. 14. 선고 99다42797 판결), ④ 불법점유로 인한 임료 상당의 손해배상청구권과 임료 상당의 부당이득반환청구권의 경우(대법원 1991. 3. 27. 선고 91다650, 667 판결)에는 모두 그 권리 발생의 근거가 된 실체법상의 법률요건이 달라 청구원인이 다르며, 따라서 상호 간에 기판력이 미치지 않는다.

(2) 청구원인과 법조문

1) 위와 같이 실체법상의 청구원인인 법률요건은 그 근거법규가 다르나, 단순히 법조문만 다르다고 하여 청구원인이나 소송물이 다른 것은 아니다. 예컨대, 매매에 관하여 민법은 제563조부터 제589조까지 스물일곱 조문을 두고 있는바, 이들 각 조문으로부터 각각 하나씩의 권리가 생기는 것은 아니고,[309] 그렇다고 이들이 모두 '매매'라는 하나의 법률요건만을 구성하거나 하나의 법률요건으로부터 1개의 청구권만이 생기는 것도 아니다. 즉 매매와 관련해서도, 재산권이전청구권, 대금지급청구권은 매매라는 법률행위와 이를 인정하는 민법 제563조와 제568조로부터 생기는데 이것이 합쳐져서 하나의 법률요건(매매)을 이루고, 매매와 관련한 담보책임상의 손해배상청구권은 위 매매라는 법률행위가 아니라 민법 제570조 이하의 담보책임이라는 별개의 법률요건으로부터 발생한다.[310] 또한, 소비대차계약상의 원본과 이자청구권은 소비대차계약이라는 법률행위와 이를 인정하는 민법 제598조, 제603조, 제600조가 규정한 법률요건(소비대차)으로부터 발생하나, 그 이행지체에 따른 손해배상청구권은 민법 제387조 이하의 법률요건(채무불이행)으로부터 발생한다.

---

309) 뒤에서 보는 불법행위와 관련한 소송물론도 이와 같은 견지에 있다. 즉 불법행위에서 발생하는 손해배상청구권과 관련하여 이분설은 민법 제750조와 제751조로부터 각각 재산적 손해배상청구권과 정신적 손해배상청구권(위자료청구권)이 생기고, 이들은 그 소송물이 다르다고 보는 것이다.

310) 법정책임설에 따를 때 담보책임상의 손해배상청구권은 민법 제387조 이하의 채무불이행책임과도 그 근거를 달리한다. 또 채무불이행책임설에 따를 때에도, 그 손해배상청구권은 매매계약이라는 법률요건으로부터가 아니라 채무불이행이라는 별개의 법률요건으로부터 발생한다.

그러므로 매매에 기한 재산권이전청구권 및 대금지급청구권과 매도인의 담보책임에 기한 손해배상청구권, 소비대차에 기한 원본 및 이자의 지급청구권과 지연손해금청구권은 각각 그 발생 원인인 실체법규와 법률요건이 다르며, 이들 법률요건은 별개의 청구원인을 구성하고 각각 별개 독립한 청구가 된다(대법원 1976. 12. 14. 선고 76다1488 판결).

반면에 담보 가등기가 기입된 후 피담보채무의 불이행으로 본등기(소유권이전등기)가 되었는데, 가등기설정자가 그 설정계약의 무권대리를 이유로 본등기말소청구권을 주장하는 것이나, 피담보채무의 부존재(불발생)를 이유로 한 본등기말소청구권을 주장하는 것이나 모두 그 권리(법률효과)는 소유권에 기한 물권적 청구권인 방해배제청구권이고, 그 근거인 법률요건은 소유권에 대한 방해(민법 제214조)로서 청구원인이 동일하다. 따라서 전후 양소로써 각각 이들 청구를 하는 경우 기판력이 미친다(대법원 1980. 9. 9. 선고 80다1020 판결 참조).

2) 이와 같이 여러 개의 실체법 조문이 합쳐져서 하나의 법률요건을 구성하기도 하고, 법조문 중에는 법률요건과 관계가 없는 조문도 있는바, 이는 앞서 법률요건의 설명에서 지적한 바와 같다. 따라서 실체법으로부터 어떤 법률요건과 권리·의무가 발생하는지 알기 위해서는 실체법의 구조와 각각의 법규가 담고 있는 의미를 분명하게 이해하여야만 한다. 더욱이 어떤 법률요건으로부터 권리나 권한이 발생한 경우에도 그 권리 등이 모두 청구의 구성요소인 청구원인을 구성하는 것이 아니므로 더욱 그러하다.

(3) 동종의 법률요건이 복수로 존재하는 경우

1) 법률요건을 충족하여 그로부터 권리·의무가 발생하는 경우에 그 권리·의무는 특정인 간의 특정한 법률사실을 기준으로 발생하므로, 예컨대 매매나 소비대차 등 동종의 법률요건이 복수로 존재하는 경우에도 매도인이나 매수인이 다르거나 매매 대상물이 다르거나 매매 일시가 다른 등으로 그 동일성이 달라지는 때에는 법률요건도 달라져 이들 법률요건을 충족할 때마다 별개의 권리·의무가 발생하여 소송물, 즉 청구원인을 달리하게 된다.

2) 따라서 동일한 물건을 甲이 乙에게서 매수한 것과 乙이 다시 甲에게서 매수한 것은, 그 대상물과 당사자가 동일하더라도 매매 시기와 매도인, 매수인, 매매의 법률행위가 달라 각 매매행위별로 각각 별도의 매매라는 법률요건을 충족하고, 그로부터 각각 독립한 권리·의무가 발생하여 이들은 소송물을 달리하게 된다. 이에 따라, 전소에서 甲이 매매를 이유로 동일 계쟁물에 관하여 乙을 상대로 甲 앞으로의 소유권이전등기를 구하여 승소하였는데, 그 사실심 변론종결 후에 乙이 甲에게서 그 계쟁물을 매수하였다며 원고가 되어 甲을 상대로 소유권이전등기를 청구한 경우에도 전후 양소의 청구취지가 소유권이전등기로서 동종이고 계쟁물도 동일하지만, 청구원인인 매매가 동일성이 없고, 청구취지 역시 전소에서는 甲의 乙에 대한 소유권이전등기청구임에 반해 후소에서는 乙의 甲

에 대한 소유권이전등기청구로서 서로 다르므로[311] 기판력이 후소에 미치지 않는다.

3) 또, 물권적 청구권에 기한 방해배제청구권을 청구원인으로 삼아 방해배제를 구하는 경우에도, 물권적 청구권은 각 물권별로, 또 그 각 물권의 주체별 및 각 물건별로 그로부터 독립한 물권적 청구권이 발생하므로, 서로 다른 물건에서는 각각 독립한 물권적 청구권이 발생하고, 동일한 물건이라도 소유권과 점유권, 저당권 등 물권의 종류별은 물론 같은 소유권이라도 그 소유 주체(지분소유자 포함)별로 각각 독립한 물권적 청구권이 발생하여 이들은 별개의 청구원인을 구성하게 된다.

4) 예를 하나 더 들자면, 민법 제840조 각호의 재판상 이혼 사유에 관하여도, 이들 사유로부터 발생하는 법률효과는 재판상 이혼청구권이라는 동종의 형성권이지만, 각호가 정하는 사유는 개별적으로 독립하고 동일성이 없으므로 이들 사유로부터 각각 독립 별개의 재판상 이혼청구권이 발생하여, 이들은 각각 별개의 법률요건이자 청구원인을 구성한다(대법원 2001. 3. 9. 선고 2000다67020 판결, 2013. 6.1967. 8. 29. 선고 67므24 판결, 2000. 9. 5. 선고 99므1886 판결 등).[312]

5) 대법원은, 1필의 토지의 특정 부분에 대한 소유권이전등기를 구하는 전소와 그 토지 전체의 일정 지분의 소유권이전등기를 구하는 후소는 청구취지가 달라 기판력이 미치지 않는다고 하는바(1972. 10. 10. 선고 72다1430 판결, 1980. 4. 22. 선고 80다164 판결, 1981. 12. 22. 선고 80다1548 판결, 1986. 8. 19. 선고 84다카1792 판결, 1987. 3. 10. 선고 84다카2132 판결, 1995. 4. 25. 선고 94다17956 전원합의체판결),[313] 이는 소유권이전등기청구권의 성립 대상이 다른 경우로서 법률요건이 동종이라도 그 특정성을 달리하여 별개 독립한 청구원인과 청구취지를 구성한다는 견지에 선 것으로, 당연한 법리라고 할 것이다.[314]

6) 반면에, 사해행위취소권에 있어 채권자의 피보전채권은 그것이 복수라도 각 피보전

---

311) 전소에서 甲의 승소가 확정된 경우 그 실체적 확정력은 甲이 乙에 대하여 소유권이전등기청구권이 있다는 것에 발생할 뿐이고, 乙이 甲에 대하여 소유권이전등기청구권이 없다는 것에는 발생하지 않는다.

312) 각호의 사유가 복수로 존재하는 경우에는 문제인데, 시기적으로나 그 발생 사유로나 근접한 것들은 하나의 청구원인을 구성하여 각각은 공격방어방법에 지나지 않는 반면, 시기적으로나 그 발생 사유로나 근접하지 않는 것들은 각각 별개의 청구원인을 구성한다고 보아야 할 것이다(그러나 각호의 사유에 해당하는 외형적 사실이 존재한다고 하여 곧바로 재판상 이혼청구권이 발생한다고 할 수는 없고, 그것들이 혼인을 계속할 수 없을 정도에 이르러야만 재판상 이혼청구권이 발생한다고 할 것이므로 이로써 각각의 청구권 행사를 적절히 통제할 수 있다).

313) 이와 다른 취지의 대법원 1974. 3. 11. 선고 73다1474 판결은 위 전원합의체판결로 폐기되었다.

314) 비록 대법원은 청구취지가 달라 소송물이 다르다고 판시하였으나, 매매나 양도합의, 등기말소 등 청구권의 실체법적 발생 근거의 대상을 달리하는 경우 단순히 청구취지가 다른 것이 아니라 청구원인의 동일성에 영향을 미쳐 청구원인이 달라진다고 보아야 할 것이다. 예컨대, 원고가 소유권이전등기청구권의 실체법적 근거로서 점유시효취득 규정을 주장하더라도 그 점유의 대상을 전소에서는 甲 토지라고 하였다가 후소에서는 乙 토지라고 주장하거나, 전소에서는 甲 토지의 특정 부분이라고 하였다가 후소에서는 甲 토지 전부라고 주장하는 경우에는, 전소와 후소 모두 그 점유의 대상이 甲 토지 전부라고 주장하면서 전소에서는 그 특정 부분이나 일부 지분에 대하여만 등기청구를 하였다가 후소에서는 甲 토지 전부에 대하여 등기청구를 한 경우와 다르다. 후자의 경우 청구취지만을 달리하나 전자의 경우 청구원인도 달리한다.

채권별로 별개의 사해행위취소권이 발생하지 않으므로 이들은 공격방어방법에 불과하고 청구원인이 될 수는 없다. 사해행위취소권은 채무자의 특정한 재산권 처분행위를 기준으로 그것이 특정한 채권자에 대한 관계에서 책임재산 감소의 결과를 초래하는지 여부에 따라 발생하고, 동일 채권자의 피보전채권은 책임재산의 부족 여부에만 영향을 미치기 때문이다(대법원 2003. 5. 27. 선고 2001다13532 판결). 물론 이 경우 채권자가 복수인 때에는 각 채권자별로 독립하여 사해행위취소권이 발생하고, 이들은 각각 독립한 청구원인이 됨은 물론이다.

7) 때로는 동종의 법률요건들이 각각 별개 독립하여 복수의 청구원인을 구성하는지 여부를 판단하기 곤란한 경우도 있다. 예컨대, 점유취득시효에 있어서 점유의 시기가 전혀 중복되지 않은 경우 양자는 독립하여 취득시효의 법률요건을 충족하여 각 점유시기마다 별개의 청구원인이 성립한다고 할 것이나, 어떤 점유기간의 일부가 다른 점유기간의 일부로서 양자가 중복되는 경우에는 문제이다. 또, 동일 부동산에 대한 등기부 취득시효완성과 점유 취득시효완성의 점유시기가 동일한 경우도 문제인대, 이 경우는 별개의 청구원인을 구성한다고 생각된다.

8) 주주인 원고에 대한 소집통지 없이 이루어진 주주총회결의에 대한 취소의 소를 제기하여 원고가 승소하였는데, 그 확정 후 회사가 또다시 원고에게 통지를 하지 않고 동일한 결의를 한 경우, 제3자이의의 소에서 원고 승소가 확정된 후 피고가 동일 계쟁물에 대하여 또다시 부당한 집행을 되풀이한 경우 원고는 다시 동종의 소를 제기할 수밖에 없다. 이 경우 후소 법원은 전후 양소의 소송물이 다른 것으로 보아 전면적인 심리를 하여야 하는가, 아니면 소송물이 같은 것으로 보아 전소의 기판력이 미친다고 볼 수 있는가?

엄격히 따지자면, 이 경우 전후 양소의 심판대상은 그 종류가 같을 뿐 행위(사실)가 다르므로 소송물이 동일하다고 할 수 없다. 따라서 후소가 중복소송이 되거나 전소 판결의 기판력이 후소에 미치지 않는다고 할 것이다.[315)]

라. 청구취지와 소송물

1) 앞서 본 바와 같이 청구취지는 2차적 소송물로서 소송목적을 구성하는 요소이다. 따라서 청구원인이 다른 경우는 물론이지만, 청구원인이 동일하더라도 청구취지가 다르면 소송물도 달라진다.

2) 청구취지는 원고가 소송의 대상(목적)으로 구하는 ① 권리·법률관계의 종류와 내용, ② 그 양적·질적 범위, ③ 실현 형태를 요소로 한다. 그러므로 이 셋 중 어느 하나라도 다르면 청구취지가 다르게 되고, 그에 따라 소송목적(소송물)도 달라진다. 이들 요

315) 이에 따른 불편이나 부작용은 쟁점효나 전소 판결에 강한 증명력을 부여함으로써 구제할 수밖에 없을 것이다. 이에 대하여 이를 선결문제의 일종으로 보아 기판력을 확장하여야 한다는 견해도 있으나 수긍하기 어렵다.

소가 달라지면 심판의 대상도 달라지기 때문이다.

(1) 복수의 법률효과와 소송물

1) 하나의 소나 하나의 소송절차에 복수의 청구원인이 병합된 경우, 그 결과 당연히 법률효과도 복수가 된다. 이 경우 그 복수의 청구원인이 선택적 관계에 있거나 주위적·예비적 관계에 있고 그로부터 발생하는 법률효과가 동일하지 않으면 당연히 청구취지도 복수가 된다.

2) 하나의 소나 하나의 소송절차에서 청구원인이 하나이더라도, 그로부터 발생하는 법률효과가 복수이고 원고가 복수의 법률효과를 청구취지에 기재하여 심판을 구한 때에는 원칙적으로 소송물도 복수가 된다. 예컨대, 매매로부터는 재산권이전청구권과 인도청구권, 대금지급청구권이, 이자부 소비대차로부터는 원본반환청구권과 이자청구권이 각각 복수의 법률효과로서 발생하는바, 원고가 이들 복수의 법률효과를 청구취지에 기재하여 심판을 구한 때에는 이들은 별개 독립한 청구로서 소송물도 복수가 된다.

따라서 권리자가 일부의 법률효과(권리)만을 행사한 후 후소로써 다른 법률효과(권리)를 행사하는 경우 전후 양소의 소송물이 달라 후소에 기판력이 미치지 않고, 전소 계속중에 후소를 청구해도 중복소송이 되지 않는다.

3) 이는 하나의 청구원인에서 발생하는 복수의 법률효과가 동종·유사하지만 그 구체적 내용이 달라 독자성과 독립성이 있는 때에도 동일하다. 예컨대, 전후 양소 모두 소유권에 대한 방해를 청구원인으로 하여, 전소에서는 소유권의 물권적 청구권에 기한 반환청구(민법 제213조)를 하였다가 후소에서는 방해배제나 방해예방청구(민법 제214조)를 한 경우,[316] 전후 양소는 소송물을 달리하여 기판력 위반이나 중복소송이 문제되지 않는다. 같은 법률효과라도 이행의 소나 확인의 소처럼 그 실현형태가 다른 경우에도 청구취지가 달라 소송물은 다르다.[317]

4) 하나의 소나 하나의 소송절차에 복수의 소송물이 병합된 경우, 그 심판대상도 복수

---

316) 소유권에 기한 반환청구권과 소유권에 기한 방해배제나 방해예방청구권은 민법 제213조와 제214조로 각 근거법규를 달리하므로 각각 별개의 청구원인을 구성하는 것으로 볼 여지도 있으나, 양자는 일반법과 특별법의 관계에 있어 민법 제213조는 제214조의 특칙으로 이해하는 것이 옳다고 생각된다. 즉 민법 제213조의 '타인의 점유'는 민법 제214조의 '방해'의 한 유형에 불과한 것이다. 고로 양자는 전체로서 하나의 청구권(청구원인)인 방해배제청구권에 포섭되고 단지 그 구체적 법률효과만 달리한다. 동지: 민법주해(Ⅴ), 박영사(1999), 209면.

317) 그러나 이행의 소를 제기하여 전부 승소한 자가 확인의 소를 제기하는 경우 대법원 판례에 의하면 소의 이익이 없어 소송요건 흠결로 소 각하 판결을 받게 되는데, 이는 소송물의 동일성 여부와는 차원이 다른 소의 이익 문제이다. 또, 확인의 소를 제기하여 그 판결이 확정된 후 이행의 소를 제기한 경우 후소에 기판력이 미치는데, 이는 전후 양소의 소송물이 동일한 때문이 아니라 전소의 소송물이 후소의 소송물에 대하여 선결적 관계에 있기 때문이다. 그리고 이행의 소를 제기하여 패소한 후 확인의 소를 제기한 경우 양소는 모순관계에 있어 후소에 기판력이 미치는바, 이에 대해서는 <기판력> 부분을 참조.

가 되어 법원은 이들 각각의 소송물에 대하여 개별적으로 심판을 하여야 하는바, 형식상 청구가 복수라고 하여 반드시 소송물이 복수가 되어 심판도 복수로 이루어져야 하는 것은 아니고, 실질적으로 보아 청구, 즉 소송물이 복수여야 한다. 하나의 청구원인에서 복수의 법률효과가 발생하더라도, 이들 법률효과가 실질상으로는 동일하거나 어느 쪽이 다른 쪽에 흡수되는 등으로 그 독자성과 독립성이 없는 때에는 그 소송물은 동일하고 복수가 되지 않는다.

대법원은 병합청구에 관하여 실질설을 취한다(대법원 2008. 12. 11. 선고 2005다51495 판결, 2008. 12. 11. 선고 2006다5550 판결, 2017. 8. 25.자 2014스26 결정 등). 즉 실질적으로 보았을 때 청구가 복수인 경우에만 청구의 병합이 발생하여 이를 별개로 심판하여야 하고, 그렇지 않을 때는 청구의 병합이 성립하지 않으므로 각각의 청구에 대하여 따로 심판할 필요가 없다고 본다. 이에 따라 소송물을 특정할 권리와 의무는 당사자(원고)에게 있지만, 그 소송물이 적법하게 성립하는지 여부, 즉 청구병합 여부와 그 형태는 법령적용의 문제로서 변론주의가 적용되지 않고 심판자인 법원이 판단할 사항이므로 실질설이 타당하다. 대법원도, 이미 자기 앞으로 소유권을 표상하는 등기가 된 바 있었거나 법률에 의하여 소유권을 취득한 자는 진정한 등기 명의를 회복하기 위한 방법으로 현재의 등기명의자를 상대로 그 등기의 말소를 구할 수 있음은 물론 진정한 등기명의의 회복을 원인으로 소유권이전등기를 구할 수 있다고 보면서도(대법원 1990. 12. 27. 선고 89다카12398 전원합의체판결 등), 위 소유권이전등기말소청구나 소유권이전등기청구 모두 그 청구원인이 진정한 소유자의 소유권 방해로서 그 법률효과인 물권적 청구권(방해배제청구권)이 동일하고, 그 청구취지는 비록 말소등기와 이전등기로 외형은 다르지만 그 실질은 진정한 소유자의 등기명의를 표상하려는 목적에 기한 것으로서 그 권리 실현 형태 역시 동일하여 양자는 그 청구원인과 청구취지를 같이 하므로 양소는 기판력이 미친다고 본다(대법원 2001. 9. 20. 선고 99다37894 전원합의체판결 등). 대법원은 처음에는 소송물이 다른 것으로 보았으나 위 전원합의체판결로써 견해를 바꾸었는바, 위와 같은 견지에 선 것으로 해석된다.

5) 위와 같은 실질설을 따를 때 복수의 법률효과가 복수의 소송물을 구성하는 것과 관련하여, 특히 하나의 청구원인에서 복수의 법률효과가 발생하는 경우에 이들 법률효과 사이에 독자성과 독립성이 있는지, 그리하여 이들 법률효과가 복수의 소송물을 구성하는지 문제되는 경우가 있다. 이들 법률효과의 관계는 ① 복수의 법률효과가 별개 독립관계인 경우, ② 복수의 법률효과 중 일부가 청구적격이 없는 경우, ③ 복수의 법률효과가 본질적으로 동일한 만족을 주면서 외형만 다른 경우, ④ 복수의 법률효과가 배타적·택일적 관계에 있으나 복수의 법률효과가 본질적으로 동일한 만족을 주면서 단지 질적으로만 다른 경우, ⑤ 복수의 법률효과가 배타적·택일적 관계에 있으나 복수의 법률효과가 단지 양적으로만 만족의 크기가 다른 경우로 나눌 수 있다.

이에 대해서는 하나의 사회적 기초사실을 바탕으로 복수의 법률효과가 발생하는 경우에 각각의 법률효과에 대응하여 별개의 청구원인이 존재하는가, 그것이 아니라면 복수의 법률효과 발생 원인인 실체법적 근거와 그 소송법적 지위를 무엇으로 취급, 이해하여야 하는가가 문제된다. 이는 청구적격의 유무와도 밀접하게 연관되어 있다. 위 ① 내지 ④의 경우, 이들 복수의 법률효과는 그 본질이 동일하고 단지 권리의 만족 형태나 수단, 외형, 범위 등만을 달리하는 것에 불과하거나,[318] 그 기본적 구성요건인 청구원인을 같이 하고 단지 지엽적 요건에 따라 구체적 법률효과만을 달리할 뿐이며, 이들 복수의 법률효과에 대하여 청구취지를 어떻게 구성하든 하나의 법률효과에 대한 청구는 다른 법률효과에 대한 심판을 포함하므로 이들을 각별로 소송목적으로 삼아 심판의 대상으로 인정할 필요가 없고, 이들을 각각 별개의 청구원인이나 독립한 청구의 대상으로 이해하면 기판력이 미치는 범위가 좁아져 채무자에게 매우 불리하고 소송경제에도 반하는 결과를 초래하므로 이들 각 법률효과를 별개의 청구취지로 보아 복수의 소송물을 인정할 필요가 없는바, 위 각각의 경우에 개개 청구(법률효과)가 독자성과 독립성이 있는지 여부 및 청구의 병합 여부 등 자세한 논의는 뒤의 <복수의 청구와 청구의 독자성·독립성> 부분에서 하기로 한다.

(2) 일부청구와 소송물

1) 수량적으로 가 분(可分)인 하나의 권리, 의무 중 일부에 대한 이행이나 확인을 구하는 재판청구가 일부청구이다.[319] 일부청구에 관하여는 그것이 가능한지 여부—특히 일부청구에 대한 판결 확정 후 잔부청구의 가부, 기판력의 범위, 중복제소나 재소 금지의 해당 여부, 소멸시효중단 효력의 범위 등이 논의된다. 이들 문제는 일부청구의 경우 그 소송물이 무엇이냐는 문제와 직결되어 있다.

2) 일부청구의 가부에 대하여는 ① 전면긍정설, ② 제한적 긍정설(명시적 일부청구 긍정설), ③ 단순분할청구 부정설{원칙적으로 부정하면서, 일부청구는 전부청구를 하면서 이행판결의 상한을 정한 것으로 보고, 다만 일부와 잔부(殘部)를 법적으로 구분할 수 있는 어떤 표지가 있는 경우에만 예외적으로 일부청구를 인정}, ④ 추상적 절차보장설(일부청구가 부득이한 권리자의 사정과 상대방의 신뢰를 모두 고려하여 원칙적으로 일부청구를 부정하되, 처분권주의에 따른 원고의 분할청구 이익이 일회적 분쟁해결의 요청보다 큰 예외적 경우에만 잔부청구를 허용), ⑤ 구체적 절차보장설(전소에서 잔여 부분을 같이 청구하지 않고 유보해 두어야 할 당사자의 필요성이 있는지 여부나 동시 청구의 가능성 여부를 고려하여 예외적으로 잔부청구를

318) 예컨대, 부당이득의 경우 '부당이득' 하나만이 성립할 뿐 그 반환 대상이 원물이냐 가액이냐, 수익자가 선의냐 악의냐에 따라 원물의 부당이득, 가액의 부당이득 또는 선의 수익자의 부당이득, 악의 수익자의 부당이득이 각각 별개의 청구원인으로 성립하지는 않는다.

319) 그러나 확인청구가 문제되는 일은 거의 없고 대부분 이행청구 문제로 논의된다.

허용하는 견해), ⑥ 전면부정설(엄밀한 의미의 일부청구란 있을 수 없으므로, 일부청구를 하였다 하여도 전체의 채권을 소송물로 제시한 것으로 보되 단지 인용한도액을 획정한 데 그친다는 견해)가 대립한다. 이는 소송물이론과도 연결되는데, 대체로 구소송물론은 긍정설의 입장에, 신소송물론은 부정설의 입장에 선다.

3) 우리 법은 소액사건심판법 제5조의2 외에는 일부청구를 금지하는 규정을 두지 않고 있고, 대법원도 일부청구와 잔부청구의 소 제기 자체를 금지하지는 않는다.[320] 다만, 대법원은 소멸시효, 기판력, 중복소송과 관련하여 명시 여부를 기준으로 달리 취급하므로 원고는 일부청구임을 명시할 필요가 있는바, 그 명시의 방법은 잔부청구와 구별하여 심리의 범위를 특정할 수 있는 정도로 표시하면 족하다(대법원 1989. 6. 27. 선고 87다카 2478 판결). 일본 최고재판소는, 명시적 일부청구라도 전소에서 청구의 전부나 일부가 기각된 경우에는 특단의 사정이 없는 한 신의칙상 후소 제기는 부적법하다고 본다(1998. 6. 12. 선고 평성 9년才849 판결). 일부청구의 경우 법원은 단일한 청구권 전부에 대하여 심리한 후 그 인정 범위와 원고의 청구를 비교하여 더 작은 쪽을 한도로 청구를 인용하므로(대법원 1976. 6. 22. 선고 75다819 판결, 2008. 12. 24. 선고 2008다51649 판결 등), 청구의 일부가 기각된 경우라면 이미 그 청구권 전부에 대한 심리를 거친 이상 잔부청구를 허용할 이유가 없다는 데에 기인한다.

4) 생각건대, 수량적으로 가분인 권리가 1개의 청구권이라면 그 수량적 일부만의 청구는 당사자처분권주의가 적용되는 민사소송에 있어서 권리자의 자유로서 당연히 허용되어야 할 것이고, 또한 그 청구원인인 법률요건이 동일하더라도 2차적 소송물인 청구취지가 다르므로 그 소송물도 다르다고 할 것이다. 다만, 이는 실체법과 소송법상의 일반원칙이고, 이와는 또 다른 차원에서 제기되는 권리남용이나 신의칙의 법리, 소송경제 등의 고려를 완전히 배제할 수 없으며(민사소송법 제1조 참조), 소멸시효, 제척기간, 기판력의 제약도 받게 된다. 따라서 권리자와 의무자의 대립되는 입장을 모두 고려하는 제한적 긍정설(명시적 일부청구 긍정설)을 취하는 판례의 입장이 가장 타당하다고 할 것이다.[321]

---

320) 대법원은, 일부청구임을 명시하지 아니한 경우 그 확정판결의 기판력이 나머지 부분에까지 미쳐 별소로써 나머지 부분에 관하여 다시 청구할 수 없으므로, 일부청구에 관하여 전부 승소한 원고는 나머지 부분에 관하여 청구를 확장하기 위해 항소할 수도 있다고 한다(대법원 1997. 10. 24. 선고 96다12276 판결 등).

321) 논리적으로 보아도, 일부청구가 잔부청구와 소송물을 달리하는 것은 이와 같이 당사자가 청구권의 일부만을 소송목적으로 삼아 판단을 받겠다는 처분권주의에 기인하는 것이므로 그러한 의사가 전혀 표현되지 아니한 경우, 즉 일부청구임을 직접적으로든 간접적으로든 표시하지 않은 경우에는 청구취지에 기재된 청구금액이나 수량은 1차적 소송물인 청구원인으로부터 발생한 청구권 전부로 해석될 수밖에 없다. 즉, 원고가 일부청구임을 명시하지 않으면 청구원인에서 발생한 법률효과가 전소의 청구취지에 기재한 그것뿐이라고 주장한 것으로 해석되고, 또한 원고는 그로써 당해 청구권 전부에 대한 판단을 구한 것으로 해석되어야 한다(다만, 청구원인으로 기재한 내용에 비추어 그 법률효과가 청구취지상의 그것과 현저한 차이가 나는 경우 간접적으로 일부청구를 한 것으로 해석하여야 할 것이다. 이와 같이 일부청구의 명시를 엄격히 요구해서는 안 된다. 원고에게 큰 손실을 줄 수 있기 때문이다). 그리하여 이 경우 후소에서의 잔부청구 금액이나 수량은 이미 전소에서 인용된 그것과 합

5) 한편 대법원은 같은 견지에서, 일부청구임을 명시한 때에는 그 명시한 부분에 한하여 기판력이 생기나 명시하지 않은 때는 당해 청구권 전부가 심리의 대상이 되고 그 전부에 기판력이 미친다고 본다(1988. 10. 11. 선고 87다카1416 판결, 1997. 4. 25. 선고 97다5565 판결, 2000. 2. 11. 선고 99다10424 판결, 일본 최고재판소 1959. 2. 20. 선고 소화 31년才388 판결, 1962. 8. 10. 선고 소화 35년才359 판결).[322)]

반면에 소멸시효중단의 범위에 관하여 대법원은, 일부청구임을 명시한 경우 그 청구부분에만 시효중단의 효력이 발생하고 나머지 부분에 대한 시효중단의 효력은 별소를 제기하거나 그 청구를 확장하는 서면을 법원에 제출한 때에 비로소 시효중단의 효력이 발생한다고 본다(대법원 1970. 4. 14. 선고 69다597 판결, 대법원 1975. 2. 25. 선고 74다1557 판결).[323)] 일부청구임을 명시하지 않은 경우에는 일부청구 부정설은 당연히 그 소송물 전부에 대하여 중단효를 인정하나, 일부청구 긍정설에서는 견해가 갈린다. 논리적으로 본다면 이 경우 채권의 동일성의 범위에서 1개의 채권 전부에 미친다고 보아야 할 것이다(일본 최고재판소 1970. 7. 24. 선고 소화 44년才882 판결 참조).

6) 대법원은 또, 일부청구임을 명시한 경우 전소의 소송물은 그 청구 부분에 한정되므로 전소의 계속 중에 유보한 나머지 청구를 별도의 소로 제기하였다 하더라도 중복제소에 해당하지 아니하나(대법원 1985. 4. 9. 선고 84다552 판결), 일부청구임을 명시하지 않은 경우에는 양소의 소송물이 동일하여 중복제소에 해당한다고 한다(대법원 1996. 3. 8. 선고 95다46319 판결). 당연한 결론이다.

(3) 계속적 거래의 경우

1) 일부청구에서는 위와 같이 하나의 권리 중 일부를 청구하는 것이므로 먼저 하나의 권리를 어떤 기준으로 파악할 것인지가 전제되어야 한다. 매매계약상의 매매대금청구권이나 소비대차상의 원금반환청구권, 임대차계약상의 보증금반환청구권 같은 것은 하나의 법률요건(매매, 소비대차, 임대차)을 청구원인으로 하여 1개의 청구권이 발생한다는 것을 쉽게 알 수 있고 의문이 없다. 따라서 이러한 금전청구권 중 일부 금액만을 청구한 경우

하여 1개의 청구권을 구성하고 청구원인이 동일하므로 기판력의 저촉을 받게 된다(잔부청구 금액이나 수량은 독립한 청구원인이 아닌 공격방어방법에 불과하여 그것이 전소의 기판력 표준시 이후에 발생한 것이라는 특별한 사정이 없는 한 기판력의 저촉을 받게 된다). 이에 관한 추가적인 논의는 뒤의 <청구원인과 공격방어방법> 및 <기판력> 부분을 참조.

322) 대법원은 그 이유를 밝히지 않고 있다. 일부청구임을 명시하지 않은 경우 비록 잔부청구가 전소의 일부청구와 수량(금액)이 달라 형식상으로는 청구취지가 상이하여 전후 양소의 소송물이 다르지만, 후소의 청구취지가 전소의 그것의 일부가 되어 실질적으로는 동일한 소송물이 된다는 것으로 해석하는 것이 타당하다고 생각된다. 원고가 전소에서 일부청구임을 명시하지 아니한 경우 그 청구취지에서 구하는 금액이나 수량이 당해 청구원인에서 발생하는 권리 전부에 대한 행사인지 일부 행사인지를 알 수 없게 되어 전자로 추정된다고 할 수밖에 없다(1개의 청구권에 대한 전부청구의 경우에 그 소송물은 청구원인이나 청구취지 모두 하나이다. 즉 원고의 주장을, 청구원인의 법률요건으로부터 청구취지 기재 금액의 1개 청구권이 발생하였다는 취지로 해석하여야 한다). 소송실무에서는 그 권리행사가 전부나 일부 어느 쪽인지 당사자의 의사가 불분명한 때에는 법원이 석명을 요구하게 된다.

323) 다만, 원고의 일부청구가 장차 신체감정결과에 따라 청구금액을 확장할 것을 전제로 재산상 및 정신상 손해금 중 일부를 청구한다는 뜻을 밝힌 경우와 같이 부진정한 일부청구인 때에는 그 실질적인 의사를 존중하여, 소장에서 주장한 손해배상채권 전부에 대하여 소 제기 시에 시효중단의 효력이 미친다고 본다(대법원 1992. 12. 8. 선고 92다29924 판결).

이는 일부청구에 해당한다.

2) 그런데 대리점계약이나 특약점계약, 한도금융거래계약 등과 같이 기본 거래계약을 체결하고 그에 기하여 여러 번에 걸쳐 계속적으로 상품이나 용역, 금전을 매매, 소비대차하는 등의 경우에는 그 거래 전체를 합하여 하나의 청구권이 발생하는 것인가, 아니면 개별 거래별로 독립한 복수의 청구권이 발생하는가? 전자라면 전체 거래 금액 중 일부 금액만을 청구한 경우 이는 일부청구에 해당하나, 후자라면 특정일자의 거래금액만을 청구하는 경우에는 일부청구에 해당하지 않게 된다.[324)]

이 문제는 청구원인의 개수의 문제로서 결국 당사자의 의사에 달려 있다고 생각된다. 즉 당사자가 기본 거래계약에서 그 거래 전체를 합하여 하나의 청구권을 발생시키기로 합의하였거나 그럴 의도인 때에는 기본 거래계약 하나만이 소송물(청구원인)이 되고, 이로부터 1개의 청구권이 발생한다고 할 것이나,[325)] 반대로 특약이 있거나 위와 같은 약정이 없는 경우에는 각 개별 거래별로 독립한 소송물이 성립하고(즉, 각 개별 거래별로 매매나 소비대차 등이 이루어지고 그때마다 동종 수개의 법률요건을 충족하여 복수의 청구원인을 구성하게 된다.), 이로부터 복수의 청구권이 발생하는 것이라고 볼 것이다.

3) 판례는, 당사자 간에 일정기간 동안 수회에 걸쳐 외상 거래를 한 경우 각 거래별로 1개의 매매대금채권이 성립하되, 원고가 수회의 외상매매대금 중 특정 가능한 일부 개별적 채권이 아닌 그 총액의 일부에 대한 청구를 하면서 일부청구임을 명시하지 않은 경우 그 소송물은 그 총액 채권이고 기판력은 그 전부에 미친다고 하는바(대법원 1982. 5. 25. 선고 82다카7 판결 참조), 같은 견지에 선 것으로 이해된다.[326)]

(4) 생명·신체에 대한 불법행위로 인한 손해배상청구권의 경우

1) 대법원은 앞서 본 바와 같이 생명 또는 신체에 대한 불법행위로 인한 손해배상청구권에 관하여 적극적 재산손해, 소극적 재산손해, 정신적 손해의 배상청구권이 각각 발생하고 이들은 서로 소송물을 달리한다고 본다(대법원 2001. 2. 23. 선고 2000다63752 판결, 2002. 9. 10. 선고 2002다34581 판결, 2006. 10. 13. 선고 2006다32446 판결 등 참조). 그 이

---

324) 물론 이 경우에도 특정일자의 거래금액 중 일부 금액만을 청구한 경우 이는 일부청구에 해당한다.

325) 이는 계속적 채무의 확정과는 그 개념이 다르다. 계속적 채무의 확정은 계속적 거래에 있어 증감·변동하는 채무의 발생이 일정한 사유로 종료·정지되어 그 채무가 확정적인 내용으로 특정되는 것을 말하며, 확정으로써 증감·변동하는 채무가 1개로 되는 것은 아니다.

326) 대법원은 또 "계속적 물품공급계약에 기하여 발생한 외상대금채권은 특별한 사정이 없는 한 개별 거래로 인한 각 외상대금채권이 발생한 때로부터 개별적으로 소멸시효가 진행하는 것이지 거래종료일부터 외상대금채권 총액에 대하여 한꺼번에 소멸시효가 기산한다고 할 수 없는 것이고, 각 개별 거래 시마다 서로 기왕의 미변제 외상대금에 대하여 확인하거나 확인된 대금의 일부를 변제하는 등의 행위가 없었다면, 새로이 동종 물품을 주문하고 공급받았다는 사실만으로는 기왕의 미변제 채무를 승인한 것으로 볼 수 없다"고 하여 소멸시효의 완성 여부도 각 개별 거래를 기준으로 판단하고 있다(대법원 1978. 3. 28. 선고 77다2463 판결, 1992. 1. 21. 선고 91다10152 판결, 2005. 2. 17. 선고 2004다59959 판결).

유 설명은 없지만,[327] 불법행위의 법률요건사실 중 가해행위와 고의, 과실은 하나이지만 손해의 발생이 복수이고, 그 손해가 달라짐에 따라 법률요건도 복수로 성립한다고 보는 것으로 이해된다. 다만, 재산손해와 정신손해를 구별하는 것은 수긍할 수 있으나 재산손해를 다시 적극적 손해와 소극적 손해로 나누는 것은 다소 기교적이다.

2) 이론적으로는, 민법이 손해의 종류별로 따로 불법행위의 법률요건을 구성하는 형식을 취하지 않고 있으며(단지 민법 제751조 제1항은 정신적 손해도 배상하여야 한다고만 규정하고 있다.), 이들 손해는 가해행위와 거의 동시에 한꺼번에 발생할 뿐 시간의 경과 등 다른 요인에 의해 따로 발생하는 것도 아니므로,[328] 손해의 종류와 관계없이 그 소송물(청구원인)인 법률요건은 하나라고 보아야 할 것이니 이분설이나 삼분설 모두 타당치 않다고 생각된다. 다만, 하나의 가해행위로부터 복수인이 손해를 입은 경우 권리의 주체와 피해 법익이 달라 피해자별로 소송물이 다르게 되므로,[329] 이 경우에는 설사 피해자들이 가족관계에 있는 경우에도 그들이 취득하는 손해배상청구권은 모두 복수의 소송물과 청구원인을 구성하게 된다.

3) 결국 판례에 따르면 위 세 종류의 손해는 별개의 소송물을 구성하되, 그 각각의 손해 자체는 동일한 소송물을 구성하고 그로부터 하나의 청구권만이 성립하는 것이 된다. 따라서 예컨대, 적극적 재산손해에 포함되는 치료비를 여러 번 지출했다고 하더라도 이는 모두 합하여 하나의 청구권만을 구성하고, 그 전체 치료비 중 일부를 청구하는 것은 그 지출 시기를 불문하고 일부청구에 해당한다(대법원 1982. 11. 23. 선고 82다카845 판결). 이는 치료비 지출이 전소의 사실심 변론종결일 이후에 발생한 것이라도 마찬가지다.[330]

---

327) 이에 관하여는 대체로 ① 전 손해 통합설, ② 재산적 손해와 정신적 손해 이분설, ③ 판례와 같이 적극적 재산손해, 소극적 재산손해, 정신적 손해의 삼분설이 대립하는데{이에 관하여는 윤재식, "교통사고소송에 있어서 소송물과 주장 입증책임", 재판자료 제20집(1984), 법원도서관을 참조}, 주로 청구권의 수에 논의의 중심이 국한되어 있어 소송물의 수가 달라지는지 여부를 설명하기에는 부족한 면이 있다.

328) 다만, 소극적 손해의 경우 노동능력 상실에 따른 장래의 일실이익 손해와 같이 가해행위 즉시 손해가 발생하지 않고 장래 계속적으로 발생하는 경우도 있으나, 그렇다면 각 발생 시점마다 손해가 따로 발생한다고 새겨야 할 것이다. 그러나 손해의 발생 시점에 따라 청구권이 별개로 성립하는 것은 아닐 뿐 아니라(발생 시점을 달리한 각각의 손해가 동일성이 없는 것이 아닌 한), 손해의 발생 시점마다 청구권이 따로 성립한다고 하면 가해자 등 채무자에게 너무 가혹하고 소송경제에도 반하므로, 이 경우 전체의 일실이익 손해를 1개의 청구권으로 구성하는 것이 바람직하다고 생각된다(일조권침해에 관한 대법원 2008. 4. 17. 선고 2006다35865 판결 참조).

329) 대법원은 물적 손해에 관하여는 각 물건마다 피해법익이 다르다는 전제에 선 것인지 각 물건마다 청구권이 다르다고 보아 소송물을 달리 구성하는 것으로 보인다(1969. 12. 16. 선고 65다2363 판결). 그러나 이 한 건만으로는 대법원의 견해를 분명하게 파악할 수 없다.

330) 이 경우 전소의 표준시 이후에 치료비를 현실로 지출하였더라도 이는 하나의 법률요건인 적극적 재산손해배상청구권을 보조하는 공격방어방법에 불과하다. 여기서, 표준시 이후에 치료비를 지출한 것이 표준시 이후에 발생한 사실로서 기판력의 시적 한계인 차단효에 구속되지 않게 되는 것이 아닌가 하는 의문이 있을 수 있다. 그렇게 볼 수도 있으나, 이미 표준시 이전인 가해행위 시에 신체 손상이라는 손해가 발생하여 그 손해가 확정된 것이므로(아직 치료를 받지 않았지만 장래 어떤 치료가 필

또 소극적 재산손해가 하나의 청구권이므로, 일실임금의 청구 후 일실퇴직금을 청구한 경우에도 양자는 모두 하나의 소극적 손해배상청구권에 속하는 이상 소송물이 동일하여 일부청구의 법리가 적용된다(대법원 1976. 9. 28. 선고 76다2007 판결).

4) 다만 대법원은, 신체 부상으로 인한 상해의 정도나 그 치료의 필요성 등 여러 사정에 비추어 전소의 변론종결 당시 예상할 수 없었던 후유증이 새로 발생하는 등의 특별한 사정이 있는 때에는 그 손해를 별개의 소송물로 보아 기판력이 미치지 않는다고 함으로써 예외를 인정하는바(대법원 1980. 11. 25. 선고 80다1671 판결, 1986. 12. 23. 선고 86다카536 판결, 1988. 10. 11. 선고 87다카1416 판결, 2002. 2. 22. 선고 2001다71446 판결, 2007. 4. 13. 선고 2006다78640 판결 등), 변론종결 당시 예상할 수 없었던 후유증에 의한 손해는 그 전에 발생한 손해와는 전혀 성질을 달리하여 별개의 법률요건(청구원인)을 충족한다는 사고가 바탕에 깔려 있다고 해석된다.[331]

(5) 시간에 비례하여 증가하는 청구권의 경우

1) 이자나 지연손해금 등과 같이 시간에 비례하여 증가하는 청구권의 경우 이를 단일한 청구권으로 보느냐 아니면 기간(시기)별로 독립한 청구권으로 보느냐가 문제된다. 이자나 지연손해금 등은 그 법률요건에 이자약정이나 채무불이행 외에 시간의 경과라는 법률사실이 당연히 포함되므로,[332] 이자 등의 발생 시기(시간적 구간)가 다르다면 그 각각의 기간은 독립한 법률사실로서 별개 동종의, 그러나 독립한 법률요건을 구성하여 복수의 청구권이 발생하게 되는 이상,[333] 이를 모두 하나로 묶어 단일한 청구권으로 보기는 어렵다고 생각된다. 즉 각 기간별로 별개의 청구원인과 법률효과가 발생하는 것을 긍정해야 한다.

요하고 거기에 얼마의 치료비가 필요한지 알 수 있다.) 단지 그 치료비를 이후에 지출하였다고 하여 그 지출 시에 손해가 발생한 것으로는 되지 않아 차단효에 의한 기판력의 구속을 피할 수 없다. 사고 후 시기를 달리하여 치료비를 지출한 경우 사고 시부터 각 치료비 지급 시까지의 기간에 따른 중간이자를 공제하는 것은, 현실적인 손해발생 시점이 치료비 지출 시이므로 그 지연손해금을 치료비 지출 시 이후부터 부과하는 것이 공평하기 때문으로서, 이것과 치료비 손해배상청구권의 동일성과는 차원이 다르다.

대법원은, 甲의 부상으로 인한 후유장애의 정도가 그 치료의 필요성, 기간 등에 있어서 변론종결 당시 예상할 수 없었던 경우가 아닌 한 甲이 전소에서 최종 사실심 변론종결일에 근접한 일자까지에 소요된 치료비임을 밝혀 치료비청구를 한 것만으로는 일부청구임을 명시한 것이라고 볼 수 없다고 하므로(대법원 1988. 10. 11. 선고 87다카1416 판결) 명시에 주의를 요한다.

331) 그러나 이러한 해석론은 정기금 변경청구의 소에 대하여 적용하였던 일부청구이론이나 소송물 삼분이론에 배치되어 일관성이 없다. 불법행위가 동일한 이상 그로부터 손해가 언제 발생하였든 그 손해는 모두 합하여 하나의 손해로서 한 개의 손해배상청구권을 구성하기 때문이다. 따라서 이 문제는 기판력의 차단효 문제로 보아, 표준시 전에는 후유증이 존재하지 아니하여 예견하거나 행사할 수 없었으므로 이는 표준시 이후에 새로 생긴 사유에 해당하여 차단효가 미치지 않는다는 이론을 적용함이 타당한바, 이에 대해서는 <기판력> 부분을 참조.

332) 이는 공격방어방법이 아니라 청구원인사실에 속한다.

333) 반면에 취득시효의 경우에도 기간이 개재되기는 하나, 이 경우에는 일정 기간의 경과 그 전체가 하나의 법률사실로서 취득시효의 법률요건을 충족하여 그로부터 1개의 청구권이 발생한다는 점에서 성질이 다르다.

2) 이는 임대차약정에서의 임료, 타인의 물건을 부당이용한 데에 따른 부당이득 등을 상정해보면 쉽게 수긍할 수 있다. 이 경우에 임대차나 부당이용이 종료한 때라도, 전소에서 일정기간만의 임료 등을 청구한 후 후소로써 나머지 기간의 임료 등을 청구하는 것을 단일한 청구권을 수량적으로 나누어 청구하는 것으로 보아 제재를 가하는 것은 부당하다.[334)]

일조권의 침해, 오염물질의 배출, 장기간의 배임·횡령·스토킹·따돌림 등 시간적 지속성을 갖는 계속적 불법행위에 따른 손해배상청구권도 마찬가지다. 이들 청구권은 시간의 경과에 따른 약정기간의 충족이나 사용·수익의 증가, 손해의 계속적 발생에 따라서 새로운 청구권이 발생하기 때문이다. 이렇게 해석한다고 하여 상대방인 차용인이나 임차인, 부당이득자, 가해자 등에게 불리하다고 할 수도 없다. 이미 그 청구원인에 당해 소로써 구하는 금액의 발생기간이 드러나 있어 방어에 아무 문제가 없기 때문이다.[335)]

3) 이 경우에 어느 기간을 단위로 소송물과 청구권의 개수를 산정할 것인지 매우 어려운 문제이다. 원고가 하나의 소로써 청구한 때는 사회통념과 원고의 의사를 고려하여 그 청구된 전체를 한 개의 소송물로 보되, 아직 청구되지 않은 것은 권리·의무의 발생원인과 경위, 권리·의무의 성질, 사회통념 등을 고려하여 결정하고, 특별한 사정이 없는 한 하루 단위, 즉 일(日) 단위로 산정하는 것이 타당하다고 생각된다.[336)]

대법원은 일조권침해와 관련하여, 타인의 위법한 건축행위로 인하여 일조권침해가 발생하는 경우, 건물이 준공되거나 골조공사가 완료되면 그 건축행위에 따른 일조권침해는 더 이상 발생하지 않게 되고, 피해자는 그때에 현재 또는 장래에 발생할 재산상·정신상 손해를 예견할 수 있으므로 그 소멸시효는 그때부터 진행하나(대법원 1966. 6. 9. 선고 66다615 판결, 2008. 4. 17. 선고 2006다35865 판결), 일조권침해로 인해 건물의 소유자가 피해자에게 건물의 전부나 일부의 철거의무를 부담하는 경우에는 그 철거의무를 계속적으로 이행하지 않는 부작위는 새로운 불법행위가 되고, 그 손해는 날마다 새로운 불법행위에 기하여 발생하므로 피해자가 그 각 손해를 안 때부터 각별로 소멸시효가 진행한다고 해석한다(대법원 1999. 3. 23. 선고 98다30285 판결, 2008. 4. 17. 선고 2006다35865 판결).[337)]

---

334) 이 경우 원고는 청구취지에서 구하는 임료나 부당이득이 어느 기간에 발생한 것인지를 청구원인으로 주장·입증하여야만 하고, 이를 밝히지 않고 단순히 일정액의 지급을 구한 경우 청구를 특정하지 못한 것이 된다고 하겠다. 만약 법원이 이에 대한 보정(석명)을 요구하지 않은 채 임대차의 개시 시점부터 종료 시점까지를 전제로 판단한 경우 그 기간 전부에 대하여 심판이 이루어진 것으로 보아야 할 것이다.

335) 물론 그렇게 되면 명시적 일부청구와 다를 게 없지 않느냐는 반론이 제기될 수 있으나, 일부청구는 1개의 청구권을 전제로 하는 것이어서 청구권의 복수 성립 여부를 논의하는 것과는 그 차원이 다르다. 이자나 부당이득, 임료청구권 등의 소멸시효 적용에 있어서도 시효의 기산점은 그 기본계약이나 최초의 원인 발생 시가 아니라 일(日) 단위로 계산하는 것도 같은 이유에 의한 것이라 할 수 있다.

336) 임료와 같이 약정에 의해 발생하는 경우 대체로 그 산정기간(월, 분기, 반기, 연)을 약정으로 정하므로 민법 제157, 162, 633, 766조 등의 취지를 고려하여 1일 단위로 산정함이 타당하다. 부당이득, 불법행위와 같이 약정에 의하지 않은 경우에도 사회통념상 일(日) 단위로 산정함이 타당하지 않을까?

(6) 기타의 경우

1) 첫째, 채무부존재확인청구의 소에서 원고가 일정액의 채무 존재는 인정하면서 이를 초과하는 부분의 부존재확인을 구하는 경우, 그 소송물은 전체의 채무 중 원고가 자인한 부분을 제외한 나머지 부분만으로서 원고가 자인한 부분에는 기판력이 미치지 않는다는 것이 일본의 판례(최고재판소 1965. 9. 17. 선고 소화 39년才987 판결)이며 통설이다. 이에 반대하는 견해는, 심판의 대상은 원고가 자인한 부분을 포함한 채무 전부이고 원고는 심판대상을 제한할 수 없다고 주장하나, 처분권주의에 비추어 심리 결과 잔존 채무액이 원고의 부존재확인청구 금액에 미달한 경우에도 법원은 원고의 청구를 그대로 시인해야 하고 상계항변과 같은 법규정도 없으므로 통설이 타당하다고 생각된다.

2) 둘째, 1필의 토지나 1동의 건물에 대한 소유권은 특정 부분에 대하여 소유권이 성립하는 경우를 제외하고는 일물일권주의의 원리상 하나의 법률요건(사정이나 신축, 매매 등)을 충족하여 단일한 권리를 발생케 하므로, 그 점유 침탈자에 대한 반환청구를 하는 경우 일부청구의 법리가 적용되어 특히 일부청구를 명시하지 않는 한 1필의 토지나 1동의 건물 전부에 기판력이 미친다고 할 것이다. 토지나 건물도 분필과 구분을 통해 여러 개로 만들 수 있음은 물론이다.

대법원은 앞서 본 바와 같이, 1필의 토지의 일부인 특정 부분에 대한 소유권이전등기를 구하는 전소와 그 토지의 일정 지분에 대한 소유권이전등기를 구하는 후소는 청구취지가 달라 소송물이 다르므로 기판력이 미치지 않는다고 하는바(대법원 1995. 4. 25. 선고 94다17956 전원합의체판결), 이는 소유권의 성립 대상이 다른 경우로서, 법률요건이 동종이라도 그 특정성을 달리하여 별개 독립한 청구원인을 구성하여 1개의 청구권이 성립하는 경우에 해당하지 않으므로 일부청구의 법리가 문제될 여지가 없다.

지상권이나 전세권, 지역권, 임차권 등은 약정에 의하여 토지나 건물의 일부(지분이나 특정 부분)만에 대하여도 설정이 가능하고, 그 약정 단위를 기준으로 권리의 개수가 정해진다고 할 것이다.

---

337) 대법원의 이러한 해석은, 전자의 경우 손해는 계속해서 발생하지만 가해행위(위법한 건축행위)는 이미 종료한 것을 고려한 것으로서 일실이익 상실과 같은 소극적 손해에 대한 견해와 궤를 같이 한 것으로 풀이된다. 불법행위의 요건사실 중 가해행위는 동일하지만 또 다른 요건사실의 하나인 손해가 계속해서 발생하는 경우 그 손해를 시기(극단의 경우 하루 단위)별로 쪼개 각각 별개의 법률요건 및 청구권을 구성한다고 해석할 수도 있지만, 이는 지나치다고 할 것이므로 대법원의 견해가 타당한 것으로 생각된다.

5. 청구적격

가. 청구적격의 의의

(1) 청구적격의 개념

1) 어떤 권리·법률관계가 실체법에 의해 발생하고, 그것이 일반적으로 적법한 청구원인이 될 수 있는 것이라도, 구체적인 소송사건에서 소장에 청구취지와 청구원인으로 표시하여 심판의 대상으로 구하는 그 권리·법률관계가 재판을 통해서 실현될 가치가 없는 경우, 그러한 소송은 허용될 수 없다. 즉 그러한 소는 부적법한 것으로서 실체관계(본안)에 대한 심리·판단이 거부, 각하되어야 한다. 소송은 구체적인 분쟁을 해결하여 당사자의 권리·의무를 실현하기 위한 국가의 현실적 권력작용이기 때문이다.

2) 일반적으로 특정한 소의 청구가 소송목적으로서 그 실체관계(본안)에 대한 심리·판단의 대상이 될 수 있어 본안소송을 인정할 객관적 필요성 내지 이익을 가지고 심판의 대상인 자격을 갖춘 것을 청구에 관한 권리보호의 자격 또는 권리보호의 요건이라 하며, 청구적격(請求適格) 또는 본안적격(本案適格)이라고도 부른다.[338] 청구적격은 청구취지는 물론 청구원인에 관하여도 갖추어야 함은 물론이다. 이는 본안심판의 요건이므로 당연히 소송요건에 속한다.

3) 소송의 3요소가 ① 당사자, ② 청구, ③ 법원이라고 할 때, 이들 요소는 각각 그것에 대해서 요구되는 기본적인 요건을 갖추어야만 적법한 소송이 성립한다. 이때 요구되는 당사자의 요건 중 특정한 소송물에 대한 심판을 구하는 당사자의 자격이 당사자적격이라면, 청구의 요건 중 심판을 받을 소송물로서의 자격이 곧 청구적격이다.[339]

(2) 청구적격의 요건

1) 청구적격의 인정 기준, 즉 그 요건에 대해서는 실정법에 아무런 규정이 없다. 따라서 이는 해석에 의해 해결하여야 한다. 청구적격은 위와 같이 특정한 소의 청구가 그 소송목적으로서 국가가 사법권을 발동해 심리·판단을 할 필요성 내지 객관적 이익을 말하

---

338) 민사소송법 학자들은 객관적 소의 이익을 권리보호의 자격 또는 권리보호의 요건이라 하는 반면, 뒤에서 보는 바와 같이 (협의의) 주관적 소의 이익을 권리보호의 필요 또는 이익이라고 부른다. 그러나 권리보호의 자격이나 권리보호의 이익이라는 개념이 명확하지 않으므로{오정후, "확정판결의 기판력이 후소에 미치는 영향", 민사소송 제18권 제2호, 한국사법행정학회(2015) 참조} 그 용어의 의미가 분명하게 대립되는 것은 아니라고 할 수 있다(이 점은 뒤에서 보는 바와 같이 소송요건이나 소의 이익에 관해서도 동일하다).

339) 법원에 대해서는 헌법과 법률이 정한 법관으로 구성되고 적법한 관할권을 갖는 것이 구체적 소송에서 심판의 요건(법원적격)이라고 할 수 있다. 그러나 법원이 심판의 요건을 갖추지 못한 경우에는 이송이나 환송으로써 그 잘못을 시정할 수 있는 특유의 방법이 있으므로 당사자적격이나 청구적격과는 다른 특성이 있다.

므로, 심판의 필요성 내지 이익, 즉 특정한 청구에 대한 객관적인 권리보호의 자격 또는 권리보호의 요건이 청구적격의 추상적 요건이 된다.

2) 일반적으로 특정한 소의 청구가 청구적격을 갖추어 적법한 소송으로 성립하고 그 실체관계(본안)에 대한 심판을 받을 수 있으려면, ① 우선 그 소송목적인 법률관계가 법원의 권한에 속하고 재판의 대상이 되는 것이어서 재판을 통해 해결할 수 있는 것이어야 하고,[340] ② 일정한 분쟁 해결 수단으로 법이 특별한 절차와 형식을 정해 놓은 경우에는 그 요건을 충족하여야 하며(대법원 2016. 8. 18. 선고 2014다225038 판결 등 참조),[341] ③ 그 법률관계에 대한 재판을 통해 상대

340) 특히 형성의 소는 법률에 명문의 규정이 있는 경우에 한하여 인정되고 법률상의 근거가 없는 경우에는 허용될 수 없으므로, 어떤 법률관계에 관하여 법률상의 근거가 없이 형성의 소로써 재판을 청구한 경우에는 청구적격이 없다. 예컨대, 관련 소송에서 "원고와 피고들은 이 사건 부동산을 처분하여 그 대금 중에서 채무금을 우선 변제하고 그 나머지를 2등분하여 원고와 피고들에게 분배한다"는 내용으로 재판상화해를 하였다고 주장하면서, 위 화해조항의 실현을 위하여 위 부동산을 경매에 부쳐 그 경매대금에서 경매비용 등을 공제한 나머지 대금을 원고와 피고들에게 배당할 것을 청구하는 소를 제기한 경우, 그 소는 그 청구의 성질상 형성의 소로서 그러한 소를 제기할 수 있는 법률상의 근거가 없으므로 부적법하다(대법원 1993. 9. 14. 선고 92다35462 판결).

341) 이러한 절차와 형식을 위반하여 제기된 소의 청구가 청구적격이 없는 경우로는 다음과 같은 경우를 들 수 있다. ① 집행문부여에 대한 이의의 소는, 판결을 집행하는 데에 조건이 붙어 있어 그 조건이 성취되었음을 채권자가 증명하여야 하는 때에 이를 증명하는 서류를 제출하여 집행문을 내어 준 경우(민사집행법 제30조 제2항)와 판결에 표시된 채권자의 승계인을 위하여 내어 주거나 판결에 표시된 채무자의 승계인에 대한 집행을 위하여 집행문을 내어 준 경우(같은 법 제31조 제1항)에, 채무자가 집행문부여에 관하여 증명된 사실에 의한 판결의 집행력을 다투거나 인정된 승계에 의한 판결의 집행력을 다투는 때에만 제기할 수 있으므로(같은 법 제45조), 집행권원에 관하여 이미 집행문을 내어 주었다가 다시 내어 달라는 신청을 받고 다시 내어 준 것일 뿐 집행권원에 붙은 조건이 성취되었음을 이유로 집행문을 내어 준 경우 또는 집행권원의 채권자 또는 채무자의 승계인에 대하여 집행문을 내어 준 경우가 아니라면, 그 집행문에 대하여는 집행문부여에 대한 이의신청을 할 수 있을 뿐 집행문부여에 대한 이의의 소를 제기할 수 없어 집행문부여에 대한 이의의 소는 부적법하다. ② 또, 채무자회생법에 의한 회생채권자는 회생절차에 참가하여 회생채권의 신고를 하여야 하고, 신고된 회생채권에 관하여 이의가 제기된 때에는 이의자 전원을 상대방으로 하여 법원에 채권조사확정재판을 신청할 수 있으며, 그 재판에 불복하는 자는 채권조사확정재판에 대한 이의의 소를 제기할 수 있고, 회생절차개시 당시 이미 회생채권에 관한 소송이 계속 중인 경우 회생채권자는 회생채권의 신고를 하고 신고된 회생채권에 대하여 이의가 제기된 때에는 이의자 전원을 그 소송의 상대방으로 하여 소송절차를 수계하여야 하므로, 회생절차가 개시된 후 회생채권자가 회생채권의 이의자를 상대로 회생채권의 이행을 구하는 소를 제기하거나 회생절차개시 당시 회생채권에 관한 소송이 계속 중이지 않던 회생채권자가 채무자회생법에 규정된 절차를 거치는 대신에 회생채권확정을 구하는 소를 제기하는 것은 부적법한바(대법원 2011. 5. 26. 선고 2011다10310 판결, 2014. 5. 16. 선고 2012다114851 판결, 2016. 11. 25. 선고 2014다82439 판결 등), 이러한 경우 그 청구는 청구적격이 없다고 할 것이다. ③ 한편 회생채권확정의 소는 회생채권자가 신고한 채권에 대하여 관리인 등의 이의가 있는 경우 이의채권의 존부 또는 내용을 정하여 권리를 확정하는 것을 내용으로 하는 소인바, 회생채권자 등은 회생채권확정의 소송절차에서 이의채권의 원인 및 내용에 관하여 회생채권자표에 기재된 사항만을 주장할 수 있을 뿐 회생채권자표에 기재된 사항 중 의결권의 액수는 대상에서 제외된 점(채무자 회생 및 파산에 관한 법률 제158조, 제173조, 제174조 제3항 등 참조)을 고려하면, 의결권의 액수는 회생채권확정의 소의 대상이 될 수 없으므로(대법원 2015. 7. 23. 선고 2013다70903 판결), 이 역시 청구적격이 없는 경우라고 할 것이다.

또 행정관청에게 국유재산에 대한 대부료 등의 징수나 정당한 사유 없이 공유재산을 점유하거나 공유재산에 시설물을 설치한 자에 대한 원상복구 또는 시설물의 철거 등을 국세징수법이나 행정대집행법에서 간이하고 경제적인 특별구제절차를 마련하고 있으므로, 특별한 사정이 없는 한 행정관청이

방으로부터 급부를 받거나 의무를 면하거나 법적 지위를 확인 받는 등으로 당사자가 권리를 실행하거나 분쟁을 해결하는 등 구체적·현실적 문제에 관하여 당사자에게 경제적·정신적 만족을 줄 수 있는 것이어야 하고, ④ 그것이 단순한 사실관계가 아닌 현재의 법률관계, 즉 법(법규)에 의하여 규율되는 인간생활의 영역에 속하는 것이어야 하며,[342] ⑤ 또 그것이 법률관계라도, 과거나 미래의 것이 아닌 현재의 것이어서 소송당사자의 현재의 법률적 지위에 영향을 미치는 것이어야 하고, ⑥ 복수의 청구가 있는 때에는 그 상호간에 독립성이 있어 그 각각에 대하여 독립하여 따로 심판할 필요와 이익을 갖는 것이어야 한다. 이상이 청구적격의 구체적 요건이라고 할 수 있다.

3) 이행의 소는 이행청구권을 실현하기 위한 것으로서, 그 청구의 내용이 사회윤리나 우리의 법제도상 허용될 수 없는 것인 때를 제외하고는 확인의 소나 형성의 소에 비해 청구적격이 문제되는 경우가 많지 않다. 이 경우는 청구취지에서 구하는 재판을 통해 당사자가 목적하는 권리의 실현이 가능한지 여부가 관건이다. 반면에 확인의 소나 형성의 소는 권리의 실현이나 분쟁의 해결을 위하여 예외적으로 인정되므로, 그 소송의 결과 객관적으로 볼 때 권리 실현이나 분쟁 해결의 효과를 가져 올 수 없는 경우에는 청구적격이 없다(대법원 2017. 3. 15. 선고 2014다208255 판결, 2018. 3. 15. 선고 2016다275679 판결 등 참조). 즉 확인의 소나 형성의 소에서는 확인의 이익 또는 형성의 이익이 권리보호의 자격이자 권리보호요건이 된다.

4) 청구적격은 위와 같이 본안에 대한 심판 개시의 자격 내지 객관적 이익이므로, 심리 결과 원고의 청구가 이유 없는 경우에는 청구적격의 문제가 발생하지 않는다. 즉 이 경우 그 소의 청구는 심판을 받을 자격인 청구적격이 있고, 단지 원고가 당해 청구로써 구하는 법률효과가 발생하지 않을 뿐이다.

(3) 소의 이익과 당사자적격, 청구적격

1) 앞서 본 바와 같이 소의 이익은 특정한 소에 관하여 그 소가 실체관계(본안)에 대한 심리·판단을 받을 수 있는 필요성 내지 이익을 가리킨다. 이는, 당사자의 입장에서는 그 소송목적인 청구에 관하여 재판을 구할 정당한 이익 또는 필요성, 자격을 의미하고,

---

민사소송의 방법으로 대부료 등의 지급이나 공유재산의 인도를 청구하는 것은 객관적 권리보호의 이익이 없어 부적법하다(대법원 2000. 5. 12. 선고 99다18909 판결, 2009. 6. 11. 선고 2009다1122 판결, 2014. 9. 4. 선고 2014다203588 판결, 2017. 4. 13. 선고 2013다207941 판결 참조).

342) 예외적으로 증서진부 확인의 소(민사소송법 제250조)나 주주총회결의 부존재확인의 소(상법 제380조)와 같이 사실관계에 대한 심판이 허용되나, 엄밀히 말한다면 이들의 경우에도 이는 궁극적으로는 단순한 사실관계가 아닌 법률관계에 관한 것이다. 민사소송법 제250조는 법률관계를 증명하는 서면이 진정한지 여부를 확정하기 위하여만 증서진부 확인의 소를 인정하고 있고, 주주총회결의 부존재확인도 단순히 주주총회결의가 부존재한다는 사실의 확인이 아니라 그 결의가 법률적으로 무효라는 확인이다. 한편 소송목적인 법률관계는 특별한 사정이 없는 한 과거의 법률관계나 미래의 법률관계가 아닌 현재의 법률관계여야 한다(대법원 2000. 5. 18. 선고 95재다199 전원합의체 판결, 2015. 6. 24. 선고 2014다234322 판결 등 참조). 분쟁은 현존하는 것만이 해결할 필요와 가치가 있기 때문이다.

판단자인 법원의 입장에서는 이를 심리·판단할 필요성 또는 재판권을 행사하고 사법권을 발동하여 보호를 하여야 할 자격이나 이익을 의미한다. 그러므로 이는 ① 당해 소송의 주체(당사자)와 관련하여 파악한 주관적 소의 이익과 ② 소송주체를 배제하고 순전한 소송객체(청구)와 관련하여 파악한 객관적 소의 이익으로 나눌 수 있다.

2) 객관적 소의 이익은 앞서 본 청구적격에 해당한다. 즉 청구적격은, 특정한 소의 당사자가 누구인지 또는 그 당사자가 처한 구체적 상황을 배제하고, 순수하게 그 소의 소송목적인 청구의 내용만을 객관적으로 보아 그 청구가 일반적으로 심판의 대상이 될 수 있는 자격을 말한다.

3) 반면에 주관적 소의 이익은, 당사자가 누구인지와 그 당사자가 처한 구체적 상황을 기준으로 당해 청구에 대하여 심판을 허용할 정당한 자격 내지 이익과 필요성을 말한다.[343] 특정한 소의 청구가 객관적 소의 이익, 즉 청구적격이 인정되더라도, 그 소의 당사자가 처한 상황에 따라 주관적 소의 이익이 배제될 수 있다.

주관적 소의 이익은 다시 두 경우로 나누어 볼 수 있다. ① 하나는, 법이 특정한 유형의 법률관계(소송목적)에 관하여 그 당사자에게 소송당사자로서 소송을 수행할 수 있는 권한(권리)를 부여하였는지의 여부인 당사자적격이고, ② 또 다른 하나는, 당사자적격이 인정되는 경우라도 특정한 소의 당사자가 당해 소송목적에 관하여 소송을 통해서 그 권리·의무를 실현할 구체적인 이익과 필요를 갖고 있는지 여부에 관한 협의(狹義)의 주관적 소의 이익이다.

4) 당사자적격은 구체적인 소송에 있어 그 소송목적인 청구가 갖는 특수성과 관련하여 당사자로서 그 소송을 수행할 수 있는 자격을 말하므로, 당해 청구의 특수성이나 소송주체를 고려하지 않은 채 객관적인 심판대상 적격을 문제 삼는 청구적격과 구별된다.

(4) 청구적격과 소송요건

1) 위와 같이 청구적격은 소송목적(청구)의 실체관계(본안)에 대한 법원의 심리·판단요건이자 자격이므로 소송요건에 속한다.

2) 소송요건은 본안(청구)에 대한 심판을 개시·유지할 요건으로서, 청구적격이나 소의 이익보다 차원이 높고 그 의미 범위가 넓다. 즉 통상 소송요건은 당사자적격이나 소의

343) 그러나 주관적 소의 이익을 특정한 소의 당사자를 기준으로 판단한다고 하여 그 당사자의 시각에서 심판을 구할 정당한 자격과 필요성을 판단한다는 의미는 아니다. 소송의 요소 중 하나인 당사자를 기준으로 그와 주관적으로 관련된 요소(자료)를 기준으로 객관적 시각에서 이를 판단한다는 것이지, 당사자 개인적 입장에서 현실적인 필요나 이익이 있다고 하여 그것이 곧 긍정될 수는 없다. 사법권 발동이 특정 개인의 의사에 좌우될 수는 없기 때문이다. 여기서 말하는 주관적 사정(요소)은, 당해 청구와 관련하여 당사자와의 관계에서 그 사건에 특유한 사정을 가리킨다. 따라서 회사 해산 후의 회사설립무효의 소나 협의이혼 후의 이혼청구의 경우에도 이러한 사정은 구체적인 사건에만 특유한 것이므로 주관적 사정(요소)에 포함된다.

이익 외에 제척기간의 준수, 중복제소의 불해당, 재소금지의 불해당, 소권의 불남용 등과 같이 소를 적법하게 하여 본안에 대한 심판을 허용할 모든 요건을 포괄하기 때문이다. 한편, 청구적격은 당사자가 누구냐에 상관없이 청구의 내용 자체만으로 소송요건에 영향을 미치므로 객관적 소송요건의 하나로 볼 수 있다.

(5) 청구적격의 판단 기준과 범위

1) 청구는 소(소송)의 구성요소이므로 청구적격의 유무도 원칙적으로 각각의 소를 단위로 판단하여야 한다. 그리고 하나의 소에 복수의 청구가 병합된 경우에는 이들 각각의 청구별로 청구적격의 유무를 판단하여야 한다. 그리하여 하나의 소에서 특정한 청구에 청구적격이 없는 때에는 그 부분의 소만 부적법하므로 그 부분의 소를 각하하여야 한다.

2) 청구적격은 특정한 소의 소송목적인 청구에 대한 심판의 가부를 정하는 것이므로 당해 소의 심판대상인 청구만을 기준으로 판단하여야 하고, 별개의 다른 소의 청구에 영향을 받을 이유가 없다. 또, 당해 소송 밖의 다른 사정을 고려해서도 안 된다. 그러한 사정은 당해 청구의 내용 자체로서는 알 수 없는 것으로서 청구적격의 판단에는 영향을 미칠 수 없다. 이미 판결이 확정된 후 후소가 제기된 경우에 후소 청구의 청구적격성을 판단할 때에도 역시 전소의 청구는 영향을 미칠 수 없다. 양자는 별개의 소이기 때문이다. 따라서 청구적격의 존부 판단자료는 당해 소송 자체의 자료를 토대로 하여야 한다.

3) 그러나 하나의 소에서 청구가 복수인 경우, 각 청구의 청구적격의 존부를 판단할 때 다른 청구에 의해 영향을 받는다. 그 복수의 청구 전체가 하나의 소의 내용을 이루고, 그 전부가 하나의 소(소송) 안에서 동일한 기회에 심판을 받게 되며, 청구적격성을 갖춘 여부는 그 소에 포함된 각 청구의 내용 자체로써 판단할 수 있기 때문이다. 또한, 하나의 소송절차에 복수의 소가 병합된 경우에도 이들 소의 청구 상호 간에 영향을 미칠 수 있는바, 본소와 반소, 본래의 소와 중간확인의 소, 변론의 병합이 있는 경우가 이에 해당한다. 이 경우 이들 소는 실질상 하나의 소(소송)로서 그 각 청구가 동시에 심판을 받으므로 상호 간에 일정한 영향을 받지 않을 수 없기 때문이다.

4) 청구적격의 존부는 청구 그 자체, 즉 당해 청구의 청구취지와 청구원인의 내용만으로 판단하여야 하고, 변론의 대상인 공격방어방법이나 주변사정은 고려할 필요가 없다. 예컨대 금전채무의 이행을 구하는 소에 관하여, 피고가 파산절차에서 면책을 받았다거나 그 채권이 회생채권으로서 실권되었다는 항변을 제출하거나 원고 스스로 그러한 사실을 변론 과정에서 진술한 경우, 이러한 사실은 청구원인이나 청구취지에 기재될 청구의 내용이 아니라 단순한 공격방어방법에 불과하므로 이를 이유로 청구적격을 부정할 수는 없다. 즉 이들 사실은 소권(訴權) 행사를 방해하는 사항으로서(대법원 2015. 9. 10. 선고 2015다28173 판결 참조) 주관적 소의 이익을 부정하거나 소송요건의 결여 사유에 불과할 뿐,[344] 청구 내용 자체를 구성하는

것이 아니므로 청구적격에는 아무런 영향이 없다.

5) 청구의 내용을 기준으로 청구적격을 판단할 때 청구원인에 관하여는 이를 구성하는 법률요건사실, 즉 청구원인사실을 기준으로 하여야 한다. 다만, 확인의 소의 경우 그 소송의 성질상 법률요건으로부터 어느 정도 자유로운 위치에 있고, 그 때문에 이행의 소나 형성의 소에 비해 청구원인과 공격방어방법의 구별이 뚜렷하지 않다. 또한 확인의 소는 분쟁의 해결이나 권리의 실현, 원고의 법적 지위 강화를 위해 특별히 필요가 있을 때 예외적으로 인정되고 그러한 필요가 있는 때만 청구적격이 인정되므로, 그 청구적격의 유무를 판단할 때는 당해 소송에 객관적으로 드러난 이러한 요건에 관계되는 모든 요소를 고려하여야 한다.

(6) 청구적격 존부의 판단 시기

1) 청구적격은 소송요건의 하나이므로 소송요건 일반의 경우와 마찬가지로 변론종결 시를 기준으로 그 존부를 판단하여야 한다(대법원 1994. 9. 30. 선고 93다27703 판결, 2010. 2. 25. 선고 2009다85717 판결 등 참조). 변론을 열지 않는 경우에는 판결 시가 그 기준시점이 되어야 함은 물론이다. 그리고 이는 상고심에도 동일하게 적용된다(민사소송법 제219, 413, 425조 참조).[345]

2) 청구적격의 존부는 소장의 기재사항이 아니므로 그 흠결이 있더라도 원칙적으로 민사소송법 제254조 제2항에 의한 소장 보정의 대상이 아니다. 그러나 소장에 기재한 청구의 내용이 청구적격의 요건을 갖추지 못하고 동시에 필요적 기재사항 누락으로 볼 수 있는 경우에는 보정명령의 대상이 될 수도 있다.

나. 청구원인과 청구적격

청구가 청구원인과 청구취지로 구성되는 이상 청구적격도 청구원인과 청구취지 양면에서 충족되어야 한다. 어느 하나라도 청구적격이 없으면 그 청구 전체가 부적법하다.

(1) 급부 또는 이에 준하는 법률관계

1) 청구원인은 청구취지에 기재된 심판의 대상인 권리·법률관계의 실체법상 발생근거인 법률요건이다. 이때 그 권리·법률관계는 당사자의 욕구를 충족시킬 수 있는 것, 즉

---

344) 대법원은 2015다28173 판결에서, 면책된 채권은 통상의 채권이 가지는 소 제기 권능을 상실한다며, 상고심 계속 중 면책결정이 확정된 경우 권리보호의 이익이 없어 그 소는 부적법하다고 보아 원심판결과 제1심판결을 파기, 취소하고 소를 각하하였다. 이는 이러한 채권은 뒤에서 보는 바와 같이 자연채무로 이해하는 것으로 해석되며, 여기서 말하는 권리보호의 이익은 협의의 주관적 소의 이익을 가리키는 것으로 판단된다. 즉 청구의 내용인 법률요건과 법률효과는 심판을 받는 데 아무런 문제가 없으나, 채무자가 파산선고 등을 받은 주관적 사정 때문에 심판이 거부되는 것이다.

345) 소송요건은 원칙적으로 상고심에 이르기까지도 유지, 충족되어야 한다(대법원 2010. 2. 25. 선고 2009다85717 판결, 2012. 6. 14. 선고 2010다105310 판결 등 참조).

원고에게 경제적·정신적 만족(급부)을 주는 것이어야 하고, 따라서 청구원인이 되는 법률요건은 법률효과로서 그러한 내용의 급부를 발생케 하는 것이어야 한다.

2) 청구취지에 기재된 법률효과가 원고에게 경제적·정신적 만족을 주는 것이라도, 원고가 주장하는 청구원인이 법리상 그러한 법률효과를 발생시킬 수 없는 것인 경우, 그 청구원인은 청구적격이 없어 적법한 청구원인이 될 수 없다. 이런 경우는 원고가 법적 지식이 없어 일반적으로 청구원인이 될 수 없는 법률관계를 주장하는 때에 발생한다. 반면에 원고가 주장하는 청구원인이 법리상 성립 가능하나 그 청구원인사실이 존재하지 않는 경우에는 청구의 당부가 문제 될 뿐이다.

3) 예외적으로, 확인의 소에서와 같이 사실관계나 권리·의무 등을 법률효과로 직접 발생케 하지 않는 법률관계도 심판의 대상이 되는 경우가 있으나, 그것이 청구적격을 갖기 위해서는 그에 대한 심판(재판)을 통해 법적 지위가 확보되거나 분쟁이 해결되는 등으로 당사자에게 간접적으로나마 경제적·정신적으로 일정한 만족을 주는 것이어야 함은 앞서 이미 지적한 바와 같다.

(2) 청구원인과 공격방어방법

1) 청구원인은 위와 같이 청구취지로써 표현되고 심판의 대상이 되는 권리·법률관계의 실체법상 발생근거인 법률요건이므로, 그 발생, 행사, 존속을 적극적으로 또는 소극적으로 보조하는 법률요건이나 사실에 불과한 공격방어방법과 구별된다.

2) 따라서 청구원인의 자격이 없는 공격방어방법을 청구원인으로 기재, 주장한 경우 이는 심판대상으로서의 청구적격이 없다. 이는 확인의 소에서도 원칙적으로 타당하다. 공격방어방법은 심판의 대상인 청구원인에 흡수되어 청구원인과 함께 심판되고, 직접적으로는 독립하여 그 자체가 따로 심판의 대상이 되는 것이 아니다.

3) 따라서 대리권, 동의권, 철회권, 취소권, 해제권, 해지권, 소멸시효의 완성, 정지조건이나 해제조건의 성취 등을 직접 심판대상으로 삼아 청구한 경우 그것들은 적법한 청구원인이 될 수 없고, 독립하여 심판할 필요나 이익이 없으므로 청구적격이 없다.

4) 한편, 소송상 방어방법으로 주장할 사항은 별도로 소송 대상으로 삼아 심판을 구할 필요나 이익이 없으므로 그러한 소는 청구적격이 없어 부적법하다. 따라서 어떤 채권에 기한 이행의 소에 대하여 채무부존재확인의 반소를 제기하는 경우(대법원 2007. 4. 13. 선고 2005다40709 판결 참조)나 임대인의 임대료청구에 대하여 임차인이 그 청구가 과다하다며 감액을 청구하는 반소는 부적법하다(대법원 1969. 4. 29. 선고 68다1884 판결 참조). 이 경우 그 반소는 모두 따로 심판받을 청구적격이 없다.[346)]

346) 이들 경우는 본래 반소청구 내용 그 자체만으로는 청구적격이 있으나, 본소청구와의 관계에서 청구적격을 인정받기 어려운 경우이다.

다. 청구취지와 청구적격

청구취지도 청구적격의 요건을 갖추어야만 적법한 소송목적이 될 수 있다. 그리고 이는 청구취지가 단수이든 복수이든 마찬가지다.

(1) 권리·의무 등의 법률효과와 이에 준하는 법률관계

1) 소송목적으로 청구취지에 표시되는 것은 대부분 권리·의무 등의 법률효과이다. 그러한 법률효과만이 실질상 당사자에게 경제적으로나 정신적으로 일정한 만족을 주기 때문이다. 이행의 소에서는 그것이 급부청구권으로 분명하게 표시된다.

2) 확인의 소나 형성의 소에서는 청구취지에 직접적인 권리·의무가 아닌, 일정한 종류의 법률관계나 사실관계 또는 그로부터 발생하는 법률효과(유무효 등)가 확인 대상이나 형성의 대상으로 표시되나, 이들 역시 권리·의무에 준하여 원고에게 경제적·정신적 만족을 주는 것이어야만 심판을 받을 이익과 필요성이 인정되고, 청구적격이 있다. 그렇지 않다면 그러한 청구는 청구적격(확인의 이익 등)이 없고, 따라서 법원은 심판을 거부하여야 한다(대법원 2016. 9. 30. 선고 2016다200552 판결 참조).[347)]

3) 원고가 청구취지에 기재하여 심판을 구한 소송목적이 원고에게 경제적·정신적 만족을 주는 것인지 여부는 그 실질을 기준으로 판단하여야 한다. 그러므로 반소청구에 본소청구의 기각을 구하는 것 이상의 적극적 내용이 포함되어 있지 않다면 반소청구로서의 적격이 없고, 어떤 채권에 기한 이행의 소에 대하여 동일 채권에 관한 채무부존재확인의 반소를 제기하는 것은 그 청구의 내용이 실질적으로 동일하여 반소청구는 청구적격이 없다(대법원 1964. 12. 22. 선고 64다903, 904 판결, 2007. 4. 13. 선고 2005다40709 판결 등 참조).[348)]

또 계약을 해제하거나 해지한 경우에도, 그에 따른 구체적 법률효과로서 부당이득이나 불법행위를 원인으로 하여 금전 지급이나 물건의 인도를 청구하거나 그 계약에 따른 권리·의무의 존재 또는 부존재 확인을 청구하는 대신에 단순히 당해 계약이 해제되거나 해지되었다는 확인 또는 그 해제, 해지의 무효확인을 청구하는 것은 원고에게 경제적·정신

---

347) 대법원은 이 판결에서, "의사의 진술을 명하는 판결은 확정과 동시에 그러한 의사를 진술한 것으로 간주되므로(민사집행법 제263조 제1항), 의사의 진술이 간주됨으로써 어떤 법적 효과를 가지는 경우에는 소로써 구할 이익이 있지만, 그러한 의사의 진술이 있더라도 아무런 법적 효과가 발생하지 아니할 경우에는 소로써 청구할 법률상 이익이 있다고 할 수 없다"고 판시하였다.

348) 본소청구로써 채무의 이행을 구하는 것에 대하여 반소청구로써 그 채권에 관한 채무부존재확인을 구한 경우, 양자의 청구는 비록 청구취지의 형태는 다르지만 청구원인이 동일하고, 그 법률효과 역시 그 채권에 관한 이행청구권의 존부로서 실질적으로 보아 청구취지 역시 동일하므로 반소청구는 본소청구와 별도로 심판할 필요나 이익이 없어 청구적격이 없다. 이러한 경우에 반소청구 대신 별소를 제기한 때에는 이미 분쟁을 해결할 다른 소가 있으므로 주관적 소의 이익이 없다(대법원 2001. 7. 24. 선고 2001다22246 판결 참조).

적 만족을 줄 수 없으므로 청구적격이 없다.[349)]

4) 또한 원고가 구하는 청구취지상의 법률효과가 법제도상 허용할 수 없는 것인 경우, 그러한 청구는 인용할 수 없어 당사자에게 아무런 만족을 주지 못할 뿐 아니라 사법권을 발동하여 심판할 필요나 가치가 없으므로 청구적격이 없다. 예컨대, 피고를 원고의 족보나 가족관계등록부에서 말소(삭제)해 달라거나 원·피고 사이에 부자 관계를 단절하게 해 달라는 청구, 피고에 대한 혼인신고절차이행청구나 부부 간 동거의 이행 또는 확인청구, 약혼의 이행청구(민법 제803조 참조), 노예적 노무이행청구, 첩계약 이행청구 등이 이에 해당한다.

(2) 소의 이익과 재판청구권[350)]

1) 국민의 재판받을 권리, 즉 재판청구권은 당사자적격에 의하여 원칙적인 제한을 받고, 다시 소의 이익이나 청구적격 등 기타의 소송요건에 의해서도 제약을 받는다. 이행의 소에서는 재판청구권이 문제될 여지는 별로 없다. 이행청구권이 부정되는 경우 법원은 청구를 기각하면 되고 재판청구권이 없다는 이유로 소를 각하할 것은 아니다. 다만 이 경우, 원고가 주장하는 법률효과가 법제상 허용되지 않거나 실질적으로 보아 원고에게 경제적으로나 정신적으로 아무런 만족을 주지 못하여 무가치한 것인 때는 청구적격(객관적 소의 이익)이 없어 소가 부적법하다.

또한 이행청구는 원칙적으로 현재 이행기가 도래한 때만 허용되므로, 채무자가 채무의 존부와 범위 등을 다투는 등으로 장래 이행기가 도래하거나 조건이 성취되더라도 자진 이행을 거절할 것이 예상되는 등으로 장래이행의 소를 구할 정당한 이익이 없으면 이는 청구적격이 없어 부적법하다(대법원 1992. 8. 18. 선고 90다9452, 9469 판결2012. 5. 24. 선고 2012다6837 판결 등).

2) 반면에 확인의 소는 급부를 청구하는 대신 사실관계나 법률관계의 확인만으로 당사자가 분쟁의 해결이나 법적 지위의 강화 등 경제적·정신적 만족을 얻어야만 하므로, 특히 그 심판을 구할 이익이 강하게 요구된다. 그러므로 그러한 이익이 없이, 도덕이나 관습에 맡겨야 할 사항인 제사주재자 지위의 확인을 구하는 것과 같은 것은 법적 심판을 받을 이익이 없다(대법원 2012. 9. 13. 선고 2010다88699 판결 참조). 또, 보다 분명한 권리구제 수단인 이행의 소가 가능함에도 확인의 소를 제기하거나, 자신의 권리나 법적 지위에 대한 적극적 확인의 소가 가능

349) 근래 부정한 목적으로 보험금을 취득하기 위하여 이른바 의료비 실손 보험계약을 다수의 보험회사와 중복하여 체결하고, 허위 또는 과장된 질병이나 부상을 주장하여 입원일당 등의 보험금을 취득한 것이 민법 제103조에 반하는 무효의 보험계약이라며 주위적으로 그 확인을 구하면서, 당사자 간에 신뢰관계가 파탄되어 해지의 사유가 발생하였다며 예비적으로 그 해지확인을 청구하는 경우가 종종 보이는데, 이러한 해지확인청구는 청구적격이 없어 부적법하다. 또한, 근저당채무의 변제를 원인으로 한 근저당권설정등기의 말소등기를 청구하는 대신 근저당채무의 변제사실이나 근저당채무의 부존재의 확인을 청구하는 것도 동일하다.

350) 소의 형태별로 더 구체적인 청구적격의 존부에 관한 논의는 양경승, "청구적격", 인권과 정의 제471호, 대한변호사협회(2018)를 참조.

함에도 상대방의 권리나 법적 지위에 대한 소극적 확인의 소를 제기하는 것은 원칙적으로 허용되지 않는다(대법원 1995. 12. 22. 선고 95다5622 판결, 2001. 12. 24. 선고 2001다30469 판결, 2005. 7. 14. 선고 2004다36215 판결 등 참조).

사실관계 확인인 증서진부확인의 소의 대상도 분쟁 해결에 관계되는 등으로 법률관계를 직접 증명하는 서면이어야 하고, 대차대조표나 회계결산보고서와 같이 일정한 시기의 영업이나 재산상태를 밝힌 장부이거나 영업재산의 손익상태를 밝힌 보고문서에 지나지 않는 문서, 조합원일람표와 같이 일정 금액을 불입하였다는 사실을 기재한 것에 지나지 않는 문서는 그 진부확인을 구할 이익이 없어 청구적격이 없다(대법원 1967. 3. 21. 선고 66다2154 판결 참조). 다만, 화해계약서와 같이 일반적으로는 증서진부확인의 소의 대상이 되는 것이지만, 그 계약서에 기재된 실체법상의 청구권이 시효소멸한 경우와 같은 사정이 있는 때는 주관적 소의 이익(확인의 이익)이 없다고 할 것이다(대법원 1967. 10. 25. 선고 66다2489 판결 참조).

근저당권의 목적물인 토지에 추후 용익권이 설정되거나 건물 또는 공작물이 축조·설치되는 등으로 그 토지의 담보가치가 줄어드는 것을 막기 위해 담보권과 아울러 설정하는 지상권, 즉 담보지상권의 경우, 이 역시 용익물권으로 지상권의 피담보채무가 존재하지는 않으므로, 이에 관한 피담보채무의 범위 확인을 구하는 확인의 소는 원고의 권리 또는 법률상의 지위에 아무런 영향을 미칠 수 없어 확인의 이익이 없고, 따라서 그 소는 청구적격이 없어 부적법하다(대법원 2017. 10. 31. 선고 2015다65042 판결 참조).

3) 형성의 소는 그 재판의 결과 곧바로 법률관계 변동의 효력이 법률효과로서 발생하고 법원의 후견적 간여가 용인되기도 하므로, 이행의 소나 확인의 소보다 재판청구권이 더욱 제한되어 법률에 규정이 있는 때만 그러한 소의 제기가 허용된다. 따라서 종친회 회장이나 동창회 회장 등 임원 해임청구의 소와 같이 법률에 아무런 근거가 없는 형성의 소를 제기한 경우, 그 소송상의 청구는 심판대상이 될 수 없고 청구적격이 없다(대법원 1966. 12. 19.자 66마516 결정, 대법원 1997. 10. 27.자 97마2269 결정 등 참조).

그러나 법률에 정해진 형성의 소라도 구체적인 경우에 객관적인 권리보호의 이익이 없는 경우가 있을 수 있다. 예컨대, 가압류채무자가 배당을 받은 가압류채권자를 상대로 가압류채무의 전부나 일부의 부존재, 소멸을 이유로 배당이의의 소를 제기하는 것은 권리보호의 이익(청구적격)을 인정하기 어렵다. 왜냐 하면, 가압류채권자에게 배당을 하는 경우 집행법원은 그 배당금을 가압류채권자에게 지급하지 않고 이를 공탁하여야 하고(민사집행법 제160조 제1항 제2호, 제256조), 그 후 가압류채권자가 본안소송에서 승소하여 집행력 있는 종국판결을 얻거나 그에 준하는 화해조서나 조정조서 등을 얻은 때에야 비로소 공탁금의 출급을 받을 수 있으며, 가압류채권자가 본안소송에서 전부 또는 일부 패소하거나 가압류신청을 취하한 경우 등에는 공탁금에 대하여 추가배당을 실시하여야 하는바(민사집행법 제160조 제1항 제2호, 제161조 제1, 2항), 가압류채무자가 본안소송에서 이를 다투지 아니하고 배당이의의 소를 제기하여 그 승소판결을 얻더라도 그에 따라 위와 같이 가압류채권자에게 공탁금을 지급하거나 추가배당을 실시할 수 없고, 장래의 본안소송에 그 기판력이 미치지도 않으므로[351] 구태여 이러한 배당이의의 소를 허용할 필요가 없기 때문이다.[352]

라. 복수의 청구와 청구적격의 흠결

1) 위와 같이 하나의 소나 하나의 소송절차에 소송목적인 청구가 복수인 경우에는 청구의 병합, 즉 소의 객관적 병합이 발생하고, 그에 따라 법원의 심판도 개개의 청구별로 이루어져야 한다. 그러나 형식상 청구가 복수라고 하여 청구의 병합이 성립하고 심판도 반드시 복수로 이루어져야 하는 것은 아니고, 청구의 병합과 복수의 심판이 이루어지려면 실질적으로 보아 청구가 복수여야 하며, 대법원은 청구의 병합에 관하여 실질설을 채택하고 있음은 앞서 본 바와 같다.

2) 청구적격의 존부는 각개 청구별로 판단되어야 하므로 하나의 소나 하나의 소송절차에 소송목적인 청구가 복수인 경우에는 각 청구의 청구적격 존부 역시 각개 청구별로 판단되어야 한다. 그리고 이는 청구원인이 복수이든 청구취지가 복수이든 마찬가지로서, 청구원인과 청구취지 양면에서 청구적격이 있어야 한다. 이 경우 어느 청구가 청구적격이 없는 때는 그 부분 청구의 소는 부적법하여 본안에 대한 심판을 받을 수 없으므로, 실질적으로 보아 청구의 병합이 존재하지 않게 된다.

3) 위와 같이 청구가 복수라도 청구적격의 존부는 각개 청구별로 판단되어야 하나, 하나의 소나 하나의 소송절차에 청구가 복수인 경우 이들의 관계에서 어떤 청구가 독자성과 독립성이 없는 때는 그 청구는 청구적격, 즉 객관적 소의 이익이 없다. 그러한 경우는 형식상으로는 별개의 청구이지만 그 청구가 다른 청구에 포함되어 흡수되는 경우에 발생하며,[353] 이 경우 실질상 청구의 병합도 발생하지 않게 된다.

351) 양소의 소송목적이 다르고 선결관계나 모순관계에 있지도 아니하므로 기판력이 발생하지 않는다.

352) 민사집행법 제154조 제1항은 "집행력 있는 집행권원의 정본을 가지지 아니한 채권자(가압류채권자를 제외한다)에 대하여 이의한 채무자와 다른 채권자에 대하여 이의한 채권자는 배당이의의 소를 제기하여야 한다."고 규정하고, 그 제2항은 "집행력 있는 집행권원의 정본을 가진 채권자에 대하여 이의한 채무자는 청구이의의 소를 제기하여야 한다"고 규정하는바, 이러한 법규의 취지는 결국 가압류채권자에 대하여 가압류채무자가 배당에 이의가 있는 경우 배당이의의 소나 청구이의의 소가 아닌 본안소송절차에 의하여 구제를 받으라는 것으로 해석된다. 즉 이러한 법률관계는 배당이의의 소나 청구이의의 소의 소송목적으로 삼아 심리를 허용할 필요나 이익이 없어 결국 청구적격이 없다. 위 규정에 따라 배당이의 소나 청구이의 소를 제기하여야 할 경우에, 이에 의하지 아니하고 배당채권자를 상대로 채무부존재확인의 소를 제기한 경우에도 마찬가지다.

353) 이에 대한 자세한 논의는 뒤의 <복수의 청구와 청구의 독자성·독립성>을 참조.

마. 청구적격 흠결의 효과

(1) 일반원칙

1) 청구적격은 객관적 소의 이익으로서 소송목적(본안)에 대한 심리·판단을 할 필요성 내지 이익으로서의 자격(요건)이므로 이를 결여한 소는 소송요건을 결여한 부적법한 소로서 각하의 대상이다.

2) 또한 청구적격이 없는 소송목적은 청구의 변경이나 청구병합의 실효적 대상이 될 수 없다. 따라서 청구적격이 없는 소송목적으로 청구를 변경한 경우나, 그러한 소송목적을 병합청구의 대상으로 한 경우, 청구변경신청이 거부되거나 청구병합의 소송법적 효력이 발생하기 어렵다. 설사 법원이 청구의 변경을 허가하거나 병합청구로 보아 각각의 청구에 대하여 심리를 하였더라도, 하자가 치유되거나 소송법적 효력이 발생하지 않는다.

3) 청구적격이 없는 소송목적에 관하여 본안판결이 선고되어 확정된 경우, 그 판결은 당연무효는 아니라도 당사에게 유효적절한 만족을 줄 수 없어 사실상 실효적 효력이 발생하지 않는 경우가 대부분일 것이다. 따라서 대부분 확정판결에 따른 집행력이나 법률관계의 확정 또는 변동의 효력이 발생하지 않게 된다.

(2) 청구원인이 청구적격이 없는 경우의 효과

1) 원고가 청구원인이라고 주장하는 것이 청구적격이 없어 적법한 청구원인이 될 수 없는 경우 법원은 어떻게 응답하여야 하는가? 앞서 본 바와 같이 청구적격 흠결은 소송요건의 흠결로서 소를 각하하여야 함이 원칙이나, 청구원인이 청구적격이 없는 경우에는 미묘한 문제가 있다. 청구취지에서 주장하는 법률효과와 대비해보지 않고서 원고가 주장하는 청구원인만으로 그것이 청구적격이 있는지 쉽게 판별하기 어렵고, 청구원인의 하자는 청구취지에도 영향을 미치기 때문이다.

2) 우선 원고가 주장하는 청구원인이 법률효과를 발생케 하는 실체법상의 법률요건에 해당하지 않거나, 실체법상의 법률요건에 해당하더라도 직접 원고를 경제적·정신적으로 만족시키는 법률효과를 발생케 하는 것이 아닌 경우 그 청구원인은 청구적격이 없으므로 소를 각하하여야 한다.

그러나 원고가 주장하는 청구원인이 실체법상 근거가 있는 법률요건으로서 경제적·정신적 만족을 주는 법률효과가 발생하지만, 그로부터 청구취지 기재 법률효과가 발생하지는 않는 경우(예컨대, 소유권이전등기청구를 하면서 청구원인으로 임대차를 주장한 경우)에는, 청구도 특정되었고 청구원인에 청구적격도 있으므로[354] 소는 적법하고, 단지 그 주장의

354) 즉 원고가 주장하는 임대차의 존부에 대한 심판의 이익과 필요가 있다. 그러나 그 주장이 인정되더

청구원인으로부터 원고가 구하는 법률효과가 발생하지 않아 청구를 인용할 수 없는 것에 불과하므로 이때는 청구를 기각하여야 할 것이다.

3) 다음으로 원고가 주장하는 청구원인이 실체법상 아무런 근거가 없어 적법한 청구원인이 될 수 없는 경우(예컨대, 소유권이전등기청구를 하면서 아무런 실체법적 법률요건을 주장하지 않고 단지 신의칙상 피고에게 등기의무가 있다고 주장한 경우)에는 소장에 청구원인을 전혀 기재하지 않은 것은 아니지만, 그것은 공격방어방법에 불과하여 적법한 청구원인이 될 수 없는 만큼 처음부터 청구적격이 없다. 원고가 주장하는 청구원인이 실체법상 근거는 있지만 공격방어방법에 불과한 경우에도 동일하다. 다만, 당사자가 사실관계를 착각하거나 법률적 오류에 빠져 있을 가능성이 크므로, 이 경우 청구원인의 기재가 없거나 청구원인이 불분명한 것으로 보아 청구의 불특정에 준하여 원고에게 보정을 명하고, 불응 시 소장을 각하하거나 판결로써 소를 각하함이 타당하다.

4) 한편, 원고가 소장이나 청구변경서에 청구원인이라고 할 만한 법률요건사실을 아예 기재하지 않은 때는 청구적격의 존부에 앞서 청구 자체를 특정하지 않은 것이므로, 보정을 명하고 불응 시 소장을 각하하거나 판결로써 소를 각하함이 옳다.

6. 복수의 청구(청구의 병합, 소의 객관적 병합)

가. 의 의

1) 하나의 소에 그 소송목적, 즉 심판대상인 청구가 여러 개 있는 경우를 복수의 청구라 하고, 여러 개의 청구를 하나의 소에 합쳐 심리·판단의 대상으로 삼는 것을 청구의 병합(幷合), 또는 소의 객관적 병합이라 한다.[355] 이는 청구원인이 복수인 경우와 청구취지가 복수인 경우 및 양자가 모두 복수인 경우를 막론한다.

이와 달리, 여러 개의 소가 하나의 소송절차에서 함께 심리·판단되는 경우를 소의 병합이라고 하며, 이는 주로 변론의 병합에 의하여 발생한다. 소의 병합의 경우에도 하나의 소송절차에 복수의 청구가 있고 이들이 동시에 심판되나, 이는 청구병합의 결과는 아니다. 그러나 이 역시 청구병합에 준하여 처리함이 타당하다.

2) 앞서 본 바와 같이 대법원은 청구의 병합에 관하여 실질설을 채택하고 있다. 즉 당사자의 주장이나 그 청구 형태에 구애됨이 없이, 법원은 당사자가 주장한 권리·법률관계의 실질에 따라 그 병합 여부와 그 병합의 형태를 판단하여 그에 맞는 형태의 병합으로 보아 처리하여야 한다. 그러므로 청구원인이 복수이거나 청구취지가 복수이거나 양자 모

라도 그로부터 소유권이전등기청구권이 발생하지는 않으므로 원고가 청구취지를 착오로 잘못 제시한 것이 아니라면 구태여 증거조사가 필요하지는 않을 것이다.

355) 소송목적인 청구가 소의 객관적 요소이기 때문이다.

두 복수이거나 어느 경우이든 실질적인 청구의 병합은 각각의 청구가 유효하게 성립하는 것을 전제로 하므로, 원고가 외형상 청구라고 주장하여 심판을 구하였더라도 그것이 적법한 청구가 될 수 없는 것을 소송목적인 청구로 삼아 병합을 하였다면, 앞서 청구적격에서 본 바와 같이 실질적으로는 청구의 병합이 될 수 없다.[356)]

3) 청구의 병합과 공격방어방법의 병합은 차원이 다른 문제로서 소송법적 효과가 판이하게 다르므로 이를 명확히 구별하여야 한다. 예컨대, 부당이득반환청구를 하면서 부당이득의 이유로 무효나 취소를 주장하는 경우, 등기의 원인무효를 주장하면서 등기신청의 사의 결여를 주장하거나 등기원인의 부존재를 주장하는 경우, 이는 모두 공격방어방법의 병합에 불과하여 소송목적이나 소송의 주제에는 아무런 영향이 없다. 다만, 공격방어방법의 병합 형태는 청구 병합의 그것과 대체로 같다.[357)]

나. 청구 병합의 원인

1) 청구의 병합은 두 가지 기준에서 파악할 수 있다. 첫째는 원시적 병합과 후발적 병합이다. 원시적 병합은 소의 제기 당초부터 청구가 복수인 경우이고, 후발적 병합은 청구의 변경이나 당사자 변경, 반소나 중간확인의 소 제기, 변론의 병합 등을 통하여 후발적으로 하나의 소송절차상 심판대상인 청구가 복수가 되는 경우이다.[358)]

2) 둘째는 공동소송관계의 여부이다. 청구의 병합은 1인의 원고와 1인의 피고만 있는 단독소송관계에서도 성립하지만,[359)] 원고나 피고 중 일방이 복수이거나 그 양쪽이 모두 복수여서 공동소송관계가 성립할 때는 소송목적이 하나인 고유필수적 공동소송이 아닌 한 필연적으로 청구의 병합이 발생한다. 이는 공동소송인 사이에 청구원인이나 청구취지가 동일하거나 동종인 여부와 관계가 없다.[360)]

---

356) 이러한 부적법한 청구는 청구적격이나 소송요건을 갖추지 못한 것으로서 각하의 대상이 되므로, 병합된 청구가 각각 적법 유효한 것이나 다만 그 병합의 형태만을 잘못한 경우와는 그 처리가 다르다. 후자의 경우 대법원은 병합청구의 소를 각하하지 않고 진정한 병합 형태에 따른 병합심리를 할 것이라는 입장이다.

357) 그러나 공격방어방법은 청구를 이유 있게 하거나 이유 없게 하는 등으로 하나의 청구에만 관련되므로 단순병합과 선택적 병합 사이에 큰 차이가 없다. 예컨대, 피고가 소멸시효의 항변과 변제항변을 하면서 이들을 단순병합하건 선택적으로 병합하건 다 같이 원고의 청구채권을 소멸케 하여 원고의 청구를 기각시키는 하나의 소송법적 효과만이 발생한다.

358) 후발적 병합 중 선택적 병합과 주위적·예비적 병합은 오로지 당사자의 청구변경에 의해서만 발생할 수 있다.

359) 1인의 원고와 1인의 피고 사이에 복수의 청구를 단순병합하는 데에는 민사소송법 제65조와 같은 제약이 없다. 따라서 원고는 전속관할위반이 되지 않는 한 사회적 기초사실이 전혀 다른 내용의 청구도 병합하여 하나의 소로써 제기할 수 있다.

360) 甲이 연대채무자 乙, 丙을 상대로 동일한 내용의 채무의 연대이행을 구하는 경우, 甲이 주채무자 乙과 연대보증인 또는 단순보증인 丙을 상대로 동일한 내용의 채무 이행을 구하는 경우에도 甲과 乙, 甲과 丙 사이에는 각각 1개의 청구가 성립하므로 전체적으로는 하나의 소송절차에 복수의 청구가 있게 된다. 원고가 연대채권자나 불가분채권자로서 복수이고 피고가 1인인 때에도 같다.

다. 청구 병합의 형태

1) 청구의 병합에는 다음과 같이 3가지 형태가 있다. 이는 병합된 복수의 청구 상호 간의 관계를 기준으로 한 것이다. 이로부터 법원의 심판방법, 주문의 개수, 변론의 분리와 일부판결 및 추가판결의 가부 등이 달라진다.[361)]

▣ 청구 병합의 형태

구 분	요 건	예 시
단순병합	복수의 청구 상호 간에 아무런 법적 관계가 없이 독립한 경우	甲이 乙을 상대로 대여금의 반환청구와 수증재산에 대한 소유권이전등기청구를 병합한 경우[362)]
선택적 병합	양립할 수 있는 복수의 청구권 또는 형성권을 청구원인으로 내세워 어느 청구든지 인용될 것을 해제조건으로 다른 청구를 하는 경우	·불법행위나 부당이득을 이유로 동일한 채권 지급을 구하는 경우 ·민법 제840조 각호의 재판상 이혼사유 중 둘 이상을 이유로 이혼을 청구하는 경우
주위적·예비적 병합	양립할 수 없는 복수의 청구권 또는 형성권을 청구원인으로 내세워 복수의 청구를 하고, 1차적 청구(주위적 청구)가 인용될 것을 해제조건으로 2차적 청구(예비적 청구)를 하는 경우[363)]	매매계약에 기하여 소유권이전등기청구를 주위적으로 구하고, 매매계약이 무효여서 주위적 청구가 기각될 경우에 대비하여 예비적으로 부당이득에 기한 매매대금의 반환을 청구하는 경우

2) 청구는 청구원인과 청구취지를 요소로 하므로 청구의 병합에는 ① 청구원인만의 병합, ② 청구취지만의 병합, ③ 양자의 병합이 모두 가능하다. ①은 선택적 병합에서 복수의 청구원인으로부터 발생하는 법률효과가 동일하여 청구취지가 단일한 경우이고, ②는 단순병합에서 단일한 청구원인(예컨대, 매매)으로부터 발생하는 법률효과(예컨대, 소유권이전등기청구와 인도청구)가 상이하여 청구취지만이 복수인 경우이다.

3) 당사자의 의사에 의하여 청구의 병합이 발생하는 경우, 그 병합이 어떠한 형태의

361) 이는 기본적인 형태를 예시한 것인바, 이들의 복합형도 가능하다. 예컨대, 주위적·예비적 병합에서 주위적 청구나 예비적 청구에 관하여 1차 주위적 청구, 2차 주위적 청구나 1차 예비적 청구, 2차 예비적 청구 등과 같이 각각 선택적 병합을 하는 것도 가능하다(대법원 2007. 3. 29. 선고 2006다79995 판결, 2013. 1. 24. 선고 2011다99498 판결 등 참조). 또한, 여러 개의 청구를 단순병합한 경우 그 청구 중 일부 청구에 대하여만 선택적 병합을 하거나 주위적·예비적 병합을 하는 것도 가능하다.

362) 甲이 乙을 상대로 매매에 기한 소유권이전등기청구를 한 데에 대하여 乙이 반소로써 甲을 상대로 매매대금지급청구를 한 경우에도 甲과 乙 사이에 복수의 청구가 병합되는 관계가 성립하나, 그 방향성이 단순병합의 경우와 다르다. 또 반소청구는 본소청구와 견련성이 있어야 한다는 점에서도 단순병합과 다르다.

363) 1차적 청구의 인용이 2차적 청구의 해제조건이 된다는 것은, 1차적 청구가 인용되면 2차적 청구의 해제조건이 성취되어 소급하여(처음부터) 2차적 청구를 하지 않은 것과 같은 결과가 된다는 뜻이다. 따라서 이 경우 법원은 2차적 청구에 대해서는 판단할 필요가 없게 된다.

병합에 해당하는지는 당사자의 의사가 아니라 그 병합된 청구들의 실질적 관계를 기준으로 결정하여야 한다(대법원 2014. 5. 29. 선고 2013다96868 판결). 따라서 당사자가 실질적인 단순병합을 선택적 병합이나 주위적·예비적 병합으로 청구하거나 실질적인 선택적 병합을 주위적·예비적 병합으로 청구한 경우에도 법원은 그 의사에 구애되지 않고 그 실질에 따라 심판하여야 한다(대법원 1966. 7. 26. 선고 66다933 판결, 2008. 12. 11. 선고 2005다51471 판결, 2008. 12. 11. 선고 2005다51495 판결, 2008. 12. 11. 선고 2006다5550 판결, 2009. 5. 28. 선고 2007다354 판결, 2010. 5. 13. 선고 2010다8365 판결, 2011. 8. 18. 선고 2011다30666, 30673 판결 등).[364]

라. 청구 병합의 일반적 요건

복수의 청구가 하나의 소나 하나의 소송절차에 병합되어 심리·판단될 수 있으려면 그에 장애되는 사유가 없어야 한다.

(1) 동종의 소송절차에 따라 심판할 수 있을 것

1) 원칙적으로 각각의 청구가 동종의 소송절차에 의한 심판이 가능하여야 한다. 따라서 민사소송절차에 가사소송청구, 형사소송청구, 행정소송청구를 병합할 수는 없다. 그 역의 관계에서도 마찬가지다. 이런 경우 후발적 병합의 경우에는 그 부분 사건을 관할 법원에 이송하거나(단순병합의 경우) 청구의 변경을 불허한다(선택적 병합, 예비적 병합의 경우). 원시적 병합의 경우에도 이에 준하여 처리하여야 할 것이다.

2) 각각의 청구가 넓은 의미의 민사소송의 대상에 속하는 경우에도 본안사건과 비송사건(신청사건, 조정사건, 협의의 비송사건 등)을 같은 절차에 병합할 수는 없다. 양자는 그 심리방법과 재판의 형식이 다르기 때문이다. 예컨대, 대여금반환청구를 하면서 피고 재산에 대한 가압류신청을 병합하거나 증거보전신청을 병합할 수 없다.

3) 다만, 법률은 여러 경우에 다음과 같이 예외적으로 절차가 다른 청구의 병합을 허용한다. ① 가사소송사건과 가사비송사건의 청구원인이 동일한 사실관계에 기초하거나 1개의 청구의 당부가 다른 청구의 당부의 전제가 되는 경우에는 가사소송사건에 가사비송사건을 병합할 수 있고(가사소송법 제14조 제1항), ② 행정처분의 취소청구와 그 처분 등과 관련되는 손해배상·부당이득반환·원상회복청구는 행정소송절차에 병합할 수 있으며(행정소송법 제10조), ③ 형사공판절차에서 일정한 범죄에 대한 유죄판결을 선고하는 경우, 그 절차에 당해 사건의 범죄

---

364) 당사자가 실질과 다르게 청구를 병합한 경우 그 처리는 원시적 병합의 경우(소 제기 시의 병합청구)와 후발적 병합(청구변경에 의한 병합청구)의 경우가 약간 다르다. 전자의 경우, 그 병합청구의 잘못이 소의 제기 전체를 부적법하게 하지 않는 한 소가 부적법하게 되지는 않고, 법원은 보정을 요구한 후 당사자가 이에 응하지 않으면 실질에 따라 심판하면 된다. 후자의 경우, 잘못된 병합청구(청구의 변경)를 허용하지 않아야 하나, 이를 간과하고 허용한 경우에도 법원은 보정을 요구한 후 당사자가 이에 응하지 않으면 역시 그 실질에 따라 심판하여야 한다(대법원 2008. 12. 11. 선고 2005다51495 판결, 2008. 12. 11. 선고 2006다5550 판결 등 참조). 당사자가 청구변경에 의하여 실질에 반하는 병합청구를 하고 법원이 이를 허용하였더라도 실질에 반하는 병합관계가 성립하지는 않는다(대법원 2009. 5. 28. 선고 2007다354 판결).

행위로 인하여 발생한 직접적인 물적 피해, 치료비, 위자료청구를 병합할 수 있고(소송촉진 등에 관한 특례법 제25조 이하), ④ 민사소송절차인 정정보도청구에 민사집행법상의 가처분신청절차가 적용되는 반론보도청구, 추후보도청구를 병합할 수 있다(언론중재 및 피해구제 등에 관한 법률 제26조).

(2) 수소법원에 공통의 관할권이 있을 것

1) 법원은 관할권이 있는 사건에 대하여만 재판권을 행사할 수 있기 때문에 관할권이 없는 사건은 심판할 수 없다. 고로 병합할 사건에 대하여 전속관할권이 필요한 경우 수소법원에 그 관할권이 없는 때는 병합할 수 없고, 그 부분 사건은 전속관할권이 있는 법원에 이송하여야 한다.

2) 전속관할권이 문제되지 않는 때에는 하나의 청구에 관하여 민사소송법 제2조 내지 제24조의 관할권이 있는 경우 나머지 청구에 대하여 관련재판적이 발생하므로(민사소송법 제25조) 관할이 문제될 여지는 없다.

(3) 청구 상호 간에 관련성(견련성)이 있을 것

1) 1인의 원고와 1인의 피고만이 있는 경우와 달리, 공동소송관계가 성립하는 경우 공동소송인들의 청구 상호 간에 민사소송법 제65조의 관련성이 있어야 한다. 이는 공동소송인들이 원고이든 피고이든 동일하다. 민사소송법 제65조의 관련성은 민사소송법 제25조 제2항의 그것보다 범위가 약간 넓다. 즉 소송목적이 공통되거나 사실상·법률상 같은 원인으로 생긴 경우는 물론, 소송목적이 동종이고 그것이 사실상·법률상 동종의 원인으로 생긴 경우도 포함한다.

2) 통상 공동소송관계가 아닌 필수적 공동소송관계의 경우에는 그 인적 관계는 물론 청구도 공통되므로 청구의 관련성이 특별히 문제될 여지는 없다.

3) 1인의 원고와 1인의 피고 사이에서는 ① 청구의 단순병합의 경우 각각의 청구는 독립 별개의 것이어도 무방하고 그 청구 상호 간에 어떤 관련성도 필요 없으나, ② 선택적 병합이나 주위적·예비적 병합의 경우에는 각각의 청구 상호 간에 관련성이 필요하다. 그 관련성의 정도에 관하여는 정설이 없으나, 청구의 변경에서 요구되는 바와 같은 청구의 기초의 동일성, 즉 청구의 기초가 되는 사회적 사실관계가 동일하면 충분하다.

(4) 처분권주의에 반하지 않을 것

1) 주지하는 바와 같이 소송목적이 복수인 병합청구의 형태에는 ① 단순병합, ② 선택적 병합, ③ 주위적·예비적 병합이 있는데, ①의 경우는 청구원인이 복수인 경우도 있지만, 단수인 때도 청구취지의 단순병합이 가능하므로 문제가 없다. 반면에 ②, ③의 경우에는 청구원인이 복수여야 한다. 청구취지만을 선택적으로 하거나, 하나의 청구원인에

서 서로 모순되고 양립할 수 없는 법률효과(청구취지)가 발생할 수는 없기 때문이다.

2) 또한, 법이 하나의 법률요건(청구원인)에 복수의 법률효과를 부여한 경우, 이는 그들 법률효과가 각각 독립하여 존재가치가 있기 때문인데, 부동산의 매매에 기하여 소유권이전등기청구와 매매 목적물의 인도청구 중 어느 하나 또는 그 전부를 청구하지 않고 심판자인 법원에게 선택적으로 아무 것이나 인용하여 달라고 청구하는 것은, 양자의 경제적 만족이 다르고 당사자처분권주의에 반하므로 허용될 수 없다(대법원 2009. 5. 28. 선고 2007다354 판결 등 참조).

(5) 복수의 청구가 청구의 독자성과 독립성을 가질 것

1) 복수의 청구가 하나의 소나 하나의 소송절차에서 병합의 대상이 되어 그 각각에 대하여 법원의 심리·판단을 받기 위해서는 그들 상호 간에 독자성과 독립성이 인정되어야 한다. 그렇지 않으면 굳이 동일한 청구에 대하여 법원이 따로따로 판단할 필요나 이유가 없기 때문이다.

2) 그런데 하나의 법률요건(청구원인)에서 복수의 법률효과가 발생하는 경우, 그 복수의 법률효과는 외형상으로만 다를 뿐 본질상 동일하여 독자성과 독립성을 인정하기 어려운 경우가 있고, 또 그 복수의 법률효과가 본질상 동일하지는 않지만 동시에 발생하여 병존할 수 없고 조건에 따라 어느 하나만이 배타적 또는 택일적으로 발생하는 경우가 있다.

복수의 법률효과가 외형상으로만 다를 뿐 본질상 동일한 경우, 복수의 법률효과를 각각 청구취지로 삼아 심판을 청구하더라도 각 청구 사이에 독자성과 독립성을 인정할 수 없어 청구의 병합을 인정하기 어려운바, 이에 대해서는 이견이 있을 수 없다. 예컨대, 물권적 방해배제청구권에 기하여 선택적으로 또는 주위적·예비적으로 원인무효인 소유권이전등기말소와 진정명의 회복을 원인으로 한 소유권이전등기를 청구한 경우이다.

3) 반면에 부당이득이나 사해행위에 따른 원상회복을 청구하면서 선택적으로 또는 주위적·예비적으로 원물반환과 가액반환을 청구한 경우와 같이, 복수의 법률효과가 하나의 청구원인인 법률요건에서 발생하면서도 상호 배타적 또는 택일적 관계에 있는 경우, 이들 법률효과를 각각의 청구취지로 삼아 심판을 청구하였을 때 이들 사이에 청구의 독자성과 독립성을 인정하고 적법한 병합청구로 보아 각각 심판하여야 하는지 여부는 쉽게 판단 내리기 어렵다. 실무상으로도 이들을 복수의 청구로 보아 청구하거나 각각 별개로 심판하는 경우가 많다.[365)]

여기서 원물반환청구권과 가액반환청구권이라는 서로 다른 복수의 법률효과가 발생하는 이유는 본래의 청구원인인 법률요건(부당이득 또는 사해행위)과는 구별되는 별개의 법률요건 또는 법률사실인 원물반환의 가부 때문인데, 이 별개의 법률요건 또는 법률사실

---

365) 실무상 주위적·예비적 병합의 형태로 청구하는 것이 보통이다.

이 실체법상으로나 소송법상 어떠한 지위를 갖는지가 문제이다. 만약 이를 소송법상 별개의 청구원인으로 본다면 병합청구를 인정하여야 하고, 법원은 당사자의 청구에 구속되어 그 청구가 없으면 임의로 판단할 수 없게 된다. 이와 달리 이를 별개의 청구원인이 아닌 그 하위 개념인 단순한 공격방어방법으로 본다면 이는 청구원인(부당이득 또는 사해행위)에 부수되어 당연히 그 청구원인과 함께 판단되어야 하므로 별개 독립한 청구로서의 독자성과 독립성을 가질 수 없어 병합청구를 인정할 수 없고, 법원은 당사자의 청구에 구속됨이 없이 자유롭게 판단할 수 있으며, 그 청구적격이 없는 부분의 청구에 대해서는 별도로 응답할 필요가 없다.

4) 이 문제는 기본적으로 병합청구에 있어 청구의 독자성과 독립성의 문제라고 할 수 있는데, 종래 원물반환청구와 가액반환청구, 그 중에서도 사해해위 취소에 따른 원상회복청구권을 둘러싸고 전개된 이론에는 소송법적 사고와 추리가 제대로 이루어지지 못한 면이 많다. 이에 대한 자세한 논의는 뒤이어 <복수의 청구와 청구의 독자성·독립성>에서 다루기로 한다.

마. 청구의 단순병합

(1) 의 의

1) 하나의 소송절차에서 1인의 원고가 1인의 피고에 대하여 독립한 여러 개의 청구를 하거나, 수인의 원고가 또는 수인의 피고에 대하여 독립적인 여러 개의 청구를 하는 경우이다. 이 경우 복수의 청구는 각각 독립한 관계로서 양립·병존할 수 있으므로, 어느 한 청구가 다른 청구의 심판에 전혀 영향을 미치지 않는다.

2) 이는 청구원인과 청구취지가 모두 복수인 경우가 많으나 어느 한쪽만이 복수인 경우에도 가능하다. 예컨대, 매매에 기해 소유권이전등기청구와 인도청구를 병합한 경우는 청구원인은 동일하고 청구취지만이 복수인 경우이고, 매매에 기한 소유권이전등기청구와 취득시효완성에 기한 소유권이전등기청구를 병합한 경우는 청구원인은 상이하고 청구취지만이 동일한 경우이다.[366)]

(2) 강제집행이 불능할 경우에 대비한 대상청구(代償請求)

1) 단순병합인지 여부의 판단이 어려운 경우가 있다. 목적물의 인도청구를 하면서 장래 그에 대한 강제집행이 불능할 경우에 대비하여 대상(代償)청구를 하는 경우이다.[367)]

366) 매매에 기한 소유권이전등기청구와 취득시효완성에 기한 소유권이전등기청구의 경우 이를 인용하는 판결서 주문에 그 등기의 원인을 기재하므로 외형상 그 청구취지가 상이하게 보이나, 이는 등기의 편의상 그런 것이고 그 실질은 동일하다. 이에 대해서는 <청구권경합과 법조경합> 및 아래의 <선택적 병합>을 참조.

367) 대상청구권은 채무의 후발적 이행불능으로 인해 채무자가 그 대가(대상)로 얻은 것을 채권자가 본래

이때 대상청구가 인도청구와 단순병합관계인지 아니면 예비적 병합관계인지가 문제된다. 대법원은, 채권자가 본래적 급부청구에다가 이에 대신할 전보배상을 부가하여 대상청구를 병합하여 소구하는 대상청구는, 본래적 급부청구권이 현존함을 전제로 이것이 판결확정 전에 이행불능되거나 판결확정 후에 집행불능이 되는 경우에 대비하여 전보배상을 미리 청구하는 것으로서, 양자의 병합은 현재의 급부청구와 장래의 급부청구의 단순병합에 속하며, 이러한 대상청구를 본래의 급부청구에 예비적으로 병합한 경우에도 본래의 급부청구가 인용된다는 이유만으로 예비적 청구에 대한 판단을 생략할 수는 없다고 본다(1975. 7. 22. 선고 75다450 판결, 2006. 1. 27. 선고 2005다39013 판결, 2011. 8. 18. 선고 2011다30666, 30673 판결).

2) 예비적 병합이 성립하려면, 그 예비적 청구원인이 되는 법률요건이 당해 사건의 사실심 변론종결일 당시까지 존재하여 그것이 심리·판단의 대상이 되어야 한다. 그런데 판결 확정 후의 사유인 장래의 강제집행 불능이나 사실심 변론종결일 이후 판결 확정일 이전의 이행불능은 모두 사실심 변론종결일 이후 그 발생 여부가 불투명한 사유로서, 사실심 변론종결일 이전의 이행불능과 성질이 다르다.

이행불능이 예비적 청구(손해배상청구)의 청구원인(채무불이행)이 되거나 소송상 항변으로 제출되려면 변론종결 당시 그 사유(법률사실)가 존재하여야만 한다. 따라서 인도청구의 대상이 특정물이거나 부대체물인 경우, 피고가 이행불능의 항변을 하였다면 그 이행불능 사유가 변론종결 당시에 이미 존재하여야 하고, 변론종결일 이후 장래에 존재할 것인 경우에는 그것은 적법한 이행불능의 항변 사유가 될 수 없어 그 항변은 인용될 수 없다.[368] 반대로 이행불능 사유가 변론종결일 당시에 존재하였으면 그 항변은 이유 있고 인도청구는 기각될 수밖에 없다. 즉, 법원은 이 경우 인도청구와 그 이행불능에 따른 손해배상청구(대상청구) 둘 모두를 인용할 수는 없다. 그러므로 원고는 인도청구를 주위적으로 구하면서 그것이 현재 이행불능이어서 인도청구가 기각될 것에 대비하여 예비적으로 그에 따른 전보배상청구를 할 수 있다. 이때는 인도청구와 손해배상청구 사이에 주위적·예비적 병합관계가 성립한다.

3) 반면에 사실심 변론종결일 이후에 위 물건의 인도가 이행불능 또는 강제집행 불능이 되는 때에는 원고는 승소판결을 가지고 있더라도 인도집행을 할 수 없게 되어 강제집행 불능이 되나,[369] 그 판결만으로는 손해배상청구권을 실현할 수 없다. 이에 대비하여

의 채무 이행 대신에 자신에게 급부할 것을 청구할 수 있는 권리이다(대법원 2003. 11. 14. 선고 2003다35482 판결). 민법은 이행불능의 효과로 전보배상청구권과 계약해제권만 규정하고 있으나, 해석상 대상청구권도 인정된다(대법원 1992. 5. 12. 선고 92다4581, 4598 판결, 1995. 12. 22. 선고 95다38080 판결 등). 대상청구는 목적물의 인도청구에 한하지 않고, 본래의 채무에 대한 집행불능과 그에 따른 전보배상이 성립하는 경우이면 모두 허용되므로, 부동산 소유권 이전등기청구권이나 소유권이전등기 말소청구권의 이행불능에 대하여도 허용된다(대법원 2006. 3. 10. 선고 2005다55411 판결 참조).

368) 재판은 사실심 변론종결시를 기준으로 하여야 하기 때문이다.

원고는 인도청구와 함께 손해배상청구(대상청구)를 할 필요가 있는바, 이때의 대상청구는 그 사유가 변론종결일 당시에 존재하는 것이 아니어서 인도청구와 양립 불가능의 모순관계가 성립하지 않아 인도청구와 예비적 병합관계가 성립하지 아니하고 단순병합관계가 성립한다.[370)]

그러나 원고가 이를 통해 이중의 이익을 보는 것은 아니다. 대상청구는 인도청구가 장차 집행불능일 때만 허용되는 조건부이기 때문이다. 즉 이때의 대상청구권은 조건부 채권인 것이다. 원래 조건부 채권에 대해서는 그 조건이 변론종결일 전에 이미 성취되어야만 현재의 청구로서 허용이 되고, 반대로 그 조건이 변론종결일 이후에 성취될지 여부가 결정되는 것인 때는 장래의 청구로서 특별히 이를 허용해야 할 필요가 있는 때에만 허용된다(민사소송법 제251조). 장래의 강제집행 불능의 조건은 아직 그 조건의 성취 여부가 결정되지 않은 것으로서 이에 따른 대상청구는 장래의 청구이지만 이를 허용할 필요가 있으므로 용인된다.[371)]

원고가 본래의 채무에 대한 이행청구와 대상청구를 단순병합으로 청구하지 않고 전자에 대하여만 청구하여 그 판결이 확정된 후 그 본래의 채무가 집행불능이 된 뒤에 별소로 그 전보배상을 구하는 것도 기판력이 미치지 않아 당연히 허용된다(대법원 2006. 3. 10. 선고 2005다55411 판결).

4) 이상의 논의를 종합하면, 장래의 강제집행 불능을 조건으로 한 대상청구는 장래의 소(조건부 청구의 소)로서 허용되고, 이는 그와 논리적 관련성이 있는 인도청구 자체에 당장 영향을 미쳐 이를 기각되게 하는 것이 아니므로 예비적 병합이 아니며, 따라서 법원은 인도청구와 대상청구 모두를 심리하여 이유가 있을 때는 그것을 둘 다 인용하여야 하고,[372)] 단순병합으로서 인도청구와 대상청구가 모두 인용되더라도 대상청구가 인도청구에 대하여 조건적 관계에 있어 원고가 이중의 이익을 얻는 것은 아니라는 것이다.[373)]

---

369) 이행불능과 강제집행 불능은 그 개념이 다르다. 전자는 채무자의 입장에서 파악한 것이고 후자는 채권자의 입장에서 파악한 것이다. 또 이행불능은 확정판결 등 집행권원의 존부와 관계가 없는 반면 집행불능은 집행권원에 기한 것을 전제로 한다. 이행불능은 동시에 집행불능이 되나 집행불능이 항상 이행불능이 되는 것은 아니다.

370) 대법원도, 원고가 피고에게 비료의 인도를 청구하고 만일 그 인도를 할 수 없을 때에는 현시가 환산금의 지급을 구하고 있어 비료 인도 집행불능 시의 대상청구를 병합청구하였음에도, 원심이 원고의 대상청구에 대하여 이는 비료 인도가 이행불능이 아님을 전제로 한 것이니 부당하나, 한편 원고의 이 주장 속에는 예비적으로 하는 이행불능 시의 전보배상청구도 포함된 것으로 보고 피고는 비료 인도의 이행불능 시의 시가 상당액을 원고에게 배상하여야 할 의무가 있다는 이유로 전보배상을 인정한 것은 원고의 청구내용을 오해하여 청구하지도 않은 것을 심리·판단한 잘못이 있다고 판시하였다(1962. 12. 16. 선고 67다1525 판결).

371) 장래 집행불능을 기다려 그때야 대상청구를 하라고 하면 소송경제에 반한다.

372) 이 경우 원고의 진정한 의사는 인도청구가 인용되면 대상청구는 판단하지 않아도 좋다는 것이 아니고 둘 다의 심판을 구하는 것이다(대법원은 원고가 대상청구를 예비적으로 병합한 경우에도 본래의 급부청구가 인용된다는 이유만으로 예비적 청구에 대한 판단을 생략할 수는 없다고 한다. 2011. 8. 18. 선고 2011다30666, 30673 판결. 병합청구에 관하여 실질설에 따른 것이다).

373) 이행불능이나 집행불능에 따른 전보배상의 경우 그 손해액은 그 사유 발생 시를 기준으로 하나, 장

(3) 법원의 심리

1) 단순병합의 경우 각각의 청구는 양립 가능하여 독립 별개의 관계에 있으므로 서로 영향을 미치지 아니하고, 법원은 따로따로 그 모두에 대하여 심리·판단하여야 한다. 따라서 하나의 청구라도 심리·판단이 누락된 경우 이는 재판의 탈루에 해당하고(민사소송법 제212조 제1항), 그 부분 사건은 여전히 당해 심급에 계속 중이므로 수소법원은 그 부분에 대하여 추가판결을 하여야 한다.

2) 법원은 각 청구별로 변론을 분리하여도 무방하고, 그 중 일부의 청구만에 대하여 일부판결을 하는 것도 허용된다.

3) 이와 같이 단순병합의 경우 청구 상호 간에 독립의 원칙이 적용되지만, 상소불가분의 원칙에 따라 동일 당사자 사이의 어느 청구에 대하여 상소제기가 있는 경우 다른 청구 부분도 상소심에 이심된다.[374] 예컨대, 원고가 피고 갑에 대하여 금전지급청구와 물건인도청구를, 피고 을에 대하여 소유권이전등기청구를 한 경우, 원고가 피고 갑에 대한 금전지급청구에 대하여 항소를 제기한 때에는 물건인도청구도 항소심에 이심된다.

바. 청구의 선택적 병합

(1) 의 의

1) 청구의 선택적 병합이란 양립할 수 있는 수개의 경합적 청구원인에 기하여 동일 취지의 급부를 구하거나 양립할 수 있는 수개의 형성권에 기하여 동일한 형성적 효과를 구하는 경우에 어느 한 청구가 인용될 것을 해제조건으로 하여 그 수개의 청구에 관한 심판을 구하는 병합 형태이다(대법원 1982. 7. 13. 선고 81다카1120 판결, 1998. 7. 24. 선고 96다99 판결 참조).

이는 원고가 양립 가능한 복수의 청구원인을 주장하면서 이들 모두에 대한 심판 대신 그 중 어느 것이든지 법원이 선택하여 인용해 줄 것을 구하는 것이다. 즉 복수의 청구원인을 각각 다른 청구원인이 인용될 것을 해제조건으로 주장하는 것이다(대법원 1982. 7. 13. 선고 81다카1120 판결). 원고의 입장에서는 어느 청구원인이 인용되든 궁극적으로 그 법률효과 또는 경제적·정신적 만족이 동일하므로 법원에게 그 심리·판단의 선택권을 주는 것이다.

2) 이는 전형적으로 손해배상을 구하면서 청구원인으로 채무불이행과 불법행위를 선택적으로 청구하는 경우를 들 수 있다. 또한 매매에 기해 매수인 앞으로 소유권이전등기

래이행청구의 경우 그 손해액은 사실심 변론종결일을 기준으로 정한다(대법원 1975. 7. 22. 선고 75다450 판결 등).

374) 그러나 상소의 대상인 청구가 특정한 당사자에게만 관련된 경우(통상공동소송의 경우)에는 공동소송인 독립의 원칙에 따라 상소의 대상인 청구와 관련 없는 당사자에 대한 청구 부분은 이심되지 않고 따로 확정된다. 또, 상소심에 이심된다고 하여 이심된 청구 모두가 상소심의 심판대상이 되는 것도 아니다.

를 이전해 주었으나 매매가 무효인 경우, 매도인이 매수인에게 부당이득반환청구권 또는 소유권에 기한 방해배제청구권(물권적 청구권)을 경합적으로 주장하여 매수인 명의의 등기 말소를 구하는 것과 같이,[375] 동일·유사한 목적 달성을 위해 원고가 여러 개의 청구원인(법률요건)을 갖고 있고,[376] 그 청구원인으로부터 발생하는 법률효과(청구권 등) 사이에 어느 하나가 인용되면 다른 하나는 목적을 달성하여 사실상 소멸하는 청구권경합관계[377]가 있을 때 주로 성립한다. 이는 하나의 사회생활관계로부터 발생하는 복수의 법률사실이 복수의 법률요건을 동시에 충족하고 각 그 법률요건으로부터 복수의 법률효과가 발생할 때에 성립한다. 이때 그 법률효과가 급부의 이행청구권으로서 이행의 소나 확인의 소의 대상이건 형성권으로서 형성의 소의 대상[378]이건 불문한다.

3) 청구의 선택적 병합이 허용되기 위해서는, ① 각각의 청구원인은 양립 가능하나(즉 동시에 병존할 수 있다.), ② 그 각 법률효과가 같거나 유사하여 권리자에게 동일·유사한 만족을 주는 것으로서 원칙적으로 청구권경합관계가 성립하여야 하고, ③ 청구의 기초인 사회적 사실관계가 동일하고 논리적 관련성도 있어야 한다.[379]

그러므로 법조경합관계에 있는 사유를 내세우는 것은 선택적 병합 사유에 해당하지

---

375) 무효인 매매에 기하여 소유권이전등기를 보유하고 있는 경우, 그 등기는 무효이지만 그 등기의 보유 자체를 이득으로 볼 수도 있다는 전제에 선 것이다. 그러나 대법원은 이를 부정한다.

376) 여기서 청구원인(법률요건)은 동종의 것이라도 상관없다.

377) 청구권경합의 의미, 그것과 청구의 선택적 병합의 관계에 대해서는 제1장 제2절 VI. <청구권경합과 법조경합>을 참조.

378) 재판상 이혼을 청구하면서 민법 제840조 각호의 사유를 선택적으로 주장하는 경우 등이다.

379) 논리적 관련성을 일률적으로 정할 수는 없다. 재판상 이혼청구의 경우 민법 제840조 각호의 사유는 그 발생시기가 다르더라도 이들 사이에는 논리적 연관성이 인정된다. 그 법률효과가 어느 것이나 이혼이라는 것으로 동일하기 때문이다. 그러나 저작재산권의 침해를 원인으로 한 전재료(轉載料) 상당의 손해배상청구와 성명표시권 또는 동일성유지권 등 저작인격권의 침해를 원인으로 한 손해배상청구 사이에는 논리적 연관성이 인정되지 않는다(대법원 2009. 5. 28. 선고 2007다354 판결). 또, 회사 상임감사의 부실감사를 원인으로 한 손해배상청구를 하면서 그 손해배상의 원인으로 ① 본사 사옥 취득업무와 관련된 손해배상청구, ② 소외 회사에 대한 신용대출과 관련된 손해배상청구, ③ 개발신탁 등 매매와 관련된 손해배상청구, ④ 부동산 임차업무와 관련된 손해배상청구를 선택적 청구로 병합한 경우 이들 청구 사이에는 감사의 성실의무위반의 내용이 다르므로 논리적 관련성이 없어 선택적으로 병합할 수 없다(대법원 2008. 12. 11. 선고 2005다51495 판결).

결국 대법원 판례에 의하면, 선택적 병합이나 예비적 병합에서 요구되는 논리적 관련성은 사회적 기초사실의 동일성과는 차원이 다르다. 이는 당사자처분권주의의 원리상, 병합청구된 복수의 청구원인이 원고에게 동일한 만족을 주는 것이 아니라 서로 다른 만족을 주는 경우에는 당사자처분권주의의 한계를 벗어나 소송 대상의 설정, 즉 소송물의 특정을 법원에 맡겨버리게 되므로(위 2007다354 판결이나 2005다51495 판결의 사안에서 각 청구에 따른 손해배상금액이 현저히 다르고, 각 청구는 모두 다 인용될 수 있어 어느 것이 인용되든 원고에게 동일·유사한 만족을 주는 것이 아닌 점에 주의하여야 한다.), 그 청구 사이에 사회적 기초사실의 동일성이 인정되더라도 논리적 관련성은 인정하지 않는 것으로 이해된다. 즉, 논리적 관련성은 복수의 청구가 법률상으로 또는 경제적·정신적으로 동일·유사한 목적을 지향하는 것이라고 이해할 수 있다.

그러고 보면 선택적 병합청구에서는, 복수의 청구원인의 상호관계, 그 각 법률효과의 관계, 그것이 원고에게 어떠한 만족을 주는지 등을 고려할 때 궁극적으로 원고가 각 청구원인에 따른 법률효과 전부를 취득·보유할 수 없는 사정이 있어 단순병합청구 대신 선택적 병합청구를 할 이유가 있어야 한다.

않는다. 또, 선택채권(민법 제380조 이하)에 기해 채권자가 채무자에게 a 또는 b 두 채무(급부) 중 하나를 선택하여 채권자에게 급부할 것을 청구하는 경우에도 청구원인이 동일하여 실체법상 하나의 채권만 발생하고 청구권경합이 성립하지 않으며 법원이 선택을 하는 것이 아니므로 선택적 병합이 될 수 없다.

4) 앞서 <청구권경합과 법조경합>에서 본 바와 같이 청구권경합이 성립하지 않는 경우라도 일정한 경우 청구의 선택적 병합을 허용하여야 한다. 청구권경합이 성립하지 않는 경우라도 원고의 입장에서 볼 때 그 어느 것을 행사하든 원고에게 동일한 만족을 주는 경우가 많이 있다. 따라서 각각의 법률요건이 권리자에게 동일·유사한 만족을 주고 법률요건이나 그 사회적 원인행위 상호 간에 시간적·동기적·목적적 밀접성과 견련성이 있으며, 선택적 병합의 허용이 법규나 법률요건의 근본적 목표나 입법취지에 반하지 않는 경우라면, 이러한 경우에도 당사자처분권주의에 반하지 않고 피고의 방어를 불가능케 하거나 현저히 곤란하게 하지 않으며 법원의 심리에 지나친 부담을 주지 않는 등으로 소송경제를 해치지 않는 범위에서 원고의 의사에 따라 선택적 병합의 소송 형태로써 해결하도록 허용할 필요가 있다.

대법원도 청구권경합이 성립하지 않는 경우인, ① 매매와 취득시효완성을 원인으로 한 소유권이전등기청구(1992. 9. 14. 선고 92다7023 판결 등), ② 날짜를 달리한 명예훼손에 기한 손해배상청구(2010. 5. 13. 선고 2010다8365 판결),380) ③ 날짜를 달리한 증여에 기한 소유권이전등기청구(1989. 5. 9. 선고 88다카2271 판결), ④ 등기부취득시효와 점유취득시효를 원인으로 한 소유권이전등기청구(2007. 3. 29. 선고 2006다79995 판결), ⑤ 타인이 부동산을 피고에게 증여하여 소유권이전등기를 마쳐 주었다가 이를 해제하고 원고에게 다시 증여하였다며 피고에게 원고 앞으로의 소유권이전등기청구권을 주장하고, 이와 선택적으로 피고는 원고에게 직접 위 부동산을 양도하기로 약정하였다며 원고 앞으로의 소유권이전등기청구권을 주장한 경우(1998. 7. 24. 선고 96다99 판결)381)에 청구의 선택적 병합을 허용하고 있음은 앞서 <청구권경합과 법조경합>에서 본 바와 같다.

그러나 대법원이 청구의 선택적 병합을 허용한 다른 사안들, 예컨대 ① 피고가 부동산을 시가보다 비싸게 속여 팔았다는 이유로 차액 상당의 손해배상청구권을 행사하고,

---

380) 이 사안의 경우 명예훼손에 따른 위자료 손해배상청구인바, 불법행위가 재산상 손해를 야기하는 것이고 그 손해배상청구도 재산상 손해배상청구라면 날짜를 달리 한 불법행위가 비록 동종이라도 각각의 행위가 독립적이고 그 청구권의 만족도 다르므로 선택적 병합이 아닌 단순병합에 의하여야 할 것이다.

381) 타인이 부동산을 피고에게 증여하여 소유권이전등기를 마쳐 주었다가 이를 해제하고 원고에게 다시 증여하였다고 하더라도, 원고가 피고에게 원고 앞으로의 소유권이전등기청구권을 취득할 수는 없어 법리상 원고 주장 자체로서 청구권이 발생하지 않으므로 엄격히 본다면 청구권이 경합한다고 볼 수 없으나, 이러한 경우에도 원고가 청구권이 있다고 주장하며 심판을 구하는 이상 법원은 이에 대해서도 판단을 하여야 하므로, 병합청구에 있어 실제로 원고에게 그 주장과 같은 청구권이 있는지 여부는 문제 삼을 필요가 없다고 하겠다.

동시에 피고가 그 부동산상의 근저당채무를 변제하지 아니하여 원고가 이를 대위변제하였다며 구상금청구권을 행사한 경우(1989. 9. 12. 선고 88다카16270 판결), ② 주주총회결의 부존재확인과 주주권 확인을 주위적·예비적으로 병합청구한 경우(1966. 7. 26. 선고 66다933 판결), ③ 원고가 피고에게서 부동산을 직접 매수하였다며 소유권이전등기를 구함과 동시에, 피고를 거쳐 타인에게서 동일한 부동산을 전전매수하고 중간생략등기의 합의가 있다며 선택적으로 소유권이전등기청구를 한 경우(1993. 10. 26. 선고 93다6669 판결),[382] ④ 원고가 피고에게 금전을 대여하였다며 그 반환을 주위적으로 구하고, 예비적으로는, 피고 자신이 금전을 사용할 것이면서도 마치 이를 타인이 사용한 후 반환할 것처럼 기망하여 돈을 받아갔다며 불법행위(사기)를 원인으로 한 손해배상 청구를 한 경우(2014. 5. 29. 선고 213다96868 판결)[383]는 원고에게 동일한 만족을 주는 경우가 아니거나 청구원인이 양립하는 관계가 아니어서 청구의 선택적 병합을 허용하지 않는 것이 옳다고 생각된다.

5) 청구원인 상호 간에 논리적으로 전혀 관계가 없어, 즉 양립할 수 있으나 청구권경합관계가 성립하지 아니하여 순수하게 단순병합으로 구하여야 할 수개의 청구를 선택적 또는 예비적 청구로 병합하여 청구하는 것은 부적법하여 허용되지 않으며, 법원이 소송지휘권을 적절히 행사하여 이를 단순병합청구로 보정하게 하는 등의 조치를 취함이 없이 이와 같은 청구원인변경신청을 받아들였다 하더라도 그로 인하여 청구의 병합 형태가 적법한 선택적 또는 예비적 병합 관계로 바뀔 수도 없다. 각각의 청구가 원고에게 경제적·정신적으로 동일한 만족을 주는 관계에 있지 않기 때문이다(대법원 2008. 12. 11. 선고 2005다51495 판결, 2009. 5. 28. 선고 2007다354 판결).[384]

그러므로 여행사와 여행계약을 맺고 여행도중 여행사의 주의의무위반으로 손해를 입은 경우 그 손해배상청구를 하면서 불법행위와 채무불이행을 청구원인으로 내세우는 것은 선택적 병합으로서 허용되나, 매매를 원인으로 한 소유권이전등기청구를 하면서 그와 전혀 관련성이 없고 청구취지도 상이한 폭행에 따른 손해배상청구를 선택적으로 청구한다든지, 매매를 청구원인으로 하여 소유권이전등기청구 또는 인도청구를 선택적으로 청구하는 것은 허용될 수 없다(이때는 단순병합청구를 해야 한다.)

6) 논리적으로 양립할 수 없는 복수의 청구원인을 내세우는 경우에도 선택적 병합이

---

382) 관계자 전원의 동의가 있는 경우 최후의 양수인은 최초의 양도인을 상대로 중간생략등기에 의한 부동산 소유권이전등기청구권을 취득, 행사할 수 있다(대법원 1995. 8. 22. 선고 95다15575 판결, 1997. 5. 16. 선고 97다485 판결 등). 그러나 원고가 피고에게서 부동산을 직접 매수하였다는 주장과 피고를 거쳐 타인에게서 동일한 부동산을 전전매수하고 그들 사이에 중간생략등기의 합의가 있다고 주장한 경우, 직접 매수 또는 전전매수 하나밖에 존재할 수 없어 양자는 논리적으로 양립·병존이 불가능하므로(물론 절대적으로 불가능한 것은 아니지만) 청구권경합이나 선택적 병합이 주위적·예비적 병합만이 성립한다고 하겠다.

383) 금전 대여과정에서 차용자의 기망이나 강박행위 등 위법행위가 있는 경우 소비대차와 불법행위가 동시에 성립하여 양립할 수 있으나, 금전의 교부 원인이 대여인지 아니면 다른 원인인지 여부는 동시에 양립·병존할 수 없는바, 사안은 후자에 속한다고 판단된다.

384) 따라서 이러한 경우 법원은 당사자가 단순병합으로 청구를 변경하면 이에 따라 단순병합으로 처리하되, 당사자가 청구를 변경하지 않을 경우라도 그 실질에 따라 단순병합으로 처리하여야 한다.

허용되지 않는다고 보는 것이 통설과 판례이다(대법원 1982. 7. 13. 선고 81다카1120 판결 등).[385] 이런 경우 병합청구는 부적법하므로 원고는 이를 보정하여야 하고, 그 보정을 하지 않은 때는 법원은 그 실질에 따라 주위적·예비적 병합청구로 보고 심판해야 한다(대법원 1982. 7. 13. 선고 81다카1120 판결 참조).[386] 실질이 단순병합 관계임에도 당사자가 선택적 병합이나 주위적·예비적 병합으로 잘못 청구한 경우에도 법원은 그 실질에 따라 판단해야 한다(대법원 2008. 12. 11. 선고 2005다51471 판결).

7) 위와 같이 선택적 병합은 청구원인으로부터 발생하는 법률효과가 양립하면서도 원고에게 동일한 만족을 주는 때에 성립하므로 대부분의 경우 청구원인이 복수인 때에 성립한다. 하나의 청구원인에서 복수의 법률효과가 발생하는 경우 그 복수의 법률효과는 ① 독립하여 양립 불가능하거나, ② 실질상 동일하면서 외형만 다르거나(이 경우 청구의 독자성과 독립성이 없다), ② 배타적·택일적 관계에 있어 동시에 양립할 수 없으면서 동일한 만족 또는 약간 상이한 만족을 주는 경우가 대부분이고, 실질상 별개 독립하여 복수의 법률효과가 양립하면서 권리자에게 동일한 만족을 주는 경우는 거의 없다.

이와 관련하여, 청구원인을 단일하게 하면서 이러한 복수의 법률효과에 따라 청구취지를 다르게 구성한 경우에 청구의 선택적 병합을 허용할 수 있는가? 예컨대, ① 청구원인으로서 부당이득 또는 물권적 방해를 주장하면서 원고 앞으로의 소유권이전등기 또는 피고 명의의 소유권이전등기 말소를 선택적으로 구하는 경우, ② 유류분침해를 원인으로 하여 소유권이전등기말소청구 또는 소유권이전등기청구를 선택적으로 구하거나, 사해행위를 청구원인으로 하고 그 원물반환청구로서 수익자 명의의 소유권이전등기말소청구 또는 채무자 앞으로의 소유권이전등기청구를 선택적으로 구하는 경우, ③ 물권의 방해(등기의 원인무효)를 청구원인으로 하여 소유권이전등기말소청구 또는 진정명의회복을 원인으로 한 소유권이전등기청구를 선택적으로 구하는 경우, ④ 부당이득이나 사해행위를 청구원인으로 내세우면서 원물반환 또는 가액반환을 선택적으로 구하거나, 부당이득에 기하여 받은 이익 전부 또는 현존이익의 반환을 선택적으로 구하는 경우, ⑤ 동일한 매매에

---

385) 대법원은, 피고 명의의 소유권이전등기가 원인무효임을 이유로 그 말소를 구하는 청구와 그 등기가 유효한 명의신탁등기이지만 신탁이 해지되었음을 이유로 소유권이전등기를 구하는 청구는 서로 양립할 수 없는 관계에 있으므로 이들 청구에 대하여는 선택적 병합에 의한 병합심리를 할 수 없다고 할 것이고, 따라서 이와 같은 선택적 병합으로 하는 청구의 변경은 직권으로 불허하여야 할 것임에도 불구하고 이를 그대로 받아들여 등기말소청구를 인용한 원심의 조처는 청구의 병합과 청구의 변경에 관한 법리를 오해한 것이어서 위법하다고 판시하였다. 이 사안에서 원고는 항소심인 원심에서 명의신탁 해지에 기한 소유권이전등기청구를 선택적으로 병합하였는데, 원심은 선택적 병합을 유효한 것으로 보아 등기의 원인무효 여부에 대하여만 판단하였다.

386) 이 경우 법원은 당사자에게 어느 것의 판단을 먼저 구하는지 석명을 구해서 그것을 주위적 청구로 보아 먼저 판단해야 할 것이다(대법원 1994. 10. 14. 선고 94다10153 판결, 2003. 1. 10. 선고 2002다41435 판결, 2004. 3. 26. 선고 2003다21834, 21841 판결 등 참조). 만약 당사자가 그러한 취지를 밝히기를 거부한 경우에는 소송목적이 특정되지 않은 것으로서 소가 부적법하므로 소를 각하하여야 한다. 실질이 선택적 병합임에도 당사자가 주위적·예비적 병합으로 청구한 경우 법원은 이를 선택적 병합으로 보고 판단해야 한다(대법원 1966. 7. 26. 선고 66다933 판결).

기하여 소유권이전등기청구 또는 인도청구를 선택적으로 구하는 경우 등에 이러한 선택적 병합청구가 적법한 것인지 문제된다.

이를 긍정하는 견해도 있으나,[387] 청구권경합이나 청구의 선택적 병합이 성립하기 위해서는 청구원인인 법률요건이 복수이고, 그로부터 발생하는 법률효과인 권리가 각각 청구적격을 갖춘 것으로서 독립한 심판의 대상이 되며, 그 행사에 따른 경제적·정신적 만족이 동일·유사하여 권리자에게 동일한 만족을 주어야 한다. 그런데 위 ① 내지 ⑤의 경우 그러한 관계가 성립하지 않으므로 선택적 병합청구가 허용될 수 없다.[388] [389]

8) 선택적 병합이 허용되는 경우, 그 각 청구원인은 양립 가능하고 원칙적으로 청구권경합관계에 있는바, 이에 대하여 단순병합청구나 주위적·예비적 병합청구도 허용될 수 있는지에 대해서는 견해가 대립하는바,[390] 이에 대해서는 앞서 <청구권경합과 법조경합>에서 살펴본 바와 같다.[391]

(2) 신소송물이론의 입장

1) 위와 같이 선택적 병합은 동일·유사한 목적 달성을 위하여 견련성 있는 복수의 청구원인을 내세우는 것이므로, 소유권과 점유권에 기하여 인도청구를 하는 경우나 복수의

---

387) 문일봉, "선택적 병합과 청구권경합", 법조 48권 3호(1999), 135면.

388) 같은 취지에서 대법원 2001. 9. 20. 선고 99다37894 전원합의체 판결은, 등기의 원인무효를 청구원인으로 한 소유권이전등기말소청구와 진정명의회복을 원인으로 한 소유권이전등기청구는 실질적으로 그 목적이 동일하고, 두 청구권 모두 소유권에 기한 방해배제청구권으로서 그 법적 근거와 성질이 동일하므로, 비록 전자는 이전등기, 후자는 말소등기의 형식을 취하고 있다고 하더라도 그 소송물은 실질상 동일한 것으로 보아야 하고, 따라서 소유권이전등기말소청구소송에서 패소확정판결을 받았다면 그 기판력은 그 후 제기된 진정명의회복을 원인으로 한 소유권이전등기청구소송에도 미친다고 판시하였다.
따라서 이런 경우 원고 스스로 소유권이전등기를 청구할 것인지 아니면 소유권이전등기말소를 청구할 것인지 결정하여 그 청구를 특정하여야 하고 법원에 선택을 맡길 수 없다. 물론 이 경우(병합청구를 하지 않은 경우) 법원은 원고가 청구취지에 기재한 법률효과를 인용할 수 없는 때에는 원고의 의사에 반하지 않는 한 다른 법률효과를 인용할 수 있다고 할 것이다(대법원 2001. 6. 12. 선고 99다20612 판결, 2002. 11. 8. 2002다41589 판결, 대법원 2006. 12. 7. 선고 2004다54978 판결 등 참조). 만약 원고가 소유권이전등기청구 또는 소유권이전등기말소청구를 선택적으로 병합하여 청구한 때에는 법원은 원고에게 그중 어느 하나만을 선택하여 청구하도록 청구취지 보완을 요구하되, 원고가 이에 응하지 않을 경우 양쪽의 청구 중 청구적격이 없는 부분을 가릴 수 없어 소의 일부를 각하할 수 없으므로 병합청구가 없는 것으로 보고 위와 같이 병합청구가 없는 때와 같은 방법으로 처리함이 옳다고 생각된다.

389) 이에 대한 자세한 이유는 뒤의 <복수의 청구와 청구의 독자성·독립성>에서 설명한다.

390) 대법원의 견해는 아직 불분명하다. 대법원 1993. 4. 27. 선고 92다56087 판결은 방론(傍論)으로 "어떤 법률행위가 사기에 의한 것으로서 취소되는 경우에 그 법률행위가 동시에 불법행위를 구성하는 때에는 취소의 효과로 생기는 부당이득반환청구권과 불법행위로 인한 손해배상의 청구권은 경합하여 병존하는 것이므로 채권자는 어느 것이라도 선택하여 행사할 수 있지만 중첩적으로는 행사할 수 없다."고 선언하였으나 그 사안에서는 복수의 급부청구가 없어서 그것의 허용 여부에 대한 판시가 없었다.

391) 자세한 내용은 제1장 <청구권경합과 법조경합> 중 <청구권경합과 법조경합의 효과>를 참조. 저자는 제1판과 달리 견해를 약간 바꾸었다.

사유에 기한 이혼청구와 같이 청구취지는 같고 청구원인만 다른 경우가 대부분이다.

2) 이런 이유로 소송물에 관하여 청구취지를 중시하여 신소송물이론(단, 二分支說은 제외)을 취하는 입장에서는 청구의 선택적 병합을 인정하지 않고 공격방어방법의 병합으로 이해한다.[392)]

(3) 청구취지의 동일 여부

1) 선택적 병합은 복수의 청구원인에서 발생하는 법률효과가 동일·유사하여 원고에게 경제적 또는 정신적으로 같은 만족을 주는 경우에 성립하므로 그 청구취지가 동일한 경우가 많으나 반드시 동일할 필요는 없다. 예컨대, 동일 부동산에 대하여 매매에 기한 소유권이전등기청구와 취득시효완성에 기한 소유권이전등기청구를 하는 경우, 그 청구취지가 다르지만 선택적 병합이 허용되며, "피고는 원고에게 서울 종로구 견지동 120 잡종지 50㎡에 관하여, 선택적으로, 2018. 5. 12. 매매를 원인으로 한 소유권이전등기절차를 이행하거나 2019. 7. 20. 취득시효완성을 원인으로 한 소유권이전등기절차를 이행하라."와 같이 각각의 청구원인에 따른 청구취지도 다르게 할 수 있다.

2) 이는 금전청구에서도 마찬가지다. 즉 불법행위와 채무불이행을 원인으로 한 손해배상청구를 하거나 불법행위(사기)에 기한 손해배상청구와 기망행위의 취소에 기한 부당이득반환청구, 원인채권과 어음·수표채권에 기한 금전지급청구를 하면서 그 이행지체 시기나 법정이율, 지연손해금률이 다른 데에 따라 각 청구금액이 달라져 청구취지를 다르게 하더라도 무방하다.

3) 그러나 선택적 병합이, 원고에게 동일하거나 이와 거의 유사한 만족을 주는 복수의 청구권을 선택적으로 병합하여 심리한다는 본질적 한계를 고려할 때, 그 복수의 청구취지 사이에 질적·양적으로 현저한 차이가 있는 경우 그 선택을 법원에 맡기게 되면 원고에 의한 소송물특정의무의 법리나 당사자처분권주의에 반하므로 허용될 수 없다. 따라서 부동산의 소유권이전등기절차이행청구와 금전지급청구의 선택적 병합은 물론, 복수의 금전지급청구라도 그 금액에 상당한 차이가 있는 경우 선택적 병합을 인정할 수 없다고 하겠다.[393)]

---

392) 신소송물이론이 지배적인 독일의 경우 청구의 선택적 병합을 허용하지 않는 것이 통설이라고 한다{문일봉, "선택적 병합과 청구권경합", 법조 48권 3호(1999), 118면 참조}. 그런데 신소송물이론이 경합하는 청구권을 단일한 청구원인으로 이해하고 그 법률요건을 공격방어방법으로 이해한다고 하더라도, 결국 공격방어방법에는 변론주의가 적용되는 이상 당사자가 주장하지 않은 법률요건은 법원도 선택해서 판단할 수 없다는 점에서 청구권경합설을 취하는 구소송물이론에 비해 권리자에게 특별히 유리할 것도 없다고 하겠다.

393) 대구지방법원 1997. 1. 24. 선고 96나3256, 3263 판결, 같은 법원 2006. 11. 8. 선고 2006나8236 판결(대법원 2007. 3. 29. 선고 2006다79995 판결의 원판결)은, 1994. 6. 30. 취득시효완성을 원인으로 한 원고 앞으로의 소유권이전등기절차이행청구와 1985. 8. 31. 취득시효완성을 원인으로 한 소외인 앞으로의 소유권이전등기절차이행청구의 선택적 병합을 인정하였으나, 이런 경우 소유권이전등기의

(4) 법원의 심리

1) 청구의 선택적 병합의 경우 법원이 청구를 인용하는 때에는 복수의 청구원인 중 인용하는 부분만 심리·판단하고 나머지 청구에 대하여는 해제조건이 성취되므로 판단할 필요가 없다.[394)]

2) 그러나 청구를 기각하는 때에는 그 청구원인 모두에 대하여 심리·판단하여야 한다.[395)] 수개의 청구가 제1심에서 처음부터 선택적으로 병합되고 그중 어느 한 개의 청구에 대한 인용판결이 선고되어 피고가 항소를 제기한 경우는 물론, 원고의 청구를 인용한 판결에 대하여 피고가 항소를 제기하여 항소심에 이심된 후 청구가 선택적으로 병합된 경우에 있어서도 항소심은 제1심에서 인용된 청구를 먼저 심리하여 판단할 필요는 없고 선택적으로 병합된 수개의 청구 중 제1심에서 심판되지 아니한 청구를 임의로 선택하여 심판할 수 있으나, 항소심의 심리 결과 그 청구가 이유 있다고 인정되고 그 결론이 제1심판결의 주문과 동일한 경우에도 항소심은 피고의 항소를 기각하여서는 안 되며 제1심판결을 취소한 다음 항소심에서 선택적으로 병합된 새로운 청구를 인용하는 주문을 선고하여야 한다(대법원 1992. 9. 14. 선고 92다7023 판결). 이 경우 항소심은 제1심에서 인용된 청구의 당부에 대한 심판을 한 바 없기 때문이다.

3) 위와 같이 청구의 선택적 병합의 경우, 법원이 어느 청구를 인용하는 때에는 그 청구 부분만 심리·판단하고 나머지 청구에 대하여는 판단할 필요가 없으며, 어느 청구를 배척하는 때에는 다른 청구에 대하여 심리·판단하여야 하는바, 법원이 어느 청구 중 일부만을 인용하는 때에는 어떻게 하여야 하는가?

예컨대, 원고가 청구취지로 1억 원의 지급을 청구하면서 그 청구원인으로 채무불이행과 불법행위를 선택적으로 구하였는데 법원이 채무불이행이나 불법행위 중 하나를 임의로 선택하여 판단하였으나 그 인용금액이 1억 원에 미달하는 경우 그 인용되지 않은 청구취지 범위에서 다른 청구를 판단하여야 하는가이다. 이 경우 원고의 의사는 1억 원의 지급을 구하는 데에 있고, 다른 청구를 판단하지 않을 경우 이에 대하여는 기판력이 미치지 않아 다시 소송을 하게 되므로 당연히 법원은 그 인용되지 않은 청구취지 범위에서 다른 청구를 판단하여야 할 것이다.[396)] [397)] 즉 뒤에서 보는 바와 같이, 원고가 주위적 청

수령권자가 달라 원고가 받는 만족이 다르므로 선택적 병합을 인정할 수 없다고 생각된다.

394) 그러나 실무상 복수의 청구권이나 형성권을 모두 판단, 인용하는 경우도 많다. 특히 이혼청구와 같은 형성청구에서 그러하다.

395) 이는 항소심에서도 같다. 고로 1심이 어느 한 청구를 인용한 데에 대하여 피고가 항소한 경우, 항소심은 여러 선택적 청구 중 하나만을 판단하여 인용할 수 있으나, 청구를 기각하는 때에는 그 선택적 청구 전부를 심판하여야 한다(대법원 2010. 5. 27. 선고 2009다12580 판결).

396) 이는 원고가 청구취지로 1억 원의 지급을 청구하면서 그 청구원인으로 채무불이행과 불법행위를 선택적으로 구하였는데 어느 한 청구원인에 의한 경우 그 전부가 인용되더라도 1억 원에 미치지 못하

구 중 일부가 인용되지 않을 경우 그 범위(수액 등)에서 예비적 청구에 대한 판단을 구한 경우에는 주위적 청구에서 인용되지 않은 부분의 한도에서 예비적 청구에 대하여도 판단하여야 하는 것과 마찬가지의 법리가 선택적 병합의 경우에도 적용되어야 하는 것이다.

4) 청구의 선택적 병합의 경우 수개의 청구가 하나의 소송절차에 불가분적으로 결합되어 있기 때문에 변론을 분리하거나 일부판결, 추가판결을 할 수 없다(대법원 1998. 7. 24. 선고 96다99 판결).

이 경우 어느 청구원인에 대한 판단이 누락되더라도 재판의 탈루가 되지 않고 판결의 선고로써 사건 전부에 대한 당해 심급이 종료하므로 상소를 통하여 구제받아야 하며, 원고나 피고가 제1심판결에 대하여 항소한 경우 원고의 선택적 청구 전부가 항소심으로 이심된다(대법원 1998. 7. 24. 선고 96다99 판결).[398] 즉 이와 같은 선택적 병합의 경우에 1심법원이 원고의 선택적 청구 중 하나만을 판단하여 기각하고 나머지 청구에 대하여는 아무런 판단을 하지 아니한 경우, 원고가 이와 같이 위법한 1심판결에 대하여 항소한 이상 원고의 선택적 청구 전부

는 경우에도 동일하다고 하겠다. 즉 이러한 경우 법원은 인용금액이 큰 쪽을 먼저 심리하여 그 일부를 배척하는 경우 인용금액이 작은 쪽을 다음으로 심리하여야 할 것이다. 이 경우 만약 인용금액이 큰 쪽을 전부 인용하더라도 그 인용금액이 청구취지금액인 1억 원에 미치지 못하는 경우 이론상으로는 인용금액이 작은 쪽을 심리할 필요가 없으나, 당사자에게 그 이유를 밝혀주고 1회의 소송으로 사건을 완결한다는 의미에서 이때도 인용금액이 작은 쪽을 심리하는 것이 바람직하다고 생각된다(대법원 2004. 7. 22. 선고 2002다51586 사건의 원심은 어느 한 청구원인에 의한 청구의 일부만을 인용하여 그 인용액이 청구취지금액에 미치지 못하는 경우에 그 인용금액이 동일한 다른 청구를 모두 판단하였는바, 이 역시 옳은 방법이라고 하겠다). 이와 같이 인용금액이 큰 쪽을 전부 인용하더라도 그 인용금액이 청구취지금액에 미치지 못하는 경우 그 미달 금액에 달할 때까지 인용금액이 작은 쪽의 청구를 인용할 수는 없음은 물론이다. 선택적 청구원인의 경우 원고가 얻을 수 있는 이익은 복수의 청구원인 금액의 합산액이 될 수 없고 이익이 큰 쪽의 값을 최대한으로 하기 때문이다.

397) 원고가 선택적 병합청구를 하면서 각각의 청구원인에 따라 법률효과가 다른 것을 고려하여 A청구는 100만 원, B청구는 50만 원을 구하는 것과 같이 그 각각의 법률효과에 따라 청구취지를 복수로 구한 경우, 이론상으로는 법원이 그 중 어느 하나를 선택하여 판단하고 그 청구 전부를 인용한 때에는 나머지 청구원인에 대하여는 판단할 필요가 없다고 할 수도 있으나, 역시 원고의 진정한 의사(법률효과가 큰 쪽을 원한다고 보아야 할 것이다.)와 1회의 소송에 의한 사건 완결의 차원에서 법원은 인용할 법률효과가 큰 쪽을 선택하여 심리하는 것이 옳다고 생각된다(물론 이런 경우 원고는 부진정한 주위적·예비적 청구나 순서를 정한 선택적 병합청구로서 법률효과가 큰 쪽을 주위적 청구 또는 제1청구로 구하여야 할 것이다). 또한 이때 법률효과가 큰 쪽의 청구 일부를 배척하는 경우 법률효과가 작은 쪽의 청구를 그 배척된 이익 범위에서 판단하여야 할 것이다. 이에 관하여는 임채웅, "선택적 병합청구에 관한 연구", 사법연수원논문집 제2집(2004), 93면 이하를 참조.

398) 그러나 이는 실질적으로 선택적 병합이 성립한 때에만 그러하므로, 실질상 단순병합인데 당사자가 선택적 병합으로 청구하여 법원이 그 중 어느 한 청구만을 인용하여 피고가 항소를 제기한 경우 1심이 판단하지 않은 청구 부분은 재판의 탈루가 되어 항소심에 이심되지 않고 1심에 남아있게 된다(대법원 2008. 12. 11. 선고 2005다51495 판결, 2008. 12. 11. 선고 2006다5550 판결). 이는 항소심에서 청구변경에 의하여 실질적 단순병합이 생긴 때에도 동일하므로, 항소심에서 판단되지 않은 청구는 다른 청구에 대하여 상고가 제기되더라도 상고심에 이심되지 않는다(대법원 2009. 5. 28. 선고 2007다354 판결).

반면에 위와 같은 실질적 단순병합의 경우에 1심이 선택적 청구 전부에 대하여 심판하여 그 중 어느 한 청구만을 인용하고 나머지 청구는 기각한 데에 대하여 피고만이 항소를 제기한 경우, 사건 전부(선택적 청구 전부)가 항소심에 이심되나 항소심의 심판범위는 피고가 불복한 청구에 한정된다(대법원 2008. 12. 11. 선고 2005다51471 판결).

가 항소심으로 이심되고, 선택적 청구 중 판단되지 않은 청구 부분이 재판의 탈루로서 1심법원에 그대로 계속되어 있다고 볼 것은 아니다(대법원 1998. 7. 24. 선고 96다99 판결 등). 상소심에서의 처리 방법은 뒤의 청구의 주위적·예비적 병합의 경우의 그것과 같다.

사. 청구의 주위적·예비적 병합

(1) 의 의

1) 1차적으로 어떤 청구를 하고, 그 청구가 각하 또는 기각되는 등으로 인용되지 않을 경우에 대비하여 예비적으로 2차적 청구를 병합하는 것이다. 1차적 청구를 주위적 청구, 2차적 청구를 예비적 청구라 한다. 논리적으로는 3차적, 4차적 청구도 가능하나[399] 실제 소송 현실에서는 거의 보기 어렵다. 청구의 주위적·예비적 병합은 선택적 병합의 경우와 마찬가지로 복수의 청구원인 상호 간에 양립불가능한 관계가 성립하는 것을 전제로 한다.

2) 이와 같이 예비적 청구는 주위적 청구가 인용되지 않을 것에 대비하여 청구하는 것이므로 주위적 청구의 인용은 예비적 청구의 해제조건으로 작용하여, 주위적 청구가 인용되는 때에는 소급하여 당초부터 예비적 청구를 하지 않은 것(즉, 예비적 청구 부분의 소를 제기하지 않은 것)이 되어 예비적 청구는 심판의 대상이 되지 않으므로, 법원은 이에 대해서 판단할 필요가 없게 된다.

3) 선택적 청구에서도 어느 한 청구가 인용되면 다른 청구는 해제조건이 성취되어 심판의 대상이 되지 않으나, 예비적 병합의 경우에는 주위적 청구의 인용이 해제조건이 됨에 반해, 선택적 청구에서는 특정한 청구가 아닌, 여러 개의 청구가 각기 다른 청구에 대하여 해제조건이 되는 특성이 있다.

(2) 예비적 병합의 요건

1) 예비적 병합이 허용되려면 주위적 청구와 예비적 청구가 논리적으로 모순이어서 양립 불가능하여야 한다(대법원 1982. 7. 13. 선고 81다카1120 판결 등). 양립 불가능하다는 것은 두 청구, 즉 양쪽의 청구원인에 따른 법률효과가 동시에 성립·존재할 수 없다는 뜻이다. 예컨대, 매매계약에 기한 소유권이전등기청구와 그 매매계약이 무효이거나 취소된 경우 이미 지급한 매매대금을 부당이득반환으로 구하는 금전지급청구는 논리적으로 양립 불가능하다. 하나의 매매계약이 동시에 유효이면서 무효이거나, 동시에 존속하거나 취소·소멸할 수는 없기 때문이다.[400] 청구원인이 다르고 양자가 모순·대립하면 족하므로 청구취지가 동일하여도 무방

399) 이런 경우 예비적 청구를 1차적 예비적 청구, 2차적 예비적 청구 등으로 구성하게 된다.

400) 여기서 양립 불가능의 기준시는 사실심 변론종결일이다. 즉 매매가 유효라는 것은 매매계약 당시 유효라는 것이 아니라 사실심 변론종결일 현재 매매계약이 유효하게 존속하여 원고가 이를 청구원인으로 삼아 법률효과를 주장한다는 뜻이다. 매매계약의 무효, 취소 역시 같다.

하며, 경제적·정신적 만족의 크기가 동일한지 여부는 묻지 않는다. 주위적·예비적 병합의 경우 주위적 청구와 예비적 청구의 청구취지가 각기 다른 경우가 대부분일 것이나, 각 그에 따른 법률효과가 외형상 동일할 수도 있다.[401]

2) 주위적 청구와 예비적 청구의 위와 같은 관계에서 알 수 있는 바와 같이 양 청구는 그 각 청구원인이 달라야 한다.[402] 청구취지의 형태(이행의 소나 확인의 소 등)와 청구원인을 주위적 청구의 그것과 같이하면서 단지 예비적 청구취지를 주위적 청구취지의 수량이나 질만을 감축하여 다르게 하는 것은 허용되지 않는다. 예컨대, 주위적으로 매매에 기한 소유권이전등기청구를 하면서 예비적으로 그 매매에 기하여 매매 목적 부동산의 2분의 1 지분에 대한 소유권이전등기청구를 하거나,[403] 주위적으로는 무조건의 소유권이전등기청구를 하면서 예비적으로는 매매대금의 수령과 동시이행으로 소유권이전등기청구를 하는 경우에는 주위적 청구와 예비적 청구의 청구취지의 형태(종류) 및 청구원인이 동일하고 양적·질적으로 큰 주위적 청구가 예비적 청구를 포함하여 양자 간에 모순관계가 성립하지 않으므로 예비적 병합이 될 수 없다.

따라서 원고가 소 제기 당초부터 또는 청구의 변경을 통하여 이러한 병합 청구를 한 경우 예비적 병합이 발생하지 않으므로, 법원은 그러한 예비적 청구에 대하여는 청구가 없는 것으로 보아 따로 이를 판단할 필요가 없다(대법원 1972. 2. 29. 선고 71다1313 판결, 1991. 5. 28. 선고 90누1120 판결, 1999. 4. 23. 선고 98다61463 판결 등).[404]

3) 청구원인을 동일(단일)하게 하면서 그로부터 발생하는 복수의 법률효과에 따라 청구취지만을 다르게 한 경우에도 청구의 주위적·예비적 병합을 허용할 수 있는가? 뒤의 <복수의 청구와 청구의 독자성·독립성>에서 보는 바와 같이, 청구원인은 동일(단일)하면서 그로부터 발생하는 법률효과에 따라 청구취지만을 달리하여 주위적 청구와 예비적 청구로 병합할 수 있는 경우는 거의 보기 어렵다.

---

401) 주위적 청구와 예비적 청구의 각 청구원인은 다르나 각 그 청구취지가 동일한 경우에는 청구취지의 주위적·예비적 병합이 발생할 수 없으므로 이때는 청구취지를 주위적 청구와 예비적 청구로 나누어 구할 필요가 없다.

402) 위 사례에서 양 청구의 사회적 기초사실은 하나의 매매로서 동일하지만 주위적 청구원인은 매매이고 예비적 청구원인은 부당이득으로서 다르다. 물론 예비적 병합에서 양 청구의 청구원인 상호 간에는 앞서 선택적 병합청구에서 본 바와 같이 역시 견련성이 있어야 한다. 견련성이 없다면 논리적 모순관계가 성립할 수 없기 때문이다.

403) 이는 예비적 청구취지가 주위적 청구취지보다 수량적으로 감축된 것이다. 동일한 매매에 기해 주위적으로는 매매대금 1억 원의 지급을, 예비적으로는 매매대금 5,000만 원의 지급을 구하는 경우도 이와 같다(대법원 1972. 2. 29. 선고 71다1313 판결, 1991. 5. 28. 선고 90누1120 판결 참조).

404) 따라서 이와 같은 경우 원고는 수량적으로나 질적으로 큰 청구만을 하여야 한다. 그 청구의 일부가 이유 없는 경우에는 법원이 그 부분 청구를 기각하므로 결과적으로 원고는 동일한 결론을 얻게 된다. 법원에 따라서는 예비적 청구를 따로 판단하지 않는 방법을 취하지 않고 예비적 청구 부분의 소를 부적법한 것으로 보아 이 부분을 각하하기도 하는바, 그 법률적 효과는 동일하다.

(3) 부진정 예비적 병합

1) 논리적으로 양립할 수 있는 여러 개의 청구를 하면서 원고가 그 청구 상호 간에 심판의 순위를 붙여 1차적 청구(주위적 청구)가 인용되지 않으면 2차적 청구(예비적 청구)를 인용해줄 것을 구하는 것도 판례상 허용되는바(대법원 1966. 7. 26. 선고 66다933 판결, 2002. 2. 8. 선고 2001다17633 판결, 2002. 9. 4. 선고 98다17145 판결 등), 이를 부진정한 예비적 병합 또는 '순서를 붙인 선택적 병합'이라고 한다. 선택적 병합에서 셋 이상의 청구가 허용되는 바와 같이 부진정 예비적 병합에서도 같다.

2) 위와 같은 부진정 예비적 병합이 진정한 예비적 병합과 다른 점은 우선 후자와 달리 양 청구가 양립할 수 있다는 점이다. 원래 양 청구의 청구원인이 논리적으로 양립 가능한 경우는 단순병합을 하거나 선택적 병합을 함이 옳으나, 원고가 실질적으로는 선택적 병합청구를 하면서 병합하는 각 청구에 대한 선호도가 달라 어떤 청구를 우선적으로 구하고자 하는 때에 원고의 의사를 존중하여 이를 인정하는 것이 곧 부진정 예비적 병합이다. 즉 이러한 병합은 그 실질이 선택적 병합이므로 원래 법원은 그 선택에 따라 어떤 청구든지 인용하면 족하나, 부진정 예비적 병합에서는 심판의 순서를 원고가 지정한 바에 따라 먼저 주위적 청구의 당부에 대하여 판단한 다음 그것이 이유 없을 경우 다시 추가적으로 예비적 청구의 당부에 대하여 판단하는 것이다.

그러나 그 실질이 단순병합청구를 하여야 할 경우에는 앞서 본 당사자처분권주의의 원리상 법원에게 청구의 특정을 미룰 수는 없으므로 부진정 예비적 병합 역시 허용될 수 없다. 예컨대, 甲이 乙에게 1차적 청구로 매매에 기한 소유권이전등기청구를 하면서 2차적 청구로 매매에 기한 인도청구나 대여금반환청구를 하는 것과 같은 경우이다.

3) 부진정 예비적 병합의 예로는 주위적으로 어음금청구를 하면서 예비적으로 원인관계에 기한 금전지급청구를 하는 경우를 들 수 있다. 전자의 청구원인은 어음행위이고 후자의 청구원인은 매매 등 원인관계로 서로 다르나, 그 각 법률효과로서 발생하는 어음금청구권 금액과 원인관계 대금청구권 금액은 기본적으로 동일하여 어느 것이 인용되나 원고에게 동일·유사한 만족을 주며, 양자는 청구의 사회적 기초가 동일하고 견련성도 있으므로 본래 선택적 청구가 가능하다. 그러나 어음금청구 금액이 원인관계 대금청구 금액보다 조금이라도 크다면 원고로서는 어음금청구가 인용되는 것이 더 유리하므로 선택적 청구 대신 부진정 예비적 병합청구를 할 필요가 생긴다. 여기에 부진정 예비적 병합을 인정할 이유가 있다.

주위적으로는 매매에 기한 소유권이전등기청구를 하면서 예비적으로 취득시효완성에 기한 소유권이전등기청구를 하는 경우, 주위적으로는 채무불이행이나 불법행위에 기한 금전지급청구를 하면서 예비적으로 부당이득에 기한 금전지급청구를 하는 경우, 주위적으로는 명의신탁해지에 기한 소유권이전등기청구를 하면서 예비적으로 증여에 기한 소유권이전등기청구를 하는 경우도 부진정한 주위적·예비적 병합에 속한다.

(4) 법원의 심리

1) 예비적 병합의 경우에도 선택적 병합의 경우와 같이 법원은 변론을 분리할 수 없고 일부판결을 할 수도 없다(대법원 2000. 11. 16. 선고 98다22253 전원합의체 판결, 2017. 6. 29. 선고 2017다218307 판결 등). 또한 반드시 주위적 청구를 먼저 심판해야 하고 그 순서를 바꿀 수는 없다(대법원 1993. 3. 23. 선고 92다51204 판결, 2000. 11. 16. 선고 98다22253 판결). 예비적 청구는 주위적 청구의 인용을 해제조건으로 하기 때문이다. 주위적 청구를 남겨둔 채 예비적 청구만에 대한 인낙을 할 수는 없고, 인낙을 하였더라도 이는 무효이다(대법원 1995. 7. 25. 선고 94다62017 판결).

법원이 주위적 청구를 먼저 판단하여 그것을 인용하는 경우에는 예비적 청구가 소멸하므로 그에 대해서는 판단할 필요가 없으나,[405] 주위적 청구를 기각할 때는 예비적 청구를 반드시 심리·판단하여야 한다.[406] 이는 부진정 예비적 병합의 경우에도 같다.

2) 예비적 병합의 요건을 갖추지 못하였음에도 원고가 예비적 병합청구를 한 경우 법원은 그 실질에 따라 단순병합이나 선택적 병합청구로 보아 판단하여야 함은 앞서 본 바와 같다(대법원 2008. 12. 11. 선고 2005다51471 판결 참조). 다만, 그 실질이 단순병합이나 선택적 병합청구에도 해당하지 않는 경우 그 예비적 병합청구는 부적법하므로 원칙적으로는 그 부분 소를 각하하여야 한다. 예비적 병합청구에 당사자적격의 부존재, 제척기간의 도과, 소의 이익 결여 등 고유한 소송요건의 흠결이 있는 때에도 같다(대법원 2013. 2. 28. 선고 2010다58223 판결 참조). 그 경우 본안의 당부에 앞서 당해 예비적 청구의 소가 부적법하기 때문이다.[407]

3) 주위적 청구 중 전부가 아닌 일부만을 인용하는 때에는 어떻게 하여야 하는가? 이 경우에는 원고의 의사에 따라야 할 것이다(대법원 1996. 2. 9. 선고 94다50274 판결 참조). 즉 원고의 의사가 주위적 청구 전반에 대하여 예비적 청구를 한 것으로 해석된다면, 주위적 청구 중 일부만이 인용되지 않을 경우에도 그 부분에 대하여 예비적 청구가 이유 있는지 여부를 판단함이 옳다. 그리고 특별한 사정이 없는 한 원고의 의사는 이와 같이 해석하여야 할 것이다.

원고는 주위적 청구 중 일부를 특정하고 그 부분 청구가 인용되지 않을 경우에 대비하여서만 예비적 청구를 하는 것도 가능함은 물론이다(대법원 1996. 2. 9. 선고 94다50274 판결, 2002. 9. 4. 선고 98다17145 판결, 2014. 6. 26. 선고 2012다74069 판결 등). 따

---

405) 그러나 예비적 청구 소멸의 효력은 주위적 청구를 인용하는 판결이 확정된 때에 비로소 확정적으로 발생한다. 따라서 그 전에는 잠재적으로만 소멸의 효력이 발생하므로, 상급심 법원은 주위적 청구를 기각하고 예비적 청구를 인용할 수도 있다.

406) 이때 주위적 청구에 대하여 이를 기각한다는 주문을 반드시 판결서에 기재하여야 한다. 예비적 청구가 항소심에서 추가된 경우에도 같다(대법원 2011. 7. 28. 선고 2010다36568 판결).

407) 다만 무조건적으로 그 소를 각하할 필요는 없고, 주위적 청구를 인용하지 않음으로써 예비적 청구가 현실적 심판의 대상이 될 때에만 하면 족하다. 즉 주위적 청구를 인용하지 않음으로써 예비적 청구가 현실적 심판의 대상이 될 때에만 하면 족하다(이에 대해서는 특히 뒤의 <복수의 청구와 청구의 독자성·독립성>을 참조). 주위적 청구를 인용한 경우에는 예비적 청구의 소는 해제조건의 성취로 처음부터 제기되지 않은 것이 되기 때문이다.

라서 원고가 주위적 청구 중 일부가 인용되지 않을 경우 그 범위(수액 등)에서 예비적 청구에 대한 판단을 구한 경우에는 주위적 청구에서 인용되지 않은 부분의 한도에서 예비적 청구에 대하여도 판단하여야 한다(대법원 1996. 2. 9. 선고 94다50274 판결, 2002. 9. 4. 선고 98다17145 판결 등).[408]

이 경우 원고의 뜻이 분명하지 않은 때에는 법원은 원고에게 주위적 청구가 전부 인용되지 않을 경우에는 주위적 청구에서 인용되지 아니한 수액 범위에서 예비적 청구에 대해서도 판단하여 주기를 바라는 취지인지 여부를 석명하여 그 결과에 따라 예비적 청구에 대한 판단 여부를 정하여야 한다(대법원 2002. 10. 25. 선고 2002다23598 판결, 2014. 6. 26. 선고 2012다74069 판결). 원고의 의사가 그러한 취지이고, 주위적 청구 중 인용되지 않은 일부에 대하여 예비적 청구가 이유 있는 경우라면 그 예비적 청구에 대하여 판단하지 않는 것은 위법하나, 그 반대의 경우라면 예비적 청구에 대하여 판단하지 않았다고 하더라도 위법하다고 보기 어렵다(대법원 2000. 4. 7. 선고 99다53742 판결 참조).

4) 성질상 선택적 병합청구에 해당하나 당사자가 주위적·예비적 병합청구를 한 부진정한 주위적·예비적 병합의 경우에도, 법원은 당사자의 의사에 따라 먼저 주위적 청구의 당부에 대하여 판단한 다음 그것이 이유 없을 경우 다시 예비적 청구의 당부에 대하여 판단하여야 한다. 이 점에서 순수한 선택적 병합청구의 처리와 다르다.

예컨대, 주위적으로는 매매에 기한 소유권이전등기청구를 하면서 예비적으로 취득시효완성에 기한 소유권이전등기청구를 한 경우, 먼저 매매의 당부를 판단하고 그것이 이유 없을 경우 취득시효완성의 당부를 판단하며, 이 경우에도 주위적 청구는 이유 없는 반면 예비적 청구만 이유 있을 경우 주위적 청구를 기각하고 예비적 청구를 인용하며, 양쪽 다 이유가 없을 경우에는 그 청구 전부를 기각하여야 한다.

5) 예비적 병합의 경우에도 수개의 청구가 하나의 소송절차에 불가분적으로 결합되어 있으므로, 만약 법원이 주위적 청구를 기각하고도 예비적 청구에 대한 판단을 하지 않은 경우나, 주위적 청구에 대한 판단 없이 곧바로 예비적 청구에 대하여만 판단한 경우에도 재판의 탈루가 되지 않고 그 판결의 선고로써 당해 심급이 종료되며, 상소가 제기되면 판단하지 않은 부분까지 포함하여 사건 전부가 상소심에 이심된다. 따라서 당사자는 상소심에서 그 잘못의 시정을 구해야 한다(대법원 2007. 10. 11. 선고 2007다37790, 37806 판결,,2017. 6. 29. 선고 2017다218307 판결 등).[409]

---

408) 예컨대 원고가 주위적 청구로서 매매계약의 해제에 따른 원상회복으로 기 지급한 매매대금 1억 원의 반환을 청구하고, 예비적 청구로서 약정을 원인으로 1억 원 또는 7,000만 원의 반환을 청구한 경우에 법원이 주위적 청구 중 5,000만 원만을 인용한 경우이다.

409) 항소심판결이 예비적 청구 부분에 관하여 전혀 판단하지 아니하였다면 당사자는 그 판결에 대하여 불복, 상고하여 그 위법 부분의 시정을 받아야 하며, 당사자가 상고하여 그 예비적 청구에 대한 항소심의 판단이 누락되었다는 위법사유를 지적하였음에도 법률심인 상고심에서도 법률관계상의 그 쟁점에 관한 판단을 빠뜨림으로써 그 오류가 시정되지 않은 채 상고심판결이 확정된 때에는 상고심판결에 대하여 재심을 청구할 수 있고(그 사유는 민사소송법 제451조 제1항 제9호에 해당한다), 항소심판결상 예비적 청구에 관하여 이루어져야 할 판단이 누락되었음을 알게 된 당사자는 상고를 통하여 그 오류의 시정을 구하였어야 함에도 상고로 다툴 수 없는 특별한 사정이 없었음에도 상고로 다투지 아니한 채 그 항소심판결을 확정시켰다면 그 후에는 그 예비적 청구의 전부나 일부를 소송물로 하는

이때 상소심이 주위적 청구에 관하여 1심과 견해를 같이하는 경우, 주위적 청구에 관한 항소를 기각하고 이와 함께 예비적 청구에 대한 판단을 따로 하여야 하는지, 아니면 1심판결을 무조건 취소하고 주위적 청구에 대해서도 새로이 판결을 해야 하는지 견해의 대립이 있을 수 있다. 생각건대, 주위적 청구를 배척하면서 예비적 청구에 대하여 판단하지 아니한 판결은 위법하고, 재판 탈루가 되지는 않아 그 전부가 상소심에 이심되므로, 이 경우 민사소송법 제417조에 의하여 항소심법원은 1심판결을 직권으로 취소하고 주위적 청구와 예비적 청구에 대하여 모두 판결을 함이 옳다고 생각한다. 항소심이 그러한 잘못을 하였고 상고가 제기된 경우에도, 상고심은 2심판결을 직권으로 파기하여 환송하거나 주위적 청구와 예비적 청구에 대하여 모두 자판을 하여야 할 것이다.

6) 1심법원이 원고의 주위적 청구를 인용하여 예비적 청구에 대해서는 판결하지 않았는데 피고가 항소한 경우에는 주위적 청구와 예비적 청구 모두 항소심에 이심되고, 이 경우 항소심이 주위적 청구를 인용하는 경우 예비적 청구에 대하여는 판단할 필요가 없으나, 만약 주위적 청구의 전부나 일부를 기각하는 때에는 그 기각 부분에 해당하는 예비적 청구에 대하여도 판단하여야 한다(대법원 2000. 11. 16 선고 98다22253 전합판결, 2002. 9. 4. 선고 98다17145 판결).[410] 반면에 1심에서 주위적 청구는 기각하고 예비적 청구는 인용하여 피고만이 항소를 제기한 경우 주위적 청구와 예비적 청구 모두 이심되나, 그 심판대상은 예비적 청구에 국한되므로 원고가 부대항소를 제기하지 않은 한 항소심은 주위적 청구에 대하여는 심리할 수 없다. 고로 이런 경우 원고도 항소를 제기할 이익이 있다.

아. 복수의 청구와 청구의 독자성·독립성

(1) 일반원칙

1) 위와 같이 청구가 복수인 경우에는 소송목적, 즉 심판대상이 복수이므로 원칙적으로 그에 대한 심판도 별개 복수로 이루어져야 한다. 그러나 형식상 청구가 복수라고 하여 심판도 반드시 복수로 이루어져야 하는 것은 아니다. 복수의 심판이 이루어지려면 실질적으로 보아 청구가 복수여야 한다.

2) 대법원은 병합청구에 관하여 실질설을 취한다(대법원 2008. 12. 11. 선고 2005다51495 판결, 2008. 12. 11. 선고 2006다5550 판결, 2017. 8. 25.자 2014스26 결정 등). 즉 실질적으로 보았을 때 청구가 복수인 경우에만 청구의 병합이 발생하여 이를 별개로 심판하여야 하고, 그렇지 않을 때는 청구의 병합이 성립하지 않으므로 각각의 청구에 대하여 따로 심판할 필요가 없다. 또, 청구 병합이 성립하더라도 그 병합의 형태 역시 당사

별도의 소를 새로 제기할 수 없다(대법원 2002. 9. 4. 선고 98다17145 판결).

410) 이때 항소심이 예비적 청구에 대한 판단을 하지 않은 경우라도 상고에 의하여 사건 전체가 상고심에 이심된다. 이러한 하급심의 잘못은 상소에 의해서만 시정할 수 있고 재심사유가 되지 않으며, 별소에 의하여 시정을 구할 수도 없다(대법원 2002. 9. 4. 선고 98다17145 판결 등).

자가 구한 그것에 구애되지 않고, 법원이 실질적으로 판단하여 그 법률관계에 맞는 형태의 병합으로 보아 처리하여야 한다.[411] 소송물을 특정할 권리와 의무는 당사자(원고)에게 있지만, 그 소송물이 적법하게 성립하는지 여부, 즉 청구병합 여부와 그 형태는 법령적용의 문제로서 변론주의가 적용되지 않고 심판자인 법원이 판단할 사항이므로 실질설이 타당하다.

3) 복수의 청구에 관하여 이와 같이 실질설을 따를 때, 각각의 청구가 독자성과 독립성을 가져야만 법원은 그에 대한 심판을 하게 된다. 청구의 독자성은 하나의 소송에서 복수로 제시된 청구가 다른 청구에 포함되거나 흡수되지 않고 또 다른 청구와 동일하지도 않은 별개의 청구로서 성립하여(청구의 독립성) 그에 대한 별도의 심리·판단이 필요한 것을 말한다. 청구의 독자성은 청구원인과 청구취지 양쪽에서 충족되어야 한다. 따라서 형식상으로는 복수의 청구라도, 어느 한 청구가 다른 청구에 포함되어 흡수되는 경우에는 다른 청구에 대한 심판으로써 그 청구에 대한 심판도 같이 이루어지므로 그 청구에 대하여는 따로 심판할 필요가 없다. 그러므로 이 경우 따로 심판할 필요가 없는 그 청구가 청구적격이 없는 등으로 부적법하거나 청구의 이유가 없더라도, 그에 대해서는 소를 각하하거나 청구를 기각할 필요가 없다. 다른 쪽 청구에 대한 심판을 통해 법원이 응답을 하게 되기 때문이다.

예컨대, 형식상 주위적·예비적 청구가 있으나 어느 청구가 다른 청구에 포함, 흡수되어 독자성과 독립성을 갖지 않는 경우, 법원은 이유가 있는 청구를 인용하고 다른 청구에 대해서는 따로 각하나 기각의 주문을 낼 필요가 없고, 둘 다 부적법한 때는 소를 각하하고 둘 다 이유가 없는 때에는 청구를 기각하면 족하며, 각각의 소를 각하하거나 각각의 청구를 기각할 필요가 없다(대법원 2008. 3. 27. 선고 2007다88507 판결, 2017. 10. 31. 선고 2015다65042 판결 등 참조).[412] 실질상으로 보아 그 부적법한 청구나 이유가 없는 청구는 무의미하여 존재하지 않기 때문이다.

4) 반면에 복수의 청구가 각기 독자성과 독립성을 가진 경우에는 그 일부의 청구가 청구적격이 없는 등으로 부적법하거나 청구의 이유가 없더라도, 그에 대해서는 별도로 소를 각하하거나 청구를 기각하는 등으로 재판청구에 대한 응답을 하여야 한다. 다른 쪽

---

411) 청구변경에 의한 병합청구의 경우에는 잘못된 병합청구(청구의 변경)를 허용하지 않아야 하나, 법원이 이를 간과하고 청구변경을 허용하였더라도 이 같은 이유로 실질에 반하는 병합관계가 성립하지는 않는다(대법원 2008. 12. 11. 선고 2005다51495 판결, 2009. 5. 28. 선고 2007다354 판결 참조). 예컨대, 원고가 주위적으로 매매에 기한 소유권이전등기청구를, 예비적으로 시효취득에 기한 소유권이전등기청구를 청구하였더라도 매매와 시효취득은 모순관계가 성립하지 않아 양립 가능하므로 이는 선택적 병합청구가 된다.

412) 둘 다 부적법하거나 이유가 없는 경우에도 단순히 "이 사건 소를 각하한다" 또는 "이 사건 청구를 기각한다"고 하면 충분하고, "이 사건 소를 모두 각하한다" 또는 "이 사건 청구를 모두 기각한다"거나 "이 사건 주위적 청구와 예비적 청구를 모두 기각한다"고 선언할 필요가 없다. 실질상 청구는 하나이기 때문이다.

청구에 대한 심판만으로는 그 나머지 청구에 대해서까지 응답을 한 것이 되지는 않기 때문이다.

(2) 청구원인의 동일성과 독립성

1) 청구원인은 일반적으로 재판청구의 결론적 내용인 청구취지의 법률효과를 발생시키는 법률요건을 말한다. 특정한 소에서 그 소송목적인 청구가 형식상 복수인 경우, 그 청구가 동일한지 별개인지를 판단하기 위해서는 먼저 청구의 요소인 청구원인이 독자성과 독립성을 갖고 있는지를 검토하여야 한다. 이 경우 원고가 특정·제시한 청구원인이 하나라면 그것이 청구원인으로서의 적격, 즉 청구적격을 갖고 있는지 여부와 그로부터 발생하는 복수의 법률효과가 각각 독자성과 독립성을 갖고 청구적격을 갖추어 적법한 소송목적이 될 수 있는지 여부에 따라 병합청구 여부가 결정될 것이다.

2) 반대로 원고가 특정·제시한 청구원인이 복수라면, 먼저 그것들이 각각 독자성과 독립성을 갖추어 적법한 소송목적이 될 수 있는지 여부를 검토하여야 한다. 제시된 복수의 청구원인이 독자성과 독립성을 갖추지 못한 경우 실질적으로는 하나의 청구원인만이 존재하게 되므로, 청구원인 때문에 청구병합이 성립할 여지는 없다.

3) 원고가 특정·제시한 청구원인이 복수인 경우에 그 독자성과 독립성을 검토할 때는, ① 그것이 각 청구원인으로서의 적격, 즉 청구적격을 갖고 있는지, ② 청구원인으로서의 적격을 갖고 있다면 그 법률요건, 당사자, 법률사실의 발생일시, 법률효과 등을 비교하여 그것이 독자성을 갖고 독립하는지, 아니면 독자성을 갖지 못하고 실질상 양자가 동일한지 여부를 판단하여야 한다. 그리하여 형식상 청구원인으로 내세운 것이 청구원인으로서의 적격이 없다면 실질상 청구원인이 부존재하므로 그 동일성이나 독립성을 논할 필요조차 없고, 나아가 복수의 청구원인이 동일하다면 독자성과 독립성이 없으므로 실질에 있어서는 청구원인이 단일하고 청구의 병합이 발생하지 않는다. 따라서 각각의 청구는 독립하여 심판을 받을 이익이나 필요가 없게 된다.

4) 하나의 소송에서 심판대상인 소송목적이 복수인 때 또는 시간적 선후를 달리하여 별개의 소송이 계속되었을 때 각각의 소송목적이 동일한지 다른지가 문제되는 일이 많다. 전자는 주로 청구변경의 가부와 청구의 병합 여부 및 그 형태가 문제되고, 후자는 소 취하 후의 재소금지(再訴禁止)나 기판력, 중복소송 등이 문제로 된다.

그러므로 소송목적이 다른 그것과 동일한지 아니면 다른 것과 독립하여 서로 별개의 것인지를 판별하기 위해서는 소송목적의 동일성과 독립성을 판별하는 기준을 찾을 필요가 있고, 특히 소송목적인 청구의 한 요소인 청구원인의 동일성과 독립성을 판별하는 기준 마련이 필요하다. 실제 소송현실에서 당사자가 주장하는 법률관계가 적법한 청구원인이 될 수 있는지, 그 법률관계가 복수인 경우 이들이 복수의 독립한 청구원인인지 아니면 어느 청구원인의 일부에 불과한지 여부가 불분명한 경우가 많기 때문이다.

이 문제는 소송물의 본질을 어떻게 파악할 것인지의 문제와도 관련되므로 이른바 소송물이론과 밀접한 관련이 있으나, 종래의 소송물이론은 소송물의 범위를 확정하여 법원의 심판범위를 결정하는 데에 주된 관심을 두기 때문에 그것만으로는 소송물의 동일성과 독립성 문제를 해결할 수 없다.

5) 청구권경합이 성립하는 경우에는 복수의 법률요건(청구원인)으로부터 복수의 청구권(권리)이 발생하므로, 설사 양자의 법률효과에 따른 궁극적 목적(청구취지)이 동일하더라도 청구원인이 달라 각각의 청구원인은 독립하고 소송물은 복수가 된다. 이에 따라 양자는 모두 본안심판을 받을 필요나 이익이 있다.

하나의 소송 내에서가 아니라, 계속 중인 전후 양소나 이미 확정된 전소와 계속 중인 후소 간에 그 각각의 청구원인이 동일한지 아니면 독립하는지에 관한 문제는 병합청구의 문제는 아니다. 그 경우는 하나의 소(소송)가 아니라 별개 독립한 복수의 소(소송)이기 때문이다. 그리고 이 경우 같은 이유로, 각각의 청구에 대한 청구적격의 유무도 별개 독립적으로 검토, 판단되어야 한다.

6) 청구원인은 실체법상의 법률요건이고 그로부터 법률효과가 발생하여 그것이 청구취지에 기재되어 심판의 대상이 된다. 그런데 소송현실에서는, 동일한 청구원인에서 발생하는 복수의 법률효과가 다른 것에 착안하여 각 법률효과별로 청구취지를 달리 구성하여 선택적 병합이나 주위적·예비적 병합청구를 하는 경우를 흔히 볼 수 있다. 예컨대, 원인무효의 등기를 원인으로 한 소유권이전등기의 말소청구와 소유권이전등기청구, 사해행위취소를 원인으로 한 원물반환청구와 가액반환청구 등이다.

이때 각 법률효과(청구취지) 상호 간에 독립성이 있어 별개의 청구취지로서의 적격을 갖고 청구의 병합이 성립하는지 여부가 의문시되는 경우가 많이 있다. 이 문제를 해결하는 데는 먼저, 각 청구취지(법률효과)의 발생 근거가 되는 청구원인이 동일한지 아니면 독립하여 서로 별개인지를 판단할 필요가 있다. 청구원인이 다른 것이라면 청구취지의 동일 여부에 관계없이 그 자체로서 이미 소송물이 다르다고 할 수 있지만, 청구원인이 동일하다면 2차적으로 청구취지의 동일성과 독립성 여부에 따라 소송물의 동일성 여부가 결정될 것이다.

7) 외형상 복수의 청구원인이 병립할 때 그 청구원인 사이에 독립성이 없다면, 결국 그들 청구원인은 동일하여 하나의 청구원인만이 성립하게 되어 그 자체로서는 청구의 병합이 성립하지 않음은 앞서 본 바와 같다. 어떤 실체법상의 법률요건이 소송법상 적법한 청구원인이 되려면 독자적인 청구원인성, 즉 청구적격을 가져야 한다. 그렇지 않고 그것이 단순히 청구원인을 보조하는 공격방어방법에 지나지 않는 때에는, 이는 그 청구원인에 부수하고 그에 포함되어 함께 심판의 대상이 되므로 그 자체로서 청구적격, 즉 본안

에 대하여 심판을 받을 이익이나 필요가 없다. 그리고 그 청구원인으로부터 발생하는 법률효과가 공격방어방법의 차이에 따라 미세하게 달라지고 그들 상호 간에 배타적·택일적 관계가 성립할 뿐 그 본질적인 내용에는 차이가 없는 경우, 뒤에서 보는 바와 같이 그 청구원인에서 발생하는 복수의 법률효과 역시 청구취지를 달리 구성하는 본래 의미의 복수의 법률효과라고 할 수 없어 복수의 청구취지(소송물)가 성립하지 않으며, 이에 따라 청구의 병합도 발생하지 않게 된다.

외형상 복수의 청구원인으로 보이더라도 그 중 일부가 공격방어방법에 불과한 경우는, ① 그 법률사실의 대부분이 중복되는 등으로 상호 간에 밀접한 관계가 있고, ② 그 법률사실의 일부가 독립하여 법률요건을 구성하지 못하거나, ③ 법률요건을 구성하는 때에도 청구원인으로서의 자격을 갖추지 못한 경우에 흔히 볼 수 있다. 그리고 이때 그 청구원인과 공격방어방법으로부터 발생하는 복수의 법률효과 사이에는 뒤에서 보는 바와 같이 배타적·택일적 관계 등 특수한 관계가 성립하여, 이들 법률효과 상호 간에는 청구의 병합이 생기지 않는다.

(3) 복수의 청구취지와 문제의 소재

1) 외형상 청구취지가 복수로 병립하는 경우에, 이는 ① 청구원인이 복수인 경우와 ② 청구원인이 단일한 경우로 나눠볼 수 있다. ①의 경우에는 복수의 청구취지 상호 간에 독립성을 갖는 경우가 대부분이고, 극히 예외적으로만 청구취지의 내용이 동일하여 그 복수의 청구취지 상호 간에 독자성을 인정할 것인지 여부가 문제된다. 반면에, ②의 경우에는 외형상 법률효과와 그에 따른 청구취지가 다르더라도 실질적으로는 각 청구취지의 독자성과 독립성이 부정되어 실질적으로는 병합청구가 성립하지 않는 경우가 많다.

2) 그러므로 하나의 소송절차 내에서 복수의 청구취지가 존재하는 경우에 청구취지의 독자성과 독립성 및 병합청구의 성립 여부는, 외형상 복수의 청구취지와 연결되는 각각의 법률효과를 발생케 하는 청구원인을 먼저 검토하여야 한다. 이때 청구원인이 복수인 경우에는 특별한 문제가 없으나 청구원인이 단일한 경우에 특히 문제가 된다. 후자의 경우 그 청구원인에서 복수의 법률효과가 발생하나, 그 법률효과 상호 간에 독립적 관계가 성립하는 경우도 있지만 그렇지 않은 경우도 있다. 이때 그 복수의 법률효과로 인해 복수의 청구취지가 성립하고 그 복수의 청구취지가 독자성과 독립성을 갖는지 여부는 다음에 보는 바와 같이 그 법률효과의 성질에 따라 결정된다.

3) 어떤 법률요건이 청구원인이 되는 경우, 그 청구원인으로부터 법률효과로서 1개의 청구권(권리)만이 발생하기도 하지만 복수의 청구권(권리)이 발생하기도 한다. 예컨대, 매매로부터는 재산권이전청구권과 인도청구권, 대금지급청구권이, 이자부 소비대차로부터는 원본반환청구권과 이자청구권이 발생한다. 권리자는 그 여러 개의 청구권(권리) 전부를

행사하거나 그 중 일부만 행사할 수 있음은 물론이다. 또 1개의 청구권(권리)만이 발생하는 경우에도, 앞서 본 바와 같이 권리자는 양적으로나 질적으로 그 일부만을 청구할 수도 있다. 동일한 권리라도 그 실현형태(이행, 확인, 형성)가 다르면 2차적 소송물인 청구취지가 달라진다.

4) 그러나 청구취지를 단순히 외형만으로 비교해서 복수의 청구취지가 형식상 다르다고 하여 심판의 대상인 소송물이 다르다고 쉽게 판단할 수는 없다. 어떤 청구취지가 그 자체로서는 심판의 대상이 되는 데에 아무런 문제가 없어 청구적격이 인정되는 것이라도, 다른 청구취지와의 상대적 관계에서 평가할 때는 독자성이 없어 다른 청구취지와 함께 따로따로 심판할 필요가 없거나, 이미 그 어느 하나에 대하여 심판이 이루어져서 다시 다른 하나에 대하여 추가적인 심판을 허용할 이익이 없는 경우가 많이 있기 때문이다.

이러한 경우는 병립하는 복수의 청구취지(법률효과)가 동일한 청구원인으로부터 발생한 때에 흔히 일어나는데, 어느 한 청구취지의 법률효과가 다른 청구취지의 그것과 문구나 외형만 다르고 그 실질(본질)이 동일한 경우나, 이들 복수의 법률효과가 별개의 청구원인이 아니라 그 청구원인을 보조하는 공격방어방법의 차이에 따라 달라지는 것에 불과한 경우에 특히 현저하다.

5) 청구병합에 있어 가장 난해한 부분은, 하나의 청구원인을 바탕으로 복수의 법률효과가 발생하는 경우에 그 복수의 법률효과가 매매에 기한 소유권이전등기청구권과 인도청구권처럼 양립 가능하여 독자성과 독립성이 있는 것이 아니라, 원물과 가액, 현존이익과 받은 이익처럼 어느 한쪽이 성립하면 다른 한쪽은 성립할 수 없는 배타적·택일적 관계에 있는 경우이다.

이 경우 복수의 청구취지가 외형상 다르고 그 각각의 청구 자체로서는 독자성도 있다는 이유로 복수의 청구를 인정하고 하나의 소송이나 전후 양소를 통하여 그 각각에 대한 심판을 허용하여야 하는가? 한편, 이 경우 각각의 법률효과에 대응하여 별개의 실체법상의 법률요건, 즉 청구원인이 별개로 성립한다고 보아야 하는가, 아니면 청구원인은 동일하고 단지 그 청구원인사실(법률요건사실)에 부가하여 다른 법률사실이 추가된 것일 뿐이라고 보아야 하는가? 만약 부가적 법률사실이 추가될 뿐이라고 본다면 이때 부가, 추가되는 그 법률사실의 소송법적 지위는 무엇으로 보아야 하는가?

(4) 복수의 법률효과가 별개 독립관계인 경우

1) 동일한 청구원인으로부터 복수의 법률효과가 발생하는 첫째 형태는 그 법률효과들이 배타적·택일적 관계가 아니라 병존·양립이 가능하여 별개 독립관계이면서 권리자에게 다른 만족을 주는 경우이다. 부동산 매매의 경우 매수인이 취득하는 소유권이전등기청구권과 인도청구권, 금전 소비대차에 기한 이자청구권과 원금반환청구권, 임대차에 기한 임

대인의 차임청구권과 목적물반환청구권 등이 이에 속한다.

2) 매매에서 소유권이전등기청구권과 인도청구권은 민법 제568조의 매매의 법률효과인 재산권이전청구권으로서 인정되며, 그 법적 근거인 청구원인(법률요건)이 동일하다. 부동산 매매에 있어 매수인에게 인도청구권이 소유권이전등기청구권과 별도로 인정되는 이유는, 매매의 본래적 효력으로서 기본적 법률효과인 재산권이전청구권의 구체적 실현 형태로서, 매매가 소유권 매매인 경우 소유권이 내포하는 권능인 처분권은 물론 사용·수익권까지 완전히 매수인에게 이전하기 위해 인정되는 것이다. 부동산의 경우 매수인에게 소유권이전등기만 넘겨지면 처분권이 매수인에게 이전되지만, 그것만으로 곧바로 매수인이 매매 목적물을 사용·수익할 수는 없으므로, 등기이전만으로 재산권이전의무를 모두 이행한 것이라고 할 수 없다. 따라서 매수인으로 하여금 완전한 소유권을 취득하게 하기 위해서는 사용·수익에 필요한 인도가 요구된다. 민법에는 명문의 규정이 없지만, 대부분의 학설과 판례(대법원 1959. 10. 29. 선고 4292민상403 판결, 1966. 10. 4. 선고 66다1246 판결, 2000. 11. 28. 선고 2000다8533 판결)는 소유권이전등기청구권과 함께 인도청구권도 인정한다.

3) 이 경우에 소유권이전등기청구권과 인도청구권은 그 실체법적 근거인 청구원인이 모두 매매로서 동일하며, 그 청구원인사실로는 재산권의 이전 의사표시와 대금지급 의사표시 외에 별도의 법률요건이나 요건사실을 필요로 하지 않는다. 또 공격방어방법인 대리나 조건, 기한, 선의, 악의 등의 법률사실이 부가되더라도 그에 따라 기본적 법률효과가 달라지지도 않는다.

그리고 이 양자의 권리는 매수인의 권리 실현이나 만족을 위해 법이 병렬적·독립적으로 부여한 것이므로 일방이 타방에 포함되거나 흡수되지 않아 배타적·택일적 관계가 성립하지도 않는다. 즉 양자의 법률효과는 독립하여 소송목적이 되고 심판의 대상이 되며, 독립한 청구적격을 갖는다.

4) 따라서 매수인이 이들 권리를 하나의 소송으로써 청구하는 경우, 그 청구원인은 동일하지만 2차적 소송물인 청구취지를 달리하므로 각각의 청구취지마다 소송물을 달리하게 되고, 하나의 소로써 병합청구하거나[413] 청구의 추가적 변경이 가능하고, 법원은 그 청구 전부에 대하여 심판하여야 한다. 또, 양자를 각각 별소로 제기하더라도 중복소송에 해당하지 않는다. 전소에서 어느 하나의 법률효과에 대한 심판을 청구하여 판결이 확정된 후 다른 하나를 후소로써 청구하더라도 전후 양소의 소송물이 달라 후소에 전소 판결

413) 이 경우 병합의 형태는 단순병합이 된다. 양자가 모순·저촉되지 않고 동시에 양립·병존할 수 있으며 권리자에게 각각 다른 만족을 주기 때문이다. 따라서 이 경우 선택적 병합이나 주위적·예비적 병합은 허용되지 않으며, 당사자가 이러한 병합청구를 한 경우 법원은 단순병합으로 변경하거나 그 중 하나의 청구만을 하여 그 청구(소송목적)를 특정하도록 보정을 명하고, 불응 시 청구의 불특정으로 소를 각하함이 타당하다(다만, 법원은 당사자의 의사가 단순병합을 구하는 것으로 해석되는 때에는 그에 따라 처리할 수 있을 것이다).

의 기판력이 미치지 않음은 물론이다(대법원 1989. 4. 25. 선고 88다카3618 판결 참조).

5) 동종의 청구원인으로부터 동종의 법률효과가 발생하는 경우에는 실질상으로 청구원인이 복수가 되므로 당연히 그 법률효과도 별개 독립한 것이 된다. 예컨대, 이미 어떤 채권자가 제기한 사해행위취소의 소송이 계속되어 있는 도중에 다른 채권자가 새로운 사해행위취소의 소를 제기하더라도, 당사자와 피보전채권이 달라 청구원인이 다르므로 전후 양소는 중복소송에 해당하지 않는다는 데에 이설이 없고, 판례도 같다(대법원 2008. 4. 24. 선고 2007다84352 판결).[414] 다수의 채권자가 공동원고가 되어 하나의 소로써 사해행위취소의 소를 제기한 경우에도 각 채권자별로 청구원인과 그 법률효과가 독립하므로 실질적으로는 복수의 청구가 성립한다.[415]

반면에 채권자대위소송의 경우, 대위채권자를 채무자를 위한 제3자소송담당자로 보는 통설과 판례(대법원 2009. 4. 23. 선고 2009다3234 판결, 2012. 3. 29. 선고 2011다106136 판결 등)에 의하면, 그 소가 제기된 것을 채무자가 알았다면 그 판결의 효력이 채무자에게 미치는 것으로 본다(대법원 1975. 5. 13. 선고 74다1664 전원합의체판결 등). 따라서 어느 채권자가 대위에 의한 소를 제기하여 그 소송 계속 중 다른 채권자가 동일한 대위의 소를 제기한 경우, 후소는 비록 전소와 형식적 당사자는 다르지만 실질적 당사자인 채무자를 기준으로 할 때 당사자가 동일하고 소송물도 동일하므로 중복소송에 해당하며(대법원 1994. 2. 8. 선고 93다53092 판결, 1998. 2. 27. 선고 97다45532 판결 등), 어느 채권자가 채권자대위권에 기하여 제3채무자를 상대로 소를 제기하여 그 소가 제기된 사실을 채무자가 안 때는 채무자는 물론 다른 채권자들에게도 기판력이 미치므로(대법원 1994. 8. 12. 선고 93다52808 판결 등), 확정된 전소판결에서 채권자가 승소한 경우에는 후소의 원고에게 주관적 소의 이익이 없어 후소를 각하하여야 하고, 채권자가 패소한 경우에는 후소의 원고에게 주관적 소의 이익이 있으므로 기판력에 의하여 후소 청구를 기각하여야 한다.

이 경우 전후 양소의 청구원인은 채무자의 제3채무자에 대한 청구권 발생의 원인으로서 동일하고[416] 그 청구취지도 동일하여, 이미 계속 중인 전소에 대한 관계에서 후소는 따로 심판할 이익이 없으나, 이는 후소의 소송물 자체에 내재한 객관적 사정 때문이 아니라 전소의 계속이라는 우연한 사정 때문이므로 객관적 소의 이익인 청구적격은 있고,

---

414) 이때 청구원인은 민법 제406조의 사해행위취소인데, 각 채권자별로 청구원인적 법률요건인 사해행위를 구성하는 요소인 피보전채권이 달라 각 채권자별로 별개의 사해행위가 성립하므로 그 소송물 중 청구원인도 다르다(그러나 어느 채권자를 기준으로 피보전채권을 변경하는 것은 청구원인의 동일성에 영향이 없다. 동일한 채권자에 대해서는 피보전채권이 무엇이든 민법 제406조에서 인정하는 하나의 사해행위만이 성립하기 때문이다. 따라서 피보전채권의 변경은 청구원인의 변경이 아니라 공격방어방법의 변경에 불과하다. 대법원 2012. 7. 5. 선고 2010다80503 판결도 같은 취지이다).

415) 이 경우 각 채권자들 사이에 유사필수적 공동소송관계가 성립하나, 이는 채무자와 수익자 간의 재산처분행위에 대해서만 그러하고, 피보전채권의 존부와 사해행위 취소권 행사의 필요성은 각 채권자별로 따로따로 판단되어야 한다.

416) 제3자소송담당설에 따르면, 각 채권자의 피보전채권은 청구원인사실이 아니라 단지 당사자적격(제3자소송담당) 발생의 요건에 불과하다고 할 것이다.

다만 주관적 소의 이익이 없다고 할 것이다. 수인의 채권자가 공동원고가 되어 3채무자를 상대로 소를 제기한 경우에는 채권자취소의 경우와 달리 청구원인이나 청구취지가 단일하여 청구의 병합이 발생하지 않는다.

한편, 어느 채권자가 채권자대위권에 기하여 제3채무자를 상대로 소를 제기하여 그 소가 제기된 사실을 채무자가 안 때는 채무자는 물론 다른 채권자들에게도 기판력이 미치므로(대법원 1994. 8. 12. 선고 93다52808 판결 등), 확정된 전소판결에서 채권자가 승소한 경우에는 후소의 원고에게 주관적 소의 이익이 없어 후소를 각하하여야 하고, 채권자가 패소한 경우에는 후소의 원고에게 주관적 소의 이익이 있으므로 기판력에 의하여 후소 청구를 기각하여야 한다.

(5) 복수의 법률효과 중 일부가 청구적격이 없는 경우

1) 계약상의 채무불이행이라는 법률요건으로부터는 손해배상청구권과 계약해제권이라는 복수의 법률효과가 발생한다. 그러나 원고가 하나의 소로써 손해배상청구와 함께 계약해제의 이행, 확인, 형성의 청구를 병합하여 청구한 경우 예컨대, "피고는 원고에게 별지 목록 기재 부동산에 대한 2020. 5. 1.자 매매계약을 해제하라", "원고에게 별지 목록 기재 부동산에 대한 원·피고 사이의 2020. 5. 1.자 매매계약의 해제권이 있음을 확인한다", "원고와 피고 사이의 별지 목록 기재 부동산에 대한 2020. 5. 1.자 매매계약을 해제한다", "원고와 피고 사이의 별지 목록 기재 부동산에 대한 2020. 5. 1.자 매매계약이 해제되었음을 확인한다"라는 등으로 청구한 경우를 들 수 있다.

후자는 따로 심판받을 필요와 이익, 즉 청구적격이 없어 그 부분 소는 부적법하다. 해제권은 형성권으로서 권리자 자신이 일방적으로 행사할 수 있을 뿐 피고나 법원에게 그 행사를 구할 수 없고, 앞서 본 바와 같이 해제권이 있을 경우 이를 행사하고 곧바로 원상회복청구나 부당이득반환청구를 하는 것은 몰라도, 단순히 해제권이 있다는 확인을 받는 것만으로는 분쟁의 해결이나 이에 준하는 만족을 받을 수 없어 그에 대한 심판을 허용할 필요가 없기 때문이다.

2) 이와 같이 하나의 소송에서 소송목적이 복수이지만 그 청구취지 중 일부가 청구적격이 없는 경우, 형식적으로는 청구의 병합이 발생하지만 청구적격이 없는 부분의 청구에 대해서는 본안의 심판을 할 필요나 이익이 없으므로 실질적으로는 청구병합이 발생하지 않는다. 따라서 법원은 청구적격이 없는 부분의 청구에 대해서는 본안 심판을 거부하여야 할 것임은 당연하나, 그에 대하여 따로 소 각하의 판결을 하여야 하는지 여부는 그 청구가 나머지 다른 청구에 흡수, 포함되는지 여부에 달려 있다. 만약 다른 청구에 흡수, 포함되는 것이라면 다른 청구에 대한 심판으로써 그 청구적격이 없는 부분에 대한 심판까지 겸하므로 굳이 소를 각하할 필요가 없으나,[417] 다른 청구에 흡수, 포함되지 않는다면 소 각하 판결로써 응답하여야 한다. 법원은 당사자의 재판청구에 응답할 의무가 있기

때문이다.

3) 그리하여 다음에 보는 바와 같이, 원인무효등기의 말소와 진정명의회복을 원인으로 한 소유권이전등기청구를 병합청구하거나 부당이득반환청구를 하면서 배타적·택일적 관계에 있는 원물반환청구와 가액반환청구를 병합청구한 때에는, 동일한 청구원인을 토대로 공격방어방법만의 차이에 따른 복수의 법률효과를 전제로 청구한 것으로서 그 청구 중 일부는 청구적격이 없으나,[418] 한쪽의 청구가 다른 청구에 흡수, 포함되므로 굳이 이를 따로 판단하고 소를 각하할 필요가 없다.

이는 ① 매매대금 지급을 구하면서 주위적으로는 1억 원, 예비적으로는 7,000만 원을 청구한 경우와 같이 주위적 청구와 동일한 청구원인을 내용으로 하면서 주위적 청구를 양적·질적으로 일부 감축하여 청구한 경우(대법원 2008. 3. 27. 선고 2007다88507 판결, 2017. 10. 31. 선고 2015다65042 판결 등), ② 사해행위취소에 따른 원상회복을 청구하면서 선택적으로 또는 주위적·예비적으로 원물반환과 가액반환을 청구한 경우 등에도 동일하다. 이 경우 외형상 청구취지가 달라 형식상으로는 복수의 청구가 병합된 것처럼 보이나, 뒤에서 보는 바와 같이 실질상으로는 청구취지가 동일하거나 그 청구취지의 바탕이 되는 청구원인(법률요건)이 단일하고 단지 공격방어방법만을 달리할 뿐이며, 복수의 법률효과가 배타적·택일적 관계에 있어 굳이 복수의 청구를 하지 않더라도 법원이 그 전부를 심판할 수 있기 때문이다.

4) 그러나 앞서와 같이 손해배상청구와 함께 계약해제의 이행, 확인, 형성의 청구를 병합하여 청구한 경우에는 후자가 전자에 포함, 흡수되지 않으므로 따로 소 각하 판결을 하여야 한다. 이 경우 계약의 해제 여부는 손해배상청구의 청구원인사실이 아닐 뿐 아니라 공격방어방법도 아니며, 해제와 손해배상청구 사이에는 아무런 관계가 없기 때문이다(민법 제551조 참조).

(6) 복수의 법률효과가 본질적으로 동일한 만족을 주면서 외형만 다른 경우

1) 동일한 청구원인에서 발생하는 복수의 법률효과가 외형상으로만 다를 뿐 실질적으로는 동일한 경우로는 소유권(소유권 침해에 따른 물권적 청구권)에 기한 원인무효인 소유권이전등기의 말소청구와 진정명의 회복을 위한 소유권이전등기청구의 경우를 들 수 있다. 앞서 본대로 이미 자기 앞으로 소유권을 표상하는 등기가 된 바 있었거나 법률에 의

---

417) 이 경우 그 부분청구에 대한 소를 각하한다면 이는 확인적 의미밖에 없다.

418) 여기서 말소등기청구와 소유권이전등기청구, 원물반환청구와 가액반환청구는 각각 개별적으로는 청구적격이 있으나, 이들 청구를 하나의 소송에서 병합하는 형태로 구한 경우 청구적격의 존부를 판단할 때는 이들 복수의 청구 전부를 고려하여 판단하여야 한다. 그 복수의 청구 전체가 하나의 소(소송)의 내용을 이루고, 그 전부가 하나의 소(소송) 안에서 동일한 기회에 심판을 받게 되며, 청구적격성을 갖춘 여부는 각 청구의 내용 자체로써 판단할 수 있기 때문이다. 그리하여 이 경우 다른 쪽 청구에 흡수, 포함되어 청구의 독자성과 독립성이 없는 청구는 청구적격이 없다.

하여 소유권을 취득한 자는 진정한 등기명의를 회복하기 위한 방법으로 현재의 등기명의자를 상대로 그 등기의 말소를 구할 수 있음은 물론 진정한 등기명의의 회복을 원인으로 소유권이전등기를 구할 수도 있다는 것이 판례이며(대법원 1990. 12. 27. 선고 89다카12398 전원합의체 판결), 이는 논리적으로 아무런 문제가 없다.

2) 그런데 위 소유권이전등기말소청구권이나 소유권이전등기청구권 모두 진정한 소유자의 소유권 침해(방해)에 따른 물권적 청구권(방해배제청구권)에 근거한 것이므로 그 청구원인이 동일하다. 또, 그 청구취지의 형식은 비록 말소등기와 이전등기로 다르지만 그 실질은 진정한 소유자의 등기명의를 표상하려는 목적, 즉 현재의 등기명의자에 의한 소유권의 방해를 배제하고 진정한 소유자의 소유권을 완전하게 하려는 목적에 기한 것으로서, 단순히 그 법률효과(방해배제청구권)의 표현 형식이나 외형만 다를 뿐 그 실질과 권리자의 만족에 있어서는 완전히 동일하다.[419] 즉 이 경우 법이 부여하는 법률효과는 실질적으로 보아 단일하다.

3) 이러한 경우 소유권이전등기말소청구권이나 소유권이전등기청구권은 형식상으로는 각각 따로 심판을 구할 이익도 있고 독립성도 있지만, 양자가 동시에 존재하는 경우 실질상으로 양자는 동일하여 서로 포함, 흡수하는 관계에 있으므로 양자를 하나의 소에서 복수의 소송목적으로 삼아 따로따로 심판을 허용할 필요나 이유가 없으며, 실질적으로 청구는 단일하고 복수의 청구가 성립하거나 청구의 병합이 발생하지 않는다.[420]

그런데도 원고가 양자를 하나의 소로써 선택적으로 또는 주위적·예비적으로 병합청구한 경우 법원은 이를 어떻게 처리하여야 하는가? 이 경우 어느 하나의 법률효과에 대한 청구가 있으면 다른 법률효과도 심판대상이 되어 법원은 양쪽 모두를 심판할 수 있으며, 법원이 어느 쪽을 심판하였든 그 심판의 효과는 다른 쪽 청구에도 미친다. 양자가 외형만 달리할 뿐 실질상 내용이 동일하고 그 만족도도 꼭 같기 때문이다. 따라서 이 경우 원고가 병합청구를 하였다고 하더라도, 법원은 어느 한쪽의 청구를 인용하고 다른 청구에 대해서는 따로 주문을 낼 필요가 없으며, 둘 다 이유가 없는 때에는 단순한 청구기각의 주문을 내면 충분하다. 또 이때, 인용하지 않는 쪽의 청구(소)는 청구적격이 없어 부

---

419) 소유권이전등기의 경우 소유권이전등기말소의 경우와 달리 근저당권설정등기나 가압류등기 등 타인의 등기를 말소할 수 없어 원고에게 불리한 듯 보이나, 원고가 그들에게 대항할 수 있으면 별소로써 그들의 등기를 말소청구할 수 있으므로 결과적으로는 동일하고 특별히 불리한 것이 아니다. 그리고 이때 소유권이전등기의 말소등기 판결만으로는 그 근저당권설정등기 등을 말소할 수 없으나, 이는 이행불능이 아니라 집행불능으로서 나중에 그들을 상대로 승소판결을 받거나 그들의 승낙을 받아 말소등기를 집행(기입)할 수 있으므로 위 근저당권설정등기 등의 기초가 된 피고의 소유권이전등기에 대한 말소를 구할 소의 이익도 있다(대법원 1983. 3. 8. 선고 80다3198 판결, 1993. 7. 13. 선고 93다20955 판결, 1998. 9. 22. 선고 98다23393 판결 등 참조). 그러므로 여기서 말소등기의 가부는 공격방어방법에 불과하다.

420) 병합의 형태가 단순이든 선택이든 주위적·예비적이든 관계없이 어떤 형태의 병합도 성립하지 않는다. 즉 병합청구는 소송법적으로 무효이다.

적법하지만, 청구의 독자성과 독립성이 없어 독립한 소로서의 자격이 없으므로 그 부분 소를 각하할 필요가 없고, 그 소 전부가 부적법한 때만 소를 각하할 일이다.

4) 다만, 두 부분의 청구가 모두 이유 있는 때에는 법원이 임의로 어느 하나를 선택하여 인용하는 것보다는 원고에게 어느 쪽 청구에 대한 심판을 원하는지 그 의사를 물어서 그에 따라 판단함이 바람직하다.[421] 만약 원고가 이에 응하지 않을 때는 법원이 어느 쪽을 선택하여 심판하여도 무방하나, 가능하면 원고의 추정적 의사나 여러 가지 사정을 참작하여 가장 적절한 쪽의 청구를 심판하는 것이 상당하다.[422]

5) 이상과 같은 이유로, 어느 한 청구의 소송 계속 중에 다른 청구의 별소 제기도 허용할 수 없다. 만약 이에 반하여 별소를 제기한 경우 이는 실질적으로 소송물이 동일한 소를 제기한 것으로서 중복소송에 해당하므로 후소는 각하를 면할 수 없다.[423]

또, 소유권에 기한 방해배제청구권을 청구원인으로 하여 전소에서 원인무효등기의 말소등기청구를 하였다가 패소하자 다시 후소로 진정한 등기명의의 회복을 원인으로 한 이전등기를 구한 경우 후소에 기판력이 미친다. 그 역의 경우에도 마찬가지다. 전후 양소의 소송물이 동일한 이상 이는 당연하다. 대법원도 처음에는 기판력을 부정하였으나 현재는 인정한다(대법원 2001. 9. 20. 선고 99다37894 전원합의체 판결). 그리고 이 경우 원고가 전소에서 소유권이전등기말소청구나 소유권이전등기청구 어느 쪽의 청구를 하여 승소한 때는 신소를 제기하여 다른 쪽의 청구를 하더라도 다시 신소를 제기할 주관적 소의 이익이 없으므로 신소는 그 자체로서 부적법하다.[424] 원고가 전소에서 패소한 때는 기판력에 의해 후소 청구를 기각하여야 한다.

6) 이러한 법리는, ① 청구원인으로서 부당이득을 주장하면서 원물반환의 방법으로 원고 앞으로의 소유권이전등기 또는 피고 명의의 소유권이전등기의 말소를 구하는 경우(대법원 2008. 11. 13. 선고 2008다24081 판결 참조), ② 유류분권 침해를 원인으로 하여 소유권이전등기말소 또는 소유권이전등기를 구하는 경우(대법원 1995. 6. 30. 선고 93다11715 판결, 2002. 4. 26. 선고 2000다8878 판결, 2013. 3. 14. 선고 2010다42624, 42631 판결), ③ 사해행위를 청구원인으로 하고 그 원물반환청구로서 수익자 명의의 소유권이전등기말소 또는 채무자 앞으로의 소유권이전등기를 구하는 경우(대법원 2000. 2. 25. 선고 99다53704 판결), ④ 명의신탁의 해지에 따른 소유권이전등기의 말소 또는 소유권이전등기를 구하는 경우(대법원 1998. 4. 24. 선고 97다44416 판결), ⑤ 피담보채무 변제에 따른 양도담

---

421) 원칙적으로, 선택적 청구의 경우에 원고가 순위를 정한 때는 제1청구를(원고가 순위를 정하지 않은 때는 석명을 명하여야 할 것이다.), 주위적·예비적 청구의 경우에는 주위적 청구를 희망한 것으로 볼 수 있다.

422) 예컨대, 이미 피고 명의의 소유권이전등기에 뒤이어 타인의 소유권이전등기나 근저당권설정등기, 가압류등기 등이 기입된 때는 소유권이전등기말소청구보다는 소유권이전등기청구를 인용하는 것이 좋다.

423) 이 경우에는 후소의 청구내용 자체로서는 청구적격에 아무런 영향이 없으므로 이를 이유로 각하할 것이 아니라 중복소송을 이유로 각하하여야 한다.

424) 사해행위취소에 따른 원물반환과 가액반환에 관한 대법원 2006. 12. 7. 선고 2004다54978 판결은 그러한 이유로 신소를 부적법한 것으로 보았다.

보권자의 소유권이전등기의 말소 또는 양도담보설정자 명의의 소유권이전등기를 구하는 경우(대법원 1971. 5. 24. 선고 71다669 판결, 2014. 1. 23. 선고 2013다64793 판결 등), ⑥ 계약 해제에 따른 원상회복으로 소유권이전등기의 말소 또는 소유권이전등기를 구하는 경우(대법원 1970. 7. 24. 선고 70다1005 판결) 등에도 동일하게 적용되어야 한다.

(7) 복수의 법률효과가 배타적·택일적 관계에 있으나 복수의 법률효과가 본질적으로 동일한 만족을 주면서 단지 질적으로만 다른 경우

1) 동일한 청구원인에서 발생한 복수의 법률효과가 배타적·택일적 관계에 있으면서 원고에게 본질적으로 동일한 만족을 주나, 단지 그 권리의 만족에 있어 질적으로만 다른 경우는 부당이득이나 사해행위에 있어 부당이득반환 또는 원상회복의 수단인 원물반환청구권과 가액반환청구권의 경우를 들 수 있다. 그리고 이는 유류분반환청구에서 그 반환의 방법에 관해서도 동일하다.

사해행위취소소송에 있어 심판의 대상인 소송물은 원고가 취소만을 구한 때는 사해행위(청구원인)와 그 취소(청구취지)로서 소송물이 단일하나, 그에 더하여 원상회복까지 청구한 때는 그 취소와 원상회복청구가 복수의 청구취지를 구성하므로 소송물도 복수가 된다.[425] 그런데 원상회복의 방법으로는 원물반환과 가액반환의 두 가지가 있는바, 양자는 동일한 법률요건(청구원인)에서 발생하는 법률효과로서 배타적·택일적 관계에 있어 하나의 법률요건(청구원인)에서 발생하는 법률효과가 별개 독립한 경우에 비하여 특수한 성질을 갖고, 그에 따라 소송법적으로도 다르게 취급하여야 할 필요가 있다.

2) 이 경우 원물이든 가액이든 그 반환 또는 원상회복의 형태는 다르지만 양자는 경제적으로 동일한 가치를 가지고 있어 권리자에게 동일한 만족을 주며,[426] 양자는 동시에

425) 이때도 그 청구원인은 민법 제406조가 규정하는 법률요건인 '사해행위'로서 단일함은 물론이다. 이 경우 청구원인을 취소 부분의 것과 원상회복 부분으로 나눌 수 있다는 견해가 있으나[이영풍, "소송물과 소의 교환적 변경－ 사해행위취소소송을 중심으로 －", 재판실무연구, 광주지방법원(2004)], 취소권과 원상회복청구권 모두 동일한 법률요건(청구원인)으로부터 발생하는 법률효과이므로 청구원인이 복수가 되는 것은 아니다.

426) 그런 이유로 민법(제747조 제1항)은 원물반환이 불가능한 경우 가액반환에 의하도록 한 것이다. 즉 양자의 본질(원상회복)은 같다. 사해행위에 있어 원물반환과 가액반환의 경우 그 취소 및 원상회복의 범위가 다를 수 있으나(가액반환의 경우 원물반환과 달리 피보전채권액을 초과할 수는 없다. 대법원 2002. 4. 12. 선고 2000다63912 판결, 2008. 11. 13. 선고 2006다1442 판결 등 참조), 원물반환의 경우에도 궁극적으로 그 만족은 채권자의 피보전채권액을 한도로 한다(반면에 채무자나 수익자에게는 손해의 크기가 다를 수 있다).
한편 사해행위에 있어 어느 채권자가 수익자에게 가액반환을 청구한 경우, 다른 채권자들이 있더라도 취소채권자는 직접 자기에게 가액배상금을 지급할 것을 청구할 수 있고, 원물반환의 경우와 달리 그 지급받은 가액배상금을 단독으로 취득하며 다른 채권자는 다른 절차를 거치지 아니하고 취소채권자를 상대로 하여 안분액의 지급을 직접 구하거나 취소채권자에게 인도받은 재산 또는 가액배상금에 대한 분배를 요구할 수 없으므로(대법원 2008. 11. 13. 선고 2006다1442 판결, 2008. 6. 12. 선고 2007다37837 판결 참조), 원물반환과 가액반환의 만족의 크기가 다르다고 볼 여지도 있다. 그러나 이러한 결과는 사해행위취소에 대하여 민법이 본래 예정한 제407조(취소와 원상회복은 모든 채권자의 이익을 위하여 효력이 있다.)에 관한 구체적인 집행방법의 불비라는 부수적 사정에 따른 것이다.

병존할 수 없으므로 배타적·택일적 관계에 있다.[427] 그러므로 양자는 본질적·실질적으로 부당이득반환 또는 원상회복이라는 동일한 하나의 법률효과이고, 단지 그 외형만을 달리 한다고 할 것이다. 즉 이 경우, 법은 실질적·궁극적으로 권리자에게 부당이득반환청구권 또는 원상회복청구권이라는 하나의 법률효과만을 부여하였을 뿐, 원물반환의 부당이득반환청구권 또는 원상회복청구권, 가액반환의 부당이득반환청구권 또는 원상회복청구권이라는 복수의 법률효과를 부여한 것이 아니다.

따라서 이 경우 원물반환청구이든 가액반환청구이든 양자의 청구원인은 동일하고, 원물반환, 가액반환은 단지 원물반환의 가부라는 부가적 법률사실에 따라 그 실질적 법률효과(권리)인 부당이득반환청구권 또는 원상회복청구권을 실현하는 구체적 수단을 달리할 뿐, 원물반환이냐 가액반환이냐에 따라 심판의 대상인 소송물이 달라지는 것이 아니다. 즉 어느 쪽 청구를 하든 실질적인 심판대상은 부당이득반환청구나 원상회복청구이고, 원물반환, 가액반환은 부가적 법률사실(원물반환의 가부)의 차이에 따른 것으로서 부당이득반환 청구 등에 부수하여 판단되며, 위 부가적 법률사실은 청구원인이 아닌 공격방어방법에 불과하므로 양자 모두가 동시에 심판의 대상이 된다.

그리고 부당이득이나 사해행위가 성립하는 이상 법원은 그 법률효과로서 부당이득반환청구나 원상회복청구를 어떤 형태로든 인용하여야 하고, 원물반환청구와 가액반환청구 중 어느 하나를 인용함이 없이 양자 모두를 배척할 수는 없다.

3) 이 경우에 원고는 양자의 법률효과(청구취지)를 임의로 선택하여 청구할 수는 없다. 원물반환청구가 원칙이고, 그것이 불가능하거나 현저히 곤란한 사정이 있는 때에 한하여 예외적으로 가액반환청구가 허용되기 때문이다(민법 제747조 제1항 참조).[428][429][430] 따라서 원고는 가액반

또, 위와 같은 대법원의 법리는 많은 비판의 여지가 있다{이에 대한 비판으로는, 하현국, "채권자취소로 인한 가액배상과 취소채권자의 우선변제", 민사재판의 제문제 19권, 한국사법행정학회(2010)를 참조}.

427) 그러므로 채권자인 원고는 원칙적으로 원물반환과 가액반환을 동시에 청구할 수 없다. 서울북부지방법원 1999. 11. 19. 선고 99가합2229 판결(항소심에서 그대로 확정)은 특이하게도, 매수인인 수익자가 금융기관 앞으로 근저당권을 설정하고 그 등기를 마쳐준 경우에 원고의 청구에 따라 채무자 앞으로의 소유권이전등기와 근저당채권최고액(사해행위로 인한 담보가치 손실액) 상당의 가액반환을 동시에 명하고, 장차 수익자가 근저당권을 해제할 경우 그는 청구이의의 소로써 가액반환채무에 대한 집행력 배제를 청구할 수 있다고 판시하였는바, 금융기관 명의의 근저당권설정등기가 있는 상태로 채무자 앞으로 소유권이전등기를 넘겨줄 경우 그것만으로는 충분한 원상회복이 되지 않기 때문임을 고려한 것으로 보인다. 이러한 경우 채무자 앞으로의 소유권이전등기가 충분한 원상회복이 되지 않음이 분명하고, 채무자 앞으로의 소유권이전등기와 근저당채권최고액 상당의 가액반환을 동시에 명하더라도 사해행위 성립 범위에 따른 원상회복의 범위를 초과한 것이 아니므로 문제가 없다.

428) 이는 민법 제747조 제1항의 규정상 명백하다. 사해행위의 경우 법에 규정이 없지만 역시 법리상 당연하며, 통설과 판례도 같은 입장이다(대법원 1998. 5. 15. 선고 97다58316 판결, 2001. 2. 9. 선고 2000다57139 판결, 2009. 3. 26. 선고 2007다63102 판결, 2010. 4. 29. 선고 2009다104564 판결, 2015. 7. 23. 선고 2014다212438 판결 등 참조). 2014다212438 판결에서 대법원은 "예금주 명의신탁계약이 사해행위에 해당한다면 그 원상회복은 그 예금계좌가 해지되었다는 등의 특별한 사정이 없는 한 명의인에 대하여 금융기관에 대한 예금채권을 출연자에게 양도하고 아울러 금융기관에 대하여

환을 임의로 선택하여 청구할 수는 없고 원칙적으로 원물반환을 청구하여야 하며, 원물반환이 불가능하거나 현저히 곤란한 때, 즉 수익자의 원물반환의무가 이행불능이거나[431] 공평의 원칙상 이를 허용할 수 없는 때에 예외적으로 가액반환청구를 하여야 한다. 그러므로 원고의 원물반환청구가 부당한 경우 피고인 수익자나 전득자는 이행불능의 항변을 하여야 하고,[432] 원고인 채권자가 스스로 가액반환청구를 하려면 그 사유를 주장, 입증하여야 한다. 그리하여 원고가 원물반환을 청구하였는데 피고가 이행불능의 항변을 하였다면, 법원은 원고의 가액반환청구로의 청구변경이 없더라도 당연히 가액반환을 명할 수 있다. 양자는 동일한 청구원인에서 발생하는 법률효과로서 배타적·택일적 관계에 있기 때문이다. 대법원도 사해행위취소소송에서 그러한 입장을 취하고 있다(대법원 2001. 6. 12. 선고 99다20612 판결, 2002. 11. 8. 선고 2002다41589 판결, 2006. 12. 7. 선고 2004다54978 판결 등).[433]

원물반환의무의 이행이 불가능함에도, 원고가 이행불능 사실을 주장하면서 가액반환청구를 하지 않고 피고 역시 이행불능의 항변을 하지 않은 경우, 법원은 직권으로 이행불

양도통지를 할 것을 명하는 방법으로 이루어져야 하는바, 원심으로서는 원심 변론종결 당시 그 계좌가 해지되지 아니한 채 남아 있었는지, 그 잔액은 얼마인지, 계좌가 해지되었다면 계좌의 돈을 누가 어떤 용도로 사용하였는지 등을 심리한 다음 원상회복의 방법과 범위에 관하여 판단하였어야 한다"며 이를 심리하지 않은 채 가액반환으로서 당초 예금계좌에 입금하였던 금액의 반환을 명한 원심판결을 파기하였다.

429) 대법원은 유류분의 반환에 관하여 "원물반환이 가능하더라도 유류분권리자와 반환의무자 사이에 가액으로 이를 반환하기로 협의가 이루어지거나 유류분권리자의 가액반환청구에 대하여 반환의무자가 이를 다투지 않은 경우에는 법원은 가액반환을 명할 수 있지만, 유류분권리자의 가액반환청구에 대하여 반환의무자가 원물반환을 주장하며 가액반환에 반대하는 의사를 표시한 경우에는 반환의무자의 의사에 반하여 원물반환이 가능한 재산에 대하여 가액반환을 명할 수 없다."(2013. 3. 14. 선고 2010다42624 판결)고 하여 원물반환과 가액반환의 상대성을 잘 설명하고 있다.

430) 대법원은 2006. 12. 7. 선고 2004다54978 판결에서 "사해행위 후 그 목적물에 관하여 제3자가 저당권이나 지상권 등의 권리를 취득한 경우에는 수익자가 목적물을 저당권 등의 제한이 없는 상태로 회복하여 이전하여 줄 수 있다는 등의 특별한 사정이 없는 한 채권자는 수익자를 상대로 원물반환 대신 그 가액 상당의 배상을 구할 수 있지만, 그렇다고 하여 채권자가 스스로 위험이나 불이익을 감수하면서 원물반환을 구하는 것까지 허용되지 아니하는 것으로 볼 것은 아니며, 채권자는 원상회복 방법으로 가액배상 대신 수익자를 상대로 채무자 앞으로 직접 소유권이전등기절차를 이행할 것을 구할 수도 있다"고 판시하여 마치 채권자가 자유로이 원물반환이나 가액반환을 청구할 수 있는 듯 판시하였으나, 이는 적절한 표현은 아니라고 생각된다.

431) 전득자가 있음에도 원고가 수익자만을 피고로 삼아 수익자의 등기 말소를 구하는 경우 그 판결만으로는 수익자 명의의 소유권이전등기 등을 말소할 수 없는바, 이 경우 엄밀히는 그 말소등기의무는 이행불능이 아니라 집행불능이 됨에 불과한 경우도 많다(나중에 전득자를 상대로 승소판결을 받거나 그의 승낙을 받아 말소등기를 집행할 수 있으므로). 그러나 그러한 사유도 가액반환을 허용할 사유가 된다고 보아야 하며, 대법원의 입장도 같다(대법원 1998. 5. 15. 선고 97다58316 판결, 2001. 2. 9. 선고 2000다57139 판결, 2009. 6. 11. 선고 2007다4004 판결 등).

432) 부당이득에서도 그렇지만 사해행위의 경우에도, 가액반환의 요건인 원물반환의 불가능이나 현저히 곤란한 사정의 발생에 관하여 수익자나 전득자의 고의, 과실은 원칙적으로 필요 없다.

433) 이 경우 소송물이 서로 다르다는 전제에서, 원물반환청구를 기각하여야 하고 가액반환을 명하여서는 안 된다는 견해가 일본에 있으나[飯原一乘, 사해행위취소소송, 悠悠社(2007), 449면 참조], 이는 원물반환과 가액반환이 형식상 다른 것에만 치중하여 양자가 본질상 동일한 법률효과이고 배타적·택일적 관계에 있음을 간과한 것이라고 하겠다.

능 사유를 심리하여 가액반환을 명할 수 없고 원물반환청구를 그대로 인용하여야 한다(대법원 2000. 2. 25. 선고 99다53704 판결, 2001. 2. 9. 선고 2000다57139 판결 등 참조). 원물반환의무의 이행불능 사유는 공격방어방법(항변)에 해당하고, 이에 대해서는 변론주의가 적용되기 때문이다.[434]

다만 사해행위의 경우, 형식상으로는 원물반환이 가능하나 원물반환을 명할 경우 취소채권자에게 사해행위 이전보다 더 큰 이익을 주게 되는 때에는, 공평의 원칙 및 사해행위가 성립하는 경우 원칙적으로 그 사해행위의 성립 범위에서만 원상회복청구가 허용되는 사해행위취소권의 본질상 그에 대한 당사자의 주장이 없어도 법원은 직권으로 가액반환을 명하여야 한다(대법원 1998. 2. 13. 선고 97다6711 판결, 1999. 9. 7. 선고 98다41490 판결, 1999. 11. 9. 선고 99다50101 판결, 2001. 6. 12. 선고 99다20612 판결, 2001. 9. 4. 선고 2000다66416 판결 등). 왜냐하면, 이 경우 채권자의 원물반환청구는 법이 인정한 원상회복청구권을 초과하므로 법원이 이를 그대로 인용하면 법이 규정한 법률효과 이상의 것을 채권자에게 주게 되기 때문이다.[435] 따라서 이 경우 법원은 청구 일부 인용의 방법으로 가액반환을 명하여야 한다.[436]

4) 원고가 가액반환청구를 하였으나 원고가 이행불능 사실을 주장하지 않거나 그 입

---

434) 이와 달리, 원고의 가액반환청구로의 청구변경이 없더라도 법원이 가액반환을 명할 수 있다는 대법원 2001. 6. 12. 선고 99다20612 판결을 들어 대법원 2000다57139 판결의 사안에서도 법원은 직권으로 가액반환을 명하였어야 한다는 견해가 있으나[박치봉, "사해행위취소소송에서 원물반환청구와 가액배상청구의 소송물", 재판과 판례 제24집, 대구판례연구회(2015)], 이는 변론주의를 고려하지 않은 것으로서 동의하기 어렵다. 대법원 2000다57139 판결의 사안에서 당사자들은 사실심에서 원물반환의무의 이행불능에 대한 주장을 하지 않았다.

435) 사해행위의 성립 범위는 취소와 원상회복의 범위에 영향을 미치므로 채권자인 원고가 이를 주장, 입증하여야 한다. 그런데 저당권이 설정되어 있는 부동산이 사해행위로 이전된 경우에 그 사해행위는 부동산의 가액에서 저당권의 피담보채권액을 공제한 잔액의 범위에서만 성립한다고 보아야 하므로, 사해행위 후 변제 등에 의하여 저당권설정등기가 말소된 경우 그 부동산의 가액에서 저당권의 피담보채무액을 공제한 잔액의 한도에서 사해행위를 취소하고 그 가액의 배상을 구할 수 있을 뿐이다. 이는 원물반환의무의 이행불능의 사유가 아니라(사해행위 전에 저당권이 설정되어 있는 부동산이 사해행위로 이전된 후 그 저당권설정등기가 말소된 경우에도 채무자 앞으로 소유권이전등기가 가능하므로 이행불능이 아니다) 사해행위의 성립 범위에 관한 것으로서, 이러한 경우 원고는 실제보다 과다한 청구를 하였기 때문에 법원은 피고의 이행불능 항변이 없더라도 당연히 청구의 일부 인용 취지에서 가액반환을 명하여야 한다. 따라서 대법원이 99다20612 판결과 2000다66416 판결에서 "원고가 사해행위인 계약 전부의 취소와 부동산 자체의 반환을 구하는 청구취지 속에는 위와 같이 일부취소를 하여야 할 경우 그 일부취소와 가액배상을 구하는 취지도 포함되어 있다고 보아, 청구취지의 변경이 없더라도 바로 가액반환을 명할 수 있다"고 판시한 것은 적절한 표현은 아니다. 원고가 일부취소와 가액배상을 구하였는지에 관계없이 당연한 결론이기 때문이다.

436) 이 경우 원고 청구 일부 기각의 주문을 내도 무방할 것이다. 실무상으로도 그것이 대세이다. 다만, 종래 부동산이 사해행위로써 타에 매도된 경우 그 부동산의 가액이 피보전채권보다 클 때 원물반환으로 수익자 명의의 소유권이전등기 전부의 말소를 명하는 것이 옳은지 아니면 그 일부 지분의 말소나 가액배상을 명하는 것이 옳은지에 대해서는 전혀 논의가 없었는바, 이 경우에도 사해행위의 성립 범위는 피보전채권액에 한정되므로 지분의 말소나 가액배상을 명하는 것이 옳다. 이에 대하여 일부에서는 불가분물의 경우 그 가액 일부에서 사해행위가 성립할 수는 없으므로 법률행위인 매매계약 전부를 취소하고 소유권이전등기 전부의 말소를 명하는 것이 옳다고 하는바[임일혁, "사해행위 취소에 따른 원상회복으로서의 원물반환과 가액배상의 관계", 재판과 판례 제17집, 대구판례연구회(2008), 92면], 일부 취소의 법리가 적용될 수는 있으나 대부분의 경우 부동산이 불가분물이라고는 할 수 없으므로 의문이다. 이 경우 수익자는 일부 지분만이라면 이를 매수하지 않았을 것이므로 지분반환보다는 가액반환이 바람직하다고 생각된다.

증에 실패한 때에는 법원은 원고의 청구를 기각하여야 하는가, 아니면 원고가 원물반환청구로 청구취지를 변경하지 않더라도 이행불능의 항변이 있는 경우와 마찬가지로 직권으로 원물반환을 명하여야 하는가?

이 경우 법원은 원물반환을 명하여야 할 것이다. 어느 경우나 심판대상인 소송목적이 부당이득반환청구권 또는 원상회복청구권으로서 실질적으로 동일하고, 법률이 원물이나 가액 중 어느 하나의 반환청구권을 부당이득이나 사해행위의 당연한 법률효과로서 권리자에게 부여하였는데 다만 공격방어방법에 속하는 부가적 법률사실(원물반환의 불능 여부)의 존부에 따라 어느 하나의 법률효과가 배타적·택일적으로 성립하기 때문이다.[437] 따라서 예외적 사유인 이행불능 사유가 없다면 당연히 원칙규정으로 돌아가 원물반환을 명하여야 한다. 그리고 그것은 변론주의나 당사자처분권주의에 반하지도 않으며, 오히려 이에 부합한다. 부당이득이나 사해행위의 성립에 관한 원고의 주장, 입증이 모두 이루어졌고, 그에 따라 부당이득반환청구권 또는 원상회복청구권이 법률효과로서 이미 발생하였기 때문이다.

5) 원물반환의무의 이행이 불가능한 사유가 있고, 이에 대하여 채무자가 이행불능의 항변을 하지 않은 반면 채권자가 스스로 이행불능 사실을 주장하면서도 가액반환청구가 아닌 원물반환청구를 하는 경우 법원은 어떻게 처리하여야 하는가?[438]

이 경우 당사자 중 한쪽으로부터 이행불능의 주장이 있는 이상 변론주의에 반하지 않으므로 그것이 채무자의 항변에 의하여 제출된 것이 아니라도 법원은 이를 심리할 수 있고,[439] 증거에 의하여 그 사실이 인정되면 직권으로 가액반환을 명할 수 있다고 할 것이며 그것이 원칙이다.[440]

그러면 이 경우 법원은 원고의 의사대로 원물반환청구를 그대로 인용할 수도 있는지가 문제된다. 이행불능의 본래 법리에 의한다면, 어떤 의무의 이행불능 사유가 있고 그 사실이 당사자의 주장에 의해 인정되는 경우 법원은 그 의무의 이행을 명할 수는 없고

437) 반면에, 채권자가 본래 채무의 이행을 청구하였는데 이행불능의 항변이 제기되어 그것이 성공한 경우 법원은 직권으로 손해배상을 명할 수는 없는바, 이는 본래 채무의 이행청구는 그 채권의 발생 원인(계약 등)에서 발생하는 반면 손해배상청구권은 그와는 다른 청구원인인 채무불이행에서 발생하며, 법이 양자를 하나의 청구원인에 따른 당연한 택일적 법률효과로서 부여한 것이 아니기 때문이다.

438) 이런 경우는 사실상 소송현실에서는 거의 보기 어려울 것이다.

439) 소송법상 이를 가리켜 당사자가 자신에게 불리한 사실을 스스로 '자인'하는 것이라고 부른다. 이 경우 법원은 그러한 자인진술을 토대로 판단할 수도 있다는 사실을 적절한 방법으로 당사자에게 알려주어, 그의 의사가 진정으로 그러한지 확인하고 당사자로 하여금 그에 필요한 대응을 할 기회를 주어야 하며, 이를 생략한 채 그 진술을 토대로 판단하여 당사자가 예상하지 못한 재판 결과가 초래되는 일이 없도록 배려할 의무가 석명의무로서 요구된다.

440) 이 경우 원물반환청구를 배척하는 취지에서 청구의 일부를 기각하는 주문을 낼 필요도 없다고 하겠다. 원물반환이나 가액반환이나 그 구체적 수단과 방법만 다를 뿐 법률효과(원상회복)가 동일하고, 법원이 사해행위와 원상회복청구에 대하여 심판하고 가액반환을 명함으로써 원고의 재판청구에 대한 응답이 모두 이루어졌기 때문이다.

권리자의 이행청구를 기각하여야 한다. 그러나 원물반환이나 가액반환 모두 청구원인 및 경제적 법률효과가 동일하여 어느 쪽을 인용하든 실질적으로는 채권자인 원고의 청구를 인용하는 것이고, 원물반환이 불가능한 많은 경우 이행불능이 아니라 집행불능으로서 판결 확정 후 채권자의 노력이나 사정변경에 의하여 원물반환을 실현할 수 있는 경우가 많으며, 권리자인 원고 스스로 불이익한 청구를 하고 법원이 이를 인용하더라도 처분권주의에 반하거나(오히려 항변권자인 수익자나 전득자가 이행불능 사유를 주장, 항변하여야 하는데, 그 항변이 없어 채권자가 그 이행불능 사유를 주장하였다고 하더라도 자백이 성립하지 않으므로 법원은 이행불능 사유를 판단하지 않아도 무방하다) 의무자인 피고에게 불이익한 것이 되지는 않으므로, 법원은 원고가 구하는 대로 원물반환청구를 인용하여도 무방하다고 생각된다.[441)442)]

6) 원물반환의무의 이행이 가능하여 가액반환청구를 할 수 없음에도 채권자가 원물반환청구가 아닌 가액반환청구를 하는 경우 법원은 어떻게 처리하여야 하는가?

이 경우는 원고가 가액반환을 청구하면서도 이행불능 사유를 주장하지 않거나 그 입증에 실패한 경우와 기본적으로 동일하다고 할 수 있다. 앞서 본 바와 같이 채권자인 원고가 스스로 가액반환청구를 하려면 원물반환청구가 불가능하여 가액반환청구가 인용되어야 할 사유(법률사실)를 주장·입증하여야 하는데, 그에 관한 주장, 입증을 하지 않은 이상 법원은 당연히 가액반환이 아니라 원물반환을 명하여야 한다. 다만, 원고에게 그러한 사정을 설명하고 가액반환청구가 인용될 수 없는 경우 원물반환청구를 원하는지 확인하여, 원고가 이를 명시적으로 거부한 때에는 원고의 청구를 기각하여도 무방할 것이다.

7) 위와 같이 원물반환청구와 가액반환청구는 그 실질이 동일한 청구원인에서 발생하고 단지 공격방어방법에 속하는 부가적 법률사실의 존부에 따라 배타적·택일적 관계에 있는 구체적 법률효과만을 달리하는 것으로서 전체가 하나의 소송물로 흡수, 포섭되어 동시에 심판되는 관계이므로, 하나의 소송 내에서 그 청구취지를 달리하여 선택적 병합이나 주위적·예비적 병합을 허용할 필요가 없다.

---

441) 대법원도, 사해행위 후 그 목적물에 관하여 제3자가 저당권이나 지상권 등의 권리를 취득한 경우에는 수익자가 목적물을 저당권 등의 제한이 없는 상태로 회복하여 이전하여 줄 수 있다는 등의 특별한 사정이 없는 한 채권자는 수익자를 상대로 원물반환 대신 그 가액 상당의 배상을 구할 수 있지만, 그렇다고 하여 채권자가 스스로 위험이나 불이익을 감수하면서 원물반환을 구하는 것까지 허용되지 아니하는 것으로 볼 것은 아니며, 채권자는 원상회복의 방법으로 가액배상 대신 수익자를 상대로 채무자 앞으로 직접 소유권이전등기절차를 이행할 것을 구할 수도 있다고 한다(2001. 2. 9. 선고 2000다57139 판결, 2006. 12. 7. 선고 2004다54978 판결).

442) 그러나 이는 원고가 명시적으로 그러한 의사를 표시하는 등 그 의사가 확고한 때로 한정함이 바람직하다. 그리하여 원고가 법리를 오해하여 원물반환청구를 희망하는 것인 때에는 석명을 구하는 등으로 그 의사를 확실히 한 다음 그 결과에 따라 처리하여야 하며, 단순히 원고가 스스로 이행불능 사실을 주장하면서도 가액반환청구가 아닌 원물반환청구를 하였다는 것만으로 원물반환청구를 인용하여서는 안 될 것이다. 그렇게 처리하면 법원과 재판제도의 존재의의에 반한다.

복수의 청구권이 양립 불가능한 경우에 이를 하나의 소에서 병합청구하는 경우 일반적으로 주위적·예비적 병합을 한다. 이러한 경우 원물반환청구권 또는 가액반환청구권은 양립·병존할 수 없어 주위적·예비적 병합청구에 어울리는 것처럼 보인다. 그러나 원물반환청구권과 가액반환청구권은 위와 같이 실질상 하나의 법률효과로서 질적 범위(외형)만을 달리하고 경제적으로도 권리자에게 동일한 만족을 주는 것으로서, 어느 쪽의 청구를 인용하든 다른 쪽의 청구에 대해서도 동시에 흡수, 심판되므로 양자가 동시에 각각 독립한 소송물로서 심판받을 필요와 이익이 없어, 선택적 병합이나 주위적·예비적 병합청구를 정당화할 독자적 청구적격을 갖지 못한다고 할 것이다. 즉 양자의 청구는 실질적으로 보아 단일한 청구로서 병합이 성립하지 않으므로 청구병합에 관한 실질설에 따라 양자의 선택적 병합이나 주위적·예비적 병합을 허용할 필요가 없다. 앞서 본 바와 같이 원물반환청구가 이유 없는 경우, 법원은 원고의 청구가 없더라도 당연히 가액반환청구를 인용해야 하고 그 반대의 경우도 마찬가지이므로, 굳이 주위적 청구(또는 어느 청구)가 인용되지 않을 경우에 대비하여 예비적 청구(또는 다른 청구)를 할 필요가 없다.

그러나 현재 소송실무상으로는 양자를 선택적으로 병합하여 청구하거나 주위적·예비적으로 병합하여 청구하는 것이 대세이며, 법원도 이에 따라 각각의 청구에 대하여 각하나 기각, 인용의 응답을 하고 있다. 예비적 청구의 필요성은, 그 청구를 함으로써 그 청구의 내용인 청구원인이나 청구취지를 심판의 대상으로 삼아 하나의 소송에서 일거에 분쟁을 해결하기 위한 것인데,[443] 원물반환청구와 가액반환청구의 경우 굳이 그러한 필요가 없다. 따라서 이 경우 예비적 청구는 형식상으로는 주위적 청구와 모순·대립하는 것처럼 보이지만, 그에 대하여 별도의 심판을 구할 필요나 이익이 없으므로 청구적격이 없어 부적법하다.

하지만 이 경우, 법원은 앞서 하나의 소송에서 복수의 청구가 있으나 어느 쪽 청구가 다른 쪽 청구에 흡수, 포함되는 때에는 실질설에 따라 병합청구가 없는 것으로 보아 처리하여야 하는 원칙에 따라 주위적 청구나 예비적 청구 중 이유가 있는 것을 인용하면 되고, 인용하지 않는 쪽의 청구나 소를 기각 또는 각하할 필요가 없다.[444] 또한 원고가

---

443) 따라서 예비적 청구는 그 소송물이 주위적 청구의 그것과 달라 심판의 대상이 다르고, 예비적 청구로써 이를 청구의 대상으로 구하지 않으면 심판의 대상이 되지 않는 경우에 하는 것이다. 즉 원고가 예비적 청구를 하지 않으면 법원은 예비적 청구에 기재된 법률효과를 심판하여 인용할 수 없다. 서두에서 본 바와 같이 예비적 청구는 청구원인이 다를 때만 가능하고, 청구원인을 같이하면서 청구취지(법률효과)만을 주위적, 예비적으로 구하는 것은 허용되지 않는다. 동일한 청구원인에서 발생한 복수의 법률효과가 독립적인 경우에는 처분권주의에 반하고, 그 복수의 법률효과가 단순히 공격방어방법에 따라 배타적·택일적으로 발생하는 때에는 병합청구가 없더라도 당연히 그 법률효과 전부가 법원의 심판대상에 속하기 때문이다.

444) 유류분반환에 관한 것이기는 하나, 서울고등법원 2010. 4. 30. 선고 2009나16058 판결은 참고가 된다. 이 사건에서 유류분권자인 원고는 주위적으로 가액반환을 청구하고 예비적으로 원물반환을 청구하였는바, 위 법원은 "유류분 반환은 원물반환이 원칙이고 원물반환이 불가능한 경우에 그 가액 상

원물반환청구와 가액반환청구를 선택적으로 병합청구한 경우에도, 병합청구의 실질이 없으므로 앞서 본 원물반환과 가액반환 중 타당한 쪽의 청구를 인용하고, 청구원인인 사해행위나 부당이득 자체가 성립하지 않는 경우에만 그 청구를 기각하면 충분하다.[445)]

그리고 위와 같이 병합청구가 허용되지 않는 이상 원고가 청구변경을 통하여 병합청구를 하려는 때에는 이를 불허하여야 한다. 또 이미 어느 한 청구의 소가 계속 중에 다른 청구의 소를 별소로 제기한 경우, 후소는 전소와 청구원인이 동일하고, 청구취지도 실질에 있어 동일하며, 후소의 법률효과까지 전소의 심판대상에 흡수되어 함께 판단을 받게 되므로 후소는 중복소송에 해당하여 부적법하다. 아울러, 원고는 따로 심판을 청구할 주관적 소의 이익이 없어 후소는 이 점에서도 부적법하다. 다만 이 경우에도, 전후로 별개의 소가 제기되어 후소가 독립한 소로서 성립하였고, 후소의 소송물이 그 자체로서는 법원의 심판을 받는 데에 아무런 문제가 없으므로 법원은 후소를 각하하여 그 후소청구에 응답을 하여야 한다.

8) 한편, 원물반환청구와 가액반환청구 중 어느 하나의 소를 제기하여 이를 인용하는 판결이 그대로 확정된 후 원고가 다시 다른 하나의 청구를 후소로써 제기한 경우 후소에

당액을 반환하여야 할 것인바, 위 법리에 반하여 유류분 청구자가 원물반환과 가액반환 중 하나를 선택하여 청구할 수 있다고 할 수 없으며, 또한 뒤에서 살피는 바와 같이 원고가 주장하는 유류분 반환의 대상인 재산의 원물반환 전체가 불능에 이르렀다고 보기 어려우므로, 원고의 위 가액반환 주장은 나아가 살필 것도 없이 이유 없다."며 주위적 청구를 기각하고 예비적 청구를 인용하였다. 이에 대하여 대법원은 주위적 청구와 예비적 청구에 관한 원심의 조처를 탓하지는 않았다(대법원 2013. 3. 14. 선고 2010다42624, 42631 판결). 그러나 이 경우 원물반환청구(예비적 청구)를 인용하면 족하고 따로 주위적 청구를 기각할 필요는 없다. 그럼에도 현재 법원의 소송실무상으로는 거의 모두 위 판결과 같이 처리하는 것이 대부분이다. 서울중앙지방법원 2013. 8. 20. 선고 2012가단5097324 판결도 사해행위 취소 사건에서, 원물반환을 구하는 주위적 청구는 기각하고 가액반환을 구하는 예비적 청구는 인용하였는바, 그 항소심법원(서울중앙지방법원 2014. 11. 20. 선고 2013나44224)도 같은 결론을 유지하였다. 수원지방법원 안양지원 2012. 2. 16. 선고 2009가합5259 판결, 수원지방법원 성남지원 2006. 1. 18. 선고 2004가단39299 판결도 같다.

수원지방법원 성남지원 2004가단39299 사건에서 위 법원은 수익자와 전득자의 소유권이전등기말소를 구하는 주위적 청구를 모두 인용하고, 전득자에 대한 원물반환청구인 소유권이전등기말소청구가 인용되지 않을 경우에 대비하여 예비적으로 수익자에게 가액반환을 청구한 부분은 주위적 청구가 인용되었다는 이유로 기각하였는바, 항소가 없어 그대로 확정되었다. 이 판결은 예비적 청구에 대한 청구적격을 인정한 것도 그렇지만, 주위적 청구가 인용되었다면 예비적 청구는 해제조건의 성취로 소멸됨에도 불구하고 본안판단을 한 잘못을 범한 것으로 생각된다). 즉 원고가 가액반환청구를 주위적 청구로 구하였으나 원물반환의무가 이행불능이 아니어서 가액반환청구를 인용할 수 없는 때에는 직권으로 피고에게 원물반환의 이행을 명할 수 있고, 원고가 원물반환청구를 주위적 청구로 구하였으나 원물반환의무가 이행불능이어서 이를 인용할 수 없는 때에는 직권으로 피고에게 가액반환의 이행을 명할 수 있다고 할 것이다. 그러나 원고가 법률상 이익이 작은 것을 주위적 청구로 구한 때에는 그대로 청구한 금액만 인용하면 된다. 그러므로 원고가 법률상 이익이 작은 선의의 수익자를 전제로 한 현존이익의 반환청구를 주위적 청구로 구한 때에는 법률상 이익이 큰 악의의 수익자를 전제로 한 받은 이익의 반환청구로 청구를 변경하여야만 그것을 인용 받을 수 있다.

445) 다른 이유로 소 자체가 부적법한 경우에는 당연히 소 각하 판결을 할 수 있다. 한편 이 경우 양자를 단순병합청구하는 일은 거의 예상하기 어렵다. 혹 그러한 병합청구를 한 경우에도 병합청구가 없는 것으로 보아 앞서 본 원칙에 따라 처리하여야 한다.

기판력이 미치는가?

이 경우 원물반환청구권과 가액반환청구권은 동일한 청구원인에서 발생한 것으로서 배타적·택일적 관계에 있어 본질상 하나의 법률효과이고 단지 그 외형적 수단만을 달리 하므로, 비록 후소에서 그 청구취지의 형태가 전소의 그것과 다르다고 하더라도 전후 양소의 청구원인과 청구취지(법률효과)는 실질적으로 동일할 뿐 아니라, 기판력 제도의 본질상 후소의 청구취지 역시 전소의 그것과 실질적으로 동일하여 소송목적(소송물)이 같은 것으로 보아야 한다. 따라서 후소에 당연히 기판력이 미친다. 부당이득이나 사해행위에 따른 원물반환청구권과 가액반환청구권에 있어 원물반환의 가부는 독립한 청구원인이 아니라 공격방어방법에 불과하며, 어느 쪽을 전소에서 청구하였든 다른 법률효과 역시 전소송의 현실적 소송목적으로 이미 심판의 대상이 되었으므로 당연히 그 실체적 확정력이 후소 청구에 미치기 때문이다.

그러나 후소에 기판력이 미친다는 판단에 앞서, 후소 청구는 실질상 전소의 그것과 동일하고 이미 원고가 전소에서 승소까지 하였으므로 후소 청구는 주관적 소의 이익이 없어 부적법하다. 따라서 법원은 후소를 각하해야 한다. 부당이득반환청구나 사해행위취소 및 원상회복청구에 관하여 이미 전소를 통해 심판받을 기회가 부여되었고, 그 소송에서 당사자가 공격방어방법에 해당하는 부가적 법률사실의 주장, 입증을 게을리 하여 원물반환을 받지 못하게 되었다고 하더라도, 이는 당사자 자신의 잘못으로서 또 다시 동일한 심판대상에 대한 소송을 허용할 수는 없기 때문이다. 이 경우 원고 자신의 주관적 입장에서는 다시 가액반환을 명하는 판결을 얻는 것이 이익이 된다고 할지라도 국가 사법권을 개인적 사유로 남용할 수는 없다.

대법원도 사해행위소송에 관하여, 채권자가 일단 원물반환청구를 하여 승소 판결이 확정되었다면 그 후 어떠한 사유로 원물반환의 목적을 달성할 수 없게 되었다고 하더라도 다시 원상회복청구권을 행사하여 가액배상을 청구할 수는 없으므로 그 청구는 권리보호의 이익이 없어 허용되지 않는다며 후소를 각하하였다(대법원 2006. 12. 7. 선고 2004다54978 판결).446)447)448)449)

---

446) 이 사안은, 피고가 부동산을 매수하여 소유권이전등기를 마친 다음 수산업협동조합중앙회 앞으로 근저당권설정등기를 마쳤는데, 그 후 매도인의 채권자인 원고가 피고를 상대로 사해행위취소 및 원상회복으로서 매도인에게로의 소유권이전등기를 청구하여 원고 승소 판결이 확정되었으나 원고가 위 확정판결에 따른 소유권이전등기를 지체하던 중 사해행위 이전에 이미 그 부동산에 설정되어 있던 다른 근저당권이 실행되어 제3자에게 매각됨으로써 매도인에게로의 소유권이전등기가 불가능해진 사안이다. 이 사안에서 이행불능 사유인 매수인(경락인) 앞으로의 소유권이전등기는 형식적으로는 전소의 사실심 변론종결일 이후에 발생하였으나 이는 그 이전에 존재하였던 근저당권의 실행에 의한 것이므로 실질적으로는 차단효가 미친다고 생각된다.

이 사건에서 원심법원은 "원고가 전소에서 사해행위취소와 함께 이미 원상회복의 방법으로 원물반환을 구하여 이 사건 부동산에 관한 소유권이전등기를 명하는 내용의 승소판결을 선고받아 그 전소판결이 확정되었음은 앞에서 인정한 바와 같고, 앞에서 본 것처럼 원고가 전소를 제기하였을 당시 이미 수협중앙회가 근저당권을 취득하였으므로 원고로서는 전소에서 원상회복의 방법으로 가액배상을 구할 수 있었음에도 불구하고 스스로 위험이나 불이익을 감수하면서 원물반환을 구하였다고 봄이 상당하다고 할 것인데, 사해행위취소에 따른 원물반환청구권과 이에 갈음하여 허용되는 가액배상청구권은 어느 것이나 일탈된 채무자의 재산을 책임재산으로 환원시킴으로써 일반채권자들의 채권 만족을 도모하기 위한 것으로서 실질적으로 그 목적이 동일하고, 두 청구권 모두 사해행위취소의 효과로서 형평의 견지에서 법에 의하여 특별히 인정된 원상회복청구권으로서 그 법적 근거와 성질이 동일한 이상 비록 그 청구취지가 상이하더라도 그 소송물은 실질상 동일한 것으로 보아야 할 것이므로, 이 사건의 경우 전소에서 원물반환으로서 소유권이전등기를 명하는 원고 승소판결이 확정되었다면 그 전소판결의 기판력이 가액배상을 구하는 원고의 이 사건 청구에도 미친다고 할 것이고, 따라서 원고의 청구는 권리보호의 이익이 없어 부적법하다."고 판시하였다. 이는, 승소판결을 얻은 자가 다시 동일한 내용의 소를 제기한 경우 소의 이익이 없다는 대법원 1998. 6. 12. 선고 98다1645 판결과 같은 법리라고 할 수 있다. 대법원 2009. 7. 9. 선고 2009다25388 판결은 심리불속행으로 상고를 기각하였으나, 원심판결은 대법원 2004다54978 판결을 인용하며 같은 법리를 판시하였다.

447) 이 사안의 경우 원고가 전소판결 확정 후 지체 없이 매도인 명의로의 소유권이전등기를 마쳤더라도 임의경매를 막을 수는 없는 이상 결과는 동일하였을 것이다. 다만, 전소에서 전득자인 수산업협동조합중앙회의 근저당권설정등기를 말소할 수 없음을 전제로(선의일 가능성이 거의 100%이므로) 수익자인 피고에게 가액반환청구를 하였더라면 그러한 결과를 피할 수도 있었을 것이다.

448) 반면에 대법원 1998. 5. 15. 선고 97다58316 판결은 이에 반한다고 보이는바, 97다58316 판결의 사안은 다음과 같다. 채권자가 수익자를 상대로 계쟁 부동산에 대하여 처분금지가처분을 하는 한편 사해행위취소 및 소유권이전등기의 말소를 구하는 소를 제기한 데에 대하여 수익자는 가처분취소의 소를 제기하였는데, 1심에서 사해행위가 되지 않는다는 이유로 채권자의 청구를 기각하는 판결이 선고되고 가집행선고부 가처분취소 판결이 선고되었던바, 항소심 계속 중 수익자는 가처분등기를 말소한 후 계쟁물을 제3자에게 매도하고 소유권이전등기까지 마쳐주었고, 항소심은 채무자의 행위가 사해행위에 해당한다고 보아 원물반환으로 수익자 명의의 소유권이전등기의 말소를 명하는 채권자 승소판결을 선고하였으며(항소심에서 당사자들은 피고가 제3자에게 처분한 사실을 주장하지 않았다), 그 판결이 그대로 확정되었다. 그런데 채권자는 그 뒤 별소를 제기하여 수익자의 원물반환의무가 제3자에 대한 처분으로 말미암아 이행불능이 되었다며 손해배상을 구하는 소를 제기하였고, 이에 원심은 채무자의 처분행위에 귀책사유와 위법성이 없다는 등의 이유로 채권자의 위 청구를 기각한 것에 대하여 대법원은 "채권자가 제1심 이래 상고심에 이르기까지 청구하는 바는 자신의 채권자취소권의 행사로 인하여 원상회복의무를 부담하는 수익자가 부동산을 타인에게 처분하여 그 반환이 불가능하게 되었으니 그로 인한 손해의 배상을 구한다는 것이므로, 원심으로서는 채권자의 청구원인 가운데에 가액배상을 구한다는 주장이 포함되어 있는 것으로 보아 마땅히 그 당부와 범위에 관하여도 심리하였어야 할 것이다."라고 함으로써, 마치 채권자가 기판력의 제약이나 소의 이익의 제한을 받지 않고 후소로써 가액배상을 청구할 수 있는 것처럼 판시하였다(파기 후 원심은 대법원의 파기환송 취지대로 가액배상청구를 인용하였다). 그러나 위 97다58316 대법원 판결의 취지대로라면, 이는 원물반환청구권과 가액반환청구권을 독립한 소송물로 인정하는 것이 되어 대법원 2001. 6. 12. 선고 99다20612 판결, 2002. 11. 8. 2002다41589 판결 등의 취지에 반하며, 무엇보다 2006. 12. 7. 선고 2004다54978 판결의 취지에 반한다. 그런데 위 97다58316 판결의 사안에서 원고는 후소로써 가액배상청구를 한 것이 아니라, 전소 확정판결에 의하여 원상회복의무(수익자 명의 소유권이전등기의 말소의무)를 부담하는 수익자가 그 부동산을 타인에게 처분하여 소유권이전등기의 말소의무가 이행불능으로 되었으니 그에 따라 수익자는 채무불이행으로 인한 손해의 배상을 구한 것이라고 해석된다.
일본의 오래 전 판결인 大審院 1919. 4. 12. 선고 대정8년オ60 판결은 후소에 기판력이 미치지 않는다는 입장을 취하였는바, 양자의 소송물이 다르다고 본 것으로 이해된다. 그 뒤 같은 취지의 일본 하급심 판결들이 몇 건 선고된 바 있다. 이러한 일본 판례에 동조하는 견해로는 박치봉, "사해행위취소소송에서 원물반환청구와 가액배상청구의 소송물", 재판과 판례 제24집, 대구판례연구회(2015); 윤진수 "2007년도 주요 민법 관련 판례 회고", 법학 49권 1호(146호), 서울대학교 법학연구소(2007); 이진수, "가액배상을 구하는 사해행위취소소송에서 원물반환을 명할 수 있는지 여부", 판례연구 제21집, 부산판례연구회(2010) 등이 있다. 그러나 모두 이 문제를 피상적으로 관찰하여 결론을 얻은 것이 아닌가 생각된다.

449) 이와 관련하여 전소에서 원물반환 판결을 받은 채권자는 패소한 수익자 등에 대하여 손해배상청구를

이러한 결론은 원물반환의 목적을 달성할 수 없게 된 사유가 전소 확정판결 이후에 발생한 때에도 동일하다. 즉 이때도 후소는 주관적 소의 이익이 없다. 이 경우 공격방어방법인 원물반환의 불능이 사실심 변론종결일 이후에 발생하였으므로 후소에 기판력이 미치지는 않으나, 이미 실질적으로 후소와 동일한 내용의 청구에 대하여 심판이 이루어지고 원고가 승소까지 하였는데, 원고 자신의 권리실현 지체와 권리보전 조치 미흡으로 인해 손실이 발생하였으므로, 원고로 하여금 다시 후소로써 가액반환을 명하는 판결을 얻도록 사법권을 발동할 이유나 정당성이 없기 때문이다.[450)451)]

반대로 원고가 전소에서 원물반환청구를 하여 패소판결이 확정된 후 후소로써 가액반환청구를 한 경우에는, 후소에 주관적 소의 이익은 있으나 위와 같이 전후 양소의 소송물이 동일하므로 후소에 기판력이 미친다.[452)]

할 수 있는지 문제된다. 원물반환에 의한 원상회복청구가 인용된 판결이 확정된 후 그 판결이 집행되기 전에 수익자가 고의 또는 과실로 원물을 처분하거나 멸실되게 하여 원물반환이 불가능하게 된 경우 채무자는 채무불이행책임을 면할 수 없으므로 그에 따른 손해배상의무가 있다. 따라서 채권자는 별소로써 손해배상청구의 소를 제기할 수 있다. 이 경우 채권자는 수익자에 대하여 직접 손해배상청구권을 취득할 뿐 아니라, 채무자의 수익자에 대한 전보배상청구권을 대위행사할 수도 있다는 견해도 있으나[임일혁, "사해행위 취소에 따른 원상회복으로서의 원물반환과 가액배상의 관계", 대구판례연구회(2008), 110면 참조], 수익자에 대하여 채무자에게 원물을 반환하라는 판결이 확정되더라도 채무자는 이로써 수익자에 대하여 어떠한 권리도 취득하는 것이 아니므로 수긍하기 어렵다. 그리고 손해배상청구의 소는 전소 청구와 소송물이 다르며 소의 이익도 있음은 물론이다. 한편 채권자는 불법행위를 원인으로 한 손해배상을 청구할 수도 있을 것이다.

그러나 위 97다58316 대법원 판결의 사안의 경우에는 피고에 대하여 곧바로 채무불이행책임이 인정될 수는 없다고 하겠다. 형성판결인 사해행위취소 판결 선고 전에 이미 계쟁물을 처분하였기 때문이다. 다만 위 판례 사안의 경우 원고가 이미 가처분을 하였는데 중간에 그 가처분이 부당하게 취소됨으로써 원고가 손해를 입게 되었는바, 이는 부당한 가압류, 가처분에 따른 손해배상과 같은 차원에서 피고의 책임을 인정하여야 할 것이다. 즉 채권자는 가처분취소에 따른 공탁금에 대하여 별도의 집행권원을 얻어 손해배상청구권을 행사할 수 있다. 그리고 그 손해의 범위는 채권자가 원물을 반환 받아 강제집행을 하였더라면 회수할 수 있었던 자신의 채권액 상당액이라고 할 것이다[이에 관한 논의로는 임치용, "채권자취소권과 특별사정을 이유로 한 가처분취소", 대법원판례해설 제30호, 법원도서관(1998)을 참조].

한편 채권자는 부당이득반환청구를 할 수 있을까? 채권자가 원물반환의 확정판결을 받았으나 그 이전 또는 그 이후에 원물반환이 불가능한 사정이 있어 이를 집행하지 못하는 객관적 상태가 발생하였다면, 이로써 패소한 수익자 등은 사실상 채무(원물반환의무)를 면하고 채권자는 손실을 입었으며, 이러한 이득과 손실에 법률상 정당한 이유(경제적 이익의 이동을 정당화할 사회통념상의 사유)가 없으므로 이를 긍정할 수 있다고 할 것이다. 이는 또 청구원인이 다르다.

450) 이 경우는 원고가 전소에서 소유권이전등기 승소판결을 받았는데 그 후 피고가 계쟁물을 처분하여 피고의 소유권이전등기의무가 이행불능이 되고, 그에 따라 손해배상청구권이 발생하여 원고가 후소로써 손해배상청구를 하는 것이 허용되는 경우와는 다르다.

451) 그러므로 채권자인 원고가 불이익을 입지 않으려면 전소에서 원물반환의 가부를 제대로 밝혀 소송을 수행하여야 하고, 본안소송 전에 가처분으로 보전조치를 취해 두어야 한다.

452) 전소판결의 확정으로써 원고에게 부당이득반환청구권이나 원상회복청구권이 없다는 실체적 법률관계가 확정된다(단순히 원물반환청구권이 없다는 실체적 법률관계가 확정되는 것이 아니다).이 경우 원고가 전소에서 패소한 이유가 원물반환이 불가능하다는 이유 때문이었다면 법원은 원고의 가액반환청구가 없더라도 당연히 이를 인용하였어야 하는데, 그렇게 하지 않아 그 판결이 그대로 확정된 경우에는 문제이다. 이 경우 원고는 상소로써 법원에 시정을 구했어야 함에도 이 같은 조치를 취하지

9) 채권자가 전소에서 원물반환청구를 하여 그 승소판결이 확정된 후까지 원물반환을 받지 못하고 있던 중 그 원물반환청구권인 근저당권설정등기말소청구권이 다른 형태로 변하였다면, 채권자가 후소로써 그 대상청구(代償請求)를 하는 데에는 아무런 지장이 없다(대법원 2012. 6. 28. 선고 2010다71431 판결 참조).[453] 대상청구는 전소인 사해행위취소청구와 소송물(청구원인과 청구취지)이 다르고 채권자에게 주관적 소의 이익도 있기 때문이다.

10) 이상의 법리는 부당이득반환이나 사해행위취소에 따른 원상회복, 유류분반환은 물론 계약의 해제·해지에 따른 원상회복과 관련하여 그 반환의 방법에 관해서도 동일하다(대법원 1990. 3. 9. 선고 88다카31866 판결 참조).[454]

(8) 복수의 법률효과가 배타적·택일적 관계에 있으나 복수의 법률효과가 단지 양적으로만 만족의 크기가 다른 경우

1) 부당이득의 경우 선의의 수익자나 악의의 수익자나 모두 부당이득반환의무를 지지만, 미성년자 등 제한능력자와 선의의 수익자는 받은 이익이 현존한 한도에서만 반환책임이 있고, 악의의 수익자는 받은 이익 전부와 그 법정이자 및 손해까지 반환·배상하여야 한다(민법 제141조 단서, 제748조).

민법은 위와 같이 수익자의 지위(행위능력의 존부)나 그의 선·악의에 따라 부당이득반환채무의 양적 범위를 다르게 정하고 있는데, 수익자가 제한능력자인 경우 그 선·악의에 관계없이 언제나 현존이익에 한해서 반환의무를 부담하므로 그 법률효과는 당사자의 별도의 주장·입증이 필요 없이 일률적으로 정해지며 특별한 문제가 없다.[455]

않았으므로 결국 그 불이익은 그에게 돌아가야 옳을 것이다(민사소송법 제451조 제1항 단서 참조).

453) 이 판결의 사안은 다음과 같다. 사해행위로서 채무자의 부동산에 피고 앞으로 근저당권설정등기가 마쳐져 채권자인 원고가 그 말소청구를 하여 승소판결이 확정된 후에, 그 부동산이 선순위 근저당권에 의하여 임의경매절차가 이루어지고 제3자에게 낙찰(매각)됨으로써 피고의 근저당권설정등기 말소의무가 이행불능이 되었으며, 피고는 위 근저당권에 기하여 배당을 받았다.

454) 계약 해지의 경우 장래를 향하여 계약의 효력이 소멸되고 그에 따라 청산이 이루어지게 되므로 해제와는 완전히 동일한 것은 아니지만, 많은 경우 해지의 경우에도 해제와 유사하게 원상회복 등이 이루어져야 한다. 특히 명의신탁 해지의 경우, 성질상 명의신탁약정은 계속적 계약으로서 그 종료는 해지에 해당하지만 신탁한 재산을 신탁자에게 반환하여야 한다는 점에서 해제의 경우와 큰 차이가 없다. 이런 취지에서 대법원도 명의신탁 해지의 경우 신탁자는 수탁자에게 소유권이전등기의 말소(원상회복) 또는 소유권이전등기(청산) 어느 쪽이든 청구할 수 있다고 본다(대법원 1998. 4. 24. 선고 97다44416 판결), 종중이 농지에 대한 명의신탁을 해지한 경우 현행 농지법상 종중은 농지를 소유할 수 없으므로 종중 앞으로의 소유권이전등기의 말소 또는 소유권이전등기를 청구할 수 없을 것인데, 이와 같이 그 원물반환이 법령상 불가능한 경우 신탁자는 가액반환을 청구할 수밖에 없다.

455) 제한능력자가 부당이득반환의무를 지는 것은 제한능력으로 인해 법률행위가 취소되는 경우인데, 이때 그 취소는 부당이득의 요건사실인 '법률상 원인의 결여'에 당연히 포함되므로 따로 제한능력자인 피고가 그 사실을 항변으로 주장하지 않더라도 법원은 직권으로 그 반환의무를 현존이익의 한도로 제한하여야 한다. 다만, 그 받은 이익의 현존 여부에 대한 입증책임이 누구에게 있는지 여부는 다투어지고 있는바, 대법원은 받은 이익이 금전적인 것인 경우 현존사실이 추정되며 그 이득이 현존하지 않는다는 사실은 이를 주장하는 제한능력자가 입증하여야 한다고 본다(1970. 2. 10. 선고 69다2171

2) 수익자가 제한능력자가 아닌 경우 그 이득의 반환 범위는 그가 선의냐 악의냐에 따라 달라진다. 그런데 수익자는 선의이거나 악의이거나 둘 중의 하나에 해당하므로 양자는 그 논리적 구조상 동시에 양립·병존할 수 없어 독립적 관계가 아니라 배타적·택일적 관계에 있다. 즉 선의의 수익자건 악의의 수익자건 양자는 그 청구원인(민법 제741조의 부당이득)이 같으며, 선의의 부당이득과 악의의 부당이득으로 나뉘어 별개의 법률요건(청구원인)이 성립하지는 않는다.

이 경우에 받은 이익의 청구권(악의의 수익자)과 현존이익의 청구권(선의의 수익자)은 청구원인이 동일하고, 그 기본적 법률효과(부당이득반환청구권)의 수량적 크기만을 수익자의 선의, 악의 여부에 따라 구체적 법률효과로서 달리할 뿐이므로, 앞서 원물반환과 가액반환에서 본 바와 같이 그 구체적 법률효과에만 영향을 미치는 수익자의 선의, 악의는 청구원인을 달리하게 하는 사실이 아니라 역시 부가적 법률사실로서 공격방어방법에 속한다고 할 것이다.[456)]

이 경우 수익자의 선의, 악의에 따라 채권자인 원고가 얻는 만족의 크기가 다르게 되나, 부당이득이 성립하는 이상 원고는 어느 쪽 법률효과가 적용되든 그 반환을 받게 되며, 단지 공격방어방법(선의, 악의)에 대한 변론(주장, 입증)의 결과에 따라 적용될 법률효과가 달라질 뿐이다.

3) 그러면 원고가 청구원인사실인 부당이득의 법률요건사실을 모두 주장, 입증한 경우에 발생하는 부당이득반환청구권에 대응하여 수익자는 원칙적으로 어느 범위에서 그 이득을 반환할 책임을 지는가?

민법 제748조 제1, 2항은 수익자의 선·악의에 따라 반환 범위를 다르게 규정하면서도 어느 것이 원칙규정이고 어느 것이 예외규정인지 명시하지 않고 있다. 그러나 현행 민법이 현존이익의 반환을 원칙규정으로 하고 있던 의용민법과 다르게 규정하고 있는 사정과, 부당이득반환은 공평과 정의의 견지에서 부당이득이 없었던 원래의 상태로 복귀시키는 데에 본래의 목적이 있는 사정을 고려하면, 받은 이익 전부의 반환을 규정한 제748조 제2항이 원칙규정이고 현존이익의 반환을 규정한 제748조 제1항은 예외규정이라고 해석된다.[457)] 따라서 일단 부당이득이 성립하면 수익자는 그 받은 이익 전부를 반환함이 원칙이라고 할 수 있고,[458)] 이에 따라 채권자는 그 전부를 청구할 수 있다고 할 것이다.[459)]

판결, 2005. 4. 15. 선고 2003다60297 판결, 2009. 1. 15. 선고 2008다58367 판결 등).

456) 부당이득이라는 법률요건에서 수익자의 선의나 악의는 그 요건사실에 속하지 않는다. 즉 이는 청구원인사실이 아니다.

457) 동지: 민법 주해 XVII[채권(10)], 박영사(2005), 579－580면 참조. 민법 제748조의 조문 순서상으로는 선의의 수익자 규정이 제1항에, 악의의 수익자 규정이 제2항에 규정되어 있어 제1항이 원칙적인 규정이라고 볼 여지도 있으나, 단순히 조문의 순서만으로 이를 결정할 수는 없다고 생각된다.

458) 부당이득반환 제도는 경제적 이득의 부당한 이동을 시정하여 손실자에게 귀속되었어야 할 원래의 이익을 손실자로 하여금 보유케 하려는 데에 그 기본취지가 있다. 동지: 오석락, "부당이득반환청구와

그런데 선의의 수익자는 민법 제748조 제1항에 의하여 그 반환 범위가 현존이익의 한도로 축소되는바, 이는 수익자가 선의라는 부가적 법률사실에 의하여 본래의 부당이득반환의무가 감축·소멸하는 것이므로 이는 수익자의 방어방법이 되고, 따라서 자신이 이득을 얻을 당시 선의라는 사실은 수익자가 항변으로써 주장하여야 한다. 그리고 수익자의 선의 또는 악의의 사실은 구체적·역사적 사실로서 법관이 증거에 의하여 인식할 대상이므로 변론주의가 적용되고, 이는 당사자가 주장·입증하여야 한다. 그런데 민법은 물건이나 권리의 점유 또는 준점유에 대하여 선의로 추정하므로(민법 제197조 제1항, 제210조), 선의의 수익자는 그가 선의인 사실만 주장하면 되고 그 사실을 입증할 필요는 없다.[460]

반면에 부당이득반환을 구하는 채권자가 현존이익의 반환을 청구하는 때에는 수익자의 선의를 주장, 입증할 필요가 없으나,[461] 채권자가 수익자에게 받은 이익이나 그에 대

현존이익의 입증책임", 민사재판의 제문제 2권, 한국사법행정학회(1980), 242면 이하. 이에 대하여, 민법 제748조 제1항은 수익자에게 유리하므로 그가 선의인 사실과 이익이 멸실·감소한 사실을 입증하여야 하는 반면, 민법 제748조 제2항은 손실자에게 유리하므로 손실자는 수익자가 악의인 사실을 입증하여야 한다는 견해가 있으나[황형모, "부당이득반환청구권의 증명책임", 재판자료 제26집, 법원도서관(1985), 248면 이하], 민법 제748조 제1항이나 제2항의 어느 하나가 원칙규정이면 그 원칙규정의 법률사실은 따로 주장·입증이 필요 없다. 민법 제748조 제1항은 수익자가, 제748조 제2항은 손실자가 각각 입증책임을 진다면 실질적으로는 동일한 사실을 각각 다른 사람이 입증책임을 지게 되어 논리 모순이다(수익자가 자신의 선의를 입증 못하면 수익자는 악의가 되고, 손실자가 수익자의 악의를 입증하지 못하면 수익자는 선의가 된다).

459) 민법 제748조 제2항은 악의의 수익자에게 받은 이익은 물론 그에 대한 법정이자도 반환하도록 규정하고 있는바, 이때의 법정이자 역시 원칙적으로는 부당이득이다. 받은 이익의 보유가 법률상 원인이 없으므로 그 사용·수익으로부터 발생하는 과실 역시 법률상 원인이 없기 때문이다. 다만, 법정이자 반환책임은 실제로 수익자가 과실의 수취를 하였든 아니 하였든 상관없이 지게 되므로 법은 과실의 수취를 의제한 것이라고 볼 수 있다. 이와 달리, 악의의 수익자가 더 무거운 의무를 부담하는 것은 민법이 악의의 수익자에게 일종의 제재를 가하는 취지라는 것이 통설이나, 이는 선의의 수익자에 대한 책임이 감경되는 것의 자동적인 귀결에 불과하며, 민법 제748조 제2항에 의한 악의 수익자의 반환책임은 민법 제741조나 제747조가 정하는 부당이득반환책임을 가중한 것이 아니라 그것이 원칙적인 것이다. 이에 대한 구체적인 논의는 양경승, "명의수탁자의 부당이득반환의무", 청연논총 제13집, 사법연수원(2016), 107면 이하를 참조.

460) 민법 제197조 제1항의 추정은 법률상 추정으로서 그 입증책임이 상대방인 채권자에게 전환되기 때문이다. 그리고 점유에 관한 민법 규정은 민법 제210조에 의하여 물건의 점유 외에 재산권의 준점유에도 준용되므로, 수익자의 이익이 물건의 점유에 의하지 않고 발생한 경우에도 이 같은 법리가 적용된다. 한편 위와 같이 악의의 수익자와 선의의 수익자를 원칙과 예외의 관계로 본다면 예외 사유인 선의의 사실을 채무자가 항변으로써 주장하여야만 할 것이나, 실제 실무에서는 채무자가 명시적으로 그 같은 항변(주장)을 하지 않더라도 당사자의 주장이 있는 것으로 취급하는 것이 보통이다(물론 이 경우 악의의 입증책임을 진 채권자가 수익자의 악의를 주장하면 채무자가 이를 명시적으로나 묵시적으로 부인하는데, 채무자의 그러한 태도를 선의의 간접주장으로 볼 수 있으므로 실무를 탓할 수는 없다고 하겠다). 극단적으로, 당사자 모두 수익자의 선의나 악의에 관하여 전혀 주장이나 입증을 하지 않은 경우 법원이 원칙대로 수익자에게 원고의 청구취지 범위에서 받은 이익 전부의 반환을 명할 수 있는지가 문제인데, 논리상 긍정해야 하지 않을까 싶다. 어떤 사실이 법률상 추정된다고 하여 그 주장까지 제출된 것으로 의제될 수는 없기 때문이다.

461) 앞서 본 바와 같이 민법은 수익자에게 원칙적으로 받은 이익 전부를 반환하게 하면서 예외적으로 수익자가 선의인 경우와 제한능력자인 경우 그 반환 범위를 현존이익으로 감경하는 형식을 취하고 있기 때문이다(제한능력자에 관한 민법 제141조 단서는 조문 형식상으로도 이러한 구조를 취하고 있

한 이자 또는 그로 인한 손해배상을 청구하려면 수익자의 악의를 입증하여 법률상 추정을 복멸하여야만 한다(대법원 2010. 1. 28. 선고 2009다24187, 24194 판결, 2012. 11. 1 5. 선고 2010다68237 판결, 2013. 3. 14. 선고 2011다103472 판결 등 참조).[462]

4) 위와 같이 받은 이익의 반환의무와 현존이익의 반환의무는 그 청구원인이 같고 공격방어방법 여부에 따라 법률효과의 양적 범위만이 배타적·택일적으로 달라질 뿐이어서 어느 쪽의 법률효과를 청구취지로 기재하여 심판을 청구하든 그 전체가 하나의 소송목적으로서 심판의 대상이 되므로, 설사 외형상 청구취지를 달리하여 각각의 청구에 대한 심판을 구하더라도 각각의 법률효과를 별도의 소송목적으로 삼아 심판을 허용할 필요가 없다. 개별적으로는 각각의 청구가 청구적격이 있으나 상대적 관계에서는 독자적 청구적격이 없기 때문이다. 따라서 하나의 소에서 선택적 병합이나 주위적·예비적 병합의 형태로 양자를 병합청구한 경우, 결국 하나의 청구로 포함, 흡수되고 청구병합이 성립하지 않는다.

원고가 수익자의 악의를 전제로 받은 이익의 반환청구를 하였으나 악의가 인정되지 않을 경우 법원은 현존이익의 반환만을 명하여야 하는바, 이는 하나의 채권 전부에 관한 청구에 대하여 그 청구 일부를 배척하는 것과 같으므로 "피고는 원고에게 현존이익을 반환하라. 원고의 나머지 청구를 기각한다."고 일부기각의 주문을 표시하여야 하고, 소송비용의 일부도 원고에게 부담시킬 수 있다고 할 것이다. 반대로, 법리상 채권자인 원고가 받은 이익 전부를 반환 받을 수 있음에도 현존이익만의 반환을 청구한 경우, 법원은 그 전부에 대하여 심리를 하여야 하지만 원고의 청구취지를 초과하여 인용할 수는 없다. 처분권주의에 반하기 때문이다.

이미 받은 이익의 반환청구의 소가 계속 중 별소로 현존이익의 반환청구의 소를 제기하면 후소는 그 자체로서는 청구적격이 있으나, 양자의 청구원인과 청구취지 모두 동일한 부당이득의 반환청구로서 그 실질이 동일하여 중복소송에 해당하고, 원고는 전소에서 양자를 한꺼번에 판단 받을 수 있으므로 후소는 주관적 소의 이익도 없어 어느 면에서나 후소는 부적법하여 각하를 면할 수 없다. 현존이익의 반환청구의 소가 계속 중 별소로써 받은 이익의 반환청구의 소를 제기하더라도 마찬가지다.[463]

5) 또 이미 어느 하나의 법률효과에 대한 청구의 판결이 선고되어 확정된 경우, 어느

다). 따라서 이 경우 채권자는 부당이득의 일반적 청구원인사실만 소장에 기재하면 족하고 별도로 수익자의 선의를 주장할 필요도 없다고 할 것이다.

462) 위와 같이 악의의 수익자를 원칙규정으로, 선의자를 예외규정으로 본다면, 이론상으로는 채권자는 수익자가 선의라는 항변을 하지 않는 이상 그가 악의인 사실을 먼저 주장, 입증할 필요는 없다고 할 것이다. 부당이득이 성립하면 당연히 수익자는 원칙대로 받은 이익 전부를 반환하여야 하고, 다만 예외적으로 그가 선의이거나 제한능력자인 경우에만 그 책임이 경감되기 때문이다. 그러나 소송실무상으로는 채권자인 원고가 수익자의 선의항변을 기다리지 않고 받은 이익 전부의 반환을 구하는 때에는 수익자가 악의라는 사실을 직접적이든 간접적이든 주장, 입증하는 것이 보통이다.

463) 이 경우 원고는 전소의 청구취지를 변경(확장)하면 충분하다.

쪽이 먼저 전소의 소송물이 되었든지 상관없이 나머지 다른 쪽을 후소로 청구하는 때에는 단순히 공격방어방법만을 달리하여 새로운 소를 제기한 것이므로 후소에 기판력이 미친다고 할 것이다. 그리고 원고가 이미 전소에서 승소한 때는, 신소로써 다른 쪽의 청구를 하더라도 앞서 소유권이전등기말소청구와 소유권이전등기청구, 원물반환청구와 가액반환청구의 경우와 같이 신소는 주관적 소의 이익이 없고, 따라서 그 자체로서 부적법하여 각하를 면할 수 없다.

만약 채권자가 전소에서 수익자가 선의임을 전제로 우선 현존이익만의 반환을 청구하나 장차 수익자의 악의가 증명될 것을 전제로 청구를 확장하거나 그 차액을 별도로 청구할 뜻을 표시한 경우 이를 명시적 일부청구로 보아야 할까? 부정하여야 할 것이다. 명시적 일부청구는 우선 한 개의 전체 채권액을 밝힌 다음 그 일부만을 청구하여야 하는데, 전소에서 수익자가 선의임을 전제로 현존이익 전부의 청구를 하였다면 이는 선의의 수익자에 대한 청구채권 전액을 청구한 것이지 일부를 청구한 것이 아니다. 또, 본래의 일부청구는 그 청구권에 관한 법률요건과 법률효과 전부를 심판대상으로 하되 단지 그 청구의 범위(인용의 범위)만을 그 일부로 제한하는 것임에 반해, 이 경우는 공격방어방법의 일부를 유보해두고 그 존부에 따라 그에 대응하는 구체적 법률효과를 장차 청구하겠다는 것으로서, 공격방어방법은 당해 소송(전소)에서 모두 제출되고 심판되어야 한다는 원칙에 반하여 국가 사법권 발동을 남용하고 기판력 제도를 무의미하게 하는 것이므로 허용될 수 없다.[464)]

6) 이상의 법리는 민법 제202조에 의하여 회복자가 불법행위를 청구원인으로 하여 점유자에게 손해 전부의 배상(악의의 점유자나 소유의 의사가 없는 선의의 점유자) 또는 현존이익 범위의 배상(선의의 점유자)을 손해배상으로 구하는 경우에도 동일하게 적용된다고 할 것이다.[465)]

---

464) 이 경우 원고가 일부청구라고 주장하려면, 전소에서 수익자가 악의임을 전제로 받은 이익 전부의 반환청구권을 주장하면서 단지 그 일부만을 청구취지에 기재하였어야 한다.

465) 민법 제202조에 의한 손해배상청구권은 민법 제750조의 불법행위에 기한 손해배상청구권으로서 양자는 그 본질이 같다. 따라서 민법 제202조에 의한 손해배상청구권과 민법 제750조의 불법행위에 기한 손해배상청구권이 각각 달리 청구원인을 구성하는 것은 아니다. 다만, 선의의 자주점유자의 책임이 민법 제202조에 의해 감경될 뿐이다.

❑ 쉬어갑시다

[누가 총대를 멜 것인가?]

— 기관총으로? 아님 K2 소총으로?

총대를 메는 사람은 자의로 메는 것일까, 아니면 타의로 메는 것일까? 이도저도 아니라면 자의반타의반일까?

어떻게 해서 총대를 메게 되었든 총대를 메는 사람은 하기 싫은 일을 억지로 하게 되었거나, 하기 싫은 정도는 아니라도 책임이 뒤따라 괴롭고 힘든 일을 맡게 된 것은 사실일 터이다. 이 말이 우리에게 주는 통상적인 뜻이 그런 것이니까. 이 말에서는 직감적으로 무거운 총을 어깨에 메고 힘들어 하는 사람의 모습이 떠오른다.

이 말을 그대로 해서는 국어사전에서 찾아볼 수 없으나, 신문이나 방송에서도 버젓이 쓰고 있으니 표준말은 아닐지라도 대한민국 사람들 모두에게 뜻이 통하는 말이 되었음이 틀림없다.

그런데 책임이 뒤따라 곤란해서 하기 싫고 괴로운 일 중에 왜 하필 총대를 메는 일일까? 아니 총대를 메는 일이 진정 괴롭고 힘든 일이기는 한 것인가? 권총 같이 총 같지도 않은 것은 제쳐두고라도, 총대도 총대 나름이지 M16이나 K2 소총 같은 것은 단순하고 플라스틱이 많이 들어가 지극히 가벼우니 말이다. 혹시 총은 사람을 살상하는 물건이니 누구나 꺼려하는 것이라서 그럴까. 그러나 군인은 누구나 총을 메야만 한다.

그러고 보면 총대를 멘다는 말에서 총을 상상하는 것은 어딘가 부자연스럽다는 생각이 든다. 여기서 총대는 장대나 간짓대와 같이 막대기나 긴 물건을 의미함은 누구나 알 수 있다. 그렇지만 총을 멜 양이면 그냥 "누가 총을 멜 것인가?" 아니면 "누가 총을 들 것인가?"라고 해야지 총 대신에 잘 쓰지도 않는 말인 총대를 멘다고 한 것도 이상하다.

이 말의 근원은 참 엉뚱한 데에 있다. 물론 총과는 한참 거리가 멀다. 마을이나 동창회나 계모임 같이 여러 사람이 모여서 크고 작은 모임을 만들면 주도적으로 일을 맡아서 할 사람이 필요한 것은 동서고금을 막론하고 어느 사회에나 당연한 일이다. 즉 우리들이 요즘 즐겨 쓰는 임원(任員)이 필요하다. 임원이란 말은 말 그대로 맡을 임(任)자가 들어간 한자말이니 뭔가를 맡은 사람이라는 뜻이 된다. 일본에서는 이를 역원(役員)이라고 하는데 역시 어떤 역할을 맡아 일을 하는 사람이라는 뜻이다. 이사(理事)니 유사(有司)니 하는 말도 대체로 그 의미가 이와 같다.

그런데 이 임원은 대체로 회원이나 구성원들과 연락을 주고받고, 회비 등 돈이나 물건 등을 징수하고, 모임을 위해 물건을 사고 행사장을 마련하는 등으로 일을 준비하며, 남과 교섭을 하거나 거래를 할 때도 회원 등을 대표하여 일을 하게 된다.

이런 일을 하는 사람을 과거 일본에서는 총대(總代)라고 하였다. 구성원을 총체적으로, 즉 전체적으로 대표 또는 대리하는 사람이라는 뜻으로 총대표자, 총대리인의 줄임말일 터이

다. 메이지 시대를 대표하는 일본 작가 나쓰메 소세키(夏目漱石)의 작품 『도련님』(1906)에 나오는 예를 보자. "俺はさつそく寄宿生お三人ばかり總代に呼び出した。すると六人出て來た(나는 즉시 기숙생 세 명 정도를 대표로 불렀다. 그러자 여섯 명이 왔다)." 이 글을 보면 총대(總代)가 무리의 대표임을 의미하는 게 분명하다. 또 하나 예를 들면, 1912. 8. 13.에 조선총독이 제정한 토지조사령(土地照査令) 제6조이다. 여기에는 "토지의 조사 및 측량을 함에 있어서는 그 조사 및 측량지역 내의 地主로 하여금 二人 이상의 總代를 선정하게 하여 조사 및 측량에 관한 사무에 종사하게 할 수 있다"고 규정하고 있다.

그런데 총대의 의미가 이러하다면 총대의 일을 맡는 사람에게는 "총대를 맡았다." 또는 "총대의 임무를 지게 되었다."라고 해야 할 것을 왜 이들이 아닌 밤중에 총대를 메게 되었을까?

총대가 된 사람은 임무를 맡게 되었으니 거기에는 책임과 의무가 부과될 수밖에 없고 이는 그 사람에게 짐이 될 수밖에 없다. 우리말에서도 짐은 지는 것이니 "짐 진 자들아 다 내게로 오라."는 성경말씀이나 "이번 일에 책임을 지고 사임하겠다."는 말에서 알 수 있듯이 짐이나 책임은 등허리에 지고 온몸으로 감당해야 하는 것이다.

그래서 일본인들은 총대의 임무를 맡은 사람에게 짐 질 부(負), 멜 부(負)자를 써서 "總代を負う(소다이오 오우)"라고 썼는데, 우리는 책임이나 의무, 빚은 진다고도 하지만 임무나 사명을 맡는 일에 대해서는 임무나 사명을 "띠다"거나 "맡는다"고 하지 이를 "진다"고는 하지 않는다. 회장이니 총무니 하는 직위도 역시 맡는다고 하지 진다고는 하지 않는 것처럼.

어쨌든 각설하고, 일본어 "總代を負う(소다이오 오우)"를 우리말로 번역하다보니 "총대를 메다."가 되었다. 우리말 어법에 어울리지 않는 이상한 번역어임은 말할 것도 없다. 이 말이 일제세대를 거쳐 우리 사회에 널리 통용되면서 굳어져 그 어원은 잊히고 뉘앙스만 남아, 총대를 메는 일은 고양이 목에 방울 다는 일이 되었다. 총을 메는 일 자체가 괴로운 일이거나 총을 들고 본의 아니게 상대방이나 경쟁자를 타도해야 하는 일이 괴로운 일이라는 상상을 하면서 말이다.

국어사전에도 총대(總代)라는 말은 나오고 전체를 대표하는 사람이란 뜻이라고 되어 있다. 이제는 이 총대(總代)라는 말도 나이 많은 이들을 제외하고는 잘 쓰이지 않으므로 총대를 멘다는 말도 없어져야 하지 않을까. 굳이 이를 쓰자면 "누가 총대를 맡을 것인가?" 아니면 "누가 악역을 맡을 것인가?"로 바꾸어 쓰는 것이 좋겠다. 발음도 "총때"가 아니라 "총대"로 말이다.

Ⅵ. 공격방어방법

1. 공격방어방법의 의의

가. 개념(청구와의 관계)

1) 소가 제기되어 청구가 소송목적이 되면 당사자는 이를 중심으로 각종 주장과 입증활동인 변론(소송수행)을 하게 되고,[466] 법원은 그 결과를 기초로 본안의 당부, 즉 청구의 당부에 대한 재판(심판)을 하게 된다(민사소송법 제202조, 제208조 제2항 참조). 재판의 대상은 당연히 그 청구(청구원인과 청구취지)로 표현된 권리·의무와 법률관계의 존부 및 그 범위이며, 그 전제로서 당해 권리·의무와 법률관계의 발생·변경·존속·소멸에 관한 법률요건 및 이를 충족하는 주요사실(법률사실)의 존부를 심리, 판단한다.

민사소송에서는 당사자처분권주의가 적용되므로 당사자가 소송목적으로 삼아 심판을 구한 당해 청구 이외의 다른 사항에 대하여는 심리·판단을 할 수 없고 그럴 필요도 없으며, 따라서 당사자의 변론도 그 소송의 주제이자 심판의 대상인 특정한 청구에 국한된다.

2) 그런데 청구의 내용인 권리·법률관계는 상대방 당사자가 청구를 인낙하거나 청구원인사실을 자백을 하지 않는 이상 그 청구원인사실의 존재를 직접 뒷받침할 증거나 간접적으로 뒷받침할 간접사실이 필요하다. 또한, 청구원인사실이 존재하더라도 그로부터 법률효과가 발생하거나 이를 행사하기 위해서는 대리권이나 타인의 동의 등 보조사실이 필요하기도 하고(이상은 청구를 이유 있게 하는 것이다), 그 발생, 행사, 존속에 장애가 되는 법률사실의 존재로 인해 법률효과가 발생하지 않거나 행사가 제한되거나 소멸하기도 하는바(이상은 청구를 이유 없게 하는 것이다), 증거를 비롯한 이러한 청구원인사실 이외의 법률요건과 그 법률사실은 청구원인과 그로부터 발생하는 법률효과에 중요한 영향을 미친다.

이러한 증거의 제출, 청구원인사실 이외의 법률요건과 그 법률사실의 주장 및 입증이 소송수행의 내용으로서 곧 공격방어방법의 제출이며 변론이다. 변론주의가 적용되는 민사소송에서 당사자의 변론은 이와 같이 청구를 이유 있게 하거나 또는 이유 없게 하는 법률요건 및 법률사실의 주장·진술·입증에 집중된다.

3) 공격방어방법은 공격방법과 방어방법을 총칭하는 것으로서, 전자는 청구를 뒷받침하여 이를 이유 있게 하는 일체의 소송자료(증거와 주장)를, 후자는 청구를 이유 없게 하

466) 변론은 일반적으로 변론기일에 공개된 법정에서 당사자가 말로써 재판의 기초가 되는 소송자료를 제출하는 것을 의미하는데, 넓은 의미에서는 법원을 포함한 당사자 등 소송주체가 변론기일에 하는 일체의 소송행위를, 좁은 의미에서는 당사자의 소송행위와 법원의 소송행위 중 증거조사를, 가장 좁은 의미에서는 당사자의 소송행위만을 의미한다. 이에 대해서는 뒤의 <변론>을 참조.

는 일체의 소송자료를 의미한다. 즉 공격방어방법은 특정한 청구를 전제로, 그 청구원인 사실을 제외하고 그 청구의 당부에 관계되는 모든 소송자료를 말한다. 여기서 청구를 이유 있게 한다는 것은 청구로써 주장한 권리·의무나 법률관계의 존재가 긍정되는 것을, 청구를 이유 없게 한다는 것은 그 존재가 부정되는 것을 의미한다. 그러므로 공격방어방법은 특정한 청구에 대하여 하위적·부수적·종속적 지위를 갖는다고 할 수 있다.

나. 변론과의 관계

위와 같이 공격방어방법의 제출은 주장과 증거의 제출에 의하여 이루어지는바, 뒤에서 보는 바와 같이 주장과 증거의 제출이 곧 변론이다. 따라서 공격방어방법은 변론의 내용을 이루고, 변론은 공격방어방법의 제출 방식이라고 할 수 있다.

다. 본안전항변과의 관계

1) 위와 같이 공격방어방법은 소송의 주제이자 본안인 청구(소송목적)에 관한 것으로서, 청구를 이유 있게 하거나 이유 없게 하는 법률요건과 그 법률사실의 주장·진술·입증인바, 그에 따라 본안인 청구의 인용 또는 청구의 배척(청구기각)이라는 결과가 발생한다.

2) 그런데 원고의 소 제기라는 본안의 청구에 대항하여, 피고가 소송요건의 흠결을 주장하여 그 소를 부적법하게 함으로써 본안의 당부에 대한 법원의 심판을 거부하는 재판(소 각하)을 구하는 주장과 그 증거의 제출행위를 본안전항변이라고 하는바, 이는 본안인 청구의 당부에 관한 것, 즉 청구를 이유 있게 하거나 이유 없게 하는 것이 아니므로 본래 의미의 공격방어방법이 아니다.

3) 본안전항변과 구별하여야 할 개념은 본래 의미의 항변인바, 이는 본안인 청구(소송목적)의 당부에 관한 것으로서 공격방어방법의 한 형태인 주장에 속한다. 재항변, 재재항변, 재재재항변도 마찬가지다.

2. 공격방어방법의 형태

가. 공격방법

1) 공격방법은 위와 같이 청구를 뒷받침하여 이를 이유 있게 하는 소송자료, 즉 그에 관한 주장과 증거의 제출을 말한다. 따라서 이는 특정한 청구를 소송목적으로 삼아 소를 제기한 원고가 하게 된다. 그렇다고 하여 그 원고가 반드시 채권자이거나 권리자여야 하는 것은 아니고, 채무자나 의무자 또는 권리자의 상대방이라도 상관없다.

2) 공격방법은 위와 같이 원고가 청구를 뒷받침하여 법원으로 하여금 청구를 인용하는 재판을 하게 하려는 것이므로, ① 피고의 주장과 관계없이 원고 스스로 권리의 발생

이나 행사를 보조하는 대리, 동의, 인·허가 등의 법률요건과 그 법률사실을 주장·입증하는 것과, ② 피고의 방어적 주장(예컨대 소멸시효완성의 항변)에 대항하여 원고가 그 재방어수단이자 공격방법으로서 재항변(예컨대 소멸시효중단의 재항변) 또는 재재재항변(예컨대 소멸시효이익포기의 재재재항변)을 하는 경우가 이에 속한다.

나. 방어방법

1) 방어방법은 청구를 이유 없게 하여 법원으로 하여금 청구를 배척·기각하는 재판을 하게 하려는 피고의 주장과 증거의 제출을 말한다. 이는 청구원인사실에 대한 부인과 부지의 답변을 포함하며, 주된 것은 위와 같이 원고가 청구로서 주장한 권리·법률관계의 발생, 행사, 존속에 장애가 되는 법률요건과 그 법률사실을 주장·입증하는 것이다. 이를 특히 항변이라고 하는바, 이에 대해서는 뒤의 ＜변론＞에서 자세히 설명한다.

2) 방어방법은 청구의 배척·기각을 구하는 피고가 하는 것이므로, 그는 채무자, 의무자에 국한되지 않고 때로는 채권자나 권리자가 될 수도 있다.

3) 방어방법은 위와 같이 피고가 법원으로 하여금 청구를 기각하는 재판을 하게 하려는 것이므로, 피고가 원고의 주장(예컨대 피고 본인이 매매를 하였다는 주장)에 대항하여, 원고가 주장하는 매매 당시 피고는 현장에 없었고 타인이 피고를 대리하여 매매를 하였으며 그 대리권 행사는 대리권의 범위를 벗어난 것이라고 주장하거나 원고의 청구권이 이미 시효소멸하였다고 항변하는 등으로 원고를 공격하는 경우에도, 이는 소송법상 공격방법이 아니라 방어방법이다.

다. 주장과 입증

1) 당사자의 공격과 방어, 즉 변론은 위와 같이 크게 주장(진술)과 입증 두 가지 형태로 이루어진다. 주장은 청구에 관련된 법률사실이나 법률적인 사항에 관한 원·피고의 구두 진술이다. 즉 사실에 관한 주장과 법률에 관한 주장을 말한다.

2) 사실에 관한 원고의 구체적인 주장 내용은 뒤에서 보는 바와 같은데, 이에 대응한 피고의 사실에 관한 주장은 ① 자백, ② 부지, ③ 부인, ④ 항변의 형태로 이루어지고,[467] ④의 항변에 대하여 다시 원고는 ① 내지 ④(이때의 ④는 재항변)의 형태로 대응하여 주장을 하게 되며, 피고는 또 같은 방식으로 재재항변 등을 할 수 있다.

3) 사실에 관한 주장에는 주요사실에 관한 것과 간접사실에 관한 것이 있다. 이때 주요사실은 법률요건을 구성하게 된다. 따라서 공격방어방법에도 청구원인과 마찬가지로

467) 피고의 자백(단, 선행자백과 구체적 사실의 자백은 제외), 부지, 부인은 구체적으로 법률사실을 주장하는 것이 아니라, 원고의 법률사실에 관한 주장을 인정(침묵은 인정에 포함)·불인정(부지는 불인정에 포함)한다는 관념의 표현이라고 할 수 있다.

법률요건이 포함되고, 공격방어방법에는 법률요건인 것과 법률요건이 아닌 것의 두 가지 형태가 있으며, 법률요건은 그 성질에 따라 청구원인이 되는 것도 있고 공격방어방법이 되는 것도 있다.

4) 입증은 증거조사의 신청[468]과 증거방법(증거조사의 대상이 되는 문서 등 유형물)의 제출이 주된 것이다. 증거방법이나 상대방의 증거신청, 증거조사, 증거자료(증거조사의 결과) 등에 관한 사실적·법률적 의견의 진술은 그 형태는 '주장'에 가까우나, 그 대상과 주제가 입증과 증거에 관한 것이라는 점에서 '입증'에 포함하여 이해하는 것이 좋을 것이다. 증거의 조사 자체는 법원이 하는 것이므로 당사자의 변론 사항이 아니다.

5) 청구는 소장의 제출 또는 이에 준하는 청구변경신청서의 제출로써 소송에 현출되어야 하는 반면에, 공격방어방법은 뒤에서 보는 바와 같이 변론(구두진술)으로써 현출되어야 하며 그 준비를 위하여 준비서면의 제출이 요구된다.

3. 공격방어방법의 내용

가. 사실에 관한 주장

1) 공격방어방법으로서 사실에 관한 주장은 공격방법이나 방어방법에 속하는 사실을 주장·진술하는 것이다. 여기서 말하는 사실은 법률요건과 관계가 없는 간접사실과 법률요건을 구성하는 주요사실, 즉 요건사실을 모두 포함한다. 공격방어방법 가운데 대리, 조건, 기한, 동의·승낙, 인·허가, 해제, 해지, 소멸시효 등은 법률요건이다. 그러나 그 사실이 간접사실이냐 주요사실이냐는 크게 중요하지 않다.

2) 청구원인인 법률요건을 직접적으로 충족하는 주요사실인 청구원인사실은 소장이나 청구변경서의 청구원인으로 기재할 것이 요구되는 것이고, 변론(공격과 방어)의 대상이자 주제가 되는 것이므로 이는 공격방어방법으로서의 사실에 속하지 않고, 따라서 당사자는 이를 변론을 통하여 주장할 필요가 없다. 이는 이미 소의 제기와 소장 부본의 송달 및 소송 계속으로 특정되고 소송목적이 되어 법원과 원·피고의 소송행위(소송활동)의 주제이자 대상이 되었기 때문이다.

대부분의 민사소송법 교과서들은 본안의 신청(소의 제기)을 변론의 내용 또는 그 대상에 포함시키고, 청구원인사실 역시 당사자(원고)가 변론의 내용이자 공격방법으로 제출하여야 한다고 설명하고 있으나,[469] 이는 수긍하기 어렵다. 현재 대부분의 소송실무에서도

468) 증거조사신청 역시 이송신청, 변론병합신청, 변론재개신청, 법관에 대한 제척·기피신청 등과 같은 소송절차상의 신청으로서 당사자의 소송행위에 해당한다. 이러한 신청행위는 가장 좁은 의미의 변론과 공격방어방법에 속하지 않지만, 다른 신청과 달리 청구(본안)의 당부 판단에 관련된다는 점에서 실질적으로 공격방어방법에 속한다고 볼 수 있다.

469) 김홍엽, 민사소송법(제2판), 박영사, 433; 이시윤, 신민사소송법(제6판), 박영사, 352; 정동윤·유병현,

변론기일에 원고로 하여금 소장과 청구변경서 기재 청구취지와 청구원인을 주장·진술하게 하고 있고 대법원도 이를 당연한 것으로 보고 있는 듯하나,[470] 이는 소송법적으로는 불필요한 것이다.[471]

3) 당사자가 공격방어방법으로서 제출하는 사실에 관한 주장을 크게 나누면, ① 청구로써 구한 권리·의무의 발생, 행사를 보조하는 사실,[472] ② 그 권리·의무의 발생·행사를 저지하거나(권리발생 장애요건, 권리행사 저지요건) 소멸을 가져오는(권리소멸 요건)[473] 사실이다. 이에 관하여는 이미 앞서 법률요건에 관한 고찰에서 살펴본 바와 같다.

나. 법률에 관한 주장

1) 권리·의무의 변동에 직·간접으로 관련되는 법률효과의 발생과 연관성을 갖는 모든 법률적 사항, 즉 특정한 법규와 법률요건의 존부, 그 내용 및 의미에 관한 당사자의 의견을 진술하는 것이다. 관습법이나 사실인 관습, 경험칙, 판례, 학설 등도 이에 포함된다.

2) 법률에 관한 사항은 법원의 고유한 권한 사항이자 책무이므로 당사자의 주장이 법원을 구속할 수는 없으며, 자백(이른바 권리자백)이 성립할 여지도 없다. 그런데 당사자가 법률효과 발생에 필요한 주요사실을 구체적으로 진술하는 대신 그 법률효과, 예컨대 매매, 증여, 임대차, 소비대차 등을 직접 주장하는 경우, 대체로 이는 그 법률효과 발생에 필요한 주요사실의 구체적 진술을 생략하고 곧바로 당해 법률효과를 주장하는 것으로서, 그 법률효과의 주장은 법률적 견해의 진술에 불과하여 법원을 구속할 수 없으나,[474] 그

민사소송법(제3판 보정판), 법문사, 400; 전병서, 민사소송법강의(제2판 보정), 법문사(2003), 421; 법원실무제요 민사소송[Ⅱ], 327; 藤田廣美, 解析 民事訴訟, 東京大學出判會(2009), 3 등.

470) 대법원 1961. 5. 11. 선고 4291민상 429 판결은, 소장을 변론기일에 진술하지 않았더라도 원고가 소제기 후에 제출한 '소장정정신청서'를 최초의 구두변론기일에 진술하였다면 하등의 위법이 없다고 판시하였다. 이는 소장 기재 내용을 구두변론기일에 진술하지 않으면 소장에 기재한 청구가 소송목적으로 되지 않는 것을 전제하고 있는 것으로 해석된다.

471) 소장에는 청구취지와 청구원인 이외에 준비서면에 기재할 공격방어방법을 임의로 기재할 수 있는바(민사소송법 제249조 제2항, 제274조 제1항 제4, 5호), 그 준비서면적 기재 내용의 주장·진술을 위해 소장 기재 사항의 주장·진술이 필요할 수는 있으나, 이 경우에도 청구취지와 청구원인은 주장·진술할 필요가 없다. 한편, 민사소송법 제134조 제1항은 "당사자는 소송에 대하여 법원에서 변론하여야 한다."고만 규정하고 있고, 제282조와 제154조는 변론준비기일과 변론기일에서의 변론 내용을 구체적으로 규정하지 않고 있는데, 준비서면의 기재 사항이나 소장의 준비서면적 기재 사항은 구두변론을 하여야만 소송자료 제출의 효력이 발생하나, 소장의 청구취지 및 청구원인은 이와 차원이 다르다.

472) 예컨대, 매매에 기한 소유권이전등기청구의 소를 제기한 경우 매매의 주요사실은 청구원인으로서 소장의 기재사항이고, 대리나 표현대리는 청구원인인 매매의 요건사실이 아닌 이를 보조하는 요건사실이므로 후자만이 공격방어방법의 대상이다. 청구원인인 법률요건을 직접으로 충족하는 주요사실은 이미 소 제기 시에 청구로써 특정하였으므로 굳이 이를 변론절차에서 주장·진술할 필요는 없다. 다만, 소장에 주요사실의 일부를 기재하지 않았거나 특별히 공격·방어상 필요가 있을 때 그 법률요건의 전부나 일부를 주장·진술할 수는 있을 것이다. 이 경우 전자는 필수적이나 후자는 주의적이다.

473) 권리소멸 요건은 결국 권리의 존속을 저지하는 점에서 이 역시 저지요건에 속한다. 그러므로 법률요건은 넓게는 권리·의무의 발생요건과 저지요건으로 나뉜다.

474) 통상 당사자는 청구취지에 기재된 권리·의무가 발생할 수 있는 주요사실만을 청구원인으로 주장하면

것이 구체적인 주요사실의 간접적·압축적 진술에 해당하는 때에는 사실에 관한 주장으로서 변론주의가 적용되어 자백이 성립할 수 있다(대법원 1989. 5. 9. 선고 87다카749 판결 참조).[475]

다. 입 증

입증은 증거조사의 신청과 소지하고 있는 증거방법의 제출, 증거조사에의 참여(증인이나 당사자본인의 신문, 검증현장에의 출석·입회 등)을 주된 내용으로 한다. 한편, 입증에 포함되는 증거에 관한 주장은 증거방법이나 자신과 상대방의 증거신청, 증거조사, 증거자료 등과 관련하여 입증취지, 증거방법의 작성자·작성일시·내용, 증거조사의 필요 여부, 증거능력의 존부, 문서의 진정성립이나 위·변조 여부, 형식적·실체적 증거력(증명력)의 존부와 정도 등을 보조사실로서 주장·진술하는 것이다.

라. 본안의 신청 외의 부수적 신청

1) 위와 같이 공격방어방법은 주장과 증거의 제출이 중심을 이루지만, 이와 관련하여 쌍방 당사자는 본안의 신청, 즉 소의 제기 외에도 당해 소송절차 진행 중 법원에 대하여 다양한 부수적 신청을 하게 된다.

2) 이 가운데는 본안의 당부에 영향을 미치는 것도 있는바, 주로 증거의 신청과 석명명령신청(구석명신청) 등이 이에 해당한다. 이는 보통 주장에 부수하여 이루어지므로 이들 신청도 넓게 보아 공격방어방법의 일종으로 볼 수 있다.

3) 반면에 담보제공명령신청, 소송구조신청, 관할지정신청, 이송신청, 기일지정·변경신청, 변론의 병합·재개신청, 법관의 제척·기피신청, 소송수계신청, 피고경정신청, 공동소송인추가신청 등은 본안의 당부에 관계가 없으므로 공격방어방법으로 볼 수 없다.

법원이 그에 대응하는 법규를 적용하여 그에 따른 법률효과의 존부를 판단하게 되나, 당사자가 주요사실과 함께 그로부터 발생하는 법률효과인 권리·의무를 주장하는 경우 이는 청구원인이 무엇인지 분명하게 해주는 간접적 역할을 하게 된다.

그러나 주요사실의 주장만으로 어떠한 법규(법률요건)가 적용되어 청구취지상의 권리·의무(법률효과)가 발생하는지 알기 어려운 때에는 청구원인에 이를 밝힐 필요가 있다. 특히 동일한 사실로부터 복수의 권리·의무가 발생하여 청구권이 경합하는 경우에는 더욱 그러하다. 이 경우 당사자는 복수의 청구권 상호 간의 관계(선택적, 주위적·예비적)도 밝혀야 함은 물론이다. 이와 같이 복수의 권리·의무가 발생하는 경우 그 권리·의무를 특정하는 것은 청구의 특정 문제에 속하므로 법원도 이에 구속된다.

475) 원고가 임야 소유권에 기하여 피고에게 소유권이전등기의 말소청구를 하였는데, 계쟁 임야는 원래 원고의 부친 등의 공유였다는 원고의 주장사실을 피고가 인정하는 진술을 하였다. 이에 대해 대법원은, 이 소송에서 원고 주장의 소유권을 인정하는 피고의 진술은 그 소의 전제가 되는 소유권의 내용을 이루는 사실에 대한 진술로 볼 수 있으므로 재판상 자백에 해당한다고 보았다.

4. 청구원인과 공격방어방법

가. 양자의 구별 필요성

1) 앞서 본 바와 같이 청구로써 구한 권리·의무(법률효과)의 발생요건(발생근거)만이 청구원인이 되고 이를 충족하는 주요사실이 청구원인사실이 되며, 그 밖의 소송자료는 모두 공격방어방법으로서 그 청구의 당부 심판을 위한 변론의 대상 또는 그 내용이 된다는 점에서 청구원인과 공격방어방법은 구별되어야 한다.

2) 양자의 구별이 필요한 것은 앞서 법률요건과 청구, 공격방어방법의 상호관계로부터 영향을 받는 소송법상의 주제에서 살펴본 바와 같다. 그 중에서도 특히 당사자의 주장 변경이 청구의 변경에 해당하는지 여부, 변론주의의 적용 여부(물론 공격방어방법이라고 하여 모두 변론주의의 적용 대상에서 제외되는 것이 아님은 앞서 본 바와 같다.), 기판력의 작용 여부에 관하여 구별의 필요가 절실하다. 당사자의 주장이 어느 쪽에 해당하느냐에 따라 소송목적, 청구변경의 방식, 변론의 요부, 자백의 성부와 구속력의 유무, 기판력의 유무가 달라진다.[476]

나. 구별의 기준

1) 이와 같이 청구원인과 공격방어방법을 구별하는 것은 매우 중요하나 실제 소송실무상 양자의 구별이 매우 어렵고, 현재까지 양자의 구별기준에 관한 학설이나 판례도 뚜렷하게 제시되지 못하고 있는 것 같다.

필자의 생각으로는 앞서 언급한 바와 같이, 소송목적(청구)인 권리·의무라는 법률효과가 발생하기 위한 실체법상의 법률요건이 곧 청구원인이고, 이 청구원인을 직접 충족하는 구체적·역사적 법률사실이 청구원인사실(주요사실)이다. 반면에, ① 청구원인사실의 존재·부존재를 추인케 하는 간접사실, ② 청구원인사실로부터 당해 법률요건이 지향하는 법률효과의 발생·행사·존속을 보조하는 보조적 법률요건, 발생·행사·존속을 저지하는 법률요건(권리발생 장애요건, 권리 행사 장애요건, 권리 소멸요건)이나 이를 보조하는 법률요건을 직접 충족하는 주요사실 또는 그 주요사실의 존재·부존재를 추인케 하는 간접사실, ③ 이러한 모든 법률사실의 존부를 입증하기 위한 주장과 그 부수자료, ④ 이상의 모든 법률요건의 존재·의미·해석 및 그로부터의 법률효과의 도출에 관한 법리적 주장은 모두

476) 대법원은 청구원인에 대하여는 기판력이 미치나 공격방어방법에 대하여는 기판력이 미치지 않는 것으로 보는바(여기서 공격방어방법에 대하여는 기판력이 미치지 않는다는 것은 민사소송법 제216조의 적용 대상이 청구에 한정된다는 의미이다. 한편, 민사소송법 제216조는 주문에 포함된 것에 한하여 기판력이 발생한다고 규정하여 이유에 표시되는 청구원인에 대하여는 기판력이 발생하지 않는 것으로 오해될 여지가 있는바, 이와 관련 민사소송법 제216조의 의미에 관하여는 뒤의 <기판력> 부분을 참조), 이것이 청구원인, 공격방어방법의 구별과 관련하여 가장 치열한 논쟁점이다.

공격방어방법이 된다.

2) 청구원인과 공격방어방법을 구별할 때는 그 문제되는 법률요건과 소송자료, 즉 그에 관한 주장이나 증거의 법적 성질을 잘 검토, 판단하여야 한다. 청구원인은 앞서 말한 바와 같이 법률효과인 권리·의무를 발생케 하는 실체법상의 근거로서의 법률요건을 말하므로, 청구원인에 해당하려면 우선 법률요건에 해당하여야 한다. 따라서 청구원인은 모두 법률요건이어야 하나 공격방어방법은 법률요건일 수도 있고 법률요건이 아닐 수도 있다.[477)]

공격방어방법은 소송자료로서의 주장이나 증거 모두를 포괄하고, 그 주장 가운데 법률적 주장은 증거와 마찬가지로 법률요건이 아니므로 우선 청구원인과 뚜렷이 구별된다. 문제는 사실에 관한 주장, 즉 사실적 주장인데, 사실적 주장의 내용 중에서도 법률요건사실(주요사실)에 해당하지 않는 간접사실은 이미 <주요사실과 간접사실>에서 본 바와 같이 청구원인이 아닌 공격방어방법에 속한다.[478)] 따라서 청구원인과 공격방어방법의 구별에서 가장 문제되는 것은 주요사실(요건사실)로 구성된 법률요건이다.

법률사실이 주요사실로서 법률요건을 충족하고 그 법률요건으로부터 권리·의무에 영향을 미치는 법률효과가 직간접으로 발생할 때 그 법률요건은 청구원인이 될 수도 있고 공격방어방법이 될 수도 있다.[479)] 그러므로 법률요건이라 하여 무조건 청구원인이 되는

---

477) 그러나 앞서 <법률요건>에서 본 바와 같이 구체적인 경우 어떤 사실이 하나의 독립한 법률요건을 구성하는지 아니면 그에 이르지 못하고 다른 사실과 함께 단순히 어떤 법률요건의 구성사실에 불과하는지를 판단하기도 쉽지 않다. 후자의 경우는 언제나 청구원인이 아니라 공격방어방법에 속한다. 예컨대, 민법 840조 각호의 재판상 이혼 사유의 사실은 각각 독립한 법률요건으로서 청구원인이 되나, 부당이득에 있어 수익자가 선의인지 악의인지 제한능력자인지의 사실은 독립한 청구원인을 구성하지 못하고 청구원인인 부당이득의 구체적 법률효과에 영향을 미치는 공격방어방법에 속한다(이때 수익자가 선의인지 악의인지 제한능력자인지의 사실은 제한적이나마 법률효과를 발생시키고 구체적·역사적 사실을 요소로 하므로 법률요건으로는 볼 수 있다고 하겠다).

478) 보조사실은 증거에 관한 사실로서 간접사실과 그 법적 성질이 같다.

479) 청구원인이 되는 법률요건이나 공격방어방법이 되는 법률요건이나 모두 그로부터 일정한 법률효과가 발생하고, 그것은 권리·의무에 직간접으로 영향을 미친다. 해제와 같이 청구원인과 공격방어방법의 성질을 겸유하는 것도 있다. 해제가 법률행위의 효력을 소멸케 하는 점에서는 권리발생 장애요건 또는 권리소멸 요건으로서 공격방어방법에 해당하지만, 원상회복청구권을 발생케 하는 점에서는 권리발생 근거요건으로서 청구원인이 된다.
한편, 원인무효로 인한 소유권이전등기말소청구에서 피고가 취득시효에 기한 소유권이전등기청구권을 가진 경우 피고는 이를 항변 사유로 삼아 실체적 법률관계에 부합한다는 주장을 하여 원고의 청구를 배척할 수 있고, 이때 위 소유권이전등기청구권은 항변 사유로서 소송법상 공격방어방법이지만 이는 독립한 청구원인이기도 하므로, 피고가 전소에서 이를 주장했든 안했든 관계없이 이에 대하여는 차단효가 미칠 수 없어 피고는 전소의 원고를 상대로 소유권이전등기청구를 하는 등으로 후소에서 이를 주장할 수 있다(대법원 1995. 12. 8. 선고 94다39628 판결, 1997. 11. 14. 선고 97다32239 판결 참조). 그러나 피고의 위 소유권이전등기청구권이 공격방어방법이자 청구원인이 된 이러한 결과는 본래부터 청구권의 발생근거로서 청구원인이 될 수 있는 법률요건을 당사자가 소송상 방어의 수단으로 사용하였기 때문으로서, 해제와 같이 양자의 성질을 본래부터 그 법률효과로서 겸유하는 것과는 차원이 다르다. 즉 실체관계에 부합한다는 항변은 본래적 항변 사유는 아니다. 이는 소유권에 기한 토지 인도청구에 있어서의 지상권자, 토지 인도 및 지상건물 철거청구에 있어서의 지상물매수

것은 아니다.

■ **청구원인과 공격방어방법의 형태**[480)]

청구원인	공격방어방법	
법률요건	법률요건	·권리·의무의 발생·행사·존속 보조요건 ·권리·의무의 발생 장애요건 ·권리·의무의 행사 장애요건 ·권리·의무의 존속 장애요건(권리·의무의 소멸요건) ·위 각 장애요건의 보조요건
	법률요건이 아닌 것	·간접사실 ·보조사실 ·법률적 주장 ·증거

여기서 한 가지 주의하여야 할 것은, 청구원인이 되는 법률요건은 그로부터 직접 그 법률요건이 정하는 법률효과가 발생하여야 하므로, 그 법률요건의 구성요소에 포함되는 개별적 법률사실(요건사실)의 일부는 법률요건이 아니어서 청구원인이 될 수 없다는 점이다. 예컨대, 매매는 청구원인이 되는 법률요건이지만, 그 구성요소(요건사실)의 일부인 재산권이전의 의사표시나 대금지급의 의사표시라는 개별적 법률사실은 독립하여 청구원인이 될 수 없고 공격방어방법에 지나지 않는다. 이는 원상회복청구권의 청구원인이 되는 민법 제548조의 해제에서도 마찬가지다. 즉 해제라는 법률요건으로부터 원상회복청구권이 발생하는데 해제의 구성요소인 법률사실의 일부에 불과한 해제권 발생 사유인 채무불이행이나 하자담보, 서면에 의하지 아니한 증여 등은 해제권을 발생케 하므로 그 부분에 있어서는 개별적 법률요건이지만, 그 자체로부터 독립하여 직접 청구원인인 원상회복청구권이라는 법률효과가 발생하지는 않으므로, 그것들은 원상회복청구권을 발생케 하는 법률요건으로서의 해제에 대한 관계에서는 그 해제의 법률사실인 '해제권의 행사'와 함께 법률사실 중의 일부에 불과하여 청구원인이 아니라 공격방어방법에 지나지 않는다.

3) 어떤 법률요건이 청구원인에 해당하는지 아니면 공격방어방법에 해당하는지 구별하는 기준으로는 다음 세 가지를 생각할 수 있다.

첫째, 그 법률요건에서 발생하는 법률효과가 권리·의무의 '발생'인지 아닌지 여부이다. 그 법률효과인 권리·의무의 '발생'에 관한 것이 아니면 청구원인이 아니라 공격방어방법이다. 권리·의무에 영향을 미치는 법률효과라도 그 발생에 관한 것이 아니면 권리·의무

청구권자, 금전청구에 있어서의 상계권자 등에서도 동일하게 발생한다.

480) 법률사실, 법률요건, 법률효과는 실체법적 개념이고, 청구원인과 공격방어방법은 소송법적 개념이라는 것에 주의를 요한다.

의 불발생이나 행사저지, 소멸을 초래하는 것이 되어 소송법상 청구원인이 아니라 피고의 방어적 수단이 되기 때문이다. 따라서 권리·의무의 발생에 장애가 되는 의사무능력, 불공정행위, 통정허위표시 등 무효의 법률요건, 권리·의무의 행사에 장애가 되는 동시이행의 항변권, 유치권, 기한의 유예 등 행사저지의 법률요건, 권리·의무의 존속에 장애가 되는 권리의 포기, 채무의 면제, 변제 등 권리소멸의 법률요건은 모두 청구원인이 될 수 없고 공격방어방법이 된다. 이상의 발생장애, 행사장애, 존속장애의 법률효과 발생을 보조하는 법률요건, 즉 시기나 정지조건의 존재, 해제 조건의 성취 등도 마찬가지다.

둘째, 그 법률요건에서 발생하는 법률효과가 권리·의무의 발생에 관한 것이라도 그로부터 '직접' 권리·의무가 발생하여야 하고, 권리·의무의 발생을 보조함으로써 그 발생에 간접적으로만 관여하는 것은 청구원인이 아니라 공격방어방법이다. 그것만을 독립해서 소송의 주제(목적)로 삼을 수 없기 때문이다. 따라서 권리·의무의 발생을 보조하는 법률요건인 대리, 표현대리, 법정대리인의 동의·승낙, 정지조건의 성취, 행정관청의 인·허가, 취소할 수 있는 행위의 추인 등은 모두 청구원인이 될 수 없고 공격방어방법이 된다.

셋째, 그 법률요건에서 발생하는 법률효과인 권리가 '직접' 사람의 경제적 또는 정신적 만족을 주는 것이어야만 청구원인이 될 수 있고, 그렇지 못한 것은 공격방어방법이다. 직접적으로 사람의 경제적·정신적 만족을 줄 수 없는 것은 소송의 주제(목적)로 삼을 수 없기 때문이다. 따라서 착오, 사기, 강박 등에 의하여 발생하는 취소권이나, 채무불이행, 하자담보, 서면에 의하지 아니한 증여 등에 의하여 발생하는 해제권 기타 추인권, 동의권, 철회권 등과 같이, 권리라도 직접 사람의 경제적·정신적 만족을 주는 것이 아니라면 그 법률요건은 청구원인이 아니라 공격방어방법에 불과하다.

이상의 청구원인으로서의 자격을 갖추어야 그 법률요건에서 발생하는 법률효과로서의 권리를 보유한 자는 비로소 법원에 소(이행의 소든 확인의 소든 형성의 소든)를 제기하여 그 권리를 주장하고 그 실현에 국가의 조력을 구할 수 있다. 즉 그래야 소의 이익과 적법성이 인정된다. 구체적인 소송사건에 있어 소송을 통한 그 권리 행사가 권리자에게 유효적절하고 실효성 있는 경제적·정신적 만족을 주는 것이어야만 공권력을 동원하여 그 권리의 행사·실현에 조력하는 것이 정당화될 수 있기 때문이다. 이행의 소가 가능함에도 확인의 소를 제기하는 것을 불허하거나, 대리나 표현대리를 주장하여 매매계약의 이행을 청구할 수 있음에도 단순히 대리권의 존재나 표현대리의 성립에 대한 확인을 구하는 것을 불허하는 등은 이러한 이유 때문이다. 취소권이나 해제권을 행사하여 부당이득반환청구나 원상회복청구를 할 수 있음에도 취소권이나 해제권의 존부 확인을 구하는 것도 동일한 이유로 허용되지 않는다.

4) 청구원인은 위와 같이 법률요건을 전제로 한 것이고, 법률요건은 그 구성요소인 주요사실(요건사실)로서의 법률사실을 구체적·역사적 사실로써 충족하여야만 그로부터 법률

효과인 권리·의무가 발생하므로, 청구원인의 개수나 동일성은 당해 법률요건을 구성하는 구체적·역사적 법률사실을 기준으로 판단하여야 한다.

그러나 앞서 <청구권과 소송물의 확정>에서 본 바와 같이 개개의 사건에서 이를 판단하는 것이 쉽지만은 않다. 특히 ① 동종의 구체적·역사적 법률사실이 각각 동일성을 유지한 채 복수로 존재하는지 여부가 문제되는 경우, ② 동일한 법률효과를 발생케 하면서 그 요건사실만을 일부 달리하는 법률요건 상호 간의 관계가 문제이다.

위 ①과 관련해서는, 앞서 <청구권과 소송물의 확정>에서 살펴본 바와 같이 구체적·역사적 법률사실이 발생한 사회적 기초가 동일한지 여부를 중심으로 하되 소송경제와 당사자의 신뢰 등을 고려하여야 할 것이다. 따라서 부동산의 점유취득시효에 있어 민법 제245조 제1항의 요건을 모두 갖춘 20년의 점유가 둘 이상 존재하는 경우, 그 점유기간이 전혀 겹치지 않아 별개 독립한 것인 때에는 사회적 기초가 다르므로, 각각의 점유가 독립하여 민법 제245조 제1항의 점유취득시효의 법률요건을 충족하여 각 그로부터 법률효과인 소유권(등기청구권) 역시 복수로 발생하고, 이들은 소송법상 각기 독립한 청구원인이 되며 서로 영향을 미치지 않는다고 할 것이다. 반면 그 점유가 연속되어 점유기간이 겹치는 경우, 전체의 점유와 그 일부의 점유가 각기 20년 이상의 점유에 해당한다고 하더라도 양자는 그 사회적 기초가 동일하므로, 그 전체가 하나의 점유취득시효라는 법률요건을 충족하여 한 개의 청구원인을 구성하고, 전체의 점유나 일부의 점유는 한 개의 점유취득시효 법률요건을 구성하는 법률사실에 불과하여 따로따로 청구원인을 구성하지는 않는다고 할 것이다.[481)]

---

481) 대법원은 ① 취득시효완성 후 소유자의 변동이 있어도 그 변동된 시점을 새 기산점으로 삼아 다시 취득시효의 점유기간이 완성된 경우에는 그 변동시를 기산점으로 취득시효의 완성을 주장할 수 있다(1994. 3. 22. 선고 93다46360 판결, 2009. 7. 16. 선고 2007다15172 판결 등), ② 점유가 승계된 경우 취득시효완성을 주장하는 자는 자기의 점유만을 주장하는 외에 자기의 점유와 전 점유자의 점유를 아울러 주장할 수 있다(1992. 12. 11. 선고 92다9968, 9975 판결, 1998. 4. 10. 선고 97다56822 판결)고 하는바, 점유자가 변경된 경우와 점유기간 중 소유자가 변동된 경우 이를 기준으로 전점유와 후점유 사이에 동일성을 달리하게 되는 것으로 본 것이 아닌가 생각된다(다만, 이 경우에 소송법상 각각의 점유에 따른 취득시효가 독립한 청구원인이 되는지 아니면 공격방어방법으로서 기판력의 작용에 있어 차단효가 미치는지 여부에 대하여는 아직 명확한 판시가 없다).
또 대법원은, ③ 취득시효의 기산점은 점유가 개시된 때로 하여야 하고 시효취득의 주장자가 임의로 이를 선택할 수 없음이 원칙이며(1983. 2. 8. 선고 80다940 판결, 1993. 10. 26. 선고 93다7358, 7365 판결, 1995. 5. 23. 선고 94다39987 판결 등), 다만 점유기간 중 그 소유자의 변동이 없는 등으로 이해관계 있는 3자가 없는 경우에는 기산점을 임의로 선택하여 시효완성을 주장하는 시점으로부터 역산하여 20년의 점유사실이 인정되면 취득시효완성을 인정할 수 있다(1992. 11. 10. 선고 92다20774 판결, 1998. 4. 14. 선고 97다44089 판결, 1998. 5. 12. 선고 97다8496, 8502 판결, 2007. 6. 14. 선고 2006다84423 판결)고 하는바, 이 역시 점유의 연속성을 고려하여 한 단위의 점유가 성립한 경우 그 시작점으로부터 끝점까지를 한 단위로 보려는 고려도 포함되어 있다고 볼 수 있다.
한편 대법원은, ④ 취득시효에 있어 점유 개시의 시기는 간접사실로서 당사자의 주장에 구애됨이 없이 법원이 증거에 의해 판단할 수 있다고 하는바(1987. 2. 24. 선고 86다카1625 판결, 1998. 5. 12. 선고 97다34037 판결 등), 이는 점유의 연속성과 점유기간에 있어 개시시점의 법적 성질을 고려한 이러한 토대 위에서 보면, 점유의 대상인 부동산이나 동산이 각각 다른 경우나 점유의 대상이 부동산과 동산으로 서로 다른 경우, 각 그 점유는 사회적 기초가 전혀 다르므로 각각 그 법률요건을 충족하는 것에 따라 청구원인이 따로 성립하고 상호 간에 아무런 관계가 없음은 자명하다.[482)]

다음으로 위 ②와 같이, 동일한 법률효과를 발생케 하면서 그 요건사실만을 일부 달리하는 법률요건 상호 간의 관계에 관하여는 민법 제245조 제1항과 제2항, 민법 제246조 제1항과 제2항의 관계가 좋은 검토의 대상이 될 수 있는바, 이에 관하여는 뒤의 <5. 청구원인과 공격방어방법의 준별이 문제되는 경우>에서 검토하기로 한다.

5) 결론적으로 공격방어방법은 청구원인에 대하여 보조적·종속적 지위에 있다고 할 수 있다.[483)] 청구원인이 청구취지에 기재된 권리·의무의 발생근거로서 소송목적(청구)의 주제라고 할 때 위 1)의 ① 내지 ④는 그 청구를 이유 있게 하거나 이유 없게 하는 보조적 소송자료이다. 그리고 이와 같은 공격방어방법을 이루는 소송자료의 종류로는 사실, 법률(법리), 증거의 세 가지가 거론된다.

다. 청구원인과 공격방어방법의 구체적 예시

청구원인을 매매로 가정하고 매수인이 원고라는 전제에서 이를 설명하면 다음과 같다.

(1) 청구취지와 청구원인, 청구원인사실

1) 매매에 관하여 실체법인 민법은 이를 법률적으로 의미 있는 사항으로 파악하고 이

것으로서, 이것과 여러 단위의 점유가 갖는 독립성과는 차원이 다른 문제이며 이것이 다른 법리에 영향을 미치는 것은 아니다.

482) 부동산에 대한 점유취득시효(민법 제245조)와 동산에 대한 점유취득시효(민법 제246조)는 그 법률요건도 다르므로, 부동산과 동산을 동시에 점유하였더라도 그에 적용되는 법률요건이 달라 청구원인이 다르게 됨은 의문의 여지가 없다.

483) 그러나 청구원인의 성격에 따라서는 공격방어방법에 속하는 사실이 단순한 보조적·종속적 지위를 넘어 청구원인에 준하는 지위를 갖는 경우도 있다. 예컨대, 부당이득반환청구에 있어 청구원인은 다음에 보는 바와 같이 민법 제741조 이하의 '부당이득'인데, 이는 매우 추상적 개념이어서 공격방어방법에 의하여 구체화될 수밖에 없다. 그리하여 급부가 법률상 원인이 없어 부당이득이 되는 경우 급부자로서 부당이득반환청구권을 행사하는 자가 그 급부의 원인된 법률행위 등이 무효나 취소 등으로 법률상 원인이 소멸된 사실을 주장·입증하여야 하는데, 무효나 취소 등의 사유는 그 법적 성격이 비록 공격방어방법으로서 청구원인인 '부당이득'의 존재를 뒷받침하는 것이지만, 실제로는 청구원인사실과 거의 같은 중요성을 갖게 된다.
여기서 무효나 취소 등의 사유를 공격방어방법 중 간접사실로 볼 것인지, 아니면 보조적 법률요건사실로 보아야 할 것인지도 문제다. 간접사실로 보게 되면 이는 청구원인인 '부당이득'의 존재를 추인케 하는 것에 불과하고 변론주의가 적용되지 않게 되어 법원이 직권으로 조사할 수 있게 되고, 반대로 보조적 법률요건사실로 보면 대리나 표현대리, 법정대리인의 동의, 행정청의 인·허가 등과 같은 것이 된다. 위 무효나 취소 등의 사유는 부당이득반환청구에 있어 매우 중요한 쟁점으로서 당사자들의 사실상 변론 대상이고, 그 중요성에 비추어 그에 대하여도 변론주의를 적용함이 타당하므로 보조적 법률요건사실로 보는 것이 옳다고 생각된다.

를 법률요건으로 해서 권리·의무의 발생이라는 법률효과를 부여하고 있다. 이때 발생하는 권리·의무는 재산권이전청구권, 인도청구권, 대금지급청구권 및 각 이에 대응하는 채무이고(민법 제568조),[484] 그 법률요건인 법률사실은 일방이 상대방에게 재산권을 이전하기로 하는 의사표시와 상대방의 승낙의 의사표시, 상대방이 대가로 대금을 지급하기로 하는 의사표시와 매도인의 승낙의 의사표시의 합치이다(민법 제563조).[485]

2) 매수인인 원고가 위 매매로부터 취득하는 권리는 재산권이전청구권, 인도청구권으로서, 그가 이들 권리를 실현하기 위하여 법원에 재판을 청구할 경우 그 소송목적은 이들 권리와 그에 대응하는 의무의 존부이다. 원고가 부동산의 재산권이전청구권으로서 소유권이전등기청구권을 선택하고, 그 권리의 실현방법으로서 피고에 대한 등기절차이행명령의 재판을 구한 경우, 원고가 행사하는 권리와 그 권리의 실현 형태가 청구취지로써 특정된다. 그리고 이때 위 청구취지로써 구한 권리인 소유권이전등기청구권의 발생근거인 실체법상의 원인(법률요건)이 민법 제563조의 매매이며, 이를 직접 충족하는 주요사실인 특정한 재산권에 대한 이전의 의사표시와 그 수락의 의사표시, 재산권 이전에 대한 대가로서의 대금지급 의사표시와 그 수락의 의사표시의 존재가 청구원인사실이다.

3) 그러나 여기서 청구원인인 매매는 재산권의 이전과 대금지급이라는 두 개의 법률사실, 즉 두 개의 의사표시를 하나의 법률요건으로 삼아 발생하는 법률효과이므로,[486] 그 법률요건의 일부에 불과한 법률사실(위 두 개의 의사표시 중의 하나)만을 주장한 경우 그것만으로는 독립한 청구원인이 될 수 없다.[487] 재산권 이전의 의사표시는 매매 외에 증여, 교환, 소비대차, 소비임치 등의 다른 법률요건에서도 요구되므로, 甲이 원고로서 매매를 청구원인으로 삼을 의사로 소를 제기한 경우에도 재산권 이전의 의사표시를 한 법률사실만으로는 청구원인인 매매의 법률요건과 법률사실을 특정·주장한 것이 되지는 않는다. 다만, 甲이 매매라는 법률요건의 명칭을 주장하고 그 법률사실 일부의 기재를 누락한 경우에는 소송목적인 청구원인(매매)은 특정하였다고 볼 것이고 단지 위와 같이 공격방어방법에 속하는 사항의 일부가 누락된 것이므로, 소장의 보완서나 준비서면의 제출·진술, 증거신청 등을 통해 이를 주장·진술하면 아무런 문제가 없다.

484) 민법 제568조에는 인도청구권 및 그 의무에 대해서는 언급이 없으나 해석상 인정된다. 아마도 재산권의 이전 일반에 인도가 반드시 필요한 것은 아닌 때문이 아닌가 싶다. 한편, 매매의 부수적 효력으로 담보책임상의 권리·의무, 매매목적물의 과실과 대금의 이자에 관한 권리·의무 등이 발생하나, 이들은 전형적인 것이 아니고 따로 부가적 법률요건이 필요하다.

485) 대가로 금전이 아닌 다른 재산권을 주기로 한 경우에는 매매가 아니라 민법 제596조의 교환이 되고, 대가를 주지 않는 경우에는 민법 제554조의 증여가 된다.

486) 엄격히 말하자면, 두 개의 의사표시와 두 개의 법률사실이 아니라, 재산권에 대한 이전의 의사표시와 그 수락의 의사표시, 재산권 이전에 대한 대가로서의 대금지급 의사표시와 그 수락의 의사표시라는 네 개의 의사표시와 네 개의 법률사실이다.

487) 따라서 이 단계에서 청구원인인 법률요건의 일부에 불과한 단편적인 법률사실들은 앞서 말한 바와 같이 청구원인이 아니라 공격방어방법의 성질을 가질 뿐이다.

4) 이상의 청구취지와 청구원인, 청구원인을 구성하는 구체적·역사적 법률사실인 청구원인사실은 변론과 공격방어방법의 대상이 아니라 소장에 기재할 청구의 내용이라는 것은 이미 수차 설명한 바와 같다. 즉 공격방어방법은 특정한 청구를 전제로 한 것이므로, 공격방어방법의 변경으로써는 소송의 주제인 청구(청구원인, 청구취지)를 변경할 수 없고 그것에 영향을 미칠 수도 없다, 따라서 아래 (나) 내지 (마)의 사항만이 변론과 공격방어방법의 대상이 된다.

(2) 청구원인사실의 존재·부존재를 추인케 하는 간접사실

1) 이는 앞서 본 매매의 청구원인사실로서 주요사실인, 특정한 재산권에 대하여 원고가 피고에게 이를 이전하기로 하는 의사표시와 피고가 그에 대한 대금을 지급한다는 의사표시가 있었다는 사실의 존재 또는 부존재를 추인케 하는 간접사실이다.

2) 매매계약의 일시, 장소, 각 의사표시의 방법(구두, 서면, 전화, 대면 등등), 계약서의 유무, 계약서의 작성자, 작성방법(수기, 타이핑, 인쇄 등등), 입회인의 유무와 그 사람의 인적사항 등이 이에 해당한다. 이러한 사실은 청구원인사실에 속하지 않으므로 매매라는 청구원인의 동일성에 영향을 줄 수 없다. 즉 일시, 장소, 계약의 방법 등을 달리하더라도 소송의 주제인 청구원인이 매매임에는 아무런 변동이 없다. 만약 이러한 사실의 변동으로 청구원인인 특정한 매매의 동일성이 변동하는 경우에는 원고가 소송의 주제인 청구를 변경하여야 하고, 그렇지 않으면 이러한 변동 사실은 당초의 청구원인에 영향을 미칠 수 없어 법원은 이를 판단의 자료로 삼을 수 없다.

3) 반면에 원고의 재산권 이전의 의사표시와 피고의 대금지급의 의사표시가 있었다는 두 사실은 청구원인사실로서 청구원인을 구성하므로, 그 자체가 청구원인인 매매를 이유있게 하기 위한 보조수단으로서의 공격방법이 되지는 않는다.[488]

(3) 청구원인사실로부터 당해 법률요건이 지향하는 법률효과의 발생·행사·존속을 보조하는 보조적 법률요건, 발생·행사·존속을 저지하는 법률요건(권리발생 장애요건, 권리 행사 장애요건, 권리 소멸요건)이나 이를 보조하는 법률요건을 직접 충족하는 주요사실 또는 그 주요사실의 존재·부존재를 추인케 하는 간접사실

1) 위와 같이 매매의 청구원인사실인 원고의 재산권 이전의 의사표시와 피고의 대금지급의 의사표시가 있었다는 사실이 존재하면, 통상은 이로부터 그 법률효과로서 원고에게는 소유권이전등기청구권 등이, 피고에게는 그에 대응한 의무가 발생하게 된다. 그러나 경우에 따라서는 그것만으로는 부족하고, 당사자의 법률행위 또는 법률에 의해 다른 법

488) 이를 인정하면 결과적으로 청구원인과 공격방어방법이 같은 것이 되어 이를 구별하려는 노력 자체가 무의미한 것이 되어 버린다.

률요건을 충족하여야만 할 경우가 있다.

예컨대, 원·피고가 매매의 본계약을 체결하지 않고 우선 매매예약을 하거나 정지조건부 매매계약을 한 경우에는 예약의 완결 또는 정지조건의 성취가 있어야만 매매에 따른 법률효과가 발생하게 된다.[489] 토지거래허가나 공유수면매립면허권의 양도 등에 대한 행정관청의 인·허가가 효력요건으로서 요구되는 때에도 마찬가지다. 따라서 권리를 주장하거나 이를 행사하려는 자는 본래의 법률요건인 청구원인의 법률사실, 즉 청구원인사실만을 주장·입증해서는 부족하고, 이러한 부가적 법률요건, 즉 청구원인사실로부터 당해 법률요건이 지향하는 법률효과의 발생·행사·존속을 보조하는 보조적 법률요건[490]까지 주장·입증해야만 한다.

매매계약을 당사자 본인이 체결하지 않고 대리인이 체결한 때에도 이와 같다. 대리 자체로부터 매매의 법률효과가 발생하는 것이 아니라 그 기본행위인 매매로부터 그것이 발생하므로 대리나 표현대리는 청구원인이 아니나, 본인이 매매계약을 체결한 것이 아니라면 그 매매계약으로부터 본래의 법률효과가 발생할 수 없게 되므로, 그 매매계약상의 법률효과가 발생하여 이를 취득하였다고 주장하는 당사자는 그것이 대리나 표현대리에 의하여 이루어졌다고 주장·증명하여야만 한다. 따라서 이때 대리나 표현대리는 청구원인인 매매의 효력발생을 보조하는 부가적 법률요건으로서 공격방법이 된다.

---

489) 권리자 스스로 매매예약 사실이나 정지조건부 약정 사실을 주장하지 않은 경우, 이는 매매계약의 효력 발생, 즉 그에 따른 법률효과(권리·의무 등) 발생을 저지하는 것이므로 의무자의 방어방법이 된다. 한편, 정지조건의 존재와 그 성취의 법적 성질 및 이에 대한 주장·입증책임에 관하여는 견해의 대립이 있다. 통설, 판례에 의하면, 정지조건의 존재는 권리발생의 저지사유로서 항변사유에 해당하고 그 입증책임은 권리발생(법률효과의 발생)을 다투려는 자에게 있고(대법원 1993. 9. 28. 선고 93다20832 판결, 2001. 2. 23. 선고 2000다61473 판결 등), 그 조건의 성취사실은 재항변사유로서 그 입증책임은 권리발생(법률효과의 발생)을 주장하는 자에게 있다고 본다(대법원 1984. 9. 25. 선고 84다카967 판결, 2002. 7. 26. 선고 2001다79921 판결 등). 이러한 견해를 항변설이라고 한다.
이에 반대하여, 정지조건부 권리와 무조건부 권리는 서로 다른 별개의 권리로서, 무조건부 권리의 행사에 있어 이를 주장하는 자가 그 무조건의 계약의 성립을 주장·입증하는 것과 마찬가지로 정지조건부 권리의 행사에 있어서도 그 권리를 주장·행사하려는 자가 권리의 주장 근거로서 정지조건부 계약의 성립과 조건의 성취를 모두 주장·입증하여야 하며, 그 권리를 주장·행사하려는 자가 단순히 계약의 성립만을 주장·입증하는 경우 채무자는 이를 부인하는 것으로 족하다고 이해하는 부인설이 있다. 부인설의 논거는, 권리의 발생근거로서 계약 등 법률행위를 주장하는 자는 그 법률행위에 정지조건이 붙어 있다면 그 주장의 일체성상 그 사실도 주장하지 않으면 안 된다는 것이다. 부인설에 일견 타당한 면도 없지 않으나, 채무자로서는 부인만으로는 그 목적을 달성할 수 없고 결국 그 법률행위에 정지조건이 붙어 있다는 사실을 반증으로 입증하여야만 하므로 채무자에게 아무런 실익이 없어 찬성하기 어렵다.

490) 여기서 예약의 완결 또는 정지조건의 성취, 인·허가 등이 매매 본래의 법률요건으로서 청구원인이 아님은 물론이다. 민법이 이를 매매의 법률요건에 포함시키고 있지 않기 때문이다. 또, 예약의 완결 또는 정지조건의 성취, 인·허가 등 역시 법률요건이고 그로부터 일정한 법률효과가 발생하기는 하지만, 이들은 매매와 달리 그 자체로부터 직접 소송목적(청구)이 되는 소유권이전등기청구권 등의 법률효과가 발생하지는 않는다는 점에서, 앞서 언급한 바와 같이 권리·의무의 변동을 위한 보조적 법률효과를 발생케 하는 법률요건에 불과하다.

2) 그 외에 매매의 법률효과인 권리·의무의 행사나 존속을 보조하는 법률요건(피고의 동시이행 항변권을 소멸케 하는 쌍무계약상 자기 채무의 변제, 피고의 소멸시효 항변권을 소멸케 하는 소멸시효의 중단 등)을 직·간접으로 충족하는 주요사실과 간접사실도 동일하다. 한편, 이러한 보조적 사항, 즉 공격방어방법은 청구원인이 아니어서 반드시 소장의 청구원인란에 기재하지 않아도 무방하다. 그리고 이를 소장의 청구원인란에 기재한 경우라도, 이는 준비서면적 기재사항에 불과하게 된다.[491)]

3) 권리·의무의 발생이나 행사·존속을 직접 저지하거나 보조적으로 저지하는 권리발생 장애요건, 권리 행사 저지요건, 권리소멸 요건을 직·간접으로 충족하는 주요사실과 간접사실도 청구원인인 법률효과를 발생시키는 것이 아니라 이를 저지한다는 점에서 청구원인이 아닌 공격방어방법이 된다.[492)]

4) 독립한 법률요건은 아니지만, 채무 없는 변제에 따른 부당이득반환청구를 하는 것에 대하여 악의의 비채변제를 주장하여 부당이득반환청구권의 발생을 저지하는 경우(민법 제742조), 채무불이행에 있어 채무자가 자신에게 고의나 과실이 없음을 주장하여 손해배상청구권의 발생을 저지하는 경우(민법 제390조), 사용자책임이나 공작물 점유자의 손해배상책임을 묻는 것에 대하여 사용자나 점유자가 피용자의 선임·감독이나 손해방지에 필요한 조치를 해태하지 아니한 것을 주장하여 손해배상청구권의 발생을 저지하는 경우(민법 제756조 제1항 단서, 제758조 제1항 단서), 상가건물 임차인의 갱신청구에 대하여 임대인이 3기 이상의 차임액이 연체된 사실 등 상가건물 임대차보호법 제10조 제1항 단서의 사유를 주장하여 계약갱신청구권의 발생을 저지하는 경우(상가건물 임대차보호법 제10조 제1항) 등과 같이, 특정한 법률요건의 법률사실로서 당해 법률요건이 본래 예정한 법률효과인 권리·의무의 발생을 저지시키는 소극적 법률사실도 공격방어방법이 되며, 권리 행사를 저지하려는 의무자가 주장·입증할 사항이 된다.[493)]

---

491) 대리의 주장·입증책임에 관하여는 견해의 대립이 있으나{오석락, 입증책임론, 박영사(1999), 313-329, 389-403면; 이영석, "대리에 관한 입증책임의 제 문제", 재판자료 제26집 참조}, 대리행위의 상대방이 본인에 대하여 대리에 기한 법률효과의 귀속을 주장하려면 대리인에 의한 의사표시의 존재, 민법 제114조의 현명 또는 민법 제115조 단서의 사유, 대리권의 존재를 주장·입증하여야 한다고 생각된다.

492) 권리·의무의 존속을 저지하는 법률요건은 곧 권리·의무의 소멸요건이다. 구체적인 내용은 앞서 나온 법률요건의 유형을 참조.

493) 민법 제742조의 악의의 비채변제에 따른 부당이득에 관하여 대법원은, 비채변제를 원인으로 부당이득반환을 청구하는 자는 채무가 존재하지 아니한 사실만 주장·입증하면 족하고 그 채무가 존재하지 아니함을 알지 못하고 지급한 사실은 주장·입증할 책임이 없다고 함으로써(1962. 6. 28. 선고 4294민상1453 판결, 2006. 9. 28. 선고 2006다40171 판결, 2010. 5. 13. 선고 2009다96847 판결, 2012. 11. 15. 선고 2010다68237 판결), 그 주장·입증책임이 변제 수령자, 즉 부당이득반환청구권의 불발생을 주장하는 자에게 있다고 본다.

(4) 이러한 모든 법률사실의 존부 입증과 이에 관한 주장

1) 사실에 관한 당사자의 주장은 입증이 필요 없는 것을 제외하고는 모두 입증이 되어야 한다(민사소송법 제202, 288조). 때로는 외국법과 관습법, 사실인 관습 등 법률적인 사항도 입증의 대상이 된다.[494] 매매와 관련한 당사자의 입증 사항은 청구원인사실인 매매사실은 물론 앞서 본 공격방어방법을 이루는 모든 사실이며, 주요사실은 물론 간접사실도 상대방이 자백하지 않는 한 원칙적으로 모두 증거에 의하여 증명되어야 한다.

2) 입증과 관련한 당사자의 소송행위는 ① 증거조사의 신청과 소지하고 있는 증거방법의 제출, ② 자신과 상대방의 입증활동 및 법원의 증거조사에 대한 사실적·법률적 의견의 진술·주장, ③ 증거방법과 증거조사결과(증거자료)에 대한 사실적·법률적 의견의 진술·주장이다. 상대방의 증거신청이나 상대방이 제출한 증거에 대한 증거조사의 결과 등에 대하여 증거능력이나 증명력을 다투는 사실적·법률적 주장을 특히 증거항변이라고 한다.

3) 그러나 입증과 이에 관한 주장은 청구에 대한 판단근거 또는 판단자료가 될 뿐, 이로부터 직접 소송목적(청구)이 되는 소유권이전등기청구권 등의 법률효과가 발생하지는 않는다는 점에서 이 역시 청구원인이 아니라 공격방어방법이 된다.

(5) 이상의 모든 법률요건의 존재·의미·해석 및 그로부터의 법률효과의 도출에 관한 법리적 주장

1) 특정한 매매에 관하여 적용할 법규로서 농지법이나 토지거래허가법, 외국인토지법 등을 주장하거나 부동산 매매에 있어 법규에 규정이 없는 인도청구권도 그 법률효과에 속한다는 주장 등이 이에 속한다.

2) 당사자의 이러한 법리적 주장은 법원을 구속할 수 없고, 단지 의견을 표명하는 것으로서 참고자료에 불과함은 앞서 본 바와 같다. 그리고 이로부터 직접 소송목적(청구)이 되는 소유권이전등기청구권 등의 법률효과가 발생하지도 않으므로 그것이 공격방어방법에 속함은 의문이 없다.

3) 이해를 돕기 위해 이상의 논의결과를 표로 정리하면 다음과 같다.

---

494) 대법원은 관습법에 관하여 "민사에 관한 관습법은 법원에 의하여 발견되고 성문의 법률에 반하지 아니하는 경우에 한하여 보충적인 法源이 되는 것에 불과하여(민법 제1조) 관습법이 헌법에 위반되는 경우 법원이 그 관습법의 효력을 부인할 수 있다."고 판시하고 있으나(대법원 2003. 7. 24. 선고 2001다48781 전원합의체 판결, 2009. 5. 28.자 2007카기134 결정 참조), 당사자가 관습법의 존재를 주장하지 않으면 법원이 직권으로 그 존재를 조사하지는 않는 것이 보통이다. 한편 헌법재판소는 대법원 판시와 달리 관습법도 위헌심판의 대상이 된다고 선언하였다(2013. 2. 28. 선고 2009헌바129 결정).

■ 청구원인과 공격방어방법

<table>
<tr><th colspan="2">청구원인</th><th colspan="4">공격방어방법495)</th></tr>
<tr><td>당사자의 의사에 의한 것(법률행위)</td><td>법률규정에 의한 것</td><td colspan="3">공격방법</td><td>방어방법</td></tr>
<tr><td>단독행위(재단법인에의 재산출연, 유증)</td><td rowspan="4">·물권적 청구권
·상린관계
·취득시효의 완성
·채무불이행
·부당이득
·원상회복
·사해행위취소
·불법행위
·사무관리
·친족법상의 권리·법률관계
·상속법상의 권리·법률관계
·회사법상의 권리·법률관계</td><td rowspan="2">사실에 관한 주장</td><td colspan="2">청구원인의 간접사실</td><td rowspan="2">·원고 주장 사실의 부인(부지의 답변 포함)
·원고가 주장하는 청구원인·보조적 요건의 주요사실을 인정+항변</td></tr>
<tr><td rowspan="3">계약496)(매매, 교환, 증여, 소비대차, 임대차, 저당권설정계약, 조합, 소비임치, 입양, 상속재산분할협의 등)</td><td>보조적 법률요건의 주요사실·간접사실</td><td>·권리·의무의 발생·행사·존속을 보조하는 법률요건
·권리·의무의 발생·행사·존속에 장애가 되는 법률요건</td></tr>
<tr><td colspan="2">법률적 주장(법리에 관한 주장)</td><td>·법규의 존부에 관한 주장
·법규의 의미에 관한 주장
·법률효과에 관한 주장</td><td>좌동</td></tr>
<tr><td colspan="2">·입증활동
·증거에 관한 주장</td><td>·증거신청
·증거방법의 제출
·증거방법, 증거조사, 증거능력, 증명력 등에 관한 사실적·법률적 주장</td><td>좌동</td></tr>
</table>

5. 청구원인과 공격방어방법의 준별이 문제되는 경우

이상과 같이 청구원인과 공격방어방법의 구별기준을 제시하였지만 개개의 경우에 청구원인과 공격방어방법을 준별하는 것이 매우 어려운 경우가 있다. 이하 몇 가지 주요한 사례를 검토한다.

---

495) 공격은 원고가, 방어는 피고가 하는 것이지만, 피고가 방어수단으로 항변을 하면 원고는 재공격으로 재항변을, 피고는 그에 대하여 다시 재방어로 재재항변을 하게 되는바, 이는 실질적으로는 원·피고가 공격과 방어를 주고받는 것이 되며, 그 구체적 수단과 방법은 원·피고가 동일하다. 이러한 공격과 방어는 기본적으로 변론절차에서 이루어진다.

496) 합동행위는 사단법인 설립행위가 주로 논의되는데, 사단법인 설립행위의 개념이 명확한 것은 아니다. 대체로 사단법인의 설립행위는 정관 작성행위, 감독관청에의 허가신청, 허가를 받은 후의 법인 설립등기신청을 포괄하는 것으로 이해된다. 이러한 사단법인 설립행위의 성질상 사단법인 설립행위를 합동행위로 본다고 하더라도, 이것이 독립하여 소송의 청구원인이 되는 일은 거의 상정하기 어렵다.

가. 등기말소청구

1) 대법원은, 원인무효를 이유로 한 말소등기청구 사건의 소송물은 당해 등기의 말소등기청구권이고 그 동일성 식별의 표준이 되는 청구원인, 즉 말소등기청구권의 발생 원인은 당해 등기원인의 '무효'로서,[497] 그 등기원인의 무효를 뒷받침하는 개개의 사유는 공격방어방법에 불과하여 별개의 청구원인을 구성하는 것이 아니므로, 원인무효를 뒷받침하는 사유가 전소 확정판결의 변론종결 전에 발생한 사유라면 전소와 후소는 그 소송물이 동일하여 후소에서의 주장 사유들은 전소의 확정판결의 기판력에 저촉되어 허용될 수 없다고 한다(1993. 6. 29. 선고 93다11050 판결, 2011. 6. 30. 선고 2011다24340 판결 등).[498]

2) 원고가 피고를 상대로 등기의 말소를 청구하려면 그 말소등기청구권이 있어야 할 것인바,[499] 이는 원고에게 말소를 구할 정당한 법익과 그 등기가 더 이상 존속되지 못하고 말소되어야 할 이유가 존재하여야 한다는 뜻이다.[500] 등기의 말소 사유를 구체화하면, ① 아무런 실체적 원인 없이 이루어진 등기의 말소와 같이 물권에 대한 방해의 제거, ② 등기명의자의 단독행위나 그와의 약정에 따른 말소,[501] ③ 부당이득반환,[502] ④ 등기원인이 계약인 경우 그 해제에 따른 원상회복, ⑤ 등기원인이 계약인 경우 그 해지에 따른 원상회복(청산의무),[503] ⑥ 등기원인이 법률행위인 경우 그 법률행위에서 당초 예정한 말

497) 대법원은 등기원인에 대하여 "등기원인이라고 함은 등기를 하는 것 자체에 관한 합의가 아니라 등기하는 것을 정당하게 하는 실체법상의 원인을 뜻하는 것으로서, 등기를 함으로써 일어나게 될 권리변동의 원인행위나 그의 무효, 취소, 해제 등을 가리킨다."고 한다(1999. 2. 26. 선고 98다50999 판결). 그런데 원인무효등기의 말소청구권은 실체관계에 부합하지 않는 등기의 명의인을 상대로 소유권에 기하여 그 등기의 말소를 구하는 것으로서 물권적 방해배제청구권이므로(대법원 2001. 9. 20 선고 99다37894 전원합의체판결－말소등기에 갈음하는 진정명의회복을 원인으로 한 소유권이전등기 역시 그 성질이 같다고 판시－, 2012. 5. 17. 선고 2010다28604 전원합의체판결 참조), 그 소송의 청구원인은 물권의 행사를 방해하는 '원인무효 등기'의 배제(말소)청구권이다.

498) 반면에 대법원은 소유권이전등기청구에 있어서는 매매, 취득시효완성 등 소유권 취득원인을 각각의 독립한 청구원인으로 보며(1996. 8. 23. 선고 94다49922 판결, 1997. 4. 11. 선고 96다50520 판결, 1997. 4. 25. 선고 96다32133 판결 등), 가등기에 기한 본등기청구와 단순한 소유권이전등기청구는 그 등기원인이 동일하다고 하더라도 서로 다른 청구로 본다(1994. 4. 26. 선고 92다34100, 34117 판결).

499) 말소등기청구권을 전제로 하므로, 관할위반의 등기나 등기 대상이 아닌 권리에 대한 등기 등과 같이 직권에 의한 말소등기의 사유가 있는 경우는 논의의 대상에서 제외한다.

500) 피고 명의의 등기가 원인무효라도 원고가 당해 부동산의 소유권 등 등기의 말소를 청구할 정당한 법익이 있어야만 그 청구가 인용될 수 있다(대법원 2009. 2. 26. 선고 2006다72802 판결 등 참조). 이는 다음에 볼 물권적 방해제거청구권과 같이 물권과 방해의 존재가 그 청구권 발생의 요건이 되기 때문인바, 물권이 곧 정당한 법익이다.

501) 예컨대 등기명의자인 저당권자의 권리포기나 저당권설정등기를 말소하기로 하는 약정에 따라 저당권자가 그 등기를 말소하는 경우이다.

502) 등기의 실체적 원인이 무효이거나 취소된 경우에 유인설을 따르면 소유권 등은 등기에 불구하고 원래의 권리자에게 귀속하는바, 이때 상대방이 형식뿐인 등기명의를 보유하는 것이 이득이 될 수 있는지 견해의 대립이 있을 수 있으나, 일견 이득이라고 볼 수 있다고 생각된다.

503) 이때의 원상회복의무 또는 청산의무는 ⑥의 등기원인이 법률행위인 경우 그 법률행위에서 당초 예정한 말소 사유의 발생과 유사하다(대법원 1971. 2. 23. 선고 70다2760 판결 참조).

소 사유의 발생,[504] ⑦ 채권자취소권의 행사에 기한 원상회복 등을 생각할 수 있는데,[505] 실체법은 이에 관하여 각각 물권적 청구권(민법 제214조), 계약상의 급부청구권, 부당이득반환청구권(민법 제741조), 원상회복청구권(민법 제548조, 제406조) 등을 인정한다. 따라서 이러한 실체법규의 요건을 충족할 경우 각 이에 따른 말소등기청구권이 인정되고, 이들은 각각 그 근거 법규를 달리하므로 독립한 청구원인이 되고 소송물을 달리하게 된다.

따라서 기망, 착오, 강박을 이유로 등기원인인 약정을 취소하고 그 약정에 따른 등기가 원인무효의 등기라며 소유권에 기한 방해배제청구권의 행사로서 말소등기청구를 한 전소의 청구원인과, 채무불이행을 이유로 위 약정을 해제하고 그에 따른 원상회복청구권의 행사로서 말소등기청구를 한 후소의 청구원인은 서로 다르므로 전소 확정판결의 기판력은 후소에 미치지 않는다(대법원 1993. 9. 14. 선고 92다1353 판결).[506] [507]

3) 한편, 물권에 대한 방해 제거로서의 등기 말소는 이른바 원인무효 등기의 말소로서, 등기 당초부터 그 등기가 존속할 수 없는 원시적 하자가 있는 경우를 말한다. 이때의 원시적 하자는, 등기원인의 부존재(불성립), 무효(의사무능력, 강행법규위반, 통정허위표시 등)가 대표적이고, 넓게는 착오·기망·행위무능력 등을 원인으로 한 취소나 해제와 같이 소급하여 등기원인의 부존재·실효를 초래하는 것도 이에 포함된다고 할 것이다.

원시적 하자 중 절차에 관한 것은, 등기신청의사의 부존재나 하자, 대리권의 흠결, 중복소유권보존등기 등 등기신청절차 그 자체의 부적법 외에, 경매절차상의 하자가 있는 경우에 그 매각에 따른 등기 등과 같이 등기원인과 관련한 절차 부적법을 생각할 수 있는바, 후자는 등기원인의 하자에 포함된다.[508]

---

504) 예컨대 임대차등기 등에 있어 임대차기간이나 지상권·전세권 존속기간의 만료, 저당권설정등기에 있어 피담보채무의 변제 등이다. 민법은 저당권, 임대차에 관하여는 이에 관한 법률요건과 법률효과를 직접 규정하고 있지 않으나 조리상 도출된다. 반면 민법은 전세권에서는 이를 규정한다(제317조).

505) 이들 등기의 말소 사유를 크게 나누면, 원시적인 것과 후발적인 것, 실체(원인)에 관한 것과 절차에 관한 것으로 분류할 수 있다.

506) 일부에서는, 매매계약의 취소를 원인으로 한 목적물 반환청구의 소에서 패소한 후 계약 해제를 원인으로 다시 목적물 반환청구의 소를 제기한 경우 전후 양소의 청구원인은 모두 목적물 반환청구권이고 계약의 취소나 해제 모두 공격방어방법에 지나지 아니하여 기판력이 미친다고 하나{강현중, 민사소송법(6판), 박영사, 684}, 계약 취소에 기한 말소등기청구권은 부당이득반환청구권이나 소유권에 기한 반환청구권에, 계약 해제에 기한 그것은 원상회복청구권에 해당할 수 있는 것으로서, 만약 전소에서 소유권에 기한 반환청구권을, 후소에서 원상회복청구권을 각 청구원인으로 내세웠다면 이들은 그 각 실체법규의 법률요건과 법규의 취지가 다르므로, 소송물이 서로 다르다고 할 것이다. 이는 등기말소청구에서도 같다.

507) 일본 최고재판소는 구소송물이론과 신소송물이론 중 어느 쪽을 취하는지 그 태도가 분명치 않으나, 파산관재인이 제기한 소유권이전등기말소청구소송에서 주장한 등기원인행위가 통정허위표시에 의한 것이라는 것과 파산법상의 부인권행사의 대상이 되는 행위에 의한 것이라는 것은 모두 소유권이 파산자에 귀속한다는 주장으로 소유권에 기한 물권적 청구권을 소송물로 하는 것이어서 공격방어방법에 지나지 않는다고 판시하였다(1948. 10. 12. 선고 소화 23년オ22 판결).

508) 이러한 사유들이 앞서 본 권리발생 근거사유인 물권적 청구권이나 계약상의 급부청구권, 부당이득반환청구권, 원상회복청구권 등을 동시에 충족할 경우 구실체법설에 따르면 그에 따라 말소등기청구권

그런데 무효, 취소, 해제 등 등기원인의 하자를 이유로 물권적 방해배제청구로서 원인무효등기의 말소청구를 하는 경우,[509] 각각의 사유에 따라 청구원인이 달라져 소송물이 달라지는가? 생각건대, 이들은 그 사유는 각각 다르지만 당해 등기원인에 무효 등의 사유가 있는 경우로서, 그 개별적 사유가 무엇이든 모두 그 등기의 존재로서 말소등기청구권자의 소유권 행사 등을 '방해'하는 결과를 초래함으로써 민법 제214조, 제290조 등의 법률요건만을 충족하고 이로써 1개의 방해배제청구권만이 발생하므로, 이들은 청구원인이 아니라 공격방어방법에 해당한다.[510] 따라서 그 개별적 사유가 달라지더라도 소송물이 달라지는 것이 아니다.

그러므로 모두(冒頭)의 대법원 판시와 같이, 물권적 방해배제청구로서 원인무효등기의 말소청구를 하는 경우, 전소의 사실심 변론종결 전에 존재하였던 매매계약의 부존재, 무효, 취소, 해제 등 등기의 원인무효 사유에 대하여는 전소 확정판결의 기판력이 미치고, 차단효에 의하여 후소에서 다른 사유를 제출할 수 없다고 할 것이다. 또한, 이들 사유의 변경이 청구의 변경에 해당할 수도 없고, 중복소송, 소 취하 후의 재소금지에 영향을 미칠 수도 없다.

4) 원시적으로 등기절차에 하자가 있어 말소 사유가 되는 경우에도 이와 같이 새겨야 할 것이다. 그러한 하자 역시 당해 등기를 소유권자 등에게 대항할 수 없어 그것이 소유권 행사 등의 방해가 됨에 불과하다는 점에서 공격방어방법에 해당하기 때문이다. 또한 등기원인의 하자와 절차의 하자가 경합하는 경우에도 그 등기가 무효가 되어 당해 등기의 존속을 소유권자 등에게 대항할 수 없어 방해상태가 되는 것에 귀착되는 이상, 방해배제청구권으로서 말소등기청구권이 하나만 발생할 뿐 절차의 하자나 원인의 하자는 공격방어방법을 이룰 뿐이므로, 등기원인의 하자를 이유로 한 말소청구에 관하여 확정판결이 있는 경우 그 기판력은 절차적 하자에도 미친다.[511]

이 경합하게 된다.

509) 원인무효등기의 말소청구는 앞서 본 바와 같이 본질적으로 물권(소유권)에 기한 방해배제청구권이라는 점에서 물권적 청구권에 관한 법리를 토대로 논의되어야 한다. 이때 취소, 해제 등의 효력은 유인설에 입각한 것이다. 다만, 우리 대법원은 일본 최고재판소와 달리 등기의 추정력에 대하여 주장·입증책임의 전환을 인정하는 입장에 있는 것으로 해석되므로(대법원 1958. 3. 13. 선고 4290민상791 판결, 1979. 6. 26. 선고 79다741 판결 등 참조), 채무자가 등기가 유지되어야 할 정당한 사유를 항변으로 주장할 것이 아니라 채권자인 말소청구권자가 원인무효 사유를 주장·입증하여야 하는 차이가 있다.

510) 등기원인의 부존재, 무효, 취소, 해제 등의 하자별로 독립한 등기말소청구권이 발생하거나, 뒤의 물권적 청구권에서 보는 바와 같이 복수의 방해배제청구권이 발생하지는 않는다. 즉, 그에 대응하여 권리·의무를 부여하는 실체법규가 없다. 다만, 방해배제청구권이 아닌 채권자취소나 해제에 따른 원상회복청구권 등을 주장하는 경우에는 청구원인이 달라짐은 앞서 지적한 바와 같다. 따라서 원인무효등기의 말소를 청구한다고 하여 그 청구원인을 모두 물권적 방해배제청구권으로 단정할 수는 없음에 주의하여야 한다.

511) 대법원 2011. 7. 14. 선고 2010다107064 판결은, 자신이 진정한 상속인이므로 후행 소유권보존등기로부터 상속을 원인으로 이루어진 소유권이전등기나 그 후속등기는 원인무효라는 이유로 원고의 피

따라서 ① 농지개혁법 시행 당시 토지 소유자였던 원고 회사가, 이 토지가 동법의 적용 대상이 아닌 황무지이므로 여전히 원고의 소유인데 소외인이 등기부 멸실을 틈타 허위의 소유권보존등기를 한 후 피고에게 소유권이전등기를 해 주었다며 원인무효를 이유로 피고의 소유권이전등기의 말소를 청구하였다가 패소한 후, 피고의 등기가 원인무효인 것은 전소와 동일하고 다만 위 토지가 농지개혁법 시행 당시 농지여서 원고가 소유권을 상실하였더라도 원고에게 동법에 의한 보상청구권이 있다며 후소로써 피고 등기의 말소를 청구한 경우(대법원 1967. 1. 24. 선고 66다2294 판결), ② 전소에서 담보 목적의 소유권이전등기가 무권대리에 의한 것이어서 원인무효라고 주장하였다가, 후소에서는 피담보채무가 부존재하므로 원인무효라고 주장한 경우(대법원 1980. 9. 9. 선고 80다1020 판결), ③ 전소에서 사기를 이유로 매매계약을 취소하였으니 매수인의 등기가 원인무효라고 주장하였다가, 후소에서는 매매계약의 부존재·불성립을 주장한 경우(대법원 1981. 12. 22. 선고 80다1548 판결), 후소에서의 각 주장 사유는 공격방어방법에 불과하여 기판력이 미친다.

5) 또한, 진정한 등기명의의 회복을 위한 소유권이전등기청구는 이미 자기 앞으로 소유권을 표상하는 등기가 되어 있었거나 법률에 의하여 소유권을 취득한 자가 진정한 등기명의를 회복하기 위한 방법으로 현재의 등기명의인을 상대로 그 등기의 말소를 구하는 것에 갈음하여 허용되는 것인데, 말소등기에 갈음하여 허용되는 진정명의회복을 원인으로 한 소유권이전등기청구권과 원인무효등기의 말소청구권은 어느 것이나 진정한 소유자의 등기명의를 회복하기 위한 것으로서 실질적으로 그 목적이 동일하고, 두 청구권 모두 소유권에 기한 방해배제청구권으로서 그 법적 근거와 성질이 동일하므로, 그 소송물은 실질상 동일한 것으로 보아야 하고, 따라서 소유권이전등기말소청구소송에서 패소확정판결을 받았다면 그 기판력은 그 후 제기된 진정명의회복을 원인으로 한 소유권이전등기청구소송에도 미친다(대법원 2001. 9. 20. 선고 99다37894 전원합의체판결).[512]

상속인이 소유권말소등기의 소를 제기하였다가 상속회복청구의 소에 해당하여 제척기간이 경과하였다는 이유로 패소 판결이 확정된 경우, 후행 소유권보존등기가 중복등기에 해당하여 무효라는 이유로 말소등기를 구하는 원고의 후소는 확정된 전소와 청구원인을 달리하는 것이어서 전소의 기판력에 저촉되지 않는다고 판시한다. 그러나 위 두 사유 모두 피고의 등기가 원인무효의 등기로서(다만, 전소는 실체적 원인, 후소는 절차적 원인에 의한 것이다.) 소유권에 기한 방해배제청구권을 행사한다는 점에는 변함이 없고, 따라서 청구원인이 동일하다고 할 것이다. 그런데 전소 확정판결이 실체적 판단이 아닌 소송요건의 흠결을 이유로 한 소송판결이므로 그 권리관계(원고와 피상속인의 소유권의 존부 및 피고 등기의 원인무효 여부)에 대하여 실체적 확정력이 발생할 여지가 없어 후소에 대해 기판력이 미칠 여지가 없다는 점에서 대법원의 결론은 타당하다.

512) 대법원은 이에 관하여 종래의 견해를 바꾸었다. 이에 대해서 반대의 견해가 있으나, 청구취지가 다르다는 이유로 소송물의 동일성을 부인할 경우에도 후소는 전소 확정판결을 무로 돌림으로써 전소와 모순관계에 있으므로 어차피 기판력이 미친다고 할 것이다(뒤의 <기판력> 부분 참조).
다만, 소송물의 동일성을 부인할 경우 기판력 이외에 청구의 변경이나 중복소송 등과 관련하여서는 다른 결론에 다다르게 되는데, 진정명의회복을 원인으로 한 소유권이전등기청구는 그 청구취지의 형식에 있어서는 말소등기청구와 다르나, 권리·의무자가 동일하고, 청구로써 주장하는 권리가 실질상

6) 반면에 ① 전소에서는, 원고가 乙에게 명의신탁을 해두었는데 乙이 임의로 피고에게 계쟁물을 매도하고 소유권이전등기를 해 주었으니 피고의 등기가 원인무효라고 주장하였다가, 후소에서는 乙의 등기가 위조 서류를 이용한 원인무효의 등기이니 피고의 등기도 원인무효라고 주장한 경우(대법원 1972. 11. 28. 선고 72다1791 판결),[513] ② 전소에서는 담보 목적의 소유권이전등기가 원인무효라고 주장하였다가 후소에서는 피담보채무를 변제하였음을 이유로 말소를 청구한 경우(대법원 1983. 3. 8. 선고 82다카1203 판결)에는 전소와 후소의 청구원인이 달라 소송물이 다르므로 기판력이 미치지 않으며, ③ 근저당권설정등기 후 그 부동산이 타에 양도된 다음 피담보채무가 변제된 경우, 양수인의 소유권에 기한 방해배제청구권에 기한 말소청구권과 근저당권설정자의 근저당권설정계약에 기한 말소청구권도 각기 청구원인을 달리한다(대법원 1994. 1. 25. 선고 93다16338 전원합의체판결).

7) 한편, 말소등기청구에 대한 확정판결이 있는 경우 그 소송물인 말소등기청구권의 존부에 관하여만 기판력이 발생하므로, 전소의 피고가 패소하여 그 명의의 등기에 대한 말소판결이 있었으나 그 피고가 원고에게 전소의 소송 대상이었던 등기원인과 별개의 등기원인에 기한 등기청구권을 가지고 있는 경우, 설사 그것이 전소의 변론종결 전에 발생한 것이라도 이는 공격방어방법이 아니라 청구원인으로서, 이에 대하여는 전소의 소송물과의 사이에 모순관계가 발생하지 아니하고 차단효도 미치지 않는다. 따라서 그 피고는 후소로써 전소의 원고를 상대로 소유권이전등기청구의 소를 제기할 수 있다. 대법원도 같은 입장이다(1994. 11. 11. 선고 94다30430 판결 등 참조).

나. 소유권확인청구

1) 대법원은, 소유권확인소송에서 기판력으로 확정되는 것은 소유권의 존부로서, 특정물에 대한 소유권확인의 본안판결이 확정되면 그에 대한 권리 또는 법률관계가 그대로 확정되어 변론종결 전에 그 확인의 원인이 되는 다른 사실이 있었다 하더라도 그 확정판결의 기판력은 거기까지도 미치는 것이고, 따라서 전소에서 소유권이 인정된 이상 전소에서 주장할 수 있었던 소멸 사유를 주장하여 다시 소유권의 부존재를 주장할 수 없으며, 전소에서 소유권의 부존재가 인정된 이상 전소의 구두 변론에서 주장할 수 있었던

방해배제청구권으로서 그 방해배제의 형태만 다를 뿐이므로(청구취지는 앞서 본 바와 같이 청구원인으로부터 발생한 권리의 요약이고 그 실현형태인바, 진정한 소유자라 하여도 원인무효의 등기명의자에게 방해배제청구권이 아닌 어떤 권리를 취득한다는 실체법적 근거가 전혀 없으므로 그 권리가 동일하고, 이전등기나 말소등기 모두 이행의 소로서 그 실현형태가 같다), 소송물이 동일한 것으로 취급하는 것이 이론상으로나 소송경제상으로나 무리가 없다고 생각된다.

513) 선뜻 이해하기 어려운 판례이다. 굳이 논거를 세운다면, 전소의 청구원인은 명의수탁자 을의 처분행위가 명의신탁약정에 위반하여 무효라는 것으로서 법률상 성립할 수 없는 법리를 주장한 것이므로, 비록 원고가 원인무효의 등기라고 주장하였으나 물권적 청구권에 기한 방해배제청구권을 행사하였다고 볼 수 없고, 이 점에서 후소와 청구원인을 달리한다고 볼 수 있을까? 그러나 피고의 등기가 소유자인 원고에 대하여 대항할 수 없는 무효의 등기라는 것이 전후 양소에서의 원고가 내세우는 청구원인이고, 이는 물권적 청구권임이 분명하므로 소송물이 동일한 것으로 봄이 마땅하다고 생각된다.

별개의 취득원인에 의거하여 다시 소유권이 있다는 주장을 후소에서 할 수 없다고 한다(1961. 12. 14. 선고 4293민상837 판결, 1987. 3. 10. 선고 84다카2132 판결).[514)] 일본 최고재판소의 견해도 이와 같다.[515)]

2) 대법원은 위 판결들에서 위와 같은 판시를 하게 된 법리적 근거를 자세히 밝히지 않고 있으나, 소유권확인소송의 판결이 확정되면 그 변론종결 전에 전소에서 주장되었던 소유권취득의 원인과는 다른 소유권취득 원인이 있더라도 이러한 사유는 기판력에 의하여 후소에서 주장할 수 없다는 것이고, 그 이유는 확정판결에 의하여 변론종결 당시를 기준으로 소유권의 존부가 확정되므로 다른 사유를 원인으로 하여 그 확정의 결과를 뒤집을 수 없기 때문이라는 것으로 이해된다. 이는 결국 대법원이 소송물이론에 있어 구실체법설의 견해를 취하면서도, 소유권확인소송의 경우에는 소유권이전등기청구소송의 경우와 다르게 취급하는 결과를 가져오는 것이다. 즉 소유권이전등기청구소송의 경우 대법원은 구실체법설에 따라, 소송물은 청구취지에서 구한 소유권이전등기청구와 그 등기청구권의 실체법상 발생근거인 청구원인으로서, 그 등기청구권의 발생 원인이 다르면 소송물이 달라 비록 그 발생 원인이 전소의 변론종결 전에 있었던 것이라도 기판력의 구속을 받지 않는다고 이해하는데(1991. 4. 26. 선고 90다9861 판결, 1996. 8. 23. 선고 94다49922 판결, 1997. 4. 25. 선고 96다32133 판결 등), 소유권확인소송의 경우 그 소유권취득의 원인이 되는 개개의 실체법적 근거를 청구원인이 아닌 공격방어방법으로 취급하는 결과가 된다. 그러나 소유권확인소송에서 매매, 시효취득, 사정, 건물의 신축 등 실체법상 소유권의 발생 원인은 청구원인이지 그 확인청구를 이유 있게 하거나 이유 없게 하는 공격방어방법이 아니다.

---

514) 위 4293민상837 판결의 사안은, 전소의 원고가 소유권확인청구를 하여 패소 확정된 후 전소의 피고가 후소로써 전소 원고를 상대로 소유권이전등기의 말소를 청구하자 전소 원고가 전소의 변론종결 전 취득시효완성을 원인으로 자신의 등기가 실체관계에 부합한다는 항변을 제기한 내용이고, 위 84다카2132 판결의 사안은 반대로, 전소의 원고가 소유권확인청구를 하여 승소 확정된 후 후소로써 전소 피고를 상대로 소유권이전등기의 말소를 청구하자 전소 피고가 전소의 변론종결 전 취득시효완성을 원인으로 자신의 등기가 실체관계에 부합한다는 항변을 제기한 내용이다.

515) 최고재판소 1997. 3. 14. 선고 평성 5년オ920 판결은 일본 내에서도 많은 논의의 대상이 되었다. 이 사안은, A가 B로부터 토지를 매수하였는데 소유권이전등기는 그 차녀인 Y 앞으로 마쳐졌고, Y는 A로부터 토지를 증여 받았다고 주장하였다. 그 뒤 A가 사망하자 A의 처인 X가 자신이 B로부터 토지를 매수하였거나 시효취득하였다며 Y를 상대로 소유권확인 및 등기말소청구를 하였으나(전소), 법원은, A가 B로부터 토지를 매수하였고 Y는 A로부터 토지를 증여 받은 일이 없다고 판단하여 X의 청구를 모두 기각하였고 전소 판결이 확정되었다. 그러자 X는 다시 Y를 상대로 위 토지가 A의 피상속재산인 사실의 확인 및 이에 대한 자신의 상속지분에 관한 소유권이전등기를 구하는 소(후소)를 제기하였고, 이에 대하여 Y는 A가 위 토지에 대하여 그 주장하는 지분권이 없다는 확인을 구하는 반소를 제기하였다. 이에 관하여 최고재판소는, 전소의 확정된 소유권확인판결의 기판력에 의하여 X는 상속에 의한 소유권 주장을 할 수 없다고 판시하였다. 일본의 학계는 이를 둘러싸고, 매매, 증여나 시효취득에 의한 소유권과 상속에 의한 소유권은 그 법적 성질이 달라 전·후소의 소송물이 다르다는 견해, 전소에서 X, Y 사이에 그들이 A의 상속인이라는 사실에 관하여 다툼이 없었고 Y가 전후 양소를 통하여 자신의 단독 소유를 주장하고 X의 상속을 부인한 이상 이는 조리에 반하는 주장으로서 기판력이 배제되어야 한다는 견해, 전소 법원이 X에게 상속에 의한 소유권취득 주장을 하는지 여부를 석명케 하지 않은 위법이 있다는 견해가 대립하고 있다{田中 豊, 民事訴訟の基本原理と要件事實, 民事法研究會(2011), 9－19 참조}.

앞서 소송물이론에 관하여 살펴본 바와 같이 청구원인을 소송물의 요소로 이해하는 입장은 구실체법설과 소송법설 중 이원설인데, 확인소송의 소송물에 관하여는 이러한 소송물이론 일반의 견해와 달리 구실체법설을 포함하여 대부분의 학설이 청구취지만으로 소송물이 결정된다는 입장을 취하고 있다. 그 제시하는 이유를 보면, 확인소송의 소송물은 일정한 권리 또는 법률관계의 존부인데 확인을 구하는 권리 또는 법률관계는 청구취지에 직접 표시되어 청구취지만으로 동일성이 특정되고 청구원인에 의한 보충이 필요 없으며, 원고가 청구취지에서 확인을 구하는 권리·법률관계의 법률적 성질을 밝혔더라도 이는 소송물의 본질적 요소가 아니므로 법원은 이에 구속되지 않는다고 한다.[516)]

한편 이러한 통설적 견해와 반대의 견해[517)]에 대한 절충적 입장에서, 확인의 대상인 권리·법률관계가 소유권과 같은 절대권인 경우에는 일물일권주의의 원리상 동일한 물건에 대하여 같은 내용의 권리가 복수로 성립할 여지가 없으므로 청구원인에 의한 보충이 필요 없으나, 채권과 같은 상대권인 경우 청구취지만으로는 소송물의 특정이 부족하고 청구원인에 의한 보충이 필요하다는 견해도 있다.

3) 대법원 판결의 당부를 논하기 전에 우선 학설의 당부에 대하여 살펴보기로 한다.

첫째, 소유권확인소송에서 과연 청구취지만으로 그 소의 소송물인 권리·법률관계의 존부가 표시·특정되는가? 앞서 본 바와 같이 청구취지는 원고가 소송목적으로 주장하는 권리와 그 실현형태이므로, 그 자체만으로는 그 권리가 어떠한 법률사실과 실체법적 근거에서 발생한 것인지 표시되지 않는다. 이런 이유로 민사소송법은 소장에 청구취지와 함께 청구원인을 반드시 기재하도록 요구하고 있다. 그래야만 소송목적이 특정되어 법원의 심판과 피고의 방어활동이 가능하기 때문이다.

이는 확인의 소에서도 그대로 타당하다. 따라서 소유권확인의 소 등 확인의 소에서도 청구취지에는 권리만 표시하면 족하고 그 권리의 발생근거까지 표시할 필요나 이유는 없다.[518)] 소송실무상 확인의 소에서 청구취지에 "원고와 피고 사이의 2020. 1. 5.자 매매계약에 기하여 원고가 피고에게 2,000만 원의 대금채권이 존재함을 확인한다."와 같이 기재하는 경우가 많은바, 이때는 청구원인을 청구취지에 함께 기재한 것이므로 이로써 소송물인 매매대금채권의 발생근거가 표시·특정된다. "원고와 피고 사이의 2020. 1. 5.자 매매계약에 기하여 원고는 피고에게 소유권이전등기의무가 없음을 확인한다." 또는 "원

---

516) 김홍엽, 민사소송법(제2판), 박영사, 288; 이시윤, 신민사소송법(제6판), 박영사, 236; 정동윤·유병현, 민사소송법(제3판 보정판), 법문사, 245; 강현중, 민사소송법(6판), 박영사, 337–338.

517) 호문혁, 민사소송법(제8판), 법문사, 130 이하; 호문혁, "확인판결의 기판력의 범위", 민사판례연구 제11집(1989).

518) 주문에 표시된 부분에 한하여 기판력이 발생하므로 그 확장을 위해 권리발생근거를 청구취지에 기재하여야 할 필요가 있다고 할지 모르나, 뒤에서 보는 바와 같이 이에 대해서는 주문에 표시되어도 기판력이 발생하지 않는다.

고와 피고 사이의 2020. 1. 5.자 매매계약에 기하여 원고는 피고에게 일체의 채무가 없음을 확인한다."와 같이 채무부존재확인청구를 한 경우도 마찬가지다. 확인을 구하는 권리·법률관계가 청구취지에 직접 표시되어 청구취지만으로 동일성이 특정된다고 함은 아마도 이러한 실무관행을 의식한 것이 아닌가 생각된다.

그러나 이는 소장의 청구원인에 기재하여야 할 사항(매매계약)을 청구취지에 포함시켜 기재한 데에 따른 것으로서, 이와 다르게 청구취지에 "원고는 피고에게 2,000만 원의 금전채권이 존재함을 확인한다."고 기재하고 청구원인에 매매계약을 기재하더라도 무방함은 물론이며, 오히려 이것이 원칙이라고 할 것이다.[519] 이 경우 주문에만 기판력이 미친다는 민사소송법 제216조 제1항이 확인의 소에도 적용되는 이상, 청구취지와 주문을 어떻게 기재하든 기판력은 '원고가 피고에게 2,000만 원의 금전채권이 있다.'는 부분에만 미치며, 본질적으로 청구원인에 해당하는 매매의 존부나 유무효 여부에는 기판력이 미치지 않는다. 실질이 청구원인에 해당하는 매매를 청구취지에 기재하고 그것이 판결 주문에 그대로 표시되었다고 하여 주문에 표시된 내용 전부에 기판력이 미친다고 해석한다면 이는 기판력에 관한 강행법규를 올바르게 해석하는 것이라고 할 수 없다.[520] 소송실무에서도 소유권확인소송의 경우 청구취지에 그 소유권 발생의 근거인 청구원인을 함께 기재하는 예는 거의 없다.

4) 소유권확인청구의 소에서 그 소송물은 소유권의 존부이므로, 원고는 원칙적으로 당해 소유권의 취득과 그 존속을 주장·입증하여야 한다. 그런데 취득한 권리의 존속의 부정, 즉 권리의 소멸은 채무자에게 유리한 사실이므로 특별한 사정이 없는 한 이는 권리 존속의 장애요건으로서 앞서 본 바와 같이 피고에게 주장·입증책임이 귀속된다. 따라서 원고는 소유권의 취득이라는 법률효과가 발생하는 데 필요한 법률요건의 주요사실을 주장·입증하면 되고, 소유권 취득의 구체적 법률요건이 곧 소유권확인소송에서 청구원인이 된다. 즉 소유권확인소송의 원고는 당해 소유권이 어떤 실체법적 근거에서 발생한 것인지 그 법률요건에 해당하는 주요사실을 청구원인으로 밝혀야만 한다.[521]

---

519) 이는 소송목적인 법률관계나 법률효과의 발생 원인인 청구원인을 밝힘이 소송목적의 특정이라는 견지에서 볼 때 원칙이라는 점에서도 요구된다. 만약 원고가 부존재확인을 구하는 채무의 발생 원인을 특정하지 않고 "원고와 피고 사이에 일체의 채권·채무관계가 존재하지 아니함을 확인한다."와 같은 청구를 함은 소송목적인 청구원인이 기재되지 않아 소송목적이 특정되지 않았고, 피고의 방어 범위를 지나치게 넓게 함으로써 그 방어권 행사를 곤란하게 한다는 점에서 원칙적으로 허용되지 않는다고 보아야 한다.

520) 이를 허용할 경우 모든 원고가 다 청구원인을 청구취지에 함께 기재하게 될 것이며 중간확인의 소는 필요 없게 될 터이다.

521) 원래 소유권은 권리이고, 매매, 사정, 건물의 신축, 시효취득, 선의취득, 부합, 수용 등의 법률요건으로부터 발생하는 법률효과이지만, 확인의 소가 아닌 이행의 소에서는 소유권 그 자체가 청구원인이 될 수는 없고 물권적 청구권(회수청구권, 방해배제청구권 등)이나 인지사용청구권, 주위토지통행권 등이 청구원인이 된다. 이 경우 소유권은 공격방어방법이 된다. 소유권은 사용·수익·처분권을 가지

이러한 구조는 확인의 소나 다른 형태의 소 모두 다를 바가 없다. 따라서 소유권확인 소송에서 원고는 실체법이 규정하는 소유권의 발생 원인 사실, 즉 매매, 증여, 교환, 시효취득, 상속, 수용, 사정, 건물의 신축 등 실체법이 규정하는 구체적인 소유권 취득원인 사실을 청구원인으로 기재하고 이를 변론을 통해 입증하여야 하며, 단순히 자신에게 계쟁물의 소유권이 있다는 청구나 주장만 하여서는 안 된다. 왜냐하면 민법을 비롯한 실체법은 위와 같이 개개의 법률요건을 충족하는 경우에 소유권이 발생한다고 규정하고 있지, 아무런 요건이 없이 '소유권'이라는 물권이 발생한다고 규정하고 있지는 않기 때문이다. 그러므로 원고가 개개의 소유권 취득원인을 주장하지 않고 단순히 소유권확인을 청구한 경우 소송물을 특정하지 못한 것으로서 부적법한 소라고 할 것이다. 만약 이와 같은 단순한 소유권확인청구의 소를 적법한 것으로 인정할 경우, 피고는 무엇에 대하여 방어를 하여야 하는지 그 방어의 범위가 특정되지 아니하여, 원고에게 소유권이 없다는 모든 사유 또는 피고나 제3자에게 계쟁물의 소유권이 있다는 모든 사유를 주장하여야 하는 것이 되어 소송의 구조나 형평에 정면으로 반하며, 법원으로서도 법률요건을 기준으로 원고가 주장하는 원인사실의 부합 여부를 심리할 수 없게 되어 재판을 할 수 없게 된다.[522]

반면에 소유권부존재확인청구의 경우에는 원고가 다툼의 대상인 소유권 발생 원인을 밝히지 않더라도 무방하다고 할 것이다. 이 경우는 채무부존재확인청구 소송에서 "원고와 피고 사이에 일체의 채권·채무관계가 존재하지 아니함을 확인한다."는 것처럼 그 채권·채무의 내용이나 발생 원인을 전혀 밝히지 않은 경우와는 달리, 소유권부존재확인청구의 대상인 계쟁물이 특정되어 있으므로 상대방인 피고, 즉 소유권을 주장하는 자는 그 방어로서 소유권 발생 원인을 쉽게 주장·증명할 수 있기 때문이다.[523]

5) 한편 이와 관련하여, 부동산의 경우 등기의 추정력에 의해 소유 명의자로 등기된 원고에게 소유권이 있는 것으로 추정되고, 동산의 경우 점유에 의해 점유자에게 소유권이 있는 것으로 추정되지만(민법 제1항, 제197조 제200조), 이는 원고의 소유권 취득원인 사실에 대한 입증단계에서의 추정이므로 청구원인 특정의 책임까지 면제되는 것은 아니다.[524] 등기의 추

나, 법은 그것 자체만으로써 소유자에게 어떤 청구권을 부여하지 않기 때문이다. 부당이득반환청구에서도 부당이득이 청구원인이고 소유권은 그 배후에 존재하는 공격방어방법에 불과하다.

522) 소송현실상 소유권확인청구를 하면서 그 소유권 발생 원인을 전혀 밝히지 않는 경우는 사실상 거의 찾아보기 어렵다.

523) 이 경우에는 채무부존재확인청구 소송에서 채권·채무의 발생 원인(매매, 증여, 교환, 소비대차 등)을 특정하여 그 청구원인을 밝히는 것 대신에 소유권부존재확인청구의 대상인 계쟁물을 특정함으로써 구체적인 청구원인 특정의무를 면제하는 것이 될 것이며, 굳이 원고가 청구원인을 특정할 의무를 부담한다면, 원고는 묵시적으로 예상 가능한 모든 소유권 발생 원인을 청구원인으로 주장한 것으로 볼 수 있다(그 구체적 내용은 피고의 방어를 통해 분명해질 것이다).

524) 민법 제200조의 추정은 점유자가 '행사'하는 본권의 추정인바, 소유권확인청구의 소 제기가 소유권의 행사인지도 다툼의 여지가 있다. 한편, 대법원은 권리자백을 부인하면서도(1979. 6. 12. 선고 78다

정력은 곧바로 소유자라는 것에 미치는 것이 아니라, 등기부에 기재된 등기원인이 존재하고 그 등기절차 역시 적법하게 이루어진 것으로 추정됨으로써 그 등기명의자가 적법한 소유권자로 추정되는 것이다.[525)]

그런데 위와 같이 실체법은 소유권의 발생 원인을 여러 곳에서 그 요건을 달리하여 인정하고 있으므로 그 각각의 소유권 취득원인에 따라 청구원인을 달리한다고 할 것이며, 이와 달리 소유권 자체를 소유권확인청구의 청구원인으로, 각각의 소유권 발생 원인을 그 공격방어방법으로 이해할 수는 없다. 만약 원고가 소유권확인의 소에서 구체적인 소유권 취득의 원인을 주장·특정하지 않고 자신에게 소유권이 있다는 소유권의 존속만을 주장하고 그 증거로 등기자료를 제출한 경우, 법률행위로 인한 부동산 물권변동과 시효취득에 있어 등기가 소유권 취득의 성립요건이기는 하지만, 등기는 매매, 증여 등의 다른 요건과 함께 그 법률요건의 일부가 됨에 그치므로,[526)] 등기가 소유권 취득의 유일한 법률요건이 되거나 등기만으로 소유권 취득의 법률효과가 발생하는 것은 아닌 점에서, 소유권의 존속 주장만으로 소유권의 발생 원인인 법률요건을 주장·특정하였다고 할 수는 없다. 등기를 필요로 하지 않는 물권변동이나, 소유권의 존속에 불구하고 등기가 불법 말소되는 등으로 등기가 존속하지 않는 경우에는 원고가 소유권 취득의 원인을 주장·특정하지 않을 수 없다는 점에 비추어 보더라도, 소유권확인소송에서 소유권의 발생이라는

1992 판결, 1981. 6. 9. 선고 79다62 판결), 소유권에 기한 물권적 청구권의 행사 등 소유권을 선결문제로 하는 소송에 있어 피고가 "원고의 소유권을 인정한다."고 답변한 경우 본래 의미의 자백은 아니나, 피고의 진술을 소유권의 내용을 이루는 사실에 대한 진술로 볼 수 있다는 이유로 이를 재판상 자백으로 인정하는바(1989. 5. 9. 선고 87다카749 판결, 2007. 5. 11. 선고 2006다6836 판결), 이 역시 같은 견지에 선 것으로 이해하여야 할 것이다.

525) 이는 점유자가 점유물에 대하여 행사하는 권리는 적법하게 점유한 것으로 추정한다는 민법 제200조의 취지와 다르다. 민법 제200조의 추정은 점유의 원인을 특정함이 없이 곧바로 점유라는 사실로부터 그 점유의 권원이 적법한 것으로 추정한다는 의미이다. 대법원은 등기의 추정력에 대하여 등기된 권리의 추정과 등기원인의 추정을 동시에 인정하는 듯한 태도를 취하고 있는바(대법원 1957. 10. 21. 선고 4290민상251, 252 판결, 1979. 6. 26. 선고 79다741 판결, 2002. 2. 5. 선고 2001다72029 판결, 2003. 2. 28. 선고 2002다46256 판결, 2008. 3. 27. 선고 2007다91756 판결 등. 한편 대법원 79다741 판결 등의 태도는 법률상 추정으로서 주장·입증책임이 전환되는 것으로 이해되나, 일본 최고재판소 1971. 6. 29. 선고 소화 45년オ1165 판결 등의 태도는 사실상의 추정으로서 주장·입증책임이 전환되지 않는 것으로 이해된다.), 등기원인과 절연된 물권의 성립은 있을 수 없으므로, 이는 그 등기원인의 존재와 그에 따른 등기절차의 적법성 등이 추정되어 등기된 권리가 적법하게 발생한 것으로 추정된다는 의미이다(다만, 소유권보존등기와 같이 등기원인의 기재가 없는 경우에는 등기명의자가 주장하는 등기원인이 추정된다고 하겠다). 물권법정주의를 취하는 우리 법제상 법에서 허용하지 않는 물권 취득원인이 등기부에 기재된 경우까지 그 물권의 존재를 추정할 수는 없고, 앞서 본 대법원 87다카749 판결, 2006다6836 판결의 취지에 비추어 위 대법원 2007다91756 판결 등이 이러한 해석에 배치되지도 않는다(등기 없이도 소유권을 취득하는 경우와 대비해도 그러하다). 또 소유권확인의 소는 대법원이 변형된 형태의 권리자백을 인정하는 물권적 청구의 소 등 소유권을 선결문제로 하는 소송에 해당하지도 않으며, 설사 견해를 달리하여 권리의 추정을 곧바로 인정하더라도, 그것과 소유권 발생의 법률요건을 특정·주장하는 것은 차원이 다른 문제이다.

526) 등기가 소유권 등 물권의 존속요건도 아님은 물론이다(대법원 1988. 12. 27. 선고 87다카2431 판결, 2001. 1. 16. 선고 98다20110 판결 등).

청구원인의 특정이 불필요하다는 입론(立論)은 성립할 수 없다고 할 것이다. 이상과 같이 소유권확인의 소를 비롯한 확인의 소의 경우 청구취지만으로 확인을 구하는 권리·법률관계가 표시·특정된다는 주장은 전혀 합리적 근거가 없다.

6) 둘째, 소유권을 비롯한 물권은 배타성을 띠고 누구에게나 주장할 수 있다는 점에서 절대권이지만, 그 역시 원시취득이나 법률규정에 의한 취득의 경우를 제외하고는 대부분 매매, 증여, 교환 등 채권행위로부터 발생하며, 이러한 경우에는 채권행위 상대방의 물권설정행위(채권행위+등기 또는 인도)에 의해 발생하므로 그 물권의 발생·존속을 둘러싸고 분쟁이 발생할 수밖에 없다. 이는 원시취득이나 법률규정에 의한 취득의 경우에도 정도의 차이는 있지만 동일하다.

그런데 동일한 물건에 동종의 권리가 하나만 성립할 수 있다는 일물일권주의는 동시에 하나의 물건에 동종의 권리가 중복하여 성립할 수 없다는 것으로서, 예컨대 1인이 하나의 물건에 여러 개의 소유권을 동시에 취득할 수는 없지만, 그 1인이 상속, 시효취득 등 소유권 취득의 실체법적 법률요건을 동시에 충족하는 것까지 부정하는 것은 아니다. 후자의 경우 소유자는 1개의 소유권만을 취득하고 단지 그 소유권 취득의 법적 효과를 복수로 주장할 수 있음에 불과할 뿐, 그로써 동시에 복수의 소유권을 취득하는 것은 아니기 때문이다.

또, 하나의 물건에 동시에 복수인의 소유권이 성립할 수 없다는 것도 소송법적으로는 별 의미가 없다. 즉 일물일권주의는 실체법상의 개념이며 소송법상으로는 성립하기 어렵다. 왜냐면 물권의 성립을 부인하는 자가 있어 그를 상대로 소송을 하는 경우 누가 진정한 물권자인지는 그 소송을 통하여 결정되어야 하므로 그 소송의 판결 확정 전에 원고가 피고를 상대로 물권을 주장·실현할 수는 없기 때문이다. 즉 물권의 배타성과 일물일권주의는 누가 권리자인지에 대하여 분쟁이 없는 실체법의 영역에서만 성립한다. 따라서 소유권 등 물권을 둘러싸고 분쟁이 발생하여 그 분쟁 당사자 간에 소유권 등의 확인청구소송이 있었고, 그 확정의 결과 원고에게 물권이 인정된 경우라도, 다시 다른 자가 원고의 물권을 부정할 경우 그 다른 자에게는 전소의 기판력이 미치지 아니하여 원고는 다시 그를 상대로 소유권 등 확인청구의 소를 제기하여야 하므로, 소송을 통한 소유권 등 확인의 효력이 절대적이거나 배타적이 될 수 없고, 새로운 분쟁 당사자에 대하여는 일물일권주의가 적용될 수 없음은 자명하다.

7) 한편, 확정판결이 있는 경우 동일한 당사자 간에 그 주문에서 판단된 권리·법률관계에 한하여 실체적 확정력이 발생하고 후소에 대한 관계에서 기판력이 발생하나, 이때도 그 소의 소송물의 범위에서만 당해 권리·법률관계에 대하여 실체적 확정력 및 기판력이 발생할 뿐 그 효력이 소송물의 범위를 넘어서 모든 법률관계로까지 확대되는 것은 아니다. 전소의 당사자 간에 동일한 소유권 취득원인을 소송물로 하여 후소가 제기된 경우

기판력에 의해 전소의 결론과 모순되는 소유권 귀속이 선언될 수 없다. 만약 전후 양소의 소유권 취득원인이 다른 경우에는 청구원인이 달라 전소와 후소의 결론이 다르게 나올 수 있으나, 이때는 서로 독립한 소송물인 각각의 소유권 취득원인과 관련하여 소유권의 귀속이 선언될 뿐이므로 양자의 결론이 모순되는 것이 아니고, 따라서 일물일권주의나 물권의 배타성에 반하지 않는다. 대법원도 이미 앞서 본 소유권이전등기청구의 소 등에서 이러한 법리를 누차 확인한 바 있다. 그리고 이러한 법리는 확인소송의 경우에도 그대로 타당하다.

따라서 소유권확인청구의 판결이 확정되어 그 소의 원고의 소유권의 존부가 확정되는 효력 역시 그 소의 소송물의 범위에서만 발생하고, 소유권확인소송에서 그 소유권 발생원인은 청구원인으로서 소송물의 요소이므로, 소유권의 존부에 관한 확정판결의 효력은 당해 소송의 청구원인인 소유권 발생 원인과 관련하여서만 발생한다.[527] 소유권 등 물권이 절대권이라는 이유로 그 청구원인이 무엇인지에 관계없이 당해 소송의 청구원인을 벗어난 모든 소유권 발생 원인에까지 재판의 효력이 미친다고 해석함은 소송법이론 및 소송물, 기판력의 기본 법리에 반하는 것이다.[528]

다만, 위와 같이 소유권부존재확인청구의 경우에 원고가 다툼의 대상인 소유권 발생원인을 밝히지 않은 때에는 묵시적으로 예상 가능한 모든 발생 원인이 청구원인이 되었

---

527) 이를, 기판력은 확정판결의 주문에 포함된 것에 한할 뿐 이유 중에 판단된 청구원인인 법률관계의 존부, 유무효 등에는 미치지 않는다는 법리와 혼동하여서는 안 된다. 민사소송법 제216조 제1항의 법리는, 예컨대 매매로 인한 소유권이전등기청구의 소에서 기판력은 주문에 표시된 소유권이전등기청구권의 존부에만 미치고 이유 중에 표시된 매매의 존부나 유무효에 대하여는 미치지 않는다는 것일 뿐, 주문에 표시된 소유권이전등기청구권 존부의 효력이 당해 소의 청구원인인 매매와 관련하여서만 발생한다는 법리를 부인하는 것이 아니며, 매매가 아닌 교환, 증여, 시효취득 등 다른 법률관계에까지 재판의 효력이 미친다는 의미는 더더욱 아니다.

528) 동지: 호문혁, 민사소송법(제8판), 법문사, 130면 이하; 호문혁, "확인판결의 기판력의 범위", 민사판례연구 제11집(1989). 한편, 확정된 소유권확인판결은 계쟁물의 소유권이 표준시에 있어 승소자에게 확정적으로 귀속되어 있다는 것을 확인하는 의미가 있을 뿐이므로, 패소자가 전소의 사실심 변론종결일 전 취득시효완성으로 전소판결의 표준시에 승소자에게 소유권이 없었다는 주장을 하는 것은 전소의 판단과 모순·저촉되는 것이 되어 허용되지 않으나, 형식주의를 취하는 우리 민법하에서 점유취득시효가 완성되었다는 것만으로는 부동산의 소유권을 취득할 수 없고 단지 상대방에 대한 소유권이전등기청구권만을 가지게 될 뿐이어서, 상대방에게 소유권이 있다는 전소의 소유권확인판결과 취득시효완성을 원인으로 상대방에 대하여 소유권이전등기청구를 구하는 후소는 그 소송물이 전혀 다르고 서로 모순·배치되는 것도 아니어서 기판력이 미치지 않는다고 보아야 한다는 견해가 있다{이영섭, "변론종결 이전에 주장할 수 있었던 방어방법과 별소", 고시계 182호(1972. 4.); 김희태, "소유권보존등기말소 및 소유권확인판결의 기판력과 그 변론종결 전의 사유를 원인으로 하는 새로운 소유권이전등기청구", 민사재판의 제문제(하), 민사실무연구회(1995)}. 그러나 이 견해에 의하면, 등기를 요하지 않고 소유권을 취득하는 상속, 수용 등의 사유가 이미 전소의 사실심 변론종결일 전에 있는 경우에는 기판력을 인정한다는 것이 되어 기판력의 범위를 부당하게 확장하므로 동의하기 어렵다. 또 김용철, "기판력의 범위와 실권효", 취봉 김용철선생 고희기념 법학논집(1993)의 경우, 소유권확인의 소에서 소유권취득원인을 공격방어방법으로 보면서도, 다만 피고에 대하여는 그가 패소하더라도 그에게 다른 소유권 취득사유가 있는 때는 차단효가 미치지 않는다고 하는바, 기판력의 작용 범위에서 원고와 피고를 다르게 취급하는 이유를 수긍하기 어렵다.

다고 볼 수 있으므로, 당해 계쟁물에 관하여 피고에게 소유권이 부존재한다는 데에 기판력이 미치고, 피고는 후소에서 그 사실심 변론종결일 이전의 소유권 발생 원인을 주장할 수 없다고 볼 것이다.

8) 이런 점에서, 소유권확인소송의 확정판결에 의한 기판력이 소유권 취득원인이 무엇인지와 관계없이 미친다고 본 위 대법원 판결은 수긍하기 어렵다. 게다가 대법원은 동종의 사안에 대하여 이미 이와 반대의 판시를 한 바 있다. 즉 1971. 2. 28. 선고 71다2353 판결에서는, 소유권보존등기 말소와 소유권확인을 청구하는 전소에서 패소한 乙(전소의 원고)이 그 판결 확정 후 승소한 甲(전소의 피고)을 상대로 전소의 사실심 변론종결일 이전에 취득시효가 완성되었다고 주장하며 소유권이전등기청구를 한 경우, 비록 후소 원고가 전소에서 취득시효의 완성을 주장하여 자신의 소유권보존등기가 실체적 권리관계에 부합되는 등기임을 방어하지 아니하였더라도, 전후 양소는 그 청구가 각기 상이하고 청구취지와 청구원인도 각기 상이하므로 기판력이 후소에 미치지 않는다고 하였다.

이와 같이 소유권확인의 소에서 그 소유권 발생의 원인이 되는 실체법상의 권원은 그 소의 청구원인으로서 소송물이지 공격방어방법이 아니므로, 甲이 乙을 상대로 소유권확인청구를 하면서 그 청구원인으로 계쟁물을 전 소유자인 부친으로부터 증여받았다고 주장하였다가 1심에서 패소하자 항소심에서 소를 취하한 후, 계쟁물을 부친으로부터 상속받았다고 주장하면서 다시 乙을 상대로 소유권확인청구의 소를 제기한 경우, 전소와 후소는 소송물(청구원인)을 달리하여 후소가 소 취하 후의 재소금지원리에 반하지 않는다. 대법원도 이를 긍정한 바 있다(1991. 5. 28. 선고 91다5730 판결). 그 밖에 청구의 변경, 청구의 병합, 중복제소 등 다른 영역에 있어서도 이와 동일한 법리가 적용되어야 함은 물론이다.

다. 물권적 청구

1) 민법은 점유권과 소유권 등의 물권에 대하여 반환청구권, 방해의 제거·예방청구권을 인정하고 있다(민법 제204조 내지 제206조, 제213조, 제214조, 제290조 등). 이러한 물권적 청구권의 근거 법규상 이들 청구권이 발생하기 위해서는 물권의 존재와 점유의 침탈(상실) 또는 방해의 현존, 장래 발생 가능성이 법률요건으로서 필요하다.

2) 이와 관련하여 청구원인을 이해함에 있어서는 세 가지 문제가 있다. 첫째는, 당해 물권의 발생 원인은 청구원인인지 아니면 공격방어방법에 불과한지 여부이다. 즉 당해 물권의 발생 원인이 달라지면 청구원인이 달라지는지 아니면 공격방어방법이 달라지는지 여부이다. 물권적 청구권을 인정하는 위 민법 규정은 물권, 예컨대 소유권의 경우 매매, 증여, 교환, 사정 등의 발생 원인별로 이를 규정하지 않고 당해 물권의 존재만을 그 법률요건으로 정하고 있다.

따라서 이때 소유권의 취득원인이 매매, 교환, 증여, 시효취득 등으로 달라지더라도 이는 '소유권에 기한 반환청구권' 발생을 위한 법률요건의 여러 구성요소인 법률사실 중의 하나인 '소유권의 존재'에는 아무런 영향이 없고 동일하여 그 청구원인이 달라지지 않는다. 즉 여기서 '소유권의 존재'는 '소유권에 기한 반환청구권'이라는 법률효과(권리)가 발생하기 위한 법률요건의 일부에 불과하여, 그 소유권의 발생 원인이 무엇이든 한 개의 실체법적 법률요건(민법 제213조 등)을 충족하고 이에 따라 한 개의 물권적 청구권만이 발생한다. 그러므로 이는 청구원인이 아닌 공격방어방법에 불과하다(대법원 1969. 7. 8. 선고 69다486 판결 참조). '소유권의 존재' 근거가 달라지더라도 '소유권에 기한 반환청구권'이라는 권리의 실체법상 발생근거(민법 제213조 본문)가 달라지는 것이 아니어서, 그 '소유권의 존재' 근거가 달라진다고 하여 '소유권에 기한 반환청구권'의 법률요건이 달라지지 않기 때문이다.[529] 예컨대, 매매를 소유권취득의 근거로 내세워 소유권에 기한 반환청구를 하였다가 매매사실이 인정되지 아니하여 패소판결이 확정된 경우, 매매 아닌 다른 소유권취득 근거를 내세워 다시 반환청구의 후소를 제기하더라도, 청구취지는 물론 청구원인이 동일하여 기판력이 미친다.

그러나 같은 소유권이라도 그 소유권의 객체인 물건이 다른 경우에는 각각의 물건별로 독립하여 소유권이 발생하고, 그 각각의 소유권으로부터 독립한 물권적 청구권이 발생하므로 소유권의 객체인 물건이 다른 경우에는 각 그 물건별로 청구원인(물권적 청구권)이 성립한다고 보아야 할 것이다.[530] 따라서 甲이 토지의 소유권에 기한 물권적 청구권을 행사하였다가 그 지상 건물의 소유권에 기한 물권적 청구권을 행사하는 경우, 양자는 독립한 청구원인으로서 복수의 청구를 구성하고, 전소 확정판결의 기판력은 후소에 미치지 않는다.

3) 둘째, 소유권 등 본권과 점유권 상호 간, 본권과 다른 본권과의 관계이다. 민법은 점유권, 소유권, 지상권, 지역권, 저당권 등 본권별로 물권적 청구권을 따로 규정하고 있으므로, 권리자가 이들 본권을 복수로 가지고 있는 경우 그 실체법적 근거가 다르고 이에 따라 법률요건도 달라져 각각의 법규에 따른 물권적 청구권이 따로 발생한다. 따라서 본권이 달라지면 청구원인이 달라진다. 본권과 점유권 상호 간에도 복수의 청구권이 별개로 발생하므로 역시 청구원인을 달리한다(대법원 1996. 6. 14. 선고 94다53006 판결 참조). 물권적 청구권의 구체적 내용인 회수청구권, 방해의 배제청구권, 방해의 예방청구권 상호 간에도 동일한 관계가 성립한다.

---

529) 이와 달리 소유권확인소송의 경우, 그 소송물인 소유권이 매매, 교환, 증여, 시효취득 등 각각의 실체법상 발생근거에 따라 그 법률요건을 달리하여 발생하므로, 각각의 발생근거별로 청구원인과 소송물이 달라지게 된다는 점에서 차이가 있다.

530) 하나의 물건을 1인이 소유한 경우 그 소유권으로부터는 하나의 물권적 청구권만 발생하고 그 수량적 지분에 따라 복수의 물권적 청구권이 발생한다고 볼 수는 없다. 이와 달리, 하나의 물건이라도 수인이 각각 지분으로 공유하는 때는 그 지분소유권별로 독립한 물권적 청구권이 발생한다.

4) 셋째, 점유의 침탈(상실) 또는 방해의 원인, 종류에 따라 각각 별개의 청구원인을 구성하는지 여부이다.[531] 점유의 침탈(상실)에 따른 반환청구권의 경우 물권이 동일하고 상대방이 동일한 이상 그 침탈(상실) 원인이 무엇이든 상관없이 법규는 하나의 법률요건만을 마련하고 있으므로, 예컨대 점유침탈(상실) 사유가 도난이든 계약관계에 의한 급부이든, 자연력의 작용이든 이러한 사유는 그 법률요건 중 일부 법률사실인 '점유의 침탈(타인의 점유)'에는 영향을 미치지 아니하고, 그 침탈 사유의 변동에 따라 법률요건이 달라지는 것도 아니다. 따라서 이들 사유는 청구원인이 아니라 공격방어방법에 불과하여 소송물이 달라지지 않는다.

5) 반면에 방해의 제거·예방청구권의 경우에는 물권의 배타성과 절대적 보호 필요성을 근거로 그것이 인정되는 취지상 그 방해의 원인, 종류에 따라 각각 법률요건이 달라지고 그에 따른 청구권이 인정된다고 할 것이므로,[532] 전소에서 a의 방해 제거를 청구하였다가 a 방해가 없다는 이유로 패소한 원고가 다시 후소에서 그 변론종결 전에 존재하였던 b 방해의 제거를 청구하더라도, 양소는 청구원인이 달라 소송물이 다르다고 할 것이다. 다만, a라는 방해와 b라는 방해가 사회통념상 동일성이 없을 정도로 상이하여야 하고, 그 정도에 못 미치는 경우에는 청구원인이 동일하다고 할 수밖에 없음은 물론이다.

6) 물권적 방해배제청구권에 속하는 원인무효등기의 말소청구권의 경우,[533] 그 무효사유가 달라지더라도 방해배제청구권(말소등기청구권)의 법률요건 일부(법률사실)인 '방해'는 피고 명의의 등기 그 자체일 뿐 무효사유에 따라 그 '방해'의 내용이 달라지는 것이 아니므로, 이는 앞서 본 바와 같이 공격방어방법에 불과할 뿐 그로써 청구원인이나 소송물이 달라지지는 않는다.[534]

---

531) 방해의 의미에 관하여는 대법원 1963. 1. 31. 선고 62다878 판결, 2003. 3. 28. 선고 2003다5917 판결 및 이은영, "소유자의 방해제거청구권", 부동산법학, 고시계(1987. 6.) 참조.

532) 민법은 이를 명시적으로 규정하고 있지 않으나, 방해의 내용이 다르면 각각의 방해별로 독립한 청구원인이 발생한다고 해석된다. 예컨대, 권원 없이 타인의 토지에 건물을 짓고 타에 이를 임대하였는데 건물 임차인이 건물을 점유·사용하면서 수목을 식재한 경우, 토지 소유자는 그 방해의 내용에 따라 건물의 철거, 임차인의 퇴거, 수목의 수거 등 복수의 방해제거청구권을 취득한다고 할 것이다. 토지 소유자의 건물철거청구와 토지 인도청구권의 법적 성질에 관하여는 단일한 토지 회수(반환)청구권이라는 설, 건물철거청구권과 토지 인도청구권의 결합설, 토지 소유권에 기한 방해배제청구권이라는 설, 건물철거청구권은 방해배제청구권이고 토지 인도청구권은 토지 회수(반환)청구권이라는 설이 대립한다(並木 茂, 要件事實原論, 悠悠社, 147－150 참조).

533) 원인무효등기의 말소청구권에 관하여 직접 규정을 둔 실정법은 없다. 따라서 이 권리는 물권적 방해배제청구권의 일종으로서 인정된다.

534) 주장입증책임의 일반론에 의하면, 물권적 방해배제청구권의 행사로서 말소등기를 청구하는 자가 자신의 물권과 상대방의 방해 상태(등기의 존재)를 주장·입증하면 상대방(등기명의자)은 방해상태를 정당화할 사유를 주장·입증하여 방해배제청구(말소등기청구)를 저지할 수 있게 되며(민법 제213조 후문의 유추), 이에 대하여 말소등기청구자는 다시 그 등기가 원인무효임을 주장하여 자신의 청구를 정당화하게 된다. 그런데 등기에 대하여는 추정력이 부여되어 등기명의자는 등기의 존재 그 자체로서 정당화 사유가 있게 되므로, 말소등기청구자는 처음부터 그 등기가 원인무효임을 주장·입증하여야 한다.

라. 채무부존재확인청구, 청구이의

1) 앞서 본 바와 같이 채무부존재확인 소송에서는 채권의 존재, 즉 채권의 발생 원인은 채권자인 피고가, 그 발생 장애 사유나 소멸 사유는 채무자인 원고가 주장·입증책임을 지게 된다. 그러나 적어도 채무자인 원고는 그 채무의 발생 원인이 되는 실체법상의 법률관계(법률요건)를 청구원인으로서 다른 원인과 동일성이 구별될 정도로 특정하여야 한다. 예컨대, 원고가 매매계약상의 매도인이라면 그 계약일자 또는 매매의 목적물을 표시하는 등의 방법으로 그 채무 발생 원인이 되는 법률관계나 법률요건(매매)을 특정하여야 한다. 이때 부존재확인청구의 대상인 그 법률관계상의 채무(법률효과)는 소유권이전등기의무, 인도의무 등과 같이 개별적으로 구하여도 좋고, 그 특정한 법률관계로부터 발생하는 일체의 채무의 부존재를 구하는 포괄적 방식으로 구하여도 무방하다.

그러나 원고가 부존재확인을 구하는 채무의 발생 원인을 전혀 특정하지 않고 "원고와 피고 사이에 일체의 채권·채무관계가 존재하지 아니함을 확인한다."와 같은 청구를 함은 허용될 수 없다. 청구취지에 기재할 법률효과로서의 채권·채무는 이와 같이 포괄적으로 기재하여도 무방하지만, 청구원인조차 기재되지 않아 소송목적이 특정되지 않았고, 피고의 방어 범위를 지나치게 넓게 함으로써 그 방어권 행사를 곤란하게 하기 때문이다. 따라서 이 경우 법원은 원고에게 청구원인인 채무의 발생 원인을 밝혀 소송목적을 특정하도록 보정을 명하고 그 결과에 따라 조치를 하여야 한다.

2) 채무부존재확인청구 소송에서 청구원인은 앞서 본 바와 같이 당해 채무(채권)의 발생 원인이 되는 실체법상의 법률관계(법률요건)이다.[535] 그리고 그 채무(채권)의 발생·행사·존속의 장애요인, 즉 채무관계의 불성립, 무효, 소멸 등의 사유는 당해 채무(채권)의 발생·행사·존속에 영향을 미칠 뿐 그 채무(채권)의 동일성 내지 실체법적 근거에 영향을 미치지는 않으므로 모두 채무의 부존재확인청구를 이유 있게 하는 공격방어방법이 된다.[536]

따라서 이 소송에서 피고가 승소하여 채무(채권)가 존재하는 것으로, 원고가 승소하여 채무(채권)가 부존재하는 것으로 확정되면, 그 청구에서 특정된 법률관계에 따른 일체의 또는 개별적인 채무(채권)의 존부가 확정되며, 그 부존재 사유는 청구원인에 영향을 미치지 않는 공격방어방법에 불과하여 그것이 달라지더라도 청구나 소송물은 달라지지 않는

535) 청구취지는 그 법률관계에서 발생하는 법률효과인 채무의 전부 또는 일부의 부존재확인이 되는바, 이때 소송물의 크기(범위)는 부존재확인을 구한 범위와 같다{大江 忠, ゼミナール要件事實, 第一法規(2003), 62－63 참조}.

536) 이는 앞서 본 소유권확인청구와 다른바, 소유권은 실체법상의 권리로서 실체법 자체가 복수의 발생요건을 정하고 있는 데에 반해 특정한 채무(채권)는 그 발생요건을 정하고 있는 실체법 또는 계약이 단일한 데에 연유하는 것이다.

다. 매매계약을 예로 들면, 채무부존재의 사유인 매매계약의 불성립, 무효, 취소, 해제, 변제(채무의 이행), 소멸시효의 완성 등은 모두 청구원인이 아닌 공격방어방법에 해당하여 기판력의 차단효가 미치고, 전소에서 원고인 채무자가 변제항변을 하였으나 받아들여지지 않아 패소한 후 후소에서 전소의 변론종결 전 소멸시효완성을 주장하더라도 받아들여질 수 없다. 또, 매매계약이 무효임을 주장하여 소유권이전등기의무의 부존재확인청구를 하고 그 소송 중에 매매계약의 불성립, 취소, 해제 등을 주장하더라도 이는 청구의 변경이 아니며, 이들 사유를 내세워 별소를 제기하면 중복소송이 된다. 무효, 취소, 해제 등의 개별적 사유가 다른 경우에도 마찬가지다(대법원 1992. 2. 25. 선고 91누6108 판결은 과세처분의 무효확인청구에 관하여 같은 결론을 취한다).

반면에, 채권자가 채무인수자를 상대로 제기한 채무이행청구소송(전소)과 채무인수자가 채권자를 상대로 제기한 원래 채무자의 채권자에 대한 채무부존재확인소송(후소)은 그 청구취지와 청구원인이 서로 다르다(대법원 2001. 7. 24. 선고 2001다22246 판결). 채권자의 인수인에 대한 이행청구권의 법률요건은 원채무자(채무양도인)의 채무의 존재, 인수인의 채무인수(민법 제453조 이하)인 데에 반해 인수인의 채권자에 대한 원채무자의 채무부존재확인청구의 청구원인은 원채무자와 채권자 간의 채권채무 발생 원인으로 청구원인이 서로 다르고, 청구취지도 달라(전소는 이행청구, 후소는 확인청구) 전소와 후소의 소송물이 다르기 때문이다. 따라서 양소는 중복소송이 아니다.[537]

3) 이러한 채무부존재확인의 소의 구조는 청구이의의 소에도 그대로 적용된다고 생각된다. 청구이의는, 특정한 청구권에 관하여 당해 청구권의 영구적·일시적 소멸 사유가 확정판결의 사실심 변론종결 후에 발생한 때에, 확정된 이행판결(집행권원)에 표시된 집행력을 소멸시킴으로써 실질적으로 당해 청구권의 존재 자체를 부정하는 것이므로, 채무부존재확인의 소와 그 구조가 유사하기 때문이다.[538] 비록 청구이의의 소 확정판결에는 소송법상의 형성적 효력이 인정되지만, 그것이 방해가 되지는 않는다.

따라서 청구이의의 소에서도 청구원인은 그 집행권원에 표시된 특정의 청구권, 즉 그 청구권의 실체법적 근거이고, 채무의 변제, 포기, 면제, 혼동, 소멸시효완성 등 청구이의 사유는 그 채무의 소멸 사유로서 본래부터 공격방어방법에 불과한 것이므로, 이러한 개별 사유에 관계없이 이의권은 단일하게 발생하는 것이라고 이해하는 것이 논리적이라고 하겠다.[539] 이런 것들이 청구이의 소의 변론종결 후에 생긴 것인 때에는 기판력의 차단

---

537) 물론 전소와 후소가 동시에 계속 중이라면 후소는 소의 이익이 없다. 후소의 원고인 인수인은 전소에서도 동일한 주장을 할 수 있기 때문이다.

538) 다만, 이미 확정판결이 있는 관계상 채권자는 권리발생 사유를 주장·입증할 필요가 없고 채무자가 곧바로 그 소멸사유를 주장·입증하는 구조가 된다는 데에 채무부존재확인소송과의 차이점이 있다.

539) 청구이의의 소의 소송물은 집행력의 배제를 구하는 형성권, 즉 집행법상의 이의권으로 해석하는 것이 통설이다. 그러나 이는 권리자의 행사로써 곧바로 효력이 발생하는 형성권 일반의 경우와 다르며, 법원에 이의사유를 주장하여 집행권원상의 집행력을 소멸케 하는 형성적 재판을 청구할 권리에 불과하다. 그리고 청구이의를 규정하고 있는 민사집행법 제44조나 제58조 제3항, 제59조 제3항은 청구이

효가 미치지 아니하나, 그 소송의 사실심 변론종결 전에 발생한 복수의 이의사유가 있는 경우 당연히 이들은 차단효에 의하여 그 확정판결의 기판력이 미치게 된다. 따라서 이의사유가 여러 개인 경우 이를 동시에 주장하도록 요구하는 민사집행법 제44조 제3항은 주의적 규정에 불과하다. 원고가 이를 위반한 경우, 새로운 소를 제기하여 전소에서 주장하지 않았던 이의사유를 새로이 주장하더라도 기판력에 의해 허용될 수 없기 때문이다.

마. 부당이득반환청구

1) 민법 제741조에 의한 부당이득반환청구권의 법률요건은 이른바 통일설과 유형론이 서로 다르게 해석한다.[540] 통일설에서 이해하는 그 요건은 ① 원고의 재산 또는 노무로

의의 사유를 전혀 규정하지 않고(민사집행법은 그 본질이 실체법이 아닌 절차법이다.), 단순히 청구이의를 하려면 법원에 청구이의의 소를 제기하여야 한다는 것과 그 사유가 변론종결일 후 또는 예외적으로 그 전에 생긴 것이어야 한다고만 규정하고 있다. 그러고 보면 청구이의권은 민사집행법 제44조 등에서 주어진 것이 아니라 집행권원에 표시된 집행채권의 발생 원인이 된 법률관계로부터 발생하는 것이라고 이해할 수도 있다. 즉 변제, 소멸시효완성 등 집행채권의 소멸 사유가 있으면 민사집행법 규정에 상관없이 당연히 그 집행채권이 소멸하나, 다만 이미 집행권원이 있으므로 법절차의 안정성과 확실성을 위해 특별히 청구이의의 소에 의하여 그 집행력을 소멸·배제하도록 절차를 마련한 것이라고 생각할 수 있다. 그러므로 채무자는 청구이의의 소에 의하여 집행권원이 가진 집행력을 배제하여 강제집행을 봉쇄할 수도 있지만, 채권자가 변제 수령 후 그 집행권원에 의해 강제집행을 한 경우 채무자는 불법행위를 이유로 손해배상을 청구할 수도 있다. 즉 이 경우 변제에 의해 집행채권은 소멸하므로, 형식적으로는 집행권원이 존재하더라도 그에 기한 강제집행은 불법행위를 구성하게 된다(대법원 1984. 7. 24. 선고 84다카572 판결 참조). 다만, 이 경우에도 집행권원에 기한 집행은 부당이득은 되지 않는다는 것이 대법원의 견해이다(대법원 2000. 5. 16. 선고 2000다11850 판결, 2001. 11. 13. 선고 99다32905 판결 등 참조). 청구이의의 소를 소송법적 형성의 소라 하고, 그 자체로는 다른 권리와 달리 경제적·정신적 만족을 직접 주지 않는다는 점도 이러한 성질에서 비롯되는 것이라 할 수 있다. 이에 따르면 집행채무자는 집행채권의 소멸사유마다 주장하여 청구이의의 소를 제기할 수 있게 될 것이나(이는 그 청구원인이 복수인 때문이 아니라 공격방어방법인 집행채권의 소멸사유가 변론종결 후에 생긴 것이어서 차단효가 미치지 않기 때문이다.) 민사집행법 제44조 제3항으로 인해 그것이 봉쇄되며, 결과적으로 청구이의의 소에도 기판력이 인정되는 것과 같은 결과가 된다. 이와 달리 통설대로 청구이의권을, 집행권원이 성립한 후에 그 집행력의 소멸을 법원에 청구할 민사집행법 제44조 등에 의한 형성적 권리로서 독립한 청구원인에 해당한다고 이해하더라도(이 경우 결과적으로는 집행권원에 의해 확정된 집행채권의 존부가 청구이의의 소의 소송물이라고 할 것이다.), 채권 일반의 소멸 사유와 마찬가지로 그 집행채권의 소멸 사유가 무엇이냐에 관계없이 집행력의 소멸을 청구할 이의권은 하나만 발생하는 것으로 이해함이 타당하다. 따라서 각 소멸사유는 민사집행법 제44조 제3항에 관계없이 공격방어방법에 불과하다. 대법원 2008. 10. 23. 선고 2008다48742 판결도, 관련 소송인 청구이의의 소에서 대여금채무가 변제로 인해 소멸하였다는 취지의 확정판결이 있었더라도 위 확정판결의 기판력은 그 판결의 주문에 포함된 것, 즉 소송물로서 주장된 법률관계의 존부에 관한 판단의 결론 그 자체에만 미치는 것이고, 위 변제의 효력 유무는 청구이의의 소의 소송물이 아니라 그 전제가 되는 법률관계에 불과하다고 하였다.

540) 유형론에서는 부당이득의 원인에 따라, 주로 매매 등 채권행위에 따른, 즉 소유자 등의 의사에 기한 이익의 이동이 문제되는 급부부당이득(교정법적 부당이득)과 채권행위 등을 매개하지 않거나 소유자의 의사에 기하지 않은 소유권 등의 침해에 따른 이익의 이동이 문제되는 침해부당이득(귀속법적 부당이득) 및 양자의 성질을 겸유하는 것(양성적 부당이득)으로 나누어 각각의 성립요건을 고찰한다. 이와 관련하여 적용법규, 특히 물권적 청구권(점유자와 회복자의 관계)과 부당이득반환청구권의 상호관계 등에 대해서 비교법적 고찰 등 매우 다양한 견해가 여러 갈래로 복잡다양하게 전개되고 있다. 우리 판례는 대체로 통일설의 입장을 취하는 것으로 이해되고 있다.

인하여 피고가 이익을 얻었을 것, ② 반면에 원고가 손해를 입었을 것, ③ 원고의 손해와 피고의 이익 사이에 상당인과관계가 있을 것, ④ 원고의 손해와 피고의 이익 사이에 법률상 정당한 원인이 없을 것이다.

①, ②와 관련해서는, 원고의 재산이나 노무로 피고가 이익을 얻고 원고가 손해를 입는 일은 주로 원고 자신의 의사에 기한 원고의 급부에 의한 경우가 많지만 원고의 의사에 기하지 않은 경우도 많다. 이때 원고의 손실과 피고의 이익이라는 경제적 이익의 이동 형태가 청구, 즉 소송물에 영향을 미치는지 여부가 문제된다. 한편 ④에 관하여는, 피고의 이익 취득 당초에 원인관계가 무효, 부존재한 등으로 법률상 원인이 없는 경우도 있을 수 있지만, 원고로부터 피고에 대한 급부가 이루어진 후 그 급부의 원인관계가 취소, 해제 등의 사유에 의해 효력을 잃는 등 후발적으로 원인의 결여가 발생하는 것이 보통이다. 이 경우 무효, 취소, 해제 등의 사유가 청구원인인가, 아니면 '부당이득'이 청구원인이고 무효, 취소, 해제 등[541]은 공격방어방법에 불과한 것인가가 문제된다. 또, 민법은 부당이득반환청구권 외에도 해제에 따른 원상회복청구권 등 여러 가지 청산제도를 두고 있는바, 이들의 소송법상 관계도 문제된다.

2) 이 문제를 논하기 전에 법률상 원인의 존재 또는 부존재에 관한 주장·입증책임의 소재를 어떻게 이해하느냐에 따라 그것과 청구원인 또는 공격방어방법의 관계가 달라지는 점에 유의하여야 한다. 즉, 이(법률상 원인의 부존재)를 부당이득반환청구권 발생의 적극적 요건으로 이해하는 견해에 의하면, 이는 청구원인사실의 일부로서 원고가 주장·입증하여야 한다. 반면에 이(법률상 원인의 존재)를 부당이득반환청구권 발생의 소극적 요건(권리발생 장애요건)으로 이해하는 견해에 의하면, 이는 청구원인사실의 일부가 아니라 피고의 항변사항으로서 피고가 주장·입증하여야 하고 공격방어방법이 된다.

그러나 전자의 견해에서도 법률상 원인의 부존재는 사실상 추정된다고 하여, 피고는 간접반증(법률상 원인의 부존재를 의심케 하는 간접사실의 입증)으로써 사실상의 추정을 방해할 수 있다고 하는 것이 일반이다. 통일설은 전자의 견해를 취하고, 유형설은 급부부당이득과 양성적 부당이득의 경우에는 전자, 침해부당이득의 경우에는 후자의 견해를 취하며, 대법원의 태도는 불분명하다.[542]

---

541) 무효, 취소, 해제의 개별적 사유를 달리하는 경우를 포함한다.

542) 물건의 점유·사용으로 인한 침해부당이득반환청구에 있어서는 피고가 법률상 원인의 존재를 항변으로 주장·입증하여야 한다는 것이 대법원의 입장이라며 그 예로 1970. 11. 30. 선고 70다2171 판결, 1988. 9. 13. 선고 87다카205 판결을 드는 견해가 있다(사법연수원, 요건사실론, 2012, 82면; 최기영, "국가 및 지방자치단체의 도로점용으로 인한 부당이득과 관련한 판례의 경향"). 그러나 대법원은 위 두 사안에서 피고가 원고의 토지를 어떤 경위로 점유·사용하고 있는지 그 사실관계를 판시(전제)한 다음, 그러한 사정이라면 "그 토지의 점용권원에 대한 주장·입증이 없는 한 피고는 불법점거로 인한 이득을 반환할 의무가 있다."거나 "그렇다면 피고는 이 사건 토지를 사용·수익할 권원에 대한 주장·입증이 없는 한 소유자에게 그 점유기간 동안 그 토지의 사용으로 인한 임료 상당의 부당이득

민법이 부당이득반환청구권을 규정함에 있어 독일 민법과 달리 유형화하지 않고 통일적으로 규정하고 있는 이상, 이를 통일적인 법리에 의해 다루는 것이 당연할 뿐 아니라, 통일설에 의하더라도 그 권리의 행사·실현에 별다른 장애가 없다고 생각되므로 이하의 논의는 통일설에 의하고,[543] 그 주장·입증책임 역시 법률요건분류설의 견지에서 전자의 견해를 취하기로 한다.

3) 첫째, 경제적 이익의 이동 형태가 청구에 영향을 미치는지 여부에 관하여 본다. 앞서 본 바와 같이 원고로부터 피고에게로의 경제적 이익의 이동은 부당이득반환청구권의 발생요건으로서, 이 권리에 기한 부당이득반환청구의 소에서 이는 청구원인의 일부를 이루는 법률사실에 해당한다. 따라서 경제적 이익의 이동이 사회통념상 그 동일성을 달리할 정도로 다른 경우 그 각각의 이동에 따라 별개의 부당이득반환청구권이 발생하므로 이는 청구원인에 해당하나, 반대로 그 동일성에 영향이 없는 경우에는 그 구체적 내용이 다소 변하더라도 그로써 별개의 부당이득반환청구권이 발생하지 아니하고 단지 부당이득반환청구권의 발생을 보조하는 것에 불과하여 공격방어방법에 해당한다.[544]

4) 둘째, 법률상 원인의 부존재와 관련하여 경제적 이익의 이동 원인의 부존재,[545] 무효와 취소 상호 간의 관계에 관하여 본다. 이들은 모두 이익의 이동 당초에 소급하여 그 이동의 법률상 원인을 결여하게 한다는 점에서 공통하고, 이를 토대로 부당이득반환청구를 한다면 어느 경우에나 그 이익의 이동으로부터 부당이득반환청구권이 발생하는 실체법적 근거는 민법 제741조 이하의 규정으로서 단일(동일)하므로, 그 각각의 사유에 따라 별개의 부당이득반환청구권이 발생하지 않고 청구원인이 달라지지 아니하며 이들은 모두 공격방어방법에 해당한다(대법원 2008. 2. 29. 선고 2007다49960 판결 참조). 따라서 부존재나 무효를 주장하여 소가 제기, 계속된 경우에 취소를 이유로 동일한 이익의 반환을 청구하는 소를 제기하면 중복소송에 해

을 반환할 의무가 있다."고 판시하고 있는바, 이는 통일설 중 간접반증설의 견해를 취한 것으로 해석될 여지가 다분하다.

543) 우리 민법의 부당이득규정은 기본적으로 일본 민법의 그것과 같다. 반면에 독일 민법의 부당이득규정은 11개 조문에 걸쳐 우리보다 상세하게 구성되어 있다. 한편, 우리 민법 제261조는 부합, 혼화, 가공 등 첨부와 관련하여 일정한 자에게 소유권의 취득을 근거지우면서도, 그에 따라 권리를 상실한 자는 부당이득 법규를 유추하여 권리취득자에게 보상을 청구할 수 있다고 규정하는바, 이 역시 부당이득의 법리를 통일적으로 이해하는 것이 타당함을 방증한다고 생각된다. 부당이득의 법리에 있어 '법률상 정당한 원인'은 형식적 법규의 존부만이 아니라 경제적 이익의 이동에 있어 사회통념이나 정의상 이를 정당화할 수 있는 것을 의미한다고 볼 것이다. 유형설은 민법 제201조 이하와 민법 제741조 이하의 적용 대상에 주목하여 과실의 취득과 반환 범위에 관하여 보다 공평한 결론을 도출할 수 있다고 주장하나, 반드시 유형설에 의할 때에만 그런 결론이 도출되는 것도 아니라 할 것이다.

544) 이득과 손실의 발생 일시, 종류, 크기 등이 동일성 판별의 기준이 될 것이다. 원물과 과실은 동일성을 달리한다고 하겠다. 즉, 원본과 이자와 같이 양자가 1개의 청구권을 구성하는 것은 아니라는 것이다. 물론 예외적으로 양자가 1개의 청구권을 구성하는 경우도 있을 수 있다.

545) 부존재의 사유로는 급부 원인행위의 불성립, 타인 채무의 변제, 비채변제, 첨부(민법 제261조) 등을 생각할 수 있다.

당하게 된다. 또, 전소 확정판결의 사실심 변론종결시 전에 이미 이들 사유가 존재하였던 경우 후소에서 원고는 기판력의 차단효에 의해 이를 주장할 수 없으며, 그 변론종결시 전에 행사할 수 있었던 취소권을 그 시점 이후에 행사하더라도 마찬가지이다(대법원 2002. 5. 10. 선고 2000다50909 판결 등 참조).

5) 셋째, 물권적 반환청구권과 그 행사에 따른 과실의 반환청구권 및 부당이득반환청구권의 관계에 관하여 본다. 원물을 반환청구하는 경우, 예컨대 원고가 소유자라면 민법 제213조의 요건과 민법 제741조의 요건을 모두 충족시킬 수 있다. 이때 이들 각 법규가 정하는 반환청구권은 법조경합관계에 있는지 아니면 청구권경합관계에 있는지 여부가 문제된다.

학설은, 소유물이 매매 등 채권적 원인에 의하여 피고에게 이동한 이른바 급부부당이득의 경우에는 청구권이 경합하나 침해부당이득의 경우에는 물권적 반환청구권만이 성립한다는 것이 통설적 견해라고 하지만,[546] 어느 경우에나 양 청구권이 발생하여 경합한다고 생각된다. 양 청구권은 그 발생요건과 소멸시효의 적용 여부 등이 다르기 때문이다.[547] 따라서 양 청구권은 각각 별개의 청구원인을 구성하므로, 전후 양소에서 이들을 따로 주장할 경우 중복소송에 해당하거나 기판력의 제한을 받지 아니한다.

다음으로 과실을 반환청구하는 경우에도 민법 제201조 이하의 규정과 민법 제741조 이하의 규정이 경합한다. 양자는 모두 이득·손실의 청산관계를 규율하는 것으로서 민법 제201조는 물권적 청구권을 규정한 것이 아니라 부당이득에 관하여 민법 제748조와 다른 내용을 규정한 것이다. 이에 관하여 학설은, ① 양자는 그 본질이 동일하여 민법 제201조는 원물반환에 따른 특별한 규정이므로 원물반환의 경우에는 법조경합으로 민법 제201조만이 적용되고, 가액반환의 경우에는 민법 제748조가 적용된다는 견해, ② 침해부당이득의 경우에는 민법 제201조 이하의 규정이 배타적으로 적용되고 민법 제741조 이

546) 김형석, "점유자와 회복자의 법률관계와 부당이득의 경합", 법학 146호, 서울대학교 법학연구소(2008), 251, 271 참조. 민유숙, "부당이득반환청구권과 점유자에 대한 회복자의 과실반환청구권의 관계", 대법원판례해설 46호(2004. 7.), 593은, 현물(원물) 반환을 구하는 경우에는 민법 제213조의 반환청구권만이, 가액 반환을 구하는 경우에는 민법 제741조 이하의 반환청구권만이 성립한다는 것이 우리나라의 통설이라고 하는바, 이러한 학설이 통설인지 여부는 알지 못하겠다. 오히려 앞서 <청구권경합과 법조경합>에서 본 바와 같이 원물반환청구의 법적 근거에 관하여 학설은 통일되어 있지 못하다.

547) 침해부당이득의 경우 물권적 반환청구권만이 성립할 뿐 부당이득반환청구권은 성립하지 않는다고 해석하는 견해는 그 근거로, 점유 자체는 사실상의 지배로서 재산상 이익의 귀속을 내용으로 하지 않으므로 점유 자체의 침해만으로는 이득반환청구권이 성립하는 것으로 보기 어렵다는 것을 든다(김형석, "점유자와 회복자의 법률관계와 부당이득의 경합", 법학 146호, 서울대학교 법학연구소, 272 참조). 그러나 부당이득에 있어 이득의 성립 여부는 사회통념에 따라야 할 것인바, 본권이 아닌 점유권만의 취득도 이득이라고 보아야 하며(점유란 특정인의 지배상태에 있는 것을 의미하므로 그의 의사 여하에 따라 사용·수익이 가능한 상태에 있는 것이며, 반드시 물건이 소비되거나 이용되는 등으로 구체적인 만족을 주어야만 이득이 성립하는 것은 아니다.), 급부부당이득의 경우 이를 이득으로 보는 것과도 균형이 맞지 않는다는 점에서 수긍하기 어렵다. 실무에서는 적용법규를 명시하지 않아 어떤 청구권에 의한 것인지 알 수 없는 경우가 많은바, 소멸시효 등이 문제된 때에는 이를 명시하여야 할 것이다.

하의 규정은 적용이 없으며 급부부당이득의 경우에는 민법 제741조 이하의 규정만이 배타적으로 적용된다는 견해, ③ 어느 경우에나 양자의 규정이 경합적으로 적용되며, 다만 선의의 점유자에 대하여는 민법 제748조 제1항의 적용이 없다는 견해가 대립한다. 앞서 <청구권경합과 법조경합>에서 언급한 바와 같이 ③의 청구권경합설이 타당하다고 생각된다.[548)]

그러나 대법원은 어느 경우에나 점유자(수익자)가 선의인지 악의인지를 먼저 가려 선의인 때는 민법 제201조 제1항을 적용하고, 악의인 때는 민법 제748조 제2항을 적용하여야 한다는 입장을 취한다(1976. 7. 27. 선고 76다661 판결, 1978. 5. 23. 선고 77다2169 판결, 1987. 9. 22. 선고 86다카1996, 1997 판결, 1995. 8. 25. 선고 94다27069 판결, 2002. 11. 22. 선고 2001다6213 판결, 2003. 11. 14. 선고 2001다61869 판결 등).

앞서 본 바와 같이 통일설의 입장에서 사견으로는 침해부당이득이든 급부부당이득이든, 원물반환이든 가액반환이든 구별 없이 통일적으로 규율하는 것이 옳다고 생각한다. 다만, 이때 민법 제201조와 제741조 이하가 법조경합관계에 있는지 청구권경합관계에 있는지는 검토를 요한다. 위 두 규정을 살펴보면 선의와 악의 모두 그 반환범위가 다른바, 민법 제201조는 수익자에게 유리하고 제741조 이하는 소유자 등에게 유리하여 양 규정이 충돌한다. 그러므로 우선 이들 법규가 어떤 관계에 있는지를 먼저 결정하여야 하는데, 민법 제201조 제1항과 민법 제748조 제1항은 정면으로 상반되는 관계에 있으므로 법조경합관계에 있다고 생각되고, 민법 제201조 제2항과 민법 제748조 제2항은 상반되지 않으므로 청구권경합관계에 있는 것으로 생각된다.[549)] 그리하여 수익자가 선의인 때는 민법 제201조 제1항만이 배타적으로 적용되고, 수익자가 악의인 때에는 민법 제201조 제2항 및 제213조 등의 청구권과 민법 제748조 제2항의 청구권이 경합하여 원고가 이를 자유로이 행사할 수 있다고 할 것이며, 후자의 경우 각각의 청구권은 독립한 청구원인이 된다고 할 것이다.[550)]

---

548) 김형석, "점유자와 회복자의 법률관계와 부당이득의 경합", 법학 146호, 서울대학교 법학연구소, 254; 김준호, 민법강의, 법문사 2012, 1760~1765; 본서 제1편 제1장 <Ⅱ. 법률요건과 법률효과> 중 <5. 청구권경합과 법조경합>을 참조.

549) 수익자가 악의인 경우 민법 제201조 제2항에 의하여 과실의 소유권 등 본권 역시 원물의 소유자 등이 취득하고, 원물의 소유자 등은 민법 제213조 등에 의하거나 민법 제741조 이하에 의하거나 반환청구권을 행사할 수 있으며, 이들 청구권은 경합한다고 본다. 양 청구권이 소멸시효 등에 있어 서로 다름은 앞서 본 바와 같다.

550) 결과적으로 대법원의 판시와 같은 결론이 된다. 민법 제201조 제1항과 민법 제748조 제1항의 법조경합관계는, 민법의 기본취지가 선의의 수익자를 보호하려는 데에 있다고 보아 민법 제201조 제1항의 배타적 적용이 타당하다고 생각된다. 대법원은 수익자가 악의인 경우에 관하여 "악의 점유자는 과실을 반환하여야 한다고만 규정한 민법 제201조 제2항이, 민법 제748조 제2항에 의한 악의 수익자의 이자지급의무까지 배제하는 취지는 아니기 때문에, 악의 수익자의 부당이득금 반환범위에 있어서 민법 제201조 제2항이 민법 제748조 제2항의 특칙이라거나 우선적으로 적용되는 관계를 이루는 것은 아니다."고 하여 양쪽 법규가 모두 적용됨을 명확히 한 반면(위 2001다61869 판결), 수익자가 선의인 경우에 민법 제201조 제1항이 배타적으로 적용됨을 명시적으로 설시하고 있지 않으나 그 행간에 그러한 취지가 들어 있다고 해석된다(다만 1993. 5. 14. 선고 92다45025 판결에서는, 매매계약이 취소된 경우 선의의 매도인은 민법 제587조를 유추하여 그가 받은 대금의 운용이익이나 법정이

6) 넷째, 계약이 해제된 경우 민법은 원상회복청구권을 인정하고 있는바(민법 제548조), 이 청구권과 민법 제741조 이하의 부당이득반환청구권의 관계에 관하여 본다.[551]

계약 해제의 효과에 관하여 학설은 직접효과설(유인설), 간접효과설(무인설, 청산관계설)이 대립하는바, 대법원은 직접효과설을 취한다. 이에 따르면 계약에 의하여 수수된 급부 및 그 파생물의 반환에 관하여는 물권적 청구권, 부당이득반환청구권, 원상회복청구권이 경합하게 된다. 이와 관련하여 수익자가 선의인 경우, 과실에 대한 물권적 반환청구권과 부당이득반환청구권의 관계는 법조경합에 의하여 전자만이 성립한다는 점은 이미 앞서 본 바와 같다.

그러면 수익자가 선의인 때 물권적 반환청구권과 원상회복청구권은 어떤 관계에 있을까? 원물 반환청구의 경우는 그 법률효과가 동일하다. 그러나 과실 반환청구의 경우 양자의 법률효과가 상이하다. 즉 원상회복청구에 있어서는 수익자의 선·악의에 불구하고 그 받은 이익 전부를 반환하여야 하므로 원상회복청구권이 청구권자에게 유리하다. 이와 같이 법규가 정면으로 상반되는 경우 청구권경합이 아니라 법조경합에 의해 처리하여야 하고, 민법이 계약 해제에 따른 원상회복청구권에 관하여 수익자의 선·악의를 구별하지 않고 그 받은 이익의 전부를 반환케 함은 쌍무계약의 특성에 따른 공평의 원칙에 의한 것이라고 이해되므로 원상회복청구권만이 배타적으로 적용되는 것이 타당하다고 생각된다. 즉 원물반환청구의 경우에는 물권적 반환청구권과 원상회복청구권이 경합적으로 인정되나(대법원은 1993. 9. 14. 선고 92다1353 판결에서 소유권에 기한 방해배제청구권과 해제에 기한 원상회복청구권을 별개의 청구원인으로 보고 있다), 과실반환청구의 경우에는 청구권경합이 발생하지 않고, 이에 따라 원고는 청구원인을 선택할 수 없다.[552] 반면에 수익자가 악의인 경우에는 그 법률효과가 상반관계에 있지 아니하므로 앞서의 3자가 청구권경합관계에 있다고 생각되고, 따라서 원고는 그 자유 선택에 따라 청구원인을 특정하여 권리를

자를 반환할 필요가 없다고 판시하였으나, 직접 민법 제201조 제1항을 적용하는 것으로 충분하다고 생각된다).

한편, 선의 수익자의 악의 전환시기에 관한 민법 제749조는 민법 제201조와 상반되지 않으므로 역시 원고의 청구에 따라 당연히 적용 가능함은 물론이다(위 2001다6213 판결 참조). 또, 악의의 수익자에 대하여는 민법 제201조 제2항과 민법 제748조 제2항은 물론 민법 제750조 이하의 불법행위에 기한 손해배상청구권과 경합한다(대법원 1961. 6. 29. 선고 4293민상704 판결, 1980. 7. 8. 선고 80다790 판결 참조).

551) 민법 제548조의 해제에 따른 원상회복청구권은 채무자의 귀책사유로 인한 일방의 해제권 행사에 따른 법률효과이므로, 계약의 합의해제 효과는 그 합의 내용에 의하여 결정할 것이고 민법 제548조의 규정을 당연히 적용 또는 준용할 것은 아니라고 하겠다(대법원 1960. 10. 6. 선고 4293민상275 판결, 일본 최고재판소 1957. 12. 24. 선고 소화 29년オ902 판결 등 참조). 따라서 양자는 그 권리 발생 근거가 다르므로 소송물이 달라진다.

552) 부당이득반환청구에 관하여 침해부당이득과 급부부당이득 등으로 유형별로 나누어 이해하는 견해에서는 계약 해제를 급부부당이득에 해당하는 것으로 보므로, 민법 제548조가 물권적 반환청구권에 우선하여 배타적으로 적용되는 것으로 새긴다.

행사할 수 있다고 할 것이다.

대법원은 원상회복청구권과 부당이득반환청구권에 대하여 수익자의 선·악의를 구별하지 않고, 계약 해제에 따른 원상회복청구권은 부당이득반환청구권의 특별규정의 성격을 갖는 것이라고 보아 원상회복청구권만이 성립한다고 본다(1962. 3. 29. 선고 4294민상1429 판결, 1997. 12. 9. 선고 96다47586 판결, 1998. 12. 23. 선고 98다43175 판결).[553)]

7) 다섯째, 계약의 해지에 관하여 학설과 판례(대법원 1964. 10. 13. 선고 64다588 판결, 1982. 8. 24. 선고 82다카416 판결, 1991. 8. 27. 선고 90다19848 판결)는 모두 해제와 달리 소급효가 없고 장래를 향하여만 그 효력이 있다고 이해한다. 이에 따라, 이미 이행한 부분이 있는 경우 그것이 장래를 향하여 효력이 없는 때에는 반환을 인정하나, 그 법적 성질은 해제에 따른 원상회복의무와는 다른 청산의무로서 계약 자체의 종료효과라고 이해한다.[554)] 한편, 이미 이행한 급부가 이행기 도래 전의 급부 등으로 해지 전의 당해 계약상으로도 급부의무가 없는 것인 경우에는 부당이득반환의무에 따라 반환되어야 하는 것으로 이해한다.

전자의 견해는 지극히 타당하다고 생각된다. 따라서 이 경우에는 계약상의 반환청구권만이 성립한다. 후자의 경우에는 물권적 반환청구권과 부당이득반환청구권의 관계가 문제되는바, 이에 대해서는 앞서 언급한 법리가 그대로 적용되어야 할 것으로 생각된다.[555)]

8) 여섯째, 민법은 제한능력을 이유로 한 법률행위의 취소와 그에 따른 제한능력자의 이익 반환(민법 제141조), 첨부에 따른 소유권취득자와 손실자의 이해관계 조절(민법 제261조)에 관하여 따로 규정을 두고 있는바, 전자는 독립적인 규정이고 후자는 준용 내지는 유추규정이다.

전자에 관하여 대법원은, 민법 제141조 단서는 제한능력자의 보호를 위한 것으로서 민법 제748조의 특칙이라고 해석한다(2009. 1. 15. 선고 2008다58367 판결).[556)] 이에 따르면 민법 제141조와 민법 제748조는 법조경합관계에 있고 민법 제141조만이 적용되므로 청구권경합이 발생할 여지는 없다. 민법의 입법취지상 대법원의 견해가 타당하다. 이 경우 민법 제213조 등의 물권적 반환청구권과 민법 제201조 제2항도 배제된다고 할 것이며, 공평의 원리상 제한능력자가 선의라도 민법 제201조 제1항의 적용 역시 없다고 해석된다.

후자의 경우는 원물(현물) 반환이 아닌 가액 내지는 그에 상당한 이익의 부당이득반환

---

553) 대법원은 원물 반환청구의 경우 각 청구권의 관계에 관하여 침묵하고 있으나(1982. 7. 27. 선고 80다2968 판결은, 매매의 해제에 따른 매매목적물의 원상회복청구권은 소유권에 기한 물권적 청구권이라 할 것이므로 이는 소멸시효의 대상이 아니라고 판시하고 있는바, 원고가 어떤 청구권을 행사한 것인지 알 수 없지만 만약 원고의 의사나 청구에 상관없이 언제나 물권적 청구권만이 성립한다고 한다면 이는 수긍하기 어렵다. 해제에 따른 원상회복청구권은 계약법상의 청구권이거나 대법원 판시대로 부당이득반환청구권의 일종으로서 물권적 반환청구권과는 그 성질과 입법취지를 달리하기 때문이다.), 굳이 청구권경합이 아닌 법조경합으로 다룰 필요가 없다고 생각된다. 법규가 상반되지 않은 이상 각각 독립하여 청구권이 성립하며 그 각 소멸시효 등의 법률효과도 상이하게 발생한다고 보아야 할 것이다.

554) 민법주해 XIII, 327; 대법원 2010. 2. 11. 선고 2009다71534, 71541 판결 참조.

555) 이 경우 이미 계약이 해지된 이상 민법 제743조는 적용의 여지가 없다고 할 것이다.

556) 대법원은 의사무능력의 경우에도 이 규정을 유추적용할 것이라고 한다.

이 될 것인바, 이에 관하여는 앞서 본 바 과실의 반환에 관한 법리를 유추적용하면 충분할 것이다.

9) 부당이득반환에 있어 수익자의 선의· 악의에 따른 반환의 범위, 원물반환의무와 가액반환의무의 법적 성질과 상호관계는 앞서의 <복수의 법률효과와 소송물>에서 설명한 바와 같다.

바. 점유시효취득과 등기부시효취득

1) 부동산의 취득시효에 관하여 민법 제245조 제1항은 이른바 점유취득시효를, 그 제2항은 이른바 등기부취득시효를 규정하고 있는바, 둘 다 그 법률효과로서 소유권(제1항의 경우는 소유권이전등기청구권) 취득(발생)을 규정하며, 그 법률사실이 제1항은 평온, 공연, 소유의 의사에 의한 20년간의 점유이고, 제2항은 점유자의 소유권(보존 또는 이전)등기, 평온, 공연, 선의, 무과실, 소유의 의사에 의한 10년간의 점유이다. 즉 양자는 법률사실의 일부가 겹치고 법률효과는 거의 동일하다.[557] 이는 민법 제246조 제1, 2항의 경우도 같다.

2) 이와 관련하여, 민법 제245조 제1, 2항과 민법 제246조 제1, 2항을 합쳐서 하나의 법률요건을 규정한 것으로 볼 것인지 아니면 각각 별개의 법률요건을 규정한 것으로 볼 것인지, 이들을 각각 별개의 법률요건으로 보는 경우, 하나의 청구원인만이 성립하여 각 제1항의 요건사실과 제2항의 요건사실이 독립한 청구원인사실이 되지 못하고 광의의 부당이득반환청구권과 협의의 부당이득반환청구권으로서의 해제에 의한 원상회복청구권의 상호관계처럼[558] 양자의 내부관계에서는 법조경합으로서 공격방어방법이 되는 것에 그치는가, 아니면 각기 독립한 청구원인이 되어 청구권경합관계가 성립하는가가 문제로 된다.

3) 전자의 문제에 관해서는, 앞서 <법률요건과 법률효과>에서 살펴본 바와 같이 제1항과 제2항이 각각 별개의 법률요건을 규정한 것으로 보아야 한다. 법규가 항을 달리하여 따로 규정되어 있는 데에다, 각각의 법규가 별개의 법률사실을 구성요소로 하고 있고 법률효과의 발생도 각각 따로 규정하고 있으며, 양자를 합쳐 하나의 법률요건으로 이해해야 할 필요나 이유가 전혀 없기 때문이다.

남은 문제는 양자가 청구권경합관계에 있는지 여부이다. 이들을 개별로 관찰할 경우 제1항의 법률요건이나 제2항의 법률요건은 각각 독립하여 청구원인이 되는 데에 아무런 문제가 없다.[559] 따라서 양자 간에 부당이득과 원상회복의 관계처럼 양자가 소송상 동시

---

557) 민법 제245조 제2항의 경우 곧바로 소유권을 취득하나, 이는 이미 효력이 없는 소유권등기가 있는 점을 고려한 때문으로서 그 실질에 있어서는 제1항과 동일하다.

558) 이에 관하여는 앞서 <청구권경합과 법조경합> 참조.

559) 민법 제125조, 제126조, 제129조의 각 표현대리도 독립한 법률요건으로서 그 법률효과(법률행위의 효력발생 보조)가 동일하고 그 법률사실만이 약간 차이가 있을 뿐이다. 그런데 이들 각 표현대리로부터는 직접 경제적·정신적 만족을 주는 권리·의무가 발생하지 않으므로, 이들은 모두 청구원인의

또는 이시에 소송목적이나 소송자료로 제출되었을 때 어느 한쪽의 법률효과를 배제하고 다른 한쪽의 법률효과만을 적용하여야 할 필요나 이유가 있는지, 즉 양자가 그 적용 대상을 전혀 달리하여 일반규정과 특별규정의 특별관계에 있거나 양자의 법률효과가 양립·병존할 수 없어 택일적 관계에 있거나 어느 한쪽의 법률효과가 다른 한쪽의 법률효과를 흡수, 보충하는 관계에 있는지 여부에 따라 그 결론을 정해야 할 것이다.

4) 그런데 부당이득과 원상회복의 경우, <청구권경합과 법조경합>에서 본 바와 같이 전자의 요건사실이 후자의 요건사실을 완전히 포함하는 일반규정과 특별규정의 관계이며 양자의 법률효과는 구체적인 면에서 상이하여 양립·병존할 수 없다. 즉 부당이득의 요건사실은 이득과 손실의 발생, 그 법률상 원인의 부존재인데, 해제에 따른 원상회복의 요건사실은 부당이득의 요건사실을 완전히 만족시키고, 해제에 기한 원상회복청구권의 실질적인 성질이나 입법취지도 법률상 원인 없는 이득의 반환이라는 점에 있어 부당이득반환청구권의 그것과 동일하며, 다만 해제는 급부의 발생 원인이 쌍무계약이라는 점에서만 특별성이 있다.[560]

반면에 민법 제245조 제1, 2항, 민법 제246조 제1, 2항의 요건사실은 그 일부가 상호 겹치기는 하지만, 어느 한쪽이 다른 쪽을 완전히 포함할 정도로 동일하지는 않아, 어떤 점유자가 소유권등기를 하고 20년 이상 소유의 의사로 평온, 공연, 선의, 무과실의 점유를 한 특이한 경우가 아닌 한 어느 한쪽을 만족시키더라도 자동적으로 다른 한쪽까지 만족시킬 수는 없다. 또, 제1항과 제2항의 관계를 일반규정과 특별규정의 관계로 단정할 여지도 없다.

한편, 부당이득과 해제에 의한 원상회복의 경우 그 법률효과인 이득의 반환이라는 점에서는 법적 성질이 동일하나, 구체적 법률효과인 반환의 범위가 완전히 달라 양자가 동시에 양립·병존할 수 없어 어느 한쪽을 배제하고 다른 한쪽만을 택일하여야 한다.[561] 반

자격이 없어 민법 제245조 제1항과 제2항의 관계와 같은 문제가 생기지 않는다. 즉, 이 경우 청구원인이 될 수 있는 청구권 자체가 발생하지 않아 청구권경합이 문제되지 않는다. 따라서 이들은 모두 공격방어방법에 속하고 확정판결의 차단효가 미치므로, 전소에서 제출하지 않은 표현대리를 후소에서 주장하더라도 기판력에 저촉된다. 또 민법 제748조 제1항(선의자의 반환범위)과 제2항(악의자의 반환범위)의 관계처럼, 청구원인인 법률요건은 하나이고 단지 구체적인 사정에 따라 그 법률효과만이 다른 경우에도 청구권경합이 생기지 않으며, 이득자가 선의인지 악의인지는 공격방어방법에 불과하다(이에 대해서는 앞의 <법률요건과 법률효과> 참조).

560) 그러나 손실자에 의해서 급부가 이루어진 경우로서 그 원인이 쌍무계약이 아닌 경우는 단독행위이거나 사실행위인 경우만이 있을 수 있는데, 그런 경우는 사실상 거의 없으므로 원상회복 규정이 없는 취소나 원상회복 규정이 있는 해제나 그 대상 행위가 쌍무계약이냐 아니냐는 별 의미가 없고, 오히려 무효나 착오, 사기, 강박 등의 취소 사유가 있는지 아니면 채무불이행, 하자담보 등 해제 사유가 있는지가 취소와 해제를 달리하게 하는 결정적 요소가 된다고 할 수 있다. 하지만 무효·취소 사유나 해제 사유나 이득을 법률상 원인이 없게 만드는 점에 있어서는 아무런 차이가 없다.

561) 그렇지 않으면 입법취지와 법적 성질이 동일한 법률효과에 관하여 당사자의 선택에 따라 법률효과에 현격한 차이가 있게 되고, 당사자의 법지식 차이에 따라 불공평한 결과가 초래될 수 있다.

면에 민법 제245조 제1, 2항, 민법 제246조 제1, 2항의 법률효과는 거의 완전히 동일하여 어느 쪽을 선택하여 적용하든 아무런 차이가 없으며 양자가 양립·병존할 수 있다.

5) 구체적·역사적 사회사실이 법적 성질이나 요건사실이 유사한 복수의 법률요건을 동시에 충족시킬 때 그 법률요건 상호 간의 관계가 청구권경합관계인지 법조경합관계인지 또는 공격방어방법에 해당하는지를 정함에 있어서는, 이상의 요소 외에 소송심리상의 소송경제, 당사자의 공격·방어와 소송수행상의 기대가능성과 편의, 이미 이루어진 법적 판단에 대한 신뢰와 법적 안정, 기판력의 시적 범위와 차단효 등의 요소도 고려하여야 한다. 복수의 법률요건이 청구권경합관계에 있는 경우에는 소송법상 청구원인으로 작용하여 독립성이 인정되는 반면, 법조경합관계에 있는 경우 소송법상 공격방어방법에 해당하여 소송의 목적(주제)이나 기판력 등에 있어 독립성이 없기 때문에, 복수의 법률요건이 어떤 관계에 있는지는 실체법은 물론 소송법적으로도 매우 중요하며 특히 소송당사자에게 미치는 영향이 크다.[562)]

이런 요소들을 고려할 때는 민법 제245조 제1, 2항, 민법 제246조 제1, 2항의 각 법률요건의 독자성을 인정하는 것을 주저하게 한다. 민법 제245조 제1항의 취득시효를 주장하여 소유권이전등기청구를 하였다가 패소한 후, 다시 후소로써 제2항의 취득시효를 주장하여 소유권이전등기청구를 한 경우, 그것이 기판력에 의해 차단되지 않는다면 법원과 상대방은 유사한 소송 주제를 놓고 여러 번 심리를 하고 소송에 관여하여야 하는 비경제와 불편이 따르기 때문이다.

6) 그러나 민법 제245조 제1, 2항, 민법 제246조 제1, 2항의 각 법률요건에 관하여도 부당이득과 원상회복의 경우와 같이 어느 한쪽을 배제하고 다른 한쪽만을 선택할 수는 없다. 더욱이 우리 법제와 판례가 소송목적에 관하여 이른바 구소송물이론(구실체법설)을 취하고 있다는 사정도 고려하여야 한다.[563)] 이런 사정들과 법질서 전체의 유기적인 체계를 고려하면, 결국 민법 제245조 제1, 2항, 민법 제246조 제1, 2항의 법률요건은 청구권경합관계에 있는 것으로 볼 수밖에 없다고 하겠다.[564)] [565)]

---

562) 물론 공격방어방법에 해당한다고 하여 모두 법조경합관계가 되는 것은 아니다. 예컨대, 민법 제125조, 126조, 제129조의 표현대리의 경우 어느 하나의 법률요건사실이 다른 법률요건의 법률사실을 완전히 포함하는 관계에 있지 않아 일반규정과 특별규정의 관계가 성립하지 않고, 따라서 이들의 관계가 법조경합관계는 아니지만 앞서 본 바와 같이 소송법적으로는 공격방어방법에 속하여 소송상 그들 상호 간에 독립성이 많은 제약을 받는다. 반면 법조경합관계에 있는 법률요건은 소송법적으로는 모두 공격방어방법에 해당한다.

563) 이를 법조경합으로 볼 경우 법원과 당사자가 적용할 법규를 선택해야 하는데, 그 선택기준을 전혀 발견할 수 없으며(민법 제245조 제1항이나 제246조 제1항을 적용하면 점유기간이 길어 물건의 소유자에게 불리하고 반대로 그 각 제2항을 적용하면 점유자에게 유리하나, 각 제2항의 경우 점유기간은 짧은 대신 선의, 무과실이 요구되므로 반드시 점유자에게 유리하다고만은 할 수 없다.), 그 선택을 법원에 맡길 경우 그 선택 여하에 따라 소송의 승패가 갈리는 우연한 결과가 발생하게 된다.

564) 이는 민법 제840조 각호의 재판상 이혼 사유에 관하여도 동일하다. 이는 재판상 이혼청구권이라는

따라서 취득시효에 의한 권리취득을 주장하는 원고는 양자를 선택적으로 병합할 수 있고, 점유자가 전소에서 어느 한쪽만을 주장하여 패소의 재판이 확정된 경우 다른 한쪽을 청구원인으로 내세워 후소를 제기하거나 소송자료(방어수단)로 제출하더라도 차단효가 미치지 않고 기판력에 반하지 않는다.

사. 대차형 계약의 목적물 반환청구권

1) 임대차나 사용대차와 같이 대차형 계약의 경우, 계약이 종료하면 그 계약의 본래 효과에 의해 대여인은 차용인에게 목적물의 반환청구권을 갖는데, 계약기간의 종료, 차임 지체 등 채무불이행에 의한 해지, 해지권 유보 약정에 기한 해지, 해지조건의 성취에 의

형성권에 관한 것이지만 각호가 정하는 사유는 사회생활관계에서 발생하는 현상으로서 법적 사실이고 각호의 사유가 있는 경우 개별적으로 독립하여 재판상 이혼청구권이 발생하며, 이는 권리자에게 직접 경제적·정신적 만족을 주는 권리이므로 민법 제840조 각호의 법률사실은 각각 별개의 법률요건이자 청구원인을 구성한다(대법원 1967. 8. 29. 선고 67므24 판결, 2000. 9. 5. 선고 99므1886 판결 등).

대법원은 취득시효와 관련하여, "피고가 이 사건 본소청구에 대한 답변 및 반소청구원인으로, 피고는 1948. 5. 15.부터 20년간 이 사건 대지를 소유의 의사로 평온 공연하게 점유하여 1968. 5. 15. 취득시효완성으로 인하여 그 소유권을 취득하였음을 주장하고 있는 이상, 피고가 이 사건 대지를 점유하고 있는 동안 등기부상 소유명의가 변경됨으로 인하여 점유기간 20년의 장기취득시효를 인정하느냐 점유기간 10년의 단기취득시효를 인정하느냐에 따라 피고의 승패가 달라지는 이 사건에 있어서, 원심이 피고가 주장하지도 아니한 점유기간 10년의 단기취득시효의 요건을 적극적으로 심리·판단함으로써 피고에게는 불리하나 제3취득자에게는 유리한 재판을 하지 아니하였다 하여 법리를 오해하였다고 할 수 없다."(1974. 11. 12. 선고 74다416, 417 판결)거나, "피고들은 이 사건 임야에 대한 소유권이전등기가 경료된 때로부터 이 사건 임야를 소유의 의사로 점유하였으므로 취득시효기간인 10년의 경과로 그 소유권을 시효취득하였다는 취지로 등기부취득시효를 주장하였을 뿐 점유취득시효는 주장하지 않았음이 기록상 분명한바, 석명권 행사는 법원이 심리를 함에 있어서 당사자의 주장에 모순·흠결이 있거나 애매하여 불명료한 경우에 이를 명백히 하기 위하여 하는 것이므로, 원심이 등기부취득시효의 주장임이 분명한 위 주장 속에 점유취득시효의 주장이 함께 포함되어 있는 것인지의 여부를 석명할 의무까지 있다고는 할 수 없고, 따라서 원심이 이 점에 관하여 심리를 다하지 아니하여 점유취득시효에 관한 판단을 유탈하였다는 상고이유 주장은 받아들일 수 없다."(1997. 3. 11. 선고 96다49902 판결)고 판시하였는바, 대법원도 점유취득시효와 등기부취득시효를 청구권경합관계로 이해하고 있는 것으로 해석된다.

또한 "전소의 청구원인을 이루고 있던 전소 변론종결 전의 점유사실 중의 일부나 전부를 다시 후소의 청구원인으로 삼으면서 그 점유권원과 점유개시의 시기를 달리 주장하는 것은 전소의 변론종결 전에 존재하였으나 제출하지 않은 공격방법을 그 뒤 후소에 제출하여 전소와 다른 판단을 구하는 것에 해당하여, 전소판결의 기판력에 저촉되어 허용될 수 없다."는 판결(대법원 1995. 1. 24. 선고 94다28017 판결 등)이나, "취득시효완성을 원인으로 한 소유권이전등기청구에서 소유의 의사로 점유한 것인지를 판단하는 기준이 되는 점유 권원의 성질에 관한 주장은 공격방어방법의 차이에 불과하고, 취득시효의 기산점은 법률효과의 판단에 관하여 간접사실에 불과하므로, 동일한 점유에 대한 법적 권원, 점유개시 시점과 그로 인한 취득시효완성일을 달리 주장한다고 하더라도, 그러한 주장의 차이를 가지고 별개의 소송물을 구성한다고 할 수 없다"는 취지의 판결(대법원 1994. 4. 15. 선고 93다60120 판결)도 이에 반한다고는 할 수 없다.

565) 이들의 관계를 민법 제125조, 126조, 129조의 표현대리 관계처럼 법조경합으로 보지 않으면서 소송법상 공격방어방법의 관계로 볼 수도 있지 않을까 하는 생각도 드나, 민법 제245조 제1, 2항, 민법 제246조 제1, 2항의 각 법률요건은 각기 청구권 발생 사유라는 점에서 이런 법리구성은 불가하다고 판단된다.

한 해지, 차주의 사망이나 파산으로 인한 해지, 민법 제613조 제2항 단서에 의한 해지, 합의해지 등 그 종료 사유에 따라 반환청구권이 각각 발생하고 청구원인을 달리하는지 문제된다.

2) 이에 관하여는 종래 일본에서 일원설과 다원설이 대립되어 왔다. 일원설은, 임대차계약의 종료에 기한 반환청구권은 약정기한의 도래나 계약의 해제, 해지 등 그 종료원인 자체의 효과로서 발생하는 것이 아니라 임대차계약의 효과로서 발생하는 임대차목적물 반환의무에 기초한 것이므로, 동일한 임대차계약에 기한 반환청구권인 한 그 종료원인이 무엇이든 소송물은 항상 1개이고, 개개의 종료원인은 공격방어방법에 불과하다고 본다. 반면에 다원설은 각각의 종료원인에 따른 반환청구권의 성립을 인정하므로 이를 소송물로 이해한다.

3) 본래 이들 대차형 계약의 경우 차주는 계약의 종료 시까지 목적물을 사용·수익할 수 있으므로, 대주는 원칙적으로 그 계약이 종료한 때에, 그 계약의 효력으로써 목적물의 반환을 청구할 권리가 발생한다고 할 것이다.[566)]

따라서 계약의 '종료'는 그 계약에 의한 반환청구권 발생을 위한 법률요건의 일부(법률사실)로서 계약 자체가 청구원인이 되고, 약정기간의 만료, 해지 등의 종료 사유나 해지의 개별적 사유는 '종료'의 개별적 법률요건으로서 어느 것이나 '종료'라는 하나의 법률효과를 발생하는 데에 수렴될 뿐 그 각각의 사유에 따라 반환청구권이 복수로 발생하는 것이 아니므로, 공격방어방법에 불과한 것으로 새기는 것이 옳다고 할 것이다.[567)] 다만, 민

566) 계약의 효력에 의해 반환청구권이 발생하므로(민법 제603조, 제609조, 제613조의 반환청구권 규정은 임의적·보충적인 법규에 불과하다) 민법은 종료 사유별로 일일이 이를 규정하지 않고 있다. 한편, 계약상의 반환청구권 외에 물권적 반환청구권과 부당이득반환청구권이 별도로 성립할 수 있음은 앞서 본 바와 같다. 대차형 계약의 차주는 일정기간 차용물을 사용·수익하거나 소비하고 그 물건 자체 또는 이와 동종의 것을 반환하는 것을 본질로 하므로(그렇지 아니하고 대차와 동시에 반환청구권이 발생하는 것으로 하면 대차의 본질에 반한다.), 그 반환기한의 도래에 의해 비로소 대주에게 구체적·현실적 반환청구권이 발생하는 것으로 보아 그 기한의 도래를 반환청구권의 요건사실로 이해하는 것이 통설이라고 할 수 있다(사법연수원, 요건사실론 2012, 51, 116; 일본사법연수소, 紛争類型別の要件事實, 26; 並木 茂, 要件事實原論, 悠悠社, 223−225 참조). 이와 달리 대차계약과 동시에 반환청구권이 발생하는 것으로 해석하되 반환기한을 이행기로 본다면, 이행기의 존재는 피고인 차주의 항변사실, 그 이행기의 도래는 원고인 대주의 재항변사실로 보는 것이 통설이므로(사법연수원, 요건사실론 2012, 27; 並木 茂, 要件事實原論, 悠悠社, 211, 213 참조), 이행기의 도래, 즉 계약의 종료는 청구원인의 일부가 아닌 공격방어방법이 된다.

567) 대법원도, 임차인의 차임연체를 이유로 한 임대차계약의 해지에 기한 임차목적물의 반환청구와 임대차기간의 약정이 없는 임대차계약의 해지에 기한 임차목적물의 반환청구는 양립할 수 있는 별개의 독립한 공격방어방법에 해당한다고 보고 있다(1993. 4. 27. 선고 93다1688 판결).
한편, 법정해지와 약정해지(합의해지)에 따라 독립한 소송물이 된다고 보는 견해도 있으나{김홍엽, 민사소송법(제2판), 박영사(2011), 281}, 어느 경우에나 그 법률효과는 당해 계약의 해지에 의한 종료라는 것이 되고, 반환청구권은 해지로부터 생기는 것이 아니라 계약의 종료로부터 생기는 것이므로 의문이다. 다만, 합의의 내용이 단순한 계약의 해지가 아니라 목적물의 반환, 임료의 조정, 청산 등으로 기존 계약의 변경이라면 그 합의(계약) 자체의 효력으로부터 법률효과가 발생하므로 달리 볼 수 있겠다(대법원 1960. 10. 6. 선고 4293민상275 판결, 일본 최고재판소 1957. 12. 24. 선고 소화

법은 사용대차에 대하여, 기간이 만료한 때와 사용대차계약 또는 목적물의 성질에 의한 사용·수익을 종료한 때에 목적물을 반환하여야 한다고 규정하고 있는바(제613조), 사용대차에 있어 이와 같이 계약이나 목적물의 성질에 의한 사용·수익이 종료한 경우는 계약의 종료를 수반하지 않고 곧바로 반환청구권이 발생하는 것으로 법률에 규정되어 있으므로(제613조 제2항 본문), 이는 별개의 법률요건과 법률효과를 창조한 것으로서[568] 독립한 청구원인이 된다고 생각한다.

아. 기 타

1) 취득시효와 관련하여 대법원은, 점유기간의 산정 기준이 되는 점유 개시의 시기나 그 점유가 자주점유인지 여부를 가리는 점유의 권원과 같은 사실은 취득시효의 요건사실이 아니라 요건사실인 점유기간이나 자주점유를 추정하는 징표인 간접사실로 보므로(1994. 11. 4. 선고 94다37868 판결, 1998. 5. 12. 선고 97다34037 판결, 2007. 2. 8. 선고 2006다28065 판결), 전후 양소의 청구가 모두 취득시효완성을 원인으로 한 소유권이전등청구인 경우 후소에서 점유권원과 점유개시 시기를 전소의 그것과 달리 주장하더라도 이는 공격방어방법에 불과하여 기판력의 차단효가 적용된다고 하는바(대법원 1982. 6. 22. 선고 80다2671 판결, 1993. 2. 23. 선고 92다26819 판결, 1994. 4. 15. 선고 93다60120 판결, 1995. 1. 24. 선고 94다28017 판결), 취득시효를 규정한 법규가 점유 개시 시기나 점유의 권원에 따라 취득시효완성의 효과를 다르게 규정하고 있지 않으므로 타당한 판시라고 하겠다. 다만, 취득시효완성에 있어 점유의 주체나 시효완성의 시기, 그 완성의 효과 귀속자를 달리하는 등으로 전소의 그것과 동일성이 없는 경우에는 청구원인 자체, 즉 재판의 대상이 달라지므로 차단효가 미치지 않게 된다(대법원 1994. 2. 8. 선고 93다41303 판결 참조).

2) 사해행위취소에 있어 취소권은 채무자의 사해행위별로 발생할 뿐 피보전권리가 다르더라도 취소권이 별개로 발생하는 것이 아니므로, 그 소송 중에 원고가 피보전채권을 추가하거나 교환하는 것은 공격방법의 변경에 불과하다(대법원 2003. 5. 27. 선고 2001다13532 판결).

3) 또, 동일한 교통사고에 의한 피해자가 여러 명이고 그중 한 사람이 피보험자를 대위하여 보험자를 상대로 자신의 손해부분에 관한 보험금청구소송을 하는 중에, 다른 피해자

29년オ902 판결 등 참조).

568) 민법 제613조 제2항 본문은 당사자 간에 반환시기의 약정이 없는 경우에 계약이나 목적물의 성질에 의한 사용·수익이 종료한 때에 반환하여야 한다고 규정하고 있어, 이것이 계약의 종료 사유로 해석될 여지도 있다(이상주, "민법 제613조 제2항 소정의 사용·수익에 충분한 기간이 경과하였는지 여부의 판단 기준", 대법원판례해설 제38호, 210; 민법 주해 XV, 32도 이와 같이 새기고 있는 것으로 보인다). 그러나 민법 제613조 제2항 단서가 사용·수익에 족한 기간이 경과한 경우 대주에게 해지권만을 부여하고 있는 것을 감안하면, 민법 제613조 제2항 본문은 계약의 종료 사유라기보다는 그 종료 여부에 관계없이 곧바로 반환청구권이 생기고, 그 청구권은 계약에 의해 발생하는 것이 아니라 민법에 의해 발생한 것으로 새기는 것이 더 합리적이며(계약기간의 종료와 달리 사용·수익이 종료한 사실은 이를 주장·입증하기도 어려워 치열한 다툼이 예상된다.), 무상의 수익자인 차주보다 대주를 보호하는 것이라고 생각된다.

가 피보험자를 대위하여 다른 피해자의 손해부분에 관하여 별도의 보험금청구의 소를 제기하더라도, 상법 제724조 제2항의 취지 및 권리자가 다른 경우 의무자가 달라진 경우와 동일하게 소송물이 달라지므로, 이 경우 각 피해자마다 별개의 보험사고가 성립하고 그 보험금청구권마다 소송물이 성립하므로 중복제소에 해당한다고 할 수 없다(대법원 1992. 5. 22. 선고 91다41187 판결).

❑ 쉬어갑시다

민사소송의 기본 구조

앞서 본 바와 같이 민사소송은 특정인 간의 사적 분쟁에 관하여 그들 사이에 발생한 구체적·역사적 행위나 현상에 따른 법률효과로서의 권리·의무 등의 존부를 심판하는 절차이다. 그런데 이 절차는 크게, ① 구체적·역사적 행위나 현상에 따른 법률효과로서의 권리·의무 등의 존부를 심판하는 절차(본안심판절차)와 ② 본안심판절차에 들어갈 수 있는지 여부를 심판하는 절차(소의 적법 여부 심판절차)로 나눌 수 있다.

언제나 ②의 절차가 ①의 절차에 앞서 이루어지는 것은 아니지만 논리적으로는 ②의 절차가 ①의 절차에 우선한다. 즉 소가 적법하지 않으면 본안심판절차에 들어갈 수 없어 구체적·역사적 행위나 현상에 따른 법률효과로서의 권리·의무 등의 존부를 심판할 수 없게 된다. 이런 의미에서 ①의 절차가 민사소송의 본질이자 핵심으로서 달걀의 노른자에 해당한다면 ②의 절차는 ①을 보충·보조하는 부수적 절차로서 달걀의 흰자에 해당한다고 할 수 있다.

이를 그림으로 표시하면 아래와 같다.

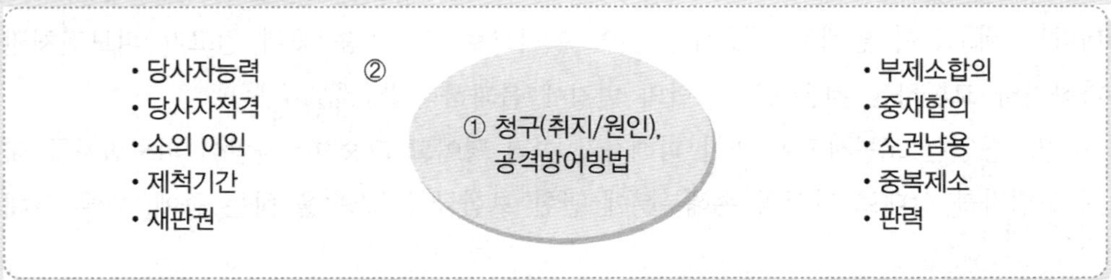

①에도 실체법(법률요건—법률사실—법률효과)은 물론 절차법(청구, 소의 제기, 변론)이 적용되나, ①에 적용되는 절차법은 ②의 절차법과 달리 ①의 실체에 관련된, 즉 구체적·역사적 행위나 현상에 따른 법률효과로서의 권리·의무 등의 존부를 심판하는 절차에 관한 법이라는 점에서 실체관계와 직접 관계가 없는 ②의 절차법과 성질을 달리한다.

02 민사소송의 개시와 심리

Ⅰ. 소송의 개시

1. 소의 제기와 유효요건

가. 소의 제기

(1) 개 념

1) 소의 제기는 특정한 분쟁과 관련하여 원고인 당사자가 법원에 특정인(피고)을 상대로 일정한 내용의 재판을 구하는 의사표시로서, 소송법상의 법률행위, 즉 소송행위에 해당한다. 위 재판에는 재판의 대상인 법률관계에 대한 심리(법률사실의 조사·인식과 그에 대한 법규의 적용을 통한 법률효과의 도출)와 그 결론인 협의의 재판, 즉 판결 등의 판단을 포함하나, 당사자가 궁극적으로 구하는 것은 후자이다.

2) 소의 제기를 비롯한 소송행위에는 민법상의 법률행위 일반의 법리, 특히 조건 등 부관의 설정, 의사와 표시의 불일치나 하자 등에 관한 법리가 그대로 적용되지는 아니한다(대법원 1964. 9. 15. 선고 64다92 판결, 1979. 12. 11. 선고 76다1829 판결, 1980. 8. 26. 선고 80다76 판결, 1984. 5. 29. 선고 82다카963 판결, 1997. 10. 10. 선고 96다35484 판결, 2007. 6. 15. 선고 2007다2848, 2855 판결 등 참조).

(2) 소장의 접수와 소송의 계속

1) 소는 소장을 법원에 접수하거나 법원에 대하여 이에 준하는 구술에 의한 제소, 반소장의 제출, 중간확인의 소의 소장 제출, 청구변경서(교환적 변경 또는 추가적 변경의 경우)의 제출 등을 한 때에 성립하며, 이에 따라 실체법상 또는 소송법상 일정한 법률효과가 발생한다.

2) 소가 법원에 접수되고, 그것이 다음에 보는 바와 같이 유효한 소의 제기이면, 설사 그것이 관할에 위반하여 접수된 것이라도 대한민국 법원은 이를 심리하여 판결 등 재판으로써 응답할 의무를 지며, 당사자는 소송구조신청이나 증거보전신청 등 각종 부수적 신청을 할 수 있다. 이는 다음의 소송계속의 성립과는 무관하다.

3) 유효한 소가 법원에 접수되어 소로서 성립하면, 당사자대립주의와 변론주의가 적용되는 성질상 법원은 그 부본을 상대방 당사자인 피고에게 송달하여야 한다. 재판장은 소

장 부본을 피고에게 송달하기에 앞서 소장을 심사하여, 소장에 필수적 기재사항이 누락되었거나 인지를 붙이지 않은 경우 상당한 기간을 정하여 그 기간 이내에 흠을 보정하도록 원고에게 명한다.[1] 원고가 위 기간 내에 보정명령을 이행하지 아니한 때에는 재판장이 명령으로 소장을 각하한다(민사소송법 제254조 제1, 2항).

소장 부본을 송달 받은 후 피고는 소송비용담보제공명령신청을 하는 등 각종 부수적 신청을 할 수 있고, 답변서나 준비서면을 제출하거나 변론기일 등에 출석하여 소의 각하나 청구의 기각을 구할 수 있다. 소장 부본이 피고에게 송달되어 위와 같이 상대방 당사자도 그 소에 관하여 일정한 소송행위를 할 수 있는 상태를 소송의 계속(繫屬)이라고 한다.

4) 소송이 계속되면 위와 같이 상대방 당사자도 일정한 소송행위를 할 수 있는 외에 중복소송의 성립 여부, 소송참가의 가부, 소송고지신청의 가부 등이 그 시점을 기준으로 결정된다. 언제 소송 계속이 성립하는지에 관하여는 민사소송법 등에 명문의 규정이 없으나, 위와 같이 소장 부본이 상대방 당사자인 피고에게 송달된 때를 그 시점으로 보는 것이 통설이자 판례이다(대법원 1994. 11. 25. 선고 94다12517, 12524 판결 등). 소송이 계속되면 이후 그 사건에 대한 처분권은 당해 수소법원에 귀속하므로, 소장에 하자가 있더라도 재판장이 소장을 각하하거나 소를 각하할 수는 없다.

5) 소송이 계속되더라도 그 성립 시점에 당해 소가 고정되는 것은 아니다. 즉 소가 그로써 항정(恒定)되어 고정불변이 되는 것은 아니며, 뒤에서 보는 바와 같이 소송의 구성요소인 당사자, 청구, 법원의 변경을 통한 소의 변경이 가능하다. 물론 그렇더라도 이로써 그 소의 동일성이 상실되지는 않는다.

6) 소송 계속의 효과는 판결이 확정되거나, 소나 상소가 취하되거나, 조정이나 청구인낙, 화해가 성립하는 등으로 전체적인 소송절차가 종료하는 때에 소멸하고, 1심이나 항소심 소송의 종료만으로 소멸하지는 않는다.

(3) 소 제기의 효과

1) 위와 같이 소가 제기되면 당사자와 법원은 이를 토대로 일정한 소송행위를 할 권리를 취득하는 한편 그 의무를 지게 된다. 법원도 이를 심리하여 판결 등 재판으로써 응답할 의무를 지는바, 이 역시 법원의 소송행위라고 할 수 있다. 이는 소 제기에 따른 가장 중요한 소송법적 효과라고 할 수 있다.

2) 소의 제기는 소송행위이지만, 이로써 실체법에 의한 여러 가지 법률효과가 발생할 수도 있다. 권리의 행사에 제척기간을 비롯한 여러 가지 기간의 제한이 있는 경우, 소의 제기는 그 기간 준수의 효력이 있고, 이는 소장이 법원에 접수된 때에 발생한다(민사소송법 제265조).

---

1) 법원사무관등은 소장 등 접수된 소송서류의 보완을 위하여 필요한 사항을 지적하고 보정을 권고할 수 있다(민사소송규칙 제5조 제3항).

3) 소의 제기는 소송행위이지만 민법상 채무의 이행청구로서의 효력이 있다. 따라서 이행기의 정함이 없는 채무의 경우, 이에 따라 소장 부본이 상대방인 채무자에게 송달된 날의 다음날부터 이행지체가 발생할 수 있다(대법원 2004. 7. 9. 선고 2004다11582 판결, 2012. 2. 23. 선고 2011다77870 판결 등).

4) 소의 제기는 위와 같이 채무의 이행청구에 해당하므로 이로써 소멸시효가 중단되며(민법 제168조 제1호), 그 효력은 이행지체와 달리 소장이 법원에 접수된 때에 발생한다(민사소송법 제265조). 피고 경정이나 청구변경에 따른 소멸시효 중단 역시 그 경정신청서나 청구변경서가 법원에 접수된 때에 발생한다(민사소송법 제265조).

나. 소 제기의 유효 요건

1) 소송행위가 법률이 요구하는 유효 요건을 갖추지 못한 것을 소송행위의 하자 또는 흠이라고 한다. 하자 있는 소송행위는 원칙적으로 무효로서, 치유되지 않는 한 그에 따른 본래의 효력이 발생하지 아니한다. 위와 같이 소의 제기는 소송행위이므로 소송행위 일반의 유효 요건을 모두 갖추어야만 유효하게 효력을 발생하고 그 소가 적법하게 된다. 적법 유효한 소의 제기는 뒤에서 보는 소송요건의 하나를 이룬다.

2) 소송행위의 하자는 통상 ① 행위주체의 능력이나 권한의 하자, ② 행위주체의 의사표시의 하자, ③ 소송행위의 내용 또는 방식의 하자가 문제된다.

행위주체의 능력이나 권한에 하자가 있는 경우는, 당사자능력 또는 소송능력이 없거나 당해 소송행위에 필요한 대리권·대표권이 없는 경우가 주로 문제되는데, 법인이나 법인격 없는 사단, 재단 등을 대표하여 소를 제기하는 때에 그 대표자에게 적법한 대리권·대표권이 없는 경우 그 소 제기는 부적법하다. 특히 이와 관련하여, 비법인 사단이 총유재산에 관한 소를 제기할 때에는 정관에 다른 정함이 있는 등의 특별한 사정이 없는 한 사원총회의 결의를 거쳐야 하고(민법 제276조 제1항, 대법원 1992. 2. 28. 선고 91다41507 판결, 1999. 10. 22. 선고 98다46600 판결, 2011. 7. 28. 선고 2010다97044 판결 등 참조),[2] 법인의 정관에서 일정한 사항을 이사회 부의사항으로 규정하고 있는 경우에는 이사회결의도 요하므로, 그 사단이나 법인의 대표자가 사원총회 결의나 이사회결의를 거치지 않고 소를 제기하는 것은 대표권 행사의 하자에 해당하여 부적법하다(대법원 2008. 12. 11. 선고 2006다57131 판결 참조).[3]

한편, 소송행위를 하게 하는 것을 주된 목적으로 하는 어음·수표의 숨은 추심위임배서나 채권양도, 부재자 재산관리인 또는 회생채무자의 관리인이 법원의 허가 없이 한 소의 제기도 무효이다.

---

2) 이는 그것이 보존행위에 해당하는 경우에도 마찬가지다(대법원 2007. 12. 27. 선고 2007다17062 판결, 2010. 2. 11. 선고 2009다83650 판결 등). 그러나 공유재산이나 합유재산의 경우 공유자나 합유자는 보존행위를 위해 단독으로 소를 제기할 수 있다(대법원 2011. 4. 28. 선고 2011다12163 판결, 2013. 11. 28. 선고 2011다80449 판결 등).

3) 민법상의 법인과 상사 회사, 법인격 없는 사단·재단의 대표권 제한은 그 모습이 다르다.

3) 민사소송법은 법원에 대한 신청, 그 밖의 진술은 특별한 규정이 없는 한 서면 또는 말로 할 수 있다고 하면서도(제161조 제1항), 소의 제기는 법원에 소장을 제출하도록 하여(제248조) 서면주의를 채택하고 있다. 여기서 말하는 소는 앞서 본 좁은 의미의 소를 가리키는바, 이는 좁은 의미의 소가 청구권 등의 권리나 이에 준하는 법률관계의 존부 판단을 구하는 것이어서 매우 중요하므로, 그 시기와 내용을 분명하게 하기 위한 것이다. 이를 위반한 소의 제기는 무효이다. 「민사소송 등에서의 전자문서 이용 등에 관한 법률」에서 정하는 바에 따라 전자문서로 제출하는 소장은 종이 소장과 동일한 효력이 있다(위 법률 제5조 제2항).

좁은 의미의 소가 아닌 신청을 말로 하는 것이 허용되는 경우에는 법원사무관등의 앞에서 하여야 하고, 법원사무관등은 신청의 취지에 따라 조서 또는 그 밖의 서면을 작성한 뒤 기명날인하여야 한다(민사소송법 제161조 제2, 3항). 소액사건심판법이 적용되는 민사사건에서는 예외적으로 구술에 의한 제소가 허용된다(소액사건심판법 제4조).

4) 한편, 소장에는 당사자와 법정대리인, 청구의 취지와 원인을 반드시 적어야 하나, 그 밖에 준비서면에 기재할 사항은 그 기재 여부가 임의적이다(민사소송법 제249조). 소장에는 「민사소송 등 인지법」에 정한 바에 따른 인지를 붙여야 하고, 이에 위반한 경우 보정명령을 받게 되며, 보정명령에 따르지 아니한 때는 소장이나 소를 각하하게 된다(민사소송법 제254조 제2항, 제219조).[4]

원고가 소 제기 시 송달료를 예납하지 않았거나 소장에 기재된 주소로 피고에 대한 소장 부본 송달이 불가능한 때도 재판장은 송달료 예납의 보정명령 또는 주소보정명령을 하여야 하고, 원고가 이를 불이행한 때는 역시 소장을 각하한다(민사소송법 제116, 255조, 민사소송규칙 제19조 제1항 제1호, 대법원 1995. 10. 5.자 94마2452 결정).[5] 그러나 이는 소의 제기가 부적법 무효인 때문은 아니고, 소 제기 후 본안에 대한 심판을 개시할 수 없게 하는 소송요건의 흠결에 해당한다.

5) 소의 제기에 하자가 있는 경우, 그 하자의 내용에 따라 소장각하명령의 대상이 되거나 소 각하 판결의 대상이 된다.

---

4) 다만, 원고가 항소심에서 새로운 청구를 추가하거나 확장한 경우, 항소심법원은 제1심판결에 대한 당부를 판단하는 외에 항소심에서 새롭게 추가되거나 확장된 청구에 대한 판단을 별도로 하여야 하고, 만일 원고가 항소심에서 추가되거나 확장된 청구에 관하여 필요한 인지를 납부하지 아니한 경우 이를 이유로 위 추가 또는 확장된 청구 부분의 소를 각하할 수는 있으나, 이미 항소에 따른 인지를 납부하여 적법하게 계속 중인 항소를 각하할 수는 없다(대법원 2011. 10. 27. 선고 2011다29819 판결).

5) 송달료는 소송비용의 일부에 속하고(민사소송규칙 제19조 제1항 제1호), 법원은 소송비용을 사건의 확정 전에 미리 당사자에게 납부하도록 명할 수 있으며, 이를 납부하지 않은 경우 그 소송행위를 하지 않을 수 있는바(민사소송법 제116조), 송달료는 원고가 미리 납부하여야 한다(민사소송규칙 제19조 제1항 제1호). 원고가 송달료를 납부하지 않은 경우 소장 부본을 송달할 수 없게 되어 결국 재판장은 소장을 각하할 수 있게 된다(민사소송법 제255조 제2항).

2. 소송요건

가. 소송요건의 의의

1) 소송요건이란, 법원에 특정한 소가 제기된 경우 본안, 즉 청구의 당부에 관한 심리와 판단을 받기 위하여 필요한 요건을 말한다. 이는 소의 제기 이후 소송절차의 최종 종료 시까지 필요하므로, 소의 제기가 유효하더라도 이후 다른 사정으로 소송요건이 결여된 경우 그 소는 부적법하게 된다. 견해에 따라서는 소송요건을 갖추지 못한 경우에도 일단 본안의 심리는 할 수 있다는 견지에서 소송요건을 본안에 관한 재판(판단)을 받을 수 있는 요건으로 이해하기도 하나, 큰 차이는 없다.

2) 소송요건을 갖추지 못한 소는 부적법한 것으로서 보정을 요하고(민사소송법 제59조 참조), 그 흠을 보정할 수 없거나 상당한 기간 내에 보정을 하지 않는 경우 법원은 본안에 관한 심리와 판단을 하지 않고 변론 없이 소를 각하할 수 있으며(민사소송법 제219조), 변론을 거친 후라도 이를 각하하게 된다. 다만 법원의 관할은 소송요건에 해당하기는 하지만, 이를 위반한 경우에도 소를 각하하는 대신 관할권 있는 법원에 직권으로 소송을 이송한다(민사소송법 제34조 제1항).

3) 이와 같이 법이 소송요건을 요구하는 이유는, 이를 갖추지 못한 소의 경우 본안에 관한 심리와 판단을 할 수 없는 장애가 있거나 소송경제 및 당사자의 이익 보호를 위하여 이를 인정할 필요가 없기 때문이다.

나. 소송요건의 종류

1) 소송요건은 여러 기준으로 나눌 수 있다. 일반적으로는 법원, 당사자, 소송물을 기준으로 하여 나누고, 특별히 구체적인 소에 있어서 특수한 것은 따로 나누어 살피는 것이 보통이다.

2) 한편 소송요건은 적극적 소송요건과 소극적 소송요건으로 나누기도 하는데, ① 적극적 소송요건은 재판권, 당사자능력, 소송능력, 관할권, 소의 이익 등과 같이 그것이 존재하여야 소가 적법하게 되는 것이고, ② 소극적 소송요건은 중재계약(중재법 제9조)이나 부제소의 합의[6] 등과 같이 그것이 부존재하여야 소가 적법하게 되는 것을 말한다.

3) 또, 소송요건은 당사자의 항변이 있어야만 판단하는 항변사항과, 당사자의 항변이 없더라도 법원이 직권으로 조사하여야 하는 직권조사사항으로 나눌 수도 있는데, 전자에는 ① 임의관할 위반(민사소송법 제30조, 제411조), ② 중재계약(중재법 제9조 제2항) 등이 있고,[7] 후자에는 ① 부제소합의

6) 부제소의 합의는 합의 당사자가 처분할 수 있는 권리 범위 내의 것으로서 특정한 법률관계에 한정된 것이어야 하고, 그 합의 당시 예상할 수 있는 상황에 관한 것이어야만 유효하다. 따라서 타인의 권리, 법률관계에 관한 부제소 합의는 특별한 사정이 없는 한 무효이다(대법원 1970. 8. 31. 선고 70다1284 판결, 1977. 4. 12. 선고 76다2920 판결, 1999. 3. 26. 선고 98다63988 판결 등).

(대법원 1993. 5. 14. 선고 92다21760 판결, 2013. 11. 28. 선고 2011다80449 판결), ② 소 취하계약(대법원 1965. 4. 13. 선고 65다15 판결, 1982. 3. 9. 선고 81다1312 판결) 등이 있다.[8)]

▣ 민사소송의 소송요건

기 준	소송요건의 내용
법원	① 피고가 우리나라의 재판권에 복종할 것. ② 법원에 국제재판관할권이 있을 것. ③ 민사소송사항일 것, 즉 행정·가사·형사소송사항이 아닐 것. ④ 법원에 토지·사물·직분 관할권이 있을 것. ⑤ 부제소합의나 중재합의, 소 취하계약이 없을 것.
당사자	① 당사자가 실재할 것. ② 원고와 피고 모두에게 당사자능력이 있을 것. ③ 원고와 피고 모두 당사자적격을 가질 것. ④ 원고와 피고 모두 소송능력이 있을 것.
소송물(청구)	① 소송물이 특정될 것. ② 동일한 사건이 계속되어 있지 않을 것(중복제소의 금지). ③ 소 취하 후 재소(再訴) 금지에 저촉되지 않을 것. ④ 청구적격(객관적 권리보호의 이익), 즉 소의 이익이 있을 것.
특별한 사항	① 소 제기행위가 적법 유효하고, 소장 부본을 송달할 수 있을 것. ② 청구의 확장, 반소나 중간확인의 소 제기, 원고 측의 공동소송참가, 독립당사자참가 등 소송 중의 소의 제기에 있어 각 그 요건을 구비할 것. ③ 장래 이행의 소에서 미리 청구할 필요가 있을 것. ④ 확인의 소와 모든 소에서 확인의 이익 등 주관적 권리보호의 이익이 있을 것. ⑤ 형성의 소에서의 법률에 의한 소 제기의 허용. ⑥ 상소에서 상소요건을 갖출 것. ⑦ 청구의 병합에 의한 소 제기에 있어 병합요건을 구비할 것. ⑧ 제소기간을 준수할 것. ⑨ 필요적 선행절차가 있는 경우 그 절차를 경유하였을 것. ⑩ 소송비용의 담보를 제공할 필요가 없거나, 그 필요가 있을 경우에는 담보를 제공하였을 것.

다. 소송요건의 심사와 하자의 치유

1) 소송요건의 구비 여부는 원칙적으로 그에 대한 판단을 구하는 당사자(특히 피고)의 주장이 없더라도 법원이 직권으로 고려하여야 할 직권조사사항에 속하지만, 임의관할 위반, 중재계약의 존재와 같이 당사자의 항변, 즉 본안전항변이 있어야 비로소 법원이 판단

7) 중재계약이 있음에도 원고가 이에 의하여 분쟁을 해결하지 아니하고 일반 법원에 소를 제기한 경우 법원은 피고의 본안전항변이 있으면 소를 각하한다. 한편 소송비용 담보 제공의 항변은 과거 피고의 신청이 있어야만 하였으나, 현행 민사소송법은 법원의 직권으로도 소송비용 담보 제공을 명할 수 있도록 하였다(민사소송법 제117조 제2항 참조).

8) 부제소 합의에 대하여 당사자의 주장이 없음에도 법원이 직권으로 이를 판단하는 경우 법원은 그 합의의 동기, 경위, 목적, 당사자의 진정한 의사 등에 관하여 당사자에게 의견을 진술할 기회를 주어야 한다(대법원 2013. 11. 28. 선고 2011다80449 판결). 한편, 항소를 제기하지 아니하기로 하는 불상소 합의가 있는 경우 법원은 직권으로 이를 판단하여 항소를 각하할 수 있다(대법원 1980. 1. 29. 선고 79다2066 판결). 이는 상소심의 소송요건에 속한다.

하는 경우도 있음은 위에서 본 바와 같다.[9)]

2) 그러나 직권조사사항에 속하더라도, 법원은 그 판단의 기초자료가 되는 사실과 증거를 직권으로 탐지할 의무가 없고(대법원 1991. 10. 11. 선고 91다21039 판결, 2011. 7. 28. 선고 2010다97044 판결), 상대방이 이를 다투거나 제출된 자료로 보아 그 존재에 의문이 없는 한 법원이 적극적으로 이를 석명하거나 심리·판단할 필요도 없으며(대법원 1996. 3. 12. 선고 94다56999 판결),[10)] 다만 이미 제출된 자료에 의하여 소송요건의 존부에 관한 의심이 갈 만한 사정이 있는 때에는 상대방이 이를 다투지 않더라도 직권으로 이를 심리·조사하여야 한다는 것이 대법원 판례이다(대법원 1997. 10. 10. 선고 96다40578 판결).

3) 소송요건에 관한 사실의 존부가 불명한 경우에도 입증책임의 원칙이 적용된다. 이때 본안판결을 받는다는 것 자체가 원고에게 유리하므로 원칙적으로는 그 입증책임은 원고에게 있으나(대법원 1997. 7. 25. 선고 96다39301 판결), 예외적으로 부제소합의나 소 취하계약의 존재 등과 같은 소극적 소송요건(항변적 소송요건)은 그 존재로 인해 이익을 보는 당사자인 피고에게 그 존재 사실에 대한 입증책임이 있다. 다만, 소송요건에 관한 사실의 존부는 그 성질상 재판상 자백이나 자백간주의 대상이 될 수는 없다. 법원은 청구의 당부에 관한 심리·판단에 앞서 소송요건의 존부를 먼저 심사하는 것이 보통이지만 반드시 그런 것은 아니며, 본안의 심리 중에 이를 동시에 심사하여도 무방하다.

4) 소송요건은 소의 제기 후 상고심에 이르기까지, 즉 당해 사건의 소송절차가 최종적으로 종료할 때까지 모든 심급을 통하여 항상 구비하여야 하나(대법원 2003. 1. 10. 선고 2002다57904 판결), 제소 당시에는 소송요건의 흠결이 있더라도 소 각하 판결이 확정되기 전까지 이를 치유·구비하면 무방하며, 성질이 허용하는 한 항소심이나(대법원 1990. 5. 11. 선고 89다카15199 판결) 상고심에서도(대법원 1998. 8. 21. 선고 98다20202 판결, 2007. 11. 29. 선고 2007다63362 판결) 하자의 치유가 허용된다. 다만 관할권의 존부는 제소 당시를 표준으로 하며(민사소송법 제33조), 소송 중의 소는 그 제기 당시를 기준으로 한다. 따라서 제소 이후에 관할권의 기준이 되는 사정이 변경되더라도 원래의 법원에 관할권이 유지된다.

---

9) 중재계약의 항변은 본안에 관한 최초의 변론을 할 때까지 하여야 하며, 이를 경과한 경우 항변권을 상실한다. 또 소송비용 담보 제공의 항변과 관련해서는, 피고가 담보 제공 사유가 있다는 사실을 알고도 본안에 관하여 변론을 하거나 변론준비기일에 진술한 때에는 그 항변권을 상실한다(민사소송법 제118조 참조). 담보 제공 사유가 있다는 사실을 알고도 본안에 관하여 변론을 하거나 변론준비기일에 진술하여야 항변권을 상실하므로 항소심에서야 그 사유를 안 때는 항소심에서 그 항변을 하더라도 무방하다(대법원 2017. 4. 21.자 2017마63 결정 참조). 임의관할 위반의 항변은 1심 소송절차에서만 허용된다(민사소송법 제411조 참조).

10) 반면에 "행정소송의 전제인 전심절차를 적법하게 거친 여부는 당사자의 주장 유무에 불구하고 법원이 직권으로 조사할 소송요건이므로, 원심으로서는 갑 제1호증(감사원에 대한 심사청구서), 갑 제2호증(감사원결정)의 각 기재만에 의존할 것이 아니라, 당사자에게 이 사건 과세처분의 고지를 받은 날자가 언제이며 갑 제1, 2호증에 기재된 고지일자가 정확한 것인가를 석명하는 한편 직권으로 그 사실 여부를 조사한 연후에 이 사건 소의 적법 여부를 판단하였어야 할 것이다."라고 하여(대법원 1986. 4. 8. 선고 86누16 판결) 법원의 적극적인 석명과 탐지를 요구한 경우도 있다. 비록 행정소송에 관한 것이지만 민사소송에도 경청할 만하다.

라. 소송요건 흠결의 효과

1) 소송요건은 그 흠(하자)을 보정할 수 있는 것이면 법원이 보정명령을 한다. 만약 보정이 불가능한 사항이면 보정명령을 하지 않을 수도 있음은 물론이다. 소송요건에 보정할 수 없는 흠이 있거나 당사자가 보정명령을 받고도 보정하지 않은 때에는 소장을 각하하거나 변론 없이 즉시 소 각하의 판결을 선고할 수 있다(민사소송법 제254조 제2항, 제219조). 소송요건의 흠이 변론을 개시한 이후에 발견되거나 이미 변론을 개시한 후에는 본안에 관한 판단 없이 소 각하의 판결을 선고하여야 함은 물론이다.[11]

2) 소송요건의 흠 중 법원의 관할위반은 그것이 전속관할 위반이든 임의관할 위반이든 소를 각하하는 대신 관할권 있는 법원에 직권으로 소송을 이송한다(민사소송법 제34조 제1항). 제소 당시가 아니라 소송진행 중에 당사자능력, 소송능력, 법정대리권이 소멸한 경우에는 소 각하의 사유가 아니라 단지 소송중단사유에 해당한다(민사소송법 제233조 내지 제244조 참조).

3) 소 각하 판결은, ① 재판장이 아니라 법원이 종국판결로서 하는 것이고, ② 소장 부본이 피고에게 송달되어 소송 계속의 효과가 발생한 이후에 하는 것이라는 점에서, 재판장이 단독으로 행사하고,[12] 소송 계속의 효과가 발생하기 이전에 하는 소장각하명령과 다르다. 그러나 양자 모두 부적법한 소에 대한 처분이라는 점에서는 동일하며, 소장각하명령은 그 흠결이 보다 분명한 경우에 간편한 절차로써 이를 처리한다는 특징을 갖는다.

▣ 소송요건의 하자와 법원의 조치

	사유	시기	행사자	성질	불복 수단
소장각하명령	소장의 필수적 기재사항 누락, 인지 미첩부·미납부, 송달료 예납명령 불이행, 주소보정명령불이행 등	소장 부본 송달 이전(소송 계속 효과 발생 이전)	재판장	소의 수리 거부	즉시 항고
소 각하 판결	위 사유 이외의 소송요건 흠결	소장 부본 송달 이후(소송 계속 효과 발생 이후)	수소법원	본안판단의 거부	상소

4) 소송요건의 흠을 간과하고 본안에 관하여 판단을 한 판결에 대하여는 확정되기 전이면 상소로 그 취소를 구할 수 있다. 이때는 항소심이나 상고심에서 원심판결을 취소하고 상소심법원이 직접 소를 각하하게 된다(민사소송법 제415, 416, 437조 참조).

11) 소장각하명령 사유가 있는데도 재판장이 이를 행사하지 않고 소장 부본이 피고에게 송달되어 이미 소송 계속이 생긴 때에는 더 이상 소장각하명령을 할 수 없고 법원이 종국판결로써 소를 각하하여야 한다.

12) 판사 1인으로 구성되는 단독판사의 경우 재판장과 수소법원이 실제로는 동일하나, 소송법상으로는 그 의미가 다르다.

반면에 소송요건이 구비되었음에도 불구하고 소 각하 판결을 한 경우에는 원고가 상소를 할 수 있고, 상소심법원은 원심판결을 취소하고 원심법원에 사건을 환송하여 본안에 관한 심리·판단을 하도록 하는 것이 원칙이다. 다만, 항소심법원은 1심에서 이미 본안판결을 할 수 있을 정도로 심리가 되었거나 당사자가 동의한 경우 환송하지 않고 직접 본안판결을 할 수 있고(민사소송법 제418조), 상고심법원은 1, 2심에서 확정된 사실에 대하여 법령적용이 어긋난다 하여 판결을 파기하는 경우에 사건이 그 사실을 바탕으로 재판하기 충분한 때는 역시 환송하지 않고 직접 본안판결을 할 수 있다(민사소송법 제437조 제1호).

5) 소송요건 흠결을 이유로 소 각하 판결을 선고하여 판결이 확정된 때는 그에 관하여 기판력이 있다고 보는 데에 학설, 판례가 일치되어 있다. 그러나 그 흠결을 치유하여 다시 제소할 수 있으므로 실질적으로는 큰 의미가 없다.

3. 소송신탁의 금지

가. 소송신탁의 의의

1) 소송신탁이란, 상대방인 수탁자로 하여금 소의 제기 등 소송행위를 하게 할 목적으로 소송물인 일정한 법률관계 또는 그로부터 발생하는 법률효과를 타인에게 신탁하는 것을 말한다. 소송신탁을 하는 이유는, 수탁자의 법지식을 이용하거나, 신탁자와 피고의 관계상 신탁자가 자신의 이름으로 소를 제기하는 것이 불가능하거나 곤란한 때에 이를 회피할 목적으로 실질상 신탁자를 위하여 소송행위를 하도록 하기 위한 것이 보통이다. 따라서 실질적으로는 그 명의에 불구하고 신탁자가 당해 법률관계 또는 법률효과의 주체이다. 그리고 피고 측보다는 원고 측에서 소송신탁을 하는 것이 대부분이다.

2) 위와 같이 본래 소송신탁이란 소송행위를 하게 할 목적으로 일정한 법률관계 또는 그 법률효과를 양도·신탁하는 것을 말하나, 법률관계 또는 그 법률효과는 양도·신탁하지 않으면서 이들의 소송상처분권을 포함한 소송수행권만을 양도·신탁하는 경우도 이에 포함하는 것이 보통이다.

이러한 예로는 선정당사자의 선임, 조합원들을 위한 업무집행조합원에의 소송신탁 등 임의적 소송신탁을 들 수 있다. 선정당사자의 선임은 비록 선정자가 선정당사자에게 소송목적인 일정한 법률관계 또는 그로부터 발생하는 법률효과를 양도·신탁하는 것은 아니지만, 그에 관한 소송상 처분권과 소송수행권을 부여하는 것이므로 이 역시 실질적으로는 소송신탁의 일종으로 보는 것이 타당하며(대법원 2000. 10. 18.자 2000마2999 결정 참조), 다른 경우의 임의적 소송신탁 역시 이와 같다.

3) 소송신탁에 의한 수탁자의 소송행위는 그의 이름으로 소를 제기하고 이후 일련의 소송행위를 하는 것이 대부분이지만, 소의 제기에 국한하지 않고, 승계참가신청, 변론 등

민사소송법상의 소송행위는 물론 널리 사법기관(법원)을 통하여 권리의 실현이나 법익을 도모하는 행위 일체를 포함한다. 따라서 소의 제기 외에 파산신청이나 회생신청, 가압류나 가처분의 신청, 강제집행의 신청(대법원 2010. 1. 14. 선고 2009다55808 판결 등),[13] 비송사건절차법상의 신청 등을 모두 포함한다.

나. 소송신탁의 규제

(1) 소송행위를 하게 하는 것을 주목적으로 하는 신탁의 금지

1) 신탁을 규율하는 신탁법은 신탁을 폭넓게 인정하면서도, 수탁자로 하여금 소송행위를 하게 하는 것을 주목적으로 하는 신탁을 무효로 하여 금지하고 있다(신탁법 제7조). 따라서 이에 위반하여 수탁자가 소를 제기한 경우 그 소의 제기는 무효이고, 그 소는 부적법하게 된다. 소의 제기 이외의 다른 소송행위를 한 경우에도 이는 무효가 되어 소송법적 효력을 발생하지 않는다.

2) 이와 같이 신탁법이 소송신탁을 규제하는 이유는, 소송이라는 사법작용을 부당하게 이용하여 이익을 추구하는 것을 방지하고, 변호사 아닌 자(수탁자)의 소송수행을 금지하여 소송신탁을 둘러싼 무질서와 비리 발생을 막기 위한 것이다.

3) 위와 같이 소송신탁에 의한 수탁자의 소송행위가 소의 제기 외에 다른 소송행위에도 적용되는 것과 궤를 같이하여, 소송행위를 하게 하는 것을 주목적으로 채권양도 등이 이루어진 경우, 비록 그 채권양도가 신탁법상의 신탁에 해당하지 않는다고 하여도 신탁법 제7조가 유추적용되어 무효이다(대법원 2002. 12. 6. 선고 2000다4210 판결, 2010. 1. 14. 선고 2009다55808 판결 등).

(2) 규제 기준

1) 소송행위를 하게 하는 것을 주목적으로 하는 것이란, 소송행위를 하게 하는 것 자체가 그 신탁목적의 주요한 부분을 구성하는 것을 말하며, 신탁사무처리 과정에서 수탁자가 우연히 또는 부수적으로 소송행위를 하는 경우에는 이에 해당하지 않는다. 따라서 어떤 소송행위가 신탁행위에 기한 것이라도, 그 신탁목적이 소송행위를 하게 하는 것을 주목적으로 한 것이 아니면 금지되지 않으며, 채권의 추심을 위하여 채권양도를 하였더라도 그것만으로 당연히 소송신탁이라고 볼 수는 없다(대법원 1969. 7. 8. 선고 69다362 판결, 1973. 2. 28. 선고 72다2489 판결, 1982. 3. 23. 선고 81다540 판결 등).

2) 또한 신탁목적이 소송행위를 하게 하는 것을 주목적으로 한 경우라도 다음에 보는 바와 같이 일정한 경우에는 허용된다. 따라서 소송신탁 금지의 기준은, 신탁의 목적이 소

13) 소송신탁으로서 대여금 채권을 양도하고 양수인으로 하여금 공정증서를 받아 그에 기한 강제집행을 한 경우, 청구이의의 소로써 그 공정증서에 기한 강제집행 불허를 구할 수 있고, 양수인이 공정증서에 기한 강제집행을 통하여 취득한 배당금은 부당이득으로서 채무자에게 반환하여야 한다(대법원 2010. 1. 14. 선고 2009다55808 판결).

송행위를 하게 하는 것을 주목적으로 하는 데에 있다기보다는, 거기에 부정한 이익을 꾀하거나 법질서를 문란케 하려는 동기나 목적이 있는지 여부, 즉 그것이 사회상규에 반하는지 여부라고 할 수 있다.

3) 소송신탁이 허용될 수 있는지 여부를 판단하는 기준으로는, ① 신탁자와 수탁자의 관계, ② 수탁자가 직업적으로 신탁을 받는지 여부, ③ 신탁행위 후 수탁자의 소 제기 등 소송행위 시까지 경과한 시일의 장단, ④ 상대방의 항변을 부당하게 회피하거나 일부러 항변요건을 만들어 행사하기 위한 것인지 여부, ⑤ 신탁에 의하여 도모하려는 이익의 정당성 여부 등을 들 수 있다(대법원 1991. 11. 12. 선고 91다26522 판결, 2002. 12. 6. 선고 2000다4210 판결, 2004. 3. 25. 선고 2003다20909, 20916 판결 등 참조).

다. 소송신탁이 허용되는 경우

(1) 법령상 허용되는 경우

1) 법령에 의하여 소송신탁이 허용되는 경우가 있다. 여기에는 채권의 추심을 위한 위임과 선정당사자의 선임이 있다. 채권의 추심을 위한 위임에는 어음채권이나 수표채권을 추심하기 위한 목적으로 하는 추심위임배서(어음법 제18조 제1항 제2호, 수표법 제23조 제1항 제2호)와 일반적인 채권의 추심을 위한 양도가 있다.

어음채권이나 수표채권을 추심하기 위한 목적으로 하는 추심위임배서가 어음면이나 수표면에 기재된 때는 그 배서의 목적이 추심을 위한 것이라는 것이 분명하고, 피배서인은 어음법과 수표법에 따라 추심을 위한 대리권만을 행사할 수 있다.

2) 그러나 추심위임을 위한 배서임을 어음면이나 수표면에 기재하지 않고 추심의 목적으로 배서를 하는 이른바 '숨은 추심위임 배서'의 경우, 그 주된 목적이 소송을 통하여 추심을 하려는 것인 때에는 신탁법에 반하여 무효이다(대법원 1969. 7. 8. 선고 69다362 판결 등). 어음채권이나 수표채권 이외의 일반적인 채권을 추심하기 위해 타인에게 이를 양도한 경우에도, 그것이 단순한 대리권 행사를 넘어 양수인으로 하여금 소송을 통하여 추심을 하게 하려는 것이 주목적인 때는 무효이다(대법원 2010. 1. 14. 선고 2009다55808 판결 등).

3) 만약 선정당사자의 선임이, 선정당사자는 실질상 당해 소송목적과 아무런 이해관계가 없음에도 형식적으로 당사자가 되고 이를 이용하여 선정당사자를 선임하여 그로 하여금 소송을 수행하게 하는 등으로 부당하게 이루어진 것이라면, 이 역시 부당한 소송신탁으로서 허용될 수 없다.

(2) 임의적 소송신탁(소송담당)의 경우

1) 파산관재인, 부재자재산관리인, 유언집행자, 채권자대위권을 행사하는 채권자, 선장 등 법률이 정하는 일정한 자는 자신에게 처분권이 없는 타인의 법률관계에 관하여 소를

제기하거나 제기당하고 그 소송을 수행할 수 있는 당사자적격이 인정되는바, 이를 법정 소송담당이라고 한다.

2) 이와 달리, 법령에 의하지 않고 당사자 임의로 타인에게 일정한 법률관계에 관한 소송수행권을 위임하는 것을 임의적 소송신탁(소송담당)이라고 한다. 임의적 소송신탁이라도, 위와 같이 선정당사자와 같은 경우는 법령이 허용하는 것이므로 특별한 사정이 없는 한 아무런 문제가 없다.

3) 문제는 이를 허용하는 법령규정이 없는 경우이다. 이러한 경우에는 부정한 소송신탁에 해당하여 원칙적으로 허용되지 않는다(대법원 2016. 12. 15. 선고 2014다87885, 87892 판결). 이를 무제한 허용하면 소송대리인의 자격을 원칙적으로 변호사에 한정하는 민사소송법 규정과 신탁법 제7조의 소송신탁 금지의 취지에 반하기 때문이다.

4) 다만, 법령규정이 없는 경우에도 신탁이나 임의적 소송담당에 의하여 도모하려는 이익이 정당하고 부득이한 경우에는 이를 허용할 수 있는바, 그 허용기준으로는 학설상 ① 법정설(법률의 규정이 없는 한 허용되지 않는다는 견해), ② 정당업무설(정당한 업무상의 필요가 있을 경우에는 예외적으로 허용된다는 견해), ③ 실질관계설(변호사대리의 원칙이나 소송신탁의 금지라는 규제의 취지를 회피·잠탈할 염려가 없고, 이를 인정할 합리적 필요가 있을 때에는 허용할 것이라는 견해) 등이 대립하는바, 정당업무설이 종래의 통설이나 최근에는 실질관계설이 다수설이라고 할 수 있다.

실질관계설에서는 임의적 소송담당을 수탁자인 소송담당자를 위한 경우와 신탁자인 권리주체를 위한 경우로 구분하여, 전자의 경우로서 ① 소송담당자가 타인의 권리관계에 관한 소송에 관하여 자기고유의 이익(보조참가의 이익)을 가지는 경우, ② 소송담당자가 소송을 수행할 권한을 포함한 포괄적인 관리권을 부여받고 권리주체와 동등한 정도 또는 그 이상으로 그 권리관계에 관하여 관여하고 있는 경우에는 임의적 소송담당이 허용된다고 주장하며, 구체적으로는 i) 자기의 채권을 양도담보조로 甲에게 양도한 乙이 甲의 동의를 얻어 제3채무자 丙에 대하여 추심의 소를 제기하는 경우, ii) 甲이 乙로부터 소유권유보부 할부판매를 통해 매수한 동산을 대금 완납 이전(甲의 소유권 취득 이전)에 丙이 훼손한 때에 甲이 乙의 동의를 얻어 丙을 상대로 손해배상청구소송을 하는 경우, iii) 甲이 채무자 丙에 대한 채권을 乙에게 양도하였으나 甲, 乙의 합의에 의해 甲이 자기의 이름으로 丙에게 추심소송을 하는 경우를 들며, 후자의 경우로는 i) 계금에 관하여 계원 또는 계주가 다른 계원을 상대로 추심소송을 하는 경우, ii) 권리능력 없는 사단이 실질적으로 소유하는 부동산의 등기명의인인 대표자가 그 부동산에 관한 소송을 하는 경우, iii) 조합원의 권리관계에 관하여 노동조합이 사용자를 상대로 소송을 하는 경우를 든다.

5) 대법원은 "민사소송법 제87조가 정한 변호사대리의 원칙이나 신탁법 제7조가 정한

소송신탁의 금지 등을 회피하기 위한 탈법적인 것이 아니고, 이를 인정할 합리적인 이유와 필요가 있는 경우에는 예외적·제한적으로 임의적 소송신탁을 허용할 수 있다"고 하여(대법원 2016. 12. 15. 선고 2014다87885, 87892 판결) 실질관계설에 가까운 입장을 보이고 있다.

일본의 최고재판소 역시 "임의적 소송신탁은 민사소송법이 소송대리인을 원칙적으로 변호사에 한하고 또한 일본 신탁법 제11조가 소송행위를 하도록 할 것을 주된 목적으로 하는 신탁을 금지하고 있는 취지에 비추어 일반적으로 무제한적으로 허용할 수는 없지만, 당해 소송신탁이 이와 같은 제한을 회피 내지 잠탈할 우려가 없고, 동시에 이를 인정할 합리적 필요가 있는 경우에는 이를 허용하는 데에 방해가 되지 않는다"고 판시하였다(최고재판소 1970. 11. 11. 선고 소화 42년(オ)1032 판결).

6) 이에 따라 대법원은, ① 민법상 조합에서 조합규약이나 조합결의에 의하여 자기 이름으로 조합재산을 관리하고 대외적 업무를 집행할 권한을 수여받은 업무집행조합원은 조합재산에 관한 소송에 관하여 조합원으로부터 임의적 소송신탁을 받아 자기 이름으로 소송을 수행하는 것이 허용된다(대법원 1997. 11 .28. 선고 95다35302 판결, 2001. 2. 23. 선고 2000다68924 판결 등), ② 다수의 채권자가 채권자단 대표에게 자신들의 채권을 양도하고 그 양도된 채권을 피담보채권으로 한 근저당권을 양수인 명의로 설정 받아 그에 기해 임의경매를 신청한 경우, 이는 다수 당사자가 권리를 행사하는 불편함을 없애고 채권의 효율적인 회수를 하기 위하여 채권양도를 한 점, 채권양도 및 근저당권설정등기 일자와 근저당권에 기한 임의경매신청일자 사이의 시간적 간격이 약 2년으로 비교적 길었던 점, 채무자들도 양도인과 양수인 사이의 위와 같은 약정을 용인하고 합의당사자가 되었던 점 등 제반 사정에 비추어 그 채권양도는 소송행위를 하게 하는 것이 주목적이었다고 볼 수 없다(대법원 2002. 12. 6. 선고 2000다4210 판결), ③ 집합건물의 관리단이 관리비의 부과·징수를 포함한 관리업무를 위탁관리회사에 포괄적으로 위임한 경우, 통상적으로 관리비에 관한 재판상 청구를 할 수 있는 권한도 함께 수여한 것으로 볼 수 있고, 이 경우 위탁관리회사가 관리업무를 수행하는 과정에서 체납관리비를 추심하기 위하여 직접 자기 이름으로 관리비에 관한 재판상 청구를 하는 것은 임의적 소송신탁에 해당하나, 다수의 구분소유자가 집합건물의 관리에 관한 비용 등을 공동으로 부담하고 공용부분을 효율적으로 관리하기 위하여 구분소유자로 구성된 관리단이 전문 관리업체에 건물 관리업무를 위임하여 수행하도록 하는 것은 합리적인 이유와 필요가 있고, 그러한 관리방식이 일반적인 거래현실일 뿐 아니라, 관리비의 징수는 업무수행에 당연히 수반되는 필수적인 요소이며, 또한 집합건물의 일종인 일정 규모 이상의 공동주택에 대해서는 주택관리업자에게 관리업무를 위임하고 주택관리업자가 관리비에 관한 재판상 청구를 하는 것이 법률의 규정에 의하여 인정되고 있으므로, 이러한 점 등을 고려해 보면 관리단으로부터 집합건물의 관리업무를 위임받은 위탁관리회사는 특별한 사정이 없는 한 구분소유자 등을 상

대로 자기 이름으로 소를 제기하여 관리비를 청구할 당사자적격이 있다(대법원 2016. 12. 15. 선고 2014다87885, 87892 판결), ④ 이 사건 아파트 지하주차장의 하자보수에 갈음한 손해배상채권의 양도 경위, 방식, 시기, 양도인인 구분소유자들과 양수인인 원고(아파트입주자대표회의)의 관계, 하자보수의 효율성 등 제반 사정을 종합해 보면, 구분소유자들이 아파트입주자대표회의에게 한 손해배상채권의 양도는 소송행위를 하게 하는 것이 주목적이라고 볼 수 없다(대법원 2006. 8. 24. 선고 2004다20807 판결)고 하여 이를 긍정한다.

반면에 ⑤ 외국계 커피 전문점의 국내 지사인 甲 회사가, 본사와 음악 서비스 계약을 체결하고 배경음악 서비스를 제공하고 있는 乙 외국회사로부터 음악저작물을 포함한 배경음악이 담긴 CD를 구매하여 국내 각지에 있는 커피숍 매장에서 배경음악으로 공연한 경우, 한국음악저작권협회가 위 음악저작물 일부에 관하여는 공연권 등의 저작재산권자로부터 국내에서 공연을 허락할 권리를 부여받았을 뿐 공연권까지 신탁받지는 않았고, 권리주체가 아닌 협회에 위 음악저작물 일부에 대한 소송에 관하여 임의적 소송신탁을 받아 자기의 이름으로 소송을 수행할 합리적 필요가 있다고 볼 만한 특별한 사정이 없으므로, 협회는 위 음악저작물 일부에 대한 침해금지청구의 소를 제기할 당사자적격이 없다(대법원 2012. 5. 10. 선고 2010다87474 판결), ⑥ 원고의 남편이 원고 측 증인으로 출석하여, 자기가 사업상 시간이 없기 때문에 처인 원고로 하여금 소를 제기하여 수행케 하고자 이 사건 채권양도를 하였다고 진술한 바 있고, 원고가 남편의 증언과는 다른 원인이나 목적에 기하여 이 사건 채권을 양수하였다고 볼 만한 자료를 전혀 찾아볼 수 없으며, 피고가 제1심에서부터 소송신탁의 주장을 하고 있음에도 불구하고 원고가 원심에 이르기까지 채권양도의 원인에 대하여 달리 납득할 만한 답변을 하지 아니하였다면, 이 사건 채권양도는 소송행위를 하게 함을 주목적으로 한 것으로 볼 수밖에 없다(대법원 1996. 3. 26. 선고 95다20041 판결)[14]고 하였다.

라. 소송신탁의 효과와 그 심리

1) 소송신탁이 허용되지 않는 경우, 수탁자에 의한 소의 제기 등 소송행위는 당해 소송행위를 무효로 만들어 본래 예정된 소송법적 효력이 발생하지 않으며, 이로 인해 소송요건의 하자에 영향이 있는 때는 소송요건의 결여로 소가 부적법하게 된다. 그러므로 어느 경우에나 소송신탁의 성립 여부는 법원의 직권조사사항에 해당한다.

---

14) 남편이 처에게 소송목적을 양도한 데에 부득이한 사정이 있거나 이를 허용함이 사회상규에 부합한다고 보기 어렵다는 고려에 따른 것으로 해석된다. 그리고 이때 처에게 양도한 시점과 처의 명의로 소를 제기한 시간간격도 그것이 소송행위를 하게 하는 것을 주목적으로 하는 것인지 여부를 판단하는 기준이 됨은 물론이다. 양도가 소 제기에 근접하여 이루어졌다면 그와 같이 볼 여지가 많기 때문이다. 한편, 이 경우 소송목적의 양도는 대부분 명의신탁에 해당할 것인데, 이는 소송신탁 금지의 법리와 저촉되지 않고, '부동산 실권리자 명의에 관한 법률'이나 금융실명법 등에 위반되는 등의 특별한 경우가 아니면 명의신탁이 그 자체로서 무효가 되는 것은 아니며, 설사 그것이 무효라 하더라도 이는 청구기각 사유에 불과할 뿐 소송요건과는 관계가 없다.

2) 소송신탁이 허용되지 않는 경우 수탁자에 의한 소의 제기는 무효이고, 보정할 수 없는 흠에 해당하므로 법원은 보정을 명할 필요 없이 판결로써 소를 각하하여야 한다.

또한 당해 신탁의 대상인 법률관계 또는 그로부터 발생하는 법률효과의 양도는 실체법상으로 무효이므로, 그 결과 부당이득이 성립할 수도 있다(대법원 2010. 1. 14. 선고 2009다55808 판결 참조).

3) 소송신탁의 경우 수탁자는 상대방 당사자에 대하여 실체법상 불법행위로 인한 손해배상책임을 진다는 견해가 있으나, 언제나 그렇다고 볼 수는 없다. 다만 그러한 소송신탁은 위법하므로, 신탁자와 수탁자의 고의 또는 과실, 이로 인한 상대방의 손해 발생 사실이 더해질 경우에는 불법행위가 성립할 여지가 있다.

4. 중복제소의 금지

가. 중복소송의 의의

1) 중복소송이란, 이미 계속되어 있는 소송사건과 동일한 소송이 대한민국 법원에 제기된 상태를 말한다.[15] 이때 이미 계속되어 있는 소송사건을 전소라고 하고, 그 상태에서 제기된 소를 후소 또는 중복제소, 중복소송사건이라고 한다.

2) 중복소송은 위와 같이 동일한 소송사건이 동시에 존재하는 상태를 말하는데, 전소와 후소의 기준은 사건이 법원에 접수·제기된 때가 아니라 소송계속의 전후이다. 소의 제기에 앞서 가압류나 가처분 등 보전절차가 있었더라도 이는 본안소송이 아니므로 중복소송의 성립 여부에 아무런 영향이 없다(대법원 1994. 11. 25. 선고 94다12517 판결).

3) 중복소송은 허용되지 않으며(민사소송법 제259조), 이 경우 후소, 즉 중복소송사건은 소송요건을 결하여 부적법하다. 중복소송을 금지하는 이유는, 동일한 사건에 대한 심판을 허용하면 법원이나 당사자에게 시간·노력·비용 등 이중의 부담이 되고, 전후 양소의 판결에 모순·저촉이 발생하여 법적 안정성을 해하기 때문이다.

4) 일단 중복소송이 성립하였더라도 후소의 변론종결 당시 전소가 이미 본안판결이 확정되는 등으로 그 소송계속이 소멸한 때는 후소의 중복소송은 더 이상 문제되지 않으며, 전소 판결의 기판력에 의한 제한과 소의 이익 결여로 인해 후소를 각하하여야 할 경우가 생길 뿐이다.

나. 중복소송의 성립요건

(1) 전소의 계속 중에 후소가 제기되었을 것

1) 중복소송이 성립하려면 전소의 계속 중에 후소가 제기되어야 한다. 소송계속의 성

15) 한국 법원과 외국 법원 사이의 중복소송도 문제가 될 수 있는바, 이에 대해서는 홍지욱, "한국 민사소송법 체제하에서 국제적 중복소송의 처리방안", 인천법학논총 제12집(2009), 57면 이하 참조.

립시점은 위와 같이 소장 부본이 상대방, 즉 피고에게 송달된 때이므로 그 상태에서 동일한 소가 제기된 때에 비로소 중복소송이 성립하며, 그 이전 단계에서는 중복소송이 성립하지 않는다.

2) 중복소송은 전소의 계속 중에 후소가 제기되면 족하고, 후소 역시 계속될 필요는 없다. 후소 역시 제기 이후 소송계속이 이루어지는 것이 보통이겠지만, 후소는 그 제기 즉시 중복제소가 된다.

전소의 소송이 계속 중이라면 그 심급은 불문한다. 따라서 전소가 항소심이나 상고심에 계속 중이라도 후소의 중복소송이 성립한다(대법원 1988. 9. 27. 선고 87다카1618 판결 등). 후소는 본래 의미의 소는 물론 반소나 소의 제기에 준하는 독립당사자참가 등 각종 참가를 포함하며, 전소 역시 같다. 그러나 소의 제기가 아닌 상계항변 등 공격방어방법의 제출은 이에 해당하지 않는다.

3) 전소가 적법한 소송요건을 갖추고 있지 못하더라도 그것이 계속되어 있는 한 중복소송의 성립에 영향이 없다. 소송요건의 흠결은 사실심 변론종결일까지만 치유하면 유효한 소송이 되고 본안판단을 받을 수 있기 때문이다.

4) 전후 양소가 동일하면 후소가 전소와 같은 법원에 제기되었든 아니면 다른 법원에 제기되었든 중복소송의 성립에 영향이 없다. 전소와 후소가 전속관할에 위반하여 제기된 때에도 마찬가지다.

(2) 전후 양소가 동일할 것

1) 중복소송이 성립하려면 전후 양소가 동일하여야 한다. 전후 양소가 동일한지 여부는 소의 구성요소인 당사자와 소송목적(청구)을 기준으로 판단하여야 한다. 이 두 가지 요소를 기준으로 하였을 때 모두 동일한 소여야 중복소송이 성립한다.

(가) 당사자가 동일할 것

1) 전후 양소가 동일하려면 양소의 당사자가 동일하여야 한다. 전소와 후소의 원고, 피고가 서로 반대여도 무방하다. 원·피고의 지위가 다르더라도 전소의 피고는 전소에서 항변 등으로 방어할 수 있으므로 굳이 별소인 후소를 제기할 이유가 없기 때문이다. 전소의 피고가 반소를 제기하여야 할 필요가 있는 때는 전소에서 반소를 제기하여도 무방하고, 별소인 후소를 제기하여도 무방하다. 이 경우 후소는 소송목적이 달라 중복소송에 해당하지 않는다.

2) 전후 양소의 당사자가 다르더라도, 전소 판결의 기판력이 후소 당사자에게 미치는 경우 후소는 중복소송에 해당한다. 이는 제3자소송담당에서 가장 뚜렷하다. 확정판결은 변론을 종결한 뒤의 승계인, 또는 그를 위하여 청구의 목적물을 소지한 사람에 대하여도 기판력이 미치지만, 제3자소송담당 이외의 경우에는 중복소송이 문제될 여지는 거의 없

다. 이런 경우 소송이 2중으로 제기될 이유가 별로 없기 때문이다.

(나) 소송목적이 동일할 것

1) 전후 양소의 당사자가 동일하더라도 양소의 소송목적이 다르면 당연히 별개 독립한 소송이므로 후소는 중복소송에 해당하지 않는다. 반대로 말하면, 전소와 후소의 소송목적도 동일하여야 중복소송에 해당한다.

2) 소송목적이 무엇인지는 학설 대립이 있으나, 우리 대법원은 구소송물론을 취함은 앞서 본 바와 같고, 저자도 이에 찬동한다. 따라서 소송목적이 동일하려면 청구취지와 청구원인 양자가 동일하여야만 한다. 주장이나 항변 등 공격방어방법은 소송목적이 아니므로 중복소송이 문제되지 않는다.

상계항변에 대하여는 상계로써 다툰 부분에 대하여 기판력이 미치지만, 이를 소송목적과 동일하게 취급하여 중복소송으로 볼 것은 아니다. 대법원도, 피고가 상계항변을 제출할 당시 이미 자동채권과 동일한 채권에 기한 소를 피고가 별도로 제기하여 계속 중이라도, 후소 재판부로서는 전소와 후소를 같은 기회에 심리·판단하기 위하여 이부, 이송 또는 변론병합 등을 시도함으로써 기판력의 저촉·모순을 방지함과 아울러 소송경제를 도모함이 바람직하나, 그렇다고 하여 특별한 사정이 없는 한 별소로 계속 중인 채권을 자동채권으로 하는 상계항변이 허용되지 않는다고 볼 수는 없다고 한다(대법원 2001. 4. 27. 선고 2000다4050 판결).

3) 동일한 권리에 대한 원고의 적극적 확인청구의 본소에 대하여 피고의 소극적 확인청구의 반소는 동일한 소송목적에 해당하나, 피고의 적극적 확인청구의 반소는 소송목적, 즉 청구취지와 원인이 다르므로 중복소송이 아니다.

4) 동일한 권리에 대한 확인청구와 이행청구는 청구취지가 달라 소송목적이 다르고 따라서 중복소송이 아니다. 다만, 경우에 따라 후소는 소의 이익이 없는 경우가 생긴다.

5) 일부청구와 잔부청구의 경우, ① 일부청구를 전부청구로 보아 잔부청구는 중복소송에 해당된다는 중복소송 긍정설(다수설), ② 실체법상의 분할채권의 행사 방법으로 소송법상 잔부청구가 허용되어야 한다며 중복소송에 해당되지 않는다는 부정설, ③ 전소에서 일부청구임을 명시하였다면 잔부에 대하여는 기판력이 미치지 않으므로 잔부청구의 후소는 허용된다는 명시적 일부청구설의 대립이 있는바, 판례는 명시적 일부청구설을 취하고 있고, 이 입장이 타당하다.

6) 손해배상청구에서 소송물을 ① 적극적 재산상 손해, ② 소극적 재산상 손해, ③ 정신적 손해의 3개로 나누어 보는 것이 대법원 판례인바, 이에 따라, 원고가 피고를 상대로 갱내사고로 다쳐 입은 손해 중 전소에서 이미 소극적 재산상 손해로서 일실노임과 일실상여금을 청구하고 있다면, 후소로써 소극적 재산상 손해의 한 가닥인 일실퇴직금을 청구하는 것은 소극적 재산상 손해라는 동일 소송목적을 대상으로 한 것으로서 후소는

중복소송에 해당한다(대법원 1976. 9. 28. 선고 76다2007 판결, 1976. 10. 12. 선고 76다1313 판결).

7) 동일한 교통사고에 의한 피해자가 여러 명이고, 그중 한 사람이 피보험자를 대위하여 보험자를 상대로 자신의 손해 부분에 관한 보험금청구를 하는 중에 다른 피해자가 피보험자를 대위하여 다른 피해자 자신의 손해 부분에 관하여 별도의 보험금청구를 하는 것은 중복제소에 해당한다고 할 수 없다. 이 경우 각 피해자마다 별개의 보험사고가 성립하고, 그 보험금청구권의 소송물이 동일하다고 할 수 없기 때문이다(대법원 1992. 5. 22. 선고 91다41187 판결).

(3) 중복소송의 해소

1) 전소가 취하·각하되거나 청구의 인낙, 화해, 조정, 판결의 확정 등으로 그 소송계속이 소멸하면 중복상태가 해소되므로 그때부터 후소는 적법하게 된다(대법원 1967. 11. 21. 선고 67누76 판결 등).

2) 그러나 만약 후소에 관하여 먼저 제1심판결이 선고된 후 그 판결에 대하여 항소가 제기되었다가 원고가 항소심에서 그 소를 취하한 경우, 원고는 종국판결 후에 소(후소)를 취하한 자로서 재소금지의 제재를 받게 되고, 결과적으로 전소는 소 취하 후의 새로운 소에 해당하므로 원고는 전소에 대하여는 각하를 면할 수 없다(대법원 1967. 10. 31. 선고 67다1848 판결).

3) 후소가 전소보다 먼저 취하·각하되거나 화해, 조정, 판결의 확정 등으로 그 소송계속이 소멸하면 이때도 중복상태가 해소되므로, 그때부터는 중복소송이 문제될 여지가 없음은 물론이다.

다. 개별적인 경우 중복소송의 여부

(1) 채권자대위소송의 경우

1) 제3자소송담당에서 법률 규정에 의하여 파산관재인 등 타인이 배타적으로 소송담당자가 된 경우에는 권리·의무자 본인이 소송에 관여할 이유가 거의 없으므로 중복소송의 문제가 발생하지 않으며, 소송담당자가 받은 확정판결의 효력은 권리·의무자 본인에게도 미친다(민사소송법 제218조 제3항). 문제는 본인과 소송담당자가 동시 또는 이시에 동일한 내용의 소를 제기할 가능성이 있는 병존형 제3자소송담당의 경우인바, 그러한 경우로는 대위채권자, 추심채권자, 채권질권자가 가장 논란이 많다.

2) 채권자대위소송은 제3자소송담당이 아니라 대위채권자의 고유한 소송담당이라고 보는 견해도 있으나,[16] 앞에서 본 바와 같이 통설과 판례는 이를 제3자소송담당으로 보아 기판력이 채무자와 다른 채권자에게도 미치는 것으로 본다.[17] 제3자소송담당에 해당

16) 호문혁, "채권자대위소송과 중복제소", 민사소송법연구(1998), 11면 이하.

17) 대법원은 이에 관하여, 채권자대위소송을 어떤 경위로든 채무자가 안 때에는 그에게도 대위소송의 기판력이 미치며(대법원 1975. 5. 13. 선고 74다1664 전원합의체판결 등), 1차 채권자대위소송을 채무자가 알아 그에게 기판력이 미치는 때에는 다른 채권자가 제기하는 2차 채권자대위소송에도 그 기판력

하는지 여부는, 그것이 담당자 자신의 이익을 위한 것인지 아니면 권리관계 귀속자 본인의 이익을 위한 것인지 여부가 아니라, 당해 소송목적인 권리관계에 관하여 본래 소송상 처분권이 없는 자에게 소송수행권이 인정된 여부와 그가 받은 판결의 효력이 권리·의무자 본인에게 미치는 것이 타당한지 여부나 중복소송의 성립을 인정하여야 하는지 여부 등을 기준으로 판단함이 타당하다. 그런데 대위채권자의 경우 앞서 <제3자소송담당>에서 본 바와 같이 이를 병존형 제3자소송담당자로 보는 것이 옳다.

3) 이러한 이유로 대법원도, 채권자가 채무자를 대위하여 3채무자를 상대로 제기한 소송이 이미 계속 중인데, 다른 채권자가 채무자를 대위하여 같은 3채무자를 상대로 청구취지와 청구원인을 같이하는 내용의 소를 제기하였다면 후소는 중복제소에 해당한다고 본다(대법원 1988. 9. 27. 선고 87다카1618 판결 등). 또한 채권자대위소송이 계속 중임에도 채무자가 3채무자를 상대로 동일한 내용의 소를 제기한 경우에도 같다(대법원 1974. 1. 29. 선고 73다351 판결, 1992. 5. 22. 선고 91다41187 판결, 1995. 4. 14. 선고 94다29256 판결 등).

이들 경우에 다른 채권자나 채무자가 전소의 계속 사실을 알았느냐 여부는 따질 필요가 없다. 나중에 채무자가 이 사실을 알아 전소 확정판결의 기판력이 그들에게도 미칠 가능성이 있는 이상, 후소의 제기 당시 이미 그 소는 중복제소로서 배척하여야 할 이유가 충분하기 때문이다.

4) 채무자가 제3채무자를 상대로 제기한 이행의 소가 이미 법원에 계속되어 있는 상태에서 그 채권자가 채권자대위권에 기하여 동일한 내용의 소를 제기한 때에도 위와 같다. 물론 이 경우 후소는 채권자대위권 행사의 요건도 결하였으므로 이 점에서도 부적법하다(대법원 1993. 3. 26. 선고 92다32876 판결, 2016. 4. 12. 선고 2015다69372 판결 등).

(2) 압류채권자가 추심명령을 받은 경우

1) 압류한 금전채권에 대하여 압류채권자는 추심명령을 받을 수 있는바, 추심명령이 있는 경우 압류채권자는 대위절차 없이 압류채권을 추심할 수 있다(민사집행법 제229조 제2항). 채권자가 압류 및 추심명령을 받은 경우 그를 제3자소송담당자로 볼 수 있는지 등에 관하여 의견대립이 있으나, 앞서 <제3자소송담당>에서 본 바와 같이 채권에 관하여 압류명령과 추심명령이 있는 경우 집행채무자는 비록 그 채권의 귀속(준소유권)을 상실하지는 않지만, 그에 대한 처분권과 변제 수령권을 상실하므로 그 한도에서는 그에게 소송수행권을 인정할 필요가 없고 추심채권자에게만 이를 부여함이 옳다. 따라서 추심채권자는 배타형 제3자소송담당자에 해당하고, 그로써 집행채무자는 당사자적격을 상실한다고 보아야 한다.

2) 이에 관하여 대법원은, 채권에 대한 압류 및 추심명령이 있으면 제3채무자에 대한 이행의 소(추심의 소)는 추심채권자만이 제기할 수 있고, 채무자는 피압류채권에 대한 이

이 미친다(대법원 1994. 8. 12. 선고 93다52808 판결, 1994. 8. 12. 선고 93다52808 판결 등)고 본다.

행의 소를 제기할 당사자적격을 상실하며(대법원 2014. 2. 27. 선고 2011다33535 판결 등),[18] 추심소송의 확정판결의 효력은 채무자에게도 미친다고 본다(대법원 1975. 5. 13. 선고 74다1664 전원합의체 판결 참조).

따라서 압류채권자가 추심명령을 받아 확정된 경우, 그때부터 압류채무자는 제3채무자를 상대로 채무 이행을 소구할 당사자적격을 상실하여, 이후 그가 제기하는 소나 이미 그가 제기한 소는 부적법하게 된다(대법원 2013. 12. 18. 선고 2013다202120 전원합의체 판결). 압류채무자가 제3채무자를 상대로 이행을 청구한 소송이 계속 중인 경우, 추심채권자는 제3채무자를 상대로 별소를 제기하는 대신 전소에 권리참가(승계참가)를 할 수도 있다(대법원 2012. 7. 5. 선고 2012다25449 판결, 2013. 12. 18. 선고 2013다202120 전원합의체 판결).

3) 그러면, 채무자가 제3채무자를 상대로 제기한 이행의 소가 이미 법원에 계속되어 있는 상태에서 추심명령을 받은 압류채권자가 그 소송에 권리참가(승계참가)를 하지 않고 제3채무자를 상대로 동일한 내용의 추심의 소를 제기한 경우, 이는 중복제소에 해당하는가?

이에 관하여 대법원은, "채무자의 제3채무자에 대한 이행의 소가 법원에 계속되어 있는 상태에서 추심채권자가 제3채무자를 상대로 제기한 추심의 소의 본안에 관하여 심리·판단한다고 하여, 제3채무자에게 불합리하게 과도한 이중 응소의 부담을 지우고 본안 심리가 중복되어 당사자와 법원의 소송경제에 반하거나 판결의 모순·저촉의 위험이 크다고 볼 수 없다. … 압류채권자는 채무자가 제3채무자를 상대로 제기한 이행의 소에 민사소송법 제81조, 제79조에 따라 참가할 수도 있으나, 채무자의 이행의 소가 상고심에 계속 중인 경우에는 승계인의 소송참가가 허용되지 아니하므로 압류채권자의 소송참가가 언제나 가능하지는 않으며, 압류채권자가 채무자가 제기한 이행의 소에 참가할 의무가 있는 것도 아니다. 그러므로 채무자가 제3채무자를 상대로 제기한 이행의 소가 법원에 계속되어 있는 경우에도 압류채권자는 제3채무자를 상대로 압류된 채권의 이행을 청구하는 추심의 소를 제기할 수 있고, 제3채무자를 상대로 압류채권자가 제기한 추심의 소는 채무자가 제기한 이행의 소에 대한 관계에서 중복제소에 해당하지 않는다고 봄이 타당하다"고 한다(대법원 2013. 12. 18. 선고 2013다202120 전원합의체 판결, 2014. 4. 10. 선고 2013다204768 판결). 이에 대해서는 소수의견이 있으며, 학설도 반대의견이 있다. 저자는 판례에 찬동한다.

4) 추심채권자가 제3채무자를 상대로 제기한 이행의 소가 이미 법원에 계속되어 있는 상태에서 집행채무자가 제3채무자를 상대로 동일한 내용의 이행청구의 소를 제기한 경우에도, 후소는 당사자적격이 없는 자가 제기한 소로서 부적법할 뿐 아니라 기판력을 받는 자가 동일한 내용의 소를 제기한 것으로서 중복제소에 해당하여, 어느 면에서나 후소는

---

18) 이 경우 법원은 압류채무자의 소를 각하하여야 한다. 다만, 이 경우 추심채권자가 위 각하판결이 확정된 날로부터 6개월 내에 제3채무자를 상대로 추심의 소를 제기하였다면, 압류채무자가 제기한 재판상 청구로 인하여 발생한 시효중단의 효력은 추심채권자의 추심소송에서도 그대로 유지된다(민법 제170조, 대법원 2019. 7. 25. 선고 2019다212945 판결 참조).

부적법하다.

5) 또한, 권리질권의 경우에도 앞서 <제3자소송담당>에서 본 바와 같이 질권자는 배타형 제3자소송담당자에 해당하고, 그로써 질권설정자는 당사자적격을 상실한다고 보아야 할 것이므로, 추심명령의 경우와 동일한 결론이 된다.

라. 중복제소의 효과

1) 중복제소 여부는 소송요건에 관한 사항으로서 법원의 직권조사사항이므로, 법원은 피고의 항변을 기다릴 필요 없이 중복소송에 해당될 경우에는 판결로써 후소를 각하하여야 한다.

2) 이 경우 보정이 불가능하므로 미리 보정을 명할 필요가 없다. 다만, 소의 변경을 통하여 전소와 다른 사건으로 변할 가능성이 있는 경우에는 그때까지 기다려줄 여지가 있다.

3) 예외적으로 중복제소가 허용되는 경우가 있다. 즉 전소 사건의 소송기록이 분실되어 소송을 진행할 수 없게 된 경우에는 예외적으로 후소 제기가 허용된다.

4) 만일 중복제소임을 간과한 채 후소가 각하되지 않고 전소보다 먼저 본안판결이 선고되어 원고 승소가 확정된 경우, 전소는 소의 이익이 없어 각하하여야 한다. 이때 원고가 패소한 경우에는 확정된 후소 판결의 기판력이 전소에 미치게 된다.

5) 중복제소임을 간과한 채 법원이 후소를 각하하지 않고 이에 관하여 본안판결을 하였을 경우, 판결이 확정되기 전이면 상소로써 다툴 수 있으나, 판결이 확정되었을 때는 당연히 재심사유가 되는 것은 아니며 그렇다고 당연무효가 되는 것도 아니라는 것이 판례이다(대법원 1968. 4. 16. 선고 68다122 판결, 1995. 12. 5. 선고 94다59028 판결, 1996. 11. 15. 선고 96다22167 판결). 이 경우, 전후 양소의 판결이 모두 확정되고 그 판결이 모순 · 저촉될 경우에는 어느 것이 먼저 제소되었느냐에 관계없이 뒤에 확정된 판결이 먼저 확정된 판결의 기판력에 저촉되므로 이는 재심사유가 된다(민사소송법 제451조 제1항 제10호). 그러나 재심판결에 의하여 취소되기 전까지는 두 판결 모두 유효하다.

5. 소송절차의 흐름

1) 위와 같이 소장이 법원에 접수되어 특정한 소가 제기되면 법원은 이를 심리·판단하게 되는바, 소가 법원에 제기된 이후 당해 소송사건의 심판이 최종적으로 종료될 때까지의 절차를 소송절차라고 한다. 소송절차는 크게 변론절차와 변론 외의 절차로 나눌 수 있는데, 뒤에서 보는 바와 같이 변론절차는 당해 소송사건의 본안에 관하여, 즉 청구의 당부에 관한 심리를 위한 절차로서 주장과 입증의 변론이 이루어지는 중심적 절차이다.

2) 변론 외의 절차는 변론절차의 준비를 위한 변론준비절차와 기타의 절차로 다시 나

눌 수 있다. 변론준비절차는 변론절차를 진행하기에 앞서 그에 필요한 준비적 소송행위를 하는 절차로서, 당사자 간의 서면공방과 조사의 촉탁이나 감정 등 증거조사활동이 중요하며, 넓은 의미에서는 이 역시 변론절차에 속한다고 할 수 있다.

3) 기타 절차는 재판장의 소장심사나 법원의 소송요건 심사, 소장 부본의 송달, 소송구조신청이나 소송비용담보제공신청, 이송신청에 대한 재판 등과 같이 변론(청구의 당부에 관한 공격방어)과 직접 관계없는 사항에 관한 소송행위가 중심을 이룬다. 판결절차나 상소절차도 이에 속한다고 할 수 있다.

■ **민사소송의 소송절차**

구분	변론절차	변론 외의 절차			
		기타의 절차	변론준비절차	판결절차	상소절차
주요 내용	주장과 입증, 증거조사 등 청구의 당부 판단을 위한 소송자료, 증거자료의 수집·제출	재판장의 소장심사, 법원의 소송요건 심사, 소장 부본의 송달, 소송구조신청이나 소송비용담보제공신청·이송신청에 대한 재판, 보정명령, 소장 부본의 송달 등	당사자 간의 서면공방, 증거신청과 그 증거조사 등 변론절차의 준비적 소송행위	법관의 합의, 판결서 등 재판서의 작성, 판결의 선고, 결정·명령의 고지 등	상소의 제기, 원심재판장의 상소장심사, 소송기록 송부 등

가. 재판장의 소장 심사

1) 앞서 본 바와 같이 소장에는 당사자와 법정대리인, 청구의 취지와 원인을 반드시 적어야 하고 「민사소송 등 인지법」에 정한 바에 따른 인지를 붙이거나 인지금액을 납부하여야 한다. 또, 민사소송규칙 등이 정한 소송비용의 일부로서 송달료도 납부하여야 한다.

재판장은 소장 부본을 피고에게 송달하기에 앞서 소장을 심사하여, 소장에 위 필수적 기재사항이 기재되지 않았거나 인지를 붙이지 않은 경우 상당한 기간을 정하여 그 기간 이내에 흠을 보정하도록 원고에게 명한다. 원고가 위 기간 내에 보정명령을 이행하지 아니한 때에는 재판장이 명령으로 소장을 각하한다(민사소송법 제254조 제1, 2항).

보정기간을 지났더라도 아직 각하명령을 하기 전이면 보정이 가능하고 이때는 소장을 각하할 수 없으나, 각하한 후에는 보정을 할 수 없다(대법원 1996. 1. 12.자 95두61 결정 참조). 재판장의 소장 심사권은 수소법원의 당해 사건에 대한 심사권과는 독립 별개의 권한이며,[19] 재판장의 소장각하명령에 대하여는 즉시항고를 할 수 있다(민사소송법 제254조 제3항).

2) 소장에는 필수적 기재사항으로서 청구취지와 청구원인을 기재하여야 하는바, 청구

---

19) 소장 부본이 피고에게 송달되어 소송 계속의 효력이 발생한 후에는 재판장의 소장 심사권이 소멸하고 이후에는 수소법원만이 당해 사건에 대한 심사권을 갖는다.

원인의 기재 정도와 관련하여서는 논란이 있다. 앞서 본 바와 같이 청구의 특정은 소송요건이기도 하므로 이 문제는 이와 관련하여서 논의되어야 한다. 소장에 청구취지와 청구원인을 필수적으로 기재할 것을 요구하는 것은 청구를 특정하기 위한 것이기 때문이다.

앞서 <청구원인과 소송물>에서 살펴본 바와 같이 청구원인이라 하여 소장에 단순히 매매, 증여, 교환, 불법행위 등과 같은 법률요건의 명칭만을 기재하는 것이 아니라 이러한 법률요건을 충족하는 구체적 법률사실을 청구원인사실로 기재하여야 하는바(민사소송규칙 제62조도 '청구를 뒷받침하는 구체적 사실'을 기재할 것을 요구하고 있다.), 단순히 법률요건의 명칭만을 기재하거나 소장에 기재된 청구원인사실만으로는 권리·의무의 실체법적 발생근거나 청구의 동일성을 식별할 수 없는 경우에는 소장의 필수적 기재사항인 청구원인을 기재한 것이라고 볼 수 없고 청구도 특정되었다고 할 수 없으므로, 재판장은 소장보정명령을 할 수 있다고 할 것이다.

그러나 청구원인을 이루는 법률요건사실 중 일부가 누락되거나 불충분하지만 소장에 기재된 청구원인사실로써 권리·의무의 실체법적 발생근거와 청구의 동일성을 식별할 수 있는 경우에는, 필수적 기재사항이 누락되었거나 청구가 특정되지 않았다고 할 수 없다. 그러므로 이 경우 재판장은 소장보정명령을 할 수 없고 법원도 소를 각하할 수 없으며, 소송 진행 중 석명권을 발동할 수 있으면 이에 의해 보완을 요구할 수 있고[20] 이에 불응하는 경우 본안에 관한 주장·입증책임을 적용하여 청구를 기각하는 것에 그쳐야 한다.

3) 원고가 소 제기 당초에 송달료를 예납하지 않았거나 소장에 기재된 주소로 피고에 대한 소장 부본 송달이 불가능한 때도 재판장은 송달료 예납의 보정명령 또는 주소보정명령을 하여야 하고, 원고가 이를 불이행한 때는 역시 소장을 각하하며, 상소심의 경우 항소장이나 상고장을 각하한다(민사소송법 제116, 255조, 제399, 402, 425조, 대법원 1995. 10. 5.자 94마2452 결정 참조).

4) 또, 재판장은 소장을 심사하면서 필요하다고 인정하는 경우에는 원고에게 청구하는 이유에 대응하는 증거방법을 구체적으로 적어 내도록 명할 수 있으며, 원고가 소장에 인용한 서증의 등본 또는 사본을 붙이지 아니한 경우에는 이를 제출하도록 명할 수도 있다(민사소송법 제254조 제4항). 다만, 이에 대하여는 소장각하 등의 제재가 없다.

5) 한편, 소장을 접수하는 법원사무관등 직원이나 재판 진행을 보조하는 직원이 소장을 심사하여 그 명의로 보정을 권고하는 일도 있다. 이는 어디까지나 재판장의 보조기관으로서 하는 것이고, 권고에 그치는 것이어서 당사자를 구속하는 효력이 없으므로 당사자는 이에 따를 의무가 없으나, 당사자가 따르지 않는 경우 재판장은 이들의 보고를 받아 그 명의로 앞서와 같은 조치를 취하게 된다.

---

20) 이 경우 뒤의 <주장책임>과 <청구의 변경>에서 보는 바와 같이 원고는 청구변경서는 물론 준비서면이나 구두변론을 통해서도 이를 보완할 수 있다고 생각된다.

나. 소장 부본의 송달과 소송 계속

1) 재판장이 소장을 심사하여 하자가 없을 경우, 즉 소장각하명령의 사유가 없는 경우 법원은 소장의 부본을 피고에게 송달하여야 하며(민사소송법 제255조 제1항), 그 부본이 피고에게 도달한 때에 소송 계속(係屬)의 효력이 발생한다. 그리고 이에 따라 중복소송이 금지되고, 관련재판적이 발생하며, 소송의 참가, 소송절차의 중단과 정지, 소송고지 등이 가능하게 된다.

2) 소송 계속의 중심적 효과는 소송의 목적인 청구에 대하여 당사자의 공격과 방어 및 이를 토대로 한 법원의 심리·판단이라고 할 수 있다. 피고의 방어활동은 답변서의 제출로부터 시작된다. 소장 부본을 송달받은 피고는 30일 안에 답변서를 제출하여야 한다(민사소송법 제256조 제1항). 피고가 기간 내에 답변서를 제출하지 않거나, 제출하였더라도 청구원인사실을 모두 자백하는 취지의 답변서를 제출한 경우, 법원은 곧바로 판결선고기일을 지정하고 변론 없이 본안판결을 선고할 수 있다. 다만, 직권으로 조사할 사항이 있거나 판결이 선고되기까지 피고가 원고의 청구를 다투는 취지의 답변서를 제출한 경우에는 그러하지 아니하다(민사소송법 제257조).

3) 답변서에 구체적이고 실질적인 내용을 적지 않고 단순히 기한의 유예만을 신청하거나 요령 없는 내용을 기재한 경우 또는 첨부서류 등이 누락된 경우에는 재판장이나 참여 사무관등은 보정권고나 보정명령을 할 수 있다. 그러나 그 불이행에 대하여는 직접적인 제재가 없다.

다. 변론의 준비와 변론

1) 피고가 답변서를 제출하면 재판장은 이에 대한 원고의 반박이나 기일 외에서의 증거조사 등이 필요하여 변론준비절차가 필요한 경우에는 사건을 변론준비절차에 회부하는데, 변론준비절차는 변론준비기일을 열지 않은 채 기일 외에서 서면공방이나 증거조사를 실시하는 서면공방 방식 또는 변론준비기일을 열어 기일에 진행하는 방식을 선택할 수 있다(민사소송법 제280조 내지 제282조). 변론준비절차는 장차 변론절차에서 제출할 소송자료와 증거자료를 준비하는 과정이다. 변론의 준비는 변론준비절차에 회부되지 않은 때는 물론 이미 변론기일이 지정되어 변론절차가 진행 중인 때에도 이루어질 수 있다.

서면공방 방식에 의한 변론준비절차는 원·피고가 준비서면을 제출하여 공격과 방어의 준비를 하고 제한된 범위에서 증거의 신청과 증거조사를 하는 방식으로 진행되며, 변론준비기일에 의한 방식은 기일을 열어 법관과 당사자가 만나 그 기일에서 위와 같은 소송행위를 하는 방식으로 진행된다.

2) 변론준비절차가 종결되면 변론기일이 지정되고 변론절차에 돌입하며, 변론준비기일

을 연 경우에는 이후 공격방어방법의 제출이 제한된다(민사소송법 제284, 285조). 한편, 변론준비절차가 필요 없는 사건의 경우 재판장은 곧바로 변론기일을 지정한다(민사소송법 제258조). 그러나 재판장은 필요하다고 인정한 경우, 변론절차에 돌입한 후에도 이를 중지하고 변론준비절차에 회부할 수 있다(민사소송법 제279조 제2항).

3) 변론절차는 다음에 보는 바와 같이 소송물에 관한 판단자료인 소송자료와 증거자료를 수집·제출하는 등으로 소송심리의 중심을 이루는 과정으로서, 변론준비절차에서 준비한 사실상·법률상의 주장과 이미 시행한 증거조사의 결과를 제출·진술하고, 변론준비절차에서 하지 못한 추가적인 증거의 신청과 증거조사를 한다.

4) 변론절차, 즉 변론의 중심은 소송자료의 주장과 증거자료의 수집·제출인 입증으로서, 당연히 이는 쌍방 당사자가 중심이 되어 수행하게 된다. 그러나 일정한 사항에 대해서는 직권주의가 적용되므로, 당사자의 주장이나 신청이 없더라도 법원이 직권으로 이를 조사·심리하여야 하는 경우가 있다. 또 직권주의가 적용되지 않는 사항에 대해서도 법원은 변론의 원활한 진행과 실체적 진실 발견을 위하여 당사자에게 변론의 기회를 부여하거나 석명을 구하는 등으로 당사자의 변론을 권유·주선하기도 하고, 변론이나 주장을 제한하는 등으로 당사자의 변론을 통제하기도 한다.

라. 법원의 심리와 판결의 선고

1) 변론절차에서 당사자가 변론을 통해 소송자료와 증거자료를 수집·제출하면, 법원은 그 내용을 인식하거나 증거조사를 하는 등의 방법으로 당해 소송의 대상, 즉 소송의 주제(소송목적인 법률관계)에 관하여 주장된 법률사실의 존부를 인식하고 거기에 법을 적용하여 법률효과의 발생 여부를 인식·도출하게 되는바, 이를 통상 법원의 심증형성(心證形成) 또는 심리(審理)라고 한다.

2) 변론절차가 종결되면 법원은 위와 같이 형성된 심증을 바탕으로 당해 사건에 관하여 판단, 즉 재판(판결)을 선고한다. 법원이 당사자의 재판청구에 대응하여 재판(판결)을

하기 위해서는 위와 같이 심증을 형성하여야 하는바, 이는 크게 사실의 문제와 법률의 문제로 나눌 수 있다.

전자는 판단의 대상인 법률관계를 구성하는 법률사실인 행위 또는 현상을 인식하는 작용으로서 자백의 법리와 증거법리가 적용된다. 한편 이때의 법률사실에는, ① 당사자가 당해 소로써 구하는 구체적 법률효과를 발생시키는 구체적 구성요건에 관한 규범에서 요구하는 법률사실과 ② 그 전제로서 소송요건에 관한 규범에서 요구하는 법률사실(당사자적격, 재판권, 전속관할, 제척기간 등)을 포함하며, 원칙적으로 ①에는 변론주의가 ②에는 직권주의가 적용된다.

▣ 변론을 여는 경우 1심 소송절차의 흐름

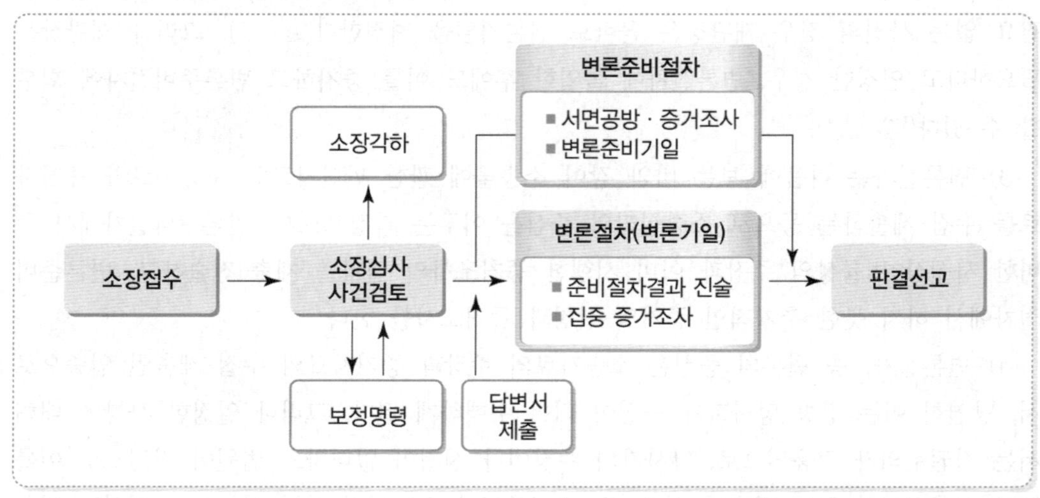

후자는 전자의 과정을 통해 인식된 사실을 바탕으로 법을 적용하여 법률효과의 발생 여부와 그 범위를 도출하는 작용으로서 법관의 직업적 양심과 고도의 전문지식이 요구된다.[21] 이 법률의 적용과 법률효과의 도출 과정은 전적으로 법원에 맡겨진 사항으로서 변론주의가 적용될 여지가 없다. 따라서 법원은 그에 대한 당사자의 주장이 있는지 여부나 그 주장 내용에 관계없이 직권으로 법을 적용하고 법률효과를 도출하여야 한다. 이때 적용되는 법은 구체적 구성요건에 관한 규범과 순수판단규범, 강행규정은 물론 임의규정을 포함하며, 구체적 구성요건에 관한 규범에 의해서는 권리·의무 등의 구체적 법률효과가 발생하고, 순수판단규범에 의해서는 그 법률효과의 발생이 통제·부정된다. 다만, 당사자는 임의규정의 적용을 배제할 수는 있으나[22] 강행법규의 적용을 배제할 수는 없다. 순수판단규범은 모두 강행규정이다. 판결서 등 재판서에는 위와 같은 사실관계의 인식(인정)과 그에 대한 법규의 적용 결과가 담기게 된다(민사소송법 제208조).

3) 재판의 선고나 고지로써 당해 심급의 소송절차는 사실상 종료된다. 재판은 소의 제기라는 당사자의 재판신청에 대한 응답이다. 이 재판은 심리의 수리 여부에 관한 재판, 즉 본안 전 재판(소 각하 판결)과 본안인 청구의 당부에 관한 재판, 즉 본안 재판(청구의 인용 또는 기각 판결)으로 나뉘는데,[23] 변론절차를 거칠 필요 없이 본안 전 재판을 할 수

---

21) 이는, ① 법규의 존재 인식(어떠한 법규가 존재하는지), ② 법규의 적용대상 인식(어떠한 사항에 어떠한 법규가 적용되는지), ③ 법률요건의 인식(적용법규에서 어떠한 법률요건을 필요로 하는지), ④ 법률요건사실의 존부 판단(구체적 사건에서 어떠한 법률요건사실이 존재하는지), ⑤ 법률효과의 발생 여부 판단(적용법규상 당해 법률요건사실에서 어떠한 법률효과가 발생하는지)으로 이루어진다.

22) 임의규정의 적용 배제는 당사자가 이에 반하는 약정을 하는 등으로 임의규정이 정한 내용과는 다른 행위나 현상을 형성하거나, 그 법률효과와 다른 효과를 정하는 방법으로 한다.

23) 심리의 신청을 수리하는 재판은 따로 하지 않고 본안에 관한 재판에 흡수되어 표시된다.

있을 때에는 변론절차 없이 이른 시기에 소 각하 판결이 선고될 수 있음은 앞서 본 바와 같다.

4) 상소심의 경우 이와 별도로 원심재판을 파기·취소·변경하거나 유지하는 재판을 하는데, 이 역시 본안 전 재판이나 본안 재판의 일종이다.

6. 소송행위

가. 소송행위의 의의

(1) 소송행위의 개념

1) 소송절차의 시작에서 종료까지의 전 과정에서 소나 신청을 제기한 자와 그 상대방 및 심리·판단자인 법원과 기타 일정한 범위의 소송관계인들은 ① 소나 신청의 제기, ② 공격방어방법의 제출 등을 통한 변론, ③ 그 과정의 진행단계 또는 최종 단계에서의 법원의 소송지휘와 심판 등 그에 필요한 여러 가지 행위를 하게 되는데, 소송당사자와 법원의 소송절차상의 행위나 소송에 관련된 행위를 소송행위라고 한다.

2) 실체법상 법률행위가 중요하듯이 소송법상으로는 소송행위가 중요한 의미를 갖는다. 소송절차에 관여하는 소송관계인의 여러 가지 활동 중에서 중심적 지위를 차지하는 것이 소송행위이다. 소송행위는 소송법적 법률효과를 발생케 하는 소송법적 법률요건의 하나로서, 실체법상의 법률행위로부터 유추되고 이에 대응하는 개념이지만, 반드시 그 의미와 범위가 완전히 동일하지는 않다. 소송절차는 이를 규율하는 법령의 공법적 성격과 동태성, 정형성 등의 요인으로 인해 실체법상의 법률관계보다 그 활동공간에 제약이 있고, 또 법률행위와 사실행위가 종횡으로 교차하는 구조를 갖고 있기 때문이다.

3) 민사소송법은 '소송행위'란 용어를 사용하면서도(민사소송법 제51, 54, 55, 66조 등) 소송행위에 관한 정의규정을 두고 있지 않다. 따라서 그 개념은 학설과 판례에 맡겨져 있는데, 이에 관하여는, ① 소송절차를 구성하는 행위라는 설, ② 소송법에서 규정하는 행위라는 설, ③ 소송목적을 달성하기 위한 행위라는 설, ④ 소송법상의 법률효과를 발생케 하는 행위라는 설 등이 대립하여 아직까지 학설의 일치를 보지 못하고 있고, 판례도 완전하게 정립되어 있지 못하다. 일반적으로는 ① 소송주체의 행위로서, ② 소송절차를 구성하고, ③ 소송절차 발전의 계기가 되는 것이라고 이해되나,[24] 이는 너무 막연하고 애매하다.

4) 사견으로는, 소송행위의 개념을 정확하게 파악하여 그 본질과 경계를 분명히 하려

24) 소송행위 이론은 1957년 독일 법학자 Baumgärtel 교수가 <Wesen und Begriff der Prozesshandlung einer Partei Zivilprozess: 민사소송에서 당사자에 의한 소송행위의 본질과 개념>를 발간한 데서부터 시작되었다고 할 수 있다. 이를 계기로 독일과 일본에서 다양한 논의가 전개되고, 그것이 우리나라에도 도입되었다.

면 다음과 같은 사항을 검토하여야 한다고 생각된다.

첫째는, 소송절차에는 당사자와 법원(법관)을 비롯하여 다양한 소송관계인이 관여하는바, 누구의 행위를 소송행위로 파악할 것인가의 문제이다.

둘째는, 소송행위의 개념을 파악할 때 법률효과가 어떤 의미를 가지며 양자 간의 관계는 어떠한지, 또 소송행위로부터 발생하는 구체적 법률효과가 무엇인지, 실체법상의 법률행위와 소송행위를 구별하는 기준은 무엇인지가 문제된다.

셋째는, 소송법적 법률효과를 발생케 하는 소송행위를 규율하는 법률요건과 그 요건사실이 무엇인지이다. 이는 나아가 소송법에 규정된 법률요건과 그 요건사실만이 소송행위인지, 아니면 소송법에 규정되지 않은 것이라도 소송행위로 볼 수 있는지 여부와도 관련된다.

넷째는, 소송행위를 규율하는 요건사실의 구체적 내용이 무엇인지이다. 이와 관련하여서는, 소송행위도 실체법의 경우와 같이 의사표시 외에 의사통지나 관념통지, 사실행위 등 준법률행위를 포함하는가가 문제로 된다. 또한 소송행위 중 가장 논란이 많은 소송상의 합의가 실체법상 법률행위인지 아니면 소송행위인지, 그리고 양자를 구별하는 기준은 무엇인지도 문제이다.

다섯째는, 소송행위로부터 유효하게 소송법적 법률효과가 발생하는 데에는 어떠한 요건이 필요한지, 즉 소송행위의 성립요건과 효력요건은 무엇인지가 문제된다.

5) 이를 종합하면, 소송행위는 소송수행의 주체 및 소송관계인이 소송절차 내외에서 당해 소송목적 달성을 위하여 하는 행위로서, 소송법적 권리·법률관계에 관하여 소송법적 법률효과를 발생케 하는 법률요건 또는 그 법률사실로 정의할 수 있다.

(2) 소송행위의 주체

1) 소송절차에는 당사자와 법원(법관)을 비롯하여 다양한 소송관계인이 관여하는바, 누구의 행위를 소송행위로 파악할 것인가? 소송주체인 당사자와 법원의 행위를 소송행위에 포함시키는 데에는 아무런 문제가 없다. 여기서 말하는 당사자는 아직 소가 제기되기 전 상태의, 즉 장차 당사자가 될 사람을 포함한다. 참가인 중 당사자참가인은 당사자에 해당하므로 참가신청 단계에서의 행위도 소송행위에 포함시켜야 할 것이다.

2) 보조참가인은 참가가 허용되더라도 당사자가 되는 것은 아니지만, 그는 당사자와 독립하여 자기의 이름으로 증거신청, 상소의 제기 등 일정한 행위를 할 수 있는 등으로 소송 수행을 하게 되는바, 그의 행위 역시 일정한 소송법적 효력을 발생시키고 그러한 행위를 하는 데에는 당사자와 마찬가지로 소송능력이 필요하므로 보조참가인의 행위도 소송행위에 포함시켜야 한다.

3) 조정위원, 전문심리위원은 법원 그 자체는 아니지만, 일정한 범위에서 소송주체인

법원을 보조하여 일정한 권한을 행사하고 그에 대하여 일정한 소송법적 효과가 부여되므로(민사소송법 제164조의2, 민사조정법 제10조 참조), 그들의 행위도 소송행위에 포함된다고 할 것이다. 증인, 감정인, 통역인도 소송수행의 주체는 아니나, 선서, 증언이나 감정, 통역은 물론 법원의 허가를 받아 남의 토지, 주거, 관리중인 가옥 등에 들어갈 수 있는바, 이러한 행위도 소송해우이로 볼 수 있다.

4) 그러나 법원사무관등과 집행관, 법정경위, 법원보안관리대원은 소송절차에 관여하더라도 그들의 행위가 곧바로 소송법적 효력을 발생하는 것은 아니므로 원칙적으로 이들의 행위는 소송행위에서 제외된다. 다만, 이들이 소송법에 의하여 일정한 권한을 갖고 소송절차 형성을 위하여 하는 행위인 송달, 조서의 작성, 기일의 통지, 집행문부여 등의 행위는 소송행위에 포함된다.

(3) 소송행위와 법률효과

1) 소송행위는 소송수행의 주체가 소송절차를 형성하기 위한 목적으로 하는 행위이므로 그 법률효과는 소송법적 권리·법률관계에 관하여 발생함이 원칙이며, 따라서 이는 소송법의 규율을 받아야 한다.

2) 주지하는 바와 같이 실체법적 권리·법률관계와 소송법적 권리·법률관계는 본질적으로 다르며 구별되어야 한다. 전자는 소송과 관계없이(구체적 소송이 있기 전에 혹은 구체적 소송이 있은 후에) 일정한 법주체가 다른 법주체와 다양한 행위와 현상을 통해 실체법이 규율하는 법률관계를 형성함으로써 성립하며, 그로부터 실체법적 법률효과(권리·의무 등)가 발생한다. 반면에 소송행위는 소송주체가 소송절차를 형성하기 위한 목적으로, 즉 소송법적 법률효과를 발생시킬 목적으로 소송절차 내외에서 소송법이 규율하는 법률관계를 형성함으로써 성립한다. 그리고 실체법적 법률행위는 그로부터 실체법적 법률효과가 발생한 것과는 직접 관계없이, 이와는 별도로 소송행위를 통하여 그것이 소송절차에 제출된 때에야 비로소 소송법적 법률효과를 발생하게 된다.[25]

---

25) 그러므로 소송상 화해는 민법상 화해계약과 구별하여야 하고, 상계나 해제권 행사의 경우 상대방에 대한 상계나 해제의 의사표시와 법원에 대한 그 의사표시(상계나 해제)의 존재 주장을 구별하여야 한다. 왜냐하면 우리 법체계상 실체법의 영역과 소송법의 영역은 서로 독립 별개이기 때문이다. 즉 실체법관계는 소송이나 그 주재자인 법원과 관계없는 법주체인 당사자 쌍방의 관계임에 반해, 소송법관계는 그 실체법관계를 소송절차에 이입(移入)·제출하여 소송상 처분을 하는 것으로서 상호 독립적이다. 따라서 실체법관계에 직접 기하지 않고 순전히 소송절차의 형성·전개에만 영향을 미치는 소나 상소의 제기, 변론재개신청, 청구의 변경, 관할합의, 부제소합의, 소의 취하, 자백의 취소, 소나 상소의 취하합의 등은 매매나 소비대차, 임대차 등과 달리 실체법적 효과 발생을 목적으로 하지 않는 것이므로 처음부터 실체법적 행위에 해당할 여지가 없다. 반면에 상계나 해제, 취소 등은 실체법관계에 영향을 미쳐 그에 따른 법률효과 발생을 목적으로 하는 실체법상의 법률행위로서 그러한 행위는 처음부터 실체법이 규율하는 실체법상의 행위이므로, 그것이 설사 소송절차 진행 중이거나 소송절차 내에서 준비서면 등의 송달이나 구술변론에 의해 행해진 경우에도 그 자체가 곧바로 소송행위가 되거나 그로부터 소송법적 효과가 발생하는 것은 아니며, 그것이 소송법이 요구하는 요건을 갖추어 소송절차에 제출된

소송법관계에서 이루어지는 소송행위는 실체법상의 법률행위와 달리 그 목적이나 지향점이 다르고 그로부터 발생하는 법률효과가 다르기 때문에 실체법의 법원리가 그대로 적용될 수는 없고, 소송법 독자의 법리가 적용되어야 마땅하다. 따라서 소송행위가 적법 유효하게 효력을 발생하기 위하여 필요한 요건, 이를 결여한 경우의 효력과 그 보정·보완 및 치유 방법, 소송행위에 있어 진의의 결여나 하자를 이유로 소송행위를 무효로 하거나 취소할 수 있는지 여부 등은 모두 소송법에 따라야 하고, 소송법에 관련 규정이 없는 경우에는 소송법의 원리를 적용하여 판단하여야 한다.

소송은 실체법상의 행위나 사건 등 실체법상의 법률요건을 기초로 그에 대하여 실체법이 어떠한 법률효과를 부여하는지를 법원이 소송절차를 통하여 심판하는 것이고, 이때 실체법상의 법률행위나 사건 등은 소송절차에서 신청과 주장, 입증이라는 소송행위를 통해 제출되는 것에 불과하므로 논리상 실체법상의 법률관계가 우선한다. 즉 실체법관계는 목적이고 소송법관계는 수단이다. 상계항변 역시 당사자가 상계라는 실체법상의 법률행위를 하고, 이를 소송절차에서 항변으로 제출하는 것에 불과할 뿐이며, 그 상계가 소송절차 외에서 행하여지지 않고 소송절차 진행 중에 비로소 행하여졌다고 하더라도 마찬가지다. 따라서 상계는 실체법상의 법률행위로서 실체법이 적용되고, 상계항변은 소송행위로서 소송법이 적용되어야 한다.[26)]

3) 소송행위는 다양한 소송법적 법률효과를 발생시키는바, 이를 대별하면 심판대상인 소송목적에 관계되는 것과 소송목적에 관계없는 것으로 나눌 수 있다. 전자는 소의 제기(재판의 청구와 청구의 특정)와 청구의 변경 및 변론(공격방어방법의 제출)으로써 이루어지고, 그 법률효과는 소송목적인 권리·법률관계의 존부와 변동에 영향을 미치며, 후자는 관할의 합의나 부제소합의, 상소의 제기나 이의신청, 소나 상소의 취하, 소송대리권의 수여, 피고경정, 변론의 분리·병합·종결·재개, 소송의 이송, 소송의 승계, 기일지정신청 등과 같이 소송절차를 형성하는 소송행위로써 이루어지고, 그 법률효과는 소송목적인 권리·법률관계의 존부나 변동과는 관계가 없는 소송절차의 계속이나 종료 등 소송절차의 변동에 영향을 미친다.

실체법관계가 소송목적이 되어 소송절차를 통해 그 권리·법률관계의 존부와 범위 및

때에야 비로소 소송행위가 있게 된다. 즉 그 경우 상계나 해제, 취소가 곧 소송행위가 되는 것이 아니라 그에 대한 소송상 주장과 입증이 소송행위가 되는 것이다.

26) 뒤에서 보는 소송행위설에서는 상계, 해제, 취소 등 실체법적 행위 역시 실체법적 행위성을 부인하고 그것들이 오로지 소송상 목적 달성만을 위하여 소송법적으로 이루어지는 행위임을 전제로, 상계항변 후 소가 취하되거나 소가 각하된 경우에는 상계의 효력은 처음부터 없는 것으로 된다고 주장하나, 소송법상 이러한 효과가 어떤 근거에서 발생하는지 설명할 수 없으며, 실체법관계에 대하여 실체법에 기반하지 않은 법률효과 발생을 허용하는 이상한 결과를 초래하게 된다. 소송절차 내에서 상계의 의사표시를 하고 이를 토대로 상계항변을 한 후 소가 취하되거나 소가 각하된 경우에는 상계의 효력이 발생하지 않도록 하려면 이를 예비적으로 주장하면 충분하다.

변동이 확정되면, 그에 따른 소송법적 법률효과는 실체법상의 권리·법률관계와는 별개 독립하여 존재하게 된다.

4) 위와 같이 실체법적 법률행위와 소송행위가 개념상 구별되고, 각 그로부터 발생하는 법률효과도 다르지만, 양자 모두 일정한 법률효과 발생을 목적으로 하므로 그 성립요건과 효력요건을 갖춘 경우, 각 그로부터 곧바로 그 행위가 목적하는 법률효과가 발생한다. 따라서 소송행위에 유사한 어떤 행위가 있더라도, 그로부터 곧바로 소송법적 법률효과가 발생하지 않는다면 이는 소송행위라고 보기 어렵다.

예컨대, 소송 도중에 피고가 소송절차 밖에서 원고에게 상계의 의사표시를 한 경우, 그러한 의사표시로부터 실체법적 법률효과인 채무 소멸의 효력이 발생하더라도 이를 소송행위인 항변으로 주장하지 않으면 소송법적 법률효과인 청구권 소멸의 효력이 발생하지 않으므로, 소송절차 밖에서의 상계 의사표시는 실체법적 법률행위에 해당할 뿐 소송행위가 아니다.[27] 또한, 소송 도중에 원·피고가 소나 상소 취하의 합의를 한 경우에도, 그 합의에 따라 원고나 상소인이 법원에 소나 상소 취하의 의사표시(소송행위)를 하지 않으면 그러한 합의로부터 소나 상소 취하라는 소송법적 법률효과가 발생하지 않으므로, 그 합의는 실체법적 법률행위에 해당할 뿐 소송행위로 볼 수 없다.[28]

반면에 소의 제기, 소나 상소의 취하, 청구의 포기나 인낙, 자백, 증거방법의 제출 등의 단독적 행위는 물론 소송대리인 선임계약이나 부제소합의, 관할합의, 소송상화해와 같은 소송상 합의는 별도의 행위가 필요 없이 그 행위나 합의와 동시에 소송법적 효력이 발생하므로 이는 소송행위에 해당한다. 법원에 소송대리권의 존재를 증명하는 것(민사소송법 제97, 58조)은 소송대리인 선임계약의 효력 발생과는 관계가 없다.

5) 이와 같이 실체법적 법률행위와 소송행위는 그 법률요건과 법률효과 및 이를 규율하는 법령이 다르고, 양자는 독립 별개의 것이다. 그러나 그렇다고 하여 하나의 행위가 양자의 성질을 겸유하는 것까지 부정하는 것은 아니다.

---

27) 상계를 소송 중에 답변서나 준비서면 등의 송달로써 한 경우에도 같다. 그 문서의 송달에 의한 상계의 의사표시는 소송문서의 송달에 의하여 실체법상의 행위인 상계의 의사표시를 하는 것이고(변론기일에 구두로 상계의 의사표시를 한 경우도 같다), 그에 따른 실체법적 효과(엄밀히는 그 존재)를 법원에 주장하는 것이 소송행위인 소송상 항변(상계항변)에 해당한다. 따라서 상대방에 대한 상계의 의사표시는 어느 경우에나 소송행위가 아니다.

28) 당사자 간에 소나 상소의 취하합의가 있었는데 원고나 상소인이 이에 위반하여 소나 상소를 취하하지 않고 소송을 유지할 경우, 상대방은 이를 본안전 항변으로 주장할 수 있고, 그 항변이 없더라도 법원이 어떻게든 그 합의 사실을 안 경우 법원은 소나 상소 각하의 판결을 하게 되는바(대법원 1982. 3. 9. 선고 81다1312 판결, 2005. 6. 10. 선고 2005다14861 판결, 2013. 7. 12. 선고 2013다19571 판결, 2018. 5. 30. 선고 2017다21411 판결 등 참조), 이는 당해 소나 상소의 취하합의에서 본래 의욕한 소송법상의 법률효과인 '소나 상소의 취하' 효력이 발생한 것이 아니라, 이와는 별개로서 직권조사사항인 소나 상소의 요건(소나 상소의 이익)에 영향을 미친 결과에 지나지 않으므로, 이를 이유로 그 합의를 소송행위로 볼 수는 없다.

예컨대, 소송대리인 선임계약은 소송수행의 주체가 소송수행을 위한 대리권을 수여하기 위한 목적으로 소송법에 따라 하는 행위이고,[29] 그로부터 소송대리권의 발생이라는 소송법적 법률효과가 곧바로 발생하므로 소송행위에 해당한다. 그러나 이와 동시에 대리인은 그 계약에 따라 선량한 관리자로서 임무를 수행하여야 할 의무가 있고(민법 제681조), 본인은 그 계약에 따라 대리인에게 보수와 업무처리비용을 지급할 의무를 지는바, 이는 실체법적 법률효과라고 할 수 있다. 따라서 소송대리인 선임계약은 실체법적 법률행위와 소송행위의 성질을 겸유한다고 말할 수 있다.

6) 그런데 어떠한 행위가 소송과 관련하여 행하여진 때, 그것이 실체법상의 법률행위인지 아니면 소송행위인지가 항상 분명한 것은 아니다. 실체법이든 소송법이든 그 법률요건과 법률효과를 빠짐없이 규정하지 않고 있을 뿐만 아니라, 민법은 강행규정에 반하지 않는 한 당사자의 자유로운 행위를 허용하고 그것이 의욕하는 법률효과 발생을 용인하기 때문이다(민법 제105조). 따라서 소송법에 명문으로 법률요건과 법률효과를 규정하지 않은 것이라도, 소송법적 법률효과를 목적으로 한 것으로서 소송법관계에 적합할 경우에는 이를 소송행위로 용인할 수 있다.

이와 같이 어떤 행위의 성질이 실체법상의 법률행위인지 소송행위인지 분명하지 않을 때 이를 어느 것으로 보느냐에 따라 그 효력이 달라지는바, 이에 관하여는 오래 전부터 논란이 있어 왔다. 이는 소송절차 밖에서 이루어지거나 소송절차가 개시되기 전에 이루어진 행위에 대하여 민법 등 실체법을 적용할 수 있는지를 둘러싸고 주로 논란이 되지만,[30] 위와 같이 소송절차 내에서 이루어지는 소송상 화해나 취소권, 해제권 또는 상계권 행사 등과 같은 형성권 행사를 둘러싸고도 의견대립이 있다.[31]

---

29) 소송법에서는 소송대리인 선임계약의 방법은 따로 규정하지 않고 있지만 소송대리인의 자격이나 그 대리권의 범위, 대리권의 소멸 사유 등에 대해서는 민법과 다른 별도의 규정을 두고 있다.

30) 뒤에서 보는 바와 같이 소송행위에 대해서는 철회, 해제는 물론 착오, 사기, 강박 등을 이유로 한 무효, 취소 등의 주장이 원칙적으로 부인되는바, 이를 실체법적 행위로 보는 입장에서는 그에 대해 실체법의 적용을 긍정하여 이를 해결하려고 한다.

31) 19세기 후반에 들어와 공법학의 대두와 그 영향하에, 소를 사법상 청구권을 소송을 통해 행사하는 사법적 법률행위의 한 형식이라고 이해하는 사법적 소권설(私法的 訴權說)이 지양되고, 소송행위와 소송절차는 사법행위와는 절연된 것으로서 그 독자의 목적과 지향점을 가지며 실체법과는 다른 법원리에 의하여 규율되어야 한다는 공권적 소권설(公權的 訴權說)이 통설적 소권이론으로 자리 잡게 되었다. 그런데 공권적 소권설에서도 소송행위를 파악하는 기준으로, ① 소송법상의 효과를 가져오는 행위는 모두 소송행위라고 보는 이른바 효과설, ② 효과뿐만 아니라 법률요건 역시 소송법에 의하여 규정되는 행위만이 소송행위라고 보는 이른바 요건 및 효과설이 대립하는데, 오늘날 전자가 통설적 지위를 차지하게 되었다. 그런데 위와 같이 효과설을 취하더라도, 하나의 행위가 실질적으로 실체법적 효과와 소송법적 효과를 모두 발생케 하는 경우가 있는바, 이 경우 소송법적 효과를 발생시키는 것 모두를 소송행위로 파악할 것인지, 아니면 그 행위의 주된 효과가 소송절차에 고유하고 필수불가결한 것만을 소송행위로 파악할 것인지 견해가 대립하는데, 후자가 지배적 견해이다. 그러나 후자의 견해를 취하더라도, 뒤에서 보는 바와 같이 경우에 따라서는 양쪽의 법률효과를 모두 고려하여야 할 필요가 있다.

이에 관하여는, ① 이러한 경우 소송행위가 실체법상의 법률행위를 필수적 요소로 하고 있음을 전제로, 어느 하나의 요건이라도 결한 경우 양쪽 모두의 효과가 생기지 않는다고 보아 실체법상의 효과와 소송법상의 효과가 발생하기 위해서는 실체법과 소송법 쌍방의 법률요건을 모두 구비하여야 하고, 만약 그 어느 일방의 요건을 흠결하는 경우에는 실체법상의 효력과 소송법상의 효력이 모두 발생하지 않는다고 보는 양성설(兩性說), ② 이러한 경우 실체법상의 법률행위와 소송행위 양자의 행위를 겸하며, 실체법상의 효과와 소송법상의 효과는 각기 그 요건을 구비함으로써 독립하여 발생하고, 양자는 서로 영향을 미치지 않는다고 보는 병존설(兩行爲竝存說), ③ 이러한 경우 소송상 화해나 상계와 같은 행위는 모두 소송행위일 뿐 실체법상의 법률행위를 겸하거나 실체법상의 법률행위로서의 성질을 갖는 것은 아니고, 따라서 그 효력 역시 오로지 소송법상의 효과만이 발생할 뿐이며 실체법을 적용할 여지는 없다고 보는 소송행위설이 대립한다.

그러나 사견으로는 이상의 어느 학설에 의하더라도 문제를 명쾌하게 해결할 수는 없다. 앞서 본 바와 같이, 소송행위가 모두 실체법상의 법률행위를 필수적 요소나 전제로 하는 것은 아니고, 양자가 언제나 중복하는 것도 아니며, 궁극적으로는 소송법적 법률효과를 목적으로 한다고 하여 그러한 행위가 모두 소송행위라고 할 수도 없기 때문이다. 그러므로 이 문제는 우선, 그 행위가 실체법에서 법률요건과 법률효과를 정한 것인가 아니면 소송법에서 법률요건과 법률효과를 정한 것인가를 기준으로 판단하여야 할 것이다. 소송법에서 법률요건과 법률효과를 규정한 경우에는 대부분 소송행위로서 여기에 실체법을 적용하여야 할 일은 거의 없다. 소송법에서 법률요건과 법률효과를 규정하지 않은 경우에는 소송법관계의 성질이나 다른 규정과의 관계상 이를 소송법적 법률효과 발생을 허용하여 소송법관계에 편입할 수 있는지 여부에 따라 그 허부를 결정하여야 한다. 또한, 경우에 따라서는 실체법상의 행위도 그러하지만, 소송행위 중 일부는 당해 법률관계의 안정과 확실성을 기하기 위하여 요식성을 요구하는 경우가 많은바, 그 요식성도 양자를 구별하는 기준이 될 수 있다.

다음으로는, 그로부터 발생하는 법률효과가 실체법적 권리·법률관계에 영향을 미치는지 아니면 소송법적 권리·법률관계에 영향을 미치는지에 따라, 전자는 실체법상의 법률행위로 보고 후자는 소송행위로 보아야 한다. 만약 양자를 모두 인정할 수 있다면 양자의 성질을 겸유하는 것으로 보되, 실체법적 권리·법률관계에는 실체법을, 소송법적 권리·법률관계에는 소송법을 적용하여야 할 것이다.[32] 그리고 이때 그 행위가 소송행위로서

32) 이와 관련하여서는, 소송법상의 효과를 가져오는 행위를 원칙적으로 소송행위로 파악하되, 양자의 구별이 문제되는 경우 실체법상의 법률효과와 소송법적 효과 중 어느 것이 주요 불가결의 효과이고, 어느 것이 제1차적인 효과인가를 판단해서 구별하는 이른바 주요효과설이 지배적 견해이다. 예컨대 소송위임계약의 경우, 그로부터 소송대리권의 발생이라는 소송법적 법률효과와 보고청구권, 수임인이 취득한 물건 등의 인도청구권, 보수청구권의 발생이라는 실체법적 법률효과가 동시에 발생하는바, 그렇

소송법적 법률효과를 발생하려면, 다른 행위를 거치지 않고 그 행위와 동시에 곧바로 그러한 효과가 발생하여야 함은 앞서 본 바와 같다. 또한 양자의 성질을 겸유하는 경우, 소송법관계에서는 소송행위의 성질상 실체법관계와 달리 무효, 취소 등의 주장이 제한되어야 함은 물론이다.

그러므로 소송이 계속되기 전 또는 소송이 계속되는 중에 소송목적이 된 분쟁에 관하여 법원의 관여 없이 당사자끼리만 일정한 내용의 합의를 통해 이를 해결하기로 한 경우, 이는 민법상의 화해계약에 해당할 뿐 소송행위에 해당할 여지는 없다. 소송법이 규정한 재판상화해는 반드시 법관의 면전에서 하여야 하고 조서가 작성되어야 하는 요식행위이기 때문이다. 따라서 법원의 관여하에 합의를 하였고 화해조서가 작성되었다면 이는 순수한 소송행위로 보아야 한다.[33)]

대법원은 재판상화해에 대하여 한때, 이는 일면 사법상의 계약인 성질이 있어 사법상 무효의 원인이 있을 때에는 소송법상의 효력도 발생하지 않고 당연무효가 되고, 그 무효의 주장은 준재심사유에 해당하거나 아니하거나를 불문하고 이를 허용하여야 하며, 이를 주장하는 방법도 준재심에 한정되지 않고 독립한 소의 제기도 허용하여야 한다는 입장을 취하였으나(대법원 1955. 9. 8. 선고 4288민상12 판결, 1957. 9. 19. 선고 4290민상427 판결, 1957. 12. 26. 선고 4290민상638 판결, 1959. 10. 22. 선고 4291민상475 판결 등), 그 뒤 재판상의 화해가 조서에 기재되면 그 기재는 확정판결과 동일한 효력이 있으므로 준재심의 소에 의한 취소·변경이 없는 한 당사자는 그 화해의 취지에 반하는 주장을 할 수 없다고 하여 사실상 종전의 판례를 변경하였다(대법원 1960. 9. 29. 선고 4291민상511 판결, 2007. 10. 25. 선고 2007다36223 판결 등).

(4) 소송행위를 규율하는 법률요건과 요건사실

1) 위와 같이 소송행위는 소송법에서 그 법률요건과 법률효과를 규율하는 행위이다. 이와 관련하여, 소송법상의 법률효과를 발생하는 것이면 모두 소송행위인가, 아니면 그 법률요건이 소송법에 정해진 것이라야만 소송행위에 해당하는가?

실체법이 모든 법률요건과 그 요건사실을 망라하여 빠짐없이 규정할 수 없는 것과 마

다고 하더라도 어디까지나 소송대리권의 발생이 주된 것이므로 이는 실체법상의 행위가 아니라 소송법상의 행위, 즉 소송행위로 보아야 하며, 당연히 소송법을 우선적으로 적용하여야 한다는 것이다. 그리고 이에 대하여 실체법을 아울러 적용하는 경우에도 이러한 사정을 충분히 고려하여야만 한다고 본다. 이에 대한 자세한 논의는 김홍규, "소송행위와 사법행위", 새법정 4권12호(46호), 한국사법행정학회(1974) 참조. 그러나 양쪽 영역으로 구분하여 각각의 법률관계를 적용할 수 없는 경우라면 몰라도 그렇지 않다면 굳이 어느 한쪽의 법률관계만 일률적으로 적용하는 것은 부당하다.

33) 만약 소송절차에서 법원의 관여하에 당사자 간에 일정한 내용의 합의를 하였으나 화해조서가 작성되지 않은 경우, 요식행위인 화해조서가 작성되지 않은 이상 이를 소송행위(소송상화해)로 볼 수 없다. 이때 이를 민법상의 화해계약으로 볼 수 있느냐는 의사해석의 문제이다. 당사자 간에 분쟁을 해결하기로 완전한 합의가 이루어졌는데 법원의 실수로 화해조서만이 작성되지 않은 것이라면 구두에 의한 화해계약으로 볼 수 있으나, 당사자 간에 분쟁을 해결하기로 완전한 합의가 이루어지지 않았다면 화해계약으로 볼 수 없다고 할 것이다.

찬가지로 소송행위 역시 그러하다. 즉 소송법 역시 모든 소송법적 법률요건을 빠짐없이 규정하고 있지는 않으며, 그것은 애초부터 불가능하다. 그런데 만약 소송법에 그 법률요건이 규정된 것만을 소송행위로 이해하게 된다면, 소송법에 규정되지 아니한 부제소합의, 증거계약, 불상고합의 등은 모두 소송행위에서 제외되게 되는바, 그것이 부당함은 말할 나위가 없다.

따라서 반드시 그 법률요건이 소송법에 규정된 것에 한하여 이를 소송행위로 파악할 필요는 없고, 소송법적 법률효과를 발생하는 것이면 소송법에 규정이 없는 것이라도 소송행위에 포함시켜야 한다.[34] 이것이 통설이고 판례(대법원 2014. 5. 29. 선고 2012다54126 판결, 2019. 8. 14. 선고 2017다217151 판결 등) 역시 같다. 소송법에 규정되지 아니한 소송행위는 단독적 소송행위는 거의 없고 합의적 소송행위에 많다.

2) 위와 같이 소송행위로부터 일정한 소송법적 법률효과가 발생하고, 소송행위는 소송법상의 법률요건에 해당하여 구체적·역사적 사실로서의 요건사실을 갖는바, 그렇다면 소송행위는 의사표시를 필수적 요소로 하는가?

이를 긍정한다면, 소송행위는 의사표시를 필수적 요소로 하는 소송법적 법률행위에 한정될 것이다. 그러나 실체법적 법률관계에서도 법률행위에 한정되지 않고 의사통지, 관념통지, 사실행위 등의 준법률행위로부터도 일정한 법률효과가 발생한다. 실제로 소송절차에서도, 변론기일에서의 사실이나 법률에 관한 주장, 서증 등 증거방법의 제출, 증인이나 당사자본인의 신문, 이의권의 불행사를 통한 이의권의 상실, 소송대리권소멸통지나 소송고지, 송달영수인이나 송달장소변경 신고, 소 취하나 이의신청 취하에 대한 동의, 하자 있는 소송행위의 추인, 소장이나 준비서면의 부본 또는 판결 정본을 송달받는 행위 등은 의사표시를 요소로 하는 법률행위에 해당하지 않지만, 그로부터 일정한 소송법적 법률효과가 발생한다. 따라서 의사통지나 관념통지, 사실행위 등 소송법상의 준법률행위도 소송행위에 포함된다고 보아야 한다.

(5) 소송행위의 요건사실인 구체적 행위의 내용과 태양

1) 위와 같이 소송행위는 소송법에서 그 법률요건과 법률효과를 규율하는 행위이거나, 소송법에 그 법률요건이 규정되지 않았지만 소송법적 법률효과를 발생케 하는 것이다. 소송법에서 그 법률요건을 규정한 경우에는 그 요건사실도 규정하고 있는 것이 대부분이지만, 소송법에 그 법률요건이 규정되지 않은 경우에는 해석에 의하여 그 법률요건과 요건사실을 추론할 수 있다.

2) 소송행위의 법률요건은 다종다양한바, 여러 가지 기준에 따라 이를 유형화할 수 있

---

34) 소송법에 규정된 소송행위는 순수한 소송행위 또는 협의의 소송행위로, 소송법에 규정이 없는 것으로서 소송법적 법률효과를 발생하는 소송행위는 광의의 소송행위로 이해할 수 있다.

다. 기본적으로는 ① 소의 제기(청구의 특정)와 청구의 변경 및 변론(공격방어방법의 제출) 등 심판대상인 소송목적에 관계되는 소송행위와, 소송목적에 관계없이 관할의 합의나 부제소합의, 소나 상소의 취하, 소송대리권의 수여, 하자 있는 소송행위의 추인 등과 같이 소송절차를 형성하는 소송행위, ② 법률행위적 소송행위와 준법률행위적 소송행위, ③ 일방의 소송당사자가 하는 단독적 소송행위와 쌍방 소송당사자가 하는 합의적 소송행위(소송상 합의) 및 합동적 소송행위, ④ 변론, 자백, 청구의 포기·인낙, 소나 상소의 취하 등과 같은 소송절차 내에서의 소송행위와 관할합의나 소송위임, 부제소합의 등과 같이 소송절차가 개시되기 전 소송절차 밖에서 이루어지는 소송행위 등으로 나눌 수 있다.

3) 한편, 소송행위의 구체적 요건사실 역시 그 법률요건에 따라 의사표시는 물론 의사통지나 관념통지, 사실행위 등 여러 가지 형태로 이루어지는데, 소송법에 규정된 것은 그에 따를 것이나 소송법에 규정되지 않은 것은 판례와 학설에 의해 정해질 것이다.

4) 단독적 소송행위는 일방 당사자의 소송행위로써 곧바로 일정한 소송법적 법률효과가 발생하므로 대부분 소송법에서 그 법률요건과 법률효과를 규정하는 경우가 많고, 소송법 외에서 이를 인정할 경우는 거의 없다. 이를 쉽게 인정하면 상대방 당사자에게 불측의 손해를 입힐 우려가 있기 때문이다. 반면에 합의적 소송행위는 그러한 우려가 없고 쌍방의 의사에 따라 다양한 합의를 할 수 있으므로 그 폭이 넓다.

5) 이와 관련하여, ① 구체적인 경우에 어떠한 소송상 합의가 허용되거나 허용되지 않는지, ② 소송과 관련한 합의가 있는 경우, 그것이 소송행위에 해당하는지 여부 및 그에 대하여 실체법이 적용될 수 있는지 여부, ③ 그러한 합의로부터 구체적으로 어떠한 법률효과가 발생하는지가 문제되는바, 이는 뒤에서 따로 논의하기로 한다.

(6) 소송행위의 특질

1) 소송절차는 개개 소송행위의 법적 또는 사실적 효과에 의하여 동태적으로 발전하므로 소송행위는 순차적으로 선행행위를 전제로 하며, 그러한 행위가 연속하여 종국판결의 확정에 이르기까지 전체로서 하나의 소송절차가 형성, 진행되는 관계에 있다. 따라서 개개 소송행위의 법적 성질이나 그 효과, 보완의 가부를 판단할 때는 이러한 소송행위의 동태적·상호연관적 성질을 충분히 고려하여야 한다.

2) 소송행위는 사법행위와는 달리 개개의 소송행위 그 자체만으로는 독립하여 존재의의를 갖는 경우는 드물고 계통적으로 연속하는 소송절차의 일부를 이루며, 이에 따라 그로부터 발생하는 법률효과도 당사자가 의욕하는 것(내심의 의사나 목적)보다는 소송법이 정하는 일정한 방향으로 작용한다(이른바 법규효과).

따라서 어떤 행위가 소송행위로서 성립하기 위해서는 소송행위라고 볼 수 있는 외부적 표현이 있고, 그것이 소송주체의 표시의사에 기하여 이루어져야 함은 물론이지만, 표시의사에 대응하는 효과의사를 반드시 필요로 하지 않는다. 즉 소송법관계의 안정과 신뢰, 상대방 당사자의 이익보호를 위한 소송법원리상, 소송법관계에 있어 소송행위는 원칙적으로 그 표시된 행위에 따라서 판단하여야 하고, 그 내부적 효과의사의 하자나 흠결은 당해 소송행위의 효력에는 영향을 미치지 아니함을 원칙(이른바 표시주의, 형식주의)으로 한다(대법원 1984. 2. 28. 선고 83다카1981 전원합의체 판결, 1997. 10. 24. 선고 95다11740 판결, 2002. 4. 22.자 2002그26 결정, 2002. 10. 11. 선고 2000다17803 판결, 2007. 11. 29. 선고 2007다52317,52324 판결 등).

또한, 이러한 원리에 따라 법원에 대하여 일정한 행위를 구하는 소의 제기, 변론재개신청, 이송신청, 피고경정신청, 증거신청 등의 소송행위는 그에 따른 법원의 행위가 있기 전에는 원칙적으로 자유로이 철회할 수 있지만, 법원의 행위가 이미 이루어졌거나 상대방이 답변서를 제출하거나 변론을 통하여 다투는 등으로 소송법관계상 이해관계를 갖게 된 때는 일정한 범위에서 제한된다. 반면, 소송주체의 행위와 동시에 효력을 발생하는 소나 상소의 취하, 소송상 화해, 청구의 포기·인낙, 자백 등의 소송행위는 원칙적으로 자유로이 철회할 수 없다. 뒤에서 보는 바와 같이 소송행위상 의사표시의 흠결이나 하자를 이유로 한 무효, 취소가 제한되고, 조건이나 기한을 부가하는 것이 제한되는 것도 같은 이유 때문이다.

3) 실체법상의 법률행위에는 우선 대부분의 경우에 권리능력이 필요한바, 소송절차를 전제로 한 소송행위에서는 이에 대응하여 당사자능력이 요구되나, 경우에 따라 법인 아닌 사단이나 재단(민사소송법 제52조), 조합의 업무집행조합원(대법원 1997. 11. 28. 선고 95다35302 판결 등) 등과 같이 권리능력이 없는 경우에도 당사자능력이 인정된다.

실체법상의 법률행위를 하는 데에는 의사능력과 행위능력이 있으면 충분하지만, 소송행위가 유효하기 위해서는 위와 같이 의사능력과 행위능력 외에 경우에 따라서는 변론능력도 요한다. 그러나 변론능력은 변론기일이나 이에 준하는 증거조사기일에서 변론(주장과 증거신청)이라는 소송행위를 하는 때에만 필요할 뿐 모든 소송행위에 다 필요한 것은 아니다. 즉 소의 제기나 상소의 제기, 소의 취하, 소송문서의 송달 수령, 증언 등은 변론능력이 없는 자라도 유효하게 할 수 있다.

4) 소송행위는 실체법상의 법률행위와 달리 시간적인 제한이 훨씬 크다. 이의신청기간이나 상소제기기간, 부대상소제기기간, 반소제기기간, 집행기간 등에 제한이 있고, 증거신청이나 주장, 인지보정 등 소송행위의 보정·추완, 준비서면의 제출 등에도 상당한 기간 제한이 가해지며, 이를 게을리 한 때에는 당해 소송행위가 무효로 되거나 신청이 배척되는 등의 제재가 따른다(민사소송법 제146, 147, 149조, 제173조, 제399조 제2항, 제409조 제2항, 제425조 등 참조). 또한, 소송행위에는 시간과 장소적 제한도 가해진다. 변론은 변론준비기일이나 변론기일에 재판장이 정한 일정한 시간에 법정에서 하여야 하며, 검증은 검증기일에 검증장소에서 하여야 한다.

5) 소송행위에 대해서는 실체법상의 행위와 달리 민법상의 표현대리 규정이 적용 또

는 준용될 수 없다. 따라서 공정증서가 집행권원으로서 집행력을 가질 수 있도록 하는 강제집행인낙의 의사표시는 공증인에 대한 소송행위이므로, 이에 대해서는 표현대리법리의 적용이 없다(대법원 1983. 2. 8. 선고 81다카621 판결, 1994. 2. 22. 선고 93다42047 판결 등).

6) 소송행위는 실체법상의 행위에 비해 요식성이 강하다. 일반적으로 소송행위는 구술 또는 서면으로 할 수 있기는 하지만(민사소송법 제161조), 소의 제기나 청구취지의 변경, 관할합의, 불항소합의, 상소, 청구의 포기·인낙, 소송상 화해 등 일정한 소송행위는 서면으로 하여야 한다. 이러한 요식행위는 소송법관계의 확실을 기하고 법적 안정을 위한 것이다.

(7) 소송행위의 요건

1) 소송행위도 유효하게 성립하여 효력을 발생하기 위해서는 성립요건과 효력요건을 갖추어야 한다. 이는 실체법적 법률행위의 성립요건과 효력요건에 대비되는 개념이다.

소송행위의 요건은 개개의 소송행위가 효력을 발생하기 위한 요건이므로, 소송 전체가 적법하여 그것이 하나의 단위로서 심판의 대상이 될 수 있는 자격요건인 소송요건과는 다르다. 다만, 소송행위의 요건을 결하여 그 소송행위가 무효가 됨으로써 결과적으로 소송요건을 결하게 되는 경우가 발생할 수는 있는바, 소의 제기나 상소의 제기가 무효인 경우에는 그 소나 상소를 부적법하게 만든다.

2) 소송행위의 성립요건은 개개의 소송행위를 구성하는 요건사실로서 앞서 본 바와 같이 그 구체적인 내용은 각각의 소송행위별로 소송법에 의해 정해진다.

3) 소송행위의 효력요건으로는 통상 당사자능력, 의사능력, 소송능력, 변론능력, 대리권의 존재를 들 수 있다. 또한, ① 소의 제기나 관할합의, 불항소합의, 청구취지의 변경 등과 같이 소송법에서 소송행위를 서면으로 할 것을 요구하는 경우, ② 청구의 포기·인낙이나 자백, 소송상화해와 같이 변론기일 등에서 구술로 할 것을 요구하는 경우, ③ 청구의 포기·인낙 조서나 조정조서, 화해조서의 작성이 요구되는 경우에는 그러한 일정한 형식 역시 소송행위의 요건에 해당한다. 법원의 소송행위인 판결의 선고도 반드시 법정에서 구두로 하여야 하고, 판결서 원본에 의하여야 한다는 점에서 요식행위라고 할 수 있다. 또한 소송행위에 기한 제한이 있는 경우 그 기한 역시 소송행위의 효력요건에 속한다.

4) 소송행위의 효력요건 가운데 특히 문제되는 것은 소송행위를 기한이나 조건부로 한 경우이다. 소송행위를 기한이나 조건부로 하는 것은 실체법적 법률행위와 달리 많은 제한이 따른다. 소송법관계는 상대방 당사자의 이해에 직접 관계되고, 공법절차인 소송절차의 안정과 명확성을 위하여 그 법률효과가 분명하고 확정적이어야 하기 때문이다.

5) 소송행위의 요건을 결한 경우 그 소송행위는 무효이므로, 법원은 그 소송행위가 소송행위의 요건을 갖춘 것인지 여부를 먼저 심리하여 그것이 적법·유효한 경우에만 그에

따른 판단을 할 수 있고, 후속 절차를 진행할 수 있다. 따라서 소송행위의 요건은 법원의 직권조사사항에 속한다(대법원 2012. 7. 5. 선고 2012다14753 판결 참조).[35] 일정한 경우, 법원은 요건을 결한 소송행위의 보완을 명하여야 하거나 명할 수 있고, 뒤에서 보는 바와 같이 당사자는 이를 보완하거나 추인할 수 있다. 소송행위에 의사의 흠결이나 착오, 사기, 강박 등이 있는 경우의 효력은 뒤에서 본다.

나. 소송행위의 종류

소송행위는 여러 기준으로 나눌 수 있다. ① 소송주체에 따라 법원의 소송행위와 당사자의 소송행위, 기타 소송관계인의 소송행위로 나눌 수 있고, ② 또 소송주체가 단독으로 하는 단독적 소송행위와 합의에 의한 소송상 합의(소송계약), 합동행위적 소송행위, ③ 소송절차 외에서의 소송행위와 소송절차 내에서의 소송행위, ④ 소송절차 개시 전의 소송행위와 소송절차 개시 후의 소송행위, ⑤ 법원의 재판을 기다리지 않고 곧바로 일정한 효과가 발생하는 여효적(與效的) 소송행위와 재판을 통하여 비로소 그 소송행위로써 달성하려는 효과가 발생하는 취효적(取效的) 소송행위, ⑥ 법률행위적 소송행위와 비법률행위적 소송행위, ⑦ 소송행위의 상대방이 누구인지에 따른 법원에 대한 소송행위, 상대방 당사자에 대한 소송행위 등이 그것이다.

▣ **소송행위의 종류**

기 준	유 형	내용(예시)
①소송주체	법원의 소송행위	피고 경정허가, 소송비용담보제공명령, 변론기일의 지정, 변론의 병합·분리·종결·재개, 변론제한, 소송대리허가, 소송의 이송, 증거조사, 판결의 선고 등
	당사자의 소송행위	소나 상소의 제기·취하, 청구의 변경, 증거신청, 증인신문, 변론, 재판상화해, 조정 등
	기타 소송관계인의 소송행위	소장 부본이나 판결 정본의 송달, 집행문부여, 보조참가인의 변론, 전문심리위원의 의견진술, 조정위원의 조정 등
②단독, 합의	단독적 소송행위	소의 제기, 청구의 변경, 주장, 증거신청, 소송의 고지, 소송대리권의 수여, 청구의 포기·인낙, 소의 취하 등
	소송상 합의 (소송계약)	소송위임계약, 관할합의, 부제소합의, 불상소합의, 증거계약, 소송상 화해, 조정 등

35) 대법원은 의사능력의 흠결을 소송능력 흠결과 마찬가지로 보아 의사능력의 존부는 법원의 직권조사사항이라고 하면서 의사능력에 흠이 있는 경우 법원은 민사소송법 제59조, 60조에 따라 보정을 명하여야 한다며, 원고가 의사능력이 있음을 전제로 소송을 진행한 원심판결을 파기하고 사건을 원심법원에 환송하였다. 이러한 조치는 타당하다고 할 것이다. 반대로 그것이 직권조사사항이 아니라는 견해로는 오정후, “소송행위의 요건의 소송상 취급”, 이화여자대학교 법학논집 제17권 제3호(2013. 3.)를 참조.41)

	합동적 소송행위	필수적 공동소송인의 소 취하·소송위임계약·관할합의·부제소합의, 당사자선정[36] 등
③소송절차의 내·외	소송절차 내에서의 소송행위	이송신청, 증거신청, 변론, 재판상화해, 청구의 포기·인낙, 자백, 소송참가신청, 소송구조신청 등
	소송절차 외에서의 소송행위	관할합의, 부제소합의, 증거보전신청, 증거계약, 판결경정신청, 공증인에 대한 강제집행 수락의 의사표시 등
④소송절차의 개시 전·후	소송절차 개시 전의 소송행위	소의 제기, 관할합의, 부제소합의, 증거보전신청 등
	소송절차 개시 후의 소송행위	이송신청, 변론병합신청, 자백, 변론, 증거조사신청, 소송비용담보제공신청, 청구의 포기·인낙, 재판상화해 등
⑤효력 발생과 재판의 요부	여효적 소송행위	재판상화해, 소나 상소의 취하, 청구의 포기·인낙, 화해권고결정에 대한 이의신청, 자백, 상소권포기 등
	취효적 소송행위	소나 상소의 제기,[37] 이송신청, 소송비용담보제공신청, 변론재개신청, 피고경정신청, 판결경정신청 등
⑥법률행위적 소송행위와 비법률행위적 소송행위	법률행위적 소송행위	소의 제기, 청구의 변경, 증거신청, 청구의 포기·인낙, 소의 취하, 상소, 부제소합의, 관할합의, 불상소합의 등
	비법률행위적 소송행위	법정대리권·소송대리권의 소멸통지, 소송고지, 변론(주장), 증거방법의 제출, 송달의 수령, 증인·당사자의 신문 등
⑦소송행위의 상대방	법원에 대한 소송행위	소나 상소의 제기·취하, 기일지정신청, 변론재개신청, 증거신청, 증거방법의 제출, 변론, 송달의 수령 등
	상대방 당사자에 대한 소송행위	준비서면의 직접 송달, 법정대리권·소송대리권의 소멸통지, 상대방 당사자 본인신문, 소송비용담보취소 동의, 소 취하 동의, 항소심에서의 반소제기 동의 등
	제3자에 대한 소송행위	소송고지, 증인·감정인에 대한 신문, 사실조회, 문서송부촉탁, 감정촉탁 등

다. 소송상 합의(소송계약)

(1) 소송상 합의의 의의

1) 소송상 합의란, 현재 계속 중이거나 장차 계속될 소송에 관하여 즉시 또는 장차 일정한 내용의 소송법적 효과 발생을 목적으로 하는 당사자의 합의를 말한다.

2) 물론 그렇다고 하여 거기에 실체법적 효과 발생을 목적으로 한 의사표시 등이 개재(介在)되는 것을 부정하는 것은 아니다. 따라서 외형상 하나의 행위라도 거기에 실체법상의 행위와 소송행위가 결합하여 양자의 성질을 겸유할 수 있다. 앞서 본 소송위임계약과 같은 경우이다.

36) 계약으로 보는 견해도 있다.
37) 소나 상소의 제기로써 소송이 법원에 접수되어 법원이 심판할 의무를 지고, 불변기간 준수의 효력이 발생하는 것은 여효적이라고 할 수 있다.

(2) 소송상 합의의 성질

1) 소송상 합의의 법적 성질은 그러한 합의가 소송법적 효과와는 관계가 없는 순수한 사법상의 행위(실체법상의 행위)인지, 아니면 소송법적 효과를 발생시키고 소송법의 규율을 받는 소송행위인지, 아니면 양자의 성질을 겸유하는지 여부의 문제이다.

2) 소송상 합의의 법적 성질은 주로 소송법에 명문의 규정이 없는 것을 둘러싸고 의견이 대립된다. 소송법에 명문의 규정이 있는 경우에는 그 법률요건과 법률효과가 소송법에 의하여 규율되거나 발생하므로, 그 대부분이 소송행위에 해당한다고 할 수 있다.

소송법에 명문의 규정이 없는 소송상 합의의 법적 성질에 관하여는 사법계약설(私法契約說)과 소송계약설(소송행위설), 발전적 소송계약설(절충설), 사법계약과 소송계약의 병존설이 대립한다.[38] 이들의 차이는 ① 이 같은 소송상 합의에 실체법이 적용되는지 여부(실체법의 적용을 긍정하는 경우 부관의 설정이나 철회·취소·무효 등을 보다 넓게 인정한다), ② 당사자 일방이 그 합의에 따른 행위를 하지 않은 경우의 법률효과와 그 이행의 강제방법, ③ 그 합의를 당사자가 법원에 제출하지 않고 법원이 다른 경위로 알게 된 경우에 당사자의 주장이 없더라도 법원이 이를 직권으로 심리·판단할 수 있는지 여부 등에 있다고 할 수 있다.

3) 사견으로는, 소송상 합의가 소송행위인지 아니면 순수한 사법상의 행위, 즉 실체법상의 행위인지 여부는 앞서 본 바와 같이 실체법상의 행위와 소송행위의 구별기준에 의하여야 한다고 생각된다. 그러므로 소송상 합의의 성질을 판단·결정하기 위해서는, ① 소송상 합의가 소송법적 법률효과 발생을 목적으로 하고 소송수행의 주체에 의한 것인지, ② 그 성립요건과 효력요건을 갖추었을 때 별도의 행위를 거침이 없이 곧바로 구체적인 소송법적 법률효과가 발생하는지, ③ 소송법에 법률요건과 그 요건사실 및 법률효과가 명문으로 규정된 것이거나 해석상 이와 동일시할 수 있는 것인지, ④ 소송행위에 특유한 요건이 필요한 경우에는 그 요건을 갖추었는지 여부를 검토하여야 한다. 이에 따라 소송상 합의는 각각의 형태와 목적, 성질에 따라 순수한 사법상의 행위 또는 소송행위에 해당하거나 양자의 성질을 겸유하는 경우로 구별될 수 있다.

따라서 소송법에 규정이 없는 소송상 합의의 성질을 모두 사법행위로 보는 사법행위설(사법계약설)은 부당하다. 이에 따르면, 소송법에 규정이 없는 소송행위를 부정하는 것이 되어 소송행위의 독자성 및 사법행위와 소송행위의 준별을 무의미하게 할 뿐 아니라, 본질에 있어 아무런 차이가 없음에도 단지 소송법에 규정이 있는지 여부에 따라 법에 규

38) 이들 학설에 대한 자세한 소개는 손한기, "소송상의 합의(소송계약)", 고시연구 25권 3호(1998) 참조. 우리 학설의 지배적 견해가 어느 쪽인지는 분명치 않으나 사법행위설(항변권설)이 보다 다수인 것으로 이해된다. 그러나 이 문제에 대한 치열한 논증이 아직은 부족한 듯하다.

정이 있는 불항소합의와 규정이 없는 불상고합의 또는 부제소합의를 다르게 보게 되어 논리에 맞지 않는다. 또한 모든 소송상 합의를 무조건 소송행위로 보는 소송계약설(소송행위설)도 부당하며, 소송상 합의의 기본적 성질을 소송행위로 파악하면서도 이 합의로부터 발생하는 것은 소송법상의 효과뿐만 아니라 실체법상의 권리·의무도 아울러 발생한다고 하는 발전적 소송계약설 및 하나의 소송상 합의에 사법계약과 소송계약이 병존하므로 실체법과 소송법이 동시에 각각 적용되고 그 법률효과도 동시에 발생한다고 보는 사법계약과 소송계약의 병존설 역시 실체법상의 행위와 소송행위의 독자성을 무의미하게 하고 그 기준이 모호하다는 점에서 논리에 맞지 않는다.

소송상 합의를 모두 순수한 사법상의 행위로 보는 사법계약설은 뒤에서 보는 바와 같이 부관의 설정이나 철회, 해제, 취소를 보다 용이하게 인정하기 위한 고려로 보이나, 소송상 합의를 경우에 따라 소송행위로 본다고 하더라도 뒤에서 보는 바와 같이 소송행위 일반의 경우와 마찬가지 법리에 따라 일정한 범위에서 그것이 허용됨은 물론이다.

4) 소송상 합의가 소송행위에 해당하는 경우는 관할합의나 부제소합의, 증거계약, 불상소합의 등이다. 이들은 매매나 소비대차, 임대차 등과 같이 당사자 간의 의사합치에 의해 이루어지지만, 이러한 계약들은 모두 민법이나 상법 등 실체법이 본래 예정하고 있지 않은 것들로서(굳이 강변하자면 무명계약에 해당하게 될 것이다), 소유권이나 인도청구권, 금전지급청구권 등과 같은 실체법상의 법률효과 발생을 위한 목적에서 행해지는 것이 아니라, 일정한 분쟁의 소송상 해결이라는 특정한 소송절차에 관하여 관할, 소의 제기 여부, 증거의 대상에 관한 소송법적 법률효과 발생을 의욕하거나 이를 목적으로 하는 것이고, 그와 동시에 곧바로 이들 소송법관계에 영향을 미치고 소송법적 효력을 발생하므로 소송행위에 해당한다.

즉 관할합의가 있으면 그 합의를 법원에 제출한 여부에 관계없이 그에 따라 합의관할이 발생하고(민사소송법 제29조 제1항), 부제소합의가 있으면 그와 동시에 상대방은 구체적 소권을 상실하여 그 합의를 법원에 제출하지 않더라도 이에 위반한 제소는 소송요건(권리보호이익) 흠결로서 부적법하게 되며, 증거계약의 합의가 있는 경우 당사자는 그에 반하는 증거를 제출할 구체적 권리를 상실하므로 이에 위반한 증거신청은 부적법하여 무효라고 할 것이다. 그리고 부제소합의나 증거계약, 불상소합의는 그 성질상 본래부터 당사자가 그 합의사항 이행을 위하여 적극적으로 어떤 행위를 할 필요가 없고, 그에 위반한 행위가 있는 때에야 비로소 문제가 된다. 물론 이 경우 당사자 일방이 관할합의, 부제소합의 등 소송상 합의에 반하여 행동하여 상대방이 손해를 입은 때는 그에 따라 상대방에 대한 손해배상청구를 하는 것도 긍정할 수 있지만,[39] 이는 소송상 합의의 부수적 효과일 뿐이고 주

39) 그 근거는 불법행위에서 구할 수 있다. 즉 이 경우 소송상 합의는 소송행위이지 실체법상의 행위가 아니므로 그로부터 직접 실체법상의 효과인 권리·의무가 발생하지 않으며, 그에 따라 채무불이행과

된 효과는 소송법적 효과이므로 이를 소송행위로 보는 데에 아무런 문제가 없다.

대법원도 불항소합의에 관하여 "구체적인 어느 특정 법률관계에 관하여 당사자 쌍방이 1심판결 선고 전에 미리 항소하지 아니하기로 합의하였다면, 1심판결은 선고와 동시에 확정되므로, 그 판결 선고 후에는 당사자의 합의에 의하더라도 그 불항소합의를 해제하고 소송계속을 부활시킬 수 없다"고 하는바(대법원 1987. 6. 23. 선고 86다카2728 판결), 이 역시 같은 입장으로 이해된다.[40] 재판상화해나 조정도 소송법에 법률요건 등이 규정된 것으로서, 그 성립과 동시에 확정판결과 동일한 소송법적 법률효과가 발생하고 소송절차가 모두 종료하므로 마찬가지다.

사법행위설은 소송법적 법률효과 발생을 부정하면서 합의 불이행 시, ① 의무이행을 구하는 별소를 제기하여 집행권원을 얻은 뒤 간접강제 또는 의사표시의무의 집행방법(민사소송법 제389조 제2항, 민사집행법 제263조)을 통해 소송법상의 효과를 실현해야 하고, 강제집행이 불가능한 경우에는 손해배상을 청구할 수밖에 없다거나(의무이행소구설), ② 당사자 일방이 소송절차에서 직접 이를 소송상 항변으로 주장함으로써 소송법적 효과를 달성할 수 있다(항변권설)고 주장하나, ①설은 우회적·비경제적인 데에다 소의 이익을 인정하기 어렵고,[41] ②설 역시 소송상 항변권 행사는 본래 그 소송상 합의가 목적·의욕한 바가 아니고, 소송상 합의로부터 직접 소송법적 법률효과가 발생하는 경우 굳이 항변이 필요 없다는 점에서 비판을 면할 수 없다.[42] 또한 소송위임계약과 같은 행위는 항변권이 발생할 여지가 아예 없다.

불이행에 따른 손해배상의무도 발생하지 않지만, 소송상 합의의 당사자는 그 합의 내용에 반하여 행동하지 않을 주의의무, 즉 상대방에게 손해를 가하지 않을 부수적 주의의무를 부담하고, 고의 또는 과실로 그러한 주의의무에 반하여 상대방에게 손해를 가한 때에는 불법행위가 성립한다고 할 것이다. 그러나 상대방이 합의 내용에 반하여 행동하는 경우, 다른 당사자 스스로 이를 법원에 제출하여 손해를 막을 수 있으므로 실제로 손해가 발생할 여지는 별로 없다.

40) 불항소합의나 불상고합의는 반드시 서면으로 하여야 하나(민사소송법 제390, 425조), 이를 법원에 제출한 때에 효력이 발생하는 것이 아니라 그 합의의 통상적 효력 발생 시에 발생한다. 법원은 그 합의 문서가 있으면 이를 근거로 소송절차를 종결하게 될 것이나, 이는 부수적인 것에 불과하다. 불상소합의가 있었음에도 이에 위반한 상소의 제기가 있는 경우 법원은 상소요건 흠결(상소의 이익 결여)로 이를 각하하거나 소송종료선언을 할 수 있을 것이다(대법원 1995. 9. 5. 선고 95다17908, 17915 판결에서는 이에 위반한 항소를 항소요건 흠결로 부적법한 것으로 보았다).

41) 대법원은 강제집행 당사자 사이에 그 신청을 취하하기로 하는 약정은 사법상으로는 유효하다 할지라도 이를 위배하였다 하여 직접 소송으로 그 취하를 청구하는 것은 공법상의 권리의 처분을 구하는 것이어서 부적법하다고 본다(대법원 1966. 5. 31. 선고 66다564 판결). 일본 대심원도 상소를 취하하기로 하는 당사자 간의 계약은 민사소송법상 효력이 없으며, 그 계약에 기하여 피고에게 법원에 상소 취하의 진술을 할 것을 구하는 청구는 소송법상 허용되지 않는다고 판시하였다(대심원 1923. 3. 10. 선고 대정11년オ895 판결).
반면에 독일연방통상법원 1974. 1. 28.자 판결(BGH NJW[1974], 900)은 민사상 화해로 형사고소를 취하할 의무를 부담하는 자가 취하의 의사표시를 하지 아니하는 경우 형사고소의 취하를 구하는 민사상의 소를 제기할 수 있다고 판시하였다.

42) 사법행위설을 취하는 이상 그 효력은 작위 또는 부작위의 사법상 권리·의무가 발생함에도 불구하고, 이 권리와 의무가 그 자체로서 기능을 발휘하는 것이 아니라 소송법상의 항변권 발생의 요건으로 기능할 뿐이라는 점에서 논리의 일관성을 결여한다는 비판도 따른다.

5) 소송상 합의 가운데 소나 상소의 취하합의, 상소권포기합의, 부집행합의는 소송법적 법률효과 발생을 목적으로 한 소송주체의 행위이지만, 그 성립과 동시에 그 행위가 목적·의욕하는 소나 상소의 취하, 상소권포기, 집행권원의 집행력소멸이라는 법률효과가 발생하지 않으므로[43] 사법상의 행위일 뿐 소송행위에 해당하지 않는다.

위와 같이 소송법상 명문의 근거규정이 없는 경우에도 소송행위가 인정되기는 하지만, 소송상 합의가 소송행위로서 인정되려면 그로부터 곧바로 그것이 목적·의욕하는 일정한 소송법적 법률효과가 발생하여야 하므로, 그러한 요건을 갖추지 못한 것이라면 그것을 가리켜 소송행위로서의 소송상 합의라고 볼 수는 없다. 예컨대, 부제소합의나 불상소합의가 있는 경우 그 자체로써 그 합의에서 의욕하는 제소권 또는 상소권 소멸이라는 법률효과가 발생하여 이에 반하는 제소나 상소가 부적법하게 되지만, 소나 상소의 취하합의의 경우 그 자체는 소나 상소를 취하하기로 하는 의사표시이지만, 소나 상소의 취하는 법원에 대한 소송행위이므로 당사자 간의 합의만으로 그러한 법률효과가 발생할 수 없다. 따라서 소나 상소의 취하합의를 법원에 대한 소송행위인 소나 상소의 취하와 동일하게 볼 수는 없고, 그 합의에 따라 당사자가 소나 상소를 취하하여야만 비로소 취하의 효과가 발생한다. 그러므로 소나 상소의 취하합의는 소송행위가 아니라 소송에 관한 사법적(실체법적) 합의일 뿐이고, 그것이 존재하거나 그 존재가 법원에 알려지더라도 곧바로 소나 상소의 취하 효과가 발생할 수는 없다.[44][45] 항소권 등 상소권의 포기 역시 수소법원에 그 의사표시를 하여야 하므로(민사소송법 제395, 425조), 그 합의만으로 곧바로 상소권 포기의 효력이 발생할

43) 당사자 간에 부집행합의가 있더라도, 이는 민사집행법상 청구이의 소의 사유가 됨은 별론으로 하고, 그로써 곧바로 집행력이 소멸하지 않을 뿐 아니라, 민사집행법 제49조의 집행의 필수적 정지·제한 사유나 제50조의 집행처분의 취소·일시유지 사유에도 해당하지 않는다. 만약 부집행합의가 이행청구 소의 제기 전이나 판결 선고 전에 있었다면 이는 소송요건(권리보호이익) 흠결 사유가 될 수도 있으나, 이 역시 그 합의의 본래효과는 아니다. 대법원도 부집행합의에 위반한 경우 청구이의의 사유가 된다고 본다(대법원 1996. 7. 26. 선고 95다19072 판결 등).

44) 그 존재가 법원에 알려진 경우 법원은 소나 상소의 이익(또는 권리보호이익)이 없는 것으로 보아 그 소나 상소를 부적법한 것으로 처리할 수 있는바(대법원 1982. 3. 9. 선고 81다1312 판결, 2005. 6. 10. 선고 2005다14861 판결, 2013. 7. 12. 선고 2013다19571 판결, 2018. 5. 30. 선고 2017다21411 판결 등 참조), 그러한 소송법적 법률효과는 소나 상소의 취하합의 그 차제가 의욕하였던 법률효과(소나 상소의 취하)가 아니므로 이를 가리켜 그 합의에 따른 법률효과로 볼 수는 없다. 대법원의 위 견해 역시 소나 상소의 취하합의를 순수한 소송행위로 보지 않는 것으로 해석된다.

45) 대법원은 ① 1심판결이 선고된 뒤 당사자 간에 소송 외에서 소를 취하하며 상대방도 항소를 취하하기로 약정하였는데, 일방은 약정에 따라 항소를 취하하였으나 상대방은 소를 취하하지 아니하고 있다가 항소 취하로 제1심판결이 확정되자 그 확정판결에 기하여 소유권이전등기를 마친 경우, 그 등기는 확정판결에 의하여 이루어진 등기이기 때문에 그 등기가 원인이 결여된 당연무효의 등기라고 볼 수 없다거나(대법원 1981. 12. 8. 선고 80다2817 판결), ② 당사자 사이에 항소 취하의 합의가 있는데도 항소 취하서가 제출되지 않는 경우 상대방은 이를 항변으로 주장할 수 있고, 이 경우 항소심법원은 항소의 이익이 없다고 보아 그 항소를 각하함이 원칙이나, 항소 취하서가 법원에 제출되지 않은 이상 항소심에서 청구의 교환적 변경 신청이 있는 경우 법원은 민사소송법 제262조에서 정한 청구변경의 요건을 갖추었는지에 따라 허가 여부를 결정하여 이를 판단하여야 한다(대법원 2018. 5. 30. 선고 2017다21411 판결)고 하는바, 이 역시 동일한 견해로 이해된다.

수 없다.[46)]

위 경우에 상대방에게 그 합의의 이행을 구하는 소(의사표시를 구하는 소)를 제기하는 것은 원칙적으로 허용하여야 할 것이나, 그 소의 이익이 있을 때에만 긍정하여야 할 것이다. 따라서 소나 상소의 취하합의, 상소권포기합의, 부집행합의가 있는 경우 상대방은 수소법원에 이를 근거로 소송상 항변권을 행사하거나 청구이의의 소를 제기할 수 있으므로 소의 이익(권리보호이익)을 인정하기 어렵다.[47)48)]

---

46) 대법원도 "항소권의 포기는 불이익한 판결에 대하여 그 심사·변경을 구할 이익이 있는 항소권자가 법원에 대하여 서면으로 그 권리를 포기하는 의사를 표시하는 단독행위이므로, 항소포기의 의사를 표시하는 서면이 법원에 제출되기 전에 그 약정을 해제하기로 다시 합의하고 항소를 제기하였다면 그 합의 해제의 효력에 따라 위 항소는 적법하다"고 하는바(대법원 1987. 6. 23. 선고 86다카2728 판결), 이 역시 그와 같이 해석된다. 다만, 쌍방 당사자가 민사소송법 제390조 제1항에 따라 상고할 권리를 유보하고 항소를 하지 아니하기로 합의한 후 비약상고를 하는 때에는 그 합의와 동시에 효력이 발생한다고 할 것이다(그러나 비약상고 시 이 합의서면을 첨부하지 않으면 그 합의의 존재를 소명하지 못해 비약상고의 요건을 충족하지 못하게 되므로 비약상고가 부적법하게 된다. 대법원 1995. 4. 28. 선고 95다7680 판결 참조).

47) 이 경우에 소나 상소 등을 취하할 권한이 없는 상대방이 그 합의에 기하여 다른 일방을 대리하여 취하를 할 수 있는가? 이는 그 합의의 해석상 그에 관하여 소송대리권을 수여하였는지 여부와 그 소송에서 변호사 아닌 자에게 소송대리권 수여가 허용되는지 여부에 달려 있다고 할 것이다. 대법원도 "당사자가 소 취하서를 작성하여 제출할 경우, 반드시 취하권자나 그 포괄승계인만이 이를 제출하여야 한다고 볼 수는 없고 제3자에 의한 제출도 허용되며, 나아가 상대방에게 소 취하서를 교부하여 그로 하여금 제출하게 하는 것도 상관없다"고 본다(대법원 2001. 10. 26. 선고 2001다37514 판결). 당사자가 작성한 소 취하서를 타인이 단순히 법원에 접수하는 행위는 대리가 아니라 사자의 행위(심부름 행위)에 해당하므로 변호사가 아닌 자도 제한 없이 할 수 있다.

48) 이와 관련하여, 확정판결과 동일한 효력이 있는 소송상화해나 조정 등에서 다른 소송의 소를 취하하기로 합의하였더라도 그에 따라 실제로 당사자가 소 취하를 하지 않은 이상 그것만으로 곧바로 당해 소송에 관하여 소 취하의 효력이 발생하지 않으나, 그 사실이 당해 수소법원에 알려진 경우 당해 법원은 소의 이익이 없게 된 것으로 보아 소를 각하하여야 한다는 것이 판례이나(대법원 1982. 3. 9. 선고 81다1312 판결, 1997. 9. 5. 선고 96후1743 판결, 2005. 6. 10. 선고 2005다14861 판결 등), 이에 동의하기 어렵다. 그 화해, 조정에 의하여 당사자는 소를 취하하는 의사표시를 하여야 할 채무를 부담하고, 이는 선이행이나 조건부가 아닌 한 그 화해조서의 성립과 동시에 별도의 강제집행을 요하지 않고 소 취하 의사의 진술이 있게 되므로(민사집행법 제263조 참조) 화해조서 등을 당해 법원에 제출하면 그로써 당연히 그 소에 관하여 소 취하의 효력이 발생하기 때문이다.
상대방에게 일정한 소송행위를 할 것을 명하는 확정판결 등이 있는 경우, 그 집행은, 그것이 소의 취하 등 의사표시를 하여야 할 채무라면 민사집행법 제263조에 의하여 그 판결의 확정과 동시에 의사표시가 있는 것으로 볼 수 있다(이러한 방법의 강제집행 외에 대체집행이 가능한 경우는 거의 예상하기 어렵고, 경우에 따라 반론보도문이나 정정보도문의 게재 의무의 이행 등과 같이 간접강제는 가능할 것이다). 의사표시 외에 의사통지나 관념통지도 이에 준하여 볼 수 있다. 다만, 그 의사표시가 소나 상소의 취하와 같이 수소법원에 대하여 행하여져야 하는 경우에는 그 의사표시가 당해 법원에 전달되어야 비로소 소송행위로서 성립하고 그 소송법적 효력이 발생하게 되므로, 그 집행채권자는 확정판결 등을 수소법원에 제출함으로써 집행채무자의 의사표시가 있음을 알려 그 목적을 달성할 수 있을 것이다. 이는 피고를 상대로 채권양도의 의사표시와 제3채무자에 대한 양도통지를 명하는 확정판결 등을 얻은 경우, 원고가 제3채무자에게 확정판결 등을 첨부하여 확정판결이 있는 사실을 알림으로써 피고의 제3채무자에 대한 양도통지(관념통지) 의무의 이행이 있는 것과 같은 결과를 얻는 것이 허용되는 것과 동일하다{이 경우 확정판결 등을 집행법원을 통해 송달할 필요가 없고, 또 그러한 절차가 마련되어 있지도 않다. 이렇게 해석하는 것이 통설이다. 김상원 등, 주석민사집행법(V), 한국사법행정학회(2004), 176면; 법원실무제요 민사집행[III], 법원행정처(2014), 611면 참조. 한편, 일정한 등기를 신청

6) 소송행위 일반의 경우와 마찬가지로, 소송상 합의 역시 실체법상의 사법계약으로서의 성질과 소송행위로서의 성질을 겸유할 수 있음은 앞서 이미 소송위임계약에 관하여 본 바와 같다.

소송위임계약을 체결하는 등의 방법으로 타인에게 소송대리권을 수여하여 그 대리인이 소송행위를 하려는 경우 법원에 소송대리인의 권한을 증명하는 서면을 제출하여야 하나(민사소송법 제89조 제1항), 이는 소송위임계약이나 소송대리인에 의한 소송행위의 효력발생요건을 규정한 것이 아니라 대리권의 증명이 필요하다는 것과 그 증명 방법을 규정한 것이다. 즉 소송대리인에 의한 소송행위의 효력발생요건은 대리권의 증명(소송대리인의 권한을 증명하는 서면의 제출)이 아니라 소송대리권의 존재이다. 따라서 소송위임계약에 의하여 소송대리권을 수여받은 소송대리인은 소송대리권을 증명하기 전에도 본인을 대리하여 법원이나 상대방 당사자에 대하여 소송행위를 대리할 수 있고, 법원에 대한 증명은 나중에 하여도 무방하다.

그리고 본인과 대리인 간의 소송위임계약에 따른 실체법적 문제는 민법 등 실체법에 따라 별도로 규율된다. 따라서 대리인은 본인에게 보수지급청구의 소를 제기할 수 있고, 본인은 대리인을 상대로 대리업무 수행 과정에서 대리인이 취득·수령한 물건의 인도나 손해배상청구의 소를 제기할 수 있다.

(3) 소송상 합의의 허부

1) 소송상 합의가 실체법상의 법률행위에 해당하는 경우에는 그것이 강행법규에 반하지 않는 한 당사자가 자유로이 할 수 있다(민법 제105조). 이에 대하여는 소송법이 적용되지 않는 이상 그로써 곧바로 소송법관계에 영향을 미치지 않기 때문이다.

2) 문제는 소송상 합의가 소송행위의 성질을 갖는 경우이다. 관할의 합의(민사소송법 제29조), 전문심리위원 참여결정의 취소합의(민사소송법 제164조의3), 담보물변경의 합의(민사소송법 제126조 단서), 첫 변론기일에 관한 기일변경의 합의(민사소송법 제165조 제2항), 소송상 화해(민사소송법 제385조 내지 제389조), 불항소합의(민사소송법 제390조) 등과 같이 소송법상 명문의 근거규정이 있는 경우에는 그러한 소송상 합의가 허용됨은 물론이나, 명문의 규정이 없는 소송상 합의를 허용할 것인지가 문제된다.

과거에는 소송법상의 원리인 임의소송금지의 원칙을 강조하여 당사자 간의 합의에 의하여 소송법이 규정하지 않은 효과를 당사자가 만들어서는 안 된다는 취지하에 명문의 규정이 있는 경우 이외의 소송상 합의는 부적법하다는 학설이 지배적이었고, 판례도 이에 동조하였다.[49] 그러나 현재는 적어도 처분권주의·변론주의가 지배하는 영역에서는 소

하는 의사표시의 경우, 채권자가 확정판결을 첨부하여 단독으로 등기신청을 함으로써 등기공무원에게 상대방의 의사표시를 전달하게 된다}. 이는 소 취하 외에 가압류·가처분의 취하 또는 집행해제신청, 강제집행정지에 따른 담보취소의 동의 등의 소송행위에도 타당하다고 할 것이다.

의 제기 여부, 소의 취하 여부, 일정한 증거의 제출 여부 등이 당사자에게 일임되어 있으므로, 임의소송금지 원칙을 과도하게 강조하여 명문의 규정이 없는 소송상의 합의를 획일적으로 금지하는 견해는 더 이상 지지를 받지 못하고 있고, 소송현실상으로도 그러하다. 이에 따라 이를 허용함이 통설·판례이다.[50] 소송법상 명문의 근거규정이 없는 경우에도 소송행위로서 소송상의 합의가 인정되는 예로는 부제소합의, 증거계약, 불상고합의 등을 들 수 있다.

3) 소송상의 합의가 허용되고 적법하기 위해서는, ① 합의사항 자체가 처분권주의·변론주의가 적용되는 범주에 속하는 것이어야 하고,[51] ② 그 합의 당시 각 당사자가 예상할 수 있는 상황에 관한 것으로서,[52] 합의에 의하여 불이익을 입을 자가 그 불이익의 내용을 명확히 알아야 하며(즉 합의의 소송법상 효과를 명확히 예측할 수 있을 것), ③ 당사자에게 의사결단의 자유가 보장되었어야 하고(따라서 사기, 강박 등에 의한 합의는 무효로 보아야 한다), ④ 일방에만 전적으로 유리하거나 불리하지 않아야 하며,[53] ⑤ 매매계약과 같은 쌍무계약이 급부와 반대급부와의 불균형으로 말미암아 민법 제104조에서 정하는 '불공정한 법률행위'에 해당하여 무효일 경우, 그에 관하여 체결된 부제소합의 역시 강행법규에 반하는 결과를 초래하므로 역시 무효로서 허용되지 않는다(대법원 2010. 7. 15. 선고 2009다50308 판결, 2011. 4. 28. 선고 2010다106702 판결, 2011. 7. 14. 선고 2010다82745 판결).

4) 따라서 절차의 변경(예컨대, 민사사건을 행정소송으로 하기로 하는 합의), 변론의 불공개합의, 소송요건의 변경, 법원의 자유심증을 제한하는 증거력계약(증거평가에 관한 계약), 전속관할을 변경하는 합의, 강제집행계약[54] 등은 강행규정에 반하는 것으로 처분권주의·변론주의의 영역 밖이므로 이와 같은 소송상 합의는 허용되지 않는다.

---

49) 위 일본 대심원 1923. 3. 10. 선고 대정11년オ895 판결, 대법원 1966. 5. 31. 선고 66다564 판결 참조.

50) 대법원은 일찍부터 부제소합의를 한 경우 그 합의는 원칙적으로 유효하여, 이에 반하여 제기된 소는 원고에게 권리보호의 이익이 없다고 해석하였으며(대법원 2005. 1. 27. 선고 2004다61853 판결, 2011. 10. 13. 선고 2011다467 판결 등), 채권압류 및 전부명령 송달 후에 그 강제집행의 당사자인 제3채무자의 참여 없이 채권자와 채무자가 일부 금전을 지급받고 소송을 백지화하기로 합의한 것도 유효하다고 보았다(대법원 1991. 8. 13. 선고 89다카27420 판결).

51) 부제소합의는 합의 당사자가 처분할 수 있는 권리의 범위에서 특정한 법률관계에 한정될 때 허용되며, 그 합의 시에 예상할 수 있는 상황에 관한 것이어야 유효하다(대법원 1999. 3. 26. 선고 98다63988 판결, 2011. 10. 13. 선고 2011다467 판결). 따라서 당사자들이 재판청구권을 구체적인 분쟁이 생기기 전에 미리 일률적으로 포기하는 내용의 부제소합의는 무효이다(대법원 2002. 2. 22. 선고 2000다65086 판결, 2019. 8. 14. 선고 2017다217151 판결).

52) 대법원은 부제소합의에 관하여, 이는 소송당사자에게 헌법상 보장된 재판청구권의 포기와 같은 중대한 소송법상의 효과를 발생시키는 것으로서 그 합의 시에 예상할 수 있는 상황에 관한 것이어야 유효하고, 그 효력의 유무나 범위를 둘러싸고 이견이 있을 수 있는 경우에는 당사자의 의사를 합리적으로 해석한 후 이를 판단하여야 한다고 판시하였다(대법원 2013. 11. 28. 선고 2011다80449 판결).

53) 당사자 일방만이 항소를 하지 아니하기로 약정하는 합의는 공평에 어긋나 불항소합의로서의 효력이 없다는 것이 판례이다(대법원 1987. 6. 23. 선고 86다카2728 판결).

54) 집행권원이 없이도 사인에 의한 강제집행을 허락하는 계약을 말한다.

(4) 소송상 합의의 효력

1) 소송상 합의(소송계약)가 이루어진 경우 그 효력은 그 소송상 합의의 성질에 달려 있다. 즉 ① 그것이 순수한 사법상의 행위라면 실체법적 효력만이 발생하고, ② 소송행위라면 소송법적 효력만이 발생하며, ③ 사법상의 행위와 소송행위의 성질을 겸유한 경우에는 실체법적 효력과 소송법적 효력이 동시에 발생한다.

2) 소송상 합의가 소송행위에 해당하는 경우에는 다른 행위나 절차를 거칠 필요 없이 곧바로 그 소송상 합의에서 목적·의욕하는 소송법적 효력이 발생함은 앞서 이미 말한 바와 같다. 이때 발생하는 소송법적 효력은 그 소송상 합의의 종류에 따라 다를 것이나, 심판대상인 소송목적에 관계되는 것으로서 소송목적인 권리·법률관계의 존부와 변동에 영향을 미치는 경우, 관할의 발생이나 소송의 개시 또는 종료, 판결의 확정차단이나 이심, 변론의 개시와 종료 등 소송절차의 형성이나 변동에 영향을 미치는 경우로 나눌 수 있다.

3) 소송상 합의의 주관적 효력 범위는, 그 당사자 간에만 미치고 제3자에게는 미치지 아니한다. 다만, 당사자의 포괄승계인과 당사자와 동일시되는 소송담당자(제3자소송담당)는 합의의 효력을 승계하여야 한다. 보조참가인도 이에 구속됨은 물론이다.

문제는 당사자의 특정승계인인데, 채권의 특정승계인에게는 합의의 효력이 승계되나 물권의 특정승계인에 대하여는 합의의 효력이 미치지 아니한다고 본다. 왜냐하면, 채권의 경우는 계약자유의 원칙상 합의에 의하여 제한이 가해진 채권의 승계를 인정할 수 있으나 물권의 경우는 물권법정주의의 지배를 받기 때문이다. 이는 명문의 규정이 있는 소송계약(특히 관할의 합의)에도 적용된다.

4) 소송상 합의의 객관적 효력 범위는 당해 합의의 대상이 된 특정의 분쟁에 대하여만 미친다고 보아야 한다. 한편, 당해 합의의 효력은 분쟁해결방법 중 소송에만 미치는가 아니면 기타의 분쟁해결방법(예컨대 조정, 화해, 지급명령)에도 미치는가가 문제이나, 이는 의사표시의 해석으로 해결함이 타당하다.

5) 소송상 합의(소송계약)가 사법상의 계약과 동일한 기회에 체결되거나 그에 부수된 경우에 당사자가 명시적으로나 묵시적으로 양자를 조건부로 정하였거나 양자가 긴밀히 관련되어 있지 않은 한, 그 중 일방의 무효나 하자가 당연히 다른 일방의 무효나 하자를 가져오는 것이 아님은 물론이다. 소송상 합의와 관련하여 부관의 가부나 그 무효, 철회·해제, 취소에 대하여는 소송행위 일반의 경우에 포함하여 뒤에서 논의하기로 한다.

라. 소송행위와 부관(附款)의 가부

1) 소송행위에는 절차의 안정성, 확실성, 상대방 이익의 보호를 위하여 원칙적으로 조

건과 기한(시기와 종기)을 붙일 수 없다. 다만, 소송절차 내에서 소송절차의 진행에 따라 조건의 성부가 결정되거나 이를 확인할 수 있는 경우에는 법적 안정을 해치지 않으므로 허용된다. 예비적 청구나 예비적(가정적) 항변, 예비적 반소의 제기, 예비적 주장, 피고가 일정 기한까지 소유권이전등기의무를 이행하지 않을 경우 일정한 금액을 지급하기로 하는 소송상 화해 등이 그 예이다. 소송법상 명문의 규정이 없이 허용되는 소송상 합의에는 단독적 소송행위보다 더 넓게 부관의 설정이 가능하다. 쌍방이 합의한 이상 당사자 일방에게 불리한 부관은 발생하기 어렵기 때문이다.

2) 그러나 소송절차의 진행과 직접 관계없이 소송절차 외의 사정을 조건으로 하는 등으로 법률관계를 복잡하게 하거나 법원이 이를 간단히 확인할 수 없는 부관의 설정은 허용되지 않는다. 소 취하나 항소 취하와 같이 법원에 대하여 일방적으로 하는 여효적 소송행위에는 소송절차의 안정성, 확실성 등 그 성질상 조건을 붙일 수 없다고 할 것이다(대법원 1967. 10. 31. 선고 67다204 판결).

3) 소송행위에 조건과 기한(시기와 종기)을 유효하게 붙일 수 있는 경우 그 조건이 성취되거나 기한이 도래하여야 효력이 발생함은 물론이다. 따라서 화해조서에 기재된 효력을 취소·변경하려면 준재심의 소에 의하여서만 가능하나, 화해조항 자체로서 실효조건(해제조건)을 정한 경우에는 그 조건의 성취로 화해의 효력은 당연히 소멸하며, 그 실효의 효력은 소송 외에서도 주장할 수 있다(대법원 1965. 3. 2. 선고 64다1514 판결).

4) 소송상 합의가 소송행위의 성질을 갖지 않고 실체적 계약(합의)의 성질만을 가질 때는 자유로이 부관의 설정이 가능하다. 따라서 당사자 사이에 조건부 소 취하의 합의를 한 경우, 그로써 소 취하의 효력이 발생하지는 않고 소송요건의 흠결을 초래할 수는 있지만, 그 합의에서 정한 정지조건의 성취사실이 인정되지 않는 한 그 소송을 계속 유지할 법률상의 이익을 부정할 수 없으므로, 그 소송이 곧바로 부적법하게 되었다고 할 수는 없다(대법원 2013. 7. 12. 선고 2013다19571 판결 참조).

마. 소송행위의 무효, 철회·해제, 취소

소송행위는 확실성과 법적 안정성, 상대방의 이익보호를 위하여 사법행위와 달리 무효, 철회·해제, 취소가 제한되기는 하나, 정의와 공평, 신의성실의 원칙 등 법의 일반원칙은 소송법과 소송절차, 소송행위라고 하여 전면적으로 부정할 수는 없다. 따라서 소송행위에 대해서도 그 무효나 철회·해제, 취소는 일정한 범위에서 허용되어야 함은 물론이다. 이는 소송상 합의(소송계약)의 경우에도 마찬가지이다.

(1) 소송행위의 무효

1) 소송행위가 앞서 본 효력요건을 갖추지 못한 경우 무효가 됨은 물론이다. 이에 따

라 소송행위가 무권대리인에 의해 이루어진 경우, 본인이나 적법한 대리인의 추인이 없는 한 무효이다. 따라서 공증인에 대한 공증을 촉탁하면서 강제집행인낙의 의사표시를 한 경우 이는 공증인에 대한 소송행위에 해당하고, 그것이 무권대리인에 의해 이루어졌다면 이는 당연무효는 아니나 실질상 무효로서 효력이 없다. 그리고 이 경우 공증인에 대한 추인의 의사표시 또한 소송행위로서 당해 공정증서를 작성한 공증인에게 그 의사표시를 공증하는 방식으로 하여야 하므로, 이러한 방식에 의하지 아니한 추인행위가 있더라도 무효인 공정증서가 유효하게 될 수는 없다(대법원 1983. 2. 8. 선고 81다카621 판결, 1991. 4. 26. 선고 90다20473 판결 등).

2) 문제는 소송행위에 대해서도 민법 총칙상의 무효사유를 적용 또는 유추적용할 수 있는지 여부다. 민법 총칙상의 무효사유 중 의사능력의 흠결이나 강행법규(효력규정) 위반, 신의성실의 원칙 위반, 사회질서 위반, 불공정행위 등은 법질서 전체에 관련되고 공익성이 크므로 이를 민사소송절차에 허용하여도 무방하다. 민사소송법이 확정판결이나 이와 동일한 효력이 있는 화해조서 등에 일정한 사유가 있는 경우 재심이나 준재심을 허용하는 것도 그러한 취지라고 할 수 있다.

대법원도 같은 입장인 것으로 해석된다. 즉 ① 전속적 관할합의가 현저하게 불합리하고 불공정한 경우 공서양속에 반하는 법률행위에 해당하여 무효이고(대법원 2004. 3. 25. 선고 2001다53349 판결), ② 당사자 중 일방이 지정하는 법원을 관할 법원으로 한다는 내용의 관할합의는 피소자의 권리를 부당하게 침해하고 공평의 원칙에 어긋나므로 무효이며(대법원 1977. 11. 9.자 77마284 결정), ③ 매매계약과 같은 쌍무계약이 급부와 반대급부와의 불균형으로 말미암아 민법 제104조에서 정하는 불공정 법률행위에 해당하여 무효라면, 그 계약으로 인하여 불이익을 입는 당사자로 하여금 위와 같은 불공정성을 소송 등 사법적 구제수단을 통하여 주장하지 못하도록 하는 부제소합의 역시 다른 특별한 사정이 없는 한 무효이다(대법원 2010. 7. 15. 선고 2009다50308 판결).

소나 상소의 취하합의는 위에서 본 바와 같이 소송행위가 아닌 사법상의 계약이므로 여기에는 민법 총칙 규정이 곧바로 적용될 수 있다. 대법원도, 소 취하합의가 원고의 궁박을 이용하여 체결된 것으로서 그 급부와 반대급부 사이에 현저한 불균형이 존재한다면, 이는 불공정한 법률행위에 해당하여 무효라고 본다(대법원 2007. 7. 26. 선고 2005다25137 판결).

3) 소송행위가 강행법규에 위반된 것만으로는 곧바로 무효라고는 할 수 없다. 따라서 ① 재판상화해조서에 기재된 내용이 특정되지 아니하여 이에 의한 강제집행을 할 수 없는 경우(대법원 1992. 4. 10. 선고 91다45356, 45363 판결, 1995. 5. 12. 선고, 94다25216 판결), ② 화해조서의 화해조항에 "… 본건 건물의 소유권 지분 10분의 3을 양도한다"고 되어 있지 소유권이전등기절차를 이행한다고 되어 있지 아니하여 소유권(지분)이전등기의 집행이 불가한 경우(대법원 1991. 6. 25. 선고 91다11476 판결), ③ 인지청구권과 같이 일신 전속적인 신분관계상의 권리로서 포기할 수 없고, 포기하였다 하더라도 그 효력이 발생할 수 없는 권리를 포기하기로 하는 화해가 이루어진 경우(대법원 1987. 1. 20. 선고 85므70 판결)와 같이 화해조

서의 내용 자체로서 효력을 인정할 수 없는 경우가 아닌 한 재판상화해조서에 기판력이 발생하므로, 그 내용이 강행법규에 위반된다고 하더라도 준재심에 의하여 취소되지 않는 한 임의로 그 효력을 부인할 수 없다(대법원 1995. 4. 28. 선고 95다3077 판결, 2002. 12. 10. 선고 2002다56031 판결 등). 그리고 이는 제소전화해에 관하여서도 같다(대법원 1987. 10. 13. 선고 86다카2275 판결).

4) 진의 아닌 의사표시나 통정허위표시에 의하여 소송행위가 이루어진 경우에 민법 총칙이 적용되어 그에 의하여 그 소송행위를 무효로 할 수 있는가?

앞서 본 바와 같이 소송행위에 대해서는 효과의사의 존부를 불문하고 그 표시된 행위에 따라서 판단하여야 하며, 진의의 결여를 이유로 무효를 주장할 수 없으므로 이는 원칙적으로 허용되지 않는다. 또한, 진의 아닌 의사표시나 통정허위표시는 공적 이익보다는 표의자 등 관련자의 사적 이익이 보다 크므로, 그로써 법적 확실성과 안정성, 상대방의 이익보호를 해치지 않는 예외적인 경우에만 허용하여야 할 것이다. 이런 면에서, 이는 소의 제기나 청구의 변경, 소나 상소의 취하 등 단독적 소송행위의 경우에는 그 적용이 없고, 소송상 합의(소송계약)의 경우에는 그것이 법원에 제출되어 후속 절차가 형성되지 않음으로써, 그 무효를 인정하더라도 소송절차의 안정을 해하지 않는 경우에만 예외적으로 허용된다고 할 것이다. 소송상 합의가 비진의나 통정허위표시에 의하여 이루어진 경우, 상대방이 그것을 알고 있었거나 쉽게 알 수 있었는지 여부도 그 무효 여부를 결정하는 중요한 기준이 될 수 있다. 이때는 상대방의 이익을 해하지 않기 때문이다.

그러나 소송상 합의라도 재판상화해와 같이 법원이 이에 관여한 경우에는 위와 같은 사유를 이유로 쉽게 그 무효를 인정하기 어렵다. 대법원도, 재판상화해에 대하여 민법 제607조, 제608조에 반한다든가 통정한 허위표시로서 무효라는 취지의 주장을 할 수 없다고 한다(대법원 1991. 4. 12. 선고 90다9872 판결).

5) 소송행위에 무효사유가 있을 때 당사자는 당연히 이를 이유로 상소를 하여 다투어야 한다. 그러나 그것이 당연히 민사소송법 제424조 소정의 절대적 상고이유에 해당한다고 단정할 수는 없으므로 개별적으로 검토하여야 한다. 소송행위에 무효사유가 있음에도 상소를 통해 시정되지 못한 채 판결이 확정된 경우, 그 사유에 따라 재심이나 준재심사유가 될 수 있다. 무효인 소 취하나 상소 취하로 인해 외형상 소송이 종료한 경우에는 수소법원에 기일지정신청을 하여 다투어야 할 것이다(민사소송규칙 제67, 68, 128, 135조).

(2) 소송행위의 철회·해제

1) 소송행위에 대하여 소송법 독자의 법리를 적용한다고 하더라도, 실체법상의 법률행위를 철회·해제할 수 있는 바와 같이 소송행위도 일정한 경우에는 철회하거나 해제할 수 있다. 소송행위는 공법관계인 소송법관계에서 행해지기는 하지만, 이는 사법적 법익 보호

나 그 실현을 목적으로 하는 것이어서 원칙적으로 당사자처분권주의가 적용되며, 공법관계에서도 일정한 사유가 있는 때는 행위의 철회·해제나 취소를 허용할 필요가 있기 때문이다. 따라서 소송행위라는 이유만으로 당연히 그 철회·해제가 금지되는 것은 아니다. 그러나 이 경우에도 민법 등 실체법을 그대로 적용하는 것이 아니라 어디까지나 그 유추적용이나 소송법 독자의 법리에 따라야 한다.

2) 따라서 소송법에서 직접 소송행위의 철회·해제에 관하여 명문의 규정을 둔 때에는 당연히 이에 따라야 하고, 소송법에 규정이 없는 경우에는 조리와 관습법 등에 따라야 한다. 구체적으로 어떤 경우에 그것이 허용되는지는 개개의 사정을 종합하여 법원이 결정할 수밖에 없을 것이다.

소송행위의 철회·해제를 허용할 것인지를 결정하는 기준과 관련하여, 당해 소송행위가 소송절차에 제출 또는 소송절차에서 주장되거나 법원에 의하여 그것을 토대로 판단이나 일정한 소송행위가 이루어진 단계에서는 제한적으로 인정하여야 하고, 그 이전 단계에서는 보다 폭넓게 인정하는 것도 하나의 기준이 될 수 있다. 후자의 경우 소송법관계나 소송관계인들에게 미치는 영향이 덜하지 않기 때문이다. 소송법에 규정이 없는 소송행위 역시 이와 같이 볼 수 있다.

3) 법원에 대하여 재판 등 일정한 내용의 소송행위를 구하는 소의 제기나 상소의 제기, 증거신청 등 취효적 소송행위의 경우, 당사자처분권주의의 원리상 아직 그에 따른 법원의 재판이 없거나 그를 기초로 한 법원 또는 상대방의 후속적 소송행위가 없는 한 이는 원칙적으로 자유로이 철회·취소할 수 있다. 상대방이 본안에 관한 준비서면을 제출하거나 변론준비기일에서 진술하거나 변론을 하기 전의 소 취하, 상소의 취하, 예외적으로 소의 경우에는 종국판결 선고 후에도 이를 취하할 수 있다. 다만, 종국판결 선고 후에는 다시 동일한 내용의 소를 제기할 수 없는 제재가 따른다. 한편, 상소의 취하에는 어느 때건 상대방의 동의가 필요 없다.

증거조사가 이루어지기 전에는 증거신청의 철회도 가능하다. 소송행위의 정정·변경도 그것이 실질적으로 철회와 같은 효력을 발생할 때에는 철회와 마찬가지로 볼 수 있으며, 항소취지의 변경은 항소심판결 선고 전까지 자유로이 허용된다. 당사자표시정정과 같이 그 성질상 어느 소송단계에서나 허용되는 것도 있다.

반면에 소나 상소의 취하 등 여효적 소송행위의 경우에는 그에 따라 곧바로 소송법적 법률관계가 형성되므로 이를 임의로 철회하는 것은 허용되지 않는다. 다만, 화해권고결정에 대한 이의신청의 취하(철회)와 같이 일정한 경우 상대방의 동의가 있으면 철회할 수 있으나, 증거조사 후의 증거신청 철회(대법원 1971. 3. 23. 선고 70다3013 판결, 2001. 3. 9. 선고 2000다67020 판결 등), 청구의 포기·인낙이나 소 취하의 철회 등과 같이 절차의 안정을 크게 해치거나 당사자처분권주의의 한계를 벗어난 경우에는 상대방의 동의가 있더라도 철회가 허용되지 아니한다.[55] 또한 시간적 한계도 있다.

4) 청구의 감축, 소나 상소의 취하 등 단독적 소송행위의 경우 상대방의 채무불이행이나 의무위반이 있더라도 그에 따른 상대방의 급부는 그 소송행위를 한 동기에 불과하므로, 원칙적으로 이를 이유로 한 해제는 불가하다. 설사 상대방이 일정한 채무 이행을 할 것을 약속하여 이를 믿고 그 소송행위를 하였다고 하더라도 마찬가지다.[56] 처음부터 이를 조건으로 하는 소송행위가 허용되는지는 앞서 소송행위의 부관에서 본 바와 같다.

반면에 관할합의나 부제소합의, 불항소합의 등 소송행위에 해당하는 소송상 합의의 경우, 당해 소송행위가 성립하면 곧바로 그 효력이 발생하기는 하지만, 그러한 소송상 합의가 소송절차에 제출·주장되거나 법원에 의하여 그것을 토대로 판단이나 일정한 후속적 소송행위가 이루어져 현실화되기 전 단계에서는 쌍방의 합의나 묵시적인 합의해제가 가능하다고 할 것이다. 아직 그에 기한 법원의 판단이나 후속적 소송행위가 이루어지기 전이므로 당사자에게 새로운 소송상 합의(합의해제, 새로운 합의)를 인정하더라도 절차를 해치거나 상대방에게 불이익이 없기 때문이다.

같은 견지에서 그런 단계에서는 상대방의 조건적 합의 불이행을 이유로 해제할 수도 있을 것이다. 소송상 합의에 객관적인 사유를 들어 해제권 유보약정을 한 경우에도 이와 같이 처리할 수 있다.[57] 소송위임계약의 경우 앞서 본 바와 같이 사법행위와 소송행위의 성질을 겸유하는바, 이는 본질상 위임계약이므로 쌍방은 자유로이 이를 해지할 수 있으나(민법 제689조, 대법원 1997. 10. 10. 선고 96다35484 판결), 이 경우의 해지는 소급효가 없고 장래효만 있으며, 소멸통지의 제한(민사소송법 제97, 63조)도 받는다. 따라서 이를 이유로 이미 소송대리인이 한 소송행위의 무효를 주장할 수는 없다.

소송행위에 해당하지 않는 부집행합의 또는 소나 상소의 취하합의의 경우, 실체법에 따라 쌍방의 합의(대법원 1994. 8. 26. 선고 93다28836 판결 등 참조)[58]나 묵시적인 합의해제(대법원 1994. 8. 26. 선고 93다28836 판결 등 참조),[59] 또는 일방적 해

---

55) 자백은, 자백을 한 당사자가 이를 취소하고 이에 대하여 상대방이 이의를 제기함이 없이 동의하면 반진실, 착오의 요건을 갖추었는지 여부와 관계없이 취소가 허용된다(대법원 1990. 11. 27. 선고 90다카20548 판결, 1994. 9. 27. 선고 94다22897 판결). 반면, 증거조사가 끝난 후의 증거조사신청 철회는 실체적 진실발견을 위해 법원의 직권에 의한 증거조사가 허용되는 점을 고려하면 허용되지 않는다고 이해할 수 있다.

56) 다만, 이 경우 착오나 사기가 문제될 여지는 있다.

57) 재판상화해에서 일정한 사유를 화해의 실효사유로 약정한 경우 그 사유의 발생으로 화해는 당연히 실효한다(대법원 1988. 8. 9. 선고 88다카2332 판결, 1993. 6. 29. 선고 92다56056 판결 등).

58) 이는, 소송 중 원고가 소를 취하하는 대신 피고는 원고의 청구를 인정하여 원고 앞으로 등기를 이전하기로 한 합의를 하였다가 다시 이를 합의해제하는 내용이다.

59) 이는, 소송 외 화해계약이 제대로 성립되지 않은 것으로 생각한 나머지 원고는 위 계약에 따라 소를 취하하지 않고 이를 그대로 유지하여 소송을 속행하고, 피고도 위 소송에서 원고와의 소 취하합의 사실을 적극 주장하지 않은 채 계속 응소하여 1심판결이 이미 선고된 경우이다.

제가 가능함은 물론이다. 다만, 이 경우에도 이미 법원이 이를 토대로 소나 상소 각하판결을 한 경우에는 상소로써 다투어야 하나, 재심이나 준재심사유가 되기는 사실상 어렵다고 할 것이다.

5) 소송주체인 법원이 한 소송행위의 철회·취소는 당사자의 그것에 비해 보다 엄격히 제한된다. 대체로 법원의 소송행위는 그로써 확정적 법률효과를 발생케 하여 소송당사자나 이해관계인에게 큰 영향을 주게 되기 때문이다. 따라서 이는 원칙적으로 명문의 규정이 있는 때에만 할 수 있다고 할 것이다. 법원이 한 소송행위의 철회·취소의 예로는, 판결이나 결정의 직권에 의한 경정, 항고나 재항고에 따른 원심법원의 경정권, 소송대리허가나 진술보조허가의 철회·취소, 증거조사결정의 철회·취소, 변론기일지정 등의 철회·취소·변경, 변론의 제한·분리·병합 결정의 취소·변경 등을 들 수 있다.

(3) 착오를 이유로 한 소송행위의 취소

1) 소송행위의 착오 법리 역시 민법 등 실체법이 아닌 소송법에 따라 규율되어야 한다. 따라서 민법에 규정된 법리 그대로 취소를 허용할 수는 없다. 착오를 원인으로 한 취소는 착오자의 사익 보호에 중점이 있으므로 소송행위의 무효나 취소보다 제한할 수밖에 없다.

2) 소송행위의 표시주의 원리상 동기의 착오를 이유로 한 소송행위의 취소는 그것이 외부에 표시되었든 아니든 원칙적으로 허용할 수 없다. 그리고 취소를 허용하는 경우에도 본인에게 중대한 과실이 있는지 여부를 보다 엄격하게 심사하여야 한다. 형사절차에서의 착오에 의한 소송행위에 관한 대법원의 견해도 참고할 만하다. 대법원은, 절차형성적 소송행위가 착오로 인하여 행하여진 경우, 절차의 형식적 확실성을 강조하면서도 피고인의 이익과 정의의 희생이 커서는 안 된다는 측면에서 그 소송행위의 효력을 고려할 필요가 있으므로, 착오에 의한 소송행위가 무효로 되기 위해서는 첫째, 통상인의 판단을 기준으로 하여, 만일 착오가 없었다면 그러한 소송행위를 하지 않았으리라고 인정되는 중요한 점(동기를 포함)에 관하여 착오가 있고, 둘째, 착오가 행위자 또는 대리인이 책임질 수 없는 사유로 인하여 발생하였으며, 셋째, 그 행위를 유효로 하는 것이 현저히 정의에 반한다고 인정될 것 등 세 가지 요건을 제시하고 있다(대법원 1992. 3 13. 선고 92모1 판결, 1995. 8. 17. 선고 95모49 판결 참조). 또한, 그 소송행위가 어느 단계에서 행하여졌는지와 그 취소의 시점이 어느 단계인지도 중요한 판단 기준이 된다.

대법원은, ① 항소 취하가 형사상 처벌받을 타인의 행위로 인한 때에는 민사소송법 제451조 제1항 제5호를 유추하여 그 무효를 주장할 수 있는바, 이는 형사상 처벌받을 타인의 행위로 항소 취하의 의사 없이 항소 취하의 외형적 행위가 있을 때, 예를 들면 문맹자를 속여서 항소 취하서에 날인케 하여 그 항소 취하서를 제출한 경우와 같이 항소

취하의 의사 없는 항소 취하의 무효를 주장할 수 있다는 취지이며, 소송행위자의 진의에 부합한 소송행위가 그 동기에 착오가 있는 경우에는 그 소송행위의 무효 내지 취소를 주장할 수 없으므로, 피고들의 항소 취하 의사에 의하여 항소 취하서를 법원에 제출하였다면, 원고의 기망에 의하여 피고들의 항소 취하의 동기에 착오가 있다 하여도 항소 취하의 무효 또는 취소를 주장할 수 없다(대법원 1963. 11. 21. 선고 63다441 판결), ② 상고 취하서의 제출에 관하여 취하자와 제3자 사이에 취하자의 일정한 요구를 상대방이 받아들여 준다면 상고를 취하하겠다고 약속하고 그가 작성해 온 취하서에 도장을 찍어 주었다면, 위 약속이 이루어지기도 전에 상대방이 취하서를 제출하였다고 할지라도, 위 약속은 상고 취하라는 소송행위를 하는 데 있어서의 동기에 불과할 뿐 그 취하서가 취하자의 의사에 반하여 제출된 것으로 무효라고 할 수 없다(대법원 1971. 1. 26. 선고 69다2048 판결), ③ 소의 취하는 원고가 제기한 소를 철회하여 소송계속을 소멸시키는 법원에 대한 소송행위이고, 소송행위는 일반 사법상의 행위와는 달리 내심의 의사보다 그 표시를 기준으로 하여 그 효력 유무를 판정하여야 하는바, 원고들 소송대리인으로부터 원고 중 1인에 대한 소 취하를 지시받은 사무원은 원고들 소송대리인의 표시기관에 해당하여 그의 착오는 소송대리인의 착오로 보아야 하므로, 그 사무원의 착오로 원고들 소송대리인의 의사에 반하여 원고들 전원의 소를 취하하였다 하더라도 이를 무효라 볼 수는 없고, 적법한 소 취하의 서면이 제출된 이상 그 서면이 상대방에게 송달되기 전·후를 묻지 않고 원고는 이를 임의로 철회할 수 없다(대법원 1997. 6. 27. 선고 97다6124 판결), ④ 소송행위는 내심의 의사보다 그 표시를 기준으로 하여 판정하여야 하므로, 원고가 착오로 소의 일부를 취하(청구 감축)하였다 하더라도 이를 무효라고 볼 수 없다(대법원 2004. 7. 9. 선고 2003다46758 판결)고 보았다.

3) 소송법에 직접 착오에 의한 소송행위의 취소를 규정한 때에는 그에 따라야 할 것인바, 착오로 자백의 진술을 한 경우에는 그것이 진실에 어긋난 것이고 착오로 인한 것임을 증명하여야만 취소할 수 있다(민사소송법 제288조 단서). 이 경우 명문의 규정은 없으나, 그 취소의 시기는 사실심 변론종결 전까지만 허용된다고 할 것이다. 그 이후에는 이미 판결이 이루어져 그에 따른 소송법관계가 형성되므로 취소를 인정할 경우 절차의 안정과 상대방의 이익을 해치기 때문이다.

4) 그러나 당해 소송행위가 소송절차에 제출 또는 소송절차에서 주장되거나 법원에 의하여 그것을 토대로 판단이나 일정한 소송행위가 이루어지기 전 단계에 있을 때 또는 당해 소송행위의 무효나 철회·취소를 허용하더라도 상대방의 법익을 부당하게 침해하거나 법적 안정성을 침해하는 결과를 초래하지 않는 경우에는 이를 예외적으로 허용할 것인바, 이는 착오의 경우에도 같다.

그런 점에서 소송절차 밖에서 이루어진 소송상 합의는 그것이 법원에 제출되기 전에는 착오에 의한 취소를 더 넓게 인정할 수 있고, 본안인 소송목적에 대한 법률관계의 형성이 아닌 소송의 종료를 초래하는 소의 취하나 상소의 취하, 불상소합의가 동기의 착오가 아닌 그 소송행위의 본질적 부분(불상소합의의 의미, 취하의 대상 등)에 관한 착오를 원인으로 이루어진 경우에는 엄격한 기준에 의해 그 취소를 인정하여 기일지정신청이나 상소의 제기 등을 허용할 수 있다.

또한 본안에 관한 종국적 분쟁해결이나 집행력을 부여하는 것이라도, 그것이 소송절차 밖에서 법원의 관여 없이 이루어진 '공증인에 대한 강제집행의 수락(집행증서의 공증)' 등은 비교적 관대하게 허용할 수 있다. 일본 최고재판소도, 자신이 연대보증인으로 기재된 사실을 모른 채 단순히 대리인에 불과한 것으로 오신하고 공정증서에 서명한 원고가 강제집행 수락의 의사표시는 착오에 의한 것이라고 주장한 데에 대하여, "일반적으로 소송행위에 관하여는 의사의 흠결, 그 밖의 의사표시의 하자에 관한 규정의 적용이 없다. 그러나 이처럼 해석하는 것은, 주로 소송절차를 조성하는 개개의 행위에 관해서 의사표시의 하자에 관한 주장을 허용하면 소송절차의 안정을 해치므로 소송절차를 안정시키기 위한 표시주의·외관주의의 요청에 따른 것이다. 따라서 그러한 고려를 할 필요가 없는 경우에는 이를 똑같이 논할 수 없다. 공증인에 대한 강제집행 수락의 의사표시는 소송행위이지만, 소송절차를 조성하는 일련의 소송절차의 일환으로 행해지는 것이 아니고, 사인이 임의로 소송 외에서 집행권원을 형성하기 위하여 공증인에게 직접 강제집행을 수락할 취지의 의사를 표시하는 일방적인 행위인 이상, 그 의사표시에 대하여 민법상 의사표시의 하자에 관한 규정을 적용함을 방해하지 않는다고 해석해야 할 것이다"라고 판시하였다(최고재판소 1969. 9. 18. 선고 소화44년オ687 판결).

5) 소송행위에 해당하지 않는 부집행합의 또는 소나 상소의 취하합의의 경우, 민법에 따라 착오를 이유로 취소할 수 있음은 물론이다. 법원이 그 합의를 이유로 소나 상소를 각하한 경우 판결이 확정되기 전이라면 상소로써 이를 주장할 수 있다. 그러나 재심이나 준재심은 불가하다.

(4) 의사표시의 하자를 이유로 한 소송행위의 취소

1) 소송행위의 하자에는 두 가지 원인이 있다. 첫째는 소송행위가 유효하기 위한 요건, 즉 소송행위요건이 흠결된 경우이다. 이는 앞서 본 바와 같이 당사자능력, 소송능력, 의사능력, 변론능력, 소송대리권, 특별수권 등이다. 소송행위요건에 흠결이 있는 소송행위는 특별한 규정이 없는 한 부적법하고 원칙적으로 무효여서 그에 따른 효력이 발생하지 않는다. 다만, 일정한 경우 뒤에서 보는 바와 같이 그 보완이나 보정, 치유가 허용된다.

2) 다음으로는 소송행위상 행위자의 의사표시에 사기, 강박의 하자가 있는 경우이다. 이 경우에 민법 총칙이 적용되어 그에 의하여 그 소송행위를 취소할 수 있는가? 앞서 본 바와 같이, 소송행위에 대해서는 실체법을 그대로 적용할 수 없고, 소송행위는 효과의사

의 존부를 불문하고 그 표시된 행위에 따라서 판단하여야 하므로 원칙적으로는 이를 허용할 수 없다.

대법원의 견해도 이와 같은바, ① 민법상의 법률행위에 관한 규정은 민사소송법상의 소송행위에는 특별한 규정 또는 특별한 사정이 없는 한 적용이 없으므로 사기 또는 착오를 원인으로 하여 소 취하 등 소송행위를 취소할 수 없다(대법원 1964. 9. 15. 선고 64다92 판결, 1970. 11. 24 선고 69다8 판결, 1979. 12. 11. 선고 76다1829 판결 등), ② 소송상의 화해는 소송행위로서 사법상의 화해와는 달리 사기나 착오를 이유로 취소할 수는 없다(대법원 1979. 5. 15. 선고 78다1094 판결), ③ 민사소송법상의 소송행위에는 특별한 규정이나 특별한 사정이 없는 한 민법상의 법률행위에 관한 규정이 적용될 수 없는 것이므로, 사기, 강박 또는 착오 등 의사표시의 하자를 이유로 그 무효나 취소를 주장할 수 없고, 적법한 항소 취하서가 제출되면 그때에 취하의 효력이 발생하는 것이고, 상대방에 대한 항소 취하서의 송달은 항소 취하의 요건이 아니다(대법원 1980. 8. 26. 선고 80다76 판결), ④ 원고 소송대리인이 피고의 기망에 의하여 착오로 처분금지가처분신청을 취하하고 집행해제신청서를 제출하였다 하여도 소송행위에는 민법 제109조, 제110조의 규정이 적용될 여지가 없으므로, 원고 대리인의 가처분신청취하가 사기, 강박 등 형사상 처벌을 받을 타인의 행위로 인한 것이라 하더라도 유효하다. 그리고 소송행위가 사기, 강박 등 형사상 처벌을 받을 타인의 행위로 인하여 이루어졌다고 하여도, 그 타인의 행위에 대하여 유죄판결이 확정되고 또 그 소송행위가 그에 부합되는 의사 없이 외형적으로만 존재할 때에 한하여 민사소송법 제451조 제1항 제5호, 제2항의 규정을 유추해석하여 그 효력을 부인할 수 있다고 해석함이 상당하므로, 타인의 범죄행위가 소송행위를 하는 데 착오를 일으키게 한 정도에 불과할 뿐 소송행위에 부합되는 의사가 존재할 때에는 그 소송행위의 효력을 다툴 수 없다(대법원 1984. 5. 29. 선고 82다카963 판결), ⑤ 민법상의 법률행위에 관한 규정은 민사소송법상의 소송행위에는 특별한 규정 기타 특별한 사정이 없는 한 적용이 없는 것이므로, 소송행위가 강박에 의하여 이루어진 것임을 이유로 취소할 수는 없다(대법원 1997. 10. 10. 선고 96다35484 판결)라고 한다.

3) 그러나 사기, 강박의 하자가 중대하여 형사상 처벌을 받을 대상에 해당하고, 그 취소를 허용하지 않을 경우 공익과 정의의 실현을 저해할 정도에 이른 경우에는 그 취소를 허용하여야 한다. 민사소송 역시 정의와 신의성실의 원칙의 지배를 받기 때문이다. 청구의 인낙이나 포기, 재판상화해 등의 경우 확정판결과 동일한 효력이 부여되어 준재심에 의해서만 그 효력을 부정할 수 있지만, 민사소송법은 제451조 1항 제5호의 사유(형사상 처벌을 받을 다른 사람의 행위로 말미암아 자백을 하였거나 판결에 영향을 미칠 공격 또는 방어방법의 제출에 방해를 받은 때)를 재심사유로 인정하는바, 이러한 사정도 사기, 강박에 의한 소송행위의 취소에 고려될 수 있다.

이때 고려하여야 할 구체적 사정으로는, 그 취소로써 구제되는 당사자의 이익, 상대방의 불이익과 그 신뢰 또는 예견가능성 및 상대방 당사자의 책임 여부, 사기나 강박 등 타인의 불법행위가 소송행위의 직접적 원인이 되었는지 아니면 간접적 원인이 되었는지 여부(당해 소송행위에 상대방이나 타인의 사기, 강박이 작용하였으나, 그것이 소송행위를 한 당사자의 의사결정에 중대한 영향을 미쳐 그것 때문에 당해 소송행위를 하게 된 것인지, 아니면 이미 그 당사자가 그 소송행위를 할 의사가 있었고 사기나 강박은 이에 간접적인 영향을 미친 데 불과한지 여부)나 당해 불법행위의 정도 및 가벌성, 법원의 관여 여부, 다른 소송행위나 소송절차에 미치는 영향, 당해 소송행위가 전체 소송절차에서 차지하는 지위나 효과, 법적 안정성, 재심사유와의 관계 또는 재심 제기기간과의 관계 등을 생각할 수 있다. 그리하여 이러한 사정을 종합하고 구제되는 사익과 상대방의 이익 및 공익을 비교·형량하여 그 정당성이 인정된다면 합리적 범위와 조건하에 이를 허용하여야 한다.[60]

대법원도 처음에는 "민법상의 법률행위에 관한 규정은 민사소송법상의 소송행위에는 특별한 규정 기타 특별한 사정이 없는 한 적용이 없으므로, 소송행위가 강박에 의하여 이루어진 것임을 이유로 취소할 수는 없고, 소송위임행위도 소송대리권의 발생을 목적으로 하는 소송행위이므로 동일하다(대법원 1964. 9. 15. 선고 64다92 판결, 1979. 5. 15. 선고 78다1094 판결, 1980. 8. 26. 선고 80다76 판결, 1984. 5. 29. 선고 82다카963 판결, 1997. 10. 10. 선고 96다35484 판결)"라고 하여 이를 부정하였으나, 나중에는 견해를 바꾸었다.

이에 따라, ① 소송상의 화해는 소송행위로서 사법상의 화해와는 달리 사기나 착오를 이유로 취소할 수 없고, 다만 민사소송법 제422조 제1항 5호 소정의 형사상 처벌을 받을 타인의 행위로 인한 경우 준재심사유로 될 수 있으나, 그것이 당사자가 화해의 의사표시를 하게 된 직접적인 원인이 된 경우에만 그러하며, 그렇지 않고 실제로는 서증에 대한 감정결과가 불리하게 나오자 그것으로 인하여 패소할 것을 우려한 나머지 화해를 하게 된 경우와 같이 형사상 처벌받을 타인의 행위가 당사자가 화해에 이르게 된 간접적인 원인밖에 되지 않은 경우에는 준재심사유가 될 수는 없다(대법원 1979. 5. 15. 선고 78다1094 판결), ② 민사소송법 제451조 제1항 제5호 소정의 형사상 처벌받을 타인의 행위가 청구의 인낙에 대한 준재심사유가 되기 위해서는, 그것이 당사자가 인낙의 의사표시를 하게 된 직접적인 원인이 된 경우라야만 하고, 타인의 행위가 인낙에 이르게 된 간접적 원인에 지나지 않은 경우까지 준재심사유가 된다고 볼 수 없다(대법원 1995. 4. 28. 선고 95다3077 판결), ③ 소 취하에 민사소송법 제451조 제1항 제5호의 사유가 있어 그 효력을 부인하려면 그 취하에 부합하는 당사자의 의사 없이 외형적으로만 취하가 존재할 때에 한하므로, 상대방의 기망에 의하여 소송대리인이 착오로 처분금지가처분신청을 취하하고 그 집행해제원을 제출하였을 뿐 상대방이 기망행위에 대하여 유죄의 확정판결을 받은 바 없고, 소송대리인에게 가처분신청의 취하에 상응하는

60) 동지: 홍기문, "당사자소송행위에 관한 일고찰－소송행위와 사법행위를 중심으로－", 전남대법률행정논총 9집(1981). 한편, 사기나 강박을 이유로 소송행위를 취소하는 것은 곧 그 소송행위의 무효를 주장하는 것과 동일하다.

의사가 없었다고도 볼 수 없다면, 상대방이 소송대리인을 기망한 사실이 있다고 하여 민사소송법 제451조 제1항 제5호, 제2항의 법의에 비추어 위 가처분신청 취하의 효력이 부정되어야 한다고 볼 수는 없다(대법원 1984. 5. 29. 선고 82다카963 판결), ④ 원고가 피고 등을 상대로 계쟁 건물이 원고의 소유임을 확인한다는 소를 제기하여 법원으로부터 원고 승소 판결을 선고받았으나, 피고 및 제1심 당사자참가인이 각 불복 항소하여 항소심에 계속 중 위 건물에 입주하고 있는 참가인 등이 수도경비사령부 계엄사무소장 앞으로 진정서를 제출하여 원고가 군 수사기관원인 참가인 외 1명으로부터 계엄사무소 합수단에 연행되어 연금된 상태에서 위 건물의 건축과 분양경위에 대하여 조사를 받았고, 참가인은 조사기간 중 원고에게 위 건물에 대한 소유권을 포기하고 이 사건 소를 취하하도록 강요하고 폭행을 가하므로 원고가 건물에 대한 소유권을 포기하고 소를 취하한다는 약정서를 작성하여 참가인에게 교부하고 연금상태에서 풀려나왔는데, 참가인은 원고를 데리고 공증사무소로 가서 위 약정서를 공증하고 원고 명의의 소 취하서에 날인케 하여 원고와 같이 법원에 가서 이를 제출, 접수시켰다면, 원고의 소 취하에 관한 위 약정서는 강요와 폭행에 의하여 이루어진 것이고, 그 소 취하서 또한 강요에 의한 것으로 보는 것이 상당하므로, 형사책임이 수반되는 타인의 행위로 인한 소 취하의 약정과 소 취하서의 제출은 무효로 해석되어야 한다(대법원 1985. 9. 24. 선고 82다카312, 313, 314 판결)고 본다.

4) 다만, 타인의 가벌행위에 의한 소송행위의 취소·무효를 인정하기 위해서는 타인의 가벌행위에 대하여 민사소송법 제451조 제2항과 같이 유죄판결의 확정을 요하는지 여부에 관하여 대법원의 견해가 명확하지 않다.

유죄판결의 확정이 있어야 한다는 판례로는, "소송행위가 사기, 강박 등 형사상 처벌을 받을 타인의 행위로 인하여 이루어졌다고 하여도, 그 타인의 행위에 대하여 유죄판결이 확정되고, 또 그 소송행위가 그에 부합되는 의사 없이 외형적으로만 존재할 때에 한하여 민사소송법 제451조 제1항 제5호와 제2항의 규정을 유추 해석하여 그 효력을 부인할 수 있다고 해석함이 상당하므로, 타인의 범죄행위가 소송행위를 하는 데 착오를 일으키게 한 정도에 불과할 뿐 소송행위에 부합되는 의사가 존재할 때에는 그 소송행위의 효력을 다툴 수 없다"(대법원 1984. 5. 29. 선고 82다카963 판결)고 한 것이 있다.[61] 반면에 이를 요하지 않는다는 판례로는, "원고의 소유권포기와 소 취하에 관한 약정서가 타인의 강요와 폭행에 의하여 이루어진 것으로 봄이 상당하므로, 이러한 형사책임이 수반되는 타인의 행위로 인한 소 취하의 약정과 소 취하서의 제출은 무효로 해석되어야 할 것"이라고 판시하고, 원고의 소가 소 취하에 의하여 종료되었다는 취지의 피고의 주장을 배척하고 원고의 기일지정신청을 받아들인 사례가 있다(대법원 1985. 9. 24. 선고 82다카312, 313, 314 판결).

61) 그러나 이 판결에 나타난 대법원의 견해가 명확하다고 보기는 어려운 면도 있다.

청구의 포기나 인낙, 재판상화해와 같이 그로써 이미 소송절차가 종료하였고, 그 과정에 법원이 관여하여 화해조서 등이 작성됨으로써 그에 대하여 확정판결과 같은 효력이 인정되는 경우 그 소송행위의 효력을 부정하려면 재심사유가 있어야 하고, 또 그 절차도 재심이나 준재심에 의하여야 할 것이나, 소 취하나 상소 취하 등과 같이 확정판결과 동일시할 정도의 확정적 효력이 발생하지 않아 법적 안정성을 해치지 않는 소송행위의 경우에는 굳이 그 정도까지 요구할 필요 없이 그 하자를 인정하여 당해 소송행위를 무효로 돌리고 절차를 속행하는 것이 타당하다고 생각된다.[62] 따라서 불요설이 타당하다.[63] 일본 최고재판소의 견해도 이와 같다.[64]

5) 이는 소송대리권 수여와 관련한 하자에도 적용할 수 있다. 즉 소송위임행위가 비록 법원의 관여 없이 소송절차 밖에서나 소송계속 전 단계에서 이루어졌더라도, 통상의 소송절차에서는 그 소송위임행위와 그에 따른 소송대리인의 대리권을 기초로 다른 소송행위가 이루어지므로, 소송위임에 관한 의사표시의 하자를 이유로 소송위임행위의 취소와 그에 따른 대리권의 흠결 및 대리인에 의한 소송행위의 무효 주장을 쉽게 허용할 수는 없으나, 그 위임행위가 형사처벌을 받을 타인의 사기나 강박 등에 의해 이루어지고, 그 하자 있는 소송위임행위를 기초로 대리인이 자백이나 청구의 포기·인낙 기타 소나 상소 취하 등의 소송행위를 하였다면 하자를 이유로 이를 무효로 하고 소송절차의 속행을 신청할 수 있다고 보아야 한다.[65]

그런데 대법원은, 비상계엄 상태에서 합동수사본부 수사관들이 부정축재를 조사한다는 명목으로 A를 불법연행하여 감금한 채 강박하여 변호사 甲에게 제소전화해 사건에 대한 소송대리를 위임하게 하고, 甲이 제소전화해기일에 출석하여 그 위임취지에 따라 A의 부동산에 관하여 국가에게 증여를 원인으로 한 소유권이전등기절차를 이행하여 주기로 하는 내용의 제소전화해를 하여 그 조서가 작성되고 국가 앞으로 소유권이전등기가 이루어

62) 이에 따라 민사소송규칙은 소 취하의 무효를 주장하는 경우의 처리방법을 규정하고 있다(민사소송규칙 제67, 68조). 이는 상소 취하의 경우에도 준용된다(민사소송규칙 제128조, 제135조). 기일지정신청에 관하여는 뒤의 해당되는 곳에서 설명한다.

63) 동지: 정준영, "소송행위에 있어서 의사표시의 하자—소송위임행위와 당사자에 의한 소송종료행위를 중심으로—", 민사판례연구 XXI(1999).

64) 인지청구 소송의 제1심에서 청구인용 판결을 한 후 항소심에서 상대방의 강박에 의하여 소 취하가 이루어진 사안에 관하여 최고재판소는, "소 취하는 소송행위이므로 일반적으로 행위자의 의사의 하자가 곧 그 행위의 효력을 좌우하는 것은 아니지만, 사기, 협박 등 명백하게 형사상 처벌해야 할 타인의 행위에 의하여 소 취하가 행해진 때에는 민사소송법 제422조 제1항 5호(우리 민사소송법 제451조 제1항 5호)의 법의에 비추어 그 취하는 무효로 해야 하고, 또 위 무효의 주장에 관해서는 확정판결에 대한 불복신청인 재심의 소를 제기하는 경우와는 달라서 동조 제2항(유죄의 확정판결 등)의 적용은 없고, 반드시 타인의 행위에 관하여 유죄판결의 확정 혹은 이에 준한 요건의 구비나 고소의 제기 등을 필요로 하지 않는다고 함이 상당하다"고 판시하였다(최고재판소 1971. 6. 25. 선고 소화46년オ243 판결).

65) 하자 있는 소송대리권 수여에 따른 소송행위가 재판상화해, 청구의 포기·인낙인 경우나 이미 판결이 확정된 경우에는 재심이나 준재심에 의하여야 할 것이다.

졌는데, A가 민사소송법 제451조 제1항 제3호의 소송대리권 흠결을 주장하며 준재심을 제기한 사안에 대하여, "제소전화해 사건에서 A가 변호사 甲에게 소송대리를 위임한 것이 강박에 의한 것이라고 할지라도, A가 이를 이유로 소송행위를 취소할 수는 없다고 보아야 하며, 더구나 소송위임행위는 위임자가 일방적으로 이를 취소할 수 있지만 취소하여도 소급효가 없다"라고 판시하였는바(대법원 1997. 10. 10. 선고 96다35484 판결), 강박이 소송행위의 취소사유가 되든 무효사유가 되든 위 사건의 본질은 제소전화해의 특별수권 행위가 강박에 의한 것인지 여부이고, 이는 소급효가 없는 민법 제689조의 임의해지와 다르므로 수긍하기 어렵다.

6) 소송행위에 해당하지 않는 부집행합의 또는 소나 상소의 취하합의의 경우, 민법에 따라 사기, 강박을 이유로 취소할 수 있음은 물론이다. 이미 법원이 이를 토대로 소나 상소 각하판결을 한 경우에는 상소로써 다투어야 할 것이고, 판결이 확정된 때는 경우에 따라 재심이나 준재심도 가능하다고 할 것이다.

바. 소송행위의 흠과 치유

1) 소송행위의 성립요건이나 효력요건에 흠결이 있어 소송행위가 무효이거나, 행위자의 의사표시에 사기, 강박의 하자가 있어 그 소송행위가 취소된 경우, 그 소송행위는 흠이 있는 것으로서 그에 따른 소송법적 효과가 발생할 수 없다.

2) 소송능력 없는 자는 그 법정대리인이나 그 법정대리인이 선임한 소송대리인을 통해서만 유효하게 소송행위를 할 수 있는바(민사소송법 제55조 본문), 소의 제기와 같이 그 소송행위가 무효인 경우 소송요건의 흠결이 되어 소송 전체에 영향을 미치는 수도 있다.

3) 무효인 소송행위라도 일정한 경우에는 그 치유가 인정된다. 절차의 안정을 크게 해치지 않는 이상 당사자 보호와 소송경제의 요청에 합당하기 때문이다. 그 치유의 방법으로는 ① 흠이 없는 새로운 소송행위, ② 권한이나 소송능력 있는 자의 추인, 보정(보완), ③ 상대방의 이의권(이의권=責問權) 포기나 일정한 사유로 인한 이의권 상실(민사소송법 제151조)[66] 등이다.

4) 반대설이 있기는 하지만, 소송행위가 무효여서 그 행위자가 당초 의도한 소송법적 효력은 없으나 그와 동일·유사한 소송행위로서의 요건을 갖춘 경우에 그 다른 소송행위에 따른 소송법적 효력을 인정하는 무효 행위의 전환도 치유의 일종에 속한다고 할 수 있다(대법원 1960. 5. 26. 선고 4292민상524 판결 참조).[67] 예컨대, 재심의 소를 항소로 표시하여 제출하였을 때 이를 재심의

---

66) 소송비용담보제공을 신청하지 않고 변론을 한 경우 이후에는 이를 주장할 수 없는 것(민사소송법 제108조), 전속관할이 아닌 한 관할위반의 주장을 상소심에서는 주장할 수 없는 것(민사소송법 제381조)도 그 예이다.

67) 당사자참가인이 참가취지 중 피고에 대한 계쟁 건물의 소유권확인청구 부분을 취하한 결과 참가인의 피고에 대한 청구가 없어지게 됨에 따라 위 참가는 당초의 당사자참가의 성질을 상실하고 참가인이 원고의 피고에 대한 청구의 기각을 구하는 참가취지 부분만이 잔존하게 된 경우, 참가인의 위 일부

소의 제기로 보아 재심법원에 이송한다든지, 가압류신청을 가처분신청으로 표시한 경우 이를 오기로 보고 처리하는 것, 판결경정결정에 대한 이의신청을 즉시항고로 보아 처리하는 것 등이다.

사. 소송행위의 추후보완(추완)

(1) 민사소송법상의 기간

1) 소송행위를 하는 데에는 일정한 기간의 제한이 있다. 즉 당사자와 대리인 등 소송관계인과 법원은 일정한 소송행위를 법령에서 정한 기간 내에 하여야 한다. 그 기간을 경과(도과)하여 소송행위를 한 경우 그 소송행위의 효력은 각각 관련 법규에서 정하고 있고, 규정이 없는 경우 해석으로 정하여야 한다. 원칙적으로 기간을 경과하여 소송행위를 한 경우 그 소송행위는 무효라고 보아야 한다. 반면에 법원이 일정한 소송행위를 그 기간 내에 하도록 규정된 경우, 그 기간은 대체로 훈시적 효력만을 가질 뿐이므로 그 행위의 효력에는 영향이 없다.

2) 기간은 특정한 시점부터 그 후의 어떤 특정 시점까지의 시간적 간격을 말하는데, 민사소송법은 이에 관하여 따로 총괄적 규정을 두지 않고 있으므로 그 기간의 시작과 종료 등에 대해서는 민법이 적용된다(민사소송법 제170조, 민법 제156조 내지 제161조).

3) 민사소송법이 기간을 규정하고 있는 경우, 이는 그 기간 내에 일정한 행위를 하도록 하는 행위기간, 소송당사자의 이익을 위하여 소송행위의 준비 또는 숙려의 시간적 유예를 주기 위하여 다음 절차 진행이나 효력 발생 시까지 일정한 기간 동안 유예를 하는 유예기간(중간기간=공시송달의 효력발생기간, 압류일과 매각일 사이의 기간 등)으로 나눌 수 있다. 행위기간은 당사자의 행위에 관한 기간인 고유기간과 법원의 행위에 관한 기간인 직무기간(판결 선고기간, 판결 송달기간, 소송기록 송부기간, 송달기간 등)으로 나누기도 한다.

4) 민사소송법상의 기간은 법령에 의해 그 기간을 정하는 법정기간(法定期間)과 법원이 재판으로 정하는 재정기간(裁定期間)으로 나눌 수도 있다. 법정기간은 예컨대, 2주의 항소제기기간이나 2회의 쌍방 불출석 후 1월의 기일지정신청기간 등을 들 수 있고, 재정기간은 소송비용에 대한 담보 제공명령에서의 제공기간(민사소송법 제120조 제1항), 재판장의 소장심사에 따른 보정명령의 기간(민사소송법 제254조 제1항) 등을 들 수 있다.

법정기간은 다시 통상기간과 불변기간(不變期間)으로 나뉜다. 불변기간이란 법률이 정한 기간으로서 법원이 임의로 이를 변경할 수 없는 기간을 말하는데, 이런 경우 법령에서 그 기간을 특히 불변기간이라고 명시하는 것이 보통이다. 이에 반해 통상기간은 상고이유서 제출기간, 재항고이유서 제출기간 등과 같이 법령에서 정한 기간 가운데 불변기

취하 후의 참가의 유지에 관한 진술을 피고를 위한 보조참가의 신청으로 해석하였다.

간이라고 명시하지 않은 것이 이에 해당한다. 통상기간은 다음에 보는 바와 같이 법원이 이를 늘이거나 줄일 수 있으나 실무상으로는 거의 그런 일이 없다. 민사소송법상의 기간에는 민법상의 기간과 달리, 제척기간은 있으나 소멸시효기간은 없다.

5) 민사소송법상 중요한 지위를 갖는 불변기간은 다음과 같은 특징이 있다. 불변기간은 법원이 임의로 그 기간을 신장하거나 단축할 수 없다. 다만, 주소 또는 거소가 원거리에 있는 당사자 등을 위하여 법원은 부가기간(附加期間)을 정할 수 있는바(민사소송법 제172조 제2, 3항), 법원이 부가기간을 정하면 원래의 불변기간은 그만큼 연장되어 그 전체의 기간이 불변기간으로서의 성질을 갖게 된다.[68] 불변기간의 경우 뒤에서 보는 바와 같이 당사자가 그 책임질 수 없는 사유로 인하여 기간을 준수할 수 없었던 사정이 있을 때에는 소송행위의 추완이 허용된다. 이런 점에서 불변기간은 특별히 기간 준수가 요구되고, 이를 지키지 않을 경우 당사자에게 불이익이 돌아가는 경우라고 할 수 있다. 반면에 법원은 통상기간인 법정기간과 법원이 정한 기간은 늘이거나 줄일 수 있는데(민사소송법 제172조 제1항),[69] 이는 결정이나 명령으로써 하여야 한다.

부가기간을 정하는 경우에도 법원이 결정으로 할 수 있다. 경우에 따라서는 판결 주문에 "피고를 위하여 이 판결에 대한 항소부가기간을 7일로 정한다"와 같이 기재하여도 무방하다. 부가기간의 결정 역시 법원의 직권사항으로서 당사자는 신청권이 없고 그 신청은 직권발동을 촉구하는 데 불과하며, 그 결정에 대하여 불복을 신청할 수 없다는 것이 통설이다. 부가기간이 정하여지면 원래의 기간과 합쳐져서 그 전체가 하나의 불변기간이 되어 부가기간 역시 불변기간이 되므로, 이에 대해서 법원은 이를 신축할 수는 없고(민사소송법 제172조 제1항 단서), 부득이한 사유가 있는 경우 당사자의 추후보완만이 가능하다.

6) 판결선고기간과 같은 직무기간은 법원 자신이 이에 구속되는 것이므로 스스로 이를 늘이거나 줄일 수 없고, 상고이유서 제출기간이나 재항고이유서 제출기간과 같이 이를 줄일 경우 당사자에게 불리한 통상기간은 늘일 수는 있으나 당사자의 동의 없이 단축할 수 없다는 것이 통설이다. 한편, 공시송달의 효력발생기간은 늘일 수는 있으나 줄일 수는 없도록 규정되어 있고(민사소송법 제196조 제3항), 소송행위의 추완기간은 통상기간이지만 법원이 신축할 수 없다(민사소송법 제173조 제2항.).

---

68) 부가기간의 지정은 제소기간 등 불변기간 내에 이루어져야만 효력이 있다(대법원 2008. 9. 11. 선고 2007후4649 판결). 부가기간의 지정은 판결이나 결정으로 하여야 할 것이다.

69) 이 경우 법원이 어떠한 절차를 취하여야 하는지 민사소송법이나 민사소송규칙에 전혀 규정이 없다. 이는 직권 또는 당사자 등의 신청에 의하여 수소법원의 결정 또는 재판장이나 수명법관 등의 명령으로써 하되, 당해 기간 내에 하여야 할 소송행위가 이루어지기 전에 미리 하는 것이 원칙이라고 생각한다. 따라서 이미 원래의 기간이 종료한 경우에는 이를 늘이거나 줄일 수 없다. 이 경우 당사자 등의 신청은 직권발동을 촉구하는 의미밖에 없다는 것이 통설이다.

(2) 기간의 신축과 소송행위의 추후보완(추완)

1) 소송행위의 추후보완(追後補完), 즉 소송행위의 추완이란 자신에게 책임 없는 사유로 당사자 등 소송관계인이 기간 내에 소송행위를 하지 못한 경우에 그 사유가 없어진 날부터 일정 기간 이내에 그 소송행위를 하여 이를 보완하는 것을 말한다. 소송행위의 추완이 적법하다고 법원에 의해 인정된 경우, 그 소송행위는 유효하게 되어 당사자 등은 기간해태로 인한 불이익을 받지 않게 된다.

2) 민사소송법은 이에 관하여 "① 당사자가 책임질 수 없는 사유로 말미암아 불변기간을 지킬 수 없었던 경우에는 그 사유가 없어진 날부터 2주 이내에 게을리 한 소송행위를 보완할 수 있다. 다만, 그 사유가 없어질 당시 외국에 있던 당사자에 대하여는 이 기간을 30일로 한다. ② 제1항의 기간에 대하여는 제172조의 규정(기간의 신축, 부가기간의 설정)을 적용하지 아니한다"고 규정하고 있다. 따라서 소송행위의 추완은 원칙적으로 법정기간, 그 중에서도 불변기간이 정해진 소송행위에 한하여 허용된다.

3) 따라서 법규상 불변기간이라고 명시되어 있는 기간인 재심 제기기간(민사소송법 제456조 제2항),[70] 항소기간(민사소송법 제396조 제2항), 상고기간(민사소송법 제425조, 제396조 제2항), 즉시항고기간(민사소송법 제444조 제2항), 제권판결에 대한 불복(출소)기간(민사소송법 제491조 제2항), 소액사건심판법상 이행권고결정에 대한 이의신청기간(소액사건심판법 제5조의4), 회생채권 또는 회생담보권의 신고기간(채무자 회생 및 파산에 관한 법률 제152조 제2항) 등의 경우에는 이러한 소송행위(재심의 제기나 항소 등)를 추완할 수 있음에 의문의 여지가 없다.

4) 그런데 법규상 불변기간이라고 명시되어 있지 않은 기간인 상고이유서 제출기간이나 재항고이유서 제출기간, 부대상고기간 등에 대해서도 추완이 가능한가? 학설은 이에 대해 찬성하는 입장[71]과 반대하는 입장이 대립하는데, 판례는 상고이유서 제출기간에 관하여 대체로 이를 부정한다(대법원 1960. 7. 21 선고 4292민상777 판결, 1964. 6. 2 선고 64다306 판결, 1967 .9 .19 선고 67사5455 판결, 1970. 1. 27 선고 67다774 판결, 1981. 1. 28 선고 81사2 판결).[72] 또한 주소보정기간 역시 불변기간이 아니므로 추완이 불가하며(대법원 1978. 9. 5 자 78마233 결정), 2회의 쌍방 불출석 후 1월의 기일지정신청기간도 불변기간이 아니기 때문에 추완이 허용되지 않는다고 본다(대법원 1992. 4. 21. 자 92마175 결정).

독일 민사소송법에서는 추완의 대상으로 불변기간 외에 상고이유서 제출기간 등도 포

---

70) 단, 이는 당사자가 판결이 확정된 뒤 재심의 사유를 안 날부터 30일에 대해서만 불변기간이고, 판결이 확정된 뒤 5년은 불변기간이 아니다(민사소송법 제456조, 대법원 1992. 5. 26. 선고 92다4079 판결 참조). 따라서 후자의 경우 추완을 할 수 없다.

71) 특히 정선주, "소송행위의 추완", 저스티스 제30권 제2호, 한국법학원(1997)을 참조. 찬성하는 입장에서는 민사소송법 제173조의 추완기간인 2주에 대해서도 추완을 허용하여야 한다고 주장한다. 즉 추완사유가 제거된 날부터 2주 이내에 다시 부득이한 사유가 발생한 경우 그 2주의 기간을 다시 연장하는 것이다.

72) 그러나 이를 허용한 판례도 있다(대법원 1962. 2. 8. 선고 4293민상397 판결 참조). 당시의 민사소송법 제397조도 현재와 같이 그 기간이 불변기간이라고 규정하지는 않았음에도 이를 허용하였다.

함하고 있는데, 우리 민사소송법에서는 불변기간만을 대상으로 하고 있으므로 문제이다. 찬성하는 입장의 취지도 이해 못할 바는 아니나, 입법자가 각각의 소송행위가 갖는 중요성을 고려하여 그 기간을 불변기간으로 할지 아닐지를 정한 이상, 무턱대고 이를 허용할 수는 없다고 할 것이다. 따라서 민사소송법을 개정하여 그 범위를 조정함이 문제 해결의 선책이겠으나, 당사자의 불이익 구제를 위하여 상고이유서 제출기간이나 재항고이유서 제출기간과 같이 중요한 것은 일정한 범위에서 이를 허용함이 타당하다고 생각한다.

(3) 추완의 요건

1) 소송행위의 추완은 불변기간 내에 특정한 소송행위를 하지 못한 경우에 할 수 있다. 따라서 그 기간이 적법하게 진행되어 그 기간 내에 당해 소송행위를 하지 못하였을 것을 전제로 하므로, 제1심판결을 허위 주소에서 다른 사람이 송달받은 경우와 같이 그 송달 자체가 무효인 경우에는 불변기간인 항소기간이 유효하게 진행될 수 없어 그 기간이 도과하였다고 할 수 없으므로 소송행위인 항소 제기의 추후보완이라는 문제가 생기지 않는다. 즉 이 경우 당사자는 언제든지 항소를 제기할 수 있다(대법원 1994. 12. 22. 선고 94다45449 판결).

2) 추완은 재심 등 다른 구제수단이 있는 경우에도 할 수 있다. 이에 따라 과거 대법원은, 당사자가 상대방의 주소 또는 거소를 알고 있었음에도 불구하고 소재불명이라 하여 공시송달로 소송을 진행케 하여 그 판결이 확정되고, 상대방 당사자가 책임질 수 없는 사유로 상소를 제기하지 못한 경우에는 상대방의 선택에 따라 추완상소를 하거나 재심사유가 있음을 이유로 재심의 소를 제기할 수 있다고 보았다(대법원 1992. 5. 26. 선고 92다4079 판결).[73]

3) 소송행위의 추완은 불변기간 내에 당해 소송행위를 하지 못한 것이 당사자에게 책임을 돌릴 수 없는 사유로 인한 때에 할 수 있다. '책임을 돌릴 수 없는 사유'란 고의나 과실이 없다는 의미인데, 경미한 과실이 있는 경우는 추완이 가능하나 중대한 과실이 있는 때는 추완이 허용되지 않는다고 할 것이다. 그러나 이를 너무 엄격하게 해석하여 자연재해나 불가항력으로 인한 경우만을 추완 사유로 보아서는 안 되고, 당사자가 구체적으로 처한 사정을 고려하고 사회 일반의 통상의 교양을 가진 사람을 기준으로, 그러한 사정의 발생과 관련하여 그 당사자가 그에게 요구되는 일반적 주의의무를 다하였는지 여부를 판단하여 이를 현저히 경시·위반한 때에는 중대한 과실이 있다고 보아야 할 것이다(대법원 1991. 3. 15.자 91마1 결정, 2004. 3. 12. 선고 2004다2083 판결 참조).

4) 민사소송법에서는 이를 '당사자가 책임질 수 없는 사유'라고 규정하고 있는데, 이와

---

73) 그러나 대법원은 그 후 이러한 경우 소송행위 추완의 문제는 나올 수 없으므로 추완상소는 본래의 상소로 취급하여야 한다거나(대법원 1994. 12. 22. 선고 94다45449 판결), 사위 판결은 확정판결이 아니어서 기판력이 없으므로 재심을 제기할 수 없고 상소로써 다투어야 한다(대법원 1978. 5. 9. 선고 75다634 전원합의체 판결)고 견해를 변경하였다.

관련하여 당사자 외에 대리인과 제3자의 고의, 과실이 문제된다. 추완 사유는 우선 당사자를 기준으로 판단하여야 함은 물론이다. 당사자의 학력이나 직업 등 그가 처한 구체적 사정은 위와 같이 과실 여부 판단의 기준이 되므로, 그가 직무상 소송수행을 전문적으로 하는 공무원인 경우 일반인보다 높은 수준의 주의의무가 요구됨은 당연하며, 이는 그가 소송대리인이거나 소송수행자와 같은 법률상 대리인인 경우에도 동일하다.

당사자가 아닌 법정대리인이나 소송대리인이 당해 소송행위에 관한 업무를 처리하였거나 처리하여야 하는 경우에는 그 대리인을 기준으로 추완 사유의 유무를 판단하여야 한다. 즉 대리인의 잘못은 당사자 본인의 잘못에 포함된다(대법원 1999. 6. 11. 선고 99다9622 판결). 변호사 등 소송대리인이 사무직원 등 타인을 자신의 이행보조자로 사용한 경우에는, 그 이행보조자의 과실은 물론 그의 사무집행에 대한 소송대리인의 지휘감독상의 과실 여부도 아울러 검토·판단하여야 한다. 따라서 소송대리인이 판결 정본을 송달 받고도 당사자에게 그 사실을 알려 주지 않은 경우, 당사자 본인에게 과실이 없다 하더라도 추완 사유에 해당되지 않고(대법원 1984. 6. 14. 선고 84다카744 판결), 소송대리인의 보조인에게 중대한 과실이 있는 경우에도 마찬가지이다(대법원 1999. 6. 11. 선고 99다9622 판결).

5) 반면에 당사자나 대리인이 불변기간을 준수하지 못한 것이 우편집배원이나 법원직원 등 제3자의 작위나 부작위, 고의나 과실로 인한 경우에는 당사자나 대리인에게 책임을 돌릴 수 없으므로 추완 사유를 넓게 인정하여야 함은 물론이다.

(4) 구체적 추완 사유

1) 판례는 원칙적으로, 주민등록상 주소에서의 송달불능을 이유로 공시송달이 행하여진 경우, 제때에 전출신고를 하지 아니한 당사자에게 판결의 공시송달로 인한 상소기간 도과에 과실이 없다고 본다(대법원 1993. 9. 28. 선고 93므324 판결, 2006. 9. 14. 선고 2006다26649 판결, 2012. 11. 15. 선고 2012다64215 판결 등).

2) 원고가 소 제기 후 1개월도 되지 아니하여 주거를 옮겼음에도 주소변경 사실을 법원에 신고하지 아니하여, 1심법원이 최초변론기일 소환장을 소장 기재 원고의 주소지로 발송하였으나 송달불능되자 발송송달하였는데, 원고 스스로 이를 알아내 변론기일에 출석하였고, 1심판결 정본 역시 송달불능으로 공시송달하였는데 원고가 스스로 판결 정본을 직접 수령하였다면, 원고는 법원에 문의·확인하는 등의 방법으로 피고의 항소 여부 등 소송의 진행 상황과 그 결과를 알아볼 수 있었고 또 그러한 조사의무도 있으므로, 항소장 부본과 항소심판결 정본이 공시송달의 방법으로 송달되어 원고가 항소심판결 선고 사실을 몰라서 상고제기기간을 준수할 수 없었다고 하더라도, 이는 추완 사유가 될 수 없다(대법원 2004. 3. 12. 선고 2004다2083 판결). 소장 부본과 제2차 변론기일의 소환장이 피고에게 적법하게 송달되어 소송이 진행되던 중에, 이후 소송서류의 송달이 불가능하게 되어 결국 1심판결 정본을

공시송달한 경우에도 같다(대법원 1997. 9. 26. 선고 97다23464 판결).

공시송달 외에 발송송달을 한 경우에도 현실적으로 당사자 등이 송달서류를 받을 가능성이 크지 않으므로 원칙적으로는 추완 사유가 있다고 볼 수 있으나(대법원 2015. 8. 13. 선고 2015다213322 판결 등), 그 이전에 정상적인 송달을 받아 당해 소송진행 상황을 알고 있는 상태에서 주소 변경신고를 게을리 하는 등으로 발송송달을 받은 경우에는 정당한 사유가 있다고 보기 어렵다(대법원 2014. 6. 26. 선고 2014므1766 판결, 2014. 10. 30. 선고 2014다43076 판결 등).

3) 우편배달원이 상고기록 접수통지서를 원고의 마을에 사는 사람에게 전하였으나, 그가 이를 분실하여 원고에게 전하지 못해 원고가 기간 내에 상고이유서를 제출하지 못하였다면 추완 사유가 있다(대법원 1962. 2. 8. 선고 4293민상397 판결). 그러나 이에 반하는 취지의 판결도 보인다. 즉 재항고인으로부터 항고장의 작성과 제출을 부탁받았던 자의 과실에 의해 항고인의 주소가 잘못 기재되어 원심결정이 송달불능되고, 그 후 공시송달의 방법으로 송달됨으로써 재항고인이 원심결정에 대한 재항고기간을 준수하지 못한 경우 이는 추완 사유가 될 수 없다는 것이다(대법원 1982. 8. 31. 자 82마587 결정). 이 경우 그 사람을 대리인으로 본 듯하다.

4) 당사자의 질병이나 여행, 수감 등은 어떠한가? 판례에 의하면, 서울에서 수원으로 배달증명우편으로 발송한 항소장이 우편사정으로 4일 만에 배달된 경우(대법원 1991. 12. 13. 선고 91다34509 판결), 당사자가 구속된 경우(대법원 1992. 4. 14. 선고 92다3441 판결)에는 추완을 부정하였다. 또 여행이나 지방출장, 질병치료를 위한 출타 등의 경우에도 이를 부정하였다(대법원 2011. 12. 27. 선고 2011후2688 판결). 여행이나 출장 당시 이미 소송계속 사실을 알고 있었다면 과실이 없다고 볼 수 없을 것이다.

5) 이와 관련하여, 당사자 등이 불변기간의 종료 이전에 당해 소송행위를 할 수 있었음에도 그 마지막 시점까지 기다린 경우, 주의의무위반의 가중 사유가 된다고 볼 수 있는가? 반대설이 있으나 긍정하여야 할 것이다.

(5) 추완의 방법과 추완의 효력

1) 소송행위의 추완에 관한 민사소송법 규정은 강행규정으로서, 당사자의 합의에 의해 그 내용을 변경하거나 그 적용을 배제할 수 없다. 법원은 소송행위의 추완이 있는 경우 그 적법 여부를 직권으로 조사하여야 한다(대법원 1999. 2. 9. 선고 98다43533 판결, 2014. 7. 10. 선고 2014다13181 판결). 따라서 추후보완사유에 관한 당사자의 주장은 직권발동을 촉구하는 의미밖에 없어 이에 대하여 판단하지 아니하였다고 하더라도 판단유탈의 상고이유로 삼을 수 없다(대법원 1999. 4. 27. 선고 99다3150 판결).

2) 소송행위의 추완은 불변기간을 지킬 수 없었던 사유가 없어진 후부터 2주 이내에 하여야 한다(민사소송법 제173조 제1항 본문). 다만, 그 사유가 없어질 당시 외국에 있던 당사자에 대하여는 그 기간이 30일이다. 여기서 '외국에 있던 당사자'란 장기해외여행 중인 자, 외국거주나 외국 체류 중인 자를 의미한다. 그러나 당사자가 외국에 있었더라도 그에게 적법한 대리인

이 있어서 그가 당해 소송행위를 할 수 있었을 때에는 이를 적용할 수 없다고 할 것이다. 한편, 위 기간은 불변기간이 아닌 통상기간이므로 부가기간을 정할 수 없고, 법원이 그 기간을 늘이거나 줄일 수 없다고 함은 앞서 설명한 바와 같다.

3) '사유가 없어진 때'란 천재지변 기타 이에 유사한 사유의 경우에는 그 재난이 없어진 때이고, 공시송달에 의한 판결 송달사실을 과실 없이 알지 못한 경우에는 당사자나 소송대리인이 '판결이 있었던 사실을 안 때'가 아니라, 그 판결이 '공시송달의 방법으로 송달된 사실을 안 때'이며, 특별한 사정이 없는 한 당사자나 소송대리인이 사건기록을 열람하거나 판결 정본을 영수한 때에 비로소 그 판결이 공시송달의 방법으로 송달된 사실을 알게 되었다고 보아야 한다는 것이 판례이다(대법원 1994. 10. 21. 선고 94다27922 판결, 1997. 8. 22. 선고 96다30427 판결, 2000. 9. 5. 선고 2000므87 판결). 반면에 피고로서 판결 선고 사실과 동거하지 않는 친지에게 그 판결이 잘못 송달된 사실을 전화로 알게 된 경우에는 그때가 된다고 본다(대법원 1993. 9. 28. 선고 93다29860 판결).[74] 이와 같이 대법원 판례는 일관성이 없는바, '판결이 있었던 사실을 안 때'를 기준으로 함이 타당하다.

4) 소송행위의 추완은 항소의 제기(항소장의 제출) 등 해태한 소송행위를 본래의 방식에 따라서 하면 되고, 따로 그에 대한 추완허가의 신청은 필요 없다(대법원 1966. 3. 22. 자 66마71 결정 참조). 또 추완하는 항소장 등에 그것이 추완임을 명시하지 않더라도, 여러 사정상 그러한 취지라면 법원은 추완으로 보고 적법 여부를 판단하여야 한다(대법원 1980. 10. 14. 선고 80다1795 판결, 2008. 2. 28. 선고 2007다41560 판결). 추완 사유의 존재, 즉 자기에게 책임을 돌릴 수 없는 사정으로 기간을 도과하였다는 사정은 추완을 하는 자가 주장·증명하여야 한다.

5) 항소장의 제출 등 소송행위의 추완이 있는 것만으로 곧바로 이미 발생한 확정판결의 효력 발생이 소멸하는 것은 아니고, 법원에 의해 그것이 적법한 것으로 받아들여져 확정되어야 비로소 그 효력(외형상 확정된 판결의 실효)이 생긴다(대법원 1978. 9. 12. 선고 76다2400 판결, 1979. 10. 10. 선고 79다1447 판결).[75] 그러므로 패소한 당사자가 추완을 하면서 외형상 확정판결에 의한 집행을 저지하려면, 민사소송법 500조에 의한 강제집행정지를 신청하여 강제집행의 일시정지나 강제처분의 취소를 받아야만 하고, 추완으로 당연히 집행정지의 효력이 발생하는 것은 아니다.

6) 추완에 의한 소송행위가 있는 경우 법원은 추완 자체에 대해서는 따로 재판을 할 필요가 없다. 따라서 그 추완에 의한 소송행위가 적법한 경우에는 그에 따른 조치를 하면 되고, 부적법한 경우에는 이에 따른 소송행위가 효력이 없으므로 상소기간도과 등을 이유로 추완에 의한 항소나 상고를 각하하는 등의 재판을 하면 된다.

---

74) 그러나 이 판결은 문제가 있다. 이 판결에서도 지적하고 있는 바와 같이, 동거하지 않은 친지는 우편송달을 받을 수 없으므로 그에 대한 소장 부본과 판결의 송달은 무효이고, 상소제기기간이 진행할 수 없어 추완상소 자체가 문제될 여지가 없는 것이다.

75) 추완상소의 구체적 효력 및 외형상 확정된 판결의 집행을 저지하거나 이미 집행된 결과의 제거 방법 등에 대해서는 뒤의 <6. 상소의 효력 나. 추완상소의 효력>을 참조.

Ⅱ. 소송서류의 송달

1. 송달의 의의

가. 소송서류와 송달서류

1) 특정한 소송을 하는 데에는 소송당사자와 대리인, 보조참가인, 증인, 감정인 등의 소송관계인이 관여하게 되고, 이들과 수소법원은 그 소송수행이나 소송진행을 위하여 소장, 답변서, 준비서면, 기일통지서, 증인출석요구서, 판결, 상소장 등 소송행위에 관한 각종 소송서류를 생산하고 이를 상대방에게 전달할 필요가 생긴다. 이와 같이 소송수행이나 소송진행을 위하여 소송관계인과 법원이 생산하는 문서를 소송서류라고 한다.[76)]

2) 소송서류는 문서, 즉 종이나 이와 유사한 형태의 유형물을 가리키나, '민사소송 등에서의 전자문서 이용 등에 관한 법률'에 의한 전자문서도 여기에 포함된다. 다만 전자문서의 송달 등 전자문서의 취급에는 특별한 예외가 인정된다.

3) 송달서류는 소송서류를 포함하여 수소법원이 소송관계인에게 송달절차를 통하여 보낼 서류를 말한다. 소송서류를 모두 송달하여야 하는 것은 아니므로 송달서류는 소송서류보다 좁은 개념이라고 할 수 있다.

민사소송법은 일정한 소송서류를 송달의 방법에 의해 소송관계인에게 전달·통지하도록 규정하고 있는데, ① 소송의 개시와 계속에 필요한 서류(소장이나 청구취지변경서, 항소장 등), ② 공격방어방법에 관한 서류(답변서, 준비서면 등), ③ 소송절차의 안내나 통지에 관한 서류(보조참가신청서, 소송고지서, 기일통지서, 소 취하서, 항소포기서 등), ④ 소송의 결과에 관한 서류(판결, 조정·화해조서, 화해권고결정 등)로 분류할 수 있다.

4) 송달은 특별한 규정이 없으면 소송서류의 등본 또는 부본으로써 하여야 하고, 송달할 서류의 제출에 갈음하여 조서, 그 밖의 서면을 작성한 때에는 그 조서나 서면의 등본이나 초본을 교부하여야 한다(민사소송법 제178조). 그러나 소송법에는 원본(기일통지서나 출석요구서 등), 정본(판결이나 화해권고결정, 화해조서 등)을 송달할 것을 규정하고 있는 경우가 있다. 위식(違式)의 서류를 송달한 경우 송달의 하자에 해당하나, 상당한 기간 내에 이의하지 않은 경우 하자가 치유된다(민사소송법 제151조 참조).

나. 송 달

1) 위와 같이 소송을 위해서 각종 소송서류를 소송관계인 등에게 전달·통지할 필요가

76) 민사소송법 제140조 제1항 제2호는 정의규정 없이 '소송서류'라 하고 있고, 제177, 178조 등에서는 단순히 '서류'라고만 하고 있다.

있는바, 법원이 소송서류를 일정한 방식에 따라 소송당사자 기타 소송관계인에게 교부하는 등으로 그 내용을 알리거나 알 수 있는 기회를 부여하는 것을 송달(送達)이라고 한다. 법원이 송달을 실시하면 그 결과를 보존하고 이를 소송관계인이 알 수 있도록 하여야 하는바, 이는 공증에 해당하고, 넓은 의미에서는 이것도 송달절차에 포함된다.

2) 위와 같이 송달은 소송주체인 법원이 하는 것이므로, 당사자 상호 간에 임의로 소송서류를 주고받거나 소송당사자 등 소송관계인이 소장이나 감정보고서 등의 소송서류를 법원에 제출하는 것은 송달이 아니다. 따라서 송달은 법원이 재판권(사법권)의 작용으로 행하는 명령적·공증적 행위라고 할 수 있으며, 넓은 의미의 소송행위에 속한다.

3) 이와 같이 송달은 법원의 소송행위에 속하는바, 이는 법률행위적 소송행위(의사표시나 관념통지)도 있고 사실행위적 소송행위(송달서류의 작성이나 교부 등)도 있다. 그리고 송달은 그 총괄적 업무 주체인 법원사무관등이 하는 총괄적 행위와 우편집배원, 집행관 등이 하는 송달실시행위를 모두 포함한다.

4) 위와 같이 송달은 법원이 소송서류를 일정한 방식에 따라 일정한 사람에게 일정한 장소에서 전달하여야 하므로, 서류나 의사가 상대방에게 도달하기만 하면 충분하고 특별히 법정(法定)의 방식이 요구되지 않는 통지(민사소송법 제144조 제3항)나 기일 등의 고지(민사소송법 제167조 제1항 후문, 제221조),[77] 소송비용확정신청 등에 따른 최고(민사소송법 제111, 125조), 기록의 송부(민사소송법 제298, 400조), 불특정 다수인에 대한 공시최고 등의 공고(민사소송법 제480조, 민사집행법 제106조 등) 등과 구별된다.

다. 송달받을 사람

1) 송달은 송달을 받을 사람, 즉 수송달자(受送達者)에게 하여야 한다. 적법하게 송달받을 사람을 수령 명의인으로 하지 않은 송달은 원칙적으로 무효이다. 송달을 받을 사람은 법령상 송달서류를 그 명의로 수령할 권한과 자격이 있는 사람을 말하므로, 송달장소에서 실제 송달을 실시할 때 송달서류를 수령하는 사람(송달수령인)과는 다른 개념이다. 전자는 송달을 실시할 때 당사자 본인이나 법정대리인, 법인이나 단체의 대표자 등과 같이 미리 특정되어야 하나, 후자는 송달장소에서 실제 송달을 실시할 때 수송달자 본인 또는 그의 동거인이나 사무원, 피용자, 송달영수인 등과 같이 그때그때의 상황에 따라 달라지므로 미리 특정될 수 없다.

2) 구체적인 소송서류의 송달에 있어 송달을 받을 사람이 누구인지는 그 송달의 목적이나 소송서류의 종류와 내용에 의해서 결정되며, 그 결정의 궁극적인 근거는 민사소송법 등의 법령이다.

---

77) 고지는 법원이 임의의 방법으로 하면 족하나, 만약 이를 재판서(결정문 등) 등을 송달하는 방법으로 할 때는 송달의 법리가 적용되어야 한다.

민사소송법상 송달받을 사람으로는 당사자 본인과 참가인, 법인 등의 대표자, 법정대리인, 소송대리인, 송달영수인 등이 있다. 당사자에게 법정대리인이나 소송대리인이 있는 경우에는 그에게 송달함이 원칙이다. 소송대리인이 있는 경우, 특별히 그 소송대리인에게 당해 소송서류를 송달하여야 하는 것이 아닌 한 당사자 본인에게만 송달하여도 위법은 아니지만(대법원 1964. 5. 12. 선고 63아37 판결, 1970. 6. 5.자 70마325 결정), 미성년자나 피성년후견인 등 소송무능력자에게는 반드시 법정대리인에게 송달해야 한다(민사소송법 제179조). 소송능력자라도 일정한 사유로 본인이 소송을 수행할 수 없을 때에도 같은바, 부재자가 그 예이다.[78)]

민사소송법은 교도소·구치소 등에 수감되어 있는 사람 등에 대해서는 그 본인 대신에 교도소·구치소 또는 경찰관서의 장(민사소송법 제182조)에게, 군 복무자나 선박 승선자에 대해서는 군 사용 청사나 선박의 장(민사소송법 제181조)에게 송달하도록 하고 있으므로, 그들에게 소송서류가 송달되면 본인에 대해서 송달의 효력이 발생한다.

3) 법인에 대한 송달은 그 정당한 대표자에게 송달하여야 한다. 이에 따라 주식회사의 대표이사 외에 대표사원(상법 제180조), 이사(민법 제59조 제1항), 임시이사(민법 제63조), 청산인, 특별대리인(민법 제64조, 민사소송법 제62조), 합명회사의 업무집행사원(상법 제207조), 합자회사의 무한책임사원(상법 제278조)이 송달받을 사람이 된다. 법인 아닌 사단이나 재단으로서 그 대표자 또는 관리인이 있는 경우에는 이들 사단이나 재단에 대한 송달은 대표자 또는 관리인이 송달받을 사람이 된다(민사소송법 제64조).

4) 국가에 대한 송달은 법무부장관이 국가를 대표하므로 그가 송달받을 사람이 되며, 지방자치단체의 경우 그 대표자인 시장, 도지사, 교육감, 군수 등이 송달받을 사람이 된다. 다만, 국가를 당사자로 하는 소송에서는 수소법원에 대응하는 검찰청(수소법원이 지방법원 지원인 경우에는 지방검찰청, 고등검찰청 소재지의 지방법원이나 지원에 소가 제기된 경우에는 그 고등검찰청)의 장에게 송달하여야 하고, 국가를 위하여 소송수행자 또는 소송대리인이 있는 경우에는 그 소송수행자 또는 소송대리인에게 우선적으로 송달하여야 하며(국가를 당사자로 하는 소송에 관한 법률 제9조), 법무부장관에게 송달해서는 안 된다(대법원 2002. 11. 8. 선고 2001다84497 판결).

5) 행정소송에서 행정청이 피고 또는 참가인인 경우에는 그 처분을 행한 행정청 또는 재결청의 장이 송달받을 사람이 되고, 가사소송에서 검사가 당사자인 경우에는 당해 사건의 관할법원에 대응하는 지방검찰청의 장 또는 지청장이 1차적으로 송달받을 사람이 되나, 관여 검사가 특정된 후에는 그가 송달받을 사람이 된다.

6) 당사자에게 소송대리인이 있는 경우나 1인의 당사자를 위한 소송대리인이 복수인 경우와 같이, 법령에 의해 특정한 소송서류를 송달받을 자격을 가진 사람이 동시에 여러 명이 있고, 그 중 어느 사람에게 송달을 하여도 송달이 유효한 때는 송달기관인 법원이

---

78) 유언집행자는 상속인들의 법정대리인이면서(민법 제1103조 제1항) 소송에서는 스스로 당사자(제3자소송담당자)가 된다.

이를 임의로 선택할 수 있다. 여러 사람이 공동으로 대리권을 행사하는 경우의 송달은 그 가운데 한 사람에게만 하면 되는바(민사소송법 제180조), 이는 법인의 공동대표자(공동대표이사 등)의 경우에도 준용된다(민사소송법 제64조). 그런 경우가 아니면 송달을 받을 사람은 개별적으로 정해지고, 송달은 송달을 받을 사람 각자에게 개별적으로 해야 한다. 따라서 공동소송인들이 동거인이거나 친족관계에 있더라도 개인별로 송달하여야 한다. 선정당사자 등 제3자소송담당자가 복수인 경우에도 같다. 그들은 당사자이지 대리인이 아니기 때문이다.

7) 당사자 등 소송관계인이 선임하는 송달영수인은 송달을 받을 사람이 아니라, 송달받을 사람의 위임에 의하여 송달서류를 수령할 대리권만을 갖는다. 따라서 이 경우에는 송달현장에서 현실적으로 송달서류를 수령하는 사람과 달리, 송달을 실시할 때 송달받을 사람과 송달영수인을 동시에 표시한다. 이로 인해 송달영수인은 마치 송달받을 사람과 같은 외관을 갖게 된다.

라. 송달시간

1) 송달은 원칙적으로 주중이나 해가 뜬 후, 해지기 전에만 할 수 있다. 다만, 당사자의 신청이 있는 때에 한하여 공휴일 또는 해뜨기 전이나 해진 뒤에 집행관 또는 대법원규칙이 정하는 사람에 의하여 송달할 수 있다(민사소송법 제190조 제1항). 이에 관해서는 대법원규칙이 따로 정한 바가 없으므로 집행관과 법원경위(법원조직법 제64조 제3항)만이 이를 실시할 수 있다.

2) 공휴일 또는 해뜨기 전이나 해진 뒤에 송달하는 때에는 법원사무관등은 송달할 서류에 그 사유를 덧붙여 적어야 한다(민사소송법 제190조 제2항)

3) 이에 어긋나는 송달은 송달서류를 교부받을 사람이 이를 영수한 때에만 효력을 가진다(민사소송법 제190조 제3항). 이 경우 서류를 교부받을 사람에는 당사자 본인뿐만 아니라 그의 사무원, 동거인 등도 포함된다는 것이 통설이다. 그러나 유치송달은 불가하다.

마. 송달장소

(1) 주소·거소

1) 송달은 원칙적으로 송달받을 사람의 주소, 거소, 영업소 또는 사무소에서 한다(민사소송법 제183조 제1항 본문). 주소는 생활의 근거되는 곳으로서(민법 제18조 제1항), 반드시 주민등록상의 주소와 일치하는 것은 아니다(대법원 2000. 10. 28.자 2000마5732 결정). 거소는 생활의 근거가 될 정도에는 이르지 못하지만, 하숙집, 장기 입원중인 병원, 장기 체류 중인 호텔 등과 같이 상당 기간 계속하여 거주하는 장소를 말한다(민법 제19조 참조).

2) 송달장소는 송달을 실시하는 법원사무관등이 직권으로 파악하여야 한다. 그러나 이는 당사자 등 소송관계인에 의해 법원에 제공되어야 하므로, 민사소송법은 소장이나 답

변서, 준비서면, 항소장 등에는 당사자나 대리인 등의 주소를 기재하도록 요구하고 있다(민사소송법 제249조 제2항, 제256조 제4항, 제274조 제1항, 제398조). 소장 부본이나 항소장 또는 상고장 부본을 송달할 수 없는 때에는 재판장은 원고나 항소인, 상고인에게 주소보정을 명해야 한다(민사소송법 제255조 제2항, 제254조, 제402조 제1항, 제425조). 송달사무 처리기관인 법원사무관등은 재판장의 명이 있거나 송달에 필요한 경우, 언제라도 주소보정을 요구할 수 있다.

3) 송달받을 사람의 실제 주소·거소·영업소 또는 사무소가 아니면 당사자가 소장이나 항소장에 이를 주소로 기재하였더라도 적법한 송달장소가 될 수 없다(대법원 2001. 9. 7. 선고 2001다30025 판결). 그러나 송달받을 사람이 원고 또는 항소인 자신이라면 이를 당사자가 신고한 송달장소(민사소송법 제183조 본문)로 보아 그곳으로 송달해도 적법하다고 볼 수 있다. 한편, 송달받을 자가 종전의 주소지에서 인근 주소지로 이사하였으나 종전 주소지에 주민등록을 한 채 양쪽 집을 왕래하면서 생활을 하였다면 양쪽 모두가 주소나 거소로서 송달장소가 된다(대법원 1987. 11. 10. 선고 87다카943 판결).

4) 군인이나 교도소 등의 수감자, 선박 승선자 등에 대한 송달은 위와 같이 그 본인이 아닌 군사용 청사나 교도소·선박의 장(長)에게 하여야 하고, 이들 장소는 그 장의 영업소나 사무소로 볼 수도 있으나, 실무상으로는 송달받을 자로 이들 장을 기재하는 대신에 당사자 등 소송관계인을 기재하고 그 송달장소를 위의 장소로 기재하여 실시하고 있는바, 이는 송달받을 그 본인의 거소라고 볼 수도 있지만 엄격히 말하면 위법이다.

(2) 영업소·사무소

1) 송달받을 사람의 영업소 또는 사무소는 송달받을 사람의 주소, 거소와 동일하게 원칙적인 송달장소이다(민사소송법 제183조 제1항 본문).

2) 영업소나 사무소는 송달받을 사람의 사무 또는 영업이 일정기간 지속적으로 행하여지는 장소를 의미한다. 반드시 본점이거나 등기된 지점에 한하지 않고, 명칭 여하에 불구하고 그 실질에 따라 사실상 독립하여 주된 영업행위의 전부 또는 일부를 완결할 수 있는 장소, 즉 어느 정도 독립하여 업무의 전부 또는 일부가 총괄적으로 경영되는 장소라면 이에 해당한다(대법원 2003. 4. 11. 선고 2002다59337 판결). 한시적인 기간에만 설치되거나 운영되는 곳이라고 하더라도, 그곳에서 이루어지는 영업이나 사무의 내용, 기간 등에 비추어 볼 때 어느 정도 반복해서 송달이 이루어질 것이라고 객관적으로 기대할 수 있는 곳이라면 영업소 또는 사무소에 해당한다는 것이 판례이다(대법원 2014. 10. 30. 선고 2014다43076 판결).

3) 여기서 말하는 영업소 또는 사무소는 송달받을 사람 본인이 경영하는 영업소 또는 사무소를 의미하며, 송달받을 사람이 피용자로서 일하는 장소인 근무처(근무장소)는 이에 해당하지 않는다(대법원 1997. 12. 9. 선고 97다31267 판결). 또한 송달받을 사람이 대표이사 등의 자격으로 회사를 경영하는 경우, 그의 회사 사무실은 근무장소에 해당할 뿐 위 영업소나 사무소에 해당하지

않는다(대법원 2004. 7. 21.자 2004마535 결정). 자연인과 법인은 별개의 인격이기 때문이다.

다만, 법정대리인이 송달받을 사람인 경우에는 그 법정대리인의 영업소·사무소는 물론 본인(소송무능력자 등)의 영업소나 사무소에서도 송달할 수 있다(민사소송법 제183조 제1항 단서). 이 경우 본인과 법정대리인의 신분적 관계나 그 밀접성 등을 감안할 때 양인을 사실상 동일인으로 볼 수 있기 때문이다.

4) 소송대리인인 변호사에게 송달할 경우, 그 영업소 또는 사무소는 변호사사무소나 법무법인의 영업소, 사무소가 될 것이다. 군사용의 청사 또는 선박에 속하여 있는 사람에게 할 송달은 그 청사 또는 선박의 장이 근무하는 청사와 선박이 영업소 또는 사무소가 되고, 교도소·구치소 또는 국가경찰관서의 유치장에 체포·구속·유치된 사람에게 할 송달은 교도소·구치소 또는 국가경찰관서가 영업소 또는 사무소가 된다.

(3) 송달받을 사람이 법인의 대표자인 경우

1) 법인이 당사자인 경우, 원칙적으로 송달받을 사람은 그 대표자이므로 그 송달은 대표자의 주소·거소·영업소·사무소에서 하여야 함은 당연하다(민사소송법 제183조 제1항 본문, 대법원 1965. 1. 29.자 64마988 결정).

2) 이 경우 영업소, 사무소는 당해 법인의 영업소 또는 사무소를 의미하고, 그 대표자가 경영하는 별도의 법인격을 가지는 회사의 사무실은 송달받을 사람의 영업소나 사무소가 아니다(대법원 2003. 4. 11. 선고 2002다59337 판결, 2003. 4. 25. 선고 2000다60197 판결, 2004. 7. 21.자 2004마535 결정). 다만, 이는 그 대표자의 근무처로서 민사소송법 제183조 제2항의 근무장소에 해당할 수 있다.

(4) 근무장소

1) 송달받을 사람의 주소·거소·영업소 또는 사무소를 알지 못하거나 그 장소에서 송달할 수 없는 때에는 송달받을 사람이 고용·위임 그 밖에 그의 법률상 행위로 그가 취업하고 있는 근무장소(일터)인 다른 사람의 주소·거소·영업소 또는 사무소에서 송달할 수 있다(민사소송법 제183조 제2항).

2) 위 근무장소는 고용주나 위임인이 자연인이건 법인이건 불문한다. 공무원의 근무장소인 공공기관도 포함한다. 그러나 현실로 근무하는 곳이어야 하므로 회사의 지점에 근무하는 사람에 대하여 본점은 근무장소가 아니고, 고용계약이나 위임계약 등 법률상 행위를 원인으로 취업하고 있는 것이 아니라 출장이나 파견 등으로 원래의 근무장소를 떠나 일시적으로 머물고 있는 장소 또는 다른 주된 직업에 종사하면서 비상근이사, 사외이사직에 있는 회사의 소재지 등은 이에 해당하지 않는다(대법원 2015. 12. 10. 선고 2012다16063 판결).

3) 이와 같이 근무장소는 원칙적 송달장소가 아니고 보조적 송달장소이므로 보충적 요건을 갖추어야 유효하다. 따라서 소장이나 지급명령신청서 등에 기재된 주소나 거소 등이 있음에도 이들 장소에 대한 송달을 시도하지 않은 채 먼저 근무장소로 한 송달은

위법하다(대법원 2004. 7. 21. 자 2004마535 결정).

4) 근무장소에서는 교부송달뿐만 아니라 보충송달도 가능하다(민사소송법 제186조 제2항). 그러나 유치송달은 불가하다(민사소송법 제186조 제3항).

(5) 신고된 송달받을 장소

1) 송달받을 사람은 주소·거소·영업소 또는 사무소 외의 장소(단, 대한민국 안의 장소)를 송달받을 장소로 정하여 법원에 신고할 수 있다(민사소송법 제184조). 이는 의무사항이 아니다. 이 신고가 있으면 그곳이 우선적인 송달장소가 된다.

2) 송달받을 사람의 주소·거소·영업소·사무소는 본래부터 송달받을 장소이므로 그곳을 기재하여 신고하더라도 이는 여기서 말하는 신고장소에 해당하지 않고, 민사소송법 제185조 제1항의 송달장소 변경신고로 볼 수 있을 뿐이다. 그러나 근무장소는 보충적 송달장소에 불과하므로 여기서 말하는 신고장소에 해당한다. 송달받을 사람이 자신의 근무장소를 송달받을 장소로 신고한 경우에는 그곳이 보충적 송달장소가 아닌 적법한 송달장소가 되므로 보충송달이 가능하며(대법원 2005. 10. 28. 선고 2005다25779 판결), 유치송달도 가능하다.

3) 소장이나 답변서, 준비서면, 항소장 등에 그곳이 주소나 거소라는 뜻을 표시하지 않은 채 단순히 일정한 장소를 기재한 경우, 이는 위와 같이 법령에 의해 기재의무가 있는 주소를 기재한 것으로 볼 것이지 여기서 말하는 송달장소 신고를 한 것으로 보기 어려우나, 이는 결국 의사해석의 문제이다.

4) 이 신고는 특별한 양식이 정해져 있지 않으므로, 그 문서의 명칭이 무엇이든 실질적으로 송달받을 장소를 신고한 취지가 기재되어 있으면 족하다. 은행 등 금융기관이 소관지점과 그 소재지를 주소지로 기재한 경우, 그 소관지점을 '송달받을 장소'로 신고한 것으로 볼 수 있다.

5) 이 신고가 있으면 위와 같이 그곳이 우선적인 송달장소가 되나, 그렇다고 하여 주소·거소·영업소 등 다른 송달장소가 송달장소로서의 효력을 상실하는 것은 아니다. 따라서 당사자가 송달장소를 신고한 경우에 그 신고장소 이외의 장소에서 송달받았다 하더라도, 그 장소가 당사자의 실제 주소·거소·영업소 또는 사무소라면 그 송달은 적법하다(대법원 1980. 4. 23. 선고 80마93 판결).

6) 이 신고를 하는 경우 송달받을 사람은 송달영수인을 정하여 신고할 수 있다. 송달영수인은 위와 같이 송달에 관한 대리인이다. 그러나 반드시 그 본인이 수령하여야만 송달이 유효한 것은 아니고, 송달영수인의 사무원, 동거자 등에게도 보충송달을 할 수 있다(대법원 2001. 5. 29. 선고 2000재다186 판결). 또한 유치송달도 가능하다고 볼 것이다

7) 송달받을 사람이 종래의 송달받을 장소를 바꾼 때에는 곧바로 그 취지를 법원에

신고하여야 하는데(민사소송법 제185조 제1항), 이는 민사소송법 제184조에 의한 송달받을 장소의 신고와는 차원이 다르다. 따라서 민사소송법 제185조 제1항에 의해 변경을 신고하여야 할 송달장소에는 주소·거소·영업소 또는 사무소뿐만 아니라 근무장소나 신고된 송달장소 등 법률상 송달 가능한 장소 모두가 이에 포함된다. 그리고 그 변경신고한 장소가 민사소송법 제184조에 의한 송달받을 장소의 변경신고가 아니라면 이 경우에 민사소송법 제184조가 적용될 여지는 없다.

(6) 송달함

1) 법원은 그 구내에 송달함을 설치할 수 있는바(민사소송법 제188조 제1항), 이 경우 그곳으로 송달받고자 하는 사람은 법원장 또는 지원장에게 서면으로 송달함 이용신청을 할 수 있다(민사소송규칙 제52조 제1항). 이는 민사소송법 제184조의 송달장소 신고를 한 것으로 볼 수 있다. 송달함을 이용하는 사람은 그 수수료를 미리 내야 한다(민사소송규칙 제52조 제2항).

2) 송달함 이용신청이 있으면 이후 그 사람에 대한 송달은 송달함을 이용하여 실시한다(민사소송법 제188조 제1항). 물론 그렇다고 하여 주소·거소·영업소 등 다른 송달장소가 송달장소로서의 효력을 상실하는 것은 아니다.

바. 송달불능과 그 사유

(1) 송달의 불능

1) 송달의 불능은, 송달을 실시하였으나 민사소송법이 정한 모든 송달방법에 의해서도 소송서류를 송달할 수 없어 송달의 목적을 달성하지 못한 상황을 말한다.

2) 이에는 ① 송달의 요건을 모두 갖추었으나 외부적 사정으로 인해 송달이 성공하지 못한 경우와 ② 송달의 요건을 갖추지 못해 송달이 성공하지 못한 경우 및 ③ 외형상으로는 송달이 이루어졌으나 송달의 요건을 갖추지 못해 그 송달을 무효로 보아야 할 경우를 포함한다. 그러나 통상 우리가 '송달불능'이라고 하면 ①과 ②를 말하고, ③은 송달의 하자라고 부른다.

3) 넓은 의미에서는 송달장소를 찾을 수 없어 송달을 실시하지 못하는 경우에도 송달불능이라는 용어를 사용하는 일이 있으나, 이런 경우에는 공시송달을 할 수 있으므로 엄밀히는 송달불능이라고 할 수 없다.

(2) 송달불능의 사유

1) 송달불능 사유에 관하여 민사소송법이나 민사소송규칙에는 아무런 규정이 없다. 따라서 이는 전적으로 해석에 맡겨져 있다. 송달불능 사유에 따라 그 조치내용이 달라지는

데, 구체적으로는 송달장소의 종류, 송달 전후의 사정, 송달받을 사람이 원고나 항소인 등 적극적 당사자인지 아니면 피고나 피항소인 등 소극적 당사자인지에 따라 다르다.

2) 실무상 인정되는 송달불능 사유는 다음과 같다.

명칭	불능사유	조치내용
① 수취인 부재	수취인이 송달받을 주소지 등에 근거를 가지고 있으나, 장기여행, 일시 가출, 군복무, 수감 등의 사유로 당분간 송달서류를 받을 수 없는 경우	· 현 소재지(거소)를 확인 가능한 때는 현 소재지로 재송달 · 현 소재지를 확인 불가능한 때는 재송달(집행관송달 등), 발송송달 또는 공시송달, 보정명령
② 폐문 부재	송달받을 주소지 등에 문이 잠겨 있고 아무도 만날 수 없는 경우	· 송달받을 주소지 등임을 확인 가능한 때는 현 송달장소로 재송달(집행관송달 등), 발송송달 · 송달받을 주소지 등임을 확인 불가능한 때는 재송달(집행관송달 등), 발송송달 또는 공시송달, 보정명령
③ 수취인 불명	당해 송달받을 곳에서 수취인이 누구인지 알 수 없어 그를 찾을 수 없는 경우	· 공시송달(원고) · 보정명령(피고가 송달을 받은 일이 없는 경우), 발송송달(원고나 피고가 이미 송달을 받은 일이 있는 경우)
④ 주소 불명	송달받을 주소 등이 불명확하여 그러한 장소를 찾을 수 없는 경우	· 공시송달(원고) · 보정명령(피고가 송달을 받은 일이 없는 경우), 발송송달(원고나 피고가 이미 송달을 받은 일이 있는 경우)
⑤ 이사 불명	수취인이 당해 주소지 등에서 살다가 이사하였는데, 이사 간 곳을 모르는 경우	· 공시송달(원고) · 보정명령(피고가 송달을 받은 일이 없는 경우), 발송송달(원고나 피고가 이미 송달을 받은 일이 있는 경우)

3) 수취인 부재 중 송달받을 사람이 잠시 외출 중이거나 일시 가출, 단기여행 중인 경우에는 폐문부재가 아니라면 그의 피용자, 동거인 등에게 보충송달을 할 수 있다. 그러나 돌아올 시기가 예정되어 있지 않은 장기간의 여행, 장기 가출, 군복무, 수감 등의 사유로 상당한 기간 송달서류를 받을 수 없는 경우에는 더 이상 그곳이 그의 주소나 거소라고 볼 수 없으므로, 당사자에게 주소보정을 명하거나 요건에 해당하는 경우 발송송달 또는 공시송달이 가능하다.

4) 주소 불명의 경우, 종전의 주소지에 재송달을 실시하여도 무방하나, 원고나 피고가 이미 그곳으로 송달받은 일이 있는 경우에는 당사자가 민사소송법 제185조 제1항의 송달장소 변경신고를 게을리 한 것으로 보아 발송송달을 할 수 있다고 할 것이다.

(3) 송달불능의 효과

1) 소송서류의 송달이 불능하면 그 송달의 효력이 발생하지 않게 되고, 그에 따라 그 송달로써 발생이 예정된 소송법적 효력이 발생하지 않게 된다.

2) 소송서류의 송달이 불능하면 법원은 재송달을 실시할 수도 있고, 이를 생략한 채 곧바로 발송송달이나 공시송달을 할 수도 있다. 다만, 발송송달이나 공시송달은 그 요건을 충족하는 때에 한한다. 법원은 이러한 조치가 불가능한 등으로 필요한 경우 당사자(원고 또는 상소인)에게 상대방의 주소보정을 명하여야 하고, 그 보정을 하지 않은 경우에는 소장이나 항소장을 각하하는 등의 제재를 가하게 된다(민사소송법 제255조 제2항, 제402조 제2항 등).

(4) 송달불능 시 법원의 조치

1) 법원사무관등은 송달에 흠이 있음을 발견한 때에는 즉시 적법한 방법으로 다시 송달을 실시하여야 한다.

2) 재판장과 법원사무관등은 송달장소에 의문이 있는 때는 직권으로 당사자 등에게 주소보정을 명하거나 요구할 수 있다. 그러나 이는 권고적 효력만이 있다고 할 것이다.

3) 당사자가 송달장소 변경을 신고하지 아니하여 발송송달 요건에 해당하면 등기우편에 의한 발송송달을 하면 족하고, 그에 앞서 반드시 상대방(원고, 항소인)에게 주소보정명령을 내려야 하는 것은 아니다.

4) 여러 가지 송달방법이 있을 때 어느 방법을 선택하느냐는 송달사무처리기관인 법원사무관등의 재량사항이다. 따라서 발송송달이나 공시송달의 요건이 충족된 경우에도 곧바로 이에 의하지 않고 다시 우편송달을 실시하거나 주소보정을 명하여도 위법하지 않다.

사. 송달의 효과

1) 송달이 적법·유효하게 이루어져야 송달에 따른 소송계속(소장 부본의 송달에 의한 효과), 소 취하에 대한 동의 간주, 이의신청기간이나 상소기간의 진행 등 여러 가지 소송법적 효과가 발생하게 된다. 이와 같이 송달은 일정한 소송서류를 상대방에게 전달하여 상대방으로 하여금 일정한 소송행위를 하거나 하지 않도록 준비하는 기능을 하는 것이 보통이다. 때로는 결정이나 명령을 송달의 방법으로 고지한 경우와 같이 그 송달로써 당해 소송행위(재판) 자체가 효력을 발생하기도 한다.

2) 적법하게 송달이 행하여진 이상, 송달받을 사람이 현실적으로 송달서류의 내용을 알았는지 몰랐는지 여부와는 상관없이 송달에 따른 소송법적 효과가 발생한다. 송달이 이루어졌다고 보려면, 송달받을 사람 본인이나 송달서류를 받을 능력이 있는 사람이 이를 수령하여 그의 점유·지배하에 들어갔을 것이 필요한데, 이것 자체가 문제되는 일은

별로 없다.

3) 송달 자체의 효력이 발생하는 경우에도 그로 인한 부수적 법률효과의 발생 여부는 이와 별개의 문제이다. 따라서 송달에 의하여 송달받을 사람이 송달서류의 내용을 알아야만 그에 관한 법률상 효력이 발생하는 경우에는 반드시 교부송달의 방법으로 송달되어 서류의 내용이 현실적으로 그에게 통지되었다고 볼 수 있는 때에만 그 효력이 발생한다. 예컨대, 경매개시결정 정본의 송달로써 이해관계인인 주채무자에게 이행청구에 의한 피담보채권의 소멸시효 중단의 효과가 발생하려면 경매개시결정이 주채무자 본인이나 그 적법한 대리인에게 송달되어야 하므로, 발송송달이나 공시송달에 의해서는 소멸시효중단의 효력이 발생하지 않는다(대법원 1994. 11. 25. 선고 94다26097 판결).

2. 송달사무처리기관과 송달실시기관

가. 송달사무처리기관

1) 송달사무처리기관은 송달에 관한 사무를 자신의 권한과 책임에 의하여 처리하는 법령상의 기관(직무담당자)을 말한다. 아래에서 보는 송달실시기관은 송달사무처리기관으로부터 구체적으로 송달을 의뢰 또는 지시받아 송달을 실시하는 기관(직무담당자), 즉 사실행위를 하는 자로서 이 역시 넓은 의미의 송달사무처리기관에 속한다고 할 수 있다.

2) 송달사무처리기관은 송달사무를 직접 처리함이 원칙이지만, 예외적으로 관할구역 밖의 거주자에 대한 송달사무 등과 같이 그곳을 관할하는 법원에 소속된 법원사무관등이나 집행관 등에게 송달을 촉탁하는 경우도 있다.

(1) 법원사무관등(원칙)

1) 송달사무는 수소법원의 법원사무관등이 처리함이 원칙이다(민사소송법 제175조).

2) 그 송달사무의 내용은, ① 송달서류(소장, 답변서, 준비서면 등)를 당사자로부터 영수하거나 직접 송달서류(출석요구서, 판결 정본 등)를 작성하는 행위, ② 송달의 시기(일요일, 휴일, 야간 등) 또는 송달장소(주소, 거소, 영업소 등), 송달의 방법(집행관송달, 발송송달, 전화나 팩시밀리에 의한 직접송달 등), 송달받을 사람 등을 결정하는 행위, ③ 송달서류를 송달실시기관에 전달하여 송달을 실시하게 하거나 스스로 송달을 시행하는 행위, ④ 송달실시기관이 작성한 전자송달통지서 또는 송달보고서를 조회하여 송달 여부나 그 적법성을 조사하고 후속조치를 취하거나 공시송달서류를 보관하는 행위 등이다.

3) 송달사무는 법원사무관등의 고유권한으로서 자기의 판단과 책임하에 시행한다. 수소법원, 즉 법관은 송달사무에 관여하지 않는다. 다만, 재판장은 소송의 지연을 피하기 위하여 필요하다고 인정하는 때에는 법원사무관등에게 공시송달을 명하거나 법원사무관

등의 공시송달처분을 취소할 수 있다(민사소송법 제194조 제3, 4항). 따라서 당사자가 판결서 송달이 부적법하다는 이유로 수소법원에 판결 정본의 송달신청을 하더라도 법원이 직접 그에 대한 가부의 재판을 할 수는 없다(대법원 1966. 3. 22.자 66마71 결정).

4) 송달사무는 수소법원의 사무이다. 따라서 송달은 원칙적으로 수소법원인 각 심급의 법원사무관등이 자기의 판단과 책임하에 시행하며, 상급심법원의 송달은 하급심법원의 송달사무와 원칙적으로 독립되어 있다. 그 반대의 경우에도 같다. 그러므로 송달장소의 변경신고의무, 발송송달이나 공시송달의 요건, 효력 등은 각 심급별로 따로따로 발생한다.

(2) 예외적인 경우

1) 양쪽 당사자가 변호사를 소송대리인으로 선임한 경우, 한쪽 당사자의 소송대리인인 변호사가 상대방 소송대리인인 변호사에게 송달될 소송서류의 부본을 교부하거나 팩시밀리 또는 전자우편으로 보내고 그 사실을 법원에 증명한 때에는 송달의 효력이 있는바(민사소송규칙 제47조), 이는 법원사무관등의 관여 없이 송달이 실시되는 경우이다.

2) 강제집행절차에서 집행관이 독립한 집행기관인 경우(유체동산의 경매)에는 그 절차에 부수하여 실시하는 각종의 통지나 송달(압류사유의 통지, 배당요구의 통지, 경매기일의 통지 등)을 당해 집행관이 직접 처리한다.

3) 집행권원인 공정증서와 집행개시의 요건이 될 집행문과 증명서 등본 등의 송달은 당사자의 신청에 의하여 공증인이 우편에 의한 송달을 하고, 그로 인하여 목적을 달성할 수 없는 경우에는 민사집행규칙 제22조에 의하여 당사자가 직접 집행관에게 송달을 위임하게 되는바(공증인법 제56조의5), 이 경우에는 공증인이 자신의 권한과 책임하에 송달사무를 처리한다. 이때의 송달에 관하여는 민사소송법의 일부 관련 규정이 준용된다(공증인법 제56조의5 제3항).

나. 송달실시기관

1) 송달실시기관은 송달서류를 송달장소에서 송달받을 사람이나 송달수령인에게 전달하는 사실행위를 하는 기관(사람)을 말한다.

2) 송달실시기관이 송달하는 데 필요한 때에는 국가경찰공무원에게 원조를 요청할 수 있다(민사소송법 제176조 제3항).

3) 송달실시기관의 구별에 따라 송달은 우편송달(우편집배원을 이용한 송달), 집행관송달, 법원경위송달, 법원사무관등의 송달, 변호사송달 등으로 나눌 수 있다.

(1) 우편집배원

1) 우편에 의한 송달을 실시할 때 우편집배원은 그 송달실시기관이 된다(민사소송법 제176조 제1, 2항).

2) 민사소송법 제176조 제1항의 '우편에 의한 송달'은 민사소송법 제185조 제2항이나

제187조에 의한 발송송달(우편송달)과는 구별되는바, 후자의 경우에는 우편집배원이 아닌 법원사무관등이 송달실시기관이 되어 통상의 등기우편으로 발송하는 행위 자체가 송달의 실시행위가 된다. 따라서 이 경우 그 등기우편물을 우편집배원이 배달하는 행위는 그 부수절차에 불과하며, 송달의 효력에 영향이 없다.

(2) 집행관

1) 송달은 집행관도 할 수 있다(민사소송법 제176조 제1,항). 이를 통상 집행관송달이라고 한다. 우편집배원에 의할 것인지 집행관에 의할 것인지는 송달사무 주체인 법원사무관등이 결정하며, 당사자의 신청이 반드시 필요한 것은 아니다.

2) 집행관송달은, 우편에 의한 송달을 먼저 실시하였으나 '폐문부재'로 송달불능이 된 경우에 공휴일이나 야간에 실시하는 것이 보통이다.

(3) 법원경위

1) 법원사무관등은 집행관에 의한 송달을 하기 어려운 사정이 있다고 인정하는 때에는 법원경위로 하여금 소송서류를 송달하게 할 수 있다(법원조직법 제64조 제3항). 이를 통상 '법원경위송달'이라고 한다.

2) 법원경위는 집행관을 대신하는 송달실시기관이므로 집행관송달의 필요가 있는 경우에 준하여 송달을 실시토록 하여야 한다는 것이 통설이다.

(4) 법원사무관등

1) 법원사무관등은 경우에 따라서는 송달실시기관이 될 수도 있다. 즉 ① 해당 사건에 관하여 출석한 사람에 대하여 직접 교부송달하는 경우(민사소송법 제177조), ② 당해 사건이 아닌 다른 사건으로 법원에 온 사람에 대하여 그를 만나 조우송달하는 경우(민사소송법 제183조 제4항), ③ 등기우편에 의한 발송송달을 하는 경우(민사소송법 제185조 제2항, 제187조), ④ 전화, 팩시밀리, 보통우편, 전자우편 등에 의한 기일의 간이통지(민사소송법 제167조 제2항, 민사소송규칙 제45조 제1항),[79] ⑤ 변호사인 소송대리인에 대한 전화·팩시밀리·전자우편·휴대전화 문자전송에 의한 송달(민사소송규칙 제46조), ⑥ 공시송달, ⑦ 송달함 송달(민사소송법 제188조), ⑧ 전자소송사건에서 하는 전자송달은 법원사무관등이 스스로 송달을 실시한다.

2) 위 ①의 '해당 사건'이란 송달을 필요로 하는 당해 사건을 가리키며, 그 사건에 부수하는 가압류·가처분 사건은 물론 강제집행 사건, 소송구조 신청사건, 증거보전 사건 등을 포함한다. 그러나 송달을 필요로 하는 당해 사건이 아닌 전혀 다른 사건으로 법원에 출석한 사람에 대하여는 직접 송달은 불가능하고 조우송달(민사소송법 제183조 제4항)만이 가능하다.

---

79) 엄격히 말하면 이 경우에는 문서를 송부하는 것이 아니므로 송달이라고 볼 수 없고, 단순한 통지에 불과하다.

3) 위 ①의 '출석'은 법원에 온 것을 말하므로, 기일의 출석은 물론 서류제출이나 기록열람, 비용예납 등을 위하여 사무국에 온 경우도 포함한다. 이 경우 출석한 장소는 지정된 기일의 법정에 한정되지는 않으나 법원사무관등이 근무하는 곳이어야 하므로, 법원의 복도나 변호사 대기실, 구내 우체국이나 은행 등 여타의 법원 구내와 같이 법원사무관등의 집무가 이루어지는 곳이 아닌 곳에서는 직접송달(교부송달)은 불가하고 ②의 조우송달만이 가능하다.

(5) 기 타

1) 양쪽 당사자가 변호사를 소송대리인으로 선임한 경우, 한쪽 당사자의 소송대리인인 변호사가 상대방 소송대리인인 변호사에게 송달될 소송서류의 부본을 교부하거나 팩시밀리 또는 전자우편으로 보내고, 그 사실을 법원에 증명한 때에는 송달의 효력이 있다(민사소송규칙 제47조 제1항). 이때는 변호사가 송달실시기관이 된다.

2) 그러나 이 방식에 의한 송달의 대상물은 당사자가 제출하는 소송서류 중 그 부본을 상대방에게 송달하여야 할 답변서, 준비서면, 소 취하서 등에 한정되고, 법원이 작성한 기일통지서나 판결 정본 등은 이 방식에 의하여 송달할 수 없다.

3) 또한 이 방식에 의한 송달은 반드시 상대방 소송대리인인 변호사에게 직접 행하여야 하고, 그 소송대리인을 거치지 않고 상대방 당사자 본인에게 직접 행한 송달은 효력이 없다. 따라서 소송서류를 당사자 본인에게 교부하여야 할 경우에는 이 방식에 의한 송달을 할 수 없다(민사소송규칙 제47조 제1항 단서).

3. 송달방법

이는 송달받을 사람에게 어떤 방법으로 송달서류를 전달할 것인지 그 구체적 방법에 따른 분류이다. 따로 설명하는 간이한 송달, 송달함송달, 전자송달도 송달방법의 한 종류라고 할 수 있다.

가. 교부송달(交付送達)

1) 교부송달은 우편집배원 등 송달실시기관이 송달장소에서 송달받을 사람에게 송달서류를 직접 건네주는 방법의 송달을 말한다. 이것이 송달의 기본적 방법이다(민사소송법 제178조). 법원사무관등은 해당 사건으로 법원에 출석한 사람에게 직접 송달할 수 있는바(민사소송법 제177조), 이때의 송달도 교부송달이다.

2) 송달받을 사람 본인이 직접 교부받지 않았더라도 그가 송달영수인 등 타인에게 그 수령권을 위임한 경우에는 적법하다. 따라서 수령권한을 위임받은 사람(수령대리인) 또는

사자(使者)인 수령보조자(변호사 사무원 등)가 송달서류를 교부받고[80] 변호사 등 송달받을 사람의 인장을 영수증에 날인한 경우에는 본인에게 교부송달한 것과 동일하여 유효하다.

3) 법원사무관등이 해당 사건으로 법원에 출석한 사람에게 직접 송달할 수 있는 경우는 그가 송달받기를 거부하지 않는 때에만 가능하고, 정당한 사유 없이 송달받기를 거부하더라도 유치송달은 불가능하다.

나. 조우송달(遭遇送達)

1) 조우송달은 송달실시기관이 본래 정해진 송달장소 이외의 장소에서 송달받을 사람을 만난 때에 그에게 직접 송달서류를 교부하여 하는 송달을 말한다. 따라서 조우송달은 교부송달의 일종이다. 그러나 조우송달이 적법하려면 무조건 아무 장소에서나 송달받을 사람을 만난 것만으로는 부족하고, 일정한 요건이 필요하다.

2) 조우송달이 가능한 경우로는, ① 송달받을 사람의 주소등(주소·거소·영업소·사무소) 또는 근무장소가 국내에 없거나 알 수 없는 때이다(민사소송법 제183조 제3항), ② 주소 등 또는 근무장소가 국내에 있는 사람의 경우에는 송달받을 사람을 만난 곳에서 그가 송달받기를 거부하지 아니한 때에만 가능하다(민사소송법 제183조 제4항). ②의 경우 그가 수령을 거부하면 유치송달도 불가능하다.

①의 경우는 송달받을 사람의 친척이나 친지, 지인 등의 주거 등지에서 송달받을 사람을 만난 경우이고, ②의 경우는 송달받을 사람이 송달할 당해 사건 이외의 일로 법원에 출석한 기회에 법원사무관등이 송달서류를 교부하거나 당해 사건으로 법원에 온 기회에 법원사무관등이 자신의 근무장소 외의 장소에서 그를 만나 송달서류를 교부하는 경우, 우체국 직원이 수취인부재로 반송되어 있는 송달서류를 우체국창구로 찾아온 송달받을 사람에게 교부하는 경우를 들 수 있다.

3) 조우송달은 위 ①, ② 어느 경우이든 반드시 송달받을 사람 본인이나 그 수령대리인, 사자에게 교부하여야 하고, 이 외에 송달받을 사람의 동거인이나 피용자 등에게 교부하는 방법으로는 할 수 없다. 즉 보충송달은 불가하다.

다. 보충송달(補充送達)

1) 위와 같이 송달은 송달장소에서 송달받을 사람 본인에게 교부하는 것이 원칙이나, 송달장소에서 송달받을 사람 본인은 못 만난 대신에 송달받을 사람과 일정한 관계가 있

80) 사자나 수령보조자는 뒤의 보충송달에서의 사무원, 피용자 등과 같은 수령대행인과 다르다. 전자는 송달에 관하여 송달받은 사람 본인을 처음부터 보조하는 임무를 본인으로부터 수여, 지정 받은 자로서 당연히 송달받을 권한과 책임이 있는데 반해, 후자는 원래 그런 권한이 없으나 이를 송달받아 본인에게 전달할 만한 위치에 있기 때문에 그에게 교부하는 것이 허용되는 사람이다. 변호사 사무원은 양자 모두에 해당한다.

고 사리를 분별할 지능이 있는 사람을 만난 때에는 그에게 보충적으로 송달서류를 교부하는 것도 허용되는바, 이것이 보충송달이다(민사소송법 제186조 제1, 2항).

그러나 이는 송달받을 사람 본인이 그 송달장소에 거주하거나 머무르고 있어 그에게 송달서류가 전달될 가능성이 있어야만 하므로, 본인이 가출하였거나 원양어선의 승선, 입영, 해외유학 등으로 송달서류가 송달받을 사람 본인에게 전달될 가능성이 없는 때에는 송달받을 사람 본인이 송달서류를 받을 자에게 수령을 위임하였거나 실제로 본인에게 그것이 전달되어 본인이 그에 따른 조치를 위임하거나 의뢰한 때에만 효력이 발생한다. 보충송달이 허용되는 이유는 다른 사람을 통해 본인에게 송달서류가 전달될 가능성이 있음을 전제로 한 것이기 때문이다.

또한 이는 그 송달장소가 적법하여야만 하므로, 송달받을 사람 본인이 교도소에 수감되었거나 군에 입대한 등으로 그 송달장소가 적법한 송달장소가 아닌 경우에는 보충송달이 불가한바, 그러한 사정이 있는 때는 그곳이 처음부터 적법한 송달장소에 해당하지 않을 뿐 아니라 본인에게 송달서류가 전달될 가능성도 기대하기 어렵기 때문이다. 따라서 적법한 송달장소가 아닌 우체국 창구에서 송달받을 사람의 동거인을 만나 그에게 송달서류를 교부한 것은 보충송달로서 부적법하여 그 효력이 없다(대법원 2001. 8. 31. 자 2001마3790 결정).

2) 보충송달에는 두 가지 경우가 있다. 첫째는 송달받을 사람의 근무장소 이외의 송달장소(주소·거소·영업소·사무소, 즉 본래의 송달장소를 말한다)에서 송달받을 사람 본인을 만나지 못한 때로서, 이때는 그 사무원, 피용자 또는 동거인으로서 사리를 분별할 지능이 있는 사람에게 서류를 교부할 수 있다(민사소송법 제186조 제1항). 이 경우에는 유치송달도 가능하다(민사소송법 제186조 제3항). 그러나 이 경우 보충송달이 가능하려면 그곳이 송달장소여야 하므로, 송달장소가 아닌 곳에서 사무원, 피용자 등을 만난 경우에는 설사 그들이 송달받기를 거부하지 않은 경우에도 그 사무원 등에게 서류를 교부하는 것은 보충송달은 물론 조우송달로서도 부적법하다(대법원 1982. 12. 28. 선고 82다카349 전원합의체 판결, 1985. 5.28. 선고 83다카1864 판결, 2001. 8. 31.자 2001마3790 결정 등).

둘째는 송달받을 사람의 근무장소에서 송달받을 사람을 만나지 못하였으나 그를 고용하고 있는 사람(사용자) 또는 사용자의 법정대리인이나 사용자의 피용자 그 밖의 종업원(즉 동료 근무자 등)으로서 사리를 분별할 지능이 있는 사람에게 서류를 교부하는 것으로서, 이때는 그 사용자 등[81]이 수령을 거부하지 아니한 때만 가능하다(민사소송법 제186조 제2항). 근무장소는 송달받을 사람의 주소·거소·영업소 또는 사무소를 알지 못하거나 그 장소에서 송달할 수 없는 때에 예외적으로 송달장소가 되고, 송달받을 사람의 주소 등 다른 송달장소에 비하여 상대적으로 본인에게 소송서류가 전달되지 않을 가능성이 높으므로 주소·거소 등

81) 이들을 보통 수령대행인이라고 하는데, 앞서 본 바와 같이 송달받을 사람 본인으로부터 송달을 위임받은 사람이나 그 사자와는 다르다.

의 송달장소에 비해 보충송달의 요건을 강화한 것이다. 이런 이유로 근무장소에서 수령대행인에 대한 유치송달은 허용되지 않는다(민사소송법 제186조 제3항의 반대해석).

3) 사무원·피용자란 반드시 송달받을 사람 본인과 고용관계가 있어야 하는 것은 아니고, 평소 송달받을 사람 본인을 위하여 사무, 사업의 보조, 가사를 계속 돕는 사람을 말한다(대법원 2010. 10. 14. 선고 2010다48455 판결). 송달영수인의 신고가 있는 경우 그 송달영수인의 사무원이나 피용자에게도 보충송달이 가능하다(대법원 2001. 5. 29. 선고 2000재다186 판결).

그러나 송달받을 사람이 거주하고 있는 아파트의 경비원이나 그의 사무실이 입주하여 있는 빌딩의 관리인, 수위는 고용관계가 없고 피용자나 동거인이 아니므로 그에게 보충송달을 할 수 없다(대법원 1976. 4 .27. 선고 76다192 판결). 다만 아파트의 경비원이라 하더라도, 세대별 우편함이 설치되어 있지 않아 평소 경비원이 모든 우편물을 수령하여 각 세대별로 전달하여 오는 등 특별한 사정이 있는 경우에는 본인이 그 경비원에게 우편물 기타 서류의 수령권한을 묵시적으로 위임한 것으로 볼 수도 있다(대법원 1992. 9. 1. 선고 92누7443 판결, 2000. 7. 4. 선고 2000두1164 판결).

4) 동거인이란 송달받을 사람 본인과 같은 세대(世帶)에 속하여 생계를 같이하는 사람을 말한다(대법원 2000. 10. 28. 자 2000마5732 결정). 그러나 반드시 법률상 친족관계가 있거나 주민등록상 동일 세대에 속할 필요는 없으며, 동거관계가 장기적이 아니라 일시적이어도 상관없다.

5) 사리를 분별할 지능이 있는 사람이란, 송달의 취지를 이해하고 영수한 서류를 송달받을 사람에게 교부하는 것을 기대할 수 있는 정도의 판단능력이 있는 사람을 말한다. 따라서 이는 구체적인 경우마다 여러 사정을 감안하여 판단할 수밖에 없다. 미성년자라도 이에 해당할 수 있다. 판례는 최저 8세 10개월 된 초등학교 3학년 여아에 대해서도 이를 인정한 사례가 있다(대법원 1968. 5. 7. 자 68마336 결정). 문맹자도 무방하다(대법원 2000. 2. 14. 자 99모225 결정).

6) 본인과 수령대행인 사이에 당해 소송이나 기타 원인으로 이해관계가 대립하거나 감정적 충돌이 있어서 수령대행인이 당해 소송서류를 교부 받더라도 이를 본인에게 전달할 것이라고 기대하기 어려운 합리적인 사정이 있는 때에는, 예외적으로 보충송달의 효력을 인정할 수 없다(대법원 2016. 11. 10. 선고 2014다54366 판결).

보충송달은 적법한 송달장소에서 하는 경우에만 허용되므로, 적법한 송달장소가 아닌 우체국 창구에서 송달받을 사람의 동거인을 만나 그에게 송달서류를 교부한 것은 보충송달로서 부적법하여 그 효력이 없다(대법원 2001. 8. 31.자 2001마3790 결정).

라. 유치송달(留置送達)

1) 위와 같이 송달은 송달장소에서 송달받을 사람 본인이나 일정한 사람에게 직접 교부하여야 하나, 송달받을 사람 본인이나 송달영수인과 같은 대리인 또는 수령대행인이 정당한 사유 없이 송달받기를 거부하는 때에는 송달할 장소에 송달서류를 놓아두어(즉

유치하여) 송달의 효력을 발생시킬 수 있다. 이것이 유치송달이다(민사소송법 제186조 제3항).

2) 유치송달은 송달을 받을 사람에게 수령의무가 있음을 전제로 그 위반에 대한 일종의 불이익처분이다. 고로 그러한 의무가 존재하지 않는 장소에서 수령을 거부하는 경우에는 유치송달을 할 수 없다(대법원 1967. 11. 8. 자 67마949 결정).

조우송달의 경우에는 송달받을 사람의 주소·거소·영업소·사무소 또는 근무장소가 국내에 없거나 알 수 없는 때에 한하여 예외적으로 위와 같은 장소에서도 유치송달을 할 수 있을 뿐이고(민사소송법 제177조, 제186조 제3항), 보충송달의 경우에는 근무장소 이외의 송달장소에서만 유치송달이 가능하다(민사소송법 제186조 제1, 3항). 그러므로 송달받을 사람의 직장에서 본인이 소속된 과의 과장에게 유치송달을 한 것은 무효이다(대법원 1967. 11. 8. 자 67마949 결정).

3) 송달받기를 거부할 정당한 사유란, 송달받을 사람 또는 그 수령대행인에게 수령의무를 부과하기 곤란한 사유를 말하며, 이는 통상의 경험칙에 의해 판단할 수밖에 없다.

마. 발송송달(發送送達)

(1) 발송송달의 의의

1) 발송송달은 일정한 사유가 있는 경우에 법원사무관등이 송달서류를 등기우편 등 대법원규칙이 정하는 방법으로 발송함으로써 송달하는 것이다(민사소송법 제185조 제2항, 제187조). 대법원규칙에서는 송달서류를 등기우편에 의해 발송하는 방법으로 발송송달을 하도록 하고 있다(민사소송규칙 제51조). 민사소송법 제187조는 이를 '우편송달'이라고 하고 있으나, 이 송달은 교부송달을 우편집배원(송달실시기관)이 하는 경우(이른바 우편송달)와 다르다. 이에 따라 양자의 혼선을 피하기 위하여 실무상 민사소송법 제185조 제2항, 제187조에 의한 송달은 우편송달이 아니라 발송송달이라고 부른다.

2) 발송송달 시에는 우편법 시행규칙 제112조의2의 규정에 의하여 법원사무관등이 환부거절의 표시를 한다(송달예규 제7조 제1항). 따라서 송달장소에서 실제로 송달서류의 교부에 실패한 경우에도 이를 법원에 반송하지 않고, 발송 시에 이미 송달의 효력이 발생한다.[82] 위의 '발송한 때'란 법원사무관등이 서류를 우체국 창구에 접수하여 우체국 접수프로그램에 입력된 때를 말한다.

3) 화해권고결정이나 조정을 갈음하는 결정, 소액사건에 대한 이행권고결정의 송달은 발송송달에 의해서 할 수 없다(민사소송법 제225조 제2항, 소액사건심판법 제5조의3 제3항 등). 당사자가 이를 받아보고 일정한 기한 내에 이의신청을 하여야 하기 때문이다. 독촉절차에서 채무자에게 지급명령 정본을 송달할 때에도 이에 준하여 발송송달하지 않는 것이 실무관행이다. 그러나 기일통지서나 증인소환장, 당사자신문을 위한 소환장, 판결 정본, 조정조서나 화해조서 정본은 발송송달

82) 우편집배원은 본인이나 수령대행인을 만나지 못할 경우 송달서류를 그곳에 두고 오게 된다.

할 수 있다.

(2) 민사소송법 제185조 제2항에 의한 발송송달

1) 당사자·법정대리인 또는 소송대리인이 송달받을 장소를 바꾼 때에는 바로 그 취지를 법원에 신고하여야 한다(민사소송법 제185조 제1항). 이를 게을리 하여 종전의 송달받을 장소 외에는 달리 송달할 장소를 알 수 없는 경우에는 법원사무관등은 종전에 송달받던 장소에 발송송달을 할 수 있다(민사소송법 제185조 제2항). 이는 1990년 민사소송법 개정 시 도입된 제도이다.

송달받을 장소를 바꾼 때란 민사소송법 제185조 제2항의 '종전에 송달받던 장소'에 비추어 종전에 송달받던 장소를 바꾸는 경우라고 해석할 수 있다. 그러므로 그곳이 송달받던 장소이면 주소·거소·영업소·사무소 또는 근무장소, 민사소송법 제184조에 의한 송달신고지도 포함한다. 원고나 항소인 등 적극적 당사자는 한 번 이상 적법한 송달장소에서 유효하게 송달이 이루어진 바 없더라도, 주소·거소·영업소·사무소 등 송달장소를 변경한 경우 그 신고의무가 있다고 볼 것이다. 그의 소 제기나 상소 제기에 따라 당해 심급의 소송이 개시되어 송달의 필요가 생기게 되었기 때문이다.

송달은 수소법원의 법원사무관등이 하는 것이므로 위 송달장소 변경의 신고의무도 특별한 사정이 없는 한 심급별로 발생한다.

2) 송달장소 변경 신고의무는 원고 등 적극적 당사자뿐만 아니라, 피고 등 소극적 당사자에게도 발생한다. 다만, 소극적 당사자에게 신고의무가 발생하기 위해서는 적어도 한 번 이상 적법한 송달장소에서 유효하게 송달이 이루어졌어야 한다.

송달이 이루어졌더라도 법정의 적법한 송달장소가 아닌 장소에서의 조우송달 등이 이루어진 것에 불과한 경우에는 송달장소 변경신고 의무가 발생하지 않고, 따라서 발송송달을 할 수도 없다(대법원 2003. 6. 10. 선고 2002다67628 판결). 송달함 송달이 이루어진 후에 송달장소 변경이 있더라도 송달함으로 발송송달을 할 수는 없다는 견해가 있으나, 송달함 송달은 위와 같이 민사소송법 제184조에 의한 송달신고지이므로 송달장소를 이곳이 아닌 다른 곳으로 변경하였다면 당연히 신고하여야 하고, 해태 시 불이익을 받아야 마땅하다.

3) 송달받을 장소를 바꾸었으나 그 신고를 게을리 한 경우란, ① 송달받을 장소를 바꾸었으면서도 그 취지를 신고하지 아니한 경우, ② 송달받을 장소를 바꾸었다는 취지를 신고하였는데 그 바뀐 장소로 송달을 실시하였음에도 그곳에서의 송달이 불능된 경우를 말한다(대법원 2000. 9. 19.자 2000스38 결정, 2001 9. 7. 선고 2001다30025 판결, 2007. 5. 11.자 2004마801 결정, 2012. 1. 12. 선고 2011다85796 판결).

4) '송달받을 장소를 바꾼 경우'는 실제로 이를 변경한 경우를 말하고, 단지 당사자가 준비서면이나 항소장 등에 종전의 주소 등과 다른 주소를 기재한 것만으로는 송달받을 장소를 바꾸었다고 단정할 수 없다(대법원 2012. 1. 12. 선고 2011다85796 판결 참조). 또한, 준비서면이나 항소장 등에 종전

의 주소 등과 다른 주소를 기재한 것만으로는 특별한 사정이 없는 한 송달장소 변경신고를 하였다고 볼 수도 없다(대법원 2001. 9. 7. 선고 2001다30025 판결, 2007. 5. 11.자 2004마801 결정).

송달받을 장소를 바꾸었는지 여부는 발송송달을 하기로 결정한 때를 기준으로 판단하여야 할 것이다. 발송송달을 하기 전의 송달에 대한 송달불능 사유 중 ① 이사불명, ② 폐문부재, ③ 주소불명의 경우는 큰 문제가 없다. ①은 이사 간 것이 분명하여 종전의 장소로 송달할 수 없으므로 발송송달 사유에 해당함이 분명하고, ②는 송달을 받을 자가 그곳에 여전히 거주하나 송달 시기에 아무도 만날 수 없었다는 것이므로 송달받을 장소를 바꾸었다고 볼 수 없어 발송송달 사유에 해당하지 않음이 분명하며, ③은 비록 이전에 송달이 되었더라도, 행정구역 변경이나 다른 사정(건물의 동, 호수 변경 등)으로 그러한 주소를 찾을 수 없어 종전대로 송달할 수 없다는 것이므로, 설사 거주장소가 실질적으로는 변경이 없더라도 송달을 위하여 변경된 주소를 신고함이 마땅하므로 이를 게을리 한 경우 발송송달사유에 해당한다고 보아야 한다.

송달불능 사유 중 수취인 부재는 수취인이 당해 송달장소에 주소 등 근거를 가지고 있으나 장기여행이나 가출, 군복무, 수감 등으로 현재 송달서류를 받을 수 없는 경우인바, 이전에 그곳에서 송달을 받았음에도 다시 송달하였을 때는 이와 같은 사유가 발생하였다면 그가 다른 곳으로 송달받을 장소를 바꾸었다고 볼 수 있으므로 발송송달이 가능하다.[83] 수취인 불명 역시 이와 같이 볼 수 있다. 당사자가 그 주소를 일시 떠난 경우에는 그것만으로 송달받을 장소를 바꾸었다고 단정할 수는 없다(대법원 1993. 1. 12. 선고 92다43098 판결).

제1심에서 소장이 피고의 법인등기부상 본점소재지인 A로 적법하게 송달된 이후 원고의 준비서면, 청구취지 및 원인변경신청서 등이 모두 A로 송달되었는데, 그 후 피고가 그 법인등기부에 본점소재지를 B로, 대표이사를 甲에서 乙로 변경·등재하였음에도 법원에는 송달장소 변경신고를 하지 않았고, 이에 불구하고 계속하여 변론기일통지서가 A로 송달되었는바, 제2차 변론기일에 종전 대표이사만이 출석하여 대표이사와 본점소재지가 변경되었다는 진술을 하므로 1심법원이 B로 판결선고기일통지서와 판결 정본을 차례로 송달하였으나 모두 폐문부재로 송달불능되자 판결 정본을 B로 발송송달한 경우, 위와 같이 법인등기부상 본점소재지가 B로 변경되었더라도 A에서 계속 소송서류를 적법하게 송달받아 온 반면 B로 송달한 서류들은 모두 폐문부재로 반송되었던 점에 비추어 피고가 실제 그 송달받을 장소를 A에서 B로 바꾸었다고 보기 어렵고, 종전 대표이사가 변론기일에서 본점소재지가 변경되었다고 진술한 것을 가리켜 피고가 송달받을 장소를 바꾸었다는 취지를 신고한 것으로 볼 수도 없으므로 민사소송법 제185조 제2항의 요건을 갖추었다고 할 수 없다(대법원 2009. 5. 28. 선고 2009다5292 판결).

83) 이 경우는 민사소송법 제186조, 187조의 발송송달 사유에도 해당한다고 할 수 있다.

5) '달리 송달할 장소를 알 수 없는 때'란 상대방에게 주소보정을 명하거나 직권으로 주민등록표 등을 조사할 필요까지는 없고, 소송기록에 나타나 있는 자료를 조사하여도 달리 송달장소를 알 수 없는 경우를 말한다(대법원 1997. 9. 26. 선고 97다23464 판결, 2001. 8. 24. 선고 2001다31592 판결 ,2004. 10. 15. 선고 2004다11988 판결, 2005. 9. 28.자 2005마625 결정).

법인의 경우에는 기록에 있는 법인등기사항증명서상의 본점 소재지나 대표이사의 주소지, 송달보고서상 이전에 송달이 되었던 곳, 피고가 제출한 답변서들을 담은 편지봉투의 발신인 주소란에 기재된 주소 등에 먼저 송달해 보지 아니한 채 곧바로 발송송달을 하는 것은 잘못이다(대법원 2001. 8. 24. 선고 2001다31592 판결, 2004. 10. 15. 선고 2004다11988 판결 등). 소송대리인이 있다고 해서 반드시 그에게만 송달을 하여야 하는 것은 아니므로, 소송대리인에게 송달하였으나 '수취인 불명'으로 송달이 불능되었다면, 기록에 드러나 있고 종전에 송달이 이루어지기도 하였던 당사자 본인의 주소지에 대한 송달을 시도해 보아야 한다(대법원 2011. 5. 13. 선고 2010다84956 판결).

기록에 나타나 있는 자료(장소)는 그곳이 법령상 적법한 송달장소가 될 수 있는 곳이면 족하므로, 당사자가 복수의 장소에서 소송서류를 송달받았던 경우, 그 중 한 곳에서만 송달이 불능되었다고 해서 곧바로 발송송달해서는 안 되고, 그 복수의 장소 모두에 송달을 실시한 후 송달이 불능한 때에 비로소 발송송달을 할 수 있다(대법원 2004. 10. 15. 선고 2004다11988 판결, 2005. 9. 28.자 2005마625 결정).

6) '종전에 송달받던 장소'란 이전에 송달이 이루어진 송달장소로서, 송달받을 사람에 대한 주소·거소·영업소·사무소 또는 근무장소나 신고된 송달장소 등 적법한 송달장소이어야만 한다. 민사소송법 제185조 제1항에 의하여 당사자가 송달장소를 변경하였다고 신고한 때는 그곳으로 실제 송달이 이루어진 바가 없을 때에도 그 신고장소를 위 '종전에 송달받던 장소'에 포함하여야 한다(대법원 2000. 9. 19.자 2000스38 결정, 2001. 9. 7. 선고 2001다30025 판결 등).

반면에 송달장소를 변경하였다고 신고한 장소가 아니라, 소장이나 가압류·가처분신청서, 항소장, 상고장 등에 기재한 장소 또는 당사자가 민사소송법 제184조에 의하여 법원에 송달받을 장소로 신고한 곳과 같이 기록상 신고된 장소가 이전에 그곳으로 송달이 된 바 없더라도 '종전에 송달받던 장소'에 포함되는지가 문제된다. 대법원 2000. 9. 19.자 2000스38 결정은 이를 긍정하였다.[84] 사견으로는, 당사자가 민사소송법 제184조에 의하여 법원에 송달받을 장소로 신고한 곳은 넓은 의미에서 송달장소변경신고에 해당한다고 볼 수 있으므로 이를 긍정할 것이지만, 단순히 소장이나 가압류·가처분신청서, 항소장,

84) 2000스38 결정의 사안은, 피고가 항소하자 항소장 부본을 원고에게 송달하였는데 이사불명으로 송달불능되므로 피고에게 그 주소보정을 명하였던바, 피고가 원고의 주소보정은 하지 않은 채 자신의 주소를 종전과 다른 곳으로 기재하여 주소보정서를 제출하므로 그곳으로 다시 주소보정명령을 송달하였으나 수취인불명으로 송달불능되자 보정된 주소지로 주소보정명령을 발송송달한 경우이다. 그러므로 이 사안에서 주소보정신고는 민사소송법 제184조에 의한 신고 또는 민사소송법 제185조 제1항에 의한 변경신고에 해당하므로, 피고의 보정된 주소로 발송송달한 조치는 당연하다고 할 수 있다. 2000스38 결정은, 이전에 송달이 된 바 없지만 소장이나 가압류·가처분신청서, 항소장, 상고장 등에 기재한 장소에 발송송달할 수 있다는 취지를 방론으로 판시하였다.

상고장 등에 기재한 장소는 민사소송법 제184조에 의한 신고장소로 볼 수 없으므로 이를 허용할 수 없다고 할 것이다. 소장이나 가압류·가처분신청서 등에 기재한 장소는 단순히 그 당사자와의 연관성을 나타낼 뿐이고, 민사소송법 제184조에 의하여 당사자가 그곳에서 송달을 받겠다는 취지에서 송달받을 장소로 신고한 곳과 같이 송달을 담보할 수 있는 곳이 아니기 때문이다. 그러나 대법원은 이에 관하여 둘 다 부정하는 입장으로 보인다(대법원 2005. 8. 2.자 2005마201 결정, 2012. 1. 12. 선고 2011다85796 판결 등).[85]

한편, '종전에 송달받던 장소'란 이전에 송달이 이루어진 송달장소이지만, 그 송달은 당해 심급에서 송달이 이루어졌어야 하고, 하급심에서 송달이 이루어진 장소는 이에 해당하지 않는다(대법원 2003. 6. 10. 선고 2002다67628 판결). 상급심에서 송달이 이루어진 경우도 이와 같다고 할 것이다. 송달에는 심급주의가 적용되기 때문이다.

7) 송달장소 변경신고를 하지 아니하여 민사소송법 제185조 제2항의 발송송달 요건이 갖추어지면, 그가 송달이 가능한 장소를 자발적으로 신고하여 불이익 상태에서 벗어날 때까지 발송송달의 요건이 계속 유지되므로, 이후 그 당사자에게 송달할 모든 서류를 발송송달할 수 있다.

그러나 이는 당해 심급에서만 가능하다. 송달은 수소법원이 하는 것이어서, 송달장소 변경의 신고의무 역시 특별한 사정이 없는 한 당해 심급이 종결됨과 함께 소멸하는 것으로 보아야 하기 때문이다. 따라서 상소심에서 발송송달을 하려면 별도로 그 요건을 충족하여야 하고, 하급심에서 송달이 이루어진 곳으로 송달이 되지 않더라도 곧바로 발송송달을 할 수는 없다.[86]

(3) 민사소송법 제187조에 의한 발송송달

1) 민사소송법 제187조에 의한 발송송달은 먼저, 송달받을 사람의 근무장소가 아닌 주소·거소·영업소·사무소, 민사소송법 제184조에 의한 신고장소에서 교부송달이나 보충송달, 유치송달이 모두 불가능한 경우에 가능하다. 즉 그 송달장소에서 원래는 송달이 가능함에도 송달받을 사람이나 그 수령대행인인 사무원·피용자·동거인 등을 만나지 못하였거나 또는 만났더라도 그들이 송달서류의 수령을 거부할 정당한 사유가 있어 보충송달은

85) "민사소송법 제185조 제2항은 이 경우에 종전에 송달받던 장소에 대법원규칙이 정하는 방법으로 발송할 수 있다고 규정하고 있을 뿐이므로, 비록 당사자가 송달장소로 신고한 바 있다고 하더라도 그 송달장소에 송달된 바가 없다면 그곳을 민사소송법 제185조 제2항 소정의 '종전에 송달받던 장소'라고 볼 수 없다"(대법원 2005. 8. 2.자 2005마201 결정, 2012. 1. 12. 선고 2011다85796 판결). 이 경우에 원고나 가압류·가처분 채권자와 같은 적극적 당사자에 대해서는 곧바로 소장이나 가압류·가처분신청서 등에 기재한 장소에 발송송달할 수 있다는 절충적 견해가 있다{김동윤, "발송송달의 요건", 부산판례연구 제27집(2016) 참조}. 그러나 적극적 당사자라고 해서 그 기재한 장소에서 송달을 받겠다는 취지를 적극적으로 신고한 것이라고는 볼 수 없다.

86) 동지: 법원실무제요 민사소송[II](2017), 897면.

물론 유치송달도 할 수 없는 경우이다(민사소송법 제187조). 이때는 등기우편에 의해 송달하면 본인이나 피용자 등이 이를 받을 가능성이 있고, 무작정 송달을 지연할 수 없으므로 발송송달로써 송달을 실시하는 것이다.

2) 민사소송법 제187조에 의한 발송송달은 송달받을 자의 주소 등 송달하여야 할 장소는 밝혀져 있으나(즉 그곳이 본인의 주소·거소·영업소·사무소로서 본래 송달이 가능한 곳) 송달받을 자는 물론이고 그 사무원, 고용인, 동거인 등 보충송달을 받을 사람도 없거나 부재하여서 원칙적 송달방법인 교부송달은 물론이고 보충송달과 유치송달도 할 수 없는 경우에 할 수 있고, 여기서 '송달할 장소'란 법령상 적법한 송달장소를 말하므로(대법원 2001. 9. 7. 선고 2001다30025 판결 참조), 당해 장소가 송달받을 사람이 소송서류를 받아 볼 가능성이 있는 적법한 송달장소라고 단정할 수 없을 때는 민사소송법 제187조의 요건을 갖추었다고 볼 수 없다(대법원 2007. 5. 11.자 2004마801 결정, 2012. 1. 12. 선고 2011다85796 판결).

따라서 소장에 기재된 주소지로 피고에게 소장 부본을 송달하였으나 송달불능된 후 피고가 법원 법정경위실에서 이를 수령하였는데, 다시 위 주소지로 판결 정본 송달이 불능되자 이를 발송송달하였던바, 피고가 위 주소를 항소장에 기재하여 항소하자 항소심이 인지보정명령을 항소장 기재 주소로 송달하였으나 이사불명의 사유로 송달불능되므로 이를 발송송달한 경우, 이러한 사정을 고려할 때 피고가 소장과 항소장에 기재한 주소지에 실제로 거주하고 있었다고 단정하기 어려워 그곳이 인지보정명령을 송달할 당시 원고의 실제 생활근거지인 주소, 거소, 영업소 또는 사무소라고 볼 수 없어 발송송달의 효력이 발생하지 않는다(대법원 2003. 10. 30.자 2003마1355 결정).

소장이나 항소장 등의 기재 주소나 주민등록지, 등기부상 주소지가 반드시 실제의 주소라고 단정할 수는 없으나, 그곳으로 이전에 송달된 바 있다면 이를 실제의 주소라고 볼 수 있을 것이다.[87] 그러나 소장이나 항소장 등에 기재한 곳으로 송달이 불능된 경우, 설사 그곳이 주민등록지나 등기부상 주소지라도 그곳으로 이전에 송달된 바 없다면, 달리 그곳이 그의 실제 주소라는 등의 사실이 증명되지 않는 한 민사소송법 제187조에 의한 발송송달을 할 수 없다. 또한, 송달을 실시한 장소에서의 송달불능 사유가 수취인 불명, 이사불명, 주소불명인 경우에는 당사자가 그곳에 실제로 거주하고 있다고 단정하기 어려워 적법한 송달장소라는 요건이 성립되지 않을 것이다.

---

87) "항소심에서 원고에게 변론기일소환장을 송달해 보았던 장소는 소장과 항소장에 원고의 주소지라고 표시된 곳으로서 원고 소유의 토지에 관한 등기부상 주소이기는 하나, 그곳이 변론기일 소환장을 송달할 당시 원고의 실제 생활근거지인 주소, 거소, 영업소 또는 사무소라고 볼 자료가 없고, 또한 그곳에서 원고에 대한 송달이 이루어진 적도 없었는바, 이와 같은 경우라면 소장과 항소장에 기재되어 있던 주소지는 보충송달 또는 유치송달을 할 수 있는 송달장소라고 단정할 수 없을 것이고, 그 주소지를 잘못 기재한 것이 원고 또는 그 소송대리인의 책임 있는 사유에 기한 것이라도 하더라도 달리 볼 수는 없다"(대법원 2001. 9. 7. 선고 2001다30025 판결).

3) 위와 같이 그 송달장소에서 송달받을 사람이 실제 거주하거나 영업을 하는 등으로 그 송달장소에서 특별한 사정이 없는 한 원래 송달이 가능함에도 송달받을 사람이나 그 수령대행인이 없거나 서류 수령을 거부하면 발송송달이 가능하므로, 주소지 집 전체가 폐문부재로 아무도 만날 수 없어 송달을 할 수 없게 된 경우에는 집행관에 의한 야간송달을 실시하지 않고 곧바로 발송송달을 해도 무방하다(대법원 1990. 8. 20.자 90마570 결정, 1990. 11. 28.자 90마914 결정, 2007. 10. 26. 선고 2007다37219 판결 참조). 이 경우 원고 등에게 반드시 주소보정을 명할 필요는 없다. 송달장소가 맞고, 집행관송달이 필수적인 것도 아니며, 송달이 불능한 이유는 송달 실시 당시 그곳에 마침 사람이 없었을 뿐이기 때문이다.

4) 수취인 부재로 송달불능이 된 때는 경우에 따라 다르다. 교부송달은 물론 보충송달이나 유치송달 역시 모두 불가능한 경우에만 가능하므로, 송달받을 사람 본인만이 장기출타(여행, 출장 등)로 부재중이지만, 그 밖의 동거인 등에게 보충송달이나 유치송달이 가능한 경우에는 발송송달을 할 수 없고(대법원 1991. 4. 15.자 91마162 결정),[88] 동거인 등도 없을 때는 발송송달이 가능하다.

그렇지만, 송달받을 사람 본인이 가출이나 군 입대, 교도소 수감, 원양항해, 해외유학 등으로 장기부재중인 경우에는 송달장소에 수령대행인이 될 만한 사람이 있더라도, 그가 송달수령권 등을 위임 받은 경우가 아닌 한 그에게는 보충송달이나 유치송달 자체가 불가능하고 발송송달도 할 수 없다고 보아야 할 것이다. 그러한 사정이 있는 때는 그곳이 주소나 거소, 영업소 등이 될 수 없어 처음부터 적법한 송달장소에 해당하지 않을 뿐 아니라,[89] 본인에게 송달서류가 전달될 가능성도 기대하기 어렵기 때문이다. 반면에 수취인이 단순히 장기여행중이라는 이유로 송달불능된 경우에는, 생활의 근거 되는 장소가 변경되었다고 볼 수 없어 그의 복귀가 기대되고, 수령대행인을 통해 본인에게 전달될 가능성이 있으므로 발송송달이 가능하다(대법원 1969. 2. 19.자 68마1721 결정).

5) 민사소송법 제187조에 의한 발송송달이 가능한 두 번째 경우는, 송달받을 사람의 근무장소에서 통상의 방법에 의한 송달, 즉 교부송달이나 보충송달이 모두 불가능한 경우이다(민사소송법 제187조, 제186조 제2, 3항). 그런데 근무장소에서의 송달은 본래 송달받을 사람의 주소·거소·영업소 또는 사무소를 알지 못하거나 그 장소에서 송달할 수 없는 경우에 하므로(민사소송법 제183조 제2항), 이에 따른 발송송달을 하려면 그 요건도 갖추어야 한다.

6) 민사소송법 제187조에 의한 발송송달은 통상의 송달방법에 의하여 송달할 수 없는

88) 송달불능 사유가 '수취인 부재'인 경우 이는 송달명의인만이 그 송달장소에 부재한다는 뜻이므로 그 밖의 동거자 등에게 보충송달이나 유치송달이 가능한 경우에는 발송송달을 할 수 없다(대법원 2001. 9. 7. 선고 2001다30025 판결).

89) 생활의 근거 되는 장소가 주소이므로, 가출이나 군 입대, 교도소 수감, 원양항해, 해외유학의 경우 사실상 주소가 변경되었다고 보아야 한다.

사정이 발생한 당해 서류에 관하여만 할 수 있다. 그러므로 한 번 발송송달을 한 뒤에 다시 별개의 송달서류를 송달하고자 할 때는 다시 그 발송송달의 요건을 갖추어야 하고, 이전에 발송송달한 것만으로는 당연히 발송송달을 할 수는 없다(대법원 1990. 1. 25.자 89마939 결정, 1994. 11. 11. 선고 94다36278 판결).

또한 민사소송법 제185조 제2항에 의한 발송송달과 마찬가지로, 1심에서 민사소송법 제187조에 의한 발송송달을 하였다는 것만으로 항소심에서도 당연히 발송송달을 할 요건이 충족되는 것은 아님은 물론이다. 그 이유는 앞서 말한 바와 같다.

(4) 기타의 사유에 의한 발송송달

1) 민사집행법에는 발송송달의 특칙이 있다. 즉 강제집행절차에서 이해관계인에 대한 매각기일과 매각결정기일의 통지는 집행기록에 표시된 이해관계인의 주소에 등기우편으로 발송할 수 있다(민사집행법 제104조 제3항).

2) 또한, '금융회사부실자산 등의 효율적 처리 및 한국자산관리공사의 설립에 관한 법률' 제45조의2 제1항에서 규정하는 바와 같이 금융회사 등이 담보권실행을 위한 경매를 신청하는 경우, 그 통지 또는 송달은 경매신청당시 당해 부동산의 등기사항증명서에 기재되어 있는 주소(주민등록법에 의한 주민등록표에 기재된 주소와 다른 경우에는 주민등록표에 기재된 주소를 포함하며, 주소를 법원에 신고한 때에는 그 주소로 한다)에 발송송달한다. 이 경우의 발송송달은 등기우편이 아닌 통상의 우편에 의할 수 있다.

(5) 발송송달의 효과

1) 발송송달의 경우에는 실제로 그 서류가 송달받을 사람에게 전달되었는지 여부를 묻지 않고 서류를 발송한 때에 송달된 것으로 본다(민사소송법 제189조, 대법원 1982. 4. 13. 선고 81다523 판결). 따라서 당해 서류를 발송한 때에 송달의 효력이 발생하므로 그 효력이 매우 강하고, 이는 일종의 제재에 해당한다고 할 수 있다.

2) 발송송달에 의한 송달도 송달 일반의 경우와 마찬가지로 송달의 효력이 있다. 따라서 발송송달에 의하여 변론기일이 통지된 경우에도 당사자나 대리인이 출석하지 않으면 기일불출석의 불이익을 입는다. 이에 따라 쌍불취하간주의 효력(민사소송법 제268조 제2항)이 발생할 수 있다. 또한 자백간주의 효과도 발생한다(민사소송법 제150조 제3항 참조). 자백간주에 의한 무변론 판결도 가능하다(민사소송법 제256조 제1항 단서, 제257조 1항 참조).

3) 당사자가 소장 부본이나 답변서 부본, 변론기일의 소환장 등을 송달받고 소송이 진행되던 중에 송달장소를 바꾸었으나 변경신고를 하지 않아 판결 정본을 발송송달한 경우, 당사자는 판결 선고 사실을 사전에 예상할 수 있었으므로, 판결 선고 사실을 몰라서 상소제기기간을 준수할 수 없었다고 하더라도 이는 적법한 추완상소의 사유가 될 수 없

다(대법원 2001. 10. 12. 선고 2001다42134 판결, 2002. 5. 27. 선고 2001다34133 판결, 2005. 9. 15. 선고 2005다14465 판결).

바. 공시송달(公示送達)

(1) 공시송달의 의의

1) 공시송달은 일정한 사유가 있는 경우에 법원사무관등이 송달할 서류를 보관하고 그 사유를 법원게시판에 게시(공적으로 게시)하거나 그 밖에 대법원규칙이 정하는 방법에 따라서 하는 송달방법이다(민사소송법 제195조).

2) 공시송달은 송달방법의 하나이긴 하지만 실제로 송달받을 사람이 이를 수령하여 그 내용을 알게 될 가능성이 거의 없다고 할 수 있다. 따라서 이는 법령상 송달은 필요하나 현실적인 송달방법이 없는 경우에 최후로 하는 송달방법이다.

(2) 공시송달이 허용되는 경우

1) 공시송달은 본안소송절차뿐만 아니라 민사집행법상의 강제집행절차에도 준용된다(민사집행법 제23조). 공정증서가 집행권원이 되는 경우에 공시송달의 요건에 해당하는 때에는 집행채권자는 공증인의 직무상 주소지를 관할하는 지방법원에 공정증서 정본 등의 공시송달을 신청할 수 있다(민사집행규칙 제22조의2 제5항). '채무자 회생 및 파산에 관한 법률' 소정의 회생절차·파산절차·개인회생절차에도 원칙적으로 공시송달이 가능하지만(동법 제33조), 이들 절차에서는 공고로써 송달에 갈음하는 경우가 많으므로 공시송달을 하여야 할 경우는 많지 않다.

2) 공시송달은 법원의 소송절차뿐만 아니라, 사인 간에 표의자가 과실 없이 상대방을 알지 못하거나 상대방의 소재를 알지 못하여 그 의사표시를 할 방법이 없는 경우에도 법원의 도움을 얻어서 할 수 있으나(민법 제113조), 이는 법원이 소송과 관련하여 하는 송달이 아니라 국가(법원)가 사인의 법률활동을 후견하는 지위에서 하는 것이므로 그 성질이 다르다고 할 수 있다.[90]

3) 증인소환장이나 당사자신문을 위한 소환장, 재산명시기일의 출석요구서 등과 같이 반드시 송달받을 사람 본인이 현실로 송달서류를 받아야 할 경우에는 그 성질상 공시송달이 허용되지 않는다. 감정인에 대한 출석요구서나 제3채무자에 대한 진술최고서의 송달도 같다.

4) 화해권고결정, 이행권고결정, 조정을 갈음하는 결정의 경우에는 공시송달이 허용되지 않는다(민사소송법 제225조 2항, 소액사건심판법 제5조의3 제3항, 민사조정법 제38조 제2항). 이러한 결정을 받은 후 일정 기간 내에 이의신청을 하

---

90) 이 사건의 관할법원은 과실 없이 상대방을 알지 못하는 경우에는 표의자의 주소지를 관할하는 법원이고, 상대방이 소재불명인 경우에는 상대방의 최후주소지의 관할법원이다(2002. 6. 27. 재판예규 제871－55호). 이는 민사신청사건으로 접수하여 처리하며, 그 절차는 소송구조신청, 증거보전신청처럼 민사소송법상의 신청절차를 준용한다.

지 않으면 그 내용대로 재판상화해와 같은 효력이 발생하는데, 당사자가 현실로 그 결정 정본을 받지 않았음에도 일정 기간 내에 이의신청이 없었다는 이유로 불이익을 줄 수 없기 때문이다. 이는 지급명령의 경우에도 같다(민사소송법 제462조 단서).[91] 반면에 판결 정본이나 조정조서·화해조서 정본은 공시송달할 수 있다.

(3) 공시송달의 요건

1) 공시송달은 당사자의 주소등(주소·거소·영업소·사무소)이나 근무장소를 알 수 없는 때에 할 수 있다(민사소송법 제194조 제1항). 즉 공시송달은 국내의 경우 민사소송법 제183조 제1, 2항의 송달장소인 송달을 받을 사람의 주소·거소·사무소 또는 영업소와 근무장소를 알 수 없는 경우에 한다.

송달할 장소를 알 수 없는 경우에만 공시송달이 가능하므로, 송달장소는 알고 있으나 단순히 폐문부재이거나 장기출타로 인한 수취인부재로 송달되지 못하는 경우에는 이에 해당하지 않는다(대법원 2011. 10. 27. 자 2011마1154 결정). 당사자의 사무소와 현재지가 기록상 명백한 경우에는, 비록 우편집배원이 2회에 걸쳐 그의 주소지에 갔으나 그때마다 수취인이 부재하였다는 사유만으로는 송달할 장소를 알 수 없는 때에 해당한다고 단정하기 어렵다(대법원 1984. 11. 8. 자 84모31 결정). 그러나 송달받을 사람이 주소나 거소를 완전히 떠나 더 이상 그곳을 주소등이나 근무장소인 송달장소로 인정할 수 없는 경우에는 공시송달 요건에 해당한다.

2) 송달장소가 명확하지 않더라도 조우송달이 이루어질 가능성이 있는 때에는 먼저 이를 시도하여 보아야 하며 곧바로 공시송달하는 것은 바람직하지 않다. 따라서 송달받을 사람이 자주 나타나는 특정의 장소를 아는 때에는 우선 그곳으로 송달을 실시하여야 한다. 그러나 이에 따르지 않았다고 하여도 위법한 것은 아니다. 대법원은 형사소송법 제63조 제1항과 관련하여, "피고인에 대한 공시송달은 피고인의 주거, 사무소와 현재지를 알 수 없는 때에 한하여 할 수 있으므로, 기록상 피고인의 집 전화번호 또는 휴대전화번호 등이 나타나 있는 경우에는 그 전화번호로 연락하여 송달받을 장소를 확인하여 보는 등의 시도를 해 보아야 하고, 그러한 조치를 하지 아니한 채 곧바로 공시송달의 방법으로 송달하는 것은 허용되지 않는다"고 한다(대법원 2019. 12. 13. 선고 2019도14910 판결).

금융회사 등의 신청에 의하여 진행하는 담보권실행을 위한 경매절차에서는 공시송달의 특례가 인정된다. 즉 등기사항증명서와 주민등록표에 주소가 기재되어 있지 아니하고 주소를 법원에 신고하지 아니한 때에는 곧바로 공시송달의 방법으로 경매개시결정 등의 각종 통지 또는 송달을 하여야 한다(금융회사부실자산 등의 효율적 처리 및 한국자산관리공사 설립 등에 관한 법률 제45조의2 제2항).

---

91) 다만 2014. 12. 1.부터 시행된 '소송촉진 등에 관한 특례법'은 은행 등 금융권 채권자가 그 업무 또는 사업으로 취득하여 행사하는 대여금, 구상금, 보증금 및 그 양수금 채권에 대하여 지급명령을 신청하는 경우로서 공시송달의 청구원인을 소명한 경우에는 공시송달을 허용하고 있다(동법 제20조의2).

3) 법인의 경우에는 사실상 해산상태에 있거나 영업소·사무소가 폐쇄되거나 이전하였을 뿐 아니라, 대표자의 주소·거소·근무장소 등 어느 것도 알 수 없는 경우에야 공시송달의 요건이 충족된다. 다만, 법인의 대표자가 사망하였고, 달리 법인을 대표할 사람이 정하여지지도 않았기 때문에 그 법인에 대하여 통상의 송달 자체를 할 수 없는 경우에는 공시송달도 할 여지가 없다(대법원 1991. 10. 22. 선고 91다9985 판결). 따라서 이 경우에는 상대방에게 특별대리인 선임신청(민사소송법 제64, 62조)을 권고하여 그에 따라 선임된 특별대리인에게 송달하여야 한다.

4) 공시송달의 요건이 갖추어진 경우에는 곧바로 공시송달을 할 수 있고, 반드시 그 전에 통상의 송달을 실시한 후 그 송달불능을 기다려야 하는 것은 아니다. 실무상으로는, 이사불명, 주소불명, 수취인부재, 수취인불명으로 송달이 불능되었으나 주민등록이 말소된 등으로 기록상 송달할 장소를 찾을 수 없는 경우에 한다. 송달이 이루어지던 당사자가 이사 등의 이유로 송달불능이 된 경우에는 민사소송법 185조 제2항에 따라 발송송달을 함이 원칙이다.

5) 공시송달은 송달사무처리기관인 법원사무관등이 직권으로 하며, 재판장의 동의나 허가는 필요 없다(민사소송법 제194조 제1항). 다만, 재판장은 소송의 지연을 피하기 위하여 필요하다고 인정하는 때에는 법원사무관등에게 공시송달을 명할 수 있다(민사소송법 제194조 제3항).[92] 이 경우에도 공시송달은 법원사무관등이 하게 됨은 물론이다. 당사자는 그 사유를 소명하여 법원사무관등에게 공시송달을 신청할 수 있다(민사소송법 제194조 제1, 2항).[93]

실무상 그 소명자료로 주민등록표 등·초본(주소이동란에 직권말소, 직권거주불명 등록 등이 기재되어 있는 경우가 많다), 주민등록지를 알 수 없는 경우에는 가족관계등록사항증명서, 근친자나 통반장 등이 작성한 불거주확인서 등을 제출하는 것이 보통이지만, 근친자나 통반장이 작성한 불거주확인서가 반드시 필요한 것은 아니며, 소명의 정도는 당해 송달불능 사유에 따라 정해진다.[94] 소명이 부족한 경우에는 보정명령을 할 수 있다. 수소법원은 필요한 경우 직권이나 신청으로 주민등록관서 등에 조사촉탁(사실조회)하는 등의 방법으로 공시송달의 요건을 조사할 수 있다.

공시송달 요건이 있음에도 불구하고 당사자의 공시송달신청에 대하여 법원사무관등이

---

92) 이 재판은 명령으로서, 재판서를 작성하거나 조서에 기재한다.

93) 법원사무관등이 당사자의 공시송달신청을 불허하는 때에는 별도로 처분서를 작성하지 않고, 공시송달 신청서 여백에 '허/부'의 고무인을 날인한 후 '부'란에 날인하는 방법으로 표시를 하며, 주소보정명령서에 "원고의 공시송달신청은 2019. 5. 3. 불허되었습니다"라는 형식으로 신청인에게 고지한다. 신청인은 이의를 제기할 수 있고, 이에 대해서는 그 법원사무관등이 속한 법원이 결정으로 재판한다(민사소송법 223조). 그러나 재판장의 공시송달명령은 변론의 지휘(민사소송법 제138조)에 해당하지 않으므로 이에 대하여는 불복할 수 없고(대법원 1992. 10. 9. 선고 92다12131 판결), 판결에 대한 상소로써 다투어야 한다.

94) 우편집배원, 집행관 또는 법원경위가 실시한 송달통지서에 이사불명, 주소불명 등으로 송달불능사유가 구체적으로 적혀져 있는 때에는 별도의 소명자료가 필요 없다고 할 수 있다.

아무런 처분을 하지 아니한 상태에서 주소보정명령의 불이행을 이유로 재판장이 소장각하명령을 하면 위법하다(대법원 2003. 12. 12. 자 2003마1694 결정).

(4) 공시송달의 실시와 발효

1) 공시송달은 법원사무관등이 송달할 서류를 보관하고, 법원게시판 게시, 관보·공보 또는 신문에의 게재, 전자통신매체를 이용한 공시 중 하나의 방법으로 그 사유를 공시함으로써 한다. 법원사무관등은 공시송달을 한 때에는 그 날짜와 방법을 소송기록에 표시하여야 한다(민사소송규칙 제54조). 그 게시일 등에 법원사무관등의 공시송달 처분이 있는 것이 된다.

법원 실무로는, 현재 위 세 가지 공시방법 중 전자통신매체를 이용한 공시의 방식을 선택하여, 각 법원 홈페이지의 전자게시판을 활용하여 공시하고 있다(2013. 1. 18. 재판예규 제1422호 제2조).

2) 국내 공시송달의 경우, 최초 공시송달은 게시한 날로부터 2주일이 경과하면 송달의 효력이 생기며, 동일 당사자에 대한 2회 이후의 공시송달은 게시한 다음날부터 효력이 생긴다(민사소송법 제196조 제1항). 위 각 기간은 신장할 수는 있으나 줄일 수 없다(민사소송법 제196조 제3항). 위 기간의 계산은 민법의 규정에 따라서 초일 불산입의 원칙이 적용되며, 말일이 일요일이거나 기타 휴일인 경우에는 그 익일에 만료된다(민사소송법 제170조).

3) 공시송달이 실시된 경우, 그 요건을 갖추지 못한 경우에도 그것이 취소되지 않는 한 유효하다(대법원 1984. 3. 15.자 84마20 전원합의체 결정, 2011. 10. 27.자 2011마1154 결정). 따라서 이미 그 사건의 판결이 선고된 경우 독립하여 불복할 수 없고, 상소나 추완상소로써 다투어야 한다(대법원 1997. 5. 30. 선고 95다21365 판결, 대법원 2015. 9. 15. 선고 2015다32509 판결, 2016. 6. 10. 선고 2016다205304 판결).

공시송달에 의한 판결이 이미 확정된 경우에는 공시송달 요건의 흠결을 이유로 추완상소 대신 재심을 제기할 수도 있다(대법원 1985. 8. 20. 선고 85므21 판결, 1992. 5. 26. 선고 92다4079 판결, 2011. 12. 22. 선고 2011다73540 판결, 2012. 3. 29. 선고 2010다74263 판결).[95] 그러나 공시송달을 허가하는 소명자료로 위조된 확인서 등이 첨부되었다 하더라도 그것만으로는 독립하여 재심사유가 되지 아니한다(대법원 1992. 10. 9. 선고 92다12131 판결). 그리고 이 경우 재심의 소를 선택하여 제기하는 이상 민사소송법 제426조 제3, 4항 소정의 제척기간 내에 제기하여야 하고, 위 제척기간은 불변기간이 아니어서 그 기간을 지난 후에는 당사자가 책임질 수 없는 사유로 그 기간을 준수하지 못하였더라도 재심의 소를 적법하게 추완할 수 없다(대법원 1992. 5. 26. 선고 92다4079 판결, 2012. 3. 29. 선고 2010다74263 판결 등).

4) 이미 공시송달의 효력이 발생한 뒤에 당사자에게 송달서류를 교부하더라도 이는 소송법적 효력이 없는 사실행위에 불과하며, 이미 발생한 공시송달의 효력에 영향이 없

95) 추완항소기간 내에 항소를 제기하지 아니하면 재심의 소를 제기할 수 없는가? 대법원은 "추완상소와 재심의 소는 독립된 별개의 제도이므로, 추완상소의 방법을 택하는 경우에는 추완상소의 기간 내에, 재심의 방법을 택하는 경우에는 재심기간 내에 이를 제기하여야 하는 것으로 보이는 점을 고려하면, 공시송달에 의하여 판결이 선고되고 판결정본이 송달되어 확정된 이후에 추완항소의 방법이 아닌 재심의 방법을 택한 경우에는 추완상소기간이 도과하였다 하더라도 재심기간 내에 재심의 소를 제기할 수 있다고 보아야 한다"고 판시하였다(대법원 2011. 12. 22. 선고 2011다73540 판결).

다. 따라서 이 경우 항소기간 등 불변기간은 공시송달의 효력이 발생한 날부터 진행한다.

(5) 공시송달의 효과

1) 공시송달에 의한 송달도 송달 일반의 경우와 마찬가지로 송달의 효력이 있음은 물론이다. 따라서 공시송달에 의하여 변론기일이 통지된 경우에도 기일불출석의 불이익을 입는다. 이에 따라 쌍불취하간주의 효력(민사소송법 제268조 제2항)이 발생할 수 있다. 대법원은 이 경우, 공시송달의 요건을 갖추지 못한 때에는 예외적으로 쌍방 불출석의 효과가 발생하지 않는다고 보는데(대법원 1997. 7. 11. 선고 96므1380 판결), 이는 쌍불취하(소 또는 상소의 취하)의 효력과 관련하여 1월의 기일지정신청기간은 불변기간이 아니어서 그 추완이 허용되지 않는 점을 고려한 것이다.

2) 공시송달에 의하여 변론기일 통지를 받고 출석하지 아니하더라도 자백간주의 효과는 발생하지 않는다(민사소송법 제150조 제3항 단서). 또한 공시송달에 의하여 소장 부본이 송달된 경우, 피고에게 답변서 제출을 기대할 수 없으므로 자백간주에 의한 무변론 판결을 할 수 없다(민사소송법 제256조 제1항 단서, 제257조 1항).

3) 공시송달은 개개 송달행위마다 그 요건을 심사하여 그 요건이 소명되었다고 판단한 때 하는 것이며 그 각각이 독립한 처분이므로, 그 효력은 당해 공시송달에 국한된다. 따라서 이후의 송달을 실시할 때도 당연히 공시송달을 할 수 있는 것은 아니며, 그 송달행위 시 다시 그 요건이 갖추어졌는지를 심사하여 그 가부를 결정하여야 한다. 다만, 이전의 공시송달처분 후에 특별한 사정변경이 없으면 그 요건을 충족한 것으로 볼 수 있으므로 법원사무관등은 추가로 공시송달을 할 수 있다. 반면에 재판장이 공시송달을 명령한 경우에는, 그 명령의 취소가 없는 한 당해 심급이 종료할 때까지 효력이 유지된다. 따라서 그 이후에는 계속하여 공시송달을 할 수 있다.

4) 공시송달 역시 송달사무의 주체인 당해 수소법원이 하는 것이므로 그 효력은 당해 심급에서만 유효하며, 상급심이나 하급심 또는 당해 사건을 이송 받은 법원에 대해서는 구속력이 없다. 따라서 이들 법원은 다시 그 요건을 갖추어 공시송달을 할 수는 있으나 이전 심급에서 한 공시송달처분에 따라(재판장의 공시송달명령에 의한 경우라도) 공시송달을 할 수는 없다.[96]

재판장이 원심에서 공시송달을 명령하여 그에 따라 공시송달이 이루어졌는데, 당해 사건이 상급심에서 파기환송된 경우, 파기환송 후의 원심법원은 당초의 공시송달명령에 따라 계속해서 공시송달을 할 수 있는가? 파기환송 후의 원심은 파기환송 전의 원심과 동일 심급이므로 이를 긍정하여야 할 것이다.

대법원은, 경매법원이 재항고인의 종전주소와 그 후 보정된 주소로 경매개시결정 정본

---

96) 동지: 실무제요 민사소송[Ⅱ](2017), 910면.

의 송달이 불능되자 공시송달을 명하고 이에 따라 경매개시결정과 경락허가결정을 공시송달하였는데, 재항고인이 경락허가결정에 대하여 항고를 제기하자 항고법원에서 원결정을 취소하고 경락을 불허하는 결정을 한 다음 그 결정을 보정된 위 주소로 송달하여 그 동거인이 이를 수령하였다면, 경매법원의 공시송달명령은 당연히 그 효력이 상실되었다고 보아야 하고, 따라서 경매법원이 신경매를 진행하면서 당초의 공시송달명령에 따라 재항고인에게 공시송달을 한 것은 위법하다고 판시하였으나(대법원 1965. 8. 31. 자 65마636 결정), 항고심에서 통상의 송달이 이루어진 것만으로 1심(경매법원)의 공시송달명령이 당연히 실효한다고 볼 수는 없고, 1심은 이에 따라 스스로 공시송달명령을 취소하여야 하며, 그렇게 하지 않은 경우 추완상소로써 구제함이 타당하다고 생각된다.

5) 공시송달로 인하여 당사자가 불변기간을 지킬 수 없었던 경우에는 소송행위의 추완에 의하여 구제받을 수 있다. 이 경우 요건을 갖추지 못한 공시송달이 이루어진 때에는 당연히 추완상소 등이 허용되어야 할 것이다.[97]

(6) 공시송달의 취소

1) 공시송달의 취소에는 이미 실시한 공시송달처분의 취소와 재판장의 공시송달명령 취소가 있다.

2) 재판장은 직권으로 또는 당사자의 신청에 따라 개개의 공시송달처분을 특정하여 법원사무관등의 공시송달처분을 취소할 수 있다(민사소송법 제194조 제4항). 이는 명령으로써 하며, 법원사무관등의 당초 공시송달처분이 잘못되었을 때 하는 것이 원칙이나, 이에 구속되지 않는다. 그 공시송달이 재판장의 명령에 의하여 실시된 경우에도 마찬가지다.

재판장이 법원사무관등의 공시송달처분을 취소하면 이미 실시한 공시송달의 효력은 상실된다. 따라서 법원사무관등은 다시 송달을 실시하여야 한다. 그러나 판결이 선고되어 이미 당해 심급의 소송절차가 종료된 경우에는 공시송달처분을 취소할 수 없으므로 상소로써만 그 효력을 다투어야 한다. 반면에 법원사무관등은 법적 근거가 없으므로 자신이 한 공시송달처분을 어떠한 이유로든 취소할 수 없다고 할 것이다.

3) 당초의 공시송달처분이 적법한데 사후적으로 공시송달사유가 소멸한 때는 이미 행한 공시송달처분은 유효하므로 재판장은 이를 취소할 필요가 없고, 법원사무관등은 이후의 송달을 통상의 송달방법으로 하면 된다. 다만, 이 경우에도 재판장은 공시송달로 송달받은 당사자의 절차적 이익을 보호하기 위하여 개개의 공시송달처분을 취소하여 다시 송달을 실시하도록 할 수 있다.

4) 공시송달의 요건이 갖추어지지 않았음에도 재판장이 공시송달명령을 한 경우 또는

97) 보다 구체적인 설명은 <소송행위의 추완>과 <추완상소> 부분을 참조.

재판장이 공시송달명령을 한 후 사후적으로 공시송달사유가 소멸한 때 등에는 재판장은 명령으로써 자신의 공시송달명령을 취소할 수 있다. 다만, 이미 당해 심급의 소송절차가 종료된 경우에는 취소가 불가함은 당연하다. 재판장의 공시송달명령 취소가 있더라도 이는 장래에 향해서만 효력이 있으므로, 공시송달명령에 의해 이미 실시된 공시송달은 그 공시송달처분을 취소하지 않는 한 효력을 유지한다.

사. 간이한 송달, 송달함 송달

1) 변론기일이나 변론준비기일, 검증기일 등을 여는 경우, 법원은 당사자 등 소송관계인에게 그 기일을 통지하여야 하는바, 이는 기일통지서 또는 출석요구서를 송달하여 통지하여야 한다(민사소송법 제167조 제1항 전문). 다만, 그 사건으로 출석한 사람에게는 기일을 직접 고지함으로써 기일통지서 또는 출석요구서의 송달에 갈음할 수 있다(민사소송법 제167조 제1항 후문).[98] 이 고지는 재판장이 하며, 이는 기일의 고지(통지)이지 기일통지서의 송달이 아니다.

2) 위 경우에 법원은 대법원규칙이 정하는 간이한 방법에 따라 기일을 통지할 수도 있는바(민사소송법 제167조 제2항 전문), 이에 따라 법원사무관등은 전화, 팩시밀리, 보통우편 또는 전자우편 그 밖에 상당하다고 인정되는 방법으로 기일을 통지할 수 있고, 이런 방법으로 기일을 통지한 때에는 그 방법과 날짜를 소송기록에 표시하여야 한다(민사소송규칙 제45조). 그러나 이 경우에는 기일에 출석하지 아니한 당사자, 증인 또는 감정인 등에 대하여 법률상의 제재, 그 밖에 기일을 게을리 함에 따른 불이익을 줄 수 없다(민사소송법 제167조 제2항 후문). 이 경우 전화 등에 의한 통지는 기일통지서 내용을 구두로 전달하는 약식의 송달이라고 할 수 있다.

3) 변호사인 소송대리인에 대한 송달은 법원사무관등이 전화, 팩시밀리, 전자우편 또는 휴대전화 문자전송을 이용하여 할 수 있고, 이에 따른 송달을 한 경우 법원사무관등은 송달받은 변호사로부터 송달을 확인하는 서면을 받아 소송기록에 붙여야 한다(민사소송규칙 제46조 제1, 2항). 이는 소송업무를 주업으로 하는 변호사에 대한 송달의 특례를 인정한 것이다. 이 경우의 송달은 기일통지서나 출석요구서에 한하지 않으며, 이 방법에 의한 기일통

---

98) 대법원 1964. 7. 14. 선고 63다1069 판결은 "판결선고기일로 고지된 1963. 10. 16. 오전 10시에 당사자 쌍방이 출석하지 아니하였으므로 법정에서 위 판결선고기일을 오는 10. 30. 오전 10시로 연기한다는 뜻을 고지하였음이 그 조서 기재에 의하여 명백한바, 이러한 경우에는 재판선고기일의 변경 및 다음 기일의 고지가 적법하게 이루어졌다고 할 것이다"고 하였고, 대법원 2003. 4. 25. 선고 2002다72514 판결은 "판결의 선고는 당사자가 재정하지 아니하는 경우에도 할 수 있는 것이므로, 법원이 적법하게 변론을 진행한 후 이를 종결하고 판결선고기일을 고지한 때에는 재정하지 아니한 당사자에게도 그 효력이 있는 것이고, 그 당사자에 대하여 판결선고기일 소환장을 송달하지 아니하였다 하여도 이를 위법이라고 할 수 없다"고 하나, 민사소송법 제167조 제1항 후문은 분명히 "그 사건으로 출석한 사람에게는 기일을 직접 고지하면 된다"고 하므로 이러한 고지는 불가하다(위 판결 당시의 민사소송법 규정도 지금과 동일하였다). 여기서 '그 사건으로 출석한 사람'이란 그 사건으로 변론기일에 법정에 출석한 사람에 한하지 않고, 그 사건의 검증기일 등 증거조사기일에 출석한 경우도 포함된다(대법원 1975. 3. 25. 선고 75다12 판결).

지를 받고 변호사가 기일에 출석하지 아니한 경우 법률상의 제재나 기일을 게을리 함에 따른 불이익을 받는다.

4) 양쪽 당사자가 변호사를 소송대리인으로 선임한 경우, 한쪽 당사자의 소송대리인인 변호사가 상대방 소송대리인인 변호사에게 송달될 소송서류의 부본을 교부하거나 팩시밀리 또는 전자우편으로 보내고 그 사실을 법원에 증명한 때에는 송달의 효력이 있다. 다만, 그 소송서류가 당사자 본인에게 교부되어야 할 경우에는 예외이다(민사소송규칙 제47조 제1항). 이 역시 민사소송법 제176조 제1항에서 대법원규칙으로 위임한 것에 따른 것이다.

위 규정에 따른 송달의 증명은 소송서류의 부본을 교부받거나 팩시밀리 또는 전자우편으로 받은 취지와 그 날짜를 적고 송달받은 변호사가 기명날인 또는 서명한 영수증을 제출함으로써 할 수 있다. 다만, 소송서류 원본의 표면 여백에 송달받았다는 취지와 그 날짜를 적고 송달받은 변호사의 날인 또는 서명을 받아 제출하는 때에는 따로 영수증을 제출할 필요가 없다(민사소송규칙 제47조 제2항).

5) 법원이 송달함을 설치하여 당사자가 이에 의한 송달을 신청한 경우, 법원사무관등은 직접 송달서류를 송달함에 넣는 방법으로 송달을 실시한다. 송달함 송달에서는 실제로 송달서류를 함에서 깨내 수령한 때에 송달의 효력이 발생한다고 볼 것이다. 다만, 송달받을 사람이 송달함에서 서류를 수령하여 가지 아니한 때에는 송달함에 서류를 넣은 지 3일이 지나면 송달된 것으로 본다(민사소송법 제188조 제3항). 소송절차의 안정과 신속을 위하여 송달서류를 실제로 받아갔는지 여부를 묻지 않고 3일이 지나면 송달된 것으로 의제하는 것이므로, 송달함 이용자는 송달받지 못하였음을 주장할 수 없다는 것이 통설이다. 이는 추완상소를 제기한 때도 고려할 사항이다.

아. 전자소송에서의 송달

(1) 전자소송과 송달

1) '민사소송 등에서의 전자문서 이용 등에 관한 법률'에 의하여 진행되는 전자소송에서는 당사자 등은 소송서류를 전자문서로 제출하여야 한다(동법 제8조). 재판서나 조서 등 법원이 생산한 소송서류는 법원사무관등이 전자문서로 작성하거나 그 서류를 전자문서로 변환하여 전산정보처리시스템에 등재한다(동법 제10조). 여기서 말하는 '전자문서'는 컴퓨터 등 정보처리능력을 가진 장치에 의하여 전자적인 형태로 작성되거나 변환되어 송신·수신 또는 저장되는 정보를 말한다(동법 제2조 제1호).

2) 이들 전자문서를 상대방 등에게 송달할 필요가 있는 경우에는 전자적 송달의 방법에 의한다. 전자적 송달은 전자기록사건(전자소송사건)에서 송달받을 자가 전자소송 동의를 하거나 전자소송 의무자인 경우에만 할 수 있고,[99] 전자소송 동의를 하지 않은 자에

대한 송달, 민사소송법상 송달영수 대리인, 군 관계인, 구속된 사람 등에게 할 송달, 전자소송시스템의 장애가 있는 경우의 송달, 전자문서 제출이 곤란·부적합하여 종이서류로 제출된 경우의 송달 또는 재판장이 필요하다고 인정하는 경우에는 전자적 송달을 하지 않고 전자문서를 출력한 서면을 민사소송법에 따라 송달하게 된다(동법 제12조, 동규칙 제29조 제1항).

(2) 전자적 송달의 방법

1) 전자적 송달은 법원사무관등이 송달할 전자문서를 전자소송시스템에 등재하고, 그 등재사실을 송달받을 사람에게 전자우편과 휴대전화 문자메시지로 통지하는 방식으로 실시한다(동법 제11조 제1항 내지 3항).

2) 등재사실의 통지는 등록사용자가 전자소송시스템에 입력한 전자우편주소로 등재사실을 알리고, 같은 내용의 문자메시지를 전자소송시스템에 입력한 휴대전화번호로 전송하는 방법에 의하되, 다만 등록사용자의 요청에 따라 전자우편이나 문자메시지 중 하나를 전송하지 아니할 수 있다(동규칙 제26조 제1항).

3) 전자소송의 등록사용자가 전자우편주소와 휴대전화번호를 전자소송시스템에 모두 입력한 경우에는 전자우편과 문자메시지 양자의 방법으로 등재사실을 통지하여야 하고, 그 등재된 전자문서가 등록사용자의 미확인으로 송달 간주되는 시기는 전자우편과 문자메시지 양자 모두의 방법으로 등재사실이 통지된 날부터 기산한다(대법원 2013. 4. 26.자 2013마4003 결정).

(3) 전자적 송달의 효력 발생

1) 전자적 송달은 송달받을 자가 등재된 전자문서를 확인한 때에 송달된 것으로 본다(동법 제11조 제4항 본문). 그 등재사실을 통지한 날부터 1주 이내에 송달받을 자가 확인하지 아니하는 때에는 등재사실을 통지한 날부터 1주가 지난 날(0시)에 송달된 것으로 본다(동법 제11조 제4항 단서). 후자의 경우, 통지한 당일은 1주에 산입되지 않지만, 송달된 그 당일(초일)은 상소제기기간 등에 산입된다(대법원 2014. 12. 22.자 2014다229016 명령). 이 경우 민법 제157조 단서가 적용되기 때문이다.

2) 전자소송시스템의 장애로 인하여 송달받을 자가 전자문서를 확인할 수 없는 기간은 위 1주의 기간에 산입하지 않고(동법 제11조 제5항), 등록사용자가 책임질 수 없는 사유로 위 기간 안에 송달 확인을 하지 못한 경우에는 이를 소명하여 소송행위를 추후 보완할 수 있다(동규칙 제26조 제3항).

3) 송달받을 자가 전자소송시스템의 장애로 인하여 전자문서를 확인할 수 없는 기간이 1일당 1시간을 초과하는 경우에는 해당 일을 송달이 간주되는 1주의 기간에 산입하

99) 다만, 전자적 송달 대상자에 대하여도 특별한 사정이 있거나 전자문서가 아닌 송달서류는 우편송달을 한다[민사소송 등에서의 전자문서 이용 등에 관한 업무처리지침(2020. 2. 12. 대법원 재판예규 제1734호) 제59조 제2, 3항].

지 않으며, 그 기간의 마지막 날 오전 9시 이후에 전자소송시스템의 장애로 인하여 전자문서를 확인할 수 없게 된 때에도 1일을 그 기간에 산입하지 않는다(동규칙 제28조 제1항). 다만, 전자소송시스템의 유지·보수를 위하여 그 사용을 일시 중단한 경우로서, 법원행정처장이 사전에 시스템을 통하여 공지한 경우에는 전자소송시스템의 장애로 보지 아니한다(동규칙 제28조 제2항).

자. 외국에서의 송달

(1) 통상의 송달

1) 외국에서 하는 송달(외국으로의 송달)은 외국에서 송달이 실시되어야 하는 경우, 즉 송달받을 장소와 그 사람이 외국에 있는 경우를 말한다. 이는 송달받을 사람이 대한민국 국민이든 외국인이든 불문한다.

국내송달을 하여야 하는지 아니면 외국송달을 하여야 하는지 여부는 당해 송달을 실시할 때를 기준으로 판단하여야 한다. 통상 송달받을 자의 주소나 거소 등이 외국에 있는 경우에는 외국송달이 필요하다고 할 수 있으나, 주소나 거소 등은 외국에 있더라도 영업소나 사무소가 국내에 있으면 적법한 송달장소가 복수여서 국내송달과 외국송달이 모두 가능하므로 외국송달을 하지 않아도 된다.

외국회사가 대한민국에서의 대표자를 정하고 영업소를 설치한 경우(상법 제614조, 제209조), 그 영업소는 송달장소인 영업소에 해당한다. 이미 국내에서 소송 중에 1회 이상 통상의 송달방법에 의하여 적법하게 송달을 받은 사람이 그 후 아무런 신고 없이 외국으로 이주한 경우, 송달장소변경 신고의무를 하지 않은 경우에 해당하므로 국내에서 종전 주소로 발송송달함이 타당하다.[100)]

2) 외국으로의 송달은 그 외국에 주재하는 대한민국의 대사·공사 또는 영사에게 촉탁하여 이들이 실시하는 직접실시 방식과, 외국의 관계 당국이나 관할법원 기타 공공기관에게 촉탁하여 이들 기관이 실시하는 간접실시방식이 있다. 민사소송법은 "외국에서 하여야 하는 송달은 재판장이 그 나라에 주재하는 대한민국의 대사·공사·영사 또는 그 나라의 관할 공공기관에 촉탁한다"고 하여(민사소송법 제191조), 양자를 모두 허용하고 있다. 실무상으로는 시간절약과 절차상 편의를 고려하여 직접실시 방식을 선호한다.

3) 간접실시 방식에는 외교상의 경로를 이용하여 외국 관할법원 등에 촉탁하는 방식(관할법원 방식)과 외교상의 경로를 이용하지 않고 외국의 중앙당국에 촉탁하는 방식(중앙당국 방식)이 있다. 현재 우리나라가 가입한 헤이그 송달협약, 헤이그 증거조사협약, 한·호조약, 한·중조약, 한·몽조약, 한·우즈벡조약 및 한·태조약은 관할법원 방식 대신 중앙

---

100) 동지: 박민정, "민사소송에 있어서의 송달방법에 관한 소고", 대전지방법원 실무연구자료 제6권 (2005).

당국 방식을 채택하고 있으므로, 위 조약이 적용될 경우에 간접실시 방식에 의해 송달하고자 하는 때에는 조약이 정하는 바에 따라 중앙당국 방식에 의하여야 하고, 그렇지 않은 경우에는 관할법원 방식에 의하여야 한다.

4) 외국으로의 송달 등의 촉탁은 그 국가와 헤이그 송달협약 등 조약관계가 있든 없든 당해 외국의 기관에 대하여 하는 간접실시방식이 원칙이다. 그러나 송달받을 자가 대한민국 국민으로서 '영사관계에 관한 비엔나협약'에 가입한 외국에 거주하고 있는 경우에는 그 해당 외국에 주재하는 우리나라 대사·공사 또는 영사에게 송달을 촉탁할 수 있다(국제민사사법공조법 제5조 제2항).[101] 그러나 이 경우 그 외국의 법령 또는 의사표시에 위배되지 아니하여야 하며, 외국이 명백한 의사표시로써 승인하는 경우에는 그 의사표시에 따른 실시기관에 촉탁하여야 한다.

외국에 있는 대한민국 국민이 아닌 사람(외국인)에 대한 송달과 관련하여 헤이그 송달협약 제8조는 원칙적으로 송달받을 자의 국적에 관계없이 파견국의 외교관 또는 영사관원에 의한 송달을 허용하되, 각 당사국이 이러한 방식의 송달에 반대하는 선언을 할 수 있도록 하고 있는데, 우리나라는 헤이그 송달협약에 가입할 당시 위 반대선언을 하였으므로 외국에 있는 외국인에 대한 송달을 우리 외교관에게 촉탁하는 것은 상호주의 원칙에 어긋난다.

5) 외국송달에는 상당한 기간이 소요되므로 변론기일을 지정하여 통지하는 때에는 미리 제2회 변론기일, 제3회 변론기일 등과 같이 연속된 기일을 함께 지정하여 통지할 수 있다(2018. 2. 27. 재판예규 제1689호 제10조).

6) 외국송달이 가능한 송달서류에는 특별한 제한이 없다. 증인소환장도 가능하다는 것이 통설이다. 다만, 기일통지서 또는 출석요구서에 불응 시 과태료를 과하거나 구인할 수 있다는 등의 제재문구나 출석할 때 주민등록증을 지참하라는 문구는 상대국의 주권을 침해하거나 헤이그 송달협약 제8조에 위반할 우려가 있으므로, 이를 제거한 후 송달을 촉탁하여야 한다(2018. 2. 27. 재판예규 제1689호 제12조).

(2) 공시송달

1) 외국에서 하여야 할 송달에 관하여 민사소송법 제191조의 규정에 따를 수 없거나, 이에 따라도 효력이 없을 것으로 인정되는 경우에는 공시송달을 할 수 있다(민사소송법 제194조 제1항).

2) 외국에서 하여야 할 송달을 공시송달로 할 수 있는 경우로는, ① 당해 외국과의 사이에 외교관계가 없어 그 나라에 주재하는 대한민국의 대사·공사·영사가 없는 경우, ② 당해 외국과 송달조약 또는 국제관행이 없기 때문에 외국의 관할 공공기관에 송달을

101) 헤이그 송달협약 제8조 전단도 "각 체약국은 강제력의 사용 없이 자국의 외교관 또는 영사관원을 통하여 직접 해외 소재자에게 재판상 문서를 송달할 수 있다."고 규정하고 있다.

촉탁할 수 없거나 송달을 촉탁하더라도 그 거절이 예견될 경우, ③ 그 나라에 주재하는 우리나라 대사·공사·영사 등에게 송달을 촉탁하더라도 그 거절이 예견될 경우, ④ 그 나라에 전쟁이나 천재지변 등이 일어나 촉탁에 의한 송달이 불능으로 될 사정이 있는 경우, ⑤ 외국에 거주하는 송달받을 자가 그 외국에서 치외법권자의 주거 내에 체재하고 있기 때문에 그 치외법권자의 승낙이 없는 이상 송달을 실시할 수 없는 경우 등을 들 수 있다. 그러나 외국에서 송달하는 것이 다액의 비용을 소요하거나 장시일이 소요된다는 사정만으로는 공시송달을 허용할 수 없다.

3) 외국에서 하여야 하는 송달을 공시송달하는 방법도 국내에서의 그것과 같다. 그 효력 등도 마찬가지다. 다만, 외국에서 할 송달에 대한 첫 공시송달의 경우에는 게시 후 2월이 경과하여야 송달의 효력이 생기며, 같은 당사자에게 하는 그 뒤의 공시송달은 게시한 다음날부터 효력이 생긴다(민사소송법 제196조 제1, 2항).

이와 관련하여 국제민사사법공조법은, 외국에서 할 송달에 대한 공시송달은 법원서기관·법원사무관·법원주사 또는 법원주사보가 송달할 서류를 보관하고 그 사유를 법원게시판에 게시함과 아울러 그 외국에 주재하는 대한민국의 대사·공사 또는 영사에게 통지하여야 한다고 규정하고 있으나(동법 제10조), 2002년 개정 민사소송법(제195조)의 시행으로 위 규정은 사실상 폐지되었다고 할 것이다.[102]

4. 송달의 하자와 치유

가. 송달의 하자

1) 송달은 위와 같이 법원이 소송서류를 일정한 방식에 따라 일정한 장소에서 일정한 사람에게 교부하는 등의 방법으로 하여야 하는데, 이러한 요건을 갖추지 못한 경우 송달에 하자(흠)가 발생하여 무효가 되고, 이에 따라 송달의 효력이 발생하지 않는다.

2) 송달이 무효이면 유효한 송달을 전제로 한 소송법적 효력이 발생하지 않는다. 예컨대, 송달서류가 기일통지서인 경우 기일 개시나 불출석의 효력이 없고, 그 기일에서의 소송행위는 위법한 것이 되며(대법원 1962. 9. 20. 선고 62다380 판결), 판결인 경우 상소기간이 진행하지 않는다. 판결정본 송달의 효력이 발생할 수 없는 경우에는, 설사 당사자가 그 판결이 있는 사실을 알았다 하더라도 그 판결의 상소제기기간은 진행되지 않는다(대법원 1971. 6. 22. 선고 71다771 판결, 1993. 1. 12. 선고 92다43098 판결).

3) 송달의 하자는 주로 ① 송달장소의 잘못, ② 송달의 방식과 그 요건(특히 발송송달이나 공시송달)의 잘못, ③ 송달받을 사람의 잘못 지정, ④ 서류를 실제로 수령한 자의 수령능력 결여와 관련하여 발생한다. 소송서류의 원본과 중요한 내용이 상이한 등본을 송달한 경우나, 정본을 송달하여야 함에도 불구하고 등본이나 사본을 송달한 경우(위식의

102) 동지: 법원실무제요 민사소송[III] (2017), 1997면

송달)에도 하자 있는 송달이다.

4) 송달장소가 아닌 곳에서 가족 등 제3자에게 한 송달은 송달절차에 위배된 것으로서 무효이다. 따라서 소장에 피고의 주소로 표시된 곳이 피고가 도피하기 전까지 거주하던 곳이고 그곳에 피고의 아버지 등이 거주하고 있다고 하더라도, 피고가 수표부도 등으로 행방을 감추어 제소 당시 6개월가량이 경과하였고, 피고의 처자도 이미 다른 곳으로 이사하여 피고의 주민등록까지 처자가 이사한 곳으로 옮겨졌다면, 종전 주소지는 더 이상 피고의 생활근거지인 주소나 거소로는 볼 수 없고, 따라서 소장 부본 등 소송서류나 1심판결 정본을 우편송달하여 종전 주소지에서 피고의 가족이나 고용인이 수령하였다 하더라도 이는 피고에 대한 송달장소가 아닌 곳에서 행하여진 부적법한 송달로서 무효이고(대법원 1993. 1. 12. 선고 92다43098 판결), 송달받을 사람이 항소 후 주거지를 변경하고 주민등록까지 옮겼는데, 종전 주거지로 소송기록접수통지서를 송달하여 그 사람의 어머니가 수령하였다면 그 송달은 무효이다(대법원 1997. 6. 10. 선고 96도2814 판결). 종전 주거지는 더 이상 적법한 송달장소가 아니기 때문이다.

5) 수취인이 이사를 한 경우 송달물을 반송하여야 하지만, 우편집배원이 이사 간 새 주소로 전송을 하는 경우가 있는데, 이와 같이 법원사무관등이 입력한 송달장소가 아닌 제3의 장소에서 우편집배원이 송달한 경우 적법한 송달장소에서의 송달인가?

송달받을 사람이 이사하면서 우체국에 주소이전신고를 한 경우, 신고한 새 주소에서 우편집배원이 당사자 본인에게 송달했다면 민사소송법 183조 4항에 의한 조우송달로서의 효력이 인정될 수 있다. 그러나 이전신고를 한 새 주소에서 만난 본인의 동거인에 대하여는 그곳이 송달을 실시할 곳으로 기재된 적법한 송달장소가 아니어서 조우송달 및 보충송달이 불가능하므로, 주소보정을 통해 이사 간 새 주소로 다시 송달을 하여야 한다.

나. 하자의 치유

1) 송달에 하자가 있더라도 일정한 사유가 있는 때는 치유될 수 있다. 송달의 흠은 원칙적으로 소송절차에 대한 이의권 행사의 대상이 되며(민사소송법 제151조), 그 이의권의 포기나 상실 또는 추인에 의해 치유된다. 이는 특히 위식의 송달의 경우에 인정할 필요가 많다.

2) 예컨대, 집행관이 관할구역 밖에서 송달을 실시하였으나 송달받을 사람이 아무런 이의 없이 수령하였다면 그 하자는 치유되고, 또 송달받을 사람을 잘못 지정하여 수령권한이 없는 사람에게 송달된 경우에도 권한 없는 대리인이 소송을 한 경우에 준하여, 정당하게 송달받을 사람이 추인하면 당초 수령권한 없는 사람에게 송달된 때에 소급하여 유효하게 된다. 또한 당사자가 미성년자인 경우에 소장이나 기일통지서 등을 법정대리인에게 송달하지 아니하고 미성년자 본인에게 송달하였다면 그 송달은 무효이지만, 법정대리인이 이를 알고도 이의 없이 소송을 수행하면 소송절차에 관한 이의권이 상실되어 유

효하게 된다.

3) 또한, 소송서류가 송달수령권한이 없는 사람에게 송달되었다고 하더라도, 그 후 그 사람이 송달수령권한이 있는 사람에게 이를 전달한 경우에는 그 전달한 때에 적법한 송달의 효력이 발생한다(대법원 1969. 4. 15. 선고 68다703 판결, 1979. 1. 30. 선고 78다2269 판결). 사망한 사람을 송달받을 사람으로 하여 실시된 송달은 위법하여 원칙적으로 무효이나, 그 사망자의 상속인이 현실적으로 그 송달서류를 수령한 경우에는 흠이 치유되어 그 송달은 그때에 상속인에 대한 송달로서 효력을 발생하므로 그때부터 상소기간이 진행한다(대법원 1998. 2. 13. 선고 95다15667 판결).

4) 그러나 상소제기기간과 같은 불변기간에 영향이 있는 경우의 송달은 그 강행성에 비추어 당사자 임의로 그 법익을 처분할 수 없다고 할 것이므로, 그 기간 계산의 기산점이 되는 판결 정본의 송달의 흠은 이에 대한 이의권의 포기나 상실로 인하여 치유될 수 없다(대법원 1979. 9. 25. 선고 78다2448 판결, 2002. 11. 8. 선고 2001다84497 판결, 2007. 12. 14. 선고 2007다52997 판결).

이에 따라 대법원은, 피고에게 송달되어야 할 판결 정본을 원고가 집배원으로부터 수령하여 자기의 처를 통해 피고의 처에게 교부하고, 다시 피고의 처가 이를 피고에게 교부한 경우, 피고에 대한 위 판결 정본의 송달은 그 절차를 위배한 것이어서 부적법하다고 본다(대법원 1979. 9. 25. 선고 78다2448 판결). 또한, 상속인들인 피고들이 원심판결의 존재를 알고 있었다거나 그 수계신청을 하였다는 등의 사정이 있다고 하여 부적법한 판결 정본의 송달에 따른 하자가 치유되었다고 볼 수 없다(대법원 12007. 12. 14. 선고 2007다52997 판결).

Ⅲ. 당사자의 소송 수행과 변론

1. 변론의 의의

가. 변론의 개념

1) 원고가 소를 제기하여 그 소송목적(청구)에 관하여 일정한 내용의 재판을 구하면 법원은 그에 대한 심리·판단을 하여야 하는바, 이때 심리와 판단의 기초가 되는 소송자료(주장)와 증거자료를 당사자들이 공격방어방법으로 제출하는 것을 변론이라고 한다.

2) 원고가 특정한 당해 소송의 청구와 관련하여 그 주장의 법률효과가 발생하거나 이를 행사하려면 청구원인사실 외에도 여러 가지 보조적 법률요건사실인 구체적·역사적 법률사실이 필요하며, 피고가 그 법률효과의 불발생이나 행사, 존속을 저지하기 위해서도 그러하다. 앞서 <공격방어방법>에서 본 바와 같이 당사자는 공격과 방어로써 이에 관한 법률요건과 법률사실 및 관련 법리를 주장하게 된다. 이러한 주장은 청구취지에 기재된 권리·법률관계의 존부와 범위, 내용에 영향을 미쳐 청구의 당부를 좌우하는 소송자료로서[103] 당사자가 법원에 말로써 제출하여야 하며, 이는 변론의 내용이 된다.

3) 한편, 쌍방 당사자는 청구원인사실과 위와 같이 공격방어방법으로 주장한 구체적·역사적 법률사실을 증명하여야 한다. 이를 위해 특정한 증거방법에 대한 증거조사를 신청하고 소지하고 있는 증거방법을 직접 제출하며, 증거조사에 참여하거나 그 증거조사의 결과인 증거자료의 신빙성 등에 관한 의견을 주장하는 입증활동이 필요한바, 이 역시 공격과 방어이자 변론의 내용이 된다.

4) 민사소송법 제134조, 제272조는 변론의 필요성과 그 준비만을 규정하고 있을 뿐 변론의 개념이나 변론의 내용에 대하여는 직접 규정하지 않고 있다. 따라서 민사소송법 제144조(변론능력), 제149조(실기한 공격방어방법의 각하), 제274조(준비서면의 기재사항) 등으로부터 이를 추측할 수밖에 없다.

변론이라는 용어의 의미는 여러 가지로 사용되는바, ① 가장 넓게는 소송주체, 즉 법원과 당사자가 변론기일에 하는 일체의 소송행위를 의미하는 것으로서, 주장의 진술 외에 이송신청, 변론재개신청, 증거신청 등의 각종 소송절차상의 신청을 포함한 당사자의 일체의 소송행위는 물론, 변론기일의 지정, 변론의 분리·병합·제한, 변론준비명령, 석명권행사 등의 소송지휘와 증거조사를 포함한 법원의 일체의 소송행위를 의미하는 경우, ② 위 ① 중 당사자의 소송행위와 법원의 증거조사만을 포함하는 경우, ③ 당사자의 소송행위만을 포함하는 경우로 나뉜다. 민사소송법 제134조, 제272조의 변론은 ③을 의미한다.

5) 가장 좁은 의미의 변론은 ① 대립하는 당사자가, ② 변론기일에, ③ 공개된 법정 등 일정한 장소에 출석하여, ④ 법관의 면전에서, ⑤ 말로써 사실자료와 증거자료를 제출하는 소송행위를 하는 것이다. 그러나 그렇다고 하여 문서나 물건 등 증거의 제출, 당사자 본인이 법원의 명령에 의해 문자를 손수 써야 하는 행위(민사소송법 제361조) 등과 같은 사실행위, 법률적 견해의 진술·주장이 이러한 변론의 범위에서 벗어나는 것은 아니며, 이러한 행위도 변론에 포함된다.

나. 변론이 필요한 경우와 예외

1) 민사소송법 제134조는 '변론의 필요성'이라는 제목으로, ① 당사자는 소송에 대하여 법원에서 변론하여야 한다. 다만, 결정으로 완결할 사건에 대하여는 법원이 변론을 열 것인지 아닌지를 정한다(제1항). ② 제1항 단서의 규정에 따라 변론을 열지 아니할 경우에, 법원은 당사자와 이해관계인, 그 밖의 참고인을 심문할 수 있다(제2항). ③ 이 법에 특별한 규정이 있는 경우에는 제1항과 제2항의 규정을 적용하지 아니한다(제3항)고 규정

103) 소송자료는, 넓은 의미로는 사실자료(구체적·역사적 법률사실)와 증거자료(구체적·역사적 법률사실의 존부 판단 자료)를 포함하고, 좁은 의미로는 사실자료만을 의미한다. 통상 우리가 소송자료라고 할 때는 전자를 의미한다.

하고 있다.

2) 이상을 정리하면 다음과 같다. 판결로 재판할 사항은 법에 특별한 규정이 있는 경우 외에는 원칙적으로 변론을 열어야 하고(필요적 변론), 결정으로 재판할 사항에 대하여는 법원이 변론을 열 것인지 아닌지를 정하며(임의적 변론), 이때 변론을 열지 않는 경우 법원은 당사자, 이해관계인, 참고인을 심문할 수 있다는 것이 된다. 심판은 가사비송사건의 재판형식으로서 결정과 그 실질이 같고, 명령은 재판장이 단독으로 행사하는 것으로서 결정에 유사하므로, 심판과 명령은 결정으로 재판할 사항 가운데 변론을 열지 않는 경우와 같이 처리한다. 여기서 변론을 연다는 것은, 당사자로 하여금 변론을 할 수 있도록 하는 소송절차, 즉 변론절차를 개시한다는 뜻이다.

3) 민사소송법은, 판결사항은 그 중요성에 비추어 필요적 변론에 의하도록 하면서,[104] 예외적으로 ① 피고가 답변서를 제출하지 아니한 때(제257조 제1, 2항), ② 부적법한 소로서 흠을 보정할 수 없는 때(제219조), ③ 부적법한 상소로서 흠을 보정할 수 없는 때(제413조, 제425조), ④ 상고심에서 상고이유서를 제출하지 아니하거나(제429조) 상고장, 상고이유서, 답변서 등 소송기록만으로 판결할 수 있는 때(제430조 제1항)에는 변론 없이 판결할 수 있도록 하고 있다. 소액사건에서는 위 경우 외에 소장이나 준비서면 기타 소송기록상 청구가 이유 없음이 명백한 때도 변론 없이 판결할 수 있다(소액사건심판법 제9조 제1항). 변론 없이 하는 판결은 소송판결은 물론 본안판결도 가능하다.

4) 심문(審問)은 법원이 당사자본인이나 이해관계인, 참고인 등 특정한 사람에게 서면 또는 말 기타 적당한 방법으로 질문하고 그에게 진술할 기회를 주는 것을 말한다. 심문은 공개법정에서 해야 하는 변론과 달리 판사실 등 적당한 장소에서 할 수 있으며, 법원의 선택재량이 배제되고 반드시 실시하여야 하는 경우도 있다(민사소송법 제82조 제2항, 제317조 제1항 등 참조).

5) 변론이 임의적인 경우(임의적 변론의 경우)에는 필요적 변론과 달리 구두 진술은 물론 서면에 의한 진술도 소송자료가 되며, 변론기일에 출석하지 않아도 자백 간주(민사소송법 제150조 제3항)나 소 취하 의제(민사소송법 제268조) 등과 같은 제재가 따르지 않는다.

6) 소송대리인이 있는 경우 그가 소송을 수행하나, 당사자 본인은 변론이 종결되기 전에 재판장의 허가를 받아 최종의견을 진술할 수 있다. 다만 변론에서 이미 충분한 의견진술 기회를 가졌거나 그 밖의 특별한 사정이 있는 경우에는 그러하지 아니하며, 재판장은 당사자 본인의 수가 너무 많은 경우에는 당사자 본인 중 일부에 대하여 최종의견 진술기회를 제한할 수 있고, 최종의견 진술시간을 제한할 수 있다(민사소송규칙 제28조의3).

104) 어떠한 사안에 판결, 결정, 심판, 명령의 재판을 할 것인지는 법령에서 각각 정하고 있다. 따라서 필요적 변론사건도 법령에 규정되어 있는 셈이다.

다. 변론의 내용

(1) 사실에 관한 주장

(가) 주장의 구조

1) 변론은 위와 같이 대립하는 쌍방 당사자가 청구를 이유 있게 하거나(원고) 이유 없게 하기(피고) 위한 소송자료와 증거자료의 제출로서, 변론활동의 중심은 이를 통한 공격과 방어, 즉 공격방어방법의 제출이라고 할 수 있다(민사소송법 제149, 274조 참조).

2) 위와 같이 당사자의 공격과 방어는 소송자료의 주장과 청구원인사실 및 그 주장사실의 입증으로 이루어진다.[105] 그리고 공격방어방법으로서의 사실에 관한 주장은 청구취지에 기재된 권리·법률관계의 존부와 범위, 내용에 영향을 미쳐 청구의 당부, 즉 청구를 이유 있게 하거나 이유 없게 하는 법률요건과 그 법률사실 및 간접사실을 주장하여 법원에게 그 존부를 심사하고 그에 따른 법률효과의 판단을 구하는 원·피고 쌍방의 의사표시이다. 법령의 존부와 그 내용 등 법리는 법원의 직권조사사항이자 직권판단사항이므로, 주장 가운데 변론의 내용으로서 중요한 것은 사실에 관한 주장이다.

3) 주장은 통상 일방이 자신에게 유리한 사실이나 법리를 주장하면 상대방이 이에 대응하여 다른 주장을 하는 방법, 즉 주장의 교차와 공방에 의하여 이루어진다.

일방이 자신에게 유리한 법률사실을 주장하는 경우, 이에 대한 상대방의 대응은 ① 아무런 답변 없이 침묵하거나, ② 이를 인정하거나(자백), ③ 부정(부인)하거나, ④ 아는 바 없다고 답하거나(부지의 답변), ⑤ 이를 인정하면서 그와 대립하는 새로운 사실을 주장(항변, 재항변, 재재항변)하는 것을 예상할 수 있다.

4) 자백이나 부인, 부지의 답변과 항변, 재항변, 재재항변 역시 주장에 해당하나, 침묵은 견해를 밝히지 않는 것이므로 엄격히는 주장에 해당하지 않는다. 그러나 이는 소극적·간접적 주장으로 볼 수 있으므로 자백으로 간주되는 불이익이 가해지거나(민사소송법 제150조 제1항), 변론 전체의 취지로서 고려될 수 있다(민사소송법 제150조 제1항 단서, 제202조).

(나) 주장의 방법과 간접주장

1) 주장은 앞서 본 바와 같이 자신의 견해를 밝히고 이를 수용해 줄 것을 구하는 것인바, 이는 위와 같이 특정한 법률요건 및 그 법률사실(간접사실 포함), 법리를 법관에게 말로 설명하고 그 인용을 바라는 소송행위다. 따라서 당사자가 소장이나 답변서, 준비서면에 이러한 내용을 기재하였다고 하더라도, 이는 변론(주장)의 준비에 불과하고 실제로 주장을 한 것이 아니라는 점에 주의하여야 한다. 즉 이러한 서면에 기재한 내용을 당사

105) 여기서 말하는 주장은 사실적·법률적 주장 일체를 말하며, 부인, 항변, 재항변 등이 모두 포함된다.

자가 변론기일에 출석하여 법관의 면전에서 말로 설명하여야 비로소 주장의 효력이 발생하는 것이다.

다만 예외적으로, 당사자 일방이 변론기일에 출석하지 않았더라도 상대방이 출석을 한 경우, 재판장은 그 재량에 의해 출석하지 않은 당사자가 제출한 소장, 답변서, 준비서면 등을 진술한 것으로 간주하고 상대방에게 변론을 명할 수 있다(민사소송법 제148조 제1항).

2) 변론주의하에서 당사자가 유리한 법률효과를 얻기 위해서는 위와 같이 그에 필요한 법률요건과 그 법률사실을 먼저 주장하고, 이를 또한 입증하여야 하는바, 주장과 같은 입증은 다른 것이므로 어떤 법률사실이 들어 있는 증거를 제출한 것만으로는 주장을 한 것이 아니다(입증에 해당할 뿐이다). 즉 주장은 입증과는 구별되는 개념으로서, 논리적으로는 입증에 앞서는 개념이다. 따라서 법원이 증거조사의 결과 주요사실을 알게 되었더라도, 이에 대한 당사자의 주장이 없으면 그 사실은 소송자료가 아니므로 이를 토대로 심판할 수 없다(대법원 1962. 11. 29. 선고 62다678 판결, 1981. 8. 11. 선고 81다262, 263 판결 등 참조).

당사자 본인신문에 있어서의 당사자의 진술도 증거자료에 불과하고 소송상 당사자의 주장은 아니므로, 당사자 본인신문에서의 그 진술을 가지고 당사자가 유치권 항변 등 요건사실을 주장한 것이라고 볼 수는 없다(대법원 1981. 8. 11. 선고 81다262, 263 판결 등 참조).

3) 소장에 청구원인을 기재하는 방법과 마찬가지로 변론기일에서의 법률사실의 주장도 구체적·역사적 행위나 사회현상을 주장하는 방법으로 하여야 함이 원칙이며, 법률요건의 명칭이나 법률효과만을 주장·진술하는 것은 옳은 방법이 아니다. 그러나 법률요건 및 법률사실의 주장은 반드시 명시적으로 이루어져야만 하는 것은 아니다. 이를 너무 엄격하게 해석·적용할 경우, 법률 문외한인 당사자들의 권리 구제에 제약이 따르고, 또 실제 소송현실상 개개의 구체적인 경우에 어떤 법률요건 및 법률사실의 주장이 있었는지 여부를 판단하는 것도 그리 쉬운 것은 아니기 때문이다.

예컨대, 원고들 소송대리인이 "원고가 무식하고 사회적 경험이 없으며 가난한 사람이어서 합의를 하지 않으면 위 돈도 못 받을 것이라고 생각하여 위 합의를 한 것이므로 위 합의는 무효이다"고 주장하였는데, 원심이 이는 착오에 인한 의사표시를 취소한다는 취지로 해석한 데에 대하여 대법원은, 그 내용은 위 합의약정이 불공정한 법률행위로서 무효라는 주장이지 착오에 기한 의사표시로서 취소를 구한다는 취지로 볼 수 없다는 사례(대법원 1993. 7. 13. 선고 93다19962 판결)를 보더라도 그러하다.

대법원도 이러한 사정을 감안하여, 전후 사정이나 배경, 전체적인 맥락, 증거제출 등 소송행위의 의도 등을 고려해 간접적으로 주장을 하였다고 볼 수 있는 경우 주장이 있는 것으로 판단하고 있다. 즉 ① 당사자의 주요사실에 대한 주장은 직접적으로 명백히 한 경우뿐만 아니라, 당사자가 법원에 서증을 제출하며 그 입증취지를 진술함으로써 서증에 기재된 사실을 주장하거나 그 밖에 당사자의 변론을 전체적으로 관찰하여 간접적으로 주장한 것으로 볼 수 있는 경우에도 주요사실의 주장이 있는 것으로 보아야 한다(1999. 7. 27. 선고 98다46167 판결, 2001. 2. 23. 선고 2000다70804 판결, 2002. 6. 28. 선고 2000다62254 판결,2006. 6. 30. 선고 2005다21531 판결), ② 원고가 소장 및 준비서면에서 원고가 소외인을 통하여 피고에게 금전을 대여하였다고 주장하고, 소외인을 증인으로 신청하여 소외인이 원고와 피고 사이의 금전거래를 중개하였음을 입증하였다면, 비록 원고가 그 변론에서 소외인이 피고를 대리하여 원고로부터 금전을 차용한 것이라고 진술한 흔적이 없다 하더라도 그 증인신청으로서 그 대리행위에 관한 간접적인 진술은 있었다고 보아야 한다(1994. 10. 11. 선고 94다24626 판결), ③ 당사자가 계약의 해제를 주장하면서 상당한 기간을 정하여 계약이행을 최고하였으나 그 기간 내에 채무를 불이행하였다고만 주장하는 경우에, 당사자가 주장하지도 아니한 '채무자가 미리 이행하지 아니할 의사를 명백히 표시하였다'는 사실을 인정하여 계약해제가 적법하다고 판단하는 것은 변론주의에 위배된다고 할 것이나, 당사자가 이러한 주장을 직접적으로 명백히 한 경우뿐만 아니라 당사자의 변론을 전체적으로 관찰하여 간접적으로 주장한 것으로 볼 수 있는 경우에도 주장이 있는 것으로 보아 적법한 계약해제가 있었다고 판단하여도 무방하다(1995. 4. 28. 선고 94다16083 판결), ④ 원고가 민법 제536조 제2항을 들거나 동시이행의 항변권 또는 불안의 항변권을 행사하였다고 명확히 주장하지는 아니하였지만, 피고가 종전의 임가공비 지급을 지체하였기 때문에 가공원단을 납품하지 아니한 것이어서 자기의 납품거부행위가 채무불이행이 되지 아니하기 때문에 손해배상책임이 없다는 취지로 주장하였다면, 원고의 위 주장에는 자신의 납품거부행위가 동시이행의 항변권 또는 불안의 항변권의 행사로서 위법하지 아니하다는 주장을 포함하는 것으로 해석할 수 있다(1995. 2. 28. 선고 93다53887 판결), ⑤ 변론과정에서 무효인 등기가 실체관계에 부합하여 유효하다는 주장을 명백히 한 바는 없지만, 증인신청으로써 이에 대한 간접적인 주장을 하였다고 볼 여지가 있다(1993. 3. 9. 선고 92다54517 판결), ⑥ 원고가 계쟁 토지가 그 소유에 속한다며 소유권에 기하여 피고를 상대로 인도청구의 소를 제기한 데에 대하여 피고가 취득시효의 항변을 하였고, 이에 대하여 원고가 명시적으로 위 소 제기에 의한 시효중단을 재항변하지는 않았으나, 피고 주장의 취득시효완성 시기는 원고의 소 제기 후임이 명백하므로 취득시효는 당연히 원고의 소 제기로 인하여 중단되었다고 봄이 상당하다(1983. 3. 8. 선고 82다카172 판결),[106] ⑦ 취소의 의사표시는 반드시 명시적이어야 하는 것은 아니고, 취소자가 그 착오를 이유로 자신의 법률행위의 효력을 처음부터 배제하려고 한다는 의사가 드러나면 족하고 취소원인의 진술 없이도 취소의 의사표시는 유효하므로, "신원보증서류에 서명날인하는 것으로 잘못 알고 이행보증보험약정서를 읽어보지 않은 채 서명날인한 것일 뿐 연대보증약정을 한 사실이 없다."

106) 이는 뒤에서 보는 대법원 1997. 4. 25. 선고 96다46484 판결과 같이, 원고의 소 제기행위 자체를 원고가 시효중단의 사유를 간접적으로 주장한 것으로 본 것이 아닌가 싶다.

는 주장은 위 연대보증약정을 착오를 이유로 취소한다는 취지로 볼 수 있다(2005. 5. 27. 선고 2004다43824 판결), ⑧ 구분소유적 공유관계에서 어느 일방이 그 명의신탁을 해지하고 지분소유권이전등기를 구함에 대하여 상대방이 자기에 대한 지분소유권이전등기절차의 이행이 동시에 이행되어야 한다고 항변하는 경우, 그 동시이행의 항변에는 특별한 사정이 없는 한 명의신탁 해지의 의사표시가 포함되어 있다고 보아야 한다(2008. 6. 26. 선고 2004다32992 판결)는 등의 사례가 있다.

4) 한편, 법률요건 및 법률사실의 주장은 구체적으로 어떻게 이루어져야 하는가? 예컨대, 甲이 乙을 상대로 특정 부동산의 소유권에 기한 반환청구를 한 데에 대하여 乙이 이를 증여 받았다며 그 권리 행사를 저지하고자 할 때 乙은 어느 범위까지 주장을 하여야 하는지의 문제이다.

우선 乙은 '증여'라는 법률요건만을 주장하는 것으로 족할까? 아니라고 하여야 한다. 왜냐하면 민법은 증여를 법률요건 중의 하나로 하여 그에 따른 법률효과로서 부동산의 인도청구권 등을 인정하지만, 증여에 따른 법률효과로서 부동산의 인도청구권이 발생하기 위해서는 그 법률요건을 이루는 개개의 구체적·역사적 법률사실, 즉 甲이 乙에게 위 부동산의 소유권을 이전하기로 하는 의사표시를 한 사실, 그에 대하여 乙이 대금을 지급하지 않기로 한 사실이 존재하여야 하므로, 단순히 '증여'라는 법률요건만을 주장하는 것으로는 그에 따른 법률효과로서 부동산의 인도청구권이 발생하는 데에 부족하다. 따라서 당사자는 특정한 법률효과를 발생시키는 법률요건의 법률사실을 구체적으로 주장하여야 한다.[107] 다른 법률요건사실도 마찬가지다.

5) 다음으로, 乙은 증여의 법률요건과 개개의 법률요건사실 외에 그로부터 특정 부동산의 인도청구권이 발생하였다는 것까지 주장하여야 하는가? 이 역시 아니라고 하여야 한다. 왜냐하면 이미 설명한 바와 같이 법률요건과 법률요건사실에 따른 법률효과는 법률적 문제로서 법원이 직권으로 판단하여야 할 사항이지 당사자가 주장할 책임이 없기 때문이다. 따라서 乙이 증여의 법률요건과 법률요건사실 외에 그로부터 부동산의 인도청구권이 발생한다고 주장하더라도 이는 법률적 주장으로서 자신의 견해 표명에 불과하고 법원은 이를 참고사항으로 취급할 뿐이다.

같은 견지에서, 乙이 증여의 요건사실만을 주장하고 그것이 '증여'라는 법률요건에 해당한다거나 그로부터 인도청구권이 발생하였다는 말을 하지 않더라도 무방하며, 이는 법률문제에 해당하므로 법원은 이에 대하여 당연히 직권으로 민법의 증여에 관한 법규를 적용하고 인도청구권의 발생 여부를 판단하게 된다.[108] 대법원도, 시효중단사유의 주장·

107) 논리적으로 법률요건은 주장하지 않아도 무방하다. 다만, 실제의 소송절차에서 甲이 '증여'라는 법률요건만을 주장·진술하고 그에 부합하는 증거자료를 제출한 경우, 법원은 증여의 법률요건사실에 관하여 간접적으로 주장을 한 것으로 보아 줄 가능성이 크다.

108) 다만, 불법행위와 채무불이행과 같은 청구권경합의 경우 복수의 법률요건 사이에 법률사실이 유사·중첩하여 개개의 법률사실만을 주장하거나 청구취지만을 보아서는 당사자가 어떤 법률요건과 법률요

입증책임은 시효완성을 다투는 당사자가 지며, 그 주장책임의 정도는 취득시효가 중단되었다는 명시적인 주장이 없더라도 중단사유에 속하는 사실만 주장하면 주장책임을 다한 것으로 보아야 한다고 판시하고 있다(대법원 1997. 4. 25. 선고 96다46484 판결).[109]

(다) 인정(자백), 부인(否認), 부지, 침묵

1) 어느 당사자가 자신에게 유리한 법률요건 및 그 법률사실을 주장하면 상대방은 우선 그 법률사실의 존재 여부에 대하여 답을 하는 것이 논리와 사회통념에 부합한다. 이에 따라 민사소송법은 답변서와 준비서면에는 상대방의 청구와 공격 또는 방어의 방법에 대한 진술을 기재하도록 하고(제256조 제4항, 제274조), 민사소송규칙은 소장에 기재된 개개의 사실에 대한 인정 여부를 답변서에 기재하도록 요구하고 있다(제65조 제1항 제1호).

2) 이때 일방이 주장하는 법률사실에 대하여 그런 사실이 존재한다고 긍정하는 상대방의 답변이 인정(자백)이고, 반대로 존재하지 않는다고 주장하는 상대방의 답변이 부인이다. 일방이 법률사실의 존재를 주장한 데에 대하여 상대방이 "그러한 사실이 진실인지 아닌지 모르겠다." 또는 "그러한 사실이 있는지 여부에 대하여 알지 못한다."고 답하는 것을 부지(不知)라고 하며, 이는 부인으로 추정된다(민사소송법 제150조 제2항).

3) 인정이나 부인(부지 포함)의 답변을 하지 않고 침묵하는 경우, 이는 인정(자백)으로 간주된다(민사소송법 제150조). 소액사건에서 피고가 이행권고결정을 받고 이의신청을 한 경우에는 청구취지나 청구원인에 대한 구체적인 답변이 없더라도 이를 다툰 것으로 본다(소액사건심판법 제5조의4 제5항).

4) 인정(자백)의 답변은 단순히 어떤 사실을 '인정한다'고 진술해도 되고, 그 사실과 일치되는 사실을 진술해도 된다. 부인에는 일방이 주장하는 사실이 존재하지 않는다고 단순히 부정하는 경우(직접부인, 소극부인 또는 단순부인)와, 일방이 주장하는 사실과 양립할 수 없는 별개의 사실을 주장함으로써 간접적으로 일방의 주장을 부인하는 경우(간접부인, 적극부인 또는 이유부부인=理由附否認)가 있다.

5) 일방이 법률사실의 존재를 주장한 데에 대하여 상대방이 이를 긍정하면 자백이 성

건사실을 주장하는 것인지 불분명할 수 있는바, 이런 때는 법원의 판단 대상을 분명히 해 주기 위해 법률요건사실 외에 불법행위나 채무불이행, 증여, 매매, 시효취득 등 법률요건의 명칭이나 그 법률효과를 밝혀 줄 필요가 있다. 그러나 이는 현실적인 필요에 의한 것이고, 복수의 법률요건이라도 그 각각의 법률요건사실이 완전히 중첩하는 일은 없으므로 각각의 법률요건에 따른 법률사실만 빠짐없이 주장하면 충분하다.

109) 대법원은, 원고가 사기에 의하여 금원을 편취당한 것이므로 계약을 해제하였다고 주장하였다가 다시 계약이 무효라고 주장하였다면 원고의 위와 같은 주장사실은 보기에 따라서는 법률행위의 내용의 중요부분에 착오가 있으니 취소하였다는 취지로도 보지 못할 바 아니고, 또 한편으로는 원고의 일부 주장은 매도인의 담보책임을 묻고 있는 것 같은 느낌이 들지 않는 것도 아니므로 원심으로서는 마땅히 이러한 점을 석명시켜 원고의 주장을 심리·판단하여야 한다고 하여(1966. 9. 20. 선고 66다1289 판결), 당사자가 법률효과만을 주장하고 요건사실을 분명하게 주장하지 않은 경우에도 석명권 발동을 요구하고 있다.

립하여 그 주장자는 입증책임을 면하게 되나, 상대방이 이를 부인한 경우에는 그 법률사실의 존재를 주장한 당사자가 이를 입증하여야 한다.

(라) 항변, 재항변, 재재항변

1) 항변은 일방(대개는 원고)이 주장하는 법률사실을 인정(자백)하면서 그로부터 발생하는 법률효과를 배척하기 위하여 위 법률효과와는 모순·배치되는 법률효과, 즉 그 법률효과의 불발생, 그 법률효과의 행사 저지, 그 법률효과의 소멸이라는 법률효과를 발생시키는 별개의 법률요건사실을 주장하는 것이다.[110]

2) 예컨대, 원고가 청구취지 기재 부동산을 피고에게 매도하였다고 주장하면서 그 대금지급을 청구한 경우에, 피고가 매매 사실은 인정하면서 ① 그 매매가 사회질서에 반하여 무효임을 주장하거나, ② 매도인인 원고로부터 소유권이전등기를 받기 전까지는 대금지급의무가 없다며 동시이행의 항변권을 주장하거나, ③ 원고가 대금을 지급받을 수 있는 날로부터 10년간 권리를 행사하지 않아 대금지급청구권이 시효소멸하였다고 주장하며 원고 청구의 기각을 구하는 것이다. 통상 이러한 항변은 소멸시효의 항변, 기한 미도래의 항변, 해제조건 성취의 항변, 동시이행의 항변, 상계항변 등과 같이 그 항변적 법률요건의 이름을 붙여서 부른다.

3) 원고가 특정한 청구원인에 기하여 그에 따른 법률효과의 발생을 주장함에 대하여 피고는 부인 또는 항변으로써 방어할 수 있으므로 항변은 피고의 방어방법이다. 항변은 통상 피고의 방어방법으로서 원고의 청구를 이유 없게 하기 위하여 주장되는 것이지만, 상계항변과 같이, 확정적으로 항변을 하는 것이 아니라 원고의 청구가 받아들여질 경우를 대비하여, 즉 원고의 청구가 인정되지 않을 것을 소송상 해제조건으로 하여 주장하는 것도 있는데, 이러한 항변을 예비적 항변이라고 한다.[111]

---

110) 항변이나 항변권은 여러 개념을 갖고 있어 다의적으로 사용된다. 실체법상의 항변권은 권리자의 청구권을 영구적 또는 일시적으로 방해하거나 약화시키는 것을 효과로 하는 채무자의 권리이고(통상 민법 등 실체법에서 "…로 대항할 수 있다." 또는 "…로 거절할 수 있다."라고 규정하고 있다.), 소송법상의 항변은 소송에서 원고의 주장 사실에 대항하여 피고가 그 법률효과 발생을 저지·소멸시키기 위하여 하는 주장이다. 실체법상의 항변은 실체법상의 항변권을 소송절차 외에서 주장하는 것을 가리키기도 한다. 실체법상의 항변(권)은 궁극적으로는 소송법상의 항변에 포함된다. 실체법상의 항변권 또는 그 행사의 효과가 소송절차에서 항변으로 제출되기 때문이다. 소송법상의 항변은 다시 ① 본안에 관한 항변(청구의 당부에 영향을 미치는 항변), ② 본안전 항변(소의 적법 여부에 영향을 미치는 항변), ③ 증거항변(증거신청의 채부나 증거능력, 증명력에 영향을 미치는 항변)으로 나누기도 한다. ②와 ③은 본래 의미의 항변인 본안에 관한 항변과 성질을 달리한다.
그러나 항변과 관련하여서는 항변권과 항변의 구분 여부를 비롯하여 많은 쟁점이 내재되어 있어 깊은 검토와 연구를 요하고(김영희, "항변과 항변권", 민사법학 42호, 2008. 9., 한국사법행정학회 참조), 어음항변(어음채무자가 재판상 또는 재판외의 청구를 받고 어음소지인에게 어음의 지급을 거절하기 위하여 주장할 수 있는 일체의 사유를 말한다)이나 수표항변이라는 용어도 사용되는 등 그 용어의 사용 범위가 매우 넓다.

111) 그러므로 상계항변은 소송상 상계의 의사표시에 의해 확정적으로 그 효과가 발생하는 것이 아니라,

4) 어떤 법률요건이 항변사항에 해당하는지 여부는 위와 같이 개개 실체법규의 해석에 따라 달라지나, 어떤 사실이 항변사항인지 부인사항인지의 판단은 매우 어렵다. 어느 쪽이냐에 따라 주장책임과 입증책임의 소재가 달라지기 때문에 이 문제는 소송법상 매우 중요하다. 대체로 ① 법률효과의 발생에 장애가 되는 사유, ② 발생한 법률효과의 행사를 저지하는 사유, ③ 발생한 법률효과를 소멸시키는 사유가 항변 사유가 됨은 앞서 <요건사실> 및 <법률요건의 주장·입증책임의 분배>에서 이미 설명한 바와 같다. 이런 이유로 항변은 원고가 주장하는 권리·법률관계의 불발생, 행사의 장애, 그 소멸을 주장하는 피고가 하는 것이 된다.

5) 항변과 부인의 차이를 보다 자세히 살펴보면, ① 부인이 원고의 주장 사실을 부정하는 반면 항변은 원고의 주장 사실을 긍정한다는 점에서 다르고,[112] ② 부인은 원고의 주장 사실을 단순히 부정하는 것에 그치는 반면 항변은 항변자인 피고도 다른 법률효과를 발생시키는 법률요건의 법률사실을 주장한다는 점에서 다르며, ③ 단순부인은 피고가 법률요건사실을 주장하지 않으므로 그로부터 아무런 법률효과가 발생하지 않는 반면, 항변은 피고가 별개의 법률요건사실을 주장함으로써 그로부터 원고가 주장하는 법률효과와는 다른 법률효과가 발생하며, 항변에 의한 피고의 법률효과는 원고가 주장하는 법률효과를 발생시키지 않게 하거나 원고가 주장하는 대로 행사하지 못하게 하거나 이를 소멸하게 하는 등으로 원고 주장의 법률효과에 모순·배치되는 영향을 미치고,[113] ④ 부인은

당해 소송에서 수동채권의 존재 등 상계에 관한 법원의 실질적 판단이 이루어지는 경우에 비로소 실체법상 상계의 효과가 발생한다(대법원 2014. 6. 12. 선고 2013다95964 판결, 2015. 3. 20. 선고 2012다107662 판결, 2018. 8. 30. 선고 2016다46338, 46345 판결 등). 따라서 원고의 청구채권 자체가 인정되지 않는 경우에는 더 나아가 피고의 상계항변의 당부를 따져볼 필요도 없이 원고 청구를 배척하여야 한다.

112) 원고가 자신이 점유 중인 토지에 대한 취득시효가 완성되었음을 전제로 위 토지에 관하여 기입된 피고 명의의 소유권보존등기와 소유권이전등기가 원인무효라고 주장하면서 위 각 등기의 말소를 구함에 대하여, 피고가 원고의 점유는 타주점유여서 취득시효 완성의 법률효과가 발생할 수 없다고 다투는 경우, 피고의 위 주장을 항변으로 소송상 취급한 하급심 판례가 있다(춘천지법 1991. 10. 30. 선고 91가단400 판결). 법원 소송실무상 이와 같이 취급하는 예도 많이 있으나 그 반대의 실무례도 많다(사법연수원, 요건사실론, 2012, 13쪽 참조).

위 판결과 동일한 취지로 타주점유를 항변이나 재항변으로 이해하는 견해도 있으나(최진수, 요건사실과 주장증명책임, 진원사, 2012, 129쪽), 자주점유는 취득시효의 요건사실로서 취득시효 완성에 기한 소유권이전등기청구권 등의 법률효과를 주장하는 자가 주장·입증하여야 하는데, 점유 사실만 입증하면 자주점유 사실은 민법 제197조 제1항에 의하여 이른바 잠정적 진실로서 사실상 법률상 추정과 동일하게 추정된다. 따라서 이 경우 취득시효 완성의 법률효과 발생을 저지하려는 피고는 원고의 점유 사실은 인정하면서 그것이 자주점유가 아닌 사실, 즉 타주점유인 사실을 주장·입증하여야 하는 입증책임의 전환이 일어난다. 그러나 이 경우에도 피고는 원고의 청구원인사실인 자주점유 사실을 인정하는 것이 아니라(피고가 인정하는 사실은 원고의 점유 사실에 불과하다.) 이를 부인하면서 자주점유와 양립할 수 없는 별개의 사실인 타주점유 사실을 주장하는 것이므로, 피고의 타주점유 주장은 항변이 아니라 부인(간접부인)에 해당한다. 다만, 위와 같이 입증책임의 전환이 발생하는 점에서 항변과 유사하게 보일 뿐이다.

113) 간접부인의 경우 피고가 법률요건사실을 주장하므로 그로부터 원고가 주장하는 법률효과와 다른 법

그 자체로는 입증책임이 전환되지 아니하여 피고는 아무런 입증책임을 지지 않고 원고는 그 주장의 법률사실을 입증할 책임을 지는 반면, 항변이 있게 되면 원고 주장의 법률사실에 대하여 자백이 성립하여 원고는 그에 대한 입증책임을 면하며, 피고는 그 주장의 항변 법률사실에 대하여 새로이 입증책임을 지게 되고,[114] ⑤ 법원은 부인에 대하여는 판단할 필요나 의무가 없으나(부인은 그 주제가 상대방이 주장하는 사실과 같아 이에 대한 판단에 흡수되므로 부인에 대해 따로 판단할 필요가 없기 때문이다.) 항변에 대하여는 판단할 의무를 진다는 점에서 다르다.

따라서 피고의 사실에 관한 주장 내용이, 원고가 그에게 유리한 어떤 법률효과를 얻기 위하여 그 법률요건과 법률사실을 주장함에 대하여 그 법률사실의 존재를 다투거나(즉 부존재를 주장하거나), 그 법률요건이 요구하는 일부 법률사실의 누락을 지적·주장하는 것인 때에는 피고의 위 주장은 원고가 주장하는 사실관계와 그 주제가 같고, 피고의 주장 내용으로부터 원고가 구하는 법률효과와 모순·배치되는 법률효과가 발생하지 않으므로 피고의 그 주장은 항변이 아니라 부인에 불과하다. 이때 피고가 원고가 주장하는 법률사실을 단순히 부인하는 것을 넘어서 이와 양립할 수 없거나 모순·배치되는 별개의 법률사실을 주장하여 원고의 주장 사실을 다투고, 피고가 주장하는 그 별개의 법률사실로부터 발생하는 법률효과가 원고 주장의 법률효과와 일부 모순·배치되는 것이더라도 피고가 원고의 주장 사실을 인정하지 않은 이상 피고의 그 주장은 여전히 부인의 일종인 간접부인에 불과하고 항변은 아니다.

또 피고의 주장이, 원고가 주장하는 법률사실의 존부를 다투는 것이 아니라 그 법률사실로부터는 법리상 원고가 구하는 법률효과가 발생할 수 없다는 것에 그치고, 원고가 구하는 법률효과에 모순·배치되는 법률효과를 발생시킬 별개의 법률요건 및 그 법률사실을 주장하는 것이 아니라면, 이러한 피고의 주장은 원고의 주장과 그 주제가 동일하여 부인에 속하는 법률적 주장에 불과할 뿐 항변이 아니다. 매매 사례를 기준으로 부인과 항변의 관계를 표로 나타내면 다음과 같다.

률효과가 발생하나, 피고가 주장하는 법률효과는 원고 주장의 법률효과와 모순·배치되는 관계에 있지 않다는 점에서 항변과 다르다.

114) 그러나 부인의 경우에도 입증책임의 전환이 발생할 수 있으므로 부인의 경우라 하여 항상 부인의 상대방이 입증책임을 지는 것은 아니다(뒤의 <입증책임> 참조).

■ 매매와 관련한 부인, 항변(예)

원고(매도인)의 주장 →			← 피고(매수인)의 주장			
① 법률 요건	② 요건 사실	③ 법률 효과	④ 주장내용	⑤ 법률요건	⑥ 법률 효과	피고 주장의 법적 성질
매매 (청구 원인)	·원고의 재산권 이전 의사표시 ·소외 이영욱이 피고를 대리해 매수한 사실	대금지급 청구권 발생 (청구 취지)	매수 안했다	매매 (민법 제563조)	대금지급 청구권 불발생	부인[115)]
			·매수 안했다 ·증여받았다	증여 (민법 제554조)	〃	간접부인[116)]
			이영욱에게 대리권 수여 안했다	매매, 대리 (민법 제563조, 114조)	〃	부인[117)]
			피고의 대금지급 의사표시 주장 누락	매매 (민법 제563조)	대금지급 청구권 불발생	부인[118)] (법률상 주장)
			·원고 주장 인정 ·시기부 매매했다	시기부 매매 (민법 제152①)	〃	항변[119)]
			·원고 주장 인정 ·매매는 쌍무계약으로서 소유권이전등기와 대금지급은 동시이행관계	동시이행 (민법 제536조)	대금지급 청구권 행사저지	항변[120)]
			·원고 주장 인정 ·매매일로부터 10년 경과	소멸시효 (민법 제162, 166, 167조)	대금지급청구권 소멸	항변[121)]

115) ⑥이 ③과 모순·배치되나, ④, ⑤가 ①, ②와 주제가 동일하여 별개의 새로운 사실이 아니고, 피고는 ①, ②를 인정하지 않았으므로

116) ⑥이 ③과 모순·배치되고 ④, ⑤는 ①, ②와 주제가 다른 별개의 새로운 사실이지만 피고가 ①, ②를 인정하지 않았으므로

117) ⑥이 ③과 모순·배치되나, ④, ⑤가 ①, ②와 주제가 동일하여(피고가 이영욱의 대리권 존재 사실을 부정하고 있으나, 대리는 원고가 주장한 사항으로서 피고가 새로운 주제를 언급한 것이 아니다.) 별개의 새로운 사실이 아니고 피고는 ①, ②를 인정하지 않았으므로

118) ⑥이 ③과 모순·배치되나, ④, ⑤가 ①, ②와 주제가 동일하여(원고 주장 사실만으로는 법률상 매매가 성립하지 않아 대금지급청구권이 발생하지 않는다는 피고의 주장은 법률상 주장에 해당) 별개의 새로운 사실이 아니므로

119) ⑥이 ③과 모순·배치되고, ④, ⑤가 ①, ②와 주제가 달라 별개의 새로운 사실이며(민법 제103조의 반사회질서 법률행위의 무효는 민법 제563조 이하의 매매와 법규가 다르고 입법취지도 달라 법률요건이 서로 다른 경우이며, 따라서 피고가 시기부 매매에 속하는 법률사실을 주장하면 이는 원고가 주장한 사실과 전혀 관계가 없는 사실을 주제로 주장하는 것이 된다.), 피고가 ①, ②를 인정하였으므로

120) ⑥이 ③과 모순·배치되고, ④, ⑤가 ①, ②와 주제가 달라 별개의 새로운 사실이며, 피고가 ①, ②를 인정하였으므로

121) ⑥이 ③과 모순·배치되고, ④, ⑤가 ①, ②와 주제가 달라 별개의 새로운 사실이며, 피고가 ①, ②

6) 항변 사실에 대한 주장·입증책임은 그 항변으로써 이익을 얻게 되는 항변자에게 있다. 다만, 가정적 항변의 경우에는 그 성질상 원고의 주장 사실에 대하여 피고의 자백이 성립하지 않으므로 여전히 원고가 그 주장 사실에 대한 입증책임을 진다. 따라서 가정적 항변이 아니라 원고의 주장 사실을 인정하면서 단순항변을 하면 원고가 입증책임을 면하고 피고가 입증책임을 지게 되어 피고에게 불리하게 된다.

7) 피고의 항변에 대하여 원고는 피고가 주장하는 항변적 법률요건의 법률사실을 부인하거나, 그 법률사실을 인정하면서 다시 피고가 주장하는 항변의 법률효과와는 다른 법률효과를 발생시키는 새로운 법률요건과 그 법률사실을 주장하여 피고가 항변을 통해 얻으려는 법률효과에 모순·배치되는 영향을 미칠 수 있는바, 후자를 재항변이라고 한다. 원고의 재항변에 대하여 피고는 다시 항변과 마찬가지로 대응할 수 있고 이를 재재항변이라고 하며, 재재항변에 대하여 원고의 재재재항변도 가능함은 물론이나 소송 현실상 거의 보기 어렵다.

항변과 재항변, 재재항변 등의 상호관계도 원고의 주장과 피고의 부인, 항변의 관계와 같다. 즉 피고의 항변에 대한 원고의 주장은 다음과 같이 그 주장 내용과 성질에 따라 부인 또는 재항변이 된다. 다음은 매도인인 원고가 대금지급청구를 한 것을 가정하여 항변, 재항변, 재재항변의 구조를 나타낸 것이다.

▣ 매매와 관련한 항변, 재항변, 재재항변의 구조(예)

피고(매수인)의 주장 →			← 원고(매도인)의 주장			
① 주장내용	② 법률요건	③ 법률효과	④ 주장내용	⑤ 법률요건	⑥ 법률효과	원고 주장의 법적 성질
<항변> ·매수 인정 ·매매일로부터 10년 경과했다	소멸시효(민법 제162, 166, 167조)	대금지급청구권 소멸	대금지급시기를 매매일 이후로 약정했다	소멸시효(민법 제162, 166, 167조)	소멸시효의 효과 불발생	부인[122]
			·매매일부터 10년의 시효진행 인정 ·10년 경과 전에 가압류했다	시효중단(민법 제168조 2호, 제169, 178조)	시효진행의 효과 소멸(대금지급 청구권 불소멸)	재항변[123]
<재재항변> ·원고가 10년 경과 전에 가압류한 사실 인정 ·가압류신청 취하로 가압	시효중단의 효력 소멸(민법 제175조)	소멸시효 완성	·가압류신청 취하한 바 없다 ·피고가 가압류신청 취하서를 위조해 제출했다	시효중단의 효력 소멸(민법 제175조)	시효중단의 효력 발생, 소멸시효의 미완성	부인[125]

를 인정하였으므로

류집행이 취소되었다[124]			·가압류집행이 취소된 것 인정 ·10년 경과 후 피고가 대금 일부를 지급했다	시효이익의 포기 (민법 184조 제1항)	소멸시효 완성의 효과 소멸	재재재항변[126]

8) 위와 같이 항변은 실체법상의 법률효과와 법률요건에 관한 것인데, 소송요건의 흠결과 같이 소송법적인 법률효과를 발생하는 법률요건에 관한 항변을 소송상 항변 또는 본안전 항변, 방소항변(妨訴抗辯)이라고 한다. 그러나 소송상 항변은 중재계약의 존재나 임의관할 위반 등과 같은 예외적인 경우를 제외하고는 원칙적으로 직권주의가 적용되는 영역이어서, 당사자의 항변이 있더라도 그것은 법원의 직권조사를 보조하거나 촉구하는 역할을 하는 것에 그친다. 따라서 이는 변론주의의 영역 내에서 주장·입증책임이 문제되는 실체법상의 항변과는 전혀 성질이 다른 것이다.[127]

9) 한편 항변과 관련하여, 변론주의와 주장책임의 적용 대상이 아니어서 당사자의 주장 여부에 관계없이 법원이 직권으로 조사·판단할 수 있고 또 하여야 하는 순수판단규범에 속하는 법률요건에 관한 당사자의 주장, 즉 신의칙위반이나 반사회질서행위 등에 해당하여 법률효과가 발생하지 않는다는 당사자의 주장도 항변에 속하는지 문제된다.

앞서 본 바와 같이 항변은 상대방의 주장 사실을 인정하고 그 법률효과와 모순·배치

---

122) ⑥이 ③과 모순·배치되나, ④, ⑤가 ①, ②와 주제가 동일하며(피고가 매매계약일부터 기산한다고 주장함에 대하여 원고는 쌍방이 약정한 때(대금지급이행기 도래 시)부터 시효가 진행한다고 주장한 바, 이는 민법 제166조 제1항의 시점, 즉 '권리를 행사할 수 있는 때'를 부인하는 것이고, 이는 소멸시효의 요건사실에 속하므로 원고의 주장은 피고의 주장과 주제가 같다.) 피고가 ①, ②를 인정하지 않으므로

123) ⑥이 ③과 모순·배치되고, ④, ⑤가 ①, ②와 주제가 달라 별개의 새로운 사실이며, 피고가 ①, ②를 인정하였으므로

124) 가압류 채권자의 가압류신청 취하나 집행취소·집행해제신청은 민법 제175조의 사유에 해당하여 소급해서 시효중단의 효력이 소멸하나(대법원 2010. 10. 14. 선고 2010다53273 판결), 일정 기간 내에 본안제소를 하지 않음으로써 가압류가 취소된 때는 민법 제175조가 적용되지 않는다(대법원 2009. 5. 28. 선고 2009다20 판결, 2011. 1. 13. 선고 2010다88019 판결).

125) ⑥이 ③과 모순·배치되나, ④, ⑤가 ①, ②와 주제가 동일하며(원고의 주장은 피고가 위조한 가압류 취소신청서를 제출하였다는 사실로서 피고가 재재항변으로 주장한 사실인 가압류의 취소와 그 주제가 동일하다.), 원고가 ①, ②에 관한 피고의 주장을 인정하지 않으므로(피고는 원고의 가압류신청 취하에 의해 가압류의 집행이 취소되었다고 주장하나 원고는 가압류신청 취하 사실을 인정하지 않는다. 즉, 형식상 가압류의 집행이 취소되었으나 가압류 신청 취하서가 위조된 것이어서 집행취소는 무효라고 주장하는 것이다.)

126) ⑥이 ③과 모순·배치되고, ④, ⑤가 ①, ②와 주제가 달라 별개의 새로운 사실이며, 원고가 ①, ②를 인정하였으므로

127) 이와 달리 독일에서 논의되는 것으로 실체법상 항변권과 소송법상 항변으로 나누어, 전자는 청구권의 관철을 영구적으로 또는 일시적으로 방해하거나 약화시키는 것을 목적으로 하는 채무자의 권리라고 하고, 후자는 소송절차에서 원고의 사실 주장에 대항하여 피고가 자신의 주장을 하는 것이라고 설명, 소개하는 것도 있으나{김영희, "항변과 항변권", 민사법학 42호(2008. 9.)}, 별 실익이 없는 논의라 하겠다.

되는 법률효과를 발생시키는 별개의 법률요건사실을 주장하는 것을 의미하므로, 신의칙 위반 등 법원이 직권으로 판단하여야 할 사항에 관한 것이라도 그 효과로서 상대방이 의욕하는 법률효과를 발생하지 못하게 하는 것인 이상 그러한 주장 역시 항변에 속한다. 또, 이러한 항변의 경우에도 상대방의 주장 사실을 인정한 이상 상대방은 그 주장 사실을 입증할 필요가 없게 된다. 결론적으로, 직권조사사항과 항변은 배타적 관계에 있지 않고 양립할 수 있다. 소송실무상으로도 법원은 본안전 항변이나 직권조사사항에 대한 항변에 관하여는 반드시 판단하고 있다.[128]

(2) 법률에 관한 주장

1) 법률에 관한 주장은 앞서 본 바와 같이 관습법을 포함한 법의 존부와 그 내용, 그 요건사실과 법률효과 등 해석·적용에 관한 당사자의 주장을 말한다.

2) 법률에 관한 사항은 법원의 직무이자 직권에 속하나, 법의 존부에 대해서도 입증책임이 적용될 수 있고, 법원이 법의 존부와 그 내용을 오해할 경우 당사자에게 불리하므로, 법원에 대하여 주의를 환기하기 위해서도 당사자는 변론으로 법률에 관한 주장을 할 필요가 있다.

(3) 입증과 증거조사

1) 공격방어방법에 속하는 증거조사의 신청과 증거의 제출 역시 변론의 주요한 내용이다. 증거방법과 증거조사의 결과에 대한 의견의 주장도 넓게는 이에 포함된다.

2) 한편, 증거의 조사는 법원이 하는 것으로서 당사자의 변론 사항이 아니다. 물론 증인신문이나 당사자본인신문은 당사자가 하게 되나, 이는 증거조사의 한 과정에 당사자가 참여하는 것이며, 그 절차를 전부를 포괄하는 증거조사는 어디까지나 법원이 하는 것이다. 하지만, 넓게 본다면 당사자가 그 주장 사실을 입증하거나 상대방의 입증을 탄핵하기 위하여 하는 증인신문이나 당사자본인신문도 변론의 일부로 볼 수도 있다.

(4) 본안의 신청과 그 진술

1) 본안의 신청인 소의 제기와 소장 및 청구변경서에 기재한 청구취지 및 청구원인인 법률요건사실(청구원인사실) 자체는 소의 제기 또는 청구의 변경이라는 별개의 소송행위의 내용일 뿐 변론할 사항, 즉 공격방어방법의 대상이 아니라는 점은 이미 앞서 공격방어방법에 관한 부분에서 설명한 바와 같다.

---

128) 다만 직권조사사항의 성질상 법원이 그 항변을 받아들여 인정하는 때에는 당사자로부터 그러한 항변이 있었다는 취지를 밝히지 않고 곧바로 판단하여도 무방하나, 이를 받아들이지 않을 때는 당사자로부터 그러한 항변이 있었다는 취지를 밝히고 나서 판단을 기재한다.

2) 그러므로 변론기일에 청구취지의 진술이나 청구원인사실의 진술을 하지 않더라도 소송법상 아무런 문제가 없고, 오히려 이를 진술하는 것은 특별한 사정이 없는 한 불필요하다.[129] 따라서 청구내용을 강조·확인하거나 그에 관한 간접사실을 진술할 때 함께 거론할 필요가 있는 등 특별한 필요가 있는 때만 진술하면 족하고, 필수적·의무적으로 이를 진술할 필요는 없다. 이와 다른 입장에 있는 학설과 판례, 소송실무가 잘못된 것이라는 점은 이미 지적한 바와 같다.

(5) 본안의 신청 외의 부수적 신청

1) 당사자가 본안의 신청인 소를 제기하면 이에 따라 특별한 사정이 없는 한 변론절차가 개시되고, 그 절차에서 당사자는 위와 같이 공격방어방법으로서 주장과 증거의 제출을 하게 되는데, 소송절차의 형성 및 진행과 관련해 당사자는 법원에 대하여 다양한 부수적 신청을 하게 된다.

2) 이 가운데 증거의 신청과 석명명령신청(구석명신청) 등과 같이 본안의 당부에 영향을 미치는 것은 넓게 보아 공격방어방법의 일종으로서 변론의 대상으로 볼 수 있다.

3) 반면에 담보제공명령신청, 소송구조신청, 관할지정신청, 이송신청, 기일지정·변경신청, 변론의 병합·재개신청, 법관의 제척·기피신청, 소송수계신청, 피고경정신청, 공동소송인추가신청 등은 본안의 당부에 관계가 없으므로 공격방어방법이나 변론의 내용으로 볼 수 없다.

라. 변론의 준비

1) 변론은 위와 같이 변론기일에 당사자가 법정에 출석하여 말로써 하여야 하므로, 미리 이를 준비하지 않으면 변론기일에 효과적으로 변론을 할 수 없고 법원도 효율적인 심리를 할 수 없게 된다. 더구나 민사소송법은 신속한 소송심리를 위하여, 변론 없이 판결할 수 있는 경우를 제외하고는 답변서가 제출되면 가능한 한 최단기간 내에 제1회 변론기일을 지정하도록 하고 변론의 집중을 요구하여 가능한 한 변론이 속행되지 않도록 하고 있어(민사소송법 제258조, 제272조 제1항, 민사소송규칙 제69조 제1, 2항) 더욱 그러하다.

2) 이 외에도 민사소송법과 민사소송규칙에서, ① 소장 부본 송달일로부터 30일 내에

---

129) 민사소송법 제257조는 피고가 공시송달에 의하지 않고 소장 부본을 송달받고도 일정한 기간 내에 답변서를 제출하지 않거나 청구의 원인이 된 사실을 자백하는 취지의 답변서를 제출한 경우, 피고가 청구의 원인이 된 사실을 자백한 것으로 보고 변론 없이 판결할 수 있도록 하고 있는바, 이는 변론을 열지 않는 경우 청구원인사실에 대한 주장이 없이도 재판할 수 있다는 예외를 규정한 것이라기보다는, 앞서 <공격방어방법의 내용>에서 본 바와 같이 청구원인사실은 이미 소의 제기 당시에 소장에 기재되어 법원과 상대방에게 사실상 주장되었으므로 변론을 통하여 다시 주장·진술할 필요가 없이 법원의 심리·판단의 대상이 된다는 법리의 원칙적 표현이라고 할 수 있다.

답변서를 제출하도록 하고 이를 게을리 할 경우 무변론판결이나 자백 간주의 불이익을 가하고(민사소송법 제256, 257조), ② 변론은 서면에 의하여 준비하여야 하며(민사소송법 제272조),[130] ③ 준비서면은 그 기재내용에 대하여 상대방이 준비하는 데 필요한 기간을 두고 제출하여야 하고(민사소송법 제273조), ④ 소장, 답변서, 준비서면에는 입증방법의 사본을 첨부·제출하여야 하며(민사소송법 제249조 제2항, 제256조 제4항, 제275조, 민사소송규칙 제63조 제2항, 제65조 제2항), ⑤ 공격 또는 방어의 방법은 소송의 정도에 따라 적절한 시기에 제출하여야 하되(민사소송법 제146조), 재판장은 당사자의 의견을 들어 한쪽 또는 양쪽 당사자에 대하여 특정한 사항에 관하여 주장을 제출하거나 증거를 신청할 기간을 정할 수 있고, 이 기간을 넘긴 때에는 정당한 사유로 그 기간 이내에 제출 또는 신청하지 못하였다는 것을 소명한 경우 외에는 주장을 제출하거나 증거를 신청할 수 없다(민사소송법 제147조).

또한 ⑥ 준비서면에 적지 아니한 사실은 상대방이 출석하지 아니한 때에는 원칙적으로 변론에서 주장하지 못하고(민사소송법 제276조), ⑦ 당사자 일방이 변론기일에 출석하지 아니하거나 출석하고서도 본안에 관하여 변론하지 아니한 때에는 그가 제출한 소장·답변서, 그 밖의 준비서면에 적혀 있는 사항을 진술한 것으로 보고 출석한 상대방에게 변론을 명할 수 있으며(민사소송법 제148조 제1항), ⑧ 당사자가 민사소송법 제146조의 규정을 어겨 고의 또는 중대한 과실로 공격 또는 방어방법을 뒤늦게 제출함으로써 소송의 완결을 지연시키게 한 때, 또는 당사자가 제출한 공격 또는 방어방법의 취지가 분명하지 아니한 경우에 당사자가 필요한 설명을 하지 아니하거나 설명할 기일에 출석하지 아니한 때에는 법원은 직권으로 또는 상대방의 신청에 따라 결정으로 이를 각하할 수 있도록 한 것(민사소송법 제149조)도 변론의 집중과 신속한 심리를 위한 것이라 할 수 있다.

3) 변론의 준비는 소장 부본이 피고에게 송달된 이후에 원·피고 쌍방이 하는 것인바, 이는 법원이 변론기일 개시 전에 사건을 변론준비절차에 회부하지 않는 경우와 변론준비절차에 회부한 경우로 나누어진다.[131]

(1) 변론기일 개시 전 변론준비절차에 회부하지 않는 경우

1) 법원이 변론기일 개시 전에 사건을 변론준비절차에 회부하지 않은 경우 당사자와 법원은 ① 필요한 준비서면의 제출, ② 각종 증거신청과 그 조사(민사소송법 제289조 제2항)를 통해 변론을 준비할 수 있다. 위 ②의 경우 증인신문, 당사자본인신문을 제외한 서증조사의 신청과 사본의 제출, 검증·감정의 신청, 조사촉탁신청(사실조회신청), 증인신문과 당사자본인신문

---

130) 그러한 목적으로 작성·제출되는 대표적인 소송문서가 바로 준비서면이다. 답변서 역시 본질상 준비서면이다. 청구취지와 청구원인 이외의 사항을 소장에 기재한 경우 그 부분(범위)에서는 소장도 준비서면의 성질을 갖는다.

131) 변론준비절차에 의하지 아니하거나 이미 변론절차가 개시된 후에도 변론의 준비를 할 수 있고, 이 역시 넓게 변론의 준비에 포함된다. 즉, 변론기일에 할 변론을 미리 준비하는 일체의 행위가 변론 준비이다.

의 신청이 변론준비 단계에서 이루어지고, 변론기일에는 이와 같이 제출, 신청된 서증의 조사,[132] 증인신문, 당사자본인신문이 답변서, 준비서면 등의 기재사항 진술·주장과 함께 이루어진다.

2) 법원이 이와 같이 사건을 변론준비절차에 회부하지 않을 때는 조기에 변론기일을 지정하여 그 첫 기일에 사실과 법리에 관한 내용을 주장·진술하게 하여 쟁점을 정리하고,[133] 다음 기일에는 그에 관한 집중적인 증거조사를 하는 방법으로 소송절차를 운용하는 것이 실무관행이다.

(2) 변론기일 개시 전 변론준비절차에 회부하는 경우

1) 소장이 피고에게 송달되어 피고로부터 답변서가 제출된 경우에 재판장은 곧바로 변론기일을 지정하는 것이 원칙이다(민사소송법 제258조 제1항 본문).

2) 그러나 피고가 답변서를 기한 내에 제출하지 않거나, 청구원원사실을 모두 자백하는 취지의 답변서를 제출하여 변론이 필요 없다고 판단하는 경우에는 재판장은 변론기일을 지정하지 않고 곧바로 판결선고기일을 지정하여 변론 없이 판결할 수 있다.

3) 한편, 사건의 성질상 소장과 답변서에 기재된 것 외에 추가로 주장이 필요하거나 변론기일을 개시하기 전에 미리 증인신문과 당사자신문 외의 증거조사를 마칠 필요가 있다고 인정하는 경우에는 재판장은 변론기일을 지정하지 않고 사건을 변론준비절차에 회부할 수 있다(민사소송법 제258조 제1항 단서). 수소법원이 합의부인 때에도 변론준비절차의 회부 여부는 재판장의 권한에 속한다. 물론 재판장은 이미 변론기일을 지정하고 변론절차가 진행 중인 때에도 이를 정지하고 사건을 변론준비절차에 회부할 수 있다(민사소송법 제279조 제2항).

이와 같이 변론준비절차에 회부하는 때는 재판장이 사건을 변론준비절차에 회부하는 명령을 하고,[134] 양 당사자에게 회부명령의 취지가 기재된 변론준비명령서를 송달한다. 그리고 필요한 경우 기간을 정하여 당사자로 하여금 준비서면, 그 밖의 서류를 제출하게 하거나 당사자 사이에 이를 교환하게 하고 주장 사실을 증명할 증거를 신청하도록 명할 수 있다(민사소송법 제258조 제1항 단서, 제280조 제1항, 민사소송규칙 제69조 제3항).[135] 변론준비절차의 진행은 재판장이 담당하는 것이 원칙이나, 수명법관이나 수탁판사에게 위임할 수도 있다.

---

132) 서증의 조사는 통상 변론기일에 하나, 검증, 감정, 사실조사의 촉탁은 변론기일 외에서 법원이 시행하고 그 결과를 변론기일에 진술하는 방법으로 증거조사를 한다. 사건을 변론준비절차에 회부한 때는 그 절차를 진행하는 재판장 등이 증거채부결정은 물론 증거조사까지 할 수 있으나, 사건을 변론준비절차에 회부하지 않은 때는 증거채부결정과 증거조사 모두 수소법원이 하여야 한다.

133) 이 같이 쟁점을 정리하는 변론준비기일이나 변론기일을 쟁점정리기일이라고 한다.

134) 이 명령은 재판서를 작성하지 않고, 재판장이 소송기록의 표지 뒷면에 명령일자를 적고 날인하는 것으로 갈음한다.

135) 이와 같이 서면교환에 의해 쟁점을 정리하는 것을 서면공방 또는 '서면에 의한 쟁점정리절차'라고 한다.

4) 변론준비절차에서는 변론이 효율적이고 집중적으로 실시될 수 있도록, 이를 진행하는 재판장, 수명법관 등은 변론준비기일이 끝날 때까지 쟁점과 증거의 정리, 그 밖에 변론의 준비를 위한 모든 처분을 할 수 있다. 그리고 당사자는 이에 협력하여 변론준비기일이 끝날 때까지 변론의 준비에 필요한 모든 주장과 증거를 정리하여 제출해야 하며(민사소송법 제279조 제1항, 제281조, 제282조 제4, 5항, 민사소송규칙 제70조),[136] 변론준비절차를 진행하는 재판장, 수명법관 등은 변론 준비를 위하여 필요하다고 인정하면 증인신문과 당사자신문을 제외하고는 단독으로 증거의 채부결정과 조사를 할 수 있다(민사소송법 제281조 제1, 3항).

5) 변론준비절차를 진행하는 재판장 등은 변론준비절차를 진행하는 동안에 주장과 증거를 정리하기 위해 필요하다고 인정하는 경우 변론준비기일을 열 수 있다(민사소송법 제282조 제1항). 변론준비기일에서는 당사자가 말로 변론의 준비에 필요한 주장과 증거를 정리하여 진술하거나, 법원이 당사자에게 말로 해당사항을 확인하여 정리하는 외에 증거의 신청과 서증조사를 할 수 있다(민사소송규칙 제70조의2).[137]

6) 변론준비절차를 진행하는 재판장 등은 사건을 변론준비절차에 부친 뒤 6월이 지난 때, 당사자가 민사소송법 제280조 제1항의 규정에 따라 정한 기간 이내에 준비서면 등을 제출하지 아니하거나 증거의 신청을 하지 아니한 때, 당사자가 변론준비기일에 출석하지 아니한 때에는 변론의 준비를 계속하여야 할 상당한 이유가 없는 한 변론준비절차를 종결하고 변론기일을 지정하여야 한다(민사소송법 제284조).

7) 변론준비기일이 종결된 때에는 소장 또는 변론준비절차 전에 제출한 준비서면에 기재하지 아니한 사항은, 그 제출로 인하여 소송을 현저히 지연시키지 아니하는 때, 중대한 과실 없이 변론준비절차에서 이를 제출하지 못하였다는 것을 소명한 때, 법원이 직권으로 조사할 사항인 때를 제외하고는 변론에서 제출할 수 없다(민사소송법 제285조).

8) 법원은 변론준비절차를 마친 경우에는 첫 변론기일을 거친 뒤 바로 변론을 종결할 수 있도록 하고, 당사자는 이에 협력하여야 한다. 당사자는 변론준비기일을 마친 뒤의 변론기일에서 변론준비기일의 결과를 진술하여야 하고, 법원은 변론기일에 변론준비절차에서 정리된 결과에 따라서 바로 증거조사를 하여야 한다(민사소송법 제287조, 민사소송규칙 제72조의2).[138] 한편, 이와 같

136) 여기서 변론의 준비에 필요한 주장과 증거의 정리·제출은 통상 준비서면에 의해 이루어지는바, 원·피고 쌍방이 주고받는 준비서면에 의한 서면공방이 너무 많으면 절차가 지연되므로 재판장은 그 서면공방의 횟수를 제한할 수 있다. 2013. 1. 17. 대법원 재판예규 제1420호 '사건관리방식에 관한 예규(재일 2001－2)'는 피고의 실질적 답변서, 이에 대한 원고의 반박 준비서면의 교환으로 서면공방을 마치는 것을 적절한 것으로 보아, 참여 사무관으로 하여금 원고의 반박 준비서면을 피고에게 송달한 후 곧바로 재판장에게 소송기록을 인계하여 다음 조치를 취하도록 권고하고 있다. 따라서 이것만으로 부족한 경우 당사자는 재판장에게 서면공방을 연장해 주도록 신청하거나 변론준비기일에 추가 서면공방이 필요한 뜻을 표시할 수 있다.

137) 변론준비기일에서의 증인신문 및 당사자신문은 민사소송법 제313조에 해당되는 경우에만 할 수 있다(민사소송법 제281조 제3항 단서).

이 변론준비절차를 거친 사건의 경우, 그 심리에 2일 이상이 소요되는 때에는 가능한 한 종결에 이르기까지 매일 변론기일을 지정하여 집중적으로 변론을 진행하고, 특별한 사정이 있어 그것이 곤란하거나 불가능한 경우에도 가능한 한 최단기간 안의 날로 다음 변론기일을 지정하여야 한다(민사소송규칙 제72조).

9) 이와 같이, 사건을 변론준비절차에 회부한 경우에는 변론기일 전까지 준비서면과 증거신청서(서증조사신청서, 증인신문신청서 등)를 제출함과 함께 증인신문, 당사자본인신문을 제외한 모든 증거조사까지 마쳐 주장과 증거를 정리한 다음, 변론기일에는 그 결과를 진술하고 증인신문과 당사자본인신문만을 거쳐 신속하게 변론과 심리를 마치는 것이다. 즉 변론준비절차에 회부한 경우, 사건의 심리는 사실상 변론기일이나 변론절차가 아닌 변론준비기일이나 변론준비절차에서 이루어지게 된다.

한편 주장은 변론기일에 말로써 하고, 변론준비기일에서는 주장을 하는 것이 아니라 장차 변론기일에 할 주장의 요지를 진술하고 쟁점을 정리하는 등으로 준비행위만을 하여야 하며,[139] 변론준비기일에서의 그러한 요지 진술이나 쟁점 정리가 변론에 해당하는 것은 아니므로 변론기일에서 다시 이를 말로써 진술하여야 하나, 변론준비기일을 열어 변론의 준비로서 주장의 요지를 진술하고 쟁점을 정리한 경우에는 그 결과를 변론기일에서 진술하는 방법으로 간편하게 변론(주장)을 할 수 있다.[140]

그러나 변론준비기일에서의 위와 같은 변론준비적 주장(요지 진술이나 쟁점 정리)에 대하여도 자백과 의제자백의 규정이 준용되므로(민사소송법 제150, 286조, 대법원 1996. 12. 20. 선고 95다37988 판결, 2015. 2. 12. 선고 2014다229870 판결), 변론준비기일에서의 변론준비적 주장은 사실상 변론기일에서의 변론적 주장과 다름이 없다.

10) 그런데 사건을 변론준비절차에 회부한 경우 이를 관리하는 데 법원의 많은 관심과 노력이 필요하고, 법원의 이러한 관심과 노력, 당사자의 적극적인 협력이 없으면 한없이 시일이 늦어져 신속한 심리에 장애가 된다. 또, 실제로 이와 같이 사전 준비가 필요

---

138) 변론기일에서의 증거조사는 증인신문이나 당사자본인신문 등 변론준비절차에서 하지 못한 증거조사를 중심으로 실시한다.

139) 따라서 변론준비기일이나 변론준비절차에서 사실상이나 법률상의 주장을 하였더라도 이를 변론기일에서 주장하지 않으면 변론을 하지 않은 것이 되어 이는 소송자료가 될 수 없고 판단대상이 되지 않는다(경우에 따라 변론 전체의 취지에 의하여 주장을 한 것으로 처리될 수도 있으나, 반드시 그렇게 되리라는 보장은 없다). 그러나 증거조사결과는 원칙적으로 그렇지 않다. 다만, 변론준비절차에서 수소법원의 법관 전원이 증거조사에 참여하지 않고 그 일부만이 참여한 때는 그 증거조사결과를 변론기일에 진술하는 것이 원칙이라고 할 것이다(민사소송법 제287조 제2항 참조). 법문에는 명시적 규정이 없으나 직접주의의 원리상 이는 당연하다고 생각된다.

140) 변론기일에서 변론준비기일이나 변론준비절차에서의 결과(주장의 요지와 쟁점, 증거조사결과)를 진술하는 방법으로는, ① 구체적으로 그 내용을 개별적으로 일일이 진술하는 방법과 ② "변론준비기일 결과 진술" 또는 "변론준비절차 결과 진술"과 같이 간단히 요지만 진술하는 방법이 있을 수 있다(민사소송규칙 제72조의2 참조). 그런데 전자의 경우에는 변론준비기일에서의 진술 내용이 변론준비기일조서의 기재에 의하여 분명하므로 그렇게 해도 무방하나, 후자의 경우에는 기일 조서가 없어 그 내용이 모호하므로 이러한 방법으로 진술하는 것은 적절치 못하다.

한 사건이 많지도 않을 뿐 아니라, 변론준비절차를 거칠 경우 변론절차가 형해화되는 부작용이 발생하게 된다.

▣ 준비명령(예)

서 울 남 부 지 방 법 원
제3민사부
준비명령

사 건 2020가합1234 공사대금 등
[원고 주식회사 세원종합건설 / 피고 영일주택조합 외 3명]

원고 소송대리인 변호사 이정철 (귀하)

이 사건은 민사소송법 제258조의 규정에 따라 변론준비절차에 회부되었습니다. 동봉한 상대방의 서면 및 증거자료에 대하여 제출기한까지 준비서면과 필요한 증거를 제출하시기 바랍니다.

제출기한 : 2020. 7. 20.

2020. 7. 1.

재판장 판사 최 형 신 (인)

◇ 유 의 사 항 ◇

1. －이하 생략－

이러한 결점이 드러나 2008. 12. 26.에 개정·시행된 민사소송법은 변론준비절차에 회부하지 않는 것을 원칙으로 하고, 변론준비절차에 회부하는 것을 예외적인 것으로 변경하였다. 이에 따라 현재 법원의 소송실무상 대개의 경우 사건을 변론준비절차에 회부하지 않고 처리하고 있다.

마. 변론의 방법

(1) 변론준비기일에서 주장을 정리하고 증거조사결과를 진술한 경우

1) 이미 변론준비기일에서 주장을 정리하고 증거조사결과를 진술한 경우 우선 준비절차에서 요약·정리된 주장과 제출·시행된 증거조사의 결과를 모두 변론에 상정(上程), 진

술하여야 하고, 그래야만 이들이 재판의 자료가 될 수 있다(민사소송법 제287조 제2항). 그 이전의 변론준비절차는 모두 변론의 준비에 불과하며 변론기일이야말로 구술에 의한 변론이 시행되는 본래의 공간이기 때문이다.

2) 변론기일에 변론준비절차결과를 진술·변론하는 방법은 여러 가지가 있다. 크게는 당사자가 주장과 증거조사결과를 요약하여 진술하고 변론준비기일 이후 변경된 사항이나 정정·보충할 사항만을 자세히 진술하는 방법(당사자 주도형), 재판장이 변론준비기일에 정리된 주장과 증거조사결과를 요약 설명하고 당사자에게 수정, 보충 또는 이의 여부를 확인하는 방법(법원 주도형)이 있을 수 있다(민사소송규칙 제28조 참조).

3) 당사자 주도형의 경우 쟁점이 단순하고 변론준비기일에서 구체적인 내용을 진술한 때에는 다음과 같이 간단히 진술할 수도 있다.

"변론준비조서 기재와 같이 변론준비기일의 결과를 진술합니다.", "원고가 제출할 공격방어방법은 변론준비기일에서 주장한 것과 같습니다."

"변론준비기일 이후에 도착한 ○○세무서장의 사실조회 회신에 의하면, 피고가 이 사건 부동산을 취득할 당시 채무자인 소외 ○○○는 무자력 상태에 있었음이 분명합니다. 나머지 주장과 증거방법은 변론준비기일에서 진술한 바와 같습니다."

4) 변론기일에는 사실이나 법률에 관한 주장·진술 외에 증거신청이나 증거방법의 제출, 증거에 관한 주장·진술을 할 수도 있다.

"소장(또는 답변서나 2013. 1. 10.자 준비서면)에 첨부된 갑 제1호증부터 갑 제10호증까지(또는 을 제1호증부터 을 제8호증까지) 제출합니다." 또는 "서울서부지방검찰청으로부터 송부된 갑 제1호증부터 갑 제4호증까지 제출합니다.", "2013. 1. 20.자 서증제출서(또는 증거설명서)에 첨부된 을 제1호증부터 을 제7호증까지의 서증을 제출합니다."

5) 변론준비기일 전에 신청하지 못한 증인에 대하여 그 기일 후에 증인신청서를 제출한 때는 변론기일에 다음과 같이 진술한다.

"2013. 5. 20.자 증인신청서와 같이 원고(피고)는 증인 ○○○를 신청합니다."

6) 변론기일 진행 중에 법관이 바뀌어 변론갱신의 사유가 발생한 때에는 그 다음 변론기일에 종전 변론결과를 진술하여야 한다(민사소송법 제204조 제2항).

"원고의 이 사건 청구원인은 원고가 2017. 3. 4. 이 사건 부동산을 피고로부터 대금 2억원에 매수하였다는 것인데, 이에 관한 원고의 사실적·법률적 주장과 증거조사결과는 제1회 변론조서에 기재된 바와 같으며 수정하거나 이의할 점이 없습니다."

만약 이전의 변론에 관여한 법관만이 알 수 있고 새로 관여하게 된 법관으로서는 알 수 없는 사항이 있는 때에는 이를 지적, 진술해야 할 필요가 있다.

"다만, 종전 재판부에서 2020. 6. 4. 이 사건 토지에 대한 현장 검증을 실시하였는데, 피고가 현재까지 이 사건 토지에 관상용 단풍나무를 식재하여 재배 중에 있음이 확인되었습니다. 검증조서에는 수목이 식재되어 있다고만 기재되어 있는데 그 식재된 수목은 단풍나무입니다."

(2) 변론준비기일을 열지 않고 바로 변론기일이 지정된 경우

1) 변론준비기일을 열지 않고 바로 변론기일이 지정된 때의 변론 방법은 변론준비기일에서의 주장·진술과 기본적으로 동일하다.

2) 상대방이나 보조참가인, 다른 공동소송인 등 타인의 주장이나 진술을 원용하고자 하는 때에는 다음과 같은 요령으로 진술한다.

"원고(또는 피고)의 진술 중 매매계약이 합의해제되었다는 진술을 이익으로 원용합니다."

"원고(또는 피고)의 진술 내용 중 피고가 2020. 3. 5. 원고에게 이행을 청구한 바 있다는 부분을 이익으로 원용합니다."

3) 필수적 공동소송관계가 아닌 한 공동소송인 상호 간에는 변론독립의 원칙이 적용되어 어느 공동소송인의 주장이 다른 공동소송인에 대하여까지 효력이 있는 것이 아니므로 그 원용진술이 필요하다. 상대방이나 보조참가인의 주장·진술은 원용이 없어도 재판자료가 되나, 그 원용이 없으면 상대방은 자신에게 불리한 진술을 자유로이 철회할 수 있고,[141] 보조참가인의 경우 그 소송행위가 피참가인의 소송행위와 어긋나는 때에는 효력이 없으므로(민사소송법 제76조 제2항) 그 주장·진술을 원용할 필요가 있다.

4) 이미 제출한 소장이나 답변서, 준비서면 기재 주장 중 전부나 일부를 진술하지 않고자 할 때에는 아래처럼 진술한다.

"2020. 1. 10.자 준비서면 내용은 진술하지 아니합니다.", "답변서 중 피고가 원고에게 2019. 5. 10. 대금 지급을 요구하였다는 부분은 진술하지 아니합니다."

아울러 이전 변론기일에 이미 진술한 내용을 철회하고자 하는 경우에는 다음과 같이 진술한다.

"2020. 2. 1. 제1회 변론기일에서의 원고(또는 피고) 진술 중 원고와 피고가 2017. 5. 10. 이 사건 매매계약을 합의해제하였다는 진술은 철회(또는 취소)합니다."

---

141) 대법원 1992. 8. 14. 선고 92다14724 판결, 1986. 7. 22. 선고 85다카944 판결. 다만, 당사자 일방의 선행자백이나 자신에게 불리한 진술에 대하여 상대방의 원용이 없더라도 법원이 이를 판단자료로 삼을 수 있는가에 대하여는 학설의 대립이 있고 실무상으로도 아직 정립된 것은 아니다. 이에 관한 자세한 내용은 <자백의 구속력>을 참조.

5) 상대방의 증거방법에 대한 의견을 답변서와 준비서면에 이를 기재하였거나 따로 서증인부서를 제출한 경우 변론기일에는 이에 기하여 구술변론하면 된다. 그 내용은 증거능력 및 증명력을 탄핵하는 것이 될 것이다.

"2020. 5. 10.자 준비서면(또는 서증인부서) 기재와 같이 을 제1호증 내지 을 제5호증에 대하여 인부합니다.", "갑 제1호증은 진정성립을 인정합니다.", "갑 제2호증은 진정성립을 인정하나 입증취지는 부인합니다.", "갑 제4호증 중 공문서 부분은 성립을 인정하고 사문서 부분은 부지입니다."

6) 문서가 위조되었을 경우에는 아래처럼 진술한다.

"갑 제3호증은 피고가 서명(또는 날인이나 무인)한 사실은 인정하나, 피고가 백지에 서명(또는 날인이나 무인)만 해 준 것인데 ○○○가 위조한 것입니다.", "을 제4호증은 인영 부분을 인정하나 ○○○가 위조한 것입니다.", "을 제4호증에 찍힌 피고의 인영은 피고의 인장에 의한 것임을 인정하나 위조된 것입니다."

7) 검증의 결과나 감정보고서 및 사실조회회신 등이 도착한 사실과 그 내용을 변론기일에 재판장이 고지한 경우, 아래와 같이 진술한다.

"신체감정결과(또는 검증 및 감정결과, 사실조회결과, 증거보전결과 등)를 원용합니다."

"신체감정결과(또는 검증 및 감정결과, 사실조회결과, 증거보전결과 등)를 원용하지 않습니다. 그 자세한 이유는 준비서면으로 제출하겠습니다.", "이 신체감정결과는 의사 면허 없는 사람에 의하여 감정이 이루어진 것으로 의심되므로 원용하지 않습니다. 원고는 재감정을 신청합니다."

(3) 변론준비기일에서의 주장과 증거의 정리

변론준비기일에서 당사자는 민사소송규칙 제70조의2에서 규정하고 있는 바와 같이 변론의 준비에 필요한 주장과 증거를 정리하여 진술하거나, 법원이 당사자에게 말로 해당 사항을 확인하여 정리하는 방법으로 하는데, 그 기본적인 요령은 변론기일에서의 그것과 동일하다. 증거의 신청과 그에 대한 진술 역시 변론기일에서의 그것과 같다.

바. 변론의 개시, 종결, 재개

(1) 변론의 개시와 변론기일 등의 통지

1) 변론은 공개된 법정에서(법원조직법 제56조 제1항. 예외: 법원조직법 제56조 제2항, 민사소송법 제297조 참조), 그리고 법관의 면전에서 말로써 하는 것이므로 일정한 시각과 장소가 미리 정해져야 하는바, 이와 같이 변론 등 특정한 소송행위를 하기 위해 지정된 일시와 장소를 기일이라고 하며, 그 소송행위의 종류에 따라 변론준비기일, 변론기일, 증거조사기일, 판결선고기일, 화해기일, 조정기일 등으로 부

른다.

2) 변론기일 등 기일은 재판장이 지정한다(민사소송법 제165조 제1항, 제258조 참조). 이로써 변론절차가 개시된다. 따라서 변론절차의 개시는 합의부의 경우에도 수소법원이 아닌 재판장의 권한에 속한다. 기일의 지정과 변경에 관한 재판장의 명령은 따로 재판서(명령문)를 작성하지 않고 소송기록의 표지나 조서에 기재하는 방법으로 하는 것이 일반이다.

3) 변론기일의 지정과 변경에 관하여는 당사자에게 신청권이 없고, 그 신청은 재판장의 직권발동을 촉구하는 효력밖에 없다. 첫 변론기일이나 첫 변론준비기일의 변경에 관하여는 현저한 사유가 없더라도 당사자들이 그 변경에 합의하면 재판장은 이를 변경하여야 하나(민사소송법 제165조 제2항), 이는 훈시규정에 불과하다. 따라서 재판장이 기일변경신청을 받아들이지 않는 경우에는 따로 재판을 하는 등으로 응답할 필요가 없다.

4) 변론기일은 기일통지서 또는 출석요구서를 송달하여 통지하되, 그 사건으로 출석한 사람에게는 재판장 등이 기일을 직접 고지하면 된다(민사소송법 제167조 제1항).[142] 이 경우 법원은 기일통지서 또는 출석요구서의 송달 대신에 전화, 팩시밀리, 보통우편 또는 전자우편 그 밖에 상당하다고 인정되는 방법으로 할 수 있으나, 이때는 기일에 출석하지 아니한 당사자·증인 또는 감정인 등에 대하여 법률상의 제재, 그 밖에 기일을 게을리 함에 따른 불이익을 줄 수 없다(민사소송법 제167조 제2항, 규칙 제45조 제1항).

소송관계인이 일정한 기일에 출석하겠다고 적은 서면을 제출한 때에는 기일통지서 또는 출석요구서를 송달한 것과 같은 효력이 있다(민사소송법 제168조).

소송대리인이 있는 경우에는 당사자에 대한 기일통지서는 소송대리인에게 송달하여야 한다.[143] 기일의 통지를 받은 소송대리인이 그 뒤에 사임하더라도 당사자에 대한 송달의 효력에는 아무런 영향이 없으므로 본인에게 다시 통지할 필요는 없다(대법원 1963. 8. 22. 선고 63다271 판결). 그러나 보조참가인은 당사자와 독립하여 소송수행권이 있으므로 그에 대해서는 피참가인과 별도로 기일을 통지하여야 한다, 당사자나 보조참가인에게 기일통지서 또는 출석요구서를 송달하지 아니함으로써 변론의 기회를 부여하지 아니한 채 행하여진 기일의 진행은 부적법하다(대법원 2001. 3. 13. 선고 2000다54499 판결, 2007. 2. 22. 선고 2006다75641 판결, 2008. 11. 27. 선고 2008다20898 판결).[144] 이상은 협의의 변론기일의 통지 외에 검증기일 등 증거조사기일, 심문기일 등에도 적용된다.

---

142) 여기서 '그 사건으로 출석한 사람'이란 그 사건으로 변론기일에 법정에 출석한 사람에 한하지 않고, 그 사건의 검증기일 등 증거조사기일에 출석한 경우도 포함된다(대법원 1975. 3. 25. 선고 75다12 판결).

143) 일방만에 대한 송달의 효력은 송달 부분을 참조.

144) 모든 기일의 통지서가 송달되지 아니한 채 변론절차가 이루어진 경우는 그 절차 전부가 부적법하게 되어 그에 기초한 판결을 취소하여야 하나(민사소송법 제417조 참조), 특정한 기일의 통지만 누락되었고, 그 기일에서의 변론이 절차 전부에서 차지하는 지위가 중요하지 않다면 그 기일의 진행만 부적법하므로 이는 이의권의 대상으로서 상당한 기한 내에 이의하지 않으면 그 흠이 치유된다고 할 것이다(민사소송법 제151조, 대법원 2003. 4. 25. 선고 2002다72514 판결 참조).

그러나 판결의 선고는 법원의 소송행위일 뿐 당사자가 그 기일에 변론을 하는 것은 아니어서 당사자가 출석하지 아니하여도 선고할 수 있으므로(민사소송법 제207조 제2항), 선고기일을 적법하게 통지하거나 고지하지 않은 채 판결이 선고된 경우에도 그 판결은 당연무효라고 할 수 없고, 판결절차의 위법(민사소송법 제417조)을 이유로 이를 취소할 수도 없다고 할 것이다.

5) 기일통지서는 출석의무가 없는 경우에 하고, 출석요구서는 출석의무가 있는 경우에 한다. 따라서 당사자나 보조참가인이 아닌 제3자를 증인이나 감정인 등으로 채택하여 신문 또는 심문하기 위하여 출석을 요구하는 경우에는 '출석요구서'를 송달하여야 하며, 변론준비기일이나 변론기일에서 당사자 본인을 신문할 필요가 있는 경우 등 당사자를 출석하게 하여야 할 필요가 있는 경우에는 '출석명령서'를 작성하여 송달하여야 한다(민사소송법 제282조 제1항 등).

(2) 기일의 개시

1) 변론준비기일이나 변론기일 등 기일은 재판장이 당해 사건의 사건번호와 당사자의 이름을 부름으로써 개시되고(민사소송법 제169조), 재판장의 명시적·묵시적 종료 선언 또는 예정된 소송행위의 종료에 의해 당해 기일이 종료된다. 이때 개시된 시각부터 종료된 시각까지가 기일이다. 기일에는 본래 예정된 변론이나 화해 등 소송행위를 한다. 판결선고기일에는 판결만 선고하고 변론을 하지는 않는다.

2) ① 본래 예정된 기일을 변경하여 아예 그 기일을 열지 않는 것을 기일의 변경이라 하고, ② 당해 기일에 변론이나 조정, 화해 등의 소송행위를 하였으나 이를 완결하지 못하고 다음 기일에 이를 연속하여 진행하는 것을 기일의 속행(續行)이라 하며, ③ 본래 예정된 기일에 당사자 등 소송관계인이 출석하여 기일이 개시되었으나,[145] 증인의 불출석 등 장애 사유로 인해 본래 예정된 소송행위를 전혀 하지 못한 채 이를 다음 기일에 하기로 하고 그 기일을 종료하는 것을 기일의 연기(延期)라고 한다.

(3) 변론의 종결과 재개

1) 소송사건의 변론절차는 첫 변론기일이 개시된 때에 개시되고, 마지막 변론기일이 종료된 때에 전체의 절차가 종료된다. 마지막 변론기일의 종료에 의한 변론절차 전체의 종료를 변론의 종결이라고 하고, 그날을 변론종결일이라 한다. 변론의 개시나 기일의 종료와 달리 변론의 종결은 수소법원의 권한으로서, 결정으로 하며, 통상 그에 관한 재판서

145) 본래 예정된 기일에 재판장이 당해 사건의 사건번호와 당사자의 이름을 부름으로써 그 기일이 개시되었으나 쌍방 당사자가 모두 출석하지 않은 경우에는 자동적으로 '쌍방 불출석'이 되며(재판장이 임의로 이와 달리 정할 수 없다), 이때는 소송행위를 할 수 없다. 2회 이상 '쌍방 불출석'이 되고, 그로부터 한 달 내에 기일지정신청이 없거나 다음 기일에도 '쌍방 불출석'이면 소 취하나 상소 취하 의제의 효력이 발생한다. 물론 '쌍방 불출석'이 된 경우 법원은 곧바로 변론을 종결할 수도 있다.

를 작성하지 않고 조서에 이를 기재하는 방법으로 한다.

2) 변론이 종결된 후 당해 소송사건의 심리를 계속하기 위해 새로운 변론기일을 지정하여 변론절차를 다시 진행하는 것을 변론의 재개라고 한다. 변론의 재개는 수소법원이 결정으로써 한다(민사소송법 제142조). 당사자도 변론의 재개를 신청할 수 있지만, 변론의 재개 여부는 원칙적으로 법원의 재량에 속하므로 그 신청은 직권발동을 촉구하는 의미밖에 없으며 법원은 이에 응답할 의무가 없다(대법원 1987. 12. 8. 선고 86다카1230 판결, 2007. 4. 26. 선고 2005다53866, 53866 판결 등). 다만, 변론 재개 후 변론할 사항이 당해 사건의 결과에 영향을 미치는 중요한 사항이고, 변론절차의 지연을 크게 초래하지 않을 만큼 쉽게 심리할 수 있는 사항인 경우나 변론의 갱신이 필요한 경우 등 예외적인 사유가 있는 경우에는 법원은 변론의 재개를 허용하여야 한다는 것이 대법원의 태도이다(대법원 1994. 11. 11. 선고 94다34333 판결, 1996. 2. 9. 선고 95다2333 판결 등).

3) 당사자가 변론종결 후 주장·증명을 하기 위하여 변론재개신청을 한 경우에, 변론재개신청을 한 당사자가 변론종결 전에 그에게 책임을 지우기 어려운 사정으로 주장·증명할 기회를 제대로 갖지 못하였고, 그 주장·증명의 대상이 판결의 결과를 좌우할 수 있는 사실에 해당하는 경우 등과 같이, 당사자에게 변론을 재개하여 그 주장·증명을 제출할 기회를 주지 않은 채 패소의 판결을 하는 것이 민사소송법이 추구하는 절차적 정의에 반하는 경우가 아니라면, 법원은 당사자의 변론재개신청을 받아들일지 여부를 재량으로 결정할 수 있다(대법원 2016. 12. 15. 선고 2015두2611 판결, 2018. 7. 26. 선고 2016두45783 판결, 2019. 9. 10 선고 2017다258237 판결 등).

사. 변론의 제한, 분리, 병합

(1) 변론의 제한

1) 법원은 원칙적으로 각각의 사건을 단위로 소송절차를 진행하고 심판을 하게 되므로, 그에 따라 변론절차도 사건 단위로 진행한다. 따라서 당사자나 법원은 특정한 사건의 변론절차에서 그 사건의 청구와 당사자에 관한 모든 사항에 관하여 변론을 하게 된다. 그런데 심리의 집중이나 심리의 필요상 당해 사건 중 특정한 청구나 당사자에 관한 사항만 변론을 진행할 필요가 있는 경우, 수소법원은 그 일부 사항에 관하여만 변론을 하도록 제한하는 결정을 할 수 있다(민사소송법 제141조). 예컨대, 손해배상청구 사건에서 어떤 변론기일에 손해배상책임의 존부에 관하여만 변론을 하도록 하는 것이다.

2) 이 경우, 법적으로는 당해 사건의 변론절차가 하나의 절차로 진행되지만 단지 그 변론의 실제 범위가 특정한 사항으로 국한된다는 점에서, 변론절차가 여러 개로 쪼개지는 변론의 분리와 다르다. 또, 당사자의 변론 자체를 통째로 금지하는 것이 아니라 그 변론의 대상을 제한한다는 점에서, 앞서 변론능력 부분에서 살펴본 진술금지명령(민사소송법 제144조) 과도 구별된다. 진술금지명령에 위반한 경우 당사자나 대리인은 당해 기일에 불출석한

것으로 처리되어 그에 따른 불이익을 입지만, 변론제한결정에 위반한 경우에는 아무런 불이익이 없고 재판장의 소송지휘에 따른 발언금지명령을 받을 수 있을 뿐이다.

(2) 변론의 분리와 병합

1) 변론은 위와 같이 각각의 사건을 단위로 진행함이 원칙이다. 그러나 소송진행의 편의상 이를 분리하거나 병합하는 등으로 변용할 수 있다(민사소송법 제141조). 하나의 사건에 관한 변론 중 특정한 당사자나 특정한 사항에 관한 사항의 변론을 떼어내 따로 변론절차를 진행하는 것을 변론의 분리라 하고, 반대로 복수의 사건에 관한 변론을 하나의 변론절차(소송절차)에서 합하여 하는 것을 변론의 병합이라 한다.

변론의 분리나 병합은 각각의 사건에 대한 소송절차, 즉 심리절차의 단복(單複)만이 변경되는바, 변론의 분리는 마치 복수의 소가 따로 제기된 것과 같고, 변론의 병합은 그 복수의 소가 마치 한 개의 소로 병합하여 제기된 것과 같은 효과가 발생한다.

2) 변론 분리의 경우 특정한 청구나 당사자 등 변론의 대상에 따라 변론절차가 쪼개지므로 그 변론절차 내내 어느 기일에서나 분리된 절차의 대상에 한하여만 변론이 진행되는 점에서, 위에서 본 변론의 제한과 구별된다. 변론을 분리한 때는 변론의 제한과 달리 변론의 대상에 따라 변론기일을 따로 지정하여 운영함이 보통이다.

3) 변론의 분리와 병합은 재판장이 아닌 수소법원의 권한에 속하며,[146] 결정으로써 하여야 한다(민사소송법 제141, 221, 222조).[147] 그러나 변론의 분리와 병합 여부는 수소법원의 직권(재량)으로 판단할 사항이므로 당사자는 그에 대한 신청권이 없다. 따라서 당사자가 변론의 분리 또는 병합을 신청하더라도 이는 법원의 직권발동을 촉구하는 의미밖에 없으며, 법원은 이에 대하여 답할 의무가 없다. 그러므로 법원이 당사자의 신청을 받아들이지 않는 경우에는 따로 결정을 하지 않고 그에 관한 재판서도 만들지 않으며, 당사자는 이에 대하여 불복을 할 수도 없다(대법원 1983. 1. 18. 선고 82누473 판결 참조).

4) 변론의 분리와 병합이 있더라도 사건의 개수나 동일성이 변하는 것은 아니다. 한 개의 소 제기라는 소송행위에 따라 한 개의 소(사건)가 성립하고 이는 그 소송의 종료에 이르기까지 한 개의 소(사건)로 취급되며 독자성을 잃지 않기 때문이다. 따라서 변론의

---

146) 동일한 피고를 상대로 한 회사 설립무효·취소의 소 등과 같은 유사필수적 공동소송에 속하는 사항에 관하여는 변론의 병합이 의무적인 경우가 있다(상법 제188, 240, 328, 380, 381조 등 참조). 이러한 경우 법원은 이미 한 사건의 변론이 종결되었더라도 변론을 재개하여 다른 사건과 병합 심리하여야 하고 일부판결을 하여서는 안 되나, 병합의무 위반은 훈시규정 위반으로서 독립한 상소이유가 되지 않는다는 것이 일본 판례이다(일본 최고재판소 1933. 3. 10. 선고 소화 7년オ2473 판결). 공동소송참가나 반소의 제기 등과 같이, 성질상 새로운 소의 제기가 있더라도 별도로 변론병합결정을 기다리지 않고 당연히 그 복수 사건의 소송절차를 하나로써 심판하는 경우도 있다(<소와 소송절차> 참조).

147) 변론의 분리와 병합 결정을 변론기일에 하는 때에는 따로 그 결정서를 만들지 않고 이를 변론조서에 기재하고 당사자에게는 재판장이 법정에서 구두로 고지할 수 있다(민사소송법 제154조 제5호 참조).

분리와 병합이 있더라도 원래의 사건(소)의 당사자와 청구가 변동하는 것은 아니며(이 점에서 당사자의 변경이나 청구의 변경과 다르다), 소의 이익이나 적법 여부, 관할, 소송목적의 값,[148] 제소기간이나 시효기간의 준수, 소송대리인의 대리권 범위, 청구의 변경,[149] 법원의 심판 범위, 사건번호 등에 변동이 없다.

5) 그러나 변론 분리의 경우 일부판결이 허용되는 사건이라면 그 분리된 변론 부분에 따라 일부판결을 할 수도 있고(민사소송법 제200조 제1항), 변론 병합의 경우 사건(소)은 복수이지만 소송절차가 하나로 통합됨으로써, 마치 처음부터 그 복수 사건의 당사자와 청구가 사실상 하나의 사건의 그것과 다름없는 결과가 되어 통일적으로 심리되는 이점이 있다.

따라서 변론 병합의 경우에는 사실상 당사자의 병합과 청구의 병합이 뒤따르게 되므로, 그 복수 사건이 같은 심급의 같은 법원에서[150] 동종의 절차에 의하여 심판될 수 있고 공동소송의 주관적 요건(민사소송법 제65조)을 갖추는 등으로 관할,[151] 소송절차, 청구의 관련성 등의 요건을 갖추어야만 허용될 수 있다.[152]

6) 변론의 병합은 대개 A 사건의 원고와 피고, B 사건의 원고와 피고가 동일할 때 이루어지지만 반드시 이에 국한되지는 않는다. A 사건의 원고가 甲이고 B 사건의 원고가 甲, 乙인 경우, A 사건의 원고는 甲인데 B 사건의 원고는 乙인 경우에도 가능하며, 피고 측에 이와 같은 사정이 있어도 마찬가지다. 다만, A 사건의 원고는 甲이고 피고는 乙인데 반대로 B 사건의 원고는 乙이고 피고는 甲인 경우에는 두 사건이 마치 본소와 반소의 관계에 있는 것처럼 되어 당사자의 호칭이 애매하고(한 당사자가 원고인 동시에 피고가 되므로), 또 당사자들이 제출하는 서증이 한 사건에서는 갑호증이 되고 다른 사건에서는 을호증이 되는 등으로 충돌이 발생하므로, 실무상 이런 경우에는 변론의 병합을 하지 않는다.

---

148) 변론병합결정에 의해 하나의 소송절차에서 심리되는 소송목적(청구)이 변동하더라도 각각의 소의 그것을 합산할 이유가 없으므로 그 인지액의 증감이 뒤따르지 않는다(법원실무제요 민사소송 Ⅰ, 117면 참조). 변론병합결정 후 각각의 소의 청구변경이 있는 때에도 각각의 소의 소송목적 값을 기준으로 인지액을 계산하여야 하고 다른 소의 그것은 고려할 필요가 없음은 물론이다.

149) 변론병합결정이 있더라도 원래의 각각의 소의 청구 자체가 변하는 것은 아니므로 청구의 변경도 각각의 소의 그것을 기준으로 이루어져야 한다.

150) 여기서 같은 법원이라 함은 소송법상의 법원이 아니라 국법상의 법원, 즉 법원조직법상의 법원을 의미한다.

151) 관할의 경우 전속관할에 위반되지 않는 것이 중요하다.

152) 변론의 병합과 유사한 것으로 병행심리가 있다. 변론을 병합하면 소송절차가 하나로 통합되어 주장과 입증 등 각각의 소송행위는 복수의 사건에 대하여도 따로 주장과 입증 등이 필요 없이 효력이 발생·귀속하며 판결도 하나로써 한다. 반면에 병행심리는 복수의 사건에 관하여 변론을 병합하지 않은 채 소송절차를 따로따로 진행하면서 다만 소송심리의 편의를 위해 같은 변론기일에 물리적으로 이들을 동시에 심리하는 것이다(예컨대, 한 명의 증인이 여러 사건에 관련이 있는 경우 그를 여러 사건의 증인으로 채택하여 신문하면서, 신문을 각 사건별로 따로따로 하지 않고 한꺼번에 하는 것을 들 수 있다). 따라서 병행심리의 경우 주장과 입증 등 각각의 소송행위를 복수의 사건에 대하여 따로따로 하여야 하며, 판결도 따로따로 하여야 한다.

7) 또한 변론의 병합은 A 사건과 B 사건 두 사건 사이에만 허용되는 것이 아니라 세 개 이상의 사건 사이에도 가능하며, 반드시 이들 사건이 같은 재판부에 계속 중일 필요도 없다.[153] 1심은 물론 2심에서도 가능하다.[154]

8) 변론 병합의 경우, 위와 같은 성질에 따라 복수 사건의 원고나 피고가 복수인 경우 그들은 공동소송인이 되며, 그 공동소송의 성질에 따라 각각 통상공동소송이나 필수적 공동소송의 법리가 적용된다. 이때 한 사건에 관하여 이미 진행된 주장이나 증거조사결과 등 변론의 결과를 다른 사건에도 소송자료나 증거자료로 이용하기 위해 당사자의 원용이 필요한지 견해가 갈리나, 위와 같이 소송사건 독립의 원칙에 의하면 다른 사건에 관하여는 별도의 주장이나 증거조사 등이 필요하다고 할 것이므로 후자가 타당하다.

법원의 실무는 후자의 견해에 따르되 묵시적 원용도 인정하여, 당사자가 특별히 이의하지 않는 이상 원용이 있는 것으로 보아 처리하고 있다(법 실무제요 민사소송 II, 392면). 그러나 당사자가 다른 사건에 관하여 증인의 재조사 등 별도의 증거조사를 요구하는 때에는 이를 허용하여야 할 것이다. 변론 분리의 경우에는 이러한 문제가 애초부터 발생하지 않고, 당연히 이전의 소송자료나 증거자료가 유효함은 물론이다.

9) 변론의 병합은 위와 같이 관할에 영향을 미치지 않으므로, 단독판사의 관할에 속하는 사건의 변론이 병합되어 각 사건의 소송목적 값을 합산할 경우 합의부 관할 사건에 해당되더라도, 청구변경의 경우와 달리 합의부로 관할이 변경되지 않는다(대법원 1966. 9. 28자 77마322 결정 참조).[155]

---

153) 단독판사와 단독판사, 합의부와 합의부와 같이 사물관할을 같이하는 경우에는 어느 재판부든 곧바로 변론의 병합을 결정할 수 있다. 그러나 이렇게 되면 다른 판사의 재판권을 침해할 수 있으므로 미리 재판부끼리 의논한 후 변론을 병합하여 진행할 재판부로 사건을 재배당하는 절차를 취한 다음 변론 병합 결정을 한다(그러나 토지관할을 달리하는 법원 사이에서는 이송이 필요하다). 사건이 단독판사와 합의부 사이에 계속 중인 경우 단독판사의 사건을 합의부에 이송한 후 합의부가 병합 결정을 한다. 반대로 합의부 사건을 단독판사에게 이송한 후 단독판사가 병합 결정을 하는 것도 이론상으로는 가능하나(사물관할은 전속관할이 아니므로 사물관할의 경우에도 응소관할이 발생할 수 있다. 민사소송법 제30조, 제411조, 대법원 1969. 7. 8. 선고 69다722 판결 참조), 실제로는 거의 이루어지지 않는다.

154) 그러나 상소심은 심급관할로서 전속관할에 속하므로, 상소심에서는 상소심법원은 같고 단지 그 재판부만 다를 때 가능하다.

155) 이는 병합되는 각각의 사건의 청구에 변동이 없기 때문이다. 즉 하나의 변론절차에 복수의 사건이 병합되어도 각각의 사건의 동일성이 소멸되는 것이 아니라 복수의 사건이 그대로 동일성을 잃지 않은 채 존속하므로 각 사건의 청구를 합하여 관할을 다시 정하여야 할 필요나 이유가 없는 것이다. 다만, 단독판사의 관할에 속하는 사건과 합의부 관할 사건의 변론이 병합되는 경우 합의부에서 병합하여 재판하는 것과 같이, 변론이 병합되는 복수의 사건의 사물관할이 각각 단독판사와 합의부로 다른 경우에는 당사자들이 특별히 원하는 경우 외에는 그 사건 모두를 합의부로 이송함이 바람직하다. 반소에 관하여 민사소송법 제269조 제2항은, 본소가 단독판사의 관할에 속하는데 합의부 관할인 반소가 제기된 경우, 당연히 본소와 반소의 변론을 병합하여 하나의 소송절차에서 심판하는 것을 전제로 하면서도 원칙적으로 본소와 반소 모두를 합의부로 이송하도록 하고 있는바, 이는 변론의 병합 때문이라기보다는 원래부터 다른 사건인 반소가 합의부 관할에 속한 때문이다. 따라서 단독판사 관할인 반소가 제기된 경우 그 소송목적 값과 본소의 그것을 합산하면 합의부 관할 사건에 해당되더라도 민사소송법 제269조 제2항을 적용해서는 안 된다. 이는 이와 성질이 유사한 독립당사자참가, 공

소송대리인의 대리권 범위도 변론의 분리나 병합에 의하여 영향을 받지 아니하므로 병합되는 사건에 관하여 소송대리권을 수여하지 않았다면 그에 대해서까지 대리권이 미칠 수 없다.

10) 앞서 당사자능력 부분에서 살펴본 바와 같이, 종래 고유필수적 공동소송에서 당사자 일부가 누락된 경우, 그 누락된 당사자에 관하여 별도의 소를 제기한 후 원래의 소와 후소의 변론을 병합하면 원래의 소의 당사자적격 흠결에 따른 하자가 치유되는 것으로 처리해 왔으나, 이는 민사소송법에서 필수적 공동소송인의 추가를 인정하지 않았던 데에 따른 변칙적 방법이다. 따라서 현행 민사소송법 제68조가 필수적 공동소송인의 추가를 명문으로 인정하는 이상 위와 같은 별소의 제기와 변론의 병합에 의한 당사자적격 하자의 치유는 지양되어야 한다.

11) 변론의 분리나 병합이 있으면 이후 변론절차 이외의 소송절차, 즉 판결절차나 상소절차 등도 별개 또는 하나로 통합되어 진행된다. 그러나 위와 같이 변론의 분리나 병합은 법원의 재량사항이므로, 변론을 분리 또는 병합한 이후에도 법원은 필요에 따라 다시 변론을 병합하거나 분리하여 소송절차를 진행할 수 있음은 물론이다. 이미 한 결정을 취소함으로써도 동일한 목적을 달성할 수 있으며(민사소송법 제141조), 그 취소는 소급효가 없다. 다만, 변론병합의 경우 소송의 성질상 합일확정이 필요한 때에는 가능한 한 변론을 분리하여서는 안 된다.

아. 변론의 갱신

1) 판결은 기본이 되는 변론에 관여한 법관이 하여야 한다(민사소송법 제204조 제1항). 이것이 곧 직접주의 또는 직접심리주의다. 변론절차를 통하여 당사자의 주장을 듣고 증거조사 과정에 직접 관여한 판사가 심증을 형성하여 청구의 당부를 판단하여야 함은 당연하다.

따라서 수소법원의 판사가 바뀐 경우에는 이미 진행된 변론을 다시 하여야 할 필요가 있게 되는데, 이를 변론의 갱신(更新)이라 한다. 소액사건의 경우에는 변론의 갱신을 하지 않아도 무방하다(소액사건심판법 제9조 제2항).

소송 도중 판사가 바뀌는 경우는, ① 법관의 인사발령 등에 따른 경질(更迭), ② 소송의 이송, 상소에 따른 이심(민사소송법 제407조 제2항), ③ 상소심에서의 파기환송(민사소송법 제436조 제3항 참조), ④ 재심(민사소송법 제455조)의 경우 등이다.

2) 그러나 판사가 바뀐 경우마다 주장 제출과 증거조사를 일일이 다시 되풀이하는 것은 당사자나 법원 모두에게 큰 부담이 되고 소송경제에도 반하므로, 민사소송법은 이를 어느 정도 제한적으로 인정하고 있다. 즉 법관이 바뀐 경우 주장과 증거조사를 되풀이하

동소송참가, 피고에 의한 중간확인의 소 제기의 경우에도 유추 적용하여야 할 것이다.

는 것에 대신하여 당사자는 종전의 변론결과를 진술하여야 한다(민사소송법 제204조 제2항). 이때 종전 변론결과의 진술은, 당사자가 사실상 또는 법률상의 주장, 정리된 쟁점 및 증거조사 결과의 요지 등을 진술하거나, 법원이 당사자에게 해당사항을 고지하고 이를 확인하는 방식으로 할 수 있다(민사소송규칙 제55조).

3) 다만 증인에 대해서는, 단독사건의 판사가 바뀐 경우나 합의부 법관의 반수 이상이 바뀐 경우, 종전에 신문한 증인에 대하여 당사자가 다시 신문신청을 한 때에는 법원은 그 신문을 다시 하여야 한다(민사소송법 제204조 제3항). 이는, 서증이나 검증물과 같은 증거와 달리 증인의 증언은 증인의 진술 태도 등도 그 증거가치의 판단에 매우 중요하므로, 단순히 당사자로 하여금 그 증언의 결과를 진술하게 하는 것이나 법관으로 하여금 그 증인신문조서를 파악하게 하는 것만으로는 부족하다는 고려에 의한 것이다. 당사자본인신문도 이에 준하여야 할 것이다(민사소송법 제373조 참조).

4) 예외적으로 증거조사를 수소법원의 법관 전원이 실시하지 않고 그 일부인 수명법관이나 다른 법원 판사인 수탁판사로 하여금 실시하게 할 수 있는바(민사소송법 제297, 313, 333조), 이 경우에도 변론의 갱신이 필요한가? 생각건대, 이러한 증거조사는 대부분 변론절차의 일부로 행하여진 것이 아니므로 그 증거조사 후 수소법원이 그 증거조사의 결과를 증거자료로 사용하더라도, 변론의 갱신이 필요한 '변론절차 진행 중 수소법원의 판사가 바뀐 경우'에 해당하지 않으므로 변론의 갱신은 필요 없다고 생각된다.

한편 수명법관이나 수탁판사의 증거조사에 관하여는, 당사자가 그 증거조사의 결과를 변론기일에 원용하여야만 수소법원이 이를 증거자료로 사용할 수 있다는 견해와 그럴 필요가 없다는 견해가 대립한다. 전자의 입장에 의하면 이는 변론갱신과 유사한 결과가 된다. 이 문제는, 법률에 명문의 규정이 없고,[156] 다음에 보는 당사자의 변론(증거조사의 결과에 대한 의견의 진술)으로도 충분하므로 부정설이 타당하다고 생각된다.

다만, 그러하더라도 수소법원은 그 증거조사의 결과를 변론기일에 현출(顯出) 또는 상정(上程)하고,[157] 이에 대하여 당사자에게 의견을 진술하고 변론할 기회를 주어야 한다(대법원 1976. .6. 22. 선고 75다2227 판결, 법원실무제요 민사소송 III, 25면 참조). 그러나 이에 위반한 경우, 당사자가 지체 없이 이의하지 않으면 이의권이 상실된다고 할 것이다. 이상의 논의는 법원 밖이나 외국에서 증거조사를 한 경우와 증거보전절차에 의하여 증거조사를 한 경우에도 동일하다.

5) 변론 갱신은, 이미 변론이 실시되었고 이를 토대로 판결을 할 경우에만 필요하므

---

156) 변론준비기일에서의 증거조사에 대하여는 변론기일에 당사자가 그 결과를 진술(원용)하여야 한다는 취지의 규정이 있다(민사소송법 제287조 제2항 참조). 한편 증거보전절차에서 증인신문이 이루어진 경우에도, 당사자가 그 증인을 변론절차에서 다시 신문할 것을 신청한 때에는 수소법원은 다시 신문하여야 한다(민사소송법 제384조).

157) 이는 재판장이 변론기일에 증거조사의 결과인 증언의 내용 등을 법정에서 당사자에게 설명하는 방식으로 하는 것이 보통이다.

로, 아직 변론절차가 개시되지 않았거나 변론준비절차만 실시된 경우, 변론에 직접 관여한 판사가 합의를 하거나 판결서를 작성하였는데 그 후 경질이 있어 다른 판사가 이를 선고만 하는 경우에는 변론의 갱신이 필요 없다.

자. 변론의 지휘

1) 변론기일에서의 변론은 재판장이 지휘한다. 변론지휘권은 발언이나 증거신청·증거조사의 순서 또는 그 대상을 지정·제한하거나 증인에게 진술거부권을 고지하거나 선서를 하게 하는 것 등이 주된 내용이다. 변론기일의 개시와 종료선언, 석명명령권(민사소송법 제136조 제1항)도 여기에 속한다고 할 수 있다.

2) 재판장은 변론지휘권에 의해 당사자나 대리인·증인·감정인 등 소송관계인의 발언을 허가하거나 그의 명령에 따르지 아니하는 사람의 발언을 금지할 수 있다(민사소송법 제136조 제2항). 재판장은 변론의 일부에 대하여만 발언금지명령을 할 수도 있다.

이 발언금지의 효력은 앞서 살펴본 진술금지명령(민사소송법 제144조)과 달리 당해 변론기일에서만 미치며, 이미 한 변론의 효력에는 영향이 없다. 발언금지명령을 받아 진술(변론)을 할 수 없게 된 사람이 발언(변론)을 하더라도 이는 무효로서 소송법상 효력이 없다. 한편, 당사자나 대리인에게 발언을 금지한 경우, 그 범위에서는 변론을 하지 않은 것과 같으므로 결국 이들은 그 기일에 출석하지 않은 것으로 처리되어 자백간주 등 기일 해태(懈怠)의 불이익을 입을 수 있다.

3) 변론지휘권은 특정한 소송사건의 변론에 관한 것이므로, 법정 내의 권위를 지키고 그 질서를 유지하기 위한 법정경찰권(법원조직법 제58조 내지 제61조 참조)과는 다르나,[158] 넓게는 이 역시 변론지휘권에 속한다고 볼 수 있다.

2. 변론주의

가. 변론주의의 의의

(1) 변론주의와 직권주의

1) 법원의 심리·판단 대상이자 근거인 소송자료와 증거자료를 소송절차(변론절차)에 어떤 방법으로 제출할 것인가에 관하여는 기본적으로 두 가지 방식이 있다. 하나는 변론주의로서, 소송당사자가 그 제출책임을 지고 법원은 원칙적으로 이에 간여하지 않는 방식이고, 또 다른 하나는 직권주의로서, 소송당사자의 주장이나 제출 여부에 관계없이 심판자인 법원이 직권으로 이를 찾아서 판단하는 방식이다.

---

158) 법정경찰권은 방청제한, 소지품검사, 경찰관의 파견요청, 입정금지, 퇴정명령, 재정명령, 녹화·촬영·중계방송 등의 허부, 감치, 과태료의 부과 등을 내용으로 한다.

2) 역사적으로 변론주의와 직권주의는 때와 장소에 따라 다르게 민사소송 제도와 결합하였는데, 근래에는 민사법의 지배원리인 사적 자치와 당사자주의를 바탕으로, 변론주의를 근간으로 하면서 직권주의를 가미하는 절충형이 대세라고 할 수 있다.

3) 변론주의에서는 소송목적인 법률효과 발생의 근거가 되는 법률사실을 당사자가 주장하고 이를 스스로 입증하여야 한다. 그리고 심판자인 법원은 그 주장이 있는 때만, 또 그 주장에 대해서만 심리·판단하고, 또한 당사자가 제출한 증거자료에만 근거하여 판단할 수 있다. 예컨대, 원고가 청구원인으로 매매를 주장하고 청구취지로 소유권이전등기절차의 이행을 구한 경우, 위 매매의 법률효과 발생에 영향을 미치는 대리와 조건, 해제, 소멸시효 완성 등의 법률요건사실은 소송자료로서 당사자의 주장이 있어야만 심리·판단할 수 있고, 그 법률사실의 발견·인식의 근거인 증거 역시 당사자가 조사를 신청하고 증거방법을 제출하여야 한다.

따라서 변론주의는, ① 소극적으로는, 소송자료와 증거자료의 수집, 제출을 오로지 당사자가 하고 법원은 이에 관여하지 않음으로써, 당사자가 수집, 제출, 주장하지 않은 소송자료와 증거자료에 대해서는 법원이 조사·판단하지 않는다는 의미이고, ② 적극적으로는, 당사자가 수집, 제출, 주장하지 않은 소송자료와 증거자료에 대해서 법원은 조사·판단할 수 없고, 당사자 사이에 주장이 일치한 법률사실의 존부에 대해서는 법원이 이에 구속되어 이와 다른 사실을 인정할 수 없다는 의미를 갖는다.

4) 변론주의는 위와 같이 당사자주의 또는 당사자처분권주의의 파생원리이다. 그러나 당사자처분권주의는 특정한 법률관계에 관하여 어떠한 청구를 할 것인지 말 것인지, 한다면 어떠한 내용으로 할 것인지, 그 청구를 철회하거나 화해나 조정으로 종료할 것인지, 원고의 청구를 피고가 그대로 수락할 것인지 등을 당사자의 자유로운 의사에 따라 그 책임하에 결정하는 것을 말하는 데에 반하여, 변론주의는 위와 같이 원고에 의해 청구가 이루어진 후 그에 따라 개시된 소송심리절차에서 판단의 자료인 소송자료와 증거자료의 수집, 제출을 당사자의 자유와 책임에 맡기고 법원은 이에 관여할 수 없는 것을 말한다는 점에서 다르다고 할 수 있다.

(2) 민사소송법상의 변론주의

1) 이와 같이 변론주의하에서 법원은 당사자의 주장과 입증에 따라 이를 조사하고 판단하여야 하는바, 이는 ① 당사자가 구하는 법률효과를 발생시키는 법률요건이 필요로 하는 법률사실(추상적 요건사실)이 무엇인지를 인식하고(법규 내용의 인지), ② 그 법률사실이 구체적·역사적으로 존재하는지 여부를 당사자에 대한 질문이나 쌍방 당사자의 주장, 서증, 증인 등에 대한 증거조사를 통하여 조사하며, ③ 그 법률사실이 존재하는지 여부를 판단한 후, ④ 그 판단 결과에 따라 위 법률요건의 충족 여부와 그에 따른 법률효

과의 발생 여부를 판단하는 순서로 이루어진다.

2) 좁은 의미에서는 위 ②와 ③만이 '조사'에 해당하나, 넓은 의미에서는 위 ① 내지 ④ 모두가 포함된다. 법률사실의 조사는 궁극적으로 법률요건의 충족 여부와 그에 따른 법률효과의 발생 여부를 판단하기 위한 것이고, 당사자가 각각의 법률사실을 개별적으로 주장한 경우 당연히 법원은 이에 대하여 개별적으로 그 존부를 조사하게 되지만, 당사자가 어떤 법률효과나 그에 필요한 법률요건을 주장하면서 그에 필요한 일부 법률사실을 주장하지 않은 경우에도, 법원은 그 일부 법률사실에 대한 주장이 누락되었고 그에 따라 법률요건이 충족되지 않아 당사자가 구하는 법률효과가 발생하지 않았다는 것을 판단해야 하기 때문이다.[159)]

3) 우리 민사소송법은 변론주의를 채택하고 있는 것으로 이해되고 있다.[160)] 당사자주의를 취하는 민사소송의 성격에 변론주의가 직권주의보다 어울리기 때문이다. 소송에 있어 중요하게 고려되어야 할 사항은 ① 실체적 진실의 발견, ② 당사자의 의사 존중과 대등·형평성, ③ 소송의 신속과 경제성이다. 변론주의는 이들 모두와 잘 부합하는 반면 직권주의는 위 ①, ③과 부합한다.

먼저 ①에 관하여 보면, 일정한 법률효과 발생에는 법률요건을 구성하는 요건사실, 즉 법률사실이 필요한바, 그 법률사실은 구체적·역사적 행위나 사회현상이므로 국외자인 법원으로서는 잘 알 수 없는 사항이다. 따라서 이러한 구체적·역사적 사실은 소송당사자가 주도적으로 주장·제출하는 것이 더 효율적이고 당사자의 이익보호에도 부합한다. 당사자들은 자신에게 이익되는 사실을 적극적으로 주장·제출할 것이기 때문이다.[161)]

다음으로 ②에 관하여 보면, 어떠한 법률효과로서 권리·의무 등이 발생하는 경우, 이를 행사·실현할 것인지 여부[162)]는 전적으로 권리자나 의무자의 자유로서, 특별한 이유가

159) 당사자가 어떤 법률효과나 그에 필요한 법률요건을 주장하면서 그에 필요한 일부 법률사실을 주장하지 않은 경우(물론 주장의 방법에는 간접주장도 있으므로, 이와 같이 일부 주장이 누락되었다고 하기 위해서는 엄격한 판단이 요구된다.), 당사자가 어떤 법률효과나 그에 필요한 법률요건 자체도 주장하지 않은 경우와는 다르므로, 법원은 그 법률요건이 요구하는 일부 법률사실에 대한 주장이 누락되었고 그에 따라 법률요건이 충족되지 않아 당사자가 구하는 법률효과가 발생하지 않았다는 것을 판단해야 한다. 당사자가 어떤 법률효과나 그에 필요한 법률요건을 주장한 이상 주장이 전혀 없다고 할 수는 없고 따라서 그에 대하여 판단한다고 하여 변론주의에 반하지 않기 때문이다.

160) 변론주의의 이론적 근거에 관하여는, ① 사적 자치를 근간으로 하는 민사소송의 본질에 의한 것이라는 견해, ② 실체적 진실 발견의 수단으로서 가장 적합하다는 견해, ③ 소송당사자에 대한 절차를 보장하고 당사자가 예상하지 않은 재판, 즉 불의타를 방지할 수 있는 수단이라는 견해, ④ 재판의 공정성 등 이상의 여러 요인이 복합적으로 작용한 결과라는 견해 등이 제시되고 있는바, 이들 전부가 다 포함될 수 있다.

161) 매매나 교환, 증여 등의 청구원인사실은 법지식이 없는 당사자라도 제출에 큰 곤란은 없을 것이다. 그러나 소멸시효의 완성, 해제조건의 성취, 계약의 해제 등의 공격방어방법에 관계된 구체적·역사적 법률사실은 어느 정도 법지식이 없이는 제출하기 어렵다. 따라서 소송수행능력이 미약한 당사자에 대한 소송지원은 주로 후자와 관련하여 요청되며, 변론주의보다 직권주의를 선호하는 입장에서는 이를 주된 근거로 내세운다.

없는 한 권리의 행사·실현이나 의무의 이행·소멸 여부를 권리자나 의무자 외의 제3자가 강요할 수는 없다(대법원 1994 .5. 24. 선고 93다44975 판결, 일본 최고재판소 1952. 11. 27. 선고 소화27년オ545 판결 등 참조). 이는 사적 자치를 표방하는 근대 시민법의 대원칙이다. 따라서 사적 자치와 당사자주의가 지배하는 민사소송에 있어 어떤 법률효과를 향수할 것인지 여부, 그에 필요한 구체적·역사적 법률사실의 주장과 입증을 할 것인지 여부는 당사자의 자유와 처분에 맡겨야 한다. 여기에 변론주의의 정당성이 시인된다.

마지막으로 위 ③에 관하여 보면, 앞서 본 바와 같이 법률효과 발생에 필요한 법률사실의 주장과 그 입증을 당사자가 주도하는 것이 소송을 신속하게 하고 비용을 저렴하게 한다. 물론 직권주의를 취할 경우에도 그것이 불가능한 것은 아니지만, 위와 같이 법률효과나 법률사실의 범위가 너무 넓어 법원이 이를 주도할 경우 상당한 시간과 절차의 번잡을 피하기 어렵고, 이에 따라 소송비용도 늘어나게 되는 부작용이 더욱 크다. 고로 변론주의가 소송의 신속과 경제성에도 더 잘 부합한다.

4) 실정법은 민사소송에 관하여 변론주의가 적용된다는 직접적인 규정을 두지는 않고 있으나,[163] 소액사건심판법 제10조와 같이 예외적으로 직권조사를 허용·요구하는 규정을 두고 있는 것의 반대해석과 학설, 판례(대법원 1995. 2. 10. 선고 94다51109 판결, 2008. 3. 27. 선고 2006다70929, 70936 판결, 2010. 1. 14. 선고 2009다69531 판결 등 참조)에 의해 인정된다.[164] 비송사건절차(비송사건절차법 제11조), 가사비송절차(가사소송법 제34조, 비송사건절차법 제11조), 행정소송(행정소송법 제26조), 특허심판(특허법 제159조), 채무자회생 및 파산절차(채무자회생 및 파산에 관한 법률 제12조 제2항) 등에는 직권주의가 명시적으로 인정된다.[165][166]

---

162) 의무자의 입장에서는 의무의 이행이나 그 소멸이다.

163) 민사소송법 제134조는 '변론의 필요성'이라 하여 "① 당사자는 소송에 대하여 법원에서 변론하여야 한다. 다만, 결정으로 완결할 사건에 대하여는 법원이 변론을 열 것인지 아닌지를 정한다. ② 제1항 단서의 규정에 따라 변론을 열지 아니할 경우에, 법원은 당사자와 이해관계인, 그 밖의 참고인을 심문할 수 있다. ③ 이 법에 특별한 규정이 있는 경우에는 제1항과 제2항의 규정을 적용하지 아니한다."고 규정하고 있는바, 그것만으로는 변론주의를 취한 것인지 여부나 법원의 직권조사를 허용하는지 여부가 분명치 않다.

164) 소액사건심판법 제10조는 소액사건에 관하여 판사가 필요하다고 인정할 경우 직권으로 증거조사를 할 수 있도록 하고, 증인신문도 판사가 하는 것을 원칙으로 하고 있다.

165) 직권주의를 취한다고 하여 당사자의 주장·입증이 전면 배제되지 않음은 물론이다.

166) 현재 변론주의를 기초로 하는 우리 민사소송법제는 독일의 제도가 일본을 통해 도입된 것이다. 1871년 독일 통일을 전후하여 통일적인 법원조직법과 민사소송법 제정이 이루어졌는데, 과거 전근대적 절대왕정체제나 봉건적 영주지배체제하의 서면주의, 비밀·비공개주의, 간접심리주의로 대변되는 직권주의 소송제도가 근대시민혁명을 계기로 자유주의, 개인주의 사조와 결합하여 소송에서도 당사자가 중심이 되는 변론주의가 도입되었다. 1877년에 제정된 독일제국 민사소송법은 이에 따라 1781년 프리드리히 소송법전, 1793년 프로이센 일반법원법 등과 달리 변론주의를 기반으로 하였다. 그러나 곧바로 변론주의에 대하여 Anton Menger 등을 중심으로 변론주의가 사회경제적 약자인 무산계급에 가혹한 제도라는 비판이 가해졌고, 히틀러의 제3제국에 와서는 이른바 국가사회주의원리에 따라 직권주의로 개편하려는 법률 개정작업까지 추진되었으나 결국 실현되지 못하였다. 현재의 독일 민사소송법에서도 변론주의는 그대로 유지되고 있다. 이에 관하여는 이균선, "민사소송에 있어서의 변론주의를 논함", 법학논총 제5집(1965. 1.), 단국대학교, 151면 이하; 호문혁, "민사소송에 있어서의 이념

그러나 민사소송에 관하여 변론주의가 적용된다고 하더라도 민사소송의 모든 영역에 다 예외 없이 변론주의가 적용된다는 의미는 아니다(민사소송법 제217조 제 2항, 제257조 제1항 단서, 제258조 제1항 제3호, 제434조 등 참조). 뒤에서 보는 바와 같이 예외적으로 직권주의가 적용되는 영역도 있다.

(3) 민사소송법상의 직권주의

1) 직권주의란 위와 같이 소송자료와 증거자료의 주장, 수집, 제출을 소송당사자에게만 맡기지 않고, 심판자인 법원이 개입하여 직권으로 이를 수집·조사하거나 판단하는 소송법원리를 말한다.

2) 직권주의에는 직권조사주의와 직권탐지주의가 있다. 전자는 당사자가 주장하지 않은 법률요건이나 법률사실에 대하여도 법원이 직권으로 그 존부를 조사·판단하는 것으로서, 그에 필요한 증거자료는 어디까지나 당사자가 제출하는 것이 원칙이다. 반면에 후자는 증거자료의 수집까지 법원이 직권으로 한다는 뜻이다. 즉 당사자가 증거조사를 신청하지 않은 증거방법에 대한 증거조사, 당사자가 제출하지 않은 증거방법에 대한 증거조사도 허용된다.

3) 우리 민사소송법은 변론주의를 전제로 하면서도, 당사자의 입증이 부족하여 심증을 얻지 못한 경우 직권으로 증거조사를 할 수 있도록 규정하고 있는바(민사소송법 제292조, 제367조), 이는 증거방법이 현출되었으나 당사자가 그에 대한 증거조사신청을 하지 않은 경우는 물론 변론에 현출되지 않은 증거방법에 대한 증거조사도 허용되는 것으로 해석된다. 그러나 이 경우에도 직권으로 허용되는 것은 어디까지나 증거조사에 한하므로, 당사자가 주장하지도 않은 법률요건이나 법률사실의 존부 판단을 위한 증거조사는 허용되지 않는다(대법원 1963. 9. 5. 선고 63다378 판결, 1981. 9. 8. 선고 81다카276, 277 판결, 1987. 12. 22. 선고 85다카2453 판결 등 참조).

이 규정에 의한 직권 증거조사의 예는, 원고가 손해배상청구를 하고 그 손해액에 관하여도 주장을 하였으나 그에 대한 입증을 전혀 하지 않거나 그 입증이 부족한 때와 같은 경우를 들 수 있다(대법원 1963. 9. 5. 선고 63다378 판결, 1967. 9. 26. 선고 67다1024판결 등 참조).

4) 일부에서는 직권조사주의와 직권판단주의를 다시 구별하여, 전자는 법원이 직권으로 법률사실의 존부를 조사하여 처리하는 것을 말하고, 후자는 당사자의 주장과 관계없이 법원이 직권으로 법률사실의 존부나 법률효과의 유무를 판단하는 것을 말한다고 한다. 그러나 양자는 거의 동시에 받아들여지므로 실제상 이를 구별할 의미가 없다.

5) 민사소송에서 직권주의가 적용되는 영역은 변론주의가 적용되지 않는 영역이므로 양자는 표리의 관계를 가지고 있다. 민사소송은 당사자주의가 적용되므로 원칙적으로 변론주의를 기본으로 한다. 특히 구체적 구성요건에 관한 규범이 정하는 법률요건과 그 법

과 변론주의에 관한 연구", 민사소송법연구 II(1998. 5.), 법문사, 51면 이하를 참조.

률사실에 대하여는 더욱 그러하다. 이러한 법률사실은 앞서 본 바와 같이 발견, 인식의 대상으로서 그 사실의 주장과 증명은 전적으로 당사자가 자신의 권한과 책임하에 변론을 통하여 제출하여야 한다. 따라서 직권주의가 적용되는 영역은 그 외의 영역으로서, 구체적 구성요건에 관한 규범이 정하는 법률요건과 관계가 없는 ① 소송요건이나 상소요건에 관한 사항, ② 법령의 해석·적용에 관한 사항, ③ 순수판단규범에 관한 사항이 되는 바,[167] 아래에서 자세히 검토한다.

나. 변론주의와 직권주의의 경계

(1) 변론주의, 직권주의의 근거와 양자의 경계점

1) 앞서 본 바와 같이 변론주의가 적용되는 영역은 소송목적인 본안청구의 당부와 관련하여 구체적 법률효과를 발생시키는 법률요건과 법률사실에 관한 것이 주된 반면, 직권주의가 적용되는 영역은 청구의 당부보다는 소의 적법 여부에 관한 소송요건이 주가 되고, 청구의 당부에 관하여는 순수판단규범을 포함한 법령의 해석·적용이 주가 된다.

2) 그렇다면 변론주의와 직권주의 양자의 경계는 어디서 구하여야 하는가? 생각건대, 이는 사적 자치 내지는 당사자주의에서 구하여야 한다. 사법적 법률관계에 관하여 당사자가 그 법률효과로서 어떤 권리·의무 등을 가지고 있는 경우에 이를 소송을 통해 실현할 것인지 여부는 원칙적으로 당사자의 자유에 맡겨져 있다. 권리의 취득이 자유이므로 그 행사 역시 자유여야 하기 때문이다.

따라서 그 법률효과 발생에 필요한 법률요건과 법률사실 및 그 증거방법을 법원에 제출하는 것 역시 권리 행사의 일환인 만큼 원칙적으로 그의 자유에 맡겨야 하고, 심판자인 법원은 최소한으로만 이에 간여하여야 한다는 변론주의는 이러한 당사자주의 원칙에서 자연스럽게 파생, 도출된다.

3) 이와 같이 변론주의가 사적 자치와 당사자주의의 원리에서 파생, 도출된 것인 만큼 변론주의의 적용 대상은 법주체가 자유롭게 처분할 수 있는 법률관계나 법익에 한정되어야만 한다. 만약 그것이 사회질서나 공동체 전체의 이익에 관계되는 것이거나 법제도의 근본 원리상 사적 자치의 대상이 될 수 없는 것이라면, 변론주의를 적용하여 개인의 자유 처분에 맡길 수 없기 때문이다.

따라서 변론주의와 직권주의의 경계를 구분 짓는 일차적 기준은 당해 법률관계나 법익의 임의처분의 가부이고, 그것은 궁극적으로 그 법률관계나 법익의 성질에 달려 있다

---

167) 넓은 의미의 민사소송에 속하는 가사소송이나 가사비송(가사소송법 제17, 38조), 민사비송(비송사건절차법 제11조), 행정소송(행정소송법 제26조)에 대하여는 구체적 구성요건에 관한 규범이 정하는 법률요건과 그 법률사실에 대하여도 위와 같이 직권주의가 원칙인바, 이는 가족질서의 유지와 공익을 고려한 입법정책의 소산이다.

고 할 수 있다. 즉 그것이 법주체의 개인적 이익에 관한 것이고, 그 자유로운 처분에 맡기더라도 다른 법주체나 공동체 질서의 유지에 영향이 없는 것이라면 변론주의를 적용하여야 하고, 그 반대의 것이라면 직권주의를 적용하여야 한다.

(2) 법률사실의 존부 심사와 법의 해석·적용

1) 변론주의는 청구에 관한 판단의 대상인 구체적·역사적 법률사실의 주장·수집·제출에 국한되고, 법령의 해석·적용과 증거가치의 판단을 통한 법률사실의 존부 및 그에 따른 법률효과의 평가·판단은 법원의 직무권한과 의무에 속하므로 변론주의가 적용되지 않는다(대법원 2006. 1. 26. 선고 2005다47014 판결, 2010. 1. 28. 선고 2007다82950 판결 등 참조). 이는 그 직무의 성질상 당연하다. 그러므로 당사자는 법률효과를 발생케 하는 구체적·역사적 법률사실을 주장·입증하면 충분하고, 거기에 적용될 법규와 그 법률효과까지 주장할 필요나 의무는 없다.[168]

2) 따라서 ① 당사자에 의해 주장·입증된 구체적·역사적 사실이 법규상의 요건사실에 해당하는지 여부, 즉 요건사실이 존재하는지 여부의 판단, ② 그 법률사실로부터 구체적으로 어떠한 법률효과가 발생하는지 여부의 판단은 법의 해석·적용으로서, 당사자의 주장 여부나 그 내용에 구속되지 않고 법원이 그 직무권한과 책임으로 당연히 수행하여야 한다. 법규의 내용이나 그 법적 의미 등에 관한 당사자의 법률적 주장에 대하여도 동일하다. 그리고 여기서 말하는 법규에는 성문법은 물론 관습법, 조리, 경험칙, 국제법이 모두 포함된다.

(3) 구체적 구성요건에 관한 규범과 순수판단규범, 중립적 규범

1) 변론주의는 물권이나 채권, 사원권 등의 권리 또는 대리권이나 동의권, 취소권 등 권한의 발생과 그 행사, 변경, 소멸 등에 관한 규정과 같이 구체적·개별적 법률효과 발생을 규정하고 있는 구체적 구성요건에 관한 규범이 요구하는 요건사실, 즉 구체적·역사적 법률사실의 존부에 대하여만 적용된다.

구체적 구성요건에 관한 규범이 규정하는 구체적·개별적 법률효과는 대체로 권리·의무의 발생, 변경, 행사, 소멸이고, 그 요건사실인 구체적·역사적 법률사실은 법주체 사이에 특정한 시·공간에서 발생하는 행위나 현상이다. 이러한 구체적 구성요건에 관한 규범이 민사법규의 중심을 차지하는바, 민법 제192조(점유권), 제213조(소유물반환청구권), 245조(시효취득), 제330조(입질계약), 제428조, 제428조의2(보증), 제563조(매매), 제114조(대리권), 제147조(조건), 제162조(소멸시효) 등을 그 예로 들 수 있다.

2) 구체적 구성요건에 관한 규범이 규정한 법률요건과 구체적·역사적 법률사실로부터

168) 적용법규와 법률효과는 청구원인의 말미(결론 부분)와 청구취지에 포함되는 것이 보통이나, 소송목적을 특정하는 정도만으로도 충분하다.

구체적·개별적 법률효과로서 권리·의무나 권한이 발생, 변동하는바, 앞서 본 바와 같이 이러한 법률효과는 원칙적으로 법주체의 자유로운 처분에 맡겨져 있는 만큼 그 법률효과 발생에 필요한 법률사실의 주장·입증 역시 그의 자유로운 처분 대상이 된다. 따라서 당사자가 주장하여 심판을 구하지 않은 법률사실에 대해서는 법원이 심판하지 않더라도 사회질서나 공익에 반하지 않고, 오히려 사적 자치와 당사자주의에 부합한다.

또한 실제적으로 보더라도, 이러한 법률사실은 법주체 상호 간의 사적 공간에서 발생하므로 국외자인 법원이 이를 알기는 어려우며, 직권으로 조사하더라도 쉽게 발견, 인식하기 어렵다. 따라서 법주체 사이에 어떤 행위나 현상이 있었는지는 그들 당사자에게 주장·입증케 하는 것이 그들의 이익을 가장 잘 보호할 수 있고, 또 실체적 진실 발견에도 도움이 된다. 이는 구체적 구성요건에 관한 규범에 대하여 변론주의가 적용되는 가장 큰 이유이다.

3) 위와 같이 구체적·역사적 법률사실을 기초로 구체적·개별적 법률효과를 부여하는 구체적 구성요건에 관한 규범이 민사법규의 대부분을 차지하지만, 민사법규 중에는 민법 제2조, 제103조, 제104조 등과 같이, 구체적 구성요건에 관한 규범이 규정하는 법률효과의 발생을 사회공동체 법질서 전체의 시각에서 부정적인 것으로 평가하여 이를 금지·거부하거나 제한하는 법규가 있다. 즉 앞서 본 순수판단규범이 그것이다.

이러한 순수판단규범은 구체적·역사적 법률사실을 기초로 구체적·개별적 법률효과로서 권리·의무를 부여하는 것이 아니라, 구체적 구성요건에 관한 규범이 예정하고 있는 일정한 법률효과 발생을 용인할 것인지 여부를 판단하는 기준으로 작용한다. 따라서 이러한 순수판단규범은 구체적 구성요건에 관한 규범과 달리 발견, 인식의 대상인 구체적·역사적 법률사실인 행위나 현상을 그 요소로 하지 않고, 법적 가치평가를 그 법규의 내용으로 한다. 한편 법의 존재는 누구나 알고 있는 만큼 일반적으로 그 주장이나 증명이 필요 없고, 그 의미 내용을 인식하고 이를 적용하는 것은 법원의 당연한 직무권한이자 책무이므로, 이러한 순수판단규범의 해석·적용에 관하여는 원칙적으로 당사자의 주장이나 증명이 필요 없다. 즉 이에 대해서는 직권주의가 적용된다.

4) 또 순수판단규범은 외형상 그 적용요건으로서 권리남용에 있어서의 가해의 의사, 불공정행위에 있어서의 궁박, 경솔, 무경험 등과 같이 구체적·역사적 사실을 갖는 경우도 있지만, 이는 구체적 구성요건의 법률사실과 달리 그것을 기초로 구체적·개별적 법률효과가 발생하는 것이 아니라 단지 판단기준인 순수판단규범을 보충하는 것으로서, 그 자체 역시 법규의 일부를 이루어 판단기준이 된다. 따라서 순수판단규범은 당사자가 주장·입증할 구체적·역사적 법률사실을 갖지 않으며, 그 법규의 존재를 인식하고 그 의미를 해석·적용하는 것은 전적으로 법원의 직무권한이자 책임에 속한다. 그러므로 이러한 사실에 대해서도 변론주의가 적용되지 않고 직권주의가 적용되며, 이러한 사실을 당사자가

주장하지 않아도 법원은 직권으로 조사할 수 있고, 또 조사하여야 한다.

5) 한편 민법 제3조(권리능력), 제5조(미성년자), 제9조(피성년후견인), 제18조(주소), 제22조(부재자), 제33조(법인), 제98조(물건), 제99조(부동산) 등과 같은 중립적 규범 역시 구체적 구성요건의 법률사실과 달리 구체적·역사적 법률사실을 토대로 구체적·개별적 법률효과인 권리·의무를 부여하는 것이 아니므로, 이에 대해서도 변론주의가 적용되지 않는다.

이러한 중립적 규범은 법주체가 다른 법주체와 구체적·역사적 행위나 현상을 통하여 법률관계를 맺기 전에 그의 권리능력이나 행위능력을 규정하거나 그 활동의 공간(시스템)을 마련함으로써 사법적 법률활동을 할 기반을 조성하는 것을 목적으로 한다는 점에서, 법주체 사이의 구체적 법률관계에서 현실로 발생한 구체적·역사적 행위나 현상(법률사실)을 기초로 구체적·개별적 법률효과를 부여하는 구체적 구성요건에 관한 규범과 성질이 다르다. 따라서 이들 중립적 규범이 규정한 법률효과는 사회공동체의 기본 법질서에 속하므로 사인이나 개별 법주체가 임의로 포기하거나 처분할 수 있는 것이 아니며, 이에 대해서도 원칙적으로 변론주의가 배제되고 직권주의가 적용되어야 한다.

(4) 청구원인과 공격방어방법

1) 청구원인을 이루는 법률사실(청구원인사실)의 경우, 소송당사자가 소를 제기할 때 이를 소송목적의 일부인 청구원인으로 특정하여 소장에 반드시 기재하여야 하며, 이를 기재하지 않은 때에는 부적법한 소 제기로서 보정명령의 대상이 되고, 이에 따르지 않으면 소장각하명령 또는 소 각하판결의 사유가 된다(민사소송법 제249조 제1항, 제254조, 제219조 등 참조).

따라서 이는 법원의 심판대상을 특정하고 당사자 간에 공격과 방어, 즉 변론을 하여야 할 대상인 소송목적을 특정하는 것이어서, 이를 전제로 청구의 당부에 영향을 미치는 다른 법률요건과 법률사실을 공격방어방법으로 주장·입증하는 것과는 차원이 다르고, 논리적으로 공격방어방법에 앞선다.

2) 반면에 특정한 청구를 전제로, 그 청구에 담긴 권리·법률관계의 발생, 행사, 존속에 영향을 미쳐 결국 청구의 당부에 연결되는 공격방어방법은 이를 소송절차에 제출하고 안 하고는 당사자의 자유이며, 반드시 제출할 의무나 필요가 없다. 그리고 이는 그 제출이 있는 때에야 법원이 심판하게 되므로 변론주의가 적용된다.

3) 법원은 원고의 재판청구에 응답하기 위하여, 원고가 특정한 청구원인과 이를 구성하는 청구원인사실의 존부와 그로부터 발생하는 구체적·개별적 법률효과를 반드시 조사·판단하여야 한다. 그러므로 이에 대해서는 변론주의가 적용될 여지가 없다. 이는 변론주의와는 차원이 다른, 당사자주의(당사자처분권주의)와 국민의 재판청구에 대한 법원의 답변에 기한 것이다.[169]

(5) 임의규정과 강행규정

1) 임의규정, 보다 엄밀히는 임의규정의 법률요건사실에 대해서 변론주의가 적용된다는 데에는 이설이 없다. 그러면 강행규정의 법률요건사실은 어떠한가? 변론주의와 강행법규의 관계에 대하여는, ① 강행법규의 법률요건사실에 대하여는 당사자의 주장이 없이도 법원이 직권으로 조사, 판단할 수 있는가, ② 강행법규의 법률사실에 대하여도 자백이 성립하거나 그 구속력이 인정되는가, ③ 강행법규의 존재와 내용에 대하여는 법원이 직권으로 증거조사를 하거나 증거를 탐지하여야 하는가 하는 문제가 걸려 있는바, 대체로 강행법규에 대해서는 변론주의가 적용되지 않는다는 부정적 견해가 학설과 판례를 지배하고 있다.

2) 앞서 <임의법규와 강행법규>에서 본 바와 같이, 강행법규는 당사자가 임의로 그 내용과 적용을 배제할 수 없고 이에 구속되는 법규정을 의미한다. 따라서 당사자가 당해 법규의 내용과 다른 내용의 법률요건 또는 법률사실을 정하거나 법률효과를 정함으로써, 당해 법규가 규정한 것과 다른 내용의 법률관계를 형성할 자유가 인정되지 않는 법규가 강행규정이다.

3) 강행법규라는 이유만으로 변론주의를 부정하고 직권주의를 긍정하는 것은 뒤에서 보는 바와 같이 옳지 못하다.[170] 변론주의와 관련하여 강행법규를 어떻게 다룰 것인지 여부는 결론적으로 말하여, 법규의 성질에 달려있다. 즉 구체적 구성요건에 관한 규범에 대해서는 변론주의가 적용되고, 순수판단규범이나 소송요건에 관한 규범 또는 중립적 규범에 대해서는 직권주의가 적용된다고 할 수 있다.

민법 제110조와 같은 강행법규라고 하더라도, 그것이 사인 간의 구체적·역사적 행위나 현상을 법률사실로 포착하여 구체적·개별적 법률효과를 부여하는 구체적 구성요건에 관한 규범이면 변론주의가 적용되고, 반대로 그러한 구체적·역사적 행위나 현상을 법률사실로 포착하여 권리·의무 등 구체적·개별적 법률효과를 부여하는 것이 아닌 순수판단규범인 경우에는 변론주의가 적용되지 않고 직권주의가 적용되어야 한다. 그 논거는 뒤의 <강행법규와 변론주의>에서 설명한다. 소송요건에 관한 규범과 중립적 규범의 경우에도 구체적·역사적 행위나 현상을 토대로 하여 구체적·개별적 법률효과를 부여하는 것

169) 이는 다음과 같은 차이점에서 분명하다. 원고가 청구원인으로 매매를 주장하면서 재산권이전의사표시의 존재만을 주장하고 대금지급의사표시의 존재를 누락한 경우(재산권이전의사표시의 존재에 대해서마저 주장이 없는 경우에도 마찬가지다.)에도 법원은 그에 대하여 심리하여야 하나(물론 그 주장이 없었으므로 그 대금지급의사표시의 사실이 부존재하는 것으로 판단하여야 한다.), 청구원인사실이 아닌 공격방어방법의 요건사실에 속하는 대리나 소멸시효의 경우, 그에 관하여 당사자의 주장이 없는 한 법원은 아예 그에 대한 조사와 판단을 할 필요가 없다.

170) 뒤의 <4. 강행법규와 변론주의>를 참조.

이 아니므로 원칙적으로 직권주의가 적용됨은 앞서 본 바와 같다.

(6) 주요사실과 간접사실

1) 법률요건사실 중 주요사실에 대해서만 변론주의가 적용되고 간접사실에 대해서는 변론주의가 적용되지 않는다는 것이 통설과 판례(대법원 2002. 6. 28. 선고 2000다62254 판결 등)이다. 이에 따르면 변론주의와 관련하여 주요사실과 간접사실의 구별이 중요하다.

2) 그러나 요건사실의 의미, 주요사실과 간접사실의 구별 기준에 대해서는 추상적 사실설과 구체적 사실설 등의 이견이 있다. '과실'이나 '정당한 사유' 등 추상적 사실에 관하여 대법원 판례와 같이 추상적 사실설의 입장을 취하여, 추상적 사실 그 자체를 주요사실이자 요건사실로 보고 이를 구체화하는 사실은 모두 간접사실로 볼 경우 당사자주의에 반하고 불의타를 초래할 우려가 있다는 점은 앞서 본 바와 같다.

3) 따라서 요건사실은 각 실체법규에 규정된 유형적·추상적 사실로서 법적 개념인 반면, 주요사실은 요건사실에 해당하는 것으로 평가된 구체적·역사적 사실로서 현실적·경험적 개념이라고 보아, 권한을 넘은 표현대리에서 '권한이 있다고 믿을 만한 정당한 이유'는 요건사실이고, 본인이 발급받은 인감증명서를 표현대리인이 소지하였다는 등 이를 구체화하는 개개의 구체적·역사적 사실이 위 요건사실에 부합하는 법률사실로서 주요사실이라고 이해하는 구체적 사실설이 원칙적으로 타당하다고 생각한다.

4) 간접사실에 대하여 변론주의의 적용을 부정하여야 하는 이유는 앞서 <주요사실과 간접사실>에서 이미 설명한 바와 같다.

(7) 주장과 입증

1) 변론주의는 위와 같이 공격방어방법에 해당하는 당사자의 주장과 구체적·역사적 사실의 존부 입증에 적용된다.

2) 당사자가 변론주의가 적용되는 법률사실의 존재를 주장하여 그 법률효과의 적용을 구하는 소송상 의사표시인 주장을 하지 않아 그에 대한 법원의 심사·판단을 받지 못함으로써 손해를 입는 것을 주장책임이라 한다. 그리고 그 법률사실에 대한 증명을 하지 못해 법원이 그에 따른 법률효과를 적용하지 못하게 됨으로써 당사자가 손해를 입는 것을 입증책임이라고 한다.

3) 뒤에서 보는 바와 같이 주장책임은 변론주의 내용이 되나 입증책임은 변론주의의 본질적 내용이 아니다. 즉 입증책임은 직권주의에도 적용될 수 있다.

다. 변론주의의 내용

위와 같이 소송자료와 증거자료의 수집, 주장, 제출을 당사자의 책임에 맡기고 법원은 원칙적으로 이에 관여하지 않는 것이 변론주의인바, 그 구체적인 내용은 ① 주장책임, ② 자백의 구속력, ③ 증거제출책임이다.

라. 주장책임

(1) 주장과 주장책임의 의의

1) 주장이란 어떤 사상(事象)에 대한 자신의 견해를 밝히는 것을 말하는데, 서면이나 말 등 어떤 수단에 의하건 불문한다. 변론주의가 적용되는 민사소송에서는 구두 진술에 의한 변론이 원칙적으로 필요하므로, 대부분의 주장은 변론기일에 법관의 면전에서 말로써 진술된다.

2) 넓은 의미의 주장은 위와 같이 소송과 관련한 당사자의 일체의 견해 진술로서 법률사실은 물론 법률적 사항과 증거에 관한 사항도 포함하나, 소송상 중요한 의미를 갖고 주장책임에서 문제되는 주장은 청구의 당부와 관련하여 구체적 법률효과를 발생시키는 법률요건과 그 구체적·역사적 법률사실에 대한 주장이다. 이 주장과 입증이 변론의 내용이 되고 공격방어방법이 되며, 넓은 의미의 소송자료로서 판단자료(판단의 대상)가 됨은 앞서 본 바와 같다.

3) 변론주의가 적용되는 영역에서, 청구의 당부와 관련하여 구체적 법률효과를 발생시키는 법률요건과 그 구체적·역사적 법률사실에 대한 주장이 없으면 법원은 그 사실의 존부와 그에 따른 법률효과의 발생 여부를 조사(심리)·판단할 수 없고, 그 결과 일방 당사자는 그에 따른 법률효과를 얻지 못하는 불이익을 입게 되는바, 그것이 곧 주장책임임은 앞서 본 바와 같다.

예컨대, 甲이 乙로부터 어떤 부동산을 증여 받았음을 이유로 乙을 상대로 소유권이전등기절차 이행청구의 소를 제기한 경우, 乙에게 민법 제557조 소정의 사유가 있는 경우 乙은 증여계약을 해제할 수 있고 이로써 甲의 청구를 저지할 수 있는바, 乙에게 민법 제557조 소정의 사유가 있더라도 당사자가 이를 주장하지 않으면 설사 이러한 사정을 법원이 소송과정에서 알았다 하더라도 이는 존재하지 않는 것으로 처리되어 乙은 그에 따른 법률효과인 해제의 효력을 얻지 못함으로써 불이익을 입는다.

한편, 위와 같은 의미의 주장책임을 특별히 객관적 주장책임이라고 하고, 이러한 주장책임을 지는 당사자가 그러한 불이익을 입지 않기 위하여 법원에 현실적으로 법률요건 및 그 법률사실을 제출할 필요성을 주관적 주장책임이라고 부르기도 한다.

4) 주장은 반드시 주장책임을 지는 당사자, 즉 그 법률요건의 적용으로써 이익을 얻는 당사자가 하여야 하는 것은 아니고, 상대방이 주장하였더라도 그 주장이 있는 것으로 되어 법원은 그에 따른 판단을 할 수 있다(대법원 1990. 6. 26. 선고 89다카15359 판결, 2002. 2. 26. 선고 2000다48265 판결, 2008. 4. 24. 선고 2008다5073 판결 등).[171][172]

다만 대법원은, 그 주장으로써 오히려 불이익을 입을 당사자가 주장을 한 것이 판단의 자료가 되거나, 상대방의 주장이 아직 없음에도 미리 이를 예상하여 그에 대한 가정적 반박을 하거나 자신의 견해를 밝히는 등으로 자신에게 유리한 적용을 기대한 당사자에게 반대의 결과가 초래되는 등의 경우 그 당사자가 불의의 타격을 입을 것을 우려하여, "… 사실은 반드시 주장책임을 지는 당사자가 진술하여야 하는 것은 아니고, 소송에서 쌍방 당사자 간에 제출된 소송자료를 통하여 심리가 됨으로써 그 주장의 존재를 인정하더라도 상대방에게 불의의 타격을 줄 우려가 없는 경우에는 그 주장이 있는 것으로 보아 이를 재판의 기초로 삼을 수 있다."고 하여 이를 제한적으로 적용한다(대법원 1990. 6. 26. 선고 89다카15359 판결, 1996. 2. 9. 선고 95다27998 판결, 2002. 2. 26. 선고 2000다48265 판결).

5) 주장된 법률사실은 당사자 사이에 다툼이 없는 경우 등 일정한 예외적인 경우를 제외하고는 증거에 의하여 입증되어야 한다(민사소송법 제288조 참조). 그것이 입증되지 못하여 법원이 그 사실의 존재를 인정하지 못한 결과 일방 당사자가 손해를 입는 것을 입증책임이라고 한다. 뒤에서 보는 바와 같이 주장책임과 입증책임의 소재는 일치한다.

(2) 주장책임의 적용 대상

1) 주장책임은 변론주의의 일부이므로 주장책임과 변론주의의 적용 대상은 같다. 즉 주장책임은 위와 같이 구체적 구성요건에 관한 규범이 규정하는 법률요건 및 그 법률사실에 대하여만 적용되고, 또 그 법률사실 중 주요사실에만 적용되고 간접사실에는 적용되지 않음은 이미 설명한 바와 같다.

2) 특정한 법률요건 및 법률사실에 어떤 법률이 적용되고 어떤 법률효과가 발생하는지 등의 법률문제는 당연히 법원이 직권으로 판단해야 하는 것으로서 변론주의와 주장책임의 적용 대상이 아니다. 또, 증거의 수집, 제출은 물론 증거에 관한 사실적 주장(증거자료가 위조 또는 변조되었다는 사실, 증거인 문서의 원본이 존재하지 않는다는 등의 주장)이나 법률적 주장(증거자료가 증거능력이나 증거력이 없다는 등의 주장)도 주장책임의 적용 대상이 아니다.

예컨대, 소멸시효완성의 효과를 얻기 위해서는 당사자(채무자)가 그에 필요한 법률사실인 권리 행사가 가능한 기산점과 시효기간의 경과는 요건사실로서 주장을 하여야만 하나, 그 채권의 법정 소멸시효기간이 얼마인지는 법률의 해석, 적용에 해당하여 변론주의

---

171) 증거자료는 어느 당사자에 의하여 제출되었건, 또 상대방이 이를 원용했는지 여부에 불구하고 증거공통의 원칙에 의하여 이를 당사자 어느 쪽의 유리한 사실인정, 반대로 다른 쪽에 불리한 사실인정의 증거로 할 수 있다(대법원 1978. 5. 23. 선고 78다358 판결, 2004. 5. 14. 선고 2003다57697 판결 등 참조).

172) 다만, 이는 뒤에서 볼 자백의 구속력 및 자백의 성립 문제와 다르다. 당사자 일방의 주장만이 있는 때는 자백이 성립하지 않으며, 자백의 구속력은 요건사실의 존부 판단에 있어 법원의 자유심증을 배제·제약하는 것이므로, 요건사실에 대한 당사자 일방의 주장만이 있는 경우, 법원은 그에 관하여 판단을 할 수 있다는 것이지 따로 자백이 성립하지 않는 이상 반드시 그에 구속되어 당해 요건사실이 존재하는 것으로 인정하여야 한다는 의미는 아니다.

나 주장책임의 적용 대상이 되지 않고, 따라서 당사자의 주장 여부나 그에 구속됨이 없이 법원이 직권으로 판단할 수 있다(대법원 1977. 9. 13. 선고 77다832 판결, 1995. 8. 25. 선고 94다35886 판결, 2006. 9. 22. 선고 2006다22852, 22869 판결, 2008. 3. 27. 선고 2006다70929, 70936 판결 등).

3) 주장책임의 적용 대상과 관련하여, 원고가 소송목적(소송물)으로 소장에 기재할 청구원인에 관하여도 변론주의와 주장책임의 적용 대상이 아님은 앞서 본 바와 같다.

4) 주장책임은 위와 같이 변론주의의 한 내용이므로 변론주의의 적용 대상이 아닌 민법 제2조나 제56조, 제103조, 제104조, 제108조, 제185조, 제608조, 제652조 등의 순수 판단규범에 관하여는 주장책임이 적용되지 않는다. 따라서 법원은 신의칙위반, 권리남용, 반사회질서행위, 불공정행위, 쌍방대리 등에 관하여는 당사자의 주장이 없더라도 이를 직권으로 심리하여 민법 제2조 등을 적용하여야 한다.[173)]

5) 법원에 현저한 사실, 즉 공지의 사실이나 직무상 법원에 현저한 사실에 대하여는 증명이 필요 없어 변론주의가 적용되지 아니하고, 따라서 당사자의 주장이 없더라도 법원이 직권으로 판단할 수 있다는 견해가 있다. 그러나 변론주의의 내용인 주장책임은 당사자의 주장이 없으면 법원이 직권으로 구체적 구성요건에 관한 규범의 법률요건사실을 조사·판단할 수 없다는 것이므로, 그 주장된 사실이나 직권조사사항(사실)에 대한 증명의 문제와는 논의의 주제와 차원이 다르다. 그러므로 법원에 현저한 사실에 대하여도 변론주의와 주장책임이 적용된다(대법원 1965. 3. 2. 선고 64다1761 판결, 2010. 1. 14. 선고 2009다69531 판결).

6) 주장책임과 관련하여, 당사자가 필요한 주장을 다하였는지 여부를 심사할 때 주의하여야 할 점은 앞서 본 바와 같이 간접주장의 여부이다. 간접주장 역시 주장으로 인정되므로, 간접주장이 있는 것으로 볼 수 있는 경우에 그 주장이 없는 것으로 보아 주장책임을 적용하여서는 안 된다. 따라서 주장을 한 것인지 아닌지 의문이 있거나 불명확한 경우 법원은 적극적으로 이에 관하여 질문하고 당사자의 입장을 정리하도록 조치함이 옳다.

(3) 주장책임의 분배 기준

1) 반대의 견해와 약간의 예외가 있기는 하지만, 위와 같이 주장책임을 지는 자는 원칙적으로 입증책임도 함께 진다. 자신에게 유리한 법률요건과 법률사실에 대하여 주장책임을 지는 자는 그 사실의 존재도 입증하여야 하고, 그 입증을 못할 경우 그에 따른 불이익을 입어야 함은 논리적으로나 상식적으로도 당연하기 때문이다.[174)]

---

173) 그러므로 이 부분에 관한 판결이유를 기재·설시할 때에도 그에 관한 당사자의 주장이 있었는지 여부를 밝힐 필요가 없다. 다만, 그에 관한 당사자의 주장이 있음에도 이를 받아들이지 않는 경우 당사자의 주장은 법의 해석·적용에 관한 법률적 주장이 되므로 민사소송법 제208조 제2항에 따라 이를 판결이유에서 판단하고 당사자가 그에 관하여 어떠한 내용의 주장을 하였는지를 언급할 필요가 있다(반대로, 그에 관한 당사자의 주장을 받아들이는 경우에는 당사자의 주장을 언급할 필요가 없으나, 이를 언급한다고 하여 위법은 아니다).

174) 주장책임이 우선하는가 아니면 입증책임이 우선하는가? 통설은 입증책임이 우선한다는 것이나, 필자의 생각으로는 오히려 주장책임이 우선하는 것이 아닌가 싶다. 논리적으로 볼 때 어떤 법률효과가

2) 그러나 주장책임과 입증책임이 분리되는 예외적인 경우도 있다. 예컨대 무권대리행위의 상대방이 무권대리인에게 민법 제135조 제1항에 의해 계약의 이행책임을 구하거나 손해배상책임의 이행을 구하는 경우, 무권대리행위의 상대방은 ① 무권대리인이 본인을 대리하여 당해 법률행위를 한 사실, ② 무권대리인이 그 행위를 함에 있어 대리권이 있었음을 증명하지 못한 사실, ③ 그 행위에 관하여 무권대리인이 본인의 추인을 받지 못한 사실을 주장하여야 한다.

그런데 위 ②와 ③에 관하여 누가 입증책임을 지는가? 민법 제135조 제1항을 평면적으로 보면 위 ②와 ③의 사실 역시 ①과 마찬가지로 무권대리인에게 책임을 구하는 상대방이 입증책임을 지는 것으로 해석될 수 있으나, 원래 대리에 따른 법률효과를 주장하는 경우 그 주장자가 대리권의 존재 사실에 대한 입증책임을 진다는 대법원의 견해(대법원 1994. 2. 22. 선고 93다42047 판결 등)와, 위 ②와 ③의 사실은 소극적 사실로서 상대방이 입증하기는 매우 어렵고, 오히려 그 반대사실(대리권의 존재 또는 본인의 추인이 있은 사실)을 무권대리인이 입증하기가 더 쉬우며 그에게 유리한 사실이라는 점을 고려하면, 위 ②와 ③의 반대사실에 대하여 무권대리인이 입증책임을 지는 것으로 위 민법 제135조 제1항을 해석할 수도 있다. 대법원은 후자의 입장을 취한다(2010. 1. 14. 선고 2009다73110 판결).[175]

3) 실정법은 주장책임이나 입증책임을 누가 지는지에 관하여 직접적인 규정을 두는 경우가 많지 않다.[176] 이에 관하여는 여러 학설이 대립하고 있으나, 독일의 베버(Weber)와 로젠버그(Rosenberg)가 주장한 객관적 증명책임론, 이른바 법률요건분류설이 대륙법계에서는 대세를 이루고 있다.[177]

발생하기 위해서는 법규가 요구하는 법률사실이 먼저 주장되어야 하고 그런 연후에야 이를 입증할 필요가 생기기 때문이다. 그러나 어느 쪽이든 실제상의 차이는 별로 없다.

175) 학설도 이를 지지하는 견해만이 보인다. 오석락, 입증책임론, 박영사(1999), 17면; 최진수, 요건사실과 주장증명책임, 진원사(2012), 33면 참조. 오석락에 의하면 일본의 학설과 대심원 판례(1907. 5. 28. 선고 판결, 民錄 13집 597면)도 같은 입장이라고 한다.

176) 실정법의 직접적인 규정의 예로는 민법 제135조 제1항을 들 수 있다. 위 조항은 "다른 자의 대리인으로서 계약을 맺은 자가 그 대리권을 증명하지 못하고 또 본인의 추인을 받지 못한 경우에는 그는 상대방의 선택에 따라 계약을 이행할 책임 또는 손해를 배상할 책임이 있다."고 규정한다.

177) 주장·입증책임의 분배 기준에 관하여는 크게 법규분류설(실체법규정을 원칙규정과 예외규정으로 나누어 각각의 규정에 따른 법률효과를 주장하는 자는 그 규정에 의한 법률요건사실을 주장·입증해야 한다는 견해)과 사실분류설(어떤 법률요건사실이 권리나 법률관계를 발생시키는 것인지 아닌지에 따라 권리자는 그 발생에 필요한 법률요건사실을, 의무자는 그 반대의 법률요건사실을 주장·입증할 책임을 진다고 보는 견해)이 대립하고, 후자는 다시 요증사실분류설(소극사실설과 표현사실설로 나뉨), 법률요건분류설(인과관계설, 통상사실설, 최소한사실설, 특별요건설, 전부사실설, 이익설, 근거요건설 등으로 나뉨)이 대립한다. 자세한 내용은 오석락, 입증책임론, 박영사(1999), 69−94 참조.
최근에 유력하게 대두하는 견해인 위험영역설은 환경침해사고나 의료사고, 원자력사고, 제조물책임사고 등과 같이 전문적인 영역에서 발생하는 위험과 관련하여서는 그 위험을 자신의 지배영역으로 하고 있는 위험 야기자가 고의, 과실이나 인과관계가 없다는 사실을 적극적으로 주장·입증하여야 한다는 견해다. 이익형량설도 위험영역설과 기본 취지가 같다.

최근의 지배적 견해인 법률요건분류설 중 근거요건설은, 행위규범이자 재판규범인 실체법은 법률효과와 그 발생요건인 법률요건을 규정하고 있는바, 실체법규의 해석을 통해 각각의 법규가 규정하고 있는 법률요건과 법률사실을 권리근거사실과 그 장애사유인 항변사실로 나눌 수 있는데, 당해 법률효과로써 이익을 얻을 자가 각각 그 법률요건과 법률사실에 대한 주장·입증책임을 지며, 이에 따라 권리의 존재를 주장하는 자는 그에게 유리한 법률규정이 요구하는 권리근거사실인 권리의 발생과 행사 및 존속에 필요한 법률요건과 그 법률사실을, 반대로 권리의 존재를 다투며 그 부존재를 주장하거나 당장의 권리 행사를 저지하려는 자는 그 권리의 발생이나 행사, 존속에 장애가 되는 법률요건과 그 법률사실을 항변으로 주장·입증할 책임을 진다는 입장을 취한다. 대법원도 같은 입장이다(대법원 1980. 2. 26. 선고 79다2265 판결, 1985. 5. 14. 선고 84누786 판결, 1990. 2. 27. 선고 89다카19412 판결, 1991. 12. 24. 선고 90다카28405 판결, 1997. 3. 25. 선고 96다42130 판결, 2000. 8. 22. 선고 98다36351 판결, 2003. 4. 8. 선고 2000다53038 판결, 2007. 10. 25. 선고 2006다16758, 16765 판결 등 참조).

예컨대, 甲이 원래 乙 소유인 어떤 부동산을 점유에 의해 시효취득하였음을 이유로 乙을 상대로 소유권이전등기절차 이행청구의 소를 제기한 경우를 가정하면, 부동산의 점유 시효취득이라는 법률요건으로부터 소유권이전등기청구권이라는 권리가 생기므로 甲은 위 점유 시효취득의 법률요건사실(20년간의 점유, 소유의 의사 등)을 권리근거사실로서 주장하여야 하고, 취득시효가 중단되었다거나 甲이 시효이익을 포기하였다는 등의 법률사실은 취득시효 완성에 따른 위 소유권이전등기청구권의 발생에 장애가 되거나 그 소멸에 관한 항변사실로서, 그 법률사실로써 이익을 얻는 乙이 주장하여야 한다.[178]

이 견해가 우리나라의 학설과 판례의 대세이다.[179] 이는 실체법이 행위규범이자 재판규범으로서 권리의 발생, 변경, 소멸에 관하여, 즉 이들 법률효과를 지향하여 유기적이고 체계적 구조를 가지고 있다는 인식으로부터 도출된 것이다. 많은 경우에 법규는 원칙과 예외, 본문과 단서 형식으로 법률효과의 발생과 그 장애를 규율하고 있고, 또 때로는 어느 당사자에게 주장·입증책임이 있는지를 분명하게 규정하고 있어 법률요건분류설은 그 기준이 가장 분명하고 분석이 용이하다.

4) 앞서 본 바와 같이 주장책임과 입증책임은 대부분 법률효과를 발생시키는 법률요건의 구성요소인 법률사실에 관한 것이다. 특히 주장책임은 전적으로 그러하다. 그런데

---

178) 앞서 설명한 바와 같이 시효취득을 이유로 한 소유권이전등기청구의 소에 있어, 시효취득은 청구원인으로서 그 청구원인사실의 기술을 통해 소장에 기재되어야 하고 그 법률효과로서 소유권이전등기청구권은 청구취지로 기재되어야 한다.

179) 1890. 4. 21.에 공포된 구 일본 민법(1893. 1. 1. 시행할 예정이었으나 결국 그 전에 개정되어 시행되지 못했다.)은 특이하게도 증거편에 "사실의 존재 또는 부존재에 의해 이익을 받기 위해 재판상 이를 주장한 자는 이를 증명할 책임을 지고, 상대방은 위 증명된 사실의 반대사실을 증명하거나 그 효력을 멸각시킬 사실을 주장·입증할 책임을 진다."는 규정을 두었으나 그 이후의 개정 법률에는 이러한 규정이 빠지게 되었다. 그러나 위 민법 규정의 법리가 일종의 관습법으로 학계와 실무계에 그대로 받아들여졌다. 다만, 위 법리의 적용에는 법규의 목적, 다른 법규와의 일체성, 정합성, 당해 법률요건의 일반성·예외성, 그 입증의 난이도 등을 고려하는 것이 용인된다(並木 茂, 要件事實原論, 悠悠社, 84-99 참조).

일정한 법률효과와 관련하여 그에 영향을 미치는 사실은 법률사실인 경우도 있고 법률사실이 아닌 경우도 있으며, 또 그 법률사실의 성질도 앞서 본 바와 같이 권리의 발생이나 행사, 존속에 적극적으로 작용하는 것도 있고 소극적으로 작용하는 것도 있는 등으로 다르다. 그러므로 주장·입증책임의 분배 기준을 정립하는 데에는 다음과 같이 이러한 사실의 성질을 고려하여야 한다.

첫째, 법률사실이 일정한 법률요건을 충족하여 그로부터 일정한 권리가 발생하는 경우, 그 권리는 소송의 주제(소송목적, 소송물)로 삼아 공권력에 의해 실현할 수 있는 청구원인이 되는 것과(매매의 요건사실 등), 이를 보조하거나(대리권이나 동의권, 추인권 등) 그 권리의 실현을 저지하는 사유(착오나 사기 등에 의한 매매계약의 취소권 등)로서 공격방어방법이 되는 것이 있다. 이 가운데 청구원인이 되는 것에 대해서는 주장책임은 적용되지 않고 입증책임만이 적용되며, 공격방어방법이 되는 것에 대해서는 주장책임과 입증책임이 모두 적용됨은 앞서 본 바와 같다.

둘째, 공격방어방법의 경우 청구원인에서 발생하는 권리의 실현에 도움이 되는 것, 즉 권리의 발생·행사·존속을 돕는 것은 공격방법으로서 권리자가 주장·입증할 책임을 지고, 그 실현에 장애가 되는 것, 즉 권리의 불발생, 행사저지, 존속저지(소멸)를 돕는 것은 방어방법으로서 의무자가 주장·입증할 책임을 진다.

셋째, 법률요건이 그 요건사실로 규정하고 있지 않는 사실, 즉 간접사실(매매의 동기, 장소, 계약체결 방법 등)에 대해서는 주장·입증책임이 적용되지 않는다. 그러나 간접사실을 주장·입증하지 않을 경우 법원이 직권으로 이를 조사·판단하리라는 보장이 없으므로 일방 당사자는 사실상 이에 따른 불이익을 입게 되는바, 이런 점을 고려하면 사실상으로는 간접사실에 대해서도 주장·입증책임이 적용되는 것이나 큰 차이가 없고, 특히 입증책임의 경우 그러하다.

넷째, 법률요건에서 규정한 법률사실이지만 그 자체가 독립하여 법률요건이 되지는 못하면서 그 존재로 인해 당해 법률요건이 규정한 법률효과로서의 권리·의무의 발생을 저지하는 이른바 소극적 법률사실(비채변제로 인한 부당이득반환청구권에 있어 변제자의 악의, 채무불이행에 의한 손해배상청구권에 있어 채무자의 고의·과실의 부존재 등)은 권리의 실현에 장애가 되는 것이므로 의무자의 방어방법에 속하고, 따라서 그가 이를 주장·입증할 책임을 진다(대법원 1962. 6. 28. 선고 4294민상1453 판결, 2006. 9. 28. 선고 2006다40171 판결, 2007. 12. 27. 선고 2005다73914 판결, 2010. 5. 13. 선고 2009다96847 판결, 2012. 11. 15. 선고 2010다68237 판결).

다섯째, 이미 말한 바와 같이 주장책임은 구체적 구성요건에 관한 규범이 규정하는 법률요건의 법률사실에 대해서만 적용되므로, 순수판단규범이나 소송요건에 관한 규범, 중립적 규범이 규정하는 법률요건의 법률사실에 대해서는 설사 그것이 구체적·역사적 법률사실이라고 하더라도 이러한 사실에 대해서는 주장책임이 적용되지 않고 입증책임만이 적용된다. 물론 이 경우에도 법원이 이를 조사하지 않을 경우나 순수판단규범 등의 적용에 필요한 구체적·역사적 법률사실의 존부를 알 수 없어 이를 적용하지 못하게 될 경우 입게 될 손해를 피하기 위해 당사자는 이를 적극적으로 주장·입증할 사실상의 부담을 지는 것은 부득이하다.

5) 그러나 위와 같은 기준을 따를 경우에도, 개개의 구체적인 법률사실이 권리의 발생, 행사, 소멸 등 어떠한 법률효과 발생에 포함되는 것인지를 정할 일의적인 기준이 없어 이를 둘러싸고 견해가 대립될 수밖에 없는 문제가 뒤따른다. 어떤 사실이 존재함으로써 권리가 발생하지 않거나 소멸하는 경우, 반대로 그 사실의 부존재 사실은 권리의 발생·존속에 필요한 사실로 볼 수 있기 때문이다.

예컨대 같은 고의, 과실이라도, 불법행위에서는 이것이 손해배상청구권의 발생 근거사실로서 채권자가 주장·입증하여야 하는 반면, 채무불이행에서는 채무자가 고의, 과실이 없었음을 들어 자신의 책임을 면하는 항변적 사실로서 채무자가 주장·입증책임을 진다는 데에 학설, 판례(대법원 1972. 11. 28. 선고 72다982 판결, 1984. 11. 27. 선고 80다177 판결, 1985. 3. 26. 선고 84다카1864 판결 등 참조)가 일치되어 있다. 또한, 민법 제750조의 일반 불법행위에서는 고의, 과실이 손해배상청구권의 발생 근거사실이지만, 민법 제756조 등의 사용자책임이나 공작물, 동물의 점유자책임에서는 채무자가 고의, 과실이 없었음을 들어 자신의 책임을 면하는 항변적 사실이라는 것이 통설, 판례이다.

이러한 문제에 대한 결론은 법률요건을 규정한 실체법규의 구조를 분석함으로써 도출할 수 있으나 법규의 구조가 불분명하여 이를 분석, 도출하기가 어려운 경우도 많다. 예컨대, 이행불능 이외의 채무불이행으로 인한 전보배상청구에 있어 채무의 이행 여부에 관한 주장·입증책임의 소재에 관하여는, 채권자가 채무자의 채무불이행을 주장·입증하여야 한다는 채권자설, 반대로 채무자가 자신의 채무이행 사실을 주장·입증하여야 한다는 채무자설, 이행할 채무가 작위채무인 경우에는 채무자가, 부작위채무인 경우에는 채권자가 주장·입증하여야 한다는 이분설이 대립한다.

우리 판례는 채권자가 채무자에게 채무의 이행을 청구하는 경우에 채무를 이행한 사실은 변제항변의 일종으로서 채무자가 주장·입증할 책임이 있다고 보면서도(대법원 1992. 6. 23. 선고 92다886 판결 등), 채무불이행으로 인한 손해배상청구에 관하여는 채권자가 채무불이행을 주장·입증해야 한다는 채권자설을 취한다(대법원 1996. 12. 23. 선고 96다30465, 30472 판결, 2000. 12. 8. 선고 2000다50350 판결, 2004. 3. 26. 선고 2002다29138 판결 등). 이는 불완전이행으로 인한 전보배상청구에 있어서도 같고(대법원 2000. 11. 24. 선고 2000다38718, 38725 판결 참조), 채권자가 채무자의 이행지체를 이유로 계약을 해제하는 경우에도 채무자의 채무불이행은 채권자가 주장·입증할 책임이 있다고 본다(대법원 1977. 3. 8. 선고 76다2461 판결, 1995. 4. 28. 선고 94다16083 판결 등 참조).[180]

---

180) 물론 불완전이행이 아닌 이행지체의 경우에는 채권자의 주장만으로 충분하고, 채무자의 반증이 없는 한 사실상 이행지체사실(이행이 전혀 없거나 기한을 도과한 이행)의 입증은 간단할 것이다.

또, 정지조건부 법률행위에 있어 정지조건의 존재와 그 성취 사실을 권리발생 근거사실로 보는 부인설에 의하면, 조건의 존재와 그 성취 사실은 청구원인에 대한 보조적 법률요건이 되어 채권자가 주장·입증책임을 지게 되나, 반대로 이를 권리발생 장애요건으로 보는 항변설에 의하면 정지조건의 존재 사실은 채무자가, 그 성취 사실은 채권자가 주장·입증책임을 지게 된다.

일반적으로 기한의 존재(미도래)는 권리 행사 저지사유로서 공격방어방법에 속하고 채무자가 주장·입증책임을 지게 되나, 소비대차 등 대차형 계약에 있어서는 기한의 도래가 목적물 반환청구권의 발생사유로서 청구원인사실에 속하고 채권자가 주장·입증책임을 지게 된다는 것이 통설이다.

6) 이러한 견해의 대립 현상은 법규의 내용이 비교적 분명한 경우에도 일어난다. 예컨대, 민법 제214조는 "소유자는 소유권을 방해하는 자에 대하여 방해의 제거를 청구할 수 있고 소유권을 방해할 염려 있는 행위를 하는 자에 대하여 그 예방이나 손해배상의 담보를 청구할 수 있다."고 규정하고 있는바, 위 법규의 내용과 그 규정형식에 비추어 상대방(방해자)의 방해상태는 소유자의 방해배제청구권의 발생요건으로서 이를 소유자가 주장·입증할 책임을 진다고 할 것이다(대법원 2003. 3. 28. 선고 2003다5917 판결 참조).

그런데 이에 관하여, 예컨대 甲 소유의 토지를 乙이 점유한 경우, 위 법규에서 요구하는 '乙의 방해상태'인 점유는 그 시기에 제한이 없으므로 특정한 시점에서 乙이 점유한 사실이 있으면 일단 甲의 방해배제청구권이 발생하고, 그 뒤 乙이 점유를 상실하여 현재 이를 점유하지 않고 있다는 사실은 甲의 방해배제청구권 상실 사유로서 乙의 항변사실이라는 견해(점유설)와, 乙의 방해상태인 점유 사실은 현재의 점유 사실이고 이는 소유자인 甲의 방해배제청구권 발생요건으로서, 乙이 점유를 상실하여 현재 이를 점유하지 않고 있다는 사실은 방해상태인 점유사실의 부인에 불과한 것이므로 乙이 현재 점유하고 있다는 사실은 甲이 주장·입증해야 할 것이라는 견해(현점유설)가 대립한다. 반면에 민법 제213조의 소유물 반환청구권에 관하여는 제213조 후문의 점유를 정당화할 사유는 소유자인 원고의 청구원인사실이 아니라 그 청구권의 행사를 저지하여 원고의 청구를 배척하기 위한 항변사항으로서 피고가 주장·입증책임을 진다는 것이 통설이자 소송실무이다.[181] 이와 같이 법률요건분류설에 따르더라도, 어떤 법률사실에 대한 주장·입증책임의 소재가

181) 만약 원고가 피고에게 정당한 권원이 없다는 사실의 주장·입증책임을 진다면 원고는 거의 불가능한 책임을 지게 되어 이른바 '악마의 증명'의 늪에 빠질 것이다. 이와 관련하여 점유자가 점유물에 대하여 행사하는 권리는 적법하게 보유한 것으로 추정한다는 민법 제200조가 적용되는바, 이는 동산에 대하여만 적용되며(대법원 1982. 4. 13. 선고 81다780 판결 등), 그 추정의 결과 반환을 청구하는 자가 소유권 등 반환을 청구할 권원을 주장·입증하여야 하고 원고가 그 주장·입증에 실패하면 그 자체로써 청구기각 사유가 된다. 따라서 민법 제213조 후문의 정당한 사유는 원고가 반환을 청구할 본권을 주장·입증한 경우 다시 그에 의한 반환청구를 저지할 사유(예컨대, 임차권, 지상권, 유치권 등)를 가리킨다고 할 수 있다.

항상 분명한 것은 아니다.[182]

7) 한편, 위와 같은 주장책임의 분배는 권리자가 원고가 되든 의무자가 원고가 되든 변함이 없다. 즉 채무자가 원고가 되어 채무부존재확인의 소를 제기하더라도 권리발생 근거사유는 채권자인 피고가 주장·입증책임을 지고, 그 장애사유는 채무자인 원고가 주장·입증책임을 진다(대법원 1998. 3. 13. 선고 97다45259 판결 등). 이는 배당이의의 소에서도 마찬가지로서, 채권의 성립에 관하여는 채권자가, 그 발생장애, 소멸 등에 관하여는 채무자인 원고가 주장·입증책임을 진다(대법원 2007. 7. 12. 선고 2005다39617 판결).

8) 주장·입증책임은 각각의 법률효과가 모순·대립관계에 있는 공격방어방법 상호 간에도 문제된다. 즉 방어방법으로서 피고가 항변을 하여 원고의 권리에 관하여 그 발생·행사·존속의 장애사유가 있음을 주장하면, 원고는 역시 공격방법으로서 피고가 주장하는 장애사유로부터 발생하는 법률효과의 발생·존속에 다시 장애가 되는 법률효과를 발생시키는 법률요건사실을 재항변할 수 있다. 이때 재항변의 법률요건사실은 권리자인 원고가 주장·입증책임을 진다. 결국 주장·입증책임은 법률효과를 향하여 발생하며, 그 법률효과는 서로 모순·대립관계에 있다.

▣ 매매와 관련한 원·피고의 소송행위와 주장·입증책임(예)[183]

원고 甲의 소송행위	주장·입증책임 (주장·입증 주제)	피고 乙의 소송행위		주장·입증책임 (주장·입증 주제)
·청구취지: 乙은 부동산에 대해 甲에게 소유권이전등기하라. ·청구원인: 甲, 乙 간의 매매	청구의 특정	청구 인낙	원고 청구 수용	소송 불요
·청구원인사실: 乙이 부동산의 소유권을 이전하기로 한 사실, 甲이 대금을 지급하기로 한 사실	주장/입증 원고(매매)	자백	매매 사실 있다.	입증 불요
		부지	매매 사실 여부 모른다.	원고(매매)
·매매의 간접사실: 매매의 시기, 장소, 입회인, 계약방법 등[184]	입증 원고(간접사실)	부인	매매 사실 없다.	원고(매매)
·매매의 보조적 법률요건사실: 丙이 乙을 대리하여 매매한 사실[185]	주장/입증 원고(대리)	항변 ←	매매 사실은 있으나 소멸시효가 완성하였다.	주장/입증 피고(소멸시효 완성)

182) 법규가 주장책임과 입증책임을 분리하고 있는 경우도 있다. 예컨대, 민법 제397조는 금전채무불이행에 대한 특칙으로서 "① 금전채무불이행의 손해배상액은 법정이율에 의한다. 그러나 법령의 제한에 위반하지 아니한 약정이율이 있으면 그 이율에 의한다. ② 전항의 손해배상에 관하여는 채권자는 손해의 증명을 요하지 아니하고 채무자는 과실 없음을 항변하지 못한다."고 규정하고 있는바, 이에 의하면 채권자는 지연손해의 발생 사실과 그 액수를 주장할 책임은 있으나(그러나 액수도 법정되므로 법정액 이상의 실제 손해액을 주장해도 무의미하다.) 이를 증명할 책임은 지지 않는다.

183) 주장책임과 입증책임의 주체와 내용은 같다. 이 표에서 '주장/입증'은 주장책임과 입증책임 모두가, '입증'은 입증책임만 있는 경우를 나타낸다.

·재항변: 원고의 최고로 소멸시효가 중단되었다는 사실 →	주장/입증 원고(최고)	자백	최고 사실 있다.	입증 불요
·최고의 간접사실: 최고의 장소, 최고의 방법 등	입증 원고(간접사실)	부지	최고 여부 모른다.	원고(최고)
·최고의 보조적 법률요건사실: 丙이 원고를 대리하여 최고한 사실	주장/입증 원고(대리)	부인	최고한 일 없다.	원고(최고)
		재재 항변 ←	최고 후 6월 내에 재판상 청구 등을 하지 않아 시효중단의 효력이 없다.[186]	주장/입증 피고(시효중단의 효력 소멸)

9) 그런데 이상의 논의결과에서 알 수 있는 바와 같이 주장·입증책임의 분배에 있어 가장 중요하고도 어려운 과제는, ① 우선 각각의 법규가 규정하고 있는 내용을 분석하여 그것이 법률효과를 가져오는 법률요건을 규정한 것인지 법률효과 발생과 관계없는 것인지를 판별하고, ② 다음으로, 그것이 법률효과를 정하고 있는 것이라면 그 법률효과가 권리의 발생을 규정한 것인지 아니면 권리의 발생·행사·존속의 장애사유를 규정한 것인지 판별하며, ③ 마지막으로, 권리의 발생·행사·존속의 장애가 되는 법률효과에 대하여 다시 그 장애가 되는 법률효과를 규정한 것은 아닌지를 판별하는 것이다.[187]

이때 법규의 해석기준을 제시하면,[188] ① 법규에서 직접 언급하지 않은 사실은 특별히 해석을 통하여 포섭되지 않는 한 법률요건사실이 아니고 간접사실에 불과하여 주장·입증책임의 대상이 되지 않는다, ② 법규가 정한 당해 법률요건사실을 충족함으로써 권리 또는 법률관계가 발생하면 그 법률요건사실은 권리 발생 근거사실이다, ③ 위 ②의 법률요건 기술에서 「어떠어떠한 사실이 있거나 어떠어떠한 조건을 만족시키면 …을 할 수 있다」고 규정하면 그 사실이나 조건은 권리근거 요건사실에 포함되나, 「…한 사실이 없는

184) 이러한 간접사실은 민법 제563조 등에서 규정하지 않는 사실로서 매매의 법률요건사실에 해당하지 않는다. 즉, 이러한 간접사실로부터는 직접 매매라는 법률효과가 발생하지 않으므로 원고는 이를 주장할 책임을 부담하지는 않고, 단지 자신의 이익을 위하여 그 임의로 이를 주장·입증하여 매매의 법률요건사실의 존재를 입증하는 데 보조자료로 사용할 수 있을 뿐이다. 고로 입증책임만 진다.

185) 대리는 매매의 성립 여부에 법률적으로 직접 영향을 미쳐 대리의 성립 여부에 따라 매매의 법률효과가 발생할 수도, 발생하지 않을 수도 있으므로(즉, 대리는 매매의 보조적 법률요건으로서 매매의 법률효과 발생에 영향을 주므로) 매매에 대한 주장·입증책임을 지는 원고가 대리에 대하여도 주장·입증책임을 진다.

186) 최고 이후 중단된 소멸시효가 다시 진행하여 시효가 완성되었다는 피고의 주장은 재재항변이 아니라 원래의 소멸시효와는 별개의 소멸시효를 주장한 것으로서 별개의 항변이 된다.

187) 여기서 장애는 장애 → 장애 → 장애 순으로 그 모순·대립관계가 연속될 수 있다.

188) 여기서 말하는 법규는 하나하나의 개별 법규만을 의미하는 것이 아니다. 어떤 경우 법규는 여러 규정이 모여서 하나의 법률효과를 발생시키기도 하고, 복수의 법규가 원칙과 예외의 관계에 있는 경우도 있는 등으로 복잡한 관계를 맺고 있기 때문이다. 따라서 법규를 해석할 때는 관련된 여러 법규정을 동시에 해석·검토의 대상으로 삼아야 한다.

한」 또는 「…한 사실이 있으면 청구하지 못한다」라고 규정하면 그 사실은 권리 발생의 장애사유(소극적 사실)로서 항변적 법률요건사실이 된다, ④ 위 ②에 이어서 「다만(그러나) …한 사실이 있으면 그러하지 아니하다」 또는 「다만(그러나) …한 사실이 있는 경우에는 예외로 한다」, 「다만(그러나) …한 경우에는 …로 한다」, 「다만(그러나) …한 경우에는 …못한다」, 「다만(그러나) …에게는 대항하지 못한다」는 단서규정이나 예외규정이 있으면 그 사실은 원칙적으로 권리 발생이나 당해 법률효과 발생의 장애사유로서 항변적 법률요건사실이 된다, ⑤ 「…한 사실이 있으면 …을 거절할 수 있다」고 규정하면 그 사실은 권리 행사의 장애사유로서 항변적 법률요건사실이 된다, ⑥ 「…한 사실이 있으면 …이 소멸한다」[189] 또는 「…의 권리는 …까지 행사하여야 한다」고 규정하면 그 사실이나 시간의 경과는 권리 존속의 장애사유(권리 소멸사유)로서 항변적 법률요건사실이 된다.[190]

이러한 기준에 따라 학설과 판례에 의해 형성되어 온 내용을 요약한 것이 앞서 본 <법률요건의 분류>인바, 이를 다시 정리하면 아래와 같다.

▣ 법률요건과 주장·입증책임의 분배

권리의 발생·행사·존속 요건 (권리자에게 주장·입증책임)	청구원인	·당사자의 의사에 의한 것(법률행위 = 재단법인에의 출연, 유증, 매매, 교환, 증여, 소비대차, 임대차, 저당권설정계약, 조합, 소비임치, 입양, 상속재산분할협의 등) ·법률규정에 의한 것(물권적 청구권, 상린관계, 취득시효, 채무불이행, 부당이득, 원상회복, 불법행위, 사무관리, 친족법상의 권리·법률관계, 상속법상의 권리·법률관계)
	보조적 법률요건	·발생보조: 대리, 표현대리, 동의, 인·허가,[191] 시기의 도래, 정지조건의 성취 등
		·행사보조: 이행기의 도래, 채권자대위권 행사자의 채무자에 대한 통지, 계약금계약에 의한 해제 시 계약금의 포기 또는 배액의 상환, 환매권 행사 시 매매대금과 매수비용의 상환 등
		·존속보조: 무효행위의 전환, 취소할 수 있는 행위의 추인, 소멸시효의 중단, 시효이익의 포기, 계약의 갱신 등
권리의 발생·행사·존속의 장애요건 (의무자에게 주장·입증책임)	권리발생 장애요건	·악의의 비채변제, 물권적 청구에 있어 상대방의 점유권원 등의 존재, 책임무능력자의 감독자나 사용자 등이 감독의무 등을 해태하지 않은 사실, 기한(시기)의 존재, 정지조건의 존재 등[192] ·신의칙위반, 사회질서위반, 불공정법률행위, 소송신탁, 의사무능력, 통정허위표시, 상대방에게 악의 또는 과실이 있는 경우의 진의 아닌 의사표시, 목적 달성이나 채무 이행의 원시적 불능 등[193]

189) 민법 제3편 제6절은 '채권의 소멸'이라는 제목 아래 변제, 공탁, 상계, 경개, 면제, 혼동을 규정하고 있는바, 이들 개별 규정에서 「…한 사실이 있으면 …이 소멸한다」는 문구가 없어도 이들 법률요건사실은 권리 소멸사유로서 항변적 법률요건사실이 된다.

190) 본문과 단서, 일반규정과 특별규정, 원칙규정과 예외규정으로 나누는 것이 일반적인 견해이나 그 기준이 너무 추상적이고 개별적인 법규정 형식에 부합하지 않는다.

	권리 행사 장애요건	채무 이행 기한(이행기)의 미도래나 기한의 유예, 선이행이나 동시이행의 항변권, 보증인의 최고·검색의 항변권, 유치권항변, 상속의 한정승인, 채권의 압류·가압류, 임차인 등의 지상물·부속물매수청구권의 행사 등[194]
	권리존속 장애요건 (권리의 소멸요건)	권리의 포기, 채무의 면제, 경개, 변제, 공탁, 상계, 혼동, 종기의 도래, 소멸시효의 완성, 취득시효 완성의 반사적 효과, 제척기간의 경과,[195] 쌍방의 귀책사유 없는 채무의 이행불능,취소, 해제, 해지, 철회, 해제조건의 존재와 성취 등

10) 위와 같이 법규 해석의 기준을 제시하였지만 이를 실제 개개의 법규나 사건에 적용하는 데에는 수많은 곤란과 어려움을 피할 수 없다. 법규의 내용이나 형식이 다양하고 법규를 해석하는 시각이 동일할 수 없기 때문이다.

예컨대, 민법 제108조(통정한 허위의 의사표시)는 "① 상대방과 통정한 허위의 의사표시는 무효로 한다. ② 전항의 의사표시의 무효는 선의의 제3자에게 대항하지 못한다."고 규정하고 있는바, 학설과 판례는 그 법률효과의 적극성과 소극성에만 주목하여, 판단 대상인 법률행위가 통정한 허위의 의사표시라는 사실은 그 법률행위에 따른 법률효과 발생을 부정하려는 자가, 그 법률관계의 한쪽 당사자가 악의의 제3자라는 사실은 그 법률행위에 따른 법률효과 발생을 긍정하려는 자가 각각 주장하고 입증하여야 한다고 한다(대법원 1970. 9. 29. 선고 70다466 판결, 대법원 2006. 3. 10. 선고 2002다1321 판결, 2007. 11. 29. 선고 2007다53013 판결 등).[196]

또 하나 예를 들어보자. 해약금에 관한 민법 565조 제1항에 관하여 보면, "매매의 당

---

191) 이는 통설과 판례에 따른 것이다. 저자는 이를 구체적 구성요건이 아닌 순수판단규범의 요건으로 보므로 주장책임은 문제되지 않는다. 이에 대해서는 뒤의 <3. 변론주의와 직권주의의 구별기준 및 주장·입증책임의 분배 다. 변론주의의 적용 여부가 구체적으로 문제되는 경우 (11) 토지거래허가 등 행정관청의 인·허가나 동의, 승낙>을 참조.

192) 부제소합의는 공권인 소송청구권의 장애사유로서 소극적 소송요건에 해당하고, 부집행합의는 공권인 강제집행청구권의 장애사유인바, 이들 역시 넓게는 권리발생 장애요건에 해당한다.

193) 저자의 견해에 의하면 신의칙위반이나 사회질서위반, 불공정법률행위는 구체적 구성요건이 아닌 순수판단규범의 요건이므로 주장책임은 문제되지 않고 입증책임만 문제된다.

194) 권리 행사 장애요건이 행사된 경우 청구가 전부 기각될 수도 있고 조건부로 인용되어 그 일부만 기각될 수도 있다. 권리의 행사요건(지시채권의 행사에 있어 증서의 제시 등)은 권리자에 주장·입증책임이 있다.

195) 출소기간이 아닌 제척기간의 경우 그 기간을 경과하면 권리가 소멸하는바, 그것이 직권조사사항이라는 대법원 판례(1996. 9. 20. 선고 96다25371 판결, 2013. 4. 11. 선고 2012다64116 판결)가 타당치 못하다는 점에 대하여는 제1장 <금지규정>을 참조.

196) 대법원은 그 이유를 자세히 말하지 않고 있으나, 3자의 선의가 추정되므로 그 입증책임이 상대방에게 전환되는 것으로 본 이유 때문이 아닌가 싶다. 그러나 법률에 추정규정이 없으므로 추정을 한다고 하여도 이는 사실상 추정에 불과하다고 생각된다. 일본 민법 제94조는 우리 민법 제108조와 완전히 동일한바, 이에 관하여 일본 법원은 제2항을 예외규정으로 보아 제1항에 의한 무효의 법률효과를 발생하지 않게 하려는 제3자가 자신의 선의를 주장·입증하여야 한다고 한다(대심원 1942. 9. 8. 선고 소화 17년オ520 판결, 최고재판소 1960. 2. 2. 선고 소화 32년オ335 판결, 1987. 1. 20. 선고 소화 62년オ969 판결).

사자 일방이 계약 당시에 금전 기타 물건을 계약금, 보증금 등의 명목으로 상대방에게 교부한 때에는 당사자 간에 다른 약정이 없는 한 당사자의 일방이 이행에 착수할 때까지 교부자는 이를 포기하고 수령자는 그 배액을 상환하여 매매계약을 해제할 수 있다."고 규정하고 있어 임의규정에 의한 법정해제권을 인정하고 있는 것으로 해석되고, 따라서 이는 기본적으로 해제권이라는 권리의 발생과 행사의 요건사실(근거사실)을 규정하고 있다고 할 수 있다.[197] 그러나 이 해제권이 소송을 통해 실현할 자격이 있는 권리는 아니므로, 이는 청구원인이 아니라 권리 소멸을 보조하는 해제에 관한 법률요건을 규정한 것이다.

위 규정은 해제권의 발생·행사의 요건으로서 ① 매매계약 당시 당사자 일방이 금전 기타 물건을 계약금, 보증금 등의 명목으로 상대방에게 교부한 사실,[198] ② 교부자는 이를 포기하고 수령자는 그 배액을 상환한 사실, ③ 계약 해제의 의사표시와 그 도달 사실, ④ 위 ②, ③이 당사자 일방이 이행에 착수하기 전에 이루어진 사실을 요구하고 있음을 알 수 있으므로 이들 법률사실은 위 해제권의 발생·행사의 근거사실이 된다.

한편 위 법규에서 규정하고 있는 "당사자 간에 다른 약정이 없는 한"이라는 사실은, 위 해제권 발생·행사요건과 반대되는 약정을 한 경우에는 그 약정에 의한다는 것으로서 이때 다른 약정의 내용은 위 법규의 내용과 다른 약정이면 모두 가능하므로 ① 위 법규정에 의한 해제권 발생의 효력을 배제하기로 하는 것(계약금이나 보증금 등을 해약금으로 하지 않기로 하는 합의), ② 당사자 일방이 이행에 착수한 후에도 해제권을 행사할 수 있

---

197) 위 법규에 의한 해제권은 이른바 계약금계약에 의하여 발생하는 것으로서, 매매계약 당시 계약금, 보증금 등의 명목으로 금전을 수수한 경우 이를 포기 또는 그 배액을 상환함으로써 계약을 해제할 수 있기로 하는 약정해제권 보류의 약정이 있는 것으로 보아 다른 약정이 없는 한 그에 따라 매매계약을 해제할 수 있는 권리를 계약 당사자들에게 부여한 것이라고 할 것이다. 따라서 위 법규에 의한 해제권은 계약금계약 당시 이미 발생하고, 그 뒤 계약금을 포기하거나 배액을 상환하고 해제하는 것은 이미 발생한 해제권을 행사하는 것이라고 할 수 있다.
대법원도, 계약금계약을 한 경우에는 민법 제565조 제1항의 규정에 따라 임의해제를 할 수 있으나, 계약금계약은 금전 기타 유가물의 교부를 요건으로 하므로 단지 계약금을 지급하기로 약정만 한 단계에서는 아직 계약금으로서의 효력, 즉 위 민법 규정에 의해 계약해제를 할 수 있는 권리는 발생하지 않는다고 할 것이므로, 당사자가 계약금의 일부만을 먼저 지급하고 잔액은 나중에 지급하기로 약정하거나 계약금 전부를 나중에 지급하기로 약정한 경우, 계약금을 교부할 자가 계약금의 잔금이나 전부를 약정대로 지급하지 않으면 상대방은 계약금 지급의무의 이행을 청구하거나 채무불이행을 이유로 계약금약정을 해제할 수 있고, 나아가 위 약정이 없었더라면 주계약을 체결하지 않았을 것이라는 사정이 인정된다면 주계약도 해제할 수도 있을 것이나, 계약금의 잔금 또는 전부를 지급하지 아니하는 한 계약금계약은 성립하지 아니하므로 당사자가 임의로 주계약을 해제할 수는 없다고 한다(2008. 3. 13. 선고 2007다73611 판결). 대법원 1993. 1. 19. 선고 92다31323 판결도, 민법 제565조는 해제권 행사의 시기를 당사자 일방이 이행에 착수할 때까지로 제한하고 있고, 매도인이 민법 제565조에 의하여 계약을 해제하고자 하는 경우에는 계약금의 배액을 제공하고 하여야 할 것이나, 이 해약금의 제공이 적법하지 못하다면 해제권을 보유하고 있는 기간 안에 적법한 제공을 한 때에 계약이 해제된다고 볼 것이라고 하여 해제권은 계약금계약에 의하여 발생하는 것으로 보고 있다.

198) 통상 매수인이 교부하는 것이 관습이고, 계약금을 주고받는 것에 관한 당사자의 합의는 '계약금계약'이라 하여 주된 계약에 부수되는 계약으로 이해한다.

기로 하는 것, ③ 교부자가 교부물을 포기하거나 수령자가 배액을 상환하지 않고도 해제권을 행사할 수 있거나, 그보다 더 많은 금액을 상환하여야 해제권을 행사할 수 있기로 하는 것, ④ 해제의 의사표시가 없어도 해제의 효력이 발생하기로 하는 것 등을 생각할 수 있다. ①은 해제권이 발생하지 않는다는 것을 규정한 것으로서 해제권 발생에 장애사유가 되므로 재항변적 법률요건이 되는 반면(대법원 2009. 4. 23. 선고 2008다50615 판결 참조), ②, ③, ④는 위 법규와 다른 해제권 행사요건을 정한 것으로서 그와 같은 별도의 합의가 있다는 사실은 해제권 행사의 근거사실이 되고, 그 합의에 따른 요건을 갖추었다는 사실은 해제권 행사를 주장하는 자가 주장·입증하여야 한다.

그런데 이와 같은 법해석과는 반대로, 교부자의 포기와 수령자의 배액 상환 및 계약해제의 의사표시와 그 도달이 당사자 일방의 이행 착수 후에 이루어졌다는 사실이 해제권의 장애사유로서 재항변사유가 되고,[199] 주계약인 매매에 관한 이행기의 약정이 있더라도 당사자 간에 그 이행기 전에 이행에 착수하지 않기로 하는 특약이 있는 등의 특별한 사정이 없는 한 이행기 전에도 이행에 착수할 수 있으므로, 일방의 이행 착수가 그의 채무 이행기 도래 전에 이루어진 사실은 다시 그 장애사유인 재재항변사유가 되지 않으나, 이행기 전에는 착수하지 않기로 하는 특약이 있는 사실은 재재항변사유가 된다는 견해가 있다.[200] 이 견해는 이행 착수 후의 해제권 행사, 즉 이행의 착수를 해제권의 발생 또는 존속이나 행사의 장애사유로 보는 것으로 이해된다.

이러한 법해석은 어떤 근거에서 나온 것일까? 위 견해에서는 특별히 그에 관하여 언급하고 있지 않다. ① 우선, 이를 해제권의 발생 장애사유로 본다면 앞서 본 바와 같이 이 해제권은 계약금계약 당시 이미 발생하였으므로 논리적으로 모순이다. ② 다음에, 존속의 장애사유로 본다면 이는 당사자의 약정이 아닌 법규로 정한 것이므로 법률행위의 부관으로서의 종기(終期)가 아닌 법정 존속기한을 정한 것으로 보아야 할 것인데, 통상 법규에서 권리 행사의 기간 또는 권리의 존속기간을 직접 정한 경우 이는 소멸시효기간 또는 제척기간의 둘 중 하나이다. 그런데 위 법규상의 '이행의 착수'라는 사실을 해제권 행사의 기간 또는 해제권의 존속기간을 정한 것으로 해석할 경우, 위 해제권은 형성권이므

199) 해제권 발생의 장애사유인지 해제권 존속이나 행사의 장애사유인지 설명이 없다.

200) 사법연수원, 요건사실론(2012), 42면; 최진수, 요건사실과 주장증명책임, 진원사(2012), 375면. 이에 관하여는 대법원 판례가 아직 없다(일부에서는 대법원 1993. 1. 19. 선고 92다31323 판결을 그 근거로 제시하나, 이 판결은, 민법 제565조가 해제권 행사의 시기를 당사자의 일방이 이행에 착수할 때까지로 제한한 것은, 당사자 일방이 이미 이행에 착수한 때에는 그 당사자는 그에 필요한 비용을 지출하였을 것이고, 또 그 당사자는 계약이 이행될 것으로 기대하고 있는데 만일 이러한 단계에서 상대방으로부터 계약이 해제된다면 예측하지 못한 손해를 입게 될 우려가 있으므로 이를 방지하고자 함에 있고, 이행기의 약정이 있는 경우라 하더라도 당사자가 채무의 이행기 전에는 착수하지 아니하기로 하는 특약을 하는 등 특별한 사정이 없는 한 이행기 전에 이행에 착수할 수 있다는 취지만 판시하고 있다.

로 그 기간이 소멸시효기간이 될 수는 없고 부득불 제척기간이 되어야 하는데, 제척기간은 소멸시효기간이나 종기와 달리 당사자의 주장(항변)이 없더라도 법원이 직권으로 조사하여 이를 위반한 경우 소를 각하하거나(대법원 1996. 9. 20. 선고 96다25371 판결, 2010. 1. 14. 선고 2009다41199 판결 등 참조) 그 권리 행사를 부인해야 하는 것이므로 위 법규상의 '이행의 착수'라는 사실을 본안전 항변사유가 아닌 본안에 관한 항변사유인 재항변사유로 보는 것과 부합되지 않는다. 게다가 위 법규는 '이행의 착수'라는 사실을 소멸시효기간 또는 제척기간을 규정하는 통상적인 법규정 형식("…시효로 소멸한다." 또는 "…까지 행사하여야 한다."고 규정한다.)과도 다르게 규정하고 있으며, 이를 제척기간으로 보는 견해를 찾기도 어렵다.[201] ③ 마지막으로 이를 해제권의 행사 장애사유로 본다면 행사 장애사유는 통상 일시적으로 권리 행사를 저지할 뿐 그 장애사유가 소멸하면 다시 행사할 수 있는 것인데, 위 법규에 의하면 당사자는 이행의 착수 후에는 영원히 해제권을 행사할 수 없으므로 역시 논리모순이 된다.

그러고 보면 위 견해는, 아마 이행의 착수가 이루어지기 전이라는 소극적 사실보다 그 착수가 있었다는 적극적 사실이 주장·입증하기 쉽고, 이행에 착수한 자는 해제권 행사를 막는 것이 그에게 이익이 되므로 그 해제권 불발생 또는 소멸이라는 법률효과를 주장하는 그가 이행의 착수사실을 주장·입증하는 것이 공평하다고 생각한 것이 아닌가싶다. 그러나 이러한 생각에 앞서 주장·입증책임의 소재를 판단하려면 법규가 그러한 법률사실을 어느 쪽의 요건사실로 규정하고 있는지 및 그 법규의 규정형식을 먼저 검토하여야 한다. 그리하여 위 법규에서 이행의 착수사실을 해제권 발생 등의 장애사유로서 「다만(그러나) 당사자 일방이 이행에 착수한 때에는 그러하지 아니하다」 또는 「다만(그러나) 당사자 일방이 이미 이행에 착수한 때에는 해제할 수 없다」고 규정하였다면 이를 해제권 발생 등의 장애사유로 볼 수 있으나 위 법규는 이러한 형식으로 규정하지 않고 있고,[202] 오히려

201) 종기는 시기와 함께 기한의 일종인바, 기한은 '법률행위의 당사자가 그 효력의 발생, 소멸 또는 채무의 이행을 장래에 발생하는 것이 확실한 사실에 의존케 하는 부관'인바{곽윤직 외, 민법총칙, 박영사(2012), 398면}, 법정 존속기한 역시 이에 준한다고 할 것이다. 그런데 위 법규상의 '이행의 착수'라는 사실은 장래에 발생할 것이 확실한 사실이라고 단정하기도 어렵다. 매매계약의 당사자들이 그 계약을 이행하지 않을 경우도 얼마든지 있을 수 있기 때문이다. 따라서 위 법규상의 '이행의 착수'라는 사실을 법정 존속기한으로 보는 것도 무리가 있다. 오히려 장래에 발생할 것이 불확실한 사실로서 조건(법정 해제조건)에 해당한다고 보는 것이 나을 것이다. 그러나 이를 법정 해제조건으로 이해하면, 이에 따라 계약금계약이 소멸하여 계약금을 지급한 자는 매도인이건 매수인이건 이를 상대방에게 반환청구할 수 있다고 할 것인데, 매도인의 경우에는 이상할 것이 없으나 매수인의 경우 그가 지급한 계약금은 통상 매매대금의 일부에 충당된다는 점에서 당사자의 의사나 사회관행에 합치되지 않는다. 그렇다면 위 견해에 의할 경우 최종적으로는 위 민법 규정을 해제권의 특수한 법정 소멸사유를 정한 것으로 보는 수밖에 없다. 즉 증여계약을 이미 이행한 경우 해제권이 소멸하는 것(민법 제558조)과 동일하게 새기는 것이다.

202) 민법 제140조는 "취소할 수 있는 법률행위는 제한능력자, 착오로 인하거나 사기·강박에 의하여 의사표시를 한 자, 그의 대리인 또는 승계인만이 취소할 수 있다."고 규정하고, 제143조는 "① 취소할 수 있는 법률행위는 제140조에 규정한 자가 추인할 수 있고 추인 후에는 취소하지 못한다. ② 전조의 규정은 전항의 경우에 준용한다."고 규정하고 있는바, 제140조와 제143조 제1항 후문은 본문과 단서

「… 당사자 일방이 이행에 착수할 때까지 … 해제할 수 있다」고 규정하고 있다. 따라서 '이행의 착수 전'이라는 사실은 해제권 행사요건에 속한다고 해석하는 것이 위에서 본 주장·입증책임의 분배기준에 더 부합한다고 생각된다.

한편, 해제권자가 이행의 착수 전에 해제권을 행사하였다는 사실을 주장·입증할 때에 '이행의 착수 전'이라는 사실이 소극적 사실이어서 그 입증이 어렵기는 하나 이러한 경우가 여기에서 특유한 것도 아니며,[203] 해제권 행사를 막으려는 상대방은 해제권 행사 시점이 '이행의 착수 전'이라는 사실을 부인하고 반증으로써 '이행의 착수 후'라는 사실을 주장·입증하게 될 것이므로, 이를 해제권 발생사유로 보는 것이 해제권자에게 특별히 불리하다거나 유리하다고는 할 수 없다.[204]

11) 이에 관해서는 민법 제143조와 제144조의 관계를 살펴보는 것도 좋겠다. 민법 제143조는 "① 취소할 수 있는 법률행위는 제140조에 규정한 자가 추인할 수 있고 추인 후에는 취소하지 못한다. ② 전조의 규정은 전항의 경우에 준용한다.", 민법 제144조는 "① 추인은 취소의 원인이 소멸된 후에 하여야만 효력이 있다. ② 제1항은 법정대리인 또는 후견인이 추인하는 경우에는 적용하지 아니한다."고 규정하고 있다. 얼핏 보면 제144조가 제143조의 예외규정처럼 보이나, 이를 자세히 살펴보면 추인은 취소의 원인이 종료한 후에 하여야만 그 효력이 발생한다는 것으로서 '취소 원인의 종료'는 추인의 법률효과 발생의 한 요건에 포함되어 있는 것임을 알 수 있다.

제144조의 제명이 '추인의 요건'으로 되어 있는 것도 입법자의 의도 해석에 도움이 된다. 또, 2013. 7. 1.에 시행된 개정 민법 이전의 제144조 제1항은 "① 추인은 취소의 원인이 종료한 후에 하지 아니하면 효력이 없다."고 제143조의 예외규정처럼 되어 있었는데, 개정 법률은 위와 같이 "추인은 취소의 원인이 소멸된 후에 하여야만 효력이 있다."고 긍정문 형식으로 바꾸어 제143조와 제144조의 관계를 보다 분명히 하였다.

위와 같이 추인의 법률효과 발생을 주장하는 자는 추인사실 외에 그것이 '취소 원인의 종료 후'에 이루어진 것이라는 사실까지 주장·입증하여야 하고, 따라서 '취소 원인의 종료' 전에 추인을 한 경우 추인의 법률효과 발생을 배제하려는 자는 '취소 원인의 종료 전 추인사실'을 항변사유로 주장할 필요가 없고, 법원은 추인의 법률효과 발생 주장이 있으면 직권으로 그 추인이 '취소 원인의 종료 후'에 이루어진 것인지를 심리하여 그 추인이

의 관계에 있다고 할 것이고, 이에 따라 추인은 취소권의 소멸사유로서 재항변적 법률요건이 된다. 민법 제558조도 "… 계약의 해제는 이미 이행한 부분에 대하여는 영향을 미치지 아니한다."라고 규정하고 있다.

203) 예컨대 채무불이행책임을 면하려는 채무자는 그 불이행이 자신의 고의 또는 과실에 의한 것이 아니라는 소극적 사실을 주장·입증하여야 한다.

204) 만약 이행의 착수 후에도 해제를 할 수 있기로 약정한 경우에는 해제권자가 당초부터 그 약정사실을 주장하여 해제할 수 있음은 앞서 본 바와 같다. 이때 그 약정사실은 재재항변사실이 아니라 해제권 발생사유로서 항변사유의 일부에 불과하다.

'취소 원인의 종료 전'에 이루어진 때에는 추인의 법률효과 발생을 부정하여야 한다. 판례도 이와 같다(대법원 1982. 6. 8. 선고 81다107 판결과 그 원심판결인 서울고등법원 1980. 12. 4. 선고 80나1249 판결 참조).

12) 불법행위에 의한 손해배상책임을 묻기 위해서는 손해를 입은 자가 손해의 발생, 상대방의 가해행위와 위법성, 가해행위와 손해의 인과관계 등을 주장·입증하여야 하는 것이 원칙이나(대법원 2001. 7. 10. 선고 99다58327 판결, 2003. 3. 28. 선고 2003다5061 판결 등 참조), 최근에 유력하게 대두하는 견해인 위험영역설은 환경침해사고나 의료사고, 원자력사고, 제조물책임사고 등과 같이 전문적인 영역에서 발생하는 위험과 관련하여서는 그 위험을 자신의 지배영역으로 하고 있는 위험 야기자가 고의, 과실이나 인과관계가 없다는 사실을 적극적으로 주장·입증하여야 한다고 주장하고 있고, 판례도 이에 호응하여 그 입증책임을 가해자에게 전환하거나 피해자의 주장·입증책임을 완화하는 추세이다(대법원 1995. 12. 5. 선고 94다57701 판결, 2000. 1. 21. 선고 98다50586 판결, 2000. 9. 8. 선고 99다48245 판결, 2002. 10. 22. 선고 2000다65666, 65673 판결 등 참조). 입법도 이러한 방향으로 움직이고 있음은 물론이다.[205]

(4) 주장책임과 법원의 석명의무

1) 당사자의 주장과 관련한 불완전성이나 미흡함은 석명제도에 의하여 보완된다. 즉, 재판장은 소송관계를 분명하게 하기 위하여 당사자에게 사실상 또는 법률상 사항에 대하여 질문할 수 있고, 증명을 하도록 촉구할 수 있으며, 법원은 당사자가 간과하였음이 분명하다고 인정되는 법률상 사항에 관하여 당사자에게 의견을 진술할 기회를 주어야 한다(민사소송법 제136조).

2) 따라서 당사자가 부주의 또는 오해로 말미암아 명백히 간과한 법률상의 사항이 있거나 당사자의 주장이 법률상의 관점에서 보아 불명료 또는 불완전하거나 모순이 있는 경우에는 법원이 적극적으로 석명권을 행사하여 당사자에게 의견진술의 기회를 부여하여야 하고, 이를 게을리 한 경우에는 석명의무 또는 지적의무를 다하지 아니하여 심리를 다하지 아니한 위법이 있게 되어 상고이유가 된다(대법원 2002. 1. 25. 선고 2001다11055 판결, 대법원 2010. 2. 11. 선고 2009다83599 판결, 2012. 5. 10. 선고 2010다10658 판결 등 참조).

3) 석명은 변론주의나 주장책임의 한계를 벗어날 수는 없음은 물론이다. 즉 법원의 석명권 행사는 당사자의 주장에 모순된 점이 있거나 불완전·불명료한 점이 있을 때에 이를 지적하여 정정·보충할 수 있는 기회를 주고, 다툼이 있는 사실에 대한 증거의 제출을 촉구하는 것을 그 내용으로 하는 것으로서, 당사자의 주장과 제출된 증거 사이에 모순되거나 불일치하는 점이 있는 경우 등에는 법원이 석명권을 행사하여 이를 밝혀 보아야 하지

---

205) 증권거래법 제186조의5에 의하여 준용되는 같은 법 제14조의 규정을 근거로 주식의 취득자가 주권상장법인 등에 대하여 사업보고서의 허위기재 등으로 인하여 입은 손해의 배상을 청구하는 경우, 주식의 취득자는 같은 법 제15조 제2항의 규정에 따라 사업보고서의 허위기재 등과 손해 발생 사이의 인과관계의 존재에 대하여 입증할 필요가 없고, 주권상장법인 등이 책임을 면하기 위하여 이러한 인과관계의 부존재를 입증하여야 하는 것(대법원 2007. 10. 25. 선고 2006다16758, 16765 판결)은 그 러한 예이다.

만(대법원 1994. 9. 30. 선고 94다16700 판결, 2010. 9. 30. 선고 2009다71121 판결 등 참조), 변론주의의 원칙상 당사자가 주장할 책임이 있는 사항 자체에 대하여 이를 주장하는지 여부를 석명할 의무가 없으며(대법원 2008. 2. 1. 선고 2007다8914 판결, 2012. 5. 10. 선고 2010다10658 판결 등), 당사자가 주장하지도 아니한 법률효과에 관한 요건사실이나 독립된 공격방어방법을 시사하여 그 제출을 권유하는 행위는 변론주의의 원칙에 위배되는 것으로서 석명권 행사의 한계를 일탈하는 것이다(대법원 2000. 10. 10. 선고 2000다19526 판결 등 참조).

■ **석명과 관련한 용어**

[석명에 관한 바른 용어 사용법]

- 석명(釋明): 사실을 설명하여 내용을 밝힘
- 석명의 주체(석명을 할 사람): 주장을 불분명 또는 불명료하게 한 당사자나 소송대리인[206]
- 석명권: 주장을 불분명 또는 불명료하게 한 당사자나 소송대리인에게 석명을 하도록 명령할 법원의 권한(민사소송법 제136조 제1, 2항)
- 석명의무: 불분명 또는 불명료한 주장을 석명하게 하거나, 당사자가 간과하였음이 분명한 법률상 사항에 대하여 진술을 할 기회를 부여하여야 할 법원의 의무(민사소송법 제136조 제4항)
- 구석명(求釋明): 석명권자인 법원이 석명의무자에게 석명을 구하는(명하는) 소송행위
- 구석명신청(求釋明申請): 석명권자인 법원에게 상대방에 대하여 석명을 명할 것을 바라는 당사자의 소송행위. 이 신청권을 구문권(求問權)이라 한다.
- 석명적 처분(釋明的 處分): 석명권자인 법원이 석명의 목적으로, 당사자 본인의 출석을 명하거나 문서 기타 물건의 제출, 유치를 명하거나, 현장검증 또는 감정을 명하거나 공무소 등에 필요한 조사를 촉탁하는 처분적 소송행위

마. 자백의 구속력

(1) 자백의 의의(자백과 자인)

1) 자백은 상대방 당사자가 주장하는 법률사실과 동일하고 자기에게 불리한 법률사실을 진술하는 것이다. 이로써 양 당사자의 사실 주장이 일치하게 된다. 자백은 소송행위에 해당하는 주장이므로 원칙적으로 변론기일에서 말로 하여야 함은 물론이다.[207]

---

206) 이와 같이 석명의 주체는 법원이 아니라 당사자나 소송대리인임에도 실무상 법원 또는 상대방 당사자를 석명의 주체로 혼동하는 경우가 매우 많다(대법원 1995. 2. 28. 선고 94누4325 판결 등 참조). 국어사전에도 석명은 '사실을 설명하여 내용을 밝힘'이라고 하고 있으므로 그 주체는 불분명 또는 불명료하게 한 주장을 한 당사자나 소송대리인임을 알 수 있다.

207) 소송목적이 공동소송인 모두에게 합일적으로 확정되어야 할 필수적 공동소송의 경우(민사소송법 제

다만 예외적으로, ① 상대방이 주장하는 사실을 명백히 다투지 아니하고, 변론 전체의 취지로 보아 그 사실에 대하여 다툰 것으로 인정되지 않는 경우(민사소송법 제150조 제1항, 제257조 제1항), ② 공시송달 이외의 방법으로 기일통지서를 송달받은 당사자가 변론기일에 출석하지 아니하는 경우(민사소송법 제150조 제3항)에도 자백이 성립한다. 제1심에서 피고에 대하여 공시송달로 재판이 진행되어 청구가 기각되었다고 하더라도, 그로써 피고가 원고의 청구원인을 다툰 것으로 볼 수는 없으므로, 항소심에서 피고가 공시송달이 아닌 방법으로 항소장 부본 등을 송달받고도 다투지 아니한 때에는 민사소송법 제150조 제3항이 적용된다(대법원 2013. 10. 31. 선고 2011다104079 판결, 2018. 7. 12. 선고 2015다36167 판결). ①, ②를 의제자백 또는 자백간주라고 한다. 한편, 자백과 의제자백은 변론준비기일에서도 할 수 있거나 성립할 수 있다(민사소송법 제150, 286조, 대법원 1996. 12. 20. 선고 95다37988 판결, 2015. 2. 12. 선고 2014다229870 판결).

2) 자백은 구체적·역사적 법률사실(그 법률사실은 청구원인사실이든 공격방어방법의 사실이든 불문한다)의 존부에 대해서만 성립할 수 있다. 따라서 법률요건을 구성하는 법률사실이 아닌 그에 기한 법률효과 또는 법리 등 법률적 사항의 진술, 간접사실이나 보조사실에 대한 진술에 대하여는 쌍방의 진술이 일치하더라도 자백이 성립되지 않는다(대법원 1979. 6. 12. 선고 78다1992 판결 1981. 6. 9. 선고 79다62 판결, 1982. 4. 27. 선고 80다851 판결, 1992. 2. 14. 선고 91다31494 판결, 2007. 8. 23. 선고 2005다65449 판결 등).[208] 어떤 법률요건이나 그 법률사실로부터 발생하는 법률효과에 대한 일방의 주장을 상대방이 다투지 않고 인정하는 것을 통상 권리자백이라고 하는데, 그것이 당해 법률효과 발생의 전제가 된 법률사실에 대한 자백으로 해석될 수 있는 경우가 아닌 한 자백으로서의 효력이 없다(대법원 1979. 6. 12. 선고 78다1992 판결, 1981. 6. 9. 선고 79다62 판결, 1989. 5. 9. 선고 87다카749 판결, 2007. 5. 11. 선고 2006다6836 판결 참조).

한편, 자백은 변론주의가 적용되는 영역에서만 성립할 수 있으므로 소송요건과 같이 법원의 직권조사사항에 관하여는 자백이 성립할 수 없으며(대법원 2002. 5. 14. 선고 2000다42908 판결 등 참조), 순수판단규범의 적용이나 그 요건에 관하여도 자백이 성립할 여지가 없다. 순수판단규범의 경우, 그 법률효과 발생을 위한 구체적·역사적 법률사실을 갖지 않아 그 적용에 관한 당사자의 주장이 필요 없는 만큼 자백의 대상도 존재하지 않기 때문이다. 이 경우 민법 제2조의 권리남용에서 권리자의 기해의사, 민법 제104조의 불공정행위에 있어 피해자의 궁박, 경솔, 무경험 등의 구체적·역사적 사실은 판단기준인 법규의 내용으로서 법관의 법 해석·적용을 보조·보충하는 것에 그치므로 역시 주장책임이나 자백의 대상이 되지 않는다.[209]

67조)나 독립당사자참가의 경우(민사소송법 제79조) 등에는 공동소송인 가운데 한 사람의 소송행위는 모두의 이익을 위하여서만 효력을 가지므로(민사소송법 제67조 제1항), 자백 역시 이들 공동동소송인 전원이 하여야만 효력이 있다(대법원 2009. 9. 10. 선고 2009다29281, 29298 판결 등 참조).

208) 다만, 서증의 진정성립에 관한 자백은 보조사실에 관한 것이기는 하지만 그 자백의 취소에 관하여는 다른 간접사실에 관한 자백의 취소의 경우와는 달리 주요사실에 관한 자백의 취소와 마찬가지로 취급하여야 한다는 것이 대법원 판례이다(대법원 1991. 1. 11. 선고 90다8244 판결 등). 이는 문서에 찍힌 인영의 진정함을 인정하였다가 나중에 이를 철회하는 경우에도 마찬가지이다(대법원 2001. 4. 24. 선고 2001다5654 판결). 그러므로 보조사실 중 서증의 진정성립에 관하여는 자백의 성립을 인정하는 셈이다.

3) 위와 같이 권리자백은 자백으로서의 효력이 없으므로, 법원은 이에 대해서 자백이 성립한 것으로 처리하여서는 안 되고 그 법률효과의 발생 여부를 직권으로 심리하여야 한다. 예컨대 원고가 청구원인으로, 피고가 공동피고 乙의 부동산 이중매매를 적극 권유하여 원고와 乙의 매매계약이 이행불능 상태에 빠졌으므로 피고에게 손해배상책임이 있다고 주장하였는데, 피고가 원고의 위 주장 사실을 인정하거나 적법한 기일통지서를 송달받고도 변론기일에 출석하지 않고 답변서 기타 준비서면도 제출하지 아니한 경우, 피고가 乙의 이중매매를 적극 권유하였다는 법률사실에 대하여는 자백이 성립하나, 그로 인해 乙의 원고에 대한 매매계약상 채무가 이행불능이 되는지 여부는 법률적 효과에 관한 것으로서, 피고의 이에 관한 진술(이나 그 간주)은 법률적 진술을 한 것에 불과하여 자백의 대상이 될 수 없으므로, 법원은 이행불능의 성립 여부를 직권으로 심리하여야 한다(대법원 2009. 4. 9. 선고 2008다93384 판결 참조).

4) 가정적(예비적) 항변의 경우, 앞서 본 바와 같이 피고가 원고의 주장 사실을 무조건적으로 인정하는 것이 아니라 이를 부인하면서, 그 사실이 인정될 경우에 대비하여(즉 그 사실에 대한 법원의 인정을 정지조건으로 하여) 항변을 하는 것이므로, 이로써 원고 주장 사실에 대한 자백이 성립할 수는 없다.

5) 한편, 자백과 구별할 것으로 자인(自認)이란 것이 있다. 법률상이나 강학상 정확한 정의가 내려진 것은 아니나 실무상 자주 사용되는데, 이는 자백과 다르다. 자백은 위와 같이 어떤 법률사실에 대하여 상대방의 주장과 동일한 사실을 진술하는 것인바, 자백의 대상이 되는 상대방의 주장은 ① 본안인 청구의 당부에 관한 사항이어야 하고, ② 그 사실이 인정될 경우 주장자인 상대방에게 이익이 되는 것이어야 하며, ③ 그 사실에 관하여 주장자인 상대방에게 입증책임이 있어야만 하는가에 대해서는 이설이 있으나 대개는 그렇다고 할 것이다.

따라서 소비대차에 기한 원본의 반환청구를 하는 원고가 대여금액 중 일부를 이미 변제 받았음을 스스로 주장하면서 그 나머지 금액에 대하여만 반환청구를 하는 경우와 같이, 원고가 이미 청구원인에서 발생하는 법률효과로서의 권리 중 일부를 청구에서 제외한 경우, 그 부분 변제사실은 청구와 판결에 영향을 미치지 않는다. 즉 이 경우 피고가 변론에서 그 부분의 변제사실을 주장하더라도, 원고의 위 변제사실 시인이 자백이 되지는 아니한다. 그 부분은 처음부터 청구에서 제외되어 있어 심리·판단의 대상이 아니고, 이에 따라 원·피고의 주장·진술이 판결의 결과에 영향을 미치지 않기 때문이다. 같은 이유에서 원고의 위 부분 변제 주장은 선행자백에도 해당하지 않고, 피고가 원고 주장과 같은 주장을 하더라도 항변에 해당하지도 않는다.

---

209) 다만, 이러한 사실에 대하여 양 당사자의 진술이 일치할 경우 법원은 그에 관한 적용기준이 충족된 것으로 보다 쉽게 인정할 수 있을 것이다.

법원은 원고의 청구원인에 대하여 판단할 때, 원고가 이미 변제 받았다며 청구에서 제외한 부분은 아예 대여가 없는 것으로 보아 판단하지 않아도 무방하나, 그렇게 되면 판결서의 이유 기재가 전체적으로 논리적 일관성을 잃고 객관적 진실에도 부합하지 않으며,[210] 당사자와 제3자에 대한 설득력도 떨어지게 된다. 그러므로 법원은 변제된 부분을 포함한 전체 금액을 원고가 피고에게 대여한 사실을 인정하고, 그에 따른 법률효과(대여금액 전체의 반환의무의 발생)와 실제 피고의 반환의무의 범위(변제된 금액을 제외한 금액)의 차이를 설명하기 위해, "원고가 스스로 그 대여 금액 중 일부를 변제 받은 사실을 '자인'하였다."고 기재한다.[211] 그러므로 위 사실은 원고의 나머지 금액 청구에 대하여 간접사실 또는 정황사실에 불과하게 된다.

이와 같이 자인은, 법률효과를 주장하는 자가 그 법률요건사실로부터 본래 발생하는 법률효과보다 작은 법률효과를 주장하면서 그와 같이 작은 법률효과가 발생하게 되는 원인사실로서 자신에게 불리한 사실을 시인, 주장하는 것을 가리킨다. 따라서 이는 원고에게만 성립하는 것이 아니다. 피고가 소멸시효항변을 주장하면서 그 채무 중 일부에 대하여는 소멸시효 중단사실을 시인하고, 그 일부 채무에 대하여만 소멸시효 완성의 효과를 주장하는 경우에도 성립한다. 그러나 소송실무에서는 선행자백을 자인이라고 하는 경우도 많다.

(2) 자백의 성립 시기와 선행자백

1) 자백은 위와 같이 변론기일에 말로 법률사실을 진술하여야 하므로, 법률사실의 진술을 준비할 뿐 현실로 법률사실을 진술하지 않는 변론준비기일에는 자백이 성립할 여지가 없어 보이지만(민사소송법 제279조, 제282조 참조), 법은 변론준비기일에도 자백과 자백의 간주를 모두 인정하고 있고(민사소송법 제286조), 판례도 동일하다(대법원 2012. 3. 29. 선고 2010다91046 판결).

2) 상대방이 주장하는 법률사실과 동일하고 자기에게 불리한 법률사실을 준비서면 등에 기재하여 법원에 제출하거나, 당사자 본인신문에서 그러한 진술을 하거나, 소송절차 외에서 그러한 진술을 한 바 있다고 하더라도 그것만으로는 자백에 해당하지 않는다. 이들 경우에는 변론기일이나 준비기일에 구두 진술로써 주장한 바 없기 때문이다. 이러한 의미에서 자백은 통상 재판상의 자백이라고도 한다. 그러나 현실로 변론기일이나 변론준

---

210) 실제는 1억 원을 대여하였는데 변제된 부분 7,000만 원을 제외하고 "원고는 피고에게 3,000만 원을 대여하였다."고 설시한다면 진실이라고 할 수 없다.

211) 당사자가 어떤 법률요건사실로부터 본래 발생하는 법률효과보다 작은 법률효과를 주장하는 경우는 이러한 경우 외에, 장래의 청구확장을 유보하거나 피고와의 관계 고려, 계산의 복잡, 사소한 금액의 포기 등 여러 사정에 의해 청구를 감축하는 경우에도 발생한다. 이러한 때에는 법원은 자인이라는 용어를 쓸 수 없으므로, "… 원고가 구하는 바에 따라 피고는 … 의무가 있다."와 같이 원고 스스로 청구를 감축하여 구한 사실을 기재한다.

비기일에 위와 같은 진술을 한 경우 또는 그 기일에 불출석하는 등으로 의제자백 사유가 발생한 경우, 그 진술이나 불출석 등을 당사자 본인이 하였거나 소송대리인이 하였거나 불문하고 자백이 성립한다.[212)]

3) 한편 자백과 관련하여 선행자백이라는 용어가 사용되는데,[213)] 이는 당해 법률사실의 존재로써 이익을 받을 당사자의 주장이 있기 전에 당해 법률사실의 존재로써 손해를 입을 당사자가 자신에게 불리한 위 법률사실을 미리 진술하는 것을 말하기도 한다. 그러나 손해를 입을 당사자의 불리한 주장·진술만으로는 아직 당사자 쌍방의 일치된 진술이 없으므로 자백이 성립하지 않고, 다른 당사자가 이와 동일한 진술을 하거나 이를 원용하는 주장이 있을 때에야 비로소 자백이 성립한다(대법원 1992. 8. 18. 선고 92다5546 판결, 2008. 10. 9. 선고 2008다3022 판결 등). 그러므로 불리한 주장·진술을 한 당사자는 상대방의 원용이나 그와 일치하는 주장·진술이 있기 전에는 자유로이 그 주장·진술을 철회·취소할 수 있다(대법원 2009. 9. 10. 선고 2009다29281, 29298 판결, 2010. 4. 29. 선고 2010다2015, 2022 판결 등).[214)]

그런데 선행자백의 성립 범위에 관하여는, ① 상대방이 입증책임을 지는 법률사실로서 자기에게 불리한 사실의 진술만이 상대방의 원용에 의하여 자백으로 된다는 입증책임설과, ② 입증책임이 누구에게 있든, 자기에게 불리하여 패소 가능성이 있는 사실의 진술이면 선행자백의 대상이 된다는 패소 가능성설이 대립한다. 대법원은 “원고들이 입증책임을 부담할 사항이지만, 원고들에게 불리하게 그 법률요건이 부존재한 사실을 원고들 스스로 자인한 바 있고, 이를 피고가 원용한 이상 이 점에 관하여는 자백이 성립한 결과가 되었다”고 하여 후자의 견해를 취하는 듯하다(1993. 9. 14. 선고 92다24899 판결).

4) 일방 당사자가 자신에게 불리한 사실을 주장하였으나 이에 대한 상대방의 원용 진술이나 일치된 주장·진술이 없어 자백이 성립하지 않는 경우에 법원은 위 불리한 사실의 주장·진술만을 기초로 상대방에게 유리한 판단을 할 수 있는가?

---

212) 물론 기일 불출석에 따른 의제자백이 성립하기 위해서는 당사자 본인과 소송대리인 모두가 불출석하였어야 한다.

213) 선행자백이라는 용어는 법규상의 용어가 아니라 학설과 판례상 인정되는 것인데 그 의미가 다음 두 경우로 혼용되고 있다. 즉 ① 자백이 성립하기 전 자신에게 불리한 사실을 당사자 스스로 주장·진술하는 것(상대방 당사자의 원용이 있기 전의 상태), ② 상대방 당사자에게 유리한 사실을 상대방 당사자가 주장·진술하기 전에 자신에게 불리한 사실을 그 당사자 스스로 선행하여 미리 진술한 후 상대방 당사자가 위 선행 진술을 원용함으로써 비로소 자백이 성립하는 것(상대방 당사자의 원용이 있은 후의 상태)이다. ②는 본래의 자백(상대방 당사자에게 유리한 사실을 상대방 당사자가 먼저 주장·진술한 후에 자신에게 불리한 사실을 그 당사자가 인정함에 따른 자백)과 대조적으로 사용하는 것이다. ①은 아직 자백이 성립한 것이 아니므로 엄밀한 의미에서는 이에 대하여 ‘자백’이라는 용어를 사용하는 것이 부적당하고, 따라서 이 경우는 ‘당사자 본인에게 불리한 사실의 주장·진술’이라고 부르는 것이 보다 정확한 표현이라고 하겠다. 대법원 1980. 9. 30. 선고 80다645 판결, 2009. 9. 10. 선고 2009다29281, 29298 판결은 ②의 의미로 선행자백이라는 용어를 사용하고 있다.

214) 또한 그 철회·취소 후에는 불리한 주장·진술이 소송자료에서 제거되므로, 그 철회·취소 뒤에 상대방이 이를 원용하거나 그와 일치하는 주장·진술을 하더라도 자백이 성립할 수 없다(대법원 2007. 3. 30. 선고 2006다79544 판결, 2009. 9. 10. 선고 2009다29281, 29298 판결, 2010. 4. 29. 선고 2010다2015, 2022 판결 등).

우선 이 경우 자백이 성립하지 않음은 앞서 본 바와 같다. 다만, 간접주장에 의하여 상대방의 원용 진술이나 일치된 진술이 있는 것으로 볼 수 있는 경우에는 자백이 성립하므로 문제가 없다. 그러면 법원은 증거에 의하여 위 사실을 판단할 수 있는가? 주장공통의 원칙상 어느 쪽의 주장이든 그 법률사실의 주장이 있다면 법원은 증거에 의하여 그 사실에 관하여 판단할 수 있으므로, 선행자백이 있는 경우 그 법률사실에 관한 당사자의 주장이 있는 것으로 되고, 따라서 법원은 그 사실에 부합하는 증거가 있다면 상대방에게 유리하게 판단할 수 있다고 할 것이다.

다만, 자신에게 불리한 사실을 주장한 자의 진술만에 의하여 그 진술자에게 불리하고 상대방에게 유리한 판단을 한다면, 자칫 불리한 진술을 한 자가 예상하지 못한 결과를 초래할 수 있다. 그렇다고 법원이 상대방에게 그 사실을 주장하라고 함부로 암시·권유할 수는 없다. 석명권과 석명의무의 한계 때문이다. 따라서 이러한 경우, 변론 전체의 취지상 쌍방이 그 사실에 대한 판단이 이루어질 것으로 예상할 수 있었거나, 그에 관하여 쌍방이 입증을 하는 등으로 그에 따른 법률효과 또는 그 반대의 법률효과 귀속을 희망한 사정이 있는 등의 예외적인 사정이 있는 때에만 이를 허용함이 타당하다. 그것이 석명의무에 관한 민사소송법 제136조 제4항과 그 한계의 취지에 부합하기 때문이다. 앞서 본 주장책임에 관한 대법원 1990. 6. 26. 선고 89다카15359 판결, 1996. 2. 9. 선고 95다27998 판결, 2002. 2. 26. 선고 2000다48265 판결의 취지도 이와 같다고 할 수 있다.

5) 어떤 법률사실에 대한 당사자 쌍방의 일치된 진술이 있는 때에 그것이 자백에 해당하는지 여부를 판단하기가 어려운 경우가 종종 있다. 특히 그것이 외형상으로는 권리자백에 해당하는 경우에 그러하다. 예컨대, 원고가 계쟁 건물이 자신의 소유임을 주장하면서 그 인도를 청구하는 소송에서 피고가 원고 주장의 소유권을 인정하는 진술을 하였다면 계쟁 건물이 원고의 소유라는 것에 대하여 자백이 성립하는가?

이러한 경우, 피고의 진술이 구체적으로 어떠한 내용인지를 그 진술의 전체적 취지, 전후 배경, 사회통념 등을 종합하여 판단하여야 한다. 대법원도 이런 견지에서, 소유권을 선결문제로 하는 소송에 있어서 피고가 원고 주장의 소유권을 인정하는 진술을 한 경우, 그 진술은 소전제가 되는 소유권의 내용, 즉 소유권 발생의 근거가 되는 법률사실에 대한 진술로 볼 수 있으므로 재판상 자백이라 할 것이나, 이는 사실에 대한 법적 추론의 결과에 대하여 의문의 여지가 없는 단순한 법개념에 대한 자백의 경우에 한하여 인정되는 것이고, 추론의 결과에 대한 다툼이 있을 수 있는 경우에는 이른바 권리자백에 해당하여 자백으로서의 효력이 없다고 판시하고 있다(대법원 1979. 6. 12. 선고 78다1992 판결, 1989. 5. 9. 선고 87다카749 판결, 2007. 5. 11. 선고 2006다6836 판결 등 참조).

또, ① 수급인이 건축재료와 노무 등을 스스로 조달하여 건물을 완성하였을 경우에 그 준공된 건물의 소유권이 수급인에 귀속한다고 하는 법리는 당사자 사이에 특약이 없는 경우에 적용되는데, 소송절차에서 수급인인 피고가 위와 같은 법리에 따라 계쟁물의 소유권이 피고 자신에게 귀속되었다고 진술한 사실이 있다고 하더라도, 이는 이른바 권리의 자백으로서 법원을 기속하지 않는다는 판결(대법원 1979. 6. 12. 선고 78다1992 판결), ② 변론조서에 원·피고 쌍방의 다툼 없는 사실로서 기재된 "손해배상금액은 적절한 것으로 인정한다."는 부분의 의미가 명료하지 않아 당사자들 사이에 다툼이 있다면, 위 문언은 물론 그 이후 소송진행 과정에서의 당사자들의 변론 및 증인신문 내용, 위 조서 기재 내용과 관련하여 원·피고에 대한 법원의 석명 여부와 그 내용 등을 종합하여 합리적인 해석을 하여야 할 것인바, 위 변론조서상 원·피고의 변론 내용은 '원고가 지급한 보험금이 소외인이 이 사건 사고로 입은 손해액 중 피고에게 배상책임이 있는 금원의 범위 내로서 적정하다.'는 취지라기보다는, '피해자인 소외인이 이 사건 사고로 입은 손해액으로서 원고가 주장하는 금액을 피고가 인정하겠다.'는 취지에 불과한 것으로 보아야 하므로, 증거에 의하여 위 손해액 중 피고가 배상할 책임액을 정한 법원의 조치에는 자백의 구속력이나 변론주의의 법리에 위반한 위법이 없다는 판결(대법원 2002. 6. 28. 선고 2000다62254 판결)도 같은 취지이다.

(3) 자백의 효과(자백의 구속력)

1) 재판상의 자백이 성립하면 그것이 적법하게 취소되지 않는 한 당사자와 법원을 구속한다. 즉 당사자는 이 법률사실에 관하여는 입증할 필요가 없고(민사소송법 제288조), 법원은 자백과 배치되는 사실을 증거에 의해서도 인정할 수 없다(대법원 2010. 2. 11. 선고 2009다84288, 84295 판결, 2012. 3. 29. 선고 2010다91046 판결 등).

2) 자백이 성립하기 전에는 당사자 일방이 자신의 주장·진술을 임의로 철회할 수 있음은 물론이다(대법원 1992. 11. 24. 선고 92다21135 판결 등). 따라서 답변서나 준비서면 등에만 기재하고 아직 변론기일이나 변론준비기일에서 진술하거나 진술 간주되지 않은 사실은 설사 상대방이 이를 원용한다는 취지의 준비서면 등을 이미 법원에 제출한 경우라도 임의로 철회·취소할 수 있음은 물론이고(엄격히 본다면 주장을 한 바도 없으므로 철회·취소라고 할 것도 없이 언제든 이를 거두어들일 수 있다), 자백의 대상이 아닌 간접사실에 대한 주장 역시 임의로 철회·취소할 수 있다. 다만, 문서의 진정성립에 관한 자백은 증거에 관한 진술로서 일종의 간접사실에 해당하나, 이는 임의로 철회할 수 없고, 자백의 취소와 같은 요건을 충족하여야 철회할 수 있다는 것이 판례이다(대법원 1991. 1. 11. 선고 90다8244 판결, 2001. 4. 24. 선고 2001다5654 판결).

3) 자백이 성립하였더라도, 원고가 청구원인을 교환적으로 변경하는 등으로 자백의 대상인 법률사실이 심판대상에서 제외되어 없어진 때는 자백의 대상이 소멸하여 자백의 효력도 소멸한다. 예컨대, 피고가 1심에서 계쟁 토지의 소유권 일부 이전등기가 아무런 원인 없이 이루어졌다는 원고의 주장사실을 인정함으로써 자백이 성립한 후, 원고가 소변경신청서에 의하여, 그 등기가 원인 없이 이루어졌다는 기존의 주장사실에 배치되는 명

의신탁 사실을 주장하면서 청구취지 및 청구원인을 명의신탁해지를 원인으로 하는 소유권이전등기를 구하는 것으로 교환적으로 변경함으로써 원래의 주장 사실을 철회한 경우, 이미 성립되었던 피고의 자백도 그 대상이 없어짐으로써 소멸하고, 그 후 피고가 위 자백내용과 배치되는 주장을 함으로써 그 진술을 묵시적으로 철회하였다고 볼 수 있는 경우에는 원고가 이를 다시 원용할 수도 없으며(피고의 주장 철회는 자백이 소멸한 상태에서 한 것이므로 유효하다), 원고가 원래의 원인무효 주장을 예비적 청구원인사실로 다시 추가하였다 하여도 이미 없어진 자백의 효력이 되살아난다고 볼 수도 없다(대법원 1997. 4. 22. 선고 95다10204 판결).

4) 선행자백은 상대방이 이를 원용함으로써 비로소 자백이 성립하므로, 일단 자기에게 불리한 사실을 진술한 당사자도 상대방의 원용이 있기 전에는 그 자인한 진술을 철회하고 이와 모순되는 진술을 자유로이 할 수 있으며, 이에 따라 앞의 자인진술은 소송자료에서 제거되어 법원의 판단자료가 될 수 없다(대법원 1986. 7. 22. 선고 85다카944 판결, 2007. 3. 30. 선고 2006다79544 판결, 2009. 9. 10. 선고 2009다29281, 29298 판결 등).

선행자백에 대하여 상대방의 원용진술이 없는 경우에도 법원은 이를 자백처럼 취급하여 이에 구속되는가? 이론상으로는 자백이 성립한 것이 아니므로 구속력이 없다고 할 것이다. 대법원도, "당사자가 자기에게 불리한 사실을 자인하였다 하더라도, 상대방이 이를 원용함으로써 당해 사실에 관하여 당사자 쌍방의 주장이 일치된 바가 없는 한 이를 사실인정에 있어서 법원을 구속하는 재판상 자백이라고 할 수는 없으므로, 이때에는 자인한 당사자가 자인 사실을 자유로이 철회할 수 있고, 철회된 뒤에는 자인은 소송자료에서 제거되어 그 후에는 원용 문제도 발생할 여지가 없는바(대법원 1969. 1. 21. 선고 68다1684 판결, 1977. 4. 12. 선고 76다2707, 2708 판결), 원고는 원심의 최종변론기일에서 '아직까지 발행지를 보충 기재하지 아니하였다.'고 스스로 불리한 사실을 진술하였나 피고가 이를 원용한 흔적을 찾아 볼 수 없으므로 원고의 위 자인을 재판상 자백이라고 볼 수 없고, 따라서 위 발행지가 보충 기재되어 있는지의 여부는(위 자인이 법관의 심증형성에 중요한 영향을 주게 되는 것은 별론으로 하고) 일반원칙으로 돌아가 증거에 의하여 그 인정 여부를 따져 보아야 한다"(대법원 1980. 9. 30. 선고 80다645 판결)라고 판시하였는바, 이것이 원칙이다.[215)]

그런데 실무상으로는 금전 대여자가 차용자에게서 일부 금액을 변제 받은 사실을 자

215) 그런데 대법원은 "이 사건에서 문제된 사고 당시 원고가 피고 회사로부터 받고 있었다는 임금 속에 상여금이 포함된 점에 관하여는 원고 스스로 자인하고 있다. 그럼에도 불구하고 상고논지에서 그 자인에 반하는 주장을 함은 이유 없는 것이며, 논지에서 말한 갑 제9호증의 1 내지 3의 기재 가운데 위의 자인에 반하는 것이 있다 하더라도 사실심에서 자백의 취소를 함은 모르되 그것을 받아들이지 않은 것(그 서증에 의하여 반대사실을 인정하지 않은 원심의 조치)에 채증법칙 위배와 심리미진의 위법이 있다고 할 수 없다"고 판시한 바 있는데(대법원 1980. 8. 12. 선고 80다945 판결, 일본 최고재판소 1966. 9. 8. 선고 소화 38년オ1227 판결도 같은 취지로 보인다.), 구체적인 사실관계를 알기 어려워 이것이 선행자백의 구속력에 관하여 반드시 긍정설을 취한 것이라고 단정하기는 어렵다. 한편, 선행자백만이 있는 경우에 그에 관한 당사자의 주장이 있는 것으로 되어 법원이 증거에 의해 사실을 인정하는 것은 자백의 법리가 아닌 주장공통의 원칙에 의한 것으로서 차원이 다름은 이미 설명한 바와 같다.

인하는 경우, 즉 선행자백이 있는 경우, 차용자의 변제항변이 없더라도 대여자에게 불리한 자료로 판단하는 등 처리기준이 정립되지 않은 상태이다. 그러므로 이와 같이 당사자가 자신에게 불리한 진술을 미리 하는 경우에는 가정적인 주장을 하는 등으로 불이익을 입지 않도록 주의하여야 한다.

이와 달리 위 사례에서, 차용자인 피고가 차용금을 전혀 변제한 사실이 없다고 진술하고 나서 나중에 이와 달리 변제항변을 하였는데, 대여자인 원고가 이를 부인하는 경우와 같이, 입증책임을 부담하는 자가 그 요건사실에 대하여 불리한 진술을 하고 이와 배치되는 다른 증거가 없는 경우에는, 불리한 사실의 주장에 대한 상대방의 원용이 없더라도 법원은 자유심증주의에 따라 그 불리한 사실을 진술한 바 있음을 변론 전체의 취지로써 그 입증책임 부담자에게 불이익하게 판단할 수 있음은 물론이다.

(4) 자백의 취소

1) 자백은 사적 자치의 원칙에 따라 당사자의 처분이 허용되는 사항에 관하여 그 효력이 발생하는 것이므로, 일단 자백이 성립되었다고 하여도 그 후 그 자백을 한 당사자가 위 자백을 취소하고 이에 대하여 상대방이 동의하면 자백의 취소가 인정된다(대법원 1967. 8. 29. 선고 67다1216 판결, 1994. 9. 27. 선고 94다22897 판결). 그러나 자백의 취소에 대하여 상대방이 아무런 이의를 제기하지 않았다는 사정만으로는 취소에 동의하였다고 볼 수 없다(대법원 1994. 9. 27. 선고 94다22897 판결 등).

2) 자백의 취소에 대하여 상대방의 동의가 없는 경우에는, 자백을 한 당사자가 그 자백이 진실에 부합되지 않는다는 것과 자백이 착오에 기인하여 이루어졌다는 사실을 증명한 경우에 한하여 취소할 수 있다(민사소송법 제288조 단서, 대법원 2004. 6. 11. 선고 2004다13533 판결 등).

이때 진실에 부합하지 않는다는 사실에 대한 증명은 그 반대되는 사실을 직접증거에 의하여 증명함으로써 할 수 있지만, 진실에 부합하지 않음을 추인할 수 있는 간접사실의 증명에 의하여도 가능하다. 그 자백이 진실과 부합하지 않는 사실이 증명된 경우라면 변론의 전 취지에 의하여 그 자백이 착오로 인한 것이라는 점을 인정할 수 있다(대법원 2004. 6. 11. 선고 2004다13533 판결). 그러나 자백이 진실에 반하는 것임이 증명되었다고 하여 착오로 인한 자백으로 당연히 추정되는 것은 아니다(대법원 2004. 6. 11. 선고 2004다13533 판결, 2010. 2. 11. 선고 2009다84288, 84295 판결 등).

3) 자백의 취소는 반드시 명시적으로 하여야만 하는 것은 아니고, 종전의 자백과 배치되는 사실을 주장함으로써 묵시적으로도 할 수 있다(대법원 1994. 9. 27. 선고 94다22897 판결). 그러나 소송대리인의 사실상 진술을 당사자 본인이 취소·경정할 수 있는 민사소송법 제94조에 의한 당사자의 경정권은, 소송대리인과 본인이 같은 변론기일에 출석한 경우에 소송대리인의 사실에 관한 진술을 당사자가 경정·취소할 수 있다는 것으로서, 여기에는 자백 취소의 법리가 적용되지 않으므로 자유로이 경정·취소할 수 있다(대법원 1962. 10. 18. 선고 62다548 판결).

4) 한편, 일단 자백이 성립된 후 그 자백을 한 당사자가 종전의 자백과 배치되는 내용의 주장을 하고, 이에 대하여 상대방이 이의를 제기함이 없이 새로운 주장 내용을 인정한 때에는 종전의 자백은 취소되고 새로운 자백이 성립한다(대법원 1990. 11. 27. 선고 90다카20548 판결).

바. 증거제출책임

1) 변론주의는 앞서 본 바와 같이 당사자가 주장한 법률사실의 존부를 증명하기 위한 증거자료의 수집·제출 역시 당사자의 책임에 맡긴다. 이에 따라 당사자는 증거조사를 신청하고 증거방법을 제출할 책임을 진다. 그렇지 않으면 그 주장 사실은 부존재로 귀착될 수밖에 불이익을 입게 되는바, 이것이 곧 증거제출책임이다.

2) 법원은 원칙적으로 당사자가 조사를 신청하지 않은 증거방법에 대하여는 증거조사를 할 수 없다. 다만, 당사자가 주장한 법률요건이나 법률사실에 대하여 당사자가 신청·제출한 증거만으로 심증을 얻기가 부족하고, 증거가 없다는 이유만으로 청구를 인용하거나 배척하는 것이 정의에 반하거나 당사자의 합리적 기대에도 반하는 경우, 예외적으로 법원은 직권으로 증거조사를 할 수 있다(민사소송법 제292조, 제367조).

그러나 이 경우에도 직권으로 허용되는 것은 어디까지나 당사자가 주장한 법률요건이나 법률사실에 관한 증거조사에 한하므로, 당사자가 주장하지도 않은 법률요건이나 법률사실에 관하여 그 법률사실의 존부 판단을 위한 증거조사는 허용되지 않는다고 할 것이다(대법원 1963. 9. 5. 선고 63다378 판결, 1981. 9. 8. 선고 81다카276, 277 판결, 1987. 11. 22. 선고 85다카2453 판결 등). 따라서 이는 당사자가 주장한 법률사실에 관한 입증이 없거나 불충분한 경우에 한하여야 하고, 그 경우에도 이는 법원의 의무가 아니라 권한이므로, 불법행위를 원인으로 한 손해배상청구소송에서 손해배상책임은 인정되나 그 손해액의 범위에 관한 입증이 불충분한 경우(대법원 1994. 5. 13. 선고 93다45831 판결, 1997. 9. 30. 선고 97다21383 판결, 2003. 3. 28. 선고 2002다63190 판결 등 참조)와 같이 위에서 본 요건에 해당하지 않는 경우에는 조사하지 않아도 무방하다.

3) 증거제출책임과 뒤에서 보는 입증책임은 구별하여야 한다. 입증책임은 어떤 법률사실의 존부 불확정으로 인해 그 사실이 존재하지 않는 것으로 취급되어 그에 따른 법률효과를 받지 못함으로써 입게 되는 일방 당사자의 불이익을 말하며, 이를 객관적 입증책임이라고도 한다. 한편, 법률사실의 존부 불명으로 인해 불이익을 받게 되는 당사자가 그 불이익을 피하기 위하여 소송절차에서 현실적으로 증거자료를 제출할 행위책임을 주관적 입증책임이라고 한다. 다음에 보는 바와 같이 직권조사주의나 직권탐지주의에서도 입증책임의 법리가 적용되므로 입증책임은 변론주의의 본질적 내용이 아니다.

4) 변론주의가 적용되는 구체적 구성요건에 관한 규범의 법률사실에 대하여는 당연히 주장책임과 함께 증거제출책임도 인정되나, 민법 제2조, 제103조, 제104조 등의 순수판단규범의 적용요건(법률요건)에 대하여는 변론주의가 적용되지 않으므로 증거제출책임도

적용되지 않는다. 즉 법원은 이들 법규를 적용할 때 그 판단기준을 보충하는 데에 필요한 구체적·역사적 사실이 있을 경우, 직권으로 필요한 증거조사를 하여야 한다.[216)]

사. 변론주의의 보완

변론주의는 당사자주의의 원리에서 도출된 것이지만, 구체적 소송 현실에서는 모든 당사자가 평등한 법지식과 경험을 가지고 자신의 모든 법익을 충분히 실현할 수 있는 소송활동을 할 것으로 기대하기 어렵다. 따라서 변론주의를 절대적으로 강행할 경우 실체적 진실의 발견과 정의의 실현이 왜곡되고, 사회경제적으로 열악한 지위에 있는 당사자의 법익이 희생될 우려가 있다. 이에 따라 변론주의의 일정한 보완이 필요하다.

(1) 법원의 석명명령권

1) 당사자가 어떤 법률사실을 주장한다고 하였으나, 그 내용이 불분명하거나 모순되는 경우가 있을 수 있는바, 이런 경우 법원은 이를 토대로 판단을 할 수는 없다. 따라서 법원은 그 주장 내용 등 소송관계를 분명히 하기 위해 당사자에게 질문을 할 수 있고, 불분명하거나 모순되는 주장의 해명, 즉 석명(釋明)을 요구할 수 있다(민사소송법 제136조 제1항, 제137조). 이것이 법원의 석명명령권 또는 석명요구권이다.

2) 민사소송법은 사실에 관한 사항은 물론 법률(법리)에 관한 사항에 대해서도 질문을 할 수 있도록 하고 있다. 이는 당사자의 사실적 주장과 법률적 주장을 명확히 구분할 수 없고, 당사자나 소송대리이 법률사실을 구체적·역사적 사실이 아닌 법률적 용어로 주장, 설명하는 경우도 많은 사정을 고려한 것이라고 할 수 있다.

3) 합의부원(합의부의 배석판사)은 재판장에게 알리고 위 질문을 할 수 있고, 상대방은 재판장에게 다른 일방에 대하여 설명을 요구하여 줄 것을 요청할 수 있다(민사소송법 제136조 제2, 3항). 상대방 당사자의 이 권리를 석명명령신청권 또는 구문권(求問權)이라고 한다.

(2) 법원의 입증촉구 및 석명처분

1) 당사자가 어떤 법률사실을 주장한 경우, 위와 같이 그에 대한 입증 역시 그의 책임으로 하여야 한다. 그러나 당사자가 그 법률사실에 대한 입증이 필요 없다고 생각하거나 이미 충분히 입증이 되었다고 생각하는 경우에 법원이 그 증명이 없다거나 증명이 부족

---

216) 누차 언급한 바와 같이 이들 순수판단규범을 적용하는 것은 법의 해석·적용으로서 법률적 문제이기는 하나, 이 경우에도 입증책임이 적용되고, 직권조사사항인 소송요건의 존부 판단에 있어 필요한 증거조사를 하는 것과 마찬가지로 이들 법규의 해석·적용에 있어서도 관련 사실의 조사가 필요한 경우 증거조사절차에 의하여야 할 것이다. 그럼으로써 당사자의 변론(법률적 주장, 관련 자료의 제출)과 보조역할의 충실을 기하고 불의타를 방지하여 당사자주의를 보장할 수 있기 때문이다. 물론 법원은 직권증거조사에 의하지 않고 당사자에게 필요한 증거자료의 제출을 권유하는 등으로 당사자에 의한 입증을 유도할 수 있다.

하다는 이유로 주장을 배척하게 되면 그 당사자가 불의의 타격을 입을 수 있으므로, 법원은 당사자에게 입증을 하거나 입증을 더 하도록 촉구할 수 있다(민사소송법 제136조 제1항, 제137조).

2) 한편, 법원은 소송관계를 분명하게 하기 위해 위와 같은 질문과 석명명령, 입증촉구 외에, ① 당사자 본인 또는 그 법정대리인에게 출석하도록 명하거나(질문을 하기 위하여), ② 소송서류 또는 소송에 인용한 문서, 그 밖의 물건으로서 당사자가 가지고 있는 것을 제출하게 하거나, ③ 당사자 또는 제3자가 제출한 문서, 그 밖의 물건을 법원에 유치하거나(필요한 때에 사용하기 위하여), ④ 필요한 검증을 하고 감정을 명하거나, ⑤ 제3자에게 필요한 조사를 촉탁할 수 있는바(민사소송법 제140조), 이를 석명처분이라고 한다.

(3) 변론기회의 부여(석명의무)

1) 법원은 당사자가 간과하였음이 분명하다고 인정되는 법률적 사항에 관하여 당사자에게 의견을 진술할 기회(주장할 기회)를 주어야 한다(민사소송법 제136조 제4항). 법문에는 '법률상 사항'이라고 되어 있는데, 이는 법률효과 발생에 영향을 미치는 법률요건이나 법률사실에 관하여 당사자가 부주의 또는 오해로 말미암아 명백히 간과한 사항이 있거나 당사자의 주장이 법률상의 관점에서 보아 불명료 또는 불완전하거나 모순이 있는 경우에 법원이 이를 지적하고 적극적으로 석명권을 행사하여 당사자에게 의견진술의 기회를 부여하여야 한다는 의미로 이해된다. 이를 통상 변론기회의 부여의무 또는 석명의무라고 하는바, 법원이 이를 게을리 한 경우에는 석명 또는 지적의무를 다하지 아니하여 심리를 제대로 하지 아니한 위법에 해당하여 상고이유가 된다(대법원 2002. 1. 25. 선고 2001다11055 판결, 2010. 2. 11. 선고 2009다83599 판결, 2012. 5. 10. 선고 2010다10658 판결 등).

2) 증거에 관하여도 대법원은, 문서가 위조되었다거나 권한 없이 작성되었다는 취지로 당사자가 다투다가, 그 서증의 인부 절차에서는 갑자기 진정성립을 인정한다는 것은 이례에 속하므로, 그러한 경우 법원은 서증의 인부 절차에서 위 문서의 진정성립을 인정한 것이 아니라고 보거나, 적어도 당사자가 위와 같이 모순되는 진술을 하는 취지를 분명하게 석명하여야 한다며 석명의무를 인정한다(대법원 2003. 4. 8. 선고 2001다29254 판결 등).

(4) 보충적 증거조사

법원은 필요한 경우 위와 같이 석명처분으로서 검증을 하거나 감정을 명하거나 필요한 조사를 촉탁할 수 있는 외에, 당사자가 신청한 증거에 의하여 심증을 얻을 수 없거나, 그밖에 필요하다고 인정한 때에는 직권으로 증거조사를 할 수 있고(민사소송법 제292조), 직권으로 당사자를 신문할 수도 있다(민사소송법 제367조).

(5) 석명명령 등의 한계

1) 석명명령 등 위에서 본 변론주의의 보완조처는 변론주의의 한계를 벗어날 수 없다.

즉 법원의 석명권 행사는 당사자의 주장에 모순된 점이 있거나 불완전·불명료한 점이 있을 때에 이를 지적하여 정정·보충할 수 있는 기회를 주고, 다툼이 있는 사실에 대한 증거의 제출을 촉구하는 것을 그 내용으로 하는 것으로서, 당사자의 주장과 제출된 증거 사이에 모순되거나 불일치하는 점이 있는 경우 등에는 법원이 석명권을 행사하여 이를 밝혀 보아야 하지만(대법원 1994. 9. 30. 선고 94다16700 판결, 2010. 9. 30. 선고 2009다71121 판결 등 참조), 변론주의의 원칙상 당사자에게 주장책임이 있는 사항에 대하여 이를 주장하는지 여부를 석명할 의무는 없으며(대법원 2008. 2. 1. 선고 2007다8914 판결, 2012. 5. 10. 선고 2010다10658 판결 등 참조), 당사자가 주장하지도 아니한 법률효과에 관한 요건사실이나 독립된 공격방어방법을 시사하여 그 제출을 권유하는 행위는 변론주의의 원칙에 위배되는 것으로서(대법원 2000. 10. 10. 선고 2000다19526 판결 등 참조), 오히려 상대방 당사자에 대한 관계에서 위법한 소송행위가 된다.

2) 석명명령 등의 한계는 특히 위 석명처분과 변론기회의 부여, 직권 증거조사에서 주의하여야 한다. 자칫 당사자가 전혀 주장할 의사가 없는 부분까지 주장을 권유하거나 주장을 하도록 암시해서는 안 된다. 직권 증거조사도 주장된 사실관계에 대하여 당사자가 신청한 증거만에 의하여 심증을 얻을 수 없는 때에 한하여 실시하여야 할 것이고, 당사자에게 증거신청을 권유하였는데도 이를 하지 않거나, 당사자의 소송능력 부족으로 그것이 처음부터 불가능하거나 곤란한 때 등에 예외적으로 하여야 할 것이다.

3) 법원이 이 같은 변론주의의 한계 안에서 석명명령 등을 할 것인지 여부는, 법원의 그러한 처분이 통상의 당사자가 합리적으로 보아 예상할 수 있었던 것이냐 여부에 달려 있다. 그러므로 합리적인 통상의 당사자를 기준으로 하고 소송의 구체적인 진행 정도를 고려하여, 당사자가 어떤 법률효과 발생을 전혀 예상할 수 없었던 경우에는 법원이 석명명령 등을 할 수 없다고 할 것이다.[217]

3. 변론주의와 직권주의의 구별 기준 및 주장·입증책임의 분배

가. 주장·입증책임의 분배 기준에 관한 종래의 이론

(1) 분배 기준에 관한 학설

1) 주장책임과 입증책임은 앞서 본 바와 같이 서로 차원이 다른 개념이나, 어떤 법률사실의 부존재로 인해 소송상 불이익을 입는다는 점에서 공통하므로, 그 책임의 소재는 대부분의 경우 동일하게 나타날 수밖에 없다. 이에 따라 모든 학설과 판례가 다 원칙적으로 양자를 동일한 기준으로 정한다.

---

217) 예컨대, 토지거래허가 구역 내 토지를 매매한 당사자가 그 허가를 받은 여부에 대하여 전혀 주장을 하지 않는 경우 법원은 그 토지가 토지거래허가 구역 내에 있는 사실을 고지하고 허가를 받은 여부를 질문할 수 있다고 생각된다. 이 경우 합리적인 보통의 당사자라면 허가를 받았을 것이고, 특별히 허가를 받지 못할 사정이 있는 경우를 제외하고는 매수인으로서도 허가를 얻어 그 매매가 유효하게 되도록 협력할 의무가 있기 때문이다.

2) 법규 자체가 그 법률요건의 법률사실에 대한 주장책임과 입증책임의 소재를 직접 규정하고 있는 경우도 있지만, 대체로 법규는 이에 관하여 침묵하고 있다. 따라서 법규의 해석에 의하여 그 소재를 판단하여야 한다. 종래 그 분배 기준에 관하여는, 앞서 본 바와 같이, ① 주장이나 증명을 요하는 법률사실의 성질이나 내용에 따라 결정하여야 한다는 견해(이른바 요증사실분류설), ② 특정한 법률사실을 규정한 법규가 담고 있는 당해 법률요건의 성질이나 그 규율 형식에 따라 결정하여야 한다는 견해(이른바 법률요건분류설)가 대립하였는데, 후자가 지배적 견해였다고 할 수 있다.

3) 그러나 법률요건분류설에 따르더라도 이는 추상적인 기준에 불과하므로 이를 구체화할 세부 기준이 필요한바, ① 법률효과의 논리적 순서에 따라 권리발생 근거규정, 권리발생 장애규정, 권리 행사 저지규정, 권리 소멸규정으로 나누어, 권리발생 근거규정의 법률사실은 권리발생을 주장하는 자가, 그밖에 권리발생 장애규정 등의 법률사실은 권리발생을 부정하거나 권리 행사의 저지 또는 소멸을 주장하는 자가 주장·입증해야 한다는 견해, ② 구체적인 법률효과가 권리의 발생을 가져오든 권리의 불발생을 가져오든 관계없이 일정한 법률효과를 기준으로, 그 법률효과의 발생에 대하여 적극적으로 작용하는 규범을 기본규정으로, 반대로 소극적으로 작용하는 규범은 반대규정 또는 예외규정으로 이해하고, 양자를 대립하는 이해관계인 쌍방에게 적정하게 분배해야 한다는 견해, ③ 법규의 형식이 본문과 단서, 일반규정과 특별규정, 원칙규정과 예외규정의 관계에 있을 때 양자를 나누어서 쌍방에게 분배해야 한다는 견해 등이 제시되고 있다. 어느 견해에 의하든 그 기본요지는 같다. 다만, 개별 법규의 해석이 매우 중요한 문제가 된다.

(2) 주장·입증책임의 분배 기준과 변론주의

1) 앞서 본 주장·입증책임의 분배 기준은 일단 변론주의를 전제로, 대립하는 양 당사자 간에 주장·입증책임의 분배를 어떤 기준에 의하여 정할 것인가를 논의한다는 점에서, 그보다 한 차원 높은 논의 주제인 직권주의와 변론주의의 적용 영역에 대한 기준을 제시하지는 못하는 한계를 안고 있다. 즉 이들 이론에 의하더라도, 구체적 법규가 정하고 있는 법률사실이나 요건에 관하여, 그것이 당사자의 주장을 요하는 것으로서 그 주장이 없으면 법원이 판단할 수 없는 것인지, 아니면 법원이 직권으로 판단할 수 있고 또한 의무적으로 판단하여야 하는 것인지를 결정하는 기준으로는 전혀 작동하지 않는다. 따라서 변론주의와 직권주의의 경계를 나누는 기준은 주장·입증책임의 분배 기준과는 다른 차원에서 논의·모색되어야 한다.

2) 그러나 이제까지 변론주의와 직권주의를 경계 짓는 기준에 관하여는 거의 논의가 없었다. 그리하여 소송요건에 관한 사항이나 강행규정을 일단 직권주의의 영역으로 이해하고 구체적인 소송에 적용해 왔는바, 강행규정 내의 요건사실의 존재, 강행규정의 성질

에 따른 문제 등으로 많은 혼선이 있었다. 특히 사법적(私法的) 법률관계에 관한 행정기관의 인·허가 등과 관련해서는 더욱 그러하다.

앞서 본 바와 같이 변론주의가 적용되는 영역은 당해 소송의 목적인 본안청구의 당부와 관련하여 구체적 법률효과를 발생시키는 구체적 구성요건에 관한 규범(법규)이 정하는 법률요건과 그 법률사실에 관한 것인 반면, 직권주의가 적용되는 영역은 소의 적법 여부(소송요건의 존부)나 법령의 해석·적용에 관한 사항이다. 매매나 교환, 증여, 소비대차, 조건, 기한, 취소, 해제, 취득시효, 소멸시효 등에 관한 법규는 구체적·역사적 법률사실을 전제로 일정한 법률효과를 부여하는 구체적 구성요건에 관한 규범으로서 모두 청구의 당부에 영향을 미치는 법규이며, 그 법률요건사실에 대하여 변론주의가 적용되는 데에 아무런 의문이 없다. 그 가운데 강행법규가 있더라도 마찬가지다.

3) 그런데 앞서 본 바와 같이 민법 제2조 제1항이나 제2항, 제103조, 제104조, 제608조, 제652조, 제921조 등의 법규는 구체적 구성요건에 관한 규범이 정하는 법률요건의 적용에 따른 법률효과 발생을 규제하는 순수판단규범으로서, 매매나 교환, 증여, 조건, 기한, 취소 등에 관한 법규와 본질적으로 다른 성질의 법규이다. 또 앞서 살펴본 중립규범도 그러하다.

소송절차에서 이렇듯 그 성질이 상이한 법규를 적용할 때 이들 법규는 그 성질상의 차이로 인해 소송상 취급에 있어 큰 차이가 발생할 수밖에 없는바, 그 중 가장 중요한 것이 변론주의와 직권주의의 적용 문제이다. 따라서 우리는 다양한 민사법규의 존재 형태와 그 기본적 기능에 주목하여, 이들 민사법규가 법률효과의 발생이나 이를 통한 사회질서의 유지·형성에 어떻게 작용하는지를 고찰하고, 소송법적 관점에서 그것이 변론주의 및 직권주의와 어떤 관계를 갖는지 검토할 필요가 있다. 그러한 법규의 성질과 본질의 차이에 문제를 해결하는 답이 숨어있기 때문이다.[218)]

나. 법률사실의 성질과 변론주의, 직권주의의 구별

(1) 인식의 대상인 법률사실(구체적 구성요건에 관한 규범의 법률사실)

1) 앞서 법규(규범)의 형태에 따른 분류의 <구체적 구성요건에 관한 규범>에서 본 바와 같이, 매매, 교환, 증여, 대리, 조건, 소멸시효, 불법행위 등을 규정한 구체적 구성요건에 관한 규범(법규)의 법률사실은 법주체 사이에 구체적·역사적으로 발생하는 행위나 현상이다. 그러한 법률사실이 존재해야 그 법규가 정하는 법률효과가 발생하게 되므로, 실제 그러한 법률사실이 있었는지 여부를 판단자인 법원이 발견, 인식하여야만 법원은

218) 저자의 이런 시도는 아직 완전히 확립된 것이라고 자신하기는 어렵다. 그러나 이것이 혁명적 논의의 단초가 될 수 있으리라 생각한다.

그에 따른 법률효과 발생을 용인할 수 있다. 따라서 구체적 구성요건에 관한 법규를 적용할 때 판단자인 법원은 먼저 그 법률사실(존부)을 인식하여야 한다.[219)]

그리고 이러한 법률사실은 판단자인 법원의 외부에 존재하는 대립적 법주체 상호 간의 내부적 법률관계에서 발생하는 구체적 행위나 사회현상으로서, 이는 외부적 판단자료인 증거에 의하여 발견, 인식될 수 있는 사항이므로 본질적으로 가치판단의 영역이 아닌 인식의 영역에 속한다. 여기서 인식의 영역에 속한다는 것은, ① 인식의 대상이 존재하는지 존재하지 않는지 여부에 관하여 판단자(인식자)의 가치관, 도덕, 종교, 신념, 양심 등과 관계없이 사회평균인의 인식능력으로써 판단·인식할 수 있고(사회평균인의 인식능력에 의해 누구라도 판단·인식할 수 있다는 성질), ② 그 판단(인식)의 기준으로서, 판단자(인식자)의 가치관이 아닌 객관적 기준인 증거자료에 의하여 인식의 대상인 구체적 행위나 사회현상의 존부에 관한 개연성, 확실성이 증감함으로써 그 판단(인식)의 방향이 결정되며(외부적 인식자료가 인식 여부를 결정한다는 성질),[220)] ③ 인식의 대상인 구체적 행위나 사회현상은 판단자(인식자)의 가치판단이나 인식작용의 밖에 존재하는 외부적 존재로서, 판단자(인식자)는 그 의식작용만으로 스스로 이를 인식할 수 없고 그 존부에 관한 주장과 외부적 증거자료를 통해서만 판단(인식)할 수 있다(외부적 인식자료에 의해서만 판단·인식할 수 있다는 성질)는 의미이다.[221)]

2) 일반적으로 가치판단에 대응하는 개념으로서의 '사실'이란 증거에 의하여 그 존부를 증명할 수 있는 것을 말하는데(대법원 2011. 1. 13. 선고 2008다60971 판결, 2012. 11. 15. 선고 2011다86782 판결 등 참조), 앞서 본 바와 같이 구체적 구성요건에 관한 법규의 법률사실은 구체적·역사적으로 존재하는 것이므로 증거에 의하여 그 존부를 증명할 수 있다.

즉 구체적 구성요건에 관한 법규에서, 매매(민법 제253조)나 점유취득시효의 완성(민법 제245, 246조), 유실물의 습득(민법 제253조)이나 매장물의 발견(민법 제254조), 소멸시효 완성(민법 제162조 등) 등의 법률요건을 구성하는 의사표시, 점유, 시간(기간)의 경과, 물건의 발견, 법률에 정한 공고, 소유자가 권리를

219) 법원이 증거에 의하여 인식할 대상은 엄밀히 말해서 법이 규정하고 법률적 언어로 표현되는 '법률사실'이라기보다는 그 이전에 '합의했다', '때렸다', '파손했다', '알았다', '몰랐다'는 등의 사회적 언어로 표현되는 구체적 행위나 사회현상이다. 이렇게 인식한 구체적 행위나 사회현상이 법이 규정하고 있는 요건사실로서의 법률사실에 해당하는지 여부의 판단은, 증거에 의하여 증명된 그 행위나 사회현상이 구체적으로 어떤 의미와 내용을 갖는지 해석하고 가치판단을 하는 것이자 법규의 내용인 법률요건의 의미와 내용을 해석하는 것으로서, 그 해석과 가치판단은 전적으로 판단자인 법관의 직업적 양심이 지배하는 내부적 판단영역에 속하고 외부적 자료인 증거에 의하여 결론이 달라질 수 없는 것으로서 앞서 본 법리해석의 문제에 포함된다.

220) 예컨대, 매매의 요건사실인 재산권이전의 의사표시와 그에 대응하는 대금지급의사표시의 존부는 이를 인식할 수 있는 계약서나 목격자의 존부, 매도인의 대금지급청구나 돈의 수령 여부 등의 사실을 기초로 그 개연성과 확실성이 증감하는 과정을 통해 몰가치적·가치중립적으로 판단(인식)할 수 있다.

221) 이 단계에서 이 문제는 변론주의에 앞선 개념이다. 즉, 그 주장과 증거자료를 당사자가 제출하든 법원이 적극적으로 수집하든 관계없이 증거자료가 필요하다.

주장하지 않을 것 등의 법률사실은 모두 판단자인 법관이 그 존부를 발견·인식할 수 있는 외부적 사실, 즉 외재적 존재와 외재적 사상(事象)이며, 그 인식은 원칙적으로 그 존부를 증명하는 외부적 판단자료인 증거에 의하여야 하고(민사소송법 제288조), 이러한 법률사실은 모두 발견·인식의 대상이다. 또, 이러한 구체적·역사적 행위나 현상은 판단자인 법원의 외부에 존재하는 사실이므로 국외자인 법원이 스스로 알기가 어렵고, 직권으로 조사를 한다고 하더라도 그 범위가 너무나 막연한 데에다 당사자만큼 절실하지도 않으므로 진실을 밝히는 데에 한계가 있을 수밖에 없다. 이는 고의나 과실, 중과실, 선의, 악의, 부정한 목적, 정당한 사유 등 가치판단을 요하는 추상적 개념을 구체적·역사적 법률사실로 규정하는 경우에도 같다.

이러한 사실에 대하여 변론주의를 적용하면 실체적 진실발견을 통한 당사자의 이익보호에도 유리하다. 그러므로 이러한 법률사실의 존부에 대하여는 원칙적으로 변론주의를 적용하여야 한다. 즉 법원은 당사자가 그러한 법률사실의 존재를 주장한 때에만 이를 심판할 수 있고, 그에 관한 자백에 구속된다.

3) 구체적 구성요건에 관한 법규의 법률사실의 존부에 대하여는 변론주의를 적용하더라도 법질서 유지에 아무런 문제가 없다. 즉 그 사실의 주장과 증거제출을 당사자의 처분과 책임에 맡기더라도 법질서 전체와 충돌하거나 모순되지 아니하며, 변론주의가 추구하는 당사자주의의 원리에도 부합한다. 그러한 구체적·역사적 법률사실의 존부에 의하여 구체적 법률효과가 발생하고, 그 법률효과는 전적으로 당해 법주체의 사적인 이익에 속하는 만큼, 그에 따른 법률효과의 이익을 얻으려는 당사자가 주장과 증거제출을 통해 법원에 그 법률사실의 존부를 인식시킬 책임을 지게 하는 것이 당사자의 이익 보호에 가장 타당하기 때문이다.

이에 대하여 변론주의를 적용함으로써 당사자가 주장이나 증거제출을 제대로 하지 못해 불이익을 입더라도, 이는 본래부터 법질서 전체에서 허용할 수 있는 영역이며, 이는 권리·의무의 불발생이나 권리·의무의 소멸에 관한 사항이라도 마찬가지다. 예컨대, 법률행위의 당사자가 행위 당시 의사무능력자라던가, 진의 아닌 의사표시를 하고 상대방이 이를 알았거나 알지 못하였다거나, 통정하여 허위로 의사표시를 하여 그것이 무효인 경우, 이러한 법률효과(무효) 발생에 필요한 법률사실에 대해 당사자가 주장이나 증거제출을 제대로 하지 못해 그것이 유효가 됨으로써 불이익을 입더라도, 그러한 결과는 그의 개인적 영역에 국한되고 사회질서 유지나 공공복리와 모순되지 않으므로 문제가 없다. 또, 종기의 도래나 해제조건의 성취, 소멸시효의 완성 등과 같이 권리·의무의 소멸에 관한 법률효과를 발생시키는 경우에도 마찬가지다. 법은 이러한 사실이 객관적으로 존재하거나 존재하지 않는 경우, 그에 따른 법률효과 발생이나 불발생을 강제하지 않기 때문이

다.[222)]

어떤 구체적·역사적 사실의 존부와 그에 따른 법률효과의 발생 또는 불발생을 변론주의의 영역에 둘 것인지 아니면 직권주의 영역에 둘 것인지의 평가는 궁극적으로 입법정책에 속하는 사항이다. 이러한 법률사실의 존재 또는 부존재에 따른 법률효과의 발생 또는 불발생을 당사자의 주장에 불구하고 반드시 구현하려고 입법자가 판단한 경우에는 그에 대하여 변론주의를 배제하면 된다.[223)]

(2) 가치판단의 기준인 법률사실(순수판단규범의 적용요건사실)

1) 반면에 앞서 <금지법규>와 <순수판단규범>에서 살펴본 바와 같이, 사원권의 양도·상속의 금지(민법 제56조), 자기계약이나 쌍방대리의 금지(민법 제124조), 물권의 임의적 창설금지(민법 제185조) 등의 직접금지법규와 차주에게 불이익한 약정의 금지(민법 제608조), 신의칙에 위반하는 권리 행사나 의무이행, 권리남용의 금지(민법 제2조 제1, 2항), 선량한 풍속이나 사회질서에 반하는 법률행위의 금지(민법 제103조), 소비대차의 차주에게 불이익한 약정의 금지(민법 제608조), 임차인이나 전차인에게 불리한 약정의 금지(민법 제652조) 등의 간접금지법규의 경우에는, 그 법규의 적용요건인 법률사실이 아예 없거나(직접금지법규의 경우), 신의칙, 선량한 풍속, 사회질서, 법률위반, 임차인 등에의 불리라는 것과 같이 그 적용요건이 구체적 구성요건에 관한 법규에서의 법률사실과는 다른 모습을 보인다(간접금지법규의 경우).

2) 직접금지법규의 경우, 구체적·역사적 사실로서의 일정한 행위나 사회현상에 대하여 구체적 구성요건에 관한 규범에서 부여하는 법률효과 발생을 명시적·직접적으로 부인하며, 그 부인의 요건, 즉 당해 금지법규의 적용요건이 따로 필요하지 않다. 판단 대상인 행위나 현상이 금지법규에서 규정한 사항에 해당하기만 하면 충분하다.

그러므로 법원이 이들 법규를 해석·적용할 때는 판단 대상인 일정한 행위나 사회현상이 당해 법규에서 금지의 대상으로 기술하고 있는 사항에 해당하는지 여부만 법리적으로 해석하여 판단하면 된다. 그 판단 대상인 일정한 행위나 사회현상 그 자체의 존부는 위 법규의 해석·적용 이전 단계인 구체적 구성요건에 관한 규범의 해석·적용 단계에서 이미 인식·판단된 것이어서 위 직접금지법규를 해석·적용하는 단계에서는 구체적·역사적 사실로서의 일정한 행위나 사회현상은 아무런 의미가 없다. 즉 직접금지법규의 해석·적용에는 법원이 그 법규의 의미 내용만을 스스로 인식하고 법적 가치평가를 한 다음 그 판단 대상에 적용하면 충분하며, 거기에 구체적 구성요건에 관한 규범과 같이, 그 법규가 예정

---

222) 그렇다고 하여 구체적 구성요건에 관한 법규가 모두 임의규정이라는 의미는 아님은 물론이다. 뒤에서 보는 바와 같이 법규의 강행규정성 여부는 변론주의와 직접 관계가 없다.

223) 그러나 우리 법제에서 그런 예외를 인정하는 경우는 극히 드물다. 굳이 예를 든다면 민법 제397조 제2항을 들 수 있다.

하고 있는 법률효과 발생을 위하여 증거에 의해 발견·인식할 법률사실로서의 구체적·역사적 행위나 사회현상은 없다.

3) 한편 간접금지법규의 경우에도, 그 법규의 적용 대상은 구체적 구성요건에 관한 규범에 의하여 구체적·개별적 법률효과가 부여되는 구체적·역사적 사실로서의 일정한 행위나 사회현상이다. 즉 그 행위나 사회현상 자체나 그에 대하여 구체적 구성요건에 관한 규범에서 부여하는 법률효과의 용인 여부를 위 간접금지법규를 적용하여 판단하는 것이다.

이때도 간접금지법규를 해석·적용할 때 중요한 것은 그 법규의 의미 내용이며, 그 판단의 대상인 구체적·역사적 행위나 사회현상은 이미 구체적 구성요건에 관한 규범의 법률효과 발생 여부의 판단 단계에서 이미 존부가 인식·판단되었으므로 간접금지법규의 해석·적용 단계에서 이는 판단의 전제로서 작용할 뿐이다.[224] 따라서 간접금지법규를 해석·적용할 때도 법원은 구체적 구성요건에 관한 규범의 법률요건과 그 법률사실의 존부를 증거에 의해 발견·인식한 다음, 그 법률사실이나 법률효과가 간접금지법규에 의하여 용인되는지 여부를 법적 가치평가를 통해 판단하면 족하다. 간접금지법규는 그 용인 여부를 판단하는 추상적 기준만을 규정하고 있으므로, 그 간접금지법규의 해석·적용 단계에서는 구체적·개별적 법률효과의 판단을 위해 발견·인식할 구체적·역사적 행위나 사회현상은 필요 없고, 오직 그 판단 대상인 구체적·역사적 행위나 사회현상 또는 그 구체적·개별적 법률효과가 당해 간접금지법규에서 정한 용인 여부의 기준인 신의칙위반, 권리남용, 사회질서위반, 불공정행위 등에 해당하는지 여부의 가치판단만이 남는다.

이러한 간접금지법규의 추상적 판단기준에 관하여, 신의칙에 있어 신의(신뢰)의 존재, 권리남용에 있어 권리자의 가해의사, 불공정행위에 있어 일방의 궁박, 경솔 등과 상대방의 그 인식 및 이용의사 등과 같이 그 법규 자체 또는 법해석에 의하여 구체적·역사적 사실이 부가되는 경우가 있으나, 뒤에서 보는 바와 같이 이는 구체적·개별적 법률효과 발생에 필요한 법률사실이 아니라 이 역시 간접금지법규의 내용으로서 법원이 직권으로 해석·적용하여야 할 법규의 내용을 보충하는 것에 불과하다. 즉 이러한 구체적·역사적 사실은 판단기준인 금지법규의 내용을 보충하여 법규의 일부를 이루게 된다.[225] 따라서 이러한 사실 역시 법원이 법규의 해석·적용의 일환으로서 직권으로 그 존부를 심리·판단하여야 하고, 당사자의 주장은 직권발동을 촉구하는 의미밖에 없다.

4) 실체법이나 절차법상 어떤 법률요건을 충족하여 그에 따른 법률효과가 발생하기 위해서는 법이 예정하고 있는 구체적·역사적 법률사실, 즉 요건사실이 존재하여야 한다.

---

224) 물론 구체적 구성요건에 관한 규범의 법률사실에 대한 판단의 결과는 간접금지법규의 판단 결과와 함께 표시된다. 그리고 그 전제 사실인 구체적·역사적 행위나 사회현상 자체가 존재하지 않는 것으로 판단된 경우 간접금지법규의 해석·적용 단계에 나아갈 필요도 없다.

225) 이를 가리켜 '보충적 법률사실' 또는 '법규의 내용을 보충하는 법률사실'이라는 이름을 붙이고 싶다.

그런데 법이 존재하기 전에 사람의 행위나 사회현상이 먼저 존재하는바, 결국 이러한 행위나 사회현상과 법의 관계는, ① 특정한 법주체 상호 간에 어떤 행위나 사회현상이 존재하는가,[226] ② 그 행위나 사회현상에 대하여 법은 어떻게 규율하는가의 문제로 귀결된다. ①과 ②는 밀접하게 연관되어 결과적으로 법률효과를 발생시킴으로써 법의 질서 유지 기능을 수행하게 되는바, 법률효과의 발생 여부를 둘러싼 당사자 간의 분쟁은 위 ①에 관한 구체적 법률사실의 존부에 관한 다툼(사실의 문제) 또는 위 ②에 관하여 그 법률사실이나 법률요건의 의미와 내용에 관한 법리적 다툼(법률의 문제)으로 귀결된다.

이 가운데 후자는 법의 존재와 그 의미·내용의 해석 문제로서, 전적으로 판단자인 국가, 즉 법원의 권한에 속하여 법원이 그 직무로서 그 존재를 조사, 판단하여야 하고, 분쟁당사자는 그에 관한 증거를 제출하여 입증할 필요가 없고 법원은 이에 구속되지도 않으며, 당사자의 입증이 없어도 법원 스스로 이를 조사·판단할 수 있다. 법의 존부는 당사자 간의 법률관계에서 발생하는 구체적 행위나 사회현상이 아니고 그보다 먼저 선험적으로 존재하는 것이므로 법원이 스스로 인식할 수 있고, 그 의미와 내용을 판단하는 것은 순수한 법적 가치판단의 문제로서 외부적 판단자료인 증거의 유무에 의하여 영향을 받는 것이 아니기 때문이다. 따라서 법규의 존재와 그 의미·내용의 해석은 기본적으로 발견, 인식의 대상이 아닌 순수한 가치판단의 대상이다.

5) 법이 인간사회의 질서를 규율하는 작용을 할 때, 그 법이 작용하여 거기에 일정한 법률효과를 부여함으로써 질서를 유지하는 대상은 특정한 인간관계에서 구체적·역사적으로 존재하는 행위나 사회현상이다. 이것만이 사회구성원인 법주체 간의 관계에 유의미한 법적 지위 변동을 초래하는 요인이기 때문이다.

이에 따라 법은 구체적·역사적 행위나 사회현상에 대하여 두 단계로 나누어 규율함으로써 사회질서를 형성·유지하는데, ① 1차적으로는, 그 행위나 사회현상에 대하여 구체적·개별적 권리·의무를 부여함으로써 법주체 상호 간의 법률관계를 규율하고, ② 2차적으로는, 그 행위나 사회현상의 발생이나 실현을 금지하여 그에 따른 본래의 구체적·개별적 권리·의무의 변동을 부인하거나 오히려 불이익을 가함으로써 사회공동체 전체의 법질서를 보호·유지한다. 위 1차적 법질서 유지수단이 곧 허용규정이자 구체적 구성요건에 관한 규범이고, 2차적 법질서 유지수단이 금지규정이자 순수판단규범이다.[227]

금지규정이나 순수판단규범에 의하여 2차적으로 특정한 행위나 사회현상을 규율하는 이유나 필요성은, 구체적·개별적 법률효과를 부여하는 구체적 구성요건에 관한 규범만으

---

226) 여기서 특정한 법주체에는 사회 전체 법익의 귀속 주체인 국가를 포함하나, 민사적 관계에 있어 그 대부분은 사인(私人)이다. 그리고 여기서 말하는 행위나 사회현상의 '존재'에는 부존재를 포함한다. '부존재의 존재'도 존재의 한 형태이기 때문이다.

227) 이 점에서, 1차적 수단의 규범이 특정한 법주체의 법익을 보호하는 것임에 반해, 2차적 수단의 규범은 사회 전체의 법익을 보호하는 것이라고 할 수 있다.

로는 사회 법질서 전체적인 관점에서의 위법성 심사가 불가능하거나 곤란한 데에 있다. 일정한 행위나 사회현상이 존재하면 구체적 구성요건에 관한 규범에 따라 일정한 법률효과가 발생하게 되는데, 개개의 구체적인 사정에 따라서는 그러한 법률효과 발생이 법질서 전체적인 관점에서 타당하지 못한 결과가 될 수도 있다. 법주체 상호 간에 발생하는 행위나 사회현상은 천차만별이므로, 그에 대하여 구체적·개별적 법률효과를 부여하는 1차적 법규범인 구체적 구성요건에 관한 규범이 예상할 수 없었던 사정, 즉 신의칙위반이나 권리남용, 사회질서위반, 불공정, 차주나 임차인 등에 불리한 사정 등 사회 법질서 전체의 관점에서 허용할 수 없는 부정의하거나 불합리한 결과가 발생하는 경우가 생기게 되고, 이러한 예외적·구체적 사정은 행위나 사회현상을 기계적·객관적으로 파악하여 법률효과를 부여하는 구체적 구성요건에 관한 규범에서 일일이 규율할 수 없으므로 법질서를 유지할 2차적 법규범으로서 금지규정이나 순수판단규범이 필요하다.

대부분의 법규는 1차적 법질서 유지수단인 허용규정, 구체적 구성요건에 관한 규범의 형태를 취하며, 이 규범이 부여하는 구체적·개별적 법률효과가 발생하기 위해서는 구체적·역사적 행위나 사회현상이 필요하다. 즉 이 규범에서는 그 법규가 부여하는 구체적·개별적 법률효과가 중요하고, 그 전제로서 당해 법률효과 발생에 필요한 구체적·역사적 행위나 사회현상의 존부가 중요한 의미를 갖는다. 따라서 이러한 구체적·역사적 행위나 사회현상을 요소로 하는 물권행위나 채권행위, 채무불이행, 불법행위, 부당이득, 사무관리, 소멸시효의 완성, 채무의 변제, 면제, 상계 등이 법률요건에서 중요한 지위를 점하고, 이들은 예외 없이 앞서 본 바와 같은 구체적·역사적 행위나 사회현상을 법률사실로 구성한다.

반면에 2차적 법질서 유지수단인 금지규정, 순수판단규범은 1차적 법질서 유지수단의 규범과 달리, 구체적·개별적 법률효과를 부여하는 것을 그 본질이나 사명으로 하는 것이 아니라, 이미 존재하는 구체적·역사적 행위나 사회현상 또는 그 법률효과를 금지(부정)하여 용인하지 않는 것을 본질이나 사명으로 하므로, 구체적·역사적 행위나 사회현상의 존부와 그에 대한 발견·인식이 중요한 의미를 갖는 것이 아니라 그것을 금지하는 법규의 존부와 그 적용요건이 중요한 의미를 가진다. 그리고 이때 그 법규의 적용요건은 1차적 법질서 유지수단인 구체적 구성요건에 관한 규범의 법률요건이나 법률사실과 달리, 법주체 사이에 발생한 구체적·역사적 행위나 사회현상이 아니라 법질서 전체의 차원에서 그것을 용인할 것인지 여부를 결정하는 법적 가치판단의 기준으로서 사회적 보호법익 또는 공익이다. 예컨대, 신의나 성실, 사회질서, 선량한 풍속, 공정한 거래, 사회경제적 약자 보호 등이다. 고로 순수판단규범은 가치판단사항 또는 가치판단의 기준을 기술(記述)할 뿐, 판단의 대상이자 발견·인식의 대상인 구체적·역사적 행위나 사회현상을 법률사실로 기술하지 않는다.

그리고 그 판단의 기준은 법규에 직접적으로(직접금지법규의 경우) 또는 간접·추상적으로(간접금지법규의 경우) 표현·기술되어 제시되고, 직접금지법규의 경우 그것은 법규의 자족적(自足的) 내용을 이루므로, 판단자인 법관은 원칙적으로 당사자의 도움 없이 그 스스로 법규의 내용만을 잘 인식하면 그 법규를 적용·판단하기에 충분하다.

한편 간접금지법규의 경우에도, 그 법규는 구체적 구성요건에 관한 규범이 규정한 법률사실에 대한 2차적 판단기준을 제시하므로, 그 법규의 적용에 있어 증거에 의하여 인식할, 구체적 구성요건에 관한 규범이 규정한 구체적·역사적 사실은 필요 없다. 그런데 예외적으로 신의칙위반이나 권리남용, 불공정행위 등 일부 금지규정의 경우 그 판단기준을 보충하는 구체적·역사적 사실을 요구하는 수가 있다. 이때의 구체적·역사적 사실은 ① 당해 법규가 적용되기 위한 전제조건으로서 요구하는 일정한 행위나 현상이거나 ② 당해 법규의 내용을 사회적 언어로 표현하는 것으로서, 판단 대상이 아니라 판단기준으로서 작용하게 된다. 즉 위 ①의 경우 그 사실은 당해 순수판단규범의 적용 범위를 제한하는 것으로 작용하고, ②의 경우 당해 법규의 의미를 부가하는 작용을 하나, 어느 경우에나 그 법규의 적용 대상인 구체적 구성요건에 관한 규범의 법률사실로서의 행위나 현상과는 성질이 다르다.[228] 따라서 이는 법규의 내용을 이루므로 변론주의가 배제되어 당사자의 주장이 없더라도 법원은 법규의 일부로서 이를 직권으로 조사하여야 한다.

다만 변론에 나타난 소송자료 등만으로 법원이 이를 알 수 없는 경우,[229] 당사자 일방

---

228) 권리남용에 있어 자신에게는 아무런 권리 행사의 이익이 없으면서 오로지 해악을 가할 의사로 권리를 행사한다는 사실은 '권리남용'의 의미를 사회적 언어로써 부가·표현하는 것이고, 불공정행위에 있어 일방의 궁박, 경솔, 무경험 등과 상대방의 그 인식 및 이를 이용한 행위, 그 결과 현저한 급부의 불균형 역시 '불공정'의 의미를 사회적 언어로써 부가·기술하는 것에 불과하다. 즉 권리를 행사함에 있어 권리자 자신에게 권리 행사의 정당한 이익이 있다면, 설사 그 결과 상대방에게 손해를 가한다고 하더라도 이를 가리켜 권리를 남용하는 것으로서 법질서 전체의 관점에서 부정적인 것으로 평가하여 그 권리 행사를 거부, 금지할 이유가 없고(일방의 권리 행사가 상대방에게 어떤 형태이든 손해를 가하는 것은 불가피하다.), 또 대가적 급부가 객관적으로 부대등하거나 불균형하더라도, 그것이 일방의 궁박, 경솔, 무경험 등에 기인한 것이 아니라 매매 당사자가 스스로 그러한 결과를 인식하고 그것을 의욕한 때는 법질서 전체의 시각에서 이를 불공정한 행위로 보아 거부, 금지할 이유가 없는 것이다. 따라서 이러한 요건을 충족하지 못하는 경우 그것을 권리남용이나 불공정행위로 볼 수는 없으므로 이러한 요건은 결국 당해 순수판단규범의 적용 대상을 제한하는 작용을 한다.
한편 물권적 청구권의 행사가 권리남용에 해당하거나 매매가 불공정행위에 해당하는 경우에도, 당사자는 구체적 구성요건에 관한 규범이 규정한 법률효과를 얻기 위해 그에 필요한 법률사실만을 주장·입증하면 충분하고 위와 같은 순수판단규범의 적용요건사실을 주장·입증할 필요나 의무는 없다. 이 경우 그러한 사실의 존재가 결국 당해 순수판단규범을 적용케 하여 물권이나 매매에 기한 인도청구권 또는 재산권이전청구권 등을 발생하지 못하게 하는 작용을 하게 되나, 그러한 사실은 당사자 사이에 일상생활의 일부로서 자연스럽게 발생하는 행위나 현상으로서 법이 구체적 구성요건에 관한 규범으로 평가하여 인도청구권 또는 재산권이전청구권 등과 같은 구체적·개별적 법률효과를 부여하는 원인으로 작용하는 것이 아니라, 그러한 행위나 현상인 권리 행사나 매매 등이 일정한 요건(남용, 불공정)에 해당하여 사회 전체적 시각에서 본래 예정된 법률효과가 부정되어야 할 법적 평가사유에 불과한 것이다.

229) 직권탐지까지 할 필요는 없다고 할 것이다.

이 손해를 입게 될 수밖에 없으므로 이에 대하여 입증책임이 부과될 수는 있다. 또, 그 법규의 적용을 통해 의무자는 의무를 면하는 이익을 얻게 되므로 이를 적극적으로 주장하고[230] 그에 관한 증거방법(판단자료)을 제출할 필요가 있으나, 소송법적으로 이는 직권발동을 촉구하는 의미밖에 없다. 만약 순수판단규범의 적용요건이 되는 사실에 대해서도 구체적 구성요건에 관한 규범의 구체적·역사적 법률사실처럼 변론주의를 적용하게 되면, 당사자의 소송수행능력 부족이나 쌍방의 결탁(허위자백, 묵비)에 의하여 법의 적용, 실현이 저해되어 사회공동체의 기본질서와 공익이 무너지게 되며, 순수판단규범을 통하여 질서를 유지·형성하려는 법의 근본취지와 입법자의 의도가 무의미해질 것이다.

여기서 논하는 가치판단의 대상에, 앞서 본 '정당한 이유'나 '정당한 권원', '부정한 목적' 등 추상적 개념을 구체적 법률사실로 하는 구체적 구성요건에 관한 규범에서의 법률사실은 당연히 속하지 않는다. 이러한 법률사실은 비록 상당한 가치판단을 요하는 추상적 개념을 내포하고 있지만, 앞서 본 바와 같이 어디까지나 이는 구체적·역사적 행위나 사회현상을 추상적·포괄적 개념으로 표현한 것으로서 궁극적으로 구체적 구성요건에 관한 규범에 속하여 발견·인식의 대상이기 때문이다. 따라서 이러한 사실은 앞서 본 바와 같이 증거에 의하여 발견·인식되어야 하고 변론주의가 적용된다.

6) 한편 위와 같이 순수판단규범의 경우 모두 가치판단의 기준으로서 변론주의가 적용되지 않지만, 중립적 규범의 경우 개개의 성질에 따라 구체적 구성요건에 관한 규범에 가까운 것도 있고 순수판단규범에 가까운 것도 있음은 앞서 지적한 바와 같다. 그러나 중립적 규범의 경우 대체로 법제도의 골간을 이루는 것으로서 법질서 전체나 공익에 관련되고, 그 규율 대상은 특정한 시·공간에서 법주체 사이에 발생하는 행위나 현상이 아니므로 거의 대부분 넓은 의미의 순수판단규범에 속한다고 할 수 있다.

다. 변론주의의 적용 여부가 구체적으로 문제되는 경우

1) 앞서 본 바와 같이 법규는 그 법률효과 발생을 위하여 법률요건과 법률사실(구체적 구성요건에 관한 규범의 경우) 또는 적용요건(순수판단규범의 경우)을 갖는바, 법규의 규정 내용이 사람의 정신작용이나 내심의 상태 또는 가치판단적 요소를 포함하는 경우 그 법적 성질이 무엇인지 불분명한 경우가 많고 학설도 대립한다. 이는 앞서 본 구체적 구성요건에 관한 법규와 순수판단규범의 내용이 법률효과, 법률요건, 법률사실에 있어 동일한가 아닌가 하는 문제와 직결되어 있다.[231]

---

230) 소송현실상 이런 주장도 항변 또는 재항변이라고 부르나, 고유 의미의 항변, 재항변이라고는 할 수 없다. 그 주장자에게 주장책임이 없기 때문이다.

231) 그리고 이러한 검토 결과 그것이 인식의 대상인지 순수한 가치판단의 대상인지에 따라 주요사실과 간접사실의 구별, 변론주의의 적용 여부도 영향을 받게 된다.

2) 이미 앞에서 이에 관한 개략적인 기준을 제시한 바 있지만, 여기서는 양자의 특성을 법률요건, 법률사실과 연관지어 보다 자세히 살펴본다.[232] 이에 대한 검토는, ① 이러한 사항이 법률효과 발생의 전제조건으로서 요구되는 법률요건의 내용인지 여부, ② 이러한 사항이 앞서 살펴본 발견·인식의 대상과 친한지 아니면 가치판단의 대상과 친한지 여부, ③ 이러한 사항이 가치판단에 관계되는 경우, 그것이 구체적 구성요건에 관한 규범의 일부인 '가치판단을 요하는 추상적 개념을 법률사실로 하는 규범'의 법률사실인지 아니면 순수판단규범의 적용요건인지 여부가 중심이 될 것이다.

(1) 고의, 선·악의

1) 민법 제750조는 '불법행위'의 내용으로서 "고의 또는 과실로 인한 위법행위로 타인에게 손해를 가한 자는 그 손해를 배상할 책임이 있다."고 규정하는바, 이로부터 손해배상청구권이라는 법률효과가 발생한다. 그리고 불법행위는 넓은 의미에서는 사회적 타당성이 없어 금지의 대상이지만, 민법은 이를 금지의 대상으로 삼아 그에 대하여 본래 예정된 법률효과의 불발생이라는 소극적 법률효과를 부여하는 구조를 취하지 않고, 특정한 법주체 상호 간에 불법행위가 존재할 것을 요건으로 하여 손해배상청구권이라는 구체적·개별적 법률효과를 적극적으로 부여하므로, 불법행위는 위법한 가해행위와 손해의 발생, 고의 또는 과실을 법률사실로 하는 법률요건이며, 민법 제750조는 구체적 구성요건에 관한 규범이다.

2) 불법행위의 법률사실인 가해행위나 손해의 발생이 행위나 현상으로서 구체적·역사적 사실에 속함은 의문의 여지가 없다. 문제는 불법행위의 한 내용인 '고의'의 법적 성질이다. 고의는 사람이 어떤 사실(행위나 현상)을 인식하였다는 내심의 상태를 말한다. 이 점에서 고의는 악의와 동일하다.[233]

고의는 이와 같이 사람의 내적 정신상태 또는 심리상태이지만, 인식의 존재와 부존재의 둘 중 하나로 결정될 수 있고, 인식 여부는 가치판단을 전제로 하지 않고도 증거에 의하여 그 존부를 증명할 수 있는 주제이다. 즉 분쟁당사자 등 타인이 특정한 시점에 어떤 외부적 사실을 인식하였는지 여부는 증거자료에 의해 알 수 있고, 동시에 외부적 인식 근거인 증거자료에 의하지 않고서 판단자 스스로의 내부적 의식작용만으로는 알 수 없다.

---

232) 이에 대한 보다 자세한 논의는 양경승, "변론주의와 직권주의의 구별기준 및 상고심의 심리대상", 사법논집 제62집(2017)을 참조.

233) 고의는 결과 발생을 초래하는 원인을 인식한 때에 그 결과 발생도 인식한 경우에 사용하고, 악의는 단순히 어떤 사실을 인식하였던 것, 즉 알고 있었던 것을 나타낼 때에 사용하는 것이 보통이다. 그래서 고의의 반대개념으로는 과실이, 악의의 반대개념으로는 선의가 사용된다. 민법 제750조의 고의는, 행위자가 가해행위 당시 손해 발생의 원인인 그 가해행위를 인식하였음은 물론 그 결과인 손해의 발생을 인식하였음을 의미한다.

따라서 고의는 가치판단의 대상이 아니라, 이 역시 특정한 시·공간에서 존재하여 발견·인식의 대상이 되는 구체적·역사적 법률사실에 속한다. 여기서 고의가 사람의 내적 정신상태 또는 심리상태여서 사실상 증명이 어렵다는 점은 그 법적 성질에 아무런 영향을 미칠 수 없다. 이는 간접사실에 의하여 얼마든지 증명할 수 있다.

3) 고의는 불법행위와 같이 적극적 법률효과를 발생케 하는 경우가 아닌, 민법 제390조 단서와 같이 소극적으로 어떤 구체적·개별적 권리·의무의 불발생이라는 법률효과를 발생케 하는 경우에도 그 성질이 동일하다. 즉 민법 제390조 단서에 의하면, 채무자가 고의나 과실 없이 그 채무를 이행할 수 없게 된 때에는 손해배상책임을 지지 않는다. 이때 고의의 부존재는 구체적·개별적 권리인 손해배상청구권의 발생 장애사유로서 소극적 법률효과를 발생케 하는 법률사실이며, 민법 제390조 단서는 '법률효과 장애규정'이다.[234] 따라서 민법 제750조나 제390조 모두 구체적 구성요건에 관한 규범이며, 그 법률사실인 고의에 대하여는 변론주의가 적용된다.

4) 한편 앞서 말한 바와 같이, 선의, 악의도 고의와 그 법적 성질이 동일하다. 따라서 민법 제107조 제2항(진의 아닌 의사표시), 민법 제108조 제2항(통정허위표시), 민법 제109조 제2항(착오), 민법 제201조 제1항(선의점유자의 과실수취권) 등에 있어서의 '선의', 민법 제110조 제2항(사기·강박), 민법 제201조 제2항(악의점유자의 과실반환의무), 민법 제748조 제2항(부당이득) 등에 있어서의 '악의'도 심판자인 법원의 외부에 존재하는 사실로서 증거에 의하여 그 존부를 증명할 수 있는 구체적·역사적 법률사실에 속하고, 변론주의가 적용된다.

(2) 과 실

1) 법규에서 '과실'은 불법행위의 손해배상청구권, 시효취득에 의한 소유권 등의 발생요건으로 규정된 경우도 있고(민법 제201조 제2항, 제245조 제2항, 제750조 등), 채무불이행에 의한 손해배상청구권의 발생장애요건으로 규정된 경우도 있다(민법 제390조 단서). 즉 과실의 존재 또는 부존재가 법률효과에 영향을 미치는 법률요건사실이 된다. 과실의 존재는 법질서 전체의 시각에서 보아 부정적인 것이지만, 민법을 비롯한 우리 법은 이를 금지의 대상으로 하여 금지법규의 내용으로 삼지 않고, 허용규정의 내용으로 삼아 그에 대한 권리·의무의 발생 또는 불발생의 법률효과를 부여한다. 이는 과실이 행위자의 의도적인 고의에 의한 것이 아니므로 금지의 대상으로 삼기에 부적당한 때문이다.

---

234) 보다 정확히 말하자면, 민법 제390조가 규정하는 '채무불이행'이라는 법률요건의 적극적 법률효과인 손해배상청구권의 발생을 저지하여 소극적 법률효과를 발생케 하는 법률사실이다. 이때 소송법적으로는 불법행위에 기한 손해배상청구권과 달리(이 경우에는 손해배상청구권자가 채무자의 고의를 주장·입증하여야 한다.), 손해배상청구권 발생을 저지하려는 채무자가 항변으로서 구체적·역사적 법률사실인 고의의 부존재를 주장·입증하여야 한다.

2) 과실은 우선, 사람이 어떤 사실(행위나 현상 = 결과의 발생)을 인식할 수 있었음에도 주의를 태만히 하여 이를 인식하지 못함(선의)으로써, 결과 발생을 방지할 조치를 취하지 못한 경우에 성립한다. 이 점에서 결과 발생을 인식하면서도 이를 방지하지 않은 고의와 구별된다.[235] 이 경우, 특정한 시점에 어떤 외부적 사실을 인식하지 못하였다는 내심의 상태를 가리키는 점에서 고의나 선·악의와 성질이 같고, 따라서 결과 발생의 인식가능성과 결과 발생을 인식하지 못한 사실은 발견, 인식의 대상인 법률사실에 해당한다.

3) 그런데 과실이 성립하려면 결과 발생의 인식 결여라는 심리상태 외에 주의의무의 태만(부주의)이라는 요건이 추가로 필요하다. 따라서 과실은 결과 발생의 인식 결여(선의)와 주의 태만이 결합한 것이다. 주의의무, 즉 결과 발생을 인식하기 위해 노력할 의무는 실정법에서 직접 요구하기도 하지만, 당사자 간의 계약이나 관습법, 조리에 의해서도 발생한다. 한편, 주의의무의 내용은 대개 법규에서 구체적으로 기술되지 않은 채 다양한 행위나 사회현상에 맞추어 사회통념에 따라 정해진다. 따라서 주의의무의 존재와 그 내용은 그것이 법(관습법과 조리 포함)에 규정된 것일 때는 법규의 존부와 의미·내용 문제로서 인식의 대상이 아니나, 계약에 의한 것인 때에는 인식의 대상에 속한다.

4) 다음으로, 태만은 충분한 주의를 기울이지 않았다는 것으로서 부작위에 해당한다. 이 역시 행위자가 어떤 대상에 대하여 이를 인식하기 위한 심리적 배려를 하였는지 여부에 관한 내심의 상태로서 존재와 부존재의 둘 중 하나로 결정될 수 있고, 증거에 의하여 그 존부를 증명하고 발견, 인식할 수 있는 주제이다. 즉 배려를 하였는지 여부는 증거자료에 의해 누구라도 알 수 있고,[236] 증거자료에 의하지 않고서 판단자인 법관의 내부적 의식작용만으로는 이를 알 수 없다. 이는, 당사자가 나름대로 주의를 기울였으나 객관적으로 보았을 때 배려가 부족하여 결국 배려가 없었던 것으로 가치평가를 동반하는 경우에도 마찬가지다. 그러한 가치평가의 자료 역시 객관적 자료와 증거에 의하여야 하기 때문이다.

물론 과연 어떤 경우에 배려를 하였다고 볼 수 있는지를 결정하는 일률적·기계적 기

235) 결과 발생을 인식하고 나서 그 결과 발생을 방지하기 위해 조치를 취했으나 그 조치가 불충분한 경우에는, 결과적으로 그 조치로써 결과가 발생하지 않으리라고 예상(인식)한 점에서 결과 발생에 대한 인식이 없어 고의가 아닌 과실에 해당한다고 할 수 있다. 한편, 결과 발생을 인식하였으나 객관적으로 이를 방지할 수단이 없어 막지 못한 경우에는 고의는 있으나, 위법성이 없게 된다.

236) 배려를 하였는지 여부는 내심의 상태에 관한 것이므로 이를 외부에서 인식하기가 용이하지는 않으나 고의와 마찬가지로 그 존부의 인식이 불가능하거나 증명이 불가능한 것이 아니며, 그 증명은 과실 그 자체를 직접 증명하는 방법이 아니라 이를 구체화하는 근거인 구체적·역사적 행위나 사회현상의 증명에 의할 수밖에 없다. 법관은 이들을 평가하여 배려의 존부, 즉 과실의 존부를 판단하게 된다. 즉 외부적 인식근거인 증거에 의하여 알 수 있는 다른 사항(예컨대, 교통신호수가 술을 마시고 잠을 자버린 사실, 학교 앞에서 건물을 빌려 학교보건법에서 금지되는 주점영업을 하려는 임차인이 학교와 건물의 거리를 질문하지 않은 사실 등)에서 추출되는 개연성과 확실성에 의해 누구라도 그 존부를 인식할 수 있다.

준이 없는 관계로, 그 판단 근거인 구체적·역사적 행위나 사회현상으로부터 '과실'의 존부를 도출해내는 데에 판단자의 가치관이나 성향 등이 영향을 미침을 부인할 수는 없다. 그러나 이러한 가치평가는 앞서 본 바와 같이 정도의 문제일 뿐 구체적·역사적 사실의 존부 평가에서 공통적으로 존재한다. 그러므로 설사 과실의 개념이 추상적이어서 그 존부 판단에 높은 정도의 가치평가가 요구된다고 하더라도, 이는 '가치평가를 요하는 추상적 개념을 법률사실로 하는 구체적 구성요건에 관한 규범'의 법률사실이 될 뿐이고, 그것 때문에 발견, 인식의 대상인 구체적 법률사실로서의 성질을 잃는 것은 아니다.

5) 한편, 과실을 토대로 발생하는 손해배상청구권 등의 법률효과는 모두 법주체인 당사자의 임의 처분이 가능한 법익이다. 따라서 채무불이행이나 불법행위 등 과실을 법률사실로 요구하는 법규는 구체적 구성요건에 관한 규범에 해당하고, 과실은 이를 구성하는 구체적·역사적 법률사실로서 변론주의의 적용 대상에 속한다.[237]

(3) 중대한 과실(중과실)

1) 중대한 과실을 포함하고 있는 법률요건으로는 착오에 의한 의사표시에 있어 취소권의 불발생(민법 제109조 제1항 단서), 실화로 인한 손해배상책임의 경감 배제(실화책임에 관한 법률 제1조), 공무원의 직무상 불법행위에 따른 구상권의 발생(국가배상법 제2조 제2항) 등을 들 수 있다. 중대한 과실은 공무원에 대한 구상권의 발생과 같이 권리 근거사실인 경우도 있고, 착오에 따른 취소권의 불발생과 같이 권리 장애사실인 경우도 있다.

2) 이들 법규상의 '중대한 과실'은 그 과실이 중대한 것이라는 것 외에는 앞서 살펴본 통상의 과실과 그 성질이 같다. 대개의 법규는 과실의 내용이 중대한 것인지 여부를 결정하는 아무런 기준을 제시하지 않으므로, 이는 과실이 문제되는 특정한 행위 시점에서 행위자가 처한 사정을 기초로 사회통상인의 관점에서 그 과실이 중대한 것인지 여부를 평가할 수밖에 없다.

대법원은 민법 제109조의 착오에서 중대한 과실의 의미를 "표의자가 그의 직업, 행위의 종류, 목적 등에 대응하여 보통 일반인이 베풀어야 할 주의를 현저하게 기울이지 않은 것을 말한다."고 판시한다(1993. 6. 29. 선고 92다38881 판결, 1995. 12. 12. 선고 94다22453 판결 등). 대법원은 이를 배려의 필요성의 정도로 표현하고 있으나, 배려의 필요성의 정도는 물론, 당사자가 당시 처한 사정에서 배려를 하였다면 통상 용이하게 그것을 인식할 수 있었는지 여부도 중요하게 고려할 사항으로서 양자는 밀접하게 관련되어 있다(대법원 1996. 10. 25. 선고 96다30113 판결 등 참조).

3) 그런데 배려의 필요성과 그 정도는 당해 행위나 현상의 종류, 목적, 동기, 주변사정 등에 의하여, 배려에 따른 결과 발생에 대한 인식의 용이성은 표의자의 직업, 학력,

---

237) 물론 이때 과실 그 자체가 주요사실인지 아니면 이를 구체화하는 사실이 주요사실인지에 대해서는 이견이 있다.

나이, 성별, 인지능력[238] 등의 주관적 사정과 그가 처한 상황이라는 객관적 사정에 의하여 판단(인식)할 수 있는 사항이다.

그리고 이들 배려의 필요성이나 정도, 인식의 용이성은 가치판단을 요하는 추상적 개념이므로 이를 구체화하는 간접사실인 행위의 종류, 목적, 표의자의 직업, 학력, 당시 상황과 주변사정 등에 의하여 증명할 수밖에 없으나, 외부적 인식근거인 증거자료에 의해 이를 발견, 인식할 수 있고, 동시에 그 증거자료에 의하지 않고서 판단자인 법관의 내부적 의식작용만으로는 알 수 없다.[239]

4) 그러므로 결국 '중대한 과실'에 있어 과실의 중대성은 과실의 존부와 마찬가지로 간접사실에 의하여 그 존부를 판단하여야 하고, 그러한 간접사실에 의하여 과실의 중대성을 인정할 것인지 여부는 구체적·역사적 법률사실이 법규가 요구하는 추상적 요건사실을 충족하는지 여부를 판단하는 것으로서, 본질적으로 법의 해석·적용에 관한 작용인만큼 법원의 직무권한과 책임에 속한다.

5) 한편, '중대한 과실'을 내용으로 하는 법규들은 그 존부에 따라 취소권, 손해배상청구권 등의 구체적·개별적 권리·의무의 발생 또는 불발생이라는 법률효과를 부여할 뿐, 중대한 과실 있는 행위 자체를 금지하거나 그것을 이유로 본래 예정된 법률효과의 발생을 금지, 거부하는 소극적 형태로 규정하고 있지 않다.

또, '중대한 과실'을 원인으로 한 권리의 발생 또는 불발생의 법익은 당사자의 임의 처분이 가능하고, 공공의 이익이나 사회 공동체의 기본질서와 관계가 없다.[240] 따라서 과실이나 과실의 중대성에 위와 같이 가치판단성이 개재되어 있더라도, '중대한 과실'을 내용으로 하는 법규는 '가치판단을 요하는 추상적 개념을 법률사실로 하는 구체적 구성요건에 관한 규범'이고, '중대한 과실'은 그 법률요건을 구성하는 구체적·역사적 법률사실로서 변론주의의 적용 대상이다.

---

238) 특별히 총명하다든가 미련하다는 등이 아니라 심신상실이나 그 제한 여부의 문제로서 피성년후견이나 피한정후견의 개시 여부나 그에 해당하는 사유의 존재 여부를 의미한다. 전자는 외부에서 인식할 수 없는 사정으로 이른바 '구체적 과실'에서 고려되는 개인적 차이에 속한다고 할 것이다.

239) 구체적인 소송에 있어 과실 여부가 문제되는 경우에 과실의 존부 주장과 그 입증에 앞서 미리 과실의 존부를 판단·인식할 수 있는 자료가 변론에 현출되어 있는 경우가 있을 수 있으나, 그 경우 그러한 자료는 과실의 존부를 입증하기 위한 것이 아니라 의사표시의 착오 등 다른 법률사실을 주장·입증하는 과정에서 현출된 것이다. 이로써 법관은 과실의 존부를 판단·인식할 수 있겠지만 변론주의의 원칙상 당사자로부터 그에 관한 주장·입증이 없는 이상 이를 판단해서는 안 된다. 이때 착오 등 다른 법률사실의 주장·입증은 과실의 존부에 관한 주장·입증을 필수적으로 포함하지 않고 양자는 각각 따로 주장·입증되어야 할 사항이다. 따라서 착오 등 다른 법률사실의 주장·입증에 과실의 존부에 관한 주장·입증이 언제나 포함되어 있는 것은 아니다.

240) 민법 제109조 제1항은 착오로 인한 의사표시에 관하여 "의사표시는 법률행위의 내용의 중요부분에 착오가 있는 때에는 취소할 수 있다. 그러나 그 착오가 표의자의 중대한 과실로 인한 때에는 취소하지 못한다."고 하는바, 이 규정을 순수판단규범으로 해석할 여지도 있으나 그 법익의 성질상 그와 같이 볼 필요는 없다고 생각된다.

(4) 정당한 이유, 부정한 목적

1) 민법 제126조는 "대리인이 그 권한 외의 법률행위를 한 경우에 제3자가 그 권한이 있다고 믿을 만한 정당한 이유가 있는 때에는 본인은 그 행위에 대하여 책임이 있다."고 규정한다. 민법 제126조는, 대리인에게 당해 법률행위를 할 대리권이 없더라도, 그에게 기본적 대리권이 있고 상대방이 그 대리인에게 당해 법률행위에 관한 대리권이 있다고 믿을 만한 정당한 이유가 있으면 그 대리행위는 유효하고, 이에 따라 그 법률행위에 따른 권리·의무의 변동이라는 구체적·개별적 법률효과가 발생할 것을 규정한 것으로 해석된다.[241] 따라서 민법 제126조는 적극적 허용규정으로서, 그것을 토대로 일정한 법률효과 발생을 허용하는 구체적 구성요건에 관한 규범이다.

2) 민법 제126조의 '권한을 넘은 표현대리'의 법률사실은 ① 대리권을 벗어난 대리인의 법률행위(매매, 임대차, 저당권의 설정, 채무의 면제 등 대리에 의한 법률행위), ② 본인을 위한 것이라는 현명 또는 그 예외 사유(민법 제114조 제1항, 제115조 참조), ③ 기본적 대리권, ④ 당해 법률행위를 할 대리권이 있다고 상대방이 믿을 만한 정당한 이유이다.

민법 제126조는 매매, 임대차, 저당권 설정 등의 법률행위에 관한 법규와 결합하여 법주체에게 구체적·개별적 권리·의무의 변동이라는 법률효과를 발생시키는 법률행위를 허용하는 규정이고, 그 법률사실 가운데 위 ① 내지 ③은 모두 증거에 의하여 그 존부를 발견·인식할 수 있으며, 법관의 내부적 의식작용만으로는 알 수 없는 사항임에 의문의 여지가 없다.

3) 그러면 위 ④ 역시 증거에 의한 발견·인식의 대상인가? 민법은 이를 추상적 용어인 '정당한 이유'로 기술하고 있으므로 그 구체적 의미는 해석에 의해 확정될 수밖에 없다. 이를 다른 말로 풀이하면, 상대방의 입장에서 보아 그 대리인에게 당해 법률행위를 할 대리권이 있다고 믿을 만한 구체적인 근거 또는 사유가 존재하는 것, 다시 말하면 상대방이 대리권이 있다고 믿은 데에 선의·무과실임을 말한다고 할 수 있다. 대법원의 견해도 이와 같다(1954 .3 6. 선고 4286민상215 판결, 1960. 6. 30. 선고 4292민상331 판결, 2009. 5. 28. 선고 2008다56392 판결 등). 그러므로 '정당한 이유'의 중점은 무과실이고, 이는 대리권의 존부에 대한 배려 또는 주의의무를 다한 것을 의미하며, 과실의 존부, 즉 충분한 배려를 하였는지 여부는 증거에 의해 증명할 수 있는 구체적·역사적 사실임은 앞서 본 바와 같다.

소송에서 대리행위의 법률효과를 주장하는 상대방은 위 ① 내지 ③의 법률사실과 함

---

241) 물론 대리에 관한 민법 제114조와 마찬가지로 민법 제126조의 표현대리가 성립하더라도, 구체적 권리·의무는 위 법규에 의해서가 아니라 민법 제105조나 매매, 임대차, 저당권설정 등의 법률행위에 관한 개별 법규에서 생기나, 대리는 이들 법률행위를 보조하여 법률관계를 변동시키므로 결과적으로는 이와 같이 해석할 수 있다.

께 무과실을 구체화하는 근거, 즉 자신이 그렇게 믿은 구체적인 근거가 되는 구체적·역사적 행위나 사회현상인 간접사실을 주장·입증하여야 한다. 왜냐하면, 그 구체적인 근거가 판단의 대상이 되어 그것이 민법 제126조에서 규정한 '정당한 이유', 즉 무과실에 해당하는지 여부를 법관이 판단할 수 있기 때문이다. 여기서 구체적인 행위나 사회현상이 '정당한 이유'에 해당하는지 여부, 즉 상대방이 선의·무과실인지 여부의 판단에 법관의 가치평가가 작용하나, 앞서 본 바와 같이 그 때문에 위 '정당한 이유'의 법적 성질이 달라지지는 않는다.[242] 즉 '정당한 이유'를 인정할 것인지 여부는 구체적·역사적 법률사실이 법규가 요구하는 추상적 요건사실을 충족하는지 여부를 판단하는 것으로서 본질적으로 법의 해석·적용에 관한 작용인만큼 법원의 직무권한과 책임에 속하며, 선의·무과실이 구체적·역사적 법률사실인 것과 같이 '정당한 이유'도 구체적·역사적 법률사실이다.

4) 한편 여기서 '정당한 이유'는 구체적·개별적 법률효과 발생의 원인이 되는 대리에 의한 법률행위를 함에 있어 부가되는 사항으로서 그 법률행위와 함께 그 존부가 판단의 대상이 되므로, 민법 제2조 제1, 2항이나 민법 제103조 등과 같이 판단의 대상인 법률행위와 그 법률효과의 용인 여부를 결정하는 판단기준이 되는 '신의칙', '권리남용', '사회질서위반' 등과 그 법적 지위가 다르다. 위 '정당한 이유'가 법질서 전체에서 보았을 때 부정적인 것은 아니며, 민법 제126조의 법익은 법주체가 임의로 처분할 성질의 것이다. 따라서 민법 제126조는 가치평가를 요하는 추상적 개념을 법률사실의 일부로 규정한 구체적 구성요건에 관한 규범이며, 이에 대해서는 변론주의가 적용되어야 한다.

5) 이상의 논의는 상법 제385조 제1항 단서의 "… 이사의 임기를 정한 경우에 정당한 이유 없이 그 임기만료 전에 이를 해임한 때에는 그 이사는 회사에 대하여 해임으로 인한 손해의 배상을 청구할 수 있다."는 규정 중 '정당한 이유', '인터넷주소자원에 관한 법률' 제12조의 "① … 부당한 이득을 얻는 등 부정한 목적으로 도메인이름 등을 등록·보유 또는 사용하여서는 아니 된다. ② 정당한 권원이 있는 자는 … 법원에 그 도메인이름 등의 등록말소 또는 등록이전을 청구할 수 있다."는 규정 중 '정당한 권원'이나 '부정한 목적' 등에 대하여도 그대로 타당하다. 이러한 법규 역시 모두 특정한 법주체에게 손해배상청구권의 불발생 또는 손해배상청구권의 발생, 도메인이름 등의 등록말소나 등록이전 청구권의 발생이라는 구체적·개별적 법률효과를 부여하는 규정이고, 이러한 법률효과의

242) 민법 제126조에 있어 '정당한 이유'가 법률사실이라는 데에는 학설, 판례가 일치되어 있으나, 판례는 과실에 관하여 법규에 기술된 '과실' 그 자체가 법률사실로서 변론주의의 적용 대상이고 이를 구체화하는 근거인 구체적인 행위나 사회현상은 간접사실로서 변론주의의 적용 대상이 아니라는 입장을 취하는바(대법원 2002. 6. 28. 선고 2000다62254 판결 등), 이러한 입장에 따른다면 민법 제126조에 있어서도 '정당한'에 의미를 두어 이를 구체화하는 근거인 구체적인 행위나 사회현상은 간접사실로서 변론주의의 적용 대상이 아니라는 입장을 취할 수 있는바, 이와 같이 판단의 대상은 구체적·역사적 행위나 사회현상이지 '정당성'이 아니므로 이에 전면적으로 동의하기는 어렵다.

발생요건인 '정당한 이유', '정당한 권원', '부정한 목적'은 판단 대상으로서 증거에 의해 그 존부를 증명할 수 있는 구체적·역사적 행위나 사회현상인 법률사실이다.

(5) 법률위반

1) 민법 제608조는 소비대차에 관하여 "전2조의 규정에 위반한 당사자의 약정으로서 차주에 불리한 것은 … 그 효력이 없다."고 규정한다. 따라서 소비대차에 관련한 당사자의 약정이 민법 제606조와 제607조에 위반하는 것은 그 약정 내용이 차주에 불리할 것과 함께 민법 제608조의 적용요건이 된다. 이러한 규정 형식은 민법 제652조, '가등기담보 등에 관한 법률' 제4조 제4항, 주택임대차보호법 제10조 등도 같은바, 이들 법규가 금지규정으로서 순수판단규범에 속함은 앞서 본 바와 같다.

2) 그런데 '법률위반'을 법규의 내용으로 규정한 경우, 그 '법률위반'의 법적 성질은 당해 법규가 구체적 구성요건에 관한 규범인지 아니면 순수판단규범인지 여부에 따라 달라지는가? 민법 제608조, 제652조 등의 순수판단규범은 그 법률효과 발생에 필요한 구체적·역사적 법률사실을 갖지 않으므로, '법률위반' 역시 법률사실이 아니고 단지 그 법규의 적용요건에 불과하며 증거 없이 법관이 스스로 인식, 판단할 사항이다.

3) '법률위반'을 법규의 내용으로 규정한 구체적 구성요건에 관한 규범으로는, 이사의 행위에 대한 유지청구권에 관한 상법 제402조, 주식발행의 유지청구권에 관한 상법 제424조 등을 들 수 있다. 상법 제402조는 "이사가 법령 또는 정관에 위반한 행위를 하여 이로 인하여 회사에 회복할 수 없는 손해가 생길 염려가 있는 경우에는 감사 또는 … 주주는 회사를 위하여 … 그 행위를 유지할 것을 청구할 수 있다."고 규정하고, 상법 제424조는 "회사가 법령 또는 정관에 위반하거나 현저하게 불공정한 방법에 의하여 주식을 발행함으로써 주주가 불이익을 받을 염려가 있는 경우에는 그 주주는 회사에 대하여 그 발행을 유지할 것을 청구할 수 있다."고 규정한다. 이들 상법 제402조나 제424조 등의 법규는 특정한 법주체 상호 간의 특정한 법률관계에 관하여 발생한 구체적·역사적 행위나 사회현상에 대하여 적극적으로 유지청구권이라는 구체적·개별적 법률효과를 부여하는 것으로서 구체적 구성요건에 관한 규범에 해당한다.[243]

그러나 이들 법규가 규정한 '이사의 행위나 주식 발행이 관련 법령에 위반한다'는 것은 위와 같이 법령의 해석·적용의 문제로서, 당사자가 주장·입증할 구체적·역사적 법률

243) 이사의 행위나 주식발행이 상법 제399, 401, 403조에 해당하는 경우 유지청구권 외에 손해배상청구권이 발생할 수도 있다. 법령 또는 정관에 위반한 이사의 행위나 주식 발행행위는 전체 법질서 차원에서 부정적인 것이기는 하나, 그 피해자가 당해 회사의 주주에 그치는 점을 고려하여, 상법은 주주대표소송에서는 법원의 허가를 얻지 아니하고는 소의 취하, 청구의 포기·인낙·화해를 금지하면서도(제403조 제6항), 유지청구의 소에 대해서는 이러한 제한을 두지 않고 있다. 이러한 점을 고려하여 상법 제402조나 제424조를 구체적 구성요건에 관한 규범으로 해석한다.

사실이 아니다. 즉 법관은 그 행위가 법령에 위반한다는 사실을 증거 없이도 법령의 해석·적용에 의하여 스스로 인식할 수 있다. 그러므로 당사자가 '법률위반'을 입증하지 않아도 법관은 이를 직권으로 판단할 수 있고, 이는 변론주의의 적용 대상이 아니다.[244)]

이는 상법 제23조 제2항이나 상법 제397조 제2항도 같다. 즉 상법 제23조 제2항은 "제1항의 규정에 위반하여 상호를 사용하는 자가 있는 경우에 이로 인하여 손해를 받을 염려가 있는 자 또는 상호를 등기한 자는 그 폐지를 청구할 수 있다."고 규정하고, 상법 제397조 제2항은 "제1항을 위반하여 회사에 손해를 발생시킨 이사 및 승인한 이사는 연대하여 손해를 배상할 책임이 있으며, 이로 인하여 이사 또는 제3자가 얻은 이익은 손해로 추정한다."고 규정하는바, 이들 법규의 경우 '법률위반'을 그 법규의 내용으로 규정하였다기보다는 상법 제23조 제1항이나 상법 제397조 제1항 등 그 관련 법규에서 규정한 행위나 사회현상이 있을 것을 요건으로 하여 상호의 폐지청구권, 손해배상청구권 등의 구체적·개별적 법률효과를 부여한 것으로 해석되고, 따라서 이들 법규에서 '법률위반'은 특별한 의미가 없으며, 이들 법규는 통상의 구체적 구성요건에 관한 규범에 해당한다고 할 것이다.[245)]

4) 반면에 상법 제376조는 주주총회와 관련하여, "총회의 소집절차 또는 결의방법이 법령 또는 정관에 위반하거나 현저하게 불공정한 때 … 는 주주·이사 또는 감사는 결의의 날로부터 2월내에 결의취소의 소를 제기할 수 있다."고 하고, 상법 제380조는 제186조 내지 제188조, 제190조 본문, 제191조, 제377조와 제378조의 규정을 총회의 결의의 내용이 법령에 위반한 것을 이유로 하여 결의무효의 확인을 청구하는 소와 총회의 소집절차 또는 결의방법에 총회결의가 존재한다고 볼 수 없을 정도의 중대한 하자가 있는 것을 이유로 하여 결의부존재의 확인을 청구하는 소에 이를 준용하므로, 법령에 위반한 주주총회가 있는 경우 그 주주총회는 무효이거나 취소의 대상임을 규정하고 있는바, 이는

---

244) 당사자가 이를 주장조차 하지 않는 일은 있을 수 없다. 청구원인으로 이를 나타낼 수밖에 없기 때문이다. 물론 이는 청구이지 공격방어방법이 아닌 점에서 변론주의의 적용 대상은 아니다. 그리고 여기서 당사자의 입증이 필요 없는 이유는 그 성질상 증명이 따로 필요 없기 때문이고, 당사자가 이를 이유로 유지청구를 하지 않은 경우에 법원이 법령에 위반한 주식 발행 등이라는 이유로 그 본래적 효력 발생을 이 규정에 의하여 부인할 수는 없으므로, 변론주의가 전면적으로 배제되는 순수판단규범과는 그 양상이 다르다고 할 수 있다. 즉 증명의 불요 때문에 그 법규 전체가 구체적 구성요건에 관한 규범인 성질을 잃는 것은 아니다.

245) 다만, 입법의 편의상 상법 제23조 제1항이나 상법 제397조 제1항에서 먼저 주의적 금지문언을 사용하여 그러한 행위나 현상이 허용되지 않음을 선언한 후 그러한 행위나 현상이 있을 경우 그에 따른 구체적·개별적 법률효과는 상법 제23조 제2항이나 상법 제397조 제2항에서 규정한 것이다. 즉 상법 제23조 제2항은 실질적으로 "부정한 목적으로 타인의 영업으로 오인할 수 있는 상호를 사용하는 경우, 이로 인하여 손해를 받을 염려가 있는 자 또는 상호를 등기한 자는 그 폐지를 청구할 수 있다."고 규정한 것이 된다. 고로 상법 제23조 제2항이나 상법 제397조 제2항은 구체적 구성요건에 관한 규범에 해당하고, '법률위반'은 아무런 의미가 없다. 상법 제462조 제3항(위법한 이익 배당에 대한 반환청구권), 상법 제467조의2 제3항(이익 공여 금지규정에 위반한 이익의 반환청구권) 등도 이와 같다.

법질서 전체의 관점에서 거부, 금지되어야 할 것이므로 이들 법규는 금지법규의 일종인 소극적 금지법규로서 순수판단규범에 속한다고 할 수 있다.

따라서 이러한 소가 제기되었을 때 법령 위반 사실은 원고가 청구원인사실로서 주장하겠지만, 이는 입증이 따로 필요 없고 법관이 스스로 인식·평가할 수 있다. 그리고 주주총회결의가 무효인 경우에는 처음부터 무효이므로 이로써 원고에게 어떤 권리가 생기는 것은 아니고, 단지 이를 소구할 형성권만 발생한다.[246] 그러므로 이 경우 위 법령 위반 사실에 대해서는 자백이 성립할 수 없고, 당사자 간에 그에 따른 법률효과를 합의할 수도 없으므로 이에 대해서는 변론주의의 적용이 없다고 할 것이다.

5) 한편, 민법 제449조 제2항 본문의 채권양도금지특약은 발견·인식의 대상인 법률사실에 해당하나, 민법 제449조 제1항 단서의 '채권의 성질이 양도를 허용하지 아니하는 경우'는 발견·인식의 대상인 법률사실이 아니라 법관이 직권으로 판단하고 스스로 인식할 사항으로 새겨야 한다. '채권의 성질이 양도를 허용하는지' 여부는 법령의 해석·적용과 마찬가지로 법관의 내부적 의식작용만으로 판단할 수 있는 사항으로서 증명이 필요없거나 불가능하고, 그러한 채권의 양도를 허용하는 것은 기본적 법질서에 반하기 때문이다. 따라서 민법 제449조 제1항 단서는 금지규정인 순수판단규범으로서 당사자의 주장 여부에 불구하고 판단해야 하는 직권주의가 적용되어야 하며, 이에 위반한 채권의 양도는 본래 예정된 법률효과(채권의 이전)가 발생하지 않는다.[247]

(6) 사회질서위반

1) 민법 제103조는 "선량한 풍속 기타 사회질서에 위반한 사항을 내용으로 하는 법률행위는 무효로 한다."고 규정한다. 선량한 풍속과 사회질서를 합쳐 보통 공서양속(公序良俗)이라고 한다.

---

246) 주주총회의 소집절차 또는 결의방법, 결의내용에 관한 개별 법규가 그 입법목적이나 그 취지, 보호법익상 강행규정인 경우 그에 위반한 주주총회는 무효 또는 취소 대상이 되며, 무효 또는 취소를 규정한 상법 제376조, 제380조 역시 강행법규에 속한다. 강행법규인 소극적 금지법규에 위반한 경우 앞서 본 법리에 따라, 그에 위반한 주주총회의 소집, 결의 등은 본래 예정된 법률효과가 발생하지 않는다. 다만, 주주총회 취소의 경우 그 하자의 정도와 그것이 회사와 주주 등에 미치는 영향 등을 고려하여 무효와 달리 소에 의해서만 취소권을 행사할 수 있게 하고 그 취소권자와 취소청구의 기간 등을 제한하고 있다.

247) 반면에 민법 제449조 제2항 본문은 "채권은 당사자가 반대의 의사를 표시한 경우에는 양도하지 못한다."고 규정하는바, 이는 형식상으로는 당사자가 반대의 의사를 표시한 경우 채권의 양도를 금지하는 것이지만, 그 실질은 이러한 반대의사표시(채권의 양도금지 특약)가 있는 경우 그에 위반한 채권양도의 효력을 부정하여 그 양수인의 채권취득 효과의 불발생을 규정한 것이다. 따라서 이 경우 양수인이 그 채권의 취득을 주장할 경우, 채무자는 위 특약의 존재를 내세워 그 법률효과의 불발생을 주장하여 채무 이행을 거절할 수 있으며, 위 특약의 존재는 권리발생(상대적 이전) 장애요건이 된다. 따라서 민법 제449조 제2항 본문은 법률효과 장애규정으로서 구체적 구성요건에 관한 규범에 해당한다.

2) 민법 제103조는 그 적용 대상으로 법률행위만을 예정하고 있으나 준법률행위도 포함한다고 볼 것이다. 법률행 위나 준법률행위 이외의 사람의 행위, 동·식물이나 무생물의 작용에 의한 현상은 이른바 '사건'으로서, 이러한 행위나 현상은 공서양속에 반하는 경우가 거의 없고,[248] 또 이미 그러한 사정까지 감안하여 이를 규율하는 불법행위나 사무관리, 부당이득 등의 당해 법규에서 그에 대한 법률효과를 규정하고 있으므로, 특별히 민법 제103조로써 따로 규율할 필요가 없다. 반면에 법률행위나 준법률행위의 경우, 개별적으로 이를 규율하는 법규나 민법 제105조에 의하여 그에 따른 법률효과가 발생하는데 예기치 못한 부수적 사정으로 인해 그 법률효과가 결과적으로 공서양속에 반하는 경우가 있을 수 있으므로, 민법 제103조로써 이를 별도로 규율할 필요가 있다.[249]

3) 민법 제103조가 적용되기 위해서는 어떤 법률행위가 존재하고, 그것이 공서양속에 반하는 것이어야 한다.[250] 그러나 민법 제103조는 '선량한 풍속'이나 '사회질서'가 구체적으로 어떤 것인지를 규정하지 않고 있다. 학설·판례에 의하면, '선량한 풍속'은 사회의 일반적 도덕관념 또는 윤리관념을, '사회질서'는 국가·사회의 공공질서 또는 일반적 이익을 의미한다고 한다. 전자가 도덕적 가치와 사회윤리에 기울어 있다면 후자는 그보다 더 넓게 국가·사회적 제도까지 포함한다. 따라서 '사회질서'가 상위 개념이고 '선량한 풍속'은 그 하위 개념으로서 '사회질서'에 포함된다고 할 수 있으며, 이에 따라 일반적으로 민법 제103조는 '사회질서 위반' 또는 '반사회질서 행위'로 논의된다.

선량한 풍속이나 사회질서는 유형적인 것으로 존재하지 않고, 사회·경제 사정이나 국민의 도의관념, 법감정 등에 따라 변하는 것이므로 이를 일률적으로 정의하거나 인식하기가 어렵다. 이에 관하여 학설·판례는 ① 정의관념에 반하는 경우, ② 윤리적 질서에 반하는 경우, ③ 개인의 자유를 지나치게 제한하는 경우, ④ 생존의 기초가 되는 재산을 처분하는 경우, ⑤ 지나치게 사행적인 경우, ⑥ 불공정한 거래행위에 해당하는 경우로 나누어 이를 유형화해 왔으며, 그 구체적인 내용은 개개의 사건마다 법원이 발견해 선언하는 방식을 취해 왔다.

4) 민법 제103조는 '법률행위의 내용'이 공서양속에 위반할 경우 이를 무효로 한다고

---

248) 공서양속은 인간사회의 도덕이나 공공제도이므로 인간의 의식적인 행위가 이에 모순·배치되는 경우가 대부분이고, 인간의 행위라도 의식적인 것이 아니거나 동식물·무생물 등의 자연현상은 이와 모순·배치되는 경우가 거의 있을 수 없다.

249) 이 점에서 이러한 제한이 없는 민법 제2조 제1항의 신의칙은 민법 제103조의 공서양속보다 그 적용범위가 넓다고 할 수 있다. 그런데 신의칙 위반은 동시에 공서양속 위반이 되나 공서양속 위반이 곧 신의칙 위반이 되지는 않는다. 앞서 본 바와 같이 신의칙은 특정인 간의 법률관계에서 구체적으로 신의(신뢰)가 발생할 것을 전제로 하고 있기 때문이다. 한편, 민법 제103조는 민법 제105조에서 말하는 '법령 중의 선량한 풍속 기타 사회질서에 관계있는 규정'에 속한다고 할 수 있다.

250) 민법 제103조의 적용요건으로 행위자가 공서양속에 반함을 인식하여야 하는지 여부가 논의되나, 이는 위법성의 문제에 속한다고 할 것이므로 인식이 필요 없다고 생각된다. 즉 당사자가 그것을 인식하였는지 여부에 관계없이 민법 제103조가 적용된다.

규정하고 있는데, 이때 개개의 법률행위의 내용, 즉 어떠한 내용의 법률행위가 있는지는 그 법률행위에 따라 본래 발생할 법률효과를 주장하는 당사자가 청구원인사실이나 공격방어방법인 법률요건의 법률사실로 주장하여야 한다. 법원은 이와 같이 청구나 변론에 제출된 법률사실(법률행위)에 대하여, 이를 토대로 법률효과를 부여하는 구체적 구성요건에 관한 규범과 함께 민법 제103조를 적용하게 된다.

법률행위의 내용이 공서양속에 반하는 구체적인 모습을 다시 나눠보면, ① 법률행위의 내용 그 자체, 즉 당해 법률행위가 의욕하는 목적(법률효과)이 공서양속에 반하는 경우, ② 법률행위의 내용 그 자체는 공서양속에 반하지 않으나 그 동기나 주변사정이 공서양속에 반하는 경우를 생각할 수 있다.

①의 경우, 법률행위 그 자체에 불법성이 드러나 있으므로 법관은 그 판단의 대상인 법률행위에 대한 본래의 법률효과 발생 여부를 판단하면서 자동적으로 그 내용을 아무런 장애 없이 파악할 수 있고, 특별히 이에 관하여 증거가 필요하거나 당사자의 별도의 주장·입증이 필요하지 않다. 범죄행위를 하거나 하지 않을 것을 조건으로 증여 등 일정한 급부를 하기로 약정한 경우나, 혼인을 하지 않을 것을 약속하고 그에 위반하면 위약금을 지급하기로 약정하거나, 증언을 하거나 하지 않을 것을 대가로 금전을 지급하기로 약정한 경우와 같이, 조건부 행위나 급부의 대가관계 또는 그 원인이 법률행위 자체에 드러나 있는 경우도 ①에 포함된다.

그러나 ②의 동기나 주변사정의 경우, 동기는 행위자의 내심의 의사에 불과할 뿐 그 법률행위의 요건(내용)에 속하지 아니하여, 그 자체는 원칙적으로 당해 법률행위의 효력에 아무런 영향이 없다. 따라서 동기가 공서양속에 반하더라도 그 법률행위가 곧 공서양속에 반하는 것이 될 수는 없다. 문제는, 그 동기가 법률행위 당시 표시되어 상대방이 이를 안 경우이다. 판례는 동기의 착오에서와 마찬가지로 동기가 표시되거나 상대방에게 알려진 경우 민법 제103조를 적용할 수 있다고 한다(대법원 1992. 11. 27. 선고 92다7719 판결, 2001. 2. 9. 선고 99다38613판결 등). 그러한 때는 그 동기 역시 당해 법률행위의 내용이 된다고 보는 것이다. 이는, 동기의 착오에 있어 동기가 표시된 때는 그것도 '내용의 중요한 부분'의 착오가 된다고 보는 것과 같은 이치이다. 공서양속에 반하는 동기를 실현하기 위하여 법률행위를 하였고, 이를 양 당사자가 안 때는 이를 유지할 이유가 없으므로 판례의 태도는 옳다고 하겠다.[251)]

한편, 법률행위의 내용 그 자체는 위법하지 않으나 주변사정이 공서양속에 반하는 경우로는 부동산의 이중매매와 같은 경우를 들 수 있다. 부동산의 매매 그 자체는 하등 공

251) 그런데 대법원 2009. 5. 28. 선고 2009다12115 판결은 선뜻 이해하기 어렵다. 판결의 결론은, 보험금을 부정취득할 목적으로 다수의 보험계약을 체결한 것이 반사회질서행위에 해당한다는 것인데, 보험금을 부정취득할 목적은 본래의 보험계약의 고유한 내용이 아니므로 이는 결국 동기나 주변사정에 해당한다고 할 것이므로 그것이 보험계약 당시 그 당사자에게 표시되거나 알려졌어야만 민법 제103조를 적용할 수 있다고 할 것인데, 그 사실관계를 보면 이러한 사정이 보이지 않는다.

서양속에 반하지 않으나, 매도인이 이미 타인에게 그 부동산을 매도하여 그 타인에게 부동산의 소유권을 이전하여야 할 의무를 부담한 상태에서 다시 이를 이중으로 매도한 경우 이는 사회윤리상 용인할 수 없는 것이 된다.[252)]

그런데 부동산의 이중양도에 있어서도 2차 매수인이 이중양도임을 몰랐다면 2차 매수인을 희생하고 그 법률행위를 무효로 돌릴 이유가 없다. 이에 따라 판례도, 이중양도가 공서양속에 반하여 무효가 되려면 2차 매수인이 1차 매매사실을 알면서 매도인에게 매도를 권유하는 등으로 매도인의 배임행위(배신행위)에 적극 가담하였을 것을 요구한다(대법원 1994. 3. 11. 선고 93다55289 판결 등).

그러므로 이와 같은 주변사정은 동기와 같이, 그것이 넓게 보아 당해 법률행위의 내용으로 수렴·포섭될 정도에 이른 경우에 한하여 그 불법성이 문제된다고 할 수 있고, 그 범위에서 민법 제103조의 적용을 시인할 수 있다. 위 ②의 경우 법률행위 그 자체에는 불법성이 드러나 있지 않으므로 당해 법률행위의 고유한 내용만을 알고 그 동기나 주변사정을 알지 못한 때에는 법원도 이에 대하여 공서양속 위반 여부를 판단할 수 없게 된다. 또한 이러한 동기나 주변사정은 당해 법률행위의 고유한 내용(요건사실)이 아니어서 그 법률행위의 법률사실이 아니므로 그 법률행위 본래의 법률효과를 의욕하는 당사자가 이를 주장·입증할 필요가 없고, 또 그 주장·입증이 없어도 본래의 법률효과 발생에는 아무런 장애가 없다. 그리하여 이들 사항은 본래의 법률효과 불발생을 의욕하는 상대방이 이를 주장·입증할 필요성이 대두된다.

그러면 이때 이러한 동기나 주변사정을 민법 제103조의 법률사실로 볼 수 있는가? 또, 그러한 사항에 대하여 당사자의 주장·입증이 없으면 법원은 직권으로 이를 심리·판단할 수 없는 것인가? 그에 대한 입증책임은 누가 지는가?

동기나 주변사정을 고려하여 민법 제103조를 적용하려면, 어떠한 법률행위가 있고, 그 법률행위에 관하여 부가적으로 동기나 주변사정이 있으며, 그 동기나 주변사정이 당해 법률행위에 작용하여 공서양속에 반할 것이 요구된다. 이때 공서양속 위반 여부의 판단대상은 본래의 법률행위이고, 동기나 주변사정은 그 법률행위가 공서양속에 반하는지 여부를 판단하는 데에 있어 그 판단기준인 민법 제103조를 보충하는 기준이 되는바, 본래의 법률행위는 위에서 본 바와 같이 민법 제103조의 법률요건과 관계없는 사항으로 본래의 법률효과 주장자가 주장·입증할 사항이고, 그 법률행위가 공서양속에 반하는지 여부는 법의 해석·적용 문제로서 입증의 대상이 아니라 법원이 직권으로 판단하여야 한다.

5) 한편, 선량한 풍속이나 사회질서는 특정한 법률행위 당사자 사이에서 개별적으로

---

252) 이에 따라 이중매매가 반사회질서 행위가 되려면, 우선 1차 매도 행위에 따른 매도인의 이행의무에 관하여 법적 구속력이 있어야 한다. 따라서 그 매도행위가 무효이거나 매도인에게 법령상이나 약정상 해제권이 있는 때에는 이중매매가 문제되지 않는다. 이에 관해서는 학설상 이론이 없다.

존재하는 것이 아니라, 그 법률행위 이전에 존재하고 사회구성원 모두에게 당연히 적용되는 것이므로 그 성질이 법규와 같다.[253] 따라서 이는 특정한 당사자 사이에 특정한 시·공간에서 구체적·역사적으로 발생하는 행위나 사회현상이 아니며, 어떤 법률행위에 대하여 민법 제103조가 적용될 경우 이는 구체적 구성요건에 관한 법규에 의하여 본래 예정된 법률효과가 발생하지 못하게 작용할 뿐이므로, 민법 제103조는 매매나 증여, 교환, 시효취득, 소멸시효완성 등 구체적·역사적 법률사실을 토대로 구체적·개별적 법률효과인 권리·의무 등을 부여하는 구체적 구성요건에 관한 규범과는 그 법적 성질이 다르다.

사회질서나 공서양속에 반하는 법률행위나 그를 토대로 발생하는 법률효과는 법질서 전체의 시각에서 평가하였을 때 부정적인 것으로서 허용될 수 없다. 아울러 사회질서나 공서양속은 법규와 같은 성질의 것이므로, 민법 제103조는 법률요건이기는 하지만 순수 판단규범으로서 증거에 의하여 그 존부를 발견·인식할 구체적·역사적 사실(법률사실)이 없으며, 법관은 증거가 없이도 스스로 그 내부적 의식작용만으로써 그 해당 여부를 판단할 수 있다. 따라서 당사자는 이를 주장·입증할 필요가 없다.

법의 해석·적용은 법원의 직무 권한이자 의무이므로 법원은 민법 제103조의 적용 또는 배제에 관한 당사자의 의사나 주장 유무에 불구하고[254] 당해 법률행위가 공서양속에 반하는지 여부를 직권으로 판단하여야 한다. 즉 구체적 소송사건에서 당사자가 어떤 법률행위에 기하여 그 법률효과로서 구체적·개별적 권리·의무를 주장한 경우, 법원은 이에 대하여 직권으로 민법 제103조 해당 여부를 심리하여 판단하여야 한다. 그러므로 민법 제103조에 대해서는 직권주의가 적용되어야 한다.

(7) 신의칙

1) 민법 제2조 제1항은 "권리의 행사와 의무의 이행은 신의에 좇아 성실히 하여야 한다."고 규정하고 있다. 형식은 적극적 의무를 부과하는 것처럼 보이나, 실질은 신의칙에 반하는 권리 행사와 의무이행을 금지하는 것으로 해석된다. 한편, 민법은 신의칙에 반하는 권리 행사나 의무이행의 법률효과에 관하여 규정하고 있지 않으나,[255] 신의칙에 반하는 권리 행사는 그 권리 행사에서 본래 예정된 법률효과, 즉 이행청구권의 인용이나 해

---

253) 이런 점에서 공서양속은 경험칙이나 조리와 같이 넓은 의미의 법(법규)에 속한다고 할 수 있다. 이를 통하여 사회의 도덕률과 윤리관습이 법질서 내부로 들어오게 된다. 이와 같이 민법 제103조는 민법 제105조나 다른 개별 법규와 함께 적용되어 그 법률효과의 발생 여부를 결정하게 된다.

254) 민법 제103조는 강행규정에 속한다는 것이 판례이다(대법원 2008. 2. 14. 선고 2006다18969 판결, 2009. 9. 10. 선고 2009다37251 판결 등 참조). 따라서 당사자는 그 적용을 배제하거나 그 법익을 포기, 처분할 수 없다.

255) '약관의 규제에 관한 법률' 제6조는 "신의성실의 원칙을 위반하여 공정성을 잃은 약관 조항은 무효이다."라고 규정하고 있고, 제7조 등에서도 그 약관을 무효화시키는 등 직접 그 법률효과를 규정하고 있다.

제, 상계, 소멸시효의 완성 등의 효력 발생이 부인되고,[256] 의무이행의 경우에는 그 의무이행으로써 본래 발생할 채무의 소멸 등의 법률효과의 발생이 부인된다는 데에 학설, 판례가 일치되어 있다(대법원 2012. 11. 15. 선고 2011다49707 판결, 2013. 4. 11. 선고 2012다105888 판결, 2013. 12. 18. 선고 2012다89399 전원합의체 판결 등).

2) 신의칙에 반하는 권리 행사 등의 금지는 근대 민법을 지배하는 이른바 제왕적 조항 또는 일반조항으로서, 채권관계는 물론 물권관계나 가족법관계, 소송법이나 행정법, 형사법 등의 공법관계에도 적용된다. 또, 권리 행사와 의무이행 외에 법률(법규)과 법률행위의 해석원리로서도 작용한다는 데에 이론이 없다. 이 규정은, 신의칙을 전체 법질서의 한 내용으로 포섭하여 그에 반하는 행위나 사회현상을 용인하지 않겠다는 입법취지의 표현이기 때문이다. 따라서 민법 제2조 제1항은 적극적 금지법규에 속하며, 판단 대상인 권리 행사나 의무이행으로부터 본래의 법률효과 발생을 용인할 것인지 여부를 판단하는 기준이 된다.

3) 민법은 신의칙 위반의 구체적 내용이나 그 적용요건에 대해서는 침묵하고 있다. 그러므로 그 내용은 민법 제103조의 공서양속과 동일하게 전적으로 판단자인 법관의 재량에 맡겨져 있다는 것이 통설이며, 판례(대법원 1989. 5. 9. 선고 87다카2407 판결, 1991. 12. 10. 선고 91다3802 판결 등)도 같은 입장이다.

이에 관하여 판례는 그 적용요건(적용기준)으로서, ① 일방이 상대방에게 신의(신뢰)를 주었거나, 객관적으로 보아 상대방이 그러한 신뢰를 가짐이 정당한 상태에 이르러야 하고(대법원 1991. 12. 10. 선고 91다3802 판결, 2013. 6. 27. 선고 2013다14880, 14897 판결 등), ② 이러한 상대방의 신의나 신뢰에 반하여 권리를 행사하거나 의무를 이행하는 것이 정의관념에 비추어 용인될 수 없는 정도에 이르러야 하며(대법원 1991. 12. 10. 선고 91다3802 판결, 1997. 1. 24. 선고 95다30314 판결 등), ③ 따라서 이를 구체적인 법률관계에 적용할 때는 상대방의 이익의 내용, 행사하거나 이행하려는 권리 또는 의무와 상대방 이익과의 상관관계 및 상대방의 신뢰의 타당성 등 모든 구체적인 사정을 고려하여 그 적용 여부를 결정하여야 한다고 한다(대법원 1989. 5. 9. 선고 87다카2407 판결, 2012. 3. 29. 선고 2011다93025 판결, 2013. 4. 11. 선고 2012다105888 판결 등).

4) 신의칙에 위반한 권리의 행사나 의무의 이행이 있어 그것이 민법 제2조 제1항에 해당하면, 그 권리 행사나 의무 이행에 대하여 구체적 구성요건에 관한 규범이 부여하는 본래의 법률효과가 발생하지 못하도록 소극적으로 작용하므로, 민법 제2조 제1항은 법주체 사이의 일정한 행위나 현상을 토대로 법률효과를 부여하는 구체적 구성요건에 관한 규범과 그 성질이 다르다. 즉 신의칙이나 그 위반은 법주체 사이의 구체적·역사적 행위나 현상으로서 증거에 의하여 발견, 인식할 대상이 아니라, 이러한 행위나 현상을 판단할 기준인 법규의 내용이 될 뿐이다. 따라서 법규에 대한 해석·적용 일반의 법리와 마찬가지로 법원이 스스로 그 존부와 의미 내용을 알아낼 수 있고, 또 알아내서 적용하여야 할

---

256) 권리 행사가 신의칙에 반하는 경우 민법 제2조 제2항의 권리남용이 되는 경우가 많을 것이나, 뒤에서 보는 바와 같이 신의칙위반과 권리남용은 그 요건이 다르므로 항상 그러한 결과가 발생하는 것은 아니다.

성질의 것이다.

한편, 위와 같이 신의칙의 적용요건인 ① 신의(신뢰)의 존재, ② 그 위반, ③ 그 위반의 정도, 즉 그 위반의 결과가 정의관념상 용인할 수 없어야 한다는 것들은 민법 제2조 제1항이 추상적 개념으로 제시한 '신의칙'이나 '위반'의 내용 또는 그 판단기준을 구체화하는 것으로서, 법규의 내용과 의미를 구체화하는 것이라고 할 수 있다.

위 ①의 '신의(신뢰)의 존재'는 형식상으로는 마치 구체적인 행위나 사회현상으로 보이나, 그 실질은 권리자나 의무자가 상대방에게 한 행동이나 양자의 객관적 관계로부터 상대방이 그와 관련하여 어떠한 행위를 하지 않으리라는 신의나 신뢰, 즉 자신의 법익이 부당하게 침해되지 않으리라는 기대를 가져도 좋은 것으로 평가할 수 있는 객관적 상태를 말하고,[257] 실제로 상대방이 그러한 신의(신뢰)를 내심에 가졌는지 여부, 즉 현실적인 신의(신뢰)의 존부를 의미하는 것은 아니다. 즉 이 역시 이러한 기대가 형성되었다고 해도 좋을 정도에 이르렀느냐는 가치판단의 결과이다.[258]

그리고 이때 법원이 그러한 신뢰나 기대가 형성되었다고 판단하기 위해서는 그때까지 쌍방이 한 언동이나 구체적인 사정이 판단자료로 필요한바, 이러한 자료는 구체적·역사적 사실에 해당할 수 있으나, 이 역시 법규인 민법 제2조 제1항을 보충하는 내용으로서 법원은 이 법규를 적용할 때 그러한 자료를 보충적 판단기준으로써 이용하게 된다. 따라서 쌍방의 언동 등 그러한 자료가 있다고 하여 곧바로 민법 제2조 제1항이 적용될 수는 없으므로 그것 자체가 위 법규의 법률사실이 될 수는 없으며, 법원은 위 법규를 적용하기 위해 직권으로 그러한 자료를 조사하여야 한다.[259] 그러므로 위 ①의 구체적 근거가 구체적·역사적 사실이라 하더라도, 그러한 사실은 법규의 내용을 보충하여 법규가 되는 것에 불과하므로 당사자의 주장이나 증거제출을 통한 증명이 필요 없고, 법원이 이를 인정할 자료가 없어 이를 적용하지 못함에 따라 당사자가 불이익을 입는 차원에서 사실상 입증책임을 질뿐이다. 법의 발견과 그 해석·적용은 법원의 직무권한이자 책무이기 때문이다.

또한, 위 ②의 '신의칙 위반'과 ③의 '위반의 정도'는 순수한 가치판단사항으로서 증거에 의하여 발견·인식할 수 있는 사항이 아니다. '위반' 여부는 그것이 광의의 법규인 '신의칙'에 반하는지 여부의 판단으로서 법규의 해석·적용 일반의 그것과 같고, '위반의 정

257) 권리자나 의무자가 상대방의 객관적인 기대에 반하여 행동하는 것이 사회통념상 허용되지 않을 것이 정당화되는 상태를 말한다. 민법 제2조 제1항의 입법취지가 상대방의 개인적 법익 보호가 아니라 그런 정당한 기대에 반하는 행위를 금지함으로써 사회정의를 보호하려는 데에 있기 때문이다. 고로 상대방이 현실로 신의나 신뢰를 가졌느냐 여부는 관계가 없다.

258) 대법원이 "일방이 상대방에게 신의(신뢰)를 주었다거나 객관적으로 보아 상대방이 그러한 신의(신뢰)를 가짐이 정당한 상태에 이르러야 한다."라고 한 것도 이런 취지로 이해된다.

259) 그렇더라도 법원이 적극적으로 나서서 스스로 조사한다기보다는 변론에 나타나 있는 소송자료로부터 자동적으로 이를 인식·평가하게 된다.

도'가 정의관념상 용인할 수 없는 정도에 이르는지 여부는 고도의 규범적 가치평가를 요하는 것으로서 증거에 의하여 발견·인식할 수 있는 구체적·역사적 사실이 아니므로, 발견·인식의 대상인 구체적 구성요건에 관한 규범에서의 과실이나 정당한 이유 등과 같은 가치판단을 요하는 추상적 개념을 구체적 법률사실로 하는 것과 달리, 법관이 내부적 의식작용만으로 판단할 수 있을 뿐이다.

5) 신의칙에 반하는 권리 행사나 의무이행은 사회공동체의 기본원리나 법질서에 반하는 것으로서 결코 용인될 수 없다. 민법 제2조 제1항은 이러한 부정적 평가를 법규(법)로써 표현한 것이다. 그리고 위 법규는 강행규정이므로 당사자는 그 법규의 적용을 배제하거나 그 법익을 포기, 처분할 수 없다. 그러므로 당사자가 위 법규의 적용을 주장한 여부에 관계없이 법원은 권리 행사나 의무이행의 법률효과 판단에 있어 직권으로 그것이 민법 제2조 제1항에 해당하는지 여부를 조사·판단하여야 한다. 즉 이는 변론주의의 적용 대상이 아니라 직권주의의 적용 대상이다.

대법원의 견해도 이와 같다. 즉 민법 제2조 제1항에 대하여는 변론주의가 적용되지 아니하므로, 당사자의 주장이 없어도 법원이 직권으로 판단·적용하여야 한다고 본다(대법원 1961. 12. 7. 선고 4294민상174 판결, 1989. 9. 29. 선고 88다카17181 판결, 1996. 12. 22. 선고 94다42129 판결, 2002. 6. 28. 선고 2000다62254 판결, 2003. 10. 10. 선고 2001다74322 판결, 2006. 6. 9. 선고 2004다24557 판결, 2015. 7. 23. 선고 2015다200111 전원합의체 판결, 2016. 2. 18. 선고 2015다35560 판결 등).

(8) 권리남용

1) 민법 제2조 제2항은 "권리는 남용하지 못한다."고 규정하고 있는바, 이것이 민법 제2조 제1항의 신의칙의 한 내용 또는 그 파생원리라는 데에 학설, 판례가 일치되어 있다. 즉 권리 행사가 신의칙에 반하는 경우 이는 권리남용이 된다(대법원 2007 .5 .31. 선고 2006다85662 판결, 2011. 9. 8. 선고 2009다66969 판결, 2013. 9. 26. 선고 2013다206429 판결 등).[260]

민법 제2조 제2항은 그 법률효과에 대하여 규정하지 않고 있으나, 이 역시 민법 제2조 제1항이나 제103조와 마찬가지로 특정인 사이의 법률관계에 관하여 일정한 행위나 현상을 토대로 소유권에 기한 인도청구권 등의 구체적·개별적 법률효과를 부여하는 것이 아니라, 그 인도청구권 등 권리의 행사가 남용에 해당하는 경우 법질서 전체 차원에서 이를 부정적인 것으로 평가하여 용인할 수 없는 것으로 보아, 인도의 강제 등 본래 예정된 법률효과 발생을 부여하지 않겠다는 것으로 해석되므로,[261] 이는 적극적 금지법규로

---

260) 여기서 남용으로 금지되는 권리는 반드시 물적 지배권(물권)이나 급부를 청구하는 청구권(채권), 상계권 등의 형성권 등에 한하지 않고, 소멸시효 완성의 이익을 주장할 수 있는 법적 지위(항변권)와 같이 법적으로 보호되는 이익을 행사할 수 있는 것을 포함한다.

261) 권리남용에 해당하면 청구권은 국가가 그 실현에 협조하지 않으며(대법원 2009. 10. 29. 선고 2008다51359 판결 등 참조), 형성권은 그 행사에 따른 법률관계 변동의 효력이 발생하지 않는다(대법원 1998. 1. 23. 선고 97다37104 판결 등 참조). 극히 예외적으로 그 권리를 박탈하는 경우도 있다(민법 제924조 참조). 남용의 결과가 불법행위가 되는 경우 손해배상청구권이나 그에 따른 위법상태의 제거청구권 등이 발생할 수 있으나, 이는 민법 제2조 제2항이 부여하는 법률효과가 아니고 민법 제

서 순수판단규범에 해당한다. 따라서 이는 강행법규로서 당사자는 그 적용을 배제하거나 그 법익을 포기, 처분할 수 없다.

2) 민법 제2조 제2항은 권리의 '남용' 금지라는 추상적 기준만을 제시하므로 해석을 통해 이를 구체화할 필요가 있다. 대법원은 권리남용이 성립하기 위해서는, ① 주관적으로는, 권리 행사의 목적이 오직 상대방에게 고통을 주고 손해를 입히려는 데 있을 뿐 이를 행사하는 사람에게는 아무런 이익이 없고(이른바 시카네의 금지), ② 객관적으로는, 그러한 권리 행사의 결과가 사회질서에 위반되어 허용되지 않아야 할 것을 요구한다(대법원 2003. 11. 27. 선고 2003다 40422 판결, 2006. 11. 23. 선고 2004다44285 판결 등).[262] 민법 제2조 제2항을 위와 같이 새긴다면 권리남용의 적용요건은 앞서 본 신의칙의 적용요건과 다르므로, 양자가 항상 일치하거나 어느 한쪽이 다른 쪽에 포섭되는 관계라고는 할 수 없다.[263]

민법 제2조 제2항은 위와 같이, 특정한 권리 행사가 있는 경우에 그것이 남용에 해당하면 그 권리 행사를 금지하고 본래의 권리 행사에 따른 법률효과를 부여하지 않겠다는 것이므로,[264] 권리의 행사는 판단의 대상이 되고 '남용'은 그 판단의 기준으로서 민법 제2조 제2항의 법률효과 발생 여부를 판단하는 법규의 일부가 된다. 따라서 그 권리의 행사요건, 즉 그 권리가 발생하는 본래의 법률행위 등 법률요건은 당사자가 주장·입증하여야 하고, 그것이 주장·입증된 후 법원은 직권으로 이에 대하여 그 구체적 구성요건에 관한 규범과 함께 민법 제2조 제2항을 적용하여 그것이 '남용'에 해당하는지 여부를 판단하여야 한다.

3) 권리의 '남용'은 권리 변동의 근거인 법률요건(매매, 증여, 시효취득, 소멸시효완성, 상계 등)의 구성요소를 이루는 법률사실이 아니며, 그에 따른 법률효과인 권리의 행사가 허용되는지 금지되는지 여부를 결정하는 판단기준이다. 그런데 상대방에게 고통이나 손해만을 주려는 권리자의 내심의 의사는 증거에 의하여 그 존부를 증명할 수 있는 발견·인식의 대상으로서 법관의 외부에 존재하는 구체적·역사적 사실이므로 법관은 증거에 의하

750조의 불법행위 등 다른 법률규정에 의한 법률효과이다.

262) 그러나 대법원의 견해가 확고하게 정립되어 있는 것은 아니다. ① 주관적 요건만을 요구한 경우, ② 주관적 요건과 객관적 요건을 병렬적으로 요구한 경우, ③ 주관적 요건과 객관적 요건을 선택적으로 요구한 경우, ④ 객관적 요건만을 요구한 경우가 다양하게 나타나고 있다. 이에 관한 자세한 내용은, 윤용섭, "권리남용에 관한 판례의 동향", 민사판례연구 제10집, 민사판례연구회(1988)를 참조.

263) 신의칙이 성립하기 위해서는 신의(신뢰)가 존재하며, 권리의 행사가 그에 위반하고 그 위반의 정도가 정의관념상 용인될 수 없는 정도에 이르러야 하는 반면, 권리남용이 되기 위해서는 사회질서 위반(이는 위의 '정의관념상 용인될 수 없는 것'과 동일하다고 할 수 있다.)과 주관적 해악의사를 요하므로(대법원 판례에 의할 때) 양자의 구성요소나 성립 범위가 다르다. 즉 쌍방 간에 신의(신뢰)가 없어도 권리남용이 될 수 있고, 권리남용이 아니라도 신의칙 위반이 될 수 있다. 민법이 제2조 제1항에서 권리 행사나 의무이행에 관하여 신의칙으로써 규제하면서도, 제2조 제2항을 따로 두어 권리의 남용을 규제하려는 이유도 여기에 있다.

264) 이론상으로는 권리의 불행사도 권리 행사의 일종으로서 남용에 해당할 수 있으나 현실적으로는 거의 찾아보기 어렵다.

지 않고 그 내부적 의식작용만으로는 이를 알 수 없다. 따라서 이를 구체적·개별적 법률효과를 부여하는 구체적 구성요건에 관한 규범의 법률사실과 같은 성질의 것으로 보아, 이는 민법 제2조 제2항의 구체적·역사적 법률사실로서 당사자의 주장·입증이 없으면 법원은 이를 판단할 수 없는 것처럼 생각할 수도 있다.

그러나 구체적 구성요건에 관한 규범의 법률사실과 그 법률효과는 당사자가 판단 대상인 그것을 주장하여야만 비로소 법원이 이를 심리하여 관련 법규를 해석·적용하게 되고, 그 법익을 당사자가 임의로 처분할 수 있으나, 순수판단규범인 민법 제2조 제2항은 구체적·개별적 법률효과를 발생케 하는 구체적 구성요건에 관한 규범이 아니며, 위 법규의 내용인 권리의 '남용'은 판단기준인 법규로서 그 법익을 당사자가 임의로 포기, 처분할 수 없다. 그러므로 당사자가 취소, 상계, 매수청구, 인도·철거청구, 소멸시효완성 등 구체적 구성요건에 관한 규범의 법률사실을 청구원인이나 공격방어방법으로 주장하면, 법원은 당사자의 주장 여부에 관계없이 민법 제2조 제2항을 적용하여 본래의 법률효과 용인 여부를 판단하여야 한다[265]. 그리고 '남용'은 위와 같이 판단기준인 법규의 내용으로서, 규범적 가치평가를 통해 법관이 스스로 인식하고 판단하여야 할 사항일 뿐 증거에 의한 발견·인식의 대상이 아니다.

4) 그러므로 대법원의 견해대로 상대방에게 고통이나 손해만을 주려는 권리자의 내심의 의사가 필요하고 그것이 구체적·역사적 사실이라 하더라도, 이는 '남용'을 판단할 인자로서 법규인 민법 제2조 제2항의 '권리남용'의 내용을 보충하여 그 법규의 의미와 내용을 보조하는 것에 불과하므로,[266] 법원은 민법 제2조 제2항의 해석·적용의 일환으로 '남용'에 해당하는지 여부를 판단하기 위해 그 법규의 일부에 속하는 이러한 주관적 해악의사의 존부를 직권으로 조사·판단하여야 한다.[267]

다만, 주관적 해악의사의 존부가 불분명하여 법원의 직권조사에 불구하고 권리가 남용

265) 구체적·개별적 법률효과를 발생시키는 구체적 구성요건에 관한 규범과 함께 민법 제2조 제2항을 동시에 적용·판단하여야 한다. 전자에 의해서는 인도청구권 등 개별적 권리·의무의 발생 여부를, 후자에 의해서는 인도청구권의 행사 등 그 권리 행사의 허용 여부를 판단하게 된다. 전자에 대한 판단을 생략하고 이를 가정하여 후자를 직접 적용·판단하여도 무방하나, 논리적 순서에 맞는 것은 아니다.

266) 법원은 '남용'의 사실을 당사자가 제출한 증거에 의하여 직접 발견, 인식하는 것이 아니라, 법률적 가치평가를 거쳐 권리자의 특정한 권리 행사가 '남용'에 해당하는지 아닌지를 판단하여야 하는 것이다. 그리고 그 판단의 기준은 그 권리 행사가 권리자에게는 별다른 이익이 없고 결과적으로 오로지 상대방에게 고통과 손해만을 주어 그러한 권리 행사를 사회통념상 허용할 가치가 없다는 것이다. 그러므로 권리자에게 가해의 의사가 있을 것이 필수적인 것은 아니며, 그것이 있다고 해서 그 권리 행사가 반드시 '남용'에 해당하는 것도 아니다. '남용' 여부의 중점은 권리자의 주관적 의사가 아니라 객관적 결과이다.

267) 물론 이들 사실은 법관의 내부적 의식작용만으로는 알 수 없으므로 당사자의 입증이나 증거신청이 없으면 법원이 직권으로 증거조사를 하여야 한다. 그러나 그 조사는 다른 소송자료에 그러한 사정이 엿보일 때 하면 족하고, 그러한 기미가 전혀 없는데도 불구하고 법원이 적극적으로 나서서 구체적 구성요건에 관한 규범의 법률사실처럼 조사할 필요는 없다.

되었다고 판단하기 어려운 경우, 그에 따른 불이익은 상대방인 의무자에게 귀속되므로 그가 입증책임을 부담하여야 한다. 이러한 권리 행사자의 내심의 의사는 그 성질상 입증이 용이하지 않은바, 판례는 앞서 본 바와 같이 권리자의 정당한 이익을 결여한 권리 행사로 보이는 객관적인 사정에 의하여 이를 추인할 수 있다고 한다.[268)]

5) 한편, 객관적 요건인 권리 행사의 결과가 사회질서에 반한다는 것은, 그러한 권리 행사의 결과가 사회통념상 정당한 이익이 없어 용인되지 않는 것으로서 민법 제103조에서 말하는 공서양속에 반하는 것을 의미한다.[269)] 권리는 법이 부여한 힘이므로, 구체적 구성요건에 관한 규범에 의해 발생한 권리라도 전체 법질서에 반하는 권리의 행사는 당연히 허용될 수 없다. 그리고 권리 행사의 결과가 사회질서에 반한다는 것은 위와 같이 증거에 의한 발견·인식의 대상이 아니라, 고도의 규범적 가치평가를 요하는 것으로서 법관의 내부적 의식작용에 의하여 판단할 사항이며, 법령의 해석·적용에 속한다.[270)]

---

268) 이런 점에서 주관적 해악의사가 구체적·역사적 사실이라고 하더라도 그 사실성이 매우 약하다고 할 수 있다. 즉 권리자가 상대방에게 해악을 가하려는 목적을 가질 필요까지는 없고, 그 권리 행사의 결과 상대방에게 고통을 주고 손해를 입힐 뿐 자신에게는 아무런 이익이 없다는 것을 인식하는 정도면 충분하다고 하겠다. 이 사실의 증거는 주로 권리자와 상대방의 입장, 그 이익의 종류, 사회적 파급효과 등 간접증거가 주된 것이 될 것이다.
그러나 사회질서의 전체적 시각에서 볼 때, 권리자가 그러한 결과를 인식하였는지 여부는 중요하지 않고 객관적으로 그러한 결과의 발생이 중요하므로 권리남용의 성립요건으로서 대법원이 요구하는 바와 같은 주관적 요건은 필요 없다고 생각된다. 대법원이 객관적 성질을 갖는 '권리를 행사하는 사람에게는 아무런 이익이 없고'를 주관적 요건으로 요구하는 것 자체가 논리적으로 모순적이다(이를 의식해서인지 대법원도 객관적 사정에 의하여 주관적 사정을 추인할 수 있다고 한다). 권리자의 권리 행사가 객관적으로 보아 그에게는 아무런 이익이 안 되고 상대방에게는 고통과 손해만 준다면, 권리자에게 해악을 가하려는 의사가 있는지 여부에 관계없이 그러한 권리 행사는 사회적 타당성을 잃은 것으로서 허용될 수 없기 때문이다. "권리의 행사가 타인에게 손해를 가할 목적만을 가진 경우에는 허용되지 아니한다."고 하여 주관적 요건을 요구하는 독일 민법 제2조와 달리 우리 민법 제2조 제2항은 이를 요구하고 있지 않음을 고려하면 더욱 그러하다. 다만, 가해의사가 인정되는 때에는 그 권리 행사가 사회적 정당성을 결여한 것으로 인정할 수 있는 징표가 될 수 있을 것이다. 우리 학설도, 권리 행사가 사회질서에 반하는 것이면 족하고 권리자의 가해의사는 필요 없다는 것이 대체적인 견해이다.
대법원은, 상계권 행사가 상계제도의 목적이나 기능을 일탈하고 법적으로 보호받을 만한 가치가 없는 경우 주관적 가해의사가 없더라도 권리남용이 된다고 함으로써(2003. 4. 11. 선고 2002다 59481 판결 등) 가해의사가 필수적인 것이 아님을 시인하고 있다.

269) 따라서 구체적인 권리 행사가 공서양속에 반하는지 여부의 판단에는 앞서 본 민법 제103조의 법리가 적용될 것인바, 공서양속 위반 여부의 기준을 일률적으로 정하기는 어렵다. 판례는 권리남용 여부의 판단은 개별적·구체적 사안에 따라 판단하여야 한다고 하며(대법원 2010. 12. 9. 선고 2010다59783 판결, 2012. 6. 14. 선고, 2012다20819 판결, 2014. 2. 21. 선고 2013다75717 판결 등), 그 구체적 기준으로 사회질서 외에 신의칙, 공공복리, 공평의 이념, 사회윤리, 도의, 정의 등을 들고 있다(1964. 7. 1. 선고 64다4 판결, 1966. 3. 15. 선고 65다2329 판결, 1969. 1. 28. 선고 68다2258 판결, 1972. 12. 26. 선고 72다756 판결 등 참조).

270) 어떤 경우에 권리 행사의 결과가 사회질서에 반하는가의 판단은 앞서 본 민법 제103조의 법리가 적용되어야 할 것이다. 권리자의 이익과 그로 인해 침해되는 상대방의 이익 사이에 심한 불균형이 있는 경우 민법 제103조에 반할 가능성이 커진다고 할 수 있으나, 반드시 그렇지는 않다. 대법원은, 권리의 행사에 의하여 권리 행사자가 얻는 이익보다 상대방이 입을 손해가 현저히 크다고 하여도 그러한 사정만으로는 이를 권리남용이라 할 수 없다고 한다(2002. 9. 4. 선고 2002다22083, 22090 판결, 2003.

결론적으로, 민법 제2조 제2항은 강행법규인 금지법규로서 발견·인식의 대상인 구체적·역사적 법률사실을 갖지 않는 순수판단규범이고, 그에 대하여는 변론주의가 아닌 직권주의가 적용되어야 하므로 법원은 당사자의 주장 여부에 관계없이 이를 심사·판단하여야 한다. 대법원의 견해도 이와 같다(1989. 9. 29. 선고 88다카17181 판결, 1996. 12. 22. 선고 94다42129 판결, 2003. 10. 10. 선고 2001다74322 판결 등).

(9) 불공정행위

1) 민법 제104조는 "당사자의 궁박, 경솔 또는 무경험으로 인하여 현저하게 공정을 잃은 법률행위는 무효로 한다."고 규정하고 있는바, 통상 이를 불공정행위 또는 불공정한 법률행위라 한다. 민법 제104조 역시 민법 제103조와 같이 법률행위와 그에 따른 법률효과를 규제하는 것이다.

즉 당사자의 법률행위는 민법 제105조와 각각의 구체적 구성요건에 관한 규범에 따라 본래 예정된 법률효과가 발생하는 것이 원칙이지만, 민법 제104조에서 금지하는 불공정행위에 해당할 경우 그 본래의 법률효과 발생이 부정된다(대법원 1994. 10. 25. 선고 94다29027 판결, 2010. 7. 15. 선고 2009다50308 판결 등). 법률행위가 당사자의 자유의사에 의하여 이루어졌더라도, 그 결과가 현저히 불균등하고, 그 원인이 일방의 판단능력 부족과 이를 이용한 상대방의 행위에 있는 경우, 그러한 법률행위의 결과를 허용하는 것은 사회정의와 기본적 법질서에 부합하지 않으므로 법은 이를 부정적인 것으로 평가하여 그 결과 발생을 거부, 금지하는 것이다.

따라서 민법 제104조는 법주체 사이의 법률관계에 관하여 그 법률사실인 행위나 현상을 토대로 구체적·개별적 권리·의무를 법률효과로 부여하는 구체적 구성요건에 관한 규범이 아니라, 특정한 법률행위에 따른 구체적·개별적 법률효과를 법질서 전체의 차원에서 금지하는 것으로서 적극적 금지법규에 해당하는 강행규정이자 순수판단규범으로서, 당사자가 임의로 이를 배제하거나 그 법익을 포기, 처분할 수 없으므로 변론주의의 적용대상이 될 수 없다. 이때 판단의 대상은 구체적 법률행위이고, 판단의 기준은 그 법률행위의 '불공정'이다.

2) 민법은 불공정행위의 요건으로 ① 법률행위 당사자 일방의 궁박, 경솔 또는 무경험과 ② 현저하게 공정을 잃을 것만을 요구한다. 그러나 대법원은 ③ 불공정한 이익을 얻은 자가 피해자의 궁박, 경솔 또는 무경험을 알고서 이를 이용하여 당해 법률행위를 하였을 것까지 요구하고(대법원 1970. 11. 24. 선고 70다2065 판결, 1992. 10. 23. 선고 92다29337 판결, 2002. 9. 4. 선고 2000다54406, 54413 판결 등), 불공정한 법률행위를 이유로 매도인이 매매계약의 무효를 주장하려면 주장자 측에서 매도인에게 궁박, 경솔, 무경험

---

2. 14. 선고 2002다62319 판결, 2003. 11. 27. 선고 2003다40422 판결, 2006. 11. 23. 선고 2004다44285 판결 등 참조). 한편, 대법원은 객관적 사정에 의하여 주관적 사정을 추인할 수 있다고 한다(2003. 11. 27. 선고 2003다40422 판결, 2010. 12. 9. 선고 2010다59783 판결, 2012. 6. 14. 선고 2012다20819 판결 등). 고로 보다 중요한 것은 사회질서 위반이라는 객관적 사정이다.

등의 상태에 있었을 것, 매수인 측에서 위와 같은 사실을 인식하고 있었을 것, 매매대금이 시가에 비하여 헐값이어서 현저하게 불공정한 것을 주장, 입증하여야 한다고 한다(대법원 1962. 11. 8. 선고 62다599 판결, 1964. 8. 31. 선고 63다681 판결, 1967. 8. 29. 선고 67다1135 판결, 1968. 1. 31. 선고 67다2227 판결, 1969. 7. 8. 선고 69다594 판결, 1969. 12. 30. 선고 69다1873 판결, 1970. 11. 24. 선고 70다2065 판결, 1991. 5. 28. 선고 90다19770 판결 등).

그런데 민법 제104조의 불공정행위는 민법 제103조의 공서양속 위반의 예시적 일부라는 데에 학설과 판례(대법원 1964. 5. 19. 선고 63다821 판결, 1965. 11. 23. 선고 65사28 판결 등)가 일치되어 있다. 즉 타인의 궁박, 경솔, 무경험을 이용하여 현저하게 균형을 잃은 거래를 하는 것은 사회질서를 해치는 것으로서 문화국가에서는 용인할 수 없는 현상이다.[271] 따라서 민법 제104조의 요건을 완전하게 충족하지 못한 경우라도 민법 제103조가 적용될 수 있다. 그럼에도 민법 제104조가 위와 같은 요건을 불공정행위의 기준(요건)으로 규정한 것은, 그것이 불공정행위의 가장 전형적인 경우이기 때문이다.

한편, 민법 제104조의 위 요건들 사이에는 밀접한 상관성이 있어서 상호 영향을 미치므로, 어느 한쪽이 강한 때에는 다른 쪽이 약하더라도 불공정행위가 성립할 수 있고, 반대로 어느 한쪽이 약한 경우 다른 쪽이 강하지 않으면 불공정행위가 부정될 수도 있다는 데에도 대체로 학설이 일치되어 있다.

3) 위 ①의 '궁박, 경솔 또는 무경험'에서 궁박은 경제적·신체적·심리적으로 벗어날 길이 없는 상태 또는 급박한 곤궁으로서, 당해 법률행위를 할지 말지를 결정할 자유가 속박되는 상태를 말한다(대법원 2008. 3. 14. 선고 2007다11996 판결 등). 경솔은 법률행위를 결정할 때, 그 행위의 결과나 장래에 관하여 통상 일반인이 가지는 정도의 고려, 즉 심리적 배려를 하지 못한 내심의 상태를 말하고, 무경험은 당해 법률행위 정도의 난이도를 갖는 법률행위를 하는 데에 필요한 일반적인 사회생활 경험이 불충분한 상태를 말한다.[272]

이상의 궁박, 경솔, 무경험은 어느 것이나 증거에 의하여 그 존부를 증명할 수 있는 외부적 현상이고, 법관의 내부적 의식작용만으로 인식할 수 없는 것이다.[273] 그러나 민법

---

271) 민사법관계가 당사자의 평등성과 자율성에 기반을 두는 것이라도 이러한 사정이 있다면 그것을 사적 자치라는 이름으로 용인할 수는 없다.

272) 물론 그렇다고 그 법률행위에 직접 관련된 특정 분야의 경험을 요구하는 것은 아니다(대법원 2008. 3. 14. 선고 2007다11996 판결 등 참조). 대법원은, 법률행위가 현저하게 공정을 잃었다고 하여 곧 그것이 경솔하게 이루어진 것이라고 추정되는 것이 아니라고 한다(1964. 8. 31. 선고 63다681 판결, 1969. 7. 24 선고, 69다594 판결, 1969. 12. 30. 선고 69다1873 판결 등). 그러나 매매가격이 시가의 약 8분의 1정도로 현저한 차이가 있고, 매도인이 평소 어리석은 사람인 것이 인정되며, 또한 매수인은 당해 부동산을 매수한 후 약 3개월 후에 매수가격의 4, 5배 정도로 전매한 경우, 특별한 합리적인 근거를 찾아 볼 수 없는 사정이라면 이는 매도인의 경솔, 무경험에 인한 것이며 매수인이 그 사정을 알고 이를 이용함으로써 이루어졌다고 추인할 수 있다는 판례(대법원 1977. 12. 13. 선고 76다2179 판결)가 있고, 대물변제예약의 기본 되는 채무와 목적물의 가격이 현저하게 공정을 잃은 때에는 채무자의 궁박, 경솔 또는 무경험으로 인한 법률행위라는 추정을 받는다는 판례(대법원 1962. 11. 8. 선고 62다599 판결)도 있다.

273) 궁박, 경솔, 무경험은 행위자의 나이, 직업, 교육 및 사회경험의 정도, 재산상태, 당시 그가 처한 절박성의 정도 등 제반 사정을 종합하여 판단하여야 하는바(대법원 1996. 6. 14. 선고 94다46374 판결

제2조 제2항의 권리남용에 관하여 본 바와 같이, 이러한 사실은 구체적·개별적 법률효과가 발생하기 위해 구체적 구성요건에 관한 규범에서 요구하는 법률사실(행위나 현상)인 판단 대상이 아니라, 판단 대상인 구체적 구성요건에 관한 규범의 법률사실로부터 발생하는 법률효과의 용인 여부를 결정할 판단기준이므로 이는 법규의 한 내용에 속하고, 또 법령의 해석·적용을 직무권한과 의무로 하는 법관이 민법 제104조를 적용할 때 당연히 알아야 할 사항으로서 직권주의가 적용된다. 그러므로 법원은 당사자의 주장이나 증명에 의하여 이를 발견, 인식할 것이 아니라 직권으로 이를 조사·판단하여야 한다.

즉 법원은 특정한 법률행위에 따른 구체적·개별적 법률효과 발생 여부를 판단하는 경우, 당사자의 주장 여부에 관계없이 직권으로 불공정성의 요건인 위 사항이 존재하는지 여부를 심리하여 민법 제104조의 적용 여부를 판단하여야 한다.[274)]

그럼에도 위와 같이 대법원이 이러한 사실을 변론주의의 적용 대상으로 보아 당사자가 주장책임을 지는 것으로 판시한 것은 수긍하기 어렵다. 민법 제104조를 적용하여 판단 대상인 법률행위가 불공정한지 여부를 판단하는 것은 본질적으로 법규의 해석·적용이고, 민법 제104조는 강행규정으로서 당사자가 임의로 이를 배제하거나 그 법익을 포기, 처분할 수 없으므로 변론주의의 적용 대상이 될 수 없기 때문이다.

4) 또한 위 ③의 '피해자의 궁박, 경솔, 무경험을 인식하고 이를 이용하였을 것'은 불공정행위로써 부당한 이득을 얻은 자의 내심의 상태로서, 법관의 외부에 구체적·역사적 행위나 사회현상으로서 존재하는 사실이고, 증거에 의하여 그 존부를 증명할 수 있는 사실이지만, 이 또한 위 ①과 같은 성질의 것이므로 변론주의가 아닌 직권주의가 적용되어야 하고, 따라서 법원은 당사자의 주장 유무에 관계없이 이를 직권으로 조사·판단하여야 한다.

5) 다음으로 위 ②의 '현저하게 공정을 잃은 것'은, 일방이 자신이 얻은 급부에 비해 현저하게 균형을 잃은 반대급부를 함으로써 양자 사이에 재산적으로 현저한 불균형이 발생하는 것을 말한다(대법원 2008. 3. 14. 선고 2007다11996 판결 등). 쌍방의 급부 사이에 현저한 불균형이 있어야 하므로 단순히 저울로 잴 수 있을 정도로 정밀한 정도의 다소의 불균형이 있는 것만으로는 이에 해당한다고 할 수 없다(대법원 2006. 9. 8. 선고 2006도3366 판결, 2010. 7. 15. 선고 2009다50308 판결 등).[275)] 따라서 이는 민법 제652조에서의 임차

등), 이는 대체로 간접증거에 의해 입증할 수밖에 없을 것이다.

274) 물론 이들 사실은 법관의 내부적 의식작용만으로는 알 수 없으므로 당사자의 입증이나 증거신청이 없으면 법원이 직권으로 증거조사를 하여야 한다. 다만, 이 경우에도 판단의 대상인 매매 등 법률행위의 제반 정황상 그러한 기미가 보이는 때에 이를 확실히 하기 조사하면 족하고, 그런 기미가 없는데도 불구하고 매매 사실의 조사처럼 적극적으로 조사할 필요는 없다. 그리고 이에 대한 조사를 하였으나 법원이 이들 사항을 알아내지 못한 경우, 그 입증책임은 그로 인해 불이익을 입는 당사자(당해 불공정행위의 상대방)가 져야 함은 물론이다.

275) 대법원은 당해 법률행위에서 대가적 관계에 있는 급부와 그 반대급부 사이에 현저한 불균형이 존재하여야 할 것을 전제로, 그 대가적 관계에 있는 급부와 그 반대급부 아닌 것끼리 비교하는 것은 잘

인에 대한 '불리'와 같이 고도의 가치평가를 요하는 작업으로서, 법관의 내부적 의식작용과 규범적 가치평가에 의해서만 판단할 수 있을 뿐 외부적 인식근거인 증거에 의하여 누구나 발견·인식할 수 있는 사실은 아니다.

또한 이러한 급부의 불균형 역시 민법 제104조의 내용으로서, 구체적·개별적 법률효과 발생과는 관계가 없다. 즉 이를 기초로 구체적·개별적 법률효과가 발생하는 것이 아니다. 따라서 이는 구체적·역사적 법률사실에 해당하지 않고, 주장이나 증명이 필요 없다.[276] 불공정 여부의 판단과 관련하여, 불공정행위 여부가 문제되는 당해 법률행위의 내용 자체로써 급부와 반대급부의 내용이 분명한 경우가 많아 그 경우 법관은 그것만으로 불균형 여부를 판단할 수 있으나, 부수적 급부나 손해가 있는 등 주변사정이 그 판단에 영향을 미치는 경우 앞서 본 바와 같은 이유로 법관은 이를 직권으로 조사할 수 있으며, 그 경우 이에 대한 입증책임 역시 상대방이 져야 함은 물론이다. 그리고 이러한 주변사정의 사실 또한 판단의 대상인 구체적·역사적 법률사실이 아니라 판단기준인 민법 제104조의 내용을 보충하는 것에 불과하다.

(10) 임차인 등에게 불리한 약정

1) 민법 제652조는 '민법 제627조 등의 규정에 위반하는 약정으로 임차인이나 전차인에게 불리한 것은 그 효력이 없다'고 규정하고 있다. 이는, 민법 제627조 등의 개별 법규와 반대의 약정이 있더라도, 그것이 임차인이나 전차인에게 불리하다고 판단되면, 민법 제105조에 불구하고 그 약정을 무효로 한다는 뜻이다.[277] 그러므로 민법 제652조는 임대차계약이나 전대차계약과 관련하여 그 약정으로부터 발생하는 구체적·개별적 법률효과를 거부, 금지하는 것으로서, 적극적 금지규정이자 순수판단규범에 해당한다.

2) 임대차계약에 즈음하여 임대인과 임차인 사이에 체결된 약정은 민법 제618조의 임대차계약의 일부로서 체결되거나 이와 별도로 체결되며, 그 내용은 차임의 증감, 임대차계약의 해지, 전대, 갱신, 매수청구, 법정질권이나 법정저당권의 처분 등에 관한 것이 될

못이라고 하는바(대법원 2008. 3. 14. 선고 2007다11996 판결 등 참조), 부수적 이익과 손해는 대가적 관계에 있는 급부와 그 반대급부의 형량 시 이를 보충하는 정도에 그쳐야 할 것이다.
한편, 급부와 반대급부의 내용, 즉 어떠한 것이 급부나 이득에 속하는 것인지를 판단하는 것도 일률적으로 말하기 어렵다. 경제적인 이득이 주된 것이 될 것이나, 임대차기간을 장기로 해주는 것과 같이 금전으로 곧바로 환산할 수 없는 것도 여기에 포함시킬 수 있으므로 급부와 반대급부의 불균형 여부를 판단하기는 쉽지 않다. 만약 그 불균형이 저울로 재서 알 수 있을 정도의 기계적 불균형이라면 이는 증거에 의한 발견·인식의 대상이 될 수 있을 것이나, '현저한 불균형'의 의미를 그렇게 새길 수는 없다.

276) 이는 사실인정 문제가 아니라 법령의 해석·적용 문제에 속한다. 따라서 이를 그르친 경우 상고이유가 된다.

277) 즉 민법 제652조가 민법 제105조에서 말하는 '법령 중의 선량한 풍속 기타 사회질서에 관계있는 규정'이 된다.

것이다. 이러한 당사자 간의 계약은 법률행위로서 민법 제105조 등에 의하여 원칙적으로 그 약정에 따른 권리·의무의 발생이라는 법률효과가 발생하게 되는데, 민법 제652조는 전체 법질서의 차원에서 그러한 법률행위를 금지하고, 그에 따른 법률효과를 용인하지 않겠다는 뜻을 표현한 것이다. 따라서 민법 제652조는 스스로 규정하듯 강행규정이며, 임대차계약이나 전대차계약을 토대로 발생하는 법률효과의 용인 여부를 결정하는 판단기준이다.

민법 제652조가 이와 같이 임차인 등에게 불리한 약정을 금지하는 이유는, 사회경제적으로 약자의 지위에 있는 임차인이나 전차인을 보호하여 국민의 주거생활의 안정과 국민경제의 유지·증진을 통한 사회질서와 공공복리 유지와 증진에 있음은 물론이다.

3) 민법 제652조에 있어서도, 판단의 대상은 구체적·역사적 사실인 임대인과 임차인 또는 임차인과 전차인 사이의 약정이다. 그리고 그 약정에 따른 법률효과를 용인하는 여부의 판단기준은, ① 그 약정이 민법 제627조 등에 위반될 것, ② 그 약정이 임차인 등에게 불리할 것이다.

이때 임대인과 임차인 사이의 약정 체결 사실은 그 약정에 따른 권리·의무의 발생에 필요한 사항으로서, 그 권리·의무의 주장자(통상은 임대인이 될 것이다.)에 의하여 소송의 목적이자 변론의 내용으로 주장·입증되어 민법 제105조나 제627조, 제628조 등 구체적 구성요건에 관한 개별 법규가 적용되어 그에 따른 법률효과가 발생하게 된다. 따라서 이는 민법 제652조의 법률사실에 해당하지 않고, 구체적 구성요건에 관한 규범의 법률사실 일반과 같이 발견, 인식의 대상으로서 변론주의나 주장책임이 적용된다. 민법 제652조에서 중요한 것은 판단 대상인 위 약정이 임차인 등에게 불리한지 여부의 판단이다. 그리고 기본적으로 이는 법의 해석·적용 문제로서 법원의 직무권한이자 의무에 속한다.

4) 위 ①의 '약정이 민법 제627조 등 개별 법규에 위반된다는 것', 즉 법률위반은 앞서 본 바와 같이 법의 해석·적용 문제로서, 당사자가 주장·입증할 사항이 아니라 법원이 직권으로 판단할 사항이고, 그 판단을 위해 외부적 인식자료인 증거가 필요 없을 뿐만 아니라 법관의 내부적 의식작용만으로 이를 판단할 수 있으므로, 발견·인식의 대상에 속하지 않는다.

또, 위 ②의 '약정이 임차인 등에게 불리하다는 것'은 그 성질상 고도의 규범적 가치판단을 요하는 사항으로서, 외부적 인식근거인 증거에 의하여 그 존부(여부)를 결정할 수 없는 사항이다. 즉 증거에 의하여 그 존부를 증명할 수 있는 사실인 구체적·역사적 행위나 사회현상이 아니다. 따라서 이 역시 주장과 입증이 필요 없고, 법령 해석·적용의 일환으로 법원이 직권으로 조사·판단하여야 한다.

임대인이 주장·입증한 당해 약정의 내용(예컨대 지상물매수청구권의 포기)에 추가하여 다른 주변사정(예컨대 차임을 시가에 비해 저렴하게 하였다거나 임대차기간을 특별히 길게 하였다거나 임대차목적물 외에 다른 물건이나 권리를 임차인에게 무상으로 사용하게 하였다는 등의 사정)이 있는 경우, 이는 약정의 유불리를 판단하는 데 보조적인 사정으로서 판단기준인 위 법규의 내용을 보충하는 것에 불과하므로, 이 역시 당사자의 주장이 없더라도 법원이 직권으로 조사·판단하여야 한다. 위와 같이 민법 제652조는 순수판단규범으로서 변론주의가 배제되고 직권주의가 적용된다. 그러나 그 사정을 법원이 알지 못함으로써 입는 손해는 결국 당사자에게 돌아가므로 그 입증책임은 그로써 불이익을 입는 당사자가 진다.

5) 이상의 논의는, 최고이자율을 초과한 이자약정의 무효(이자제한법 제2조 제3항), 가등기담보법 제4조 제1항 내지 제3항에 위반하는 것으로서 채무자 등에 불리한 특약의 무효(가등기담보법 제4조 제4항), 주택임대차보호법이나 상가건물 임대차보호법에 위반된 것으로서 임차인 등에게 불리한 약정의 무효(주택임대차보호법 제10조, 상가건물 임대차보호법 제15조) 등의 경우에도 동일하다.

(11) 토지거래허가 등 행정관청의 인·허가나 동의, 승낙

1) 사인 간의 사법적 법률관계에 행정관청의 인·허가나 동의, 승낙이 필요한 경우가 많다. 이때 이들 인·허가 등의 성질에 관하여 다양한 견해가 있지만, 소송법적인 측면에서 검토되어야 할 것은, ① 이들이 구체적 구성요건에 관한 규범이 요구하는 법률사실인지, ② 아니면 금지규정으로서 순수판단규범의 적용요건인지, ③ 또는 사법적 효력에는 영향이 없고, 단지 행정벌 등의 제재만이 뒤따르는 규정인지 여부이다.

①에 속한다면 이에 대해서는 원칙적으로 변론주의가 적용되어야 하고, ②에 속한다면 변론주의가 부정되고 직권주의가 적용되어야 한다. 그리고 ③의 경우에는 실체법적 효력에 아무런 영향이 없으므로 변론주의나 직권주의가 전혀 문제되지 않는다. 즉 ③의 경우 실체법적으로는 물론이고 소송법적으로도 별 의미가 없다. ①과 ②는 강행법규 중 효력규정에 속하고 ③은 단속규정에 속한다.[278)]

2) 종래에는 통상적으로 행정관청의 인·허가 등은 사인 간의 사법적 법률관계를 보조하여 그 법률효과 발생을 돕는 특별효력요건으로 이해되어 왔고, 그것이 지배적 견해였다. 그리고 소송법적으로는 권리발생 근거요건으로 보아, 권리 발생을 주장하는 자가 인·허가 등이 필요한 법률행위 외에 그것까지 주장·입증하여야 하는 것으로 이해함이 통설이었다.

이에 따르면, 토지거래허가구역 내의 토지를 매매한 경우, 행정관청의 허가는 매매의 효력 발생을 위한 보조적 법률요건사실로서 그것까지 갖춰야 비로소 매매의 효력이 발생

---

278) 그러나 뒤에서 보는 바와 같이 사법적 법률관계에 대하여 행정관청의 인·허가나 동의, 승낙을 요구하는 법규의 경우 대부분 ② 또는 ③에 속하고 ①에 속하는 경우는 거의 없다. 그리고 이러한 행정법규는 그 성질이나 입법목적상 거의 모두 강행규정이다.

하는 것으로 이해된다.[279] 따라서 매수인인 원고가 소유권이전등기청구를 한 경우, 법원은 그 허가가 있는지를 심리하여 그 허가가 있을 때만 청구를 인용할 수 있다. 즉 이러한 보조적 법률요건사실은 조건의 성취나 대리, 표현대리 등과 같이 청구원인을 보충하여 이유 있게 하는 공격방어방법으로서, 매수인인 원고가 소유권이전등기청구를 하는 경우 그 소유권이전등기청구권 발생의 근거사실로서[280] 매매사실과 함께 그 허가를 받은 사실도 주장·입증하여야 하고, 그에 대한 주장·입증이 없으면 법원은 그 사실이 없는 것으로 보아 법률효과를 판단하게 된다.

3) 행정관청의 인·허가 등을 위와 같이 보조적 법률요건사실인 권리발생 근거요건으로 보아 소송법상 공격방어방법으로 이해하면, 이를 요구하는 법규는 구체적 구성요건에 관한 규범에 해당하고, 따라서 이에 대해서는 원칙적으로 변론주의를 적용할 수밖에 없다. 이 경우, 당사자가 주장하지 않는 한 법원은 그 허가 등을 받은 사실 여부를 조사할 필요가 없고, 원칙적으로 조사를 하여서도 안 된다. 그러나 그 결과 그 사실은 존재하지 않는 것으로 되어, 법원은 당해 법률행위에 따른 법률효과 발생을 긍정할 수 없고 원고 청구를 배척하여야 한다.[281] 그리고 그에 관하여 당사자 사이에 다툼이 없는 경우, 법원은 그에 구속되어 그대로 사실을 인정하여야 한다.

그런데 토지거래허가나 농지취득자격증명에 관한 법규는 공익을 위한 것으로서 강행규정으로 이해하는 것이 통설이자 판례의 태도인바, 이에 대하여 변론주의를 적용할 경우 당사자가 허가 등을 받은 사실 여부를 주장하지 않는 때에는 권리 주장자의 불이익에 돌아가고, 공익이나 전체 법질서가 침해되는 결과는 발생하지 않는다. 그러나 여기에 자백의 구속력을 인정할 경우, 허가를 받지 않았음에도 받았다고 자백하거나 당사사 간에 다툼이 없는 때는 법원이 여기에 구속되어 공익이나 전체 법질서가 침해되는 결과가 발생한다. 반대로 허가 등을 받지 않은 사실을 권리 장애규정으로 보아 항변사유에 해당하

---

279) 여기서 행정관청의 허가나 농지취득자격증명이 보조적 법률요건사실이라는 것은, 이들이 민법이 요구하는 매매의 고유한 법률요건사실은 아니나 다른 법령에 의하여 요구되는 법률요건사실로서 매매의 효력 발생을 보조하는 역할을 하는 것이라는 의미이다.

280) 이와 달리 그 부존재를 권리발생장애사유로 볼 수도 있으나, 법규의 규정형식(토지거래허가의 경우 '국토의 계획 및 이용에 관한 법률' 제118조 제1항은 "허가구역에 있는 토지에 관한 소유권·지상권(소유권·지상권의 취득을 목적으로 하는 권리를 포함한다)을 이전하거나 설정(대가를 받고 이전하거나 설정하는 경우만 해당한다)하는 계약(예약을 포함한다. 이하 "토지거래계약"이라 한다)을 체결하려는 당사자는 공동으로 대통령령으로 정하는 바에 따라 시장·군수 또는 구청장의 허가를 받아야 한다. 허가받은 사항을 변경하려는 경우에도 또한 같다."고 하여 적극적 형식으로 규정하고 있다.)이나 그 입법취지에 비추어 권리발생을 보조하는 근거사실로 보는 것이 대세인 듯하다.

281) 소유권이전등기청구권자인 매수인이 권리발생 근거사실인 허가 받은 사실을 주장하지 않을 경우 법원은 변론주의에 따라 그 허가 받은 여부를 조사하지 못하나, 그것이 청구원인사실을 적극적으로 보조하는 법률요건사실에 해당하여 그것이 존재해야만 매매가 유효하게 되므로, 실질적으로는 그것의 존부가 심사되어, 그러한 주장이 없는 이상 법원은 그 사실(허가 받은 사실)이 부존재하는 것으로 보아 청구를 기각하여야 한다. 이는 국민의 재판받을 권리에 대한 응답이라는 것은 앞서 언급한 바와 같다.

는 공격방어방법으로 보더라도, 소송수행능력이 부족한 당사자가 이를 주장하지 못하거나 쌍방이 결탁하여 허위의 주장을 하면 동일한 결과가 초래된다.

4) 그러므로 이들 법규를 구체적 구성요건에 관한 규범으로 보아 변론주의를 적용할 경우 공익을 해하고 이들 법규의 입법취지가 무의미해지는 부작용이 발생하는바, 이에 따라 변론주의의 적용을 제한하여야 할 필요가 발생한다. 이에 관하여 종래의 지배적 이론은, 강행규정에 대하여는 변론주의의 적용이 배제된다는 입장을 취해왔다. 그러나 앞서 본 바와 같이 강행규정과 변론주의는 직접적인 관계가 없고, 뒤에서 보는 바와 같이 강행규정이라는 이유만으로 변론주의를 배제할 수는 없다.

따라서 사법적 법률관계에 대하여 행정관청의 인·허가 등을 요구하는 법규가 있는 경우, 인·허가 등을 요구하는 목적과 입법취지 및 이에 기한 그 법규의 성질에 따라 변론주의와 직권주의의 적용 여부를 결정하여야 한다. 그리하여, 그 법규가 위 ②의 순수판단규범에 해당하는 때에는 직권주의가 적용되어야 하고, 반대로 ③의 단속법규에 해당하는 때에는 변론주의나 직권주의의 구별이 필요 없다.

이러한 법규가 인·허가 등을 요구하는 이유는, 기본적 법질서 유지나 공익을 위한 것 또는 단순한 행정질서 유지나 행정상의 정보자료의 획득을 위한 것의 둘 중 하나에 해당하므로, 이러한 법규가 ①의 구체적 구성요건에 관한 규범에 해당하는 경우는 거의 상정하기 어렵다. 행정관청의 인·허가 등은 구체적 구성요건에 관한 규범의 법률사실처럼 당사자들의 이해관계 조절을 위한 법률사실이 아니고, 당사자가 임의로 그 적용 여부를 배제할 수 없기 때문이다.[282] 이러한 기준에서 볼 때, 토지거래허가를 규정한 '국토의 계획 및 이용에 관한 법률' 제118조 제1항이나 농지취득자격증명에 관하여 규정한 농지법 제8조는 구체적 구성요건에 관한 규범이 아니라 금지규정의 하나로서 순수판단규범에 속한다고 보는 것이 옳다.

282) 이는 이러한 행정법규의 입법목적이나 그 성질상 당연한 것이다. 사법적 법률관계에 행정관청이 관여하여 인·허가 등을 요하게 하면서 이를 단순히 권리근거사실로 하거나 장애사실로 할 이유나 필요는 전혀 없다. 만약 그러한 것이 있다면 이는 사적 자치에 대한 부당한 간섭이 될 것이다. 박준서, "인·허가를 요하는 법률행위의 소송법적 고찰", 취봉 김용철 선생 고희논문집, 박영사(1993), 774면은 "인·허가 등을 요하는 법률행위에 있어서 인·허가 등에 관한 규정이 강행법규에 해당된다 하더라도 … 민사소송은 당사자처분주의와 변론주의를 바탕으로 하고 있으므로 그것이 직권조사사항이 되는 것은 아니다. 인·허가 등을 요하는 법률행위에서 그 인·허가 등의 법조항이 강행법규로서 효력규정으로 풀이될 때에는 권리근거사실에 해당되므로 그 권리를 행사하는 자가 주장·입증하면 될 것이고, 또 효력규정은 아니나 권리 행사의 저지사실이 될 때에는 상대방의 항변사유가 될 것이며, 단순한 단속법규로 풀이될 때에는 인·허가 유무가 공격·방어방법이 될 수 없을 것이고 어느 경우에도 인·허가 유무가 직권조사 또는 직권탐지사항이 되지는 않을 것이다. 다만 인·허가를 요하는 법률행위에 해당되는지 여부는 법률 적용의 문제가 되고 법률 적용은 법원의 직권탐지사항이 되므로 토지거래의 경우 그 토지가 법령상 거래허가가 필요한 규제지역 내의 토지인지 여부는 법원의 직권탐지사항이 된다 할 것이다."라고 하는바, 종래의 이론에 따라 토지거래허가 법규 등을 변론주의가 적용되는 구체적 구성요건에 관한 규범으로 보고 있다. 그러나 이와 같이 토지거래 허가 등에 변론주의를 적용할 경우 불합리한 결과가 초래되는 것을 피할 수 없다.

5) 토지 사유제를 근간으로 하는 우리나라의 경우(헌법 제23조 제1항 전문, 제119조 제1항 참조), 농지의 매매나 기타 토지의 매매 거래는 사인들의 자유에 맡겨져 있고, 국가가 특별히 그에 간여하지 않는 것을 원칙으로 한다. 따라서 거기에 국가의 허가나 동의, 승낙 등은 필요 없고, 매매 당사자의 법률행위만으로 그 법률관계는 완성된다.

그런데 이들 법령이 사인 간 토지 매매 거래에 대하여 허가 등을 요구하는 이유는, 투기적 토지 거래를 규제하고, 경자유전(耕者有田)의 원칙(헌법 제121조 제1항, 농지법 제6조 제1항)에 따라 농민이 아닌 자의 농지취득을 금지하여 헌법 제23조 제2항, 제119조 제2항, 제122조 등이 천명하는 국민경제의 균형 있는 성장과 안정, 적정한 소득분배, 효율적인 국토 개발과 보전 등의 공익을 위한 것이다. 그리고 이러한 공익의 달성과 이에 반하는 토지 거래의 규제는 법질서 전체에서 정당성이 인정되며, 당연히 그에 따른 법률효과의 발생 여부를 사인에게 맡길 수 없다.[283] 따라서 그 규제에 반하여 허가나 농지취득자격증명이 없이 한 토지 매매는 법질서 전체의 관점에서 그 효력이 부인되어야 하고, 이를 규정한 위 법규는 금지규정인 순수판단규범으로 해석되어야 한다.

즉 위 관련 법규는 실질상 헌법과 관계 법령이 금하는 토지 거래를 법질서 전체의 관점에서 부인하여 그에 따른 본래의 법률효과 발생을 부인, 거부하는 금지규정이다. 그리고 나아가 이는 이러한 허가 등을 받지 않으면 토지나 농지를 취득할 수 없다고 규정한 것으로 보아야 한다.[284] 그러므로 이에 대해서는 변론주의가 적용될 여지가 없고, 법원은 직권으로 그 허가나 농지취득자격증명을 받은 여부를 심사하여 이를 받지 않은 경우 그 법률효과 발생을 부인하여야 한다.

사인 간에 토지 매매 거래가 이루어진 경우, 그러한 매매가 있었다는 사실은 구체적·역사적 사실로서, 구체적 구성요건에 관한 규정인 민법 제563조의 법률사실에 속하고, 따라서 이는 앞서 본 바와 같이 발견, 인식의 대상이 되는 사실로서 변론주의의 원칙에 따라 당사자가 주장·입증하여야 함은 당연하다. 이때 허가 등을 받은 여부 역시 매매사

---

283) 이는, 당사자가 변론절차에서 주장하거나 주장하지 않음에 따라 이익을 보거나 손해를 입는 것으로 당사자의 지유처분에 맡길 수 없는 성질의 것이기 때문이다. 민법 제2조 제1, 2항이나 제103조 등이 법질서 전체의 관점에서 법률효과 발생을 부인, 거부할 대상을 규제하고 그 심사를 법원에 맡긴 것인 반면, 토지거래허가제나 농지취득자격증명제는 토지 매매거래를 법질서 전체의 관점에서 규제하고 그 심사를 1차적으로 행정관청에 맡긴 것이라고 할 수 있다. 만약 토지거래허가제나 농지취득자격증명제를 채택하지 않는 대신 그 심사를 법원에 맡겼다면 관련 법규는 "투기적 목적으로 토지를 취득하거나, 농민이 아닌 자는 농업경영 외의 목적으로 농지를 취득할 수 없다."라고 규정하였을 것이다.

284) 다만, 본래 토지 거래에 따른 법률효과 발생을 부인, 거부하기 위해서는 그 거래행위가 헌법 등에서 금지한 투기적 거래 등에 해당하는 경우로 제한되어야 할 것이나, 관련 법령은 그 심사권을 1차적으로 행정관청에게 맡기고 그 수단으로 허가나 자격증명을 요구하는 방법을 택한 것이다. 이러한 경우 그 허가나 자격증명을 받지 않은 그 자체로써 법률효과 발생이 부인, 거부되는 것으로 새겨야 한다. 그래야만 당해 법령이 목적하는 규제를 효율적으로 달성할 수 있기 때문이다.

실과 마찬가지로 구체적·역사적 사실이지만, 이는 위와 같이 구체적 구성요건에 관한 규범이 요구하는 법률사실이 아니라 순수판단규범의 적용요건이자 적용기준이므로 당사자의 주장을 필요로 하지 않고, 법원이 법령의 해석·적용의 일환으로 직권으로 조사하여 판단하여야 하는 것이다.[285] 또한 이에 관한 당사자의 자백이나 다툼 유무에 법원이 구속되지도 않는다.[286]

6) 그럼에도 대법원이 1966. 3. 8.자 66사2 전원합의체 결정으로, 농지개혁법에 관하여 직권조사를 인정하였던 종래의 견해(1955. 4. 21. 선고 4287민상144 판결, 1959. 10. 22. 선고 4292민상266 판결, 1964. 6. 23. 선고 64다104 판결, 1964. 12. 24. 선고 64다907 판결 등)와 달리 "농지개혁법의 성질이 비록 강행법규라 할지라도 그 해석, 적용에 관한 사항이 반드시 법원이 직권으로 조사할 사항이라고는 보기 어렵고, 따라서 변론주의를 터전으로 하는 민사소송에 있어서 소송당사자가 농지개혁법의 해석, 적용에 관한 사항에 관하여 다투지 아니할 경우에는 구태여 법원이 나서서 그것을 문제 삼을 성질의 것은 못 된다"라는 불합리한 논리로 직권주의를 배제하고(같은 취지의 대법원 1969. 3. 25. 선고 68다2024 판결, 1976. 7. 27. 선고 75다368 판결, 1991. 7. 12. 선고 90다8343 판결, 1995. 10. 12. 선고 95다26872 판결 등 참조), 또한 농지매매증명의 구비 여부에 관하여도 그 증명이 없었다는 사실은 이를 다투는 자에게 입증책임이 있다고 하여(대법원 1992. 12. 24. 선고 92다36403 판결, 1998. 6. 23. 선고 98다11154 판결, 2005. 1. 14. 선고 2002다37207 판결 등), 이를 권리 장애사유인 공격방어 방법으로서 구체적 구성요건에 관한 규범의 취지로 판시한 것은 도저히 수긍하기 어렵다.[287]

---

285) 행정관청의 허가 등은 본래 사인 간 거래행위 등의 행위나 현상과는 그 본질도 다르다. 매매나 불법행위, 부당이득, 시간의 경과 등은 법주체 사이의 법률관계에 의도적으로 또는 우연히 발생하는 행위나 현상으로서 법은 그에 대하여 일정한 법적 평가를 거쳐 법률효과를 부여하는데, 행정관청의 허가 등은 처음부터 일정한 법률관계 형성을 목적으로 사인 사이에 발생하는 것이 아니고 단지 이미 발생한 행위나 현상에 대하여 국가가 법질서 유지를 위해 요구하는 부가적 요건에 불과한 것이기 때문이다. 즉 행정관청의 허가 등은 법률관계의 형성요소가 아니라 법규와 같이 판단기준으로 작용한다. 따라서 이를 매매계약 등 법률관계 형성요소와 같이 볼 필요는 없다.

286) 뒤에서 보는 바와 같이 대법원은, 재단법인의 기본재산 처분을 위한 주무관청의 허가가 없는 경우, 사립학교법상의 학교법인의 기본재산 처분을 위한 주무관청의 허가가 없는 경우에는 법원이 직권으로 그 허가 여부를 심사하여 법률효과의 유무를 판단하여야 한다고 판시하였다.

287) 현행 농지법은 과거 농지개혁법하의 농지매매증명 대신 농지취득자격증명 제도를 택하고 있는바, 농지취득자격증명의 성질에 관하여 대법원은 "농지법 제8조 제1항 소정의 농지취득자격증명은 농지를 취득하는 자가 그 소유권에 관한 등기를 신청할 때에 첨부하여야 할 서류로서(농지법 제8조 제4항), 농지를 취득하는 자에게 농지취득의 자격이 있다는 것을 증명하는 것일 뿐 농지취득의 원인이 되는 법률행위(매매 등)의 효력을 발생시키는 요건은 아니라고 할 것이다"(1998. 2. 27. 선고 97다49251 판결, 2008. 2. 1. 선고 2006다27451 판결)라고 하여 이를 효력요건이 아닌 단순한 등기신청 시의 첨부자료에 불과한 것으로 보고 있다. 또한 같은 견지에서, 지목이 농지인 토지에 관한 등기신청서에 농지취득자격증명이 첨부되어 있지 않은 경우 등기관은 원칙적으로 신청을 각하하여야 한다(대법원 2012. 7. 31.자 2012마336 결정)거나 농지에 관한 경매절차에서 농지취득자격증명 없이 낙찰허가결정 및 대금납부가 이루어지고 그에 따른 소유권이전등기까지 경료되었다 하더라도 농지취득자격증명은 그 후에 추완하여도 무방하다(대법원 2008. 2. 1. 선고 2006다27451 판결)거나, 농지에 대한 소유권이전등기절차이행의 소송에서 비록 원고가 사실심 변론종결시까지 농지취득자격증명을 발급받지 못하였다고 하더라도 민사소송절차의 종료 후 얼마든지 농지취득자격증명을 발급받아 농지의 소유권을 취득할 수 있으므로, 원고가 농지취득자격증명을 발급받은 바 없다는 이유로 그 청구가 배척되지는 않는다(대법원 1998. 2. 27. 선고 97다49251 판결, 2006. 1. 27. 선고 2005다59871 판결)라고 판

위와 같이 농지매매증명이나 농지취득자격증명과 그 법적 성질이 동일한 토지거래허가에 관하여는 대법원이 직권주의가 적용되는지 직접 명시하는 판시를 한 바는 없지만, 허가가 없는 경우 이른바 유동적 무효로서 채권적 효력도 없다는 태도를 취하고 있는 것으로 볼 때(대법원 1991. 12. 24. 선고 90다12243 전원합의체 판결, 1993. 1. 12. 선고 92다36830 판결 등 참조) 이를 긍정하는 것으로 이해되는바, 이것과도 논리적 균형이 맞지 않는다.

7) 사인 간의 사법적 법률관계에 대하여 행정관청의 인·허가나 동의, 승낙이 필요한 것으로 법령이 규정한 경우, 위 토지거래허가나 농지매매증명, 농지취득자격증명 외에 또 어떤 법규를 위와 같이 순수판단규범으로 볼 수 있는가?

대법원은 과거, 공유수면매립면허에 관한 권리를 양도하는 경우 행정관청의 인가나 허가를 받도록 규정한 공유수면매립법에 관하여, 그 법의 성질이나 관련 규정의 취지로 보아 그 인·허가는 효력요건이고 관련 법령은 강행규정에 해당한다며 인·허가 없는 양도는 무효라고 판시하였다(1984. 12. 11. 선고 81다630 판결, 1991. 6. 25. 선고 90누5184 판결, 1992. 7. 6.자 92마54 결정 등). 이와 관련하여 대법원이 직권주의의 적용 여부를 판시한 바는 없으나 이를 긍정하는 것으로 이해된다. 한정된 자원인 바다를 매립하여 토지를 조성하는 것은 환경이나 국토자원, 어민이나 주변 지역 주민에게 미치는 영향이 중대하고, 공익적 목적에서 투기적 목적이나 공익을 해치는 등의 탈법적 양도는 규제, 금지되어야 하므로, 위 법규는 금지규정인 순수판단규범으로 이해되며, 대법원의 결론은 정당하다.[288]

대법원은 구 외국인토지법상의 토지 취득허가와 관련하여서는 "외국인토지법에 의하여 내무부장관의 토지취득허가를 받지 아니하였다고 하여 그 매매계약 자체가 당연무효가 되는 것은 아니고 채권계약으로서는 유효하게 존속한다고 하더라도, 외국인토지법 제5조 제1항에 의한 내무부장관의 허가를 받기 전에는 매수인이 그 계약에 의하여 소유권이전등기를 청구할 수는 없으며, 매매계약이 채권계약으로서 유효라는 문제와 위 매매계

시하였다. 이는 농지개혁법하의 농지매매증명에 비하여 더욱 후퇴한 것이라고 할 수 있는바, 이로써 농지취득자격증명 제도를 사실상 우명무실하게 할 위험성이 있다.

다만 대법원 2012. 11. 29. 선고 2010다68060 판결은, "농지를 취득하려는 자가 농지에 대하여 소유권이전등기를 마쳤다 하더라도 농지취득자격증명을 발급받지 못한 이상 그 소유권을 취득하지 못하고, 이는 공매절차에 의한 매각의 경우에도 마찬가지라 할 것이므로, 공매부동산이 농지법이 정한 농지인 경우에는 매각결정과 대금납부가 이루어졌다고 하더라도 농지취득자격증명을 발급받지 못한 이상 소유권을 취득할 수 없고, 설령 매수인 앞으로 소유권이전등기가 경료되었다고 하더라도 달라지지 않으며, 다만 매각결정과 대금납부 후에 농지취득자격증명을 추완할 수 있을 뿐이다."라고 하여 농지취득자격증명을 농지 소유권 취득을 위한 효력요건으로 이해하고 있어 혼란을 주고 있다(대법원 2014. 2. 13. 선고 2012다45207 판결도, 농지에 관한 공매절차에서 매각결정과 대금납부가 이루어졌다고 하더라도 매수인은 농지법에서 정한 농지취득자격증명을 발급받지 못하는 이상 소유권을 취득할 수 없다고 보고 있다). 이에 관한 자세한 논의는 양경승, "법률행위의 요건과 농지매매증명 및 농지취득자격증명의 성질", 사법논집 제48집, 법원도서관(2009)을 참조.

288) 공유수면매립법을 대체한 현행 '공유수면 관리 및 매립에 관한 법률'은 이를 신고제로 전환하였으므로 앞으로는 이를 단속규정으로 보아야 할 것이다.

약을 근거로 하여 소유권이전등기절차의 이행을 청구하는 전제로서 우선 외국인토지법 제5조 제1항의 규정에 의하여 내무부장관의 허가를 얻어야 된다는 문제와는 구별하여 생각하여야 한다."고 하여(1973. 8. 21. 선고 73다737 판결, 1974. 7. 16. 선고 73다1977 판결 등), 이를 효력규정으로 보면서도 채권적 효력은 인정하는 일관성 없는 태도를 취하였다.[289)]

그밖에도 대법원은, 민법 제42조 2항, 제45조 3항에 따른 재단법인의 기본재산 처분을 위한 주무관청의 허가(1965. 1. 19. 선고 64다486 판결, 1966. 11. 29. 선고 66다1668 판결, 1976. 11. 9. 선고 76다468 판결 등), 사립학교법 제28조 1항에 따른 학교법인의 기본재산 매도나 담보제공 등을 위한 주무관청의 허가(1974. 6. 25. 선고 74다235 판결, 1976. 11. 9. 선고 76다486 판결 등), 불교재산관리법, 전통사찰보존법에 따른 전통사찰 재산의 처분행위에 대한 주무관청의 허가(1960. 9. 15. 선고 4291민상492 판결, 1976. 5. 11. 선고 75다1425 판결 등), 구 수산업법 제18조에 따른 어업권의 이전에 대한 주무관청의 허가(1964. 5. 26. 선고 63다778 판결 등)에 관하여 관련 법규를 효력규정으로 보고, 그 허가가 없는 처분행위 등은 무효이며, 이러한 사항은 법원이 직권으로 판단하여야 한다고 판시하였는바, 관련 법규의 성질과 입법취지를 감안할 때 모두 강행규정(효력규정)인 순수판단규범으로 보아야 할 것이므로 타당하다고 생각된다.

8) 반면에 대법원은, ① 구 외국환관리법 제21조에 의한 거주자 또는 비거주자의 특정한 자본거래에 대한 재무부장관의 허가(1975. 4. 22. 선고 72다2161 전원합의체 판결 등), ② 구 국토이용관리법 제21조의7 이하 규정에 따른 토지거래의 신고(1991. 2. 12. 선고 92다14218 판결 등), ③ 구 화전정리에 관한 법률 제17조 2항에 의한 상환도중의 화전 매도에 대한 국세청장의 허가(1992. 1. 17. 선고 91다37331 판결 등)에 관하여 관련 법규를 단속규정으로 보았다.[290)] 이러한 단속법규의 경우, 민사실체법상 아무런 의미가 없으므로 소송에서 있어서도 당사자의 주장이나 입증이 전혀 필요 없고, 법원이 직권으로 이를 조사할 필요도 없음은 앞서 본 바와 같다.

(12) 이사회 결의 등 법주체의 내부절차

1) 법규 중에는 사법적 법률관계에 행정관청의 인·허가 등을 요구하는 것과 유사하게 당해 법주체 내부의 의사결정 절차 등 일정한 내부절차를 요구하는 경우가 있다. 이 경우 그 내부절차는 매매나 소비대차(자금 차입), 담보권설정 등의 사법적 법률관계에 관한

---

289) 대법원은 농지매매증명의 효력에 대해서도, 처음에는 채권적 효력도 없다고 하였다가 나중에는 채권적 효력은 있는 것으로 견해를 바꾸었다.

290) 사법적 법률관계에 행정관청의 인·허가 등이 아닌 규제가 가해지는 경우로서 관련 법규가 단속규정으로 해석되는 경우(예컨대, 학교법인의 회계를 학교회계와 법인회계로 구분하고 학교회계 중 교비회계에 속하는 수입은 다른 회계에 전출하거나 대여할 수 없도록 한 사립학교법 제29조, 농수산물도매시장법인으로 하여금 도매시장에서 농수산물을 경매 또는 입찰의 방법으로 매매한다고 규정한 '농수산물유통 및 가격안정에 관한 법률' 제32조나 다단계판매원으로 하여금 다단계판매업자에게 등록을 하도록 하는 방문판매법 제30조 등)에도 그에 위반한 사법적(私法的) 법률행위의 효력은 인정된다(대법원 1992. 12. 24. 선고 92다3311 판결, 1993. 8. 13. 선고 92다42651 판결, 1996. 12. 24. 자 96마1302 결정, 2002. 10. 11. 선고 2001다62374 판결, 2007. 10. 26. 선고 2005다33121 판결 등 참조).

요건사실이 아니고, 일정한 목적을 위하여 법이 특별히 요구하는 것이다.[291)]

예컨대, ① 주택재건축정비사업조합이 타인으로부터 자금을 차입하거나 조합원의 비용분담 조건을 변경하는 경우 조합원 총회의 의결(도시 및 주거환경정비법 제22조 제1항, 제20조 제1, 3항), ② 학교법인이 금전을 차입하거나 재산을 취득, 처분하는 등의 경우의 이사회의 심의, 의결(사립학교법 제16조 제1항), ③ 사회복지법인이 법인의 재산을 처분하는 경우의 이사회의 의결(사회복지사업법 제32조, '공익법인의 설립·운영에 관한 법률' 제7조), ④ 주식회사의 중요한 자산의 처분 및 양도, 대규모 재산의 차입 등의 업무집행에 관한 이사회의 결의(상법 제393조 제1항) 등이다.

2) 대법원은 이러한 내부절차에 위반한 경우 그 사법적 법률행위는 무효라고 보는 바,[292)] 이러한 법규가 조합원 총회나 이사회 등의 의결을 필수적으로 요구하는 이유는,

---

291) 사법적 법률관계에 행정관청의 인·허가 등이 아닌 규제가 가해지는 경우로서 관련 법규가 단속규정으로 해석되는 경우(예컨대, 학교법인의 회계를 학교회계와 법인회계로 구분하고 학교회계 중 교비회계에 속하는 수입은 다른 회계에 전출하거나 대여할 수 없도록 한 사립학교법 제29조, 농수산물도매시장법인으로 하여금 도매시장에서 농수산물을 경매 또는 입찰의 방법으로 매매한다고 규정한 '농수산물유통 및 가격안정에 관한 법률' 제32조나 다단계판매원으로 하여금 다단계판매업자에게 등록을 하도록 하는 방문판매법 제30조 등)에도 그에 위반한 사법적(私法的) 법률행위의 효력은 인정된다(대법원 1992. 12. 24. 선고 92다3311 판결, 1993. 8. 13. 선고 92다42651 판결, 1996. 12. 24.자 96마1302 결정, 2002. 10. 11. 선고 2001다62374 판결, 2007. 10. 26. 선고 2005다33121 판결 등 참조).

292) 주택재건축정비사업조합에 관한 1995. 2. 24. 선고 94다31242 판결, 1996. 11. 15. 선고 95다27158 판결, 2001. 3. 23. 선고 2000다61008 판결, 2009. 3. 26. 선고 2009다2033 판결, 2011. 4. 28. 선고 2010다105112 판결, 2011. 4. 28. 선고 2011다5448, 5455 판결, 2016. 5. 12. 선고 2013다49381 판결 등, 학교법인에 관한 1974. 6. 25. 선고 74다235 판결, 2000. 9. 5. 선고 2000다2344 판결 등, 사회복지법인에 관한 2002. 6. 28. 선고 2000다20090 판결 등, 주식회사에 관한 2005. 7. 28. 선고 2005다3649 판결, 2008. 5. 15. 선고 2007다55811, 55828 판결 등 참조.

다만, 이러한 내부절차는 외부인이 알거나 조사하기가 아주 쉽지는 않고 상사회사의 경우 신속하고 빈번한 거래에 지장이 될 수도 있는 점을 감안하여 적절한 제한이 필요한바, 주식회사 의 이사회 결의에 관하여 대법원은 이사회 결의를 요하는 경우 거래 상대방이 이사회 결의가 없음을 알았거나 알 수 있었던 때에만 무효가 되는 것으로 제한하고, 그러한 사정은 이를 주장하는 회사가 주장·입증하여야 하며, 특별한 사정이 없는 한 상대방으로서는 회사 대표자가 거래에 필요한 회사의 내부절차는 마쳤을 것으로 신뢰하였다고 보는 것이 일반 경험칙에 부합하므로, 일반적으로는 대표이사의 대표권에 제한이 있는지 여부에 관하여 상대방이 적극적으로 이를 확인할 의무가 없고, 다만 이를 의심할 만한 특별한 사정이 있는 경우에만 확인의무가 있다고 하여(2005. 5. 27. 선고 2005다480 판결, 2005. 7. 28. 선고 2005다3649 판결, 2009. 3. 26. 선고 2006다47677 판결 등 참조) 이를 아중으로 제한한다.

또, 민법 제59조 제1항, 제41조가 유추 적용되는 비법인 사단에 대하여 정관이나 사원총회 결의로써 대표자의 대표권을 제한한 경우에 대해서도, 비법인 사단의 성질상 이를 등기할 수 없으므로 민법 제60조는 준용되지 않고(대법원 2003. 7. 22. 선고 2002다64780 판결), 상대방이 이 같은 제한에 위반한 사실을 알았거나 이를 알 수 있었음에도 과실로 알지 못하였던 경우에만 이로써 그 무효를 주장할 수 있으며, 이에 대한 주장·입증책임은 사단이 진다고 하여(대법원 2007. 4. 19. 선고 2004다60072, 60089 전원합의체 판결, 2008. 10. 23. 선고 2006다2476 판결) 이를 제한한다.

그러나 대법원이 이와 같은 제한을 인정하는 것은, 법인이나 사단의 내부적 정관 등에 의한 제한에 위반한 경우이거나 주식회사와 같이 일상적, 반복적으로 거래가 이루어져서 법적 안정성과 신속성이 요구되는 경우에 한하고, 도시 및 주거환경정비법 제22조 등과 같은 법령상의 제한에 위반한 경우에는 이러한 예외적 제한을 허용하지 않는다. 대법원은, "도시 및 주거환경정비법에 의한 재건축조합의

그것이 조합원들이나 사원(주주) 등 다수인의 이해관계 또는 학교나 회사의 존립에 중대한 영향을 미치므로 공익을 위한 목적에서 규정한 것이라고 판단된다.

따라서 이들 법규는 이에 위반한 법률행위의 효력 발생을 금지, 거부하는 금지규정으로서 순수판단규범으로 보아야 할 것이므로, 결론적으로 대법원의 판시는 타당하다. 그리고 이러한 법규의 적용에 관하여는 당연히 소송법상 변론주의가 아닌 직권주의가 적용되어야 함은 물론이다.

3) 한편, ① 법인의 목적에 의한 행위의 제한(민법 제34조) 및 성질상의 제한, ② 법인과 이사의 이익 상반행위에 따른 행위의 제한(민법 제64조), ③ 법인의 이사가 여럿이고 공동대표제를 채택한 경우 단독대표행위의 제한(상법 제208조 제1항, 제389조 제2항), ④ 친권자와 그 자 등 사이의 이해상반행위의 제한(민법 제921조), ⑤ 유한회사의 업무집행자나 주식회사의 이사와 회사의 거래 제한

정관은 재건축조합의 조직, 활동, 조합원의 권리의무관계 등 단체법적 법률관계를 규율하는 것으로서 공법인인 재건축조합과 그 조합원에 대하여 구속력을 가지는 자치법규이므로 이에 위반하는 활동은 원칙적으로 허용되지 않는다고 보아야 한다. 그런데 2005. 3. 18. 법률 제7392호로 개정되기 전의 위 법률은 '시공자 계약서에 포함될 내용'이 조합원의 비용분담 등에 큰 영향을 미치는 점을 고려하여 이를 정관에 포함시켜야 할 사항으로 규정하고 있고(제20조 제1항 제15호), 정관 기재사항의 변경을 위해서는 조합원의 3분의 2 이상의 동의를 받도록 규정하고 있다(제20조 제3항). 그러므로 '시공자와의 계약서에 포함될 내용'에 관한 안건을 총회에 상정하여 의결하는 경우 그 내용이 당초의 재건축결의 시 채택한 조합원의 비용분담 조건을 변경하는 것인 때에는 비록 그것이 직접적으로 정관 변경을 하는 결의가 아니라 할지라도 실질적으로는 정관을 변경하는 결의이므로 그 의결 정족수는 정관변경에 관한 규정인 위 법률 제20조 제3항, 제1항 제15호의 규정을 유추적용하여 조합원의 3분의 2 이상의 동의를 요한다고 봄이 타당하다. 나아가 조합원의 비용분담 조건을 변경하는 안건에 대하여 위와 같이 특별다수의 동의요건을 요구함으로써 조합원의 이익을 보호하고 권리관계의 안정과 재건축사업의 원활한 진행을 도모하고자 하는 위 법률규정의 취지에 비추어 보면, 재건축조합이 위규정의 유추적용에 따라 요구되는 조합원 3분의 2 이상의 동의를 거치지 아니하고 당초의 재건축결의 시 채택한 조합원의 비용분담 조건을 변경하는 취지로 시공자와 계약을 체결한 경우 그 계약은 효력이 없다 할 것이다. 한편 계약체결의 요건을 규정하고 있는 강행법규에 위반한 계약은 무효이므로 그 경우에 계약상대방이 선의·무과실이라 하더라도 민법 제107조의 비진의표시의 법리 또는 표현대리 법리가 적용될 여지는 없다. 따라서 위 법률에 의한 주택재건축조합의 대표자가 그 법에 정한 강행규정에 위반하여 적법한 총회의 결의 없이 계약을 체결한 경우에는 상대방이 그러한 법적 제한이 있다는 사실을 몰랐다거나 총회결의가 유효하기 위한 정족수 또는 유효한 총회결의가 있었는지에 관하여 잘못 알았다고 하더라도 그 계약이 무효임에는 변함이 없다. 또한 총회결의의 정족수에 관하여 강행규정에서 직접 규정하고 있지 않지만 강행규정이 유추적용되어 과반수보다 가중된 정족수에 의한 결의가 필요하다고 인정되는 경우에도 그 결의 없이 체결된 계약에 대하여 비진의표시 또는 표현대리의 법리가 유추적용될 수 없는 것은 마찬가지이다. 강행규정이 유추적용되는 경우라고 하여 강행법규의 명문 규정이 직접 적용되는 경우와 그 효력을 달리 볼 수는 없기 때문이다. … 원심이 든 대법원 2003. 7. 22. 선고 2002다64780 판결은 비법인사단의 정관에 의한 대표권 제한에 관한 것으로서 강행법규를 위반한 이 사건과는 사안을 달리한다. 강행법규에 의하여 요구되는 조합원 3분의 2 이상의 동의에 의한 총회결의를 거치지 아니한 이상 원고의 조합장은 원고를 대표하여 계약을 체결할 권한이 없다 할 것이어서, 원고의 조합장이 행한 이 사건 본계약 체결행위에는 표현대리의 법리가 준용되거나 유추적용될 여지가 없다 할 것이고, 원고가 이 사건 본계약의 무효를 주장하는 것이 신의칙에 반한다고 볼 수도 없다."라고 판시하였다(2016. 5. 12. 선고 2013다49381 판결). 이 같은 대법원의 견해는 명시적으로 순수판단규범의 존재와 그 성질을 전제하고 있지는 않지만, 이러한 법규의 성질과 효력이 다른 법규의 그것과 명백히 다르다는 점을 충분히 고려한 방증으로 이해된다.

(상법 제287조의11, 제398조) 등을 규정한 법규들도 그 성질이 위와 같다고 할 수 있다(대법원 1994. 10. 11. 선고 94다24626 판결, 2002. 1. 11. 선고 2001다65960 판결 등 참조).[293] 따라서 이들 법규 역시 금지규정으로서 순수판단규범에 해당하고, 이에 대하여는 직권주의가 적용되어야 한다.

(13) 과실상계, 손해배상예정액의 감경 등

1) 민법 제396조는, 채무자의 채무불이행에 대하여 채권자의 과실이 있으면 손해배상의 책임 및 그 금액을 정함에 있어 이를 참작하도록 규정하고 있고, 민법 제763조는 불법행위로 인한 손해배상에 이를 준용한다.

2) 민법에는 위 규정들에 대하여 변론주의나 직권주의가 적용되는지 여부에 대하여 침묵하고 있다. 그러나 대법원은 이에 관하여, 손해의 발생 또는 확대에 관하여 피해자에게도 과실이 있는 때에는 가해자의 손해배상의 범위를 정할 때 당연히 이를 참작하여야 하고, 배상의무자가 피해자의 과실에 관하여 주장을 하지 아니한 경우에도 소송자료에 의하여 과실이 인정되는 경우에는 이를 법원이 직권으로 심리·판단하여야 한다고 하여(1996. 10. 25. 선고 96다30113 판결, 2009. 8. 20. 선고 2008다51120 판결, 2016. 4. 12. 선고 2013다31137 판결 등), 이에 대하여 직권주의를 채택하고 있다.

한편 같은 견지에서 대법원은, 손해배상 사건에서 과실상계 사유에 관한 사실인정이나 그 비율을 정하는 것은, 그것이 형평의 원칙에 비추어 현저히 불합리하다고 인정되지 아니하는 한 사실심 법원의 전권사항에 속하는 것으로 본다(대법원 2002. 11. 26. 선고 2002다43165 판결, 2015. 10. 15. 선고 2013다23914 판결 등).

3) 앞서 본 바와 같이 과실은 구체적·역사적 사실로서 증거에 의하여 증명할 수 있고 법관이 인식할 수 있다. 피해자가 채무불이행이나 불법행위로 인한 손해배상청구를 한 경우, 법원은 민법 제390조와 제750조 등 구체적 구성요건에 관한 규범이 정한 구체적·역사적 법률사실을 인식의 대상으로 삼아 그에 따른 법률효과인 손해배상청구권의 유무와 그 범위를 판단하여야 한다. 이때 피해자(손해배상청구권자)의 과실은 손해배상청구권의 발생에 관한 법률사실이 아니므로 피해자는 이를 주장할 필요가 없다.

그러면 이때 피해자의 과실을 손해배상청구권의 발생을 저지하는 장애사유로 보아야 하는가? 만약 그렇다면 피해자의 과실 역시 구체적 구성요건에 관한 규범이 정한 구체적·역사적 법률사실에 해당하고, 가해자가 이를 항변으로 주장하여야 한다. 그러나 민법 제396조나 제763조는 피해자의 과실이 있으면 손해배상청구권이 발생하지 않거나 소멸한

293) 상사 회사에 대하여도 상법에 특별한 규정이 없는 사항에 대하여는 민법이 적용되므로(상법 제1조 참조), 상사 회사도 민법 제34조에 의해 목적 범위를 초과하여서는 권리능력 및 행위능력이 없어 이에 위반한 행위는 무효이다. 회사의 권리능력은 회사의 설립 근거가 된 법률과 회사의 정관상의 목적에 의하여 제한되나, 그 목적 범위 내의 행위라 함은 정관에 명시된 목적 자체에 국한되는 것이 아니라 그 목적을 수행하는 데 있어 직접, 간접으로 필요한 행위는 모두 포함되고, 목적 수행에 필요한지의 여부는 행위자의 주관적, 구체적 의사가 아닌 행위 자체의 객관적 성질에 따라 판단하여야 한다(대법원 1988. 1. 19. 선고 86다카1384 판결, 1991. 11. 22. 선고 91다8821 판결, 2005. 5. 27. 선고 2005다480 판결 등 참조).

다고 규정하지 않고, 법원으로 하여금 이를 의무적으로 참작하도록 명하고 있다.

이는, 법질서 전체의 관점에서 채무불이행이나 불법행위가 있으면 채무자나 가해자가 손해배상을 하여야 함은 당연하지만, 피해자 자신의 귀책사유(과실)에 의하여 손해가 발생하거나 확대된 경우, 그에 대해서까지 손해배상청구권의 발생을 인정함은 정의에 반하고, 가해자의 잘못에 비례하여 그에 상응한 책임을 부담케 함으로써 손해의 공평분담을 지도원리로 하는 손해배상제도의 취지에 부합하지 않는다(대법원 1998. 2. 13. 선고 95다30468 판결 등 참조)는 법적 평가에 따른 것이라고 할 수 있다. 즉 가해자든 피해자든 근대법의 대원칙인 과실책임주의의 원리에 따라 자신의 귀책사유만큼만 책임을 지는 것이 법질서에 부합한다.

따라서 피해자가 이를 넘어서서 자신의 귀책사유(과실)에 의하여 손해가 발생하거나 확대된 부분에 대해서까지 손해배상을 청구함은 자신의 잘못을 남에게 떠넘기는 것으로서 허용될 수 없고, 법원은 그러한 사정이 있으면 직권으로 그 손해배상청구권의 발생을 거부·배제·제한하여야 한다. 즉 민법 제396조와 제763조는 이러한 취지를 규정한 순수판단규범에 속하는 것으로 해석된다.

4) 피해자의 과실은 위와 같이 그 자체는 구체적·역사적 사실로서 증거에 의하여 증명할 수 있고 법관이 인식할 수 있는 것이지만, 가해자의 과실과 달리 구체적 구성요건에 관한 규범이 요구하는 구체적·역사적 법률사실이 아니라 순수판단규범을 보충하여 이를 적용하는 요건에 불과하므로, 이는 법규의 내용에 속한다. 따라서 이는 법관이 스스로 알아야 하고, 필요하면 직권으로 조사를 할 수도 있다. 즉 이에 대해서는 변론주의가 적용되지 않고 직권주의가 적용된다.

5) 위와 같이 손해배상제도의 지도원리는 가해자와 피해자 사이에서 손해의 공평·타당한 분담이므로, 이른바 피해자의 이득금지 원칙(Bereicherungsverbot)에 따라 피해자는 손해배상을 통해 가해가 없었던 상태보다 더 유리한 지위에 놓여서는 안 된다.

즉 피해자가 채무불이행이나 불법행위를 통해 이익을 얻은 경우, 이는 손해배상액에서 당연히 공제(손익상계)되어야 한다. 민법은 이에 관하여 명문의 규정을 두지 않고 있으나, 학설과 판례(대법원 1992. 12. 22. 선고 92다31361 판결 등) 모두 이를 인정한다. 다만, 손익상계가 허용되기 위해서는, 손해배상책임의 원인이 되는 행위로 인하여 피해자가 새로운 이득을 얻었을 뿐만 아니라, 그 이득이 배상의무자가 배상하여야 할 손해의 범위에 대응하는 것이어야 함은 당연하다(대법원 2007. 11. 30. 선고 2006다19603 판결, 2009. 12. 10. 선고 2009다54706 판결, 2011. 4. 28. 선고 2009다98652 판결, 2014. 9. 4. 선고 2012다37343 판결 등 참조). 이득과 손해배상의 원인인 행위 사이에 상당인과관계가 없다면 이를 가해자의 이익으로 돌릴 이유가 없기 때문이다.[294]

---

294) 예컨대, 입찰담합에 의한 부당한 공동행위에 대하여 독점규제 및 공정거래에 관한 법률에 따라 부과되는 과징금은 담합행위의 억지라는 행정목적을 실현하기 위한 제재적 성격과 불법적인 경제적 이익을 박탈하기 위한 성격을 함께 갖는 것으로서 피해자에 대한 손해 전보를 목적으로 하는 불법행위로 인한 손해배상책임과는 성격이 전혀 다르므로, 국가가 입찰담합에 의한 불법행위 피해자인 경우 가해자에게 입찰담합에 의한 부당한 공동행위에 과징금을 부과하여 이를 가해자에게서 납부 받은 사정

결론적으로, 피해자가 가해자의 행위로 인하여 이득을 얻은 경우 그 부분까지 손해배상을 청구함은 정의와 손해배상제도의 법질서에 반하므로, 이를 금하는 법규(조리)[295]는 민법 제396조와 마찬가지로 순수판단규범에 속하며, 법원은 피해자의 손해배상청구를 심리·판단할 때 직권으로 손익상계를 하여야 한다. 대법원도 이와 견해를 같이 하고 있다(2002. 5. 10. 선고 2000다37296, 37302 판결, 2013. 3. 28. 선고 2009다78214 판결, 2013. 6. 13. 선고 2012다91262 판결 등).

이상의 법리는 ① 손해배상액의 예정이 부당히 과다한 경우 법원의 감액(민법 제398조 제2항), ② 실화가 중대한 과실로 인한 것이 아닌 경우 법원의 손해배상액 경감(실화책임에 관한 법률 제3조), ③ 불법행위로 인한 손해가 고의 또는 중대한 과실에 의한 것이 아니고, 그 배상으로 인하여 배상자의 생계에 중대한 영향을 미치게 될 경우 법원의 배상액 경감(민법 제765조) 등에도 동일하게 적용된다고 할 것이다. 손해배상액의 예정이 부당히 과다한 경우, 그것이 쌍방의 자유로운 합의에 의한 것이라도 전체 법질서에 반하는 것으로 평가되며(대법원 1993. 4. 23. 선고 92다41719 판결 등 참조),[296] 실화가 중대한 과실로 인한 것이 아닌 경우, 손해의 공평·타당한 분담 원리를 벗어나 실화자에게 막대한 손해배상책임을 부담케 하여 그의 경제적 파탄을 초래하는 것 역시 전체 법질서에 반하기 때문이다. 대법원도, 손해배상 예정액이 부당하게 과다한 경우 당사자의 주장이 없더라도 직권으로 이를 감액할 수 있다고 한다(2010. 7. 15. 선고 2010다10382 판결 등).

다만, 실화책임에 관한 법률 제3조와 민법 제765조는 채무자가 법원에 경감을 청구한 때에 법원이 감액을 할 수 있도록 규정하고 있어 경감청구가 그 적용요건으로 되어 있으나, 이들 경감제도의 취지와 우리의 손해배상책임법이 손해의 완전한 전보가 아닌 가해자와 피해자 간 손해의 공평·타당한 분담을 이상으로 추구하고 있는 점을 감안하면, 법

이 있다 하더라도 이를 가리켜 손익상계 대상이 되는 이익을 취득하였다고 할 수 없다(대법원 2011. 7. 28. 선고 2010다18850 판결). 또, 행정기관의 위법한 행정지도로 일정기간 어업권을 행사하지 못하는 손해를 입은 자가 그 어업권을 타인에게 매도하여 매매대금 상당의 이득을 얻은 경우, 손해배상액의 산정에서 그 이득을 손익상계할 수 없다(대법원 2008. 9. 25 선고 2006다18228 판결).

295) 손익상계에 관한 실정 법규가 없으므로 이는 조리를 법원으로 한 것이라고 할 수 있다.

296) 이에 관하여 대법원은 "손해배상예정액의 감액 제도는 국가가 계약 당사자들 사이의 실질적 불평등을 제거하고 공정을 보장하기 위하여 계약의 내용에 간섭한다는 데에 그 취지가 있으므로, 이 규정에 따라 법원이 손해배상의 예정액을 부당히 과다하다 하여 감액하려면, 채권자와 채무자의 경제적 지위, 계약의 목적과 내용, 손해배상액을 예정한 경위(동기), 채무액에 대한 예정액의 비율, 예상 손해액의 크기, 그 당시의 거래 관행과 경제 상태 등을 두루 참작한 결과, 손해배상예정액의 지급이 경제적 약자의 지위에 있는 채무자에게 부당한 압박을 가하여 공정을 잃는 결과를 초래한다고 인정되는 경우라야 한다고 판시한다(1991. 3. 27. 선고 90다14478 판결, 1993. 4. 23. 선고 92다41719 판결). 한편 대법원은, 손해배상의 예정액이 부당히 과다한지는 채권자와 채무자의 지위, 계약의 목적 및 내용, 손해배상액을 예정한 동기, 채무액에 대한 예정액의 비율, 예상 손해액의 크기, 그 당시의 거래 관행과 경제상태 등 모든 사정을 참작하여 판단하여야 하고, 이 경우 실제 발생할 것으로 예상되는 손해액의 크기를 참작하여 손해배상의 예정액이 부당하게 과다한지를 판단함에 있어서는 실제 손해액을 구체적으로 심리·확정할 필요는 없으나 기록상 실제 손해액 또는 예상 손해액을 알 수 있는 경우에는 그 예정액과 대비하여 볼 필요가 있다고 한다(1995. 11. 10. 선고 95다33658 판결, 2011. 1. 27. 선고 2010다60042 판결, 2014. 1. 16. 선고 2013다64090 판결 등).

원은 경감청구가 없는 때에도 신중하게 직권으로 배상액을 경감할 수 있다고 생각된다.[297]

(14) 제척기간의 경과

1) 민사법상 권리의 존속기간이나 행사기간에 대하여 법은 소멸시효와 제척기간이라는 두 가지 제도를 두고 있다. 양자의 법적 성질에 관하여는 아직도 완전히 통일되어 있지는 않지만, 둘 다 일정 시간의 경과라는 현상에 의하여 권리의 소멸이라는 법률효과가 발생하는 데에는 이견이 없다.

법은 소멸시효에 대해서는 "일정기간의 경과로 소멸시효가 완성한다"라고 규정하거나 "일정기간 내에 권리를 행사하지 않으면 시효로 소멸한다"라고 규정하는 반면, 제척기간에 대해서는 "일정기간 내에 법원에 소를 제기하여야 한다"라거나 "일정기간 내에 권리를 행사하여야 한다"라고 규정한다.

2) 법에서 소멸시효와 제척기간을 두는 이유는, 권리 행사 여부를 신속히 확정함으로써 이를 둘러싼 법률관계의 불안정에서 상대방을 빨리 해방시키고 국가 사법권 발동을 억제하려는 데에 있다고 할 수 있다. 제척기간 중 출소기간은 특히 후자의 목적이 크게 부가된 것이라고 할 수 있는바, 그 기간 내에 재판상 권리를 행사하여야 하므로 이는 소송요건이고, 따라서 직권주의가 적용되어야 한다. 학설과 판례 모두 이에 대해서는 이견이 없다.

또한 소멸시효에 대해서도, 그로 인한 권리 소멸의 법률효과 발생 이익의 향유 여부를 당사자의 처분에 맡겨도 무방한 것으로 이해하여, 당사자가 이를 항변으로 주장하지 않으면 법원은 이를 심판하지 않는다는 법리, 즉 변론주의가 적용된다는 것이 학설과 판례(대법원 1962. 10. 11. 선고 62다466 판결, 1979. 2. 13. 선고 78다2157 판결, 1991. 7. 26. 선고 91다5631 판결, 1995. 8. 25. 선고 94다35886 판결 등)의 대세이다.[298] 소멸시효에 대해서 중단과 정지가 인정되고(민법 제168조 이하), 그 기간의 단축, 경감이 허용되는 것(민법 제184조 제2항)도 그러한 해석의 근거가 된다.

3) 소멸시효 제도가 있음에도 법이 제척기간을 따로 두는 이유는 소멸시효와는 구별

297) 소송기술상으로 보더라도, 채무자의 경감청구는 독립한 소로써 할 것이 아니라 피해자의 손해배상청구에 대응하여 그 소송이 계속된 수소법원에 방어방법으로써 할 수밖에 없을 것이다.

298) 소멸시효의 효과에 관하여 학설은 절대적 소멸설과 상대적 소멸설(이 입장에서는 자연채무로 된다고 본다.)이 대립하고 있는바, 이러한 소송법상의 문제는 소멸시효의 효력이 절대적 권리소멸인지 아니면 상대적 소멸인지 여부와는 직접 관계가 없다(그럼에도 소멸시효의 효과에 관하여 실체법적 문제인 절대적 소멸설과 상대적 소멸설이 소송법상의 문제인 변론주의 또는 직권주의와 연관되어 논의되는 것은 논리모순이라 할 수 있다). 채무의 면제나 포기, 변제, 상계와 같이 절대적 권리소멸 사유라도 그것이 구체적 구성요건에 관한 규범의 법률요건사실인 경우 그에 대해서는 변론주의가 적용되기 때문이다. 대법원은 소멸시효의 효력이 절대적인지 상대적인지에 대해서 명확한 입장을 표시하진 않았으나 일견 절대적 권리소멸의 입장을 취한 경우도 보인다(대법원 1991. 3. 12. 선고 90다카27570 판결 참조).

되는 다른 요소가 있기 때문인데, 그 중 하나는 소멸시효와 달리 중단과 정지, 기간의 단축, 경감이 허용되지 않는 것이라고 할 수 있다. 즉 민법은 제척기간에 대해서는 중단과 정지나 그 기간의 단축, 경감을 허용하는 규정을 두고 있지 않고, 판례도 이를 부정한다(대법원 2004. 7. 22. 선고 2004두2509 판결 등). 이로써 제척기간의 경우 소멸시효보다 더 빠른 권리 행사가 강제된다.

그러면 제척기간의 경과로 권리는 절대적으로 소멸하는가? 또, 법원은 이에 대한 당사자의 주장이 없어도 이를 직권으로 조사, 판단하여야 하는가? 그 답은, 제척기간이 경과한 뒤에 권리를 행사하는 것이 사회 기본 법질서에 반하거나 공익을 해치는 것으로서, 법질서 전체의 관점에서 그 권리 행사의 법률효과 발생을 거부, 금지하여야 하는가 여부, 즉 제척기간에 관한 법규가 앞서 본 순수판단규범에 해당하는가 여부에서 구하여야 한다. 소멸시효의 존재 이유를 채무자의 변제 증명 곤란에서 찾는다면, 소멸시효의 소송법적 효과에 관하여 변론주의를 취하여 채무자의 주장(항변)이 필요하다는 입장은 수긍할 만하다. 그 법익의 처분을 당사자에게 맡길 수 있기 때문이다. 그리고 제척기간의 성질도 이와 같다면 같은 결론을 내려야 할 것이다.

그런 점에서 볼 때, 출소기간이 아닌 제척기간의 경우 소멸시효와 마찬가지로 법률관계의 불안정에서 상대방을 빨리 해방시키는 데에 보다 중요한 입법취지가 있다고 보아야 할 것이다. 그리고 이는 제척기간에 관하여 소멸시효와 달리 중단과 정지, 기간의 단축, 경감이 허용되지 않는다고 하여 달리 볼 이유가 되지 못한다. 제척기간이 지난 후에 권리가 행사되었다고 하더라도 사회 기본 법질서를 해하거나 공익을 해하는 것이 아니고, 이는 오로지 그 상대방의 사적 이익에만 관계되는 것이기 때문이다.

제척기간에 관한 규정인 민법 제146조(취소권의 소멸), 제242조 제2항(경계선 부근의 건축물에 대한 변경·철거청구), 민법 제250조(도품, 유실물에 대한 반환청구) 등[299] 어느 경우에나 모두 이를 부정하기 어렵다. 따라서 이들 법규는 소멸시효와 마찬가지로 일정기간(제척기간)이 지난 것을 고려하여 당사자 사이에 이들 권리나 의무 소멸의 법률효과를 발생케 하는 사유(현상)로 규정한 것으로서, 권리 소멸 법규에 해당한다. 한편 이들 제척기간에 관한 법규는 소멸시효에 관한 법규와 마찬가지로 시간의 경과라는 현상을 법률사실로 하는 구체적 구성요건에 관한 규범에 해당하고, 그 법익을 당사자가 임의로 포기, 처분할 수 있는 만큼 이에 대해서도 변론주의가 적용되어야 하므로, 법원은 당사자의 주장이 있어야만 조사할 수 있다.[300]

4) 그럼에도 대법원은, 민법 제146조에 의한 취소권의 행사(1996. 9. 20. 선고 96다25371 판결, 2011. 11. 24. 선고 2011다57074 판결), 상법

---

299) 민법 제204조 제3항(점유의 회수)과 제205조 제2항(점유방해제거청구권)에 대해서 대법원은 명문규정이 없음에도 이를 출소기간으로 본다(2002. 4. 26. 선고 2001다8097, 8103 판결 등).

300) 동지: 김진우, "소멸시효와 제척기간", 재산법연구 25권 3호(2009. 2.), 186면; 신민수, "제척기간에 관한 판례의 이해", 재판과 판례 제19집, 대구판례연구회(2010), 170면.

제45조에 의한 영업양도인에 대한 책임추궁(2013. 4. 11. 선고 2012다64116 판결)에 관하여, 이와 달리 이들 규정에 의한 권리 행사 기간은 제척기간으로서 출소기간은 아니나 직권조사사항이라고 판시하였는바,[301] 수긍하기 어렵다.

라. 상고심과 변론주의

(1) 상고심과 변론

1) 앞서 본 바와 같이 변론은 구술(말)로 사실과 법률(법리)을 주장하고 그 사실의 존부를 증명하는 당사자의 소송행위이다. 이때 사실은 청구원인과 공격방어방법에 관하여 그 직접의 요건사실인 주요사실과 이를 뒷받침하는 간접사실을 모두 포함하며, 그로부터 일정한 법률효과가 발생함은 물론이다. 따라서 변론활동의 중심은 일정한 법률효과를 발생시키는 사실의 주장과 증명이다. 그리고 변론주의가 적용되는 영역에서 이러한 사실의 주장과 그 증명은 오로지 소송당사자가 하여야 하고, 이를 잘못하면 소송에서 패하고 목적을 이루지 못하게 됨은 당연하다.

2) 민사소송절차에서 당사자에게 사실의 주장과 그 증명 활동인 소송행위를 전 심급에서 허용하는 것은 사실상 불가능하다. 이를 제한 없이 허용할 경우 법원의 부담이 가중될 뿐 아니라, 시일과 비용의 증가로 당사자들의 부담도 커지고 상대방 당사자의 권익 실현이 지연되기 때문이다. 이런 이유로 우리 민사소송법은 사실심과 사후심(법률심)을 구분하여 사실의 주장과 그 증명은 사실심에 한하여 허용하는바, 1심과 항소심은 사실심이고 상고심은 사후심(법률심)이다.[302]

따라서 상고심에서는 사실의 주장과 그 증명을 할 수 없고 법률적 주장만을 할 수 있다. 민사소송법 제423조는 "상고는 판결에 영향을 미친 헌법·법률·명령 또는 규칙의 위반이 있다는 것을 이유로 드는 때에만 할 수 있다."고 하고, 제432조는 "원심판결이 적법하게 확정한 사실은 상고법원을 기속한다."라고 하여 이를 간접적으로 규정하고 있다.

3) 위와 같이 상고심에서는 법률적 주장만을 변론으로써 할 수 있는바, 그 주장도 사실심과 달리 변론기일을 열어서 구술변론에 의하는 대신 상고장과 상고이유서, 상고이유서에 대한 답변서, 그 밖의 소송기록에 의한 서면변론을 원칙으로 한다(민사소송법 제429조 본문, 제430조 제1항).

---

301) 그 논거를 밝히고 있지 않아서 이유를 알 수 없다. 아마도 제척기간 경과의 효과를 절대적 소멸로 본 데에 따른 것이거나, 그 법익을 공공의 이익이나 국가 사법권 발동의 억제로 본 것이 아닌가 싶다. 그러나 어느 쪽이든 타당성이 없다고 생각된다.

302) 사후심(事後審), 즉 법률심은, 당해 심급에서는 사실의 주장과 그 증명을 허용하지 않는 대신 원심법원에 제출된 주장(사실주장 +법률주장)과 그 증거를 토대로 이루어진 원심법원의 판단(재판)이 법리적으로 보아 정당한지 여부만을 심리·판단하는 심급을 말한다. 반대로 원심법원에 제출된 주장과 그 증거는 물론 당해 심급에서도 사실의 주장과 그 증명을 허용하여 이들 모두를 토대로 원심법원의 판단(재판)과 당해 심급에서 새로 추가된 당사자의 청구의 당부를 심리·판단하는 심급을 속심(續審)이라고 한다. 우리 민사소송법상 항소심은 속심이다.

이는 상고심의 변론 내용이 사실의 주장과 그 증명이 아닌 법률적 주장에 한정되는 특성상 굳이 법정에 출석하여 구술로 법률적 주장을 하게 할 필요가 없기 때문이다. 다만, 예외적으로 상고법원은 소송관계를 분명하게 하기 위하여 필요한 경우 특정한 사항에 관하여 변론기일을 열어 당사자와 참고인의 진술을 들을 수 있다(민사소송법 제430조 제2항, 대법원에서의 변론에 관한 규칙). 이때도 그 변론 내용은 여전히 법률적 주장에 국한됨은 물론이다.

4) 상고심에서도 변론주의는 그대로 적용되는가? 위와 같이 상고심에서의 변론은 사실에 관한 주장·입증이 제외되므로 이에 관하여 변론주의의 적용은 처음부터 문제되지 않는다. 즉 사실 문제에 대해서는 변론주의를 거론할 필요조차 없이, 당사자가 상고심에서 이에 대하 주장을 하더라도 이는 적법한 상고이유가 될 수 없고, 상고심은 이에 대하여 심판하지 않는다.

다음으로 위와 같이 상고심에서의 변론은 법률적 주장에 국한되는데, 이 역시 당사자가 스스로 주장하여야 하고, 그 주장이 없는 경우 상고심법원이 이를 직권으로 심리·판단할 수 없는가? 법률 문제는 변론주의의 적용 대상이 아니므로 이는 변론주의와는 상관없는 것이다. 그런데 원심판결에 법률 문제인 법령의 해석·적용을 그르쳐 판결의 결과에 영향을 미친 잘못이 있는 경우, 이는 직권주의가 적용되는 법령의 해석·적용에 관한 것이므로 대법원은 굳이 당사자의 주장이 없더라도 심판할 수 있고, 직권으로 이를 심판하여야 함이 원칙이다.

5) 그러나 민사소송법은 상고심의 심리를 돕고 당사자의 의사를 존중하기 위해, 원심법원의 판단에 법령의 해석·적용을 그르친 잘못이 있는 경우 당사자는 이를 구체적으로 특정하여 상고이유서를 제출하여야 하고, 이를 제출하지 않은 경우에는 원칙적으로 변론 없이 상고를 기각하여야 하며, 상고심은 상고이유에 한하여 심판하도록 하고 있는바(민사소송법 제427조, 제429조 본문, 제431조), 이 범위에서는 실질적으로 일종의 변론주의가 적용되는 것이라고 볼 수 있다.

(2) 상고심의 판단 범위와 직권조사사항

1) 위와 같이 상고심은 법률심이고 사후심이므로 원칙적으로 사실문제, 즉 구체적 구성요건에 관한 규범이 정하는 법률사실의 존부를 심리할 수 없다. 따라서 사실심에서 인정한 사실관계를 상고심에서 뒤집거나 새로운 법률사실을 발견하기 위한 증거조사 등은 허용되지 않는다.

2) 상고심은 불복신청의 한도(상고의 범위)에서, 당사자가 제출한 상고이유의 범위에서 심판한다(민사소송법 제431조). 즉 상고심은 항소심과 달리 법률의 해석·적용에 관한 사항이라도 원칙적으로 당사자가 상고이유서에 기재하여 상고이유로 삼은 사항에 한하여 심판하고, 상고이유서를 제출하지 않거나 상고이유서에 기재하지 않은 사항에 대해서는 심판하지 않는

다(민사소송법 제429조 본문, 제431조).

민사소송법은 상고이유를 일반적 상고이유와 절대적 상고이유로 제한하고(제423, 424조), 상고이유의 제기 방식도 일정 기한 내에 상고이유서를 제출하는 것으로 제한한다(제427, 429조). 일반적 상고이유는 판결에 영향을 미친 헌법·법률·명령 또는 규칙의 위반이 있는 경우이고,[303] 절대적 상고이유는 법률에 따라 판결법원을 구성하지 아니한 때 등과 같이 소송절차에 중대한 하자가 있는 경우이다.[304] 그러므로 상고심인 대법원이 실체법상의 문제로서 판단할 수 있는 사항은 원심법원의 판단 중 헌법·법률·명령 또는 규칙의 해석·적용을 그르쳐 판결에 영향을 미친 것으로서 당사자가 상고이유로 삼은 것을 원칙으로 한다. 상고심의 심리 범위를 이와 같이 제한한 것은, 변론주의와 무관하게, 상고심이 법령의 해석·적용에 대한 통일을 위한 최종적 기관이고 사후심이며, 그 규모가 작아 심판작용에 제한이 있을 수밖에 없는 사정을 고려한 것이라고 할 수 있다.

3) 그런데 민사소송법은, 상고심이 직권으로 조사하여야 할 사유가 있는 때에는 상고이유서를 제출하지 않은 경우에도 변론 없이 상고를 기각할 수 없고, 상고이유서에 기재된 상고이유가 아니라도 직권으로 심판하도록 하고 있다(민사소송법 제429조 단서, 제434, 431조). 그러나 민사소송법은 무엇이 상고심의 직권조사사항인지는 규정하지 않고 있어 이는 학설과 판례에 의하여 해결할 수밖에 없는바, 이에 대해서는 뒤의 상고심의 심리 범위에서 살펴보기로 한다.

4. 강행법규와 변론주의

가. 강행법규의 성질

1) 강행법규의 의미는 앞서 <민사법규의 유형>에서 본 바와 같다. 즉 당사자가 당해 법규의 내용과 다른 내용의 법률요건 또는 법률사실을 정하거나 법률효과를 정함으로써, 당해 법규가 규정한 것과 다른 내용의 법률관계를 형성할 자유가 인정되지 않는 법규가 강행규정이다. 따라서 강행규정의 강행성은 ① 당해 법규가 정하고 있는 법률요건 및 법률사실에 관한 강행성과 ② 법률효과에 관한 강행성으로 나타난다.

2) 개별 법규에서 그것이 강행규정임을 직접 밝히지 않은 경우에 그 법규가 강행규정인지 임의규정인지 여부는 민법 제105조와 당해 법규의 입법취지, 입법목적, 보호법익, 전체 법질서와의 관계 등을 고려하여 판단하여야 하고, 원칙적인 기준은 민법 제105조가

303) 소액사건에 관하여는 법률·명령·규칙 또는 처분의 헌법위반 여부와 명령·규칙 또는 처분의 법률위반 여부에 대한 판단이 부당한 때, 대법원 판례에 상반되는 판단을 한 때에만 상고 또는 재항고를 할 수 있다(소액사건심판법 제3조).

304) 절대적 상고이유는 일반적 상고이유와 달리 그것이 판결에 영향을 미친 여부를 불문한다. 이는 그러한 사유가 판결에 영향을 미친 여부가 불명확하고 하자가 중대하기 때문이다. 재심사유 역시 절대적 상고이유에 포함된다는 것이 통설, 판례(대법원 2001. 1. 16. 선고 2000다41349 판결 등)이다.

말하는 '선량한 풍속 기타 사회질서'라고 할 수 있다. 대부분의 법률관계는 원칙적으로 강행법규에 의해 규율됨은 앞서 본 바와 같다.

3) 한편, 강행법규는 이에 위반한 경우, ① 당해 법률행위 등의 사법적 효력이 부인되거나 법령이 설정한 일정한 법률관계가 강제적으로 형성되는 효력규정과 ② 법률행위 등의 효력에는 영향이 없고 형사벌, 행정벌이나 행정적 불이익을 받는 데 그치는 단속규정이 있다.

4) 대부분의 법률관계가 원칙적으로 강행법규에 의해 규율되는 만큼 법규의 대부분을 차지하는 구체적 구성요건에 관한 규범은 대부분 강행규정이고, 임의규정인 경우는 매우 드물게 인정된다. 또한, 구체적 구성요건에 관한 규범이 강행규정인 경우 대부분 이는 효력규정이다. 구체적 구성요건에 관한 규범이라고 하여 일반적으로 임의규정이라고 할 수는 없으며, 구체적 구성요건에 관한 규범의 성질과 강행규정성은 전혀 모순·배치되지 않는다.

반면에 순수판단규범과 중립규범은 공익과 사회기본질서에 관한 것으로서 그 성질상 거의 대부분 강행규정이자 효력규정에 속하고, 임의규정이거나 단속규정인 경우는 거의 없다. 소송요건이나 소송절차에 관한 규범 역시 대부분 강행규정이자 효력규정이고, 당사자의 절차적 법익을 중대하게 침해하지 않는 일부는 단속규정이나 그 일종인 훈시규정이다.

나. 강행법규와 변론주의의 관계

1) 변론주의는 앞서 본 바와 같이, 법률효과 발생에 필요한 법률요건 및 구체적·역사적 법률사실과 그 증거방법을 주장하고 수집, 제출하는 것을 당사자의 권리와 책임에 맡기고 법원이 이에 간여하지 않는 것이다.

그런데 강행법규는 법이 일정한 내용의 사회질서 유지를 위하여 특정한 사항에 관한 법률관계(법률사실, 법률효과)의 내용을 당사자의 임의에 맡기지 않고 강제적으로 적용·실현하려는 것으로서, 소송법 등 절차법에서는 물론 민법이나 상법 등 실체법에도 관통하는 법원리라는 점에서 소송과는 직접 관계가 없다. 반면, 변론주의는 실체법적 법률효과 발생에 필요한 구체적·역사적 법률사실을 당사자가 주장하고 그에 필요한 증거조사를 신청, 제출한 때에만 법원이 이를 조사하며, 그에 관한 당사자의 주장이 일치하는 경우 법원도 그에 구속된다는 소송법원리이므로, 이는 구체적 소송에 있어 법률사실의 발견과 인식에 관한 사항으로서 소송절차에만 적용된다. 따라서 강행법규와 변론주의는 그 본질과 입법취지가 서로 다르고, 차원이 다른 주제이다.

2) 강행법규에 대하여는 변론주의를 부정하고 직권주의를 긍정하는 것이 통설, 판례인 바, 그것이 결론적으로 타당치 못함은 앞서 지적한 바와 같다. 변론주의가 적용되느냐 직

권주의가 적용되느냐는 당해 법규가 강행법규인지 임의법규인지가 아니라, 각각의 법규가 규정하는 법률사실의 성질, 즉 구체적 구성요건에 관한 규범인지 아니면 순수판단규범이나 중립규범 또는 소송요건이나 소송절차에 관한 규범인지에 달려 있다.

구체적 구성요건에 관한 규범은 사익에 관한 것이고, 그것이 규정하는 법률요건과 구체적·역사적 법률사실을 증거에 의하여 발견·인식하여야 하므로, 그것이 강행규정이나 효력규정으로서 당사가 임의로 법률요건과 법률효과를 정할 수 없는 때에도 변론주의가 적용되어야 하나, 순수판단규범이나 중립규범 또는 소송요건에 관한 규범은 공익이나 사회기본질서에 관한 것이어서 당사자의 변론에 불구하고 실현하여야 하므로 변론주의가 아닌 직권주의가 적용되어야 한다.

3) 임의규정에 관하여 변론주의가 적용될 경우 양자 사이에 별다른 법익의 충돌이 발생하지 않으나, 강행규정에 관하여 변론주의가 적용될 경우에는 양자 사이에 법익의 충돌이 발생할 수 있다. 즉 강행규정에 관하여도 변론주의를 적용할 경우, 당사자의 소송수행 태도에 따라, 즉 소송수행능력의 부족이나 당사자의 결탁으로 강행법규에 반하는 행위나 현상이 묵비된 결과 법원이 강행규정을 적용할 수 없게 되어, 강행규정이 예정하고 있는 법질서가 실현되지 못하는 결과가 발생하게 된다.

예컨대, 토지거래 허가구역 내 토지의 매매에 있어 허가의 여부와 같이 특정한 법률요건이나 그 법률사실이 존재하거나 존재하지 않은 경우 그에 따른 법률효과로서 권리·의무가 발생하거나 발생하지 않아야 하나, 당사자가 이를 주장하지 않거나 허위로 주장을 할 경우 법원이 그 사실을 조사할 수 없거나 쌍방의 허위 주장에 구속되어 이와 반대의 결과가 발생할 수 있다. 아마도 강행법규에 대하여 변론주의를 부정하고 직권주의를 긍정하는 통설, 판례는 이러한 점을 의식한 것으로 보인다. 그러나 토지거래 허가구역 내 토지의 매매에 있어 허가 없는 매매를 규제하는 관련 법규는 금지법규로서 순수판단규범이어서 이에 대해서는 변론주의가 적용될 수 없으므로 위와 같은 문제가 발생하지 않는다.

반면에 구체적 구성요건에 관한 규범은 그 규정에 위반한 행위의 법률효과가 부인되는 효력규정인 때에도 변론주의가 적용되어야 하며, 그렇게 하더라도 법익의 충돌이 발생하지 않는다. 예컨대 사기나 강박의 경우, 그 법률효과로 취소권이 발생하고 경우에 따라서는 불법행위를 구성하여 손해배상청구권이 발생하는바, 민법 제110조와 제750조와 달리 법률사실을 정하거나 그와 다른 내용의 법률효과를 정할 수는 없다. 물론 이 경우 당사자가 합의로써 위 규정의 요건을 다 충족하지 못한 경우에도 금전을 지급하기로 약정할 수 있으나, 이는 민법 제105조에 의한 효력일 뿐 민법 제110조와 제750조에 따른 법률효과는 아니다. 따라서 위 각 규정은 구체적 구성요건에 관한 규범으로서 강행법규이다. 또 소멸시효의 완성에 관한 규정 역시 동일하다.

한편, 민법 제110조와 제750조에 따른 법률효과로서 취소권이나 손해배상청구권이 발생한 후 또는 민법 제162조 등에 따라 소멸시효가 완성한 경우에 그 권리나 법률효과(소멸시효 완성에 따른 권리 소멸)의 행사 여부나 그 포기는 피해자나 채무자의 자유에 속하고 그가 임의로 처분할 수 있는 법익이므로, 소송절차에서 당사자가 그러한 주장을 하지 않은 경우 변론주의에 따라 법원이 이를 심판하지 않더라도 그 법익은 사적 이익에 불과하므로 용인되며, 그 법규정이 당사자의 임의로 다른 법률요건이나 법률효과를 부여할 수 없는 강행규정이거나 효력규정인 것과 아무런 모순이 없다.

4) 이와 같이 법규(규범)의 강행성과 변론주의, 직권주의는 차원이 다른 문제이며 서로 모순되지 아니하여 양립 가능하다. 어떤 법률요건(법률사실)과 법률효과가 강행성을 가져 당사자 임의로 그 법규의 내용과 다른 약정을 하거나 그 법규의 내용을 배제할 수 없는 것이라도, 법원이 그 법률효과 발생에 필요한 구체적·역사적 사실을 조사하여 그로부터 법률효과가 발생하는지 여부를 판단할 때 그 법률사실의 존재 여부에 대한 당사자의 주장·입증을 요하는지 여부는 직접 관련이 없다. 강행규정성은 당해 법규가 규정한 것과 다른 내용의 법률사실이나 법률효과를 주장할 수 없다는 것으로서 법의 해석·적용 문제에 해당하므로, 당사자 사이에 존재하는 법률사실을 소송절차에 현출하는 방법인 변론주의와 필연적 관련성을 갖지 않으며, 양자는 차원이 다른 문제이기 때문이다.

예컨대, 민법 제110조는 당사자 임의로 취소권이나 손해배상청구권이 발생하지 않기로 약정할 수 없어 강행규정성을 띠지만, 당사자가 그를 기초로 취소권을 행사하거나 손해배상청구권을 행사하고자 하는 경우 그 사기, 강박의 사실을 주장하여야만 하고 법원이 직권으로 이를 심판할 수는 없다.[305] 소멸시효 역시 마찬가지다. 또, 근로기준법 제27조는 정당한 사유 없이는 근로자를 해고할 수 없다는 강행법규이지만(대법원 1969. 3. 31. 선고 69다135 판결 등), 해고에 따른 근로자 지위 상실을 전제로 한 퇴직금청구 소송에서 당사자가 이를 주장하지 않는 한 법원이 직권으로 그 해고의 정당 여부를 조사하여 해고의 유무효를 판단할 수는 없다.[306]

---

305) 매매, 교환, 증여 등의 법률행위에 사기나 강박의 사실이 있더라도(설사 그와 관련하여 당사자 사이에 그 법률행위를 취소할 수 없다거나 손해배상청구를 할 수 없다는 약정을 하였더라도), 법원은 피해자가 이를 주장하며 취소권 등을 행사하지 않는 한 이를 직권으로 조사, 판단할 수 없다. 다만, 피해자가 사기, 강박을 이유로 취소권 등을 주장하는 때에 그와 관련하여 위와 같은 특약이 있는 경우 이를 직권으로 판단할 수 있을 것이나, 그러한 특약사실은 본래부터 당사자의 주장책임이 적용되는 영역이 아니다. 그리고 당사자가 취소권이나 손해배상청구권을 행사할 수 있음에도 사기나 강박의 사실을 묵비하여(그 원인이 당해 법률행위를 취소할 수 없다거나 손해배상청구를 할 수 없다는 약정에 기인하더라도) 피해자가 취소권이나 손해배상청구권을 행사하지 못하는 결과가 발생하더라도, 이는 그 스스로 자신의 권리를 행사하지 않기로 의욕한 데에 따른 것이므로 법익의 사적 처분을 전제로 한 변론주의와 충돌하지 아니한다.

306) 예컨대, 근로자가 해고에 의한 근로자 지위 상실을 전제로 퇴직금 지급을 청구하는데 법원이 직권으로 해고의 유무효를 조사하여, 해고가 무효이므로 근로자의 지위가 상실되지 않았다며 그 청구를 기각할 수는 없다. 퇴직금청구권을 행사하려면 근로관계가 종료되었다는 사실을 당사자가 주장하여야 하는데, 해고에 관한 규정이 강행규정이라 해서 법원이 직권으로 근로자가 해고에 의해 그 지위를

5) 그리고 순수판단규범이나 중립규범, 소송요건에 관한 법규의 경우, 이들 법규는 강행규정이기 이전에 구체적·역사적 법률사실과 당사자에게 경제적·정신적 만족을 주는 구체적·개별적 법률효과(권리, 의무 등)를 갖지 않고, 이에 따라 당사자가 주장·입증을 통해 법원에게 발견, 인식시킬 구체적·역사적 행위나 현상도 없으므로 처음부터 변론주의가 적용될 여지가 없으며, 이들 법규가 규정하는 적용요건의 충족 여부는 법원이 직권으로 조사·판단하여야 한다.[307] 한편, 소송요건이나 소송절차에 관한 규범은 소송목적인 실체법적 법률효과(권리, 의무 등)에 영향이 없으므로 실질적으로 볼 때 변론주의의 적용 여부를 논할 실익이 없다. 단속규정의 경우 역시 당사자가 단속법규에 위반함을 주장하더라도, 이는 사법적 효력과 관계가 없어 사법적 법률효과 발생을 막을 수 없고, 따라서 법원이 이를 직권으로 심판할 필요도 없기 때문에 마찬가지이다.

다. 강행법규와 법원의 직권조사

1) 강행법규에 대하여 위와 같이 통설과 판례가 변론주의를 배제하고 직권주의를 긍정하는 이유는, 아무래도 위와 같이 변론주의를 적용할 경우 당사자의 소송수행능력 부족이나 당사자들의 결탁에 의하여 강행법규가 적용되지 못하는 결과를 우려한 것이라고 생각된다.

2) 그러나 앞서 본 바와 같이 강행법규로부터 직권주의를 끌어오지 않아도 당사자의 소송수행능력 부족이나 결탁에 따라 강행법규가 의도하는 강행성이 침해, 왜곡될 여지는 전혀 없다. 오히려 위와 같이 개개 법규의 법률사실이나 적용요건이 발견·인식의 대상인지 판단의 기준인지를 기준으로 변론주의와 직권주의를 구별하는 것이 모순 없이 문제를 해결하는 열쇠임이 분명하다.

그럴 때 순수판단규범인 권리남용금지나 불공정행위금지 규정의 적용에 있어서도 권리남용이나 불공정행위를 구성, 보충하는 사실에 대해서 법원이 직권으로 조사할 수 있게 되어 그 강행성을 충실히 담보할 수 있고,[308] 강행규정이라 하여 일률적으로 직권주의를 적용하는 모순을 피할 수 있다.[309]

상실했는지 여부를 조사할 수는 없다. 근로기준법 제27조가 강행법규라는 의미는 당사자 임의로 해고 사유를 정할 수 없다는 것에 불과하다.

307) 그럼에도 종래 이 문제가 크게 부각되었던 것은, 구체적 구성요건에 관한 규범과 순수판단규범의 구별과 양자의 법적 성질의 차이에 주목하지 못한 데에 따라 개별 법규가 순수판단규범에 해당하는지 여부, 그것이 강행규정인지 여부에 대한 이해가 부족한 때문이라고 생각된다. 이런 이유로 민법 제104조와 같은 경우 순수판단규범으로서 강행규정임에도 일부 학설과 판례가 변론주의를 긍정하였던 것이다.

308) 권리남용에 있어 가해의 의사나 불공정행위에 있어 궁박, 경솔 등의 주장이 없을 경우 민법 제2조 제2항이나 제104조를 적용하지 않는다면 그 법규는 있으나마나한 것이 될 것이다.

309) 대법원은 위와 같이 강행규정에 대해서 직권주의를 긍정하면서도, 1966. 3. 8.자 66사2 전원합의체 결정 등에서는 "농지개혁법의 성질이 강행법규라 하더라도 그 해석, 적용에 관한 사항이 법원이 직

3) 우리 민사소송법은 변론주의를 근간으로 하면서도 그 한계를 보완하기 위해 앞서 본 대로 석명의무, 직권에 의한 증거조사 등 여러 장치를 마련하고 있다. 이러한 보완장치는 법원이 변론주의의 뒤에 물러서서 실체적 진실발견과 정의의 실현에 수수방관해서는 안 된다는 데에 입법취지와 의의가 있음은 물론이다. 따라서 강행법규 중 일부에 대래서 변론주의를 적용하더라도, 실체적 진실이 감추어지거나 왜곡되는 일은 많지 않을 것이다.

라. 강행법규와 자백의 구속력

1) 강행법규의 내용인 법률요건사실도 자백의 대상이 되어 구속력이 미치는지에 관하여는 대부분의 학설이 이를 부정한다. 일본에서는, 강행법규에 반하는 경우 그 자백이 당해 강행규정의 입법취지와 목적을 어느 정도 침해하는지를 객관적·종합적으로 고려하여 판단하여야 한다면서, 농지 거래에 대한 행정관청의 허가를 요하도록 하고 있는 일본 농지법상 소유권의 이전에 관한 사항은 그 침해 정도가 커서 허가를 받은 여부는 자백의 대상이 되지 않으나, 농지에 대한 질권의 설정과 같이 침해 정도가 약한 경우나 공익보다는 당사자의 사익이 큰 경우에는 이를 허용해도 무방하다는 견해가 크게 지지를 받고 있다.[310)]

2) 우리나라의 학설은, 자백은 변론주의하에서만 허용된다는 전제에서 강행규정에 대하여는 직권주의가 적용된다는 이유로 자백의 성립이나 그 구속력을 부인함이 대세이다. 다만, 일본의 영향을 받아 소송요건에 관한 사항 중 공익의 정도가 보다 낮은 임의관할, 소의 이익이나 당사자적격의 유무 등에 관하여는 변론주의가 적용되고 자백이 성립한다고 한다.[311)] 대법원도, 직권조사사항은 자백의 대상이 아니며,[312)] 농지개혁법의 강행법규적 성질상 당사자 간 다툼이 없는 사항이라도 법원은 동법의 적용 대상인 분배농지에 해당하는지 여부 등을 직권으로 조사하여야 한다고 판시하였다(1956. 2. 18. 선고 4288민상504 판결 등 참조).

3) 자백의 구속력 역시 변론주의의 한 내용에 불과하므로, 강행규정이라고 하여 그것이 배제되고 임의규정이라고 하여 그것이 전면적으로 적용되어야 하는 것은 아니다. 대

권으로 조사할 사항이라고는 보기 어렵고 변론주의를 터전으로 하는 민사소송에 있어서 당사자가 그 해석, 적용에 관한 사항에 관하여 다투지 아니할 경우에는 구태여 법원이 나서서 그것을 문제 삼을 성질의 것은 못된다."라고 판시하였는바, 이는 논리모순이고 종래의 대법원 견해와도 부합하지 않는다고 생각된다.

310) 佐佐木 平五郎, 권리자백, 쥬리스토(별책) 민사소송법판례백선(1) NO.145(1998. 3.).

311) 주석 신민사소송법(Ⅴ), 한국사법행정학회(2004), 124면. 그러나 이에 동의하기는 어렵다.

312) 행정사건에 관하여는 대법원 1970. 2. 24. 선고, 65누174 판결, 1990. 10. 10. 선고 89누4673 판결, 1991. 5. 28. 선고 90누1854 판결, 1993. 7. 27. 선고 92누15499 판결 등, 민사사건에 관하여는 종중의 권리능력의 시기는 직권조사사항으로서 자백의 대상이 아니라고 한 대법원 1982. 3. 9. 선고 80다3290 판결 등, 소송요건에 관하여는 대법원 1971. 2. 23. 선고 70다44, 45 판결, 1971. 3. 23. 선고 70다2639 판결 등을 참조.

법원 판시한 바와 같이 자백은 법규 적용의 전제가 되는 구체적 법률사실에 한정되고, 법률사실에 대한 법적 판단이나 평가 또는 적용할 법률이나 법적 효과는 자백의 대상이 될 수 없다(대법원 2016. 3. 24. 선고 2013다81514 판결 등 참조). 자백의 대상은 당사자가 증거에 의하여 존부를 증명할 수 있고, 그로부터 발생하는 구체적·개별적 법률효과(법익)가 처분할 수 있는 것이어야 하므로, 당사자가 주장책임을 지는 사항, 즉 구체적 구성요건에 관한 규범의 구체적·역사적 법률사실에 한하여야 한다.

그러므로 그러한 성질의 법률사실을 갖지 않는 순수판단규범이나 소송요건에 관한 규범 또는 중립규범의 적용요건 사실은 자백의 대상이 될 수 없다. 학설, 판례가 강행규정이라는 이유로 자백의 구속력을 부정하는 경우는 대부분 구체적 구성요건에 관한 규범이 아니라 변론주의가 적용되지 않는 순수판단규범이거나 소송요건에 관한 규범 또는 법령의 해석·적용에 관한 사항으로서, 처음부터 변론주의나 자백의 구속력이 문제되지 않는 것이다.

Ⅳ. 입 증

1. 증거재판주의와 입증

가. 의 의

1) 증거재판주의란 법원이 법령을 적용하여 법률효과의 발생이나 불발생을 판단하기 위한 전제로서, 그 적용의 대상이 되는 법률요건사실의 존부 판단을 법관의 자의(恣意)에 의하지 않고 증거에 의하여야 한다는 법원칙을 말한다. 형사재판도 그렇지만 민사재판에서도 이는 당연한 것으로서, 근대법의 대원칙이라 할 수 있다.

2) 근대법은 단순히 증거에 의한 사실인정을 요구하는 것에서 나아가, 법관 등 판단자의 자의를 배제하기 위하여 어떠한 것이 증거가 될 수 있는지, 증거조사는 어떻게 하여야 하는지 등 증거에 관하여도 일정한 요건을 요구하고 있다. 민사소송법은 증거재판주의를 직접적으로 선언하는 대신, 당사자가 자백한 사실과 법원에 현저한 사실은 증명을 필요로 하지 않는다고 규정하여(제288조 본문) 이를 간접적으로 확인하고 있다.

3) 증거재판주의와 관련하여, 재판에 필요한 증거를 누가 제출할 것인지, 즉 누가 법률사실의 존부를 법관에게 확신시켜야 할 것인지가 문제되는바, 변론주의가 적용되는 민사재판에서는 원·피고인 당사자이고, 형사재판에서는 공소 제기자인 검사이다. 위와 같이 증거 제출책임이 있는 소송당사자가 증거를 제출하는 등 법관으로 하여금 법률사실의 존부를 확신할 수 있게 하는 일련의 소송행위를 입증(立證) 또는 증명(證明)이라고 한다.

4) 법관은 당사자가 제출한 소송자료와 증거자료에 의하여 자유심증으로써 그 증거가

치를 판단하고 법률사실의 존재 또는 부존재를 인정하게 된다(민사소송법 제202조). 자유심증은 사회정의와 형평의 이념에 입각하여 논리와 경험의 법칙에 따라 증거자료의 가치(신빙성)를 판단하는 것을 말하므로, 변론주의의 개념과 다르고 그것과 차원도 달리한다.

그러나 민사소송법 제202조가 선언하고 있는 자유심증주의는 형식적·법률적인 증거규칙으로부터의 해방을 뜻할 뿐 법관의 자의적인 판단을 용인하는 것은 아니다. 따라서 적법한 증거조사절차를 거친 증거능력 있는 적법한 증거에 의하여 사회정의와 형평의 이념에 입각하여 논리와 경험의 법칙에 따라 사실의 진실 여부를 판단하여야 하며, 비록 사실의 인정이 사실심의 전권에 속한다고 하더라도 이와 같은 제약에서 벗어날 수 없고, 이를 벗어난 경우 이는 법률문제로서 항소는 물론 상고의 이유가 된다(대법원 1982. 8. 24. 선고 82다카317 판결, 2009. 10.15. 선고 2009다42185 판결, 2010. 7. 15. 선고 2006다28430 판결 등).

5) 형사재판에서의 유죄판결은 공소사실에 대하여 증거능력 있는 엄격한 증거에 의하여 법관으로 하여금 합리적인 의심을 배제할 정도의 확신을 가지게 하는 입증이 필요하나, 민사재판에서의 그것은 법관의 심증이 확신에 달할 정도에 이르게 하여야 하며, 그 확신이란 자연과학이나 수학의 증명과 같이 반대의 가능성이 없는 절대적 정확성을 말하는 것은 아니지만, 통상인의 일상생활에 있어 진실하다고 믿고 의심하지 아니할 정도의 고도의 개연성을 말하고, 막연한 의심이나 추측을 하는 정도에 이르는 것만으로는 부족하다(대법원 2009. 3. 26. 선고 2008다72578, 72585 판결, 2009. 12. 10. 선고 2009다56603, 56610 판결, 2010. 6. 10. 선고 2009다94315 판결 등).

나. 증명의 대상과 증명이 필요 없는 경우

(1) 증명의 대상

1) 법관이 어떤 사실 등을 인정할 때 증거를 필요로 하는 것이 곧 증명의 대상 또는 요증사실(要證事實)인바, 변론주의가 적용되는 법률사실은 모두 증명의 대상이다. 직권조사사항이나 직권탐지사항이라도 그 대상이 되는 사실 등을 인정하는 데에는 다음과 같이 증명이 필요 없는 경우가 아닌 한 증거가 필요하다.

2) 기본적으로 증명의 대상은 법률사실이다. 주요사실은 물론 간접사실이나 보조사실도 변론주의의 적용 대상은 아니지만, 법관이 이를 인정하기 위해서는 원칙적으로 증거, 즉 증명이 필요하다.

3) 법규는 법원이 당연히 알고 있어야 하는 것으로서 그 존부를 인정하는 데에는 원칙적으로 증거, 즉 증명이 필요 없다. 법규는 국민들에게 공개된 것이어서 이를 일일이 증거에 의하도록 할 필요도 없고 그럴 경우 번잡하기만 하기 때문이다. 다만, 그것이 법원에 현저한 것이 아닌 때, 즉 외국의 법규나 지방자치단체의 조례나 규칙, 관습법 등으로 널리 알려진 것이 아닌 때는 증거에 의하여 이를 인정할 수밖에 없다. 법규의 내용은 당사자도 인식할 수 있어야 하므로 법원만이 알 수 있는 법규는 법원에 현저한 것이라고

할 수 없다. 그 증명은 자유로운 증명으로 가능하다는 것이 판례이다(대법원 1992. 7. 28. 선고 91다41897 판결).

4) 사실인 관습은 관습법과 달리 법령으로서의 효력이 없는 단순한 관행(사실)으로서 법률행위 당사자의 의사를 보충함에 그치는 것이므로(대법원 1983. 6. 14. 선고 80다3231 판결 등) 그것이 현저한 사실 등이 아니면 당연히 증명이 필요하다.

5) 민사소송법 제202조에서 말하는 경험법칙(경험칙)은 관습법과 그 위치가 비슷하다. 즉 이는 일반적으로 인간의 오랜 사회생활 경험으로부터 얻어지는 것으로서 사물에 관한 지식이나 법칙을 말한다. 이는 사실(예컨대 1년이 365일인 것)을 담고 있기도 하고 이치(예컨대 등기필증 소지자가 권리자인 것)를 담고 있기도 한바, 후자는 법관이 증거가치를 판단할 때 해석기준으로서 작용한다. 경험칙 중 널리 사회 일반에 알려져 법원에 현저한 것은 증명이 필요 없지만, 그렇지 아니한 것, 이를 테면 전문적인 지식이 없거나 그런 직업에 종사하지 않은 사람은 알 수 없는 것인 때는 역시 증명을 요한다.

(2) 증명이 필요 없는 경우

(가) 당사자가 자백한 사실

당사자가 자백한 사실은 당사자주의와 변론주의의 요청에서 증명을 요하지 않는다(민사소송법 제288조 본문). 대립하는 이해관계의 양 주체가 일치하여 이를 인정하고 있기 때문에 굳이 법원으로서도 이에 반하는 판단을 하지 않도록 한 것이다. 따라서 앞서 본 바와 같이 직권주의가 적용되는 영역에서는 이 법리가 적용되지 않는다. 자백에 관하여는 이미 앞서 자세히 설명한 바와 같다.

(나) 법원에 현저한 사실

1) 법원에 현저한 사실은 증명이 필요 없다(민사소송법 제288조 본문). 법원에 현저하다는 것은 증명이 없어도 법원이 이미 그 사실을 잘 알고 있다는 것이다. 이를 증명이 필요 없는 경우로 규정한 것은, 구태여 이런 사실까지 증거를 요할 경우 당사자에게 부담만 주고 소송절차를 지연시키기 때문이다. 따라서 법원이 이미 잘 알고 있는 사실이라도 법관이 개인적인 사정으로 이를 알게 된 등으로 객관성이 없는 경우에는 이에 해당한다고 할 수 없다.

2) 법원에 현저한 사실에는 공지(公知)의 사실과 법관이 직무상 경험으로 알고 있는 사실이 있다. 공지의 사실은 역사적 사실이나 경험칙에 의한 사실과 같이 법관은 물론 그 사회 구성원 모두에게 일반적으로 널리 알려진 사실이다. 법관이 직무상 경험으로 알고 있는 사실은 법관이 그 사실의 존재에 관하여 명확하게 기억을 하고 있거나 또는 소송기록을 조사하여 곧바로 그 내용을 알 수 있는 사실을 말한다(대법원 1996. 7. 18. 선고 94다20051 전원합의체 판결). 이를 보통 직무상 법원에 현저한 사실이라고도 하는데, 소의 제기일, 소장이나 준비서면 부본의 송달일, 변론종결일, 상소 제기일, 가압류·가처분 등의 결정 사실, 당해 사건이나 관련

사건의 판결 선고 사실[313] 등이 이에 속한다.

(다) 법률상 추정되는 사실

1) 법규가 어떤 법률효과 발생에 대한 입증을 용이하게 할 목적으로, 전제사실인 '어떤 사실'이 있는 때에는 위 법률효과 발생의 요건사실이 있다고 추정하는 취지로 규정한 경우에는 그 '요건사실'에 대한 증명이 없이도 법원은 이를 인정할 수 있다. 이를 법률상 사실의 추정이라고 한다. 그러나 위 '어떤 사실' 자체에 대하여는 원칙적으로 증명이 필요함은 물론이다. 따라서 전면적으로 증명이 필요 없는 경우라고는 할 수 없다.

2) 그리고 어디까지나 요건사실의 존재가 '추정'되는 것에 불과하고 그 존재가 증명된 것은 아니므로, 상대방은 요건사실의 부존재를 주장·입증함으로써 그 추정을 복멸(覆滅)할 수 있으며, 이때 요건사실의 부존재에 대한 주장·입증책임은 상대방에게 전환된다. 민법 제30조(동시사망의 추정), 제198조(점유계속의 추정), 제844조(부의 친생자추정), 등기원인의 존재 및 유효성 추정(대법원 1996. 2. 27. 선고 95다42980 판결 등) 등이 법률상 사실의 추정 예이다.

3) 민법 제200조(점유자의 권리 적법 추정), 제215조 제1항(구분소유 건물 중 공용부분의 공유 추정) 등과 같이, 전제사실인 점유사실 등의 존재로써 곧바로 권리 또는 법률효과를 법규에 의하여 추정하는 이른바 법률상 권리의 추정의 경우에는 전제사실에 대한 증명이 필요하나, 그 효과 면에서는 법률상 사실의 추정과 유사하다.

다. 증거방법과 증거자료

(1) 증거방법

증거방법은 문서나 물건, 증인 등과 같이 증거조사의 대상을 말한다. 이를 그 형태에 따라 나누어 ① 서증(書證), ② 인증(人證), ③ 물증(物證), ④ 기타로 유형화하는바, 그 증거조사의 방법이 각기 다르다.

(2) 증거자료

1) 증거자료는 증거방법을 조사하여 얻은 결과를 말한다. 법관은 이를 토대로 심증(心證)을 형성하고 요증사실의 존부를 판단하게 된다. 이러한 증거자료는 서증조사의 결과나 검증결과와 같이 무형적인 것도 있고,[314] 증인의 증언, 감정인의 감정결과를 기재한 감정

---

313) 그러나 언제 어떠한 내용의 판결이 선고된 사실 그 자체만을 의미하고, 그 판결에서 판시한 구체적인 사실관계까지 현저한 사실이 되는 것은 아니다(대법원 2010. 1. 14. 선고 2009다69531 판결 참조).

314) 서증조사를 한 결과를 조서에 기재하면서 예컨대 "문서의 상단에 '2005년 3월 중 상각처리'라는 내용이 기재되어 있다."라고 기재하는 경우가 있는데, 이는 서증조사결과 법관이 그러한 내용을 인식하였다는 것을 표현한 것으로서, 조서 자체가 증거조사결과(증거자료)가 되는 것은 아니며, 법관의 인식 그 자체가 증거조사결과(증거자료)가 된다.

서나 감정의견의 진술과 같이 유형적인 것도 있다.

2) 우리가 통상 '증거'라는 용어를 사용할 때는 증거방법을 가리키는 경우도 있고 증거자료를 가리키는 경우도 있다. '증거재판주의'를 말할 때는 증거자료를 가리키고, '증거신청'이라고 말할 때는 증거방법을 가리킨다. 따라서 어느 쪽의 의미인지 개개의 경우에 따라 잘 살펴야 한다. 드물기는 하지만 '증거자료'를 증거방법의 의미로 사용하는 경우도 있다.

라. 증거능력과 증거력(증명력)

(1) 증거능력

1) 어떤 증거, 즉 특정한 증거방법이 증거조사의 대상이 될 수 있는 자격을 증거능력이라고 한다. 증거조사에 앞서 증거능력 있는 증거를 요구하는 이유는, 증거능력 없는 증거에 대한 무용한 증거조사를 피하고, 자칫 그것이 증거조사를 거쳐 사실인정의 근거인 증거자료가 되는 우려를 막기 위한 것이다. 따라서 증거능력 없는 증거는 증거조사의 대상이 될 수 없고, 그에 대한 증거신청은 인용될 수 없으며, 설사 그에 대하여 증거조사가 이루어졌더라도 그 조사결과는 증거자료가 될 수 없다.

2) 형사소송에서는 그 성질상 전문증거(傳聞證據)의 배제 등 증거능력의 제한이 넓게 인정되나 민사소송에서는 그 제한이 덜하다. 민사소송에서 증거능력이 제한되는 예로는, ① 불법검열에 의하여 취득한 우편물이나 그 내용 및 불법감청에 의하여 지득(知得) 또는 채록(採錄)된 전기통신의 내용은 증거로 사용할 수 없고(통신비밀보호법 제4조), 공개되지 아니한 타인 간의 대화를 녹음하거나 전자장치 또는 기계적 수단을 이용하여 청취한 것 역시 동일하며(통신비밀보호법 제14조),[315] ② 단체의 대표나 법정대리인은 당사자본인이나 다름없어 당사자본인신문의 대상일 뿐 증인신문의 대상이 될 수 없고(민사소송법 제372, 367조), ③ 기피신청이 인용된 감정인은 감정을 할 수 없으며(민사소송법 제336조), 선서하지 않은 감정인이 한 감정결과는 증거능력이 없어 증거자료가 될 수 없다(대법원 1982. 8. 24. 선고 82다카317 판결)는 등을 들 수 있다.

(2) 증거력(증명력)

1) 증거조사를 마친 후 그 조사의 결과는 증거자료가 되어 요증사실의 인정 근거가 될 수 있는데, 그 증거자료가 요증사실의 존부를 판단하는 데 작용·기여하는 정도를 증거력(證據力) 또는 증명력(證明力)이라고 한다. 이 증거력은 ① 당해 증거방법이 문서의 작성 명의자의 의사에 기하여 작성되었거나 녹취록(錄取錄)이 녹음테잎에 기록된 내용과

---

315) 반면에 자신과 타인 간의 대화를 대화자 자신이 타인의 동의 없이 녹음하더라도 이는 법령에 위반되지 않으므로 적법하며 증거능력이 있다(대법원 1999. 5. 25. 선고 99다1789 판결).

동일한지(대법원 1999. 5. 25. 선고 99다1789 판결 참조) 등에 관한 형식적 증거력(증명력), ② 당해 증거자료가 요증사실의 존부 판단을 뒷받침하는 정도, 즉 그 신빙성을 말하는 실질적 증거력(증명력)으로 나뉜다.

①의 형식적 증거력이 없는 증거방법에 의한 증거자료는 ②의 실질적 증거력(증명력)이 전혀 없으며(대법원 1999. 5. 25. 선고 99다1789 판결, 2011. 5. 26. 선고 2011다9655 판결 등), ②의 신빙성은 결국 법관의 자유심증에 의한다. 따라서 증거판단은 먼저 형식적 증거력의 유무를 판단하고 나서 실질적 증명력을 판단하는 방법으로 하여야 한다(대법원 2011. 5. 26. 선고 2011다9655 판결 등).

2) 자유심증주의를 택하고 있는 민사소송에서 증거자료를 믿느냐 안 믿느냐는 법관의 자유심증에 맡겨져 있으나, 이 역시 일정한 제한을 받는다. 우선 경험칙이나 논리법칙에 위배되지 않아야 하고(민사소송법 제202조, 대법원 1989. 9. 12. 선고 88다카12506 판결, 1997. 12. 12. 선고 97다36507 판결 등), 사회정의와 형평의 이념도 그 제한기준이 된다(민사소송법 제202조, 대법원 2018. 4. 12. 선고 2016다223357 판결 등). 충분한 증명력이 있는 증거를 합리적 이유 없이 배척하거나 반대로 객관적인 사실에 명백히 반하는 증거를 근거 없이 채택·사용하는 것은 자유심증주의의 한계를 벗어나는 것으로서 법률(증거법칙) 위반에 해당한다(대법원 1984. 5. 29. 선고 84도554 판결, 2016. 10. 13. 선고 2015도17869 판결 등).

한편, 처분문서는 그 문서 자체에 법률행위가 기재되어 있고, 의사표시의 해석은 특별한 사정이 없는 한 외부에 표시된 당사자의 효과의사를 우선으로 하여야 하므로, 처분문서의 기재내용과 다른 특별한 명시적·묵시적 약정이 있거나 그 기재내용을 부정할 만한 분명하고도 수긍할 수 있는 반증이 없는 한 그 문언대로 의사표시의 존재와 내용을 인정하여야 하고(대법원 1990. 11. 27. 선고 88다카12759, 12766 판결, 2011. 10. 13. 선고 2009다102452 판결, 2012. 11. 29. 선고 2012다44471 판결 등), 반대로 그 기재내용과 다른 특별한 명시적·묵시적 약정이 있거나 그 기재내용을 부정할 만한 분명하고도 수긍할 수 있는 반증이 인정될 경우에는 그 기재내용과 달리 인정할 수 있다(대법원 1989. 9. 12. 선고 88다카12506 판결, 1990. 11. 27. 선고 88다카12759, 12766 판결 등).

3) 확정된 민·형사 판결에서 인정된 사실은 특별한 사정이 없는 한 유력한 증거가 되므로 합리적인 이유 없이 이를 배척할 수 없다(대법원 1995. 6. 29. 선고 94다47292 판결, 2007. 8. 23. 선고 2005다72386, 72393 판결, 2010. 5. 13. 선고 2009다38612 판결 등).[316] 그러나 당해 소송에서 제출된 다른 증거 내용에 비추어 관련 민·형사 사건의 확정판결에서의 사실판단을 그대로 채용하기 어렵다고 인정될 경우에는 이를 배척할 수 있고, 이 경우에 그 배척하는 구체적인 이유를 일일이 설시할 필요는 없다(대법원 2000. 2. 25. 선고 99다55472 판결 등).

4) 다른 법원에서 어떤 판결이 선고되거나 그 판결이 확정된 사실 자체는 법원에 현저한 사실로서, 그 판결문이 서증으로 제출되지 않더라도 그러한 사실을 인정할 수 있고, 또 그렇게 함이 법원 실무이다. 그러나 그 판결에서 인정한 구체적 사실을 인정하고자 하는 때에는 그 판결문이 서증으로 제출되어야 하며, 그렇지 않고 이를 법원에 현저한 사실로 인정할 수는 없다(대법원 2019. 8. 9. 선고 2019다222140 판결 참조). 당사자가 이에 대해서 변론을 할 기회를 갖지

---

316) 이와 같은 법리는, '주의의무 위반'과 같은 불확정개념이 당사자가 주장하는 법률효과 발생에 관한 요건사실에 해당할 때, 관련 민사사건의 확정판결에서 이를 인정할 증거가 없거나 부족하다는 이유로 당사자의 주장을 받아들이지 않았음에도 이와 달리 후소 법원에서 위와 같은 요건사실을 인정하는 경우에도 마찬가지로 적용된다(대법원 2018. 8. 30. 선고 2016다46338, 46345 판결).

못하였기 때문이다.

2. 입증의 유형

가. 증명과 소명

(1) 증 명

이는 좁은 의미(협의)의 증명을 말한다. 즉 이는, 요증사실의 존부에 대하여 법관으로 하여금 확신을 얻게 할 정도의 입증행위 또는 그로써 법관이 얻은 확신상태를 말한다. 여기서 말하는 확신상태란, 앞서 본 바와 같이, 통상인의 기준에서 진실하다고 믿고 의심하지 아니할 정도의 고도의 개연성을 말한다.

(2) 소 명(疎明)

1) 이는 증명에 비하여 증명도가 좀더 낮은 단계로서, 경험칙에 의하여 상당한 개연성이나 특별한 사정이 없는 한 대개 그러할 것이라는 추측을 할 수 있는 정도의 심증을 갖게 하는 입증 또는 그 심적 상태를 말한다. 긴급한 소송행위나 당사자에 미치는 영향이 보다 작은 사안에서 증명보다 입증을 용이하게 하여, 당사자를 보호하고 법원의 업무를 간편하게 처리하기 위하여 고안된 것이다.

2) 이러한 특성 때문에 소명에는 일정한 제한이 따른다. 즉 ① 민사소송법 기타 법률에 특별한 규정이 있는 경우에 한하여 허용되고(민사소송법 제44조 제2항, 제73조 제1항, 제110조 제2항, 제128조 제2항, 민사집행법 제279조 제2항, 제289조 제1항, 제301, 309조 등), ② 즉시 조사할 수 있는 증거에 의하여야 하며(민사소송법 제299조 제1항), ③ 법원은 당사자 또는 법정대리인으로 하여금 보증금을 공탁하게 하거나, 그 주장이 진실하다는 것을 선서하게 하여 소명에 갈음할 수 있다(민사소송법 제299조 제2항).

3) 즉시 조사할 수 있는 증거란, 법원이 특별한 절차를 거치지 않고도 곧 증거조사를 할 수 있는 증거방법을 말하며, 주로 문서 또는 법관 앞에 출석해 있는 증인이나 참고인 등에 대한 신문 등을 의미한다. 따라서 문서제출명령신청, 법원 밖에서의 증거조사(민사소송법 제297조 제1항), 법정에 출석해 있지 않은 증인의 신문 등은 즉시 조사할 수 없으므로 원칙적으로 소명의 증거방법으로 허용되지 않는다(대법원 1956. 9. 13.자 4289민재항30 결정 참조).

(3) 심증의 형성

1) 법관은 증거조사의 결과인 증거자료를 토대로 증명의 대상인 요증사실을 믿을지 안 믿을지, 즉 요증사실의 존부를 판단하게 되는바, 이를 심증이라고 한다. 민사소송법을 비롯한 우리 법제는 심증의 형성에 관하여 명시적인 제한을 가하지 않고 법관의 자유에 맡기는 자유심증주의를 채택하고 있다(민사소송법 제202조). 다만, 앞서 본 바와 같은 논리, 경험칙,

사회정의, 객관성, 합리성 등은 자유심증의 내재적 한계에 속한다..

2) 법관이 자유심증에 의하여 변론 전체의 취지와 증거자료로부터 심증을 얻는 과정에서 작용하는 것이 추인과 추정이다. 추인(推認)이란 법관이 경험칙에 의하여 어떤 사실에 대한 심증을 얻는 것을 의미한다. 즉 어떤 사실이 존재하거나 부존재하는 경우 이로써 경험칙상 다른 사실의 존부가 결정되는 경우에 그 경험칙을 따르는 것이다. 예컨대, 타인에게 명의신탁을 하였다고 주장하는 자가 타인 명의의 등기필증명서를 소지하고 있는 경우 명의신탁 사실의 존재를 인정하는 것과 같다(대법원 1990. 4. 24. 선고 89다카14530 판결, 2012. 2. 23. 선고 2011다71582, 71599 판결 등). 추인이 이루어지면 상대방이 경험칙에 반하는 반대사실을 제출하여 그 심증형성을 탄핵하지 않으면 안되는 사실상의 불리한 지위에 서게 된다(대법원 1997. 1. 24. 선고 95다32273 판결, 2000. 1. 28. 선고 99다41985 판결, 2000. 4. 25. 선고 2000다6858 판결 2012. 2. 23. 선고 2011다71582, 71599 판결 등 참조,).

3) 추정은 어떤 법률사실이 존재 또는 부존재한 경우, 다른 유력한 증거의 제시가 없는 한, 이를 토대로 다른 법률사실의 존재·부존재나 어떤 법률효과의 존재·부존재를 긍정하는 것이다. 추정은 법률에 의한 법률상의 추정과 경험칙에 의한 사실상의 추정이 있다. 추정도 추인과 비슷하나, 법률상의 추정과 같이 반드시 경험칙에 의하지는 않는다는 점에서 추인보다 넓은 개념이며, 추인은 사실상의 추정에 속한다.

나. 직접증거와 간접증거

1) 직접증거는 매매를 원인으로 한 소유권이전등기청구소송에서 매매사실의 입증을 위해 매매계약서를 제출하는 것과 같이 주요사실의 존부를 직접 증명하는 증거를 말한다.

반면에 간접증거는 증명할 법률요건사실, 즉 법률요건의 주요사실의 존부를 직접 증명할 증거가 아닌, 그 주요사실의 존부를 뒷받침하는 간접사실 또는 증거의 증거능력이나 증거력에 관한 보조사실을 증명하기 위한 증거를 말한다.

2) 예컨대, 매매를 원인으로 한 소유권이전등기청구소송에서 증명할 법률요건사실로서 법률요건(매매)의 주요사실인 재산권이전의사표시와 그에 따른 대금지급의사표시가 이루어진 사실의 입증을 위해 매매계약서(서증)를 제출하거나 매매계약 당시 입회하여 그 의사표시가 이루어진 사실을 보았다는 사람의 증언(인증)을 제출하는 것은 직접증거이다. 그 증거의 내용은 이러한 법률요건사실의 존부를 직접 증명하는 것이기 때문이다.

반면에, 매도인이 매수인에게 돈을 송금한 사실(간접사실)을 증명하는 입금증, 매수인이라고 주장하는 자가 매도인 명의의 소유권이전등기필증을 소지하고 있는 사실을 증명하는 소유권이전등기필증의 서증, 매매계약서의 진정성립을 당사자 일방이 부인하는 경우에 매매계약 당시 매수인이 직접 매매계약서에 서명날인하는 것(보조사실)을 보았다는 입회인의 증언은 그 증거만으로는 곧바로 재산권이전의사표시가 이루어지는 등 매매 사실의 존부를 증명할 수는 없지만, 매도인이 매수인에게 돈을 송금한 사실이 있다거나 매수인이 매도인 명의의 소유권이전등기필증을 소지하고 있다면 다른 특별한 사정이 없는 한 양자 간에 매매가 이루어진 사실을 사실상 추정할 수 있으므로 이는 매매 사실의 간접증거가 된다.

3) 요증사실인 법률요건사실, 즉 주요사실은 직접적인 증거에 의하여 증명되는 것이 바람직하나 그것이 항상 가능한 것은 아니므로, 직접증거가 없다 하더라도 간접증거만으로 이를 인정할 수 있다(대법원 2003. 9. 26. 선고 2003다22844 판결 등).

다. 본증(本證)과 반증(反證)

1) 본증이란 요증사실의 입증책임을 부담하는 당사자가 그 사실을 입증하기 위하여 제출하는 증거이고, 반증은 입증책임을 지는 상대방 당사자의 요증사실 입증을 방해·저지하기 위하여 제출하는 증거를 말한다.

예컨대, 매매를 원인으로 한 소유권이전등기청구소송에서 매매계약이 존재한다는 사실의 입증책임은 매수인인 원고가 지는바, 이때 원고가 매매 사실의 존재를 증명하기 위하여 제출하는 매매계약서나 입회인의 증언은 본증인 반면, 입증책임을 지지 않는 매도인인 피고가 요증사실인 매매 사실의 존재에 대한 원고의 증명을 방해·저지하기 위하여 제출하는 임대차계약서나 교환계약서, 매매협의가 진행되었으나 결국 협의가 결렬되었다는 내용의 입회인 증언은 반증이다.

2) 본증과 반증은 요증사실에 대한 입증책임을 누가 지느냐를 기준으로 한다. 따라서 같은 매매라도, 매매 사실이 아닌, 이미 성립한 매매계약의 취소, 해제, 소멸시효의 완성 등이 요증사실이 되는 경우 이들 요증사실에 대한 입증책임은 매매의 효력을 부정하는 자(주로 매도인)가 지므로, 이들 사실의 존재를 증명하는 증거가 본증이 되고, 그 사실의 부존재를 증명하는 증거가 반증이 된다.

3) 직접증거와 간접증거, 본증과 반증은 서로 다른 개념이므로 양자가 결합한 개념인 직접본증과 간접본증, 직접반증과 간접반증도 성립한다.

4) 본증은 입증책임의 대상인 요증사실의 입증을 위한 것이므로 법원이 요증사실의 존재가 확실하다고 확신을 가질 정도가 되어야 그 목적을 달성할 수 있으나, 반증은 그러한 상대방의 입증을 저지·방해하는 것이므로 본증의 신빙성을 떨어뜨리는 등으로 본증에 의한 법원의 심증 형성을 방해하는 정도로써도 목적을 달성할 수 있다.

5) 피고가 항변을 제출한 경우, 그 항변의 법률요건사실에 대하여는 피고가 입증책임을 부담하므로, 피고라고 하여 항상 반증만 제출한다거나 원고라고 하여 항상 본증만 제출하는 것은 아니다.

라. 엄격한 증명과 자유로운 증명

1) 엄격한 증명이란 증거방법과 증거조사의 절차 등을 법률에서 규정하고 그 규정에 따라 입증을 하여야 하는 것이고, 자유로운 증명은 이러한 제약에 따르지 않는 입증을 말한다.

2) 민사소송에서는 소송목적인 권리·의무나 법률관계에 관계되는 주요사실의 인정은 엄격한 증명을 요하나, 외국법규(대법원 1992. 7. 28. 선고 91다41897 판결)나 관습법의 존재, 직권조사사항, 소송목적 값의 산정 등 본안에 관계되지 않은 사항에 대하여는 자유로운 증명이 허용된다는 것이 통설이다.

3. 증거조사의 단계

가. 변론주의와 증거조사

1) 당사자의 입증(증명)과 법원의 증거조사는 실체적 진실발견을 위한 필수적 절차로서, 사실이나 법리의 주장과 함께 소송절차, 특히 변론의 중심을 이룬다. 고로 민사소송의 중심은 주장과 입증이라고 표현할 수 있다.

입증과 증거조사에서 가장 중요한 것은 공평성과 신속성이다. 무기대등의 원칙에 따라 모든 당사자에게 공평한 입증의 기회가 보장되고, 입증활동에 관한 당사자의 주장과 변론이 자유롭게 허용되어야 하는 반면, 증거조사 때문에 심리가 너무 지연되어서는 안 된다.

2) 이러한 요청에 따라 민사소송법은, 당사자가 신청한 증거에 의하여 심증을 얻을 수 없거나 특별히 필요한 경우에만 법원으로 하여금 직권으로 증거조사를 할 수 있도록 하고(민사소송법 제292조),[317] 당사자가 주장하는 사실에 대한 유일한 증거인 때에는 증거신청을 배척할 수 없으며(민사소송법 제290조 단서), 변론기일 전에도 증거의 신청과 조사를 할 수 있되(민사소송법 제281조, 제289조 제2항), 실기한 증거신청을 금지하고 증거조사를 집중하여 실시하도록 하고 있다(민사소송법 제146, 149, 285조, 제287조 제3항).

3) 증거조사는 대체로 ① 증거조사의 신청, ② 증거조사신청에 대한 허부결정(채부결정) 또는 직권에 의한 증거조사의 결정, ③ 증거방법의 제출과 증거조사비용의 예납 등 증거조사의 준비, ⑤ 증거조사의 실시, ⑥ 증거조사결과의 제출, ⑦ 증거조사결과에 대한 법원의 인식·평가(심증형성)의 순서로 이루어진다. 그러나 증거조사의 종류에 따라서는 이 중 일부가 생략될 수도 있다. 예컨대, 법원 안에서 변론기일에 서증조사를 실시한 경우 그 결과를 법원에 제출할 필요가 없다.

---

317) 소액사건의 경우 당사자가 신청한 증거에 의하여 심증을 얻을 수 없는 경우가 아니라도 판사는 필요하다고 인정한 때에는 직권으로 증거조사를 할 수 있다(소액사건심판법 제10조).

■ 증거조사의 단계

단계	내용	비고
1. 증거조사의 신청	법원에 증거조사를 신청하는 소송행위	·서면이나 말로 가능 ·변론종결 전까지 가능(단, 실기한 경우 각하될 수 있으며, 변론준비기일을 연 경우 그때까지 신청해야) ·변론기일은 물론 변론기일 전에도 가능(변론준비절차나 변론준비기일 포함) ·법원은 예외적으로 직권에 의해 증거조사를 할 수 있음
2. 채부(採否) 결정	·당사자나 보조참가인의 증거신청에 대하여 이를 채택(인용)하거나 기각·각하하는 수소법원의 소송 중의 재판 ·증거신청의 채부결정은 소송지휘에 관한 재판이므로 언제든지 취소, 변경 가능(민사소송법 제222조)	·변론준비절차에서는 재판장이나 수명법관이 단독으로 할 수 있고, 이에 대해 당사자는 이의신청 가능 ·결정서 대신 증거신청서나 증거목록에 그 취지를 기재하는 것으로 갈음할 수 있음 ·법원의 재량이 크나 유일한 증거는 배척할 수 없음
3. 증거방법의 제출과 증거조사 비용의 예납	·증거조사를 위해 증거신청인이 소지하고 있는 문서 등 증거방법을 법원에 제출하고 증거조사에 소요되는 비용을 미리 납부하는 행위 ·증거방법을 증거신청인이 소지하고 있지 않은 경우 문서제출명령 등을 통하여 확보 ·증인이나 당사자본인 등 인증은 법원이 소환하거나 증거신청인이 대동(동반)	·법원의 증거방법 제출명령이나 소환에 불응하는 경우 과태료 부과, 감치, 구인 등의 제재나 강제력 행사 가능 ·비용을 예납하지 않은 경우 증거조사를 하지 않을 수 있음(민사소송법 제116조 제2항)
4. 증거조사의 실시	·증거방법에 들어 있는 사실을 오관에 의해 인식하는 행위 ·증거방법에 따라 여러 가지 조사방식이 있으며, 수소법원이 직접 조사하거나 감정인 등 타인의 도움을 받을 수 있음 ·증거방법과 증거조사 서증: 직접 내용을 인식 물증: 검증, 감정 인증: 증인신문, 당사자본인신문, 이해관계인심문 기타: 조사촉탁, 자기디스크·음성자료·영상자료의 조사 등	·변론준비기일에서는 재판장이나 수명법관이 단독으로 가능. 단, 증인신문이나 당사자본인신문은 원칙적으로 변론기일(쟁점정리기일)에만 가능(민사소송법 제281조 제3항, 제293, 313조) ·수명법관이나 수탁판사도 가능 ·변론기일 전, 법정 밖, 외국에서도 가능 ·당사자가 증거조사기일에 불출석한 때도 가능
5. 증거조사 결과의 인식·평가(심증의 형성)	·증거조사결과를 인식하고 그 신빙성을 자유심증에 의해 평가하는 행위 ·서증조사와 같이 증거조사의 실시단계와 명확하게 구분이 되지 않는 경우도 있음	·증거조사가 끝난 즉시 하는 것은 아니고 변론이 종결된 다음 하는 것이 보통임

4) 증거조사의 주체는 법원이다. 물론 증거조사는 대부분 당사자의 신청에 의하여 이루어지고, 당사자가 문서나 검증물 등의 증거방법을 가지고 있는 경우 이를 법원에 제출하는 것이 필요하나, 이는 법원으로 하여금 증거조사를 개시하게 하거나 보조하는 것에 불과하다. 따라서 증거조사의 중심은 증거조사의 실시이며, 이는 당사자의 변론이라기보다는 법원의 변론 또는 소송행위라고 할 수 있다.

다만, 당사자는 증거조사의 모든 단계에서 그에 관한 사실상·법률상 주장을 하거나 신청을 하는 등으로 변론을 할 수 있음은 물론이다. 이러한 당사자의 변론 가운데서도, 증거조사의 신청 또는 상대방의 신청에 대한 이의의 진술, 증거조사결과에 대한 신빙성 등 의견의 제출이 그 중심을 이룬다.

5) 증거조사의 이러한 성격상 증거조사 과정에서는 당사자의 참여가 일정한 범위에서 제한되고, 수소법원이 아닌 법관이나 타인 또는 기관을 시켜 이를 실시하게 할 수도 있다. 즉 ① 증거의 신청과 조사는 변론기일 전에도 할 수 있고(민사소송법 제289조 제2항), ② 증거조사는 당사자가 그 조사기일에 출석하지 아니한 때에도 할 수 있으며(민사소송법 제295조), ③ 외국에서 시행할 증거조사는 그 나라에 주재하는 대한민국 대사·공사·영사 또는 그 나라의 관할 공공기관에 촉탁하고(민사소송법 제296조 제1항), ④ 법원은 필요하다고 인정할 때에는 법원 밖에서도 증거조사를 할 수 있으며, 이 경우 합의부원(수명법관)에게 명하거나 다른 지방법원 판사(수탁판사)에게 이를 촉탁하여 실시할 수 있고, 수탁판사는 필요하다고 인정할 때에는 다른 지방법원 판사에게 다시 이를 촉탁할 수 있고(민사소송법 제297조), ⑤ 미리 증거조사를 하지 아니하면 그 증거를 사용하기 곤란할 사정이 있다고 인정한 때에는 소를 제기하기 전에도 증거보전절차에 의하여 증거조사를 할 수 있으며(민사소송법 제375, 376조), 이때 증거조사에 참여할 상대방을 지정할 수 없는 경우 법원은 상대방이 될 사람을 위하여 특별대리인을 선임하여 참여하게 할 수 있다(민사소송법 제378조).

6) 이와 같이 증거조사 과정에서 당사자의 참여가 일정한 범위에서 제한되고, 수소법원이 아닌 법관이나 타인 또는 기관을 시켜 이를 실시할 수도 있게 하는 것은 직접주의의 원리에 반하는 것이라고 볼 수도 있다. 그러나 모든 증거조사를 수소법원으로 하여금 직접 실시하게 하는 것은 가능하지도 않고, 증거조사에서 핵심적인 사항은 증거조사의 과정이라기보다는 그 조사의 결과를 수소법원에 제출하여 수소법원이 이를 인식·평가하는 것(심증을 형성하는 것)이라고 할 수 있으므로, 위와 같은 예외를 인정한다고 하여 그것이 직접주의의 원리에 정면으로 반하는 것이라고 볼 수는 없다고 하겠다.

나. 증거의 신청과 철회

1) 증거의 신청, 즉 증거조사의 신청과 채부결정, 증거방법의 제출, 증거조사 등은 모

두 청구를 이유 있게 하거나 이유 없게 하기 위한 당사자의 소송행위이거나 심판을 위한 법원의 소송행위이다. 이들 당사자의 소송행위는 공격방어방법에 속하고, 당연히 변론의 내용이 된다.

2) 그러나 증거조사에 관련한 모든 소송행위를 법정과 변론기일에서 말로만 하게 할 경우, 소송 심리가 지연되고 물리적으로 불가능한 경우도 있을 수밖에 없다. 이에 따라 민사소송법은 증거 관련 소송행위에 관하여, 변론기일이 아닌 때, 법정 밖, 서면에 의한 것도 허용한다.[318] 법원이 오로지 증거조사만을 위하여 기일을 여는 경우를 통상 증거조사기일이라고 한다.

3) 증거신청은 서면이나 말로써 할 수 있다(민사소송법 제161조). 증거조사를 신청하는 때는 증거방법을 특정하고, 그것을 통해 증명하려는 사실(입증취지)이 무엇인지를 밝혀야 한다(민사소송법 제289조 제1항). 때로는 기존의 주장 사실을 증명하기 위한 것이 아니라, 당해 증거조사를 통해 새로운 사실(주장사항)을 만들어 내기 위한 증거신청이라도 합리적 이유가 있는 때는 허가하여야 할 것이다. 증인의 주소나 거소를 알아보기 위한 증거신청(사실조회 등)도 같다.

증거신청은 위와 같이 변론의 내용으로서 공격방어방법의 제출에 해당하므로 적시에 제출하여야 하고, 그것이 실기(失期)한 것인 때에는 배척될 수 있다(민사소송법 제149조 제1항). 재판장은 당사자의 의견을 들어 한 쪽 또는 양쪽 당사자에 대하여 특정한 사항에 관하여 주장을 제출하거나 증거를 신청할 기간을 정할 수 있고, 당사자가 그 기간을 넘긴 때에는 주장을 제출하거나 증거를 신청할 수 없다. 다만, 당사자가 정당한 사유로 그 기간 이내에 제출 또는 신청하지 못하였다는 것을 소명한 경우에는 그러하지 아니하다(민사소송법 제147조). 변론준비절차를 시행하고 그 준비기일을 종결한 경우, 변론준비기일에 제출하지 아니한 공격방어방법은 일정한 사유가 있는 때에만 예외적으로 허용된다(민사소송법 제285조 제1항).

4) 증거신청은 증거조사가 개시되기 전에는 자유로이 철회할 수 있다(대법원 1971. 3. 23. 선고 70다3013 판결). 증거조사가 이미 개시된 후에는 그 증거조사결과가 증거공통의 원칙에 의하여 상대방에게 유리하게 이용될 수도 있으므로, 상대방의 동의가 있는 때에 한하여 철회할 수 있다. 그러나 증거조사가 끝난 뒤에는 증거신청의 목적이 달성되었기 때문에 상대방의 동의가 있더라도 철회는 허용되지 않으며, 법원은 이를 증거자료로 판단하게 된다.

다. 증거신청에 대한 채부결정

1) 법원은 당사자의 증거신청에 대하여 답을 할 의무가 있다. 즉 증거신청은 본안소송에 부수하는 재판의 청구에 해당한다(민사소송법 제290조, 제222조 참조). 증거신청에 대한 허부의 재판은 수소법

318) 대법원도, 수명법관에 의하여 수소법원 외에서 증인을 신문하거나 또는 현장검증 및 기록검증(법정 밖에서의 서증조사)을 할 경우에는 반드시 공개심리의 원칙이 적용되지 아니한다고 한다(1971. 6. 30. 선고 71다1027 판결).

원이 결정으로 한다. 법원이 직권으로 증거조사를 하기로 한 때에도 마찬가지다.

2) 법원은 당사자가 신청한 증거를 필요하지 아니하다고 인정한 때에는 조사하지 아니할 수 있다. 다만, 그것이 당사자가 주장하는 사실에 대한 유일한 증거인 때에는 그러하지 아니하다(민사소송법 제290조). 조사할 증거가 증거능력이 없는 경우에도 같다. 그러나 민사소송에서는 위법하게 수집된 증거라고 하여 모두 증거능력이 없는 것은 아니다. 유일한 증거인지 여부는 그 신청인이 입증책임을 지는 사실에 대한 증거여야 하므로 반증은 이에 해당하지 않는다(대법원 1998. 6. 2. 선고 97다38510 판결).

3) 증거신청에 대한 허부의 재판에 대해서는 독립하여 불복할 수 없고, 상소로써 다투어야 한다. 즉 법원의 증거 채택 여부 결정은 실질상 소송지휘의 재판이어서 민사소송법이 일반적으로 항고의 대상으로 삼고 있는 민사소송법 제439조의 '소송절차에 관한 신청을 기각한 결정이나 명령'에 해당하지 않고, 이에 대하여 불복할 수 있는 특별규정도 없으므로, 그 결정에 대하여는 항고할 수 없다. 또한 재판부의 증거 채택 여부 결정은 종국판결과 함께 상소심의 심판을 받는 중간적 재판의 성질을 가지므로, 민사소송법 제449조에서 특별항고의 대상으로 정하는 '불복할 수 없는 결정이나 명령'에도 해당하지 않는다(대법원 2009. 8. 25.자 2009마1282 결정, 2018. 2. 20.자 2017으524 결정, 2018. 3. 7.자 2018그512 결정 등).

다만, 변론준비절차를 진행하는 재판장, 수명법관, 수탁판사가 그 절차에서 증거의 채부결정을 한 경우, 그 사건이 합의사건인 때에는 이에 대하여 당사자는 민사소송법 제138조에 의해 당해 합의부에 이의신청을 할 수 있다.

4) 증거신청에 대한 허부의 재판은, 실기한 것이어서 각하(기각)하는 경우나 변론기일 외에서 채부를 결정하는 경우 외에는 따로 결정서를 만들지 않고,[319] 변론기일조서에 기재하거나 증거목록 또는 신청서에 간략하게 그 요지만을 기재하는 방법으로 함이 보통이다.[320] 실무상, 증거신청이 있음에도 이에 대한 허부의 재판을 하지 않은 채 변론을 종결하는 경우가 많은데, 대법원은 이 경우 묵시적으로 이를 기각한 것으로 해석한다(대법원 1992. 9. 25. 선고 92누5096 판결).

5) 증거의 채부 결정은 위와 같이 소송지휘의 재판이므로 법원은 언제든지 이를 취소·변경할 수 있다(민사소송법 제222조).

---

319) 변론기일 외에서 채부를 결정하는 경우에도 증거목록에 그 결정을 기일 외에서 한 것임을 표시하고 간략하게 채부의 요지만을 기재할 수도 있다.

320) 증거신청에 대한 허부의 재판은 수소법원의 권한이지 재판장의 권한은 아니므로(다만, 변론준비절차에서 재판장이나 수명법관이 이를 진행하는 때는 예외이다) 재판장이 단독으로 이에 관한 재판을 할 수는 없다. 그러나 실무상 증거신청서에 채부의 고무인을 찍고 채부란에 재판장이 날인하는 방법으로 이를 결정하는 경우가 많은데, 이는 정식의 증거결정이 아니고 재판장의 의견을 밝힌 것에 불과하다.

라. 증거조사의 실시

1) 증거신청을 한 당사자나 법원이 직권으로 증거조사를 하기로 하면서 어느 당사자에게 비용을 납부하도록 명한 경우, 당사자는 그 비용을 미리 내야 한다. 비용을 미리 내지 아니하는 때에는 법원은 그 소송행위를 하지 아니할 수 있다(민사소송법 제116조, 민사소송규칙 제77조).

2) 문서 등 조사할 증거방법을 증거신청을 한 당사자 본인이 가지고 있는 때는 이를 법원에 제출하여야 한다(민사소송법 제343조, 제366조 제1항 등). 때로는 소장을 제출할 때에 미리 이를 제출하여야 하는 경우도 있다. 즉 부동산에 관한 사건은 그 부동산의 등기사항증명서, 친족·상속관계 사건은 가족관계기록사항에 관한 증명서, 어음 또는 수표 사건은 그 어음 또는 수표의 사본을 소장에 붙여야 한다. 그 외에도 소장에는 증거로 될 문서 가운데 중요한 것의 사본을 붙여야 한다(민사소송규칙 제63조 제2항).

재판장은 소장을 심사하면서 필요하다고 인정하는 경우에는 원고에게 청구하는 이유에 대응하는 증거방법을 구체적으로 적어 내도록 명할 수 있으며, 원고가 소장에 인용한 서증의 등본 또는 사본을 붙이지 아니한 경우에는 이를 제출하도록 명할 수 있다(민사소송법 제254조 제4항). 상대방 당사자도 이와 같다(민사소송법 제274, 275조). 그러나 이는 모두 증거신청이나 증거조사를 준비하는 것에 불과하고, 그 자체가 증거신청이나 증거조사가 아님은 물론이다.

3) 증거조사는 법원이 소송자료인 증거자료를 얻기 위해 실시한다. 따라서 증거조사의 주체는 법원이다. 당사자는 증거조사를 신청하고 증거조사의 결과에 대하여 의견(사실상·법률상의 주장)을 진술할 수 있을 뿐이다. 그리고 법원의 증거조사 과정에서 법원이 감정인 등 타인의 도움을 받는 경우가 있으나, 그런 경우에도 증거조사의 주체는 어디까지나 법원이지 당사자나 타인이 아니다. 증거조사는 판단자인 법원이 증거방법으로부터 얻어진 증거조사의 결과를 인식하는 것이기 때문이다. 따라서 감정인에게 감정을 하게 한 경우에도 엄격히 말하자면 감정인의 감정 그 자체가 증거조사가 되는 것이 아니라, 감정인으로 하여금 감정을 하게 하고 이를 통해 얻어진 감정 결과(증거방법)를 법원이 인식하는 것이 증거조사의 본질에 해당한다.

4) 구체적인 증거조사의 방법과 과정은 서증(문서)이나 검증물, 감정물, 증인 등 증거방법의 종류에 따라 다르다. 증거조사를 할 때는 당사자 쌍방에게 기일과 장소를 정하여 고지하고 참여하게 하여야 하나, 긴급한 경우에는 그러하지 아니하다(민사소송법 제167조 제1항, 제381조). 따라서 증거조사는 당사자 일방이나 쌍방이 참여하지 않은 상태에서도 할 수 있고(민사소송법 제295조), 변론기일 외에서의 증거조사는 공개하지 않아도 무방하다(대법원 1971. 6. 30. 선고 71다1027 판결).

5) 증거조사는 통상 증인신문기일, 검증기일과 같이 증거조사를 위한 기일을 따로 지정해 실시한다. 그러나 증인신문과 같이 법정에서 할 수 있는 증거조사는 따로 그 기일

을 정하지 않고 변론기일에 변론과 함께 실시하는 것이 보통이다. 변론준비기일에도 증거조사를 할 수 있으나 증인신문과 당사자신문에는 제한이 있다(민사소송법 제281조 제3항).

6) 증거조사의 주체는 수소법원이므로 그 소속 법관 전원이 참여하여 실시함이 원칙이다. 그러나 법원 밖에서 증거조사를 하는 경우, 그것이 불가능하거나 곤란한 때가 많으므로 이때는 수명법관이나 수탁판사로 하여금 증거조사를 하게 할 수 있다(민사소송법 제297조). 이 경우에는 수명법관이나 수탁판사가 한 증거조사의 결과를 수소법원 법관 전원이 인식하여 이를 기초로 본안에 대한 판단을 하게 된다. 이 점에서 직접심리주의가 일부 후퇴하게 되는 셈이다.

7) 증거조사 역시 넓은 의미에서는 변론에 속하나, 증거조사기일에서는 그때까지 제출된 당사자의 주장(특히 사실적 주장)을 기초로 그 사실의 존부를 조사하는 것이므로 소송목적인 권리·법률관계에 대한 당사자의 사실적·법률적 주장인 협의의 변론과는 다른 성질을 띤다. 그러므로 변론기일과 증거조사기일을 동시에 실시한 때에는 증거조사와 함께 소송목적인 권리·법률관계에 대한 사실적·법률적 주장도 할 수 있으나, 증거조사기일을 변론기일과 분리하여 실시한 때에는 소송목적인 권리·법률관계에 대한 사실적·법률적 주장을 할 수 없고, 설사 이를 하였더라도 변론기일에 다시 그 내용을 주장·진술하여야만 소송자료가 된다.

8) 증거조사는 법령에 정한 절차와 방식에 따라 실시하여야 함은 물론이다. 그러나 사소한 절차 위반이 있고, 그것이 강행규정이나 당사자의 본질적인 변론권을 침해한 것이 아니어서 그에 따른 이익을 당사자가 포기할 수 있는 것이라면 민사소송법 제151조에 의하여 책문권(이의권)을 포기한 것으로 되어 그 하자가 치유된다고 할 수 있다.

예컨대, 당사자를 본인신문의 방법이 아닌 증인으로 신문한 경우, 녹음·녹화테이프, 컴퓨터용 자기디스크·광디스크, 그 밖에 이와 비슷한 방법으로 음성이나 영상을 녹음 또는 녹화하여 재생할 수 있는 매체에 대한 증거조사는 녹음테이프 등을 재생하여 검증하는 방법으로 하여야 하는데(민사소송규칙 제121조 제2항), 이를 서증조사의 방법으로 조사한 경우 등에 당사자나 소송대리인이 지체 없이 이의하지 아니하면 하자가 치유된다(대법원 1977. 10. 11. 선고 77다1316 판결, 1992. 10. 27. 선고 92다32463 판결 등 참조).

마. 증거조사결과(증거자료)의 이용

1) 증거조사의 절차와 결과는 변론기일에 이를 행한 경우에는 변론기일조서와 당해 증거조사조서에, 그 밖의 경우에는 증거조사기일의 조서에 기재하고, 증거목록에도 기재한다. 당사자주의의 원칙상 당사자 일방의 증거신청이나 증거조사의 결과 등 입증활동 전반에 대하여 상대방은 증거방법의 적법 여부나 신빙성 등에 대하여 변론을 통해 의견을 주장, 진술할 수 있다(민사소송법 제274조 제1항 제5호, 제283조 참조).[321]

2) 수소법원이 법정에서 변론기일에 행한 증거조사결과는 당사자의 원용 여부에 불구하고 당연히 소송자료인 재판의 기초로 된다. 수명법관·수탁판사의 증거조사결과, 증거보전에 의한 증거조사결과, 감정인의 감정결과, 수소법원이 법원 밖이나 외국에서 한 검증 등 증거조사의 결과, 변론준비기일에 한 증거조사의 결과와 같이 수소법원이 변론기일이나 법정에서 하지 않은 증거조사의 결과에 대하여는 수소법원의 제시와 당사자의 원용(진술)을 요하는지 여부가 문제된다. 이는 판결은 변론에 관여한 법관이 하여야 한다는 직접주의와의 관계에서 논의된다.

3) 법원의 증거조사도 넓은 의미에서 변론에 속함은 물론이다. 변론기일에 당사자 일방이 참여기회를 보장받고도 출석하지 않은 경우, 그 기일에서의 다른 당사자와 법원의 변론 결과 역시 소송자료가 되어 판단의 기초가 될 수 있는 것과 마찬가지로, 증거조사기일에 당사자 일방이나 쌍방이 참여기회를 보장받고도 출석하지 않은 경우, 그 기일에서의 증거조사결과 역시 당사자의 원용(진술)이 없더라도 소송자료가 될 수 있는 데에 의문의 여지가 없고, 이들이 모두 출석한 경우에는 말할 나위도 없다.

그리고 위와 같이 증거조사가 넓은 의미에서 변론에 속하기는 하지만, 소송목적인 권리·법률관계에 대한 당사자의 사실적·법률적 주장인 협의의 변론과는 다른 성질을 띠므로, 증거조사의 주체인 법원이 증거조사를 실시한 이상 증거조사의 주체가 아닌 당사자가 반드시 그 결과를 변론을 통해 원용(진술)할 필요가 없을 뿐 아니라,[322] 법원 역시 이미 증거조사의 실시를 고지한 이상 그 결과를 변론기일에 당사자에게 제시하여야 할 필요가 없다.[323] 또한 법원이 증거조사를 법원 밖이나 외국에서 실시한 여부는 법원이나 국내에서 실시한 것과 어떠한 차이도 없다. 따라서 증거조사의 결과를 소송자료로 삼기 위한 요건으로서 변론기일에 법원이 이를 제시(제출)하고 이에 대한 당사자의 원용(진술)은 필요 없다.[324] 대법원의 견해도 이와 같다고 할 수 있다(대법원 1976. 6. 22. 선고 75다2227 판결).

4) 이는 수명법관이나 수탁판사가 증거조사를 실시한 때나 다음에서 보는 증거보전절차에 의해 증거조사를 실시한 경우에도 동일하다고 할 것이다. 이 경우에 수명법관이나 수탁판사, 증거보전 법원의 증거조사결과에 대하여 증거조사에 참여하지 않은 수소법원의 법관이 인식할 필요가 있으나, 당사자가 그 내용을 원용(진술)하는 방법에 의해서만 증거조사에 직접 참여하지 않은 법관이 비로소 그 증거조사결과를 공유하게 되는 것은

321) 당사자의 증거에 관한 진술은 앞서 본 바와 같이 공격방어방법에 속한다. 그 진술 내용은 대체로, 실기한 증거신청이라거나, 증거방법이 증거능력이나 신빙성이 없다거나, 쟁점의 판단에 불필요한 증거라거나, 증거가 위조된 것이라거나, 상대방이 증거제출 등을 방해하였다는 등의 것이 될 것이다.

322) 증거조사의 주체인 법원은 이미 그 결과를 잘 알고 있다.

323) 현실적으로도 당사자는 증거조사에 관한 조서를 열람하여 그 결과를 알 수 있다.

324) 다만, 변론준비기일에서의 증거조사결과(민사소송법 제287조 제2항)와 같이 법령에서 명문으로 이를 요구하거나 해석상 이에 준하는 때에는 예외이다.

아니며, 그 증거조사결과 공유를 통해 판단한 이상 그것이 직접주의에 정면으로 반한다고 보기 어렵기 때문이다.

5) 다만, 위와 같이 당사자는 자신과 상대방의 증거신청에 대해서는 물론 증거조사의 결과에 대해서도 그 신빙성이나 절차의 적법 여부 등에 관한 사실적·법률적 주장을 할 수 있으므로, 법원이 증거조사의 결과를 변론기일에 제시·설명하고 이에 대한 당사자의 의견(주장)을 듣는 것은 권장할 사항이다.[325] 특히 증거조사가 외국에서 한 검증 등과 같이 당사자가 당초부터 참여하기 곤란하였거나 실제로 당사자가 증거조사기일에 참여하지 않은 때에는 더욱 그러하다.

그러나 이 경우에도 당사자가 증거조사의 결과를 전혀 알 수 없어 이에 대한 변론(증거조사와 관련한 주장)이 불가능하거나 현저히 곤란한 경우가 아닌 한, 법원이 이 같은 절차를 취하지 않은 채 증거조사의 결과를 판단자료로 삼았다고 하여 그것이 위법이라고는 할 수 없다. 그리고 당사자가 이러한 사정을 알았거나 알 수 있었음에도 상당한 기간 안에 이의를 제기하지 않은 경우에는 민사소송법 제151조에 의하여 이후 다른 주장을 할 수 없다고 할 것이다. 이에 관하여 대법원은 "사실심 법원이 직권 또는 신청에 의하여 증거조사를 실시하는 경우 당사자로 하여금 의견을 진술할 기회를 주어야 하지만, 법원의 증거결정에 의하여 실시된 감정에 따라 제출된 감정서의 내용이 미비하거나 불명확하여 그 보완이 필요하다고 인정하는 경우에는 반드시 변론기일에 당사자의 의견을 들어보고 그 보완을 명하여야 하는 것은 아니므로, 변론기일 외에서 감정서의 보완을 명한 조처가 변론주의에 위반한 것이라 할 수 없다"고 하여(대법원 1989. 3. 14. 선고 88누1844 판결 참조) 같은 취지의 견해를 취하고 있다.

바. 증거공통의 원칙

증거는 원고나 피고 어느 쪽 당사자에 의하여 제출되었느냐를 묻지 않고, 또 상대방이 이를 원용하는지 여부에 관계없이 법원은 이를 당사자 어느 쪽의 유리 또는 불리한 사실인정의 자료로 사용할 수 있는바(대법원 1978. 5. 23. 선고 78다358 판결, 2004. 5. 14. 선고 2003다57697 판결 등), 이를 증거공통의 원칙이라고 한다.[326]

---

325) 이를 강제하는 법령규정은 없다. 다만, 민사소송법 제274조는 준비서면에 공격 또는 방어의 방법과 상대방의 공격 또는 방어의 방법에 대한 진술을 기재함과 아울러 그에 관한 사실상 주장을 증명하기 위한 증거방법과 상대방의 증거방법에 대한 의견을 함께 적어야 한다고 규정하고 있는바, 이는 당사자 스스로 하는 것이다.

326) 그러나 상대방이 제출한 증거로서 반대 당사자가 이를 자신의 이익으로 원용하지 않은 증거를 채택하지 않은 때(판단자료로 삼지 않은 때)에는 그 이유를 설시할 필요가 없다(대법원 1961. 7. 13. 선고 4293민상784 판결, 1974. 10. 8. 선고 73다1879 판결).

4. 입증책임(立證責任)

가. 입증책임의 의의

1) 변론주의에서는 앞서 본 바와 같이 사실자료는 물론 증거자료도 당사자의 책임하에 수집, 제출되어야 한다. 그런데 당사자의 입증활동을 통해서도 어떤 요증사실(입증을 요하는 사실)에 대한 입증에 실패하여 그 요증사실의 존부가 확정되지 아니하면, 결국 법원은 그 요증사실이 존재하지 않는 것으로 취급할 수밖에 없다. 이와 같이 요증사실의 존부 불확정으로 인해 그 사실이 존재하지 않는 것으로 취급되어 그에 따른 법률효과를 받지 못하게 되는 일방 당사자의 불이익을 입증책임 또는 객관적 입증책임이라고 한다.

주장책임이 법원의 심리·판단을 위해 요건사실을 수집, 주장하는 데에 있는 것이라면, 입증책임은 그 주장한 사실을 입증하여 법원으로 하여금 그 요건사실의 존재에 대한 심증을 형성하도록 하는 데에 있다고 할 수 있다.

2) 위와 같은 객관적 입증책임에 대하여, 요증사실의 존부 불명으로 인해 불이익을 받게 되는 당사자가 그 불이익을 피하기 위하여 소송절차에서 현실적으로 증거자료를 제출할 행위책임을 주관적 입증책임 또는 증거제출책임이라고 한다.

3) 한편 '입증의 필요'라는 용어도 사용되는데, 이는 입증책임과 상관없이 소송절차에서 어떤 사실에 대한 법관의 심증이 형성되어 가는 중에 그 심증형성에 부족이 있거나 심증형성을 반대쪽으로 유도하기 위하여 당사자가 증거자료를 제출할 현실적인 필요성을 말한다.

4) 입증책임 역시 주장책임과 마찬가지로 어느 당사자에 의해서도 요증사실의 존부가 확정되지 아니한 경우에만 문제되고, 반드시 당해 요증사실의 부존재로 그에 따른 법률효과를 받지 못하게 되는 일방 당사자의 입증이 없거나 실패한 경우에만 성립하는 것은 아니다. 증거공통의 원칙에 의해, 증거자료는 어느 당사자가 제출한 것이든 제출자의 상대방이 이를 원용한 여부에 불구하고 법원은 그 증거자료에 의해 요증사실의 존부를 판단할 수 있기 때문이다(대법원 1974. 10. 8. 선고 73다1879 판결, 1978. 5. 23. 선고 78다358 판결, 2004. 5. 14. 선고 2003다57697 판결 등 참조).

나. 입증책임의 대상

1) 입증책임은 원칙적으로 법률효과를 발생시키는 법률요건과 그 법률사실에 대하여 적용된다. 그러나 주장책임과 달리 청구원인사실에 대하여도 적용되며, 주요사실에 한하지 않고 간접사실이나 보조사실도 그 대상이 될 수 있다. 소송목적인 권리·의무의 발생근거인 청구원인사실 역시 입증의 대상이기 때문이다.

2) 입증책임은 주장책임이나 변론주의가 적용되지 않는 사항에 대하여도 적용된다. 즉

직권주의의 적용 영역에도 입증책임이 긍정된다. 어떤 법규의 존재 여부는 법률에 관한 사항으로서 법원의 직권조사와 직권탐지사항이지만, 외국법이나 당사자가 주장하는 관습법, 사실인 관습과 같이 그 존재가 널리 알려지지 않은 것인 경우 그 존재가 입증되지 않으면 역시 존재하지 않는 것으로 취급된다. 또, 소송요건의 존부 역시 대부분 법원의 직권조사사항이지만, 그 존부를 확정할 수 있는 자료가 소송절차에 제출되어 있지 않으면 그 소송요건의 존재나 부존재로 이익을 받을 일방 당사자가 불이익을 입는다.[327)]

다. 입증책임의 분배

이는 앞서 <주장책임의 분배 기준>에 관하여 본 바와 같다. 주장책임을 지는 자는 원칙적으로 입증책임도 함께 진다.[328)] 즉 원칙적으로, 권리의 발생이나 행사의 근거요건은 권리자에게, 권리의 발생·행사·존속의 장애요건은 의무자에게 각기 주장책임과 입증책임이 있다. 한편, 주장책임과 입증책임의 분배 기준은 채무자가 원고가 되는 소송에 있어서도 채권자가 원고가 되는 소송과 동일함은 이미 설명한 바와 같다.

라. 입증책임의 전환

입증책임의 전환이란, 일정한 사유로 인해 본래의 입증책임이 상대방에게 전환되는 것을 말한다. 이는 여러 가지 기준으로 나눠볼 수 있는데, 크게는 법률에 의하여 인정되는 경우와 사실상 인정되는 경우로 나눌 수 있다.

(1) 법률상의 전환

(가) 법률상 사실의 추정

1) 법규가 법률효과 발생에 대한 입증을 용이하게 할 목적으로, '어떤 사실'이 있는 때에는 위 법률효과 발생의 요건사실이 있다고 추정하는 취지로 규정한 경우, '어떤 사실'을 추정의 전제사실, 요건사실을 추정사실이라 하고, 요건사실이 아닌 '어떤 사실'을 입증하여 위 추정규정을 적용함으로써 요건사실의 존재를 추정하는 것을 법률상 사실의 추정

---

327) 적극적 소송요건의 경우 그 존부가 불명이면 그것이 없는 것으로 취급되어 그 존재로 이익을 받을 자(대개 원고)는 소가 각하되는 불이익을 입는다. 반면에 소극적 소송요건의 경우 그 존부가 불명이면 그것이 없는 것으로 취급되어 그 존재로 이익을 받을 자(대개 피고)는 소가 각하되지 않는 불이익을 입는다.

328) 예외적으로 주장책임과 입증책임이 분리되는 경우가 있다. 예컨대, 민법 제135조는 상대방에 대한 무권대리인의 책임으로서 "다른 자의 대리인으로서 계약을 맺은 자가 그 대리권을 증명하지 못하고 또 본인의 추인을 받지 못한 경우에는 그는 상대방의 선택에 따라 계약을 이행할 책임 또는 손해를 배상할 책임이 있다."고 규정하는바, 이 경우 대리권의 존재를 증명할 입증책임은 무권대리인이 지지만, 무권대리인이 대리권을 증명하지 못하였다는 사실, 즉 무권대리인에게 대리권이 없다는 사실은 무권대리인에게 민법 제135조 제1항의 책임을 추궁하려는 본인이 주장하여야 한다는 것이 통설이다.

이라 한다. 즉 법률에 의하여 일정한 법률요건사실을 추정한다는 의미다.

2) 민법 제30조(동시사망의 추정), 제198조(점유계속의 추정), 제844조(부의 친생자추정), 상법 제23조 제4항(동일상호 사용의 부정목적 추정), 어음법 제20조 제2항(일자 기재 없는 배서의 기한 전 배서 추정), 채무자 회생 및 파산에 관한 법률 제329조 제2항(파산선고일에 한 파산자의 법률행위의 파산선고 후 행위 추정) 등이 이에 해당한다. 대법원은 등기원인의 존재 및 유효성에 대하여 등기의 추정력을 인정함으로써 등기원인사실에 대하여 법률상 사실의 추정을 인정한다(대법원 1957. 10. 21. 선고 4290민상251, 252 판결, 1967. 10. 23. 선고 67다1778판결, 1972. 2. 22. 선고 71다2341판결, 1977. 6. 7. 선고 76다3010판결, 1996. 2. 27. 선고 95다42980 판결 등 참조).

3) 이 경우 요건사실에 대한 주장·입증책임을 부담하는 당사자가 위 추정규정에 의하여 요건사실 대신 다른 사실을 주장·입증할 수도 있어 그 입증이 용이해진다. 그러나 어디까지나 요건사실의 존재가 추정되는 것에 불과하고 그 존재가 증명된 것은 아니므로, 상대방은 요건사실의 부존재를 주장·입증함으로써 그 추정을 복멸할 수 있으며, 이때 요건사실의 부존재에 대한 주장·입증책임은 위 법규에 의하여 상대방에게 전환된다.[329]

(나) 법률상 권리의 추정

1) 이는 전제사실의 존재로써 곧바로 권리 또는 법률효과를 법규에 의하여 추정하는 경우이다. 이에 따라 권리 주장자는 본래의 요건사실을 주장·입증할 수도 있고, 위 전제사실을 주장·입증할 수도 있다. 그러나 전제사실에 대한 주장·입증책임은 요건사실과 마찬가지로 권리의 발생을 주장하는 자가 부담한다.

2) 민법 제200조(점유자의 권리 적법 추정), 제215조 제1항(구분소유 건물 중 공용부분의

---

329) 상대방이 요건사실의 부존재에 대한 주장·입증책임을 진다는 것은, 요건사실로서 추정사실인 b에 대하여 주장·입증책임을 지는 자가 추정의 전제사실 a를 주장·입증하면 법률상 사실의 추정에 의하여 b의 존재가 추정되어 그 주장·입증책임을 다한 것이 되고 그로부터 법률효과가 발생하게 되므로, 그 법률효과 발생을 저지하려는 상대방은 추정의 전제사실 a를 부정하고 a의 존재에 반대되는 사실을 주장·입증할 것이 아니라(법률상 사실의 추정은 이미 추정의 전제사실 a의 존재가 주장·입증된 것을 전제로 하므로 그 이후에 상대방이 a의 존재에 반대되는 사실을 주장·입증한다는 것은 의미가 없기 때문이다.), 직접적으로 입증된 바는 없는 추정사실 b의 부존재, 즉 b의 존재에 반대되는 사실을 주장·입증하여야 한다는 뜻이다. 원래 b는 그로부터의 법률효과를 얻으려는 자가 주장·입증하여야 하는데 법률상 사실의 추정에 의하여 오히려 b의 부존재를 상대방이 주장·입증하여야 하는 것으로 전환되었다.

이때, 변론주의하에서도 법규의 적용에 대하여는 당사자의 주장이 필요 없어 b에 대한 당사자의 주장이 없더라도 법원은 추정규정에 의하여 b를 인정할 수 있으므로, b로부터의 법률효과를 얻으려는 자는 b에 대한 주장책임도 면한다는 견해가 있다(사법연수원, 요건사실론 2012, 11쪽). 그러나 추정규정에 의하여 완화·면제되는 것은 입증책임일 뿐 주장책임이 아니고, 법률효과를 얻으려는 자는 그 요건사실을 주장·입증하여야 한다는 것은 주장·입증책임의 대원칙이며 민사소송의 본질적 구조에 부합하므로 수긍하기 어렵다. 추정규정에 의한 법률효과 발생을 저지하려는 상대방이 추정사실 b의 부존재에 대한 주장·입증책임을 지지만, 이는 b 자체가 아니라 b의 존재에 반대되는 사실에 대한 주장·입증인 점에서 b로부터의 법률효과를 얻으려는 자의 b에 대한 주장책임과 저촉된다고도 할 수 없다. 물론 소송 현실상 a에 대한 주장으로써 간접적으로 b에 대한 주장의 효력을 인정받게 되는 경우가 대부분일 것이다.

공유 추정), 제239조(경계표의 공유 추정), 제262조 제2항(공유지분의 균등 추정), 제709조(조합의 업무집행조합원에 대한 대리권의 추정), 제830조 제2항(귀속불명 재산의 부부 공유 추정) 등이 이에 해당한다.

즉 물건의 점유사실만 있으면 곧바로 그 물건에 대하여 점유자에게 적법한 권리가 있는 등으로 추정하는 것이다. 법률에 명시적인 규정은 없지만, 등기가 있으면 그에 의해 표상되는 권리의 존재를 추정하는 이른바 등기의 추정력도 법률상의 권리추정과 같이 취급된다(대법원 1979. 6. 26. 선고 79다741 판결, 1983. 11. 22. 선고 83다카950 판결, 1994. 10. 7. 선고 94다28048 판결 등 참조).

3) 법률상 권리의 추정의 경우 법규의 추정력에 의하여, 추정의 효과를 다투는 상대방에게 추정된 권리의 부존재에 대한 주장·입증책임이 전환된다.

(다) 잠정적 진실

1) 이는 일정한 경우 아무런 추정의 전제사실(근거) 없이 무조건으로 어떤 법률사실을 추정하는 것이다. 민법 제197조 제1항(점유의 자주, 평온, 공연 추정), 상법 제47조 제2항(상인의 영업을 위하여 하는 행위 추정), 어음법 제29조 제1항 후문(어음상 인수의 기재가 말소된 경우 어음반환 전의 말소 추정) 등이 이에 해당하는데, 점유의 자주, 평온, 공연 추정의 경우 점유가 있기만 하면, 다른 전제조건 없이 무조건(잠정적으로) 그 점유를 자주, 평온, 공연한 것으로 추정하는 것과 같다.

2) 이 경우 추정되는 법률사실을 부정하는 자가 그 부존재에 대한 입증책임을 지게 되므로 입증책임의 전환이 일어난다. 예컨대, 민법 제245조 제1항에서 20년간 소유의 의사로 평온, 공연하게 부동산을 점유하는 자는 등기함으로써 그 소유권을 취득한다고 할 때, 민법 제197조 1항의 추정력의 작용으로, 20년간 부동산을 점유한 자는 등기함으로써 그 소유권을 취득하되, 다만 소유의 의사가 없거나 강폭, 은비하게 점유한 경우에는 소유권을 취득하지 못하는 결과가 되므로, 위 시효취득을 부정하려는 자는 소유의 의사가 없거나 강폭, 은비한 점유를 주장·입증하여야 한다.

(라) 항변, 재항변 등의 경우

항변, 재항변 등이 있는 경우 그 효과로 항변, 재항변의 상대방이 입증책임을 지는 사항에 대하여 자백이 성립하여 그에 대하여는 입증책임이 소멸하고, 반대로 항변, 재항변자가 그 상대방이 입증책임을 지는 사항과는 다른 사항에 대하여 입증책임을 지게 된다.

(2) 사실상의 전환

(가) 사실상 추정

1) 사실상의 추정은, 법률효과 발생에 필요한 요건사실의 존재를 경험칙에 의하여 간

접사실로부터 추인, 즉 추정에 의하여 인정하는 것이다. 예컨대, 매수인이라고 주장하는 자는 매매 사실을 증명하여야 하는데, 그가 매도인 명의의 소유권이전등기필증을 소지하고 있고 현재 그 목적물을 점유하고 있다면 그 간접사실(등기필증의 소지+점유)에 비추어 다른 특별한 사정이 없는 한 매매 사실(요증사실)을 인정하는 것이다.

2) 이는, 당사자 일방이 매도인 명의의 소유권이전등기필증을 소지하고 당해 목적물을 점유하고 있다면, 경험칙상 그가 매수인이 아니고서는 그런 일이 거의 일어나지 않기 때문이다. 따라서 매매를 부인하는 상대방은 그러한 간접사실에 불구하고 매매가 존재하지 않는다는 사실을 반증으로 증명하여야만 불이익을 면하게 된다. 즉 추인의 결과 사실상 상대방이 반대사실을 입증할 책임을 부담하게 되는 점에서, 입증책임의 사실상 전환이 일어난다.

3) 그러나 법률상 추정과 달리 사실상 추정의 경우에는 입증명제(입증대상=요증사실)의 전환이나 주장·입증책임의 전환이 법률상 일어나지는 않고 단지 사실상 전환되는 효과가 발생할 뿐이므로, 입증할 명제는 간접사실이 아니라 여전히 입증이 필요한 요건사실 자체(위의 경우 매매)이다.

4) 추인의 상대방이 요건사실(위의 경우 매매)의 부존재를 주장하는 것은 부인인바, 그는 요건사실의 존재를 사실상 추정케 하는 간접사실에 대한 반증을 제출할 수도 있고,[330] 이들 간접사실과 양립가능하면서 자신에게 유리한 별개의 간접사실을 입증함으로써 요건사실의 추정을 방해(탄핵)할 수도 있다.[331] 전자를 직접반증, 후자를 간접반증이라 한다.

5) 이때 간접반증에 의하여 증명하려는 사실은 주요사실이 아니므로 반증을 제출하는 당사자가 이에 대하여 주장·입증책임을 지지는 않으나, 이로써 경험칙에 의해 이미 형성된 추정(추인)의 효과를 뒤집으려는 것이므로, 그 증명도는 단순한 반증의 정도로는 부족하고 본증의 증명도에 이르러야만 반증에 성공할 수 있다.[332]

---

330) 즉 그 간접사실의 부존재나, 존재를 의심케 하는 사실의 증거를 제출하는 것이다. 위의 경우 매매 사실의 존재를 추정케 하는 간접사실이 매도인 명의의 소유권이전등기필증을 매수인이라고 주장하는 자가 소지하고 있는 사실과 그 목적물을 그가 점유하고 있는 사실이므로, 그러한 간접사실이 부존재하거나 그 존재를 의심케 하는 사실로서 그 등기필증이 위조된 것이라거나 매수인이 점유자가 아니라 실은 점유를 보조하고 있는 것에 불과하다는 사실을 반증으로 제출하는 것이다.

331) 매수인이 주장하는 매도인 명의의 소유권이전등기필증 소지 사실과 목적물의 점유 사실 자체는 인정하면서 요증사실인 매매의 존재를 의심케 하는 사실로서, 매수인에게 목적물을 임대하기 위하여 그 권리의 증표로서 등기필증을 교부하였다거나 임대차계약에 기하여 목적물의 점유를 이전하였다는 사실을 반증으로 제출하는 것이다. 이러한 반증은 매수인의 등기필증 소지 사실이나 목적물의 점유 사실과 양립 가능하면서 요증사실인 매매는 부정하는 효과가 있다.

332) 즉 위 경우에 매매가 아닌 임대차계약이 존재할 수도 있다는 가능성 정도로는 부족하고, 임대차라는 것이 확실히 증명되어야 한다.

(나) 의사해석 규정(의사의 추정)

1) 이는 일정한 법률행위가 있는 경우에 당사자의 의사를 해석해 그로부터 당사자의 일정한 의사표시가 존재하는 것으로 추정하고 거기에 일정한 법률효과를 부여하는 것이다.

예컨대 당사자가 기한을 설정한 경우, 이를 채무자의 이익을 위한 것으로 추정하여, 채무자는 기한 전에 채무를 변제할 수 있으나 채권자는 기한 전에 채무 변제를 요구할 수 없는 법률효과를 부여하는 것과 같다. 이를 유사추정이라고도 한다. 이에 따라 그 추정의 효과를 다투는 상대방에게 사실상 반대 의사표시의 존재에 대하여 입증책임이 발생하므로 결국 입증책임이 전환된다.

2) 민법 제153조 제1항(기한을 채무자의 이익을 위한 것으로 추정), 민법 제398조 제4항(위약금 약정의 손해배상액 예정 추정), 민법 제579조(채권 매도인이 채무자의 자력을 담보한 경우 매매계약 당시의 자력 담보로 추정), 민법 제585조(매매당사자 일방에 대한 의무이행 기한이 있는 때에 상대방의 의무이행에 대하여도 동일한 기한이 있는 것으로 추정) 등이 이에 해당한다. 추정이란 문구는 사용하고 있지 않으나 민법 제565조 제1항(해약금)도 이에 포함된다.

3) 의사해석규정의 경우, 그 법률효과를 다투는 자가 단순히 소극적으로 '그러한 합의가 성립하지 않았다.'는 사실만을 주장·입증하여서는 해석규정이 부여하는 법률효과를 뒤집을 수 없고, 오히려 그 법률효과를 발생시키지 않기로 하는 합의가 성립되었다는 사실을 적극적으로 주장·입증하여야만 추정력을 뒤집을 수 있다. 이 점에서 법률상의 입증책임 전환과 유사한 결과가 초래된다.

예컨대, 매매계약 당시 수수된 계약금과 관련하여 해제권유보의 약정을 하지 않았다는 사실을 주장·입증하여서는 민법 제565조 제1항의 해석에 따른 해제권유보라는 법률효과의 발생을 차단할 수 없고, 계약금의 수수에도 불구하고 해제권을 유보하지 않기로 합의하였다는 사실을 주장·입증하여야만 그 법률효과 발생을 저지할 수 있다.

(다) 증거법칙적 추정

1) 실체법상의 요건사실이나 법률효과와 관계없이 소송법이나 증거법상으로 일정한 사실을 추정하는 것으로서, 추정력에 의해 사실상 소송법이나 증거법상의 일정한 사실에 대한 입증책임의 전환이 일어난다.

2) 민사소송법 제356조(공문서의 진정 성립 추정), 민사소송법 제358조(사문서의 진정성립 추정)가 이에 해당하며, 판례는 사문서에 찍힌 인영이 그 명의인의 인장에 의하여 현출된 인영임이 인정되는 경우에는 특별한 사정이 없는 한 그 인영의 진정성립, 즉 날인

행위가 작성명의인의 의사에 기하여 이루어진 것으로 추정하는바(대법원 2002. 2. 5. 선고 2001다72029 판결), 이것도 여기에 속한다.

3) 증거법칙적 추정은 사실상 추정에 불과하므로 그 추정력을 다투는 자는 반증에 의하여 추정력을 복멸할 수 있다. 따라서 공문서는 그것이 공무원이 직무에 관하여 작성한 것이 아니라는 사실을 입증하고, 사문서가 위조된 것임을 주장하는 자는 적극적으로 그 문서에 찍힌 인영이 명의인의 의사에 반하거나 그 의사에 기하지 않고 무단으로 날인된 것임을 입증하여야 하며(대법원 2002. 2. 5. 선고 2001다72029 판결, 2003. 2. 11. 선고 2002다59122 판결), 문서 중 일부 내용이 변조된 사실 역시 이를 주장하는 자가 입증하여야 한다(대법원 1995. 11. 10. 선고 95다4674 판결).

5. 서증(書證)조사

가. 의 의

(1) 서증의 개념

1) 문서에 기재된 내용이 증거자료가 될 때, 그 증거방법이 되는 문서를 서증이라고 한다. 문서에 대한 증거조사는 이를 시각적인 방법 등으로 열람하여(문서를 읽는 등으로 그 기재 내용을 파악하여) 거기에 기재된 의미와 내용을 인식하는 방법으로 하며, 그 인식한 결과가 증거자료로 된다. 서증은 민사소송에서 가장 중요한 증거방법이다. 문서가 증거조사의 대상이 되더라도, 그 기재 내용이 증거자료가 되는 것이 아니라 문서의 존재나 외형, 형상, 지질 등이 증거자료가 되는 경우에는 서증이 아니라 물증이며, 이때의 문서는 물건으로 취급되어 검증에 의하여 증거조사를 하여야 한다.

2) 문서란, 문자, 도형, 그림(도화), 숫자, 부호 기타 인간이 인식할 수 있는 상징도구를 사용하여 사람의 사상이나 의사, 의견, 관념을 표현한 유형물을 말한다. 형법상 문서죄의 객체인 문서와 그 개념이 완전히 동일한 것은 아니지만 대체로 같다고 할 수 있다.

따라서 사람의 사상이나 의사, 의견, 관념을 표현한 것이 아닌 번호표, 명찰, 문패, 물품 예치표, 자동차 주행기록, 환경오염 표시 전광판 등은 문서가 아니다.

또한, 의사 등 표현의 매개체인 유형물은 반드시 종이나 헝겊, 그 유사물에 한정되는 것은 아니지만, 어느 정도 계속성과 지속성이 있어 사람이 그 내용을 알고자 하는 때에 쉽게 이를 파악 가능하여야 한다. 그러므로 컴퓨터나 휴대전화기 등 기계의 화면, 영화 스크린, 모래나 흙, 공중이나 물 위에 글씨, 그림, 구름, 연기, 물보라 등으로 표현한 것은 문서가 아니다. 또, 문서는 그 기재 내용을 특별한 기계장치 등의 도움이 없이 사람의 시각이나 감촉 등을 이용하여 인식할 수 있어야 하므로, 종이나 헝겊에 인화된 사진은 문서에 해당하나, 필름 또는 녹음·녹화 테이프, 씨디(컴팩트 디스크), 자기디스크나 광디스크 등은 문서가 아니라 검증의 대상인 물건에 해당한다.

3) 작성 명의인의 표시 여부나 서명 날인 등의 유무는 문서의 성립에 아무런 영향이 없다. 따라서 그 문서 내용에 의하여 작성자가 누구인지 알 수 없는 경우에도 문서이다.

(2) 문서의 종류

(가) 공문서와 사문서

1) 공문서는 공무원이 그 직무사항에 관하여 통상의 작성방식에 따라 작성한 문서이고, 사문서는 공문서를 제외한 모든 문서를 말한다. 외국의 공무원이 작성한 것도 공문서이다(민사소송법 제356조 제3항). 공무원이 작성한 문서라도 사인(私人)의 자격에서 작성하였거나 직무사항과 전혀 관계없는 문서는 사문서이지 공문서가 아니다(대법원 1972. 7. 11. 선고 72다872 판결 참조).

여기서 말하는 공무원은 신분상의 공무원이 아니라 직무상의 공무원을 말하므로, 공증인의 공증업무(대법원 1994. 6. 28. 선고 94누2046 판결), 집행관의 송달이나 집행업무에 관한 문서는 공문서이다.

2) 공문서와 사문서 양자를 구별할 필요는 양자에 대한 증거가치의 차이 때문이다. 공문서는 그 진정성립이 추정되고(민사소송법 제356조), 그 기재 내용이 진실에 반한다는 등의 특별한 사정이 없는 한 함부로 배척할 수 없어 강한 증명력이 인정된다(대법원 2003. 11. 28. 선고 2003다14652 판결, 2006. 6. 15. 선고 2006다16055 판결 등).[333] 반면에 사문서는 진정성립이 추정되지 않으므로 상대방이 이를 인정하지 않는 경우 제출자가 이를 입증하여야 한다(민사소송법 제357조).

3) 물리적으로 하나의 문서라도 공문서와 사문서의 성질을 아울러 가질 수 있는바, 이를 통상 공·사 병존 문서라고 한다. 예컨대, 사인이 작성한 내용증명우편물에 내용증명을 하였다는 취지의 기재, 각종 확인신청서에 그 내용을 확인한다는 기재, 등기원인증서에 등기를 마쳤다는 기재와 같이, 사문서에 공무원이 직무상 일정한 사항을 기입해주는 경우이다. 이런 문서에 대하여는 공문서 부분(공성 부분)과 사문서 부분(사성 부분)으로 나누어 각각 그에 따른 법리가 적용된다.[334]

(나) 처분문서(處分文書)와 보고문서(報告文書)

1) 처분문서는 요증사실이 법률행위 또는 준법률행위이고, 그 법률행위가 당해 문서 자체에 의하여 이루어진 문서이다. 예컨대, 매매계약서 등 각종 계약서, 어음, 수표, 해지통지서 등이다. 문서로써 처분행위를 하였다는 의미에서 처분문서라고 한다. 반면에 보고문서는 법률행위 또는 준법률행위가 아닌, 그 문서의 작성자가 보고 들은 경험이나 느낌,

---

333) 공문서의 기재 중 붉은 선으로 그어 말소된 부분이 있는 경우에도 그 말소의 경위나 태양 등에 있어 비정상으로 이루어졌다는 등의 특별한 사정이 없는 한 그 말소된 기재 내용대로, 즉 말소된 상태로서의 증명력을 가진다(대법원 2002. 2. 22. 선고 2001다78768 판결).

334) 따라서 공문서 부분의 존재로 인해 사문서 부분의 진정성립이 추정되거나 그 기재 내용에 대한 강한 증명력이 인정되지 않는다(대법원 1989. 9. 12. 선고 88다카5836 판결). 다만, 공증인이 작성한 사서증서에 대하여는 공증인이 사문서 부분의 진정성립을 증명하였으므로 이와 달리 취급된다.

감정을 기재한 문서이다. 영수증, 보관증, 확인서, 상업장부, 진단서, 일기장, 사과서, 해명서, 전말서, 시인서, 등기사항증명서나 가족관계등록부 등이 이에 속한다.[335)]

2) 처분문서는 위와 같이 증명하고자 하는 공법상 또는 사법상의 행위가 그 문서에 의하여 행하여졌음을 필요로 하므로, 그 문서의 내용이 작성자 자신의 법률행위에 관한 것이라 할지라도 그 법률행위를 외부적 사실(과거의 사실)로서 보고(報告) 또는 기술(記述)하거나 그에 관한 의견 또는 감상을 기재한 경우에는 처분문서가 아니라 보고문서이다. 따라서 부동산 교환계약을 한 경우 그 처분문서는 교환계약서 자체이고, 교환계약상의 등기·등록의무를 이행하기 위하여 사후에 형식적으로 작성된 계약서나 증명의 목적 등을 위해 소급하여 작성한 교환계약서 등은 처분문서가 아니라 보고문서이다(대법원 1987. 6. 23. 선고 87다카400 판결, 1997. 5. 30. 선고 97다2986 판결 참조). 이 점에서, 문서의 기재 내용만으로 처분문서와 보고문서를 곧바로 구별할 수는 없다.

3) 하나의 문서라도 양자의 성질을 동시에 가질 수 있다. 즉, 판결서(판결문)는 판결의 존재 및 어떠한 내용의 판결이 있었는지를 증명하는 자료로서는 처분문서에 해당하나, 판결 중에서 한 특정한 법률사실에 관한 판단을 그 법률사실의 존부를 증명하기 위하여 이용하는 경우에는 보고문서에 해당한다(대법원 1980. 9. 9. 선고 79다1281 판결 등). 또, 각서에 단순히 어떤 비법률적 약속을 하는 부분은 보고문서에 해당하나, 상대방에게 어떠한 경제적 급부를 할 것을 약속한 경우 이는 증여에 해당하여 그 부분은 처분문서가 된다. 따라서 문서의 명칭만으로는 처분문서와 보고문서를 구별할 수 없다.[336)]

4) 처분문서와 보고문서를 구별하는 이유는 양자의 증거가치 차이 때문이다. 처분문서는 그 진정성립이 인정되면 달리 증명력을 부정할 만한 특별한 사유가 없는 한 그 처분문서의 증명력을 부정하는 것이 허용되지 않으나(대법원 1989. 11. 10. 선고 89다카10484 판결, 2012. 11. 29. 선고 2012다44471 판결 등), 보고문서는 그런 증명력이 인정되지 않고 자유심증의 대상이 된다.

---

335) 가족법상의 창설적 신고(혼인신고, 입양신고 등)는 그 신고서가 처분문서이고, 그에 기하여 작성된 가족관계등록부는 일종의 보고문서일 뿐이다.

336) 검사의 피의자신문을 받으면서 검사로부터 유리한 증거나 진술이 있느냐는 질문을 받고 "원고로부터 받을 돈이 모두 1억 여 원이 되는데 원고가 생활이 매우 어렵다고 하니 모두 포기를 하겠으며, 원고 소유 부동산의 근저당권자와 만나 원고의 어려운 사정을 이야기하고 좋은 방향으로 합의를 하도록 하겠다."라는 진술을 하여 그 문답이 피의자신문조서에 기재된 경우에 관하여 대법원은, 원래 민법상 채무면제는 채권을 무상으로 소멸시키는 채권자의 채무자에 대한 단독행위이고 다만 계약에 의하여도 동일한 법률효과를 발생시킬 수 있는 것인 반면, 검사 작성의 피의자신문조서는 검사가 피의자를 신문하여 그 진술을 기재한 조서로서 그 작성형식은 원칙적으로 검사의 신문에 대하여 피의자가 응답하는 형태를 취하므로, 비록 당해 신문과정에서 다른 피의자나 참고인과 대질이 이루어진 경우라고 할지라도 피의자 진술은 어디까지나 검사를 상대로 이루어지는 것이므로, 그 진술기재 가운데 채무면제의 의사가 표시되어 있다고 하더라도 그 부분이 곧바로 채무면제의 처분문서에 해당한다고 보기 어렵다고 한다(대법원 1998. 10. 13. 선고 98다17046 판결). 채무면제라는 법률행위를 당해 피의자신문조서로써 한 것이 아니기 때문이다.

(다) 원본, 사본, 등본 등

문서에는 다음과 같이 원본, 정본, 등본, 초본 등 여러 가지가 있다.

■ 문서의 종류

구분	내용	비고
원본(原本)	작성자가 당초 작성한 문서 그 자체	
사본(寫本)	·원본을 그대로 복사한 문서 ·복사의 방법은 손으로 한 것이든(필사), 복사기 등 기계적 방법으로 한 것이든 불문 ·사본을 작성할 권한이 있는지 여부는 불문함	·민사소송규칙 제105, 107조(서증을 제출하는 때에는 상대방의 수에 1을 더한 수의 사본을 함께 제출하여야 하고, 서증 사본을 작성하는 때에는 서증 내용의 전부를 복사하여야 하며, 재판장이 필요하다고 인정하는 때에는 서증 사본에 "원본과 틀림이 없다."는 취지를 적고 기명날인 또는 서명하여야 한다.)
등본(謄本)	·사본을 작성한 자가 그 사본에 등본임을 증명한 것 ·법률규정에 의하여 원본과 동일한 효력이 부여되는 경우가 많음	·물리적으로는 사본과 동일 ·민사소송법 제178조 제1항(송달은 서류의 등본 또는 부본을 교부) ·어음법 제67조(환어음의 소지인은 그 등본을 작성할 권리가 있고, 등본에는 원본과 동일한 방법으로 배서, 보증 가능)
인증등본(認證謄本)	·공증권한 있는 공무원이 원본과 동일하다는 공증을 한 등본	·토지대장 등본, 주민등록표 등본 등 ·민사소송법 제355조 제1항(법원에 문서를 제출하거나 보낼 때에는 원본, 정본 또는 인증 있는 등본으로 하여야 한다.)
초본(抄本)	·원본의 일부분만을 사본한 문서 ·일부만이 필요한 때에 사용	·민사소송법 제355조 제3항(법원은 당사자로 하여금 그 인용한 문서의 등본 또는 초본을 제출하게 할 수 있다.)
정본(正本)	·공증권한을 갖는 공무원이 특히 '정본'이라고 표시한 등본 ·원본과 동일한 효력이 있음	·물리적으로는 사본과 동일 ·민사 집행법제28조 제1항(강제집행은 집행문 있는 판결 정본이 있어야 할 수 있다.)
부본(副本)	·송달에 이용하기 위하여 작성한 등본 ·원본과 동일한 효력이 있음 ·실무상 등본과 동일하게 취급	·민사소송법 제255조(법원은 소장의 부본을 피고에게 송달하여야 한다.)
복본(複本)	·하나의 어음상 권리를 표창하는 어음증권이 여러 통 발행된 경우의 각 어음 ·복본 상호 간에는 원본·등본 같은 정부(正副)·주종(主從)의 우열이 없음	·어음법 제64조 내지 제66조 ·환어음의 발행인에게만 허용되며, 인수를 위하여 원격지에 어음을 송부한 사이에 복본의 배서·양도를 통한 어음유통을 위한 목적 등으로 발행 ·'제1호어음', '제2호어음' 등으로 복본 문언(文言)을 기재하여 발행

나. 서증의 신청

(1) 서증조사의 신청

1) 서증조사의 신청, 즉 서증신청은 법원에 일정한 문서의 증거조사를 신청하는 것으로서, 그 방법에 관하여 민사소송법 등에 특별한 규정이 없으므로 서면 또는 말로 할 수 있다(민사소송법 제161조 제1항). 이를 말로 할 때에는 변론기일조서 등(조서의 일부인 증거목록에도)에 기재한다(민사소송법 제161조, 민사등 증거목록에 관한 예규).337) 서증조사의 신청은 법원에 대한 일정한 행위의 신청이면서 동시에 변론(공격방어)에 해당한다.

2) 서증조사의 신청은 변론기일과 변론준비기일에 할 수 있음은 물론, 기일 밖에서도 할 수 있다(민사소송법 제289조 제2항). 소장에는 증거방법을 기재하고, 증거로 될 문서 가운데 중요한 것의 사본을 붙여야 하나(민사소송규칙 제62, 63조), 이를 기재하거나 사본을 첨부한 것만으로는 명시적으로 그 문서에 대한 서증조사를 신청하였다고 보기는 어렵다. 따라서 나중에 명시적으로 이를 신청하는 의사를 표시할 필요가 있다.338)

3) 서증신청은 증명할 사실(요증사실)과 그에 대한 증거방법이 될 문서를 특정하여 신청하여야 한다. 이 신청은 명시적으로도 할 수 있지만, 묵시적으로도 가능하다. 통상 변론기일 등에서 조사할 서증을 제출하는 행위나 문서제출명령의 신청 또는 문서송부촉탁을 하는 등의 행위는 간접적인 서증조사의 신청이라고 볼 수 있다(민사소송법 제343조 참조).

4) 서증신청에 대하여 법원은 채부의 결정을 한다. 다만, 편의상 결정문을 작성하는 일은 거의 없고, 조서나 증거목록, 신청서 표지 등에 기재하여 이를 신청인에게 적당한 방법으로 고지하는 것으로 갈음한다. 이 결정은 중간적 재판이므로 독립하여 불복할 수 없다(민사소송법 제392, 425조 참조).

(2) 소지문서의 제출

1) 서증 신청인이 당해 문서를 소지한 경우에는 이를 법원에 직접 제출하여야 한다(민사소송법 제343조). 앞서 말한 바와 같이 제출은 변론기일 등에 현실로 제출할 것을 요한다. 실무상으로는 소장이나 준비서면 등에 사본을 첨부하여 제출하는 것이 대부분이다. 문서가 한글이 아닌 외국문자나 부호로 되어 있는 때에는 그 문서의 번역문을 붙여야 한다(민사소송규칙 제106조).

재판장이 서증신청을 할 기간을 정한 때에는 당사자는 그 기간이 끝나기 전에 서증의 사본을 제출하여야 한다(민사소송법 제147조, 민사소송규칙 제108조). 이를 도과한 경우 실기한 공격방어방법의 제출이

337) 조서에는 서증신청이 있었다는 간단한 내용만을 기재하고(통상 '원고 서증'과 같이 간단히 기재한다), 증거목록에는 신청한 서증의 번호와 표목 및 조사 여부를 기재한다.

338) 소송실무상으로도 그것만으로 서증조사 신청이 있는 것으로 다루지는 않고 있다.

되어 각하될 수 있다.

2) 서증으로 제출하는 문서는 원본, 정본 또는 인증 있는 등본을 제출하는 것이 원칙이나,[339] 법원은 당사자에게 등본이나 초본을 제출하게 할 수 있다(민사소송법 제355조 제1, 3항). 상대방이 원본의 존재나 성립을 인정하고, 사본으로서 원본에 갈음하는 것에 대하여 이의가 없는 경우에는 사본을 원본에 갈음하여 제출할 수 있고, 이 경우 그 원본이 제출된 경우와 동일한 효과가 있다(대법원 2002. 8. 23. 선고 2000다66133 판결 참조). 상대방이나 법원이 서증의 원본을 제출하도록 요구한 때에는 이에 따라야 한다(민사소송규칙 제105조 제5항).

현재 소송실무상으로는 원본이나 정본을 제출하는 경우는 거의 없고, 위와 같이 대부분 인증 있는 등본이나 사본을 소장이나 준비서면에 첨부, 제출하고 있다. 그러나 상대방이 원본의 존재나 진정성립을 다투어, 서증신청인이 원본이 아닌 문서의 사본 자체를 증거방법으로 제출하는 경우에는 그 사본이 독립한 서증이 되므로, 다른 증거에 의하여 사본과 같은 원본이 존재하고, 또 그 원본이 진정하게 성립하였음을 증명하여야 하며, 그렇지 않으면 그러한 사본이 존재한다는 것 이상의 증거가치는 없다(대법원 2002. 8. 27. 선고 2001다79457 판결). 법원은 필요하다고 인정한 때에는 당사자가 제출하거나 외부에서 보내온 문서(통상은 원본)를 맡아 둘 수 있다.[340]

3) 문서를 제출할 때는 문서의 기재 자체로 명백한 경우를 제외하고는 문서의 제목과 작성자, 작성일을 밝혀야 하고, 상대방의 수에 1을 더한 수의 사본을 함께 제출하여야 한다.[341] 문서를 제출할 때 원본, 정본 또는 인증 있는 등본을 제출하는 것과 함께 상대방의 수에 1을 더한 수의 사본을 함께 제출하도록 하는 이유는, 법원의 소송기록에 이를 철하고 상대방에게 교부하여 이를 보존·참고하게 하기 위한 것이다.[342] 따라서 서증조사의 대상이 되는 것은 사본이 아니라 원본, 정본 또는 인증 있는 등본이다.

339) 인증 있는 등본은 앞서 본 바와 같이 공증 권한이 있는 사람이 작성함이 원칙이나, 실무상 그 등본을 작성한 사람이 "원본과 상위 없음"이라는 문구를 기재하고 서명 또는 날인하는 방법으로도 등본을 작성하여 제출하는 것이 허용되고 있다.

340) 이는 통상 원본이나 정본 등에 한하여 그렇다. 실무상으로는 보관의 번거로움과 분실 위험 때문에 법원이 문서를 보관하는 경우는 거의 없고, 제출자가 원본과 사본을 제출하면 법원은 양자를 대조한 뒤 사본을 소송기록에 편철(編綴)하고 원본을 반환한다. 전자소송에서는 당사자가 사본을 전자문서로 제출한다.

341) 사본을 작성하는 때에는 서증 내용의 전부를 복사하여야 하고, 재판장이 필요하다고 인정하는 때에는 서증 사본에 원본과 틀림이 없다는 취지를 적고 기명날인 또는 서명하여야 한다. 서증 사본에는 원고가 제출하는 것은 '갑', 피고가 제출하는 것은 '을', 독립당사자참가인이 제출하는 것은 '병'이라는 부호를 붙이고, 같은 부호를 사용할 원고 등 당사자가 여러 사람인 때에는 위 부호 다음에 '가' '나' '다' 등의 가지부호를 붙이며, 서증의 제출순서에 따라 '갑 제1호증', '갑 제2호증' 등으로 일련번호를 붙여야 한다(민사소송규칙 제107조). 서증이 소명방법인 때에는 '소갑 제1호증', '소을 제2호증'과 같은 부호를 붙이는 것이 실무관행이다.

342) 전자소송의 경우 사본을 전자문서로 제출하여 법원과 상대방 당사자가 언제라도 이를 볼 수 있으므로 상대방의 수에 1을 더한 수의 사본을 제출할 필요가 없다.

문서의 일부를 증거로 신청하는 때에도 문서의 전부를 제출하여야 하나, 재판장의 허가를 받아 증거로 사용할 부분의 초본만을 제출할 수 있다(민사소송규칙 제105조). 문서에 원래부터 제목과 작성자, 작성일이 기재되어 있지 않은 경우, 그렇다고 해서 그 문서가 서증조사의 대상이 될 수 없는 것은 아니고, 또 굳이 이를 증거신청 당사자가 그 문서에 추가로 기입할 필요는 없으나, 증거신청서나 증거설명서, 준비서면 등에 이를 명확히 밝혀야 한다.

4) 재판장은 서증의 내용을 이해하기 어렵거나 서증의 수가 방대한 경우 또는 서증의 입증취지가 불명확한 경우에는 당사자에게 서증과 요증사실의 관계를 구체적으로 밝힌 증거설명서를 제출할 것을 명할 수 있다.

5) 당사자가 신청한 서증이 ① 요증사실과 관련성이 인정되지 아니하는 때, ② 이미 제출된 증거와 같거나 비슷한 취지의 문서로서 별도의 증거가치가 있음을 당사자가 밝히지 못한 때, ③ 한글이 아닌 문자 또는 부호로 되어 있는 문서로서 그 번역문을 붙이지 아니하거나 재판장의 번역문 제출명령에 따르지 아니한 때, ④ 재판장의 증거설명서 제출명령에 따르지 아니한 때, ⑤ 문서의 작성자 또는 그 작성일이 분명하지 아니한 경우로서 이를 밝히도록 한 재판장의 명령에 따르지 아니한 때에는 법원은 그 서증을 채택하지 아니하거나 채택결정을 취소할 수 있다(민사소송규칙 제109조).

(3) 법원을 통한 문서의 확보

서증 신청인이 조사할 당해 문서를 소지하지 않고 있는 때는 법원을 통해 문서를 확보할 수 있는데, 그 방법은 다음과 같이 ① 문서제출명령신청, ② 문서송부촉탁신청, ③ 법원 밖 서증조사의 3가지가 있다(민사소송법 제297, 343, 352조).

(가) 문서제출명령신청

1) 문서제출명령신청은 상대방 당사자와 제3자 모두를 대상으로 할 수 있다(민사소송법 제343조). 다만 그 소지인이 제출의무가 있어야 한다. 당사자가 소송에서 인용한 문서를 가지고 있는 때, 신청자가 문서를 가지고 있는 사람에게 그것을 넘겨 달라고 하거나 보겠다고 요구할 수 있는 사법상의 권리를 가지고 있는 때 등에는 문서 소지인은 그 제출을 거부하지 못하며, 이 경우 외에도 그 문서(공무원 또는 공무원이었던 사람이 그 직무와 관련하여 보관하거나 가지고 있는 문서는 제외)가 문서를 가진 사람 또는 그와 민사소송법 제314조 각호 가운데 어느 하나의 관계에 있는 사람에 관하여 같은 조에서 규정된 사항이 적혀 있는 문서이거나 제315조 제1항 각호에 규정된 사항 중 어느 하나에 규정된 사항이 적혀 있고 비밀을 지킬 의무가 면제되지 아니한 문서 중 어느 하나에 해당하지 아니하는 경우에는 그 제출을 거부하지 못한다(민사소송법 제344조).

2) 문서제출신청에는 그 문서를 표시하고 문서의 취지와 소지인, 증명할 사실, 소지인

이 그 문서를 제출하여야 하는 의무의 원인을 밝혀야 하고(민사소송법 제345조), 필요한 경우 법원은 당사자 일방의 신청에 따라 상대방 당사자에게 신청내용과 관련하여 가지고 있는 문서 또는 신청내용과 관련하여 서증으로 제출할 문서에 관하여 그 표시와 취지 등을 적어 내도록 명할 수 있다(민사소송법 제346조).

3) 법원은 그 문서가 민사소송법 제344조에 해당하는지를 판단하기 위하여 필요하다고 인정하는 때에는 문서 소지인에게 그 문서를 제시하도록 명할 수 있고, 이 경우 법원은 그 문서를 다른 사람이 보도록 하여서는 안 된다(민사소송법 제347조 제4항). 법원이 당사자 아닌 제3자에게 문서의 제출을 명하고자 하는 경우에는 제3자 또는 그가 지정하는 자를 심문하여야 한다(민사소송법 제347조 제3항). 상대방 당사자에게 문서제출명령신청이 있는 때에는 그 신청서 부본을 상대방에게 송달하는 등으로 의견을 진술할 기회를 부여하여야 한다. 그러나 실무상 이를 생략하는 경우가 많은데, 이를 위반한 경우 즉시항고를 할 수는 있으나 제출명령이 무효라고는 할 수 없다.[343]

4) 법원은 문서제출신청이 정당한 경우, 결정으로 문서 소지인에게 그 제출을 명하고, 그 신청한 문서의 일부에 대하여만 이유 있다고 인정한 때에는 그 부분만의 제출을 명하여야 한다(민사소송법 제347조 제1, 2항). 문서제출명령신청에 관한 허부결정에 대하여는 즉시항고를 할 수 있다(민사소송법 제348조).

5) 당사자가 문서제출명령에 따르지 아니한 때에는 법원은 문서의 기재에 대한 상대방의 주장을 진실한 것으로 인정할 수 있고(민사소송법 제349조), 당사자가 상대방의 사용을 방해할 목적으로 제출의무가 있는 문서를 훼손하여 버리거나 이를 사용할 수 없게 한 때에도 같다(민사소송법 제350조). 제3자가 문서제출명령에 따르지 아니한 때에는, 법원은 결정으로 이로 말미암은 소송비용을 부담하도록 명하고 500만 원 이하의 과태료에 처한다(민사소송법 제351, 318, 311조). 이 결정에는 즉시항고할 수 있다(민사소송법 제311조 제8항).

6) 문서제출명령에 따라 법원에 문서가 제출된 때에는 신청인은 그 중 서증으로 제출하고자 하는 문서를 개별적으로 지정하고 그 사본을 법원에 제출하여야 한다(민사소송규칙 제115조).[344] 이 경우 그 문서를 제출자에게 반환하여야 하는 때에는 그 사본을 제출하여야 하나, 증

343) 대법원은 상대방에게 문서제출명령신청에 대한 의견을 진술할 기회를 부여함에 필요한 조치를 취하지 않은 채 문서제출명령의 요건에 관하여 별다른 심리도 없이 문서제출명령신청 바로 다음날에 한 문서제출명령은 위법하며, 따라서 상대방에게 문서제출신청서를 송달하는 등 문서제출신청이 있음을 알림으로써 그에 관한 의견을 진술할 기회를 부여하고, 그 결과에 따라 당해 문서의 존재와 소지 여부, 당해 문서가 서증으로 필요한지 여부, 문서제출신청의 상대방이 민사소송법 제344조에 따라 문서제출의무를 부담하는지 여부 등을 심리한 후 그 허가 여부를 판단하여야 한다고 판시하였다(대법원 2009. 4. 28.자 2009무12 결정).

344) 송부촉탁이나 제출명령에 의하여 문서가 송부 또는 제출되었다 하여 저절로 그것이 증거방법이 되는 것은 아니고, 신청인이 그 중에서 필요한 것을 서증으로 제출함으로써(서증번호도 붙여서) 비로소 증거방법이 된다. 신청인은 그 문서의 진정성립도 별도로 입증하여야 한다.

거조사를 마친 후 제출된 문서를 돌려 줄 필요가 없는 때에는 따로 사본을 제출하지 아니하여도 된다.

(나) 문서송부촉탁

1) 문서송부촉탁은 법원이 문서 소지인에게 제출을 명하는 대신 제출을 요청하는 것으로서(민사소송법 제352조), 통상 법원과 수평적 관계에 있는 다른 법원이나 검찰청, 개인 등에 한다. 그러나 실무상 개인에게 이를 하는 일은 별로 없다. 당사자가 인감증명서나 가족관계등록증명서 등과 같이 법령에 의하여 문서의 정본 또는 등본을 청구할 수 있는 경우에는 이 신청을 할 수 없다(민사소송법 제352조 단서).

2) 문서송부촉탁은 제출의무가 없는 기관이나 사람에게도 할 수 있다. 그러나 이는 명령이 아니므로 그에 따른 제출(송부)의무가 있는 것은 아니다. 법원으로부터 문서의 송부를 촉탁 받은 사람이나 기관은 정당한 사유가 없는 한 이에 협력하여야 하며, 송부를 촉탁 받은 사람이 그 문서를 보관하고 있지 아니하거나 그밖에 송부촉탁에 따를 수 없는 사정이 있는 때에는 법원에 그 사유를 통지하여야 한다(민사소송법 제352조의2).

금융기관이나 조세관청, 신용정보 취급기관, 통신회사 등에 금융자료 등에 관한 문서의 송부를 촉탁할 경우 그 기관의 책임 문제가 발생하므로 이들 기관은 법원의 문서제출명령이나 자료제출명령이 아니면 이에 응하지 않는 일이 많다. 이 경우 법원은 '금융실명거래 및 비밀보장에 관한 법률' 제4조 제1항, 국세기본법 제81조의13 제1항, 지방세기본법 제114조 제1항, '신용정보의 이용 및 보호에 관한 법률' 제32조 제6항, 통신비밀보호법 제13조의2에 의거하여 송부촉탁 대신 민사소송법 제347조에 의한 문서제출명령을 할 수 있다.

3) 문서송부촉탁은 법원·검찰청 등 공공기관이 보관하고 있는 기록의 불특정한 일부에 대하여도 할 수 있다(민사소송규칙 제113조). 다른 법원이나 검찰청이 소송기록 또는 수사기록이나 확정된 공판기록(형사소송기록)을 보관하고 있는 경우, 그 문서의 확보는 문서송부촉탁에 의하는 것이 실무 관행이다. 이 경우 수소법원이 해당 법원이나 검찰청에 문서송부촉탁서를 송부하면, 신청인이 그 기관에 가서 당해 문서의 열람·등사를 신청하여 해당 부분을 열람·등사하고, 그 기관은 그 열람·등사한 문서를 수소법원에 송부한다(민사소송규칙 제113조).

민사사건의 경우, 확정 판결서는 누구든지 열람 및 복사를 할 수 있고(민사소송법 제163조의2), 확정된 소송기록은 학술연구 등 일정한 목적하에 열람할 수 있으며(민사소송법 제162조 제2항), 미확정 소송기록은 당사자나 이해관계를 소명한 제3자만이 열람 등이 가능하다(민사소송법제 162조 제1항).[345] 소송기록에 비밀 등이 있는 경우, 이해관계인이 이를 소명하면 법원은 당사자의 신청에 따라 결정으로

345) 법원사무관등의 불허가 시에는 당해 법원에 이의신청을 할 수 있고, 법원은 이에 대하여 결정으로 재판한다(민사소송법 제223조).

소송기록 중 비밀이 적혀 있는 부분의 열람·복사 또는 재판서·조서 중 비밀이 적혀 있는 부분의 정본·등본·초본의 교부를 신청할 수 있는 자를 당사자로 한정할 수 있고, 그 신청을 기각한 결정 또는 제한취소결정에 대하여는 즉시항고를 할 수 있다(민사소송법 제163조).

재판이 확정된 형사사건의 소송기록은 누구든지 권리구제·학술연구 또는 공익적 목적으로 그 기록을 보관하고 있는 검찰청에 열람 또는 등사를 신청할 수 있고, 검사는 소송기록의 공개로 인하여 국가의 안전보장, 선량한 풍속, 공공의 질서유지 또는 공공복리를 현저히 해할 우려가 있는 경우나 소송기록의 공개로 인하여 사건관계인의 명예나 사생활의 비밀 또는 생명·신체의 안전이나 생활의 평온을 현저히 해할 우려가 있는 등의 경우에는 소송기록의 전부 또는 일부의 열람 또는 등사를 제한할 수 있으며, 다만, 소송관계인이나 이해관계 있는 제3자가 열람 또는 등사에 관하여 정당한 사유가 있다고 인정되는 경우에는 그러하지 아니하다(형사소송법 제59조의2). 신청인은 열람·등사에 관한 검사의 불허가나 제한 처분에 대하여 그 검찰청에 대응한 법원에 검사를 상대로 준항고로써 그 처분의 취소 또는 변경을 신청할 수 있다(형사소송법 제59조의2 제6, 7항). 재판이 확정된 형사사건의 판결문도 이와 같은 방법으로 이를 보관하는 법원에 열람·복사를 신청할 수 있다(형사소송법 제59조의3).

4) 형사소송이 계속 중인 경우, 피고인과 변호인, 피고인의 법정대리인, 특별대리인, 보조인 또는 피고인의 배우자·직계친족·형제자매는 관계 서류 또는 증거물을 열람하거나 복사할 수 있는바(형사소송법 제35조), 피고인이 민사소송의 당사자인 경우 이와 같이 복사한 문서를 서증으로 제출하여도 되고, 수소법원에 해당 형사소송 수소법원에 문서송부촉탁을 해주도록 신청하여 그 법원에 가서 열람·복사를 한 다음 그 문서를 민사소송의 수소법원에 송부하도록 할 수도 있다. 범죄 피해자도 이와 같은 권리가 있다(형사소송법 제294조의4).

그러나 확정된 공판기록이 아닌 경우, 위와 같이 피고인이나 피해자 또는 그와 일정한 관계에 있지 않은 사람은 이를 열람·등사할 권리가 없으므로, 수소법원이 경찰이나 검찰, 형사소송 수소법원에 문서송부촉탁을 하더라도 해당 기관이 그 문서를 열람·복사를 해주지 않을 가능성이 크며, 이에 대해서는 불복방법이 없다.

5) 문서송부촉탁 역시 서증조사의 일환이므로 그 채부는 재판장이 아닌 수소법원이 하여야 하며,[346] 다만 그 촉탁서는 재판장의 명의로 발송한다(민사소송법 제139조 제2항).[347] 문서송부촉탁에 따라 법원에 문서가 제출된 때의 처리는 문서제출명령의 경우와 같다.

---

346) 그러나 채부 결정문을 따로 작성하지는 않고, 증거신청서 표지에 재판장이 채부를 표시하여 날인하는 방식으로 한다.

347) 금융기관이나 조세관청, 통신회사 등에 문서송부촉탁 대신 금융자료 등에 관한 문서의 제출을 명하는 경우에도 실무상 민사소송법 제139조 제2항에 따라 수소법원의 결정이 아닌 재판장의 명령으로 발하는 경우가 많은바, 그것이 변론준비절차의 일환으로 재판장이 단독으로 처리하는 경우(민사소송법 제281조 참조)가 아닌 한 위법하다. 그러나 이러한 위법은 이의권의 대상으로서, 상당한 기간 내에 이의가 없으면 치유된다고 할 것이다.

(다) 법원 밖 서증조사

1) 이는 수소법원이 조사할 문서를 보관하고 있는 기관이나 사람을 찾아가 그 보관장소 등에서 서증조사를 하는 것이다(민사소송법 제297조 제1항). 필요하다고 인정할 때에는 법원은 수명법관이나 수탁판사에게 이를 촉탁할 수도 있다(민사소송법 제297조 제2항). 이는 통상 제3자가 가지고 있는 문서를 문서제출명령이나 문서송부촉탁의 방법으로 할 수 없거나 어려운 사정이 있는 때에 한다(민사소송규칙 제112조 제1항).

2) 이 경우 문서 소지인은 이에 따를 의무는 없다. 다만, 정당한 사유가 없는 한 이에 협력하여야 하고, 그 문서를 보관하고 있지 아니하거나 그밖에 이에 협력할 수 없는 사정이 있는 때에는 법원에 그 사유를 알려야 한다(민사소송법 제352조의2).

3) 조사할 문서가 많을 경우, 신청한 당사자는 서증으로 신청할 문서를 개별적으로 지정한 후 서증부호와 번호를 붙여야 하고, 재판장은 신청인이 지정한 서증 부분을 문서 보관장소의 담당 직원 등에게 복사하게 하고, 그 사본을 직접 법원(재판장)에 제출할 것을 요청하여야 한다(법원밖서증조사예규 제3조).[348] 복사가 현장에서 바로 완료되기 어려운 때는 문서 소지자에게 나중에 복사한 문서를 법원에 직접 제출(교부 또는 우송의 방법으로)하게 한다. 복사한 문서가 법원에 제출되면 신청인은 그 복사한 문서 사본에 서증부호와 번호를 기재하여야 한다.

4) 수명법관이나 수탁판사가 법원 밖에서 서증조사를 한 때는 그 문서에 대한 상대방의 인부의 요지, 종이나 필기구의 종류, 필적, 문서에 삽입·삭제·정정한 부분이 있는지 여부 등을 조사하여 서증조사조서에 기재하도록 하여야 한다. 법원사무관 등은 위 조서에 당해 문서의 등본 또는 초본을 붙이거나, '원본과 틀림이 없다'는 취지를 기재하고 기명날인 또는 서명한 사본을 첨부하여야 한다. 신청 당사자는 나중에 이 등본, 초본, 사본에 서증 부호와 번호를 붙이면 된다(법원밖서증조사예규 제4조 참조).

다. 서증의 조사

1) 서증의 조사는 법관이 직접 당해 문서를 열람하여, 즉 보고 읽어서 그 기재 내용을 인식하는 방식으로 한다. 법관이 당해 문서의 내용을 인식하면 족하므로 반드시 이를 소리 내어 법정에서 낭독할 필요는 없고, 눈으로 읽어서 그 기재 내용을 인식하는 것도 무방하다. 이 같은 성질상 다른 증거조사와 달리 뚜렷하게 그것이 밖으로 드러나지 않는다.

2) 서증의 조사는 이와 같이 법원(법관)이 직접 당해 문서를 열람하여 그 기재 내용을 인식하는 것이지만, 이 역시 증거조사이므로 증거조사의 일반원칙이 적용된다. 따라서 법

348) 수소법원이 직접 현장에서 서증을 조사하여야 하나, 그 양이 많은 경우에는 직접 열람하지 않고 복사한 문서를 나중에 열람하는 것이 실무관행이다.

원이 단독으로 당사자의 입회나 관여 없이 이를 실시할 수는 없고, 미리 그 기일을 통지하여 당사자의 입회나 관여하에 실시하여야 한다.[349] 그런 다음 법원(법관)은 자신이 인식·파악한 문서의 기재 내용을 당사자에게 알려주고, 그에 대한 당사자의 의견을 듣는 방법으로(당사자는 문서의 진정성립 여부나 그 증거력 등에 대한 사실적·법률적 의견을 밝히면 된다. 그러나 이것이 필수적인 것은 아니다) 서증의 조사를 마치게 된다. 그러나 통상은 법원(법관)이 인식·파악한 문서의 기재 내용을 당사자에게 알려주지는 않고 조사 대상인 문서에 대한 당사자의 의견을 듣는 방법으로 실시한다.

3) 서증의 조사결과는 증인의 증언과 달리 조서와 증거목록에 기재하지 않는다.

4) 문서의 진정성립에 관한 조사는 필적이나 인영의 대조(민사소송법 제359조),[350] 필적이나 인영의 감정, 관련 공공기관 등에 대한 사실조회 등에 의하여 할 수 있다. 이는 본안에 대한 증거조사가 아니라 그 증거방법에 대한 증거조사에 해당하나, 이 역시 증거조사로서 당연히 허용된다.

5) 서증의 조사는 그 신청과 마찬가지로 변론기일 전에도 할 수 있으므로(민사소송법 제289조 제2항), 변론준비기일이나 다른 기일에도 할 수 있으며(민사소송법 제281조 제3항 참조), 법원 밖에서도 할 수 있다. 또한 쌍방 당사자나 일방 당사자가 기일에 출석하지 아니한 때에도 할 수 있음은 물론이다(민사소송법 제295조).

실무상 서증조사신청의 의사를 명백히 밝히지 않은 채 서증의 사본만을 소장이나 준비서면 등에 첨부하여 제출한 당사자가 변론기일이나 변론준비기일에 출석하지 않은 경우, 기일에 말로써 서증조사를 신청할 수 없고 그 원본이나 정본 등도 제출할 수 없으므로 서증조사를 하지 않는 것이 관행이나, 이미 그가 명시적으로나 묵시적으로 서증조사를 신청하였거나 법원이 직권조사가 필요하다고 인정하는 경우에는 이를 실시하여도 무방하다. 당사자가 기일에 출석하지 않은 경우 서증의 원본이나 정본 등을 제출할 수 없기는 하나, 앞서 본 바와 같이 원본에 갈음하여 사본을 제출할 수 있고, 소송실무상 원본의 제출이 반드시 필요한 것도 아니기 때문이다.

라. 문서의 증거능력

문서의 증거능력은 앞서 본 제한 외에는 별다른 제한이 없다. 소 제기 후에 작성한 문서, 타인의 진술서, 당사자 본인의 진술서, 사본 등도 증거능력이 있다.

---

349) 법원은 변론을 종결한 다음 판결을 하는 단계에서 서증을 비롯한 모든 증거자료의 가치를 자유심증주의의 원리에 따라 판단하게 되는바, 이는 증거조사가 아니다. 그러나 물리적으로 변론기일이나 변론준비기일에 법정에서 이를 모두 열람, 조사할 수는 없으므로 사실상 법정에서의 서증조사는 형해화되었다.

350) 이는 실질상 검증에 해당한다.

마. 문서의 형식적 증거력(증명력)

(1) 문서의 진정성립

1) 문서가 작성명의인의 의사에 기하여 작성된 것을 문서의 진정성립이라 하고, 이를 문서의 형식적 증거력이라 한다. 여기서 말하는 작성명의인이란, 현실로 문서에 작성명의인이 기재된 경우의 그 명의인은 물론, 문서에 작성명의인이 기재되지 않은 경우라도 그의 의사에 기하여 당해 문서의 기재 내용에 관하여 표현을 한 사람을 포함한다. 따라서 현실로 문서를 작성한 사람이 곧 작성명의인이 되는 것은 아니다.[351]

2) 문서가 작성명의인의 의사에 기하여 작성되어 진정하게 성립하였다는 것은, 작성명의인이 당해 문서의 기재 내용에 관하여 표현을 할 의사로 자기 스스로 또는 타인을 시켜 문서를 작성하였다는 것이다. 즉 문서가 위조되지 않았다는 의미이다. 문서의 기재 내용이 객관적 진실에 합치하느냐 여부는 실질적 증거력의 문제로서 여기서 말하는 진정성립과는 다른 개념이다.

작성명의인의 의사에 기하면 족하므로, 계약의 상대방이나 입회인, 부하직원 등 타인이 작성한 것이라도, 작성명의인의 동의나 승낙, 지시가 있었으면 진정하게 성립한 문서이다.

3) 형식적 증거력이 있는 증거만이 요증사실을 인정할 증거자료로 사용될 수 있으므로(대법원 2002. 8. 23. 선고 2000다66133 판결 등), 이는 실질적 증거력에 앞서 충족되어야 한다.

(2) 문서의 인부(認否)

1) 당사자는 상대방이 제출한 서증 등에 대한 의견을 답변서나 준비서면에 기재하여야 하고(민사소송법 제274조 제2항), 변론준비기일이나 변론기일에 이를 진술·변론하여야 한다. 위 증거에 대한 의견에는 서증에 대한 진정성립의 인정 여부를 포함한다. 이를 서증의 인부(認否)라고 한다.

서증의 진정성립을 부인하는 때에는 그 이유를 구체적으로 밝혀야 한다(민사소송규칙 제116조). 당사자나 대리인이 고의나 중대한 과실로 진실에 반하여 문서의 진정성립을 다툰 때에는 과태료의 제재를 가할 수 있다(민사소송법 제363조).

2) 서증의 인부가 필수적·의무적인 것은 아니다. 원래 서증의 진정성립은 서증 제출자가 증명할 사항으로서, 상대방이 이를 다투지 않은 경우 사실상 자백과 유사한 효과가 발생할 뿐이다. 따라서 법원은 상대방 당사자가 스스로 인부의 진술을 하지 않는 때에는

351) 예컨대, 타인의 지시를 받아 기계적으로 문서를 작성한 사람은 작성명의인이 아니고 이를 지시한 자가 작성명의인이다.

그에게 인부의 진술을 촉구하지 아니한다.

다만, ① 쟁점에 비추어 해당 문서의 성립에 관하여 그 자체로 다툼이 있는 경우, ② 해당 문서로 증명될 사실의 존부 등이 쟁점이 되고, 당해 문서가 처분문서인 경우와 같이 그 사실의 존부 판단에 실질적으로 중핵적 증거가치를 가지고 있는 경우, ③ 그밖에 사건의 쟁점과 관련된 문서로서 인부가 필요하다고 판단되는 문서(필요적 인부 문서)인 경우에만 인부의 의견을 진술하게 한다(대법원 2013. 1. 17. 대법원 재판예규 제1420호 '사건관리방식에 관한 예규' 제13의 나항 참조).

3) 서증의 인부에는 성립인정, 부인, 부지의 세 가지가 있다. '성립인정'의 답변은 작성명의자의 의사에 기하여 작성된 사실을 인정하는 것으로서, 법률사실에 대한 자백과 유사하게 취급된다. 즉 증거제출자는 진정성립에 대한 입증책임을 면하고, 상대방은 그 답변이 착오에 의한 것으로서 진실에 반한다는 입증을 하지 않으면 그 '성립인정'의 답변을 임의로 철회·취소할 수 없다(대법원 1988. 12. 20. 선고 88다카3083 판결 등). 이는 문서에 찍힌 인영이 자신의 의사에 기해 날인된 것임을 인정하였다가 나중에 이를 철회하는 경우에도 같다(대법원 2001. 4. 24. 선고 2001다5654 판결).

'부인'은 작성명의자의 의사에 기하여 작성된 사실을 다투는 증거답변이고, '부지'는 그 사실 여부를 모른다는 증거답변이다. 부인하는 경우에는 "○○○가 보관 중이던 피고의 도장을 임의로 사용하여 갑 제5호증을 위조하였다"거나 "갑 제1호증 중 금액 부분은 원고가 변조한 것이다", "피고는 갑 제2호증의 백지에 날인만 해 주었는데 원고가 임의로 기재하였다"고 위조나 변조의 증거항변을 하는 것이 보통이다. 제3자가 작성한 문서는 부지로 답할 수 있으나, 자기 명의로 작성된 문서는 성립을 인정하거나 부인을 하는 것이 이치에 맞다. 다만, 그 사실을 기억할 수 없거나 당해 문서에 날인된 자기 명의의 인영이 자기의 것인지 여부를 알 수 없는 경우에는 '부지'로 답할 수 있다.

하나의 문서에 공문서와 사문서 부분이 결합되어 있거나 다수의 작성명의자가 있는 경우에, 그 일부만 인정하고 나머지를 다투는 때에는 '공성(公成) 부분 성립인정, 사성(私成) 부분 부인(부지)', '작성명의자 甲 부분은 성립인정, 乙 부분은 부인(부지)'으로 답한다. 상대방이 내용증명 우편물 등 통지서를 보내고 이를 증거로 제출한 경우에는 '공성 부분 및 수령사실 인정, 나머지 부분 부지'로 수령 사실 여부에 대하여도 답하고, 사진이 서증으로 제출된 경우에는 그 사진의 대상을 특정하여 '이 사건 토지의 사진인 점 인정'과 같이 답하며, 사본이 서증으로 제출된 경우 '원본 존재 및 성립인정' 또는 '부지, 원본 존재 부인'으로 답변하는 것이 관행이다. 문서의 진정성립에 관하여 상대방이 부인 또는 부지로 답변하며 다투는 경우에는 그 증거제출자가 이를 입증하여야 한다.

4) 일방이 제출한 문서가 상대방에게 유리하든 불리하든 증거공통의 원칙에 의하여 이는 그 제출자는 물론 상대방을 위하여도 증거자료가 되는 것이지만, 법원이 상대방을 위한 증거로 채택하지 않는 경우 그 이유를 설명할 의무가 없어 자칫 법원이 이를 상대

방을 위한 유리한 증거자료로 채택하지 않을 우려가 있으므로, 상대방은 '성립인정'의 답변에 그치지 아니하고 나아가 '이익으로 원용한다.'고 답변하는 것이 좋다.

문서의 진정성립을 인정한다고 하여 그 내용까지 인정하는 것은 아니므로 굳이 '입증취지 부인'이라는 답변을 할 필요는 없으나, 진정성립은 인정하지만 그 문서의 기재 내용이 증명력이 없다는 점에 관한 의견을 나타내고자 하는 때는 '성립인정, 입증취지 부인'이라고 답변하는 것이 관행이다.

5) 위조된 문서를 위조 사실의 입증을 위하여 서증으로 제출하는 때에는 제출자가 그 취지를 분명히 밝혀야 한다. 이 경우 상대방은 위조사실을 인정하는 때는 '위조인 점 인정'으로, 진정하게 성립된 문서임을 주장하는 때는 '위조된 것이 아니라 피고의 위임을 받은 ○○○에 의해 진정하게 작성된 문서'라고 인부한다. 이때 단순히 '성립인정'이라고만 답변하면 위조사실을 인정하는 것으로 오해될 수 있다.

(3) 문서의 진정성립 추정

(가) 공문서의 경우

1) 문서의 작성 방식과 취지(그 기재내용)에 의하여 공무원이 직무상 작성한 것으로 인정되는 때에는 진정하게 성립된 공문서로 추정된다(민사소송법 제356조 제1항). 따라서 이를 다투는 자가 그것이 진정하게 성립하지 않은 사실을 입증하여야 한다.

2) 공문서가 진정한지 여부가 의심스러운 경우 법원은 직권으로 해당 공공기관에 이를 조회할 수 있다(민사소송법 제356조 제2항). 공문서라도 위조 또는 변조 등 특별한 사정이 있다고 볼 만한 반증이 있는 경우에는 진정한 공문서라는 추정은 깨진다(대법원 2008. 11. 13. 선고 2008다40311 판결, 2018. 4. 12. 선고 2017다292244 판결 등).

3) 외국의 공무원이 작성한 것도 공문서인바, 민사소송법 제356조 제3항은 이에 대해서도 국내의 공무원이 작성한 공문서에 관한 규정인 민사소송법 제356조 제1, 2항을 준용한다. 따라서 당사자가 외국의 공문서라고 하여 제출한 문서가 진정한 공문서로 추정되기 위해서는, 제출한 문서의 방식이 외관상 외국의 공공기관이 직무상 작성하는 방식에 합치되어야 하고, 문서의 취지로부터 외국의 공공기관이 직무상 작성한 것이라고 인정되어야 한다(대법원 2016. 3. 10. 선고 2013두14269 판결, 2016. 12. 15. 선고 2016다205373 판결).

따라서 법원은 이러한 요건이 충족되는지의 여부를 심사할 때 해당 공문서를 작성한 외국에 소재하는 대한민국 공관의 인증이나 확인을 거치는 것이 바람직하지만,[352] 이는

352) 외국의 공문서나 공증문서가 공문서 제출이 필요한 다른 국가에서 효력을 인정받으려면 다른 국가의 국내법이 요구하는 인증요건을 갖춰야 한다. 이에 따라 다른 국가의 외교기관이나 영사기관은 해당 공문서 서명자의 자격이나 인영·스탬프의 동일성을 확인하는 등 일정 절차를 거쳐야 하는데, 그 절차를 간소화하기 위하여 1961. 10. 5. 헤이그에서 '외국공문서에 대한 인증의 요구를 폐지하는 협약(The Convention Abolishing the Requirement of Legalization for Foreign Public Document: 일명 아포스티유 협약)'이 체결되었고, 우리나라도 이에 가입해 2007. 7. 14.부터 발효하였다. 아포스티

어디까지나 자유심증에 따라 판단할 문제이므로, 다른 증거와 변론 전체의 취지를 종합하여 인정할 수도 있다(대법원 2016. 12. 15. 선고 2016다205373 판결).

(나) 사문서의 경우

1) 사문서에 찍힌 인영(印影)이 그 명의인의 인장(도장)에 의하여 찍힌(현출된) 것임이 인정되는 경우, 즉 인영과 인장에 새겨진 글씨가 동일한 때는 특별한 사정이 없는 한 그 인영의 진정성립, 즉 날인행위가 작성명의인의 의사에 기하여 이루어진 것으로 추정된다. 따라서 이에 반하여 문서가 위조된 것임을 주장하는 자는 그 인영이 명의인의 의사에 기하지 않고 날인된 것임을 스스로 입증하여야 한다(대법원 2002. 2. 5. 선고 2001다72029 판결).[353]

이는, 인장(도장)이 스스로 걸어가 그 문서에 찍힐 수는 없는 이치이므로 문서에 찍힌 인영이 어떤 경위로 찍혔는지는 그 인장(도장)의 주인이 더 잘 안다는 경험칙에 의한 것이다. 따라서 이 추정은 법률상의 추정이 아닌 사실상의 추정이므로, 인영의 진정성립을 다투는 자가 반증을 들어 그 인영이 작성명의인의 의사에 기하지 않고 찍힌 것이라는 사실을 입증하거나, 그 인영의 날인이 작성명의인의 의사에 기한 것이라는 사실에 관하여 법원으로 하여금 의심을 품게 할 수 있는 사정을 입증하면 그 진정성립의 추정은 깨지게 된다(대법원 2003. 2. 11. 선고 2002다59122 판결).[354] 서명이나 무인(拇印)의 경우도 인영과 같다.

2) 위 1)의 방법이나 다른 방법에 의하여, 서명이나 날인 또는 무인(拇印)이 그 작성명의인 본인 또는 대리인의 의사에 기한 것임이 인정되는 때에는 그 문서의 기재 내용 전부가 진정하게, 즉 작성명의인 본인의 의사에 기하여 작성된 것으로 추정된다. 서명이

유 협약국 사이에서는 공문서(법원 문서와 행정부 문서 외에 공증서를 포함한다)에 대해 다른 국가 영사기관의 영사확인을 받는 대신에 공문서 발행 국가의 아포스티유 확인서(이 확인서에는 서명자, 공증기관, 검인기관, 장소, 날짜 등이 기재된다)를 발급받아 제출하면 해당 공문서는 다른 국가의 공문서와 같은 효력을 인정받는다.

353) 인영과 인장의 동일성 입증을 용이하게 하기 위하여 고안된 것이 인감증명(印鑑證明) 제도이다. 즉, 본인이 관공서에 미리 자신이 사용하는 도장을 인감(인감도장)으로 신고해 두고, 관공서는 신고인의 신청에 따라 그 신고된 도장이 인감이라는 사실을 인감증명서로써 공증해주며, 그 신고인은 계약 체결 등을 하면서 자신이 날인하는 도장이 신고된 인감임을 증명하여 자신의 신분과 그 계약 체결이 자신의 의사에 의한 것임을 증명하는 것이다. 근래에는 인감증명서와 함께 본인서명사실확인서 제도가 새로 도입되었다.
어떤 문서에 찍힌 인영이 그 명의인의 인감도장의 그것과 같다면, 그 인영은 명의인의 의사에 의해 현출(날인)되고 나아가 그 문서 전체가 그의 의사에 기해 작성된 것으로 추정되므로, 그 인영이 명의인의 의사에 의하지 않고 현출(날인)되고 나아가 그 문서 전체가 그의 의사에 기하지 않고 작성됨으로써 위조되었다는 사실은 이를 주장하는 자가 증명하여야 한다. 문서에 인감증명서 대신 명의인의 주민등록증이나 운전면허증 등 그 신분을 증명하는 자료의 사본을 첨부한 경우에도 그 문서가 명의인의 의사에 의해 작성된 것으로 강한 추정을 받게 된다.

354) 예컨대, 부동산 매매계약서에 그 인영이 찍힌 경우, 상대방이나 3자가 인장을 훔쳐갔다거나 인장 주인을 제압하고 강제로 찍게 하였다거나 인장 주인이 잠을 자는 사이에 서랍에서 꺼내 몰래 찍었다는 사실을 증명하거나, 인장 주인이 상대방 또는 3자에게 당해 부동산을 타에 임대하거나 근저당권을 설정하는 것을 위임하고 그 임대차계약 등의 체결을 위해 인장을 교부하였다는 사실을 증명하는 것이다.

나 날인행위를 그 명의인의 의사에 기해 한 이상 서명이나 인영 이외의 부분인 문서의 기재 내용 전체에 대하여 그 진정성립을 추정한다는 뜻이다. 민사소송법 제358조는 이를 "사문서는 본인 또는 대리인의 서명이나 날인 또는 무인(拇印)이 있는 때에는 진정한 것으로 추정한다."고 규정하고 있는바, 이는 위 a)의 의미가 아니라 b)와 같은 의미이다.

3) 위와 같이 그 문서에 작성명의자의 인영이나, 무인, 필적이 사용된 경우 문서 전체의 진정성립이 추정될 수 있으므로, 당사자가 자신 명의로 작성된 문서의 진정성립을 부인하는 때에는 단순히 부인이니 부지로만 답하여서는 안 되고, 인영과 인장의 동일성 또는 그 진정성립(날인행위가 자신의 의사에 기한 것)까지 부인하는 것인지를 명확히 하여야 한다. 따라서 법원은 그 답변취지가 불분명한 경우 석명을 명하여야 한다.[355)]

인영과 인장의 동일성은 인정하면서 그 날인행위가 본인의 의사에 기한 것이 아니라며 문서의 진정성립을 부인하는 경우에는 '부인, 인영 부분만 인정, 위조된 것임'이라고 답변하고 그 사실(인장이 자신의 의사에 반해 찍힌 사실. 이를 통상 '위조 항변'이라 한다.)을 주장·입증하여야 한다. 이는 서명이나 무인의 경우에도 동일하며, 이를 입증하지 못하면 그 문서는 위 1), 2)의 법리에 의해 진정하게 성립된 것으로 추정된다.

4) 공증인이 작성한 사서증서의 인증서는 업무상 공무원으로 취급되는 공증인이 작성한 공문서로서, 이에 대해서는 강한 추정력이 부여되며(대법원 1994. 6. 28. 선고 94누2046 판결), 그 효과에 의하여 사문서 부분(사서증서)도 진정성립이 추정된다(대법원 1992. 7. 28. 선고 91다35816 판결 등).[356)] 그러나 매도증서 등에 등기소의 '등기제(登記濟)' 또는 '등기필(登記畢)'의 기재가 첨가됨으로써 하나의 문서가 사문서와 공문서(위 '등기제' 또는 '등기필'의 기재 부분) 부분으로 구성된 경우, 그 문서는 공증에 관한 문서와는 달라 공문서 부분의 성립이 인정된다고 하여 바로 사문서 부분인 매도증서나 매매계약서 자체의 진정성립이 추정되거나 인정되지는 않는다(대법원 2018. 4. 12. 선고 2017다292244 판결).

---

355) 본인 또는 그 대리인의 서명이나 날인이 있는 경우 본인이 부지로 다투는 것만으로 그 증거력을 배척할 것은 아니고, 그 문서의 서명이 자기의 것인지, 그 이름 아래의 인영이 진정한 것인지의 여부를 석명하여 이에 대한 심리를 하여야 할 것이며, 만일 그 서명이나 인영까지도 부인하는 취지라면 문서 제출자에게 그에 대한 입증을 촉구하여야 한다(대법원 1972. 6. 27. 선고 72다857 판결).
서증에 피고의 인장이 날인되어 있고, 이것은 피고의 인감도장으로 보이는데 피고가 그 서증의 인부절차에서 부인으로 다투면서 인장이 위조된 것이라고 증거항변을 하였다면, 그 취지가 피고가 위 서증에 날인된 인영이 자신의 인장에 의하여 현출된 인영임을 전제로 하여 인영 부분은 시인하되 다만 그 인영이 피고의 의사에 의하지 않고 날인된 것이어서 위 문서가 위조된 것이라고 항변하는 것인지, 아니면 인장 그 자체가 위조된 것이므로 위 문서의 성립을 부인하는 것이라는 것인지 분명하지 아니하므로, 법원으로서는 이 점을 분명히 하고 위 인영의 위조 여부에 관하여 심리를 하여 본 후에 그 문서의 진정성립 여부를 판단하여야 한다(대법원 1994. 1. 25. 선고 93다35353 판결).

356) 사서증서(私署證書: 사인이 자필로 작성한 문서. 예컨대 매매계약서나 차용증 등)의 인증서는, 사문서(사서증서)의 작성명의인에게 공증인 앞에서 직접 그 문서에 서명 또는 날인하게 하거나, 당해 사문서가 그의 의사에 기하여 작성된 것이라는 사실을 공증인이 확인(인증)한 후 공증인이 그 사실을 인증서의 형태로 작성하는 것이므로(공증인법 제57조 제1항), 사문서 부분도 진정성립이 강하게 추정된다.

전자문서에 의한 거래에서 공인인증기관이 발급한 공인인증서에 의하여 본인임이 확인된 자에 의하여 송신된 전자문서는, 설령 본인의 의사에 반하여 작성·송신되었다고 하더라도, 특별한 사정이 없는 한 '전자문서 및 전자거래 기본법' 제7조 제2항 제2호에 규정된 '수신된 전자문서가 작성자 또는 그 대리인과의 관계에 의하여 수신자가 그것이 작성자 또는 그 대리인의 의사에 기한 것이라고 믿을 만한 정당한 이유가 있는 자에 의하여 송신된 경우'에 해당하는 것으로 추정된다. 따라서 이러한 경우 그 전자문서의 수신자는 전화 통화나 면담 등의 추가적인 본인확인절차 없이도 전자문서에 포함된 의사표시를 작성자의 것으로 보아 법률행위를 할 수 있다(대법원 2018. 3. 29. 선고 2017다257395 판결 참조).[357]

5) 문서의 진정성립이 추정되는 경우, 문서 중 일부 내용이 변조된 사실은 이를 주장하는 자가 입증하여야 한다(대법원 1995. 11. 10. 선고 95다4674 판결 등).

6) 백지 상태의 문서에 서명, 날인만 하였을 때는 '서명사실만 인정', '날인사실만 인정' 또는 '인영 부분(서명 부분) 성립인정'이라고 인부한다. 이 경우 위 b)의 법리에 의해 문서 전체의 진정성립이 법률상 추정되므로, 백지 부분이 부당하게(권한 없이) 보충·기재된 사실은 이를 주장하는 자가 주장·입증하여야 한다(대법원 2003. 4. 11. 선고 2001다11406 판결 등).[358] 이와 같은 법리는 그 문서가 처분문서인 경우에도 마찬가지다(대법원 2000. 6. 9. 선고 99다37009 판결).

만일 그러한 완성문서로서의 진정성립의 추정이 번복되어 백지문서 또는 미완성 부분을 작성명의자가 아닌 자가 보충하였다는 등의 사정이 밝혀진 경우라면, 다시 그 백지문서 또는 미완성 부분이 정당한 권원에 기하여 보충되었다는 점은 그 문서의 진정성립을 주장하는 자 또는 문서제출자에게 입증책임이 있다(대법원 2003. 4. 11. 선고 2001다11406 판결 등).

바. 문서의 실질적 증거력(증명력)

(1) 의 의

문서의 실질적 증거력은 서증조사의 결과인 증거자료가 요증사실의 존부를 판단하는 데에 작용하는 증거의 가치, 즉 신빙도이다. 문서의 실질적 증거력의 유무와 그 정도는

---

357) 이는 '대부업 등의 등록 및 금융이용자 보호에 관한 법률'에 의한 대부계약에도 그대로 적용된다. 위 법률에서는 공인인증서를 이용한 본인 확인을 제한하고 있지 아니할 뿐만 아니라, 동법 제6조의2 제3항 제1호에서 '대부계약 또는 이와 관련된 보증계약을 체결할 때 전자서명법 제2조 제8호에 따른 공인인증서를 이용하여 거래상대방 또는 보증인이 본인인지 여부를 확인하고, 인터넷을 이용하여 대부계약 또는 보증계약상 자필로 기재해야 할 중요사항을 거래상대방 또는 보증인이 직접 입력하게 하는 경우에는, 대부업자는 위 중요사항을 거래상대방 또는 보증인이 자필로 기재하게 한 것으로 본다'고 규정하고 있기 때문이다(대법원 2018. 3. 29. 선고 2017다257395 판결 참조).

358) 대법원은 그 이유를, 인영 부분 등의 진정성립이 인정되는 경우 그 당시 그 문서의 전부 또는 일부가 미완성된 상태에서 서명날인만을 먼저 하였다는 등의 사정은 이례에 속한다고 볼 것이므로, 완성문서로서의 진정성립의 추정력을 뒤집으려면 그럴 만한 합리적인 이유와 이를 뒷받침할 간접반증 등의 증거가 필요하다고 할 것이라고 한다.

법관의 자유심증에 맡겨져 있다.

(2) 처분문서의 증거력

1) 처분문서는 반증에 의하여 그 기재 내용과 다른 명시적 또는 묵시적 약정이 있었다는 등 그 기재 내용을 부정할 만한 분명하고도 수긍할 수 있는 특별한 사유가 없는 한 그 기재 내용에 따른 의사표시의 존재와 내용을 인정하여야 한다(대법원 2000. 2. 22. 선고 99다47860 판결, 2006. 9. 14. 선고 2006다27055 판결 등).

따라서 법원이 처분문서의 기재 내용을 믿지 아니하고 이를 배척하는 때에는 합리적인 이유 설시가 필요하다(대법원 2000. 1. 21. 선고 97다1013 판결 등). 문서에 의하여 처분행위를 한 이상, 그것이 통정허위표시였다는 등의 특별한 사정이 없는 한 그러한 법률행위나 의사표시가 있었다고 보는 것이 사회통념과 경험칙, 건전한 이성에 부합하며 법관의 자유심증도 이 한계 안에 있기 때문이다.

2) 그러나 처분문서에 기재된 법률행위나 의사표시가 있었던 것으로 인정하기 위해서는 먼저 그 기재 내용이 무엇인지를 해석·확정하여야 한다. 처분문서를 해석할 때는 당사자의 내심의 의사가 아니라 외부로 표시된 행위에 의하여 추단된 의사를 가지고 해석하여야 하고(대법원 1997. 11. 28. 선고 97다11133 판결), 표시된 문언의 객관적 의미가 명확하지 아니한 경우에는 문언의 내용, 그와 같은 약정이 이루어진 동기와 경위, 약정에 의하여 달성하려는 목적, 당사자의 진정한 의사 등을 종합적으로 고찰하여 논리와 경험칙에 따라 자유심증으로써 합리적으로 해석하여야 한다(대법원 2000. 4. 11. 선고 2000다4517, 4524 판결, 2006. 9. 14. 선고 2006다27055 판결 등).

3) 일반적으로 계약을 해석할 때에는 계약서나 합의서의 형식적인 문구에만 얽매여서는 안 되고, 쌍방당사자의 진정한 의사가 무엇인가를 탐구하여야 한다. 계약 내용이 명확하지 않은 경우 계약서의 문언이 계약 해석의 출발점이지만, 당사자들 사이에 계약서의 문언과 다른 내용으로 의사가 합치된 경우에는 그 의사에 따라 계약이 성립한 것으로 해석하여야 한다. 계약당사자 쌍방이 모두 동일한 물건을 계약 목적물로 삼았으나 계약서에는 착오로 다른 물건을 목적물로 기재한 경우, 계약서에 기재된 물건이 아니라 쌍방당사자의 의사합치가 있는 물건에 관하여 계약이 성립한 것으로 보아야 한다.

이러한 법리는, 계약서를 작성하면서 계약상 지위에 관하여 당사자들의 합치된 의사와 달리 착오로 잘못 기재하였는데, 계약 당사자들이 오류를 인지하지 못한 채 계약상 지위가 잘못 기재된 계약서에 그대로 기명날인이나 서명을 한 경우에도 동일하게 적용된다(대법원 1993. 10. 26. 선고 93다2629, 2636 판결, 2018. 7. 26. 선고 2016다242334 판결 등).

4) 처분문서의 기재 내용이 부동문자(不動文字)로 인쇄되어 있는 경우에는 구체적 사안에 따라 당사자의 의사를 고려하여 그 내용의 의미를 파악하고, 그것이 예문(例文)에 불과한 것인지 여부를 판단하여야 한다(대법원 1991. 7. 23. 선고 91다12776 판결, 1992. 2. 11. 선고 91다21954 판결, 1997. 9. 26. 선고 97다22768 판결, 1997. 11. 28. 선고 97다36231 판결 등).

(3) 보고문서의 증거력

1) 보고문서는 처분문서와 달리 대체로 작성명의자의 과거의 기억이나 경험, 생각, 느낌 등을 기재한 것이므로 처분문서 만큼 강한 신빙성이 부여되지 않는다. 즉 당연히는 사실상 추정이 인정되지 않고, 작성자의 신분, 직업, 작성 시기, 작성 경위와 배경 등 여러 가지 사정을 고려하여 법관이 자유심증으로 판단한다.

2) 등기사항증명서, 제적 등본, 주민등록표 등본, 토지대장 등본, 가족관계등록증명서, 경력증명서 등과 같은 공문서인 보고문서는 공적 신뢰성에 의하여 그 기재 내용에 사실상 추정력이 인정된다.

6. 증인신문

가. 의 의

1) 증인이란 자신이 보고 듣고 경험한 과거의 사실이나 상태에 관하여 말로써 진술을 할 사람으로서, 소송 당사자나 법정대리인(법인 등 단체의 대표자 포함)을 제외한 제3자를 말한다.

2) 소송능력이 없는 자나 변론능력이 없는 자, 듣지 못하거나 말을 하지 못하는 자도 증인이 될 수 있다. 또, 당사자의 친족이나 지인, 피용자라도 상관없으며, 소송대리인, 보조참가인, 소송고지를 받은 자, 법인이 당사자인 경우 대표자 아닌 구성원도 증인이 될 수 있다. 공동소송인도 자기의 소송관계와 무관한 사항에 대하여는 증인이 될 수 있다. 1심의 공동소송인이었다가 항소심에서는 공동소송인의 지위에서 벗어난 자도 증인이 될 수 있다.

그러나 소송 당사자(독립당사자참가인, 공동소송참가인 등 포함)나 법정대리인(법인 등 단체의 대표자 포함)은 당사자 본인신문 방식에 의하여 조사하여야 하므로(민사소송법 제367, 372조) 증인이 될 수 없다.

3) 증인신문은 증인에게 요증사실에 관한 사항을 질문하고 그의 답변을 듣는 증거조사방법이다. 고로 증인은 증거방법이고, 증인신문의 결과인 증언은 증거자료이다. 증인신문은 서증조사와 더불어 민사소송에서 증거조사의 핵심을 이룬다.

4) 증인신문결과는 증인신문조서에 기재한다(민사소송법 제154조 제2호, 제325조). 증인신문조서는 당해 사건 외에서는 서증(보고문서)이 된다.

나. 증인신문의 방식

(1) 증인진술서 제출 방식

1) 이는 증인이 증인신청인과 가깝거나 호의적인 관계에 있을 때 이용할 수 있는 방식으로서, 증인이 증언하고자 하는 내용을 시간적 순서에 따라 기재하고 서명날인한 '증인진술서'를 작성하여 증인신청인이 이를 미리 법원에 제출하고, 증거조사기일에 증인신문은 간단한 방식으로 진행하는 것이다(민사소송규칙 제79조 제1, 2항).

2) '증인진술서'는 위와 같이 증인이 알고 있는 사항 외에 사건번호, 증인의 이름, 주소 및 전화번호 등을 기재하고, 말미에는 "이상의 내용은 모두 진실임을 서약하며, 이 진술서에 기재된 사항의 신문을 위하여 법원이 출석요구를 하는 때에는 법정에 출석하여 증언할 것을 약속합니다."라는 내용의 진실서약 및 법정출두확약 문언을 기재한 후 작성한 날짜를 적고 작성자(증인)가 서명날인을 하여야 한다. '증인진술서'는 상대방에게 미리 송달하여 반대신문을 준비하게 한다(민사소송규칙 제79조 제4항). 이를 위해 증인신청인은 원본 외에 상대방 당사자의 수에 2(단독사건의 경우), 3(합의부사건의 경우)을 더한 통수의 사본을 법원에 제출하여야 한다(민사소송규칙 제79조 제3항).

3) 이 방법에 의한 증인신문을 할 때는, 신청한 쪽은 핵심 쟁점 사항에 한정하여 주신문을 하고 나머지 사항에 관하여는 위 증인진술서가 사실대로 작성되었다는 취지의 신문을 함으로써 간단히 마친다. 반면에 상대방은 증인진술서에 기재된 개개 항목에 대하여 상세한 반대신문을 한다.[359]

4) 이 방식은 적대적 증인의 경우, 증인이 글을 쓸 수 없는 경우, 증언 내용을 미리 밝히는 것이 부적절한 경우에는 부적합하며, 대체로 증인진술서를 증인신청인 쪽 당사자나 그 소송대리인이 대신해 작성해주고 주신문이 간단한 데다, 주신문사항에 대하여 증인이 모두 긍정하는 대답을 하게 되므로 증언의 신빙성이 약하다.

(2) 증인신문사항 제출 방식

1) 이는 증인신문의 원칙적인 방법으로서, 증인이 진술서를 미리 작성·제출하지 않고 법정에 출석하여 신문에 답하는 것이다(민사소송규칙 제80조 제1항). 다만, 신문의 편의와 증인이 미리 답변을 준비할 수 있도록 증인신청인은 신문할 사항을 기재한 '증인신문사항'이라는 문서를

359) 이를 위해 증인신청인은 미리 '증인신문사항'을 서면으로 작성하여 법원에 제출하고(민사소송규칙 제80조 제1항 단서. 그러나 신문사항이 간단한 경우 통상 이를 증인신문기일 당일에 제출하기도 한다.) 이에 기하여 신문을 한다. 상대방은 '반대신문사항'을 서면으로 작성하여 기일에 제출하고(반대신문은 주신문에 따른 증언을 탄핵하기 위한 것이므로 반대신문사항이 미리 증인이나 상대방에게 알려지지 않도록 법정에서 반대신둔 직전에 이를 교부한다. '반대신문사항' 서면은 증인신청인과 법원사무관 등을 위해 부본을 여러 통 준비해야 한다.), 이에 기하여 반대신문을 한다.

작성하여 제출하여야 한다.

2) 증인이 적대적 관계에 있거나 자기의 지배영역 안에 있지 아니한 중립적 증인인 경우, 증인이 글을 읽거나 쓸 수 없는 경우, 사건의 특성상 증언할 내용을 미리 밝히는 것이 적당하지 아니한 경우에는 증인진술서 제출 방식에 의할 수 없으므로 이 방식에 의한 증인신문을 하여야 한다.

3) 증인을 신청한 당사자는 법원이 정한 기한까지 상대방의 수에 3(다만, 합의부에서는 상대방의 수에 4)을 더한 통수의 증인신문사항을 적은 서면을 제출하여야 한다(민사소송규칙 제80조 제1항).

재판장은 제출된 증인신문사항이 개별적이고 구체적이지 아니하거나 신문사항으로 적당치 않은 내용이 포함되어 있는 때에는 증인신문사항의 수정을 명할 수 있다(민사소송규칙 제80조 제3항). 이는 민사소송법 제327조 제5항의 신문제한권에 의한 것이다.

4) 법원은 '증인신문사항' 부본을 증인과 상대방에게 미리 송달한다(민사소송규칙 제80조 제2항). 상대방은 '반대신문사항'을 서면으로 작성하고 부본을 준비하여 증인신문기일에 법정에서 제출하여야 한다. 상대방의 '반대신문사항' 제출은 법적 의무가 있는 것은 아니나, 이를 미리 서면으로 준비하여야 반대신문을 빠짐없이 요령 있게 할 수 있고, 신문한 내용이 증인신문조서에서 누락·오기되는 위험을 피할 수 있다.

(3) 서면에 의한 증언 방식

1) 증인이 법정에 나와 증언하는 대신 신문사항이나 자신이 알고 있는 사항에 대하여 서면으로 진술하여 증언하는 것이다(민사소송법 제310조 제1항). 다만, 이러한 증언 방식에 대하여 상대방의 이의가 있거나 법원이 필요하다고 인정한 때에는 법원은 증인으로 하여금 법원에 출석·증언하게 할 수 있다(민사소송법 제310조 제2항).

2) 이 방식은 ① 사건의 경위나 정황 등 첨예한 다툼의 대상이 아닌 사항을 진술하는 경우, ② 전문적 지식이나 직무상 경험에 의하여 알고 있는 사항을 설명하는 경우(회계·경리관계, 의사의 진료관계, 감정증인 등), ③ 간단하고 형식적인 사항을 설명하는 경우(계산관계, 장부나 예금통장 등의 기재 내용 등), ④ 증인이 직접 법원에 출석하여 증언하기가 부적절하거나 곤란한 사정이 있는 경우와 같이, 증인이 굳이 법원에 출석하여 증언할 필요가 없거나 곤란한 경우, 증인의 직업, 신분 등에 비추어 서면증언에 의하더라도 신빙성이 높은 경우에 적당하다.

3) 이 방식에 의한 증언을 신청한 당사자는 구체적으로 개개의 신문사항을 기재한 문서를 법원에 제출하여 그에 대한 증인의 증언을 요구하거나 개괄적으로 특정한 사항에 대한 진술을 해 줄 것을 법원에 신청할 수 있다. 이 경우 법원은 상대방에 대하여도 증인에게 회답을 바라는 사항을 적은 서면을 제출하게 할 수 있다(민사소송규칙 제84조 제1항).

4) 법원이 증인에게 이 방식에 의한 증언을 요구하는 때에는, 신문사항 또는 신문사항의 요지, 법원이 출석요구를 하는 대에는 법정에 출석·증언하여야 한다는 취지, 제출할 기한을 정한 때에는 그 취지를 고지하여야 한다(민사소송규칙 제84조 제2항).

5) 증인은 증언할 사항을 서면에 기재하고, 서명날인하여야 한다(민사소송규칙 제84조 제3항). 이는 증인 자신의 이름으로 작성하여야 하고 자신이 직접 법원에 제출하여야 한다. 공증을 받을 필요는 없다. 증인의 증언서가 서증으로 증거가 되는 것이 아니라 그 기재 내용이 증언으로 증거자료가 된다. 즉 이는 서증이 아니라 인증이다.

다. 증인의 신청과 소환

(1) 증인의 신청과 채부결정

1) 증인신문 신청은 증인을 지정하여 구술 또는 서면으로 한다(민사소송법 제308조, 제161조 제1항). 민사소송법은 변론의 집중을 위하여 증인신문과 당사자본인신문 이외의 증거조사는 변론준비절차에서 다 마치고 증인신문 등은 집중심리기일인 변론기일에 한꺼번에 할 것을 꾀하고 있으므로(민사소송법 제281조 제3항, 제287조 제3항, 제293조), 증인신문 신청은 필요한 증인 전원에 대하여 법원이 정한 증인신청서 양식에 따라 할 것이 요구된다(민사소송규칙 제75조).

2) 증인신문 신청은 변론기일 전에 할 수 있음은 물론이며(민사소송법 제289조 제2항), 변론준비절차와 변론준비기일을 연 때에는 그 기일까지 신청하여야 한다(민사소송법 제285, 286조, 제149조 제1항, 제146조).

3) 증인신청서에는 증인의 이름, 주소, 연락처, 직업, 증인과 당사자의 관계, 증인이 당해 사건에 관여하거나 내용을 알게 된 경위, 증인신문에 필요한 시간, 신문할 사항의 개요, 희망하는 증인신문방식과 그 이유, 증인의 출석을 확보하기 위한 방안을 기재하여야 한다.

4) 증인신청에 대하여 법원은 채부의 결정을 하여야 한다. 이 재판은 앞서 본 바와 같이 변론기일조서나 증거목록 등에 기재하는 방법으로 간편하게 한다. 독립하여 불복할 수 없음은 물론이다.

(2) 증인의무

1) 법원은 특별한 규정이 없으면 누구든지 증인으로 신문할 수 있다(민사소송법 제303조). 따라서 국민은 누구나 증인으로서 법원에 출석하여 증언할 의무가 있다.

2) 민사소송법은 증인의무의 제한에 관하여 세 가지 예외규정을 두고 있는바, ① 대통령·국회의장·대법원장 및 헌법재판소장 또는 그 직책에 있었던 사람을 증인으로 하여 직무상 비밀에 관한 사항을 신문할 경우에 법원은 그의 동의를 받아야 하고(제304조), ② 국회의원·국무총리·국무위원 또는 그 직책에 있었던 사람을 증인으로 하여 직무상 비밀에

관한 사항을 신문할 경우에 법원은 국회(국회의원의 경우)나 국무회의(국무총리·국무위원의 경우)의 동의를 받아야 하며(제305조), ③ 이상의 경우 이외의 공무원 또는 공무원이었던 사람을 증인으로 하여 직무상 비밀에 관한 사항을 신문할 경우에 법원은 그 소속 관청 또는 감독관청의 동의를 받아야 한다(제306조). 국회·국무회의 또는 공무원의 소속 관청 등은 국가의 중대한 이익을 해치는 경우를 제외하고는 동의를 거부하지 못한다(민사소송법 제307조).

3) 이 증인의무의 제한은 증인으로서의 출석의무에 대한 제한이므로, 증인으로 출석하여 개개의 신문에 답변을 거부할 수 있는 증언거부권(민사소송법 제314, 315조)과 다르다.

(3) 증인의 소환

1) 법원은 증인에게 출석요구서를 송달하여 소환함이 원칙이다(민사소송법 제167, 309조, 민사소송규칙 제81조 제2항). 그러나 급박한 경우 등에는 전화나 팩시밀리, 이메일 등 다른 방법으로 출석을 통지할 수 있다(민사소송법 제167조 제2항, 민사소송규칙 제45조). 출석요구서에는 당사자의 표시, 신문 사항의 요지, 출석하지 아니하는 경우의 법률상 제재, 출석하지 아니하는 경우에는 그 사유를 밝혀 신고하여야 한다는 취지, 위 신고를 하지 아니하는 경우에는 정당한 사유 없이 출석하지 아니한 것으로 인정되어 법률상 제재를 받을 수 있다는 취지를 기재하여야 한다(민사소송법 제309조, 민사소송규칙 제81조). 실무상으로는 당사자가 제출한 '증인신문사항' 부본도 함께 송달한다.

2) 증인신청이 채택되면 그 신청인은 법원이 예납을 명하는 증인의 여비 등을 납부하여야 한다(민사소송법 제116조, 민사소송규칙 제77조). 증인을 신청한 당사자는 증인신문기일에 증인을 대동하는 등 증인이 출석하도록 노력할 의무가 있다(민사소송규칙 제82조).

이때 신청인이 증인여비 등을 납부하지 않고 증인에게 이를 직접 지불하거나 증인이 이를 받지 않기를 원하는 때는 증인신청서에 '증인 대동, 여비 직불' 또는 '증인 대동, 여비 포기'라고 기재하여 제출할 수도 있다. 이 경우에는 법원은 그 증인을 소환하지 않을 수도 있다. 그러나 법원이 증인에게 출석요구서를 송달하지 않으면 불출석의 경우에 제재를 할 수 없으므로(민사소송법 제167조 제2항) 법원은 이를 제한할 수 있다.

3) 증인이 기일에 출석할 수 없는 때는 그 사유를 법원에 신고하여야 한다(민사소송규칙 제83조). 증인이 출석요구서(소환장)를 받고도 정당한 사유 없이 출석하지 아니하는 때는 법원은 결정으로 증인에게 이로 말미암은 소송비용을 부담하도록 명하고 비송사건절차법에 따라 500만 원 이하의 과태료에 처하며, 과태료의 재판을 받고도 다시 출석하지 아니한 때에는 7일 이내의 감치에 처할 수 있다(민사소송법 제311조, 민사소송규칙 제85, 86조). 증인이 정당한 사유 없이 출석하지 아니하는 경우 법원은 형사소송법 규정을 준용하여 증인을 구인(拘引)할 것을 명할 수 있다(민사소송법 제312조, 민사소송규칙 제87조). 구인은 증인이 1회만 불출석한 경우에도 할 수 있다.

4) 증인이 정당한 사유로 증인신문기일에 출석할 수 없는 등의 사유가 있는 경우, 수

소법원은 수명법관이나 수탁판사에게 증인의 소재지 등에서 증인을 신문하게 할 수 있다(민사소송법 제313조).

5) 증인이 멀리 떨어진 곳 또는 교통이 불편한 곳에 살고 있거나 그 밖의 사정으로 말미암아 법정에 직접 출석하기 어려운 경우와 증인이 나이, 심신상태, 당사자나 법정대리인과의 관계, 신문사항의 내용, 그 밖의 사정으로 말미암아 법정에서 당사자 등과 대면하여 진술하면 심리적인 부담으로 정신의 평온을 현저하게 잃을 우려가 있는 경우, 법원은 당사자의 의견을 들어 비디오 등 중계장치에 의한 중계시설을 통하여 신문할 수 있다. 이 경우 증인신문은 증인이 법정에 출석하여 이루어진 증인신문으로 본다(민사소송법 제327조의2).

라. 증인의 신문

(1) 증언거부권

1) 증인은 그 증언이 자기나 자신의 친족 또는 이러한 관계에 있었던 사람, 증인의 후견인 또는 증인의 후견을 받는 사람이 공소 제기되거나 유죄판결을 받을 염려가 있는 사항 또는 자기나 그들에게 치욕이 될 사항에 관한 것인 때에는 증언을 거부할 수 있다(민사소송법 제314조).

2) 변호사·변리사·공증인·공인회계사·세무사·의료인·약사, 그밖에 법령에 따라 비밀을 지킬 의무가 있는 직책 또는 종교의 직책에 있거나 이러한 직책에 있었던 증인이 직무상 비밀에 속하는 사항에 대하여 신문을 받을 때 또는 증인이 기술이나 직업상 비밀에 속하는 사항에 대하여 신문을 받을 때는 증언을 거부할 수 있다. 다만, 증인이 비밀을 지킬 의무가 면제된 경우에는 그러하지 않다(민사소송법 제315조).

3) 위 증언거부권은 개개의 신문사항에 대하여 그것이 위 사유에 해당하는 때에 한하여 행사할 수 있고, 일괄하여 거부권을 행사할 수는 없다고 생각된다. 증인이 증언을 거부하는 경우 그 이유를 소명하여야 한다(민사소송법 제316조).

4) 증인이 증언을 거부하는 경우, 수소법원은 당사자를 심문하여 증언거부가 옳은지를 결정으로 재판하여야 하며, 증언의 거부에 정당한 이유가 없다고 한 재판이 확정된 뒤에 증인이 증언을 거부한 경우 법원은 증인에게 이로 말미암은 소송비용을 부담하도록 명하고 비송사건절차법에 따라 500만 원 이하의 과태료에 처한다(민사소송법 제317, 318조, 제311조 제1, 8, 9항).

(2) 선서의무

1) 재판장은 증인에게 신문에 앞서 선서를 하게 하여야 한다. 다만, 특별한 사유가 있는 때에는 신문한 뒤에 선서를 하게 할 수 있다(민사소송법 제319조).[360] 재판장은 선서에 앞서 증인

---

360) 증인이 자기 또는 민사소송법 제314조에 규정된 사람과 현저한 이해관계가 있는 사항에 관하여 신

에게 선서의 취지를 밝히고, 위증의 벌에 대하여 경고하여야 한다(민사소송법 제320조). 이 선서는 위증죄의 구성요건이다(형법 제152조 제1항).

2) 선서는 위증하지 않겠다는 내용의 선서서에 기명날인 또는 서명한 후 이를 읽는 방법으로 한다. 증인이 선서서를 읽지 못하거나 기명날인 또는 서명하지 못하는 경우에는 참여한 법원사무관등이나 그 밖의 법원공무원으로 하여금 이를 대신하게 한다(민사소송법 제321조).

3) 16세 미만자나 선서의 취지를 이해하지 못하는 사람에게는 선서를 시키지 못하고(민사소송법 제322조), 민사소송법 제314조에 해당하는 증인으로서 증언을 거부하지 아니한 사람을 신문할 때에는 선서를 시키지 아니할 수 있으며(민사소송법 제323조), 증인이 자기 또는 민사소송법 제314조에 규정된 사람과 현저한 이해관계가 있는 사항에 관하여 신문을 받을 때에는 선서를 거부할 수 있다(민사소송법 제324조).

4) 선서를 거부하는 증인에게는 증언거부권 행사에 준하여 그 정당한 사유가 있는지 여부를 수소법원이 심사하여 결정으로 재판하고, 그 거부에 정당한 사유가 없는 때는 500만 원 이하의 과태료에 처한다(민사소송법 제326조, 제316조 내지 제318조).

(3) 증인신문의 방식

1) 재판장은 증인신문에 앞서 증인으로부터 주민등록증 등 신분증을 제시받거나 그 밖의 적당한 방법으로, 출석한 사람이 소환한 증인과 틀림없음을 확인해야 한다(민사소송규칙 제88조).

2) 증인신문은 증인을 신청한 당사자가 먼저 하고(주신문), 다음에 반대 당사자가 하며(반대신문), 증인을 신청한 당사자가 재신문(재주신문)을 하는 순서로 한다. 쌍방 당사자는 위 순서에 따른 신문이 끝난 후에는 재판장의 허가를 받은 때에만 다시 신문할 수 있다(민사소송법 제327조 제1항, 민사소송규칙 제89조 제1, 2항). 증인신문을 신청한 당사자가 신문기일에 출석하지 아니한 경우에는 재판장이 그 당사자에 갈음하여 신문을 할 수 있다(민사소송규칙 제90조).

3) 재판장은 당사자의 주신문과 반대신문 등이 끝난 뒤에 신문할 수 있으며, 합의부원은 재판장에게 알리고 신문할 수 있다(민사소송법 제327조 제1, 2, 5항). 그러나 재판장은 필요한 경우 언제든지 증인을 신문할 수 있고, 당사자의 의견을 들어 증인신문의 순서를 바꿀 수 있으며(민사소송법 제327조 제3, 4항), 정리된 쟁점별로 신문하게 할 수 있다(민사소송규칙 제89조 제3항). 재판장은 또 주신문에 앞서 증인으로 하여금 그 사건과의 관계와 쟁점에 관하여 알고 있는 사실을 개략적으로 진술하게 할 수 있다(민사소송규칙 제89조 제1항).

4) 증인에 대한 신문은 개별적이고 구체적으로 하여야 하고, 증인을 모욕하거나 증인

문을 받을 때에는 선서를 거부할 수 있는바(민사소송법 제324조), 이런 경우 증인이 그 사유를 말하면 재판장은 우선 신문 없이 신문하고 그 사유가 없을 때는 신문이 끝난 후 선서를 하도록 하여야 할 것이다.

의 명예를 해치는 내용의 신문, 증인의 의견 진술을 구하는 신문, 증인이 직접 경험하지 아니한 사항에 관하여 진술을 구하는 신문 등을 하는 때는 재판장은 정당한 사유가 없는 한 직권 또는 당사자의 신청에 따라 신문을 제한할 수 있다(민사소송규칙 제95조). 듣지 못하거나 말을 하지 못하는 증인에게는 서면으로 물을 수 있고, 이 경우 재판장은 법원사무관등으로 하여금 질문 또는 회답을 적은 서면을 낭독하게 할 수 있다(민사소송규칙 제99조).

당사자는 재판장의 허가를 받아 문서·도면·사진·모형·장치, 그 밖의 물건을 이용하여 신문할 수 있다. 이 경우에 그 문서 등이 증거조사를 하지 아니한 것이고 상대방의 이의가 있는 때에는 신문에 앞서 상대방에게 열람할 기회를 주어야 한다(민사소송규칙 제96조).

증인신문에 관한 재판장의 명령 또는 조치에 대한 이의신청은 그 이유를 구체적으로 밝혀 그 명령 또는 조치가 있은 후 바로 하여야 하며, 수소법원은 이의신청에 대하여 바로 결정으로 재판하여야 한다(민사소송법 제138조, 민사소송규칙 제97조).

5) 주신문(主訊問)은 증명할 사항과 이에 관련된 사항에 관하여 하며, 유도신문(誘導訊問)을 하여서는 안 된다. 다만, 증인과 당사자의 관계, 증인의 경력, 교우관계 등 실질적인 신문에 앞서 미리 밝혀둘 필요가 있는 준비적인 사항에 관한 신문의 경우나 증인이 주신문을 하는 사람에 대하여 적의 또는 반감을 보이는 경우, 증인이 종전의 진술과 상반되는 진술을 하는 때에 그 종전 진술에 관한 신문의 경우, 그 밖에 유도신문이 필요한 특별한 사정이 있는 경우에는 유도신문을 할 수 있다(민사소송규칙 제91조 제1, 2항).

유도신문은 답변을 암시하는 신문이다. 예컨대, 증인에게 어제 어디서 누구를 만나 무슨 이야기를 하였느냐고 물어야 할 것을, "증인은 어제 광화문 앞 교보빌딩 앞에서 ○○○를 만났지요?", "증인은 그때 ○○○에게 김영자가 이진국의 아이를 가진 사실을 알고 있느냐고 물었지요?"라와 같이 신문자가 원하는 답변을 암시하는 것이다. 따라서 주신문을 하는 사람은 신문내용의 성질상 부득이하거나 위와 같은 예외 사유가 없는 한 증인에게 언제, 어디서, 누구와, 무엇을, 어떻게, 왜 등 의문사(疑問詞)로 물어야 한다.

재판장은 정당한 사유가 없는 경우 유도신문을 제지하여야 하고, 유도신문의 방법이 상당하지 아니하다고 인정하는 때에는 이를 제한할 수 있다(민사소송규칙 제91조 제3항).

6) 반대신문(反對訊問)은 주신문에 나타난 사항과 이에 관련된 사항에 관하여 하며, 필요한 경우 유도신문을 할 수 있다. 단, 재판장은 유도신문의 방법이 상당하지 아니하다고 인정하는 때에는 제한할 수 있다(민사소송규칙 제92조 제1, 2, 3항).

주신문에 나타나지 아니한 새로운 사항에 관하여 반대신문의 기회에 이를 신문하고자 하는 때에는 재판장의 허가를 받아야 하고, 그 사항에 관하여는 이를 주신문으로 본다(민사소송규칙 제92조 제4, 5항).[361]

---

361) 그러나 이러한 예외적 주신문은 간단한 내용으로 그쳐야 하며, 반대신문이 아닌 사항을 신문하고자

7) 재주신문(再主訊問)은 반대신문에 나타난 사항과 이와 관련된 사항에 관하여 하며, 주신문의 예에 따른다. 반대신문에 나타나지 아니한 새로운 사항에 관하여 재주신문의 기회에 신문하고자 하는 때에는 재판장의 허가를 받아야 하고, 그 사항에 관하여는 주신문으로 본다(민사소송규칙 제93조).

8) 당사자는 요증사실에 대한 신문 외에 그 증인이 한 증언의 증명력을 다투기 위하여 필요한 사항에 관한 신문을 할 수 있다. 이는 증인의 경험·기억 또는 표현의 정확성 등 증언의 신빙성에 관련된 사항 및 증인의 이해관계·편견 또는 예단 등 증인의 신용성에 관련된 사항에 관하여 한다(민사소송규칙 제94조).

9) 증언의 신빙성은 증인의 답변태도는 물론 신문하는 사람의 신문내용과 신문방법에 의해서도 많은 영향을 받는다. 따라서 증인신문을 할 때는 증인이 신문사항을 잘 이해하도록 간단명료하게 질문하여야 하고, 전문용어나 법적 용어는 최대한 피하고 일반인이 이해할 수 있는 용어로 바꾸어 신문하여야 하며, 부득이한 경우나 계쟁물의 위치, 지번, 구조 등 배경지식이 필요한 사항을 신문하는 경우에는 미리 증인에게 이를 설명하여 이해시킨 후 신문하여야 한다.

10) 증인신문은 변론기일이나 변론준비기일에서 실시할 수 있음은 물론이고, 따로 증인신문기일만 지정하여 그 기일에 실시할 수도 있다. 어느 방법을 취하든 증인신문이 끝난 후에는 증인신문조서를 작성한다. 변론기일이나 변론준비기일에서 증인신문을 실시한 경우에는 그 기일 조서와 별도로 증인신문조서를 작성하고 이를 위 변론기일이나 변론준비기일 조서의 일부로 첨부한다.

(4) 신문의 제한

1) 같은 기일에 신문할 증인이 여러 명인 경우 따로따로 신문하여야 하고, 아직 신문하지 아니한 증인이 법정(法廷) 안에 있을 때에는 재판장은 그 증인을 법정에서 나가도록 명하여야 한다. 다만, 필요하다고 인정한 때에는 신문할 증인을 법정 안에 머무르게 할 수 있다(민사소송법 제328조, 민사소송규칙 제327조 제3, 4항). 재판장은 필요하다고 인정한 때에는 여러 증인의 대질(對質)을 명할 수 있다.[362]

2) 법정 안에 있는 특정인 앞에서는 증인이 충분히 진술하기 어려운 현저한 사유가 있는 때에는, 재판장은 당사자의 의견을 들어 그 증인이 진술하는 동안 그 사람을 법정에서 나가도록 명할 수 있다(민사소송규칙 제98조).

3) 증인은 서류에 의하여 진술하지 못한다(민사소송법 제331조). 즉 증인은 기억을 되살릴 수 있는

하는 반대 당사자는 자신도 그 증인에 대한 신문을 신청하고 증인여비 등을 납부하여야 한다.

362) 대질이란 여러 증인을 동시에 신문하면서 서로 엇갈리는 내용의 진술에 대하여 이를 지적하고 그 진실 여부를 확인하거나 불일치한 이유를 추궁하는 등의 신문방식이다.

서류 등을 보면서 증언할 수 없다. 당사자 등이 미리 써준 문서를 보고 위증을 하는 일이 없도록 하기 위한 예방장치이다.

4) 개별적이고 구체적인 질문이 아닌 개괄적인 신문을 하는 경우, 증인을 모욕하거나 증인의 명예를 해치는 등의 신문, 유도신문을 하는 경우에 재판장이 이를 제한할 수 있음은 앞서 본 바와 같다.

7. 기타의 증거방법

가. 검 증

(1) 검증의 의의

1) 검증은 법관이 직접 시각, 청각, 후각 등 오관(五官)의 작용에 의해 사물의 성상이나 현상을 보거나 듣거나 느낀 인식을 증거자료로 삼기 위한 증거조사이다. 이때 검증의 대상이 되는 사물(증거방법)을 검증물이라고 한다. 검증물에 대해서는 서증과 같이 '갑 제1호증', '을 제3호증'과 같이 번호를 붙이되, 서증과의 구별을 위하여 '검갑 제1호증', '검을 제3호증'과 같이 '검'자를 부기한다.

2) 검증은 주로 시각에 의하여 토지나 건물, 어떤 장소 등에 대하여 실시하는 것이 보통이다. 예컨대, 교통사고 현장의 검증이나 지역권 또는 주위토지통행권의 존재 여부 확인을 위한 검증, 건축물의 균열이나 파손 등의 하자 여부 확인을 위한 검증 등이 그것이다. 때로는 문자나 부호 등이 들어 있으나 육안으로 직접 보아서는 그 내용을 인식할 수 없고 컴퓨터나 프로젝터, 녹음기 등 기계장치를 이용하여야만 인식할 수 있는 자기 디스크나 녹음테이프, 필름, 유에스비(USB) 등의 유형물도 검증의 대상이 된다.

3) 유형물에 표시된 문자나 부호 그 자체가 표상하는 의미를 증거자료로 삼기 위한 증거조사는 서증조사에 속하나, 종이나 나무, 돌 등의 유형물에 표시된 문자나 부호 그 자체가 표상하는 의미를 증거자료로 삼기 위한 것이 아니라, 그 유형물의 성상(재질, 구조 등)이나 현상(노후 정도, 판독 가능 여부, 다른 것과의 동일 여부)을 증거자료로 삼기 위한 증거조사는 검증에 속한다.

예컨대, 일기장이나 노트, 장부의 형상, 장수, 재료, 그에 기재된 문자나 필기구의 종류, 필적이나 인영 등을 시각을 통해 인식하는 것이다.[363] 교통사고 현장이나 특정한 토지 또는 건물 등의 형상을 현장에 나가 직접 보는 것을 통상 현장검증이라고 하는데, 이때 검증물이 되는 것은 그 토지나 건물 등이다.

---

363) 필적이나 인영의 동일성 등과 같이 전문적인 기술이나 지식이 있어야만 인식할 수 있는 것은 뒤에서 보는 감정에 의함이 보통이다.

(2) 검증의 실시

1) 검증은 위와 같이 증거조사이므로 미리 이를 실시할지를 결정하는 증거결정을 거쳐서 실시한다. 보통 당사자의 신청에 의하나 법원도 직권으로 할 수 있다(민사소송법 제292조 참조).

2) 검증은 변론기일이나 변론준비기일에서 실시할 수 있음은 물론이고, 따로 검증기일만 지정하여 실시할 수도 있다. 또, 이는 수소법원 법관 전원이 참여하여 할 수도 있고, 법원 밖에서 검증을 할 필요가 있는 때에 수명법관이나 수탁판사에게 하도록 할 수도 있다(민사소송법 제297조 참조).

변론기일이나 변론준비기일에서 검증을 할 때는 증인신문이나 당사자본인신문, 감정인신문도 함께 할 수 있음은 물론이지만, 법원 밖에서 수명법관이나 수탁판사가 검증을 하는 때에도 이러한 증인신문과 감정인신문 등을 할 수 있다(민사소송법 제365조).

3) 검증을 위해 목적물의 제출이 필요한 경우, 검증을 신청한 당사자가 이를 소지하고 있는 때는 스스로 제출하여야 하고, 상대방이나 제3자가 소지하고 있는 때는 제출명령신청이나 송부촉탁신청을 통하여 제출하게 하여야 한다(민사소송법 제366조 제1항, 제343, 352조). 제3자가 정당한 사유 없이 제출명령에 따르지 아니한 때에는 법원은 결정으로 200만 원 이하의 과태료에 처한다(민사소송법 제366조 제2항). 이에 대해서는 즉시항고할 수 있다(민사소송법 제366조 제2항).

토지나 건물과 같이 검증 목적물이 상대방이나 제3자의 보관하에 있는 때는 재판장이나 수명법관 등의 명의로 검증협조의뢰서를 보내 그 취지를 알리고 협조를 의뢰하기도 한다. 이때 상대방이나 제3자는 검증을 수인할 의무가 있고, 법원은 타인의 토지나 건물, 주거, 선박, 차량 안에 들어갈 수 있으며, 저항을 받은 때에는 경찰에 원조를 요청할 수 있다(민사소송법 제366조 제3항, 제342조).

4) 상대방이 검증 목적물 제출명령에 따르지 아니한 때에는 법원은 검증물의 존재나 형상 등 검증을 통해 확인하려는 사항에 관한 검증 신청 당사자의 주장을 진실한 것으로 인정할 수 있고, 검증을 방해할 목적으로 제출의무가 있는 물건을 상대방이 훼손하여 버리거나 사용할 수 없게 한 때에도 이와 같다(민사소송법 제366조 제1항, 제349, 350조).

5) 검증을 실시한 때는 법관이 직접 보거나 듣거나 느낀 인식인 증거조사의 결과를 검증기일조서에 기재한다. 검증기일만 따로 실시한 때는 검증기일조서만을 작성하고, 변론기일이나 변론준비기일에 검증을 함께 실시한 경우에는 그 기일 조서와 별도로 검증조서를 작성하여 이를 위 변론기일이나 변론준비기일 조서의 일부로 첨부한다.

(3) 검증기일에서의 변론과 화해

1) 변론기일이나 변론준비기일과 별개로 검증기일을 지정하여 검증을 실시한 때는 그

검증기일은 변론기일이나 변론준비기일이 아니므로 소송목적에 관한 변론, 즉 본안에 대한 사실적·법률적 주장이나 증거신청을 할 수 없고,[364] 이를 검증기일조서에 기재하였더라도 유효한 소송자료가 될 수는 없다. 따라서 그러한 사항을 소송자료로 삼기 위해서는 변론기일에서 이를 다시 진술하여야 한다. 이는 당해 증거조사결과인 검증결과를 변론기일에서 진술·원용하여야 하는지 여부와는 차원이 다른 문제이다.

2) 변론기일과 별개로 검증기일을 지정하여 검증을 실시한 때는 그 검증결과를 변론기일에 상정·진술하여야 소송자료가 된다는 견해가 있으나, 이는 앞서 본 바와 같이 근거가 없는 것이다.[365]

3) 화해는 변론이 아니므로 변론기일이나 변론준비기일이 아닌 검증기일에서도 유효하게 할 수 있다.

나. 감 정

(1) 감정의 의의

1) 감정은 법원이 전문적 지식과 경험을 가진 자로 하여금 일정한 사항에 대한 조사·연구를 하게 한 다음 그 결과(그 조사·연구한 내용과 그에 관한 사실판단)를 증거자료로서 판단하는 것이다. 감정을 실시하는 타인을 감정인이라 하고, 감정인의 조사·연구와 판단의 대상을 감정물이라 하며, 그의 판단내용을 감정결과라고 한다. 그리고 조사·연구할 사항은 감정사항이 된다.

2) 감정의 대상이 되는 사항은 통상 교통사고나 화재의 원인, 임료의 액수, 신체 장해의 부위와 정도 및 가동능력상실률, 손해액 등과 같이 일정한 사실관계가 주된 것이나, 때로는 외국 법규나 관습법의 존부나 그 내용과 같은 규범적인 것도 사실에 관한 사항으로서 감정이 허용된다.

3) 감정은 감정인의 조사·연구와 그 감정결과의 법원에의 제출·보고, 법원의 증거판단의 2단계로 이루어지는데, 좁은 의미의 감정은 전자를 의미한다. 감정은 이와 같이 감정의 대상인 물건이나 사람이 증거자료가 되는 것이 아니라, 감정물이나 감정대상에 대한 감정인의 조사·연구와 그 판단이 증거자료가 되므로 이는 인증(人證)에 속한다. 이에 따라 민사소송법은 감정에 대하여 원칙적으로 증인신문에 관한 규정을 준용하고 있다(민사소송법 제333조). 감정은 결과적으로 타인으로서 전문지식을 가진 감정인의 조사·연구와 판단을 법원이 인식·평가하여 증거판단을 하는 것으로서, 증인을 조사하는 것과 같이 증거판단

364) 다만, 그 검증기일에 증인신문과 감정을 하기로 미리 지정한 때는 예외적으로 검증 외의 다른 증거조사를 할 수 있으나, 이는 미리 그에 관한 증거신청을 하고 법원이 이를 채택한 데에 따른 것이다.
365) 변론준비기일에 검증을 한 경우, 이를 포함한 변론준비기일의 결과는 변론기일에 상정·진술하여야 소송자료가 된다(민사소송법 제287조 제2항).

에 타인의 도움을 받는 셈이다.

4) 수소법원은 소송관계를 분명하게 하거나 소송절차를 원활하게 진행하기 위하여 직권 또는 당사자의 신청에 따른 결정으로, 특정한 분야에 전문적인 지식을 갖고 있는 전문심리위원을 지정하여 소송절차에 참여하게 할 수 있고, 전문심리위원은 소송절차에서 설명 또는 의견을 기재한 서면을 제출하거나 기일에 출석하여 설명이나 의견을 진술할 수 있으며, 변론기일이나 변론준비기일에 재판장의 허가를 받아 당사자, 증인 또는 감정인 등 소송관계인에게 직접 질문할 수 있다(민사소송법 제164조의2). 법원은 이와 같이 전문심리위원의 설명이나 의견을 참고하여 사실관계를 파악하고 심증을 형성하는 데 도움을 받게 되는데, 전문심리위원의 설명이나 의견은 참고자료에 지나지 않고 직접적으로 증거자료가 되는 것은 아니라는 점에 감정과 차이가 있다. 이런 점에서 전문심리위원은 감정인과 다르다.[366)]

5) 당사자가 법원에 감정을 신청하지 않고 임의로 타인에게 감정을 의뢰하여 그에 따른 감정보고서를 법원에 제출한 경우가 있는데, 이는 이른바 사감정(私鑑定)이라는 것으로서 감정이 아니다. 다만, 법원은 그 감정보고서를 서증으로 채택하여 조사할 수는 있다.

(2) 감정인의 지정과 감정의무

1) 법원이 감정을 시행하기로 결정한 경우에는 감정인을 지정한다. 수명법관이나 수탁판사가 감정을 시행하는 때는 그가 이를 지정한다(민사소송법 제335조). 당사자가 감정을 신청하는 때에는 감정할 대상과 감정할 사항 및 그 입증취지를 서면으로 밝혀야 하나(민사소송규칙제101조 제1항), 감정인은 지정할 필요가 없으며, 지정을 하였더라도 이는 법원에 감정인을 추천하는 의미밖에 없다. 통상은 감정인을 지정하는 단계에서 법원은 감정인의 의견을 들어서 정한 예상 감정비용을 당사자에게서 납부 받는다.

2) 감정신청서는 상대방에게 송달하고, 상대방은 그에 관하여 의견이 있는 때에는 의견을 적은 서면을 법원에 제출할 수 있다. 법원은 감정신청서와 상대방의 의견 및 필요한 경우 감정인의 의견을 들어 감정사항을 정한다(민사소송규칙 제101조). 법원은 감정사항을 정하는 데 필요한 경우 전문심리위원의 의견을 듣거나 유관단체에 사실조회를 하여 그 의견을 들을 수도 있다.

3) 법원이 감정인을 지정하는 데에는 법령상 제한은 없으나, 그 공정을 기하고 적절한 감정인을 찾는 것을 쉽게 하기 위하여 법원행정처는 '감정인등 선정과 감정료 산정기준

---

366) 그러나 이와 같이 전문심리위원의 설명이나 의견이 법원의 심증 형성에 영향을 미치는 점을 고려하여 민사소송법은, 전문심리위원에 대해서도 제척과 기피에 관한 규정을 준용하고, 전문심리위원이 제출한 서면이나 설명 또는 의견의 진술에 관하여 당사자에게 구술 또는 서면에 의한 의견진술의 기회를 주도록 하고 있다(민사소송법 제164조의2 제4항, 제164조의5, 336, 337조 참조).

등에 관한 예규'를 제정하여 시행하고 특수분야 전문가 명단을 작성, 관리하고 있다. 수소법원은 이에 따라 감정인전산프로그램이나 위 명단에 의하여 감정인을 선정할 수 있다. 그러나 쌍방 당사자가 합의하는 때에는 그 합의에 의한 감정인을 선정하는 것도 가능하고, 위 방법으로 감정인을 선정하는 것이 곤란한 경우 유관단체의 추천을 받는 것도 무방하다.

4) 감정인 지정은 "○○○를 이 사건의 감정인으로 지정한다"와 같이 결정으로 한다. 이는 감정을 실시하기로 하는 증거채부의 결정과는 별개의 재판이지만 양자를 한꺼번에 해도 무방하다. 감정에 필요한 학식과 경험이 있는 사람은 감정할 의무를 지므로 감정을 거부할 수 없으나, 민사소송법 제314조 또는 제324조의 규정에 따라 증언이나 선서를 거부할 수 있는 사람과 선서무능력자는 감정인이 되지 못한다(민사소송법 제334조).

감정인은 출석의무, 선서의무, 감정의견 보고의무를 지며, 이를 해태한 경우 증인에 준하여 소송비용의 부담이나 500만 원 이하의 과태료의 제재를 받을 수 있다(민사소송법 제333조). 그러나 감정인은 증인과 달리 감치하거나 구인할 수 없다(민사소송법 제333조 단서). 증인과 달리 대체성이 있으므로 다른 사람을 감정인으로 지정하면 충분하기 때문이다.

5) 감정인은 일정한 사유가 있는 경우 당연히 제척되나, 감정인이 성실하게 감정할 수 없는 사정이 있는 경우에는 당사자도 기피신청을 할 수 있다. 다만, 당사자는 감정인이 감정사항에 관한 진술을 하기 전부터 기피할 이유가 있다는 것을 알고 있었던 때에는 감정사항에 관한 진술이 이루어진 뒤에는 기피하지 못한다(민사소송법 제336조). 기피신청은 수소법원·수명법관 또는 수탁판사에게 하여야 하며, 기피하는 사유를 소명하여야 한다. 기피신청을 인용한 결정에 대하여는 불복할 수 없으나 그 기각결정에 대하여는 즉시항고를 할 수 있다(민사소송법 제337조).

6) 법원이 감정인 지정 결정을 한 때에는 이를 지정된 감정인에게 송달한다. 감정을 명하기 전이거나, 감정을 명하였더라도 아직 그가 감정서를 제출하기 전이면 법원은 아무런 제한 없이 감정인 지정을 취소할 수 있다. 이 역시 민사소송법 제222조 소정의 소송지휘에 관한 재판에 해당하기 때문이다.

(3) 감정인의 선서와 감정명령

1) 감정인을 지정한 후에는 법원은 감정인신문기일을 정하여 그를 출석하도록 통지하여야 한다. 당사자에게도 이를 통지하여야 함은 물론이다. 이 역시 증거조사기일의 일부에 해당하기 때문이다. 감정인신문기일은 법정이나 판사실, 조정실 또는 검증현장이나 감정할 장소에서 열어도 무방하다.

2) 법원은 감정인신문기일에 감정인을 신문하여야 하는데, 그에 앞서 감정인은 "양심

에 따라 성실히 감정하고, 만일 거짓이 있으면 거짓감정의 벌을 받기로 맹세합니다."라고 선서를 하여야 한다(민사소송법 제338조). 감정인이 선서를 하지 않은 경우 그가 제출한 감정결과는 증거능력이 없다(대법원 2006. 5. 25. 선고 2005다77848 판결 등). 다만, 그 감정보고서의 내용이 합리적인 경우 법원은 그 보고서를 서증으로 채택·조사할 수는 있다.

3) 감정보고서를 법원에 제출하기 전의 감정인신문기일에 법원이 신문하는 사항은 감정인의 학력이나 경력, 감정명령에 응할 의사가 있는지 여부에 대한 것으로서, 감정인이 감정을 마치고 감정보고서를 법원에 제출한 이후 그 내용에 대하여 신문하는 것과는 구별된다.

(4) 감정의 실시와 감정결과의 제출

1) 법원은 감정인에게 감정할 사항을 명백하게 지정해 주어야 한다. 통상 법원은 감정할 사항을 기재한 문서를 교부하여 그에 따라 감정을 하도록 명한다. 감정인은 다른 사람에게 감정을 위임할 수 없고, 감정사항이 자신의 전문분야에 속하지 아니하는 경우 또는 그에 속하더라도 다른 감정인과 함께 감정을 하여야 하는 경우에는 곧바로 법원에 감정인의 지정 취소 또는 추가 지정을 요구하여야 한다(민사소송법 제335조의2).

2) 법원은 감정인에게 진단서, 사진, 진료기록, 건축도면 기타 감정에 필요한 자료를 보낼 수 있고, 당사자는 감정에 필요한 자료를 법원에 내거나 법원의 허가를 받아 직접 감정인에게 건네줄 수 있다. 감정인은 부득이한 사정이 없으면 위와 같은 자료가 아닌 자료를 감정의 전제가 되는 사실 인정에 사용할 수 없다. 법원은 감정인에게 감정에 사용한 자료를 제출하게 하거나 그 목록을 보고하게 할 수 있다(민사소송규칙 제101조의2).

3) 감정인은 감정을 위하여 필요한 경우에는 법원의 허가를 받아 남의 토지, 주거, 관리중인 가옥, 건조물, 항공기, 선박, 차량, 그 밖의 시설물 안에 들어갈 수 있고, 이 경우 저항을 받을 때에는 국가경찰공무원에게 원조를 요청할 수 있다(민사소송법 제342조). 법원은 감정인의 위 신청을 허가하는 때에는 결정으로 재판하며, 기각하는 때에는 별도의 재판을 하지 않고 감정인에게 통지만 하는 것이 실무 관행이다.

4) 감정인이 감정을 마친 때는 그 결과를 법원에 제출하여야 하는데, 재판장은 감정인으로 하여금 서면이나 말로써 감정에 관한 의견(감정결과)을 진술하게 할 수 있다. 또, 여러 감정인에게 감정을 명한 경우에는 다 함께 또는 따로따로 의견을 진술하게 할 수 있다. 통상 감정인은 감정보고서(감정서)라는 서면에 의해 감정결과를 제출한다.

법원은 위 감정결과에 관하여 당사자에게 서면이나 말로써 의견을 진술할 기회를 주어야 한다(민사소송법 제339조 제3항).[367] 통상 이는 법원이 변론기일에 감정보고서가 제출된 사실을 알리

---

367) 이를 누락하였으나 당사자가 적절한 시기에 이의를 하지 않은 경우에는 민사소송법 제151조에 의해

고 당사자의 의견을 묻는 방법으로 하는데, 법원은 필요한 경우 당사자에게 기한을 정하여 그에 관한 의견을 적은 서면을 제출하게 할 수 있다(민사소송규칙 제101조의3 제1항). 당사자의 원용 여부와 관계없이 감정결과가 증거자료가 됨은 앞서 본 바와 같다(대법원 1976. 6. 22. 선고 75다2227 판결, 1994. 8. 26. 선고 94누2718 판결 참조).

5) 감정인이 감정보고서 등 서면으로 의견진술을 한 경우에 그에 관하여 말로 설명할 필요가 있다고 인정하는 때에는 법원은 감정인을 출석하게 하여 신문할 수 있는데, 이 경우 당사자에게 기한을 정하여 감정인에게 질문할 사항을 적은 서면을 미리 그 신문기일 전에 제출하게 할 수 있고, 그 부본은 감정인이 출석할 신문기일 전에 상대방에게 송달하여야 한다(민사소송규칙 제101조의3 제2 내지 4항).

그러나 감정인에 대한 이 신문은 감정인이 증인 자격에서 신문을 받는 것은 아니라는 점에서 뒤에서 보는 감정증인의 신문과는 구별된다. 이 신문은 감정인의 감정절차를 해명하고 감정결과를 분명하게 하는 목적으로 시행되며, 대체로 ① 감정의 전제로 되는 사실관계와 감정에 참조한 자료의 확인, ② 감정판단과 추론과정의 확인, ③ 그 판단과 추론의 근거로 삼은 견해에 대한 학설상의 다툼이 있는지 여부, ④ 반대의 견해에 대한 감정인의 의견, ⑤ 감정보고서에 사용된 표현의 의미 확인 등이 그 내용이 된다.

감정인의 신문 방식은 증인신문과 유사하다. 재판장과 합의부원은 물론 당사자도 재판장에게 알리고 신문할 수 있다. 다만, 당사자의 신문이 중복되거나 쟁점과 관계가 없는 때, 그 밖에 필요한 사정이 있는 때에는 재판장은 당사자의 신문을 제한할 수 있음은 물론이다(민사소송법 제339조의2). 법원은 감정인이 법정에 직접 출석하기 어려운 특별한 사정이 있거나 감정인이 외국에 거주하는 경우, 당사자의 의견을 들어 비디오 등 중계장치에 의한 중계시설을 통하여 신문하거나 인터넷 화상장치를 이용하여 신문할 수 있다(민사소송법 제339조의3).

6) 감정인은 증인신문의 방식으로도 신문할 수 있다. 이에 관하여 민사소송법은 "특별한 학식과 경험에 의하여 알게 된 사실에 관한 신문은 증인신문에 관한 규정을 따른다. 다만, 비디오 등 중계장치 등에 의한 감정증인신문에 관하여는 제339조의3을 준용한다" 고 규정하고 있는데 이러한 증인을 감정증인이라고 한다. 즉 감정증인이란, 특별한 학식과 경험에 의하여 감정을 하게 되면서 알게 된 사실에 관하여 증언을 하는 사람을 말한다. 실무상으로는 앞서 본 감정인신문이나 감정증인신문의 방식을 자유로이 선택하여 실시하고 있다(대법원 1999. 5. 11. 선고 99다2171 판결 등 참조). 필요한 때는 감정인에게 사실조회의 방식으로 질문을 할 수도 있다. 감정인을 증인신문의 방식으로 신문하는 때는 별도로 선서를 받아야 하고, 그가 거짓 진술을 한 때는 허위감정과 별도로 허위증언이 성립한다.

7) 감정인의 감정결과를 믿느냐 안 믿느냐는 수소법원의 자유심증에 속한다. 감정인이 전문지식과 경험을 가지고 있더라도 그 의견에 법원이 구속되는 것은 아니다. 그러나 감

이의권을 상실한다고 할 것이다.

정인의 감정결과는 그 감정 방법 등이 경험칙에 반하거나 합리성이 없는 등의 현저한 잘못이 없는 한 이를 존중하여야 한다(대법원 2007. 2. 22. 선고 2004다70420, 70437 판결, 2012. 11. 29. 선고 2010다93790 판결).

동일한 사항에 관하여 상이한 수개의 감정결과가 있을 때 법원이 그 중 하나를 선택하여 사실을 인정하더라도 그것이 경험칙이나 논리법칙에 위배되지 않는 한 적법하다(대법원 1995. 8. 25. 선고 94다34562 판결, 1997. 12. 12. 선고 97다36507 판결). 또, 감정인의 감정 결과 일부에 오류가 있는 경우에도, 그로 인하여 감정결과가 전체적으로 서로 모순되거나 매우 불명료한 것이 아닌 이상, 감정결과 전부를 배척할 것이 아니라 그 해당되는 일부만을 배척하고 나머지 부분에 관한 감정결과는 증거로 채택하여 사용할 수 있다(대법원 2012. 1. 12. 선고 2009다84608, 84615, 84622, 84639 판결 참조).

8) 한편 예컨대, 감정인의 감정의견에 따라 하자보수비용을 정하기로 당사자가 약정한 경우, 이는 증거계약의 일종인 중재감정계약으로서, 당사자의 약정 취지에 어긋나는 감정이 이루어졌다든가, 그 감정의견이 신빙성이 없다고 판단되는 등의 특별한 사정이 없는 한 법원과 당사자는 그 감정결과에 따라야 한다(대법원 2007. 6. 14. 선고 2006다84867 판결, 2014. 5. 29. 선고 2012다54126 판결).

(5) 보완감정과 재감정

1) 감정인의 감정결과 중 일부가 모순되거나 감정을 명한 사항 중 일부가 누락된 경우 등에는 감정인에게 이를 보완할 것을 명하고 보완감정을 하게 한다(대법원 1999. 5. 11. 선고 99다2171판결 참조). 이는 당사자의 신청이나 법원의 직권으로 할 수 있다. 실무상으로는 원래 감정사항이 아니었던 사항에 대하여도 보완감정을 이용하여 보충하기도 한다.

2) 보완감정이 굳이 필요 없고 감정인신문이나 감정증인신문 또는 감정인에 대한 사실조회로써 충분할 때는 그에 의할 수 있다. 감정인에 대한 사실조회는 위와 같이 감정결과가 불명확하거나 모순될 때 또는 감정을 명한 사항 중 일부에 대한 감정이 누락된 경우 등에 자주 이용된다.

3) 재감정은 감정인의 감정결과가 법령이나 경험칙, 논리에 위배되어 증거가치가 없는 경우 또는 감정을 명한 사항이 잘못 되었거나 그 전제사실이 잘못된 경우 등에 한다. 재감정은 당초의 감정과 동일한 절차에 의하여야 한다. 그러나 이 경우 감정인을 바꾸어 다른 사람으로 지정하는 것이 바람직하다.

(6) 감정의 촉탁

1) 법원은 필요하다고 인정하는 경우, 이상의 감정절차에 의하지 않고 공공기관·학교, 그 밖에 상당한 설비가 있는 단체 또는 외국의 공공기관에 감정을 촉탁할 수 있으며, 이 경우에는 선서에 관한 규정을 적용하지 아니한다(민사소송법 제341조). 촉탁에 의한 감정은 신체감정이나 측량감정, 임료감정 등에 주로 이용되나 그 대상에 제한이 있는 것은 아니다.

2) 이 경우 촉탁을 받은 공공기관 등은 그 소속원에게 감정을 하게 할 수 있다. 실무

상 촉탁을 받은 공공기관장 명의 대신 실제로 감정을 한 소속원 명의의 감정보고서가 제출된 경우에도 적법한 것으로 취급한다(대법원 1986. 9. 23. 선고 85다카1923 판결 참조).

3) 촉탁의 회신에 의해 감정보고서가 제출된 후 법원은 필요하다고 인정하면 공공기관·학교, 그 밖의 단체 또는 외국 공공기관이 지정한 사람으로 하여금 감정보고서를 설명하게 할 수 있다. 이 경우 민사소송법 제339조의3이 준용되므로 비디오 등 중계장치 등에 의한 신문도 가능하다. 또한 보완감정이 필요한 경우에는 보완감정도 촉탁할 수 있다.

4) 촉탁에 의한 감정도 일반 감정과 같이 수소법원이 결정하여야 하나, 그 촉탁서는 재판장의 명의로 발송한다(민사소송법 제139조 제2항). 이 경우 증거채부, 즉 감정을 실시하기로 하는 여부의 결정은 간이한 방법으로 한다.

다. 당사자신문

(1) 당사자신문의 의의

1) 당사자신문, 즉 당사자본인신문은 소송당사자 본인을 증인처럼 신문하여 그가 경험하거나 알고 있는 사실에 대한 진술을 증거자료로 판단하는 것이다.

2) 당사자본인신문은 증거조사의 일환으로 실시하는 것이므로 그가 당사자로서 변론을 하는 것과는 구별된다. 따라서 당사자신문과정에서 당사자가 상대방의 주장에 부합하는 진술을 하더라도 자백이 성립하지는 않으며, 반대로 당사자 본인이 변론의 일부로서 주장·진술을 하거나 변론준비기일에 진술을 하거나 법원의 석명에 대하여 답변을 한 경우 이는 당사자의 주장에 불과하고 그 진술이 증거자료가 되지는 않는다.

3) 당사자신문결과는 보충적 증거자료가 아니라 독립한 증거자료가 된다. 따라서 다른 증거가 없어도 당사자신문결과만으로 사실관계를 인정하는 것도 가능하다. 이를 위해 당사자는 증인처럼 출석, 선서, 진술할 의무가 있다(민사소송법 제369조).

4) 당사자가 소송무능력자라도 당사자신문의 대상이 된다. 그 진술은 증거조사의 대상으로서 하는 것이지 변론으로서 하는 것이 아니기 때문이다. 사단이나 재단이 당사자인 경우 그 대표자도 증인이 아니라 당사자본인신문의 방법으로 한다. 또 당사자의 법정대리인도 마찬가지다(민사소송법 제372조 본문). 당사자를 본인신문의 방법으로 하지 않고 증인으로 신문한 경우, 상대방이 이를 지체 없이 이의하지 아니하면 민사소송법 제151조에 의하여 책문권(이의권)을 포기한 것으로 되어 그 하자가 치유된다(대법원 1977. 10. 11. 선고 77다1316 판결, 1992. 10. 27. 선고 92다32463 판결 참조).

(2) 선서와 신문

1) 당사자신문은 법원이 직권으로 할 수도 있고, 소송당사자의 신청에 의해 할 수도 있다. 그 신청은 자기 측에서 하건 상대방 측에서 하건 상관없다. 신청이 있는 경우 법

원은 다른 증거조사와 같이 그 채부를 결정하고, 직권으로 할 때는 실시를 결정한다. 상대방 당사자를 신문신청한 경우에는 증인의 예에 따라 여비와 숙박료를 예납하여야 한다.

2) 당사자본인신문의 방법은 대체로 증인신문의 방법과 같다(민사소송규칙 제119조 본문). 당사자본인신문을 신청한 경우, 증인과 마찬가지로 신문에 대비하여 당사자본인진술서 또는 당사자본인신문사항을 미리 작성, 준비하여야 한다. 그러나 이를 법원에 미리 제출하거나 상대방에게 송달할 필요는 없고, 법원이 효율적인 당사자신문을 위하여 필요하다고 인정하여 당사자신문을 신청한 당사자에게 당사자진술서 또는 당사자신문사항을 제출하게 한 때만 미리 제출하면 된다(민사소송규칙 제119조의2). 법원이 이를 미리 제출하게 한 때는 상대방에게도 송달한다(민사소송규칙 제119조의2, 제79조 제4항).

3) 당사자본인신문을 할 때는 그에게 선서를 하게 하여야 한다(민사소송법 제367조 후문). 다만, 당사자본인은 선서 후 거짓 진술을 하더라도 위증죄가 되지는 않으므로 그 선서 내용 중 '위증의 벌을 받는다'는 부분은 '허위진술의 제재를 받는다'는 것으로 대체된다.

또한, 당사자 본인이 출석하지 않거나 선서 또는 진술을 거부하는 경우에도 구인하거나 과태료를 부과할 수는 없고, 당사자가 정당한 사유 없이 이를 거부한 경우 법원은 신문사항에 관한 상대방의 주장을 진실한 것으로 인정할 수 있을 뿐이다(민사소송법 제369조). 그러나 이는 법원의 재량사항이다(대법원 1973. 9. 25. 선고 73다1060 판결). 정당한 사유는 당해 당사자나 법정대리인 등이 주장·입증하여야 한다(대법원 2010. 11. 11. 선고 2010다56616 판결).

4) 재판장은 필요하다고 인정한 때에는 당사자 간의 대질 또는 당사자와 증인의 대질을 명할 수 있다(민사소송법 제368조). 선서한 당사자가 거짓 진술을 한 때에는 법원은 결정으로 500만 원 이하의 과태료에 처하며, 이에 대하여는 즉시항고를 할 수 있다(민사소송법 제370조). 당사자신문에 따른 당사자 본인이나 법정대리인의 거짓 진술이 확정판결의 증거가 된 때에는 증인·감정인·통역인의 거짓 진술과 마찬가지로 재심의 사유가 된다(민사소송법 제451조 제1항 제7호).

라. 조사·송부의 촉탁(사실조회)

(1) 의 의

1) 조사·송부의 촉탁은 민사소송법 제294조가 정하는 증거조사의 방법으로서, 법원이 공공기관·학교, 그 밖의 단체·개인 또는 외국의 공공기관에게 그 업무에 속하는 사항에 관하여 필요한 조사를 촉탁하거나 보관중인 문서의 등본·사본의 송부를 촉탁하여 그 회신결과를 증거자료로서 판단하는 것이다.

촉탁하는 대상이 주로 특정한 사실의 조사이므로 일반적으로 이를 사실조회 또는 사실조회촉탁이라고 부르기도 한다. 문서만의 송부를 이 방법으로 촉탁하는 일은 별로 없고, 이는 서증 조사의 방법인 문서송부촉탁(민사소송법 제352조)에 의함이 보통이다

2) 조사·송부의 촉탁은 주로 국가기관이나 지방자치단체 또는 그 소속기관인 세무서, 법원, 등기소, 법원행정처에 대한 과세자료나 등기신청의 경위, 소송의 결과, 재산 보유 내역 등은 물론 통신사, 회사, 은행 등 사기업에 대해 통신자료, 금융거래자료, 신용정보 자료의 조사를 촉탁하는 경우에 많이 이용된다. 개인에 대해서도 촉탁이 가능하다는 점에 유의할 필요가 있다.

(2) 채부의 결정과 촉탁 및 회보

1) 조사·송부의 촉탁 역시 증거조사의 하나이므로 당사자의 신청에 의하든 직권으로 하든 수소법원의 증거채부결정을 요한다. 그러나 통상 촉탁서를 재판장 명의로 발송하는 외에 따로 그 결정을 하지 않는 것이 실무관행이다. 조사·송부의 촉탁은 수소법원이 합의부인 때에도 재판장이 단독으로 하나(민사소송법 제139조 제2항), 수명법관이나 수탁판사가 처리하는 사건에 대해서는 그가 재판장 대신 촉탁할 수 있음은 물론이다.

2) 조사·송부의 촉탁에는 여러 법령상 제한이 뒤따른다. 즉 ① 통신비밀보호법 제13조의2, ② '금융실명거래 및 비밀보장에 관한 법률' 제4조 제1항, ③ 국세기본법 제81조의13, 지방세기본법 제86조 제1항, ④ '신용정보의 이용 및 보호에 관한 법률' 제32조는 이들 기관이 통신정보 등을 타인에게 제공하려는 경우 본인의 동의를 받아야 하는 등의 제한을 가하고, 다만 법원의 제출명령 또는 법관이 발부한 영장에 의하여 제공하는 경우에는 예외를 인정한다.

이에 따라 이들 기관은 법원이 사실조회를 하거나 문서송부촉탁을 한 경우에는 이를 법원의 제출명령으로 볼 수 없다며 불응하는 경우가 많다. 이러한 사정을 감안하여 법원은 통신자료, 과세자료, 금융거래자료, 신용정보자료의 조사를 촉탁하는 경우에는 사실조회촉탁서나 문서송부촉탁서를 보내지 않고, 위 각 개별 법령을 근거 법령으로 기재하고, 그 명칭을 '통신자료 제출명령'이나 문서제출명령 등과 같이 명령서를 보내는 방법으로 실시함이 관행이다.[368)]

3) 외국의 공공기관에게 조사를 촉탁하는 경우에는 외국에서 증거조사를 하는 것에 해당하므로 국제민사사법공조법이 적용된다. 따라서 그 법이 정한 절차에 따라 촉탁서를 보내야 한다. 반면에 외국 주재 우리나라의 대사나 영사 등에게 조사를 촉탁하는 경우에는 위 법에 의하지 않고 통상의 방법으로 촉탁서를 보내도 무방하다.

4) 조사·송부의 촉탁에 따라 공공기관 등이 조사결과를 회신해 오거나 보관중인 문서의 등본 또는 사본을 송부해 온 경우, 그 회신결과 자체가 증거자료가 되므로 이에 대하여 따로 서증조사를 할 필요는 없다. 또한, 그 송부해 온 문서를 서증으로 채택·조사하

---

368) 이 경우 그 제출명령은 수소법원의 권한이므로 명령서는 수소법원의 명의로 하여야 할 것이나 이를 재판장의 명의로 하는 것이 실무관행인바, 그 문제점은 앞서 문서송부촉탁에서 지적한 바와 같다.

고 서증번호를 부여할 필요도 없다. 다만, 그 송부해 온 문서가 당해 촉탁 받은 기관에서 작성·생산한 문서가 아니라 제3자가 작성한 것인 때에는 이를 서증으로 채택·조사하고 서증번호를 부여할 필요가 있다.

5) 수소법원은 촉탁에 따른 조사결과나 회신결과를 증거자료로 삼아 자유심증주의에 따라 이를 인식·평가하게 된다. 법원은 촉탁에 따른 조사결과나 회신결과를 다른 증거자료와 같이 필요한 시기에 인식·평가하게 되며, 반드시 이를 변론기일에 현출하고 그에 대하여 당사자의 진술을 들어야만 하는 것은 아님은 앞서 이미 설명한 바와 같다. 그러나 가능하면 회신이 있었던 사실과 그 내용을 당사자에게 고지한 후 그 의견을 듣는 것이 당사자에 대한 불의타를 방지하고 변론권을 충분히 보장하는 방법이 될 것이다.

6) 한편, 조사·송부 촉탁의 증거조사는 그 회신이 수소법원에 도착한 때에 종료한다고 할 것이므로, 촉탁에 따른 회신이 변론종결 전에 수소법원에 접수되지 않은 때에는 변론종결 전에 변론의 일부인 증거조사가 끝나지 않은 만큼 그 회신은 증거자료가 될 수 없다. 다만, 그 촉탁과 회신이 본안에 관한 것이 아니라 소송요건에 관한 것인 때에는 이를 본래의 증거조사라고 보기 어려우므로 그러한 제한이 없다.[369]

마. 자기디스크 등에 기억된 정보나 전자문서의 조사

(1) 자기디스크 등에 기억된 문자정보의 조사

1) 오늘날에는 기술의 발달로 종이나 헝겊, 가죽 등의 기록수단 이외에도 자기디스크나 광디스크, 유에스비, 녹음·녹화 테이프 등 여러 가지 정보저장매체(자기디스크 등)에 글자나 그림, 도형, 사진 등의 문자정보를 저장하고 이를 재생하는 것이 가능해졌다. 그러나 이들 정보저장매체는 그 저장된 문자정보를 사람의 시각 등 오관에 의하여 직접 인식할 수는 없다는 점에서 문서로 볼 수 없고, 따라서 그에 대한 증거조사는 직접적으로는 서증의 조사방법에 의할 수 없다.

그러나 이를 반드시 검증이나 감정의 방법으로만 증거조사하는 것은 불편하므로 민사소송법은, 정보를 담기 위하여 만들어진 물건으로서 문서가 아닌 증거의 조사에 관한 사항은 민사소송법 제2편 제3장 3절 내지 제5절, 즉 감정, 서증, 검증의 규정에 준하여 대법원규칙으로 정하도록 위임하고 있다(민사소송법 제374조).

2) 자기디스크 등에 기억된 문자정보를 증거로 하는 경우에 그 증거조사의 원칙적인 방법은 검증이다. 즉 법원은 자기디스크 등의 저장매체를 컴퓨터 등 기계장치를 이용하여 저장된 문자정보를 시각적으로 인식할 수 있는 상태로 드러나게 한 다음 그 내용을

369) 대법원 1982. 8. 24. 선고 81누270 판결은 이 점을 간접적으로 확인하면서도, 사안의 성질을 고려할 때 변론을 재개하여 당사자에게 변론의 기회를 주지 않은 것은 심리미진이라고 보았다.

인식하여야 한다. 이때 당사자에게 조사기일을 통지하여 입회할 수 있게 하고 의견을 진술할 기회를 부여하여야 함은 물론이며, 검증조서를 작성하여야 한다.

또한 자기디스크 등 저장매체에 대한 제출명령은 문서제출명령이 아닌 검증 목적물 제출명령에 의하여야 한다(민사소송법 제366조 제1항, 대법원 2010. 7. 14.자 2009마2105 결정). 그리고 증인등목록에는 그 증거표목을 '검갑 제2호증', '녹음테이프' 등으로 기재하고, 증거방법란에는 '검증(녹음테이프)' 등으로 기재하여야 한다. 물론 필요한 경우에는 검증 대신 감정에 의할 수도 있다.

3) 컴퓨터용 자기디스크·광디스크, 그 밖에 이와 비슷한 정보저장매체에 기억된 문자정보를 위와 같이 검증이나 감정의 방법으로 실시할 경우 시간이 많이 걸리고 절차가 번잡한 단점이 있다. 이에 민사소송규칙은 이에 갈음한 간편한 방법을 정하고 있다.

즉 자기디스크 등에 기억된 문자정보를 증거자료로 하는 경우에는 그 자기디스크 등으로부터 출력·인쇄한 문서(출력문서)를 제출할 수 있다(민사소송규칙 제120조 제1항). 이 경우 출력문서에 대해서는 서증조사의 방법으로 조사할 수 있음은 물론이다. 그러나 위와 같이 자기디스크 등 저장매체에 기억된 문자정보를 출력문서를 제출하는 방법으로 조사하는 것은 그 자체가 검증에 갈음하는 독립한 하나의 증거조사 방법으로서, 그렇다고 하여 그것이 서증조사가 되는 것은 아니다.[370] 따라서 이는 서증목록이 아닌 증인등목록에 기재하고, 그 조사의 방법은 증인등목록의 증거방법란에 '출력문서조사(자기디스크 등)'라고 기재하며, 출력문서는 그 표지에 '자기디스크 출력문서 조사'라고 기재하여 기록에 철한다.

4) 자기디스크 등에 기억된 문자정보를 증거로 하는 경우에 증거조사를 신청한 당사자는 법원이 명하거나 상대방이 요구한 때에는 자기디스크 등에 정보를 입력한 사람과 입력한 일시, 출력한 사람과 출력한 일시를 밝혀야 하며, 자기디스크 등에 기억된 정보가 도면·사진 등에 관한 것인 때에도 이와 같다(민사소송규칙 제120조 제2, 3항). 법원은 자기디스크 등 저장매체 자체의 제출을 명할 수도 있고(민사소송규칙 제122조, 제118, 111조 참조), 그 위·변조 여부를 조사하기 위하여 감정을 명할 수도 있다. 이는 당해 자기디스크 등 저장매체가 인위적으로 변경되었거나 그 저장정보 중 일부만을 출력하는 등으로 그 진정성에 의문이 있을 때 이를 해결하기 위한 방법이다.

(2) 자기디스크 등에 기억된 음성·영상 정보의 조사

1) 자기디스크 등이나 녹음·녹화 테이프에 기억·저장된 정보가 문자정보가 아닌 음성이나 영상인 경우에도 그 증거조사의 원칙적인 방법은 검증이다. 이때의 검증은 자기디스크 등의 저장매체에 저장된 음성이나 영상 정보를 컴퓨터 등 기계장치를 이용하여 재생하여 시각적·청각적으로 인식할 수 있는 상태로 드러나게 한 다음 그 내용을 인식하는

---

370) 자기디스크 등이 아닌 출력문서 자체를 증거방법으로 제출한 때에는 그것이 서증이 됨은 물론이다.

방법으로 한다(민사소송규칙 제121조 제2항). 여기서 말하는 영상은 통상 동영상을 말하고, 정지된 영상은 사진으로 보아 문자정보로 취급하여도 무방하다.

2) 당사자가 자기디스크 등에 저장된 음성이나 영상을 재생하는 방법에 의한 증거조사를 신청하는 때에는 녹음 또는 녹화 등의 대상이 된 사람, 녹음 등을 한 사람 및 녹음 등을 한 일시·장소를 밝혀야 하고(민사소송규칙 제121조 제1항), 법원이 명하거나 상대방이 요구한 때에는 녹취서나 그 내용을 설명하는 서면을 제출하여야 한다(민사소송규칙 제121조 제3항). 이때의 녹취서나 설명서는 이를 따로 서증으로 제출하지 않은 한 검증에 도움이 되는 보조자료가 되는 데에 불과함은 물론이다.

3) 자기디스크 등에 기억·저장된 정보가 문자정보가 아닌 음성이나 영상인 경우에는 문자정보와 달리 녹취서나 설명서를 제출하여 조사하는 간편한 방법에 의해 증거조사를 할 수는 없다. 그 정보의 성질상 양자가 다르기 때문이다. 그러나 그 정보가 다음에서 보는 전자적 방법에 의해 저장·기억된 경우에는 검증의 방법이 아닌 보다 간편한 방법으로 이를 재생하여 조사할 수 있다.

4) 음성이나 영상 저장매체의 진정성에 의문이 있는 경우, 법원은 자기디스크 등 저장매체 자체의 제출을 명하거나 감정을 명할 수 있음은 앞서 본 바와 같다.

5) 공개되지 아니한 타인 간의 대화를 녹음하거나 녹화한 자기디스크 등은 통신비빌보호법상 증거능력이 없으므로 이에 대한 증거조사를 할 수는 없다. 그러나 대화에 참가한 자 중 1인이 상대방의 동의 없이 녹음하거나 녹화한 자기디스크 등은 적법하며, 대화자가 3인 이상인 경우에도 마찬가지다(대법원 2006. 10. 12. 선고 2006도4981 판결 참조).

(3) 전자문서에 대한 증거조사

1) '민사소송 등에서의 전자문서 이용 등에 관한 법률'에 따라 전자문서를 이용한 소송(전자소송)이 시행되고 있는바, 이 법에서 말하는 전자문서라 함은 컴퓨터 등 정보처리 능력을 가진 장치에 의하여 전자적인 형태로 작성되거나 변환되어 송신·수신 또는 저장되는 정보를 말한다(위 법률 제2조 제1호).[371] 전자소송에서의 전자문서에는 소장이나 준비서면 등 소송자료가 되는 내용을 기재한 문서는 물론 매매계약서나 차용증 등 증거문서와 음성·영상 등을 전자적으로 저장한 것도 포함된다(위 법률 제5조 제1항 참조).

2) 증거자료가 컴퓨터용 자기디스크 등에 전자적으로 기억·저장된 경우, 종래 이에 대한 증거조사는 자기디스크 등에 대한 검증이나 그 출력문서의 제출·조사 방법에 의해 실시하였으나, 위 법률에서는 전자문서를 모두 민사소송법 등 관련 법률에서 정한 요건과

---

371) 이는 '전자문서 및 전자거래 기본법' 제2조 제1호에서 규정하는 전자문서의 의미와 같다. 즉 컴퓨터에 의하여 전자적 신호로 생성, 저장, 변환, 송수신, 재생할 수 있는 파일 형태의 문서를 말한다.

절차에 따른 문서로 보므로(위 법률 제5조 제2항), 그 증거조사의 방법 또한 문서에 대한 증거조사, 즉 서증조사의 방법에 의하도록 하고 있다. 따라서 그 증거조사결과도 서증등목록에 일반 문서와 같은 방법으로 기재한다. 물론 이는 본래 의미의 서증조사는 아니지만 이에 준하여 취급하는 것이다.

이에 따라 문자, 그 밖의 기호, 도면·사진 등에 관한 정보(문자정보)에 대한 증거조사는 당해 전자문서를 모니터, 스크린 등을 이용하여 열람하는 방법에 의할 수 있고, 음성이나 영상 정보에 대한 증거조사는 전자문서를 청취하거나 시청하는 방법으로 할 수 있다(위 법률 제13조 제1항). 이 경우 전자문서에 대한 증거조사에 관하여는 그 성질에 반하지 아니하는 범위에서 민사소송법 제2편 제3장 제3절부터 제5절까지의 증거조사에 관한 규정이 준용되고, 필요한 경우 법원은 직권 또는 당사자의 신청에 따라 이와 달리 검증하거나 감정의 방법으로 조사할 수 있다(위 법률 제13조 제2항, 민사소송 등에서의 전자문서 이용 등에 관한 규칙 제32조 및 제33조 제1항).372)

3) 한편, 전자문서로 변환하여 제출된 문자정보 증거에 대하여 원본의 존재나 내용에 대하여 이의가 있는 때에는 원본을 열람하는 방법에 의하고, 컴퓨터 등 정보처리능력을 갖춘 장치를 이용하여 증거조사를 하기 곤란한 사유가 있을 때에는 그 출력문서로 증거조사를 할 수 있으며, 이때에는 민사소송규칙 제120조 제2항을 준용한다(위 규칙 제32조 제2, 3항).

또한, 음성·영상 정보의 전자문서에 대한 증거조사를 신청한 당사자는 법원이 명하거나 상대방이 요구한 경우에는 녹취서, 그 밖에 그 내용을 설명하는 문서를 전자문서로 제출하여야 하고, 법원사무관 등이 증거조사 결과에 따라 조서를 작성하는 때에는 재판장 등의 허가를 받아 위 전자문서로 작성된 녹취서와 설명서 가운데 필요한 부분을 그 조서에 인용할 수 있다(위 규칙 제33조 제2, 3항).

4) '민사소송 등에서의 전자문서 이용 등에 관한 규칙'은 전자문서에 대한 증거조사의 신청 등과 관련하여, 전자문서에 대한 증거조사의 신청은, ① 전자문서가 전자소송시스템에 등재되어 있는 경우에는 그 취지를 진술하는 방법으로 하고, ② 전자문서가 자기디스크 등에 담긴 경우에는 이를 제출하는 방법으로 하며, ③ 다른 사람이 전자문서를 가지고 있을 경우에는 그것을 제출하도록 명할 것을 신청하는 방법으로 하도록 하고 있다(위 규칙 제31조 제1항).

한편, 전자문서에 대한 증거조사를 신청하는 자가 전자소송시스템을 이용한 소송의 진행에 동의하지 아니한 경우, 위 규칙 제14조 제1항 각호 가운데 어느 하나에 해당하는

372) 전자문서의 내용이 문자, 그 밖의 기호, 도면·사진 등에 관한 정보(문자정보)인 때는 일반의 문서와 같이 그 전자문서를 모니터, 스크린 등을 이용하여 열람하는 방법에 의하여 조사할 수 있으나, 음성이나 영상 정보는 그 전자문서를 청취하거나 시청하는 방법으로 하여야 하고, 이는 법정에서 증거조사절차를 통해 당사자가 입회한 가운데 실시하여야 하므로 실질적으로는 검증과 다를 바 없다. 음성이나 영상 정보를 법관만이 판사실 등 법정 외의 장소에서 모니터나 스크린으로 청취하거나 시청하는 것은 증거조사라고 할 수 없다.

사유가 있는 경우, 위 규칙 제15조 제1항 제3호 또는 제4호에 해당하는 서류가 전자문서로 작성되어 있을 경우에는 증거신청을 하는 전자문서를 자기디스크 등에 담아 제출할 수 있으며, 이 경우 전자서명 방식으로 작성되지 아니한 전자문서를 제출하는 때에는 작성자의 의사에 따라 작성한 것이라는 취지를 추가로 밝혀야 한다(위 규칙 제31조 제1항).

5) 전자문서에 대한 증거조사를 신청하는 때에는 전자문서의 내용에 따라 ① 전자문서가 문자, 기호, 도면, 사진 등에 관한 정보(문자정보)인 경우에는 전자문서의 명칭과 작성자 및 작성일(전자문서로 변환하여 제출된 경우에는 원본의 작성자와 작성일을 말한다)을, ② 전자문서가 음성·음향이나 영상 정보(음성·영상 정보)인 경우에는 녹음 또는 녹화의 대상인 된 사람, 녹음 또는 녹화를 한 사람 및 그 일시·장소, 주요내용과 용량, 입증할 사항과의 관련성을 밝혀야 한다(위 규칙 제31조 제3항).

한편, 위 규칙 제32조, 제33조에 따른 증거조사(전자문서에 의한 문자정보 또는 음성·영상 정보에 대한 증거조사)는 주요 변론내용과 관련된 부분에 한정하여 할 수 있고, 재판장 등은 이 경우 당사자에게 증거인 전자문서 중 주요 변론내용과 관련된 부분을 특정할 것을 명할 수 있으며, 증거신청인의 상대방이 사전에 증거인 전자문서를 열람·청취·시청할 수 있었던 경우 또는 법원이나 증거신청인이 기일에서 전자문서의 주요내용을 설명한 경우에는 증거신청인과 상대방에게 그에 관한 의견을 진술하게 하고 '민사소송 등에서의 전자문서 이용 등에 관한 법률' 제13조(전자문서를 모니터, 스크린 등을 이용하여 열람하거나 청취·시청하는 방법) 및 동 규칙 제32조, 제33조가 규정하는 절차의 전부 또는 일부를 생략할 수 있다(위 규칙 제34조).

6) 전자소송에서는 전자문서에 대한 위와 같은 증거조사의 특칙 외에도 몇 가지 특례가 인정된다. 즉 ① 민사소송규칙 제79조의 증인진술서는 전자소송시스템을 이용하여 전자적으로 제출할 수 있고, 재판장 등이 명하거나 상대방이 신청한 때에는 증인진술서 원본을 제출하여야 하며, ② 당사자는 재판장 등의 허가를 받아 멀티미디어 자료 등 전자문서를 이용하여 증인을 신문할 수 있고, ③ 전문심리위원, 법원으로부터 조사 또는 문서의 송부를 촉탁 받은 자, 감정인, 법원으로부터 감정을 촉탁 받은 기관, 법원으로부터 문서제출명령을 받은 자 등 '민사소송 등에서의 전자문서 이용 등에 관한 규칙' 제3조 제6호부터 제10호의2까지에 해당하는 기관 등이 그 촉탁사항이나 송부대상인 문서를 전자데이터 또는 전자문서로 가지고 있는 경우에는 전자소송시스템을 이용하여 이를 전송하여야 하며, 법원은 촉탁사항이나 송부대상인 문서가 전자데이터 또는 전자문서가 아닌 경우 이를 전자문서로 변환하여 전송하여 줄 것을 요청할 수 있고, 법원은 위 촉탁 등을 전자적 송달 또는 통지의 방법으로 할 수 있다(위 규칙 제35조 내지 37조).

바. 변론 전체의 취지

1) 변론 전체의 취지도 증거자료로 사용할 수 있다. 다만, 통상 변론 전체의 취지는 변론과정에서의 당사자의 진술 내용과 그 시기, 태도, 변론과정에서 직접 얻은 인상 등 일체의 자료 또는 상황을 말하는 것으로서, 그 성질에 비추어 그것만으로는 주요사실을 인정할 수 없고 사실인정의 자료가 되는 다른 증거방법을 보충하는 효력만을 가질 뿐이다(대법원 1983. 7. 12. 선고 83다카308 판결, 2009. 7. 23. 선고 2009므1595 판결 등 참조).

2) 한편, 변론 전체의 취지는 문서의 진정성립이나 증명력 등 증거자료의 해석과 평가 등을 위한 자료로도 사용할 수 있다(대법원 1990. 9. 25. 선고 90누3904 판결, 1993. 4. 13. 선고 92다12070 판결 등).

3) 변론 전체의 취지는 위와 같이 증거조사를 포함한 소송과정 전체에서 도출되는 상황 등을 말하는 것이므로, 그에 대하여 별도의 증거조사는 필요 없다.

8. 증거보전

가. 증거보전의 의의

1) 증거조사를 하기 전에 그 목적물이 변경되거나 증인의 사망, 문서나 증거물의 폐기·소멸, 현장의 변경 등 증거조사의 대상인 증거방법의 훼손, 소멸 등으로 인한 증거조사의 곤란에 대비하여, 수소법원에 의한 통상적 증거조사절차에 갈음하여 미리 증거조사를 하는 것이 증거보전이다(민사소송법 제375조).

2) 증거보전은 두 단계에 걸쳐 이루어진다. 첫 단계는 증거보전을 허가할 것인지를 결정하는 재판이며, 두 번째 단계는 증거보전을 하기로 결정이 된 경우 그에 의하여 증거조사를 실시하는 것이다. 실무상으로는 이 두 절차가 하나로 합쳐져서 실시되는 것이 보통이다.

3) 증거보전은 단순히 장차 증거조사에 대비하여 그 조사 대상인 증거방법을 보존하는 것이 아니라 미리 증거조사를 실시하는 것으로서 이 역시 증거조사이며, 그 증거조사의 결과는 당연히 관련 소송에서 판단자료가 된다.

나. 증거보전의 요건, 관할

1) 증거보전은 미리 증거조사를 하지 아니하면 그 증거를 사용하기 곤란한 사정이 있는 때에 할 수 있다(민사소송법 제375조). 이는 앞서 본 바와 같이 증인의 사망, 증거물의 소멸, 현장의 변경 등과 같이 장차 통상적인 절차에 따라 증거조사를 실시할 경우 그 조사가 불가능하거나 현저히 곤란한 경우를 말한다. 그러나 그 증거조사의 결과가 증거가치가 있는지 여부는 직접적인 요건은 아니다.

2) 증거보전의 대상에는 제한이 없다. 따라서 통상적인 절차에 따라 증거조사를 실시할 수 있는 것이면 검증이나 감정이건 증인신문이나 당사자본인신문이건 무엇이든 가능하다.

3) 증거보전신청은 신청사건으로 처리되며(이 점에서 이는 본안소송절차에 부수하는 것이라고 할 수 있다), 서면으로 법원에 신청하여야 한다(민사소송규칙 제124조). 다만, 수소법원은 필요하다고 인정한 때에는 직권으로 증거보전을 결정할 수 있다(민사소송법 제379조). 수소법원은 소송절차가 중단되어 통상적인 변론을 할 수 없는 때라도, 필요하다고 인정하면 증거보전에 의하여 증거조사를 할 수 있다.

4) 증거보전신청서에는 상대방, 증명할 사실, 보전하고자 하는 증거, 증거보전의 사유를 밝혀야 한다(민사소송법 제377조). 당사자가 증거보전을 신청한 경우에는 그 사유를 소명하여야 한다. 증거보전신청의 상대방은 통상 장차 본안소송의 상대방이 될 자 또는 현재 소송의 상대방인 자가 될 것이나, 그 상대방을 지정할 수 없는 경우에도 할 수 있는데, 이 경우 증거보전신청 사건을 관할하는 법원은 민사소송법 제62조를 유추하여 상대방이 될 사람을 위하여 특별대리인을 선임할 수 있다(민사소송법 제378조).

5) 증거보전은 본안의 소를 제기하기 전은 물론 소를 제기한 뒤에도 할 수 있다. 본안의 소를 제기하기 전에는 증인 등 신문을 받을 사람이나 문서를 가진 사람의 거소 또는 검증하고자 하는 목적물이 있는 곳 등 당해 증거조사를 실시할 곳을 관할하는 지방법원에 하여야 하고, 소를 제기한 뒤에는 그 증거를 사용할 심급의 수소법원(항소심법원 포함)에 하여야 한다.[373] 다만, 급박한 경우에는 소를 제기한 뒤에도 당해 증거조사를 실시할 곳을 관할하는 지방법원에 증거보전의 신청을 할 수 있다(민사소송법 제376조).

6) 증거보전신청 사건은 소를 제기하기 전에는 지방법원 단독판사가 관할하고, 소를 제기한 뒤에는 수소법원(단독판사 또는 합의부)의 관할에 속한다. 증거보전신청 사건도 다른 법원에 이송할 수 있다. 상고심에서는 증거조사를 할 수 없으므로 상고심에는 이를 신청할 수 없다.

다. 허부 결정과 증거조사의 실시

1) 증거보전신청의 허부는 법원이 결정으로 재판한다. 직권으로 하는 때에도 마찬가지다. 소를 제기하기 전이면 증거보전신청을 받은 법원이, 소를 제기한 후에는 그 소송이

373) 1심판결을 한 후에는 민사소송법 제376조 제1항에 따라 그 증거를 사용할 심급의 법원, 즉 항소심법원에 신청하여야 하나, 1심이 변론을 종결한 후 판결을 선고하기 전에는 1심이 하여야 한다는 견해와 항소심이 하여야 한다는 견해가 대립한다. 이 경우 1심에 증거보전을 신청하였다면 변론을 재개하고 증거보전 여부를 결정하여 증거조사를 하여야 할 것이고, 재개를 하지 않는 경우라면 판결 선고 후 상소심이 하여야 할 것이다(이때는 신청서를 상소심에 보내야 할 것이다).

계속 중인 수소법원이 결정한다. 대부분 서면으로 심리하나 심문을 할 수도 있다.

증거보전을 하기로 한 결정에 대하여는 불복할 수 없으나(민사소송법 제380조), 반대의 경우에는 민사소송법 제439조에 의한 통상의 항고를 할 수 있다. 그러나 증거보전결정에 뒤따르는 구체적인 증거조사에 대하여 민사소송법 제348조와 같이 불복이 허용되는 경우에는 그에 대하여 따로 즉시항고 등 불복을 할 수 있다(대법원 2012. 3. 20. 자 2012그21 결정 참조).

2) 법원이 구체적인 증거조사의 방법을 명시하여 증거보전을 하기로 결정한 때에는 별도로 증인신문이나 검증의 실시 등 증거조사결정을 할 필요는 없으나, 증거보전결정에 구체적인 증거조사의 방법을 명시하지 않은 때에는 따로 증거조사결정을 하여야 한다. 실무상으로는 증거보전결정에 증거조사결정을 합쳐서 하거나, 증거보전신청을 허가한다는 뜻을 명시하지 않고 곧바로 "이 사건에 관하여 증인 ○○○를 신문한다"와 같이 구체적인 증거조사결정만을 한다.

3) 증거보전결정은 양 당사자와 증거조사에 관계가 있는 3자에게 고지하여야 하나, 급박한 경우에는 사후에 고지하여도 무방하다. 증거보전을 신청하였거나 증거조사에 이익을 갖는 당사자는 법원이 정한 증거조사비용을 예납하여야 한다. 이 비용은 장차 본안소송의 소송비용에 포함된다.

4) 증거보전에 의한 증거조사의 방법은 통상의 절차에 의한 증거조사의 방법과 같다(민사소송규칙 제123조). 다만, 긴급한 경우 증거조사의 기일을 신청인과 상대방에게 통지하지 않고 실시할 수도 있다(민사소송법 제381조).

라. 증거조사결과의 이용

1) 증거보전은 위와 같이 신청사건으로 처리되므로, 이를 수소법원이 시행하든 증거조사를 할 곳의 지방법원 단독판사가 시행하든 신청사건 기록이 조제된다. 그리고 증거보전절차에 의하여 실시된 증인신문이나 검증, 감정 등 증거조사의 결과는 이 기록에 편철된다. 기록의 조제 방식은 통상의 본안소송절차나 신청사건절차의 그것과 같다.

2) 증거보전절차에 의하여 실시된 증거조사의 결과는 당연히 본안소송의 증거자료로 이용되게 된다. 따라서 수소법원으로의 증거보전기록의 송부가 필요한데, 이는 수탁판사가 촉탁에 의해 증거조사를 실시한 경우 그 증거조사에 관한 기록을 수소법원에 보내는 방법(민사소송법 제298조)과 같다.

소를 제기하기 전에 증거보전이 이루어진 경우, 원고는 소장에 증거조사를 한 법원과 증거보전사건의 사건번호·사건명을 적어야 한다(민사소송규칙 제62조의2). 수소법원은 이에 따라 증거보전기록을 가지고 있는 법원에 그 기록의 송부를 요청하여야 하는데(민사소송법 제382조), 이는 민사소송법 제352조의 문서송부촉탁이 아니다. 증거보전기록의 송부 요청은 증거조사절차의 일환이 아니라, 이미 이루어진 증거조사의 결과를 수소법원에 제출케 하여 이를 수소법원이 인식·평가하기 위한 것이기 때문이다.

민사소송규칙에서는, 증거보전에 관한 기록은 증거조사를 마친 후 2주 안에 본안소송의 기록이 있는 법원에 보내야 하고, 증거보전에 따른 증거조사를 마친 후에 소가 제기된 때에는 본안소송이 계속된 법원의 송부요청을 받은 날부터 1주 안에 증거보전에 관한 기록을 보내야 한다고 규정하고 있다(민사소송규칙 제125조). 수소법원이 증거보전절차에 의하여 증거조사를 실시한 경우에는 그 기록이 본안소송 기록에 첨철(添綴)되어 있으므로 이를 따로 송부 받을 필요가 없다.

3) 위와 같이 증거보전절차에 의하여 실시된 증거조사의 결과는 당연히 본안소송의 증거자료가 되므로, 당사자는 수소법원에 그 증거조사의 결과에 대하여 다시 증거조사신청을 하거나 이를 본안소송의 증거자료로 삼아달라고 신청할 필요가 없다. 따라서 당사자는 수소법원에 증거보전기록의 송부 요청 등에 대한 신청을 반드시 할 필요는 없고,[374] 수소법원은 그 신청이 있든 없든 송부를 요청하고 증거자료로 삼아야 한다.

다만 예외적으로, 증거보전절차에서 신문한 증인을 당사자가 변론에서 다시 신문하고자 신청한 때에는 수소법원은 그 증인을 신문하여야 한다(민사소송법 제384조). 이는 증인의 태도를 수소법원의 증거판단에 반영하려는 직접주의의 요청에 따른 것이다.

4) 위와 같이 증거보전절차에 의하여 실시된 증거조사의 결과는 당연히 본안소송의 증거가 된다. 수소법원은 증거보전기록을 본안소송기록에 첨철하고, 증거보전기록에 있는 증거자료를 본안소송기록의 증거목록에 이기(移記)하여야 한다. 서증의 경우에는 이미 제출된 서증의 증거번호에 이어서 번호가 부여된다.[375]

5) 증거보전절차에 의해 이루어진 증거조사의 결과는 위와 같이 수소법원이 따로 증거조사절차를 취할 필요가 없는데, 이를 변론에 제출하여야만 비로소 증거자료가 되는가? 즉 재판장이 이를 당사자에게 제시하고 당사자가 이를 원용하여야만 하는가?

이를 긍정하는 견해도 있으나[376] 이는 근거가 없다고 생각된다. 이미 증거보전절차에서 법원이 증거조사를 실시한 이상 이는 수소법원의 증거조사와 동일한 효력이 있고, 이러한 이치는 수명법관이나 수탁법관이 증거조사를 실시한 것과 동일하다. 설사 증거보전절차에 의해 이루어진 증거조사의 결과를 수소법원의 변론에 제출한다고 해도, 이는 형

374) 그 신청은 직권발동을 촉구하는 의미밖에 없다.

375) 서증목록에는 그 서증이 증거보전절차에서 조사된 것이고 증거보전기록이 언제 수소법원에 도착하였는지를 기재한다. 검증이나 증인신문조사의 결과 등도 이와 같다. 증거보전기록에 있는 증거자료가 본안소송기록의 증거목록에 이기되고, 사실상 본안소송의 소송자료가 되는 때는 통상 재판장이 변론기일에 증거보전기록이 송부되어 온 사실을 당사자 쌍방에게 고지하고 그 내용의 대강을 알려주면서 그에 대한 의견(변론)을 듣는 때라고 할 수 있다.

376) 법원실무제요 민사소송[Ⅲ], 법원행정처(2017), 1333쪽 참조.

식적인 것에 그치고[377] 그에 대하여 다시 증거조사를 하는 것도 아니며, 수소법원은 그 결과를 본래의 통상적인 증거조사의 결과와 마찬가지 방법으로 인식·평가하게 된다.

따라서 증거보전절차에 의해 이루어진 증거조사의 결과를 당사자나 재판장이 수소법원의 변론에 제출(제시)하거나 당사자가 이를 원용한 여부에 관계없이 수소법원은 이를 당연히 증거자료로서 판단하여야 하고, 당사자가 명시적으로 이를 원용하지 않는다고 진술한 때에도 마찬가지다. 가능하면 수소법원은 그 증거조사의 결과를 당사자 쌍방에게 알려주고 그것이 증거자료로 되었음을 환기한 후 그에 대한 의견을 듣는 것이 바람직하나, 그것을 하지 않았다고 하여 결론이 달라질 수는 없다. 실무상으로는, 재판장이 변론기일에 증거보전기록이 송부되어 온 사실을 당사자 쌍방에게 고지하고 그 내용의 대강을 알려주면서 그에 대한 당사자의 의견(변론)을 듣는 것이 보통이다.

Ⅴ. 소의 변경

1) 소송은 하나의 흐름을 갖는 절차로서 역동성을 가지므로, 소송의 종료에 이르기까지 여러 가지 사정 변경으로 소송의 주체와 소송의 목적이 변동할 수 있다. 만약 그 변동을 인정하지 않고 당초의 소를 고정한 채 소송을 진행한다면, 변화된 상황에 대처할 수 없어 당사자의 권리구제가 만족스럽지 못하게 되고, 불필요하게 다수의 소송절차를 되풀이하게 함으로써 소송경제에도 반하게 된다. 민사소송법은 이런 견지에서 일정한 한도에서 소의 변경을 허용한다.

2) 이와 같이 소송 진행 중 그 소의 동일성을 유지한 채 소를 구성하는 요소의 전부 또는 일부를 변경하는 것을 소의 변경이라 한다. 앞서 본 바와 같이 소의 3요소는 당사자, 소송의 목적(청구), 법원인바, 당사자와 법원의 변경은 소송 주체의 변경이고, 청구의 변경은 소송목적의 변경이다.

1. 법원의 변경(이송 등)

가. 의 의

소송절차 진행 중 법원의 변경은 ① 이송(移送), ② 이심(移審), ③ 환송(還訟)의 형태로 이루어진다.[378] 이심과 환송은 당해 심급의 심판을 종료한 후 상소나 상소심법원의 재판에 의한 것이므로, 소송 진행 중 법원의 변경으로서 중요한 의미를 갖는 것은 이송이다. 그러므로 이곳에서는 이송에 대해서만 자세하게 다루고 이심과 환송은 상소에 관

377) 실무상 그 제출은 이를 증거자료로 이용하고자 하는 당사자가 "증거보전에 의한 증인 ○○○ 신문결과를 원용한다."는 등의 진술을 하는 방법으로 하고 있다.

378) 넓은 의미의 이송은 이심과 환송을 포함한다.

한 부분에서 다루기로 한다.

(1) 이 송

1) 이송은 당해 심급에서 사건에 대한 심판을 종료하지 않은 채 소송 중에 사건(소송)을 다른 법원에 이관하는 것을 말한다. 사건의 일부만을 이송할 수도 있으며, 1심법원은 물론 2심이나 3심법원도 이송을 할 수 있고, 이송을 받을 법원도 이와 같다. 이때의 법원은 소송법상의 법원을 의미하므로, 같은 국법상의 법원 내에서 단독판사가 합의부에 이관하거나 합의부가 단독판사에게 이관하는 것도 이송이다.

2) 이송은 결정(민사소송법 제34조 내지 36조) 또는 판결(민사소송법 제419조, 제436조 제1항)로써 한다. 판결에 의한 경우는 항소심법원이나 상고심법원이 상소재판의 일부로서 하는 것이고, 본래 의미의 이송은 모두 결정으로써 한다. 이송결정에 대하여는 관할위반으로 인한 이송의 경우 외에는 즉시항고가 허용된다. 항소심법원이나 상고심법원이 상소재판의 일부로서 종국판결에 의해 사건을 원심법원이 아닌 다른 법원에 이관하여 다시 심리케 하는 경우는 원심법원이 그 사건에 대한 관할권이 없을 때에 하며(민사소송법 제419, 436조 참조), 이로써 항소심법원이나 상고심법원의 심리는 종결되므로 고유 의미의 이송과는 다른 면이 있다.

3) 이송과 구별하여야 할 개념으로 이부(移部)가 있다. 이송이 소송법상 일정한 요건이 있을 때 법원의 재판(결정 또는 판결)으로써 하는 것임에 반해, 이부는 심리의 편의나 기타 사정이 있을 때 국법상의 법원 사무를 담당하는 자(각급 법원장 및 지원장)가 사건을 같은 국법상의 법원 내 다른 재판부에 재배당·이관하는 것이다. 예컨대, 서울서부지방법원 제1민사부에 계속 중인 사건이 300건인데 그 옆 재판부인 제2민사부에 계속 중인 사건은 200건으로서, 제1민사부의 업무 부담이 과중하고 이로 인해 법관의 과로와 소송심리의 지연이 초래되거나 그런 우려가 있을 때 제1민사부에 배당된 사건의 일부를 제2민사부에 (재)배당하여 재판부를 바꾸는 것이다(2013. 2. 6. 대법원예규 제1430호 "법관등의 사무분담 및 사건배당에 관한 예규" 참조).

4) 이송이나 이부는 소송기록의 송부와도 다르다. 소송기록의 송부는 단순히 당해 사건의 소송기록을 다른 법원에 물리적으로 보내는 것으로서 소송법적으로 특별한 의미가 있는 것이 아니며,[379] 이송의 경우 외에 이부, 이심, 환송, 기타의 경우에도 이루어진다(민사소송법 제40조 제2항, 제400, 421, 438조 등).

5) 상소장은 원심법원에 제출하여야 하는데(민사소송법 제397조 제1항, 제425조), 당사자가 잘못하여 이를 상급심법원 등 원심법원 아닌 법원에 제출한 경우, 그에 따른 소송법적 효력, 즉 상소 제기의 효력이 발생하지 않는다. 이 경우 상소장을 접수한 법원은 당사자의 이익을 위하여 상소

379) 다만, 소송기록이 어느 법원에 있는지에 따라 재판권을 행사할 법원이 정해지는 경우는 있다(민사소송법 제37조, 제128조 제3항, 민사소송규칙 제67조 제4항 등 참조).

장을 원심법원에 송부하는데, 이 역시 사건 자체의 이관이 아니므로 이송에 해당하지 않고 소송기록의 송부와 같은 물리적 행위에 불과하다.[380] 따라서 상소기간의 준수 여부는 상소장이 원심법원에 송부되어 접수된 때를 기준으로 판단한다(대법원 1992. 4. 15.자 92마146 결정, 2010. 12. 9. 선고 2007다42907 판결).

(2) 이 심

이심은 당해 사건이 상소에 의하여 상급심법원에 이관되어 계속(繫屬)하는 것을 말한다. 이는 당사자의 상소에 의하여 자동적으로 이관이 이루어지고 법원의 특별한 재판이 필요 없다.

(3) 환 송

1) 환송은 상급심법원이 원심법원의 재판을 취소 또는 파기하는 경우에 그 사건을 다시 심리하도록 당초 그 사건에 대한 재판을 하였던 원심법원(상고의 경우 2심법원, 항소의 경우 1심법원)에 이관하는 것을 말한다.[381]

2) 상급심법원이 당해 사건을 원심법원이 아닌 다른 법원에 이관하는 것은 환송이 아니라 이송이다. 즉 항소심법원이 전속관할 위반을 이유로 1심판결을 취소하는 경우, 사건을 원심법원(1심법원)에 환송하지 않고 관할권 있는 법원에 이송하거나(민사소송법 제419조), 상고심법원이 사건을 원심법원과 동등한 법원에 이송하는 것(민사소송법 제436조 제1항)과 같다.

(4) 법관의 변경

1) 소송 중 법관의 변경(경질)이 있는 경우이다. 앞서 본 이송이나 이심, 환송의 경우에도 당연히 법관의 변경이 있게 되나, 국법상의 법원은 물론 소송법상의 법원이 변경되지 않은 경우에도 법관의 변경은 가능하다(협의의 법관 변경).

2) 협의의 법관 변경의 경우로는 먼저 동일한 법원에 여러 개의 단독판사와 합의부가 설치되어 있을 때에 어떤 사건을 같은 심급의 다른 재판부, 즉 다른 단독판사나 합의부

380) 이시윤, 신민사소송법, 박영사(2004), 708면은 상소장을 원심법원 아닌 법원에 잘못 제출한 경우에도 상소의 효력이 발생하고, 상소장을 제출 받은 법원은 원심법원에 이송하여야 한다고 하나 수긍하기 어렵다. 한편, 당사자가 상소장을 원심법원에 제대로 제출하였으나 원심법원의 잘못이나 당사자가 상급심법원을 잘못 기재한 때문에(이 경우에도 원심법원은 적법한 상급심법원으로 소송기록을 송부하여야 한다. 대법원 1986. 11. 7.자 86마895 결정, 1995. 7. 12.자 95마531 결정 참조) 소송기록을 적법한 상급심법원이 아닌 법원에 송부한 경우에는 상소장 제출 시에 상소의 효력이 발생하고(이에 대하여 이시윤, 전게서는 소송기록이 대법원 등 적법한 상급심법원에 송부되어 온 때에 상소의 효력이 발생한다고 하나, 역시 수긍하기 어렵다.), 소송기록을 잘못 송부 받은 법원은 이송결정 없이 적법한 상급심법원으로 다시 기록을 송부하거나 사건을 그 법원으로 이송하여야 한다고 생각된다(후자가 원칙적인 처리방법이라고 할 것이다).

381) 이때 원심법원은 원래 재판을 하였던 그 재판부에 이관되는 것이 아니라 그와 동렬의 재판부에 이관된다(민사소송법 제436조 제3항 참조).

로 하여금 심판케 하는 것이다. 이를 통상 사건의 재배당(再配當) 또는 이부(移部)라고 한다. 또 하나의 경우는, 사건을 담당한 당해 재판부를 구성하는 법관 중 일부가 사직이나 질병, 휴가 등으로 변경된 경우이다. 일반적으로 법관의 변경이라 하면 이 경우를 가리킨다(민사소송법 제204조 제2, 3항 참조).

3) 위와 같이 소송 중에 법관의 변경이 있는 때에는 당사자는 종전의 변론결과를 진술하여야 한다(민사소송법 제204조 제2항). 이를 '변론의 갱신'이라고 한다. 이송된 사건에 관하여 이송 전에 변론이 진행된 경우, 환송된 사건의 변론을 시작하는 경우, 재심절차에 따라 본안심리(변론)를 하는 경우에도 같다(대법원 1966. 10. 25. 선고 66다1639 판결). 이심의 경우에 상급심 법원이 처음으로 변론을 여는 때에는 당사자로 하여금 종전의 변론결과인 제1심의 변론결과 또는 제2심의 변론결과를 진술하게 하여야 한다(민사소송법 제407조 제2항, 제425조).

이는 직접심리주의(민사소송법 제204조 제1항)를 완화한 것이라고 할 수 있는데, 단독사건의 판사가 바뀐 경우 또는 합의부 법관의 반수 이상이 바뀐 경우, 종전에 신문한 증인에 대하여 당사자가 다시 신문신청을 한 때에는 법원은 그 신문을 하여야 한다(민사소송법 제204조 제3항). 증인신문이 갖는 중요성을 고려한 규정이다. 그런데 민사소송법 제204조 제1항은 "판결은 기본이 되는 변론에 관여한 법관이 하여야 한다"고 규정하고 있으므로 변론 전부에 관여하지 않은 법관도 판결, 즉 그 합의와 결론 도출에 참여할 수 있다. 여기서 말하는 '기본이 되는 변론'은 최종 변론을 가리키는 것으로 해석된다(대법원 1951. 4. 10. 선고 4282민상39, 40 판결).

4) 변론의 갱신은 종전의 기일에 변론이 있었어야 하므로, 제2회 변론기일에 법관의 경질이 있었다 하더라도 제1회 변론기일에 변론 없이 그 기일을 연기하였음에 불과한 경우에는 변론갱신을 할 여지가 없다(대법원 1958. 7. 10. 선고 4291민상31 판결). 또한, 소액사건의 경우에는 판사가 바뀌었더라도 변론갱신 없이 판결할 수 있다(소액사건심판법 제9조 제2항). 변론준비기일 역시 변론을 여는 것은 아니므로 민사소송법 제286조에 불구하고 변론갱신절차를 밟을 필요가 없다는 것이 다수설이다. 판결선고기일에만 법관이 바뀐 때에도 같다.

5) 변론의 갱신은 개괄적·대략적으로 종전 변론결과, 즉 주장 내용 및 그에 대한 소송절차 진행의 정도, 제출된 증거방법이나 증인신문 등 증거조사의 내용과 결과, 이와 관련하여 특별히 강조하고 싶은 사실상·법률상 의견 등을 진술하는 것으로 족하고, 종전의 변론내용을 구체적으로 일일이 진술할 필요는 없다. 또한, 경질된 법관이 관여한 최초의 변론기일에 당사자나 대리인이 출석하지 않은 경우 다음 기일에 그 기회를 부여함이 바람직하나, 반드시 그 기회를 부여하여야 하는 것은 아니라고 생각한다. 현재 실무상 변론갱신과 관련하여 구체적인 진술을 하는 경우는 거의 없으며, 조서에는 기계적으로 "종전 변론결과 진술"이라고만 기재하고 있다.

6) 법관의 경질이 있은 후 소송관계를 표명하고 증거조사의 결과에 대하여 변론한 이

상 종전의 변론결과를 진술하지 않아도 위법이 아니라는 것이 판례이다(대법원 1951. 4. 10. 선고 4282민상39, 40 판결). 또 이른바 변론의 갱신절차를 밟지 아니하였다 하더라도, 당사자가 그 심급의 최종변론기일에서 소송관계를 표명하고 변론을 하였다면 이것으로써 변론을 갱신한 효과는 생긴 것이라 보아도 좋다고 한다(대법원 1966. 10. 25. 선고 66다1639 판결).

7) 변론의 갱신에 관한 사항은 소송절차에 관한 것이므로, 당사자가 그것이 법규에 어긋난 것임을 알았거나 알 수 있었을 경우에 바로 이의를 제기하지 아니하면 그 권리를 잃고, 그 하자가 치유된다(민사소송법 제151조 참조).

나. 이 송

(1) 이송의 원인

1) 이송은 다음과 같은 원인이 있을 때 이루어진다.

▣ 이송의 원인

사 유	직권 여부	비 고
관할위반 (민사소송법 제34조 제1항)	·직권으로 결정 ·당사자에게 이송신청권이 없고, 신청은 직권발동을 촉구하는 효력밖에 없어 법원은 이에 대해 판단 불요(대법원 1993. 12. 6.자 93마524 전원합의체 결정 등) ·이송결정에 대하여만 즉시항고 가능(위 대법원 결정 참조)[382]	·전속관할 여부 불문 ·직분관할(가정법원, 행정법원 포함), 사물관할, 토지관할, 심급관할 위반의 경우도 포함
현저한 손해 또는 지연을 피하고자 하는 때 (민사소송법 제35조)	·직권 또는 당사자의 신청으로 결정 ·당사자에게 이송신청권이 있음 ·이송결정 및 신청기각결정에 대하여 즉시항고 가능	·전속관할의 경우 불가 ·전속적 관할합의가 있는 경우에도 가능하나, 현저한 지연사유가 있는 때만 가능
지식재산권이나 국제거래에 관한 소를 당해 고등법원이 있는 곳의 지방법원으로 이송 (민사소송법 제36조)	"	·전속관할의 경우 불가 ·절차를 현저히 지연시키는 경우 불가
상당한 이유가 있는 때 지방법원 단독판사로부터 합의부로의 이송[383] (민사소송법 제34조 제2항)	"	전속관할의 경우 불가
단독판사에게 사건의 계속 중 합의부 관할 사건이 반소로 제기된 경우 합의부로의 이송 (민사소송법 제269조 제2항)	" [384]	반소에 관하여 변론관할이 생긴 경우 불가(민사소송법 제269조 제2항 단서)

2) 이송은 사건이 전속관할에 위반한 경우에도 할 수 있다. 가사소송법이 규정한 가사사건에 대해서는 가정법원의 전속관할에 속한다(가사소송법 제2조, 제22조, 26조, 30조 참조). 따라서 가사사건이 민사법원에 계속된 때는 관할권 있는 가정법원에 이송하여야 한다(가사소송법 제12조, 민사소송법 제34조 제1항 참조). 물론 관할구역 내에 가정법원이 설치되지 않은 곳은 지방법원이 가사사건에 대해서도 관할권이 있다.

3) 행정소송법이 규정하는 행정사건이 행정법원의 관할에 속함은 의문의 여지가 없지만(행정소송법 제9조, 제40조 참조), 행정사건이 행정법원의 전속관할에 속하는지 여부에 대해서는 이견이 있다. 행정소송법에는 행정법원의 관할이 전속관할이라는 규정이 없다. 대법원은 통일된 입장을 보이고 있지는 않지만, 2009. 9. 17. 선고 2007다2428 전원합의체 판결에서는 행정소송법상의 당사자소송 사건의 제1심 전속관할법원은 행정법원이라고 판시하고, 원심판결과 1심판결을 파기·취소하여 사건을 제1심 전속관할법원인 서울행정법원으로 이송하였다(동지. 대법원 2018. 7. 26. 선고 2015다221569 판결). 이는 행정사건을 행정법원의 전속관할에 속하는 것으로 새기는 것으로 이해된다.[385] 물론 관할구역 내에 행정법원이 설치되지 않은 곳은 지방법원이 행정사건에 대해서도 관할권이 있다. 따라서 행정사건이 민사법원에 계속된 때는 관할권 있는 행정법원에 이송하여야 한다(행정소송법 제7조, 민사소송법 제34조 제1항 참조).

대법원은, 원고가 고의 또는 중대한 과실 없이 행정소송으로 제기하여야 할 사건을 민사소송으로 잘못 제기한 경우, 수소법원으로서는 만약 그 행정소송에 대한 관할을 동시에 가지고 있다면 이를 행정소송으로 심리·판단하여야 하고, 그 행정소송에 대한 관할을 가지고 있지 아니하다면 당해 소송이 이미 행정소송으로서의 전심절차와 제소기간을 도과하였거나 행정소송의 대상이 되는 처분 등이 존재하지도 아니한 상태에 있는 등 행정소송으로서 소송요건을 결하고 있음이 명백하여 행정소송으로 제기되었더라도 어차피 부적법하게 되는 경우가 아닌 이상 이를 부적법한 소라고 하여 각하할 것이 아니라 관할법원에 이송하여야 한다고 한다(대법원 1997. 5. 30. 선고 95다28960 판결, 2008. 5. 29. 선고 2007다8129 판결, 2017. 11. 9. 선고 2015다215526 판결, 2018. 7. 26. 선고 2015다221569 판결 등).

4) 가사사건과 행정사건을 제외한 민사사건의 1심은 지방법원 또는 그 지원의 관할에

---

382) 이 경우 법원이 당사자의 신청에 따른 직권발동으로 이송결정을 한 경우에는 즉시항고가 허용되지만(민사소송법 제39조), 당사자에게 이송신청권이 인정되지 않는 이상 항고심에서 당초의 이송결정이 취소되었다 하더라도 이에 대하여 이송신청인의 재항고는 허용되지 않으므로 그 재항고는 부적법하다(대법원 2018. 1. 19.자 2017마1332 결정).

383) 민사소송법 제34조 제3항에 의해 합의부가 직권 또는 당사자의 신청에 따라 합의부의 관할에 속하지 않는 사건을 스스로 심판하는 것은, 법원조직법 제32조 제1항 제2호 내지 제6호에 의한 합의부사건이 아닌 단독사건에 대하여 합의부가 심판권을 행사하기로 결정(재정합의결정)을 하는 것이다(법원조직법 제32조 제1항 제1호). 이때 단독판사는 사건을 합의부에 이송한다는 재판(결정)을 하지 않고 소송기록만 합의부에 송부하여야 한다. 엄격히는 이송이 아니나 그 실질에 있어서는 이송과 같다.

384) 즉시항고에 관하여는 명문의 규정이 없으나 해석상 인정됨.

385) 반대의 견해로는 오정후, "재판권 위반과 절차법의 위법한 적용", 행정법연구 제34호(2012. 12.) 제107면 이하 참조.

속한다(법원조직법 제32조 제1항 제2호, 민사 및 가사소송의 사물관할에 관한 규칙 참조). 그러나 이때의 관할이 전속관할이라는 법규정이 없다. 따라서 민사사건의 1심을 가정법원이나 행정법원에서 수행하더라도 전속관할 위반의 문제는 발생하지 않으므로 이들 법원이 민사법을 적용하여 재판하여도 무방하다.[386]

하지만, 위와 같이 가사소송법이나 행정소송법은 민사소송법을 준용하고 있고, 민사소송법 제35조는 "법원은 소송에 대하여 관할권이 있는 경우라도 현저한 손해 또는 지연을 피하기 위하여 필요하면 직권 또는 당사자의 신청에 따른 결정으로 소송의 전부 또는 일부를 다른 관할법원에 이송할 수 있다"고 규정하고 있으므로, 가정법원이나 행정법원은 이에 의해 가정법원이나 행정법원에 계속 중인 민사사건을 관할권이 있는 지방법원 또는 그 지원에 이송할 수 있고, 실무상으로도 그렇게 하고 있다.

(2) 이송의 효과

1) 이송결정이 확정된 때는 당해 소송은 처음부터 이송 받은 법원에 계속된 것으로 보며(민사소송법 제40조 제1항), 이송 받은 법원은 이송결정에 구속되어 전속관할위반을 포함하여 어떤 이유로든 사건을 이송한 법원은 물론 다른 법원에 다시 이송하지 못한다(민사소송법 제38조, 대법원 1995. 5. 15.자 94마1059,1060 결정).[387]

2) 따라서 이송 전에 한 소송행위의 효력은 그 소송행위가 비록 관할권 없는 법원에서 이루어진 것이라도 모두 유효하며,[388] 소의 제기나 청구의 변경 등에 따른 제척기간 준수의 효력이나 소멸시효중단 등의 효력 역시 그대로 존속한다.

3) 이송결정이 확정되면 법원사무관등은 당해 사건의 소송기록을 이송결정의 정본과 함께 이송 받은 법원에 송부하여야 한다(민사소송법 제40조 제2항). 그러나 이송결정이 확정된 뒤라도 소송기록을 송부하기 전이면 급박한 사정이 있는 경우 이송한 법원은 직권 또는 당사자의 신청에 따라 증거조사 등 필요한 긴급처분을 할 수 있다(민사소송법 제37조).

---

386) 그러나 이 경우 재판권 위반으로서 소송요건 위반이라는 견해가 있다. 오정후, "재판권 위반과 절차법의 위법한 적용", 행정법연구 제34호(2012. 12.) 제107면 이하 참조.

387) 다만 대법원은, 심급관할을 위배하여 이송한 경우에도 이송결정의 기속력이 사건을 이송 받은 상급심법원에 미친다고 하면 당사자의 심급 이익을 박탈하여 부당할 뿐만 아니라, 이송을 받은 법원이 법률심인 대법원인 경우에는 직권조사사항을 제외하고는 새로운 소송자료의 수집과 사실확정이 불가능한 관계로 당사자의 사실에 관한 주장·입증의 기회가 박탈되는 불합리가 생기므로 심급관할을 위배한 이송결정의 기속력은 이송 받은 법원이 상급심법원인 경우에는 미치지 아니하고, 반대로 그 이송 받은 법원이 하급심법원인 경우에는 기속력이 미친다고 보아야 한다며(1995. 5. 15.자 94마1059, 1060 결정, 2007. 11. 15.자 2007재마26 결정 등 참조), 상소기록을 송부 받은 상급심법원이 적법한 상급심 관할권이 있음에도 이를 오해하여 사건을 다시 자신의 상급심법원으로 잘못 이송한 경우, 사건을 이송 받은 상급심법원은 심급의 이익 박탈을 막기 위해 관할권 있는 법원으로 다시 이송할 수 있다고 한다(2009. 4. 15.자 2007그154 결정).

388) 다만 판사가 바뀌게 되므로 변론의 갱신이 필요하다(민사소송법 제204조 제3항).

2. 당사자의 변경(소의 주관적 변경)

가. 의 의

1) 당사자의 변경은 소송 계속 중에 소송의 동일성을 유지하면서 소의 구성요소인 당사자가 종전과 달리 변경되는 것이다. 그 형태에 따라 ① 기존의 당사자 중 일부가 소송에서 탈락하는 경우(감축적 변경), ② 기존 당사자가 탈락하고 그 대신에 새로운 당사자가 가입하는 경우(교환적 변경), ③ 기존 당사자에 추가하여 새로운 당사자가 가입하는 경우(추가적 변경)가 있고, 그 원인에 따라 ④ 소송목적이나 분쟁의 주체로서의 지위가 타인에게 이전됨에 따른 소송의 승계, ⑤ 위 지위의 이전과 관계없이 당사자의 임의로 종전의 원·피고에 갈음하거나 이에 추가하여 3자를 소송에 당사자로 가입시키는 임의적 당사자변경이 있다.[389)]

2) 통상 당사자변경과 함께 당사자표시정정, 보조참가, 공동소송적 보조참가, 소송고지가 논의되나, 이들은 당사자가 변경되는 결과를 가져오지는 않으므로 엄격히는 당사자변경에 속하지 않는다. 또, 기존 당사자의 의사와 관계없이 3자가 소송절차에 참가하여 기존 당사자와 함께 소송당사자가 되는 광의의 임의적 당사자변경(참가)도 실질상 새로운 소의 제기여서 본래 의미의 당사자변경은 아니지만, 3자가 이미 계속 중인 소송의 소송목적에 관하여 일정한 이해관계가 있다는 점에서 당사자변경과 유사하므로 당사자변경에 포함하여 논한다.

3) 당사자의 변경은 새로운 당사자에 의한 변론을 포함한 소송활동이 필요하므로 당연승계를 제외하고는 원칙적으로 사실심에서만 허용되고, 상고심은 법률심이므로 사실에 관한 주장을 전제로 하는 당사자의 추가, 변경이 허용되지 않는다(대법원 1991. 10. 8. 선고 89누7801 판결). 또한 피고경정, 고유필수적 공동소송인이나 예비적·선택적 공동소송인의 추가는 1심에서만 허용된다.[390)]

---

389) 임의적 당사자변경 중 참가(광의의 임의적 당사자변경)는 기존 당사자의 의사와 관계없이 3자 자신의 의사에 기해 그가 소송에 가입함으로써 당사자가 변경된다. 이 점에서 참가는 실질적으로 새로운 소의 제기와 변론의 병합이라고 할 수 있고, 기존의 소와는 다른 소가 하나의 소송절차에서 병합심리된다.

390) 반면에 당사자변경이 아닌 보조참가, 공동소송적 보조참가, 당사자표시정정은 상고심에서도 허용된다. 다만, 사망한 사실을 모르고 사망자를 피고로 하였다가 그 상속인들로 당사자표시정정을 하는 것과 같이 실질적으로 당사자변경에 해당하는 경우에는 역시 사실심에서만 가능하다(대법원 2012. 6. 14 선고 2010다105310 판결 참조).

▣ 당사자변경의 형태

<table>
<tr><th colspan="2">구 분</th><th>내 용</th><th>비 고</th></tr>
<tr><td rowspan="3">형태</td><td>감축적 변경</td><td>기존의 당사자 수가 줄어드는 것</td><td>·소의 일부 취하
·선정당사자 선임</td></tr>
<tr><td>교환적 변경</td><td>기존 당사자가 탈락하고 그 자리에 타인이 당사자로 가입하는 것</td><td>·피고경정
·참가승계
·인수승계[391)]</td></tr>
<tr><td>추가적 변경</td><td>기존 당사자에 추가하여 새로운 당사자가 가입하는 것</td><td>·고유필수적 공동소송인 추가
·예비적·선택적 공동소송인 추가
·독립당사자참가 등 소송의 참가</td></tr>
</table>

▣ 당사자변경의 원인

<table>
<tr><td rowspan="6">원인</td><td rowspan="2">소송의 승계</td><td colspan="2">당연승계
(자동적으로 당사자 지위 승계)</td><td>상속, 합병 등 법률상의 사유에 의한 당사자 지위의 당연한 변동</td><td>·당사자의 사망
·법인 등의 합병
·신탁계약상 수탁자의 임무 종료
·제3자소송담당자의 자격 상실이나 본인의 자격 회복
·파산절차, 채무자회생절차의 개시·폐지</td></tr>
<tr><td colspan="2">특정승계
(당사자나 3자가 신청해야만 당사자 지위 승계)</td><td>소송목적인 권리·의무가 법률행위 등에 의해 타인에게 양도·이전된 데에 따른 당사자 지위의 변동</td><td>·참가승계(자발적 가입)
·인수승계(비자발적 가입)</td></tr>
<tr><td rowspan="4">임의적 당사자 변경</td><td rowspan="3">협의의 임의적 당사자 변경</td><td>피고 경정[392)]</td><td>원고가 피고를 잘못 지정한 경우 법원의 허가에 의해 타인으로 교체하는 것</td><td>민사소송법 제260조</td></tr>
<tr><td>고유필수적 공동소송인의 추가</td><td>고유필수적 공동소송인이 되어야 할 원고나 피고 중 일부가 누락된 경우 원고의 신청에 의해 이를 추가하는 것</td><td>민사소송법 제68조</td></tr>
<tr><td>예비적·선택적 공동소송인의 추가</td><td>원고의 신청에 의해 원고나 피고를 예비적 또는 선택적으로 추가하는 것</td><td>민사소송법 제70조</td></tr>
<tr><td>광의의 임의적 당사자변경 (참가)[393)]</td><td>공동소송 참가</td><td>소송목적인 법률관계가 당사자와 제3자에게 합일적으로 확정되어야 하나 단독소송이 허용되는 경우에 제3자가 한쪽 당사자로 가입하는 것</td><td>·주주총회결의취소의 소송에 다른 주주의 참가
·채권자대위소송에 다른 채권자의 참가 등</td></tr>
</table>

391) 인수승계에는 예외적으로 교환적 변경이 아닌 경우도 있다.

			독립당사자 참가	타인 간의 소송목적이 자신에게 속한다고 주장하거나 그 소송이 자신을 해할 목적으로 제기된 것이라고 주장하며 제3자가 독립한 당사자로 가입하는 것	·권리주장참가 ·사해방지참가 ·쌍면적 참가 ·편면적 참가

나. 소송의 승계

1) 소송의 계속 중에 소송목적인 권리·의무나 법률관계가 타인에게 이전된 경우 종전의 당사자가 소송을 수행할 수 없게 되거나 계속 수행할 필요가 없게 된다. 그에게 소송목적에 대한 관리처분권이 없어지기 때문이다. 고로 이 경우 새로 권리·의무나 법률관계의 주체가 된 자로 하여금 새로 당사자가 되게 하여 기왕의 소송을 이어받아 계속 진행하게 하는 것이 소송의 승계이다. 즉 소송의 승계는 제3자가 기존의 소송당사자 지위를 승계하여 새로이 당사자가 되는 것이다.

2) 소송의 승계는 새로운 당사자가 되는 제3자가 종전 당사자의 지위를 교환적으로 이어받고[394] 기존 소송수행의 결과를 이어받는 점에서, 제3자가 기존의 소송당사자에 대체하거나 추가적으로 소송당사자가 되면서도 그 지위를 이어받거나 원칙적으로 기왕에 이루어진 소송수행의 결과를 이어받지는 않는 소송의 참가(공동소송참가, 독립당사자참가) 및 임의적 당사자변경(피고경정, 고유필수적 공동소송인의 추가, 예비적·선택적 공동소송인의 추가)과 구별된다.[395] 이러한 차이는 소송목적인 권리·의무나 법률관계가 새로이 당사자가 되는 제3자에게 승계되었는지 여부에서 비롯된다.

3) 소송의 승계는 권리·의무나 법률관계가 사실심 변론종결 전에 타인에게 이전된 경우의 처리 방법이라는 점에서, 사실심 변론종결 후의 지위 이전에 따른 처리 방법인 기판력의 승계(확장)나 집행력의 승계(승계집행)와 다르다.

양자의 경우에 승계인의 범위를 동일하게 파악할 것인지 아니면 각기 다른 특성을 갖는 것으로 보아 다르게 파악할 것인지가 문제되는바, 학설상으로는 종래 양자의 범위를 통일적으로 보는 것이 일반적이었다.[396] 즉 전자는 생성 중인 기판력을 승계인에게 미치게 하는 것이고, 후자는 이미 형성된 기판력을 승계인에게 미치게 하는 것으로서, 양자 모두 소송수행의 기초가 되는 법적 지위의 승계가 있다는 점에서는 동일한데, 전자는 그

---

392) 이와 함께 당사자표시정정이 논의된다.

393) 이와 함께 보조참가, 공동소송적 보조참가, 소송고지가 논의된다.

394) 원칙적으로 그러하다. 채무의 중첩적 승계와 같이 추가적인 승계의 경우도 있다.

395) 소송승계의 경우에는 소멸시효 중단이나 제척기간 준수의 효력이 당초의 소송을 기준으로 발생하고 2심에서도 가능하나, 소송의 참가나 임의적 당사자변경의 경우에는 원칙적으로 소멸시효 중단이나 제척기간 준수의 효력이 각각의 사유 발생 시를 기준으로 발생하고 1심에서만 가능하다.

396) 이에 관하여는 뒤의 <기판력>을 참조.

법적 지위의 변동이 사실심 변론종결 전에 이루어진 경우이고, 후자는 그 법적 지위의 변동이 사실심 변론종결 후에 이루어진 경우로서 양자의 성질이 동일하다고 보았다.

그러나 근래에는 구체적으로 고려하여야 할 절차보장의 법익이나 정도 등이 서로 다른 것으로 파악하여 양자의 범위를 달리 취급하는 견해도 유력하다. 뒤의 기판력 부분에서 보는 바와 같이 우리 대법원도 양자를 다르게 보고 있는 것으로 이해된다.

4) 소송의 승계에는 ① 기존의 소송당사자나 새로 소송당사자가 될 자의 의사에 관계없이 자동적으로 승계가 이루어지는 당연승계와, ② 소송당사자나 새로 소송당사자가 될 자의 의사에 의해 당사자 지위의 승계가 이루어지는 특정승계가 있다.[397][398]

(1) 당연승계(소송수계)

1) 소송 진행 중 소송목적인 권리·법률관계에 관하여 상속이나 회사의 합병 등 실체법상의 포괄 승계원인이 있는 경우 상속인 등 포괄승계인이 피승계인의 권리·의무 등을 포괄적으로 승계함에 따라, 기존 당사자나 새로 당사자가 될 자의 승계신청을 기다리지 않고 소송법상의 당사자 지위가 실체법상의 포괄 승계인에게 당연히 승계되는 것을 당연승계 또는 소송수계라고 한다(민사소송법 제233조 제1항, 제234조 등).[399]

소송목적인 권리·법률관계에 관하여 상속 등 실체법상의 포괄 승계가 이루어지지는 않았지만 그 실체법상이나 소송상 처분권이 기존 소송당사자로부터 파산관재인 등 3자에게 이전되는 경우에도 이에 준하여 소송수계가 가능하다.

소송수계의 사유가 있는 경우 뒤에서 보는 바와 같이 수계신청이 필요하기는 하지만, 그것은 소송승계(당연승계)의 요건이 아니라 단순한 절차상의 것에 그친다는 점에서, 특정승계에 있어서의 승계신청(승계참가신청, 인수참가신청)과 다르다.

---

397) 소송의 계속 중에 당사자 일방이 소송의 목적인 권리·의무를 양도하였을 때 이를 소송절차에 어떻게 반영할 것인가에 관하여는 입법례가 나누어져 있다. 로마시대에는 양도를 절대로 금지하였으나, 근대법은 소송의 계속 중 소송목적에 대한 처분의 자유를 허용한다. 다만 이를 소송절차에 어떻게 반영하느냐는 입장의 차이가 있다. 즉, ① 양도 사실을 소송절차에 반영하여 승계인을 소송절차에 참여시키고, 승계인이 소송에 참가하지 않으면 그에게는 판결의 효력이 미치지 않는 소송승계주의(한국, 일본 등), ② 양도 사실이 진행 중인 소송절차에 영향을 주지 않도록 하고, 기판력을 소송계속 중의 승계인에게까지 확장하는 당사자항정주의(독일, 스위스 오스트리아 등)가 그것이다.

398) 우리의 경우 당사자항정주의가 아닌 소송승계주의를 취하므로, 소송진행 중에 소송목적 등의 승계가 이루어진 경우 승계인에게 기판력이나 집행력이 미치지 않으므로 그에게 기판력이나 집행력이 미치게 하려면 그가 스스로 승계참가를 하거나 그를 상대로 인수참가를 신청하여 그를 소송당사자로 참여하게 하여야 하는 번거로움이 있다. 이러한 번거로움을 피하기 위해 이용되는 것이 가처분제도이다. 즉, 소송에 앞서 또는 소송 진행 중에 그 법적 지위 변동을 막기 위해 기존의 법적 지위자를 상대로 처분금지가처분이나 점유이전금지가처분을 해두면 기존 소송당사자에 대한 판결의 효력을 변론종결 전의 승계인에게도 행사할 수 있어 당사자항정의 효과를 얻게 된다. 다만, 이때 그 승계인에 대한 집행을 위해서는 승계집행문이 필요하다.

399) 다만, 선정당사자의 선정이나 그 자격 상실, 유언집행자의 교체 등과 같이 소송목적인 권리·법률관계의 포괄 승계가 아니라 그에 대한 관리처분권이 이전된 경우도 이에 해당한다.

2) 당연승계의 사유로는, ① 당사자의 사망에 의한 상속, 포괄수증(유증), ② 법인 기타 단체의 합병, ③ 신탁법상 신탁 또는 수탁자의 임무 종료, ④ 일정한 자격에 기하여 제3자(파산관재인, 회생채무자의 관리인, 유언집행자 등)가 당사자로 된 경우 그 3자의 자격상실, ⑤ 회생절차의 개시결정 또는 회생절차의 종료, ⑥ 파산선고 또는 파산절차의 해지(폐지), ⑦ 대항요건을 갖춘 임대차의 목적이 된 임대주택의 양도양수(주택임대차보호법 제3조 제3항, 대법원 2013. 1. 17. 선고 2011다49523 전원합의체 판결), ⑧ 소송 중의 선정당사자의 선정 또는 그 자격 상실 등을 들 수 있다.

이러한 당연승계의 사유는 상고심에서도 발생할 수 있으므로 당연승계는 상고심에서도 가능하다(대법원 2010. 6. 10. 선고 2010다7904 판결, 2012. 3. 29. 선고 2011두28776 판결 등).[400] 그러나 상고이유서 제출기간이 경과한 후에 당해 소송과 관련된 권리·의무를 이전하였다고 주장하며 소송절차수계신청서를 제출하였더라도, 상고심이 변론 없이 판결을 선고할 때에는 소송절차수계신청을 허용할 필요가 없다는 것이 판례이다(대법원 2014. 2. 27. 선고 2012두27794 판결, 2018. 10. 4. 선고 2014두37702 판결 등).

3) 당연승계의 사유가 발생한 경우 소송은 중단되고, 승계인 또는 상대방에 의한 수계신청(受繼申請)이나 법원의 속행명령에 의하여 중단되었던 소송절차가 속행된다. 다만, 파산선고 또는 파산절차의 해지(폐지)의 경우를 제외하고는 소송대리인이 있으면 소송은 중단되지 아니하고 소송대리인의 소송행위는 승계인에게도 당연히 효력이 있다(민사소송법 제238, 239조 참조).[401]

소송이 중단된 경우 수계신청이나 속행명령이 있기 전까지 법원과 당사자는 판결 선고 외의 소송행위를 할 수 없고,[402] 상소기간 등 기간의 진행이 정지된다(민사소송법 제247조). 이는 포괄승계에 의해 새로 당사자가 된 자의 소송수행권을 보장하기 위한 배려이다. 이에 위반한 소송행위는 무효이나(대법원 2009. 11. 23.자 2009마1260 결정 등 참조), 추인 등에 의해 치유가 가능하다.

---

400) 다만, 회생채무자가 상고이유서 제출기간이 경과한 후에 파산선고를 받은 경우와 같이 상고심의 소송절차가 상고이유서 제출기간이 지난 단계에 이르러 변론 없이 판결을 선고할 때에는 파산관재인으로 하여금 소송절차를 수계하도록 할 필요가 없으므로(대법원 2013. 7. 11. 선고 2012다6349 판결, 대법원 2015. 7. 9. 선고 2013다69866 판결, 2016. 2. 18. 선고 2014다31806 판결 등). 이때는 소송절차수계신청을 필요가 없고, 신청을 하더라도 대법원은 이를 받아들이지 아니 한다.

401) 소송이 예외적으로 중단되지 아니하는 경우에도 수계신청을 할 수 있음은 물론이다. 한편 회생절차의 개시결정 전에 이미 계속 중이던 채무자의 재산에 관한 소송절차는 회생절차의 개시결정으로 당연히 중단되나(채무자 회생 및 파산에 관한 법률 제59조 제1항), 중단한 소송절차 중 회생채권 또는 회생담보권과 관계없는 것은 관리인 또는 상대방이 이를 수계할 수 있고, 위 수계가 있기 전 또는 수계가 있은 후에 회생절차가 종료한 때에는 채무자는 소송절차를 수계하여야 한다(위 법률 제59조 제2, 3, 4항). 이에 관하여는 민사소송법상 소송수계에 관한 규정이 준용된다(위 법률 제33조).
위 법률 제59조에 의한 소송절차의 수계와 위 법률 제172조에 의한 소송절차의 수계는 다름에 주의하여야 한다. 후자는 채권조사확정재판에 대한 이의의 소의 일종으로서, 이미 이의채권에 관하여 소송이 계속 중인 경우 이의를 제기당한 회생채권자 또는 회생담보권자가 그 권리의 확정을 구하고자 하는 때에 이의자 전원을 그 소송의 상대방으로 하여 소송절차를 수계하는 것이며, 수계신청은 회생채권의 조사기간의 말일 또는 특별조사기일부터 1월 이내에 하여야만 한다(위 법률 제172조 제2항, 제170조 제2항).

402) 법원이 소송 중단에 불구하고 판결을 선고할 수 있는 경우는 변론종결 후에 소송 중단사유가 발생한 경우에 한하고, 소송 중단사유가 있음에도 불구하고 변론을 진행하여 판결을 선고하는 것은 부적법하다.

4) 소송의 수계(受繼)는 상속인 등 소송목적의 승계인이나 파산관재인 등 당해 소송목적에 관한 관리처분권을 가져 소송을 수행할 권한이 있는 자가 중단된 소송절차를 이어받아 계속 진행하는 것을 말한다. 이를 위해서는 당사자(승계인이나 그 상대방 당사)의 수계신청이나 법원의 속행명령이 있어야 한다.[403)]

상속인 등 포괄 승계인은 위와 같이 소송목적인 권리·의무 등을 실체법상 포괄 승계하므로, 그 소송당사자의 지위도 당연히 그 포괄승계인이 승계하여 수계신청에 불구하고 그가 새로운 소송당사자가 되는 것이지만, 실제로 소송절차에 들어와 구체적인 소송행위를 하려는 사람이 그 포괄 승계인에 해당하는지 여부를 법원이 심사하여 그러한 자격이 없는 사람이 소송절차에 관여할 수 없도록 하기 위한 장치로서 마련된 것이 수계신청이다. 따라서 상속인 등 포괄 승계인이라도 수계신청절차 없이 곧바로 소송절차에 참여하여 소송행위를 할 수는 없다.

5) 소송의 수계신청은 위와 같이 소송의 승계신청이 아니라, 승계인이 누구인지를 밝혀 법원에 알리고 중단된 소송절차의 속행을 구하는 소송법상의 의사표시이다. 그러나 이로써 수계신청인이 소송절차에 가입하여 소송수행을 할 수 있는 형식적 요건이라는 점에서 뒤의 승계신청과 유사하다고 할 수 있다.[404)]

6) 소송의 수계가 이루어지면 승계인은 중단되기 이전까지 이루어진 소송절차의 효력을 그대로 승계한다. 기존 당사자가 선임한 소송대리인은 당연히 승계인의 소송대리인이 된다(민사소송법 제95조 참조). 또한, 당연히 승계인은 이전의 청구 등 소송법상의 법률관계를 그대로 승계하므로 종전의 청구를 변경하지 않아도 무방하나, 경우에 따라서는 승계에 따른 법률관계에 맞추어 청구의 변경을 하여야 할 필요가 있다.[405)]

(2) 특정승계

1) 이는 소송의 목적인 권리·의무 등이 포괄적으로가 아니라 법률행위 등에 의하여 특정적으로 타인에게 양도·이전되어 분쟁의 주체가 변동되는 경우로서, 기존 당사자나 양수인의 신청에 의하여 소송절차를 승계하는 것이다.

2) 특정승계의 원인은 매매, 증여, 특정유증 등의 법률행위, 법원의 강제집행에 의한

---

403) 이에 대해서는 뒤의 <소송절차의 중단>과 <중단의 해소> 중 수계 부분을 참조.

404) 민사소송규칙은 수계신청의 이와 같은 중요성에 비추어, 수계신청은 서면으로 하여야 하고, 신청서에 소송절차의 중단사유와 수계할 사람의 자격을 소명하는 자료를 붙이도록 하고, 소송대리인으로 하여금 중단사유의 발생사실을 법원에 신고하도록 하고 있다(제60, 61조).

405) 청구의 변경이 필요함에도 승계인이 이를 하지 않는 경우 법원은 이를 권고하여야 한다. 그러나 승계인이 이에 응하지 않은 경우에는 특별한 사정이 없는 한 종전의 청구를 토대로 판단할 수밖에 없을 것이다. 예컨대, 원고가 1억 원의 지급을 구하다가 소송 중에 사망하여 4인이 이를 공동상속하고 소송을 수계한 경우, 4인의 공동상속인이 1억 원의 지급을 구하는 것으로 보아 각 상속분과 1인당 청구금액인 2,500만 원(분할청구의 원칙에 따라 1억 원을 4인이 청구한 때는 각기 2,500만 원을 청구한 것으로 볼 것이다)을 비교하여 그 중 적은 쪽을 인용하여야 할 것이다.

권리이전(매각, 전부명령, 양도명령), 법률상 대위 등이며, 소송목적의 전부 양도·이전은 물론 일부 양도·이전, 중첩적·추가적 양수(인수)를 포함한다. 소송목적인 권리·의무가 물권적인지 채권적인지도 불문한다. 그러나 그 승계는 소송의 계속 중에 이루어진 것임을 요하고,[406] 소가 제기되기 전에 이미 소송목적인 권리·의무의 양도가 이루어진 경우에는 특단의 사정이 없는 한 승계참가의 요건이 결여된 것으로서 그 참가신청은 부적법하다(대법원 1983. 9. 27. 선고 83다카1027 판결).

3) 특정승계는 소송목적이나 계쟁물의 양도와 동시에 당연히 당사자가 변경되는 것이 아니고, 기존 당사자나 새로 당사자가 될 자가 소송의 승계에 따른 참가를 신청하여야 한다. 이에는 ① 소송목적인 권리 또는 의무의 승계인이 스스로 참가신청을 하여 당사자가 되는 참가승계 또는 승계참가(민사소송법 제81조), ② 기존 당사자가 권리 또는 의무의 승계인에 대하여 승계인에 의한 소송의 인수를 신청함으로써 승계인이 비자발적으로 소송에 참가하게 되는 소송의 인수, 즉 인수승계 또는 인수참가(민사소송법 제82조)가 있다.

4) 승계참가는 대체로 소송목적인 권리를 취득하여 새로 권리자가 된 자가 스스로 자신의 이익을 위하여 원고 쪽에 참가하는 방법(원고 승계참가)으로 이루어질 것이고, 인수참가는 승계에 의해 새로 의무자가 된 자를 원고가 피고 쪽에 참가하게 하는 경우(피고 인수참가)가 많을 것이나, 피고도 새로 의무자가 된 자를 피고 쪽에 참가(인수)하게 하는 방법으로 참가를 신청할 필요가 있다. 이때 권리 또는 의무의 승계인(참가인)에 대응하여 기존 당사자는 피승계인, 즉 피참가인이 된다.

5) 그러나 승계참가와 인수참가는 소송승계인인 참가자가 스스로 소송에 참가하였는지 아니면 기존 당사자에 의하여 비자발적으로 소송에 참가하였는지의 차이만 있을 뿐 그 법적 성질이나 효과는 동일하다.

(3) 계쟁물의 이전에 따른 당사자적격 이전의 경우

1) 소송의 승계에 관한 민사소송법 제81, 82조에서 규정하고 있는 '소송목적인 권리 또는 의무의 승계'에 소송목적인 권리 또는 의무 그 자체의 승계 외에 당해 권리·의무의 목적물, 즉 이른바 계쟁물(係爭物)이 양도·승계된 경우도 포함되는가?

이러한 예로는, ① 소유권이전등기말소청구소송 중에 그 말소등기의 대상물인 부동산이 양도·이전되거나 그에 관하여 타인의 저당권설정등기가 기입된 경우, ② 건물철거청구소송 중에 그 철거의 대상물인 건물이 양도·이전된 경우, ③ 토지인도청구소송 중에 그 인도의 대상물인 토지가 양도·이전된 경우와 같이 소송목적 자체(위 사례의 경우 말소등기의무, 철거의무, 인도의무)가 아닌, 그에 관련되거나 그 대상물[407]이 양도·이전된 경우

406) 소 제기 후 소장 부본이 피고에게 송달되기 전에 이루어진 특정승계도 포함한다고 해석하여야 할 것이다.

를 들 수 있다.

2) 이에 관하여는 학설이 대립되고 있다. 민사소송법 제81, 82조의 승계는 소송 목적인 권리 또는 의무 자체의 승계에 한한다고 보는 '실체적 의존관계설(순실체법설, 권리의 무승계설)'[408]은 이를 부정한다.

신소송물론과 궤를 같이 하는 '적격승계설'에서는 소송진행 중의 소송승계와 변론종결 후의 승계인의 관계를 통일적으로 이해하면서, 계쟁물 승계의 경우에도 청구권의 실체법적 성질에 관계없이 모두 승계를 인정하여야 한다고 한다.[409] 이 견해는 실체법관계와 소송법관계를 단절하여 승계인의 범위를 실체법적 지위의 승계와 관계없이 순소송법적으로만 파악하는 것으로서, 소송목적인 권리·법률관계 자체에 대한 실체법적 승계가 이루어진 경우는 물론 그보다 넓게 계쟁물이 승계된 경우 등 승계인이 새로운 소송당사자가 되는 데에 소송상 이익을 인정할 수 있는 경우이면 소송의 승계와 기판력의 승계를 모두 인정하려는 것이다. 이 견해에서는, 채권자대위소송의 원고가 3채무자를 상대로 이행의 소를 진행하던 중 채권자가 피보전채권을 타인에게 양도한 경우, 소유권확인소송에서 피고가 계쟁물을 타인에게 양도한 경우 소송목적의 양도가 없지만 소송의 승계를 인정하여 계쟁물 양수인의 소송승계를 허용하여야 하는데, 이는 곧 당사자적격의 이전이라고 한다. 오늘날 이 적격승계설이 다수설이라고 할 수 있고, 우리 판례도 이를 일부 인정한다.

반면에 '분쟁주체지위승계설'은 적격승계설보다 더 나아가 소송물 또는 계쟁물의 교환적 이전의 경우뿐만 아니라 그 설정적·추가적 이전의 경우에도 소송승계를 인정하면서 기존의 소송당사자에 추가하여 승계인의 참가를 허용하여야 한다고 주장한다.[410]

3) 계쟁물에 관하여 법적 지위의 승계가 있는 경우에 소송승계를 허용하지 않는 실체

407) 이를 통상 계쟁물(係爭物)이라고 하는바, 구체적인 개념은 <청구와 소송물의 관계> 참조.

408) 이와 기본적으로 궤를 같이 하면서 그 범위를 좀 더 넓게 파악하는 이론이 이른바 종속관계설(의존관계설)이다. 이는 실체법상의 청구권의 승계를 소송승계의 기준으로 하되, 소송목적이나 계쟁물의 양도에 의하여 승계인이 취득한 법적 지위가 전적으로 피승계인이 갖는 법적 지위에 의존하는 경우, 즉 종속관계가 있는 경우에 소송승계를 인정하는 견해이다. 그러나 이 견해가 말하는 종속관계의 이론적 근거와 구별 기준이 분명하지 않아 지지자가 별로 없다.

409) 여기서 말하는 당사자적격은 소의 이익과 밀접한 관련이 있고, 당사자적격 본래의 의미와 완전히 일치하는 것은 아니다. 본래 당사자적격은 특정인이 특정한 소송목적과 관련하여 법원에 그에 대한 실체 판단(본안 판단)을 구할 수 있는 지위 또는 자격을 말하는바, 적격승계설은 소송목적이나 계쟁물의 승계가 있는 경우 그 승계인에게 또는 그 승계인에 대하여 계속 중인 본안(소송목적)의 실체 판단을 할 필요성이나 이익이 있는지 여부를 소송승계 허부의 기준으로 삼는 것이다. 이에 따르면, 적격의 승계로 보아 소송승계가 허용되는 것은 승계인을 상대로 한 재판의 속행이 당사자와 법원 모두에게 권리보호나 소송경제에 합치하는 것을 뜻한다. 일부에서는 이를 본안적격(本案適格)이라고도 하나, 본래 의미의 당사자적격과 완전히 일치하는 것은 아니므로 어느 것이나 적절한 용어는 아닌 듯하다.

410) 소유권이전등기말소청구의 소의 대상인 부동산에 관하여 소송 중 피고로부터 (근)저당권설정등기를 받은 자, 토지인도나 건물철거소송 계속 중 피고로부터 그 토지나 건물을 임차한 자, 채무이행소송 계속 중 중첩적으로 채무를 인수한 자 등에 대하여도 기존 소송당사자에 추가하여 소송승계를 허용하는 것이 이에 해당한다.

적 의존관계설은 너무 비경제적이므로 취할 바가 못 된다. 그러므로 이를 보다 넓게 허용하는 종속관계설이나 적격승계설 등이 타당하다. 대법원도, 원고가 계쟁물의 승계인에게 물권적 청구권을 가지고 있는 경우 그 승계가 변론종결 후에 이루어진 때라도 그 승계인에게 기판력과 집행력을 인정하고 있고(대법원 1980. 5. 13. 선고 79다1702 판결, 1991. 3. 27. 선고 91다650, 667 판결, 1992. 10. 27. 선고 92다10883 판결 등), 그 지위 변동이 변론종결 전에 이루어진 경우 승계인에 의한 소송승계와 소송수행을 허용하더라도 승계인이나 기존 소송당사자에게 아무런 불이익이 없으며, 소송경제에도 합치되기 때문이다.

문제는 그 인정 범위인데, 교환적 승계를 넘어 설정적·추가적 승계까지 무제한으로 인정하는 것은 무리라고 생각되므로 이는 허용하지 않음을 원칙으로 하되, 구체적인 경우에 특별히 이를 인정할 이익이 있는 때는 예외적으로 허용할 필요가 있다고 할 것이다. 이때 고려할 사항으로는, 소송승계 외의 구제수단이 있는지 여부, 소송승계가 아닌 별소에 의하게 할 경우 제척기간이나 소멸시효기간이 지나는지 여부, 소송승계를 허용함으로써 기존의 당사자나 제3자가 특별히 손해를 입는지 여부, 소송절차상의 정의와 소송경제의 훼손 여부 등이다. 이런 점에서 변론종결 전의 승계와 변론종결 후의 승계의 범위가 같을 수는 없다. 소송승계는 이를 허용하더라도 기존의 당사자나 제3자에게 특별히 큰 손해를 입히지 않지만 기판력의 승계(확장)는 큰 영향을 미치기 때문이다.[411)]

이런 점에서, 채무이행소송 계속 중 중첩적으로 채무를 인수한 자에 대해서도 기존 소송당사자에 추가하여 소송승계를 허용할 수 있으며, 실무관행상으로도 이는 인정된다. 또, 甲이 임대차계약상의 반환청구권을 청구원인으로 하여 피고에게 임대차목적물의 인도를 구하는 소송 중에 그 목적물을 타인에게 증여하여, 그 양수인이 승계참가를 하고 소유권을 내세워 인도와 부당이득 또는 불법점유에 기한 손해배상청구를 하는 것도 허용하여야 할 것이다.[412)]

4) 대법원은, ① 제3자로 하여금 그 소송을 인수하게 하기 위하여서는 그 제3자가 소송계속 중 그 소송의 목적된 채무를 승계하였음을 전제로 하여 그 채무의 이행을 구하는 경우에 허용되고 이와는 전혀 별개의 채무의 이행을 구하기 위한 경우에는 허용될 수 없으므로, 건물철거 소송의 원고가 당해 소송의 목적된 채무인 건물철거채무와는 전혀 별개의 채무인 그 계쟁 건물에 관하여 제3자 앞으로 경료된 등기의 말소채무의 이행을 구

---

411) 그런 점에서 뒤의 판례 중 ①의 사안(대법원 71다726 결정)의 경우는 소송승계를 허용하기 어렵다고 생각된다.

412) 피상속인이 임대차계약상의 반환청구권을 청구원인으로 하여 피고에게 임대차목적물의 인도를 구하는 소송 중에 사망하여 그 상속인이 그 소송을 수계한 경우, 그 상속인들은 당연히 종전의 청구원인에 의한 소송을 계속할 수 있음은 물론이지만, 청구를 변경하여 새로이 자신의 소유권을 내세워 인도와 부당이득 또는 불법점유에 기한 손해배상청구를 하는 것은 당연히 허용된다고 할 것이다. 수계는 당사자의 지위 역시 승계하므로, 수계를 하였다고 하여 청구변경을 불허하고 승계한 종전의 법률관계인 임대차에 기한 법률관계만을 소송목적으로 고정할 것을 요구하는 것은 지나치기 때문이다.

하기 위해 그 제3자를 상대로 한 소송인수신청은 부적법하다(대법원 1971. 7. 6.자 71다726 결정), ② 피고에 대한 채권적 청구권에 기한 부동산 소유권이전등기청구의 소송계속 중 그 소송목적이 된 피고의 위 부동산에 대한 이전등기이행 채무 자체를 승계함이 없이 단순히 위 부동산에 대한 소유권이전등기 또는 근저당설정등기가 피고로부터 상대방 앞으로 경료되었다 하여 이를 가지고 '소송의 목적이 된 채무를 승계한 때'에 해당한다고 할 수 없고, 이와 같은 상대방에 대하여 위 경료된 상대방 명의의 각 등기의 말소를 구하기 위한 소송의 인수는 허용되지 않는다(대법원 1983. 3. 22.자80마283 결정)고 하여, 계쟁물의 승계에 있어 그 소송물이 채권적인 것인 때나 승계인과의 법률관계가 당해 소송목적인 권리·법률관계와 직접 관계가 없는 것인 때에는 원칙적으로 승계를 인정하지 않는다.

이는 기판력이 미치는 주관적 범위와 관련하여, 전소의 소송물이 물권적 청구권인 경우에는 계쟁물의 승계인에 대하여도 기판력이 미치는 것으로 보는 반면(대법원 1980. 5. 13. 선고 79다1702 판결 등), 그 소송물이 채권적 청구권인 경우에는 계쟁물의 승계인에 대하여 기판력이 미치지 않는 것으로 보는 종래의 대법원 견해(대법원 19891 1. 15. 선고 90다9964 판결, 2003.. 5. 13. 선고 2002다64148 판결 등)와 기본적으로 궤를 같이 하는 것이라고 할 수 있다.[413][414]

그런데 대법원은 "구 민사소송법 제74조에서 규정하고 있는 소송의 목적물인 권리관계의 승계라 함은 소송물인 권리관계의 양도뿐만 아니라 당사자적격 이전의 원인이 되는 실체법상의 권리 이전을 널리 포함하는 것이므로, 신주발행 무효의 소 계속 중 그 원고적격의 근거가 되는 주식이 양도된 경우에 그 양수인은 제소기간 등의 요건이 충족된다면 새로운 주주의 지위에서 신소를 제기할 수 있을 뿐만 아니라, 양도인이 이미 제기한

---

413) 그러나 소송물이 물권적이냐 채권적이냐의 판단에 있어서는 주의를 요하는 점이 있다. 즉 대법원의 견해에 의하면, 계쟁물의 승계에 있어 그 승계인에 대하여도 기판력이 미치려면 전소에서 주장한 청구원인이 그 법적 성질상 3자에 대하여도 주장 가능한 것이어야 하고, 그것이 물권적인 것이라도 특정인에 대하여만 주장 가능한 것일 때는 이를 인정할 수 없다는 것이다. 예컨대, 건물 소유권에 기한 물권적 청구권을 원인으로 하는 건물명도소송의 소송물은 건물 소유권이 아니라 그 물권적 청구권인 건물명도청구권이므로 그 소송에서 청구기각된 확정판결의 기판력은 건물명도청구권의 존부 그 자체에만 미치는 것이고, 소송물이 되지 아니한 건물 소유권의 존부에 관하여는 미치지 아니한다 할 것이므로, 그 건물명도소송의 사실심 변론종결 후에 그 패소자인 건물 소유자로부터 건물을 매수하고 소유권이전등기를 마침으로써 그 소유권을 승계한 제3자의 건물 소유권의 존부에 관하여는 위 확정판결의 기판력이 미치지 않는다 할 것이고, 또 이 경우 위 제3자가 가지게 되는 물권적 청구권인 건물명도청구권은 적법하게 승계한 건물 소유권의 일반적 효력으로서 발생된 것이고, 위 건물명도소송의 소송물인 패소자의 건물명도청구권을 승계함으로써 가지게 된 것이라고는 할 수 없으므로, 위 제3자는 위 확정판결의 변론종결 후의 승계인에 해당한다고 할 수 없다는 것이다(대법원 1984. 9. 25. 선고 84다카148 판결, 1999. 10. 22. 선고 98다6855 판결 참조). 이는, 당해 소송물과 관련하여 본안판결이 확정될 경우 실체적 확정력이 발생하는 법률관계가 무엇인지, 그리고 그 법률관계의 성질상 이를 타인에게 주장 가능한지 여부의 판단이 필요하며, 그 실체적 확정력을 타인에게 주장 가능한 때에만 물권적이라고 보는 것으로 이해된다.

414) 대법원 1971. 7. 6.자 71다726 결정에 의하건대 대법원의 입장은, 소송물이 물권적이라고 하더라도 그 소송물인 권리·법률관계의 실현을 위한 승계에 한하고, 그것을 넘어 소송물인 권리·법률관계에 속하지 않는 권리·법률관계의 실현을 위한 승계는 허용하지 않는 입장으로 보인다.

기존의 위 소송을 적법하게 승계할 수도 있다."(대법원 2003. 2. 26. 선고 2000다42786 판결 등)고 하여 종래의 입장에 변화를 보였다 그러나 위 2000다42786 판결은 전원합의체판결이 아니고 이에 반하는 취지의 종래의 판결들에 대하여는 아무런 언급을 하지 않아 과연 대법원의 견해가 변경된 것인지 분명치 않다.[415)416)]

(4) 승계참가(참가승계)

1) 승계참가나 참가승계는, 소송계속 후에 소송목적인 권리·의무의 양도가 이루어지고, 이에 따라 그 특정승계인이 원고 또는 피고의 승계인으로서 소송이 계속 중인 법원(수소법원)에 신청하여 소송에 참가하는 것이다.

소송목적인 권리의 양도가 이루어진 때는 그 특정승계인이 원고의 승계인으로서 참가신청을 할 것이고, 반대로 소송목적인 의무의 양도가 이루어진 때는 그 특정승계인이 피고의 승계인으로서 참가신청을 하게 될 것이다. 실무상 참가승계는 소송목적인 권리의 양도가 이루어진 경우에 하며, 소송목적인 의무의 양도가 이루어진 경우에는 승계인 스스

---

415) 대법원의 기본 입장은 소송승계의 경우나 변론종결 후의 승계인의 경우나 물권적 청구권에 기한 소송의 경우에만 계쟁물의 승계에 의한 소송승계를 인정하는 것이 아닌가 생각된다. 그러므로 대법원의 입장에서는 분쟁주체지위승계설이 주장하는 기존의 소송당사자에 추가하여 승계인의 참가를 허용하는 것은 더더욱 어렵다고 할 것이다(뒤에서 보는 바와 같이 종래의 해석론에 의해서도 기존의 소송당사자에 추가하여 승계인의 참가가 허용되는 경우가 있다. 즉 피참가인이나 상대방 당사자가 승계 사실을 다투는 경우이다). 물론 물권적 청구권에 기한 소송의 경우에 계쟁물의 승계에 의한 소송승계를 인정하는 판례는 보이지 않으나(대법원 71다726 결정의 사안은 물권적 청구권에 기한 소송이 있어서의 계쟁물의 승계로 보기 어렵다.) 변론종결 후의 승계인에 대한 판례의 변천을 고려하면 변론종결 전의 승계에 대하여도 같은 결론이 추출된다.

416) 소유자인 토지 임대인이 임대차계약의 종료를 이유로 건물 철거와 토지 인도청구를 하여 소송계속 중 건물 소유자인 피고(임차인)가 제3자에게 위 건물의 일부를 임대한 경우, 원고가 그 제3자에 대하여 소송인수신청을 할 수 있는지에 관하여 일본 최고재판소는 "임대인이 토지 임대차계약의 종료를 이유로 임차인에 대하여 지상건물의 철거와 토지의 명도를 구하는 소송이 계속 중에, 토지 임차인에게서 그 소유 건물의 일부를 임차하고 그에 기해 당해 건물 부분 및 건물 부지의 점유를 승계한 자는 민사소송법 제74조에서 말하는 '소송의 목적인 채무를 승계한 자'에 해당하는 것으로 봄이 상당하다. 생각하건대, 토지 임차인이 계약의 종료에 기해 토지 임대인에게 부담하는 지상건물의 철거의무는 위 건물로부터의 퇴거의무를 포함하는 것이고, 당해 건물 철거의무의 존부에 관한 분쟁 중 건물로부터의 퇴거에 관한 부분은 제3자가 토지 임차인에게서 계쟁건물의 일부 및 건물부지의 점유를 승계하는 것에 의해 제3자의 토지 임대인에 대한 퇴거의무의 존부에 관한 분쟁이라는 형태로 이행(移行)하고 제3자는 당해 분쟁의 주체인 지위를 토지 임차인으로부터 승계한 것으로 해석되기 때문이다. 이를 실질적으로 고찰하더라도, 제3자의 점유의 적부 내지 토지 임대인에 대한 퇴거의무의 존부는 결국 토지 임대차계약이 종료하지 않았다는 토지 임차인의 주장과 이를 뒷받침하는 증거관계(소송자료)에 의존할 뿐만 아니라, 다른 한편으로는 토지 임대인의 반대 소송자료에 의해 부정되는 관계에 있는 것이 보통이므로, 이러한 경우 토지 임대인이 제3자를 상대로 신소를 제기하는 대신 토지 임차인과의 기존 소송을 제3자에게 승계시켜 종전의 소송자료를 이용하고 다툼의 실효적 해결을 추구하는 것이 민사소송법 제74조의 입법취지라고 해석된다. 이에 의해 제3자의 이익을 해치는 것은 생각하기 어렵다. 그리고 예컨대, 토지 임대인의 제3자에 대한 청구가 토지 소유권에 기한 물권적 청구이고 토지 임차인에 대한 청구가 채권적 청구여서 전자와 후자가 권리의 성질을 달리하더라도 위와 같은 이치에 반하지 않는다."라고 하여 이를 긍정하였다(최고재판소, 1966. 3. 22. 선고 소화39년オ620 판결).

로 피고로서 참가하기보다는 원고의 인수참가신청에 의하여 승계를 하는 것이 보통이다.

권리나 의무 어느 쪽의 경우이든 승계참가는 승계인 자신이 특정승계를 주장하며 적극적으로 소송에 참가한다는 점에서, 특정승계인이 자신의 의사가 아닌 기존의 당사자인 원고나 피고의 신청에 의해 소송에 참가하게 되는 인수참가(인수승계)와 구별된다.

2) 인수참가와 마찬가지로 승계참가 역시 소송목적인 권리·의무의 승계 내용에 따라, 그 전부의 승계에 따른 교환적 승계참가는 물론 그 일부의 승계에 따른 교환적 일부 승계참가와 추가적 승계참가도 가능하다.

위와 같이 승계참가나 참가승계는 소송계속 후에 소송목적인 권리·의무의 양도가 이루어진 때에 그 특정승계인이 하는 것이 원칙이나, 계속 중인 소송의 원고에 대하여 압류 및 추심명령을 받은 채권자는 이에 따라 3채무자(피고)를 상대로 추심권을 취득하고 기존의 채권자인 원고는 당사자적격을 상실하므로(대법원 2000. 4. 11. 선고 99다23888 판결, 2018. 12. 28. 선고 2017다214404 판결 등), 추심명령을 받은 압류채권자 역시 승계참가를 할 수 있다(대법원 2012. 7. 5. 선고 2012다25449 판결 참조).417)

그리고 이 경우 압류채무자의 소가 당사자적격 흠결로 각하되더라도, 추심채권자가 위 각하판결이 확정된 날로부터 6개월 내에 제3채무자를 상대로 추심의 소를 제기하면, 압류채무자가 제기한 재판상 청구로 인하여 발생한 시효중단의 효력은 추심채권자의 추심소송에서도 그대로 유지되고(민법 제170조, 대법원 2019. 7. 25. 선고 2019다212945 판결 참조), 추심소송의 확정판결의 효력은 채무자에게도 미친다(대법원 1975. 5. 13. 선고 74다1664 전원합의체 판결 참조).

3) 승계참가신청은 독립당사자참가신청과 같은 방식으로 한다(민사소송법 제81조). 기존 소송당사자인 피참가인과 그 상대방의 소송계속 중에 새로운 제3의 당사자(참가인)가 소송에 끼어들어 3면적 소송관계가 형성되는 점에서 일견 독립당사자참가와 비슷한 구조가 되기 때문이다.

권리자(주로 원고)에 대한 승계참가신청은 새로 권리자가 된 승계인이 피고에 대한 관계에서 소송목적에 대한 재판을 구하는 것으로서 실질상 새로운 소의 제기에 해당하므로, 반드시 서면으로 신청해야 하고 참가의 취지와 이유를 명시하는 등 소장에 기재할 사항과 동일한 내용을 기재하여야 418)한다. 경우에 따라서는 참가의 취지와 이유를 명시

417) 이와 달리 원고의 파산, 회생절차의 개시 등에 따라 원고가 소송목적인 법률관계에 대한 처분권을 상실한 경우에는 파산관재인 등이 제3자소송담당자로서 당사자적격을 취득하는바, 이때는 승계참가가 아니라 소송수계를 하여야 한다. 추심명령을 받은 압류채권자도 당해 소송목적인 법률관계에 대하여 당사자적격을 취득하기는 하나, 그는 추심권능과 소송수행권만 있고, 그 소송수행권 역시 추심을 받는 한도에서만 행사할 수 있을 뿐 파산관재인처럼 실체법상의 처분권을 포함한 전면적인 권한을 행사할 수는 없으므로 소송수계를 할 수는 없다고 할 것이다.

418) 민사소송법 제81조는 승계참가신청의 방식을 독립당사자참가 신청의 방식으로 하도록 규정하고 있고, 독립당사자참가신청에 관한 민사소송법 제79조는 민사소송법 제72조에 의한 보조참가신청의 방식을 준용하도록 하고 있는바, 보조참가신청은 구두로도 신청할 수 있으나 독립당사자참가신청과 권리자 승계참가신청은 그 실질상 소의 제기에 해당하므로 구두 신청 규정은 준용 대상이 아니라고 할 것이다

하는 외에, 피고에 대하여 참가신청인에게 채무의 이행을 구하는 등으로 청구(청구의 변경)도 하여야 할 필요가 있다. 승계참가인도 청구를 변경할 수 있다(원 2018. 12. 28. 선고 2017다214404 판결 참조).

그러나 피참가인(기존 원고)이 승계를 다투는 때에만 소장에 준하여 인지를 붙이거나 인지액을 납부하여야 하고(민사소송 등 인지법 제6조 제2항), 법원도 이 경우에만 참가신청사건에 사건번호를 부여한다.[419] 이때는 참가신청인이 피참가인의 당사자 지위를 승계하지 못하여 독립당사자참가가 되고 그에 따라 3면 소송이 되어 심판대상인 소송목적이 증가하게 되는 반면, 피참가인(기존 원고)이 승계를 다투지 않는 때에는 승계참가가 있더라도 심판대상인 소송목적에 실질적인 변동이 없기 때문이다. 따라서 피참가인(기존 원고)이 승계를 다투는 경우, 참가신청인은 피참가인인 원고를 상대로 해서도 승계한 권리에 대한 귀속확인 청구를 하는 등으로 일정한 청구를 하여야 한다. 반대로 피참가인(기존 원고)이 승계를 다투지 않는 경우에는 그럴 필요가 없다.

승계에 의해 새로 의무자가 된 자가 스스로 피고에 대하여 승계참가를 신청한 때에는 그 신청의사를 기재한 신청서만 제출하면 충분하고, 피참가인인 피고를 상대로 일정한 청구를 하거나 인지액을 납부할 필요가 없다.

4) 민사소송법에는 명문의 규정이 없지만, 반소와 같이 승계참가신청 역시 변론종결 전까지만 할 수 있다고 할 것이다. 따라서 변론종결 후에 변론 재개를 신청하면서 비로소 승계참가신청을 한 경우 법원은 변론을 재개하지 않고 원래의 소송목적에 대해서만 판결을 하여도 무방하다. 이때 승계참가신청은 부적법하게 되므로 판결로써 이를 각하하여야 한다(대법원 2005. 3. 11. 선고 2004다26997 판결 참조).

승계참가신청은 항소심에서도 가능하나, 승계참가신청은 위와 같이 새로운 소의 제기라는 성질을 가지므로 상고심에서는 승계참가신청을 할 수 없다(대법원 1995. 12. 12. 선고 94후487 판결, 1998. 12. 22. 선고 97후2934 판결). 또 당연히 승계참가신청은 본래의 소송이 계속되고 있어야만 할 수 있다. 그러므로 이미 소의 취하나 판결의 확정으로 소송이 종료한 때는 승계참가신청을 할 수 없다. 원고와 피고가 제1심판결에 대하여 항소하지 아니함으로써 원고의 청구가 항소심의 심판대상에 포함되지 아니한 경우에, 원고의 소송목적인 권리를 승계하였다고 주장하며 항소심에서 비로소 원고를 피승계인으로 하는 승계참가신청을 하는 것도 부적법하다. 본소는 이미 제1심판결의 확정으로 사실상 종료되었다고 보아야 하기 때문이다(대법원 2002. 3. 15. 선고 2000다51391, 51407 판결 참조).

5) 법원은 승계참가신청을 직권으로 심사하여 그 요건을 흠결한 경우에는 변론을 거

419) 피참가인이 승계를 다투지 않는 때에는 민사소송 등 인지법 제10조에 의하여 500원의 인지를 붙이거나 인지액을 납부한다. 이미 원고가 납부한 인지액이 있고 그 소송목적 값이 동일하며 승계인은 그 소송목적을 승계한 사람이므로, 승계참가인에게 소장에 준하여 다시 인지액을 납부하게 할 필요가 없기 때문이다. 피참가인이 승계를 다투지 않으면서도 소송에서 탈퇴하지 않는 경우 승계를 다투는 것으로 취급하지 않음이 실무관행이다. 따라서 이때는 독립당사자참가신청으로 처리하지 않는다.

쳐 판결로써 그 신청(소)을 각하하여야 하고, 재판장의 명령으로써 각하할 수는 없다(대법원 2007. 8. 23. 자 2006마1171 결정). 그러나 반드시 각하 판결을 원래의 당사자 사이의 소송목적에 대한 판결과 함께 하여야 하는 것은 아니다(대법원 2012. 4. 26. 선고 2011다85789 판결).

기존의 소송당사자는 참가신청 자체에 대하여 이이를 제기할 수 없고, 단지 승계사실을 본안판단사항으로 다툴 수 있을 뿐이다. 물론 신청이 부적법하다는 법률적 의견을 제출·주장할 수는 있다. 위와 같이 승계참가신청은 일종의 소의 제기에 해당하고, 승계인이 종전 당사자의 지위를 승계하므로 이미 소가 계속된 것으로 보아야 하기 때문이다.

이때 각하사유가 되는 참가요건 등의 흠결은 소송신탁을 위한 소송목적의 양도, 당사자능력, 당사자적격 등 소송요건 등에 관한 것이어야 하고, 실체법적 권리·의무 등의 양도·이전 사실의 존부는 참가신청의 이유로서 주장하는 사실관계 자체에서 그 승계적격의 흠결이 명백하지 않는 한 본안판결에서 심리·판단되어야 하므로 이에 포함되지 않는다. 즉 이 경우에는 승계참가인의 소송수행을 허용하고 그의 청구를 인용하거나 기각하면 된다.

6) 참가신청을 각하할 사유가 없는 때는 사실상 그의 소송관여를 허용하면 되고, 별도로 허부결정을 할 필요는 없다.

(5) 인수참가(인수승계)

1) 인수참가신청은 소송목적인 권리·의무의 승계가 있는 경우에, 기존 소송의 당사자가 그 승계인을 강제로 당해 소송절차에 당사자로 편입시켜 달라는 신청이다. 따라서 승계인은 새로 피고가 될 자는 물론 새로 원고가 될 자도 가능하다.

그러나 실무상 권리를 승계한 자는 스스로 참가승계를 하는 반면 의무를 승계한 자는 스스로 참가승계를 하지 않으므로, 인수참가는 대부분 의무를 승계하여 새로 피고가 될 자에 대하여 원고가 신청한다. 또, 피참가인은 물론 그 상대방 당사자도 인수참가를 신청할 수 있다(통설). 그러므로 피고는 물론 원고도 새로 피고가 될 자에 대하여 이를 신청할 수 있다.

2) 인수참가신청도 대체로 승계참가신청과 같다. 그러나 이는 실질상 소의 제기가 아니므로 서면신청이 필수적인 것은 아니며, 사건번호도 따로 부여되지 않고 인지는 500원만 붙이면 된다.[420]

3) 인수참가신청에 대하여는 승계참가신청과 달리 법원의 허부결정을 요하고, 법원은

---

420) 실제상 거의 없겠지만, 채무자인 피고에 의하여 채권자인 원고 쪽에 대한 인수참가신청이 있는 경우에도, 비록 인수참가인이 새로 원고가 되는 것이지만 자신의 의사에 기하여 소송에 참가한 것이 아니므로 그에게 원고에 준하여 소장과 같은 인지를 납부하라고 요구할 것은 아니라고 생각된다. 따라서 이 경우에도 권리자에 대한 승계참가와 같이 실질상 새로운 소의 제기라고 볼 수는 없을 것이다.

결정에 앞서 신청한 당사자와 인수할 사람을 심문하여야 한다(민사소송법 제82조 제2항). 심문절차에서 인수참가신청의 상대방(피인수신청인)인 승계인이 권리·의무의 승계 사실을 시인한 때는 자백이 성립하고, 이후의 소송절차에서 이와 반대되는 주장을 할 수 없다(대법원 1987. 11. 10. 선고 87다카473 판결 참조).

인수참가에서도 승계 사실의 존부는 참가신청의 이유로서 주장하는 사실관계 자체에서 그 승계적격의 흠결이 명백하지 않는 한 본안판결에서 심리·판단되어야 하므로 허부 결정의 사유에 포함되지 않는다(대법원 2005. 10. 27. 선고 2003다66691 판결). 인수참가에 따라 본안에 관한 사실심리가 필요하므로 상고심에서는 인수참가신청을 할 수 없다(대법원 2001. 3. 9. 선고 98다51169 판결 등).

4) 인수참가신청을 허용하는 결정은 "피인수신청인은 원고(피고)를 위하여 이 사건 소송을 인수한다"(교환적 전부 인수) 또는 "피인수신청인은 피고를 위하여 이 사건 소송 중 1억 원과 이에 대하여 2015. 1. 10.부터 다 갚는 날까지 연 15%의 비율에 의한 금전청구 부분을 인수한다"(교환적 일부 인수), "피인수신청인은 피고를 위하여 아래 청구취지에 대한 소송을 추가적으로 인수한다. 피인수신청인은 피고와 연대하여 인수신청인(원고)에게 1억 원을 지급하라"(추가적 인수)는 형태로 한다.

5) 피고에 대한 원고의 인수참가신청의 경우에 피참가인이 승계사실을 다투면서 탈퇴하지 하지 않는 경우, 피참가인과 인수참가인은 주위적·예비적 피고 또는 선택적 피고의 관계에 있게 되므로 이에 맞추어 원고는 각각에 대하여 청구를 변경할 수 있다. 그러나 그 같은 변경이 없더라도 법원은 그와 같이 판단하여야 한다.

(6) 소송승계의 효과

(가) 기존 당사자(피참가인)의 소송탈퇴

1) 소송의 승계가 있으면 구 당사자인 피참가인은 상대방 당사자의 동의를 얻어 소송에서 탈퇴할 수 있다.[421] 탈퇴는 일종의 소 취하에 해당하므로 상대방 당사자의 이익을 위하여 그의 동의를 얻게 한 것이다. 피참가인인 기존 당사자가 소송탈퇴를 하지 않거나 상대방 당사자의 동의가 없는 때는 그는 여전히 소송당사자로 남게 되고, 그에 관한 원래의 소송목적도 그대로 판단 대상이 된다.

2) 승계인이 소송목적인 권리의 일부만을 양수한 경우에는 피참가인(기존 원고)은 탈퇴하는 대신 그 양도한 부분에 해당하는 청구를 감축하여야 할 것이다.

3) 피참가인이 승계를 다투거나 소송목적인 권리·의무의 일부만을 양수하거나 채무를 중첩적으로 인수한 경우에는 구 당사자인 피참가인이 탈퇴할 이유가 없다.

---

421) 피고에 대한 참가신청이 있는 경우에 피참가인의 상대방 당사자인 원고가 탈퇴에 대한 동의의 취지로 피참가인인 종전 피고에 대한 소를 취하한 경우, 이는 소 취하가 아닌 동의로 보아 처리하여야 할 것이다. 소 취하가 되면 승계인에 대한 소도 없어지기 때문이다.

(나) 기존 당사자(피참가인)가 탈퇴한 경우의 심리

1) 소송의 승계가 있으면 당연승계이든 특정승계이든 참가승계이든 인수승계이든 소송을 승계한 신 당사자는 구 당사자가 수행한 소송의 결과를 그대로 승계하며, 승계인과 상대방 사이에 소송이 진행된다. 또, 승계인에 대하여도 법원에 원래의 소가 처음 접수된 때, 즉 원고가 소를 제기한 때에 소급하여 시효의 중단 또는 법률상 기간 준수의 효력이 생긴다(민사소송법 제81조, 제82조 제3항). 소송목적이 승계된 이상 그에 관한 법률관계를 신·구 당사자에게 통일적으로 취급하는 것이 사회통념에 합치되기 때문이다.

2) 소송탈퇴가 적법하게 이루어진 경우에는 피참가인과 상대방의 소송은 종료하고 참가인과 상대방의 소송만이 남게 된다. 따라서 피고의 항소 제기에 따른 항소심에서 원고에 대하여 승계참가가 이루어지고 원고가 적법하게 탈퇴한 경우, 항소심법원은 제1심판결을 변경하여 승계참가인의 청구에 대하여 판단을 하여야 하고, 종전 원고 청구의 당부나 상대방인 피고의 원고에 대한 항소의 당부를 심판해서는 안 된다(대법원 2004. 1. 27. 선고 2000다63639 판결).[422] 항소심에서의 승계참가로 인하여 참가인과 피고 사이에 법률관계가 새로이 발생하였고, 종래의 소송목적 대신 그것이 새로운 소송목적이 되어 심판대상이 되었기 때문이다. 이는 마치 항소심에서 청구의 교환적 변경이 있는 것과 유사한 결과가 된다.

이 경우 그 주문은 "당심에서의 원고 승계참가에 따라 제1심판결을 다음과 같이 변경한다. 가. 피고는 원고 승계참가인에게 1억 원과 이에 대하여 2017. 5. 1.부터 2018. 10. 31.까지는 연 5푼, 그 다음날부터 다 갚는 날까지는 연 12%의 각 비율에 의한 금전을 지급하라. 나. 원고 승계참가인의 나머지 청구를 기각한다. … "와 같은 형태로 하면 무방할 것이다.[423]

3) 탈퇴한 당사자에 대하여는 법원은 심리·판단할 필요가 없다. 그러나 그에게도 판결

---

422) 제1심에서 원고의 청구가 일부 인용되었고 항소심에서 승계참가인의 승계참가신청 후 원고의 소송탈퇴와 피고의 동의가 있었는데, 승계참가인이 원고의 청구보다 청구를 확장함으로써 승계참가인의 청구를 추가로 인용하여야 할 경우, 항소심이 추가로 인용하는 부분에 대해서만 피고에 대하여 승계참가인에게 지급을 명하여서는 안 되고, 항소심으로서는 제1심에서 선고한 주문을 승계참가인과 피고 사이에서 변경하여 선고하여야 할 것임에도 항소심에서 추가로 인용하는 부분에 대하여만 피고에 대하여 승계참가인에게 그 지급을 명하고 승계참가인의 나머지 항소 및 피고의 항소를 모두 기각한 조치는 부당하다(대법원 2004. 4. 9. 선고 2001다66314 판결).

423) 원고에 대한 승계참가가 있어 원고가 소송에서 탈퇴한 경우 기존의 심판대상인 원고와 피고의 법률관계는 심판대상에서 제외되는바, 이는 실질상 원고가 종전 피고에 대한 소를 취하한 것과 같아 1심판결은 그로써 사실상 실효한다고 보아야 할 것이므로, 항소심법원은 굳이 1심판결을 취소하거나 변경할 필요 없이 곧바로 "1. 피고는 원고 승계참가인에게 1억 원과 이에 대하여 2011. 5. 1.부터 2018. 10. 31.까지는 연 5푼, 그 다음날부터 다 갚는 날까지는 연 15%의 각 비율에 의한 금전을 지급하라. 2. 원고 승계참가인의 나머지 청구를 기각한다. 3. 제1항은 가집행할 수 있다. 4. 항소 제기 이후의 소송비용은 피고가 부담한다"와 같이 하는 것이 맞을 것이나, 원고 승계참가인은 승계참가 이전의 소송법관계를 승계하는 이상 승계참가 이전의 소송비용에 대해서도 권리·의무를 취득·부담함이 상당하므로 취소·변경의 형태가 더 맞다고 생각된다.

의 효력이 미친다(민사소송법 제81조, 제82조 제3항). 민사소송법은 그 구체적인 내용에 대하여 언급이 없다. 선정자와 같이 기판력은 탈퇴자에게도 미쳐 판결에서 확정한 법률관계와 상반된 주장을 할 수는 없으나, 선정자와 달리 집행력이 미칠 경우는 거의 없을 것이다. 탈퇴한 당사자의 소송복귀를 허용하여야 한다는 일부 견해도 있으나, 그에게는 보조참가를 허용하는 것으로 충분할 것이다.

4) 그러나 탈퇴의 효력은 참가가 적법한 경우에만 효력이 있다. 따라서 참가가 부적법한 경우에는 피참가인인 기존 당사자와 상대방의 소송은 종료하지 아니하고 그대로 계속된다. 그러므로 승계참가인의 참가신청이 부적법함에도 불구하고 법원이 이를 간과하여 승계참가인의 참가신청과 피참가인의 소송 탈퇴가 적법함을 전제로 승계참가인과 상대방 사이의 소송에 대해서만 판결을 하였는데, 상소심에서 승계참가인의 참가신청이 부적법하다고 밝혀진 경우, 피참가인과 상대방 사이의 소송은 여전히 탈퇴 당시의 심급에 계속되어 있으므로 상소심법원은 탈퇴한 피참가인의 청구에 관하여 심리·판단할 수 없다(대법원 2012. 4. 26. 선고 2011다85789 판결 참조).

(다) 기존 당사자(피참가인)가 승계를 다투지 않으면서 탈퇴하지 않은 경우

1) 참가승계인이 소송목적인 권리의 전부를 양수하였다고 주장하면서 참가하였으나, 피참가인인 원고가 승계 사실을 다투지 않음에도 스스로 탈퇴하지 않거나 상대방인 피고의 부동의로 탈퇴하지 못한 때에는 뒤에서 보는 바와 같이 참가인의 피고에 대한 청구와 함께 원고의 피고에 대한 본래의 청구에 대해서도 함께 판결하여야 한다.

이 경우 피참가인이 당사자적격을 상실한다는 견해가 있으나, 당사자적격은 특정한 소에 관하여 원·피고가 될 수 있는 자격을 말하는 것으로서, 당초 당사자적격이 있었던 당사자가 소송목적인 권리·의무를 양도하였다고 하여 곧바로 당사자적격을 상실한다고 말할 수는 없다.

2) 참가인이 소송목적인 권리의 전부나 일부를 양수하였다고 주장하나 피참가인(대체로 원고)이 승계 사실을 다투지 않음에도 그가 스스로 탈퇴하지 않는 경우 또는 그는 탈퇴를 원하지만 상대방 당사자(대체로 피고)가 탈퇴에 동의하지 않는 경우나 그 승계 부분의 청구에 대한 청구를 감축하지 않은 경우에는 이와 같이 피참가인 역시 소송당사자로 남게 된다.

이때 참가인과 피참가인이 통상공동소송인이 된다는 견해가 있고 종전의 대법원 판례도 이와 같은 입장을 취하였으나(대법원 2004. 7. 9. 선고 2002다16729 판결, 2009. 12. 24. 선고 2009다65850 판결, 대법원 2014. 10. 30. 선고 2011다113455, 113462 판결), 탈퇴하지 않은 피참가인 또는 탈퇴에 동의하지 않은 상대방(피고)의 의사는 참가인과 피참가인 중 어느 쪽에게 권리가 있는지 판단해 줄 것을 희망하는 것이고, 양자 모두에게 권리를 인정할 수는 없으므로, 양자를 주위적·예비적 공동소송관계인 또는 선택적 공동소송관계인으로

보아 취급하는 것이 옳다고 할 것이다.[424] 대법원도 이러한 방향으로 종전의 견해를 바꾸었다(대법원 2019. 10. 23. 선고 2012다46170 전원합의체 판결). 따라서 이 경우 필수적 공동소송관계에 관한 규정이 준용되어야 하므로(민사소송법 제70, 67, 69조), 참가인과 피참가인 중 한 사람에게 불리한 소송행위는 효력이 없고, 양자에게 모순 없는 동시 판결을 함이 상당하며, 그 중 1인의 또는 그 1인에 대한 상소는 전원에게 효력이 발생하여 그 소송 전부가 상급심에 이심된다.[425]

이 경우 그 주문은 "1. 원고의 청구를 기각한다. 2. 피고는 원고 승계참가인에게 1억원과 이에 대하여 2019. 5. 1.부터 2019. 10. 31.까지는 연 5%, 그 다음날부터 다 갚는 날까지는 연 12%의 각 비율에 의한 금전을 지급하라. 3. 원고 승계참가인의 나머지 청구를 기각한다. … 5. 소송비용 중 원고와 피고 사이에 생긴 부분은 원고가 부담하고, 원고 승계참가인과 피고 사이에 생긴 부분은 각자 부담한다"와 같은 형태로 하면 무방할 것이다.

3) 의무자(주로 피고)에 대한 참가의 경우, 피참가인이 탈퇴하지 않거나 원고가 피참가인의 탈퇴에 동의하지 않은 때에는 피참가인인 피고가 승계 사실을 다투는지 여부와 관계없이 참가인과 피참가인 중 어느 쪽에게 의무(채무)가 있는지 모순 없는 판단을 위하여 역시 참가인과 피참가인은 실질상 주위적·예비적·선택적 공동소송인이 되고, 따라서 법원은 피고와 참가인 각각에 대한 청구에 관하여 동시에 심리·판단하여야 한다.

4) 소송목적인 권리나 의무의 일부만 양수하거나 중첩적으로 인수한 경우에는 참가인과 피참가인이 통상공동소송인이 되고, 법원은 각각의 청구에 대해 따로 심리·판단하여야 한다. 다만, 피참가인이 일부 양도를 부인하는 경우나 원고가 청구를 감축하지 않는 경우에는 역시 그 부분에 관하여 3면적 소송관계 또는 주위적·예비적 공동소송관계나 선택적 공동소송관계가 된다.

5) 참가승계인이 권리의 전부나 일부를 양수하였다고 주장하면서 참가하였으나, 피참가인인 원고가 승계 사실을 다투거나 이를 다투지 않음에도 여전히 당사자로 남아 있는 경우에 법원이 원고의 소를 부적법 각하하는 때에는 참가승계인의 소(참가승계신청)는 자동적으로 종료하는지 아니면 이 역시 부적법하게 되는지 문제된다.

일단 참가승계신청 당시 원고의 소가 부적법 각하되지 않고 남아 있던 이상 소송계속의 요건은 갖추어졌고, 참가승계신청에 의한 소송이 자동적으로 종료한다고 보거나 이를 부적법 각하하게 되면 그는 다시 별소를 제기해야 하여 소송경제에 반하므로, 명문의 규정이 없는 이상 원고의 소가 부적법 각하되더라도 참가승계신청에 의한 소송은 그대로 존속하고, 따라서 법원은 그 청구에 대하여 별도로 판결을 하는 것이 옳다고 생각한다

424) 반대의 견해: 한충수, "참가승계와 필수적 공동소송의 심리특칙", 법률신문 2020. 8. 24.자 13면 참조.

425) 이에 따라, 피참가인이 원래 항소를 하지 않았는데 항소심당사자가 된 경우, 그도 부대항소를 할 수 있다(대법원 2019. 10. 23. 선고 2012다46170 전원합의체 판결 참조).

(수원지방법원 2018. 8. 23. 선고 2017나84297 판결 참조).

(라) 기존 당사자(피참가인)가 승계를 다투면서 탈퇴하지 않은 경우

1) 권리자(주로 원고)에 대한 참가의 경우 피참가인이 승계 사실을 다투는 경우에는 독립당사자참가가 되고 3면 소송이 된다. 이는 일부 승계의 경우에도 같다. 이 경우 그 주문은 "1. 원고의 피고에 대한 청구를 기각한다. 2. 피고는 원고 승계참가인에게 1억 원과 이에 대하여 2019. 5. 1.부터 2019. 10. 31.까지는 연 5%, 그 다음날부터 다 갚는 날까지는 연 12%의 각 비율에 의한 금전을 지급하라. 3. 원고와 피고 간 2015. 6. 1.자 소비대차약정에 기한 제2항의 권리가 원고와 원고 승계참가인 사이에서 원고 승계참가인에게 있음을 확인한다. … 5. 소송비용 중 원고와 피고 사이에 생긴 부분 및 원고와 원고 승계참가인 사이에 생긴 부분은 원고가 부담하고, 원고 승계참가인과 피고 사이에 생긴 부분은 피고가 부담한다"와 같은 형태로 하면 무방할 것이다.

2) 의무자(주로 피고)에 대한 참가가 있는데 피참가인이 승계 사실을 다투면서 탈퇴하지 않는 경우, 참가인과 피참가인은 실질상 주위적·예비적 공동소송관계나 선택적 공동소송관계가 되고, 따라서 법원은 피고와 참가인 각각에 대한 청구에 관하여 동시에 심리·판단하여야 한다.

3) 참가인이 권리의 일부만 승계한 경우, 승계하지 않은 부분에 대해서는 참가인과 피참가인이 통상공동소송인이 되어(즉, 원고가 2명이 있는 것이 되어) 법원은 원고와 일부 승계인 각각의 청구에 대해 따로 심리·판단하여야 한다.

다. 협의의 임의적 당사자변경

(1) 피고경정

1) 이는 원고가 피고를 잘못 지정한 것이 분명한 경우, 원고가 법원의 허가를 얻어 피고를 교체하는 것이다(민사소송법 제260조). 경정 전후의 피고에게 동일성이 없다는 점에서 뒤에서 볼 당사자표시정정과 다르다.

2) 피고를 잘못 지정한 것이 명백한 때라고 함은, 청구취지나 청구원인의 기재 내용 자체로 보아, 원고가 그 기재된 법률사실에 대한 법률적 평가를 그르치는 등의 이유로, 그 법률효과가 귀속되는 사람이 아닌 다른 사람을 피고로 잘못 지정한 것이 명백하거나, 법인격의 유무에 관하여 착오를 일으켜 법인을 상대로 제소할 것을 개인을 상대로 제소한 경우 등을 말한다.

반면에, 그 전제가 되는 법률사실 자체를 잘 모르거나 착각한 데에 따라 피고를 잘못 잡은 경우는 이에 포함되지 않는다(대법원 1997. 10. 17.자 97마1632 결정). 따라서 원고가 공사 도급계약상의 수급인이 그 계약명의인인 피고라고 하여 피고를 상대로 소를 제기하였다가, 소송 심리 도중

피고 측의 답변이나 증거조사결과에 따라 이를 번복하여 수급인이 피고가 아니라 피고 보조참가인이라고 하면서 피고경정을 구하는 경우에는, 실제 수급인이 누구인지를 원고가 소 제기 당시에는 알지 못하고 증거조사를 통해 비로소 알게 된 것이므로 피고를 잘못 지정한 경우에 해당하지 않는다.

실무상 피고를 잘못 지정한 것이 명백하여 피고경정이 허용된 예로는, ① 주식회사를 피고로 할 것을 그 대표이사 개인을 피고로 한 경우, ② 지역 농업협동조합을 상대로 해야 할 것을 농업협동조합중앙회를 상대로 한 경우 등을 들 수 있다. 피고경정이 허용되지 아니하는 경우에도, 기존의 피고와 경정하려는 피고에 대한 청구가 양립할 수 없는 때에는 뒤에서 보는 바와 같이 민사소송법 제70조에 따라 원고는 경정하려는 피고를 예비적 또는 선택적 공동소송인으로 추가하여 목적을 달성할 수 있다.

3) 피고 경정은 ① 제1심의 변론을 종결할 때까지 원고의 신청에 의해서만 가능하고, ② 위와 같이 피고를 잘못 지정한 것이 변론이나 증거조사에 의하지 않고 원고의 소장 등의 기재 자체로 분명한 경우라야 하며, ③ 교체 전후를 통하여 소송물이 동일하여야 하고, ④ 피고가 본안에 관하여 응소한 때, 즉 본안에 관하여 답변서·준비서면을 제출하거나 변론준비기일에서 진술하거나 변론기일에 변론을 한 뒤에는 피고의 동의를 요하며(민사소송법 제260조 제1항 단서), ⑤ 서면으로 신청하여야 하고(민사소송법 제260조 제2항), ⑥ 법원의 허부결정을 요한다.

경정신청서에는 새로 피고가 될 사람의 이름, 주소와 경정신청의 이유를 적어야 한다(민사소송규칙 제66조). 기존의 피고가 경정신청서 부본을 송달받은 날부터 2주일 내에 이의를 제기하지 않으면 경정신청에 동의한 것으로 본다(민사소송법 제260조 제4항).

4) 법원이 피고경정신청을 허가하는 결정을 한 때에는 그 결정의 정본과 소장의 부본을 새로운 피고에게 송달하여야 하고, 위 결정이 있는 때에는 종전의 피고에 대한 소는 취하된 것으로 본다(민사소송법 제261조 제4항). 새로운 피고에 대하여는 경정신청서를 법원에 제출한 때에 그에 대한 소를 제기한 효력이 생긴다(민사소송법 제265조). 따라서 그 피고에 대하여는 그때 소멸시효가 중단되고, 제척기간 준수의 효력이 생긴다.

5) 종전의 피고에 대한 원고와 법원의 소송행위나 종전 피고의 소송행위는 새로운 피고의 원용이 없는 한 그에게 효력이 없다.

(2) 고유필수적 공동소송인의 추가

1) 이는 소송목적이 공동소송인 모두에게 합일적으로 확정되어야 할 고유필수적 공동소송인 가운데 일부가 누락된 경우에 법원의 허가에 의해 누락된 자를 공동소송인으로 추가하는 것이다(민사소송법 제68조, 제67조). 고유필수적 공동소송인의 의미는 앞서 <복수의 당사자>에서 말한 바와 같다.

법문(法文)에는 고유필수적 공동소송인의 추가에 한정한다는 규정이 없으나, 유사필수적 공동소송의 경우에는 공동소송인이 될 수 있는 자 일부가 누락되더라도 소송요건 등에 영향이 없으므로 굳이 이를 허용할 필요가 없다는 것이 지배적 학설이다. 필수적 공동소송이 아닌 통상공동소송에서는 당연히 허용되지 않는다(대법원 1993. 9. 28. 선고 93다32095 판결).

2) 이는 원고 또는 피고 측 모두에 추가가 가능하며, 제1심의 변론을 종결할 때까지 원고의 신청에 의한다. 다만, 원고의 추가는 추가될 사람의 동의를 요한다(민사소송법 제68조 제1항 단서).

필수적 공동소송인의 추가신청은 소액사건을 제외하고는 추가될 당사자의 이름, 주소와 추가신청의 이유를 적은 서면으로 하여야 한다(민사소송규칙 제14조). 원고의 추가신청에 대하여 수소법원은 결정으로 허부를 재판한다. 허부결정에 대하여는 즉시항고가 허용되나, 허가결정의 경우 추가될 원고의 동의 없이 허가되었다는 사유로만 즉시항고가 허용된다(민사소송법 제68조 제4항).

3) 위 허가결정으로 공동소송인이 추가된 경우, 추가된 자가 원고이든 피고이든 그 당사자에 관하여 새로운 소의 제기라는 실질을 가지나, 소송목적이 이들에게 공통으로 귀속되는 사정을 감안하여 따로 사건번호를 붙이지 않고 종전 소송과 동일한 하나의 사건으로 취급하며, 신청서에는 500원의 인지만 첩부한다. 또, 당초의 소가 제기된 때에 추가된 당사자와의 사이에서도 소가 제기된 것으로 본다(민사소송법 제68조 제3항).

4) 기존의 당사자와 추가된 당사자는 필수적 공동소송관계인이 된다. 따라서 이미 진행된 소송행위라도 민사소송법 제67조에 의해 공동소송인 전원에게 유리한 것만 효력이 있다.

5) 위와 같이 고유필요적 공동소송이 아닌 사건에서 소송 도중에 당사자를 추가하는 것은 허용되지 않는다(대법원 1993. 9. 28. 선고 93다32095 판결, 1998. 1. 23. 선고 96다41496 판결). 그러나 제1심법원이 원고 측 당사자추가신청을 그 부적법함을 간과한 채 받아들이고 피고도 그에 동의하였으며, 종전 원고가 이를 전제로 소를 취하하게 되어, 제1심 제1차 변론기일부터 새로운 원고와 피고 사이에 본안에 관한 변론이 진행된 다음 제1심에서 본안판결이 선고되었다면, 소송경제의 측면이나 신의칙 등에 비추어 그 후에 새삼스럽게 당사자추가신청의 적법 여부를 문제 삼는 것은 허용될 수 없다는 것이 판례이다(대법원 1998. 1. 23. 선고 96다41496 판결).

(3) 예비적 또는 선택적 공동소송인의 추가

1) 앞서 본 바와 같이 복수의 원고가 동일 피고를 상대로, 또는 동일 원고가 복수의 피고를 상대로 제기하는 소의 청구가 그들 원고나 피고 상호 간에 각각 법률상 양립할 수 없는 경우에는 원고나 피고를 예비적 또는 선택적으로 한 청구가 가능하다(민사소송법 제70조).

민사소송법 제70조 제1항 본문은 "공동소송인 가운데 일부의 청구가 다른 공동소송인의 청구와 법률상 양립할 수 없거나 공동소송인 가운데 일부에 대한 청구가 다른 공동소송인에 대한 청구와 법률상 양립할 수 없는 경우에는 제67조 내지 제69조를 준용한다" 고 규정하고 있는바, 여기서 '공동소송인 가운데 일부에 대한 청구'를 반드시 '공동소송인 가운데 일부에 대한 모든 청구'라고 해석할 근거는 없으므로, 주위적 피고에 대한 주위적·예비적 청구 중 주위적 청구 부분이 인용되지 아니할 경우, 그와 법률상 양립할 수 없는 관계에 있는 예비적 피고에 대한 청구를 인용하여 달라는 취지로 결합하여 소를 제기하는 것도 가능하고, 이 경우 주위적 피고에 대한 예비적 청구와 예비적 피고에 대한 청구가 서로 법률상 양립할 수 있는 관계에 있으면 양 청구를 병합하여 통상의 공동소송으로 보아 심리·판단할 수도 있다(대법원 2009. 3. 26. 선고 2006다47677 판결 참조).

2) 예비적 또는 선택적 공동소송은 소 제기 당시부터 병합청구를 할 수도 있지만, 제1심의 변론을 종결할 때까지 원고의 신청에 의해 원고나 피고를 예비적 또는 선택적 당사자로 추가하는 방식에 의하여도 할 수 있다(민사소송법 제70조, 제68조 제1항). 즉 기존의 원고나 피고를 주위적 원고나 피고로 하고 예비적으로 원고나 피고를 추가하거나, 새로운 원고나 피고를 기존의 원고 또는 피고와 선택적 관계로 하여 추가할 수 있다.

3) 예비적 또는 선택적 공동소송인의 추가신청 역시 앞서 본 고유필수적 공동소송인의 추가와 같다. 즉, ① 추가신청은 원고가 하며, ② 추가될 당사자의 이름, 주소와 추가신청의 이유를 적은 서면으로 하여야 하고, ③ 원고의 추가는 추가될 사람의 동의를 요하며, ④ 원고의 추가신청에 대하여 수소법원은 결정으로 허부를 재판한다. 허가의 효과 역시 그와 같으며, 예비적 또는 선택적 공동소송에는 필수적 공동소송에 관한 법리가 적용된다(민사소송법 제70조, 제67조 내지 제69조). 다만, 청구의 포기·인낙, 화해 및 소의 취하의 경우에는 필수적 공동소송에 관한 법리가 적용되지 않으므로(민사소송법 제70조, 제1항 단서) 개별적으로 할 수 있다.

4) 예비적 또는 선택적 공동소송인의 추가신청에 대한 법원의 허부결정 중 기각결정에 대해서는 신청한 당사자가 즉시항고를 할 수 있다. 반면에, 허가결정에 대해서는 추가될 원고의 동의가 없었다는 것을 사유로 하는 경우에만 이해관계인이 즉시항고를 할 수 있으며, 이때의 즉시항고는 집행정지의 효력을 갖지 않는다(민사소송법 제68조 제4,5,6항).

5) 법원이 예비적 또는 선택적 공동소송인의 추가신청에 대하여 허가결정을 하였더라도, 그로써 그 청구의 당부에 관한 결론에 있어서도 당연히 예비적 또는 선택적 공동소송관계로 전환되는 것은 아니고, 이는 그 실체적 법률관계에 달려있다. 따라서 예비적 또는 선택적 공동소송인의 추가신청에 대하여 허가결정을 하고, 그 소송절차를 이에 따른 공동소송관계로 보아 심리를 하였더라도, 법원은 심리 결과 예비적 또는 선택적 소송관계가 인정되지 않는 경우에는 통상 공동소송관계로 보아 판결을 하여야 한다(대법원 2009. 3. 26. 선고 2006다47677 판결 참조). 객관적 소의 병합에서와 마찬가지로 주관적 소의 병합에서도 그 병합의 여부와 형태는 실질설에 따라 당해 소송목적의 실체적 법률관계에 의해 결정되어야 하기 때문이다.[426]

다만, 예비적 또는 선택적 공동소송인의 추가신청에 대한 허가결정은 민사소송법 제222조 소정의 소송지휘에 관한 재판이 아니므로, 그 허가결정에 대하여 즉시항고가 없는 경우 법원은 직권으로 이를 취소할 수 없고, 또 이를 취소할 필요도 없다.

6) 수소법원은 예비적 또는 선택적 공동소송의 모든 공동소송인에 관한 청구에 대하여 동시에 심리하여 하나의 판결을 선고하여야 하고, 청구의 예비적 또는 선택적 병합의 경우와 달리 일부 원고나 피고에 대한 판단을 생략할 수 없다(민사소송법 제70조 제3항). 이는 각 당사자의 또는 각 당사자에 대한 청구가 모순 없이 해결되어야만 하기 때문이다.

(4) 당사자표시정정

1) 당사자표시정정은 소장에 기재된 당사자의 표시에 의문이 있거나, 그 표시에 누락, 오기 등이 있는 경우에 당사자가 그 표시를 정정하여 보완하는 것이다. 법적 근거 없이 판례에 의하여 인정되는 것이다. 당사자의 특정과 표시는 소송요건으로서 원고가 하여야 하므로, 당사자의 동일성을 해치지 않는 이상 정정·보완은 당연한 원고의 권리로서 명문의 규정이 없더라도 허용된다고 할 것이다.

2) 당사자표시정정은 피고경정과 달리 당사자의 동일성을 해치지 않는 범위에서만 허용되므로(대법원 1999. 4. 27. 선고 99다3150 판결, 2008. 6. 12. 선고 2008다11276 판결), 이는 당사자변경에 속하지 않으나 그와 유사한 기능을 한다. 이에 따라 피고경정 제도가 도입되기 전에는 이것이 당사자변경의 기능을 하기도 하였다. 소송현실에서는 당사자 표시정정인지 당사자의 변경인지 그 한계가 항상 명확한 것은 아니다.

판례상 허용된 경우로는 ① 이미 사망한 자를 상대로 소를 제기하였다가 그 표시를 재산상속인으로 정정하는 경우(대법원 1960. 10. 13. 선고 4292민상950 판결, 1969. 12. 9. 선고 69다1230 판결, 1983. 12. 27. 선고 82다146 판결, 1994. 12. 2. 선고 93누12206 판결, 2006. 7. 4.자 2005마425 결정),427) ② 공동선조가 동일하고 실질적으로 동일한 단체를 가리키는 종중의 명칭을 정정하는 경우(대법원 1967. 11. 28. 선고 67다1737 판결, 1970. 2. 24. 선고 69다1774 판결, 1999. 4. 13. 선고 98다50722 판결), ③ 계쟁 토지의 소유권이전등기명의인으로 기재된 고산문은 피고 산하 고산향교의 약칭으로서 피고를 나타내는 것인데, 원고가 위 고산문을 피고

---

426) 그러나 예비적 또는 선택적 공동소송인의 추가신청에 대한 허가결정이 이미 확정된 이상 소송법상으로는 그 추가된 당사자를 예비적 또는 선택적 공동소송인으로 취급하여 소송을 진행하여야 할 것이다(예비적 또는 선택적 공동소송관계가 없다고 판결한 경우에도 소송법상으로는 여전히 추가된 당사자를 예비적 또는 선택적 공동소송인으로 취급하여야 하므로, 그 중 1인에 대한 상소만 있을 때에도 그 전원에 대한 소송이 상급심에 이심된다). 이 확정된 허가결정의 기판력이 소송목적의 실체적 법률관계에까지 미치는 것이 아님은 물론이다.

427) 그러나 소 제기 당시 이미 피고가 사망한 사실을 원고가 알고 있었던 경우에는 허용되지 않으며 이는 당사자능력 흠결로 소 각하 사유가 된다. 그러나 대법원 2011. 3. 10. 선고 2010다99040 판결은, 채무자 갑의 을 은행에 대한 채무를 대위변제한 보증인 병이 채무자 갑의 사망사실을 알면서도 그를 피고로 기재하여 소를 제기한 사안에서, 채무자 갑의 상속인이 실질적인 피고이고 다만 소장의 표시에 잘못이 있었던 것에 불과하므로, 보증인 병은 채무자 갑의 상속인으로 피고의 표시를 정정할 수 있다고 판시하였다.

로 표시한 것을 피고의 정식 명칭인 재단법인 전라북도 향교재단으로 변경한 경우(대법원 1999. 4. 27. 선고 99다3150 판결), ④ 당초 원고로 표시한 학교가 법인격 없는 사단 또는 재단으로서 당사자능력이 없어 그 실질적인 당사자인 학교의 대표자 개인으로 정정한 경우(대법원 1962. 5. 10. 선고 4294행상102 판결), ⑤ 채권자가 채무자의 사망 후 그 1순위 상속인의 상속포기 사실을 알지 못하고 1순위 상속인을 상대로 소를 제기하였다가 실제 상속인을 피고로 정정한 경우(대법원 2009. 10. 15. 선고 2009다49964 판결) 등이다. 이미 표시정정을 한 후 다시 정정을 함으로써 당초의 표시로 환원되는 결과가 되더라도 무방하다(대법원 1972. 12. 26. 선고 72다2128 판결, 1978. 8. 22. 선고 78다1205 판결).

3) 판례상 불허된 경우로는 ① 사망자를 피고로 하여 제소한 제1심에서 원고가 상속인으로 당사자표시정정을 하면서 일부 상속인을 누락시킨 탓으로 그 누락된 상속인이 피고로 되지 않은 채 제1심판결이 선고된 후 항소심에서 그 누락된 상속인을 다시 피고로 추가하는 내용으로 정정하거나, 원고 甲을 제외한 나머지 원고들을 상고인으로 표시한 상고장을 제출하였다가 원고 甲을 상고인으로 추가하는 내용으로 당사자표시정정을 하는 등으로[428] 새로운 당사자를 추가하는 경우(대법원 1974. 7. 16. 선고 73다1190 판결, 1991. 6. 14. 선고 91다8333 판결), ② 원고 종중이 1심에서는 甲을 공동선조로 하는 종중이라고 주장하다가, 항소심에 이르러 甲의 후손인 乙을 공동선조로 하는 종중이라고 주장하는 경우(대법원 1970. 3. 10. 선고 69다2161 판결, 1994. 10. 11. 선고 94다19792 판결, 2002. 8. 23. 선고 2001다58870 판결),[429] ③ 종중의 대표자로서 개인 명의로 소를 제기한 자가 그 종중 자체로 당사자표시변경신청을 하는 등으로 법인이나 법인이 아닌 사단과 그 대표자 개인 간 변경의 경우(대법원 1986. 9. 23. 선고 85누953 판결, 1996. 3. 22. 선고 94다61243 판결, 1998. 1. 23. 선고 96다41496 판결, 2003. 3. 11. 선고 2002두8459 판결),[430] ④ 소장에 원고가 스스로 고유 의미의 종중이라고 주장하다가, 항소심에 이르러 피고가 고유 의미의 종중이 별도로 존재한다고 다투자 원고가 비로소 종중 유사단체로서 권리능력 없는 사단이라고 주장하는 등으로 종중을 종중 유사단체로

428) 이 경우에는 추가된 당사자에 관한 새로운 상소 제기로 보아야 한다고 한다(대법원 1991. 6. 14. 선고 91다8333 판결).

429) 대법원은, 종중의 특정은 그 종중에서 봉제사의 대상으로 삼고 있는 공동선조가 누구인지에 따라 이루어지고 이를 기준으로 하여 종중 구성원의 범위도 확정될 수 있는 것이어서 공동선조를 달리하는 종중은 그 구성원도 달리하는 별개의 실체를 가지는 종중이므로, 원고가 주장하는 종중의 공동선조를 변경하는 것은 당사자 변경의 결과를 가져오는 것으로서 허용될 수 없으며, 이와 같은 경우 법원으로서는 원고가 당초에 주장한 바와 같은 종중이 실재하는지, 그 대표자에게 원고 종중의 대표 자격이 있는지 여부를 심리하여 만일 그와 같은 종중이 실재하지 아니하거나 대표자의 대표 자격이 인정되지 아니하면 소를 부적법한 것으로 각하하여야 하고, 반대로 그와 같은 종중의 실재와 대표자의 대표 자격이 인정되는 경우에는 본안에 들어가 판단하여야 할 것이며, 이와는 달리 변경된 주장에 따른 종중 등이 실재한다고 하여 이를 원고로 인정하여서는 아니 될 것인바, 이와 같은 법리는 그 각 종중이 서로 명칭과 대표자가 동일한 경우에도 마찬가지라고 한다(2002. 8. 23. 선고 2001다58870 판결).

430) 앞서 본 대법원 1962. 5. 10. 선고 4294행상102 판결의 사안에서는 당초 원고로 표시한 학교가 법인격 없는 사단 또는 재단에 해당하지 않는 관계로 당사자능력이 없어, 원고의 의사를 학교의 운영자인 개인을 표시한다는 의사로 잘못 표시한 것으로 보아, 그 실질적인 당사자인 개인으로 정정한 경우로서 이와 다르다고 볼 수 있다.

변경한 경우(대법원 1994. 5. 10. 선고 93다53955 판결, 1999. 4. 13. 선고 98다50722 판결), ⑤ 비법인 사단인 마을의 일부 주민이 원고가 되어 소를 제기하였다가 이를 마을로 정정한 경우(대법원 1994. 5. 24. 선고 92다50232 판결) 등이 있다. 이러한 경우는 모두 당사자의 동일성을 상실한다고 본 것이다.

4) 당사자표시정정은 대부분 원고가 하고, 원고는 정정신청서를 제출하고 변론기일 등에서 이를 진술하며, 법원은 청구변경신청서에 준하여 이를 상대방 당사자에게 송달하는 것이 실무 관행이다. 그러나 구두로 정정을 하는 것도 허용됨은 물론이다. 대법원은 피고가 자신의 표시를 정정하는 것도 허용한다(대법원 1999. 4. 27. 선고 99다3150 판결).

당사자표시정정은 당사자의 동일성에 영향이 없으므로 사실심은 물론 상고심에서도 허용된다. 다만 대법원은, 민사소송에서 소송당사자의 존재나 당사자능력은 소송요건에 해당하고, 이미 사망한 자를 상대로 한 소의 제기는 소송요건을 갖추지 않은 것으로서 부적법하며, 상고심에 이르러서 당사자표시정정의 방법으로 그 흠결을 보정할 수 없다는 전제하에, 원고가 소외 1 등을 피고로 표시하여 공유물분할청구의 소장을 제출하였으나 소외 1은 그 전에 이미 사망하였는데, 피고가 상고심에 이르러서야 소외 1의 사망사실을 주장하자 원고가 소외 1의 표시를 상속인들로 정정하는 내용의 당사자표시정정신청서를 제출한 경우, 표시정정에 의하여 흠결을 보정할 수 없어 소를 각하하여야 한다고 판시하였다. 이는 당사자의 동일성을 해할 뿐 아니라 본안에 관한 심급의 이익을 해치므로 불허한 것으로서, 사실심 단계에서 그와 같은 당사자표시정정이 이루어진 대법원 1983. 12. 27. 선고 82다146 판결의 사안과 모순되지 않는다.

5) 법원은 당사자표시정정을 허용할 경우 별도의 명시적인 결정을 하지 않고 이후의 소송절차(기일통지, 조서작성, 판결서 작성 등)에서 정정신청된 바에 따라 당사자표시를 하며,[431] 정정신청을 불허하는 경우에만 불허의 결정을 한다. 이에 대해서는 통상항고만이 가능하다고 할 것이다.

6) 당사자표시정정은 소송물과 당사자의 동일성에 영향이 없으므로 피고경정과 달리 새로운 소의 제기가 아니며, 사망한 자를 상속인으로 정정하는 경우 등과 같은 특히 예외적인 경우가 아니면 청구취지나 청구원인을 변경할 필요가 없다.

라. 광의의 임의적 당사자변경(참가)

1) 소송의 참가는, 제3자가 소송목적에 관하여 기존의 당사자와 준지배적(準支配的)

431) 대법원은, 제1심법원이 제1차 변론준비기일에서 부적법한 당사자표시정정신청을 받아들여 소송을 진행하고 피고도 이에 명시적으로 동의하여 제1심 제1차 변론기일부터 정정된 원고인 회사와 피고 사이에 본안에 관한 변론이 진행된 다음 제1심 및 원심에서 본안판결이 선고되었다면, 당사자표시정정신청이 부적법하다고 하여 그 후에 진행된 변론과 그에 터 잡은 판결을 모두 부적법하거나 무효라고 하는 것은 소송절차의 안정을 해칠 뿐만 아니라, 그 후에 새삼스럽게 이를 문제 삼는 것은 소송경제나 신의칙 등에 비추어 허용될 수 없다고 한다(2008. 6. 12. 선고 2008다11276 판결).

관계에 있어 소송의 결과가 그에게도 미치거나, 그 소송목적인 권리가 기존 당사자(원고)와 배타적·택일적으로 자신에게 귀속하는 때에 3자 스스로 소송절차에 당사자로 참여하는 것이다.

2) 이는 참가인이 소송목적을 승계하는 것이 아니고, 또 기존 당사자가 3자를 소송절차에 끌어들이는 것도 아니어서, 피고 쪽에 공동소송참가하는 경우가 아닌 한 실질적으로 새로운 소의 제기에 해당한다. 다만, 기존 소송을 전제로 이를 이용한다는 점에서 당사자의 변경이 있는 것과 같은 결과가 된다.

(1) 공동소송참가

1) 공동소송참가는 소송의 결과가 소송의 한쪽 당사자와 제3자에게 합일적(合一的)으로 확정되어야 할 경우에 그 제3자가 자신의 의사에 기하여 소송절차에 당사자로서 참가하는 것이다(민사소송법 제83조 제1항). 원고 쪽은 물론 피고 쪽에도 참가할 수 있다. 참가인이 기존 당사자와 공동소송인이 되므로 공동소송참가라고 한다.

2) 소송목적에 관하여 그 소송의 결과가 합일적으로 확정될 경우란, 판결의 효력이 제3자에게도 미치는 경우로서, 참가인이 애초에 한쪽 당사자와 공동으로 소를 제기하였거나 제기당하였다면 이들의 관계가 필수적 공동소송관계가 되는 경우를 말한다.[432] 이때 필수적 공동소송에는 유사필수적 공동소송은 물론 고유필수적 공동소송도 포함한다는 것이 통설이다. 따라서 고유필수적 공동소송의 공동소송인으로 원래 당사자가 되어야 할 사람이 잘못하여 제외된 경우, 앞서 본 고유필수적 공동소송인 추가의 방법 외에 누락된 사람 스스로 공동소송참가를 하여 그 소의 하자를 치유할 수 있다.

공동소송참가는, 고유필수적 공동소송인 추가에 국한되고 1심에서만 허용되는 필수적 공동소송인 추가와 달리 항소심까지 허용되므로(대법원 1961. 5. 4. 선고 4292민상853 판결, 1962. 6. 7. 선고 62다144 판결, 2002. 3. 15. 선고 2000다9086 판결),[433] 필수적 공동소송인 추가보다 허용 범위가 넓다.

3) 공동소송참가가 허용되는 예로는, ① 일부 주주가 주주총회결의 취소의 소를 제기한 경우에 다른 주주가 공동 원고로 참가하는 경우, ② 제3자가 부부 중 일방을 상대로 제기한 혼인무효의 소에 누락된 부부 일방이 공동 피고로 참가하는 경우, ③ 일부 채권자가 제기한 채권자대위소송에 다른 채권자가 공동 원고로 참가하는 경우,[434] ④ 추심채

432) 기판력과 집행력, 형성력이 3자에게 직접 미치는 경우(이른바 대세적 효력이 있는 주주총회결의취소의 소 등)는 물론 판결의 효력이 반사적으로 3자에게 미치는 경우(수인이 제기하는 주식회사 이사회 결의무효확인의 소, 채권자대위의 소)도 포함한다.

433) 상고심에도 허용할 것이라는 견해가 있으나 법률심인 상고심에서는 사실 주장이나 증거 제출을 할 수 없으므로 실익이 없다고 생각된다.

434) 반면에 일부 채권자가 제기한 채권자취소소송에 다른 채권자가 공동 원고로 공동소송참가를 할 수는 없다. 앞서 <유사필수적 공동소송>에서 본 바와 같이 여러 명의 채권자가 제기한 채권자취소소송은 합일확정될 경우가 아니기 때문이다.

권자가 제기한 추심의 소에 집행력 있는 정본을 가진 다른 채권자가 공동 원고로 참가하는 경우(민사집행법 제249조 제2항), ⑤ 이사의 책임을 추궁하기 위한 주주대표소송(상법 제403조 제3항)에 다른 주주나 회사가 공동 원고로 참가하는 경우,[435] ⑥ 판결에 대세적 효력이 인정되는 회사합병무효의 소, 회사설립무효의 소, 회사설립취소의 소 등에 주주 등 제3자가 참가하는 경우 등이다.

4) 공동소송참가의 요건으로는, ① 위와 같은 합일적 확정의 관계 외에 ② 소송이 이미 계속 중이어야 하고, ③ 공동소송참가인이 당사자능력과 당사자적격을 갖추어야 한다. 또한, 원고 쪽에 참가하는 경우에는 참가신청이 실질상 소의 제기에 해당하므로 중복소송에 해당하지 않아야 하고,[436] 제소기간의 제한이 있는 경우에는 그 기간 내에 참가하여야 한다. 당사자적격이 없거나 제소기간이 지난 등으로 공동소송참가를 할 수 없는 경우에는 다음에 보는 공동소송적 보조참가를 할 수밖에 없다.

원고 쪽에 공동소송참가를 신청하는 때에는 실질상 소의 제기에 해당하므로 소장이나 항소장에 준하여 서면으로 해야 하고(민사소송법 제248조, 제397조 제1항), 소장 또는 항소장에 준하는 액수의 인지대를 납부하여야 한다(「민사소송 등 인지법」 제6조 제1항). 이 경우 별도의 사건번호와 사건명도 부여된다.

반면에 피고 쪽에 공동소송참가를 신청하는 때에는 소의 제기에 해당하지 않으므로 반드시 서면으로 할 필요가 없고(민사소송법 제83조 제2항, 제72조 제2항), 인지도 500원만 붙이면 족하다. 어느 경우이든 참가신청서에는 참가의 취지(어느 쪽 당사자에 참가한다는 뜻)와 이유를 명시하여야 한다(민사소송법 제72조 1항).

5) 공동소송참가에 대하여는 기존 당사자가 이의를 할 수 없다. 참가는 실질상 소의 제기나 응소에 해당하고, 그에게 특별히 불이익을 주지 않기 때문이다.

법원은 참가신청에 대하여 허부의 재판을 따로 하지 않으나, 직권으로 참가의 적법 여부를 심사하여 그 요건에 흠이 있는 때에는 변론을 거쳐 종국판결로써 참가신청을 각하하여야 한다. 그 역시 소의 제기이기 때문이다.[437] 따라서 법원은 참가신청이 있는 경우에는 참가인을 당사자로 취급하여 소송을 진행하면 된다. 다만, 요건에 흠이 있는 참가신청이더라도 그것이 보조참가신청 또는 공동소송적 보조참가신청의 요건을 갖춘 경우, 그러한 참가신청으로 취급함이 상당하다는 견해가 지배적이다.

---

435) 상법 제404조 제1항은 회사가 주주대표소송에 참가할 수 있다고만 규정하고 있어 그 참가가 공동소송참가인지 공동소송적 보조참가인지 학설이 대립한다. 대법원은 이를 공동소송참가로 보아 회사는 원고 쪽에 공동소송참가를 할 수 있다고 한다(2002. 3. 15. 선고 2000다9086 판결). 이때 다른 주주도 공동소송참가를 할 수 있는지에 관하여 우리 상법에는 규정이 없으나 일본의 회사법은 이를 허용한다(동법 제849조 제1항).

436) 채권자대위소송에서의 채무자, 선정당사자를 선임한 선정자 등이 공동소송참가신청을 하면 중복소송이 된다.

437) 그러나 피고 쪽 참가신청이 부적법한 때에는 결정으로 이를 각하함이 옳다고 생각된다. 이 신청은 소의 제기가 아니기 때문이다.

6) 참가인과 피참가인은 필수적 공동소송인이 되므로 필수적 공동소송에 관한 민사소송법 제67조, 제69조가 적용되고, 참가 전에 이루어진 소송행위는 공동소송인 전원에게 유리한 것에 한하여 효력이 있다.[438)]

(2) 독립당사자참가

(가) 의 의

1) 이는 타인 간의 소송 계속 중 3자가 소송목적의 전부나 일부가 자신의 권리라고 주장하거나(권리주장참가), 그 소송결과에 따라 자기의 권리가 침해됨을 주장하면서(사해방지참가) 기존의 소송 당사자를 상대방으로 하여 그 소송절차에 당사자로 참가하는 것이다(민사소송법 제79조 1항). 독립당사자참가는 참가인이 기존의 어느 일방 당사자와 공동소송인이 되지 않고 그들과 독립하여 제3의 당사자가 된다는 점에서 공동소송참가와 구별된다. 이에 따라 소송은 3면적 관계가 된다.

2) 이는 원고와 피고 양쪽을 모두 상대방으로 하여 청구를 할 수도 있고(쌍면적 참가), 그 중 한쪽에 대하여만 청구를 할 수도 있다(편면적 참가).

보조참가인이나 통상공동소송인이 될 수 있는 사람도 이를 신청할 수 있다. 제1독립당사자참가가 있은 후 또 다른 3자가 제2, 제3의 독립당사자참가를 하는 것도 허용되어야 한다는 견해가 있는바, 과거 편면적 참가가 허용되지 않던 때에는 대법원이 권리주장참가가 복수인 경우 권리참가자 상호 간에는 하등 소송관계가 성립되지 않으므로 제2, 제3의 독립당사자참가신청이 부적법하다고 하였으나(1963. 10. 22. 선고 62다29 판결), 편면적 참가가 허용되는 현재는 원고의 본소청구, 제1독립당사자참가인의 청구, 제2, 제3의 독립당사자참가인의 청구가 각각 양립할 수 없다면 이를 허용하여야 한다고 생각된다.

(나) 권리주장참가

1) 권리주장참가에서는 원고가 주장하는 소송목적인 권리와 참가인이 주장하는 권리가 논리적으로 양립할 수 없는 관계에 있어야 한다(대법원 1995. 8. 25. 선고 94다20426, 20433 판결, 2011. 5. 13. 선고 2010다106245 판결 등). 즉 원고의 청구와 참가인의 청구가 동시에 인용될 수 없어야 한다.[439)]

2) 그러나 편면적 참가가 허용되므로, 참가인의 피고에 대한 청구가 원고의 피고에 대한 청구와 양립할 수 없으면 족하고, 참가인의 청구가 원고에 대한 관계에서 양립할 수 없을 것까지는 필요 없다. 따라서 참가인이 원고에게는 아무런 청구를 하지 않아도 무방하며, 참가인이 주장하는 권리가 물권적이든 채권적이든 불문한다.

---

438) 그러나 나중에 참가신청이 부적법한 것으로 판명된 경우에는 이러한 제한이 없으므로, 법원은 참가신청이 부적법한 것으로 의심되는 경우 참가신청의 철회(취하)를 종용하는 것이 좋을 것이다.

439) 피고가 원고를 상대로 반소청구를 한 경우 그 반소청구와 양립할 수 없는 주장을 하면서 독립당사자참가를 하는 것도 허용된다.

3) 예컨대, 부동산의 이중매수에서 제2매수인이 매도인(피고)을 상대로 소유권이전등기청구의 소를 제기한 경우에 제1매수인이 독립당사자참가에 의하여 매도인을 상대로 소유권이전등기청구를 하는 경우에는 원고의 청구와 참가인의 청구가 동시에 인용될 수 있어 그 청구가 양립하므로 참가신청이 부적법하나, 제1매수인이 제2매수인(원고)의 매수가 무효라고 주장하며 독립당사자참가에 의하여 매도인(피고)만을 상대로 소유권이전등기청구를 하는 경우에는 비록 참가인이 원고에 대하여는 참가로써 아무런 청구를 하지 않았더라도 원고의 청구와 참가인의 청구가 동시에 인용될 수 없는 이상 참가신청은 적법하다.[440)]

(다) 사해방지참가

1) 사해방지참가의 경우, 참가인의 청구가 원고의 청구와 반드시 논리상 양립할 수 없는 관계에 있어야 하는 것은 아니나, 원고와 피고가 당해 소송을 통하여 참가인을 해할 의사를 가지고 있다고 객관적으로 인정되고, 그 소송의 결과 참가인의 권리 또는 법률상 지위가 침해될 우려가 있다고 인정되는 경우에 허용된다(대법원 2005. 10. 17.자 2005마814 결정, 2006. 5. 11. 선고 2006다1183, 1190 판결, 2011. 5. 13. 선고 2010다106245 판결 등). 즉 원·피고 간의 소송이 참가인 자신에게 사해행위에 유사한 것임을 이유로 하는 것이다.

2) 이때 침해의 우려는, 원고와 피고의 소송결과가 참가인에게 반드시 법적으로 구속력 있는 경우만이 아니라, 그것이 장차 원·피고와 참가인의 법률관계에 유력한 증거로 작용하는 경우도 포함한다.

3) 사해방지참가를 인정할 수 있는 사례는 그다지 많지는 않은바, 판례에 나타난 두 사례를 제시한다. ① 원고가 피고에 대하여, 계쟁 부동산이 원고의 소유인데 피고가 2분의 1 지분에 관하여 아무런 권원 없이 그 명의로 소유권이전등기를 마쳤다며 말소등기를 청구하는 소를 제기하였는데, 독립당사자참가인은 자신이 피고에게 금전채권을 갖고 있고, 이에 따른 공정증서에 기해 피고의 유일한 재산인 피고 명의의 위 부동산 지분에 관

---

440) 제1매수인이 제2매수인으로부터 그의 권리나 지위를 부인당하고 이로 인해 권리나 법률관계에 불안이 초래된 때에는 제2매수인을 상대로 자신의 권리나 제2매수인의 무권리의 확인청구를 할 수도 있다. 소송절차에서 피고가 자신과 원고인 제2매수인 간의 매매가 무효라는 항변을 하지 않더라도 이를 제1매수인인 참가인이 주장할 수 있으므로, 결국 피고에 대한 원고의 청구와 피고에 대한 참가인의 청구는 양립불가능한 관계가 된다.
대법원은, 원고들이 계쟁 임야를 매수하였다며 피고를 상대로 소유권이전등기절차의 이행을 청구하고 있는데, 독립당사자참가인이 위 임야를 원고들보다 먼저 매수하였다며 원고들에게는 자신에게 위 임야의 소유권이 있음을 확인하라고 청구하고, 피고에게는 위 임야의 소유권이 독립당사자참가인에게 있음을 확인하고 소유권이전등기절차를 이행하라는 청구를 한 경우, 아직 자기 앞으로 소유권이전등기를 마치지 못한 독립당사자참가인은 위 임야에 대한 소유권이 자기에게 귀속된다는 것을 원고들에게 대항하거나 주장하지 못함은 물권변동의 이론상 의문의 여지가 없고, 독립당사자참가인은 본래의 소송의 양쪽 당사자를 각기 상대로 하여 원고의 피고에 대한 청구와는 서로 상충되는 청구를 각기 제기하여야 되는데, 위와 같은 경우에는 독립당사자참가인의 피고에 대한 청구만이 성립될 수 있으므로 독립당사자참가를 할 수 없다고 판시하였으나(대법원 1966. 7. 19. 선고 66다896 판결), 이는 편면적 참가를 허용하지 않은 전제에 선 것이다.

하여 강제경매를 신청하여 그 절차가 진행 중인데, 원고와 피고는 위 부동산 지분에 관한 피고 명의의 소유권이전등기를 말소하여 이를 원고의 소유로 환원함으로써 참가인의 피고에 대한 강제집행을 면탈하여 참가인을 해할 목적으로 통모하여 원고가 피고를 상대로 위 부동산 지분에 관한 위 소유권이전등기의 말소를 구하는 소를 제기하였다고 주장하면서, 원고에 대하여는 위 부동산 지분이 피고의 소유라는 확인을, 피고에 대하여는 위 채권 금액의 지급을 구하며 참가신청한 것을 인정하였다(대법원 1996. 3 8. 선고 95다22795, 22801 판결).[441]

② 근저당권설정등기의 불법 말소를 이유로 그 회복등기를 구하는 소송에서 원고가 승소판결을 받는다고 하더라도 그 후순위 근저당권자가 있는 경우에는 바로 회복등기를 할 수 있는 것은 아니고, 이해관계 있는 제3자인 후순위 근저당권자의 승낙서 또는 이에 대항할 수 있는 재판의 등본을 첨부하여야 하므로, 원고로서는 후순위 근저당권자를 상대로 승낙을 구하는 소를 별도로 제기하여 승소판결을 받아야 하고, 따라서 원고가 승소판결을 받는다고 하더라도 그 기판력은 회복등기에 대한 승낙을 구하는 소송에는 미치지 아니하므로, 후순위 근저당권자는 자신을 상대로 한 장래의 소송에서 위 근저당권이 불법으로 말소되었는지 여부를 다툴 수 있는 것이기는 하지만, 전소에서의 사실인정관계가 후소(승낙의사표시 청구소송)에서도 유지되어 후순위 근저당권자는 선순위 근저당권을 수인하여야 할 가능성이 높으므로 전소의 결과는 당연히 후소에 사실상 영향을 미치게 되고, 이로써 후순위 근저당권자의 권리의 실현 또는 법률상의 지위가 침해될 염려가 있으니 후순위 근저당권자에게는 사해참가의 필요가 있다고 하였다(대법원 2001. 8. 24. 선고 2000다12785, 12792 판결).

(라) 참가신청

1) 독립당사자참가가 있으면 하나의(기존의) 소송절차에 원고의 청구와 참가인의 청구가 병합되어 동시에 심판된다. 따라서 참가인의 청구가 원고의 청구와 같은 종류의 소송절차에서 심판될 수 있어야 하고, 그 청구가 다른 법원의 전속관할에 속해서는 안 된다.

2) 독립당사자참가신청은 실질상 새로운 소의 제기이므로, 참가인에게 당사자능력, 당사자적격이 필요하고, 중복제소의 금지나 소의 이익(대법원 1966. 3. 29. 선고 66다222, 223 판결) 등 일반적인 소송요건도 갖추어야 한다.[442]

---

441) 이 사건의 1심에서는 피고의 의제자백으로 원고 승소판결이 선고되었는데, 참가인이 항소심에서 독립당사자참가신청을 하여 참가인의 청구가 인용되었다.

442) 독립당사자참가의 경우 본소 원고에 대하여는 확인판결을 구하거나 아무런 청구도 하지 않는 경우가 많다. 그러나 확인청구가 무조건 허용되는 것은 아니다. 즉, 확인을 구할 이익이 있다고 하기 위해서는 원고의 권리 또는 법적 지위에 현존하는 위험·불안이 있어 그 법률관계를 확인판결에 의해 즉시 확정할 필요가 있고 그것이 가장 유효적절한 수단이 되어야 하므로, 독립당사자참가인의 권리 또는 법률상 지위가 원고로부터 부인 당하거나 또는 그와 저촉되는 주장을 당함으로써 위협을 받거나 방해를 받는 경우에는 독립당사자참가인은 원고를 상대로 자기의 권리 또는 법률관계의 확인을 구하여야 하며, 그렇지 않고 원고가 자신의 주장과 양립할 수 없는 제3자에 대한 권리 또는 법률관계를 주장한다고 하여 원고에 대하여 원고의 그 제3자에 대한 권리 또는 법률관계가 부존재한다는 확인을

3) 그러나 참가신청 당시 참가인의 주장 자체에 의하여 원고의 청구와 참가인의 청구가 양립할 수 없으면 족하고, 본안의 심리결과 양 청구가 양립할 수 있는 것으로 밝혀지더라도 참가신청이 부적법해지는 것은 아니므로, 이러한 경우에는 참가신청을 각하할 것이 아니라 참가인의 청구를 기각하여야 한다(대법원 1992. 12. 8. 선고 92다26772, 26789 판결, 1995. 8. 25. 선고 94다20426 20433 판결 등). 즉 이는 본안에 대한 심판 사항이다.

4) 또 소액사건을 제외하고는 소장에 준하여 서면으로 신청하여야 하고, 그 서면에는 소장의 필수적 기재사항을 기재하여야 한다. 심급에 따라 소장이나 항소장에 준하는 인지대도 납부하여야 한다(민사소송 등 인지법 제6조 제1항). 독립당사자참가신청에서도 단순병합은 물론 선택적 청구나 예비적 청구가 허용됨은 물론이다.

5) 항소심에서도 참가할 수 있으나(대법원 1996. 3. 8. 선고 95다22795, 22801 판결, 1999. 5. 28. 선고 98다48552, 48569 판결, 2006. 5. 2.자 2005마933 결정 참조), 새로운 소의 제기이므로 법률심인 상고심에서는 허용되지 않는다(대법원 1994. 2. 22. 선고 93다43682, 51309 판결 등).

(마) 법원의 심리

1) 법원은 참가신청이 있으면 참가의 요건이 구비되지 않은 때에만 종국판결로써 참가신청을 각하하여야 한다. 그 이전에는 새로운 소의 제기에 준하여 참가인의 소송행위를 허용하면 족하고, 허부 재판은 필요 없다.

2) 독립당사자참가는 원고, 피고, 참가인 사이의 분쟁을 한꺼번에 모순 없이 해결하여야만 하므로, 원고의 청구와 참가인의 청구에 대한 합일확정을 위하여 소송진행과 재판자료의 통일에 관한 고유필수적 공동소송의 특칙(민사소송법 제67조)이 준용된다.[443] 따라서 당사자 3인 중 2인 간의 소송행위가 다른 1인에게 불이익이 될 때에는 그 소송행위는 전혀 효력이 생기지 않으며(대법원 2009. 1. 30. 선고 2007다9030, 9047 판결),[444] 원·피고 사이에만 재판상화해를 하는 것은 허용되지

구하는 것은, 설령 그 확인의 소에서 독립당사자참가인이 승소판결을 받는다고 하더라도 그로 인하여 원고에 대한 관계에서 자기의 권리가 확정되는 것도 아니고 판결의 효력이 제3자에게 미치는 것도 아니라는 점에서 확인의 이익이 있다고 할 수 없다(대법원 2012. 6. 28. 선고 2010다54535, 54542 판결).

물론 그렇다고 하여 확인청구가 반드시 당사자 사이의 권리·법률관계에만 한정되는 것은 아니다. 당사자 일방과 제3자 사이의 권리·법률관계라도 그에 관하여 당사자 간에 다툼이 있어 당사자 일방의 권리관계에 불안이나 위험이 초래되고 있고, 다른 일방에 대한 관계에서 그 권리·법률관계를 확정시키는 것이 그 불안이나 위험을 제거할 수 있는 유효·적절한 수단이 되는 경우에는 당사자 일방과 제3자 또는 제3자 사이의 권리·법률관계라도 확인을 구할 소의 이익이 있다(대법원 1997. 6. 10. 선고 96다25449, 25456 판결, 2008. 2. 15. 선고 2006다77272 판결, 2013. 11. 28. 선고 2011다80449 판결 등).

443) 3면적 소송의 성질에 관하여 공동소송설, 3개소송병합설, 3면소송설이 대립한다. 이론적 난점이 일부 있으나 3면소송설이 현재까지의 지배적 견해이다. 그러나 실제로 참가인에 대한 관계에서 원고와 피고는 공동소송인 지위에 서고, 또 한편으로 원고에 대한 관계에서 피고와 참가인은 공동소송인 지위에 서게 된다. 다만, 필수적 공동소송인관계와 같은 제한이 뒤따른다.

444) 이에 따라 대법원 1996. 3. 8. 선고 95다22795, 22801 판결의 원심법원(서울고등법원 1995. 5. 2. 선고 94나13543, 13550)은 원고의 주장에 대하여 피고가 전혀 다투지 않았으나 자백의 구속력을 적

않는다. 독립당사자참가인이 화해권고결정에 대하여 이의한 경우 이의의 효력은 원·피고 사이에도 미친다(대법원 2005. 5. 26. 선고 2004다25901 판결). 이 같은 법리는 권리주장참가는 물론 사해방지참가에서도 다를 바 없다.

3) 법원은 변론을 분리하거나 일부판결을 할 수 없다(대법원 2007. 12. 14 선고 2007다37776 판결). 이에 반하여 일부판결을 한 경우에는 추가판결이 아니라 상소로써 상소심에서 시정을 구하여야 하며, 상소심에서의 처리 방법은 청구의 주위적·예비적 청구의 병합에서 보는 바와 같다.

독립당사자참가의 경우 민사소송법 제72조 제2항에 의하여 같은 법 제63조가 준용되는 결과, 3당사자 중 1인만이 상소를 한 경우에도 판결 전체의 확정이 차단되고 사건 전부에 관하여 이심의 효력이 생긴다(대법원 1995. 12. 8. 선고 95다44191 판결 등).

(바) 당사자의 탈퇴

1) 독립당사자참가신청이 있으면 원고나 피고는 상대방(피고나 원고)의 승낙을 받아 소송에서 탈퇴할 수 있다. 그러나 그에게도 판결의 효력이 미친다(민사소송법 제80조). 이에 대하여는 기판력은 물론 집행력도 미친다는 견해가 있으나, 탈퇴자에게 집행을 할 경우는 거의 없다고 할 수 있다.

원고나 피고가 탈퇴한 경우, 소 취하와 같이 탈퇴자의 소송이 종료하는지, 아니면 존속하는지 학설 대립이 있으나, 어느 쪽 견해에 의하더라도 법원은 본래의 원고 청구에 대하여는 심판할 수 없게 되는 점에 다름이 없다.

2) 독립당사자참가 소송에서 탈퇴할 수 있는 것은 원고 또는 피고이고 참가인은 참가신청을 취하할 수 있을 뿐이므로, 독립당사자참가신청인이 소송탈퇴서를 제출한 경우 참가신청을 취하한 것으로 보아야 한다(대법원 2010. 9. 30. 선고 2009다71121 판결). 독립당사자참가가 부적법하여 이를 각하하는 경우 법원은 참가인이 제출한 증거에 대하여는 판단할 필요가 없다(대법원 1966. 3. 29. 선고 66다222, 223 판결)고 하나, 증거공통의 원칙상 이를 사실인정의 자료로 쓸 수 있다.

3) 원고의 소 취하에는 피고는 물론 참가인의 동의가 필요하고, 참가인의 참가신청 취하가 참가인의 청구에 대해 원고나 피고가 답변서를 제출하는 등으로 본안에 관하여 응소한 후에 이루어지는 때에는 역시 참가신청의 상대방이 된 원고나 피고의 동의를 필요로 한다.

4) 원고의 소가 취하되거나 부적법 각하되는 경우 3면소송관계는 해소되어 참가인과 원고, 참가인과 피고 간의 소송만이 남게 되고(대법원 1991. 1. 25. 선고 90다4723 판결, 2007. 2. 8. 선고 2006다62188 판결),[445] 이 경우 원고와

용하지 않고 증거에 의하여 원고 주장의 당부를 판단하였다.

445) 따라서 이때 참가인의 신청이 비록 참가신청 당시 독립당사자참가의 요건을 갖추지 못하였다고 하더라도 이미 본소가 소멸되어 3면소송관계가 해소된 이상 종래의 3면소송 당시에 필요하였던 당사자참가요건의 구비 여부는 더 이상 가릴 필요가 없다.

피고는 통상공동소송인이 된다. 다만, 편면적 독립당사자참가의 경우에는 참가인과 원고 또는 참가인과 피고 간의 단일소송만이 남게 된다.

(3) 보조참가

1) 이는 타인 간의 소송 계속 중 그 소송결과에 관하여 법률상 이해관계 있는 제3자가 당사자 일방(피보조참가인)의 승소를 보조하기 위하여, 당사자 아닌 보조자로서 그 소송에 참가하는 것을 말한다. 따라서 보조참가인은 당사자인 피참가인의 보조자일 뿐 당사자가 아니다.

소송결과에 대하여 이해관계가 있다는 것은, 판결의 효력이 직접 보조참가인에게 미치는 경우(이때는 보조참가의 일종인 다음의 공동소송적 보조참가가 된다.)나 참가인의 법률상 지위가 소송목적인 권리관계의 존부와 논리적 의존관계에 있는 경우를 말한다. 그러나 판결의 효력은 주문에 기재된 것에 한하고 이해관계는 법률상의 것에 한하므로, 판결 이유에 기재되는 사항에 관하여나 사실상 이해관계를 가진 경우에는 허용되지 않는다.

2) 보조참가가 허용되는 경우로는, 채권자가 보증인을 상대로 보증채무이행청구의 소를 제기한 경우 소외인인 주채무자는 보증인이 소송에서 패소하면 보증인에게서 구상청구를 당하게 되므로 보증인의 승소를 위하여 보조참가를 신청하는 경우를 들 수 있다. 물건의 매수인이 매도인을 상대로 하자담보책임을 추궁하는 소를 제기한 경우, 그 제조자가 매도인에 보조참가하는 것도 가능하다.

당사자 일방이 상대방을 위하여 보조참가하는 것은 논리적으로 불가하나, 통상공동소송인이 다른 공동소송인이나 그 상대방에 보조참가하는 것은 가능하다. 보조참가는 원고나 피고, 독립당사자참가인 중 어느 일방의 당자사만을 위하여 할 수 있을 뿐 이들 당사자의 쌍방을 위하여 할 수는 없다. 쌍방 당사자의 이해관계가 대립하는 이상, 어느 일방 당사자의 승소를 위하여 응원한다는 보조참가의 기본 법리에 반하기 때문이다.

3) 보조참가신청은 소의 제기가 아니므로 서면이나 말 어느 쪽으로든 할 수 있고, 인지도 소장의 그것과 달리 정액(500원)을 납부하면 된다(민사소송 등 인지법 제10조). 소의 제기가 아니므로 독립당사자참가나 공동소송참가와 달리 사건번호도 따로 부여되지 않는다. 보조참가신청을 할 때에는 참가의 취지(누구를 위하여 보조참가하는지)와 이유(소송의 결과에 대한 이해관계의 내용)를 명시하여야 한다.

보조참가신청은 상소의 제기나 재심의 소 제기와 같이 참가인으로서 할 수 있는 소송행위를 하면서 동시에 할 수도 있다(민사소송법 제72조 3항). 참가인은 당사자는 아니지만 그 역시 소송주체가 되어 소송을 수행하므로 당사자와 같이 당사자능력, 소송능력이 필요하다.

보조참가인은 이와 같이 당사자가 아니고 보조참가는 소의 제기도 아니므로 보조참가신청은 상고심에서도 허용된다. 그러나 보조참가로 인하여 소송절차를 현저하게 지연시키는 경우에는 어느 심급에서든 허용되지 아니한다(민사소송법 제71조 단서). 판례는, 본안소송 외에 대립하는 당사자 대립 구조를 갖지 못하는 결정절차에서는 보조참가를 할 수 없다고 본다(대법원 1973. 11. 15.자 73마849 결정, 1994. 1. 20.자 93마1701 결정 등).

보조참가신청의 효력은 그 소송의 종료 시까지 유지되므로, 보조참가신청을 취하하거나 그 신청을 각하하는 재판이 확정되지 않는 한 하급심에서 한 보조참가의 효력은 상소심에서도 유지된다. 즉 1심이나 항소심에서 보조참가를 한 경우, 항소심이나 상고심에서 따로 보조참가신청을 하지 않더라도 당연히 그 지위를 유지한다. 다만, 보조참가인 자신이 스스로 상소를 제기하지 않은 경우에는 그는 단순한 상소심의 이해관계인으로서 소송행위를 할 수 있다.[446]

4) 법원은 절차의 지연, 당사자능력이나 소송능력의 부존재 등 직권조사사항의 흠결이 있는 때는 직권에 의해 결정으로 참가신청을 각하하여야 하나, 참가의 이유에 대하여는 직권으로 심리하지 않고 당사자의 이의신청이 있을 때만 이를 심리하여 허부결정을 하며, 이 경우 참가인은 참가이유를 소명하여야 한다(민사소송법 제73조 제1항). 그러나 필요한 경우 법원은 직권으로 참가이유의 소명을 요구하고, 그 이유가 없으면 참가신청을 불허할 수 있다(민사소송법 제73조 제2항). 당사자참가를 하면서 예비적으로 보조참가를 하는 것은 허용되지 않는다는 것이 판례다(대법원 1994. 12. 27. 선고 92다22473, 22480 판결).

보조참가신청에 대하여 당사자의 이의신청이 있더라도 소송절차는 정지되지 않으며, 불허결정이 있어도 그 확정 시까지는 보조참가인으로서의 소송행위를 제한 없이 할 수 있다(민사소송법 제75조 1항). 참가불허의 결정이 확정되면, 그때까지 보조참가인이 한 소송행위는 효력을 잃으나 당사자가 원용하면 그 효력이 유지된다.

5) 보조참가인은 원칙적으로 자신이 응원하는 당사자(피참가인)와 같이 모든 소송행위를 할 수 있다. 사실을 주장하거나 상대방의 주장을 다툴 수 있고, 증거신청, 상소나 재심의 제기, 이의신청 등 제한이 없다(민사소송법 제76조 1항 본문).[447] 이에 대하여 피참가인의 동의나 승낙이 필요 없음은 물론이다.

그러나 ① 소송의 진행 정도에 따라 이미 시기가 지났거나 심급의 성질상 피참가인도 할 수 없는 행위, ② 피참가인의 행위와 어긋나는 행위, ③ 피참가인에게 불이익한 행위, ④ 당사자만이 할 수 있는 소의 변경이나 반소, 중간확인의 소의 제기, ⑤ 특별히 이를

---

446) 보조참가인 자신이 스스로 상소를 제기한 경우나 하지 않은 경우나 그가 상소심에서 소송행위를 하는 데에는 아무런 차이가 없다. 다만, 보조참가인 자신이 스스로 상소를 제기하였다가 상소가 받아들여지지 않은 경우에는 그 상소비용을 부담하는 재판을 받을 수 있다. 이것 외에는 아무런 차이가 없다.

447) 피참가인과 보조참가인이 각각 상소나 재심을 제기한 경우 이는 별개로 효력을 발생하고, 피참가인과 보조참가인은 각각 자신의 상소나 재심 제기를 독립하여 취하할 수 있다. 다른 소송행위 역시 마찬가지다.

허용하는 규정이 없는 경우 피참가인의 상계권, 취소권, 해지권 등 사법상의 권리 행사는 할 수 없다(민사소송법 제76조 1항 단서, 제76조 제2항). 참가인의 상소는 피참가인의 상소기간 내에만 할 수 있다(대법원 2001. 2. 9. 선고 99두5030 판결). 반면에 피참가인은 참가인의 행위와 어긋나는 행위를 할 수 있고, 보조참가인의 상소 제기 등 그의 소송행위를 포기, 철회, 취소할 수도 있다(대법원 2010. 10. 14 선고 2010다38168 판결).

6) 보조참가인은 당사자가 아니므로 상소의 제기나 이송신청, 기일지정신청 등에 대한 재판이나[448] 소송비용의 부담 재판 외에 소송목적(본안)에 관하여는 자신의 이름으로 판결을 받을 수 없다(민사소송법 제103조 참조).

7) 보조참가가 있는 경우, 판결은 일정한 사유가 있는 경우 외에는 참가인에게도 효력이 미친다(민사소송법 제77조). 이 효력은 기판력이 아니라, 피참가인이 패소한 경우 장차 보조참가인과 피참가인 사이에서 그 판결에 반하는 주장을 할 수 없는 구속력이다(민사집행법 제25조 단서 참조). 이를 판결의 참가적 효력이라 한다.[449] 보조참가인에 대한 참가적 효력은 기판력과 달리, 판결 주문에 기재된 사항은 물론 판결 이유 중의 사항으로서 그 판결의 결론에 이르는 기초가 된 사실상 및 법률상의 판단에도 미친다(대법원 2003. 6. 13. 선고 2001다28336, 28343 판결, 2007. 12. 27. 선고 2006다60229 판결).

보조참가인이 참가신청을 취하하더라도 참가적 효력이 미친다는 견해가 있으나, 당사자의 소 취하와의 균형상 본안판결 선고 전에 참가신청을 취하한 때는 참가적 효력이 미치지 않는다고 생각된다.

(4) 공동소송적 보조참가

(가) 의 의

1) 앞서 본 바와 같이 판결의 효력이 당사자 이외에 제3자에게도 미치는 경우에 그 제3자는 당사자로 공동소송참가를 할 수 있는데, 그가 당사자적격의 상실, 제소기간의 도과 등 여러 사정으로 공동소송참가를 할 수 없거나 굳이 이를 희망하지 아니하여 그 대신 보조참가를 하는 것이 공동소송적 보조참가이다(민사소송법 제78조).

2) 공동소송적 보조참가의 본질은 보조참가이나, 피참가인과 참가인의 관계, 소송물의 성질 등을 고려하여 보조참가와는 다르게 특별한 취급을 한다. 따라서 이는 보조참가와 공동소송참가의 중간형이라고 할 수 있다. 그래서 공동소송적 보조참가라는 용어가 만들어졌다.

---

448) 보조참가인 스스로 항소나 상고를 제기한 경우, 법원은 원고나 피고의 항소 또는 상고에 대한 답을 하는 외에 "보조참가인의 항소(상고)를 기각한다. 항소(상고) 비용은 보조참가인이 부담한다."와 같이 보조참가인의 항소나 상고에 대해서도 답을 한다.

449) 그러나 이는 보조참가인이 피참가인과 공동이익으로 주장하거나 다툴 수 있었던 사항에 한하여 미친다(대법원 2003. 6. 13. 선고 2001다28336, 28343 판결, 2007. 12. 27. 선고 2006다60229 판결 등 참조).

(나) 요 건

1) 판결의 효력이 당사자 이외에 제3자에게도 미치는 경우여야 한다.

2) 그 예로는, 3자가 본인을 대신하여 당사자가 되는 3자소송담당의 경우에 본인이 보조참가하는 경우가 전형적이다. 즉 ① 파산관재인의 파산재단에 관한 소송에서의 파산자, ② 선정당사자에 의한 소송에 있어서의 선정자, ③ 유언집행자의 소송에 있어서의 상속인, ④ 채권자대위소송에 있어서의 채무자나 다른 채권자, ⑤ 추심채권자의 추심의 소송에 있어서의 집행채무자, ⑥ 채권질권자의 입질채권 이행청구의 소송에 있어서의 채권자, ⑦ 추심위임배서의 피배서인이 하는 소송에서의 배서인 등이 공동송적 보조참가를 하는 경우이다.

3) 한편, 판결의 효력이 제3자에게 확장되는 경우인 행정소송, 가사소송, 회사관계소송, 선거소송, 권한쟁의심판과 헌법소원심판청구 등에서도 그 소송에 판결의 효력이 미치는 제3자가 보조참가를 하면 공동소송적 보조참가가 된다. 이상의 경우 3자가 단순히 보조참가를 신청하더라도 당연히 공동소송적 보조참가가 된다. 그 역의 관계도 마찬가지다(대법원 2012. 6. 28. 선고 2011다63758 판결 참조). 유사필수적 공동소송참가를 할 수 있는 자라도 공동소송적 보조참가를 할 수 있음은 물론이다.

4) 그러나 피고로부터 부동산을 매수한 자가 소유권이전등기를 미루고 있는 사이에 원고가 피고에 대한 채권이 있다 하여 당시 피고의 소유 명의로 남아 있던 위 부동산에 대하여 가압류를 하고 본안소송으로 채무이행청구의 소를 제기한 경우, 원고가 승소하면 가압류에 기하여 위 부동산에 대한 강제집행에 나설 것이고 그렇게 되면 매수인은 그 후 소유권이전등기를 마치더라도 위 부동산의 소유권을 상실하게 되는 손해를 입게 되며, 원고가 피고에게 구하는 채권이 허위채권으로 보이는데도 피고가 원고의 주장 사실을 자백하여 원고를 승소시키려 한다는 사유만으로는 매수인의 참가가 공동소송적 보조참가에 해당하지는 않는다(대법원 2001. 1. 19. 선고 2000다59333 판결).[450]

(다) 절 차

1) 공동소송적 보조참가신청의 방법과 허부결정 등은 보통의 보조참가와 같다.

2) 이 역시 본질은 보조참가이므로 항소심은 물론 상고심에서도 허용된다. 공동소송적 보조참가인 역시 당사자는 아니지만, 당사자를 보조하여 소송을 수행하는 소송주체이므로, 당사자능력, 소송능력이 필요함은 물론이다.

---

450) 원·피고 사이의 판결이 매수인에게 미치지 않기 때문이다. 이는 사해방지를 위한 독립당사자참가의 사유가 되거나 단순보조참가의 사유가 될 것이다.

(라) 참가인의 지위

1) 공동소송적 보조참가인의 지위도 기본적으로는 보조참가인의 그것과 같다. 따라서 그의 이름으로 판결을 받을 수는 없다.

2) 다만, 그에게도 판결의 효력이 미치므로, 그에게는 보통의 보조참가인보다 훨씬 강하게 필수적 공동소송인에 준하는 소송수행권을 부여한다. 즉 필수적 공동소송에 관한 민사소송법 제67조 및 제69조가 준용되며(민사소송법 제78조), 공동소송적 보조참가는 그 성질상 유사필수적 공동소송에 준한다(대법원 2013. 3. 28. 선고 2011두13729 판결).

따라서 피참가인의 소송행위나 공동소송적 보조참가인의 소송행위는 그들에게 모두 이익이 되는 것에 한하여 효력이 발생하므로, 피참가인은 참가인의 동의가 없는 한 자백, 청구의 포기·인낙, 화해 등 불리한 소송행위를 할 수는 없다. 또한 참가인이 상소를 제기한 경우에 피참가인이 상소권 포기나 상소 취하를 하여도 상소의 효력은 지속된다.

3) 반면에, 유사필수적 공동소송에서는 원고들 중 일부가 소를 취하하는 경우에 다른 공동소송인의 동의를 받을 필요가 없고, 소 취하의 경우 취하된 부분에 대해서는 소가 처음부터 계속되지 아니한 것으로 간주되며, 본안에 관한 종국판결이 선고된 경우에도 그 판결 역시 처음부터 존재하지 아니한 것으로 간주되므로, 이는 재판의 효력과는 직접적인 관련이 없는 소송행위로서 공동소송적 보조참가인에게 불이익이 된다고 할 수 없으므로, 피참가인이 공동소송적 보조참가인의 동의 없이 소를 취하한 경우 이는 유효하다(대법원 2013. 3. 28. 선고 2011두13729 판결).

4) 그러나 재심의 소에 대한 취하는 확정된 종국판결에 대한 불복의 기회를 상실케 하여 더 이상 확정판결의 효력을 배제할 수 없게 하는 행위로서 재판의 효력과 직접적인 관련이 있고, 확정판결의 효력이 미치는 공동소송적 보조참가인에 대하여 불리한 행위이므로, 재심의 소에 공동소송적 보조참가인이 참가한 후에는 피참가인이 재심의 소를 취하하더라도 공동소송적 보조참가인의 동의가 없는 한 무효이다(대법원 2015. 10. 29. 선고 2014다13044 판결).

5) 공동소송적 보조참가인은 피참가인인 당사자와 별개로 소송행위를 할 수 있지만, 어디까지나 보조참가인이므로 당사자만이 할 수 있는 소의 취하, 소의 변경, 중간확인의 소나 반소의 제기 등 소송물을 처분·변경하는 행위를 할 수 없고, 청구의 포기·인낙, 피참가인이 한 상소의 취하, 그 취지의 감축 등 피참가인에게 불리한 행위를 독자적으로 할 수 없다.

6) 공동소송적 보조참가를 할 수 있는 자에게는 그 보조참가를 한 여부와 관계없이 거의 예외 없이 기판력이 미친다.

(5) 소송고지

1) 이는 당사자 등이 소송에 참가할 이해관계를 가진 제3자에게 법원을 통해 소송 계속 사실을 통지(고지)하는 소송행위이다(민사소송법 제84조). 제3자에게 소송 계속 사실을 알려서 그 3자(피고지자)에게 소송에 참가할 수 있는 기회를 줌과 동시에, 그가 참가를 하지 않더라도 그 판결의 효력(참가적 효력)이 그에게 미치도록 하여 고지자의 이익을 보호하려는 데에 제도의 취지가 있다(대법원 1986. 2. 25. 선고 85다카2091 판결, 1991. 6. 25. 선고 88다카6358 판결 등).

2) 소송고지를 할 수 있는 사람은 계속 중인 소송의 당사자인 원·피고, 보조참가인이다. 당사자에는 독립당사자참가인 등의 당사자참가인, 참가승계나 인수승계에 의한 당사자를 포함한다. 소송고지를 받은 사람도 타인에게 다시 소송고지를 할 수 있다(민사소송법 제84조 제2항). 원·피고 등 복수인이 동일인에게 중복하여 소송고지를 할 수도 있다. 참가적 효력이 고지인과 피고지인 사이에서만 상대적으로 발생하므로 그럴 필요도 있다.

소송고지 여부는 고지권자의 권한일 뿐 고지할 의무는 없다. 그러나 ① 제3채무자를 상대로 추심의 소를 제기한 채권자는 채무자에게 그 소를 고지하여야 하고(민사집행법 제238조), ② 상법 제403조 제3, 4항에 따른 주주대표소송을 제기한 주주는 회사에 대하여 소 제기 사실을 지체 없이 고지하여야 한다(상법 제404조).

3) 피고지자가 될 수 있는 사람은 당사자나 보조참가인이 아닌 사람으로서 그 소송에 참가할 수 있는 제3자이다. 보조참가를 할 수 있는 사람은 물론이고, 독립당사자참가나 공동소송참가 등 당사자참가를 할 수 있는 자도 포함된다.

4) 본안소송절차 외의 절차에도 이를 준용하여야 한다는 견해가 있으나, 보조참가에 관하여 이를 부정하는 대법원 판례(대법원 1994. 1. 20. 선고 93마1701 결정 등)의 태도에 비추어 부정적이다.

상소심에서도 가능한지도 의문이 있다. 상고심에서도 보조참가는 허용되므로 이를 긍정할 수도 있을 것이나, 소송고지는 피고지자가 자신의 의사에 기하여 자발적으로 참가를 하는 것이 아니고, 상고심에서는 사실 주장 등을 할 수 없어 자신을 위해 공격방어를 할 수 없는 사정에 비추어보면, 상고심에서도 이를 허용하고 피고지인에게 불이익을 가하는 것은 무리라고 생각된다. 반면에 항소심에서는 가능하다.

5) 소송고지를 하고자 하는 경우, 고지의 이유 및 소송의 진행정도를 기재한 소송고지 신청서를 수소법원에 제출하여야 한다(민사소송법 제85조 제1항). 사건번호와 수소법원, 당사자의 성명 등도 기재하여야 함은 물론이다. 소송고지의 이유는, 어떠한 내용의 소송이 계속되고 있는지 청구취지와 청구원인의 요지를 기재하고, 그 소송의 결과에 대하여 피고지자가 이해관계를 갖게 되는 이유를 표시하면 된다. 소송의 진행정도는, 현재 소송이 변론준비단계에 있거나 변론진행 중인지 여부, 다음 기일의 일시, 다음 기일에 할 소송행위(증인신문

등)의 내용 등을 표시한다. 항소심에서 고지할 때에는 원심에서 누가 패소하여 항소하였는지도 표시하여야 한다.

법원을 통하지 않고 당사자 등이 피고지자에게 소송 계속 사실을 통지하더라도 이는 민사소송법상의 소송고지가 아니며, 시효중단 등 실체법적 효력은 몰라도 소송법적 효력은 없다.

신청이 있으면 수소법원은 소송고지신청서를 피고지자와 상대방 당사자에게 송달하여야 한다(민사소송법 제85조 제2항 참조).[451] 법원은 소송고지를 할 경우가 아님이 명백한 경우가 아니면 일단 신청에 따라 고지를 행하고, 그 요건의 해당 여부는 후에 피고지자가 참가한 경우 그 허부를 결정할 때 또는 고지자와 피고지자 사이에 고지의 효과(참가적 효력)가 문제될 때에 판단하면 된다. 소송고지 여부나 피고지인 등은 판결서에 기재할 필요가 없다.

6) 소송고지를 받은 사람이 소송에 참가한 때에는 각 참가의 형태에 따라 규율된다. 그러나 피고지자가 참가하지 않은 때라도, 그가 참가할 수 있었을 때에 참가한 것으로 보며, 그에게 참가적 효력이 미친다(민사소송법 제86조). 그 결과 피고지자는 후일 고지자와의 소송에서 전소 확정판결에서의 결론의 기초가 된 사실상·법률상의 판단에 반하는 것을 주장할 수 없게 된다(대법원 1991. 6. 25. 선고 88다카6358 판결 등). 예컨대, 보증인이 채권자로부터 보증채무의 이행을 소구 당한 경우, 주채무자에게 소송고지하면 후에 보증인이 패소 후 보증채무를 이행하고 주채무자에 대하여 구상권을 행사할 경우 주채무자는 주채무의 부존재를 주장할 수 없다. 다만 이 경우 주장할 수 없는 것은, 피고지자가 고지를 받고 참가를 하였더라면 그 소송의 상대방 당사자에게 고지자와 공동이익으로 주장하거나 다툴 수 있었던 사항에 한하며(대법원 1986. 2. 25. 선고 85다카2091 판결 등), 고지자와 피고지자 사이에서만 이해가 대립되는 사항에 대하여는 참가적 효력이 생기지 않는다. 즉 고지자와 피고지자의 문제된 소송행위가 양자의 공동이익이 될 수 있어야 한다.

따라서 제3자가 고지자를 상대로 제기한 전부금청구소송에서, 고지자가 제3자로부터 채권압류 및 전부명령을 받기 전에 피고지자에게 채권이 양도되고 확정일자 있는 증서에 의하여 양도통지된 사실을 항변으로 제기하지 아니하여, 위 소송의 수소법원이 채권압류 및 전부명령과 채권양도의 효력의 우열에 관하여 아무런 사실인정이나 법률판단을 하지 아니한 채 고지자에게 패소판결을 한 경우, 피고지자는 위 소송의 판결결과에 구속받지 않는다(대법원 1991. 6. 25. 선고 88다카6358 판결). 3자의 압류·전부명령 전에 피고지자가 채권을 양수하고 확정일자 있는 통지를 받은 사실을 고지자가 항변으로 제출을 하든 안 하든 양수인은 아무런 영향

451) 그러나 법원은 고지자가 제출한 소송고지신청서를 그대로 송달할 뿐 자신의 명의로 고지를 하는 것은 아니다. 고지서가 송달되지 않으면 고지의 소송법적 효력이 생기지 않는다. 소송고지의 소송법적 효력과 그것이 피고지자에게 미치는 영향을 고려하면 공시송달에 의하여서는 송달할 수 없다고 생각된다.

을 받지 않아(어느 경우에나 양수인은 고지자를 상대로 양수채권의 변제를 청구할 수 있다.) 그 항변의 제출은 오로지 고지자의 이익이 될 뿐이기 때문이다.

7) 소송고지신청은 원칙적으로 시효중단의 효력이 없으나,[452] 요건을 갖춘 소송고지서에 피고지자에 대한 채무이행청구의 의사가 표명되어 있는 경우 민법 제174조에 정한 시효중단사유로서의 최고의 효력이 인정되며(대법원 1970. 9. 17. 선고 70다593 판결, 2009. 7. 9. 선고 2009다14340 판결),[453] 이때 위 규정에 정한 6월의 기산점은 소송고지가 있은 당해 소송의 종료 시이다(대법원 2009. 7. 9. 선고 2009다14340 판결).

8) 한편 대법원은, 자동차종합보험약관에서 피보험자에게 엄격한 통지의무를 부과함과 아울러 보험자에 대해서는 피보험자가 손해배상청구권자와 행하는 절차에 대해 협조하고 피보험자의 동의를 얻어 그 절차를 대행할 수 있도록 한 규정의 취지에 비추어, 보험자가 피보험자로부터 손해배상청구 사실을 통지받고 나아가 소송고지까지 받았음에도 불구하고, 무면허면책조항에 따라 면책된다고 주장하면서 그 소송을 대행하지 아니함은 물론 피보험자가 취하여야 할 법적 조치에 대하여 법률적 조언을 하는 등의 아무런 협조도 아니 하였다가, 뒤늦게야 피보험자가 고도의 전문적 법률지식을 요하는 공동불법행위자에 대한 장래의 구상금채권에 관한 보전절차를 이행하지 아니하였음을 들어 자신의 보험금 지급채무의 경감을 주장하는 것은 신의칙에 반한다고 한다(1995. 12. 12. 선고 95다19195 판결).

3. 청구의 변경(소의 객관적 변경)

가. 의 의

1) 청구의 변경이란, 소송절차 진행 중 소의 동일성을 유지하면서 소송의 주제인 소송목적, 즉 청구를 변경하는 것을 말한다. 일반적으로 소의 변경이라 하면 청구의 변경을 의미한다.

2) 좁은 의미에서는 동일 원고가 동일 피고에 대한 청구를 변경하는 것만을 말하나, 넓은 의미에서는 소송 진행 중에 원고나 피고가 변경됨으로써 그에 따라 청구가 추가되는 등으로 청구의 변경이 초래되는 경우를 포함한다. 다만, 후자는 당사자변경의 법리에 따른 것이므로 청구의 변경에 관한 논의에서는 이를 제외한다.

3) 청구의 변경과 공격방어방법의 변경은 엄격히 구별하여야 한다. 공격방어방법의 변경에는 그 독자의 법리가 적용되고(민사소송법 제146, 149조, 제285조 제1항 등 참조), 청구의 변경에서와 같은 제약이 없음은 물론이다. 앞서 본 바와 같이 청구는 청구취지와 청구원인으로 구성되고, 그 중 어느 하나가 달라지면 청구가 달라지므로, 청구의 변경은 이들 양자 또는 그 중 어느 하나만

452) 다만, 어음법 제80조 제1항, 수표법 제64조 제1항은 시효중단을 명문으로 인정한다.

453) 다만, 이는 고지서가 피고지자에게 공시송달 외의 방법으로 송달된 때에 한한다고 할 것이다. 그리고 소송고지에 의하여 소멸시효 중단의 효력이 발생하려면 소송고지한 사건의 그것과 시효가 문제되는 사건의 청구권이 동일하여야 한다(대법원 1970. 9. 17. 선고 70다593 판결 참조).

의 변경을 포함한다.[454)]

그러나 공격방어방법은 청구를 이유 있게 하거나 이유 없게 하는 것으로서, 청구원인의 하위적 개념에 해당하여 청구와는 차원을 달리하므로 공격방어방법의 변경은 청구의 변경에 해당하지 않는다. 예컨대, 원고가 매매계약이 무효라며 그 계약에 따라 지급한 대금을 부당이득을 원인으로 반환청구하는 소송에서, 부당이득의 사유인 '법률상 원인의 결여'의 사유를 매매의 무효에서 취소로 변경한 경우, 청구원인은 부당이득이고 매매의 무효나 취소는 이를 뒷받침하는 원고의 공격방법에 불과하므로 청구원인, 즉 청구의 변경에 해당하지 않는다.

또, 원고가 매매예약완결을 내세워 가등기에 기한 본등기청구를 하면서 그 가등기의 피담보채권을 처음에는 대여금채권이라고 주장하였다가 나중에는 손해배상채권이라고 주장한 경우, 가등기에 기한 본등기청구의 등기원인은 위 주장의 변경에 관계없이 매매예약완결이므로 청구원인인 등기원인에 변경이 없고, 위 가등기로 담보되는 채권이 무엇인지는 공격방법에 불과하므로 역시 청구의 변경에 해당하지 않으며(대법원 1992. 6. 12. 선고 92다11848 판결), 사해행위취소의 소에서 피보전채권을 추가하거나 교환하는 것은 그 사해행위취소권을 이유 있게 하는 공격방법을 변경하는 것일 뿐 소송물 또는 청구 자체를 변경하는 것이 아니므로 역시 청구의 변경이라 할 수 없다(대법원 2003. 5. 27. 선고 2001다13532 판결).

4) 청구의 변경은 청구를 한 자인 원고(반소원고 포함)만이 가능한바, 원고의 대여금반환청구에 대하여 피고가 변제항변을 하다가 소멸시효항변으로 주장을 추가하거나 바꾼 경우, 이들은 피고의 방어방법으로서 청구원인에 해당하지 않을 뿐 아니라, 이러한 주장변경은 피고의 소송행위이므로 역시 청구의 변경에 해당하지 않는다.[455)]

5) 청구의 변경이 있다고 하기 위해서는 청구취지나 청구원인이 종전의 그것과 실질적으로 달라질 정도로 바뀌어야 한다. 따라서 그 정도에 이르지 못하고, 단순히 청구취지나 청구원인에 기재된 사람의 이름이나 주민등록번호, 주소, 토지의 지번, 건물의 구조, 면적 등의 오기나 명백한 계산의 잘못 등을 정정하거나 보충하는 것은 청구의 변경에 해당하지 않는다.

나. 청구 변경의 종류

1) 위와 같이 청구의 변경에는 청구취지의 변경과 청구원인의 변경이 있고, ① 종래의 청구 대신에 새로운 청구에 관하여 심판을 구하는 교환적 변경, ② 종래의 청구를 그대로 두고 별개의 새로운 청구를 추가하는 추가적 변경(청구의 확장), ③ 종래의 청구를

454) 소송물에 관하여 신소송물이론을 취하는 입장에서는 청구원인의 변경은 청구의 변경이 아니라고 하나, 대법원은 구소송물론의 입장에서 이 역시 청구의 변경에 해당한다고 본다.
455) 물론 피고가 반소를 제기한 경우 그 반소청구를 변경하는 것은 청구의 변경에 해당한다.

감축하는 감축적 변경이 있다.

2) 청구의 확장에는 다시 금액이나 등기청구의 지분을 증가하는 등의 양적 확장과 동시이행조건부 청구를 단순이행청구로, 장래의 청구를 현재의 청구로 변경하는 등의 질적 확장이 있다. 또한, 하나의 청구의 양적·질적 확장 외에 그와 별개의 새로운 청구를 추가하는 것도 그 본질은 청구의 확장이다.

청구의 감축도 양적 감축과 질적 감축 두 가지 형태가 있는바, 청구의 감축은 어느 경우에나 결국 소의 일부 취하에 해당하므로 청구의 변경으로서의 독자적 의미가 없다.

3) 청구의 교환적 변경의 예로는, 매매를 원인으로 한 소유권이전등기청구를 취득시효완성을 원인으로 한 소유권이전등기청구로 변경하는 경우(청구원인의 변경), 매매를 원인으로 한 소유권이전등기청구를 매매를 원인으로 한 인도청구로 변경하는 경우(청구취지의 변경), 매매를 원인으로 한 소유권이전등기청구를 매매계약상의 채무불이행을 원인으로 한 손해배상청구로 변경하는 경우(청구원인과 청구취지의 변경)를 들 수 있다.

청구의 교환적 변경은 신 청구의 추가적 병합과 구 청구의 취하의 결합에 해당하므로,[456] 본안에 대한 종국판결이 있은 후 구 청구를 신 청구로 교환적 변경을 한 다음 다시 본래의 구 청구로 교환적 변경을 한 경우에는, 종국판결이 있은 후 소를 취하하였다가 동일한 소를 다시 제기한 경우에 해당하고 재소금지원칙에 반하므로(민사소송법 제267조 제2항) 이러한 청구의 변경은 부적법하다(대법원 1987. 11. 10. 선고 87다카1405 판결).[457]

4) 청구의 추가적 변경의 예로는, 매매를 원인으로 한 소유권이전등기청구에 취득시효완성을 추가하는 경우(청구원인의 추가), 매매를 원인으로 한 소유권이전등기청구에 매매를 원인으로 한 인도청구를 추가하는 경우(청구취지의 추가), 매매를 원인으로 한 소유권이전등기청구에 매매계약의 이행불능을 원인으로 한 손해배상청구를 예비적으로 추가하는 경우(청구원인과 청구취지의 추가)를 들 수 있다. 청구의 추가적 변경이 있으면 종래의 청구와 추가된 청구 사이에 단순병합이나 선택적 병합 또는 예비적 병합이 생기게 된다.

---

456) 청구의 교환적 변경의 법적 성질에 관하여는, ① 고유의 법제도로 보아 소 취하로서의 성격을 부정하고 피고의 동의가 필요 없다는 견해(고유설), ② 구소의 취하와 신소의 제기의 결합으로 보아 피고가 본안에 관하여 응소한 때에는 피고의 동의를 얻어야 구소 취하의 효력이 생기며, 동의를 얻지 못하면 청구의 변경은 구 청구에 신 청구를 추가한 추가적 변경이 된다는 견해가 대립한다. 대법원은, 교환적 청구 변경의 경우 변경 전후 청구의 기초사실의 동일성에 영향이 없으므로 구 청구에 대하여 취하에 준하는 피고의 동의를 필요로 하지 않는다고 한다(1962. 1. 31. 선고 4294민상310 판결). 청구의 기초사실의 동일성과 소 취하에 대한 피고의 동의는 별개의 제도이므로 양자를 동일 차원에서 논하는 대법원의 견해는 이해하기 어려우나, 항소심의 경우 원고가 종국판결 선고 후 소를 취하하면 다시 재소를 하지 못하게 되어 피고에게 아무런 손해가 없으므로 이때는 피고의 동의를 받지 않더라도 무방하다고 생각된다.

457) 다만, 매매를 원인으로 한 소유권이전등기청구소송에서 승소판결을 받았으나, 항소심에서 토지거래허가신청절차 이행의 소로 변경함으로써 당초의 소가 종국판결 후 취하된 것으로 된 경우, 토지거래허가를 받은 후 다시 소유권이전등기청구의 소를 제기하는 경우와 같이 전소와 후소가 권리보호의 이익이 다를 경우에는 재소금지원칙이 적용되지 않는다(대법원 1997. 12. 23. 선고 97다45341 판결 등).

5) 청구의 교환적 변경인지 추가적 변경인지 원고의 의사가 불분명한 때는 법원은 석명을 구하여야 한다(대법원 1994. 10. 14. 선고 94다10153 판결, 1995. 5. 12. 선고 94다6802 판결, 2003. 1. 10. 선고 2002다41435 판결 등).

다. 청구 변경의 요건

(1) 동일한 소송절차에 속하고, 적법한 관할권이 있을 것

1) 민사소송법 제253조는 소의 객관적 병합요건으로서, 여러 개의 청구가 같은 종류의 소송절차에 따르는 경우에만 하나의 소로 병합하여 제기할 수 있다고 규정한다. 이는 소의 제기 시는 물론이고, 소송 계속 중에 청구의 변경을 통하여 청구를 병합하는 때에도 당연히 요구된다. 따라서 본안소송절차에 청구의 변경을 통하여 가압류신청이나 가처분신청을 병합하는 것은 허용되지 않는다. 양자는 서로 다른 종류의 절차에 속하기 때문이다. 본안소송절차에 회생절차나 파산절차, 선박소유자의 책임제한절차, 소송비용액확정절차 등을 병합할 수도 없음은 물론이다.

2) 또한, 청구의 변경을 통하여 새로운 청구를 당해 소송절차에서 심판 받으려면 그 새로운 청구에 대하여 당해 법원이 적법한 관할권을 갖고 있어야 한다. 그것이 임의관할인 때에는 관련재판적(민사소송법 제25조)이나 변론관할(민사소송법 제30조)에 의하여 관할이 인정될 수 있으므로 별 문제가 없으나, 전속관할인 때에는 그것을 만족시키지 않는 한 청구의 변경이 허용될 수 없다(민사소송법 제31조 참조).

(2) 청구의 기초에 변경이 없을 것

1) 청구의 기초가 변경 전과 동일하여야 한다(민사소송법 제262조 제1항 본문). 그 기초가 동일하지 않을 경우, 소송심리의 방향이 달라져 종래의 소송행위 등이 아무런 쓸모가 없게 되거나 소송절차가 지연되어 피고의 권익보호와 소송경제에 반하기 때문이다. 이는 교환적 변경의 경우는 물론 추가적 변경의 경우에도 요구된다.

2) 청구의 기초가 무엇인가에 관하여는 여러 견해가 대립하나 큰 차이가 없다. 판례는 청구의 배경이 된 기본적 사실이 동일하면 충분하다(대법원 1987. 7. 7. 선고 87다카225 판결)는 전제에서, ① 기존의 청구원인을 유지한 채 청구취지만을 변경하는 경우, ② 소유권이전등기를 청구하다가, 그 이전등기의무가 이행불능임을 전제로 손해배상청구로 변경하거나(대법원 1969. 7. 22. 선고 69다413 판결), 점포인도청구를 하다가 점포의 임료에 상당한 손해배상청구를 추가하는 경우(대법원 1964. 5. 26. 선고 63다973 판결), 토지의 불법경작을 원인으로 한 손해배상을 청구하다가 법률상 원인 없이 경작하여 이득을 얻었음을 이유로 부당이득반환청구로 변경하는 경우(대법원 1965. 4. 6. 선고 65다139 판결)와 같이 양 청구의 배경이 된 사회적 생활관계가 동일한 경우, ③ 동일한 부동산을 증여받았음을 원인으로 소유권이전등기를 청구하다가, 예비적으로 상속을 원인으로 상속지분의 확인을 구하는 것으

로 변경하거나(대법원 1992. 2. 25. 선고 91다34103 판결), 동일 부동산에 관하여 원인무효로 인한 소유권이전등기의 말소등기를 청구하다가 명의신탁해지로 인한 소유권이전등기청구 또는 말소등기청구로 변경하는 경우(대법원 1998. 4. 24. 선고 97다44416 판결, 2001. 3. 13. 선고 99다11328 판결)와 같이 동일·유사한 급부나 법률관계의 형성을 구하면서 법률적 구성(청구원인이나 형식적 청구취지)만을 달리하는 경우에는 청구의 기초에 변경이 없다고 본다.

3) 한편 대법원은, 가압류결정의 피보전권리와 본안의 소송물인 권리는 엄격히 일치함을 요하지 않으며, 청구의 기초의 동일성이 인정되는 한 그 가압류의 효력은 본안소송의 권리에 미치고, 가압류신청은 긴급한 필요에 따른 것으로서 피보전권리의 법률적 구성과 증거관계를 충분하게 검토·확정할 만한 시간적 여유가 없이 이루어지는 사정에 비추어 보면, 당사자가 권리 없음이 명백한 피보전권리를 내세워 가압류를 신청한 것이라는 등의 특별한 사정이 없는 한, 청구의 기초에 변경이 없는 범위에서는 가압류의 이의절차에서도 가압류신청 이유인 피보전권리를 변경할 수 있다고 한다(대법원 1996. 2. 27. 선고 85다45224 판결).[458]

4) 청구 기초의 동일성은 공익을 위한 것으로서 강행규정이라는 견해도 있으나, 판례는 이를 피고의 이익을 보호하기 위한 요건으로 보아(사익적 요건설), 피고가 변경에 동의하거나 청구 변경에 대하여 지체 없이 이의하지 않은 채 변경된 청구에 관한 본안의 변론을 한 때에는 더 이상 그 청구 변경의 적법 여부에 대하여 다투지 못한다고 한다(대법원 2011. 2. 24. 선고 2009다33655 판결).

(3) 소송절차를 현저하게 지연시키지 아니할 것

1) 즉 변경된 청구의 심리를 위하여 종전의 소송자료를 그대로 이용할 수 있거나, 많은 시일을 투입하지 않고도 그에 필요한 소송자료와 증거자료를 수집·조사할 수 있어야 한다(민사소송법 제262조 제1항 단서). 소송자료 등의 수집·조사에 많은 시일과 노력이 소요되어 소송절차의 완결이 현저히 지연될 경우, 청구의 변경을 통해 분쟁을 일거에 간편하게 해결하려는 입법취지에 반하므로 이 같은 제한을 둔 것이다(대법원 1998. 4. 24. 선고 97다44416 판결, 2009. 3. 12. 선고 2007다56524 판결 참조). 고로 이런 제한을 벗어나는 경우 종전의 소를 취하하고 별소를 제기하거나 이와 별도로 새로운 소를 제기하여야 한다.[459]

2) 이 요건의 저촉 여부는 개개의 경우에 청구 변경의 모습이 어떠한지에 달려 있다고 할 수 있다. 청구원인을 그대로 유지하면서 청구취지만을 변경하거나, 청구의 기초가 되는 사회적 생활관계를 그대로 유지하면서 단순한 법률적 구성만을 달리하는 경우 등에

458) 이는 민사집행법 개정으로 가압류이의절차가 임의적 변론절차 또는 비송절차(결정절차)로 변경되기 전 필요적 변론절차를 취하던 때의 판례이기는 하나(민사집행법 제286조 참조), 그 법리는 가압류이의절차가 위와 같이 변경된 이후에도 적용될 수 있다.

459) 다만, 청구이의의 소와 같이 별소의 제기가 제한되어 있는 경우(민사집행법 제44조 제3항 참조)에는 이 요건을 완화하여 해석하여야 함은 물론이다.

는 원칙적으로 새로운 소송자료와 증거자료의 수집·조사가 별로 필요 없으므로 소송절차의 완결을 현저히 지연시킨다고 할 수 없을 것이나, 일률적으로 말할 수는 없다.

대법원은, 2회에 걸쳐 상고심에서 원심(항소심)법원으로 사건이 환송된 후 항소심 변론종결일에야 청구를 변경하는 것은 소송절차를 현저히 지연시키는 경우에 해당한다고 보았다(대법원 1964. 12. 29. 선고 64다1025 판결).

(4) 소송이 사실심에 계속 중이고 변론종결 전일 것

1) 청구의 변경은 변론종결 전까지, 변론 없이 하는 판결의 경우에는 판결 선고 전까지만 허용된다(민사소송법 제262조 제1항 본문). 고로 변론이 종결된 후에는 변론을 재개하지 않는 한 허용되지 아니하므로, 먼저 또는 동시에 변론재개신청을 하여야 한다. 청구의 변경은 소의 제기와 마찬가지로 그 변경서를 법원에 제출한 때에 곧바로 효력이 발생하나, 변론종결 후에 이를 변경한 때에는 예외적으로 효력이 없다.[460]

2) 민사소송법에는 규정이 없지만, 민사항소심은 속심(續審)이므로 항소심에서도 상대방의 동의 없이 청구를 변경할 수 있다(대법원 1989. 3. 28. 선고 87다카2372 판결).[461] 추가적 변경의 경우도 동일하다.

항소심에서 청구가 교환적으로 변경된 경우, 구 청구는 실질상 취하에 의하여 소송 계속이 소멸하므로 항소심법원은 구 청구에 대한 제1심판결을 취소할 필요 없이(자동적으로 1심판결의 효력이 소멸된다.) 신 청구에 대하여만 실질상 제1심으로서 판결을 하여야 한다(대법원 2013. 2. 28. 선고 2011다31706 판결 등). 다만, 항소심에서 교환적 청구 변경을 하는 경우, 구 청구는 종국 판결 선고 후에 취하한 것이 되어 재소금지의 제한을 받음은 앞서 언급한 바와 같다.

3) 1심에서 전부 승소한 원고는 항소심에서 청구를 확장하는 등으로 이를 변경할 목적으로 항소할 수 없다. 그러나 ① 가분채권에 대한 이행청구의 소를 제기하면서 나머지 부분을 유보하고 일부만 청구한 취지를 명시하지 아니한 경우, 그 확정판결의 기판력은 나머지 부분에까지 미쳐 별소로써 나머지 부분에 관하여 다시 청구할 수 없으므로, 예외적으로 전부 승소한 판결에 대해서도 나머지 부분에 관하여 청구를 확장하기 위하여 항소할 수 있고(대법원 1997. 10. 24. 선고 96다12276 판결), ② 1심에서 원고가 전부 승소하여 피고만이 항소한 경우, 원고는 부대항소에 의하지 않고도 청구를 확장할 수 있고(대법원 1963. 1. 24. 선고 62다801 판결, 1969. 10. 28. 선고 68다158 판결, 1992. 12. 8. 선고 91다43015 판결), 이때 원고는 부대항소를 한 것으로 의제되며(대법원 1992. 12. 8. 선고 91다43015 판결), ③ 원고가 재산상 손해(소극적 손해)에 대하여는 전부 승소하였으나 위자료에 대하여는 일부 패소하였고, 이에 대하여 원

---

460) 1심의 변론이 종결된 후에 청구를 변경한 경우, 1심에서는 효력이 없으므로 1심법원은 이를 무시하고 원래의 청구를 기초로 판단하여야 하나, 당사자 일방이 항소를 제기한 경우 변론이 재개된 것과 같은 효력이 있으므로 그때에 청구 변경은 효력을 발생하고, 항소심법원은 그 변경된 청구를 기초로 심판하여야 할 것이다. 다만, 이 경우 그 청구 변경은 실질상 항소심에서 청구를 변경한 것과 동일하므로 인지액은 항소심에서의 청구 변경에 준하여 납부하여야 한다.

461) 이에 대한 자세한 설명은 상소 부분을 참조.

고가 원고 패소 부분에 불복하는 형식으로 항소를 제기하여 사건 전부가 확정이 차단되고 소송물 전부가 항소심에 계속되게 된 경우, 항소심에서 원고는 위자료는 물론이고 재산상 손해(소극적 손해)에 관하여도 청구를 확장할 수 있다(대법원 1994. 6. 28. 선고 94다3063 판결).[462]

4) 상고심은 법률심이므로 사실에 관한 주장을 전제로 하는 청구취지 및 청구원인의 변경은 어느 것이나 허용되지 않는다(대법원 1991. 10. 8. 선고 89누7801 판결). 그러나 상고심에서 항소심으로 파기환송된 경우, 그 항소심에서는 청구 변경이 허용됨은 물론이다(대법원 2013. 2. 28. 선고 2011다31706 판결).

5) 재심의 소는 재심대상판결의 당부를 심리하는 절차이므로 그 소송절차에 본래의 청구 외의 새로운 청구를 하는 것은 원칙적으로 허용되지 않는바(대법원 1997. 5. 28. 선고 96다41649 판결, 2009. 9. 10. 선고 2009다41977 판결 등), 이에 대해서는 재심에서 자세히 논의한다.

(5) 기 타

1) 이상의 요건 외에 청구의 변경으로 청구병합이 생기는 때에는 앞서 ＜복수의 청구＞에서 본 바와 같이 청구병합의 요건을 갖춰야 한다. 고로 구 청구와 신 청구가 동종의 소송절차에 의하여 심리될 수 있어야 하고, 다른 법원의 전속관할에 속하지 않아야 한다. 또, 선택적 병합이나 예비적 병합의 경우 그에 따른 요건도 갖춰야 한다.[463]

2) 변경된 청구에 관하여 당사자적격, 소의 이익, 제척기간의 준수[464] 등 소송요건도 갖춰야 하나, 이는 소의 요건에 관한 것이고 청구 변경의 고유한 요건은 아니다.

3) 청구의 변경은 당사자처분권주의에 따라 원고가 자유로이 할 수 있고, 이에 대하여 법원의 허가를 받을 필요는 없다. 다만, 법원은 청구 변경의 요건을 갖추지 못한 경우에는 예외적으로 그 변경을 불허가할 수 있다(민사소송법 제263조).

---

462) 대법원은 그 이유로, 불법행위로 인한 손해배상청구에 있어 재산상 손해나 위자료는 단일한 원인에 근거한 것인데 편의상 이를 별개의 소송물로 분류하고 있는 것에 지나지 아니한 것이므로, 이를 실질적으로 파악하여 항소심에서 위자료는 물론이고 재산상 손해(소극적 손해)에 관하여도 청구의 확장을 허용함이 상당하다고 한다.

463) 그러한 병합형태가 법률상 맞지 않는 때에는 당사자에게 보정을 요구하고 이에 응하지 않으면 그러한 청구 변경을 불허하여야 한다(대법원 1982. 7. 13. 선고 81다카1120 판결 참조). 이 경우 법원이 이를 간과한 채 청구 변경을 허용하더라도 그 변경된 내용대로 청구병합이 발생하지 않으므로 법원은 그 실질적인 병합형태에 따라 심판하여야 한다(대법원 2009. 5. 28. 선고 2007다354 판결). 자세한 내용은 ＜복수의 청구＞ 참조.

464) 예컨대 종전의 청구에 추가 또는 교환적으로, 주주총회결의취소의 청구를 하거나 사해행위취소청구 등을 하는 경우 상법 제376조 제1항(주주총회결의일로부터 2월), 민법 제406조 제2항(취소원인을 안 날로부터 1년, 법률행위가 있은 날로부터 5년)에 의한 제척기간의 제한을 받는다. 이러한 청구의 변경은 실질적으로 소의 제기에 해당하기 때문이다.

라. 청구 변경의 절차

(1) 청구취지의 변경

1) 청구취지의 변경은 서면에 의하여 하여야 한다(민사소송법 제262조 제2항). 청구취지의 변경을 반드시 서면에 의하도록 한 것은, 그것이 소송의 주제인 소송목적을 변경하는 것이어서 그 시점과 내용을 절차상 분명하게 하고, 당사자에게 신중하게 검토할 기회를 주기 위한 것이라고 할 수 있다.[465] 그러나 서면에 의하지 않은 청구취지의 변경에 대하여 상대방이 지체없이 이의하지 아니한 때에는 이의권이 상실되고 청구 변경의 효력이 그대로 발생한다(대법원 1993. 3. 23. 선고 92다51204 판결, 1990. 12. 26. 선고 90다4686 판결 등).

2) 반면에 청구의 감축은 실질상 소의 일부 취하이므로 반드시 서면에 의할 필요는 없다(민사소송법 제266조 제1, 2항).[466] 구술에 의하여 소의 제기가 허용되는 소액사건의 경우에는 청구취지의 변경도 구술에 의할 수 있다.

3) 매매를 원인으로 한 물건의 인도청구를 증여를 원인으로 한 인도청구로 변경하는 경우와 같이, 청구원인을 변경하더라도 그 법률효과가 동일하여 청구취지에 변동이 없는 때에는 청구원인만 변경하면 된다.

4) 청구취지를 변경하여 소송목적의 값이 증가한 경우에는 그 차액에 해당하는 인지를 더 붙여야 한다(민사소송 등 인지법 제5조). 청구취지가 추가적으로 변경되더라도, 그것만으로는 따로 사건번호가 부여되지 않고 소의 개수에 변동이 없으며, 사건명도 변치 않는다. 소의 동일성이 유지되기 때문이다.

(2) 청구원인의 변경

1) 청구원인의 변경은 서면 외에 말로 변경하여도 무방하다(민사소송법 제262조 제2항의 반대해석, 대법원 1965. 4. 6. 선고 65다170 판결).

---

465) 대법원은, 청구변경신청서의 청구취지란에는 원고 청구금액에 대하여 2006. 12. 3. 이후의 지연손해금을 구한다고 기재하였으나, 그 청구원인란에서는 청구금액에 대하여 사고일인 2003. 12. 25.부터 제1심판결 선고일까지 민법 소정의 연 5%의 지연손해금을 구한다고 기재하였고, 그 항소장 및 항소이유서에도 항소취지로 원고에게 일정한 금액 및 이에 대하여 2003. 12. 25.부터 제1심판결 선고일까지 연 5%, 그 다음날부터 다 갚는 날까지 연 20%의 각 비율로 계산한 돈을 지급하라고 기재하는 한편 원심의 변론기일에서 항소장 및 항소이유서 기재 내용대로 진술하였으며, 항소이유로 제1심이 원고 청구 인용금액에 대한 지연손해금의 기산일을 2006. 12. 3.로 본 것은 잘못이고 지연손해금의 기산일을 불법행위일인 2003. 12. 25.로 하여야 한다는 취지의 주장을 하였다면, 원고는 그 손해배상청구 채권 전액에 대하여 사고일인 2003. 12. 25.부터의 지연손해금을 구하는 것으로 청구취지를 변경하였다고 보아야 한다고 판시하였다(대법원 2011. 1. 13. 선고 2009다105062 판결). 이는 청구취지와 청구원인이 일치하지 않는 경우 그 진정한 뜻을 살펴 그에 따른 청구변경을 한 것으로 해석하여야 한다는 것으로 풀이된다.

466) 청구의 감축은 소의 일부 취하이므로 피고의 동의가 필요하나 동의는 묵시적으로 하여도 무방하다(대법원 1993. 9. 14. 선고 93누9460 판결 등).

2) 청구원인만을 변경하는 경우에는 청구취지가 동일하여 소송목적의 값에 변동이 없으므로 인지를 추가로 붙일 필요가 없고, 500원의 정액인지만 붙이면 된다(민사소송 등 인지법 제10조).

(3) 법원의 조치

1) 청구의 추가적·교환적 변경은 변경된 청구에 관한 실질상 소의 제기이므로 법원은 소의 제기에 준하여 당사자적격, 소의 이익, 제척기간의 준수 등을 직권으로 심사하여야 하고, 앞서 본 청구 변경의 요건에 대하여도 직권이나 상대방인 피고의 신청에 따라 이를 심사하여야 한다.

전자의 요건 흠결의 경우 그 부분의 소를 각하하여야 하고, 후자의 요건 흠결의 경우 그 변경을 불허하는 결정을 하여야 한다(민사소송법 제263조). 그 결정에 대하여 당사자들이 독립하여 불복할 방법은 없다. 따라서 판결에 대한 상소로써 그 부당함을 다투는 수밖에 없다(대법원 1992. 9. 25. 선고 92누5096 판결).467)

2) 청구를 변경하는 서면(통상 청구취지변경신청서 또는 청구취지 및 청구원인 변경신청서)의 부본은 상대방에게 송달하여야 한다(민사소송법 제262조 제3항). 그 송달로써 당연히 새로운 청구에 대하여 소송 계속의 효과가 발생한다. 그러나 소멸시효의 중단이나 제소기간 등 법률상 기간 준수의 효력은 소의 제기와 마찬가지로 그 변경서를 법원에 제출한 때에 곧바로 발생한다(민사소송법 제265조).468) 위와 같이 법원이 청구 변경을 불허가한 때는 설사 그 부본이 상대방에게 송달되었더라도 애초부터 청구 변경의 효력이 발생하지 않는다.

3) 청구가 유효하게 변경된 경우, 당연히 법원은 그 변경된 청구에 대하여 심판할 의무를 진다. 변경된 청구 역시 원래의 청구와 마찬가지로 변론의 대상, 즉 공격방어방법이 아니므로 원고가 이를 변론기일이나 변론준비기일에 주장, 진술하지 않더라도 당연히 청구 변경의 효력이 발생한다. 따라서 원고는 굳이 이를 변론기일이나 변론준비기일에서 주장, 진술할 필요가 없지만, 그 내용을 재확인하거나 준비서면적 기재사항이 포함된 경우 이를 변론하기 위하여 주장, 진술할 필요가 있을 뿐이다.

---

467) 항소심이 1심법원의 청구 변경 불허결정을 부당하다고 판단하는 경우 이를 어떻게 처리하여야 하는가? 항소심판결 선고 전에 아무런 조치를 취하지 않을 경우 당사자들은 그에 대하여 변론을 할 수 없으므로 항소심판결 선고 전에 조치가 필요하다. 그 방법으로는 중간판결을 하는 방법, 결정으로 1심결정을 취소하는 방법을 생각할 수 있는데, 그것이 논리적으로 본안판결의 중간적 쟁점이라고는 할 수 없으므로 후자의 방법이 타당하다고 생각된다. 이 경우 항소심은 그 취소결정을 조서에 기재하는 것으로 충분하다고 할 것이다.

468) 변경된 청구는 변경서가 법원에 제출된 때에 변경의 효력이 발생하나, 그에 대한 소송 계속의 효과는 그 부본이 상대방에게 송달된 때에 발생한다. 따라서 그 부본이 상대방에게 송달되기 전에는 상대방의 동의 없이 그 부분 소를 취하할 수 있으나, 그 부본이 상대방에게 송달된 후에는 그의 동의 없이 취하할 수 없다.

4. 중간확인의 소

가. 의 의

1) 소송절차 계속 중에 당해 소송의 소송목적과 선결관계(先決關係)에 있는 법률관계에 대한 확인재판을 청구하는 것이 중간확인의 소이다(민사소송법 제264조 제1항 본문).[469] 예컨대, 소유권에 기하여 계쟁물의 인도청구나 말소등기를 청구하는 소송의 진행 중에 위 소송의 소송목적인 인도청구권이나 말소등기청구권의 선결관계에 있는 소유권의 확인청구를 하는 것, 또는 이자를 청구하는 소송의 진행 중에 그 소송목적인 이자청구권의 선결관계에 있는 원본채권의 확인청구를 하는 것과 같다. 소송의 진행 중에 선결적 법률관계에 대한 확인을 위해 소를 제기한다는 점에서 이를 중간확인의 소라고 한다.

2) 중간확인의 소와 중간판결은 다른 개념이다. 중간판결은 소송목적(청구)에 대한 심리 중, 즉 종국판결 선고 전의 중간단계에서 심리의 편의를 위해 그 소송목적 자체가 아닌 쟁점에 대하여 먼저 판단(판결)을 하는 것으로서, 이것과 소송목적에 대한 판단인 잔부판결(殘部判決)이 합쳐져서 전체적으로 하나의 판결이 되어 상소의 대상이 된다. 따라서 중간판결의 대상은 본래의 소송목적인 권리·법률관계에 국한되며, 새로운 소송목적에 대한 판단이 아니다. 반면에 중간확인의 소는 이로써 본래의 소에 추가하여 새로운 소가 더해지고, 본래의 소송목적과는 다른 소송목적이 그 심판대상이 된다는 점에서 다르다.[470]

3) 중간확인의 소를 인정할 필요는 기판력 때문이다. 즉 위 사례 중 소유권확인청구의 경우, 원래의 청구에 따른 판결이 확정된 경우 그 실체적 확정력은 당초의 소송목적인 인도청구권이나 말소등기청구권의 존부에만 발생하고 기판력도 거기에만 미치므로, 그 소송에서 원고가 비록 계쟁물의 소유권(소유권에 기한 물권적 청구권)을 청구원인으로 내세웠더라도 소송목적이 아닌 소유권의 존부에 대하여는 기판력이 발생하지 않는다. 이에 따라 원고가 나중에 소유권을 내세워 불법행위를 원인으로 한 손해배상청구를 하는 경우 그 후소에서는 원고의 소유권이 부정될 수도 있다. 그러므로 원고는 그 실체적 확정력 및 기판력의 적용 대상을 확장하기 위하여 계쟁물의 소유권확인을 구하는 별개의 소인 중간확인의 소를 제기할 필요가 있다.

---

469) 민사소송법은 "재판이 소송의 진행중에 쟁점이 된 법률관계의 성립여부에 매인 때에 당사자는 따로 그 법률관계의 확인을 구하는 소를 제기할 수 있다."라고 하고 있다.

470) 중간확인의 소에 관하여 본래의 소송목적에 대한 판결과 분리하여 먼저 판결을 할 수도 있음은 물론이다. 이 경우 확인청구에 대한 판결은 형식상은 중간판결이 아니라 일부판결에 해당하나(따라서 이 부분 판결에 대하여 독립하여 상소가 허용된다.), 그 확인청구 부분이 본래의 소송목적인 권리·법률관계에 관하여 쟁점이 되므로 실질은 중간판결의 성질을 갖는다. 이런 점을 고려하면 중간확인의 소가 있는 경우 일부판결을 하는 것은 바람직하지 못하다.

나. 법적 성질

1) 중간확인의 소는 대개 원고가 제기하나 피고도 제기할 수 있다. 원고는 중간확인의 소를 제기하는 대신 본래의 청구를 변경(추가 또는 확장)하여, 중간확인의 소로써 구할 확인청구를 병합할 수도 있다. 어느 쪽을 선택할지는 원고의 자유이다. 청구 변경이 가능하므로 실무상 원고가 중간확인의 소를 제기하는 일은 거의 없고, 그것이 불가능할 때만 제기한다.

2) 원고가 중간확인의 소를 제기하는 경우, 그 본질은 이미 진행 중인 소송의 청구를 변경하여 선결적 법률관계에 대한 확인재판을 추가로 청구하는 것으로서 청구의 추가적 변경이 되지만, 소송법상으로는 별개의 소, 즉 소송 중의 별개의 소 제기에 해당하므로 일반적인 소 제기의 방법에 의하여야 한다. 그러므로 서면으로 그 소장을 제출하여야 하고 인지액도 납부하여야 한다(민사소송법 제264조 제2항, 민사소송 등 인지법 제5조).[471] 소의 제기가 아닌 공격방어방법의 제출에 의해서는 할 수 없음은 물론이다.

3) 중간확인의 소는 위와 같이 새로운 소의 제기이므로, 피고가 제기한 경우는 물론 원고가 제기한 경우에도 별도의 사건번호와 사건명을 부여한다. 그 소송목적 값을 원래의 사건의 소송목적 값에 합산하지도 않는다. 그 사물관할 등 관할은 당해 중간확인의 소 그 자체를 기준으로 결정한다.

4) 피고가 제기하는 중간확인의 소는 일종의 반소에 해당하며, 명실상부하게 새로운 소의 제기에 해당한다. 따라서 그 제기의 방식은 모두 반소의 그것과 같으며, 사건번호와 사건명도 따로 부여된다.[472]

5) 중간확인의 소는 원고가 제기하든 피고가 제기하든 그 본질은 확인의 소다. 확인청구가 아닌 이행청구나 형성청구를 할 경우, 또 확인청구라도 선결적 법률관계에 대한 것이 아니면 이는 중간확인의 소가 아니라 청구의 추가적 변경이나 반소 일반에 해당할 뿐이다.

다. 중간확인의 소의 요건

1) 중간확인의 소는 위와 같이 소송목적과 선결관계에 있는 법률관계의 확인을 청구하는 것이어야 한다. 소송목적과 선결관계에 있다는 것은, 소송목적인 권리·의무나 법률관계가 성립하려면 논리적으로 중간확인을 구하는 법률관계가 먼저 성립하여야 한다는

471) 다만, 본래의 소의 소송목적과 중간확인의 소의 소송목적의 관계상 인지액 납부가 면제되거나 일부만 납부하여도 되는 경우가 생긴다('민사소송 등 인지법' 제5조 참조).

472) 이때 원·피고의 호칭은 '원고(중간확인피고)', '피고(중간확인원고)'로 표시한다. 원고가 중간확인의 소를 제기한 경우 그 당사자표시는 '원고(중간확인원고)', '피고(중간확인피고)'와 같이 표시한다. 그리고 '중간확인의 소'에 대응한 본래의 소는 '본소'라고 표시한다.

뜻이다. 앞서의 소유권확인청구 사례에서 원고가 소유권(소유권 침해에 따른 반환청구권, 방해배제청구권)을 청구원인으로 주장하였는데, 반환청구권(인도청구권)이나 방해배제청구권(말소등기청구권)이 성립하려면 계쟁물의 소유권이 먼저 인정되어야만 하는 것과 같다.

이러한 선결적 관계는 소송목적(청구)의 전부는 물론 일부에 관하여만 성립하여도 무방하다. 그러나 선결적 관계는 중간확인의 소의 요건이므로 사실심 변론종결 시까지 계속 유지되어야 한다.

2) 중간확인의 소도 확인의 소이므로 확인의 소 일반의 경우와 같이 확인의 이익이 있어야 하는바, 이는 그 선결적 법률관계에 대하여 당사자 사이에 다툼이 있으면 충분하다. 중간확인의 소에서 구하는 법률관계가 현재의 법률관계여야 함은 물론이다.

3) 중간확인의 소는 사실심 변론종결 전까지만 허용된다. 항소심에서도 상대방의 동의 없이 제기할 수 있으나(대법원 1973. 9. 12. 선고 72다1436 판결), 새로운 소의 제기이므로 상고심에서는 허용되지 않는다.

4) 중간확인의 소가 허용되려면 그 소에 관하여 계속 중인 사건의 수소법원에 관할권이 있어야 한다. 고로 민사법원에 행정사건이나 가사사건에 관한 중간확인의 소를 제기해서는 안 되며, 전속관할에 위반해서도 안 된다(민사소송법 제264조 제1항 단서).

5) 중간확인의 소가 제기된 후 본래의 소가 취하되거나 각하되는 경우 선결적 관계의 판단 대상이 없게 되어 선결적 요건을 상실하게 되므로, 그 중간확인의 소를 각하하여야 한다. 그러나 피고가 제기한 중간확인의 소는 반소로서의 성질을 가지므로 그렇지 않다.[473)]

항소심에서 중간확인의 소가 제기된 후 항소가 취하·각하된 경우에는 본래의 소송이 종료하여 그 소송의 계속을 전제로 한 중간확인의 소는 실효(해제조건의 성취)하므로, 따로 이에 대한 각하판결이 필요 없고 중간확인의 소는 당연히 종료한다는 것이 통설이자 실무 관행이다.

재심의 소송절차에서 중간확인의 소를 제기하는 것은 재심청구가 인용될 것을 전제로 하여(재심청구가 인용되지 않을 것을 해제조건으로) 재심대상소송의 본안청구에 대하여 선결관계에 있는 법률관계의 존부의 확인을 구하는 것이므로, 재심사유가 인정되지 않아서 재심청구를 각하 또는 기각하는 경우에는 뒤의 재심소송에서 보는 바와 같이 해제조건의 성취로 중간확인의 소는 당연히 실효하므로 이에 대해서는 따로 판단할 필요가 없다고 할 것이다. 그러나 대법원은 선결적 요건을 상실하는 것으로 보아 그 중간확인의 소를

473) 피고가 반소로써 중간확인의 소를 제기한 경우에는 그 소송목적에 대하여 피고는 원고와 달리 고유한 이익을 갖기 때문이다. 예컨대, 원고가 제기한 소유권이전등기말소 청구의 소 중 피고가 소유권확인의 중간확인의 소를 제기한 경우, 원고의 본소가 취하되거나 각하된 때는 원고는 그 청구와 선결적 관계인 소유권확인도 구할 필요가 없게 되나, 피고는 이에 불구하고 원고가 피고의 소유권을 부인하는 이상 소유권확인을 받을 이익이 있다.

각하하여야 한다고 보고 있다(대법원 2008. 11. 27. 선고 2007다69834, 69841 판결).

라. 심리와 판결

1) 법원은 중간확인의 소의 본안에 관한 심리에 앞서 중간확인의 소가 확인의 이익 등 일반적 소송요건을 갖추고 있는지 여부 및 중간확인의 소의 고유한 요건을 갖추고 있는지 여부를 심리하여야 한다. 이 요건을 흠결한 경우로서 보정할 수 없거나 독립한 확인의 소로서의 실체를 갖추지 못한 때에는 중간확인의 소를 판결로써 즉시 각하하거나 본래의 사건에 대한 종국판결과 함께 각하하여야 한다(대법원 1984. 6. 26. 선고 83누554, 555 판결, 2009. 2. 26. 선고 2006두2572, 2589 판결 등).

2) 중간확인의 소는 원래의 소와 별개의 소이므로 양자가 각각 단독판사의 관할에 속하는 때에는 그 소송목적 값의 합산액이 합의부 관할에 속하는 때에도 단독판사의 관할에 속한다. 그러나 중간확인의 소와 원래의 소 중 전부 또는 그 하나가 합의부의 관할에 속하는 때에는 변론관할이 생기지 않는 한 그 두 사건 전부를 합의부로 이송하여야 한다. 양자는 견련성 때문에 그 변론을 분리할 수 없기 때문이다.

따라서 중간확인의 소에 대한 본안의 심리·판단은 반소와 마찬가지로 본래의 소송목적(청구)에 관한 변론과 분리하지 않고 이를 함께 진행하여야 하며, 본래의 소송목적(청구)에 관한 판결과 함께 하나의 판결로써 판단함이 원칙이다.

3) 중간확인의 소의 소송목적(청구)은 본래의 소송목적(청구)과 별개 독립한 것이므로 그에 대한 판결은 중간판결이 아니라 종국판결이다. 따라서 본래의 소와 중간확인의 소의 판결을 하나로 합쳐 선고하지 않고 따로 분리하여 선고하는 것도 허용된다. 그러나 중간확인의 소는 본래의 소의 소송목적에 대한 선결적 법률관계에 관한 사항을 소송목적으로 하므로 분리판결을 하는 것은 바람직하지는 않다.

4) 중간확인의 소에 관하여 본래의 소송목적(청구)에 관한 판결과 따로 판결이 선고된 경우에는 각각 이들에 대하여 독립하여 불복, 상소할 수 있다. 본래의 소송목적(청구)에 관한 판결과 함께 하나의 판결을 선고한 경우, 그 중 일부에 대해서만 상소를 제기하더라도 상소불가분의 원칙에 의하여 그 전부에 대하여 상소의 효력이 있다. 중간확인의 소의 판결에도 기판력을 비롯한 판결 일반의 효력이 있음은 물론이다.

5) 원고가 본래의 소를 취하한 경우, 피고는 자신이 제기한 중간확인의 소를 반소와 마찬가지로 원고의 동의 없이 취하할 수 있다(민사소송법 제271조 참조).

5. 반소(反訴)

가. 의 의

1) 반소는 원고가 제기한 소(본소)의 소송 진행 중에 피고가 원고를 피고로 삼아 그

수소법원에 소를 제기하고 재판을 청구하는 것이다(민사소송법 제269조 제1항). 피고 역시 원고를 상대로 자유로이 소를 제기할 수 있는 것이지만, 원고가 제기한 본소의 소송목적과 일정한 관계에 있는 사항에 대하여 제기하며, 본소의 소송절차에 이를 병합하여 동일한 소송절차에서 심판한다는 점에서 반소의 특색이 있다.

2) 반소는 피고가 법원에 대하여 본소의 소송목적과는 다른 소송목적에 대한 재판을 청구하는 것이므로 방어방법에 불과한 항변이 아니다. 한편, 이로써 청구와 소송목적이 복수가 되고 본래의 그것과는 다른 모습이 되긴 하나, 이는 원고와는 다른 당사자인 피고가 소를 제기한 데에 따른 것으로서 본래의 청구 변경과는 다르다.

3) 공동 피고 중의 1인이 원고에 대하여, 피고가 공동 원고 중 1인에 대하여, 또는 원고나 피고가 독립당사자참가인나 승계참가인에 대하여도 각기 반소를 제기할 수 있다(대법원 1969. 5. 13. 선고 68다656 판결). 그러나 반소는 당사자만이 할 수 있으므로 보조참가인이나 법정대리인, 소송대리인은 그 자신의 명의로는 반소를 제기할 수 없다. 반소에 대한 재반소도 가능하다는 것이 통설인바, 이는 반소가 제기된 후 원고가 본소를 취하한 다음에 취할 수 있는 방법으로서 유용하다.

4) 반소의 제기 여부는 피고의 자유이다. 매도인인 피고가 매수인의 소유권이전등기청구인 본소청구를 저지할 수 있는 매매대금지급청구권과 동시이행의 항변권을 가지고 있더라도, 반소를 제기하지 않으면 본소 판결에는 동시이행부 이행명령이 선언될 뿐이어서 피고가 이를 가지고 원고에게 강제집행을 할 수는 없으므로, 피고가 집행력 있는 판결을 얻기 위해서는 위 매매대금지급청구를 소송목적으로 하여 반소를 제기하여야 한다. 반소는 예비적으로 제기하는 것도 허용된다. 이는 본소청구가 인용되거나 기각될 경우를 가정하여 조건부로 반소를 제기하는 것이다.

나. 반소의 요건

1) 반소는 그 소송목적(청구)이 본소의 소송목적 또는 그에 대한 방어방법과 관련되는 것이라야 한다.

2) 본소의 소송목적(청구)과 관련된다고 하는 것은, 원고가 매매로 인한 소유권이전등기를 청구함에 대하여 피고가 매매대금 지급을 청구하는 경우와 같이 권리관계의 내용 또는 그 발생 원인이 법률상 또는 사실상 본소청구와 공통되는 경우이다. 본소에 대한 방어방법과 관련된다고 하는 것은, 피고가 상계의 항변을 하고 그 자동채권의 잔액 지급을 청구한다거나, 원고의 물건반환청구에 대하여 유치권을 주장하고 유치권의 피담보채권에 관한 채무자인 원고에게 그 채무의 변제·지급을 청구하는 경우[474]와 같이 항변사유

474) 인도청구권자인 원고가 유치권의 피담보채권에 관한 채무자가 아닌 경우에는 원고에게 그 채무 이행을 구하여도 기각될 수밖에 없다. 이 경우 원고는 그 채무는 없고 변제할 책임만 있다.

와 반소의 소송목적(청구)이 그 내용 또는 발생 원인에 있어서 법률상 또는 사실상 관련이 있는 경우이다.

3) 반소는 본소의 사실심 변론종결 시까지 제기할 수 있고, 법률심인 상고심에서는 허용되지 않는다. 다만, 항소심에서는 상대방의 심급 이익을 해할 우려가 없거나 그의 동의를 얻은 때에 한하여 제기할 수 있다(민사소송법 제412조, 대법원 1965. 12. 7. 선고 65다2034 판결). 항소심에서 상대방인 원고가 이의 없이 반소의 본안에 관하여 변론을 한 때에는 반소 제기에 동의한 것으로 간주된다.

피고가 1심에서 전부 승소한 경우, 그는 항소의 이익이 없어 항소심에서의 반소 제기를 위해 스스로 항소를 제기할 수는 없으나(대법원 1973. 3. 13. 선고 73다2 판결, 1981. 7. 28. 선고 80다2298 판결 등), 상대방인 원고의 항소에 의한 항소심에서 반소를 제기할 수는 있는바, 이 경우 그 범위에서 피고는 부대항소를 한 것으로 의제된다고 할 것이다(대법원 1977. 6. 7. 선고 77다50, 51 판결 1992. 12. 8. 선고 91다43015 판결, 2000. 2. 25. 선고 97다30066 판결 참조). 이에 따라, 원고의 항소가 취하되거나 각하되는 등으로 항소가 종료하는 때에는 부대항소의 종속성에 의하여 항소심에서 제기된 반소는 그로써 함께 종료한다.

그러나 반소는 중간확인의 소와 달리, 반소 제기 당시 본소가 계속 중이면 족하고 본소의 소송이 계속 유지될 것을 전제로 하지 않으므로, 반소 제기 후 본소가 취하되거나 다른 사유로 종료하더라도 원칙적으로 반소의 운명에 영향이 없다(민사소송법 제271조 참조).

4) 반소는 소송절차를 현저하게 지연시키지 아니하는 경우에만 허용된다(민사소송법 제269조 제1항). 그 이유는 앞서 본 청구취지 변경의 그것과 같다. 방어방법과 견련된 반소를 제기하는 경우에는 본소에 대한 방어방법이 적법해야 하므로 상계금지채권과 같은 경우는 상계항변이 부적법하므로 상계를 전제로 한 반소는 불가하다. 또, 그 공격방어방법이 실기한 것으로 각하되면 이와 관련된 반소도 부적법하게 된다.

5) 반소는 본소의 소송절차에 병합하여 심리되므로, 본소와 소송절차의 종류가 같고 다른 법원의 전속관할에 속하지 않아야 한다. 반소도 실질상 새로운 소이므로 앞서 본 반소의 고유한 요건 외에 당사자적격, 소의 이익, 제척기간의 준수 등 소송요건을 갖춰야 함은 물론이다.

다. 반소의 제기와 법원의 심리

1) 반소는 실질상 새로운 소의 제기이므로 소의 제기에 준하여 하여야 한다(민사소송법 제270조). 즉 서면에 의하여야 하고 청구취지와 청구원인을 반드시 기재하여야 한다. 반소에는 소송목적의 값에 따른 인지액을 납부하여야 한다. 다만, 채무부존재확인청구의 본소와 그 채무의 이행을 청구하는 반소와 같이 본소와 반소의 소송목적이 실질적으로 동일한 때에는 반소의 인지액에서 본소의 그것을 공제한 차액의 인지액만 납부하면 된다(민사소송 등 인지법 제4조 제2항). 반소의 제기는 소송대리인의 특별수권사항에 속한다(민사소송법 제90조 제2항 제1호).

2) 반소는 독립한 소이므로 사건번호와 사건명이 따로 부여된다. 당사자의 호칭은 '피고(반소원고)', '원고(반소피고)'라고 표시한다.

3) 반소의 제기에 대하여 상대방인 원고는 원칙적으로 이의를 제기할 수 없고, 단지 반소가 본소의 소송목적 또는 그에 대한 방어방법과 관련성이 없다는 사유만을 주장할 수 있다. 그러나 원고가 적절한 시기에 이에 대한 이의를 진술하지 않은 때는 이의권을 상실한다(대법원 1968. 11. 26. 선고 68다1886 판결). 위 사항 외의 반소의 요건은 법원이 직권으로 조사하여야 하고, 원고도 언제든지 본안전 항변으로 주장할 수 있다.

반소가 당사자능력, 당사자적격, 소의 이익 등 소 일반의 요건을 못 갖춘 때에는 본소와 마찬가지로 보정의 대상이 되거나 소 각하 판결을 받게 된다. 반소가 소 일반의 요건은 갖추었으나 본소와의 관련성 등 반소의 특별한 요건에 흠결이 있는 때에는 반소를 분리하여 심리하거나 관할권 있는 법원에 이송할 필요 없이 이를 각하하여야 한다는 것이 판례이다(대법원 1965. 12. 7. 선고 65다2034 판결 참조). 그러나 소송경제나 당사자의 편익을 위해서는, 반소가 1심에서 제기된 때에는, 석명을 하여 피고가 원하는 경우에는 반소를 분리하여 심리하거나 관할권 있는 법원에 이송함이 타당하다고 생각된다.

4) 한편, 반소는 위와 같이 본소의 사실심 변론종결 시까지 제기할 수 있고, 항소심에서는 상대방의 심급 이익을 해할 우려가 없거나 그의 동의를 얻은 때에 한하여 제기할 수 있는바, 1심의 변론종결 후 항소심에 기록이 송부되기 전에 반소가 제기된 경우 이를 어떻게 처리하여야 하는가?

반소의 제기 역시 소송행위인데 이 경우 그 요건을 결한 것이므로 이로써 소송행위(반소의 제기)의 효력이 발생하지 않고, 따라서 반소는 무효라고 보아야 한다. 따라서 1심법원이 변론을 재개하지 않는 한 그 반소는 효력이 없고 1심의 심판대상이 되지 않으므로, 1심법원은 그 부본을 상대방인 원고에게 송달할 필요가 없고, 이에 대하여 판단할 의무도 없다고 할 것이다.[475)]

만약 1심법원이 변론을 재개한 경우에는 그때 소송행위의 요건을 충족하여 유효한 소송행위로 전환되어 반소가 적법하게 되고, 1심의 심판대상이 된다고 보아야 한다. 그러므로 이때는 그 부본을 원고에게 송달하고 심리·판단하여야 한다. 1심법원이 변론을 재개하지 않고 항소도 제기되지 않은 때는 이로써 반소는 확정적으로 무효가 된다. 반면에 본소에 대하여 항소가 제기된 때에는 그때 소송행위의 요건을 충족하여 적법한 반소로 전환되고 항소심의 심판대상이 된다고 볼 것이므로, 1심법원은 항소 부분(본소)과 함께 반소 사건도 항소심에 송부하여야 한다. 이 경우 항소심은 반소가 항소심에서 제기된 것

475) 실무관행도 이와 같다. 사건번호도 부여하지 않는다. 이 경우 1심법원은 굳이 반소가 부적법하다는 이유로 반소를 각하할 필요도 없고, 변론 재개 여부나 항소 여부에 따라 처리함이 타당하다고 생각된다.

과 같이 취급하여 항소심 사건번호를 부여하고 반소장 부본을 원고에게 송달한 후 심리·판단하여야 한다. 이 경우 당해 반소는 실질상 항소심에서 제기된 것이므로 상대방의 심급의 이익을 해할 우려가 없거나 상대방의 동의가 있어야만 적법성을 인정받을 수 있음은 물론이며, 반소 원고는 항소심에서의 반소에 준하여 인지를 추가 납부하여야 한다.

5) 본소와 반소는 독립한 소이므로 그 사물관할은 각각 따로 판단하여야 한다. 따라서 본소가 단독판사의 관할에 속하는 사건인 경우에 피고가 반소로 합의부 사건에 속하는 청구를 한 때에는 직권 또는 당사자의 신청에 의하여 결정으로 본소와 반소를 모두 합의부에 이송하여야 한다.[476] 다만, 반소에 관하여 변론관할권이 발생한 경우에는 사건 전부를 이송할 필요가 없다(민사소송법 제269조 제2항).

6) 본소와 반소는 각각 독립한 별개의 소이나 견련성이 있으므로 그 각 변론을 병합하여 하나의 소송절차에서 심판한다. 그러나 별도로 변론병합결정을 할 필요는 없다. 다만, 그 각 소송목적이 합일확정되어야 할 성질의 것은 아니므로, 필요에 따라 변론을 분리할 수도 있고, 본소와 반소로 나누어 따로따로 판결을 할 수도 있다(민사소송법 제200조 제2항).[477] 대법원의 견해도 같다(대법원 2005. 5. 27. 선고 2004다30811 판결 등). 한편, 증거공통의 원칙에 의해 본소의 증거자료와 반소의 증거자료는 양쪽 모두에 이용될 수 있다.

7) 반소 역시 본소와 마찬가지로 엄연한 하나의 소이므로, 반소를 제기한 후에 본소가 취하 또는 청구의 포기·인낙 등에 의하여 종료되더라도 반소에는 영향이 없고 법원은 이를 심리·판단하여야 한다. 본소가 각하되거나 그 청구가 기각된 때에도 같다.

항소심에서 반소가 제기된 후 본소에 대한 항소가 취하, 각하된 경우, 반소는 그로써 당연히 소멸하는가 아니면 존속하는가? 대법원은, 추완항소를 제기한 피고가 항소심에서 제기한 반소는 항소심소송이 적법하게 계속될 것을 당연한 전제로 하므로, 피고의 추완항소가 각하되는 경우에는 그가 제기한 반소 역시 그로써 당연히 소멸한다고 본다(대법원 2003. 6. 13. 선고 2003다16962, 16979 판결 참조).[478] 존속설에서는 1심법원으로 반소 사건을 이송하거나 항소심이 그대로 심리를 하여야 한다고 본다.

그러나 반소는 원칙적으로 본소가 심리되는 기회를 이용하여 그와 일정한 견련관계가 있는 것에 한해 예외적으로 허용되는 것이고, 항소심에서의 반소는 만약 항소가 없었더라면 원천적으로 불가능하여 더욱 그러하다고 할 것이므로 부정설이 옳다고 생각된다.

---

476) 본소의 소송목적 값과 반소의 그것을 합산하여 그 합산액이 합의부 사건에 속하는 경우에는 민사소송법 제269조 제2항이 적용되지 않음에 주의하여야 한다. 이에 관하여는 <변론의 병합> 참조.

477) 소송비용불가분의 원칙상 본소와 반소의 소송비용을 합하여 판단하여야 한다는 견해가 있으나[손한기, "반소", 고시연구 제297호(1998), 39면], 본소와 반소는 견련성은 있으나 독립한 소로서 합일확정될 필요가 없으므로 소송비용의 재판도 따로따로 함이 원칙이다(대법원 1956. 9. 15. 선고 4289민상193,194 판결, 1995. 7. 11. 선고 94다19860 판결 등 참조). 다만, 필요에 따라 합산하여 정할 수도 있다(대법원 2014. 10. 30. 선고 2009다30731, 30748 판결 등 참조).

478) 피고의 반소는 본소에 대한 항소심 종료를 해제조건으로 제기된 것으로 해석하여야 하기 때문이다.

따라서 항소심에서 반소가 제기된 후 본소에 대한 항소가 취하 또는 각하된 경우나 본소청구의 포기·인낙·화해 등에 의하여 본소의 소송이 종료되는 경우에도 반소는 해제조건의 성취에 의해 그로써 당연히 소멸한다고 보아야 할 것이다.

피고가 1심에서 전부 승소하여 원고가 제기한 항소에 따른 항소심에서 피고가 반소를 제기한 경우, 피고는 부대항소를 한 것으로 의제됨은 앞서 본 바와 같다.

8) 예비적 반소는 원고의 본소청구가 인용되거나 기각될 것을 전제로 하는바, 본소청구가 인용될 경우를 대비하여 그 청구가 기각될 것을 해제조건으로 한 예비적 반소청구의 경우, 법원이 본소를 각하하거나 그 청구 전부를 기각하는 때에는 예비적 반소청구는 해제조건의 성취로 소급하여 소멸하므로,[479] 법원은 이에 대해서 따로 판단할 필요가 없다(대법원 1991. 6. 25. 선고 91다1615 판결, 2018. 4. 6.자 2017마6406 결정). 본소가 취하된 때에도 같다. 그러나 본소가 화해나 조정, 청구의 포기·인낙 등으로 종료한 때에는 그 실질적인 내용에 따라 예비적 반소의 운명이 결정될 것이다.

1심에서 본소청구를 인용하면서 예비적 반소청구에 대하여도 판단하였는데, 피고가 불복하여 항소한 결과, 항소심에서 본소청구를 기각하는 경우에는 예비적 반소에 대한 1심판결도 취소하는 판결을 할 수 있다. 본소청구의 기각으로 예비적 반소가 소멸하기 때문이다.[480]

한편, 예비적 반소가 제기된 경우에 1심이 본소청구를 배척하였다면 예비적 반소에 대해서는 판단을 할 필요가 없으나, 만약 1심이 예비적 반소에 대해서도 배척하는 판단을 하였다면 예비적 반소에 대한 판단은 심판대상이 될 수 없는 것에 대한 판단이어서 실질적으로는 그 효력이 없다. 이 경우, 피고가 반소에 대해 항소하지 않았더라도 원고가 본소에 대해 항소한 때에는 피고의 예비적 반소도 이심이 되고 항소심의 심판대상이 되므로 항소심법원은 이에 대해서도 판단하여야 한다(대법원 2006. 6 .29. 선고 2006다19061 판결).

9) 본소와 반소에 관하여 하나의 판결이 선고된 경우, 이는 동일 당사자 사이의 사건이자 견련성이 있으므로 양자에 대하여 상소불가분의 원칙이 적용된다. 따라서 본소와 반소 중 어느 하나에 대해서만 상소가 제기된 경우라도 그 전부가 상소심에 이심이 된다. 그러나 본소와 반소에 관하여 따로따로 분리되어 일부판결의 형식으로 판결이 선고된 경우에는 그렇지 않다.

본소와 반소 전부가 상소심에 이심이 된 경우에도 상소심의 심판범위가 되는 것은 불

---

479) 본소청구 전부 각하나 전부 기각이 아닌 그 일부 각하나 일부 기각의 경우에 예비적 반소청구가 해제조건의 성취로 소멸하는지 여부는 반소원고인 피고의 의사해석 문제이다.

480) 이 경우 원고의 본소청구 기각을 해제조건으로 한 피고의 예비적 반소가 소멸하고, 이에 따라 피고의 반소청구에 대한 1심판결은 실체적으로 실효하므로, 항소심이 반소에 대한 1심판결을 취소하는 것은 실효한 판결을 제거한다는 확인적 의미가 있다고 할 것이다. 다만, 이러한 효과는 항소심판결이 확정되기 전까지는 잠정적인 것이다.

복이 있는 부분에 한함은 물론이다. 따라서 독립당사자참가소송에서 원고 승소 판결이 선고되자 참가인만이 상소를 한 경우, 판결 전체의 확정이 차단되고 사건 전부에 관하여 이심의 효력이 생기지만, 이 경우 상소심에서 원고의 피고에 대한 청구인용 부분을 원고에게 불리하게 변경할 수 있는 사유인 참가인의 참가신청이 적법하고 나아가 합일확정의 요청상 필요가 없음에도, 참가인의 참가신청이 부적법하다는 이유로 참가인의 항소를 기각하면서 제1심판결 중 피고가 항소하지도 않은 본소 부분을 취소하고 원고의 피고에 대한 청구를 기각하였다면 이는 위법하다(대법원 2007. 12. 14. 선고 2007다37776, 37783 판결 참조).

10) 본소의 취하에 피고의 동의가 필요한 것처럼 반소의 취하에 대해서도 원고의 동의를 요한다. 그러나 이미 본소가 취하된 뒤에는 원고의 동의 없이도 반소를 취하할 수 있다(민사소송법 제271조). 다만, 본소가 각하된 때에는 원고의 의사에 기하여 본소가 없어진 것이 아니므로 반소의 취하에 원고의 동의가 필요하다는 것이 판례이다(대법원 1984. 7. 10. 선고 84다카298 판결).

라. 가지급물 반환청구

1) 가집행의 선고는 그 가집행의 선고 또는 본안판결을 바꾸는 판결의 선고로써 바뀌는 한도에서 그 효력을 잃는바(민사소송법 제215조 제1항), 이때 피고가 그 판결에서 가집행의 선고에 따라 지급한 물건이 있다면 이는 가집행의 선고 또는 본안판결을 바꾸는 한도에서 정당성을 상실하게 된다. 이에 따라 피고는 상소심에서 가지급물반환신청을 할 수 있고, 가집행선고에 따라 상대방에게 지급한 금전이나 물건의 반환 외에 그로 인한 손해와 가집행의 면제를 받기 위하여 입은 손해의 배상도 청구할 수 있다(민사소송법 제215조 제2항).

2) 가지급물 반환청구는 상소심법원으로 하여금 본안판결(상소심판결)을 하는 기회에 가집행에 따른 결과를 간편하게 회복하는 판결을 하도록 함으로써 피고의 법익을 보호하려는 차원에서 마련된 것이다.[481] 따라서 가지급물 반환청구 역시 소송 중의 소로서, 그 성질은 가지급물 반환청구자인 피고의 상소가 인용되지 않을 것을 해제조건으로 하는 예비적 반소이다(대법원 1996. 5. 10. 선고 96다5001 판결, 2005. 1. 13. 선고 2004다19647 판결). 가지급물반환신청은 위와 같이 상소심판결의 결과 가집행 선고가 효력을 잃을 것을 전제로 하므로, 원고만이 상소한 경우 가집행 선고가 효력을 잃을 가능성이 없어 피고는 이를 청구할 수 없다.

3) 가지급물의 반환은 채무자인 피고의 청구가 없는 이상 법원이 직권으로 이를 판단할 수는 없다(대법원 1970. 2. 10. 선고 65다1629 판결).[482] 또한 그 반환청구 역시 통상의 소와 같으므로 적법한 소송

481) 피고가 판결에 가집행의 선고가 없음에도 스스로 원고에게 지급한 금전이나 물건이 있다면 이는 비채변제로서 부당이득반환을 구하여야 할 것이나, 가지급물반환신청 제도를 유추하여 이 경우에도 피고는 상소심에서 가지급물반환신청을 할 수 있다고 해석하여야 할 것이다.

482) 민사소송법 제215조 제2항, 3항에서도 "피고의 신청에 따라 …"라고 하여 당사자의 신청이 있어야 함을 규정하고 있다.

요건을 갖추어야 하며, 법원은 그에 대한 변론을 거쳐 판단하여야 한다(대법원 1968. 3. 26. 선고 68다154 판결). 그 인지도 반소장에 준하여 첩부하거나 납부하여야 하나(대법원 재판예규 제1516호, "민사접수서류에 붙일 인지액 및 그 편철방법 등에 관한 예규"), 대개는 그 청구의 목적이 본소청구와 동일하므로 인지를 붙이지 않을 경우가 많을 것이다.

4) 가지급물반환신청은 본질상 반소이지만, 피고의 상소에 부대하여 이루어지는 특성을 감안하여 가지급물 반환청구에 대하여는 반소 일반과 달리 별개의 사건번호를 부여하지 않으며,[483] 심급의 이익을 해할 우려가 없으므로 상대방인 원고의 동의를 얻을 필요 없이 자유로이 제기할 수 있다.[484] 당사자 사이에 그에 관하여 다툼이 없어 사실심리를 요하지 아니하는 경우에는 상고심에서도 신청할 수 있다(대법원 2000. 2. 25. 선고 98다36474 판결, 2006. 12. 8. 선고 2003다10407 판결 등).

5) 가지급물 반환청구에서 그 청구원인은 부당이득반환 또는 불법행위(부당가집행)로 인한 손해배상청구의 일종이므로, 가지급한 금전 등과 이에 대하여 지급한 날부터 법정이율에 의한 지연손해금을 청구할 수 있고,[485] 그 판결 주문은 "원고는 피고에게 가지급금의 반환으로 1억 원과 이에 대하여 2019. 2. 7.부터 2019. 10. 16.까지는 연 5%, 그 다음날부터 다 갚는 날까지는 연 15%의 각 비율로 계산한 돈을 지급하라"와 같이 할 수 있다. 가지급물 반환청구에 대한 판단은 소송비용의 부담이나 가집행선고 등에 대한 판단과 함께 판결 이유란의 말미 부분에서 간단히 판단하는 것이 보통이다.

6) 예비적 반소의 일종인 가지급물 반환청구는 위와 같이 상소심에서 피고의 상소가 인용될 것을 전제로 하므로, 피고의 상소가 기각될 경우 상소심은 가지급물반환신청에 대한 판단을 할 필요가 없음은 물론이다(대법원 1996. 5. 10. 선고 96다5001 판결, 2005. 1. 13. 선고 2004다19647 판결).

---

483) 물론 가지급을 한 채무자는 당해 소송의 상소절차가 아닌 별개의 소를 제기하는 방법에 의하여서도 그 반환 등을 청구할 수 있다(대법원 1967. 2. 7, 선고 66다2039 판결, 1976. 3. 23, 선고 75다2209 판결).

484) 가지급물반환신청은 상소장에 상소의 취지와 함께 기재하여도 무방하고, 상소장 제출 후 별도의 신청서를 제출하여도 무방하다.

485) 대법원은 이에 관하여 "가집행선고부 판결에 기한 집행의 효력은 확정적인 것이 아니고, 후일 상소심에서 본안판결 또는 가집행선고가 취소·변경될 것을 해제조건으로 하는 것이다. 즉 가집행선고에 의하여 집행을 하였다고 하더라도 후일 본안판결의 일부 또는 전부가 실효되면 이전의 가집행선고부 판결에 기하여는 집행을 할 수 없는 것으로 확정된다. 그리고 추후 상소심에서 본안판결이 바뀌게 되면 가집행채권자는 가집행의 선고에 따라 지급받은 물건을 돌려줄 것과 가집행으로 말미암은 손해 또는 그 면제를 받기 위하여 입은 손해를 배상할 의무를 부담하게 된다. 그런데 이 원상회복 및 손해배상의무는 본래부터 가집행이 없었던 것과 같은 원상으로 회복시키려는 공평의 관념에서 나온 것으로서 그 가집행으로 인하여 지급된 것이 금전이라면 특단의 사정이 없는 한 가집행채권자는 그 지급된 금원과 그 지급된 금원에 대하여 지급된 날 이후부터 법정이율에 의한 지연손해금을 지급하여야 한다"고 한다(대법원 1979. 9. 11. 선고 79다1203 판결, 2004. 2. 27. 선고 2003다52944 판결, 2012. 4. 13. 선고 2011다104130 판결).

03 소송절차의 정지(중단과 중지)

Ⅰ. 의 의

1. 소송절차 정지의 개념

1) 소송절차의 정지(停止)란 소송이 계속되는 중에, 즉 그 소송절차가 완결·종료(판결의 확정이나 화해, 소 취하 등)되기 전에 일정한 사유로 인해 그 소송절차가 진행되지 않는 상태를 말한다.

2) 그 사유는 법령에 개별적으로 규정되어 있다. 법률상의 일정한 사유로 인해 진행이 멈추어야 하므로, 법률상의 사유로 인한 것이 아니라 당사자나 수소법원의 일시적 사정(관련사건의 판결 결과를 기다리거나 감정결과의 제출을 기다리거나 당사자나 대리인, 증인이 질병이나 외국 체재, 교도소 수감 등으로 당장 출석할 수 없는 경우 등)으로 기일이 추정된 채 사실상 소송절차의 진행이 멈춘 경우는 이에 해당하지 않는다.

3) 뒤에서 보는 바와 같이 소송절차의 정지기간 중에는 특별한 경우가 아닌 한 소송행위, 즉 주장의 제출이나 입증, 증거조사, 판결의 선고 등을 할 수 없는바, 이는 당사자 등 소송관계인이 소송에 관여하여 소송을 수행할 수 없는 사정이 생긴 경우에 그 사유가 제거될 때까지 소송절차의 진행을 멈추어 당사자의 권익을 보호하기 위한 것이다.

2. 소송절차 정지의 유형

1) 소송절차의 정지에는 소송절차의 중단과 중지 두 가지가 있다.

2) 소송절차의 중단이란, 소송 중 당사자가 사망하거나 소송수행권을 상실한 등으로 당사자나 소송수행자에게 소송수행이 불가능한 법정의 사유가 생겼을 때 새로운 당사자나 소송수행자가 나타나 다시 소송을 수행할 수 있을 때까지 법률상 당연히 소송절차의 진행이 멈추는 것을 말한다. 이는 당사자의 소송절차 수계나 법원의 속행명령에 의하여 해소된다.

3) 소송절차의 중지란, 천재지변이나 당사자의 수감, 입원 등의 주관적 사정으로 법원이나 당사자에게 소송을 진행할 수 없는 사유가 생겼거나 진행에 부적당한 사유가 생겼을 때 법률상 당연히 또는 법원의 결정에 의하여 소송절차의 진행이 멈추는 것을 말한

다. 당사자 등 소송관계인의 주관적 사정보다는 법원에게 소송진행이 불가능한 객관적 사정이 발생한 것을 주된 원인으로 하고, 당사자 또는 소송수행자의 교체(수계 포함)가 없다는 점에서 중단과 구별된다.

3. 소송절차 정지의 적용 대상

1) 소송절차의 정지는 기본적으로 쌍방심리주의가 적용되어 양쪽 당사자의 계속적인 소송관여를 필요로 하는 본안소송절차, 즉 판결절차에 적용된다. 그러나 반드시 변론이 필요한 절차에 한하지는 않으므로 1심이나 항소심은 물론 상고심절차에도 적용된다. 이러한 이유로 민사소송법은 소송절차의 정지에 관한 규정을 제1편 총칙에 두고 있다.

2) 절차의 내용과 중요성상 당사자나 대리인, 소송수행자의 소송관여, 특히 일정한 기간 내에 특정한 소송행위를 하여야 할 것이 요청되는 절차인 독촉절차, 제소전화해절차, 항고·재항고절차, 소송비용확정절차, 가사소송 및 가사심판절차 등에 대해서도 소송절차의 정지에 관한 규정을 준용하거나 유추 적용하여야 할 필요가 있다(민사소송법 제134, 224, 443, 450조, 가사소송법 제12조 본문 참조).

3) 그러나 경매절차는 재산을 환가하여 채권자의 만족을 얻기 위한 권리실행절차에 불과하므로, 강제경매나 저당권실행을 위한 경매절차에는 소송절차의 중단, 수계에 관한 규정이 적용될 수 없다는 것이 대법원의 견해이고(대법원 1964. 3. 24.자 63마55 결정, 1969. 11. 28.자 69마845결정, 1970. 11. 24. 선고 70다1894 판결 등), 학설도 이를 지지하는 것이 통설이다.

4) 신속성과 기밀성을 요하고 당사자대립구조를 전제로 하지 않는 가압류절차나 가처분절차에도 소송절차의 중단, 수계에 관한 규정은 적용되지 않는다고 보아야 할 것이다. 다만, 그 절차에 이은 가압류나 가처분 이의절차, 그 취소절차에서는 신속성과 기밀성을 요하지 않고 이해관계가 대립하는 쌍방 당사자의 절차 참여가 요구되므로 여기에는 소송절차의 정지가 적용되어야 할 것이다.[1)]

Ⅱ. 소송절차의 중단

1. 중단사유

가. 당사자의 사망 등(당사자 지위의 교체)

1) 소송절차 진행 중에 당사자가 사망하는 등 일정한 사유가 발생한 경우, 종전 당사

1) 대법원 2010. 12. 23. 선고 2007다22866 판결의 사안에서는 가처분이의절차에 소송절차의 중단을 인정하였다. 그런데 이 판결 선고 당시에는 가처분이의절차가 변론절차로서 그 재판은 판결로 하게 되어 있었는데, 그 뒤 민사집행법의 개정으로 가처분이의절차는 임의적 변론절차로, 그 재판은 결정으로 하도록 변경되었다. 이러한 개정 경위를 고려하더라도 결론에는 영향이 없다고 생각된다.

자가 소송목적인 법률관계 주체로서의 지위를 잃고 타인이 이를 승계하여 그 주체가 된다. 이 경우 그 타인이 새로운 당사자로서 소송에 관여하여 소송을 수행할 것이 필요한 바, 그때까지 소송절차를 중단할 필요가 있다.

2) 이러한 사유가 발생한 경우 소송절차를 중단하는 것은 새로운 당사자가 소송에 참여하여 소송을 수행하도록 하기 위한 것인바, 종전 당사자를 위하여 소송대리인이 있는 때는 종전 당사자와 소송대리인 사이의 소송위임에 따른 법률관계 역시 포괄적으로 새로운 당사자에게 이전되며, 이에 따라 소송대리인의 대리권은 소멸하지 않고(민사소송법 제95, 96조) 소송대리인은 계속해서 소송을 수행할 수 있으므로 소송절차를 중단할 필요가 없다. 이런 이유로 민사소송법은 그 경우에는 소송절차 중단을 인정하지 않는다.

3) 한편, 소송절차 진행 중에 당사자가 타인에게 소송목적인 권리·의무나 법률관계를 양도하거나 인수케 한 경우에도 소송당사자를 교체할 필요가 있으나, 이는 포괄적 지위변동이 수반되지 않을 뿐 아니라, 이는 당사자 간의 합의에 의하여 이루어진다는 점에서 법률규정에 의하여 포괄적 지위변동이 일어나는 사망이나 법인의 합병 등과 구별된다. 물론 신탁법에 의한 신탁이나 파산선고, 회생절차의 개시 등의 경우에는 법률관계 변동의 범위가 사망이나 법인의 합병 등보다 좁은 범위에서 발생하나, 이는 양적인 차이에 불과하다. 이에 따라 민사소송법은 소송목적인 권리·의무나 법률관계 양도 등의 경우에는 당사자들의 승계참가신청이나 인수참가신청에 의하여 새로운 권리주체로 하여금 소송절차에 참여케 하는 대신 소송절차의 중단을 인정하지 않는다.

(1) 당사자의 사망

1) 소송절차 진행 중, 엄격히 말하면 소송계속 후에 당사자가 사망한 때에는 소송절차가 중단된다(민사소송법 제233조 제1항). 당사자가 사망하면 소송능력을 상실하나, 그에 앞서 권리의무능력이나 당사자능력을 상실하고 상속인이 그 지위를 당연히 승계한다.

2) 사망은 실종선고나 인정사망 등을 포함한다. 실종선고의 경우, 소송절차 중단 시기는 실종기간이 만료된 때가 아니라 실종선고가 확정된 때로서, 실종선고 확정으로 실종선고의 효력이 발생하기 전에는 실종기간이 만료된 실종자라 하여도 소송상 당사자능력을 상실하지 않는다(대법원 1983. 2. 22. 선고 82사18 판결, 2008. 6. 26. 선고 2007다11057 판결). 부재자 재산관리인에 의하여 소송절차가 진행되던 중 부재자 본인에 대한 실종선고가 확정되면 부재자 본인이 사망한 것으로 되고 그 재산관리인의 지위도 종료하므로,[2] 역시 소송절차가 중단된다(대법원 1987. 3. 24. 선고 85다카1151 판결).

당사자가 소 제기 전에 이미 사망한 경우에는, 그것이 후에 판명되었다 하더라도 중단사유가 되지 않는다. 이러한 경우 소의 제기가 무효가 되거나 예외적인 당사자표시정정

---

2) 부재자의 재산에 관한 소송에 있어서는 부재자 자신만이 당사자 본인이 될 수 있고, 부재자의 재산관리인은 단지 법정대리인에 불과하다(대법원 1977. 2. 22. 선고 76다2071 판결).

신청이 허용될 수 있을 뿐이다(대법원 1962. 8. 30. 선고 62다275 판결, 2000. 10. 27. 선고 2000다33775 판결 등).

3) 당사자가 사망하였더라도, 그가 생전에 위임한 소송대리인의 소송대리권은 소멸하지 않으므로(민사소송법 제95조 제1호), 소송대리인이 당사자가 사망한 사실을 모르고 사망한 자를 원고로 표시하여 소를 제기하였다면 그 소의 제기는 적법하고, 시효중단 등 소 제기의 효력은 상속인들에게 귀속된다. 이 경우 민사소송법 233조 제1항이 유추적용되어 상속인들은 소송절차를 수계하여야 한다(대법원 2016. 4. 29. 선고 2014다210449 판결).

4) 보조참가인은 당사자가 아니므로 소송계속 중 사망하더라도 소송절차가 중단되지 않는다(대법원 1995. 8. 25. 선고 94다27373 판결). 물론 그 상속인들은 보조참가인 지위를 승계하여 소송에 참여할 수 있을 것이다. 이 경우 수계절차를 유추할 수 있다.

통상공동소송에서 일부 당사자에게 중단사유가 생긴 경우 그 당사자에 대해서만 절차가 중단되나, 필수적 공동소송의 경우에는 모든 당사자에 대하여 절차가 중단된다(민사소송법 제67조 제3항).

5) 소송계속 중에 당사자가 사망하였더라도, 소송목적인 권리·의무가 일신전속적인 것이 아니어서 상속의 대상이 되는 때에만 소송절차가 중단된다. 그렇지 않다면 소송은 그로써 종료하고, 상속인 등이 수계할 여지가 없기 때문이다. 따라서 이혼소송 중 한쪽 당사자가 사망한 경우(대법원 1994. 10. 28. 선고 94므246 판결),[3] 공동광업권관계 소송에서 공동광업권자가 사망한 경우(대법원 1981. 7. 28. 선고 81다145 판결),[4] 학교법인의 이사 및 이사장의 자격으로 그 법인 이사회결의 무효확인청구의 소를 제기하여 수행하던 자가 사망한 경우(대법원 1981. 7. 16. 자 80마370 결정) 등에는 소송절차가 중단되지 않고 곧바로 소송이 종료한다. 한편, 상속인이 전혀 없거나 상속인 전원이 상속포기를 한 경우에도 동일하다.

일방 당사자가 사망하였는데 상대방 당사자가 그 상속인으로서 소송목적인 권리·의무를 승계한 경우에는 혼동으로 인하여 당사자 대립구조가 성립하지 않게 되므로 사망과 동시에 소송절차는 종료한다.

6) 소송계속 중에 종전 당사자가 소송목적인 권리·의무를 타인에게 양도하여 그 양수인이 소송목적을 특정승계한 경우에는 앞서 말한 바와 같이 소송절차가 중단되지 않으며, 이는 승계참가나 인수참가의 사유가 될 뿐이다.

---

3) 다만 이혼에 따른 위자료청구권은 행사상 일신전속권이고 귀속상 일신전속권은 아니므로 그 청구권자가 위자료의 지급을 구하는 소를 제기함으로써 청구권을 행사할 의사가 외부적·객관적으로 명백하게 된 이상 양도나 상속 등 승계가 가능하다(대법원 1993. 5. 27. 선고 92므143 판결).재산분할청구권도 이와 같다(대법원 2009. 2. 9.자 2008스105결정).

4) 공동광업권자 중 1인이 사망한 때에는 공동광업권의 조합관계로부터 당연히 탈퇴되고, 특히 조합계약에서 사망한 공동광업권자의 지위를 그 상속인이 승계하기로 약정한 바가 없는 이상 사망한 공동광업권자의 지위는 일신전속적인 권리의무관계로서 상속인에게 승계되지 아니하고, 따라서 동 망인이 제소한 공동광업권관계소송은 그의 사망으로 당연히 종료된다(대법원 1981. 7. 28. 선고 81다145 판결).

(2) 법인의 합병

1) 소송당사자인 법인이 다른 법인과 합병에 의하여 소멸한 경우 당해 소송절차는 중단된다. 이 경우 합병에 의하여 설립된 법인 또는 합병한 뒤의 존속법인이 소송절차를 수계하여야 한다(민사소송법 제234조). 이는 법인 아닌 사단·재단의 경우에도 유추 된다(민사소송법 제52조 참조).

2) 합병에 의하여 법인이 소멸한 경우뿐만 아니라 법인의 권리·의무가 법률의 규정에 의하여 새로 설립된 법인에 승계되는 경우에도 동일하다. 지방자치단체의 폐치·분합의 경우에도 권리·의무의 승계가 이루어지므로 소송절차가 중단된다(지방자치법 제5조 제1항 참조).

3) 법인이 합병 이외의 사유로 해산한 때에는 청산법인으로서 존속하므로 중단되지 않으나, 청산절차를 밟지 않은 채 법인이 소멸한 경우에는 중단된다.[5] 법인의 명칭이나 대표자의 변경이 있을 뿐 그 실체에 변동이 없는 경우에는 중단되지 않는다(대법원 1967. 7. 7. 자 67마335 결정).

4) 소송당사자인 법인으로부터 영업양도에 의하여 소송목적인 권리·의무를 승계하였다는 사유는 승계참가의 사유일 뿐 소송절차 중단의 사유가 되지 않는다(대법원 1962. 9. 27. 선고 62다441판결). 영업양도만으로 기존 법인이 소멸하는 것은 아니기 때문이다.

(3) 수탁자의 임무 종료

1) 신탁재산에 대한 법률관계는 수탁자에게 귀속되므로(신탁법 제2조), 신탁재산에 관한 소송에서는 수탁자가 소송당사자가 된다(신탁법 제6조 참조). 여기에서 말하는 신탁에 명의신탁은 포함되지 않음은 물론이다.

2) 수탁자의 임무가 끝난 때에는 수탁재산에 관한 소유권 등 관리처분권이 신탁자 등에게 환원·귀속되므로 소송절차가 중단된다(민사소송법 제236조).

3) 수탁자의 임무 종료 사유는, 수탁자의 사망, 수탁자에 대한 금치산선고 또는 한정치산선고, 수탁자에 대한 파산선고, 법인인 수탁자의 합병 외의 사유로 인한 해산, 신탁행위로 정한 수탁자의 임무 종료 사유의 발생, 신탁행위로 정한 수탁자의 특정한 자격상실, 수탁자의 사임 등이다(신탁법 제12, 13, 14조 등). 수탁자에 대한 금치산선고 또는 한정치산선고는 이를 각 성년후견개시심판, 한정후견개시심판으로 해석하여야 할 것이다(2011. 3. 7. 개정 민법 부칙 제3조).

(4) 제3자소송담당자나 선정당사자의 자격상실 또는 사망

1) 선정당사자를 포함한 제3자소송담당자는 일정한 자격에 의하여 자기 이름으로 타인을 위하여 소송당사자가 되는 경우이다. 파산관재인, 유언집행자, 해난구조료 청구 사건의 선장 등이 대표적이며, 선정당사자도 여기에 포함된다.

---

5) 소멸한 민사법인의 잔여재산은 최종적으로는 국고에 귀속된다(민법 제80조 제3항).

2) 이들이 당사자적격을 취득한 근거가 된 자격을 잃거나 사망한 때에는 당사자 지위를 상실하므로 소송절차가 중단된다(민사소송법 제237조). 선정당사자가 복수인 때는 그들 모두가 자격을 잃거나 죽은 때에 한하여 소송절차가 중단된다(민사소송법 제237조 제2항).

3) 대위채권자(채권자대위권을 행사하여 소를 제기한 자), 추심채권자, 채권질권자도 제3자소송담당자에 해당하므로, 이들의 사망이나 자격상실, 소송능력 상실 사유가 있는 때에는 소송절차가 중단되나, 피보전채권의 소멸로 인해 당사자적격을 상실하게 된 경우에는 소 각하 사유가 될 뿐 소송절차가 중단되지는 않는다.

4) 대위채권자, 추심채권자, 채권질권자는 이른바 병행형 소송담당자라거나 자기의 이익을 위하여 소송담당자가 된 경우여서, 이들이 소송 중에 사망한 경우에는 민사소송법 제237조 제1항에 의한 소송절차 중단이 발생하지 않는다는 부정설이 있다.[6)]

물론 이 규정의 입법취지는 주로 파산관재인, 부재자재산관리인, 유언집행자, 상속재산관리인, 검사, 선장 등 일정한 지위나 자격에 기하여 소송담당자가 된 경우에 이들이 자격을 잃거나 사망한 때를 예정한 것이라고 할 수 있고, 대위채권자, 추심채권자 등이 소송진행 중에 자격을 상실한 경우에는 당사자적격 흠결로 소 각하 사유가 될 뿐 중단사유가 될 경우는 거의 없다. 그러나 앞서 제3자소송담당에서 본 것과 같이 이들은 제3자소송담당자에 해당하므로 이와 다른 전제에 선 주장은 의미가 없다. 그리고 대위채권자, 추심채권자 등이 사망한 경우에는 앞서 민사소송법 제233조 제1항에 의해서도 중단이 가능하나, 이는 파산관재인, 유언집행자 등의 경우에도 같다.

(5) 당사자의 파산, 파산절차의 해지

1) 당사자(개인이든 법인이든 불문한다)가 파산선고를 받아 파산관재인이 선임되면 파산재단에 속하는 재산에 관한 실체법상의 관리처분권과 소송상 처분권(당사자적격)이 파산관재인에게 전속하게 되므로(채무자 회생 및 파산에 관한 법률 제359, 384조), 파산자가 당사자로 수행하던 소송절차는 중단된다(채무자 회생 및 파산에 관한 법률 제6조 6항, 민사소송법 제239조 본문). 그 당사자에게 이미 회생절차가 개시되어 회생관리인 또는 보전관리인에게 관리처분권 이전된 후 파산선고가 있는 때에도 같다.

2) 채무자에 대하여 파산선고가 있으면, 파산선고 당시 법원에 계속되어 있는 소송인 파산채권자가 민법 제406조 제1항(채권자취소)이나 신탁법 제8조(사해신탁)에 따라 제기한 소송의 절차 역시 중단된다(채무자 회생 및 파산에 관한 법률 제406조). 파산채권자가 제기한 채권자대위소송도 같다(대법원 2012. 3. 28. 선고 2012다100746 판결). 채권자가 취소의 대상으로 삼거나 대위하고 있던 파산채무자의 제3자에 대한 권리의 관리 및 처분권 또한 파산관재인에게 속하고, 이들 소송의 결과가 파산재단의 증감에 영향을 미치기 때문이다.

---

6) 김홍엽, 민사소송법, 법문사(2016), 572면 등.

반면에 파산채권 또는 재단채권에 기하여 이루어진 강제집행에 대한 제3자이의의 소송은 파산선고로써 강제집행절차가 실효하고, 더 이상 소송을 유지할 이익이 없게 되므로 소송절차 중단의 여지가 없고, 당사자가 소를 취하하지 않으면 수소법원은 이를 각하하여야 하며, 파산재단에 속하는 재산에 대하여 이루어진 강제집행에 대한 제3자이의의 소송은 파산선고로써 강제집행절차가 실효하나, 파산채무자는 그 소송당사자가 아니고 그 판결의 선고로써 파산채무자에게 영향을 미치지 않으므로 이 역시 소송절차 중단의 여지가 없다.[7]

3) 파산재단이나 파산채권 등에 관한 소송에서 파산절차가 해지(파산선고의 취소 또는 파산절차의 폐지)된 때에는 다시 파산자나 파산채권자가 관리처분권과 소송수행권을 회복하므로 소송절차가 중단된다(민사소송법 제237조 후문, 제240조).

4) 회생절차개시결정이 있는 때에도 관리인에게 실체법상의 처분권과 소송상 처분권(당사자적격)이 전속하므로(채무자 회생 및 파산에 관한 법률 제56, 78조)[8] 채무자의 재산에 관한 소송절차는 중단되며, 관리인 또는 상대방이 소송을 수계한 후 회생절차가 종료(회생절차의 종결 또는 폐지)한 때에도 같다(채무자 회생 및 파산에 관한 법률 제59조).[9] 그러나 회생절차가 폐지된 경우라도 그 당시 '채무자 회생 및 파산에 관한 법률'에 의한 권리확정절차가 계속 중인 경우, 언제나 소송절차가 중단되는 것은 아니고 경우에 따라 소송절차가 종료하는 수도 있다.

5) 회생절차개시결정과 달리 개인회생절차개시결정이 있는 경우에는 채무자에 대한 회생절차 또는 파산절차, 강제집행과 가압류·가처분절차는 중단되나 소송절차는 중단되지 않는다(채무자 회생 및 파산에 관한 법률 제600조 제1항). 채무자가 당사자적격을 잃지 않기 때문이다.

나. 당사자의 소송능력 상실, 법정대리인(대표자)의 사망 또는 법정대리권(대표권)의 소멸(당사자 지위의 교체가 없는 경우)

1) 이 경우는, 당사자 지위에는 변동이 없고, 단지 당사자나 당사자를 위하여 소송을 수행한 법정대리인 또는 대표자에게 발생한 사유로 인해 소송수행이 곤란한 경우이다.

2) 따라서 당사자에게 소송대리인이 있는 때에는 그러한 사유에 불구하고 소송수행이 가능하므로 역시 소송절차 중단을 인정할 필요가 없다(민사소송법 제238조).

(1) 당사자의 소송능력 상실

1) 당사자가 소송능력을 상실하는 전형적인 경우는 성년후견이 개시된 경우이다. 피성

7) 그러나 이 경우 피고인 파산채권자가 파산재단에 속하는 재산에 대하여 한 강제집행절차가 실효하고 파산절차에서 환가가 이루어지게 되므로, 원고(제3자)는 파산관재인을 상대로 환취권 등을 주장하여 새로운 소를 제기할 필요가 있다.
8) 이는 회생채무자의 대표자가 관리인으로 선임된 경우에도 같다.
9) 파산절차의 종결과 회생절차의 종결의 효력이 다름에 주의하여야 한다.

년후견인은 행위능력과 소송능력이 없어 그 후견인이 법정대리인으로서 행위를 하여야 하므로(민법 제938조),[10] 소송 중에 당사자가 성년후견개시심판을 받은 경우 그는 소송능력을 상실한다.

2) 한정후견이 개시되고, 소송목적인 법률관계가 한정후견인의 동의를 받아야만 할 수 있는 행위의 범위에 포함되는 경우에도 이와 같다. 그러나 특정후견이 개시된 경우에는 행위능력(소송능력)에 영향이 없으므로 당사자가 소송능력을 상실하지 않는다.

3) 소송 중에 당사자인 부재자에게 재산관리인이 선임된 경우 법정대리인인 관리인이 소송수행을 하게 되나, 그로써 부재자 본인이 소송능력을 상실하는 것은 아니며 법정대리인의 교체에도 해당하지 않으므로, 이는 소송절차 중단사유가 아니다. 다만, 법정대리인인 부재자 재산관리인에 의해 소송절차가 진행되던 중 부재자 본인에 대하여 실종선고가 확정되면 그때 재산관리인의 지위가 종료하므로, 그때는 상속인 등에 의한 적법한 소송수계가 있을 때까지 소송절차가 중단된다(대법원 1983. 10. 25. 선고 83다카850 판결, 1987. 3. 24. 선고 85다카1151 판결 등).[11]

또한 법원에 의해 부재자 재산관리인이 선임된 이상, 부재자가 그 이전에 이미 사망하였음이 밝혀졌다 하여도 적법한 절차에 의해 위 선임결정이 취소되지 않는 한 이미 선임된 부재자 관리인의 권한은 소멸되지 않고, 또 위 선임결정이 취소된 경우에도 그 취소의 효력은 장래에 향하여서만 생기므로, 부재자 재산관리인의 소송행위 등 적법한 권한 행사의 효과는 사망한 부재자의 상속인에게 미친다(대법원 1970. 1. 27. 선고 69다719 판결, 1973. 3. 13. 선고 72다1405 판결).

다만, 재산관리인이 부재자를 대리하여 부재자 소유의 부동산을 매도하고 매수인에게 그 매매에 대하여 법원에 허가를 신청하는 절차를 이행하기로 약정하고서도 그 이행을 하지 아니하여 매수인으로부터 허가신청절차의 이행을 소구당한 경우,[12] 재산관리인의 지위는 형식상으로는 소송상 당사자이지만, 그 허가신청절차에서 만일 법원이 허가결정을 하면 재산관리인이 부재자를 대리하여서 한 매매계약이 유효하게 됨으로써 실질적으로 부재자에게 그 효과가 귀속되므로, 법원에 대하여 허가신청절차를 이행하기로 한 약정에 터 잡아 그 이행을 소구당한 부재자 재산관리인이 소송계속 중 해임되어 관리권을 상실하는 경우 소송절차는 중단되고, 새로 선임된 재산관리인이 소송을 수계하여야 한다

10) 피성년후견인의 법률행위는 당연무효가 되는 것은 아니라 취소할 수 있고, 가정법원은 취소할 수 없는 피성년후견인의 법률행위의 범위를 정할 수 있다(민법 제10조).

11) 따라서 소송 중에 그 부재자에 대하여 실종선고가 확정되더라도 소 제기 시로 소급하여 그 소가 당사자능력이 없는, 사망한 자가 제기한 것으로 되는 것은 아니다(대법원 2008. 6. 26. 선고 2007다11057 판결). 또, 실종선고 확정 전에는 실종기간이 만료된 실종자를 상대로 하여 제기된 소도 적법하고 실종자를 당사자로 하여 선고된 판결도 유효하며, 당사자로서는 그 판결이 재심이나 추완항소 등에 의하여 취소되지 않는 한 그 기판력에 반하는 주장을 할 수 없고, 비록 실종자를 당사자로 한 판결이 확정된 후에 실종선고가 확정되어 그 사망간주의 시점이 소 제기 전으로 소급하는 경우에도 위 판결 자체가 소급하여 당사자능력이 없는, 사망한 사람을 상대로 한 판결로서 무효가 된다고 볼 수 없다(대법원 1992. 7. 14. 선고 92다2455 판결).

12) 이때는 부재자 재산관리인이 당사자가 된다.

(대법원 2002. 1. 11. 선고 2001다41971 판결).

(2) 법정대리인(대표자)의 사망 또는 법정대리권(대표권)의 소멸

1) 친권자나 법원이 선임한 부재자 재산관리인 등 법정대리인이 사망하거나 그 대리권이 소멸한 경우 본인을 위하여 소송을 수행할 자가 없게 되므로, 새로운 법정대리인이 소송에 관여할 수 있을 때까지 소송절차 중단사유가 된다(민사소송법 제235조).

2) 법인 또는 법인 아닌 사단·재단의 대표자가 사망하거나 그 대표권이 소멸한 경우에도 위와 같다(민사소송법 제64조). 법정대리권이나 대표권의 상실에는 법원의 직무집행정지가처분에 의하여 그 권한행사가 금지된 경우(대법원 1980. 10. 14. 선고 80다623, 624 판결), 당사자인 법인 또는 법인 아닌 사단·재단의 대표자가 교체된 경우(대법원 1969. 3. 10.자 68마1100 결정, 1979. 12. 11. 선고 76다1829 판결)도 포함된다.

그러나 소송절차 진행 중 법정대리인이나 대표자가 사망하거나 다른 사유로 그 대리권이나 대표권이 소멸한 경우, 그 사실을 상대방에게 통지하여야 소멸의 효력이 생기므로(민사소송법 제64, 65조), 그 통지가 있는 때에야 비로소 그 사유가 발생한 것으로 되어 소송절차가 중단된다. 이런 이유로 소송실무상으로는 이에 따른 소송절차 중단과 수계신청을 보기 어렵다.

다만, 앞서 대리인 부분에서 설명한 바와 같이 본인이 소송능력을 취득·회복하기 전에 법정대리인이 사망하거나 그 자격을 상실한 경우와 같이 법정대리권 소멸사실을 통지할 자가 없는 경우에는 그 소멸 시에 소멸의 효력이 발생하고 소송절차는 중단된다고 보아야 한다. 새로운 법정대리인이 선임되어 그가 통지를 할 때까지 소멸의 효력이 발생하지 않고 기존의 법정대리인을 상대로 또는 기존의 법정대리인이 유효하게 소송행위를 할 수 있다고 한다면 본인에게 지나치게 가혹하기 때문이다.[13]

3) 법정대리인과 달리 소송대리인의 사망이나 소송대리권의 소멸은 중단사유가 아니다. 당사자 본인이나 법정대리인, 대표자가 스스로 소송행위를 할 수 있기 때문이다. 따라서 그와 동시에 당사자 본인이나 법정대리인 등에 대하여 중단사유가 발생하지 않는 한 소송절차에 영향이 없다.

2. 중단의 예외사유

1) 앞서 본 중단사유가 있더라도, 그 당사자를 위하여 소송대리인이 있으면 그 즉시 소송이 중단되지는 않는다(민사소송법 제238조). 그 이유는 앞서 설명한 바와 같다. 다만, 당사자의 파산, 파산절차의 해지 또는 회생절차개시결정이나 그 종료가 있는 때에는 소송대리인이

13) 동지: ＜실무제요 민사소송 Ⅱ＞. 이 경우에 법정대리인이 사망한 때에는 물리적으로도 그의 소송행위나 그에 대한 소송행위가 불가능하다.

있더라도 소송절차가 중단된다. 이는 단지 소송수행상의 장애 외에 파산절차나 회생절차의 성질상 수계의 필요성 등 여러 가지 고려하여야 할 사항이 많기 때문이다.

2) 이 경우 종전의 소송대리인은 당연히 소송수계인 등 새로운 당사자의 소송대리인으로서 소송을 수행할 권한과 의무가 있다. 다만, 소송대리인의 권한은 심급대리의 원칙상 당해 심급의 판결 정본이 그 소송대리인에게 송달됨과 동시에 소송절차가 중단됨은 이미 앞서 소송대리인에 관하여 설명한 바와 같다(대법원 1996. 2. 9. 선고 94다61649 판결, 2016. 9. 8. 선고 2015다39357 판결 등). 또한, 소송대리인이 상소제기에 관한 특별수권이 있어 상소를 제기하였다면 상소제기 시부터 소송절차가 중단되고(대법원 2016. 4. 29. 선고 2014다210449 판결 등), 거기서 더 나아가 상소심 소송수행권까지 위임한 때에는 상소심판결 정본이 그 소송대리인에게 송달된 때에야 중단된다.

3) 당사자가 사망하였으나 소송대리인이 있어 소송절차가 중단되지 아니한 경우, 위와 같이 원칙적으로 당해 심급에서는 소송수계의 문제가 발생하지 아니한다. 그렇다고 하여 상속인 등 수계를 하여야 할 사람이 소송절차를 수계하지도 못한다는 것은 아니며, 이들은 중단 여부에 불구하고 유효하게 소송수계절차를 밟을 수 있다(대법원 1972. 10. 31. 선고 72다1271, 1272 판결).

4) 당사자가 사망하였으나 소송대리인이 있어 소송절차가 중단되지 아니한 경우 소송대리인은 상속인들 전원을 위하여 소송을 수행하게 되며, 그에 따른 판결은 상속인들 전원에 대하여 효력이 있다. 이 경우 상속인이 누구인지 밝혀진 경우에는 상속인을 소송승계인으로 하여 신당사자로 판결에 표시할 것이지만, 상속인이 누구인지 모를 때에는 망인을 그대로 당사자로 표시하여도 무방하며, 판결의 당사자표시가 잘못된 경우에도 잘못 표시된 당사자에 대하여는 판결의 효력이 미치지 아니하나 정당한 상속인에 대하여는 판결의 효력이 미친다(대법원 11992. 11. 5.자 91마342 결정, 1995. 9. 26. 선고 94다54160 판결 등).[14)]

또한, 공동상속인 중 일부만이 소송수계신청을 하여 그들만을 당사자로 표시한 판결 역시 수계하지 아니한 나머지 공동상속인들에게도 그 효력이 미친다(대법원 2010. 12. 23. 선고 2007다22859 판결). 이 경우 소송수계절차를 밟은 망인의 상속인만을 당사자로 표시한 제1심판결에 대하여 망인의 소송대리인이 그 소송수계인만을 항소인으로 표시하여 판결 전부에 대하여 불복하는 항소를 제기하였다면, 그 항소는 소송수계인으로 표시되지 않은 나머지 상속인들에게도 미치며, 따라서 그 나머지 상속인들은 항소심에서 소송수계신청을 할 수 있다(대법원 2010. 12. 23. 선고 2007다22866 판결).

5) 소송절차의 중단사유가 생긴 경우 소송대리인은 그 사실을 법원에 서면으로 신고하여야 한다(민사소송규칙 제61조). 이는, 소송절차 중단사유 발생을 법원이나 상대방은 잘 알 수 없고,

---

14) 이 경우 당사자 표시가 잘못되었음에도 망인의 소송상 지위를 당연승계한 정당한 상속인들 모두에게 효력이 미치는 판결에 대하여 그 잘못된 당사자 표시를 신뢰한 망인의 소송대리인이나 상대방 당사자가 그 잘못 기재된 당사자 모두를 상소인 또는 피상소인으로 표시하여 상소를 제기한 경우에는, 상소를 제기한 자의 합리적 의사에 비추어 특별한 사정이 없는 한 정당한 상속인들 모두에게 효력이 미치는 위 판결 전부에 대하여 상소가 제기된 것으로 보는 것이 타당하다(대법원 2010. 12. 23. 선고 2007다22859 판결).

그럼에도 불구하고 중단의 효력은 그 사유 발생 시에 무조건 발생하므로, 법원이나 상대방이 이를 잘 알지 못해 자칫 불필요한 소송행위나 손해를 입는 일이 없도록 하기 위한 것이다. 소송대리인이 없는 때는 당사자 본인이나 법정대리인 등이 신고할 것이 요망된다. 그러나 이에 위반하더라도 제재는 없고, 위와 같이 파산선고나 회생절차개시 이외의 사유가 있는 경우로서 소송대리인이 있는 때에는 소송절차가 즉시 중단되지도 않으므로 소송절차 진행에 아무런 영향이 없다. 따라서 이는 중단사유 발생을 알려 법원과 상대방으로 하여금 장래에 대처하도록 하는 데에 의의가 있다.

3. 중단의 해소

1) 소송절차 중단사유가 사실상 제거되었더라도, 소송절차의 중단은 당사자의 수계신청 또는 법원의 속행명령에 의하여 비로소 해소된다.

2) 중단이 해소되면 중단되었던 소송절차가 다시 진행되고, 정지되었던 기간도 다시 새로이 진행한다.

가. 소송의 수계(受繼)

(1) 수계의 의의와 성질

1) 소송의 수계는 소송 중에 당사자 등 소송수행자가 변경되어 새로운 소송수행자가 종전의 소송절차를 이어받아 계속 소송을 수행하는 것이다.[15] 이와 같이 소송 중에 소송목적인 법률관계에 대한 실체법상의 일정한 사유가 발생하면 이에 따라 자동적으로 당사자가 변경되나(대법원 2010. 12. 23. 선고 2007다22866 판결 참조), 그 새로운 당사자가 현실로 당해 소송절차에 참여하여 소송을 수행하기(이것이 곧 소송의 수계이다) 위해서는 그 의사를 법원에 표시하는 소송행위가 필요한바, 그것이 수계신청이다.

이와 같은 소송수행자 변경에는 앞서 본 대로 ① 종전 당사자의 사망이나 합병 등과 같이 소송당사자가 변경되는 경우와 ② 소송당사자는 변경됨이 없이 대표자나 법정대리인의 변경 등과 같이 좁은 의미의 소송수행자만이 변경되는 경우가 있다.

2) 소송절차 중단의 사유 중 당사자의 사망이나 법인의 합병 등의 경우에는 그로써 실체법상의 권리의무관계가 새로운 당사자에게 포괄적으로 이전·승계된다. 따라서 그 권리의무관계에 관한 소송절차에서도 실질적인 당사자의 변경이 있게 되므로, 원칙적으로 종전 당사자는 소송행위를 유효하게 할 수 없다. 다만 이에 따른 소송당사자의 변경이 있는 경우, 이를 분명히 하고 새로운 소송당사자를 소송절차에 관여하게 하기 위해서는 외형적 절차가 필요한바, 그것이 곧 소송의 수계이며, 이는 수소법원에 대한 수계신청에

15) 수계는 이어받아 계속한다는 의미이다.

의하여 한다.

3) 소송의 수계에 대해서는 앞서 당사자의 변경(소의 주관적 변경)에서도 설명한 바 있으므로, 여기서는 몇 가지만을 부언하기로 한다.

(2) 수계신청인

1) 수계신청은 수계한 당사자, 즉 새로운 당사자나 새로운 소송수행자가 함이 원칙이나, 소송절차 지연을 방지하기 위하여 민사소송법은 상대방 당사자에게도 이를 허용한다(민사소송법 제241조). 수계신청이 지연되어 상대방 당사자가 손해를 입을 수 있기 때문이다.

2) 구체적인 경우에 누가 수계를 하여야 하는지는 법령이나 그 해석에 의하여 정해진다. 당사자가 파산선고를 받은 경우에는 그 소송이 파산재단에 속하는 재산에 관한 것인 때, 재단채권에 관한 것인 때, 파산채권자가 제기한 채권자취소소송이나 채권자대위소송인 때에는 파산관재인이 파산채무자나 파산채권자(채권자취소소송이나 채권자대위소송의 경우)를 수계하여야 한다(채무자 회생 및 파산에 관한 법률 제406조, 제347조, 대법원 2019. 3. 6.자 2017마5292 결정).

그 소송이 파산채권에 관한 것인 때에는, ① 상대방(파산채권자)이 파산채권을 파산법원에 신고하고 ,그 절차에서 파산채권의 존재와 내용이 확정되어 파산채권자표에 기재된 때에는 더 이상 소송을 계속할 이익이 없으므로, 수소법원은 상대방에게 소를 취하도록 권유하고, 이에 응하지 않은 때는 파산관재인이 파산채무자를 수계하도록 한 다음 소를 각하하여야 하며, ② 상대방(파산채권자)이 파산채권을 파산법원에 신고하였으나 그 절차에서 파산관재인 등이 이의를 제기하여 파산채권의 존재와 내용이 확정되지 않은 때에는 파산채권자가 이의한 자 전원을 상대로 수계신청을 하여야 하고, 이에 따라 수소법원은 파산채권의 존재와 내용을 판결로써 확정하여야 한다.[16]

파산재단이나 파산채권 등에 관한 소송 중에 파산절차가 해지(파산선고의 취소 또는 폐지)된 때에는 파산자나 파산채권자가 수계를 신청하여야 한다.

3) 회생절차개시결정에 따른 중단의 경우에는 회생채권자의 채권신고에 대하여 관리인 등이 이의를 한 후 채권자는 그 이의자 전원을 상대방으로 하여 수계신청을 하여야 한다(채무자 회생 및 파산에 관한 법률 제172조, 제1항).

4) 가류 또는 나류 가사소송에서 원고가 사망이나 그 밖의 사유(소송 능력을 상실한 경우는 제외)로 소송절차를 계속하여 진행할 수 없게 된 때에는 다른 제소권자가 소송절차를 승계할 수 있다고 하는바(가사소송법 제16조 제1항), 이 역시 소송수계에 해당한다. 가사소송에서는 원고적격을 제한하는 경우가 많은데(민법 제847조 제1항 등), 복수의 적격자가 있을 때는 이에 따라 그 나

16) 이때 상대방인 파산채권자는 파산채권의 존재와 내용의 확정(확인)을 구하는 것으로 청구를 변경하여야 한다.

머지 적격자가 소송을 수계할 수 있다. 가사소송법은 피고 측의 수계에 대해서는 규정하지 않고 있으나, 이 역시 유추 적용하여야 할 것이다(가사소송법 제12조 본문, 민사소송법 제233조 이하).

(3) 수계신청의 방법

1) 수계신청은 문서로 하는 것이 보통이며, 민사소송규칙은 문서로 할 것을 요구하고 있다(민사소송규칙 제60조). 수계신청서에는 중단의 사유와 그것이 사실상 해소된 사유(상속이나 새로운 법정대리인의 선임 등), 새로운 소송수행자를 밝혀 그 새로운 소송수행자가 소송을 수계한다는 의사를 표시하고, 소송절차의 중단사유와 수계할 사람의 자격을 소명하는 자료를 붙여야 한다(민사소송규칙 제60조).

2) 수계신청은 묵시적으로도 할 수 있다. 따라서 소송중단사유가 표시되고 새로이 소송을 수행할 자가 나타나 있으면, 그 명칭을 당사자표시변경신청이나 소송승계신청 등으로 표시하였더라도 이를 수계신청으로 볼 수 있다(대법원 1980. 10. 14. 선고 80다623, 624 판결 참조).[17]

3) 수계신청은 수소법원에 하여야 한다. 종국판결 선고 후에 소송이 중단된 경우에는 대법원을 비롯한 상소심법원에도 신청할 수 있음은 물론이다(대법원 1980. 10. 14. 선고 80다623 판결, 1996. 2. 9. 선고 94다61649 판결 등). 본안에 대한 재판(판결, 결정 등)이 선고된 후 중단사유가 발생하고 상소가 제기되기 전이라면 그 수계신청은 그 재판을 한 법원에 하여야 할 것이다(민사소송법 제243조 제2항 참조).

그러나 수소법원이 아닌 법원에는 일부 당사자에 대한 상소심법원이라도 수계신청을 할 수 없으므로, 소송이 중단되어 계속 중인 법원에 제출하여야 한다(대법원 1994. 11. 4. 선고 93다31993 판결).

4) 수계신청은 새로운 당사자나 소송수행자의 소송행위에 속하고, 복수의 수계인이 있는 경우 이들은 각자 개별적으로 수계할 수 있다.[18] 광업권을 상속하여 공유하게 된 경우, 그 상속인들은 조합계약을 한 것으로 간주되고, 이 경우 광업권은 합유가 되어 그 상속인들은 필수적 공동소송인이 되므로 수계신청 역시 공동으로 하여야 하며, 그 중 일부만의 소송수계신청은 부적법하다는 판례(대법원 1995. 5. 23. 선고 94다23500 판결)가 있으나, 의문이다.[19]

5) 수계신청과 동시에 상속인별로 상속분에 따른 금전 지급을 구하는 것처럼 청구취지변경이 필요한 경우도 있다. 수계신청은 누가 수계인인지를 밝히고 중단된 소송의 진행을 구하는 의사표시에 불과하므로, 그것이 당연히 청구취지변경의 효력을 가질 수는 없다.

---

17) 당사자는 변동이 없이 법정대리인이나 대표자의 변경이 있는 때는 소송수계신청 대신에 당사자표시변경으로 하는 것이 실무관행이다.

18) 그러므로 그 일부만의 수계신청이 부적법한 것은 아니므로 이를 기각(각하)하면 안 되고, 나머지 사람들에 대한 수계신청을 촉구하거나 법원이 직권으로 속행명령을 하여야 한다.

19) 이 경우에 민사소송법 제67조 제1항을 적용하여 상소의 제기와 같이 일부 수계인만의 소송수계신청은 그 전원에게 이익이 되므로 전원에게 효력이 있는 것으로 볼 수 있지 않을까 싶다. 이 판결에서는, 누락된 상속인이 그 뒤 광업권을 상실함으로써 그때 하자가 치유되었다고 보았다.

6) 당사자에는 변동이 없으나 법정대리인의 변경 또는 법인이나 사단·재단인 당사자의 대표이사 등 대표자의 변경이 있어 소송절차 중단사유가 발생한 경우에는 당사자표시변경이 필요하다. 이러한 경우 소송절차 수계신청은 당사자표시변경신청을 겸한 것으로 볼 수 있다(대법원 1969. 3. 10.자 68마1100 결정 참조). 이 경우 당사자표시변경(정정)신청서를 소송수계신청의 취지로 볼 수도 있음은 앞서 말한 바와 같다.

(4) 수계신청의 기간

1) 수계신청에는 그 기간 제한이 없으므로 아무 때나 할 수 있다. 다만, 상속인은 상속포기를 할 수 있는 동안에는 소송절차를 수계하지 못한다(민사소송법 제233조 제2항). 그 기간 중에는 상속인이 확정되지 않았기 때문이다. 그러나 상속포기기간 중에 한 소송수계신청을 받아들여 법원이 소송절차를 진행한 하자가 있다고 하더라도, 그 후 상속의 포기 없이 상속개시 있음을 안 날로부터 3월을 경과한 경우, 그 전까지의 소송행위에 관한 하자는 치유된다(대법원 1995. 6. 16. 선고 95다5905, 5912 판결).

2) 또한, 회생절차에서 신고된 채권에 관하여 관리인 등의 이의가 있어 이의자를 상대로 회생채권자 등이 권리 확정을 구하기 위하여 소송절차의 수계신청을 할 때는 조사기간의 말일 또는 특별조사기일부터 1월 이내에 하여야 한다(채무자 회생 및 파산에 관한 법률 제172조 제2항, 제170조 제2항).[20]

3) 수계신청은 소송이 계속 중이어야만 가능하므로, 이미 판결이 확정되어 소송이 종료된 때에는 이를 할 수 없고, 이에 위반한 신청은 부적법하다(대법원 1992. 11. 5.자 91마342 결정).

4) 가류 또는 나류 가사소송에서 다른 제소권자가 원고의 소송절차를 승계하는 경우에는 승계 사유가 생긴 때부터 6개월 이내에 하여야 하고, 그 기간 내에 승계신청이 없을 때에는 소가 취하된 것으로 본다(가사소송법 제16조 제2, 3항).

(5) 수계신청의 처리

1) 수계신청이 있는 경우 법원은 상대방에게 이를 통지하여야 한다(민사소송법 제242조). 이는 이해관계인인 상대방에게 이의를 진술할 기회를 부여하고 정지된 기간의 진행을 알리기 위한 것이므로, 그 통지가 없었더라도 수계신청이 부적법하게 되는 것은 아니다.[21]

---

20) 이 경우 소송절차 수계는 회생채권확정의 일환으로 진행되는 것으로서, 관리인 등의 회생채권에 대한 이의를 기다려 이의자 전원을 그 소송의 상대방으로 하여 신청하여야 하고, 소송수계에서 상대방이 되는 관리인은 그 회생채권에 대한 이의자로서의 지위에서 당사자가 되는 것이므로, 당사자는 이의채권이 되지 아니한 상태에서 미리 수계신청을 할 수는 없다(대법원 2013. 5. 24. 선고 2012다31789 판결, 2016. 12. 27. 선고 2016다35123 판결).

21) 다만, 소송절차가 중단된 기간 동안에는 기간의 진행이 정지되고, 상대방에게 수계 사실을 통지한 때 또는 사실상 소송절차를 다시 진행하는 때에 전체기간이 새로 진행되는바(민사소송법 제247조 제2항), 상대방에게 수계 사실을 통지하지 않은 때에는 사실상 소송절차를 다시 진행하는 때에 정지된 기간이 새로 진행한다고 할 것이다.

2) 수계신청 역시 그에 대한 법원의 응답을 구하는 부수적 신청이므로, 그에 대하여 법원은 직권으로 수계신청의 적법 여부를 조사하여 이유 없다고 인정한 때에는 결정으로 기각하여야 한다(민사소송법 제243조 제1항). 그 신청이 부적법한 경우에도 같다. 따라서 소송수계신청을 하였으나 그 신청인이 가정법원으로부터 상속포기 수리심판을 받은 경우 소송수계신청을 기각하여야 한다(대법원 2016. 10. 13. 선고 2016다21865 판결).

승계인의 소송수행을 허용한 후에 그가 적법한 승계인이 아닌 것으로 밝혀진 때에는 그때 수계신청을 기각하여야 한다. 이미 그가 한 소송행위를 바탕으로 법원이 재판을 한 때에는 직권으로 이를 취소하여야 한다.

수계신청을 기각한 결정에 대하여는 통상항고를 할 수 있으나, 수계신청 기각결정이 확정되면 중단이 해소되지 않으므로 새로운 수계신청을 요한다. 반면 수계신청이 이유 있다고 인정한 때에는 별도의 재판을 할 필요 없이 수계신청인의 소송관여를 인정하고 그대로 소송절차를 진행한다(대법원 1984. 6. 12. 선고 83다카1409 판결 등). 본안에 대한 재판(판결, 결정 등)이 송달된 뒤에 중단된 소송절차의 수계신청에 대하여는 그 재판을 한 법원이 허부를 결정한다(민사소송법 제243조 제2항).

3) 부적법한 수계신청을 법원이 간과하여 이를 기각하지 않고 소송절차를 속행한 경우라도, 그에 따라 소송절차 중단의 효력이 소멸되는 것은 아니다. 따라서 그 이후의 재판은 판결의 절차가 법률에 어긋날 때에 해당하여 부적법한 것으로서 상소심에서 취소의 대상이 된다(민사소송법 제417, 425조, 대법원 2002. 10. 25. 선고 2000다21802 판결). 이미 판결이 확정된 때에는 그 부적법한 승계인에 대한 관계에서는 기판력이 발생하므로 재심에 의하여 구제 받을 수밖에 없을 것이다(대법원 1981. 3. 10. 선고 80다1895 판결 참조).[22]

4) 판결의 선고는 소송절차가 중단된 중에도 할 수 있으므로, 당사자가 변론종결 후에 사망한 경우 수소법원이 소송수계절차 없이 판결을 선고하였다고 하더라도 적법하다(민사소송법 제247조 제1항, 대법원 1989. 9. 26. 선고 87므13 판결).

5) 소송실무상으로는 변론기일에 수계신청인이 수계신청 내용을 진술하나, 이는 본안에 관한 사항이 아니어서 아무런 의미가 없으므로[23] 진술하지 않아도 무방하다.

(6) 수계의 효과

1) 위와 같이 소송 중에 당사자가 사망하는 등 일정한 사유가 발생하면 이에 따라 소

---

22) 대법원은 이 경우 진정한 승계인에 대한 소송은 그 판결 선고에 불구하고 판결 법원에 계속 중이라고 본다. 따라서 진정한 승계인은 상소를 하지 않고 판결 법원에 기일지정신청을 하여 중단된 소송의 속행을 구하여야 한다. 다만, 상대방 당사자는 상소를 할 이익이 있으므로 부적법한 승계인에 대한 판결에 불복이 있을 경우 상소를 할 수 있다고 할 것이다.

23) 상속 등에 의하여 소송목적인 권리 등을 취득하였다는 사실은 다른 방법으로 주장·증명하여야 한다.

송목적인 법률관계의 포괄적 승계인이 자동적으로 새로운 당사자가 되고, 이에 이어서 그 새로운 당사자가 현실로 당해 소송절차에 참여하여 소송을 수행하기 위해 수계신청을 하여, 그것이 수소법원에 의해 인정되면 그때부터 소송절차 중단의 효력이 소멸하고 새로운 당사자는 당해 소송을 수계하여 수행하게 된다.

2) 중단사유가 사실상 소멸되었더라도, 수계신청이 없거나 뒤에서 보는 속행명령이 없으면 자동적으로 소송 중단 해소와 소송수계의 효력이 발생하지는 않음이 원칙이다. 이 경우 수계신청을 하여야 함에도 이를 하지 아니한 사람에 대하여는 수계의 효력이 발생하지 않고, 설사 그 일부만이 소송을 수계하여 심리가 진행된 끝에 1심법원이 그 수계신청인만을 소송수계인으로 보아 판결을 선고하였더라도, 수계절차를 밟지 않은 사람에 대해서는 여전히 소송 중단의 효력이 유지되고, 사건은 1심법원에 계속된다(대법원 1994. 11. 4. 선고 93다31993 판결).

3) 당사자가 파산선고를 받아 소송절차가 중단되었으나 그에 따른 수계가 있기 전에 파산절차가 해지된 때에는 원래의 당사자가 당연히 수계하여 그가 다시 당사자가 되므로(민사소송법 제239조 후문) 이때는 별도의 수계신청이나 속행명령이 필요 없다고 할 것이다. 회생절차개시결정에 따라 중단된 소송을 관리인 또는 상대방이 수계하기 전에 회생절차가 종료한 때에도 같다(채무자 회생 및 파산에 관한 법률 제59조 제3항).

4) 소송절차 수계에 따라 당사자가 교체된 경우에는 판결의 당사자표시란에 당초의 당사자를 표시한 후 새로운 당사자를 소송수계인으로 표시하는 것이 관행이다.[24] 반면에 당사자의 교체가 없이 법정대리인이나 대표자가 변경된 경우에는 그냥 새로운 법정대리인 등을 표시한다.

나. 수소법원의 속행명령

1) 수소법원은 당사자가 소송절차를 수계하지 아니하는 경우에 직권으로 소송절차를 계속하여 진행하도록 명할 수 있다(민사소송법 제244조). 이를 속행명령이라고 한다.

2) 그 시기에 대해서는 수계신청과 마찬가지로 제한이 없다. 보통은 중단사유가 사실상 해소되었음에도 상당한 기간 내에 당사자 중 어느 누구도 수계신청을 하지 아니하고 사건이 중단된 채 방치되었을 때에 한다. 그러나 속행명령을 하려면 수계할 자가 누구인지 분명하게 밝혀져야 하므로, 수소법원은 가족관계등록관서 등에 직권으로 사실조회 등 필요한 조사를 할 수 있다.

3) 속행명령은 수소법원이 결정으로써 한다. 그 주문은 "원고 망 ○○○의 소송수계인을 별지 명단 기재와 같이 정하여 이 사건의 속행을 명한다"라는 방식으로 하고, 명단

---

24) 사망의 경우에는 '원고 망 ○○○ 소송수계인 1. ◇◇◇ 2. ▲▲▲'와 같이 표시하고, 제3자소송담당자 변경 등의 경우에는 '원고 파산자 ○○○의 소송수계인 파산관재인 ◇◇◇'와 같이 표시한다.

에는 상속인을 기재한다. 속행명령이 당사자에게 송달되면 그때 중단은 해소된다. 속행명령은 중간적 재판에 해당하므로 독립하여 불복할 수 없다는 것이 통설이다.

다. 중단 해소의 효과

1) 소송절차 중단이 해소되면 이후 법원과 당사자 쌍방은 소송행위를 할 수 있고, 정지되었던 기간도 다시 새로이 진행한다.

2) 당사자의 교체가 있거나 법정대리인·대표자의 교체가 있더라도 종전에 이미 이루어진 소송행위는 당연히 유효하고, 새로운 소송수행자는 이에 구속된다.

Ⅲ. 소송절차의 중지

1. 당연중지

1) 천재지변, 그 밖의 사고로 법원이 직무를 수행할 수 없을 경우 소송절차는 그 사고가 소멸될 때까지 중지된다(민사소송법 제245조). 이 경우 따로 결정이나 기타 다른 재판을 요하지 않고 소송절차가 당연히 중지된다.

2) 천재지변이란 지진이나 화산폭발, 홍수, 해일 등을 말하고, 사고는 전쟁이나 폭동, 소요, 기타 화재나 폭발사고 등을 말한다. 따라서 이러한 경우에 과연 이를 중지의 사유로 볼 수 있는지 불명확할 수밖에 없는 한계가 있다. 객관적으로 보아 수소법원이 직무를 수행할 수 없을 정도에 이른 경우 이에 해당한다고 할 것인데, 대부분의 경우 국법상의 법원이 이러한 뜻을 표명하게 될 것이다.

3) 천재지변이나 그 밖의 사고가 소멸함과 동시에 소송절차의 중지도 자동적으로 해소된다. 따라서 그 시기가 불명확하다는 문제가 있는바, 이 역시 중지의 사유 발생과 같은 방법으로 처리할 수밖에 없다.

4) 재판의 전제가 되는 법률에 대하여 위헌 여부 심판의 제청이 있어 수소법원이 법률의 위헌 여부 심판을 헌법재판소에 제청한 경우, 당해 소송사건의 절차는 헌법재판소의 위헌 여부의 결정이 있을 때까지 정지(중지)된다(헌법재판소법 제42조 제1항). 이 경우 법원은 긴급하다고 인정하는 때에는 종국재판(종국판결 등) 외의 소송절차를 진행할 수 있다(헌법재판소법 제42조 제1항 단서).

5) 소송절차의 당연중지는 중단과 달리, 당사자 지위의 교체가 전혀 없고, 중지된 절차의 진행을 위하여 수계신청이나 속행명령, 취소결정과 같은 별도의 조치가 필요 없다는 점에서 구별된다. 중지 해소의 효과는 중단 해소의 효과와 동일하다.

2. 재판에 의한 중지

1) 수소법원이 직무를 수행하는 데에는 아무런 장애가 없으나, 당사자에게 상당한 기간 동안 소송행위를 할 수 없는 장애사유가 생긴 경우 법원의 결정으로 소송절차를 중지할 수 있다(민사소송법 제246조 제1항). 그 장애기간이 분명한 경우에는 그 기간 동안 변론기일을 지정하지 않은 채(변론기일의 추정) 사실상 소송을 중지하면 족하므로, 이 경우에 해당하려면 그 장애가 언제 종료될지 모를 정도로 불확정적이어야 한다. 민사소송법은 이를 '일정하지 아니한 기간'이라고 규정하고 있다.

2) 이러한 장애의 예로는 당사자의 납치, 유인, 실종, 와병 등을 들 수 있다. 그러나 위와 같이 변론기일의 추정 등의 방법으로 사실상 소송 중지가 가능하고, 소송대리인이 있는 때도 동일하므로 실무상 이를 허용하는 경우는 거의 없다.

3) 이러한 사유가 있으면 당사자는 직권발동을 촉구하는 의미의 신청을 할 수 있고, 법원은 직권으로 할 수 있다. 그 재판은 결정으로 한다. 법원은 그 결정이 정당하지 못하다고 인정하는 경우 언제라도 이를 직권으로 취소할 수 있다(민사소송법 제246조 제2항).

4) 그 사유가 없어지면 법원은 별도의 결정 없이 절차를 속행하면 된다. 다만, 중지결정에서 중지기간을 정하지 않은 때에는 이를 분명히 하기 위해 직권으로 취소결정에 유사한 절차속행결정을 할 수도 있다고 할 것이다. 이로써 중지가 해소되며, 그 해소의 효과 역시 위와 같다.

Ⅳ. 소송절차 정지의 효과

1. 소송행위의 금지

1) 소송절차 정지의 효과는 원칙적으로 법원이나 상대방 당사자가 알았든 몰랐든 객관적 사유가 발생한 때에 당연히 발생한다. 이에 따라 소송절차가 정지된 기간에는 소송수행, 즉 소송행위를 할 수 없다. 수소법원은 물론 소송당사자나 법정대리인, 소송대리인 등 모든 소송관계인도 마찬가지다.

2) 소송절차가 중단될 당시 판결의 선고만이 장래의 소송행위로 예정되어 있는 경우, 소송절차 중단에 불구하고 수소법원은 판결을 선고할 수 있다(민사소송법 제247조 제1항, 대법원 1989. 9. 26. 선고 87므13 판결).[25] 그러나 소송대리인이 없는 경우 법원은 수계가 있기 전까지는 판결 정본을 송달할 수 없게 될 것이다. 적법한 수계신청 등이 없는 한 송달받을 자가 없기 때문이다.

---

25) 이 경우 소송대리인의 유무에 관계없이 종전의 당사자를 판결에 그대로 표시하면 된다(대법원 1989. 9. 26. 선고 87므13 판결). 그 판결의 효력이 정당한 수계인에게 미침은 물론이다.

대법원은, 상고이유서 제출기간이 경과한 후에 소송당사자가 파산선고를 받은 경우, 상고법원은 상고장, 상고이유서, 답변서, 그 밖의 소송기록에 의하여 상고가 이유 있다고 인정할 때에는 법에 정해진 수계절차를 거치지 않고 변론 없이 원심판결을 파기하고 사건을 원심법원에 환송하는 판결을 할 수 있다고 하는바(대법원 2001. 6. 26. 선고 2000다44928 판결), 이 역시 위 규정에 따른 것이다.

3) 위 규정에 불구하고, 재판의 전제가 되는 법률에 대하여 위헌 여부 심판의 제청이 있어 헌법재판소법에 의해 재판이 당연히 정지된 경우에는 종국판결을 할 수 없다(헌법재판소법 제42조 제1항 단서).

2. 기간진행의 정지

1) 소송절차의 중단 또는 중지는 기간의 진행을 정지시키며, 소송절차의 수계사실을 통지한 때 또는 소송절차를 다시 진행한 때부터 전체기간이 새로이 진행된다(민사소송법 제247조 제2항).

2) 여기서 말하는 기간은 실체법상의 기간이 아니라 상소제기기간, 기일지정신청기간(민사소송법 제268조 제2항) 등 소송법상의 기간만을 가리킨다고 해석하여야 할 것이다. 소멸시효기간이나 제척기간 등 실체법상의 기간은 소송절차와는 본래 무관한 것이기 때문이다.

3. 소송절차 정지 기간 중에 한 소송행위의 효력

1) 위와 같이 소송절차 정지 중에는 소송행위를 할 수 없다. 법원의 사정으로 인한 소송절차 중지의 경우에는 사실상 법원이나 당사자 모두 물리적으로 소송행위를 할 수 없으므로, 이 경우에는 소송절차 정지 중의 소송행위가 문제될 여지가 거의 없다. 따라서 이것이 문제되는 경우는 주로 소송절차 중단과 당사자의 사정으로 인한 소송절차 중지의 경우인데, 후자는 실제로 거의 보기 어려우므로 이 문제는 대부분 소송절차 중단 중의 소송행위에 귀결된다.

2) 소송절차 중단 중에 이루어진 당사자의 소송행위는 원칙적으로 부적법하다. 그러나 상대방 당사자가 상당한 기간 내에 이의를 하지 아니하면 이의권이 상실되어 유효하게 된다(민사소송법 제151조 참조).

또한 이에 위반한 소송행위라도 적법한 수계인이 나중에 추인하면 유효하게 되므로, 소송절차 중단 중에 제기된 상소는 부적법하지만, 적법한 소송수행권이 있는 자가 상소심법원에 수계신청을 하고 이를 추인하여 그 하자를 소급하여 치유시킬 수 있다고 할 것이다(대법원 1980. 10. 14. 선고 80다623, 624 판결, 2016. 4. 29. 선고 2014다210449 판결). 법원의 소송행위도 이와 같이 보아야 할 것이다.

3) 소송절차 중단 중에 수소법원이 절차를 계속 진행하여 판결을 선고한 경우, 그 판결이 당연무효가 되는 것은 아니고,[26] 대리인에 의하여 적법하게 대리되지 않았던 경우

와 마찬가지로 당사자는 대리권 흠결을 이유로 그 판결에 대하여 확정 전에는 상소로써 시정을 구할 수 있다(대법원 1995. 5. 23. 선고 94다28444 판결, 1996. 2. 9. 선고 94다24121 판결, 1997. 10. 10. 선고 96다35484 판결 등). 이 경우 판결의 절차가 법률에 어긋난 때에 해당하여 판결이 부적법하므로, 상소심법원은 직권으로 이를 취소할 수 있다고 할 것이다(민사소송법 제417, 425조 참조). 판결이 이미 확정된 경우에는 대리권 흠결에 준하여 재심을 청구하여 그 취소를 구할 수 있다(대법원 1996. 2. 9. 선고 94다24121 판결, 1997. 10. 10. 선고 96다35484 판결, 2012. 9. 27. 선고 2012두11546 판결). 따라서 그 취소가 있기 전에는 기판력이나 집행력 등을 부정할 수 없고, 사망자의 승계인(상속인)에 대하여 승계집행문의 부여도 가능하다(대법원 1998. 5. 30.자 98그7 결정).

4) 한편, 위와 같은 판결 선고 후 상속인들이 수계신청을 하고 상소를 제기하거나 적법한 상속인들이 사실상 판결 정본을 송달받아 망인의 명의로 상소장을 제출하고 상소심에서 수계절차를 밟은 경우, 그 수계와 상소는 명시적 또는 묵시적 추인에 해당하여 적법하게 된다(대법원 1963. 12. 12. 선고 63다703 판결, 1980. 10. 14. 선고 80다623, 624 판결, 1995. 5. 23. 선고 94다28444 전원합의체 판결).

26) 대법원 1992. 6. 12. 선고 92다10661 판결 등은, 항소심 소송 계속 중 당사자가 사망하여 소송이 중단되었으나 소송수계 등 절차를 밟음이 없이 그대로 소송이 진행되어 판결이 선고된 경우 이는 사망한 사람을 당사자로 하여 한 판결로서 당연무효라고 보았으나, 대법원 1995. 5. 23. 선고 94다28444 전원합의체 판결에 의하여 폐기되었다.

04 소송의 종결

Ⅰ. 재판에 의한 소송의 종결

1. 소송의 종결과 재판

1) 국민이 헌법상의 권리인 재판청구권을 행사하여 법원에 구체적인 소를 제기한 경우 법원은 이에 응답할 의무가 있다. 그리고 이에 대한 궁극적인 응답은 심리를 종료한 때에 재판의 형식으로 하게 된다. 즉 법원은 소의 적부나 청구의 당부에 관하여 변론을 거치거나 거치지 않고 이를 심리한 다음, 그 심리의 결과로서 소의 적부나 청구의 당부에 관하여 재판으로써 결론을 표시하게 된다. 이로써 소송은 종료한다.

2) 넓게는 단순히 당해 심급에서의 소송이 모두 종료되었음을 확인, 선언하는 소송종료선언과 같은 것도 재판이라고 할 수 있으나, 이는 소에 대한 응답이 아니라는 점에서 실질적으로는 재판에 해당한다고 볼 수 없다.

3) 소송은 소의 취하나 청구의 포기·인낙, 화해, 조정 또는 이에 준하는 화해권고결정, 조정을 갈음하는 결정, 이행권고결정의 확정 등과 같이 재판에 의하지 아니하고 종결될 수도 있다. 그러나 본래의 소송 종결은 재판에 의한 종결이라고 할 수 있다.

4) 민사소송법은 심급제를 채택하고 있다. 이에 따라 소송은 각 심급에서의 종결과 전체로서의 종결로 나누어 생각할 수 있다. 1심이나 2심에서의 소송이 종결된 경우라도 상소심에 이심된 경우에는 소송은 당해 심급에서의 재판에 불구하고 전체로서는 종결되지 않고, 최종심인 상고심이나 재항고심에서의 재판 또는 상소심에서의 상소 취하, 화해, 조정 등에 의하여 전체적인 절차가 종결된다. 그러나 상소심에서 환송이나 이송판결이 있는 경우 다시 소송절차가 계속되므로 전체 소송의 종결은 미루어진다.

2. 재판의 의의

1) 좁은 의미의 재판은, 당사자가 제기한 소나 신청에 대하여 법원이 판단을 하고 그 판단을 표시하여 외부에 공표하는 소송행위이다. 이런 의미의 재판은 소나 신청의 내용에 따라 그 형식과 내용이 다르게 된다. 재판 중에서도 가장 중요한 것은 본안소송의 소송목적인 권리·법률관계에 대한 결론적 판단으로서의 재판, 즉 판결이다.

2) 앞서 민사소송의 개념 중 ＜재판과 소송＞에서 본 바와 같이, 넓은 의미의 재판은 이러한 법원의 판단 외에 소송지휘나 증거조사 등 법원의 소송행위 일체를 포함하여, 법원의 관여하에 이루어지는 소송절차 전반을 의미한다. 즉 광의의 소송과 그 의미가 같다. 그러나 이러한 의미의 재판보다 중요한 것은 판단으로서의 재판이다.

3) 재판은 보통 당사자가 제기한 소나 신청에 대한 응답으로서 하게 된다. 소는 권리주체 사이의 권리·법률관계로부터 발생하는 법률효과를 토대로, 이에 대하여 이행의 소, 확인의 소, 형성의 소의 형태로 법원에 그 법률효과의 존부 등에 대한 선언을 구하는 재판의 신청으로서, 본안에 해당하며 그에 대한 법원의 응답은 판결이라는 재판이다.

반면 소에 대응하는 좁은 의미의 신청은, ① 본안소송절차에 앞서서 이루어지는 보전절차에 따른 가압류·가처분 신청, 증거보전신청 등, ② 본안소송절차에 부수하여 이루어지는 이송신청, 소송구조신청, 담보제공명령신청, 소송대리허가신청, 기일지정신청 등, ③ 본안소송절차에 뒤이어 이루어지는 집행절차에 따른 강제집행신청, 강제집행정지신청, 집행에 대한 이의신청, ④ 본안소송절차와 독립하여, 후견적 지위에서 법원의 판단을 구하는 재산분할, 양육자변경, 검사인선임의 신청 등을 생각할 수 있는데, 이러한 신청 역시 소에 준하여 당사자가 그 신청 대상인 권리·법률관계에 대한 법원의 판단과 조치를 구하는 재판의 신청으로서, 이에 대해서도 법원은 응답할 의무를 지고, 그 응답인 재판은 결정, 심판, 명령의 형태로 하게 된다.

4) 한편, 재판은 통상적으로는 이와 같이 당사자가 제기한 소나 신청에 따라 하게 되나, 이송결정이나 소송구조결정, 변론개개결정 등과 같이 당사자의 신청이 없는 경우에도 법원은 직권으로 이를 할 수 있다.

5) 관할위반을 이유로 한 이송신청이나 변론의 병합·재개 신청과 같이 당사자에게 법원의 응답(재판)을 구할 신청권이 없는 경우에는 그 신청에 대하여 법원은 응답할 의무가 없으므로, 법원이 그에 대한 재판을 하지 않더라도 위법하지 않으며, 당사자는 그에 대해 이의를 제기하거나 이에 대한 불복을 할 수 없다. 또 그 신청을 거부하는 재판을 하더라도 불복할 수 없다(대법원 1993. 12. 6.자 93마 524 전원합의체결정 등 참조).

3. 재판의 범위

1) 형사소송에서 소추자인 검사의 공소 제기가 없으면 법원이 심판할 수 없는 법리인 '불고불리의 원칙'은 민사소송에서도 적용된다. 민사소송법은 이에 관하여 "법원은 당사자가 신청하지 아니한 사항에 대하여는 판결하지 못한다."고 하여(제203조 참조) 당사자처분권주의의 원칙을 선언하고 있다. 따라서 법원은 당사자가 심판을 구한 사항이 아닌 것은 재판할 수 없다.

2) 이는, 당사자 사이의 일정한 권리·법률관계의 존부나 그 범위에 대한 궁극적인 판단이 당사자의 신청에 제한된다는 의미이므로, 신청한 사항에 대한 결론에 이르는 과정에서 그 결론에 영향을 미치는 부수적 사항에 대하여 당사자의 주장이 없어도 조사·판단할 수 있는 직권주의와는 차원이 다르다.

또한 법원은 당사자의 신청이 없는 경우에도 이송결정이나 소송구조결정 등 일정한 내용의 재판을 할 수는 있으나, 이는 소나 신청에 대한 궁극적인 응답이 아니라, 그 결론에 이르기 전 부수적 사항에 대한 재판이라는 점에서 역시 이 원칙의 예외라고 할 수 없다.

3) 위 원칙은 상소심에서도 적용된다. 즉 상소심법원은 당사자가 원래 소나 신청에서 재판을 구한 사항은 물론, 원심재판에 불복하여 상소심법원의 판단을 구한 사항과 범위에 한하여만 재판할 수 있음이 원칙이다(민사소송법 제407, 415, 431조 참조).

따라서 원고가 1억 원의 지급을 구하는 소를 제기하였으나 1심에서 5,000만 원의 지급을 명하는 판결을 받았고, 피고만이 이에 항소를 제기하여 항소심법원이 심리한 결과 7,000만 원을 인용함이 타당하더라도 항소심법원은 7,000만 원으로 올려주지 못한다. 일종의 특수한 상소인 재심에서도 위 원칙은 적용된다(민사소송법 제459조 참조).

4. 재판의 형식

가. 총 론

1) 소나 신청에 대한 응답으로서의 재판은 위와 같이 소나 신청의 내용에 따라 그 형식과 내용을 달리하는바, 민사소송의 재판은 판결, 심판, 결정, 명령의 형식으로 하게 된다.

2) 판결, 심판, 결정은 소송법상의 법원, 즉 수소법원이나 집행법원이 하고, 명령은 그 법원의 재판장이나 수명법관 또는 그 위탁을 받은 수탁판사가 한다. 판결할 사항과 심판 및 결정, 명령으로 할 사항은 법령으로 정하고 있는데, 그 명칭과 실질이 반드시 일치하는 것은 아니다.[1] 이들 재판의 형식에 따라 대외적 고지의 방법(선고 또는 고지), 기판력의 유무, 원심법원의 변경가능 여부, 불복의 형식 등에서 많은 차이가 있다.

나. 판 결

(1) 의의와 내용

1) 판결은 위와 같이 법원에 대한 당사자의 신청으로서의 소에 대한 응답으로서 이루

1) 예컨대 가압류·가처분 명령이나 담보제공명령은 실질상 결정이다.

어지는 재판이다. 어떠한 사항이 소의 대상이고 그에 따른 판결의 대상인지는 민사소송법과 민사소송규칙 등 법령에서 정하고 있다. 위에서 말하는 소에는 상소도 포함되므로, 상소에 대한 응답도 항소와 상고에 대해서는 판결로써 응답하게 된다.

2) 판결은 변론을 거친 협의의 소송절차에서 하는 것이 원칙이나, 변론을 열지 않는 경우에도 판결할 사항에 대해서는 판결로 하여야 한다(민사소송법 제198조, 제257조 참조).

3) 판결은 당사자 사이의 권리·법률관계의 존부나 범위에 관하여 이행, 확인, 형성의 방법으로 법률효과의 선언이 필요한 경우에 하며, 판결의 대상이 되는 권리·법률관계를 본안(本案), 그에 관한 소송절차를 본안소송이라 함은 이미 본 바와 같다.

4) 민사사건의 판결서에는 당사자와 법정대리인, 주문, 청구의 취지 및 상소의 취지, 이유, 변론을 종결한 날짜(변론 없이 판결하는 경우에는 판결을 선고하는 날짜), 판결하는 법원을 기재하여야 하며(민사소송법 제208조, 제1항), 사건의 식별을 위해 사건번호와 사건명도 기재한다.

5) 판결의 주문에는 소의 적부, 청구 또는 상소의 당부에 대하여 그 인정 여부와 이를 인정하는 경우 그 내용을 간단명료하고 객관적으로 표시하여야 한다. 소나 상소가 부적법하여 본안판단을 거부하는 경우에는 “소를 각하한다” 또는 “항소를 각하한다”와 같이 그 각하의 범위와 요지를 선언하고, 청구를 배척하는 경우에는 “청구를 기각한다”와 같이 그 기각의 범위와 요지를 선언한다.

청구를 인용하는 경우에는 “피고는 원고에게 ○○○을 인도하라”, “피고는 원고에게 ○○○을 지급하라”, “원고와 피고 사이에 2009. 5. 1.자 임대차계약에 기한 채권채무관계가 존재하지 않음을 확인한다”, “피고와 소외 ○○○ 사이에 2018. 10. 1. 별지 목록 기재 부동산에 관하여 체결된 매매계약을 취소한다”, “원고와 피고는 이혼한다”와 같이 그 인용하는 법률효과의 내용 또는 확인·형성의 대상인 법률관계를 특정하여 이를 확인하거나 그에 관한 법률관계 변동을 선언한다. 판결의 주문에는 확인의 소나 형성의 소 이외에는 법률관계나 그 법률효과 발생의 원인을 특정할 필요는 없다.

6) 판결서의 이유에는 주문이 정당하다는 것을 인정할 수 있을 정도로 당사자의 주장, 그 밖의 공격·방어방법에 관한 판단을 표시하되(민사소송법 제208조 제2항), 민사소송법 제257조의 규정에 의한 무변론 판결, 제150조 제3항이 적용되는 경우(자백간주)의 판결, 피고가 제194조 내지 제196조의 규정에 의한 공시송달로 기일통지를 받고 변론기일에 출석하지 아니한 경우의 판결로서 제1심판결에 대해서는 청구를 특정함에 필요한 사항(주로 청구의 취지 및 청구의 원인)과 상계항변의 판단에 관한 사항만을 간략하게 표시할 수 있다(민사소송법 제208조 제3항).

따라서 당사자의 모든 주장이나 공격방어방법에 관하여 판단할 필요는 없고, 판결에 당사자가 주장한 사항에 대한 구체적·직접적인 판단이 표시되어 있지 않더라도, 판결 이유의 전반적인 취지에 비추어 그 주장을 인용하거나 배척하였음을 알 수 있는 정도라면 판단누락이라고 할 수 없으며, 설령 실제로 판단을 하지 아니하였다고 하더라도 그 주장이 배척될 경우임이 분명한 때에는 판결 결과에 영향이 없어 판단누락의 위법이 있다고 할 수 없다(대법원 2012. 4. 13. 선고 2010다9320 판결, 2018. 10. 4. 선고 2014두37702 판결 등).

7) 판결 주문에는 소송비용의 부담, 가집행선고, 강제집행의 정지나 그 정지결정의 인가·취소 등의 잠정처분(민사집행법 제47조, 제48조 제3항), 가지급물의 반환(가집행 원상회복), 가집행에 따른 손해배상, 간접강제 등 부수적 재판을 부가하여야 한다. 1심판결의 경우 당해 심급의 소송비용의 부담에 대해서만 재판하면 된다(민사소송법 제104조). 상급심의 경우에는 해당 부분에서 설명한다.

8) 법원이 원고의 재산권 청구를 전부 또는 일부 인용하는 경우, 가집행의 선고를 붙이지 아니할 상당한 이유가 없는 한 직권으로 담보를 제공하거나, 제공하지 아니하고 가집행을 할 수 있다는 것을 선고하여야 하며, 어음금·수표금 청구에 관한 판결에는 담보를 제공하게 하지 아니하고 가집행의 선고를 하여야 한다(민사소송법 제213조 제1항). 또한 이 경우, 법원은 직권으로 또는 당사자의 신청에 따라 채권 전액을 담보로 제공하고 가집행을 면제받을 수 있다는 것을 선고할 수 있다(민사소송법 제213조 제2항). 가집행의 선고가 있으면 원고는 그 확정 전이라도 곧바로 강제집행에 착수할 수 있음은 물론이다.[2)]

9) 법원은 또, 사건을 완결하는 재판에서 직권으로 그 심급의 소송비용 전부에 대하여 주문으로 선고하여야 하고, 사정에 따라 사건의 일부나 중간의 다툼에 관한 재판에서도 그 비용에 대한 재판을 할 수 있다(민사소송법 제104조). 한편, 상급법원이 본안의 재판을 바꾸는 경우 또는 사건을 환송받거나 이송 받은 법원이 그 사건을 완결하는 재판을 하는 경우에는 그 때까지 발생한 소송의 총비용에 대하여 재판하여야 한다(민사소송법 제105조). 법원은 소송비용을 당사자 쌍방에게 각자 부담하게 하거나 균등 부담하게 할 수도 있는데, 전자는 당사자 쌍방이 각각 자기가 지출한 비용을 자신이 부담하는 것이고, 후자는 비용을 지출한 당사자가 누구냐에 관계없이 쌍방이 지출한 전체 소송비용을 2분의 1씩 부담하는 것으로 서로 다르다.

10) 판결은 법정에서 판결서 원본에 의해 이를 낭독하는 방법으로 선고를 요하며, 그에 대한 불복은 항소나 상고라는 방법에 의한다. 판결이 확정될 경우에는 원칙적으로 그로부터 기판력이 발생한다.

---

2) 부동산 경매 등에서 배당채권자가 가압류권자인 경우 집행법원은 가압류권자 명의로 배당을 하고 이를 공탁하여야 하는데(민사집행법 제160조 제1항 제2호), 가압류권자는 그 피보전채권이 확정되기 전까지는 배당금(공탁금)을 출급할 수 없다. 가압류권자가 그 피보전채권에 관하여 판결로써 이를 확정하려는 경우에는 확정판결을 얻어야 하므로, 가집행선고만을 받은 때에는 출급 받을 수 없다.

(2) 판결의 종류

(가) 종국판결

1) 판결은 소나 상소를 받은 당해 법원, 즉 수소법원이 하게 된다. 이때 수소법원이 당해 심판대상이자 소송목적인 권리·법률관계에 대한 심리와 판단을 모두 마치고 그에 대한 최종적인 응답으로서 하는 판결을 종국판결(終局判決)이라고 한다.[3]

2) 이는 당해 사건에 대한 종국적인 판단, 즉 사건을 종결하는 판결이므로 이로써 그 사건은 당해 심급(수소법원)에서 완결·종료된다. 이런 의미에서, 설사 수소법원이 하나의 사건의 소송목적인 권리·법률관계 중 일부에 대하여만 판단을 하였더라도 그것이 종국적인 판단인 한 이는 종국판결이며, 이 점에서 중간판결과 대비된다.

3) 종국판결은 수소법원이 당해 소송목적인 권리·법률관계에 대한 심리와 판단을 모두 마치는 판결을 말하므로, 전체적인 소송절차는 종료하지 않더라도 당해 심급에서의 심리와 판단을 모두 마치는 판결인 이상 환송판결이나 이송판결도 종국판결에 해당한다.

(나) 중간판결

1) 중간판결은 당해 심급에서 종국판결을 하기에 앞서 종국판결의 전제가 되는 개개의 쟁점을 미리 정리·판단하여 종국판결을 준비하는 재판이다(대법원 2011. 9. 29. 선고 2010다65818 판결 등). 이런 점에서 중간판결은 당해 사건의 심판을 완결하는 것이 아니므로 일부판결이라고 볼 수도 있으나, 일부판결은 비록 일부이기는 하지만 소송목적인 권리·법률관계에 대한 종국적인 판단인 반면 중간판결은 종국적 판단이 아니라는 점에서 다르다.

2) 중간판결은 소송목적인 권리·법률관계에 대한 독립된 공격 또는 방어의 방법, 그 밖의 중간의 다툼에 대하여 필요한 때에 할 수 있다(민사소송법 제201조 제1항). 독립된 공격 또는 방어의 방법이라 함은 대리권의 존부, 소멸시효나 취득시효의 완성 여부, 기망이나 착오에 의한 의사표시의 존부 등을 들 수 있다. 독립된 공격 또는 방어의 방법은 아니지만, 청구의 원인과 액수에 대하여 다툼이 있는 경우에 그 원인에 대하여도 중간판결을 할 수 있는바

3) 종국판결은 종국재판의 하나이다. 종국재판은 당해 사건의 권리·법률관계에 관하여 당사자가 직접 심판을 신청한 사항이나 그로부터 파생된 법률적 쟁점에 대하여 수소법원이 최종적인 결론을 판결이나 심판·결정, 명령의 형태로 응답하는 것을 말하고, 중간적 재판은 최종적인 결론에 대한 응답을 하기 전에 중간적 쟁점에 대한 결론을 밝히는 재판을 말한다. 이와 같이 종국재판은 심판대상인 권리·법률관계에 관하여 법원이 최종적인 결론으로써 응답하는 판결 등을 말하지만, 그 심판대상인 권리·법률관계는 이에 대한 법원의 심판을 통하여 당사자가 직접 권리를 실현하거나 분쟁을 해결하는 결과를 얻는 것이 중요하므로, ① 본안소송에 앞선 보전신청(가압류·가처분신청), ② 본안소송의 신청(본안청구), ③ 본안소송 후의 강제집행신청(경매신청, 추심·전부명령신청 등)에 대한 종국적 재판이 중요하며, 이들 절차에서 파생적으로 발생하는 증거보전신청, 담보제공명령신청, 소송구조신청, 법관에 대한 제척·기피신청, 이송신청 등에 대한 재판은 결정, 명령의 형태로 이루어지는 경우에도 그 중요성이 떨어진다.

(민사소송법 제201조 제2항), 이는 손해배상청구나 부당이득반환청구 등에서 유용하다. 그밖에도 소송요건의 존부나 상소의 적법 여부, 소 취하의 여부 등 본안에 관한 독립된 공격방어방법이 아니면서 당해 소송의 선결문제가 된 사항에 대해서도 중간판결을 할 수 있다.

중간확인의 소에 대한 법원의 응답인 판결이 곧 중간판결은 아니며, 이 역시 필요에 따라 종국판결만을 하거나 종국판결에 앞서 중간판결을 미리 할 수도 있다.

3) 재심소송에서 법원은 재심의 소가 적법한지 여부와 재심사유가 있는지 여부에 관한 심리 및 재판을 본안(재심대상판결의 당부)에 관한 심리 및 재판과 분리하여 먼저 시행할 수 있고,[4] 이 경우 재심사유가 있다고 인정한 때에는 그에 대한 판단을 중간판결로써 한 뒤 본안에 관하여 심리·재판한다(민사소송법 제454조).

4) 중간판결이 선고되면 판결을 한 법원도 이에 구속되므로 종국판결을 할 때에는 그 주문의 판단을 전제로 하여야 하며, 설령 중간판결의 판단이 그릇된 것이라 하더라도 이에 저촉되는 판단을 할 수 없다(대법원 2011. 9. 29. 선고 2010다65818 판결). 중간판결이 선고된 후 당해 사건을 완결하는 나머지 부분의 판결도 보통 잔부판결 또는 결말판결이라고 한다.

5) 중간판결은 독립하여 상소의 대상이 되지 않는다. 따라서 종국판결에 대한 상소 없이 이에 대한 독립한 상소는 부적법하고, 중간판결은 종국판결(잔부판결)에 대한 상소가 있으면 그와 함께 상소심의 판단을 받는다(민사소송법 제392조 본문, 제425조).

(다) 전부판결, 일부판결

1) 수소법원이 소송목적인 권리·법률관계에 대하여 판결을 하는 때에는 하나의 변론절차로 심리한 '하나의 사건'을 단위로 함이 원칙이다. 그래야 복수의 판결 상호 간에 모순과 불통일이 발생하지 않게 되기 때문이다.

여기서 말하는 '하나의 사건'이란 사건번호의 수에 따른 것이 아니라, 하나의 소송절차, 즉 하나의 변론절차의 목적이 되어 동시에 심리·판단되는 사건을 말한다. 그러므로 청구의 병합이나 공동소송은 물론 반소, 독립참가소송, 공동참가소송, 중간확인의 소 등과 같이 견련관계에 있는 소송사건, 본래는 독립한 소송사건이나 변론 병합에 의하여 하나의 소송절차의 목적이 된 사건도 포함한다. 그러나 사건번호가 다른 실질적인 복수의 사건별로 각각 독립하여 판결한 경우, 그들 사건이 견련성이 있어 반드시 함께 판단되어야 하는 관계가 아니면 전부판결, 일부판결을 논할 실익이 없다.

2) 수소법원이 이와 같이 '하나의 사건'의 소송목적인 권리·법률관계 전부에 대하여 판단을 한 판결을 전부판결(全部判決)이라고 하며, 반대로 그 중 일부(복수의 청구 중 일부 또는 복수의 당사자 중 일부)에 대하여만 판단을 한 판결을 일부판결(一部判決)이라고 한다.[5]

4) 물론 이 경우 양자를 분리 심리·판단하지 않고 한꺼번에 할 수도 있다.

3) 수소법원이 일부판결을 하는 경우는 대부분 의식적으로 소송목적의 일부에 대하여만 판단을 할 의사로써 하지만, 이를 의식하지 못한 채 전부판결을 할 의사로써 판결을 하였으나 결과적으로 소송목적의 일부에 대한 판결을 누락하는 경우가 있는데, 후자를 재판의 탈루(脫漏)라고 한다.

어느 쪽이나 일부판결에 해당함은 물론이며, 일부판결의 경우에는 그 판결이 이루어진 부분에 한하여 당해 심급(수소법원)에서의 소송이 완결·종료하게 됨이 원칙이다. 일부판결 후 남은 부분에 관하여 그 나머지 부분을 완결하는 판결을 잔부판결(殘部判決) 또는 결말판결(結末判決)이라고 한다.[6] 이에 반해 탈루된 부분에 대한 판결을 추가판결(追加判決)이라고 한다. 추가판결의 성질도 잔부판결과 같다.

4) 일부판결을 할지 여부는 수소법원이 결정하나(특별한 사정이 없는 한 일부판결을 하지 않는 것이 실무관행이다), 독립참가소송, 필수적 공동소송, 주위적·예비적 병합청구, 예비적·선택적 공동소송과 같이 소송목적인 권리·법률관계에 대하여 모순 없이 하나의 판단을 하여야 할 경우에는 일부판결을 할 수 없다. 본소와 반소, 본소와 중간확인의 소는 원칙적으로는 일부판결이 가능하나, 양자가 불가분적으로 연결되어 있어 분리하여 판단할 경우 모순이 발생할 수 있는 경우에는 일부판결을 할 수 없다.

5) 일부판결의 경우 소송비용 부담에 관한 재판을 하지 않고 나머지 부분을 완결하는 잔부판결(결말판결)에서 함이 보통이나, 당사자 중 일부에 대한 일부판결의 경우와 같이 잔부판결(결말판결)에서 이를 함이 부적당한 경우와 같이 특별한 사정이 있는 때는 당해 일부판결에서도 이를 할 수 있다(민사소송법 제104조 단서 참조). 일부판결에 대해서는 잔부판결(결말판결)과 독립하여 상소기간이 진행하고, 상소불가분의 원칙도 그 판결한 부분에 한하여 발생함은 물론이다.

다만, 일부판결이 허용되지 않는 경우에는, 설사 일부판결이 선고되었더라도 이는 전부판결로 취급되어 그 사건 전부에 대하여 상소불가분의 원칙이 적용되어 상급심에 이심되고 상소기간도 단일하게 진행한다(대법원 1992. 10. 13. 선고 92다18283 판결, 2000. 1. 21. 선고 99다50422 판결, 2000. 11. 16. 선고 98다22253 전원합의체 판결 등 참조).[7]

---

5) 하나의 청구 중 일부에 대하여도 일부판결이 가능하다. 예컨대, 원고가 1억 원의 금전 지급을 구하였는데 법원이 7,000만 원에 대하여만 판단하고 나머지 3,000만 원 부분에 대해서는 소 각하 또는 청구 인용이나 기각의 판결을 하지 않은 경우가 이에 해당한다.

6) 잔부판결이나 결말판결 역시 그 성질은 일부판결임은 물론이다. 일부판결을 하는 경우 법원은 그 사건의 사건번호에 2018가합1234−1과 같이 가지번호를 붙이고, 사건명 뒤에는 '대여금(일부판결)'과 같이 부기한다. 그러나 잔부판결에는 이 같은 가지번호나 '대여금(잔부판결)'과 같은 사건명의 부기를 하지 않는다.

7) 일부판결이 허용되지 않음에도 일부판결이 선고되고 그에 뒤이어 잔부판결이 선고된 경우, 잔부판결은 무효로서 아무런 효력도 발생하지 않는다고 할 것이다.

(라) 소송판결, 본안판결

1) 종국판결에는 소송요건의 부존재를 이유로 소송목적인 권리·법률관계, 즉 본안에 대한 심판을 거부하여 소나 상소를 각하하는 소송판결(訴訟判決)과 소송목적인 권리·법률관계(본안)에 대하여 그 청구(상소의 경우에는 상소)의 당부를 판단하는 본안판결(本案判決)이 있다.

2) 이는 상소심판결의 경우에도 동일하다. 즉 상소가 부적법하다고 하여 상소를 각하하는 판결은 소송판결에 속하고, 상소가 적법하여 소송목적인 권리·법률관계(본안)에 대하여 그 상소의 당부를 판단하는 판결을 본안판결에 해당한다. 다만, 상소가 적법하여 상소의 당부를 심사한 경우에도, 상소심법원이 소송판결을 한 원심판결이 옳다고 하여 상소를 기각하거나, 본안에 관한 판결을 한 원심판결을 소가 부적법하다는 이유로 취소·파기하는 판결을 하는 경우에는 그 상소심판결도 소송판결이다.

3) 한편, 환송판결이나 이송판결은 본안에 관한 내용은 아니므로 이 역시 본질상 소송판결에 해당한다고 할 수 있다.

4) 소장이 법률의 규정에 어긋나는 경우와 소장에 법률의 규정에 따른 인지를 붙이지 아니하거나 소장의 부본을 송달할 수 없어 재판장이 상당한 기간을 정하여 흠을 보정하도록 명하였음에도 그 기간 이내에 흠을 보정하지 아니한 때에 재판장이 명령으로 하는 소장의 각하(민사소송법 제254, 255조), 상소장이 법률의 규정에 어긋나거나 법률의 규정에 따른 인지를 붙이지 아니하여 원심재판장이나 상소심재판장이 상당한 기간을 정하여 그 기간 이내에 흠을 보정하도록 명하였음에도 그 기간 이내에 흠을 보정하지 아니한 때 등에 원심재판장이나 상소심재판장이 명령으로 하는 상소장 각하(민사소송법 제399, 402, 425조)도 판결은 아니지만 소송판결에 준하는 것이라고 할 수 있고, 이로써 당해 심급의 소송이 종료한다.

5) 소의 취하가 부존재 또는 무효라는 것을 주장하는 당사자가 기일지정신청을 하였는데, 법원이 변론을 열어 신청사유에 관하여 심리한 결과 신청이 이유 없다고 인정하는 경우에는 판결로써 소송의 종료를 선언하여야 하는바(민사소송규칙 제67, 68, 135, 136조), 이 역시 소송판결에 해당한다. 이미 확정판결이나 소의 취하 또는 취하간주, 청구의 포기·인낙, 소송상화해나 조정 등에 의하여 당해 소송이 종료하였음에도 법원이 이를 알지 못한 채 계속해서 심리를 진행하다 이를 발견한 경우에는 법원은 직권으로 판결로써 소송의 종료를 선언하여야 하며(대법원 1991. 5. 24. 선고 90다18036 판결 등), 이 또한 소송판결이다.

(3) 판결의 확정

(가) 형식적 확정

1) 법관은 판결을 선고한 뒤 바로 법원사무관 등에게 판결서 원본을 교부하여야 하

며,[8] 법원사무관 등은 판결서를 받은 날부터 2주 이내에 그 정본을 당사자나 소송대리인, 보조참가인에게 송달하여야 한다(민사소송법 제209, 210조). 항소와 상고는 판결서 송달 전 또는 판결서가 송달된 날부터 2주 이내에 하여야 하며(민사소송법 제396, 425조), 판결서가 송달된 날부터 2주의 상소기간이 진행한다. 위 기간이 지나면 상소할 수 없고, 그에 위반한 상소는 부적법하다.

2) 위와 같이 상소제기기간의 경과로 판결에 대하여 더 이상 상소로써 다툴 수 없는 상태에 이른 것을 판결의 형식적 확정이라고 한다. 그리고 이에 따른 법적 효력을 형식적 확정력이라고 한다. 판결이 형식적으로 확정되면 그로써 당해 사건의 모든 소송절차가 종료함은 물론이다.

3) 상고심판결이나 제권판결과 같이 상소 자체가 불가능한 판결은 그 선고와 동시에 확정된다. 판결이 선고되기 전에 이미 당사자 사이에 불상소의 합의가 이루어진 때는 상소를 할 수 없으므로 이 경우에도 선고와 동시에 판결이 확정된다.

4) 상소제기기간 내에 상소가 없는 때, 상소가 있었더라도 상소장각하명령이나 상소각하판결이 확정된 때, 상소 후 이를 취하한 때는 처음부터 상소가 없었던 것과 같이 되므로 상소제기기간 만료 시에 판결이 확정된다. 상소 제기 후 상소권을 포기한 때는 상소 취하의 효력이 있으므로(민사소송법 제395조 제3항), 이때도 상소제기기간 만료 시에 판결이 확정된다.

판결 정본을 통상의 송달방법인 교부송달에 의하여 송달하지 않고 공시송달이나 발송송달 등의 방법에 의하여 송달한 경우, 당사자가 그 판결 선고를 모르는 경우가 많을 것인바, 이 경우 상소제기기간 만료 시에 일단은 판결이 확정되나, 그 당사자는 민사소송법 제173조에 의하여 추완상소를 할 수 있다. 추완상소를 한 것만으로 판결 확정의 효력이 소멸하는 것은 아니지만, 추완상소가 적법한 것으로 보아 상소심판결이 선고되어 확정된 때에는 당초의 판결 확정 효력은 소멸한다.

5) 판결의 선고 후 상소 제기 전에 상소권을 포기한 때는 그때부터 더 이상 상소를 할 수 없게 되므로 그 시점에서 판결이 확정된다.[9] 판결의 선고 후 상소 제기 전에 불상소합의를 한 때에도 같다. 불항소합의를 하면서 비약상고의 합의를 한 때에는 상고제기기간이 만료한 때에 판결이 확정된다.

6) 상소불가분의 원칙에 의하여 상소심에 이심되었지만 상소인이 불복한 대상이 아니어서 상소심의 현실적인 심판대상이 되지 않은 부분은 부대상소와 직권판단의 가능성이 소멸되는 상소심판결이 선고된 때에 확정된다(대법원 2013. 7. 11. 선고 2011다18864 판결, 2014. 12. 24. 선고 2012다116864 판결 등). 이에 대하여, 항소

8) 다만, 전자문서로 판결서를 작성한 때는 판결서 원본을 교부하지 않고 전산정보처리시스템에 등재함으로써 갈음하며, 그 송달 역시 전자적 방법으로 한다(민사소송 등에서의 전자문서 이용 등에 관한 법률 제10, 11조 참조).

9) 당사자 일방만이 상소권을 포기한 때는 판결이 확정되지 않고, 쌍방 모두 상소권을 포기하여야 판결이 확정된다. 후자의 경우 나머지 당사자가 상소권을 포기한 때에 판결이 확정된다.

취지 변경은 항소심의 변론종결 시까지만 허용되므로 그때에, 상고심의 경우에는 상고이유서 제출기간 이후에는 상고취지를 확장할 수 없으므로 상고이유서 제출기간 만료 시에 확정된다는 견해가 있으나, 변론재개(항소심의 경우)나 직권판단(상고심의 경우)의 가능성이 있으므로 옳지 않다고 하겠다.

(나) 실체적 확정

1) 판결이 형식적으로 확정되어 형식적 확정력이 발생하면, 그 판결 내용, 즉 소송목적인 권리·법률관계에 대하여 판단한 내용대로 그 권리·법률관계가 확정된다. 이를 판결의 실체적 확정력이라고 한다. 물론 그렇다고 해서 객관적으로 그러한 실체관계가 형성되는 것은 아니고, 이는 소송법적 효력일 뿐이다.

2) 판결의 실체적 확정력은, 형성판결에서 그 판결 내용대로의 권리·법률관계가 확정·실현되는 것과 기판력으로 나타나는데, 특히 기판력이 중요하다. 이에 관해서는 뒤의 판결의 효력에서 살펴보기로 한다.

3) 소송판결이 확정된 경우에는 소송목적인 권리·법률관계에 대한 판단이 없으므로 직접적으로는 실체적 확정력이 발생하지 않는다.[10]

(4) 판결의 효력

(가) 기속력

1) 판결이 선고되어 효력을 발생한 이후에는, 그것이 확정되기 전이라도 당해 수소법원은 이를 임의로 변경할 수 없는바, 이를 기속력(羈束力)이라 한다. 엄격히 말하자면 선고 후에만 기속력이 인정되는 것이 아니라, 판결 원본이 성립한 후부터 기속력이 인정되나, 이는 외부에서 인식하기 어려우므로 사실상으로는 선고 후부터 기속력이 인정되는 셈이 된다.

2) 판결에 기속력을 인정하는 이유는 법적 안정성과 당사자 등 이해관계인의 이익 보호를 위한 것이다. 반면에 결정, 명령은 법원이 후견적으로 하는 부분이 많고, 필요적으로 변론을 거지치도 않으며, 필요적 당사자대심구조를 취하지 않는 등으로 판결과 달리 법적 안정성을 해하는 면이 약하고, 상급심법원 대신 당해 수소법원으로 하여금 신속하게 변경을 허용하는 편이 당사자 등 이해관계인의 이익 보호에 도움이 되는 점을 고려하여 기속력을 부여하지 않는다(민사소송법 제222, 446조, 가사소송법 제12조).

3) 가사심판의 경우에도 이와 같은 원칙이 적용된다. 가사비송절차에 관하여는 가사소송법 외에 비송사건절차법이 적용되는바(가사소송법 제34조), 가정법원은 재판(심판)을 한 후에 그 재

10) 간접적으로는 제척기간의 경과, 파산면책으로 인한 자연채무화 등으로 사실상 그 권리·법률관계를 행사할 수 없게 되는 것 등을 생각할 수 있다.

판이 위법·부당하다고 인정할 때에는 이를 취소·변경할 수 있되, 신청에 의하여만 재판을 하여야 하는 경우에 그 신청을 각하한 재판은 신청에 의하지 아니하고는 취소하거나 변경할 수 없으며, 즉시항고로써 불복할 수 있는 재판은 취소하거나 변경할 수 없다(비송사건절차법 제19조).

4) 이와 같이 일반적인 기속력 외에, 특정한 경우에 수소법원의 재판이 다른 법원을 구속하는 경우가 있다. 즉 ① 이송결정에 의해 소송을 이송 받은 법원은 이송결정에 따라야 하고, 당해 사건을 다시 다른 법원에 이송하지 못하고(민사소송법 제38조), ② 원심법원에서 적법하게 확정한 사실은 법률심인 상고법원을 기속하며(민사소송법 제432조), ③ 상고법원이 원심판결을 파기하고 사건을 원심법원에 환송하거나 동등한 다른 법원에 이송한 경우, 사건을 환송받거나 이송 받은 법원은 상고법원이 파기의 이유로 삼은 사실상 및 법률상 판단에 기속된다(민사소송법 제436조 제2항).

(나) 집행력

1) 판결이 피고로 하여금 원고나 3자에게 일정한 의무의 이행을 명하는 것인 경우, 원고 등 그 판결의 효력을 받는 사람은 그 판결에 기하여 강제적으로 의무 이행을 실현할 수 있는바, 이를 집행력(執行力)이라 한다. 이에 따라 확정판결은 강제집행절차에서 집행권원(執行權源)이 된다(민사집행법 제56조 참조).

2) 판결의 집행력은 원칙적으로 판결이 확정되어야 발생하나, 가집행선고가 있는 경우에는 확정 전이라도 집행력이 발생한다(민사집행법 제24조). 항고로만 불복할 수 있는 재판, 즉 결정이나 명령은 항고기간이 따로 규정되어 있지 않은 한 고지로써 효력을 발생하므로 그때 집행력이 발생한다. 다만, 즉시항고를 할 수 있고 그 즉시항고에 집행정지의 효력이 있는 경우에는 확정되어야만 집행력이 발생한다. 지급명령도 확정되어야 집행력이 발생한다(민사집행법 제56조 제3호).

3) 판결이나 결정, 명령 중에는 따로 집행절차를 거필 필요 없이 그 재판의 효력 발생만으로 그 내용이 실현되는 경우도 있다. 공유물분할이나 채권자취소, 이혼 등의 판결이나 전부명령 등이 그것이다. 이는 대체로 형성적 재판에서 볼 수 있다. 이러한 경우 당해 재판에는 순수한 집행력은 없으나, 그 재판 내용이 실현된다는 점에서 이를 광의의 집행력으로 이해하기도 한다. 그러나 소유권이전등기나 그 말소등기를 명하는 판결과 같이 의사표시채무의 이행을 명하는 판결은 의무 이행을 명하는 판결이므로, 그 확정으로 별도의 집행이 필요 없더라도(민사집행법 제263조) 이는 본래의 집행력에 해당한다.

4) 한편 확인판결의 경우, 변론종결 당시 법률적으로 존재하는 권리·법률관계의 존재, 부존재, 그 유효, 무효 등을 확인하는 것에 불과하여 그로써 당해 권리·법률관계 자체를 변동시키는 효력은 없지만, 당사자들 사이에 사실상 그 확인 내용과 다른 형태의 권리·

법률관계가 존재할 경우 이로써 확인 내용과 같은 권리·법률관계가 존재하는 것으로 되어 사실상의 변동효를 발생하게 된다. 그러나 상대방이 이를 부인하고 그에 따른 권리·법률관계의 실현을 방해할 경우, 그 판결로는 강제적으로 그 내용을 실현할 수 없는 한계가 있다.

5) 확정판결에 의한 권리라 하더라도 신의에 좇아 성실히 행사되어야 하고, 그 판결에 기한 집행이 권리남용이 되는 경우에는 허용되지 않는다. 이 경우 집행채무자는 청구이의의 소에 의하여 그 집행의 배제를 구할 수 있는바, 확정판결의 내용이 실체적 권리관계에 배치되는 경우, 그 판결에 의하여 집행할 수 있는 것으로 확정된 권리의 성질과 그 내용, 판결의 성립 경위 및 판결 성립 후 집행에 이르기까지의 사정, 그 집행이 당사자에게 미치는 영향 등 제반 사정을 종합하여 볼 때, 그 확정판결에 기한 집행이 현저히 부당하고 상대방으로 하여금 그 집행을 수인하도록 하는 것이 정의에 반함이 명백하여 사회생활상 용인할 수 없다고 인정되는 경우에는 그 집행은 권리남용으로서 허용되지 않는다는 것이 대법원 판례이다(대법원 1997. 9. 12. 선고 96다4862 판결, 2001. 11. 13. 선고 99다32899 판결, 2007. 5. 31. 선고 2006다85662 판결 참조).

(다) 기판력

1) 앞서 본 바와 같이, 상소절차를 통한 더 이상의 불복이 허용되지 않는 단계에 이르러 판결이 형식적으로 확정되면, 그 판결의 내용에 따른 권리·법률관계가 고정되는 효력, 즉 실체적 효력으로서 이른바 실체적 확정력이 발생한다.

2) 재판이 확정되어 실체적 확정력이 발생하면, 그 소송당사자를 중심으로 한 일정 범위의 사람들 사이에서 당해 소송목적에 관하여 그 재판 내용에 따른 권리·법률관계가 실현되고 그 상태가 존중되어야 하며, 국가기관 그 중에서도 특히 법 판단 기관인 법원도 이에 구속되어야 한다. 이에 따라, 이미 확정재판을 통하여 판단된 법률관계에 대하여 다시 그것이 소송(後訴)의 대상으로서 법원의 판단 대상이 되는 경우, 후소 법원과 그 소송당사자가 확정된 전소(前訴)의 재판 내용에 구속되어 이와 모순·저촉되는 판단이나 주장을 할 수 없는 구속력을 기판력(旣判力)이라고 한다. 이는 재판의 종국적 분쟁 해결 기능과 신뢰성, 법적 안정성, 소송경제 등으로부터 인정된다.

3) 확정된 재판의 실체적 확정력이, 새로운 소의 제기와 관계없이 그 자체로서 일정한 범위에서 존중되고 구속력을 미치는 것임에 비해, 기판력은 확정된 재판과 관련하여 그와 동일하거나 일정한 관계에 있는 새로운 후소가 제기된 경우에 후소 법원과 당사자를 구속하는 소송법적 효력이라는 점에서 양자는 구별된다.[11]

---

11) 일부에서는 기판력을, 소송물에 대하여 이미 확정판단이 있었다는 의미의 효력이라고 이해하면서 이를 실체적 확정력과 동일한 것으로 보기도 하나, 기판력은 실체적 확정력보다는 좁은 개념으로서 이와 구별하여야 한다. 기판력에 대한 보다 자세한 논의는 뒤의 <10. 기판력> 부분을 참조.

다. 심판, 결정, 명령

1) 심판, 결정, 명령은, 그 대상이 되는 사안이 본안의 심리절차에 부수되는 사항이거나, 본안절차에 앞서 또는 본안절차 이후에 밀행적(密行的)으로 신속한 심리나 그때그때의 필요에 따른 법원의 후견적 관여가 필요한 경우, 판단할 내용이 비교적 간단하여 구두변론과 쌍방의 공격·방어를 거칠 필요가 없거나 그 필요성이 약한 경우, 그 재판 청구인에 대응하는 상대방이 없는 경우 등에 하는 재판이다.

2) 심판, 결정, 명령의 경우, 그 재판에 필요한 사실관계는 임의적 변론이나 당사자 또는 이해관계인, 참고인 등에 대한 심문, 서면자료에 의하여 얻게 된다(민사소송법 제134조 제1항 단서, 제2항).

3) 심판은 가사비송(家事非訟) 사건에 대하여 하고(가사소송법 제39조), 심판서를 작성한다. 결정은 본안절차에 앞서서 행하는 가압류·가처분 명령, 소송구조결정, 담보제공명령, 소송대리허가결정 등이나 본안절차 이후 그 소송의 결과를 실현하기 위해 행하는 압류명령, 경매개시결정, 추심명령, 전부명령, 본안절차 진행 중 그에 부수하여 행하는 증거채부결정, 소송절차의 속행명령, 변론의 분리나 병합·제한 결정, 변론재개결정 등으로 한다. 심판과 결정은 그 명칭만 다를 뿐 효력과 성질이 거의 동일하다.

4) 명령은 수소법원이 아닌 재판장이나 수명법관, 수탁판사가 단독으로 하는 것으로서, 변론준비절차회부명령, 변론기일의 지정이나 변경 명령, 공시송달명령, 진술(발언)금지명령, 석명준비명령, 보정명령, 소장각하명령 등이 이에 해당한다.

5) 심판, 결정, 명령은 판결과 달리 선고가 아닌 고지의 방법으로 하며, 고지의 방법은 당해 재판서의 송달, 전화나 팩스에 의한 통지, 구두에 의한 고지 등 상당한 방법으로 한다(민사소송법 제221조). 이 경우 그 효력은 상대방에게 고지된 때에 발생한다. 다만, 경매에서 매각허가 여부의 결정은 법정에서 선고의 방법으로 한다(민사집행법 제126조).

6) 심판, 결정, 명령에 대해서도 법령이 허용하는 경우 불복이 가능하며, 그 불복은 이의신청이나 항고로써 하여야 한다(민사소송법 제138, 226조, 제469조 제2항 등). 이들 재판에 대해서 항고 등 불복이 있을 경우 원심법원은 스스로 원재판을 변경할 수 있음이 원칙이다(민사소송법 제446조, 비송사건절차법 제23조).

5. 재판서

1) 재판을 기재한 문서를 재판서라 한다. 이는 그 형식과 내용에 따라서 판결서, 결정서 또는 결정문, 심판서, 명령서로 나뉜다. 앞서 본 바와 같이 판결과 심판은 반드시 독립한 문서인 판결서 또는 심판서를 작성하여야 한다.

2) 판결서에는 당사자와 법정대리인, 주문, 청구의 취지와 상소의 취지, 이유, 변론을 종결한 날짜 등을 기재하고 판결한 법관이 서명날인하여야 한다(민사소송법 제208조).[12] 이것을 판결

서 원본이라고 한다. 다만, '민사소송 등에서의 전자문서 이용 등에 관한 법률'에 의하여 전자문서로 판결서를 작성한 때는 종이문서가 아닌 그 전자문서가 판결서 원본이 된다(민사소송 등에서의 전자문서 이용 등에 관한 법률 제5조 제2항). 판결서의 구체적 기재 내용은 앞서 <판결의 의의와 내용>에서 본 바와 같다.

3) 반면에 결정, 명령은 재판서를 따로 작성하는 것이 보통이지만, 간단한 내용의 경우 재판서를 따로 작성하지 않고 그 내용을 조서 등 다른 문서에 기재하는 것으로 갈음할 수 있다. 이에 따라, 재판장의 기일지정이나 변경 명령은 소송기록의 표지 안쪽이나 별도의 용지에 기일의 종류와 기일을 기재한 후 재판장이 날인하는 방법으로 재판서를 작성하고, 증거채부결정은 변론기일조서에 간단히 "증거관계 별지와 같음(원고 서증, 피고 증인)"이라고 기재하여 그에 관한 재판이 있었음을 암시하고, 자세한 내용은 '증인등목록'의 '증거결정'란에 '채' 또는 '부'라고 기재하거나 서증목록의 '인부요지'에 '기각'이라고만 기재하는 방법으로[13] 간단히 재판서를 작성한다.

결정이나 명령을 변론기일 등의 조서에 기재하는 경우에는 "이 사건에 이 법원 2017가합1234 사건의 변론을 병합한다고 결정, 고지", "선량한 풍속을 해할 우려가 있으므로 심리를 비공개한다고 결정하고 이를 선고"(법원조직법 제57조 참조), "피고의 법관기피신청을 각하한다고 결정, 고지", "재판장, 원고에게 발언을 금지한다는 명령을 고지" 등으로 기재한다.

4) 기일 지정신청이나 변경신청, 관할위반을 이유로 한 이송신청, 변론재개신청과 같이 당사자에게 신청권이 없는 경우에, 법원이 그 신청을 받아들이지 않는 때에는 따로 재판서를 작성하지 않고, 그 신청서에 '채택', '불채택'이 표시된 고무인의 해당란에 재판장이 날인하는 방식으로 그 의사를 표시하기도 한다. 그러나 엄밀히 보아 이는 재판서라기보다는 단순히 그 의사를 법원사무관등에게 표시하여 업무 처리 방향을 지도, 안내하는 효력밖에 없다. 따라서 이를 신청인에게 통지하지 않는다.

6. 재판의 성립과 효력 발생(판결의 부존재)

가. 판결서 원본의 작성

1) 판결의 선고는 판결서 원본에 의하여 재판장이 법정에서 주문을 읽는 방법으로 한다(민사소송법 제206조). 판결서는 판결에 관여한 법관이 서명날인한 때에 성립한다.

2) 따라서 판결을 선고하고자 할 때는 미리 판결서를 작성하여야 한다. 변론 없이 판

---

12) 전자재판에서는 법관이 미리 서명날인한 것이 전자적으로 저장되었다가 서명날인이 필요한 경우 명령을 하면 기계적으로 그것이 전사(電寫)된다.

13) 서증신청을 채택한 때는 서증목록에 서증명과 서증번호만을 기재하고 따로 채택한 취지를 기재하지 않는다. 따로 채택의 취지를 기재하지 않아도 서증명 등의 기재로써 그 취지가 드러나기 때문이다. 반면에 증인신청이나 검증, 감정의 신청에 대해서는 증거목록에 채부를 표시한다.

결을 하는 때나 소 각하 판결을 하는 때도 마찬가지다. 즉 판결의 선고는 판결서 원본에 의해서 하여야 한다. 판결서 원본이란 관여 법관이 서명날인한 것을 말한다. 그러나 현재 법원 소송실무상 판결서 원본에 의하지 않고 그 초본을 바탕으로 판결을 선고하는 경우가 대부분인데, 이와 같이 판결서 원본에 의하지 않고 그 초본에 의하여 판결을 선고했다고 하여 판결 선고의 효력이 없다고 볼 수는 없다(대법원 1954. 7. 24. 선고 4285형상61 판결 참조).[14]

3) 판결이 유효하게 성립하여 효력을 발생하기 위해서는 먼저 판결이 있었다고 볼 만한 외형을 갖추어야 한다. 따라서 우선 판결서 원본이 존재하여야 하는데, ① 이는 헌법과 법원조직법 등 관련 법령에 의하여 법관으로 임용된 사람이 작성한 것이어야 하고, ② 그 재판 대상인 소송사건에 대한 것이어야 하며, ③ 판결서 원본에 관여한 법관이 서명과 날인을 하여야 한다. 그러므로 법관이 아닌 사람이 작성한 것은 판결서라는 명칭과 외관을 갖추었더라도 판결로 성립할 수 없다. 그러나 법관이 작성하였다면 그 법관이 당해 사건의 심리에 관여하지 않은 잘못이 있다고 하더라도, 이는 상소의 대상이 될 뿐이다.

4) 판결서를 작성하여야 할 법관은 그 사건의 심리에 관여한 법관, 즉 기본이 되는 변론(최종 변론)에 관여하여 판결 내용을 합의하여야 할 법관이다(민사소송법 제204조 제1항 참조).[15] 심리 도중에 법관의 전부나 일부가 바뀐 경우에는 당사자는 종전의 변론결과를 진술하여야 하며(이를 변론의 갱신이라고 한다), 단독사건의 판사가 바뀐 경우나 합의부 법관의 반수 이상이 바뀐 경우에 종전에 신문한 증인에 대하여 당사자가 다시 신문신청을 한 때에는 법원은 다시 증인신문을 하여야 하는데(민사소송법 제204조 제2, 3항), 이러한 절차를 잘못하였다고 하더라도 그 판결이 무효가 되는 것은 아니다.

5) 판결서 원본에는 위와 같이 당해 판결의 합의에 관여한 법관 전원이 서명날인하여야 하는바, 판결서에 서명날인하여야 할 법관 가운데 전출이나 해외출장, 사직 등의 사유로 서명날인에 지장이 있는 때에는 판결서 작성에 관여한 다른 법관이 판결서에 그 사유를 적고 자신이 서명날인을 하여야 한다(민사소송법 제208조 제4항). 판결서에는 합의에 관여한 법관 전원의 서명과 날인이 모두 갖추어져야만 유효하게 성립하므로, 재판장의 서명·날인이 없거나(대법원 1955. 4. 7. 선고 4288민상6 판결 참조), 법관의 전부 또는 일부, 서명이나 날인 중 하나라도 누락된 때(대법원 1956. 11. 24. 선고 4289민

14) 즉 민사소송법 제206조는 훈시규정으로 해석하여야 한다. 대법원 1956. 11. 24. 선고 4289민상236 판결, 1957. 3. 23. 선고 4289민상558 판결은, 판사의 서명만 있고 날인이 없는 판결은 판결 원본이라 할 수 없고, 이에 의한 판결 선고는 무효라고 판시하였으나, 그 취지는 판결 선고의 유무효가 문제되는 때까지도 판결 원본이 적법하게 갖추어지지 못한 경우를 상정한 것이라고 해석된다. 다만, 판결 선고 이후에 판결 원본을 작성하거나 초고를 수정하더라도, 이미 선고한 주문의 동일성에 영향을 미치게 하는 것은 허용될 수 없다.

15) 최종변론에 관여하지 않은 법관이 합의에 관여하고 판결서에 서명날인하는 것은 부적법하다. 물론 그렇다고 하여 합의에 참여한 법관 전원이 공동으로 이를 작성하여야 한다거나 반드시 주심판사가 작성하여야 하는 것은 아니고, 그 합의에 참여한 판사 중 아무라도 작성하여도 무방하다. 판사의 의사에 기하여 작성된 것이라면 법원사무관등이 그 보조자로서 작성한 것이라도 적법하다.

상236 판결, 1957. 3. 23. 선고 4289민상558 판결 참조)에는 판결 원본이 성립할 수 없다.

6) 심판, 결정, 명령에 대해서는 성질에 어긋나지 아니하는 한 판결에 관한 규정을 준용한다. 다만, 법관의 서명날인은 기명날인으로 갈음할 수 있고, 이유를 적는 것을 생략할 수 있다(민사소송법 제224조 제1항). 이에 따라 심판, 결정, 명령서는 판결서보다 간편하게 그 요지 위주로 작성하는 것이 실무관행이다. 때로는 결정서나 명령서를 따로 작성하지 않고 소송기록의 표지나 조서에 그 취지만을 기재하기도 한다는 점은 앞서 본 바와 같다.

나. 판결의 선고 등

1) 판결의 효력은 선고, 즉 판결 선고기일에 법정 등 지정된 장소에서 재판장이 판결서의 주문을 읽어야 비로소 발생한다(민사소송법 제205, 206조, 소액사건심판법 제11조의2). 만약 판결서와 재판장이 선고한 내용이 불일치할 경우, 후자가 우선한다. 판결이 선고되었더라도 판결서 원본이 없거나, 판결서 원본이 존재하더라도 선고되지 않으면 판결이 존재한다고 할 수 없다. 즉 이 경우 판결은 부존재하고, 아무런 효력도 발생하지 않게 된다.

2) 판결의 선고는 판결서 원본에 서명날인하지 않은 판사가 하여도 유효하다. 한편, 민사소송법은, 1심판결은 소가 제기된 때부터 5월, 항소심과 상고심의 판결은 당해 상소심법원이 상소기록을 받은 날부터 5월 이내에 선고하도록 규정하고(민사소송법 제199조), 또한 변론이 종결된 날부터 2주 이내에(복잡한 사건이나 그 밖의 특별한 사정이 있는 때에도 변론이 종결된 날부터 4주 이내에) 선고하도록 하고 있으나(민사소송법 제207조 제1항) 이는 모두 훈시규정으로서 이에 위배한 판결이라고 하여 무효라고는 할 수 없다(대법원 2008. 2. 1. 선고 2007다9009 판결 등).

3) 판결 선고기일은 다른 기일처럼 당사자에게 고지하거나 선고기일통지서를 송달하는 등의 방법으로 통지하여야 한다(민사소송법 제167조). 그러나 판결은 당사자가 출석하지 아니하여도 선고할 수 있다(민사소송법 제207조 제2항). 실무상 당사자가 그 기일에 출석하는 일은 거의 없다.

이와 관련하여 대법원은 "판결의 선고는 당사자가 재정하지 아니하는 경우에도 할 수 있는 것이므로, 법원이 적법하게 변론을 진행한 후 이를 종결하고 판결선고기일을 고지한 때에는 재정하지 아니한 당사자에게도 그 효력이 있는 것이고, 그 당사자에 대하여 판결선고기일 소환장을 송달하지 아니하였다 하여도 이를 위법이라고 할 수 없다"거나(대법원 1959. 2. 26. 선고 4291민상471 판결, 1966. 7. 5. 선고 66다882 판결, 2003. 4. 25. 선고 2002다72514 판결), "판결선고기일로 고지된 1963. 10. 16. 오전 10시에 당사자 쌍방이 출석하지 아니하였으므로 재판장이 법정에서 위 판결선고기일을 오는 10. 30. 오전 10시로 연기한다는 뜻을 고지하였음이 그 조서 기재에 의하여 명백한바, 이러한 경우에는 재판선고기일의 변경 및 다음 기일의 고지가 적법하게 이루어졌다고 할 것이다"고 하나(대법원 1964. 7. 14. 선고 63다1069 판결), 민사소송법 제167조 제1항 후문은 분명히 "그 사건으로 출석한 사람에게는 기일을 직접 고지하면 된다"고 하므로 이러한 방식의 기일 고지는 불가하다(위 판결들 당시의 민사소송법 규정도 지금과 동일하였다).

그러나 선고기일을 적법하게 통지하거나 고지하지 않은 채 판결이 선고된 경우에도 그 판결이 당연무효라고 할 수는 없고, 그것만으로는 판결절차가 위법하여 민사소송법 제417조에 의한 취소사유가 된다고 볼 수도 없다. 선고기일에는 당사자가 변론을 하는 것이 아닐 뿐 아니라, 상소제기기간은 판결 정본을 송달 받아야만 진행되므로 당사자에게 아무런 불이익이 없기 때문이다.

4) 상고이유서를 제출하지 아니하여 대법원이 상고를 기각하는 판결을 하는 경우와 '상고심절차에 관한 특례법' 제4조에 의해 대법원이 심리불속행으로 상고를 기각하는 판결을 하는 경우에는 법정에서 선고를 하지 않고 곧바로 판결서를 상고인에게 송달하며, 그 송달의 효력 발생 시에 판결의 효력이 발생한다(상고심절차에 관한 특례법 제5조).[16] 이때는 선고기일이 없으므로 이를 당사자에게 고지하거나 선고기일통지서를 송달할 필요도 없음은 물론이다.

5) 판결을 선고한 때는 조서에 이에 관한 사항을 기재하여야 한다. 판결선고조서에는 법원사무관 등과 재판장이 각각 기명날인을 하여야 한다(민사소송법 제153조, 제154조 제6호). 변론의 방식에 관한 규정이 지켜졌다는 것은 조서로만 증명할 수 있으므로(민사소송법 제158조), 판결선고기일의 조서(판결선고조서)가 없다면 판결 선고가 있었다고 할 수 없다(대법원 1962. 1. 18. 선고 4294민상152 판결 참조). 따라서 선고조서에 판결을 선고한 취지의 기재가 있고, 법원사무관 등의 기명날인이 있더라도 재판장의 기명날인이 없다면 그 조서는 무효이고, 해당 선고조서로는 판결 선고 사실을 증명할 수 없어 적법한 판결 선고가 있었다고 할 수 없다(대법원 1955. 4. 7. 선고 4288민상6 판결 참조).[17]

6) 판결을 선고한 때는, 법원은 2주 이내에 판결서의 정본을 당사자에게 송달하여야 한다(민사소송법 제210조). 집행문은 판결 정본의 끝에 덧붙여 적는 방법으로 부여하므로(민사집행법 제29조 제1항), 판결 정본은 집행문을 부여할 때 그 모태가 된다.

민사소송법에는 판결 정본을 당사자에게만 송달하도록 규정되어 있으나, 당사자 전원(원고·피고·독립당사자참가인 등)은 물론 보조참가인에게도 송달하는 것이 실무관행이다. 보조참가인은 당사자는 아니지만, 피참가인인 당사자와 독립하여 상소를 제기하는 등 소송수행권이 있으므로 그 소송수행에 도움이 되도록 하기 위한 배려이다.

선정당사자나 타인을 위해 당사자가 된 자(제3자소송담당자)가 판결을 받은 경우, 당사자가 아닌 선정자 등 그 본인인 타인에게는 판결 정본을 따로 송달하지 않는다.

---

16) 다만, '상고심절차에 관한 특례법' 제5조는 법원조직법 제7조 제1항 단서에 따라 3인 이상으로 구성된 부(部)에서 관여 대법관 전원의 의견이 일치하는 경우에만 적용하며, 원심법원으로부터 상고기록을 받은 날부터 4개월 이내에 판결의 원본을 법원사무관등에게 교부하지 않는 경우에는 위 제5조가 적용되지 아니한다(동법 제6조).

17) 대법원 1962. 1. 18. 선고 4294민상152 판결은 원심판결을 파기하고 사건을 원심법원에 환송하는 판결을 하였는데, 이 경우 판결 선고의 효력이 없는 만큼 상고의 대상이 없게 되어 상고는 부적법하므로 상고를 각하함이 옳다고 할 것이다(대법원 1955. 4. 7. 선고 4288민상6 판결 참조).

한편, 당사자나 보조참가인에게 소송대리인이 있을 경우에는 그 소송대리인에게만 판결 정본을 송달하는 것이 실무관행이다. 국가를 당사자로 하는 소송에서 국가에 대한 송달은 수소법원에 대응하는 검찰청(수소법원이 지방법원 지원인 경우에는 지방검찰청)의 장에게 하되, 고등검찰청 소재지의 지방법원(산하 지방법원 지원을 포함한다)에 소가 제기된 경우에는 그 고등검찰청의 장에게 송달하며, 소송수행자 또는 소송대리인이 있는 경우에는 소송수행자 또는 소송대리인에게 송달한다(국가를 당사자로 하는 소송에 관한 법률 제9조). 이에 위반하여 법무부장관에게 판결 정본을 송달한 경우 이는 부적법하여 무효이며, 이러한 흠은 상소제기기간에 영향을 미치므로 이의권 상실의 대상이 아니다(대법원 2002. 11. 8. 선고 2001다84497 판결).

법원사무관등이 판결서의 정본을 송달하는 때에는 상소기간과 상소장을 제출할 법원을 고지하여야 한다(민사소송규칙 제55조의2). 그러나 이는 당사자의 편의를 도모하기 위한 것에 불과하므로, 이를 누락하였다 하더라도 판결 선고의 효력이나 상소기간의 진행에는 영향이 없다.

7) 판결과 달리 심판이나 결정, 명령은 선고가 아닌 고지 등 다른 방법에 의해 대외적으로 공표한다. 심판이나 결정, 명령은 법관이 그 원본을 법원사무관 등에게 교부하거나 당사자에게 고지하였을 때 성립하고, 일단 성립한 결정은 취소 또는 변경을 허용하는 별도의 규정(민사소송법 제443조)이 있는 등의 특별한 사정이 없는 한 당해 결정 등을 한 법원이라도 이를 임의로 취소·변경할 수 없다. 따라서 항고의 제기가 없는 경우에는 심판, 결정을 한 원심법원이나 명령을 발한 판사라도 임의로 취소·변경할 수 없다.

8) 또한 법원은 이와 같이 성립한 심판, 결정, 명령을 당사자에게 고지하여야 하는데, 고지는 재판장이 직접 그 내용을 구두로 알려주거나 재판서를 교부 또는 송달하거나 전화, 팩스 등에 의해 알려주는 등 상당한 방법으로 가능하다(민사소송법 제221조 제1항 참조). 당사자에 대한 고지가 이루어진 때에 심판, 결정, 명령은 효력을 발생한다. 재판기록이 항고심으로 송부된 이후에는 항고심에서 1심 결정, 명령 등의 고지도 가능하다(대법원 2014. 10. 8.자 2014마667 전원합의체 결정 참조).

다. 판결의 부존재와 무효

1) 판결서가 법관에 의해 작성되지 않았거나 판결서라는 명칭과 외관을 갖추지 못한 경우, 또 그러한 요건을 갖추었더라도 적법하게 선고되었다고 볼 수 없는 경우를 판결의 부존재라고 한다. 이는 객관적으로 보아 판결의 존재를 외형상 인식할 수 없는 상태를 말한다.

2) 반면에 판결의 무효는, 판결서 원본도 존재하고 선고도 이루어져 판결이 존재하기는 하나, 다른 사유로 그것이 법적 효력을 발생할 수 없는 상태를 말한다.

3) 법적으로 평가할 때는 판결의 부존재나 판결의 무효 모두 판결로서의 효력이 없는 것으로서 동일하다. 다만, 판결의 부존재의 경우에는 아직 판결 자체가 있었다고 할 수

없어 당해 심급의 소송이 종료하였다고 볼 수 없고, 따라서 사건은 아직 당해 법원에 계속 중이며 이에 대한 상소는 부적법하다.

4) 이상의 논의는 심판, 결정, 명령에 대해서도 기본적으로 동일하다.

7. 판결의 무효

1) 일단 외형적으로 판결이 선고되어 존재하면, 상소나 재심에 의하여 취소되지 아니하는 한 그 성립절차가 위법하거나 내용이 위법·부당하더라도 판결은 형식적 확정력을 갖고 기판력, 집행력, 형성력 등의 효력을 갖는 것이 원칙이다. 그러나 특별한 사정이 있는 때는 이러한 효력을 갖지 못하게 된다.

2) 외형상 판결이 존재하더라도, 일정한 사유에 의해 당해 판결이 집행력이나 기판력 등 판결 본래의 효력을 갖지 못하는 것을 판결의 무효라고 한다. 이는 ① 당연무효인 경우와 ② 실체적으로 무효인 경우로 나눌 수 있다.

가. 판결의 당연무효

(1) 의 의

1) 판결의 당연무효는, 당해 판결의 성립절차상 하자로 인해 소송목적과 당해 판결 내용을 대비·검토할 필요 없이 그 하자 자체로서 당해 판결의 선고와 동시에 곧바로 아무런 효력이 발생하지 않고, 다른 법원을 비롯하여 누구나 그 효력을 부정할 수 있는 경우를 말한다.

2) 이는 법률상으로 보아 판결의 부존재나 다름없으므로 형식적 확정력도 발생할 여지가 없다.

(2) 사 유

1) 어떠한 경우에 판결이 당연무효인지에 대해서는 의견이 분분하나, 판결의 구체적 내용을 검토·고려함이 없이 그 하자 자체로 당연하게 효력이 없다고 볼 정도로 중대한 하자가 있는 경우가 이에 해당한다. 즉 당해 판결의 성립절차상 하자가 중대하여, 구체적 법률관계에 관하여 사실을 확정하고 여기에 법령을 적용하여 법률효과의 존부를 선언함으로써 분쟁을 해결한다는 판결 본래의 기능을 유명무실하게 하는 사유가 있는 때이다.

2) 외형상 판결이 선고되었더라도, 우선 위와 같이 판결이 유효하게 성립하지 못한 경우와 적법한 선고의 효력이 없는 경우 판결은 그 자체로서 법률적으로 당연무효이다.

3) 한편, 법원이 유효하게 판결을 하려면, ① 당사자가 실재하여야 하고, ② 그 당사자가 대한민국 법원의 재판권에 복종하는 자여야 하며, ③ 당해 사건이 유효하게 법원에

계속되어 판단이 필요한 상태여야 한다.

따라서 이미 사망한 자에 대하여 한 판결은 당연무효이며, 그 상속인에게도 판결의 효력이 미치지 않는다(대법원 1982. 4. 13. 선고 81다1350 판결, 1976. 9. 14. 선고 76다70 판결, 1982. 4. 13. 선고 81다1350 판결, 1994. 12. 9. 선고 94다16564 판결 등). 실제로는 존재하지 않는 개인이나 법인, 사단, 재단을 당사자로 한 판결도 이와 같다(대법원 2008. 7. 11.자 2008마520 결정 참조). 이는, 당사자가 이미 사망한 줄 모르고 피고로 표시하여 제소한 경우에 그 상속인들을 피고로 삼아 제소한 것으로 보아 당사자표시정정신청을 허용하는 것과는 별개의 문제로서, 그와 같이 당사자표시정정이 이루어지지 않은 채 소송이 진행된 이상 그 판결은 원칙적으로 무효이다.[18]

4) 소송계속 중 당사자가 사망하여 소송이 중단되었으나 소송수계 등 절차를 밟음이 없이 그대로 소송이 진행되어 판결이 선고된 경우에도 그 판결은 당연무효인가? 이를 긍정하는 대법원 판결이 있다(대법원 1982. 12. 28. 선고 81사8 판결, 1992. 6. 12. 선고 92다10661 판결, 1992. 6. 12. 선고 92다13394 판결 등).

반면에 이와 반대로, 부재자를 위하여 그 재산관리인에 의하여 소송절차가 진행되던 중 부재자 본인에 대한 실종선고가 확정되면 그 재산관리인으로서의 지위는 종료하므로(대법원 1983.10.25. 선고 83다카850 판결, 1987. 3. 24. 선고 85다카1151 판결), 이 경우 상속인 등에 의한 적법한 소송수계가 있을 때까지 소송절차가 중단되는바, 부재자 재산관리인이 그 부재자 재산관리권에 기하여 보존행위로서 소를 제기하여 1심판결이 선고되었는데, 상대방이 항소를 제기하여 항소심 소송 계속 중 부재자에 대하여 실종선고가 되고 그 선고가 확정되어 사망간주됨으로써 부재자 재산관리인으로서의 지위가 종료하였음에도, 항소심에서 부재자의 상속인 등에 의한 소송수계가 없이 이미 부재자의 재산관리권을 상실한 관리인에 의하여 소송절차가 진행된 결과 항소심판결이 선고되었다면 이는 위법하므로, 이에 대한 상고는 적법하고 당해 판결은 파기를 면할 수 없다고 판시한 경우도 있다(대법원 1987. 3. 24. 선고 85다카1151 판결).[19]

---

18) 소송 중에 당사자표시정정이 이루어지지 않아 상속인 등 정당한 당사자에게 소장 부본 등이 송달되지 않는 등 그들이 소송에 참여할 수 있는 기회가 주어지지 않았다면 그 효력이 상속인 등에게 미칠 수가 없다. 그러나 원고가 소송대리인에게 소송위임을 한 다음 소 제기 전에 사망하였는데, 소송대리인이 그 사망 사실을 모르고 그를 원고로 표시하여 소를 제기하였다면 그 소의 제기는 적법하다. 이 경우 민사소송법 제233조 제1항이 유추적용되어 사망한 사람의 상속인들은 그 소송절차를 수계하여야 하며, 그 소송대리인은 상속인들 전원을 위하여 소송을 수행하게 되고(소송위임계약은 상속인들에게 승계된다), 이 경우 판결에 사망한 사람을 당사자로 표시하였더라도 그 판결은 상속인들 전원에 대하여 효력이 있다(대법원 1995. 9. 26. 선고 94다54160 판결, 2016. 4. 29. 선고 2014다210449 판결).

19) 임의경매 대상 부동산의 소유자가 경매개시결정 이전에 사망하였더라도, 이는 그 근저당권설정등기에 표시된 채무자 및 저당부동산의 소유자와의 관계에서 그 절차가 진행되는 것이므로 그 절차의 개시 전 또는 진행 중에 채무자나 소유자가 사망한 사실이 있다 하더라도 그 재산상속인들로부터 경매법원에 대하여 그 사망사실을 밝히고 경매절차를 수계하지 아니한 이상 경매법원이 이미 사망한 등기부상의 채무자나 소유자와의 관계에서 경매개시결정을 하고 그 절차를 속행하여 저당부동산의 경락을 허가하였다하더라도 그 경매개시결정이나 허가결정을 위법이라 할 수 없다고 한 경우(대법원 1969. 9. 23.자 69마581 결정, 1975. 11. 12.자 75마338 결정), 당사자 쌍방을 소환하여 심문절차를 거치거나 변론절차를 거침이 없이 채권자 일방만의 신청에 의하여 바로 보전명령을 하는 가압류 결정에 있어서 신청 당시 생존하고 있던 채무자가 결정 직전에 사망하였다거나 수계절차를 밟음이 없이 채무자 앞으로 결정이 이루어졌다고 하여 그 가압류 결정이 당연무효라고는 할 수 없다는 판례(대법원 1976. 2.

소송 도중에 당사자 일방이 사망한 경우, 소송목적이 일신전속적인 것이 아닌 이상 상속인이 당연히 소송목적을 승계하여 당사자가 되고, 수계절차는 단순히 법원에 누가 당사자로서 소송을 승계하였는지를 신고하여 기일소환이나 송달, 변론 참여자를 정하는 데 편의를 도모하기 위한 것에 불과하며, 소송절차의 중단은 적법한 수계가 있기 전까지는 승계인의 소송관여를 기대할 수 없으므로 소송절차를 중단하여 판결 선고 등 소송행위를 하지 못하도록 한 것에 불과하다. 그러므로 이 경우를 이미 사망한 자를 당사자로 삼아 소송절차를 진행하여 처음부터 당사자 본인 또는 승계인의 적법한 소송관여 없이 절차가 진행되고 판결이 선고된 경우와 동일하게 볼 수는 없고, 따라서 이 경우 앞서 본 바와 같이 판결은 당연무효가 아니고 상소나 재심에 의하여 시정·구제할 수 있으며, 승계인의 추인이 있거나 일정한 사유가 있는 경우 책문권(이의권) 상실에 의하여 치유된다고 보는 것이 타당하다. 이는 우리나라와 일본, 독일의 통설적 견해이며 일본의 판례(대심원 1925. 7. 10. 선고 대정 13년マ42 판결, 1931. 6. 27. 선고 소화 5년オ2813 판결)도 이와 같다.[20)]

대법원은 이후 1995. 5. 23. 선고 94다28444 전원합의체판결로써 견해를 바꾸어 "소송계속 중 어느 일방 당사자의 사망에 의한 소송절차 중단을 간과하고 변론이 종결되어 판결이 선고된 경우, 그 판결은 소송에 관여할 수 있는 적법한 수계인의 권한을 배제한 결과가 되는 절차상 위법은 있지만 그 판결이 당연무효라 할 수는 없고, 다만 그 판결은 대리인에 의하여 적법하게 대리되지 않았던 경우와 마찬가지로 보아 대리권흠결을 이유로 상소 또는 재심에 의하여 그 취소를 구할 수 있을 뿐이므로, 판결이 선고된 후 적법한 상속인들이 수계신청을 하여 판결을 송달받아 상고하거나 또는 사실상 송달을 받아 상고장을 제출하고 상고심에서 수계절차를 밟은 경우에도 그 수계와 상고는 적법한 것이라고 보아야 하고, 그 상고를 판결이 없는 상태에서 이루어진 상고로 보아 부적법한 것이라고 각하해야 할 것은 아니다. 또, 민사소송법 제394조 제2항을 유추하여 볼 때 당사자가 판결 후 명시적 또는 묵시적으로 원심의 절차를 적법한 것으로 추인하면 상소사유 또는 재심사유는 소멸한다고 보아야 한다"고 하였으며, 파산선고로 인한 중단의 경우에도 동일한 견해를 취하였다(대법원 1999. 12. 28. 선고 99다8971 판결).[21)]

---

24. 선고 75다1240 판결)도 있으나, 이것들은 당사자 대석구조(對席構造)를 취하지 않는 사건이므로 당사자 대석에 의한 변론을 요하는 일반사건과 같이 비교하기가 부적당하다.

20) 이에 관한 자세한 논의는 조관행, "당사자의 사망으로 소송절차가 중단된 것을 간과하고 한 판결의 효력", 민사재판의 제문제, 민사실무연구회(1994) 참조.

21) 그러나 소송절차 중단사유가 발생하였더라도 그 당사자에게 소송대리인이 있는 경우에는 그 대리인은 새로운 당사자(상속인 등)나 소송수행권자로부터 종전과 같은 내용의 위임을 받은 것과 같은 대리권을 가지고, 종국판결이 선고되고 그 판결이 당해 대리인에게 송달된 때(소송대리인에게 상소제기의 특별수권이 있는 때는 상소제기 시. 만약 상소제기의 특별수권이 있는 대리인이 상소를 제기하지 않은 때는 그 제기기간 만료 시에 당해 판결이 확정된다)부터 소송절차가 중단되므로(대법원 1992. 11. 5.자 91마342 결정, 2016. 4. 29. 선고 2014다210449 판결 등), 법원으로서는 당사자의 변경을 간과하여 판결에 구 당사자를 표시하여 선고한 때에는 소송수계인을 당사자로 경정하면 될 뿐, 구 당사자

5) 당사자능력의 부존재를 간과한 판결은 상소로써 다툴 수 있으나, 그 자체로서 무조건 당연무효가 되는 것은 아니라고 할 것이다. 당사자능력은 권리능력보다 범위가 넓은 바, 당사자인 개인이나 법인, 단체 등이 실재하지 않아 당사자능력이 없는 경우에는 앞서 본 바와 같이 당연무효라고 할 것이나, 그 실체는 존재하는데 단지 그 법적 평가상 당사자능력이 없는 것에 불과한 때는 그 판결의 내용이 문제될 뿐이기 때문이다. 당사자적격이 없는 자에 대한 판결 역시 당연무효가 아님은 물론이다(대법원 2007. 7. 12. 선고 2005다10470 판결 등 참조).

6) 국내재판권에 복종하지 않는 치외법권자나 외국은 예외적으로 당사자가 되는 경우를 제외하고는 국내재판권에 복종하지 않으므로, 이에 대한 판결은 그 내용에 관계없이 당연무효이다.

7) 그러나 민사사건을 행정소송법이나 가사심판법에 따라 행정사건이나 가사사건으로 보아 처리하고 판결한 경우, 그 판결은 당연무효의 판결이라 할 수 없다. 헌법상 이들 사건 모두 사법부인 법원의 관할에 속하고, 단지 법원 상호 간에 관할(직분, 직무담당)의 정함이 있을 뿐이며, 이들 법원 상호 간에 이송제도를 채택하고 있으므로, 이러한 경우 관할권 있는 법원에 이송하지 않거나, 당해 법원에 관할권이 있더라도 그 사건에 민법이나 상법, 민사소송법 등 민사법을 적용하지 않고 행정소송법이나 가사심판법을 적용하여 재판한 잘못이 있더라도, 상소로써 시정할 수 있으며 재판권이 없는 기관이 판결한 것은 아니기 때문이다.

8) 판결은 당해 사건이 유효하게 법원에 계속되어 있어야만 할 수 있으므로, 소 제기 자체가 없거나, 이미 소가 취하되거나 상소가 취하된 경우에 이를 간과하고 한 판결은 당연무효이다.

그러나 소나 상소의 일부취하가 있음에도 이를 간과하고 그 부분에 대해서도 판결한 경우에는 판결의 내용을 구체적으로 검토하지 않고서는 이를 판단할 수 없으므로, 당연무효라고 보기 어렵고, 상소 등으로 시정을 구하여야 할 것이다. 또 처분권주의에 반하여 당사자가 소나 상소로써 신청한 범위를 초과하여 재판한 경우에도 마찬가지다.[22] 그러므로 상소가 제기되지 않은 부분에 대해서도 상소심법원이 판결을 한 경우, 그 부분 판결이 당연무효라고 보기 어렵다.[23]

9) 일부판결이 허용되지 않음에도 일부판결이 선고되고 그에 뒤이어 잔부판결이 선고된 경우, 잔부판결은 무효로서 아무런 효력도 발생하지 않는다.[24] 이 경우 일부판결에

명의로 선고된 판결을 대리권 흠결을 이유로 상소 또는 재심에 의하여 취소할 수는 없다(대법원 2002. 9. 24. 선고 2000다49374 판결).

22) 동지: 박송하, "판결의 무효", 대법원판례해설 제6호(1987).

23) 대법원 1969. 3. 4. 선고 68다1509 판결은 이러한 경우에 "원심이 이미 기각판결이 확정되어 원심에 계속되지 아니한 원고의 부대항소에 대하여 심리판단하였음은 판결의 결과에 영향을 미친 위법이 있다"고 하여 직권으로 원심판결 중 당해 부분을 파기하고, 그 부분 사건을 원심법원에 환송하였다.

대한 상소 등으로써 잘못을 시정하여야 한다.

10) 앞서 본 바와 같이 선고기일을 적법하게 통지하거나 고지하지 않은 채 판결이 선고된 경우에도 그 판결은 당연무효라고 할 수 없다. 즉 당사자나 소송대리인이 적법한 선고기일 통지를 받고도 그 기일에 출석하지 않은 경우에도 법원은 판결을 선고할 수 있고(민사소송법 제207조 제2항), 선고기일에 당사자가 특별한 소송행위를 하지도 않기 때문이다. 당사자나 보조참가인에 대하여 적법한 변론기일 통지를 하지 아니하여 이들이 변론에 관여하지 못한 채 자백간주 등의 판결이 선고된 경우에도 그 판결은 당연무효라고 할 수 없고, 다만 상소심은 직권으로 이를 취소할 수 있을 뿐이다(민사소송법 제417, 425조, 대법원 2003. 4. 25. 선고 2002다72514 판결 등).

판결은 변론이 종결된 날부터 2주 이내에 선고하여야 하며, 복잡한 사건이나 그 밖의 특별한 사정이 있는 때에도 변론이 종결된 날부터 4주를 넘겨서는 안 되나(민사소송법 제207조 제1항), 이는 훈시규정으로서 판결의 효력에 영향이 없다(대법원 2008. 2. 1. 선고 2007다9009 판결).

(3) 당연무효인 판결의 효력

1) 판결이 당연무효이면 상소나 재심을 기다리지 않고 본래부터 효력이 없으므로 법원은 물론 당사자를 포함한 누구에게나 구속력이 없다. 따라서 당사자가 당연무효인 판결의 소송목적과 동일한 소를 새로 제기하거나, 다른 소송절차에서 무효인 판결에 반하는 주장을 하거나, 그에 기한 강제집행을 막기 위해 집행문부여에 대한 이의, 강제경매개시결정에 대한 이의, 청구이의 등을 할 수 있다. 또, 법원도 그에 불구하고 이에 배치되는 판결을 할 수 있다.

2) 당연무효인 판결에 대하여 상소할 수 있는가? 패소한 당사자로서는 그 판결의 존재 자체로 위험에 처할 우려가 있으므로 이를 허용하여도 무방할 듯도 하지만, 판결이 당연무효라면 그로부터 기판력은 물론 집행력, 확인력 등 어떠한 효력도 발생하지 않으므로 상소가 있더라도 상소심법원은 원심판결의 당부를 심리할 필요조차 없고, 따라서 상소를 허용할 이익이 없다. 대법원은, 사망자를 피고로 한 판결은 당연무효이고, 그 판결에 대한 사망자인 피고의 상속인들에 의한 상소나 소송수계신청은 부적법하다고 보는바(대법원 1957. 6. 29. 선고 4290민상13 판결, 1970. 3. 24. 선고 69다929 판결, 2015. 1. 29. 선고 2014다34041 판결, 2017. 11. 14. 선고 2017다24281 판결), 이는 실재하지 않는 사람을 당사자로 한 판결 등 다른 사유로 판결이 당연무효인 경우에도 마찬가지라고 할 것이다.[25]

---

24) 이 경우 그 하자는 잔부판결에 나타날 수밖에 없어 쉽게 발견할 수 있다.

25) 대법원 1956. 5. 17. 선고 4289민상155, 156 판결은, 실재하지 않는 사람을 당사자로 한 판결은 당해 소송 내에 있어서는 기속력이 있고 상소의 대상이 되나, 설사 그것이 확정되더라도 기판력과 형성력이 발생하지 아니하는 의미에서 무효라고 판시하였으나, 이는 그 결과에 치중한 견해라고 할 것이다. 위 소송에서의 사안은 실재하지 않는 사람을 당사자로 한 판결이 형식적으로 확정되고 그에 기하여 등기가 이루어지자 그 등기가 원인무효임을 이유로 별소로써 말소를 구한 사안이어서 상소가 적법한지 여부가 다투어지지는 않았다.

이 경우 그 무효인 판결에 기하여 등기나 등록이 이루지는 등 집행이 이루어진 때는, 피고는 그 집행 상태를 제거하기 위하여 추완상소를 하는 등으로 상소를 제기할 이익이 있을 것도 같으나, 이런 경우를 상정하기는 매우 어렵고, 설사 그러한 결과가 발생하였더라도 그 등기나 등록이 원인무효임을 이유로 말소를 구하는 소를 제기하면 되므로 굳이 상소를 허용할 필요는 없다고 할 것이다.[26] 다만, 구체적으로 어느 경우에 판결이 당연무효인지 판단하기 쉽지 않아 당사자로서는 상소를 제기하여 그 시정을 구할 이익이 있으므로, 상소로써 시정이 가능하다면 적극적으로 이를 받아들여 상소로써 시정함이 바람직하다고 생각된다.

3) 당연무효인 판결에 대하여 재심이 허용되는지에 대해서는 학설이 갈린다. 재심의 사유가 무엇이냐도 문제이지만, 당연무효인 판결에는 실체적 확정력이 없어 구속력이 없고, 따라서 재심으로써 그 취소를 구할 이익이 없으므로 재심의 소는 부적법하다는 것이 대법원의 견해이다(대법원 1982. 12. 28. 선고 81사8 판결, 1994. 12. 9. 선고 94다16564 판결). 대법원은 또, 이미 사망한 자를 대상으로 한 당연무효인 판결에 대하여 사망자인 당사자의 상속인들에 의한 판결 선고 후의 소송수계신청은 부적법하다고 본다(대법원 2015. 1. 29. 선고 2014다34041 판결, 2017. 11. 14. 선고 2017다24281 판결 등).

나. 판결의 실체적 무효

1) 판결이 당연무효가 아니라도, 일정한 사유가 있어 그 판결에 대하여 판결 대상인 권리·법률관계에 대한 실체적 확정력이나 그에 기초한 집행력, 형성력 등을 인정할 수 없는 경우가 있는바, 이와 같이 판결의 구체적 내용을 검토한 결과 그에 대하여 효력을 부여할 수 없는 경우를 판결의 실체적 무효라고 한다. 이는 주로 당해 판결의 성립절차상 하자보다는 당해 판결의 내용상 하자나 판결 선고 전후 당해 소송목적인 법률관계의 변경 때문에 발생한다.

2) 판결의 실체적 무효는 판결 주문에 선고된 사항을 기준으로 판단하여야 하고, 원칙적으로 판결 이유에 기재된 내용을 기준으로 해서는 안 된다. 판결 이유 부분에 대해서는 기판력이나 집행력 등이 생기지 않기 때문이다. 다만, 청구원인이 무엇인지는 판결 이유를 보고서야 판단할 수 있으므로 판결 이유가 소송목적을 특정하는 한도에서는 이 역시 기준이 될 수밖에 없다.

3) 법질서 전체에서 보아 허용될 수 없는 법률효과를 인정하는 판결은 실체적으로 무

26) 대법원은, 이미 사망한 자를 채무자로 한 처분금지가처분신청은 부적법하고 그 신청에 따른 처분금지가처분결정이 있었다고 하여도 그 결정은 당연무효로서 그 효력이 상속인에게 미치지 않는다고 하면서, 가처분채무자의 상속인은 무효인 그 가처분결정에 의하여 생긴 외관을 제거하기 위한 방편으로 가처분결정에 대한 이의신청으로써 그 취소를 구할 수 있다고 하는바(대법원 2002. 4. 26. 선고 2000다30578 판결), 가처분결정에 대한 이의는 상소가 아니므로 같은 차원에서 논할 일은 아니다. 이에 대해서는 윤경, "무효인 보전처분결정에 대한 불복방법", 저스티스 제69호(2002)를 참조.

효라고 할 수 있다(대법원 1964. 11. 12.자 64마719 결정 참조). 예컨대, 노예계약이나 첩계약의 이행을 명하거나 부부의 동거를 명하거나 사람의 장기 또는 신체의 일부를 인도할 것을 명하는 등의 판결은 무효이다. 법률상 인정되지 않는 물권의 창설이나 그 등기를 명하는 판결, 판결 주문에 선고된 사항이 사회질서에 위반되는 경우도 마찬가지다.

그러나 판결 주문에 선고된 사항이 이 정도에 이르지 못한 채 단순히 강행법규에 위배된 것만으로는 곧바로 실체적 무효라고 할 수는 없다.[27] 따라서 이의 시정은 상소 등 다른 방법에 의하여야 할 것이다. 이에 반대하는 견해도 있으나, 대법원도 이와 같이 해석한다(대법원 1962. 5. 10. 선고 4294민상1522 판결, 1979. 2. 27. 선고 78다1585 판결, 1982. 12. 28. 선고 81다카1247 판결 등 참조).

4) 결혼도 하지 않은 부부에 대하여 이혼판결을 하였거나, 이미 부부 일방이 사망하였거나 이혼이 성립한 부부에 대하여 한 이혼판결은 형성의 요건이 결여된 형성판결로서, 그에 따른 법률관계 형성의 효력이 발생할 수 없어 이는 실체적으로 무효인 판결이다. 이혼소송 도중이나 그 판결의 선고 후 부부 일방이 사망하거나 협의에 의한 이혼이 성립한 경우에도 마찬가지라고 할 것이다(대법원 1982. 10. 12. 선고 81므53 판결 참조).

5) 판결 주문의 내용이 명확하게 특정되지 아니하는 등으로 그 의미를 알 수 없거나 주문 사이에 상호 모순이 있어 그 내용을 확정할 수 없는 경우에는 그 판결에 구속력을 인정할 수 없으므로, 이는 실체적으로 무효이다(대법원 1957. 7. 11. 선고 4290민상225 판결, 1964. 11. 30. 선고 64다800 판결 등 참조). 예컨대 매매대금의 지급을 명할 뿐 액수를 특정하지 않은 경우, 물건의 인도나 철거를 명하면서 그 대상물을 특정하지 않은 경우 등이다.

이에 대하여, 판결은 유효하나 예외적으로 집행불능을 구제하기 위하여 새로운 소의 제기가 허용된다는 견해도 있으나, 집행이 불능하여 집행문을 부여할 수 없고 신소 제기를 허용하는 이상 원래의 판결에 구속력이나 집행력이 인정될 수는 없으므로 그 판결은 실체적으로 무효라고 볼 수밖에 없다.

6) 대법원은, 원고가 피고의 주소를 알고 있으면서도 허위 주소를 기재하여 자신이 소장 부본과 판결 정본을 송달받은 경우, 위와 같은 사위판결에 기하여 마쳐진 부동산소유권이전등기는 실체적 권리관계에 부합하는 특별한 사정이 없는 한 원인무효로서 말소될 처지에 있고, 상대방은 사위판결에 대하여 상소를 제기하거나 별소에 의하여 소유권이전등기의 말소를 구할 수 있으며, 이 경우 그 등기명의인으로서는 이를 거부할 수 없다고 하는바(대법원 1978. 5. 9. 선고 75다634 전원합의체 판결, 1982. 4. 13. 선고 81다1350 판결, 1992. 4. 24. 선고 91다38631 판결 등), 이는 당해 사위판결에 기한 효력을 실체적으로

27) 그런데 판결 주문에 기재된 내용이 법질서 전체에서 보아 허용될 수 없는 것인지, 아니면 그 정도에는 이르지 못한 채 단순히 강행법규에 위배되는 것인지 등은 판단하기가 매우 어렵다. 대법원 1964. 11. 12.자 64마719 결정은, 구상법상 주식회사는 원칙적으로 자기 주식의 취득이 금지되어 있으므로 이를 허용하는 내용의 화해는 무효이고 기판력이 발생하지 않는다고 판단하였는바, 이는 법질서 전체에서 보아 허용될 수 없는 것이라고까지 하기는 어렵지 않을까 생각된다. 이와 동일한 견지에서 비판의 여지가 있는 판결로는 대법원 1970. 3. 10. 선고 69다1812 판결이 있다.

부정하는 것이라고 할 수 있다.[28)]

이 경우에도 상대방은 사실상 소송에 관여할 수 없었고, 따라서 적법한 소송계속이 발생하지 않았다고 보아 이미 사망한 자를 당사자로 한 소송의 경우와 같이 당연무효라고 볼 여지도 있으나, 판결에 표시된 당사자가 소 제기 당시 실재하고 있었던 이상 양자를 같이 볼 수 없고, 소장 부본의 송달 등이 적법하게 이루어졌는지는 판결문 내용이나 당사자의 생존 여부의 확인만으로는 쉽게 알 수 없으므로, 이 경우에는 실체적 무효로 봄이 타당하다.

7) 실체적으로 무효인 판결은 형식상으로나 외형상으로는 일반적인 판결과 마찬가지로 효력을 가지나 그 판결의 대상인 법률관계에 관하여 실질적으로 그 법률관계를 형성하거나 변동하는 등의 효력이 없는 판결로서, 형식상으로는 유효하므로 상소나 재심의 대상이 될 수 있고(대법원 1982.4.13. 선고 81다1350 판결, 1992. 4. 24. 선고 91다38631 판결 등 참조), 원칙적으로 형식적 확정력도 발생한다. 다만, 형식적으로 확정되더라도 소송목적인 법률관계에 대하여 본래의 효력은 발생하지 않는다.

다. 무효인 판결의 효과

1) 무효인 판결이라도 판결의 부존재의 경우와 달라서 판결이 선고된 이상 그로써 당해심급의 소송은 완결, 종료된다.

2) 그러나 무효인 판결이라도 형식적 확정력은 있다. 따라서 그 판결이 당연무효가 아닌 이상 형식적으로 확정되기 이전이면 상소의 대상이 되며, 이 경우에 상소심법원은 무효인 판결을 직권으로 취소하고 소를 각하하는 등의 판결을 하여야 한다.

3) 무효인 판결은 그 내용상의 효력이 없다. 따라서 유효인 판결로부터 발생하는 기판력, 집행력 및 형성력이 발생하지 않는다.

4) 판결의 무효는 직권조사사항이다. 그리고 그것이 형식적으로 확정된 때라도 이는 실질상 효력이 없는 판결이기 때문에 어느 때나 누구나 그 하자를 주장할 수 있다.[29)] 동일한 소송물에 대하여 하자를 제거한 새로운 소를 제기하는 것은 당연히 허용된다.

5) 무효인 판결에 의한 강제집행은 무효이다. 따라서 이로써 손해를 입은 당사자는 상대방에게 부당이득반환이나 손해배상청구는 물론 물권적 청구권 등을 행사할 수 있다.

---

28) 대법원은 이 경우, 상대방에 대한 판결 정본의 송달이 부적법하여 무효이고, 따라서 상대방은 아직도 판결 정본의 송달을 받지 않은 상태에 있어 그 판결에 대한 상소기간은 진행을 개시하지 않은 것이라고 보아야 할 것이므로, 사위판결이 부적법한 공시송달에 의해 이루어진 경우와 달리 그 판결은 형식적으로 확정되지 아니하고, 따라서 그에 대한 구제는 재심이 아니라 상소에 의할 것이라고 한다(대법원 1978. 5. 9. 선고 75다634 전원합의체 판결 등). 이에 대한 비판적 견해로는, 황정근, "예고등기 촉탁의 간과와 국가배상책임－사위판결에 의한 등기의 말소를 구하는 소와 예고등기", 민사판례연구 XII, 민사판례연구회(2000) 참조.

29) 무효인 판결에 대한 무효확인의 소가 허용된다는 견해도 있다. 그러나 확인의 이익이 있을지 의문이다. 보다 직접적인 구제수단이 있기 때문이다.

8. 판결의 하자

1) 판결이 유효하게 성립하여 그 본래의 효력이 발생하기 위해서는 그 형식과 성립절차, 그 실체적 내용의 성립에 있어 일정한 요건을 갖추어야 한다. 이러한 요건을 갖추지 못할 경우 그 판결은 하자 있는 판결이 된다.

2) 하자 있는 판결은 그대로는 효력을 발생하여 실현될 수 없으므로 어떤 형태로든 그 시정과 구제가 필요하다. 경우에 따라서는 무효가 될 수도 있고, 그에 이르지 않은 때는 상소나 재심, 청구이의 등에 의해 구제되어야 한다. 앞서 본 판결의 무효가 하자의 결과 면을 본 것이라면, 여기서 논하는 판결의 하자는 그 원인을 논하는 것이라고 할 수 있다.

3) 판결의 하자는 크게 형식상의 것과 실체상의 것으로 나눌 수 있고, 전자는 다시 판결서의 존재, 법관의 서명·날인 등 순형식적인 것과 선고의 누락, 소송중단 중의 선고 등과 같은 절차상의 것으로 나눌 수 있다.

4) 판결의 무효를 초래하는 하자(사유)에 대해서는 이미 앞서 판결의 무효에서 살펴보았으므로 여기서는 판결의 성립절차와 그 실체적 내용의 성립상 하자를 중심으로 살펴보기로 한다.

가. 판결의 편취(騙取)

(1) 의 의

1) 판결의 편취 또는 부당취득이란, 악의 또는 불법한 수단으로 상대방과 법원을 속여 본래 있어서는 아니 될 내용의 확정판결을 취득하는 것을 말한다(대법원 1998. 9. 4. 선고 98다30483 판결 등 참조).[30] 편취된 판결을 한편으로는 사위판결(詐僞判決)이라고도 한다.

2) 판결의 편취에는 절차적인 것과 실체적인 것의 둘이 있다. 전자는, ① 당사자의 성명을 모용(冒用)하는 것, ② 상대방의 주소를 알면서도 이를 은폐하여 공시송달에 의해 판결을 받거나, 상대방의 주소를 허위로 기재하고 자신이나 제3자가 소장 부본 등 소송서류를 송달받고 의제자백 판결을 받는 것, ③ 소 취하 합의를 하고도 소 취하를 하지 않은 채 상대방의 소송 관여를 방해하고 승소판결을 받는 것 등이 이에 해당한다. 후자는, 증거서류를 위조하거나 허위 증언을 하게 하거나 당사자 쌍방이 통모하여 허위의 진술로써 법원을 속이는 등으로 실체관계를 왜곡하는 것이 이에 해당한다.

---

30) 편취(騙取)란 누군가를 속여서 무언가를 얻는 것을 말한다.

(2) 성명모용에 의한 판결

1) 성명의 모용(冒用)이란 권한 없이 남의 이름을 내세워 그 사람으로 처신하고 행동하는 것을 말한다. 예컨대 甲이 乙의 이름으로 마치 자신이 乙인 것처럼 행세하며 소송절차에 관여하는 경우가 이에 속한다. 성명모용은 자신의 신분을 감추고 타인으로 행세함으로써 처벌을 면하기 위해 주로 형사소송절차에서 문제가 되나 민사소송절차에서도 간혹 보게 된다.

2) 소송절차에서 성명모용이 문제되는 것은, ① 누구를 당사자로 보아 소송을 진행할 것인가 하는 문제와 ② 법원이 성명모용 사실을 모르고 소송을 진행하여 판결을 선고한 경우, 그 판결이 모용자와 피모용자에게 각각 어떠한 효력을 갖는가이다.

3) 민사소송절차에서 성명모용이 발생한 경우 누구를 당사자로 보아 소송을 진행할 것인가 하는 문제와 관련해서는 종래 소송당사자의 확정 문제로 논의되어 왔다. 이때 누가 과연 정당한 당사자인가를 확정하기 위한 기준으로는, ① 소송목적인 권리·법률관계의 실체법상 주체를 당사자로 보는 권리주체설, ② 원고 또는 법원의 의사를 기준으로 당사자를 정한다는 의사설, ③ 소송절차에서 당사자처럼 행동하는 자 또는 법원에 의하여 당사자로 취급된 자를 당사자라고 하는 행동설, ④ 소장에 기재된 객관적인 표시를 기준으로 하여 당사자를 정해야 한다는 표시설 등이 대립한다. ④설(표시설)이 지배적 견해이다.

민사소송법상 소장에는 당사자를 필수적으로 기재하게 되어 있고(민사소송법 제249조 제1항), 처분문서의 법리나 의사해석의 법리상 특별한 사정이 없는 한 소장에 기재된 사람을 그 소송의 당사자로 보아야 하며, 그 기재를 기준으로 당사자를 확정함이 가장 분명하고 업무 처리도 간명하다는 점에서 표시설이 타당하다. 대법원은 종래 표시설에 가까운 견해를 보였으나(대법원 1964. 11. 17. 선고 64다328 판결 참조), 근래에는 구체적 사건마다 당사자의 행동과 의사, 당사자에 대한 절차보장의 흠이 있는지 여부 등 여러 요소를 고려하여 판단하고 있다.

4) 표시설에 따르면, 소장에 당사자로 표시된 자, 즉 피모용자가 정당한 당사자가 된다. 따라서 원고가 모용된 경우, 그 소의 제기는 명의자(원고)인 피모용자의 진정한 의사에 기하여 제기된 것이 아니어서 무효이고, 그 소는 부적법하다. 그러므로 피모용자가 소송절차에 참여하여 그 소송을 추인하지 않은 이상 소를 각하하여야 한다.

반면에 피고가 모용된 경우, 그 소의 제기는 원고의 진정한 의사에 기하여 제기된 것이어서 유효하고, 그 소는 적법하다. 따라서 법원은 피고로 행세하는 모용자를 소송에 관여하지 못하게 하고, 피모용자에게 소장 부본과 변론기일통지서 등을 발송하여 그로 하여금 소송에 관여하도록 하여야 한다.

5) 표시설에 의할 때, 법원이 성명모용 사실을 모르고 소송을 진행하여 판결을 선고한

경우, 그 판결은 모용이 원고에게 발생하였든 피고에게 발생하였든 모두 피모용자에게만 미치고 모용자에게는 미치지 않는다. 그러나 당사자가 실재하지 않은 것은 아니므로 그 판결이 당연무효가 되지는 않는다.

아직 판결이 확정되기 전이라면 정당한 당사자, 즉 피모용자는 상소하여 구제받을 수 있다. 판결의 형식상 확정 여부와 관련해서는, 상소기간의 진행되는지 여부와 재심의 제기 가능 여부가 문제로 된다. 대법원은, 피고 아닌 제3자가 피고를 참칭하여 소송을 진행하여 판결이 선고되었다면, 피고는 그 소송에서 적법하게 대리되지 않은 타인에 의하여 소송절차가 진행됨으로 말미암아 소송관여의 기회를 얻지 못하였다고 할 것이며, 피고 아닌 자가 피고를 참칭하여 소송행위를 하였거나 소송대리권이 없는 자가 피고의 소송대리인으로서 소송행위를 하였거나 아무런 차이가 없으므로, 이러한 경우 피모용자인 피고는 재심의 소를 제기하여 그 판결의 취소를 구할 수 있다고 보았다(대법원 1964. 11. 17. 선고 64다328 판결 참조).

그러나 이에 앞서, 법원이 성명모용 사실을 모르고 소송을 진행하는 경우 소장 부본이나 판결서의 송달이 실제로는 모용자에게 이루어질 것인데, 이때는 송달 받을 권한 없는 자가 송달을 받은 경우에 해당하여 판례(대법원 1978. 5. 9. 선고 75다634 전원합의체판결, 1995. 5. 9. 선고 94다41010 판결, 1996. 7. 30. 선고 94다51840 판결 등 참조)에 의하면 원칙적으로 그 송달은 무효이고, 따라서 상소시간이 진행될 수 없어 추완상소나 재심을 제기할 여지가 없고, 피모용자는 언제라도 상소를 제기할 수 있다고 할 것이다.

(3) 상대방의 소송관여가 방해된 경우(사위판결)

1) 판결 편취의 전형적인 경우는, 원고가 피고를 상대로 소를 제기하면서 피고의 주소를 알고 있으면서도 법원을 속이고 허위 주소를 피고의 주소로 신고하여 송달하게 한 후 소장 부본 등 그 송달서류를 자신이 송달받거나 공시송달을 하게 하여 피고로 하여금 응소를 불가능하게 한 다음 자백간주(의제자백)에 의한 원고 승소판결을 받거나 피고의 방어를 봉쇄한 채 일방적인 주장과 증거만을 제출하여 승소판결을 선고받는 경우이다.

2) 이 경우 피고의 구제방법으로는 학설이 갈리는바, ① 그 판결은 당연무효로서 상소로써 다툴 수 있음은 물론, 형식상 확정되더라도 청구이의의 소를 제기하여 집행력을 배제할 수 있으며, 사위판결에 의하여 집행되거나 상대방에게 교부된 것에 대해서는 부당이득반환이나 불법행위에 의한 손해배상청구로써 돌려받을 수 있다는 당연무효설, ② 당연무효는 아니고 위법할 뿐이므로 피고는 상소나 재심으로써 구제를 청구하여야 한다는 상소설(추후보완상소설도 이와 같다)과 재심설이 대립한다. 상소설은, 사위판결은 상대방에 대한 판결 정본의 송달이 무효이므로 판결이 확정될 수 없고, 따라서 형식적 확정력은 물론 기판력도 발생할 수 없다고 본다.

3) 대법원은, 원고가 피고의 주소를 알고 있으면서도 허위 주소를 기재하여 자신이 소장 부본과 판결 정본을 송달받은 경우에 대해서는 상소설을 취하여, 판결 정본의 송달에

불구하고 형식적 확정력과 기판력이 발생하지 않으므로 피고는 재심이나 추완상소를 제기할 여지는 없고[31] 상소로써 이를 다투거나, 사위판결에 기하여 부동산에 관한 소유권 이전등기나 말소등기가 이미 마쳐진 경우에는 별소로써 그 등기의 말소를 구할 수 있다고 본다(대법원 1978. 5. 9. 선고 75다634 전원합의체판결, 1995. 5. 9. 선고 94다41010 판결, 1996. 7. 30. 선고 94다51840 판결 등 참조). 이 경우 피고는 별소는 물론 청구이의의 소에 의해서도 집행력을 배제할 수 있다고 할 것이다.

4) 반면에 대법원은, 원고가 피고의 주소를 허위로 기재하여 소장 부본과 판결 정본 등이 공시송달된 경우에 대해서는, 비록 피고의 주소가 허위라 하더라도 법원의 공시송달명령에 의한 그 송달은 유효하므로, 상소기간의 도과로 판결은 형식적으로 확정되어 기판력이 발생하고, 따라서 피고는 통상의 상소로써는 이를 다툴 수 없고 재심을 청구하여야 한다고 본다(대법원 1993. 12. 28. 선고 93다48861 판결, 1997. 5. 28. 선고 96다41649 판결 등 참조).

물론 이 경우 아직 상소기간이 도과하지 않은 때는 상소로써 이를 다툴 수 있음은 당연하고, 추완상소의 사유가 있는 때는 그 기간 내에 추완상소를 제기할 수도 있다. 이때 피고는 상소(추완상소)와 재심의 권한이 모두 있으므로 각각 이를 별도로 행사할 수 있다(대법원 1985. 8. 20. 선고 85므21 판결, 1992. 5. 26. 선고 92다4079 판결, 2011. 12. 22. 선고 2011다73540 판결, 2012. 3. 29. 선고 2010다74263 판결). 다만, 이 경우 재심의 소를 제기하는 때에는 민사소송법 제426조 제3, 4항 소정의 제척기간 내에 제기하여야 하고, 이는 불변기간이 아니어서 그 기간을 지난 후에는 당사자가 책임질 수 없는 사유로 그 기간을 준수하지 못하였더라도 추완의 방법으로 재심의 소를 제기할 수 없다(대법원 1992. 5. 26. 선고 92다4079 판결, 2012. 3. 29. 선고 2010다74263 판결 등). 그리고 추완상소와 재심의 소는 독립된 별개의 제도이므로 추완상소기간이 도과하였다 하더라도 재심기간 내이면 재심의 소를 제기할 수 있다(대법원 2011. 12. 22. 선고 2011다73540 판결).

5) 한편, 원고가 피고의 적법한 대표자가 아닌 참칭대표자를 대표자로 표시하여 소를 제기한 결과, 그 앞으로 소장 부본과 변론기일소환장이 송달되고 변론기일에 참칭대표자의 불출석으로 의제자백 판결이 선고된 경우, 이는 피고의 적법한 대표자가 소장 부본과 변론기일소환장을 송달받지 못하였기 때문에 실질적인 소송행위를 하지 못한 관계로 의제자백 판결이 선고된 것이므로, 민사소송법 제451조 제1항 제3호 소정의 재심사유에 해당한다는 것이 대법원의 견해이다(대법원 1999. 2. 26. 선고 98다47290 판결). 그러나 이 경우 참칭대표자에 대한 판결 정본의 송달은 무효이므로 상소제기기간이 진행될 수 없어 판결이 확정될 수 없는 만큼, 재심은 불가하고 상소에 의함이 타당하다고 생각된다.

6) 소 취하 합의를 하고도 원고가 소 취하를 하지 않은 채 상대방인 피고의 소송 관

---

31) 민사소송법 제451조 제1항 제11호는 재심사유로서 '당사자가 상대방의 주소 또는 거소를 알고 있었음에도 있는 곳을 잘 모른다고 하거나 주소나 거소를 거짓으로 하여 소를 제기한 때'를 규정하고 있는 바, 대법원은 이를 당사자가 상대방의 주소나 거소를 알고 있었음에도 법원을 속여 공시송달의 방법에 의하여 상대방에게 판결 정본이 송달되게 한 경우만이 이에 해당한다고 본다(대법원 1978. 5. 9. 선고 75다634 전원합의체 판결, 1993. 12. 28. 선고 93다48861 판결, 2012. 3. 29. 선고 2010다74263 판결 등 참조).

여를 방해하고 승소판결을 받은 경우, 애초부터 피고의 소송관여가 봉쇄된 것은 아니므로 그 판결은 당연무효가 아님은 물론이다.[32] 따라서 상소기간이 적법하게 진행되고, 아직 상소기간이 남아 있는 때는 상소로써 다투어야 할 것이다.

문제는 이미 그 판결이 확정된 경우인데, 일방에 의해 상대방의 소송 관여가 방해된 것이므로 민사소송법 제451조 제1항 제11호를 유추하여 재심사유에 해당하는 것으로 새겨야 할 것이다.[33] 이는 상소 취하의 합의를 하도 이를 지키지 않아 상대방의 소송 관여가 방해된 경우에도 같다.

(4) 실체관계에 관하여 상대방과 법원을 속인 경우

1) 상대방을 해할 의사로 소송목적인 법률관계에 관하여 허위의 주장을 하여 상대방과 법원을 기망하는 등 부정한 방법으로 실체의 권리관계와 다른 내용의 확정판결을 취득한 경우, 이는 형사적으로는 소송사기죄가 성립하고 민사소송법 제1조 제2항에 반하는 것으로서, 그러한 판결의 취득과 그에 기한 강제집행은 권리남용과 불법행위에 해당하여 그대로 용인될 수 없다.

2) 그러나 판결의 취득이나 그 집행이 권리남용에 해당하려면, 원고가 주장한 권리가 존재하지 않는다는 것만으로는 부족하고, 소송상의 주장이 사실과 다름이 객관적으로 명백하고, 또한 그와 같은 권리가 존재하지 않는다는 사실을 당사자가 알고 있으면서도 허위 주장을 하여 상대방과 법원을 기망하거나 증거를 조작하는 등 원고에게 악의 또는 부정한 목적이 있거나, 판결 후에 이루어진 여러 상황 등에 비추어 그 집행의 결과가 현저히 정의에 반하여 사회생활상 용인될 수 없는 정도에 이르러야 한다. 민사소송은 변론주의가 적용되고, 상대방이 소송에 관여하여 방어를 한 이상 그의 소송활동에 의하여 원고의 그러한 기도를 봉쇄할 수 있기 때문이다. 특히나 사실관계나 법률관계가 복잡하여 당사자가 이를 착각하거나 법리를 오해하여 잘못된 주장을 한 경우까지 이에 해당하는 것으로 볼 수는 없고, 그리하면 소송제도의 안정성을 크게 해치기 때문이다.

원고에게 이러한 악의나 부정한 목적이 있는지 여부는, 확정된 권리의 성질과 내용, 판결의 성립 경위, 판결 성립 후 집행에 이르기까지의 사정, 집행이 당사자에게 미치는 영향 등 여러 사정을 종합하여 판단하여야 한다. 따라서 단순히 사실을 잘못 인식하거나

---

32) 소 취하 합의를 한 경우 그 소는 더 이상 유지될 소의 이익이 없으므로 부적법하고(대법원 1982. 3. 9. 선고 81다1312 판결, 2005. 6. 10. 선고 2005다14861 판결, 2013. 7. 12. 선고 2013다19571 판결 등 참조), 따라서 법원이 이 사실을 안 때는 원고의 소 취하를 기다리지 않고 소를 각하하여야 한다. 항소 취하 합의를 한 경우에는 항소를 각하하여야 한다(대법원 2018. 5. 30. 선고 2017다21411 판결).

33) 대법원 2013. 7. 25. 선고 2013다19052 판결은, 원고와 피고 사이의 모든 민·형사상 소를 취하하기로 상호 간에 합의하였으나 실제로 소를 취하하지는 않은 경우, 여러 가지 사정상 원고와 피고의 의사는 다른 반대사정이 없는 한 소 취하의 대상이 되는 판결에 기한 집행도 포기하기로 한 것으로 볼 수 있다고 보아 청구이의를 인정하였다.

법률적인 평가를 잘못하여 권리가 존재한다고 믿고 제소하거나 소를 유지한 경우 또는 존재한다고 믿는 권리를 이유 있게 하기 위해 과장된 표현을 한 경우는 이에 해당하지 않는다(대법원 1993. 9. 28. 선고 93도1941 판결, 2004. 6. 25. 선고 2003도7124 판결, 2009. 5. 28. 선고 2008다79876 판결 등 참조).

그러므로 확정판결의 내용이 단순히 실체적 권리관계에 배치되어 부당하고 또한 집행채권자(원고)가 집행 당시 이를 알고 있었다는 사정이나, 확정판결 뒤에 관련 소송에서 그 확정판결에 반하는 내용의 판결이 선고되어 확정되었다 하더라도, 위와 같은 특별한 사정이 없는 한 그러한 사정만으로는 확정판결의 집행력을 배제하거나 그 강제집행에 대하여 불법행위책임을 물을 수는 없다(대법원 1995. 6. 29. 선고 94다 41430 판결, 1995. 12. 5. 선고 95다21808 판결, 2000. 5. 16. 선고 2000다11850 판결, 2001. 11. 13. 선고 99다32905 판결 등 참조).

3) 때로는, 확정판결의 성립과정이나 내용 자체에는 하자가 없으나, 그 확정이나 집행권원의 성립 후의 사정에 의하여 권리남용이 되는 경우도 있다. 이를 판결의 부정이용(不正利用)이라고 부르기도 한다.

이러한 예로는, ① 교통사고 피해자가 식물인간 상태에 있음을 전제로 기대여명까지의 손해에 대한 일시불 배상을 명하는 판결이 확정된 후, 피해자의 증상이 현저히 개선되어 노동능력의 전부나 일부를 회복하였음에도 가해자의 재산에 강제집행을 한 경우(일본 최고재판소 1962. 5. 24. 선고 소화 35年才18 판결 참조), ② 토지 임대인이 임차인을 상대로 임차인이 축조한 건물의 철거와 토지 인도 및 지체임료 지급을 구하여 승소 확정판결을 얻은 후 지체 임료를 지급 받기 위해 철거할 건물에 대하여 강제경매를 신청한 결과, 그 경매절차에서 당해 건물이 철거될 예정인 점을 감안해 그 가격이 폐자재 가격 정도로 감정이 되었으나, 집행채권자가 경락 후에도 그 건물을 철거하지 않을 듯한 언질을 하여 당해 건물이 고가에 경락이 되어 배당을 받고 난 뒤에 채권자가 다시 건물 철거 및 토지 인도의 강제집행을 한 경우(일본 최고재판소 1968. 9. 6. 선고 소화 41年才661 판결 참조)를 들 수 있다. 판결 확정 후 부집행 합의를 하고도 집행을 한 경우나 판결 확정 후 채무의 일부를 변제 받았음에도 그 전부에 대하여 집행을 한 경우도 이에 해당한다고 할 수 있다.

4) 판결의 취득이나 그에 기한 강제집행이 권리남용에 해당하는 경우 그 구제방법으로는, ① 강제집행이 종료하기 전이면 청구이의의 소로써 집행력 배제를 구할 수 있고(대법원 1984. 7. 24. 선고 84다카572 판결, 1997. 9. 12. 선고 96다4862 판결, 2001. 11. 13. 선고 99다32899 판결, 2009. 5. 28. 선고 2008다79876 판결 등 참조),[34] ② 이미 강제집행이 종료되어 확정판결이 갖는 집행력이 행사되어 버린 경우에는 청구이의의 소로써 집행력의 배제를 구할 소의 이익이 없게 되므로, 이때에는 그 강제집행의 결과로 채권자가 얻은 이익 상당액은 불법행위책임에 따른 손해배상으로써 전보 받을 수 있다(대법원 1968. 11. 19. 선고 68다1624 판결, 2001. 11. 13. 선고 99다32899 판결 등 참조).[35]

---

34) 판결의 취득이 권리남용에 의하여 이루어졌으나 아직 그 판결이 확정되지 않은 경우에는 항소나 상고로써 다투면 된다

35) 확정판결 등에 기한 강제집행이 불법행위를 구성하는 경우, 대법원은 그 변론종결 후인 강제집행 시에 그 집행으로써 비로소 새로운 사정이 생긴 것으로 보아 기판력에 반하지 않는다고 이해한다(대법

그러나 위와 같은 사유가 있는 경우에도 확정판결 등 집행권원이 재심의 소나 청구이의의 소에 의하여 취소되지 않는 한 그 집행권원에 의한 강제집행은 유효한 판결의 집행력에 기한 것이어서 법률상 원인이 없는 것이 아니므로, 그 강제집행의 결과 얻은 이익이 부당이득이 될 수는 없다(대법원 1977. 12. 13. 선고 77다1753 판결, 1991. 2. 26. 선고 90다6576 판결, 1995. 6. 29. 선고 94다41430 판결, 2000. 5. 16. 선고 2000다11850 판결, 2001. 11. 13. 선고 99다32905 판결 등 참조). 다만, 공증인의 집행증서 등 기판력이 없는 집행권원상의 채권이 부존재한 경우, 그에 기한 강제집행은 부당이득이 된다(대법원 2005. 4. 15. 선고 2004다70024 판결 등 참조).

나. 사망한 자에 대한 판결

(1) 제소 당시 원고가 이미 사망한 경우

1) 소 제기 당시 이미 원고가 사망하였음에도 그의 이름으로 소가 제기되었다면 그 소의 제기는 행위능력, 즉 소송능력이 없는 사람이 제기한 것으로서 무효이므로 그 소는 부적법하게 된다. 따라서 법원은 그 소를 각하함이 원칙이다(대법원 1990. 10. 26. 선고 90다카21695 판결, 1994. 6. 28. 선고 94다17048 판결 등).

법원이 소를 각하하지 않고 이미 사망한 원고를 당사자로 하여 판결을 선고한 경우 그 판결은 실재하지 않은 자에 대한 것이어서 당연무효이며, 그 상속인에게도 효력이 미치지 아니함은 물론이다(대법원 2002. 4. 26. 선고 2000다30578 판결, 2014. 2. 27. 선고 2013다94312 판결).

2) 그러나 소송 중에 당사자가 사망하더라도 소송대리인의 소송대리권은 소멸하지 아니하고, 당사자가 소송대리권을 수여한 후 소 제기 전에 사망한 경우에도 동일하므로, 원고가 소송대리인에게 소송위임을 한 다음 소 제기 전에 사망하였는데 소송대리인이 그 사망 사실을 모르고 그를 원고로 표시하여 소를 제기하였다면 그 소의 제기는 적법하고, 시효중단 등 소 제기의 효력은 상속인들에게 귀속된다. 이 경우 민사소송법 제233조 제1항이 유추적용되어 사망한 사람의 상속인들은 그 소송절차를 수계하여야 하며, 그 소송대리인은 상속인들 전원을 위하여 소송을 수행하게 되고(소송위임계약은 상속인들에게 승계된다), 이 경우 판결에 사망한 사람을 당사자로 표시하였더라도 그 판결은 상속인들 전원에 대하여 효력이 있다(대법원 1995. 9. 26. 선고 94다54160 판결, 2016. 4. 29. 선고 2014다210449 판결).

한편, 소 제기 당시 원고의 표시를 '부재자 甲'이라 표시하였다가 나중에 甲에 대한 실종선고의 확정으로 甲이 소급하여 소 제기 이전에 사망한 것으로 간주되었다면, 결과적으로는 甲이 제소 당시에도 사망한 것이 되긴 하였으나, 실종선고의 효력이 생기기 전까지는 생존하였던 것으로 보아야 하므로 실종선고가 있는 때에 사망으로 인한 소송중단 사유가 발생한 것으로 처리하여야 한다(대법원 1977. 3. 22. 선고 77다81, 82 판결 참조).

3) 위와 같이 소 제기 당시 이미 원고가 사망하였음에도 그의 이름으로 소가 제기된 경우 그 소의 제기는 무효이므로, 피고의 사망사실을 모르고 소를 제기한 경우와 달리

원 1984. 7. 24. 선고 84다카572 판결 참조).

원칙적으로는 당사자표시정정도 있을 수 없다.

그러나 예외적으로, 망인이 세무서장의 양도소득세부과처분에 대하여 이의신청과 심사청구를 거쳐 국세심판소장에게 심판청구를 한 후 사망하였는데, 사망 사실을 모르는 국세심판소장은 위 심판청구를 기각하는 결정을 하면서 그 결정문에 사망한 망인을 청구인으로 표시하였으며 그 상속인들은 위 기각결정에 대하여 망인 명의로 소를 제기한 후 소송수계신청을 하였다면, 비록 전치절차 중에 망인의 명의로 소가 제기되었다고 하더라도 실제 그 소를 제기한 사람들은 망인의 상속인들이고 다만 그 표시를 그릇한 것에 불과하다고 보아야 할 것이므로, 법원은 상속인들의 소송수계신청을 당사자표시정정신청으로 보아 이를 받아들이고 청구를 심리·판단하였어야 한다는 판례가 있다(대법원 1994. 12. 2. 선고 93누12206 판결). 이는 여러 가지 정황상 진정한 원고가 망인이 아니라 상속인임을 인정할 수 있는 경우에만 허용된다고 할 것이다.

(2) 제소 당시 피고가 이미 사망한 경우

1) 소 제기 당시 이미 피고가 사망하였음에도 그를 상대로 소가 제기되었다면 그 사망한 자에 대한 소는 당사자능력이 없는 자에 대한 것으로서 부적법하다. 따라서 법원은 그 소를 각하함이 원칙이며, 그러한 상태에서 판결이 선고되었다 할지라도 판결은 당연무효이고, 사망자인 피고의 상속인들에 의한 상소나 소송수계신청은 부적법하다.[36] 이는 소 제기 후 소장 부본이 송달되기 전에 피고가 사망한 경우에도 마찬가지라고 할 것이다(대법원 2015. 1. 29. 선고 2014다34041 판결). 아직 피고와의 관계에서 적법한 소송계속이 발생하지 않은 상태이기 때문이다.

2) 다만, 원고가 피고의 사망 사실을 간과하거나 이를 모른 채 사망자를 상대로 소를 제기한 경우, 사실상의 피고는 사망자의 상속인이고 다만 그 표시를 그릇한 것에 불과하다고 해석함이 타당하므로,[37] 원고가 그 사실을 뒤늦게 발견한 때에는 당사자표시정정의 방법을 이용하여 그 상속인을 정당한 피고로 정정할 수 있다는 것이 대법원 판례이다(대법원 1969. 12. 9. 선고 69다1230 판결, 1983. 12. 27. 선고 82다146 판결 등).

그러나 이러한 형식의 당사자표시정정은 사실심에서만 허용되고 상고심에 이르러서는 상속인의 소송관여(변론)가 사실상 불가능하므로 당사자표시정정의 방법으로 그 흠결을

---

36) 상소가 부적법한 이유는, 당연무효의 판결이어서 아무런 효력이 없으므로 원칙적으로 그에 대하여 상소를 제기할 이익이 없기 때문이다. 소송수계신청 역시 같다.

37) 여기서 실질적인 피고로 해석되는 사망자의 상속인이라 함은 실제로 상속을 하는 사람을 가리킨다 할 것이고, 상속을 포기한 자는 상속 개시 당시부터 상속인이 아니었던 것과 같은 지위에 놓이게 되므로, 제1순위 상속인이라도 상속을 포기한 경우에는 이에 해당하지 아니하며, 후순위 상속인이라도 선순위 상속인의 상속포기 등으로 실제로 상속인이 되는 경우에는 이에 해당한다(대법원 2006. 7. 4.자 2005마425 결정 참조).

보정할 수 없다(대법원 2012. 6. 14. 선고 2010다105310 판결).[38] 또한, 원고가 당사자표시정정을 하지 않은 채 원래 소장에 표시한 사망자를 피고로 삼기를 고집하는 경우에는 원칙대로 그에 대한 소를 각하하는 수밖에 없다.

3) 원고가 피고의 사망 사실을 간과하거나 이를 모른 채 사망자를 상대로 소를 제기하였으나 피고의 상속인이 소 제기 사실을 모르고 당해 소송절차에 참여하지 않은 때에는 사망자를 상대로 한 판결은 당연무효이고, 사망자의 상속인들에게도 아무런 효력이 없다.[39] 따라서 이 경우 그 사망한 자에 대한 판결의 송달 역시 무효이므로 그 판결은 형식적으로 확정될 수도 없어 상소나 재심의 대상이 될 수 없으며, 애초부터 시효중단 효력이 없어 민법 제170조 제2항이 적용되지 않는다(대법원 2000. 10. 27. 선고 2000다33775 판결, 2014. 2. 27. 선고 2013다94312 판결 참조).

이에 대하여, 무효인 판결에 의하여 등기나 등록 등의 외관이 형성됨으로써 불이익을 입을 우려가 있는 때에는 예외적으로 상속인은 상소로써 무효인 판결의 제거를 구할 상소의 이익이 있다는 견해도 있으나,[40] 그러한 사정만으로 원칙을 허물 수는 없으므로 이 경우에도 상속인은 그 제거를 소구하는 별소를 제기하여야 할 것이다.

(3) 소송 중 당사자가 사망하였으나 소송수계 없이 판결이 선고된 경우

1) 소송 진행 중 당사자가 사망하였더라도 소송대리인이 있는 경우에는 그로 인해 소송절차가 중단되지 않고 소송대리인의 소송대리권도 소멸하지 아니하는바(민사소송법 제238조), 이때

---

38) 당사자표시정정이 당사자의 동일성을 유지한 채 단순히 그의 이름 중 일부 글자나 주소, 주민등록번호 등을 정정하는 것에 불과한 때는 상고심에서도 허용되나, 사망자를 그 상속인으로 고치는 당사자표시정정은 실질적으로는 당사자 변경이나 피고 경정에 해당하므로, 법률심인 상고심에서까지 이를 허용하면 그 상속인에 대한 관계에서 사실심에서의 변론권을 박탈하는 결과가 되기 때문에 허용될 수 없다고 할 것이다.

39) 이는 보전처분에 대해서도 동일하다. 즉 사망한 자를 채무자로 한 가압류신청은 부적법하고 위 신청에 따른 가압류결정이 있었다 하여도 그 결정은 당연무효이며 그 효력이 상속인에게 미친다고 할 수는 없으므로, 채무자 표시를 상속인으로 할 것을 이미 사망한 피상속인으로 잘못 표시하였다는 사유는 결정에 명백한 오류가 있는 것이라고 할 수 없고, 따라서 결정을 경정할 사유에 해당한다 할 수 없다(대법원 1991. 3. 29 자 89그9 결정). 또한, 이미 사망한 자를 채무자로 한 처분금지가처분신청은 부적법하고, 그 신청에 따른 처분금지가처분결정이 있었다고 하여도 그 결정 역시 당연무효로서 그 효력이 상속인에게 미치지 않는다(대법원 2002. 4. 26. 선고 2000다30578 판결). 반면에, 가압류신청 당시 생존하고 있던 채무자가 가압류결정 직전에 사망하였다거나 수계절차를 밟음이 없이 채무자 앞으로 가압류결정이 이루어졌다고 하더라도, 당사자 쌍방을 소환하여 심문절차를 거치거나 변론절차를 거침이 없이 채권자 일방만의 신청에 의하여 바로 보전명령을 하는 가압류의 성질상 이는 유효하다(대법원 1976. 2. 24. 선고 75다1240 판결).

40) 김홍엽, 민사소송법 , 박영사(2016), 1130쪽. 대법원은, 이미 사망한 자를 채무자로 한 처분금지가처분신청은 부적법하고 그 신청에 따른 처분금지가처분결정이 있었다고 하여도 그 결정은 당연무효로서 그 효력이 상속인에게 미치지 않지만, 채무자의 상속인은 무효인 그 가처분결정에 의하여 생긴 외관을 제거하기 위한 방편으로 가처분결정에 대한 이의신청으로써 가처분의 취소를 구할 수 있다고 한다(대법원 2002. 4. 26. 선고 2000다30578 판결). 그러나 가처분결정에 대한 이의신청은 상소가 아니라 가처분결정을 한 법원에 대하여 가처분결정에 문제가 있다는 사실을 밝히고 그 취소를 구하는 것이므로, 변론을 전제로 한 판결에 대한 상소도 이와 같이 볼 수는 없다.

망인의 소송대리인은 상속인으로부터 새로이 수권을 받을 필요 없이 법률상 당연히 상속인의 소송대리인으로 취급되어 상속인들 모두를 위하여 소송을 수행하게 되고, 이 경우 비록 상속인으로 당사자표시를 정정하지 아니한 채 판결문에 망인을 그대로 당사자로 표시하였다고 하더라도 그 판결의 효력은 망인의 소송상 지위를 당연승계한 상속인들 모두에게 미친다. 그리고 이는, 공동상속인 중 일부만이 소송수계절차를 신청함으로써 그 상속인들 일부만을 판결에 당사자로 표시한 경우에도 같다(대법원 1992. 11. 5.자 91마342 결정, 1996. 2. 9. 선고 94다61649 판결, 2010. 12. 23. 선고 2007다22859 판결 등).

2) 반면에 소송 계속 중 당사자가 사망하였으나 소송대리인이 없는 경우에는 그 사망 시에 곧 당해 소송절차는 중단된다(민사소송법 제233조 제1항 본문). 이때 이를 간과하고 변론이 종결되어 판결이 선고된 경우, 그 판결은 소송에 관여할 수 있는 적법한 수계인의 권한을 배제한 결과가 되는 절차상의 위법이 있게 된다. 그러나 이는 판결의 편취가 아니고, 단지 법원이 소송중단 사실을 간과하고 심리를 계속하여 판결을 선고한 잘못이 있을 뿐이다(이는 상속인이나 상대방 당사자가 소송수계신청을 하는 등으로 사망 사실을 법원에 알리지 않은 때문에 발생한다).

따라서 그 판결이 당연무효라고 할 수는 없고, 다만 그 판결은 대리인에 의하여 적법하게 대리되지 않았던 경우와 마찬가지로 보아 대리권흠결을 이유로 상소 또는 재심에 의하여 그 취소를 구할 수 있을 뿐이다(대법원 1995. 5. 23. 선고 94다28444 전원합의체 판결, 1999. 12. 28. 선고 99다8971 판결, 2003. 11. 14. 선고 2003다34038 판결 등).

다. 재판의 탈루(누락)

(1) 의 의

1) 재판의 탈루(누락)는 심판대상인 소송목적, 즉 청구(본안)에 대하여 법원이 그 응답으로서 판결(재판)을 하였는데, 청구의 일부에 대한 응답인 판결이 누락된 것을 말한다(민사소옹법 제212조 제1항). 따라서 법원이 당해 사건에 대하여 아무런 응답, 즉 판결(재판)을 아예 하지 않은 때는 선고 자체가 없는 것이지 재판의 탈루라고는 할 수 없다.

2) 재판의 탈루는 이와 같이 심판대상인 소송목적에 대한 응답으로서의 판결(재판)이 누락된 것을 말하므로, 인도청구와 금전청구 중 금전청구에 대한 판결(재판)이 누락된 경우와 같이 하나의 소송목적에 대한 판결 전부가 누락된 경우는 물론, 금전청구 중 일부만을 인용하고 나머지 금전청구를 기각한다는 판결이 누락된 경우와 같이 하나의 소송목적에 대한 판결(재판)의 질적·양적 일부가 누락된 경우를 포함한다(대법원 1997. 10. 10. 선고 97다22843 판결 등 참조).

3) 재판의 탈루는 본래 당해 법원이 사건 전부에 대한 판결을 할 의사를 가지고 판결을 하였으나 그 일부에 대한 판단, 즉 재판이 누락된 것이므로, 당초부터 당해 법원이 사건의 일부에 대하여만 판결을 할 의사를 가지고 판결을 한 일부판결(민사소송법 제200조)과는 다르다. 또, 청구(본안)에 대한 응답인 판결(재판)이 있기는 하지만, 어떠한 논거로 그러한 결

론에 이르게 되었는지 이유의 설시가 누락된 판단누락, 즉 판단유탈과도 다르다.

4) 재판의 탈루가 있는지 여부는, 우선 주문의 기재에 의하여 판정하여야 하고, 주문에 청구의 전부에 대한 판단이 기재되어 있으나 이유 중에 청구의 일부에 대한 판단이 빠져 있는 경우에는 이유를 붙이지 아니한 위법이 있다고 볼 수 있을지언정 재판의 탈루가 있다고 볼 수는 없다. 다만 청구를 기각하는 판결의 경우, 주문에 청구 전부에 대한 판단이 기재되어 있는지 여부는 주문만으로는 잘 알기 어려우므로 청구취지와 판결이유의 기재를 참작하여 판단하여야만 한다(대법원 2003. 5. 30. 선고 2003다13604 판결 등 참조).

주문에 청구에 대한 판단이 포함되어 있다고 볼 수 있는 이상, 그 의미가 다소 불명료하거나 숫자에 오기, 오류가 있는 것에 불과한 때에는 판결의 경정으로 해결하면 족하고, 재판의 탈루에는 해당하지 않는다.

5) 비록 판결의 이유 중에 청구에 대한 판단이 있더라도, 주문에 그 판단이 없다면 이는 재판의 탈루에 해당한다(대법원 1981. 4. 14. 선고 80다1881, 1882 판결 등 참조). 그러나 주문에 그 판단이 있다면 이유가 누락되었어도 이는 판단유탈에 해당할 뿐 재판의 탈루는 아니다. 항소심의 경우, 항소한 부분에 대한 판단이 주문에 있는지 여부를 기준으로 재판의 탈루 여부를 판단하여야 하는 바, 그 주문은 항소각하, 항소기각 또는 1심판결의 취소와 그 취소 부분에 대한 새로운 선언이 있어야 한다.

6) 재판의 탈루가 있는지 여부는 당사자의 청구를 기준으로 한다. 청구는 청구취지와 청구원인으로 구성되므로, 그 중 어느 하나라도 판단을 하지 않았다면 재판의 탈루가 된다. 따라서 대여금반환청구나 불법행위에 기한 손해배상청구 소송에서 원금 청구에 대해서만 판단하고 지연손해금 청구 부분에 대하여 판단을 하지 아니한 경우, 소유권이전등기청구의 청구원인으로 매매와 시효취득을 주장하였는데 매매를 인정하지 않으면서 시효취득에 대해서는 판단하지 않은 경우[41] 재판의 탈루가 발생한다. 청구원인은 그 성질상 주문에 판단결과가 직접 표시되지 않고 이유에만 표시되므로, 청구원인에 대한 재판의 탈루 여부는 판결 주문과 이유 양자를 검토하여야만 가능하다.

7) 재판의 탈루는 법원이 당해 청구에 대하여 판단할 의무가 있는 경우에만 성립할 수 있다. 따라서 선택적 병합청구나 주위적·예비적 병합청구에서 선택적 병합청구 중 하나를 인용한 경우나 주위적 청구를 인용한 경우와 같이 다른 청구에 대하여 판단할 의무가 없는 때에는 재판의 탈루가 성립할 수 없다.[42]

병합청구의 여부나 그 병합의 형태는 당사자가 구한 내용에 구속되지 않고 그 실질적

41) 반면에, 취득시효완성에 관한 주장을 판단하였으나 취득시효중단에 관한 당사자의 주장을 판단하지 않았다면 이는 공격방어방법에 대한 판단을 누락한 것으로서 판단누락(판단유탈)이 된다.

42) 따라서 청구원인에 대한 재판의 탈루는 선택적 청구원인이나 주위적·예비적 청구원인 전부를 배척하거나 예비적 청구원인은 인용하는 대신 주위적 청구원인을 배척하여야 할 경우에 발생하게 된다.

내용에 따라 법원이 직권으로 판단하여야 한다(대법원 2008. 12. 11. 선고 2005다51495 판결, 2008. 12. 11. 선고 2006다5550 판결, 2017. 8. 25.자 2014스26 결정 등). 그러므로 논리적으로 전혀 관계가 없어 순수하게 단순병합으로 구하여야 할 수개의 청구를 선택적 청구로 병합하여 청구한 경우, 법원이 소송지휘권을 행사하여 이를 단순병합청구로 보정하게 하는 등의 조치를 취함이 없이 본안판결을 하면서 그 중 하나의 청구에 대하여만 심리·판단하여 이를 인용하고 나머지 청구에 대한 심리·판단을 모두 생략하는 내용의 판결을 하였더라도, 이로써 청구의 병합 형태가 적법한 선택적 병합관계로 바뀔 수는 없으므로, 이러한 판결에 대하여 피고만이 항소한 경우 법원이 심리·판단하여 인용한 청구만이 상소심으로 이심될 뿐, 나머지 심리·판단하지 않은 청구는 여전히 원심에 남아 있게 된다(대법원 2008. 12. 11. 선고 2006다5550 판결).

8) 위와 같이 판결은 본안 청구에 대한 응답이지만, 그 당부와 함께 부수적인 사항에 대하여도 판결을 하여야 하므로 그것이 누락된 경우에도 재판의 탈루가 발생한다. 즉 법원은 각 심급별로 종국판결을 하는 때는 소송비용의 부담에 관한 재판도 하여야 하고, 경우에 따라서는 중간판결이나 일부판결에서도 이를 할 수 있는바(민사소송법 제104조), 소송비용의 부담에 관한 재판을 하지 않은 경우 이 역시 재판의 탈루가 된다. 따라서 소송비용의 재판을 누락한 경우, 그 법원은 직권으로 또는 당사자의 신청에 따라 소송이 재판에 의하지 아니하고 끝난 경우에 준하여 그 소송비용에 대한 재판을 한다(민사소송법 제212조 제2항, 제408, 425조). 이 경우 본안판결에 대하여 적법한 항소가 있는 때에는 그 소송비용에 대한 재판은 효력을 잃고, 상소법원은 소송의 총비용에 대하여 재판을 하여야 한다(민사소송법 제212조 제3항).[43]

9) 그러나 가집행선고가 누락된 경우에는 재판의 탈루가 되지 않는다. 다만, 가집행선고가 의무적인 경우에는 재판의 탈루이지만, 이는 하자 있는 판결로서 상소가 있는 경우 이에 불구하고 상소심에 사건 전부가 이심되므로 원심에 그 부분이 남아 있지 않게 된다.[44]

(2) 효과와 추가판결

1) 재판의 탈루가 있으면 판결 선고에 불구하고 그 부분 사건은 당해 판결을 한 원래의 법원에 계속되어 그 심급의 소송이 종료되지 않는다(민사소송법 제212조 제1항). 따라서 1심이 재판을 탈루한 경우 그 탈루한 부분은 아직 1심에 계속 중이고, 항소심이 재판을 탈루한 경우에는 그 부분은 항소심에 소송이 계속 중이게 된다. 이미 선고된 일부의 판결이 당연무효가 되지는 않음은 물론이다.

43) 그러므로 소송비용에 대한 재판이 누락되었으나 본안에 대하여 적법한 상소가 있는 때에는 원심법원은 구태여 누락된 소송비용의 재판을 할 필요가 없다고 하겠다.

44) 이 경우 상소 없이 판결이 확정된 때는 그로써 집행력이 발생하므로 가집행선고를 추가로 할 필요가 없다.

그러므로 탈루된 부분에 대한 항소나 상고는 불복의 대상이 부존재하여 부적법하므로, 상소심법원은 상소를 각하하여야 한다(대법원 2000. 1. 21. 선고 99다50422 판결, 2005. 5. 27. 선고 2004다43824 판결 등 참조).

2) 재판의 탈루가 있으면 당해 판결을 한 원래의 법원이 당사자의 신청이나 직권에 의하여 그 탈루한 부분의 부분을 추가로 심리하고(민사소송법 제212조 제1항)[45] 그 부분에 대한 판결을 추가판결의 형식으로 하여야 한다. 추가판결을 하는 때에는 사건명에 '소유권이전등기(추가판결)'과 같이 그것이 추가판결인 취지를 표시한다.

3) 추가판결을 한 경우, 그 판결에 대한 확정이나 상소는 당초의 판결과는 독립하여 그 추가판결을 기준으로 하여야 한다. 따라서 상소불가분의 원칙이나 상소제기기간은 그 판결을 기준으로 한다.

4) 예외적으로, 청구의 선택적 병합, 청구의 주위적·예비적 병합 등과 같이 일부판결이 허용되지 않는 경우에는, 그 병합된 청구 중 일부가 누락된 경우에도 그 누락된 부분의 사건 역시 상소에 의하여 상소심에 이심되어 그 전부가 상소심의 심판대상이 된다(대법원 1998. 7. 24. 선고 96다99 판결, 2000. 11. 16. 선고 98다22253 전원합의체 판결). 이와 같은 경우에는 수개의 청구가 하나의 소송절차에 불가분적으로 결합되어 있기 때문에 병합된 청구 중 일부만을 판단하는 일부판결은 성질상 허용되지 않기 때문이다. 따라서 그 판결의 누락으로 인한 잘못은 상소로써 시정을 구하여야 하고, 상소심 계속 중 따로 그 부분에 대한 별소를 제기하면 중복소송에 해당하여 부적법하다(대법원 2002. 9. 4. 선고 98다17145 판결 참조).[46]

이와 함께, 변론의 분리나 일부판결이 불가능한 필수적 공동소송과 독립당사자 참가소송, 주관적 선택적 병합이나 주위적·예비적 병합 청구 소송 역시, 이러한 소송에서 법원이 어느 한 당사자의 청구에 대한 판단을 누락한 경우 당사자 일방의 상소에 의해 누락된 부분을 포함하여 사건 전부가 상소심으로 이심된다(대법원 1981. 12. 8. 선고 80다577 판결 참조).

이때 상소심의 처리방법은 앞서 주위적 청구와 예비적 청구의 병합에서 본 바와 같다. 즉 일부판결을 한 판결은 위법하고, 이 경우 재판의 탈루가 되지는 않아 그 전부가 상소심에 이심되므로, 민사소송법 제417조에 의하여 항소심법원은 1심판결을 직권으로 취소하고 주위적 청구와 예비적 청구 등 모든 청구에 대하여 다시 판결을 하여야 한다.[47][48]

---

45) 이미 판결을 할 정도로 심리가 된 경우에는 곧바로 추가판결을 하여도 무방하다.

46) 이미 상소심 소송이 종료한 후에는 새로 소를 제기할 권리보호요건을 갖추지 못한 것이 되어 부적법하다. 이에 대하여 대법원은 "항소심판결상 예비적 청구에 관하여 이루어져야 할 판단이 누락되었음을 알게 된 당사자로서는 상고를 통하여 그 오류의 시정을 구하였어야 함에도, 상고로 다툴 수 없는 특별한 사정이 없었음에도 상고로 다투지 아니하여 그 항소심판결을 확정시켰다면 그 후에는 그 예비적 청구의 전부나 일부를 소송물로 하는 별도의 소를 새로 제기함은 부적법한 소 제기여서 허용되지 않는다"고 한다(대법원 2002. 9. 4. 선고 98다17145 판결).

47) 상고심의 경우에는 이를 이유로 원심판결을 파기하고 원심법원에 환송하여야 한다. 이 경우 그러한 사유는 소송요건에 준하는 것이므로 상고심이 직권으로 판단하여야 한다. 대법원의 견해도 같다(대법원 1996. 12. 10. 선고 96다23238 판결, 2008. 4. 10. 선고 2007다36308 판결 등).

48) 이 경우 판결이 누락된 부분도 상소에 의하여 당연히 항소심법원에 이심되는바, 그 누락된 부분에 대

5) 이와 같이 일부판결이 허용되지 않는 경우에, 판결이 선고되고 이에 대하여 상소가 제기되었으나 상소심에서도 잘못이 시정되지 않거나 상소가 제기되지 않은 채 그대로 판결이 확정된 경우, 어떠한 구제방법이 있는가? 이에 대해서는 ① 판단유탈에 준하여 재심을 제기할 수 있다는 견해, ② 그 누락된 부분에 대하여는 기판력이 생기지 않으므로 재심은 불가하고 재소(再訴)가 가능하다고 하는 견해[49]가 대립한다.

그러나 청구나 당사자가 불가분적으로 결합하여 있어 변론을 분리할 수 없고 판결도 분리할 수 없는 경우 이에 위반한 일부판결은 위법하며, 그러한 판결도 그 사건 전부에 대한 법원의 응답으로 보아야 하므로, 설령 그 판결의 내용상 누락된 부분에 대하여 실질적으로 기판력이 발생할 수 없는 경우가 생길지라도 원칙적으로는 그 확정된 판결 내용대로 기판력이 발생한다고 보아야 한다. 따라서 이에 대하여 다시 소를 제기할 수 있다고 하더라도, 재심으로써도 구제를 받을 수 있다고 봄이 타당하다고 할 것이다. 대법원은 주관적·예비적 공동소송의 경우, 판결이 누락된 채 남겨진 자를 위한 추가판결을 하는 것은 허용되지 않는다고 한다(대법원 2008. 4. 10. 선고 2007다36308 판결).[50]

6) 소송비용에 대한 재판을 누락한 경우에 관하여는 민사소송법이 특칙을 두고 있다. 이 경우 그 재판을 누락한 법원은 직권으로 또는 당사자의 신청에 따라 결정으로써 그 소송비용에 대한 재판을 하며, 소송이 재판에 의하지 아니하고 끝난 경우에 관한 민사소송법 제114조의 규정을 준용한다(민사소송법 제212조 제2항).

라. 판단유탈(판단의 누락)

(1) 의 의

1) 판단유탈이란 재판의 탈루와 달리, 청구에 대한 결론인 주문을 도출하기 위한 과정에서 공격방어방법에 대한 판단을 판결문에 기재하지 않은 것을 말한다. 재판의 탈루가 소송목적인 청구, 즉 청구취지나 청구원인에 대한 판단을 하지 않은 것에 반해 판단유탈은 청구가 아닌, 청구를 이유 있게 하거나 이유 없게 하는 공격방어방법에 대한 판단을

하여 항소인이 항소취지로써 심판을 구하지 않으면 현실적 심판대상이 되지 않을 수도 있다(대법원 1998. 7. 24. 선고 96다99 판결 참조).

49) 문일봉, "선택적으로 병합된 청구 중 어느 하나를 간과한 판결의 법적 문제", 인권과 정의, 270호(1999).

50) 이미 하자 있는 판결이 선고된 경우 상소가 없는 때라도 그 판결을 당해 법원이 직권으로 취소하고 새로운 전부판결을 하거나 추가판결을 할 수는 없다고 할 것이다. 그러한 판결이라도 당연무효는 아니므로 구속력에 의하여 판결 법원 스스로도 임의로 취소할 수는 없기 때문이다. 결론적 동지: 한충수, "선택적·예비적 병합의 청구 일부를 탈루한 판결에 대한 상소에 따른 문제", 법조 515호(1999), 148면 이하; 오상현, 예비적·선택적 공동소송에 관한 판례분석", 법조 641호(2010. 2.), 39면. 상소 여부에 관계없이 추가판결을 할 수 있다는 견해도 있다. 이에 관한 자세한 논의는 문일봉, "선택적으로 병합된 청구 중 어느 하나를 간과한 판결의 법적 문제", 인권과 정의, 270호(1999)를 참조.

하지 않은 것을 말한다.

2) 공격방어방법에 대한 판단은 판결서의 이유란에 기재하여야 하므로, 판단유탈 유무는 판결서의 이유란을 기준으로 판단하여야 한다.

3) 원고가 매매를 청구원인으로 소유권이전등기청구를 한 경우에, 법원이 소유권이전등기청구권의 존부에 대한 당부를 판결 주문에 기재하지 않았거나 매매사실의 존부에 대한 판단을 판결 이유에 기재하지 않았다면 이는 청구에 대한 응답이 누락된 것으로서 재판의 탈루가 된다.

그러나 판결 주문과 이유에 소유권이전등기청구권의 존부와 매매사실의 존부에 대한 판단(인용 또는 기각)은 기재하였으나, 매매가 대리인에 의해 이루어졌다거나 표현대리가 성립한다는 원고의 주장, 매매가 통정허위표시로서 무효라거나 소유권이전등기청구권이 시효로 소멸하였다는 피고의 항변, 즉 공격방어방법에 대한 판단을 이유란에 기재하지 않았다면 판단유탈이 된다.

4) 민사소송법은 판단유탈을 재심, 준재심의 사유로 규정하고 있다(민사소송법 제451조 제1항 제9호, 제461조).

(2) 요 건

1) 위와 같이 판단유탈은 당사자가 소송절차에서 주장·제출한 공격방어방법에 대한 판단을 누락하는 것이므로, 그 전제로서 당사자가 소송절차에서 당해 공격방어방법을 주장·제출한 바 없을 때는 원칙적으로 판단유탈이 될 수 없다.

그러나 공격방어방법에 대한 당사자의 주장·제출은 반드시 명시적인 것일 필요는 없으므로, 비록 원고가 변론에서 소외인의 소유권이전등기가 전 소유자의 사망 후에 이루어진 것이라도 실체관계에 부합하여 유효하다는 명백한 주장을 한 바는 없지만, 이를 증명하기 위해 증인신청을 하였다면 이로써 이에 대한 간접적인 주장이 있었다고 볼 수 있으므로, 이를 판단하지 않았다면 판단유탈이 될 수 있다(대법원 1991. 10. 8. 선고 91다7682 판결, 1993. 3. 9. 선고 92다54517 판결 등).

위와 같이 재심사유가 되는 판단 누락은 원칙적으로 판결이유 중에 기재하여야 할 공격방어방법에 대한 것이어야 하므로, 청구(소송목적)에 대하여 판단을 누락한 경우는 재판의 탈루로서 그 부분 재판은 누락한 심급의 법원에 계속되고 확정이 되지 않으므로 상소나 재심의 대상이 되지 않는다.

다만, 청구의 선택적 병합이나 주위적·예비적 병합, 독립당사자참가나 필수적 공동소송, 주위적·예비적·선택적 당사자의 병합 등과 같이 일부판결이 허용되지 않는 경우, 그 판결누락이 상급심에서도 시정이 되지 않았거나 상소가 제기되지 않은 채 확정된 때에는 판결을 한 다른 부분의 판결 이유에도 영향을 미치므로 판단유탈에 준하여 재심사유에 해당하는 것으로 보아야 할 것이다.

2) 법원이 이를 심판할 의무가 없는 사항에 대해서는 판단유탈이 성립할 수 없다. 이

에 대하여 대법원은 "당사자가 상고이유로서 판결에 영향을 미친 법령 위반의 점에 관하여 구체적으로 주장하거나 직권조사를 촉구하지 아니한 사항은 적법한 상고이유가 되지 아니하고, 더구나 법률의 일반적 규정이나 관련이 있다고 보여지는 판례 등에 대하여 반드시 상고심이 판단을 하여야 하는 것도 아니므로, 상고심이 이를 판단하지 아니하였다고 하더라도 판단누락이라고 할 수 없다"라고 한다(대법원 1985. 8. 27. 선고 85사43 판결, 2008. 7. 10. 선고 2006재다218판결 등).

3) 직권조사사항에 대한 판단을 빠뜨린 경우에도 판단유탈이 성립하는가?[51] 대법원은, "소가 중복제소에 해당하지 아니한다는 것은 소극적 소송요건으로서 법원의 직권조사사항이므로, 이에 관한 당사자의 주장은 직권발동을 촉구하는 의미밖에 없어 위 주장에 대하여 판단하지 아니하였다 하더라도 판단유탈의 상고이유로 삼을 수 없다"(대법원 1990. 4. 27. 선고 88다카25274 ,25281 판결), "상고법원은 민사소송법 제427조의 소정기간 내에 제출된 상고이유서에 기재된 상고이유에 한하여 조사·판단하여야 함은 같은 법 제429조, 제434조의 규정으로 보아 명백한 바이므로, 직권조사사항이라도 당사자가 주장하지 않은 사항에 대해서는 재심사유인 판단유탈에 해당하지 않는다"(대법원 1983. 12. 29.자 82사19 결정, 1985. 8. 27. 선고 85사43 판결, 2000. 10. 28.자 2000마629 결정, 2004. 9. 13.자 2004마660 결정 등)고 한다.[52]

이러한 대법원의 견해는, 소가 중복제소에 해당한다는 등은 법원의 직권조사사항이므로 이에 관한 당사자의 주장은 직권발동을 촉구하는 의미밖에 없어 위 주장에 대하여 판단하지 아니하였다 하더라도 당사자로서는 판단을 구한 사항에 대하여 판단을 받지 못하는 불이익을 입었다고 볼 수 없다는 전제에 선 것으로 보인다(대법원 1990. 4. 27. 선고 88다카25274 ,25281 판결 참조).

민사소송법이 판단유탈을 재심사유로 규정한 이유는, 그 유탈의 결과 판결에 영향을 미칠 중요한 사항에 관하여 판단을 받지 못함으로써 당사자가 불이익을 입는 것을 구제하기 위한 것이다. 그런데 법원이 직권조사사항에 대한 판단을 유탈한 결과, 즉 이에 관한 법령을 적용하지 않은 결과 판결에 영향을 미친 경우에는 헌법·법률·명령 또는 규칙의 위반에 해당하여 상대적 상고이유가 되거나(민사소송법 제423조), 판결의 이유를 밝히지 아니하거나 이유에 모순이 있는 때에 해당하여 절대적 상고이유가 된다(민사소송법 제423조)고 할 수 있다. 따라서 직권조사사항에 대한 판단을 빠뜨린 경우, 위와 같은 이유로 상고를 제기할 수 있으므로 이를 독립한 상고이유로 보지 않더라도 당사자에게 불이익이 없다.[53]

그러나 재심의 경우에는 이를 재심사유인 민사소송법 451조 제1항 제9호의 판단유탈로 보지 않으면 당사자가 구제를 받을 길이 없다. 따라서 직권조사사항에 대하여 판단유

---

51) 직권조사사항의 의미에 대해서는 뒤의 <상고심의 직권심리 범위>를 참조.

52) 합자회사 사원이 자기가 그 합자회사의 대표자라 주장하면서 원고가 되어 그 회사를 상대로 소송을 수행한 것과 같이 소송요건의 흠결이 있음에도 상고심이 이에 대한 직권조사 없이 상고를 기각한 경우, 3호의 재심사유 등에 해당할 수는 있다고 본다(대법원 1965. 9. 7. 선고 65사19 판결).

53) 뒤의 <상고심의 직권심리 범위>에서 보는 바와 같이 직권조사사항에 대하여는 상고심은 상고이유에서 이를 주장하지 않은 때라도 직권으로 이를 심판하여야 하므로, 당사자가 이를 상고이유에서 주장하지 않은 때라도 구제 받을 수 있다.

탈의 결과 판결에 영향을 미친 경우에는 원칙적으로 이를 재심사유로 인정해야 한다.[54)]

대법원도, 상고이유서 제출기간 도과 후에 제출된 상고이유 보충서에 기재된 상고이유에 대하여 그것이 직권조사사항에 관한 것이 아닌 때에는 이에 대한 판단을 하지 않아도 재심사유인 판단유탈에 해당하지 않으나, 상고이유서 제출기한 경과 후에 제출된 상고이유보충서에 기재된 사항이 소의 이익에 관한 것이라면 이는 직권조사사항에 속하고, 따라서 대법원은 이에 대하여는 판단을 하여야 하며, 이에 대한 판단을 하지 않은 경우에는 예외적으로 판단유탈로서 재심사유가 된다고 보고 있다(대법원 1981. 10. 27. 선고 81무5 판결).[55)]

4) 적법한 상고이유서를 제출하였음에도 이를 간과한 채 부제출을 이유로 상고이유에 대한 판단 없이 상고를 기각한 경우는 판단누락에 해당한다(대법원 1998. 3. 13. 선고 98재다53 판결). 또, 상고기록접수통지서의 송달이 부적법함에도 이를 적법하다고 보아, 상고이유서가 그 제출기간 내에 제출되지 아니하였다는 이유로 상고이유에 대한 판단 없이 상고를 기각한 경우(대법원 2013. 1. 16. 선고 2012재다370 판결), 소송기록접수통지서를 송달한 집배원의 착오로 송달보고서에 송달일자를 잘못 기재함으로써, 상고인의 소송대리인이 상고이유서 제출기간 내에 상고이유서를 제출하였으나 법원이 잘못 기재된 송달보고서에 기초하여 위 상고이유서가 제출기간을 도과하여 제출된 것으로 보아 상고이유에 대하여 판단하지 아니한 채 상고를 기각한 경우에도 역시 같다(대법원 2006. 3. 9. 선고 2004재다672 판결).

5) 판단유탈이 되려면 판단하여야 할 사항에 대한 판단이 누락되어야 한다. 그러나 그 판단은 반드시 명시적일 필요는 없고, 판결 이유에 표시된 사항을 전후 종합하여 해석할 때 이에 대한 법원의 판단이 있었다고 해석할 수 있다면 묵시적으로 그 판단이 표시되었더라도 판단이 있는 것이 되므로 판단유탈이 될 수 없다.

민사소송법 제208조 제1, 2항은, 판결서에는 이유를 기재하여야 하고, 그 이유는 주문이 정당하다는 것을 인정할 수 있을 정도로 당사자의 주장, 그 밖의 공격·방어방법에 관한 판단을 표시하도록 규정하고 있는바, 주문이 정당함을 인정할 수 있을 정도로 판단하

---

54) 이를 재심사유로 인정한다고 하더라도, 모든 판단유탈이 다 이에 해당할 수는 없고, 판결에 영향을 미칠 중요한 사항에 관하여 판단을 누락한 때에만 이에 해당함은 민사소송법 제451조 제1항 제9호의 규정 자체에 의하더라도 명백하다. 또한 이 경우 당사자가 상소에 의하여 이를 주장하였거나 이를 알고도 주장하지 아니한 때에는 재심을 제기할 수 없으므로(민사소송법 제451조 제1항 단서) 재심에 의해 구제될 가능성은 그리 높지 않다.

55) 이 판결의 취지가 무엇인지 쉽게 이해하기는 어려우나, 직권조사사항은 당사자의 주장이 없어도 법원이 판단할 수 있지만 이에 대한 판단을 빠뜨린 경우에도 당사자가 이를 주장하지 않았다면 재심사유에는 해당하지 않으며, 이에 따라 상고이유서 제출기간 도과 후에 제출된 상고이유 보충서에 기재된 상고이유가 직권조사사항에 관한 것이 아닌 때에는 이에 대한 판단을 하지 않아도 재심사유인 판단유탈에 해당하지 않으나, 그러한 상고이유보충서에 기재된 사항이 직권조사사항인 때에는 예외적으로 재심사유에 해당하는 것으로 본다는 뜻으로 해석된다. 이는 결국 상고이유 보충서가 상고이유서 제출기간 도과 후에 제출되었더라도 그 기재 내용이 직권조사사항에 관한 것이라면 이로써 당사자가 상고심에서 이를 주장한 것으로 보겠다는 것으로 이해된다.

였다면 당사자의 모든 주장이나 공격·방어방법까지 판단할 필요는 없다(대법원 2019. 10. 17. 선고 2018다300470 판결). 따라서 판결에 당사자가 주장한 사항에 대한 구체적·직접적인 판단이 표시되어 있지 않더라도, 판결 이유의 전반적인 취지에 비추어 그 주장을 인용하거나 배척하였음을 알 수 있는 정도라면 판단누락이라고 할 수 없고, 또한 실제로 판단을 하지 않았더라도 그 주장이 배척될 경우임이 분명한 때에는 판결 결과에 영향이 없어 판단누락의 잘못이 있다고 할 수 없다(대법원 2008. 7. 10. 선고 2006재다218 판결, 2019. 10. 17. 선고 2018다300470 판결).

또한 판단누락이 되려면 그 공격방어방법에 대한 판단 자체가 없어야 하므로, 어떤 형태로든 그 판단이 있는 이상, 설령 그 판단내용에 법령 위반의 잘못이 있다거나 판단에 이르는 이유가 소상하게 설시되어 있지 않거나 그 주장을 배척한 근거를 일일이 개별적으로 설명하지 않았더라도 판단유탈에 해당하지 않는다(대법원 1991. 11. 26. 선고 91재누31 판결, 1991. 12. 27. 선고 91다6528, 6535 판결 등).

6) 판단유탈이 되려면, 그 사항에 대한 판단을 하는 경우 이에 따라 판결의 결론에 영향을 미칠 중요한 사항이어야 한다. 따라서 직권조사사항인 기판력 저촉 여부에 대한 피고의 본안전항변에 대하여 명시적으로 판단하지 아니한 채 본안에 관하여만 판단하였더라도, 그 항변이 이유가 없어 받아들여질 수 없다면 이를 판단유탈의 상고이유로 삼을 수 없다(대법원 1994. 8. 12. 선고 93다52808 판결). 또한 실제로 판단을 하지 않았더라도, 그 주장이 배척될 경우임이 분명한 때에는 판결 결과에 영향이 없어 판단누락의 잘못이 있다고 할 수 없다 함은 앞서 본 바와 같다(대법원 2008. 7. 10. 선고 2006재다218 판결, 2019. 10. 17. 선고 2018다300470 판결).

(3) 효 과

1) 판단유탈의 잘못이 있는 판결이라도 당연무효가 되는 것은 아니다. 따라서 아직 그 판결이 확정되기 전이면 당사자는 항소를 통하여 그 시정을 구할 수 있다. 또한 판단유탈은 독립한 상고이유는 아니지만, 그 결과 법령의 해석·적용을 그르쳐 판결의 결과에 영향을 미친 경우에는 상대적 상고이유(민사소송법 제423조)나 절대적 상고이유(민사소송법 제423조)가 되므로 상고로써 시정을 구할 수도 있음은 물론이다. 대법원도 기본적으로 이와 같은 견지에 서 있는 것으로 보인다.

2) 이와 관련하여, 사실심 판결에 판단유탈의 잘못이 있는 경우 대법원은 상고심에서 당사자가 이를 상고이유로 삼지 않아도 직권으로 판단하여야 하는가? 이는 상고심의 판단범위에 관한 문제라고 할 수 있는데, 판단유탈의 잘못이 판결의 결론에 영향을 미친 경우에는 앞서 본 바와 같이 법령 적용을 위반한 것으로서 절대적 상고이유는 아니고 상대적 상고이유에 해당한다. 그런데 민사소송법은 상고심으로 하여금 직권조사사항이 아닌 한, 상고이유서를 제출하고 그 이유서에 기재된 상고이유에 한하여 판단하도록 하고 있으므로(민사소송법 제429, 431, 434조) 이것이 직권조사사항에 해당하는지 여부가 관건이다.

대법원은 위와 같이 직권조사사항이라도 당사자가 주장하지 않은 경우 판단유탈에 해당하지 않는다고 보므로 직권으로 판단하지 않을 것이다. 뒤의 상고심의 심리범위에서 보는 바와 같이, 직권조사사항은 순수판단규범과 중립규범, 소송요건 및 중요한 소송절차에 관한 규범의 해석·적용에 한정되고, 구체적 구성요건에 관한 규범은 특별한 사정이 있는 때만 이에 해당하므로, 사실심 판결에 판단유탈의 잘못이 있더라도 이러한 직권조사사항에 해당하는 때에만 대법원은 상고이유서의 상고이유 기재 여부에 관계없이 직권으로 판단하여야 할 것이다.

3) 판단유탈의 잘못이 있는 판결이 이미 확정된 후에는 재심이나 준재심의 소를 제기할 수 있다(민사소송법 제451조 제1항 제9호, 제460조). 다만, 이는 판결에 영향을 미칠 중요한 사항에 관한 판단유탈이어야 하고, 당사자가 상소심에서 이미 그 사유를 주장하였거나 이를 알고도 주장하지 않은 때에는 이를 재심사유로 삼을 수 없다(민사소송법 제451조 제1항 제9호, 제1항 단서, 대법원 1971. 3. 30. 선고 70다2688 판결, 2006. 1. 12. 선고 2005다58236 판결).

그런데 대법원은 위와 같이 당사자가 주장하지 아니하거나 그 조사를 촉구하지 아니한 사항은 그것이 직권조사사항에 해당하더라도 판단유탈에 해당하지 아니한다"고 보므로(대법원 1985. 8. 27. 선고 85사43 판결, 2000. 10. 28.자 2000마629 결정, 2008. 7. 10. 선고 2006재다218 판결, 2010. 4. 29. 선고 2010다1517 판결 등), 재심사유가 제한된다.

4) 한편, 재심의 소는 판결이 확정된 뒤 당사자가 재심의 사유를 안 날로부터 30일 이내에 제기하여야 하는바(민사소송법 제456조 제1항), 소송대리인이 있는 소송사건에 있어서 그 판결이 소송대리인에게 송달된 경우 특별한 사정이 없는 한 그 소송대리인은 판결을 송달 받을 당시에 당해 판결의 판단유탈 유무를 알 수 있었다고 볼 수 있으므로, 소송대리인이 판단유탈 유무를 알 수 있는 경우에는 특별한 사정이 없는 한 소송당사자로서도 판단유탈 유무를 알 수 있는 상태에 있었다고 할 것이고, 따라서 위 재심소송의 제기 기간은 소송대리인이 판결 송달을 받은 때부터 기산한다(대법원 1963. 6. 20. 선고 63다167 판결, 2013. 6. 27. 선고 2020다96010 판결 등 참조).

9. 판결의 경정

가. 의 의

1) 일반적으로 경정(更訂, 更正)이란 어떤 내용에 처음부터 잘못된 점이 있어서 이를 고치는 것을 말하는바, 판결의 경정은 판결 내용에 잘못된 점이 있어서 이를 고치는 것을 말한다(민사소송법 제211조). 이를 인정하는 이유는, 판결 내용과 실제를 일치시켜서 강제집행이나 가족관계등록부 또는 등기의 기재 등 넓은 의미의 집행에 지장이 없도록 하는 데에 있다.

2) 심판이나 결정, 명령도 판결의 경정에 준하여 경정할 수 있고(민사소송법 제224조 제1항), 화해조서나 조정조서, 청구의 인낙·포기조서 등도 마찬가지다.

3) 판결의 정본은 판결 그 자체가 아니므로, 판결 원본에는 잘못이 없으나 정본에만 잘못이 있는 경우 그 작성명의자인 법원사무관 등이 고치면 되고 판결 경정에 의할 것은

아니다.

나. 요 건

1) 판결의 경정은 판결에 잘못된 계산이나 기재, 그밖에 이와 비슷한 잘못이 있음이 분명한 때에 할 수 있다. 그 잘못은 판결서 원본에 처음부터 있었던 것을 원칙으로 하나, 판결서 원본 작성 후에 당사자의 주소가 변경되거나 계쟁지의 행정구역이 변경되는 등으로 사후에 판결서 원본 내용과 실제가 일치하지 않게 된 경우도 포함한다.[56] 또한 경정이라고 하지만, 이미 있는 내용을 고치는 것은 물론, 당연히 있어야 할 내용이 누락된 경우에도 할 수 있으며, 도면이나 별지를 추가하는 것도 무방하다.

2) 판결의 경정은 잘못된 계산이나 오기 등과 같이 판결문의 내용 그 자체를 종합하여 보면 잘못임이 명백한 경우나 이에 준하는 경우[57]와 같이, 경정 전후를 통하여 판결 내용의 동일성이 유지되는 것에 한하며, 그 실질적인 내용이 변하는 경우에는 허용되지 않는다. 따라서 이자나 지연손해금 지급을 명하는 주문이 없었는데 이를 추가하거나 본래의 청구에 없어서 심판대상이 아닌 부분을 추가하는 것은 허용되지 않는다.

3) 판결의 경정 역시 재판이므로, 판결상의 오류를 경정하지 아니하면 당사자가 법률상 불이익을 받는 경우에 한하여 경정이 허용됨이 원칙이다. 따라서 판결의 효력에 영향이 없거나 권리 실현에 아무런 영향을 미치지 아니하는 사항은 경정의 대상이 되지 않으며, 그 경정신청은 법률적 보호이익이 없어 부적법하다(대법원 1962. 1. 25.자 4294민재항 674카7950 결정 등).

4) 경정할 부분은 판결서의 주문이나 이유, 청구취지, 상소취지, 별지 등 어느 곳이든 상관없다. 또 그 잘못이 법원 자신의 실수에 의한 것이든 당사자가 잘못된 자료를 제출한 데에 기인하는 것이든 묻지 않는다.

5) 법원은 직권으로 또는 당사자의 신청에 따라 경정을 할 수 있다. 당해 판결을 한 법원은 물론, 상고심법원을 포함하여 당해 사건의 판결 원본과 소송기록이 있는 상소심법원도 경정을 할 수 있다(대법원 1967. 10. 31. 선고 67다982 판결, 1984. 9. 17.자 84마522 결정 등 참조).[58] 그러나 상소심에 이심되지 않은 부분은 상소심의 심판대상이 되지 않아 이에 대해서는 상소심법원이 아무런 권한을 갖지 못하므로, 통상공동소송에서 다른 당사자 간의 소송사건이 상소의 제기로 상소심에 계속되

56) 물론 후자와 같은 경우는 본래 경정할 필요 없이 판결 후 주소가 변경되거나 행정구역이 변경된 사실을 증명하면 집행문을 부여 받는 데에 지장이 없을 것이나, 경우에 따라서는 집행문 부여기관이나 집행기관이 불일치를 이유로 집행문 부여나 집행신청을 거절할 수 있으므로 주의적인 차원에서 판결을 경정할 수도 있다(대법원 1987. 2. 26.자 87그4 결정, 1996. 5. 30.자 96카기54 결정 참조).

57) 잘못임이 판결문 자체상 명백한 경우에 준하는 경우란 가족관계등록증명서, 주민등록초본 등 증빙자료에 의하여 간단히 그 잘못을 확인할 수 있는 경우를 말한다.

58) 하급심에서 선고되어 확정된 판결을 대상으로 한 경정신청을 기각한 결정에 대해 특별항고가 제기되었다고 하더라도 당해 판결이 특별항고심의 심판대상이 되는 것은 아니므로, 특별항고심을 관장하는 대법원이 그 판결을 경정할 권한을 가지는 것은 아니다(대법원 2010. 9. 27.자 2010카기451 결정).

고 상소를 하지 아니한 당사자 간의 판결 원본과 소송기록이 우연히 상소심법원에 있다고 하더라도, 상소심법원은 심판의 대상이 되지 않은 부분에 관하여는 판결을 경정할 수 없다(대법원 1970. 8. 31.자 70카25 결정; 1987.9.2.자 87카55 결정, 1992. 1. 29.자 91마748 결정 등).

6) 판결의 경정은 결정으로써 하며, 경정의 실행은 경정할 내용을 판결의 원본과 정본에 덧붙여 적는 방법으로 한다. 다만, 정본을 당사자가 제출하지 않는 등으로 정본에 덧붙여 적을 수 없을 때에는 경정결정의 정본을 작성하여 당사자에게 송달하여야 하는데, 실무상으로는 후자의 방법으로 하는 것이 대세이다.

다. 불 복

1) 경정결정에 대하여는 쌍방 당사자가 즉시항고를 할 수 있다. 다만, 판결에 대하여 적법한 상소가 있는 때에는 경정결정을 포함한 판결 전체가 상소심의 심판대상이 되므로 별도로 경정결정에 대하여 즉시항고를 할 필요가 없고, 이에 위반한 즉시항고는 부적법하다(민사소송법 제211조 제3항).

2) 경정신청을 기각한 결정에 대하여는 불복할 수 없다. 따라서 그 기각결정이 재판에 영향을 미친 헌법위반이 있거나, 재판의 전제가 된 명령·규칙·처분의 헌법 또는 법률의 위반 여부에 대한 판단이 부당하다는 것을 이유로 하는 때에만 대법원에 특별항고를 할 수 있다(민사소송법 제449조 제1항, 대법원 1995. 1. 20.자 94마1961 전원합의체 결정 등).

라. 효 력

1) 경정결정은 송달 등 상당한 방법으로 당사자에게 고지되면 즉시 효력을 발생한다. 다만, 즉시항고가 제기된 경우에는 집행이 정지되므로(민사소송법 제447조) 그 확정 시까지 효력이 없다.

2) 경정결정이 유효하게 효력을 발생한 때에는 소급하여 그 내용대로 원래의 판결이 수정되어(대법원 1962. 1. 25.자 4294민재항674 결정), 원래의 판결과 경정결정 내용이 일체로서 판결에 따른 효력이 발생한다.[59] 따라서 상소제기기간은 경정결정이 아니라 원래의 판결을 기준으로 진행하며,

---

59) 다만 대법원은 "채권가압류결정은 제3채무자를 심문하지 아니한 채 이루어지고, 제3채무자에게 송달함으로써 그 효력이 발생하는바, 직접 당사자가 아닌 제3채무자는 피보전권리의 존재와 내용을 모르고 있다가 채권가압류결정 정본의 송달을 받고 비로소 이를 알게 되는 것이 일반적이기 때문에 당초의 채권가압류결정에 위산, 오기 기타 이에 유사한 오류가 있는 것이 객관적으로는 명백하다 하더라도 제3채무자의 입장에서는 당초의 가압류결정 그 자체만으로 거기에 위산, 오기 기타 이에 유사한 오류가 있다는 것을 알 수 없는 경우가 있을 수 있는데, 그와 같은 경우에까지 일률적으로 채권가압류결정의 경정결정이 확정되면 당초의 채권가압류결정이 송달되었을 때에 소급하여 경정된 내용의 채권가압류결정이 있었던 것과 같은 효력이 있다고 하게 되면 순전히 타의에 의하여 다른 사람들 사이의 분쟁에 편입된 제3채무자 보호의 견지에서 타당하다고 할 수 없으므로, 제3채무자의 입장에서 볼 때에 객관적으로 경정결정이 당초의 채권가압류결정의 동일성에 실질적으로 변경을 가하는 것이라고 인정되는 경우에는 경정결정이 제3채무자에게 송달된 때에 비로소 경정된 내용의 채권가압류결정의

상소의 이익이나 상소심의 불이익변경금지는 원래의 판결과 경정결정 내용을 일체로 보아 판단하여야 한다(대법원 2011. 9. 29. 선고 2011다41796 판결).

3) 다만, 경정결정으로 인하여 비로소 상소이유가 발생한 때는 이를 이유로 추완상소를 할 수 있으나, 당초부터 그 판결상의 기재만으로도 오류가 있었음을 발견할 수 있는 등으로 상소기간을 도과한 데에 과실이 있는 경우에는 추완상소를 할 수 없고, 단순히 상소기간 경과 후에 이루어진 판결경정 내용이 경정 이전에 비하여 당사자 일방에게 불리하다는 사정만으로는 추완상소가 적법한 것으로 볼 수는 없다(대법원 1997. 1. 24. 선고 95므1413, 1420 결정 참조).

10. 기판력[60]

가. 기판력의 의의와 효과

(1) 기판력의 의의

1) 판결이 확정된 경우 그 판결의 내용에 따른 권리·법률관계가 고정되는 실체적 효력이 발생하고, 이와 같이 이미 확정재판을 통하여 판단된 법률관계에 대하여 다시 그것이 소송(後訴)의 대상으로서 법원의 판단 대상이 되는 경우, 후소 법원과 당사자가 확정된 전소(前訴)의 재판 내용에 구속되어 모순·저촉되는 판단이나 주장을 할 수 없는 구속력을 기판력이라고 함은 앞서 본 바와 같다.

2) 기판력이론은 소송법이론에서 매우 중요한 지위를 차지하는바, 그 주요한 것만을 예시하면, ① 소송과 재판의 대상을 규명하는 소송물이론, ② 소송물과 소송자료를 구분 짓는 청구원인 및 공격방어방법이론, ③ 소송물의 동일성과 기판력의 객관적 범위를 결정짓는 요인으로서 소송물의 단위 이론과 일부청구이론, ④ 기판력의 인적 범위를 결정 짓는 요인으로서 변론종결 후의 승계인 이론 및 이와 밀접한 관계에 있는 승계집행이론, 청구이의이론, ⑤ 기판력의 확장 범위에 관한 모순관계 및 선결관계의 이론 등을 들 수 있다. 따라서 기판력이론을 제대로 이해하는 것은 소송법학에서 매우 중요하다.

(2) 기판력 인정의 필요성

1) 어떤 분쟁에 관하여 1회의 확정재판이 있었으면 이를 통하여 그 분쟁이 완전히 해결되고 그에 따른 새로운 법률관계가 형성되는 것이 소송제도의 이상이라 할 수 있다. 그러나 여러 가지 사정으로 동일한 분쟁 또는 그와 유사하거나 그로부터 파생된 분쟁에 관하여 다시 소송이 벌어지는 것을 피할 수 없다. 이는 재판의 효력 문제와 관련하여 소

효력이 발생한다고 보아야 한다"라고 하여(대법원 1999. 12. 10. 선고 99다42346 판결) 제3채무자를 구제한다.

60) 기판력이론의 구체적이고 자세한 설명은 양경승, "기판력이론의 논리적 구조", 청연논총 제9집, 사법연수원(2012)을 참조.

송물의 주관적·객관적 특정과 그 범위를 한정하는 것이 일도양단식으로 해결되기 어렵고, 새로운 소의 제기를 지나치게 제한할 경우 권리 구제의 폭이 좁아져 자칫 정당한 이익이 보호받지 못하고 사회정의와 공평, 실체적 진실이 침해되는 부작용이 초래될 수 있기 때문으로 소송 현실에 있어서는 불가피하다.

2) 그러나 새로운 소가 제기된 경우에 그 후소가 확정된 전소의 판결과 일정한 연관관계가 있는 경우에는 전소의 확정판결을 통하여 확인된 권리관계가 그대로 시인되어야만 하는 것 또한 법적 안정성과 신뢰성의 요청상 반드시 필요하다. 이러한 필요에 따라 로마법에서도 이미 판단된 사항(res judicata) 또는 일사부재리(一事不再理, me bis in idem)의 법리가 인정되었고,[61] 영미법계 국가에서도 보통법(common law)상 금반언(禁反言)의 원리(doctrine of estoppel) 또는 배제의 원리(doctrine of preclusion)가 인정되었으며, 프랑스, 독일 등 대륙법계 국가는 근대적 성문법에 의해 인정되었다.

3) 우리 민사소송법은 기판력의 정의 규정이나 이를 인정한다는 직접적 규정을 두는 대신, 이를 인정하는 전제에서 그 객관적 범위(제216조)와 주관적 범위(제218조)에 관한 규정만을 두고 있다. 한편, 민사집행법은 청구이의의 소, 승계집행에 관하여 여러 규정을 두고 있다(민사집행법 제44조, 제58조 제3항, 제59조 제3항). 우리 민사소송법상의 기판력 제도는 과거 일본법이 의용(依用)되었던 경험을 토대로 일본의 그것을 거의 그대로 모방한 것이다. 일본의 그것은 독일[62]과 프랑스[63]의 근대 민사소송법에서 유래한 것이다.

(3) 기판력의 인정 근거와 기판력의 본질

1) 기판력이 인정되는 실정법적 근거는 앞서 본 바와 같은데, 그것이 정당화되는 이론적 근거가 기판력의 본질 내지 기판력의 법적 성질이다. 우선 기판력의 본질 내지는 그 법적 성질에 관하여는 ① 실체법적 효력설, ② 소송법적 효력설, ③ 법규범적 효력설이 대립하고 있다.

2) ①의 실체법적 효력설은 확정재판을 당사자 간의 법률관계 변동의 새로운 요건으

---

61) 로마법은 실체법상의 권리가 소송법적으로 일체화된 이른바 소권(訴權, actio) 체제를 취하고 있었으므로 한번 소권을 행사하면 그 소권이 소멸하고, 따라서 당사자는 동일한 소권을 다시 행사할 수 없는 일사부재리, 즉 재소금지(再訴禁止) 효과가 발생한다. 이런 점에서 로마법상 기판력은 재소의 금지라는 소극적 측면에서 작용하였다.

62) 1871년의 독일제국 탄생 이전인 1753년의 바이에른 재판소법(제11장 제11조)은 "재판이 당사자에 의해 승인되거나 상소에 의한 변경의 길이 없게 되면 완전한 확정력(rechtskraft)을 갖는다."고 규정하였다. 1781년의 오스트리아 보통재판소법(제258조), 프로이센 보통재판소법(제65조)은 "불복할 수 없는 판결은 법으로서의 효력(rechtskraft)을 갖는다."고 규정하였다.

63) 나폴레옹 민법으로 알려진 1804년의 프랑스 민법(제1351조)은 기제사건(旣濟事件)의 권위(L'Autorite' de la chose juge'e)라는 명칭으로, 확정재판을 통해 사실관계가 확정되면 그에 대하여 법규범적 효력을 부여하고 일정한 조건하에 후소를 구속하는 효력을 부여하였다. 현재는 "기판력은 판결의 대상이 된 것에 대해서만 미친다. 다만, 소송물이 동일하고, 청구가 동일한 원인에 기초하고 동일한 당사자 사이에서 동일한 자격으로 일방이 다른 일방에 대하여 제기된 것이어야 한다."고 규정하고 있다.

로 보아, 확정재판이 있으면 그 내용에 따른 실체법적 상태가 확정되고 그에 의한 권리·의무가 발생하는 것으로 이해한다. 이에 따르면, 추상적 법규와 가상의 권리·의무가 확정재판에 의하여 구체화·실재화되어 새로운 법률상태가 형성되고, 이것이 후소 법원에 대하여는 재판규범이 되며, 당사자에 대하여는 행위규범으로 작용하여 법원과 당사자를 구속하게 된다. 그러나 확정재판이 어떻게 해서 실체법상의 다른 법률요건과 같이 새로운 권리·의무의 발생요건이 되는지 실정법적·논리적 연원을 찾기 어렵고, 실체적 진실에 부합하지 않는 재판, 즉 오판(誤判)의 경우에도 그에 따른 실체법관계가 새롭게 형성된다는 불합리를 면할 수 없다는 문제점이 있다.

3) ②의 소송법적 효력설은 ①설과 달리 확정재판에 따른 실체법적 변동을 부정하는 대신 재판의 통일이라는 순소송법적 요청으로부터 후소 법원과 당사자를 구속하는 효력이 나올 뿐이라는 입장이다. 그 구속력의 효과에 따라 후소의 제기 자체를 금지하는 반복금지설과 전소의 판단과 모순되는 판단만을 금지하는 모순금지설로 나뉜다.

일본에서 주장되는 것으로서, 이전의 소송과정에서 당사자에게 주장과 증거 제출의 절차 보장이 이루어졌고, 이에 따라 당사자가 자신의 책임 하에 소송을 수행한 이상 그 재판 결과에 복종하여야 한다는 이른바 절차보장설도 소송법적 효력설의 범주에 속한다고 하겠다. 그러나 절차보장설은 당사자가 아닌 후소 법원에 대한 구속력의 근거를 설명하기 어렵고, 개개의 구체적 소송과정에서 절차보장이 이루어지지 않은 경우에는 기판력을 부정하여야 한다는 것이 되어, 법률관계의 일률적 처리를 통한 법적 안정성과 확정재판의 실효성 확보 요청에 부합하지 않는다.

4) ③의 법규범적 효력설은 법이 일반적으로 갖고 있는 속성인 구속력으로부터 기판력의 정당화 근거를 구한다. 즉, 재판은 국가가 선언하는 구체적인 법으로서 당연히 후소 법원과 당사자에 대하여 구속력을 갖는다고 본다.

5) 재판 제도가 개개 당사자의 실체법적 권리·의무를 소송이라는 국가적 제도를 통하여 확인·선언함으로써 그 결과에 따라 당사자 간의 법률관계를 강제적으로 실현하여 분쟁을 해결하는 것을 본질로 한다는 점에서, 이것이 갖는 실체적 성격과 절차적 성격이 융합된 ③설이 가장 설득력이 있다고 생각된다. 그러나 이러한 학설 대립은 실제적인 논의의 실익은 별로 없다.

(4) 기판력 있는 재판

(가) 판결과 이에 준하는 것

1) 기판력은 확정된 재판이 갖는 실체적 확정력의 작용이므로 재판이 기판력을 갖기 위해서는 원칙적으로, ① 실체적 법률관계의 존부에 관한 판단을 담고 있어야 하고, ② 그 판단이 대외적 관계에서 법원 등 판단 주체 이외의 자에 대하여 구속력이 있어야 하

며, ③ 정상적인 불복절차가 종결되어 더 이상 법원 등 판단 주체에 의한 변동 가능성이 없는 것이어야 한다.

2) 이런 점에서 보면, 확정된 종국판결은 기판력 있는 재판의 중심을 차지한다. 종국판결이면 변론을 거친 여부는 불문하나, 당연 무효인 판결은 대외적 구속력이 없으므로 제외된다. 외국판결도 민사소송법 제217조의 요건을 갖추면 국내 법원의 판결과 동일한 효력이 인정되고, 청구의 포기 또는 인낙조서, 화해조서, 조정조서 등의 각종 조서, 중재판정도 포함된다.

3) 결정·명령이라도 조정을 갈음하는 결정, 화해권고결정, 소송비용액의 확정결정, 간접강제결정 등과 같이 실체적 법률관계에 관한 분쟁을 종국적으로 해결하는 것이면 기판력이 인정된다.

4) 확정된 지급명령, 강제집행을 승낙하는 취지를 기재한 공정증서, 이행권고결정, 배상명령이 기재된 유죄판결, 가사심판에는 기판력이 없다.

(나) 소송판결

1) 분쟁의 실체관계를 다루지 않은 소송판결에 대하여도 그 판결에서 확정한 소송요건의 흠결에 관하여 기판력이 발생한다며 기판력을 인정하는 것이 통설이며 대법원 판례도 이와 같다(대법원 1996. 11. 15. 선고 96다31406 판결 등).

2) 그러나 소송판결의 경우 별다른 시간적 제약 없이(즉 차단효의 제한 없이) 흠결된 소송요건을 보충하여 새로운 소를 제기할 수 있으므로 이를 인정할 실익은 별로 없다.

(5) 기판력의 효과

(가) 당사자에 대한 효과

1) 재판의 기판력은 당사자에게 그와 모순·저촉되는 소송 수행을 금지하는 효력이 있음은 당연하다. 다만 여기서 금지되는 소송행위의 범위가 문제되는바, 반복금지설은 모순금지설과 달리 후소의 제기 그 자체를 금지함으로써 구속력의 범위를 넓게 인정한다.

미국의 Restatement of Judgement(1982)는 Claim Preclusion 또는 Res Judicata라고 하여, 원고가 전소에서 승소한 경우 그 청구원인은 이에 모두 흡수되어 원고는 전소와 동일한 청구원인은 물론 전소에서 누락된 청구원인을 기초로도 다시 제소할 수 없고 {§45(a): merger의 효과}, 원고가 전소에서 패소한 경우에도 원고는 전소의 청구와 기초를 같이 하는 청구원인에 의한 소송수행권이 저지되어 새로운 소를 제기할 수 없다 {§45(b): bar의 효과}고 하여 후소 제기 자체를 금지한다.

2) 대륙법계인 우리와 일본의 판례는 모순금지설을 취하고 있다(대법원 1976. 12. 14. 선고 76다14488 판결 등). 다만, 우리 대법원은 모순금지설을 취하면서도, 원고 승소의 경우에는 소송요건의 하나인 소의

이익을 흠결한 것으로 보아 소멸시효 진행의 중단, 주문의 불분명으로 인한 강제집행의 곤란 구제 등의 특별한 사정이 없는 한 소 각하의 입장을 취하는바(대법원 1998. 6. 12. 선고 98다1645 판결 등), 이는 확정된 재판의 실체적 확정력에 따른 것으로서 기판력의 법리와는 직접 관계가 없다.

모순금지설은 언뜻 소송경제에 반하는 것으로 보인다. 그러나 많은 경우 소송 현장에서 기판력의 저촉 여부는 본안에 관한 심리를 거친 후에야 확연해지므로 모순금지설이 반드시 소송경제에 반한다고는 할 수 없다.

3) 우리 판례와 같이 모순금지설을 취하면, 패소한 당사자는 원·피고를 불문하고 새로운 소를 제기할 수 있되, 전소 확정판결에 모순·저촉되는 주장만을 할 수 없다. 이때 당사자의 모순된 주장은 그것이 본안전 주장이든 본안 주장이든, 청구원인적 주장이든 항변적 주장이든 부인적 주장이든 모두 차단된다(대법원 1995. 3. 24. 선고 94다46114 판결, 2001. 1. 16. 선고 2000다4134 판결 등 참조).[64] 당사자의 모순된 주장이 차단된다는 것은, 그러한 주장을 하더라도 이는 소송법상 아무런 효력이 없고, 법원은 그 주장을 그 자체로서 배척하여야 한다는 뜻이다.

4) 기판력의 효과에 관하여 앞서 본 반복금지설과 모순금지설은 기판력의 효과를 소송법적 효과로 보는 것이다. 즉 확정된 재판이 있었다는 그 사실을 소송법적 요건사실로 보아 그에 대하여 일정한 효력(구속력)을 인정하는 것이다.

이에 반하여 종래, 소송목적인 권리·법률관계에 대하여 판결이 확정된 경우, 이에 따라 그 진정한 권리·법률관계 여부와 관계없이 그 확정 판결 내용과 같은 권리·법률관계가 발생·변동한다는 견해가 주장되었는바, 이를 가리켜 통상 실체법설 또는 실체법적 효력설이라고 한다. 이 견해에 의하면, 확정된 재판이 있었다는 그 사실은 권리·법률관계를 변동시키는 실체법적 요건사실로 작용하는 셈이다. 실체법설의 아류로서, 소송목적인 권리·법률관계에 대하여 판결이 확정된 경우 그것이 구체적인 법규범으로 작용하여 당사자 간의 권리·법률관계를 확정 판결의 내용과 같이 형성·실현시킨다는 구체적 법규설(구체적 규범설 또는 권리실재설) 역시 그 기본적 사상은 실체법설과 같다.

5) 소송을 거쳐 소송목적인 권리·법률관계에 대하여 일정한 내용의 판결이 확정된 경우, 이후 그 소송당사자, 즉 당해 법주체는 그 진정한 권리·법률관계 여부와 관계없이 이에 따라 행동하고 이에 복종하여야 하지만, 그렇다고 하여 확정된 재판이 있었다는 그 사실이 당사자 간에 실제 있었던 구체적·역사적 요건사실과 동일하게 당해 권리·법률관계를 변동시키는 실체법적 요건사실이 되어 당해 소송 이전에 존재하였던 권리·법률관계 자체가 확정 판결 내용과 같이 변동한다고 할 수는 없으므로 실체법설은 타당하지 않다.

---

64) 여기서 말하는 청구원인적 주장이란 청구원인을 구성하는 개개의 사실을 말한다. 예컨대, 점유취득시효에서 일정 기간의 점유 또는 소유의 의사 등이다. 청구원인을 구성하는 요건사실 전부 또는 그 중 핵심적인 사실을 달리하는 경우에는 청구원인 자체를 변동시키게 되나, 그에 이르지 않는 개개의 사실은 청구원인의 동일성에 영향이 없어 공격방어방법에 준하여 처리하게 된다.

(나) 후소 법원에 대한 효과

1) 기판력의 인정 필요성에 비추어 후소 법원이 전소 확정판결의 판단 내용에 구속되는 것은 당연하다. 그것이 부정되면 재판 자체가 불필요하고 재판과 소송은 끝이 없게 될 것이다. 또한 당사자에 대한 구속력 역시 무의미해진다.

2) 모순금지설에 의하면, 후소 법원은 전소 확정판결의 판단 내용에 모순·저촉되어서는 아니 될 의무만을 부담하므로 그 결론만을 확정판결의 판단 내용과 같이하면 족하고, 확정판결이 존재한다는 이유만으로 소를 각하할 여지는 없다.

3) 당사자는 전소 확정판결과 모순·저촉되는 주장을 할 수 없고, 후소 법원은 그와 모순·저촉되는 판단을 할 수 없으므로, 후소 법원은 실체관계에 대한 심리를 할 필요가 없이 소송목적인 권리·법률관계만을 특정하고 그에 관하여 이미 일정한 내용의 확정판결이 있었다는 사실만을 판결 이유에 기재하고 주문에서는 전소 확정판결의 그것과 동일한 내용을 기재하는 것도 무방하나, 제출된 주장과 증거를 심리한 다음 동일한 결론을 내도 상관없다. 후소에서 주장과 증거를 심리하지 않은 경우에도 그 재판은 실체적 판단을 한 본안판결에 해당함은 물론이다(대법원 1981. 6. 27. 선고 87다카2478 판결 등 참조).

4) 확정판결이 있었다고 하더라도 이와 모순·저촉되는 판단이 금지될 뿐이므로, 후소가 적법하려면 그 자체로서 따로 소송요건을 갖추어야 함은 물론이다. 따라서 제척기간이나 소의 이익을 갖추지 못한 후소는 그 이유로 각하를 면할 수 없다.

5) 확정판결이 있었다고 하더라도 당사자가 전소 확정판결의 소송목적보다 청구를 축소하여 심판을 구하는 것은 당사자의 자유이다. 따라서 전소 확정판결에서 인정된 이자율이나 지연손해금률이 연 25%였더라도 후소에서 이를 연 20% 등으로 적게 청구하면 후소 법원은 그 청구한 대로 판단하여야 한다. 이는 당사자처분권주의상 당연하다.

(다) 강행법규와의 관계

1) 전소 확정판결이 비록 강행법규(효력규정)에 위반된 경우라도, 실체적 확정력과 기판력이 그대로 인정된다는 것이 대법원 판례이다(대법원 1962. 1. 31. 선고 4294민상755 판결, 1969. 3. 25. 선고 68다2024 판결, 1981. 9. 8. 선고 80다2442, 2443 판결 등). 이러한 사유는 재심사유에도 해당하지 않으므로, 대법원의 견해에 따르면 사회정의와 법질서가 침해되는 문제가 있으나, 이는 확정판결 자체의 효력 문제이고 기판력에 특유한 문제는 아니다.[65]

2) 이는 화해조서나 조정조서, 청구 인낙조서, 화해권고결정 등 확정판결과 동일한 효력이 있는 것에도 그대로 적용된다(대법원 1992. 10. 27. 선고 92다19033 판결 등 참조).

---

65) 이 문제는 재심사유를 확대하는 입법을 통해서 해결하여야 할 것이다.

나. 기판력의 시적 적용범위

(1) 기판력의 표준시

1) 재판의 대상이 되는 분쟁, 즉 법원이 개입하여 해결하고자 하는 그 법률관계는 과거에 발생한 것이라도 현재 상태의 것이 될 수밖에 없다. 분쟁이 현재하지 않는다면 공권력(사법권)으로써 해결할 필요가 없기 때문이다. 따라서 특별한 사정이 없는 한 과거의 법률관계나 장래의 법률관계에 대한 재판 청구는 소의 이익이 없어 허용되지 않는다.

2) 이와 같이 재판은 현재의 법률관계를 대상으로 하는 것이므로 그 재판의 확정으로써 발생하는 실체적 확정력 역시 재판 당시의 법률관계에 대하여 발생함이 당연하다. 그러나 현재의 법률관계에 대한 재판이라고 해도 그 심리에 다소의 시일이 소요되고, 심급을 달리하여 재판이 연속될 경우 더욱 그러하다.

그러므로 기판력이 미치는, 확정된 법률관계의 기준이 되는 시점, 즉 기판력의 표준시는 당해 재판을 통해 법률관계가 현실적인 판단의 대상으로 포섭될 수 있는 최종 시기가 될 수밖에 없는바, 변론을 여는 재판의 경우 변론종결 시,[66] 변론을 열지 않는 경우 당해 재판의 선고·고지 시[67]가 된다. 통설과 판례의 입장도 이와 같다. 민사소송법은 이에 관하여 명문의 규정을 두고 있지 않으나, 민사집행법은 이와 표리관계에 있는 청구이의의 소에 관하여 그 이의 사유가 변론종결 시 또는 판결 선고 후에 생긴 것이어야 한다고 규정하여(민사집행법 제44조 제2항, 제58조 제3항, 제59조 제3항) 이를 뒷받침하고 있다.

3) 한편 재판이 2심을 거쳐 확정이 될 경우, 2심에서 항소·항고를 전부 기각하는 등으로 1심이 판단한 실체관계에 변동이 없는 때라도 2심 변론종결 시 등이 표준시가 된다. 다만, 항소·항고가 각하된 경우에는 본안의 심리가 없었으므로 1심 변론종결 시 등이 표준시가 된다. 재심 사건에서, 재심대상판결의 변론종결 후에 생긴 사유를 이유로 재심청구를 기각한 경우에는 재심판결에서의 판단이 재판 결과에 영향을 미쳤으므로 재심판결의 변론종결 시가 표준시가 된다(대법원 1993. 2. 12. 선고 92다25151 판결, 2003. 5. 13. 선고 2002다64148 판결 등 참조).

(2) 표준시의 효력

(가) 표준시 이전과 이후의 법률관계

1) 기판력의 효과는 확정된 전소의 법률관계가 후소의 대상이 된 법률관계와 동일한 때에 전형적으로 발생하는바, 전후 양소의 대상인 법률관계가 기준시점을 달리한다면 기

66) 우리 민사소송법제에서 법률심인 상고심에서는 사실조사 및 이를 전제로 한 청구의 확장, 변경이 허용되지 아니하므로, 결국 재판의 대상이 되는 법률관계는 사실심의 변론종결 시에 확정된다.

67) 선고·고지 전에 재판서를 작성하는 경우에는 그때가 된다. 대법원도 화해조서에 관하여 그 조서 작성 시를 표준시로 본다(대법원 1984. 8. 14. 선고 84다카207 판결).

판력의 모순·금지효가 발동될 여지가 없다. 예컨대, 대여금(원금)반환청구의 전소에서 원본채권의 부존재를 이유로 패소한 원고는 후소로써 전소의 변론종결 시 이전에 원본채권이 존재하였음을 전제로 그 변론종결 시 이전의 이자나 지연손해금을 청구할 수 있다. 원본채권의 부존재라는 실체적 확정력, 즉 기판력은 전소의 사실심 변론종결 시의 법률관계인 원본채권이 존재하지 않는다는 것에만 미치고 그 이전의 법률관계에는 미치지 않기 때문이다.

2) 같은 이유로, 기판력은 또한 표준시 이후의 법률관계에 대하여도 미치지 아니한다. 예컨대, 전소 사실심 변론종결 후의 변제, 채권포기, 채무면제, 소멸시효완성 등 표준시 이후에 당해 확정된 법률관계의 변동을 초래할 수 있는 사유가 생긴 경우 당사자는 별소(別訴)를 청구하거나 확정된 법률관계와 모순·배치되는 주장을 할 수 있고, 후소 법원도 독립한 판단을 할 수 있다. 민사집행법은, 확정된 재판이 이행판결이나 그와 같은 효력을 갖고 있는 것인 경우, 표준시 이후의 법률관계 변동을 그 집행력의 복멸을 통해 해결하기 위한 수단으로서 청구이의의 소를 채용하고 있다(민사집행법 제44조).[68]

3) 임료 상당의 부당이득반환청구나 신체 상해에 따른 일실수입 손해배상청구 등에서 변론종결일 이후에 발생하는 이득이나 손해의 지급을 명하는 것처럼 소송목적에 장래의 법률관계가 명백히 포함되어 있는 장래이행청구의 소의 경우, 장래의 법률관계에 대하여도 실체적 확정력이 발생하는 이상 당연히 그 법률관계에 대해서도 기판력이 발생한다(대법원 1999. 3. 9. 선고 97다58194 판결, 2011. 10. 13. 선고 2009다102452 판결 등).

다만, 이러한 장래이행청구의 소에서 다루는 장래의 법률관계는 어디까지나 변론종결 당시에 장래의 법률관계를 예상한 것에 기초하고 있어 불완전할 수밖에 없으므로 당사자들의 이해관계를 적절히 조절할 필요가 있다. 그리하여, 확정된 전소 판결에서 미래의 사정을 예상하여 정기적으로 일정한 급부를 명한 경우에, 표준시 이후 그 사정이 현저하게 바뀌어 당사자 사이의 형평을 크게 해할 특별한 사정이 생긴 때에는 민사소송법 제252조의 정기금변경청구의 소로써 구제를 받을 수 있다(대법원 1993. 12. 21. 선고 92다46226 전원합의체 판결, 2009. 12. 24. 선고 2009다64215 판결 등). 정기금 지급 방식이 아닌 일시금 지급을 명한 경우에도 적정 금액과 전소에서 인용된 금액의 차액을 청구할 수 있다고 할 것이다.

(나) 차단효

1) 확정된 재판으로부터 기판력이 발생하면 당해 확정된 법률관계와 모순된 판단이나 주장이 금지됨은 기판력의 본질이나 존재 의의상 당연한 것인바, 모순된 판단이나 주장은 일차적으로 당사자의 모순·배치되는 소송자료 제출에 기인한다. 그런 때문에 기판력이 발생한 법률관계에 대하여는 그와 모순되는 소송자료의 제출을 차단·금지할 필요가

68) 그러나 확인의 소나 형성의 소는 그러한 예외가 없으므로 별소를 제기하여야 한다.

있는바, 이를 기판력의 차단효(遮斷效) 또는 배제효(排除效)라고 한다.

2) 그런데 확정된 법률관계에 모순·배치되는 결과를 초래하는 소송자료라도 그 모든 것이 차단되는 것은 아니다. 청구는 재판의 대상을 결정하는 것인바, 확정된 전소의 청구와 다른 청구는 재판의 대상이 달라 기판력이 미치지 않으므로 전소의 청구와 다른 청구에 관한 소송자료는 차단효에 의해 배제되지 않는다. 예컨대, 전소에서 매매를 청구원인으로 삼아 물건의 인도청구를 하였다가 원고 패소 판결이 확정된 후에 원고가 같은 피고를 상대로 전소 변론종결 전의 증여를 청구원인으로 삼아 동일한 물건의 인도청구를 한 경우, 전후 양 재판의 대상인 청구원인을 달리하므로 후소에서 증여에 관련한 주장이나 증거자료의 제출은 차단되지 않는다. 따라서 후소에서 차단효가 발생하려면 우선 후소의 청구가 확정된 전소 재판의 청구와 동일하여야 한다.[69]

3) 당사자가 소송자료로 제출하는 주장이 실체법상의 일정한 법률요건을 충족하는 경우 그로부터 일정한 법률효과가 발생하는데 그 효과를 크게 나누면, ① 권리 발생, ② 권리 발생의 저지, ③ 권리 행사의 저지, ④ 권리 소멸로 나눌 수 있다. 위에서 예로 든 매매에 기한 소유권이전등기청구권을 전소 확정 재판의 대상(청구원인)으로 가정하면, ①은 청구원인을 이루는 법률요건의 일부(재산권이전의 의사표시 또는 대가지급의 의사표시), 위 법률요건을 보충하는 간접사실(매매의 장소, 계약서의 유무 등), 청구원인의 효력 발생과 관련한 수단적·보조적 법률요건(행위무능력자에 대한 법정대리인의 동의나 추인, 대리권의 수여, 표현대리, 정지조건의 성취 등)이 이에 해당한다.

4) 여기서 ①의 권리 발생 요건은 대체로 앞서 본 청구의 요소를 이루므로, 차단효에 의해 배제되는 권리 발생 주장은 확정된 전소의 청구가 기초로 하고 있는 권리 발생 요건과 겹치거나 그에 포섭되는 주장이라고 할 수 있다.[70] 예컨대, 전소의 청구가 점유취득시효완성에 기한 소유권이전등기청구인 경우에, 동일 원고가 동일 피고를 상대로 동일한 부동산에 대하여 후소로 다시 점유취득시효완성에 기한 소유권이전등기청구를 하면서, 전소에서 주장하였던 점유의 기산점과 다른 점유 기산점을 주장하거나,[71] 전소에서 인정되지 않은 '소유의 의사'에 관하여 이를 인정할 수 있는 다른 간접사실을 제출하여

69) 전후 양소의 청구가 다르더라도 뒤에서 보는 모순·선결관계가 있는 때에는 역시 차단효가 미친다.

70) 겹친다는 것은, 전후 양소의 청구권이 동일하고 후소에서 제출된 소송자료가 청구권의 발생 요건에 관한 것으로서 전소의 청구권 발생 요건사실과 동일하다는 의미이고, 포섭된다는 것은, 전후 양소의 청구권이 동일하고 후소에서 제출된 소송자료가 청구권의 발생 요건을 뒷받침하는 수단적·보조적 지위에 있는 공격방어방법으로서 청구권의 발생 요건에 포섭된다는 의미이다.

71) 주지하는 바와 같이 대법원은 점유취득시효완성에 있어 점유의 기산점을 취득시효의 요건사실이 아닌 간접사실로 보아 변론주의의 적용을 배제하고, 법원이 당사자의 주장에 불구하고 증거조사를 통해 이를 결정하여야 한다고 하고 있으므로(1993. 10. 26. 선고 93다7358, 7365 판결, 2007. 2. 8. 선고 2006다28065 판결), 당사자가 전소에서 주장했던 것과 다른 점유 기산점을 주장하는 것은 법원에 대하여 주의를 환기하는 효력밖에 없음에 주의하여야 한다.

소유의 의사가 있다고 주장하는 것은, 점유취득시효완성에 따른 소유권이전등기청구권 발생이라는 청구의 요건에 있어 전후 양소가 동일하고 후소에서 제출한 위와 같은 주장은 전소 청구가 기초로 하고 있는 권리 발생 요건과 겹치거나(소유의 의사) 그에 포섭되는(점유 기산점) 관계에 있으므로 차단효에 걸리게 된다. 이것이 곧 앞서 설명한 청구원인적 주장이다.

또, 동일한 교통사고(불법행위)를 원인으로 척추에 손상을 입었음을 원인으로 손해배상청구를 하였다가 척추 손상이 없다는 이유로 패소 확정된 후 후소에서, 표준시 이전 이미 척추 손상이 있었다며 새로운 신체감정 자료를 제출하는 경우에도, 전후 양소의 청구원인이 동일한 교통사고(불법행위)로서 같고, 손해의 발생은 그 청구원인(불법행위)의 한 요건으로서 전소의 그것과 겹치며, 새로 제출한 증거자료는 공격방어방법으로서 전소의 청구원인에 포섭되는 관계에 있으므로 차단효가 미친다.

5) 반면에, 전후 양소의 청구원인이 모두 동일 부동산의 매매에 기한 소유권이전청구라도, 전후 양소에서 각각 주장하는 매매의 동일성을 달리 할 정도로 그 시점, 매매대금, 소유권의 이전시기 등이 다른 경우, 또는 취득시효완성에 있어 점유의 주체와 시효완성의 시기, 그 완성의 효과 귀속자를 달리하는 등으로 전소의 그것과 동일성이 없는 경우(대법원 1994. 2. 8. 선고 93다41303 판결 참조)에는 청구원인 자체, 즉 재판의 대상이 달라지므로 차단효가 미치지 않게 된다.[72] 따라서 당사자의 주장 가운데 차단효가 전면적으로 적용되는 것은 위의 ②, ③, ④로서, 이러한 것들은 권리의무의 발생 요건인 청구원인과는 다른 것으로서 통상 공격방어방법이라고 하는 것이다.

6) 결론적으로 차단효를 정리하면, 기판력 있는 재판에서 확정된 법률관계에 대하여 모순·배치되는 결과를 초래하는 공격방어방법으로서 표준시 이전에 제출할 수 있었던 것은 후소에서 제출할 수 없다는 법리로 규정할 수 있다. 물론, 여기서 제출할 수 없다는 뜻은 물리적으로 제출이 불가능하다거나 법원이 그러한 제출을 일률적으로 각하한다는 것이 아니라, 이를 판단의 자료로 삼을 수 없다는 뜻이다. 대법원 역시 이러한 견지에서 "…기판력은 그 소송의 변론종결 전에 있어서 주장할 수 있었던 모든 공격 및 방어방법에 미치는 것이므로…"라고 판시하고 있다(대법원 1980. 5. 13. 선고 80다473 판결).

7) 차단효와 관련하여서는 몇 가지 논점이 있다. 첫째, 차단효에 의해 제출이 금지되는 공격방어방법은 기판력의 표준시 '이전에 존재하여' 제출할 수 있었던 것이어야 한다. 따라서 기판력의 표준시 이후에 발생한 공격방어방법은 후소에서 차단되지 않는다.

---

72) 다만, 청구이의의 소에 있어 이의의 사유는 동시에 주장하여야 하고(민사집행법 제44조 제3항), 전소 확정 후 새로운 이의 사유를 주장하면 기판력에 의해 차단된다(법원실무제요 민사집행Ⅰ, 279면 참조). 이는, 이의 사유가 다르면 청구원인이 달라 차단효가 미치지 않음이 원칙이지만, 법률관계의 조속한 확정을 위하여 특별히 차단효를 확장한 경우이다.

예컨대, 표준시 이후에 정지조건이 성취되거나 기한이 도래한 경우, 이행불능이었던 채무가 이행 가능한 상태가 된 경우, 손해배상청구권의 요건의 하나인 손해가 표준시 이후에 발생한 경우, 법률행위의 특별효력요건인 행정관청의 인가가 표준시 이후에 있은 경우 이러한 사유로 전소에서 패소한 원고는 다시 동일한 청구를 할 수 있고, 표준시 이후에 소멸시효가 완성되거나 변제, 권리의 포기 등이 있었던 경우 피고는 전소 판결과 모순되는 주장을 할 수 있다. 이는, 표준시 전에는 제출할 수 없었던 공격방어방법까지 차단효를 미치게 하면 당사자에게 가혹할 뿐 아니라, 표준시를 기준으로 그때의 법률관계를 확정짓는 것을 본령으로 하는 재판의 원리상 표준시 이후의 법률관계가 그 이전의 법률관계에 의해 구속될 이유가 없기 때문이다.

그러나 표준시 이후에 발생한 공격방어방법으로서의 새로운 사유는 법률효과의 변동을 가져오는 사실에 관련한 것이어야 하고, 단순한 법률이나 판례의 변경, 판결의 기초가 된 행정처분의 변경은 이에 포함되지 아니한다(대법원 1998. 7. 10. 선고 98다7001 판결 참조).

8) 둘째, 표준시 전에 '제출할 수 있었던 것'과 관련하여 당사자에게 그 부제출에 관하여 고의·과실이 없었던 경우에도 차단효가 미치는지 여부다. 통설과 판례는 법률관계의 안정에 중점을 두어, 고의·과실의 유무를 따지지 않고 사실심 변론종결일 전에 제출할 수 없었던 특단의 사정이 없는 한 차단효를 인정한다(대법원1980. 5. 13. 선고 80다473 판결 1988. 9. 27. 선고 88다3116 판결 등).

9) 셋째, 형성권의 행사에 대하여도 차단효가 적용되는지 여부이다. 취소권, 해제권, 해지권, 상계권, 지상물매수청구권 등과 같은 형성권은 권리자의 일방적 의사표시에 의하여 법률관계의 변동을 초래하므로, 표준시 이전에 존재하여 행사할 수 있었던 형성권을 표준시 이후에 행사하지 못하게 할 경우 형성권이 갖고 있는 자족성이 침해될 수 있다는 문제가 있다.

그러나 표준시 이후에 이를 무제한적으로 허용할 경우, 당사자의 신뢰에 반하고 법률관계의 안정을 해하는 부작용이 있다. 이런 양면성을 고려하여 학설은 구체적인 경우를 나누어, 지상물매수청구권이나 상계권, 명의신탁해지권 등과 같이 당해 형성권이 소송물 자체에 부착된 것이 아니거나 소급효가 없어 그 행사를 허용하더라도 상대방의 신뢰를 해하거나 상대방에게 과도한 손해를 가하지 않는 경우에만 이를 허용하여야 한다는 절충적 견해가 통설이다. 대법원도 같은 입장으로서, 지상물매수청구권, 상계권, 명의신탁해지의 경우에는 차단효를 부정하였으나(대법원 1995. 12. 26. 선고 95다42195 판결, 1966. 6. 28. 선고 66다780 판결, 1978. 3. 28. 선고 77다2311 판결), 백지어음의 보충권 행사, 법률행위의 취소나 계약 해제의 경우에는 차단효를 긍정하였다(대법원 2008. 11. 27. 선고 2008다59230 판결, 2002. 5. 10. 선고 2000다50909 판결).

다. 기판력의 객관적 적용범위

(1) 실체적 확정력의 범위

1) 소송목적인 청구는 원고가 주장하는 권리·의무나 법률관계의 존부로서 청구취지와 청구원인으로 구성(표시, 특정)된다. 판결은 이러한 청구, 즉 소송목적인 권리·법률관계에 대한 판단이므로 확정판결의 실체적 확정력은 소송목적인 권리·법률관계에 미친다.

2) 확정판결에 의해 그 판결의 소송목적인 권리·법률관계에 관하여 실체적 확정력이 발생한다고 할 때, 그 실체적 확정력은 당해 판결이 이루어진 구체적인 소송에서 제시된 청구원인을 기본 단위로 하여, 그 청구원인사실과 이를 뒷받침하는 공격방어방법으로써 이루어진 권리·법률관계에 대하여 발생한다. 청구취지에 기재된 법률효과는 이로부터 발생하기 때문이다.

3) 다만, 앞서 본 바와 같이 청구원인은 소송목적을 구분 짓는 것이므로, 당해 소송의 청구원인이 아닌 다른 청구원인에 대하여는 실체적 확정력과 기판력이 발생하지 않으나, 공격방어방법은 청구원인을 보조하는 것에 불과하므로 표준시 이전에 존재하였던 것은 현실로 당해 소송에 제출된 여부와 관계없이 실체적 확정력과 기판력이 발생한다.

(2) 주문과 이유

(가) 원칙(주문)

1) 민사소송법은, 확정판결은 주문에 포함된 것에 한하여 기판력이 있음을 원칙으로 선언하고(민사소송법 제216조 제1항), 상계의 경우 이유에만 표시되지만 이에 대해 예외적으로 기판력이 있다고 규정한다(민사소송법 제216조 제2항). 민사소송법 제265조 제1항의 규정을 문리적으로 해석하면, 기판력은 판결의 주문에서 선언된 법률관계의 존부에 관하여만 발생하고, 이유에 표시된 것은 설사 그것이 그 결론인 주문에 영향을 미치는 것이라도 원칙적으로 기판력이 발생하지 않는다는 것이 된다.

2) 기판력이 주문에 표시된 법률관계의 존부에만 미치고 이유에서 판단된 부분에는 미치지 않는다는 것은, 전소 확정판결을 통해 표시된 법원의 판단은 그 판단의 결과인 법률관계의 존부에만 확정력이 미치고 그 존부 판단의 전제가 되는 사실관계나 법률관계에 대하여는 미치지 않는다는 뜻이다.

이로써 전소에서 주장·판단된 청구원인이나 공격방어방법은 후소 법원과 후소 당사자를 직접적으로는 구속하지 못하게 된다.[73] 예컨대, 매매계약상의 매수인이 매도인을 상대

---

73) 그러나 전소에서 주장·판단된 청구원인이 후소 법원과 당사자를 구속하지 못한다고 하여 전후 양소의 소송물의 동일성(청구의 동일성)을 판별하는 등에 있어 그 기준이 되는 판별기준으로서의 기능, 즉 주문에서 인정된 권리가 그 청구원인에서 도출된 것이라는 추상적 인과관계까지 없다는 것은 아니다.

로 매매 목적물에 관한 소유권이전등기청구를 하여, 법원이 매매를 인정하고 주문에서 피고에게 원고에 대한 소유권이전등기절차의 이행을 명한 경우, 그 계쟁물에 관하여 원고의 피고에 대한 소유권이전등기청구권의 존재만이 확정될 뿐 그 등기청구권의 발생 원인과 매매계약의 존부 및 그 유효 여부나 계쟁물의 소유권 향방에 관하여는 실체적 확정력, 즉 기판력이 발생하지 않게 된다(대법원 1978. 10. 10. 선고 78다1534 판결, 1983. 9. 27. 선고 82다카 170 판결 등). 그리하여 전소에서 패소한 매도인은 전소 확정판결에 기해 매수인에게 소유권이전등기가 넘어간 때라도, 매매계약의 무효를 주장하고 계쟁물의 소유권이 자신에게 있다는 소유권확인청구의 소나 계쟁물 인도청구의 소를 후소로써 제기할 수 있다(대법원 1979. 9. 25. 선고 79다1218 판결, 1999. 7. 27. 선고 99다9806 판결, 2002. 9. 24. 선고 2002다11847 판결 등).

3) 영미법에서는 종래부터 전통적으로 금반언의 원리(a principle of estoppel)가 폭넓게 인정되어 왔으며, 그것은 우리의 기판력 제도보다 훨씬 적용 범위가 넓다. 즉 앞서 살펴 본 기판력(res judicata 또는 claim preclusion) 외에도, 전후 양소의 쟁점(issue)이 동일하거나 일정한 관계에 있는 경우 부수적 금반언(issue preclusion, collateral estoppel)이라 하여 구속력을 인정한다.

우리 대법원은 이른바 쟁점효이론을 채택하지 않고 있다.[74] 1985. 6. 11. 선고 84다카197 판결의 대법원 견해를 보면, 간접적으로 이를 부정하는 것으로 해석된다. 위 사안은, 매수인인 원고가 매도인을 대위하여 원인무효를 이유로 피고 명의의 소유권이전등기의 말소를 구하였다가 패소한 후 후소에서는 자신이 소유자임을 내세워 원인무효에 의한 피고 명의 소유권이전등기의 말소를 청구한 것인데, 전소에서 계쟁물의 소유자가 원고인지 여부가 쟁점이 되어 그에 관하여 전소 법원의 심리·판단이 있었다. 이에 대하여 원심은, 원고가 전소에서 후소의 청구원인을 적극적으로 주장하여 후소와 같은 재판을 구하지 아니하고 이미 전소에서 판단된 쟁점을 후소의 청구원인으로 삼아 제소한 것은 신의칙에 반하여 허용되지 않는다며 후소를 각하하였으나, 대법원은, 전소는 원고의 채권자대위권에 의한 것이고 후소는 원고의 소유권에 의한 것이어서 전소와 후소의 쟁점이 다르다는 이유로 후소가 신의칙에 위반되지 않는다고 판시하였다. 이 대법원 판결을 보면, 대법원은 원심이 거론한 '쟁점'을 청구원인, 즉 소송물로 이해하고 있음을 알 수 있는바, 그 이유가 이른바 쟁점효를 인정하지 않으려는 것을 전제로 한 것은 아닌지 쉽게 판단하기 어렵다.[75]

---

74) 쟁점효이론을 정면으로 거론하여 그에 대한 의견을 나타낸 사례가 없다. 다만, 1992. 10. 27. 선고 91다20876 판결은, 원고가 소외인과의 전 소송에서 제출하였던 주장을 피고와의 후소에서는 전소 법원의 판시에 맞추어 다르게 주장한 사안에서, 전후 양소의 당사자가 다르고 원고가 주장을 변경한 것이 쟁점효에 위배되는 것이 아니라고 판시하고 있어 쟁점효이론 자체를 거부하지는 않는 듯한 표현을 하고 있음이 주목된다.

75) 대법원은 신의칙에 위반한 소권 행사의 제한을 인정한다(대법원 1988. 10. 11. 선고 87다카113 판결 1992. 6. 9.자 91마500 결정 참조).

4) 기판력이 주문에 표시된 법률관계에 대하여만 미친다는 것과 관련하여 청구병합의 경우를 살펴볼 필요가 있다.

첫째, 청구취지가 1개이면서 청구원인의 병합이 있는 경우이다. 주위적·예비적 병합이 있는 경우에 법원이 주위적 청구원인을 인용하여 그 판결이 확정된 때에는 예비적 청구원인은 해제조건의 성취로 취하되었으므로 법원이 판단할 필요가 없고, 따라서 주위적 청구원인에 대하여만 기판력이 발생하고 예비적 청구원인에 대하여는 기판력이 발생하지 않는다.[76] 법원이 주위적 청구원인을 배척하고 예비적 청구원인을 인용한 때는 둘 다 판단을 받았으므로 그 모두에 기판력이 발생한다.

주위적 청구원인의 일부를 배척하고 예비적 청구원인의 일부를 인용한 때도 위 두 경우에 준해서 취급할 것이다. 다음에 청구원인의 선택적 병합이 있는 경우에 법원이 어느 하나의 청구원인을 인용한 때는 나머지 청구원인은 해제조건의 성취로 취하되었으므로 법원은 이에 대해서는 판단할 필요가 없고, 따라서 그 판단의 대상이 된 청구원인에 대하여만 기판력이 발생한다. 선택적 청구원인 전부를 배척한 때는 그 전부에 발생함은 물론이다.

5) 둘째, 청구취지의 병합이 있는 경우이다. 단순병합의 경우에는 법원은 병합된 청구 전부를 판단하여야 하므로 그 판단되어 확정된 청구 모두에 기판력이 발생한다. 청구취지를 주위적·예비적으로 또는 선택적으로 병합한 경우에는 첫째의 경우와 동일하게 처리하면 된다(대법원 2002. 9. 4. 선고 98다17145 판결 등 참조). 셋째, 청구의 주관적 병합이 있는 경우에도 이상과 같이 취급하면 문제가 없다.

(나) 예외(이유 중의 판단-상계항변)

1) 민사소송법은 "상계를 주장한 청구가 성립되는지 아닌지의 판단은 상계하자고 대항한 액수에 한하여 기판력을 가진다."고 하여(민사소송법 제216조 제2항) 주문에 포함된 것에 한하여 기판력이 발생한다는 원칙의 예외로서 상계항변을 규정한다.

상계는 피고의 방어방법이기는 하나, 원고의 청구원인과 전연 별개의 채권을 행사하는 것으로서, 원래는 피고가 당해 소송절차 중에서 반소를 제기하여 행사(청구)하거나 소송절차 외에서 별개의 소로써 행사할 수 있다는 사정을 고려한 것이다.[77] 이를 인정하지 않으면, 원고의 청구권의 존부에 대한 분쟁이 나중에 다른 소송으로 제기되는 반대채권의 존부에 대한 분쟁으로 변형됨으로써, 상계 주장의 상대방은 상계를 주장한 자가 그

76) 물론 청구원인에 대하여 직접 기판력이 작용하는 것은 아니다(소송물의 동일성 판단에 있어 그 판단된 청구원인과 청구취지가 결합한다는 의미에서이다). 청구원인에 대하여 기판력이 발생하지 않는 경우 원고는 이에 기해 후소를 제기할 수 있으나, 이미 주위적 청구원인이 인용된 이상 목적이 달성되었으므로 그 범위에서는 권리보호의 이익이 없어 소 각하 사유가 될 것이다.

77) 민사소송법이 '상계를 주장한 청구'라고 표현한 것도 이런 이유에서다.

반대채권을 이중으로 행사하는 것에 의하여 불이익을 입게 될 뿐만 아니라, 상계 주장에 대한 판단을 전제로 이루어진 원고의 청구권의 존부에 대한 전소의 판결이 결과적으로 무의미하게 될 우려가 있기 때문이다.[78] 이에 따라 독일 민사소송법을 위시하여 오래 전부터 상계항변에 대하여는 이러한 예외가 인정되어 왔다.

2) 위 민사소송법 규정을 보면 상계항변이 인용된 경우는 물론 그 전부나 일부가 배척된 경우에도 그 판단에 기판력이 미침을 알 수 있으나, 원고의 청구금액과 상계로 대항한 피고의 금액이 다른 경우 그 기판력의 범위가 어떻게 되는지는 위 규정상으로는 분명치 않다.

독일 민사소송법 제322조 제2항은 "피고가 반대채권에 의한 상계를 주장한 경우, 반대채권이 존재하지 아니한다는 판단은 상계하자고 대항한 액수에 한하여 기판력을 갖는다."고 규정하고, 일본 민사소송법 제114조 제2항은 "상쇄를 위해 주장한 청구의 성립 또는 불성립의 판단은 상쇄를 가지고 대항한 액에 관하여 기판력을 갖는다."고 규정하고 있어 우리와 별 차이가 없다.

3) 우선 수동채권의 경우, 원고가 소구한 금액을 기준으로 상계판단을 할 것인가 아니면 법원이 인정한 금액을 기준으로 할 것인가? 상계는 방어방법으로서 원고의 청구를 소멸케 하는 사유이지만 사실상 반소청구에 다름이 아니므로, 법원은 원고 청구의 당부를 심리하지 않은 채 상계항변을 곧바로 판단하여 원고의 청구를 기각해서는 안 된다.

물론 그렇다고 하여 피고가 원고의 청구권과 청구금액을 인정하거나 다투지 아니함으로써 그에 관하여 자백이 성립하는 것을 부인하는 것은 아니다. 따라서 피고가 이를 다투면서 예비적으로 상계항변을 하거나, 원고 청구권의 일부만을 인정하면서 그 인정하는 액수에 대하여 상계항변을 하는 경우, 법원은 먼저 원고 청구의 인용 범위를 판단한 다음 상계항변의 당부를 심리·판단하여야 한다.[79]

원고가 피고에게 채권의 일부만을 소송상 청구하는 경우에 이를 피고의 반대채권으로써 상계함에 있어서는, 원고가 가진 금전채권 전액에서 상계를 한 다음 그 잔액이 청구액을 초과하지 아니할 경우에는 그 잔액 전부를 인용하고, 그 잔액이 청구액을 초과할 경우에는 청구한 전액을 인용하여야 한다(대법원 1984. 3. 27. 선고 83다323, 83다카1037판결 등 참조).

4) 한편, 甲이 乙을 상대로 매매계약의 해제를 주장하면서 매매목적물의 인도를 청구

78) 따라서 상계 주장에 관한 판단에 기판력이 인정되는 경우는, 상계 주장의 대상이 된 수동채권이 소송물로서 심판되는 소구채권, 즉 소송물이거나 그와 실질적으로 동일하다고 보이는 경우(가령 원고가 상계를 주장하면서 청구이의의 소를 제기하는 경우 등)로서, 상계를 주장한 반대채권과 그 수동채권을 기판력의 관점에서 동일하게 취급하여야 할 필요성이 인정되는 경우이다(대법원 2005. 7. 22. 선고 2004다17207 판결).

79) 이때 수동채권의 심리 결과 그 청구권이 전혀 인정되지 않을 경우에는 상계항변은 판단할 필요조차 없고 상계항변에 기판력이 생기지 않음은 물론이다.

하자 乙이 해제에 기한 원상회복청구로서 자신이 甲에게 지급한 계약금과 중도금의 반환을 동시이행으로 항변하였고, 이에 甲이 乙에게 위 목적물의 부당사용으로 인한 부당이득반환청구권을 자동채권으로 삼아 乙의 위 계약금과 중도금 반환청구권에 대하여 상계의 재항변을 하였는데, 甲의 재항변이 인용되어 결국 乙의 동시이행항변이 배척된 경우와 같이, 상계항변의 대상이 된 수동채권이 동시이행항변의 목적으로 제공된 채권인 경우에는 그 채권에 대하여 다시 상대방의 상계항변(재항변)이 인용되더라도 그에 따른 수동채권(동시이행의 항변에 제공된 채권)의 부존재(상계에 의한 소멸)에 관하여 기판력이 생기지 않는다.

위와 같이 해석하지 않으면, 수동채권자의 동시이행항변이 상대방의 상계 재항변에 의하여 배척된 경우에 그 동시이행항변에 제공된 채권을 나중에 소송상 행사할 수 없게 되어, 민사소송법 제216조가 예정하고 있는 것과 달리 동시이행항변에 행사(제공)된 채권의 존부나 범위에 관한 판결 이유 중의 판단에 기판력이 미치는 결과에 이르기 때문이다(대법원 2005. 7. 22. 선고 2004다17207 판결 등 참조).

5) 다음으로 자동채권과 관련해서는 두 가지 문제가 있다.

첫째, 자동채권이 수동채권보다 작은 경우, 피고는 자동채권 전부를 상계의 대상으로 삼아야 하는가, 아니면 그 일부만을 상계의 대상으로 삼을 수 있는가? 상계항변이 인정될 경우 수동채권과 자동채권이 대등액에서 상계(공제, 정산)된다고 해서 피고가 반드시 자동채권 전액을 가지고 상계해야 한다는 구속을 받을 이유는 없다고 생각된다. 반대채권자인 피고에게 자동채권에 대한 처분권이 부여되어 있고, 일부만의 상계가 소송법관계를 특별히 복잡하게 하거나 반대 당사자의 이해나 신뢰를 해하는 것이 아니기 때문이다. 반대의견이 있으나 수긍하기 어렵다.

둘째, 자동채권이 수동채권보다 큰 경우, 법원이 심리한 자동채권 전부에 기판력이 발생하는가, 아니면 법원이 인정한 수동채권과 대등액 범위 내의 자동채권에 대하여만 기판력이 발생하는가?[80] 법문상의 "…상계하자고 대항한 액수에…"를 어떻게 새기느냐가 관건이다.

피고가 원고의 수동채권보다 큰 자동채권을 상계에 제공한 경우, 실무상 법원은 그 자동채권 전부에 대하여 존부를 판단한 다음 그 인정된 액수와 수동채권의 대등액에서 상계의 효력이 발생한 것으로 판단하고 있는데, 소송경제를 생각하여 이 같은 법원의 판단을 중시하는 입장에서는 자동채권 전부에 대하여 기판력이 발생한다고 보는 것이 당연하

80) 피고가 그 자동채권 전부를 가지고 상계항변한 것을 전제로 한다. 예컨대, 수동채권이 100만 원이고 피고가 주장한 자동채권이 150만 원인데 법원의 심리 결과 인정된 자동채권이 70만 원인 경우, 자동채권 150만 원 전부에 기판력이 미치는지(70만 원은 존재, 80만 원은 부존재), 아니면 100만 원에만 미치는지(70만 원은 존재, 30만 원은 부존재) 여부다.

겠지만, 상계항변자인 피고의 진정한 의사는 원고의 수동채권과의 대등액에서 그 채권을 소멸시키겠다는 것으로 봄이 사회통념에 합치되고, 위와 같이 자동채권의 일부에 대하여도 상계항변이 인정되는 점을 중시하면 수동채권과의 대등액 범위 내에서만 기판력이 발생한다고 보는 것이 타당하며, 통설이다.

한편, 자동채권에 대하여 상대방의 동시이행항변권이 부착되어 있는 때는 일방의 의사표시에 의하여 상대방의 항변권 행사 기회를 상실케 하는 결과가 되므로 상계가 불허된다. 이와 같이 성질상 상계를 허용할 수 없어 법원이 상계항변에 대한 실체적인 심리를 하지 않고 이를 배척할 경우에는 기판력이 발생하지 않음은 물론이다(대법원 1975. 10. 21. 선고 75다48 판결 등).

6) 상계항변이 인용된 경우에 그 기판력의 내용에 대하여는, 사실심 변론종결 당시 상계로써 소멸된 반대채권(자동채권)의 부존재에 대하여만 기판력이 발생한다는 견해와 원고의 수동채권과 피고의 자동채권이 모두 존재하였다가 상계로써 대등액이 소멸했다는 것에 기판력이 발생한다는 견해가 대립하는바, 후설이 상계의 본질에 부합하므로 타당하다.

7) 주문만으로는 확정판결에 의하여 확정된 법률관계를 파악할 수 없는 때는 판결이유를 주문과 함께 검토해 파악하여야 한다. 그러나 이는 이유 중의 판단에 기판력이 미치기 때문이 아니라, 이유 중의 판단이 주문의 판단을 보충하는 역할을 하기 때문이다.

확정된 소송판결에서 기판력에 유사한 구속력은 그 판결에서 확정한 소송요건의 흠결에 관하여 발생하는바, 구체적으로 어떠한 소송요건의 흠결이 있는지는 판결 주문이 아닌 이유에만 나타나므로 그것과 주문을 함께 검토하여야 한다. 피고가 원고를 상대로 계쟁 토지에 관하여 甲이 이를 2018. 10. 10. 시효취득하였고, 피고가 甲을 거쳐 乙로부터 매수하였음을 전제로 乙과 甲을 순차 대위하여 취득시효완성을 원인으로 한 소유권이전등기청구의 소를 제기하였으나, 乙이 피고에게 위 토지를 매도한 사실이 없으므로 피고에게 乙과 甲을 대위할 피보전채권이 없다고 보아 피고에게 당사자적격이 없다는 이유로 소 각하를 함으로써 그 판결이 확정되었는데, 그 후 원고가 제기한 위 토지 인도 소송에서 피고가 다시 乙과 甲에 대하여 위와 같은 피보전채권이 있음을 전제로 원고는 피고에게 순차로 소유권이전등기의무가 있다고 주장한 경우, 피고에게 乙과 甲을 대위할 피보전채권이 없다는 전소 확정판결의 이유 중 판단에는 기판력(구속력)이 미친다(대법원 2001. 1. 16. 선고 2000다41349 판결 참조).

청구를 기각하는 판결의 주문에 법원이 부정하는 법률관계가 나타나 있지 않은 경우에 그 청구취지나 판결이유에 표시된 법률관계를 파악해 그 주문에서 선언한 당해 법률관계의 부존재를 파악하는 것도 이와 같다.

(3) 전후 양소의 소송물이 동일한 경우(원칙)

(가) 의 의

1) 재판이 확정되어 그 대상인 법률관계에 관하여 실체적 확정력이 발생하면 이후 당사자 간의 법률관계는 그에 따라야 하므로 그와 모순·저촉되는 법률관계의 형성을 허용할 수 없고, 그것이 곧 기판력임은 앞서 본 바와 같다. 따라서 기판력이 적용되려면 우선 전후 양소의 소송물, 즉 재판의 대상인 법률관계가 동일하여야 한다. 양자가 다르다면 후소가 전소의 판단에 구속될 이유가 없기 때문이다.

2) 소송물이 동일한지 여부는 우선 전후 양소의 소송물이 각각 무엇인지가 먼저 결정되어야 하므로, 소송물의 동일성 판별기준은 곧 소송물의 표지, 즉 소송물이 무엇인지로부터 출발하게 된다. 앞서 본 바와 같이 소송물은 청구취지와 청구원인 두 요소로 구성되므로 전후 양소의 그것이 완전하게 일치하지 않으면 소송물을 달리하게 된다. 예컨대, 전후 양소의 청구원인이 같더라도 청구취지가 다른 경우, 청구취지가 같더라도 청구원인이 다른 경우에는 소송물이 다르다.

3) 청구원인은 실체법상의 구체적 권리·의무의 발생 근거이므로, 동일한 법률관계나 사실관계에 바탕을 둔 것이라도 그로부터 발생하는 구체적 권리나 그 발생 근거가 다르면 청구원인이 다르다. 예컨대, 양도계약에 기한 잔대금지급청구의 전소 확정판결의 기판력은 동일한 양도계약의 해제에 기한 계약금 및 중도금반환청구의 후소에 미치지 않는다(대법원 2000. 2. 25. 선고 97다30066 판결). 전소의 청구원인은 매매계약상의 대금청구권이고 후소의 그것은 계약 해제에 따른 원상회복청구권으로서 실체법상의 근거가 달라 소송물이 다르기 때문이다. 또 원·피고 간의 동일한 법률행위를 두고, 전소에서는 상속재산분할약정이라고 주장하여 그에 따른 소유권이전등기청구를 하였다가 후소에서는 증여라고 주장하여 소유권이전등기청구를 한 경우에도 마찬가지며(대법원 1969. 1. 21. 선고 68므43 판결), 불법점유로 인한 임료 상당의 손해배상청구와 임료 상당의 부당이득반환청구는 동일한 금액의 지급을 요구하였더라도 실체법적 근거인 청구원인이 달라 소송물이 다르다(대법원 1991. 3. 27. 선고 91다650, 667 판결 등 참조).

(나) 전후 양소의 당사자 지위가 다르고 청구취지가 동종인 경우

1) 기판력은 동일 당사자 간의 법률관계를 구속하므로 전후 양소에서 당사자의 지위가 바뀐 경우에도 그 적용이 있다. 그러나 이 경우에도 소송물이 동일하여야만 한다. 전소의 원고(甲)가 매매를 이유로 동일 계쟁물에 관하여 甲 앞으로의 소유권이전등기를 구하여 승소하였는데 그 사실심 변론종결 후에 전소의 피고(乙)가 甲에게서 그 계쟁물을 매수하였다며 후소의 원고가 되어 甲을 상대로 소유권이전등기를 청구한 경우에는, 전후 양소의 청구취지가 모두 소유권이전등기로서 동종이지만 각각의 청구원인인 매매가 그

시기나 매도인, 매수인이 전후 양소에서 다르고, 청구취지 역시 전소에서는 甲의 乙에 대한 소유권이전등기청구임에 반해[81] 후소에서는 乙의 甲에 대한 소유권이전등기청구로서 서로 다르므로 당연히 소송물이 다르다.

2) 또, 전소의 원고(甲)가 계쟁물이 자신의 소유라며 소유권확인청구를 하여 승소하였는데, 패소한 전소의 피고(乙)가 후소의 원고가 되어 그 계쟁물이 자신의 소유임을 주장하며 소유권확인을 청구한 경우에도, 전소의 재판 대상(소송물)은 甲의 소유권의 존부이고 후소의 그것은 乙의 소유권의 존부로서 소송물이 다르다.

(다) 소유권이전등기말소청구와 진정명의회복을 위한 소유권이전등기청구의 관계

1) 이미 자기 앞으로 소유권을 표상하는 등기가 된 바 있었거나 법률에 의하여 소유권을 취득한 자는 진정한 등기 명의를 회복하기 위한 방법으로 현재의 등기명의자를 상대로 그 등기의 말소를 구할 수 있음은 물론, 진정한 등기명의의 회복을 원인으로 소유권이전등기를 구할 수도 있다는 것이 판례이다(대법원 1990. 12. 27. 선고 89다카 12398 전원합의체판결 등).

2) 그런데 위 소유권이전등기말소청구나 소유권이전등기청구 모두 진정한 소유자의 소유권에 기한 물권적 청구권(방해배제청구권)이므로 그 청구원인(소유권의 방해)이 동일하다. 또, 그 청구취지는 비록 말소등기와 이전등기로 다르지만, 그 실질은 진정한 소유자의 등기명의를 표상하려는 목적에 기한 것으로서 동일하다. 따라서 양자는 그 청구원인과 청구취지를 같이하므로, 자신이 진정한 소유자임을 청구원인으로 하여 전소에서 말소등기청구를 하였다가 패소하자 다시 후소로 이전등기를 구한 경우, 후소에 기판력이 미친다. 대법원도 처음에는 기판력을 부정하였으나 현재는 인정한다(대법원 2001. 9. 20. 선고 99다37894 전원합의체판결 등).

(라) 일부청구

1) 수량적으로 가분(可分)인 권리, 의무의 일부에 대한 이행이나 확인을 구하는 등의 재판청구가 일부청구인바, 이에 관하여는 그것이 가능한지 여부, 기판력의 범위, 소멸시효중단 효력의 범위 등이 문제된다. 학설은 일부청구 금지설도 있으나, 우리 법은 소액사건심판법 제5조의2 외에는 이를 금지하지 않고 있고, 대법원도 일부청구와 잔부청구의 소 제기 자체를 금지하지는 않는다(대법원 1971. 4. 30. 선고 71다430 판결 참조). 다만, 대법원은 소멸시효, 기판력과 관련하여 명시 여부를 기준으로 달리 취급하므로 원고는 일부청구임을 명시할 필요가 있는바, 그 명시의 방법은 잔부청구와 구별하여 심리의 범위를 특정할 수 있는 정도로 표시하면 족하다(대법원 2001. 3. 9. 선고 2000다67020 판결, 등).

2) 한편 대법원은 이와 같은 연장선상에서, 일부청구임을 명시한 때에는 그 명시한 부

81) 전소에서 甲의 승소가 확정된 경우 그 실체적 확정력은 甲이 乙에 대하여 소유권이전등기청구권이 있다는 것에 발생할 뿐이고, 乙이 甲에 대하여 소유권이전등기청구권이 없다는 것에는 발생하지 않는다.

분에 한하여 기판력이 생기나 명시하지 않은 때는 당해 청구권 전부가 심리의 대상이 되고 그 전부에 기판력이 미친다고 본다(대법원 1997. 4. 25. 선고 97다5565 판결, 2000. 2. 11. 선고 99다10424 판결 등).

3) 대법원은 불법행위로 인한 손해배상청구권에 관하여 적극적 재산손해, 소극적 재산손해, 정신적 손해로 청구원인이 각각 성립한다고 보므로, 예컨대 적극적 재산손해배상청구권에 포함되는 치료비를 여러 번에 걸쳐 지출하였다고 하더라도 이는 모두 합하여 하나의 청구권만을 구성하는 것이 되고, 따라서 그 지출한 치료비 중 일부만을 청구하는 것은 그 지출 시기를 불문하고 일부청구에 해당한다(대법원 1982. 11. 23. 선고 82다카845 판결 등). 이는 치료비 지출이 전소의 사실심 변론종결일 이후에 발생한 것이라도 마찬가지다. 또 소극적 재산손해가 하나의 청구원인이므로, 일실임금의 배상청구 후 일실퇴직금을 청구한 경우에도 일부청구의 법리가 적용된다(대법원 1976. 9. 28. 선고 76다2007 판결 등).

4) 다만 대법원은, 신체 부상으로 인한 상해의 정도나 그 치료의 필요성 등 여러 사정에 비추어 전소의 변론종결 당시 예상할 수 없었던 후유증이 발생하는 등의 사정이 있는 때에는 후유증에 의한 손해를 다른 소송물로 보아 기판력이 미치지 않는다고 함으로써 예외를 인정한다(대법원 1980. 11. 25. 선고 80다1671 판결, 1986. 12. 23. 선고 86다카536 판결, 1988. 10. 11. 선고 87다카1416 판결, 2002. 2. 22. 선고 2001다71446 판결, 2007. 4. 13. 선고 2006다78640 판결 등).

5) 수량적으로 가분인 청구권이라도, 그것이 단일한 법률요건을 충족하여 그로부터 1개의 청구권만이 발생하는 경우에는 이를 단일한 청구권으로 보아야 할 것인바, 소비대차에 있어 원본, 이자, 지연손해금은 각각 그 발생 원인인 실체법규가 달라 청구원인을 달리하므로 각각 별개 독립한 청구가 된다(대법원 1976. 12. 14. 선고 76다1488 판결 등). 그러므로 원본만을 청구한 후 후소로 이자나 지연손해금을 청구하는 것은 일부청구가 아니고, 기판력은 각각의 청구별로 발생한다. 또 당사자 간에 일정기간에 걸쳐 수회 외상 거래를 한 경우에는 각 거래별로 1개의 매매대금채권이 성립하므로(대법원 1982. 5. 25. 선고 82다카7 판결 참조),[82] 기판력도 각 거래별로 하나의 청구원인을 구성해 이를 단위로 발생한다고 할 것이다.

6) 이와 관련하여, 이자나 지연손해금 등과 같이 시간에 비례하여 증가하는 청구권의 경우 이를 단일한 청구권으로 보느냐 아니면 시간(시기)별로 독립한 청구권으로 보느냐가 문제된다. 매매계약상의 매매대금이나 소비대차상의 대여원금, 임대차계약상의 보증금 같은 것은 시간의 경과에 관계없이 그 액수가 일정하고 단일한 법률요건으로부터 발생하므로 단일한 청구권으로 이해하는 데 아무런 문제가 없다.

그러나 이자나 지연손해금 등은 그 법률요건에 이자약정이나 채무불이행 외에 시간의 경과라는 것이 포함되므로, 이자 등의 발생 시기가 다르다면 이를 모두 하나로 묶어 단일한 청구권으로 보기는 어렵다고 생각된다. 이는 임대차약정에서의 임료, 타인의 물건을

---

82) 대법원은 이러한 법리를 전제로, 원고가 수회의 외상매매대금 중 특정 가능한 일부 개별적 채권이 아닌 그 총액의 일부에 대한 청구를 하면서 일부청구임을 명시하지 않은 경우 그 소송물은 그 총액 채권이고 기판력은 그 전부에 미친다고 하였다.

부당이용한 데에 따른 부당이득 등을 상정해보면 쉽게 수긍할 수 있다. 이 경우에 임대차나 부당이용이 종료한 때라도, 전소에서 일정기간만의 임료 등을 청구한 후 후소로써 나머지 기간의 임료 등을 청구하는 것을 단일한 청구권을 수량적으로 나누어 청구하는 것으로 보아 제재를 가하는 것은 부당하다.[83] 이들 청구권은 시간의 경과에 따른 약정기간의 충족이나 사용·수익의 증가에 따라서 새로운 청구권이 발생하기 때문이다.

7) 채무부존재확인청구의 소에서 원고가 일정액의 채무 존재는 인정하면서 이를 초과하는 부분의 부존재 확인을 구하는 경우, 그 소송물은 전체의 채무 중 원고가 자인한 부분을 제외한 나머지 부분만으로서 원고가 자인한 부분에는 기판력이 미치지 않는다는 것이 일본의 판례(일본 최고재판소 1965. 9. 17. 선고 소화39년オ987 판결)이며 통설이다. 이에 반대하는 견해는, 심판의 대상은 원고가 자인한 부분을 포함한 채무 전부이고 원고는 심판대상을 제한할 수 없다고 주장하나, 처분권주의에 비추어 심리 결과 잔존 채무액이 원고의 부존재확인청구 금액에 미달한 경우에도 법원은 원고의 청구를 그대로 시인해야 하고, 상계항변과 같은 법규정도 없으므로 통설이 타당하다고 생각된다.

8) 1필의 토지나 1동의 건물에 대한 소유권은 특정 부분에 대하여 소유권이 성립하는 경우를 제외하고는 일물일권주의의 원리상 단일한 권리라고 할 것이므로, 그 점유 침탈자에 대한 반환청구는 특히 일부청구를 명시하지 않는 한 1필의 토지나 1동의 건물 전부에 기판력이 미친다고 할 것이다. 지상권이나 전세권, 지역권, 임차권 등은 약정에 의하여 토지나 건물의 일부만에 대하여도 설정이 가능하고 그 약정 단위를 기준으로 권리의 개수가 정해진다고 할 것이다. 매매에 기한 소유권이전등기청구권이나 인도청구권 또한 마찬가지다.

대법원은, 1필의 토지의 일부인 특정 부분에 대한 소유권이전등기를 구하는 전소와 그 토지의 일정 지분에 대한 소유권이전등기를 구하는 후소는 청구취지가 달라 소송물이 다르므로 기판력이 미치지 않는다고 한다(대법원 1995. 4. 25. 선고 94다17956 전원합의체판결).

(마) 전소의 소송물과 동종인 행위의 반복

1) 주주인 원고에 대한 소집통지 없이 이루어진 주주총회결의에 대한 취소의 소를 제기하여 원고가 승소하였는데, 그 확정 후 회사가 또다시 원고에게 통지를 하지 않고 동일한 결의를 한 경우, 제3자이의의 소에서 원고 승소가 확정된 후 피고가 동일 계쟁물에 대하여 또다시 부당한 집행을 되풀이한 경우, 원고는 다시 동종의 소를 제기할 수밖에 없다.

---

83) 이 경우 원고는 청구취지에서 구하는 임료나 부당이득이 어느 기간에 발생한 것인지를 청구원인으로 주장·입증하여야만 하고, 이를 밝히지 않고 단순히 일정액의 지급을 구한 경우 청구를 특정하지 못한 것이 된다고 하겠다.

2) 이 경우 후소 법원은 전후 양소의 소송물이 다른 것으로 보아 전면적인 심리를 하여야 하는가, 아니면 소송물이 같은 것으로 보아 전소의 기판력이 미친다고 볼 수 있는가?

엄격히 따지자면, 이 경우 전후 양소의 심판대상은 그 종류가 같을 뿐 행위(사실)가 다르므로 소송물이 동일하다고 할 수 없다. 따라서 후소 법원은 기판력의 구속을 받지 않는 것으로 해석하되, 쟁점효나 전소 판결에 강한 증명력을 부여함으로써 원고를 구제할 수밖에 없을 것이다. 이에 대하여 이를 선결문제의 일종으로 보아 기판력을 확장하여야 한다는 견해도 있으나 수긍하기 어렵다.

(4) 전후 양소의 소송물이 모순관계에 있는 경우(예외 1)

1) 대법원은, 전소와 후소의 소송목적이 동일하지 않다고 하더라도, 전소에서 확정된 권리·법률관계와 모순되는 정반대의 사항을 후소의 소송목적으로 삼았다면, 이러한 경우에는 전소 판결의 기판력이 후소에 미친다고 하여 기판력의 예외적 확장을 인정한다(대법원 2002. 12. 6. 선고 2002다44014 판결, 2005. 12. 23. 선고 2004다55698 판결 등).

2) 이러한 견지에서 대법원은, ① 甲이 乙을 상대로 매매에 기한 소유권이전등기청구의 소를 제기하여 승소 확정판결을 받아 소유권이전등기를 마쳤는데, 乙이 甲 명의의 소유권이전등기가 원인무효임을 이유로 그 말소청구를 한 경우(대법원 2000. 7. 6. 선고 2000다11584 판결 등), ② 甲이 乙로부터 명의신탁 해지를 원인으로 한 소유권이전등기를 받기로 제소전화해를 하고 그에 따라 소유권이전등기를 마쳤는데, 乙이 甲 명의의 소유권이전등기가 원인무효라고 주장하며 후소로써 그 말소등기와 진정명의 회복을 위한 소유권이전등기를 청구한 경우(대법원 2002. 12. 6. 선고 2002다44014 판결)에 기판력을 인정하였다. 학설도 대법원의 견해를 모두 지지한다.

3) 여기에서 후소의 소송물, 즉 후소의 청구가 전소에서 확정된 법률관계와 모순된다는 것은, 후소의 청구가 인용될 경우, 전소에서 확정되어 실체적 확정력이 발생한 법률관계에 모순·저촉되어 전소 판결이 실질적으로 무의미해지는 결과가 초래되는 것을 의미한다.

위 ①, ②의 사례에서 乙의 후소 청구가 인용될 경우, 전소에서 확정된 甲의 乙에 대한 소유권이전등기청구권이 부정되어 전소 재판은 있으나마나한 결과가 초래됨을 쉽게 알 수 있다. 이러한 결과를 용인한다는 것은 소송제도의 본질이나 법률관계 안정의 측면에서 도저히 수긍하기 어렵기 때문에, 이 같이 전후 양소의 소송물이 모순관계에 있는 때에는 그 소송물이 서로 다르더라도 기판력의 확장을 예외적으로 인정하여야 한다.

4) 모순관계와 관련하여서는 다음과 같은 점에 주의하여야 한다. 첫째, 모순관계가 성립하려면 전소에서 확정된 법률관계와 후소의 소송물이 직접 모순·저촉되어야 하고, 전소의 소송물이 아니어서 기판력이 미치지 아니하는, 전소 판결 이유 중의 판단과 후소의

소송물 간에 모순·저촉의 관계가 되는 데에 그치는 경우에는 모순관계가 성립하지 않는다(대법원 2000. 2. 25. 선고 97다30066 판결, 2009. 3. 12. 선고 2008다36022 판결 참조).

5) 둘째, 전후 양소의 소송물 간에 모순관계가 성립하여 기판력이 인정되기 위해서는 단순히 두 소송물이 형식적으로 모순되는 관계인 것만으로는 부족하고 양자가 양립 불가능하여야 한다.

따라서 무권리자로부터 등기를 넘겨받았기 때문에 乙의 소유권이전등기가 원인무효라는 이유로 甲이 제기한 소유권이전등기말소청구 소송에서 패소 확정되어 그 등기가 말소된 乙은, 전소의 사실심 변론종결일 전후를 불문하고 진실한 소유자인 甲으로부터 계쟁물을 매수한 바가 있다면 이를 청구원인으로 삼아 甲을 상대로 소유권이전등기청구의 소를 제기할 수 있다(대법원 1995. 6. 13. 선고 93다43491 판결 참조). 이 경우 전소의 소유권이전등기말소청구와 후소의 소유권이전등기청구는 형식상 모순관계에 있지만, 전소의 청구원인은 소유권이전등기가 무권리자로부터의 매수에 기한 것이어서 원인무효라는 것이고, 후소의 청구원인은 전소의 원고로부터의 매수에 기한 것이어서 양립 가능한 관계에 있으므로 모순관계가 아니다.[84]

이러한 이치는, 乙의 소유권보존등기가 허위의 보증서와 확인서에 기한 것이어서 원인무효라는 이유로 甲이 제기한 등기말소청구의 소에서 乙이 패소 확정된 후, 乙이 전소의 사실심 변론종결일 전의 취득시효완성을 원인으로 하여 甲을 상대로 소유권이전등기청구를 한 경우에도 동일하다(대법원 1995. 12. 8. 선고 94다39628 판결, 1997. 11. 14. 선고 97다32239 판결 등 참조).[85]

6) 모순관계는 전소 확정판결이 소송판결인 때에도 발생할 수 있다. 피고가 원고를 상대로 계쟁 토지에 관하여 甲이 이를 1978. 10. 10. 시효취득하였고, 피고가 甲을 거쳐 乙로부터 매수하였음을 전제로 乙과 甲을 순차 대위하여 취득시효완성을 원인으로 한 소유권이전등기청구의 소를 제기하였으나, 乙이 피고에게 위 토지를 매도한 사실이 없으므로 피고에게 乙과 甲을 대위할 피보전채권이 없다고 보아 피고에게 당사자적격이 없다는 이유로 소 각하를 함으로써 그 판결이 확정되었는데, 그 후 원고가 제기한 위 토지 인도소송에서 피고가 다시 乙과 甲에 대하여 위와 같은 피보전채권이 있음을 전제로 원고는 피고에게 순차로 소유권이전등기의무가 있다고 주장한 경우, 피고의 이러한 주장을 허용한다면 피고에게 乙과 甲에 대한 피보전채권의 존재를 인정하는 것이 되어 전소판결의

84) 이 사안에서 후소 원고의 매수가 전소의 사실심 변론종결 전에 이루어졌어도 이는 공격방어방법이 아니라 청구원인에 해당하므로(甲으로부터 乙의 매수는 전소의 소송물인 '물권적 청구권에 기한 원인무효등기의 말소등기청구권'을 이유 있게 하거나 이유 없게 하는 것이 아니므로 공격방어방법이 아니다.) 기판력의 차단효가 미치지 않는다.

85) 이 경우 취득시효완성은 전소에서 乙이 방어수단으로서 제출할 수 있는 '실체관계에 부합하는 등기'의 항변에 해당하는바, 이러한 항변은 乙의 등기의 등기원인의 존부나 그 유무효와 관련이 없는 사항이어서(즉, 乙은 이미 기입된 자신의 등기와 관계없이 그 항변사유를 청구원인으로 삼아 소유권이전등기를 청구할 수 있다) 기판력의 차단효가 미치는 공격방어방법에 속하지 않는다. 위 대법원 93다43491 판결에서 乙의 매수 역시 마찬가지다.

판단과 서로 모순관계에 있으므로 피고의 주장은 전소판결의 기판력에 저촉되어 허용될 수 없다(대법원 2001. 1. 16. 선고 2000다41349 판결 참조).

(5) 전소의 소송물이 후소의 소송물에 대하여 선결관계에 있는 경우(예외 2)

1) 甲이 乙을 상대로 계쟁물에 대한 소유권확인 판결을 받아 승소 확정되면 그 계쟁물에 대한 甲의 소유권이 확정된다. 이에 뒤이어 甲이 乙을 상대로 소유권에 기한 반환청구권으로서의 인도청구 또는 방해배제청구권으로서의 소유권이전등기말소청구를 하는 경우, 후소의 소송물인 인도청구권이나 소유권이전등기말소청구권은 甲의 소유권의 존재를 법률요건으로 하므로, 결국 전소에서 확정된 소송물인 소유권의 존부가 후소의 선결문제(先決問題)로 된다. 이때 만약 후소에서 甲의 소유권을 부정하고 그 청구를 기각한다면 전소 확정판결은 있으나마나한 것이 된다. 그러므로 대법원은 이러한 경우 후소에 대해 기판력을 인정한다(대법원 2002. 12. 27. 선고 2000다47361 판결 등 참조).

2) 여기서도 전소의 소송물이 선결관계에 있기 위해서는, 전소의 주문에서 확정된 법률관계가 후소의 소송물에 대하여 선결관계에 있어야 하고, 전소 판결의 이유 중에서 판단된 법률관계가 선결적 관계가 있는 것만으로는 안 된다(대법원 2000. 2. 25. 선고 97다30066 판결, 2002. 12. 27. 선고 2000다47361 판결 참조).

또한 앞서 본 모순관계에 있어서도 그렇지만, 선결관계도 전후 양소의 당사자가 동일하거나 기판력이 미치는 승계인이어야 하고 그런 관계가 아닌 자 사이에서는 성립하지 아니한다(대법원 2003. 5. 13. 선고 2002다64148 판결 등 참조).

3) 한편 위 사안의 경우와 반대로, 甲이 乙을 상대로 소유권이전등기말소청구를 하였다가 패소 확정된 후 다시 乙을 상대로 소유권확인청구의 소를 제기하는 때에는 전소의 소송물이 후소의 소송물에 대한 선결관계에 있지 아니하므로 기판력이 미치지 아니한다(대법원 2002. 9. 24. 선고 2002다11847 판결 참조). 이때 甲이 후소에서 승소하여 계쟁물의 소유권이 자신에게 있는 것으로 확정된 경우라도, 甲이 乙을 상대로 또다시 소유권이전등기의 말소를 청구하면 최초의 확정판결의 기판력에 의해 후소(제3차의 소) 청구가 차단됨은 물론이다.[86]

라. 기판력의 주관적 적용범위

(1) 소송당사자(원칙)

1) 민사소송은 당사자처분권주의에 의해 운영되므로, 확정판결의 실체적 확정력 역시 그 소송의 당사자 사이의 권리·법률관계에 대해서만 발생하는 것이 당연하다. 이러한 견지에서 민사소송법은 기판력의 주관적 효력 범위를 원칙적으로 당해 소송당사자로 예정

86) 이 경우 소유권확인의 승소판결 확정이 최초의 소의 사실심 변론종결 후의 새로운 사유나 독립한 청구원인이 될 수는 없다(대법원 1991. 3. 27. 선고 91다650 판결 참조).

하고 있다(민사소송법 제218조 제1항). 전소와 후소의 당사자가 동일하면 족하고 원·피고의 지위까지 동일할 필요는 없다. 즉 그 지위가 서로 뒤바뀌어도 기판력이 미친다.

2) 법인이나 민사소송법 제52조에 의하여 대표자가 있는 법인 아닌 사단이 소송의 당사자가 되는 경우, 법인이나 법인 아닌 사단은 그 대표자 또는 구성원과 별개의 주체이므로 대표자나 구성원을 당사자로 한 판결의 기판력이 법인이나 사단에 미칠 수 없고, 그 역의 관계에서도 마찬가지다(대법원 1969. 12. 9. 선고 69다1780 판결, 2010. 12. 23. 선고 2010다58889 판결 참조).

3) 보조참가인은 당사자가 아니므로 기판력이 미치지 아니하고, 단지 피참가인이 패소한 경우 보조참가인과 피참가인 사이에서 그 판결의 효력을 부정할 수 없는 참가적 효력만이 발생함은 앞서 본 바와 같다(민사소송법 제77조). 이와 달리 공동소송적 보조참가인은 당사자는 아니지만, 피참가인과의 관계 및 당해 판결의 성질상 공동소송적 보조참가를 한 여부에 관계없이 기판력이 미친다.[87)]

(2) 제3자소송담당자(예외 1)

1) 당사자 가운데에는 자신의 법익 보호가 아닌 타인을 위하여 당사자가 된 사람이 있다. 이른바 제3자소송담당이다. 이러한 제3자소송담당자가 당사자로서 한 소송행위는 모두 그 타인(본인)에게도 효력이 미치므로 실체적 확정력과 기판력 역시 타인에게 미친다. 민사소송법은 이를 명문으로 규정하고 있다(민사소송법 제218조 제3항).

2) 채권자대위소송과 기판력의 관계에 대하여는 다음 몇 가지에 주의하여야 한다. ① 채권자와 채무자 사이에 피보전채권에 관하여 채권자 승소 판결이 확정된 경우 제3채무자는 이를 다툴 수 없고(대법원 2007. 5. 10. 선고 2006다82700, 82717 판결 등), ② 반대로 위 소송에서 채권자 패소 판결이 확정된 경우, 채권자의 대위권 행사는 당사자 적격의 흠결로 소 각하 사유가 되어 실체관계에 기판력이 적용될 여지가 없으며(대법원 2003. 5. 13. 선고 2002다64148 판결 등), ③ 채무자가 이미 피대위권리를 행사하여 제3채무자와 소송을 한 경우 그 승패에 관계없이 채권자의 대위권 행사는 ②와 같은 결과가 되고(대법원 1992. 11. 10. 선고 92다30016 판결 등), ④ 채권자대위소송을 어떤 경위로든 채무자가 안 때에는 그에게도 대위소송의 기판력이 미치며(대법원 1975. 5. 13. 선고 74다1664 전원합의체판결 등), ⑤ 1차 채권자대위소송을 채무자가 알아 그에게 기판력이 미치는 때에는 다른 채권자가 제기하는 2차 채권자대위소송에도 그 기판력이 미친다(대법원 1994. 8. 12. 선고 93다52808 판결 등).

---

87) 다만, 수인의 대위채권자 사이에서는 채무자에게 기판력이 미치는 때에만 기판력이 미치므로 예외가 있을 수 있다.

(3) 변론종결 후의 승계인(예외 2)

(가) 입법취지

1) 재산법관계에서는 재산권의 상대적 변동이 당연히 예정되어 있는바, 법률관계가 전전 변동되는 경우에 후자의 법률관계는 전자의 법률관계를 기초로 성립한다. 그러므로 법률관계의 안정과 당사자의 신뢰를 보호하기 위해서는 전자의 법률관계가 확정된 경우 그것이 후자의 법률관계를 구속하는 효력이 필요하다.

이러한 견지에서 민사소송법은 변론을 종결한 뒤(변론 없이 한 판결의 경우 판결을 선고한 뒤)의 승계인에 대하여도 기판력을 확장한다. 이때 그 경계점을 변론종결 시 또는 판결선고 시로 한 것은, 그 이전에 승계가 있는 경우 권리참가나 인수참가, 인수승계에 의하여 당사자 교체가 가능하므로, 이러한 경우에는 승계인으로 하여금 직접 당사자가 되어 소송을 수행하고 그 결과에 복종케 함이 공평한 사정을 고려한 것이다.[88)]

2) 변론종결 후의 승계인이 기판력의 구속을 받는 것을 정당화할 이론적 근거에 대하여는, ① 승계인은 피승계인이 갖고 있던 것과 동일한 실체법상의 권리·의무를 승계취득하였으므로 피승계인이 받은 판결의 효력을 승계하여도 손해가 없다는 실체적 의존관계설, ② 승계의 범위를 ①보다 넓게 보아 소송물에 관하여 다툴 수 있거나 그 상대방이 될 지위, 즉 당사자적격의 승계가 있기 때문이라는 적격승계설,[89)] ③ 승계인이 취득한 법적 지위가 전적으로 피승계인이 갖는 법적 지위에 의존·종속하는 관계에 있는 경우, 승계인은 피승계인의 법적 지위와 동일한 지위에 놓이게 된다는 종속관계설(의존관계설), ④ 피승계인에게 소송절차상 공격방어의 기회가 충분히 보장된 경우 승계인에게 따로 그 절차를 보장할 필요가 없으므로 그러한 승계인에게는 기판력의 구속을 받게 하고, 승계인이 피승계인과 독립하여 독자적인 이해관계를 가진 경우에는 구속을 받지 않게 하여야 한다는 절차보장설이 대립한다. 다음에 보는 바와 같이 ②설이 ①설보다 기판력의 범위가 넓다.

3) 한편 여기서 승계의 성립요건이 문제되는바, 승계인이 소유권 등 완전한 권리를 취득하여야만 참가나 인수승계를 하여 전소에 관여할 수 있으므로, 부동산의 경우 등기를 갖춘 때, 동산의 경우 인도를 받은 때, 채권양도의 경우 채무자에 대한 통지나 그의 승낙이 있을 때에 비로소 승계가 있다고 하여야 할 것이다.[90)] 따라서 이 같은 성립요건이

88) 상속, 법인의 합병 등에 따른 당연승계의 경우 승계시기가 변론종결 전이냐 후이냐를 묻지 않고 승계인에게 기판력이 미친다.

89) 당사자적격과 달리 분쟁 주체의 지위라는 개념을 설정하고, 분쟁 주체의 지위 이전이 있는 경우 소송의 실효성 확보와 3자의 이익 형량을 위해 승계가 인정된다는 분쟁 주체인 지위의 승계설은 이 견해의 수정안이라 할 수 있다.

90) 점유만의 승계가 있는 경우에는 점유의 이전 시가 기준으로 된다.

사실심 변론종결 전이나 판결 선고 전에 갖추어져 있어야만 승계인에게 기판력이 확장될 수 있다(대법원 1992. 10. 27. 선고 92다10883 판결 참조).

변론종결 전에 가등기를 하였다가 변론종결 후에 가등기에 기한 본등기를 한 경우라도, 가등기만으로는 완전한 권리를 취득하는 것이 아니므로 본등기 시를 기준으로 승계 여부를 결정하여야 한다. 1차 승계가 변론종결 전에 이루어진 이상 2차 승계가 변론종결 후에 이루어졌어도 2차 승계인에게는 기판력이 미치지 않는다(대법원 1967. 2. 23.자 67마55 결정).

4) 승계인에게 기판력이 미치기 위해서는 전소의 소송물과 승계인에 대한 후소의 소송물이 동일하거나 모순관계 또는 선결관계가 성립하는 등으로 객관적 기판력이 미쳐야 한다. 객관적 범위에서 기판력이 미치지 않는다면 승계인에게 기판력이 확장될 여지가 없음은 당연하다.

따라서 甲이 乙을 상대로 소유권이전등기말소청구의 소를 제기하여 승소 확정되고 乙의 등기가 말소되어 丙의 소유권이전등기와 丁의 근저당권설정등기가 순차 기입되었는데, 乙이 丙, 丁을 상대로 진정명의 회복을 위한 소유권이전등기 및 근저당권설정등기의 말소를 청구한 경우, 전소의 소송물은 甲의 乙에 대한 소유권이전등기말소청구권이어서 후소의 소송물 중 乙의 丙에 대한 소유권이전등기청구권은 전소의 소송물과 모순관계에 있고, 乙의 丁에 대한 근저당권설정등기말소청구권은 전소의 소송물인 乙 명의의 소유권이전등기말소의무(甲의 乙에 대한 등기말소청구권)의 존부를 선결문제로 하는 관계에 있으므로, 전소의 기판력은 후소의 피고로서 甲의 승계인인 丙, 丁에게 미친다(대법원 2003. 3. 28. 선고 2000다24856 판결).[91]

(나) 소송물의 승계

1) 전소의 심판대상인 소송물, 즉 전소의 소송물인 권리·의무나 법률관계 자체가 3자에게 승계된 경우, 포괄승계인지 특정승계인지를 묻지 않고 3자에게 기판력이 확장된다. 소송물인 권리·의무나 법률관계 자체를 승계한 이상 그에 따른 이익이나 위험을 그대로 떠안는 것이 타당하기 때문이다.

2) 특정승계는 당사자의 임의처분에 의한 승계는 물론 경매나 전부명령 등의 강제처분, 변제자 대위와 같은 법률에 의한 이전이 모두 포함된다.

91) 대법원은, 진정명의 회복을 위한 소유권이전등기는 말소등기에 갈음하는 것으로서 그 이전등기청구권과 말소등기청구권은 그 목적과 법적 근거가 동일한 것이라고 전제한 다음, 이 사안에서 전소의 소송물인 甲의 乙에 대한 소유권이전등기말소청구권과 乙의 丙에 대한 진정명의 회복을 위한 소유권이전등기청구권은 실질상 동일한 소송물이라고 설시하고 있으나, 보다 정확히는 모순관계라고 할 것이다. 한편, 丁의 근저당권설정등기가 乙의 주장대로 원인무효가 되려면 乙의 전자인 丙, 甲의 등기가 원인무효가 되어야 하고, 甲의 등기가 원인무효가 되려면 乙의 등기가 유효한 것이 되어야 하므로, 결국 전소의 소송물인 乙 명의의 소유권이전등기말소의무의 존부가 丁의 근저당권설정등기에 대한 말소청구의 선결문제가 된다.

(다) 계쟁물의 승계

1) 예컨대, 부동산에 대한 소유권이전등기청구 소송이나 건물철거청구 소송의 변론종결 후에 그 계쟁물인 부동산이나 건물을 3자가 취득하는 경우, 3자는 소송물인 권리·의무(소유권이전등기청구권이나 그 의무, 건물철거청구권이나 그 의무) 그 자체를 승계한 것이 아니므로 이러한 경우에도 기판력의 확장을 인정할 수 있는지가 문제된다.

2) 이에 관하여 대법원과 통설은 이른바 당사자적격의 승계라 하여, 3자가 소송물에 관하여 다툴 수 있는 지위를 승계하였다는 이유로 기판력의 확장을 인정한다. 다만 대법원과 구소송물이론을 취하는 입장에서는, 전소의 소송물인 권리가 배타적 성격의 물권적 권리인 경우에는 전소의 권리자가 계쟁물의 취득자인 3자에게도 대항할 수 있음을 들어 기판력의 확장을 인정하고(대법원 1972. 7. 25. 선고 72다935 판결, 1976. 6. 8. 선고 72다1842 판결 등), 반대로 매매를 원인으로 한 소유권이전등기청구의 소의 승소자와 같이 3자에 대한 대항력이 없는 채권적 권리자인 경우에는 이를 부정한다(대법원 1969. 10. 23. 선고 69사80 판결, 1993. 2. 12. 선고 92다25151 판결, 2008. 2. 15. 선고 2005다47205 판결).

3) 이에 반하여 신소송물론을 취하는 견해는 당사자적격의 승계가 있는 모든 경우에 승계에 의한 기판력의 확장을 인정한다.[92)]

4) 계쟁물의 승계는 계쟁물의 소유권이나 준소유권을 승계취득한 경우와 그 점유권만을 승계취득한 경우를 포함한다.[93)] 따라서 소유권에 기한 인도청구의 소의 변론종결 후에 임대차, 사용대차, 전대차 등에 의해 그 계쟁물의 점유만을 승계한 경우에도 그 승계인에게 전소의 기판력이 미친다.

(라) 변론종결 후 승계의 추정

1) 위와 같이 변론종결 후의 승계인에 대하여만 기판력이 확장되므로 변론종결 전의 승계인에 대하여는 기판력이 인정되지 않는바, 민사소송법은 당사자가 변론을 종결할 때(변론 없이 판결 선고를 하는 경우에는 판결 선고 시)까지 승계사실을 진술하지 아니한 경우 변론을 종결한 뒤에 승계한 것으로 추정한다고 규정한다(민사소송법 제218조 제2항). 기판력의 확장도 안 되고 소송계속 중 인수승계 등의 기회도 갖지 못하여 상대방 당사자가 손해를 입지 않도록 하기 위한 배려에서 마련된 것이다.

---

92) 신소송물이론 중에서도 채권적 청구권을 환수청구권(소유자인 임대인과 같이 물권을 배후에 두고 있는 채권자의 청구권)과 교부청구권(순수한 채권적 청구권)을 나누어 전자에 대하여만 승계를 인정하는 견해도 있다.

93) 그러나 대법원은 계쟁물의 소유권이나 점유만을 승계취득한 경우 민사소송법 제81조나 제82조에 의한 승계참가는 그 각 법규정에서 '소송목적인 권리 또는 의무의 전부나 일부를 승계한 때'라고 규정하고 있기 때문에 허용되지 않는다고 본다(1970. 2. 11.자 69마1286 결정, 1983. 3. 22.자 80마283 결정). 대법원의 견해에 따르면 이러한 3자는 소송절차에 참가할 수 없고, 기판력과 집행력의 확장만을 받게 된다. 소송절차에 참가하려면 별소를 제기하고 변론을 병합하는 우회적 경로밖에 없는 셈이다.

2) 여기서 승계사실을 진술할 당사자가 피승계인인지 승계인인지가 법률상 불분명하여 학설이 대립한다.

승계인설은, 피승계인이 진술할 자라면 그의 잘못으로 승계인이 불이익을 입는 것은 부당하다는 것에서 근거를 구한다. 반변 피승계인설은, 승계인은 당사자가 아니므로 변론절차에서 진술할 수 없고, 변론절차 외에서 진술할 경우에는 소송기록에 이를 반영할 수가 없으므로 부당하며, 법문상 '당사자'라고 하였으므로 당사자인 피승계인이 진술의무를 부담하는 것이 타당하다는 데에서 근거를 구한다.

민사소송법 제1조에 비추어, 피승계인은 상대방 당사자에 대한 신의칙상의 의무에 기하여서도 승계사실을 진술할 의무를 부담한다고 볼 것이고, 피승계인의 진술의무 해태에 따른 승계인의 불이익은 그가 변론종결 전의 승계사실을 직접 증명하여 회피하거나 피승계인에 대하여 채무불이행책임을 물음으로써 보전함이 옳다고 생각되므로 피승계인설을 지지한다.

(마) 독립한 이익을 갖는 3자

계쟁물을 전소 당사자로부터 전래적으로 취득한 3자가 시효취득, 선의취득,[94] 수용 등과 같이 전소 당사자와 전혀 법률적 관계가 없이 독자적인 이익을 갖는 경우에는 그의 절차보장권을 인정하여야 하므로, 그러한 3자는 위의 변론종결 후 승계인으로 보지 않는 것이 통설이다.[95]

(4) 청구의 목적물을 소지한 자(예외 3)

1) 민사소송법은 당사자나 변론종결 후의 승계인을 위하여 청구의 목적물을 소지하는 자에게도 기판력이 확장됨을 규정하고 있다(민사소송법 제218조 제1항). 이는 특정물 인도청구의 소송에서 그 계쟁물을 자기를 위하여 소지(점유)하는 것이 아니라 당사자나 변론종결 후의 승계인을 위하여, 즉 그 점유기관의 지위에서 소지하는 자는 기판력이 적용되는 당사자나 변론종결 후의 승계인과 동일하게 취급하는 것이 당연하다는 논리에서 마련한 것이다.

2) 이러한 목적물 소지자의 예로는 법정대리인, 법인이나 사단의 대표자가 전형적이며, 수치인이나 관리인, 운송인 등의 점유보조자, 통정허위표시에 의한 허위의 소지자도 이에 포함시킬 수 있다. 이러한 소지자는 당사자 등의 종적인 지위에 있으므로 특정물 인도청구 소송의 소송물인 인도청구권이 물권적인지 채권적인지 구별할 필요가 없다.

---

94) 변론종결 후의 선의취득자에 대해서는 반대설이 있다.

95) 다만, 이때 3자의 보호 방법에는 실질설과 형식설이 대립한다. 실질설은, 승계인에 대한 기판력의 확대 여부를 미리 심사하여 3자가 고유의 독립한 이익을 갖는 경우에는 기판력의 확장을 부정한다. 반면에 형식설은, 형식적으로 변론종결 후 소송물의 승계나 계쟁물의 취득이 있으면 기판력의 확장을 인정하되, 3자가 자신의 독립한 이익을 증명하여 집행문 부여에 대한 이의의 소(민사집행법 제45조) 등을 통해 기판력을 배척할 수 있다고 본다.

3) 반면에 임차인이나 사용차인, 질권자 등과 같이 자기를 위하여 소지하는 자는 여기에 해당하지 않음은 물론이다.

(5) 소송탈퇴자(예외 4)

소송의 계속 중에 ① 제3자가 독립당사자로서 참가하거나(민사소송법 제79조), ② 소송목적인 권리·의무의 전부 또는 일부를 특정 승계하고 스스로 당사자로서 권리참가(참가승계)를 하거나(민사소송법 제81조), ③ ②의 경우에 소송당사자의 신청에 따라 당사자로서 인수참가(인수승계)를 한 경우(민사소송법 제82조)에 기존의 당사자가 소송에서 탈퇴하더라도, 잔존 당사자와 참가자 사이의 판결이 확정되면 탈퇴자에게 기판력이 미친다(민사소송법 제82조 제3항, 제80조).

(6) 일반 제3자(예외 5)

1) 신분관계나 회사 등 단체의 법률관계와 같이 그 법률관계가 사회적으로 매우 중요한 때는 이해관계인의 보호와 사회질서 유지를 위해 법은 특정인 사이의 소송 결과에 따른 기판력을 제3자에게도 인정하는바, 이를 통상 대세효라고 한다.

2) 대세효에는 일정한 이해관계인에 대하여만 확대되는 경우와 모든 제3자에게 확대되는 경우가 있다.

전자의 예로는 파산채권조사확정재판과 파산채권자(채무자회생 및 파산에 관한 법률 제468조), 회생채권 및 회생담보권조사확정재판 및 그 재판에 대한 이의의 소와 회생채권자, 회생담보권자, 주주, 지분권자(채무자회생 및 파산에 관한 법률 제176조)를 들 수 있고, 후자의 예로는 혼인무효소송 등 가류 가사소송사건, 혼인취소소송 등 나류 가사소송사건에서 청구를 인용한 판결과 일반 제3자(가사소송법 제21조 제1항)[96], 회사설립무효의 소송, 주주총회결의 취소 및 무효·부존재확인소송 등의 회사법관계에서 청구를 인용한 판결과 일반 제3자(상법 제190조, 제328조, 제376조, 제380조 등)를 들 수 있다.

마. 승계집행

(1) 의 의

1) 이행의 소에 따라 이행을 명하는 판결 등 재판이 확정된 경우, 채권자는 그 확정재판으로부터 발생하는 집행력에 기하여 강제집행을 할 수 있다. 재판 외에 집행력 있는 공정증서 등도 그러한바, 이때 이러한 확정재판 등을 집행권원이라 한다(민사집행법 제22조 제1호, 제41조 등 참조).

2) 강제집행은 그 집행권원에 채권자로 표시된 자가 채무자로 표시된 자에 대하여 함

96) 청구(소)가 각하, 기각된 경우 다른 제소권자는 사실심 변론종결 전에 참가할 수 없었음에 정당한 사유가 없는 한 제소할 수 없다(동법 제21조 제2항). 제소가 허용되는 경우에는 그에게 기판력이 미치지 않고 그에 따른 청구가 인용되면 가사소송법 제21조 제1항이 적용된다.

이 원칙이다. 그런데 민사집행법은 집행권원에 표시된 채권자의 승계인을 위하거나 채무자의 승계인에 대한 집행을 위하여 승계집행문을 부여할 수 있도록 하여(민사집행법 제22조 제1호, 제31조 제1항), 그러한 승계인도 집행당사자가 될 수 있게 하고 있다(민사집행법 제25조). 집행권원에 표시된 채권자나 채무자로부터 소송물 등을 승계한 경우, 그 승계인에 대한 관계에서도 집행을 허용할 필요가 있기 때문이다. 이를 통상 집행력의 확장이라고 한다.

3) 법률은 확정판결에 의한 분쟁 해결의 실효성을 확보하기 위해, 한편에서는 승계인에 대하여 기판력의 확장을 인정하고 다른 한편에서는 위와 같이 집행력의 확장을 인정한다.

기판력은, 전소를 통해 일정한 법률관계에 대하여 실체적 확정력이 발생한 때에 그 뒤 당해 소송물과 관련하여 다른 소송이 제기된 경우, 후소 법원과 당사자가 이미 확정된 법률관계에 구속되는 것을 말하므로, 3자가 승계인으로서 기판력의 확장에 의한 구속을 받는 경우에도, 그는 의연 소송당사자로서 본안에 관하여 심판을 받고 공격방어를 할 기회가 보장된다. 반면 집행력의 확장은 후소의 제기 없이 전소 재판의 집행력을 곧바로 승계인에게 확대하는 것으로서, 승계인은 소송의 당사자가 아닌 강제집행절차의 당사자로서 집행법상의 권리만을 행사할 수 있다는 점에서 기판력의 확장과 다르다.

4) 위와 같이 기판력은 전소 확정판결을 통한 그 소송목적인 법률관계에 대한 실체적 확정력이고, 집행력은 이와는 직접 관계가 없는 것이지만, 기판력이 주관적으로 소송당사자 이외의 자에게 미치는 경우 그 집행력 역시 그들에게 확장된다. 이에 따라 확정판결 등 집행권원에 표시된 채권자나 채무자로부터 소송목적을 승계한 경우가 아니라도, 그 기판력을 받는 대위채권자, 추심명령을 받은 압류채권자, 파산관재인, 부재자재산관리인, 유언집행자, 선정자, 파산자, 채무자 등은 기존 소송당사자가 받은 집행권원에 대하여 승계집행문을 부여받아 강제집행을 할 수 있다.

5) 승계집행에 있어서의 승계도 기판력의 주관적 확장에서의 승계와 그 의미가 동일하다. 즉 포괄승계와 특정승계를 포함한다. 다만, 그 시적 기준은 사실심 변론종결(변론 없는 경우에는 판결 선고) 후의 승계가 일반적이지만, 선정자와 선정당사자, 채권자대위자와 채무자 등의 관계와 같이 제3자소송담당의 경우에는 사실심 변론종결과 무관하게 승계가 허용될 수 있다.

(2) 승계집행문

1) 강제집행을 함에는 원칙적으로 집행문이 필요하다(민사집행법 제28조 제1항). 집행문은 집행권원에 집행력이 있다는 것과 집행당사자를 특정하기 위하여 집행권원(확정판결의 정본 등) 의 끝에 덧붙여 적는 공증문언이다(민사집행법 제29조).[97]

2) 그러나 의사진술의무의 이행을 명한 집행권원 등 일정한 경우에는 집행문의 필요 없이 집행권원만으로 강제집행이 가능하다. 의사진술의무의 경우, 판결이 확정된 때에 곧 그 의사 진술이 있는 것으로 보므로(민사집행법 제263조 제1항) 집행절차가 굳이 필요 없기 때문이다. 하지만 그 의사진술의무의 이행에 반대의무의 이행이 필요하거나 승계집행이 필요한 때에는 승계집행문의 부여가 필요하고, 그 승계집행문이 부여된 때에 의사 진술이 있는 것으로 간주된다(민사집행법 제263조 제2항).[98]

의사진술의무에 관한 집행권원 이외의 집행권원의 경우에도, 이것에 기하여 승계집행을 하고자 하는 때는 승계집행문이 필요하다(민사집행법 제58조 제1항 제2, 3호, 제292조 등 참조). 선정당사자가 받은 확정판결에 기해 선정자에 대하여 또는 선정자를 위하여 강제집행을 하는 때에도 승계집행문이 필요하다는 것이 실무관행이다.

3) 승계집행문은 일반 집행문과 같이 1심법원의 법원사무관 등이 부여하나, 승계집행문의 부여에는 수소법원 재판장의 명이 있어야만 하고, 이때 재판장은 서면이나 말로 채무자를 심문할 수 있다(민사집행법 제32조). 법문에는 명시되어 있지 아니하나 위 채무자에는 승계인이 포함된다고 볼 것이다. 승계집행문을 부여하고자 하는 때에는 승계사실이 법원에 명백하지 않은 한 증명서로 이를 증명하여야만 하고, 그렇지 않은 경우 채권자는 집행문 부여의 소를 제기하여야 한다(민사집행법 제31조 제1항 단서, 제33조).

4) 의사진술의무와 관련해서는, 위와 같이 승계집행문이 부여되는 때에 3자인 승계인의 의사진술이 간주되어 사실상 강제집행이 종료되므로, 3자로서는 집행문 부여에 대한 이의신청(민사집행법 제34조)이나 집행문 부여에 대한 이의의 소(민사집행법 제45조)를 제기하여 권리구제를 받을 수 없고 별소를 통해서만 구제받을 수 있는 문제가 있는바,[99] 판례는 이에 불구하고 등기말소의무 등 의사진술의무에 대해서도 승계집행을 허용한다(대법원 1994. 5. 10. 선고 93다53955 판결).

5) 집행문은 판결 정본의 끝에 덧붙여 적는다(민사집행법 제29조). 승계집행문을 부여하는 때에는 집행권원인 확정판결의 원본 또는 정본에 민사집행법 제31조(동법 제57조의 규정에 따라

97) 집행문이 붙어 있는 집행권원을 집행력 있는 정본이라 한다(민사집행법 제28조 제1항).

98) 승계집행의 경우는 해석론에 의해 도출되는 결론이다.

99) 전소 피고의 승계인에 대하여 집행문 부여의 소에 의해 승계집행문이 부여되는 경우에는 승계인이 그 소의 피고가 되므로(법문에는 명시되어 있지 않으나 대법원 1995. 5. 12. 선고 93다44531 판결은 그 승계인을 피고적격자로 인정하였다) 구제받을 수 있으나, 승계집행문이 재판장의 명에 의해 부여되는 경우에는 재판장이 승계인을 반드시 신문할 의무가 없고, 또 신문한다고 하여 승계인의 주장이 인용된다는 보장이 없다. 이와 관련하여 집행문 부여 절차에서 집행문 부여 기관이 어느 정도까지 집행문 부여 요건을 심사하여야 하는지에 대해서 ① 실질설(제3자에게 고유한 방어방법이 있는지까지 조사해야 한다는 견해), ② 형식설·제소책임전환설(형식상 승계사실의 증명만 있으면 족하고 3자의 구제는 3자가 집행문 부여에 대한 이의의 소로써 해야 한다는 견해), ③ 권리확인설(3자에게 고유의 방어방법이 없는 것을 개연적으로나마 추측할 수 있을 때에만 부여할 수 있다는 견해)이 대립하나, 어느 견해에 의하든 3자에게 집행문 부여에 대한 이의의 소가 보장되지 않는 한 의사진술의무의 집행에 있어서는 충분한 보호책이 될 수 없다.

준용되는 경우를 포함)의 규정에 따른 승계집행의 취지와 승계인의 이름을 기재하여야 한다(민사집행규칙 제21조 제1항). 그런데 승계집행의 경우에 그 집행자가 집행권원인 확정판결의 원본 또는 정본을 소지하지 않는 경우가 많을 것인바, 이때는 승계집행문 부여신청에 따라 승계집행문을 부여하는 때에 그 판결 정본도 승계집행문 부여신청자에게 발급하여, 그 정본 등에 승계집행문 부여의 취지를 기재하는 것이 실무관행이다.

(3) 승계집행과 별소의 관계

1) 재판이 확정되어 집행권원을 취득한 채권자가 그 소송의 변론종결 후에 소송물과 관련하여 승계가 있다고 하여 그 승계인을 상대로, 또는 그 승계인이 종전 당사자를 상대로 전소와 유사한 별소를 제기할 수 있는가?

2) 기판력의 주관적 확장만을 생각하면, 별소(후소) 제기가 허용되고, 다만 그 후소에 전소의 기판력이 미치는 것으로 해석할 여지도 있다. 그러나 대법원은 승계집행이 가능한 경우 원칙적으로 별소(후소)의 제기는 소의 이익이 없다고 한다(대법원 1994. 5. 10. 선고 93다53955 판결).

다만 예외적으로 승계인이, 채권자가 등기 말소를 명한 확정판결의 원고와 동일성이 없다고 주장하고, 또 소송기록상으로도 그 동일성이 분명치 아니하여 승계집행문을 부여받는 것이 어려우며, 승계집행문 부여의 소에서 패소할 여지도 있는 등으로 별도의 권리보호 이익을 갖춘 때에는 별소(후소)의 제기가 허용된다(대법원 1994. 5. 10. 선고 93다53955 판결).

바. 기판력 저촉 여부의 판단 방법

1) 이상과 같이 기판력이론의 논리적 구조를 살펴보았지만 구체적 사안에서 기판력의 적용 여부를 판단하기는 쉽지 않다. 기판력이론 자체는 물론 소송법리와 실체법리에 대한 깊고 넓은 이해 없이는 그 판단이 어렵기 때문이다.

2) 그러므로 기판력의 저촉 여부가 문제되었을 때는 다음과 같은 순서로 하나하나 그 요건을 확인하는 것이 문제를 해결하는 지름길이다. 최종적으로 기판력이 미친다는 결론을 얻기 위해서는 이하의 요건을 모두 갖추어야 하고, 특히 시적, 객관적, 주관적 적용요건을 모두 갖추어야 하기 때문이다.

1. 문제가 된 재판이나 이에 준하는 것에 대하여 일반적으로 실체적 확정력이 인정되는가?

2. 위 재판이 형식적(절차적)으로 확정되었는가?

3. 확정된 재판의 실체적 확정력이 미치는 법률관계는 기판력의 시적·객관적 기준에서 볼 때 어떠한 내용의 것인가?

4. 후소의 소송물은 무엇인가?

5. 실체적 확정력이 미치는 전소의 소송물인 법률관계와 후소의 소송물이 청구취지와 청구원인에서 동일한가?

6. 동일하다면, 후소의 원·피고가 주장하는 소송자료(공격방어방법)가 전소의 사실심 변론종결 전에 발생한 것인가 아니면 그 후에 발생한 것인가? 또 그것이 기판력의 차단효의 대상인가 아닌가?

7. 전소의 소송물인 법률관계와 후소의 소송물이 동일하지 않다면 모순관계나 선결관계에 있는가?

8. 전소와 후소의 당사자가 동일한가?

9. 동일하지 않다면, 후소의 당사자가 기판력이 주관적으로 확장되는 자에 해당하는가?

10. 후소에 소의 이익(권리보호의 이익)이 인정되는가?

Ⅱ. 재판에 의하지 아니한 소송의 종결

1) 사적 자치와 처분권주의, 당사자주의를 기본으로 하는 민사소송에서는 그 소송절차를 당사자들이 자유로이 취하하거나 재판 외의 방법으로 그 소송목적인 권리·법률관계에 관한 분쟁을 해결하는 것이 폭넓게 허용된다.

2) 한편, 이러한 당사자들의 자유의사에 기한 '재판 외의 방법에 의한 분쟁의 해결'에 대하여 법은 그 실효성 확보를 위하여 기판력 등을 부여하기도 하고, 상대방 당사자 또는 일방 당사자의 권익 보호를 위하여 기판력을 배제하기도 하는 등으로 사익과 공익 상호 간 또는 대립하는 사익을 조정한다.

3) 또한 처분권주의의 원리상, 민사소송에서는 소나 신청을 제기한 자가 자유로이 이를 취하하여 그 소송절차를 종료케 하는 것도 폭넓게 허용되며, 경우에 따라서는 그것이 의제된다.

1. 청구의 포기, 인낙

가. 의 의

1) 민사소송은 당사자주의가 적용되므로 당사자는 그 소송목적인 권리·법률관계를 원칙적으로 자유로이 처분할 수 있다(이른바 당사자처분권주의). 이러한 당사자처분권주의에 따라 청구의 포기와 인낙, 화해, 조정 등이 인정된다.

2) 청구의 포기는 재판 청구자인 원고가 스스로 자신의 청구가 이유 없음을 인정하는 것이고, 반대로 청구의 인낙은 재판 상대방인 피고가 스스로 원고의 청구가 이유 있음을

인정하는 것이다. 청구의 포기나 인낙이 있으면 더 이상 법원의 판단작용인 재판이 필요없게 되므로 소송은 이로써 종료하게 된다.

3) 청구의 포기나 인낙은 청구 그 자체에 대한 것이다. 청구의 포기는, 원고가 자신이 그 소로써 주장하는 권리·법률관계의 원인(청구원인) 또는 그로부터 발생하는 법률효과나 권리(청구취지)가 부존재하는 것을 인정한다는 점에서, 단순히 재판신청을 철회하는 소의 취하나 이미 존재하는 권리를 장래를 향하여 행사하지 않을 뜻을 표시하는 권리의 포기와 구별된다. 또 소의 취하나 권리의 포기에는 기판력이라는 소송법적 효력이 없으나 청구의 포기에는 기판력이 있다.

청구의 인낙 역시 이러한 견지에서, 원고가 주장하는 청구원인사실의 존재를 인정하는 자백과는 다른 것이다. 즉 청구의 포기나 인낙은 청구 그 자체를 포기하거나 수용함으로써 소송목적인 권리·법률관계를 확정하는 작용을 한다.

4) 청구의 포기나 인낙은 원칙적으로 당사자가 변론기일이나 변론준비기일에 출석하여 말로써 진술하여야 한다. 이와 관련하여, 청구의 포기나 인낙 진술의 법적 성질이 무엇인지를 둘러싸고 ① 사법행위설(私法行爲說)② 소송행위설, ③ 양성설(兩性說)이 대립하는바, 앞서 소송행위 부분에서 본 바와 같이 ②설이 통설이고 타당하다. 따라서 여기에는 민법 총칙상의 착오, 사기, 진의 아닌 의사표시나 통정허위표시, 강박 등의 법리가 그대로 적용되지는 않는다.

나. 요 건

1) 청구의 포기, 인낙은 당사자처분권주의의 소산이므로 그 대상인 권리·법률관계는 당연히 당사자가 임의로 처분할 수 있는 것이어야 한다.

당사자가 임의로 처분할 수 없는 권리·법률관계는 가족법관계에서 현저하다. 가사소송법 제12조 단서는 가류와 나류 가사소송(혼인의 무효, 이혼의 무효, 인지의 무효, 사실상 혼인관계 존부 확인, 혼인의 취소, 이혼의 취소, 재판상 이혼 등)에서는 청구의 인낙을 할 수 없다고 규정하고 있다. 가사소송법은 청구의 포기에 대해서는 제한 규정을 두지 않고 있는바, 이와 관련하여 전면적으로 허용된다는 견해와 혼인의 무효·취소, 인지의 무효·취소, 입양의 무효·취소와 같이 성질상 임의처분이 허용되지 않는 것을 제외한 나머지만 허용된다는 견해가 대립한다. 후설이 타당하다.

회사관계소송에서도 법적 안정성과 통일성을 위하여 당사자 외의 제3자에게도 기판력 등 판결의 효력이 인정되는 경우가 있는데, 회사 설립무효나 설립취소의 판결, 주주총회 결의무효나 부존재확인 또는 취소의 판결, 주주총회 부당결의의 취소·변경의 판결 등이다. 이러한 소송에서 그 법률관계는 당사자가 임의로 처분할 수 없으므로 청구의 인낙이 허용되지 않는다(대법원 1993. 5. 29. 선고 92누14908 판결, 2004. 9. 24. 선고 2004다28047 판결). 반면에 이들 소송에서 소를 취하하는 것이 허용되는 것과 마찬가지로 청구를 포기하는 것은 허용된다. 청구를 포기하더라도 제3자에게는 기판력이 미치지 않을 뿐 아니라, 이로써 당해 권리·법률관계에 아무런 변동이 없기 때문이다.

주주 대표소송에 의하여 주주나 회사가 이사의 책임을 추궁할 소를 제기한 경우, 회사나 주주는 법원의 허가 없이는 청구의 포기, 인낙을 할 수 없다(상법 제403조 제6항). 소비자단체소송이나 증권관련집단소송에도 유사한 제약이 있다.

2) 소송요건에 흠결이 있어 소가 부적법한 경우에도 청구의 포기, 인낙을 할 수 있는가? 청구의 포기, 인낙은 본안에 관한 처분이므로 당연히 그 소가 적법한 것을 전제로 한다. 따라서 소가 부적법한 경우에는 법원은 이를 허용하지 않고 직권으로 소를 각하함이 타당하다. 그러나 이미 청구의 포기·인낙 조서가 작성된 경우에는 그것이 당연무효라고 할 수 없으므로 법원은 판결을 선고할 수 없고, 준재심사유에도 해당하지 않는다고 할 것이다.

3) 청구의 포기, 인낙은 당사자 본인 외에 법정대리인이나 소송대리인도 할 수 있으나, 이에는 특별수권이 필요하다(민사소송법 제56조 제2항, 제90조 제2항). 공유관계나 합유관계 등 합일확정을 요하는 필수적 공동소송관계에서 청구의 포기, 인낙은 당사자에게 불리한 행위이므로 그 전원이 하여야만 유효하며, 독립당사자참가소송에서도 본소 당사자와 참가인 전원의 동의를 요한다(민사소송법 제67조 제1항, 제79조 제2항).

4) 청구의 포기나 인낙은 이를 할 당사자가 변론기일이나 변론준비기일에 출석하여 말로써 진술하여야 한다. 따라서 변론종결 또는 판결 선고 뒤에 청구의 포기·인낙을 하고자 하는 때에는 수소법원에 변론기일지정신청을 하여 지정된 기일에서 하여야 한다.

청구의 포기·인낙은 법원에 대한 의사의 진술이므로 상대방이 법정에 출석하지 아니한 때도 가능하다. 청구의 인낙이나 포기는 상대방 당사자의 승낙을 요하지 않으며, 상대방이 부동의하더라도 유효하다.

청구의 포기나 인낙을 할 원고 또는 피고가 변론기일에 출석하지 아니하거나, 출석하고서도 본안에 관하여 변론하지 아니한 경우, 법원은 그가 제출한 소장·답변서, 그 밖의 준비서면에 적혀 있는 사항을 진술한 것으로 보고 출석한 상대방에게 변론을 명할 수 있는데, 답변서나 준비서면에 청구의 포기 또는 인낙의 의사표시가 적혀 있고, 이에 대한 공증인의 인증을 받은 때에는 그 취지에 따라 청구의 포기 또는 인낙이 성립된 것으로 보며, 이는 변론준비기일에도 준용된다(민사소송법 제148조 제2항, 제286조).

청구의 포기, 인낙은 상소심에서도 할 수 있다. 그러나 변론을 열지 않는 상고심에서는 불가하다. 다만, 상고심이 변론을 연 경우에는 가능하다고 할 것이다. 청구의 포기, 인낙은 청구의 일부(특정 당사자에 대한 청구나 특정 청구)에 대해서만 할 수도 있다.

5) 청구의 포기·인낙 진술이 있거나 그 진술 간주가 이루어지면, 법원은 청구의 포기·인낙 조서를 작성한다(민사소송법 제154조 제1호, 제152조 제3항). 실무상 청구의 포기·인낙 조서는 변론기일조서나 변론준비기일조서와 별도로 작성되며, 이것이 재판서와 같이 취급된다.[100] 그 조서 내용은 "원고는 이 사건 청구를 포기하였다", "피고는 이 사건 청구를 인낙하였다", "피고 제출의 2020. 5. 20.자 답변서 진술간주(청구인낙)"와 같이 간단하게 기재하는 것이 실무관행이다.

다. 청구의 포기·인낙의 효력

1) 청구의 포기·인낙 조서가 작성되면 이는 확정판결과 동일한 효력이 있다. 기판력도 있다. 청구의 인낙 조서 내용이 채무의 이행에 관한 것이면 집행력이 있음은 물론이며, 그 집행문은 제1심법원의 법원사무관 등(소송기록이 상급심에 있는 때에는 그 법원의 법원사무관 등)이 부여한다(민사집행법 제57조, 제28조 제2항).

2) 청구의 인낙 조서 내용이 선량한 풍속이나 사회질서에 반하는 경우나 강행법규에 위반되는 경우에도 확정판결과 마찬가지로 당연무효라고 볼 수 없으며(대법원 1969. 3. 25. 선고 68다2024 판결 참조), 준재심사유도 되지 않는다.

3) 그러나 판결로써 할 수 없는 사항은 청구의 인낙도 할 수 없으므로, 예비적 청구만에 대한 인낙을 한 경우 이는 무효이다(대법원 1995. 7. 25. 선고 94다62017 판결). 주위적 청구에 대한 재판(처분)이 선행되어야 하기 때문이다. 그러나 청구가 이행에 관한 내용은 물론 확인적 내용이나 공유물분할 또는 청구이의, 3자이의, 배당이의, 재판상이혼 등 형성적 내용인 경우에도 당사자가 이를 처분할 수 있는 것이면 가능하다.

4) 청구의 포기, 인낙이 이루어지면 그로써 소송은 당연히 종료한다. 다만, 청구의 일부에 대해서만 청구의 포기, 인낙이 이루어진 때는 그 부분에 한하여 종료한다. 당사자가 그 유무효를 전제로 소송의 종료 여부를 다투려면 기일지정신청을 하여야 하고, 그것이 이유 없는 경우 법원은 판결로써 소송종료선언을 한다(민사소송규칙 제67조, 대법원 1962. 6. 14. 선고 62마6 결정 등).

5) 청구의 포기·인낙 조서가 작성되기 전에는 상대방의 동의를 얻거나 착오에 의한 것임을 이유로 청구의 포기, 인낙을 철회 또는 취소할 수 있다는 견해가 있으나, 이는 소송행위이므로 불가하다.

---

100) 변론기일조서나 변론준비기일조서에는 화해가 있었다는 취지만이 기재된다.

2. 소나 상소의 취하·포기

가. 당사자의 신청에 의한 취하

(1) 소의 취하

1) 소의 취하는 원고가 법원에 대하여, 소로써 구한 재판의 신청을 철회하는 소송상의 의사표시(소송행위)이다. 따라서 이를 유효하게 하려면 소송능력과 소송수행권이 있어야만 한다. 당사자(원고)는 당해 소송절차가 종결되기 전 언제라도 소를 취하할 수 있다. 즉 원고는 판결이 선고된 이후라도 판결이 확정되기 전이라면 소를 취하할 수 있다(민사소송법 제266조 제1항). 따라서 항소심이나 상고심에서도 소를 취하할 수 있다.

2) 소의 취하는 심판대상인 청구의 취하이다. 따라서 청구취지는 물론 청구원인에 대해서도 취하할 수 있다. 그러나 청구취지와 청구원인이 각각 하나인 경우에는 그 어느 한쪽만을 취하하는 것은 있을 수 없다. 이를 인정하면 심판대상이 특정되지 못하기 때문이다. 소의 취하는 본소는 물론 반소, 중간확인의 소, 독립당사자참가 등 그 본질상 소와 동일한 것에 대해서도 가능하다.

3) 소의 취하는 소의 전부는 물론 일부에 대해서도 할 수 있다. 양적 일부(당사자별 인적 일부나 청구취지의 물적 일부 포함)는 물론 질적 일부의 취하도 가능하다. 즉 무조건의 청구를 선이행이나 동시이행의 조건으로 청구를 변경하는 것이 이에 해당한다.

소의 취하는 청구를 감축하는 형태의 청구 변경에 의해서도 할 수 있다. 즉 이는 소의 일부 취하에 해당한다. 따라서 이때는 경우에 따라 다음과 같이 상대방인 피고의 동의가 필요할 수 있다. 청구의 교환적 변경은 구 청구의 취하와 신 청구의 제기가 결합된 것이라고 할 수 있다(대법원 1980. 11. 11. 선고 80다1182 판결, 2018. 5. 30. 선고 2017다21411 판결 등 참조).

4) 소의 취하는 상대방이 본안에 관하여 준비서면(답변서 포함)을 제출하였거나 변론준비기일에 출석하여 진술하였거나 변론기일에서 변론을 한 뒤에는 상대방인 피고의 동의를 받아야 효력이 있다(민사소송법 제266조 제2항). 이왕 소를 제기당해 변론이나 그 준비를 한 이상 그 소송목적에 대하여 판단을 받는 것이 피고에게도 이익이 될 수 있기 때문에 그 의사를 존중하기 위한 배려이다. 다만, 본소가 이미 취하되어 반소만 계속 중인 경우, 피고는 원고의 동의 없이 반소를 취하할 수 있다(민사소송법 제271조). 필수적 공동소송의 경우나 이에 준하는 독립당사자참가 등의 경우에는 당사자 전원이 하여야만 유효하다(민사소송법 제67조 제1항, 제71조 제1항 등).

5) 소의 취하는 서면으로 하여야 하나, 변론기일이나 변론준비기일에서는 말로도 할 수 있다(민사소송법 제266조 제3항). 소장을 송달한 뒤에 소가 취하된 경우에는 취하의 서면을 상대방에게 송달하여야 하며, 변론기일이나 변론준비기일에서 말로 소를 취하한 경우에 상대방인 피

고가 출석하지 아니한 때에는 그 기일의 조서 등본을 송달한다.

소 취하의 서면이나 그 조서 등본이 송달된 날부터 2주 이내에 상대방이 이의를 제기하지 아니한 경우에는 소 취하에 동의한 것으로 보며, 상대방이 기일에 출석하여 말로 취하한 경우에는 그 다음날부터 2주를 기산한다(민사소송법 제266조 제6항).

6) 소가 아닌 가압류·가처분 신청 등 각종 신청의 경우에도 신청인이 임의로 이를 취하할 수 있다. 그러나 그 취하에 대한 동의나 취하서면의 송달 등에 대해서는 관련 규정이 따로 있는 경우에만 필요하다.

(2) 상소의 취하

1) 상소 역시 상소심의 종국판결 선고 전까지 상소인이 임의로 취하할 수 있다. 소의 취하와 달리 상소심의 종국판결 선고 후에는 상소를 취하하여도 효력이 없다.

2) 상소의 취하에는 상대방의 동의가 필요 없다(민사소송법 제393조 제2항, 제425조). 그러나 필수적 공동소송의 경우나 이에 준하는 독립당사자참가 등 합일확정이 필요한 경우에는 당사자 전원이 하여야만 유효하다(민사소송법 제67조 제1항, 제71조 제1항 등, 대법원 1952. 8. 19. 선고 4285행상4 판결 등).

3) 상소의 취하는 원심판결에 대한 불복신청만이 소멸되어 원심판결의 효력이 유지되나, 소의 취하는 그 전에 이루어진 종국판결도 실효하고 소송절차 전체의 효력이 없어지는 점에서 서로 다르다. 그러므로 상소심에서 소송 전체의 계속을 소멸시키려고 하는 경우에는 상소 취하가 아닌 소의 취하를 하여야 한다.

(3) 조건부 취하의 가부 및 취하의 무효, 취소

1) 소나 상소의 취하는 무조건으로 하여야 하고, 취하의 효력이 발생한 후에는 원칙으로 이를 철회할 수 없음은 앞서 소송행위 부분에서 본 바와 같다.

2) 취하의 의사표시에 하자가 있는 경우의 효력에 관하여는 다툼이 있으나, 소송행위의 성질상 원칙적으로 그 무효나 취소를 주장할 수 없다. 따라서 소의 취하가 내심의 의사에 반한 것이라도 이를 무효라 할 수 없고(대법원 1983. 4. 12. 선고 80다3251 판결 참조), 사기, 강박, 착오 등 의사표시의 하자를 이유로 취소를 주장할 수 없다(대법원 1980. 8. 26. 선고 80다76 판결 참조).

3) 대법원은 이에 대하여 "소의 취하는 원고가 제기한 소를 철회하여 소송 계속을 소멸시키는 법원에 대한 소송행위이고, 소송행위는 일반 사법상의 행위와는 달리 내심의 의사보다 그 표시를 기준으로 하여 그 효력 유무를 판정할 수밖에 없고, 일단 소 취하의 효력이 발생한 뒤에는 원칙적으로 철회가 허용되지 않으며, 다만 소송행위 일반에 있어서와 마찬가지로 소의 취하에 재심사유에 해당하는 하자가 있을 때에 한하여 예외적으로 이를 취소, 철회할 수 있다"라고 한다(대법원 2000. 12. 8. 선고 98다22826 판결, 2003. 4. 25. 선고 2002다72705 판결 등).

나. 기일 불출석에 의한 취하 간주

1) 양쪽 당사자가 변론기일에 출석하지 아니하거나, 출석하였다고 하더라도 변론하지 아니한 때에는 재판장은 다시 변론기일을 정하여 양쪽 당사자에게 통지하여야 한다(민사소송법 제268조 제1항). 이에 따른 새 변론기일 또는 그 뒤에 열린 변론기일에 양쪽 당사자가 출석하지 아니하거나, 출석하였다고 하더라도 변론하지 아니한 때에는 그로부터 1월 이내에 기일지정신청을 하지 아니하면 소를 취하한 것으로 보며, 상소심에서는 상소를 취하한 것으로 본다(민사소송법 제268조 제2, 3, 4항).

2) 지정된 변론기일에 출석하지 아니하거나, 출석하더라도 변론하지 아니한 경우 당연히 위와 같은 효력이 발생하므로, 수소법원이 임의로 이와 다른 내용의 법률효과를 부여할 수는 없다. 따라서 지정된 변론기일을 변경하지 않은 한 위와 같은 경우를 '변론연기'로 처리하였다고 하더라도 위와 같은 효과가 발생함에 지장이 없다. 다만, 법원이 두 번째 불출석 기일에 직권으로 새 기일을 지정한 때에는 당사자의 기일지정신청에 의한 기일지정이 있었던 경우와 마찬가지로 그 기일 지정은 적법하고, 위와 같은 효과가 발생하지 않는다(대법원 1994. 2. 22. 선고 93다56442 판결). 법원이 그 기일에 변론을 종결하고 선고기일을 지정한 때도 같다. 법원이 변론을 종결하고 선고기일을 지정한 때는 변론 계속을 전제로 한 당사자의 기일지정신청의 여지가 없기 때문이다(대법원 1994. 2. 22. 선고 93다56442 판결 참조).

3) 위 기일지정신청은 원고나 피고 어느 쪽 당사자가 하든 상관없으며, 1월의 기간은 2회의 쌍방 불출석이 된 그 변론기일부터 진행한다. 물론 이 경우에도 초일 불산입의 원칙이 적용되므로 그 다음날부터 기산한다. 한편, 위 1월의 기간은 불변기간이 아니므로 그 추완이 허용되지 않는다(대법원 1997. 7. 11. 선고 96므1380 판결).

1월 이내에 기일지정신청을 하였더라도, 그에 따라 정한 변론기일 또는 그 뒤의 변론기일에 양쪽 당사자가 출석하지 아니하거나, 출석하였더라도 변론하지 아니한 때에는 소나 상소를 취하한 것으로 보며, 이에 대해 또다시 기일지정신청을 할 수는 없다.

4) 위와 같은 효과는 변론준비기일에도 준용된다(민사소송법 제286조). 그러나 변론준비기일에서 양쪽 당사자가 불출석한 효과는 변론기일에 승계되지 않는다. 따라서 양쪽 당사자가 변론준비기일에 한 번, 변론기일에 두 번 불출석하였다고 하더라도 소를 취하한 것으로 볼 수 없다(대법원 2006. 10. 27. 선고 2004다69581 판결).

또한, 환송판결의 전후를 통하여 항소심 변론기일에서 당사자 쌍방의 불출석이 2회 있었다 하여도, 환송 전후의 항소심 변론기일은 독립하므로 항소 취하가 있는 것으로 간주할 수 없다(대법원 1963. 6. 20. 선고 63다166 판결). 같은 견지에서, 1심 변론기일과 항소심 변론기일도 독립하므로 그 불출석은 따로따로 계산하여야 할 것이다.

5) 배당이의의 소에서는 이의한 사람(원고)이 그 첫 변론기일에 출석하지 아니한 때에는 소를 취하한 것으로 본다(민사집행법 제158조). 상대방이 출석하였는지 여부는 관계가 없다. 이는 배당이의 사건의 신속한 완결을 위한 것이다. 이 경우 첫 변론기일 외의 다른 기일에는 앞서 본 원칙이 적용된다.

다. 소나 상소의 취하 합의, 불상소합의

1) 소의 취하는 원고의 단독적 소송행위이지만, 당사자는 소나 상소를 취하하기로 하는 합의를 할 수 있다.

2) 소나 상소의 취하 합의의 법적 성질에 대해서는 앞서 <소송상 합의의 성질> 부분에서 본 바와 같이 사법상의 계약설, 소송법적 계약설(소송계약설, 소송행위설) 등이 대립하나, 사법상의 계약으로 보는 것이 통설이고, 뒤에서 보는 바와 같이 판례도 이와 같은 취지로 해석된다. 소나 상소의 취하 합의를 하더라도 곧바로 소나 상소의 취하 효력이 발생하지 않고, 실제로 원고나 상소인이 법원에 그 취하의 의사표시(소송행위)를 하여야만 비로소 그 효력이 발생하므로, 이를 소송행위로 볼 수는 없는 만큼 사법상의 계약설이 타당하다.

3) 소송절차 외에서 당사자 사이에 소나 상소를 취하하기로 합의를 하였다고 하더라도 곧바로 소나 상소 취하의 효력이 생기는 것은 아니지만, 당사자 사이에 그러한 계약이 성립하여 발효한 경우, 당사자는 소나 상소를 통한 주관적 권리보호이익을 잃고, 따라서 당해 소나 상소는 그 이익이 없게 된다. 그러므로 원고나 상소인이 이 의무에 위반하여 소나 상소를 취하하지 않고 소송을 유지할 경우, 상대방은 이를 본안전 항변으로 주장할 수 있고, 그 항변이 없더라도 법원이 어떻게든 그 합의 사실을 안 경우 법원은 소나 상소 각하의 판결을 하여야 한다(대법원 1982. 3. 9. 선고 81다1312 판결, 2005. 6. 10. 선고 2005다14861 판결, 2013. 7. 12. 선고 2013다19571 판결, 2018. 5. 30. 선고 2017다21411 판결 등 참조).

4) 법원에 대한 소송행위인 소나 상소의 취하와 달리, 소나 상소의 취하 합의는 정지조건부나 해제조건부로 할 수도 있다. 사법상의 계약이기 때문이다. 따라서 그 정지조건이 성취되기 전에는 그 합의의 효력이 발생하지 않고, 해제조건이 성취된 경우에는 그 합의의 효력이 소멸한다(대법원 1992. 9. 22. 선고 91다44001 판결, 2013. 7. 12. 선고 2013다19571 판결 참조).

법원이 위 합의에 따라 권리보호이익이 없음을 이유로 소나 상소를 각하하는 경우에도 그 조건에 영향을 받을 수밖에 없다. 소나 상소가 각하된 뒤에 해제조건 성취를 이유로 소송의 속행을 구하는 경우에는 수소법원에 이를 소명하고 기일지정신청을 하여야 할 것이다(민사소송규칙 제67조 참조).

5) 불상소합의는 소송 당사자 쌍방이 당해 심급의 판결 선고 전이나 후에 상소를 제기하지 아니하기로 합의하는 것을 말한다(민사소송법 제390조 제1항 참조). 물론 1심판결 선고 전에 일체의 상

소를 하지 않기로 하는 등으로 전면적 불상소합의를 할 수도 있다. 불상소합의가 상소의 제기 후에 이루어진 때에는 의사해석에 따라 상소 취하나 상소 포기의 합의로 볼 수도 있다.

불상소합의는 소송의 종료와 재판의 확정을 목적으로 하는 계약으로서, 소송절차 외에서 하든 소송절차 진행 중에 하든 그로써 곧바로 소송법적 효력이 발생하므로, 그 성질은 소송행위로서의 소송계약에 해당함은 앞서 소송행위에서 설명한 바와 같다. 전면적 불상소합의가 있으면 모든 상소가 차단되므로 1심판결 등의 선고와 동시에 당해 재판은 확정되고 소송은 종료한다(대법원 2007. 11. 29. 선고 2007다52317, 52324 판결). 그 합의가 판결의 선고 후에 있은 때에는 그 합의의 발효와 동시에 동일한 효력이 발생한다.

라. 소나 상소 취하의 효력

(1) 소송의 종료

1) 소의 취하가 있으면 소송은 취하가 있는 부분에 관하여, 소급하여 처음부터 소송계속이 없었던 것으로 된다(민사소송법 제267조 제1항). 상소의 경우에도 마찬가지다(민사소송법 제393조 제2항). 따라서 상소의 제기가 없었던 것이 되어 상소제기기간 만료 시에 원심판결이 확정된다. 이에 반하여 당사자 간에 소송을 다시 부활하기로 하는 합의를 하더라도 이는 아무런 효력이 없고, 수소법원도 이를 부활시킬 수 없다.

2) 소의 취하가 있으면 그것으로 당해 소송은 종료하고, 이미 이루어진 주장이나 증거조사,[101] 판결 등의 소송행위 역시 모두 효력을 상실하여 없었던 것으로 된다. 다만, 취하에 앞서 제기한 반소나 중간확인의 소는 본소의 취하에 불구하고 원칙적으로는 아무런 영향을 받지 않음은 앞서 본 바와 같다. 상소 취하의 경우에는 원심판결이 확정되고 그 효력이 유지됨은 물론이다.

3) 소나 상소 취하의 유무나 효력에 관한 사항은 소송요건에 관한 것이므로 법원의 직권 조사사항에 속한다. 그 유무나 효력에 관하여 당사자 사이에 다툼이 있는 때에는 소나 상소 취하의 불성립이나 무효를 주장하는 당사자가 소송의 계속 진행을 구하는 의사표시인 '기일지정신청'을 하여야 한다. 이 신청이 있는 경우, 수소법원은 변론을 열어 그 당부를 심사한 후 소나 상소 취하의 부존재나 무효가 인정되면 이를 무시하고 심리를 속행한 다음 중간판결이나 본안에 대한 종국판결의 이유 중에서 판단하고, 소나 상소 취하가 유효한 때에는 종국판결로써 '소송은 (소, 상소)취하에 의하여 종료하였다'고 선언하여야 한다(민사소송규칙 제67조 제1, 2, 3항 참조).

4) 한편, 종국판결 선고 후 소송기록을 상소심법원에 송부하기 전에 소 취하가 있고

---

101) 그러나 다른 소송에서의 증거능력까지 상실하는 것은 아니다.

그에 관하여 분쟁이 있는 경우, 당사자들이 상소를 제기한 때는 상소심법원이 그 당부를 판단하여 소송종료선언을 하거나 상소심판결을 하여야 하고, 당사자들이 상소를 제기하지 않은 때에는 원심법원이 소송종료선언을 하거나 소 취하가 무효임을 선언하여야 한다(민사소송규칙 제67조 제4, 5항 참조).

(2) 실체법적 효력

1) 소의 제기에 의한 소멸시효중단의 효과는 소의 취하에 의하여 소급적으로 소멸한다(민법 제170조 제1항). 그러나 취하의 효력 발생일로부터 6월내에 재판상의 청구, 파산절차참가, 압류 또는 가압류, 가처분을 한 때에는 최초의 재판상 청구(소의 제기) 시에 시효가 중단된 것으로 본다(민법 제170조 제2항).

2) 소장 부본 등의 송달이나 구두 진술 등 공격방어방법으로써 행하는 사법상의 행위, 예컨대 최고, 해제, 취소, 상계 등을 순수한 소송행위로 보아 소 취하에 의하여 그 실체법적 효력이 모두 소멸한다는 소송행위설이 있다.

그러나 이러한 행위를 소장 부본 등의 송달이나 변론기일에서의 진술의 방법으로 한 때에도 이는 역시 실체법상의 법률행위로서 그 행위와 동시에 곧 실체법적 효력이 발생하고,[102] 그 사실을 당사자가 공격방어방법으로 제출한 때에 소송법적 효력이 발생하며, 이를 공격방어방법으로 제출하는 주장, 항변이 소송행위이므로, 소 취하는 이미 발생한 실체법적 효력에 영향을 미칠 수는 없다. 따라서 그 효력이 유지된다는 사법행위설(통설)이 옳다.

다만, 당사자가 이들 행위를 소송상 예비적 항변사유로 주장한 때는 소 취하의 효과로 해제조건(원고의 청구가 이유 없을 것)이 성취되어 실효하므로, 이 경우에는 실체법적 효력이 발생하지 않는다고 보아야 한다.

(3) 재소금지(再訴禁止)

1) 소 취하의 경우, 취하 전에 이루어진 판결은 효력을 상실하나, 그것이 종국판결인 때는 원고는 그와 동일한 소를 다시 제기할 수 없다(민사소송법 제267조 제2항). 이에 위반한 소는 그 자체로서 소송요건에 위배된 소로서 부적법하다.[103]

2) 여기서 말하는 종국판결은 그 소송의 소송목적인 권리·법률관계에 대한 본안의 응답으로서의 판결을 말하므로 실체적 본안판결에 한정되고, 본안에 대한 응답이 아닌 소

---

102) 변론기일에서 구두 진술의 방법으로 한 때는 실체법상의 법률행위와 소송행위(공격방어방법의 제출)의 성질을 겸유한다고 할 것이므로 실체법적 효력과 소송법적 효력이 동시에 발생한다고 할 것이다.

103) 그러나 이는 소를 제기할 수 없는 효과에 그치고, 그로써 실체법상의 권리 자체를 상실하게 되는 것은 아니다. 따라서 원고는 당해 소송목적인 권리에 관하여 소송 외에서 이를 청구할 수 있다(대법원 1956. 3. 10. 선고 4288민상234, 235 판결 참조).

송종료선언 판결이나 소 각하 판결 등 소송판결과 중간판결은 이에 해당하지 않는다(대법원 1957. 12. 5. 선고 4290민상503 판결 등 참조).104)

3) 그리고 재소금지의 효력이 적용되려면 전소와 후소가 동일하여야 하므로, ① 당사자, ② 소송목적, ③ 재판청구의 형태(이행, 확인, 형성)가 동일하여야 한다. 소송목적의 동일성은, 청구취지는 물론 청구원인도 동일하여야 비로소 소송목적이 동일하다고 할 수 있다.

4) 재소금지의 원칙이 적용되기 위해서는 소송목적이 동일한 외에 권리보호의 이익도 동일하여야 한다는 것이 대법원의 견해이다(대법원 1981. 7. 14. 선고, 81다64, 65 판결, 1998. 3. 13. 선고, 95다48599, 48605 판결, 2000. 12. 22. 선고, 2000다46399 판골 등 참조). 따라서 매수인이 토지거래허가를 받지 않은 채 매도인을 상대로 매매를 원인으로 한 소유권이전등기청구의 소를 제기하여 승소판결을 받았지만, 항소심에서 매매에 따른 토지거래허가 신청절차의 이행을 구하는 소로 청구를 변경하여, 당초의 소가 종국판결 선고 후 취하된 것으로 되었다 하더라도, 그 후 토지거래허가를 받고 나서 다시 소유권이전등기청구의 소를 제기하였더라도 이는 취하된 전소와 권리보호의 이익이 달라 재소금지원칙이 적용되지 않는다(대법원 1997. 12. 23. 선고 97다45341 판결).

또, 피고가 전소 취하의 전제조건인 약정사항을 지키지 아니하여 위 약정이 해제 또는 실효되는 사정변경이 발생하였다면, 후소 청구와 전소의 그것이 서로 동일하더라도 권리보호의 이익이 다르므로 후소는 적법하다(대법원 1993. 8. 24. 선고 93다22074 판결, 2000. 12. 22. 선고 2000다46399 판결 등 참조).

5) 위 재소금지의 원칙은 전소의 당사자 이외에 그 포괄승계인에게도 미침은 당연하다(통설). 판례는, 변론종결(소 취하) 후의 특정승계인에게는 이 원칙이 미치나 변론종결 전의 특정승계인에게는 미치지 않는다고 본다(대법원 1969. 7. 22, 선고 69다760. 판결, 1981. 7. 14, 선고 81다64, 65 판결 등 참조). 또한 변론종결(소 취하) 후의 특정승계인이라도, 그에 대하여 새로운 권리보호의 이익이 있는 때는 재소금지의 효력이 없다(대법원 1981. 7. 14, 선고 81다64, 65 판결 등 참조).

채권자대위권에 의한 소가 제기된 사실을 피대위자인 채무자가 안 경우, 그 종국판결 선고 후 소가 취하된 때에는 피대위자인 채무자도 위 대위소송과 동일한 소를 제기할 수 없다(대법원 1981. 1. 27. 선고 79다1618, 1619 판결, 1996. 9. 20. 선고 93다20177, 20184 판결). 채무자가 안 경우에는 다른 채권자도 원칙적으로 이에 구속된다고 할 것이다(대법원 1994. 8. 12. 선고 93다52808 판결 등 참조). 전소의 당사자가 파산관재인 등 제3자소송담당자인 경우, 그에 대한 재소금지효력은 본인인 파산채무자 등에게도 당연히 미친다.

---

104) 종국판결이란 당해 심급의 심리를 완결하여 사건을 당해 심급에서 이탈시킨다는 것을 의미하는 것인바, 대법원의 환송판결은 중간판결의 특성을 갖는 판결로서 실질적으로는 확정된 종국판결이라고 할 수 없다(대법원 1995. 2. 14. 선고 93재다27, 34 전원합의체 판결 참조). 그러나 대법원의 환송판결 이전에 이루어진 원심판결은 실질적인 종국판결에 해당하므로 대법원의 환송판결 이후 소를 취하한 경우에도 민사소송법 제267조 제2항이 적용된다.

(4) 기 타

1) 본안의 소가 취하되었더라도 종국판결이 있기 전에 취하가 이루어졌다면, 그 피보전권리에 영향을 주는 것이 아니고 다시 동일한 소를 제기할 수도 있으므로, 그 취하의 원인, 동기, 그 후의 사정 등에 비추어 채권자가 보전의 의사를 포기하였다고 인정되지 아니하는 한 본안소송이 취하 또는 취하 간주되었다는 사실 자체만으로 가압류 등의 보전명령 취소사유인 사정변경에 해당한다고 볼 수는 없다(대법원 1992. 6. 26. 선고, 92다9449 판결, 1998. 5. 21. 선고 97다47637 전원합의체 판결 등 참조).

2) 소가 취하된 경우, 소송비용의 부담과 그 액수는 당사자의 신청에 의하여 법원이 결정으로 재판한다(민사소송법 제114조 제1항). 이 경우 소를 취하한 원고는 원칙적으로 패소자로 취급된다. 그러나 소 제기 당시에는 청구할 이유가 있었지만 그 후의 사정변경으로 소송을 유지할 필요가 없어져서 취하한 때에는 예외적으로 소송비용을 피고에게 부담시킬 수 있다(민사소송법 제114조 제2항, 제98, 99조 참조).

3) 상소가 취하된 경우 상소심의 소송비용 또한 위와 같다.

마. 상소의 포기

(1) 상소권의 포기

1) 상소의 포기는 상소를 할 수 있는 권리를 가진 자가 법원에 대하여 그 권리(상소권)를 행사하지 않겠다는 의사를 표시하는 것이다(민사소송법 제394, 395조, 제425, 443조). 정확히 말하자면 상소권의 포기라고 함이 타당하다. 상소권은 항소, 상고, 항고, 재항고를 모두 포함한다. 상소의 포기는 소송행위에 해당함은 물론이다.

2) 상소권의 포기는 상소를 하기 전에 함이 원칙이나 상소를 한 뒤에도 할 수 있다. 상소심 변론이 개시된 이후라도 상소심판결이 선고되기 전이라면 상관없다.[105] 이 경우 이는 상소 취하의 효력도 가진다(민사소송법 제395조 제3항, 제425조).

그러나 상소권의 포기는 상소권이 발생하였음을 전제로 하므로, 상소의 대상인 원심판결이 선고되기 전에는 할 수 없다. 이에 불구하고 만약 당사자 간에 그러한 합의가 있다면 의사해석에 따라서는 불상소합의가 될 여지는 있다.

3) 형사소송법은 상소권회복 제도를 두고 있고, 상소권을 포기한 후 상소제기기간이 도과한 다음에 상소 포기의 효력을 다투는 한편, 자기 또는 대리인이 책임질 수 없는 사유로 인하여 상소제기기간 내에 상소를 하지 못하였다고 주장하는 사람은 상소를 제기함과 동시에 상소권회복청구를 할 수 있으나(대법원 2004. 1. 13.자 2003모451 결정), 민사소송법에는 이런 제도가 없고

105) 항소나 상고의 취하는 그 판결 선고 전까지만 허용되므로(민사소송법 제393조 제1항, 제425조) 상소권의 포기도 그때까지만 허용된다고 보아야 할 것이다. 항고, 재항고는 그 결정 시까지로 볼 것이다.

대신에 추완상소와 기일지정신청 제도를 두고 있다.

4) 상소권의 포기는 상대방의 동의가 필요 없으며, 단독행위이므로(대법원 1987. 6. 23. 선고 86다카2728 판결) 다른 공동소송인과 함께 할 필요도 없다. 다만, 필수적 공동소송이나 독립당사자참가소송, 예비적·선택적 공동소송에서는 어느 당사자 일인만의 상소권 포기는 효력이 없다.

5) 상소권의 포기는 상소를 하기 이전에는 원심법원에, 상소를 한 뒤에는 소송기록이 있는 법원에 서면으로 하여야 한다. 법원은 상소권의 포기에 관한 서면을 상대방에게 송달하여야 한다.

6) 상소포기서를 법원에 제출하면 그로써 상소심소송은 물론 전체적인 소송이 종료한다. 상소를 하기 전에는 소급효가 발생하여 원심판결 선고 시에, 상소를 한 뒤에는 상소취하에 준하여 처음부터 상소 제기가 없었던 것으로 보아 상소제기기간 만료 시에 원심판결이 확정된다(민사소송법 제267조 제1항, 제408조, 제425조 참조).

7) 상소권의 포기는 법원에 대한 소송행위이므로, 일단 상소포기서를 법원에 제출한 후에는 원칙적으로 철회, 취소, 무효 등을 주장할 수 없다. 다만, 형사처벌을 받을 타인의 행위 등으로 인해 상소권을 포기한 경우 등에는 그 유무효의 판단을 구하기 위하여 수소법원(상소심법원)에 기일지정신청을 할 수 있다고 할 것이다.[106)]

(2) 상소권 포기 합의

1) 앞서 <소송상 합의>에서 본 바와 같이, 민사소송법에는 규정이 없으나 소송당사자는 상소권의 포기를 합의할 수 있다. 그 성질은 순전한 사법행위(私法行爲)라고 보아야 한다. 소송절차 밖에서 이루어질 뿐 아니라, 그러한 합의가 있더라도 실제로 당사자가 법원에 상소권 포기의 의사표시를 하지 않는 이상 그 합의로써 의욕하는 상소권 포기의 법률효과가 발생하지 않기 때문이다. 따라서 상소권의 포기 합의는 사법행위이고, 그에 따른 이행으로서 법원에 상소권 포기의 의사표시를 하는 것이 소송행위이다.[107)]

2) 상소권 포기 합의를 하였음에도 불구하고 그 합의한 당사자가 상소권을 포기하지 않는 경우, 법원이 어떤 경위로든 이 사실을 안 때는 부제소합의나 불상소합의가 있는 경우에 준하여 상소를 각하하여야 할 것이다.

3) 상소포기서를 법원에 제출하기 전에 상소권 포기 합의를 해제하기로 다시 합의하고 상소를 제기하였다면, 그 상소는 적법하다(대법원 1987. 6. 23. 선고 86다카2728 판결).

106) 동지: 이영섭, "대법원에서의 기일지정신청", 고시계 19권 12호(1974).

107) 다만, 의사해석상 상소권 포기 합의가 상소 제기 전의 불상소합의로 볼 수 있는 때에는 소송행위에 해당한다.

3. 재판상화해

가. 의 의

1) 재판상화해는 사법상의 권리관계에 관하여 다툼이 있는 당사자가 법원의 관여하에, 즉 법관의 면전에서 서로 그 주장을 양보하여 분쟁을 종료시키는 화해를 하는 것을 말한다.

2) 재판상화해에는 소송상화해와 제소전화해, 화해권고결정이 있다. ① 소송상화해는 소가 제기되어 소송의 계속 중에 화해를 하는 것이고, ② 제소전화해는 소를 제기하지 않고, 곧바로 화해를 신청하여 소송의 계속 없이 화해를 하는 것이다. ③ 화해권고결정은 소송의 계속 중에 당사자 쌍방이 직접 화해를 하는 대신 법원이 화해권고결정으로 화해안을 제시하고, 이에 대하여 쌍방이 이의를 제기하지 않음으로써 화해의 성립을 의제하는 것으로서, 그 성질상 소송상화해의 일종이다.

3) 재판상화해가 이루어지면, 그 어느 것이나 그로써 분쟁이 종료되고 그 화해내용에 대하여 기판력이 인정된다. 소송상화해와 화해권고결정의 경우에는 그로써 소종절차도 종료된다.

나. 소송상화해

(1) 의의, 시기

1) 소송상화해는 이미 분쟁이 소송으로 이행되어 그 소송의 계속 도중에 화해가 이루어지는 것이다. 수소법원은 소송의 진행 정도와 관계없이 언제든지 화해를 권고할 수 있고, 이를 수명법관이나 수탁판사로 하여금 하게 할 수도 있다(민사소송법 제145조 제1항). 법원의 화해 권고는 화해의 알선, 권유로서, 당사자 사이에 화해가 이루어지도록 유도하는 소송행위에 불과하므로, 뒤에서 보는 화해권고결정과는 그 형식이 다르며 구속력도 없다. 물론 소송당사자는 법원의 권고 없이 스스로 화해를 할 수 있다.

2) 소송이 계속되어 있는 중이면 충분하므로, 변론이 개시되었는지 여부와 관계없이 소송상화해를 할 수 있고, 이미 변론이 종결된 후는 물론 판결이 선고되어 판결 정본이 당사자에게 송달된 후라도 확정되기 전이면 소송상화해가 가능하다. 대법원을 포함한 상소심에서도 동일하다.[108]

또 그 소송이 계속되어 있기만 하면 되고, 그것이 소송요건을 갖춘 적법한 소송일 필요는 없으므로, 소를 각하하기 전이면 화해가 가능하다고 할 것이다.

108) 그러나 실무상 상고심에서의 화해는 거의 볼 수 없다.

3) 소송상화해의 성질에 대해서는 앞서 본 바와 같이, 사법행위설(私法行爲說), 소송행위설, 양행위병존설, 양행위경합설(양성설)이 대립하나, 소송당사자가 소송물에 관하여 실체상의 처분을 함으로써 소송을 종료시키려고 하는 소송행위로 보는 견해가 통설이며, 판례 역시 같다(대법원 1991. 4. 12. 선고 90다9872 판결, 1992. 10. 27, 선고 92다19033. 판결 등).[109] 소송상화해가 이루어지면 그로써 곧바로 소송종료와 확정판결과 동일한 소송법적 효력이 발생하므로, 이를 소송행위로 봄이 타당하다.

4) 소송상화해가 소송행위라고 할지라도, 그 본질은 민법상의 화해계약과 동일하다. 따라서 분쟁의 대상인 법률관계에 관하여 쌍방이 양보를 통해 분쟁을 종지(終止)하여야 하며, 일방의 청구나 주장을 전면적으로 수용하는 것은 화해가 아니라 청구의 포기나 인낙에 해당한다. 당사자가 화해에서 양보의 방법으로서 계쟁물에 관계없는 물건 또는 금전의 지급을 약속하거나 제3자와의 권리관계를 포함시켜도 그것이 양보로 볼 수 있는 한 무방하고, 소송목적과는 관계없는 소송비용의 부담에 관하여만 양보하는 것도 가능하며, 피고가 채무를 전부 인정하고 원고가 기한을 유예해주거나 분할상환하게 하는 것도 가능하다.

(2) 화해의 대상

1) 소송상화해가 가능하려면 그 화해의 대상인 법률관계가 화해당사자들이 처분할 수 있는 것이어야 한다. 대체로 직권탐지주의가 적용되는 법률관계에 대해서는 소송상화해가 불가하나, 재판상이혼이나 파양, 공유물분할 등 당사자의 처분이 허용되는 사건에서는 가능하다.

2) 반면, 주주총회결의 부존재나 무효 확인청구의 소 또는 그 결의취소의 소에서는 그 판결의 효력이 제3자에게도 미치므로 소송상화해가 불가하며(대법원 2004. 9. 24. 선고 2004다28047 판결 참조), 청구의 포기를 내용으로 하는 화해만 가능하다. 또한, 주주대표소송과 증권 관련 집단소송에서는 법원의 허가를 받아야만 소송상화해가 가능하다. 이를 위반한 소송상화해는 실질적으로 무효이다(대법원 2007. 7. 26. 선고 2006므2757, 2764 판결 등 참조).

---

109) 이전에 대법원은 "재판상화해는 소송당사자가 상호양보하여 소송물인 권리 또는 법률관계에 관한 분쟁을 중지하는 사법상 계약인 동시에 소송을 종료할 것을 목적으로 하는 소송법상의 합의라 할 것이다. 그러므로 화해조항이 조서에 기재된 때에는 그 효력이 소송법상 확정판결과 동일한 효력이 있다 할지라도, 사법상 무효, 취소 또는 해제의 사유로 인하여 그 계약의 효력이 상실될 때에는 소송법상 효력도 상실되는 것이라고 아니할 수 없다"고 하여 양행위경합설적 견해를 취하였으나(대법원 1955. 9. 8. 선고 4288민상12 판결, 1955. 9. 15. 선고 4288민상229 판결, 1962. 5. 31. 선고 4293민재6 판결 등), 대법원 1982. 4. 13. 선고 81다531 판결은 명시적으로 "재판상화해는 순수한 소송행위로서 확정판결과 같은 기판력이 있고 창설적 효력을 가지는 것이므로, 제소전화해가 이루어지면 종전의 법률관계를 바탕으로 한 권리의무관계는 소멸한다"고 판시하여 사실상 그 견해를 바꾸었다(그 전에도 대법원 1962. 2. 15. 선고 4294민상914 판결, 1962. 5. 31. 선고 4293민재6 판결, 1979. 5. 15. 선고 78다1094 판결 등은 같은 견지에서 재판상화해 계약을 해제 또는 착오나 사기를 이유로 취소할 수 없다고 판시하였다).

3) 소송상화해는 당해 소송의 목적인 법률관계를 그 대상으로 하지만, 필요한 경우에는 그 이외의 권리·법률관계라도 화해의 대상으로 할 수 있다(대법원 2011. 9. 29. 선고 2011다48902 판결 등 참조).110)

4) 또한 소송상화해에서도, 그것이 소송 내적인 것으로서 그 존부나 성취 여부를 객관적으로 판단할 수 있으면, 화해에 정지조건 또는 해제조건을 붙이거나 실권약정을 할 수 있다(대법원 1993. 6. 29. 선고 92다56056 판결 등 참조).

5) 소송상화해는 변론을 요하는 소송을 전제로 하는 것은 아니므로 보전소송절차에서도 소송상화해가 가능하다. 그 절차에서 본안의 법률관계에 관하여도 소송상화해가 가능한지에 관하여 이를 부정하는 판례가 있으나(대법원 1958. 4. 3.자 4290민재항121 결정), 그 뒤 판례가 소송상화해의 법적 성질을 소송행위설로 바꾼 뒤에는 이 역시 가능하다는 것이 통설이고 실무관행이다.

(3) 화해의 방법

1) 소송상화해는 이와 같이 법원의 권고에 의해서 할 수도 있고 소송당사자들 스스로 할 수도 있으나, 반드시 법원의 관여를 요한다. 따라서 이미 분쟁이 소송으로 이행되어 그 소송이 계속되는 도중이라도, 화해가 법원의 관여 없이 이루어진 때는 실체법상의 화해계약일 뿐 소송상화해는 아니다.

2) 소송상화해에 법원이 관여한다고 해도, 당사자 사이에 화해가 이루어진 사실을 공적으로 확인하거나 화해가 이루어지도록 권유하는 것에 그치고, 그 내용까지 결정할 수는 없다. 따라서 화해의 내용이 선량한 풍속이나 강행법규에 위반되거나 장차 강제집행이 사실상 불가능한 경우에도 법원은 이를 화해내용에서 배제할 수는 없고, 단지 그러한 사정을 설명하고 다른 방향으로 화해하도록 유도하는 수밖에 없다.

3) 소송상화해는 통상 변론준비기일이나 변론기일에서 쌍방 당사자의 일치된 진술(화해)에 의하여 이루어지며, 소송상화해를 위해 따로 화해기일을 잡는 경우도 있다. 이론상으로는 기일을 열지 않고 쌍방 당사자가 수소법원의 법관 앞에서 일치된 진술을 하여 할 수도 있지만, 실무상 이런 방식으로는 하지 않는 것이 관행이다. 소송상화해는 쌍방 당사자가 그 화해할 사항에 관하여 일치된 진술을 하면 족하므로 반드시 사전에 그 합의서를 작성할 필요는 없다.

원고 또는 피고가 답변서나 준비서면에 화해의 의사표시를 기재하고 공증인의 인증을 받은 경우에는, 일방 당사자가 변론기일에 출석하지 않았더라도 상대방 당사자가 변론기일에 출석하여 그 화해의 의사표시를 받아들인 때에는 소송상화해가 성립된 것으로 본다(민사소송법 제148조 제3항).

4) 소송상화해는 쌍방 당사자가 하는 것이므로, 필수적 공동소송의 경우에는 그 전원

110) 이 경우 소송대리인이 화해를 하는 경우라면 그에게 당해 소송목적이 아닌 법률관계에 대해서도 소송대리권이 있어야만 한다.

이 화해에 참여하여야만 유효하다(민사소송법 제67조 제1항 참조). 3면적 소송관계인 독립당사자참가나 이에 준하는 공동소송(주위적·예비적·선택적 당사자)의 경우에도 그 당사자 전원이 화해에 참여하여야만 할 것이다(대법원 2005. 5. 26. 선고 2004다25901, 25918 판결 등). 그러나 통상 공동소송의 경우에는 공동소송인 일부와 그 상대방 사이에 유효하게 화해가 가능하다.

필요한 경우 보증인이나 제3자를 위한 계약의 수익자와 같이 소송당사자 아닌 제3자도 소송상화해에 참여할 수 있다. 이러한 제3자를 통상 화해참가인이라고 부르며, 그에게도 소송상화해의 효력이 미친다(대법원 1981 .12. 22. 선고 78다2278 판결, 1985. 11. 26. 선고 84다카1880 판결 등 참조). 제3자를 화해참가인으로 참여하게 할 때는 민사조정법 제16조를 유추하여 허가결정을 하거나, 따로 허가결정을 하지 않고 그냥 화해에 참여하게 하고 화해조서에 그를 화해당사자로 기재하더라도 무방하다.

5) 소송상화해가 이루어진 경우에는 재판서가 아니라 이를 기재한 조서, 즉 화해조서를 작성하게 되며, 이 조서는 확정판결과 동일한 효력이 있다(민사소송법 제220조). 화해조서에는 화해가 이루어진 내용을 '화해조항'으로 기재함은 물론 청구취지와 청구원인도 기재하여 그 소송목적이 무엇인지를 밝혀준다. 당해 소송목적이 아닌 법률관계를 화해의 대상으로 한 경우나 제3자가 화해에 참가하여 화해가 이루어진 경우에는 그 내용을 '화해조항'에 기재하면 충분하며, 따로 청구원인에 부가 기재할 필요는 없다.[111]

상소심에서 소송상화해가 이루어진 경우, 화해조서에는 하급심판결의 효력에 관하여는 따로 언급할 필요가 없고, 마치 그 판결이 없는 것처럼 생각하고 화해조항을 기재하면 된다.

(4) 소송상화해의 효과

1) 화해조서가 작성되어 소송상화해가 이루어진 경우 이는 확정판결과 동일한 효력이 있고(민사소송법 제220조), 그 내용이 선량한 풍속이나 강행법규에 위반된다 할지라도 준재심절차에 의하여 취소되지 않는 한 유효하다(대법원 1975. 3. 11. 선고 74다2030 판결, 1999. 10. 8. 선고 98다38760 판결 등 참조).

2) 소송상화해가 이루어진 경우에도 확정판결과 마찬가지로 당연히 기판력이 있고, 그 내용에 따라 확인, 이행청구권의 존재, 형성적 효력이 발생한다. 또한 소송상화해가 이루어진 경우에는 실체법상의 화해계약과 마찬가지로 창설적 효력이 발생한다. 따라서 종전의 권리·법률관계는 화해의 내용대로 변경된다(대법원 2001. 3. 9. 선고 2000다67020 판결, 2013. 62001. 4. 27. 선고 99다17319 판결 등). 물론 이때 창설적 효력이 미치는 범위는 당사자가 서로 양보하여 확정하기로 합의한 사항에 한하고, 당사자가 다툰 사실이 없었던 사항은 물론 화해의 전제로서 서로 양해하고 있는 데 지나지 않은 사항에 관하여는 그러한 효력이 생기지 않는다.[112]

---

111) 그러나 그 내용을 '화해조항'에 직접 기재하지 않을 때는 이를 따로 청구원인에 부가 기재하여야만 이에 대해서 화해의 효력이 발생한다.

112) 예컨대, ① 소유권이전등기절차를 이행한다는 내용의 재판상화해가 이루어지면 그 기판력의 결과로

소송상화해의 창설적 효력은 기판력의 한 내용으로서, 화해로써 인정된 권리·법률관계에 반하는 주장을 할 수 없다는 것에 불과하다. 따라서 그 때문에 소송상화해의 성질이 실체법상의 법률행위(화해계약)가 되는 것은 아니다.

3) 소송상화해가 이루어진 경우 당해 소송은 그대로 종료한다. 상소심에서 소송상화해가 이루어진 경우에는 상소심소송이 종료할 뿐 아니라, 이미 선고된 하급심판결도 효력을 상실한다.

4) 소송상화해에서 다른 소송의 소를 취하하기로 합의하였더라도, 그에 따라 소 취하를 하지 않은 이상 그것만으로 곧바로 당해 소송에 관하여 소 취하의 효력이 발생하지는 않는다. 그러나 그 사실이 당해 수소법원에 알려진 경우, 당해 법원은 소의 이익이 없게 된 것으로 보아 소를 각하하여야 한다는 것이 판례이다(대법원 1982. 3. 9. 선고 81다1312 판결, 1997. 9. 5. 선고 96후1743 판결, 2005. 6. 10. 선고 2005다14861 판결 등).113) 화해에서 다른 소송의 상소를 취하하기로 합의한 때도 같다.

다. 제소전화해

(1) 의 의

1) 제소전화해는 민사상 다툼이 있는 사건에 관하여 본안소송을 거침이 없이 막바로 지방법원에 화해를 신청하여 판사의 관여하에 화해를 하고, 이를 조서에 기재함으로써 분쟁을 해결하는 장치(비송사건)이다(민사소송법 제385조). 본안소송, 즉 소의 제기를 요하지 않는다는

위 소유권이전등기절차의 무효를 주장할 수 없다 할 것이나, 위 재판상화해 내지 그에 의한 소유권이전등기가 신탁의 방법으로 취해진 것이라면 재판상화해가 있었다는 이유만으로는 신탁관계가 소멸한 것이라 단정할 수 없고 그 후 적법한 신탁해제의 의사표시가 있을 때에는 그 해제의 효과를 부정할 수 없다(대법원 1966. 2. 28. 선고 65다251 판결), ② 채권자가 채무자에게 금전을 대여해 주면서 채무자 소유의 부동산에 관하여 자기 앞으로 가등기를 경료하였다가 위 금전을 변제하지 아니할 때에는 채무자가 채권자에게 위 가등기에 기한 본등기절차를 이행하기로 한 제소전화해에 따라 채권자 앞으로 가등기에 기한 본등기를 경료하였다면 위 소유권이전등기는 채무에 대한 담보권실행을 위한 방편으로 경료된 이른바, 정산절차를 예정하고 있는 약한 의미의 양도담보의 목적으로 경료된 것이라고 할 것이고, 이와 같은 양도담보에서는 채무의 변제기가 도과된 이후라 할지라도 채권자가 그 담보권을 실행하여 정산을 하기 전에는 채무자는 언제든지 채무를 변제하고 그 가등기 및 가등기에 기한 본등기의 말소를 구할 수 있다(대법원 1987. 11. 10. 선고 87다카62 판결), ③ 가등기담보법의 규정을 위반하여 무효인 본등기가 마쳐진 후 가등기에 기한 본등기를 이행한다는 내용의 화해권고결정이 확정되었다고 하더라도, 그러한 화해권고결정의 내용이 가등기담보법 제3조, 제4조가 정한 청산절차를 갈음하는 것으로 채무자 등에게 불리하지 않다고 볼 만한 특별한 사정이 없는 한, 위와 같이 확정된 화해권고결정이 있다는 사정만으로는 무효인 본등기가 실체관계에 부합하는 유효한 등기라고 주장할 수 없다. 나아가 그러한 화해권고결정에 기하여 다시 본등기를 마친다고 하더라도 본등기는 가등기담보법의 위 각 규정을 위반하여 이루어진 것이어서 여전히 무효라고 할 것이다(대법원 2017. 8. 18. 선고 2016다30296 판결).

113) 그러나 이론상으로 보자면, 그 화해에 의하여 당사자는 소를 취하하는 의사표시를 하여야 할 채무를 부담하고, 이는 선이행이나 조건부가 아닌 한 그 화해조서의 성립과 동시에 별도의 강제집행을 요하지 않고 소 취하 의사의 진술이 있게 되므로(민사집행법 제263조 참조) 화해조서를 당해 법원에 제출하면 그로써 당연히 그 소에 관하여 소 취하의 효력이 발생한다고 할 것이다.

점에서 '제소전'화해라고 한다. 이 점에서 이는 분쟁해결장치일 뿐 소송의 종료 사유에는 해당하지 않으나 편의상 여기서 다룬다.

2) 제소전화해 사항에는 아무런 제한이 없다. 따라서 공증인법 제56조의3에서와 같은 제약이 없다. 또한, 소액사건이나 독촉 사건에서와 같은 청구의 제한도 없다. 따라서 이행청구 외에 확인적 내용이나 형성적 내용도 가능하다.

3) 제소전화해 역시 화해이므로 당사자가 처분할 수 있는 법률관계에 한하고, 사회질서 또는 공서양속에 반하거나 강행법규에 위반하는 내용은 할 수 없다. 그러나 그러한 내용에 관하여 제소전화해가 이루어진 경우라도 당연무효가 되는 것은 아니다.

4) 제소전화해는 위와 같이 판사의 관여하에 화해를 하는 것이나, 실상은 이미 그 화해의 신청 전에 당사자 사이에 화해가 되어 있고 그 내용을 조서에 기재함으로써 그에 대한 기판력이나 집행력을 얻을 목적으로 이용된다. 따라서 판사는 화해를 권하지 않고 화해내용을 수동적으로 확인하여 조서에 기재토록 하는 데에 그치고 있는 실정이다.

5) 이와 관련하여, 실제로는 당사자 사이에 분쟁(다툼)이 없으면서도 제소전화해를 신청하는 것이 허용될 수 있는지 다툼이 있으나, 워낙 오랫동안 관행적으로 그러한 경우에도 이를 허용해온 실정과 그 대용물이라고 할 수 있는 공증 제도가 모든 면에서 제소전화해의 기능을 다할 수 없는 사정을 고려하여 이를 문제 삼지 않는 것이 실무관행이다.

(2) 신청과 심리

1) 제소전화해신청에는 그 성질에 어긋나지 아니하는 한 소에 관한 규정이 준용된다(민사소송법 제385조 제4항). 따라서 신청인은 청구취지, 청구원인과 다투는 사정을 신청서에 기재하여야 한다(민사소송법 제385조 제1항). 다투는 사정은 임의적 기재사항으로 보아, 그 기재가 없어도 유효한 것으로 처리함이 실무이다. 구술에 의한 신청도 가능하다(민사소송법 제161조). 제소전화해신청의 인지액은 통상의 소송에 비해 5분의 1로서 매우 저렴하다(민사소송 등 인지법 제7조 제1항).

2) 제소전화해 사건의 토지관할은 상대방의 보통재판적이 있는 곳의 지방법원과 그 지원(시·군법원 포함)이다(민사소송법 제385조 제1항). 전속관할이라는 규정이 없으므로 이는 임의관할로 볼 것이다.

3) 제소전화해 사건 역시 합의부와 단독판사 중 어디에 맡길지에 대해서 법원조직법이나 민사소송법은 물론 '민사 및 가사소송의 사물관할에 관한 규칙'에도 전혀 규정이 없다. 그런데 위와 같이 법원조직법은 제소전화해 사건을 시·군법원의 관할로도 인정하고 있는바, 시·군법원의 판사는 단독판사이므로, 결국 이러한 여러 사정을 종합하면 제소전화해 사건은 그 청구금액에 관계없이 지방법원과 그 지원 및 시·군법원 단독판사의 직분관할(전속관할)에 속한다고 보아야 할 것이다.

4) 접수담당 법원사무관등은 신청 또는 구술신청조서를 심사하여 필수적 기재사항의 누락, 인지의 부족 등 흠이 있으면 보정을 권고한다. 신청인이 불응할 경우 법원사무관등이나 담당 법관은 기간을 정하여 보정을 명하고, 이에 불응할 때에는 담당 법관이 신청서 또는 구술신청조서를 명령으로 각하하여야 한다(민사소송법 제385조 제4항, 제254조). 이에 대해서는 즉시항고가 가능하다(민사소송법 제385조 제4항, 제254조 제3항).

신청서 등을 적법한 것으로 인정한 때에는 법원은 즉시 신청서 등의 부본을 피신청인에게 송달한다. 송달불능 시에는 신청인에게 주소의 보정을 명하고 이에 불응할 때에는 역시 신청서 등을 각하하여야 한다(민사소송법 제385조 제4항, 제255조). 이 역시 즉시항고가 가능하다.

5) 제소전화해신청이 있으면 법원은 화해기일을 지정하여 당사자를 소환한다. 변호사가 아닌 사람이라도 청구금액이 1억 원을 초과하지 않는 경우에는 법원의 허가를 얻어 화해절차에서 소송대리를 할 수 있으나, 당사자는 대리인을 선임하는 권리를 상대방에게 위임할 수는 없다(민사소송법 제385조 제2항).[114] 이는, 채권자가 채무자로부터 대리인 선임에 관한 백지위임장을 미리 받아두고, 이를 이용하여 채권자가 채무자의 대리인을 선임하여 자신에게 일방적으로 유리한 내용의 제소전화해를 함으로써 제소전화해 제도가 채권자의 탈법행위를 합법화하는 수단으로 남용되는 것을 방지하려는 데 있다. 이에 위반한 경우 민사소송법 제461조, 제451조 제1항 제3호의 준재심사유에 해당한다(대법원 2012. 1. 26. 선고 2011다51984 판결 참조).

형식상으로는 당사자 일방이 대리인을 선임하였더라도, 그 대리인 선임 경위, 대리인 선임 비용의 부담 관계, 제소전화해 사건의 진행 경과, 당사자와 대리인의 접촉 및 교섭 여부 등에 비추어 사실상 상대방에게 대리인 선임권을 위임한 경우로 볼 수 있는 경우도 있다(대법원 2012. 1. 26. 선고 2011다51984 판결 참조). 그러나 쌍방 당사자가 동일인을 대리인으로 선임하여 그로 하여금 쌍방대리를 하게 하는 것은 허용되므로,[115] 실제로는 위 규정이 무력하다.

6) 화해기일은 통상의 소의 변론기일이나 화해기일처럼 지정된 일시와 장소에서 법관이 사건과 당사자를 호명하여 개시한다. 법원은 필요한 경우 대리권의 유무를 조사하기 위하여 당사자 본인 또는 법정대리인의 출석을 명할 수 있다(민사소송법 제385조 제3항). 신청인 또는 상대방이 불출석한 때에는 다시 기일을 정하여 통지할 수도 있고, 화해불성립으로 처리할 수도 있다(민사소송법 제387조 제2항). 화해기일은 변론기일이 아니므로 민사소송법 제268조(기일 불출석에 의한 소 취하 간주)는 성질상 준용되지 않는다는 것이 통설이다.

7) 제소전화해 사건의 경우 통상적으로 당사자 간에 이미 화해할 내용이 마련되어 있

---

114) 예전에는 이러한 규정이 없어, 제소전 화해의 신청인이 피신청인의 소송대리인을 선임한 것이 피신청인의 위임에 의하여 이루어진 것이라면 그것은 유효한 것이고 쌍방대리의 원칙에 따라 무효로 처리하지 않았다(대법원 1990. 12. 11. 선고 90다카27853 판결 등 참조).

115) 다만, 대리인이 변호사인 경우에는 쌍방대리를 금지한 변호사법(제31조 제1항)에 의하여 허용되지 않는다.

으므로, 그 화해조항, 즉 신청서에 기재된 합의의 진위 여부와 화해의 의사 유무를 판사가 확인하는 것으로 충분하나, 불일치가 있으면 화해를 권유할 수 있고, 또 합의해온 화해조항이 강행법규나 공서양속에 위반한 경우 또는 그 내용이 불분명하거나 장차 강제집행에 곤란이 있는 경우 등에는 신청인에게 청구취지의 정정을 명하고 정정된 내용으로 화해를 유도할 수 있다.[116] 신청인이 청구취지 정정권유에 불응한 경우 화해신청을 부적법 각하하여야 한다. 그러한 사항은 당사자가 처분할 수 없어 화해의 대상이 될 수 없기 때문이다. 소에 관한 규정을 준용하므로, 이 각하결정에 대해서는 통상의 항고를 할 수 있다고 할 것이다.

8) 화해기일의 진행 사항은 사건조서에 기재하며, 화해의 성립 여부 등 그 결과도 화해조서와 별도로 이 조서에 기재한다.

(3) 화해의 성립과 불성립

1) 화해가 성립된 때에는 법원사무관등은 화해조서에 당사자, 법정대리인, 청구의 취지와 청구원인, 화해조항, 날짜와 법원을 표시하고, 판사와 법원사무관등이 기명날인 또는 서명한다(민사소송법 제386조).

2) 화해가 성립되지 아니한 경우, 당사자는 화해불성립의 조서 등본을 송달받은 날부터 2주일 이내에 소 제기신청을 할 수 있다. 위 기간은 불변기간이므로(민사소송법 제388조 제4항) 추완이 가능하다. 적법한 소 제기신청이 있으면 화해신청을 한 때에 소가 제기된 것으로 본다(민사소송법 제388조 제2항). 이 경우 법원사무관등은 바로 소송기록을 관할법원에 보내야 한다. 소 제기가 간주되므로 이송결정은 필요 없다.

(4) 제소전화해의 효력

1) 제소전화해는 소송상화해와 그 효력이 동일하다. 따라서 이는 확정판결과 동일한 효력을 가진다(민사소송법 제220조). 제소전화해가 이루어진 경우 민법상 화해계약과 마차가지로 종래의 법률관계가 소멸하고, 화해계약에 의하여 새로운 법률관계가 생기는 창설적 효력이 있다(대법원 1981. 8. 25. 선고 80다2645 판결, 1984. 8. 14. 선고 84다카207 판결 등).

2) 또한 제소전화해가 이루어진 경우에도 소송상화해와 마차가지로 기판력이 발생한다. 따라서 당연무효 사유와 같은 사유가 없는 한 준재심의 소에 의하여만 그 효력을 다툴 수 있다(대법원 1962. 2. 28. 선고 4294민상336 판결, 2000. 3. 10. 선고 99다67703 판결 등).[117] 강행법규위반이나 공서양속에 위반한 때라도 준재

116) 이론상으로는 화해권고결정도 가능하나 제소전화해 사건의 취지상 부적당하며, 실제로 이를 하는 경우는 거의 없다.

117) 제소전화해에 있어서는 종결될 소송이 계속되었던 것이 아니고 종결된 것은 화해절차뿐이므로, 재심사유가 있어 준재심의 소에 의하여 제소전화해를 취소하는 준재심 재판이 확정된다 하여도 부활될 소송이 없음은 물론, 그 화해절차는 화해가 성립되지 아니한 것으로 귀착되어 그 제소전화해에 의하

심사유에 해당하지 않고 기판력이 있다는 것이 통설이다(대법원 1991. 4. 12. 선고 90다9872 판결 등 참조). 제소전화해의 경우 기판력의 표준시는 제소전화해가 이루어진 때, 즉 제소전화해조서가 작성된 때이다.

3) 위와 같이 제소전화해의 신청에는 소에 관한 규정이 준용되므로 그 신청 시에 제척기간 준수의 효력이 발생하고, 그때에 소멸시효가 중단된다(민법 제168조 제1호). 그러나 상대방이 기일에 출석하지 아니하여 법원이 화해불성립으로 처리한 경우와 쌍방이 기일에 출석하였으나 화해가 불성립한 경우에는 소멸시효 중단의 효력이 없고, 다만 적법한 소 제기신청을 하였거나, 화해불성립일로부터 1월내에 소를 제기한 때에는 그 중단의 효력이 유지된다(민법 제173조, 민사소송법 제388조 제2항).

라. 화해권고결정

(1) 의 의

1) 화해권고결정은, 소송에 계속 중인 사건에 대하여 법원이 직권으로 당해 사건의 공평한 해결을 위하여 화해에 갈음하는 결정(화해권고결정)을 하고, 이에 대하여 당사자가 이의를 제기하지 않는 경우 당사자 사이에 그러한 내용의 화해가 이루어진 것으로 보는 제도이다(민사소송법 제225조). 이는 민사조정절차에서 조정을 갈음하는 결정과 그 취지가 동일하다.

2) 화해권고결정은 법원(수소법원, 수명법관 또는 수탁판사)이 직권으로 하는 것이지만(민사소송법 제225조 제1항), 당사자가 직권발동을 촉구하는 내용의 신청을 하는 것은 가능하고, 실제로 그에 따라 이루어지는 경우도 많다.

3) 화해권고결정은 소송상화해와 마찬가지로 소송이 계속되어 있는 중이면 언제나 가능하다. 따라서 소가 적법한지 여부, 변론이 개시된 여부나 종결된 여부 또는 판결이 선고된 여부에 관계없이, 판결이 확정되거나 소송이 종료되기 전이면 언제라도 가능하다.

4) 상소심에서도 동일하며, 이론상으로는 상고심에서도 가능하다. 그러므로 소장 부본이 송달되기 전이거나 항소장 부본이 송달되기 전에도 가능하며(민사소송법 제145조 참조),[118] 변론이 개시되기 전 변론준비절차에서는 재판장 등도 이를 할 수 있다(민사소송법 제286조, 제280조 제2항).

(2) 방 법

1) 화해권고결정은 당사자의 이익과 그 밖의 모든 사정을 참작하여 청구취지에 어긋나지 아니하는 범위에서만 할 수 있다. 화해권고를 위하여 필요한 경우에는 소송물이 아

여 생긴 법률관계가 처음부터 없었던 것과 같이 되는 것뿐이다(대법원 1996. 3. 22. 선고 95다14275 판결).

118) 민사소송법 제225조 제1항에는 '소송에 계속중인 사건'이라고 하고 있으나, 이는 소장 부본이 피고에게 송달되어 소송계속의 효과가 발생한 사건이라고 해석되기보다는 법원에 접수된 사건으로 해석된다.

닌 권리 내지 법률관계도 그 대상에 포함시킬 수 있으며, 이 경우 화해권고결정의 효력은 그 내용에 따라 그 결정에 기재된 당사자에게 미친다(대법원 2008. 2. 1. 선고 2005다42880 판결). 그러나 화해권고결정의 성질상 제3자를 화해참가인으로 참여하게 할 수는 없다.

2) 화해권고결정은 별도의 결정서로써 하는 것이 보통이나, 변론기일조서에 적는 방법으로도 할 수 있다(민사소송법 제154조 제5호). 그리고 반드시 기일에서만 할 수 있는 것은 아니므로 기일 밖에서도 할 수 있다.

3) 화해권고결정을 한 때는 그 결정내용을 적은 조서 또는 결정서의 정본을 당사자에게 송달하여야 한다(민사소송법 제225조 제2항). 다만, 그 송달은 발송송달(민사소송법 제185조 제2항), 우편에 의한 발송송달(민사소송법 제187조) 또는 공시송달(민사소송법 제194조)에 의해서는 할 수 없다(민사소송법 제225조 제2항 단서). 당사자가 이를 현실로 받아보고 이의 여부를 결정하여야 하기 때문이다. 따라서 화해권고결정을 하였으나 위와 같은 송달방법 외에는 양쪽 또는 한쪽 당사자에게 화해권고결정을 송달할 수 없는 경우, 법원은 직권 또는 당사자의 신청에 따라 화해권고결정을 취소해야 한다(민사소송규칙 제59조 제1항).

(3) 이의신청

1) 당사자는 그 조서 또는 결정서의 정본을 송달받은 날부터 2주 이내에 이의를 신청할 수 있다(민사소송법 제226조 제1항). 그 정본이 송달되기 전에도 이의를 신청할 수 있음은 물론이다. 이의신청은 이의신청서를 화해권고결정을 한 법원에 제출하는 방법으로 한다(민사소송법 제227조 제1항). 이의신청이 있으면 이를 상대방에게 송달한다. 위 기간은 불변기간이다(민사소송법 제226조 제2항). 따라서 추완이 가능하다.

2) 이의신청이 적법한 때와 화해권고결정이 취소된 경우, 소송은 화해권고결정 이전의 상태로 돌아가고, 그 이전에 행한 소송행위는 그대로 효력을 가진다.

3) 이의신청을 한 당사자는 그 심급의 판결이 선고될 때까지 상대방의 동의를 얻어 이의신청을 취하할 수 있고, 여기에는 소 취하의 관련 규정이 준용된다(민사소송법 제228조). 또한 이의신청권은 이의신청 전까지 서면으로 포기할 수 있다(민사소송법 제229조). 화해권고결정은 그 심급에서 판결이 선고된 때에는 그 효력을 잃으므로, 그 이후에는 이의신청을 취하하거나 포기할 수 없다.

4) 수소법원, 수명법관 또는 수탁판사는 이의신청이 법령상의 방식에 어긋나거나, 신청권이 소멸된 뒤의 것임이 명백한 경우로서 그 흠을 보정할 수 없으면 결정으로 이를 각하하여야 하며, 수명법관 또는 수탁판사가 각하하지 아니한 때에는 수소법원이 결정으로 각하한다(민사소송법 제230조 제1항). 각하결정에 대하여는 즉시항고를 할 수 있다(민사소송법 제230조 제2항).

(4) 확정된 화해권고결정의 효력

1) 화해권고결정은, ① 이의신청이 없는 때, ② 이의신청에 대한 각하결정이 확정된 때, ③ 당사자가 이의신청을 취하하거나 이의신청권을 포기한 때에 확정된다(민사소송법 제231조). 이로써 당해 소송은 종료한다.

2) 확정된 화해권고결정은 재판상화해와 동일한 효력을 가진다(민사소송법 제231조). 즉 확정판결과 동일한 효력이 발생한다. 기판력도 있음은 물론이다(대법원 2012. 5. 10. 선고 2010다2558 판결, 2014. 4. 10. 선고 2012다29557 판결 등).

3) 화해권고결정에서 기판력의 표준시는 확정시가 되어야 할 것이므로, 변론종결 후의 승계인 해당 여부도 그 확정시를 기준으로 하여야 한다(대법원 2012. 5. 10. 선고 2010다2558 판결 등).

4. 조 정

가. 조정의 의의

(1) 개념과 종류

1) 조정은 당사자 사이에서 다툼 있는 권리·법률관계에 대하여 상호양보를 통하여 분쟁을 해결하는 비송절차이다. 이런 면에서 그 실질은 화해와 같다. 그리고 조정은 조정사건이든 소송절차 진행 중 조정에 회부된 경우이건 모두 법원이 관여하므로 재판상화해와 성질이 같고, 민법상의 화해계약과는 다르다.

2) 민사사건의 조정에 관하여는 민사조정법과 그 규칙 및 가사소송법과 그 규칙, 비송사건절차법, '민사 및 가사조정의 사무처리에 관한 예규'(2003. 12. 31. 대법원재판예규 제943-26호)가 규율한다. 가사사건의 조정은 특수성이 있으므로 여기서는 민사사건의 조정에 관하여만 설명하기로 한다.

3) 조정은 ① 소를 제기하는 대신 처음부터 법원에 조정을 신청하는 경우(민사조정법 제2조), ② 지급명령에 대하여 채무자가 적법한 이의신청을 하고 이를 발령한 법원이 인지의 보정을 명한 때에 채권자가 인지를 보정하는 대신 조정으로의 이행을 신청한 경우(민사조정법 제5조의2), ③ 소송절차 진행 중 수소법원이 소송사건을 조정에 회부한 경우(민사조정법 제6조)로 나뉜다.

(2) 조정신청 등

1) 조정신청은 서면이나 구술로 할 수 있고, 피신청인에 대한 민사소송법 제3조부터 제6조까지의 규정에 따른 보통재판적 소재지, 피신청인의 사무소 또는 영업소 소재지, 피신청인의 근무지, 분쟁의 목적물 소재지, 손해 발생지를 관할하는 지방법원과 그 지원(시·군법원 포함)이 관할한다(민사조정법 제3조 제1항).

위 규정에 불구하고 조정사건은 그에 상응하는 소송사건의 전속관할법원이나 당사자 사이에 합의로 정한 법원에서 관할할 수 있다(민사조정법 제3조 제2항). 조정담당판사는 사건이 그 관할에 속하는 경우라도 이송하는 것이 적절하다고 인정하면, 직권 또는 당사자의 신청에 의한 결정으로 그 사건을 다른 관할법원에 이송할 수 있고, 이에 대하여는 불복하지 못한다(민사조정법 제4조 제2, 3항).

2) 조정신청 사건은 그 청구금액에 관계없이 단독판사(조정담당판사, 시·군법원 판사)의 직분관할에 속한다.

3) 조정신청의 수수료는 '민사소송 등 인지법' 제2조에 따라 산출한 금액(소장에 붙일 금액)의 10분의 1로 한다. 다만, 조정신청서를 전자문서로 제출하는 경우에는 10%를 다시 감액한다(민사조정규칙 제3조 제1항). 조정신청인이 소정의 인지를 붙이지 아니한 경우, 조정담당판사는 적절한 기간을 정하여 보정할 것을 명하여야 하며(민사조정법 제13조 제1항), 신청인이 이 명령을 이행하지 아니하면 조정담당판사는 명령으로 신청서를 각하하여야 하고, 이 명령에 대하여는 즉시항고를 할 수 있다(민사조정법 제13조 제2, 3항).

4) 조정이 신청된 사건에 관하여 후발적으로 소송이 계속되게 된 경우, 그 수소법원은 소송절차를 중지할 수 있다(민사조정규칙 제4조 제1항). 이미 소송이 계속된 경우에는 수소법원이 조정에 회부할 수 있으므로 조정신청을 하는 것은 부적법하지는 않지만 바람직하지 않다.

5) 위와 같이 조정신청서를 각하하여야 할 사유가 없으면 조정신청서 부본이나 구술조정신청조서 등본은 지체 없이 피신청인에게 송달하여야 한다(민사조정법 제14조).

6) 지급명령에 대한 이의신청에 따라 채권자가 조정으로의 이행(移行)을 신청한 경우에는 지급명령법원이 그 이행신청서 부본을 채무자에게 송달하여야 할 것이다.

(3) 수소법원의 조정 회부

1) 수소법원의 조정 회부는 1심과 항소심에서만 가능하며, 항소심판결 선고 전까지 결정으로 할 수 있다(민사조정법 제6조).[119] 따라서 이론상으로는 1심판결 선고 후에도 1심법원은 판결이 확정되기 전이라면 조정에 회부할 수 있다. 재심사건에서도 조정이 가능하다(대법원 2012. 9. 13. 선고 2010다97846 판결 등).

2) 당사자는 수소법원에 조정 회부를 신청할 수 있으나, 이는 직권발동을 촉구하는 효력밖에 없다. 수소법원의 조정 회부결정에 대해서는 당사자가 불복할 수 없다고 해석된다.

3) 수소법원의 조정 회부결정이 있으면 조정절차가 종료할 때까지 당해 소송사건의 소송절차는 중지된다(민사조정규칙 제4조 제2항).

119) 반대로 소송상화해나 화해권고결정을 함에는 별도로 화해절차에 회부할 필요가 없다. 조정절차의 회부는 결정{'이 사건을 조정에 회부한다(조정담당판사 처리)' 또는 "이 사건을 조정절차에 회부한다(수소법원 처리)"}으로써 한다. 수소법원이 소송에 계속 중인 사건을 직접 조정하거나 수명법관 또는 수탁판사로 하여금 조정하게 하는 때에는 조정사건번호를 따로 붙이지 않는다('민사 및 가사조정의 사무처리에 관한 예규'제21조 5항).

(4) 조정의 담당자

1) 조정신청(조정으로의 이행신청 포함)에 의한 조정의 경우, 조정은 조정담당판사가 처리하되, 조정담당판사는 스스로 조정을 하거나 상임 조정위원 또는 조정위원회로 하여금 조정을 하게 할 수 있다. 다만, 당사자의 신청이 있을 때에는 조정위원회로 하여금 조정을 하게 하여야 한다(민사조정법 제7조 제1, 2항). 그 외의 경우에는 조정위원회를 구성하지 않고 조정담당판사 또는 상임 조정위원이 단독으로 조정할 수 있다.

2) 조정담당판사는 고등법원장, 지방법원장 또는 지방법원지원장의 지정을 받아 조정사건을 담당하는 판사(시·군법원 판사 포함)이고(민사조정법 제4조 제1항), 상임 조정위원은 상임으로 조정에 관한 사무를 처리하는 조정위원(민간인)이며(민사조정법 제7조 제2항, 조정위원규칙 제2조의2),[120] 조정위원은 고등법원장이나 지방법원장, 지방법원지원장이 조정을 위하여 위촉한 사람(민간인)이다(조정위원규칙 제2조). 상임조정위원과 조정위원은 직무상으로는 공무원이다.

3) 조정위원회는 조정장(조정담당판사 또는 상임 조정위원, 수소법원의 재판장이나 수명법관 또는 수탁판사, 시·군법원의 판사) 1명과 조정위원 2명 이상으로 구성한다(민사조정법 제8, 9조). 상임조정위원은 조정담당판사와 동일한 권한을 갖는다(민사조정법 제7조 제4항). 조정위원회를 구성하는 조정위원은 당사자가 합의하여 선정한 사람 또는 미리 위촉된 조정위원 중에서 사건마다 조정장이 지정하며(민사조정법 제10조의2), 조정장은 사건처리상 특히 필요하다고 인정하는 때에는 조정위원회를 구성하는 조정위원의 지정을 취소할 수 있다(민사조정규칙 제7조).

조정위원회의 조정절차는 조정장이 지휘한다(민사조정법 제11조 제1항). 조정위원회의 의결은 과반수의 의견에 의하고, 가부동수인 경우에는 조정장의 결정에 따른다(민사조정규칙 제14조). 조정위원회의 합의는 공개하지 아니한다(민사조정규칙 제15조).

조정위원회가 조정을 하는 경우, 조정담당판사의 일부 권한(민사조정규칙 제4조제5항, 제5조제1항·제2항, 제9조, 제11조, 제15조의2제1항 및 제4항의 규정에 의한 것)은 조정위원회에, 조정담당판사의 일부 권한(민사조정규칙 제2조의2제1항·제2항, 제4조제4항, 제6조제2항·제3항, 제12조의2제1항 및 제16조제1항의 규정에 의한 것)은 조정장에게 속하고(민사조정규칙 제18조 제1항), 조정위원회의 명령, 결정, 처분서 등에는 조정위원회를 대표하여 조정장이 기명날인한다(민사조정규칙 제18조 제2항).

4) 수소법원이 조정에 회부한 사건은 ① 수소법원 스스로 조정하거나, ② 수명법관 또는 수탁판사를 지정하여 그로 하여금 하게 하거나, ③ 조정담당판사에게 하도록 할 수 있다(민사조정법 제7조 제3, 5항). 이 경우 수소법원, 수명법관, 수탁판사는 조정담당판사와 동일한 권한을

120) 상임 조정위원은 통산하여 10년 이상 판사·검사·변호사 등의 직에 있었거나, 변호사 자격이 있는 사람으로서 민사조정위원 또는 가사조정위원으로 3년 이상 활동한 사람 중에서 법원행정처장이 위촉한다(조정위원규칙 제2조의2).

가진다(민사조정법 제7조 제4, 5항).

5) 조정담당판사는 스스로 조정을 하거나 상임 조정위원 또는 조정위원회로 하여금 조정을 하게 할 수 있다(민사조정법 제7조 제1, 2항). 수소법원과 수명법관 또는 수탁판사는 단독으로 조정을 하거나 조정위원회를 구성하여 조정을 할 수 있다(민사조정법 제7조 제3, 5항). 이 경우에는 당사자가 조정위원회에 의한 조정을 신청하여도 이에 구속되지 않는다.

나. 조정의 대상

1) 조정은 당사자가 자유롭게 처분할 수 있는 권리·법률관계에 대하여만 할 수 있다. 따라서 형성소송사항은 원칙적으로 조정 대상이 되지 않으나, 이혼소송이나 공유물분할의 소, 청구이의나 제3자이의의 소와 같이 그 소송목적인 권리·법률관계에 대하여 당사자가 자유롭게 처분할 수 있는 경우에는 유효하게 조정을 할 수 있다.[121]

2) 조정은 소송의 대상이 된 권리 또는 법률관계, 즉 소송목적인 권리·법률관계에 한정되지 않는다. 따라서 당사자는 필요한 경우, 그 외의 권리 또는 법률관계도 조정의 대상으로 삼을 수 있다(대법원 2011. 9. 29. 선고 2011다48902 판결, 2013. 11. 21. 선고 2011두1917 판결 등). 다만, 조정조서에 대하여 인정되는 확정판결과 동일한 효력은 원칙적으로 소송목적인 권리·법률관계에 관하여만 미치므로, 소송목적 이외의 사항에 대해서도 조정의 효력이 미치도록 하려면 이를 조정조항에 직접 기재하여 특정하거나 조정조서 중 <청구의 표시> 다음에 부가적으로 이를 기재하여 이를 조정의 대상으로 포함시켜야만 한다(대법원 2007. 4. 26. 선고 2006다78732 판결, 2008. 1. 10. 선고 2006다37304 판결 등).

3) 조정은 당해 사건의 소송당사자가 아닌 자에 대해서도 할 수 있다. 소송당사자가 아닌 자로서 조정에 참여하려는 자는 조정참가인이 되어야 하고, 그 권리·법률관계를 위와 같이 소송목적인 권리·법률관계와 따로 조정조서에 기재하여야 한다. 그렇게 되면 조정참가인에 관하여도 확정판결과 동일한 효력이 발생한다(대법원 2014. 3. 27. 선고 2009다104960, 104977 판결).

4) 조정참가인이 될 수 있는 자는 그 사건과 법률상 이해관계가 있어야 하고, 조정담당판사나 상임 조정위원, 조정위원회의 허가를 얻어야 한다(민사조정법 제16조 제1항).[122] 조정담당판사는 직권으로 이해관계인을 조정에 참가하게 할 수 있다(민사조정법 제16조 제2항). 수소법원이 직접 조정을 하는 때에는 그 법원의 재판장 또는 수명법관, 수탁판사가 조정담당판사의 권한을 가지므로 그의 허가를 얻어야 한다. 조정참가 허가결정은 언제라도 직권으로 취소할 수 있는

121) 다만, 청구이의나 제3자이의의 소송에서 조정으로써 당사자들이 집행권원인 확정판결 등의 집행력 소멸이나 이미 한 집행처분의 무효, 취소를 선언할 수는 없으므로, 집행권원인 확정판결 등에 의한 강제집행신청의 취하나 이미 한 집행처분의 결과를 상대방에게 반환하는 등의 방식으로 조정을 하여야 한다(대법원 2012. 9. 13. 선고 2010다97846 판결 참조).

122) 실무상 조정참가인에 대한 허가는 별도의 허가결정을 하기도 하지만, 허가결정문의 작성 없이 그 결정 내용을 조정조서나 조정기일조서에 기재하거나 그 결정이 있음을 전제로 곧바로 조정참가인을 조정조서에 기재하는 방법으로 처리하고 있다.

것으로 해석된다.

5) 수소법원이 조정에 회부한 사건의 보조참가인은 별도의 참가허가결정 없이도 자동적으로 조정참가인이 될 수 있다고 보아야 할 것이다.

다. 사전처분

1) 조정담당판사는 조정을 위하여 특히 필요하다고 인정하면, 당사자의 신청에 의해 상대방과 그 밖의 사건관계인에게 조정 전의 처분으로서, 현상을 변경하거나 물건을 처분하는 행위의 금지, 그 밖에 조정의 내용이 되는 사항의 실현을 불가능하게 하거나 현저히 곤란하게 하는 행위의 배제를 명하고, 그 위반에 대한 제재(30만 원 이하의 과태료)를 고지할 수 있다(민사조정법 제21조, 제42조 제1항). 위 처분에 대하여는 즉시항고할 수 있으나, 위 처분에는 집행력이 없다. 따라서 이를 직접 강제할 수는 없고, 위반행위에 대하여 과태료 부과만 가능하다.

2) 조정담당판사는 사건을 조정에 의하여 해결하는 것이 상당하다고 인정되는 경우, 조정의 성립을 불가능하게 하거나 현저히 곤란하게 할 우려가 있는 때에는, 신청에 의하여 담보를 제공하게 하거나 제공하게 하지 아니하고 조정이 종료될 때까지 조정의 목적이 된 권리에 관한 집행절차의 정지를 명할 수 있다. 다만, 재판 및 조서 기타 법원에서 작성된 서면의 기재에 기한 집행절차에 관하여는 그러하지 아니하다(민사조정규칙 제5조 제1항).

3) 또한, 조정담당판사는 위와 같이 집행절차의 정지를 명한 경우에 필요하다고 인정하는 때에는 신청에 의하여 담보를 제공하게 하거나 제공하게 하지 아니하고 이를 속행할 것을 명할 수 있다(민사조정규칙 제5조 제2항). 위 집행정지나 속행명령에 대하여 당사자는 즉시항고를 할 수 있다(민사조정규칙 제5조 제3항).

라. 조정의 방법

(1) 조정의 실시

1) 민사조정절차에 대해서는 민사소송법의 일부 규정과 비송사건절차법의 일부 규정이 준용된다(민사조정법 제38, 39조). 가사사건에 대해서는 가사소송법에 관련 규정이 있다(가사소송법 제49조 이하). 가사사건의 조정에 대하여는 민사조정법 제18조와 제23조를 제외하고는 이를 준용한다(가사소송법 제49조).

2) 조정담당판사 등은 조정을 위해 조정기일을 정하고, 소환장을 송달하는 방법이나 그 밖의 적절한 방법으로 조정기일을 당사자에게 통지하여야 한다(민사조정법 제15조 제1, 2항). 조정신청서나 조정신청조서를 피신청인에게 송달할 수 없는 경우에는 조정담당판사는 상당한 기간을 정하여 주소의 보정을 명하여야 한다.

당사자의 신청에 의한 조정의 경우, 주소를 보정하지 아니한 등으로 당사자에게 조정기일을 통지할 수 없는 때는 조정담당판사는 명령으로 조정신청서를 각하하여야 한다(민사조정법 제25조 제1항, 동규칙 제2조의2). 다만, 공시송달에 의한 소송진행이 가능하다고 인정되는 때에는 조정이 성립되지 아니한 것으로 사건을 종결할 수 있다(민사조정규칙 제2조의2 제2항 단서). 이 각하명령에 대하여는 불복하지 못한다(민사조정규칙 제2조의2 제3항).

3) 조정신청인이 조정기일에 출석하지 아니한 때에는 다시 기일을 정하여 통지하여야 하고, 새로운 기일 또는 그 후의 기일에 신청인이 출석하지 아니한 때에는 조정신청이 취하된 것으로 본다(민사조정법 제31조). 피신청인이 조정기일에 출석하지 아니한 경우에는, 조정담당판사는 다시 기일을 정하여 통지할 수 있음은 물론이지만, 상당하다고 인정하는 때에는 직권으로 '조정을 갈음하는 결정'을 할 수 있다(민사조정법 제32조).

수소법원이 조정에 회부한 사건의 조정기일에 당사자 쌍방 또는 일방이 출석하지 아니한 경우, 조정담당판사는 상당하다고 인정하는 때에는 조정을 갈음하는 결정을 할 수 있고, 당사자가 출석하지 아니하여 조정기일을 2회 이상 진행하지 못한 경우 조정을 갈음하는 결정을 하지 아니하는 때에는 조정절차를 종결하고 사건을 수소법원에 다시 회부하여야 한다(민사조정규칙 제4조 제5항). 이 경우 조정기일에 쌍방 당사자가 2회 이상 출석하지 아니하더라도 민사소송법 제268조에 의한 소 취하나 상소 취하 간주의 효력은 생기지 않는다.

4) 조정담당판사 등 조정기관은 조정사건의 분리 또는 병합을 명하거나 이를 취소할 수 있다(민사조정법 제14조의2). 조정은 사건의 내용, 당사자의 의사와 편의 등을 고려하여 법원 외의 적당한 장소에서 할 수 있다(민사조정법 제19조 제1항). 실무상 조정은 법원 안에서 하는 경우에도 법정이 아닌 장소(조정실, 회의실, 판사실, 조정위원실 등)에서 하는 것이 대부분이다.

5) 조정은 조정기일에 조정담당기관이 양 당사자와 조정참가인에게 양보를 권유함으로써 한다. 이 점에서 화해와 동일하다. 조정은 절차를 공개하지 않을 수 있고, 그 기일에서 한 진술 내용을 조서에 기재하지 않으며, 그 기일에서 한 진술 내용 등은 당해 조정에 대한 준재심절차를 제외하고는 본안소송절차에서 원용할 수 없다(민사조정법 제23조).

6) 조정기일에서도 조정담당판사 등은 당사자나 이해관계인의 진술을 듣고 적당한 방법으로 사실이나 증거를 조사할 수 있다(민사조정법 제22조). 조정담당판사나 조정위원회는 사실의 조사 또는 증거조사를 지방법원 판사에게 촉탁할 수 있고, 조정위원회는 조정장에게 사실의 조사 또는 증거조사를 하게 할 수 있다(민사조정규칙 제8조 제1, 2항). 조정담당판사 또는 조정위원회는 상당하다고 인정하는 때에는 소속법원의 조정위원에게 사실의 조사를 하게 할 수 있다(민사조정규칙 제8조 제3항). 증거조사는 민사소송의 예에 의한다(민사조정규칙 제8조 제4항).

조정담당판사는 지방법원 판사에게 분쟁해결에 관하여 이해관계인에 대한 의견의 청취를 촉탁할 수 있다(민사조정규칙 제9조). 조정담당판사는 필요한 조사를 공무소 기타 적당하다고 인정하는 자에게 촉탁할 수 있고, 조정담당판사 또는 조정위원회는 필요하다고 인정하는 때에는 소속법원의 조정위원으로부터 전문적인 지식, 경험에 기한 의견을 청취할 수 있다(민사조정규칙 제11, 12조).

사실조사, 증거조사, 소환, 고지 기타 조정절차비용의 예납에 관하여는 민사소송법 제116조와 민사소송규칙 제19조, 제20조의 규정이 준용되며, 당사자 등이 예납할 절차비용의 범위와 액에 관하여는 민사소송비용법과 민사소송비용규칙이 준용된다(민사조정규칙 제13조).

7) 조정절차에서도 피신청인의 경정이 허용된다(민사조정법 제17조). 제1심 수소법원이 조정에 회부한 사건에 대하여 조정절차에서 피고경정을 한 경우에는 소송절차에서도 그 효력이 있다(민사조정법 제17조 제4항).

수소법원이 소송사건을 조정에 회부한 경우, 그 소송대리인은 조정에 관하여도 당사자를 대리할 수 있다. 다만, 화해 또는 조정에 관한 권한이 있음을 서면으로 증명하여야 한다(민사조정규칙 제6조 제3항). 변호사 아닌 자를 조정절차의 대리인 또는 보조인으로 하려면 조정담당판사의 허가를 받아야 하나, 조정사건이 소액사건에 해당하는 경우에는 소액사건심판법 제8조를 준용한다. 조정담당판사는 언제든지 대리인 또는 보조인 허가를 취소할 수 있고, 그 선임불허가결정 및 허가취소결정에 대하여는 불복하지 못한다(민사조정규칙 제6조 제4, 5항).

8) 공동의 이해관계가 있는 다수의 당사자는 그중 한 사람 또는 여러 사람을 대표당사자로 선임할 수 있고, 위 선임은 서면으로 증명하여야 한다(민사조정법 제18조 제1, 2항). 조정담당판사는 필요하다고 인정하면 당사자에게 대표당사자를 선임할 것을 명할 수 있다(민사조정법 제18조 제3항). 대표당사자는 자신을 선임한 다른 당사자를 위하여, 조정조항안의 수락, 조정신청의 취하, 민사조정법 제30조 및 제32조에 따른 결정에 관계되는 행위, 대리인의 선임을 제외하고는 각자 조정절차에 관한 모든 행위를 할 수 있다(민사조정법 제18조 제4항).

9) 조정절차에는 위와 같이 민사소송법이 준용되므로, 이와 별도로 당사자들은 조정절차에서 선정당사자를 선임할 수도 있다. 수소법원이 조정에 회부한 사건의 경우, 이미 소송절차에서 선임된 선정당사자는 조정절차에서도 당연히 당사자의 자격을 가지며, 조정절차에서 선정당사자를 선임한 경우에는 그 효력을 조정절차에 국한하였다는 등의 특별한 사정이 없는 한 소송절차에서도 그 효력이 있다고 보아야 할 것이다.

10) 수소법원이 조정에 회부한 사건에 관하여 원고는 조정기일에 구두로 소를 취하할 수 없다. 조정기일은 변론기일이나 변론준비기일이 아니기 때문이다. 따라서 그 경우에는 소 취하서를 제출하도록 권유하여야 하고(민사 및 가사조정의 사무처리에 관한 예규 제23조 제2항), 원고가 이에 불응하는 때에는 소 취하의 효력이 없다.

(2) 조정의 성립, 불성립

1) 조정담당판사는 조정사건이 그 성질상 조정을 하기에 적당하지 아니하다고 인정하거나 당사자가 부당한 목적으로 조정신청을 한 것이라고 인정하는 경우에는 '조정을 하지 아니하는 결정'으로 사건을 종결시킬 수 있고, 이 결정에 대하여는 불복하지 못한다(민사조정법 제26조). 부당한 목적의 조정신청은 당사자의 신청(조정절차 이행신청 포함)에 의한 경우에 한한다.

2) 당사자 사이에 합의가 성립되지 아니하는 경우나 성립된 합의의 내용이 적당하지 아니하다고 인정하는 경우, 조정담당판사는 조정이 성립되지 아니한 것으로 사건을 종결한다(민사조정법 제27조). 후자의 경우에는 결정이 필요 없다.

3) 당사자의 조정신청에 의한 조정사건의 경우, ① 조정을 하지 아니하기로 하는 결정이 있는 때, ② 조정이 성립되지 아니한 것으로 사건이 종결된 경우에는 조정신청을 한 때에 소가 제기된 것으로 본다(민사조정법 제36조 제1항). 이 경우 조정신청인은 소를 제기할 때 소장에 붙여야 할 인지액에서 그 조정신청서에 붙인 인지액을 뺀 금액에 상당하는 인지를 보정하여야 하고(민사조정법 제36조 제2항), 필요한 경우 조정담당판사는 조정신청인에게 적절한 기간을 정하여 인지를 보정하도록 명하여야 하며, 조정신청인이 그 기간 이내에 인지를 보정하지 아니한 때에는 결정으로 조정신청서를 각하하여야 한다(민사조정규칙 제16조의4). 이 결정에 대하여는 즉시항고를 할 수 있다.

법원사무관등은 위와 같은 보정사유가 없으면, 소송으로 이행된 사유가 발생한 날 또는 보정이 있은 날부터 3일 이내에 기록송부서에 의하여 사건기록을 관할법원에 송부하여야 한다(민사 및 가사조정의 사무처리에 관한 예규 제25조 제1항). 이때도 이송결정은 필요 없다. 수소법원이 조정에 회부한 사건을 다시 수소법원에 회부하는 경우에도 이와 같다(민사 및 가사조정의 사무처리에 관한 예규 제25조 제3, 4항). 이 경우 조정담당판사 또는 조정장은 본안법원으로 하여금 조정의 경위를 파악하여 소송절차를 보다 효율적으로 진행할 수 있도록 하기 위하여 조정의 진행경과 및 조정실패의 이유 등을 기재한 조정결과통지서를 그 법원에 송부할 수 있다(민사 및 가사조정의 사무처리에 관한 예규 제17조 제1항).

4) 조정절차에서의 대리인에게 소송절차에서도 대리권이 있다는 명문의 규정이 없으므로, 조정절차에서 조정담당판사의 허가를 얻어 대리인이 된 자는 소송으로 이행되거나 소송으로 복귀되면 대리인의 자격을 상실한다. 조정참가인도 소송으로 이행·복귀한 후에는 참가인의 지위를 상실하므로, 소송절차에서 별도로 참가신청을 하여야 한다. 조정절차의 대표당사자 역시 소송절차에서 선정당사자로 간주될 수는 없으므로, 별도로 선정서 제출이 필요하다.

조정절차와 소송절차는 별개의 절차이므로, 조정절차에서 증거조사가 되었다고 할지라도 소송절차에서 당연히 증거로서의 효력이 있거나 당사자가 이를 원용할 수는 없다. 따라서 소송으로 이행 또는 복귀된 경우, 소송절차에서는 새로운 증거조사절차를 거쳐야만 한다.

조정절차에서도 조정신청의 취지와 그 원인(신청취지와 분쟁의 내용)을 변경할 수 있으나, 수소법원이 조정에 회부한 사건에 대하여는 조정절차가 종료될 때까지 소송절차가 중지되므로(민사조정규칙 제4조 제2항), 조정절차에서 소송사건의 청구취지와 청구원인을 변경할 수는 없고, 그러한 소송행위를 하더라도 효력이 없다고 할 것이다. 따라서 조정절차에서 그와 같이 변경된 청구를 조정에 반영하기 위해서는 그런 내용을 조정의 대상으로 삼는 절차가 필요할 것인데, 법령상 그러한 절차가 따로 없으므로 조정기관은 이를 사실상 조정절차에 상정하고 조정조서에 그 변경된 내용을 기재하는 방법으로 반영하는 수밖에 없을 것이다.[123]

5) 법원사무관등은 조정기일의 조서를 작성한다. 법원사무관등은 ① 조정을 하지 아니하기로 하는 결정이 있을 때, ② 조정이 성립되지 아니한 때, ③ 조정을 갈음하는 결정이 있을 때에는 그 사유를 조서에 기재하여야 한다(민사조정법 제33조 제1항). ①, ③의 결정은 따로 재판서를 작성하지 않을 수 있고, 이 경우 법원사무관등은 조정을 하지 아니하기로 하는 결정이 있거나 조정이 성립되지 아니한 사유를 기재한 조서는 그 등본을, 조정을 갈음하는 결정을 기재한 조서는 그 정본을 당사자에게 각각 송달하여야 한다(민사조정법 제33조 제2항).

6) 조정이 성립한 때에는 당사자 사이에 합의된 사항을 조정조서에 기재하고, 그 정본을 당사자에게 각각 송달하여야 한다(민사조정법 제33조 제2항). 조정조서는 화해조서처럼 조정기일조서와 별개로 작성하며, 조정조항, 청구취지와 청구원인을 기재한다. 다만, 소액사건의 경우에는 청구원인을 생략할 수 있다(민사조정규칙 제12조의2 제3항, 민사소송규칙 제31조).

7) 조정조항을 정하는 때에는 재판상화해의 경우와 마찬가지로, 당사자가 처분할 수 없는 법률관계를 처분하는 형식을 취하지 않도록 주의하여야 한다. 예컨대, 근저당권설정등기의 말소등기를 명한 재심대상판결에 대한 재심의 소에서 "1. 재심대상판결 및 제1심판결을 각 취소한다. 2. 갑은 이 사건 청구를 포기한다. 3. 갑은 을 회사에 근저당설정등기의 회복등기절차를 이행한다."는 취지의 조정이 성립하였더라도, 제1항 부분은 법원만이 할 수 있고 당사자는 처분할 수 없는 법률관계이므로, 이러한 조정이 성립하더라도 그 부분은 당연무효이다(대법원 2012. 9. 13. 선고 2010다97846 판결 등).

권리·법률관계의 확인이 필요한 때는 "피고는 원고에 대하여 별지 목록 기재 부동산이 원고의 소유임을 확인한다", "피고는 별지 목록 기재 부동산이 원고의 소유임을 인정

123) 조정절차에서 원고가 소송사건의 청구취지와 청구원인을 변경한 경우, 조정기관은 이를 조정절차에 상정하여야 할 것이다.

한다", "피고는 원고에 대하여 원고와 피고 사이에 2020. 5. 25. 체결된 소비대차계약에 기하여 1억 원의 채무가 있음을 확인한다", "피고는 원고에 대하여 원고와 소외 ○○○ 사이에 2020. 5. 25. 별지 목록 기재 부동산에 관하여 체결된 매매계약이 사해행위임을 인정한다"와 같이 기재하면 무방하다.

8) 소송사건을 수소법원이 조정에 회부한 경우, 조정이 성립하거나 조정에 갈음하는 결정이 확정된 때에는 소의 취하가 있는 것으로 본다(민사조정규칙 제4조 제3항).

(3) 조정을 갈음하는 결정(강제조정결정)

1) 모든 조정사건에서 조정담당판사는 합의가 성립되지 아니하거나, 당사자 사이에 성립된 합의의 내용이 적당하지 아니하다고 인정하는 경우, 상당한 이유가 없으면 직권으로 당사자의 이익이나 그 밖의 모든 사정을 고려하여 신청인의 신청취지(소송사건의 경우에는 청구취지)에 반하지 아니하는 한도에서 사건의 공평한 해결을 위한 결정, 즉 '조정을 갈음하는 결정'을 하여야 한다(민사조정법 제30조). 피신청인이 조정기일에 출석하지 아니한 경우에도 같다(민사조정법 제32조). 이를 통상 강제조정결정이라고도 한다.

이는 조정담당판사가 결정서를 작성하고 기명날인하는 방법으로 한다(민사조정규칙 제15조의2 제1항). 조정담당판사와 같은 권한이 있는 수소법원이나 상임 조정위원 등도 이를 할 수 있음은 물론이다.

2) 민사소송법 제185조 제2항, 제187조 또는 제194조 내지 제196조의 규정에 의한 발송송달이나 공시송달 이외의 방법으로 당사자 쌍방 또는 일방에게 조정을 갈음하는 결정서 정본을 송달할 수 없는 경우, 조정담당판사는 직권이나 당사자의 신청으로 이를 취소하고, 조정의 불성립으로 사건을 종결하여야 한다(민사조정규칙 제15조의2 제4항). 수소법원이나 상임 조정위원 등도 같다.

3) 강제조정결정에 대하여 당사자는 그 결정의 정본이 송달된 날부터 2주일 이내에 이의를 신청할 수 있다(민사조정법 제34조 제1항). 조서의 정본이 송달되기 전에도 이의를 신청할 수 있다. 위 기간은 불변기간이므로(민사조정법 제34조 제5항) 추완이 가능하다.

조정담당판사 등은 이의신청이 적법하지 아니하다고 인정하는 때에는 결정으로 이를 각하하여야 하며, 수소법원이 조정에 회부한 경우에 조정담당판사가 이를 각하하지 아니한 때에는 수소법원이 결정으로 이를 각하한다(민사조정규칙 제16조 제1항). 위 각하결정에 대하여는 즉시항고를 할 수 있고, 즉시항고는 집행정지의 효력이 있다(민사조정규칙 제16조 제2, 3, 4항).

4) 적법한 기간 내에 이의신청이 있을 때에는 법원은 이의신청의 상대방에게 지체 없이 이를 통지하여야 한다(민사조정법 제34조 제2항). 이의신청을 한 당사자는 해당 심급의 판결이 선고될 때까지 상대방의 동의를 받아 이의신청을 취하할 수 있다(민사조정법 제34조 제3항). 이의신청의 취하에

대해서는 민사소송법 제266조 제3항부터 제6항까지의 규정을 준용한다. 해석상 이의신청권의 포기도 허용된다고 할 것이다.

5) ① 적법한 기간 내에 이의신청이 없는 경우, ② 이의신청이 적법하게 취하된 경우, ③ 이의신청에 대한 각하결정이 확정된 경우에는 강제조정결정이 확정된다. 이는 재판상 화해와 동일한 효력이 있는바(민사조정법 제34조 제4항), 기판력 등 모든 효력은 조정조서와 동일하다(대법원 2008. 1. 10. 선고 2006다37304 판결, 2015. 2. 26. 선고 2014다78225 판결 등).

마. 조정의 효력

(1) 조정신청의 효력, 조정비용

1) 당사자의 신청에 의한 조정사건의 경우, 조정신청 시 소멸시효 중단의 효력이 있으나(민사조정법 제35조 제1항), 이 경우 ① 조정신청이 취하된 때, ② 민사조정법 제31조 제2항에 따라 조정신청이 취하된 것으로 보는 때(조정신청인의 불출석으로 인한 취하간주)는 1개월 이내에 소를 제기하지 아니하면 시효중단의 효력이 없다(민사조정법 제35조 제2항).

2) 조정절차의 비용은 조정이 성립된 경우에는 이에 관하여 특별한 합의가 없으면 당사자들이 각자 부담하고, 조정이 성립되지 아니한 경우에는 신청인이 부담한다(민사조정법 제37조 제1항).

조정신청이 소송으로 이행되었을 때에는 그 비용은 소송비용의 일부로 본다(민사조정법 제37조 제2항).

3) 소송사건이 조정에 회부된 경우, 조정이 성립하거나 조정에 갈음하는 결정이 확정된 때에는 이미 지출한 소송비용은 조정절차비용의 일부로 본다. 다만, 조정에 갈음하는 결정에 대한 이의신청이 취하된 경우에 이의신청 이후의 소송비용은 그렇지 않다(민사조정규칙 제16조의2).

(2) 조정이 성립된 경우의 효력

1) 조정사항을 기재한 조정조서는 재판상의 화해조서와 같이 확정판결과 동일한 효력이 있고(민사조정법 제29조), 창설적 효력이 있으므로 당사자 사이에 조정이 성립하면 종전의 다툼 있는 법률관계를 바탕으로 한 권리·의무관계는 소멸하고 소송법상 조정의 내용에 따른 새로운 권리·의무관계가 성립한다(대법원 2007. 4. 26. 선고 2006다78732 판결 등). 이는 민사소송이든 가사소송이든 불문하므로 가정법원에서 이루어진 조정조서도 동일하다(대법원 1968. 10. 22. 선고 68므32 판결 등).

2) 조정조서는 확정판결과 동일한 효력이 있으므로 이로써 곧바로 이혼이나 집행권원의 집행력 소멸 등의 형성적 효력도 발생한다. 그러나 대법원은 공유물분할의 조정에 관하여, "… 공유물분할의 소송절차 또는 조정절차에서 공유자 사이에 공유토지에 관한 현물분할의 협의가 성립하여 그 합의사항을 조서에 기재함으로써 조정이 성립하였더라도, 그와 같은 사정만으로 재판에 의한 공유물분할의 경우와 마찬가지로 그 즉시 공유관계가

소멸하고 각 공유자에게 그 협의에 따른 새로운 법률관계가 창설되는 것은 아니고, 공유자들이 협의한 바에 따라 토지의 분필절차를 마친 후 각 단독소유로 하기로 한 부분에 관하여 다른 공유자의 공유지분을 이전받아 등기를 마침으로써 비로소 그 부분에 대한 대세적 권리로서의 소유권을 취득하게 된다고 보아야 한다"라고 하고 있는바(대법원 2013. 11. 21. 선고 2011두1917 전원합의체 판결), 이는 명문의 규정에 반할 뿐만 아니라 다른 형성의 소와 균형이 맞지 않으므로 쉽게 동의하기 어렵다.[124)]

3) 조정은 위와 같이 다툼의 대상이 되는 권리관계에 대하여 당사자가 자유롭게 처분할 수 있는 사항만을 대상으로 하므로, 친생자관계 존부확인이나 기존 법원 판결의 취소와 같이 당사자가 자유롭게 처분할 수 없는 사항을 대상으로 한 조정은 성립하더라도 효력이 없다(대법원 2007. 7. 26. 선고 2006므2757, 2764 판결, 2012. 9. 13. 선고 2010다97846 판결 등). 또한, 판결로써 할 수 없는 사항은 조정도 불가하므로, 사망한 사람을 상대로 한 사실혼관계존재확인의 조정이 성립되었다고 하더라도 그 조정은 무효이다(대법원1965. 4. 6. 선고 65다139,140 판결 등 참조).

4) 이와 같이 조정조서는 재판상의 화해조서와 같이 확정판결과 동일한 효력이 있어 당사자 사이에 기판력이 생기므로, 확정판결의 당연무효 등의 사유가 없는 한 설령 조정내용이 강행법규에 위반된다 할지라도 그것은 단지 조정에 하자가 있음에 지나지 아니하여 준재심절차에 의하여 구제받는 것은 별문제로 하고 그 조정조서를 무효라고 할 수는 없다(대법원 2007. 4. 26. 선고 2006다78732 판결, 2014. 3. 27. 선고 2009다104960,104977 판결). 그러나 재판상화해에서 본 바와 같이, 강행법규에 위반한 것만으로는 준재심사유에 해당한다고 보기 어렵다.

5. 이행권고결정

가. 의 의

1) 소액사건의 경우 화해권고결정과 같은 특별한 분쟁해결장치가 도입되어 있는데, 그것이 곧 이행권고결정이다. 그 성질은 다음과 같이 앞서 본 화해권고결정이나 뒤에서 보는 지급명령과 대동소이하다. 이행권고결정 역시 소송에 계속 중인 소액사건에 대하여 법원이 직권으로 당해 사건의 청구취지와 같은 내용으로 결정(이행권고결정)을 하고, 이에 대하여 당사자가 이의를 제기하지 않는 경우 등에는 확정판결과 같은 효력이 발생한다(소액사건심판법 제5조의3 이하).

2) 이행권고결정은 지급명령과 같이 원고가 구하는 청구취지와 같은 내용으로 한다. 이를 할지 여부는 수소법원의 임의에 달려있다(소액사건심판법 제5조의3 제1항). 다만, ① 독촉절차 또는 조정절차에서 소송절차로 이행된 때, ② 청구취지나 청구원인이 불명한 때, ③ 그 밖에 이행권

124) 위 판결 중 대법관 민일영의 반대의견 참조.

고를 하기에 적절하지 않다고 인정하는 때에는 이를 하지 아니한다(소액사건심판법 제5조의3 제1항 단서).

3) 이행권고결정의 시기에는 제한이 없으나, 원칙적으로 소액사건의 소가 제기된 직후로서 피고에게 소장 부본이나 제소조서 등본을 송달하지 않은 상태에서 한다. 피고에게 이행권고결정서의 등본이 송달된 때에는 소장 부본이나 제소조서 등본이 송달된 것으로 본다(소액사건심판법 제6조). 따라서 이 경우에는 소장 부본이나 제소조서 등본을 송달하지 않는다.[125)]

4) 2016. 7. 1. 이후 접수된 사건의 경우에는 사법보좌관이 이를 한다(법원조직법 제54조 제2항 제1호).

5) 법원사무관 등은 이행권고결정서의 등본을 피고에게 송달하여야 하는데, 발송송달(민사소송법 제185조 제2항), 우편에 의한 발송송달(민사소송법 제187조) 또는 공시송달(민사소송법 제194조)에 의해서는 할 수 없다. 이런 경우 이의신청이 불가능하기 때문이다. 따라서 이러한 방법에 의하지 아니하고는 피고에게 이행권고결정서의 등본을 송달할 수 없는 경우, 지체 없이 변론기일을 지정하여야 한다.

나. 이의신청

1) 피고는 이행권고결정서의 등본을 송달받은 날부터 2주일 내에 서면으로 이의신청을 할 수 있다. 그 등본이 송달되기 전에도 할 수 있다. 이의신청은 추후보완(추완)이 가능하다(소액사건심판법 제5조의6 제1항).

2) 법원은 이의신청이 적법하지 아니하다고 인정되고 그 흠을 보정할 수 없을 때는 결정으로 이를 각하하여야 하고, 이 결정에 대하여는 즉시항고를 할 수 있다(소액사건심판법 제5조의5). 이 즉시항고도 추완이 가능하다(소액사건심판법 제2조 제2항, 민사소송법 제444조).

3) 적법한 이의신청이 있는 때에는 법원은 지체 없이 변론기일을 지정하여야 한다. 이행권고결정에 대하여 이의신청을 한 경우에는 피고가 원고의 주장사실을 다툰 것으로 보므로(소액사건심판법 제5조의4 제5항), 자백이 성립하지 않고, 따라서 무변론판결(민사소송법 제257조 제1항)이 불가능하다.

4) 이의신청을 한 피고는 제1심판결이 선고되기 전까지 이의신청을 취하할 수 있다(소액사건심판법 제5조의4 제4항). 화해권고결정과 달리 취하에 원고의 동의는 필요 없다.

5) 사법보좌관이 한 이행권고결정에 대하여는 사법보좌관에게 이의신청을 할 수 있다(사법보좌관규칙 제3조 제1의2호). 이 경우 이의신청은 판사의 이행권고결정에 대한 이의신청과 같이 처리된다. 따라서 그 이의신청이 적법하면 법원사무관등은 기록을 소액사건 담당판사에게 송부하여야 하고, 판사는 변론기일을 지정하여 심리하여야 한다(소액사건심판법 제5조의4 제3항).

6) 사법보좌관은 이행권고결정 관련 업무에 대하여는 판사와 동일한 권한이 있으므로(법원조직법 제54조 제2항 제1호, 사법보좌관규칙 제2조 제1항 제3의2호), 부적법한 이의신청에 대한 각하결정도 사법보좌관이 한다. 사법보좌관이 채무자의 이의신청을 각하한 결정에 대해서도 즉시항고가 허용되므로, 이 각하결

125) 이행권고결정서의 청구취지와 청구원인은 소장 부본을 인용하는 방식으로 작성하기 때문이다.

정에 대하여는 사법보좌관에게 이의신청을 할 수 있다(사법보좌관규칙 제4조 제1, 2항).

위 이의신청은 그 처분을 고지 받은 날부터 7일 내에 하여야 하고, 이의신청서에는 인지를 붙일 필요가 없으며, 위 각하결정에 대하여 이의신청이 있는 경우 사법보좌관은 이의신청 사건을 소속 법원의 단독판사에게 송부하여야 한다(사법보좌관규칙 제4조 제3, 4,, 5항). 사법보좌관으로부터 이의신청 사건을 송부 받은 단독판사는 ① 보정명령, ② 이의신청의 각하, ③ 원처분의 경정, ④ 원처분의 인가 등 필요한 처분을 하여야 하고, 민사소송법이나 민사집행법에 규정된 절차에 따라 사법보좌관의 처분의 집행을 정지하거나 그 밖의 필요한 처분을 할 수 있다(사법보좌관규칙 제4조 제6항). 사법보좌관의 처분 중, 판사가 처리하는 경우 특별항고의 대상이 되는 처분에 대한 이의신청이 이유 없다고 인정되는 때에는 단독판사는 결정으로 이를 각하하여야 하고, 이에 대해서는 불복할 수 없다(사법보좌관규칙 제4조 제6항 제4호, 제8항).

그 이외 단독판사의 이의신청 각하결정이나 경정결정에 대해서는 민사소송법에 정한 절차에 따라 불복(즉시항고)할 수 있다(사법보좌관규칙 제4조 제7항). 단독판사가 사법보좌관의 처분을 인가한 때는 그 결정을 이의신청인에게 고지하여야 하고, 이의신청 사건을 항고법원에 송부하여야 한다(사법보좌관규칙 제4조 제6항 제5호, 제5호의2). 이 경우 사법보좌관에 대한 이의신청은 즉시항고로 보며, 이의신청 사건을 송부 받은 항고법원은 이를 단독판사가 한 인가처분에 대한 즉시항고로 보아 재판절차를 진행하여야 한다(사법보좌관규칙 제4조 제6항 제5호, 제9항).

다. 확정된 이행권고결정의 효력

1) ① 적법한 기간 내에 이의신청이 없는 때, ② 이의신청에 대한 각하결정이 확정된 때, ③ 이의신청이 취하된 때는 이행권고결정은 확정판결과 같은 효력 있다(소액사건심판법 제5조의7 제1항).

2) 따라서 이행권고결정으로 확정된 금전 등의 지급청구권은 이행권고결정의 확정일로부터 기산하여 10년의 소멸시효가 적용된다. 그러나 청구이의의 소를 제기할 때는 기판력의 제한을 받지 아니한다(소액사건심판법 제5조의8 제3항).

3) 이행권고결정이 확정되면 그로써 소액사건의 소송절차는 종료한다. 이행권고결정이 있었으나 확정판결과 같은 효력을 갖지 못하는 경우, 그 결정은 소액사건의 1심판결이 선고된 때에 효력을 잃는다(소액사건심판법 제5조의7 제3항).

4) 이행권고결정의 이행조항 중 '소송촉진 등에 관한 특례법' 제3조 소정의 '소장 부본 송달일'과 '판결 선고일'은 이행권고결정서 등본의 송달일로 볼 수 있다(대법원 2013. 6. 10.자 2013그52 결정 참조).

5) 이행권고결정이 확정판결과 같은 효력을 가지게 된 때에는 법원사무관등은 당사자들에게 이행권고결정서의 정본을 송달하여야 한다. 이행권고결정에 기한 강제집행은 원칙적으로 집행문을 부여받을 필요 없이 그 정본에 의하여 행하는 등의 특례가 인정된다(소액사건심판법 제5조의8 제1, 2항). 다만, 이행권고결정의 집행에 조건을 붙인 경우, 승계인을 위하여 또는 승계

인에 대하여 강제집행을 하는 경우에는 집행문을 요한다(소액사건심판법 제5조의8 제1항 단서).

6. 기타의 사유

1) 이상의 사유 외에도, ① 당사자의 지위가 상속이나 법인합병 등으로 혼동된 경우, ② 당사자가 사망하였으나 소송목적의 법적 성질상 승계가 허용되지 않는 경우, 그로써 소송이 종료한다(대법원 1992. 5. 26. 선고 90므1135 판결, 2007. 7. 26. 선고 2005두15748 판결 등 참조).

2) 그러나 재산관계 소송 중 당사자가 사망하였으나, 상속인이 없거나 상속인의 존재 여부가 분명하지 아니한 경우는 이에 해당하지 아니한다. 국가 등이 승계인이 되거나(민법 제1057조의2, 제1058조) 상속재산관리인이 새로운 당사자가 될 수 있기 때문이다

3) 위와 같이 소송이 종료하는 경우 법원은 별도의 재판을 할 필요가 없고, 위와 같은 사유의 발생으로 당연히 소송이 종료한다. 다만, 그 소송 종료 여부에 대하여 다툼이 있는 경우 법원은 판결로써 소송종료선언을 할 수 있다(대법원 2003. 1. 24. 선고 2002다56987 판결, 2011. 4. 28. 선고 2010다103048 판결 등).

05 상소, 재심, 준재심

Ⅰ. 재판에 대한 상소

1. 상소의 의의

1) 상소는 판결 등 재판에 대하여 불복하고 상급법원에 그 재판, 즉 원심재판의 취소·변경을 구하는 것이다. 기본적으로 3심제를 취하고 있는 우리 민사소송제도상 상소는 2심법원에의 상소와 3심법원에의 상소 두 단계로 가능하다. 전자는 사실의 심리를 허용하나, 후자는 순수한 법률심으로서 사실심리를 허용하지 않고 법리만을 심리한다.

2) 상소는 당해 재판을 한 법원이 아니라, 그 상급법원에 당해 재판의 취소·변경을 구하는 것이므로 당해 재판을 한 원심법원에 불복을 신청하는 이의신청(민사소송법 제138, 151, 226, 441, 470조 등)과 다르다. 물론 항고나 재항고의 경우, 상급법원이 아닌 원심법원도 원심결정을 취소·변경할 수 있지만, 이는 법이 특별히 상급법원 대신 원심법원으로 하여금 원심재판을 시정할 기회를 부여한 것으로서, 그렇다고 하여 항고나 재항고가 상소가 아닌 이의신청이 되는 것은 아니다.

법원의 재판에 대하여 이의신청을 인정하는 경우와 상소를 인정하는 경우는 민사소송법 등 법령에 따로 정해져 있다. 이의신청에 따른 원심법원의 재판(결정)에 대한 불복은 당연히 상소(항고, 재항고)에 해당한다(민사소송법 제441조 제2항, 부동산등기법 제105조, 가족관계의 등록 등에 관한 법률 제112조 등).

3) 또한 상소는 법원의 재판에 대한 불복신청이므로, 법원사무관 등의 처분에 대한 이의신청(민사소송법 제223조), 사법보좌관의 처분에 대한 이의신청(법원조직법 제54조 제3항), 등기관의 처분에 대한 이의신청(부동산등기법 제100조), 가족관계 등록공무원의 처분에 대한 불복신청(가족관계의 등록 등에 관한 법률 제109조)은 상소가 아니다. 물론 그 이의신청에 대한 재판인 결정에 대한 불복은 상소에 해당한다. 법원의 재판이 아닌, 기일통지의 누락이나 당사자 본인을 증인으로 신문하는 행위 등 소송절차상 법원의 처분에 대한 이의신청(민사소송법 제151조) 역시 이와 같다.

4) 상소를 허용하는 목적은 ① 당사자에게 추가적 권리구제의 기회 부여, ② 법령의 해석과 그 적용에 대한 통일을 기하기 위한 것이라고 할 수 있다.

2. 상소의 종류

가. 항소·항고, 상고·재항고

(1) 원심재판의 유형과 상소

1) 상소는 2심법원에의 상소인 항소와 항고, 3심법원(대법원)에의 상소인 상고와 재항고로 나눌 수 있다.

2) 상소는 다시 불복신청의 대상인 원심재판의 유형에 따라, ① 판결에 대한 상소인 항소와 상고, ② 결정·심판·명령에 대한 상소인 항고와 재항고로 나눌 수 있다. 이를 더욱 세분하면, 항소와 상고에는 통상의 항소와 상고 외에 비약상고, 부대항소, 부대상고가 있고, 항고와 재항고에는 통상의 항고와 즉시항고, 특별항고가 있다. 이는 불복의 이유와 불복신청의 기간 등에서 차이가 있다.

3) 이와 같이 상소는 불복신청의 대상인 재판이 판결인지 아니면 결정·심판·명령인지에 따라 항소와 상고 또는 항고와 재항고로 나뉘는데, 이에 따라 상소제기기간이나 원심법원의 시정권(是正權) 등에서 차이가 있다. 따라서 상소는 그 불복신청의 대상인 재판에 따라 그에 맞는 상소의 방법으로 하여야 하고, 그렇지 않으면 상소가 부적법하게 된다. 물론 이때 법원은 상소장에 기재된 상소의 종류에 구속될 것이 아니라, 원심재판의 종류, 그 결과, 당사자가 불복하여 구제를 구하는 이익의 유무 등 상소장에 기재된 당사자의 의사를 실질적·종합적으로 해석하여 당사자가 제기한 상소가 어느 것에 해당하는지를 판단하여야 한다.

4) 그리하여, ① 판결에 대하여 이의신청서나 탄원서가 제출된 경우라도, 원심판결에 대하여 불복의 취지가 표시되어 있는 때에는 이를 상소로 보아 당사자에게 보정을 명하여 상소의 취지를 분명히 할 것과 필요사항의 기재 및 적법한 인지액을 납부하도록 한 다음 기록을 상소심법원에 송부하여야 하며, ② 상소장의 표제가 재항고나 특별항고로 되어 있더라도, 실질상 통상항고에 해당하는 때에는 이를 통상항고로 보아 대법원이 아닌 항고법원에 기록을 송부하여야 하고, 그 반대의 경우에도 같다(대법원 1997. 3. 3.자 97으1 결정, 2018. 3. 27.자 2017그758 결정 등 참조).

(2) 위식(違式)의 재판에 대한 상소

1) 원심법원이 판결사항과 결정·심판·명령사항의 판별을 잘못하여 잘못된 형식의 재판(이를 통상 위식의 재판이라고 한다)을 한 경우에도, 그 위식의 재판 자체가 무효가 되는 것은 아니라는 것이 판례이다(대법원 1957. 12. 26. 선고 4289민상346 판결). 민사소송법 제440조는 결정이나 명령으로 재판할 수 없는 사항에 대하여 결정 또는 명령을 한 때에는 항고할 수 있다고 규정하고 있는바, 이 역시 이러한 뜻을 간접적으로 나타낸 것이라고 할 수 있다.[1)]

2) 이와 관련해서는, ① 당사자는 어떠한 방법의 상소를 하여야 하는지, ② 그 상소에 관하여 상소제기기간과 인지 등 절차적 요건은 무엇을 기준으로 하여야 하는지, ③ 상소심은 그 심리와 재판에 있어 어떤 법을 적용하여야 하는지, ④ 이 경우 상소심은 원심재판의 절차가 법률에 어긋난 것으로 보아 이를 취소 또는 파기하여야 하는지, 아니면 그 본안의 당부에 대해서만 심판하여야 하는지가 문제된다.

3) 우선 위 ①, ②의 문제에 대해서는 학설의 대립이 있다. ① 주관설은 실제로 원심법원이 한 재판의 형식을 기준으로 한다는 견해이고, ② 객관설은 원심법원이 한 재판의 형식을 떠나 법령에 따라 적법하게 하였어야 할 본래의 재판 형식을 기준으로 한다는 견해이며, ③ 절충설은 상소인이 임의로 어느 쪽이든 선택할 수 있다는 견해이다. 민사소송법 제440조는 "결정이나 명령으로 재판할 수 없는 사항에 대하여 결정 또는 명령을 한 때에는 항고할 수 있다"고 규정하고 있는바, 이는 주관설과 객관설 어느 쪽으로나 해석될 수 있다.

객관설을 취하면 법지식이 부족한 당사자에게 가혹하므로 채택하기 어려운 면이 있고, 절충설을 취할 경우에는 쌍방 당사자가 각각 상이한 방법의 상소를 제기한 경우 그 처리기준을 정할 수 없다는 난점이 있다. 주관설을 취하면 그 기준이 분명하기는 하나, 당사자가 이에 따르지 않은 경우 불이익을 입을 수도 있는 단점이 있다.

① 대법원 1957. 12. 26. 선고 4289민상346 판결은, 결정 또는 명령으로써 재판을 할 수 없는 사항에 관하여 결정 또는 명령으로써 재판을 하였을지라도 이에 대하여 불복하는 당사자가 항고를 할 수 있으므로, 원래 판결로써 하여야 할 가처분의 취소를 결정으로 하였다고 하더라도 이에 대해서 항고할 수 있고, 위 가처분 취소결정에 기한 가처분등기의 말소는 적법하다고 판시하였고, ② 대법원 1962. 1. 11. 선고 4294민상558 판결과 2007. 11. 16. 선고 2005두15700 판결은, 보조참가신청에 대한 허부의 재판은 결정으로 하게 되어 있고, 이 결정에 대하여는 즉시항고를 할 수 있도록 되어 있으나 종국판결로써 이를 심판한 경우, 당사자는 그 판결에 대한 상소의 방법으로 불복할 수 있다고 하였으며,[2] ③ 대법원 2012. 9. 13. 선고 2011스145 판결은, 가사비송사건인 상속재산분할청구에 대하여 1심이 신문이나 심문을 거쳐 심판(결정)으로 재판하여야 함에도 변론을

1) 민사소송법 제440조는 결정이나 명령으로 재판할 수 없는 사항에 대하여 결정 또는 명령을 한 때만 규정하고 있으나, 반대로 판결로써 재판할 수 없는 사항에 대하여 판결을 한 때도 같은 법리를 적용하여야 할 것이다.

2) 1심법원이 결정이 아닌 종국판결로 보조참가신청을 기각하자 보조참가신청인이 즉시항고를 한 데에 대하여, 1심법원이 종국판결로써 신청을 기각한 이상 그 판결 중 항고인의 보조참가신청을 기각한 부분은 더 이상 즉시항고의 대상이 되지 아니하여 위 즉시항고는 부적법하고, 나아가 즉시항고를 제기할 수 있다고 하더라도 즉시항고제기기간을 도과하여 부적법하다는 이유로 항소심이 즉시항고를 각하한 사안에서 대법원은 보조참가신청인의 재항고를 심리불속행으로 기각한 바 있다(대법원 2011. 9. 6. 자 2011마1331 결정).

거쳐 판결을 선고하였고, 이에 피고가 항소하자 항소심 역시 변론을 거쳐 판결을 선고하였는데(다만, 항소심은 사건번호를 가사비송사건 번호 '브'로, 원고들을 '청구인들'로, 피고를 '상대방'으로, 항소를 '항고'로 표시하였다), 쌍방이 모두 재항고를 한 것에 대하여 이를 전혀 문제 삼지 아니하고 판결로써 응답하였다.

우리 대법원의 태도가 분명치는 않으나, 위와 같은 사정을 고려하면 주관설에 가깝다고 볼 수 있는데, 이는 민사소송법 제440조에도 부합한다고 할 수 있다. 사견으로는, 법원의 잘못으로 위식의 재판을 한 이상 그 불이익을 당사자에 돌릴 수 없으므로, 절충설에 따라 당사자는 임의로 불복방법을 선택할 수 있고, 쌍방 당사자가 각각 상이한 방법의 상소를 제기한 경우에도 상소법원이 동일한 이상 문제될 것이 없으며, 상소제기기간과 인지 등 상소절차는 당사자가 선택한 상소 방법에 따르되, 그 결과 당사자에게 불리한 때는 유리한 상소 방법을 적용하여 불이익을 입지 않도록 하여야 한다고 생각한다.[3)]

4) 한편, 상소심은 그 심리와 재판에 관하여는 그것이 절차(변론의 요부나 당사자의 표시, 재판의 형식 등)에 관한 것이든 본안에 관한 것이든 본래 그 사건에 적용하여야 할 법령과 법리를 적용함이 옳다고 할 것이다. 왜냐하면, 민사소송법 제440조의 취지는 위식의 재판으로 인하여 당사자가 불이익을 입지 않도록 당사자는 그 위식의 재판에 따른 상소 방법을 취할 수 있다는 것만을 규정한 것으로 해석되는 만큼, 상소심은 원심재판의 잘못을 시정하여 본래 있어야 할 재판을 함이 법제도의 취지에 맞다고 할 수 있기 때문이다.[4)]

따라서 판결사항을 결정이나 심판, 명령으로 재판하여 상소가 제기된 경우, 그 상소의 방법이 무엇이든 상소심은 판결로써 재판하여야 하고, 반대의 경우에는 상소심은 결정이나 심판, 명령으로 재판하여야 하며, 상소심은 원심재판의 절차가 법률에 어긋난 것을 이유로 이를 취소 또는 파기한 후 자판하거나 환송함이 타당하다.

다만, 이에 따라 상소심이 하여야 할 재판사항이 판결과 결정·심판·명령의 사항으로 혼합되어 있는 경우에는 편의상 이들 모두를 판결로 하여도 무방하다고 생각된다. 대법원 1957. 12. 26. 선고 4289민상346 판결도 "결정 또는 명령으로써 재판을 할 수 없는 사항에 관하여 결정 또는 명령으로써 재판을 하였을지라도, 이에 대하여 불복하는 당사

---

3) 상고나 재항고 모두 대법원에 그 이유서를 의무적으로 제출하여야 하므로(민사소송법 제427조, 제443조 제2항) 이에 따른 차이는 없다. 한편, 저자는 이러한 저자의 견해를 실질설이라고 이름붙이고 싶다.

4) 이에 대하여 이언학, "위식의 재판의 효력과 그 불복방법 및 대법원의 조치", 대법원판례해설 제93호(2012년 하)는, 주관설을 지지하면서, 주관설에 의하면 제1심이 위식의 재판을 한 경우 상소심 역시 위식의 재판에 맞춰 그에 따른 재판을 할 수밖에 없고 다른 선택의 여지가 없게 되는데 상소심이 본래의 불복방법에 맞도록 위식의 재판을 시정할 수 없다는 것은 주관설의 가장 큰 난점으로 생각된다고 주장하나, 주관설을 취한다고 해서 상소심이 본래의 불복방법에 맞도록 위식의 재판을 시정할 수 없다고 볼 이유는 없다. 주관설이나 객관설은 그 상소 방법에 대해서만 차이가 있다고 보면 족하기 때문이다.

자는 민사소송법 제411조에 의하여 항고를 할 수 있고, 위 항고에 대하여 원심법원은 제417조에 의한 재도의 고안에 의거하여 스스로 원판결을 취소하여 다시 상당한 재판을 하거나, 항고법원이 원판결을 취소하고 원심법원에 환송하여 원심법원이 상당한 재판을 할 수 있다"고 판시하였다. 그런데 대법원 1962. 1. 11. 선고 4294민상558 판결과 대법원 2012. 9. 13. 선고 2011스145 판결은 결정사항을 판결로 한 것에 대한 상소가 제기된 데에 대하여 원심재판을 취소하거나 파기하지 않은 채 본안의 당부에 대해서만 판단하고, 판결로써 응답하였다.

5) 위식의 재판이 있는 경우에도, 원심재판의 대상(사항)이 본래 법령상 불복할 수 없는 사항이라면, 원심법원이 형식상 불복이 가능한 형식의 재판을 하였더라도 이에 대해서는 어떤 형태로든 불복할 수 없다고 보아야 한다.

나. 추완상소

1) 소송행위에 불변기간의 정함이 있으나 당사자가 책임질 수 없는 사유로 말미암아 불변기간을 지킬 수 없었던 경우에는 그 사유가 없어진 날부터 2주 이내에 그 소송행위를 할 수 있다(민사소송법 제173조). 이를 소송행위의 추후보완이라 함은 앞서 본 바와 같다. 상소의 제기 역시 소송행위이고 이에는 불변기간의 정함이 있으므로, 상소의 추완, 즉 추완상소가 가능하다. 이에 따라 민사소송법은 추완상소에 관한 별도의 규정을 두지 않고 있다.

2) 추완상소, 즉 추완항소, 추완상고, 추완항고, 추완재항고 역시 다른 소송행위의 추완 일반과 같이 불변기간인 상소제기기간을 지킬 수 없었던 사유가 없어진 날부터 2주 이내에 하여야 한다(민사소송법 제173조 제1항). 다만, 그 사유가 없어질 당시 당사자가 외국에 있었던 때에는 30일 이내에 추완상소를 할 수 있다(민사소송법 제173조 제1항 단서).

판례는, 주민등록상 주소에서의 송달불능을 이유로 공시송달이 행하여진 경우, 제때에 전출신고를 하지 아니한 당사자에게 판결의 공시송달로 인한 상소기간 도과에 과실이 없다고 본다(대법원 1993. 9. 28. 선고 93므324 판결, 2006. 9. 14. 선고 2006다26649 판결 등). 발송송달 역시 원칙적으로는 이와 같이 볼 수 있다.

그러나 판결이 공시송달되었더라도 당사자가 이를 사전에 예상할 수 있었다면 추완상소의 사유가 될 수 없다. 즉 원고가 소 제기 후 곧 주거를 옮겼음에도 주소변경 사실을 법원에 신고하지 아니하여 1심법원에서 최초변론기일 소환장을 소장 기재 원고의 주소지로 발송하였으나 송달불능되자 발송송달하였는데, 원고 스스로 이를 알아내 변론기일에 출석하였고, 1심판결 정본 역시 송달불능으로 공시송달하였는데 원고가 스스로 판결 정본을 직접 수령하였다면, 원고는 법원에 문의·확인하는 등의 방법으로 피고의 항소 여부 등 소송의 진행 상황과 그 결과를 알아볼 수 있었고 또 그러한 조사의무도 있으므로, 항소장 부본과 항소심판결 정본이 공시송달의 방법으로 송달되어 원고가 항소심판결 선고

사실을 몰라서 상고제기기간을 준수할 수 없었다고 하더라도, 이는 추완 사유가 될 수 없다(대법원 2004. 3. 12. 선고 2004다2083 판결).

또한 소장 부본과 제2차 변론기일의 소환장이 피고에게 적법하게 송달되어 소송이 진행되던 중에 이후 소송서류의 송달이 불가능하게 되자, 종국에 가서 제1심판결의 정본을 공시송달한 경우, 정당한 추완 사유가 될 수 없다(대법원 1997. 9. 26. 선고 97다23464 판결). 이는 이와 같은 상황하에서 발송송달이 이루어진 경우에도 같다(대법원 2001. 10. 12. 선고 2001다42134 판결, 2002. 5. 27. 2001다34133 판결, 2005. 9. 15. 선고 2005다14465 판결,).[5] 기타 추완상소의 요건은 앞서 소송행위의 추완에서 본 바와 같다.

3) 추완상소는 상소제기기간을 지킬 수 없었던 사유가 없어진 날부터 2주 또는 30일 이내에 하여야 하는바, 판결 정본이 공시송달의 방법에 의하여 송달된 경우에 '추완사유가 없어진 후'라고 함은 당사자나 소송대리인이 단순히 판결이 있었던 사실을 안 때가 아니고, 그 판결이 공시송달의 방법으로 송달된 사실을 안 때를 가리키며, 다른 특별한 사정이 없는 한 통상의 경우 당사자나 소송대리인이 그 사건기록을 열람하거나 새로이 판결 정본을 영수한 때에 비로소 그 판결이 공시송달의 방법으로 송달된 사실을 알게 되었다고 보아야 한다.

다만, 당사자가 당해 판결이 있었던 사실을 알았고, 사회 통념상 그 경위를 당연히 알아볼 만한 특별한 사정이 있었다고 인정되는 경우에는, 그 경위를 알아보는 데에 통상 소요되는 시일이 경과한 때에 그 판결이 공시송달의 방법으로 송달된 사실을 알게 된 것으로 추인하여 책임질 수 없는 사유가 소멸하였다고 봄이 상당하다(대법원 2014. 6. 12. 선고 2014다10441 판결, 2019. 12. 12. 선고 2019다17836 판결).

4) 추완상소의 효력은 뒤의 <추완상소의 효력>에서 보는 바와 같다. 간단히 요약하면, 추완상소의 제기가 있더라도 이미 이루어진 원심재판의 효력이 상실되거나 원심재판이 당연무효가 되는 것은 아니고, 이는 추완상소에 따른 상소심재판의 결과에 달려 있다. 즉 추완상소의 상소심에서 원심재판을 취소·변경하거나 상소를 기각하는 재판이 이루어지기 전까지는 기판력과 집행력을 비롯한 외형상 판결 확정의 효력이 유지됨은 물론이다(대법원 2014. 1. 16. 선고 2013다44447 판결 참조).

그러므로 상소심법원이 추완상소가 적법하다고 보아 상소를 기각하거나 상소를 인용

---

5) 그러나 대법원 2007. 10. 26. 선고 2007다37219 판결은 이와 다른 취지로 판시하였는바, 이해하기 어렵다. 이 사안은, 원고는 소장에 기재된 주소에서 처를 통하여 피고의 답변서, 준비서면, 제1, 2차 변론준비기일 통지서를 송달받았고, 위 각 변론준비기일과 그에 이은 변론기일에 모두 출석하였으며, 1심법원은 그 변론기일에서 변론을 종결하고 판결선고기일을 지정하였는데, 1심판결 정본의 송달이 3회에 걸쳐 모두 폐문부재로 불능이 되자 1심법원이 판결 정본을 발송송달한 경우이다. 대법원은 판결에서 "민사소송법 제189조에는 등기우편에 의한 발송송달의 경우 발송한 때 송달된 것으로 본다고 규정되어 있기는 하나, 발송송달의 송달효력 발생시점에 관한 위와 같은 특칙규정의 존재가 일반인들에게 통상적으로 알려져 있지는 아니한 점 및 법원에서 발송송달을 하면서 그 송달이 발송송달이라는 것을 특별히 명시하지 않고 있는 점 등을 고려하여 보면, 이 사건과 같은 경우 원고는 '책임질 수 없는 사유로 말미암아 항소기간을 지킬 수 없었던 경우'에 해당하여 추완에 의한 항소가 가능하다고 해야 할 것이다"고 하였다.

하여 원심재판을 취소·변경하는 재판을 한 때에야 비로소 원심재판 확정의 효력이 소급하여 소멸하고, 추완상소가 부적법하다고 보아 이를 각하한 때에는 아무런 변동이 없다.

다. 부대상소

1) 부대상소는 당초 상소를 제기하지 않았던 당사자가, 상대방 당사자의 상소에 의해 확정이 차단되고 상급심법원에 이심된 사항(사건)에 대하여 상소심 계속 중 그 기회를 이용해서 원심재판 중 자신에게 불이익한 부분의 취소·변경을 구하는 것을 말한다. 부대상소의 본질에 관하여는 학설상 대립이 있으나, 넓은 의미에서 이 역시 원심재판에 대한 상소·불복 제도임을 부정할 수 없다.

2) 부대상소는 자신의 상소기간이 경과한 뒤에 제기하는 것이 본래의 모습이다. 아직 자신의 상소기간이 경과하지 않았다면, 부대상소가 아닌 고유의 상소를 제기할 것이기 때문이다. 그러나 그렇더라도, 상소기간 경과 전이라고 하여 부대상소가 불가능한 것은 아니며, 그 기간이 경과하기 전에 제기된 상소라고 하여 자동적으로 고유의 상소가 되는 것도 아니다. 양자는 독립한 제도이기 때문이다. 또한, 부대항소와 부대상고에 준하여 부대항고와 부대재항고도 가능하다(민사소송법 제443조).

3) 부대상소는 항소심(부대항소)은 물론 상고심(부대상고)에서도 가능하다(민사소송법 제403, 425, 443조). 다만, 부대항소는 항소심이 속심이므로 그 변론종결 시까지 가능하나, 부대상고는 상고심이 법률심이고 상고이유서 제출 제도가 있으므로 상고인의 상고이유서 제출기한 내에 하여야 하고, 그와 함께 부대상고이유서도 제출하여야 한다(대법원 2004. 5. 14. 선고 2001다52315, 52322 판결, 2004. 9. 24. 선고 2004다7286 판결 등). 상고이유서 제출기한이 지난 뒤에는 상고이유서를 제출할 수 없어 본래의 상고제기기간 내에 상고를 제기한 자라도 상고심의 심판을 받을 수 없음이 원칙이기 때문이다.

4) 부대상소는 당초 상소를 제기하지 않았던 당사자가 상대방 당사자의 상소에 의해 열리게 된 상소심에서 원심재판 중 자신에게 불이익한 부분의 취소·변경을 구하는 상소를 하는 것이므로, 이미 부대상소인 자신의 상소제기기간이 지난 뒤라면 부대상소는 당해 상소를 제기한 당사자에 대하여만 제기할 수 있고, 상소를 제기하지 아니하여 이미 확정된 하급심(원심) 공동당사자를 상대방으로 삼아 제기할 수는 없다.[6)]

따라서 통상의 공동소송에서 공동당사자 일부만이 상소를 제기한 경우, 피상소인은 상소인인 공동소송인 이외의 다른 공동소송인을 상대방으로 하거나 그를 상대방으로 보태

---

6) 이러한 관계는 그들 공동소송인 사이에 필수적 공동소송관계가 성립하지 않은 때에는 발생하기 어렵다. 그들이 통상 공동소송관계에 있다면 공동소송인 독립의 원칙에 의하여 각각의 당사자별로 확정이나 이심이 결정되기 때문이다. 그리고 그들 공동소송인 사이에 필수적 공동소송관계가 성립하는 경우 또는 이에 준하는 주위적·예비적 당사자 또는 선택적 당사자의 관계에 있는 때에는 그 중 1인의 당사자가 제기하거나 제기당한 상소는 전원에게 효력이 있고 그 사건 전부가 이심되므로, 그 사건에 관하여 이들 전원이 부대상소를 하거나 부대상소를 제기당하게 될 것이다.

어 부대상소를 제기할 수 없다(대법원 1994. 12. 23. 선고 94다40734 판결 참조). 즉 부대상소인과 공동소송관계에 있는 당사자에 대해서도 부대상소를 할 수 없다.

5) 또한, 공동소송인 사이에 필수적 공동소송관계와 통상 공동소송관계가 성립하는 사건이 중첩하는 경우, 통상 공동소송관계가 성립하는 사건에 대해서는 공동소송인 독립의 원칙을 적용하여야 할 것이므로, 필수적 공동소송관계에 따른 사건이 이심되더라도 통상 공동소송관계에 있는 사건은 따로 상소의 대상이 되어야 하고, 따라서 당초 그 사건에 관하여 상소 제기가 없었다면 그 부분 사건은 이로써 확정되는 만큼 이에 대해서는 부대상소를 생각할 수 없다.

6) 독립당사자참가소송의 경우 3자가 모두 대립하는 당사자 지위를 가지므로, 일방이 다른 일방만을 상대로 상소를 제기한 경우라도 그 사건 전부가 이심되고, 따라서 상소를 제기당하지 않은 당사자도 외형상으로는 피상소인이 아니라 상소심 당사자에 불과하지만 실질적으로는 피상소인에 해당하므로 그 역시 부대상소를 제기할 수 있다.

7) 부대상소는 상소의 제기와 마찬가지로 소송행위이므로 당사자 등 소송관계인이 법원에 대하여 제기하여야 하나, 반드시 그 취지를 명시하지 않고 묵시적으로도 이를 제기할 수 있고, 변론 전체의 취지상 그것이 의제될 수도 있다. 이를 포함한 부대상소에 관한 보다 구체적인 설명은 부대항소와 부대상고 부분에서 하기로 한다.

3. 상소의 요건

가. 불복할 원심재판의 존재

1) 상소는 원심재판에 대한 불복이므로 원심재판이 존재하지 않으면 불복이나 상소가 있을 수 없고, 그 상소는 부적법하다. 따라서 아직 선고되지 않은 판결은 설사 판결서가 있다고 하더라도 상소할 수 없다. 그러나 판결 정본이 당사자에게 송달되지 않은 상태라도 이미 선고된 후라면 유효하게 판결이 성립, 존재하므로 상소할 수 있다(민사소송법 제396조 제1항, 제425조 참조).

2) 당연무효인 판결에 대해서도 상소를 할 수 있는지 여부에 대해서는 학설상 다툼이 있으나, 앞서 본 바와 같이 판결이 당연무효라면 그로부터 기판력은 물론 집행력, 확인력 등 어떠한 효력도 발생하지 않으므로, 상소가 있더라도 상소심법원은 원심판결의 당부를 심리할 필요조차 없는 만큼 상소를 허용할 이익이 없다. 따라서 그 경우 상소는 부적법하다. 대법원의 견해도 같다(대법원 1970. 3. 24. 선고 69다929 판결, 2015. 1. 29. 선고 2014다34041 판결, 2017. 11. 14. 선고 2017다24281 판결). 그러나 당연무효여서 아무런 효력도 없는 판결과 달리, 외형상으로는 유효하나 실체적으로만 무효인 판결에 대해서는 유효하게 상소할 수 있다(대법원 1981. 3. 24. 선고 80다2220 판결, 1992. 4. 24. 선고 91다38631 판결 등 참조).

3) 청구에 대하여 일부판결을 하고 잔부에 대한 판결이 아직 없는 경우, 그 나머지 부분(판결을 하지 않은 청구 부분)은 아직 원심법원에 계속 중이므로, 선고된 일부판결 사항

에 대해서는 상소할 수 있으나 판결 선고가 없는 나머지 부분에 대해서는 상소의 대상이 없어 상소할 수 없다. 따라서 일부판결에 대한 상소가 있는 경우, 일부판결 자체가 허용되지 않는 경우를 제외하고는 원칙적으로 그 상소의 효력은 당해 판결사항에 대해서만 미친다.

4) 원심법원이 일부판결을 한 것이 아니라, 청구 전부에 대하여 판결을 한다는 의사로 판결을 하였으나 청구 중 일부에 대한 판결이 누락된 경우, 그 누락된 부분이 이미 판결된 부분과 불가분적으로 판단되어야 할 사항(독립당사자참가, 필수적 공동소송, 주위적·예비적 병합청구, 주위적·예비적·선택적 당사자에 관한 청구 등)이 아닌 한 그 부분은 판결 선고에 불구하고 여전히 원심법원에 계속 중이므로(민사소송법 제212조), 그 부분에 대해서는 상소할 수 없다(대법원 2007. 11. 16. 선고 2005두15700 판결, 2015. 10. 29. 선고 2014다13044 판결). 그러나 누락된 부분이 이미 판결된 부분과 불가분적으로 판단되어야 할 사항인 때에는 뒤에서는 보는 바와 같이 상소장에 누락된 부분을 제외하였다고 하더라도 이미 판결된 부분과 함께 당연히 상소의 효력이 미친다.

나. 불복이 허용되는 재판일 것

(1) 종국재판

1) 재판에 대한 불복·상소는 그 재판이 당해 사건의 심판대상(소송목적 등)에 관한 종국적 판단, 즉 법원의 궁극적·종결적 답변을 본래의 대상으로 한다. 종국판결 등 종국재판이 아닌 중간적 재판은 심판대상(소송목적 등)에 대한 법원의 궁극적·종결적 답변이 아니므로 이에 대해서는 상소를 할 수 없다(민사소송법 제390조 제1항 본문, 제425조).[7]

여기서 말하는 종국재판과 중간적 재판은 앞서 판결의 종류에서 설명한 것과 동일하다. 즉 종국재판은 당해 사건의 권리·법률관계에 관하여 당사자가 직접 심판을 신청한 사항이나 그로부터 파생된 법률적 쟁점에 대하여 수소법원이 최종적인 결론을 판결이나 심판, 결정, 명령의 형태로 응답하는 것을 말하고, 중간적 재판은 최종적인 결론에 대한 응답을 하기 전에 중간적 쟁점에 대한 결론을 밝히는 재판을 말한다.

2) 이와 같이 종국재판은 심판대상인 권리·법률관계에 관하여 법원이 최종적인 결론으로써 응답하는 판결 등을 말하므로, 여기에는 당사자 간의 본래적 분쟁에 관한 종국재판은 물론, 뒤에서 보는 절차적 재판의 심판대상에 대한 종국재판도 포함하지만,[8] 그 심판대상인 권리·법률관계는 이에 대한 법원의 심판을 통하여 당사자가 직접 권리를 실현하거나 분쟁을 해결하는 결과를 얻는 것이 중요하므로, ① 본안소송에 앞선 보전신청(가

---

7) 다만, 화해권고결정, 이행권고결정, 강제조정결정은 심판대상(소송목적 등)에 관한 종국적 판단이 아니어서 중간적 재판의 성질을 갖는 면이 있지만, 이는 중간적 쟁점에 대한 결론을 밝히는 재판도 아니므로, 아무래도 전자에 가까운 것으로 보아야 할 것이다.

8) 절차적 재판의 심판대상에 대하여 중간적 재판을 하는 일은 거의 없다.

압류·가처분신청), ② 본안소송의 신청(본안청구), ③ 본안소송 후의 강제집행신청(경매신청, 추심·전부명령신청 등)에 대한 종국적 재판이 중요한 의미를 갖는다.

3) 경우에 따라서는 종국재판인 경우에도 민사소송법 제28조 제2항(관할지정결정), 제47조 제1항(제척·기피신청의 인용결정), 제500조 제3항(재심 또는 상소의 추후보완신청으로 말미암은 집행정지결정), 제501조(상소 제기 또는 정기금판결 변경의 소 제기로 말미암은 집행정지결정), 가사소송법 제43조 제1항(가사심판에 대한 불복), 제65조 제2항(채무자의 금전임치신청 인가결정), 민사집행법 제15조 제9항(집행법원의 재판에 대한 항고 시의 잠정적 집행정지결정 등) 등과 같이 법령에서 불복·상소를 허용하지 않는 경우가 있는바, 이 경우 상소는 부적법하다(민사소송법 제392조 단서, 제425조).

4) 당사자에게 당해 재판사항에 대한 재판청구권이 없는 경우라도, 그에 대하여 재판이 있었다면 그에 대한 불복을 허용하지 않는 법령규정이 없는 한 당연히 그에 대한 불복·상소가 허용된다. 예컨대, 관할위반의 소에 대하여는 당사자에게 이송결정을 구할 청구권이 없으나, 법원이 이송결정을 한 경우 당사자는 이에 대해서 즉시항고를 할 수 있다(민사소송법 제39조).

5) 중간판결 등 중간적 재판은 당해 심급에서 종국재판을 하기에 앞서 종국재판의 논리적 전제가 되는 개개의 쟁점을 미리 정리·판단하여 종국재판을 준비하는 재판으로서(대법원 2011. 9. 29. 선고 2010다65818 판결 등), 중간적 재판은 심판대상에 대한 법원의 궁극적·종결적 답변이 아니고 종국재판에 종속되므로 이에 대해서는 독립하여 상소할 수 없다.

(2) 부수적 재판

1) 수소법원이 종국재판을 하는 때에는 본래의 심판대상인 소송목적이나 당사자가 심판을 구한 사항에 한하지 않고, 부수적으로 소송비용이나 가집행선고에 관한 사항 등과 같이 부수적인 사항에 대하여도 재판하는 경우가 있는바, 이러한 부수적 재판에 대해서는 본안에 대한 재판과 독립하여 상소할 수 없다(민사소송법 제391, 425조).

2) 이에 대한 재판은 본안에 대한 것이 아닌 부수적 사항에 대한 것이어서 본안의 결론 여하에 따라 그 내용이 정해지므로, 본안에 대한 상소와 분리하여 독립한 불복을 허용할 필요나 이익이 크지 않고, 이에 대한 독립적인 불복을 허용할 경우 절차가 복잡해지기 때문이다. 따라서 이에 대하여 불복이 있는 경우에는 당해 본안에 관한 판결에 대한 불복·상소를 통하여 구제를 받아야 하고, 본안청구에 대해서 모두 승소하였더라도 소송비용이나 가집행선고 부분 등 부수적 재판에서 불리한 판결을 받았다면 그 판결 전부에 대하여 상소의 이익이 있다.

3) 한편, 소송비용이나 가집행선고의 재판 외에도 부수적 사항에 대한 재판이 있는데,

청구이의의 소나 제3자이의의 소에서의 잠정처분으로서의 강제집행의 정지·속행·취소에 대한 발령, 인가, 취소·변경(민사집행법 제46조), 가압류취소결정의 효력정지(민사집행법 제289조) 같은 것이 그것이다. 이러한 부수적 사항에 대한 재판 역시 주된 재판에 흡수되어 주된 재판과 함께 상소심의 판단을 받아야 하므로, 그에 대한 독립한 불복·상소를 허용할 필요가 없음은 물론이다.

(3) 절차적 재판

1) 앞서 본 바와 같이 법원의 심판대상으로서 중요한 의미와 지위를 갖는 것은, 그 심판대상인 권리·법률관계에 대한 법원의 심판을 통하여 당사자가 직접 권리를 실현하거나 분쟁을 해결하는 결과를 얻을 수 있는 ① 보전신청(신청사건), ② 본안청구(본안사건), ③ 강제집행신청(집행사건)이며, 당연히 이에 대한 법원의 판단인 종국적 재판이 중요하다. 이러한 심판대상(사항)은 당해 사건의 권리·법률관계에 관하여 당사자가 직접 심판을 신청하게 된다.

2) 그런데 법원이 이와 같이 당사자의 신청에 따라 사건을 심리하는 과정에서는 그 심판대상과 직접 관계가 없는 절차적 사항에 관한 법률적 쟁점이 파생하게 되며, 수소법원은 이러한 법률적 쟁점인 권리·법률관계에 대하여도 심판(재판)을 하게 되는바, 이러한 재판을 절차적 재판이라고 할 수 있다.

3) 이러한 절차적 사항에 관한 법률적 쟁점인 권리·법률관계는 ① 증거보전신청, 소송비용담보제공명령신청, 소송구조신청, 법관에 대한 제척·기피신청, 피고경정신청, 이송신청, 보조참가신청, 인수참가신청, 필수적 공동소송인 추가신청 등과 같이 그 소송절차에서 파생된 법률적 쟁점으로서 당사자가 심판을 구하는 것과, ② 변론기일의 지정·변경(민사소송법 제165조), 소송능력 없는 자의 일시적 소송행위의 허가(민사소송법 제59조 후문), 인수참가의 허부 재판(민사소송법 제82조), 변호사 아닌 자에 대한 소송대리허가(민사소송법 제88조), 증거의 채부(민사소송법 제290조), 진술의 금지(민사소송법 제144조 제1항), 진술 보조허가 및 그 취소(민사소송법 제143조의2), 변론의 분리·병합(민사소송법 제141조), 청구의 변경에 대한 불허가(민사소송법 제263조), 변론의 종결·재개에 관한 재판(민사소송법 제142조) 등이 그것이다.

위 ①은 본래의 심판대상과 직접 관계가 없으면서 당사자의 이해관계(파생적 법익)에 영향을 미치는 반면, 위 ②는 수소법원이 본래의 심판대상을 심판하는 절차과정에서 그에 필요한 소송행위를 재판인 결정이나 명령의 형태로 하는 경우이다.

4) 민사소송법은 위 ①의 절차적 재판에 대해서는 원칙적으로 그것이 본래의 심판대상(본안)과 직접 관계가 없는 사항이어서 그에 대한 종국판결에 직접 영향을 미치지 않으므로 본안에 대한 재판과 별도로 항고나 즉시항고에 의한 불복·상소를 허용하는 반면, 위 ②의 절차적 재판에 대해서는, 그것이 본래의 심판대상(본안)을 심리·판단하는 구체적

절차의 일부이고, 그 재판이나 법원의 조치에 대한 당부는 결국 본안에 대한 재판의 당부에 귀결되는 점을 고려하여, 항고나 즉시항고에 의한 상급심법원에의 불복·상소를 허용하지 않는 대신 당해 수소법원에 이의신청(민사소송법 제138, 151, 441조)을 하도록 하고 있다.

따라서 위 ②의 절차적 재판에 대해서는 이의신청에 대한 수소법원의 재판에 대하여 항고가 허용되는 경우(민사소송법 제441조)에는 그 상소절차에 의하여 별도로 해결하여야 하나, 그 이외의 경우에는 이러한 재판은 본래의 심판대상에 대한 재판인 종국판결 등 종국재판에 흡수되어 종국재판에 대하여 상소가 있는 경우 함께 판단을 받으므로(민사소송법 제392조 본문, 제425조), 이에 대해서는 독립하여 불복·상소할 수 없다(대법원 1992. 9. 25. 선고 92누5096 판결 등).

다. 상소의 이익이 있을 것

(1) 상소이익 판단의 기준

1) 상소는 기본적으로 당사자의 권리구제를 위한 것이므로 상소를 통하여 원심재판의 결과보다 상소인에게 유리한 결과를 얻을 이익이 있어야만 한다. 따라서 상소는 원심재판의 결과가 자신이 구한 청구나 신청에 비해 불리한 때에만 허용된다. 당사자의 청구와 신청이 없이 재판이 이루어진 경우에는, 그것이 자신의 법률상 이해관계에 불이익하고, 상소로써 구하는 재판의 내용이 그것보다 유리하여야 한다.

2) 상소의 이익을 인정하는 기준으로는, ① 당사자의 신청과 재판의 주문을 형식적으로 비교하여 주문이 신청보다 양적 또는 질적으로 불리한 경우에 상소의 이익을 인정하는 형식설, ② 판결이나 원심재판의 이유 중에 포함된 실체법적 판단을 포함하여, 당사자가 실체법상으로 보아 상급심에서 원심재판보다 유리한 재판을 받을 가능성이 있는 경우 상소의 이익을 인정하는 실질설, ③ 재판이 갖는 집행력, 확정력, 기판력 등 그 효력 전부를 고려하여, 상소를 허용하지 않고 원심재판을 확정하는 것이 결과적으로 당사자에게 불리한지 여부를 판단하여 상소의 이익을 인정하는 실질적 불복설, ④ 원고에 대해서는 형식설을, 피고에 대해서는 실질설을 주장하는 절충설이 대립한다.

3) 상소 제도는 당사자의 권리구제에 1차적 의의가 있으므로, 이를 허용하는 것이 상대방 당사자의 법적 안정이나 신뢰를 해하지 않고 소송경제에도 부합하며, 심판자인 법원에게 과도한 부담을 주지 않는다면 이를 적극적으로 허용함이 타당하다. 그런 점에서 실질적 불복설이 가장 타당하며, 아래에서 보는 바와 같이 대법원의 입장도 기본적으로 이에 가깝다(대법원 1992. 3. 27. 선고 91다40696 판결 참조).[9]

---

9) 원칙적으로는 주문을 기준으로 하나, 예외적으로는 이유 중에 판단되는 청구원인에 대한 실체법적 판단을 기준으로 할 수도 있다.

(2) 주문과 이유

1) 재판은 주문에 기재된 법률효과를 기준으로 집행력, 확인력, 형성력, 기판력 등의 효력이 발생하므로, 주문에 기재된 부분이 불이익하지 않다면 설사 이유 부분이 당사자에게 불리하더라도 상소할 이익이 없다(대법원 1994. 11. 22. 선고 94다16458 판결 등).

즉 원심재판의 결과가 당사자 일방에게 불리한 것인지 여부는 원칙적으로, 자신이 구한 신청, 즉 원고의 경우에는 청구, 피고의 경우에는 소의 각하나 청구 기각을 구한 부분을 기준으로 판결 등 원심재판의 주문에서 선언한 법률효과나 법률관계를 비교하여 판단하여야 한다. 따라서 원칙적으로, 원고의 청구를 모두 인용한 재판에 대해서 원고는 상소할 이익이 없고, 원고의 신청을 전부 각하하거나 그 청구를 기각한 재판에 대해서 피고는 상소할 이익이 없다.

2) 이는 공동소송인이 주위적·예비적 피고의 관계나 선택적 피고의 관계에 있어 그들 사이에 합일확정이 필요할 때도 같다. 따라서 1심법원이 주위적 피고에 대한 청구를 기각하고 예비적 피고에 대한 청구는 인용한 경우, 예비적 피고의 항소에 따라 주위적 피고 부분의 사건도 항소심에 이심되더라도, 주위적 피고는 전부 승소한 이상 그 판결이유에 불만이 있더라도 항소의 이익이 없다(대법원 2011. 2. 24. 선고 2009다43355 판결).

또한, 원고가 乙을 대위하여 甲을 상대로 소유권이전등기의 말소청구를 하면서 대위소송의 피보전권리 발생원인을 원고와 乙 사이의 매매계약으로 주장하였으나 원심이 이를 양도담보약정으로 인정하여 원고 승소판결을 선고하였더라도, 위 소송에서 직접 심판대상이 되고 기판력이 미치는 것은 어디까지나 乙의 甲에 대한 소유권이전등기말소등기청구권의 존부이고, 이에 관한 원고의 청구가 인용되어 승소한 이상, 원심이 판결이유에서 乙에 대한 원고의 피보전권리의 발생원인을 잘못 인정하였다 하더라도 그 사유만으로는 상소의 이익이 없다(대법원 1992. 3. 27. 선고 91다40696 판결).

3) 그리고 형식상 재판의 주문이 당사자 일방에게 불이익하더라도, 그것이 오기나 수치의 잘못된 계산, 즉 위산(違算)에 의한 것임이 명백한 때에는 판결경정 등의 절차에 의하여야 하고(민사소송법 제211, 224조), 상소를 제기할 이익이 없다.

판결의 경정이 있으면 당초의 원판결과 일체가 되어 처음부터 경정된 내용의 판결이 있었던 것과 같은 효력이 있어 그 내용은 원래의 판결 내용을 이루며, 이는 판결의 동일성을 해하지 않는 범위에서만 허용되므로, 재판의 주문이 당사자 일방에게 불이익한지 여부는 경정된 판결 내용을 기준으로 하여야 한다. 그러므로 상소기간 경과 후에 이루어진 판결경정 내용이 경정 이전에 비하여 불리하다는 사정만으로는 추완상소를 할 이익이 있다고 할 수 없다(대법원 1997. 1. 24. 선고 95므1413,1420 판결). 따라서 이때는 즉시항고로써 경정결정의 당부를 다투어야 한다(민사소송법 제211,조 제3항).

4) 상소이익 판단의 기준을 위와 같이 주문으로 할 때, 주문에 기재된 내용은 물론 주문에 기재되지 않은 부분이라도, 그것이 본래 있어야 할 것이라면 그 누락된 부분도 기준이 될 수 있다.

그러므로 원고의 청구가 모두 인용되거나 원고의 신청이 각하 또는 그 청구가 모두 기각되었더라도, 소송비용의 전부나 일부를 그 승소자인 당사자에게 부담하게 한 경우, 위와 같이 소송비용 부담에 관한 재판에 대해서는 독립하여 상소할 수 없으므로 그 재판 전체에 대해서 상소할 이익이 있다.[10] 승소 부분의 전부나 일부에 대해서 가집행선고가 없는 때에도 이와 같다. 한편, 피고가 원고 청구의 기각을 구한 경우라면, 소(신청)의 전부나 일부를 각하하는 원심재판은 청구기각 판결에 비해 피고에게 불리하므로 피고로서는 상소의 이익이 있다.

이와 관련하여, 1심법원이 원고의 청구를 인용한 부분에 대하여 가집행선고를 붙이지 않았다고 주장하며 원고가 부대항소를 제기한 경우에, 가집행선고는 당사자의 신청 여부와 관계없이 법원이 직권으로 판단할 사항이므로 부대항소의 대상이 될 수 없어 원고의 부대항소가 부적법하다는 견해가 있으나, 항소심법원이 반드시 가집행선고를 한다는 보장도 없거니와 소송비용 부담에 관한 재판에 대해서 상소의 이익이 있는 이상 부대항소의 이익도 당연히 있으므로 동의하기 어렵다.

5) 피고의 상계항변이 인용되어 그 부분에 해당하는 원고의 청구가 기각된 경우, 이에 대해서는 기판력이 미치고(민사소송법 제216조 제2항) 피고에게도 불리하므로, 이 경우에는 그것이 주문에는 직접 표시되지 않고 이유에만 표시되었더라도(상계의 결과가 주문에 반영되었으므로 주문에 전혀 표시되지 않았다고는 할 수 없다), 원고는 물론 피고에게도 상소의 이익이 있다(대법원 2002. 9. 6. 선고 2002다34666 판결). 상계의 결과 원고의 청구가 기각되었으나, 원고의 청구권이 인정되어 피고는 자신의 자동채권이 소멸하는 손해를 입었고, 원고는 결과적으로 자신의 청구가 기각되는 불이익을 입었기 때문이다.

또한 법원이 처분권주의에 반하여, 원고가 주장한 청구원인인 매매가 아니라 피고가 주장한 증여나 교환, 시효취득에 대하여 판단한 경우와 같이, 원고가 주장한 청구원인이 아닌 다른 청구원인에 대하여 판단하여 주문을 낸 경우에는 실질적으로 보아 피고는 물론 승소한 원고에게도 불이익이 발생할 수 있으므로 상소의 이익이 있다(대법원 1992. 3. 27. 선고 91다40696 판결). 이 경우 원고가 심판대상으로 구한 청구원인에 대하여는 기판력이 발생하지 않기 때문이다.

---

10) 그러나 소송비용의 재판에 대한 불복에 대하여 상소심은 본안에 대한 상소의 전부 또는 일부가 이유 있는 경우에 한하여 이를 인용할 수 있고, 본안에 대한 상소가 모두 이유 없을 때에는 이를 인용할 수 없다(대법원 1998. 9. 8. 선고 98다22048 판결, 1998. 11. 10. 선고 98다42141 판결).

(3) 승소자의 상소이익

1) 위와 같이 원칙적으로, 원고의 청구를 모두 인용한 재판에 대해서 원고는 상소할 이익이 없고, 원고의 신청을 각하하거나 그 청구를 기각한 재판에 대해서 피고는 상소할 이익이 없다. 그러므로 1심에서 모두 승소한 원고가 항소심에서 청구를 확장하거나 교환하기 위하여, 또는 1심에서 모두 승소한 피고가 항소심에서 반소를 제기하기 위하여 항소할 수는 없다.

2) 다만 명시하지 않은 일부청구의 경우, 그 청구원인 전부에 기판력이 발생하므로 상소를 허용하지 않으면 원고는 나머지 부분에 대한 권리를 상실하게 되는바, 이때는 예외적으로 승소자인 원고에게 상소의 이익이 있다(대법원 1994. 6. 28. 선고 94다3063 판결, 1997. 10. 24. 선고 96다12276 판결, 2010. 11. 11. 선고 2010두14534 판결 등). 반대로 일부청구임을 명시한 경우에는, 전부 승소한 원고가 나머지 부분에 관하여 청구를 확장하기 위하여 상소할 이익이 없다.[11]

한편, 원고가 재산상 손해에 대하여는 형식상 전부 승소하였으나 위자료에 대하여는 일부 패소하였고, 이에 대하여 원고가 자신의 패소부분에 불복하는 형식으로 항소를 제기하여 사건 전부의 확정이 차단되고 소송물 전부가 항소심에 계속되게 된 경우, 원고는 항소심에서 위자료청구는 물론이고 재산상 손해의 배상청구에 관하여도 청구를 확장할 수 있다(대법원 1994. 6. 28. 선고 94다3063 판결).[12]

3) 상소의 이익을 갖는 당사자와 상소에 따른 확정차단 및 이심의 효력이 미치는 당사자의 범위는 반드시 일치하지는 않는다. 예컨대, 주위적 피고에 대한 청구는 기각되고 예비적 피고에 대한 청구는 인용된 경우, 원고와 예비적 피고는 상소의 이익이 있고 주위적 피고는 상소의 이익이 없지만, 원고나 예비적 피고가 상소한 경우 주위적 피고에 대한 청구 부분도 확정이 차단되고 상소심에 이심된다.

4) 한편 보조참가인의 경우, 그의 상소의 이익은 당해 피참가인을 기준으로 판단하여야 함은 물론이다.

---

11) 동지: "민사 항소심판결작성실무", 서울고등법원(2017), 90면.

12) 이 경우는 엄격히 말하자면 상소의 이익에 관한 문제가 아니라 상소심에서의 심판대상의 문제이다. 이 경우와 같이 원고가 1심에서 재산상 손해(소극적 손해)에 대하여는 형식상 전부 승소하고 위자료청구에 대하여는 일부 패소한 후 원고가 항소한 때에는 그 사건 전부가 항소심에 이심되지만, 원고가 전부 승소한 재산상 손해(소극적 손해)에 대하여는 항소의 제기가 없었으므로, 이에 대하여 피고가 부대항소를 하지 않는 이상 항소심의 심판대상이 되지는 않는다. 이 경우에 원고는 1심에서 전부 승소한 재산상 손해(소극적 손해)청구를 항소심에서 확장할 수 있는가? 이를 인정한다면 사실상 전부 승소한 청구에 대하여도 항소를 인정하는 결과가 되고, 기판력에도 반하는 결과가 발생할 수 있다. 대법원은 손해배상청구권을 재산상 손해(적극적 손해), 재산상 손해(소극적 손해), 정신적 손해(위자료)로 3분하여 각각을 독립한 청구원인으로 보고 있는바, 이에 따른 문제점을 고려하여 예외적으로 이 경우에는 청구확장을 허용할 것이라고 보았다.

라. 상소권이 있고 불상소합의나 상소권 포기가 없을 것

(1) 상소권이 있는 자

1) 상소의 제기는 소송행위이므로 소송수행권이 있는 자는 상소권이 있다. 앞서 본 바와 같이 소송수행권은 당사자를 비롯한 소송관계인에게 있는데, 당사자 외의 소송관계인으로는 법인이나 법인격 없는 단체의 대표자와 법정대리인, 소송대리인, 보조참가인, 공동소송적 보조참가인을 들 수 있다.

2) 당해 사건의 당사자는 소송대리인을 선임한 여부와 관계없이 당연히 상소권이 있고, 공동소송의 경우 통상적 공동소송이든 필수적 공동소송이든 각 당사자는 모두 개별적으로 상소권이 있다. 이 경우 1인이 제기한 상소는 공동소송인 전원을 위하여 효력이 있다. 상소의 제기는 이익이 되는 행위이기 때문이다. 주위적·예비적·선택적 공동소송인도 같다. 독립당사자참가인이나 공동소송참가인도 당사자이므로 당연히 상소권이 있다.

3) 당사자들이 선정당사자를 선정한 경우, 선정자는 소송수행권이 없으므로 상소권도 없다. 따라서 선정자가 스스로 상소를 제기하려면, 상소 전이나 상소와 동시에 선정당사자 선정을 장래를 향하여 철회하여야만 한다. 그런데 선정의 철회는 반드시 명시적이어야 하는 것은 아니고 묵시적으로도 가능하므로, 선정자인 피고가 1심판결에 대하여 자신의 이름으로 항소를 제기하였다면, 그 항소장의 제출로써 묵시적으로 선정행위를 철회하는 의사를 표시하였다고 볼 수 있다(대법원 2018. 10. 12. 선고 2018다231871 판결).

4) 포괄적 승계인과 특정승계인도 당사자로서 상소권이 있음은 물론이다. 그 승계가 원심재판이 있은 후에 이루어진 때도 같다. 일반승계인(포괄승계인)의 경우에는 수계신청과 동시에 상소할 수 있고, 특별승계인의 경우 승계참가와 동시에 상소를 할 수 있다.

5) 당사자가 소송대리인을 선임한 때는 당사자와 소송대리인 모두 소송수행권이 있으므로 각각 독립하여 상소할 수 있다(대법원 1979. 6. 26. 선고 77다2091 판결, 2001. 9. 7. 선고 2001다30025 판결 등 참조).[13] 상소심에서 소송대리인으로 선임된 자도 같다.

소송대리인이 상소를 제기하거나 이를 취하하기 위해서는 그에게 특별한 대리권이 있어야만 한다(민사소송법 제90조 제2항 제3호). 단독사건의 경우, 변호사 아닌 자의 소송대리권은 1심에 한하여 허용되고 상소심에서는 허용되지 않으나, 그러한 소송대리인이라도 상소, 즉 항소는 유효하게 제기할 수 있음은 물론이다.

그러나 당사자가 불상소합의를 하였거나 상소권 포기를 한 이후에는 소송대리인 역시 상소를 제기할 수 없다. 그로써 원심재판이 확정되고, 소송대리인은 본인을 위하여 그를

13) 소송대리인을 선임하더라도 당사자가 소송수행권을 상실하는 것은 아니므로, 당사자가 소송대리인을 선임하여 판결 정본이 소송대리인에게만 송달된 경우에도 당연히 당사자에게 상소권이 있다.

대리하여서만 상소의 제기 등 소송행위를 할 수 있기 때문이다(대법원 1987. 6. 23. 선고 86다카2728 판결 참조). 당사자는 소송대리인이 제기한 상소를 임의로 취하할 수 있다(대법원 1979. 6. 26. 선고 77다2091 판결 등). 소송대리인은 자신이 제기한 상소를 취하할 수 있으나, 그에 관하여 사전에 특별대리권을 수여받아야 한다(민사소송법 제90조 제2항 제3호). 법정대리인이 소송을 수행하였거나 상소심에서 비로소 법정대리인이 된 경우라도 그는 유효하게 당연히 상소할 권한이 있다.

6) 당사자는 아니지만 그 당사자를 위하여 보조참가를 한 자도 독립하여 피참가인을 위해 상소할 수 있다(민사소송법 제76조 제1항, 대법원 1972. 5. 9. 선고 70다2994 판결). 원심재판에 관여하지 아니한 보조참가인은 참가신청과 동시에 상소를 제기할 수도 있다(민사소송법 제72조 제3항). 이 경우 피참가인 또는 그 상대방으로부터 보조참가인의 참가신청에 대한 이의가 없는 이상, 상소심법원은 상소의 적법요건인 상소권의 존부를 가려보기 위하여 보조참가인의 참가요건 구비 여부를 직권으로 조사할 필요가 없다(대법원 1994. 4. 15. 선고 93다39850 판결).

보조참가인이 상소를 한 경우에도 그는 상소심에서 당사자가 아니라 여전히 보조참가인이 된다. 그러나 보조참가인의 상소에 대하여 상소심법원은 당사자의 상소와 별도로 판단하여야 한다. 또한 당사자와 보조참가인은 별개 독립이므로, 보조참가인만이 상소를 한 경우에도 피참가인에게 상소의 효력이 미치고 피참가인은 상소심의 당사자가 되지만, 그렇다고 하여 피참가인인 당사자가 상소한 것으로 되지는 않으며, 보조참가인의 상소가 각하 또는 기각되는 경우 피참가인이 상소비용을 부담하지는 않는다.

그러나 보조참가인은 피참가인인 당사자의 소송행위에 어긋나는 소송행위를 할 수는 없으므로(민사소송법 제76조 제2항), 피참가인이 불상소합의를 하였거나 상소권 포기를 한 때에는 독립하여 상소할 수 없다(대법원 2010. 10. 14. 선고 2010다38168 판결). 또한, 피참가인인 당사자가 상소제기기간 내에 상소를 하지 아니하고 그 기간이 도과한 때에는 보조참가인에 대한 상소제기기간이 아직 경과하지 않았더라도 보조참가인은 상소할 수 없다(대법원 1969. 8. 19. 선고 69다949 판결, 2007. 9. 6. 선고 2007다41966 판결). 보조참가인은 참가할 때의 소송의 진행 정도에 따라 피참가인이 할 수 없는 소송행위를 할 수 없기 때문이다.[14)]

보조참가인은 피참가인에 대하여 종속적 지위에 있으므로, 피참가인은 보조참가인이 제기한 상소를 포기하거나 취하할 수도 있다(대법원 1984. 12. 11. 선고 84다카659 판결, 2006. 5. 2.자 2005마933 결정, 2010. 10. 14. 선고 2010다38168 판결). 또한 보조참가인이 상소한 후 피참가인이 자신의 상소권을 포기하거나 자신의 상소를 취하한 경우에도, 보조참가인의 상소는 결과적으로 피참가인의 소송행위와 어긋나므로 그 효력을 잃는다(대법원 1984. 12. 11. 선고 84다카659 판결, 2010. 10. 14. 선고 2010다38168 판결).

---

14) 보조참가인이 이미 원심재판에 참가하였을 때에도 같다. 대법원은 민사소송법 제76조 제1항 단서의 '다만, 참가할 때의 소송의 진행정도에 따라 할 수 없는 소송행위는 그러하지 아니하다'에서의 '참가'를 소송절차에의 참여가 아니라 소송행위로 본다.

다만, 공동소송적 보조참가인은 통상의 보조참가인의 지위보다 강화되어 이들에게는 필수적 공동소송에 관한 민사소송법 제67조 및 제69조가 준용되므로(민사소송법 제78조), 피참가인의 소송행위나 공동소송적 보조참가인의 소송행위는 그들에게 모두 이익이 되는 것에 한하여 효력이 발생한다. 따라서 공동소송적 보조참가 후 피참가인의 불상소합의나 상소권 포기, 상소 취하 등은 공동소송적 보조참가인의 동의가 없으면 그에게는 효력이 없고, 그 반대의 경우에도 같다.

7) 위와 같이 추상적 상소권이 있는 자라도 상소의 이익이 없는 때에는 구체적 상소권이 없음은 물론이다.

(2) 불상소합의

(가) 의 의

1) 불상소합의는 당사자 쌍방이 상소를 제기하지 않기로 하는 당사자의 소송상 합의이다. 불상소합의는 상소 전부를 대상으로 할 수도 있고, 그 중 일부인 항소나 상고, 항고나 재항고 등으로 제한하여 할 수도 있다. 또한 하나의 사건 중 청구나 당사자 일부에 대해서만 제한하여 할 수도 있다. 따라서 불항소합의(민법 제390조 제1항 단서)는 불상소합의에 속한다. 불상소합의가 상소 전부를 대상으로 한 것인지 아니면 그 일부에 대한 것인지 여부는 의사해석의 문제이다.

2) 불상소합의는 소송법상의 효력 발생(소송의 종료, 원심재판의 확정)을 목적으로 하는 계약으로서, 소송절차 외에서 하든 소송절차 진행 중에 하든 그 합의와 동시에 효력이 발생하므로, 그 성질은 소송행위로서의 소송계약(소송상합의)에 해당함은 앞서 소송행위에서 설명한 바와 같다. 민사소송법은 불항소합의에 관하여만 규정을 두고 있지만 다른 상소에 대한 합의도 허용된다.

(나) 요건, 방식

1) 불상소합의는 판결이 선고된 후는 물론, 판결이 선고되기 전이나 소가 제기되기 전이라도 유효하게 할 수 있다. 불상소합의가 상소의 제기 후에 이루어진 때에는 의사해석에 따라 상소 포기나 상소 취하의 합의로 볼 수도 있다.

2) 불상소합의는 관할의 합의와 마찬가지로 서면으로 하여야 한다(민사소송법 제390조 제2항, 제29조 제2항). 민사소송법은 불항소합의에 관하여만 이와 같은 규정을 두고 있지만, 다른 상소에 대한 합의에도 유추적용하여야 할 것이다.

3) 당사자 일방만이 불상소하기로 하는 합의는 공평의 원칙에 어긋나 사회질서에 반한다. 그러므로 이러한 합의는 무효로서, 어느 쪽에 대해서도 불상소합의가 없는 것으로 새겨야 한다(대법원 1987. 6. 23. 선고 86다카2728 판결, 2002. 10. 11. 선고 2000다17803 판결, 2007. 11. 29. 선고 2007다52317, 52324 판결).

(다) 효 력

1) 전면적 불상소합의가 있으면 모든 상소가 차단되므로, 소송은 1심재판으로 종료하게 되고 당사자는 일체의 상소를 할 수 없다. 즉 그러한 불상소합의가 있는 때에는 1심판결의 선고와 동시에 재판은 확정되고 소송은 종료한다(대법원 2007. 11. 29. 선고 2007다52317, 52324 판결). 그 합의가 1심판결의 선고 등 1심재판 후에 있은 때에는 그 합의의 발효와 동시에 동일한 효력이 발생한다.

2) 다만, 불항소합의를 한 때에는 그 당사자가 1심판결에 대하여 항소를 제기하지 않을 것만을 내용으로 하는 것이므로, 상고, 즉 1심판결에 대한 비약상고를 제기할 권리까지 상실하는 것은 아니다. 따라서 불항소합의에 의하여 항소를 제기하지 않기로 한 경우에도 비약상고는 제기할 수 있다.

3) 전면적 불상소합의가 소송 외에서 이루어진 경우라도, 1심판결의 선고가 있은 뒤에는 그 선고와 동시에 재판이 확정되고 소송이 종료하는 효력이 발생하므로, 당사자의 합의로써도 이를 해제하거나 해지할 수 없다(대법원 1987. 6. 23. 선고 86다카2728 판결). 기망이나 강박, 착오 등을 이유로 한 취소권의 행사, 통정허위표시나 비진의의사표시에 의한 무효 주장 등은 소송행위의 하자에 관한 설명에서 언급한 바와 같다.

(3) 상소(상소권) 포기

1) 상소의 포기는, 상소를 할 수 있는 권리를 가진 자가 법원에 대하여 그 권리를 행사하지 않겠다는 의사를 표시하는 것이다(민사소송법 제394, 395조, 제425, 443조). 따라서 보다 정확히 말하자면 상소권의 포기라고 함이 타당하다. 상소권은 항소, 상고, 항고, 재항고를 모두 포함한다. 상소의 포기는 법원에 대한 소송행위에 해당한다.

2) 상소권의 포기는 상소를 하기 전에 함이 원칙이나 상소를 한 뒤에도 할 수 있다. 상소를 한 뒤의 상소권 포기는 상소 취하의 효력을 가진다(민사소송법 제395조 제3항, 제425조). 상소심 변론이 개시된 이후라도 상소심판결이 선고되기 전이라면 상소 포기에 지장이 없다.[15]

그러나 상소권의 포기는 상소권이 발생하였음을 전제로 하므로, 상소의 대상인 판결이 선고되기 전에는 할 수 없다. 만약 그 이전에 당사자 간에 그러한 합의를 하였다면 의사해석에 따라서는 불상소합의가 될 여지는 있다.

3) 형사소송법은 상소권회복 제도를 두고 있고, 상소권을 포기한 후 상소제기기간이 도과한 다음에 상소포기의 효력을 다투는 한편, 자기 또는 대리인이 책임질 수 없는 사유로 인하여 상소제기기간 내에 상소를 하지 못하였다고 주장하는 사람은 상소를 제기함과 동

15) 다만, 항소나 상고의 취하는 그 판결 선고 전까지만 허용되므로(민사소송법 제393조 제1항, 제425조) 상소권의 포기도 그때까지만 허용된다고 보아야 할 것이다. 항고, 재항고는 그 결정 시까지로 볼 것이다.

시에 상소권회복청구를 할 수 있으나(대법원 2004. 1. 13. 자 2003모451 결정), 민사소송법에는 이런 제도가 없다.

4) 상소권의 포기는 상소를 하기 이전에는 원심법원에, 상소를 한 뒤에는 소송기록이 있는 법원에 서면으로 하여야 한다(민사소송법 제395조 제1항, 제425조). 상소권의 포기에 관한 서면은 상대방에게 송달하여야 한다(민사소송법 제395조 제2항, 제425조).

5) 상소권의 포기는 상대방의 동의가 필요 없다. 또, 단독행위이므로(대법원 1987. 6. 23. 선고 86다카2728 판결) 다른 공동소송인과 함께 할 필요도 없다. 다만, 필수적 공동소송이나 독립당사자참가소송, 예비적·선택적 공동소송, 공동소송적 보조참가 소송 등 합일확정이 필요한 소송에서는 어느 당사자 1인만의 상소권 포기는 효력이 없다.

6) 소송당사자는 상소권의 포기를 합의할 수 있다. 이에 대해서는 민사소송법에 규정이 없으므로 순전한 사법행위라는 견해가 있으나, 그 성질은 부제소합의나 관할합의 등과 같다고 보아야 할 것이다. 따라서 일단 상소포기서를 법원에 제출한 후에는 철회, 취소, 무효 등을 주장할 수 없다고 할 것이다.

상소권 포기 합의를 하였음에도 불구하고 그 합의한 당사자가 상소권을 포기하지 않는 경우, 법원이 어떤 경위로든 이 사실을 안 때는 부제소합의나 불상소합의가 있는 경우에 준하여 상소를 각하하여야 한다. 그러나 상소포기서를 법원에 제출하기 전에 그 약정을 해제하기로 다시 합의하고 상소를 제기하였다면 그 상소는 적법하다(대법원 1987. 6. 23. 선고 86다카2728 판결).

7) 상소포기서를 법원에 제출하면 그로써 소송은 종료한다. 상소를 하기 전에 포기한 때는 소급효가 발생하여 원심판결 선고 시에, 상소를 한 뒤 포기한 때에는 상소 취하에 준하여 처음부터 상소 제기가 없었던 것으로 보아 상소제기기간 만료 시에 원심판결이 확정된다고 할 것이다(민사소송법 제267조 제1항, 제408조, 제425조 참조).

마. 상소제기기간이 경과하지 않았을 것

(1) 상소제기기간과 그 진행

1) 상소는 각 종류별로 상소제기기간이 법령에 규정되어 있다. 민사소송이나 가사소송 판결의 경우, 그에 대한 항소 또는 상고는 판결 정본이 당사자 등에게 송달된 날부터 2주 이내에 제기하여야 한다(민사소송법 제396조 제1항, 제425조, 가사소송법 제19조 제1항, 제20조). 당사자가 판결이 선고된 사실을 알았다고 하여 그 안 날로부터 상소기간이 진행하는 것은 아니나(대법원 2007. 12. 14. 선고 2007다52997 판결), 그 송달 전에도 상소는 할 수 있다(민사소송법 제396조 제1항, 제425조, 가사소송법 제19조 제1항, 제20조).

2) 한편, 즉시항고와 특별항고의 제기기간은 원심재판인 결정이나 명령을 고지 받은 날부터 1주일이고(민사소송법 제444조 제1항, 제449조 제2항), 통상항고의 제기기간은 그 취소·변경을 구할 이익이 있는 한 기간의 제한이 없다. 재항고의 제기기간은 재항고의 성질에 따라, 그것이 통상항고에 해당하면 기간의 제한이 없고, 그것이 즉시항고에 해당하면 원심재판을 고지 받은 날

부터 1주일이다.

다만, 가사심판에 대해서는 즉시항고만을 제기할 수 있고, 그 제기기간은 원심재판인 심판을 고지 받은 날부터 14일이다(가사소송법 제43조 제1, 5항). 그 재항고 역시 같다.

3) 상소제기기간은 판결 정본의 송달 등 재판서의 송달이나 고지가 유효하여야만 진행하고, 그것이 무효이면 상소제기기간이 진행하지 않는다. 따라서 판결을 선고한 경우에는 유효한 판결 정본의 송달이 이루어진 때부터 상소제기기간이 진행하며, 그렇지 않은 상태에서는 상소권 있는 자가 판결 선고 사실을 알았는지 여부에 관계없이 상소제기기간이 진행하지 않고, 그는 언제라도 상소할 수 있다(대법원 1978. 5. 9. 선고 75다634 판결, 1995. 5. 9. 선고 94다41010 판결 등).

제1심법원의 법원사무관등이 1심 소송대리인에게 판결 정본을 교부하고 영수증을 받았다면, 그때에 적법한 판결 정본 송달의 효력이 생기고, 그 판결 정본에 상소기간과 상소장을 제출할 법원에 관한 기재가 없다고 하여 그 송달이 부적법하다고 할 수는 없으므로 상소제기기간은 그때부터 적법하게 진행한다(대법원 2013. 11. 8. 자 2013마1409 결정).

전자소송의 경우, 위와 같이 판결 정본의 송달은 전자문서를 전산정보처리시스템에 등재하고 그 사실을 통지 받을 자에게 전자적으로 통지하는 방법으로 하며, 이 경우 송달은 송달받을 자가 등재된 전자문서를 확인한 때에, 만약 그가 등재사실을 통지한 날부터 1주 이내에 확인하지 아니하는 때에는 등재사실을 통지한 날부터 1주가 지난 날에 송달된 것으로 본다(민사소송 등에서의 전자문서 이용 등에 관한 법률 제11조 제3, 4항). 따라서 후자의 경우, 송달의 효력은 등재사실을 통지한 날부터 1주가 지난 날의 오전 0시에 발생하고, 이때부터 상소제기기간이 진행한다.

4) 합일확정의 필요가 없어 일부판결이 허용되는 경우에는, 사건 단위가 아니라 실제로 수소법원이 주문에 판단한 부분(사항)에 한하여 판결 선고의 효력이 발생하므로, 그 판결이 없는 나머지 부분에 대해서는 추후의 추가판결이 있는 때에 이전의 판결 부분과 독립하여 상소를 할 수 있고, 추가판결의 송달이 있은 때부터 그에 대한 상소제기기간이 진행한다.

5) 위와 같이 판결 등 재판의 경정이 있는 경우에도 그 효력은 원래의 판결 선고 시 등 재판 당시로 소급하여 발생하므로(대법원 1962. 1. 25. 선고 4294민재항674 판결, 1998. 2. 13. 선고 95다15667 판결), 상소제기기간 경과 후에 이루어진 판결 경정의 내용이 경정 이전에 비하여 불리하더라도 그것만으로는 추완상소가 허용되지 않으며(대법원 1997. 1. 24. 선고 95므1413, 1420 판결), 그 경정 결정을 송달 받은 때부터 상소제기기간이 다시 진행하는 것도 아니다.[16)]

16) 그러나 대법원은, 채권압류 및 추심명령을 채권압류 및 전부명령으로 경정한 경우 처음부터 경정된 내용의 압류 및 전부명령이 있었던 것과 같은 효력이 있으므로, 당초의 결정 정본이 제3채무자에게 송달된 때에 소급하여 경정된 내용의 압류 및 전부명령결정의 효력이 발생하는 것이 원칙이나, 경정결정이 그 허용한계 내의 적법한 것인 경우에 있어서도 제3채무자의 입장에서 볼 때에 객관적으로 경정결정이 당초의 결정의 동일성에 실질적으로 변경을 가하는 것이라고 인정되는 경우에는 경정결정이 제3채무자에게 송달된 때에 비로소 경정된 내용의 결정의 효력이 발생한다고 보는 것이 제3채무자 보

(2) 당사자와 상소제기기간

1) 상소제기기간은 각 상소권자를 기준으로, 그가 판결 정본을 송달받거나 결정 등을 고지 받은 때부터 진행한다. 당사자는 공동소송인이라고 하더라도 통상적 공동소송인이든 필수적 공동소송인이든 각자가 독립한 당사자이므로, 이들은 각각 독립하여 판결 정본 등을 송달받거나 고지 받을 권리가 있고, 이들의 상소제기기간은 각 당사자가 판결 정본 등을 받은 때부터 각각 진행한다(대법원 2009. 11. 26. 선고 2008다64478, 64485, 64492 판결 등).

2) 다만 필수적 공동소송인의 경우, 합일확정의 요청상 공동소송인 중 일부가 제기한 상소나 그 일부에 대한 상소는 다른 공동소송인에게도 효력이 미치므로, 그 전원에 대하여 상소제기기간이 만료되기 전에는 원심재판이 확정되지 않는다(대법원 2017. 9. 21. 선고 2017다233931 판결).

(3) 소송대리인과 상소제기기간

1) 당사자에게 소송대리인이 있어 소송대리인만이 판결 정본을 송달받은 때는 그때부터 당사자와 소송대리인 모두의 상소제기기간이 동시에 진행한다(대법원 1978. 11. 1. 선고 78다1461 판결 참조). 소송대리인이 판결 정본을 송달받은 효력은 당사자에게도 미치기 때문이다. 1인의 당사자에게 복수의 소송대리인이 있어 그들 대리인 각자에게 판결 정본이 유효하게 송달된 때에도, 그 중 가장 먼저 송달된 시점부터 그 당사자와 소송대리인 전원에게 공통하여 상소제기기간이 진행한다(대법원 2011. 9. 29.자 2011마1335 결정).[17]

2) 소송대리인이 있는 경우 통상 당사자에게는 판결 정본을 송달하지 않지만, 법원이 만약 당사자와 소송대리인 모두에게 판결 정본을 송달하였다면, 그 사건과 그 당사자에 관한 상소제기기간은 당사자와 소송대리인 중 먼저 송달된 때부터 진행한다.[18] 법원이 당사자에게만 판결 정본을 송달한 경우에는 이를 기준으로 당사자와 소송대리인 모두의 상소기간이 진행한다. 소송대리인은 어디까지나 당사자 본인의 대리인으로서 당사자를 대리하여 상소를 제기하는 것일 뿐 소송대리인에게 독립한 상소권이 있는 것은 아니기 때문이다.

호의 견지에서 타당하다 할 것이고, 경정결정이 재판의 내용을 실질적으로 변경하여 위법하나 당연무효로 볼 수 없는 경우에는 더욱 그 소급효를 제한할 필요성이 크다고 할 것이므로 채권압류 및 추심명령을 채권압류 및 전부명령으로 경정한 결정은 그 결정 정본이 제3채무자에게 송달된 때에 비로소 경정된 내용의 결정의 효력이 발생한다고 예외를 인정하였다(대법원 2001. 7. 10. 선고 2000다72589 판결). 이 경우 채무자의 즉시항고권도 그때부터 기간이 진행한다고 보아야 할 것이다.

17) 이 경우에는 민사소송법 제93조의 각자대리에 의해 '여러 사람이 공동으로 대리권을 행사하는 때는 그 중 한 사람에게 송달을 하도록 한' 민사소송법 제180조가 적용되지 않으므로 법원은 여러 소송대리인에게 각각 판결 정본을 송달하여야 한다.

18) 이 경우 당사자와 소송대리인 어느 쪽이든 판결 정본을 송달받은 효력은 다른 쪽에 효력이 미치기 때문이다.

3) 원심에서 당사자에게 소송대리인이 없어 소송대리인이 판결 정본을 송달받은 바 없는 경우, 상소권은 당사자에게만 있고 상소심에서 선임된 소송대리인은 당사자를 대리하여 상소를 제기할 권한이 있을 뿐이므로, 그 소송대리인은 당사자의 상소제기기간 내에 상소를 제기하여야 함은 너무나 당연하다.

(4) 보조참가인과 상소제기기간

1) 보조참가인은 피참가인인 당사자와 별개로 소송수행권과 그에 따른 상소제기권이 있고, 당사자와 별개로 판결 정본을 송달받을 권리가 있는 만큼, 그의 상소제기기간은 그가 판결 정본을 송달받은 때부터 진행한다. 그러나 보조참가인이 상소를 제기하면서 비로소 보조참가를 하는 때에는 참가할 때의 소송 진행 정도에 따라 피참가인이 할 수 없는 소송행위를 할 수는 없으므로, 이미 피참가인에 대하여 상소제기기간이 경과한 때는 보조참가인은 상소를 제기할 수 없으며, 자신의 상소제기기간이 남아 있더라도 피참가인인 당사자의 상소제기기간이 경과한 때는 앞서 본 바와 같이 보조참가인 역시 상소를 제기할 수 없다(대법원 1969. 8. 19. 선고 69다949 판결, 2007. 9. 6. 선고 2007다41966 판결).

2) 이에 반해 공동소송적 보조참가의 경우 필수적 공동소송에 관한 규정이 준용되므로(민사소송법 제78, 67조), 보조참가인과 피참가인 모두에 대하여 상소제기기간이 만료되어야만 원심재판이 확정된다(대법원 2017. 10. 12. 선고 2015두36836 판결 등). 그러나 공동소송적 보조참가인이 상소를 제기하면서 비로소 보조참가를 하는 때에는 그 역시 참가할 때의 소송 진행 정도에 따라 피참가인이 할 수 없는 행위를 할 수는 없으므로, 이미 피참가인에 대하여 상소제기기간이 경과한 때는 공동소송적 보조참가인도 상소를 제기할 수 없다(대법원 2015. 10. 29. 선고 2014다13044 판결 참조).

(5) 상소제기기간의 준수

1) 상소제기기간은 제척기간이자(대법원 1992. 5. 26. 선고 92다4079 판결 참조) 불변기간이므로(민사소송법 제396조 제2항, 제425, 443조), 법원은 이를 임의로 늘이거나 줄일 수는 없고, 주소나 거소가 멀리 떨어져 있는 사람에게 부가기간을 부여할 수는 있다(민사소송법 제172조 제1, 2항). 상소의 제기 역시 소송행위에 해당하므로 추후보완, 즉 추완할 수 있음은 물론이다(민사소송법 제173조). 그것이 곧 추완상소이다.

2) 상소는 상소장을 원심법원에 제출하는 방식으로 하여야 하고, 그 상소장이 원심법원에 접수된 때에 상소의 효력이 생기므로, 그때를 기준으로 상소제기기간의 준수 여부를 판단하여야 한다(대법원 1981. 10. 13. 선고 81누230 판결, 1992. 4. 15. 자 92마146 결정, 2003. 3. 28. 선고 2002다73067, 73074 판결). 상소장을 우편으로 제출한 때도 같다.

상소장을 원심법원이 아닌 상소심법원이나 관할권 없는 다른 법원에 제출한 경우, 이는 부적법하여 상소 제기의 효력이 발생하지 않는다. 그리고 상소심법원 등 상소 관할권이 없는 법원에 상소를 제기한다고 하여 상소심법원에 새로운 사건이 생기는 것은 아니므로, 여기에는 사건의 이송에 관한 규정을 적용할 수 없다.[19] 따라서 상소장을 원심법원이 아닌 상소심법원이나 관할권 없는 법원에 제출한 경우, 그것이 원심법원에 전달·이관되어 원심법원에 접수된 때를 기준으로 상소제기기간의 준수 여부를 판단하게 된다.

3) 다만 예외적으로, 서울고등법원 당직실에서 서울민사지방법원에 제출되는 문서의 숙직 접수업무까지 아울러 담당하고 있었는데, 1심법원인 서울민사지방법원에 제출할 항소장이 서울고등법원 당직실에 숙직 접수된 경우, 이는 서울민사지방법원에 제출된 것으로 볼 수 있는 경우가 있을 수 있다(대법원 1984. 12. 26. 선고 84다카1620 판결).

4) 한편, 상소장에 접수처를 원심법원으로 기재하지 않고 상급심법원으로 기재한 경우, 이는 상소심 관할법원을 표시한 데에 지나지 않을 수 있으므로, 그 기재만으로 상소장제출법원이나 상소제기기간 준수에 영향을 미칠 수는 없다(대법원 1984. 12. 26. 선고 84다카1620 판결).

바. 상소의 제한

1) 상소 역시 헌법상 국민의 재판받을 권리에서 비롯되므로, 원칙적으로는 이를 제한할 수 없다. 상소제기기간이 지난 뒤의 상소나 상소에 따른 인지액을 납부하지 않은 경우 상소가 부적법하게 되나, 이는 상소 자체를 제한한 결과는 아니므로 상소의 제한에 해당하지 않는다. 한편, 상고나 재항고, 특별항고를 제기하는 때에는 일정한 기한 내에 상고이유서 등을 제출하여야 하는바(민사소송법 제427조, 443조 제2항, 제450조), 그렇다고 하여 상고 등이 불가능한 것은 아니므로 이 역시 본래 의미의 상소 제한이라고 볼 수는 없다.

2) 그러나 헌법은 국민의 재판받을 권리에 관하여 심급의 수에 대해서는 직접 규정하지 않고 이를 법률에 위임하고 있으며, 상고심재판을 무제한적으로 받을 수 있도록 보장하고 있지도 않으므로, 복수의 심급제도를 운영하는 경우에도 법률에 의하여 상소를 제한할 수 있다. 이와 관련해서는 특히 소액사건에 대한 상고 제한이 문제되는바, 해당되는 곳에서 설명한다.

3) 민사소송법은 항소나 항고에 대해서는 그 상소 사유에 제한을 두지 않고 있다. 그러나 상고나 재항고, 특별항고에 대해서는 그 사유에 제한을 두고 있고(민사소송법 제423, 424, 442, 449조), 소액사건과 가압류·가처분 사건에 대해서도 같은 제한을 두고 있다(소액사건심판법 제3조, 상고심절차에 관한 특례법 제4조 제1항, 제7조).

이는 법률심인 상고심의 특성을 고려하고, 남상소로 인한 상고심의 기능 저해를 방지하기 위한 것이라고 할 수 있다. 상고나 재항고, 특별항고에 대한 제한은 대법원이 본안

---

19) 항소사건은 1심법원이 항소에 따라 소송기록을 송부하는 등으로 항소심법원에 이관(이심)하는 때에야 비로소 항소심법원에 접수되어 항소사건 번호가 부여되므로, 그러한 절차 없이 당사자가 항소장을 항소심법원에 제출하더라도 항소사건이 접수되는 효력이 없고, 단지 잘못된 문서(항소장)가 접수된 것에 불과하다. 따라서 항소심법원이 항소사건의 수소법원으로서 이를 1심법원에 다시 이송한다는 개념이 성립하지 않고, 단지 국법상의 법원 상호간에 문서를 이관하는 형식의 업무처리가 필요할 뿐이다. 상고사건 역시 이와 같다.

에 대하여 심리를 하지 않고 판결 이유의 기재 없이 그 상고 등을 기각하는 방법을 취하고 있다.

4. 상소의 방식

1) 상소는 상소장을 원심법원에 제출하는 방식으로 하여야 한다(민사소송법 제397조 제1항, 제425, 443, 450조). 상소장을 원심법원이 아닌 상급심법원이나 관할권 없는 법원에 제출한 경우, 이는 적법한 상소로서의 효력이 없고, 따라서 위와 같이 그 상소장이 원심법원에 접수된 때에야 비로소 제척기간(상소제기기간) 준수 및 상소의 효력이 생긴다(대법원 1981. 10. 13. 선고 81누230 판결 참조).[20]

2) 형사소송법과 달리 민사소송법은 재소자에 대한 상소장 제출의 특칙이 규정되어 있지 아니하므로, 재소자가 상소장을 교도소장에게 제출하더라도 법원에 제출된 것으로 간주되지 않는다(대법원 2004. 9. 30.자 2004마502 결정, 2015. 8. 17.자 2015마213 결정).

3) 상소의 제기는 소송행위이므로 소송능력이 있는 자만이 할 수 있음은 당연하다. 대리인이 상소를 하는 때에는 당연히 그 대리권이 있어야 하고, 특히 소송대리인의 경우 상소의 제기와 그 취하는 특별수권이 필요하다(민사소송법 제30조 제2항 제3호). 따라서 소송능력이 없거나 대리권 없는 자가 상소를 제기한 경우, 법원은 상당한 기간을 정하여 보정을 명하고(민사소송법 제59, 97조), 보정이 없거나 보정이 불가능한 경우에는 부적법한 상소로 처리하여야 한다.[21]

4) 상소장에는 형식적 사항으로 사건의 표시(사건명이나 사건번호)와 함께 당사자(성명과 주소), 법정대리인·대표자를 표시하여야 하고, 소송대리인이 상소를 제기하는 때에는 소송대리인도 표시하여야 한다.

또한, 상소장에는 실체적 사항으로 원심재판에 대하여 불복한다는 뜻, 원심재판의 일부에 대하여 불복하는 경우에는 그 불복의 범위, 상급심에 대하여 구하는 상소심 재판의 내용을 기재하여야 한다. 그러나 상소불가분의 원칙이 적용되고, 상소심에서 불복·상소의 범위를 확장하는 등 변경할 수 있으므로, 불복의 범위는 어떤 당사자에 대한 관계에서 또는 어떤 청구에 대한 관계에서 불복하는지만을 표시하는 것으로 충분하고, 아주 자세히 기재할 것까지 요구되는 것은 아니다(대법원 1994. 11. 25. 선고 93다47400 판결, 2016. 5. 27. 선고 2015다33489 판결).[22]

원심판결의 내용 등 원심재판의 내용은 상소장에 기재하지 않아도 무방하며, 상소이유 역시 마찬가지다. 상소장에 대해서는 준비서면에 관한 규정이 준용된다(민사소송법 제398, 425, 443조). 따라서 이에 준하여 당사자나 대리인이 기명날인 또는 서명하여야 하고, 첨부서류 등도 붙여

20) 상소심법원을 포함하여 관할권 없는 법원에 상소장이 잘못 접수된 경우에는 이송보다는 상소장의 추송(追送)이나 전달의 방법으로 관할법원에 이관하는 것이 실무관행이다.

21) 이 경우 민사소송법 제399조와 제402조는 적용이 없으므로 재판장이 명령으로 상소장을 각하할 수는 없고 상소법원이 판결로써 상소를 각하하여야 한다.

22) 그러나 상소에 따른 인지액은 그 불복의 범위에 달려 있으므로 불복의 범위는 분명하여야 한다. 하지만 이는 나중에라도 보정할 수 있으므로 그것을 지키지 않았다고 하여 상소가 부적법한 것은 아니다.

야 한다(민사소송법 제274, 275, 398조). 상소장에는 법령이 정한 인지를 붙이거나 그 금액을 납부하여야 한다. 이는 당사자를 위하여 보조참가인이 상소를 제기할 때도 같다(대법원 2008. 7. 11.자 2008마600 결정).

5) 상소장에 위와 같은 기재사항이 누락된 흠이 있거나 인지액의 전부 또는 일부를 납부하지 않은 경우, 원심재판장과 상소심재판장은 상당한 기간을 정해 보정을 명하여야 한다(민사소송법 제399조 제1항, 제402, 425, 443조). 보정명령에 불응한 경우에는 제재가 있다.

5. 상소의 범위

1) 상소는 원심재판, 즉 원심판결이나 원심결정 등의 전부는 물론이고 그 일부에 대해서도 할 수 있다. 다만, 원심재판의 일부에 대하여만 상소를 하는 때에도 상소의 이익이 있어야 하므로, 자신이 승소한 부분에 대해서는 원칙적으로 상소의 이익이 없다.[23)]

2) 원심재판의 전부에 대하여 불복하는 경우에는 단순히 그 뜻만을 표시하면 충분한 반면, 원심재판의 일부에 대하여만 상소를 하는 때에는 어떤 당사자가 또는 어떤 당사자에 대하여 불복·상소하는지, 그 당사자에 대한 관계에서도 어떤 청구에 대하여, 또 그 청구(그 청구에 대한 재판)의 어느 범위(양과 질)까지 불복·상소하는지를 표시하여야 한다.

그러나 불복의 정도는, 항소심의 경우에는 그 변론종결 시까지 서면 또는 구두진술에 의하여 명확히 하면 되므로 이를 반드시 항소장에 미리 특정하여 기재하지 않아도 무방하다(대법원 1994. 11. 25. 선고 93다47400 판결, 2016. 5. 27. 선고 2015다33489 판결).[24)]

통상 그 불복·상소의 범위는 항소취지나 상고취지에 표시하지만, 반드시 그러한 방법으로 이를 표시할 필요는 없고, "피고는 원심판결 중 1억 원을 초과하여 지급을 명한 피고 패소 부분에 대하여 항소합니다", "원심판결의 원고 패소 부분 중 뉴질랜드 체류비용, 국내 환자 후송비용에 관한 부분에 대하여 상고합니다"와 같이, 그 내용만 분명히 한다면 다른 방법으로 표시하여도 무방하다.

3) 원심재판의 일부에 대하여만 상소를 한 경우에도, 상소불가분의 원칙과 상소심에서의 상소 범위 변경에 의하여 불복의 범위가 확장될 수 있지만, 통상공동소송의 경우 상소하지 않은 당사자 부분은 상소제기기간의 도과 등으로 확정되고, 일방 당사자만이 상소한 경우 당초 상소하지 않은 당사자는 일정한 기간 내에 부대상소를 하지 않으면 자신

---

23) 승소한 당사자는 승소한 부분의 취소·변경을 구할 이익이 없다. 상소불가분의 원칙에 의해 상소·불복하지 않은 그 부분도 상소심에 이심은 되나, 이는 상소심의 현실적 심판대상이 되지는 않는다.

24) 항소장 기재만으로 불복·상소의 범위를 알 수 없는 경우에는 항소심법원이 보정명령을 통하여 이를 분명히 할 것을 요구할 수 있다. 불복·상소의 범위 변경을 통하여 인지액에 변동이 있는 때에는 그때 보정하면 된다. 한편, 상고심의 경우에도 상고취지 변경을 통하여 불복·상소의 범위를 변경할 수 있으나, 상고심에서는 변론이 열리지 않으므로 구두진술에 의해서는 이를 변경할 수 없고, 또한 상고이유서에서 주장하지 않은 사항은 상고심의 판단을 받을 수 없음이 원칙이므로(민사소송법 제431조 참조) 상고이유서 제출기한 내에만 불복·상소의 범위를 변경할 수 있다고 할 것이다.

에게 불리한 재판 부분이 현실적인 상소심 심판대상이 되지 않아 항소심판결 선고로써 확정되게 되므로, 상소 범위, 특히 대인적 범위를 분명히 하는 것은 중요하다.

6. 상소의 효력

가. 원심재판의 확정 차단

1) 적법·유효한 상소가 제기되면 원심재판은 확정이 차단된다. 따라서 원심재판이 판결인 경우, 가집행선고가 없는 부분은 기판력은 물론 집행력, 형성력도 발생하지 않는다.

2) 상소를 제기한 것만으로는 가집행선고에 의한 집행력이 차단되지 않는다. 따라서 가집행선고부 판결에 의한 집행력을 차단하여 강제집행을 정지하거나 이미 진행된 집행을 취소하기 위해서는 강제집행정지결정을 받아야 한다. 상소의 추후보완신청이 있는 경우에도 같다.

이 경우 강제집행 정지의 재판은, 불복하는 상소의 사유가 법률상 정당한 이유가 있다고 인정되고, 그 사실에 대한 소명이 있어야 하며, 당사자의 신청이 있어야 한다. 이 재판은 상소심법원이 하게 되나, 소송기록이 원심법원에 있으면 그 법원도 할 수 있다고 할 것이다(민사소송법 제500조 제4항, 대법원 1973. 6. 16.자 72그4 결정 참조). 이때 법원은 담보를 제공하게 하거나 담보를 제공하지 아니하게 하고 강제집행을 일시 정지하도록 명할 수 있으며, 담보를 제공하게 하고 강제집행을 실시하도록 명하거나 실시한 강제처분을 취소하도록 명할 수 있다. 그러나 담보 없이 하는 강제집행의 정지는 그 집행으로 말미암아 보상할 수 없는 손해가 생기는 것을 소명한 때에만 가능하다(민사소송법 제500조 제2항).

3) 상소의 효력에 의하여 확정이 차단된 사건은 상급심법원에 이심된다. 이에 따라 원심법원은 소송기록을 상급심법원에 송부하여야 한다(민사소송법 제400, 425, 443조). 전자소송에서는 전자적인 방법으로 상급심법원에 이관하는 방법으로 기록을 송부한다(민사소송 등에서의 전자문서 이용 등에 관한 규칙 제40조).

4) 상소의 효력에 의한 확정 차단과 상급심법원으로의 이심 범위는 상소불가분의 원칙에 따르며, 이심된 사건에 대한 상급심법원의 현실적 판단 대상의 범위는 뒤에서 보는 바와 같이 이심 범위와는 별도로 정해진다.

나. 추완상소의 효력

1) 원심재판이 공시송달에 의하여 진행된 경우 등과 같이 당사자(주로 피고)가 책임질 수 없는 사유로 불변기간인 상소제기기간을 지킬 수 없었던 때에는 그 사유가 없어진 날부터 2주 이내에 추완하여 상소를 제기할 수 있고, 그 사유가 없어질 당시 당사자가 외국에 있었던 때에는 30일 이내에 추완상소를 제기할 수 있다(민사소송법 제173조). 추완상소는 소송행위인 '상소의 제기'를 추후에 보완하는 것이다.

2) 추완상소 역시 상소임에 다름이 없으므로, 추완상소의 제기가 있더라도 그것만으로는 이미 이루어진 원심재판의 기판력이나 집행력 등의 효력이 상실되는 것이 아니고, 또 원심재판이 당연무효가 되는 것도 아니다(대법원 1978. 9. 12. 선고 76다2400 판결, 1979. 10. 10. 선고 79다1447 판결 등).[25] 이는 원심 소송절차에서 공시송달에 의해 소송이 진행되었고 그 송달이 부적법한 때에도 마찬가지다(대법원 2013. 4. 11. 선고 2012다111340 판결, 2014. 1. 16. 선고 2013다44447 판결). 따라서 형식상 일단 확정된 원심재판의 효력에 의한 강제집행을 정지하거나 이미 진행된 집행을 취소하기 위해서는 앞서 본 바와 같이 별도로 그 정지 등을 신청하여야 한다.

3) 그런데 추완상소에 따라 상소심이 추완상소를 적법한 것으로 보아 추완상소를 각하하지 않고 원심재판을 취소·변경하거나 상소를 기각한 경우,[26] 그 추완상소에 따른 재판이 확정되기 전이라도 그 재판은 이로써 확정이 차단되므로 확정의 효력이 당연히 소급하여 소멸한다(대법원 1962. 8. 2. 선고 62다210 판결, 1979. 9. 25. 선고 79다505 판결 참조). 추완상소라도, 적법한 상소가 있는 이상 추완상소의 제기 이전에 당해 재판이 확정될 수는 없기 때문이다. 다만, 추완상소에 따른 재판을 그 상소심에서 추완상소가 부적법하다는 이유로 취소하고 추완상소를 각하하는 재판이 확정된 경우에는 그러한 소멸의 효력이 발생하지 않고, 원래의 시점에 당해 재판이 확정된다.

4) 이와 같이 추완상소에 따라 상소심법원이 원심재판을 취소·변경하고 그 판결이 확정된 경우, 소급하여 원심판결의 집행력 등이 소멸하게 되는데, 채권자인 원고가 외형상 확정된 판결(집행권원)에 기하여 집행문을 부여 받으려 하거나, 집행문을 부여 받았거나, 집행문을 가지고 집행을 신청하거나 이미 집행을 실시하고 있는 경우 채무자인 피고는 어떻게 구제 받을 수 있는가?

이 경우 상소심법원이 원심재판을 취소·변경하는 판결은 민사집행법 제49조 제1호 소정의 서류에 해당하므로, 집행채무자(피고)가 이를 집행법원에 제출하면 집행법원은 민사집행법 제49조와 제50조에 따라 강제집행을 정지하거나 제한하고, 이미 실시한 집행처분을 취소하여야 한다. 이와 별도로 집행채무자(피고)는 집행문부여에 대한 이의신청(민사집행법 제34조 제1항), 경매개시결정에 대한 이의신청 또는 그 신청에 따른 결정에 대한 즉시항고(민사집행법 제86조), 금전채권의 추심명령이나 전부명령에 대한 즉시항고(민사집행법 제229조 제1, 6항) 등으로 이를 저지

25) 이와 달리, 상소추완의 경우 추완이 허용됨으로 인해 종전 판결은 확정되지 않았다고 보아야 하므로 판결의 형식적 확정력은 추완이 허용됨으로써 곧바로 소급하여 배제된다고 보아야 한다는 견해가 있으나{정선주, "소송행위의 추완", 저스티스 제44호(1997)}, 적어도 추완상소를 적법한 것으로 인정하여 상소심이 원심재판을 취소·변경하거나 상소를 기각하는 때에야 그에 따라 기판력이나 집행력 등의 효력이 상실된다고 할 것이다.

26) 추완상소가 적법한 것으로 인정되어 그에 따른 판결이 확정되기 전이라도, 추완상소를 받은 상소심법원은 추완상소의 적법 여부에 대한 판단은 물론 본안에 관하여 심판하고 원심재판을 취소·변경하거나 상소를 기각할 수 있다.

할 수 있다고 할 것이다.[27] 그리고 이미 배당절차에 들어간 때에는 배당이의의 소 (민사집행법 제154조 제1항)를 제기할 수도 있다.

여기서 나아가 채무자는 청구이의의 소를 제기할 수 있는가? 원래 청구이의의 소는 확정판결의 변론종결일 후에 발생한 사유로 집행력의 배제를 구하는 것이므로, 추완상소에 따른 상소심판결에 의해 외형상 확정된 원심판결이 취소·변경된 경우와 같이 집행권원의 성립절차상 하자(무효나 취소 사유의 존재)나 집행권원의 부존재는 청구이의의 사유에 해당하지 않는다. 그러나 채권자가 외관상 집행력이 있는 것으로 오인될 만한 집행권원(확정판결)을 가지고 있는데, 이에 대하여 채무자로 하여금 위와 같이 집행문부여에 대한 이의신청 등에 의해 구제를 받도록 하는 것도 가능하지만, 아예 원천적으로 집행력의 외형을 완전히 제거하여 혹시 모를 착오에 기한 강제집행을 막을 수 있도록 청구이의의 소를 허용함이 타당하다고 생각된다.[28]

5) 추완상소가 제기되더라도 그것만으로는 위와 같이 원심재판의 효력이 유지되고 일단 부여된 형식적 확정의 효력도 소멸하지 않는 이상, 외형상 확정된 원심판결에 기하여 피고 명의의 등기가 말소되거나 원고 명의의 등기가 이루어진 경우 그 등기가 곧바로 원인무효가 되는 것은 아니다. 따라서 등기관은 추완상소의 제기나 원심판결을 취소·변경하는 상소심판결이 선고된 것만으로 말소된 등기를 직권으로 회복하거나 원고 명의의 등기를 직권으로 말소할 수 없다.[29]

그러나 부동산에 관한 소유권이전등기의 말소를 명한 판결이 외형상 확정되어 그에 기해 소유권이전등기가 말소된 경우, 그 뒤에 위 형식적으로 확정된 판결이 추완상소 등에 의하여 취소되고 말소등기청구가 기각되어 그 판결이 확정되었다면, 위 말소등기의 등기원인인 외형상으로 확정된 판결은 소급하여 취소됨과 동시에 그 말소등기청구권은

27) 추완상소가 적법·유효한지는 그에 따른 상소심판결이 확정된 때에야 비로소 확정적으로 결정되나, 그 이전 단계, 즉 원심판결을 취소·변경하는 판결이 선고된 단계에서도 이러한 구제는 가능하다고 할 것이다. 이로써 곧바로 확정력과 이에 따른 집행력이 소멸하기 때문이다. 그러나 이미 이루어진 등기의 말소 청구나 말소등기의 회복등기청구 같은 것은 상소심판결이 확정되기 전에는 허용할 수 없다고 할 것이다. 원심판결을 취소·변경하는 판결이 확정되기 전에는 아직 잠정적 효력만이 있는데, 그 판결이 다시 상급심에서 취소될 경우 등기의 말소나 말소등기의 회복등기는 경매개시결정이나 추심명령, 전부명령에 대한 취소 등과 달리 다시 원상회복하기가 곤란하기 때문이다.

28) 대법원 2014. 1. 16. 선고 2013다44447 판결의 사건에서 당사자는 추완항소를 제기하고, 외형상 확정된 판결에 대하여 강제집행의 불허를 구하는 청구이의의 소를 제기하였는데, 대법원은 청구이의가 허용되지 않는다는 판단은 하지 않고 추완항소기간 도과를 이유로 그 항소가 부적법하다고 보았다. 여기서 청구이의를 인용하는 경우, 이미 집행력이 소멸하여 외형상으로만 존재하는 집행력의 부존재를 확인하는 의미밖에 없음은 물론이다.

29) 원심판결을 취소·변경하는 판결이 선고됨과 동시에 확정력과 이에 따른 집행력이 소멸하나, 판결에 의한 등기의 경우 집행절차가 따로 없고, 이에 따라 강제집행의 정지나 취소가 없으므로 외형상 확정판결에 의해 등기가 이미 이루어진 경우, 그 등기는 별도의 확정판결에 의하여 말소되어야 하고 강제집행의 정지나 취소로써는 말소할 수 없다고 할 것이다. 따라서 원심판결을 취소·변경하는 상소심판결이 선고된 것만으로 말소된 등기를 직권으로 회복하거나 등기를 직권으로 말소할 수 없다.

처음부터 없었던 것으로 되고, 말소등기를 한 원고는 소유권이전등기 명의자인 피고에게 그 말소등기의 회복등기절차를 이행할 의무를 진다(대법원 1970. 7. 28. 선고 70다742 판결, 1979. 10. 10. 선고 79다1447 판결 참조). 그러므로 추완상소인인 피고가 말소된 자신의 등기를 회복하기 위해서는 상소심에서 반소로써 그 말소회복등기를 청구하거나,[30] 추완상소에 따른 재판이 확정된 후 상대방 당사자나 제3자를 피고로 삼아 별소로써 그 말소회복등기를 청구하여야 한다. 이는 외형상 확정된 판결에 기하여 원고 앞으로 소유권이전등기 등이 이루어진 경우에도 같다.

다. 상소불가분의 원칙

(1) 의 의

1) 어떤 재판에 대하여 상소가 제기된 경우, 당사자가 제기한 상소의 범위와 관계없이 원심재판 전부의 확정이 차단되고 당해 사건 전부가 상소심법원에 이심되는 것을 상소불가분(上訴不可分)의 원칙이라고 한다. 즉 상소의 효력은, 원심재판의 일부에 대해서만 불복하여 상소가 제기된 경우라도, 그 부분에 한하여 확정이 차단되고 상급심에 이심되는 것이 아니라 원칙적으로 당해 원심재판 전부의 확정이 차단되고 상소심법원에 이심된다.

2) 이는 상소심법원의 심판대상과 범위를 넓게 함으로써, 상소 범위 변경과 부대상소를 통해 당사자의 권리구제 기회를 넓게 부여하고, 당해 상소심절차를 통해 분쟁을 일거에 해결함으로써 소송경제를 도모하기 위한 것이다.

(2) 확정 차단과 이심의 범위(원칙)

1) 상소불가분의 원칙이 미치는 범위, 즉 상소에 의한 확정 차단과 이심의 범위는 당해 사건과 당해 상소의 대상인 원심재판을 기준으로 한다. 즉 1차적으로는 상소의 대상인 당해 사건 전체가 이심되고,[31] 2차적으로는 상소의 대상인 당해 사건 중 원심법원이 재판을 한 사항 전부가 이심된다.

2) 어떤 사건에 대하여 원심법원이 재판을 한 경우, 그에 대하여 상소가 제기되면 당해 사건 전체가 이심되는 것이 원칙이다. 다만, 법원은 사건의 일부에 대하여만 분리하여 심판할 수 있는바(민사소송법 제200, 201조), 이 경우에는 당해 사건 전부가 아니라 원심법원이 재판을 한

---

30) 말소등기나 회복등기 외에 이미 집행한 금전의 반환청구나 물건의 인도청구 등도 가능하다. 그러나 이는 항소심에서만 가능하고 법률심인 상고심에서는 불가능하며, 제3자 명의의 등기 말소 청구 역시 제3자를 당해 소송에 끌어들일 방법이 없으므로 불가능하다. 이 경우 반소의 성질은 일종의 가지급물 반환신청에 유사하다고 할 수 있다. 따라서 상대방 당사자는 이에 대하여 이의를 할 수 없다고 할 것이다.

31) 여기서 말하는 '상소의 대상인 당해 사건 전체'라 함은 당해 판결문 등 재판서에 기재된 사건을 말한다. 다만, 사건번호가 기재된 것은 물론, 사건번호의 기재가 없더라도 당해 심급에서 수소법원이 변론을 병합하여 하나의 판결로써 심판한 것을 포함한다.

사항만이 상급심법원에 이심된다.

그러나 독립참가소송, 필수적 공동소송, 주위적·예비적 병합청구, 주위적·예비적·선택적 공동소송과 같이 소송목적인 권리·법률관계에 대하여 모순 없이 하나의 판단을 하여야 할 필요에 따라 일부판결을 할 수 없는 경우에는, 설사 원심법원이 그 사건의 일부 사항에 대하여 재판을 하지 않은 경우라도 상소에 의해 당해 사건 전부가 상급심법원에 이심된다. 이 경우, 중간확인의 소나 본소와 반소는 그 각 소송목적이 합일확정되어야 할 성질의 것은 아니므로 필요에 따라 일부판결이 허용된다. 따라서 이 경우 원심법원이 재판을 하지 않은 사항은 상소의 대상이 될 수 없으며, 다른 부분에 대한 상소가 있더라도 그 부분은 상소심법원에 이심되지 않는다(대법원 2007. 11. 16. 선고 2005두15700 판결 참조).

3) 위와 같이 일부를 분리하여 심판하는 것이 허용되는 경우에는, 원심법원의 심판대상인 사건 전부가 아니라 원심법원이 실제로 재판을 한 사항만이 상소심법원에 이심된다. 다만 이 경우에도, 그 재판을 한 사항 중 일부에 대해서만 상소 제기가 있더라도 상소불가분의 원칙에 따라 그 재판 사항 전부가 이심됨은 물론이다.

이때 원심재판에서 판단한 사항이란 판결 등 당해 원심재판의 주문에 실제로 판단된 사항을 말하므로, 사건이 몇 개인지, 즉 사건번호가 붙는 사건이 몇 개인지는 아무런 상관이 없다. 예컨대, 수소법원(원심법원)이 여러 개 사건의 변론을 병합하거나 중간확인의 소와 본래의 소, 본소와 반소, 공동소송참가 등에 따른 복수의 사건을 하나의 소송절차에 의해 심판하여 하나의 판결로써 선고한 경우, 그 중 일부 사건이나 하나의 사건 중 그 일부 판단 사항에 대해서만 상소가 제기되더라도, 그와 함께 판결된 다른 사건이나 다른 사항에 대해서도 상소의 효력이 발생한다.

4) 상소불가분의 원칙은 위와 같이 원심재판을 기준으로 한다. 따라서 원심재판의 전부 또는 일부에 대하여 불복, 상소가 이루어진 경우, 그 재판의 현실적 판단 대상이 된 청구와 당사자 전부에 대하여 상소의 효력이 미치며, 청구의 경우 그 양적·질적 범위 전부에 미친다.

그러므로 각 1인의 원·피고만이 있는 사건에서 금전지급청구와 소유권이전등기청구와 같이 여러 개의 청구가 하나의 소로써 병합 제기된 경우에, 금전지급청구 부분의 재판에 대하여만 상소가 제기된 때라도 소유권이전등기청구의 재판에 대해서도 상소의 효력이 미치며, 원고나 피고가 여러 명인 경우 그 중 일부의 원고나 피고에 대해서만 상소가 제기된 때라도 다른 원고나 피고에 대해서도 상소의 효력이 미친다.

5) 반면에 각 1인의 원·피고만이 있는 사건에서 금전지급청구와 소유권이전등기청구와 같이 여러 개의 청구가 하나의 소로써 병합 제기되었으나 원심법원이 변론을 분리하여 금전지급청구 부분에 대하여만 판결을 한 때는 그 상소는 당해 금전지급청구 부분 전

부(원고가 일부 승소하여 원고가 상소를 하였다면 그 패소 부분은 물론 승소 부분 포함)[32]에 대하여만 상소의 효력이 미치고, 아직 판결을 하지 않은 소유권이전등기청구 부분에 대해서는 상소의 효력이 미치지 않는다.

(3) 공동소송인 독립의 원칙이 적용되는 경우(예외 1)

1) 상소불가분의 원칙은 위와 같이 상소의 대상인 원심재판을 기준으로 하여 그 재판의 현실적 판단 대상이 된 청구와 당사자 전부에 미치는 것이 원칙이나, 공동소송인 독립의 원칙이 적용되는 범위에서는 제한된다.

따라서 원고와 피고의 쌍방 또는 그 일방이 여러 명이어서 그들(공동의 원고 또는 공동의 피고) 사이에 주관적 공동소송관계가 성립하는 경우, 그들 공동소송인 사이에 불가분적으로 모순 없이 하나의 판결에 의하여 판단되어야 할 견련관계가 없는 때에는 공동소송인 독립의 원칙이 적용되므로, 상소의 효력 역시 이에 따라 당해 소송당사자, 즉 상소를 한 자나 상소를 제기당한 자에 대해서만 상소의 효력인 확정 차단과 이심의 효력이 발생한다.

2) 그러나 공동소송인 독립의 원칙은 공동소송인 사이에 불가분적으로 모순 없이 하나의 판결에 의하여 판단되어야 할 견련관계가 없는 때에만 성립하므로, 위와 같이 필수적 공동소송, 독립당사자참가, 주위적·예비적·선택적 피고에 대한 청구와 같이 하나의 소송절차에 복수의 당사자가 관련되고 그들 사이에 불가분적으로 모순 없이 하나의 판결에 의하여 판단되어야 할 견련관계가 있는 때에는 상소불가분의 원칙이 그대로 적용된다.

3) 공동소송인 독립의 원칙이 적용되지 않는 경우에는 이와 같이 패소한 공동소송인이나 어떤 당사자 중 1인만이 상소한 경우, 다른 공동소송인들에 대하여도 확정이 차단되고 상소심에 이심되는데, 이때 상소를 제기하거나 상소를 당하지 않았지만 상소의 효력이 미치는 다른 공동소송인들의 상소심에서의 지위가 문제된다.

이에 대하여 통설과 판례(대법원 1993. 4. 23. 선고 92누17297 판결, 1995. 1. 12. 선고 94다33002 판결 등)는, 상소인이 아닌 '단순한 상소심 당사자'라고 보아, 상소를 제기하지 않은 그 공동소송인(당사자)은 상소심의 변론기일에 출석하여 소송행위를 할 수는 있으나,[33] 그는 상소에 따른 인지를 붙일 의무가 없고, 상소심에서 패소하더라도 그 소송비용을 부담하지 않으며, 상소 취하권도 없다고 해석한다.

---

32) 승소자는 승소한 부분에 대해서는 상소할 이익이 없어 그에 대한 상소가 허용되지 않으나, 패소 부분에 대한 상소가 있으면 그 승소 부분까지 상소심에 이심된다. 그러므로 상소의 이익과 상소불가분의 원칙은 별개의 법리이다.

33) 이때 상소를 제기하지 않은 공동소송인이 미성년자나 피성년후견인 또는 피한정후견인이어서 그 후견인이 법정대리인으로서 상소심에서 소송행위를 하는 경우에는 그 후견감독인으로부터 특별한 권한을 받을 필요가 없다(민사소송법 제69조, 제56조 제1항). 이는 이 경우 그 공동소송인에게는 아무런 손해가 없기 때문이다.

그러나 원고가 상소심에서 소를 취하하고자 하는 경우에는, 공동피고 중 1인인 위와 같은 '단순한 상소심 당사자'의 동의 역시 필요하다(대법원 1981. 12. 8. 선고 80다577 판결). 이러한 법리는 당사자와 보조참가인의 관계에도 그대로 적용된다.[34)]

(4) 불복이 없는 부분의 경우(예외 2)

1) 상소불가분의 원칙에 의하여 사건의 전부 또는 일부에 대한 원심재판의 확정이 차단되고 사건이 상소심법원에 이심되더라도, 그 이심된 사건, 즉 이심의 대상이 된 청구와 당사자 모두가 상소심법원의 심판대상이 되는 것은 아니다.

2) 상소심법원은 상소한 당사자가 불복한 부분, 즉 그가 원심재판의 취소·변경을 구하는 범위에서만 심리·판단한다(민사소송법 제407조 제1항, 제415, 425, 443조). 따라서 그 나머지 부분, 즉 이심은 되었으나 상소심법원의 현실적 심판대상이 되지 않은 부분은 잠재적 심판대상으로 존재하다가, 앞서 본 바와 같이 상소심법원의 판결 선고 시에 확정된다.

예컨대, 항소심의 경우 항소심에 이심이 된 부분이라도 항소인이 불복하지 않은 부분, 즉 항소로써 원심재판의 취소·변경을 구하는 범위에 속하지 않은 부분에 대해서는 항소심법원이 심리할 필요나 권한이 없고(민사소송법 제407조 제1항), 판단(판결 등 재판)도 할 필요나 권한이 없다. 또한, 항소심의 심리결과 설사 제1심판결이 부당하다고 인정되더라도 그 판결을 불복한 당사자(항소인)에게 불이익하게 변경할 수는 없다. 이를 벗어나면 처분권주의에 위반한 것으로서 당해 항소심판결은 부적법하다(대법원 2004. 6. 10. 선고 2004다2151,2168 판결, 2013. 5. 24. 선고 2011다84892 판결 등).

따라서 원고가 1억 원의 금전지급청구와 소유권이전등기청구를 하고 피고가 반소로써 소유권이전등기청구의 대상인 물건의 인도청구를 하여, 1심에서 금전지급청구 중 3,000만 원만이 인용되고, 나머지 금전지급청구와 소유권이전등기청구 및 인도청구는 기각되었는데, 이에 대해서 원고만이 항소하고 항소(불복)의 범위로서 2,000만 원의 추가지급을 구하는 것으로 항소한 경우, 항소심법원은 상소로써 불복한 2,000만 원의 추가지급 청구 부분만 심리·판단하여야 한다. 이에 따라 항소심법원은 상소되지 아니한 3,000만 원의 금전지급청구와 소유권이전등기청구 및 인도청구에 대해서는 심리·판단할 수 없다.[35)]

3) 상소인은 상소심에서 불복의 범위, 즉 상소 범위(상소취지)를 확장, 축소, 교체하는 등으로 변경할 수 있다. 이에 대해서는 상소 범위를 확장하는 때라도 상소제기기간의 제

34) 다만, 당사자는 보조참가인이 제기한 상소를 임의로 취하할 수 있다(대법원 1984. 12. 11. 선고 84다카659 판결, 대법원 2006. 5. 2.자 2005마933 결정, 대법원 2010. 10. 14. 선고 2010다38168 판결).

35) 항소심법원은 원고가 이미 승소한 부분으로서 상소되지 아니한 3,000만 원의 금전지급청구 부분에 대해서 심판할 수 없으므로 그 부분을 심리하여 그 인정 범위를 1,000만 원으로 취소·변경할 수 없다. 즉 불이익변경금지의 원칙이 적용된다. 소 각하 판결에 대하여 원고가 항소한 결과 청구기각의 결론이 나더라도 항소심법원은 불이익변경금지의 원칙에 따라 항소를 기각하여야지 1심판결을 취소하고 청구를 기각할 수는 없다(대법원 2010. 12. 23. 선고 2010두14800 판결, 2017. 12. 5. 선고 2017다237339 판결 등 참조).

한이 적용되지 않는다. 이미 그 기간 내에 상소를 했고, 사건 전부가 상소심에 이심되어 있기 때문이다. 그 결과 상소심법원의 심판대상이 확장되거나 축소, 변경되게 된다. 또한 상소를 제기하지 않은 상대방도 상소심에서 부대항소를 통해 자신이 패소한 원심재판의 취소·변경을 구할 수 있는바, 이로써도 상소심법원의 심판대상이 확장된다.

이와 같이 상소 범위의 변경과 부대상소를 인정하는 이유 역시 당사자의 권리구제 기회 보장과 소송경제 도모에 있다. 다만, 항소심의 경우에는 그 변론종결 시까지 서면 또는 구두진술에 의하여 이를 변경할 수 있고, 상고심의 경우에는 상고이유서 제출기한 내에서만 그 확장, 교체가 가능함은 앞서 본 바와 같다.

원고는 속심인 항소심에서 청구 자체를 확장, 축소, 교체(교환)하는 등으로 변경할 수도 있고, 이는 원고가 피항소인인 때에도 가능하다. 그러나 항소심에서의 청구의 확장, 교체(교환)는 새로운 청구를 통하여 심판대상을 변경하는 것이므로 1심재판의 취소·변경을 구하는 항소(상소)에 해당하지 않음은 물론이다. 즉 이는 상소의 효과가 아니라, 소송목적을 결정하고 특정할 권리가 있는 원고의 소송목적 변경에 따른 효과이다.[36)]

4) 한편, 상소를 제기하지 않은 당사자는 자신에게 불리한 원심재판이라도 그에 대해서는 상소심법원의 심판을 받을 수 없다.[37)] 따라서 그 역시 자신에게 불리한 부분의 심판을 받으려면 위와 같이 부대상소를 제기하여야 한다.

Ⅱ. 항소·항고

1. 항소의 제기

가. 항소의 요건

(1) 1심 종국판결의 존재 등

1) 항소의 요건은 이미 앞서 상소요건에 관하여 설명한 바와 같다. 즉 불복할 원심재판인 1심 종국판결이 존재하여야 하고, 그에 대하여 법령상이나 조리상 불복이 허용되며, 항소 제기기간이 경과하지 않았어야 하고, 불상소합의나 상소권 포기가 없어야 한다. 실제로는 판결을 선고하였더라도, 선고조서에 의하여 그것이 증명되지 않으면 선고는 없는 것으로 취급되므로, 이러한 경우 항소를 할 수 없다(대법원 1955. 4. 7. 선고 4288민상6 판결 참조).[38)]

36) 따라서 항소심에서 확장된 청구나 교환적으로 변경된 청구에 대한 항소심의 심판은 1심판결의 당부를 심판하는 항소심법원의 자격에서가 아니라 사실상 1심법원의 자격에서 하게 된다.

37) 이는 상소불가분의 원칙에 의한 이심에 불구하고, 상소심의 현실적 심판대상이 상소로써 불복한 부분에 한정되는 법리에 따른 것이다.

38) 따라서 이 경우 당사자는 1심법원에 판결을 선고해줄 것을 신청(직권발동을 촉구하는 의미에서)할 수 있다.

2) 항소의 제기도 소송행위에 해당하므로 그것이 유효하려면 소송행위의 일반적 유효요건을 갖추어야 함은 물론이다. 그것을 갖추지 못한 항소는 부적법하다.

3) 이와 관련하여 문제되는 것은 항소권이 없는 사람이 제기한 항소인데, 법정대리권이나 소송대리권이 없는 사람이 제기한 항소는 권한 없는 자의 소송행위여서 효력이 없으나 이는 보정(補正)이 가능하다.

즉 법정대리권에 흠이 있는 경우, 법원은 기간을 정하여 이를 보정하도록 명하여야 하며, 만일 보정하는 것이 지연됨으로써 손해가 생길 염려가 있는 경우에는 법원은 보정하기 전의 법정대리인으로 하여금 일시적으로 소송행위를 하게 할 수 있고(민사소송법 제59조), 법정대리권에 흠이 있는 사람이 소송행위를 한 뒤에 보정된 법정대리인이 이를 추인한 경우 그 소송행위는 당초에 소급하여 효력이 생긴다(민사소송법 제60조).

소송대리인에게는 위와 같은 법리(민사소송법 제59조와 제60조)가 준용된다(민사소송법 제97조). 따라서 법정대리권이나 소송대리권이 없는 사람이 항소를 제기한 경우, 당사자나 보정된 법정대리인 또는 소송대리인이 이를 추인하면 그 항소 제기는 처음부터 유효한 것으로 된다.

(2) 항소의 이익

1) 앞서 <상소의 이익>에서 본 바와 같이 항소는 자신에게 불리한 1심 종국판결의 전부나 일부의 취소·변경을 구하기 위한 불복이므로, 1심 종국판결이 자신에게 불이익하여야 한다. 따라서 항소는 1심재판의 결과가 원고나 피고가 구한 청구나 신청에 비해 불리한 때에만 허용된다.

불이익 여부의 판단기준은 앞서 본 바와 같이, 당사자가 판결의 이유 중에 포함된 실체법적 판단을 포함하여 실체법상으로 보아 상급심에서 원심판결보다 유리한 재판을 받을 가능성이 있는 경우 상소의 이익을 인정하는 실질설이 타당하다.

2) 이에 따라, 원고의 청구를 모두 인용한 재판에 대해서 원고는 항소할 이익이 없고, 원고의 신청(소)을 전부 각하하거나 그 청구를 기각한 재판에 대해서 피고는 항소할 이익이 없다(대법원 1973. 3. 13. 선고 73다2 판결, 1981. 7. 28. 선고 80다2298 판결 등).

다만, 원고의 청구가 모두 인용되거나 원고의 신청이 각하 또는 그 청구가 모두 기각되었더라도, 소송비용의 전부나 일부를 그 승소자인 당사자에게 부담하게 한 경우, 위와 같이 소송비용 부담에 관한 재판에 대해서는 독립하여 상소할 수 없으므로 그 재판 전체에 대해서 항소할 이익이 있다. 승소 부분의 전부나 일부에 대해서 가집행선고가 없는 때에도 이와 같다.

3) 항소심에서도 원고는 심판대상인 청구를 확장하거나 교환할 수 있고, 피고는 반소

를 제기할 수 있으나, 앞서 본 바와 같이 1심에서 전부 승소한 원고나 피고가 오로지 청구의 확장·교환이나 반소 제기를 위해서 항소할 이익은 없다. 다만 명시하지 않은 일부 청구의 경우, 원고는 나머지 부분에 대한 청구 확장을 위하여 항소할 이익이 예외적으로 인정된다는 것이 판례이다(대법원 1994. 6. 28. 선고 94다3063 판결, 1997. 10. 24. 선고 96다12276 판결, 2010. 11. 11. 선고 2010두14534 판결 등).

따라서 원고가 1심에서 전부 승소한 경우 항소심에서 청구취지를 확장할 목적이 있더라도 원칙적으로 항소할 수 없고, 피고의 항소에 따른 항소심에서 청구취지를 확장한 경우 그 한도에서 원고는 부대항소를 한 것으로 의제된다(대법원 1992. 12. 8. 선고 91다43015 판결, 2000. 2. 25. 선고 97다30066 판결).[39] 그러므로 만약 항소가 취하되거나 각하되는 등으로 항소사항(본안)에 대한 심판이 이루어지지 않을 경우에는 부대항소의 종속성에 의해 원고가 항소심에서 확장한 청구도 자동적으로 소멸하고 항소심은 종료하는 제약을 받는다.

피고 역시 1심에서 전부 승소한 경우, 항소심에서 반소를 제기할 목적이 있더라도 스스로 항소를 제기할 수는 없고, 단지 상대방인 원고의 항소에 의한 항소심에서 반소를 제기할 수만 있는바, 이 경우 피고도 그 범위에서 부대항소를 한 것으로 의제된다고 할 것이다(대법원 1977. 6. 7. 선고 77다50, 51 판결 1992. 12. 8. 선고 91다43015 판결, 2000. 2. 25. 선고 97다30066 판결 참조). 이에 따라, 원고의 항소가 취하되거나 각하되는 등으로 항소가 종료하는 때에는 부대항소의 종속성에 의하여 항소심에서 제기된 반소도 그로써 함께 종료한다.

나. 항소 제기기간

1) 민사소송 판결에 대한 항소는 판결 정본이 당사자에게 송달된 날부터 2주 이내에 제기하여야 한다(민사소송법 제396조 제1항). 가사소송 판결에 대한 항소 역시 같다(가사소송법 제19조 제1항).

항소 제기기간은 불변기간이다(민사소송법 제396조 제2항). 따라서 법원은 이를 임의로 늘이거나 줄일 수는 없고, 주소나 거소가 멀리 떨어져 있는 사람에게 부가기간(附加期間)을 부여할 수는 있다(민사소송법 제172조 제1, 2항).[40] 그러나 실무상 부가기간을 부여하는 일은 거의 없다.

2) 항소는 판결 정본을 당사자 등이 송달 받기 전에도 할 수 있다(민사소송법 제396조 제1항 단서). 그러나 1심판결의 선고 전에 미리 한 항소는 부적법·무효이다. 항소의 대상이 아직 성립하지 않았기 때문이다.

3) 앞서 본 바와 같이 상소제기기간을 준수하였는지 여부는 상소장이 원심법원에 접수된 때를 기준으로 하여야 하므로(민사소송법 제397조 제1항 참조), 항소장이 항소심법원에 제출되었다가 다

39) 종래 대법원은, 1심에서 그 청구 전부가 인용된 피항소인인 원고는 항소심에서 부대항소의 절차에 의하지 아니하고도 청구의 확장을 할 수 있다고 하였으나(대법원 1957. 11. 14. 선고 4290민상129 판결, 1963. 1. 24. 선고 62다801 판결), 이는 그 이후의 판결로써 사실상 변경되었다.

40) 부가기간의 지정은 제소기간 등 불변기간 내에 이루어져야만 효력이 있다(대법원 2008. 9. 11. 선고 2007후4649 판결). 부가기간의 지정은 판결이나 결정으로 하여야 할 것이다.

시 원심법원에 송부된 경우에는 항소장이 원심법원에 접수된 때를 기준으로 항소 제기기간 준수 여부를 따져야 한다(대법원 1981. 10. 13. 선고 81누230 판결 참조). 항소 제기기간에 대한 기타의 설명은 앞서 상소제기기간에 관하여 설명한 바와 같다.

다. 항소 제기의 방식

(1) 1심법원에 대한 항소장의 제출

1) 항소는 항소의 뜻이 담긴 서면(통상은 항소장이라고 부른다)을 제출하는 방식으로 하여야 하고, 이는 항소심법원이 아닌 1심법원에 제출해야 한다(민사소송법 제397조 제1항).[41] 소액사건의 경우 구술에 의한 소의 제기가 허용되나, 이 경우에도 항소는 서면으로 제기하여야 한다. 항소장을 상급심법원이 아닌 1심법원에 제출하도록 하는 이유는, 소송기록의 송부 등 항소 제기 이후 1심법원이 처리하여야 할 업무가 있기 때문이다.

2) 항소장을 항소심법원에 직접 제출한 경우, 이는 부적법하여 항소 제기의 효력이 발생하지 않는다. 그리고 항소심법원 등 상소 관할권이 없는 법원에 항소를 제기한다고 하여 새로운 사건이 생기는 것은 아니므로 여기에는 사건의 이송에 관한 규정이 적용되지 않고, 따라서 이들 법원은 이송결정을 할 수 없다. 항소장을 접수한 이들 법원이 이를 1심법원에 전달·이관하여 그것이 1심법원에 접수되어야 비로소 항소의 효력이 발생한다.

3) 항소는 조건부나 예비적으로 할 수 있는가? 이를 인정할 경우, 조건의 성부 등에 따라 항소심이 열릴 수도 있고 안 열리거나 종료할 수도 있어 소송절차를 불안정하게 하므로, 이는 허용할 수 없다.

(2) 항소장의 기재사항 등

1) 항소장에는 쌍방 당사자와 법정대리인의 성명과 주소, 제1심판결의 표시와 그 판결에 대한 불복·항소의 취지를 기재하여야 한다(민사소송법 제397조 제2항). 소송대리인이 항소를 제기하는 때에는 소송대리인도 표시하고, 1심법원에 소송대리인 선임신고를 하지 않은 때는 소송위임장을 제출하는 등으로 그 사실도 증명하여야 한다. 법정대리인 역시 같다.

항소장에는 준비서면에 관한 규정이 준용되므로(민사소송법 제398조), 그 밖에도 사건의 표시(1심의 사건번호와 사건명)와 항소장을 작성한 날짜, 1심법원을 기재하여야 한다.

2) 항소의 취지를 기재할 때는 1심재판의 취소·변경을 구하는 의사가 나타나 있으면 되고, 제1심판결에 대하여 어느 범위와 한도에서 변경을 구하는지는 항소장의 필요적 기재요건이 아니다. 이는 항소심의 변론종결 시까지 그 변경을 구하는 한도를 명확히 보완

41) 이는 항소장을 1심법원에 제출, 접수하라는 뜻이다. 따라서 항소장에 그 수신처를 항소심법원으로 기재하였더라도 이를 1심법원에 제출, 접수한 이상 아무런 문제가 없다(대법원 1984. 12. 26. 선고 84다카1620 판결 참조).

하면 되며(대법원 1988. 4. 25. 선고 87다카2819, 2820 판결, 1990. 5. 8. 선고 88다카30214 판결, 2020. 1. 30.자 2019마5599, 5600 결정), 그 변경을 반드시 서면에 의하여야 하는 것이 아니라 구두진술로도 가능하다(대법원 1990. 5. 8. 선고 88다카30214 판결, 2016. 5. 27. 선고 2015다33489 판결).

3) 필요한 경우에는 항소장에 항소의 이유나 공격방어방법, 상대방의 청구와 공격방어방법에 대한 의견, 사실상의 주장을 증명하기 위한 증거방법과 상대방의 증거방법에 대한 의견 등을 기재할 수 있고, 당사자가 가지고 있는 문서로서 항소장에 인용한 것은 그 등본 또는 사본, 초본을 붙여야 하며, 그 문서가 많을 때에는 그 표목과 작성자, 내용 등을 기재하는 방법으로 문서를 표시할 수 있다(민사소송법 제274, 275조 참조).

4) 항소장에는 법령('민사소송 등 인지법', '민사소송 등 인지규칙')의 규정에 따른 인지를 붙여야 한다. 항소장이 민사소송법 제397조 제2항의 규정에 어긋난 경우(필수적 기재사항이 누락된 경우)와 법령의 규정에 따른 인지를 붙이지 아니한 경우에는 뒤에서 보는 바와 같이 보정명령과 제재를 받게 된다.

항소인은 항소장 제출과 동시에 항소심에서의 사용에 대비하여 일정액의 송달료도 1심법원에 납부하여야 하고, 이를 이행하지 않은 때는 보정명령을 받게 된다.[42] 그러나 이를 이행하지 않더라도 항소가 부적법하게 되는 것은 아니며, 단지 법원은 항소장 부본의 송달 등 필요한 소송행위를 하지 않는 제재를 가할 수 있을 뿐이다(민사소송법 제116조 참조).

5) 부대항소에도 항소에 관한 규정이 적용되므로(민사소송법 제405조) 부대항소는 항소 제기와 같은 방식으로 제기하여야 하며, 부대항소장은 항소장과 같은 방식으로 작성하여야 한다.[43] 추완항소 역시 이와 같으나, 추완의 사유와 추완이 적법한 기간 안에 이루어진 사실을 함께 기재하고 그 소명자료를 첨부할 필요가 있다.

6) 항소장에는 위와 같이 준비서면에 관한 규정이 준용되므로 당사자 등 항소인 또는 대리인이 기명날인하거나 서명하여야 한다(민사소송법 제274조 제1항). 전자소송 사건의 경우에는 '민사소송 등에서의 전자문서 이용 등에 관한 법률'에 따라 전자서명을 하여야 한다(동법 제7조). 그러나 항소장에 항소인의 기명날인 등이 누락되었다고 하더라도, 그 기재에 의하여 항소인이 누구인지 알 수 있고, 그것이 항소인의 의사에 기하여 제출된 것으로 인정되면 이를 무효라고 할 수 없다는 것이 판례이다(대법원 2011. 5. 13. 선고 2010다84956 판결).

(3) 항소취지

1) 항소장에는 위와 같이 제1심판결을 표시하고, 그 판결에 대한 항소의 취지, 즉 그 판결의 전부나 일부에 대하여 불복하고 그 취소·변경을 구하는 뜻을 기재하여야 하는데, 민사소송법이나 민사소송규칙에서는 그 구체적인 내용이나 방식에 대하여 규정하지 않고

42) 소 제기 시에는 원고가 송달료를 납부하여야 하고 1심소송 중 부족 시 이를 보정하여야 하나, 항소심에서는 항소인이 원고이든 피고이든 관계없이 항소인이 이를 납부·보정하여야 한다.

43) 다만, 항소심에서 부대항소를 제기할 때는 그 부대항소장을 항소심법원에 제출하여야 한다.

있어 이는 관행에 따르고 있다. 실무관행으로는, '1심판결의 내용(주문)'과 '항소취지'라는 표제를 붙여 이를 기재하고 있다.

2) 항소취지는 항소인이 제1심판결에 관하여 항소심법원에 구하는 재판(판결)의 결론적 요지이다. 그런데 위와 같이 항소는 제1심판결의 취소·변경을 구하는 것이므로, 항소취지는 제1심판결 중 어느 부분에 대하여 불복하고 그 취소·변경을 구하는지를 명확히 하면 충분하며, 반드시 '항소취지'라는 표제를 붙여 그 내용을 기재해야 하는 것은 아니다.[44] 이는 당해 사건의 당사자와 청구를 기준으로 제1심판결의 주문에 기재된 사항을 표시하고 그 중 어느 부분에 대하여 불복하는지를 나타내는 방법으로 할 수 있다.

그러나 항소심법원은 당사자가 불복하고 그 취소·변경을 구하는 범위에서만 심판할 수 있음이 원칙이므로, 가능한 한 항소취지는 어느 범위에서 제1심판결에 불복하는지 그 양과 질을 분명하게 표시하여야 한다.[45]

3) 항소취지를 예시하면 ① "제1심판결을 취소하고, 원고의 청구를 기각한다"(피고 전부 패소, 전부 항소의 경우), ② "제1심판결 중 피고 패소 부분을 취소하고, 그 부분 원고의 청구를 기각한다"(피고 일부 패소, 패소 부분 전부 항소의 경우), ③ "제1심판결을 취소한다. 피고는 원고에게 1억 8,000만 원과 이에 대하여 이 사건 소장 부본 송달일 다음날부터 다 갚는 날까지 연 12%의 비율로 계산한 돈을 지급하라"(원고 전부 패소, 전부 항소의 경우), ④ "제1심판결 중 다음에서 지급을 명하는 부분에 해당하는 원고 패소 부분을 취소한다. 피고는 원고에게 3,000만 원과 이에 대하여 이 사건 소장 부본 송달일 다음날부터 다 갚는 날까지 연 12%의 비율로 계산한 돈을 지급하라"(원고 전부 또는 일부 패소, 패소 부분 중 일부 항소의 경우)와 같다.

항소취지는 제1심판결의 전부나 일부의 취소를 구하는 방식으로 기재함이 원칙이지만, 무조건의 이행청구에 대하여 선이행이나 동시이행을 명한 경우나 그 반대의 경우, 공유물의 현물분할 청구에 대하여 경매분할을 명한 경우, 사해행위취소 및 원상회복 청구에 대하여 원물반환을 명한 경우 등과 같이 1심판결의 취소를 구하는 방식으로 기재함이 부적당한 경우에는 "제1심판결을 다음과 같이 변경한다. 피고는 원고로부터 1억 원을 지급

44) 따라서 항소취지만으로 불복의 범위를 확정할 것은 아니다. 대법원도, 원고가 제출한 항소장의 항소취지란에 1심판결에서 기각된 청구 일부가 누락되었다고 하더라도 원고가 항소장에서 제1심판결에 대하여 전부 불복한다는 뜻을 명백히 하고, 또 항소심 변론기일에서 그 부분 청구를 예비적으로 구한다고 진술하였다면, 위 예비적 청구 부분은 당연히 항소심의 심판범위에 속한다고 보았다(대법원 1994. 11. 25. 선고 93다47400 판결).

45) 물론 항소취지는 항소심 계속 중에도 보완·변경할 수 있으므로 항소장에 취소·변경을 구하는 범위를 아주 명확하게 기재하지 않아도 무방하나, 항소심 계속 중에 이를 보완하여야만 하며, 항소취지가 불분명한 경우 항소심법원은 이를 석명하도록 명하여야 한다. 항소인이 이를 보완하지 않는 경우에는 그러한 이유로 항소장을 각하하거나 항소를 각하할 수는 없고, 항소인의 패소 부분 전부에 대하여 불복하는 것으로 보아 심판하되 그에 해당하는 인지액 보정을 명하여야 할 것이다(대법원 2011. 10. 27. 자 2011마1595 결정 참조).

받음과 동시에 원고에게 별지 목록 기재 토지를 인도하라", "제1심판결을 다음과 같이 변경한다. 별지 목록 기재 토지를 경매에 부쳐 그 대금에서 경매비용을 제외한 나머지 금액을 원고에게 4분의 3, 피고에게 4분의 1 비율로 분배한다"와 같이 변경의 형식으로 기재하여도 무방하다. 제1심판결의 일부분만을 변경할 필요가 있을 때는 "제1심판결 중 피고 ○○○에 대한 부분(또는 제1심판결 중 토지 인도에 대한 부분)을 다음과 같이 변경한다. 피고 ○○○는 원고로부터 1억 원을 지급 받은 후 원고에게 별지 목록 기재 토지를 인도하라"와 같이 기재할 수 있다. 취소 형식이 가능한 때에도 변경 형식으로 기재할 수 있음은 물론이다. 변경 역시 일부 취소의 일종이기 때문이다.

따라서 항소취지를 제1심판결의 전부나 일부의 취소를 구하는 방식이 아닌 변경의 방식으로 기재하였거나, 항소심법원이 항소에 따른 판결을 그와 같은 방식으로 선고한 경우, 이는 취소 방식의 항소장이나 판결과 동일한 효력이 있다(대법원 1992. 8. 18. 선고 91다35953 판결 참조).

4) 항소취지는 위와 같이 항소인이 항소심법원에 대하여 구하는 판결의 결론적 요지이지만, 항소심은 원칙적으로 1심판결의 당부를 심판하여 그것이 부당하다고 인정하는 경우 그 전부나 일부를 취소·변경하는 것이므로, 원고가 1심에서 청구하지 않은 사항이나 1심법원이 당해 판결에서 판단하지 않은 사항은 원칙적으로 항소심의 심판대상이 되지 않으므로 그 취소·변경도 구할 수 없다.

따라서 항소는 제1심판결의 전부 또는 일부에 대한 취소·변경을 구하는 것이고, 항소취지는 제1심판결 중 항소인이 패소한 부분을 한도로 한다. 즉 항소인은 제1심판결 중 자신이 패소한 부분을 초과하여 제1심판결의 취소·변경을 구할 수는 없다.[46] 그러므로 항소인이 제1심판결에서 전부 패소한 경우라도 항소취지는 제1심에서의 청구취지를 초과할 수 없음은 당연하며, 이를 초과한 경우 그 초과 부분에 대한 항소는 부적법하다. 이는 소비대차나 부당이득, 손해배상 등의 원금채권은 물론이고, 그 이자나 지연손해금 등 부대채권에 대해서도 역시 마찬가지다. 그 역시 독립한 소송목적이기 때문이다.

원고가 항소심에서 청구를 확장하고자 하는 때에도 이는 일단 항소를 하고나서 그 사건이 항소심에 계속되는 중에 하여야 하고, 항소취지는 그 변경할 청구에 관계없이 제1심판결과 제1심에서의 청구취지만을 기준으로 기재하여야 한다.[47] 청구취지와 항소취지는 독립 별개이므로, 항소심에서 청구가 변경된 경우 그 변경된 청구, 특히 확장·교환된

46) 실무에서는 이를 혼동하여 자신이 승소한 부분까지 취소를 구하면서 청구취지 금액 전부의 인용을 구하는 항소취지를 자주 보게 되는데, 그것이 취소형식이 아닌 변경형식의 항소취지라면 모를까, 취소형식의 항소취지에서 자신이 승소한 부분까지 취소·변경을 구하는 것은 항소의 이익이 없어 부적법하다.

47) 물론 그렇다고 하여 1심판결 선고 후 항소 전 또는 항소 제기와 동시, 항소 후 항소심법원에의 소송기록 송부 전에 청구를 변경할 수 없다는 것은 아니고, 청구취지와 항소취지는 독립 별개의 개념이므로 개념상 그렇다는 것이다. 따라서 이러한 경우에는 일단 항소취지는 제1심판결과 제1심에서의 청구취지를 기준으로 기재하여 항소를 하고, 이와 별도로 청구변경서를 제출하여야 한다.

청구는 1심의 심판대상이 아니었으므로 이는 항소의 대상이 될 수 없고, 따라서 항소심에서 청구를 변경한 경우 그에 따라 자동적으로 항소취지가 변경되는 것이 아니며, 또한 이를 변경할 필요도 없다.

5) 항소심에도 처분권주의가 적용되므로, 항소심에서 청구의 변경이 없는 한 항소심법원은 항소취지를 초과하여 항소를 인용함으로써 원고의 청구를 받아들이거나 배척할 수 없는 제한을 받는다.

라. 항소와 강제집행의 정지

1) 적법·유효한 항소의 제기가 있으면 1심판결은 확정이 차단되고, 이에 따라 가집행선고가 없는 부분은 기판력은 물론 집행력, 형성력도 발생하지 않음은 앞서 본 바와 같다.

2) 항소를 제기한 것만으로는 가집행선고에 의한 집행력이 차단되지 않으므로, 가집행선고부 판결에 의한 집행력을 차단하여 강제집행을 정지하거나 이미 진행된 집행을 취소하기 위해서는 전술한 바와 같이 강제집행정지결정 등을 받아야 한다(민사소송법 제501조, 제500조). 추완항소가 있는 경우에도 같다(민사소송법 제500조 제1항).

3) 강제집행정지결정 등은 당사자의 신청이 있어야만 할 수 있으며, 불복하는 항소의 사유가 법률상 정당한 이유가 있다고 인정되고, 그 소명이 있어야 한다(민사소송법 제501조, 제500조 제1항). 이 재판은 항소심법원이 함이 원칙이지만, 소송기록이 1심법원에 있을 때는 1심법원도 할 수 있다(민사소송법 제501조, 제500조 제4항, 대법원 1973. 6. 16.자 72그4 결정 참조). 정지재판 등의 효력 종기는 정지재판에서 정하며, 통상적으로 항소심판결 선고 시까지로 한다. 담보 없이 하는 강제집행의 정지는 그 집행으로 말미암아 보상할 수 없는 손해가 생기는 것을 소명한 때에만 가능하다(민사소송법 제500조 제2항).[48]

4) 1심법원이나 항소심법원이 강제집행정지결정을 하였더라도, 그 재판서 정본을 경매법원 등 집행기관에 제출하여야만 실제로 집행이 정지되거나 이미 실시한 집행처분이 취소된다(민사집행법 제49, 50조 참조).

5) 항소심법원은, 항소심에 이심되었으나 불복신청이 없어 항소심의 심판대상이 아닌 제1심판결 중의 부분에 대하여는 당사자의 신청에 따라 결정으로써 가집행을 명할 수 있다(민사소송법 제406조 제1항). 이 경우 집행문은 항소심법원의 법원사무관등이 부여한다(민사집행법 제28조 제2항).

이 경우 항소심법원의 가집행명령에 대해서는 민사소송법 제501조, 제500조 제1항을 적용할 여지가 없으므로, 항소 제기를 이유로 강제집행의 정지를 신청할 수 없고, 불복할

48) 가집행선고 있는 판결에 대하여 상소제기가 있는 때의 강제집행의 일시정지를 위한 담보는 보증서 제출에 의한 담보제공이 허용되지 아니하고, 1심판결 등에서 인용한 금액 전액의 현금 공탁만이 허용된다(민사소송법 제122조, 2008. 6. 12. 대법원 재판예규 제1231호 "지급보증위탁계약체결문서의 제출에 의한 담보제공과 관련한 사무처리요령"). 다만, 이미 가집행에 의한 압류의 효력이 발생하여 강제집행의 확실성 등이 확보됨에 따라 강제집행의 일시정지에 따른 손해액만을 담보할 필요가 있는 때에는 보증서 제출에 의한 담보제공이 허용된다.

수도 없다고 할 것이다. 그러나 위 신청을 기각한 결정에 대하여는 즉시항고를 할 수 있다(민사소송법 제406조 제2항).

마. 1심재판장의 항소장 심사

1) 1심법원에 항소장이 제출되면 그 항소장이 적법·유효한지 심사하게 된다. 원래 항소의 적법 여부 심사권은 당연히 항소심법원에 있으나, 민사소송법은 신속한 소송의 완결과 미흡한 부분의 보완, 항소심법원의 부담을 줄이기 위한 목적에서 그 1차적 심사권을 1심재판장에게 부여하고 있다.

2) 항소장이 민사소송법 제397조 제2항의 규정에 어긋난 경우(항소장에 필수적 기재사항이 누락된 경우)나 항소장에 법률의 규정에 따른 인지를 붙이지 아니한 경우, 1심재판장은 항소인에게 상당한 기간을 정하여 그 기간 이내에 흠을 보정하도록 직접 명하거나 법원사무관등으로 하여금 보정명령을 하게 할 수 있다(민사소송법 제399조 제1항).

3) 항소인이 위 기간 내에 흠을 보정하지 아니한 때와 항소기간을 넘겨 항소한 것이 분명한 때에는 1심재판장은 명령으로 항소장을 각하하여야 한다. 이 명령에 대하여는 즉시항고를 할 수 있다(민사소송법 제399조 제2, 3항). 따라서 이 경우 항소심은 즉시항고 사건이 확정된 후에야 항소사건을 심판할 수 있게 된다.

4) 인지액 보정의 경우, 항소인이 보정기간 안에 보정만 하였으면 충분하고 그 사실을 그 기간 안에 법원에 신고·증명하지 않아도 무방하므로, 신고를 보정기간 안에 하지 않았다는 이유로는 항소장을 각하할 수 없다. 보정명령에서 정한 기간을 경과한 후에 인지액을 보정한 경우에도, 아직 항소장을 각하하기 전에 보정을 하였으면 역시 항소장을 각하할 수 없다(대법원 1971. 6. 23.자 71마410 결정, 1991. 1. 16.자 90마878 결정 참조). 인지액을 보정명령에서 명한 금액보다 적게 보정한 것도 보정명령 불이행에 해당하지만, 법원은 곧바로 항소장을 각하하지 않고 다시 보정명령을 할 수 있다.

2. 항소심의 심리

가. 항소심 재판장의 항소장 심사

1) 소송기록이 항소심법원에 송부되어 오면, 항소심 사건번호가 부여되고 사건은 항소심법원에 계속되게 된다. 항소심 재판장은 먼저 항소장이 법정 요건을 갖추었고, 항소가 적법한 기간 내에 제기된 것인지를 심사한다.

2) 항소가 부적법하다면 본안심리를 할 필요 없이 판결로써 항소를 각하하여야 하는데, 본안 외의 사항인, 항소장에 법정 기재사항이 누락되거나 법령에서 정한 인지를 붙이지 않은 경우, 이러한 사항은 항소심의 본안심리에 앞서 보정이 이루어져야 하므로, 민사

소송법은 항소심 재판장으로 하여금 먼저 이를 심사하여 필요한 보정명령을 하게 하고, 그 보정이 없는 경우에는 재판장의 명령이라는 간이한 방법으로 항소사건을 처리토록 한다(민사소송법 제402조 제1, 2항).

3) 한편 항소가 항소 제기기간을 경과하여 제기된 경우, 이는 보정이 불가능하고 비교적 쉽게 그 잘못을 발견할 수 있으므로, 역시 항소심 재판장의 명령으로써 간이하게 항소장을 각하한다(민사소송법 제402조 제2항, 제399조 제2항).

4) 위와 같은 사항은 앞서 본 바와 같이 1심재판장이 1차적으로 심사하여 조치를 하게 되어 있으므로, 항소심 재판장은 1심재판장이 이를 하지 않았거나 그 조치가 미흡한 경우에만 하면 된다. 항소심 재판장의 조치 내용과 그에 대한 불복방법은 1심재판장의 그것 및 그에 대한 불복방법과 같다(민사소송법 제402조).

5) 한편 항소장 부본은 상대방에게 송달하여야 하는데(민사소송법 제401조),[49] 피항소인에게 항소장의 부본을 송달할 수 없는 경우, 항소심 재판장은 항소인에게 상당한 기간을 정하여 그 기간 이내에 흠(송달 가능한 주소 등)을 보정하도록 명하거나 법원사무관등으로 하여금 보정명령을 하게 하여야 하고, 항소인이 그 기간 이내에 보정하지 아니한 때에는 명령으로 항소장을 각하하여야 한다(민사소송법 제402조 제1, 2항).

이 경우 항소장이나 판결문 등에 기재된 피항소인의 주소 외에 다른 주소가 소송기록에 있는 때에는 그 다른 주소로 송달을 시도해 본 다음, 그곳으로도 송달되지 않는 경우에 항소인에게 주소보정을 명하여야 하고, 그러한 조치를 취하지 않은 채 항소장에 기재된 주소로 송달이 되지 않았다는 것만으로 곧바로 주소보정을 명하고, 이에 응하지 않음을 이유로 항소장을 각하하는 것은 위법하다(대법원 2014. 9. 26.자 2014마1059 결정, 2015. 8. 7. 자 2015마710 결정).

나. 항소의 이유

1) 민사 항소심은 사실심으로서 속심(續審)이므로(민사소송법 제408조 참조), 소송자료와 증거자료의 제출 등 변론은 1심과 항소심을 합하여 계속해서 심리된다. 따라서 1심에서 제출하지 않은 공격방어방법은 말할 것도 없고 청구 역시 새로 제출할 수 있다. 이러한 견지에서 법률심인 상고심과 달리 항소이유에는 아무런 제한을 두지 않고 있다.

2) 민사 항소심에서는 상고심과 달리 항소이유서 제출이 임의적이다. 따라서 항소인이 항소이유서를 제출하지 않아도 아무런 불이익이 없다. 상대방 당사자도 마찬가지로 항소에 대한 답변서를 내지 않아도 상관없다.

이는, 항소이유에 아무런 제한이 없고 항소심이 속심인 것과 관련이 있다. 즉 항소이

49) 항소장 부본을 피항소인에게 송달하여야만 항소사건이 항소심법원에 계속되는 것은 아니다. 또한 항소장 부본을 피항소인에게 송달하지 아니하였다 하여도, 이는 항소심판결의 결과에 영향을 미칠 사유가 되지는 않는다(대법원 1957. 11. 4. 선고 4290민상433 판결).

유에 법령상 제한이 없고, 항소심은 1심에서 제출된 모든 소송자료와 항소심에서 추가로 제출된 소송자료를 토대로 항소인이 불복한 범위에서 다시 사건을 판단하여야 하므로, 항소인은 굳이 1심판결의 불복 부분에 대해서 어떤 이유로 불복하는지 설명할 필요가 없기 때문이다. 이에 따라 항소심법원은 1심법원의 판단이 옳은지 그른지 판단하는 방식이 아니라, 1심과 꼭 같이 청구의 당부를 심리하여 그 결론을 낸 다음, 그 결론과 1심판결의 결론이 다른 경우에는 1심판결을 취소·변경하고, 그 결론이 동일한 경우에는 동일한 주문을 되풀이하여 선고하는 대신 항소를 기각하는 방식으로 판결한다.

3) 민사소송규칙은, 항소인은 항소의 취지를 분명하게 하기 위하여 항소장 또는 항소심에서 처음 제출하는 준비서면에 ① 제1심판결 중 사실을 잘못 인정한 부분 또는 법리를 잘못 적용한 부분, ② 항소심에서 새롭게 주장할 사항, ③ 항소심에서 새롭게 신청할 증거와 그 입증취지, ④ 위 새로운 주장과 증거를 제1심에서 제출하지 못한 이유를 기재하여야 한다고 규정하고 있는바(민사소송규칙 법 제126조의2 제1항), 이는 항소심으로 하여금 항소인의 항소이유와 항소인이 희망하는 사항을 파악할 수 있도록 하여 항소인의 권리구제 기회를 실질적으로 부여하는 한편, 항소심의 심리를 신속하고 원활하게 진행할 수 있게 하려는 목적에 따른 것으로서, 권장사항일 뿐 의무적인 것은 아니다.

필요한 경우 항소심 재판장은 석명권의 일부로서 위와 같은 사항을 준비서면에 기재하여 제출하도록 명할 수도 있다. 그리고 항소인이 위와 같은 사항을 기재한 항소장이나 준비서면(항소이유서 등)을 제출하면, 항소심 재판장이나 법원사무관등은 피항소인에게 상당한 기간을 정하여 항소인의 주장에 대한 반박내용을 기재한 준비서면을 제출하도록 명하거나 권고할 수 있는데(민사소송규칙 법 제126조의2 제2항), 이 역시 권고적인 것이며 이에 응하지 않더라도 불이익이 없다.

4) 위와 같이 민사 항소심은 사실심이자 속심이므로, 항소이유서 등을 통해 항소이유가 제출되더라도 항소심법원은 항소이유에 대해서만 심리·판단해서는 안 되며, 항소인이 불복한 한도에서 청구 전체를 다시 심리·판단해야 한다.

다. 항소심에서의 항소취지와 청구의 변경

(1) 항소취지의 변경

1) 일단 적법·유효한 항소를 제기한 이상 항소인은 항소심의 변론종결 시까지 항소취지를 자유로이 변경할 수 있다(대법원 1990. 5. 8. 선고 88다카30214 판결, 2010. 12. 23. 선고 2010다56654 판결 등). 상대방인 피항소인은 이에 대하여 이의를 할 수 없음은 물론이다. 항소나 항소취지의 변경은 이미 이루어진 1심에서의 청구와 제1심판결을 대상으로 하므로, 청구 변경과 달리 상대방의 이해관계에 미치는 영향이 별로 없기 때문이다.

2) 항소취지의 변경 형태는 청구 변경의 그것과 같다. 즉 항소취지를 감축할 수도 있고, 새로운 것으로 교환할 수도 있으며, 새로운 것으로 추가·확장할 수도 있다. 그러나 항소취지를 변경하는 경우에도, 이는 앞서 본 바와 같이 항소심에 이심된 범위, 즉 1심에서의 청구와 제1심판결을 한도로 한다.

따라서 이미 확정되어 이심되지 않은 부분에 대해서는 항소취지 변경의 방법으로도 항소할 수 없고, 1심의 소송목적이 아니었던 항소심에서 변경한 청구는 위와 같이 항소취지 변경에 이를 반영할 수도 없고 그럴 필요도 없다.[50)]

항소취지의 변경에 대응하여 항소원인, 즉 항소이유의 변경도 생각할 수 있으나, 앞서 본 바와 같이 항소이유에 아무런 제한이 없고 이를 제출하여야 할 의무도 없으므로 사실상 이는 통상적인 공격방어방법의 변경에 불과하다.

3) 항소취지의 변경은 청구 변경과 달리 민사소송법 등에 아무런 규정이 없다. 따라서 이를 반드시 서면으로 하여야 하는 것은 아니고, 변론준비기일이나 변론기일에 구두로 하여도 무방하다(대법원 1990. 5. 8. 선고 88다카30214 판결). 그러나 항소취지의 변경은 법원에 대한 소송행위이므로 그 의사표시가 법원에 도달한 때에 효력이 발생하며, 그것이 서면으로 이루어진 경우 항소장과 준비서면에 준하여 그 부본을 상대방인 피항소인에게 송달한다.

4) 여러 개의 청구를 전부 인용한 제1심판결에 대하여 당사자가 전부 불복한다는 취지로 항소하였다가 그 중 1개의 청구에 관한 항소를 취하하더라도, 항소 취하와 동시에 그 부분 제1심판결이 확정되는 것은 아니며, 상소불가분의 원칙에 따라 당초의 항소로 인한 확정 차단과 항소심에의 이심 효력이 그대로 유지된다. 따라서 항소를 취하한 당사자는 항소 취하한 부분에 대하여 변론종결일까지 다시 불복한다는 취지로 항소취지를 확장할 수도 있으며(대법원 2010. 12. 23. 선고 2010다56654 판결 등), 여기에는 재소금지에 관한 민사소송법 제267조 제2항이 적용되지 않는다.

5) 항소인이 항소취지를 변경하면 그에 따라 당연히 항소심의 심판대상이 변경된다. 따라서 항소심법원은 그 한도에서만 심판할 권한과 의무가 있다.

(2) 청구취지의 변경

1) 민사 항소심은 사실심이자 속심이므로, 민사소송법에 명문의 규정은 없지만 항소심에서도 청구의 변경이 가능하며, 이에 따라 당연히 청구취지와 청구원인의 변경이 가능하다(대법원 1984. 2. 14. 선고 83다카514 판결 등). 항소심에서 반소 제기가 허용되는 것(민사소송법 제412조)과의 균형상으로도 그러하다.

---

50) 위와 같이 청구취지와 항소취지는 독립 별개이므로 항소심에서 청구를 변경한 경우, 그에 따라 항소취지를 변경할 필요는 없고, 청구 변경에 따라 자동적으로 항소취지가 변경되는 것도 아니다. 다만, 항소심에서 청구를 감축한 경우 항소심법원은 감축된 청구를 초과하여 항소를 인용할 수는 없으므로 이를 분명히 할 필요에서 그에 맞추어 항소취지도 감축하는 내용으로 변경하도록 요구하거나, 감축된 청구에 맞추어 그 항소취지를 묵시적으로 변경한 것으로 해석할 수 있다.

2) 항소심의 소송절차에는 1심 소송절차에 관한 규정이 준용되므로 청구취지 변경의 종류와 방법, 요건은 모두 1심 소송절차에서와 같다. 따라서 청구의 기초에 변경이 없어야 하고, 소송절차를 현저히 지연시키지 않아야 하며, 항소심 변론종결 시까지 서면으로 써 하되, 청구취지의 감축과 교환은 물론 추가와 확장도 가능하다(민사소송법 제262조). 추가의 경우 선택적 청구나 주위적·예비적 청구의 추가도 가능함은 물론이다.

3) 항소심에서의 청구 변경도 반소 원고를 포함한 원고만이 가능하다. 원고가 1심에서 일부 패소하여 스스로 항소를 제기한 경우에는 당연히 항소심에서 청구를 확장할 수 있다.

원고가 1심에서 전부 승소하여 항소를 제기하지 않았거나, 일부 승소하였지만 스스로 항소를 제기하지 않은 경우에도 청구를 확장할 수 있는가?

이 경우 피고의 항소에 의하여 항소심이 계속되고 사건 전부가 이심된다. 그런데 원고가 제1심에서 전부 승소한 경우에는 상소의 이익이 없어 스스로 항소를 제기할 수 없고, 일부 승소하였지만 스스로 항소를 제기하지 않은 경우에도 이에 따라 그는 당초 항소심 판단을 받을 수 없는 상태였으므로 이러한 원고에게 아무런 제한 없이 항소심에서 청구 확장을 허용할 수는 없다. 그렇다고 원고에게 이를 불허하고 별소를 제기하도록 하면, 소송경제에도 반할 뿐 아니라 제척기간이나 시효기간이 임박한 원고에게는 지나치게 가혹하다. 따라서 이 경우 원고에게 항소심에서의 청구 확장을 허용하되, 부대항소의 법리를 유추하여, 이 경우 원고는 부대항소의 방법으로 청구를 확장할 수 있고, 원고가 부대항소의 방법을 취하지 않은 경우에는 부대항소에 의한 것으로 의제함이 타당하다. 그렇게 되면, 피고의 항소가 취하되거나 부적법 각하된 경우 원고의 확장된 청구는 항소와 운명을 같이하여 그 효력을 상실한다.

이에 관하여 대법원은 무제한 허용의 입장을 취하다가(대법원 1957. 11. 14. 선고 4290민상129 판결, 1963. 1. 24. 선고 62다801 판결), 현재는 부대항소설을 취하고 있다(대법원 1967. 9. 19. 선고 67다1709 판결, 1980. 7. 22. 선고 80다982 판결, 1992. 12. 8. 선고 91다43015 판결, 1995. 6. 30. 선고 94다58261 판결, 2000. 2. 25. 선고 97다30066 판결, 2003. 9. 26. 선고 2001다68914 판결).

4) 항소심에서 청구의 변경이 있으면 소송목적이 변경되어 심판대상이 달라지는데, 청구취지의 감축은 사실상 소의 일부 취하에 해당하여 그 잔존 부분은 1심에서의 소송목적과 동일하나, 청구취지의 교환적 변경이나 추가·확장이 있으면 이로써 새로 소송목적이 된 사항은 새로운 심판대상이 되고, 이 부분에 대하여는 항소가 아니라 새로운 소의 제기에 해당하여 항소심법원은 이 부분에 대하여는 실질적으로 1심법원의 자격으로 심판하게 된다(대법원 2013. 2. 28. 선고 2011다31706 판결 등).[51] 따라서 이 부분에 관하여는 항소 각하나 항소 기각, 1심판결의

51) 항소심에서의 청구 변경은 위와 같이 소송목적과 심판대상의 변경을 가져오나, 원고가 부대항소를 한 것과는 구별된다. 원고가 부대항소를 한 경우 당초 항소심의 현실적 심판대상이 아니었던 사항도 항소심의 심판대상이 되나, 이는 이미 1심에서의 소송목적에 포함된 것이어서 소송목적 변경의 효과가 발생하지는 않는다.

취소·변경이 있을 수 없다. 물론 그렇다고 하더라도 그에 대한 판결의 불복은 상고로써 하여야 한다(민사소송법 제422조 제1항).

5) 원고가 1심에서 청구를 변경하였으나 1심법원이 이를 불허하는 결정을 한 경우(민사소송법 제263조), 그 청구 부분은 1심의 심판대상이 아니고, 이에 대하여 원고는 독립하여 항소를 제기할 수 없어 판결에 대한 상소로써 그 부당함을 다투어야 하는바(대법원 1992. 9. 25. 선고 92누5096 판결), 이 경우 항소심이 그 청구 부분을 항소심의 심판대상으로 삼으려면 앞서 본 바와 같이 1심법원의 불허결정에 대하여 원고는 불복의 의사표시를 하여야 할 것이다.[52]

(3) 청구원인의 변경

1) 항소심에서 청구를 변경하는 경우, 청구취지의 변경은 물론 청구원인의 변경도 가능하다(민사소송법 제262조 제1항). 따라서 항소심에서도 청구취지와 청구원인 모두를 변경하거나 그 중 하나만을 변경하는 것이 가능하다.

2) 항소심에서의 청구원인 변경의 방법과 형태, 효력 역시 1심 소송절차에서의 그것과 같다.

3) 항소심에서 청구취지는 변경됨이 없이 청구원인만이 교환·추가의 형태로 변경된 경우에도 그 교환·추가된 청구원인은 새로운 소송목적이 되고 그에 따라 심판대상이 달라진다.[53] 청구원인은 청구취지와 함께 소송목적의 동일성에 영향을 미치기 때문이다.

따라서 그 교환·추가된 청구원인에 대하여는 항소가 아니라 새로운 소의 제기에 해당하여 항소심법원은 1심법원의 자격으로 이를 심판하여야 하고, 이 부분에 관하여는 항소 각하나 기각, 1심판결의 취소·변경을 할 수는 없으며, "당심에서 선택적으로 추가된 청구에 따라 피고는 원고에게 별지 목록 기재 부동산을 인도하라" 또는 "당심에서 교환적으로 변경된 매매에 기한 인도청구를 기각한다와 같이 당해 청구의 당부에 대한 당부를 판결 주문에 기재하는 방법으로 응답하여야 한다.

라. 항소심의 심판 범위와 방법

(1) 항소심의 심판 범위

1) 항소심은 항소심법원에 이심된 부분 전부에 대하여 심판하는 것이 아니라, 이심된 1심판결의 사항 중 당사자가 항소 또는 부대항소를 통하여 불복한 부분, 즉 항소인 또는

---

52) 원고가 항소심에서 불복의 의사표시를 한 경우 항소심은 일단 그 변경한 청구 부분에 대해서도 변론을 허용하여야 할 것이다. 그리고 청구 변경을 불허한 1심의 판단이 적법한 경우에는 항소심판결에서 이를 밝히고, 그 부분 청구에 대해서는 판단하지 않아야 한다.

53) 항소심에서 청구취지는 변경하지 않고 청구원인만을 추가적으로 변경한 경우에 추가된 청구원인은 1심에서의 청구원인과 선택적 관계에 있거나 주위적·예비적 관계에 있게 될 것이다.

부대항소인이 1심판결의 취소·변경을 구하는 범위에서만 심판한다(민사소송법 제407조 제1항, 제415, 425, 443조).

따라서 변론도 그 범위에서만 할 수 있고, 판단도 그 범위에서만 하여야 한다. 이를 초과하여 심리하거나 판단하더라도, 이와 같이 항소심의 심판대상이 되지 아니한 부분은 항소심판결 선고와 동시에 확정되어 소송이 종료하므로 이는 소송법적으로 아무런 효력이 없다(대법원 2001. 4. 27. 선고 99다30312 판결, 2010. 12. 23. 선고 2010다56654 판결, 2017. 11. 29. 선고 2017다25529 판결 등 참조).[54]

2) 이와 같이 상소불가분의 원칙에 의하여 항소심법원에 이심된 범위와 현실적으로 항소심법원이 심판할 수 있는 범위는 일치하지 않으며, 이심된 부분 중 항소나 부대항소의 대상이 되지 않은 부분은 항소심의 잠재적 심판대상으로 존재하다가, 항소취지의 확장이나 부대항소의 제기를 통하여 현실적 심판대상이 된다.

3) 항소 또는 부대항소를 통한 불복은 위와 같이 당사자와 청구, 1심판결의 판단 사항을 기준으로 하고, 다시 수적·양적으로 그 범위가 정해진다. 따라서 여러 개의 청구 중 항소를 통한 불복이 없는 청구는 심판할 수 없고, 또 1개의 청구라도 원고가 1억 원의 지급을 청구하였는데 1심에서 7,000만 원이 인용되어 원고만이 패소 부분 전부에 대하여 항소를 제기한 경우 항소심은 7,000만 원 부분은 심리하거나 판단할 수 없으며,[55] 원고 패소 부분인 3,000만 원 부분에 한하여 심리·판단하여야 한다. 불이익변경금지의 법리도 이로부터 파생된다(대법원 2016. 10. 27. 선고 2013다35290 판결 참조).

결국 항소심에서 청구의 변경이 없는 경우, 항소심법원은 청구취지와 항소취지를 비교하여 그 중 작은 쪽 범위에서 항소를 인용할 수 있다. 이론상 위와 같이 항소취지는 청구취지를 초과할 수 없는데, 항소취지가 청구취지를 초과하는 경우 항소심법원은 항소인에게 항소취지를 청구취지 범위로 변경하도록 권유하거나 그 진정한 의사를 석명하도록 하여 항소취지를 정리할 필요가 있다. 항소인이 이에 응하지 않은 때에는 청구취지를 초과하는 부분의 항소는 부적법하므로 그 부분 항소를 각하하여야 한다.

4) 항소심에서 청구취지가 감축된 경우, 그 감축된 부분은 소의 일부 취하에 해당하므로 그 부분에 대한 1심판결의 효력은 자동적으로 소멸(실효)하고(대법원 2013. 2. 28. 선고 2011다31706 판결 참조), 원고는 이후 재소금지(再訴禁止)의 제재를 받는다(민사소송법 제267조 제2항). 따라서 항소심법원은 그 부분에 대해서는 심판할 수 없고 심판할 필요도 없다.

항소 취하된 부분이나 항소심에서 청구가 교환적으로 변경된 경우의 구 청구에 대해

---

54) 물론 이에 위반한 판결이 당연무효라고 할 것까지는 아니다. 사건이 상고심에 계속 중인 때는 대법원은 직권으로 이를 취소하고 소송종료선언을 하여야 하고(민사소송법 제417, 425조, 대법원 2001. 4. 27. 선고 99다30312 판결, 2010. 12. 23. 선고 2010다56654 판결 참조), 상고 없이 소송이 종료한 때는 청구이의의 소로써 그 부분 판결의 집행력 부존재 확인을 청구할 수 있다고 생각된다.

55) 실무상 3,000만 원 부분은 물론 7,000만 원 부분까지 심리한 후, 7,000만 원 부분은 그보다 더 적은 금액이 인용되어야 하나 불이익변경금지 원리에 따라 그 부분 1심판결을 취소하지는 않는다는 뜻을 판결 이유에 나타내기도 한다. 이는 그렇게 하는 것이 사건 전체의 판단에 유용한 때에 필요성이 있다.

서도 역시 심판할 수 없음은 물론이며, 청구가 교환적으로 변경된 경우의 구 청구에 대한 1심판결의 효력도 자동적으로 소멸한다.

위와 같이 항소심에서 원고가 청구를 감축한 경우, 항소심법원은 감축된 청구를 초과하여 항소를 인용할 수는 없으므로, 항소심에서의 청구 감축으로 항소취지가 청구취지를 초과하게 된 경우, 항소심법원은 항소인에게 청구 감축에 따라 항소취지도 변경하도록 권유하거나 그 진정한 의사를 석명하도록 하여 항소취지를 정리할 필요가 있다. 그럼에도 불구하고 항소인이 이에 응하지 않은 때에는 감축된 청구취지를 초과하는 부분의 항소는 부적법하므로 그 부분 항소를 각하하여야 할 것이다.[56)]

5) 한편, 항소심법원은 항소심에서 청구가 교환적으로 변경되거나 추가·확장된 경우 그 새로운 청구에 대해서도 심판할 수 있고, 또 심판하여야 하나, 이는 항소 때문이 아니라 청구의 변경에 의해 그것이 새로운 소송목적, 즉 심판대상이 되었기 때문임은 앞서 본 바와 같다.

이 경우 그 청구 변경에 맞추어 항소취지를 변경할 필요가 없음은 앞서 말한 바와 같다. 이와 같이 항소심에서 청구가 교환적으로 변경되거나 추가·확장되어 1심에서의 소송목적과 항소심에서의 소송목적이 달라진 경우라도 항소의 효력이 소멸되는 것은 아님은 당연하다. 항소심에서 청구가 교환적으로 변경된 경우, 1심판결을 대상으로 한 항소는 그 대상이 없어져 결과적으로 무의미해지고 부적법하게 되는 셈이나, 이때는 교환적으로 변경된 청구에 대해서만 판단하고 항소에 대해서는 따로 판단할 필요가 없다.

만약 항소심에서 교환적으로 변경되거나 추가·확장된 청구에 맞추어 항소인이 그 청구에 대해서도 항소를 하는 뜻으로 항소취지를 변경한 경우, 항소심법원은 다시 이를 변경하도록 권고하거나 그 의사를 확인하여 항소취지를 정리하되, 항소인이 이에 응하지 않은 때에는 결과적으로 그 부분의 항소는 부적법하므로 이를 각하하여야 할 것이다.

(2) 항소심에서의 소송행위와 증거조사

1) 항소심의 소송절차에는 1심 소송절차에 관한 규정이 준용되므로 그 심리 방법 역시 기본적으로 1심과 같다. 따라서 당사자는 1심에서와 같이 사실적·법률적 주장을 하고 증명을 하는 등 변론(공격과 방어)을 할 수 있다. 이때도 변론주의가 적용됨은 물론이다. 제1심에서의 법원과 당사자 등의 소송행위는 항소심에서도 그 효력이 유지되어 항소심에서의 그것과 일체로서 심판자료가 된다(민사소송법 제409조).

---

56) 항소심에서 원고가 청구를 감축한 경우에 항소인인 원고나 피고가 이에 맞추어 항소취지를 변경하지 않는 경우가 많은데, 변론 전체의 취지에 의하여 항소심법원은 감축된 청구에 맞추어 묵시적으로 항소취지 변경(감축)이 있는 것으로 해석하여 판단할 수 있고(그 경우 항소각하가 필요 없게 된다), 실무관행도 대체로 그러하다.

따라서 1심에서 한 주장이나 증거방법의 제출, 증거조사 등 소송행위는 항소심에서 되풀이하여 할 필요가 없다. 항소심에서 제출하는 서증의 번호는 1심에서 제출한 서증의 번호에 연속하여 부여한다.

2) 다만, 항소심 판사들은 1심에서의 소송행위에 직접 관여하지 않아 마치 소송절차 진행 중 관여 법관이 변경된 것과 같은 결과가 발생하므로, 민사소송법은 당사자에게 항소심 변론기일에 제1심 변론의 결과를 진술하도록 하고 있다(민사소송법 제407조 제2항). 그러나 실무상 이는 엄격히 실시되지 않는 편이며, 변론조서에 형식적으로 "쌍방, 제1심 변론 결과 진술"과 같이 기계적으로 기재하고 있는 실정이다. 이를 지키지 않았더라도, 이는 이의권의 대상으로서 상당한 기한 내에 이의하지 않으면 그 하자가 치유되고(민사소송법 제151조), 그 하자는 판결의 결과에 영향을 미친다고 볼 수 없다. 따라서 이는 민사소송법 제423조 소정의 상고이유가 될 수는 없다.

3) 위와 같이 당사자는 항소심에서 새로운 사실적·법률적 주장을 하고 증명을 하거나 종전 주장을 철회·교체하는 등 자유로이 변론(공격과 방어)을 할 수 있으나, 항소심에서도 실기한 공격·방어방법의 제출은 제한된다(민사소송법 제408, 149조).

실기한 공격방어방법이란, 당사자가 고의 또는 중대한 과실로 소송의 진행정도에 따른 적절한 시기를 넘겨 제출하여 소송의 완결을 지연시키는 공격방어방법을 말하는데, 항소심에서는 1심과 항소심 소송절차 전반을 고려하여 그 지연 여부를 판단하여야 한다. 그리고 당사자의 고의 또는 중대한 과실이 있는지를 판단할 때는 당사자의 법률지식과 함께 새로운 공격·방어방법의 종류, 내용, 법률구성의 난이도, 기존의 공격방어방법과의 관계, 소송의 진행경과 등을 종합적으로 고려해야 한다(대법원 2014. 5. 15.자 2012마1164 결정, 2017. 5. 17. 선고 2017다1097 판결).

변론기일에 앞서 변론준비기일을 연 경우, 그 기일에 제출하지 아니한 공격방어방법은 그 제출로 인하여 소송을 현저히 지연시키지 아니하는 때 등 일정한 사유가 있는 때에 한하여 그 제출이 허용되는바(민사소송법 제285조), 1심에서 변론준비기일을 연 경우 위 제한은 항소심에서도 적용된다.

(3) 기일 해태에 따른 제재

1) 항소심의 소송절차에도 민사소송법 제268조의 기일 불출석 등의 제재가 적용된다. 다만, 이 경우 소의 취하가 아닌 항소를 취하한 것으로 본다. 변론준비기일에서 양쪽 당사자가 불출석하였더라도 그 효과는 변론기일에 승계되지 않으므로(대법원 2006. 10. 27. 선고 2004다69581 판결), 양쪽 당사자가 변론준비기일에 한 번, 변론기일에 두 번 불출석하였다고 하더라도 소를 취하한 것으로 볼 수 없는 만큼, 1심 변론준비기일과 항소심 변론기일에서의 불출석은 따로 따로 계산하여야 한다.

2) 또한 환송판결의 전후를 통하여 항소심 변론기일에서 당사자 쌍방의 불출석이 2회 있었다 하여도, 환송 전후의 항소심 변론기일은 독립하므로 항소 취하가 있는 것으로 간주되지 않는다(대법원 1963. 6. 20. 선고 63다166 판결). 같은 견지에서, 1심 변론기일과 항소심 변론기일도 각각 독립하므로 그 불출석은 따로따로 계산하여야 한다.

(4) 자백의 효력과 그 소멸

1) 피항소인(특히 피고)이 항소심에서 항소인의 항소 제기나 항소이유서 제출에 대응하여 아무런 답변서나 준비서면을 제출하지 아니하고 항소심 변론준비기일이나 변론기일에 출석하지 않더라도, 이미 1심소송절차에서 원고 청구 기각을 구하고 원고의 주장을 다투었다면 그로써 민사소송법 제150조 제1, 3항에 따른 자백이 성립하지는 않는다. 1심 소송절차에서의 변론을 포함하여 그 변론 전체의 취지상 원고의 청구와 주장을 다투었기 때문이다.

다만 원고가 항소심에서 청구원인을 변경한 경우, 피고가 이에 대하여 적극적으로 다투지 않거나 변론준비기일이나 변론기일에 출석하지 않은 때에는 민사소송법 제150조 제1, 3항에 따라 그에 대해서는 자백이 성립할 수 있다(대법원 2017. 4. 26. 선고 2017다201033 판결).

2) 제1심에서 피고에 대하여 공시송달로 재판이 진행되어 피고에 대한 청구가 기각되었다고 하여도 피고가 원고 청구원인을 다툰 것으로 볼 수 없으므로, 항소심에서 피고가 공시송달이 아닌 방법으로 원고의 청구원인 사실이 기재된 소장이나 준비서면, 항소이유서 등을 송달받고도 원고의 청구를 다투지 아니한 경우에는 민사소송법 제150조에 의한 자백간주가 성립한다(대법원 2010. 11. 25. 선고 2010다21689 판결, 2017. 6. 29. 선고 2016다227526 판결, 2017. 9. 12. 선고 2017다223439 판결).

3) 이미 제1심소송절차에서 민사소송법 제150조 제1, 3항에 따른 자백이 성립하였다면, 그 후 항소심에서 피고가 원고 청구를 다투지 아니한 이상 그 자백의 효력이 유지됨은 물론이다(대법원 2014. 2. 27. 선고 2012다37015, 37022 판결). 반대로 제1심소송절차에서 민사소송법 제150조 제1, 3항에 따른 자백이 성립하였더라도, 그 후 항소심에서 피고가 원고 청구를 다투었다면 자백의 효력은 더 이상 유지될 수 없다.

(5) 관할위반 주장의 금지

당사자는 항소심에서 제1심법원의 관할위반을 주장하지 못한다. 다만, 전속관할에 대하여는 그러하지 아니하다(민사소송법 제411조). 전속관할이 아닌 이상 대부분 변론관할이 성립하여 관할위반의 문제는 생기지 않겠지만, 설사 변론관할이 성립하지 않더라도 전속관할이 아닌 이상 이는 당사자에게 큰 영향을 미치지 않으며, 그대로 소송을 진행함이 소송경제에도 부합하는 점을 고려한 것이다.

(6) 소송대리의 제한

소송물가액이 1억 원 이하여서 변호사 아닌 사람의 소송대리가 허용된 단독사건이라도 항소심에서는 소송대리가 허용되지 않는다(민사소송법 제88조 참조). 단, 법률에 따라 재판상 행위를 할 수 있는 소송대리인에게는 이러한 제한이 없다(민사소송법 제87조 참조).

마. 항소심에서의 반소의 제기와 가지급물반환신청

1) 피고는 항소심에서도 반소를 제기할 수 있다. 다만, 항소심에서는 상대방의 심급이익을 해할 우려가 없거나 그의 동의를 얻은 때에 한하여 제기할 수 있다(민사소송법 제412조 제1항).

상대방의 심급의 이익을 해할 우려가 없는 경우란, 본소와 반소의 소송목적이 밀접하게 연관되어 있고, 그에 대한 주장과 증거가 상당 부분 공통되는 등으로 항소심이 반소청구에 대하여 1심으로 판단하더라도 상대방에게 1심의 심판을 받지 못하게 함으로써 심급상의 불이익을 주는 것이 아닌 경우를 말한다. 그러나 상대방이 이의를 제기하지 아니하고 반소의 본안에 관하여 변론을 한 때에는 이에 동의한 것으로 본다(민사소송법 제412조 제2항).

2) 반소의 제기는 변론종결 전까지만 가능하므로 1심 변론종결 후에 반소가 제기된 경우, 1심법원에 대해서는 효력이 없음은 물론이다. 이 경우 이러한 반소를 어떻게 처리하여야 하는지는 앞서 반소에 대한 부분에서 설명한 바와 같다.

즉 그 반소는 소송행위의 효력요건을 결한 것이어서 무효이고, 1심법원이 변론을 재개한 경우 또는 항소가 제기된 때에는 그때 소송행위의 요건을 충족하여 적법한 반소로 전환되고 1심 또는 항소심의 심판대상이 된다고 볼 것이므로, 1심법원은 항소 부분과 함께 반소 사건도 항소심에 송부하여야 하며, 항소심은 반소가 항소심에서 제기된 것과 같이 취급하여 사건번호를 부여하고 부본을 원고에게 송달한 후 심리·판단하여야 한다. 그러나 이 경우에도 당해 반소는 상대방의 심급의 이익을 해할 우려가 없거나 상대방의 동의가 있어야만 적법성을 인정받을 수 있고, 반소 원고는 항소심에서의 반소에 준하여 인지를 추가 납부하여야 한다.

3) 항소심에서도 본소와 반소는 독립한 별개의 소지만 견련성이 있으므로 변론병합결정 없이 병합심리하여야 한다. 그러나 합일확정되어야 할 성질의 것은 아니므로, 필요에 따라 변론을 분리할 수도 있고, 본소와 반소로 나누어 일부판결을 할 수도 있다.

4) 항소심에서의 반소에도 전속관할의 제한은 당연히 따른다. 항소심에서 상대방 당사자가 반소를 제기하는 것은 허용되나, 1심에 계속 중인 사건이 실질상 항소심 사건의 반소에 해당한다고 하더라도 이를 항소심에 이송할 수는 없다고 보아야 한다. 그것을 가리켜 반소의 제기라고는 할 수 없기 때문이다. 따라서 이 경우 피고는 1심의 소를 취하하고 항소심에서 새로 반소를 제기하여야 한다.

5) 항소심에서의 반소도 원고의 청구나 항소가 배척되는 것을 해제조건으로 하는 등 예비적으로 제기할 수 있다. 피고가 가집행선고부 1심판결에 기하여 강제집행을 당해 가지급을 한 경우에는 예비적 반소의 형태로서 가지급물반환신청을 할 수 있다. 강제집행이 아니라, 가집행을 면하기 위해 스스로 변제공탁을 하였거나 원고와의 합의에 의해 가지급을 한 경우에도 그 반환을 청구할 수 있다고 할 것이다. 가지급물반환신청이 피고의 항소가 인용되지 않을 것을 해제조건으로 하는 예비적 반소의 일종이라는 것은 이미 지적한 바와 같다. 따라서 항소심에서 피고의 상소가 기각될 경우, 항소심은 가지급물반환신청에 대해서는 별도로 판단할 필요가 없다(대법원 2005. 1. 13. 선고 2004다19647 판결).

6) 항소심에서의 반소는 1심판결에 대한 불복이 아니고 새로운 소의 제기에 해당한다. 따라서 항소심법원은 이를 1심법원의 자격으로 심판하여야 한다.

7) 항소심에서 제기된 반소는 항소심소송이 적법하게 계속되어 이에 대한 심판이 이루어질 것을 당연한 전제로 하므로, 항소심에서 반소가 제기된 후 본소에 대한 항소가 취하, 각하되거나 본소청구의 포기·인낙 등에 의하여 본소의 소송이 종료된 경우, 반소는 해제조건의 성취로 인해 그로써 당연히 소멸한다. 항소심에서의 반소는 만약 항소가 없었더라면 원천적으로 불가능하고, 원고만이 항소를 한 경우 피고의 반소는, 피고만이 항소를 한 경우에 원고가 항소심에서 청구를 확장하는 것과의 균형상 부대항소로서의 성질을 갖는다고 보아야 하기 때문이다.

대법원도, 추완항소를 제기한 피고가 항소심에서 제기한 반소는 항소심소송이 적법하게 계속될 것을 당연한 전제로 하므로, 피고의 추완항소가 각하되는 경우에는 그가 제기한 반소 역시 그로써 당연히 소멸한다고 보는바(대법원 2003. 6. 13. 선고 2003다16962, 16979 판결 참조),[57] 이러한 법리는 본소에 대하여 원고나 피고로부터 통상의 항소가 제기된 경우에도 그대로 타당하다고 할 것이다. 이는 예비적 반소의 성질을 갖는 피고의 가지급물반환신청에 대해서도 동일하다.

3. 부대항소

가. 부대항소의 의의

1) 부대항소는, 당초 항소를 제기하지 않았던 당사자(피항소인)가 상대방 당사자(항소인)의 항소에 의해 개시된 항소심에서 상대방의 항소에 부대(附帶)하여, 즉 그 기회를 이용하여 제기하는 항소를 말한다(민사소송법 제403, 404조 참조).

부대항소는 보통, 일방이 항소할 의사가 없어 항소 제기기간을 도과시켰는데 상대방이 항소를 제기한 것을 보고 자신도 그에 뒤따라 항소를 하고자 하는 때에 이용된다. 즉 당초에는 항소하지 않고 1심판결을 확정시킬 의사였으나, 상대방이 항소를 제기한 것을 보

57) 피고의 반소는 본소에 대한 항소심 종료를 해제조건으로 제기된 것으로 해석하여야 하기 때문이다.

고 '그렇다면 나도 항소하겠다'고 마음을 바꾼 경우에 부대항소를 하는 것이 보통이다.

2) 자신이 항소를 제기하여 1심판결의 확정을 차단하고 항소심법원에 사건을 이심하게 하지 않았으므로, 피항소인은 원래 1심판결 중 자신에게 불이익한 부분이 있더라도 그 취소·변경을 구할 수 없고, 단지 상대방의 항소 기각을 구할 수 있을 뿐이다. 그런데 이 경우 상대방이 항소를 제기하여 이왕 항소심이 개시되고 그 소송이 계속 중이라면, 상대방이 항소로써 취소·변경을 구하지 않은 1심판결 사항까지 모두 포함하여 확정이 차단되고 항소심에 이심되므로, 이 기회를 이용하여 피항소인에게도 1심판결 중 자신에게 불이익한 부분의 취소·변경을 구할 기회를 부여하는 것이 곧 부대항소이다.

3) 위와 같이 항소인은 항소심의 변론종결 시까지 언제라도 항소범위, 즉 불복의 범위를 확장할 수 있으나(대법원 1990. 5. 8. 선고 88다카30214 판결, 2010. 12. 23. 선고 2010다56654 판결 등), 항소기간 내에 항소를 제기하지 않았거나 항소를 포기한 피항소인은 사실상 1심판결의 전부나 일부에 불만이 있더라도 이를 항소심의 심판대상으로 삼아 1심판결의 취소·변경을 구할 수 없게 되는바, 이는 심히 피항소인에게 불리하고 정의에도 맞지 않는다. 이왕 항소인의 항소 제기에 의해 1심판결의 확정이 차단되고, 그 판결 사항이 항소심에 이심되어 항소인이 취소·변경을 구하지 않은 부분도 잠재적으로 항소심법원의 심판대상이 된 이상 피항소인에게도 1심판결의 취소·변경을 구할 기회를 부여함이 공평하다. 이것이 민사소송법이 부대항소를 인정하는 이유라고 할 수 있다.

4) 부대항소는 타인의 항소에 부대하여 항소가 이루어진 것이므로, 타인의 항소와 관계없이 그와 독립하여 이루어지는 본래의 항소와 구별되고, 이 점에서 약간의 제약과 불이익을 입을 수 있다. 즉 부대항소가 본래의 항소와 다른 가장 큰 차이점은, 부대항소는 타인의 항소에 부대하여, 즉 타인의 항소에 기대서 종속적으로 이루어진 것이어서 타인의 항소가 취하되거나 부적법 각하되는 등으로 항소사항에 대한 본안판단 없이 항소심 소송이 종료하는 경우, 부대항소는 그 토대를 잃고 자동적으로 소멸한다는 점이다.

나. 부대항소의 성질

1) 부대항소가 항소인지 아니면 항소와는 다른 항소심법원에 대한 별개의 신청인지 학설상 다툼이 있다.

2) 항소설은, 부대항소도 일종의 항소로서 항소의 이익, 즉 본래의 항소로써 다툴 이익이 없는 경우 부대항소 역시 부적법하다고 본다. 이에 따르면, 제1심에서 전부 승소한 당사자는 항소는 물론 부대항소에 의해서도 청구를 확장·변경하거나 반소를 제기할 수 없다. 과거 일본 판례는 이에 따랐다(대심원 1921. 3. 11. 선고 판결, 민록 27-514 참조).

3) 비항소설은, 부대항소는 항소가 아니라 이와는 구별되는 특수한 불복방법이라고 본

다. 이에 따라 부대항소에서는 항소의 이익이 문제 되지 않으며, 제1심에서 전부 승소한 피항소인은 부대항소로써 청구의 확장·변경(피항소인이 원고인 경우) 또는 반소의 제기(피항소인이 피고인 경우)를 할 수 있다고 본다. 이 견해가 다수설이고 우리 판례도 이에 따르고 있다(대법원 1967. 9. 19. 선고 67다1709 판결, 1980. 7. 22. 선고 80다982 판결).[58)]

3) 제1심에서 전부 승소하여 항소의 이익이 없는 당사자라도, 상대방의 항소에 의하여 확정이 차단되고 이심이 된 이상, 부대항소로써 일부 패소 부분의 취소·변경을 구하는 것에서 나아가 청구를 확장·교환하게 하거나 본소의 소송목적과 관련이 있는 반소청구를 허용함이 별소 제기를 통한 것보다 소송경제나 당사자의 이익에 부합한다. 그리고 그것을 부대항소로써 허용할 경우 상대방이 크게 불이익을 입을 우려도 없다. 상대방의 항소가 취하 등으로 종료하면 부대항소에 의한 확장청구나 반소청구 역시 소멸하기 때문이다. 그러므로 이를 허용함이 타당하다. 이 점에서 부대항소는 1심판결의 취소·변경만에 국한되는 일반의 항소와는 다른 것이라고 봄이 옳다고 생각된다.

4) 부대항소가 항소가 아니라 특수한 불복방법이라고 하더라도, 그 실질은 항소이지 독립한 소는 아니다. 민사소송법도 부대항소에 관하여 항소에 관한 규정을 준용하도록 하고 있다(민사소송법 제405조). 따라서 부대항소는 중간확인의 소나 반소와는 다르다.

다. 부대항소의 요건

1) 부대항소는 상대방이 항소를 제기하여 그 항소가 적법하게 존속하고 있어야만 성립할 수 있다. 부대항소는 타인의 항소에 의한 소송절차에 부대·종속하여서만 항소심법원의 심판대상이 되기 때문이다. 따라서 부대항소는 상대방의 항소 소멸을 해제조건으로 하여, 상대방의 항소가 소멸하면 부대항소는 그 기반을 잃고 소멸한다. 다만, 자신의 항소 제기기간 내에 제기된 부대항소의 경우에는 원칙적으로 소멸하지 않는다.

2) 부대항소는 항소심의 변론종결 전에 제기하여야 한다(민사소송법 제403조). 항소장 부본이 피항소인에게 송달되기 전에도 부대항소를 할 수 있음은 물론이다. 부대항소인, 즉 피항소인의 항소권이 소멸하였는지 여부는 상관이 없다. 따라서 자신의 항소 제기기간이 경과하기 전은 물론, 이미 항소제기기간이 경과한 경우,[59)] 항소권을 포기한 경우, 항소를 제기하였다가 이를 취하한 경우에도 부대항소를 제기할 수 있다(민사소송법 제403조, 대법원 2014. 1. 16. 선고 2011다91777 판결 참조).

---

58) 항소심에서의 청구의 변경(확장, 교환)과 반소의 제기는 부대항소와 본질이 다르나, 1심에서 모두 승소한 원고나 피고에게 항소심에서의 청구의 변경(확장, 교환)과 반소의 제기를 제한하기 위하여 여기에 부대항소의 법리를 적용하려는 것이다.

59) 항소제기기간이 경과하기 전에 항소가 아닌 부대항소를 제기하는 일은 사실상 거의 없지만, 제1심에서 전부 승소한 당사자는 청구의 확장·변경(피항소인이 원고인 경우) 또는 반소를 제기(피항소인이 피고인 경우)할 목적으로 부대항소를 할 필요성이 있다. 이런 경우 그 승소한 당사자는 항소를 할 수 없기 때문이다. 이와 같이 부대항소인이 자신의 항소 제기기간 내에 제기한 부대항소를 독립부대항소라고 한다.

항소가 취하되거나 항소 각하의 판결이 선고된 경우에는 그로써 항소심소송이 종료하고 부대항소 역시 소멸하나, 부대항소가 부대항소인의 항소 제기기간 내에 제기된 경우에는 독립한 항소와 같이 취급되어 부대항소가 소멸하지 않고 항소심소송도 종료하지 않는다.[60] 따라서 이 경우에는 원래의 항소인도 부대항소를 할 수 있다.[61]

그러나 부대항소권도 포기한 경우에는 어느 경우에나 부대항소를 제기할 수 없다는 것이 통설이다. 다만, 항소권의 포기는 원칙적으로 부대항소권까지 포기한 것으로 해석되지 않는다.

3) 부대항소의 대상은 원칙적으로 항소에 의해 항소심에 이심된 사건(종국판결)에 한한다. 따라서 상대방의 항소가 있더라도 1심판결 중 이미 확정된 부분은 항소심에 이심되지 않으므로 그에 대하여 부대항소를 제기할 수 없다. 이러한 경우는 주로 주관적 공동소송의 경우에 발생한다. 즉 공동소송인 중 항소 제기가 없는 부분은 확정되므로 그에 대해서는 부대항소가 불가능하다.

그러나 위와 같이 부대항소인은 청구의 확장·변경(피항소인이 원고인 경우) 또는 반소의 제기(피항소인이 피고인 경우)를 위하여 부대항소를 할 수 있으므로, 이 경우에는 예외적으로 1심판결의 사건과 기초적 사실관계를 같이하는 한 1심판결 사항에 속하지 않은 부분(청구)이라도 청구의 확장·변경 또는 반소의 제기에 의하여 부대항소를 제기할 수 있다(대법원 1959. 12. 3. 선고 4292민상370 판결, 1967. 9. 19. 선고 67다1709 판결 등).

4) 부대항소 역시 부대항소의 이익, 즉 그로써 1심판결 중 자신에게 불이익한 부분을 자신에게 유리하게 취소·변경할 필요와 가능성이 있어야 한다. 그 이익이 없다면 부대항소는 부적법하다.

부대항소의 이익을 갖는 자는, 원칙적으로 제1심판결에서 전부 패소 또는 일부 패소 판결을 받은 당사자이다. 그런데 제1심에서 전부 승소한 원고의 경우 앞서 본 바와 같이 스스로 항소를 제기할 수 없는데, 피고의 항소에 의해 사건이 항소심에 이심될 때 부대항소에 의하지 않고서도 청구를 확장할 수 있는가?

이를 부정한다면, 그는 반드시 부대항소의 방식에 의해서만 이를 할 수 있게 되며, 이는 상대방의 항소에 종속적이 된다. 이에 관하여 대법원은 초기에는 "제1심에서 그 청구 전부가 인용된 피항소인인 원고는 항소심에서 부대항소의 절차에 의하지 아니하고도 청구의 확장을 할 수 있다"고 하여 부대항소 불요설을 취하였었다(대법원 1957. 11. 14. 선고 4290민상129 판결, 1963. 1. 24. 선고 62다801 판결). 그

60) 다만, 1심에서 전부 승소한 당사자는 상대방이 항소한 후에는 부대항소로써만 청구의 확장이나 반소를 제기할 수 있는바(이로써 부대항소가 의제된다), 이때는 그의 부대항소가 자신의 항소 제기기간 내에 이루어진 것이라도 독자적인 항소의 이익이 없으므로 항소의 소멸로써 함께 소멸한다고 볼 것이다. 실무상 위의 경우 외에, 자신의 항소 제기기간이 지나지 않았는데도 자신에게 불리하게 부대항소를 제기하는 경우는 거의 보기 어렵다.

61) 그러나 항소인의 항소가 각하되고 부대항소만이 남아 소송이 계속되는 경우는 상상하기 어렵다.

러나 이후에는 “피고만이 항소를 한 경우에 원고가 항소심에서 청구취지를 확장하였다면 그 한도에서 원고는 부대항소를 한 것으로 의제된다”고 하여 부대항소설을 취하고 있다(대법원 1967. 9. 19. 선고 67다1709 판결, 1980. 7. 22. 선고 80다982 판결, 1992. 12. 8. 선고 91다43015 판결, 2000. 2. 25. 선고 97다30066 판결). 부대항소 필요설(의제설)을 취한 대법원 판례가 전원합의체 판결에 의하여 이전 판례를 명시적으로 변경하지 않았지만, 사실상 종전 판례를 변경한 것으로 보인다.

본래 1심에서 그 청구 전부가 인용된 원고는 항소심에서 청구를 변경하거나 확장할 목적으로도 항소할 수 없는 것이 원칙이므로, 피고의 항소에 의하여 사건이 항소심으로 이심된 기회에 당초 1심의 심판대상이 아니었던 청구를 청구확장의 방법으로 판단 받는 것은 원고 자신의 권리에 의한 것이 아니라 피고의 항소에 기한 것인 만큼, 이 경우 피고의 항소가 본안에 대한 판단을 받지 못한 채 소멸된다면 원고에게 그 확장된 청구에 대해서도 판단을 받지 못하도록 함이 공평하다. 따라서 이 경우 원고는 부대항소에 의하지 않고는 항소심에서 청구를 확장할 수 없고, 원고가 부대항소에 의하지 않고 이를 한 경우에는 부대항소를 한 것으로 의제함이 타당하다. 고로 부대항소 필요설(의제설)이 타당하다. 다만 그렇다고 하더라도, 이 경우 확장된 청구는 당초 1심의 심판대상이 아니었으므로 이에 대하여는 순수한 부대항소가 성립할 수 없고, 따라서 이는 부대항소가 아니라 부대항소의 법리가 유추되는 것으로 새겨야 옳다. 이는 1심에서 전부 승소한 피고가 반소 제기를 위하여 항소한 경우에도 그대로 적용된다고 할 것이다.

한편, 1심에서 전부 승소한 원고가 항소심에서 청구의 확장이 아닌 청구를 교환적으로 변경한 경우에는 그로써 이전의 청구는 소 취하로 종료하고, 항소심은 실질상 1심으로 전환되어 항소의 대상이 없어지게 되므로, 교환적으로 변경된 청구에 대하여 원고가 부대항소를 한 것으로 간주될 수는 없다고 할 것이다.[62]

이상의 논의는, 1심에서 일부 승소한 원고가 스스로 자신의 항소 제기기간 내에 항소를 제기하지 않은 채 피고의 항소에 의해 계속되게 된 항소심에서 청구를 확장하거나, 1심에서 일부 승소한 피고가 스스로 자신의 항소 제기기간 내에 항소를 제기하지 않은 채 원고의 항소에 의해 계속되게 된 항소심에서 반소를 제기한 경우에도 타당하다고 할 것이다. 원고나 피고가 스스로 자신의 항소 제기기간 내에 항소를 제기하지 않은 이상 이들은 자신의 패소 부분은 물론 당초 1심에서 청구하지 않았던 청구나 반소에 대하여 항소심의 심판을 받을 수 없었으므로, 이러한 경우 상대방인 항소인이 항소를 취하·포기하거나 그 항소가 부적법 각하됨으로써 항소심이 당초의 본안에 대하여 심판하지 않게 된다면, 원고가 항소심에서 확장한 청구나 피고가 제기한 반소는 항소심의 심판대상이 되지 않는다고 함이 공평하기 때문이다.

---

62) 동지: 김동현, “부대항소제도의 이해”, 민사소송(한국민사소송법학회지) 제22권 제1호(2018).

5) 항소는 조건부나 예비적으로 제기할 수 없으나, 부대항소는 그것이 가능하다고 할 것이다. 예컨대, 항소의 인용이나 기각을 조건부로 하는 경우이다. 이를 허용하더라도 법원의 심리에 방해가 되거나 상대방에게 손해를 주지 않기 때문이다. 독일의 판례도 이를 허용한다. 다만, 그 조건은 당해 소송절차 내에서 존부나 성취가 판명될 수 있는 사항에 한한다.

라. 부대항소의 절차

1) 부대항소는 피항소인이 항소인을 상대로 제기하여야 한다. 원고와 피고 쌍방 모두 각각 독립하여 항소를 제기한 경우에는 피항소인이면서 항소인 지위를 겸하고 각 당사자는 항소취지의 변경을 통해 항소심 심판범위를 확장할 수 있으므로, 상대방의 항소에 대하여 부대항소를 할 수 없다는 것이 통설이다. 즉 이 경우 각 당사자는 청구확장이나 반소의 제기를 위한 것이 아닌 한 부대항소의 이익이 없다.

2) 항소인이 피항소인의 부대항소에 대응하여 다시 재부대항소를 제기할 이익은 없다. 항소인은 항소취지의 변경을 통해 항소심 심판범위를 확장할 수 있기 때문이다.

피항소인의 보조참가인(공동소송적 보조참가인 포함)도 피항소인을 위하여 부대항소를 제기할 수 있다. 부대항소의 당사자와 관련해서 보다 자세한 내용은 앞서 본 <부대상소> 부분을 참조하기 바란다.

3) 항소인의 소송대리인은 당연히 부대항소에 응소할 권한이 있다. 원고가 피항소인인 경우 그 소송대리인은 특별수권 없이도 청구취지 확장을 할 수 있는 포괄적 대리권이 있으므로 당연히 부대항소를 할 수 있다는 데에는 다툼이 없으나, 피고가 피항소인인 경우에 특별수권 없이도 부대항소를 할 수 있는지는 학설상 다툼이 있다. 부대항소에는 항소에 관한 규정이 준용되고, 항소의 제기에는 특별수권이 필요하며(민사소송법 제90조 제2항) 반소 제기 역시 그러하므로, 항소심에서 반소를 제기하기 위하여 부대항소를 하는 경우에는 더욱 그러하다. 따라서 부정함이 옳다고 생각한다.

4) 통상공동소송의 경우에는 그 공동소송인들과 상대방 사이에 각각 별개의 청구가 존재하고 공동소송인들 사이에 합일확정의 필요가 없으므로, 그 공동소송인 중 1인에 대하여만 항소가 제기된 경우 피항소인은 그 공동소송인 1인만이 되고, 부대항소 역시 그 당사자만이 할 수 있다(대법원 1994. 12. 23. 선고 94다40734 판결 참조). 그 반대의 경우에도 동일하다.

반면, 필수적 공동소송의 경우에는 그 공동소송인들과 상대방 사이에 하나의 청구만이 존재하고 공동소송인들 사이에 합일확정의 필요가 있으며, 항소의 제기나 부대항소의 제기는 전원에게 효력이 있으므로, 항소인인 공동소송인들 중 1인에 대하여만 부대항소를 하더라도 그 전원에게 부대항소의 효력이 미친다. 이는 공동소송인들이 피항소인으로서 그 중 1인만이 부대항소를 한 경우에도 같다.

5) 부대항소는 위와 같이 그 성질이 엄밀히는 항소가 아닌 독립한 불복방법이지만, 그 실질에서는 항소와 다름이 없으므로 이에 대해서는 항소에 관한 규정이 준용된다(민사소송법 제405조). 따라서 ① 이는 서면으로 하여야 하고, ② 부대항소장은 항소기록이 항소법원에 송부되기 전에는 제1심법원에, 그 후에는 항소심법원에 제출하여야 한다. 이에 반하여, 반드시 서면에 의하지 아니하고 항소심변론 시 구두로도 이를 제기할 수 있다는 견해가 있으나, 동의하기 어렵다.

다만 부대항소는 묵시적으로도 할 수 있으므로, '항소장'이나 '부대항소장' 대신 '청구변경서'나 준비서면에서 부대항소의 뜻을 표시한 경우에는 법원은 이를 석명하게 하거나 그 의사를 해석하여 부대항소로 취급할 수 있다(대법원 2014. 9. 4. 선고 2014다17848,17855 판결 참조).

6) 부대항소장의 기재사항 및 인지와 송달료 등의 납부는 항소장과 항소에 준하여 하면 된다.[63] 부대항소장에는 부대항소취지와 함께 부대하여 항소를 한다는 취지도 적어야 하지만, 이를 기재하지 않더라도 그러한 취지가 분명한 경우에는 부대항소로 취급하여야 할 것인바, 특히 1심에서 전부 승소한 당사자가 항소장을 제출한 후 항소심에서 반소를 제기하거나 1심에서 청구한 바 없는 청구를 청구변경(청구확장)의 방법으로 심판을 구한 경우 그러하다(대법원 1992. 12. 8. 선고 91다43015 판결, 2000. 2. 25. 선고 97다30066 판결).

7) 부대항소에는 항소와 달리 독립한 사건번호가 부여되지 않는다. 항소에 종속적이기 때문이다. 이 경우 당사자 표시는 '원고(반소피고), 항소인 겸 피부대항소인', '피고(반소원고), 피항소인 겸 부대항소인'과 같이 표기한다.

마. 부대항소의 효력과 심리

(1) 부대항소의 계속과 심리

1) 부대항소의 제기가 있으면 항소심법원은 항소와 함께 이를 심판할 권한과 의무가 있다. 부대항소의 심리 역시 항소의 그것과 동일하다. 부대항소가 부적법한 경우에는 보정을 명하고, 보정을 명한 기간 내에 보정하지 아니한 때는 재판장의 명령으로 부대항소장을 각하하여야 한다. 각하사유가 있음에도 부대항소장을 각하하지 않았거나 그 흠결을 보정할 수 없는 경우에는 보정명령 없이 판결로써 부대항소를 각하하여야 한다.

2) 부대항소장 부본은 항소장 부본에 준하여 상대방(항소인)에게 송달하여야 하지만(민사소송법 제405, 401조), 이는 항소장 부본의 송달과 달리 항소심소송 계속의 요건이 아니므로 송달을

63) 반소장에 준하여 인지의 첩부를 요하지 않는다는 견해가 있으나, 항소범위와 부대항소의 범위가 반드시 일치하지 않으므로 근거가 없다(민사소송 등 인지규칙 제25, 26조 참조). 다만, 반소의 제기 또는 청구 변경(확장)을 위한 부대항소의 경우에는 인지가 면제되거나 먼저 첩부한 액을 공제한 나머지 액만 붙이면 된다(민사소송 등 인지규칙 제26조 단서).

받지 않은 당사자가 이를 알고도 이의하지 않거나, 이를 알 수 있었음에도 불구하고 지체 없이 이의를 주장하지 아니한 때에는 이의권을 상실한다(대법원 1957. 3. 23. 선고 4290민상81 판결).

3) 항소심의 심판범위는 원래 항소취지의 범위로 한정되지만(민사소송법 제407조 제1항), 적법한 부대항소가 있으면 심판의 범위가 부대항소취지 범위까지 확장된다. 이에 따라 항소심은 항소인에게 제1심판결보다 불이익하게 판결할 수 있다.

(2) 부대항소 또는 항소 취하 등의 효력

1) 부대항소도 항소와 동일하게 부대항소인의 일방적 의사표시에 의하여 취하할 수 있다. 부대항소를 취하한 경우, 부대항소인은 상대방의 항소를 기각한 판결에 대하여 상고할 수 없다고 할 것이다(대법원 1977. 2. 22. 선고 76다1518 판결). 자신에게 아무런 불이익이 없기 때문이다.

2) 부대항소는 항소의 존재를 전제로 하므로, 항소가 취하되거나(항소 후 항소권 포기 포함) 부적법 각하된 때에는 항소와 운명을 같이하여 부대항소는 그 효력을 상실한다.[64] 다만, 자신의 항소 제기기간 이내에 제기한 부대항소(독립부대항소)는 독립된 항소로 간주되므로 그렇지 않다(민사소송법 제404조 단서).

3) 항소 제기기간 이내에 제기된 부대항소라도, 1심에서 전부 승소한 당사자가 항소심에서 반소를 제기하거나 1심에서 청구한 바 없는 청구를 청구변경(청구확장)의 방법으로 심판을 구하기 위하여 부대항소를 제기한 경우에는 부대항소를 독립한 항소로 보더라도 그 당사자는 항소의 이익이 없어 그 항소가 부적법하므로, 이때는 예외적으로 민사소송법 제404조 단서가 적용되지 않고 부대항소는 항소 취하 또는 항소 각하와 함께 그 효력을 상실한다고 보아야 할 것이다.[65]

부대항소인이 자신의 항소권을 포기한 후 상대방의 항소에 따라 다시 자신의 항소 제기기간 내에 부대항소를 제기한 경우에도 마찬가지이다. 이미 항소권을 포기한 이상 그 후의 항소 제기는 부적법하기 때문이다.

4) 한편, 항소심에서 피고의 동의를 얻어 원고가 소를 취하한 경우나 화해 또는 조정이 성립한 경우, 원고가 청구를 포기하거나 피고가 청구를 인낙한 경우에도 소송 전체가 종료하는 이상 그에 따라 피고가 제기한 부대항소도 자동적으로 소멸한다고 보아야 한다.

---

64) 따라서 항소심법원의 판단(부대항소 각하나 종료선언 등)이 전혀 필요 없다. 물론 항소사건에 관하여 항소가 이유 없다고 기각된 경우에는 부대항소에 영향이 없다.

65) 동지: 양병회, "부대항소", 고시계 32권 12호(1987).

4. 소송에 의하지 아니한 항소심 소송의 종료

가. 소의 취하

1) 원고는 1심판결이 선고된 후에도 소를 취하할 수 있으므로, 항소심에서도 소를 취하할 수 있다. 그 시기는 항소심판결 선고 전후를 불문하므로, 판결이 확정될 때까지 소를 취하할 수 있다(민사소송법 제408조, 제266조 제1항). 항소심에서 소를 취하하고자 할 때에도 상대방이 본안에 관하여 준비서면을 제출하거나 변론준비기일에서 진술하거나 변론을 한 뒤에는 상대방의 동의를 받아야만 한다(민사소송법 제408조, 제266조 제2항). 여기서 말하는 준비서면의 제출 등은 1심과 항소심을 통틀어 가리킨다고 할 것이므로 어느 한쪽에만 제출하였어도 상대방의 동의가 필요하다.

2) 항소심에서의 소의 취하 방식과 법원의 처리는 1심에서의 그것과 같다. 취하된 부분에 대하여는 소가 처음부터 계속되지 아니한 것으로 보며, 1심판결이 본안에 대한 종국판결이라면 소를 취하한 원고는 같은 소를 제기하지 못한다(민사소송법 제267조 제2항).

3) 항소심에서 청구를 교환적으로 변경한 결과 구 청구에 대하여 소 취하의 효력이 발생하는 경우에도 이와 같다(대법원 1969. 5. 27. 선고 68다1798 판결, 1985. 3. 26 선고, 84다카2001 판결 등). 반면에 1심판결이 소송판결이거나, 사망자를 상대로 한 판결에 대하여 그 망인의 상속인이 항소를 제기하여 원고가 항소심에서 소를 취하한 경우와 같이 1심판결이 당연무효인 때에는 재소금지의 제한을 받지 않는다(대법원 1968. 1. 23. 선고 67다2494 판결).

나. 항소의 취하, 포기

(1) 항소 취하 및 포기의 요건과 방식

1) 항소인은 항소심의 종국판결이 있기 전에 항소를 취하할 수 있다. 부대항소 역시 같다. 항소의 취하에는 민사소송법 제266조 제3항 내지 제5항과 제267조 제1항의 규정이 준용된다. 따라서 항소의 취하는 서면으로 하여야 하되, 변론기일이나 변론준비기일에서는 말로도 할 수 있다(민사소송법 제393조 제2항, 제266조 제3항).

2) 항소 취하는 항소심법원에 제출하는 것이 원칙이지만, 1심법원이 소송기록을 항소심법원에 송부하기 전이라면 1심법원에 제출하여도 무방하다. 소송기록 송부 후에 이를 1심법원에 제출한 경우에는 그것이 항소심법원에 전달, 접수된 때에 효력이 발생한다고 할 것이다.

항소장 부본을 상대방에게 송달한 뒤에는 항소 취하의 서면을 상대방에게 송달하여야 하고, 기일에서 구두로 취하한 경우에 상대방이 그 기일에 출석하지 아니한 때에는 그 기일의 조서 등본을 송달하여야 한다(민사소송법 제393조 제2항, 제266조 제4, 5항). 그러나 이는 주의적 규정에 불과하고, 항소 취하서를 상대방에게 송달해야만 항소 취하의 효력이 발생하는 것은 아니다(대법원 1980. 8. 26. 선고 80다76 판결).

3) 항소권의 포기는 구체적으로 발생한 공권적 권리인 항소권을 행사하지 않을 뜻을 법원에 표시하는 소송행위이다. 따라서 항소를 제기한 뒤의 항소권 포기는 항소 취하의 효력이 있다(민사소송법 제395조 제3항). 고로 일방이 전부 승소하여 항소의 이익이 없는 경우에는 항소권을 가진 패소자만 항소를 포기하면 비록 상대방의 항소기간이 만료하지 않았더라도 그 판결은 이로써 즉시 확정된다(대법원 2006. 5. 2.자 2005마933 결정).

항소권 포기는 항소심판결의 선고 시까지 언제나 할 수 있다. 항소권의 포기는 항소를 하기 이전에는 제1심법원에, 항소를 한 뒤에는 소송기록이 있는 법원에 서면으로 하여야 하며, 그 서면은 상대방에게 송달하여야 한다(민사소송법 제395조 제1, 2항). 항소권포기서를 1심법원에 제출한 경우에도 즉시 그 효력이 생긴다(대법원 2006. 5. 2.자 2005마933 결정).

4) 항소의 취하에는 소의 취하와 달리 상대방의 동의가 필요 없다. 이미 1심판결이 있고, 항소 취하가 있으면 1심판결이 확정되므로, 항소의 취하로써 상대방 당사자는 아무런 손해를 입지 않기 때문이다. 이는 피항소인이 부대항소를 제기하였더라도 마찬가지이다(대법원 1995. 3. 10. 선고 94다51543 판결).

5) 당사자는 소송대리인이 제기한 항소를 임의로 취하할 수 있다(대법원 1979. 6. 26. 선고 77다2091 판결 등). 소송대리인은 자신이 제기한 항소를 취하할 수 있으나, 그에 관하여 사전에 특별대리권을 수여받아야 한다(민사소송법 제90조 제2항 제3호). 소송대리인은 당사자 본인이 제기한 항소를 그르 대리하여 취하할 수 있으나, 민사소송법 제90조 제2항 제3호의 취지에 비추어 이 경우에도 그에 관하여 사전에 특별대리권을 수여받거나 본인의 동의를 받아야 할 것이다.

보조참가인은 피참가인에 대하여 종속적 지위에 있으므로, 피참가인은 보조참가인이 제기한 항소를 포기하거나 취하할 수도 있다(대법원 1984. 12. 11. 선고 84다카659 판결, 2006. 5. 2.자 2005마933 결정, 2010. 10. 14. 선고 2010다38168 판결). 또한 보조참가인이 항소한 후 피참가인이 자신의 항소권을 포기하거나 자신의 항소를 취하한 경우에도, 보조참가인의 항소는 결과적으로 피참가인의 소송행위와 어긋나므로 그 효력을 잃는다(대법원 1984. 12. 11. 선고 84다카659 판결, 2010. 10. 14. 선고 2010다38168 판결).

6) 이른바 쌍방불출석에 의한 소 취하 의제 규정은 항소심에도 적용된다. 따라서 항소심에서 쌍방이 2회에 걸쳐 출석하지 않거나 변론을 하지 않은 때는 그에 따른 불이익을 입는다. 다만, 이 경우 소 취하가 아닌 상소를 취하한 것으로 간주된다(민사소송법 제268조 제4항 단서).

이와 관련하여, 항소 취하 간주의 효력을 다투고자 하는 경우에는 항소심법원에 기일지정신청을 하여야 하고, 이에 따른 항소심법원의 소송종료선언 재판이 있기 전에는 곧바로 상고를 제기할 수 없다(대법원 2019. 8. 30. 선고 2018다259541 판결).

(2) 항소 취하 및 포기의 효력

1) 항소 취하가 있으면 항소가 처음부터 계속되지 아니한 것으로 본다(민사소송법 제393조 제2항, 제267조 제1항). 따라서 항소 제기기간 경과 후에 항소 취하가 있는 경우에는 그 기간 만료 시로 소급하여 제1심판결이 확정된다(대법원 2017. 9. 21. 선고 2017다233931 판결). 항소를 한 뒤의 항소권 포기는 항소 취하의 효력이 있으므로, 이 역시 동일하다.

2) 항소의 취하로써 위와 같이 항소는 물론 부대항소도 원칙적으로 소멸하여 1심판결이 확정되고 항소심 소송은 종료하나, 항소 제기기간 경과 전에 항소 취하가 있는 경우에는 다시 항소 제기가 가능하므로 판결은 확정되지 아니하고, 그 기간 내에는 항소인은 다시 항소의 제기가 가능하다(대법원 2016. 1. 14. 선고 2015므3455 판결).

다. 청구의 포기와 인낙, 화해, 조정 등

1) 청구의 포기나 인낙은 판결이 확정되기 전이라면 항소심은 물론 상고심에서도 할 수 있다. 청구의 포기와 인낙이 가능하려면, 그 대상인 소송목적이 당사자가 임의로 처분할 수 있는 것이어야 한다. 한편, 청구의 포기나 인낙은 본안에 대한 확정판결과 동일한 효력을 가지므로, 소송요건이 구비되지 않으면 법원은 본안에 대한 판단을 하지 못하고 소를 각하하여야 하는 만큼 이 경우 청구의 포기나 인낙은 허용되지 않는다는 것이 통설이다.

2) 항소심에서도 화해나 화해권고결정, 조정이 가능하다. 이미 항소심판결이 선고된 후라도 그것이 확정되기 전이라면 가능하다(민사소송법 제145조 제1항, 제225조 제1항). 다만, 화해권고결정과 조정은 항소심판결 선고 전까지만 가능하다(민사소송법 제232조 제2항, 민사조정법 제6조).

3) 항소심에서 화해나 화해권고결정, 조정을 하는 때에는 재판에 의하지 아니한 사건의 해결이므로 1심판결의 전부나 일부의 취소를 언급할 필요가 없고, "피고는 원고에게 1억 원을 지급한다. 원고는 나머지 청구를 포기한다. 소송총비용은 각자 부담한다"와 같이 곧바로 소송목적에 대하여 분쟁 해결 내용을 정하면 충분하다.[66] 즉 1심판결이 존재하지 않는 것으로 보고 그 내용을 정하면 된다.

화해나 조정조항 등에 제1심판결을 취소하거나 변경한다는 내용을 포함하는 것은 허용되지 않는다. 이는 법원의 고유 권한(형성재판의 대상)으로서 당사자와 소외인이 자유롭게 처분할 수 있는 것이 아니므로, 이러한 내용을 화해나 조정조항 등에 포함할 경우, 이는 당연무효이다(대법원 2012. 9. 13. 선고 2010다97846 판결 참조).

---

66) 물론 필요한 경우에는 1심판결의 전부나 일부의 효력을 유지하고 이에 부가하는 방법으로 할 수도 있다.

4) 항소심에서 청구의 포기·인낙, 화해나 화해권고결정, 조정이 성립·확정된 때에는 1심판결은 당연히 효력을 잃고, 항소심 소송은 그로써 종료한다. 한편 이들에 대해서는 확정판결과 동일하게 기판력이 인정되나, 그렇다고 하여 이들이 확정판결이 되는 것은 아니며 어디까지나 당사자 본인의 처분행위 또는 당사자 간의 합의로서의 성질을 잃지 아니한다. 따라서 이에 대한 불복은 준재심에 의하여야 한다.

5) 당사자가 항소심 소송 중에 사망하였으나 그 소의 성질상 소송의 수계가 허용될 수 없는 경우에는 이로써 항소심 소송이 종료한다. 법인이나 법인격 없는 사단, 재단이 소멸하고 그 소송목적을 승계할 자가 없는 경우에도 이와 같다.

5. 항소심의 판결

가. 항소 각하

1) 항소가 적법한 항소요건을 갖추지 못한 경우에는 항소가 부적법하므로 항소인은 항소심법원으로부터 본안에 관한 심판을 받을 수 없다. 따라서 항소심법원은 판결로써 항소를 각하하여야 한다.

2) 항소요건은 갖추었지만, 항소의 제기가 권한 없는 자에 의해 제기된 경우와 같이 그 효력이 없는 때에도 그 항소는 부적법하다. 다만, 소송능력·법정대리권 또는 소송행위에 필요한 권한의 수여에 흠이 있는 경우에는 법원은 기간을 정하여 이를 보정하도록 명하여야 하며, 만일 보정하는 것이 지연됨으로써 손해가 생길 염려가 있는 경우에는 법원은 보정하기 전의 당사자 또는 법정대리인으로 하여금 일시적으로 소송행위를 하게 할 수 있고, 이에 대하여 보정된 당사자나 법정대리인이 이를 추인하면 그 소송행위는 소급하여 효력이 생기므로(민사소송법 제59조 제1항, 제60조), 이러한 기회를 주지 않고 곧바로 항소를 각하해서는 안 된다. 소송대리인의 대리권에 대해서도 이와 같다(민사소송법 제97조).

3) 항소가 부적법하고 그 흠을 보정할 수 없는 경우, 항소심법원은 변론 없이 판결로 항소를 각하할 수 있다(민사소송법 제413조).

나. 항소 기각

1) 항소심법원이 심리한 결과, 1심판결의 결론이 항소심법원의 결론과 같거나 항소인에게 더 유리한 때에는 항소심법원은 판결로써 항소를 기각하여야 한다(민사소송법 제414조 제1항). 1심판결의 이유가 정당하지 아니한 경우에도, 다른 이유에 따라 그 결론이 정당하다고 인정되면 이와 같다(민사소송법 제414조 제2항).

2) 항소심은 속심으로서 본안에 대하여 1심과 같이 다시 심리하므로, 원칙상으로나 이론적으로는 항소의 당부에 대한 선언인 항소 기각의 주문을 내지 않고 그 스스로 청구의

당부에 대한 결론을 주문으로 선고하여야 할 것이다. 그러나 항소심의 심판 범위는 항소범위에 국한되어 1심의 그것보다 작고, 또한 이미 1심판결이 존재하는데 1심판결의 유지나 취소에 대한 언급이 없이 다시 항소심판결이 선고될 경우 혼선을 초래하므로, 민사소송법은 항소심으로 하여금 1심판결과 똑 같은 내용의 판결을 다시 하지 않고 단순히 항소를 기각하도록 하였다.

다. 1심판결의 취소

(1) 취소의 사유

1) 제1심판결을 정당하지 아니하다고 인정한 때에는 항소심법원은 1심판결의 전부나 일부를 취소하여야 한다(민사소송법 제416조). 이는 항소인이 주장한 항소이유가 타당한 경우이든 직권심사 결과 제1심판결이 정당하지 아니하다고 인정된 경우이든 불문한다.

2) 취소 형식의 주문이 부적당한 경우에는 변경 형식의 판결을 해도 무방하다. 금전청구의 경우에도 일부 취소의 경우 취소 형식의 판결 내용을 이해하기 어려운 때에는 적극적으로 변경 형식의 판결을 하여야 할 것이다.[67] 이 경우에도 그 판결의 본질은 1심판결의 전부 또는 일부의 취소이고, 변경판결에 의한 제1심판결 실효의 효과도 일부 취소판결의 경우와 마찬가지로 항소가 이유 있는 부분에 국한됨은 당연하다(대법원 1992. 8. 18. 선고 91다35953 판결).

3) 항소심법원이 항소인의 주장에 의하거나 직권으로 심사한 결과 제1심판결의 절차가 법률에 어긋날 때에는, 그 결론이 정당하여 1심판결과 동일한 내용의 판결을 선고하여야 할 경우에도 제1심판결을 취소하고 다시 판결하여야 한다(민사소송법 제417조).

제1심판결의 절차위반은 ① 당사자에게 변론기일 소환장을 적법하게 송달하지 아니한 채 기일을 진행하고 변론을 종결한 경우(대법원 2003. 4. 25. 선고 2002다72514 판결), ② 판결에 관여할 수 없는 판사가 관여한 경우, ③ 제1심판결에 전속관할위반의 하자가 있는 경우(민사소송법 제419조) 등을 들 수 있다.

4) 당사자에게 변론기일 소환장을 적법하게 송달하지 아니한 채 기일을 진행하고 변론을 종결한 경우라도, 이로써 당사자의 변론 전부 또는 중요한 부분이 결여된 것이 아니고, 그 기일에 이루어진 법원과 상대방의 변론이 판결의 결론에 전혀 영향이 없는 경우에는 이의권의 상실 대상으로서, 상당한 기간 내에 당사자가 이의를 제기하지 않았으면 하자가 치유되고(민사소송법 제151조, 대법원 1984. 4. 24. 선고 82므14 판결 참조), 민사소송법 제417조에 의하여 판결을 취소할 수 없다고 할 것이다.

선고기일을 적법하게 통지하거나 고지하지 않은 채 판결이 선고된 경우에도 마찬가지

---

67) 일부 취소의 경우에 변경 형식의 판결을 하는 때에는 그것이 일부 취소임을 명확히 하기 위해 "1. 제1심판결을 다음과 같이 변경한다. 피고는 … 하라. 2. 원고의 나머지 청구를 기각한다"와 같이 나머지 청구 기각의 주문을 선고하는 것이 좋다.

다. 선고기일에는 당사자가 변론을 하는 것이 아닐 뿐 아니라, 상소제기기간은 판결 정본을 송달 받아야만 진행되므로 당사자에게 아무런 불이익이 없기 때문이다.

5) 소나 당사자참가가 부적법함에도 1심이 이를 각하하지 아니하고 본안에 들어가 청구를 기각한 경우에도, 항소심법원은 소송요건 불비를 이유로 하여 직권으로 1심판결을 취소하여야 한다. 그런데 이 경우 대법원은, 항소심법원이 이와 같이 처리하지 아니하고 1심판결에 대한 원고나 당사자참가인의 항소를 기각하였다 하더라도 본안에 관하여 기판력이 생기는 것은 아니므로(대법원 1992. 11. 24. 선고91다29026 판결), 당사자참가인의 참가가 부적법한 것임을 밝히면서 그 항소를 기각한 조치는 상당하다고 본다(대법원 1992. 10. 9. 선고 92다11046 판결, 1994. 12. 27. 선고 92다22473, 22480 판결).

(2) 취소 후의 처리

1) 항소심법원이 제1심판결을 취소한 경우, 그 처리 방법은 다음 3가지이다.

1) 첫째는, 그 취소 부분에 대하여 스스로 다시 판결하는 것이다. 제1심판결을 취소한 경우 그 부분에 대하여는 판결이 존재하지 않게 되므로, 항소심법원으로서는 당연히 이에 대하여 판결할 의무가 있고, 속심인 민사 항소심은 이것이 원칙이다. 이때 그 판결의 내용은 소 각하일 수도 있고, 원고 청구의 추가적 인용일 수도 있고, 원고 청구의 기각일 수도 있다.

2) 둘째는, 전속관할위반을 이유로 제1심판결을 취소하고 사건을 당해 판결을 한 1심법원이 아닌 관할법원에 이송하는 것이다(민사소송법 제419조). 이는 재량사항이 아니고 의무적이다.

3) 셋째는, 1심법원이 소가 부적법하다고 보아 각하하였는데 이를 취소하는 경우로서, 항소심법원은 사건을 다시 심리하도록 제1심법원에 환송하여야 한다(민사소송법 제418조 본문). 이 환송판결은 그 성질상 중간판결이므로 이에 대하여는 독립하여 불복, 상고를 할 수 없다(민사소송법 제422조 제1항, 대법원 1962.4.26. 선고 4294민상 1601 판결, 1963. 3. 21. 선고 63다63 판결). 앞서 본 이송판결도 마찬가지라고 할 것이다.

다만, 1심에서 본안판결을 할 수 있을 정도로 심리가 된 경우 또는 당사자의 동의가 있는 경우에는 항소심법원은 환송하지 않고 스스로 본안판결을 할 수 있다(민사소송법 제418조 단서).

(3) 1심판결의 취소·변경과 가집행선고의 효력

1) 1심판결에 가집행선고가 붙은 경우에 항소심판결에 의하여 원고 청구의 전부나 일부를 인용한 1심판결을 취소한 경우 또는 그러한 취지의 변경판결이 있는 경우, 1심판결보다 청구 인용범위가 줄어든 차액 부분에 대한 1심판결의 가집행선고는 그로써 실효하고 나머지 부분에만 가집행선고의 효력이 미친다(대법원 1992. 8. 18. 선고 91다35953 판결 참조).[68]

2) 항소심판결의 선고에 의한 이러한 가집행선고의 실효는 항소심판결의 선고와 동시

---

68) 항소심판결에서는 별도로 이 부분을 선고하지는 않는다.

에 효력(집행력)이 발생하고 그 확정을 요하지 않는다(민사소송법 제215조 제1항, 대법원 2000. 7. 19.자 2000카기90 결정 등 참조). 가집행선고의 효력이 즉시 발생하는 것과의 균형상 그 취소의 효력 역시 이와 같이 새기는 것이 타당하기 때문이다.

다만, 1심법원의 가집행선고부 판결이 항소심법원의 취소, 변경 판결에 의해서 실효되더라도, 그 실효는 종국적인 것이 아니라 항소심판결이 상고심법원으로부터 파기될 것을 해제조건으로 실효될 뿐이므로, 항소심의 패소 당사자가 대법원에 상고하여 항소심판결이 상고심에서 파기되면 그때 다시 실효되었던 1심판결의 가집행선고 효력이 부활한다(대법원 2000. 7. 19.자 2000카기90 결정 등 참조).69)70)

라. 1심법원 자격으로서의 판결

1) 항소심에서 청구가 교환적으로 변경되거나 추가·확장된 경우, 중간확인의 소가 제기된 경우, 반소가 제기된 경우, 가지급물반환청구가 있는 경우, 이들 청구는 항소심에서야 비로소 소송목적이 되어 법원의 심판대상이 되었으므로 항소심법원은 이들 청구에 대하여는 실질적으로 1심법원의 자격으로 심판하여야 한다.

2) 이 경우 항소심법원은 항소 각하나 기각, 1심판결의 전부나 일부의 취소를 할 수는 없고 "당심에서 확장된(또는 교환적으로 변경된) 청구에 따라 피고는 원고에게 2,000만 원을 지급하라", "당심에서 확장된(또는 교환적으로 변경된) 청구를 기각한다"와 같은 주문을 선고하여야 한다.

3) 청구취지는 동일하나 청구원인만이 항소심에서 변경된 경우에도 소송목적이 달라

---

69) 가집행선고를 붙인 1심판결이 항소심에서 취소되어 집행법원이 집행처분인 경매개시결정을 취소하였는데, 그 뒤 상고심에서 항소심판결이 파기된 경우 제1심의 가집행선고가 부활하는바, 이때 집행법원은 아직 그 집행절차가 종료하기 전이라면 이미 취소한 경매개시결정취소결정을 다시 취소하여야 하는가? 이를 긍정하는 판례(대법원 1964. 3. 31.자 63마78 결정)가 있으나, 이와 달리 이 경우 집행취소처분의 취소는 복잡한 법률관계를 야기하므로 이를 허용할 것이 아니라 손해배상이나 재강제집행으로 해결하여야 한다는 반대설이 있다{박준의, "가집행선고 및 그 실효가 집행절차에 미치는 영향", 사법논집 제58집, 341쪽; 한충수, "가집행선고의 실효와 부활", 한국민사소송법학회지(2006. 5.), 219쪽 이하 참조}.
이와 달리, 가집행선고부 1심판결을 항소심법원이 유지하였는데, 피고가 상고를 제기한 결과 상고심이 1심판결을 유지한 항소심판결을 파기 환송한 경우, 1심 가집행선고의 효력은 실효되지 않는다고 본다(대법원 1964. 6. 9. 선고 63다982 판결).

70) 한편, 가집행선고를 붙인 1심판결에 대하여 항소하면서 강제집행을 정지할 때 담보를 제공한 경우, 1심법원의 가집행선고부 판결이 항소심법원의 취소, 변경 판결에 의해서 실효되더라도 그 항소심판결이 확정되지 아니한 상태에서는 가집행선고부 제1심판결에 기한 가집행이 정지됨으로 인하여 입은 손해의 배상을 상대방에게 청구할 수 있는 가능성이 여전히 남아 있으므로, 그 항소심판결이 미확정인 상태에서는 강제집행정지를 위한 담보는 그 사유가 소멸되었다고 볼 수 없다는 것이 대법원 판례이다(대법원 1999. 12. 3.자 99마2078 전원합의체 결정). 반면에, 항소심에서 비로소 가집행선고부 판결이 선고된 경우, 상고법원이 동 판결을 파기해서 환송하면 가집행의 정지를 위한 담보사유는 소멸된다고 본다(대법원 1966. 4. 19.자 66마107 결정; 1984. 4. 26.자 84마171 결정).

졌으므로 이와 같다. 그러나 항소심에서 단순히 공격방어방법이 변경된 경우에는 이와 같은 법리가 적용될 수 없고, 항소의 당부에 영향을 미칠 뿐이다.

4) 항소심법원이 실질적으로 1심법원의 자격으로 판결을 한 때도 이에 대한 불복은 상고로써 하여야 한다(대법원 2018. 5. 30. 선고 2017다21411 판결 등).

마. 항소심판결의 부대 판결

항소심법원도 항소심판결에 부수하여 항소의 적부와 당부에 대한 판단 외에 부수적 사항인 소송비용, 가집행선고, 강제집행정지명령과 그 명령의 취소·변경·인가(민사집행법 제47조)에 관하여 판결하여야 한다.

(1) 소송비용

1) 항소심법원이 항소를 각하하거나 항소를 기각하는 경우에는 1심판결이 유지되므로 항소비용의 부담에 대해서만 판결하여야 하나(민사소송법 제104조), 1심판결의 전부나 일부를 취소하거나 실질적으로 이를 변경하는 경우에는 1심과 항소심의 소송비용을 모두 합친 비용(소송총비용)의 부담에 대해서 판결하여야 한다(민사소송법 제105조).

2) 민사소송법 제105조는 “상급법원이 본안의 재판을 바꾸는 경우 …”라고 규정하고 있으나, 이는 1심판결의 전부나 일부를 취소하고 이를 변경하는 경우를 말한다고 해석하여야 할 것이다.[71)]

따라서 원고가 1심에서 주위적 청구만을 하였다가 전부 패소하여 항소한 후 항소심에서 예비적 청구를 추가하였는데, 항소심법원이 주위적 청구는 이유 없고 예비적 청구는 일부 이유 있다고 인정하는 경우에는 원고의 항소(주위적 청구에 대한)를 기각하고 1심의 자격으로 예비적 청구를 일부 인용하여야 하므로, 항소비용은 원고의 부담으로 하고 예비적 청구로 인한 소송비용은 원고와 피고가 분담하는 내용으로 판결하여야 한다.

3) 한편 항소심법원이 1심판결을 취소하였더라도, 본안에 대하여 판단하지 않고 사건을 환송하거나 이송하는 경우에는 그 사건을 환송 또는 이송 받은 법원이 그 사건을 완결하는 재판을 하는 때에 1심의 소송비용과 항소심의 소송비용을 포함하여 소송의 총비용에 대하여 재판하여야 한다(민사소송법 제105조). 따라서 이때는 항소심법원은 소송비용의 부담에 관하여는 당해 심급(항소심)의 소송비용을 포함하여 이에 대한 재판을 전혀 할 필요가 없고, 또 이를 할 권한도 없다(대법원 2017. 9. 21. 선고 2015다61286 판결, 2018. 9. 28. 선고 2016다219150 판결, 2019. 1. 17. 선고 2017다245798 판결 등).

71) 동지: 김홍엽, 민사소송법, 박영사(2016), 902면.

(2) 가집행선고

1) 항소심법원은 제1심판결 중에 불복신청이 없는 부분에 대하여는 당사자의 신청에 따라 결정으로 가집행의 선고를 할 수 있다(민사소송법 제406조 제1항).[72] 이는 항소심판결에 부대하여 하는 것이 아니라, 제1심판결 중 불복신청이 없는 부분의 신속한 집행을 위하여 이를 신청사건(비송사건)으로서 처리하도록 한 것이다.

위 신청을 기각한 결정에 대하여는 즉시항고를 할 수 있으나 인용하는 결정에 대하여는 즉시항고를 할 수 없다(민사소송법 제406조 제2항의 반대해석).

2) 항소심법원은 1심법원이 한 본안판결의 내용은 취소·변경함이 없이 가집행선고 자체만을 취소·변경할 수도 있고, 1심법원이 한 가집행선고는 취소·변경함이 없이 본안판결만을 취소·변경할 수도 있다(민사소송법 제215조 제1항).

전자의 예로는, 피고의 항소를 기각하면서 1심판결의 가집행선고만을 취소하거나 그 가집행의 범위, 조건 등을 변경하거나, 피고의 항소를 기각하면서 1심판결에 없었던 가집행선고를 붙이는 경우이고, 후자는 1심의 가집행선고부 원고 청구 인용판결 중 일부를 취소하고 그 부분 원고의 청구를 기각하는 방법으로 본안판결을 취소·변경하는 경우이다. 후자의 경우에는 앞서 본 바와 같이 원고의 청구 중 항소심에서 취소된 부분에 대한 가집행선고가 자동적으로 효력을 잃는다.[73]

3) 가집행선고의 실효 효과는 위와 같이 본안판결의 확정과 무관하게 항소심의 취소·변경 판결과 함께 바로 발생한다. 당사자는 그 판결을 집행법원에 제출하여 집행법원으로부터 집행정지 및 집행처분의 취소를 받을 수 있다(민사집행법 제49조 제1호, 제50조).[74] 따라서 당사자는 이와 별도로 수소법원에 강제집행정지신청을 할 이익이 없다(대법원 2006. 4. 14.자 2006카기62 결정).

4) 한편, 가집행선고의 실효 이후에는 그에 기하여 집행문을 부여받거나 가집행을 착수할 수 없게 되고, 만약 이에 위반한 경우 그 집행행위는 위법하게 된다. 그러나 실효의 효과는 소급하지 않으므로, 위와 같이 집행법원이 집행처분을 취소하지 않은 한 이미 가집행에 의하여 이루어진 집행처분의 효력은 영향을 받지 않는다(대법원 2004. 1. 29.자 2003마1492 결정 참조). 이는 집행법원에 의해 집행처분이 취소된 경우에도 같다. 즉 이미 완결된 집행행위의 효과는 소급하여 소멸하지 않고 그대로 유효하다.

---

72) 제1심판결 중에 가집행선고가 없는 부분에만 허용됨은 물론이다. 이미 가집행선고가 있는 때는 그로써 가집행할 수 있기 때문에 별도로 이를 신청할 이익이 없다.

73) 이는 가집행선고만의 취소·변경이 있은 후 그와 배치되는 내용으로 본안판결이 취소·변경된 경우에도 같다(민사소송법 제215조 제3항).

74) 집행취소서류의 제출에 의한 집행처분을 취소하는 재판은 즉시항고가 허용되지 아니하므로 이에 대하여 불복하려면 집행에 관한 이의로써 다투어야 한다(민사집행법 제50조 제1, 2항, 대법원 2011. 11. 10.자 2011마1482 결정).

5) 앞서 본 바와 같이, 가집행 채무자는 가집행선고에 따라 스스로 또는 채권자의 가집행에 의하여 가집행 채권자에게 지급한 금전이나 물건을 돌려 줄 것과, 가집행으로 말미암은 손해 또는 그 면제를 받기 위하여 입은 손해를 배상할 것을 항소심법원에 청구할 수 있다(민사소송법 제215조 제2, 3항). 이 가지급물반환신청은 소송 중의 소의 일종으로서, 그 성질은 예비적 반소에 해당함은 앞서 본 바와 같다(대법원 2005. 1. 13. 선고 2004다19647 판결).

6) 가집행선고는 당사자의 신청 유무에 관계없이 법원이 직권으로 판단할 사항이므로 이에 대해서는 처분권주의를 근거로 하는 민사소송법 제407조 제1항의 적용이 없고, 따라서 제1심판결에 대하여 피고만이 항소한 경우에도 항소심법원은 항소를 기각하면서 가집행선고가 붙지 아니한 1심판결에 대하여 가집행선고를 붙일 수 있으며, 이는 불이익변경금지의 원칙에 위배되지 않는다(대법원 1991. 11. 8. 선고 90다17804 판결, 1998. 11. 10. 선고 98다42141 판결).

7) 항소심법원이 제1심판결 중 전부나 일부를 취소하고 원고의 청구를 새롭게 인용하는 경우, 그 부분에 대하여 직권으로 가집행의 선고를 하여야 함은 물론이다(민사소송법 제408, 213조). 항소심에서의 새로운 청구에 대하여 항소심법원이 제1심으로서 원고의 청구나 피고의 반소청구를 인용하는 경우에도 같다.

(3) 강제집행정지명령 또는 그 결정 등의 취소·변경·인가

1) 청구이의의 소, 집행문부여에 대한 이의의 소, 제3자이의의 소에서 항소심법원이 원고의 청구를 새로이 인용하는 때에는 강제집행정지명령(담보부 집행의 계속명령 및 집행처분의 취소명령 포함)을 내릴 수 있고, 피고의 항소를 기각하는 때에는 1심법원이 하였거나 항소심법원이 스스로 한 강제집행정지명령을 인가할 수 있으며, 피고의 항소를 인용하여 원고 청구를 기각하는 때에는 이미 내려진 강제집행정지명령을 취소·변경할 수 있다(민사집행법 제47조 제1항, 제48조 제3항). 이러한 재판(명령)은 모두 항소심판결의 주문에서 한다.

2) 위 강제집행정지명령이나 그 명령의 인가, 취소·변경 명령에 대해서는 직권으로 가집행선고를 하여야 하고, 가집행선고에 대해서는 불복할 수 없다(민사집행법 제47조 제2, 3항, 제48조 제3항). 위 강제집행정지명령이나 그 명령의 인가, 취소·변경 명령에 대해서는 독립하여 불복할 수 없고, 본안에 대한 항소로써 다투어야 한다.

3) 위 각 소송계속 중 항소심법원이 결정으로써 강제집행정지명령을 하는 때는 당해 판결 선고 시까지 정지하는 것이 원칙이나(민사집행법 제46조 제2항, 제48조 제3항),[75] 항소심법원이 그 판결 선고 시 비로소 강제집행정지명령을 하는 때에는 상고심판결 선고 시까지 또는 판결 확정 시까지 정지 등을 명하여야 할 것이다.

4) 1심법원이나 항소심법원이 판결 확정 시까지 정지 등을 명한 경우나 항소심판결

---

75) 그러나 판결 확정 시까지 정지하더라도 무방하다(대법원 1977. 12. 21.자 77그6 결정).

선고 시까지 정지 등을 명한 경우에는 굳이 항소심법원이 그 판결 선고 시 인가명령이나 취소명령을 할 필요가 없는 경우도 발생하나, 그 뜻을 분명히 한다는 취지에서 이러한 경우에도 그 명령을 하는 것이 실무 관행이다.

6. 항 고

가. 항고의 의의와 종류

(1) 항고의 의의

1) 항고는 1심법원의 재판 중 결정과 명령에 대한 불복신청 방법이다. 결정과 동일한 성질을 갖는 가사심판에 대해서도 항고로써 불복하여야 한다(가사소송법 제43조). 그 결정과 명령이 본안사건에 부수한 것이건 가압류결정이나 소 제기 전 증거보전결정처럼 독립한 것이건 불문한다.

2) 실질적인 의미에서 결정·명령에 대한 일종의 불복신청 방법인 이의신청은 앞서 본 바와 같이 상소에 해당하지 않는다. 즉 변론의 지휘에 관한 재판장의 명령에 대한 이의신청, 수명법관·수탁판사의 재판에 대한 이의, 지급명령에 대한 채무자의 이의, 소액사건의 이행권고결정에 대한 이의신청, 화해권고결정이나 조정을 갈음하는 결정에 대한 이의, 가압류·가처분명령에 대한 이의 등은 원재판에 대한 불복의 의사표시이지만, 이에 따른 이의가 있더라도 반드시 그 이의의 당부에 대한 재판을 하는 것이 아니고,[76] 그 이의의 당부에 대한 재판을 하는 경우에도 상급심 법원이 아닌 원재판을 한 당해 수소법원이 하며(민사소송법 제138조, 제441조 제1, 2항 참조), 이에 대해서야 비로소 상소로써 다툴 수 있는 점에서 이는 상소와 다르다.

3) 항고 사건은 판결에 대한 항소와 달리 필요적 변론을 거치지 않고 보다 간이한 절차에 따라 심판한다. 이는 결정과 심판, 명령이 비송적 성질을 갖고 있어 법원이 후견적 지위에서 하는 경우가 많고, 이에 따라 신속성과 유연성이 필요한 반면 판결과 같이 엄격하게 기판력을 부여할 필요가 없다는 고려에 따른 것이다.

(2) 항고의 종류

1) 항고는 우선 통상항고와 즉시항고로 나뉜다. 통상항고는 불복신청의 기간을 따로 정함이 없이 원재판의 취소를 구할 이익이 있는 한 언제든지 제기할 수 있는 항고이다(민사소송법 제439조). 반면, 즉시항고는 사건을 신속히 확정할 필요에서 불변기간인 항고기간(1주)의 제한을 두는 항고를 말한다(민사소송법 제444조).[77]

---

76) 예컨대, 지급명령에 대한 채무자의 이의, 소액사건의 이행권고결정에 대한 이의신청, 화해권고결정이나 조정을 갈음하는 결정에 대한 이의가 있더라도 본안사건을 심리하여 본래 하여야 할 판단을 할 뿐 이의신청의 당부에 대한 판단은 따로 하지 않는다.

2) 즉시항고는 원칙적으로 그 제기로써 집행정지의 효력이 있으나 통상항고는 그렇지 않다. 즉시항고는 법령에 특정한 결정, 명령에 대하여 각각 "즉시항고를 할 수 있다"고 규정하고 있으므로, 그러한 규정이 없는 경우에는 통상항고만을 할 수 있다.

3) 항고에는 최초의 항고와 항고심 및 항소심의 재판에 대한 불복인 재항고가 있다. 최초의 항고는 항고심(고등법원 또는 지방법원 항소부)에 하고, 재항고는 대법원에 한다.

또한 항고에는 일반항고와 특별항고가 있는데, 특별항고는 1심법원이나 2심법원의 불복할 수 없는 결정이나 명령에 대하여 대법원에 불복하는 특별한 항고이고, 일반항고는 이를 제외한 기타의 항고를 말한다. 특별항고는 1심법원의 결정이나 명령에 대하여도 제기할 수 있으나, 이는 대법원에 하는 것이므로 재항고 부분에서 같이 보기로 한다.

4) 한편, 수명법관이나 수탁판사의 재판에 대하여는 위와 같이 바로 항고를 할 수 없고 수소법원에 이의를 신청할 수 있을 뿐인데(다만, 그 재판이 수소법원의 재판인 경우로서 항고할 수 있는 것인 때에 한하며, 이의신청에 대한 수소법원의 재판에 대해서는 항고할 수 있다), 앞서 본 바와 같이 수명법관이나 수탁판사의 재판에 대한 이의신청은 항고가 아니지만, 그 실질은 재판에 대한 불복으로서 항고나 다름없는바, 이러한 이의신청을 준항고(準抗告)라고 한다(민사소송법 제441조). 그러나 이의신청에 대한 수소법원의 재판에 대해서만 비로소 항고를 제기할 수 있으므로 준항고를 별도로 논할 실익은 없고, 단지 그 절차에 항고에 관한 절차를 유추함이 타당하다.

나. 항고의 대상

1) 항고의 대상이 되는 재판은 결정, 심판, 명령이다. 민사소송법 제439조에서 말하는 소송절차에 관한 신청이란, 본안인 소송목적에 대한 재판의 신청(소)이 아닌 그에 따른 절차상의 여러 가지 신청, 예컨대 특별대리인의 선임신청, 소송비용담보제공명령신청, 소송인수신청, 이송신청, 소송절차수계신청, 소송비용확정신청 등과 같이 본안소송절차의 전후로 이에 부수하여 이루어지는 신청을 말한다.

2) 항고는 당사자에게 신청권이 있는 사항에 대한 재판이 있는 경우에 한하고, 변론재개신청이나 관할위반을 이유로 한 이송신청과 같이 당사자에게 신청권이 없는 사항에 대한 재판에 대해서는 설사 결정, 심판, 명령이 있더라도 항고할 수 없다(대법원 1983. 1. 18. 선고 82누473 판결 등 참조).

3) 민사소송법 제439조는 "소송절차에 관한 신청을 기각한 결정이나 명령에 대하여 불복하면 항고할 수 있다"고 규정하고 있으나 이는 주의적인 것에 불과하고,[78] 항고의 대상이 이에 국한되는 것은 아니다. 예컨대, 필수적 공동소송인의 추가신청에 대하여 법원이 이를 허가한 경우에도 즉시항고를 할 수 있고(민사소송법 제68조 제4항), 채권에 대한 추심명령이나

77) 항고기간이 1주로서 즉시 하여야 한다는 점에서 이를 즉시항고라 한다.
78) 이는 민사소송법상 본안재판에 부수하여 이루어지는 결정, 명령을 의식한 것으로 해석된다.

전부명령 신청을 인용한 결정에 대해서도 항고할 수 있다(민사집행법 제229조 제6항).

4) 결정이나 명령으로 재판할 수 없는 사항에 대하여 법원이나 재판장이 결정 또는 명령을 한 때에도 그것만으로 결정, 명령이 무효가 되는 것은 아니고 항고로써 불복할 수 있다(민사소송법 제440조, 대법원 1957. 12. 26. 선고 4289민상346 판결). 이는 법원이나 재판장의 잘못된 재판 방식으로 인하여 당사자에게 불이익을 주지 않기 위한 배려이다. 따라서 판결로 재판하여야 할 사항을 결정이나 명령의 형식으로 재판한 경우에도 그에 대한 불복은 항고로써 해야 한다(대법원 1971. 1. 26.자 70스6 결정 참조). 이에 대해서는 앞서 위식(違式)의 재판에 대한 상소 부분의 설명을 참조하기 바란다.

5) 항고가 허용되려면 그에 대하여 법령상이나 해석상 불복이 허용되어야만 한다. 따라서 판결경정신청을 각하한 결정에 대하여서는 즉시항고는 물론 일반항고도 허용되지 않는다(대법원 1961. 7. 13.자 4294민재항389 결정).

또한 화해조서의 경정신청기각 결정에 대하여는 항고로써 불복할 수 없고 특별항고만이 가능하다(대법원 1966. 7. 26.자 66마579 결정). 민사집행법상의 즉시항고에는 동법에 특별한 규정이 있어야만 즉시항고를 할 수 있으므로(민사집행법 제15조 제1항), 집행절차를 취소한 결정에 대한 '집행에 관한 이의'를 받아들여 집행절차를 취소한 결정을 다시 취소한 결정(민사집행법 제16조 제1항)에 대하여는 즉시항고를 제기할 수 없다(민사집행법 제17조, 대법원 2005. 4. 29.자 2004마993 결정).

다. 항고의 제기

(1) 항고 사건의 당사자

1) 항고를 제기할 수 있는 사람은 원재판인 결정, 심판, 명령에 의하여 불이익을 받는 자이다. 즉 소송당사자, 보조참가인이 이에 속한다. 경우에 따라서는 제3자라도 이해관계를 갖는 경우가 있으므로 그들도 제기할 수 있다. 예컨대, 소송비용 부담결정을 받은 법정대리인·소송대리인·법원사무관등이나 집행관(민사소송법 제107조), 거짓 진술에 대하여 법원으로부터 보증금을 몰취하는 결정을 받은 법정대리인(민사소송법 제300조), 소송비용 부담결정이나 과태료결정 등을 받은 증인(민사소송법 제311조 제1, 2 ,8항) 등은 항고권이 있다.

2) 항고 사건에서는 언제나 그 상대방인 피항고인이 존재하는 것은 아니다. 항고절차는 편면적인 불복절차로서, 판결절차에서와 같이 대립되는 당사자가 없는 경우도 있기 때문이다. 통상적으로는 항고재판의 결과 원재판이 변경됨으로써 불이익을 입을 자가 상대방이 될 수 있는데, 이런 경우에도 그 상대방에게 피항소인과 같은 강한 절차적 권리가 부여되는 것은 아니다. 따라서 항고장에는 이를 기재하지 않아도 무방하다.

(2) 항고 제기기간

1) 통상항고는 항고의 이익이 있는 동안에는 언제라도 제기할 수 있다(대법원 2018. 9. 18.자 2018무682 결정). 항

고의 이익이 있다는 것은, 원재판을 취소·변경하는 것이 소송절차의 진행정도 등 제반 사정에 비추어 가능하고, 그 취소·변경으로써 항고인이 법적 지위에서 이익을 얻는 것을 말한다. 반면에 즉시항고는 원재판의 고지를 받은 날부터 1주 내에 제기해야 한다 (민사소송법 제444조 제1항).

2) 법원이 즉시항고 제기기간을 잘못 고지하였다면, 설령 즉시항고가 법정기간을 도과하여 제기되었다고 하더라도, 고지된 기간 내에 제기된 것인 한 적법한 항고로 보아야 한다(대법원 2006. 11. 1.자 2006마638 결정 등). 한편, 즉시항고 제기기간은 불변기간이므로 당사자가 책임질 수 없는 사유로 그 기간을 지킬 수 없었던 경우에는 그 사유가 없어진 날부터 2주 이내에 추후보완 항고(추완항고)를 할 수 있다(민사소송법 제444조 제2항, 제173조 제1항).

3) 결정과 심판, 명령은 법관이 법원사무관 등에게 그 재판서의 원본을 교부한 때에 성립하고(대법원 1969. 12. 8.자 69마703 결정 등), 그것이 당사자에게 고지된 때에 효력이 발생한다(민사소송법 제221조 제1항, 가사소송법 제40조).

재판에 대한 불복은 그것이 성립하기 전에는 있을 수 없으므로, 결정, 명령 등도 그 재판의 성립 전에는 불복할 수 없다. 따라서 매각허가결정 성립 전에 한 항고는 부적법하고, 그 항고가 부적법하다는 이유로 각하되지 아니한 동안에 항고인에게 불이익한 매각허가결정이 고지되었다 하여 그 항고가 적법한 것으로 되지는 않는다(대법원 1998. 3. 9.자 98마12 결정).

4) 그러나 그 재판이 이미 성립한 후라면 그것이 고지되지 않아 효력을 발생하기 전에도 불복, 항고할 수 있다(대법원 2014. 10. 8.자 2014마667 전원합의체 결정). 이 점에서, 판결서가 송달되기 전이라도 항소할 수 있으나 선고에 의하여 그 효력이 발생하기 전에는 항소할 수 없는 판결과 대비된다.

(3) 항고 제기의 방식

1) 항고의 제기는 항소와 마찬가지로 1심법원에 항고장을 제출하는 방법으로 하여야 한다(민사소송법 제445조). 수명법관이 한 결정·명령은 물론 수탁판사가 한 결정·명령에 대하여 준항고를 하는 때에도 당해 수탁판사의 소속 법원이 아닌 위탁을 한 수소법원에 준항고장(이의신청서)을 제출함이 원칙이다. 그러나 수탁판사의 결정·명령에 대한 준항고장은 수탁판사나 그 소속 법원에 제출하여도 무방하다고 할 것이다.

2) 한편 항소의 경우와 동일하게, 항고장을 상급심 법원이나 다른 법원에 제출한 경우, 항고 제기기간의 준수 여부는 그것이 1심법원에 전달되어 접수된 때를 기준으로 판단하여야 할 것이다.

3) 항고의 절차에는 항소에 관한 민사소송법 규정이 준용되므로(민사소송법 제443조 제1항) 항고장에는 항소장과 같이 항고인 및 법정대리인, 항고로써 불복을 신청한 원재판의 표시와 그에 대하여 불복, 항고한다는 취지와 그 범위를 기재하고, 소정의 인지를 붙여야 한다. 필요한

경우 송달료도 납부하여야 함은 물론이다(민사소송규칙 제19조 제1항 제1호). 항고법원에 항고로써 구하는 재판의 구체적 내용인 항고취지는 기재하지 않아도 무방하다.

4) 민사집행법상의 즉시항고가 아닌 한 항고이유서 제출이 의무적인 것이 아님은 물론이며, 항고취지 역시 항고법원의 결정 전까지 변경할 수 있다.

라. 항고 사건의 처리

(1) 1심재판장의 항고장 심사

1) 항고장에 적어야 할 필수적 기재사항이 누락되었거나 항고장에 법령이 정한 인지를 붙이지 아니한 경우에는, 1심법원의 재판장은 상당한 기간을 정하여 그 기간 이내에 흠을 보정하도록 명하여야 한다(민사소송법 제443조 제1항, 제399조). 접수담당 법원사무관 등이 항고장에 위와 같은 흠이 있음을 발견하였을 때에는 스스로 보정을 권고하여야 하며(민사소송규칙 제5조 제3항), 1심법원의 재판장은 법원사무관 등으로 하여금 위 보정명령을 하게 할 수 있다(민사소송법 제254조 제1항).

2) 항고인이 보정기간 내에 흠을 보정하지 아니할 때와 항고기간을 넘겨서 항고를 제기한 것이 분명한 경우, 1심재판장은 명령으로 항고장을 각하하여야 한다(민사소송법 제443조 제1항, 제399조 제2항). 위 항고장 각하명령에 대하여는 항고법원에 즉시항고할 수 있다(민사소송법 제443조 제1항, 제399조 제3항).

3) 위와 같이 일정한 사유가 있는 경우 1심법원의 재판장은 항고장을 각하할 수 있으나, 항고인이 항고권자가 아니라는 이유 등으로 항고를 각하할 수는 없다. 이는 항고심법원의 권한이기 때문이다. 이에 위반한 1심법원 재판장의 각하명령은 법률상의 근거가 없이 심급관할에 위반한 위법한 조치로서 위법하다(대법원 2018. 9. 13.자 2018그594 결정 참조).

(2) 1심법원의 경정권

1) 항고를 이유 있다고 인정하는 때에는 원결정을 한 1심법원이나 원명령을 한 재판장, 수명법관 등은 그 재판을 경정하여야 한다(민사소송법 제446조, 가사소송법 제43조 제3항).[79] 종래 이를 '재도의 고안(再度考案)'이라 하였는데, 이는 일본식 용어이다.[80] 이는 1심법원과 해당 법관의 재량사항이 아니라 의무사항이다.[81] 그리고 법문(法文)에는 경정이라고 되어 있으나 실제는 취

---

79) 민사소송법 제446조는 "원심법원이 항고에 정당한 이유가 있다고 인정하는 때에는 그 재판을 경정하여야 한다"고 하고 있어 재판장이나 수명법관, 수탁판사가 한 명령을 경정하는 권한도 1심법원(수소법원)에 있는 것으로 해석할 여지가 있으나, 본래 이러한 원재판에 대한 권한은 1심법원이 아닌 재판장이나 수명법관 등에 속하므로 이를 경정하는 권한도 그들에게 있다고 해석함이 타당하다. 이는 민사소송법 제448조의 유추해석상으로도 그러하다.

80) 再度는 두 번이라는 뜻이고, 再度의 考案은 당해 사항을 두 번 생각해본다는 뜻이다. 그러나 일본에서도 법령상 현재 이 용어는 사용하지 않고 있다. 再度의 考案이라는 말 외에도 '집행문의 재도 부여'라는 등의 용어가 사용되고 있으나, 우리말에 재도라는 말은 원래 없다.

81) 이는 통상항고나 즉시항고, 재항고 어느 경우에나 적용된다. 그러나 특별항고에서는 허용되지 아니한다(대법원 2001. 2. 28.자 2001그4 결정).

소·변경이다.

2) 어떠한 재판이 성립하여 효력을 발생한 후에는 특별히 법령에 의해 허용되는 경우(민사소송법 제141조 참조)가 아닌 한 원재판을 한 법원이나 법관도 이에 구속되고 임의로 이를 취소·변경할 수 없으므로, 항고가 없음에도 스스로 이를 취소·변경(경정)할 수는 없다. 같은 견지에서, 항고가 부적법한 경우에도 원재판을 경정할 수 없다.

3) 항고를 이유 있다고 인정하여 원결정을 경정하는 때에는 결정으로 하여야 한다. 원명령을 한 재판장이나 수명법관 등이 그 재판을 경정하는 때에도 결정으로 할 수 있을 것이나, 결정에 의하지 않고 명령으로 하더라도 무방하다고 할 것이다. 이 경정결정에 의하여 원래의 항고는 목적을 달성하고 실효한다. 따라서 이 경정결정에 대하여 불복하고자 하는 상대방 당사자 등은 경정결정에 대한 재항고가 아니라, 경정결정에 의하여 변경된 재판 자체에 대하여 항고를 제기하여야 한다.

(3) 1심재판의 집행정지

1) 결정, 심판, 명령은 고지에 의하여 효력이 발생함과 동시에 집행력이 발생한다. 그리고 항고에는 특별히 법령에서 정한 경우(민사소송법 제447조, 민사집행법 제229조 제7항) 이외에는 집행정지의 효력이 없다(민사소송법 제447조, 민사집행법 제15조 제6항, 가사소송법 제34조, 비송사건절차법 제21조).

2) 항고에 대한 결정이 있을 때까지 결정 또는 명령의 집행정지가 필요하다고 판단되는 경우에는 1심법원과 항고법원 또는 원재판(명령)을 한 판사는 직권으로 집행정지 기타 필요한 처분을 명할 수 있다(민사소송법 제448조). 이 재판은 결정의 형식으로 하며, 이 정지결정 등에 대하여는 불복할 수 없다.

3) 이 정지결정 등은 항고의 대상인 원재판에 대하여 1심법원의 경정(취소·변경)결정이 있거나 항고법원의 취소·변경 결정이 있는 때는 그 발효와 동시에 원재판의 집행력이 소멸하므로 그 범위에서 당연히 실효한다.

4) 민사소송법상의 즉시항고에는 집행정지의 효력이 있으므로(민사소송법 제447조) 즉시항고가 있는 경우 이러한 조치가 필요 없으나, 즉시항고 전에 이미 집행문이 부여되어 집행이 개시된 경우에는 즉시항고가 제기되더라도 집행기관은 민사집행법 49조 각호의 서류가 제출되기까지 강제집행의 정지나 집행처분을 취소할 수 없으므로, 이때는 1심법원과 항고법원 등의 집행정지 등이 필요할 수 있다.

5) 집행절차에 관한 집행법원의 재판에 대하여는 특별한 규정이 있어야만 즉시항고를 할 수 있고, 위 즉시항고는 원칙적으로 집행정지의 효력이 없다(민사집행법 제15조 제1, 6항). 이 경우 항고법원(소송기록이 1심법원에 남아 있는 때에는 1심법원)은 직권으로 즉시항고에 대한 결정이 있을 때까지 담보를 제공하게 하거나 담보를 제공하게 하지 아니하고 1심재판의 집행을

정지하거나 집행절차의 전부 또는 일부를 정지하도록 명할 수 있고, 담보를 제공하게 하고 그 집행을 계속하도록 명할 수 있다(민사집행법 제15조 제6항 단서).[82] 이 결정에 대하여는 불복할 수 없다(민사집행법 제15조 제9항).

(4) 항고심의 처리

1) 1심법원은 항고가 이유 없다고 인정하는 때에는 기록을 항고법원에 송부하여야 한다(민사소송법 제443조 제1항, 제400조). 1심법원이 민사소송법 제446조에 의하여 원재판을 경정하였는데 그에 대하여 반대의 이익을 가지는 자가 이에 대하여 다시 항고를 한 때에도 마찬가지다.

기록이 항고법원에 접수된 때부터 사건은 항고법원에 계속된다. 종래에는 항고법원에 기록을 송부할 때 1심법원이 의견서를 첨부하도록 하였으나, 개정 민사소송법은 이를 폐지하였으므로 굳이 의견서를 첨부할 필요는 없다.

2) 민사 항고 사건에는 사건부호 '라'가 부여된다. 항고절차는 위와 같이 기본적으로 편면적인 비송절차이므로, 항고에 대하여 반대의 이익을 가진 상대방 당사자가 있더라도 그에게 항고장이나 기타 항고인이 법원에 제출하는 문서의 부본을 송달하지 않아도 무방하며(대법원 1997. 11. 27.자 97스4 결정 참조), 실무상으로도 특별한 경우가 아니면 이를 송달하지 않는다.

3) 항고심의 재판장도 항고장을 심사할 권한과 의무가 있다. 이에 따라 항고장에 필수적 기재사항의 기재가 없거나 인지를 붙이지 아니한 경우에는 보정명령을 발하고 이에 응하지 않는 경우에는 명령으로 항고장을 각하하여야 하며, 항고가 그 제기기간을 넘겨 부적법한 경우에도 역시 명령으로 항고장을 각하하여야 한다(민사소송법 제443조 제1항, 제402조 제2항). 위 항고장 각하명령에 대하여는 대법원에 즉시항고로써 재항고할 수 있다(민사소송법 제443조 제1항, 제402조 제3항).

4) 항고 사건은 결정으로 완결할 사건이므로(민사소송법 제448조 참조) 변론을 열어서 심리할 것인지 여부는 항고법원의 재량이다(민사소송법 제134조 제1항 단서). 따라서 항고법원은 변론을 열지 여부를 스스로 결정할 수 있다. 변론을 열기로 한 경우에도 언제든지 이를 취소할 수 있다.

항고법원이 변론을 여는 경우에는 항고장 부본 등 항고인이 제출한 문서의 부본을 상대방에게 송달하여야 할 것이다. 항고법원이 변론을 열지 않는 경우에는 기록을 토대로 심판하게 되는데, 필요에 따라 항고인, 이해관계인, 그 밖의 참고인을 심문할 수 있다(민사소송법 제134조 제2항). 항고심은 당해 사건이 그 법원의 관할에 속하지 않는 경우, 본안(항고의 당부)에 대한 재판을 하지 않고 곧바로 결정으로써 관할법원에 이송해야 한다(민사소송법 제34조 제1항).

5) 항고심 역시 항소심과 마찬가지로 속심이다. 따라서 항고법원은 원재판 이후에 발

---

82) 강제집행 정지 등의 재판은 당사자에게 신청권이 없어 그 신청은 법원의 직권발동을 촉구하는 의미밖에 없다. 따라서 법원은 이 신청에 대하여 재판을 할 필요가 없고, 설령 법원이 이 신청을 거부하는 재판을 하였다고 하여도 불복이 허용되지 아니하므로 그에 대한 불복으로서 특별항고도 부적법하다(대법원 2004. 10. 14.자 2004그69 결정 등 참조).

생한 사정도 함께 고려하여 항고심 결정 당시를 기준으로 항고의 당부를 판단하여야 한다(대법원 2009. 12. 24.자 2009마1137 결정 등).

즉시항고의 경우를 포함하여, 항고인은 항고이유서를 제출할 의무가 없으므로 이유서를 제출하지 않았다는 이유로 항고를 각하할 수는 없고(대법원 2008. 2. 29.자 2008마145 결정 등), 항고법원의 심리범위가 항고이유에 제한되지도 않는다.[83] 따라서 항고법원은 항고이유의 주장이 없더라도 그 불복신청의 한도에서 기록에 나타난 자료와 심문자료 등에 의하여 심판하여야 한다(대법원 2010. 3. 3.자 2009마876 결정 등).

6) 그러나 민사집행법에 의한 즉시항고의 경우, 항고장에 항고이유를 적지 아니한 때에는 항고장을 제출한 날부터 10일 이내에 항고이유서를 원심법원에 제출하여야 하고, 항고인이 위 기간 내에 항고이유서를 제출하지 아니하거나, 항고이유가 대법원규칙에서 정하는 바에 따르지 않은 때 또는 항고가 부적법하고 이를 보정할 수 없음이 분명한 때에는 원심법원은 결정으로 그 즉시항고를 각하하여야 하며(민사집행법 제15조 제3, 5항, 대법원 2006. 3. 27.자 2005마1023 결정 참조), 항고법원은 원심재판에 영향을 미칠 수 있는 법령위반 또는 사실오인이 있는지에 대하여 직권으로 조사하는 경우를 제외하고는 항고장 또는 항고이유서에 적힌 이유에 대하여만 조사한다(민사집행법 제15조 제3 내지 5항).

7) 원재판이 재판장이나 수명법관 등의 명령이었더라도 항고법원의 재판은 결정으로 하여야 한다. 항고법원의 심판 역시 불복신청(항고)의 한도에서 하여야 하고, 불이익변경금지의 원칙이 적용된다(민사소송법 제443조 제1항, 제407조 제1항). 1심법원이 민사소송법 제446조에 의하여 원재판을 경정하고, 이에 대하여 반대 당사자가 다시 항고를 한 경우, 원래의 항고는 이미 실효하였으므로 항고법원은 새로운 항고에 대해서만 심판하여야 하고 경정 전의 항고에 대해서는 심판할 수 없다.

8) 항고법원의 재판 역시 항소심과 같다. 즉 항고가 부적법하다고 인정한 때에는 항고를 각하하여야 하고, 원재판이 정당하다고 인정하는 때 또는 원재판의 이유는 부당하나 결론적으로 원재판이 정당하다고 인정하는 때에는 항고를 기각하여야 하며, 원재판이 정당하지 아니하다고 인정한 때에는 원재판을 취소하고 스스로 재판하거나 사건을 환송 또는 이송하여야 한다(민사소송법 제443조 제1항, 제414, 416조 등).

9) 항고법원의 결정은 항고인에게 송달하는 등 적당한 방법으로 고지하여야 하는데(민사소송법 제1443조 제1항, 제408조, 제221조 제1항), 항고법원이 항고를 인용하여 원재판을 상대방에게 불리하게 취소·변경함으로써 이에 대하여 상대방 당사자 등이 불복할 이익이 있는 경우에는 그에게 재항고의 기회를 주기 위해 결정문을 송달하는 등으로 이를 고지함이 바람직하다.[84]

83) 그러나 민사집행법상의 즉시항고에는 특칙이 있음에 주의하여야 한다. 즉 이 경우에는 항고이유를 명확하게 하여야 하고, 항고법원은 그 이유에 한하여 조사하는 것이 원칙이다.

84) 그가 결정문을 송달 받지 못한 경우, 이를 안 때에야 그는 재항고를 할 수 있는데 자칫 관련절차가

Ⅲ. 상고·재항고·특별항고

1. 상 고

가. 상고의 의의

(1) 상고의 성질

1) 상고는 항소심, 즉 2심법원의 판결에 대한 불복·상소이다. 2심법원, 즉 지방법원 합의부(항소부)나 고등법원의 판결이면, 그것이 실질적으로는 제1심의 자격에서 한 것이라도 상고로써 불복하여야 한다(민사소송법 제422조 제1항).

1심판결 뒤에 양 당사자가 상고할 권리를 유보하고 항소를 하지 아니하기로 합의한 때에는, 항소를 거치지 않고 곧바로 상고(비약상고)할 수 있다(민사소송법 제422조 제2항, 제390조 제1항 단서).

2) 상고는 대법원에 하는 불복방법이며, 이는 최종심이다. 한편, 상고심은 2심법원 등 원심법원(사실심법원)의 판결에 헌법·법률·명령 또는 규칙의 위반이 있는지 여부, 즉 원심법원의 판결에 법령 위반의 잘못이 있는지 여부를 심사하여 그 당부를 판단하는 것을 본령으로 하는 법률심이자 사후심이다. 따라서 상고심에서는 공격방어방법의 제출, 즉 일정한 법률효과를 발생케 하는 법률요건사실의 주장이나 그 증거를 제출할 수 없고, 소송목적인 청구를 변경하거나 중간확인의 소 또는 반소와 같은 새로운 소를 제기할 수도 없다.

3) 상고심은 2심법원의 판결에 법령 위반의 잘못이 있는지 여부를 심사하여 이를 시정함으로써, 당사자의 권리를 구제하는 것을 1차적 목적으로 하고, 법령의 해석·적용에 대한 통일을 기하는 것을 2차적 목적으로 한다.

대법원이 "소액사건에서 구체적 사건에 적용할 법령의 해석에 관한 대법원 판례가 아직 없는 상황에서, 같은 법령의 해석이 쟁점으로 되어 있는 다수의 소액사건들이 하급심에 계속되어 있을 뿐 아니라, 재판부에 따라 엇갈리는 판단을 하는 사례가 나타나고 있는 경우에는, 소액사건이라는 이유로 대법원이 법령의 해석에 관하여 판단하지 않고 사건을 종결한다면 국민생활의 법적 안전성을 해칠 것이 우려된다. 따라서 이와 같은 특별한 사정이 있는 경우에는 소액사건에 관하여 상고이유로 할 수 있는 '대법원의 판례에 상반되는 판단을 한 때'의 요건을 갖추지 않았더라도, 법령해석의 통일이라는 대법원의 본질적 기능을 수행하는 차원에서 실체법 해석·적용의 잘못에 관하여 직권으로 판단할 수 있다고 보아야 한다"고 판시한 것(대법원 2019. 5. 16. 선고 2017다226629 판결)은 상고심에 의한 법령 해석·적용의 통

진행된 관계로 재항고의 이익이 없어질 우려가 있기 때문이다.

일 기능을 잘 말해준다고 할 수 있다.

(2) 상고의 요건과 상고의 제한

1) 상고의 요건도 기본적으로는 앞서 살펴본 상소요건 및 항소요건과 같다. 즉 ① 불복할 원심재판인 2심재판 또는 1심재판(비약상고의 경우)이 존재하여야 하고, ② 그에 대하여 법령상이나 조리상 불복이 허용되어야 하며, ③ 상고의 이익이 있어야 하고, ④ 상고 제기기간이 경과하지 않았어야 하며, ⑤ 불상소합의나 상소권 포기가 없어야 한다.

상소의 이익과 관련하여, 1심판결에 대하여 불복하지 않은 당사자가 상대방의 항소에 따른 항소심에서 자신에게 유리한 판결을 받은 때에는 상고의 이익이 없다. 따라서 피고가 1심판결에 대하여 항소나 부대항소를 제기하지 않았다가, 원고의 항소가 기각되자 상고한 경우 그 상고는 상소의 이익이 없어 부적법하며(대법원 2004. 7. 9. 선고 2003므2251, 2268 판결), 그 반대의 경우도 같다.

2) 상고의 제기 역시 소송행위이므로, 그것이 소송행위의 일반적 유효요건을 갖추지 못한 경우 그 상고는 부적법하다. 상고 역시 당연히 이를 제기할 권한이 있는 사람만이 제기할 수 있다. 법정대리권이나 소송대리권 없는 사람이 상고를 제기한 경우, 그에 대한 보정명령 및 당사자나 보정된 법정대리인 또는 소송대리인이 이를 추인하면 그 상고 제기가 처음부터 유효한 것으로 되는 것은 앞서 항소요건에서 본 바와 같다(민사소송법 제60, 97조 참조).

3) 상고를 제기하여 상고심의 심판을 받기 위해서는, 뒤에서 보는 바와 같이 법령이 정한 상고이유가 있어야 한다(민사소송법 제423, 424조). 이는 실질적 상고 요건으로서, 상고이유가 법령에 정한 사유에 해당하지 않는 경우 상고가 부적법하게 되는 것은 아니지만, 상고심의 본안판단을 받지 못하고 상고가 기각당하게 된다. 이는 항소이유에 제한이 없는 항소와 다르다.

4) 민사소송법이 정한 상고이유가 있더라도, 특별한 경우 관계 법령에서는 다음에 보는 바와 같이 상고를 제한하는바, 이는 그 사건의 중요도를 고려하여 한정된 사법자원을 효율적으로 이용하기 위한 고려에 따른 것이라고 할 수 있다.

5) 1심판결에 대하여 비약적 상고를 하려면, 민사소송법 제390조 제1항 단서와 제29조 제2항에 의한 비약적 상고의 서면합의가 있어야 하므로, 비약적 상고를 하면서 이에 관한 서면을 제출하지 않으면 그 상고는 부적법하고 그 흠결을 보정할 수 없으므로, 대법원은 변론 없이 상고를 각하한다(대법원 2017. 5. 11. 선고 2017두33145, 33152 판결, 2018. 6. 15. 선고 2018다216483 판결).

(3) 상대적 상고이유

1) 상고는 상고 대상 원심판결에 그 판결(결론=주문)에 영향을 미친 헌법·법률·명령 또는 규칙 위반의 잘못이 있는 경우에만 제기할 수 있다(민사소송법 제423조). 이를 다음의 무조건적

상고이유(절대적 상고이유)에 대비하여 상대적 상고이유라고 하며, 이것이 기본적 상고이유이다.

2) 상대적 상고이유는 모두 소송절차의 하자가 아닌, 소송목적인 청구에 관한 판결의 내용상 하자가 있는 경우이다. 또한 이는 법령을 적용하기 전에 그 적용 대상인 구체적·역사적 사실(법률사실)의 존부를 확정하는 사실인정의 문제는 포함하지 않는다. 이는 법령의 해석·적용에 관한 문제가 아니고, 사실인정은 원칙적으로 사실심 법원의 전권에 속하기 때문이다(민사소송법 제432조 참조).

3) 상고인이 주장하는 사유가 법령의 해석·적용에 관한 사항으로서 상대적 상고이유에 해당하는지, 아니면 사실심 법원의 전권인 사실의 인정 문제인지를 판단하는 것은 중요하고도 어려운 문제이다. 법원이 구체적 사건에서 청구의 당부를 판단하기 위해서는, 청구원인과 공격방어방법인 법률요건이 정하는 구체적·역사적 요건사실(법률사실)의 존부를 확정한 다음(소전제), 여기에 당해 법령을 적용하여 그 법령이 정하는 법률효과가 발생하는지 여부를 판단하는 과정(대전제)을 거치게 된다.

그리고 여기서 법령을 적용한다는 것은, ① 당해 법령의 의미를 해석하는 것, ② 존부를 확정한 법률사실이 당해 법령이 요구하는 법률요건을 충족하는지 여부를 판단하는 것, ③ 위 ②의 결과 법령상 구체적으로 어떠한 법률효과가 발생하는지를 판단하는 것 모두를 포함한다.

4) 위와 같이 상대적 상고이유는 법령의 해석·적용에 관한 사항으로서, 원심법원(2심법원)이 증거를 조사하고 그 증거조사결과에 기초하여 어떤 사실을 인정하거나 인정하지 않은 것, 즉 사실인정이나 그 잘못(사실오인)은 기본적으로 상대적 상고이유에 속하지 않는다.

다만 사실오인의 문제라도, 그것이 사실심법원의 전권사항인 자유심증의 한계를 벗어나, ① 채증법칙(증거법원리)을 위반하여 증거판단을 한 결과이거나, ② 법령이 요구하는 요건사실의 내용을 오해하여 법령이 요구하는 요건사실이 다 갖추어지지 않았음에도 갖추어졌다고 잘못 판단하였거나, ③ 그 요건사실이 다 갖추어졌는지 여부를 심리하지 않은 채 판단한 심리미진(審理未盡)의 잘못이 있는 때는 결국 법령의 해석·적용에 관한 문제(법리오해)로 연결되어 상대적 상고이유가 된다(대법원 2000. 7. 4. 선고 98다62909, 62916 판결, 2006. 7. 28. 선고 2004다759 판결 등 참조).[85)]

민사소송법 제432조도, 원심판결이 '적법하게 확정한 사실'은 상고법원을 기속한다고 규정하고 있는바, 이는 곧 부적법한 사실인정은 법령의 해석·적용 문제가 됨을 의미한다. 이런 점에서 사실인정의 문제와 법령의 해석·적용 문제는 절대적 절연(絕緣)관계에 있지 않고 그 경계선에 있다고 할 수 있다.

---

85) 심리미진에 관하여는 박우동, "민사상고이유로서의 심리미진에 관하여", 사법논집 제8집(1977), 200쪽 이하를 참조.

5) 위와 같이 법령의 해석·적용에 잘못이 있더라도, 그것이 판결에 영향을 미친 경우에만 상고이유가 되는바, '판결에 영향을 미쳤다'고 하기 위해서는 그 잘못과 판결(결론) 사이에 상당한 인과관계가 있어야 함은 물론이다.

그런데 그 인과관계의 정도에 관하여는, ① 고도의 개연성이 요구되어, 그러한 잘못이 없었다면 판결의 결론이 달라졌을 것이라는 가능성이 상당히 높게 필요하다는 견해, ② 고도의 개연성까지는 필요 없고, 일견 그러한 잘못이 없었다면 판결의 결론이 달라졌을 가능성이 있는 것만으로 충분하다는 견해가 대립한다. 그러나 실제 적용에 있어서는 별 차이가 없고 양자를 엄격히 구별할 수도 없다고 하겠다.

(4) 절대적 상고이유

1) 판결에 법령위반의 잘못이 있는 경우, 이는 실체법규의 해석·적용의 잘못이 있는 경우도 있고 절차법규(소송법규)의 해석·적용에 잘못이 있는 경우도 있다.[86] 실체법규의 해석·적용상 잘못은 청구의 당부에 대한 판단의 잘못을 초래하고, 이는 판결에 다소 명백히 나타나는 반면, 절차법상의 잘못은 판결의 기초된 소송절차를 위법하게 할 뿐이므로 판결 자체에는 잘 나타나지 않는다.

2) 절대적 상고이유는 대체로 절차법상의 잘못을 내용으로 한다. 즉 ① 법률에 따라 판결법원을 구성하지 아니한 때, ② 판결에 관여할 수 없는 판사가 판결에 관여한 때, ③ 전속관할에 관한 규정에 어긋난 때, ④ 법정대리권·소송대리권 또는 대리인의 소송행위에 대한 특별한 권한의 수여에 흠이 있는 때,[87] ⑤ 변론을 공개하는 규정에 어긋난 때, ⑥ 판결의 이유를 밝히지 아니하거나 이유에 모순이 있는 때이다.

이와 같은 사유 중 어느 하나의 사유가 있는 때에는 그 잘못이 판결(결론=주문)에 영향을 미친 여부에 관계없이 당연히 상고할 수 있다(민사소송법 제424조). 이러한 이유로 이를 절대적 상고이유라고 한다.

3) 민사소송법이 위와 같은 잘못을 판결의 결과에 영향을 미친 여부에 관계없이 당연한 상고이유로 한 것은, 그 절차상 잘못이 중대하여 이러한 절차를 토대로 이루어진 판결을 그대로 시인할 수 없는 문제가 있기 때문이다.

한편 위 절대적 상고이유는, 위 ⑥을 제외하고는 모두 소송절차에 하자가 있는 경우로서,[88] 이는 뒤에서 보는 바와 같이 모두 상고심의 직권조사사항에 해당한다고 할 수

---

86) 전자를 판단의 잘못(error in judicando)이라 하고 후자를 절차의 잘못(error in procedendo)이라고도 한다.

87) 다만, 민사소송법 제60조 또는 제97조의 규정에 따라 법정대리인이나 소송대리인의 무권대리행위를 적법한 권한 있는 자가 추인한 때에는, 이는 상고사유가 되지 않는다.

88) 다만, 판결의 이유를 밝히지 아니하거나 이유에 모순이 있는 때는 판결이 성립한 토대인 절차상 잘못이 아니라 판결 그 자체의 하자라는 점에서 다른 절대적 상고이유와 다른 특징이 있다. 그러나 실체

있다(민사소송법 제434조 참조). 이 경우 상고심은 제1심판결의 절차가 법률에 어긋날 때에 항소법원이 제1심판결을 취소하여야 하는 것과 마찬가지로, 2심판결이나 1심판결(비약상고의 경우)을 취소하여야 한다(민사소송법 제425, 434조).

4) 절대적 상고이유 중 위 ⑥의 '판결의 이유를 밝히지 아니하거나 이유에 모순이 있는 때'와 관련하여 이유불비(理由不備)가 문제된다. 이유불비란, 판결의 결론에 이르게 된 이유, 즉 논거를 누락하여 통상인을 기준으로 하였을 때 어떠한 근거로 판결의 결론이 도출되었는지 알 수 없게 한 것을 말하며, 이유의 전부나 일부를 누락한 경우를 모두 포함하나, 이유의 일부 누락은 이유모순에 연결될 수도 있다.

이유를 누락하는 경우는 대체로 그 결론의 전제가 된 법률사실이나 그로부터 발생하는 법률효과를 제시하지 않은 경우가 이에 해당할 것이다.[89] 어쨌든 이유를 누락한 경우 이는 '판결의 이유를 밝히지 아니하거나 이유에 모순이 있는 때'에 해당한다는 데에 의문의 여지가 없고, 따라서 이는 당연히 절대적 상고이유가 된다고 할 것이다.

한편, 이유 모순은 이유에 상충하는 부분이 있어 그 결과 어느 것이 진정한 이유인지 알 수 없거나, 그 상충하는 부분을 그대로 두고는 판결의 주문과 같은 결론을 도출할 수 없는 경우를 가리킨다.

직권조사사항에 대한 판단을 빠뜨린 경우 대법원은, 당사자가 이를 주장하지 않았다면 이는 판단유탈이 아니며, 따라서 이를 상고이유로 삼을 수 없고(대법원 1990. 4. 27. 선고 88다카25274 ,25281 판결), 또한 재심사유에도 해당하지 않는다고 본다(대법원 1962. 5. 10. 선고 62무4 판결, 1981. 10. 27. 선고 81무5 판결, 1994. 11. 8. 선고 94재누32 판결)는 점은 앞서 <판단유탈>에서 이미 본 바와 같다.

5) 절차위반의 하자가 있더라도 그것이 위 절대적 상고이유에 해당하지 않는 경우에는, 그 잘못이 법규의 해석·적용 잘못에 기인하고, 그 결과 판결의 결론(주문)에 영향을 미친 때에만 상대적 상고이유가 된다고 보아야 할 것이다. 이러한 경우 그것 자체만으로는 절차상 잘못이 중대하다고 보아, 이를 토대로 이루어진 판결을 부인할 수는 없기 때문이다.[90]

이와 같이 상대적 상고이유가 될 수 있는 절차위반의 하자로는, ① 당사자가 변론에서 주장하지 아니한 사실을 인정한 경우, ② 자백의 성립이나 그 효력을 잘못 판단하여 자백이 성립되지 않았는데도 성립되었다고 보거나 그 역의 경우, ③ 법령에 정한 증거조

법규의 해석·적용상 하자가 아니고 판결문의 구성에 관한 하자라는 점에서(민사소송법 제208조 참조) 넓게는 절차상 하자에 속한다고 볼 수도 있다.

89) 그 사실에 어떠한 법령을 적용하였는지는 반드시 판결의 이유로 제시할 필요는 없다. 다만, 그 결과 도대체 어떠한 법령을 적용하였는지 여부를 도저히 알 수 없는 경우라면 이 역시 이유불비에 해당한다고 할 것이다.

90) 훈시규정의 위반은 위법하지 않을 뿐 아니라 그것만으로 판결에 영향을 미치는 것이 아니므로 상고이유가 될 수 없고, 또 절차위반에 관련된 법규정이 강행규정이 아니라면 당사자가 이의권을 포기하거나 상실한 경우 그 하자가 치유되어 법령위반의 문제가 되지 않으므로 상고이유가 되지 않는다.

사절차를 위반하여 증거조사를 실시하고 그로부터 증거결과를 얻어 사실을 인정한 경우(이는 앞서 본 바와 같이 채증법칙 위반이 된다), ④ 변론기일이나 증거조사기일을 당사자에게 통지하지 않아 당사자의 참여 없이 변론이나 증거조사를 실시한 경우, ⑤ 법령에 정한 방법에 의하지 아니한 방법으로 송달을 한 경우 또는 송달을 누락한 경우, ⑥ 입증책임분배법칙에 위반하여 사실을 인정하거나 인정하지 않은 경우 등을 들 수 있다.

6) 한편, 법원은 소송관계를 분명하게 하기 위하여 당사자에게 사실상 또는 법률상의 사항에 대하여 질문할 수 있고 증명을 하도록 촉구할 수 있으며, 당사자가 간과하였음이 분명하다고 인정되는 법률상 사항에 관하여 당사자에게 의견을 진술할 기회를 주어야 하는바(민사소송법 제136조), 이는 권한을 넘어 의무이기도 하다(대법원 2003. 1. 10. 선고 2002다41435 판결, 2011. 11. 10. 선고 2011다55405 판결 등).

즉 당사자가 부주의 또는 오해로 인하여 명백히 간과한 법률상의 사항이 있거나 당사자의 주장이 법률상의 관점에서 보아 모순이나 불명료한 점이 있는 경우, 법원은 적극적으로 석명권을 행사하여 당사자에게 의견 진술의 기회를 주어야 하고, 만일 이를 게을리 한 경우에는 석명의무 또는 지적의무를 다하지 아니한 것으로서 위법하다(대법원 2003. 1. 10. 선고 2002다41435 판결 등).[91]

이와 같이 법원이 석명 또는 지적의무를 다하지 아니한 위법이 있는 경우, 소송심리절차를 위배하여 당사자에게 필요한 주장과 증거를 충분히 제출하지 못하게 함으로써 그 결과 판결의 결론(주문)에 상당한 영향을 미친 것으로 평가되는 때에는 상대적 상고이유에 해당할 것이다.

(5) 비약적 상고이유

1) 당사자 쌍방이 상고할 권리를 유보하고 제1심판결에 대하여는 항소를 하지 아니하기로 합의한 때, 즉 비약적 상고의 합의에 의해 그 1심판결에 대하여 상고를 하는 경우에도 그 상고이유는 상고 일반의 경우와 같다. 이때도 상대적 상고이유와 절대적 상고이유가 모두 그대로 적용된다.

2) 이 경우 상고법원은 원심판결(1심판결)의 사실 확정이 법률에 어긋난다는 것을 이유로 그 판결을 파기하지 못하는바(민사소송법 제433조, 제422조 제[2항), 이는 민사소송법 제432조에 상응하는 것이라고 할 수 있다. 그러나 사실인정이 채증법칙을 위반하여 이루어졌거나 법리를 오해하여 심리미진(審理未盡)의 잘못이 있는 때는 역시 적법한 상고이유가 된다.

---

91) 대법원 1972. 5. 30. 선고 72다393 판결은 "변론의 전취지에 의하면, 피고는 원고의 변호사를 통하여 본건 채무 중 50만 원을 갚았다는 취지의 항변(기록 61쪽)을 원심 변론기일(1972. 1. 18. 10:00)에서 하였음이 뚜렷이 엿보이는데, 원심은 피고에게 이 점에 대한 한마디의 입증촉구도 한 바 없이 즉석에서 변론을 끝마친 후에 이를 인정할 아무런 증거가 없다고 하여 항변을 차버렸으니 원심의 그와 같은 조치는 심리를 다하지 못한 위법을 범하였다고 하겠고, 이는 재판결과에 영향이 갈 것이 눈에 보이므로 원판결은 파기를 면치 못할 것이다"라고 판시하였는바, 이 역시 민사소송법 제136조 제1항 소정의 "증명을 하도록 촉구할 수 있다"는 규정에 반하는 것으로서 석명의무 위반 또는 심리미진에 해당한다고 할 것이다.

(6) 상고이유의 제한

1) 소액사건에 대한 지방법원 본원 합의부의 제2심판결이나 결정·명령에 대하여는 ① 법률·명령·규칙 또는 처분의 헌법위반 여부와 명령·규칙 또는 처분의 법률위반 여부에 대한 판단이 부당한 때와 ② 대법원의 판례에 상반되는 판단을 한 때에 한하여 대법원에 상고 또는 재항고를 할 수 있다(소액사건심판법 제3조). 이를 위반하여 상고 또는 재항고를 한 경우 대법원은 심리를 하지 아니하고 판결로 상고를 기각한다(상고심절차에 관한 특례법 제2조 제2항, 제4조 제1항).

2) 위 상고사유 중 '명령·규칙 또는 처분의 상위법규 위반 여부에 대한 판단이 부당한 때'란, 법규로서의 성질을 가지는 명령·규칙 또는 처분이 헌법이나 법률에 위반됨에도 불구하고 이를 합헌 또는 합법이라고 하여 당해 사건에 적용한 경우 또는 그 반대의 경우를 말한다. 따라서 행정기관 등의 구체적·일회적 처분은 위 '처분'에 해당하지 않고 법규적 효력을 가지는 것만이 이에 해당한다(대법원 2009. 12. 10. 선고 2009다84431 판결).

한편 위에서 말하는 '대법원의 판례에 상반되는 때'란, 구체적인 당해 사건에 적용될 법령에 관하여 대법원이 이미 내린 판단과는 다르게 판단한 때를 의미한다(대법원 1989. 5. 9. 선고 88다4775 판결). 그러나 판례위반을 주장하더라도 실질상으로 보아 법령위반이나 법리오해, 사실오인 등을 주장하는 것에 지나지 않는 것이 명백하면 단순한 법령위반의 주장으로서 적법한 상고이유가 될 수 없다(대법원 1990. 12. 11. 선고 90다5283 판결).

3) 다만, 위 ② 대법원 판례위반과 관련하여 대법원은 앞서 본 대로, 소액사건에 대하여 법령의 해석에 관한 대법원 판례가 아직 없는 상황인데, 같은 법령의 해석이 쟁점으로 되어 있는 다수의 소액사건이 하급심에 계속되어 있을 뿐 아니라, 재판부에 따라 엇갈리는 판단을 하는 사례가 나타나고 있는 경우에는, '대법원의 판례에 상반되는 판단을 한 때'라는 요건을 갖추지 아니하였더라도 실체법 해석·적용의 잘못에 관하여 판단할 수 있다고 보아야 한다"고 하여 예외적으로 상고를 허용한다(대법원 2018. 12. 27. 선고 2015다50286 판결,2019. 8. 14. 선고 2017다217151 판결 등).

4) '상고심절차에 관한 특례법'에 의하면, ① 상고인이 주장한 상고이유 중에 일정한 사유를 포함하지 아니하거나, ② 그러한 사유를 포함하고 있더라도, 주장 자체로 보아 이유가 없는 때, ③ 그 사유가 원심판결과 관계가 없거나 원심판결에 영향을 미치지 아니하는 경우, 대법원은 심리를 하지 아니하고 판결로써 곧바로 상고를 기각하도록 규정하고 있다(상고심절차에 관한 특례법 제4조).

이는 남상고(濫上告)를 제한하고 대법원의 심리 부담을 경감하기 위해, 상고이유로 주장한 내용이 일견 상당한 이유가 없다고 보이는 경우, 그에 대한 대법원의 판단을 생략케 하고 신속하게 이를 처리하도록 하려는 것이다. 따라서 이는 실질적으로 민사소송법에 규정한 것보다 더 상고이유를 제한하는 것에 해당한다고 할 수 있다.

나. 상고의 제기

(1) 상고 제기기간

1) 민사소송 판결에 대한 상고는 판결 정본이 송달된 날부터 2주 이내에 제기하여야 한다(민사소송법 제425조, 제396조 제1항). 이 기간은 불변기간이다(민사소송법 제425조, 제396조 제2항). 따라서 법원은 이를 임의로 늘이거나 줄일 수는 없고, 주소나 거소가 멀리 떨어져 있는 사람에게 부가기간을 부여할 수는 있으며, 부득이한 사유가 있는 경우 추완 상고가 허용된다(민사소송법 425조, 제172조 제1, 2항 173조).

2) 기타 상고 제기기간에 관한 내용은 앞서 항소 제기기간과 상소제기기간 및 그 진행에 관하여 본 것과 같다.

3) 앞서 본 바와 같이 부대상고 역시 가능하다(민사소송법 제403, 425, 443조). 다만, 부대상고는 뒤에서 보는 바와 같이 상고인의 상고이유서 제출기한 내에 제기하여야 하고, 그와 함께 부대상고이유서도 제출하여야 한다(대법원 2004. 5. 14. 선고 2001다52315, 52322 판결, 2004. 9. 24. 선고 2004다7286 판결 등).

(2) 상고 제기의 방식

1) 상고는 상고 대상 판결을 한 원심법원(2심법원. 비약상고의 경우에는 1심법원)에 상고장이라는 서면을 제출하는 방식으로 하여야 한다(민사소송법 제425조, 제397조 제1항). 상고장을 대법원이 아닌 원심법원에 제출하도록 하는 이유는, 소송기록의 송부 등 상고 제기 이후 원심법원이 처리하여야 할 업무가 있기 때문임은 물론이다.

2) 상고장을 대법원에 직접 제출한 경우, 이는 부적법하여 상고 제기의 효력이 발생하지 않는다. 따라서 상고장을 접수한 대법원이 이를 원심법원에 이체(전달)하여 그것이 원심법원에 접수된 때에야 유효한 상고 제기가 되고, 상고 제기기간의 준수 여부도 그때를 기준으로 판단하게 된다(대법원 1981. 10. 13. 선고 81누230 판결 참조).

3) 상고장의 기재 방식은 항소장의 그것과 기본적으로 동일하다. 즉 쌍방 당사자와 법정대리인의 성명과 주소, 원심판결의 표시와 그 판결에 대하여 불복, 상고한다는 취지를 기재하여야 한다.

항소장에는 준비서면에 관한 규정이 준용되어 항소의 이유나 공격 또는 방어의 방법, 상대방의 청구와 공격 또는 방어의 방법에 대한 의견, 사실상 주장을 증명하기 위한 증거방법과 상대방의 증거방법에 대한 의견 등을 기재할 수 있음에 반해, 상고심에서는 변론이 열리지 않음이 원칙이고, 어느 경우에나 본안에 관한 공격방어방법을 제출할 수 없으므로, 이러한 사항은 상고이유서를 보충하는 효력밖에 없다.

4) 또한 상고장에는 소정의 인지를 붙여야 하는바, 이는 1심 소장에 붙일 인지액의 2배이다(민사소송 등 인지법 제3조, 민사소송법 제425조, 제399, 402조). 상고인은 상고장을 제출할 때 원심법원의 수납은행에 송달료도

납부하여야 한다.

5) 상고 역시 원심판결의 전부는 물론 그 일부만에 대해서도 할 수 있으므로 상고취지의 기재 등을 통하여 그 범위를 밝힐 필요가 있다. 그러나 항소와 마찬가지로 그것이 상고의 요건은 아니므로 그 불복신청의 범위를 명확하게 기재하지 않았더라도 상고가 부적법하지는 않다. 다만, 적어도 상고이유서를 제출할 때까지는 이를 보완하여 분명히 하여야만 상고법원의 심리범위와 상고장에 붙일 인지액이 확정되므로, 상고장에 불복신청의 범위가 분명하게 드러나 있지 아니한 경우 상고심 재판장은 그 보정을 명하여야 한다.[92]

6) 부대상고와 추완 상고 역시 상고에 관한 규정이 적용되므로(민사소송법 제425, 405조), 상고장과 같은 방식으로 작성·제출하여야 한다.

(3) 상고취지

1) 상고장의 형식 역시 항소장의 그것과 기본적으로 동일하다. 따라서 상고장에는 항소의 취지와 마찬가지로 상고의 취지를 기재하여야 하는데, 이는 앞서 본 바와 같이 원심판결의 전부 또는 일부에 대하여 불복하고 상고한다는 뜻을 표시하는 것이다. 따라서 이를 보다 자세하게 표시한 '상고취지'를 반드시 기재하여야 하는 것은 아니지만, 이를 기재하는 것이 관행이다. 상고취지 역시 민사소송법이나 민사소송규칙에서 구체적인 내용이나 방식에 대하여 규정하지 않고 있어 관행에 따르고 있다.

2) 상고취지는 상고인이 대법원에 대하여 구하는 재판(판결)의 결론적 요지로서 결국 대법원 판결의 주문에 대응하는바, 원심판결 중 어느 부분에 대하여 불복하고 그 취소·변경을 구하는지를 명확히 하면 충분하다. 다만, 상고심법원 역시 상고인이 불복하고 그 취소·변경을 구하는 범위에서만 심판할 수 있음이 원칙이므로(민사소송법 제431조), 상고취지도 어느 범위에서 원심판결에 불복하는지 그 양과 질을 분명하게 표시하여야 하다.

3) 상고취지를 기재할 때 원심판결의 전부 또는 일부의 취소(파기)를 구하는 것은 당연하고, 또 특별한 문제가 없다. 그런데 상고심인 대법원은 원심판결을 취소(파기)하는 경우 특별히 ① 확정된 사실에 대하여 법령적용이 어긋난다 하여 판결을 파기하는 경우에 사건이 그 사실을 바탕으로 재판하기 충분한 때와 ② 사건이 법원의 권한에 속하지 아니한다 하여 판결을 파기하는 때에 한하여 스스로 본안에 관하여 판결을 하므로(이른바 파기자판), 항소심법원과 같이 청구의 당부에 대하여 직접 판결을 하지 않고 사건을 원심법원에 환송하는 것이 원칙이다.

---

92) 상고인이 이에 대한 보정명령에 불응하더라도 이를 이유로 상고장을 각하할 수는 없고, 상고인이 패소한 부분 전부에 관하여 불복하는 것으로 보아 그에 해당하는 인지를 붙이게 함이 상당하다(대법원 2011. 10. 27.자 2011마1595 결정).

4) 따라서 상고취지를 기재하는 경우, ① "원심판결을 파기하고, 사건을 원심법원에 환송한다" 또는 "원심판결 중 피고 ○○○에 대한 부분(별지 목록 기재 아파트의 인도 청구 부분)을 파기하고, 사건을 원심법원에 환송한다"고 기재하거나 ② "원심판결을 파기하고, 적절한 판결을 바랍니다"고 기재하여도 무방하다.[93)]

5) 특별히 대법원의 자판을 구할 때는 "원심판결을 파기하고 제1심판결을 취소한다. 피고는 원고에게 1억 원과 이에 대하여 이 사건 소장 부본 송달일 다음날부터 다 갚는 날까지 연 15%의 비율로 계산한 돈을 지급하라" 또는 "원심판결을 파기하고 제1심판결을 취소한다. 원고의 청구를 기각한다"와 같이 청구의 당부에 대하여 직접 판결을 구하면 된다.

다. 상고와 강제집행의 정지

1) 상고를 제기한 것만으로는 가집행선고에 의한 집행력이 차단되지 않음은 항소의 경우와 같다. 따라서 상고를 이유로 가집행선고부 판결에 의한 집행력을 차단하여 강제집행을 정지하거나 이미 진행된 집행을 취소하기 위해서는 법원에 이를 신청하여 강제집행정지결정 등을 받아야 한다. 추완 상고의 경우에도 같다.

2) 위 재판은 상고심인 대법원이 함이 원칙이지만(대법원 1997. 1. 16.자 96마774 결정, 2000. 7. 19.자 2000카기90 결정), 소송기록이 원심법원에 있을 때는 원심법원도 할 수 있다(민사소송법 제501조, 제500조 제4항, 대법원 1973. 6. 16.자 72그4 결정 참조). 강제집행 정지에 관한 나머지 사항은 앞서 항소에서 본 것과 같다. 위 강제집행정지신청은 상고인만이 할 수 있으므로, 가집행선고부 1심판결 중 항소심판결에 의하여 유지된 부분에 관하여 불복, 상고를 제기한 바 없는 피고로서는 상고심법원에 그 판결에 기한 강제집행의 정지를 구할 수 없다(대법원 2000. 7. 19. 자 2000카기90 결정, 2006. 4. 14. 자 2006카기62 결정).

3) 항소심판결에 기한 강제집행을 상고심 사건의 판결 선고 시까지 정지한다는 결정을 받은 경우, 항소심판결이 상고심에서 파기되어 원심법원으로 환송되었다면 상고심판결의 선고로 위 강제집행 정지는 만기 도래로 실효한다(대법원 2012. 4. 12.자 2011마1852 결정 참조).[94)]

4) 상고법원 역시 원심판결 중 불복신청이 없는 부분에 대하여는 당사자의 신청에 따라 상고심판결에 앞서 결정으로써 가집행을 명할 수 있다(민사소송법 제435조). 그러나 항소심과 달리 이 가집행선고신청을 기각하는 결정에 대하여는 즉시항고를 할 수 없다. 상고심이 최종심이기 때문이다.

---

93) 상고의 범위만 분명히 하면 '파기'나 '환송'이라는 등의 문구를 사용하지 않아도 무방하다. 예컨대 "피고는 원심판결 중 금전지급청구 부분 전부에 대하여 불복, 상고합니다"와 같이 기재하는 것이다.

94) 이에 따라, 항소심판결에 의해 일부 취소된 제1심판결의 가집행 선고의 효력이 부활하여 가집행 선고가 붙은 제1심판결을 집행권원으로 하여 강제집행을 속행할 수 있다.

라. 부대상고

1) 부대상고는 부대항소와 마찬가지로 상대방의 상고에 부대·종속하여 상고심 계속 중에 그 심판의 기회를 이용해서 원심재판 중 자신에게 불이익한 부분(그 전부 또는 일부)의 취소·변경을 구하는 상고를 하는 것을 말한다(민사소송법 제425, 403조). 이는 비약상고에서도 가능하다.

2) 부대상고는 부대항소와 그 성질과 절차 등이 모두 같다. 다만, 상고심은 법률심이어서 그 절차상 청구의 확장 등 소의 변경이나 반소의 제기가 허용되지 아니하므로, 부대항소와 달리 청구의 확장이나 반소의 제기를 위해서는 부대상고를 할 수 없다.

3) 부대항소는 항소심 변론종결 시까지 제기할 수 있으나, 부대상고는 늦어도 상대방인 상고인의 상고이유서 제출기간 내에 이를 제기하고, 또한 그 기간 내에 부대상고이유서도 제출하여야 한다(대법원 1968. 9. 17. 선고 68다825 판결, 1993. 1. 26. 선고 92다46394 판결, 1997. 11. 28. 선고 97다38299 판결, 2000. 11. 10. 선고 98다39633 판결).[95] 상고인이 그 상고이유서 제출기간 내에 상고이유서를 제출하지 않은 경우, 상고심인 대법원은 직권으로 조사하여야 할 사유가 없는 한 변론 없이, 즉 본안에 대한 심리 없이 판결로 상고를 기각하여야 하기 때문에(민사소송법 제429조), 이 경우에는 부대상고 역시 상고심법원의 심판을 받을 자격이 없게 되기 때문이다.[96]

4) 부대상고의 이유나 그에 대한 심리 역시 부대항소의 그것과 같다. 부대상고에는 상고에 관한 규정이 준용된다(민사소송법 제425, 405조, 민사소송규칙 제136조). 따라서 부대상고가 부적법한 경우에는 보정을 명하고, 보정을 명한 기간 내에 보정하지 아니한 때는 재판장의 명령으로 부대상고장을 각하하여야 하며, 부대상고장을 각하하지 않았거나 그 흠결을 보정할 수 없는 경우에는 보정명령 없이 판결로써 부대상고를 각하하여야 한다(대법원 2017. 6. 8. 선고 2017다214268 판결 등).

5) 부대상고의 효력 역시 부대항소와 같다. 따라서 이로써 심판범위가 부대상고취지 범위까지 확장된다. 상고심은 상고와 함께 그 당부를 심판하게 되는데, 이 경우에도 '상고심절차에 관한 특례법'이 그대로 적용된다.

---

95) 피상고인도 상고장 부본과 소송기록접수통지서를 받게 되나(민사소송법 제425, 401, 426조, 민사소송규칙 제132조), 피상고인이 상고이유서를 제출할 권한이나 의무는 없으므로, 피상고인은 자신이 소송기록(상고기록)접수통지서를 받은 날부터 20일 내가 아니라, 상고인의 상고이유서 제출기간(상고인이 상고기록접수통지서를 받은 날부터 20일) 내에 부대상고를 제기하고, 또한 그 기간 내에 부대상고이유서까지 제출하여야 할 것이다(대법원 2017. 6. 8. 선고 2017다214268 판결 참조).

96) 상고이유서 부제출을 이유로 한 무변론 상고 기각 판결은 그 실질상 상고 각하나 다름없다고 할 것이다.

마. 상고사건의 심리

(1) 원심 재판장과 상고심 재판장의 상고장 심사

1) 원심법원에 상고장이 제출되면 항소의 경우와 마찬가지로 원심 재판장이 먼저 상고장의 적법·유효성을 심사하게 된다(민사소송법 제425조, 제399조).

2) 이 경우 원심 재판장의 상고장심사권은 모두 항소의 경우와 같다.

3) 소송기록이 상고심법원에 송부되어 오면 상고심 재판장도 먼저 상고장이 법정 요건을 갖추었고, 상고가 적법한 기간 내에 제기된 것인지를 심사하게 된다. 상고가 부적법하다면 본안심리를 할 필요 없이 판결로써 상고를 각하하여야 하는데, 상고장에 법정 기재사항이 누락되거나 법령에서 정한 인지를 붙이지 않은 경우 또는 상고장 부본을 상대방에게 송달할 수 없는 경우, 이러한 사항은 상고심의 본안심리에 앞서 보정이 이루어져야 하므로 상고심 재판장은 먼저 이를 심사하여 필요한 보정명령을 하고, 그 보정이 없는 경우 재판장의 명령으로써 상고장을 각하할 수 있는바, 상고심 재판장의 상고장심사권 역시 항소의 경우와 같다.

(2) 상고이유서의 제출

1) 소송기록이 상고법원에 송부되면 상고심의 법원사무관등은 곧바로 이를 쌍방 당사자에게 서면으로 통지하여야 한다.[97] 이때 상고인에게는 그 통지를 받은 날부터 20일 이내에 상고이유서를 제출하여야 한다는 기재를 하고, 상대방인 피상고인에게는 상고장 부본만을 송달한다.

2) 민사 상고심에서는 항소심과 달리 상고이유서 제출이 필수적이다. 이를 적법한 기간 내에 제출하지 않은 경우 심리불속행에 의한 상고 기각의 제재를 받는다(민사소송법 제429조 본문).

상고이유는 상고장에 기재하여도 무방하나, 상고장에 이를 적지 아니한 때에는 소송기록 접수통지를 받은 날부터 20일 이내에 대법원에 상고이유서를 제출하여야 한다(민사소송법 제427조). 보조참가인이 상고한 경우, 그 상고이유서 제출기간은 피참가인에 대한 상고기록 접수통지서의 송달일자를 기준으로 계산한다. 피참가인이 할 수 없는 소송행위는 보조참가인도 할 수 없기 때문이다.[98] 상고이유서 제출기간은 불변기간이 아니므로 상고장과 달리 추완이 허용되지 않는다(대법원 1981. 1. 28.자 81사2 결정).

3) 상고인이 이미 상고장에 상고이유를 기재하였거나 상고이유서를 제출한 경우에도, 위 기간(20일) 이내에는 상고이유서를 추가로 제출할 수도 있고 이를 변경할 수도 있다.

---

97) 보조참가인이 상고한 경우에는 피참가인과 보조참가인 모두에게 상고기록 접수통지서를 송달한다.

98) 그러나 공동소송적 보조참가인이 상고한 경우에는 공동소송적 보조참가인에 대한 송달일자를 기준으로 계산한다(대법원 2012. 11. 29. 선고 2011두30069 판결).

상고취지의 변경, 즉 상고에 의한 불복신청의 범위도 이 기간 내에만 변경할 수 있다고 보아야 할 것이다.

위 기간을 경과한 후에 제출된 상고이유서는 기간 내에 제출한 상고이유서에서 주장한 사항을 보충하는 의미와 효력만 있다. 따라서 거기에 새로운 주장(상고이유)이 포함되어 있더라도 이는 적법한 상고이유가 될 수 없다(대법원 1993. 5. 14. 선고 93다3943 판결 등 참조).

4) 상고이유서에는 판결에 영향을 미친 헌법·법률·명령 또는 규칙, 즉 법령의 해석·적용에 잘못이 있다고 주장하는 해당 법령의 조항 또는 내용과 원심판결이 이에 위반한 구체적인 사유를 기재하여야 한다(민사소송규칙 제129조 제1, 2항). 법령에 위반한 사유가 소송절차에 관한 것인 때에도 같다(민사소송규칙 제129조 제3항).

민사소송법 제424조 1항이 규정한 절대적 상고이유 중 어느 사유를 상고이유로 삼은 때에는 상고이유서에 그 조항과 이에 해당하는 사실을 밝혀야 하고(민사소송규칙 제130조), 원심판결이 대법원 판례와 상반되는 것을 상고이유로 삼은 경우에는 그 판례를 구체적으로 밝혀야 한다(민사소송규칙 제131조). 상고인이 제출한 상고장이나 상고이유서에 법령 위반 등에 관하여 구체적인 이유를 기재하지 않은 경우에는 상고이유서를 제출하지 않은 것과 마찬가지로 취급된다(대법원 2001. 3. 23. 선고 2000다29356 판결).

5) 상고이유는 상고장에 기재하거나 독립된 서면에 기재하여 제출하여야 하고, 다른 서면의 기재 내용을 원용(援用)할 수 없다(대법원 1991. 10. 11. 선고 91다22278 판결). 물론 그렇다고 하여 상고이유를 기재한 서면의 제목이 반드시 '상고이유서'일 필요는 없다.

6) 상고인이 상고장에 상고이유를 기재하지 아니하고, 또 상고기록 접수통지서를 송달받은 날부터 20일 이내에 상고이유서를 제출하지 아니한 경우, 대법원은 변론 없이 판결로 상고를 기각하여야 한다(민사소송법 제429조). 이 경우에는 판결이유를 기재하지 아니할 수 있다(상고심절차에 관한 특례법 제5조 제1항). 또한 이 경우 그 판결은 선고를 요하지 아니하며, 상고인에게 송달됨으로써 효력이 발생한다(상고심절차에 관한 특례법 제5조 제2항). 그러나 직권조사사항에 관하여 원심판결에 잘못이 있을 경우에는 그렇지 아니하다(민사소송법 제434조, 제429조 단서).

(3) 상대방의 답변서 제출

1) 상고인이 상고이유서를 제출하면 법원사무관등은 그 부본이나 등본을 상대방(피상고인)에게 송달하여야 한다(민사소송법 제428조 제1항). 제출기간이 경과한 뒤에 제출된 상고이유서도 같다. 그러나 상고가 부적법하여 이를 각하할 경우에는 송달하지 않는다.

2) 상고이유서를 송달 받은 상대방은 그 송달을 받은 날부터 10일 이내에 답변서를 제출할 수 있다(민사소송법 제428조 제2항). 상고이유서 부본을 송달 받기 전에 답변서를 제출하여도 상관없음은 물론이다. 답변서의 작성 방법은 상고이유서의 작성 방법과 같다. 법원사무관등은

답변서의 부본 또는 등본을 상고인에게 송달한다(민사소송법 제428조 제3항). 답변서는 상고이유서와 달리 대법원의 심리에 참고자료가 될 뿐이므로, 대법원 판결 선고 전이라면 언제라도 추가로 제출할 수 있다.

(4) 상고심의 변론과 심리

1) 상고법원은 상고사건의 심리를 위하여 변론을 열 수도 있고, 변론 없이 판결할 수도 있다(민사소송법 제430조 제1, 2항). 대부분의 상고사건은 변론을 열지 않고 서면심리를 거쳐 판결한다. 상고인이 상고이유서를 제출하지 아니한 때에는 직권으로 조사하여야 할 사유가 없는 한 상고법원은 변론 없이 판결로 상고를 기각하여야 한다(민사소송법 제429조).

2) 상고법원이 변론을 열지 않는 경우에는 상고장·상고이유서·답변서 그 밖의 소송기록을 조사하여 판결할 수 있다(민사소송법 제430조 제1항). 변론을 열기로 한 경우, 대법원은 소송관계를 분명하게 하고 변론을 효율적이고 집중적으로 진행하기 위하여 필요한 때는 당사자에게 기한을 정하여 변론준비를 명할 수 있고, 당사자는 변론준비명령에서 정한 사항에 관한 변론의 요지를 적은 준비서면을 대법원이 정한 기한까지 제출해야 한다(대법원에서의 변론에 관한 규칙 제2조, 제3조 제1항).

3) 상고법원이 변론을 여는 경우에도 사실심에서처럼 본안에 관한 공격방어방법을 제출하는 본래 의미의 변론은 아니며, 상고이유와 그에 대한 답변을 보충하거나 설명하는 것에 그친다.[99] 따라서 변론을 연 후 재판장 또는 관여 대법관이 바뀐 경우에도 다시 변론을 열지 않고 판결할 수 있고, 이 경우 변론에 관여하지 않은 재판장 또는 대법관도 합의에 참여할 수 있다(대법원에서의 변론에 관한 규칙 제8조의2).

이 경우 상고법원은 소송관계를 분명하게 하기 위하여 필요한 경우에는 특정한 사항에 관하여 당사자 본인이나 참고인의 진술을 들을 수 있다(민사소송법 제430조 제2항, 민사소송규칙 제134조 제1항, 대법원에서의 변론에 관한 규칙 제4조 제1항). 참고인은 대학교수나 의사, 감정인 등 전문적 식견을 가지고 있거나 공공의 이해관계에 관하여 진술하는 것이 적합하다고 인정되는 사람은 누구나 가능하며, 대법원은 참고인을 지정하기에 앞서 그 지정에 관하여 당사자, 이해관계인 또는 관련 학회나 단체의 의견을 들을 수 있다(대법원에서의 변론에 관한 규칙 제4조 제1항 참조).

국가기관과 지방자치단체는 공익과 관련된 사항에 관하여 대법원에 재판에 관한 의견서를 제출할 수 있고, 대법원은 이들에게 의견서를 제출하게 할 수 있으며, 또한 대법원은 소송관계를 분명하게 하기 위하여 공공단체 등 그 밖의 참고인에게 의견서를 제출하게 할 수 있다(민사소송규칙 제134조의2). 이들 참고인은 대법원으로부터 의견요청을 받은 사항에 관하여

---

99) 물론 당사자들은 본안에 관한 공격방어방법을 제출하는 본래 의미의 변론을 하겠지만, 이는 모두상고이유와 그에 대한 답변을 보충하거나 설명하는 효력밖에 없으며, 사실심에서 주장하지 아니한 새로운 공격방어방법(법률효과를 발생시키는 법률요건과 법률사실, 이에 대한 증거)을 제출하더라도 결론에 영향을 미칠 수 없다. 물론 법률적 의견 진술은 제한 없이 할 수 있다.

대법원이 정한 기한까지 의견서를 제출하여야 하고, 의견서는 그 사본을 당사자에게 송달한다(대법원에서의 변론에 관한 규칙 제4조 제2, 3, 4항). 이들은 모두 참고자료에 불과하다.

4) 당사자와 참고인은 변론기일에 출석하여 변론하거나 의견을 진술할 수 있는바(그러나 그 변론에 제한이 있음은 앞서 본 바와 같다), 당사자의 변론과 참고인의 진술은 제출된 준비서면(상고이유서와 답변서 등)과 의견서의 주요한 내용을 강조하고 명확하게 하는 것이어야 하고, 재판장과 관여 대법관은 필요한 경우 언제든지 당사자와 참고인에게 질문할 수 있다(대법원에서의 변론에 관한 규칙 제5조 제1, 2항).

5) 상고심은 상고인이 불복신청한 한도, 즉 상고인이 원심판결에 대하여 불복하여 그 취소(파기)를 구한 범위와 그에 관하여 적법하게 제출한 상고이유에 한하여 심리하여야 한다(민사소송법 제431조). 상고심 역시 1차적으로는 당사자의 권리구제를 목적으로 하므로, 원심판결 중 상고인이 불복하지 않은 부분(상고취지에 기재되지 않은 부분)에 대해서는 심리할 필요가 없고, 심리해서도 안 된다. 다만, 직권조사사항에 대해서는 이러한 제한을 받지 않는다(민사소송법 제434, 431조).[100]

6) 한편, 상고심은 상고인이 적법하게 제출한 상고이유에 한하여 그 당부를 심리하여야 한다. 다만, 직권조사사항에 대해서는 이러한 제한을 받지 않는다(민사소송법 제434, 431조).

원심판결이 적법하게 확정한 사실은 상고법원을 기속하므로 위와 같이 채증법칙 위반 등의 문제가 없는 한 상고심은 그 적법 여부나 당부를 심사할 수 없다.[101] 이는 대법원이 법률심인 성격상 당연한 것이며, 비약적 상고의 경우에도 같다(민사소송법 제433조).[102]

바. 상고심의 직권심리 범위

(1) 법령의 존부와 그 해석·적용에 관한 사항

1) 앞서 ＜상고심과 변론주의＞에서 본 바와 같이 상고심에는 변론주의가 문제되지

---

100) 이와 관련해서는 대법원 2006. 3. 10. 선고 2003다15013 판결 참조(이는 '소송촉진 등에 관한 특례법'과 그 시행령 변경에 따른 지연손해금률 변동에 따른 것이다).

101) 이 경우 확정된 사실관계의 기준시는 사실심 변론종결시가 된다. 따라서 사실심 변론종결일 이전에 존재하였던 법률사실로서 당사자가 사실심에서 주장하지 않았던 사실은 물론 사실심 변론종결일 이후에 발생한 사실 역시 상고심에서 새로이 주장할 수 없다. 다만 직권조사사항은 이 제한에 따르지 않으므로(민사소송법 제434조, 제432조) 직권조사사항에 관련한 사실은 상고심에서도 주장하고 심리·판단할 수 있다(대법원 2015. 12. 10. 선고 2012다16063 판결 등 참조). 따라서 상고심에서 심리할 수 없는 사실문제는 직권조사사항이 아닌 사실, 즉 구체적 구성요건에 관한 규범이 정하는 법률요건사실이다.

102) 통상의 상고에서는 원심판결의 사실인정이 법령에 위반한 경우에는 그 자체로서 상고이유가 되나, 비약적 상고의 경우에는 당사자들이 1심판결의 사실확정에 대해서는 다투지 아니하고, 다만 그 사실을 바탕으로 한 법령의 해석·적용에 대해서만 대법원의 판단을 받기로 합의하는 것이므로, 설사 1심판결의 사실인정이 법령에 위반한 경우에도 이를 이유로 그 판결을 파기하지 못한다고 해석하여야 할 것이다.

않고, 변론주의의 적용이 없다. 위와 같이 상고법원은 상고인이 상고로써 불복을 신청한 한도와 적법하게 제출된 상고이유에 한하여 심리하여야 하며, 그 상고이유는 절차적 문제를 포함한 법령의 해석·적용 등 법률 문제에 국한된다. 즉 원심판결이 적법하게 확정한 사실은 상고법원을 기속하고, 대법원은 원심법원이 증거법에 따라 적법하게 확정한 사실을 이와 달리 판단할 수 없다(민사소송법 제432조).[103)]

2) 그러나 민사소송법은, 상고심이 직권으로 조사하여야 할 사유가 있는 때는 상고이유서를 제출하지 않은 경우에도 변론 없이 상고를 기각할 수 없고, 상고이유서에 기재된 상고이유가 아니라도 직권으로 심판하도록 하고 있다(민사소송법 제429조 단서, 제434, 431조)—이른바 상고이유 불구속의 원칙.

그러면서도 민사소송법은 상고법원을 비롯한 법원의 직권조사사항에 대하여 구체적으로 무엇이 이에 해당하는지 아무런 규정을 두지 않고 있다. 따라서 해석에 의하여 그 의미와 범위를 분명히 할 필요가 있다.[104)] 직권조사란 당사자가 주장·입증하지 아니한 사항에 관하여 법원이 직권으로 조사·심리·판단하는 것을 말하며, 직권조사사항이란 그러한 사항을 의미한다(대법원 1973. 11. 27. 선고 67사14 판결 등 참조). 따라서 직권조사사항은 변론주의의 적용 대상이 아닌 것을 가리킨다고 할 수 있고, 어떠한 사항이 직권조사사항인지는 앞서 <변론주의와 직권주의의 구별 기준 및 주장·입증책임의 분배>에서 살펴본 바와 같이 변론주의와 직권주의의 구별 기준에 의하여 결정할 수밖에 없다.

이에 따라 변론주의가 적용되는 영역은 당해 소송의 목적인 본안청구의 당부와 관련하여 구체적 법률효과를 발생시키는 법률요건(구체적·역사적 법률사실을 전제로 일정한 법률효과를 부여하는 구체적 구성요건이 규정하는 법률요건)과 그 법률사실에 관한 것이다. 반면에 직권주의가 적용되는 영역은, ① 법령의 존부와 그 해석·적용, ② 소의 적법 여부(소송요건에 관한 사항)에 관한 사항, ③ 순수판단규범과 중립규범에 관한 사항이다.

3) 앞서 <변론주의>에서 본 바와 같이 법령의 존부와 그 해석·적용은 법원의 직무권한이자 의무에 속하고, 구체적·역사적 법률사실에 이를 적용하여 당사자가 주장하는 법률효과가 발생하는지 여부를 판단하는 기준이므로, 이에 대해서는 변론주의가 적용될 수 없다. 따라서 이는 일반적으로 법원의 직권조사사항이다.

그러면 상고심에서도 법령의 존부와 그 해석·적용은 상고심 법원의 직권조사사항으로서, 당사자가 상고이유서를 제출하지 않았거나 상고이유서에 기재된 상고이유가 아니라도 직권으로 심판하여야 하는가? 만약 이를 긍정한다면, 원심판결에 법령의 존부나 해석·

---

103) 1심판결에 대한 비약상고의 경우에는 1심판결의 사실확정이 법률에 어긋나는 때에도 상고심은 이를 이유로 그 판결을 파기하지 못한다(민사소송법 제433조).

104) 그러나 국내 대부분의 민사소송법 교과서에는 이를 정면으로 다루지 않고 단순히 민사소송법 조문만 옮겨 적고 있다. 대법원 역시 이에 대하여 어떠한 기준도 제시하지 않고 있다.

적용에 대한 판단을 그르쳐 판결의 결과에 영향을 미친 잘못이 있는 경우, 상고심은 직권으로 이를 심판하여야 하는 것이 된다.

그러나 법령의 존부와 그 해석·적용이 법원의 직권조사사항이라는 이유로, 상고이유서를 제출하지 않았거나 상고이유서에 기재된 상고이유가 아니라도 상고심이 직권으로 이를 심판하여야 한다고 새긴다면, 민사소송법이 상고이유서 제도를 두고, 이를 제출하지 않은 경우 변론 없이 상고를 기각하며 상고이유로 제시하지 않은 사항은 심판하지 않도록 규정한 의미가 없어지고 만다. 즉 앞서 본 바와 같이 상고심은 당초부터 사실 문제가 아닌 법령의 존부와 그 해석·적용에 관한 법률 문제만을 상고이유로 삼아 심판할 수 있는데, 위와 같이 상고이유의 제출에 의한 제한을 두지 않는다면, 결국 모든 법률 문제가 상고심의 직권 심판대상이 되므로 그 심판범위가 무제한으로 확대되어 상고심의 부담이 커지고 남상고가 우려되며, 상고이유서 제도를 도입한 민사소송법 규정은 있으나마나한 것이 된다.

4) 따라서 법령의 존부와 그 해석·적용 문제가 일률적·원칙적으로 상고심의 직권조사사항이라고는 볼 수 없고, 개개 법령(법규)의 성질과 그 법률효과에 따라 이를 달리 취급하여야 한다. 그리고 이는 그 법규가 강행규정이라 하여 다르지 않다.

이에 따라 다음과 같이, 구체적 구성요건에 관한 규범, 순수판단규범 및 중립규범, 소송요건과 소송절차에 관한 규범은 상고심의 직권조사사항 해당 여부 판단에 있어 각각 다른 지위를 갖게 되고, 이로써 변론주의와 직권주의 및 상고심의 판단 범위 제한이라는 상충하는 법익 상호 간의 조화를 꾀할 수 있다.

(2) 구체적 구성요건에 관한 규범과 상고심의 판단 범위

1) 소송의 목적인 본안청구의 당부와 관련하여 구체적·역사적 법률사실을 전제로 일정한 법률효과를 부여하는 구체적 구성요건과 그 법률사실의 존부에 관하여는 변론주의가 적용되므로 당사자의 주장이 없는 한 법원은 이를 심판할 수 없다.

따라서 특별한 사유가 없는 한 상고심은 이러한 법률사실의 존부에 관하여 원심판결(원심의 판단)에 기속되며(민사소송법 제432조), 당사자는 사실심까지만 이를 주장할 수 있을 뿐 상고심에서는 새로운 법률사실을 주장할 수 없고, 당사자가 상고이유로서 이와 다른 주장을 하더라도 상고심은 이에 대하여 심판할 수 없다(대법원 1978. 12. 26. 선고 78다1417 전원합의체 판결, 2015. 8. 27. 선고 2013다81224, 81231 판결 등).[105)][106)]

---

105) 대법원 1960. 6. 30. 선고 4291민상544 판결은, "민사소송법 제403조에 의하여 원심에서 적법히 확정된 사실은 상고심을 기속하게 되고 상고심에서는 신 사실을 주장할 수 없음이 원칙이나, 직권조사사항에 관하여는 상고심이 직권으로 조사할 수 있음은 민사소송법 제405조에 의하여 명백한바, 원고와 피고 사이에 동일한 목적물인 본건 부동산에 관하여 원판결과 정반대된 판결, 즉 원판결의 판단이유의 하나가 된 서울고등법원의 확정판결을 취소한 서울고등법원 재심판결이 확정되었음은 본원에 현저한 사실이며, 이와 같이 본원에 현저한, 동일 사건에 있어서의 상호 모순되고 정반대된 판결을

2) 그런데 위와 같이 법령의 존부와 그 해석·적용에 대해서는 직권주의가 적용되는바, 원심판결에 구체적 구성요건에 관한 규범이 규정하는 법률요건과 법률사실에 관한 법령의 존부와 해석·적용을 그르쳐 판결의 결과에 영향을 미친 잘못이 있는 경우, 상고법원은 이에 관한 상고이유서의 제출이 없거나 상고이유서에 그 기재가 없는 경우에도 이를 직권으로 심판할 수 있는가? 또, 이를 의무적으로 심판하여야 하는가?

본래 법령의 존부와 그 해석·적용에 관한 사항은 법원의 직권조사사항이므로, 구체적 구성요건에 관한 규범이 규정하는 법률요건과 법률사실에 관한 것이라도, 원심판결에 법령의 존부와 해석·적용을 그르쳐 판결의 결과에 영향을 미친 잘못이 있는 경우, 상고심은 상고인이 그것을 상고이유로 삼은 여부에 관계없이 직권으로 이를 심판하여야 한다고 해석할 여지도 있다.[107)]

그러나 민사소송법이 상고이유서 제도를 두고, 이를 제출하지 않은 경우와 상고이유로 제시하지 않은 사항을 상고심의 심판대상에서 제외한 것은 상고심의 부담 감소와 남상고의 방지라는 합리적인 목적과 동기에 기한 것이므로, 위와 같이 법령의 존부와 그 해석·적용 문제 일반은 법원의 직권조사사항이기는 하지만 상고심의 경우에는 상고이유서를 제출하고 상고이유로써 주장한 때만 상고심의 심판대상이 되어 그 범위에서 원칙의 제한을 받게 된다. 이는 상고심 운영을 위한 고려에서 충돌하는 법익을 조정한 결과이다. 따라서 구체적 구성요건에 관한 규범과 관련하여 원심판결에 법령의 존부와 해석·적용을 그르쳐 판결의 결과에 영향을 미친 잘못이 있더라도, 상고심은 이를 직권조사사항이라고 보아 상고인이 그것을 상고이유로 삼은 여부에 관계없이 직권으로 이를 심판하여야 한다고 해석할 수는 없다.

구체적 구성요건에 관한 규범이 정하는 법률요건으로부터 발생하는 법률효과는 앞서 본 바와 같이 당사자의 개인적 이익에 관한 것이고, 당사자가 그 법익을 임의로 처분할 수 있는 것이어서 변론주의가 적용되므로, 당사자가 이를 상고이유로 제시하여 상고심의 판단을 구하지 않은 경우에 이를 상고심의 심판대상에서 제외하더라도 크게 부당하다고 할 수 없고, 또 사회 전체의 법질서 유지나 공익에도 아무런 영향이 없다.

시정함은 사법상 국가 판단의 통일을 기함과 동시 국민의 사법에 대한 신뢰와 사법 자신의 권위 및 사법에 있어서의 정의실현을 위한 상고심의 당연한 직권조사사항에 속한다고 해석하여야 할 것이다" 라고 판시하고, 직권으로 원심판결을 파기한 후 환송하였다.

106) 청구원인사실은 물론이고, 보조적 법률요건인 공격방어방법에 속하는 대리, 표현대리, 조건, 기한, 취소(착오, 사기, 강박 등), 철회, 해제, 해지, 소멸시효의 완성, 소멸시효의 중단, 소멸시효 이익의 포기, 권리의 포기, 채무의 면제, 상계, 변제, 혼동 등의 법률요건이나 그 법률요건사실로서 사실심에서 주장한 바가 없는 사항은 상고심에서 새로이 주장할 수 없다.

107) 대부분의 민사소송법 교과서는 이와 같이 새기고 있다: 이시윤, 민사소송법, 박영사(2016), 897면; 김홍엽, 민사소송법, 박영사(2014), 1,079면; 정동윤, 유병현, 민사소송법, 법문사(2014), 821면; 호문혁, 민사소송법, 법문사(2012), 345면.

3) 따라서 구체적 구성요건에 관한 규범과 관련하여 원심판결에 법령의 존부와 해석·적용을 그르쳐 판결의 결과에 영향을 미친 잘못이 있더라도, 그러한 잘못을 시정하는 것이 공익이나 사회 일반의 법적 신뢰 또는 전체 법질서 유지에 관계되거나, 이를 시정하지 않고 당사자에게 그 잘못으로 인한 손해를 감수하라고 함이 도저히 정의나 형평에 반하여 용인할 수 없는 경우가 아니라면, 상고심은 이를 직권으로 심판할 수 없고, 또 그 의무가 없다고 해석하여야 한다.[108][109][110] 대법원의 견해도 기본적으로 이와 동일한 것으로 해석된다.[111]

---

108) 대법원은 위와 같이 상고이유가 더욱 제한되는 소액사건에 관하여도, "소액사건에 있어서 구체적 사건에 적용할 법령의 해석에 관한 대법원판례가 아직 없는 상황에서 같은 법령의 해석이 쟁점으로 되어 있는 다수의 소액사건들이 하급심에 계속되어 있을 뿐 아니라 재판부에 따라 엇갈리는 판단을 하는 사례가 나타나고 있는 경우, 소액사건이라는 이유로 대법원이 그 법령의 해석에 관하여 판단을 하지 아니한 채 사건을 종결하고 만다면 국민생활의 법적 안전성을 해칠 것이 우려된다고 할 것인바, 이와 같은 특별한 사정이 있는 경우에는 소액사건에 관하여 상고이유로 할 수 있는 '대법원의 판례에 상반되는 판단을 한 때'의 요건을 갖추지 아니하였다고 하더라도 법령 해석의 통일이라는 대법원의 본질적 기능을 수행하는 차원에서 실체법 해석적용에 있어서의 잘못에 관하여 판단할 수 있다고 보아야 한다고 하여(대법원 2004. 8. 20. 선고 2003다1878 판결, 2014. 10. 27. 선고 2012다70388판결, 2015. 3. 26. 선고 2012다48824 판결 등) 법령의 해석·적용에 대한 상고심의 역할을 표명하였다.

109) 대법원은, 원심판결 이후 구 소송촉진 등에 관한 특례법(2003. 5. 10. 법률 제6868호로 개정되기 전의 것) 제3조 제1항 본문 중 '대통령령으로 정하는 이율' 부분에 대하여 헌법재판소의 위헌결정이 내려지고, 이에 따라 위 법률조항과 대통령령 소정의 법정이율 부분(연 20%)이 개정되어 소급효가 적용되는 것과 관련하여, 위와 같이 개정된 법령을 적용하여야 함에도 구 법령을 적용함으로써 원심판결은 결과적으로 지연손해금의 법정이율을 잘못 적용하여 판결에 영향을 미친 위법이 있다는 이유로 직권으로 이를 파기·자판하였는바(2006. 3. 10. 선고 2003다15013 판결 등), 이는 사건의 진행 경위상 당사자가 지연손해금청구에 대하여 상고이유를 제출하거나 상고(불복)할 수 없었던 사정을 감안한 것으로 보인다. 헌법재판소의 헌법불합치결정과 이에 따른 국회의 개정 법률에 따라 토초세의 과세표준 조항이 개정된 경우에 관한 판례(대법원 1997. 7. 11. 선고 97누553 판결)도 이에 해당할 것이다.

110) 대법원은 "각 구분소유자는 별도의 규약이 존재하는 등의 특별한 사정이 없는 한 그 대지에 대하여 가지는 공유지분의 비율에 관계없이 그 건물의 대지 전부를 용도에 따라 사용할 수 있는 적법한 권원을 가지고, 이때 '건물의 대지'는 달리 특별한 사정이 없는 한 집합건물이 소재하고 있는 1필지의 토지 전부를 포함하며, 집합건물의 부지 전체에 대하여 대지권이 성립한 이후에는 구분소유자의 대지사용권은 규약으로 달리 정한 경우가 아니면 전유부분과 분리하여 처분할 수 없고, 이를 위반한 대지사용권의 처분은 법원의 강제경매절차에 의한 것이라 하더라도 무효인바, … 결국 소외인이 경락을 원인으로 이 사건 대지에 관하여 마친 소유권이전등기는 무효이고, 이에 터 잡은 원고 명의의 소유권이전등기 역시 무효라고 할 것이므로, 원고는 이 사건 대지의 소유권에 기하여 피고들에게 본소의 예비적 청구와 같은 건물철거청구 등을 할 수 없음에도 원심은 소외인의 경락에 집합건물법 제20조의 분리처분금지 규정이 적용되지 아니한다는 이유로 원고의 청구를 인용한 위법이 있다"고 직권 판단을 하였는바(대법원 2015. 1. 15. 선고 2012다74175 등 판결), 이는 이러한 예외적 기준을 벗어난 것이라고 하겠다.

111) 대법원은 이에 관하여 "상고법원은 상고이유에 따라 불복신청한 한도 안에서만 심리할 수 있고, 상고는 민사소송법 제424조의 절대적 상고이유가 아닌 한 판결에 영향을 미친 헌법·법률·명령 또는 규칙의 위반이 있다는 것을 이유로 드는 때에만 할 수 있으므로, 당사자가 상고이유로서 판결에 영향을 미친 법령 위반의 점에 관하여 구체적으로 주장하거나 직권조사를 촉구하지 아니한 사항은 적법한 상고이유가 되지 아니하고, 더구나 법률의 일반적 규정이나 관련이 있다고 보여지는 판례 등에 대하여 반드시 판단을 하여야 하는 것도 아니므로, 이를 판단하지 아니하였다고 하더라도 판단누락

(3) 순수판단규범에 관한 상고심의 판단 범위

1) 변론주의의 적용이 배제되고 직권주의의 적용 대상인 신의칙이나 권리남용금지, 반사회질서행위의 금지, 불공정행위의 금지 등 순수판단규범의 해석·적용은 상고심의 직권조사사항에 포함되는가? 사원권의 양도·상속의 금지, 고의의 불법행위에 기한 채무에 대한 상계 금지 등 개별적 구체적 구성요건에 관한 규범에 대응하여 그 법률효과를 통제하는 순수판단규범의 해석·적용을 그르친 경우에도 동일한 문제가 있다.

2) 순수판단규범에 관하여 원심법원이 이를 적용하지 않았거나 그 해석·적용을 그르친 경우, 상고인이 상고이유서를 제출하지 않았거나 이를 상고이유로 지적하지 않은 경우에도 상고심은 직권으로 이를 심판하여야 한다. 앞서 본 바와 같이 순수판단규범은 법질서의 근간이나 사회공익에 중대한 영향을 미치므로, 이에 관한 원심법원의 법령 해석·적용의 잘못을 그대로 용인할 수 없다. 또한 상고이유서 제출과 상고이유의 주장을 통한 남상고의 방지와 상고심의 부담 감소라는 법익과 순수판단규범을 통한 전체 법질서의 유지 및 사회공익의 도모라는 법익을 비교하였을 때 후자가 더 보호가치가 크다.

따라서 순수판단규범에 관한 원심법원의 해석·적용의 잘못은 상고심의 직권조사사항에 해당하고, 상고심이 직권으로 심판하여야 함이 마땅하다. 이 경우에도 이를 부인한다면, 민사소송법이 예외적으로 직권조사사항에 대해서는 상고이유서 제출이나 상고이유의 주장에 관계없이 직권으로 심판하도록 규정한 입법취지가 무의미해진다.

3) 이와 관련하여, 신의칙이나 권리남용금지, 반사회질서행위의 금지, 물권의 임의적 창설 금지 등 일반조항에 한하여 위 법리를 적용하여야 하는지, 아니면 사원권의 양도·상속의 금지, 고의의 불법행위에 기한 채무에 대한 상계 금지, 차주나 임차인에게 불이익한 약정의 금지 등 개별적 구체적 구성요건에 관한 규범에 대응하여 그 법률효과를 통제하는 순수판단규범에 한하여 위 법리를 적용하여야 하는지가 문제된다.

일반조항에 대하여 위 법리를 적용하여야 함은 당연하고 이견이 있을 수 없다. 그런데 사원권의 양도·상속의 금지나 고의의 불법행위에 기한 채무에 대한 상계 금지 등의 순수판단규범에 의하여 확보하려는 법질서나 사회공익 역시 일반조항과 크게 차이가 없다.

예컨대, 일반조항인 신의칙에 위반한 행위의 효력을 부인할 경우, 그로써 구제되는 법익은 '신뢰는 보호되어야 한다'는 사회윤리이지만, 구체적으로는 당해 사건의 당사자만이

이라고 할 수 없다"라고 하는바(대법원 1985. 8. 27. 선고 85사43 판결, 2008. 7. 10. 선고 2006재다218 판결), 이 역시 이러한 취지가 아닌가 싶다.

대법원 2006재다218 사건의 경우 구체적 구성요건에 관한 규범인 민법 제468조 단서 및 민법 제153조 제2항에 관한 해석·적용이 문제되었는데, 대법원은 상고인이 상고이유서 제출기간 내에 제출한 상고이유서에서 이를 특정하여 명시적으로 주장하지 아니하였다는 이유로 직권판단이 필요 없다고 보았다.

구제되고, 이를 적용하지 않을 경우 손해를 입는 것도 그 사건의 개별 당사자에 불과하다. 그런데 고의의 불법행위에 기한 채무에 대한 상계 금지, 차주나 임차인에게 불이익한 약정의 금지 등 개별적 구체적 구성요건에 관한 규범에 대응하여 그 법률효과를 통제하는 순수판단규범을 적용할 경우, 작게는 그 사건의 당사자의 법익만이 구제되지만 이를 통해 불법의 방지나 임차인 등 사회경제적 약자의 보호라는 좀 더 큰 공익을 도모할 수 있게 된다. 따라서 일반조항이나 개별적 구체적 구성요건에 관한 규범이나 그것이 순수판단규범인 이상 그 보호가치나 보호법익에 차등이 없고, 양자는 꼭 같이 보호되고 실현되어야 한다.

4) 한편, 순수판단규범에 관하여 이를 상고심의 직권조사사항으로 인정하더라도 그 심판에 아무런 문제가 없다.

순수판단규범은 변론주의가 적용되는 구체적·역사적 법률사실을 갖지 않으므로, 이는 사실심의 전권사항이자 사실심에서만 주장할 수 있는 사항에 해당하지 않는다. 그리고 이는 법령의 해석·적용 문제로서 사실 확정을 필요로 하지 않으므로 법률심인 상고심의 성질에 반하지 않는다. 설사 순수판단규범이 그 적용요건으로 요구하는 것에 불공정행위와 같이 가해의 의사나 궁박, 경솔, 무경험 등의 구체적·역사적 사실이 개재되어 있는 경우라도, 이는 앞서 본 바와 같이 법령의 내용을 보충하는 것으로서 법령의 일부에 해당하므로 법원은 이를 직권으로 조사하여야 하고 상고심 역시 마찬가지이므로, 그에 대한 조사가 법률심인 상고심의 성질에 반한다고 볼 수 없다.[112] 그리고 이는 구체적 구성요건에 관한 규범이나 순수판단규범에 관하여 원심법원이 그 해석·적용을 그르쳐 상고인이 상고이유서를 통해 상고이유로 지적한 경우와 심리방법상 아무런 차이가 없다.[113]

5) 대법원은, 원고의 부당이득반환청구에 대하여 상고인인 피고가 상고이유로 신의칙위반을 주장한 데에 대하여, 그 주장이 상고심에 이르러 처음 제기하는 것으로서 적법한 상고이유가 될 수 없다고 하여 이를 부정한 바 있다(2014. 4. 30. 선고 2014다1126 판결).[114] 또, 농지개혁법의 성

112) 이는 발견, 인식의 대상인 사실이 아니라 법령의 내용을 보충하는 사실을 조사하는 것이므로 순수한 사실조사라고 할 수 없다. 민사소송법 제434조도 직권조사사항에 관하여는 사실심의 전권을 규정한 제432조의 적용을 배제하고 있다. 따라서 소의 이익이나 부제소합의 등 소송요건이나 상소요건 등과 같이 상고심이 이를 직접 조사하여도 무방하며, 그 조사가 복잡하여 상고심이 직접 하기에 부적당한 경우에는 환송이나 이송하여도 좋을 것이다. 이에 관한 자세한 논의는, 양경승, "변론주의와 직권주의의 구별기준 및 상고심의 심리대상", 사법논집 제62집(2017)을 참조.

113) 직권조사사항임에 이견이 없는 소송대리권의 존부 등에 대하여도 상고심은 그에 관련된 사실조사를 하여야 하므로 상고심이라 하여 사실조사가 전면 배제되는 것은 아니다. 또한 직권조사사항이라도 입증책임이 적용되고, 직권조사의 범위는 소송기록과 변론에 현출된 것에 한하고 그것을 넘어 직권탐지까지 할 필요는 없다는 점은 앞서 본 바와 같으므로 그 조사에 큰 노력이 필요한 것도 아니다.

114) 상고이유로 주장하였음에도 대법원이 상고심에서 처음 하는 주장이라는 이유로 이 사건에서 판단을 거부한 것은, 아마 상고인의 신의칙위반 주장에 사실관계를 전제로 한 내용이 들어 있어서 그런 것으로 보인다. 한편 대법원 2008. 12. 11. 선고 2006다83932 판결은, 원고 甲이 나머지 원고들과의 합의에 따라 소송대리인을 선임하여 소송을 수행하는 것은 변호사법 제109조에 위반되거나 사회질

질이 강행법규라고 하더라도 그 해석·적용에 관한 사항이 법원이 직권으로 조사할 사항이라고는 보기 어렵고, 변론주의를 터전으로 하는 민사소송에 있어서 당사자가 그 해석·적용에 관한 사항에 관하여 다투지 아니할 경우에는 구태여 법원이 나서서 그것을 문제삼을 성질의 것은 못된다며, 농지에 대한 경락허가결정과 관련하여 원심에서 주장하지 않았던 농지매매증명이 없다는 이유로 재항고를 제기한 경우, 이는 원심에서 주장하지 않았던 새로운 이유로서 적법한 재항고사유가 될 수 없다고 판시한 경우도 있다(1965. 12. 28.자 65마1087 결정, 1966. 3. 8.자 66사2 전원합의체 결정).

반면에 손해배상액 예정의 약정에 관하여 대법원은, 채권자인 피고가 자신의 손해발생 및 손해액에 대하여 아무런 입증을 하지 않았음을 탓하는 원고의 상고이유의 주장은 받아들이지 않으면서, 손해배상의 예정액이 부당하게 과다한 경우 법원은 당사자의 주장이 없더라도 직권으로 이를 감액할 수 있다는 이유로, 기록에 나타난 원·피고 간의 매매계약의 내용과 목적, 매매대금에 대한 손해배상예정액의 비율, 손해배상예정액을 정하게 된 경위, 일반적인 거래관행, 피고에게 실제로 생겼을 손해의 규모 등에 비추어 보면, 손해배상예정액에 해당되는 금액은 부당하게 과다하다고 할 것임에도 원심은 위와 같은 손해배상예정액이 과다한지 여부에 대하여 제대로 심리하지 않은 채 위 손해배상예정액에 대하여 전혀 감액함이 없이 전액을 그대로 인정한 잘못이 있다는 이유로 직권으로 원심판결을 파기한 바 있고(2009. 2. 26. 선고 2007다19051 판결), 불법행위로 인한 손해배상청구에 관하여 피해자의 과실상계에 대한 상고이유의 주장이 없음에도 직권으로 판단한 바도 있다(2016. 4. 12. 선고 2013다31137 판결).

또 대법원 2008. 11. 27. 선고 2008다40847 판결은, "이 사건에서 상고이유로 주장하는 소멸시효나 신의칙 위반 및 권리남용 주장과 관련하여 … 상고이유를 특정하여 원심판결 중 어떤 부분이 법령에 어떻게 위반되었는지에 관하여 구체적이고 명시적인 근거를 밝히지 아니한 것이므로 모두 적법한 상고이유의 기재가 될 수 없다. 나아가 이 부분 주장 중 신의칙 위반 및 권리남용 부분은 직권조사사항에 해당한다고 볼 여지가 있지만, 원심판결 이유를 기록에 비추어 살펴보면, 원심이 그 판시와 같은 이유로 피고들의 신의칙 위반 및 권리남용 주장을 배척한 것은 정당하다."고 하여 순수판단규범인 신의칙 위반이나 권리남용이 직권조사사항에 해당한다고 보았다(대법원 2010. 9. 9. 선고 2010다24435 판결도 이와 같다). 또 대법원 1998. 6. 26. 선고 97다42823 판결 역시 권리남용 여부는 상고심의 직권조사사항이라고 판시하였다. 이렇게 엇갈리는 판결을 보면, 대법원이 아직 상고심의 직권판단사항에 대하여 명확한 기준을 정립하지 못한 것으로 생각된다.

서에 반한 법률행위 또는 불공정한 법률행위이며, 나아가 소송신탁에 해당하여 무효라 할 것이므로, 원고 甲을 제외한 나머지 원고들의 소송대리인의 소송행위는 소송대리권이 없는 것으로서 효력이 없다는 취지의 피고들 상고이유 주장에 대하여, 피고들의 위와 같은 주장은 상고심에서 새롭게 하는 주장이지만 소송대리권의 흠결 여부는 법원의 직권조사사항이라면서 판단하였다.

6) 앞서 본 바와 같이 순수판단규범은 법질서 전체에서 개개의 법률효과를 평가하여 그 허용 여부를 정하는 것이므로, 순수판단규범에서 허용하지 않는 법률효과를 용인함은 법질서 전체 또는 그 골간(骨幹)을 무너뜨리게 되며, 당사자의 상고이유 제기 여부에 따라 그 운명을 좌우하도록 방치할 경우 매우 불합리한 결과가 초래될 수 있다.

상고 역시 당사자주의의 산물로서, 상고를 제기할지 여부는 전적으로 당사자의 자유에 달려 있으나, 일단 상고가 제기되어 사건이 상고심의 심판대상이 된 경우 당사자가 임의로 처분할 수 없는 영역인 순수판단규범의 해석·적용에 관한 사항은 직권조사사항으로서, 상고심은 상고인이 이를 상고이유로 지적하지 않았더라도 직권으로 이를 심판할 수 있거나 의무적으로 심판하여야 한다고 생각된다. 또한 이는 그 법적 성질상 당사자의 사적 이익 보호를 주안으로 하는 구체적 구성요건에 관한 규범과는 다르므로, 앞서 본 상고심의 운영에 있어서도 양자를 달리 취급함이 당연하다.

(4) 중립적 규범에 관한 상고심의 판단 범위

1) 앞서 본 바와 같이 민법 제3조(권리능력), 제5조(미성년자), 제9조(피성년후견인), 제18조(주소), 제22조(부재자), 제33조(법인), 제98조(물건), 제99조(부동산) 등과 같은 중립적 규범 역시 구체적 구성요건의 법률사실(구체적·역사적 법률사실)을 토대로 한 구체적·개별적 법률효과(권리·의무)를 부여하기 위한 도구로서, 그 자체로는 법주체 상호 간의 구체적·역사적 사실인 행위나 현상을 요소로 하지 않고 구체적 구성요건에 관한 규범이 규정하는 법률사실과 그 법률효과 발생에 수반되는 것이어서 당사자의 주장 여부에 관계없이 당연히 적용되어야 하므로, 이에 대해서는 변론주의가 적용되지 않는다.

2) 예컨대, 법인이 매매계약의 당사자이고 소송목적이 매매에 기한 소유권이전등기청구인 경우에 법인이 상법이나 기타 그 법인의 설립 준거법에 의해 적법하게 성립하였는지 여부는 구체적 구성요건에 관한 규범인 매매에 관한 법규와는 다른 법규가 적용되며, 이는 그 법인이 법이 인정하는 권리의무의 주체로서 매매계약의 당사자가 되고 그에 따른 법률효과로서의 권리·의무를 취득하는지 여부에 관한 것으로서, 매매 당사자가 매매라는 법률행위를 통하여 인식·의욕한 사항과는 직접 관계가 없다. 따라서 당사자가 그 법인이 적법한 권리능력자로서 소송목적인 권리를 취득하였다거나 의무를 부담한다고 주장하는 경우, 법원은 이에 관하여 그 법인이 설립 준거법에 의해 적법하게 성립하였는지 여부나 그 적법한 대표자 등을 직권으로 판단하여야 한다.

사람이 19세에 달한 성년자인지 아니면 이에 미달한 미성년자인지 여부나 이미 결혼을 하여 예외적으로 성년자가 되었는지 여부, 성년후견심판을 받은 피성년후견인인지 여부,[115] 실종자인지 부재자인지 여부나 어느 곳이 그의 주소인지 여부 등의 판단도 이와 같다. 법원은 이러한 사항을 직권으로 탐지할 필요까지는 없으나, 이러한 사항이 변론자료에 나타나 있는 경우 직권으로 관련 법규를 적용하여 그에 따라 판단하여야 한다. 이러한 사항은 구체적 사건이나 당사자가 누구인지와 관계없이 일률적으로 적용되어야 할 기본적 법질서에 해당하고, 공익에 관계되기 때문이다.

3) 따라서 위와 같은 중립적 규범의 존부나 그 해석·적용에 관한 사항은 직권심판사항으로서, 원심판결에 이를 그르친 잘못이 있고 그것이 판결의 결과에 영향을 미친 경우, 상고인이 상고이유서를 제출하지 않았거나 이를 상고이유로 지적하지 않았더라도 상고심은 이를 직권조사사항으로 보아 직권으로 이를 심판할 수 있고, 또 의무적으로 이를 심판하여야 한다.

(5) 소송요건과 절차 규범에 관한 상고심의 판단 범위

1) 소송요건과 소송절차는 구체적 구성요건에 관한 규범이 정하는 법률요건과 법률사실로부터 개개의 법률효과로서 실체법적 권리·의무가 발생하는 것이 아니라, 이를 전제로 그 법률효과의 존부와 범위, 즉 본안의 당부를 심판하기 위한 전제조건 또는 도구로서 당사자가 임의로 처분할 수 없는 법익에 관한 것이며, 넓은 의미의 중립적 규범에 속하는 시스템 법규로서 어느 경우에나 당연히 적용되어야 한다. 그러므로 이에 관한 규범은 원칙적으로 당사자의 주장 여부에 관계없이 당연히 적용되어야 하고, 따라서 이 역시 변론주의가 아닌 직권주의가 적용된다.

2) 이러한 사항으로는 법원, 당사자, 소송물 등을 기준으로, ① 재판권, 국제재판관할권, 민사소송사항성, 직분관할과 심급관할, 부제소합의나 불상소합의·중재합의·소 취하계약의 부존재, ② 당사자의 실재, 당사자능력, 당사자적격, 소송능력과 법정대리권 및 소송대리권의 존재, ③ 소송물의 특정, 중복제소의 부존재, 소 취하 후 재소(再訴)의 불해당, 권리보호의 이익(소의 이익), 제척기간의 준수 등 다양한 것들이 논의된다. 또한 소송절차에 재심사유에 해당하는 하자가 있거나,[116] 민사소송법 제424조 제1항 소정의 절대적 상고이유에 해당하는 하자가 있는 경우에도 소송요건의 흠결에 준하여 취급함이 마땅하다.[117]

3) 소가 소송요건을 갖추지 못한 경우 본안의 당부에 대한 심판이 무의미하므로, 법원

---

115) 당사자가 미성년자이거나 피성년후견인임을 전제로 법률행위의 무효나 취소를 주장하는 것 자체는 구체적 구성요건에 관한 규범(무효와 취소에 관한 규정)의 문제로서 변론주의의 적용 대상이므로 법원이 직권으로 이를 심리하여 법률행위의 무효나 취소를 판단할 수는 없다. 여기서 직권조사사항이라고 말하는 것은 19세가 되었을 때 성년자가 되고 그 미달자는 미성년자라는 것, 피성년후견인은 단독으로 법률행위를 할 수 없다는 것 등을 관련 법규에 의하여 직권으로 판단한다는 것을 말하는 것으로서 전자와는 차원이 다른 문제이다.

116) 재심사유가 절대적 상고이유가 됨은 민사소송법 제451조 제1항 단서에 간접적으로 규정되어 있다. 학설도 이견이 없다.

117) '상고심절차에 관한 특례법'에서도 민사소송법 제424조의 절대적 상고이유에 해당하는 사유가 있는 경우 심리불속행 사유에서 제외하고 있다(동법 제4조 제1항 제6호 참조).

은 이를 의심할 사항이 존재하는 경우, 직권으로 이를 조사하여 그것이 인정되는 때에는 소를 각하하고 본안의 당부에 대한 심판을 거부함으로써 이러한 판결이 발생하는 것을 적극적으로 방지하여야 한다. 또한 소송요건은 상고심에서도 갖추어야 하고, 사실심이 이에 관한 하자를 간과하고 판결을 한 경우, 법률심으로서 법령 해석·적용의 최종 판단자인 상고심은 이를 시정하여야 한다. 따라서 상고인이 상고이유서를 제출하지 않았거나 이에 관한 원심판결의 잘못을 상고이유로 지적하지 않았더라도 상고심은 직권으로 이를 심판하여야 한다.

대법원도, 원고 甲이 나머지 원고들과의 합의에 따라 소송대리인을 선임하여 소송을 수행하는 것은 변호사법에 위반되거나 사회질서에 반한 법률행위 또는 불공정한 법률행위이며, 나아가 소송신탁에 해당하여 무효이므로, 원고 甲을 제외한 나머지 원고들의 소송대리인의 소송행위는 소송대리권이 없는 것으로서 효력이 없다는 취지의 피고 상고이유 주장에 대하여, 피고의 위와 같은 주장은 상고심에서 새롭게 하는 주장이지만 소송대리권의 흠결 여부는 법원의 직권조사사항이라고 보았다(대법원 2008. 12. 11. 선고 2006다83932 판결. 2015. 12. 10. 선고 2012다16063 판결도 같은 취지).

또, 점유취득시효완성을 원인으로 한 소유권이전등기청구는 시효완성 당시의 소유자를 상대로 하여야 하므로, 시효완성 당시의 소유권보존등기나 이전등기가 무효라면 원칙적으로 그 등기명의인은 시효취득을 원인으로 한 소유권이전등기청구의 상대방이 될 수 없는바, 원고 명의의 소유권이전등기가 무효인 이상 피고는 이 사건 대지의 소유자가 아닌 원고를 상대로 반소로써 시효취득을 원인으로 한 소유권이전등기청구를 할 수 없다며, 이에 반한 원심판결을 직권으로 파기하였다(대법원 2015. 1. 15. 선고 2012다74175 판결 등).

4) 한편, 적법한 소송절차에 의하지 아니하고 소송이 진행되어 판결이 선고된 경우, 이로써 당사자는 자신의 귀책사유 없이 부당하게 손해를 입게 되므로, 이를 시정하지 않은 채 당사자에게 손해를 감수하게 함은 정의와 형평에 반한다.

그러므로 소송요건에는 해당하지 않지만, 원심판결에 이르기까지의 소송절차에 재심사유나 민사소송법 제424조 제1항 소정의 절대적 상고이유에 해당하는 중대한 하자가 있는 경우, 항소심 법원은 이를 직권으로 조사하여 시정하여야 하고(민사소송법 제417조), 이는 상고심 역시 같다(민사소송법 제425, 417조).[118] 따라서 상고인이 상고이유서를 제출하지 않았거나 이에 관한 원

---

118) 상고심 판결에 대하여 재심의 소를 제기하려면 상고심의 소송절차 또는 판결에 민사소송법 제451조 제1항 각 호에 정한 사유가 있어야 하고, 상고심은 직권조사사항이 아닌 이상 사실인정의 직책은 없고, 다만 사실심인 제2심법원이 한 증거의 판단과 사실인정의 적법 여부를 판단할 뿐이며 사실심에서 적법하게 확정한 사실은 상고심을 기속하므로, 민사소송법 제451조 제1항 제6호의 서증의 위조·변조에 관한 것과 같이 사실인정 자체에 관한 사유는 직권조사사항에 관한 것이 아닌 한 사실심 판결에 대한 재심사유는 될지언정 상고심 판결에 대한 재심사유로 삼을 수 없고, 이러한 재심사유는 상고심의 직권조사사항에 관한 사실인정에 대한 것이 아니므로, 재심원고가 민사소송법 제451조 제1항 제6호에 관한 재심사유를 들어 대법원 판결에 대하여 재심을 청구한 경우 이는 적법한 재심청구라고 볼 수 없다(대법원 2015. 2. 12. 선고 2014재다1353 판결, 2015. 11. 26. 선고 2015재다326 판

심판결의 잘못을 상고이유로 지적하지 않았더라도 상고심은 이를 직권조사사항으로 보아 심판하여야 한다.[119)]

5) 그밖에도, ① 토지 소유권확인소송에서 소송대상인 토지를 불특정한 경우(대법원 2011. 3. 10. 선고 2010다87641 판결)나 심판대상과 심판범위를 그르친 잘못이 있는 경우(대법원 2011. 2. 24. 선고 2009다43355 판결 등), ② 법령상 상소가 불가한 경우(대법원 2018. 1. 19.자 2017마1332 결정), ③ 원심판결 주문에 청구를 인용하고 배척하는 범위가 명확하게 특정되지 않은 경우(대법원 2012. 12. 13. 선고 2011다89910, 89927 판결 등), ④ 당사자 쌍방 불출석에 의한 소의 취하로 인한 소송종료를 간과한 경우(대법원 2002. 7. 26. 선고 2001다60491 판결), ⑤ 고유필수적 공동소송의 공동소송인 일부에 대해서만 판결한 경우(대법원 2011. 6. 24. 선고 2011다1323 판결) 등에도 이러한 원심판결의 잘못을 상고심은 직권으로 심판하여야 한다.

사. 소송에 의하지 아니한 상고심 소송의 종료

(1) 소나 상고의 취하

1) 원고는 상고심에서도 소를 취하할 수 있다. 그 시기는 상고심판결 선고 전후를 불문하고 판결이 확정될 때까지이다(민사소송법 제425, 408조, 제266조 제1항). 상고심판결이 중간판결인 파기·환송이나 이송판결인 때에는 이로써 판결이 확정되지 않으므로 그 판결 선고 뒤에도 가능하나, 종국판결인 상고 각하나 상고 기각인 경우에는 그 선고로써 소송이 종료하고 판결이 확정되므로 불가하다.

상고심에서 소를 취하하고자 할 때에도 사실심에서 상대방이 답변서를 제출하였거나 변론기일에서 변론을 한 뒤에는 상대방의 동의를 받아야 한다. 상대방이 사실심에서는 이와 같은 소송행위를 한 바 없으나, 상고이유서에 대응하여 답변서를 제출하였거나 상고심의 변론기일에서 진술하거나 변론을 한 뒤에도 상대방의 동의를 받아야 할 것이다.

2) 상고심에서의 소의 취하 방식과 법원의 처리는 1심에서의 그것과 같다. 그 효과 역시 앞서 본 소 취하의 그것과 같다.

3) 상고인은 상고심의 종국판결이 있기 전에 상고를 취하할 수 있다. 부대상고 역시 같다. 상고의 취하에는 민사소송법 제266조 제3항 내지 제5항 및 제267조 제1항의 규정이 준용된다. 따라서 상고의 취하는 서면으로 하여야 하되, 변론기일이나 변론준비기일에서는 말로도 할 수 있다(민사소송법 제425, 393조). 상고를 한 뒤의 상고권 포기는 상고 취하의 효력이 있

결 등). 이는 상고심의 문제가 아니라 재심의 문제로서 차원이 다르다.

119) 다만, 소송절차의 위법이 있더라도 그것이 중대하지 아니하여 이의권(책문권) 상실의 대상으로서 그에 따라 하자가 치유되는 경우에는 상고심이 구태여 직권으로 심판할 필요는 없을 것이다. 그러나 이는 결과적으로 그것이 경미하고, 직권으로 심사하여도 위법성이 부정되는 데에 따른 것이므로, 그러한 판단을 하기 위하여 직권으로 심사하는 것까지 배제되는 것은 아니며, 처음부터 당연히 직권조사사항에서 배제되는 것은 아니라 할 것이다.

다(민사소송법 제425조, 제395조 제3항).

상고 취하서는 대법원에 제출하는 것이 원칙이지만, 소송기록을 대법원에 송부하기 전이라면 원심법원에 제출하여도 무방하다. 소송기록 송부 후에 이를 원심법원에 제출한 경우에는 그것이 상고심법원에 접수된 때에 효력이 있다고 할 것이다.

항소의 취하와 마찬가지로 상고의 취하 역시 상대방의 동의가 전혀 필요 없다. 상고 취하가 있으면 상고가 처음부터 계속되지 아니한 것으로 본다(민사소송법 제425조, 제393조 제2항, 제267조 제1항). 따라서 상고기간 경과 후에 상고 취하가 있는 경우에는 상고기간 만료 시로 소급하여 원심판결이 확정된다고 할 것이다(대법원 2017. 9. 21. 선고 2017다233931 판결 참조). 상고의 취하로써 이와 같이 원심판결이 확정되고 상고심 소송은 종료하나, 상고기간 경과 전에 상고 취하가 있는 경우에는 다시 상고의 제기가 가능하므로 판결은 확정되지 아니하고, 상고기간 내에서는 다시 상고의 제기가 가능하다(대법원 2016. 1. 14. 선고 2015므3455 판결 참조).

(2) 이 송

1) 상고심에서도 당해 사건이 대법원의 관할에 속하지 않는 때에는 결정으로써 관할법원에 이송할 수 있다(민사소송법 제34조 제1항, 대법원 1994. 10. 15.자 94재다413 결정 등).

2) 이는 상소의 제기나 대법원에 대한 재심의 소 제기가 있으나, 그 사건을 처리할 법원이 대법원이 아니라 고등법원이나 지방법원 합의부(항소부)로서 당해 사건을 대법원에 잘못 송부한 경우나 잘못 접수한 경우에 주로 발생한다.

(3) 청구의 포기·인낙, 화해, 조정

1) 청구의 포기·인낙은 상고심에서도 할 수 있다. 상고심판결이 중간판결인 파기·환송이나 이송판결인 때에는 그 판결 선고 뒤에도 가능하나, 종국판결인 상고 각하나 상고 기각인 경우에는 그 선고로써 소송이 종료하고 판결이 확정되므로 청구의 포기·인낙은 불가하다.

2) 상고심에서도 청구의 포기·인낙은 변론기일에서만 할 수 있다. 변론준비기일을 연 때는 그 기일에서도 가능하다. 민사소송법 제148조 제2항에 따른 청구의 포기·인낙(당사자가 진술한 것으로 보는 답변서, 그 밖의 준비서면에 청구의 포기 또는 인낙의 의사표시가 적혀 있고 공증사무소의 인증을 받은 때)도 대법원이 변론기일이나 변론준비기일을 연 때에만 가능하다고 할 것이다. 그러므로 실제는 거의 발생하기 어렵다.

3) 상고심에서도 화해, 화해권고결정, 조정이 가능하다. 화해권고결정과 조정은 상고심 판결 선고 전까지만 가능하다(민사소송법 제232조 제2항, 민사조정법 제6조). 그러나 사실상 이는 거의 시행되지 않는다. 조정신청에 의한 조정은 소의 제기나 다름없으므로 상고심과 관계가 없다.

대법원이 변론기일이나 변론준비기일을 연 경우, 상고심에서도 민사소송법 제148조

제3항에 따른 화해(당사자가 진술한 것으로 보는 답변서, 그 밖의 준비서면에 화해의 의사표시가 적혀 있고 공증사무소의 인증을 받은 경우에, 상대방 당사자가 변론기일 등에 출석하여 그 화해의 의사표시를 받아들인 때)가 가능하다.

(4) 당사자의 사망 등

1) 당사자가 상고심 소송 중에 사망하였으나 그 소의 성질상 소송의 수계가 허용될 수 없는 경우에는 이로써 상고심 소송이 종료한다.

2) 법인이나 법인격 없는 사단, 재단이 소멸하고 그 소송목적을 승계할 자가 없는 경우에도 이와 같다.

아. 상고심의 판결

(1) 상고 각하

1) 상고가 상고제기기간을 도과한 후에 제기되었거나, 상고의 이익이 없거나, 상고권이 없는 자에 의해 제기된 등으로 상고요건을 갖추지 못하였거나 상고의 제기가 무효인 경우에는 상고가 부적법하여 본안판단을 받을 수 없으므로 대법원은 판결로써 상고를 각하하여야 한다(민사소송법 제425, 413조). 이 경우 그 하자가 보정 가능한 것이면 사전에 보정을 명하여야 하고, 보정이 불가능한 것이면 그 보정명령을 하거나 변론을 열 필요가 없음은 물론이다(민사소송법 제425, 413조).

2) 상고이유서를 제출하지 않았거나 상고이유서에 상고이유를 기재하지 않은 사유는 상고를 부적법하게 하는 사유는 아니므로, 이를 이유로 상고를 각하할 수는 없다.

(2) 상고 기각

상고가 이유 없는 경우 상고심법원은 판결로써 상고를 기각하여야 하는바, 여기에는 두 가지 방법이 있다.

(가) 심리불속행에 의한 상고 기각

1) 이는 일정한 사유가 있는 경우 본안의 당부나 원심판결의 당부에 관하여 심리를 하지 않고 곧바로 상고 기각판결을 하는 경우이다. 그 사유는 소액사건심판법, '상고심절차에 관한 특례법' 등에서 규정하고 있다. 이는 상고 자체를 직접 제한하는 것은 아니지만, 결과적으로는 이를 제한하는 것에 해당함은 앞서 지적한 바와 같다.

2) 소액사건에 대한 지방법원 본원 합의부의 제2심판결이나 결정·명령에 대하여는 ① 법률·명령·규칙 또는 처분의 헌법위반 여부와 명령·규칙 또는 처분의 법률위반 여부에 대한 판단이 부당한 때와 ② 대법원의 판례에 상반되는 판단을 한 때에 한하여 대법원에

상고 또는 재항고를 할 수 있다(소액사건심판법 제3조). 이를 위반하여 상고 또는 재항고를 한 경우 대법원은 심리를 하지 아니하고 판결로 상고를 기각한다(상고심절차에 관한 특례법 제4조 제1항).

3) 가압류·가처분 사건의 판결에 대하여 상고가 제기된 경우, 그 상고이유에 관한 주장이 ① 원심판결이 헌법에 위반되거나, 헌법을 부당하게 해석한 경우, ② 원심판결이 명령·규칙 또는 처분의 법률위반 여부에 대하여 부당하게 판단한 경우, ③ 원심판결이 법률·명령·규칙 또는 처분에 대하여 대법원 판례와 상반되게 해석한 경우가 아니면 대법원은 심리를 하지 아니하고 판결로 상고를 기각한다(상고심절차에 관한 특례법 제4조 제2항).[120)]

4) 소액사건이나 가압류·가처분 사건이 아닌 일반사건의 경우에도, 상고이유에 관한 주장이 ① 원심판결이 헌법에 위반되거나, 헌법을 부당하게 해석한 경우, ② 원심판결이 명령·규칙 또는 처분의 법률위반 여부에 대하여 부당하게 판단한 경우, ③ 원심판결이 법률·명령·규칙 또는 처분에 대하여 대법원 판례와 상반되게 해석한 경우, ④ 법률·명령·규칙 또는 처분에 대한 해석에 관하여 대법원 판례가 없거나 대법원 판례를 변경할 필요가 있는 경우, ⑤ 이상의 경우 외에 중대한 법령위반에 관한 사항이 있는 경우, ⑥ 민사소송법 제424조 제1항 제1호부터 제5호까지의 사유(이른바 절대적 상고이유)가 있는 경우의 어느 하나의 사유를 포함하지 아니한 때는 대법원은 심리를 하지 아니하고 판결로 상고를 기각한다(상고심절차에 관한 특례법 제4조 제1항).

상고이유에 관한 주장이 위 ① 내지 ⑥의 사유를 포함하는 경우에도, 그 주장 자체로 보아 이유가 없는 때, 원심판결과 관계가 없거나 원심판결의 결론에 영향을 미치지 아니하는 때에도 이와 같다(상고심절차에 관한 특례법 제4조 제3항).

5) 위와 같은 심리불속행 판결은 대법원의 부(部: 전원합의체 아닌 4인의 대법관으로 구성된 재판부)에서 재판하는 경우에 한하며, 원심법원으로부터 상고기록을 송부 받은 날부터 4월 이내까지만(즉 그때까지 심리불속행 판결의 원본이 법원사무관등에게 교부되어야 한다) 할 수 있다(상고심절차에 관한 특례법 제6조).

6) 심리불속행 판결의 경우에는 판결이유를 기재하지 않을 수 있다(상고심절차에 관한 특례법 제5조 제1항). 실무상으로는 '사건이 심리불속행사유에 해당한다'는 취지의 간략한 이유만을 기재한다. 또한 심리불속행 판결의 경우 선고가 필요하지 아니하며, 상고인에게 이를 송달함으로써 그 효력이 생긴다(상고심절차에 관한 특례법 제5조 제2항). 이 경우 그 판결의 효력은 판결 정본이 상고인에게 송달된 때이므로 판결 확정의 효력도 그때 발생한다(대법원 2009. 9. 10. 선고 2009다41977 판결).

---

120) 심리불속행 판결은 본안의 당부, 즉 상고의 당부(원심판결의 당부)에 관하여 심리를 하지 않고 곧바로 상고 기각판결을 하는 것인데, 본안의 당부(원심판결의 당부)에 관하여 심리를 하지 않고 상고이유가 원심판결에 영향을 미치지 않는다고 판단한다는 것은 얼핏 모순으로 보이기도 하나, 이는 상고이유 그 자체를 평가하였을 때 그러한 이유가 존재하더라도 그것이 원심판결에 영향을 미치지 않는다고 판단되는 것을 의미한다고 할 것이다.

7) 위 특례법의 규정은 재항고 및 특별항고 사건에도 준용된다(상고심절차에 관한 특례법 제7조).

(나) 무변론 상고 기각

1) 상고인이 적법한 기간 내에 상고이유서를 제출하지 아니한 때에는 상고법원은 직권으로 조사하여야 할 사유가 없는 한 변론 없이 판결로 상고를 기각하여야 한다(민사소송법 제429조).

2) 이 경우에도 판결은 선고가 필요하지 아니하며, 상고인에게 판결 정본을 송달함으로써 그 효력이 생긴다(상고심절차에 관한 특례법 제5조 제2항). 이때도 판결 확정의 효력은 판결 정본 송달 시에 발생한다.

(다) 본안 심리 후 상고 기각

1) 이는 본안의 당부, 즉 원심판결의 당부와 상고의 당부에 관하여 심리를 한 후 원심판결이 정당하고 상고가 이유 없다고 판단하여 상고 기각판결을 하는 경우이다.

2) 즉 상고법원은 본안(원심판결의 당부=상고의 당부)을 심리한 결과, 원심판결이 정당하다고 인정하면 판결로 상고를 기각하여야 한다(민사소송법 제425, 414조 제1항). 원심판결의 이유가 정당하지 아니한 경우에도, 다른 이유에 따라 그 판결이 정당하다고 인정되는 때에는 상고를 기각하여야 한다(민사소송법 제425조, 제414조 제2항).

3) 원고와 피고 모두 상고를 하여 원심판결의 파기(취소)를 구한 경우에, 그 파기(취소)되는 원심판결의 부분이 동일하다면 대법원이 어느 당사자(상고인)의 상고이유를 받아들였던 관계없이 결과적으로 양쪽의 상고가 모두 인용된 것이므로, 일방의 상고이유 주장이 이유가 없더라도 구태여 그의 상고를 기각할 필요는 없다.

(3) 원심판결의 파기(취소)

(가) 파기 사유

1) 상고법원은 상고이유가 정당하거나, 직권조사결과 원심판결에 헌법이나 법령위반의 잘못이 있다고 인정한 때에는 원심판결을 파기(破棄), 즉 취소하여야 한다(민사소송법 제436, 437조).파기의 범위는 원심판결의 전부가 될 수도 있고 일부가 될 수도 있으나, 불복신청(상고로써 취소를 구한 범위)의 한도를 벗어날 수는 없다(민사소송법 제431조). 즉 상고심에도 불이익변경금지의 원칙이 적용된다.

2) 원심판결의 일부를 파기하는 경우 그 파기하는 부분은 '원심판결 중 피고 패소 부분', '원심판결 중 피고 ○○○에 대한 부분', '원심판결의 피고 패소 부분 중 2호 약정 부분', '환송 후 원심판결 중 가지급물반환 부분', '원심판결 중 예비적 청구에 관한 부분', '원심판결 중 본소에 관한 권리금 회수 방해로 인한 손해배상청구 부분' 등과 같이 특정

할 수 있다.

3) 상고심법원은 상고인의 주장에 의하거나 직권으로 심사한 결과 원심판결의 절차가 법률에 어긋날 때에는 원심판결을 파기하여야 한다(민사소송법 제425, 417조). 원심판결에 전속관할위반의 하자가 있는 경우에도 같다(민사소송법 제425, 419조).

4) 상고심법원이 원심판결을 취소한 경우, 그 처리 방법은 다음 3가지이다.

(나) 원심법원으로의 환송

1) 이는 파기된 부분의 사건을 원심법원에 환송(還送)하는 것이다(민사소송법 제436조 제1항). 상고심법원은 법률심이자 사후심이므로, 원심판결을 파기한 경우 본안에 관하여 스스로 판단하지 않고 원심법원에 환송하는 것이 원칙이다. 이로써 그 부분 사건은 원심법원에 되돌아가게 된다.

2) 파기의 결과 그 부분에 관한 원심판결이 실효하여 그 부분의 확정이 차단되고, 환송의 결과 다시 원심법원에 사건(소송)이 계속하게 된다. 환송 후 원심은 상고 이전과 같이 2심이거나 1심(비약상고에 의하여 파기된 경우)의 성질을 갖게 되므로, 다시 2심이나 1심법원의 자격으로 변론을 거쳐 심판하여야 한다. 그리고 상고법원이 파기의 이유로 삼은 사실상의 판단과 법률상의 판단에 기속된다(민사소송법 제436조 제2항). 이때 원심판결에 관여한 판사는 위 재판에 관여하지 못한다(민사소송법 제436조 제3항).

3) 환송 후 원심의 소송절차는 환송 전 원심소송절차의 속행이므로, 여기에는 당해 심급의 모든 법리가 그대로 적용된다. 따라서 당사자는 원칙적으로 새로운 사실과 증거를 제출할 수 있음은 물론, 소의 변경, 부대항소의 제기뿐만 아니라 청구의 확장 등 그 심급에서 허용되는 모든 소송행위를 할 수 있고, 서증 번호도 연속된다. 그 결과 환송 전 원심판결보다 상고인에게 불리한 결과가 생길 수도 있다(대법원 1991. 11. 22. 선고 91다18132 판결,, 2014. 6. 12. 선고 2014다11376,11383 판결, 2015. 11. 12. 선고 2015다2829 판결).

4) 환송판결에 관하여 대법원은 종래 이를 중간판결로 보았는데(대법원 1964. 6. 9. 선고 63다982 판결), 그 뒤 "대법원의 환송판결은 형식적으로 보면 확정된 종국판결에 해당하지만, 여기서 종국판결이라고 하는 의미는 당해 심급의 심리를 완결하여 사건을 당해 심급에서 이탈시킨다는 것을 의미하는 것일 뿐이고, 실제로는 환송받은 하급심에서 다시 심리를 계속하게 되므로 소송절차를 최종적으로 종료시키는 판결은 아니며, 또한 환송판결도 동일절차 내에서는 철회, 취소될 수 없다는 의미에서 기속력이 인정됨은 물론 법원조직법 제8조, 민사소송법 제406조 제2항 후문의 규정에 의하여 하급심에 대한 특수한 기속력은 인정되지만, 소송물에 관하여 직접적으로 재판하지 아니하고 원심의 재판을 파기하여 다시 심리·판단하여 보라는 종국적 판단을 유보한 재판의 성질상 직접적으로 기판력이나 실체법상 형성력, 집행력이 생기지 아니하므로 이는 중간판결의 특성을 갖는 판결로서 '실질적으로 확정된 종국판결'이라 할 수 없다. 따라서 환송판결은 재심의 대상을 규정한 민사소송법 제

422조 제1항 소정의 확정된 종국판결에는 해당하지 아니하므로 이에 대한 재심의 소는 부적법하다"고 하여 이를 보다 분명히 표시하였다(대법원 1995. 2. 14. 선고 93 재다27, 34 전원합의체 판결). 이는 환송판결 외에 이송판결에도 타당하다고 할 것이다.

(다) 관할법원으로의 이송

상고심이 전속관할위반을 이유로 원심판결을 파기한 경우, 사건을 관할법원에 이송하여야 한다(민사소송법 제436조 제1항). 이는 재량사항이 아니고 의무적이다.

(라) 자판(自判)

1) 대법원이 파기·취소 부분에 대하여 스스로 다시 판결하는 것이다. 원심판결을 취소한 경우 그 부분에 대하여는 판결이 존재하지 않게 되므로 상고심법원이 스스로 그 부분을 판결하는 것인바, 이를 통상 파기자판(破棄自判)이라고 한다.

2) 대법원이 파기자판을 하는 경우는 ① 확정된 사실에 대하여 법령적용이 어긋난다 하여 판결을 파기하는 경우에 사건이 그 사실을 바탕으로 재판하기 충분한 때, ② 사건이 법원의 권한에 속하지 아니한다 하여 판결을 파기하는 때이다(민사소송법 제437조).

파기자판을 하는 경우에는 상고심법원이 항소심법원의 권한도 행사하게 되므로 경우에 따라 1심판결도 취소하여야 하는바,[121] 이때는 "원심판결을 파기하고, 제1심판결을 취소한다. ……"는 주문을 내야 한다.

3) 자판하는 판결의 내용은 소 각하일 수도 있고, 원고 청구의 추가적 인용일 수도 있고, 원고 청구의 기각일 수도 있다. 대법원이 파기자판을 하는 경우에 당사자의 동의는 필요 없다. 대법원이 가지급물반환신청에 대한 재판을 하는 것도 자판에 해당한다.

4) 대법원이 파기자판을 하는 경우 그 판결은 전체 심급의 소송을 종료케 하는 것이므로 종국판결에 해당함에 의문의 여지가 없다.

(4) 상고심판결의 부대 판결

상고심판결에도 상고의 적부와 당부 외에 소송비용 등 부수적인 사항에 대한 판결을 하여야 한다.

(가) 소송비용의 부담 재판

1) 소송비용의 부담 재판은 항소심의 그것과 대체로 같다. 상고심법원이 상고를 각하하거나 기각하는 경우에는 원심판결이 유지되므로 상고비용의 부담에 대해서만 판결하여

121) 제1심판결을 취소·변경한 원심판결이 잘못된 것으로 판단하여 원심판결을 파기하고 자판하는 경우에는 제1심판결을 취소할 필요가 없으므로 "원심판결을 파기하고, 원고의 항소를 기각한다"와 같은 주문을 내야 할 것이다.

야 한다(민사소송법 제104조). 그러나 원심판결의 전부나 일부를 파기하고 환송 또는 이송하는 경우, 이는 실질적으로 중간판결이고, 장차 환송 또는 이송 받은 법원이 소송을 완결하는 때에 상고심 소송비용을 포함하여 판결하게 되므로(민사소송법 제105조), 상고심의 소송비용의 부담에 대해서도 판결할 필요가 없다.

2) 상고심법원이 파기자판을 하는 경우에는 1심과 항소심의 소송비용(소송총비용)의 부담까지 포괄하여 판결하여야 함은 물론이다(민사소송법 제105조).

3) 보조참가인이 상고를 하였으나 이를 각하하거나 기각하는 때에는 "상고비용은 보조참가인이 부담한다" 또는 "상고비용 중 보조참가로 인한 부분은 피고 보조참가인이 부담한다"와 같이 그 상고비용을 보조참가인이 부담하도록 하는 판결을 한다. 이 경우 피참가인은 단순한 상소심 당사자가 될 뿐이므로 그 소송비용은 보조참가인이 부담하여야 하기 때문이다.

(나) 가집행선고

1) 상고심법원은 그 판결 선고 전에 앞서 본 바와 같이 가집행선고의 결정을 하는 외에는 가집행선고에 관하여 판결할 일이 없다. 상고 각하판결이나 상고 기각판결을 하는 경우 또는 파기자판을 하는 경우에는 그로써 판결이 확정되므로, 이후 당사자는 본집행을 하게 되고 더 이상 가집행의 필요가 없기 때문이다.

2) 원심판결의 전부나 일부를 파기하고 환송 또는 이송하는 경우에는 앞서 본 바와 같이 1심판결에서 한 가집행선고가 실효하거나 유지될 것이고, 원심에서 비로소 한 가집행선고는 실효할 것이다. 어느 경우에나 상고심법원이 주된 판결에 부수하여 가집행선고를 할 필요는 없다.

3) 상고심법원이 상고를 각하하거나 상고를 기각하는 경우 또는 파기자판을 하는 경우에는 그로써 판결이 확정되므로, 그 판결 선고와 동시에 잠정적 조치인 강제집행정지 명령을 하거나 그 명령의 취소·변경·인가에 관하여 부수적 판결을 할 필요는 없다. 반면에 원심판결의 전부나 일부를 파기하고 환송 또는 이송하는 경우에는 이론상 판결 확정 시나 환송 후 원심판결 선고 시까지 잠정적 조치를 할 필요가 있으나, 실무상 이를 하는 경우는 거의 없다. 따라서 이런 경우에는 환송 후 원심법원에 이를 신청하는 수밖에 없을 것이다.

(다) 가지급물 반환

1) 상고심에서 제기된 가지급물반환신청은 예비적 반소의 일종으로서, 이에 대한 응답은 부수적 판결 사항이 아니라 주된 판결 사항이다.

2) 상고심에서의 가지급물반환신청은 신청의 이유로서 주장하는 사실관계에 대하여

당사자 사이에 다툼이 없어 사실심리를 요하지 아니하는 경우에만 예외적으로 허용된다(대법원 1997. 11. 28. 선고 97다6810 판결 등).

2. 재항고, 특별항고

가. 의의와 대상

(1) 재항고

1) 재항고는 항고법원의 결정·명령, 고등법원 또는 항소법원이 한 결정·명령에 대하여 대법원에 하는 불복신청이다(민사소송법 제442조). 가사심판은 결정에 준해 재항고의 대상이 된다.

2) 재항고도 항고와 마찬가지로 통상항고와 즉시항고가 있다. 그 구별은 원심재판(원래의 항고나 결정, 심판, 명령)이 통상항고인가 즉시항고인가에 의하는 것이 아니라, 민사소송법 제47조 제2항 등에 의하여 재항고의 대상이 되는 재판의 내용에 따른다(대법원 2007. 7. 2.자 2006마409 결정 참조).

즉 최초의 항고가 신청을 각하하거나 기각한 결정에 대한 즉시항고인 경우에 항고심이 항고를 각하 또는 기각하였으면 재항고 역시 즉시항고가 되고, 항고심이 항고를 인용하여 원재판을 취소·변경한 때에는 그 내용이 즉시항고할 대상이면 즉시항고, 통상항고할 대상이면 통상항고가 된다. 예컨대, 담보취소결정에 대한 최초의 항고는 즉시항고이지만(민사소송법 제125조 제4항), 그 즉시항고를 인용하여 담보취소신청을 기각한 결정에 대한 재항고는 민사소송법 제125조 제4항이 적용되지 않으므로 통상항고이다(민사소송법 제439조).

다만, 민사집행법상의 집행절차에 관한 재판에 대한 즉시항고에 따른 결정에 대하여 제기된 재항고는 민사집행법 제15조에 따라 즉시항고이다(대법원 2006. 3. 27.자 2005마1023 결정 참조).[122]

3) 1심 결정·명령이나 심판 뒤에 양 당사자가 재항고할 권리를 유보하고 항고를 하지 아니하기로 합의한 때에는 항고를 거치지 않고 곧바로 재항고(비약재항고)를 할 수도 있으나(민사소송법 제443조 제2항, 제422조 제2항), 비약상고와 달리 실무상 거의 이용되지 않고 있다.

4) 재항고 역시 원심재판에 법령위반의 잘못이 있는지 여부를 심사하여 당사자의 권리를 구제하고 법령의 해석·적용에 통일을 기하는 것을 목적으로 한다.

(2) 특별항고

1) 특별항고는 통상적 절차에 의해서는 불복할 수 없는 결정이나 명령에 대하여 일정한 사유가 있는 경우, 대법원에 하는 불복신청이다(민사소송법 제449조 제1항). 특별항고의 대상은 1심법원을 포함한 모든 하급심에서 한 결정이나 명령이다. 그러나 대법원의 재판에 대하여는 특

122) 이에 대한 비판적 견해로는 김홍엽, "민사집행절차상 즉시항고 및 재항고", 민사재판의 제문제 제15권(2006)을 참조.

별항고를 제기하지 못한다(대법원 1988. 3. 23. 선고 88프1 판결, 1992. 10. 20. 선고 92재두21 판결). 이를 허용하는 법규정도 없고, 대법원의 재판에 대하여 대법원에 불복할 수는 없기 때문이다.

2) 특별항고는 불복할 수 없는 결정이나 명령에 대한 불복방법이므로, 통상적 불복방법이 법령에 규정되어 있는 경우에는 이에 의해야 하고 특별항고를 제기할 수 없다. 예컨대, 피고경정신청을 기각한 결정에 대하여 불복하는 원고는 민사소송법 제409조의 통상항고를 제기할 수 있으므로, 특별항고를 제기할 수 없다(민사소송법 제409, 260, 261조, 대법원 1997. 3. 3.자 97으1 결정).

3) 특별항고는 불복할 수 없는 결정·명령이 헌법에 위반하거나, 그 재판의 전제가 된 명령·규칙·처분의 헌법 또는 법률의 위반 여부에 대한 판단이 부당한 경우에 특별히 그 위법을 시정하기 위하여 허용되는 불복방법이다. 따라서 이는 당사자의 권리구제의 측면도 있지만, 법령의 해석·적용에 통일을 기하기 위한 목적이 더 크다고 할 수 있다. 이와 같이 특별항고는 예외적인 경우에 특별히 허용되는 구제방법이므로 본래 의미의 상소는 아니나, 재항고와 마찬가지로 상고에 관한 규정이 준용된다(민사소송법 제450조).

4) 불복을 신청할 수 없는 결정 또는 명령에는 법령에서 명문으로 불복을 신청할 수 없도록 한 것과 그 성질상 불복을 허용할 수 없는 것이 있다. 전자의 예로는, 관할지정의 결정(민사소송법 제28조), 제척·기피신청을 인용하는 결정(민사소송법 제47조 제1항, 제337조 제3항), 증거보전신청에 관한 결정(민사소송법 제380조), 지급명령신청을 각하하는 결정(민사소송법 제465조 제2항) 등을 들 수 있고, 후자의 예로는, 재판장의 소송지휘에 관한 명령 등에 대한 이의의 재판(민사소송법 제138조), 증인신문에 관한 재판장의 명령 등에 대한 이의의 재판(민사소송규칙 제97조), 판결이나 화해조서·조정조서에 대한 경정신청의 기각결정(대법원 1995. 7. 12.자 95마531 결정), 집행문부여에 대한 이의의 재판(대법원 1997. 6. 20.자 97마250 결정), '채무자 회생 및 파산에 관한 법률' 제152조 1항에 의한 추후보완신고에 대한 재판(대법원 1999. 7. 26.자 99마2081 결정), 담보물변경에 관한 결정(대법원 1988. 8. 11.자 88그25 결정) 등을 들 수 있다.

5) 특별항고의 대상이 되려면 그 결정이나 명령이 종국적인 효력을 갖는 것이어야 하고, 중간적 재판의 성질을 갖는 것에 대해서는 허용되지 않는다. 따라서 위헌제청신청의 기각결정(헌법재판소법 제41조 제4항, 대법원 2009. 1. 19.자 2008부4 결정),[123] 강제집행정지에 따른 담보제공명령(대법원 2001. 9. 3.자 2001그85 결정), 인지보정명령(대법원 2009. 3. 27.자 2009그35 결정), 수소법원의 변론재개결정이나 재판장의 기일지정명령(대법원 2008. 5. 26.자 2008마368 결정)은 특별항고의 대상이 되는 결정·명령에 해당하지 않는다.

---

123) 위헌제청신청의 기각결정은 종국적이기는 하나, 이에 불복하는 당사자는 스스로 헌법재판소에 헌법소원심판을 청구할 수 있으므로(헌법재판소법 제68조 제2항) 특별항고로써 다툴 이익이 없다고 볼 수도 있다..

나. 재항고와 특별항고의 사유

(1) 재항고

1) 재항고는 원심재판의 결론에 영향을 미친 헌법·법률·명령 또는 규칙의 위반이 있는 때에만 할 수 있다(민사소송법 제442조).

2) 그 의미는 상대적 상고이유에서 본 바와 같다고 할 수 있다. 즉 당해 원심재판의 판단 대상인 사항에 관하여 내용상 하자가 있는 경우이다. 내용상 하자는 법령의 존부와 그 해석·적용에 관한 잘못을 말한다. 절차상 하자가 있는 경우라도 그 결과 결론에 영향을 미친 때에는 여기에 포함시킬 수 있다.

(2) 특별항고

1) 특별항고는 원심재판의 결론에 영향을 미친 헌법위반이 있거나, 재판의 전제가 된 명령·규칙·처분의 헌법 또는 법률 위반 여부에 대한 판단이 부당하다는 것을 이유로 하는 때에만 할 수 있다.

2) 따라서 원심재판이 단순히 법령을 위반하였다는 사유만으로는 특별항고사유가 되지 못하고(대법원 2008. 1. 24. 자 2007그18 결정), 또 원심재판이 대법원 판례에 반한다는 사유 역시 특별항고 사유가 되지 못한다(대법원 2014. 5. 26. 자 2014그502 결정).

3) 재판의 전제가 된 명령·규칙·처분의 헌법 또는 법률 위반 여부에 대한 판단이 부당하다는 것은, 명령·규칙·처분의 존부나 그 해석·적용에 잘못이 있다는 것이 아니라, 명령·규칙·처분이 상위법인 헌법이나 법률에 위반되는지 여부를 잘못 판단하였다는 것을 말한다. 따라서 당해 명령·규칙·처분의 존부나 그 해석·적용에 잘못이 있는 경우에는 특별항고 사유가 되지 못한다. 이 역시 특별항고가 법령의 해석·적용에 통일을 기하기 위한 특별 장치임을 나타내는 것이라고 할 수 있다.

다. 재항고와 특별항고의 제기

(1) 제기기간

1) 재항고가 즉시항고에 해당하는 경우에는 원심재판이 고지된 날부터 1주 이내에 하여야 하고, 그 기간은 불변기간이다(민사소송법 제444조). 재항고가 통상항고에 해당하는 경우에는 항고와 마찬가지로 기간의 제한이 없다.

2) 특별항고는 원심재판이 고지된 날부터 1주 이내에 하여야 하며, 이 역시 불변기간이다(민사소송법 제449조 제2, 3항). 특별항고는 위와 같이 불복을 신청할 수 없는 결정·명령에 한하므로 특별항고는 언제나 확정된 후의 불복에 해당하고, 따라서 특별항고가 제기되었다 하더라도

원심재판의 확정이 차단되는 효력이 발생하는 것은 아니다. 이런 점에서 특별항고는 통상의 상소와는 구별된다.

(2) 제기의 방식

1) 재항고와 특별항고의 소송절차에는 상고에 관한 규정이 준용된다(민사소송법 제443조 제2항, 제450조). 따라서 이는 서면으로 제기하여야 하고, 재항고장이나 특별항고장은 원심법원에 제출하여야 한다. 그 서면의 기재사항도 상고장에 준한다. 또한 재항고장이나 특별항고장에는 항고장에 붙일 인지액의 2배의 인지를 붙여야 하고(민사소송 등 인지법 제11조), 원심법원의 수납은행에 송달료도 납부하여야 한다.

2) 실질상 재항고장이나 특별항고장에 해당하면, 그 서면에 기재된 명칭에 불구하고 원심법원은 이를 재항고장이나 특별항고장으로 보아 처리하여야 한다. 따라서 당사자가 '즉시항고', '항고', '재항고', '특별항고', '이의신청', '재심사청구', '재판정정신청' 등의 명칭을 붙여 불복을 신청하는 서면을 제출한 경우에도, 각각 그 실질적인 내용을 파악하여 그에 합당한 처리가 필요하다.

대법원에 특별항고를 하여야 할 것을 당사자가 '특별항고'라는 표시를 하지 않고, 대법원 귀중이라고 기재하지도 아니한 채 제1심법원에 '고등법원 귀중'이라고 표시한 항고장을 제출한 경우, 제1심법원은 그 실질적인 내용에 따라 이를 특별항고로 보아 기록을 대법원에 송부하여야 하며, 이 경우 지방법원 항고부나 고등법원이 항고심으로서 재판하였다면 이는 권한 없는 법원이 한 재판에 해당한다(대법원 1999. 7. 26.자 99마2081 결정).[124]

3) 재항고와 특별항고에는 상고와 마찬가지로 이유서 제출이 필요하다. 따라서 재항고인이나 특별항고인이 재항고장 등에 그 이유를 기재하지 아니한 때에는 재항고기록 등의 접수통지를 받은 날부터 20일 이내에 재항고이유서나 특별항고이유서를 제출하여야 하고, 이를 제출하지 않은 경우 그 자체로서 기각사유가 된다(민사소송법 제443조 제2항, 제450조, 제427, 429조).

4) 민사집행법상 집행절차에 대한 재판의 재항고는 위와 같이 즉시항고의 성질을 가지므로, 민사집행법상의 재항고인이 재항고장에 재항고의 이유를 기재하지 아니한 때에는 재항고장을 제출한 날부터 10일 이내에 항고이유서를 원심법원에 제출하여야 하고, 위 기간 안에 재항고이유서가 제출되지 아니한 경우 원심법원 재판장은 그 재항고장을 각하하여야 한다(민사집행법 제15조 제3, 4항, 대법원 2004. 9. 13.자 2004마505 결정, 2006. 3. 27.자 2005마1023 결정). 원심법원이 재항고장을 각하하지 않은 경우에는 대법원의 재판장이 이를 각하하여야 한다(대법원 2012. 7. 6.자 2012마772 명령, 2018. 3. 27. 자 2017마6253 명령 참조).

5) 위와 같이 재항고나 특별항고에는 상고에 관한 규정이 준용되므로 부대재항고나

---

124) 이 사건의 경우 대법원은 항고심재판을 무효로 보고, 특별항고의 대상인 1심재판에 대한 관할법원의 자격으로 그 당부에 대하여 곧바로 판단하였다.

부대특별재항고의 제기도 가능하다(대법원 1997. 1. 16.자 96마774 결정).

(3) 원심재판의 집행정지

1) 재항고와 특별항고 역시 항고와 같이 그 제기만으로는 집행정지의 효력이 없는 것이 원칙이다. 그런데 위와 같이 재항고와 특별항고의 소송절차에는 상고에 관한 규정이 준용되고, 상고사건에는 항소절차가 준용되고(민사소송법 제443조 제2항, 제450조, 제425조) 재항고와 특별항고에도 민사소송법 제448조가 적용되므로, 재항고나 특별항고에 대한 대법원의 결정이 있을 때까지 원심재판의 집행정지가 필요하다고 판단되는 경우에는 대법원은 물론 원심법원 또는 명령을 한 판사는 집행정지 기타의 처분을 명할 수 있다(민사소송법 제448조).

2) 다만, 민사소송법 등에 의한 재항고가 즉시항고에 해당할 경우 이는 집행정지의 효력이 있으므로(민사소송법 제447조) 집행정지 등의 처분이 필요 없으나, 재항고 전에 이미 집행문이 부여된 경우에는 그 필요가 있다.

3) 민사집행법에 의한 재항고를 즉시항고로 하는 때에는 동법 제15조 제6항 단서에 의한 집행정지 등이 가능하다. 민사집행법에 의한 즉시항고는 집행정지의 효력이 없기 때문이다(민사집행법 제15조 제6항 본문).

라. 재항고와 특별항고 사건의 심리

(1) 원심법원의 경정권

1) 재항고에도 민사소송법 제446조가 적용된다고 할 것이므로, 원심법원이나 해당 법관은 재항고가 정당하다고 인정하는 때에는 그 재판을 경정하여야 한다.

2) 그러나 특별항고의 경우에는 그것이 허용되지 않는다. 즉 "일반적으로 원심법원이 항고를 이유 있다고 인정하는 때에는 그 재판을 경정할 수 있으나, 통상의 절차에 의하여 불복을 신청할 수 없는 결정이나 명령에 대하여 특별히 대법원에 위헌이나 위법의 심사권을 부여하고 있는 특별항고의 경우에, 원심법원에 반성의 기회를 부여하는 재도의 고안을 허용하는 것은 특별항고를 인정한 취지에 맞지 않으므로, 특별항고가 있는 경우 원심법원은 경정결정을 할 수 없고 기록을 그대로 대법원에 송부하여야 한다"는 것이 대법원 판례이다(대법원 2001. 2. 28.자 2001그4 결정).

(2) 원심법원 재판장 등의 항고장 각하

1) 즉시항고의 성질을 갖는 재항고와 특별항고가 제기기간을 넘긴 것이 분명한 때에는 원심법원의 재판장이나 담당 판사는 명령으로 재항고장 등을 각하하여야 하고, 그 명령에 대하여는 즉시항고를 할 수 있다(민사소송법 제450, 443, 425조, 제399조 제2, 3항, 대법원 2010. 6. 7.자 2010그37 결정). 인지보정명령 등을 불이행

한 경우에도 같다.

2) 원심법원의 재판장 등이 재항고장 등을 각하하지 않은 경우, 대법원의 재판장이 명령으로 이를 각하하여야 한다(민사소송법 제450, 443, 425조, 제399조 제2, 3항, 대법원 2016. 7. 1..자 2015재마94 결정, 2015. 7. 17.자 2015마1040 명령 참조).

(3) 심리불속행에 의한 기각

위와 같이 '상고심절차에 관한 특례법'은 재항고, 특별항고의 경우에도 적용되므로 재항고이유 등에 관한 주장이 동법 제4조 제2, 3항에 해당하는 경우, 대법원은 심리불속행에 의한 결정으로 재항고나 특별항고를 기각하여야 한다(상고심절차에 관한 특례법 제7조).

(4) 재항고와 특별항고의 심리와 처리

1) 대법원은 위와 같은 항고장 각하나 심리불속행에 의한 기각 사유가 없으면 사건을 심리하여 처리하여야 한다.

2) 재항고와 특별항고의 성질상 변론을 열 경우는 거의 없고, 서면심리와 필요한 경우 항고인, 이해관계인, 그 밖의 참고인을 심문할 수 있다(민사소송법 제443조 제2항, 제450, 425, 408조, 제134조 제2항).

3) 재항고나 특별항고의 성질상 상대방이 있는 경우라 하더라도 재항고이유서 등을 상대방에게 송달할 필요는 없다. 이 경우에도 대법원은 원심법원이 적법하게 확정한 사실관계에 기속되고(민사소송법 제443조 제2항, 제450, 432조). 또한, 직권조사사항 이외에는 재항고와 특별항고이유와 불복신청의 한도에서 심리한다(민사소송법 제443조 제2항, 제450, 431. 434조).

4) 대법원은 심리 결과 항고의 이익이 없는 등으로 재항고나 특별항고가 부적법한 경우에는 결정으로 이를 각하하고(대법원 2015. 6. 15.자 2015마701 결정 참조), 이유 있는 경우에는 상고에 준하여 결정으로 원심재판을 파기하고 환송, 이송 또는 자판하며, 이유 없는 경우에는 재항고나 특별항고를 기각하여야 한다(민사소송법 제443조 제2항, 제450, 436. 437조).

5) 때로는 상소의 제기가 있으나 그 상소사건을 처리할 법원이 대법원이 아니라 고등법원이나 지방법원 합의부(항소부)로서, 당해 상소사건을 대법원에 잘못 송부하는 경우가 있다. 예컨대, 제1심법원의 판결경정결정에 대하여 즉시항고가 제기되자 제1심법원이 그 항고가 즉시항고권자가 아닌 자에 의해 제기되었다는 이유로 즉시항고를 각하하였고, 위 각하결정에 불복하여 항고인이 '재항고장'을 제출하자 1심법원은 이를 특별항고로 보고 대법원에 기록을 송부한 경우 등이다.

이러한 경우 제1심법원의 경정결정에 대한 즉시항고 사건의 심급관할법원은 항고심법원이고, 1심법원은 그 심판권이 없어 1심법원이 즉시항고를 각하한 것은 무효이다. 이 경우에 제1심법원의 즉시항고 각하결정에 대하여 항고인이 '재항고장'을 제출하였더라도 적법한 항고심법원의 재판이 없어 대법원에 재항고를 할 수는 없고, 또 이는 특별항고의 사유에 해당하지 않으므로 특별항고로 보아 처리할 수도 없다. 따라서 이 경우 대법원은 즉시항고 각하결정을 취소할 필요 없이 결정으로써 당해 사건을 적법한 항고심법원에 이송하여야 한다(대법원 2011. 5. 2.자 2010부8 결정, 2012. 3. 15.자 2011그224 결정, 2018. 9. 13.자 2018그594 결정 등).

(5) 재항고와 특별항고의 취하

1) 재항고와 특별항고 역시 항고처럼 취하할 수 있음은 물론이다. 그 시기는 대법원의 결정이 고지되어 효력을 발생할 때까지이다(민사소송법 제433조 제2항, 제450, 425, 408조, 제266조 제1항).

2) 재항고인이나 특별항고인은 이를 취하하는 대신 원심재판의 대상인 신청 자체 등을 취하할 수도 있다. 그러나 원심재판이 당사자의 신청에 의한 것이 아닌 때와, 그것이 당사자의 신청에 의한 것이라도 경우에 따라서는 그 취하만으로 재항고나 특별항고 사건이 없어지지 않고 참고자료에 불과하게 되는 수가 있다.

Ⅳ. 재심, 준재심

1. 재심의 의의

가. 개념과 제도의 취지

1) 확정판결에 판결절차상 중대한 흠이 있거나(법률에 따라 판결법원을 구성하지 아니하거나 법률상 재판에 관여할 수 없는 법관이 관여한 때 등) 그 판결의 결론 도출 근거가 된 소송자료에 중대한 흠이 있을 때(판결의 증거가 된 문서 또는 그 밖의 물건이 위조되거나 변조된 것인 때, 증인·감정인·통역인의 거짓 진술 또는 당사자나 법정대리인의 거짓 진술이 판결의 증거가 된 때 등), 이러한 하자를 당사자가 알지 못하여 상소로써 불복하지 못하고 판결이 확정된 경우, 통상적인 상소로는 그 하자를 시정할 수 없다.

2) 재심(再審)은, 이미 확정되어 기판력이 발생한 종국판결에 판결절차 또는 그 판단의 근거가 된 소송자료에 중대한 흠이 있을 때, 그로 인하여 불이익을 입은 당사자에게 원래의 소송에 대하여 다시 재판을 받을 수 있는 기회를 부여하여, 하자가 있는 확정판결인 재심대상판결을 취소하고 침해된 법익의 회복을 꾀하는 특별 구제장치이다.

3) 이와 같이 재심은 문자 그대로 이미 확정된 종국판결을 다시 재판하는 것이다. 재심의 결과 확정판결의 효력을 소멸케 하여 그에 따른 법률관계를 변동하게 하므로(기판력이나 집행력의 소멸 등) 이는 청구이의의 소나 3자이의의 소처럼 소송법적 형성소송이라고 할 수 있다. 한편, 재심은 이미 확정된 판결을 대상으로 한다는 점에서 확정되기 전의 판결을 대상으로 하는 통상의 불복방법인 상소와 구별된다.

4) 위와 같이 재심은 이전 소송의 종료 후 새로운 소의 제기와 그에 따른 심판이라는

점에서 통상의 불복방법인 상소와 구별되지만,[125] 이 역시 그 대상인 판결이 내포하고 있는 하자를 이유로 하고, 하자가 인정되는 경우 그 불복의 취지에 따라 원래의 판결을 취소하고 새로운 판결을 함으로써 당사자의 법익을 구제한다는 점에서 당사자의 불이익 구제와 판결에 대한 불복제도에 해당한다. 즉 재심은, 상소의 방법에 의해서는 불복할 수 없는 확정판결에 대한 불복·구제 방법으로서,[126] 확정판결의 권위를 유지하면서도 일정한 범위에서 구체적 정의와 당사자의 법익을 확보하려는 데에 그 제도의 취지가 있다.

5) 이러한 재심제도는 대륙법계인 독일과 일본의 제도에서도 인정되는바, 우리 법은 이를 계수한 것이라고 할 수 있다.

나. 재심소송의 성질과 소송목적

(1) 재심소송의 구조와 입법례

1) 재심은 종전 소송의 당사자가 소의 형식으로 제기하여 그 심판을 구하는 방법으로 개시한다. 이때 그 당사자(재심의 소의 원고)는 확정된 종국판결의 취소를 구함과 아울러 종전 소송의 소송목적인 청구에 대하여 다시 변론과 재판을 해 줄 것을 구하여야 한다(민사소송법 제454, 455조). 이런 점에서 재심의 소는 제권판결의 효력을 소멸시키기 위한 제권판결 불복의 소, '채무자 회생 및 파산에 관한 법률'상의 손해배상청구권 등의 조사확정재판에 대한 이의의 소, 채권조사확정재판에 대한 이의의 소 등과 그 성질이 유사하다.

2) 재심소송은 개념상 ① 확정판결의 취소와 ② 그 취소 이후의 단계로서 본안(청구)에 대한 판단이라는 두 단계로 구성된다. 따라서 ① 단계에서는 재심사유가 존재하는지 여부를 심사하여 그 결과에 따라 확정판결을 취소하고 다음 단계로 나아갈 것인지 여부를 판단하게 된다. 그리고 ② 단계에서는 본안(청구)의 당부나 상소의 당부에 대하여 다시 심리·판단하게 된다.

재심법원은 위 두 단계를 분리하여 심리하고 ①에 대하여 먼저 중간판결을 할 수도 있다(민사소송법 제454조). 그러나 실제로는 위 ①, ② 단계를 나누지 않고 한꺼번에 심판하는 것이 실무대세이다. 물론 ① 단계를 통과하지 못하면 ② 단계에 나아가 심판할 필요가 없고,

---

125) 재심은 상소의 추완과도 다르다. 상소의 추완은 당사자가 부득이한 사유로 불변기간인 상소제기기간 내에 상소를 제기하지 못한 경우에 그 사유 소멸 시로부터 일정 기간 내에 상소를 허용하는 것으로서, 이 역시 본래의 상소이므로 확정판결 후 일정한 사유로 확정판결을 취소하고 다시 재판하는 재심과 다르다. 추완상소가 적법한 경우 외형상 확정된 판결에 불구하고 다시 사건을 심판하나, 이때는 외형상으로는 확정된 판결 자체를 취소하지 않고 곧바로 상소심의 자격으로 본안(상소)의 당부를 심판한다. 그리고 추완상소의 사유와 재심사유, 그 각 제기기간도 서로 다르다.

126) 재심은 비록 소의 제기라는 방법에 의하여 하지만, 통상의 소송과 같이 1심부터 시작하는 것이 아니라 재심사유가 있는 확정판결을 한 당해 심급에서 종전 소송절차에 연속하여 심리하고, 재심사유가 있는 경우 확정판결(하자 있는 원판결)을 취소하고 청구나 상소를 인용 또는 기각하는 점에서 실질상 상소의 일종이라고 할 수 있다.

그로써 재심의 소를 각하 또는 기각하여도 무방하다.

3) 독일 민사소송법(ZPO)은 이를 무효의 소(Nichtigkeitsklage)와 원상회복의 소(원 소송상태로의 복귀를 구하는 소=Restitutionsklage)의 두 종류로 구분하고 있는데, 무효의 소는 재심사유가 절차상 하자에 해당하는 경우로서, 그 하자가 본안판결의 내용에 영향을 끼쳤는가 여부를 따지지 않고 주장할 수 있다. 반면, 원상회복의 소는 판결의 기초가 된 증인의 진술이 허위이거나 문서가 위조 또는 변조된 때 등과 같이 본안판결의 내용에 영향을 끼친 하자가 있는 경우를 재심사유로 하는 것이다.

당사자는 이 두 소를 각각 분리하여 제기할 수 있으나, 양 소가 동일 또는 다른 당사자에 의해 제기되어 계속된 경우에는 원상회복의 소에 대한 심판은 무효의 소에 관한 판결이 확정될 때까지 중지하도록 하고 있다. 즉 양 소는 그 사유와 심리대상 및 절차가 분리되어 있다. 따라서 각각의 소의 소송목적도 다르다고 할 수 있다.

4) 일본 민사소송법은 처음에는 독일과 같이 무효의 소와 원상회복의 소로 분리 운용하였으나 그 뒤 양자를 통합해 하나로 일원화하였다. 그러나 우리와 달리 반드시 재심사유의 존부에 대한 판단을 먼저 하도록 하고 있는 점에서 독특하다.

즉 ① 법원은 재심사유가 없는 경우에는 결정으로 재심청구를 기각하여야 하고, 이 결정에 대해서는 즉시항고할 수 있으며, 이 결정이 확정된 때에는 동일한 사유로 다시 재심의 소를 제기할 수 없고, ② 법원은 재심사유가 있다고 인정하는 경우에는 먼저 재심개시결정을 하여야 하며(이에 대해서는 즉시항고할 수 있다), 재심개시결정이 확정된 경우에야 비로소 법원은 불복신청의 한도에서 본안에 대하여 심판을 한다(동법 제345조 내지 제348조).

(2) 학 설

재심소송의 성질과 소송목적을 둘러싼 논의는, ① 그것이 상소와 어떻게 다른지, ② 재심사유의 존부와 재심대상판결의 취소청구가 재심소송의 청구원인과 청구취지로서 소송목적에 해당하는지 아닌지, ③ 재심사유가 존재하는 경우 본안에 관하여 심리하게 되는데, 그 소송이 종전 소송과 어떤 관계에 있는지 등에 관하여 제기 된다. 특히 재심사유의 존부가 소송법상 어떠한 지위를 갖는가가 가장 문제된다.

(가) 이원론(형성소송설)

1) 재심의 소는 원판결의 취소라는 소송목적과 원래 소송의 소송목적(청구) 양자가 결합되어 있다고 보며, 원판결의 취소를 구하므로 형성소송에 해당한다고 본다. 이는 원판결의 취소에 중점을 두고, 원래 소송의 소송목적(청구)에 대한 당부 판단은 원판결이 취소된 데에 따른 당연한 후속절차로 본다.

2) 이 학설은 다시 원판결의 취소와 관련하여, 그 취소청구 전체를 하나의 소송목적으

로 보는 견해, 각각의 재심사유별로 별개의 소송목적으로 보는 견해로 나뉜다. 여기에는 소송목적을 구별하는 데 있어, 법령상의 규정을 중시하는 구소송물이론과 사실상태를 중시하는 신소송물이론도 관련되어 있다.

(나) 일원론(본안소송설)

1) 재심은 재심대상 사건인 원래 소송의 본안인 소송목적(청구)의 당부에 관하여 다시 심리하는 것을 주목적으로 하는 것이고, 그 소송목적은 원래 소송의 소송목적(청구) 하나뿐이라고 본다. 원판결의 취소보다는 원래 소송의 소송목적(청구)에 대한 당부 판단을 중시하는 것으로서, 결론적으로 보자면 이 견해에서는 재심을 상소의 일종으로 보는 것이다.

2) 이 입장에서는 각각의 재심사유나 재심대상판결의 취소는 다시 재판을 하기 위한 전제조건에 불과할 뿐 소송목적이 아니라고 본다.

(다) 소송상 공격방어방법 또는 제소요건이라는 견해

1) 재심사유는 재심소송의 소송목적이 아닌 공격방어방법에 불과하다는 것이다. 이는 재심소송을 종전 소송의 당연한 연장이라는 전제 위에서, 재심사유가 있을 경우 상소와 같이 재심대상판결을 취소하고 그에 갈음하여 새로운 판단을 하여야 하는 것으로 보는 것이라고 할 수 있다.

2) 재심사유는 상소이유에 준한다거나 본안의 소송목적에 관하여 재심의 재판을 하기 위한 전제조건에 불과하다는 견해도 이와 유사한 견해라고 할 수 있다.

3) 재심은 원래의 소송을 부활시켜 새로이 변론을 하고 재판을 하는 것이 목적이며, 원래의 소송이 부활하는 것은 재심의 소가 적법하고 또 재심사유가 있다고 인정될 때에 한하는바, 재심사유는 재심소송에 있어 특유한 소송요건이며, 따라서 재심사유가 존재하지 않으면 재심청구를 기각할 것이 아니라 부적법한 소로서 각하하여야 한다는 견해[127] 도 이에 속한다.

(라) 부진정 예비적 병합설(조건부 소송설)

1) 재심법원은 재심사유가 있는지 여부를 먼저 심리하여 그 사유가 없으면 재심청구를 기각하여야 하고, 재심사유가 있으면 그때 비로소 본안의 당부에 관하여 심판하여야 하므로, 원래 소송의 소송목적은 재심사유가 있어 확정판결의 취소청구가 받아들여질 것을 정지조건으로 하거나 받아들여지지 않을 것을 해제조건으로 하는 부진정한 예비적 청구(소송목적)에 해당한다고 본다.[128]

---

127) 최성호, "재심소송에서 재심사유와 당사자적격에 관한 연구" 경기법조 제17호(2010), 449면 이하.

128) 원래 소송의 소송목적은 재심사유가 없어 확정판결의 취소청구가 받아들여지지 않을 것을 해제조건으로 하는 부진정한 예비적 청구(소송목적)에 해당한다고 볼 수도 있다.

2) 따라서 재심사유가 이유 없으면 원래 소송의 소송목적은 그 소송목적이 되지 않으므로 법원은 재심청구를 기각하면 족하고, 이에 대해서는 판단할 필요가 없게 된다고 본다.[129]

(3) 판 례

1) 대법원은 "재심의 소는 확정된 판결의 취소와 본안사건에 관하여 확정된 판결에 갈음한 판결을 구하는 복합적 목적을 가진 것으로서, 이론상으로는 재심의 허부와 재심이 허용됨을 전제로 한 본안심판의 두 단계로 구성되는 것이라고 할 수 있다"라거나(대법원 1994. 12. 27. 선고 92다22473, 22480 판결), "준재심의 소는 조정조서 등에 민사소송법 제451조 제1항 각호의 재심사유가 있음을 주장하여 그 취소와 조정조서 등에 의하여 종결된 소송사건의 재심판을 구하는 소로서…"라고 하거나(대법원 2010. 6. 10. 선고 2009다13323 판결), "민사소송법 제422조 제1항 각호 소정의 재심사유는 각각 별개의 청구원인에 해당한다고 하여(대법원 1992. 10. 9. 선고 92므266 판결, 2019. 10. 17. 선고 2018다300470 판결 등), 이원설, 그 가운데서도 각각의 재심사유를 독립한 청구원인으로 보는 것으로 해석된다.

2) 이러한 대법원의 견해에 따르면 각각의 재심사유별로 소송목적을 달리하므로, 여러 개의 재심사유를 하나의 재심소송에서 주장한 경우 청구의 병합이 되고, 그 제척기간은 각 재심사유별로 진행하며, 기판력은 그 주장한 재심사유에 관하여만 발생한다고 할 것이다.

(4) 사 견

1) 재심은 상소와 달리, 이미 판결이 확정되어 소송이 종료한 후에 일정한 사유의 존재를 이유로 그 확정판결의 취소와 이를 전제로 새로운 본안판단을 하는 것이고, 이를 위해서는 별개의 소를 제기하여야 한다. 그런데 재심은 일정한 사유가 있는 때만 허용되므로 그 사유의 존부에 대한 판단이 중요하며, 본래의 청구나 상소의 당부 판단은 재심사유가 있어 이를 다시 심판하여야 하는 경우 그에 뒤따르는 당연한 절차라고 할 수 있다.

2) 재심소송에서 재심사유의 존재나 이를 요건으로 한 재심대상판결의 취소청구가 소송목적에 해당하는지 아니면 소송상 공격방어방법 또는 제소요건에 불과한 것인지는, 그것이 본안청구와 같이 법원에 대한 재판의 청구이고 법원은 그에 대하여 응답을 하여야 할 의무가 있는지 여부에 달려 있다고 할 수 있다. 만약 그것이 소송상 공격방어방법 또는 제소요건에 불과하다면 이는 법원에 대한 재판 청구의 대상이라고 볼 수 없고, 법원도 판결 주문에서 이에 대한 응답을 할 의무가 없게 된다.

그런데 재심은 상소와 달리 이미 진행 중인 소송의 연속한 절차가 아니라 이와 독립

---

129) 자세한 내용은 오시영, "재심의 소의 재심사유와 소송물에 대한 검토", 변호사 제34집, 서울지방변호사회(2004)를 참조.

한 별개의 소송이고, 따라서 재심사유는 종전 소송 또는 재심소송의 소송요건이거나 본안에 대한 심리와 응답을 하기 위한 전제조건에 불과한 것이 아니라, 확정판결의 취소라는 소송법적 법률관계 내지는 법률상태의 형성을 법원에 청구할 수 있는 법률요건이자 법률사실로서, 이를 충족하는 경우 그 법률효과로서 확정판결의 취소라는 소송법적 법률효과가 발생하게 되며(취소청구가 인용되어 재심대상판결이 취소될 경우, 그 판결이 갖는 기판력과 집행력 등도 모두 소멸하는 법률효과가 발생한다),[130] 법원은 그 청구에 대한 응답으로서 청구를 인용하여 확정판결을 취소하거나, 재심 소의 각하 또는 재심청구의 기각을 통해 청구를 배척하여야 한다.

그러므로 원판결의 취소청구는 재심소송의 소송목적으로서 재심소송의 심판대상이 되고, 재심사유는 그 청구원인이 된다. 이는 청구이의의 소의 판결이나 제3자이의의 소의 판결, 제권판결불복의 소의 판결, 배당이의의 소의 판결과 같은 소송법상의 형성소송에서의 그것들과 성질을 같이한다. 우리 민사소송법도, 재심의 소가 적법한지 여부와 재심사유의 존부를 먼저 심사하여 재심대상판결(확정판결)에 대한 취소청구의 당부에 관하여 중간판결을 통해 먼저 판단할 수 있음을 인정하고 있고(민사소송법 제454조), 독일이나 일본의 법제도 대체로 그러하다.

3) 한편 민사소송법 제460조에 의하면, 당자사가 주장한 재심사유가 존재하지 않는 경우 법원은 본안에 관하여 더 나아가 심판할 필요 없이 재심청구를 기각하여야 하는데, 만약 일원설대로 원래 소송의 소송목적이 재심소송의 단일한 소송목적이라면 결국 그 청구에 대하여는 법원의 응답이 없게 되는바, 이는 논리 모순이다.[131] 그러므로 원래 소송의 소송목적이 재심소송의 유일한 소송목적이라는 일원설은 타당치 않다.

4) 또한, 우리 민사소송법상 재심의 소는 재심사유의 존부 판단과 본안의 당부에 대한 판단이 하나로 결합되어 있어 원래 판결의 취소라는 소송목적과 원래 소송의 소송목적 양자가 결합되어 있다고 볼 수도 있으나, 재심사유가 인정될 경우 재심대상판결이 취소되고 그에 따라 본안의 당부에 대하여 다시 심판하는 것은 당연하므로, 구태여 이 경우 소송목적을 둘로 나눌 필요가 없어 보인다.

그러나 이 경우에 재심의 소의 소송목적을 단일한 것으로 본다면, 그 소송목적은 원래 소송의 소송목적이 아니라 오히려 재심사유의 존부와 재심대상판결의 취소청구가 된다고 볼 수 있다. 재심사유가 인정될 경우 원래의 소송이 재개되어 원래의 소송목적에 대하여 다시 심리하게 되고, 그 경우 원래 소송의 소송목적은 원래 소송의 소나 상소 제기에 따

130) 이에 따라, 재심대상판결이 1심판결이고 원고청구 인용판결인 경우, 재심원고(피고)는 본안판결(원고청구 기각)이 없더라도 그 취소판결만으로도 만족을 얻게 된다.

131) 이는 결국 재심사유가 인정되어 재심대상판결이 취소되는 것을 조건으로 원래 소송의 소송목적이 재심소송의 소송목적이 되는 것을 시인하는 것이 된다.

른 것이지 재심의 소 제기에 의하여 심판대상이 된 것이 아니기 때문이다. 즉 본안의 당부 판단은 원래 소송의 재개와 그 연장으로 볼 수 있다. 더구나 재심소송에서 재심사유의 존부에 대하여는 어느 정도 직권주의가 가미된다고 하더라도 이에 대한 주장책임과 입증책임은 재심원고가 지며, 재심법원은 이에 대하여 심리를 하고 그 청구에 따라 재심대상판결의 취소 여부를 주문에서 응답하여야 하므로, 재심사유의 존부와 재심대상판결의 취소청구가 재심소송의 심판대상인 소송목적이 아니라 단순히 다시 재판을 하기 위한 전제조건에 불과할 뿐이라고 할 수는 없다. 재심사유가 인정되지 않을 경우 재심청구를 기각할 뿐 원래 소송의 소송목적의 당부에 대한 판단을 하지 않는 것도 이에 따른 것이다.[132] 이 점에서도 위 일원설은 부당하다.

5) 그러면 재심소송에서 원래 소송의 본안인 소송목적(청구)도 재심청구의 소송목적으로서 그 심판대상이 되고, 재심법원은 반드시 그에 대하여 응답하여야 하는가?

이를 긍정하는 이원설에 의하면, 재심사유가 존재하지 않는 경우 법원이 본안에 관하여는 판단하지 않은 채 재심청구를 기각하는 것을 설명하기 어렵다. 본안의 당부도 재심소송의 소송목적이라면 당연히 그에 대해서도 재심법원은 응답을 하여야 하기 때문이다.

그런데 재심소송은 실질상으로는 종전 소송의 연속이지만 형식상으로는 그와 별개 독립한 소이고(재심소송에서 종전소송절차의 결과가 계속되고 그 효력을 유지하는 것은 심리의 편의상 이를 특별히 인정한 것으로 볼 수 있고, 소송법상 그것이 종전소송과 동일한 소송이기 때문은 아니라고 할 수 있다), 다시 심판의 대상인 된 본안 역시 재심소송의 심판대상으로서 소송목적이 됨은 부인할 수 없다. 재심이 추완상소와 다른 점도 이에 기인하는 것이다. 그러므로 본안의 당부도 당연히 재심소송의 소송목적이 되며,[133] 재심대상판결의 취소청구만이 재심소송의 소송목적이라는 견해도 타당치 않다.

6) 그렇지만, 위와 같이 원래 소송의 본안인 소송목적(청구)은 재심사유가 인정되고 그에 따라 확정판결이 취소되는 것을 전제로 하며, 그것이 인정되지 않는다면 이는 재심소송에서 굳이 판단할 필요가 없다. 따라서 이는 재심사유가 인정되어 그에 따라 확정판결이 취소되지 않는 것을 해제조건으로 재심소송의 소송목적(청구)이 된다고 보아야 한다. 즉 부진정 예비적 병합설이 재심사유의 존부 판단과 본안의 당부에 대한 판단을 하나로 결합한 우리 민사소송법상 논리적으로 가장 어울린다.

---

132) 재심사유가 인정되지 않아 재심청구를 기각한다는 것 자체가 재심사유의 존부와 재심대상판결의 취소청구에 대한 재심법원의 심판에 따른 응답이지 원래 소송의 소송목적의 당부에 대한 판단이 아님은 말할 것도 없다.

133) 그러므로 재심청구취지에는 재심대상판결의 취소와 함께 이와 반대되는 내용으로 본안이나 상소의 당부에 대한 판단을 청구하여야 하는데, 그에 대한 기재가 없는 경우에는 당초의 청구(재심원고가 원고인 경우)나 답변취지(재심원고가 피고인 경우) 또는 상소취지와 같은 재판을 구하는 것으로 간주할 수 있다.

따라서 주된 청구인 재심대상판결의 취소청구가 이유 없으면 예비적 청구(해제조건부 청구)인 본안의 당부에 대한 청구는 해제조건의 성취로 인하여 소송목적이 되지 않으므로 재심법원은 이에 대해서는 판단할 권한과 의무가 없게 되는 것이다.

2. 재심의 요건

가. 재심의 대상

1) 재심의 대상, 즉 재심대상판결은 확정된 종국판결이다. 따라서 미확정판결에 대해서는 재심을 청구할 수 없고, 판결 확정 전에 제기한 재심의 소가 각하되지 아니하고 있는 동안에 판결이 확정되었다고 하더라도 그 재심의 소가 적법하게 되는 것은 아니다(대법원 1980. 7. 8. 선고 80다1132 판결, 2016. 12. 27. 선고 2016다35123 판결).

2) 확정된 종국판결인 이상 전부판결, 일부판결, 본안판결 또는 소송판결을 가리지 않는다. 재심의 소에서 확정된 종국판결도 확정된 종국판결에 해당하므로 확정된 재심판결에 재심사유가 있을 때에는 이에 대하여도 다시 재심의 소를 제기할 수 있음은 물론이다(대법원 2015. 12. 23. 선고 2013다17124 판결).

3) 중간판결 등 종국판결 전의 중간적 재판에는 기판력이 없고, 이를 취소하더라도 종국판결이 당연히 실효되는 것이 아니므로, 이에 대하여는 독립하여 재심의 소를 제기할 수 없다. 다만, 위와 같이 중간판결 등 종국판결의 기본이 되는 재판에 재심사유가 있을 때에는 그 기본이 되는 재판에 대하여 독립한 불복방법이 있는 경우라도 그 사유를 당해 종국판결에 대한 재심의 이유로 삼을 수 있다(민사소송법 제452조).

여기서 말하는 '판결의 기본이 되는 재판'이란, 종국판결의 전제가 되어 그 종국판결에 직접 영향을 준 재판(중간판결이나, 종국판결에 선행된 소송절차상의 결정이나 명령 등)을 가리킨다(대법원 2009. 4. 9. 선고 2009재두53 판결, 2012. 6. 28. 선고 2012재다257 판결). 따라서 재심대상판결이 상급심판결인 경우 그 원심판결은 여기에 해당하지 않는다(대법원 1990. 2. 13. 선고 89재누106 판결, 2009. 4. 9. 선고 2009재두53 판결, 2012. 6. 28. 선고 2012재다257 판결 등).

4) 대법원의 파기환송판결은 형식적으로는 확정된 종국판결에 해당하나, 실질적으로는 환송 후 소송이 예정되어 있어 실질적으로는 종국판결이 아니므로 재심의 대상이 되지 않는다(대법원 1995. 2. 14. 선고 93재다27 전합판결). 파기이송판결 역시 같다.

5) 재심의 소는 확정판결에 대하여만 제기할 수 있으므로, 상대방의 주소를 일부러 허위로 신고함으로써 다른 사람으로 하여금 송달을 받게 하여 의제자백에 의한 승소판결을 얻은 경우, 상대방에 대한 유효한 송달이 없으므로 판결 정본이 송달되었더라도 그 송달은 무효여서 상소제기기간이 진행되지 않아 판결이 확정되지 않고, 따라서 이에 대하여는 상소로써 불복하여야 하고 재심의 소를 제기할 수 없다(대법원 1978. 5. 9. 선고 75다634 전원합의체 판결).

그러나 피고의 주소를 허위로 적어내어 송달을 방해하고 이에 따라 공시송달의 방법에 의해 소송절차가 진행되었다면, 법원의 공시송달명령에 의한 공시송달은 유효하므로 판결 정본이 공시송달되었더라도 유효하여 판결이 확정된다. 따라서 이 경우에는 재심의 소를 제기할 수도 있고 추후보완 상소를 할 수도 있다(대법원 1992. 5. 26. 선고 92다4079 판결, 2011. 12. 22. 선고 2011다73540 판결).

6) 재심대상판결은 그 판결이 확정되었으면 족하므로, 동일한 사건에 관하여 1심판결이든 항소심판결이든 대법원판결이든 불문하고 각각 독립하여 재심대상이 된다. 따라서 동일한 사건에 대하여 심급을 달리하는 판결이 존재하는 경우, 그 각 판결에 재심사유가 있으면 원칙적으로 각각 이에 대하여 독립하여 재심의 소를 제기할 수 있다.

이와 관련하여, 뒤에서 보는 바와 같이 심급을 달리하는 법원이 같은 사건에 대하여 내린 판결에 대한 재심의 소는 상급심법원이 관할하되, 항소심판결과 상고심판결에 각각 독립한 재심사유가 있는 때에는 그러하지 아니하는바(민사소송법 제453조 제2항), 이는 재심대상을 제한한 것이 아니라 제1심판결과 항소심판결 또는 항소심판결과 상고심판결에 대하여 동시에 재심청구가 있는 경우 그 관할법원을 정한 것에 불과하다.

그러나 당해 사건에 관하여 항소심에서 소송판결이 아닌, 항소 기각판결 또는 1심판결 중 일부를 취소·변경하는 내용의 본안판결을 하였을 때에는[134] 항소심판결에 대해서만 재심을 제기할 수 있고, 1심판결에 대하여는 재심을 제기할 수 없다(민사소송법 제451조 제3항). 그러므로 이에 위반하여 제1심판결에 대하여 재심의 소가 제기된 경우, 1심법원은 그 재심의 소를 각하하거나 항소심법원으로 이송해야 한다(대법원 1984. 2. 28. 선고 83다카1981 전원합의체 판결, 2012. 1. 26. 선고 2011다99092 판결).[135)136)]

134) 항소심에서 당해 사건에 대하여 본안판결을 하였을 때란 항소심이 당해 사건의 본안(청구)에 대하여 판단을 한 것을 말하며, 1심판결의 전부나 일부를 취소·변경한 경우만을 말하는 것이 아니므로(1심판결의 전부나 일부를 취소·변경한 경우에는 그 범위에서 1심판결이 소멸하여 존재하지 않게 된다) 항소기각 판결을 한 때도 이에 해당한다(대법원 1984. 2. 28. 선고 83다카1981 전원합의체 판결 참조).

135) 항소심에서 본안판결을 한 경우에는 제1심판결에 대하여 재심의 소를 제기하지 못하므로, 그 경우 항소심판결이 아닌 제1심판결에 대하여 제1심법원에 제기된 재심의 소는 재심대상이 아닌 판결을 대상으로 한 것으로서 재심의 소송요건을 결여한 부적합한 소송이며 단순히 재심의 관할을 위반한 소송이라고 볼 수는 없다(대법원 1984. 2. 28. 선고 83다카1981 전원합의체 판결). 따라서 이 경우 제1심법원이 사건을 항소심에 이송하지 않고 각하한 것이 위법이 아님은 물론, 그 재심의 항소사건이 항소심법원에 계속되었다고 하여 그 흠결이 치유된 것으로 볼 수도 없다(대법원 1980. 3. 11. 선고 79다293 판결).

항소심에서 본안판결을 한 사건에 관하여 1심법원에 제기된 재심의 소가 제1심판결을 대상으로 한 것인가 아니면 항소심판결을 대상으로 한 것인가 여부는 재심소장에 기재된 재심을 할 판결의 표시만 가지고 판단할 것이 아니라, 재심의 이유에 기재된 주장내용(재심사유가 항소심판결에 관한 것인지 여부)을 살펴보고 재심을 제기한 당사자의 의사를 참작하여 판단하여야 한다(대법원 1984. 2. 28. 선고 83다카1981 전원합의체 판결). 이 사건에서 대법원은, 1심법원에 제기된 재심의 소를 항소심판결을 대상으로 한 것으로 보아 1심법원이 항소심법원에 사건을 이송한 조치는 적법하며, 그 경우 제척기간은 민사소송법 제36조 제1항의 규정에 비추어 제1심법원에 제기된 때를 기준으로 하여야 하고 항소심법원에 이송된 때를 기준으로 할 것이 아니라고 판시하였다.

136) 재심의 소가 항소심판결을 대상으로 한 것임에도 제1심법원이 이를 오해하여 항소심에 이송하지 않은 채 이를 심리한 후 재심의 소를 기각하는 판결을 하고, 이에 대하여 재심원고의 항소로 사건이 항소심에 적법하게 계속된 때에는 항소심법원은 제1심판결을 전속관할 위반을 이유로 취소하고 제1심법원으로부터 이송 받은 경우와 마찬가지로 재심사건을 심판하여야 한다(대법원 1989. 10. 27. 선

반면에 항소심에서 항소 각하나 소송종료선언 등 소송판결을 하였을 경우에는 1심판결과 항소심판결에 대하여 각각 독립하여 동시 또는 이시에 재심의 소를 제기할 수 있고,[137] 항소심판결과 상고심판결에 각각 독립한 재심사유가 있는 때에도 각각 독립하여 재심의 소를 제기할 수 있다.

항소심에서 본안판결을 하였을 경우 제1심판결에 재심사유가 있더라도 항소심판결에 대하여만 재심의 소를 제기하도록 한 이유는, 항소심에서 본안판결을 한 경우 제1심판결에 대한 재심청구가 인용되더라도 그로써 항소심판결에 대해서는 아무런 영향이 없으므로, 그로써 재심청구의 목적을 달성할 수 없기 때문이다.[138] 따라서 이 경우 항소심판결에 재심사유가 없더라도 1심판결에 재심사유가 있으면 당연히 항소심판결에 대하여 재심의 소를 제기할 수 있게 된다.

나. 재심사유

1) 재심의 소를 제기하려면 법이 정한 재심사유가 있어야 한다. 이에 관하여는 민사소송법 제451조 제1항 제1호 내지 11호에서 규정하고 있다. 위 조항에서 열거한 재심사유는 예시가 아닌 한정적인 것으로 보아야 한다(대법원 2009. 3. 12. 선고 2008두22761 판결, 2015. 11. 12. 자 2014아154 결정 등).

이 외에 상법 제406조에 의한 재심사유(주주대표소송에서 회사의 권리를 사해할 목적으로 소송을 하여 판결이 내려진 경우), 헌법재판소법 제75조 7항에 의한 재심사유(법원에서 법률의 위헌 여부 심판의 제청신청이 기각된 당사자가 헌법재판소에 헌법소원심판을 청구하여 그 청구가 인용되었는데, 당해 소송 사건의 판결이 이미 확정된 경우)가 있다. 구체적인 재심사유는 뒤에서 설명한다.

2) 민사소송법 제451조 제1항 제1호 내지 11호에서 규정·열거하는 재심사유는 각각 그 하나하나마다 독립한 재심의 소의 청구원인이 된다(대법원 1992. 10. 9. 선고 92므266 판결 등). 따라서 어느 하나의 사유로 재심의 소를 제기하여 패소 확정된 경우라도, 다른 재심사유가 있으면 기판력에 걸리지 않으므로 다시 재심의 소를 제기할 수 있다.

3) 위 각호의 재심사유가 있더라도, 당사자가 상소로써 그 사유를 이미 주장한 바 있

고 88다카33442 판결).

137) 제1심판결에 대하여 원고가 증인의 허위진술을 재심사유로 주장하고, 항소를 각하한 제2심판결에 대하여는 제척사유 있는 법관의 관여를 재심사유로 주장하는 경우, 당사자는 제1심판결과 제2심판결에 대하여 각각 재심의 소를 제기할 수 있다. 다만, 이 경우에도 민사소송법 제453조 제2항 본문에 따라 항소심이 두 개의 재심의 소를 모두 관할(심판)하게 된다.

138) 제1심판결에 대한 재심이 받아들여져 변경된 경우 항소심판결이 그로써 당연히 실효한다고 볼 근거가 없다. 따라서 이 경우 항소심판결도 취소하려면 그에 관하여 독립한 재심사유가 있어야만 한다. 다만, 제1심판결에 대한 재심이 받아들여져 변경된 경우, 항소심에서 소송판결을 한 때에는 항소심판결이 재심으로 취소되지 않더라도 그로써 항소심판결은 사실상 실효한다고 보아야 할 것이다. 항소심의 소송판결은 1심판결의 내용에는 영향을 미치지 않기 때문이다. 따라서 이런 경우 굳이 항소심판결에 대하여 재심을 청구할 필요가 없을 것이다.

거나, 이를 알고도 주장하지 아니한 때에는 재심의 소를 제기할 수 없다(민사소송법 제451조 제1항 단서).

이는, 재심사유의 존재를 알면서도 상소를 제기하지 아니하고 판결을 그대로 확정시킨 경우(대법원 1991. 11. 12. 선고 91다29057 판결), 상소를 제기하였으나 상소심에서 이를 주장하지 아니한 경우(상고이유서 제출기간 내에 이를 주장하지 않고 그 기간을 도과하여 상고가 기각된 경우 포함)를 말한다. 이를 통상 재심사유의 보충성이라고 하는바, 이는, 당사자가 상소를 제기할 수 있는 시기에 재심사유의 존재를 안 경우 상소로써 이를 주장함이 마땅하고, 이를 알면서도 상소를 제기하지 않거나 상소심에서 이를 주장하지 아니하여 판결을 확정되게 하거나 이미 상소심에서 주장하여 그에 대한 판단을 받았다면, 굳이 다시 재심을 허용할 필요가 없기 때문이다.[139)]

여기서 당사자가 '재심사유의 존재를 알았다'거나, '당사자가 상소에 의하여 재심사유를 주장하였다'고 하기 위해서는 재심사유에 해당하는 사실 모두를 알았거나 주장하였어야 하므로, 민사소송법 제451조 제2항의 사실(타인의 처벌받을 행위에 대하여 유죄의 판결이나 과태료부과의 재판이 확정된 때 또는 증거부족 외의 이유로 유죄의 확정판결이나 과태료부과의 확정재판을 할 수 없을 때)이 필요한 경우에는 그것도 이에 포함된다.

따라서 단지 증거서류가 위조되었다거나 증인이 위증을 하였다는 등 민사소송법 제451조 제1항 각호의 사실만 알았거나 주장한 것으로는 부족하고, 재심의 대상이 되는 상태, 즉 재심사유인 '유죄판결이 확정되었다거나 증거부족 외의 이유로 유죄판결을 할 수 없다'는 등 제451조 제2항의 사실도 알았거나 이를 아울러 주장하였어야만 이에 해당한다(대법원 1988. 2. 9. 선고 87다카1261 판결, 2006. 1. 12. 선고 2005다58236 판결, 2006. 10. 12. 선고 2005다72508 판결). 그러므로 단순히 위조나 위증이 있었다는 사실만 안 것으로는 재심사유를 알았다고 할 수 없고, 또 피고가 재심대상판결에 관한 소송절차나 상고이유서에서 주장한 것이 막연히 원고 등에 의하여 증거서류인 공정증서가 위조되었거나 허위로 작성되었다는 취지에 불과하고, 나아가 피고가 증거부족 외의 이유로 유죄의 확정판결을 할 수 없다는 사정까지 주장한 바가 없다면 피고가 이러한 사실을 상소에 의하여 이미 주장하였다고 할 수 없다.

그리고 여기서 말하는 당사자에는 소송대리인이 포함되므로, 원래 소송의 소송대리인이 재심사유를 안 때에는 당사자도 이를 안 것이라고 보아야 한다(대법원 1991. 11. 12. 선고 91다29057 판결).

4) 재심원고가 주장하는 사유가 민사소송법 제451조 제1항에 열거되어 있는 재심사유에 해당하지 아니하는 엉뚱한 것인 때는 재심의 소 자체가 소송요건을 못 갖춘 경우에 해당하여 부적법하다(대법원 1982. 9. 14. 선고 82사14 판결).

5) 또한, 민사소송법 제451조 제1항 제4호 내지 제7호의 재심사유를 주장하려면 그와

---

139) 재심사유이면서 절대적 상고이유에 해당하지 않는 것도 있으나, 반대로 재심사유는 당연히 상고이유가 된다고 해석하는데, 이는 이러한 재심사유의 보충성으로부터 연역이 가능하다.

같은 재심사유 이외에도 민사소송법 제451조 제2항의 요건이 구비되었음을 함께 주장·증명하여야 하는바, 재심대상판결에 민사소송법 제451조 제1항 제4호 및 제5호의 재심사유가 있다는 취지만 주장하고, 위 주장과 관련하여 유죄의 확정판결 등이 있었다거나 증거부족 외의 이유로 유죄의 확정판결 등을 할 수 없었다는 점에 관한 아무런 주장·증명을 하지 않은 경우에는 위와 같은 요건을 못 갖춘 것으로서 적법한 재심사유에 해당하지 않으므로 역시 재심의 소는 부적법하다(대법원 2017. 2. 3. 선고 2016재다1678 판결, 2018. 1. 25. 선고 2017재두5084 판결).

6) 재심원고가 주장하는 사유가 민사소송법 제451조 제1항에 열거되어 있는 재심사유에는 해당하나, 증거에 의하여 그러한 재심사유의 존재가 인정되지 않으면 위 ① 단계를 통과하지 못하여 재심청구가 이유 없으므로 ② 단계(본안이나 상소의 당부 심판)에 나아가지 않은 채 재심청구를 기각하게 된다(민사소송법 제460조 참조).

다. 재심 제기기간

1) 재심의 소는 재심대상판결이 확정된 뒤, 당사자가 재심의 사유를 안 날부터 30일 내에 제기해야 한다(민사소송법 제466조 제1항). 이 기간은 불변기간이자(민사소송법 제466조 제2항), 제척기간이다(대법원 1992. 5. 26. 선고 92다4079 판결 참조). 따라서 이 기간에 대해서는 뒤의 5년과 달리 추완이 가능하다.

2) 재심사유를 안 날은 특단의 사정이 없는 한 판결문을 송달받은 날이다(대법원 1989. 11. 14. 선고 89누3434 판결). 한편, 판결 정본을 송달받았을 때에 재심사유의 존재를 알았으나 그 후에 판결이 확정된 경우에는 위 30일의 기간은 재심대상판결이 확정된 날로부터 기산한다(대법원 1991. 2. 12. 선고 90누8510 판결).

또한, 위 제1항 제4호 내지 제7호의 경우에는 제451조 제2항의 사유도 필요한바, 이 경우 그 재심의 제소기간은 당해 범죄사실에 관하여 증거흠결 이외의 이유로 유죄 확정판결을 할 수 없다는 사실을 안 날부터 진행한다(대법원 1965. 6. 22. 선고 65다680 판결, 1994. 1. 28. 선고 93다29051 판결, 2006. 10. 12. 선고 2005다72508 판결).

3) 위와 같이 개개의 재심사유가 독립한 재심소송의 소송목적(소송물)이 되므로 위 기간의 준수 여부는 각각의 재심사유별로 심사하여야 한다(대법원 1992. 10. 9. 선고 92므266 판결). 따라서 여러 개의 재심사유를 주장하며 재심의 소를 제기한 경우, 그 재심기간은 각각의 재심사유에 따라 기산한다(대법원 1990. 12. 26. 선고 90재다19 판결). 재심의 소를 제기한 후 재심사유를 바꾼 때는 소(재심청구)의 변경에 해당하므로, 그 제기기간이 준수되었는지 여부는 새로운 재심사유를 주장한 때를 기준으로 판단하여야 한다(민사소송법 제459조 제2항, 제265, 262조).

4) 법인 또는 법인 아닌 사단이 당사자인 경우에는 그 대표자가 재심사유를 안 날부터 30일 이내에 재심의 소를 제기하여야 함은 당연하다(대법원 2016. 10. 13. 선고 2014다12348 판결). 그러나 법인 등의 대표자가 준재심의 사유인 청구의 포기·인낙 또는 화해를 하는 데에 필요한 권한을 수여받지 아니한 것에서 더 나아가 자기 또는 제3자의 이익을 도모할 목적으로 권한을 남용하여 법인 등의 이익에 배치되는 청구의 포기·인낙 또는 화해 등의 소송행위를 하였고,

또한 상대방 당사자가 대표자의 진의를 알았거나 알 수 있었을 경우에는 단지 대표자가 재심사유를 아는 것만으로는 부족하고, 적어도 법인 등의 이익을 정당하게 보전할 권한을 가진 다른 임원 등이 재심사유를 안 때에 비로소 재심 제기기간이 진행된다는 것이 판례이다(대법원 2016. 10. 13. 선고 2014다12348 판결). 이 경우 재심이나 준재심의 사유가 된 대표권 행사에 관하여 법인 등과 대표자의 이익이 상반되어 법인 등의 대표자가 (준)재심 제기 권한을 행사하리라고 기대하기 어렵기 때문이다.

5) 판결 확정 후 5년을 경과한 때에는 재심의 소를 제기하지 못한다(민사소송법 제456조 제3항). 재심사유가 판결 확정 후에 생긴 경우 위 5년의 기간은 그 사유가 발생한 날부터 계산한다(민사소송법 제456조 제4항). 위 5년은 당사자가 재심의 사유를 알았든 몰랐든 불문한다. 따라서 당사자가 재심의 사유를 안 날부터 30일 이내라고 하더라도, 판결 확정 후 5년을 경과한 때에는 재심의 소를 제기하지 못하게 된다. 그리고 이 5년의 제척기간은 불변기간이 아니어서 추완이 허용되지 않는다(대법원 1992. 5. 26. 선고 92다4079 판결).

6) 대리권에 흠이 있다거나 재심의 대상이 될 판결이 전에 선고한 확정판결과 어긋남을 이유로 하는 재심의 소(민사소송법 제451조 제1항 제3, 10호)에는 제소기간의 제한이 없다(민사소송법 제457조). 따라서 이러한 사유를 이유로 하는 재심의 소는 언제라도 제기할 수 있다. 여기서 말하는 '대리권의 흠'에 관하여 대법원은, 소송대리권을 전혀 갖지 아니한 사람이 당사자 또는 그 법정대리인이 모르는 사이에 소송행위를 한 경우만을 의미하고, 기본적 대리권은 있으나 특정한 행위에 관한 대리권이 없는 경우, 즉 '대리인이 소송행위를 하는 데에 필요한 권한의 수여에 흠이 있는 때'에 불과한 경우는 이에 포함되지 아니한다고 본다(대법원 1994. 6. 24. 선고 94다4967 판결).

3. 재심의 소의 제기

가. 당사자

1) 재심의 소의 당사자는 원칙적으로 재심대상판결의 당사자와 일치한다. 다만, 원·피고의 지위는 반드시 일치하지 않는다. 재심대상판결의 취소를 구할 이익이 있는 사람이 재심원고가 되고, 그 취소에 의하여 불이익을 입게 되는 사람이 재심피고가 된다. 따라서 재심대상판결의 피고가 재심원고가 될 수도 있다. 재심원고는 재심사유를 주장·증명할 책임을 부담함은 물론이다.

2) 그러나 이는 재심의 소에서 위 ① 단계 소송(즉 재심사유가 있어 재심대상판결을 취소할지 여부를 심판하는 부분의 소송)에서만 그러한 것이므로, ② 단계 소송인 본안청구나 상소의 당부에 대하여 심판하는 부분의 소송에서의 원·피고 지위나 상소인 지위(항소인·상고인 또는 피항소인·피상고인)는 변하지 않는다. 따라서 본안청구나 상소의 당부에 대한 청구의 특정이나 변경, 변론, 즉 공격방어방법에 관하여는 통상의 소송법 원리가 그대로

적용된다. 이에 따라 권리근거사실은 권리자인 원고가, 권리소멸사실이나 그 발생·행사의 장애요건사실은 의무자인 피고가 주장책임과 입증책임을 지게 된다.

3) 재심대상판결의 소송당사자가 아닌 사람도 재심소송의 당사자가 될 수 있다. 즉 재심대상판결의 효력(기판력)을 받는 사람은 모두 재심의 소를 제기할 수 있고, 또 그 피고가 될 수 있다. 따라서 재심대상인 확정판결에 표시된 소송당사자는 물론 기판력이 미치는 변론종결 후의 승계인, 제3자소송담당의 본인(파산관재인이 당사자인 경우의 파산자, 유언집행자가 당사자인 경우의 상속인, 채권자대위소송의 채무자, 선정당사자가 있는 경우의 선정자 등)도 당사자가 될 수 있다(대법원 1987. 12. 8. 선고 87재다24 판결).[140] 승계인은 그에게 기판력이 미치는 이상 특정승계인을 포함한다(대법원 1958. 10. 16. 선고 4290민상764 판결, 1974. 5. 28. 선고 73다1842 판결).

따라서 재심대상판결의 청구원인이 취득시효 완성을 원인으로 한 소유권이전등기청구였다면, 재심대상판결의 소송목적은 취득시효 완성을 이유로 한 소유권이전등기청구권으로서 채권적 청구권이므로, 그 변론종결 후에 원고로부터 소유권이전등기를 받은 승계인은 기판력이 미치는 변론종결 후의 제3자에 해당하지 아니하고, 재심원고는 그를 상대로 재심의 소를 제기할 수 없으므로 그 재심의 소는 부적법하다(대법원 1997. 5. 28. 선고 96다41649 판결). 전소의 변론종결 전의 승계인(대법원 1958. 10. 16. 선고 4290민상764 판결), 전소의 당사자도 아니고 변론종결 후의 승계인도 아닌 자를 상대방으로 하여 제기된 경우(대법원 1987. 5. 26. 선고 86무3 판결)에도 같다. 가사소송의 경우에는 경우에 따라 검사가 재심피고가 될 수도 있다.

원래 소송의 당사자가 아니었던 자가 재심소송의 당사자가 되는 것과 관련하여, ① 특정승계인 등이 재심의 소를 제기한 다음 재심대상판결이 취소되는 것을 조건으로 승계참가를 하거나 특정승계인을 상대로 인수참가를 신청할 수 있다는 견해, ② 특정승계인이 독립하여 재심의 소를 제기할 수 있지만, 그 재심판결의 효력은 전소의 당사자인 피승계인에게는 미치지 않으므로 재심소송에서는 재심사유의 존부, 즉 재심대상판결의 취소 여부만을 심판하고 본안에 관하여는 별소를 제기하여야 한다는 견해 등이 있다.[141] ①설의 경우 특정승계인이 재심의 소 제기와 동시에 재심사유가 인정되는 것을 조건으로 승계참가를 하거나 특정승계인을 상대로 재심의 소를 제기하는 때에 특정승계인에 대한

---

140) 소송고지의 피고지자는 기판력이 아닌 참가적 효력을 받는데, 이에 대해서도 재심청구가 허용될 수 있는가? 기판력이 미치는 것은 아니지만, 부당한 판결에 의한 구제수단이 없으므로 이를 허용함이 상당하다고 생각된다. 다만, 그 방법에 대하여 그가 독립당사자참가의 방식으로 재심청구를 하여야 한다는 견해가 있으나(최성호, 전게 논문), 원래 그는 종전 소송에 보조참가를 할 수밖에 없는 지위에 있으므로 재심소송에서도 피팜가인을 인한 보조참가의 형식으로 재심의 소를 제기함이 옳다고 생각된다.

141) 이에 대한 자세한 논의는 김능환, "재판상화해에 대한 준재심과 특정승계인", 민사재판의 제문제 제11권(2002)을 참조. 독일의 경우 소송절차상 당사자항정주의의 원칙을 채용하고, 이에 따라 재심소송에서도 종전 소송의 판결에 대하여 상소를 제기할 수 있는 자만이 정당한 당사자가 될 수 있고 특정승계인은 이에 해당하지 아니한다는 것이 통설, 판례라고 한다.

소송인수신청이 잠재되어 있는 것으로 보는바, 재심사유가 인정되는 경우 종전 소송이 부활하여 재심법원이 이를 다시 심리하게 되고, 이후 그 소송은 종전 소송과 실질적으로 다를 것이 없으므로 이 견해가 옳다고 생각된다.[142)]

4) 공동소송적 보조참가인은 물론 재심대상판결의 일반 보조참가인도 재심대상판결의 효력을 간접적으로 받으므로 그 역시 피참가인을 위하여 재심의 소를 제기할 수 있고, 종전 소송의 보조참가인이 아니었던 자도 피참가인을 위하여 보조참가를 신청함과 동시에 재심의 소를 제기할 수 있다.

원래 보조참가인은 당해 소송절차 내의 개별적 소송행위만을 할 수 있음이 원칙이고 중간확인의 소나 반소 등 새로운 소를 제기할 수는 없으나, 위와 같이 재심은 특수한 상소로서의 성질을 가지고 있기 때문이다. 대법원도 이를 긍정한다(대법원 2015. 10. 29. 선고 2014다13044 판결). 이 경우 피참가인은 형식상은 재심소송의 당사자이지만, 마치 상소심에서 상소를 제기하지 아니한 피참가인과 같은 지위에 서고, 보조참가인은 재심원고로서 상소인과 같은 실질을 갖는다고 볼 것이다.

5) 필수적 공동소송인에 대해서는 민사소송법 제67조가 적용되어야 하므로, 필수적 공동소송관계에 있는 사람들 중 한 사람이 재심의 소를 제기하면 나머지 공동소송인들도 당연히 재심원고의 지위에 서게 되고, 또 상대방이 이를 제기할 때에는 그 공동소송인 전원을 재심피고로 하여야 한다.

6) 성명모용소송의 경우 피모용자는 대리권에 흠이 있는 경우에 준하여 재심의 소를 제기할 수 있다(대법원 1964. 3. 31. 선고 63다656 판결). 한편, 재심의 소는 위와 같이 실질상으로는 상소의 성질을 갖는다고 보아야 할 것이므로 소송 중 개별적 소송행위와 마찬가지로 채권자대위권의 목적이 될 수 없다고 봄이 상당하다(대법원 2012. 12. 27. 선고 2012다75239 판결).

나. 재심 소장의 제출

(1) 소장의 기재사항 등

1) 재심청구는 소를 제기하는 방법으로 하여야 한다(민사소송법 제451조 제1항 본문). 이는 청구이의를 주장하려면 청구이의의 소를 제기하여야 하는 것과 같다. 앞서 말한 바와 같이 재심의 소는 실질상으로는 종전소송의 연속이지만 형식상으로는 이와 독립한 별개의 소송이다.

2) 재심소장에는 ① 당사자와 법정대리인, ② 재심대상판결의 표시와 그 판결에 대하

142) 그러나 이 경우 특정승계인은 종전 소송의 당사자 모두를 공동재심피고로 삼아 재심의 소를 제기할 필요는 없고, 재심의 소가 제기되면 재심법원은 종전 소송의 당사자에게도 변론에 참여할 기회를 부여하여야 하고, 종전 소송의 당사자는 소송탈퇴를 할 수 있다고 보아야 할 것이다. 만약 피승계인이 승계를 다투는 경우에는 독립당사자참가를 한 것으로 보아야 한다. 이는 피고 측에 특정승계인이 있는 경우에도 같다.

여 재심을 청구하는 취지, ③ 재심의 이유(재심사유)를 기재하여야 한다(민사소송법 제458조). 그리고 재심소장에는 재심대상판결의 심급에 따라 각각 소장, 항소장 또는 상고장에 붙여야 할 인지액과 같은 액의 인지를 붙여야 한다(민사소송 등 인지법 제8조 제1항). 이에 맞추어 송달료도 납부하여야 함은 물론이다.

3) 재심의 소송절차에는 각 심급(재심대상판결의 심급)의 소송절차에 관한 규정이 준용되므로, 재심소장에는 그밖에 소장이나 상소장에 준하여 필요한 사항을 기재할 수 있다. 따라서 재심대상판결을 취소하고 그에 갈음하여 구하는 판결의 내용과 준비서면적 기재사항도 당연히 기재할 수 있다. 한편, 재심청구를 할 때는 재심소장에 재심대상판결의 사본을 붙여야 한다(민사소송규칙 제139조). 그러나 이는 참고일 뿐 재심의 소의 소송요건은 아니므로, 이를 첨부하지 않았더라도 이를 이유로 소를 각하할 수는 없다.

4) 재심소장에 기재할 소송대리인은 종전 소송의 소송대리인이 아니라 재심소송의 소송대리인을 가리킨다. 재심은 형식상으로는 종전 소송과 구별되는 새로운 소송이므로 대법원의 파기환송판결에 따라 종전 심급에서의 소송대리인의 대리권이 부활하는 것과 같은 효과는 발생하지 않는다(대법원 1991. 3. 27.자 90마970 결정 참조). 따라서 소송대리인이 종전 소송의 소송대리인과 동일한 사람이라도 재심의 소에서 소송대리를 하려면 새로운 소송위임장을 제출하여야 한다.

5) 민사사건은 재심사건 역시 전자소송이 가능하다.

(2) 재심의 소의 청구취지

1) 재심의 소는 외형상으로는 소이지만 실질상 상소이므로, 민사소송법은 통상의 소장과 달리 재심소장에는 그 청구취지 기재를 필수적 사항으로 규정하지 않고 있다. 재심의 소가 있으면 재심대상판결의 취소 외에, 그 본안에 관하여는 종전 소송에서의 청구와 상소를 기준으로 심리하는 것이 원칙이기 때문이다. 따라서 재심소장에는 청구취지로 재심대상판결의 취소만을 기재하고 본안에 관하여는 이를 기재하지 않아도 무방하다.

2) 재심소장에 청구취지를 기재한다면 그 기재 내용은 다음 두 가지로 요약할 수 있다.

첫째는, 확정판결의 취소를 구하는 것이다. 확정판결을 취소하지 않으면 새로운 판결을 할 수 없으므로 이는 필수적이다. 물론 그 형식이야 어떠하든 그 뜻만 표시하면 충분하다. 확정판결 전부의 취소는 물론 그 일부 취소도 구할 수 있다(대법원 2006. 3. 9. 선고 2004재다672 판결, 2006. 3. 9. 선고 2003재다262 판결등 참조).

둘째는, 확정판결을 취소한 후 그에 갈음하는 새로운 판결을 구하는 것이다. 재심의 소에서 ①단계 청구, 즉 확정판결의 취소청구가 이유 있으면 그 판결 선고가 없었던 것과 같이 되어 종전의 소송상태로 돌아간다. 그러므로 종전 소송이 1심소송인 경우에는 원고의 청구를 기준으로 심판하고, 항소심이나 상고심의 경우에는 항소나 상고를 기준으로 다시 심판하면 된다. 따라서 재심청구취지에는 위와 같이 본안의 청구에 대해서는 기재할 필요가 없다.

그럼에도 불구하고 이를 기재하고, 그 내용이 종전의 청구나 항소·상고의 취지와 다른 내용이면 종전의 그것을 변경하는 것이 되고, 위와 같이 본안에 대한 심판청구는 재심사유가 인정되지 않아 재심청구가 각하되거나 기각될 것을 해제조건으로 하는 것이므로 그 변경의 효력 역시 해제조건부로 발생한다고 보아야 한다. 그러므로 종전의 청구 등을 변경하는 것인 때는 그 뜻을 분명히 하는 것이 좋고, 그 뜻이 분명치 않은 경우 재심법원은 재심원고에게 그 석명을 명하여야 할 것이다.

재심청구취지의 예를 들면, "1. 재심대상판결을 취소한다. 2. 피고는 원고에게 ○○○에 관하여 2019. 5. 10. 취득시효완성을 원인으로 한 소유권이전등기절차를 이행하라" 또는 "1. 재심대상판결을 취소한다. 2. 원고의 청구를 기각한다"(재심대상판결이 1심판결인 경우), "1. 재심대상판결과 제1심판결을 취소한다. 2. 피고는 원고에게 1억 원과 이에 대하여 2019. 11. 17.부터 2020. 4. 30.까지는 연 5%, 그 다음날부터 다 갚는 날까지는 연 12%의 비율에 의한 금전을 지급하라" 또는 "1. 재심대상판결을 취소한다. 2. 제1심판결 중 피고 패소 부분을 취소하고, 그 부분 원고의 청구를 기각한다", "1. 재심대상판결과 원심판결을 취소한다. 2. 이 사건을 원심법원에 환송한다", "1. 재심대상판결을 취소한다. 2. 원심판결을 파기하고, 제1심판결을 취소한다. 3. 이 사건 소송은 2009. 7. 11. 원고의 사망에 의하여 종료되었다"(재심대상판결이 2심 또는 대법원 판결인 경우)와 같이 기재할 수 있다.[143)]

3) 재심의 소에서 불복의 범위는 필수적 기재사항이 아니나, 이는 인지액을 결정하는 기준이 되고, 재심대상판결 중 일부만의 취소를 구할 경우에는 이를 분명히 할 필요가 있으므로 이를 기재해주는 것이 좋다. 그 기재가 없고 재심원고의 뜻을 알 수 없는 경우에는 일견 재심대상판결 전부의 취소를 구하는 것으로 해석하거나 석명을 명하여야 할 것이다.

재심소장에 붙일 인지의 액은 재심으로써 취소를 구하는 재심대상판결의 내용을 기준으로 하여야 한다. 따라서 재심대상판결이 1심판결이라면 그 주문에 포함된 소송목적을 기준으로 하고, 재심대상판결이 2심 또는 3심 판결이라면 그 주문과 상소취지를 기준으로 항소장과 상고장에 붙일 인지를 붙여야 한다. 뒤에서 보는 바와 같이 재심소송 계속 중에 청구변경이나 상소취지 변경을 한 때는 그때 그에 따른 인지를 더 붙여야 할 것이다.

재심대상판결 중 일부만의 취소를 구할 경우 그 청구취지는 "1. 재심대상판결 중 피고 ○○○에 대한 부분을 취소한다. 2. 제1심판결 중 피고 ○○○ 패소 부분을 취소하고,

---

143) 경우에 따라서는 본래의 청구취지, 항소취지, 재심청구취지를 나누어서 기재하기도 한다.

그 부분 원고의 청구를 기각한다", "1. 재심대상판결 중 피고(재심원고)들의 상고를 기각한 부분을 취소한다. 2. 원심판결 중 예비적 청구에 관한 피고(재심원고)들 패소 부분을 파기하고, 이 부분 사건을 서울고등법원으로 환송한다"와 같이 기재하면 된다.

4) 재심소송에서 청구나 상소취지의 변경이 허용되는지 여부에 관하여 뒤에서 보는 바와 같이 논란이 있으나, 사견으로는 이를 긍정함이 옳다. 이 경우 그 소송목적인 청구취지나 청구원인의 변경은 그 소송의 원고에 의해 청구의 변경 방법으로 이루어져야 하고, 항소취지나 상고취지의 변경은 항소인이나 상고인에 의해 이루어져야 한다.[144] 따라서 재심원고가 종전 소송의 원고나 항소인, 상고인이 아닌 경우 이를 변경할 권한이 없으므로 재심소장에 재심청구의 취지를 기재하는 방법으로 이를 변경할 수는 없고, 그러한 기재를 하였더라도 소송법상 아무런 효력이 없다고 할 것이다.

(3) 재심사건의 관할

1) 재심소송은 재심대상판결을 한 법원의 전속관할에 속한다(민사소송법 제453조 제1항).

2) 심급을 달리하는 법원이 같은 사건(하나의 사건)에 대하여 내린 판결에 대하여 각각 재심의 소가 제기된 경우에는 그 전부를 상급심법원이 관할한다(민사소송법 제453조 제2항 본문). 즉 1심판결과 항소심판결에 대하여 각각 재심의 소가 제기된 경우, 항소심법원이 두 사건을 모두 관할하게 된다. 이는 어느 쪽의 소가 먼저 제기된 여부와 관계없이 그러하다. 따라서 하급심법원은 사건을 상급심법원에 이송하여야 한다. 다만, 항소심판결과 상고심판결에 각각 독립한 재심사유가 있는 때에는 그러하지 아니하다(민사소송법 제453조 제2항 단서).

위와 같이 항소심에서 소송판결을 하였을 경우에는 1심판결과 항소심판결에 대하여 각각 독립하여 재심의 소를 제기할 수 있으나, 이 경우에도 이들 재심사건은 상급심인 항소심법원이 병합하여 심판하게 된다. 재심사유가 각각 독립하기는 하나, 항소심판결은 소송판결에 불과하고, 두 소송을 각각 독립하여 심판하면 그 결론이 상반되거나 1심의 재심판결에 대하여 다시 항소가 제기될 경우 복잡한 문제를 초래하는 사정을 감안한 것이다. 반면에 항소심판결과 상고심판결에 각각 독립한 재심사유가 있는 때에는 각각의 법원이 심판하도록 한 것은, 항소심과 상고심이 사실심과 법률심으로서 그 심판방법이 다르기 때문이다.

3) 재심원고가 관할권 없는 법원에 재심의 소를 제기한 경우 재심소장을 접수한 법원은 결정으로 이를 관할법원에 이송하여야 한다(민사소송법 제455, 408, 425, 34조, 대법원 2002. 12. 9.자 2001재마14 결정, 2004. 6. 7.자 2004재다85 결정 참조). 이 경우 상소장과 달리, 민사소송법 제40조 1항의 규정에 비추어 재심 제기기간의 준수 여부는 관할법원에 이송되거나 소장이 송부되어 접수된 때가 아니라, 당초 재심의 소장을 제출

---

144) 물론 이 역시 재심대상판결이 취소되지 않는 것을 해제조건으로 유효하다. 그리고 상고심의 경우 상고이유서 제출기한이 이미 지났으므로 이에 따른 제한을 당연히 받는다.

한 때를 기준으로 하여야 한다는 것이 판례이다(대법원 1984. 2. 28. 선고 83다카1981 전원합의체 판결, 1995. 6. 19. 자 94마2513 결정).

4) 재심소송은 재심대상판결을 한 법원의 전속관할에 속하므로 사물관할 역시 원래의 그것과 같다. 따라서 1심판결에 대한 재심의 경우 단독판사 또는 합의부가 관할하게 된다.

(4) 사건번호 등

1) 재심 소장이 접수되면 법원은 사건번호를 부여한다. 사건번호는 재심대상판결 번호가 아니라 새로이 부여된다. 재심은 형식상 새로운 소이기 때문이다. 이때 사건번호는 '2019재가합1234', '2020재나54321', '2020재다1235'와 같이 재심대상 사건의 부호(가단, 가합, 나, 다) 앞에 '재'자를 삽입하는 방식으로 한다. 사건명은 재심대상 사건의 사건명을 그대로 쓴다.

2) 당사자 표시는 '재심원고, 원고(항소인)', '재심피고, 피고(피항소인)', '재심원고, 피고(항소인)', '재심피고, 원고(피항소인)', '재심원고, 피고(상고인)'처럼 표시한다.

3) 재심사건 역시 통상의 소 제기에 따른 소송사건처럼 소송기록을 조제하는데, 이는 재심대상 사건의 소송기록과는 독립한다. 다만, 법원은 참고를 위해 재심대상 사건의 소송기록을 재심소송기록에 줄로 연결해 붙인다.[145] 재심사건에 대하여 상소가 제기된 경우 법원사무관등은 상소기록에 이 소송기록을 붙여 함께 상소심법원에 보내야 한다(민사소송규칙 제140조 제2항). 잔자소송에 대한 재심의 경우에는 상소의 예에 따른다.

4. 구체적 재심사유

가. 재심사유의 종류

1) 민사소송법 제451조 제1항은 재심사유로 11개 항목을 열거하고 있다. 그 중 일부(제1, 2, 3, 9호)는 민사소송법 제424조 제1항의 절대적 상고이유(제1, 2, 4, 6호)와 전부 또는 일부 중복된다. 이는 그 만큼 그 사유가 중요하다는 반증이라고 할 수 있다.

2) 제451조 제1항 제6호(판결의 증거가 된 문서, 그 밖의 물건이 위조되거나 변조된 것인 때)와 제7호(증인·감정인·통역인의 거짓 진술 또는 당사자신문에 따른 당사자나 법정대리인의 거짓 진술이 판결의 증거가 된 때)의 재심사유는 그 성질상 사실심법원의 판결에 대한 재심사유에 한하고, 그것이 상고심의 직권조사사항이 아닌 이상 상고심법원의 판결에 대한 재심사유가 될 수는 없다(대법원 2000. 4. 11. 선고 99재다746 판결, 2011. 11. 10. 선고 2011재다847 판결).

3) 상법 제406조에 의한 재심사유(주주대표소송에서 회사의 권리를 사해할 목적으로 판결을 하게 한 경우)와 헌법재판소법 제75조 7항에 의한 재심사유(위헌여부 심판을 위한 헌법소원이 인용된 경우)는 확정판결에 대한 특수한 재심구제장치이다.

---

145) 이를 첨철(添綴)이라고 한다. 전자소송 사건의 경우에는 양자가 모두 화면에 표시된다.

나. 민사소송법 제451조 제2항의 사유

1) 민사소송법 제451조 제1항 제4호 내지 제7호의 재심사유(형사상 처벌을 받을 다른 사람의 행위로 말미암아 자백을 하였거나 판결에 영향을 미칠 공격 또는 방어방법의 제출에 방해를 받은 때 등)를 주장하려면, 그와 같은 재심사유 외에도 민사소송법 제451조 제2항의 요건(처벌받을 행위에 대하여 유죄의 판결이나 과태료부과의 재판이 확정된 때 또는 증거부족 외의 이유로 유죄의 확정판결이나 과태료부과의 확정재판을 할 수 없을 것)이 구비되었음을 함께 주장·증명하여야 하고, 이를 못 갖춘 경우 재심의 소가 부적법함은 앞서 본 바와 같다.

2) 민사소송법 제451조 제2항의 요건의 법적 성질에 관하여는, ① 제4호 내지 제7호의 가벌행위 자체가 재심사유이고, 제2항의 사유는 재심의 소의 적법요건 또는 소송요건으로 보아, 제2항의 사유를 주장·입증하지 못하면 그 재심의 소는 가벌행위의 존부에 관계없이 부적법한 소로서 각하하여야 한다는 견해(적법요건설), ② 제4호 내지 제7호의 사유와 제2항의 사유가 각각 합체하여 비로소 1개의 재심사유가 되고, 따라서 제2항의 사유에 대한 주장·입증이 없으면 재심사유가 부존재하므로 재심청구를 기각하여야 한다는 견해(합체설)가 대립한다.

판례는 어느 쪽으로도 해석되는 입장을 취하고 있는바(대법원 1982. 9. 28. 선고 81다557 판결, 1989. 10 .24. 선고 88다카29658 판결), 어느 쪽을 취하든 실제의 결론에 별다른 영향이 없다. 대법원은, 제2항의 요건에 해당하는 사실이 존재하는 경우에는 당해 요건사실, 즉 그 판결이나 처분 등에 관한 판단내용 자체에 대해서는 그 당부를 따질 것 없이 재심의 소는 적법요건을 갖춘 것으로 보아야 하나, 나아가 위 4호 내지 7호 소정의 재심사유의 존부에 대해서는 그 판결이나 처분내용의 판단에 구애됨이 없이 재심법원이 독자적으로 심판할 수 있으며, 제2항 소정의 적법요건 해당사실은 같은 재심의 소를 제기한 당사자가 증명해야 한다고 한다(대법원 1982. 9. 28. 선고 81다557 판결.).

3) 증거부족 외의 이유로 유죄의 확정판결이나 과태료부과의 확정재판을 할 수 없을 때란, 증거흠결 이외의 사유, 즉, 범인의 사망, 사면, 공소시효의 완성, 심신상실, 면소판결(대법원 1965. 6. 22. 선고 65다680 판결), 검사가 범죄혐의가 있음을 인정하면서 기소유예 처분을 한 사정 등이 없었더라면 유죄판결을 받을 수 있었을 경우를 말하며, 기소유예가 허술한 수사로 말미암았거나 또는 빈약한 증거를 기초로 한 것이라 할지라도 재심의 소를 제기하는 데는 영향이 없다.

피의자의 소재불명을 이유로 검사가 기소중지결정을 한 경우(대법원 1959. 7. 23. 선고 4291민상444 판결, 1989. 10. 24. 선고 88다카29658 판결)나 재심대상판결이 있은 사건에서 증언한 증인에 대하여 위증죄로 공소가 제기되었으나 그의 소재불명으로 재판을 진행할 수 없게 된 경우(대법원 1994. 9. 23. 선고 93누20566 판결)는 민사소송법 제451조 제2

항의 요건에 해당하지 않는다. 검사의 무혐의처분 역시 제2항의 요건에 해당하지 아니하나(대법원 1964. 5. 12. 선고 63다859 판결, 1985. 11. 26. 선고 85다418 판결, 1999. 5. 25. 선고 99두2475 판결), 판결의 증거가 된 문서가 위조된 것이 분명하고 공소시효로 인하여 유죄판결을 할 수 없게 되었다면, 그 위조행위의 범인이 구체적으로 특정되지 않았다고 하더라도 이에 해당한다(대법원 1994. 1. 28. 선고 93다29051 판결, 2006. 10. 12. 선고 2005다72508 판결).

4) 한편, 민사소송법 제451조 제2항의 사유가 있는 경우, 그 재심의 소 제소기간은 문서위조 등 범죄사실에 관하여 증거흠결 이외의 이유로 유죄의 확정판결을 할 수 없다는 사실을 안 날, 즉 공소시효의 완성으로 인한 검사의 불기소처분이 내려진 것을 안 날(대법원 1994. 1. 28. 선고 93다29051 판결, 2006. 10. 12. 선고 2005다72508 판결) 또는 일반사면을 원인으로 법원이 면소판결을 한 것을 안 날(대법원 1965. 6. 22. 선고 65다680 판결) 등부터 진행한다.

이와 관련하여, 이러한 경우에 위 사실을 알았는지 여부는 일반적 교양을 갖춘 사람을 기준으로 사회통념에 따라야 한다. 그러므로 그러한 사유가 증거흠결의 이유로 불기소된 것인지 또는 그 증거가 유죄판결을 받기에 충분한 정도의 것인지를 알아야만 비로소 재심사유를 알았다고 볼 수 없고, 또 재심사유를 알게 된 근거가 반드시 검사의 서면에 의한 불기소 통지 등이어야 한다고 할 수도 없다(대법원 1965. 6. 22. 선고 65다680 판결).

다. 개별 재심사유

(1) 판결법원 구성의 위법(451조 제1항 1호)

1) 판결법원의 구성이 법원조직법과 민사소송법 등을 따르지 않은 경우이다. 예컨대, 합의재판부가 판사 2인으로만 구성되었다거나, 변론에 관여하지 않은 법관이 판결에 관여한 경우(민사소송법 제204조 제1항, 대법원 1970. 2. 24. 선고 69다2102 판결)가 이에 해당한다. 대법원에서 판례 변경을 하는 판결을 하면서 전원합의체에서 하지 않고 대법관 4인의 부(部)에서 재판한 경우도 여기에 해당한다(대법원 1982. 9. 28. 선고 81사9 전원합의체 판결).

2) 민사소송법 제204조 제1항은 "판결은 기본이 되는 변론에 관여한 법관이 하여야 한다"고만 규정하는바, '기본이 되는 변론'의 의미는 모든 변론을 말하는 것이 아니라 최종변론을 말하므로, 변론 전체를 포괄하여 어느 하나의 변론에라도 참여하지 않은 법관은 판결(판결문의 작성이 아니라 판결의 합의를 말하는데, 합의에 관여한 판사만이 판결문에 서명날인하여야 한다)을 할 수 없다는 뜻이 아니다(대법원 1997. 6. 13. 선고 96다56115 판결 참조). 따라서 최종변론에 참여하지 않은 법관은 그 이전 변론에는 참여하였다고 하더라도 판결에 참여할 수 없고, 반대로 최종변론에 참여한 법관은 그 이전 변론에 참여하지 않았다고 하더라도 판결에 참여할 수 있다.

3) 그리고 변론이란 소송목적에 관하여 공격방어방법을 구두로 제출하는 것을 말하므로, 기일지정이나 화해권고와 같은 소송지휘상의 재판이나 화해 또는 조정절차에만 관여

한 경우는 변론에 관여한 것에 포함되지 않는다(대법원 1957. 4. 6. 선고 4290민상15 판결 1997. 6. 13. 선고 96다56115 판결).146) 따라서 이러한 소송절차에만 참여한 법관은 판결에 참여할 수 없다.

(2) 재판에 관여할 수 없는 법관의 관여(451조 제1항 2호)

1) 제척의 원인이 있는 법관, 기피의 재판을 받은 법관, 대법원 파기환송 사건의 원심판결에 관여한 법관이 환송 후 원심판결에 관여한 판결147)이 이에 해당한다. 기피의 경우에는 기피의 재판을 받고도 판결에 관여한 경우만 해당하나, 제척의 경우에는 제척의 재판을 받지 않은 경우도 포함한다고 할 것이다. 제척사유가 있는 경우 당연히 제척되고, 제척의 재판은 확인적 재판에 불과하기 때문이다.

2) 대법원 파기환송 사건의 '원심판결'은 파기된 당해 원심판결 자체만을 가리키고, 그 이전에 파기된 원심판결은 포함하지 않는다(대법원 1973. 11. 27. 선고 73다763 판결).

3) 법관의 제척원인이 되는 전심관여(민사소송법 제41조 제5호)라 함은 상급심의 판단을 받는 종국판결과 더불어 그 중간적인 판결(중간판결 등)에 관여함을 말하며, 판결에 관여하였다는 것은 최종변론과 판결의 합의(판결문의 서명날인 포함)에 관여한 것을 말하므로, 단순히 판결의 선고에만 참여하였거나 중간적 변론에만 참여한 경우, 기일지정이나 증거의 채부, 조정, 화해권고 등과 같은 소송지휘상의 재판에만 관여한 경우는 이에 해당하지 않는다(대법원 1973. 11. 27. 선고 73다763 판결, 1994. 8. 12. 선고 92다23537 판결, 1997. 6. 13. 선고 96다56115 판결). 또한, 다른 법원으로부터 촉탁을 받고 그 사건에 관한 직무를 행한 경우도 전심관여에 포함되지 않는다(민사소송법 제41조 제5호 단서).

4) ① 재심대상 사건의 원재판(재심대상판결)에 관여한 법관이 그 재심사건의 재판에 관여한 경우(대법원 1978. 7. 6.자 78마147 결정, 1986. 12. 23. 선고 86누631 판결), ② 제1차의 재심청구사건에 관여한 법관이 제2차 재심청구사건의 상고심판결에 관여한 경우(대법원 1994. 8. 9. 선고 94재누94 판결), ③ 청구이의의 소에서 그 대상이 된 확정판결, 본안소송에 대한 가압류·가처분의 재판, 집행문부여에 대한 이의의 소에 따른 강제집행정지신청에서 그 대상이 된 판결(대법원 1969. 11. 4.자 69그17 결정)에 관여한 경우, ④ 동일한 전역처분의 취소청구소송과 무효확인소송의 재판에 동일인이 재판장으로 관여하였다 하더라도 두 소송이 별개의 사건으로서 이전 사건을 후행 사건의 전심재판으로 볼 수 없는 경우(대법원 1983. 1. 18. 선고 82누473 판결)도 전심관여에 해당하지 않는다. 이를 금지하는 규정이 없기 때문이다.

---

146) 96다56115 판결은 증거조사에 관여한 경우도 소송지휘에 관한 재판이라고 하나, 의문이다. 증거조사는 공격방어방법의 제출에 해당하기 때문이다. 다만, 그 증거조사가 변론기일에 행하여지지 않고 증거조사기일을 별도로 지정하여 이루어진 경우에는 그와 같이 볼 수 있다.

147) 민사소송법은 대법원 파기환송 사건이 아닌, 항소심법원이 1심판결을 취소하고 이를 1심법원에 환송한 경우에는 제436조 제3항과 같은 규정을 두고 있지 않으므로, 취소 전 1심판결에 관여한 법관도 취소 후 1심판결에 관여할 수 있고, 이는 민사소송법 제41조 제5호의 제척사유에도 해당하지 않는다. 상급법원 재판에서의 판단은 해당 사건에 관하여 하급심을 기속한다는 법원조직법 제8조는 이와 무관하다.

5) 또한, 지급명령신청사건, 조정신청사건이나 소액사건에서 지급명령이나 조정을 갈음하는 결정 또는 이행권고결정에 대하여 상대방이 이의하여 소송절차 내지 변론절차로 이행된 경우에 위 지급명령 등은 전심재판에 해당하지 않는다.

(3) 대리권의 흠결(451조 제1항 3호)

1) 법정대리권·소송대리권 또는 대리인이 소송행위를 하는 데에 필요한 권한의 수여에 흠이 있는 때이다. 다만, 민사소송법 제60조 또는 제97조의 규정에 따라 권한 있는 자가 이를 추인한 때에는 그러하지 아니하다(민사소송법 제451조 제1항 제3호 단서). 추인이 판결 확정 후에 있었더라도 마찬가지다.

2) 당사자 본인의 의사에 기하지 않고 선임된 대리인의 대리행위(대법원 1974. 5. 28. 선고 73다1026 판결), 특별대리인이 필요함에도 이를 선임하지 않고 소송을 수행한 경우(대법원 1965. 9. 7. 선고 65사19 판결)가 이에 해당한다. 반면에 당사자 본인의 의사에 기하여 선임된 대리인이 상소의 제기나 화해 등 특별권한을 수여 받지 않은 소송행위를 한 때는, 상소의 사유는 되나 재심사유에는 해당하지 않는다(대법원 1980. 12 .9. 선고 80다584 판결, 1993. 10. 12. 선고 93다32354 판결, 1994. 6. 24. 선고 94다4967 판결).

3) 이 재심사유는 이른바 당사자권을 보장하기 위한 규정이므로, ① 성명모용자에 의한 소송수행(대법원 1964. 11. 17. 선고 64다328 판결), ② 우체국 집배원의 배달 착오로 소송기록 접수통지서를 송달받지 못하여 상고이유서 제출기간 내에 상고이유서를 제출하지 못함으로써 상고가 기각된 경우(대법원 1998. 12. 11. 선고 97재다445 판결), ③ 소송 계속 중 일방 당사자에 대하여 회생절차개시결정이 있었는데, 법원이 그 사실을 알지 못한 채 관리인의 소송수계가 이루어지지 아니한 상태 그대로 소송절차를 진행하여 판결을 선고한 경우(대법원 2016. 12. 27. 선고 2016다35123 판결)도 이 규정에 의하여 재심의 소를 제기할 수 있다는 것이 학설·판례이다.

앞서 본 바와 같이 소송서류를 송달받을 권한이 없는 자에게 소장 부본이나 판결문 등이 잘못 송달된 경우, 그 송달은 공시송달에 의한 경우가 아닌 한 무효여서 판결이 확정되지 않으므로 재심이 아닌 상소로써 다투어야 하는데, 대법원은 법인인 피고의 대표권 없는 자(참칭대표자)에게 판결문 등이 송달된 경우에는 송달무효가 아니고 소송대리권(송달대리권)의 흠결로서 재심사유가 된다고 본다(대법원 1994. 1. 11. 선고 92다47632 판결).

4) 본 호에 해당하려면, 무권대리인이 법정대리인이나 소송대리인으로서 본인을 위하여 실질적인 소송행위를 하였거나, 대리권의 흠결로 인하여 본인이나 그의 대리인이 실질적인 소송행위를 할 수 없었던 경우여야 한다. 따라서 본인에게 송달되어야 할 소송서류 등이 본인이나 그의 소송대리인에게 송달되지 아니하고 무권대리인에게 송달된 채 판결이 확정되었다 하더라도, 그로 말미암아 본인이나 그의 소송대리인이 그에 대응하여 공격 또는 방어방법을 제출하는 등의 실질적인 소송행위를 할 기회가 박탈되지 아니하였

다면, 그 사유를 재심사유로 주장할 수 없다(대법원 1992. 12. 22. 선고 92재다259 판결).

5) '국가를 당사자로 하는 소송에 관한 법률' 제7조에 의하면, 동법 제3조의 규정에 의하여 법무부장관이 지정한 자는 그 소송에 관하여 대리인 선임 외의 모든 재판상 행위를 할 수 있다고 규정되어 있고, 소송수행자가 복수라도 각자 소송수행권이 있으므로 다수의 소송수행자가 있다 하여도 그 모두에게 또는 특히 상소장을 제출한 소송수행자에 대해서만 상고기록접수통지서를 송달하여야 하는 것은 아니다. 고로 상고법원이 상고기록접수통지서를 소송수행자 1인에게 송달하였다면, 설사 그가 실제 상고를 제기한 소송수행자에게 이를 전달하지 아니하여 상고를 제기한 소송수행자가 상고이유서를 제출하지 못하였더라도 여기서 말하는 재심사유에 해당하지 않는다(대법원 1996. 7. 30. 선고 95재다328 판결).

6) 당사자적격이나 소송수계인의 적격이 없는 자가 소송에 관여하고 그 자를 상대로 판결이 선고된 경우, 그 판결의 효력은 실제로 소송에 관여하고 그 이름으로 판결이 선고된 자에 대하여만 미치고, 당해 소송물에 대하여 당사자적격이나 소송수계인 적격을 가지고 있으나 당해 소송에 관여하지도 않았고 그 이름으로 판결을 선고받지 않은 자에 대하여 미치는 것은 아니므로, 당사자적격이나 소송수계인 적격이 없는 자가 소송에 관여하였더라도 소송대리권의 흠결 여부는 위 소송 관여자를 기준으로 판단하여야 한다(대법원 2004. 9. 13. 선고 2004다20388 판결).

7) 소송기록접수통지서를 받을 권한이 없는 자에게 이를 송달하여 소송수행권이 있는 당사자가 기간 내에 상고이유서를 제출하지 못한 경우, 대리인이 소송행위를 하는 데에 필요한 권한의 수여에 흠이 있는 때로서 본 호의 재심사유에 해당한다.

따라서 근로자가 서울지방노동청장을 상대로 제기한 유족급여 등 부지급처분 취소청구 사건의 2심판결에 대하여 서울지방노동청장이 원심법원에 상고장을 제출한 뒤, 근로복지공단이 서울지방노동청장의 권리의무를 자신이 승계하였다며 원심법원에 소송수계신청서를 제출하였는데, 대법원이 서울지방노동청장에게 소송기록접수통지서를 송달하여 근로복지공단이 기간 내에 상고이유서를 제출하지 못하였다면(소송수계신청서는 뒤늦게야 대법원에 추송되었다), 대법원이 피고경정결정을 하고 새로운 피고인 근로복지공단에게 소송기록접수통지서를 송달하여야 한다. 그럼에도, 기간 내에 상고이유서를 제출하지 아니하였음을 이유로 상고를 기각하고, 그 판결 정본을 서울지방노동청장에게 송달하였다면 본 호 소정의 재심사유에 해당한다(대법원 1997. 8. 29. 선고 95재누91 판결).

8) 변호사 甲이 원고로부터 재심대상 사건의 소송위임을 받은 후 재심대상판결의 원심판결에 대하여 상고장을 제출하고 소송기록접수통지서를 송달받았고, 그 후 변호사 乙이 다시 원고로부터 재심대상 사건의 소송위임을 받은 후 상고이유서를 제출하였는데, 피고의 답변서 부본 및 판결선고기일통지서가 변호사 甲에게만 송달되고 변호사 乙에게

는 송달되지 아니한 상태에서 원고의 상고를 기각하는 내용의 재심대상판결이 선고되었으나, 원고가 피고에게 변호사 甲을 소송대리인에서 해임하였으므로 그 대리권이 소멸하였다는 취지의 통지를 한 바 없고, 甲도 원고로부터 해임되었다거나 사임한다는 신고를 한 바 없다면 민사소송법 제63조 제1항 본문과 제97조에 비추어 甲에 대한 송달은 적법하고 본 호의 재심사유가 없다(대법원 2004. 3. 12. 선고 2003재다859,866 판결).

9) 소송계속 중 어느 일방 당사자의 사망에 의한 소송절차 중단을 간과하고 판결이 선고된 경우, 그 판결은 소송에 관여할 수 있는 적법한 수계인의 권한을 배제한 결과가 되는 절차상 위법은 있지만 그 판결이 당연무효라 할 수는 없고, 대리인에 의하여 적법하게 대리되지 않았던 경우와 마찬가지로 보아 대리권흠결을 이유로 상소 또는 재심에 의하여 그 취소를 구할 수 있다(대법원 1995. 5. 23. 선고 94다28444 전원합의체 판결, 2003. 11. 14. 선고 2003다34038 판결, 2013. 4. 11. 선고 2012재두497 판결, 2016. 12. 27. 선고 2016다35123 판결).

10) 본 호의 재심사유는 대리권의 흠결이 있는 당사자 측에서 주장할 수 있음은 물론이지만, 상대방 쪽에서도 그 무권대리인에 의한 소송행위가 배제됨으로써 자신에게 이익이 되는 경우라면 이를 재심사유로 주장할 수 있다. 여기서 상대방에게 이익 되는 경우란, 본안에 대한 재심의 결과 확정판결이 종국적으로 상대방의 이익으로 변경될 수 있는 경우를 의미한다(대법원 1983. 2. 8. 선고 80사50 판결, 2000. 12. 22. 선고 2000재다513 판결, 2016. 11. 24. 선고 2013재다261 판결).

(4) 법관의 직무상 범죄(451조 제1항 4호)

1) 재판에 관여한 법관이 그 사건에 관하여 직무에 관한 죄를 범한 때이다. 재판에 관여한 법관은 그 판결의 합의에 참여한 법관이고, 그 사건에 관한 직무상 죄란 당해 사건과 관련하여 법관이 직무상 의무에 위반하여 범한 죄를 말한다.

2) 구체적으로는 그 법관이 당해 사건과 관련하여 수뢰나 공문서위·변조 등의 죄를 범한 경우가 이에 해당할 것이다. 이 경우 아울러 민사소송법 제451조 제2항의 사유도 있어야만 재심사유가 된다.

(5) 형사상 처벌받을 타인의 행위로 인한 자백 또는 공격방어방법의 제출방해(451조 제1항 5호)

1) 타인의 행위로 인해 당사자나 대리인이 소송에서 자백을 하였거나 판결에 영향을 미칠 공격방어방법의 제출을 방해 받은 때는 그에 따라 이루어진 결과를 용납할 수 없음은 당연하다. 다만, 타인의 강요나 방해행위는 형사상 처벌을 받을 정도로 위법하고 유책성이 있어야 한다. 그러므로 경범죄처벌법위반행위나 질서벌을 받은 경우는 포함되지 않는다는 것이 통설이다.

2) 강요나 방해행위를 한 타인은 제3자는 물론 상대방 당사자나 자기 또는 상대방의 법정대리인, 소송대리인도 포함한다. 법문에는 자백만을 들고 있으나, 이에 준하는 소송

상 화해의 의사표시나 인낙의 의사표시를 하게 한 경우도 포함된다고 보아야 한다(물론 이 경우에는 준재심의 소를 제기할 수 있다). 대법원은 이 경우 인낙의 의사표시를 자백으로 유추하여 본다(대법원 1995. 4. 28. 선고 95다3077 판결).

또, 공격방어방법의 제출에는 판결에 영향을 미치는 주장과 항변뿐만 아니라 증거방법의 제출도 포함한다는 것이 통설과 판례이다. 따라서 소송의 승패에 중대한 영향이 있는 문서의 절취, 강탈 또는 손괴나 반환거부로 제출이 방해된 경우(대법원 1985. 1. 29. 선고 84다카1430 판결), 증인을 체포·감금하거나 협박하여 증인으로 출석하지 못하게 한 경우(대법원 1979. 5. 15. 선고 78다1094 판결)도 이에 속한다.[148)]

3) 강요나 방해행위의 결과로 이루어진 자백 또는 공격방어방법의 제출이 방해된 것은 판결에 영향을 미칠 정도여야 하고, 또 그것과 타인의 강요나 방해행위 사이에 상당인과관계를 필요로 한다. 따라서 타인의 행위가 당사자 등의 소송행위에 단순한 동기나 배경이 되는 등으로 간접적인 영향만 준 때(대법원 1995. 4. 28. 선고 95다3077 판결)나 당해 소송절차와 관계없이 타인의 범죄행위로 인하여 실체법상의 어떤 효과발생이 저지되었다든가, 어떤 사실이 조작되었기 때문에 그 결과 법원이 사실인정을 그르치게 된 경우(대법원 1982. 10. 12. 선고 82다카664 판결)는 이에 해당하지 않는다.

예컨대, 甲이 원고에게 채권을 양도하고 채무자인 피고에게 내용증명우편으로 채권양도통지를 하였는데, 채권양도인인 甲의 모가 이를 피고가 읽기도 전에 빼앗아 가 甲에게 돌려주었고, 甲은 이를 찢어버린 후 乙에게 다시 위 채권을 양도하여 乙이 피고에게서 변제를 받았는바, 그럼에도 불구하고 원고에 대한 채권양도가 적법하게 이루어진 것과 같은 외관이 있어 법원이 원고에 대한 적법한 채권양도가 있는 것으로 잘못 사실을 인정하여 피고로 하여금 원고에게 양수금 지급을 명하는 판결을 하여 확정된 다음 甲이 형사처벌을 받았더라도, 甲과 그 모의 행위로 인하여 재심대상 사건의 소송절차인 원고의 양수금청구 소송에서 피고의 방어방법 제출이 직접 방해받게 되었다고는 할 수 없으므로 이는 재심사유가 되지 않는다(대법원 1982. 10. 12. 선고 82다카664 판결).

또한, 상대방의 주소가 분명함에도 불구하고 재산을 편취할 목적으로 고의로 소재불명이라 하여 법원을 속이고 공시송달의 허가를 받아 상대방의 불출석을 기화로 승소판결을 받았다면, 그 소송의 준비 단계에서부터 판결확정 시까지 문서위조 등 형사상 처벌을 받을 어떤 다른 위법사유가 전혀 개재되지 않았기 때문에 오로지 소송사기로밖에 처벌할 수 없는 경우라 하더라도, 형사상 처벌을 받을 타인의 행위로 인하여 공격 또는 방어방법의 제출이 방해된 경우에 해당하므로, 이러한 경우 위 재심사유가 성립한다는 것이 판

148) 증인을 협박하여 위증을 하게 한 경우는 증거제출이 방해된 것이 아니므로, 제7호에서 규정하는 재심사유에 해당한다고 할 것이다.

례이다(대법원 1997. 5. 28. 선고 96다41649 판결).

4) 이 경우에도 위와 같은 사유 외에 민사소송법 제451조 제2항의 사유도 있어야만 한다.

(6) 판결의 증거가 된 문서, 그 밖의 물건이 위조되거나 변조된 것인 때(451조 제 1항 6호)

1) 이는 당해 판결에서 사실인정의 자료로 쓰인 증거 문서나 물건이 위조 또는 변조된 것이어서 그 판결의 결론을 유지하기 어렵다는 사정을 고려한 것이다.

2) 사실인정의 자료로 쓰였으면 족하고(이는 판결문의 이유란에 표시된다), 그것이 유일한 사실인정의 자료가 되거나 유력한 것이었을 필요는 없다. 다만, 그 문서나 물건이 판결의 결론, 즉 주문을 도출하는 근거가 되어, 이를 사실인정의 자료로 쓰지 않았더라면 다른 결론이 나왔을 개연성(상당인과관계)이 있어야 하고, 그 정도에 미치지 못한 경우는 이에 해당하지 않는다(대법원 1997. 7. 25. 선고 97다15470 판결). 이렇게 해석하는 것이 제5호의 재심사유와도 균형이 맞는다.

그러나 그 문서나 물건이 판결의 결론을 도출하는 근거가 되었는지 여부는 쉽게 판단하기 어렵고, 이를 너무 엄격하게 적용하면 재심사유가 지나치게 좁아지므로, 그 증거와 다른 증거를 대비하여 면밀하게 심사한 다음, 그 개연성만 있으면 재심사유로 보되, 그 증거가 없더라도 동일한 결론에 이를 수 있음이 객관적으로 명백한 경우에는 민사소송법 제460조에 의해 재심청구를 기각함이 상당하다.

3) 주요사실의 인정에 영향을 미치는 사실인정의 자료가 된 이상, 간접사실이나 부가적 사실, 소송요건 등 직권조사사항의 자료로 쓰였더라도 이에 해당하며, 그 증거가 반드시 당사자에 의하여 제출되고 원용된 것에 한하지도 않는다(대법원 1982. 2. 23. 선고 81누216 판결, 1988. 10. 11. 선고 87다카1973, 1974 판결). 또한 그 문서나 물건이 판결의 결론을 도출하는 근거가 된 것은, 본안의 결론은 물론 소 취하(소송종료선언 판결) 등 소송판결에 영향을 미친 경우도 포함한다(대법원 1982. 2. 23. 선고 81누216 판결 참조).

4) 한편, 위 사유에는 위조·변조에 국한되지 않고, 공정증서원본불실기재, 허위공문서 작성도 포함되나(대법원 1997. 7. 25. 선고 97다15470 판결), 사문서의 무형위조(작성권한이 있는 자가 그 작성권한 내의 서류를 작성하면서 그 내용을 허위로 기재하는 것=허위 사문서 작성)는 포함되지 않는다는 것이 판례이다(대법원 1974. 6. 25. 선고 73다2008 판결).

5) 이 경우에도 위와 같은 사유 외에 민사소송법 제451조 제2항의 사유도 갖추어야만 적법한 재심사유가 된다.

(7) 증인·감정인·통역인의 거짓 진술 또는 당사자신문에 따른 당사자나 법정대리인의 거짓 진술이 판결의 증거가 된 때(451조 제1항 7호)

1) 이는 위 제6호와 그 취지가 동일하다. 증인 등의 거짓 진술이 판결의 증거로 된 때란, 판결의 결론(주문)을 도출하는 근거가 된 사실을 인정하는 증거로 채택된 때를 말한다. 즉 그 증언 등이 주문을 도출하는 근거가 되어, 이를 사실인정의 자료로 쓰지 않았더라면 다른 결론이 나왔을 개연성(상당인과관계)이 있어야 한다(대법원 1995. 4. 14. 선고 94므604 판결). 따라서 그러한 사실의 인정에 영향을 미치지 아니하는 부수적인 사항이나 간접적인 사항에 관한 것일 때에는 이에 해당하지 않으며(대법원 1979. 8. 21. 선고 79다1067 판결, 1983. 12. 27. 선고 82다146 판결, 1988. 1. 19. 선고 87다카1864 판결), 그 거짓 진술을 제외한 나머지 증거들에 의하더라도 판결의 결론에 아무런 영향이 없는 경우에는 상당인과관계가 없어 재심사유에 해당하지 않는다(대법원 1993. 11. 9. 선고 92다33695 판결).

2) 증인 등의 진술이 판결의 증거로 된 여부는 판결서의 이유란 기재에 의하여 판단한다(대법원 2001. 5. 8. 선고 2001다11581 판결). 거짓 진술이 직접증거인 경우는 물론 대비증거로 사용한 때에도 이에 해당하나(대법원 1995. 4. 14. 선고 94므604 판결), 이 경우는 인과관계가 인정되기 쉽지 않을 것이다. 그리고 그인정된 사실이 판결이유에서 가정적 혹은 부가적으로 인용되는 등으로(대법원 1983. 12. 27. 선고 82다146 판결) 주요사실의 인정에 영향을 미치지 아니하는 사정에 관한 것인 때(대법원 1988. 1. 19. 선고 87다카1864 판결, 1988. 10. 11. 선고 87다카1973, 1974 판결)에는 재심사유가 되지 않는다.

3) 한편, 이에 해당하려면, 증인 등이 직접 재심대상 사건에 증인 등으로 출석하여 선서하고 허위의 진술을 하였어야 한다(대법원 1979. 8. 21. 선고 79다1067 판결).

4) 위와 같은 사유 외에 아울러 민사소송법 제451조 제2항의 사유도 있어야만 한다.

(8) 판결의 기초가 된 민사나 형사의 판결, 그 밖의 재판 또는 행정처분이 다른 재판이나 행정처분에 따라 바뀐 때(451조 제1항 8호)

1) 이 역시 위 제6호와 그 취지가 동일하다. 판결의 기초가 된 민사나 형사의 판결, 그 밖의 재판 또는 행정처분이 다른 재판이나 행정처분에 따라 바뀐 경우, 원래의 판결 주문을 그대로 유지할 수는 없기 때문이다.

2) 판결의 기초가 된 민사나 형사의 판결, 그 밖의 재판 또는 행정처분이 다른 재판이나 행정처분에 따라 바뀐 때란, 그 재판이 재심대상 확정판결에 법률적으로 구속력을 미치는 경우 또는 재판내용이 확정판결에서 사실인정의 자료가 되었고, 그 재판의 변경이 확정판결의 사실인정에 영향을 미칠 가능성이 있는 경우로서, 당해 재판이나 행정처분이 그 후 다른 재판이나 행정처분에 의하여 확정적이고 또한 소급적으로 변경된 경우를 말한다(대법원 1987. 12. 8. 선고 87다카2088 판결, 1996. 5. 31. 선고 94다20570 판결, 2001. 12. 14. 선고 2000다12679 판결, 2019. 10. 17. 선고 2018다300470 판결).

제6, 7호와 달리, 민사나 형사의 판결, 그 밖의 재판 또는 행정처분이 증거방법으로 제출되어 그 판결서 등의 기재내용이 증거자료로 채택된 경우는 물론이고, 그 판결 등의 내용이 확정판결의 사실인정에 영향을 미쳤으며(변론의 전체 취지로 판단한 경우나 재심대상 사건의 법원에 현저한 사실로 채택된 경우도 포함한다), 그 재판 등의 변경이 확정판결의 사실인정에 반대의 영향을 미칠 가능성이 있으면 족하다(대법원 2005. 6. 24. 선고 2003다55936 판결 참조).

대법원은, 여러 개의 유죄판결이 재심대상판결의 기초가 되었는데, 이후 각 유죄판결이 재심을 통하여 효력을 잃고 무죄판결이 확정된 경우, 재심대상판결의 기초가 된 각 유죄판결에 대하여 형사재심에서 인정된 재심사유가 공통되거나 무죄판결의 이유가 동일하다고 하더라도, 어느 한 유죄판결이 효력을 잃고 무죄판결이 확정되었다는 사정은 특별한 사정이 없는 한 각각 별개의 독립된 재심사유에 해당한다고 본다(대법원 2019. 10. 17. 선고 2018다300470 판결).

3) 사실인정의 자료가 되었다고 하는 것의 의미는 앞서 본 경우와 같다. 즉 그 문제된 재판이나 행정처분이 확정판결의 사실인정에서 전제사실이나 증거자료로 채택되었고, 그 재판이나 행정처분의 변경이 확정판결의 결론과는 반대방향으로 영향을 미칠 가능성이 있는 경우를 말한다(대법원 2001. 12. 14. 선고 2000다12679 판결). 따라서 그 형사판결 등을 제외한 나머지 증거들만으로도 재심대상판결의 사실인정을 충분히 할 수 있는 경우에는 이에 해당하는 것으로 보기 어렵다(대법원 2007. 11 .30. 선고 2005다53019 판결).

4) 여기의 재판에는 민·형사 판결은 물론, 가사재판(심판), 가압류·가처분 결정, 비송재판도 포함되며, 확정판결에 국한되지 않는다. 이에 해당하는 예로는, ① 유죄의 형사판결이 재심대상판결의 사실인정에서 증거로 채택되었는데, 그 뒤 형사판결이 상소심에서 변경되었거나 무죄로 확정된 경우(대법원 1983. 4. 26. 선고 83사2 판결, 1993. 6. 8. 선고 92다27003 판결), ② 제권판결을 이유로 어음금청구를 기각하였는데, 그 뒤 제권판결이 취소된 경우(대법원 1991. 11. 12. 선고 91다25727 판결) 등을 들 수 있다.

5) 한편, 행정처분의 변경은 재판기관(법원)에 의하든 행정관청(당해 관청 또는 재결청)에 의한 것이든 불문하나, 그 변경은 판결확정 후에 이루어졌어야 하고, 또한 그 변경은 확정적이고 소급적인 것이어야 한다. 따라서 그 행정처분이 확정판결 이전에 이미 취소되었음에도 당사자가 그 사정을 알지 못하여 이전 소송에서 주장하지 못한 경우에는 재심사유에 해당되지 않는다(대법원 1981. 1. 27. 선고 80다1210 판결). 이 경우는 그의 과실로 공격방어방법(증거방법)을 제출하지 못한 것에 불과하기 때문이다.

6) 그러나 판결의 전제로 된 행정처분의 적법 여부에 관한 법원의 해석이나 판단이 그 후 다른 사건에서의 판례 변경으로 그와 상반된 해석을 내렸다는 것만으로는 이에 해당하지 아니한다(대법원 1987. 12. 8. 선고 87다카2088 판결). 법령이나 판례의 변경, 법규에 대한 위헌판단이 있었다는 사정 역시 같다.[149]

149) 위헌심판의 경우가 재심사유로 되는 경우는 뒤에서 보는 바와 같다.

7) 또, 검사의 불기소처분은 재심대상판결에 법률적으로 구속력을 미치는 것이 아닐 뿐만 아니라, 검사의 불기소처분에는 확정재판에서의 확정력과 같은 효력이 없어 일단 불기소처분을 한 후에도 공소시효가 완성되기까지 언제라도 다시 공소를 제기할 수 있으므로, 일단 불기소처분되었다가 후에 공소가 제기되었다고 하여 종전의 불기소처분이 '소급적'으로 변경된 것으로 보기 어렵고, 나아가 그 기소된 형사사건이 유죄로 확정되었다 하여도 마찬가지이므로, 불기소처분 후 기소되어 유죄로 확정되었다 하더라도 이를 재심대상판결의 기초가 된 행정처분이 뒤에 변경된 경우에 해당하는 것으로는 볼 수 없다(대법원 1998. 3. 27. 선고 97다50855 판결).

(9) 판결에 영향을 미칠 중요한 사항에 관하여 판단을 누락한 때(451조 제1항 9호)

1) 판단을 누락하였다는 것은, 당사자가 제출한 공격방어방법, 즉 주장(항변 포함)에 대하여 법원이 판결이유에서 그 당부의 판단을 전혀 표시하지 아니한 것을 뜻한다.[150]

민사소송법 제208조 제1, 2항은, 판결서에는 이유를 기재하여야 하고, 그 이유는 주문이 정당하다는 것을 인정할 수 있을 정도로 당사자의 주장, 그 밖의 공격방어방법에 관한 판단을 표시하도록 하고 있는바, 주문이 정당하다는 것을 인정할 수 있을 정도로 판단하였다면 당사자의 모든 주장이나 공격방어방법까지 일일이 다 판단할 필요는 없다(대법원 2019. 10. 17. 선고 2018다300470 판결).

따라서 판결에 당사자가 주장한 사항에 대한 구체적·직접적인 판단이 표시되어 있지 않더라도, 판결 이유의 전반적인 취지에 비추어 그 주장을 인용하거나 배척하였음을 알 수 있는 정도라면 판단누락이라고 할 수 없고, 또한 실제로 판단을 하지 않았더라도 그 주장이 배척될 경우임이 분명한 때에는 판결 결과에 영향이 없어 판단누락의 잘못이 있다고 할 수 없다(대법원 2008. 7. 10. 선고 2006재다218 판결, 2019. 10. 17. 선고 2018다300470 판결).

2) 위와 같이 재심사유가 되는 판단 누락은 원칙적으로 판결이유 중에 기재하여야 할 공격방어방법에 대한 것이어야 하므로, 청구취지나 청구원인 즉, 청구(소송목적)에 대하여 판단(주문이나 청구원인에 대한 판단)을 누락한 경우는 이른바 '재판의 탈루'로서, 그 부분 재판은 누락한 심급의 법원에 계속되고 확정이 되지 않으므로(이는 추가판결이 대상이 된다) 재심사유나 재심대상이 되지 않는다.

다만, 청구의 선택적 병합이나 주위적·예비적 병합, 독립당사자참가나 필수적 공동소송, 주위적·예비적·선택적 당사자의 병합 등과 같이 일부판결이 허용되지 않는 경우, 그 판결누락이 상급심에서도 시정이 되지 않았거나 상소가 제기되지 않은 채 확정된 때에는 판결을 한 다른 부분의 판결 이유에도 영향을 미치므로 판단유탈에 준하여 재심사유에

---

150) 판단 누락에 대한 보다 자세한 사항은 <판결의 하자> 중 <판단유탈(판단의 누락)> 부분을 참조.

해당하는 것으로 보아야 한다.[151)]

3) 앞서 이미 본 바와 같이, 직권조사사항에 대한 판단을 빠뜨린 경우라도 당사자가 이를 주장하지 않은 한 상고이유는 물론 재심사유에 해당하지 않는다는 것이 판례이다(대법원 1962. 5. 10. 선고 62무4 판결, 1981. 10. 27. 선고 81무5 판결, 1990. 4. 27. 선고 88다카25274, 25281 판결, 1994. 11. 8. 선고 94재누32 판결). 이러한 대법원의 견해는, 직권조사사항은 당사자의 주장에 관계없이 법원이 직권으로 조사하여야 하므로 이에 관한 당사자의 주장은 직권발동을 촉구하는 의미밖에 없어, 위 주장에 대하여 판단하지 아니하였다 하더라도 당사자로서는 판단을 구한 사항에 대하여 판단을 받지 못하는 불이익을 입었다고 볼 수 없다는 전제에 선 것이다(대법원 1990. 4. 27. 선고 88다카25274 ,25281 판결 참조).

그러나 직권조사사항에 대한 판단을 빠뜨린 경우, 앞서 본 바와 같이 상고심은 당사자가 이를 상고이유로 주장하지 않은 때라도 직권으로 판단하여 당사자를 구제할 수 있지만, 그에 대한 판단이 누락된 채 판결이 확정된 경우에는 이를 민사소송법 451조 제1항 제9호의 판단유탈로 보지 않으면 당사자로서는 구제 받을 기회가 없다는 점에서 부당하다. 따라서 이 경우 이를 재심사유인 판단유탈로 보아야만 한다.

한편 대법원은, 상고이유서 제출기간 도과 후에 제출된 상고이유 보충서에 기재된 상고이유에 대하여, 그것이 직권조사사항에 관한 것이 아닌 때에는 이에 대한 판단을 하지 않아도 재심사유인 판단유탈에 해당하지 않으나, 상고이유서 제출기한 경과 후에 제출된 상고이유 보충서에 기재된 사항이 소의 이익에 관한 것이라면 이는 직권조사사항에 속하여 대법원은 이에 대하여 판단을 하여야 하고, 이에 대한 판단을 하지 않은 경우에는 예외적으로 판단유탈로서 재심사유가 된다고 보고 있다(대법원 1981. 10. 27. 선고 81무5 판결).[152)]

4) 판단누락이 되려면 그 공격방어방법에 대한 판단 자체가 없어야 하므로, 단순히 그 판단내용에 법령 위반의 잘못이 있다거나, 판단에 이르는 이유가 상세하게 설시되어 있지 않다거나, 이를 배척한 근거를 일일이 개별적으로 설명하지 아니하였더라도 판단누락이 아니다(대법원 1991. 12. 27. 선고 91다6528 판결). 또한, '상고심절차에 관한 특례법' 소정의 심리불속행 사유에 해당한다고 보아 대법원이 더 나아가 심리를 하지 아니하고 상고를 기각한 경우에는 판단 자체가 법령상 면제된 경우이므로 본 호의 재심사유로 삼을 수 없다(대법원 1996. 2. 13. 선고 95재누176 판결).

5) 적법한 상고이유서를 제출하였음에도 이를 간과한 채 그 부제출을 이유로 상고이

---

151) 이에 대하여는 <재판의 탈루(누락)>를 참조.

152) 이 판결의 취지가 무엇인지 쉽게 이해하기는 어려우나, 직권조사사항은 당사자의 주장이 없어도 법원이 판단할 수 있지만 이에 대한 판단을 빠뜨린 경우에도 당사자가 이를 주장하지 않았다면 재심사유에는 해당하지 않으며, 이에 따라 상고이유서 제출기간 도과 후에 제출된 상고이유 보충서에 기재된 상고이유가 직권조사사항에 관한 것이 아닌 때에는 이에 대한 판단을 하지 않아도 재심사유인 판단유탈에 해당하지 않으나, 그러한 상고이유보충서에 기재된 사항이 직권조사사항인 때에는 예외적으로 재심사유에 해당하는 것으로 본다는 뜻으로 해석된다. 이는 결국 상고이유 보충서가 상고이유서 제출기간 도과 후에 제출되었더라도 그 기재 내용이 직권조사사항에 관한 것이라면 이로써 당사자가 상고심에서 이를 주장한 것으로 보겠다는 것으로 이해된다.

유에 대한 판단 없이 상고를 기각한 경우는 판단누락에 해당한다(대법원 1998. 3. 13. 선고 98재다53 판결). 또, 상고기록접수통지서의 송달이 부적법함에도 이를 적법하다고 보아, 상고이유서가 그 제출기간 내에 제출되지 아니하였다는 이유로 상고이유에 대한 판단 없이 상고를 기각한 경우(대법원 2013. 1. 16. 선고 2012재다370 판결), 소송기록접수통지서를 송달한 집배원의 착오로 송달보고서에 송달일자를 잘못 기재함으로써, 상고인의 소송대리인이 상고이유서 제출기간 내에 상고이유서를 제출하였으나 법원이 잘못 기재된 송달보고서에 기초하여 위 상고이유서가 제출기간을 도과하여 제출된 것으로 보아 상고이유에 대하여 판단하지 아니한 채 상고를 기각한 경우(대법원 2006. 3. 9. 선고 2004재다672 판결)에도 역시 같다.

6) 판결 정본이 당사자에게 송달되면 특별한 사정이 없는 한 그 당사자는 판결 정본을 송달받았을 때에 그 판결이 판단을 누락하였는지 여부를 알게 됨으로써 재심사유의 존재를 알았다고 할 것이므로, 판단누락을 이유로 하는 재심의 소의 제기기간은 재심대상판결의 정본이 송달된 때부터 기산하여야 한다(대법원 2007. 1. 11. 선고 2006재두90 판결, 2014. 11. 13. 선고 2014재다817 판결 등).

(10) 재심대상판결이 전에 선고한 확정판결에 어긋나는 때(451조 제1항 10호)

1) 이는 재심대상판결이 이미 존재하는 확정판결을 간과하여 그 기판력에 반하는 판결을 한 경우이다. 확정판결에 한하지 않고, 이와 동일한 효력이 있는 화해조서, 청구의 포기·인낙조서, 조정조서 등에 어긋난 때에도 여기에 해당한다.

2) 전에 선고한 확정판결이란 기판력 있는 본안의 종국판결로서, 그 효력이 재심대상판결의 당사자에게 미치는 경우여야 함은 물론이다(대법원 1998. 3. 24. 선고 97다32833 판결). 따라서 재심대상판결보다 뒤에 선고되어 확정된 판결이나 재심대상판결과 재심사건의 당사자가 다른 경우(대법원 1981. 7. 28. 선고 80다2668 판결, 1994. 8. 26. 선고 94재다383 판결)나 전에 선고한 확정판결이 재심대상판결과 그 내용이 유사한 사건에 관한 것이라고 하여도 소송목적을 달리하는 경우(대법원 1994. 8. 26. 선고 94재다383 판결, 2008. 9. 11. 선고 2008재다21 판결)에는 기판력이 미치지 않으므로 재심사유가 되지 않는다.

3) 재심대상판결과 그 이전의 확정판결이 모두 재심원고의 청구를 기각한 경우와 같이 서로 저촉되지 않는 경우에는, 청구기각의 이유와 설명이 다르다 하더라도 확정판결에 어긋나는 경우가 아니므로 역시 재심사유가 되지 않는다(대법원 2001. 3. 9. 선고 2000재다353 판결).

(11) 당사자가 상대방의 주소 또는 거소를 알고 있었음에도 있는 곳을 잘 모른다고 하거나 주소, 거소를 거짓으로 하여 소를 제기한 때(451조 제1항 11호)

1) 이는 당사자가 상대방의 소송관여 방해행위로 인해 소송서류도 송달 받지 못하고 소송에도 참여하지 못한 채 판결이 선고되어 확정된 경우(이른바 판결의 편취)에 다시 재판받을 기회를 부여하기 위한 것이다.

2) 따라서 상대방의 소송관여 방해행위로 인해 당사자가 소송에 참여하지 못하였어야 하므로, 당사자가 소송서류나 기일통지서를 송달 받지 못하였지만 소송이 계속된 사실을 알고서도 아무런 조치를 취하지 않은 채 스스로 소송에 참여하지 않았다면 이에 해당하지 않는다(대법원 1992. 10. 9. 선고 92다12131 판결).

3) ① 상대방의 주소 또는 거소를 알고 있었음에도 있는 곳을 잘 모른다고 소를 제기한 경우란, 상대방의 주소를 알면서 허위의 주소를 기재하여 제소함으로써 소장 부본 등을 송달불능에 이르게 한 후 법원이 공시송달에 의해 소송을 진행하고 판결을 한 경우이고, ② 상대방의 주소 또는 거소를 알고 있었음에도 주소나 거소를 거짓으로 하여 소를 제기한 경우란, 상대방의 주소를 허위로 기재하여 상대방에 대한 소장 부본 등 소송서류를 그 허위주소로 보내게 한 다음 상대방 아닌 다른 사람이 이를 받음으로써, 법원으로 하여금 피고가 소장 부본을 받고도 답변서를 제출하지 않은 것처럼 알도록 하여 법원을 기망한 경우(자백간주에 의한 판결편취)를 말한다.

그러나 대법원은, 자백간주에 의한 판결편취의 경우에는 앞서 본 것처럼 판결 정본의 송달이 무효여서 상소제기기간이 진행하지 않아 판결이 확정되지 않음을 전제로, 재심대상이 아니라고 본다(대법원 1978. 5. 9. 선고 75다634 전원합의체 판결 등).

허위의 주소를 기초로 공시송달에 의해 소송절차가 진행되고 판결이 이루어진 경우에는 재심의 소를 제기할 수도 있고 추후보완 상소를 할 수도 있으며, 추완 상소의 방법이 아닌 재심의 방법을 택한 경우, 추후보완 상소기간이 도과하였다 하더라도 재심기간 내라면 재심의 소는 적법하다는 것이 판례이다(대법원 1992. 5. 26. 선고 92다4079 판결, 2011. 12. 22. 선고 2011다73540 판결).

4) 위와 같이 대법원은, 상대방의 주소 또는 거소를 알고 있음에도 불구하고 고의로 소장에 허위 주소를 기재하여 공시송달에 의한 판결을 받았다면 민사소송법 제422조 제1항 제11호의 재심사유가 있게 되지만, 이러한 이유로 당사자나 제3자가 상대방에 대한 사기죄 등으로 유죄의 확정판결을 받은 경우에는 같은 항 제5호가 정하는 '형사상 처벌을 받을 타인의 행위로 인하여 판결에 영향을 미칠 공격 또는 방어방법의 제출이 방해된 때'에 해당하는 재심사유도 있고, 후자를 재심사유로 한 재심의 소는 재심대상판결이 확정된 때로부터 5년, 그 유죄판결이 확정되었음을 안 날로부터 30일 이내에 제기하면 재심 제기기간을 준수한 것으로 보아야 한다고 하여(대법원 1970. 1. 27. 선고 69다1888 판결, 1997. 5. 28. 선고 96다41649 판결), 양자를 독립한 재심사유로 본다.

(12) 주주대표소송에서 회사의 권리를 사해할 목적으로 판결이 내려진 경우(상법 제406조)

1) 상법 제406조는, 동법 제403조의 소(발행주식 총수의 100분의 1 이상에 해당하는 주

식을 가진 주주가 회사에 대하여 이사의 책임을 추궁하기 위하여 제기하는 소=주주대표소송)가 제기된 경우에, 원고와 피고의 공모에 의하여 소송의 목적인 회사의 권리를 사해할 목적으로써 판결을 하게 한 때에는 회사 또는 주주는 확정된 종국판결에 대하여 재심의 소를 제기할 수 있다고 규정한다.

2) 이는 주주대표소송의 소가 제기된 경우에 회사의 권리를 사해할 목적으로 그 소송의 원고와 피고의 공모에 의하여 진실에 반하는 판결을 하게 한 경우, 회사 또는 다른 주주로 하여금 재심에 의하여 이를 시정하게 하려는 것이다.

(13) 위헌여부 심판을 위한 헌법소원이 인용된 경우(헌법재판소법 제75조 7항)

1) 헌법재판소법은, 동법 제68조 제2항에 따른 위헌법률심사청구의 헌법소원이 인용된 경우, 해당 헌법소원과 관련된 소송사건이 이미 확정된 때에는 당사자는 재심을 청구할 수 있고, 이 경우 재심소송에 민사소송법을 준용하도록 하고 있다(헌법재판소법 제75조 제7, 8항).

2) 이는, 소송 중 수소법원에 위헌법률심판제청신청을 하였지만, 그 신청이 기각되고 소송이 계속 진행되어 판결이 확정된 경우의 당사자를 구제하기 위한 것이다.[153] 재심대상 사건에서 적용한 법률이 위헌으로 선언된 이상 더 이상 그 법률을 적용한 재심대상판결을 용인할 수는 없기 때문이다.

3) '헌법소원이 인용된 경우'의 의미에 관하여 대법원은, 법원에 대하여 기속력 있는 위헌결정이 선고된 경우를 말하며, 헌법불합치결정은 이에 해당하지만(대법원 2006. 3. 9. 선고 2003재다262 판결), 그 주문에서 법률조항의 해석기준을 제시함에 그치는 한정위헌결정은 법원에 전속(專屬)되어 있는 법령의 해석·적용 권한에 대하여 기속력을 가질 수 없어 재심사유가 되지 않는다고 본다(대법원 2001. 4. 27. 선고 95재다14 판결). 그러나 헌법상 법률에 대한 위헌 여부 심판권이 궁극적으로 헌법재판소에 부여되어 있는 이상, 위헌 여부의 판단을 위헌결정이나 헌법불합치결정의 형식으로 하든 한정위헌결정의 형식으로 하든 관계가 없다고 할 것이므로 동의하기 어렵다.

5. 재심사건의 심리

가. 재판장의 소장 심사와 강제집행의 정지

1) 재심의 소도 소의 일종이므로 재판장의 소장 심사 등에 관한 민사소송법 규정(제254, 255조)이 그대로 적용된다(민사소송법 제455조 참조). 따라서 재심사건 수소법원의 재판장은 재심소장을 심사하여 그 기재사항 등의 누락이 없는지를 확인한 후 필요한 보정명령을 하고, 이에 불응한

---

153) 법원이 직권이나 당사자의 신청에 의하여 위헌 여부 심판을 헌법재판소에 제청한 때에는 당해 소송사건의 재판은 헌법재판소의 위헌 여부의 결정이 있을 때까지 당연히 정지되고, 법원이 긴급하다고 인정하는 경우에는 종국재판 외의 소송절차를 진행할 수 있다(헌법재판소법 제42조).

경우에는 명령으로 재심소장을 각하하여야 한다(민사소송법 제408, 425조, 제254조 제1, 2항). 재심소장의 부본을 상대방에게 송달할 수 없는 때에도 같다(민사소송법 제255조 제2항).

2) 재심소장을 각하할 사유가 없으면 변론기일을 지정하여 당사자에게 통지하고 재심사건을 심리하게 된다. 재심대상 사건이 1심이었으면 1심의 소송절차에 의하고, 2심이나 3심이었으면 각 그 소송절차를 속행하는 방식으로 진행한다(민사소송법 제455조).

3) 재심의 소를 제기할 자격이나 권한이 없는 자가 재심을 제기하였거나 재심 제기기간이 경과한 후에 재심을 청구한 경우와 같이 처음부터 흠의 보정이 불가능한 경우에는 재판장의 보정명령 없이 수소법원은 변론 없이 판결로써 재심의 소를 각하할 수 있다(민사소송법 제455, 219조).

4) 재심청구의 사유가 법률상 정당한 이유가 있다고 인정되고 그 사유에 대한 소명이 있는 경우, 재심의 소의 수소법원은 당사자의 신청에 따라 담보를 제공하게 하거나 담보를 제공하지 아니하게 하고 강제집행을 일시 정지하도록 명할 수 있으며, 담보를 제공하게 하고 강제집행을 실시하도록 명하거나 실시한 강제처분을 취소하도록 명할 수 있다(민사소송법 제500조 제1, 2항). 이 재판은 변론 없이 할 수 있으며 불복할 수 없다(민사소송법 제500조 제3항).

나. 재심사유 등의 심리

(1) 재심소송의 변론

1) 위와 같이 재심소송은 원래의 재심대상 사건(심급)과 같은 방식의 소송절차에 의하여 진행하여야 하나, 그렇다고 하여 재심소송이 원 재심대상 사건의 소송에 당연히 흡수되는 것은 아니고 독립한 소송이다. 다만, 소송경제와 당사자의 편의를 위해 이전의 소송행위의 효력은 재심사유에 배치되지 않는 한 그대로 유지되고, 이에 따라 재심절차에서 당사자가 제출한 서증의 번호는 종전 소송의 그것에 연속하여 매긴다(민사소송규칙 제140조 제1항).[154] 그러나 재심대상 사건의 소송기록이 없어져서 원래의 서증번호를 알 수 없다면 새로이 번호를 부여하는 수밖에 없다.

2) 재심소송은 위와 같이 이론상 재심사유의 존부를 심사하여 확정판결의 취소 여부를 심판하는 ① 단계 소송과 재심사유의 존재가 있을 경우 이에서 나아가 본안(상소)의 당부를 심사하는 ② 단계 소송으로 나눌 수 있으나, 반드시 양자를 구별하여 독립적으로 심판할 필요는 없다. 이 점에서 형사소송의 재심과 다르다. 형사소송 재심의 경우에는 재심청구가 이유 있다고 인정한 때에는 법원은 재심개시의 결정을 먼저 하여야 한다

154) 이때 '갑', '을'의 부호도 재심의 소의 당사자를 기준으로 하지 않고 재심대상 사건의 원·피고 지위에 따른다. 즉 재심원고라도 재심대상 사건의 피고였다면 그가 제출하는 서증에는 '을'을 붙여야 한다. 한편, 재심소송의 변론은 재심 전의 마지막 변론기일의 차수에 이어 계산하는 것이 실무관행이나, 이는 별 의미가 없다.

(형사소송법 제435조 제1항).

따라서 법원은 필요에 따라, 재심의 소가 적법한지 여부 및 재심사유가 있는지 여부에 관한 심판을 본안에 관한 심판보다 먼저 시행하여, 재심사유가 있다고 인정한 때에는 그 취지의 중간판결을 한 뒤 본안에 관하여 심판할 수도 있고(민사소송법 제454조), 양자를 같이 심판할 수도 있다. 이와 같이 재심사유의 존부에 관한 판결을 먼저 할 수 있도록 한 취지는, 재심사유가 없는 경우 필요 없이 본안(상소)에 관하여 심리함으로써 발생하는 지연과 낭비를 방지하기 위한 것이다.

3) 재심소송에서의 변론, 즉 공격방어방법의 제출이나 법관의 변경이 있는 경우의 변론 갱신 등은 통상의 소송과 같다. 재심소송에서도 통상의 소송에서와 같이 재심청구취지를 변경하거나 재심사유를 변경할 수 있다(형사소송법 제459조 제2항). 다만, 재심사유의 변경에는 제척기간(재심 제기기간)의 제약이 뒤따른다.

4) 재심은 위와 같이 재심사유마다 각각의 청구원인을 구성하므로 법원은 재심원고가 주장하는 재심사유에 한하여만 심리·판단하여야 하고, 다른 재심사유는 법원이 우연히 알게 되었더라도 이를 심판할 수 없다(민사소송법 제469조 제1항). 하나의 재심소송에서 복수의 재심사유를 주장한 경우, 이는 별개의 청구원인이므로 객관적 소의 병합이 되어 그 모두를 심판하여야 하나, 그것이 인정될 경우 그 법률효과는 재심대상판결의 취소로서 동일하므로 당사자는 이를 선택적으로 병합할 수도 있다고 생각된다.

그러나 당사자가 주장하는 재심사유의 존부에 관하여는 그 성질상 전적으로 당사자처분권주의나 변론주의가 적용되지는 않으므로, 법원은 직권으로 자료를 수집할 수 있으며(즉 직권탐지주의가 적용된다), 이에 관한 자백이나 청구포기, 청구인낙은 인정되지 않는다고 할 것이다. 따라서 법원이 재심사건을 심리할 때는 당사자가 재심소장 등에 기재한 민사소송법 제451조 제1항 각호의 재심사유에 구애됨이 없이, 당사자가 주장하고자 하는 실질적인 재심사유를 파악하여 그 사유가 있는지 여부를 심사하여야 할 것이다(대법원 2004. 5. 13. 선고 2003재다484 판결 등 참조).

5) 재심사유가 있다고 인정하여 본안에 관하여 심리할 필요가 있는 때는 재심대상판결 이전의 상태로 돌아가, 이전 소송의 변론을 재개하여 속행하는 것과 같은 방식으로 심리한다(민사소송법 제455조 참조). 이 경우 실질상 종전 소송이 속행되는 것이므로 원칙적으로 이전의 청구나 상소취지를 기준으로 그 당부를 심사하여야 하며, 당사자는 재심대상판결의 변론종결 후의 사유도 당연히 주장·제출할 수 있다.

다만, 이미 말한 바와 같이 본안에 대한 심판청구는 재심사유의 부존재를 해제조건으로 하는 것이므로, 재심사유가 인정되지 않아 재심대상판결을 취소하지 않는 경우에는 재심법원의 심판대상이 되지 않는다. 따라서 이 경우 재심법원은 재심의 소를 각하하거나 그 청구를 기각하면 족하고, 본안의 당부에 대하여는 별도로 선고를 할 필요가 없다.

6) 한편, 재심소송에서도 보조참가나 공동소송적 보조참가, 당사자참가, 독립당사자참가, 소송승계 등이 가능하다고 보아야 한다. 다만, 위와 같이 본안에 대한 심판은 재심사유가 있어 재심대상판결을 취소할 사유가 있는 때에야 비로소 가능하므로, 그 참가가 본안에 관한 것인 때에는 재심대상판결에 재심사유가 없어 본안소송이 부활하지 않는 때에는 해제조건이 성취되어 그 효력이 없다고 보아야 할 것이다.

대법원도, "제3자가 타인 간의 재심소송에 민사소송법 제72조에 의하여 당사자참가를 하였다면, 이 경우 제3자는 아직 재심대상판결에 재심사유 있음이 인정되어 본안사건이 부활되기 전에는 원·피고를 상대방으로 하여 소송의 목적의 전부나 일부가 자기의 권리임을 주장하거나 소송의 결과에 의하여 권리의 침해를 받을 것을 주장할 여지가 없고, 재심사유 있음이 인정되어 본안사건이 부활된 다음에 이르러서 비로소 위와 같은 주장을 할 수 있으므로, 결국 제3자는 재심대상판결에 재심사유가 있음이 인정되어 본안소송이 부활되는 단계를 위하여 당사자참가를 하는 것이라고 보아야 할 것이다"라고 하여 같은 견해를 취한다(대법원 1994. 12. 27. 선고 92다22473, 22480 판결).

(2) 재심소송에서의 청구변경, 반소의 제기 등

1) 재심소송에서도 원고는 청구를 변경할 수 있고, 피고는 반소를 제기할 수 있는가? 재심법원이 중간판결을 통해 재심사유가 있다고 인정한 이후에는 그 소송목적, 즉 심판대상이 본안(상소)의 당부가 되므로 당연히 이를 허용하여야 할 것이다. 그 이전 단계에서는 재심대상판결이 취소되지 않을 것을 해제조건으로 하여 유효하다고 보아야 한다.[155] 재심사유가 있다고 인정하여 본안에 관하여 심리할 필요가 있는 때는 위와 같이 재심대상판결 이전의 상태로 돌아가 사실상 이전 소송의 변론을 재개하여 속행하는 것이 되기 때문이다.

2) 민사소송법 제459조 제1항은 재심소송에서 본안의 변론과 재판은 재심청구이유의 범위 안에서 하여야 한다고 규정하고 있으나, 이는 소송 일반의 경우와 같이 처분권주의의 원칙에 따라 재심원고가 구한 재심청구와 재심사유의 한도에서 심판하라는 의미이고, 이 규정이 청구의 변경이나 반소의 제기를 금하는 근거가 될 수는 없다. 재심사유가 있어 재심대상판결을 취소하고 새로 재판을 하여야 하는 이상 본안의 심판 범위가 개개의 재심사유에 의하여 제한될 수는 없기 때문이다. 특히 제5호 내지 제10호 소정의 재심사유의 경우 그와 관련한 공격방어방법만을 제출하여 본안의 당부를 판단하여야 한다거나 기타의 경우에는 새로운 청구나 공격방어방법의 제출이 허용되지 않은 채 종전에 제출된

155) 동지: 정영환, 신민사소송법, 세창출판사(2009), 320면.

그것에 의해서만 다시 심판하여야 할 근거나 이유가 전혀 없다.

또한, 재심의 사유가 있는 경우라도 판결이 정당하다고 인정한 때에는 법원은 재심의 청구를 기각하여야 한다는 민사소송법 제460조도 재심소송에서 청구의 변경이나 상소취지의 변경 등이 없는 경우를 전제로 한 것이라고 할 것이므로, 이 역시 재심소송에서 청구의 변경 등을 불허할 근거가 될 수 없다.

3) 다만, 이를 허용하는 경우에도 일반적인 청구변경과 반소 제기의 요건을 갖추어야 함은 물론이다. 따라서 본래의 청구와 기본적 동일성이 없는 청구는 병합하거나 교환적으로 변경할 수 없고, 상소심의 경우 상대방의 심급의 이익을 해할 우려가 없거나 상대방의 동의를 받은 경우 등에만 반소 제기가 가능하며, 종국판결 선고 후 동일한 청구를 다시 하는 것은 허용되지 않는다.

4) 재심소송에서의 청구변경은 주로 청구의 교환적 변경이나 확장이 될 것이지만, 청구의 감축도 가능하다. 청구를 감축하였으나 재심법원이 재심의 소를 각하하거나 재심청구를 기각하는 경우에는 이 역시 효력이 없다고 할 것이다. 이미 재심대상판결이 확정되었기 때문이다.[156] 재심소송에서의 청구변경이나 반소의 제기와 마찬가지로 상소취지의 변경도 가능하다. 다만, 재심대상 사건이 상고사건인 경우에는 상고이유서 제출기간의 제한이 있으므로, 재심사유에 의하여 그것이 방해받은 경우 외에는 상고취지의 변경이 쉽지 않을 것이다.

5) 재심소송에서 그 소송목적인 청구취지나 청구원인의 변경은 그 소송의 원고에 의해 청구의 변경 방법으로 이루어져야 하고, 항소취지나 상고취지의 변경은 항소인이나 상고인에 의해 항소취지나 상고취지 변경의 방법으로 이루어져야 한다. 원고가 재심소송에서 중간확인의 소를 제기하는 경우에도 같다. 따라서 앞서 본 바와 같이, 재심원고가 종전 소송의 원고나 항소인, 상고인 또는 그 승계인이 아닌 경우 이를 변경할 권한이 없으므로 재심소장에 재심청구의 취지를 기재하는 방법으로 이를 변경할 수는 없고, 그러한 기재를 하였더라도 소송법상 아무런 효력이 없다.[157]

그러나 재심소송에서 청구취지나 청구원인, 상소취지의 변경 또는 반소의 제기 방법에 의하지 않고 재심소장에 재심청구취지를 기재하는 방법으로도 이를 할 수 있다고 보아야 할 것이다. 그 재심청구취지가 본래의 청구취지나 청구원인 또는 상소취지가 아니라면 그와 같이 해석함이 타당하며, 그 의사가 분명치 않은 때는 석명을 명하면 된다. 이때 인지는 이를 기준으로 붙여야 하므로, 이에 미달한 경우 재심법원은 당사자에게 그 보정을 명하여야 하고, 필요한 경우 별도로 청구취지나 청구원인 변경서, 상소취지 변경서,

156) 그것이 권리(확정된 재심대상판결에 기한)의 포기에 해당하는지 여부는 별개의 문제이다.
157) 이는 보조참가인도 마찬가지다. 보조참가인은 피참가인의 승소를 보조하는 자로서 소의 변경, 반소나 중간확인의 소의 제기와 같은 행위를 할 수 없기 때문이다.

반소장을 제출하도록 요구할 수도 있다.

한편, 재심소송에서 청구의 변경이나 상소취지 변경 또는 반소의 제기를 허용하는 경우에도, 이는 위와 같이 재심사유가 인정되지 않아 재심대상판결이 취소되지 않는 경우에는 해제조건의 성취로 그 부분은 재심소송의 소송목적이 되지 않으므로 재심법원은 재심청구를 각하하거나 기각하면 족하고, 그 부분 청구나 상소에 대해서는 따로 판단할 필요가 없음은 물론이다.[158)]

이와 달리 대법원은, 재심의 소에서 청구취지를 확장하는 등의 방법으로 재심청구에 병합하여 새로운 청구를 제기하는 것은 허용될 수 없다거나(대법원 2009. 9. 10. 선고 2009다41977 판결),[159)] 재심대상판결의 취소와 그 본소청구의 기각을 구하는 외에 원고와 승계인을 상대로 재심대상판결에 의하여 이루어진 원고 명의의 소유권이전등기와 그 후 승계인의 명의로 이루어진 소유권이전등기의 각 말소를 구하는 청구와 인수참가신청은 재심의 소에 병합하여 제기할 수 없어 부적법하고 별소로서 제기하여야 한다(대법원 1971. 3. 31. 선고 71다8 판결, 1997. 5. 28. 선고 96다41649 판결)[160)]고 하나, 이는 수긍하기 어렵다.

대법원은 재심소송에서 청구의 변경이나 상소취지 변경 등이 허용되지 않는 이유를 밝히지 않고 있는바, 이러한 입장을 지지하는 학설은, ① 재심소송은 형성의 소로서 확정된 종국판결의 기판력을 배제하기 위하여 인정된 비상구제수단으로 통상의 소송절차와 그 성질을 달리하고, ② 형성의 소에서는 법률상 명문의 규정이 없는 한 그 소에 의하여 형성될 법률관계를 전제로 하는 이행의 소를 병합하는 것은 허용되지 않으며, ③ 재심소송에서 재심대상판결에 대한 취소 판결의 확정 여부가 불확실한 상황에서 그 확정을 조건으로 한 청구는 장래이행의 소의 요건을 갖춘 것으로 보기 어려우므로, 재심소송에서는 재심사유가 존재하는 경우에 한하여 재심 전 소송상 청구에 대하여만 그 심판의 대상

158) 대법원도 재심의 소를 제기함에 있어서 재심청구가 인용될 것을 전제로 당초의 청구를 교환적으로 변경하는 경우 재심의 소가 부적법하다면 소의 교환적 변경에 대하여는 따로 판단할 필요가 없다고 한다(대법원 1993. 4. 27. 선고 92다24608 판결).
반면에, 재심의 소송절차에서 중간확인의 소를 제기하는 것은 재심청구가 인용될 것을 전제로 하여 재심대상소송의 본안청구에 대하여 선결관계에 있는 법률관계의 존부의 확인을 구하는 것이므로, 재심사유가 인정되지 않아서 재심청구를 기각하는 경우에는 중간확인의 소의 심판대상인 선결적 법률관계의 존부에 관하여 나아가 심리할 필요가 없으나, 한편 중간확인의 소는 단순한 공격방어방법이 아니라 독립된 소이므로 이에 대한 판단은 판결의 이유에 기재할 것이 아니라 종국판결의 주문에 기재하여야 할 것이므로 재심사유가 인정되지 않아서 재심청구를 기각하는 경우에는 중간확인의 소를 각하하고 이를 판결 주문에 기재하여야 한다(대법원 2008. 11. 27. 선고 2007다69834, 69841 판결)고 상반된 입장을 보인 경우도 있다. 재심소송에서 재심의 소를 부적법 각하하는 경우의 독립당사자참가에 관한 대법원 1981. 7. 28. 선고 81다카65, 66 판결의 취지도 이와 같다.

159) 이 사건에서 재심원고(원고)는 재심소송에서 청구(금전청구)를 확장하였다.

160) 원심은 소유권이전등기의 각 말소청구와 인수참가신청을 각하하였는바{그 주문은 "이 사건 재심의 소 및 당심에서 확장한 피고(재심원고)의 청구를 모두 각하한다"와 같다}, 대법원은 그것이 타당하다고 판시하였다.

으로 하며, 재심대상판결에 의하여 이루어진 원고 명의의 소유권이전등기의 말소를 구하는 반소청구는 허용되지 않는다 등의 이유를 내세운다.[161]

이러한 부정설은, 형성의 소에서는 법률상 명문의 규정이 없는 한 그 소에 의하여 형성될 법률관계를 전제로 하는 이행의 소를 병합하는 것은 장래이행의 소로서의 요건을 갖추지 못하여 허용되지 않는다는 원리를 전제로 하고, 제권판결 불복의 소에 관한 대법원 2013. 9. 13. 선고 2012다36661 판결의 법리[162]나 공유물분할청구소송의 판결이 확정되기 전에는 분할물의 급부를 청구할 권리나 그 부분에 대한 소유권의 확인을 청구할 권리가 없다는 대법원 1969. 12. 29. 선고 68다2425 판결의 법리를 인용하고 있다.

그런데 이러한 유의 소송에 대해서는 사해행위취소와 원상회복청구, 재판상이혼청구와 재산분할청구 또는 위자료청구와 같이 법률상 명문의 규정이 있는 경우는 물론이고, 법률상 명문의 규정이 없는 경우에도 ① 감독청의 허가를 조건으로 학교법인을 상대로 한 매매에 기한 소유권이전등기청구(대법원 1998. 7. 24. 선고 96다27988 판결), ② 명의신탁자가 명의수탁자(재단법인)를 상대로 명의신탁 부동산의 반환에 관한 주무관청에 대한 허가신청의 의사표시에 갈음하는 재판의 청구와 주무관청의 처분허가를 조건으로 한 소유권이전등기청구(대법원 2012. 8. 30. 선고 2010다52072 판결), ③ 농지매매증명 발급을 조건으로 한 농지의 소유권이전등기청구(대법원 1994. 7. 29. 선고 94다9986 판결)와 같이 이를 허용하는 많은 사례가 있으므로 이를 일률적으로 논할 수는 없다.[163]

위와 같이 재심소송의 소송목적(심판대상)은 재심사유의 존부와 본안(상소)의 당부가 되고, 재심사유가 있다고 인정하여 본안에 관하여 심리할 필요가 있는 때는 위와 같이 재심대상판결 이전의 상태로 돌아가 사실상 이전 소송의 변론을 재개하여 속행하여야 하므로,[164] 단지 재심사유가 있다고 인정되기 전이라고 하여 청구변경이나 반소 제기, 청구

161) 김홍엽, 민사소송법, 법문사(2016), 914면. 재심소송에서 청구의 변경이나 상소취지 변경 또는 반소의 제기를 부정하는 학설에도 여러 가지 입장 차이가 있는 것으로 보인다. 김홍엽, 전게서는 청구의 변경이나 중간확인의 소는 허용되나 반소의 제기는 허용되지 않는다고 한다.

162) 이 판결에서 대법원은 "제권판결 불복의 소와 같은 형성의 소는 그 판결이 확정됨으로써 비로소 권리변동의 효력이 발생하게 되므로 이에 의하여 형성되는 법률관계를 전제로 하는 이행소송 등을 병합하여 제기할 수 없는 것이 원칙이다. 또한 제권판결에 대한 취소판결의 확정 여부가 불확실한 상황에서 그 확정을 조건으로 한 수표금 청구는 장래이행의 소의 요건을 갖추었다고 보기 어려울 뿐만 아니라, 제권판결 불복의 소의 결과에 따라서는 수표금 청구소송의 심리가 무위에 그칠 우려가 있고, 제권판결 불복의 소가 인용될 경우를 대비하여 방어하여야 하는 수표금 청구소송의 피고에게도 지나친 부담을 지우게 된다는 점에서 이를 쉽사리 허용할 수 없다"고 판시하였는데, 이에 대해서는 많은 비판이 있다. 최성호, "형성소송에서 형성되는 법률관계를 조건으로 이행청구의 병합에 관한 검토", 홍익법학 제15권 2호(2014) 참조.

163) 그 허부의 기준은, 조건이 성취될 가능성이 어느 정도인지, 조건이 성취되기 이전에 원고에게 기초적 권리가 있는지, 조건의 성취와 이를 전제로 한 법률관계가 기초적 동일성이 있는지, 조건의 성취를 전제로 미리 청구하는 것이 소의 이익이나 장래이행의 소의 적격이 있는지, 조건의 성취를 전제로 한 청구에 대하여 상대방이 방어하는 것이 심히 곤란하거나 수소법원의 심리에 지장이 있는지 여부 등을 종합하여 결정하여야 한다고 생각된다.

164) 2002. 1. 26. 전면 개정된 현행 민사소송법 제454조는 재심의 소가 적법한지 여부와 재심사유가 있

의 병합을 불허할 이유가 없다.[165] 만약, 대법원의 견해대로 당해 재심소송에서 청구변경이나 반소 제기를 불허하고 별소를 제기하도록 한다면 이는 당사자에게 매우 번거로운 일이 될 뿐만 아니라, 민사소송법 제454조 제1항과 제455조의 입법취지 및 소송경제에도 반한다.[166] 더욱이 재심대상판결에 의하여 이루어진 원고 명의의 소유권이전등기에 대한 말소청구 같은 것은 가지급물반환청구처럼 예비적 반소의 성질을 가지므로 재심소송에서 이를 한꺼번에 심리하는 것이 타당함은 말한 나위도 없다.

대법원도, ① 재심의 소를 제기함에 있어서 재심청구가 인용될 것을 전제로 당초의 청구를 교환적으로 변경하는 경우, 재심의 소가 부적법하다면 소의 교환적 변경에 대하여는 따로 판단할 필요가 없다(대법원 1993. 4. 27. 선고 92다24608 판결), ② 재심의 소송절차에서 중간확인의 소를 제기하는 것은 재심청구가 인용될 것을 전제로 하여 재심대상소송의 본안청구에 대하여 선결관계에 있는 법률관계의 존부의 확인을 구하는 것이므로, 재심사유가 인정되지 않아서 재심청구를 기각하는 경우에는 중간확인의 소의 심판대상인 선결적 법률관계의 존부에 관하여 나아가 심리할 필요가 없다(대법원 2008. 11. 27. 선고 2007다69834, 69841 판결)고 함으로써 재심소송에서 청구의 변경이나 상소취지 변경 등이 허용되는 것을 전제로 판시한 바 있다.[167]

다. 재심소송에서의 조정, 화해, 취하 등

1) 재심소송에서도 통상의 소에서와 같이 조정이나 화해(화해권고결정 포함)가 가능하다. 이는, 재심사유가 인정되는지 여부나 재심법원이 중간판결을 통해 재심사유가 있다고 인정하고 다음 단계로 본안(상소)의 당부에 관하여 심리를 개시하였는지 여부와 관계없이 재심소송 종료 전이면 어느 단계에서나 가능하다. 앞서 본 대로 재심소송의 소송목적(심판대상)이 재심사유의 존부와 본안의 당부이므로 후자에 관한 법률관계라면 당사자 쌍방

는지 여부에 관한 심리 및 재판을 본안에 관한 심리 및 재판과 분리하여 먼저 시행할 수 있고, 재심사유가 있다고 인정한 때에는 그 취지의 중간판결을 한 뒤 본안에 관하여 심리·재판한다고 규정하고 있는데, 그 전면개정 전의 민사소송법에서도 재심사유의 존부와 본안의 당부에 대한 심판절차를 나누지 않고 있었다. 따라서 재심사유가 있다고 인정하여 본안에 관하여 심리를 시작하기 전이라고 하여 청구변경이나 반소 제기가 금지되는 것은 아니었다.

165) 대법원의 견해는, 재심사유의 존부와 관계없이 재심소송에서는 그것이 허용될 수 없고, 재심소송 종료 후 별도의 소송을 통해 처리되어야 한다는 것으로 해석된다. 그러나 재심의 소가 각하되거나 재심청구가 기각된 때는 별도의 소송도 불가능함은 당연하다.

166) 김상균, "소의 객관적·주관적 병합의 태양", 법학논집 19집, 청주대학교출판부(2003. 2.)는, 재심의 소의 관할은 취소의 대상인 판결을 한 법원인 상급심의 전속관할이기 때문에 여기에 새로운 청구를 병합하면 그 청구에 관한 심급의 이익을 상실하게 하므로 병합은 부적법하지만, 제1심판결에 대한 재심의 소의 경우에는 이러한 문제가 발생하지 않으므로 병합을 허용하는 것이 소송경제와 재판의 모순 방지를 위해 타당하다고 주장하나, 통상의 소송에서도 상소심에서 청구의 변경이나 반소 제기가 허용되며, 상소심판결에 대하여 재심의 제기가 있는 경우 그 법원(상소심법원)의 전속관할에 속하므로 관할의 문제도 전혀 없다.

167) 이러게 엇갈리는 대법원 판결을 보면 이 문제에 관하여 대법원의 견해는 확정적인 것이 아닌 것으로 보인다.

이 처분할 수 있기 때문이다.

2) 다만 이 경우에도 이는 당사자가 임의로 처분할 수 있는 법익(사항)에 한하므로, 재심대상판결을 취소한다거나 변경한다는 내용의 조정이나 화해는 불가능하며, 이에 위반하여 조정이나 재판상화해가 성립하였더라도 이는 당연무효이다(대법원 2012. 9. 13. 선고 2010다97846 판결).

즉 재심소송에서 "1. 재심대상판결 및 제1심판결을 각 취소한다. 2. 소외인은 이 사건 청구를 포기한다. 3. 소외인은 원고에게 이 사건 근저당설정등기의 회복등기절차를 이행한다"는 등의 조정이 성립한 경우, 위 조정조항 중 "재심대상판결 및 제1심판결을 각 취소한다"는 조정조항은 법원의 형성재판의 대상으로서 원고와 소외인이 자유롭게 처분할 수 있는 권리에 관한 것이 아니므로 당연무효이고, 확정된 재심대상판결과 제1심판결이 당연무효인 위 조정조항에 의하여 취소되었다고 할 수 없다(대법원 2015. 9. 13. 선고 2010다97846 판결).

따라서 재심대상판결에서 선언한 법률효과(주문의 내용)와 다르게 그 법률관계를 마무리하려는 경우에는 곧바로 그러한 내용으로 조정이나 화해를 하면 되고, 굳이 재심대상판결을 취소·변경한다는 내용의 합의를 할 필요는 없다.

3) 재심의 소 역시 통상의 소와 같이 그 판결 확정 전에는 이를 취하할 수 있다. 공동소송적 보조참가의 경우 재심의 소 취하는 공동소송적 보조참가인에게 불리한 행위이므로, 재심의 소를 피참가인이 제기하였든 공동소송적 보조참가인이 제기하였든 불문하고 피참가인이 공동소송적 보조참가인의 동의 없이 이를 취하하면 효력이 없다(대법원 2015. 10. 29. 선고 2014다13044판결). 반면에 통상의 보조참가의 경우에는 피참가인이 그 보조참가인의 동의 없이 자신이나 보조참가인이 제기한 재심의 소를 취하할 수 있음은 물론이다. 455 266 408 425

기일 불출석이나 변론을 하지 않은 데에 따른 재심의 소의 취하 의제 역시 민사소송법의 일반 원칙이 적용된다고 할 것이다(민사소송법 제455, 266, 408, 425조, 대법원 1981. 9. 8. 선고 80다1844 판결 참조). 이때 종전 소송의 변론기일과 재심소송의 변론기일을 합쳐 불출석을 계산하여야 하는가? 재심소송과 종전 소송은 개념상 별개의 소이므로 이를 부정하여야 한다고 생각된다. 대법원 환송 전후의 절차도 독립하여 계산하는 것에 비추어도 그러하다.

4) 재심소송의 성질상 재심청구의 포기나 그에 대한 인낙은 허용되지 않는다. 즉 어떠한 재심사유가 있는지는 청구원인에 속하므로 당사자(재심원고)가 주장하지 않는 한 이에 대하여 법원이 판단할 수 없으나, 일단 그 주장이 있어 그것이 소송목적으로서 심판의 대상이 된 때에는 그에 대한 자백이나 그러한 재심사유가 없음을 전제로 한 재심청구의 포기 또는 그 반대의 인낙은 허용되지 않는다.

재심사유의 존부는 구체적 구성요건에 관한 규범이 정하는 법률요건이 아니고, 전체 법질서나 공익에도 관계되어 당사자가 임의로 처분할 수 없어 변론주의가 적용되지 않기 때문이다. 이와 달리 본안에 대해서는 변론주의가 적용됨은 당연하다.

5) 재심의 소에서 원고는 소 자체를 취하할 수 있는가? 이 역시 재심소송에서 재심사유가 인정되어 재심대상판결이 취소되고 본안인 청구(상소)의 당부에 대한 심사단계에 들어갈 수 있게 되었다면 가능하다고 생각된다.[168)]

그러나 재심사유가 인정되지 않는 경우에는 본안에 대한 심리절차에 나아갈 수 없으므로 이를 허용할 수 없다. 이미 재심대상판결이 확정되고 그 소송이 종료된 이상 이제 와서 소를 취하할 수는 없기 때문이다. 따라서 재심의 소를 각하하거나 재심사유 부존재로 재심청구를 기각하는 경우에는 소 취하를 인정할 여지가 전혀 없다.

6. 재심사건의 판결

가. 재심의 소가 부적법한 경우

1) 재심의 소에서도 그에 관하여 소송요건을 갖추어야 하는바, 이는 소송 일반의 소송요건과 재심의 적법요건(재심당사자적격, 재심대상적격, 재심 제기기간 등)을 모두 구비하여야 한다. 재심의 소의 수소법원은 이를 직권으로 조사하여, 미확정판결 등을 대상으로 재심의 소를 제기하였거나, 재심 제기기간을 도과하였거나, 재심의 소의 이익[169)]이 없는 등으로 재심의 소가 부적법한 때에는 판결로써 재심의 소를 각하하여야 한다. 이는 재판장의 재심소장 각하명령과는 다르다.

2) 재심원고가 주장하는 사유가 민사소송법 제451조 제1항 등에 열거되어 있는 재심사유에 해당하지 아니하는 엉뚱한 것인 때는 재심의 소 자체가 재심요건을 못 갖춘 경우에 해당하여 부적법하므로 역시 각하의 대상이 된다(대법원 1982. 9. 14. 선고 82사14 판결, 2017. 10. 12. 선고 2017재두5114 판결 등). 구체적인 재심사유를 주장하지 아니한 경우도 이와 같다(대법원 2008. 4. 24. 선고 2007재다352 판결).

3) 민사소송법 제451조 제1항 제4호 내지 제7호의 재심사유를 주장하면서 제451조 제2항의 요건이 구비되었음을 함께 주장·증명하여야 함에도, 이에 관한 아무런 주장·증명을 하지 않은 경우에도 재심요건을 못 갖춘 경우에 해당하므로 부적법하고, 각하 사유에 해당한다(대법원 2018. 1. 25. 선고 2017재두5084 판결).

4) 민사소송법 제451조 제1항 각호 등의 재심사유가 있더라도, 앞서 본 바와 같이 당

---

168) 이 경우 재심법원은 중간판결(이 경우 단순히 재심사유가 인정된다는 확인판결만으로는 부족하고 재심대상판결을 취소하는 내용의 판결을 함이 타당하다. 물론 재심대상판결을 취소하는 내용의 판결을 하더라도 그것이 확정되기 전에는 재심대상판결이 취소되는 효력이 없지만, 그때까지 기다려서는 사실상 소를 취하할 수 없으므로 절충적으로 이와 같이 처리함이 어떨까 싶다)을 한 다음 소 취하로 소송을 종결하거나, 소 취하가 유효함을 분명히 하기 위해 소송종료선언 판결을 하여야만 할 것이다(이러한 법리상 문제가 있으므로, 소 취하서를 제출한 경우 화해로 유도하여 처리함이 바람직하다). 특히 민사소송법 제460조의 사유가 있는 때에는 더욱 그러하다.

169) 재심의 소에도 소의 이익이 있어야 하므로, 종전 소송에서 전부 승소한 당사자는 재심의 소를 제기할 이익이 없다(대법원 1993. 4. 27. 선고 92다24608 판결).

사자가 상소에 의하여 그 사유를 이미 주장하였거나, 이를 알면서도 상소를 통해 주장하지 아니한 때에는 재심의 소를 제기할 수 없으므로(민사소송법 제451조 제1항 단서), 이에 위반한 소는 부적법하다(대법원 1991. 11. 12. 선고 91다29057 판결).

5) 이미 수회에 걸쳐 같은 이유 등으로 재심청구를 하였다가 패소하여 판결이 확정되었음에도 불구하고, 이미 배척되어 법률상 받아들여질 수 없음이 명백한 이유를 들어 같은 내용의 재심청구를 거듭하는 경우, 기판력에 불구하고 그 재심의 소 제기 자체가 신의성실의 원칙에 위배하여 소권을 남용하는 것으로서 부적법하다(대법원 1999. 5. 28. 선고 98재다275 판결 등).

나. 재심사유가 인정되지 않는 경우

1) 재심원고가 주장하는 사유가 민사소송법 제451조 제1항이나 상법, 헌법재판소법에 열거되어 있는 재심사유에는 해당하나, 증거에 의하여 그러한 재심사유의 존재가 인정되지 않으면 위 ① 단계를 통과하지 못하여 재심청구가 이유 없으므로 ② 단계(본안이나 상소의 당부 심판)에 나아가지 않은 채 재심청구를 기각하여야 한다(민사소송법 제460조의 물론해석). 이와 달리 재심사유를 소송요건 또는 재심의 요건으로 보아, 이 경우에도 재심의 소를 각하하여야 한다는 견해가 있으나, 앞서 본 바와 같이 이는 부당하다.

2) 하나의 재심소송에 여러 개의 재심사유(재심청구원인)를 병합하여 주장·청구한 경우에 그 일부는 부적법하고 일부는 이유가 없는 경우에는 각 청구(재심사유)별로 각하와 기각 주문을 선고하여야 함이 원칙이나(대법원 2008. 4. 24. 선고 2007재두318 판결 등),[170] 대법원 판례 가운데는 재심청구를 기각한다는 하나의 주문만을 낸 경우도 보인다(대법원 2018. 1. 25. 선고 2017재두5084 판결).

3) 하나의 재심소송에 여러 개의 재심사유(재심청구)를 병합하여 주장·청구한 경우에 그 모두가 이유가 없는 경우에도 원칙적으로는 각 재심사유가 별개의 청구원인을 이루므로 "이 사건 재심청구를 모두 기각한다"와 같이 각 청구(재심사유)별로 기각 주문을 선고하여야 한다(대법원 2017. 6. 15. 선고 2016재다2008 판결, 2017. 9. 21. 선고 2016재다1913 판결). 복수인이 동일한 재심사유를 주장하여 공동으로 재심의 소를 제기한 때에도 재심원고별로 청구가 다르므로 역시 같다(대법원 2012. 7. 26. 선고 2012재두145 판결 등).

다. 재심사유가 인정되는 경우

1) 재심사유가 인정되는 경우, 수소법원은 재심대상판결을 취소하고 다시 각 심급에 맞추어 본안(청구)이나 상소의 당부에 관하여 판결을 하여야 한다. 재심대상판결이 상소심판결인 때에는 1심판결이나 원심판결도 취소하여야 할 필요가 있고, 경우에 따라서는 이송이나 환송을 하여야 할 수도 있다.

---

170) 그 방식은 "이 사건 재심의 소 중 민사소송법 제451조 제1항 제9호의 재심사유 부분은 각하하고, 같은 항 제10호의 재심사유 부분의 청구는 기각한다. 재심소송비용은 재심원고가 부담한다."와 같다. 재심사유 중 일부는 이유 있고 일부는 이유 없는 경우에도 같다.

하나의 재심소송에서 복수의 재심사유를 주장하였고 그것이 둘 이상 이유 있는 경우, 이는 별개의 청구원인이므로 각각 그에 해당하는 주문을 내야 할 것이나, 그 법률효과는 재심대상판결의 취소로서 동일하므로 당사자가 이를 선택적으로 병합청구한 경우는 물론 단순병합으로 청구한 경우에도 단일한 주문을 내도 무방하다.

2) 재심소송에서도 당연히 처분권주의가 적용되므로 그 재판은 재심청구취지의 범위에서 하여야 한다(민사소송법 제459조 제1항 참조). 재심대상판결이 1심판결인 경우에도 그 소송비용 부담의 재판은 이전 소송의 것을 포함한다는 취지에서 소송총비용의 부담에 관하여 재판함이 관행이다.

주문의 방식은 “1. 재심대상판결 중 원고(재심원고)의 위자료 청구에 관한 부분을 취소한다. 2. 피고(재심피고)는 원고(재심원고)에게 2,000만 원과 이에 대하여 2019. 7. 1.부터 2019. 12. 23.까지는 연 5%, 그 다음날부터 다 갚는 날까지는 연 12%의 각 비율로 계산한 돈을 지급하라. 3. 원고(재심원고)의 위자료 청구 중 나머지 청구를 기각한다. 4. 소송총비용 중 3분의 2는 원고(재심원고)가, 나머지는 피고(재심피고)가 각 부담한다. 5. 제2항은 가집행할 수 있다”(재심대상판결이 1심판결인 경우) 또는 “1. 재심대상판결을 취소한다. 2. 제1심판결을 취소한다(또는 제1심판결을 다음과 같이 변경한다). 가. 피고(재심피고)는 원고(재심원고)에게 5,000만 원과 이에 대하여 2015. 5. 16.부터 2019. 7. 4.까지는 연 5%, 그 다음날부터 다 갚는 날까지는 연 15%의 각 비율로 계산한 돈을 지급하라. 나. 원고(재심원고)의 나머지 청구를 기각한다. 3. 재심 전후의 소송총비용은 피고(재심피고)가 부담한다. 4. 제2의 가.항은 가집행할 수 있다.”(재심대상판결이 2심판결이고 원고 청구를 인용하는 경우), “1. 재심대상판결과 제1심판결을 각 취소한다. 2. 원고(재심피고)의 청구를 기각한다. 3. 재심 전후의 소송총비용은 원고(재심피고)가 부담한다.”(재심대상판결이 2심판결이고 원고 청구를 기각하는 경우)와 같다.

3) 재심사유가 존재하는 경우라도 재심대상판결이 정당하다고 판단하여 이를 취소·변경할 필요가 없다고 인정한 때에는 법원은 재심청구를 기각하여야 한다(민사소송법 제460조). 그러나 앞서 본 바와 같이 이는 재심소송에서 청구의 변경이나 반소 제기 등이 없는 경우를 전제로 한 것이다.

4) 재심사유의 존재가 인정되면 법원은 본안에 대한 심판에 앞서 재심사유가 있다는 취지의 확인적 중간판결을 할 수도 있는바,[171] 이 중간판결에 대하여는 독립하여 불복할 수 없고, 본안에 관한 종국판결과 함께 불복하여야 하며(민사소송법 제465조, 제390조 제1항, 제425조), 이러한 내용의 중간판결은 당해 소송의 소송목적(청구=소송물)인 권리관계 자체에 대한 종국적 판단이 아

171) 그러나 앞서 본 바와 같이 재심사유의 존재를 전제로 한 재심대상판결의 취소청구 역시 소송목적의 일부에 속하므로, 확인적 중간판결이 아니라 재심대상판결을 취소하는 내용의 일부판결을 할 수도 있을 것이다. 그러나 민사소송법 제460조나 상소를 생각한다면 이러한 판결은 바람직하지 않다.

니므로 기판력이 없다.

5) 본안에 대한 재심법원의 판결 내용은 1심이나 상소심의 그것과 동일하다. 소 각하나 소송종료선언 등의 소송판결은 물론 이송이나 환송 판결도 가능하다(민사소송법 제455, 419, 425조). 따라서 재심대상판결이 전속관할에 위반하였거나 원심법원으로 환송하여야 할 필요가 있는 때에는 재심대상판결과 원심판결을 각 취소하고 사건을 다른 법원에 이송하거나 원심법원(1심법원 포함)에 환송할 수 있다(대법원 2012. 1. 26. 선고 2011다99092 판결, 2015. 3. 26. 선고 2012재두329 판결).172)

6) 원래의 확정판결(원래의 재심대상판결)을 취소한 재심판결에 대한 재재심(再再審)의 소에서 원래의 확정판결에 대하여 재심사유를 인정한 종전 재심법원의 판단에 재심사유가 있어 종전 재심청구에 관하여 다시 심리한 결과, 원래의 확정판결에 재심사유가 인정되지 않을 경우에는 재심판결을 취소하고 종전 재심청구를 기각하여야 하며, 이 경우 재심사유가 없는 원래의 확정판결 사건의 본안에 관하여 다시 심리와 재판을 할 수는 없다(대법원 2015. 12. 23. 선고 2013다17124 판결).

라. 재심판결의 효력

1) 재심의 소에 따른 종국판결이 선고되면 종국판결 일반의 경우와 동일한 효력이 발생한다. 따라서 당사자는 이에 대해서 그 심급에 따른 상소를 제기할 수 있고, 그 판결이 확정된 경우에는 이에 대해서도 재심의 소를 제기할 수 있다(대법원 1964. 9. 15. 선고 64다358 판결 참조).

2) 재심의 소에 따른 종국판결로 재심대상판결을 취소하여 그 재심판결이 확정된 경우, 재심대상판결은 그 선고 시로 소급하여 효력을 상실한다(대법원 1979. 7. 24. 선고 79다345 판결 참조).

3) 확정된 재심판결에도 기판력이 발생한다. 재심의 소를 각하한 경우에는 소송판결이므로 소송판결의 기판력과 동일한 효력이 있다. 따라서 소송요건의 흠결이 치유되면 다시 재심의 소를 제기할 수 있다.

재심청구를 기각한 경우에는 재심사유의 부존재 또는 재심사유는 존재하나 결과적으로 재심대상판결이 정당하다는 것에 대하여 기판력이 발생한다. 따라서 동일한 사유의 재심의 소를 제기한 경우 후소 법원은 기판력에 반하는 판단을 할 수 없다. 그러나 대법원은 이원설, 그 가운데서도 각각의 재심사유를 독립한 청구원인으로 보고 있으므로, 이에 따르면 전 재심소송에서 주장하지 아니한 재심사유를 다시 주장하여 재심을 청구할 수 있다. 또한 재심청구를 인용하여 확정된 경우, 그에 따른 본안 판단 사항에 대하여도

172) 실질상 항소심판결에 대하여 재심의 제기가 있는 것으로 보아 제1심법원이 항소심법원에 재심사건을 이송하여야 함에도, 그 본안에 대하여 심리한 후 재심의 소를 기각하는 판결을 하고 이에 대하여 재심원고의 항소로 사건이 항소심에 적법하게 계속된 경우, 항소심법원은 제1심판결을 전속관할 위반을 이유로 취소하고, 제1심법원으로부터 이송 받은 경우와 마찬가지로 재심사건을 심판하여야 한다(대법원 1989. 10. 27. 선고 88다카33442 판결, 2012. 1. 26. 선고 2011다99092 판결, 2018. 5. 15. 선고 2018다206400 판결).

기판력이 발생한다.

4) 확정된 재심판결의 기판력 표준시도 재심판결의 변론종결 시가 됨은 당연하다. 그러나 재심청구를 기각한 경우(민사소송법 제460조에 의한 기각의 경우 포함)에는 본안에 대한 변경이 없으므로, 본안의 법률관계에 관하여는 실질적으로 재심대상판결의 사실심 변론종결 시가 기판력의 표준시가 됨은 물론이다.

다만, 재심사유가 있다고 인정하면서도 재심대상판결의 변론종결 후의 사유를 이유로 재심청구를 기각한 경우, 그 기판력의 표준시는 재심대상판결의 변론종결 시가 아니라 재심판결의 변론종결 시가 된다(대법원 1993. 2. 12. 선고 92다25151 판결, 2003. 5. 13. 선고 2002다64148 판결).

7. 준재심

가. 준재심의 의의

1) 준재심은 확정판결과 동일한 효력이 있는 화해조서, 청구의 포기조서, 청구의 인낙조서 등에 대한 재심소송이다. 이들 조서는 확정판결과 동일한 효력이 있으므로(민사소송법 제220조), 이들 조서에 재심사유가 있을 때는 재심소송의 절차에 의하여야 함이 당연하다. 민사소송법 제461조는 이 경우 재심에 관한 규정을 준용하도록 하고 있는바, 이에 따라 이를 준재심(準再審)이라고 부른다.

2) 민사소송법 제220조에서 규정하는 조서 외에 조정조서(민사조정법 제28, 29조, 대법원 1968. 10. 22. 선고 68므32 판결), 제소전화해조서(민사소송법 제386조, 대법원 1992. 11. 27. 선고 92다8521 판결), 화해권고결정과 '조정을 갈음하는 결정' 및 이들 결정을 기재한 조서도 재판상화해와 같은 효력이 있으므로(민사소송법 제154조 제5호, 제231조, 민사조정법 제34조 제4항, 제30, 32조, 대법원 2005. 6. 24. 선고 2003다55936 판결 등) 준재심의 대상이 된다.

3) 그러나 지급명령이나 이행권고결정은 확정되더라도 화해조서와 같은 기판력이 없고, 또한 즉시항고로 불복할 수 있는 결정이나 명령에도 해당하지 않으므로 준재심의 대상이 되지 않는다. 따라서 지급명령이나 이행권고결정에 재심사유가 존재하는 경우에는 청구이의의 소를 제기하여 다투어야 할 것이다(대법원 2009. 5. 14. 선고 2006다34190 판결).

4) 위와 같은 조서와 결정 외에, 소장각하명령, 상소장각하명령, 이송결정과 이송신청의 기각결정, 기피신청기각결정, 소송비용에 관한 결정, 과태료의 결정, 경매신청의 기각 또는 각하결정, 경매개시결정에 대한 이의신청의 결정, 경매절차상 매각허부의 결정 등과 같이 즉시항고로 불복할 수 있는 것으로서 확정된 결정이나 명령에 대해서도 준재심을 제기할 수 있다(민사소송법 제461조). 이러한 결정이나 명령은 내용이 중요하고, 즉시항고기간이 지나 확정되어버리면 항고로써 다툴 수 없으므로 준재심을 인정하는 것이다.

나. 준재심 소의 제기와 심판

1) 준재심소송절차는 재심의 그것과 동일하다. 따라서 당사자, 재심사유, 제기기간 등도 모두 재심의 경우와 동일하다.

2) 준재심청구는 재심대상 재판인 화해나 조정 등이 소송절차에서 이루어진 경우에는 소로써 하여야 하고, 그에 따른 심리는 변론을 열어서 하여야 하며, 재판은 판결로써 하여야 한다. 다만, 준재심의 대상이 결정이나 명령인 경우에는 준재심청구 역시 원래의 절차에 의하여야 하므로(민사소송법 제461, 455,, 134, 221조), 이때는 신청으로써 하고(대법원 2007. 11. 15. 자 2007재아7 결정 등), 심리는 임의적 변론에 의하며, 재판은 결정으로 하여야 한다.

그리고 원재판이 재판장의 명령인 경우에도 재심의 재판은 결정으로 하여야 할 것이다(대법원 2001. 8. 20자 2001준재단442 결정, 2002. 9. 30.자 2002재단555 결정, 2007. 11. 15.자 2007재아7 결정 등). 재판장의 항소장각하명령이나 상고장각하명령 등에 대하여는 원래 즉시항고로써 불복하여야 하고, 그 재판은 결정으로 하여야 하는바, 이러한 명령에 대한 준재심 역시 실질상 즉시항고에 준하여 보아야 하기 때문이다.

3) 준재심 사건의 판결이나 결정의 효력 역시 재심소송의 그것과 같다. 따라서 이에 대해서도 상소가 허용되고 다시 재심을 청구할 수 있다.

06 간이·특수한 소송절차

Ⅰ. 소액사건심판절차

1. 의의, 관할

가. 의 의

1) 소송목적의 값이 일정액 이하인 민사사건에 대하여 통상의 소송절차와 달리 특례를 인정하여 간이한 방법으로 신속하게 처리하기 위한 것이 소액사건심판절차이다. 이를 위해 민사소송법의 특별법으로서 소액사건심판법이 있는데, 이는 1973. 2. 24.에 제정되어 1973. 9. 1.부터 현재까지 시행되고 있다.

2) 소액사건심판절차는 ① 금전 그 밖의 대체물과 유가증권의 지급을 목적으로 하는 채권을 대상으로 하고, ② 상고이유와 재항고이유가 극히 제한되어 사실상 2심제로 운영되며, ③ 구술제소 등 여러 가지 특례가 인정된다.

3) 이는, 소송목적의 값이 작은 소액사건을 통상의 소송절차처럼 처리할 경우 당사자와 법원 모두에게 지나친 비경제와 비효율, 부담을 주는 것을 피하기 위한 것이다.

4) 소액사건에 대해서는 소액사건심판법과 동규칙이 우선 적용되고, 기타의 사항은 민사소송법 규정이 적용된다(소액사건심판법 제2조 제2항). 소액사건의 심판절차도 본질상 소송절차임은 물론이다.

나. 관 할

1) 소액사건의 토지관할은 통상의 소송의 그것과 같다. 즉 지방법원과 그 지원 및 시·군법원의 토지관할이 적용된다. 다만, 시·군법원 관할구역 내의 소액사건은 시·군법원 판사의 전속적 관할에 속한다는 것이 통설이다(법원조직법 제7조 제4항, 제33, 34조 참조). 따라서 그 사건을 지방법원이나 지방법원 지원에서 처리하는 것은 위법하다.

2) 소액사건은 사물관할상 단독판사의 관할에 속하고, 이는 임의관할이라고 할 수 있다. 즉 원래 소액사건은 그 소송목적 값을 기준으로 사물관할상 합의부가 아닌 단독판사의 관할에 속하는데(민사 및 가사소송의 사물관할에 관한 규칙 제2조 참조), 그 심판절차에 대해서 민사소송법에 우선하여 소액사

건심판법이 적용되는 것일 뿐이므로, 이를 가리켜 단독판사의 직분관할로 보기는 어렵다.

또한, 주택임대차보호법과 '상가건물 임대차보호법'상의 보증금반환청구에 관하여는 소송목적의 다과에 관계없이 소액사건심판법의 일부 규정(동법 제6, 7, 10조, 제11조의2)이 준용되나(주택임대차보호법 제13조, 상가건물임대차보호법 제18조), 그렇다고 하여 그 사건이 자동적으로 모두 소액사건으로 되거나 단독판사의 관할에 속하게 되는 것은 아니다.

3) 소액사건이라도 합의부는 재정합의결정을 하여 이를 직접 처리할 수 있다.[1] 그러나 이때도 소액사건심판법과 동규칙이 우선 적용된다고 할 것이다. 재정합의결정에 의하여 합의부에서 심판을 하면 소액사건이라도 항소심법원은 고등법원이 됨은 물론이다.

4) 소액사건은 위와 같이 단독판사의 사물관할에 속하나, 이행권고결정에 관한 사무(소액사건심판법 제5조의3 내지 제5조의8)는 사법보좌관이 처리할 수 있다(법원조직법 제54조 제2항 제1호, 사법보좌관규칙 제2조 제1항 제3의2호). 이에 따라 사법보좌관이 설치되어 있는 법원에서는 이행권고결정과 이에 대한 이의신청(추완에 의한 이의신청 포함) 중 부적법한 이의신청의 각하는 사법보좌관이 처리하고 있다.

2. 적용대상

1) 소액사건은 제소 당시의 소송목적 값이 3,000만 원을 초과하지 아니하는, 즉 3,000만 원 이하의 금전 기타 대체물이나 유가증권의 일정한 수량의 지급을 목적으로 하는 제1심의 민사사건이다. 다만, ① 소의 변경으로 위 경우에 해당하지 아니하게 된 사건, ② 당사자참가, 중간확인의 소 또는 반소의 제기나 변론의 병합으로 인하여 소액사건에 해당하지 않는 사건과 병합심리하게 된 사건은 제외한다(소액사건심판법 제2조 제1항, 동규칙 제1조의2). 이는 소액사건의 재심절차에서도 같다(대법원 2003. 6. 27. 선고 2003다17088 판결 참조).

2) 소액사건심판법의 적용을 받을 목적으로 청구를 분할하여 일부청구를 하는 것은 부적법하므로, 이에 위반한 소는 판결로써 각하하여야 한다(소액사건심판법 제5조의2).

3) 소액사건에 해당하려면, 금전 기타 대체물이나 유가증권의 일정한 수량의 지급을 목적으로 하는 소여야 한다. 그러므로 이행의 소에 한하고, 채권채무의 존재 또는 부존재 확인청구와 같은 확인의 소, 사해행위취소청구와 같은 형성의 소에는 적용이 없다.

또한, 소송목적의 값이 3,000만 원 이하라고 하더라도 대체물이 아닌 부동산의 소유권

---

1) 2020. 2. 6., 재판예규 제1732호 '법관등의 사무분담 및 사건배당에 관한 예규' 제12조 제1항 참조. 재정합의결정을 하는 이유는, 고등법원의 판결에 대해서는 소액사건심판법 제3조에 의한 상고이유의 제한을 받지 않아 대법원의 판단을 받기 용이하므로, 선례적 가치가 있거나 하급심판결이 서로 엇갈리는 소액사건으로서 대법원 판례의 형성이 필요한 때문이라고 한다{실무제요 민사소송 Ⅲ(2017), 1,755면 참조}. 그러나 소액사건심판법 제3조를 이와 같이 해석하는 것은 의문이다. 동법 제3조에서 "소액사건에 대한 지방법원 본원 합의부의 제2심판결이나 결정·명령에 대하여는 다음 각호의 1에 해당하는 경우에 한하여 대법원에 상고 또는 재항고를 할 수 있다"고 한 것은 소액사건의 항소심이 당연히 지방법원 본원 합의부가 되는 것을 전제로 한 것이지, 소액사건을 합의부가 재판하였다고 하여 그것이 소액사건이 아닌 것으로 되거나 상고이유 등의 제한을 안 받는다는 취지로 보기는 어렵다.

이전등기청구나 그 인도청구 등은 소액사건에 속하지 않는다. 동산이나 유가증권이라도 대체물이 아닌 경우(기명식증권 등)에는 마찬가지다. '유가증권의 일정한 수량의 지급을 목적으로 하는 소'라는 것은 유가증권이 표상하는 금전의 지급을 구하는 것이 아니라, 유가증권 자체의 지급(인도)을 구하는 소를 말한다.

4) 각기 소액사건에 해당하는 여러 사건의 변론을 병합한 결과 그 각 소송목적 값의 합산액이 3,000만 원을 초과하게 되더라도, 위 예외규정에 해당하지 않고 개개 사건이 소액사건의 특성을 잃지 않으므로(대법원 1992. 7. 24. 선고 91다43176 판결 참조), 여전히 모든 사건에 대하여 소액사건심판법과 동규칙이 우선 적용된다.

그러나 하나 또는 변론이 병합되어 심리 중인 복수의 소액사건에 대하여 소송 도중 청구의 확장이나 청구의 교환적 변경으로 인하여 그 소송목적 값이 3,000만 원을 초과하게 된 때에는 그때에 변경된 부분의 소 제기가 있는 것으로 되므로, 이에 따라 모든 사건에 대하여 소액사건심판법과 동규칙이 적용되지 않는다. 따라서 재배당이나 이송이 필요할 수 있다. 소액사건에 해당하지 않는 당사자참가(공동소송참가 또는 독립당사자참가), 중간확인의 소 또는 반소의 제기가 있거나 소액사건에 해당하지 않는 사건을 소액사건에 병합한 때에도 같다.[2]

5) 제소 당시 소송목적 값이 3,000만 원을 초과하였다면, 소송 도중에 청구의 변경 등으로 그 소송목적 값이 3,000만 원 이하가 되었더라도 소액사건심판법과 동규칙이 적용되지 않는다. 소액사건인 여부는 제소 당시를 기준으로 하기 때문이다. 이는, 처음 제소 당시 소송목적 값이 3,000만 원을 초과하지 않아 소액사건에 해당하였는데, 그 뒤 청구의 확장이나 청구의 교환적 변경으로 인하여 그 소송목적 값이 3,000만 원을 초과하게 되었다가 다시 그 소송목적 값이 3,000만 원을 초과하지 않게 된 경우도 동일하다.

6) 소의 변경 등으로 인하여 소액사건이 합의사건으로 변경된 경우에는 합의부로 이송하여야 한다. 소액사건은 통상의 심리절차와는 다른 여러 가지 절차상 특례가 적용되므로 변론관할이 허용되지 않고,[3] 합의사건에 대하여 재정단독결정이 있더라도 여기에 소액사건심판법과 동규칙을 적용할 수는 없으며 통상의 민사소송절차에 따라 진행하여야 한다.

그러나 소액사건이 청구의 변경 등에 의하여 소액사건 아닌 단독사건으로 변경된 때에는 원래의 단독판사가 통상의 소송절차에 따라 계속하여 심리할 수 있다. 이와 관련하

---

2) 소액사건 심리 도중에 당사자참가, 중간확인의 소 또는 반소의 제기가 있는 경우 원래의 소의 소송목적 값과 이들 당사자참가에 의한 소, 중간확인의 소 또는 반소의 소송목적 값을 합산하지는 않는다. 다만, 이들 소가 제기되었으나 그 사건이 소액사건이 아닌 경우에는 원래의 소액사건에 대해서도 소액사건심판법과 동규칙을 적용할 수 없다. 그 각 소송의 견련성으로 인해 이들 사건을 모두 동시에 심리하여야 하기 때문이다.

3) 따라서 일종의 전속관할과 유사하다.

여, 소액사건 전담법관이 있는 경우에는 그에게 사건을 재배당하면 되고, 소액사건 전담법관이 없는 경우에는 소액사건은 종결처리하고 단독사건의 신건으로 새로 접수한 후 사건번호를 부여하여 같은 단독판사가 계속하여 심리한다.

3. 주요 특례

소액사건은 심리의 신속·간편 등을 위하여 여러 가지 특례가 인정된다. 그러나 이는 1심의 소송절차에만 적용되고, 제2심 이상의 심급에서는 적용되지 않는다. 상고이유와 재항고이유의 제한은 상고심에만 적용된다.

가. 구술제소

1) 소액사건에서는 ① 구술에 의하여 소를 제기할 수 있고, ② 양쪽 당사자가 법원에 임의출석하여 변론함으로써 간이하게 소를 제기할 수 있는 임의출석제가 인정된다.

2) 구술제소의 경우, 당사자가 법원사무관등의 면전에서 소의 제기에 필요한 사항을 진술하여야 하고, 법원사무관등은 제소조서(전산양식)를 작성하고 기명날인한다.

3) 변론기일에 양 당사자가 임의출석하여 소를 제기하는 경우에는 그에 관한 변론조서(전산양식)를 작성하고, 법원에 비치된 양식을 첨부할 수 있다. 그러나 실무상 이 제도가 이용되는 경우는 거의 없다.

나. 소송대리의 특칙

1) 소액사건은 단독판사가 심판하는바, 따라서 당사자와 밀접한 생활관계를 맺고 있고 일정한 범위의 친족관계에 있는 사람 또는 당사자와 고용계약 등으로 그 사건에 관한 통상사무를 처리·보조하여 오는 등 일정한 관계에 있는 사람은 변호사 아닌 사람도 법원의 허가를 받아 소송대리인으로 선임될 수 있다(소액사건심판법 제2조 제2항, 민사소송법 제88조). 법원의 허가를 받기 전에 원고를 대리하여 소를 제기하고, 법원의 사후 허가를 받으면 그 소의 제기도 유효하다.

2) 소액사건에서는 위 경우 외에 특히, 당사자의 배우자·직계혈족 또는 형제자매이면 변호사가 아니라도 법원의 허가 없이 소송대리인이 될 수 있다(소액사건심판법 제8조 제1항). 이 경우 소송대리인은 당사자와의 신분관계 및 수권관계를 서면으로 증명하여야 하나, 대리권 수여는 당사자가 판사의 면전에서 구술로 위 사람을 소송대리인으로 선임하고 참여사무관이 조서에 이를 기재하는 방식으로도 할 수 있다.

3) 각기 소액사건에 해당하는 복수의 사건을 변론병합한 경우, 이들 사건의 소송목적 값의 합산액이 3,000만 원을 초과하게 되더라도 위와 같이 각 사건이 소액사건의 특성을 잃지 않으므로(대법원 1992. 7. 24. 선고 91다43176 판결), 그 소송목적 값의 합산액이 1억 원을 초과하게 되었다는 이

유로 법원은 소송대리허가를 취소할 수 없다(민사소송규칙 제15조 제4항 참조).

다. 신속한 심리

1) 앞서 본 바와 같이 소액사건에 대해서는 심리에 앞서 지급명령과 유사한 이행권고결정을 할 수 있다. 이는 피고가 원고의 청구를 다투지 않아 이의신청을 하지 않으면 곧바로 원고의 청구대로 강제집행권원을 발생하기 위한 것으로서, 소액사건에만 특유한 것이다. 소액사건은 변론절차를 개시한 경우에도 절차의 신속을 위하여 되도록 1회의 변론기일로 심리를 마쳐야 한다.

2) 소액사건의 소가 제기된 경우, 민사소송법 제256조 내지 제258조의 규정(답변서 제출의무, 무변론판결, 변론준비절차 회부와 변론기일의 지정)에도 불구하고 바로 변론기일을 지정할 수 있다.

3) 필요한 경우 법원은 근무시간 외 또는 공휴일에도 기일을 열 수 있다.

4) 법원은 소장, 준비서면 기타 소송기록에 의하여 청구가 이유 없음이 명백한 때에는 변론 없이 청구를 기각할 수 있다.

5) 법관의 경질이 있는 경우라도 변론의 갱신 없이 판결할 수 있다.

6) 소액사건에서는 피고가 이행권고결정을 받고 이의신청을 한 경우에는 청구취지나 청구원인에 대한 구체적인 답변이 없더라도 이를 다툰 것으로 본다(소액사건심판법 제5조의4 제5항).

7) 소액사건의 경우 그 변론기일 조서는 당사자의 이의가 있는 경우를 제외하고, 판사의 허가가 있는 때에는 이에 기재할 사항을 생략할 수 있다. 다만, 변론의 방식에 관한 규정의 준수와 화해, 청구의 인낙·포기, 소 취하 및 자백에 대하여는 그렇지 않다.

라. 증거조사의 특례

1) 소액사건에서는 직권증거조사에 보충성이 적용되지 않는다. 따라서 법원은 필요하다고 인정하면 직권으로 증거조사를 할 수 있다. 다만, 증거조사의 결과에 관하여는 당사자의 의견을 들어야 한다(소액사건심판법 제10조 제1항).

2) 소액사건에서는 통상의 사건과 같은 증인의 교호신문제가 배제되어, 판사가 주신문을 하고, 당사자는 보충신문을 한다.

3) 법원은 상당하다고 인정한 때에는 증인 또는 감정인의 신문에 갈음하여 이들에게 서면을 제출하게 할 수 있다(소액사건심판법 제10조 제3항). 위 서면은 서증이 아니라 서면에 의한 증언으로서 통상 소송절차에서의 서면에 의한 증언(민사소송법 제310조 제1항, 동규칙 제84조)과 같다. 다만, 통상 소송절차에서 서면에 의한 증언의 경우에는 상대방의 이의가 있으면 그 증인 등을 출석·증언하게 하여야 하나(민사소송법 제310조 제2항), 소액사건에서는 그러한 예외가 적용되지 않는다.

마. 판결의 특례

1) 소액사건에서는 변론종결 후 즉시 판결을 선고할 수 있다. 이에 따라 즉일 선고도 가능하다(소액사건심판법 제11조 제1항).

2) 소액사건의 판결을 선고할 때는 말로 판결이유를 고지하여야 하고, 그 대신 판결문의 이유 기재를 생략할 수 있다(소액사건심판법 제11조 제2, 3항). 그러나 그 경우에도 청구취지는 기재해야 한다. 기판력의 객관적 범위 확정을 위해 필요하기 때문이다.

바. 상고, 재항고의 제한

1) 앞서 상소 부분에서 본 바와 같이 소액사건에서는 상고와 재항고가 제한된다. 즉 소액사건에 대한 제2심판결이나 결정·명령에 대해서는 ① 법률·명령·규칙 또는 처분의 헌법위반 여부와 명령·규칙 또는 처분의 법률위반 여부에 대한 판단이 부당한 때, ② 대법원 판례에 상반되는 판단을 한 때 이외에는 상고 또는 재항고이유로 삼을 수 없다(소액사건심판법 제3조).

이를 위반하여 상고 또는 재항고를 한 경우, 대법원은 심리를 하지 아니하고 판결로 상고를 기각한다(상고심절차에 관한 특례법 제2조 제2항, 제4조 제1항). 이 경우 대법원은 판결 이유를 생략할 수 있고, 판결 선고 대신 판결 정본을 곧바로 상고인에게 송달할 수 있다(상고심절차에 관한 특례법 제2조 제2항, 제5조).

2) 위 상고사유 중 '명령·규칙 또는 처분의 상위법규 위반 여부에 대한 판단이 부당한 때'란 법규로서의 성질을 가지는 명령·규칙 또는 처분이 헌법이나 법률에 위반됨에도 불구하고 이를 합헌 또는 합법이라고 하여 당해 사건에 적용한 경우 또는 그 반대의 경우를 말한다. 따라서 행정기관 등의 구체적·일회적 처분은 위 '처분'에 해당하지 않고 법규적 효력을 가지는 것만이 이에 해당한다(대법원 2009. 12. 10. 선고 2009다84431 판결).

3) 위에서 말하는 '대법원의 판례에 상반되는 때'란 구체적인 당해 사건에 적용될 법령에 관하여 대법원이 이미 내린 판단과는 다르게 판단한 때를 의미한다(대법원 1989. 5. 9. 선고 88다4775 판결). 판례위반을 주장하더라도, 실질상으로 보아 법령위반이나 법리오해, 사실오인 등을 주장하는 것에 지나지 않는 것이 명백하면 단순한 법령위반의 주장으로서 적법한 상고이유가 될 수 없다(대법원 1990. 12. 11. 선고 90다5283 판결).

다만, 대법원은 대법원 판례 위반의 상고이유에 대하여 다음과 같은 예외를 인정한다. 즉 소액사건에서 구체적 사건에 적용할 법령의 해석에 관한 대법원 판례가 아직 없는 상황인데 같은 법령의 해석이 쟁점으로 되어 있는 다수의 소액사건이 하급심에 계속되어 있을 뿐 아니라 재판부에 따라 엇갈리는 판단을 하는 사례가 나타나고 있는 경우에는, 소액사건이라는 이유로 대법원이 법령의 해석에 관하여 판단을 하지 아니한 채 사건을 종결한다면 국민생활의 법적 안전성을 해칠 것이 우려되므로, 이와 같은 특별한 사정이 있는 경우에는 소액사건에 관하여 상고이유로 할 수 있는 ‘대법원의 판례에 상반되는 판단을 한 때’라는 요건을 갖추지 아니하였더라도 법령해석의 통일이라는 대법원의 본질적 기능을 수행하는 차원에서 실체법 해석·적용의 잘못에 관하여 판단할 수 있다고 한다(대법원 2018. 12. 27. 선고 2015다50286 판결, 2019. 8. 14. 선고 2017다217151 판결).

4. 이행권고결정

가. 의의와 효력

1) 수소법원은 소액사건의 소가 제기된 경우에 결정으로 소장 부본이나 제소조서 등본을 첨부하여, 피고에게 원고가 구하는 청구취지대로 이행할 것을 권고할 수 있다(소액사건심판법 제5조의3 제1항). 이행권고결정서의 등본이 송달된 때에는 소장 부본이나 제소조서 등본이 송달된 것으로 본다. 이는 지급명령에 유사한 것이라고 할 수 있는데, 법에는 재량사항(임의적 전치절차)으로 되어 있지만 실무상 거의 예외 없이 이를 하고 있다.

2) 독촉절차나 조정절차에서 소송절차로 이행된 사건, 청구취지나 청구원인이 불명확한 사건, 그 밖에 이행권고를 하기에 적절하지 아니하다고 인정되는 사건에 대해서는 이행권고결정을 할 수 없다(소액사건심판법 제5조의3 제1항 단서).

3) 이행권고결정에는 당사자, 법정대리인, 청구취지와 원인, 이행조항을 기재하고, 피고가 이의신청을 할 수 있음과 이행권고결정의 효력의 취지를 부기하여야 한다. 법원사무관등은 이행권고결정서의 등본을 피고에게 송달하여야 한다. 다만, 그 송달은 민사소송법 제187조(발송송달), 제194조 내지 제196조(공시송달)에 규정한 방법으로는 이를 할 수 없다. 이러한 송달 방법에 의하지 아니하고는 피고에게 이행권고결정서의 등본을 송달할 수 없는 때에는 법원은 지체 없이 변론기일을 지정하여야 한다(소액사건심판법 제5조의3 제2, 3, 4항).

4) 이행권고결정 대신에 화해권고결정을 하는 데에는 아무런 지장이 없다. 화해권고결정은 소송의 정도와 관계없이 가능하므로(민사소송법 제145, 225조) 소장 부본을 송달하기 전에도 가능하다. 이행권고결정에 대하여 피고가 이의신청을 한 뒤라도 법원은 화해권고결정을 할 수 있다. 그러나 이행권고결정에 대하여 피고의 이의신청이 있으면 변론절차에 회부하여야 하는 이상, 이행권고결정은 소액사건의 변론 개시 후에는 불가하다고 할 것이므로 이때는 화해권고결정만이 가능하다.

5) 이행권고결정은 결정 일반의 경우와 같이 그것이 당사자에게 고지된 때, 즉 피고에게 그 등본이 송달된 때에 효력이 발생한다. 이행권고결정에 대한 이의신청과 그 확정 및 효력에 대한 사항은 앞서 ＜2. 재판에 의하지 아니한 소송의 종결, 마. 이행권고결정＞에서 본 바와 같다.

6) 피고가 이행권고결정을 받고 이의신청을 한 경우에는, 위와 같이 청구취지나 청구

원인에 대한 구체적인 답변이 없더라도 이를 다툰 것으로 본다(소액사건심판법 제5조의4 제5항).

나. 이행권고결정 후의 소 취하

1) 이행권고결정이 있은 후 피고에게 그 등본을 송달하기 전에 소 취하가 있으면 그대로 사건이 종결된다. 따라서 피고에게 이행권고결정서 등본을 송달할 필요가 없고, 소 취하서 부본도 송달할 필요가 없다.

2) 이행권고결정서 등본이 피고에게 적법하게 송달되고 피고의 이의신청이 없어 이행권고결정이 확정된 후에 소 취하가 있는 때에는, 그 취하는 소송법상 무효이다. 이미 확정판결과 동일한 효력이 있는 이행권고결정이 확정되어 소송이 종료하였기 때문이다. 다만, 그것이 원고의 권리포기로 해석될 수 있는지는 별 문제이다.

3) 그러나 이행권고결정이 확정되기 전, 즉 이행권고결정서 등본이 피고에게 송달된 후 피고의 이의신청이 있기 이전에 소 취하서가 접수되면 소송 종료로써 이행권고결정은 소급하여 실효하고, 사건은 그로써 종결된다. 이때 소 취하서 부본은 피고에게 소 취하 사실을 알리기 위해 송달하여야 한다. 이 경우 소 취하서 접수 후 피고의 이의신청이 있더라도 무효이므로 변론기일을 지정할 필요 없이 사건을 종결 처리하여야 한다.

4) 이행권고결정서 등본이 피고에게 송달된 후 이의신청기간 내에 피고의 적법한 이의신청이 있은 다음에도 원고가 소를 취하할 수 있음은 물론이다. 다만, 원고가 소를 취하하려면 피고의 동의를 요한다는 것이 통설이다. 피고의 이의신청이 있는 이상 피고가 답변서(준비서면)를 제출한 것으로 볼 수 있기 때문이다(소액사건심판법 제2조 제2항, 민사소송법 제266조 제2항). 따라서 이 경우 소 취하서 부본을 먼저 피고에게 송달하여, 피고의 동의가 있거나 동의간주가 된 때에는 소 취하로 사건을 종결 처리하고, 피고가 부동의한 때에는 변론기일을 지정하여 심리하여야 한다.

다. 이행권고결정 후 청구의 변경

1) 이행권고결정이 있은 후 그 등본이 피고에게 송달되기 전에 청구취지감축신청서(소의 일부취하서)나 청구취지확장신청서, 청구의 교환적 변경신청서가 접수된 경우, 이미 발령된 이행권고결정은 아직 피고에게 송달되기 전이어서 그 효력이 발생하지는 않으나, 청구취지감축 등에 맞추어 이행권고결정을 경정할 수는 없다. 청구변경은 사후적인 것인데에다, 경정을 하면 이행권고결정의 동일성도 없게 되므로 경정 사유에 해당하지 않기 때문이다.

또한 감축된 청구 부분의 이행권고결정은 소 취하로 실효하나, 그 외의 나머지 이행권고결정은 실효한다고 볼 수 없다. 그러나 교환적 변경이 있는 경우 종전 청구는 소멸하므로(대법원 1987. 6. 9. 선고 86다카2600 판결, 2018. 5. 30. 선고 2017다21411 판결 등 참조), 이에 따라 이행권고결정은 실효한다고 볼 수 있다.

2) 위 경우에, 이행권고결정서 등본 발송 후 청구변경이 있었는데 피고가 이행권고결정서 등본을 송달받고 이의신청을 제기한 경우, 청구변경이 청구취지 감축인 때에는 그 감축된 부분은 소 취하에 해당하므로 잔존 부분에 한하여 이의신청이 유효하다고 볼 수 있다.[4] 청구의 교환적 변경인 때에는 종전 청구 전부가 취하된 셈이어서 이의신청은 그 대상이 없으므로 부적법한 것으로 보아 이를 각하함이 상당하다(소액사건심판법 제5조의5 참조).[5] 따라서 이 경우 새로운 청구에 맞추어 새로이 이행권고결정서를 작성하여 그 등본을 각하결정서와 함께 송달하여야 할 것이다.

청구변경이 청구취지 확장인 때에는 확장된 부분에 대해서만 새로 이행권고결정서를 작성하여 그 등본을 송달할 수도 있으나, 이미 종전 청구에 대하여 피고가 이의를 한 이상 곧바로 변론절차에 회부함이 상당하다.

이상은 이행권고결정서 등본이 피고에게 송달되고 난 후 이의신청기간 내에 청구변경이 있고 피고의 이의신청이 있는 때에도 동일하다.

3) 이행권고결정서 등본이 피고에게 송달된 후 그 확정 전에 청구변경이 있었는데 피고가 이의신청기간 내에 이의신청을 하지 않은 경우, 청구변경이 청구취지 감축인 때에는 그 감축된 부분은 소 취하에 해당하여 잔존 부분에 한하여 확정되므로, 그 확정된 부분의 이행권고결정서 정본을 작성하여 청구변경서 부본과 함께 송달하여야 할 것이다.

이 경우 청구의 교환적 변경이 있은 때에는, 종전 청구는 전부 취하되어 확정의 효력이 발생하지 아니하므로, 이행권고결정서 정본을 작성하여 송달할 수는 없고, 새로운 청구에 맞추어 새로이 이행권고결정서를 작성하여 그 등본을 청구변경서와 함께 송달하거나 곧바로 변론절차에 회부함이 상당하다.

이때 청구변경이 청구취지 확장인 경우에는 확정된 부분(종전 청구 부분)의 이행권고결정서 정본과 함께 확장된 부분에 대한 새로운 이행권고결정서를 작성하여 그 등본을 송달하거나, 확장된 부분에 대해서만 곧바로 변론절차에 회부함이 상당하다.

4) 이행권고결정이 피고에게 송달된 후 적법한 이의신청이 없는 등으로 이행권고결정이 확정된 후에 청구를 감축하거나 확장·교환한 경우, 이미 소송이 종료하였으므로 이는 무효이다. 따라서 이행권고결정 확정의 효력에 영향이 없다.

5) 이행권고결정서 등본이 피고에게 송달된 후 확정되기 전에 원고가 청구취지를 확장하거나 변경하여 일반 단독사건이나 합의부사건으로 된 경우에는 재배당이나 이송절차

---

4) 다만, 그 소 취하에 대하여 피고가 부동의한 때는 그 전부에 대하여 이의신청을 한 것이 된다.
5) 종전의 이행권고결정이 사실상으로는 실효하나 당연무효는 아니고 이의신청이 무효인 것도 아니므로 법원은 이의신청에 대하여 무엇인가 처분을 함이 타당하기 때문이다. 이때 피고에게 그 사정을 알려주고 새로운 이행권고결정에 대하여 이의를 하도록 권고함이 상당하다.

를 통해 처리하면 될 것이다. 이때 재배당이나 이송 전에 접수된 이의신청은 각하함이 상당하다.

라. 이행권고결정 후 피고의 경정 등

1) 소액사건에서도 이행권고결정이 확정되기 전이라면 피고경정신청이 가능하다.

2) 이행권고결정서 등본을 피고에게 송달하기 전이라면 피고를 경정하는 데 특별한 문제가 없고, 피고경정신청에 대한 허부의 재판을 하여 그 결과에 따라 처리하여야 한다.

3) 피고경정이 있음에도 이미 이행권고결정서 등본이 송달되어 이의신청이 있은 때는 이의신청을 제기할 권한이 없는 자의 이의신청으로 보아 이를 각하하거나, 이의신청을 무효로 보고 종전 피고에게 피고경정결정만을 보낸 후 종전 피고에 대해서는 종결처리함이 상당하다. 새로운 피고에 대하여 경정허가를 한 때에는 종전 피고에 대하여 소 취하의 효력이 있기 때문이다(민사소송법 제261조 제4항). 이미 이행권고결정을 하여 종전의 피고에게 송달된 후에 피고의 경정이 있는 때도 이와 같다.

이의신청 후 변론절차 개시 전에 피고 경정이 있다면, 종전 피고에 대해서는 종결 처리하고, 새로 피고가 된 자에 대하여는 새로이 이행권고결정서 등본을 작성하여 송달할 수 있다.

4) 피고경정에 의하여 새로 피고가 된 자에 대하여는 새로이 이행권고결정서 등본을 작성하여 송달하여야 한다. 이 경우 새로운 이행권고결정서 대신 종전의 피고에 대한 이행권고결정서 등본과 피고경정결정서 정본만을 새로 피고가 된 자에게 송달하는 방법도 이론상은 가능하나, 혼선을 줄 우려가 있으므로 피하는 것이 좋다. 피고경정을 불허하는 경우에는 종전 피고에 대하여 절차를 속행하여야 함은 물론이다.

5) 이행권고결정이 확정되기 전에 피고의 경정이 있었으나 종전 피고가 이행권고결정을 송달받고도 이의신청기간 내에 이의신청을 제기하지 않은 경우, 이때에도 종전 피고에 대한 소 취하의 효력이 있으므로 종전 피고에 대한 관계에서 이행권고결정이 확정될 수는 없다. 따라서 그를 피고로 표시한 이행권고결정서 정본을 원고에게 발급할 수는 없고, 새로 피고가 된 자에 대하여는 위와 같이 새로이 이행권고결정서 등본을 작성하여 송달하여야 한다.

6) 종전 피고에 대해 이미 이행권고결정서 등본이 송달되고 이행권고결정이 확정된 후에는 소송이 종료하였으므로 피고의 경정이 허용되지 않는다. 이행권고결정에 대해 피고의 적법한 이의가 있어 변론절차가 개시된 후의 피고 경정은 통상의 경우와 같다.

7) 이행권고결정서 등본을 피고에게 송달하기 전에 당사자표시정정신청이 있는 경우에는 이행권고결정서 원본과 등본에 당사자를 정정하여 송달하고, 이미 송달된 후에는 이행권고결정을 경정한 후 경정결정을 송달하여야 한다.[6] 그 전에 적법한 이의신청이 제

기된 경우, 이의신청은 유효하므로 그대로 절차를 속행하면 된다.

마. 이행권고결정 후 소송수계

1) 소장 부본에 해당하는 이행권고결정 등본을 피고에게 송달하기 전에 소송수계신청이 있는 경우, 이는 당사자표시정정으로 보아 처리하면 충분하다. 이행권고결정 등본이 피고에게 송달되기 전이면 소송 계속의 효력이 발생하지 않은 상태이므로 이에 따른 소송절차의 중단이나 소송수계신청을 생각하기 어렵기 때문이다.

2) 이행권고결정 등본이 피고에게 송달되었으나 아직 이행권고결정이 확정되기 전에 소송수계신청이 있는 경우에는, ① 이행권고결정을 정정하여 다시 송달하거나 소송수계신청서 부본을 상대방인 원고나 피고에게 송달하는 방법, ② 이행권고결정을 경정하는 방법, ③ 변론기일을 열어 심리하는 방법이 모두 가능하다.

이때 피고에 대하여 소송중단사유가 있는 때에는 이의신청기간의 진행이 정지되고, 소송절차의 수계사실을 통지한 때 또는 소송절차를 다시 진행한 때부터 전체 이의신청기간이 새로이 진행한다(소액사건심판법 제2조 제2항, 민사소송법 제247조 제2항). 소송수계신청을 불허하는 때에는 신청인에게 기각결정문만 송달하면 된다.

3) 이미 이의신청이 제기된 후에 소송수계신청이 있는 경우에는 이후의 변론절차에만 이를 반영하면 충분하다.

4) 이행권고결정 등본이 피고에게 송달되고 이행권고결정이 확정된 후에 소송수계신청이 있는 경우에는 이미 그로써 소송절차가 종료하였으므로 중단이나 수계는 생각하기 어렵고, 승계집행의 문제만이 남는다. 이때 소송수계신청은 무효이므로 법원은 별도로 기각이나 각하 결정을 할 필요가 없다.

Ⅱ. 독촉절차(지급명령)

1. 의 의

1) 독촉절차는 금전 그 밖의 대체물이나 유가증권의 일정한 수량의 지급을 목적으로 하는 청구에 대하여 통상의 소송절차 대신 간이·신속한 절차에 의하여 채권자로 하여금 집행권원을 취득하도록 민사소송법이 특별히 마련한 비송절차이다.[7]

2) 독촉절차는 상대방인 채무자가 채권의 존부를 다투지 않을 것으로 예상되는 사건

---

6) 사후적 당사자표시변경신청이 있는 경우 본래는 경정 사유에 해당하지 않으나, 주의적 차원에서 이를 경정하여도 무방하다(대법원 1987. 2. 26.자 87그4 결정, 1996. 5. 30.자 96카기54 결정 참조).

7) 민사소송법은 제462조 내지 제474조에서 이를 규율하고 있고, 대법원 예규로 '독촉절차관련 재판업무 처리에 관한 지침'(2017. 7. 18. 재판예규 제1661호)이 있다.

에 법원이 개입하여 채무자의 명시적·묵시적 의사를 확인한 후 집행권원을 부여하는 것으로서, 그 기본적 구도는 소액사건의 이행권고결정과 동일하다. 다만, 소액사건과 달리 독촉절차는 소송목적 값에 제한이 없다.

2. 적용대상

1) 독촉절차는 금전, 그 밖의 대체물이나 유가증권의 일정한 수량의 지급을 목적으로 하는 청구에 대하여 적용되는바(민사소송법 제462조 본문), 그 의미는 앞서 소액사건에서 본 바와 같다. 따라서 독촉절차 역시 이행청구만 가능하다.

2) 한편, 소송목적 가액, 즉 청구금액은 많든 적든 상관이 없으나, 현재 이행기가 도래하여 즉시 그 지급을 구할 수 있는 것이어야 하고, 조건부나 선이행부, 기한 미도래의 장래채권의 이행을 구하는 것은 허용되지 않는다. 예비적 청구도 허용되지 않는다는 것이 통설이다. 이러한 사항은 채무자가 판단하기 어려우므로 법원의 심리를 요하는데, 그렇게 되면 심리를 생략하는 지급명령의 성질에 맞지 않기 때문이다. 그러나 반대급부와 상환이행(동시이행)을 구하는 것은 채무자가 판단하기 그리 어렵지 않으므로 가능하다.

3) 독촉절차는 대한민국에서만, 공시송달 외의 방법으로 이를 송달할 수 있는 경우에만 할 수 있다(민사소송법 제462조 단서). 다만, 은행법에 따른 은행, 농업협동조합중앙회 및 농협은행, 여신전문금융회사, 기술보증기금, 신용보증기금, 예금보험공사, 정리금융회사, 유동화전문회사 등의 금융기관과 이에 준하는 자로서 대법원규칙으로 정하는 자가 그 업무 또는 사업으로 취득하여 행사하는 대여금, 구상금, 보증금 및 그 양수금 채권에 대하여 지급명령을 신청하는 경우에는 공시송달에 의하여도 진행할 수 있다(소송촉진 등에 관한 특례법 제20조의2). 이는 2014. 12. 1. 이후 접수된 사건부터 적용된다.

3. 관 할

가. 토지관할

1) 독촉절차는 채무자의 보통재판적이 있는 곳의 지방법원 등 민사소송법 제7조 내지 제9조, 제12조, 제18조의 규정에 의한 지방법원과 그 지원의 전속관할에 속한다(민사소송법 제463조). 따라서 관련사건의 관할, 합의관할, 변론관할은 적용될 수 없다(민사소송법 제31조 참조). 지방법원 또는 그 지원에 설치되는 시·군법원은 그 관할구역 내의 독촉 사건에 관하여 전속관할권이 있다(법원조직법 제33, 34조).

2) 독촉절차의 토지관할은 ① 채무자의 주소가 있는 곳을 관할하는 지방법원, 사무소 또는 영업소에 계속 근무하는 채무자에 대하여는 그 근무지 관할 지방법원, ② 채무자의 거소지 또는 의무이행지 관할 지방법원, ③ 어음·수표에 관한 청구의 경우 그 지급지 관

할 지방법원, ④ 채무자에게 사무소나 영업소가 있는 경우로서 그 사무소·영업소에 관계되는 청구에 관하여 그곳을 관할하는 지방법원, ⑤ 불법행위에 관한 청구인 경우 불법행위지 관할 지방법원이 된다. 지급명령 신청 당시에는 채무자의 주소가 관할에 속하였으나 후에 관할법원 밖으로 주소를 옮긴 경우, 그 제소(신청) 당시를 기준으로 관할이 정해지므로(민사소송법 제33조) 관할이 변치 않는다.

'할부거래에 관한 법률', '방문판매 등에 관한 법률', '전자상거래 등에서의 소비자보호에 관한 법률'에서도 전속관할을 인정하는바(할부거래에 관한 법률 제44조 등), 이들 사건에 대해서는 민사소송법보다 특별법인 이들 법률이 우선 적용되고, 위 법률상의 청구권을 독촉절차에 의하여 행사하는 경우에도 그 법률이 우선하여 적용되므로 그 법률에 정함이 없는 법원은 관할권이 없다.

3) 전속관할을 위반하여 신청된 지급명령 사건은 관할법원에 이송할 수 없고 각하하여야 한다(민사소송법 제465조 제1항). 청구의 일부에 대하여 관할위반이 있는 경우에도 그와 같이 새겨야 할 것이다(민사소송법 제465조 제1항 후문 참조). 위 '할부거래에 관한 법률' 등의 전속관할에 위반되는 지급명령신청의 경우에는 민사소송법 제463조가 정하는 관할에 해당하더라도 관할권이 없으므로 이를 각하하여야 한다.

나. 사물관할(직분관할)

1) 독촉 사건을 합의부와 단독판사 중 어디에 맡길지에 대해서 법원조직법이나 민사소송법은 물론 '민사 및 가사소송의 사물관할에 관한 규칙'에도 전혀 규정이 없다. 그런데 위와 같이 법원조직법은 독촉 사건을 시·군법원의 관할로도 인정하고 있는바, 시·군법원의 재판사무는 대법원장이 지명하는 시·군법원의 판사가 담당하고, 시·군법원의 판사는 단독판사이므로, 결국 이러한 여러 사정을 종합하면 독촉 사건은 그 청구금액에 관계없이 지방법원과 그 지원 및 시·군법원 단독판사의 직분관할(전속관할)에 속한다고 보아야 할 것이다.

2) 독촉절차는 원래 단독판사가 담당하였으나, 2005. 7. 1. 이후 접수된 사건부터는 사법보좌관도 이를 담당할 수 있다(법원조직법 제54조 제2항, 사법보좌관규칙 제2조 제1항 제2호). 이에 따라 현재 사법보좌관이 설치되어 있는 법원의 경우, 채무자의 적법한 이의신청이 제기되어 소송기록을 관할법원(판사)에 송부하기 이전 단계의 업무는 모두 사법보좌관이 처리하고, 그 이후의 사무는 판사가 처리하고 있다. 그러므로 부적법한 이의신청에 대한 각하결정, 인지액 보정명령, 인지액 보정명령불이행에 따른 지급명령신청서 각하명령(민사소송법 제473조 제2항)도 사법보좌관이 담당한다.

4. 지급명령의 신청

1) 지급명령의 신청에는 그 성질에 어긋나지 아니하는 범위에서 소에 관한 규정이 준용된다(민사소송법 제464조). 따라서 일반의 소와 마찬가지로 서면으로 하여야 한다(민사소송법 제248조). 그러나 실무상으로는 이를 비송사건의 신청으로 보아 구술로도 할 수 있는 것(민사소송법 제161조)으로 새긴다.[8)]

2) 지급명령신청에는 소장의 기재사항과 같이, 당사자(채권자, 채무자)의 주소·성명, 법정대리인(있는 경우), 청구취지와 청구원인을 기재하여야 한다. 또 부속서류로서 소송대리인의 위임장, 법정대리인의 자격증명서, 법인등기사항증명서, 지배인등기사항증명서 등을 제출하여야 한다. 청구원인에 대한 증명자료나 소명자료는 첨부할 필요가 없다.

3) 지급명령신청에는 소장에 붙여야 할 인지의 10분의 1의 액수에 해당하는 인지를 붙여야 한다(민사소송등 인지법 제7조 제2항). 송달료도 예납하여야 함은 물론이다.

4) 지급명령신청서는 전자문서로 작성하여 제출할 수 있다.

5) 지급명령 신청 시 납부한 인지액이 법령에 정한 액에 미달한 경우, 판사나 사법보좌관은 상당한 기간을 정하여 그 기간 이내에 인지액을 보정하도록 명령하여야 하고, 그 기간 이내에 인지액을 보정하지 않은 때는 지급명령신청서를 각하하여야 하며, 이는 송달료보정명령(추가납부통지)의 불이행의 경우에도 같다(민사소송법 제464, 254, 255, 116조, 대법원 1995. 10. 5.자 94마2452 결정 참조).

5. 지급명령신청의 심리

1) 지급명령신청이 접수되면 법원은 사건번호를 부여한다. 사건부호는 '2020차12345' 또는 '2020차전12356'처럼 '차'(전자사건에는 '차전')자를 부가한다.

2) 지급명령신청에 대해서도 소에 준하여 재판장이 그 신청서를 심시하여, 필수적 기재사항이 누락되었거나 인지를 첩부하지 않은 경우 기간을 정해 보정명령을 하고, 이에 불응한 경우 지급명령신청서를 각하하여야 한다(민사소송법 제464, 254조).

3) 지급명령의 적용대상이 아니거나 그 신청이 전속관할에 위반한 경우 또는 신청의 취지로 보아 청구에 정당한 이유가 없는 것이 명백한 때에는 결정으로 지급명령신청을 각하하여야 하고, 청구의 일부에 대하여 지급명령을 할 수 없는 때에는 그 일부에 대하여 각하하여야 한다(민사소송법 제465조 제1항). 이 결정에 대하여는 불복할 수 없다(민사소송법 제465조 제2항). 공시송달에 의하지 아니하고는 송달할 수 없거나 외국으로 송달하여야 할 경우는 신청 각하 사유에 해당하지 않는다.

4) 지급명령신청서를 각하하거나 지급명령신청을 각하하여야 할 사유가 없는 경우에

---

8) 법원실무제요 민사소송(Ⅲ), 법원행정처(2014), 432쪽.

는 법원은 곧바로 지급명령을 발하여야 한다. 지급명령은 채무자를 심문하지 아니하고 한다(민사소송법 제467조). 따라서 신청서에 기재된 청구원인이 사실인 것으로 보아 형식적 심사만 하여야 하고 실질적 심사를 하면 안 된다.

다만, 위와 같이 공시송달이 허용되는 금융기관이 공시송달을 신청하는 경우에는 청구원인을 소명하여야 한다(소송촉진 등에 관한 특례법 제20조의2 제2항). 이 경우 법원은 청구원인과 공시송달 요건(민사소송법 제194조)을 심사하여야 한다. 만약 채권자인 금융기관이 청구원인에 대한 소명자료를 첨부하지 않은 경우 곧바로 지급명령신청을 각하할 수 있으나, 사전에 보정명령을 통하여 소명의 기회를 줄 수 있다. 위 각하결정에 대하여는 불복할 수 없다(소송촉진 등에 관한 특례법 제20조의2 제4항).

지급명령은 그 명칭과는 달리 결정이다. 실무상 일정한 양식이 있어 이를 작성하고 지급명령신청서(또는 구술신청조서) 사본 1통을 첨부한 다음(그것이 청구취지와 청구원인을 표시한다), 법관 또는 사법보좌관이 작성 연월일을 기재하고 기명날인하는 방식으로 한다.

5) 지급명령 정본은 양쪽 당사자에게 송달하여야 한다(민사소송법 제469조 제1항). 지급명령 정본은 양쪽 당사자에게 한꺼번에 송달하는 것이 아니라, 먼저 채무자에게만 송달한다. 채무자에게 송달이 되고, 이에 대하여 적법한 이의신청이 없거나 이의신청이 취하되는 등으로 확정판결과 동일한 효력이 발생한 경우에는 채무자에 대한 송달일자와 확정일자가 표시된 지급명령 정본을 작성하여 채권자에게 송달한다.

6) 지급명령신청서에 기재된 채무자의 주소지 등으로 지급명령 정본을 송달한 결과 송달이 불능한 경우에는 기한을 정하여 채권자에게 주소보정을 명할 수 있고, 이 경우 채권자는 주소보정 대신에 소 제기신청을 할 수 있다(민사소송법 제466조 제1항). 채권자가 주소보정명령에 응하지 아니하고 소 제기신청도 하지 아니한 때에는 명령으로 신청서를 각하하여야 한다(민사소송법 제464조, 제255조 제2항, 제254조 제2, 3항). 채권자는 이에 대하여 즉시항고를 할 수 있다.

주소보정은 집행관송달신청은 가능하나, 공시송달이나 발송송달은 불가하다. 채권자가 주소보정명령에 따라 주소를 보정하면 채무자에게 지급명령 정본을 재송달한다. 채무자에 대한 재송달이 다시 불능이 된 경우에는 다시 채권자에게 주소보정명령을 하거나 채권자의 신청에 따라 집행관에 의한 송달을 하고, 그 결과에 따라 처리할 수 있다.

7) 지급명령 정본을 공시송달에 의하지 아니하고는 송달할 수 없거나 외국으로 송달하여야 할 때에는 법원은 직권에 의한 결정으로 사건을 소송절차에 부칠 수 있고, 이 결정에 대해서는 불복할 수 없다(민사소송법 제466조 제2, 3항). 소송절차회부결정서는 채권자에게 송달한다. 이 경우 법원이 직권으로 사건을 소송절차에 회부하지 않은 때는 주소보정명령을 하여 그 결과에 따르거나, 신청인이 소 제기신청을 할 수 있다고 보아야 할 것이다.

8) 채권자로부터 적법한 소 제기신청이 있거나 법원이 직권으로 소송절차에 회부한 때는 지급명령을 신청한 때에 소가 제기된 것으로 본다(민사소송법 제472조 제1항). 이 경우 법원(지급명령

을 신청 받은 법원)은 채권자에게 상당한 기간을 정하여, 소를 제기하는 경우 소장에 붙여야 할 인지액에서 지급명령신청서에 붙인 인지액을 뺀 액의 인지를 보정하도록 명하여야 하고, 채권자가 그 기간 이내에 인지를 보정하지 아니한 때에는 법원은 결정으로 지급명령신청서를 각하하여야 하며, 이 결정에 대하여는 즉시항고를 할 수 있다(민사소송법 제473조 제1, 2항). 소 제기신청의 취하는 소의 취하로 간주된다.

6. 지급명령에 대한 채무자의 이의신청 등

가. 이의신청과 그 처리

1) 채무자는 지급명령 정본을 송달 받은 후 2주 이내에 이의신청을 제기할 수 있다(민사소송법 제470조 제1항). 이는 불변기간이므로(민사소송법 제470조 제2항) 추후보완(추완)이 허용된다. 이의는 지급명령의 일부에 대하여서도 할 수 있다. 적법한 이의신청이 있는 경우 채권자에게 이의신청통지서를 송달한다.

2) 이의신청기간에 대해서도 민사소송법 제247조 2항이 적용되므로, 회생절차개시결정 등과 같은 소송중단 사유가 생긴 경우에는 이의신청기간의 진행이 정지되고, 소송절차의 수계사실을 통지한 때 또는 소송절차를 다시 진행한 때부터 전체 기간이 새로이 진행된다.

3) 이의신청 역시 서면으로 할 수도 있고 말로 할 수도 있다(민사소송법 제161조 제1항). 이의신청에는 지급명령에 응할 수 없다는 취지만 명시하면 되고, 불복의 이유나 방어방법(부인이나 항변 등)까지 표시할 필요는 없다. 이의신청서에는 인지를 붙이지 아니하고, 송달료도 납부할 필요가 없다. 채무자는 피고이고, 이의신청은 상소가 아니기 때문이다. 이의신청서는 채권자에게 송달하지 않으나, 이의신청이 적법하고 이의신청서에 항변·부인 등 방어방법에 관한 기재가 있는 때에는 이를 답변서 또는 준비서면으로 보아 채권자에게 송달하여야 한다.

4) 적법한 이의신청이 있으면 그 범위에서 지급명령은 효력을 잃고(민사소송법 제470조 제1항), 지급명령을 신청한 때에 소가 제기된 것으로 본다(민사소송법 제472조 제2항). 이 경우 법원은 채권자인 신청인에게 인지보정명령과 송달료 예납명령이 함께 포함되어 있는 이의신청통지서를 발송한다. 법원의 추가 인지액 보정명령과 그 불이행에 따른 지급명령신청서의 각하, 그 각하결정에 대한 즉시항고는 채권자의 소 제기신청이 있는 경우와 동일하다(민사소송법 제472조 제2항, 제473조 제1, 2항).

다만, 채무자가 지급명령에 대하여 적법한 이의신청을 하여 법원이 인지보정을 명한 경우, 채권자는 인지를 보정하는 대신 인지보정기간 내에 조정으로의 이행도 신청할 수 있다(민사조정법 제5조의2 제1항). 위 이행신청이 부적법하다고 인정하는 때에는 지급명령법원은 결정으로 이를 각하하여야 하고, 이 결정에 대하여는 즉시항고를 할 수 있다(민사조정법 제5조의2 제2항). 이행신청이 적법한 경우에는 지급명령을 신청한 때에 조정이 신청된 것으로 본다(민사조정법 제5조의2 제3항).

이 경우 지급명령법원은 채권자에게 상당한 기간을 정하여, 조정을 신청하는 경우에 내야 할 수수료에서 지급명령신청 시에 붙인 인지액을 뺀 액수에 해당하는 수수료를 보정하도록 명하여야 한다(민사조정법 제5조의3 제1항). 채권자가 그 기간 내에 수수료를 보정하지 아니한 때에는 법원은 결정으로 지급명령신청서를 각하하여야 하고, 이 결정에 대하여는 즉시항고를 할 수 있다(민사조정법 제5조의3 제2항).

5) 이의신청기간이 지난 후에 이의신청이 있은 등으로 이의신청이 부적법한 때에는 지급명령법원은 결정으로 이의신청을 각하하여야 하고, 이에 대해서는 즉시항고를 할 수 있다(민사소송법 제471조).

나. 사법보좌관의 처분에 대한 불복

1) 사법보좌관이 한 지급명령에 대하여는 사법보좌관에게 이의신청을 제기할 수 있다(사법보좌관규칙 제3조 제1호). 이 경우 이의신청은 판사의 지급명령에 대한 이의신청과 같이 처리된다. 이때 사법보좌관은 판사와 동일한 권한이 있으므로, 부적법한 이의신청에 대한 각하결정, 인지액 보정명령, 인지액 보정명령불이행에 따른 지급명령신청서 각하명령(민사소송법 제473조 제2항)도 사법보좌관이 담당한다.

2) 사법보좌관이 채권자의 지급명령신청서 또는 지급명령신청을 각하한 명령·결정이나 채무자의 지급명령에 대한 이의신청을 각하한 결정과 같이 즉시항고가 허용되는 결정이나 명령에 대하여는 사법보좌관에게 이의신청을 제기할 수 있다(사법보좌관규칙 제4조 제1, 2항).

위 이의신청은 그 처분을 고지 받은 날부터 7일 내에 하여야 하고, 이의신청서에는 인지를 붙일 필요가 없다(사법보좌관규칙 제4조 제3, 4항). 위와 같이 독촉 사건은 그 청구금액에 관계없이 단독판사의 직분관할에 속하므로, 위 이의신청이 있는 경우 사법보좌관은 그 청구금액에 관계없이 모든 이의신청 사건을 소속 법원의 단독판사에게 송부하여야 한다(사법보좌관규칙 제4조 제5항).

3) 사법보좌관으로부터 이의신청 사건을 송부 받은 단독판사는 보정명령, 이의신청의 각하, 원처분의 경정, 원처분의 인가 등 필요한 처분을 하여야 하고, 민사소송법이나 민사집행법에 규정된 절차에 따라 사법보좌관의 처분의 집행을 정지하거나 그 밖의 필요한 처분을 할 수 있다(사법보좌관규칙 제4조 제6항).

4) 사법보좌관의 처분 중 판사가 처리하는 경우 특별항고의 대상이 되는 처분에 대한 이의신청이 이유 없다고 인정되는 때에는, 단독판사는 결정으로 이를 각하하여야 하고, 이에 대해서는 불복할 수 없다(사법보좌관규칙 제4조 제6항 제4호, 제8항).

5) 그 외 단독판사의 이의신청 각하결정이나 경정결정에 대해서는 민사소송법에 정한 절차에 따라 불복(즉시항고)할 수 있다(사법보좌관규칙 제4조 제7항). 단독판사가 사법보좌관의 처분을 인가한

때는 그 결정을 이의신청인에게 고지하여야 하고, 이의신청 사건을 항고법원에 송부하여야 한다(사법보좌관규칙 제4조 제6항 제5호, 제5호의2). 이 경우 사법보좌관에 대한 이의신청은 즉시항고로 보며, 이의신청 사건을 송부 받은 항고법원은 이를 단독판사가 한 인가처분에 대한 즉시항고로 보아 재판절차를 진행하여야 한다(사법보좌관규칙 제4조 제6항 제5호, 제9항).

다. 이의신청이나 지급명령신청의 취하

1) 채무자는 이의신청을 취하할 수 있다(민사소송법 제474조 참조). 그런데 민사소송법에는 언제까지 이의신청을 취하할 수 있는지 명문의 규정이 없다.[9] 사견으로는 당해 사건이 독촉절차를 벗어나기 전까지, 즉 아직 지급명령법원이 권한을 행사할 수 있는 때까지 취하할 수 있다고 보아도 무방하다고 생각된다. 따라서 채무자는 이의신청의 각하결정이 있기 전 또는 지급명령법원이 사건기록을 관할법원에 송부하기 전까지 취하할 수 있다.

그러나 기록을 관할법원에 송부하기 전이라도, 법원의 인지보정명령에 따라 채권자가 인지를 보정한 때에는 이미 사실상 독촉절차가 종료하고 소송절차로 이행되었다고 볼 수 있으므로 취하를 허용할 수 없다고 하겠다. 실무에서도 채권자가 인지를 보정하기 전까지만 이의신청을 취하할 수 있는 것으로 처리하고 있다.[10]

2) 채권자도 소송절차나 조정절차 이행에 따른 인지를 보정하기 전까지 지급명령신청을 취하할 수 있다고 할 것이다. 채권자가 인지를 보정하여 기록이 관할법원에 송부된 후에 제출된 지급명령신청취하는 그것이 소 취하나 조정신청의 취하로 해석되지 않는 한 무효이므로, 적절한 방법으로 원고(채권자)에게 이를 알리거나 석명을 명하고 그에 따라 절차를 계속 진행하여야 할 것이다.

7. 확정된 지급명령의 효력

1) ① 채무자로부터 2주 이내에 이의신청이 없거나, ② 적법한 이의신청이 있었으나 이의신청 각하결정 전 또는 채권자의 인지보정 전에 이의신청이 취하되거나, ③ 이의신청 각하결정이 확정된 때에는 지급명령이 확정된다.

2) 확정된 지급명령은 확정판결과 동일한 효력을 갖는다(민사소송법 제474조). 이에 따라 단기소멸시효에 걸리는 채권이라도, 지급명령에 의하여 확정되면 그 소멸시효는 10년으로 연장된

---

9) 민사소송법 제470조 제1항은 채무자가 이의신청을 한 때에는 지급명령은 효력을 잃는다고 규정하면서도, 화해권고결정에 대한 이의신청은 그 심급의 판결이 선고될 때까지 상대방의 동의를 얻어 취하할 수 있다는 민사소송법 제228조 제1항, 화해권고결정은 그 심급에서 판결이 선고된 때에는 그 효력을 잃는다는 민사소송법 제232조 제2항과 같은 규정이 없어서 문제이다. 입법론으로, 지급명령의 경우에도 화해권고결정에 대한 것과 같은 규정을 두어야 할 것이다.

10) 실무제요 민사소송 Ⅲ(2017), 1,826면; 대법원 재판예규 '독촉절차관련 재판업무처리에 관한 지침' 제5조 제1항.

다(대법원 2009. 9. 24. 선고 2009다39530 판결). 그러나 기판력은 인정되지 않으므로, 청구이의의 소에서는 지급명령 발령 전의 사유도 주장할 수 있다(민사집행법 제58조 제3항). 기판력이 없으므로 준재심은 청구할 수 없다.

3) 확정된 지급명령에 대한 집행문부여의 소와 청구이의의 소는 지급명령을 내린 지방법원 등이 관할하되, 그 청구금액을 기준으로 합의사건에 해당하는 때에는 지급명령을 내린 법원이 있는 곳을 관할하는 지방법원과 지원의 합의부에서 재판한다(민사집행법 제58조 제3항).

4) 확정된 지급명령에 기한 강제집행은, 지급명령의 집행에 조건을 붙인 경우, 당사자의 승계인을 위하여 강제집행을 하는 경우, 당사자의 승계인에 대하여 강제집행을 하는 경우 외에는 집행문을 부여받을 필요 없이 지급명령 정본에 의하여 한다(민사집행법 제58조 제1항). 이때 채권자는 별도로 지급명령의 송달증명과 확정증명을 받을 필요가 없다. 지급명령 정본에 이미 기재되어 있기 때문이다.

8. 소송이나 조정으로 이행된 후의 심리

1) 채권자의 적법한 소 제기신청(조정절차 이행신청 포함)이 있거나 법원의 소송절차 회부결정이 있은 때 또는 채무자의 적법한 이의신청이 있는 경우, 지급명령법원은 기록을 관할법원에 송부하여야 한다. 이 경우 사건을 관할법원에 이송하는 결정은 필요 없다. 위와 같은 사유가 있으면 지급명령을 신청한 때에 이미 관할법원에 소가 제기되거나 조정신청이 있는 것으로 간주되기 때문이다.

2) 관할법원에 기록이 송부되면 관할법원은 사건번호를 부여한다. 이후의 심리절차는 통상의 소송절차나 조정절차와 동일하다. 채무자의 이의신청이 있었던 때는 소장 부본을 따로 송달할 필요는 없다. 이미 채무자에게 지급명령신청서 부본이 첨부된 지급명령 정본을 송달하였기 때문이다. 따라서 지급명령 정본 송달일을 소장 부본 송달일로 보는 것이 통설이자 실무이다.

3) 이의신청서에 항변·부인 등 방어방법에 관한 기재가 있으나 지급명령법원이 이를 채권자에게 송달하지 않은 때는 본안법원이 이를 송달하여야 한다. 채무자(피고)가 이를 변론기일에 진술하여야만 그것이 소송자료가 됨은 물론이다.

4) 피고(채무자)가 원고의 청구가 이유 없다는 취지의 이의신청서만 제출한 채 별도의 답변서 내지 준비서면을 제출하지 않고 변론기일이나 변론준비기일에 출석하지 아니한 경우에는, 피고가 원고의 청구를 다투는 취지의 답변서를 제출한 것으로 볼 수 있으므로 민사소송법 제257조를 적용하여 변론 없이 판결을 할 수는 없을 것이다.

5) 이 경우 민사소송법 제150조를 적용할 수 있는가? 민사소송법 제150조 제1항에 의하면, 피고는 변론에서 상대방이 주장하는 '사실', 즉 청구원인사실을 '명백히' 다투어야 하므로, 단순히 이의신청서에 원고의 청구가 이유 없다는 취지만 기재하여 제출한 경우

에는 청구원인사실을 명백히 다툰 것으로 볼 수 없고, 변론 전체의 취지로 보아서도 다툰 것으로 보기 어렵다.[11] 피고가 변론기일에 아무런 이유 없이 출석하지 아니한 경우에는, 민사소송법 제150조 제3항에 의하여 제1항이 준용되므로 더욱 그러하다. 따라서 이 경우 민사소송법 제150조를 적용하여 의제자백에 의한 판결을 할 수 있다고 할 것이다.[12]

Ⅲ. 공시최고(제권판결)

1. 의 의

1) 공시최고(公示催告)란, 법원이 당사자의 신청에 의해 불특정인에 대하여 일정기간 내에 유가증권이나 일정한 등기·등록에 대한 권리 또는 청구의 신고를 최고하고, 기간 내에 신고가 없을 때에는 실권(失權)의 효력이 생길 수 있다는 취지의 경고를 붙여 공고하는 재판상의 최고이다. 이에 따라 기간 내에 신고가 없으면 제권판결(除權判決)로써 그 권리의 실효를 선고하게 된다. 따라서 공시최고와 제권판결은 표리의 관계에 있고, 공시최고는 제권판결의 전 단계 조치에 해당한다.

2) 이는 분실된 유가증권 등의 현재 소지자나 등기명의자로서 외형상 권리자의 지위를 가진 자에 대하여, 그 권리가 있으면 이를 법원에 신고하여 공시최고신청인과의 협의나 재판에 의하여 그 권리의 향방에 대하여 판가름을 하고, 만약 일정한 기간 내에 신고가 없을 때에는 상대방에게 실권(失權)을 선고하여, 증권의 점유를 상실하거나 말소등기를 신청하지 못하고 있는 공시최고신청인의 권리행사를 용이하게 하려는 목적으로 마련된 것이다. 제권판결을 받으면, 증권 없이도 증권상의 종전 권리자는 그 권리를 행사할 수 있고, 등기권리자는 단독으로 말소등기를 신청할 수 있다.

3) 민사소송법은 제475조 내지 제491조에서 총칙적 규정을 둔 다음 제492조 이하에서 증권 또는 증서의 무효선고를 위한 공시최고에 특유한 특칙을 두고 있다. 이 외에도, 부동산등기법은 등기권리자가 등기의무자의 소재불명으로 인하여 공동으로 등기소에 등기의 말소를 신청할 수 없을 경우 민사소송법에 따라 공시최고를 신청할 수 있도록 규정

---

11) 피고가 기일에 출석하지 아니한 경우 민사소송법 제148조에 의하여 피고(채무자)가 제출한 이의신청서 기재 사항을 진술한 것으로 보고 출석한 원고에게 변론을 명한 경우에도 같다. 실무상 이의신청 이유는 다양해서 채무를 부인하는 경우도 있지만, 단순히 변제기 유예 또는 분할변제를 바라거나 조정 또는 화해를 희망하여 이의신청을 하고 그 이유를 기재하지 않는 경우가 대부분이다. 따라서 이의신청이 있다는 것만으로 청구원인사실을 다툰 것으로 볼 수는 없다.

12) 반면에 소액사건에서 이행권고결정에 대하여 피고가 이의신청을 한 때에는 그 기재 내용과 관계없이 원고가 주장한 사실을 다툰 것으로 보므로(제5조의4 제5항) 이때는 민사소송법 제150조를 적용할 수 없는바, 이는 소액사건의 간이성과 경미성을 고려한 것이라고 할 수 있다.

하고 있고(부동산등기법 제56조), 각종 등기·등록에 관하여 선박등기법, '자동차 등 특정동산저당법 시행령', 광업등록령 등에서도 유사한 규정을 두고 있다.

4) 실종선고와 관련한 민법 제27조와 가사소송규칙 제53조, 상법 제144조나 '채무자회생 및 파산에 관한 법률', '부재선고에 관한 특별조치법" 등에서도 법원이 일정한 사항을 최고하는 절차가 있으나, 민사소송법상의 공시최고절차는 최고의 주체가 법원이고, 불특정인 또는 불분명한 자를 상대방으로 하며, 실권의 경고를 붙여서 최고를 하고, 뒤이어 제권판결을 한다는 점에서 서로 다르다.

2. 적용대상

가. 증권 또는 증서의 무효선고를 위한 공시최고

1) 민사소송법은 공시최고의 절차만 규정할 뿐 어떤 경우에 공시최고를 할 수 있는지에 대해서는 규정이 없다. 다만, '권리 또는 청구의 신고를 하지 아니하면 그 권리를 잃게 될 것을 법률로 정한 경우에만 할 수 있다'고 규정한다(민사소송법 제475조). 따라서 민법 등 다른 법령에서 공시최고의 절차를 거쳐 권리 또는 청구의 신고를 하지 아니하면 그 권리를 잃게 될 것을 정한 경우에만 공시최고를 신청할 수 있다.

2) 민법은 지시채권(민법 제521조), 무기명채권(민법 제524조), 지명소지인출급채권(민법 제525조)에 관하여 멸실한 증서나 소지인의 점유를 이탈한 증서는 공시최고의 절차에 의해 무효로 할 수 있다고 규정하고 있으므로, 이들 권리(증서)는 공시최고와 제권판결의 대상이 된다(민사소송법 제492, 493조). 상법에도 주권 등에 관하여 관련 규정이 있다(상법 제65, 144, 360조). 이러한 증서는 모두 유가증권에 속한다.

이들 유가증권은 권리가 증권에 화체되어 유통(행사·이전)되고, 권리자가 그 점유를 상실한 경우, 그로써 곧바로 증권상의 권리가 소멸하는 것은 아니지만, 권리자는 증권이 없어 그에 기한 권리를 행사할 수 없게 되므로 마치 권리를 상실한 것과 같은 결과가 초래되고, 또 타인이 이를 선의취득하는 등으로 무인성(無因性)이 강하다.[13] 그러므로 공시최고를 통해 그러한 새로운 권리자가 없을 것을 전제로 유가증권을 무효화하고, 종전의 점유자(소지인)로 하여금 유가증권상의 권리를 행사할 수 있도록 하려는 취지에서 이 제도가 고안된 것이다.

이러한 유가증권으로는 어음·수표, 화물상환증(상법 제130, 144조), 창고증권(상법 제157, 130조), 주권(상법 제335, 360조), 선하증권(상법 제861조)과 징발보상증권, 대외경제협력기금채권, 농지채권, 도로국채, 남북협력기금채권, 국민투자채권, 양곡증권, 국민주택채권, 국민주택기금채권, 군용시설채권, 공공용

13) 멸실이나 점유를 상실당한 권리자는 이를 이유로 발행인 등 채무자에게 당연히 그 증권의 재발행을 청구할 권리는 없다.

지보상채권, 농어촌발전채권, 통화안정증권(통안증권), 재정증권, 외국환평형기금채권(외평채) 등의 국공채 등이 있다.

3) 그러나 약속어음에 대한 공정증서 자체는 유가증권이 아니므로 공시최고의 대상이 아니다. 면책증권 또는 상환증권에 불과한 상품보관증이나 현금보관증, 시멘트 출고의뢰서(대법원 1981. 2. 27.자 81마55 결정)는 물론 증거증권이거나 증거에 불과한 보험증권이나 보험계약의 내용을 변경하는 경우에 작성·교부되는 배서증권(대법원 2012. 4. 26. 선고 2010다10689, 10696 판결), 서렌더(Surrender)선하증권(대법원 2016. 9. 28. 선고 2016다213237 판결), 차용증, 매매계약서, 기명채권(대법원 1961. 11. 23. 선고 60다478 판결),[14] 회사의 정관, 회칙이나 회원명부 등도 유가증권에 속하지 않으므로 같다.

4) 발행인이 기명날인하는 등으로 증권을 완성하였으나 그 유통에 돌리기 전에 분실, 도난당한 경우에는 공시최고신청을 하는 데에 문제가 없다(일 최고재판소 1972. 4. 6. 선고 소화 44년(オ) 118 판결).

5) 발행인의 기명날인 내지 서명이 없는 어음, 수표와 같이 아직 완성되지 않은 증권은 유가증권이라고 할 수 없는데, 이러한 증권에 대해서도 공시최고신청을 허용하여야 할 것인지가 문제된다. 발행인이 상대방에게 보충권을 수여한 경우에는 이를 긍정하여야 할 것이다. 통설은 보충권 수여 여부를 따지지 않고 미완성의 증권에 대해서도 공시최고신청을 인정한다.[15] 대법원은 수취인란을 백지로 하여 발행한 약속어음에 대하여도 공시최고신청이 가능하다고 판시하였다(대법원 1970. 7. 24. 선고 70다989 판결).

나. 등기·등록의 말소를 위한 공시최고

1) 등기권리자가 등기의무자의 소재불명으로 인하여 공동으로 말소등기를 신청할 수 없을 때에는 공시최고를 신청할 수 있다. 이에 따른 제권판결이 있으면 등기권리자는 그 사실을 증명하여 단독으로 말소등기를 신청할 수 있다(부동산등기법 제56조 등).

---

14) 이는 기명식 증권과는 다르다. 기명식 증권의 경우 그 증권상에 양도불능의 뜻 또는 배서를 금지한다는 취지의 기재가 없는 한 법률상 당연한 지시증권으로서 유가증권의 성질을 갖는다(대법원 2003. 1. 10. 선고 2000다70064 판결 등 참조). 기명주식도 무기명주식처럼 유가증권이다.

15) 보충권 수여 여부가 증권상으로 분명치 않으므로 이를 긍정하여도 무방하다고 생각된다. 그러나 이에 대해서 제권판결을 받더라도 그로써 백지어음 자체가 부활하는 것은 아니므로 제권판결을 받은 자는 백지어음 자체를 소지하지 않는 한 어음면 상에 보충기재하는 방법이 아닌 보충의 의사표시만으로 보충을 할 수는 없으므로(일 최고재판소 1968. 4. 12. 선고 소화 42년(オ) 1403 판결. 분실한 어음을 제권판결 선고 후에 찾은 경우에도 이미 그 어음은 무효이므로 여기에 보충을 할 수는 없다) 문제이다. 따라서 이러한 경우에는 명문의 규정이 없긴 하나, 제권판결 취득자는 백지보충을 위하여 발행인에게 어음의 재발행을 받아서 백지를 보충한 뒤에 어음청구권을 행사할 수밖에 없다고 하는 의견이 있다(서울민사지방법원 1985. 4. 9 선고 84나2112 판결은 형평의 법리와 "주권을 상실한 자는 제권판결을 얻지 아니하면 회사에 대하여 주권의 재발행을 청구하지 못한다"는 상법 제360조 제2항을 유추하여 재발행청구를 인용하였다. 반면에 일 최고재판소 1976. 4. 8. 선고 소화 51년(オ) 584 판결은 임의로 재발행 받아 보충하는 것은 가능하나 재발행청구는 불가하다고 판시하였다). 제권판결 선고로 당해 증권이 무효로 되었고, 이로 인해 채무자는 이득을 얻은 셈이므로 재발행청구를 인용함이 타당하다고 생각된다.

2) 이는, 어떤 등기가 있고 그 등기상 권리자(외형상 권리자)가 실제로는 권리를 갖지 않거나 이미 소멸하여 말소의무가 있음에도 이를 말소해주지 않은 채 소재불명이어서 그와 함께 공동으로 말소등기를 신청할 수 없는 등기권리자를 구제하기 위한 것이다.

3) 그러나 이 경우 등기권리자는 등기상 권리자(외형상 권리자, 말소등기의무자)를 상대로 말소등기청구의 소를 제기하고 공시송달에 의하여 판결을 받을 수 있으므로, 구태여 절차가 번잡하고 비용이 많이 드는 공시최고절차를 이용할 이유가 없다. 이런 까닭에 실무상 말소등기를 위하여 이 제도를 이용하는 경우는 거의 없다.

3. 공시최고의 요건

가. 증권 또는 증서의 무효선고를 위한 공시최고

1) 민법 제521조는, 멸실한 증서나 소지인의 점유를 이탈한 증서는 공시최고의 절차에 의하여 무효로 할 수 있다고 규정한다. 멸실은 인공이나 자연력에 의해 권리가 화체된 유가증권이 소멸하거나 못쓰게 된 경우이고, 점유의 이탈이란 증권의 점유자가 자신의 의사에 기하지 않고 증권의 점유를 상실한 경우로서 도난 또는 분실 등으로 인하여 그 증권의 소재를 알지 못하는 경우(소재불명)를 의미한다. 증권의 훼손이 멸실에 이르려면, 그 훼손으로 인해 도저히 증권으로서 성립할 수 없을 만큼 증권의 동일성을 상실한 정도에 이르렀어야 할 것이다.

이에 관하여 대법원은, 공시최고를 허가하는 데에는 유가증권을 상실하지 아니하였더라면 그 증권에 의하여 권리를 행사할 수 있는 최종소지인이 증권을 도난, 분실 또는 멸실하였음을 그 요건으로 한다고 본다(대법원 1970. 11. 24.자 70마694 결정). 따라서 유가증권의 최종소지인이 아니라면 그 증권의 무효선고를 위한 공시최고를 신청할 수 없다(대법원 1970. 11. 24.자 70마694 결정).

2) 이처럼 유가증권이 도난, 분실, 멸실된 것이 공시최고신청의 실질적 요건이므로, 증권의 소지인이 횡령, 사기, 강박에 의해 자신의 의사로써 상대방에게 증권의 점유를 이전한 경우에는 공시최고를 신청할 수 없다(대법원 1961. 7. 13. 선고 4293민상477 판결, 1974. 4. 9. 선고 73다1630 판결, 1991. 2. 26. 선고 90다17620 판결, 1995. 2. 3. 선고 93다52334 판결).

그러나 법원이 이를 모르고 일단 제권판결을 선고하면 제권판결 불복의 소에 의하여 그 판결이 취소되지 않는 한 그 증권은 제권판결에 의하여 무효가 되고, 이는 불복의 소의 사유가 될 뿐이며, 제권판결이 당연무효가 되지는 않는다.

그리고 증권의 멸실과 점유 상실(도난, 분실)은 엄격히 구분할 필요가 없으므로, 멸실을 원인으로 제권판결을 받았으나 실제로는 멸실된 것이 아니고 도난당한 것이라도 제권판결은 유효하다.

3) 소지인이 그 의사에 기하지 않고 증권의 점유를 상실하였더라도, 현재 이를 점유하고 있는 자를 알고 있는 경우에는 그를 상대로 직접 증권의 반환을 청구할 수 있을 뿐

공시최고는 신청할 수 없다. 그러나 법원이 이를 모르고 일단 제권판결을 선고하면 제권판결 불복의 소에 의하여 그 판결이 취소되지 않는 한 그 증권은 제권판결에 의하여 무효가 되고(대법원 1989. 6. 13. 선고 88다카7962 판결, 1991. 5. 28. 선고 90다6774 판결 참조), 이는 불복의 소의 사유가 될 뿐이며, 제권판결이 당연 무효가 되지는 않는다(일 최고재판소 1957. 2. 22. 선고 소화 28년(オ) 38 판결).

4) 현재 증권을 점유하는 자가 누구인지 전혀 알 수 없는 경우에는 여기에 해당하나, 점유를 침탈한 자가 누구인가는 명확하지만 그의 소재를 알지 못하는 경우에는 긍정설과 부정설의 대립이 있다. 이 경우 최종 소지인이 현 소지자를 상대로 증권의 반환이나 손해배상을 청구하는 것이 사실상 불가능하므로, 이 경우에도 공시최고를 허용함이 타당하다.

나. 등기·등록의 말소를 위한 공시최고

1) 등기·등록의 말소를 위한 공시최고신청은 가존 등기의 말소등기를 신청할 수 없는 경우에 한하고, 소유권보존등기나 소유권이전등기, 지상권이나 근저당권의 설정등기 등 새로운 등기의 신청을 할 수 없는 경우에는 할 수 없다. 말소등기의 대상인 등기에는 제한이 없으므로, 저당권이나 근저당권설정등기, 임차권등기, 지상권설정등기 등은 물론 소유권보존등기나 소유권이전등기 등도 말소 대상이 된다.

2) 이 공시최고는 말소해야 할 당해 등기가 표상하는 권리가 없음에도 등기가 잔존하고 있는 경우에 신청할 수 있다. 사후적으로 등기원인이 소멸한 경우는 물론 원시적으로 등기가 무효인 경우에도 신청할 수 있다고 해석된다. 그러나 실제로 말소사유가 있는지 여부는 소명으로 족하고, 공시최고법원이 깊이 심사하지는 않는다.

4. 공시최고 사건의 관할

가. 토지관할

1) 공시최고는 법률에 다른 규정이 있는 경우를 제외하고는 실권될 권리자의 보통재판적 소재지 지방법원이 관할한다(민사소송법 제476조 제1항). 다만, 등기 또는 등록을 말소하기 위한 공시최고는 그 등기 또는 등록을 한 공공기관(등기소 등)이 있는 곳의 지방법원에 신청할 수 있다(민사소송법 제476조 제1항 단서).

2) 도난·분실되거나 소멸한 증권, 그 밖에 상법에서 무효로 할 수 있다고 규정한 증서의 무효선고를 청구하는 공시최고의 경우에는 증권이나 증서에 표시된 이행지(어음·수표의 지급지, 화물상환증의 도착지, 창고증권의 보관장소 등)의 지방법원이 관할하고, 증권이나 증서에 이행지의 표시가 없는 때에는 발행인의 보통재판적(주권의 경우 회사의 본점 소재지)이 있는 곳의 지방법원이, 그 법원이 없는 때에는 발행 당시에 발행인의 보통재판적이 있었던 곳의 지방법원이 관할한다(민사소송법 제476조 제2항, 제492조). 법률상 공시최고를 할 수 있는 그 밖의 증

서에 관하여 그 법률에 특별한 규정이 없는 경우에도 같다(민사소송법 제492조 제2항).

따라서 등기·등록의 말소를 위한 공시최고는 실권될 권리자의 보통재판적 소재지 지방법원 또는 등기·등록관청의 소재지 지방법원에 선택적으로 관할권이 있는 반면, 증권이나 증서의 무효선고를 위한 공시최고는 실권될 권리자의 보통재판적 소재지 지방법원에 관할권이 없다. 실권될 권리자가 누구인지 알 수 없으므로 그 보통재판적 소재지도 알 수 없기 때문에 이는 당연하다.

3) 위 토지관할은 전속관할이다(민사소송법 제476조 제3항). 뒤에서 보는 바와 같이 전속관할 위반은 제권판결에 대한 불복의 사유가 된다(민사소송법 제490조 제2항 제5호).

나. 사물관할

1) 공시최고사건은 단독판사의 사물관할에 속한다(법원조직법 제7조 제4항, 제32조). '민사 및 가사소송의 사물관할에 관한 규칙'은 공시최고사건을 지방법원이나 지방법원 지원의 합의부가 심판할 사항으로 열거하고 있지 않다. 따라서 이는 단독판사의 사물관할에 속한다. 위 사물관할은 임의관할이므로 합의부가 이를 처리하더라도 무방하다.

2) 시·군법원 판사는 공시최고사건에 대한 관할권이 없다. 법원조직법에 열거되지 않았기 때문이다(법원조직법 제34조 참조).

3) 2005. 7. 1. 이후에 접수된 사건부터는 사법보좌관도 공시최고절차 중 공시최고의 허부에 관한 법원의 사무(민사소송법 제477조 내지 제479조)를 담당할 수 있다(법원조직법 제54조 제2항 제1호, 사법보좌관규칙 제2조 제1항 제3호). 그러나 제권판결은 사법보좌관의 업무에서 제외되며, 공시최고기일의 실시도 제권판결 선고와 동시에 이루어지므로 역시 제외된다. 사법보좌관의 처분에 대하여는 7일 내에 이의신청을 할 수 있고, 이의신청에 대하여는 단독판사가 결정한다(사법보좌관규칙 제4조).

5. 공시최고의 신청과 심리

가. 신 청

1) 공시최고의 신청은 소장과 같이 서면으로 하여야 한다(민사소송법 제477조 제2항). 신청서에는 1,000원의 인지를 붙여야 하고, 절차 진행에 필요한 비용도 예납하여야 한다.

2) 신청서에는 신청의 이유와 제권판결을 청구하는 취지를 밝혀야 한다(민사소송법 제477조 제1항). 뒤에서 보는 바와 같이 공시최고를 한다고 해서 제권판결을 반드시 하여야 하는 것은 아니지만, 일단 공시최고신청이 적법하고, 기간 내에 권리 또는 청구의 신고가 없을 때에는 제권판결을 하게 될 뿐 아니라 공시최고신청의 궁극적 목적은 제권판결이기 때문에 공시최고신청서에 제권판결을 구하는 취지를 함께 기재하도록 한 것이다.

신청의 이유는, 유가증권이나 증서가 멸실되거나 점유이탈(도난·분실)되었다는 사실 또는 등기·등록의 기초된 권리가 실체상으로는 소멸하였는데도 등기·등록 명의자가 행방불명되어 그와 함께 말소등기·등록을 신청할 수 없다는 사실을 기재해야 한다.

3) 증권이나 증서의 무효선고를 위한 공시최고의 경우, 신청인은 증서의 등본을 제출하거나 증서의 존재 및 그 중요한 취지를 충분히 알리기에 필요한 사항을 제시하여야 하고, 증서가 도난·분실되거나 없어진 사실과 그 밖에 공시최고신청의 사유를 소명하여야 한다(민사소송법 제494조).

이 경우 소명자료로는 신문에 분실광고를 하고 이를 복사하여 제출하거나 경찰관서나 지급은행에 도난·분실신고를 한 후 그 신고접수증을 제출하거나 소방관서의 화재발생증명서 등을 제출한다. 공시최고신청인의 권리(최종 소지) 소명자료로는, 기명식증권의 경우에는 그 등본 또는 신청인이 증서에 수취인, 피배서인 등으로 기재된 사실을 기재한 발행인의 증명서 등을 제출한다.[16]

그러나 무기명식증권의 경우에는 이러한 소명이 어렵다. 소명에 관하여는 신청인 또는 법정대리인으로 하여금 보증금을 공탁하게 하거나 진실함을 선서하게 하여 갈음할 수 있다(민사소송법 제299조 제2항). 통상 법원은 약속어음이나 당좌수표(가계수표 포함)의 발행인에 대해서는 예금부족 등의 사유로 인한 부도를 면하기 위해 부당하게 공시최고를 신청하는 것을 막기 위해 그 증권이 은행 등에 지급제시되었는지 여부를 소명하도록 지급은행이 발급한 '미제시증명서'(자기앞수표의 경우에는 미지급증명서)를 요구하고, 제3자에 의해 지급제시되었다가 부도처리된 경우에는 발행인이 그 증권을 회수하였다는 지급제시인 명의의 회수증명서 제출을 요구한다.

한편, 말소등기를 위한 공시최고신청의 경우에는 당해 등기사항증명서나 등기·등록부등본과 권리소멸을 소명할 자료(임차권등기 말소의 경우에는 임대차계약서와 해지통고서, 보증금지급영수증, 저당권 말소의 경우에는 채무변제확인서 등)와 상대방의 행방불명을 소명할 자료(주민등록표등본 등)를 제출하여야 한다.

4) 공시최고는 상대방을 알 수 없는 경우에 하는 것이 원칙이므로 상대방을 기재할 필요는 없다. 법원도 신청인의 신청과 그가 제출한 자료만으로 심리하는 것이 원칙이다.

5) 공시최고신청 사건에도 사건번호(사건부호는 '카공')를 부여한다.

6) 법원은 필요한 경우 여러 개의 공시최고 사건을 병합할 수 있다(민사소송법 제477조 제3항). 이는 신청인이 동일하고 증서나 등기·등록만을 달리하여 따로따로 공시최고를 신청한 경우 등을 예상한 것이다.

---

16) 통상 어음·수표의 발행인 등 채무자는 그 지급은행에 이를 신고하고(도난이나 분실 외에 사취를 이유로도 한다) 지급 금지를 요청한다. 반면에 배서인 등은 그 권리를 증명하기 어려우므로 발행인의 협조를 받지 않으면 이를 하기 어렵다. 이 경우 지급은행은 지급거절에 따른 손해 담보를 위하여 발행인 등에게 담보금을 받아둔다.

나. 신청서의 심사

1) 법원사무관등은 소장에 준하여 당사자능력, 소송능력, 관할, 인지 첩부 유무, 기타 신청서의 필수적 기재사항 등을 조사하고, 보정을 권고할 수 있다.

2) 신청인이 이에 따르지 않는 경우 법원(판사)은 상당한 기간을 정하여 흠의 보정을 명하고, 신청인이 정해진 기간 안에 흠을 보정하지 아니한 때에는 명령으로 공시최고신청서를 각하하여야 한다(민사소송법 제254조의 유추). 이 각하명령에 대하여도 즉시항고가 허용된다.

다. 심리와 허부결정

1) 법원은 직권으로 신청내용이 공시최고를 할 사유에 해당하는지 등 그 요건을 조사하여야 한다. 서면심리가 원칙이나, 필요한 때에는 신청인을 심문할 수 있고(민사소송법 제478조 제2항),제3자를 심문할 수도 있다고 해석된다(민사소송법 제134조 참조).

2) 심사결과 신청이 이유 없거나 부적법한 때에는 공시최고를 허가하지 아니한다는 결정을 하여야 한다(민사소송법 제478조 제1항). 주문의 형식은 "이 사건에 관하여 공시최고를 허가하지 아니한다."로 하는 것이 보통이고 이유도 기재한다. 이 기각결정에 대하여는 즉시항고를 할 수 있다(민사소송법 제478조 제1항 후문).

3) 신청이 적법하고 정당한 때에는 공시최고를 허가하는 결정을 한다. 법원은 이에 따라 공시최고를 실시한다. 그러나 실무상으로는 허가 결정서를 따로 만들지 아니하고 공시최고서에 그 결정의 취지를 기재하는 것으로 갈음한다.

공시최고서에는 신청인의 표시, 공시최고기일, 공시최고기일까지 권리 또는 청구의 신고를 하여야 하다는 최고의 문구, 신고를 하지 않았을 경우 권리를 잃게 될 사항이 무엇인지를 명시하여야 하며(민사소송법 제479조 제2항), 증권 등의 무효선고를 위한 공시최고에서는 증권을 특정하고, 권리나 청구의 신고와 함께 그 증서의 제출을 최고하는 내용과 이를 게을리 하면 권리를 잃게 되어 증권 등의 무효가 선고된다는 것을 경고하여야 한다(민사소송법 제495조). 공시최고기일은 공고가 끝난 날부터 3월 뒤로 정하여야 한다(민사소송법 제481조).

통상 공시최고의 문구는 "별지 기재 증서의 소지인은 공시최고기일인 2020. 5. 1. 14:00까지 이 법원에 권리 또는 청구의 신고를 하고, 그 증서를 제출하기 바랍니다. 만일 이를 게을리 하면 권리를 상실하여 증서의 무효가 선고될 수 있습니다" 또는 "별지 기재 등기의무자는 공시최고기일인 2020. 5. 1. 14:00까지 이 법원에 위 등기에 관한 권리 또는 청구의 신고를 하기 바랍니다. 만일 이를 게을리 하면 위 등기에 관하여 실권이 선고되는 수가 있습니다"라고 기재한다.

4) 법원은 채무자(증권의 발행자 등)로 하여금 채무의 목적물을 공탁하게 할 수 있고,

소지인이 상당한 담보를 제공하면 그에게 변제하게 할 수 있다(민법 제522조, 상법 제65조 제1항). 이는 공시최고 결정에 포함하거나 따로 결정으로 할 수 있다고 할 것이다. 그러나 실무상 이것이 이루어지는 일은 거의 없다.

라. 공고와 권리 등의 신고

(1) 공 고

1) 공시최고는 대법원규칙이 정하는 바에 따라 이를 공고하는 방법으로 실시하여야 한다(민사소송법 제480조). 문자 그대로 이는 최고내용을 공시(公示)하여 권리 신고 등을 최고(催告)하는 법원의 의사표시라고 할 수 있다.

2) 공시최고의 공고 방법으로는 ① 법원게시판 게시, ② 관보·공보 또는 신문에의 게재, ③ 전자통신매체를 이용한 공고 중 어느 하나의 방법으로 하여야 한다(민사소송규칙 제142조 제1항). 이와 관련하여 실무는 대법원 예규(2013. 1. 18. 재판예규 제1422호, '민사소송규칙 및 가사소송규칙에 규정한 공고방법에 관한 업무처리지침')에 따라 공고사항을 당해 법원 홈페이지 법원공고란에 게시하는 방법으로 하고 있다(동 규칙 제3조).

3) 위 공고는 법원의 업무이다. 따라서 법원사무관등은 공고를 한 때에는 공고한 날짜와 방법을 사건기록에 표시하여야 한다(민사소송규칙 제142조 제2항).

4) 공고기간 중에도 증권의 유통이나 선의취득이 금지되거나 부정되지는 않는다. 제권판결이 선고되지 않는 한 그 증권 등이 무효가 되지는 않기 때문이다. 발행인이나 지급인 등 증권 채무자도 유효하게 이를 지급·변제할 수 있음은 물론이다.[17)]

(2) 권리 등의 신고

1) 위 공시최고에 따라 증서의 권리자나 등기상의 권리자는 자신이 당해 증권 등을 소지하고 있다거나 증권 등에 관하여 실질적 권리가 있다고 당해 법원에 신고할 수 있고, 등기상의 권리자는 자신이 행방불명이 아니라고 주장하며 그 주소를 신고할 수 있다. 또한 어느 경우에나 공시최고의 요건이 흠결되었다는 것도 주장할 수 있다.

2) 청구의 신고는 이미 그 증권에 관하여 지급청구 등 권리를 행사한 사실 또는 등기상의 권리에 관한 경매신청이나 그 권리확인청구의 소 제기 사실 등을 공시최고법원에 신고하는 방법으로 하여야 한다. 따라서 지급은행에 지급제시를 하거나 공시최고 사건을 담당하는 법원 등에 발행인이나 배서인 등을 상대로 어음금청구 등 그 권리에 관한 소를 제기한 경우, 그것을 적법한 신고로 볼 수는 없다(대법원 1976. 7. 13. 선고 75다1009 판결, 1981. 3. 10. 선고 80다1665 판결, 1983. 11. 8. 선고 83다508 판결).[18)]

---

17) 공시최고기간 중 현재의 소지인이 주권을 제시하고 명의개서를 청구한 경우, 회사는 주권의 상실과 공시최고를 이유로 이를 거절할 수 없다(일 최고재판소 1954. 2. 19. 선고 소화 26년(オ) 424 판결).

18) 동경지방재판소 1971. 4. 12. 선고 소화 45년(ワ) 70285 판결은 공시최고기간 중에 신청인을 피고로

3) 위 신고의 방식에는 제한이 없으므로 서면이나 말로 할 수 있다. 말로 하는 경우에는 조서를 기재하여야 한다(민사소송법 제161조 제3항).

(3) 공시최고기일의 실시와 제권판결

1) 공시최고의 공고에서 지정한 공시최고기일에는 기일을 열어야 한다. 이를 위해 미리 신청인에게 기일통지서를 송달한다. 권리신고인이나 등기상 권리자도 출석할 수 있으나 출석할 의무는 없다. 그러나 신청인은 출석의무가 있다.

2) 신청인이 기일에 불출석하거나 기일변경신청을 하는 때에는 1회에 한하여 새 기일을 정하여야 한다(민사소송법 제483조 제1항). 새 기일은 원래의 기일로부터 2월을 넘기지 않아야 하고, 공고할 필요가 없다(민사소송법 제483조 제2항). 새 기일에도 신청인이 불출석하면 공시최고신청을 취하한 것으로 간주된다(민사소송법 제484조). 이 경우 민사소송법 제268조 제2항이 준용되지 않으므로 기일지정신청을 할 수는 없다고 하겠다.

3) 공시최고기일에서 신청인은 그 신청을 하게 된 이유와 제권판결을 청구하는 취지를 진술하여야 한다(민사소송법 제486조). 이는 제권판결을 위한 일종의 변론이라고 할 수 있다.

그러나 위와 같이 공시최고 사건은 처음부터 상대방이 없으므로, 설사 권리신고자가 있더라도 그가 출석·진술하지 않는다 하여 의제자백이 성립할 수는 없다. 권리신고자가 출석한 경우에도 그가 자백을 할 수는 없고, 신청인은 그 사유를 소명하여야 하며, 법원은 직권으로 제권판결의 요건을 심리·판단하여야 한다.

이에 따라 법원은 미리 직권으로 사실을 탐지할 수 있고, 신청인이 기일에서 진술을 한 뒤 제권판결신청에 정당한 이유가 없다고 인정할 때에는 결정으로 신청을 각하하여야 하며, 이유가 있다고 인정할 때에는 제권판결을 선고하여야 한다(민사소송법 제487조). 따라서 공시최고신청을 인용하여 공시최고를 했다고 하여 무조건 제권판결을 하여야 하는 것은 아니다.

4) 제권판결신청을 심사한 결과, 권리신고의 내용을 참작하거나 제권판결신청인이 신청사유를 소명하지 못한 사정 등에 따라 그 신청이 이유 없다고 인정하는 때에는 법원은 결정으로 제권판결신청을 각하하며, 이때는 당연히 제권판결을 하지 않는다. 법원이 증권의 현재 소지자를 안 때나 이미 현재의 소지자가 권리행사를 하고 있는 사실을 안 때에도 그와 같이 보아야 할 것이다. 말소등기를 위한 공시최고의 경우에도 같다. 제권판결신청을 각하한 결정에 대하여는 신청인이 즉시항고를 할 수 있다(민사소송법 제488조).

5) 제권판결신청을 인용하는 때에는 판결로써 증서의 무효나 등기의무자(등기명의자=

삼아 당해 최고법원에 어음금청구의 소를 제기한 때는 권리의 신고와 동일시할 수 있다고 판시하였는 바, 이는 일본 법률의 모호한 규정 때문으로 보인다. 1990. 1. 13. 개정 전의 우리 민사소송법도 그 개정 후와 달리 "공시최고기일까지 권리의 신고나 청구를 할 것과…"라고 하여 권리행사의 신고 없이 권리행사만이 있는 경우에도 권리신고가 있는 것과 같이 볼 수 있는 외형을 취하였다.

등기상의 권리자)의 실권을 선고한다. 이 판결은 통상 신청인을 다시 소환(기일통지)하지 않고 공시최고기일 당일에 한다.

그 주문은 통상 "별지 목록 기재 증서의 무효를 선고한다" 또는 "별지 목록 기재 등기의 말소등기에 관하여 등기의무자의 실권을 선고한다"와 같이 하고, 이유는 "별지 목록 기재 증서에 대하여 2020. 9. 15. 공시최고를 하였으나 그 공시최고에서 정한 2020. 12. 16. 18:00까지 권리의 신고나 청구 및 증서를 제출한 자가 없으므로(별지 목록 기재 등기의 말소등기에 대하여 그 공시최고에서 정한 2020. 12. 16. 18:00까지 등기의무자로부터 권리의 신고나 청구가 없으므로) 주문과 같이 판결한다"와 같이 기재한다. 판결문에는 변론종결일은 기재하지 않고 판결선고일만 기재한다.

권리신고자가 있다고 하여 그 신고의 당부를 심사하여 판단하거나 무조건 제권판결신청을 각하하여야 하는 것은 아니고, 신고된 권리나 청구의 내용에 따라 그 권리에 관한 재판의 확정 시까지 공시최고절차를 중지하는 취지의 결정을 하거나, 곧바로 제권판결을 하면서 신고인의 권리를 보류하고 신고인 외의 불특정 이해관계인에 대한 관계에서만 효력이 있는 유보부 제권판결을 하여야 한다(민사소송법 제485조). 유보부 판결은 "별지 목록 기재 증서에 대하여 신청외 ○○○(서울 성북구 돈암로1길 123)이 신고한 권리를 보류하고 위 증서의 무효를 선고한다"와 같이 한다. 신청인은 유보부 판결에 대하여 즉시항고를 할 수 있다(민사소송법 제488조).

등기·등록의 말소를 위한 공시최고 사건의 경우, 등기상 권리자가 자신의 주소를 표시하여 권리신고를 한 때에는 신청인은 공시최고기일에서 신고인이 신고한 주소가 허위라는 등으로 여전히 행방불명 상태가 계속되고 있음을 소명하여야 하며, 그 소명을 못하면 법원은 제권판결신청을 각하하여야 한다. 이 경우 신청인은 권리신고자를 상대로 말소청구를 하여야 할 것이다.

6) 법원이 공시최고절차 중지의 결정을 한 때에는 관련 사건의 재판이 확정되면 속행결정을 한 다음, 그 재판 결과에 따라 제권판결신청을 각하하거나 제권판결(유보부 판결 포함)을 한다.

7) 법원은 제권판결의 요지를 대법원규칙이 정하는 바에 따라 공고할 수 있다(민사소송법 제489조). 이 경우의 공고도 공시최고의 공고에 관한 방법에 의한다(민사소송규칙 제143조). 제권판결의 정본은 신청인에게만 송달하고 권리신고인에게는 송달하지 않는 것이 실무이다.

6. 제권판결의 효과

가. 일반적 효과

1) 제권판결에 대해서는 일반적인 판결과 달리 상소로써 다툴 수 없다(민사소송법 제490조 제1항). 따라

서 제권판결에 대해서는 따로 형식적 확정절차가 없고, 그 판결이 선고되면 그 즉시 그 판결에 따른 효력이 발생한다.

공시최고신청인(제권판결신청인)의 경우에는 그 신청이 인용되었으므로 불복·상소를 할 여지(이익)가 없고, 증권이나 등기상 진정한 권리자 등은 공시최고사건의 당사자가 아니고 제권판결문을 송달받을 수도 없으므로 그 역시 불복·상소를 할 수가 없다. 따라서 증권이나 등기상 진정한 권리자 등은 제권판결이 선고된 사실을 안 경우 제권판결의 취소 등을 구하는 별도의 소(제권판결에 대한 불복의 소 등)를 제기하여야 한다.

2) 한편, 유보부 판결이 선고된 경우 공시최고신청인은 이에 대하여 즉시항고를 할 수 있으나, 이는 제권판결 전부에 대한 불복·상소가 아니라 권리 유보를 한 부분에 대해서만 불복하는 것이고, 그 불복의 방법도 항소가 아닌 항고이다. 그리고 즉시항고의 경우 집행을 정지시키는 효력이 있으나(민사소송법 제447조), 즉시항고가 있다고 하여 유보 없는 제권판결이 선고된 것으로 될 수는 없으므로, 이는 유보부 판결의 효력에 영향을 미칠 수 없다.

나. 증권 또는 증서의 무효선고를 위한 공시최고의 경우

1) 제권판결이 있으면 당해 증권 등은 그 선고 시부터 무효가 되고, 공시최고신청인은 증권 또는 증서에 따라 의무를 지는 사람에게 그 증권 또는 증서에 따른 권리를 주장할 수 있다(민사소송법 제497조). 즉 제권판결이 있으면 공시최고신청인이 그 증권을 소지하고 있는 것과 같은 지위를 부여하고 그 지위를 회복시킨다. 이를 제권판결의 적극적 효력이라고 한다. 다만, 소급효는 없다(대법원 1965. 7. .27. 선고 65다1002 판결, 1965. 8. 24. 선고 65다1245 판결, 일 최고재판소 1954. 2. 19. 선고 소화 26년オ424 판결). 그러나 유보부 판결이 있는 때에는 그 권리신고자와의 법률관계가 종결되기 전에는 공시최고신청인이 그 권리를 행사하는 것이 사실상 불가능할 것이다.

2) 이에 따라 취득자가 소지하고 있는 증권은 제권판결의 소극적 효과로서 그 선고 이후부터 그 효력(자격수여적 효력)을 상실하므로, 그 현재 소지인은 제권판결에 대한 불복의 소를 제기하여 취소판결을 받기 전에는 무효로 된 증권에 기하여 권리를 행사할 수 없다(대법원 1990. 4. 27. 선고 89다카16215 판결).[19] 이는 그 증권이 약속어음인 경우에 공시최고신청인이 발행인이든 발행인 아닌 소지인이든 관계가 없다는 것이 판례이다.[20]

제권판결이 선고된 이후에는 증권이 무효가 되므로 그때부터는 선의취득도 불가하다. 이 판결 선고 후 증권의 현 소지인이 타인에게 증권을 교부하고 권리를 양도하더라도 양

---

19) 어음·수표 등 증권의 유효를 전제로 한 이득상환청구권 행사도 불가하다(대법원 1989. 6. 13. 선고 88다카7962 판결).

20) 대법원 1990. 4. 27. 선고 89다카16215 판결은 이와 같이 판시하였으나, 약속어음 발행인이 그 어음을 타인에게 발행, 교부한 때는 그는 어음의 소지인이 아니고 그 의사에 반하여 점유를 상실한 것도 아니므로 원칙적으로 공시최고를 신청할 수 없다. 그러나 법원이 이를 간과하여 제권판결을 선고한 때는 어절 수 없을 것이다.

도인은 무효인 증권을 교부한 것이 되기 때문이다.

3) 증권 또는 증서에 따라 의무를 지는 사람은 공시최고신청인에게 새로운 증권이나 증서를 발행할 수도 있겠으나, 신청인은 증권을 새로 발행 받지 않더라도 그 판결에 기하여 곧바로 권리를 주장·행사할 수 있고, 의무자는 증권의 부존재를 이유로 이를 거부할 수 없다.

따라서 제권판결에 의하여 증권이나 증서에 따라 의무를 지는 사람이 공시최고신청인에게 새로운 증권이나 증서를 발행하거나 그 지급을 한 경우, 현재의 소지자에게도 면책을 주장할 수 있고, 이에 따라 부당한 제권판결에 의하여 손해를 입은 현재의 소지자는 공시최고신청인에게 손해배상 등을 청구할 수 있다(대법원 1989. 6. 13. 선고 88다카7962 판결, 1995. 2. 3. 선고 93다52334판결 등).[21] 그러나 기타의 사유, 예컨대 공시최고신청인에게 실질적인 권리가 없다는 등의 이유로 채무 변제나 권리 행사를 거부하는 것은 별개의 문제이다. 공시최고신청인이 당초부터 무권리자였다면 제권판결이 있다고 하여 그에게 증권의 점유 회복효과 외에 실질적인 권리가 발생하는 것은 아니기 때문이다(일 최고재판소 1954. 2. 19. 선고 소화 26년(オ) 424 판결).

또한, 발행인이나 지급은행 등이 선의 무과실로 이미 증권 소지인에 대하여 지급한 경우, 제권판결 선고 전후를 불문하고 채권의 준점유자에 대한 변제로서 유효하므로 공시최고신청인은 그에게 제권판결로써 대항할 수는 없고(대법원 1965. 8. 24. 선고 65다1245 판결 참조), 권리 없이 변제를 받은 소지자를 상대로 부당이득반환을 청구하는 수밖에 없을 것이다. 제권판결은 공시최고신청인에게 증권의 점유를 회복시키는 효력만이 있을 뿐 채무자에게 지급을 금지하는 효력은 없기 때문이다.

4) 위와 같이 현재의 증권 소지인은 무효로 된 증권에 기한 권리를 행사할 수 없고, 반면에 공시최고신청인은 증권 소지인과 같이 의제되어 증권의 점유(소지) 없이도 그에 관한 권리를 주장할 수 있으나, 그렇다고 하여 공시최고신청인이 그 증권의 실질상 권리자가 되고 현재의 증권 소지인이 그 권리를 상실하는 실체적 법률관계를 확정하는 효력까지 발생하는 것은 아니다. 즉 제권판결이 있더라도 단지 유가증권이 그 증권에 특정한 권리가 화체되어 그 행사와 이전 등에 증권이 필요한 법률효과(자격수여적 효력)만이 소멸하고, 반대로 그 공시최고신청인은 증권의 점유(소지)만을 회복하는 것과 같은 지위에 서게 될 뿐이다(대법원 1994. 10. 11. 선고 94다18614 판결, 2003. 3. 28. 선고 2002다73920 판결 등).

그러므로 증권의 무효와 점유회복의 효력에 대해서는 기판력이 미치나, 공시최고신청

---

21) 약속어음의 전 소지인이 그 어음의 현재 소지인을 알면서도 소재를 모르는 것처럼 공시최고기일에 출석하여 그 신청의 원인과 제권판결을 구하는 취지를 진술하여 공시최고법원을 기망하고 이에 속은 공시최고법원으로부터 제권판결을 얻었다면, 그 제권판결의 소극적 효과로서 그 약속어음은 무효가 되어 그 정당한 소지인은 그 약속어음상의 권리를 행사할 수 없게 되고 적법한 소지인임을 전제로 한 이득상환청구권도 발생하지 않게 되는 손해를 입었다고 할 것이므로 전 소지인은 그 약속어음의 정당한 소지인에게 불법행위로 인한 손해를 배상할 책임이 있다(대법원 1995. 2. 3. 선고 93다52334 판결).

인과 현재의 증권 소지인 사이의 권리관계에 관하여는 제권판결로부터 기판력이 발생하지 아니한다. 현재의 증권 소지인이 절차에 참여하여 공격방어를 하지도 못했기 때문에 이는 당연하다.

그리고 공시최고신청인이 주권의 소지인이었던 경우, 제권판결이 있더라도 주권의 점유를 상실할 당시 가지고 있었던 것 이상의 지위를 취득할 수는 없으므로, 주주명부의 폐쇄와 권리 기준일까지 명의개서를 하지 않은 이상 제권판결만으로 주주임을 내세워 회사에 대하여 신주발행을 청구할 권리가 없다(일 최고재판소 1954. 2. 19. 선고 소화 26년(オ) 424 판결).

5) 이와 관련하여, 제권판결 선고 전에 무권리자로부터 그 증권상의 권리를 선의취득한 사람도 기간 내에 권리신고를 하지 않은 때는 제권판결에 복종하여 그 증권상의 권리를 주장할 수 없게 되는가?

이에 대하여 학설은, ① 증권을 상실한 본래의 권리자는 무권리자는 아니기 때문에 제권판결을 얻으면 권리를 행사할 수 있고, 따라서 선의취득자의 권리는 부정되며, 권리신고를 게을리 한 선의취득자보다는 공시최고신청인을 더 보호할 필요가 있다는 공시최고신청인 우선설, ② 제권판결은 실질적 권리의 귀속에 관한 소송절차가 아니고 형식적 권리의 회복에 관한 비송사건 절차이므로, 제권판결에 의하여 선의취득자의 실질적 권리를 박탈할 수는 없고, 따라서 선의취득자가 권리신고를 하지 아니하였더라도 그는 자신의 권리를 상실하지 않으며 증권상의 권리를 주장할 수 있다고 보는 선의취득자 우선설, ③ 제권판결 선고 전에 적법하게 권리를 행사한 선의취득자는 공시최고신청인에 우선하나 그렇지 않은 경우에는 공시최고신청인이 우선한다는 절충설이 대립한다.[22)]

판례는, 제권판결 선고 전에 선의취득자가 생겼고, 공시최고신청인이 이를 알았다 하더라도, 그 선의취득자가 권리신고를 하지 아니하여 일단 제권판결이 선고되었다면 그 선의취득자는 증권상의 권리를 행사할 수 없게 되므로, 제권판결 이전에 주식을 선의취득한 자는 제권판결이 취소되지 않는 한 회사에 대하여 적법한 주주로서의 권한을 행사할 수 없고, 따라서 주주로서 주주총회 및 이사회결의무효확인을 소구할 이익이 없다고 본다(대법원 1991. 5. 28. 선고 90다6774 판결). 이는, 제권판결의 소극적 효력으로서 어음이나 수표가 무효로 된 이상 수표를 선의취득한 자는 불복의 소를 제기할 수는 있지만 어음이나 수표상의 권리를 행사할 수 없다는 판결에서도 표시된 바 있다(대법원 1965. 7. 27. 선고 65다1002 판결, 1967. 9. 26. 선고 67다1731 판결, 1994. 10. 11. 선고 94다18614 판결, 2003. 3. 28. 선고 2002다73920 판결). 이와 같은 대법원의 판시는 공시최고제도의 기본 법리상 당연하다. 증권상의 권리를 선의취득한 자가 그 취득한 권리를 제권판결에 의하여 당연히 상실하는 것은 아니지만, 무효가 된 증권 그 자체를 가지고 채무자 등에게 증권상의 권리를 행사할 수 없음은 당연하기

22) 이에 관련한 논의는 박성철, "공시최고법원을 기망하여 수표에 대한 제권판결을 얻은 경우 수표소지인에 대한 불법행위의 성립여부", 판례연구Ⅱ, 부산판례연구회(1992)를 참조.

때문이다.

따라서 위 대법원 판례는 공시최고신청인이나 선의취득자 사이의 실체적 권리관계에 대해서는 판단을 하지 않았다고 할 것이다. 대법원도 "약속어음에 관한 제권판결의 효력은 그 판결 이후에 있어서 당해 어음을 무효로 하여 공시최고신청인에게 어음을 소지함과 동일한 지위를 회복시키는 것에 그치는 것이고, 공시최고신청인이 실질상의 권리자임을 확정하는 것은 아니나, 취득자가 소지하고 있는 약속어음은 제권판결의 소극적 효과로서 약속어음으로서의 효력이 상실되는 것이므로 …"라고 하여 이를 분명히 하고 있다(대법원 1994. 10. 11. 선고 94다18614 판결).

그러면 결국 공시최고신청인이 제권판결에 의하여 발행인 등 증권 채무자에게 증권상의 권리를 행사하게 될 것인데, 이 경우 선의취득자는 공시최고신청인에게 권리를 주장할 수 있는가? 당연히 이를 긍정하여야 한다.[23] 제권판결이 실체적 권리를 소멸시키거나 부활하는 효력은 없고(타인이 증권상의 권리를 선의취득한 경우 그 반사적 효과로서 공시최고신청인은 그 권리를 상실한다), 또 선의취득을 금지하는 것도 아니며 증권의 유통성은 보호되어야 하므로, 공시최고신청인에게 절차상 잘못이 없는 경우에도 선의취득자 등 진정한 권리자가 공시최고신청인에게 우선한다고 할 것이다. 일본 판례는, 제권판결 선고 전에 약속어음을 선의취득한 자는 이를 주장·입증하여 공시최고신청인인 발행인을 상대로 어음금청구를 할 수 있다고 판시하였는바(일 최고재판소 1972. 4. 6. 선고 소화 44년(オ) 118 판결), 이 역시 이러한 견지에 선 것이다.[24]

다. 등기·등록의 말소를 위한 공시최고의 경우

1) 제권판결에 의하여 공시최고신청인은 단독으로 말소등기나 등록을 신청할 수 있다.

---

23) 이 경우 선의취득자 등 실질적 권리자는 ① 선의취득 사실을 주장, 입증하면 제권판결을 받은 자에게 우선한다는 견해(선의취득자가 증권채무자에게 확실한 증거방법을 제공하여 권리행사를 할 수 있다는 설, 선의취득자가 제권판결 취득자를 상대로 자기의 권리 확인을 구하는 소를 제기하여 그 확인판결을 가지고 증권채무자에게 권리행사를 할 수 있다는 설), ② 선의취득자는 제권판결에 의해 무효가 된 증권상의 권리를 행사할 수 없으므로 발행인 등을 상대로 증권의 재발행을 청구하여 그 권리를 행사할 수 있다는 견해, ③ 선의취득자 등 실질적 권리자는 제권판결 취득자에 대하여 그가 제권판결을 받음으로써 가지는 권리의 양도 또는 제권판결 정본의 인도를 청구할 수 있다는 견해가 있다.
그러나 ①설은 제권판결의 효력에 반하거나 그 구체적 내용이 모호하고, ②는 아무런 법적·논리적 근거가 없으며, ③설은 부당이득반환으로서 제권판결 취득자가 새로 발급받은 증권의 인도를 구하는 것은 몰라도 이 역시 법적·논리적 근거가 없는 점에서(제권판결 취득자가 권리가 없다면 양도할 권리도 없거니와, 판결 정본을 인도 받는다 하여 무슨 권리가 생기는지도 알 수 없다) 수긍할 수 없다. 선의취득자 등 실질적 권리자는 제권판결 취득자에 대하여 권리를 주장하는 외에 그 제권판결 취득자가 발행인 등 채무자에 대하여 가지는 증권상의 권리를 대위하여 행사할 수도 있다고 할 것이다(이 경우 대위채권자는 증권이 없기는 하나, 이미 제권판결에 의하여 증권은 무효가 되었고, 제권판결 취득자는 증권 없이도 채무자에게 권리를 행사할 수 있으므로 대위행사에 아무런 문제가 없다).

24) 이 경우에 원래의 권리자였던 공시최고신청인은 권원 없이 유가증권을 취득, 유통시킨 자를 상대로 그 권리상실로 인한 손해배상을 청구할 수 있음은 물론이다.

즉 이 경우 공시최고신청인은 등기신청서에 제권판결의 등본을 첨부하여 자기 혼자 이름으로 말소등기나 말소등록을 신청할 수 있다(부동산등기법 제 56조 제2항).

2) 등기·등록의 말소를 위한 공시최고에 따라 제권판결이 선고되어 그 대상인 등기나 등록이 말소된 경우, 원래의 등기·등록 명의자는 이에 반하여 자신의 권리가 존속하고 있다고 주장할 수 있는가?

증권의 무효선고를 위한 제권판결의 경우, 현재 소지인이 자격수여적 효력을 잃고 공시최고신청인은 이를 회복하여 증권상의 권리를 주장할 수 있으나, 양자 간의 실체적 법률관계를 확정하는 효력(기판력)까지 발생하는 것은 아닌바, 이러한 법리가 등기·등록의 말소를 위한 제권판결에도 그대로 적용될 수 있는지가 이 문제의 관건이다.

생각건대, 등기·등록의 말소를 위한 제권판결의 경우에도 그 제권판결의 효력은 단지 공시최고신청인에게 단독으로 말소등기를 신청할 수 있도록 하여 등기법상의 절차 편의를 주는 이상의 효력은 없다고 보아야 할 것이므로, 원래의 등기·등록 명의자는 불복의 소를 제기할 수 있는 외에, 그 말소등기의 회복등기의 소를 제기하거나 다른 소송절차에서 자신의 권리를 주장할 수 있다고 할 것이다.

7. 제권판결에 대한 불복의 소

가. 의의와 당사자

(1) 제권판결이 당연무효인 경우

1) 제권판결도 판결이므로 판결 일반의 경우와 같이 일정한 사유가 있는 경우 당연무효가 될 수도 있다. 이 경우 제권판결에 대한 불복의 소를 제기함이 없이도 당사자 등은 그 판결의 효력을 부인할 수 있다.

2) 문제는, 법이 정한 제권판결 사유가 없는데 신청인이 허위로 공시최고를 신청한 등으로 인하여 부당한 제권판결이 선고된 경우 이를 당연무효라고 할 수 있는가이다.

일본의 하급심 판례 중에는, 자기의 의사에 기하여 타인에게 약속어음을 교부한 자는 공시최고를 신청할 권리가 없고, 그러한 자가 어음을 분실하였다며 거짓으로 위법하게 제권판결을 받은 경우, 그 판결은 불복의 소에 의해 이를 취소할 것도 없이 당연무효라고 본 것이 있다(동경지재 1962. 9. 14. 선고 소화 36년 (ワ) 1241 판결).

그러나 우리 대법원은, 제권판결 신청자가 설사 수표를 도난, 분실 따위의 사유로 말미암아 잃은 자가 아닐 뿐더러 제권판결을 신청하기 전에 수표의 정당한 소지인을 안 때에도 제권판결이 당연무효라고는 할 수 없다고 한다(대법원 1967. 9. 26. 선고 67다1731 판결, 1979. 3. 13. 선고 79다4 판결). 일본 최고재판소의 판시도 이와 같다. 즉 주권에 대하여 제권판결이 있은 이상, 주주로부터 임의로 주권의 교부를 받아 선의무과실로 이를 점유하는 자가 있더라도 그 제권판결이 당연무효가

되는 것은 아니므로, 제권판결의 무효확인을 구할 수는 없다(일 최고재판소 1957. 2. 22. 선고 소화 28년(オ) 38 판결).

3) 1990. 1. 13. 민사소송법이 개정되기 전에는 위와 같은 사유는 제권판결에 대한 불복의 소의 사유로 규정되지 않았는데, 이에 따라 대법원은 이러한 경우 제권판결이 당연무효도 아닐 뿐 아니라 제권판결에 대한 불복의 소의 사유도 되지 않는다고 판시하였다(대법원 1980. 10. 14. 선고 80다1731 판결, 1981. 3. 10. 선고 80다1665 판결 등). 일본의 법률도 우리와 같은 사정이었는데, 일본의 하급심은 이러한 사정을 감안하여 진정한 권리자 보호를 위하여 위와 같이 그러한 경우 제권판결이 당연무효라고 선언한 것으로 보인다.

그러나 1990. 1. 13. 민사소송법이 개정되어 이제는 그러한 사유도 제권판결에 대한 불복의 사유에 해당하게 되었고, 법원이 결과적으로 소송목적에 대한 법률관계의 판단을 그르친 경우까지 판결의 무효 사유로 볼 수는 없으므로, 제권판결에 판결 일반의 경우와 같이 형식상 당연무효가 되는 사유가 없는 한, 제권판결 사유가 없는데 신청인이 허위로 공시최고를 신청한 등으로 잘못하여 부당한 제권판결이 선고된 경우 이를 당연무효라고 할 수는 없다.

(2) 제권판결이 당연무효가 아닌 경우

1) 앞서 본 바와 같이 제권판결에 대하여는 상소를 하지 못하므로, 제권판결은 선고와 동시에 확정된다. 그러나 그 판결에 중대한 위법이 있는 경우 그 시정과 피해자(정당한 권리자)의 구제가 필요한바, 그 수단으로 마련된 것이 제권판결에 대한 불복의 소이다.

2) 제권판결에 대한 불복의 소는 별소에 의하여 이미 확정된 제권판결의 취소를 구한다는 점에서 재심의 소와 유사하다. 따라서 제권판결에 대한 불복의 소도 확정판결의 취소를 구하는 소송법상 형성의 소이다(대법원 1989. 6. 13. 선고 88다카7962 판결 등).

3) 제권판결에 대한 불복의 소의 원고는 증권이나 말소 대상인 등기의 소지자, 명의자는 물론 그 법률적 이해관계인도 될 수 있다. 따라서 주권 등 증권의 소지인은 그가 실질적인 권리자가 아니라 하더라도, 이해관계인으로서 주권에 관한 제권판결에 대하여 불복의 소를 제기할 수 있다(대법원 2011. 11. 10. 선고 2009다73868 판결).

4) 이 소의 피고는 공시최고신청인 또는 그 승계인이다. 제권판결의 효력은 공시최고신청인의 특정승계인에게도 미친다고 할 것이므로 포괄승계인이 아닌 특정승계인도 피고가 될 수 있다고 할 것이다.

나. 불복의 사유

1) 불복의 소는 아래의 사유 중 하나가 있을 때만 허용된다(민사소송법 제490조 제2항). 이는 열거규정으로 해석된다.

① 법률상 공시최고절차를 허가하지 아니할 경우일 때(1호): 이는 법률이 공시최고를 할 수 있다는 근거규정을 두고 있지 않는데도 공시최고를 한 경우를 말한다. 주로 공시최고의 대상이 될 수 없는 증권 등에 대하여 제권판결이 선고된 경우를 말하며, 개별적·구체적인 공시최고절차 내에서 한 사실인정이 부당한 경우, 즉 증권이 멸실되거나 소지자의 의사에 기하지 않고 그 점유를 상실한 경우가 아닌데 법원이 이를 잘못 판단한 경우를 말하는 것은 아니다(대법원 1989. 5. 23. 선고 88다카16409 판결).[25]

② 공시최고의 공고를 하지 아니하였거나 법령이 정한 공고의 방식에 위반한 때(2호): 공시최고의 공고를 전혀 하지 않은 채 제권판결을 한 경우, 공고를 했더라도 공고할 사항을 누락하였거나 공고 방식에 관한 대법원규칙을 위배한 경우 등이다.

③ 공시최고기간을 지키지 아니한 때(3호): 공시최고의 공고일과 지정된 공시최고기일 사이의 간격이 3월에 미달하는 때이다.

④ 제권판결을 한 판사가 법률에 따라 직무집행에서 제척된 때(4호)

⑤ 전속관할에 관한 규정에 어긋난 때(5호): 앞서 본 바와 같이 공시최고신청 사건의 토지관할은 전속관할인바, 이를 위반한 경우이다. 이는 1990. 1. 13. 민사소송법 개정으로 새로 규정되었다.

⑥ 권리 또는 청구의 신고가 있음에도 제권판결을 한 때(6호): 이해관계인이 권리나 청구가 존재함을 법원에 적법하게 신고하였음에도 불구하고 그대로 제권판결을 한 때이다.

⑦ 거짓 또는 부정한 방법으로 제권판결을 받은 때(7호): 이는 1990. 1. 13. 민사소송법 개정으로 새로 규정된 것이다. 이 규정이 없던 과거에 대법원은 이를 불복의 사유로 인정하지 않았음은 앞서 본 바와 같다.

전 소지인이 증권 등의 소지인을 알면서도 소재를 모르는 것처럼 공시최고법원을 기망하여 제권판결을 받은 경우(대법원 1997. 7. 25. 선고 97다16985 판결), 증권을 소지한 사실이 없음에도 이를 소지하다가 도난당하거나 분실한 것으로 거짓으로 꾸며대 공시최고를 신청하여 제권판결을 받은 경우(대법원 2011. 11. 10. 선고 2009다73868 판결) 등이 이에 해당한다.[26]

반면에, 전 소지인이 증권 등을 도난당하여 경찰서에서 조사를 받으면서 절도범으로부터 채권을 취득한 자를 그날 처음 보았고, 압수된 채권 중 어느 것이 전 소지인의 소유인지도 정확히 모르고 있었으며, 공시최고신청 당시에도 그날 함께 조사를 받은 자가 증

25) 다만, 신청인이 약속어음을 횡령 또는 사취당하였다는 사실을 공시최고신청서에 기재하였음에도 법원이 이를 간과하고 그대로 제권판결을 선고한 경우는 여기에 해당한다고 보았다(대법원 1991. 2. 26. 선고 90다17620 판결). 이는 공시최고법원의 잘못이 너무나 명백하므로 권리자 구제를 위하여 대법원이 예외를 인정한 것으로 보인다.

26) 1990. 1. 13. 개정 전의 민사소송법은 이러한 규정이 없었고, 대법원은 공시최고신청인이 그 대상이 된 약속어음의 최후 소지인을 알고 있음에도 이를 묵비한 채 그 절차진행을 방관하였다고 하더라도 그러한 사유만으로는 제권판결에 대한 적법한 불복사유가 될 수 없다고 판시하였다(대법원 1981. 3. 10. 선고 80다1665 판결 등). 이에 대한 반성으로 법률 개정을 보았다.

권 전부를 소지하고 있었다는 점도 확실히 모르는 상태에서 공시최고신청을 하여 제권판결을 받은 경우(대법원 1997. 7. 25. 선고 97다16985 판결), 공시최고신청인이 비공식적 경로를 통하여 소지인임을 주장하는 자로부터 연락을 받고 나서도 공시최고신청을 하여 제권판결을 받은 경우(대법원 1996. 8. 23. 선고 96다23900 판결)는 이에 해당하지 않는다.

증권을 소지하기는 하였으나 그가 진정한 권리자가 아님에도 멸실이나 분실 등을 사유로 공시최고를 신청하여 제권판결을 받은 경우도 이에 해당하여 불복의 소를 제기할 수 있는가? 이러한 사유가 있는 경우 진정한 권리자 등 이해관계인은 불복의 소에 의하지 않고도 다른 절차에서 공시최고신청인의 무권리를 주장할 수 있다. 한편, 증권에 대한 공시최고절차는 증권의 멸실이나 분실 등을 사유로 그 소지자가 권리를 행사할 수 없는 경우에 이를 무효화하고 그의 점유를 회복하는 것과 같은 법적 상태를 창출하는 것을 본질로 할 뿐, 공시최고신청인이 진정한 권리자인지 여부는 공시최고신청의 요건이나 심사대상이 아니므로 이러한 사유는 불복의 사유가 될 수 없다고 할 것이다.

⑧ 민사소송법 451조 1항 4호 내지 8호의 재심사유가 있는 때(8호)

2) 위 각 사유가 불복의 소의 청구원인이 되는데, 그 주장하는 사유가 실제로 존재하는지 여부와 관계없이 그 주장하는 사유가 위 열거된 사유에 해당하지 않는 것인 때에는 소송요건 결여로 소가 부적법하게 되는바, 이 역시 재심의 소와 유사하다.

다. 관할 및 신청, 심리

1) 불복의 소는 제권판결을 한 법원에 제기하여야 한다(민사소송법 제490조 제2항). 이는 성질상 전속관할(직분관할)이라고 할 것이다. 명문의 규정이 없으나, 위와 같이 공시최고사건은 단독판사의 사물관할에 속하므로 불복의 소 역시 단독판사의 관할에 속한다(서울고법 1980. 7. 14. 선고 80나1069 판결). 다만, 공시최고사건의 사물관할은 임의관할이므로 합의부가 제권판결을 한 때에는 불복의 소 역시 합의부에 전속관할이 있다고 볼 것이다.[27]

2) 불복의 소는 제권판결이 있다는 것을 원고가 안 날부터 1월 이내에 제기하여야 한다(민사소송법 제490조 제1, 3항). 다만, 민사소송법 제490조 제2항 제4호·제7호 및 제8호의 사유를 들어 소를 제기하는 경우에는 원고가 이러한 사유가 있음을 안 날부터 1월을 계산한다. 위 1월의 기간은 불변기간이다(민사소송법 제490조 제2항). 따라서 이에 대해서는 추완이 허용된다.

이 소는 제권판결이 선고된 날부터 3년이 지나면 제기하지 못한다(민사소송법 제490조 제4항). 이 기간은 불변기간이 아니므로 이에 대해서는 추완이 허용되지 않는다. 위 1월이나 3년의 기간은 성질상 모두 제척기간임은 물론이다.

3) 제권판결에 대한 불복의 소도 소 일반의 경우와 동일하다. 따라서 반드시 서면으로

27) 서울중앙지방법원 2019. 10. 16. 선고 2017가합561570 판결 등 참조.

제기해야 하고, 소장에는 필수적 기재사항을 명기하여야 한다(민사소송법 제248, 249조). 수소법원은 일반 민사사건의 사건부호(가단, 가합)를 부여한다. 재판장 등의 소장심사권도 일반의 소와 같다.

4) 제권판결에 대한 불복의 소에서는 손해배상청구나 이득상환청구 등 관련 민사상 청구를 병합하여 심판할 수 있다(대법원 1989. 6. 13. 선고 88다카7962 판결). 다만, 이 소는 형성의 소인 성질상 판결이 확정됨으로써 비로소 권리변동의 효력이 발생하게 되므로, 그 결과 장차 형성되는 법률관계를 전제로 하는 이행소송, 예컨대 제권판결에 대한 취소판결의 확정 여부가 불확실한 상황에서 그 확정을 조건으로 한 어음금이나 수표금 청구의 소는 병합하여 제기할 수 없다는 것이 판례이나(대법원 2013. 9. 13. 선고 2012다36661 판결), 이러한 장래의 조건은 소송절차 내에서 조사할 수 있고, 성질상 이러한 경우 가집행선고를 할 수 없어 이를 인정하더라도 피고에게 아무런 손해가 없으며 별소에 의하도록 할 경우 소송경제에도 반하므로,[28] 이러한 대법원의 기본 법리 자체에 찬성하기 어렵다.[29]

5) 제권판결에 대한 불복의 소의 심리 방법 역시 민사소송 일반의 경우나 재심의 소와 같다. 소를 각하할 사유가 없으면 법원은 본안에 관하여 심판하여야 한다.[30] 원고의 청구를 인용하는 경우, 그 주문은 "1. 이 법원이 2018카공1234호 공시최고신청 사건에서 2018. 4. 20. 별지 목록 기재 전환사채권에 대하여 선고한 제권판결을 취소한다. 2. 위 사채권에 대한 제권판결신청을 각하한다. 3. 소송비용은 피고가 부담한다"와 같이 한다.

다만, 권리 또는 청구의 신고가 있음에도 제권판결을 한 것을 이유로 원고 청구를 인용하는 경우에는 "1. 이 법원이 2017카공54321호 공시최고신청 사건에 관하여 2017. 10. 25. 별지 목록 기재 수표에 대하여 선고한 제권판결을 다음과 같이 변경한다. 별지 목록

28) 대법원은 1989. 6. 13. 선고 88다카7962 판결에서 스스로 "제권판결에 대한 불복의 소는 확정판결의 취소를 구하는 형성의 소로서 제소사유가 법정되어 있고 제소기간의 제한이 있는 등 재심의 소와 유사한 점이 있으나, 위 불복의 소는 통상의 판결절차로서 성립한 판결에 대한 것이 아니라 증권 상실자의 일방적 관여로 이루어지는 판결에 대한 것이고 반대의 이해관계자에게 판결을 송달하지 아니하므로, 그에 대하여 통상의 상소절차를 이용하게 하는 것이 불합리하기 때문에 별도로 불복방법을 마련하고 있는 것이며 이러한 점에서 재심의 소와는 성질상 차이가 있을 뿐만 아니라, 소송경제를 도모하고 서로 관련이 있는 사건에 대한 판결의 모순·저촉을 피하기 위하여서도 다른 민사상의 청구를 병합하여 심리판단하게 하는 것이 타당하다"고 하여 제권판결의 취소를 주위적으로 구하고 손해배상을 예비적으로 구하는 것의 병합을 허용하였다.

29) 소유권이전등기청구권에 대한 압류나 가압류, 가처분이 있는 경우 그 해제(취소)를 조건으로 하여 소유권이전등기절차의 이행을 명할 수 있다고 하는 것(대법원 1992. 11. 10. 선고 92다4680 전원합의체 판결, 1999. 2. 9. 선고 98다42615 판결)이나 감독청의 허가 등을 조건으로 한 이행청구를 허용하는 것(대법원 1998. 7. 24. 선고 96다27988 판결, 2012. 8. 30. 선고 2010다52072 판결 등)과도 균형이 맞지 않는다. 이에 대해서는 최성호, "형성소송에서 형성되는 법률관계를 조건으로 하는 이행청구의 병합에 관한 검토", 홍익법학 15권 2호(2014)를 참조.

30) 당연무효인 판결에 대해서는 상소의 이익이 없다는 것이 판례이나(대법원 1970. 3. 24. 선고 69다929 판결, 2015. 1. 29. 선고 2014다34041 판결, 2017. 11. 14. 선고 2017다24281 판결), 제권판결이 당연무효인 경우 그 확인을 구하는 의미에서 불복의 소를 제기할 이익을 긍정하여도 무방하다고 생각한다.

기재 수표에 대하여 원고가 신고한 권리를 보류하고 위 증서의 무효를 선고한다. 2. 소송비용은 피고가 부담한다"와 같이 한다.

6) 제권판결에 대한 불복의 소의 판결에 대해서는 판결 일반의 경우와 마찬가지 법리가 적용된다. 따라서 이에 대해서도 불복·상소가 허용된다.

그리고 그 확정으로 기판력 등이 발생한다. 원고 청구를 인용하는 판결이 확정된 경우에는 제권판결이 없었던 것으로 되고, 그 효과는 소급한다(대법원 2013. 12. 12. 선고 2011다112247, 112254 판결). 따라서 이 경우 기존 주권 등 증권을 무효로 하는 제권판결에 기하여 주권 등이 재발행되었더라도, 제권판결에 대한 불복의 소가 제기되어 제권판결을 취소하는 판결이 선고·확정되면 재발행된 주권은 소급하여 무효로 되고 그 소지인은 이를 선의취득할 수 없다(대법원 2013. 12. 12. 선고 2011다112247, 112254 판결).

그러나 이미 증권상의 채무자가 공시최고신청인에게 지급을 한 등으로 제권판결로 인해 정당한 권리자에게 손해가 발생한 때는 그는 공시최고신청인을 상대로 손해배상을 받는 수밖에는 없을 것이다.[31)]

7) 반대로 불복의 소를 각하하거나 원고 청구를 기각하는 판결이 확정된 경우에는 제권판결은 영향을 받지 않고 유효한 것으로 된다. 제척기간 경과로 제권판결에 대하여 불복의 소를 제기할 수 없게 된 때에도 같다. 그러나 이로써 제권판결이 유지되고 증권의 점유와 그 자격수여적 효력에 관한 법률관계만 확정되는 데에 불과하므로, 그 판결로써 공시최고신청인과 원고 등 진정한 권리자 사이에 그 증권 등의 실체적 법률관계를 확정하는 효력은 없다.

라. 불복의 소와 다른 절차의 관계

1) 앞서 본 바와 같이 제권판결은 형성판결이고, 그에 대한 불복의 소 역시 형성의 소로서 그 판결도 형성판결이다. 제권판결에 의해서는 기존의 증권이 무효가 되고, 공시최고신청인은 그 소지 없이도 증권상의 권리를 주장할 수 있다는 효력이 발생하고, 그에 대한 불복의 소의 판결은 이와 같은 제권판결의 효력을 소급하여 소멸시킨다.

2) 선의취득자 등 증권상의 이해관계인은 제권판결에 대한 불복의 소를 제기하여 그 판결을 받지 않은 상태에서도 공시최고신청인이나 채무자에게 권리를 주장할 수 있는가?

이는 그 주장하는 권리의 내용이 무엇이냐에 따라 다르다고 할 수 있다. 우선 제권판결에 불구하고, 제권판결의 효력을 부인하면서 기존 증권이 유효하다고 주장하거나 공시최고신청인이 증권을 소지하지 않고 있음을 전제로 그 권리행사를 거부하는 것은 허용되지 않는다고 할 것이다. 확정된 형성판결인 제권판결의 효력에 반하기 때문이다.

반면에, 공시최고신청인이 증권상 권리가 없다거나 다른 사유로 선의취득자 등 진정한

31) 이 경우에는 제권판결에 대한 불복의 소를 제기할 이익이 없으므로 소를 각하함이 옳다.

권리자 자신에게 대항할 수 없다고 주장하는 것은 무방하다고 할 것이다. 이는 제권판결의 효력과 직접 관계가 없기 때문이다. 따라서 증권상 권리를 선의취득한 자는 제권판결에 대한 불복의 소를 제기하여 그 판결을 받지 않았더라도(또 그 제척기간이 경과한 경우에도), 별소를 제기하거나 다른 소송절차 등에서 공시최고신청인에 대하여 자신의 권리나 손해배상청구권 등을 주장할 수 있다고 할 것이다. 앞서 본 바와 같이 별소에 의하지 않고 제권판결에 대한 불복의 소에서 이를 병합청구하는 것도 가능함은 물론이다.

3) 이러한 법리는 제권판결에 대한 불복의 소에서 소를 각하하거나 원고 청구를 기각하는 판결이 확정된 경우에도 같고, 등기나 등록의 말소를 위한 제권판결의 경우에도 동일하다.

[저자약력]

성균관대학교 법과대학 졸업
제29회 행정고등고시 합격
제31회 사법시험 합격
환경부 사무관
서울민사지방법원 등 각급 법원 판사
창원지방법원 부장판사, 사법연수원 교수
사법시험 및 변호사시험위원(다수)
현 수원지방법원 부장판사

민사법과 민사소송의 구조 I [제1전정판]

민사소송법

2014년 2월 25일 초판 발행
2020년 12월 25일 제1전정판 발행

저 자 양 경 승
발행인 배 효 선
발행처 도서출판 法 文 社

주 소 10881 경기도 파주시 회동길 37-29
등 록 1957년 12월 12일/제2-76호(윤)
전 화 (031)955-6500~6 FAX (031)955-6525
E-mail (영업) bms@bobmunsa.co.kr
(편집) edit66@bobmunsa.co.kr
홈페이지 http://www.bobmunsa.co.kr

조 판 법 문 사 전 산 실

정가 53,000원 ISBN 978-89-18-91164-9